FUSSBALL WELTATLAS

COPRESS SPORT

Zu diesem Buch

Dieser Fußball-Weltatlas stellt das erste kartografische Werk dar, welches das weltweite Geschehen auf dem internationalen, nationalen und vor allem auf dem Niveau der Ligaklubs dokumentiert. Die Anzahl der bisher publizierten Werke, die sich mit den Fußballmeisterschaften und -pokalen beschäftigen geht in die Hunderte, die Anzahl der Bücher über Fußball in die Tausende, aber ein tatsächlich kartografisch aufbereitetes Werk wurde noch nie verfaßt. Die Arbeiten an der Herstellung dieses Buchs dauerten einige Jahre und neueste Daten werden fortwährend integriert.

Fußball gewinnt weltweit stetig an Popularität, zieht auch aus kommerzieller Sicht immer mehr Aufmerksamkeit auf sich, breitet sich in der ganzen Welt aus, bringt neue Spiele und neue Zuschauererlebnisse. Fußball wird somit, wie Sport allgemein, ein Mittel der Annäherung zwischen den Völkern, eine Möglichkeit, die vor allem bei jungen Leuten aus den Entwicklungsländern eine wichtige Freizeitbeschäftigung bedeutet, aber auch Erziehung und Selbstverwirklichung. Es handelt sich also um ein weltweites gesellschaftliches Phänomen, das viele von uns gar nicht bewußt wahrnehmen. Auch daher haben wir uns entschieden, Fußball zu dokumentieren.

Die Grundidee der Arbeit war die Fußballaktivitäten in den geschichtlichen und geographischen Zusammenhängen festzuhalten und sie in einer neuen Form darzustellen. Die höchste Aufmerksamkeit wurde dabei der Verarbeitung der Regionalkarten gewidmet. Das Hauptziel dieser Karten ist zu zeigen, wo und auf welchem Niveau überall Fußball gespielt wird. Das Zusammentragen der Informationen über alle nationalen Liga- und Pokalwettbewerbe und alle Erstligaklubs war der größte Teil unserer Bemühungen. Im Falle von fußballerisch hoch entwickelten Ländern war es meistens kein Problem, auch trotz der Tatsache, dass die Ligawettbewerbe schon ein ganzes Jahrhundert oder noch länger gespielt werden. Komplikationen brachte der häufige Wechsel von Teambezeichnungen, vor allem bei Staaten, die bedeutende politische Änderungen durchgemacht haben.

Die genaue Dokumentation der Historie mancher Klubs war oft mit großem Aufwand verbunden. Viel größere Sorgen bereitete uns jedoch der Mangel an Informationen über das Geschehen in manchen Entwicklungsländern oder in den Staaten, die sich von der restlichen Welt isolieren (Laos, Tschad, Eritrea usw.). In vielen davon spielt Fußball, gemessen an den oft existentiellen Problemen, keine besondere Rolle, auch die Informationen darüber sind minimal. Das Sammeln der notwendigen Angaben über alle afrikanischen und asiatischen Länder war auch nicht einfach. In diesem Zusammenhang müssen wir festhalten, dass es ohne Internet, die elektronischen Post und die zahllosen Mitarbeiter aus der ganzen Welt unmöglich gewesen wäre, dieses Werk in einer angemessenen Zeit zu realisieren.

Der Atlas gliedert sich in vier Hauptteile

Der erste Teil beinhaltet thematische Karten der ganzen Welt, die auf dem Vergleich der Regionen und der einzelnen Länder basieren. Sie dokumentieren vor allem die Entwicklung, Verbreitung und die Bedeutung des Fußballs im internationalen Maßstab. Weiterhin sind sie den Bedingungen, unter denen Fußball gespielt wird, wie Stadien, Klima, Wirtschaft, Migrationen, aber auch den Fußballtragödien, gewidmet.

Im zweiten Teil wird die Geschichte aller Fußballmeisterschaften der Nationalteams, d.h. Weltmeisterschaften, sowie der Meisterschaften der einzelnen Kontinenten bzw. Konföderationen dargestellt. Weitere Seiten belegen die Geschichte der Pokalmeisterschaften und die Ergebnisse der beteiligten Klubs. Der meiste Platz ist dem Pokal der Landesmeister, im Falle von Europa also Europapokal der Landesmeister und seinem Nachfolger der Champions League oder dem »Pokal der Befreier«, dem wichtigsten Wettbewerb in Südamerika, gewidmet. Viele dieser Karten sind mit Grafiken ergänzt, die für diejenigen, die gerne Wetten abschließen, sehr nützlich werden können.

Der dritte und umfangreichste Teil ist den Regionalkarten gewidmet. Dieser Teil bringt die Übersicht aller Länder der Welt und in diesem Rahmen auch sämtlicher Klubs, die einen Ligentitel oder einen Pokalsieg errungen haben und auch Teams, die in der jeweils höchsten Liga spielten oder immer noch spielen. Auf den Karten von Afrika und Asien sind neben den Meistern und den Pokalsiegern auch Klubs abgebildet, die in den letzten Jahren an den wichtigsten Wettbewerben teilgenommen haben oder teilnehmen.

Die Basis der Regionalkarten ist der Ausdruck der Fußballqualität und ihre geographische Verteilung. Der Leser muß kein Fachmann sein, und wenn er die Karten ein wenig studiert, kann er viele Zusammenhänge begreifen, die zwischen der Fußballentwicklung und den natürlichen, wirtschaftlichen, kulturellen und gesellschaftlichen Bedingungen verschiedener Weltregionen und einzelner Länder bestehen.

Ein spezifisches Problem dieser Karten besteht darin, daß man keine klassische kartografische

AC Sparta Praha (CZE)
Brøndby IF (DEN)
Barcelona SC (ECU)
al-Ahli SC (EGY)
Zamalek SC (EGY)
Arsenal FC (ENG)

Aston Villa FC (ENG)
Birmingham City FC (ENG)
Blackburn Rovers FC (ENG)
Coventry City FC (ENG)
Derby County FC (ENG)
Everton FC (ENG)

Chelsea FC (ENG)
Ipswich Town FC (ENG)
Leeds United AFC (ENG)
Leicester City FC (ENG)
Liverpool FC (ENG)
Manchester City FC (ENG)

Manchester United FC (ENG)
Middlesbrough FC (ENG)
Newcastle United FC (ENG)
Nottingham Forest FC (ENG)
Sheffield Wednesday FC (ENG)
Southampton FC (ENG)

Sunderland AFC (ENG)
Tottenham Hotspur FC (ENG)
West Ham United FC (ENG)
Wolverhampton W. FC (ENG)
CD Alavés (ESP)
Athletic Bilbao (ESP)

Atlético Madrid (ESP)
FC Barcelona (ESP)
RC Celta Vigo (ESP)
RCD Espanyol Barcelona (ESP)
RCD La Coruña (ESP)
RCD Mallorca (ESP)

Real Madrid CF (ESP)
Real Sociedad (ESP)
Real Zaragoza CD (ESP)
Valencia CF (ESP)
FC Girondins Bordeaux (FRA)
RC Lens (FRA)

AS Monaco (FRA)
FC Nantes Atlantique (FRA)
Olympique Lyonnais (FRA)
Olympique Marseille (FRA)
Paris Saint-Germain FC (FRA)
AS Saint-Etienne (FRA)

Auswahlmethode oder Generalisierung anwenden kann. Die Karten müssen alle Teams beinhalten, die jemals ein Erfolg verzeichnet haben und in der jeweils höchsten Liga spielten. Weil jedoch die meisten Klubs in großen Städten konzentriert sind, war es unmöglich, alle bei dem verwendeten Maßstab in die Karte so einzutragen, wie das im Falle von traditionellen geographischen Karten üblich ist. Neben vergrößerten Kartenausschnitten verwenden wir daher ein System von grauen Rahmen, die daneben platziert sind und die eine Übersicht über die Klubs der Städte mit einer hohen Konzentration von Teams bieten.

Eine insgesamt höhere Aufmerksamkeit widmen wir den fußballerisch stärker entwickelten Weltstaaten, die in manchen Fällen eine eigene Seite oder Doppelseite haben. Das betrifft vor allem europäische Staaten und Brasilien. Bei anderen Kontinenten haben wir uns bemüht, die traditionelle geografische Weltaufteilung zu respektieren, so daß die Kartendoppelseiten die natürlichen regionalen Einheiten mit mehreren Staaten abbilden: der Nahe Osten, Südafrika, usw. Angesichts der sehr unterschiedlichen Niveaus im Hinblick auf die Entwicklung des Fußballs in den einzelnen Regionen und Ländern, variiert auch die grafische Aufbereitung und der Maßstab der Regionalkarten. Die Fußball-Topografie vieler Kleinstädte, Inseln, urbanisierter Regionen und Städte erfassen wir in vergrößerten Ausschnitten.

Der vierte und abschließende Teil beinhaltet einen ausführlichen Tabellenüberblick der bisherigen Meister, Pokalsieger, bzw. der Gewinner anderer wichtiger Wettbewerbe aller Länder der Welt sowie ein detailliertes Register. Dieses Register weist in unserem Falle eine Besonderheit auf. Es ermöglicht dem Leser nicht nur eine schnelle Orientierung bei der Suche nach einer Stadt oder einem Klub (inklusive älterer Bezeichnungen), sondern bringt auch weitere wichtige Informationen: den vollständigen Klubnamen, Erklärung der Abkürzungen, das Gründungsjahr, Entwicklung der Bezeichnung, etwaige Verbindungen, Auflösungen u.ä.

Die wenigen weißen Flecken, die sich mangels zuverlässiger Quellen in diesem Werk noch finden, hoffen wir – auch mit der Hilfe der Leser – nach und nach zu füllen. Wir begrüßen ausdrücklich jede Anmerkung, die zur Verbesserung dieses Buchs führen können.

Die Autoren im November 2001

Anmerkungen und Erläuterungen

Auch wenn alle Karten mit Erklärungen und dazugehörigen Anmerkungen ausgestattet sind, halten wir für wichtig, einige Grundinformationen noch hervorzuheben.

In den regionalen Karten geben wir den Namen der Stadt nur in dem Fall an, wenn dieser nicht im Vereinsnamen beinhaltet ist. Die nicht mehr existierenden Klubs sind in kursiver Schrift. In den Karten geben wir die Klubs unter ihrem aktuellen und dem ursprünglichen Namen an, im Falle einer Auflösung, unter dem historisch letzten Namen.

Besonders betonen möchten wir die Verwendung des korrekten Vereinsnamens, weil sie von den Medien oftmals falsch verwendet werden. Zum Beispiel sind die Bezeichnungen „Glasgow Rangers" oder „Juventus Turin" nicht korrekt. Richtig sollten sie heissen: „Rangers FC" bzw. „Juventus FC", also ohne den Namen der Stadt. Ein weiterer häufiger Fehler ist das Vertauschen der Reihenfolge. Obwohl man oft in der Zeitung über den „FC Liverpool" oder den „FC Valencia" liest, gibt es diese Klubs nicht, es handelt sich in Wirklichkeit um „Liverpool FC" und „Valencia FC".

Alle monetären Angaben sind zum Zwecke eines besseren Vergleichs in britischen Pfund (GBP) angegeben. Einerseits aus dem Grund, weil die Mehrheit der zu Verfügung stehenden Quellen das britische Pfund verwendet, andererseits auch deshalb, weil bei der Umrechnung aus anderen Währungen – vor allem bei älteren Daten – einige unnötige Ungenauigkeiten entstehen würden.

Jedes Land ist unter anderem auch mit der Landesflagge und mit dem Logo der Fußballassoziation vorgestellt. Im Falle, dass die regionale Doppelseite eine zu hohe Anzahl von Ländern beinhaltet und es nicht ausreichend Platz für alle Flaggen und Logos gibt, finden Sie diese auf den Seiten 134-138. Auf dem Vor- und Nachsatzblatt sind insgesamt 192 Embleme der berühmten Klubs aus der ganzen Welt abgebildet.

Die tschechische Ausgabe dieses Buches erschien erstmals 2000
unter dem Titel „První fotbalový atlas světa“ bei Infokart s. r. o., Prag
Copyright © 2000, 2001

Hauptautoren: Radovan Jelínek (CZE) und Jiří Tomeš (CZE)

Weitere Autoren: Joe Dodd (IRL), Miloslav Jenšík (CZE), Vlastimil Kaiser (CZE), Pavlos Kapagiannidis (GRE), Václav Levíček (CZE), Jan Marchal (CZE), László Niszkács (HUN), Carl Rüster (SWE), Zdeněk Spurný (CZE), Karel Stokkermans (NED), Miroslav Střeleček (CZE), Jiří Vais (CZE) und Josef Volařík (CZE).

Unter Mitarbeit von: Javier Aizpurúa (PAN), Juan Pablo Andrés (CHI), Lars Århus (NOR), Tom Bergquist (SWE), Tomáš Bičík (CZE), Josef Bobrowsky (AUT), Josi Dagan (ISR), Otakar Dolejš (CZE), Michail Dryomin (RUS), Søren Elbech (DEN), Thomas Esamie (AUS), David Festa (CZE), Andre Fontenelle (BRA), Golan Friedman (ISR), Álvaro Gandra (POR), Miron Goihman (MDA), James Goloboy (USA), Osvaldo Gorgazzi (ARG), Glenn Hamlyn (AUS), Hans van Haren (NED), Gerd Heuser (GER), Neil Hnatiuk (CAN), Stanislav Hrabě (CZE), Valerie Hughes (CAN), Arunava Chaudhuri (IND), Praveen Chandran (IND), Mohamed S. Chbaro (LIB), Ye Chen (CHN), Soňa Jelínková (CZE), Aleš Jindrák (CZE), Jiří Kastner (CZE), Marut Ketudat (THA), Ian King (ENG), Lubomír Král (CZE), Fuad Krvavac (BIH), Marek Kučera (CZE), Radka Kvasničková (CZE), Roberto Lahsen (CHI), Seungsoo Lee (KOR), Dave Litterer (USA), Zvonimir Magdić (CRO), Aleš Marek (CZE), Michael Medved (ISR), Andy Mitchell (ENG), Ghaith Nasrawi (IRQ), Steven O'Connor (ENG), Martin Ouředníček (CZE), Majeed Panahi (BHR), Zbyněk Pantůček (CZE), Alcino Pascoal (POR), Jiří Perník (CZE), Stavros Petrakopulos (GRE), Peter Phelon (NZL), Heikki Pietarinen (FIN), Mohammed Qayed (UAE), Petr Regal (CZE), Graeme Riley (ENG), Frank Alexander Ballesteros Riveros (COL), René Iván Rodríguez (HON), Javier Roimiser (ARG), Hans Schöggl (AUT), Joost Schraag (NED), Filip Serafimov (MKD), Radu Siminiceanu (ROM), Erdinç Sivritepe (TUR), Riku Soininen (FIN), Marcela Spurná (CZE), Michal Stein (CZE), Edgar Svoboda (CRO), Jan Štěpánek (CZE), Petr Šupich (CZE), Jorge Teixeira (POR), Bernd Timmermann (GER), Eric Urrutia (SLV), Georgi Vassilev (BUL), Tim Venables (BOL), R. Villadolid (PHI), Steven Webber (NZL), Andre M. Zlotkowski (NZL), Marco Zunino (ITA) und viele weitere.

Aus dem Tschechischen von Lothar Martin

Redaktion: Radovan Jelínek, Lothar Martin, Petr Regal, Zdeněk Spurný, Miroslav Střeleček und Jiří Tomeš
Umschlaggestaltung: Tausend Premedia GmbH
Titelbilder: SVEN SIMON (3); Corbis/Stockmarket (2 + Seite 1)
Grafische Gestaltung: Radovan Jelínek, Petr Regal, Zdeněk Spurný und Jiří Tomeš
DTP: BESR, Jan Kuranda
Druck: Tiskárna Libertas, a. s.

Besonderen Dank gilt den Internet-Archiven RSSSF (www.rsssf.com) und HQFL (www.hqfl.dk)

Redaktionsschluß: 31. 07. 2001

Die Deutsche Bibliothek – CIP-Einheitsaufnahme
Ein Titeldatensatz für diese Publikation ist bei Der Deutschen Bibliothek erhältlich

Printed in Czech Republic
www.copress.de
ISBN 3-7679-0651-1

Inhalt

1. Globalansicht

6–7 Entstehung und Verbreitung des Fußballs
8–9 Stellung des Fußballs innerhalb des Sports
10–11 Fußball und Klima
12–15 Fußballstadien
16–17 Die Schattenseiten des Fußballs
18–19 Fußballmigrationen
20–21 Fußball und Geld

2. Internationale Wettbewerbe

22–23 Internationale Fußballorganisationen
24–25 Weltmeisterschaft – Organisation
26–27 Weltmeisterschaft – Erfolgsbilanz
28–29 Europameisterschaft
30–31 Asien- und Ozeanienmeisterschaft
32–33 Afrikameisterschaft
34–35 CONCACAF-Meisterschaft
36–37 Südamerikanische Meisterschaft
38–39 Olympische Fußballturniere
40–41 Frauenwettbewerbe
42–43 Juniorenwettbewerbe
44–45 Die Europacups – Einleitung
46–47 Die Sieger der Europacups und die Endspielorte
48–49 Europacups – Britische Inseln; Deutschland, Benelux und Dänemark
50–51 Europacups – Südwesteuropa
52–53 Europacups – Mitteleuropa; Balkan
54–55 Europacups – Skandinavien; Die Länder der ehemaligen UdSSR, Türkei, Zypern und Israel
56–57 Asiatische und ozeanische Cups
58–59 Afrikacups
60–61 CONCACAF-Cups
62–63 Südamerika-Cups
64–65 Interkontinentale Klubpokale

3. Nationale Wettbewerbe

66–67 England und Wales
68–69 Schottland, Nordirland und Irland
70–71 Norwegen, Dänemark, Island und die Färöer Inseln
72–73 Schweden und Finnland
74–75 Beneluxstaaten
76–77 Frankreich und Andorra
78–79 Spanien und Portugal
80–81 Italien, San Marino und Malta
82–83 Die Alpenländer
84–85 Deutschland
86–87 Tschechische Republik und Slowakei
88–89 Polen und Ungarn
90–91 Rumänien und Bulgarien
92–93 Das ehemalige Jugoslawien, Albanien
94–95 Griechenland, Zypern und Israel
96–97 Türkei und Transkaukasien
98–99 Baltikum, Weißrussland, Ukraine und Moldawien
100–101 Russland und die Länder Mittelasiens
102–103 Der Nahe Osten
104–105 Südasien
106–107 Südostasien
108–109 China, Mongolei und Taiwan
110–111 Japan und Korea
112–113 Nordafrika
114–115 Die Sahel-Zone und das Horn von Afrika
116–117 Golf von Guinea
118–119 Zentralafrika
120–121 Südafrika
122–123 Nordamerika
124–125 Mittelamerika
126–127 Antillen
128–129 Der Norden Südamerikas
130–131 Die Andenländer
132–133 Brasilien
134–135 Südliches Südamerika
136–137 Australien und Ozeanien
138–142 Staatsflaggen und die Wappen

4. Anhang

146–167 Sieger der nationalen Fußballwettbewerbe
168–215 Verzeichnis der Klubs, Städte und Länder

Entstehung und Verbreitung des Fußballs

Für das älteste Spiel, das angeblich dem heutigen Fußball sehr ähnlich war, hält man das chinesische „Zuqiu“, dessen Anfänge historische Quellen bis in die Zeit von 2500 vor Christi datieren. Die Verbreitung des Spiels wurde bis in die Herrscherzeit der Chan-Dynastie (206 v. Chr.–220 n. Chr.) registriert. Im alten Griechenland wurde das dem Fußball halbwegs ähnliche Ballspiel „Episkyros“ betrieben, das die Römer übernahmen und „Harpastum“ nannten. Der Ursprung des modernen Fußballs geht bis auf das 12. Jahrhundert zurück, in dem erste Formen des Ballspiels zu entdecken sind. Zweihundert Jahre später waren die Könige Edward II. und III. sogar schon bemüht darum, ein Spiel einzuschränken, das mit seinem aggressiven Gebaren die Arbeit der Geschäftsleute und Handwerker sowie die Ausbildung der jungen Männer im Bogenschießen störte. Im 15. und 16. Jahrhundert übte man in einigen italienischen Regionen eine weitere, dem Fußball ähnliche Unterhaltung mit Namen „Calcio“ aus.

Die wahren Anfänge des modernen Fußballs sind in der ersten Hälfte des 19. Jahrhunderts an den angesehenen englischen Mittelschulen Eton und Harrow zu suchen. An der Entwicklung der Regeln waren gleich drei Schulen beteiligt: Cambridge (1848), Sheffield (1857) und Uppingham (1862). Im Zusammenwirken mit der 1863 gegründeten Englischen Fußballassoziation wurden sie schrittweise vereinheitlicht. Zur definitiven Annahme der Regeln kam es in den Jahren 1882–83 durch die Konstituierung des „Internationalen Rates“, der von den vier britischen Fußballverbänden gebildet wurde. Ziemlich schnell löste sich der Fußball von dem Umfeld, in dem er entstanden ist. Dafür ist er zu einem festen Bestandteil der Freizeitunterhaltung der Arbeiterschichten geworden. Die riesige Entwicklung der Industrie in England in der zweiten Hälfte des 19. Jahrhunderts brachte folglich auch den raschen Aufschwung des neuen Spiels. Zu der Zeit war das britische Kolonialreich das größte der Welt, weshalb sich der offensichtliche Einfluss der Briten auf das weltweite Fußballgeschehen auch gesellschaftlich bemerkbar machte. In den Ländern, die am intensivsten kolonisiert wurden und sich auch zuerst von der britischen Fremdherrschaft befreiten (USA und Kanada), hat sich der Fußball nicht durchgesetzt. Die Amerikaner modifizierten die historisch älteren britischen Sportarten, Rugby und Kricket, zu Football und Baseball. In Britisch-Indien propagierten die Kolonialbeamten und Offiziere das Kricket, während Fußball durchweg nur von den Soldaten aus dem Stützpunkt in Kalkutta gespielt wurde. So breitete sich der Fußball – analog dem Mutterland – hauptsächlich unter den sozialschwachen Schichten aus, auch deshalb, weil er keine besondere Ausstattung erforderte und der breiten Masse zugänglich war.

Ab der zweiten Hälfte des 20. Jahrhunderts hat sich die Situation des Fußballs im Zusammenhang mit der enormen Kommerzialisierung erheblich geändert. Dank Europa und Lateinamerika ist er zum populärsten Sport geworden, er zieht sowohl die meiste Aufmerksamkeit als auch das große Geld an. Ein riesiges Potenzial hat er besonders in Asien und Afrika, wo die Armut und eine schwache Infrastruktur seiner Entwicklung immer noch im Wege stehen.

Die Anfänge des Fußballs und seine Verbreitung

Britische Inseln - Städte mit Fußballklubs (bis zum Jahr 1880)

Die Karte zeigt die Orte, in denen Fußballklubs zu Hause waren, die bis zum Jahre 1880 gegründet wurden. In der Mehrzahl handelt es sich um Amateurmannschaften, die in unteren Wettbewerben spielten. Ebenfalls angeführt sind die Städte, in denen die damals führenden Mannschaften beheimatet waren, die zum Teil nicht mehr existieren.

Entwicklung fußballähnlicher Spiele

- 2500 v. Chr. erste Regeln des Spiels Zuqiu (China)
- 1700 v. Chr.
- 1000 v. Chr.
- nachgewiesene Durchführung von Zuqiu in China
- 600 v. Chr. in Griechenland spielt man Episkyros
- 200 v. Chr. Entwicklung von Zuqiu während der Chan-Dynastie
- in Rom spielt man Harpastum
- 100 v. Chr.
- „Eingeborenen"-Fußball in Irland
- 0
- Belege über ein Spiel in Dalmatien
- 100
- 200
- 300 Ausbreitung der „Fußball"-Spiele im römischen Reich
- 400
- 500
- „Eingeborenen"-Fußball auf dem Gebiet des heutigen Guatemalas
- 600
- 700
- 800
- „Eingeborenen"-Fußball in der Normandie, der Bretagne, der Picardie, Cornwall, Wales, Irland, Schottland und in englischen Städten
- 900
- 1000
- 1100
- in Frankreich spielt man La soule
- 1200
- 1300
- 1400 wiederholtes Fußballverbot, ausgerufen von den englischen und schottischen Monarchen (1314, 1349, 1389, 1457, 1491)
- 1500 trotz weiterer Verbote beträchtliche Verbreitung des Spiels in England
- 1600 erste Regeln von Calcio (Italien, 1580), seit 1609 spielt man es jedes Jahr in Virginia (heute USA)
- vorkolumbisches Ballspiel verschwindet mit dem Zerfall der ursprünglichen mexikanischen Kulturen
- 1700
- 1800 in Britannien geht das Interesse am Fußball zurück

Anfänge des modernen Fußballs und dessen Meilensteine im 19. Jahrhundert

- 1814 Fußball wird in Harrow organisiert
- 1823 Schüler verstoßen beim Rugby gegen die „Regeln" (sie nehmen den Ball in die Hand)
- 1827 in Harvard beginnen die alljährlichen Wettkämpfe, das unsportliche Verhalten der Spieler beim Fußball in Eton führt bei einem Großteil der Öffentlichkeit zur Ablehnung des Spiels
- 1845 zum ersten Mal sind Schiedsrichter anwesend (in Eton)
- 1846 Festlegung der Regeln in Rugby-Schulen
- 1848 Festlegung der Regeln in der Universität von Cambridge
- 1855 erster Fußballklub der Welt – Sheffield FC
- 1857 die Sheffielder Regeln werden eingeführt
- 1859 erster „reiner" Fußballklub – Forest FC (Vorgänger der später berühmten The Wanderers)
- 1862 Festlegung der Regeln in der Schule von Uppingham; erster nichtenglischer Klub - Oneida FC (Boston, USA)
- 1863 Entstehung der Englischen Assoziation – Schaffung verbindlicher Regeln, die das Fußballspiel vom Rugby unterscheiden
- 1865 der Fußball betritt den afrikanischen Kontinent (Port Elizabeth)
- 1866 die Abseitsregel entsteht
- 1867 Gründung von Queen's Park FC und Buenos Aires FC (erste Klubs in Schottland und Argentinien); im Zeitraum 1861-67 entstehen trotz unterschiedlicher Regelauslegung Klubs in ganz England
- 1870 erstes internationales Länderspiel (England-Schottland)
- 1871 erster regelmäßiger Wettbewerb (Englischer Pokal); der Rugbyverband wird gegründet
- 1872 erstmals Fußball in Frankreich; der Eckball wird eingeführt
- 1875 erstmals Fußball in Brasilien
- 1876 die Torlatte ersetzt das Band, mit dem bis dahin die Torstangen verbunden worden
- 1878 die Schiedsrichter benutzen erstmals eine Pfeife; in Sheffield spielt man bei Flutlicht
- 1882 International Football Association Board (Internationaler Fußball-Regelausschuss) gegründet
- 1885 erstmalige Legalisierung des Profifußballs (in England)
- 1888 Gründung der ersten Liga (in England)
- 1891 erste Tornetze, Linienrichter und Einführung des Elfmeters (in England)
- 1893 Gründung der ersten südamerikanischen Assoziation (in Argentinien), Profifußball in Schottland
- 1896 erste internationale Spiele zwischen Mannschaften der Britischen Inseln und des europäischen Festlands (Amateure)
- 1898 Gründung des ersten spanischen Klubs (Athletic Bilbao) und der Assoziation in Italien
- 1900 Gründ. der Assoziationen in Deutschland und Uruguay

Wichtige Begebenheiten im 20. Jahrhundert

- 1902 Entstehung der Liga in Mexiko – die erste in Nordamerika
- 1904 Gründung der FIFA
- 1908 Englands A-Team spielt erstmals außerhalb der Britischen Inseln (in Österreich, Ungarn und Böhmen); erstes olympisches Fußballturnier (London 1908)
- 1910 Entstehung der Liga auf den Philippinen – die erste in Asien
- 1913 die FIFA wird Mitglied des International Football Association Board
- 1914 erstes Länderspiel Brasiliens (gegen Argentinien)
- 1916 Gründung der CONMEBOL-Konföderation
- 1921 Gründung der Assoziation Ägyptens
- 1923 Einweihung des Wembley-Stadions
- 1925 Änderung der Abseitsregel (zwei Spieler müssen bei der Ballabgabe noch vor dem Angreifer stehen, zuvor drei)
- 1927 erste Fußballübertragung im Radio (vom Spiel Arsenal–Sheffield United)
- 1930 erste Weltmeisterschaft (in Uruguay)
- 1931 Einführung des Profifußballs in Argentinien
- 1932 zum ersten Mal Ein- und Auswechslung von Spielern bei einem Länderspiel
- 1933 erste Nummerierung auf den Trikots (in England)
- 1934 zweite WM (in Italien)
- 1937 erste Fußballübertragung im Fernsehen (Preston North End–Sunderland)
- 1938 dritte WM (in Frankreich)
- 1941 erste Mittelamerika- und Karibikmeisterschaft
- 1947 erste Nordamerikameisterschaft
- 1948 erster großer internationaler Juniorenwettbewerb (in England)
- 1950 vierte WM (in Brasilien), Einweihung des Maracanã-Stadions
- 1954 fünfte WM (in der Schweiz), Gründ. von UEFA und AFC
- 1955 Startschuss zum Europapokal der Landesmeister
- 1956 erste Asienmeisterschaft
- 1957 Gründ. der CAF-Konföderation, erste Afrikameisterschaft
- 1958 sechste WM (in Schweden), erste EM (Qualifikation)
- 1960 Start der Copa Libertadores und des Europacups der Pokalsieger
- 1961 Gründung der CONCACAF-Konföderation
- 1962 siebente WM (in Chile), erste CONCACAF-Meisterschaft
- 1964 Start des Afrikapokals der Meister
- 1966 achte WM (in England), Gründ. der OFC-Konföderation
- 1967 Start des Asienpokals der Meister
- 1968 Einführung der gelben und roten Karte (Olympiade in Mexiko)
- 1970 neunte WM (in Mexiko)
- 1973 erste Ozeanienmeisterschaft
- 1974 zehnte WM (in der Bundesrepublik Deutschland)
- 1975 Pelé wechselt zu New York Cosmos
- 1976 erste Junioren-Weltmeisterschaft
- 1978 elfte WM (in Argentinien)
- 1981 Einführung der Drei-Punkte-Regel für einen Sieg (in England)
- 1982 zwölfte WM (in Spanien); größte Fußballtragödie (Moskau, 340 Tote)
- 1985 Tragödie in Brüssel (39 Opfer)
- 1986 dreizehnte WM (in Mexiko)
- 1990 vierzehnte WM (in Italien)
- 1991 erste WM der Frauen, Gründung der europäischen Champions League
- 1994 fünfzehnte WM (in den USA)
- 1995 sog. „Bosman-Urteil" hält im Profifußball Einzug
- 1998 sechzehnte WM (in Frankreich), erste Fußball-EXPO (in Singapur)
- 2000 erste Klub-WM (in Brasilien)

Stellung des Fußballs innerhalb des Sports

Der Fußball ist längst zum meistverbreiteten und populärsten Sport der Welt avanciert; in irgendeiner Form wird er von rund einer halben Milliarde Menschen aller Altersgruppen betrieben. Fortwährend nimmt die Zahl der Länder ab, in denen er (noch) nicht zur Sportart Nummer 1 deklariert ist. Zu ihnen gehören allerdings einige große und kommerziell bedeutende Staaten (USA, Japan, Indien). Als derzeit fußballverrücktester Kontinent gilt Europa, wo Fußball in fast jedem Land auf Platz 1 der Beliebtheitsskala geführt wird. Die statistischen Daten der offiziellen Quellen – nationale Verbände und FIFA – gehen jedoch oft weit auseinander. Zum Beispiel gibt die deutsche Statistik unglaubliche 6,5 Millionen organisierter Spieler an, der Deutsche Fußball-Bund spricht von etwa einer Million und die FIFA sogar von nicht ganz einer halben Million Fußballkicker in Deutschland. Wenn wir die Anzahl der Spieler der Einwohnerzahl gegenüber stellen, können wir Norwegen als das für Fußball interessierteste Land bezeichnen. Hier sind ca. 700 000 Fußballer registriert, was einem Anteil von 150 Spielern auf eintausend Menschen entspricht. Nur auf knapp die Hälfte dieses Anteils (70 auf 1000) kommt hingegen das Fußball-Mutterland – England. Großer Beliebtheit erfreut sich das Spiel in einigen Ländern Asiens (Irak, Iran, Malaysia, Singapur, Nord- und Südkorea). In China, dem bevölkerungsreichsten Land der Erde, sollen einigen Quellen zufolge etwa 20 Millionen Menschen dem runden Leder nachjagen. Andere Quellen sprechen aber von über 2,5 Millionen oder sogar von nur 300 000 registrierten Spielern. Auf dem amerikanischen Kontinent ragt das kleine Uruguay heraus, während das weitaus dichter bevölkerte Brasilien im relativen Vergleich zurückbleibt. Die Beliebtheit des Fußballs ist hier nicht mehr so groß, wie sie es noch vor fünfzig Jahren war. Auf der anderen Seite wird die Anzahl der aktiven Kicker auf 19 Millionen geschätzt. Interessant sind auch die Angaben über die Entwicklung der Spieleranzahl in verschiedenen Ländern. In England hat sich in den letzten 20 Jahren die Anzahl der registrierten Fußballer verdoppelt, woanders ist jedoch eine Stagnation oder gar ein Rücklauf zu verzeichnen. Das betrifft vor allem die postkommunistischen Staaten, wo die Jugendlichen neue Probleme zu lösen, aber auch neue Möglichkeiten zur Selbstverwirklichung haben. Ähnlich differenziert sieht es auch bei einem Vergleich über die Anzahl der Profis aus. In den mittel- und osteuropäischen Ländern spielen sie oft nur in der 1. Liga. Deshalb bewegt sich ihre Zahl um die Hunderte. Im Falle solcher Fußballnationen wie England, Schottland, Italien, Deutschland oder Argentinien kicken sie auch in unteren Spielklassen und ihre Zahl geht in die Tausende.

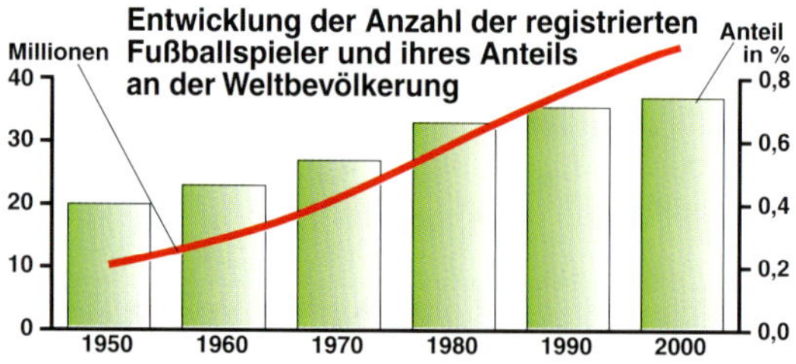

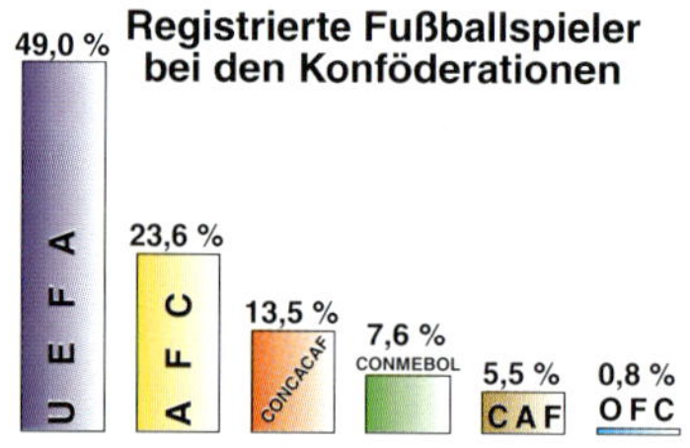

Registrierte Fußballspieler (ausgewählte Länder)

Land	Anzahl der registrierten Fußballspieler insgesamt	Männer	Frauen	Frauen (%)	Nachwuchs bis 17 Jahre (%)	Anzahl der Profis
England	3 300 000	3 224 000	76 000	2,3	42	5 500
Frankreich	2 150 000	2 114 000	36 000	1,7	35	1 700
Italien	1 200 000	1 193 000	7 000	0,6	45	3 300
Deutschland	6 216 300	5 442 000	775 000	12,5	18	1 200
Niederlande	1 000 000	959 000	41 000	4,1	28	625
Schottland	136 000	132 400	3 600	2,6	56	3 250
Spanien	625 000	623 000	2 000	0,3	30	1 050
Argentinien	550 000	533 000	17 000	3,1	44	1 800
Brasilien	1 100 000	1 075 000	25 000	2,3	5	26 000
Mexiko	1 500 000	1 400 000	100 000	6,7	48	3 100
Nigeria	100 000	96 500	3 500	3,5	23	450
Japan	901 000	880 000	21 000	2,3	52	600

Registrierte Fußballspieler

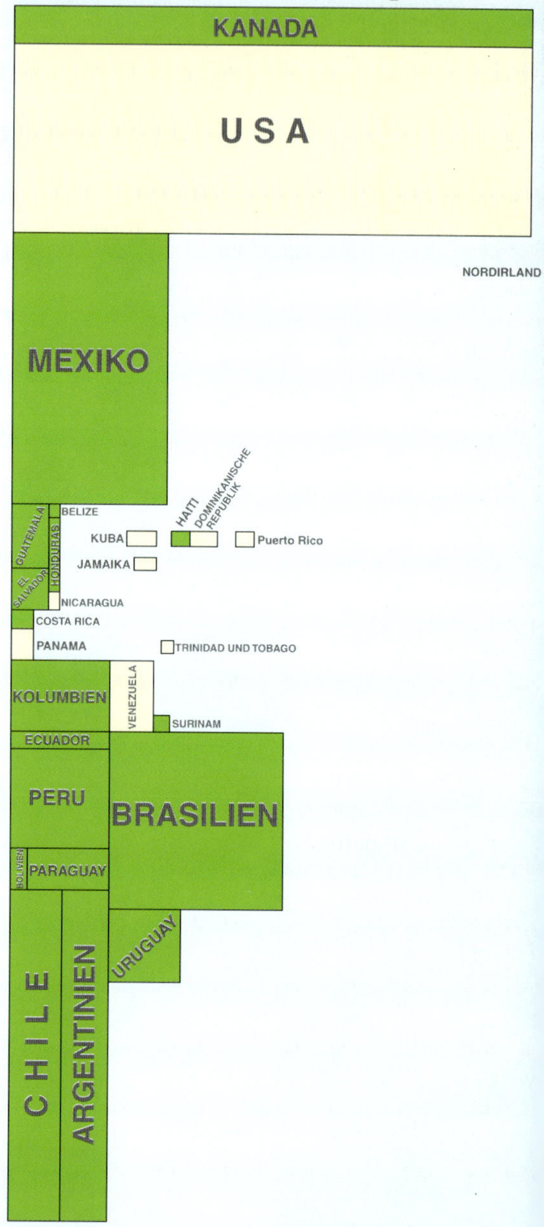

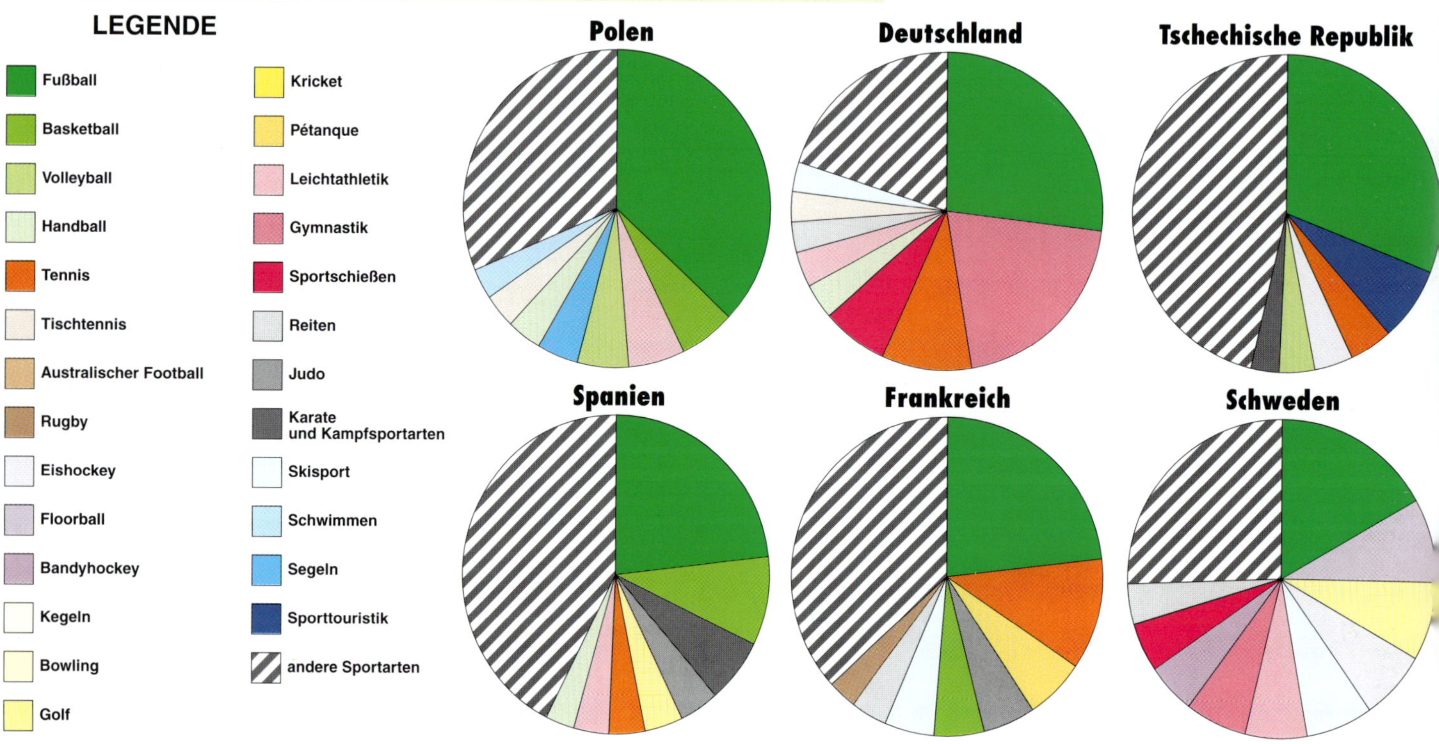

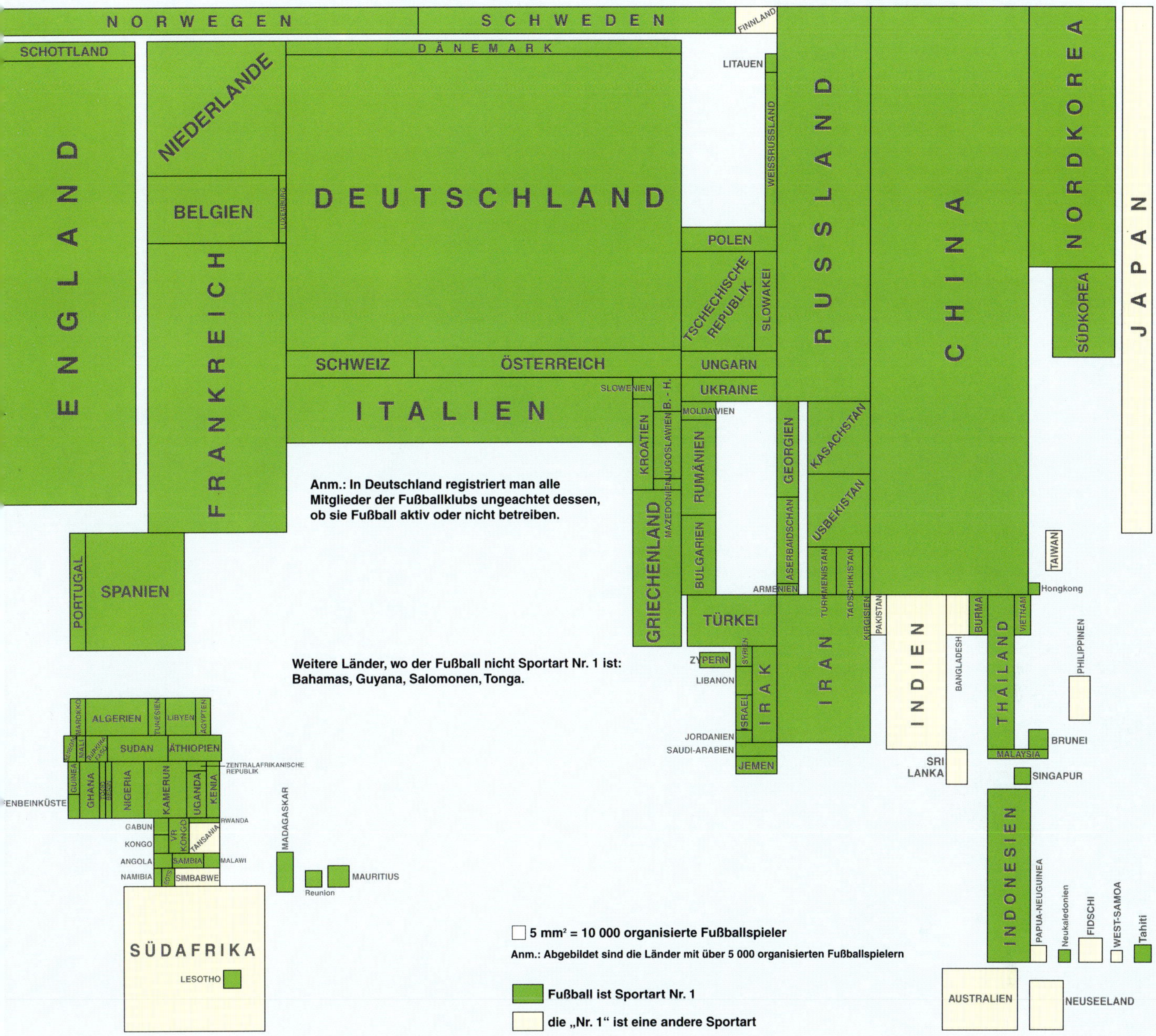

Portugal

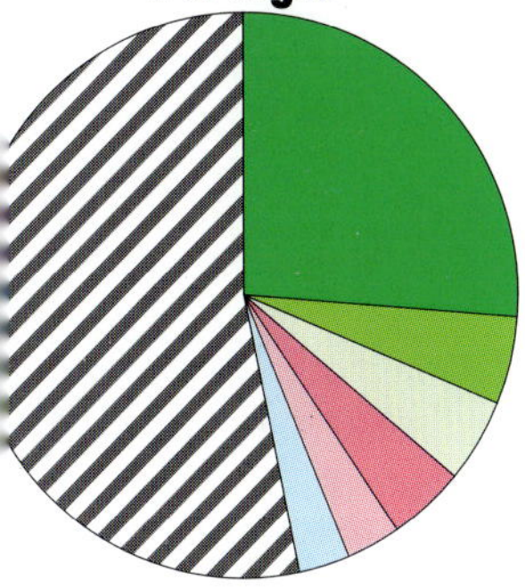

Australien

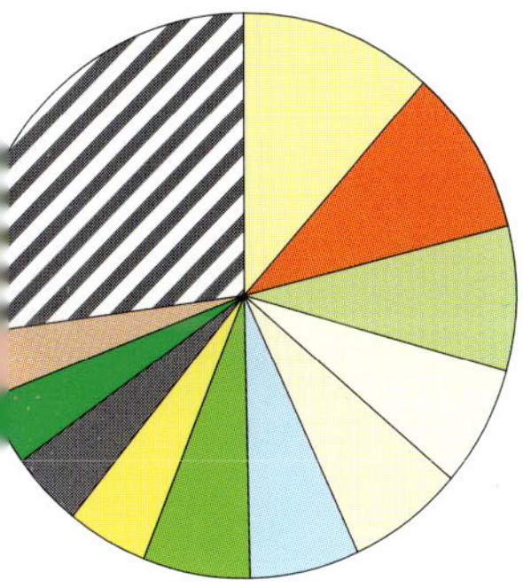

Zahl der organisierten Fußballspieler pro 1 000 Einwohner

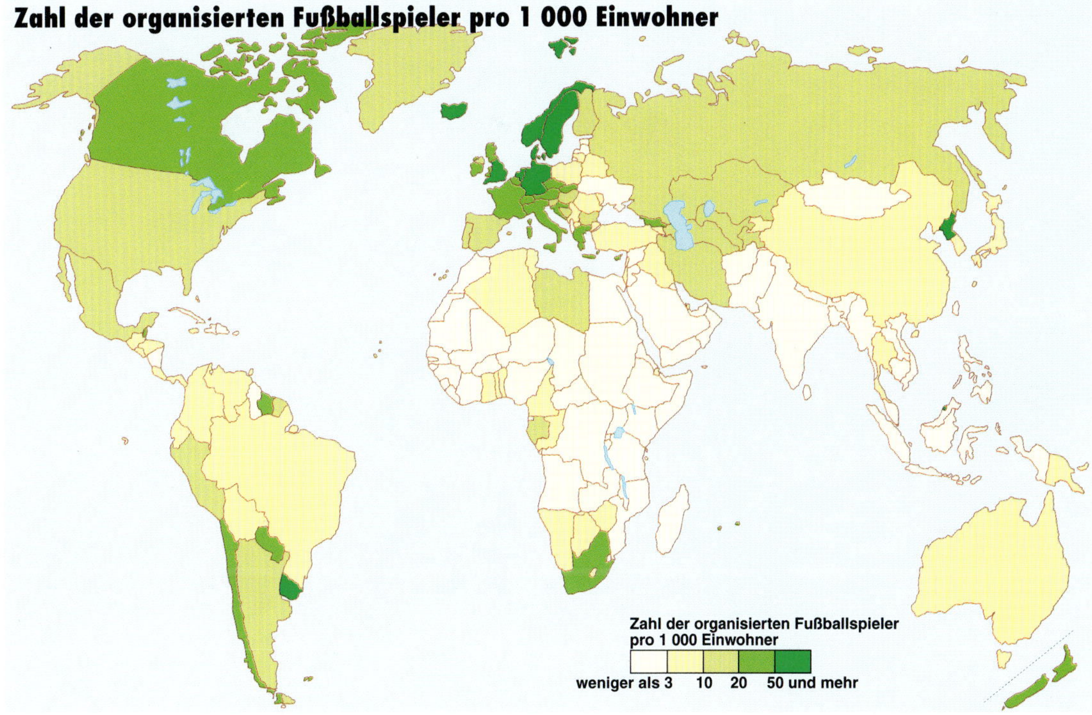

Fußball und Klima

Fußball wird überall auf der Erde gespielt. In allen klimatischen Zonen, im Grunde überall dort, wo man einen Fußballplatz anlegen kann – obwohl reguläre Fußballplätze nur jene mit Rasen sind. Man kann also sagen, dass die globale Verbreitung des Fußballs auf internationalem Niveau durch die unterschiedlichen Möglichkeiten des Anlegens und der Pflege eines Rasenplatzes geographisch eingeschränkt wird.

In der gemäßigten Klimazone und den Zonen des kontinentalen Klimas, also dort, wo es große Differenzen zwischen Sommer und Winter gibt, kann man gewöhnlich nur in der Sommersaison spielen (typisch für Russland, Kanada und Binnenstaaten). In wärmeren Gebieten und Regionen mit ozeanischem Klima, das ausgeglichener ist, kann man das ganze Jahr über Fußball spielen. In den tropischen Gebieten wird der Fußball außer von den Temperaturen am meisten von dem Einsetzen der Regenzeit beeinflusst (die Saison spielt sich meistens in der Trockenperiode ab), in den subtropischen Wüstengebieten wiederum von den Extremtemperaturen im Sommer (die Spielzeit fällt in die Winterperiode). Kein Wunder, dass sich die Zivilisation, und mit ihr auch der Fußball, in die klimatisch günstigen Gebiete verlagerte – auf die Britischen Inseln und in den Mittelmeerraum. In diesen beiden Regionen werden die Ligawettbewerbe in einer Herbst-Frühlings-Saison gespielt, also auch in der Winterperiode, die zwar durch niedrigere, jedoch erträgliche Temperaturen und höhere Niederschläge charakterisiert wird. Besonders in Südamerika zieht sich die Fußballsaison über mehr als zehn Monate und in Brasilien sogar über das gesamte Jahr hin.

Noch mehr als das Klima macht den Fußballspielern allerdings eine besondere Höhenlage zu schaffen. Dies ist der Hauptgrund, weshalb die bolivianischen Mannschaften zu Hause nur äußerst selten Punkte verlieren, obwohl sie sonst eher zum Durchschnitt zählen. Ähnlich hohe Ansprüche an die Fußballer stellt die Ligameisterschaft in Peru: In Lima und Callau, Städte, die an der Pazifikküste liegen, regnet es praktisch überhaupt nicht, in Iquitos in der Amazonastiefebene herrscht ein Klima wie in einer Waschküche und in den Anden spielen die Kicker in Höhen von 3000 bis 4000 m ü.d.M. Daraus resultiert, dass in den Gebieten mit extremen Klimawerten und großen lokalen Differenzen ein Heimspiel einen entscheidend größeren Vorteil darstellt als in den Regionen mit gleichbleibend günstigen Bedingungen.

Extreme Erscheinungen sind am meisten in Afrika anzutreffen; in Douale (Kamerun) oder in der guinesischen Hauptstadt Conakry können am Tag 50–100 mm Niederschläge fallen (d.h. 50–100 Liter pro m^2). Allgemein regnet es im äquatorialen Gebiet, z.B. in Lae (Papua-Neuguinea) fast jeden Tag. Hohe Niederschläge verteilen sich kontinuierlich auf das ganze Jahr. Besonders in diesen Ländern ergeben sich erhebliche Probleme mit der Instandhaltung der Rasenplätze. Die Mehrheit dieser Plätze genügt nicht den Anforderungen bedeutender internationaler Wettbewerbe. Das ist der Grund, weshalb die FIFA in den tropischen, aber auch subpolaren Gebieten die Errichtung von Kunstrasenplätzen gestattet.

Die Temperaturen, und in einigen Fällen auch die Meereshöhe (z.B. bei der WM in Mexiko 1970 und 1986), beeinflussen oft die Spiele einer Weltmeisterschaft, die zu Terminen veranstaltet werden müssen, die vom klimatischen Standpunkt aus nicht die geeignetsten sind. Bei der WM 1994 in den USA bewegten sich die Temperaturen im Durchschnitt zwischen 30 und 35 °C im Schatten, in der Sonne erreichten sie bis zu 50 °C. Die Hitze, in der man gelegentlich auf der Arabischen Halbinsel spielt, beträgt oft bis zu 60 °C. Andererseits spielt man in den Ländern um den Äquator fast das ganze Jahr über unter den gleichen klimatischen Bedingungen. In Quito oder Belém verändert sich die durchschnittliche Temperatur im Laufe eines Jahres nur um maximal ein Grad.

Klima und Spielsaison - Welt

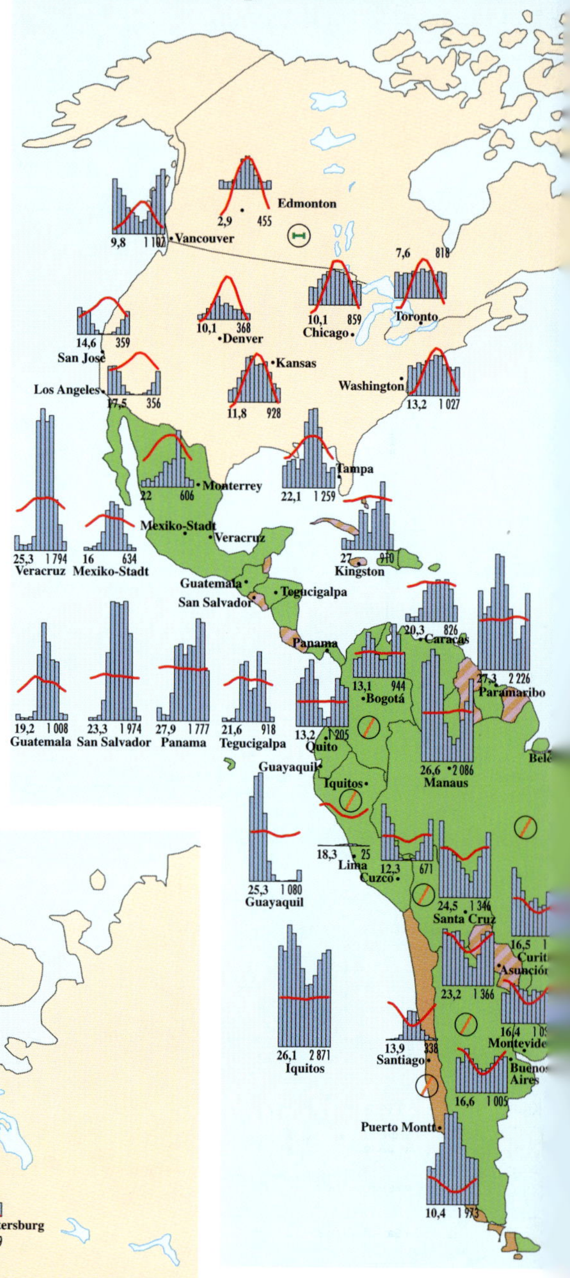

Klima und Spielsaison - Europa

Klimatische Charakteristiken während der Spielsaison in ausgewählten Städten

LEGENDE

max.	maximale durchschnittliche Tagestemperatur
min.	minimale durchschnittliche Tagestemperatur
Sonne	durchschnittliche Stundenzahl mit Sonnenschein pro Tag
Regen	durchschnittliche Anzahl der Tage mit Niederschlägen pro Monat
11	übliche Spielsaison

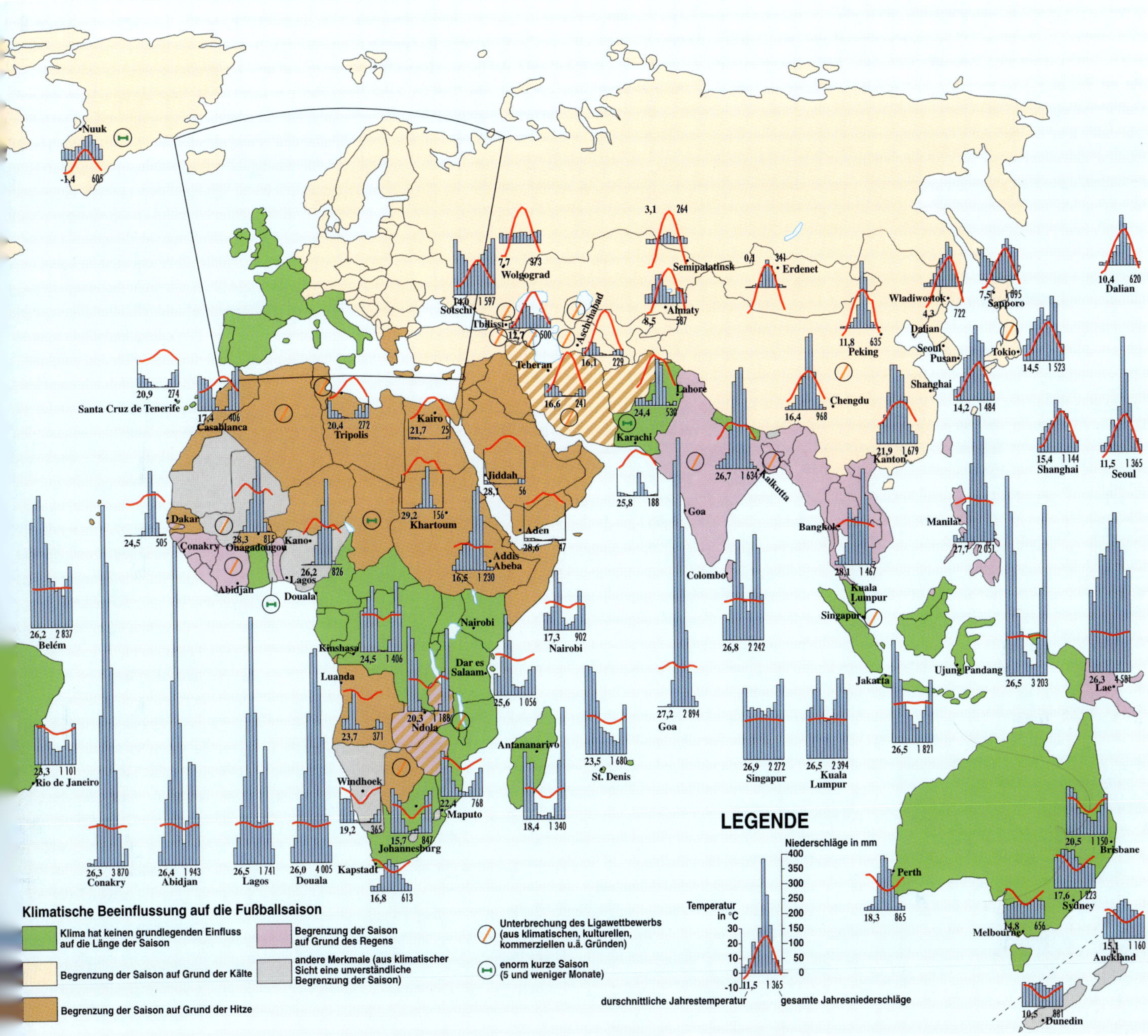

Stadt	Klima-charakteristik	I	II	III	IV	V	VI	VII	VIII	IX	X	XI	XII
Barcelona	max.	13	14	16	18	22	25	27	28	26	22	17	14
	min.	6	7	8	11	14	17	21	21	18	14	10	7
	Sonne	5	6	6	8	8	9	10	9	7	5	5	4
	Regen	4	5	5	6	6	4	3	4	6	7	6	5
London	max.	6	7	10	13	17	20	22	21	19	14	10	7
	min.	2	2	3	5	8	11	13	13	11	8	5	3
	Sonne	2	2	4	6	7	7	7	6	5	3	2	1
	Regen	11	9	8	8	8	8	9	9	9	9	10	9
Moskau	max.	-7	-6	0	9	17	22	24	22	16	8	0	-5
	min.	-14	-13	-8	0	6	11	13	12	7	1	-4	-10
	Sonne	1	2	4	5	8	9	9	7	4	2	2	1
	Regen	8	7	8	7	8	9	11	11	10	9	9	8
Rom	max.	11	13	16	19	23	28	31	31	27	21	16	12
	min.	4	5	7	10	13	17	20	20	17	13	9	5
	Sonne	4	4	5	7	8	10	11	10	7	6	5	4
	Regen	8	9	8	8	7	4	2	2	5	8	10	10
Kairo	max.	20	22	25	29	33	35	36	35	33	31	26	21
	min.	8	9	11	14	17	20	22	22	20	18	14	10
	Sonne	7	8	8	10	11	12	12	12	11	10	8	7
	Regen	1	1	1	0	0	0	0	0	0	0	1	1
Johannesburg	max.	26	25	24	22	19	17	17	20	23	25	25	26
	min.	15	14	13	10	6	4	4	6	9	12	13	14
	Sonne	8	8	7	8	9	9	9	10	9	9	9	9
	Regen	13	9	8	7	3	1	0	1	2	8	11	12

Stadt	Klima-charakteristik	I	II	III	IV	V	VI	VII	VIII	IX	X	XI	XII
Lagos	max.	32	32	33	32	31	29	28	28	28	29	31	32
	min.	22	23	23	23	23	22	21	21	22	22	22	22
	Sonne	6	7	6	6	6	4	3	3	3	5	7	6
	Regen	1	2	6	7	13	21	17	10	13	13	6	2
Buenos Aires	max.	30	29	26	22	18	15	15	16	18	21	25	29
	min.	18	17	15	12	9	6	6	6	8	11	13	16
	Sonne	10	9	8	7	6	5	5	6	6	7	9	9
	Regen	5	5	6	6	4	4	5	6	5	7	7	7
Mexiko-Stadt	max.	19	21	24	25	26	24	23	23	23	21	20	19
	min.	6	6	8	11	12	13	12	12	12	10	8	6
	Sonne	7	8	7	7	7	6	6	7	6	6	6	6
	Regen	2	1	2	6	9	14	19	18	17	8	3	2
Rio de Janeiro	max.	30	30	29	27	26	25	25	25	25	26	26	28
	min.	23	23	23	21	20	18	18	18	18	20	20	22
	Sonne	7	7	7	6	6	6	6	7	5	5	6	6
	Regen	13	11	9	9	6	5	5	4	5	11	10	12
Seoul	max.	0	3	9	17	23	27	29	31	26	20	12	3
	min.	-10	-7	-1	5	11	15	21	22	16	8	1	-5
	Sonne	6	6	7	8	8	7	6	6	7	8	6	5
	Regen	3	3	6	6	7	9	14	10	7	5	5	5
Sydney	max.	26	26	24	22	19	16	16	17	19	22	23	25
	min.	18	18	17	14	11	9	8	9	11	13	16	17
	Sonne	7	7	6	5	5	4	5	6	6	7	7	7
	Regen	7	8	8	7	5	9	5	7	7	9	8	8

Fußballstadien

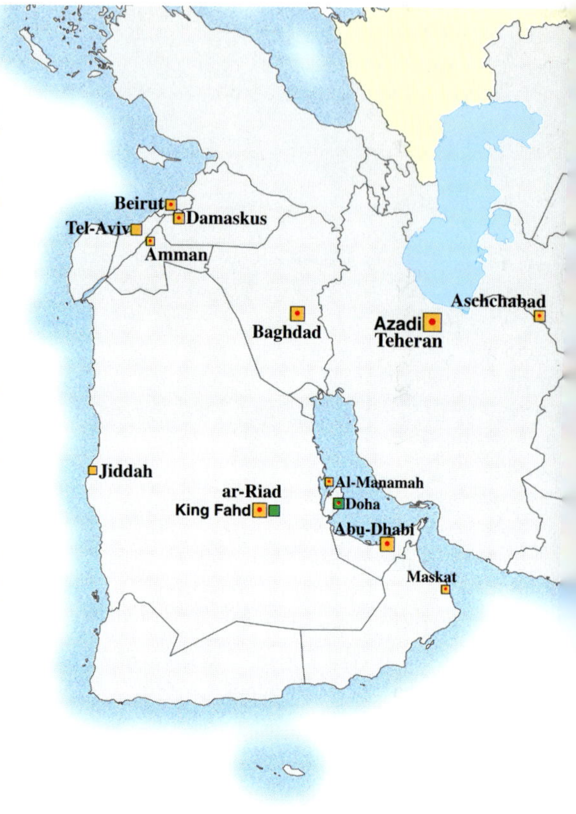

Als der Fußball seinen Siegeszug antrat und ein für Zuschauer attraktiver Sport wurde, rief das auch die Notwendigkeit hervor, Anlagen für eine größere Anzahl an Besuchern zu bauen. Die ersten Spielfelder entstanden bereits in der ersten Hälfte des 19. Jahrhunderts. Von den noch existierenden Klubs verfügten Mansfield Town (1861) und Sheffield United (1862) als erste über eine Kampfbahn. Als die älteste, noch in der Gegenwart genutzte Spielstätte gilt der Recreation Ground in Chesterfield (1866). In den 70er Jahren des 19. Jahrhunderts begann man die ersten Tribünen zu bauen und gegen Ende des Jahrhunderts gab es schon Stadien mit einer Kapazität von über 50 000 Zuschauern. Die 100 000-Besucher-Grenze erreichte 1901 als erstes das Crystal Palace in London. Zum größten Stadion Europas stieg bald der Hampden Park in Glasgow mit einem Fassungsvermögen von 134 000 Zuschauern und dem Besucherrekord von fast 150 000 Zuschauern (1934) auf. Die Mehrzahl der Stadien hatten zu jener Zeit mit Ausnahme der Logen für die Prominenz oder der Haupttribüne lediglich Stehplätze. Die ausgewiesene Kapazität konnte so bei attraktiven Begegnungen leicht überschritten werden (in einigen Fällen bis um das Dreifache).

Auch die Entfaltung des Fußballs in Südamerika führte zum Bau von großen Stadien. Zwanzig Jahre nach dem 2. Weltkrieg hat Brasilien den ersten Platz eingenommen was die Anzahl von über 100 000 Zuschauer fassenden Anlagen betrifft. In den 70er Jahren gab es auf der Welt bereits über zwanzig solcher Stadien, aber in der Gegenwart sind sie eher die Ausnahme. Das größte Stadion der Geschichte war noch unlängst das Maracanã in Rio de Janeiro, das 1950 offiziell eingeweiht wurde mit einer Kapazität von 220 000 Zuschauern. Hier wurde auch die höchste Besucherzahl der Fußballgeschichte registriert: 199 854 Zuschauer beim WM-Finale 1950 zwischen Brasilien und Uruguay. Aufgrund von Modernisierungen und der Tatsache, dass die Besucherzahlen nachließen, wurde dessen Fassungsvermögen inzwischen bis auf 78 000 Plätze (alles Sitzplätze) reduziert. Jetzt wird das Azteca in México City mit der Kapazität von 106 000 Sitzplätzen als das größte Fußballstadion der Welt angesehen.

Besonders in Europa wurden die Stadien in den zurückliegenden Jahrzehnten grundlegenden Qualitätsverbesserungen unterzogen. Wesentlicher Impuls für deren Umbau waren die großen Tragödien im Brüsseler Heysel-Stadion und im Hillsborough zu Sheffield. Gemäß einer Verordnung der UEFA dürfen die von ihr organisierten Wettbewerbe seit der Saison 1998/99 nur von einem sitzenden Publikum verfolgt werden. Zur Ausstattung der heutigen modernen Anlagen gehören sowohl eine vollständige Überdachung, ein leistungsstarkes Flutlicht, großflächige digitale Bildschirmwände als auch beheizte Rasenplätze. Die Zukunft gehört Stadien mit veränderlichen Parametern, ausziehbaren Dächern und Spielfeldern (Arena „Auf Schalke" in Gelsenkirchen).

Eine ausreichende Anzahl von Stadien mit der notwendigen Kapazität und einer entsprechenden Infrastruktur stellt eine wichtige Bedingung für die Veranstaltung großer internationaler Wettbewerbe dar. Über die meisten Fußballstadien verfügt Brasilien, viele davon haben jedoch nicht die geforderte Ausstattung. Die höchste Anzahl an Stadien, die die geforderten Kriterien erfüllen und ein Fassungsvermögen von über 50 000 Plätzen haben, befindet sich in den USA (über 80). Alle wurden freilich in erster Linie für American Football und Baseball gebaut, dennoch können sie auch für Fußball verwendet werden, wie die WM 1994 mit dem größten Besucherschnitt der WM-Geschichte bewiesen hat. In Europa verfügen England, Italien, Spanien und Deutschland über das größte Angebot an erstklassigen Stadien.

Größte Stadien Asiens

Stadion-name (Land, Stadt)	Stadion-kapazität
Rungnado/May Day (PRK, Pjöngjang)	150 000
Yuba Bharati Krirangan (IND, Kalkutta)	120 000
Gelora Senayan (IDN, Jakarta)	100 000
Azadi (IRN, Teheran)	100 000
Kim 2-Sung (PRK, Pjöngjang)	100 000
Bukit Jalil (MAS, Kuala Lumpur)	87 234
National St. of Pakistan (PAK, Karachi)	86 000
Shah Alam (MAS, Shah Alam)	80 500
Shanghai (CHN, Shanghai)	80 000
Jawaharlal Nehru (IND, New Delhi)	75 000
Workers' St. (CHN, Peking)	72 000
Yokohama International (JPN, Yokohama)	70 564
King Fahd (KSA, ar-Riad)	70 000
Chamsil Olympic (KOR, Seoul)	67 363
Taegu World Cup (KOR, Taegu)	66 040
Rajamangala St. (THA, Bangkok)	65 000
Seoul World Cup (KOR, Seoul)	64 677
Saitama Prefectural (JPN, Urawa)	63 700

Größte Stadien Ozeaniens

Stadion-name (Land, Stadt)	Stadion-kapazität
Olympic St. (AUS, Sydney)	110 000
Melbourne Cricket Gr. (AUS, Melbourne)	97 474
Docklands (AUS, Melbourne)	55 000
Eden Park (NZL, Auckland)	48 000

Größte Stadien Europas

Stadion-name	Stadt	Land	Gründ. Jahr/ letzte Rekonstruktion	Stadionkapazität insgesamt	Sitzplätze	überdachte Tribünen	Spielfeld Dim. (m)
Nou Camp/Camp Nou	Barcelona	Spanien	1957	98 600	98 600	15 %	105 x 72
Giuseppe Meazza "San Siro"	Mailand	Italien	1926/89	85 700	85 700	100 %	105 x 68
Stadio Olimpico	Rom	Italien	1953/90	82 307	82 307	100 %	105 x 67
Olimpijskyj	Kiew	Ukraine	1941/70	82 100	82 100	0 %	104 x 72
Luschniki	Moskau	Russland	1939/94	80 840	80 840	100 %	104 x 68
Stade de France	Paris	Frankreich	1997	80 000	80 000	100 %	105 x 68
San Paolo	Neapel	Italien	1959	78 000	78 000	100 %	105 x 68
Estádio da Luz	Lissabon	Portugal	1954	77 844	77 844	0 %	105 x 74
Santiago Bernabéu	Madrid	Spanien	1947/99	74 871	74 871	60 %	106 x 70
OAKA "Spiros Louis"	Athen	Griechenland	1982	74 160	74 160	0 %	105 x 68
Millennium Stadium	Cardiff	Wales	1999	72 500	72 500	100 %	105 x 68
La Cartuja	Sevilla	Spanien	1999	72 000	72 000	100 %	105 x 68
Stadio delle Alpi	Turin	Italien	1990	71 012	71 012	100 %	105 x 68
Népstadion	Budapest	Ungarn	1953	71 000	27 000	20 %	112 x 64
Boris Paichadze	Tbilissi	Georgien	1976	70 900	12 000	50 %	105 x 68
Olympiastadion	München	Deutschland	1972	69 256	56 500	55 %	105 x 68
Westfalenstadion	Dortmund	Deutschland	1974/98	68 600	40 800	100 %	105 x 68
Old Trafford	Manchester	England	1910/94	67 500	67 500	100 %	106 x 69
National Lia Manoilu	Bukarest	Rumänien	1953	65 000	65 000	0 %	102 x 68
Parkstadion	Gelsenkirchen	Deutschland	1967/98	62 004	44 962	40 %	105 x 68
Manuel Ruíz de Lopera	Sevilla	Spanien	1929/2001	62 000	62 000	100 %	104 x 67
Waldstadion	Frankfurt am Main	Deutschland	1925	61 146	30 546	33 %	105 x 68
Arena "Auf Schalke"	Gelsenkirchen	Deutschland	2001	61 000	44 000	100 %	105 x 68
Celtic Park	Glasgow	Schottland	1892/1997	60 832	60 832	100 %	96 x 62
Stade Vélodrome	Marseille	Frankreich	1937/98	60 200	60 200	20 %	110 x 72
San Nicola	Bari	Italien	1990	58 270	58 270	60 %	105 x 68
Vicente Calderón	Madrid	Spanien	1966	56 163	56 163	30 %	105 x 70
Rheinstadion	Düsseldorf	Deutschland	1926	55 850	55 850	77 %	105 x 68
Niedersachsenstadion	Hannover	Deutschland	1954	55 078	44 413	40 %	105 x 68
Olympiastadion	Berlin	Deutschland	1936/74	55 000	55 000	36 %	105 x 68

LEGENDE

Kapazität des Stadions
- über 80 000
- 60 000–80 000
- 45 000–60 000
- 30 000–45 000

Nutzung des Stadions
- nur für Fußball
- Fußballstadion mit Leichtathletikbahn
- für andere Sportarten (z.B. Rugby, Football, Kricket, Baseball, Australischer Fußball) und dazu auch für Fußball

weitere Spezifikationen
- im Bau befindliches Stadion, genereller Umbau
- Nationalstadion

Maracanã Stadionname

Durban Stadt

WM-Veranstalter
- schon WM-Veranstalter mit Perspektive
- schon WM-Veranstalter ohne Perspektive
- potenzielle WM-Kandidaten
- noch nie WM-Veranstalter und weiter ohne Perspektive

Größte Stadien Afrikas

Stadion-name (Land, Stadt)	Stadion-kapazität
First National Bank St. (RSA, Johannesburg)	85 000
Grand Stade (MAR, Casablanca)	80 000
Stade National (TUN, Tunis)	80 000
Stade des Martyrs (COD, Kinshasa)	80 000
Stade du 5 Juillet (ALG, Algier)	80 000
11 Juillet (LBY, Tripolis)	70 000
Cairo Stadium (EGY, Kairo)	67 000
Ellis Park (RSA, Johannesburg)	62 000
Mohammed V (MAR, Casablanca)	60 000
Stade Omnisport (CMR, Yaoundé)	60 000
19 Mai 56 (ALG, Annaba)	60 000
National Sports St. (ZIM, Harare)	60 000

Anm.: Im Falle der USA sind die Stadien angeführt, die für Fußballspiele regelmäßig genutzt werden oder in denen ein bedeutendes Fußballspiel stattgefunden hat.

Größte Stadien Nordamerikas

Stadion- name (Land, Stadt)	**Stadion-kapazität**
Azteca (MEX, Mexiko-Stadt)	106 000
Rose Bowl (USA, Pasadena)	100 092
Los Angeles Coliseum (USA, Los Angeles)	92 516
Stanford (USA, Palo Alto)	84 000
Legion Field (USA, Birmingham)	83 000
Jack Kent Cooke St. (USA, Wash.-Raljon)	80 593
Pontiac Silverdome (USA, Detroit-Pontiac)	80 435
Giants St. (USA, East Rutherford)	79 469
Arrowhead St. (USA, Kansas City)	79 409
Mile High St. (USA, Denver)	76 123
Olímpico Universitario (MEX, Mexiko-Stadt)	72 400
Georgia Dome (USA, Atlanta)	71 500
Citrus Bowl (USA, Orlando)	70 188
Cotton Bowl (USA, Dallas)	67 600
Soldier Field (USA, Chicago)	66 944
Raymond James St. (USA, Tampa)	66 321
Jalisco (MEX, Guadalajara)	66 000
Foxboro St. (USA, Boston)	60 292
Commonwealth (CAN, Edmonton)	60 217
Kingdom (USA, Seattle)	59 702

Größte Stadien Südamerikas

Stadion- name (Land, Stadt)	**Stadion-kapazität**
Morumbi (BRA, São Paulo)	80 000
Fonte Nova (BRA, Salvador)	80 000
Maracanã (BRA, Rio de Janeiro)	78 000
Nacional (CHI, Santiago)	77 000
Centenario (URU, Montevideo)	73 609
Isidro Romero Carbo (ECU, Guayaquil)	73 000
Mineirão (BRA, Belo Horizonte)	72 000
Castelão (BRA, São Luís)	70 000
David Arellano (CHI, Santiago)	62 500
Monumental de la "U" (PER, Lima)	60 000
Metropolitano (COL, Barranquilla)	60 000
Arruda (BRA, Recife)	60 000
El Monumental (ARG, Buenos Aires)	57 921
"La Bombonera" (ARG, Buenos Aires)	57 395
Cordero (ARG, Buenos Aires)	57 098
La Casa Blanca (ECU, Quito)	55 400
Castelão (BRA, Fortaleza)	55 000
Presidente Perón (ARG, Buenos Aires)	55 000
Olímpico Monumental (BRA, Porto Alegre)	55 000
Beira Rio (BRA, Porto Alegre)	54 247
Serra Dourada (BRA, Goiânia)	54 000
Mané Garrincha (BRA, Brasília)	53 200
Farahzão (BRA, Presidente Prudente)	50 000
Ilha do Retiro (BRA, Recife)	50 000
Machadão (BRA, Natal)	50 000
Santa Cruz (BRA, Ribeirão Preto)	50 000
Monumental "UNSA" (PER, Arequipa)	50 000
José Amalfitani (ARG, Buenos Aires)	49 747

Größte Stadien Südamerikas (Fortsetz.)

Stadion- name (Land, Stadt)	**Stadion-kapazität**
E. Modelo (ECU, Guayaquil)	48 772
Tomás Adolfo Ducó (ARG, Buenos Aires)	48 314
Anastasio Girardot (COL, Medellín)	48 000
Brinco de Ouro (BRA, Campinas)	47 500
Olímpico Atahualpa (ECU, Quito)	45 900
Pascual Guerrero (COL, Cali)	45 741
El Campín (COL, Bogotá)	45 297
Couto Pereira (BRA, Curitiba)	45 000

Die Schattenseiten des Fußballs

Der verbreitetste, meistverfolgte und beliebteste Sport unseres Planeten wird leider, wie jedwede andere menschliche Tätigkeit auch, von Unfällen und Tragödien begleitet, die Verletzungen und Todesopfer nach sich ziehen.

Obwohl das "Fußballrowdytum" von den Nachrichtenmedien erst in den sechziger Jahren als ein ernstes Problem bezeichnet wurde, sind Zuschauerausschreitungen schon aus viel früherer Zeit bekannt. Ihren Ursprung haben sie wie viele "Fußballneuheiten" auf den Britischen Inseln. Allmählich hat sich der unerwünschte Virus des undisziplinierten Verhaltens der Fans jedoch auch in weiteren Ländern ausgebreitet – insbesondere in den Niederlanden, in Deutschland, Italien, Spanien, Griechenland, der Türkei, in Südamerika, den Staaten der ehemaligen Sowjetunion und neuerdings auch in Afrika.

Die Klubs, nationale Verbände, Regierungen, Fußball-Konföderationen und die FIFA haben gemeinsam erst nach den Ereignissen in Brüssel (1985) begonnen, in dieser Problematik energischer vorzugehen. Die gefährlichsten Gewalttäter werden seitdem erfasst und strafrechtlich verfolgt. In den Stadien werden Kameras installiert, besonderer Wert wird auf die technische Ausstattung in den Stadien gelegt, die auch eine ausreichende Trennung der Anhängerschaft beider jeweiligen Teams voneinander vorsieht. Man unterschätzt weder die Anzahl noch die Organisation des Ordnungsdienstes und dessen Zusammenarbeit mit der Polizei innerhalb und außerhalb des Stadions. Die persönlichen Kontrollen der Fans vor ihrem Zutritt zu den Tribünen wurden verschärft, der Alkoholverkauf wird mithin verboten. Nach der Tragödie in Hillsborough (1989) wurden in England die Eisenzäune entfernt, die die Zuschauerränge von der Spielfläche trennten. Zudem werden die Stehplätze abgeschafft – Maßnahmen, denen sich weitere Länder nach und nach anschließen. Das Massaker in Guatemala (1996) führte die FIFA zu folgenden Konsequenzen: die die Zuschauer vom Spielfeld trennenden Zäune müssen leicht zerlegbar sein. In den Verkauf haben nur Eintrittskarten für nummerierte Sitzplätze zu gelangen und deren Vertrieb muss besser organisiert werden. Zudem muss die Zuschauerkapazität eines jeden Stadions überprüft werden. Ein Spiel darf nicht angepfiffen werden, bevor nicht alle Probleme im Zuschauerbereich gelöst sind. Nur der ernannte FIFA-Kommissar kann die Erlaubnis zum Anstoß oder zur Fortsetzung des Spiels geben und er hat eine Sicherheitskontrolle inner- und außerhalb des Stadions vor dem Anpfiff des Spiels vorzunehmen.

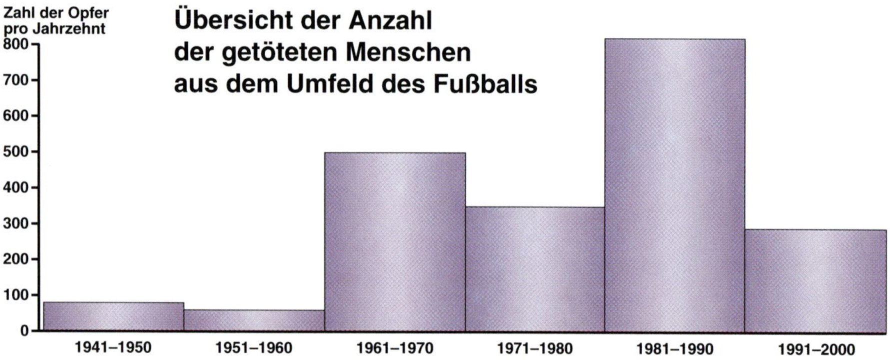

Anteil der Ursachen für den Tod von Menschen im Umfeld des Fußballs

Im Zusammenhang mit dem Fußball stehende große Tragödien

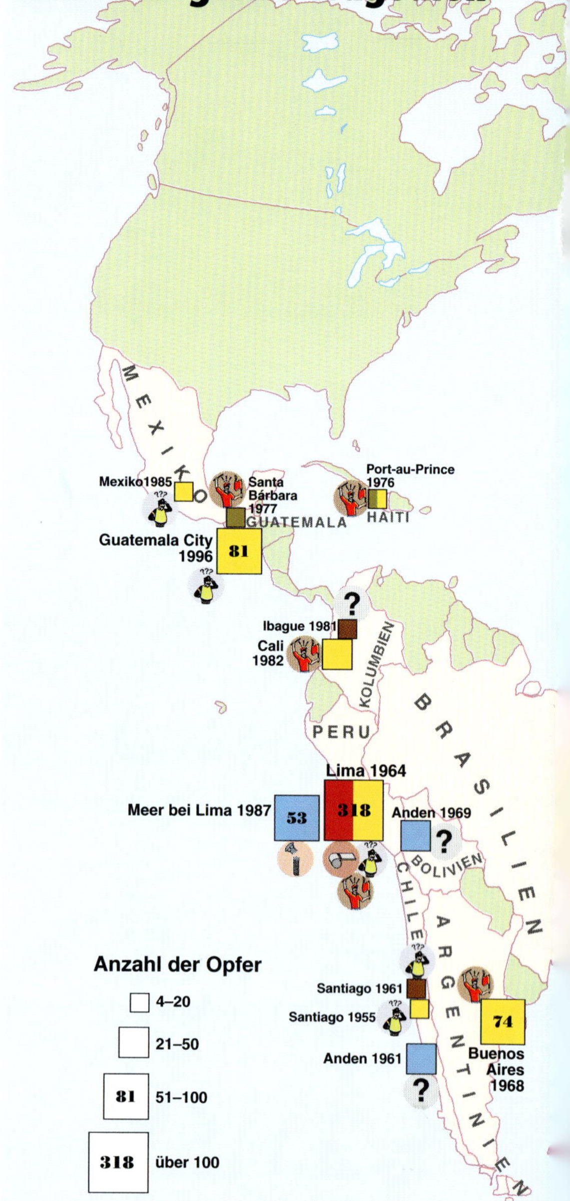

Chronik der schwersten Fußballtragödien

5. 4. 1902, Ibrox Park, Glasgow, Schottland, Spiel Schottland – England (1:1). Beim Einsturz der 12m hohen, aus Holz konstruierten West Stand -Tribüne kommen in dem neuen, 20 000 Zuschauer fassenden Stadion 25 Menschen ums Leben. 517 Personen erleiden schwere Verletzungen. Das Spiel wird für 20 Minuten unterbrochen, dann zu Ende gespielt. Es wurde aber nie in die offizielle Bilanz der beiden Länder aufgenommen.

9. 3. 1946, Burden Park, Bolton, England, Spiel der 6. Runde des Englischen Pokals Bolton Wanderers – Stoke City (0:0). Der Burden Park ist mit 65 000 Besuchern bis auf den letzten Platz gefüllt. Vor den Toren drängen sich noch 20 000 weitere Fans. Viele erzwingen sich den Zutritt. Unter dem Ansturm geben zwei der Metallgeländer nach und eine Wand stürzt ein. Dreißig Leute werden in der folgenden Panik erdrückt und niedergetrampelt, mehr als 500 werden verletzt. Das Spiel wird für eine halbe Stunde unterbrochen, dann ohne Pause zu Ende gespielt. Viele Fans ahnen nichts von den schrecklichen Ereignissen und erfahren erst auf dem Heimweg von der Tragödie.

14. 5. 1949, Berg Superga unweit von Turin, Italien.
Bei einem Flugzeugabsturz verliert nicht nur der AC Turin, sondern ganz Italien einen großen Teil seiner Fußballstars. Auf dem Rückflug von einem Spiel bei Benfica Lissabon zerschellt die Maschine am Berg Superga. Alle 18 Spieler, darunter 8 Nationalspieler, 13 Funktionäre, Journalisten und Crew-Mitglieder kommen dabei ums Leben. Ein Juniorenteam des AC Turin bestritt die restlichen Saisonspiele und konnte den nationalen Meistertitel erfolgreich verteidigen – zum fünften Mal in Folge!

6. 2. 1958, Flughafen München, Deutschland. Ein wiederholt erfolgloser Start im Nebel endet mit dem Aufprall des Flugzeuges am Ende der Startbahn. Das Flugzeug fängt Feuer. 23 Passagiere überleben den Unfall nicht – darunter acht „Busby Babies", wie die Spieler von Manchester United liebevoll genannt werden. Das Team kam gerade aus Belgrad, von einem erfolgreichen Rückspiel im Viertelfinale des Europapokals der Landesmeister gegen Roter Stern (3:3). In den Flammen starben: Roger Byrne, Geoffrey Bent, Eddie Colman, Duncan Edwards, Mark Jones, David Pegg, Tommy Taylor und Liam Whelan (alles Spieler), Walter Crickmer (Sekretär), Tom Curry (Cotrainer), Herbert Whalley (Trainer).

3. 4. 1961, Berg Las Lastimas, Chile. Auf dem Weg zu einem Pokalspiel in Osorno prallt die Maschine des Klubs Green Cross aus der Hauptstadt Santiago gegen den Berg Las Lastimas. 24 Mitglieder des Klubs kommen dabei ums Leben.

24. 5. 1964, Estadio National, Lima, Peru, Olympia-Qualifikationsspiel Peru – Argentinien (0:1), 45 000 Zuschauer. Die Nichtanerkennung eines Tores zugunsten Perus, nur zwei Minuten vor Spielende löst große Unruhen aus. Das Tor hätte nämlich nicht nur den Ausgleich, sondern gleichzeitig die Qualifikation Perus für die Olympischen Spiele in Tokio bedeutet. Zwei peruanische Fans stürmen auf den Platz und attackieren Schiedsrichter Pazos. Ihnen folgen Hunderte weiterer Anhänger. Nur 40 anwesende Polizisten können diese Situation nicht mehr unter Kontrolle bekommen und das Tränengas, das sie einsetzen, ruft eine zusätzliche Panik hervor. Einige Tausend Zuschauer versuchen auf einmal das Stadion zu verlassen, stoßen aber überall auf verschlossene Tore. Obwohl es ihnen schließlich gelingt, die Umzäunung zu durchbrechen, werden Hunderte von Menschen verletzt. Die Unruhen setzen sich auch außerhalb des Stadions fort – drei nahe gelegene Häuser werden niedergebrannt, die aufgebrachte Menge richtet auch in der Stadt große Schäden an. Bei dieser zweitschlimmsten Katastrophe der Fußballgeschichte wurden 318 Fans getötet und über 500 verletzt. Es wurde ein einmonatiger Ausnahmezustand verhängt.

23. 6. 1968, Estadio Monumental, Buenos Aires, Argentinien, Spiel der argentinischen Liga River Plate – Boca Juniors (0:0). Brennende Zeitungen, die feiernde Boca-Fans von der oberen Tribüne werfen, lösen eine gewaltige Panik aus. Die Menschenmenge will den Zuschauerraum verlassen, die Ausgänge sind jedoch zu diesem Zeitpunkt noch versperrt. Vierundsiebzig Zuschauer werden niedergetreten und 150 verletzt.

2. 1. 1971, Ibrox Park, Glasgow, Schottland, Spiel Celtic – Rangers. Das Ausgleichstor der Rangers kurz vor Spielende ruft eine unerwartete Rückkehr der bereits das Stadion verlassenden Fans hervor. Ergebnis dieses starken Ansturms ist, dass das Stahlgeländer einer Treppe nachgibt. Die Folge: 66 Tote und 150 Verletzte.

17. 9. 1971, Türkei, Spiel der 2. türkischen Liga Kayserispor – Siwas. Wegen eines nicht anerkannten Tores entsteht unter den Fans beider Lager eine blutige Rauferei (Pistolen, Messer, Flaschen, Steine). Eine Empore stürzt ein. Viele Leute werden bei der Flucht aus dem Stadion zu Boden getreten. Insgesamt kommen 44 Menschen zu Tode und 600 werden verletzt.

17. 2. 1974, Zamalek, Kairo, Ägypten, Spiel Zamalek – Dukla Prag. Die Mengen der ankommenden Zuschauer durchbrechen das Polizeispalier und stürmen das Stadion. Das Geländer und eine Wand werden niedergerissen. 49 Menschen sterben, 50 weitere werden verletzt.

15. 4. 1979, Nigeria. Bei einer Panik, die infolge eines Ausfalls der Flutlichtanlage entsteht, kommen 24 Fußballfans um, 27 werden verletzt.

8. 2. 1981, Yorgos Karaiskakis, Piräus, Griechenland, Spiel Olympiakos Piräus – AEK (6:0), 40 000 Zuschauer. Verschlossene Tore verursachen gegen Ende des Spiels eine Panik, in deren Folge 24 Fans zu Tode getrampelt und mehr als 100 verletzt werden.

20. 10. 1982, Leninstadion, Moskau, Russland, Rückspiel der 2. Runde des UEFA-Pokals Spartak Moskau – Haarlem (2:0). 340 Menschen werden zu Tode getreten, weil die Masse der Fans wegen eines Tors in der letzten Spielminute auf die Zuschauerränge zurückdrängt. Dieser unglückliche Vorfall wurde von den sowjetischen Behörden lange Zeit geheim gehalten, das offizielle Geständnis dieser größten Fußballkatastrophe erfolgte erst im Juli 1989.

17. 11. 1982, Pascual Guerrero, Cali, Kolumbien. Betrunkene Zuschauer werfen Flaschen und Knallkörper auf die Zuschauer in den unteren Rängen.

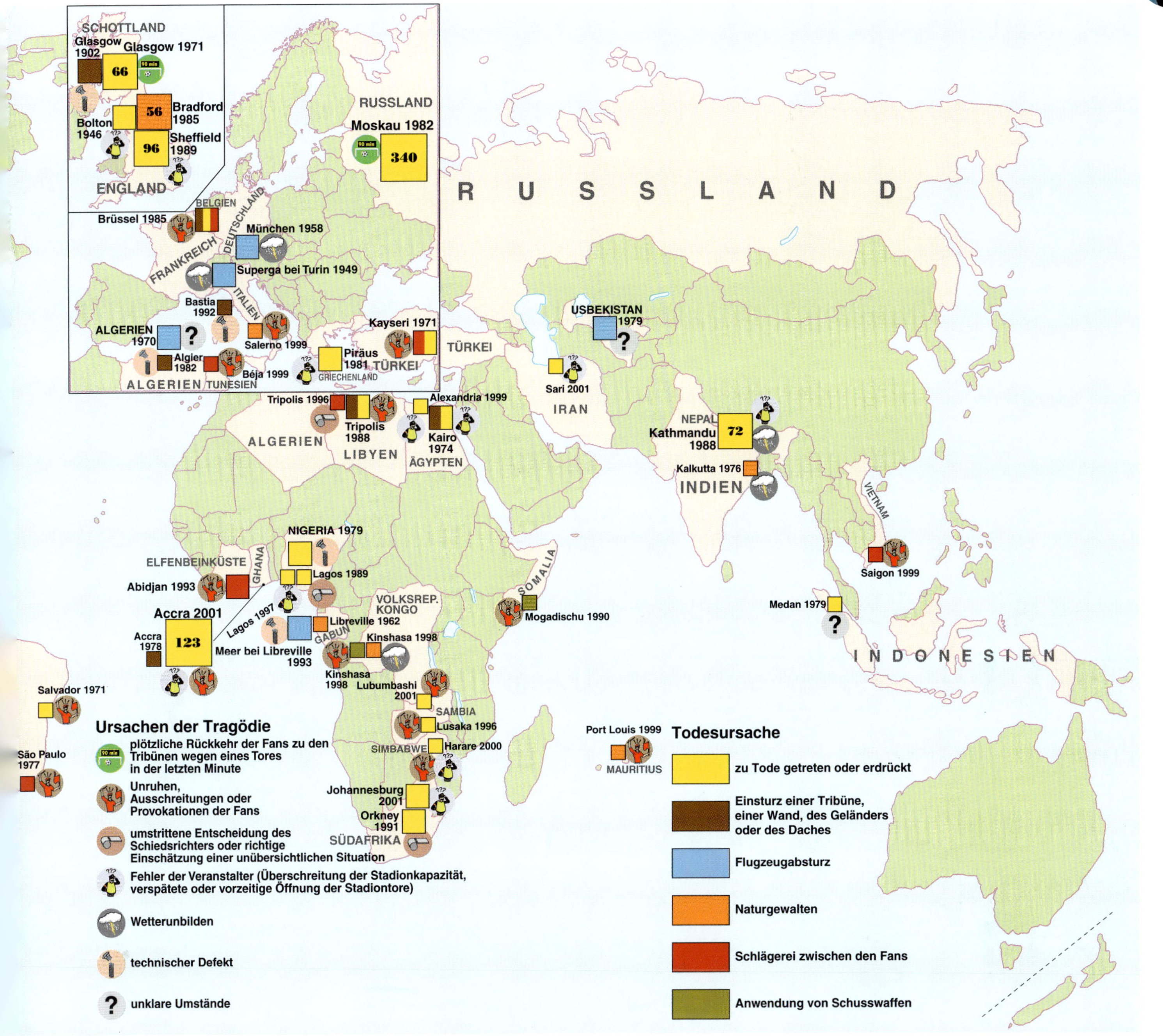

In der sich ausbreitenden Panik werden 24 Menschen getötet, darunter 12 Kinder. Zudem werden 250 Verletzte registriert.

11. 5. 1985, Valley Parade, Bradford, England, Spiel der 3. Divison der englischen Liga Bradford City – Lincoln City. Vermutlich wegen einer Zigarettenkippe kommt es kurz vor der Halbzeit zu einem Brand der 77 Jahre alten Haupttribüne. 56 Zuschauer fallen den Flammen zum Opfer, weitere 211 müssen im Krankenhaus medizinisch versorgt werden.

29. 5. 1985, Heysel, Brüssel, Belgien, Endspiel des Europapokals der Landesmeister Juventus – Liverpool (1:0). Die Angriffe und Aggressionen der Liverpooler Fans verursachen eine Stunde vor dem Anpfiff im Sektor von Turin eine riesige Panik. Bei der anschließenden Massenflucht werden viele Fans niedergetrampelt, weitere finden unter den Trümmern einer eingestürzten Wand den Tod und einige werden niedergestochen. Insgesamt sterben 39 Zuschauer, davon 31 Italiener, weitere 437 werden verletzt. Vor dem Zwischenfall war es zu Provokationen seitens der Turiner Fans gekommen. Aber auch Nachlässigkeiten seitens der Organisatoren sind eine wesentliche Ursache für die Katastrophe: beide Zuschauersektoren waren nur durch einen Drahtzaun getrennt (eine leichte Hürde), die Fans hatten Waffen zur Verfügung (Messer, Stangen, Ketten, Flaschen), das ganze Stadion war in einem schlechten Zustand (man konnte Betonteile herausreißen), es waren nur fünfzig Polizisten vor Ort, die Organisation der Ersten Hilfe dauerte zu lange (die ersten Sanitäter sind erst nach 40 Minuten erschienen). Als Folge dieser Tragödie wurden die englischen Klubs für fünf Jahre von allen europäischen Pokalen ausgeschlossen (Liverpool für 6 Jahre).

9. 12. 1987, das Meer, 15 km vor Lima, Peru. Mit einer Tragödie endet die Rückkehr des Klubs Alianza Lima vom Auswärtsspiel der peruanischen Liga in Pucallpa. Das Militärflugzeug stürzt kurz vor der Landung ins Meer (nicht einmal das Fahrgestell war ausgefahren). Der Einzige, der diese Katastrophe überlebt, ist ein Mitglied der Crew. 53 Menschen, darunter 16 Fußballer und 21 Funktionäre, kommen ums Leben.

10. 3. 1988 Tripolis, Libyen, Freundschaftsspiel Libyen – Malta, 65 000 Zuschauer. Kurz vor dem Ende der ersten Halbzeit sticht ein offenbar verwirrter Zuschauer mit einem Messer um sich. In Panik flüchten Hunderte von Fans zu den Ausgängen. Eine Wand bricht zusammen. 30 Leute sterben, weitere 40 werden verletzt.

12. 3. 1988, Dasharath Stadium, Kathmandu, Nepal, Spiel Janakpur (Nepal) – Mukti Jodha (Pakistan), 25 000 Zuschauer. Zweiundsiebzig Zuschauer werden bei einer Panik im nepalesischen Nationalstadion zu Tode getrampelt und weitere 300 verletzt. Dazu kam es, als die Zuschauer eine Zuflucht vor heftigen Hagelfällen suchten, die Mengen jedoch auf versperrte Tore stießen.

15. 4. 1989, Hillsborough, Sheffield, England, Halbfinale des Englischen Pokals Liverpool – Nottingham Forest. Hunderte Zuschauer versuchen durch einen Eingang im Sektor Leppings Lane End einzudringen, um den Beginn des Semifinales des FA Cups nicht zu verpassen. Viele Menschen werden bereits im Tunnel hinter dem Eingang niedergetreten, die meisten kommen jedoch an der Sicherheitssperre, die das Spielfeld vom Zuschauerraum trennt, ums Leben. Insgesamt starben 96 Anhänger von Liverpool (einer davon nach vier Tagen im Koma), weitere 200 wurden verletzt.

13. 1. 1991, E. Oppenheimer Stadium, Orkney (Transvaal), Südafrika, Freundschaftsspiel Kaizer Chiefs – Orlando Pirates, 20 000 Zuschauer. Die Anerkennung eines umstrittenen Tores in der zweiten Hälfte zugunsten von Kaizer Chiefs ruft eine Massenschlägerei auf den überfüllten Rängen hervor. Noch größere Panik bricht aus, als die meisten Zuschauer von dieser Stelle zu flüchten versuchen. Die Bilanz der Panik: 40 tote und 50 verletzte Fans.

28. 4. 1993, das Meer bei Gabun. Bei der Rückkehr der Nationalmannschaft von Sambia vom WM-Qualifikationsspiel in Senegal stürzt das Militärflugzeug nach einer Zwischenlandung in Libreville ins Meer. 30 Menschen finden den Tod, davon 18 Fußballspieler und 5 Funktionäre.

29. 10. 1993, Abidjan, Elfenbeinküste, Semifinale des Meistercups der afrikanischen Länder ASEC Mimosas – Asante Kotoko 3:1. Bei blutigen Kämpfen zwischen den Anhängern beider Klubs während der Anreise zum Spiel kommen mehr als 20 von ihnen ums Leben. Die Klubs beider Länder wurden anschließend von der Afrikanischen Fußballkonföderation für die folgende Saison vom Wettbewerb ausgeschlossen.

16. 10. 1996, Mateo Flores, Guatemala City, Guatemala, WM-Qualifikationsspiel Guatemala – Costa Rica, 60 000 Zuschauer. Wegen gefälschter Eintrittskarten wird die Kapazität des 45 000 Zuschauer fassenden Stadions Mateo deutlich überschritten. Eine halbe Stunde vor Beginn müssen dies 81 Fans mit dem Leben bezahlen (154 Verletzte), als sie an der Absperrung zwischen Spiel- und Zuschauerraum zerquetscht werden. Als Reaktion auf dieses Unglück verfasste die FIFA verbindliche Regeln für die Stadionkapazität und den Spielbeginn.

11. 4. 2001, Ellis Park, Johannesburg, Südafrika, Spiel Kaizer Chiefs – Orlando Pirates. Bei einem Gedränge werden 43 Fußballfans niedergetrampelt, mehr als 100 werden verletzt. Für das südafrikanische Traditionsspiel wurden mehr Eintrittskarten verkauft als es die Kapazität des Stadions zuließ. Gemäß des Polizeiberichtes starben 29 Menschen auf den Tribünen, 14 weitere noch vor dem Stadion. Das Spiel beider Teams wurde schon im Jahre 1991 von schrecklichen Szenen begleitet, auch damals kamen vierzig Zuschauer um.

9. 5. 2001, Accra, Ghana, Spiel Hearts of Oak – Asante Kotoko. Bei der Begegnung der Lokalrivalen werfen wutentbrannte Fans der Gäste Flaschen auf das Spielfeld und demolieren die Sitzplätze. Die Polizei reagiert auf fatale Weise, sie lässt die Stadiontore schließen und beginnt mit Tränengasgranaten in die Masse zu schießen. Bei der Panik werden 123 Zuschauer zu Tode getreten oder gedrückt und einige Hundert werden verletzt. Es dauert über eine Stunde, bis die ersten Krankenwagen zur Stelle sind. Nach der Anzahl der Todesopfer rangiert diese Fußballtragödie auf dem dritten Platz in der Welt.

Fußballmigrationen

Der Fußball der Neuzeit ist längst ein riesiges Business geworden. Diese Tatsache wird belegt durch die Transfersummen, die reiche Klubs bereit sind, für einen Spieler zu zahlen. Die Anfänge der Spielerkäufe und -verkäufe hängen mit der Professionalisierung der nationalen Wettbewerbe zusammen. Die erste Grenze – 1000 Britische Pfund (GBP) – fiel 1905 in England, die 10 000-Pfund-Marke war 1929 erreicht. Diese und ähnliche Summen hatten jedoch vor 50 oder 100 Jahren einen ganz anderen Wert. Auch in Lateinamerika schufen das Profitum und die wachsende Popularität des Fußballs gute Bedingungen, um das Geschäft mit den Spielern anzukurbeln. In Argentinien wurden bereits in den 30er und 40er Jahren Transfers zwischen 20 000 und 40 000 GBP realisiert. Zu einem rapiden Anstieg der Transfersummen kam es nach dem 2. Weltkrieg, als auf dem europäischen Fußballmarkt die ersten Spieler aus Südamerika gehandelt wurden. Für Sivori von River Plate zahlte Juventus Turin 1957 fast 100 000 GBP. Vom ersten Transfer im Bereich von 1 Million GBP (Cruyff, 1973) stieg die Topsumme in knapp 20 Jahren auf das Zwölffache (Papin, 1992).

Der teuerste zwischenkontinentale Transfer war der Wechsel von Denílson von São Paulo nach Sevilla, wo Real Betis ihn 1997 für 21,5 Millionen GBP erwarb. Die Rekordsummen zum Ende des 20. und zu Beginn des 21. Jahrhunderts aber zahlte der spanische Renommierclub Real Madrid. Im Jahr 2000 überwiesen „Die Königlichen" für den Portugiesen Luís Figo 37 Millionen GBP an den Erzrivalen FC Barcelona, und nur ein Jahr später kauften sie den Franzosen Zinedine Zidane gar für 45,6 Millionen GBP von Juventus. Ebenfalls ein Franzose war der bisher teuerste Verteidiger – Lilian Thuram, der 2001 für 22 Millionen GBP von Parma zu Juventus wechselte. Den gleichen Weg ging auch der teuerste Torwart, der Italiener Gianluigi Buffon, für den Juventus 32,6 Millionen GBP an Parma löhnte. Der Transfermarkt wird klar beherrscht von den reichen Klubs aus Italien, Spanien und England, die 95 der 100 teuersten Einkäufe tätigten. Dabei fließen die kapitalstärksten Transferströme von Spanien nach Italien und von Italien nach England. Die Anzahl der Fußballer, die aus den Staaten des postkommunistischen Europas, aus Afrika und aus anderer Herren Länder wechseln, geht in die Tausende, aber ihr Einstiegspreis ist bis auf wenige Ausnahmen relativ niedrig. Zu ihrer Aufwertung kommt es erst, wenn sie in renommierten Klubs spielen.

Die Höhe der Transfersummen schnellte nach oben mit der Annahme des sog. Bosman-Urteils (1995), das im Einklang mit dem EU-Recht auf Freizügigkeit der Arbeitskräfte steht. Die Geltendmachung dieses Rechts führte begreiflicherweise auch zu einer drastischen Erhöhung der Spielergehälter.

Profiklubs mit dem höchsten Ausländeranteil im Kader

(in %; Ende der Saison 1999/00 bzw. Anfang der Saison 2000/01)

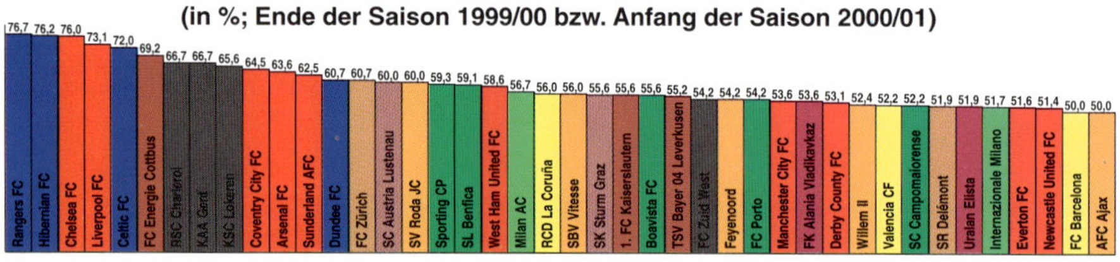

Profiklubs mit niedrigem Ausländeranteil im Kader

(in %; Ende der Saison 1999/00 bzw. Anfang der Saison 2000/01)

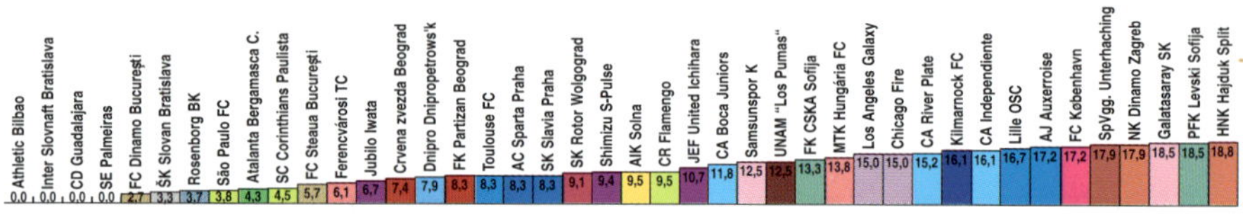

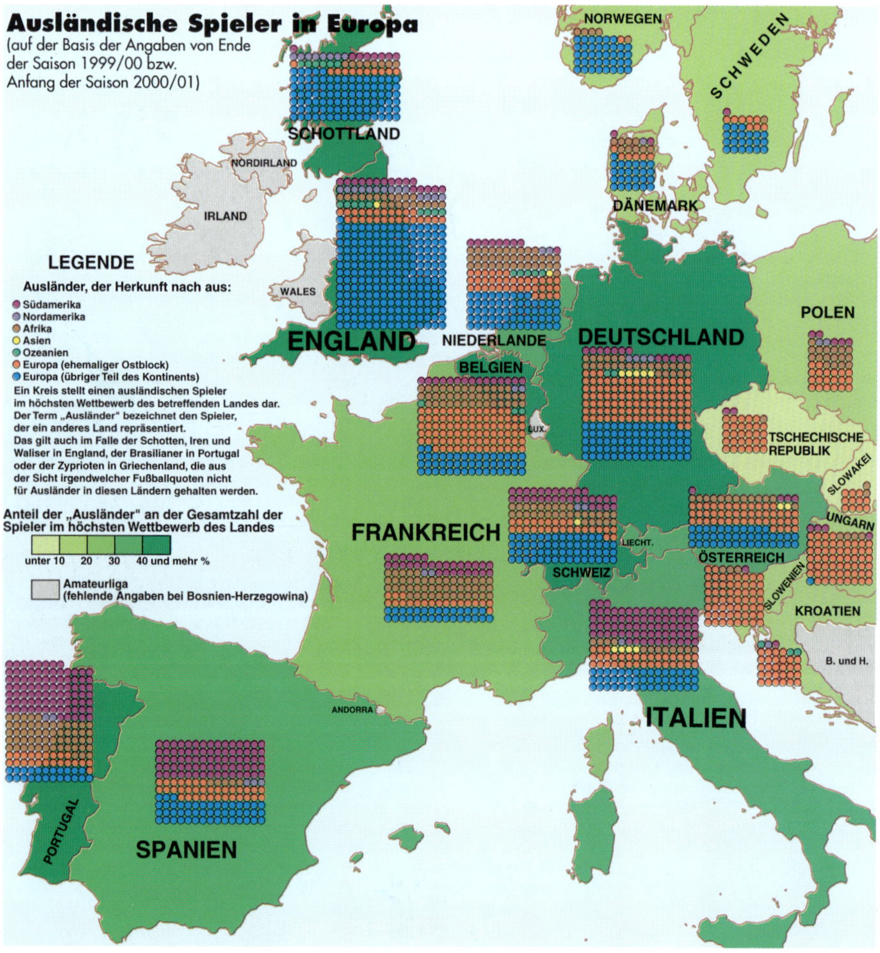

Teuerste Transfer

(im Zeitraum von 1980 bis Juli 2001, einschließl. Vergleich des im Marktumfeld von 7/2001 gültigen Preises mit dem tatsächlichen Kaufpreis – KP)

Spieler	Jahr	von – nach	Preisvergleich 7/2001	KP
1. Zidane	'01	Juventus–Real Madrid	45,6	45,6
2. Figo	'00	Barcelona–Real Madrid	38,0	37,0
3. Crespo	'00	Parma–Lazio	36,5	35,5
4. Buffon	'01	Parma–Juventus	32,6	32,6
5. Mendieta	'01	Valencia–Lazio	29,0	29,0
6. Verón	'01	Lazio–Manchester United	28,1	28,1
7. Rui Costa	'01	Fiorentina–Milan AC	28,0	28,0
8. Vieri	'99	Lazio–Inter Milano	26,5	25,0
9. Nedvěd	'01	Lazio–Juventus	25,5	25,5
10. Anelka	'99	Arsenal–Real Madrid	24,8	23,5
11. Denílson	'97	São Paulo–Real Betis	23,9	21,5
12. Overmars	'00	Arsenal–Barcelona	23,1	22,5
13. Batistuta	'00	Fiorentina–AS Roma	22,6	22,0
14. Thuram	'01	Parma–Juventus	22,1	22,0
15. Amoroso	'99	Udinese–Parma	21,2	20,0
16. Anelka	'00	Real Madrid–Paris S-G	20,9	20,3
17. Verón	'99	Parma–Lazio	20,1	19,0
18. Ronaldo	'97	Barcelona–Inter Milano	20,0	18,0
19. Vieri	'98	Atlético Madrid–Lazio	19,3	18,0
20. Nakata	'01	AS Roma–Parma	19,1	19,1
21. Cassano	'01	AS Bari–AS Roma	19,0	19,0
22. van Nistelrooy	'01	PSV–Manchester United	19,0	19,0
23. Ferdinand	'00	West Ham–Leeds United	18,4	18,0
24. Toldo	'01	Fiorentina–Inter Milano	18,0	18,0
25. Shearer	'96	Blackburn R.–Newcastle U.	17,3	15,0
26. Shevchenko	'99	Dynamo Kyiw–Milan AC	17,2	16,2
27. Inzaghi	'01	Juventus–Milan AC	17,0	17,0
28. Milošević	'00	Zaragoza–Parma	17,0	16,5
29. Conceição	'92	La Coruña–Real Madrid	17,0	16,5
30. Lentini	'92	Torino Calcio–Milan AC	16,4	13,0
31. Montella	'99	UC Sampdoria–AS Roma	16,4	15,5
32. Amoroso	'01	Parma–Borussia Dortmund	15,8	15,8
33. Vialli	'92	UC Sampdoria–Juventus	15,7	12,5
34. Saviola	'01	River Plate–Barcelona	15,7	15,7
35. Hasselbaink	'00	Atlético Madrid–Chelsea	15,4	15,0
36. Almeyda	'00	Lazio–Parma	15,0	14,6
37. Fiore	'01	Udinese–Lazio	14,9	14,9
38. Giannichedda	'01	Udinese–Lazio	14,6	14,6
39. Emerson	'00	Leverkusen–AS Roma	14,6	14,0
40. Lopez	'00	Valencia–Lazio	14,6	14,0
41. Ronaldo	'96	PSV–Barcelona	14,4	12,5
42. Trezeguet	'00	AS Monaco–Juventus	14,3	14,0
43. Seedorf	'99	Real Madrid–Inter Milano	14,1	13,5
44. Nonda	'00	Stade Rennais–AS Monaco	13,8	13,5
45. Rivaldo	'97	La Coruña–Barcelona	13,8	12,5
46. Aimar	'01	River Plate–Valencia	13,8	13,6
47. Samuel	'99	Boca Juniors–AS Roma	13,8	13,0
48. Gerard	'00	Valencia–Barcelona	13,5	13,0
49. van Buyten	'01	Standard Liège–Ol. Marseille	13,5	13,5
50. Yorke	'98	Aston Villa–Manchester U.	13,5	12,6
51. Keane	'00	Coventry–Inter Milano	13,4	13,0
52. Anderson	'97	AS Monaco–Barcelona	13,4	12,0
53. Juninho	'97	Middlesbrough–Atl. Madrid	13,4	12,0
54. Vieri	'97	Juventus–Atlético Madrid	13,4	12,0

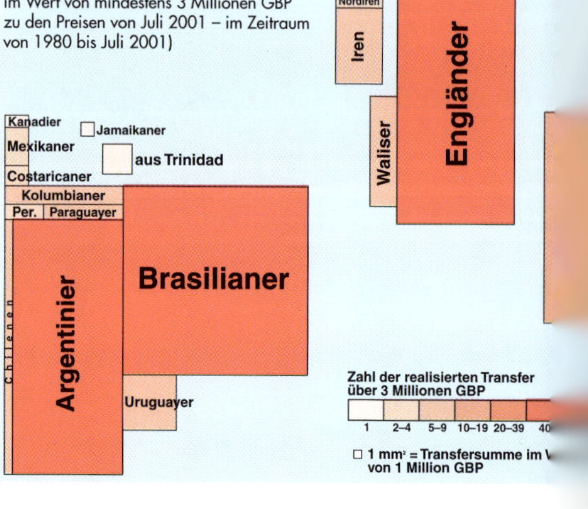

Wichtigste Migrationsströme des Welttransfermarkts

(auf der Basis der realisierten Transfers im Wert von zumindest 3 Millionen GBP zu den Preisen von Juli 2001 – im Zeitraum von 1980 bis Juli 2001)

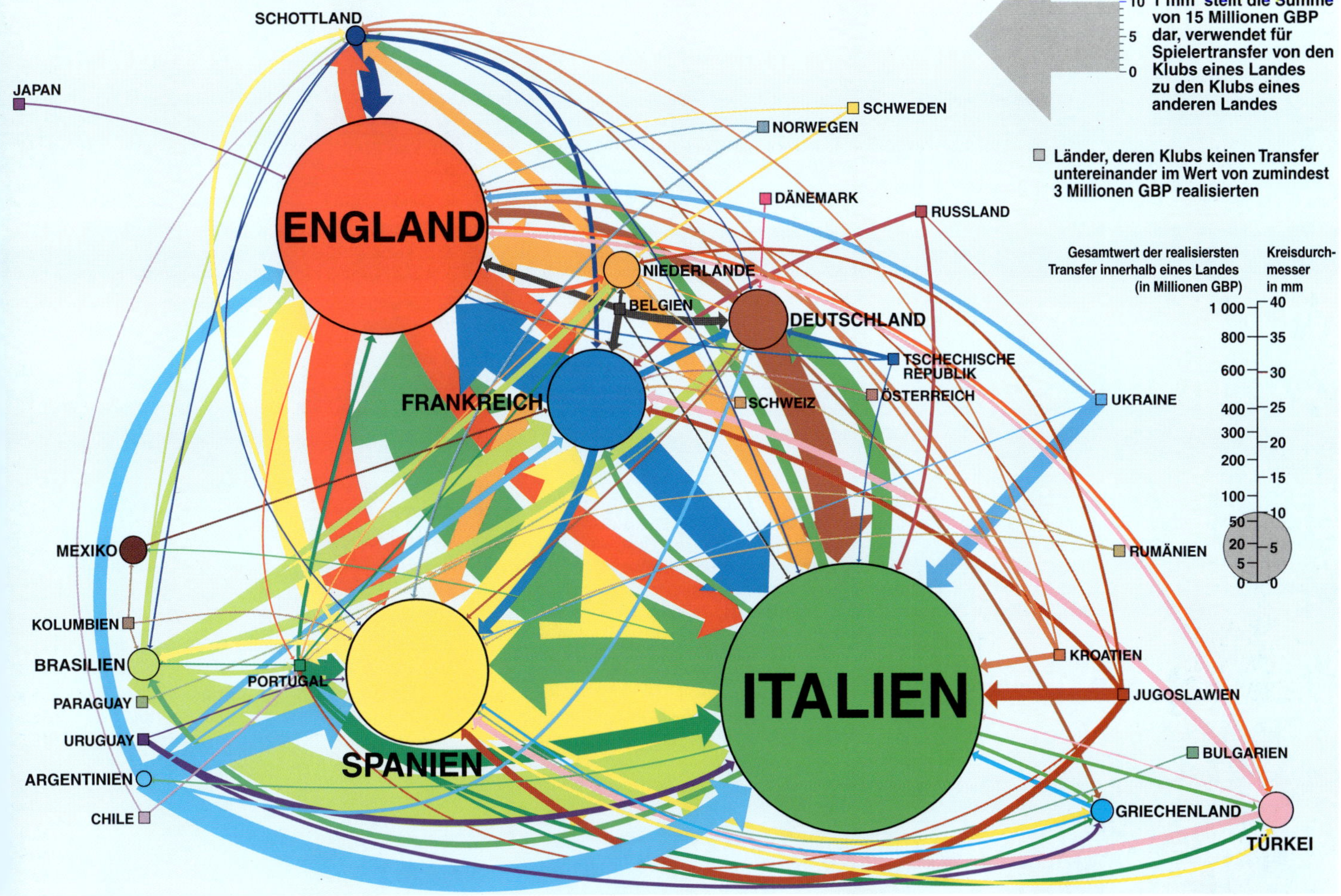

Vergleich unter den „G7“-Ländern des Fußballs

Anzahl der Spieler in den jeweiligen Ligen; Ende der Saison 1999/00 bzw. Anfang der Saison 2000/01)

Nat./Liga	ENG	ITA	ESP	GER	FRA	SCO	NED
Engländer	–	0	2	2	0	22	1
Italiener	9	–	2	4	3	9	2
Spanier	3	4	–	2	0	2	1
Deutsche	9	1	2	–	0	5	5
Franzosen	24	12	8	7	–	15	2
Schotten	32	0	0	1	0	–	1
Niederländer	17	4	10	11	1	12	–
INSGESAMT	94	21	24	27	4	65	12

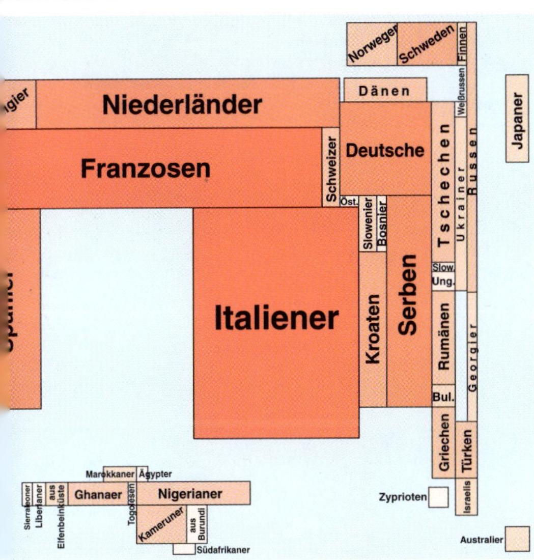

Bedeutendste "Aufkäufer" der Fußballspieler

(auf der Basis der realisierten Transfers im Wert von zumindest 3 Millionen GBP zu den Preisen von Juli 2001 – im Zeitraum von 1980 bis Juli 2001)

Fußball und Geld

Im weltweiten, besonders aber im europäischen Maßstab gibt es keine Sportart, die sich einer größeren Aufmerksamkeit unter den Zuschauern erfreut als der Fußball. Die Übertragungen von der Weltmeisterschaft 1998 verfolgten 2,5 Milliarden Menschen. Man spricht davon, dass inzwischen im Fußballgeschäft 200 Milliarden Pfund pro Jahr umgesetzt werden, was dem Bruttoinlandsprodukt der Niederlande entspricht.

Als finanzstärkster Ligawettbewerb der Welt wird die englische Premier League angesehen, die jährliche Einnahmen von nahezu 700 Millionen Pfund (im Durchschnitt über 30 Mill. pro Klub) zu verzeichnen hat. Auf vergleichbarem, aber schon um etwa 20 % niedrigerem Niveau bewegen sich die Einnahmen der italienischen Serie A. Mit geringem Abstand folgen die höchsten Ligen von Deutschland und Spanien, die kommerziell stärksten Fünf werden durch Frankreichs 1. Division ergänzt.

Die Wettbewerbe unterscheiden sich auch durch ihre Einkommensstrukturen voneinander. Diese bestehen aus drei Hauptquellen: dem Eintrittskartenverkauf, den Fernsehübertragungsrechten und der Werbung nebst dem Handel mit Fußballsouvenirs. Den größten Einnahmenanteil aus dem Bereich der Eintrittsgelder erzielen die spanische und die deutsche Liga (über 40 %), aus der Fernsehübertragung die französische Liga (45 %) und durch Werbung und Souvenirhandel die englische Premier League (37 %). Die höchsten Gehälter zahlen die italienischen und englischen Klubs; in der Regel wird ca. die Hälfte aller Einnahmen in die Spielergehälter investiert (in Italien sogar über 2/3, in der Bundesliga dagegen nur etwa 40 %). Seit der Anwendung des "Bosman-Urteils" sind die Spielergehälter in astronomische Höhen gestiegen. Zu den bestbezahlten Fußballern zählt man jene, die wöchentlich mehr als 20 000 Pfund netto verdienen, d.h. mehr als 60 000 DM. Von ihnen gibt es allerdings schon mehr als hundert. Unter den ersten Fünfzig befinden sich nur Fußballer aus europäischen Klubs. Die Höhe der Klubeinnahmen wird wesentlich von der Besucherzahl beeinflusst. Die größte wurde in der Saison 2000/2001 in England (im Schnitt 32 700 Zuschauer pro Spiel) erzielt, gefolgt von Deutschland (30 300), Italien (29 800), Mexiko (28 200), Spanien (24 700) und Frankreich (22 300). Der Etat der größten Klubs übersteigt den Umsatz vieler bedeutender Firmen. Manchester United, der reichste Klub der Welt, kommt mit seinen 111 Millionen Pfund schon nahe an den Gewinnerlös des Škoda-Volkswagen-Konzerns heran. Mit beträchtlichem Abstand folgen Bayern München und Real Madrid, wobei der spanische Gigant gleichzeitig den größten Schuldner (insgesamt ca. 180 Millionen Pfund) verkörpert. Unter den Top 10 befinden sich nur Klubs aus England, Spanien, Italien und Deutschland. Gleich die Hälfte der Klubs unter den Top 20 wird von britischen Teams (acht englische und zwei schottische) gestellt. Klubs aus dem Land des letzten Welt- und Europameisters Frankreich treffen wir erst im letzten Drittel der Top 30 an. Die Position des reichsten Klubs außerhalb Europas nimmt Flamengo Rio de Janeiro (Brasilien) ein.

Ein Paradox ist, dass der Fußball – ursprünglich ein Spiel der ärmeren Arbeiterschichten – heute keine billige Angelegenheit mehr darstellt. Die Eintrittskartenpreise für ein Spiel der 1. Liga z.B. in England liegen bei 22 Pfund. Damit nähern sie sich den Preisen von Theater- oder Opernaufführungen, die in hochentwickelten Ländern meistens nur wohlhabenden Schichten vorbehalten sind. Im historischen Vergleich sind die Eintrittskartenpreise viel schneller als etwa die Lebensmittelpreise gestiegen.

Die bestbezahlten Fußballer der Welt

(anhand ihres wöchentlichen Nettogrundgehalts; d.h. ohne Zuschläge, Prämien, Werbe- oder Sponsoreinnahmen u.dgl.; Herbst 1999)

Rangfolge der Spieler (Land)	Pos.	Klub (Land)	Gehalt in Taus. GBP
1. **A. Del Piero** (ITA)	S	Juventus FC (ITA)	69
2. **S. McManaman** (ENG)	M	Real Madrid (ESP)	65
3. **P. Kluivert** (NED)	S	FC Barcelona (ESP)	58
4. **N. Anelka** (FRA)	S	Real Madrid (ESP)	56
5. **Ch. Vieri** (ITA)	S	Inter Milano (ITA)	56
6. **Ronaldo** (BRA)	S	Inter Milano (ITA)	50
7. **K. Balakov** (BUL)	M	VfB Stuttgart (GER)	48
8. **S. Effenberg** (GER)	M	Bayern München (GER)	44
9. **J. S. Verón** (ARG)	M	SS Lazio (ITA)	48
10. **J. F. Hasselbaink** (NED)	S	Atlético Madrid (ESP)	44
11. **Zé Roberto** (BRA)	M	Leverkusen (GER)	43
12. **F. Barthez** (FRA)	T	AS Monaco (FRA)	42
13. **F. Inzaghi** (ITA)	S	Juventus FC (ITA)	41
14. **A. Nesta** (ITA)	V	SS Lazio (ITA)	40
15. **Roberto Carlos** (BRA)	V	Real Madrid (ESP)	40
16. **Raúl** (ESP)	S	Real Madrid (ESP)	40
17. **J. Litmanen** (FIN)	S	FC Barcelona (ESP)	39
18. **G. Batistuta** (ARG)	S	Fiorentina (ITA)	35
19. **R. Baggio** (ITA)	S	Inter Milano (ITA)	34
20. **G. Weah** (LBR)	S	Milan AC (ITA)	34
21. **G. Elber** (BRA)	S	Bayern München (GER)	33
22. **P. Nedvěd** (CZE)	M	SS Lazio (ITA)	33
23. **R. Keane** (IRL)	M	Manchester Utd. (ENG)	32
24. **A. Möller** (GER)	M	B. Dortmund (GER)	31
25. **A. Shearer** (ENG)	S	Newcastle Utd. (ENG)	28
26. **S. Anderson** (BRA)	S	Olympique Lyon (FRA)	27
27. **O. Bierhoff** (GER)	S	Milan AC (ITA)	27
28. **E. Davids** (GER)	M	Juventus FC (ITA)	27
29. **R. Pires** (FRA)	S	O. Marseille (FRA)	27
30. **A. Shevchenko** (UKR)	S	Milan AC (ITA)	27
31. **F. Totti** (ITA)	S	AS Roma (ITA)	27
32. **B. Lama** (FRA)	T	Paris St.-Germain (FRA)	26
33. **F. Bobic** (GER)	S	B. Dortmund (GER)	25
34. **F. de Boer** (NED)	V	FC Barcelona (ESP)	25
35. **R. de Boer** (NED)	M	FC Barcelona (ESP)	25
36. **Figo** (POR)	S	FC Barcelona (ESP)	25
37. **Rivaldo** (BRA)	M	FC Barcelona (ESP)	25
38. **C. Sforza** (SUI)	M	Kaiserslautern (GER)	25
39. **Z. Zidane** (FRA)	M	Juventus FC (ITA)	25
40. **M. Owen** (ENG)	S	Liverpool FC (ENG)	24

Einkommensstruktur der fünf reichsten Ligen (1999)

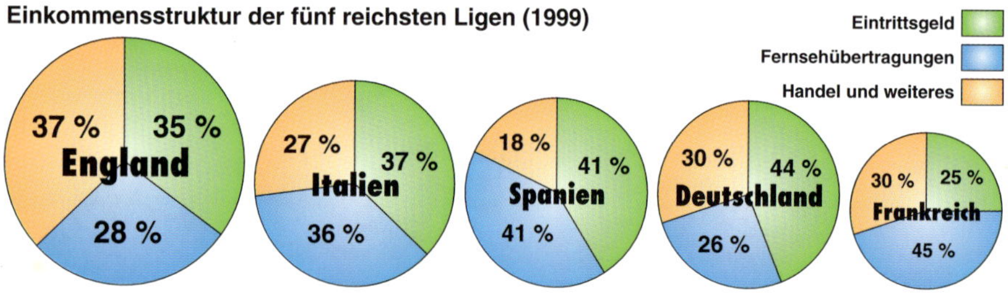

Einkommen und Besucherzahl der sechzehn reichsten Ligen der Welt

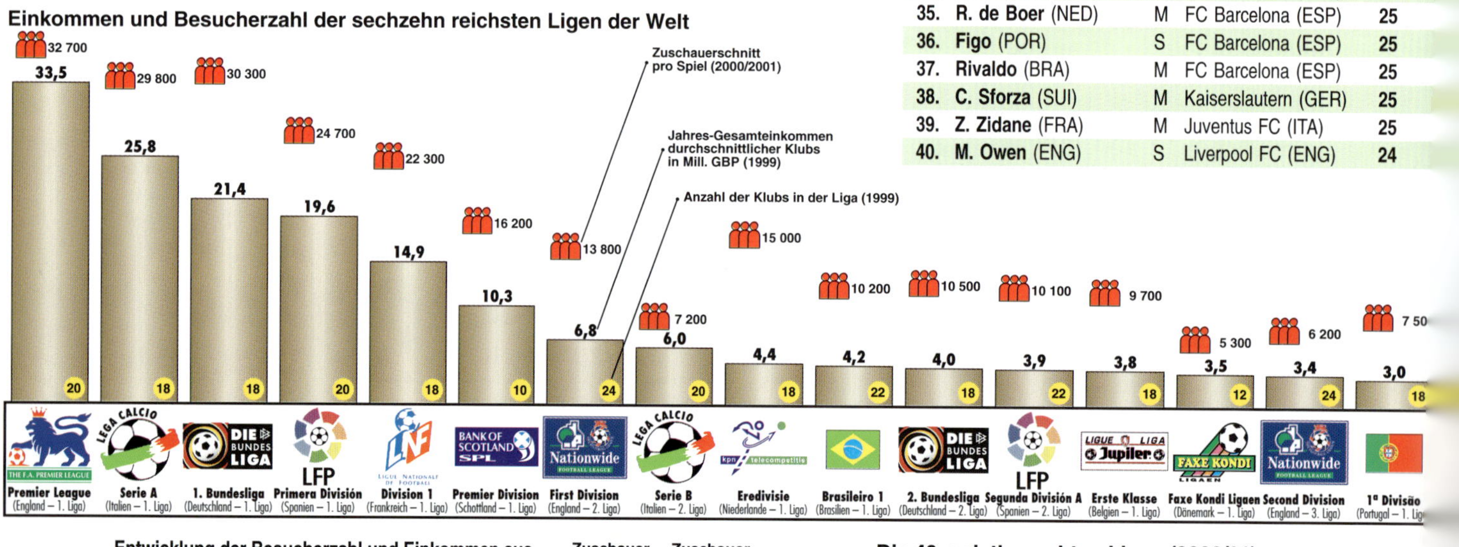

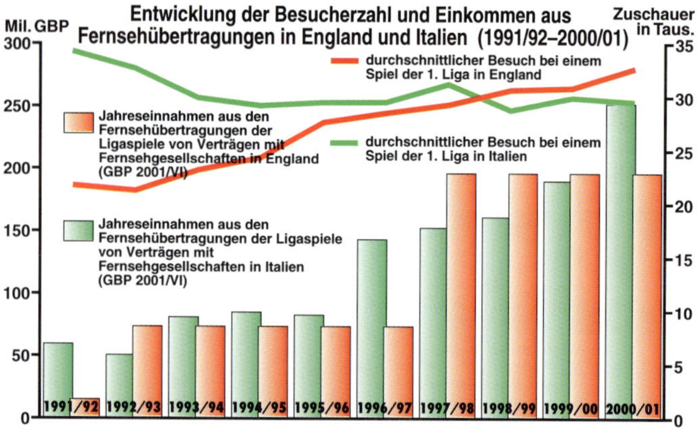

Die 40 meistbesuchten Ligen (2000/01)

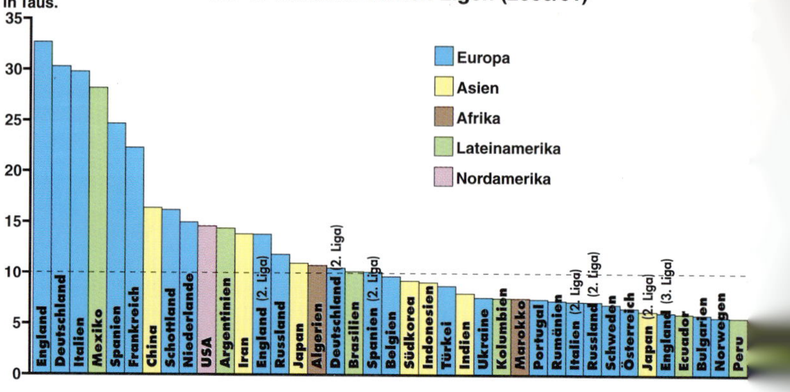

Die reichsten Fußballklubs der Welt

Die zwölf reichsten Klubs der Welt

KLUB / HARAKTERISTIK	Manchester United FC	FC Bayern München	Real Madrid FC	Chelsea FC	Juventus FC	FC Barcelona	Milan AC	SS Lazio	Internazionale Milano FC	Arsenal FC	Liverpool FC	Newcastle United FC
tadionname	Old Trafford	Olympiastadion	Bernabéu	Stamford Bridge	Delle Alpi	Nou Camp	Giuseppe Meazza	Olimpico	Giuseppe Meazza	Highbury	Anfield Road	St James' Park
tadionkapazität	67 500	69 256	74 871	35 436	71 012	98 600	85 700	82 307	85 700	38 500	45 362	52 173
esucherschnitt (2000/01)	67 490	48 471	64 475	34 700	35 446	62 632	40 704	36 351	43 632	37 975	43 669	51 309
angfolge nach der Besucherzahl	1.	14.	2.	36.	29.	5.	8.	13.	10.	32.	18.	9.
tadionauslastung (in %)	100,0	70,0	86,1	97,9	49,9	63,5	47,5	44,2	50,9	98,6	96,3	98,3
itgliederzahl des Klubs	101 000	80 000	70 000	70 000	50 000	105 000	40 500	35 000	43 500	60 000	52 000	60 000
nhaber von Dauerkarten	40 000	20 000	70 000	18 000	34 500	85 000	47 000	37 000	53 000	20 000	30 000	26 000
auptsponsor des Klubs	Vodafone	Opel	Teka	Autoglass	Tele +	Hewlett Packard	Opel	Siemens	Pirelli	Dreamcast	Carlsberg	NTL
ranche des Sponsors	Telekommunikation	Kraftwagen	Informatik	Autoverglasung	TV Kanal	EDV-Technik	Kraftwagen	Telekommunikation	Autobereifung	Computerspiele	Brauerei	TV-Kanal
rikotmarke	Umbro	Adidas	Adidas	Umbro	Lotto	Nike	Adidas	Puma	Nike	Nike	Reebok	Adidas
urchs. Eintrittskartenpreis (GBP)	20	17	15	23	18	15	19	18	19	22	21	22
udgethöhe (Mil. GBP, 1997)	87,9	51,6	55,7	23,7	51,8	58,9	46,1	27,3	38,2	27,2	39,2	41,1
udgethöhe (Mil. GBP, 1998)	87,9	65,2	72,2	47,5	55,3	48,6	48,6	41,1	48,2	40,4	45,5	49,2
udgethöhe (Mil. GBP, 1999)	110,9	83,5	76,1	59,1	58,5	55,7	54,1	50,0	49,1	48,6	45,3	44,7

Internationale Fußballorganisationen

Offenbar war es dem Erfolg der olympischen Bewegung an der Wende des 19. zum 20. Jahrhundert zu verdanken, dass die Idee entstand, eine internationale Fußballorganisation zu gründen. Zu dieser Zeit existierte bereits eine Reihe nationaler Assoziationen. Die erste Geige spielte die organisatorisch gefestigte englische Football Association (FA), die bereits vier Jahrzehnte existierte. Um die Gründung eines internationalen Fußballverbands machten sich vor allem die Vertreter Frankreichs, Belgiens und der Niederlande verdient. Sie sprachen auch die Engländer und die übrigen Briten an, trafen aber nicht auf das gebührende Verständnis. Das entmutigte sie jedoch nicht, ihre Pionierarbeit fortzusetzen, und so wurde in Paris in den Tagen vom 21. bis 23. Mai 1904 unter Mitwirkung der nationalen Assoziationen Frankreichs, Belgiens, Dänemarks, der Niederlande, Schwedens, der Schweiz und der Vertreter des spanischen Klubs Madrid FC die **FIFA** gegründet. Neben der Aufteilung der Funktionen – erster Präsident wurde der Franzose Robert Guérin – wurde auch die Satzung über die Rechte und Pflichten der FIFA- Mitgliedsländer festgelegt. Sie sah u.a. vor: die gegenseitige und ausschließliche Anerkennung der nationalen Assoziationen, das Verbot für die Klubs und die Spieler, mehr als einen nationalen Verband zu repräsentieren, die Annahme einheitlicher Regeln nach englischem Vorbild, die Zahlung eines jährlichen Mitgliedsbeitrags in Höhe von 50 Französischen Francs und das Privileg der FIFA, internationale Turniere veranstalten zu dürfen.

Ein Jahr später zollte auch die FA ihren Respekt. Der Beitritt Englands in die FIFA war ein riesiger Fortschritt, sowohl in organisatorischer als auch in sportlicher Hinsicht. Leistungsmäßig bestand nämlich buchstäblich ein himmelweiter Unterschied. Die englischen Amateure fegten 1905 eine französische Auswahl mit 15:0 vom Platz, so dass man sich über die anfängliche Unlust der Engländer bei der Gründung der FIFA nicht zu wundern brauchte. Dem Beispiel des Albions folgten bald die übrigen britischen und viele kontinentale Assoziationen. Daher wurden die Bestrebungen nach Durchführung eines internationalen Turniers immer stärker. Dieser Wunsch erfüllte sich erstmals zur Olympiade im Jahre 1908.

Ein wichtiger Meilenstein in der Geschichte des Weltfußballs war der FIFA-Beitritt außereuropäischer Assoziationen. Noch vor dem 1. Weltkrieg, der natürlich den Aufschwung des Spiels lähmte, vollzogen Südafrika, Argentinien, Chile, Kanada und die USA diesen Schritt. Der zweite FIFA-Präsident, der Engländer D. F. Woolfall (1906–18), wurde 1921 vom Franzosen Jules Rimet abgelöst. Im dazwischenliegenden Nachkriegszeitraum leitete der Niederländer Hirschmann die FIFA. In der Rimet-Ära ist es dann gelungen, im Jahr 1930 den alten Traum von der Ausrichtung der ersten Weltmeisterschaft zu verwirklichen. Der alte Kontinent wurde damals gerade von der Wirtschaftskrise geplagt, daher fand sie in Uruguay statt, was ein beträchtliches Problem darstellte. Die Mehrheit der Europäer wollte nicht die zweimonatige Seereise über den Ozean auf sich nehmen, und so waren nur vier europäische Auswahlteams bei der WM vertreten. Trotzdem war das Turnier ein sportlicher und finanzieller Erfolg, denn eine neue Epoche in der Entwicklung des Fußballs war unstreitig gestartet worden.

Im Verlauf der rekordlangen Präsidentschaft von Jules Rimet wurden trotz der durch den 2. Weltkrieg erzwungenen Pause noch vier weitere Weltmeisterschaften durchgeführt. Rimet trat 1954 zurück und an seine Stelle trat für kurze Zeit der Belgier R. W. Seeldrayers. Nach dessen Tod übernahm der Engländer Arthur Drewry (1955–61) das Zepter. Ihm folgte mit Sir Stanley Rous ein weiterer Vertreter des Fußball-Mutterlandes. In dessen Amtszeit fällt nicht nur der WM-Sieg seiner Landsleute 1966, sondern auch der immense Zuwachs bei der Anzahl der FIFA-Mitglieder, der vor allem auf der fortschreitenden Unabhängigkeit vieler afrikanischer Länder basierte. Zu einer umwälzenden Neuheit, die "die Fußballglobalisierung" beschleunigte, entwickelten sich die Fernsehübertragungen, dank derer im Laufe der Zeit beträchtliche finanzielle Summen in die Kasse der FIFA zu fließen begannen.

Im Jahr 1974 kommen auch die Südamerikaner an die Reihe – der Brasilianer João Havelange wurde an die Spitze der FIFA gewählt, die er in eine riesige Institution umwandelte. Unter seiner Leitung kam es zu einer erheblichen Entwicklung des Fußballs in den Ländern der dritten Welt, Unterstützung fanden auch die Wettbewerbe der Junioren und der Frauen. Erwähnung verdienen ebenso die Erfolge auf dem Gebiet der Diplomatie (z.B. China mit Taiwan in einer Organisation). Die Jahrtausendwende erlebt die FIFA unter der Leitung des Schweizers Joseph S. Blatter (seit 1998). In den Vordergrund seiner Tätigkeit gelangen Themen wie das Fair play und der Kampf gegen Doping. Mit ihren inzwischen 204 Mitgliedern ist die FIFA eine der größten Weltorganisationen der Gegenwart, denn selbst die UNO hat 16 Mitglieder weniger!

FIFA

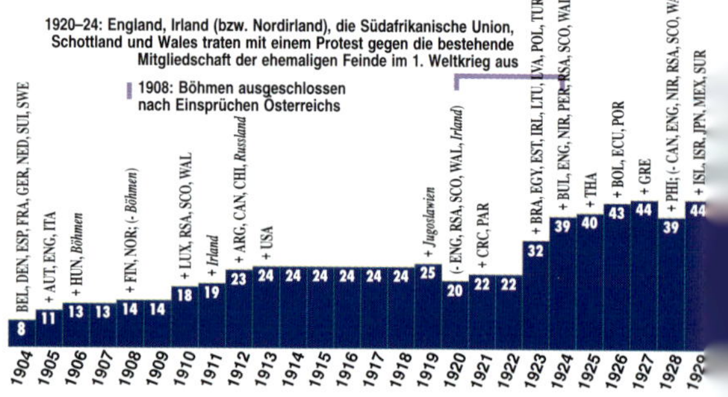

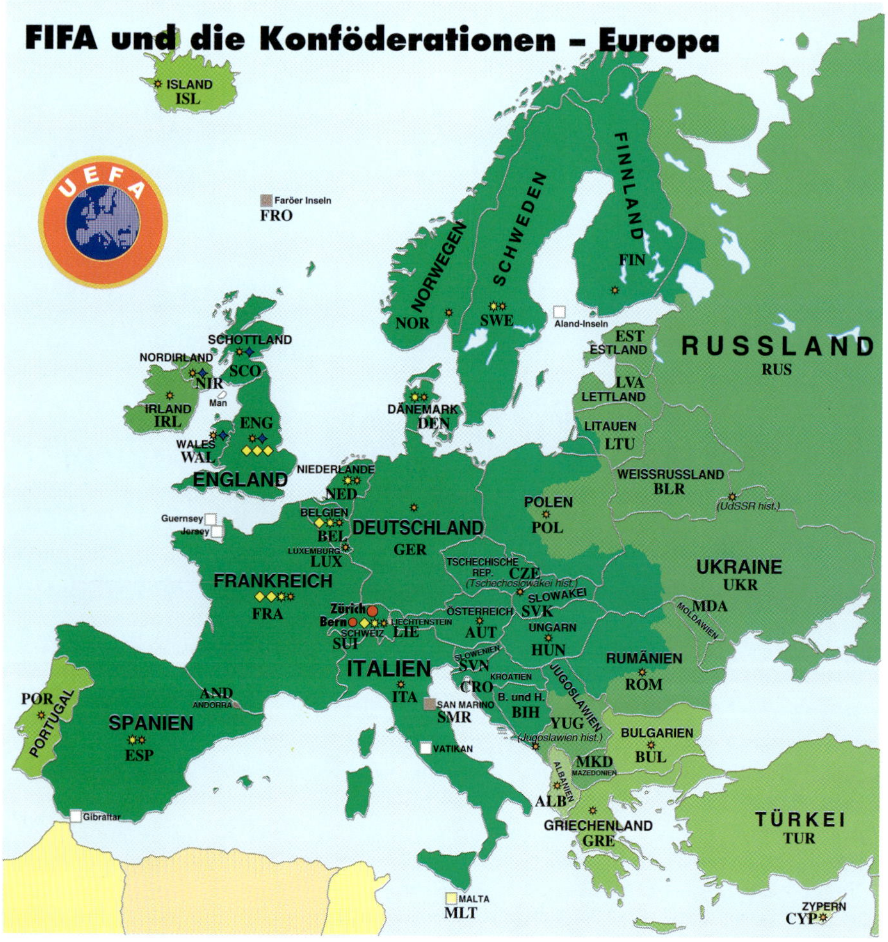

FIFA und die Konföderationen

Die Organe der FIFA

der Kongress – das Oberorgan – findet alle zwei Jahre statt, jede Mitgliederassoziation hat eine Wählerstimme; die Änderungen des Statuts, Aufnahme neuer Mitglieder, Beanstandung der Mitgliedschaft oder die Verweisung der Mitglieder muss von der Dreiviertelmehrheit der auf dem Kongress anwesenden Abgeordneten zugelassen sein

IFAB (International Football Association Board) – das internationale Regelkomitee – es entscheidet über jegliche Änderungen der Regeln, einzelne Stimmen haben die Assoziationen Englands, Nordirlands, Schottlands und Wales, der Rest der FIFA verfügt über vier Stimmen

Die Konföderationen

CONMEBOL (Confederación Sudamericana de Fútbol) – – Südamerikanische Fußballkonföderation - gegr. 1916, 10 Mitglieder

UEFA (Union of Européenne de Football Association) – – Europäische Fußballunion - gegr. 1954, 51 Mitglieder

AFC (Asian Football Confederation) – Asiatische Fußballkonföderation - gegr. 1954, 46 Mitglieder

CAF (Conféderation Africaine de Football) – Afrikanische Fußballkonföderation - gegr. 1954, 53 Mitglieder

CONCACAF (Confederación Norte-Centroamericana y del Caribe de Fútbol) – – Die Fußballkonföderation Nordamerikas, Mittelamerikas und der Karibik - gegr. 1961, 39 Mitglieder

OFC (Oceania Football Confederation) – Ozeanische Fußballkonföderation - gegr. 1966, 12 Mitglieder

Entwicklung der Anzahl der FIFA-Mitgliedsländer (1904–2000)

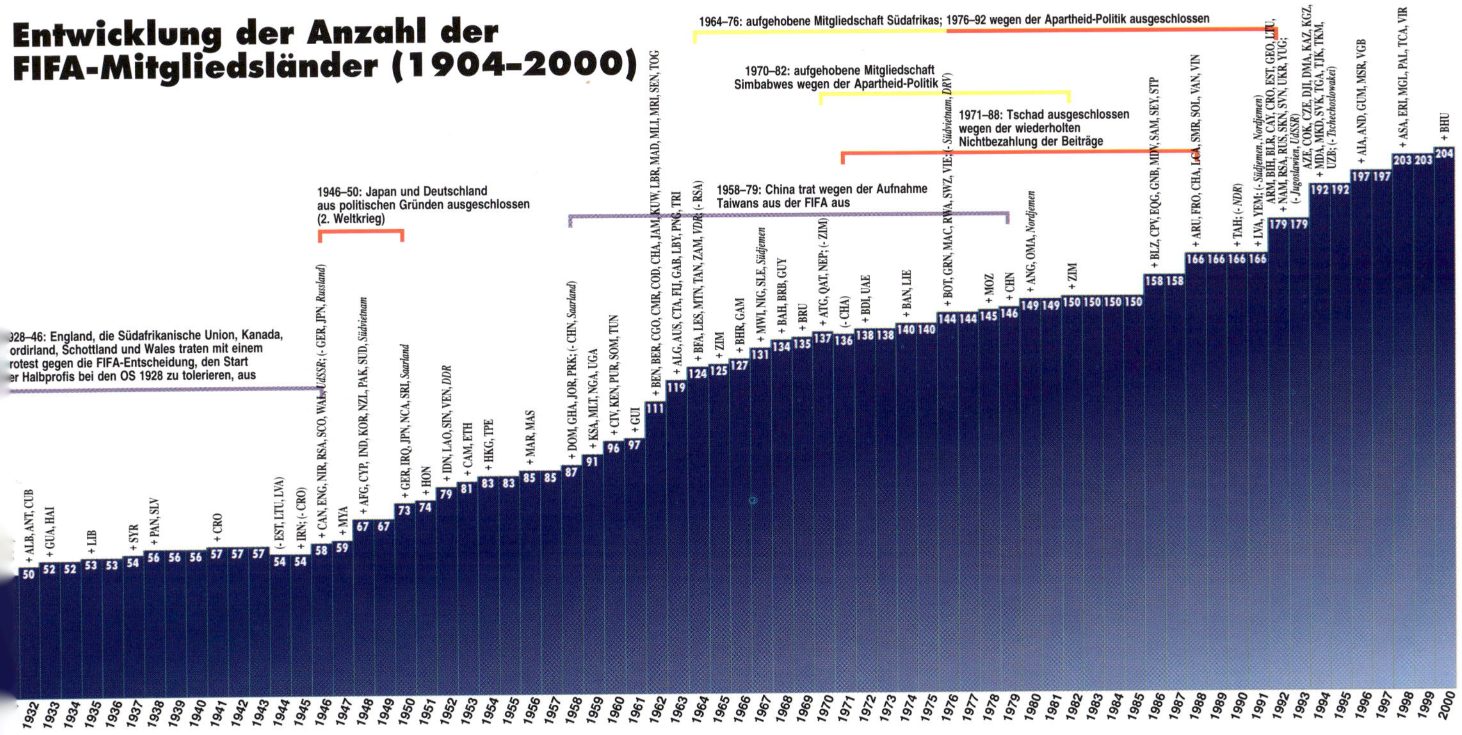

übrige Welt

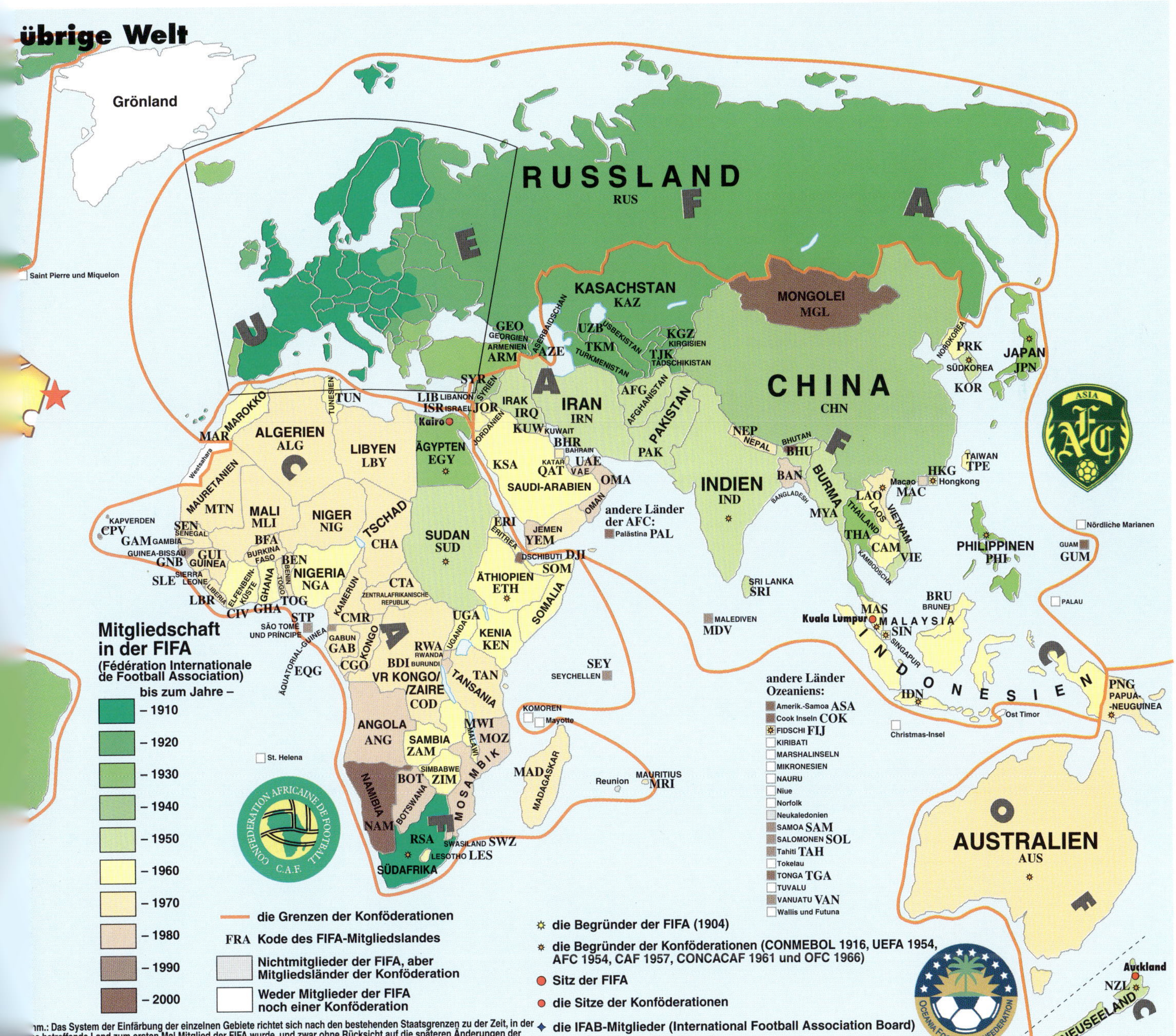

nm.: Das System der Einfärbung der einzelnen Gebiete richtet sich nach den bestehenden Staatsgrenzen zu der Zeit, in der s betreffende Land zum ersten Mal Mitglied der FIFA wurde, und zwar ohne Rücksicht auf die späteren Änderungen der renzen, Teilungen oder Zusammenlegungen der Staaten. Z.B. stellte Russland im Jahre 1912 mit seinem Landgebiet ein aatengebilde im Bereich der fast ganzen späteren UdSSR, Finnlands und des Ostens des heutigen Polens insgesamt dar.

Weltmeisterschaft – Organisation

Die Weltmeisterschaften stellen für alle Fußballspieler und Millionen Fußballfans die größten Feiertage ihres Lebens dar. Die Austragung einer WM ist zudem eine der anspruchsvollsten sportorganisatorischen Aufgaben überhaupt. Aufgrund der Tatsache, dass das Turnier nicht zuletzt ein großes Geschäft ist, wachsen auch die Sicherheitsansprüche ständig. Und das nicht nur in technischer Hinsicht (neben der ausreichenden Kapazität gilt es, komfortable und sichere Stadien zu schaffen), aber auch in Bezug auf organisatorische (Transport, Telekommunikation, Unterkunft), sicherheitstechnische (besonders die Bewältigung randalierender Fans) und wirtschaftliche Aspekte. Die Meisterschaft soll einen gehörigen Gewinn bringen. Die FIFA legt deshalb in den letzten Jahren größten Wert auf den technischen Entwicklungsstand des Veranstalters sowie auf den ökonomischen Effekt der Veranstaltung. Am besten dokumentierte diese Tendenz die 1994 in den USA veranstaltete WM. Der Gastgeber garantierte nicht nur eine perfekte Ausstattung, sondern auch ein riesiges Publikumsinteresse, folglich auch enorme Gewinne. Und dies obwohl der Soccer (amerikanisch: Fußball) in den USA nur eine Randsportart ist. Die Austragung dieser Weltmeisterschaft bedeutete jedoch einen starken Impuls für die Fußballentwicklung in Nordamerika. Kein Wunder, dass die Organisation der WM 2002 Japan und dem sich dynamisch entwickelnden Südkorea anvertraut wurde.

Turniere wie das 1930 in Uruguay, als die Veranstalter lediglich drei Stadien zur Verfügung hatten und über 80 000 Zuschauer das Finalspiel in der Hauptstadt Montevideo verfolgten, gehören einer längst vergangenen Epoche an. Das gesamte Turnier dauerte nur 18 Tage, während die Schiffsreise aus Europa drei Wochen in Anspruch nahm. Die Begegnungen der zweiten WM, vier Jahre später, konnten die Zuschauer bereits in acht italienischen Städten mitverfolgen. Die Teilnehmer wurden erstmals durch Qualifikationsspiele ermittelt. Für das Endturnier qualifizierten sich 16 Nationalmannschaften. Auch den nächsten Jahrgang 1938 in Frankreich (man kickte bereits in zehn Städten) spielte man noch nach dem K.-o.-System. Bei der ersten Nachkriegsweltmeisterschaft 1950 in Brasilien bildeten die vier Gruppensieger eine Finalgruppe. Die in der kleinen Schweiz im Jahre 1954 veranstaltete Weltmeisterschaft bedeutete die Rückkehr zum ursprünglichen Modell der vier Gruppen. Aus denen zogen die beiden besten Mannschaften ins Viertelfinale ein, in dem es dann mit dem K.-o.-System weiterging. Zu einer bedeutenden Veränderung kam es bei der WM 1974 in Deutschland: Die acht für die zweite Runde qualifizierten Teams bildeten zwei Vierergruppen. Die beiden Gruppensieger bestritten das Finale, die Zweitplatzierten kämpften um Platz 3. Die Erweiterung des Teilnehmerfeldes erfolgte bei der WM 1982: Die Spiele der 24 Nationen sahen 12 Städte und 17 Stadien – ein neuer Rekord. Auch das Turniersystem wurde geändert: Aus den sechs Vierergruppen kamen jeweils zwei Teams in eine zweite Gruppenphase. Die Sieger der vier Dreiergruppen standen im Halbfinale. Schon bei der WM 1986 gibt es eine weitere Neuerung: Aus den sechs Vorrundengruppen erreichen nicht nur die jeweiligen Gruppenersten und -zweiten, sondern auch die vier besten Dritten das Achtelfinale – insgesamt also 16 Teams. Die WM dauerte somit bereits länger als einen Monat. Den Vorstoß in neue Sphären brachte die Weltmeisterschaft 1998 in Frankreich, an der bereits 32 Teams teilnahmen. Der Sieger stand erst nach einem 68 Spiele umfassenden Marathon fest – der ökonomische Effekt war immens. Im Vergleich mit der vorherigen WM sank die durchschnittliche Besucherzahl jedoch deutlich. Während man 1994 in den USA – auch dank der enormen Kapazitäten der Stadien – noch einen Zuschauerschnitt von 74 000 pro Begegnung erreichte, sahen in Frankreich durchschnittlich nur 42 000 Fans ein WM-Spiel. Den absoluten Zuschauerrekord hält das „Finalspiel" der Weltmeisterschaft 1950 in Brasilien. Nach offiziellen Angaben sahen 199 854 Zuschauer die Begegnung zwischen dem Gastgeber und Uruguay im monströsen Rund des Maracanã-Stadions.

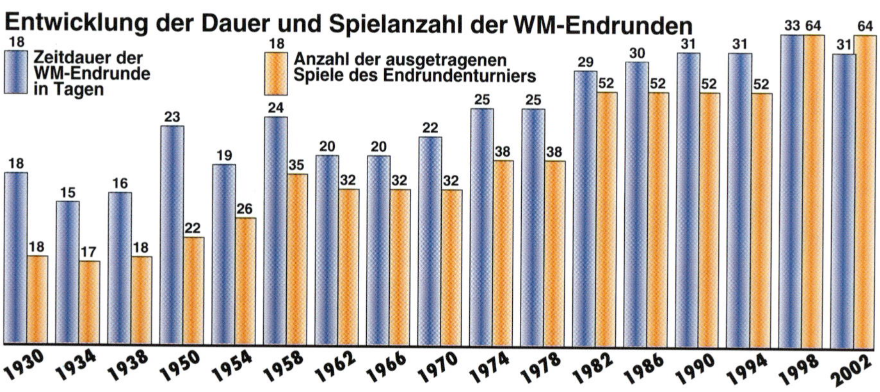

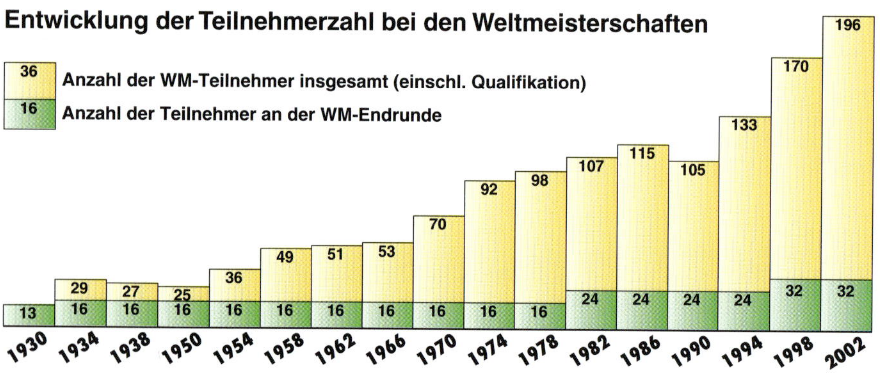

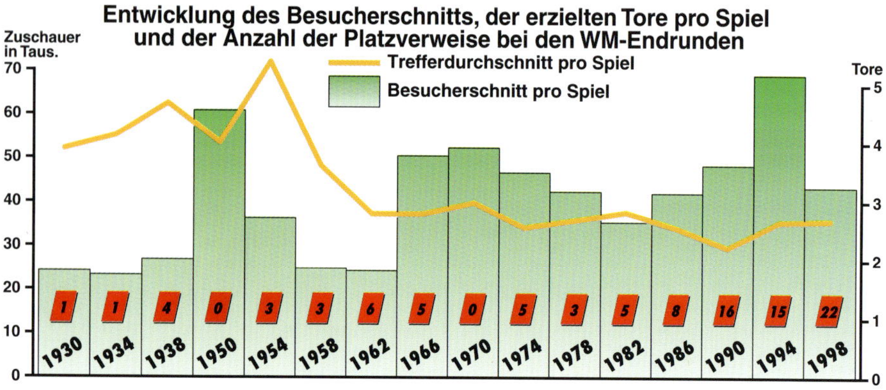

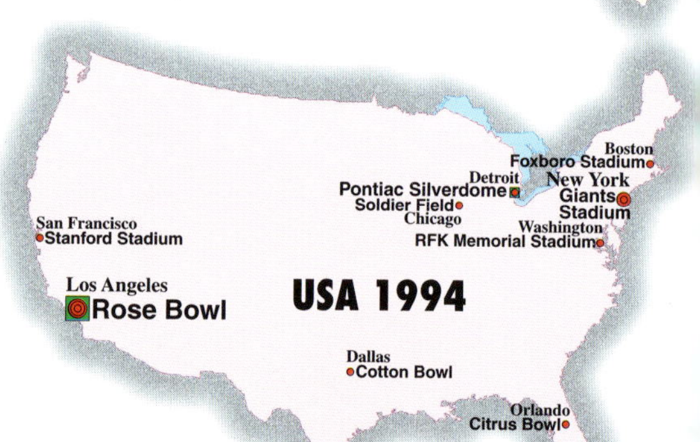

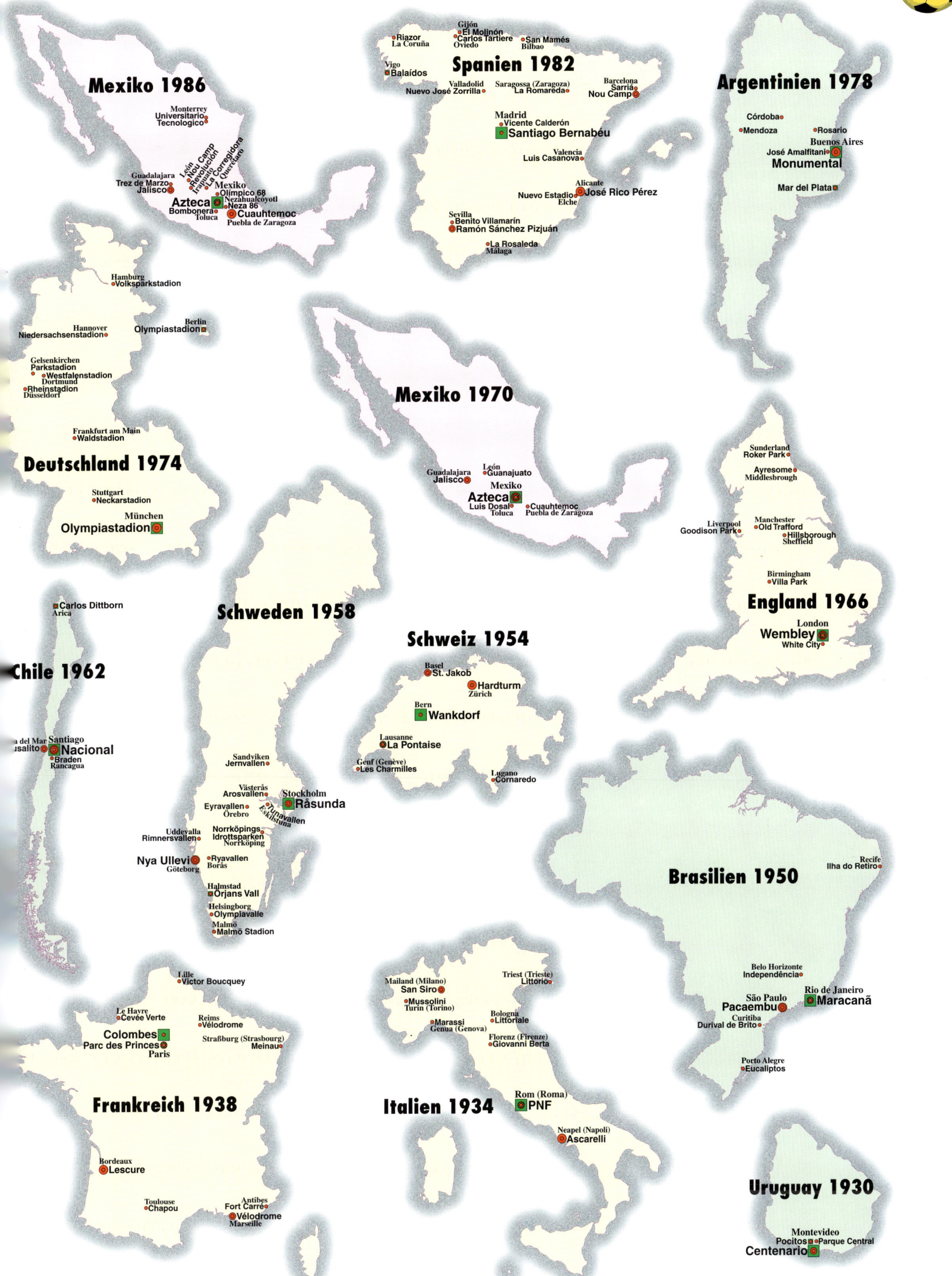

Mexiko 1986
Monterrey
Universitario
Tecnologico
León
Nou Camp
Irapuato
Revolución
La Corregidora
Querétaro
Guadalajara
Trez de Marzo
Jalisco
Mexiko
Olímpico 68
Nezahualcóyotl
Neza 86
Azteca
Bombonera
Toluca
Cuauhtemoc
Puebla de Zaragoza
Spanien 1982
Gijón
El Molinón
Carlos Tartiere
Oviedo
Riazor
La Coruña
San Mamés
Bilbao
Vigo
Balaídos
Valladolid
Nuevo José Zorrilla
Saragossa (Zaragoza)
La Romareda
Barcelona
Sarriá
Nou Camp
Madrid
Vicente Calderón
Santiago Bernabéu
Valencia
Luis Casanova
Alicante
Nuevo Estadio
José Rico Pérez
Elche
Sevilla
Benito Villamarín
Ramón Sánchez Pizjuán
La Rosaleda
Málaga
Argentinien 1978
Córdoba
Mendoza
Rosario
Buenos Aires
José Amalfitani
Monumental
Mar del Plata
Hamburg
Volksparkstadion
Berlin
Olympiastadion
Hannover
Niedersachsenstadion
Gelsenkirchen
Parkstadion
Westfalenstadion
Dortmund
Rheinstadion
Düsseldorf
Frankfurt am Main
Waldstadion
Deutschland 1974
Stuttgart
Neckarstadion
München
Olympiastadion
Mexiko 1970
Guadalajara
Jalisco
León
Guanajuato
Mexiko
Azteca
Luis Dosal
Toluca
Cuauhtemoc
Puebla de Zaragoza
Sunderland
Roker Park
Ayresome
Middlesbrough
Liverpool
Goodison Park
Manchester
Old Trafford
Hillsborough
Sheffield
Birmingham
Villa Park
England 1966
London
Wembley
White City
Carlos Dittborn
Arica
Chile 1962
Santiago
Nacional
Braden
Rancagua
Schweden 1958
Sandviken
Jernvallen
Västerås
Arosvallen
Stockholm
Råsunda
Eyravallen
Örebro
Tunavallen
Eskilstuna
Uddevalla
Rimnersvallen
Norrköpings
Idrottsparken
Norrköping
Nya Ullevi
Göteborg
Ryavallen
Borås
Halmstad
Örjans Vall
Helsingborg
Olympiavalle
Malmö
Malmö Stadion
Schweiz 1954
Basel
St. Jakob
Hardturm
Zürich
Bern
Wankdorf
Lausanne
La Pontaise
Genf (Genève)
Les Charmilles
Lugano
Cornaredo
Brasilien 1950
Recife
Ilha do Retiro
Belo Horizonte
Independência
São Paulo
Pacaembu
Rio de Janeiro
Maracanã
Curitiba
Durival de Brito
Porto Alegre
Eucaliptos
Lille
Victor Boucquey
Le Havre
Cevée Verte
Reims
Vélodrome
Colombes
Parc des Princes
Paris
Straßburg (Strasbourg)
Meinau
Frankreich 1938
Bordeaux
Lescure
Toulouse
Chapou
Antibes
Fort Carré
Vélodrome
Marseille
Mailand (Milano)
San Siro
Triest (Trieste)
Littorio
Mussolini
Turin (Torino)
Bologna
Littoriale
Marassi
Genua (Genova)
Florenz (Firenze)
Giovanni Berta
Italien 1934
Rom (Roma)
PNF
Neapel (Napoli)
Ascarelli
Uruguay 1930
Montevideo
Pocitos
Parque Central
Centenario

Weltmeisterschaft – Erfolgsbilanz

Die Ergebnisse der Weltmeisterschaften unterstreichen die Bedeutung des Heimvorteils. Bei den bisherigen sechzehn Turnieren wanderte die WM-Trophäe gleich 15-mal in ein Land des veranstaltenden Kontinents (Nord- und Südamerika zusammengerechnet). In sechs Fällen (37,5 %) konnte sich sogar das Gastgeberland über den Titelgewinn freuen. Diese "Heimregel" wurde nur bei der WM 1958 außer Kraft gesetzt, als sich in Schweden die brasilianische Elf durchsetzte.

Die Ausnahme hingegen ist die Titelverteidigung. Sie gelang bisher nur zwei Ländern, und zwar Italien (1934, 1938) und Brasilien (1958, 1962). Das größte südamerikanische Land kann darüber hinaus auf die höchste Anzahl an WM-Titeln verweisen: es kann sich derer vier rühmen. Zur Eliteklasse der Staaten, die dreimal Weltmeister geworden sind, gehören Italien und Deutschland. Zweimal durften die Fußballer Uruguays und Argentiniens einen Triumph bejubeln. Der Auftakterfolg von Uruguay, das gleichzeitig als Veranstalter der WM-Premiere in die Geschichte einging, wird allerdings durch die Tatsache, dass viele erstklassige Nationalteams beim Turnier 1930 fehlten, herabgeschmälert.

Die Geschichte des größten aller Fußballfeste ist ebenso gekennzeichnet von Überraschungen und Sensationen, die Durchschnittsmannschaften oder gar Außenseiter vollbrachten. Dazu zählen die Finalteilnahme Schwedens im Jahre 1958 und die Bronzemedaille der "Tre Kronors" bei der WM 1994 sowie die beiden dritten Plätze von Polen (1974 und 1982). Danach allerdings konnte sich Polen bis zum Ende des Jahrhunderts bereits nicht mehr für eine WM-Endrunde qualifizieren. Das gerade einmal sieben Jahre unabhängige Kroatien wiederum feierte 1998 sein WM-Debüt sogleich mit einem dritten Platz. Auf der anderen Seite war das Schicksal mehrfach überragenden Teams nicht gewogen. Wie im Falle der Niederlande, die zweimal hintereinander in den Endspielen (1974, 1978) scheiterte. Noch größeres Pech hatte Ungarn im Finale 1954. Gegner Deutschland war bei starkem Regen zum ersten Mal in der Geschichte mit angeschraubten Stollen an den Fußballschuhen aufgelaufen und schlug das favorisierte "Wunderteam" mit 3:2. Dabei hatte Ungarn den gleichen Widersacher im Gruppenspiel noch mit 8:3 bezwungen! Der zweifache WM-Ausrichter Mexiko, der immer den Vorteil der für die Konkurrenz unangenehmen Spielbedingungen (unterschiedliche Seehöhe, hohe Temperatur) auf seiner Seite hatte, kam nie weiter als bis ins Viertelfinale. Was der Heimvorteil umgekehrt bewirken kann, verdeutlichen die Ergebnisse Englands am besten. Außer des 1966 auf der britischen Insel erzielten Titelgewinns gab es für das Mutterland des Fußballs nichts mehr bei einer Weltmeisterschaft zu holen.

Entwicklung der Teilnehmerzahl bei den WM-Endrundenturnieren nach Kontinenten

Kontinent	'30	'34	'38	'50	'54	'58	'62	'66	'70	'74	'78	'82	'86	'90	'94	'98	2002
Europa	4	12	13	6	12	12	10	10	9	9	10	14	14	14	13	15	14–15
Südamerika	7	2	1	5	2	3	5	4	3	4	3	4	4	4	4	5	4–5
Nordamerika	2	1	1	2	1	1	1	1	2	1	1	2	2	2	2	3	3
Afrika	0	1	0	0	0	0	0	0	1	1	1	2	2	2	3	5	5
Asien	0	0	1	0	1	0	0	1	1	0	1	1	2	2	2	4	4–5
Ozeanien	0	0	0	0	0	0	0	0	0	1	0	1	0	0	0	0	0–1

Vertretung der Kontinente bei den WM-Endrundenturnieren

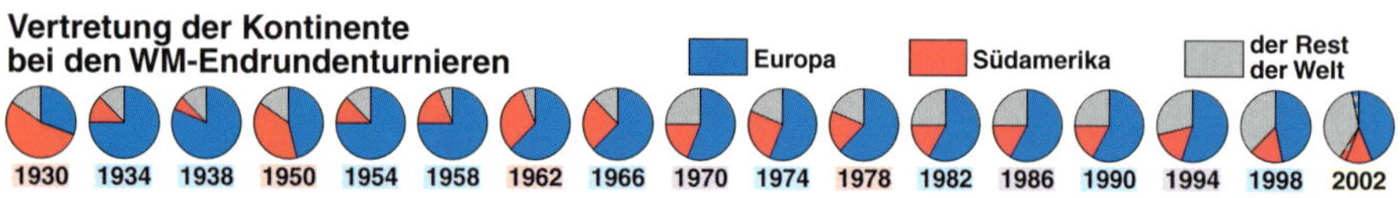

Größte Erfolge – Europa

Größte Erfolge – übrige Welt

REKORDE DER WELTMEISTERSCHAFTEN

Meiste Titel: 4 Brasilien (1958, 1962, 1970 und 1994); 3 Pelé (1958, 1962 und 1970)
Meiste WM-Teilnahmen: 16 (d.h. jedesmal dabei) Brasilien; 5 António Carbajal (Torwart, Mexiko, 1950–1966) und Lothar Matthäus (Mittelfeld, Deutschland, 1982–98)
Meiste Einsätze: 25 (total 2 058 Minuten) Lothar Matthäus
Höchste Gesamtzahl der erzielten Tore: 173 Brasilien (in 80 Spielen), 14 Gerd Müller (Deutschland,10 im Jahre 1970 und 4 im Jahre 1974)
Höchste Anzahl der erzielten Tore bei einer Meisterschaft: 27 Ungarn (1954, 5 Spiele), 13 Just Fontaine (Frankreich, 1958, 6 Spiele)
Höchste Anzahl der erzielten Tore in einem WM-Spiel: 10 Ungarn (10:1 gegen El Salvador bei der WM 1982), 5 Oleg Salenko (Russland gegen Kamerun bei d WM 1994), 12 insgesamt (Österreich–Schweiz 7:5, WM 1954)
Höchste Anzahl der erzielten Tore im Finale: 3 Geoff Hurst (England, WM 1966)
Jubiläumstore: 1. Lucien Laurent (Frankreich gegen Mexiko, 1930), 100. Schiavio (Italien gegen USA, 1934), 500. Bobby Collins (Schottland gegen Paraguay, 1958 1000. Rob Rensenbrink (Niederlande gegen Schottland, 1978), 1500. Claudio Caniggia (Argentinien gegen Nigeria, 1994)
Der jüngste Spieler bei der WM: 17 Jahre und 41 Tage – Norman Whiteside (Nordirland, geboren 7. 5. 1965, gegen Jugoslawien bei der WM 1982)
Der älteste Spieler bei der WM: 42 Jahre und 39 Tage – Roger Milla (Kamerun, geboren 20. 5. 1952, gegen Russland bei der WM 1994, er schoß sogar ein Tor)
Das schnellste Tor bei einer WM: in der 27sten Sekunde – Bryan Robson (England, gegen Frankreich, 1982)
Höchste Anzahl an Platzverweisen: 8 Brasilien und Argentinien; 2 Rigobert Song (Kamerun, je einmal bei der WM 1994 und 1998)
Die am schnellsten gezückte Rote Karte: in der 56. Sekunde – Sergio Batista (Uruguay gegen Schottland, 1986)
Das erfolgreichste Land bei einer Strafstoßentscheidung: Deutschland und Argentinien (3 Siege, keine Niederlage)
Das erfolgloseste Land bei einer Strafstoßentscheidung: Italien (kein Sieg, 3 Niederlager
Meiste Siege in Folge: 7 Italien (1934–38)
Meiste Niederlagen in Folge: 9 Mexiko (1930, 50–58)
Meiste Unentschieden in Folge: 4 Irland (1990)
Meiste Spiele ohne Niederlage in Folge: 13 Brasilien (1958–66)
Meiste Spiele ohne Sieg in Folge: 16 Bulgarien (1962–74 und 86)
Höchster Besuch bei einem Spiel: 199 854 Zuschauer im Maracanã, Rio de Janeiro (Partie Brasilien–Uruguay bei der WM 1950)

/M-Finale
piele um Platz 3)

- **930: Uruguay**–Argentinien 4:2 (3. USA und Jugoslawien)
- **934: Italien**–Tschechoslowakei 2:1* (Brasilien–Schweden 4:2)
- **938: Italien**–Ungarn 4:2 (Deutschland–Österreich 3:2)
- **950: Uruguay**–Brasilien 2:1 (Schweden–Spanien 3:1)
- **54: Deutschland**–Ungarn 3:2 (Österreich–Uruguay 3:1)
- **58: Brasilien**–Schweden 5:2 (Frankreich–Deutschland 6:3)
- **62: Brasilien**–Tschechoslowakei 3:1 (Chile–Jugoslawien 1:0)
- **66: England**–Deutschland 4:2* (Portugal–UdSSR 2:1)
- **70: Brasilien**–Italien 4:1 (Deutschland–Uruguay 1:0)
- **74: Deutschland**–Niederlande 2:1 (Polen–Brasilien 1:0)
- **78: Argentinien**–Niederlande 3:1* (Brasilien–Italien 2:1)
- **82: Italien**–Deutschland 3:1 (Polen–Frankreich 3:2)
- **86: Argentinien**–Deutschland 3:2 (Frankreich–Belgien 4:2*)
- **90: Deutschland**–Argentinien 1:0 (Italien–England 2:1)
- **94: Brasilien**–Italien 0:0 (3:2 Elfm.sch.) (Schweden–Bulgarien 4:0)
- **98: Frankreich**–Brasilien 3:0 (Kroatien–Niederlande 2:1)

* nach Verlängerung

Punkte bei der WM

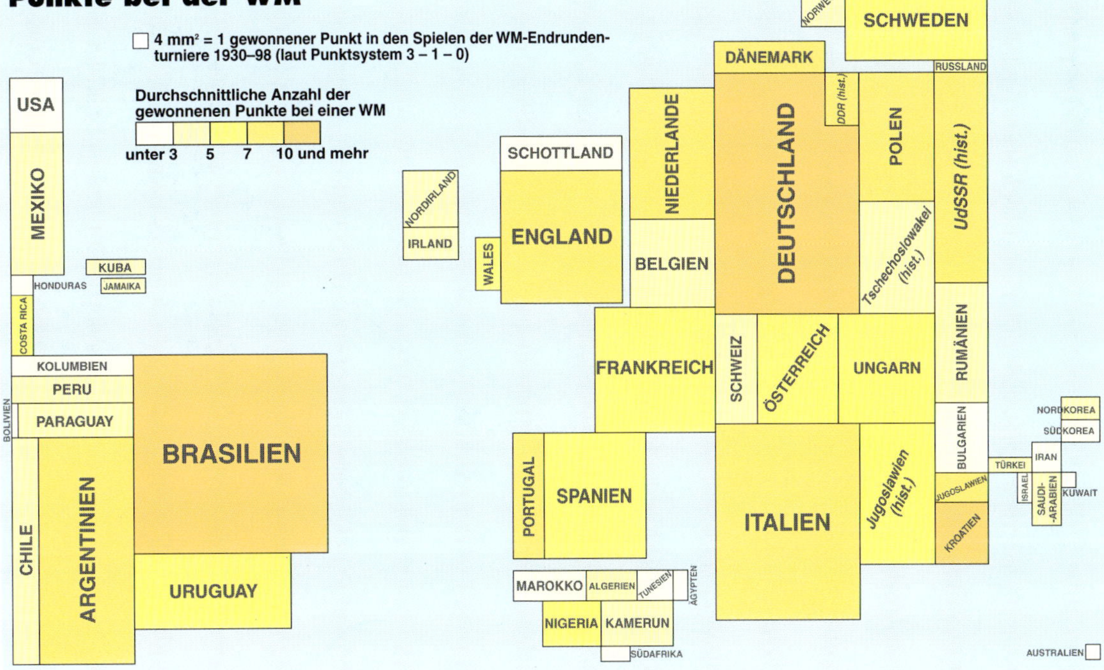

Europameisterschaft

Europa ist der Erdteil, der als letzter begann, eine kontinentale Meisterschaft der Nationalmannschaften zu veranstalten – wenn man einmal vom "unfußballerischen" Ozeanien absieht. Schon lange sind dem "alten Kontinent" in dieser Hinsicht Süd- und Nordamerika und um ein paar Jahre auch Afrika und Asien voraus. Zur Ausrichtung des ersten Wettbewerbs namens "Pokal der europäischen Nationen" entschied sich die Europäische Fußball-Union (UEFA) erst im Januar 1958. Für das europäische Championat wurde ein vierjähriger, parallel zu den Olympischen Spielen verlaufender Zyklus festgelegt. Die Siegertrophäe erhielt den Namen Coupe Henri Delaunay (Henri-Delaunay-Pokal), zu Ehren des ehemaligen UEFA-Sekretärs und gleichnamigen Vorkämpfers des Wettbewerbs.

Die ersten zwei Jahrgänge des Wettbewerbs wurden im K.o.-System gespielt, das Halbfinale und Finale in einem ausgewählten Land ausgetragen. Die Qualität der ersten Meisterschaft litt unter der Abwesenheit Englands, Belgiens, Deutschlands, Finnlands, Italiens, Luxemburgs, der Niederlande, Nordirlands, Schottlands, Schwedens, der Schweiz und Wales; die zweite Meisterschaft wurde von Deutschland und Schottland boykottiert. Es war daher kein Wunder, dass im Wettbewerb zunächst die Staaten aus Osteuropa dominierten. Im Halbfinale 1960 standen gleich drei Mannschaften von Ländern jenseits des "Eisernen Vorhangs". Und auch vier Jahre später holten die Teams aus dem Osten mit Silber und Bronze zwei Medaillen. Mit der dritten Auflage des Wettbewerbs, der bereits offiziell als "Europameisterschaft" veranstaltet wurde, führte man 1968 ein neues Spielsystem ein. Ab diesem Titelkampf werden die Teilnehmer Qualifikationsgruppen zugelost, in denen zweimal jeder gegen jeden (Hin- und Rückspiel) antritt. Die acht Gruppensieger trafen damals nach Losentscheid im Viertelfinale (erneut Hin- und Rückspiel) aufeinander. Die Sieger qualifizierten sich für das Endturnier (Halbfinale, Spiel um Platz 3 und Finale). Die Erfolgsära des ehemaligen Ostblocks wurde 1976 mit dem Titelgewinn der Tschechoslowakei gekrönt.

Weitere Änderungen des Spielsystems wurden erst bei der EM 1980 in Italien vorgenommen. Das Endturnier fand erstmals mit acht Ländern statt – den sieben Siegern der Qualifikationsgruppen und der Mannschaft des Gastgeberlandes. Man spielte in zwei Vierergruppen, die Gruppenersten erreichten das Endspiel, die Gruppenzweiten das Spiel um Platz 3. Beginnend mit dem Turnier 1984 in Frankreich wurde das Spiel um den dritten Platz abgeschafft, beide Verlierer des Semifinales erhalten – analog zum Boxen – jeweils die Bronzemedaille. Die neunte Europameisterschaft, die in Schweden ausgetragen wurde, erlebte eine der größten Überraschungen auf internationaler Auswahlebene und in der Fußballgeschichte überhaupt. Ursprünglich hatte sich Jugoslawien für die Endrunde qualifiziert, doch wegen des Balkan-Krieges, der den Zerfall des Staatenbundes nach sich zog, wurde das Land vom Turnier ausgeschlossen. Erst zwei Wochen vor Turnierbeginn rückte mit Dänemark das neuntbeste Team der Qualifikation für die "Jugos" nach. Die vornehmlich aus erfahrenen Akteuren zusammengestellte dänische Mannschaft schockte förmlich die übrige Konkurrenz und fuhr als Europameister wieder nach Hause.

Der Zerfall der Sowjetunion, Jugoslawiens und die Teilung der Tschechoslowakei trugen zur Verdoppelung der Endrundenteilnehmer 1996 in England bei. Der merklich wichtigere Grund war jedoch im sehr engen Sieb der Qualifikation zu suchen. Während sich in den 80er Jahren für eine WM immerhin 14 Mannschaften aus Europa qualifizierten, so waren es bei der EM, die Heimmannschaft abgezogen, nur ganze sieben! Nicht selten fielen daher Teams wie England, Frankreich, Italien oder die Niederlande "vorzeitig" aus, was zweifellos die kommerzielle Attraktivität und den damit verknüpften Erfolg des Turniers reduzierte. Die letzte EM-Endrunde (2000) veranstalteten erstmals zwei Länder – Belgien und die Niederlande. In der Gegenwart ist praktisch – bis auf Portugal (EM 2004) und Russland – die Anzahl der Länder ausgereizt, die aufgrund ausreichender Stadienkapazitäten die Europameisterschaft auf angemessenem Niveau ausrichten können. Im Jahr 2000 wurde nach dem gleichen System wie 1996 in England gespielt – die jeweils zwei besten Teams aus den vier Vierergruppen erreichten das Viertelfinale, von dem ab sie im K.o.-System den Champion und die Platzierten ermittelten.

EM-Finale
(Spiele um Platz 3)

1960: **UdSSR**–Jugoslawien 2:1*
(Tschechoslowakei–Frankreich 2:0)
1964: **Spanien**–UdSSR 2:1
Ungarn–Dänemark 3:1
1968: **Italien**–Jugoslawien 1:1 und 2:0
(England–UdSSR 2:0)
1972: **Deutschland**–UdSSR 3:0
(Belgien–Ungarn 2:1)
1976: **Tschechoslowakei**–Deutschland 2:2 (5:3 Elfm.sch.)
(Niederlande–Jugoslawien 3:2)
1980: **Deutschland**–Belgien 2:1
(Tschechoslowakei–Italien 1:1; 9:8 Elfm.sch.)
1984: **Frankreich**–Spanien 2:0
(3. Portugal und Dänemark)
1988: **Niederlande**–UdSSR 2:0
(3. Deutschland und Italien)
1992: **Dänemark**–Deutschland 2:0
(3. Niederlande und Schweden)
1996: **Deutschland**–Tschechische Republik 2:1*
(3. England und Frankreich)
2000: **Frankreich**–Italien 2:1*
(3. Portugal und Niederlande)
* nach Verlängerung

REKORDE DER EUROPAMEISTERSCHAFTEN

Meiste Titel: 3 Deutschland (1972, 1980 und 1996)
Meiste Endrundenteilnahmen: 8 Deutschland
Höchste Gesamtzahl der erzielten Tore: 49 Deutschland (in 33 Spielen)
Höchste Anzahl der erzielten Tore bei einer Meisterschaft:
14 Frankreich (1984, 5 Spiele), 9 Michel Platini (Frankreich, 1984, 5 Spiele)
Höchste Anzahl der erzielten Tore in einem EM-Spiel:
9 Jugoslawien–Frankreich 5:4 (1960)
Höchster Sieg bei der Endrunde: Niederlande–Jugoslawien 6:1 (2000), Frankreich–Belgien 5:0 (1984) und Dänemark–Jugoslawien 5:0 (1984)
Höchste Anzahl der erzielten Tore in einem Qualifikationsspiel:
13 Spanien–Malta 12:1 (1984, gleichzeitig der höchste Sieg)
Meiste Tore im Penaltyschießen:
17 Tschechoslowakei–Italien (9:8 bei der EM 1980)
Das erfolgreichste Land in der Verlängerung: Frankreich (2 Siege, keine Niederlage)
Das erfolgreichste Land bei einer Strafstoßentscheidung:
Tschechoslowakei/Tschechische Rep. (3 Siege, keine Niederlage)
Das erfolgloseste Land bei einer Strafstoßentscheidung:
Niederlande (kein Sieg, 3 Niederlagen)
Meiste Spiele ohne Niederlage in Folge:
7 Frankreich (1984–1988 und 1996–2000)
Höchster Zuschauerbesuch:
125 000 Zuschauer im Santiago Bernabéu, Madrid, Spanien gegen Ungarn bei der EM 1964.

Entwicklung der Teilnehmerzahl bei der Europameisterschaft

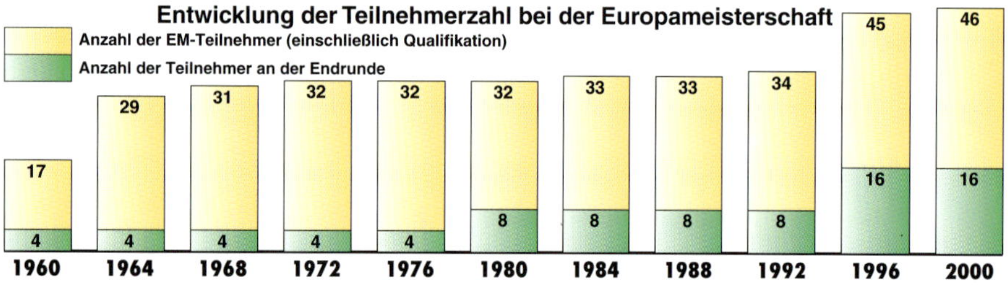

Belgien und Niederlande 2000

LEGENDE
- Finale
- Spiel um Platz 3
- Halbfinale
- übrige Spiele
- De Kuip: Stadion
- Madrid: Stadt

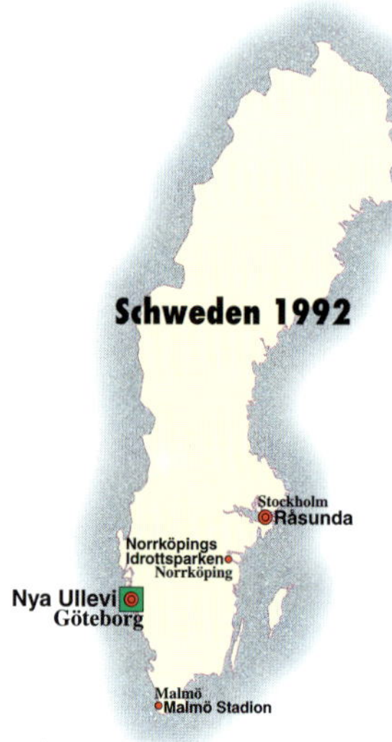

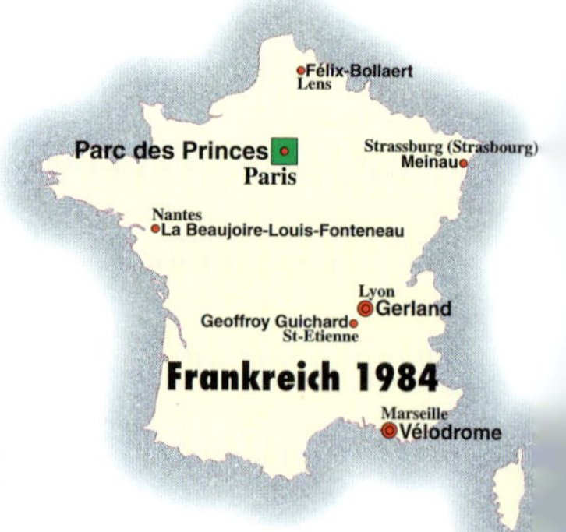

Größte Erfolge bei der EM

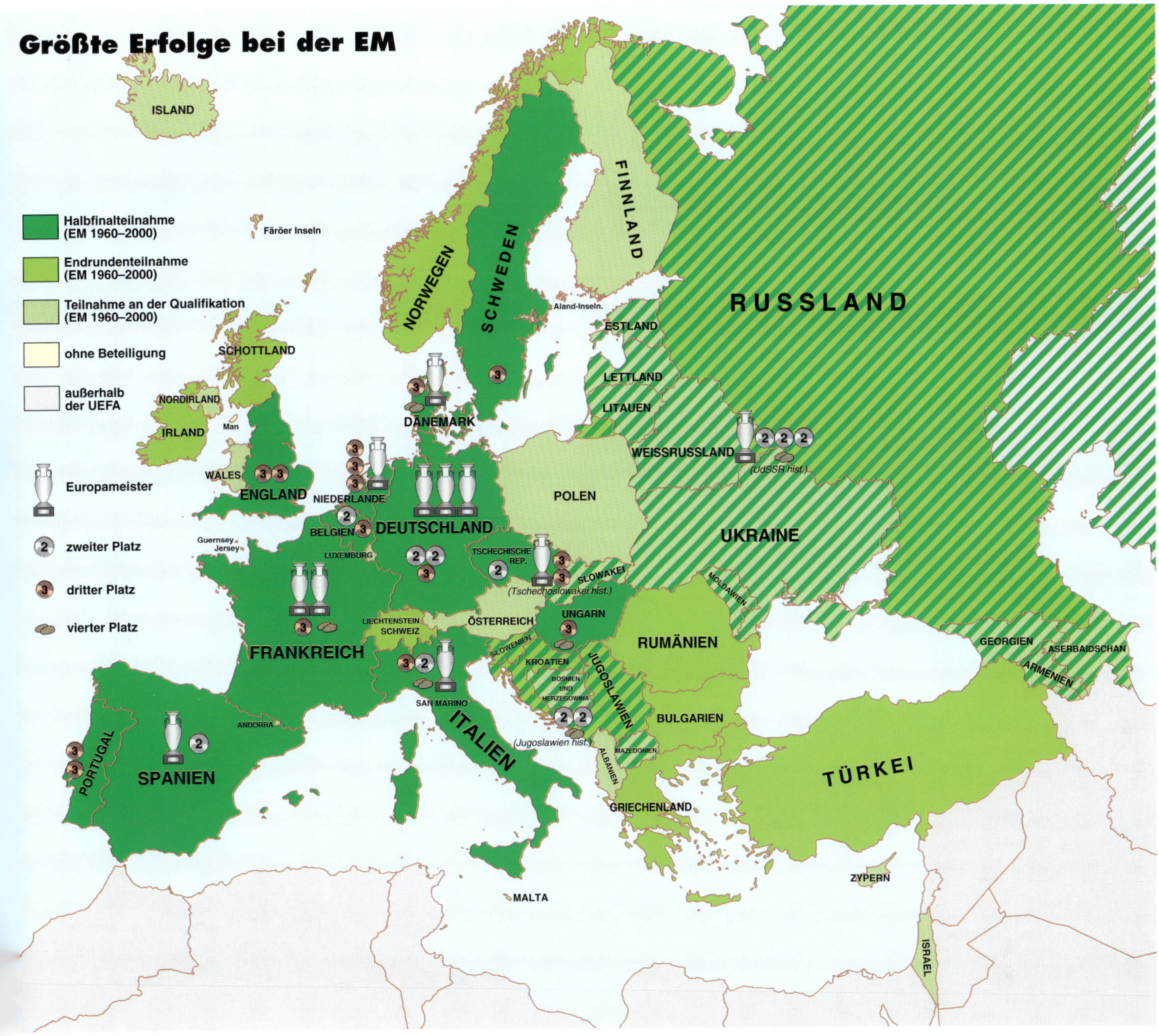

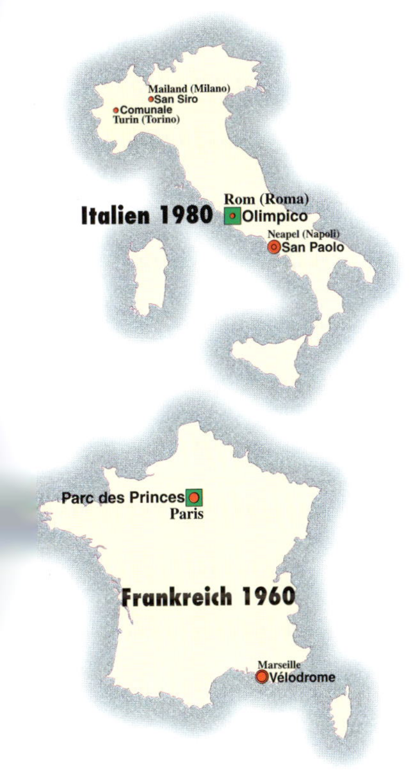

Punkte aus der EM

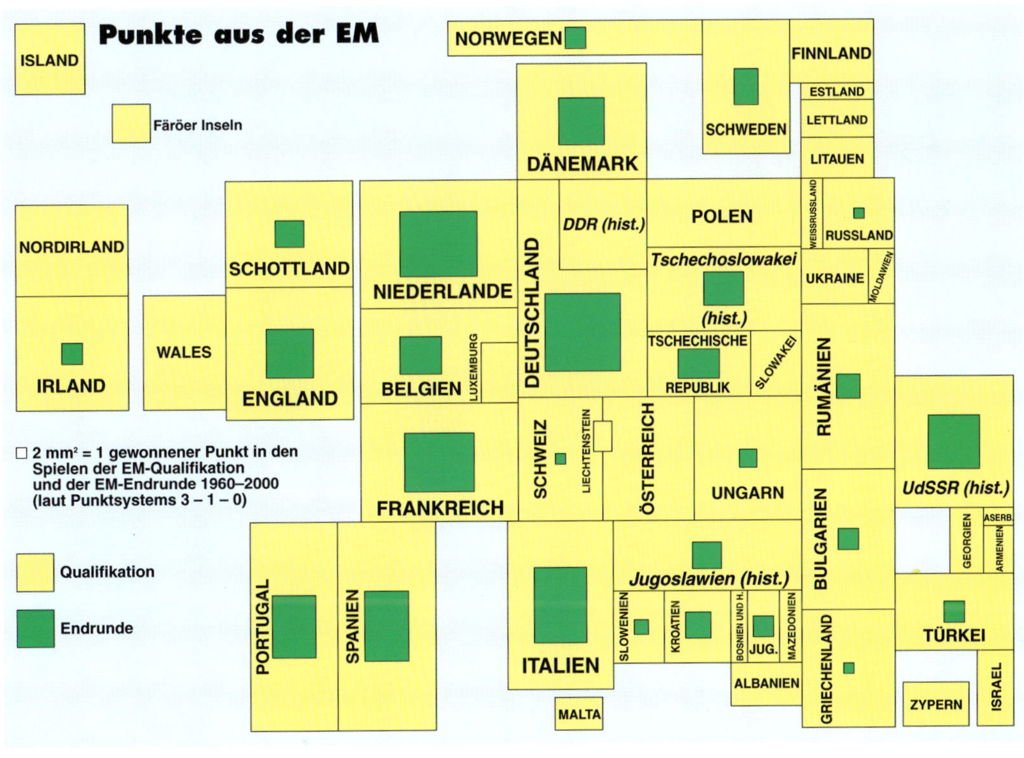

Asien- und Ozeanienmeisterschaft

Schauplatz der ersten **Asienmeisterschaft** war im Jahre 1956 Hongkong, es traten vier Mannschaften an. Seither wird das Turnier regelmäßig alle vier Jahre ausgetragen, insgesamt haben so im 20. Jahrhundert zwölf Titelkämpfe in Asien stattgefunden, also einer mehr als in Europa. Die ersten vier Asienmeisterschaften wurden in Form eines Ligawettbewerbes veranstaltet – jeder Teilnehmer spielte gegen jeden. Seit der Endrunde 1972 in Thailand wird in Gruppen gespielt und ab dem Halbfinale im Play-off-System. Mit steigendem Interesse der asiatischen Länder an der Aufnahme in die Qualifikation stieg auch die Teilnehmerzahl des Finalturniers. Im Jahre 1976 wurden aus sechs Teams zwei Dreiergruppen gebildet, aus denen die jeweils zwei Besten ins Halbfinale einzogen. 1980 spielte man nach dem gleichen Modus, allerdings in jeder Gruppe bereits mit je fünf Mannschaften. Zur weiteren Erhöhung der Teilnehmerzahl (auf zwölf) kam es beim Endturnier 1996 in den Vereinigten Arabischen Emiraten (VAE). Aus drei Gruppen mit je vier Teams kamen acht Mannschaften weiter, es wurde also erstmals ein Viertelfinale ausgetragen.

Die ersten zwei Asienmeisterschaften gewann Südkorea. Das dritte Turnier wurde wegen des Jom-Kippur-Krieges von den moslemischen Ländern boykottiert: Nur vier Mannschaften nahmen teil, es gewann Veranstalter Israel, das später die Asiatische Fußballkonföderation (AFC) verließ. Die historisch erfolgreichsten Titelsammler sind der Iran und Saudi Arabien (je drei Siege). Den beiden Ländern aus dem Nahem Osten folgen die ostasiatischen Vertreter Sükorea und Japan mit je zwei Titeln. Unerwartete Teilnehmer am Finale der Asienmeisterschaften waren die im Fußball eher unbedeutenden Länder Indien (1964 nach einem überraschenden Halbfinalsieg gegen Südkorea) und Burma (Myanmar), das dem vor heimischem Publikum spielenden Iran beim Turnier 1968 unterlag.

Insgesamt haben bisher 27 Länder an den Endturnieren teilgenommen. Anfangs tauchten dabei, oft wegen des Rücktritts des Gegners, neben Indien auch die Fußballzwerge Kambodscha (Halbfinale 1972) oder Bangladesh auf. Die Zahl der an der Qualifikation teilnehmenden Länder stieg von anfänglich sechs (1956) bis auf 42 vor der Endrunde 2000 im Libanon. Es gibt damit kein asiatisches Land, das nicht mindestens einmal an der Qualifikation teilgenommen hat. Zudem traten Nationalmannschaften von Ländern an, die bereits von der politischen Landkarte verschwunden sind (Südvietnam, Süd- und Nordjemen). Taiwan wiederum wurde auf Druck von China aus der AFC und von der Teilnahme an den Meisterschaften einstweilen ausgeschlossen. Auch bei der Asienmeisterschaft zeigt sich der Heimvorteil. Bei den zwölf bisher organisierten Turnieren gewannen sechsmal die Ausrichterländer. Darüber hinaus holte Saudi Arabien zwei von seinen drei Titeln bei den Turnieren, die die Nachbarländer (Katar und VAE) veranstalteten, also beinahe unter heimischen Bedingungen. In Asien erreichten die Fußballmeisterschaften noch nicht die Beliebtheit wie es auf den meisten anderen Kontinenten der Fall ist, aber die Besucherzahlen steigen. Das Turnier 1992 in Japan besuchten im Schnitt 15 000 Zuschauer, das Endspiel sahen 40 000 Zuschauer. Beim Turnier 1996 in den Emiraten verfolgten durchschnittlich 18 000 Menschen die einzelnen Spiele und das Finale war ausverkauft – 60 000 Zuschauer.

Das letzte Turnier veranstaltete im Oktober 2000 der Libanon, eines der Einwohnerzahl nach kleinsten Länder, das je eine kontinentale Meisterschaft organisiert hat. An der Qualifikation nahm die Rekordzahl von 42 Mannschaften teil, das bedeutet alle Mitglieder der AFC mit Ausnahme des Bürgerkriegslandes Afghanistan. Insgesamt traten 38 selbständige Staaten mit ihren Teams an (dazu noch Hongkong, Macau, Palästina und das ozeanische Guam), die in zehn Regionalgruppen aufgeteilt waren. Trotz der vergleichsweise schwachen Ausstattung der Stadien und der in einigen Ländern schlechten Infrastruktur wurden die Meisterschaften bereits von zehn Ländern ausgerichtet, vom Iran sogar zweimal.

Die jüngste und kleinste „kontinentale" Meisterschaft organisieren die Mitglieder der OFC im ausgedehnten **Ozeanien.** Wegen der erheblichen Probleme, die die Veranstaltung eines solchen Turniers unter den Bedingungen Ozeaniens mit sich bringt, fanden bisher nur fünf Meisterschaften statt. An diesen nahmen insgesamt neun Nationalmannschaften teil, davon sechs Staaten und drei abhängige Gebiete. Eine „wirkliche Meisterschaft" war erst die im Jahr 1998. In der Qualifikation traten zehn Teams an (sieben Inselstaaten und drei abhängige Gebiete), die in zwei Gruppen aufgeteilt waren. Zu den zwei Besten jeder Gruppe kamen in der Finalrunde die zwei gesetzten Teams – Australien und Neuseeland. Diese insgesamt sechs Mannschaften wurden wieder in zwei Gruppen geteilt, deren Sieger um den Titel spielten. Dasselbe Modell und dieselben Teilnehmer hatte die Meisterschaft im Jahre 2000. Am erfolgreichsten sind die fußballerisch am weitesten entwickelten Länder Ozeaniens – Australien und Neuseeland. Diesen folgt Tahiti, dessen Nationalmannschaft dreimal im Finale stand.

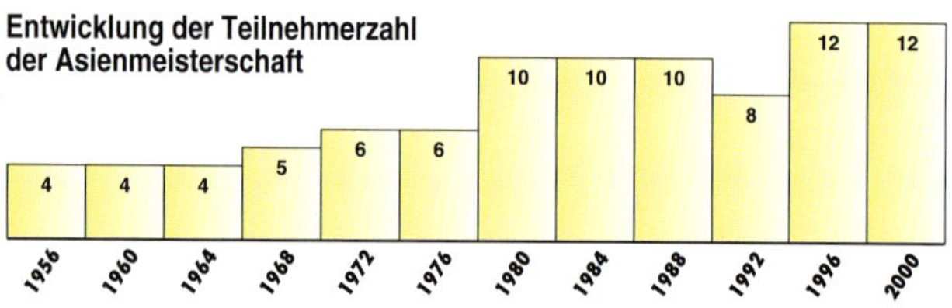

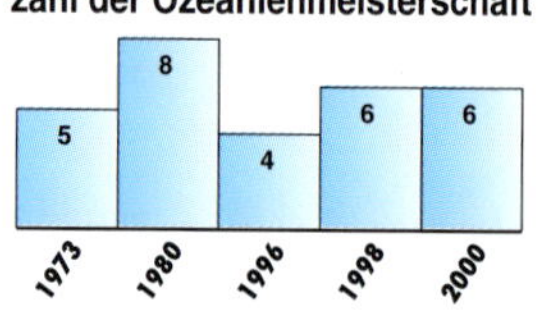

Die Gastgeber des Endrundenturniers der Asienmeisterschaft

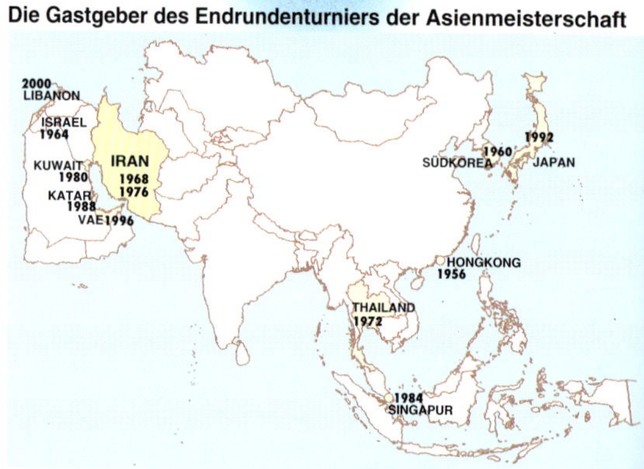

Die Gastgeber des Endrundenturniers der Ozeanienmeisterschaft

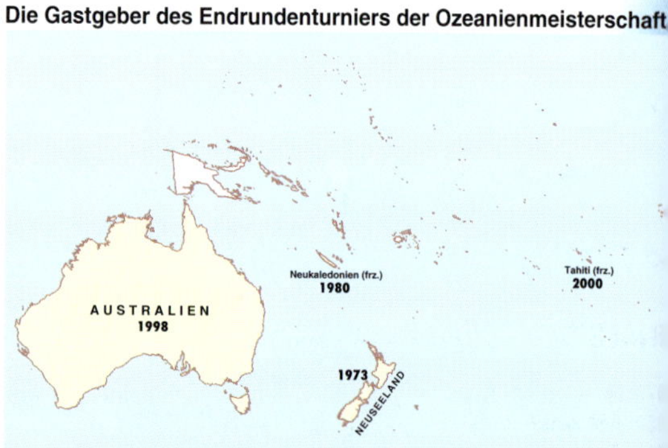

Punkte aus der Asienmeisterschaft

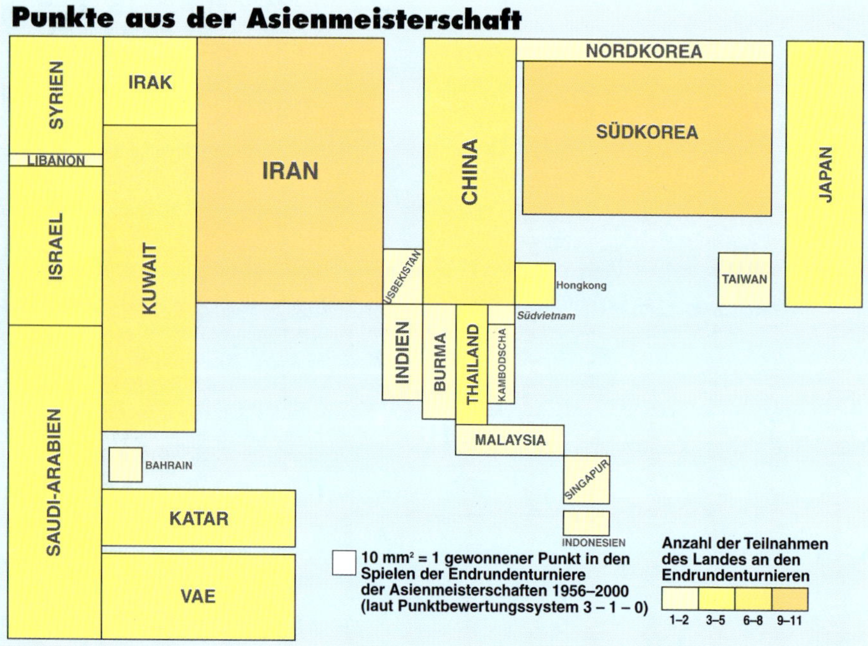

Punkte aus der Ozeanienmeisterschaft

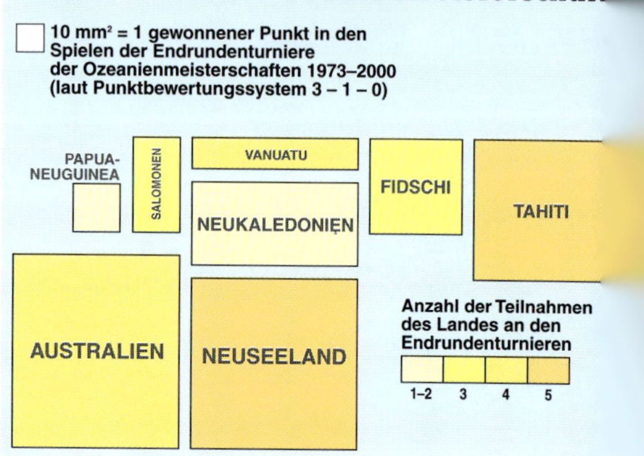

REKORDE DER ASIENMEISTERSCHAFTEN

Höchster Sieg in der Qualifikation: Kuwait–Bhutan 20:0 (2000)
Höchster Sieg beim Endrundenturnier: Iran–Südjemen 8:0 (1976)
Meiste Tore beim Endrundenturnier: Japan–Usbekistan 8:1 (2000)
Längste Strafstoßentscheidung in der Qualifikation: Nordkorea–Hongkong 11:10 (1976)

LEGENDE

Asienmeister
zweiter Platz
dritter Platz
vierter Platz
Teilnahme am Halbfinale (1956–2000)
Endrundenteilnahme (1956–2000)
Teilnahme an der Qualifikation (1956–2000)

FINALERGEBNISSE DER ASIENMEISTERSCHAFTEN

1956: 1. Südkorea, 2. Israel
1960: 1. Südkorea, 2. Israel
1964: 1. Israel, 2. Indien
1968: 1. Iran, 2. Burma
1972: Iran–Südkorea 2:1
1976: Iran–Kuwait 1:0
1980: Kuwait–Südkorea 3:0
1984: Saudi-Arabien–China 2:0
1988: Saudi-Arabien–Südkorea 0:0 (4:3 Elfm.sch.)
1992: Japan–Saudi-Arabien 1:0
1996: Saudi-Arabien–VAE 0:0 (4:2 Elfm.sch.)
2000: Japan–Saudi-Arabien 1:0

[FI]NALS DER OZEANIENMEISTERSCHAFTEN

[19]73: Neuseeland–Tahiti 2:0
[19]80: Australien–Tahiti 4:2
[19]96: Australien–Tahiti 6:0 und 5:0
[19]98: Neuseeland–Australien 1:0
[20]00: Australien–Neuseeland 2:0

LEGENDE

Ozeanienmeister
zweiter Platz
dritter Platz
vierter Platz
Teilnahme am Halbfinale (1973–2000)
Endrundenteilnahme (1973–2000)
Teilnahme an der Qualifikation (1998–2000)

REKORDE DER OZEANIEN-MEISTERSCHAFTEN

Höchster Sieg in der Qualifikation: Tahiti–Amerik.-Samoa 18:0 (2000)
Höchster Sieg beim Endrundenturnier: Australien–Cook-Inseln 17:0 (2000)

Afrikameisterschaft

Die erste Afrikameisterschaft, Pokal der Nationen genannt, fand im Jahre 1957 im Sudan statt. Es wirkten nur drei Mannschaften mit: Ägypten, Äthiopien und die des Veranstalters. Das allerdings war nicht so verwunderlich, da es damals in Afrika nur neun unabhängige Staaten gab. Am zweiten Turnier (1959) nahmen die drei gleichen Mannschaften teil, wobei Ägypten den Titel verteidigte. Den Heimvorteil bei der niedrigen Teilnehmerzahl des Anschlussturniers (vier, mit der Vorrunde sieben) nutzte 1962 Äthiopien zum Gewinn des Pokals der Nationen. Der Fußball des ostafrikanischen Landes versank nach dem Antritt des kommunistischen Regimes in der Mitte der 70er Jahre aber fast in der Bedeutungslosigkeit. In der folgenden Zeit nahm die fußballerische Klasse südlich der Sahara zu und an die afrikanische Spitze drängten die Länder vom Golf von Guinea: Ghana, Kamerun und Nigeria. Die Zahl der teilnehmenden Verbände stieg, daher wurde im Jahr 1968 eine Qualifikation zum Endturnier eingeführt. Seit dieser Zeit findet die Afrikameisterschaft jedes zweite Jahr statt. 1970 gewann die Mannschaft des Sudan auf heimischem Boden. Eine große Überraschung war zwei Jahre später in Kamerun der Titelgewinn des Nationalteams aus dem Kongo (Brazzaville). Kongo war erst über das Los ins Halbfinale gerutscht. Eine Überraschung bedeutete fraglos auch der Meistertitel von Zaire im Jahre 1974, das in Kairo im Halbfinale die favorisierte Heimmannschaft Ägypten schlug. Seither teilen sich die Titel allerdings nurmehr die fußballerisch stärksten afrikanischen Länder. Die Tabelle der Erfolgreichsten führt Ägypten an, das insgesamt viermal gewann, die gleiche Zahl an Titeln ging auch an Ghana. Relativ noch besser – auf Grund des Verhältnisses von Spielen zu erzielten Punkten – steht jedoch Südafrika da, das zum ersten Mal nach der Aufhebung des Apartheidsystems im Jahre 1996 am Meisterschaftsturnier teilnahm und es gleich vor heimischem Publikum gewann.

Während mit der Zeit die Zahl der Teilnehmer stieg, änderte sich auch das System des Wettbewerbs. In den Jahren 1968 bis 1990 nahmen am Endturnier acht Teams teil. Die zwei Besten aus zwei Gruppen trugen das Halbfinale aus (nur im Jahr 1976 ging der Meister aus einer Finalgruppe hervor). Beim Turnier im Jahre 1992, als an der Qualifikation bereits 31 Länder teilgenommen hatten, erhöhte sich die Anzahl der Teilnehmer auf zwölf, sechs Jahre später bereits auf 16. Diese Meisterschaft (1998) fand in Burkina Faso statt, einem Land, von dem vielleicht viele Fußballspieler und Fans niemals gehört haben. Auch der Erfolg von Burkina Faso ist der Beweis für die dynamische Entwicklung und steigende Beliebtheit des Fußballs auf dem afrikanischen Kontinent. Andererseits leidet die Veranstaltung der Meisterwettbewerbe an häufigen Absagen angemeldeter Länder und den nachfolgenden Bestrafungen. Vom Jahrgang 1998 wurde zum Beispiel das favorisierte Nigeria ausgeschlossen, weil es als Titelhalter – mit Hinweis auf die unzureichenden Sicherheitsmaßnahmen – die Teilnahme am Endrundenturnier in Südafrika verweigerte (1996). Im Jahre 2000 organisierten zum ersten Mal zwei Länder – Nigeria und Ghana – die Afrikameisterschaften. An der Qualifikation für das Turnier 2002 in Mali nahm die Rekordzahl von 48 Mitgliedern der Afrikanischen Fußballkonföderation CAF teil.

Derzeit bestehen die besten afrikanischen Teams meist aus Spielern, die vorwiegend in europäischen Mannschaften tätig sind. Am drastischsten ist dies im Fall von Nigeria: Bis auf einen Spieler bildeten ausschließlich Fußballlegionäre das Nationalteam des Landes bei der Meisterschaft 2000. Ähnlich ist es auch in Kamerun, Marokko und Ghana. Die ersten beiden hatten auf der Bank jeweils drei Spieler aus der eigenen Liga, Ghana vier. Vorwiegend aus Legionären wurden auch die Teams weniger entwickelter Länder wie Kongo-Brazzaville (nur drei Spieler aus der nationalen Liga) oder Togo (fünf) zusammengestellt. Eine Ausnahme bildet Tunesien, für dessen Team nur drei Repräsentanten aus dem Ausland antraten. Im Fall der Afrikameisterschaft, die je nach austragendem Land unter unterschiedlichen klimatischen Bedingungen stattfindet, hat der Heimvorteil eine größere Bedeutung als zum Beispiel in Europa oder Südamerika. So richtete Ghana die Meisterschaft zweimal aus und gewann sie beide Male. Erst mit Nigeria als Mitveranstalter des Turniers schied Ghana vorzeitig aus – es verlor im Viertelfinale.

Mit der steigenden Teilnehmerzahl bei den Abschlussturnieren engt sich wie anderswo in der Welt stark der Kreis der Länder ein, die als Ausrichter in Frage kommen. Über die notwendige Anzahl an Stadien mit einer entsprechenden Kapazität an Zuschauerplätzen verfügen höchstens fünf Staaten, auch wenn die Meisterschaft 1998 im rückständigen Burkina Faso in nur zwei Stadien ausgetragen werden konnte. Die Besucherzahlen sind eindeutig durch die Spiele der Nationalmannschaft des Veranstalters beeinflusst. Die Begegnungen Ägyptens zu Hause waren meist ausverkauft (rund 100 000 Zuschauer), ähnlich im Falle der Spiele Nigerias, Algeriens und Südafrikas (80–90 000 Zuschauer) vor heimischen Publikum. Wenn sich das Heimteam jedoch nicht bis zum Schluss hielt, sahen das Finale oft auch weniger als 5000 Zuschauer. Die geringste Zahl – 1000 Zuschauer – wurde bei der Wiederholung des Finales zwischen Zaire und Sambia bei der Meisterschaft 1974 in Ägypten notiert.

Punkte aus der Afrikameisterschaft

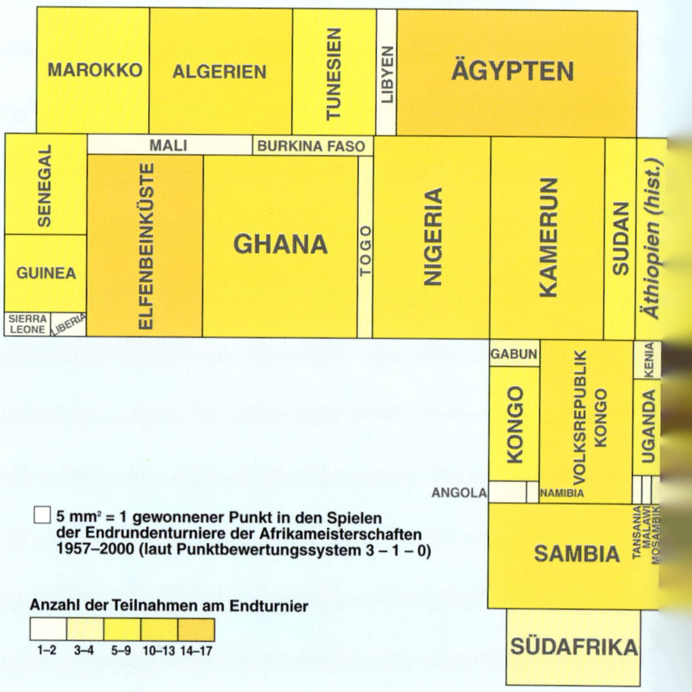

Die Austragungsorte der Afrikameisterschaften

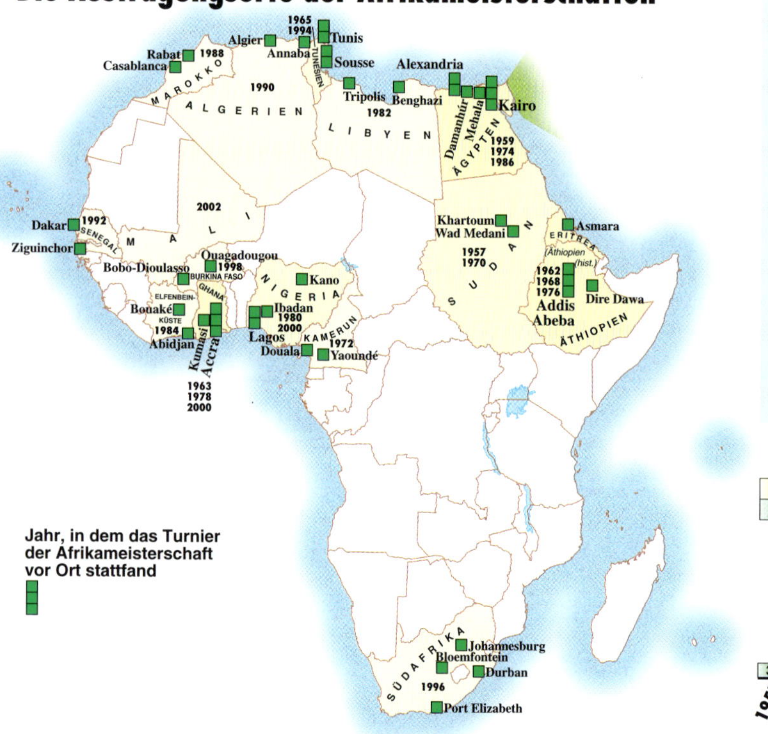

Entwicklung der Teilnehmerzahl der Afrikameisterschaft

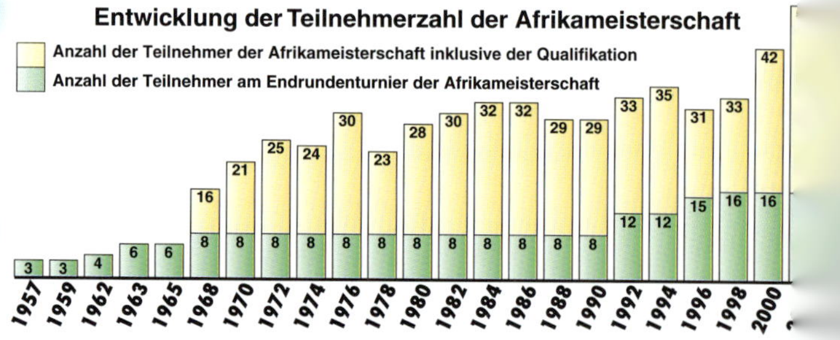

FINALS DER AFRIKAMEISTERSCHAFTEN

1957: Ägypten–Ähtiopien 4:0
1959: Ägypten–Sudan 2:1
1962: Äthiopien–Ägypten 4:2 nach Verlängerung
1963: Ghana–Sudan 3:0
1965: Ghana–Tunesien 3:2 nach Verlängerung
1968: Volksrepublik Kongo–Ghana 1:0
1970: Sudan–Ghana 1:0
1972: Kongo–Mali 3:2
1974: Volksrepublik Kongo–Sambia 2:2 und 2:0
1976: Marokko–Guinea 1:1 (im Endrundenturnier)
1978: Ghana–Uganda 2:0
1980: Nigeria–Algerien 3:0
1982: Ghana–Libyen 1:1 (7:6 Elfm.sch.)
1984: Kamerun–Nigeria 3:1
1986: Ägypten–Kamerun 0:0 (5:4 Elfm.sch.)
1988: Kamerun–Nigeria 1:0
1990: Algerien–Nigeria 1:0
1992: Elfenbeinküste–Ghana 0:0 (11:10 Elfm.sch.)
1994: Nigeria–Sambia 2:1
1996: Südafrika–Tunesien 2:0
1998: Ägypten–Südafrika 2:0
2000: Kamerun–Nigeria 2:2 (4:3 Elfm.sch.)

REKORDE DER AFRIKAMEISTERSCHAFTEN

Höchster Sieg im Endrundenturnier: Elfenbeinküste–Äthiopien 6:1 (1970)
Meiste Tore in der Qualifikation:
Ghana–Niger 9:1 (1970), Kenia–Dschibuti 9:1 (2000) und Namibia–Benin 8:2 (2002)
Meiste Tore im Endrundenturnier: Ägypten–Nigeria 6:3 (1963)
Längste Strafstoßentscheidung im Endrundenturnier: Elfenbeinküste–Ghana 11:10 (1992)
Bester Torjäger einer Afrikameisterschaft: 9 – Mulamba Ndaye (Zaire, 1974)

CONCACAF-Meisterschaft

Die Weg zu den Meisterschaften von Nord- und Mittelamerika ist relativ verschlungen. Das erste Turnier mittelamerikanischer und karibischer Staaten fand bereits im Jahre 1941 statt, wobei fünf Teams antraten. Später schuf Mexiko einen Parallel-Wettbewerb der Vertreter „Nordamerikas“. Dieser wurde in den Jahren 1947 und 1949 gespielt. An beiden Veranstaltungen nahmen Mexiko, Kuba und die USA teil. Bei den mittelamerikanischen Meisterschaften schwankte die Teilnehmerzahl. Im Jahre 1951 fanden sich wegen einer Kinderlähmungsepidemie nur drei Nationalmannschaften zusammen. Regelmäßig dabei waren die Niederländischen Antillen beziehungsweise ihre Inseln Curaçao und Aruba. Mexiko zog sich in den 50er Jahren ganz von diesem Kräftemessen mit den Fußball-Zwergen zurück ebenso wie die USA. Im Falle der Vereinigten Staaten war der Grund allerdings, dass der Fußball keine große Beliebtheit erlangte. Die bedeutendste Erweiterung erfuhren die mittelamerikanischen Meisterschaften 1961: neun Teams spielen in zwei Gruppen, jeweils die beiden Besten bilden die Finalgruppe.

1963 trugen neun mittelamerikanische Staaten die erste CONCACAF-Meisterschaft aus. Mexiko nahm ebenfalls teil, verlor jedoch überraschend gegen die Niederländischen Antillen und qualifizierte sich nicht für die Finalgruppe. In den Jahren 1965 bis 1981 wurde wegen der niedrigen Teilnehmerzahl (sechs) nur eine Finalgruppe gebildet. Die ersten Meistertitel holten sich Mexiko und Guatemala. In den Jahren 1973 bis 1989 wurde der Wettbewerb zugleich zum Qualifikationsturnier für die Weltmeisterschaft und fand nur noch alle vier Jahre statt. Gleich der erste Sieger, der sich damit für die WM 1974 in Deutschland qualifizierte, wurde überraschend Haiti. Im Jahre 1981 gewann zum ersten Mal Honduras. Zur WM fuhr zudem noch El Salvador, dem zum zweiten Platz zwei Tore in fünf Spielen reichten. Vier Jahre später spielte man das Turnier in drei Vorrundengruppen mit je drei Teams, die Gruppensieger erreichten die Finalrunde. Unerwarteter Erster wurde Kanada, jedoch in Abwesenheit Mexikos (war Ausrichter der WM 1986). Im Rahmen der Qualifikation für die WM 1990 in Italien kam es im Jahr 1989 zur Bildung nur einer einzigen Gruppe mit fünf Teilnehmern (abermals ohne Mexiko – diesmal wegen der Disqualifikation durch die FIFA). Die USA und Costa Rica fuhren zur Weltmeisterschaft nach Italien. Costa Rica ist nach wie vor das erfolgreichste Land der Region, da es besonders in der Anfangszeit dominierte und insgesamt zehn Titel gewann (Zweiter ist Mexiko mit neun ersten Plätzen).

Die größte Änderung erfuhr der Wettbewerb im Jahre 1991, als es zur Erneuerung der traditionellen Meisterschaft der ganzen CONCACAF-Zone kam. Seither nennt sich das Turnier Gold Cup. Zum ersten Mal wurde eine Qualifikationsrunde eingeführt, die in zwei Zonen gespielt wurde: die stärkere mittelamerikanische kontinentale (mit sechs Ländern) und die schwächere karibische, in der 15 Mannschaften (inklusive neun Vertreter der abhängigen Gebiete) antraten. Am Finalsturnier in den USA nahmen acht Teams teil, die zwei besten aus zwei Gruppen traten im Halbfinale gegeneinander an. Einen historischen Erfolg erzielten die USA 1993 mit dem 2. Platz, der sie als WM-Ausrichter auch sportlich für die Veranstaltung im eigenen Land qualifiziert hätte. Die USA besiegten damals Honduras im Elfmeterschießen. Die Nationalmannschaften der CONCACAF-Zone haben sich verbessert, mit dem Erfolg, dass auch die regionale Fußballgroßmacht Mexiko den Turnieren ein größeres Gewicht beimisst. Die Attraktivität des Turniers hat zweifellos auch die Beteiligung des brasilianischen U-23-Nationalteams im Jahr 1996 und des A-Teams zwei Jahre später erhöht. An der Meisterschaft im Jahre 2000 nahmen Kolumbien, Peru und sogar Südkorea teil. Obwohl das Niveau des Wettbewerbs deutlich nach oben gegangen ist, wurde Kanada überraschender Sieger. Kanada war erst durch einen Losentscheid zur Teilnahme am Gold Cup gelangt, in der Qualifikationgruppe waren alle Spiele unentschieden ausgegangen. Vor allem aus kommerziellen Gründen waren bisher fast ausschließlich die USA Ausrichter des Turniers, nur 1993 wurden einige Begegnungen auch in Mexiko ausgetragen.

Entwicklung der Teilnehmerzahl der Meisterschaften:

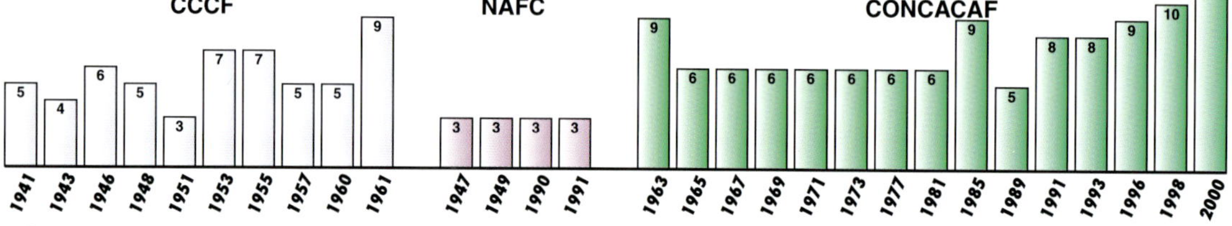

Die Austragungsorte der Meisterschaften der Länder der CONCACAF-Zone

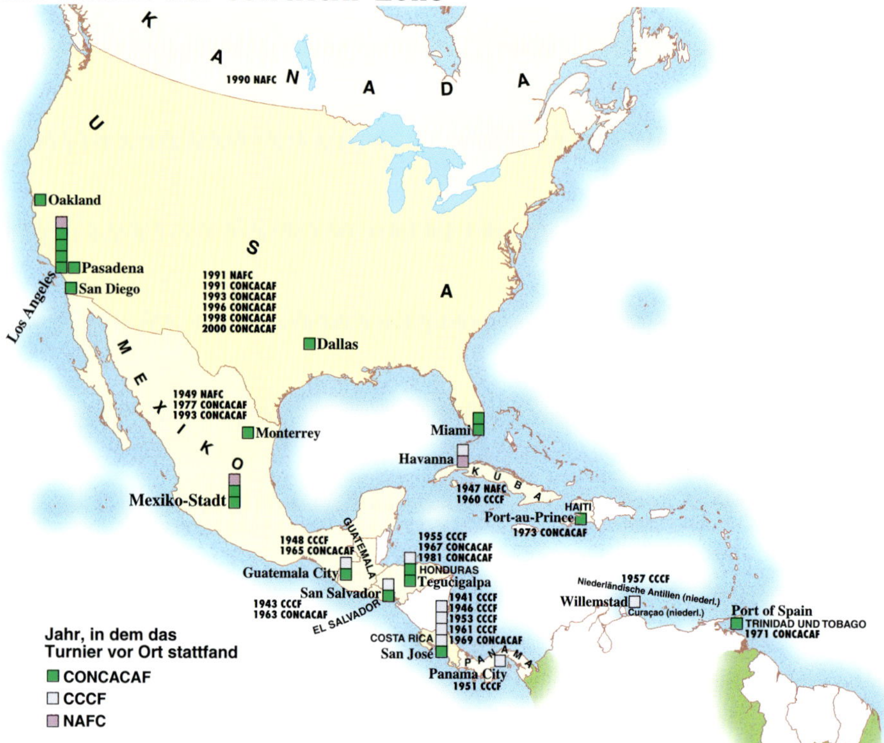

Die WM-Qualifikationsturniere der CONCACAF-Zone in den Jahren 1985 und 1989 wurden nach dem K.-o.-System (Hin- u. Rückspiel) gespielt.

Die Medaillengewinner der Meisterschaften der CONCACAF-Zone

Jahr	Goldmedaille	Silbermedaille	Bronzemedaille
CCCF-Meisterschaft			
1941	**Costa Rica**	El Salvador	Curaçao
1943	**El Salvador**	Costa Rica	Guatemala
1946	**Costa Rica**	Guatemala	El Salvador
1948	**Costa Rica**	Guatemala	Panama
1951	**Panama**	Costa Rica	Nicaragua
1953	**Costa Rica**	Honduras	Niederl. Antillen
1955	**Costa Rica**	Niederl. Antillen	Honduras
1957	**Haiti**	Curaçao	Honduras
1960	**Costa Rica**	Niederl. Antillen	Honduras
1961	**Costa Rica**	El Salvador	Honduras
NAFC-Meisterschaft			
1947	**Mexiko**	Kuba	USA
1949	**Mexiko**	USA	Kuba
1990	**Kanada**	Mexiko	USA
1991	**Mexiko**	USA	Kanada
CONCACAF-Meisterschaft			
1963	**Costa Rica**	El Salvador	Niederl. Antillen
1965	**Mexiko**	Guatemala	Costa Rica
1967	**Guatemala**	Mexiko	Honduras
1969	**Costa Rica**	Guatemala	Niederl. Antillen
1971	**Mexiko**	Haiti	Costa Rica
WM-Qualifikationsturniere			
1973	**Haiti**	Trinidad und Tobago	Mexiko
1977	**Mexiko**	Haiti	El Salvador
1981	**Honduras**	El Salvador	Mexiko
1985	**Kanada**	Honduras	Costa Rica
1989	**Costa Rica**	USA	Trinidad und Tobago
Gold Cup			
1991	**USA**	Honduras	Mexiko
1993	**Mexiko**	USA	Costa Rica
1996	**Mexiko**	Brasilien (bis 23 J.)	USA
1998	**Mexiko**	USA	Brasilien
2000	**Kanada**	Kolumbien	Trinidad und Tobago, P

REKORDE DER CONCACAF--MEISTERSCHAFTEN

Höchster Sieg im Gold Cup:
Mexiko–Martinique 9:0 (1993)
Höchster Besuch innerhalb des Gold Cups:
120 000 Zuschauer im Stadion Azteca, Mexiko-Stadt, Finale 1993 (Mexiko–USA)
Höchster Sieg bei anderen Meisterschaften:
Honduras–Nicaragua 10:0 (CCCF, 1946)
Meiste Tore bei anderen Meisterschaften:
El Salvador–Nicaragua 10:2 (CCCF, 1961)

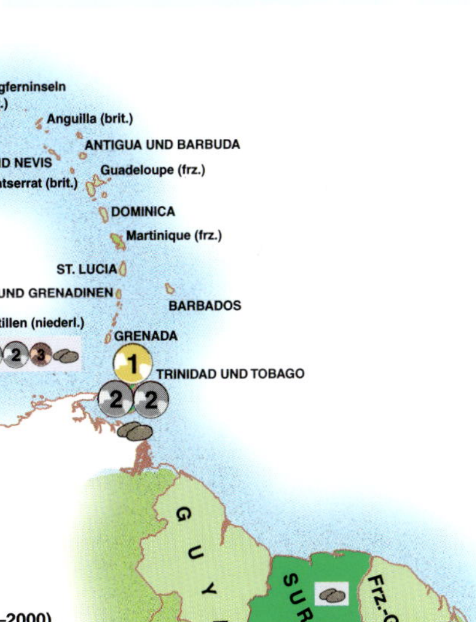

Punkte aus dem Gold Cup

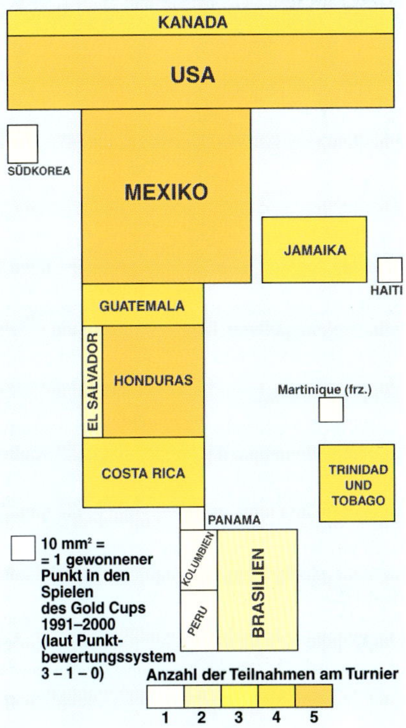

LEGENDE

- Teilnahme am Halbfinale (jedwedes Endturnier 1941–2000)
- Endrundenteilnahme (jedwedes Endturnier 1941–2000)
- Teilnahme an der Qualifikation zum Gold Cup (1991–2000)
- ohne Teilnahme

Die Teilnehmer der Meisterschaften der CONCACAF-Zone außerhalb der eigentlichen Region

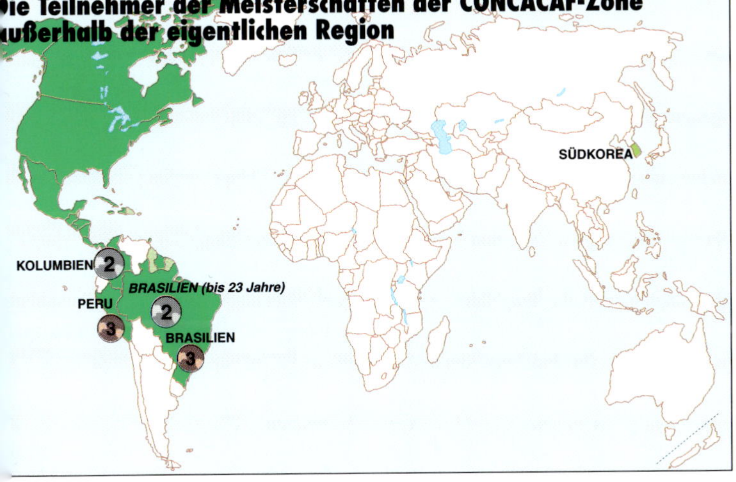

Meisterschaften der CONCACAF-Zone
– CONCACAF Championships (1963–71)
– WM-Qualifikationsturniere (1973–89)
– Gold Cup (1991–2000)

1 Meister
2 zweiter Platz
3 dritter Platz
vierter Platz

Meisterschaft Mittelamerikas und der Karibik
– CCCF (1941–61)

1 Meister
2 zweiter Platz
3 dritter Platz
vierter Platz

Nordamerikameisterschaft
– NAFC (1947–91)

1 Meister
2 zweiter Platz
3 dritter Platz

Südamerikanische Meisterschaft

Die Meisterschaft Südamerikas – oder der Länder, die in der Konföderation CONMEBOL vereinigt sind – ist neben den Olymischen Spielen als kontinentaler Meisterschaft der älteste weltweite Wettbewerb von Nationalteams. Bereits im Jahre 1910 – ein halbes Jahrhundert, bevor Europa seinen ersten Meister kürte – unternahm Argentinien zu Anlass des 100. Jahrestags der Unabhängigkeit und der Staatsgründung den Versuch, eine Südamerikameisterschaft ins Leben zu rufen. An diesem ersten Turnier nahmen aber nur drei Länder teil (neben dem Gastgeber Chile und Uruguay). Ein weitere inoffizielle Meisterschaft fand unter Beteiligung von vier Ländern sechs Jahre später statt. Als erste offiziellen Titelkämpfe der Länder Südamerikas gilt das Turnier im Jahre 1917, obwohl auch da nur vier Länder spielten: Argentinien, Brasilien, Chile und Uruguay. Bis ins Jahr 1927 wurde mit einer Ausnahme (1918) die Meisterschaft im Jahresrhythmus ausgetragen, wobei weiterhin nur vier oder fünf Teams antraten (im Jahr 1925 waren es gar nur drei). Eine längere Pause legten die südamerikanischen Titelkämpfe in der Zeit der Weltwirtschaftskrise (1929–35) ein. Gründe für die Unterbrechung gab es aber auch andere, so vor allen die Reorganisation der nationalen Wettbewerbe und die Planungen zur ersten Fußballweltmeisterschaft, die Uruguay 1930 ausrichtete. In den folgenden Jahren galten viele Turniere nicht als offizielle südamerikanische Titelkämpfe (zum letzten Mal in Ecuador 1959). Die Zahl der teilnehmenden Länder stieg langsam an, 1937 waren es sechs. Der Wettbewerb gewann auch allmählich an Beliebtheit und 1937 sahen bereits 80 000 Zuschauer das Finale zwischen Argentinien und Brasilien in Buenos Aires. In den Jahren 1959 (gespielt wurden zwei Turniere) bis 1987 wurde auf einen Vierjahresrhythmus umgestellt. Erst seitdem wird die Meisterschaft jedes zweite Jahr ausgetragen und der Spielplan hat sich stabilisiert. 1999 fand in Paraguay das 40-jährige Jubiläum statt.

Vom ersten Wettbewerb bis 1967 spielte man im Ligasystem jeder gegen jeden. Kein einziges Mal nahmen allerdings alle zehn Mitgliedsländer des CONMEBOL teil, sondern maximal acht (in den Jahren 1947 und 1949). Nach einer achtjährigen Pause wurde das Turnier 1975 neu aufgenommen und nun Copa America genannt. Das bisherige Wettbewerbsmodell wurde für drei Meisterschaften (1975, 1979 und 1983) auf den Modus mit Hin- und Rückspiel umgestellt. Die neun Teilnehmer wurden dabei in drei Gruppen aufgeteilt. Die Sieger plus der Titelverteidiger bildeten die Halbfinalpaare. Halbfinale und Finale wurden ebenfalls mit Hin- und Rückspiel bestritten. Wenn die beiden Spiele keine Entscheidung brachten, wurde ohne Rücksicht auf das Torverhältnis eine dritte Begegnung angesetzt. Diese Form zog viel Publikum an und hatte auch kommerziellen Erfolg. 1993 wurde dennoch wieder die traditionelle Turnierart eingeführt. Man kämpft seitdem in vier Gruppen zu drei Teams, von denen sich je zwei Mannschaften fürs Play off qualifizieren. Weil dem CONMEBOL nur zehn Länder angehören, nimmt an der Meisterschaft regelmäßig Mexiko teil. Eingeladen wurden auch schon die USA (1993 und 1995), Costa Rica (1997), Japan (1999) und Kanada (2001).

Das erfolgreichste Land ist Argentinien, das 15-mal gewann und auch die insgesamt höchste Punktezahl erzielt hat. Eine respektable Anzahl Trophäen (14) hat in seiner Sammlung auch das kleine Uruguay (hat darüber hinaus nie zu Hause verloren). Mit großem Abstand folgt Brasilien mit sechs Titeln, das als stärkste Fußballmacht der Welt gilt. Brasilien nahm vor dem Zweiten Weltkrieg allerdings nur selten an den Turnieren teil (insgesamt fehlte es elfmal). Auf der Liste der Sieger sind noch Paraguay und Peru zu finden. Aus der Sicht des Veranstaltungsorts sind für die Kicker die härtesten Meisterschaften jene, die in Bolivien veranstaltet werden. Im Jahre 1997 spielte man dort in fünf Städten, wobei zwei in Höhen über 3500 m liegen, eine weitere – Santa Cruz – hingegen in den Tropen des Tieflandes. Der Einfluss der Meereshöhe zeigte sich am deutlichsten 1963, als Bolivien überraschend Meister wurde. Dabei schlugen die Nationalspieler des Ausrichters im entscheidenden Spiel das favorisierte Brasilien mit 5:4. Bei den vorangegangenen Südamerikameisterschaften war Bolivien aber nur Letzter geworden.

Medaillengewinner der Südamerikameisterschaften

Jahr	Gold	Silber	Bronze
1910	**Argentinien**	Uruguay	Chile
1916	**Uruguay**	Argentinien	Brasilien
1917	**Uruguay**	Argentinien	Brasilien
1919	**Brasilien**	Uruguay	Argentinien
1920	**Uruguay**	Argentinien	Brasilien
1921	**Argentinien**	Brasilien	Uruguay
1922	**Brasilien**	Paraguay	Uruguay
1923	**Uruguay**	Argentinien	Paraguay
1924	**Uruguay**	Argentinien	Paraguay
1925	**Argentinien**	Brasilien	Paraguay
1926	**Uruguay**	Argentinien	Chile
1927	**Argentinien**	Uruguay	Peru
1929	**Argentinien**	Paraguay	Uruguay
1935	**Uruguay**	Argentinien	Peru
1937	**Argentinien**	Brasilien	Uruguay
1939	**Peru**	Uruguay	Paraguay
1941	**Argentinien**	Uruguay	Chile
1942	**Uruguay**	Argentinien	Brasilien
1945	**Argentinien**	Brasilien	Chile
1946	**Argentinien**	Brasilien	Paraguay
1947	**Argentinien**	Paraguay	Uruguay
1949	**Brasilien**	Paraguay	Peru
1953	**Paraguay**	Brasilien	Uruguay
1955	**Argentinien**	Chile	Peru
1956	**Uruguay**	Chile	Argentinien
1957	**Argentinien**	Brasilien	Uruguay
1959-I	**Argentinien**	Brasilien	Paraguay
1959-II	**Uruguay**	Argentinien	Brasilien
1963	**Bolivien**	Paraguay	Argentinien
1967	**Uruguay**	Argentinien	Chile
1975	**Peru**	Kolumbien	Brasilien
1979	**Paraguay**	Chile	Brasilien
1983	**Uruguay**	Brasilien	Paraguay
1987	**Uruguay**	Chile	Kolumbien
1989	**Brasilien**	Uruguay	Argentinien
1991	**Argentinien**	Brasilien	Chile
1993	**Argentinien**	Mexiko	Kolumbien
1995	**Uruguay**	Brasilien	Kolumbien
1997	**Brasilien**	Bolivien	Mexiko
1999	**Brasilien**	Uruguay	Mexiko
2001	**Kolumbien**	Mexiko	Honduras

Die Austragungsorte der Südamerikameisterschaften

Punkte aus der Südamerikameisterschaft

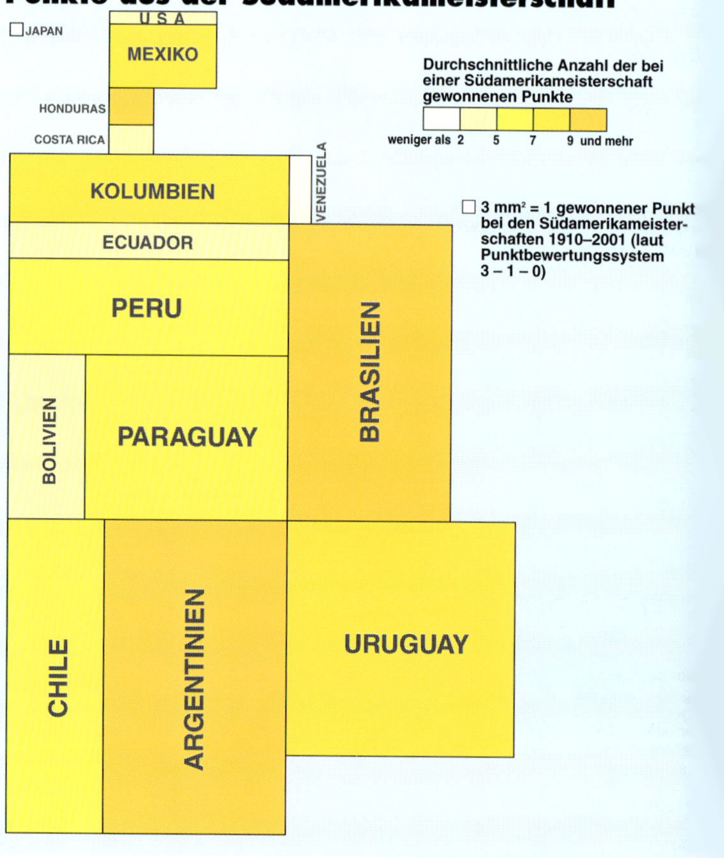

Die Turniere in den Jahren 1975, 1979 und 1983 wurden nach dem K.-o.-System (Hin- u. Rückspiel) gespielt

Entwicklung der Teilnehmerzahl der Südamerikameisterschaft

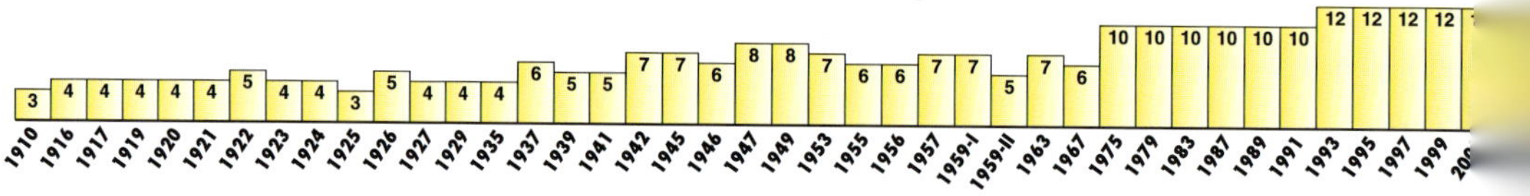

.EGENDE

Südamerikameister

zweiter Platz

dritter Platz

vierter Platz

·eilnahmehäufigkeit bei den ·ndrunden der Südamerikameisterschaften ·910–2001)

- 35 und mehr
- 25–34
- 15–24
- 5–14
- 1–4

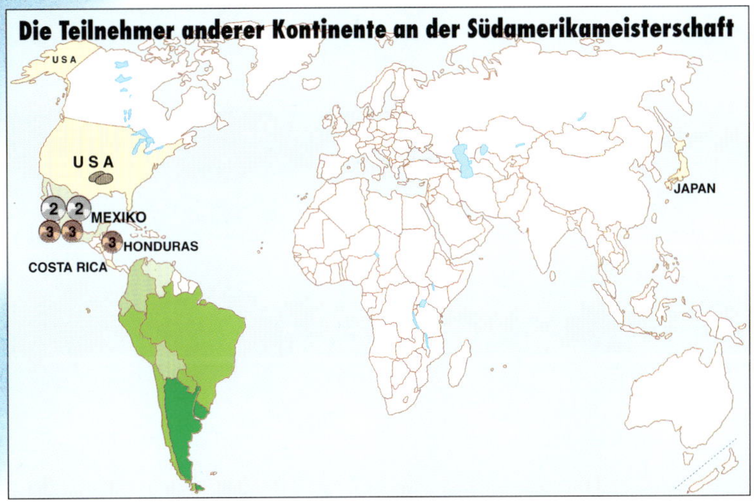

REKORDE DER SÜDAMERIKA-MEISTERSCHAFTEN

·ichster Sieg:
·gentinien–Ecuador 12:0 (1942),
·gentinien–Venezuela 11:0 (1975)
·öchster Sieg im Finale:
·asilien–Paraguay 7:0 (1949)
·ste Torjäger bei einer Meisterschaft:
· Jair Rosa Pinto (Brasilien, 1949),
·mberto Maschio (Argentinien, 1957)
·avier Ambrois (Uruguay, 1957)
·ste Torjäger (insgesamt):
· – Norberto "Tucho" Méndez (Argentinien)
·omas Suares da Silva "Zizinho" (Brasilien)
·ngstes Turnier: 39 Tage (Brasilien 1949)
·rnier mit dem höchsten Tordurchschnitt:
·u 1957 (4,8 Tore pro Spiel)
·chster Besuch:
·) 000 Zuschauer im Maracanã, Rio de Janeiro,
·silien 1989 (Brasilien–Uruguay)
·ngstes Spiel: 150 Minuten
· + Verlängerung 2 x 30) – Brasilien–Uruguay 1:0

Olympische Fußballturniere

Die ersten weltweiten internationalen Wettkämpfe von Fußballnationalteams fanden im Rahmen der Olympischen Spiele statt. Schauwettkämpfe einiger Klubs – aber nicht von Nationalmannschaften – wurden bereits bei den Spielen in Paris (1900) und St. Louis (1904) abgehalten. Das offizielle Fußballturnier wurde erstmals in London (1908) ins Programm genommen, also nur vier Jahre nach der Gründung der FIFA. Die ersten beiden Goldmedaillen gewann England, das die Nation von Großbritannien repräsentierte. Vor dem Zweiten Weltkrieg gewann auch Uruguay zweimal das olympische Fußballfinale. Das Turnier fand danach bei allen Olympiaden mit Ausnahme von Los Angeles 1932 statt. Belgien und die Tschechoslowakei schrieben sich 1920 in die Geschichte ein, als das tschechoslowakische Team im Finale von Antwerpen aus Protest gegen die Schiedsrichterentscheidungen nach 39 Minuten das Spielfeld verließ und disqualifiziert wurde. An den Spielen von 1920 nahm erstmals auch die Nationalmannschaft eines außereuropäischen Landes teil, die allerdings nicht – wie man vermuten könnte – aus Südamerika kam, sondern aus Ägypten. Die ersten Vertreter des amerikanischen Kontinents, Uruguay und die USA, erschienen bei der nachfolgenden Olympiade in Paris. In Berlin (1936) griffen in die Titelkämpfe die ersten Nationalmannschaften aus Asien ein: China und Japan.

Das olympische Fußballturnier fand anfangs keine allzugroße Beliebtheit, was die relativ niedrigen Zuschauerzahlen dokumentierten. Dem Finale in Paris 1924 schauten aber bereits 40 000 Menschen zu und dem in Berlin sogar 90 000 Personen. Einen Rekord verzeichnete die Olympiade im Jahre 1956 im „Fußballentwicklungsland" Australien, wo die entscheidende Begegnung zwischen der Sowjetunion und Jugoslawien 120 000 Schaulustige sahen. Über 100 000 Besucher erlebten auch das Finale der Olympiade 1984 in Los Angeles zwischen Frankreich und Brasilien. Mit der Zeit war die Zahl der Interessenten am olympischen Turnier gestiegen, so dass im Jahre 1956 die erste Qualifikation ausgetragen wurde. Seit dem Jahre 1960 werden die sechzehn Teilnehmer des Turniers in vier Gruppen geteilt, die acht Besten (je zwei pro Gruppe) spielen im K.-o.-System weiter. Eine niedrigere Teilnehmerzahl vermeldeten nur die Spiele 1964 (im letzten Augenblick sagten die Italiener und Nordkoreaner ab) und 1976 (ohne Nigeria, Ghana und Sambia). In der Qualifikation für das Olympische Fußballturnier in Sydney 2000 traten insgesamt 151 Länder an (um die Teilnahme an der WM 1998 kämpften 170 Länder).

Beachtenswert ist die Vorherrschaft der Nationalmannschaften aus den ehemaligen sozialistischen Ländern in der Nachkriegsära. Zwischen 1952 und 1988, mit Ausnahme der Spiele in Los Angeles 1984, die die Länder des Ostblocks bis auf Rumänien boykottierten, gewannen ihre Teams alle Goldmedaillen und außer bei zwei Olympiaden (1960 und 1988) auch alle Silbermedaillen. Zur Olympiade waren nur Amateurfußballer zugelassen. Ihre Erfolge ernteten die sozialistischen Länder, weil sie offiziell keine Fußballprofis hatten und daher praktisch mit ihren besten Spielern anreisen konnten. Die Vormachtstellung des sozialistischen Blocks endete mit dem Zusammenbruch des kommunistischen Systems und mit der Professionalisierung der Olympiade. Das erste Turnier unter Mitwirkung professioneller Nachwuchsteams sah Los Angeles im Jahre 1984. Eines der überraschendsten Ergebnisse der Fußballgeschichte kam in Seoul vier Jahre später zustande: Sambia besiegte Italien 4:0. Beginnend mit Barcelona 1992 wurden die Teilnehmerländer von Mannschaften mit Fußballern im Alter bis zu 23 Jahren vertreten. Bei der Olympiade in Atlanta 1996 wurde der Start von drei älteren Spielern zugelassen. Hier kam es auch zu einem weiteren historischen Durchbruch: die Goldmedaille holte erstmals ein Team, das nicht aus Europa oder Südamerika kam. Es war Nigeria, das im Halbfinale die Mannschaft Brasiliens und im Finale dann Argentinien schlug. Auch bei den Spielen 2000 in Sydney triumphierte eine Mannschaft vom schwarzen Kontinent – Kamerun.

Größte Erfolge - Europa

Größte Erfolge - Welt

Finalspiele der Olympiaden

1908 (IV.): England–Dänemark 2:0
1912 (V.): England–Dänemark 4:2
1920 (VII.): Belgien–Tschechoslowakei 2:0
1924 (VIII.): Uruguay–Schweiz 3:0
1928 (IX.): Uruguay–Argentinien 2:1
1936 (XI.): Italien–Österreich 2:1
1948 (XIV.): Schweden–Jugoslawien 3:1
1952 (XV.): Ungarn–Jugoslawien 2:0
1956 (XVI.): UdSSR–Jugoslawien 1:0
1960 (XVII.): Jugoslawien–Dänemark 3:1
1964 (XVIII.): Ungarn–Tschechoslowakei 2:1
1968 (XIX.): Ungarn–Bulgarien 4:1
1972 (XX.): Polen–Ungarn 2:1
1976 (XXI.): DDR–Polen 3:1
1980 (XXII.): Tschechoslowakei–DDR 1:0
1984 (XXIII.): Frankreich–Brasilien 2:0
1988 (XXIV.): UdSSR–Brasilien 2:1 nach Verlängerung
1992 (XXV.): Spanien–Polen 3:2
1996 (XXVI.): Nigeria–Argentinien 3:2
2000 (XXVII.): Kamerun–Spanien 2:2 (5:3 Elfm.sch.)

Punkte bei der Olympiade

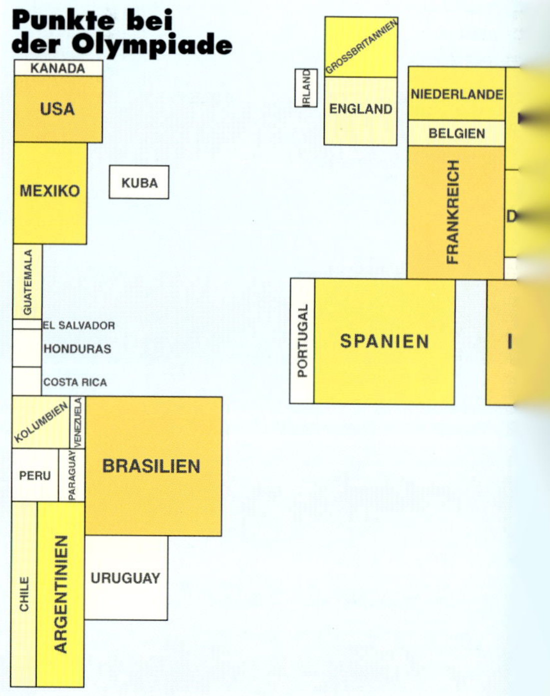

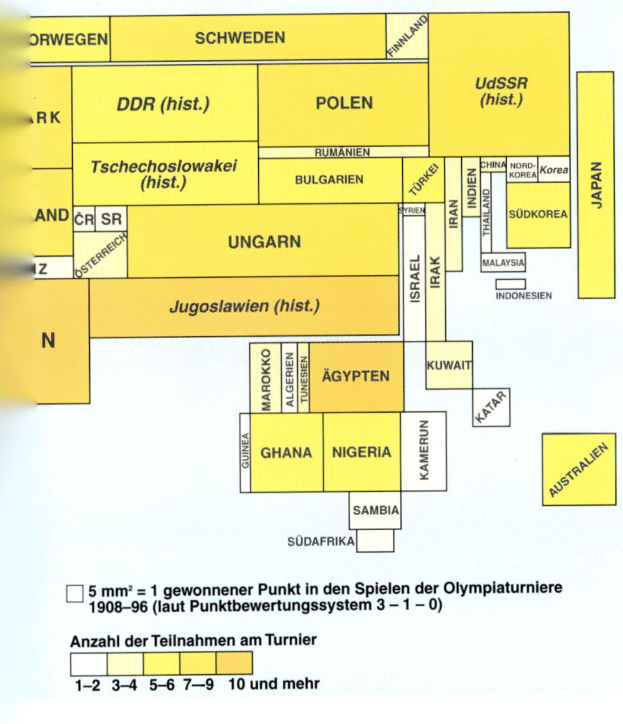

Entwicklung der Teilnehmerzahl des Olympischen Fußballturniers

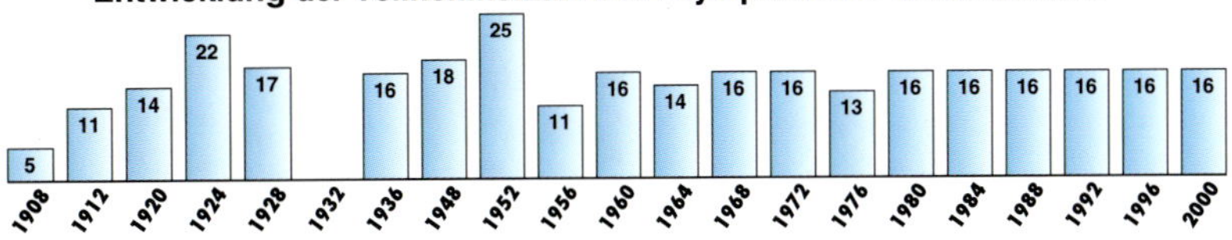

Die Veranstalter der Olympiaden

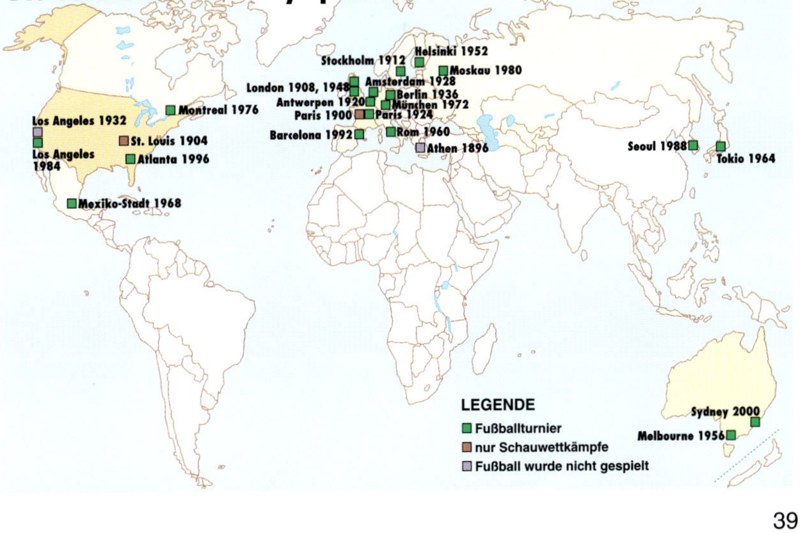

Frauenwettbewerbe

Obwohl der Frauenfußball auch eine lange Geschichte hat, erreichte er nie solch einen Popularitätsgrad wie andere Ballsportarten, die von beiden Geschlechtern betrieben werden (Basketball, Handball, Volleyball). Britische Quellen geben an, dass die Frauen eine bestimmte Art von Fußball schon im 16. Jahrhundert spielten. Die Wiege des modernen Frauenfußballs war einmal mehr England. In den 90er Jahren des 19. Jahrhunderts zogen die Spiele der Frauenteams in London und in Preston (wichtigstes Zentrum des auf Textilindustrie orientierten Lancashire) immerhin bis zu 10 000 Besucher an. Die Englische Fußballassoziation vernachlässigte jedoch die Entwicklung des Frauenfußballs, indem sie keine speziellen Regeln für ihn entwickeln wollte, während den Frauen vom „männlichen" Fußball wegen des hohen Verletzungsrisikos abgeraten wurde. Trotzdem hat sich der Fußball unter den Frauen durchgesetzt. Das erste Länderspiel zwischen Frankreich und England im Jahre 1920 verfolgten 10 000 Zuschauer. Die erste inoffizielle Europameisterschaft der Frauen fand allerdings erst 1957 in Westberlin statt. Ein weiterer Impuls für die Entwicklung des Frauenfußballs kam aus den kommunistischen Ländern Osteuropas. Die vom jeweiligen Staat und von den sog. Industriekombinaten unterstützten Mannschaften, allen voran jene aus der Tschechoslowakei, organisierten in der Nachkriegsepoche schon regelmäßige Ligawettbewerbe.

Die offizielle Anerkennung in den westeuropäischen Ländern wurde dem Frauenfußball erst in den 60er Jahren zuteil, als die ersten Fußballverbände entstanden. Nur einige Jahre später wurden diese auch in den Ländern Südostasiens (Singapur, Taiwan, Thailand und Südvietnam) gegründet. Auf deren Initiative wurde schon im Jahre 1975 in Hongkong das erste Frauenfußballturnier unter Teilnahme von Teams aus Asien und Ozeanien (Sieger wurde Neuseeland) veranstaltet. Seit 1977 kann man dieses Turnier als Asienmeisterschaft betrachten. Die letzten sieben Turniere gewann die Auswahl Chinas.

Die erste inoffizielle Weltmeisterschaft fand 1971 in Mexiko statt. Den Finalsieg Dänemarks erlebten 100 000 Zuschauer im Azteken-Stadion von Mexiko City. Das erste offizielle Championat – die Europameisterschaft – wurde von 1982 bis 1984 ausgetragen (im K.-o.-System mit Hin- und Rückspiel), das erste EM-Turnier 1987 in Norwegen. Die Weltmeisterschaftspremiere erfolgte 1991 in den USA. Deren Umsetzung veranlasste die Organisatoren zu vorherigen Qualifikationen – die Meisterschaften der Konföderationen von Afrika, Ozeanien, Südamerika und der CONCACAF-Zone. Insgesamt nahmen an den Qualifikationsspielen schon über 100 Länder teil. Laut Einschätzung der FIFA spielen derzeit rund 30 Millionen Frauen Fußball. Nahezu in allen Ländern Europas werden Ligakonkurrenzen oder andere Wettbewerbe durchgeführt. Eine enorme Popularität genießt der Frauenfußball in den USA und Kanada. In Japan und China trägt man schon einige Jahre Profiwettbewerbe aus. Erst am Anfang steht der Frauenfußball in Afrika, obwohl hier die ersten Vergleiche schon in den 70er Jahren stattfanden (Südafrika, Obervolta, Angola, Mosambik). Der Frauenfußball hat sogar in einigen muslimischen Ländern (Algerien, Malaysia) Einzug gehalten. Andererseits wurde er z.B. im Iran trotz großen Interesses verboten. Südamerika war im Jahr 2000 Schauplatz der ersten internationalen Konkurrenz für Klubmannschaften. Als Sieger ging Sporting Cristal aus der peruanischen Hauptstadt Lima hervor.

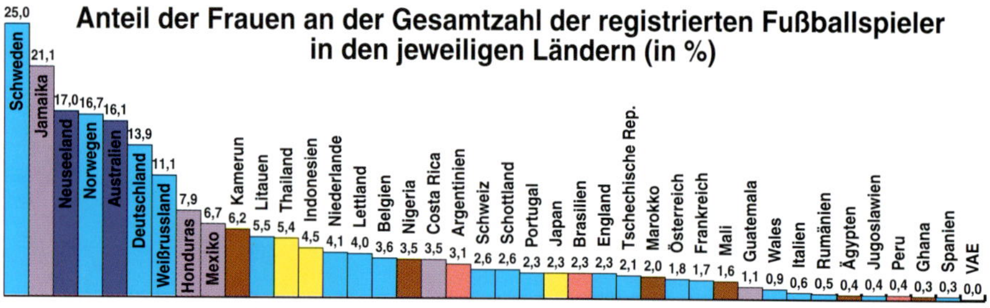

Größte Erfolge - Europa

Größte Erfolge - Welt

FINALSPIELE DER INTERNATIONALEN WETTBEWERB

Weltmeisterschaft

1991 (in China)	**USA**–Norwegen 2:1
1995 (in Schweden)	**Norwegen**–Deutschland 2:0
1999 (in den USA)	**USA**–China 0:0 (5:4 Elfm.sch.)

Olympische Spiele

1996 (in den USA)	**USA**–China 2:1
2000 (in Australien)	**Norwegen**–USA 3:2 (nach Verlängerung)

Europameisterschaft

1984 (*Hin- u. Rückspiel*)	**Schweden**–England 1:0 und 0:1 (4:3 Elfm.sc
1987 (in Norwegen)	**Norwegen**–Schweden 2:1
1989 (in Deutschland)	**Deutschland**–Norwegen 4:1
1991 (in Dänemark)	**Deutschland**–Norwegen 3:1 (nach Verlängerung)
1993 (in Italien)	**Norwegen**–Italien 1:0
1995 (in Deutschland)	**Deutschland**–Schweden 3:2
1997 (in Norw./Schweden)	**Deutschland**–Italien 2:0
2001 (in Deutschland)	**Deutschland**–Schweden 1:0 (nach Verlängerung)

Asienmeisterschaft

1975 (in Hongkong)	**Neuseeland**–Thailand 3:1
1977 (in Taiwan)	**Taiwan**–Thailand 3:1
1979 (in Indien)	**Taiwan**–Indien 2:0
1981 (in Hongkong)	**Taiwan**–Thailand 5:0
1983 (in Thailand)	**Thailand**–Indien 3:0
1986 (in Hongkong)	**China**–Japan 2:0
1989 (in Hongkong)	**China**–Taiwan 1:0
1991 (in Japan)	**China**–Japan 5:0
1993 (in Malaysia)	**China**–Nordkorea 3:0
1995 (in Malaysia)	**China**–Japan 2:0
1997 (in China)	**China**–Nordkorea 2:0
1999 (auf den Philippinen)	**China**–Taiwan 3:0

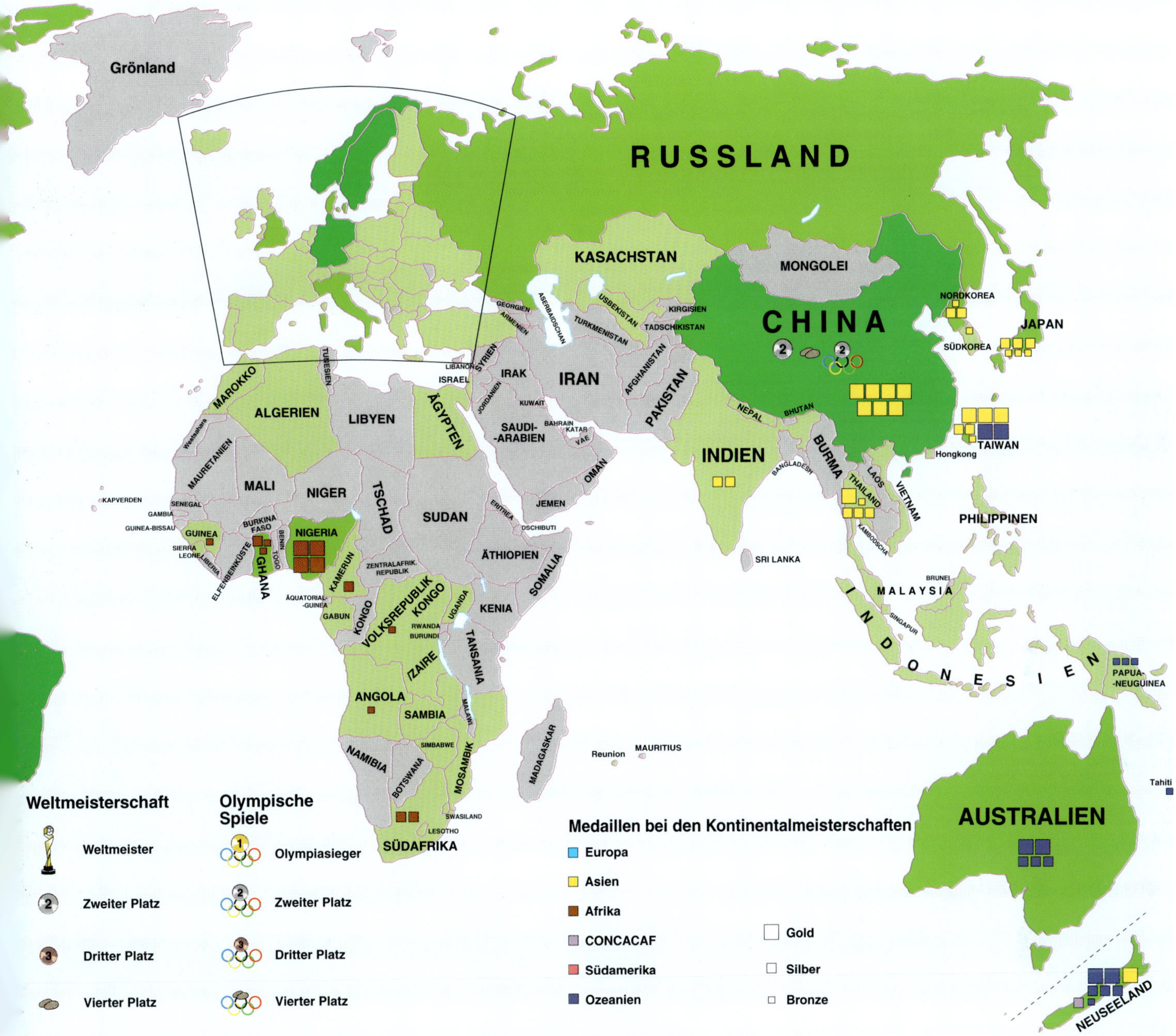

frikameisterschaft	
991 (*Hin- u. Rückspiel*)	**Nigeria**–Kamerun 2:0 und 4:0
995 (*Hin- u. Rückspiel*)	**Nigeria**–Südafrika 4:1 und 7:1
998 (in Nigeria)	**Nigeria**–Ghana 2:0
000 (in Südafrika)	**Nigeria**–Südafrika (nicht beendet)
ONCACAF-Meisterschaft	
991 (auf Haiti)	**USA**–Kanada 5:1
993 (in den USA)	**1. USA,** 2. Neuseeland (Turnier)
994 (in Kanada)	**1. USA,** 2. Kanada (Turnier)
998 (in Kanada)	**Kanada**–Mexiko 1:0
üdamerika-Meisterschaft	
991 (in Brasilien)	**1. Brasilien,** 2. Chile (Turnier)
995 (in Brasilien)	**Brasilien**–Argentinien 2:0
998 (in Argentinien)	**Brasilien**–Argentinien 7:1
zeanien-Meisterschaft	
983 (auf Neukaledonien)	**Neuseeland**–Australien 3:2 (nach Verlängerung)
986 (auf Neuseeland)	**Taiwan**–Australien 4:1
989 (in Australien)	**Taiwan**–Neuseeland 1:0
991 (in Australien)	**1. Neuseeland,** 2. Australien (Turnier)
995 (auf Papua-Neuguinea)	**1. Australien,** 2. Neuseeland (Turnier)
998 (auf Neuseeland)	**Australien**–Neuseeland 3:1

RAUENMEISTERSCHAFTEN – REKORDE

chster Sieg bei der WM: 8:0 Schweden–Japan (1991) und Norwegen–Nigeria (1995)
chste Siege in der WM-Qualifikation: 21:0 Japan–Guam (1997), Kanada–Puerto o (1998), Neuseeland–West-Samoa (1998) und Australien–Amerik.-Samoa (1998); 0 Spanien–Slowenien (1993–95) und Australien–Fidschi (1998); 16:0 Neuseeland–apua-Neuguinea (1991) und China–Philippinen (1997); 15:0 Brasilien–Bolivien 95) und Brasilien–Peru (1998); 14:0 Kanada–Martinique (1998) und Brasilien–enezuela (1998); 13:0 Brasilien–Ecuador (1995); 14:1 Nordkorea–Philippinen (1997); 0 Nordkorea–Malaysia (1991), Japan–Malaysia (1991), USA–Mexiko (1991), A–Martinique (1991), Deutschland–Wales (1993–95), Argentinien–Bolivien (1995)

erzielte WM-Punkte

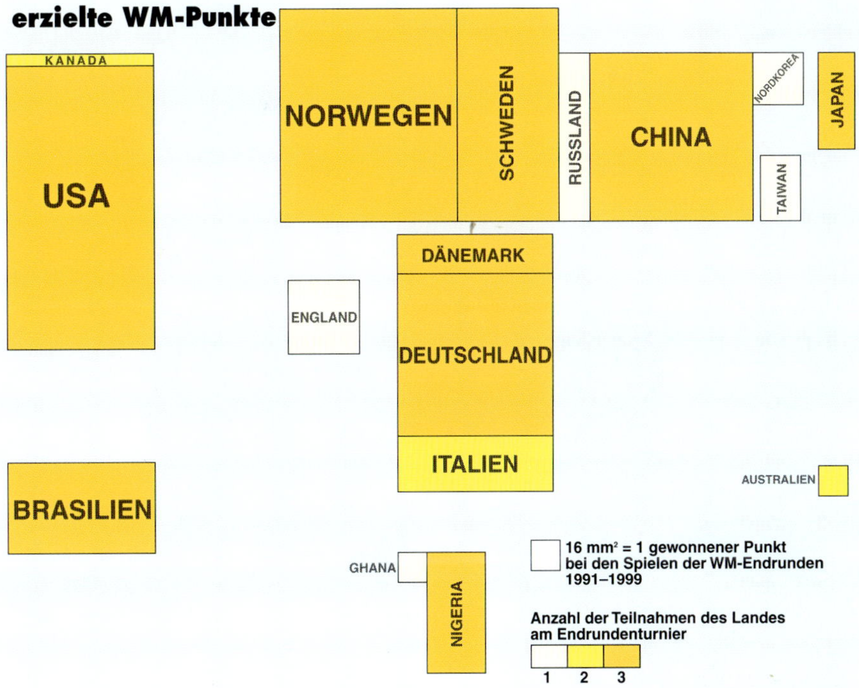

Juniorenwettbewerbe

Die Tradition der Juniorenwettkämpfe ist ebenso lang, wie die des Fußballs selbst. Nationale Junioren- und Jugendwettbewerbe werden praktisch in jedem Land gespielt. Auf die jüngeren Altersgruppen entfällt auch der größte Teil der organisierten Fußballspieler (üblicherweise mehr als zwei Drittel). Die ersten internationalen Meisterschaften entstanden jedoch wesentlich später als die der Senioren.

Die Premiere der Juniorenmeisterschaften (Amateure) der unter 18-Jährigen fand unter Schirmherrschaft der FIFA als Weltmeisterschaft im Jahre 1948 in England statt. Acht europäische Länder nahmen an dieser Junioren-WM teil. Ab dem Jahre 1955 organisierte die UEFA dieses Turnier, das bis 1981 als offizielle Europameisterschaft galt. Das erfolgreichste Team dieser Epoche war England (8 Titel), obwohl auch die durch den Staat gut organisierten und unterstützten Teams der ehemaligen kommunistischen Staaten große Erfolge erzielten (insgesamt 15 von 31). Bis zum Jahr 1984 wurde die Meisterschaft jedes Jahr veranstaltet, im Zeitraum 1986–92 im Zweijahresrhythmus und ab dem Jahr 1993 wieder jedes Jahr. Das erfolgreichste Land der 90er Jahre war Frankreich, dessen Nationalteam den Titel in diesem Zeitraum dreimal gewinnen konnte. Jedoch auch Länder wie die Türkei oder Irland konnten sich über jeweils einen Sieg freuen.

Die erste wirkliche Weltmeisterschaft (für Spieler, die jünger als 19 Jahre sind) fand jedoch im Jahre 1977 in Tunesien statt. An dieser Veranstaltung nahmen 16 Teams teil. Seitdem wird sie jedes zweite Jahr veranstaltet, ab 1981 allerdings als U-20-WM – also für Spieler, die jünger als 20 Jahre sind. Die erfolgreichsten Länder waren Brasilien und Argentinien, wobei jedes Land 3 Titel gewann. An der Weltmeisterschaft 1999 in Nigeria nahmen schon 24 Mannschaften teil (Bronze gewann das exotische Mali). Aufgrund dessen, dass bei jungen Fußballern jedes Altersjahr eine große Rolle spielt und es eine riesige Basis an jungen Fußballspielern gibt, wurde eine weitere Meisterschaft für noch jüngere Spieler eingeführt. In den Jahren 1985–89 wurde die Weltmeisterschaft für die Kategorie bis 16 Jahre (U-16) veranstaltet und ab 1991 als U-17-WM fortgesetzt. Diese Kategorie beherrschen langfristig die spielerisch starken Teams aus Brasilien, Ghana und Nigeria.

In Europa werden Wettbewerbe für mehrere Alterskategorien organisiert. Eine relativ kurze Geschichte hatte das Turnier für die älteste Kategorie (bis 23 Jahre), die jedoch wenig Sinn hatte, da die meisten guten Fußballer im Alter zwischen 20 – 23 Jahren sich bereits bei den Senioren durchsetzen. Ab 1978 knüpfte die Meisterschaft der Spieler bis 21 Jahre an diese Tradition an, wo die Kicker aus Italien (4 Titel), Spanien (3) und England (2) dominierten. Der U-21-Wettbewerb ist gleichzeitig jedes vierte Jahr die Qualifikation für das olympische Turnier. Seit 1980 wird die Europameisterschaft für U-16-Mannschaften ausgetragen (die erfolgreichsten Teams aus Spanien und Portugal gewannen 9 von 17 Titeln).

Auch Südamerika folgte dem europäischen Beispiel. Die erste U-21-Meisterschaft fand im Jahre 1954 statt. Die weiteren Turniere wurden nur unregelmäßig gespielt (bis 1995 jedes zweite Jahr). Von 19 Titeln gewannen Uruguay und Brasilien jeweils 7. Nach und nach kamen alle Kontinente bzw. Konföderationen hinzu: Asien (1959), CONCACAF (1962), Ozeanien (1974) und im Jahre 1979 auch Afrika. In Asien kann das alljährlich stattfindende U-19-Turnier auf die längste Tradition zurückblicken (30 Titel, insgesamt neunmal wurde der Titel geteilt); zu den erfolgreichsten Teilnehmern gehören neben traditionsreichen Fußballnationen wie Korea auch Burma (7) und Israel (6, bis 1972). Afrika veranstaltet ein U-21-Turnier (4 Titel in Folge für Nigeria von insgesamt 11), CONCACAF eine U-20-Meisterschaft (10 von 15 Titeln gewann Mexiko; die letzten zwei Turniere wurden nur noch als Qualifikation für die WM gespielt) und in Ozeanien dient das U-20-Turnier ebenfalls als Qualifikation für die WM (9 von 12 Titeln gewann Australien). Nur in Südamerika haben drei Juniorenwettbewerbe eine längere Tradition. Seit 1985 wird z.B. die U-16/17-Meisterschaft ausgespielt (5 von 8 Siegen für Brasilien).

REKORDE INTERNATIONALER JUNIORENMEISTERSCHAFTEN

Größter Besuch: 127 000 Zuschauer im Estadio da Luz, Lissabon, Portugal, Finale der WM U-20 1991, Portugal–Brasilien 0:0 (4:2 Elfm.sch.)
Höchster Sieg bei der WM U-20: Brasilien–Belgien 10:0 (1997), **U-17:** Spanien–Neuseeland 13:0 (1997); **Europameisterschaft U-21:** Österreich–Liechtenstein 10:0 (1992), **U-18:** Israel–San Marino 14:0 (1998); **Asienmeisterschaft U-19:** Thailand–Macau 18:0 (1996), **U-16:** Burma–Guam 26:0 (2000); **Afrikameisterschaft U-21:** Ghana–Mali 6:0 (1990), **U-16:** Sambia–Mauritius 9:0 (1989); **CONCACAF-Meisterschaft U-20:** Mexiko–Puerto Rico 16:0 (1974), **U-17:** Antigua und Barbuda–Britische Jungferninseln 27:0 (1999); **Südamerikameisterschaft U-21:** Brasilien–Venezuela 10:2 (1997), **U-17:** Uruguay–Bolivien 14:0 (1991); **Ozeanienmeisterschaft U-20:** Salomonen–Amerik.-Samoa 23:0 (1999), **U-17:** Australien–Amerik.-Samoa 15:0 (1999)

Größte Erfolge – Europa

Größte Erfolge – Welt

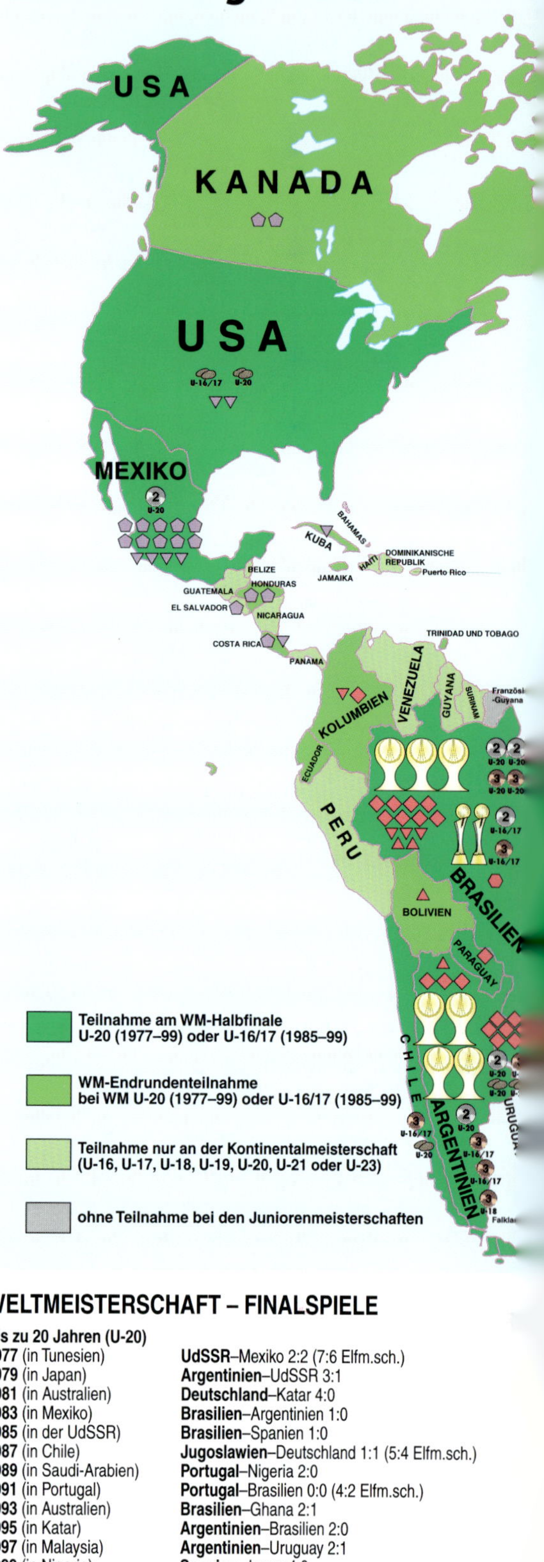

WELTMEISTERSCHAFT – FINALSPIELE

Bis zu 20 Jahren (U-20)

1977 (in Tunesien)	**UdSSR**–Mexiko 2:2 (7:6 Elfm.sch.)
1979 (in Japan)	**Argentinien**–UdSSR 3:1
1981 (in Australien)	**Deutschland**–Katar 4:0
1983 (in Mexiko)	**Brasilien**–Argentinien 1:0
1985 (in der UdSSR)	**Brasilien**–Spanien 1:0
1987 (in Chile)	**Jugoslawien**–Deutschland 1:1 (5:4 Elfm.sch.)
1989 (in Saudi-Arabien)	**Portugal**–Nigeria 2:0
1991 (in Portugal)	**Portugal**–Brasilien 0:0 (4:2 Elfm.sch.)
1993 (in Australien)	**Brasilien**–Ghana 2:1
1995 (in Katar)	**Argentinien**–Brasilien 2:0
1997 (in Malaysia)	**Argentinien**–Uruguay 2:1
1999 (in Nigeria)	**Spanien**–Japan 4:0
2001 (in Argentinien)	**Argentinien**–Ghana 3:0

Bis zu 16 Jahren (U-16)

1985 (in China)	**Nigeria**–Deutschland 2:0
1987 (in Kanada)	**UdSSR**–Nigeria 1:1 (3:1 Elfm.sch.)
1989 (in Schottland)	**Saudi-Arabien**–Schottland 2:2 (5:4 Elfm.sch.)

Bis zu 17 Jahren (U-17)

1991 (in Italien)	**Ghana**–Spanien 1:0
1993 (in Japan)	**Nigeria**–Ghana 2:1
1995 (in Ecuador)	**Ghana**–Brasilien 3:2
1997 (in Ägypten)	**Brasilien**–Ghana 2:1
1999 (in Neuseeland)	**Brasilien**–Australien 0:0 (8:7 Elfm.sch.)

Bis zu 18 Jahren (U-18, FIFA)

1948 (in England)	**England**–Niederlande 3:2
1949 (in den Niederlanden)	**Frankreich**–Niederlande 4:1
1950 (in Österreich)	**Österreich**–Frankreich 3:2
1951 (in Frankreich)	**Jugoslawien**–Österreich 3:2
1952 (in Spanien)	**Spanien**–Belgien 0:0 (besseres Ergebnis vom Halbf
1953 (in Belgien)	**Ungarn**–Jugoslawien 2:0
1954 (in Deutschland)	**Spanien**–Deutschland (Halbfinale zugunsten Spanie

Punkte bei der WM U-20 und U-16/17

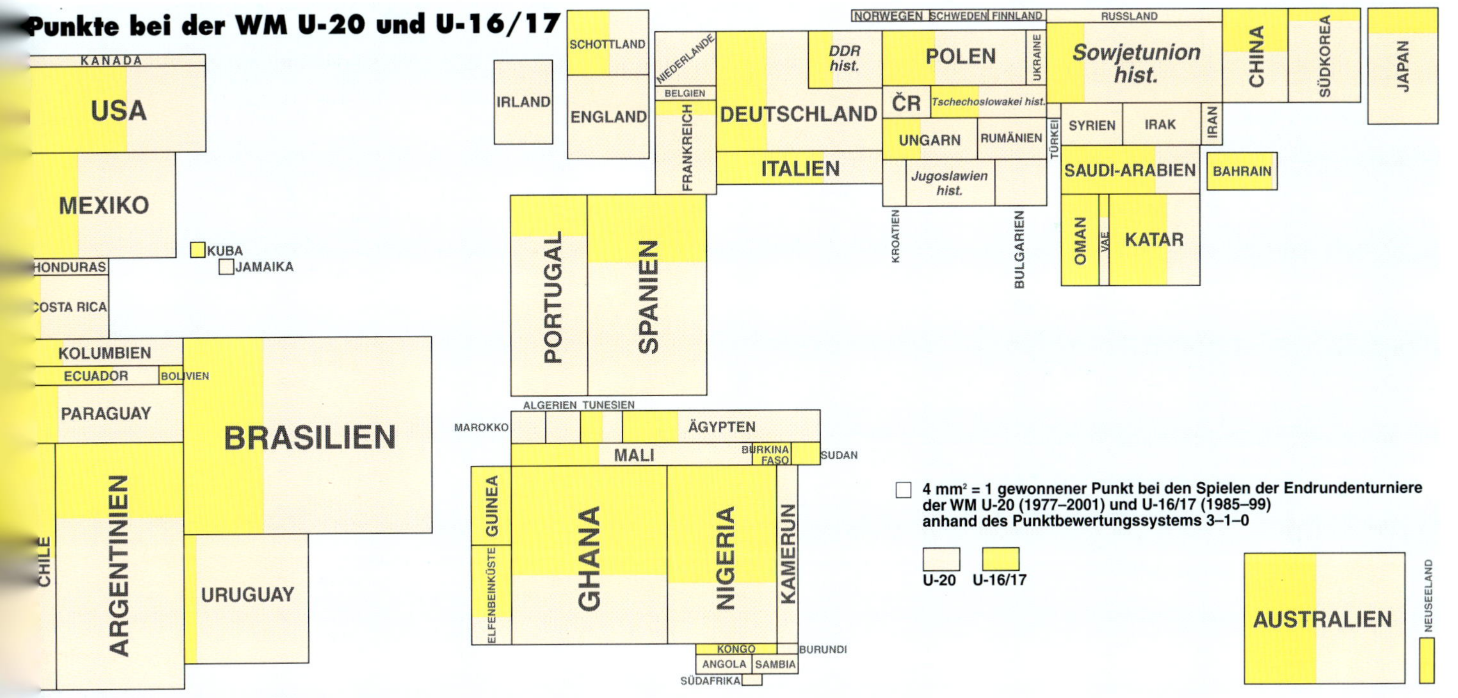

4 mm² = 1 gewonnener Punkt bei den Spielen der Endrundenturniere der WM U-20 (1977–2001) und U-16/17 (1985–99) anhand des Punktbewertungssystems 3–1–0

Die Europacups – Einleitung

Die nationalen europäischen Ligen ermitteln Jahr für Jahr die besten Klubs der jeweiligen Länder, aber sie sagen wenig über deren tatsächliche Qualität aus. Das zu ergründen, dazu dienen die Europokalwettbewerbe, in denen die Spitzenteams aus jedem Land des Kontinents aufeinander treffen.

Angestachelt durch die Behauptung der Engländer, dass die Wolverhampton Wanderers zur europäischen Nummer 1 erklärt werden müssen, da sie in Freundschaftsspielen sowohl Honvéd (Budapest) als auch Spartak Moskau geschlagen hatten, kam der französische Journalist Gabriel Hanot 1955 auf die Idee, die Gründung eines europäischen Klubwettbewerbs anzuregen. Die Konkurrenz, die die wirklich beste Mannschaft des Kontinents ermitteln sollte, erhielt den Namen **Europapokal der Landesmeister** und wurde in der Saison 1955/56 gestartet. Es wurde festgelegt, dass in diesem Wettbewerb ausschließlich die nationalen Titelträger startberechtigt sind und dass im K.-o.-System (mit Hin- und Rückspiel) gespielt wird. Die ersten fünf Jahre kannten nur einen Sieger: Real Madrid. Doch als der Cup (EC I) an Prestige gewann, setzten sich mit zunehmender Zeit weitere Topteams aus Südeuropa sowie ab Mitte der 60er Jahre auch aus Großbritannien, den Niederlanden und Deutschland durch. Die europäische Klubmeisterschaft erlebte jedoch auch traurige Kapitel. Allen voran die Tragödie beim 85er Finale zwischen Juventus und Liverpool, als nahezu 40 Menschen im Brüsseler Heysel-Stadion zu Tode kamen und in dessen Folge die englischen Klubs fünf Jahre für alle Europacups gesperrt wurden. Seit 1992 wird der Wettbewerb unter dem Namen **Champions League** und nach einem völlig anderen Modus ausgetragen. Dieser umfasst ein ausgeklügeltes Qualifikationsnetz in den Vorrunden, aus denen die 16 besten Teams in die Hauptrunde aufsteigen und den 16 gesetzten Teams zugelost werden. Die eiserne Regel, dass nur der jeweilige Landesmeister antreten darf, gilt längst nicht mehr. Anhand eines Erfolgskoeffizienten und der vorherigen nationalen Platzierung können bis zu vier Klubs eines Landes pro Saison an der Champions League teilnehmen. In der Saison 2000/2001 wurde die Hauptrunde in acht Gruppen à vier Mannschaften gespielt und als Zwischenrunde der 16 Besten (vier Gruppen à vier Teams) fortgesetzt. Die jeweils zwei Gruppenersten kamen ins Viertelfinale, von dem ab der Cupgewinner im K.-o.-System ermittelt wurde.

Der **Europacup der Pokalsieger** (EC II) entstand 1960, und wie der Name verrät, war er den Mannschaften vorbehalten, die in ihren Ländern den nationalen Pokal erobert hatten. Der Spielmodus war derselbe wie im EC I. In der Auftaktsaison nahmen nur die Vertreter aus zehn Ländern teil, aber schon nach wenigen Jahren schloss sich dem Cup ganz Europa an. Weil es nicht auszuschließen war, dass in einigen Staaten der Pokalsieger gleichzeitig der Landesmeister ist, durfte in dem Fall der Unterlegene des nationalen Pokalfinales in den EC II nachrücken. Nutznießer dieser Regelung waren nicht selten Vereine aus den zweiten oder dritten Ligen (!), die auf einmal europäische Rasenplätze beackern durften. 1999 wurde der Wettbewerb eingestellt, da er im Schatten der Champions League sehr an Bedeutung und Qualität verloren hatte. Zwischen dem Sieger des EC I (später Champions League) und dem Gewinner des EC II (später des UEFA-Pokals) findet seit 1972 jedes Jahr (außer 1974, 1981, 1985) das Duell um den sog. europäischen Supercup statt.

Europas Klubwettbewerb Nummer 3 war bis zum Wegfall des EC II der **UEFA-Pokal**. Er ist das „Auffangbecken" für alle Klubs, die am Saisonende in den Nationalligen unmittelbar hinter den Teams rangieren, die sich für die Champions League (früher Europapokal der Landesmeister) qualifiziert haben. Die Anzahl der Vertreter der einzelnen Länder wird durch einen Koeffizient bestimmt, der anhand der Ergebnisse der fünf vorangegangenen Europacup-Saisons (mit Ausnahme der abgelaufenen) ermittelt wird. Im UEFA-Pokal starten neuerdings auch die Klubs, die in den Vorrunden der Champions League den Kürzeren zogen. Derzeit nehmen an diesem Cup, der nach dem K.-o.-System gespielt wird, etwa 160 Mannschaften teil. Seit 1998 wird das Finale nicht mehr mit Hin- und Rückspiel, sondern in einer Partie auf neutralem Boden entschieden. Der EC III begann von 1956–58 als Pokal der Messestädte. Ab der Saison 1966/67 wurde er als Messepokal geführt. Die Bezeichnung UEFA-Pokal trägt er seit 1972, als die Qualifikation anhand der Ligaplatzierung festgeschrieben wurde.

Wahrscheinlichkeit des Weiterkommens auf der Basis des Hinspiel-Ergebnisses (Europapokale 1955/56–2000/01)

Ergebnis des Hinspiels (zu Hause)	Erfolgsbilanz	Wahrscheinlichkeit des Weiterkommens
4:0	135:0	100,0 %
5:1	63:1	98,4 %
6:2	6:2	75,0 %
3:0	306:23	93,0 %
4:1	95:15	86,4 %
5:2	12:3	80,0 %
6:3	1:0	100,0 %
2:0	377:108	77,7 %
3:1	168:60	73,7 %
4:2	37:16	69,8 %
5:3	5:2	71,4 %
1:0	356:287	55,4 %
2:1	168:210	44,4 %
3:2	54:76	41,5 %
4:3	8:9	47,1 %
5:4	1:0	100,0 %
0:0	125:305	29,1 %
1:1	90:356	20,2 %
2:2	26:146	15,1 %
3:3	5:18	21,7 %
4:4	1:4	20,0 %
0:1	26:304	7,9 %
1:2	7:202	3,3 %
2:3	1:57	1,7 %
3:4	1:15	6,3 %
0:2	3:187	1,6 %
1:3	3:118	2,5 %
2:4	1:20	4,8 %
3:5	0:5	0,0 %

Erfolgsbilanz bei: Hinspiel auswärts/Rückspiel daheim

	2875:2318	55,4 %

Finale der Champions League (Europapokal der Landesmeister)

1955/56 **Real Madrid** (ESP)–Stade de Reims (FRA) 4:3
1956/57 **Real Madrid** (ESP)–AC Fiorentina (ITA) 2:0
1957/58 **Real Madrid** (ESP)–Milan AC (ITA) 3:2 nach Verl.
1958/59 **Real Madrid** (ESP)–Stade de Reims (FRA) 2:0
1959/60 **Real Madrid** (ESP)–Eintracht Frankfurt (GER) 7:3
1960/61 **Benfica** (POR)–FC Barcelona (ESP) 3:2
1961/62 **Benfica** (POR)–Real Madrid (ESP) 5:3
1962/63 **Milan AC** (ITA)–Benfica (POR) 2:1
1963/64 **Internazionale Milano** (ITA)–Real Madrid (ESP) 3:1
1964/65 **Internazionale Milano** (ITA)–Benfica (POR) 1:0
1965/66 **Real Madrid** (ESP)–Partizan Beograd (YUG) 2:1
1966/67 **Celtic FC** (SCO)–Internazionale Milano (ITA) 2:1
1967/68 **Manchester United** (ENG)–Benfica (POR) 4:1 nach Verl.
1968/69 **Milan AC** (ITA)–Ajax (NED) 4:1
1969/70 **Feyenoord** (NED)–Celtic FC (SCO) 2:1 nach Verl.
1970/71 **Ajax** (NED)–Panathinaikos (GRE) 2:0
1971/72 **Ajax** (NED)–Internazionale Milano (ITA) 2:0
1972/73 **Ajax** (NED)–Juventus FC (ITA) 1:0
1973/74 **Bayern München** (GER)–Atlético Madrid (ESP) 1:1 und 4:0
1974/75 **Bayern München** (GER)–Leeds United (ENG) 2:0
1975/76 **Bayern München** (GER)–AS Saint-Etienne (FRA) 1:0
1976/77 **Liverpool FC** (ENG)–Borussia Mönchengladbach (GER) 3:1
1977/78 **Liverpool FC** (ENG)–Club Brugge (BEL) 1:0
1978/79 **Nottingham Forest** (ENG)–Malmö FF (SWE) 1:0
1979/80 **Nottingham Forest** (ENG)–Hamburger SV (GER) 1:0
1980/81 **Liverpool FC** (ENG)–Real Madrid (ESP) 1:0
1981/82 **Aston Villa** (ENG)–Bayern München (GER) 1:0
1982/83 **Hamburger SV** (GER)–Juventus FC (ITA) 1:0
1983/84 **Liverpool FC** (ENG)–AS Roma (ITA) 1:1 (4:2 Elfm.sch.)
1984/85 **Juventus FC** (ITA)–Liverpool FC (ENG) 1:0
1985/86 **Steaua Bucureşti** (ROM)–FC Barcelona (ESP) 0:0 (2:0 Elfm.sch.)
1986/87 **FC Porto** (POR)–Bayern München (GER) 2:1
1987/88 **PSV** (NED)–Benfica (POR) 0:0 (6:5 Elfm.sch.)
1988/89 **Milan AC** (ITA)–Steaua Bucureşti (ROM) 4:0
1989/90 **Milan AC** (ITA)–Benfica (POR) 1:0
1990/91 **Crvena zvezda Beograd** (YUG)–Ol. Marseille (FRA) 0:0 (5:3 Elfm.sch.)
1991/92 **FC Barcelona** (ESP)–UC Sampdoria (ITA) 1:0
1992/93 **Olympique Marseille** (FRA)–Milan AC (ITA) 1:0
1993/94 **Milan AC** (ITA)–FC Barcelona (ESP) 4:0
1994/95 **Ajax** (NED)–Milan AC (ITA) 1:0
1995/96 **Juventus FC** (ITA)–Ajax (NED) 1:1 (4:2 Elfm.sch.)
1996/97 **Borussia Dortmund** (GER)–Juventus FC (ITA) 3:1
1997/98 **Real Madrid** (ESP)–Juventus FC (ITA) 1:0
1998/99 **Manchester United** (ENG)–Bayern München (GER) 2:1
1999/00 **Real Madrid** (ESP)–Valencia CF (ESP) 3:0
2000/01 **Bayern München** (GER)–Valencia CF (ESP) 1:1 (5:4 Elfm.sch.)

Finale des Europacups der Pokalsieger

1960/61 Rangers FC (SCO)–**AC Fiorentina** (ITA) 0:2 und 1:2
1961/62 **Atlético Madrid** (ESP)–AC Fiorentina (ITA) 1:1 und 3:0
1962/63 **Tottenham Hotspur** (ENG)–Atlético Madrid (ESP) 5:1
1963/64 **Sporting** (POR)–MTK FC (HUN) 3:3 und 1:0
1964/65 **West Ham United** (ENG)–München 1860 (GER) 2:0
1965/66 **Borussia Dortmund** (GER)–Liverpool FC (ENG) 2:1 nach Verl.
1966/67 **Bayern München** (GER)–Rangers FC (SCO) 1:0 nach Verl.
1967/68 **Milan AC** (ITA)–Hamburger SV (GER) 2:0
1968/69 **Slovan Bratislava** (SVK)–FC Barcelona (ESP) 3:2
1969/70 **Manchester City** (ENG)–Górnik Zabrze (POL) 2:1
1970/71 **Chelsea FC** (ENG)–Real Madrid (ESP) 1:1 und 2:1
1971/72 **Rangers FC** (SCO)–Dinamo Moskva (RUS) 3:2
1972/73 **Milan AC** (ITA)–Leeds United (ENG) 1:0
1973/74 **1. FC Magdeburg** (DDR)–Milan AC (ITA) 2:0
1974/75 **Dynamo Kyiw** (UKR)–Ferencvárosi TC (HUN) 3:0
1975/76 **RSC Anderlecht** (BEL)–West Ham United (ENG) 4:2
1976/77 **Hamburger SV** (GER)–RSC Anderlecht (BEL) 2:0
1977/78 **RSC Anderlecht** (BEL)–Austria Wien (AUT) 4:0
1978/79 **FC Barcelona** (ESP)–Fortuna Düsseldorf (GER) 4:3 nach Verl.
1979/80 **Valencia CF** (ESP)–Arsenal FC (ENG) 0:0 (5:4 Elfm.sch.)
1980/81 **Dinamo Tbilissi** (GEO)–Carl Zeiss Jena (DDR) 2:1
1981/82 **FC Barcelona** (ESP)–Standard Liège (BEL) 2:1
1982/83 **Aberdeen FC** (SCO)–Real Madrid (ESP) 2:1
1983/84 **Juventus FC** (ITA)–FC Porto (POR) 2:1
1984/85 **Everton FC** (ENG)–Rapid Wien (AUT) 3:1
1985/86 **Dynamo Kyiw** (UKR)–Atlético Madrid (ESP) 3:0
1986/87 **Ajax** (NED)–VfB Leipzig (DDR) 1:0
1987/88 **KV Mechelen** (BEL)–Ajax (NED) 1:0
1988/89 **FC Barcelona** (ESP)–UC Sampdoria (ITA) 2:0
1989/90 **UC Sampdoria** (ITA)–RSC Anderlecht (BEL) 2:0 nach Verl.
1990/91 **Manchester United** (ENG)–FC Barcelona (ESP) 2:1
1991/92 **Werder Bremen** (GER)–AS Monaco (FRA) 2:0
1992/93 **Parma AC** (ITA)–Royal Antwerp (BEL) 3:1
1993/94 **Arsenal FC** (ENG)–Parma AC (ITA) 1:0
1994/95 **Real Zaragoza** (ESP)–Arsenal FC (ENG) 2:1 nach Verl.
1995/96 **Paris Saint-Germain** (FRA)–Rapid Wien (AUT) 1:0
1996/97 **FC Barcelona** (ESP)–Paris Saint-Germain (FRA) 1:0
1997/98 **Chelsea FC** (ENG)–VfB Stuttgart (GER) 1:0
1998/99 **SS Lazio** (ITA)–RCD Mallorca (ESP) 2:1

Finale des UEFA-Pokals (des Messepokals/Pokals der Messestädte)

1956/58 London XI (ENG)–**FC Barcelona** (ESP) 2:2 und 0:6
1958/60 Birmingham City (ENG)–**FC Barcelona** (ESP) 0:0 und 1:4
1960/61 Birmingham City (ENG)–**AS Roma** (ITA) 2:2 und 0:2
1961/62 **Valencia CF** (ESP)–FC Barcelona (ESP) 6:2 und 1:1
1962/63 Dinamo Zagreb (CRO)–**Valencia CF** (ESP) 1:2 und 0:2
1963/64 **Real Zaragoza** (ESP)–Valencia CF (ESP) 2:1
1964/65 **Ferencvárosi TC** (HUN)–Juventus FC (ITA) 1:0
1965/66 **FC Barcelona** (ESP)–Real Zaragoza (ESP) 0:1 und 4:2 nach Verl.
1966/67 **Dinamo Zagreb** (CRO)–Leeds United (ENG) 2:0 und 0:0
1967/68 **Leeds United** (ENG)–Ferencvárosi TC (HUN) 1:0 und 0:0
1968/69 **Newcastle United** (ENG)–Újpest (HUN) 3:0 und 3:2
1969/70 RSC Anderlecht (BEL)–**Arsenal FC** (ENG) 3:1 und 0:3
1970/71 Juventus FC (ITA)–**Leeds United** (ENG) 2:2 und 1:1
1971/72 Wolverhampton W. (ENG)–**Tottenham Hotspur** (ENG) 1:2 und 1:1
1972/73 **Liverpool FC** (ENG)–Borussia M'gladbach (GER) 3:0 und 0:2
1973/74 Tottenham Hotspur (ENG)–**Feyenoord** (NED) 2:2 und 0:2
1974/75 **Borussia Mönchengladbach** (GER)–FC Twente (NED) 0:0 und 5:1
1975/76 **Liverpool FC** (ENG)–Club Brugge (BEL) 3:2 und 1:1
1976/77 **Juventus FC** (ITA)–Athletic Bilbao (ESP) 1:0 und 1:2
1977/78 SC Bastia (FRA)–**PSV** (NED) 0:0 und 0:3
1978/79 CZ Beograd (YUG)–**Borussia M'gladbach** (GER) 1:1 und 0:1
1979/80 Borussia M'gladbach (GER)–**Eintracht Frankfurt** (GER) 3:2 und 0:1
1980/81 **Ipswich Town** (ENG)–AZ (NED) 3:0 und 2:4
1981/82 **IFK Göteborg** (SWE)–Hamburger SV (GER) 1:0 und 3:0
1982/83 **RSC Anderlecht** (BEL)–Benfica (POR) 1:0 und 1:1
1983/84 RSC Anderlecht (BEL)–**Tottenham H.** (ENG) 1:1 und 1:1 (3:4 Elfm.sch
1984/85 Videoton Fehérvár (HUN)–**Real Madrid** (ESP) 0:3 und 1:0
1985/86 **Real Madrid** (ESP)–1. FC Köln (GER) 5:1 und 0:2
1986/87 **IFK Göteborg** (SWE)–Dundee United (SCO) 1:0 und 1:1
1987/88 Espanyol B. (ESP)–**Bayer Leverkusen** (GER) 3:0 und 0:3 (2:3 Elfm.sch.
1988/89 **SSC Napoli** (ITA)–VfB Stuttgart (GER) 2:1 und 3:3
1989/90 **Juventus FC** (ITA)–AC Fiorentina (ITA) 3:1 und 0:0
1990/91 **Internazionale Milano** (ITA)–AS Roma (ITA) 2:0 und 0:1
1991/92 Torino Calcio (ITA)–**Ajax** (NED) 2:2 und 0:0
1992/93 Borussia Dortmund (GER)–**Juventus FC** (ITA) 1:3 und 0:3
1993/94 Austria Salzburg (AUT)–**Internazionale Milano** (ITA) 0:1 und 0:1
1994/95 **Parma AC** (ITA)–Juventus FC (ITA) 1:0 und 1:1
1995/96 **Bayern München** (GER)–Girondins Bordeaux (FRA) 2:0 und 3:1
1996/97 **FC Schalke 04** (GER)–Inter Milano (ITA) 1:0 und 0:1 (4:1 Elfm.sch.)
1997/98 **Internazionale Milano** (ITA)–SS Lazio (ITA) 3:0
1998/99 **Parma AC** (ITA)–Olympique Marseille (FRA) 3:0
1999/00 **Galatasaray SK** (TUR)–Arsenal FC (ENG) 0:0 (4:1 Elfm.sch.)
2000/01 **Liverpool FC** (ENG)–CD Alavés (ESP) 5:4 nach Verl.

Finale des Supercups

1972 Rangers FC (SCO)–**Ajax** (NED) 1:3 und 2:3
1973 Milan AC (ITA)–**Ajax** (NED) 1:0 und 0:6
1974 *nicht ausgetragen*
1975 Bayern München (GER)–**Dynamo Kyiw** (UKR) 0:1 und 0:2
1976 Bayern München (GER)–**RSC Anderlecht** (BEL) 2:1 und 1:4
1977 Hamburger SV (GER)–**Liverpool FC** (ENG) 1:1 und 0:6
1978 **RSC Anderlecht** (BEL)–Liverpool FC (ENG) 3:1 und 1:2
1979 **Nottingham Forest** (ENG)–FC Barcelona (ESP) 1:0 und 1:1
1980 Nottingham Forest (ENG)–**Valencia CF** (ESP) 2:1 und 0:1
1981 *nicht ausgetragen*
1982 FC Barcelona (ESP)–**Aston Villa** (ENG) 1:0 und 0:3
1983 Hamburger SV (GER)–**Aberdeen FC** (SCO) 0:0 und 0:2
1984 **Juventus FC** (ITA)–Liverpool FC (ENG) 2:0
1985 *nicht ausgetragen*
1986 **Steaua Bucureşti** (ROM)–Dynamo Kyiw (UKR) 1:0
1987 Ajax (NED)–**FC Porto** (POR) 0:1 und 0:1
1988 **KV Mechelen** (BEL)–PSV (NED) 3:0 und 0:1
1989 FC Barcelona (ESP)–**Milan AC** (ITA) 1:1 und 0:1
1990 UC Sampdoria (ITA)–**Milan AC** (ITA) 1:1 und 0:2
1991 **Manchester United** (ENG)–Crvena zvezda Beograd (YUG) 1:0
1992 Werder Bremen (GER)–**FC Barcelona** (ESP) 1:1 und 1:2
1993 **Parma AC** (ITA)–Milan AC (ITA) 0:1 und 2:0 nach Verl.
1994 Arsenal FC (ENG)–**Milan AC** (ITA) 0:0 und 0:2
1995 Real Zaragoza (ESP)–**Ajax** (NED) 1:1 und 0:4
1996 Paris Saint-Germain (FRA)–**Juventus FC** (ITA) 1:6 und 1:3
1997 **FC Barcelona** (ESP)–Borussia Dortmund (GER) 2:0 und 1:1
1998 **Chelsea FC** (ENG)–Real Madrid (ESP) 1:0
1999 **SS Lazio** (ITA)–Manchester United (ENG) 1:0
2000 **Galatasaray SK** (TUR)–Real Madrid (ESP) 2:1 nach Verl.

Teilnahme der Länder an den europäischen Pokalwettbewerben (1955/1956–2000/2001)

- (weiß) Nichtteilnahme an den Europacups wegen der Nichtmitgliedschaft in der UEFA
- (grau) Nichtteilnahme an den Europacups wegen plötzlichem Rückzug, freiwilligem Verzicht oder wegen der Nichtqualifikation (z.B. im Rahmen der ehem. UdSSR)
- (rot) Ausschluss des Landes aus den Europapokalwettbewerben
- 5 Anzahl der Vertreter des Landes in der jeweiligen Saison
- (orange) in allen Pokalen vertreten, die in der jeweiligen Saison gespielt wurden
- (grün) Teilnahme nur im Europapokal der Landesmeister (seit der Saison 1992/93 Champions League)
- (blau) Teilnahme nur im Europacup der Pokalsieger
- (rosa) Teilnahme nur im UEFA-Pokal (Messepokal/Pokal der Messestädte) oder in der Qualifikation für die Champions League (seit der Saison 1994/95)

Land	1955/56	1956/57	1957/58	1958/59	1959/60	1960/61	1961/62	1962/63	1963/64	1964/65	1965/66	1966/67	1967/68	1968/69	1969/70	1970/71	1971/72	1972/73	1973/74	1974/75	1975/76	1976/77	1977/78
Albanien								1	1	1	1			1	1	2	2	1					
Andorra																							
Belgien	1	1	1	2	2	2	2	2	3	5	5	5	5	6	5	5	5	4	5	4	4	5	4
Bulgarien		1	1	1	1	1	2	2	3	2	3	3	3	2	4	4	4	4	4	4	4	4	4
Dänemark	1	2	2	2	2	2	3	4	3	4	3	4	3	3	4	4	3	4	4	4	4	4	4
England		3	3	3	3	3	5	3	5	4	6	5	5	7	6	8	7	6	6	6	6	6	6
Färöer Inseln																							
Finnland				1		1	1	1	2	2	2	2	2	1	2	3	3	2	3	3	3	3	3
Frankreich	1	1	1	2	2	2	4	3	3	5	5	5	4	6	5	5	5	5	4	4	4	4	4
Griechenland					1	1	3	1	3	3	4	3	3	4	4	4	3	4	4	4	4	4	4
Irland			1	1	1	1	2	3	3	3	3	3	3	3	3	3	3	3	3	3	3	3	3
Island										1	2	2	2	2	3	3	3	3	3	3	3	3	3
Israel																							
Italien	1	2	2	3	3	4	5	4	5	7	6	5	5	6	7	6	6	6	6	5	6	6	6
Liechtenstein																							
Luxemburg		1	1	1	1	1	2	3	3	3	3	3	3	2	3	3	3	3	3	3	3	3	3
Malta							2	2	2	2	2	2	2	3	3	3	3	3	3	3	3	3	3
Niederlande	1	1	1	1	1	1	2	3	3	3	3	4	4	5	4	5	5	4	4	5	4	4	4
Nordirland			1	1	1		2	3	3	2	3	2	3	3	4	3	3		3	3	3	3	3
Norwegen						1	1	1	2	3	3	3	3	3	4	3	3	4	4	4	4	4	4
Österreich	1	1	1	1	1	2	2	3	3	4	3	3	3	4	4	4	4	4	4	5	4	4	4
Polen	1	1	1	1	1	1	1	2	2	2	1	2	2	1	4	4	4	4	4	4	4	4	5
Portugal	1	1	1	1	1	1	4	5	4	5	5	5	5	6	6	5	5	5	4	4	4	4	4
Rumänien		1	1	1	1	1	2	3	3	3	3	3	4	4	4	4	4	4	4	4	4	5	4
San Marino																							
Schottland	1	1	1	1	1	3	4	5	4	5	5	5	5	6	5	5	4	5	4	4	4	4	4
Schweden	1	1	1	1	1	1	1	1	1	3	3	3	2	3	3	3	4	4	4	4	5	4	4
Schweiz	1	3	3	3	3	4	4	3	4	4	4	4	4	5	4	4	4	4	4	4	4	4	5
Spanien	1	3	3	3	3	3	5	6	5	7	6	7	6	6	6	6	6	5	5	5	5	5	5
Türkei		1		1	1	1	1	2	2	3	3	3	3	3	3	3	3	3	4	4	4	4	4
Ungarn	1	1	1	2	2	2	3	3	3	3	3	3	3	1	4	4	4	4	4	4	4	5	4
Wales							1	1	1	1	1	1	1	1	1	1	1	1	1	1	1	1	1
Zypern									2	1	2	2	2	2	2	2	3	3	3		3	3	3
DDR hist.		1	2	2	2	3	3	3	3	3	3	3	4	2	4	3	4	4	4	4	4	4	4
Deutschland	1	2	2	3	3	4	5	5	4	6	6	6	7	6	6	6	6	6	6	6	7	7	7
Saarland	1																						
Slowakei		1			1		1	1	1			1	1	2	2	2	2	2	3	1	3	1	2
Tschechische Rep.			1	1		2	2	2	2	3	3	3	2	1	3	2	2	2	1	3	1	3	2
Bosnien-Herzegowina													1			1	1	1	1	1	1		1
Jugoslawien	1	1	1	1	2	2	3	4	2	3	2	3	2	4	3	2	2	3	2	2	2	2	1
Kroatien		1	1	3	2	2	1	1	2	2	2	1	2	1	2	2	2	1	1	1	1	2	2
Mazedonien							1																
Slowenien												1		1		1							
Armenien																		1		1	1		
Aserbaidschan																							
Estland																							
Georgien																		1	1			1	1
Lettland																							
Litauen																							
Moldawien																							
Russland												2	1		1	1	3	1	1	2	2	1	2
Ukraine											1		1		1	1		1	2	1	2	2	1
Weißrussland																							

Land	1978/79	1979/80	1980/81	1981/82	1982/83	1983/84	1984/85	1985/86	1986/87	1987/88	1988/89	1989/90	1990/91	1991/92	1992/93	1993/94	1994/95	1995/96	1996/97	1997/98	1998/99	1999/00	2000/01
Albanien	1	1	2	2	2	1	1	2	3	3	2	3	3	3		2	2	3	3		3	3	3
Andorra																				1	1	1	1
Belgien	5	4	6	6	5	5	5	5	5	5	6	5	5	5	5	5	5	5	7	5	4	4	5
Bulgarien	5	4	4	4	4	4	4	3	4	4	4	3	3	4	4	4	4	4	3	3	3	3	3
Dänemark	4	4	3	3	3	4	4	3	3	3	3	3	4	4	4	4	4	4	5	4	4	4	4
England	7	7	6	7	7	6	7						2	4	4	4	6	6	5	7	8	7	6
Färöer Inseln															2	2	3	2	3	3	3	3	3
Finnland	2	3	3	3	3	3	3	3	3	3	4	4	4	4	3	3	3	3	4	3	4	3	3
Frankreich	4	4	4	5	5	5	5	5	5	4	4	5	4	5	5	5	6	8	9	11	8	7	6
Griechenland	4	4	4	4	4	4	3	4	4	4	4	4	4	4	4	4	4	4	4	4	5	6	6
Irland	3	3	3	3	3	3	3	3	3	3	3	3	3	3	3	3	3	3	3	3	3	3	3
Island	3	3	3	3	3	3	3	3	3	3	3	3	3	3	3	3	3	3	3	3	3	3	3
Israel															2	2	3	4	4	3	3	3	3
Italien	6	6	4	4	5	4	4	6	6	6	6	7	8	6	6	7	7	6	7	7	9	8	8
Liechtenstein															1	1	1	1	1	1	1	1	1
Luxemburg	3	3	3	3	3	3	3	3	3	3	3	3	3	3	3	3	3	3	3	3	3	3	3
Malta	3	3	3	3	3	3	3	3	3	3	3	3	3	3	3	3	3	3	3	3	3	3	3
Niederlande	4	4	6	5	5	6	4	5	4	5	4	5	4	5	5	5	5	4	4	6	7	6	6
Nordirland	3	3	3	3	3	3	3	3	3	3	3	3	3	3	3	3	3	3	3	3	3	3	3
Norwegen	4	4	3	3	3	3	3	3	3	3	3	3	3	3	3	3	3	4	4	5	5	5	4
Österreich	4	4	4	4	4	4	4	4	4	5	5	5	4	4	5	4	4	5	5	4	5	4	4
Polen	4	4	4	4	4	3	4	4	4	4	4	4	4	3	4	2	4	4	4	3	5	4	4
Portugal	4	4	4	4	4	4	4	5	5	6	5	5	5	5	5	5	5	5	5	6	6	6	4
Rumänien	4	4	4	4	4	3	4	4	4	5	4	4	5	4	5	5	5	4	4	4	4	3	3
San Marino																							1
Schottland	4	4	4	4	4	5	5	5	5	5	5	5	4	4	5	5	4	4	4	4	4	4	4
Schweden	4	4	4	4	4	4	4	4	4	4	5	4	4	4	4	4	4	4	6	6	4	3	5
Schweiz	4	4	4	4	4	4	4	4	4	4	4	4	4	4	4	4	4	4	4	4	4	4	4
Spanien	5	6	6	5	7	5	6	6	5	5	5	6	6	6	6	6	5	6	5	7	10	7	9
Türkei	3	4	3	3	3	3	3	3	3	3	3	3	3	3	4	4	4	4	4	6	6	4	4
Ungarn	4	4	4	4	4	4	4	4	4	4	4	4	4	4	3	4	4	3	3	4	4	4	3
Wales	1	1	1	1	1	1	1	1	1	1	1	1	1	1	1	2	2	3	3	3	3	3	3
Zypern	3	3	3	3	3	3	3	3	3	3	3	3	3	3	3	3	3	3	3	3	3	3	3
DDR hist.	5	4	5	5	5	5	4	4	5	4	4	4	4	4									
Deutschland	6	7	7	6	6	6	6	6	6	6	7	6	6	6	7	6	6	7	7	11	7	7	8
Saarland																							
Slowakei	1	1			1	1	2		1	1	2	2	1	1	1	3	3	3	3	3	3	4	3
Tschechische Rep.	3	4	4	4	3	4	3	5	4	3	2	2	3	3	3	3	3	3	3	4	4	4	4
Bosnien-Herzegowina			1	1	1		1	1	1	1	2										2		3
Jugoslawien	2	1	3	2	1	3	2	2	2	2	2	4	2	2				2	4	3	4	3	3
Kroatien	2	3	1	1	2	2	2	1	2	1	1		1	2		2	2	2	4	3	4	4	4
Mazedonien								1		1							1	2	3	3	3	3	3
Slowenien															3	3	3	3	3	3	3	3	4
Armenien																	1	2	3	3	3	3	3
Aserbaidschan																	1	2	3	3	3	3	3
Estland															1	2	2	2	3	3	3	4	3
Georgien	1	1	1	1	1					1						1	1	3	3	3	3	3	3
Lettland															1	2	2	3	3	3	3	3	3
Litauen											1	1			1	2	2	2	3	3	3	3	3
Moldawien																1	2	2	3	3	3	3	3
Russland	1	1	2	4	3	1	2	2	2	3	2	3	2	4	4	5	5	5	9	7	4	4	6
Ukraine	2	2	2	1	1	2	1	3	2	1	2	2	3	1	3	3	3	3	3	4	3	4	4
Weißrussland						1	1		1	1	1					2	2	2	3	3	2	3	3

Entwicklung der Teilnehmerzahl in den europäischen Pokalen (1955/1956–2000/2001)

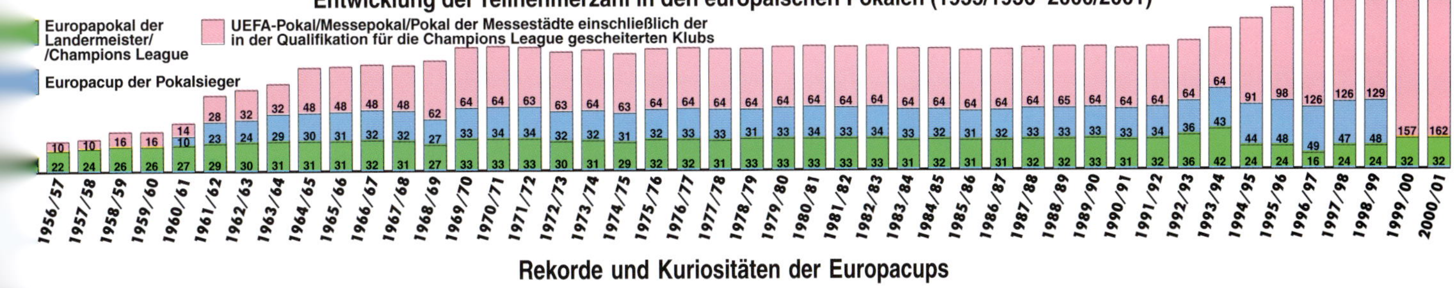

Rekorde und Kuriositäten der Europacups

…d, dessen Vertreter alle drei Pokale in einer Saison gewannen:
…n 1989/90 (Milan AC – Europapokal der Landesmeister, Sampdoria – Europacup …Pokalsieger, Juventus – UEFA-Pokal)
…t, deren Vertreter zwei Pokale in einer Saison gewannen:
…and 1993/94 (Milan AC – Europapokal der Meister, Internazionale Milano – UEFA-Pokal)
…te Europacup-Teilnahmen in Folge:
… FC Barcelona (1956/58–2000/01)
…nste Anzahl an Europacupsiegen in Folge: 5 – Real Madrid (Europapokal …Landesmeister 1956–60)

Meiste Europacupspiele ohne Niederlage in Folge: 20 – Juventus FC (1969/70–1971/72)
Meiste Europacup-Heimspiele ohne Niederlage in Folge:
56 – Manchester United (1956/57–1995/96)
Klub, der mit einem zweistelligen Spielergebnis gewann und verlor:
RSC Anderlecht (10:1 gegen FC Haka in der 1. Runde des Europapokals der Meister 1966/67 und 0:10 gegen Manchester United in der 1. Runde des Europapokals der Meister 1956/57)
Höchster Sieg und die meisten Tore in einem Europacupspiel:
16:1 (Sporting CP–APOEL in der 2. Runde des Europacups der Pokalsieger 1963/64)
Höchster Sieg ohne Gegentor: 14:0 (Ajax–Red Boys Differdange im UEFA-Pokal 1984/85)

Höchster Erfolg (in der Summe beider Spiele einer Runde):
21:0 (Chelsea FC–Jeunesse Hautcharage 8:0 und 13:0 in der 1. Runde des Europacups der Pokalsieger 1971/72; Feyenoord–US Rumelange 9:0 und 12:0 in der 1. Runde UEFA-Pokals 1972/73)
Überraschendstes Weiterkommen nach einem Debakel im Hinspiel (zu Hause):
FC Metz (gegen FC Barcelona 2:4, das Rückspiel wurde auswärts 4:1 gewonnen, 1. Runde des Europacups der Pokalsieger 1984/85)
Überraschendstes Weiterkommen nach einem Debakel im Hinspiel (auswärts):
Real Madrid (gegen Borussia Mönchengladbach 1:5, das Heimrückspiel endete 4:0, 3. Runde des UEFA-Pokals 1985/86)

Die Sieger der Europacups und die Endspielorte

UEFA CHAMPIONS LEAGUE | UEFA CUP | UEFA Cup Winners' Cup

LEGENDE

Die Gewinner der Europacups

- Europapokal der Landesmeister (1955/56-91/92) und Champions League (1992/93-2000/01)
- Europacup der Pokalsieger (1960/61-98/99)
- UEFA-Pokal (1971/72-2000/01), Pokal der Messestädte (1956/58-65/66) und Messepokal (1966/67-70/71)

Die Endspielorte (auf neutralem Boden)

- '78 Europapokal der Landesmeister (1955/56-91/92) und Champions League (1992/93-2000/01)
- '83 Europacup der Pokalsieger (1960/61-98/99)
- '98 UEFA-Pokal (1971/72-2000/01), Pokal der Messestädte (1956/58-65/66) und Messepokal (1966/67-70/71)
- '86 Supercup (1986, 1998-2000)

Die Finalbilanzen der zehn erfolgreichsten Länder

Land	Siege	Niederlagen	Erfolgsquote
England	27	14	66 %
Italien	26	24	52 %
Spanien	24	22	52 %
Deutschland	16	16	50 %
Niederlande	10	5	67 %
Belgien	4	8	33 %
Portugal	4	7	36 %
Frankreich	2	9	18 %
Schottland	3	4	43 %
Schweden	2	1	67 %

Die beiderseitige Finalbilanz der Klubs der "Großen Vier"

England–Italien 3:3	Italien–Spanien 4:6
England–Spanien 5:4	Italien–Deutschland 3:3
England–Deutschland 7:2	Spanien–Deutschland 3:3

Finalduelle zweier Klubs aus einem Land

4 Italien
4 Spanien
1 England
1 Deutschland

Bilanz der Länder in den Europacups

Rang	Land	Anzahl d. Saisons	Zahl der Klubs	Wettbewerbserfolg W	A	E
1.	England	40	29	446	183	70,9
2.	Spanien	46	22	511	214	70,5
3.	Italien	46	19	524	227	69,8
4.	Deutschland	46	31	533	247	68,3
5.	Niederlande	46	24	255	187	57,7
6.	Belgien	46	25	268	199	57,4
7.	Frankreich	46	31	276	215	56,2
8.	Ukraine	33	12	90	73	55,2
9.	Jugoslawien	42	13	123	100	55,2
10.	Schottland	46	16	235	194	54,8
11.	Portugal	46	19	231	200	53,6
12.	DDR (hist.)	35	19	136	128	51,5
13.	Tschechische Rep.	43	17	133	126	51,4
14.	Russland	34	13	106	107	49,8
15.	Kroatien	41	9	80	81	49,7
16.	Ungarn	46	21	156	161	49,2
17.	Georgien	18	9	28	31	47,5
18.	Slowakei	37	13	60	69	46,5
19.	Bosnien-Herzeg.	18	7	19	22	46,3
20.	Österreich	46	16	142	176	44,7
21.	Polen	46	27	120	149	44,6
22.	Israel	9	8	24	31	43,6
23.	Rumänien	45	24	127	165	43,5
24.	Schweiz	46	15	131	180	42,1
25.	Griechenland	42	14	114	166	40,7
26.	Schweden	46	20	107	158	40,4
27.	Slowenien	12	9	23	34	40,4
28.	Weißrussland	13	9	17	26	39,5
29.	Bulgarien	45	20	95	148	39,1
30.	Türkei	44	20	87	146	37,3
31.	Dänemark	46	29	87	164	34,7
32.	Lettland	9	10	12	26	31,6
33.	Wales	40	13	24	55	30,4
34.	Norwegen	41	23	57	140	28,9
35.	Armenien	10	7	7	21	25,0
36.	Finnland	42	22	37	114	24,5

Der Ausdruck „Wettbewerbserfolg" bedeutet, es werden ins Verhältnis gesetzt: Weiterkommen/Ausscheiden (W/A) anhand des Pokalmodus (nach Hin- und Rückspiel), Ergebnisse der Finalspiele auf neutralem Boden und Weiterkommen/Ausscheiden in der Champions League. Eingerechnet sind die Ergebnisse „W/A" aller europäischen Cups (s. Text, außer Supercup) in den Jahren 1955/56–2000/01.

W = Weiterkommen
A = Ausscheiden
E = Erfolgsquote (in %)

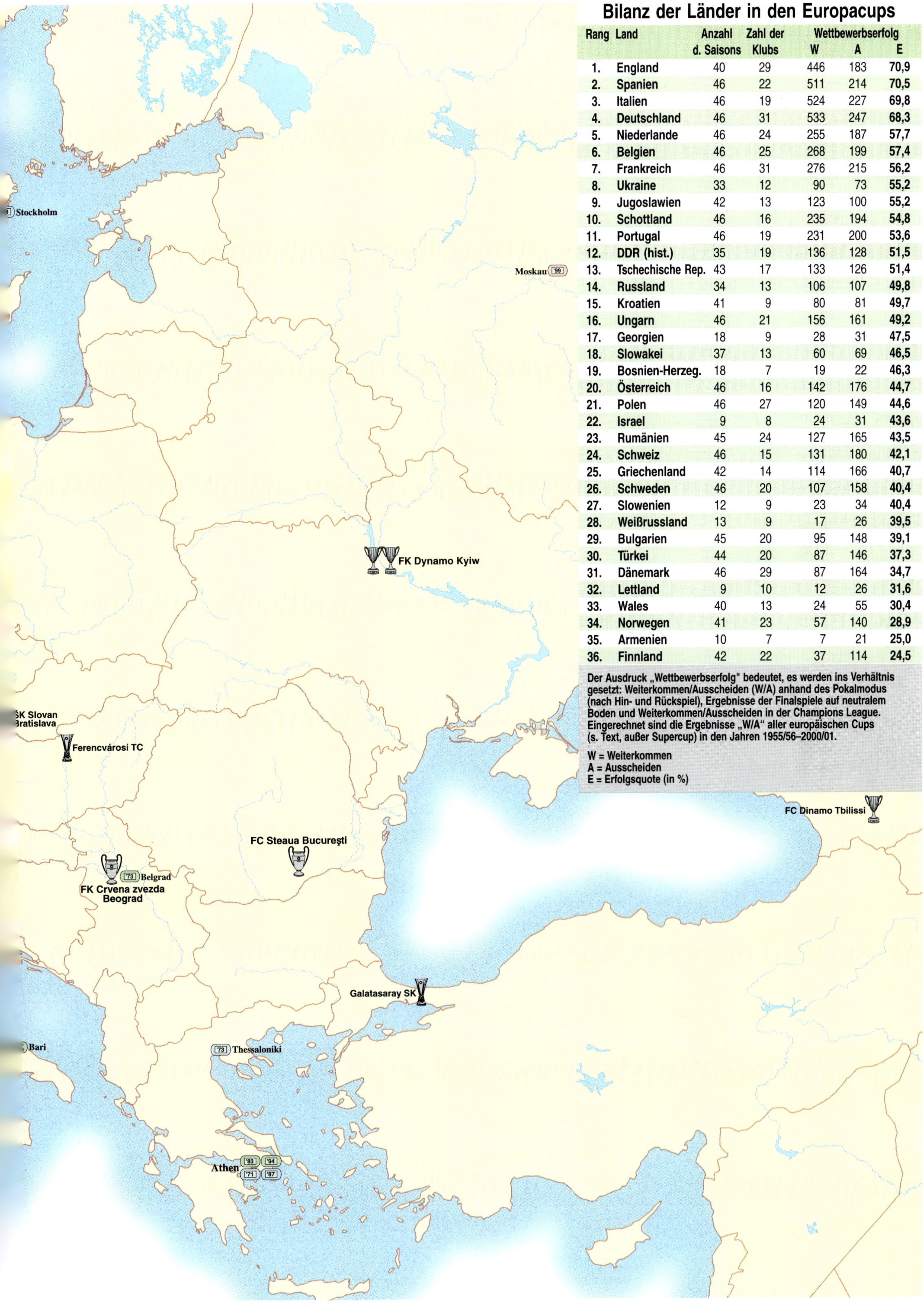

Europacups
Britische Inseln

Schottland (SCO)–

–NOR	7:0	100 %
–FIN	6:1	86 %
–BUL	4:1	80 %
–DEN	9:4	69 %
–SVK	3:2	60 %
–UKR	3:2	60 %
–BEL	13:13	50 %
–YUG	4:5	44 %
–CRO	2:3	40 %
–GER	18:28	39 %
–ENG	6:18	25 %

Nordirland (NIR)–

–LUX	4:0	100 %
–NOR	3:4	43 %
–ROM	1:3	25 %
–SCO	1:4	20 %
–YUG	0:5	0 %
–FRA	0:6	0 %
–DEN	0:6	0 %
–ENG	0:6	0 %
–NED	0:7	0 %
–BEL	0:13	0 %

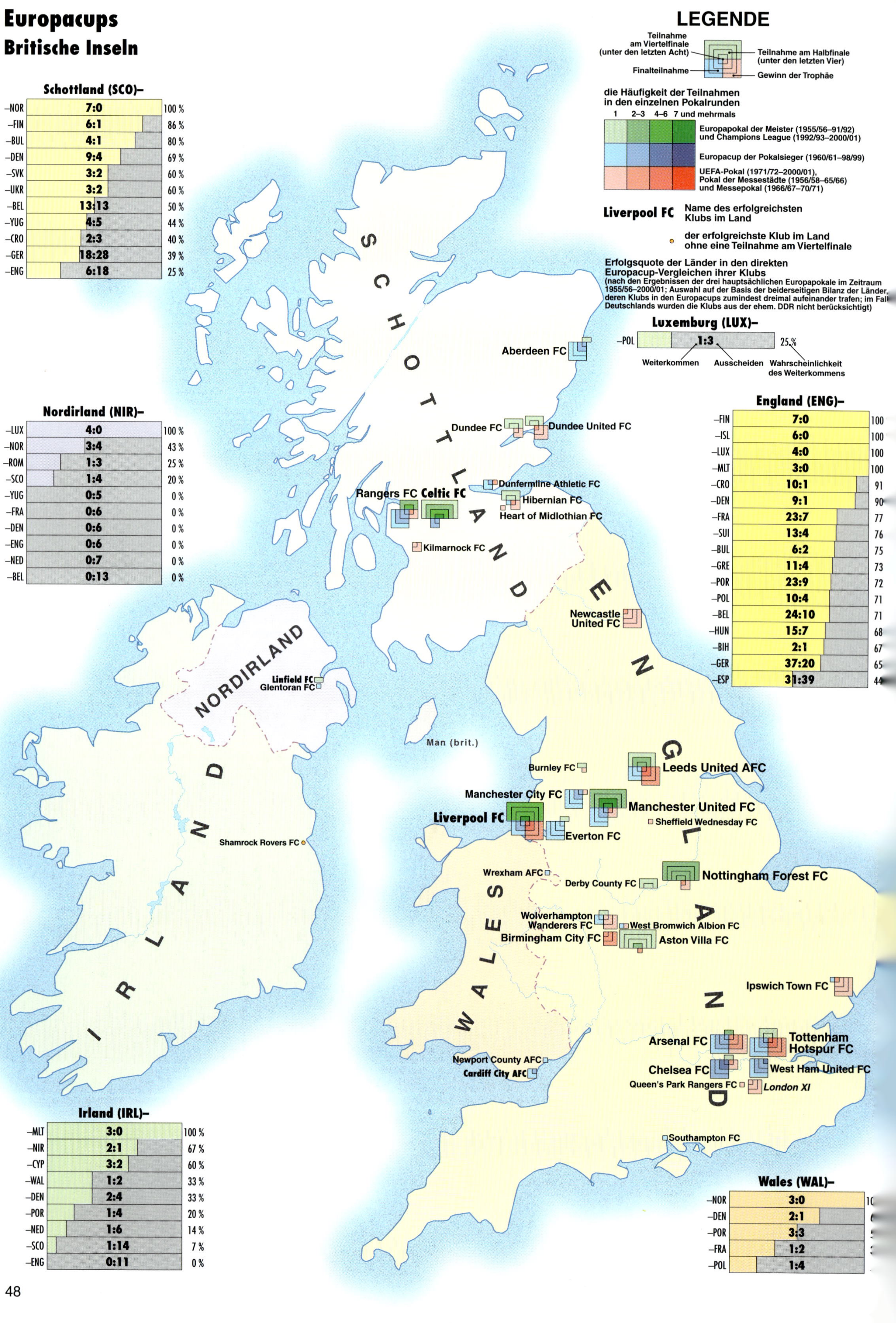

England (ENG)–

–FIN	7:0	100
–ISL	6:0	100
–LUX	4:0	100
–MLT	3:0	100
–CRO	10:1	91
–DEN	9:1	90
–FRA	23:7	77
–SUI	13:4	76
–BUL	6:2	75
–GRE	11:4	73
–POR	23:9	72
–POL	10:4	71
–BEL	24:10	71
–HUN	15:7	68
–BIH	2:1	67
–GER	37:20	65
–ESP	31:39	44

Irland (IRL)–

–MLT	3:0	100 %
–NIR	2:1	67 %
–CYP	3:2	60 %
–WAL	1:2	33 %
–DEN	2:4	33 %
–POR	1:4	20 %
–NED	1:6	14 %
–SCO	1:14	7 %
–ENG	0:11	0 %

Wales (WAL)–

–NOR	3:0
–DEN	2:1
–POR	3:3
–FRA	1:2
–POL	1:4

Europacups
Deutschland, Benelux und Dänemark

Deutschland (GER)–

Gegner	Tore	%
–CYP	12:0	100 %
–IRL	11:0	100 %
–ISL	8:0	100 %
–LUX	7:0	100 %
–FIN	5:0	100 %
–NIR	4:0	100 %
–SVK	10:1	91 %
–SWE	18:2	90 %
–TUR	16:2	89 %
–NOR	13:2	87 %
–AUT	18:3	86 %
–BUL	16:3	84 %
–RUS	16:4	80 %
–POR	25:8	76 %
–FRA	28:13	68 %
–ITA	28:44	39 %

Niederlande (NED)–

Gegner	Tore	%
–SWE	8:0	100 %
–FIN	4:0	100 %
–CRO	4:1	80 %
–ROM	4:1	80 %
–BUL	6:3	67 %
–GRE	9:5	64 %
–AUT	7:6	54 %
–SCO	8:9	47 %
–ESP	15:18	45 %
–POR	9:12	43 %
–GER	19:28	40 %
–FRA	8:13	38 %
–ENG	11:26	30 %

Dänemark (DEN)–

Gegner	Tore	%
–LUX	4:0	100 %
–FIN	5:1	83 %
–SUI	5:5	50 %
–FRA	3:10	23 %
–GER	5:19	21 %
–UKR	1:6	14 %
–BEL	0:7	0 %
–NED	0:10	0 %

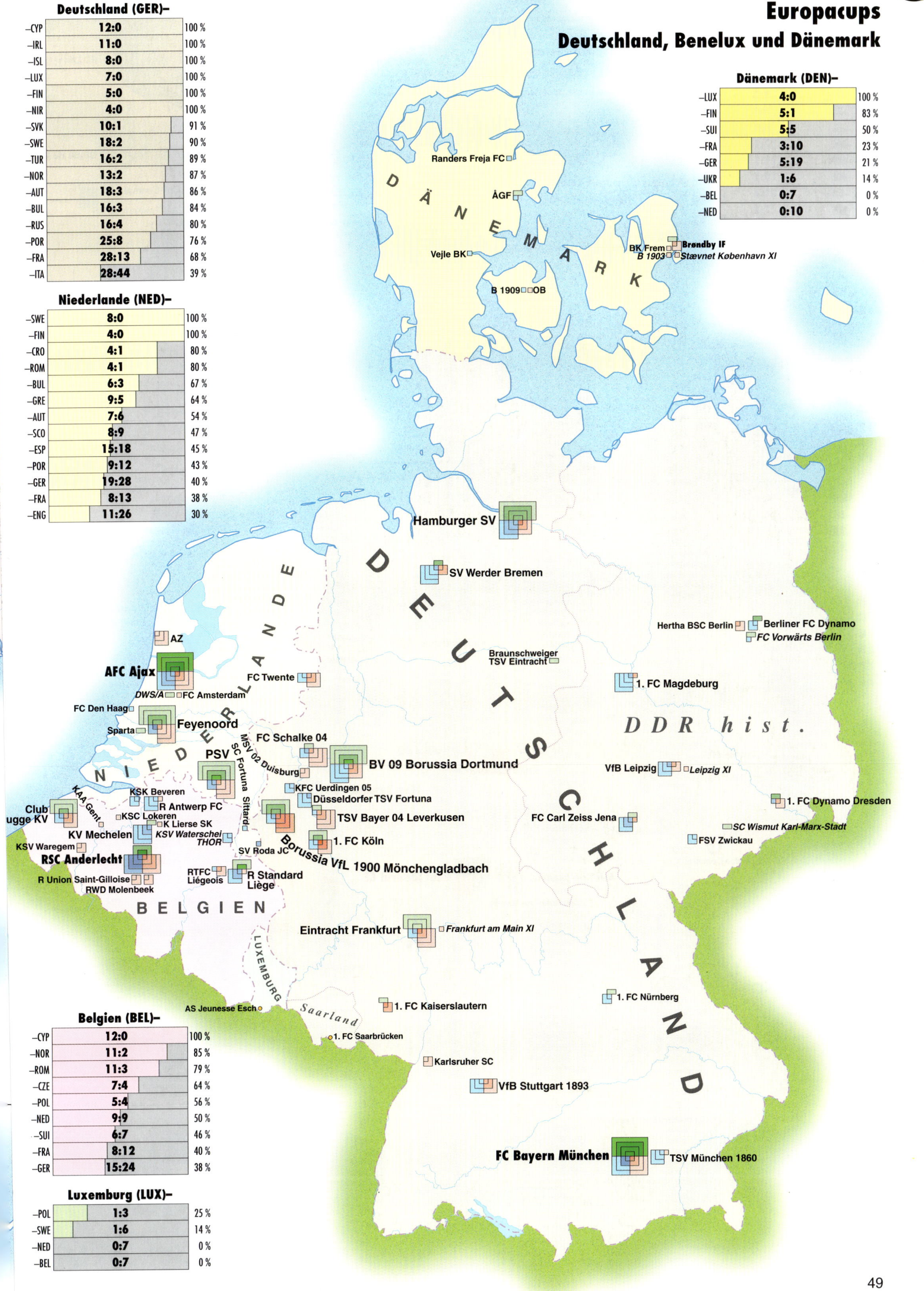

Belgien (BEL)–

Gegner	Tore	%
–CYP	12:0	100 %
–NOR	11:2	85 %
–ROM	11:3	79 %
–CZE	7:4	64 %
–POL	5:4	56 %
–NED	9:9	50 %
–SUI	6:7	46 %
–FRA	8:12	40 %
–GER	15:24	38 %

Luxemburg (LUX)–

Gegner	Tore	%
–POL	1:3	25 %
–SWE	1:6	14 %
–NED	0:7	0 %
–BEL	0:7	0 %

Europacups
Mitteleuropa

Polen (POL)–

–ISL	5:0	100 %
–FIN	5:1	83 %
–AUT	6:2	75 %
–TUR	7:4	64 %
–HUN	4:3	57 %
–GRE	6:5	55 %
–SWE	5:6	45 %
–SCO	4:5	44 %
–CZE	3:4	43 %
–RUS	2:3	40 %
–ROM	2:3	40 %
–GER	3:17	15 %
–NED	0:10	0 %

Tschechische Rep. (CZE)–

–DEN	9:0	100 %
–NOR	3:0	100 %
–SUI	7:2	78 %
–SCO	9:4	69 %
–GRE	2:1	67 %
–AUT	6:4	60 %
–NED	3:2	60 %
–FRA	7:5	58 %
–HUN	6:5	55 %
–CRO	2:3	40 %
–BUL	2:3	40 %
–POR	3:5	38 %
–GER	7:18	28 %
–ENG	2:12	14 %

Slowakei (SVK)–

–MLT	4:0	100 %
–FIN	4:1	80 %
–AUT	3:4	43 %
–SUI	2:4	33 %
–ESP	2:4	33 %
–HUN	1:3	25 %
–ITA	1:5	17 %
–ENG	0:9	0 %

Ungarn (HUN)–

–ISL	6:0
–TUR	7:3
–YUG	6:3
–NED	6:6
–BEL	5:5
–RUS	2:2
–GRE	6:7
–SCO	6:7
–AUT	5:7
–POR	6:10
–GER	4:12
–ESP	5:16
–DEN	0:3

Europacups
Balkan

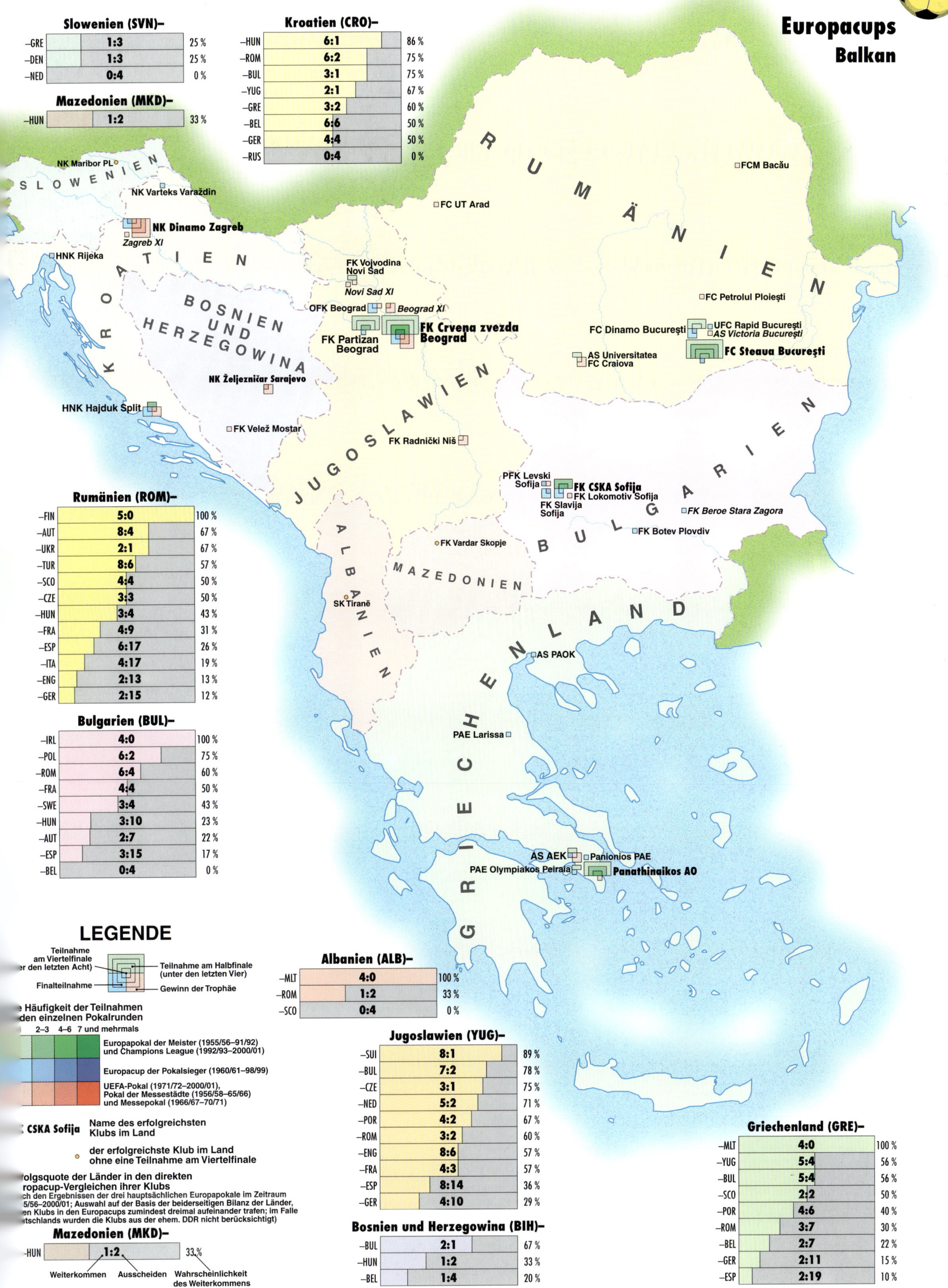

Slowenien (SVN)–

–GRE	1:3	25 %
–DEN	1:3	25 %
–NED	0:4	0 %

Mazedonien (MKD)–

–HUN	1:2	33 %

Kroatien (CRO)–

–HUN	6:1	86 %
–ROM	6:2	75 %
–BUL	3:1	75 %
–YUG	2:1	67 %
–GRE	3:2	60 %
–BEL	6:6	50 %
–GER	4:4	50 %
–RUS	0:4	0 %

Rumänien (ROM)–

–FIN	5:0	100 %
–AUT	8:4	67 %
–UKR	2:1	67 %
–TUR	8:6	57 %
–SCO	4:4	50 %
–CZE	3:3	50 %
–HUN	3:4	43 %
–FRA	4:9	31 %
–ESP	6:17	26 %
–ITA	4:17	19 %
–ENG	2:13	13 %
–GER	2:15	12 %

Bulgarien (BUL)–

–IRL	4:0	100 %
–POL	6:2	75 %
–ROM	6:4	60 %
–FRA	4:4	50 %
–SWE	3:4	43 %
–HUN	3:10	23 %
–AUT	2:7	22 %
–ESP	3:15	17 %
–BEL	0:4	0 %

LEGENDE

Teilnahme am Viertelfinale (unter den letzten Acht)
Teilnahme am Halbfinale (unter den letzten Vier)
Finalteilnahme
Gewinn der Trophäe

Häufigkeit der Teilnahmen an den einzelnen Pokalrunden

2–3 | 4–6 | 7 und mehrmals

Europapokal der Meister (1955/56–91/92) und Champions League (1992/93–2000/01)

Europacup der Pokalsieger (1960/61–98/99)

UEFA-Pokal (1971/72–2000/01), Pokal der Messestädte (1956/58–65/66) und Messepokal (1966/67–70/71)

CSKA Sofija Name des erfolgreichsten Klubs im Land

der erfolgreichste Klub im Land ohne eine Teilnahme am Viertelfinale

olgsquote der Länder in den direkten ropacup-Vergleichen ihrer Klubs

ch den Ergebnissen der drei hauptsächlichen Europapokale im Zeitraum 5/56–2000/01; Auswahl auf der Basis der beiderseitigen Bilanz der Länder, en Klubs in den Europacups zumindest dreimal aufeinander trafen; im Falle tschlands wurden die Klubs aus der ehem. DDR nicht berücksichtigt)

Mazedonien (MKD)–

-HUN	1:2	33 %

Weiterkommen – Ausscheiden – Wahrscheinlichkeit des Weiterkommens

Albanien (ALB)–

–MLT	4:0	100 %
–ROM	1:2	33 %
–SCO	0:4	0 %

Jugoslawien (YUG)–

–SUI	8:1	89 %
–BUL	7:2	78 %
–CZE	3:1	75 %
–NED	5:2	71 %
–POR	4:2	67 %
–ROM	3:2	60 %
–ENG	8:6	57 %
–FRA	4:3	57 %
–ESP	8:14	36 %
–GER	4:10	29 %

Bosnien und Herzegowina (BIH)–

–BUL	2:1	67 %
–HUN	1:2	33 %
–BEL	1:4	20 %

Griechenland (GRE)–

–MLT	4:0	100 %
–YUG	5:4	56 %
–BUL	5:4	56 %
–SCO	2:2	50 %
–POR	4:6	40 %
–ROM	3:7	30 %
–BEL	2:7	22 %
–GER	2:11	15 %
–ESP	2:19	10 %

Europacups
Skandinavien

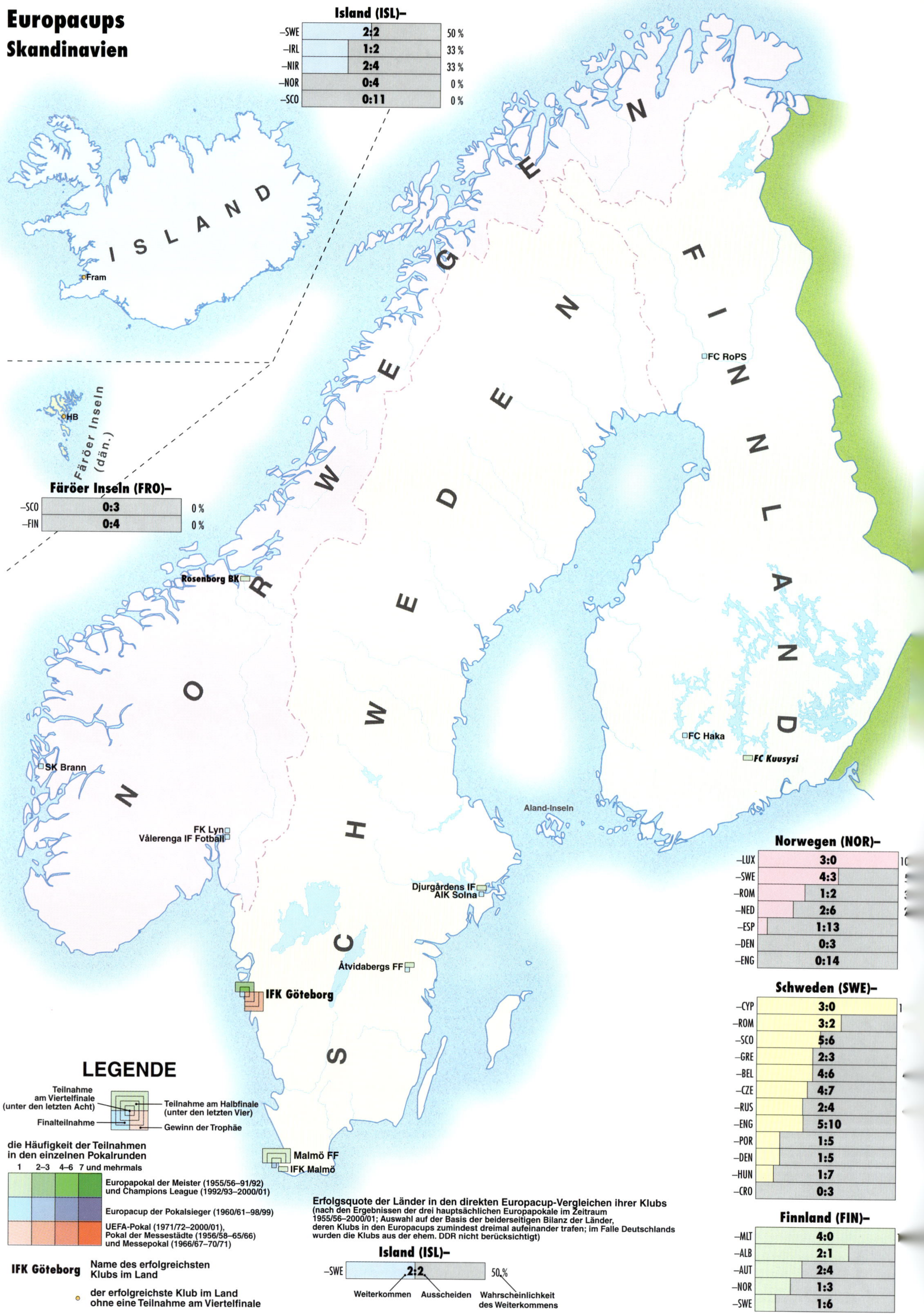

Europacups

Die Länder der ehemaligen UdSSR, Türkei, Zypern und Israel

Estland (EST)–

–FIN	0:3	0 %

Lettland (LVA)–

–WAL	2:1	67 %
–SVN	1:2	33 %
–POL	0:3	0 %

Litauen (LTU)–

–SVN	1:2	33 %

Weißrussland (BLR)–

–ROM	1:2	33 %

Moldawien (MDA)–

–CZE	0:3	0 %

Armenien (ARM)–

–CYP	2:2	50 %

Aserbaidschan (AZE)–

–POL	0:3	0 %

Ukraine (UKR)–

–CZE	7:0	100 %
–TUR	4:0	100 %
–AUT	7:1	88 %
–GRE	3:1	75 %
–NED	4:3	57 %
–POL	2:2	50 %
–ENG	2:3	40 %
–GER	4:9	31 %
–BEL	0:4	0 %

Israel (ISR)–

–MDA	1:2	33 %
–NOR	1:2	33 %
–AUT	1:3	25 %
–POR	0:3	0 %

Türkei (TUR)–

–SVK	4:0	100 %
–SCO	3:1	75 %
–SUI	4:2	67 %
–BEL	2:3	40 %
–BUL	2:3	40 %
–ENG	5:9	36 %
–NOR	1:3	25 %
–CZE	1:5	17 %
–NED	0:9	0 %

Zypern (CYP)–

–FIN	2:1	67 %
–BUL	2:4	33 %
–CZE	1:3	25 %
–GRE	2:6	25 %
–ROM	1:8	11 %

Russland (RUS)–

–NED	6:1	86 %
–TUR	5:1	83 %
–YUG	3:1	75 %
–ENG	6:4	60 %
–GRE	3:2	60 %
–CZE	2:2	50 %
–ESP	6:10	38 %
–BEL	3:7	30 %
–FRA	3:15	17 %
–AUT	1:7	13 %

Georgien (GEO)–

–BUL	2:1	67 %
–ENG	2:1	67 %
–ITA	2:1	67 %
–YUG	2:3	40 %
–NED	1:3	25 %
–GER	0:4	0 %

Asiatische und ozeanische Cups

Der **Asienpokal der Meister** hat von allen kontinentalen Pokalen die problematischste Geschichte. Seine Anfänge wurden nicht nur von den traditionellen Problemen im Zusammenhang mit dem Transport und der Finanzierung beeinflusst, sondern auch durch die Politik, bzw. durch die Verhältnisse der Länder, deren Vertreter sich für den Wettbewerb qualifizierten. Die Entstehung des Pokals reicht zurück bis in das Jahr 1967. In der ersten, kurzen Periode (1967–71) dominierten die Klubs aus Israel. Ihre Erfolge wurden jedoch durch das schwache Niveau des Fußballs in der Mehrheit der übrigen asiatischen Länder und die niedrige Teilnehmerzahl beeinflusst. Im ersten Jahrgang bestritt der Sieger Maccabi Tel Aviv eine einzige Begegnung und zwar das Finale. Nach dem Krieg im Jahre 1967 weigerten sich die arabischen Klubs gegen die israelischen anzutreten. Dies war der Hauptgrund dafür, dass Israel die Asiatische Fußballkonföderation (AFC) verließ. Ein weiterer Grund für die dreizehnjährige Unterbrechung waren die Probleme mit der finanziellen Sicherstellung des Betriebs, der aufwendiges Reisen erforderte. Zur Erneuerung des Wettbewerbs kam es erst im Jahre 1985, die meisten Titel – nämlich fünf – gewannen die südkoreanischen Mannschaften (inklusive der Saison 2000/01).

Auf Grund der großen Distanzen, der verschiedenen Bedingungen und auch der unterschiedlichen Klasse wird der Wettbewerb in zwei großen Zonen organisiert: West- und Ostasien. In diesem Rahmen entstanden in der Vergangenheit weitere Regionalgruppen (gewöhnlich acht). Die Aufteilung berücksichtigt jedoch mehr oder weniger die geografische und auch die qualitative Gliederung: der Nahe Osten (jetzt gehören auch die Länder des ehemaligen sowjetischen Mittelasiens dazu), der indische Subkontinent, Südostasien, Ostasien. Seit der Saison 1990/91 folgen nach den zwei einleitenden Runden, in denen nach dem K.-o.-System mit Heim- und Auswärtsspielen die Klubs der jeweiligen Regionen aufeinander treffen, die Turniere der acht Besten; sie werden von zwei Gruppen (West- und Ostasien) mit je vier Teams gebildet. Die Sieger erreichen das Halbfinale, das genauso wie das Finale in einer einzigen Begegnung auf neutralem Boden entschieden wird. Die unterlegenen Halbfinalisten spielen um den 3. Platz.

Der asiatische Kontinent ist durch beträchtliche Unterschiede in der Fußballqualität gekennzeichnet. In dieser Hinsicht ist er eindeutig geteilt: Die in diesem Pokal erfolgreichen Mannschaften kommen nur aus zwei Regionen. Die eine ist der Nahe Osten, die zweite Japan und Korea. Die Mannschaften aus anderen Regionen setzten sich nur in seltenen Ausnahmen auf der internationalen Bühne durch. Es ist deshalb kein Wunder, dass in den Spielen mit Klubs aus verschiedenen Regionen, besonders in den Auseinandersetzungen mit Teams vom indischen Subkontinent, sehr viele Tore fielen. So bescherte der asiatische Fußballgigant Pohang Steelers in der Saison 1997/98 seinen beiden Gegnern aus Indien und von den kleinen Malediven (Mohammedan und Victory) 11 und 12 Tore. Die Erfolge der Fußballzwerge rühren zumeist von den Spielen untereinander oder resultieren aus dem Rückzug eines Gegners, wozu es besonders in der Vergangenheit oft gekommen ist.

Erst seit der Saison 1990/91 gibt es auch den **Asiencup der Pokalsieger,** dessen Finale in den ersten vier Jahrgängen in zwei Begegnungen absolviert wurde. Heute spielt man, wie eigentlich überall auf der Welt, eine einzige Partie in einer im voraus bestimmten Stadt (nicht unbedingt in einem neutralen Land). Auch bei diesem Pokal werden die geografischen Bedingungen berücksichtigt, bzw. die Distanzen: In den ersten Runden spielen die Mannschaften einer Region gegeneinander. Im Falle des Cups der Pokalsieger gewann kein Klub außerhalb der genannten Fußballregionen den Titel, nur ein einziges Team (South China aus Hongkong) kämpfte sich bis ins Finale. Als eine Überraschung kann man auch den Sieg der Mannschaft Muharraq bezeichnen, die im ersten Wettbewerbsjahr das kleine Emirat Bahrain repräsentierte. Seit dem Jahr 1995 treffen im **Supercup** die Pokalgewinner der beider Wettbewerbe aufeinander. Ihre Sieger kommen ausschließlich aus dem Nahen Osten oder aus Japan bzw. Korea.

Der kontinentale Klubwettbewerb Ozeaniens ist der jüngste der Welt. Einen ersten Versuch stellte ein Turnier im Jahre 1987 dar, an dem nur die Meisterteams der beiden fußballerisch entwickeltsten Länder der Region teilnahmen – Australien und Neuseeland. Siegreich war die australische Mannschaft Adelaide City. Der erste wirkliche **Ozeanienpokal der Meister** fand erst im Jahre 1999 auf der exotischen Inselgruppe Fidschi statt. Es spielten neun Teams von verschiedener Qualität, was z.B. das 16:0 im Spiel zwischen Central United (Neuseeland) und Lotoha'apai (Tonga) belegt. Ins Finale kämpfte sich überraschend das Heimteam Nadi. Dort wartete der Favorit, der australische Meister South Melbourne. In der Spielzeit 2000, die aber erst im Jahre 2001 ausgetragen wurde, präsentierten sich elf Teams in zwei Gruppen. Auch das gastgebende Port Moresby, die Hauptstadt des bisher wenig fußballentwickelten Papua-Neuguineas, war Zeuge vieler „wilder" Ergebnisse – in der Mehrheit der Begegnungen konnte man mindestens sechs Tore bewundern. Im Finale gewann der australische Meister Wollongong Wolves nur mit 1:0, denn im Dress des Gegners – des FC Tafea – war die komplette Nationalmannschaft Vanuatus angetreten.

LEGENDE

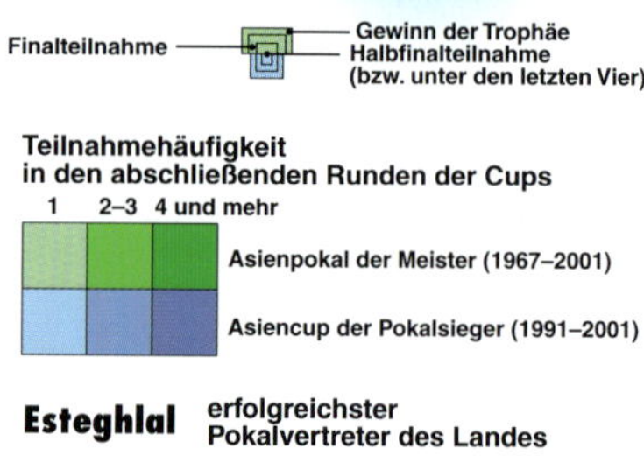

REKORDE DER ASIENPOKALE

Höchster Sieg (Asienpokal der Meister):
Club Valencia (Malediven)–Kashima Antlers (Japan) 0:16 (2. Runde 1999/2000)
Höchster Sieg (Asiencup der Pokalsieger): Suwon Samsung Bluewings (Südkorea)–PSM (Indonesien) 12:0 (Viertelfinale 1997/98)
Überraschendster Aufstieg nach einem Debakel im Auswärts-Hinspiel (Asienpokal der Meister):
Elimaj Semipalatinsk (Kasachstan)–Perspolis (Iran) 3:0 und 0:5 (2. Runde 1996/97)
Überraschendster Aufstieg nach einem Debakel im Auswärts-Hinspiel (Asiencup der Pokalsieger): Nisa Aschchabad (Turkmenistan)–Pachtakor Taschkent (Usbekistan) 5:0 und 0:6 (2. Runde 1998/99)

Gegenseitige Finalbilanz unter den "Großen Vier" in den Asienpokalen (1967-2001)

Japan–Saudi-Arabien 4:3
Japan–Südkorea 0:2
Japan–Iran 2:0
Saudi-Arabien–Südkorea 4:2
Saudi-Arabien–Iran 1:1
Südkorea–Iran 0:0

Finalbilanz der Länder in den Asienpokalen (1967–2001)

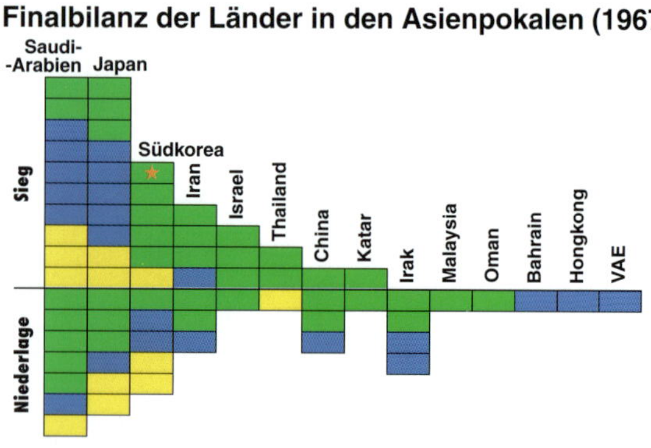

LEGENDE

- Asienpokal der Meister
- Asiencup der Pokalsieger
- Supercup
- Finalduell zweier Klubs eines Lands

Asienpokal der Meister

1967	**Hapoel Tel Aviv** (Israel)–FA Selangor (Malaysia) 2:1
1968	**Maccabi Tel Aviv** (Israel)–Yangzee (Südkorea) 1:0
1969	*nicht ausgetragen*
1970	**Esteghlal** (Iran)–Hapoel Tel Aviv (Israel) 2:1
1971	**Maccabi Tel Aviv** (Israel), al-Shorta (Irak) *ist ausgestiegen*
1972-85	*nicht ausgetragen*
1985/86	**Pusan Icons** (Südkorea)–al-Ahli (Saudi-Arabien) 3:1
1986	**JEF United Ichihara** (Japan)–al-Hilal (Saudi-Arabien) 4:3
1987/88	**Tokyo Verdy 1969** (Japan), al-Hilal (Saudi-Arabien) *ist ausgestiegen*
1988/89	al-Karkh (Irak)–**al-Sad** (Katar) 3:2 und 0:1
1989/90	Yokohama Marinos (Japan)–**Liaoning Fushun** (China) 1:2 und 1:1
1990/91	**Esteghlal** (Iran)–Liaoning Fushun (China) 2:1
1991	**al-Hilal** (Saudi-Arabien)–Esteghlal (Iran) 1:1 (4:3 Elfm.sch.)
1992/93	**Paas** (Iran)–al-Shabab (Saudi-Arabien) 1:0
1993/94	**Thai Farmers Bank** (Thailand)–Omani Club (Oman) 2:1
1994/95	**Thai Farmers Bank** (Thailand)–al-Arabi (Katar) 1:0
1995/96	**Songnam Ilhwa Chunma** (Südkorea)–al-Nasr (Saudi-Arabien) 1:0 nach Verl.
1996/97	**Pohang Steelers** (Südkorea)–Songnam Ilhwa Chunma (Südkorea) 2:1 nach Verl.
1997/98	**Pohang Steelers** (Südkorea)–Dalian Shide (China) 0:0 (6:5 Elfm.sch.)
1998/99	**Jubilo Iwata** (Japan)–Esteghlal (Iran) 2:1
1999/00	**al-Hilal** (Saudi-Arabien)–Jubilo Iwata (Japan) 3:2 nach Verl.
2000/01	**Suwon Samsung Bluewings** (Südkorea)–Jubilo Iwata (Japan) 1:0

Asiencup der Pokalsieger

1990/91	Perspolis (Iran)–**Muharraq** (Bahrain) 0:0 und 0:1
1991/92	al-Nasr (Saudi-Arabien)–**Yokohama Marinos** (Japan) 1:1 und 0:5
1992/93	**Yokohama Marinos** (Japan)–Perspolis (Iran) 1:1 und 1:0
1993/94	South China (Hongkong)–**al-Qadisiya** (Saudi-Arabien) 2:4 und 0:2
1994/95	**Yokohama Flügels** (Japan)–al-Sha'ab (VAE) 2:1 nach Verl.
1995	**Bellmare Hiratsuka** (Japan)–al-Talaba (Irak) 2:1
1996	**al-Hilal** (Saudi-Arabien)–Nagoya Grampus Eight (Japan) 3:1
1997/98	**al-Nasr** (Saudi-Arabien)–Suwon Samsung Bluewings (Südkorea) 1:0
1998/99	**al-Ittihad** (Saudi-Arabien)–Chun-Nam Dragons (Südkorea) 3:2 nach Verl.
1999/00	**Shimizu S-Pulse** (Japan)–al-Zawra (Irak) 1:0
2000/01	**al-Shabab** (Saudi-Arabien)–Dalian Shide (China) 4:2

Supercup

1995	Thai Farmers Bank (Thailand)–**Yokohama Flügels** (Japan) 1:1 und 2:3
1996	**Songnam Ilhwa Chunma** (Südkorea)–Bellmare Hiratsuka (Japan) 5:3 und 1:0
1997	**al-Hilal** (Saudi-Arabien)–Pohang Steelers (Südkorea) 1:0 und 1:1
1998	Pohang Steelers (Südkorea)–**al-Nasr** (Saudi-Arabien) 1:1 und 0:0
1999	**Jubilo Iwata** (Japan)–al-Ittihad (Saudi-Arabien) 1:0 und 1:2
2000	Shimizu S-Pulse (Japan)–**al-Hilal** (Saudi-Arabien) 1:2 und 1:1

Ozeanienpokal der Meister

1999	**South Melbourne SC** (Australien)–Nadi (Fidschi) 5:1
2000	**Wollongong City Wolves** (Australien)–Tafea FC (Vanuatu) 1:0

Irtysch Pawlodar
KASACHSTAN
MONGOLEI
Liaoning Fushun Tegang
KIRGISIEN
Nambachor Namangan
Neftschi Fergana
TADSCHIKISTAN
AFGHANISTAN
PAKISTAN
Dalian Shide
Beijing Guoan
NORDKOREA
April 25
Songnam Ilhwa Chunma
Pohang Steelers
Suwon Samsung Bluewings
Yangzee
ROK Army
Chun-Nam Dragons
SÜDKOREA
Ulsan Hyundai Horang-i
Pusan Icons
Yokohama Marinos
Bellmare Hiratsuka
Nagoya Grampus Eight
JAPAN
Tokyo Verdy 1969
Kashima Antlers
JEF United Ichihara
Yokohama Flügels
Shimizu S-Pulse
Jubilo Iwata
Sanfrecce Hiroshima FC
CHINA
NEPAL
BHUTAN
BANGLADESH
INDIEN
TAIWAN
Guangdong Hongyuan
South China
Hongkong
BURMA
LAOS
THAILAND
Quang Nam
PHILIPPINEN
Bangkok Bank
TOT
Thai Farmers Bank
KAMBODSCHA
VIETNAM
Mysore
SRI LANKA
MALEDIVEN
BRUNEI
MALAYSIA
Kuala Lumpur FA
Selangor
PSMS
SINGAPUR
Pupuk Kaltim Bontang
INDONESIEN
Pelita Jaya Mastrans
Tiga Berlian
MARSHALL-INSELN
MIKRONESIEN
NAURU
KIRIBATI
PAPUA-NEUGUINEA
SALOMONEN
Tokelau (neuseel.)
WEST-SAMOA
Cook-Inseln
Wallis und Futuna (frz.)
VANUATU
FIDSCHI
Amerik.-Samoa (USA)
Französisch-Polynesien (frz.)
Tafea FC
Nadi
TONGA
Niue (neuseel.)
AS Vénus
Neukaledonien (frz.)
(neuseel.)
Norfolk (austr.)
AUSTRALIEN
Wollongong City Wolves
South Melbourne SC
Central United FC
Napier City Rovers
NEUSEELAND
LEGENDE
Sieger des Asienpokals der Meister (1999–2001)
Unterlegener im Finale des Asienpokals der Meister (1999–2001)
Halbfinalisten des Asienpokals der Meister (1999–2001)

Afrikacups

Der **Afrikapokal der Meister** entstand im Jahre 1964 auf Initiative Ghanas. Die Meister der Mitgliedsländer der Afrikanischen Fußballkonföderation (CAF) wurden aufgefordert, am alljährlichen Wettbewerb um die Kwame-Nkrumah-Trophäe (benannt nach dem ehemaligen ghanaischen Staatspräsidenten) teilzunehmen. Der Einladung gefolgt waren 14 Mannschaften, von denen sich letztlich Oryx Douala aus Kamerun durchsetzte. Der erste Afrikacup-Gewinner war ermittelt, doch noch bemerkenswerter war, dass der Wettbewerb – im Unterschied zur Afrikameisterschaft der Nationalmannschaften – anfangs von den Teams aus Schwarzafrika dominiert wurde. Die meisten Cupsiege in den 60er und 70er Jahren verbuchten der Hafia FC aus Guinea und Canon Yaoundé aus Kamerun (je 3) sowie Engelbert Lubumbashi (später TP Mazembe) aus Zaire mit zwei Erfolgen. Erst 1984 leiteten die Klubs aus dem arabischen Norden Afrikas ihre elf Saisons währende Siegesserie ein. Zu Beginn der 80er Jahre nahmen bereits alle damaligen CAF-Mitglieder am Afrikacup der Meister teil, aber noch nie waren die Vertreter aller afrikanischen Länder innerhalb eines Jahrganges im Wettbewerb vertreten. Die höchste Teilnehmerzahl wurde in der Saison 2000 mit 45 Teams registriert. Der Spielmodus war lange Zeit vom klassischen K.-o.-System geprägt. Ab 1997 wurde nach europäischem bzw. südamerikanischem Vorbild das Gruppensystem einführt – die Abschlussrunde wird seitdem in zwei Vierergruppen gespielt, deren Sieger die Endspiele bestreiten.

Charakteristisch für Afrika ist zum einen die große geografische Ausdehnung des Kontinents, zum anderen aber auch die große Anzahl an Teams, die bisher die Trophäe gewannen oder bis ins Finale vordrangen. Der inzwischen 36 Jahre lang ausgetragene Meistercup kennt 22 verschiedene Sieger und weitere 17 Finalisten. Dieser Fakt wird primär beeinflusst durch die örtlich unterschiedlichen Naturgegebenheiten, die den jeweiligen Heimmannschaften einen nicht zu unterschätzenden Vorteil bieten. Deswegen ist es kein Wunder, dass sich die Ergebnisse zweier als gleichwertig eingestufter Vereine im Heim- und Auswärtsspiel oft diametral voneinander unterscheiden. So erzielen auch einzelne Teams aus Ländern Erfolge, die ansonsten auf internationalem Parkett weniger in Erscheinung treten. Dagegen können Kamerun, Ägypten, Algerien und Marokko auf je drei Klubs verweisen, die den Pokal schon erobert haben; Zaire, Tunesien und die Elfenbeinküste stellen derer je zwei. Der erfolgreichste Verein ist der ägyptische Zamalek SC aus Giseh, der durch ihre Pyramiden bekannten Stadt in der Nähe von Kairo, mit vier Cupsiegen. Noch ohne Pokalgewinn steht bisher die kontinentale Fußballgroßmacht Nigeria da.

Die Spiele werden oft unter sehr gegensätzlichen klimatischen Bedingungen ausgetragen, aber auch in Stadien unterschiedlichster Qualität mit entsprechender Kulisse. So kam es schon vor, dass die Endspiele von weniger als 10 000, mithin sogar nur 5000 Zuschauern verfolgt wurden. Andererseits wurden Begegnungen der Vorschlussrunden in den Stadien der führenden afrikanischen Fußballländer (Ägypten, Algerien, Nigeria, Kamerun) mehrfach von bis zu 100 000 Menschen besucht.

Der **Afrikacup der Pokalsieger** wird seit 1975 gespielt und auch in seinem Fall haben sich zu Beginn die Mannschaften aus der Region des Golfs von Guinea durchgesetzt. Analog zum Meistercup stellten sich auch bei ihm in den 80er Jahren die Erfolge der nordafrikanischen Teams ein. Die meisten Trophäen, nämlich acht, gingen an die ägyptischen Klubs (4 – al-Ahli, davon sogar drei in Folge, 3 – Mokawloon al-Arab). Je drei Pokalsiege brachten Kamerun, Nigeria und Tunesien auf ihr Konto. Inzwischen wird die Konkurrenz unter dem Namen des südafrikanischen Präsidenten, als Nelson-Mandela-Cup ausgetragen.

Seit 1992 treffen die Sieger beider Wettbewerbe im **Supercup** aufeinander. Im selben Jahr wurde auch der **CAF-Pokal**, eine Kopie des europäischen UEFA-Pokals, gestartet. An ihm nehmen die zweit- oder nächstplatzierten Mannschaften der nationalen Ligen teil. Auch dieser Pokal wurde seitdem nur von den Teams der starken Fußballnationen gewonnen. Erfolgreichstes Land ist Tunesien, das bisher vier Titel abräumte.

Neben den obig angeführten Pokalkonkurrenzen werden einige regionale Pokalturniere gespielt (die Pokale von Nord-, West-, Zentral- und Ostafrika, der Maghreb-Pokal und der südafrikanische COSAFA-Pokal).

Afrikapokal der Meister

1964 **Oryx Douala** (Kamerun)–Stade Malien (Mali) 2:1
1965 *nicht ausgetragen*
1966 AS Real Bamako (Mali)–**Stade Abidjan** (Elfenbeinküste) 3:1 und 1:4
1967 Asante Kotoko FC (Ghana)–**TP Mazembe** (VR Kongo/Zaire) 1:1 und 2:2
(Asante hat ein drittes Spiel abgelehnt, der Titel wurde an TP Mazembe vergeben)
1968 **TP Mazembe** (VR Kongo/Zaire)–Etoile Filante (Togo) 5:0 und 1:4
1969 TP Mazembe (VR Kongo/Zaire)–**Ismaily SC** (Ägypten) 2:2 und 1:3
1970 **Asante Kotoko FC** (Ghana)–TP Mazembe (VR Kongo/Zaire) 1:1 und 2:1
1971 Asante Kotoko FC (Ghana)–**Canon Yaoundé** (Kamerun) 3:0, 0:2 und 0:1
1972 **Hafia FC** (Guinea)–Simba SC (Tansania) 4:2 und 2:3
1973 Asante Kotoko FC (Ghana)–**AS Vita Club** (VR Kongo/Zaire) 4:2 und 0:3
1974 **CARA** (Kongo)–Ghazl Mahalla (Ägypten) 4:2 und 2:1
1975 **Hafia FC** (Guinea)–Enugu Rangers (Nigeria) 1:0 und 2:1
1976 Hafia FC (Guinea)–**MC Alger** (Algerien) 3:0 und 0:3 (1:4 Elfm.sch.)
1977 Hearts of Oak SC (Ghana)–**Hafia FC** (Guinea) 0:1 und 2:3
1978 Hafia FC (Guinea)–**Canon Yaoundé** (Kamerun) 0:0 und 0:2
1979 Hearts of Oak SC (Ghana)–**Union Douala** (Kamerun) 1:0 und 0:1 (3:5 Elfm.sch.)
1980 **Canon Yaoundé** (Kamerun)–AS Dragons (VR Kongo/Zaire) 2:2 und 3:0
1981 **JS Kabylie** (Algerien)–AS Vita Club (VR Kongo/Zaire) 4:0 und 1:0
1982 **al-Ahli SC** (Ägypten)–Asante Kotoko FC (Ghana) 3:0 und 1:1
1983 al-Ahli SC (Ägypten)–**Asante Kotoko FC** (Ghana) 0:0 und 0:1
1984 **Zamalek SC** (Ägypten)–3SC Shooting Stars (Nigeria) 2:0 und 0:0
1985 **FAR Rabat** (Marokko)–AS Dragons (VR Kongo/Zaire) 5:2 und 1:1
1986 **Zamalek SC** (Ägypten)–Africa Sports (Elfenbeinküste) 2:0 und 0:2 (4:2 Elfm.sch.)
1987 al-Hilal (Sudan)–**al-Ahli SC** (Ägypten) 0:0 und 0:2
1988 Iwuanyanwu Nationale (Nigeria)–**ES Sétif** (Algerien) 1:0 und 0:4
1989 **Raja CA Casablanca** (Marokko)–MC Oran (Algerien) 1:0 und 0:1 (4:2 Elfm.sch.)
1990 **JS Kabylie** (Algerien)–Nkana FC (Sambia) 1:0 und 0:1 (5:3 Elfm.sch.)
1991 **Club Africain** (Tunesien)–Villa SC (Uganda) 6:2 und 1:1
1992 **WA Casablanca** (Marokko)–al-Hilal (Sudan) 2:0 und 0:0
1993 Asante Kotoko FC (Ghana)–**Zamalek SC** (Ägypten) 0:0 und 0:0 (6:7 Elfm.sch.)
1994 Zamalek SC (Ägypten)–**Espérance Tunis** (Tunesien) 0:0 und 1:3
1995 **Orlando Pirates** (Südafrika)–ASEC Mimosas (Elfenbeinküste) 2:2 und 1:0
1996 3SC Shooting Stars (Nigeria)–**Zamalek SC** (Ägypten) 2:1 und 1:2 (4:5 Elfm.sch.)
1997 Goldfields SC (Ghana)–**Raja CA Casablanca** (Marokko) 1:0 und 0:1 (4:5 Elfm.sch.)
1998 Dynamos (Simbabwe)–**ASEC Mimosas** (Elfenbeinküste) 0:0 und 2:4
1999 **Raja CA Casablanca** (Marokko)–Espérance Tunis (Tunesien) 0:0 und 0:0 (4:3 Elfm.sch.)
2000 Espérance Tunis (Tunesien)–**Hearts of Oak SC** (Ghana) 1:2 und 1:3

Afrikacup der Pokalsieger

1975 Stella Abidjan (Elfenbeinküste)–**Tonnerre Yaoundé** (Kamerun) 0:1 und 1:4
1976 **3SC Shooting Stars** (Nigeria)–Tonnerre Yaoundé (Kamerun) 4:1 und 0:1
1977 **Enugu Rangers** (Nigeria)–Canon Yaoundé (Kamerun) 4:1 und 1:1
1978 MA Hussein Dey (Algerien)–**Horoya AC** (Guinea) 1:3 und 1:2
1979 GOR Mahia (Kenia)–**Canon Yaoundé** (Kamerun) 0:2 und 0:6
1980 Africa Sports (Elfenbeinküste)–**TP Mazembe** (VR Kongo/Zaire) 1:3 und 0:1
1981 **Union Douala** (Kamerun)–Stationery Stores (Nigeria) 0:0 und 2:1
1982 Power Dynamos (Sambia)–**Mokawloon al-Arab** (Ägypten) 0:2 und 0:2
1983 Agaza Lomé (Togo)–**Mokawloon al-Arab** (Ägypten) 0:1 und 0:0
1984 **al-Ahli SC** (Ägypten)–Canon Yaoundé (Kamerun) 1:0 und 0:1 (4:2 Elfm.sch.)
1985 **al-Ahli SC** (Ägypten)–Leventis United (Nigeria) 2:0 und 0:1
1986 **al-Ahli SC** (Ägypten)–AS Sogara (Gabun) 3:0 und 0:2
1987 Espérance Tunis (Tunesien)–**GOR Mahia** (Kenia) 2:2 und 1:1
1988 Ranchers Bees (Nigeria)–**CA Bizertin** (Tunesien) 0:0 und 0:1
1989 **al-Merreikh SC** (Sudan)–Bendel United (Nigeria) 1:0 und 0:0
1990 **BCC Lions of Gboko** (Nigeria)–Club Africain (Tunesien) 3:0 und 1:1
1991 BCC Lions of Gboko (Nigeria)–**Power Dynamos** (Sambia) 3:2 und 1:3
1992 **Africa Sports** (Elfenbeinküste)–Vital'O SC (Burundi) 1:1 und 4:0
1993 Africa Sports (Elfenbeinküste)–**al-Ahli SC** (Ägypten) 1:1 und 0:1
1994 **DC Motema Pembe** (VR Kongo/Zaire)–Tusker FC (Kenia) 2:2 und 3:0
1995 Julius Berger (Nigeria)–**JS Kabylie** (Algerien) 1:1 und 1:2
1996 AC Sodigraf (VR Kongo/Zaire)–**Mokawloon al-Arab** (Ägypten) 0:0 und 0:4
1997 **ES Sahel** (Tunesien)–FAR Rabat (Marokko) 2:0 und 0:1
1998 **Espérance Tunis** (Tunesien)–Primeiro de Agosto (Angola) 3:1 und 1:1
1999 **Africa Sports** (Elfenbeinküste)–Club Africain (Tunesien) 1:0 und 1:1
2000 **Zamalek SC** (Ägypten)–Canon Yaoundé (Kamerun) 4:1 und 0:2

CAF-Pokal

1992 Villa SC (Uganda)–**3SC Shooting Stars** (Nigeria) 0:0 und 0:3
1993 **Stella Abidjan** (Elfenbeinküste)–Simba SC (Tansania) 0:0 und 2:0
1994 Primeiro de Maio (Angola)–**Bendel Insurance** (Nigeria) 1:0 und 0:3
1995 AS Kaloum Stars (Guinea)–**ES Sahel** (Tunesien) 0:0 und 0:2
1996 ES Sahel (Tunesien)–**KAC Marrakech** (Marokko) 3:1 und 0:2
1997 Petro Atlético Luanda (Angola)–**Espérance Tunis** (Tunesien) 1:0 und 0:2
1998 ASC Jeanne d'Arc (Senegal)–**CS Sfaxien** (Tunesien) 0:1 und 3:0
1999 **ES Sahel** (Tunesien)–WA Casablanca (Marokko) 1:0 und 1:2
2000 Ismaily SC (Ägypten)–**JS Kabylie** (Algerien) 1:1 und 00

Supercup

1992 **Africa Sports** (Elfenbeinküste)–WA Casablanca (Marokko) 2:2 (5:3 Elfm.sch.)
1993 **Zamalek SC** (Ägypten)–al-Ahli SC (Ägypten) 1:0
1994 **Espérance Tunis** (Tunesien)–DC Motema Pembe (VR Kongo/Zaire) 3:0
1995 **Orlando Pirates** (Südafrika)–JS Kabylie (Algerien) 1:0
1996 **Zamalek SC** (Ägypten)–Mokawloon al-Arab (Ägypten) 0:0 (4:2 Elfm.sch.)
1997 **ES Sahel** (Tunesien)–Raja CA Casablanca (Marokko) 2:2 (4:2 Elfm.sch.)
1998 **ASEC Mimosas** (Elfenbeinküste)–Espérance Tunis (Tunesien) 3:1 nach Verl.
1999 **Raja CA Casablanca** (Marokko)–Africa Sports (Elfenbeinküste) 2:0
2000 **Hearts of Oak SC** (Ghana)–Zamalek SC (Ägypten) 2:0

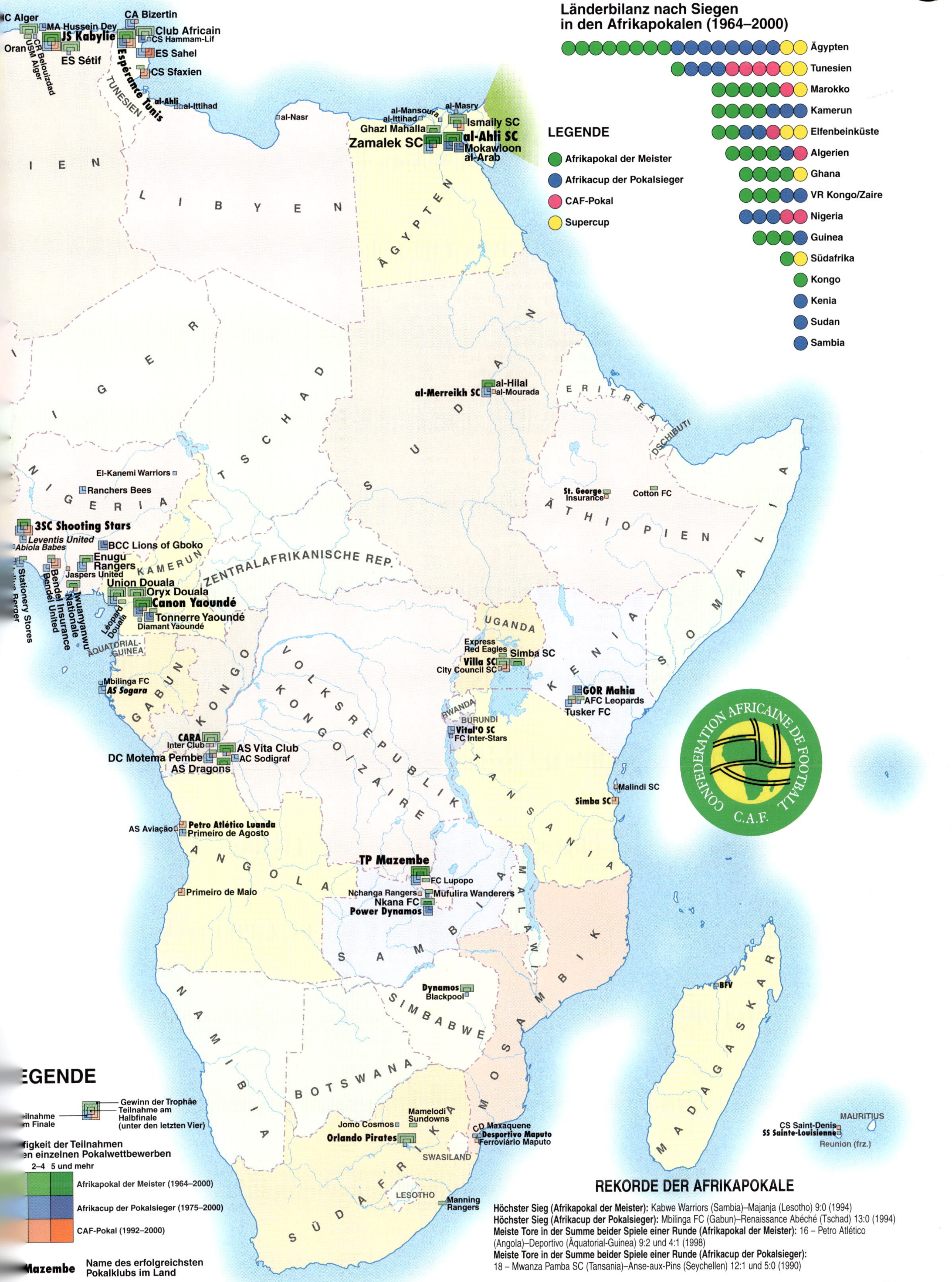

REKORDE DER AFRIKAPOKALE

Höchster Sieg (Afrikapokal der Meister): Kabwe Warriors (Sambia)–Majanja (Lesotho) 9:0 (1994)
Höchster Sieg (Afrikacup der Pokalsieger): Mbilinga FC (Gabun)–Renaissance Abéché (Tschad) 13:0 (1994)
Meiste Tore in der Summe beider Spiele einer Runde (Afrikapokal der Meister): 16 – Petro Atlético (Angola)–Deportivo (Äquatorial-Guinea) 9:2 und 4:1 (1998)
Meiste Tore in der Summe beider Spiele einer Runde (Afrikacup der Pokalsieger): 18 – Mwanza Pamba SC (Tansania)–Anse-aux-Pins (Seychellen) 12:1 und 5:0 (1990)

CONCACAF-Cups

Ähnlich wie die Meisterschaft der Nationalteams hat auch der bedeutendste Klubwettbewerb der CONCACAF-Mitglieder eine komplizierte Geschichte. Seine Premiere feierte er 1962, nach einem zweiten Jahrgang wurde er jedoch für fünf Jahre unterbrochen. Seither wird er regelmäßig ausgespielt, obwohl man ihn oftmals nicht als vollständig bezeichnen kann. Insgesamt fünf Teams gewannen in den 60er und 70er Jahren den Titel dank des Nichtantretens der Finalgegner. Im Jahre 1978 teilten sich gar drei Mannschaften den Titel. Seit dem Ende der achtziger Jahre wurde er als Cup der Meister und der zweitplatzierten Mannschaften der einzelnen Ligen veranstaltet. Der **Cup der Meister und Vizemeister** erfuhr während im Laufe der Zeit sehr viele organisatorische Änderungen. Am häufigsten spielte man nach dem klassischen Play-off-System, bei dem sich im Halbfinale die Vertreter der kontinentalen und karibischen Qualifikationszone trafen. In den Jahren von 1993 bis 1996 war der Höhepunkt des Wettbewerbes das aus vier Teams gebildete Finalturnier. Seit 1997 werden besonders aus kommerziellen Gründen die Finalrundenspiele (ab dem Viertelfinale) in den USA ausgetragen.

Der Pokalwettbewerb Mittel- und Nordamerikas wird eindeutig von den mexikanischen Klubs (mit Cruz Azul und CF América an der Spitze) dominiert. Sie eroberten die Hälfte aller Titel (19 von 38). Mit großem Abstand folgt Costa Rica mit vier Trophäen und El Salvador mit drei. Aus der karibischen Inselregion konnten sich nur Klubs aus drei Ländern durchsetzen und den Titel erringen: Trinidad und Tobago, Haiti und Surinam (im ganzen sechs Titel, davon drei durch den Rückzug gegnerischer Teams). Interessant sind besonders zehn Finalteilnahmen zweier Vertreter Surinams (Robin Hood und Transvaal). Zweimal hat auch der kubanische Klub Pinal del Rio das Finale erreicht. Seit den achtziger Jahren nahmen an diesem Cup auch die Meister der USA teil, davon haben zwei den Wettbewerb sogar gewonnen (DC United und Los Angeles Galaxy).

Aus organisatorischen Gründen und wegen der unterschiedlichen Klasse teilte sich der Wettbewerb in drei Regionalzonen auf: Nord (USA, Mexiko, zeitweise auch Kanada); Zentral, wo die (mittlerweile 12) Klubs der übrigen mittelamerikanischen Länder (Nord- und Zentral-Zone schlossen sich oft zusammen) gegeneinander spielen; die Karibik-Zone mit vielen Inselstaaten und abhängigen Regionen (die Anzahl der Klubs kann bis zu 25 erreichen). In ihrem Rahmen kämpfen auch die Teams der drei Länder Südamerikas – Guyana, Surinam und Französisch-Guyana – um das Weiterkommen. Zwei Meister Mexikos (die der Winter- und der Sommersaison), sowie der Meister der USA qualifizieren sich gewöhnlich direkt für das Viertelfinale oder das Finalturnier (um den Einzug in die Endrunde kämpft dann das dritte Team Mexikos mit dem zweiten der USA). Ähnlich wie in Europa oder im Rahmen des südamerikanischen Pokals der Befreier hängt die Anzahl der Teilnehmer vom Fußballniveau der einzelnen CONCACAF-Mitgliedsstaaten ab. Die am meisten fußballentwickelten Länder können drei Vertreter in den Wettbewerb entsenden, die schwächeren Mitglieder nur einen.

Den klassischen Cup der Pokalsieger gibt es in dieser Region nicht. Einen Ersatz, genauer den zweitwichtigsten CONCACAF-Cup, stellt die **Recopa** dar, die seit 1991 als Wettbewerb der zweit- bzw. nächstplatzierten Klubs der kontinentalen mittelamerikanischen Länder, mit Ausnahme Mexikos, gespielt wird. Nur vier Jahrgänge fanden bisher statt. 1992 spielte man überhaupt nicht, auch in den Jahren 1996 und 1998 kam es zu einer Absage des Turniers. Die „Bedeutung" des Wettbewerbs zeigt am besten das bisher nicht beendete Finale von 1997. Höchstwahrscheinlich ist der Wettbewerb definitiv passé.

Mit der Saison 2001 startete jedoch ein neues Turnier – der **FC Giants' Cup.** Das unorthodoxe Prinzip der Teilnehmerauswahl schauten sich die Veranstalter offensichtlich von den Brasilianern (vom Wettbewerb Copa do Brasil) ab. Dort spielen nämlich die Klubs mit der höchsten durchschnittlichen Besucherzahl im heimischen Ligawettbewerb.

Finalbilanz der Länder im Pokal der Meister und Vizemeister der CONCACAF-Zone

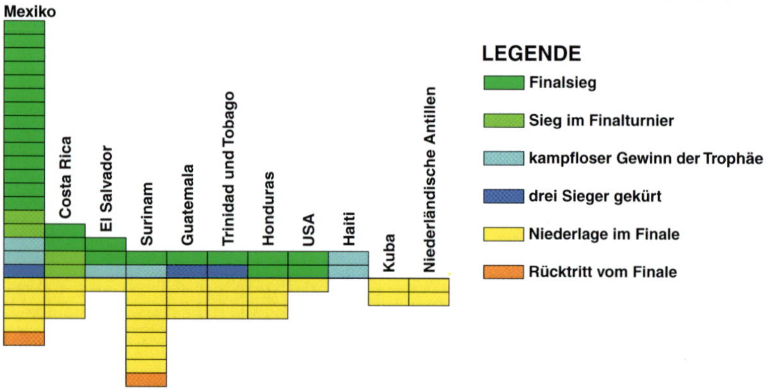

Pokal der Meister und Vizemeister der CONCACAF-Länder

1962 CSD Comunicaciones FC (Guatemala)–**CD Guadalajara** (Mexiko) 0:1 und 0:5
1963 **RC Haïtien** (Haiti)–CD Guadalajara (Mexiko) *kampflos*
1964 *Turnier wurde abgesagt*
1965 *Turnier wurde abgesagt*
1966 *nicht ausgetragen*
1967 **Alianza FC** (El Salvador)–Jong Colombia (Niederländische Antillen) 1:2 und 3:0 und 5:3
1968 **CD Toluca** (Mexiko) *kampflos, Transvaal (Surinam) und Aurora FC (Guatemala) ausgeschlossen*
1969 CSD Comunicaciones FC (Guatemala)–**CD Cruz Azul** (Mexiko) 0:0 und 0:1
1970 **CD Cruz Azul** (Mexiko) *kampflos, Transvaal (Surinam) und CD Saprissa (Costa Rica) ausgestiegen*
1971 **CD Cruz Azul** (Mexiko)–LD Alajuelense (Costa Rica) 5:1
1972 Robin Hood (Surinam)–**CD Olimpia** (Honduras) 0:0 und 0:2
1973 **Transvaal** (Surinam) *kampflos, die Teams aus den Zonen Nord und Zentral stiegen aus*
1974 **CSD Municipal** (Guatemala)–Transvaal (Surinam) 2:1 und 2:1
1975 Transvaal (Surinam)–**Rayos del Necaxa** (Mexiko) 0:3 und 1:2
1976 **CD Aguila** (El Salvador)–Robin Hood (Surinam) *kampflos*
1977 Robin Hood (Surinam)–**CF América** (Mexiko) 0:1 und 0:0
1978 **Universidad de Guadalajara** (Mexiko) – Zone Nord, **CSD Comunicaciones FC** (Guatemala) – Zone Zentral und **Defence Force** (Trinidad und Tobago) – Zone Karibik
1979 Jong Colombia (Niederländische Antillen)–**CD FAS** (El Salvador) 0:1 und 0:8
1980 **UNAM "Los Pumas"** (Mexiko) *Sieger des Finalturniers*
1981 **Transvaal** (Surinam)–CD Atlético Marte (El Salvador) 1:0 und 1:1
1982 Robin Hood (Surinam)–**UNAM "Los Pumas"** (Mexiko) 0:0 und 1:2
1983 Robin Hood (Surinam)–**CD Atlante** (Mexiko) 1:1 und 0:5
1984 **Violette AC** (Haiti) *zum Sieger erklärt, nachdem die Turniere in den anderen Regionen nicht ausgetragen wurden*
1985 **Defence Force** (Trinidad und Tobago)–CD Olimpia (Honduras) 2:0 und 0:1
1986 **LD Alajuelense** (Costa Rica)–Transvaal (Surinam) 4:1 und 1:1
1987 Defence Force (Trinidad und Tobago)–**CF América** (Mexiko) 1:1 und 0:2
1988 **CD Olimpia** (Honduras)–Defence Force (Trinidad und Tobago) 2:0 und 2:0
1989 **UNAM "Los Pumas"** (Mexiko)–FC Pinar del Río (Kuba) 1:1 und 3:1
1990 FC Pinar del Río (Kuba)–**CF América** (Mexiko) 2:2 und 0:6
1991 **CF Puebla** (Mexiko)–Guinness Police FC (Trinidad und Tobago) 3:1 und 1:1
1992 **CF América** (Mexiko)–LD Alajuelense (Costa Rica) 1:0
1993 **CD Saprissa** (Costa Rica) *Sieger des Finalturniers*
1994 **CS Cartaginés** (Costa Rica)–CD Atlante (Mexiko) 3:2
1995 **CD Saprissa** (Costa Rica) *Sieger des Finalturniers*
1996 **CD Cruz Azul** (Mexiko) *Sieger des Finalturniers*
1997 **CD Cruz Azul** (Mexiko)–Los Angeles Galaxy (USA) 5:3
1998 **DC United** (USA)–CD Toluca (Mexiko) 1:0
1999 **Rayos del Necaxa** (Mexiko)–LD Alajuelense (Costa Rica) 2:1
2000 **Los Angeles Galaxy** (USA)–CD Olimpia (Honduras) 3:2

CONCACAF-Recopa

1991 **CD Atlético Marte** (El Salvador) *Sieger des Finalturniers*
1992 *nicht ausgetragen*
1993 **CF Monterrey** (Mexiko) *Sieger des Finalturniers*
1994 **Rayos del Necaxa** (Mexiko)–Aurora FC (Guatemala) 3:0
1995 **UAG "Los Tecos"** (Mexiko)–CD Luís Angel Firpo (El Salvador) 2:1
1996 *Turnier wurde abgesagt*
1997 *Finale* CD Olimpia (Honduras)–Rayos del Necaxa (Mexiko) *wurde noch nicht gespielt (und wird wahrscheinlich niemals gespielt werden)*
1998 *Turnier wurde abgesagt*

REKORDE DES POKALS DER MEISTER UND VIZEMEISTER DER CONCACAF-ZONE

Höchster Sieg:
Caledonia AIA (Trinidad und Tobago)–Chelsea FC (St. Vincent und Grenadinen) 13:0 (1999), Bay Blackhawks (USA)–Euro Kickers (Panama) 10:0 (1992)
Höchster Sieg in der Summe beider Spiele einer Runde:
16:3 – Club Franciscain (Martinique)–Coca Cola Rovers (Amerikanische Jungferninseln) 10:1 und 6:2
Höchster Sieg im Rahmen des Finalturniers:
Cruz Azul (Mexiko)–Seattle Sounders (USA) 11:0 (1996), CSD Municipal (Guatemala)–CS Moulien (Guadeloupe) 10:0 (1995)
Höchster Finalsieg:
CD FAS (El Salvador)–Jong Colombia (Niederländische Antillen) 8:0 (1979)
Torreichstes Finale:
8 – CD Cruz Azul (Mexiko)–Los Angeles Galaxy (USA) 5:3 (1997)

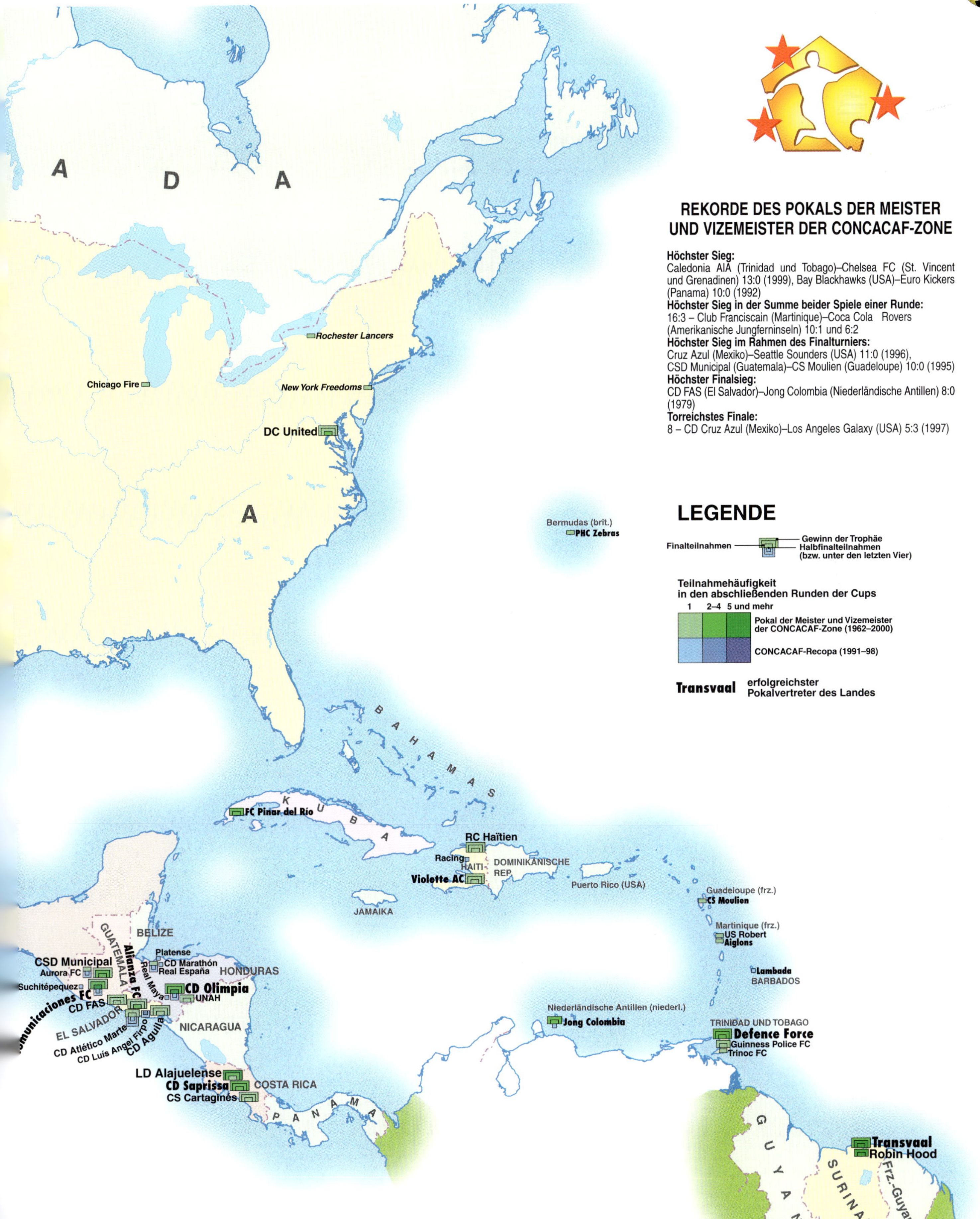

Finalbilanz der Länder in der CONCACAF-Recopa

Südamerika-Cups

Die Tradition der südamerikanischen Pokalwettbewerbe (nach den Europacups die zweitältesten kontinentalen Klubkonkurrenzen der Welt) geht bis auf das Jahr 1960 zurück. Unter dem Einfluss des Erfolgs des Europapokals der Landesmeister wurde der Südamerika-Pokal der Meister (Copa de Campeones) zunächst nach dem gleichen Modus (K.-o.-System mit Hin- und Rückspiel) ausgetragen. Im Auftaktjahr nahmen sieben Klubs teil, schon 1962 ging man zu Gruppenspielen über, denen die Halbfinals und das Finale folgten. Zwei Jahre später war mit Venezuela auch das zehnte und letzte Mitglied der CONMEBOL-Konföderation im Wettbewerb vertreten. Auf Initiative von Uruguay, wo die nationale Liga in der Regel von Peñarol oder Nacional gewonnen wird, gingen seit 1966 die jeweils zwei besten Mannschaften jedes Landes ins Rennen. Diese Innovation war auch mit der Umbenennung des Wettbewerbs in **Pokal der Befreier (Copa Libertadores)** verbunden. Im darauffolgenden Jahr gingen bereits 19 Klubs in drei Gruppen an den Start: die zwei Besten aus jeder und der Titelverteidiger bildeten zwei Halbfinalgruppen, deren Sieger die Endspiele bestritten. Im Jahre 1968 wurde erstmals in fünf Gruppen zu je vier Klubs gespielt – ein System, das von 1971–99 konstant zum Tragen kam. In jeder Gruppe trafen stets die beiden Vertreter von je zwei Staaten aufeinander. Die Zusammensetzung der Gruppen wurde jedoch ständig geändert, sodass sich im Laufe des Wettbewerbs die Topvereine auch mehrfach gegenüber standen.

In der Zwischenzeit hatte sich das Kräfteverhältnis ebenso häufig geändert. Im Jahr 1977 stieg mit Portuguesa zum ersten Mal ein venezolanischer Klub in die Semifinalrunde auf und bezwang obendrein Internacional aus Porto Alegre mit 3:0. In den 80er Jahren war die Konkurrenz ziemlich ausgeglichen, auch wenn Außenseitern nie der ganze große Wurf gelang. Erwähnenswert ist jedoch die Teilnahme von Deportes Cobreola aus dem chilenischen Kupferzentrum Calama in zwei aufeinanderfolgenden Finals (1981, 1982). 1990 erreichte Barcelona aus Ecuador überraschend das Finale. Von 1971 bis 1987 kamen nur die Sieger der fünf Vorrundengruppen eine Runde weiter. Zusammen mit dem Pokalverteidiger spielten sie das Halbfinale in zwei Dreiergruppen aus. Die nächste Änderung gab es in der Saison 1988: aus den fünf Gruppen erreichten die je zwei besten Mannschaften die Ausscheidungsrunde, aus der der spätere Sieger hervorging. Ein Jahr später war es wieder anders: aus jeder Vierergruppe stiegen drei Teams in das Achtelfinale auf, zu dem sich der Cupverteidiger gesellte. Dieser Modus blieb bis 1999 bestehen. Die Bemühungen um eine Qualitätsverbesserung der Copa Libertadores führten letztlich zur Teilnahme der mexikanischen Klubs (seit 1998). Eine grundlegende Reform des Wettbewerbs erfolgte im Jahr 2000. Die überlebte Regelung „ein Land – zwei Klubs" wurde durch eine leistungsbezogene Aufgliederung des Teilnehmerfeldes ersetzt. Danach sind nunmehr die stärksten Nationen wie Brasilien und Argentinien mit vier Klubs im Cup vertreten, nur zwei Vertreter haben Venezuela und Mexiko, allen übrigen Ländern stehen jeweils drei Plätze zur Verfügung. Einschließlich des Pokalverteidigers ist die Teilnehmerzahl somit auf 34 gestiegen. Nach einer Vorqualifikation wird das Starterfeld in acht Vierergruppen geteilt. Die besten Zwei aus jeder Gruppe nehmen dann an den Play-offs teil.

Die erfolgreichsten Vereine der Copa Libertadores kommen aus jenen zwei Städten, die auch als die Wiege des südamerikanischen Fußballs angesehen werden – Buenos Aires (7x Independiente, 4x Boca Juniors) und Montevideo (5x Peñarol). Die Mannschaften beider Städte errangen mehr als die Hälfte aller Pokalsiege. In der „Länderwertung" führt Argentinien (19 Trophäen) mit einigem Vorsprung auf Brasilien (11) und Uruguay (8). Venezuela und Bolivien hingegen haben noch nie das Pokalfinale erreicht. Bemerkenswert sind die relativ schwachen Ergebnisse der brasilianischen Klubs. Die Brasilianer maßen dem Pokal der Befreier besonders in der ersten Phase keinen allzu großen Wert bei, auch weil das Programm der einheimischen Saison ziemlich vollbepackt war. An drei Jahrgängen (1966, 1969, 1970) nahmen sie überhaupt nicht teil. Eine gewisse Rolle spielte auch das geringe Prestige des Pokals, der vor allem anfangs unter vielen Unzulänglichkeiten litt. Dem Niveau des Wettbewerbs abträglich waren ebenso der defensive Stil und die unsaubere Spielweise, die insbesondere von den argentinischen Klubs Estudiantes La Plata und Independiente gepflegt wurden. Die brasilianischen Mannschaften begannen erst in den 90er Jahren zu dominieren, als sie sechs Titel gewannen.

In Südamerika gab es nie einen Cup der Pokalsieger wie auf anderen Kontinenten, wo dieser gewöhnlich die Nr. 2 unter den Klubwettbewerben darstellt. Es wurden jedoch andere Pokalkonkurrenzen ausgetragen. Der bedeutendste unter ihnen war der **Supercup** (Supercopa João Havelange), in dem von 1988 bis 1997 die ehemaligen Sieger des Pokals der Befreier die Klingen kreuzten. Parallel dazu eingeführt wurde die **Recopa**, ein Pokal, der in den Jahren 1988–97 zwischen dem Gewinner der Copa Libertadores und des Supercups ausgespielt wurde. Ihre Duelle fanden zumeist in Japan statt. Die **Copa Conmebol** (1992–99), vom System her dem europäischen UEFA-Pokal ähnlich, hat ihre Bedeutung wegen der Vergrößerung des Pokals der Befreier verloren und ist ebenfalls eingegangen. Der neue Pokalwettbewerb Copa Mercosur (seit 1998) ist lediglich den Klubs der fußballmäßig stärksten Länder der gleichnamigen Wirtschaftsunion vorbehalten. Eine Kopie diese Pokals ist die im nördlichen Teil Südamerikas ausgetragene Copa Merconorte.

Finalbilanz der Copa Libertadores (1960–2001)

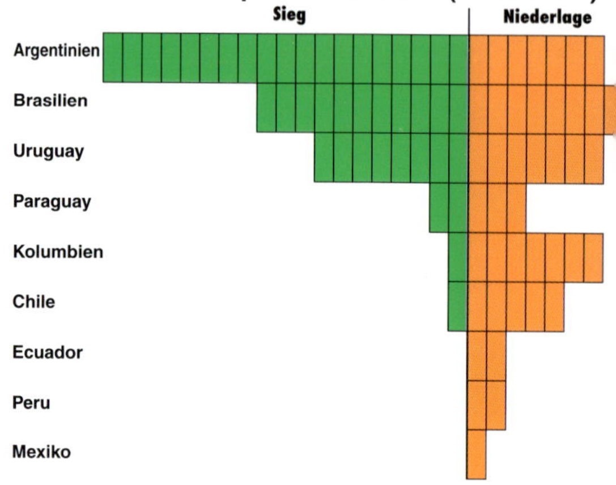

Bilanz der Finalduelle der Klubs der "Großen Drei" in der Copa Libertadores (1960–2001)

Argentinien–Brasilien 6:3
Argentinien–Uruguay 5:3
Brasilien–Uruguay 2:2

Finalbilanz der weiteren drei Pokale (1988–99)

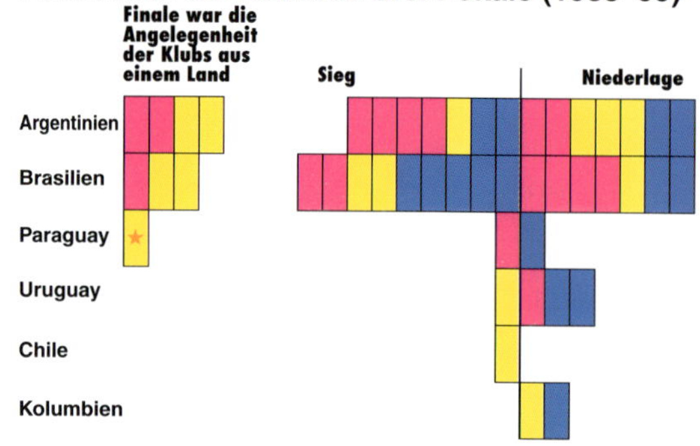

LEGENDE

- Supercopa Libertadores
- Recopa
- Copa Conmebol
- automatischer Sieger der Recopa

Copa Libertadores

1960 **CA Peñarol** (Uruguay)–Olimpia (Paraguay) 1:0 und 1:1
1961 **CA Peñarol** (Uruguay)–SE Palmeiras (Brasilien) 1:0 und 1:1
1962 CA Peñarol (Uruguay)–**Santos FC** (Brasilien) 1:2, 3:2 und 0:3
1963 **Santos FC** (Brasilien)–CA Boca Juniors (Argentinien) 3:2 und 2:1
1964 Nacional (Uruguay)–**CA Independiente** (Argentinien) 0:0 und 0:1
1965 **CA Independiente** (Argentinien)–CA Peñarol (Uruguay) 1:0, 1:3 und 4:1
1966 **CA Peñarol** (Uruguay)–CA River Plate (Argentinien) 2:0, 2:3 und 4:2 nach Verl.
1967 **Racing Club** (Argentinien)–Nacional (Uruguay) 0:0, 0:0 und 2:1
1968 **Estudiantes La Plata** (Argentinien)–SE Palmeiras (Brasilien) 2:1, 1:3 und 2:0
1969 Nacional (Uruguay)–**Estudiantes La Plata** (Argentinien) 0:1 und 0:2
1970 **Estudiantes La Plata** (Argentinien)–CA Peñarol (Uruguay) 1:0 und 0:0
1971 Estudiantes La Plata (Argentinien)–**Nacional** (Uruguay) 1:0, 0:1 und 0:2
1972 Universitario de Deportes (Peru)–**CA Independiente** (Argentinien) 0:0 und 1:2
1973 **CA Independiente** (Argentinien)–Deportivo Colo Colo (Chile) 1:1, 0:0 und 2:1 nach Verl.
1974 São Paulo FC (Brasilien)–**CA Independiente** (Argentinien) 2:1, 0:2 und 0:1
1975 Unión Española (Chile)–**CA Independiente** (Argentinien) 1:0, 1:3 und 0:2
1976 **Cruzeiro EC** (Brasilien)–CA River Plate (Argentinien) 4:1, 1:2 und 3:2
1977 **CA Boca Juniors** (Argentinien)–Cruzeiro EC (Brasilien) 1:0, 0:1 und 0:0 (5:4 Elfm.sch.)
1978 Deportivo Cali (Kolumbien)–**CA Boca Juniors** (Argentinien) 0:0 und 0:4
1979 **Olimpia** (Paraguay)–CA Boca Juniors (Argentinien) 2:0 und 0:0
1980 SC Internacional (Brasilien)–**Nacional** (Uruguay) 0:0 und 0:1
1981 **CR Flamengo** (Brasilien)–Deportes Cobreloa (Chile) 2:1, 0:1 und 2:0
1982 **CA Peñarol** (Uruguay)–Deportes Cobreloa (Chile) 0:0 und 1:0
1983 CA Peñarol (Uruguay)–**Grêmio Portoalegrense** (Brasilien) 1:1 und 1:2
1984 Grêmio Portoalegrense (Brasilien)–**CA Independiente** (Argentinien) 0:1 und 0:0
1985 **Argentinos Juniors** (Argentinien)–América (Kolumbien) 1:0, 0:1 und 1:1 (5:4 Elfm.sch.)
1986 América (Kolumbien)–**CA River Plate** (Argentinien) 1:2 und 0:1
1987 América (Kolumbien)–**CA Peñarol** (Uruguay) 2:0, 1:2 und 0:1 nach Verl.
1988 CA Newell's Old Boys (Argentinien)–**Nacional** (Uruguay) 1:0 und 0:3
1989 Olimpia (Paraguay)–**Atlético Nacional** (Kolumbien) 2:0 und 0:2 (4:5 Elfm.sch.)
1990 **Olimpia** (Paraguay)–Barcelona SC (Ecuador) 2:0 und 1:1
1991 Olimpia (Paraguay)–**Deportivo Colo Colo** (Chile) 0:0 und 0:3
1992 CA Newell's Old Boys (Argentinien)–**São Paulo FC** (Brasilien) 1:0 und 0:1 (2:3 Elfm.sch.)
1993 **São Paulo FC** (Brasilien)–CD Universidad Católica (Chile) 5:1 und 0:2
1994 **CA Vélez Sarsfield** (Argentinien)–São Paulo FC (Brasilien) 1:0 und 0:1 (5:3 Elfm.sch.)
1995 **Grêmio Portoalegrense** (Brasilien)–Atlético Nacional (Kolumbien) 3:1 und 1:1
1996 América (Kolumbien)–**CA River Plate** (Argentinien) 1:0 und 0:2
1997 Sporting Cristal (Peru)–**Cruzeiro EC** (Brasilien) 0:0 und 0:1
1998 **CR Vasco da Gama** (Brasilien)–Barcelona SC (Ecuador) 2:0 und 2:1
1999 Deportivo Cali (Kolumbien)–**SE Palmeiras** (Brasilien) 1:0 und 1:2 (3:4 Elfm.sch.)
2000 **CA Boca Juniors** (Argentinien)–SE Palmeiras (Brasilien) 2:2 und 0:0 (4:2 Elfm.sch.)
2001 CD Cruz Azul (Mexiko)–**CA Boca Juniors** (Argentinien) 0:1 und 1:0 (1:3 Elfm.sch.)

Supercopa Libertadores (Supercopa João Havelange)

1988 **Racing Club** (Argentinien)–Cruzeiro EC (Brasilien) 2:1 und 1:1
1989 **CA Boca Juniors** (Argentinien)–CA Independiente (Argentinien) 0:0 und 0:0 (5:3 Elfm.sch.)
1990 Nacional (Uruguay)–**Olimpia** (Paraguay) 0:3 und 3:3
1991 CA River Plate (Argentinien)–**Cruzeiro EC** (Brasilien) 2:0 und 0:3
1992 **Cruzeiro EC** (Brasilien)–Racing Club (Argentinien) 4:0 und 0:1
1993 CR Flamengo (Brasilien)–**São Paulo FC** (Brasilien) 2:2 und 2:2 (3:5 Elfm.sch.)
1994 CA Boca Juniors (Argentinien)–**CA Independiente** (Argentinien) 1:1 und 0:1
1995 **CA Independiente** (Argentinien)–CR Flamengo (Brasilien) 2:0 und 0:1
1996 Cruzeiro EC (Brasilien)–**CA Vélez Sarsfield** (Argentinien) 0:1 und 0:2
1997 São Paulo FC (Brasilien)–**CA River Plate** (Argentinien) 0:0 und 1:2

Recopa

1988 **Nacional** (Uruguay)–Racing Club (Argentinien) 1:0 und 0:0
1989 **CA Boca Juniors** (Argentinien)–Atlético Nacional (Kolumbien) 1:0 *(in Miami, USA)*
1990 **Olimpia** (Paraguay) - *Sieger der Copa Libertadores und der Supercopa*
1991 **Deportivo Colo Colo** (Chile)–Cruzeiro EC (Brasilien) 0:0 (5:4 Elfm.sch.); *(in Kobe, Japan)*
1992 **São Paulo FC** (Brasilien)–Cruzeiro EC (Brasilien) 0:0 und 0:0 (4:2 Elfm.sch.)
1993 **São Paulo FC** (Brasilien)–Botafogo FR (Brasilien) 3:1 *(1994 in Kobe, Japan)*
1994 **CA Independiente** (Argentinien)–CA Vélez Sarsfield (Argentinien) 1:0 *(1995 in Tokio, Japan)*
1995 **Grêmio Portoalegrense** (Brasilien)–CA Independiente (Argentinien) 4:1 *(1996 in Kobe, Japan)*
1996 **CA Vélez Sarsfield** (Argentinien)–CA River Plate (Argentinien) 1:1 (4:2 Elfm.sch.) *(1997 in Tokio, Japan)*
1997 **Cruzeiro EC** (Brasilien)–CA River Plate (Argentinien) 2:0 und 3:0 *(im Jahre 1999)*

Copa Conmebol

1992 **CA Mineiro** (Brasilien)–Olimpia (Paraguay) 2:0 und 0:1
1993 CA Peñarol (Uruguay)–**Botafogo FR** (Brasilien) 1:1 und 2:2 (1:3 Elfm.sch.)
1994 **São Paulo FC** (Brasilien)–CA Peñarol (Uruguay) 6:1 und 0:3
1995 CA Mineiro (Brasilien)–**CA Rosario Central** (Argentinien) 4:0 und 0:4 (3:4 Elfm.sch.)
1996 **CA Lanús** (Argentinien)–Independiente Santa Fé (Kolumbien) 2:0 und 0:1
1997 CA Lanús (Argentinien)–**CA Mineiro** (Brasilien) 1:4 und 1:1
1998 **Santos FC** (Brasilien)–CA Rosario Central (Argentinien) 1:0 und 0:0
1999 CSA (Brasilien)–**Talleres** (Argentinien) 4:2 und 0:3

Rekorde der Copa Libertadores

eiste Teilnahmen im ettbewerb insgesamt: 3 Peñarol (inklusive der Saison 2001)
eiste Teilnahmen im ettbewerb in Folge: 5 Peñarol (1965–79)
öchster Sieg: River Plate–Universitario de Deportes 9:0 (1970), eñarol–The Strongest 9:0 (1971)
eiste Tore in einem Spiel: eñarol–Valencia (Acarigua) 11:2 970)
öchster Sieg in der Summe beider oiele einer Runde: eportivo Everest–Peñarol 0:5 und 1:9
eiste Tore bei einer trafstoßentscheidung: ewell's Old Boys–América (Cali) :10 (Halbfinale 1992)
ängste Serie ohne Niederlage: Spiele – Sporting Cristal (1962–69)
öchster Besuch: 4 000 Zuschauer im Maracanã, o de Janeiro, 1981 (bei der egegnung Flamengo–Cobreloa)
öchste Torausbeute einer Saison: – Daniel Onega (River Plate, 1966)

EGENDE

Teilnahme am Finale
Gewinn der Trophäe
Teilnahme am Halbfinale (unter den letzten Vier)

ilnahmehäufigkeit in den abschließenden nden der Copa Libertadores (1960–2001)

2–3 | 4–6 | 7 und mehr

A Peñarol erfolgreichster Pokalvertreter des Landes

erfolgreichster Klub des Landes ohne eine Halbfinalteilnahme

KURIOSITÄTEN DER COPA LIBERTADORES

Die Schlägerei zwischen den Spielern von Bocas Juniors und Sportings Cristal im Jahre 1971 wurde mit der Festnahme aller Akteure beendet.

Im Jahre 1990 wurde der kolumbische Klub Atlético Nacional (Medellín) wegen der Gefährdung des Schiedsrichters durch sechs aufgebrachte Akteure im Spiel des Klubs gegen Vasco da Gama (Brasilien) gesperrt (zudem Todesdrohungen vonseiten der Drogenmafia). Die Folge war das Spielverbot für die gesamte Saison in Kolumbien. Die Spiele der Kolumbianischen Mannschaften wurden deswegen in Venezuela und in den USA (Miami) ausgetragen.

Zwei Mannschaften aus Brasilien nahmen an der Copa Libertadores teil, obwohl sie nicht in der 1. Liga ihres Landes spielten. Sie hatten sich dank des Sieges im Brasilianischen Pokal (Copa do Brazil) für den kontinentalen Cup qualifiziert. Es handelte sich um die zweitklassigen Teams Criciúma EC (1992) und EC Juventude (2000).

River Plate, der berühmteste argentinische Klub, stand in den Jahrgängen 1966, 1976, 1986 und 1996 jeweils im Finale der Copa Libertadores, also in den Jahren, die auf der Ziffer sechs enden.

Der argentinische Verteidiger Francisco Sá ist der erfolgreichste Spieler des Wettbewerbs. Mit CA Independiente (4x) und Boca Juniors (2x) gewann er die Trophäe insgesamt sechsmals. Demgegenüber konnte der kolumbianische Stürmer Anthony De Avila nie einen Cupsieg auskosten, obwohl er insgesamt fünfmal in einem Endspiel stand (4x mit América und 1x mit Barcelona SC).

Nur zwei Klubs, die das Finale erreichten, haben es niemals verloren: Independiente (7x) und São Paulo FC (2x). Der argentinische Gigant hat bei seinen sieben Siegen jedoch nie das begehrte „Double“ (Cupsieg und Landesmeisterschaft) gewonnen.

Interkontinentale Klubpokale

Die gesamteuropäischen Fußballwettbewerbe sind mit der Zeit logischerweise über die Grenzen des Kontinents hinaus publik geworden und es stellte sich die Frage, ob der europäische Klubchampion besser sei, als die Meister der südamerikanischen Ligen, der zweiten Fußballhochburg unseres Planeten. Dieser Frage nahm sich 1958, der damalige Generalsekretär der UEFA Henri Delaunay an, und aus seiner der südamerikanischen Fußball-Konföderation CONMEBOL unterbreiteten Idee entstand schon bald der Pokal der Befreier – die Copa Libertadores. Der erste Sieger wurde im Jahre 1960 gekürt, und sofort wurde in Montevideo ein Spiel um den sog. **Interkontinentalen Pokal** organisiert. Der Gegner von Uruguays Meister Peñarol war kein geringerer als Real Madrid, der Inhaber des Europapokals der Landesmeister. Das zeitlich und finanziell aufwendige System mit Hin- und Rückspielen beim Vergleich Europa – Südamerika wurde bis 1979 fortgesetzt. Aber im Unterschied zur gängigen Praxis war bei gleichen Spielausgängen (je ein Sieg bzw. zwei Remis) das Torverhältnis nicht entscheidend für den Gesamterfolg. So kam es viermal zu einer dritten Partie auf dem Platz des Rückspiel-Gastgebers. Schon zu jener Zeit weigerten sich einige Cupgewinner nach Übersee zu reisen, die europäischen wurden durch den EC-I-Finalisten vertreten. In den Jahren 1975 und 1978 wurde auf das Duell gänzlich verzichtet. Seit 1980 wird es unter dem Zusatztitel Toyota Cup ausgetragen, der Sieger wird durch ein einziges Spiel in Tokio ermittelt.

In Januar 2000 wurde probeweise in Brasilien der **FIFA-Pokal** veranstaltet, dessen Besonderheit darin bestand, dass auch die Vertreter Afrikas, Asiens, Ozeaniens und der CONCACAF-Zone um die Ehre der besten Klubmannschaft der Welt spielen durften. Das Veranstalterland und Europa stellten jeweils zwei Teams. Man erwartet, dass dieses Turnier in den nächsten Jahren erweitert wird. Dazu bedarf es eines längeren Zeitraums, womit sich für viele Teilnehmer die Terminhatz weiter verstärken wird. **Copa Interamericana** ist seit 1968 der Name für das Kräftemessen zwischen ausgesuchten Mannschaften aus Südamerika und Teams aus Mittel- und Nordamerika. Das Jahr 1986 war gleichbedeutend mit dem Beginn des Wettbewerbs um den **Afroasiatischen Pokal,** bei dem ebenfalls in zwei Spielen die Meister der beiden benachbarten Kontinente gegeneinander antreten.

Bilanz der Länder in den interkontinentalen Klubwettbewerben

Copa Interamericana (1968–2000)

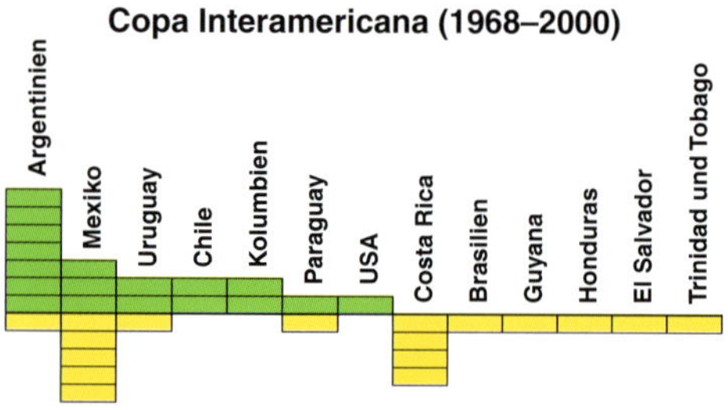

Afroasiatischer Cup (1986–2000)

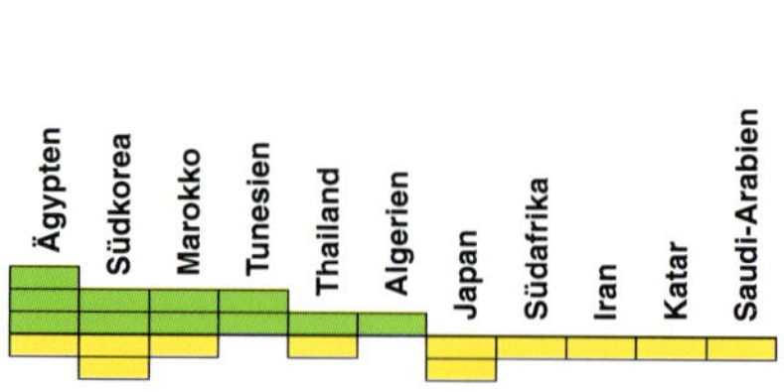

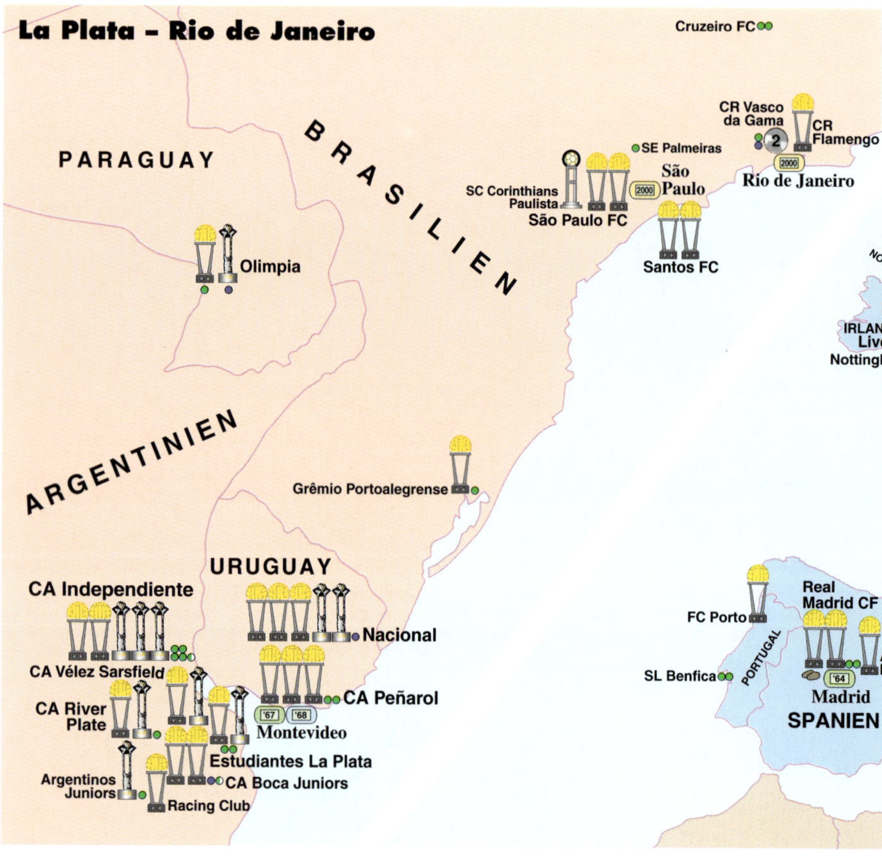

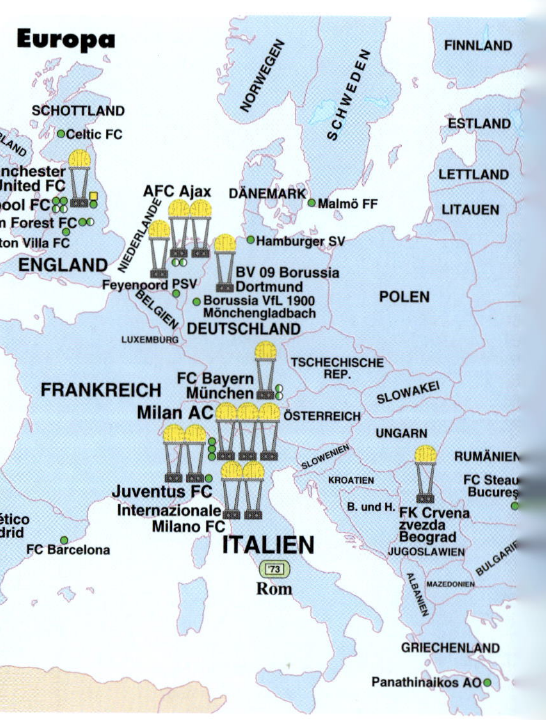

IFA Cup 2000

inale: **Corinthians** (BRA)–Vasco da Gama (BRA) 0:0 (4:3 Elfm.sch.)
piel um Platz 3: Rayos del Necaxa (MEX)–Real Madrid (ESP) 1:1 :3 Elfm.sch.)
brige Teilnehmer:
lanchester United (ENG), Raja Casablanca (MAR), South Melbourne C (AUS) und al-Nasr (KSA)

nterkontinentaler Cup

960 Peñarol (URU)–**Real Madrid** (ESP) 0:0 und 1:5
961 Benfica (POR)–**Peñarol** (URU) 1:0, 0:5 und 1:2
962 **Santos FC** (BRA)–Benfica (POR) 3:2 und 5:2
963 Milan AC (ITA)–**Santos FC** (BRA) 4:2, 2:4 und 0:1
964 Independiente (ARG)–**Inter Milano** (ITA) 1:0, 0:2 und 0:1 nach Verl.
965 **Internazionale Milano** (ITA)–Independiente (ARG) 3:0 und 0:0
966 **Peñarol** (URU)–Real Madrid (ESP) 2:0 und 2:0
967 Celtic FC (SCO)–**Racing Club** (ARG) 1:0, 1:2 und 0:1
968 **Estudiantes La Plata** (ARG)–Manchester Utd. (ENG) 1:0 und 1:1
969 **Milan AC** (ITA)–Estudiantes La Plata (ARG) 3:0 und 1:2
970 Estudiantes La Plata (ARG)–**Feyenoord** (NED) 2:2 und 0:1
971 Panathinaikos (GRE)–**Nacional** (URU) 1:1 und 1:2
(Ajax lehnte es ab zu spielen)
72 Independiente (ARG)–**Ajax** (NED) 1:1 und 0:3
73 **Independiente** (ARG)–Juventus FC (ITA) 1:0 *(Ajax lehnte es ab zu spielen)*
74 Independiente (ARG)–**Atlético Madrid** (ESP) 1:0 und 0:2
(Bayern München lehnte es ab zu spielen)
75 *nicht ausgetragen*
(Bayern München und Independiente kamen beim Termin des Treffens nicht überein)
76 **Bayern München** (GER)–Cruzeiro (BRA) 2:0 und 0:0
77 **Boca Juniors** (ARG)–Borussia M'gladbach (GER) 2:2 und 3:0
(Liverpool FC lehnte es ab zu spielen)
1978 *nicht ausgetragen*
(Liverpool FC und Boca Juniors lehnten es ab zu spielen)
1979 Malmö FF (SWE)–**Olimpia** (PAR) 0:1 und 1:2
(Nottingham Forest lehnte es ab zu spielen)
1980 **Nacional** (URU)–Nottingham Forest (ENG) 1:0
1981 **Flamengo** (BRA)–Liverpool FC (ENG) 3:0
1982 **Peñarol** (URU)–Aston Villa (ENG) 2:0
1983 **Grêmio** (BRA)–Hamburger SV (GER) 2:1 nach Verl.
1984 **Independiente** (ARG)–Liverpool FC (ENG) 1:0
1985 **Juventus FC** (ITA)–Argentinos Juniors (ARG) 2:2 (4:2 Elfm.sch.)
1986 **River Plate** (ARG)–Steaua Bucureşti (ROM) 1:0
1987 **FC Porto** (POR)–Peñarol (URU) 2:1 nach Verl.
1988 **Nacional** (URU)–PSV (NED) 2:2 (7:6 Elfm.sch.)
1989 **Milan AC** (ITA)–Atlético Nacional (COL) 1:0 nach Verl.
1990 **Milan AC** (ITA)–Olimpia (PAR) 3:0
1991 **Crvena zvezda Beograd** (YUG)–Colo Colo (CHI) 3:0
1992 **São Paulo FC** (BRA)–Barcelona (ESP) 2:1
1993 **São Paulo FC** (BRA)–Milan AC (ITA) 3:2
1994 **Vélez Sarsfield** (ARG)–Milan AC (ITA) 2:0
1995 **Ajax** (NED)–Grêmio (BRA) 0:0 (4:3 Elfm.sch.)
1996 **Juventus FC** (ITA)–River Plate (ARG) 1:0
1997 **Borussia Dortmund** (GER)–Cruzeiro (BRA) 2:0
1998 **Real Madrid** (ESP)–Vasco da Gama (BRA) 2:1
1999 **Manchester United** (ENG)–Palmeiras (BRA) 1:0
2000 **Boca Juniors** (ARG)–Real Madrid (ESP) 2:1

Copa Interamericana

1968 Toluca (MEX)–**Estudiantes La Plata** (ARG) 1:2, 2:1 und 0:3
1969–70 *nicht ausgetragen*
1971 Cruz Azul (MEX)–**Nacional** (URU) 1:1 und 1:2
1972–73 *nicht ausgetragen*
1974 Municipal (GUA)–**Independiente** (ARG) 0:1 und 1:0 (2:4 Elfm.sch.)
1975 *nicht ausgetragen*
1976 **Independiente** (ARG)–R. del Necaxa (MEX) 2:2 u. 0:0 (4:2 Elfm.sch.)
1977 Boca Juniors (ARG)–**América** (MEX) 3:0, 0:1 und 1:2
1978 *nicht ausgetragen*
1979 CD FAS (SLV)–**Olimpia** (PAR) 3:3 und 0:5
1980 **UNAM** (MEX)–Nacional (URU) 3:1, 1:3 und 2:1
1981–84 *nicht ausgetragen*
1985 **Argentinos Juniors** (ARG)–Defence Force (TRI) 1:0
1986 LD Alajuelense (CRC)–**River Plate** (ARG) 0:0 und 0:3
1987 *nicht ausgetragen*
1988 CD Olimpia (HON)–**Nacional** (URU) 1:1 und 0:4
1989 **Atlético Nacional** (COL)–UNAM (MEX) 2:0 und 4:1
1990 Olimpia (PAR)–**América** (MEX) 1:1 und 1:2
1991 Puebla (MEX)–**Colo Colo** (CHI) 1:4 und 1:3
1992 *nicht ausgetragen*
1993 Saprissa (CRC)–**Universidad Católica** (CHI) 3:1 und 1:5 nach Verl.
1994 Cartaginés (CRC)–**Vélez Sarsfield** (ARG) 0:0 und 0:2
1995 Saprissa (CRC)–**Atlético Nacional** (COL) 2:3
1996–97 *nicht ausgetragen*
1998 **DC United** (USA)–Vasco da Gama (BRA) 0:1 und 2:0
1999 *nicht ausgetragen*

Afroasiatischer Cup

1986 **Pusan Icons** (KOR)–FAR Rabat (MAR) 2:0
1987 **Zamalek** (EGY)–JEF United Ichihara (JPN) 2:0
1988 Tokyo Verdy 1969 (JPN)–**al-Ahli** (EGY) 1:3 und 1:0
1989 **ES Sétif** (ALG)–al-Sad (QAT) 2:0 und 3:1
1990–91 *nicht ausgetragen*
1992 **Club Africain** (TUN)–al-Hilal (KSA) 2:1 und 2:2
1993 Paas (IRN)–**WA Casablanca** (MAR) 0:0 und 0:2
1994 Zamalek (EGY)–**Thai Farmers Bank** (THA) 2:1 und 0:1
1995 Thai Farmers Bank (THA)–**Espérance Tunis** (TUN) 1:1 und 0:3
1996 Orlando Pirates (JAR)–**Songnam Ilhwa Chunma** (KOR) 0:0 und 0:5
1997 **Pohang Steelers** (KOR)–**Zamalek** (EGY) 2:1 und 0:1
1998 Pohang Steelers (KOR)–**Raja Casablanca** (MAR) 2:2 und 0:1
1999 *abgesetzt und schließlich abgesagt*

Schottland, Nordirland und Irland

Der Beweggrund zur Gründung einer eigenen Fußballorganisation war für die stolzen Schotten der zehnjährige Vorsprung der englischen Rivalen sowie insbesondere die Tatsache, dass die bereits bestehenden schottischen Klubs in den englischen Wettbewerben spielten. Die Schottische Fußballassoziation entstand 1873, sechs Jahre nach der Gründung des ältesten schottischen Klubs Queen's Park aus Glasgow. Danach nahm das Fußballgeschehen in **Schottland** an Dynamik zu und schon 1874 fand der erste Jahrgang des Schottischen Pokals statt. Mit der Entstehung einheimischer Wettbewerbe ging auch das Verbot für die schottischen Klubs einher, an den Konkurrenzen in England teilzunehmen. An der Wiege der Schottischen Liga standen im Jahre 1890 die Präsidenten folgender elf Klubs: Abercorn, Cambuslang, Celtic, Cowlairs, Dumbarton, Hearts, Rangers, Renton, St Mirren, Third Lanark und Vale of Leven. Gleich in der ersten Saison kam es zu einer kuriosen Situation – in der Abschlusstabelle hatten zwei Teams ein und dieselbe Bilanz, und so wurden zum ersten und bisher letzten Mal zwei Meister in einem britischen Klubwettbewerb ausgerufen. In der ersten Periode wurde der schottische Fußball vom Queen's Park FC aus Glasgow beherrscht, der bis zum Jahr 1893 zehn Pokaltrophäen gewann. Bis heute behielt der Klub seinen Amateurstatus, obwohl er in Profikonkurrenzen an den Start geht. In Glasgow gehört ihm der Hampden Park, das Stadion, in dem die schottische Auswahl ihre Spiele austrägt. Bis in die Gegenwart überdauerte auch die Anballung der besten Vereine im Industriegebiet des zentralen Schottischen Tieflands (Lowlands) mit dem Zentrum Glasgow und der Region um die Bucht Firth of Forth. Mehr als 80 % der Meistertitel gewannen die beiden Erzrivalen aus Glasgow – Rangers und Celtic. Lediglich acht Siege entfallen auf zwei Vertreter der Hauptstadt Edinburgh, vier gingen nach Aberdeen und zwei nach Dundee. Damit gehört die Schottische Liga, die seit der Saison 1975/76 vorwiegend mit nur zehn Teams auskommt, zu den eintönigsten der Welt. Eine Besonderheit der hiesigen Wettbewerbe ist die Teilnahme des englischen Klubs Berwick Rangers, der Schottland auf Grund der besseren Verkehrsanbindung den Vorzug gab.

Ins benachbarte **Irland** gelangte der Fußball just aus Schottland. Der erste Vergleich fand bereits 1878 zwischen dem Caledonian FC und den Gästen des Glasgower Queen's Park FC statt. Zwei Jahre später wurde der Irische Fußballverband (IFA) gegründet. Der Verband kaufte für 55 Pfund, 18 Shillings und 6 Pennys jene Trophäe, um die seit 1880 im ältesten irischen Pokalwettbewerb gestritten wird. Zehn Jahre darauf formierten sich acht Klubs aus der Provinz Ulster (jetzt größtenteils Nordirland) zu einer Liga. Bis auf einen kamen alle aus Belfast. Im Zusammenhang mit dem Widerstand gegen die Engländer und der Entstehung der selbständigen **Republik Irland** im Jahre 1921 verließen die Vereine Bohemians und Shelbourne die gemeinsame Inselliga und gründeten mit weiteren Klubs aus Dublin und vom Süden der Insel im nachfolgenden Jahr einen eigenen Ligawettbewerb. Die Anfänge des Fußballs auf dem Gebiet des heutigen Irlands gehen jedoch auf die gleiche Epoche wie in Ulster zurück. Die Hauptstadt Dublin verschrieb sich dem Fußball schon zu Zeiten, als der nordirische Caledonian FC die schottischen Teams in Freundschaftsspielen forderte. Zum neuen irischen Verband meldeten sich einige (katholische) Klubs aus Belfast und Londonderry. Diese Situation änderte sich jedoch bald. Die anderen britischen Verbände wollten die neue irische Fußballorganisation nämlich nur unter der Bedingung anerkennen, wenn ihr keine Vertreter Nordirlands angehören und Ordnung herrschen wird. Die irischen Klubs begrüßten die eigene Liga auch deshalb, weil sie sich im ursprünglich gesamtirischen Wettbewerb gegen die Rivalen aus dem Norden nur sehr schwer durchsetzen konnten. Der Ligamodus wurde im folgenden Zeitraum vielen Veränderungen unterzogen; auch in der Gegenwart ist es untypisch, dass zwölf Klubs drei Runden gegeneinander ausspielen. Die erfolgreichsten Vereine sind im Ballungsraum der Hauptstadt zu Hause, doch auch die Teams aus Cork, Limerick, Waterford und besonders Dundalk können mithalten.

Die Glaubenskonflikte zwischen den Katholiken und Protestanten in **Nordirland** beeinflussten auch den hiesigen Fußball negativ. So nahm die Gewalt bei den traditionellen Belfaster Derbys Linfield–Celtic von Jahr zu Jahr zu, bis letztlich das katholische Celtic aus der Liga austrat und sich auflöste. Die Situation spitzte sich soweit zu, dass 1972 Derry City (spielt jetzt in Irland) die nordirische Liga verließ und die Klubs aus Ulster sogar von der Teilnahme an den Eurocups zurücktreten mussten. Während der über hundertjährigen Existenz der Liga eroberten die Mannschaften aus Belfast fast 90 % aller Titel.

Schottland

Nordirland

Irland

Schottische Ligarekorde

Meiste Liga-Teilnahmen: alle 105 Saisons – Aberdeen, Celtic und Rangers (inkl. Saison 2000/01)
Meiste Tore in einer Saison: 52 – Willie McFadyen (Motherwell, 1931/32)
Meiste Tore insgesamt: 410 – Jimmy McGrory (Celtic und Clydebank, 1922–38)
Höchster Sieg: 36:0 (Arbroath–Bon Accord, 12. 9. 1885. Die Gäste waren in Wirklichkeit die Spieler des Kricketklubs Orion CC, sie nahmen nur die Einladung zum Spiel der ersten Runde des Schottischen Pokals anstatt der Fußballspieler des Orion FC wahr. Trotzdem entschieden sie sich zum Fußballspiel anzutreten und haben sich so unauslöschlich, wenn auch nicht allzu berühmt, in die Geschichte eingeschrieben. Der Schiedsrichter hat zudem mindestens sechs weitere Tore nicht anerkannt…)
Längstes Spiel: 142 Minuten (Hibernian–Motherwell, 29. 3. 1947, Halbfinale des Schottischen Pokals)
Meiste Erstligaspiele in Folge mit mindestens einem Tor pro Spiel: 10 Marco Negri (Rangers, 23 Tore, 1997/98)
Meiste Erstligaeinsätze: 626 – Bobby Ferrier (Motherwell, 1918–37)
Höchster Besuch: 147 365 Zuschauer (Aberdeen–Celtic, 26. 4. 1937, Finale des Schottischen Pokals)

Ausländer in der schottischen Liga

(Saison 2000/01)

22 – Engländer
15 – Franzosen
12 – Niederländer
9 – Italiener
6 – Argentinier und Australier
insgesamt 136 Spieler

Teuerste schottische Fußballspieler auf dem Transfermarkt

Duncan Ferguson	1998	Everton FC	→	Newcastle United	7 000 000 Pfd.
Christian Dailly	1998	Derby County	→	Blackburn Rovers	5 300 000 Pfd.
Duncan Ferguson	1993	Dundee United	→	Rangers FC	4 000 000 Pfd.
Duncan Ferguson	1994	Rangers FC	→	Everton FC	4 000 000 Pfd.
Colin Hendry	1998	Blackburn Rovers	→	Rangers FC	4 000 000 Pfd.

Teuerste irische und nordirische Fußballspieler auf dem Transfermarkt

Robbie Keane (IRL)	2000	Coventry City	→	Inter Milano	13 000 000 Pfd.
Robbie Keane (IRL)	2001	Inter Milano	→	Leeds United	11 000 000 Pfd.
Robbie Keane (IRL)	1999	Wolverhampton W.	→	Coventry City	6 000 000 Pfd.
Neil Lennon (NIR)	2000	Leicester City	→	Celtic FC	5 750 000 Pfd.
Jason McAteer (IRL)	1995	Bolton Wanderers	→	Liverpool FC	4 500 000 Pfd.

Berühmte schottische Klubs

Klubname	Gründ. Jahr	Stadionname	Durchs. Preis für Sitzplatz (£)	Stadionkapazität	Besucherschn. (Saison 2000/01)	Höchster Besuch	Spielfeld Dim. (m)	Spitzname	Budget 1998/99 (in Mil. GBP)
Aberdeen	1903	Pittodrie Stadium	14	22 199	12 403	45 061	101 x 66	The Dons – nach dem gleichnamigen Fluss	3,0
Celtic	1888	Celtic Park	18	60 832	59 353	92 000	96 x 62	The Bhoys – Die harten Jungs	33,8
Dundee	1893	Dens Park	17	13 565	8 042	43 024	101 x 66	The Dark Blues – Die Dunkelblauen	2,9
Dundee United	1909	Tannadice Park	17	14 209	7 830	28 000	101 x 68	The Terrors – Die Bedroher	4,6
Heart of Midlothian	1874	Tynecastle Park	16	18 008	12 771	53 396	99 x 67	Hearts – Die Herzen	7,7
Hibernian	1875	Easter Road Stadium	15	16 531	10 849	65 860	102 x 68	Hibees – von Hibernians	3,4
Kilmarnock	1869	Rugby Park	13	18 128	8 224	35 995	104 x 66	Killie – von Kilmarnock	4,5
Motherwell	1886	Fir Park	14	13 742	6 209	35 632	101 x 69	The Well – von Motherwell	2,9
Queen's Park	1867	Hampden Park	5	52 046	1 141	95 772	105 x 69	The Spiders – Die Eigenbrötler	0,4
Rangers	1873	Ibrox Stadium	17	50 411	47 532	118 567	105 x 71	The Gers – von Rangers	36,5

Entwicklung der Besucherzahl, erzielte Tore, Teilnehmerzahl der 1. Schottischen Liga und wichtige Begebenheiten

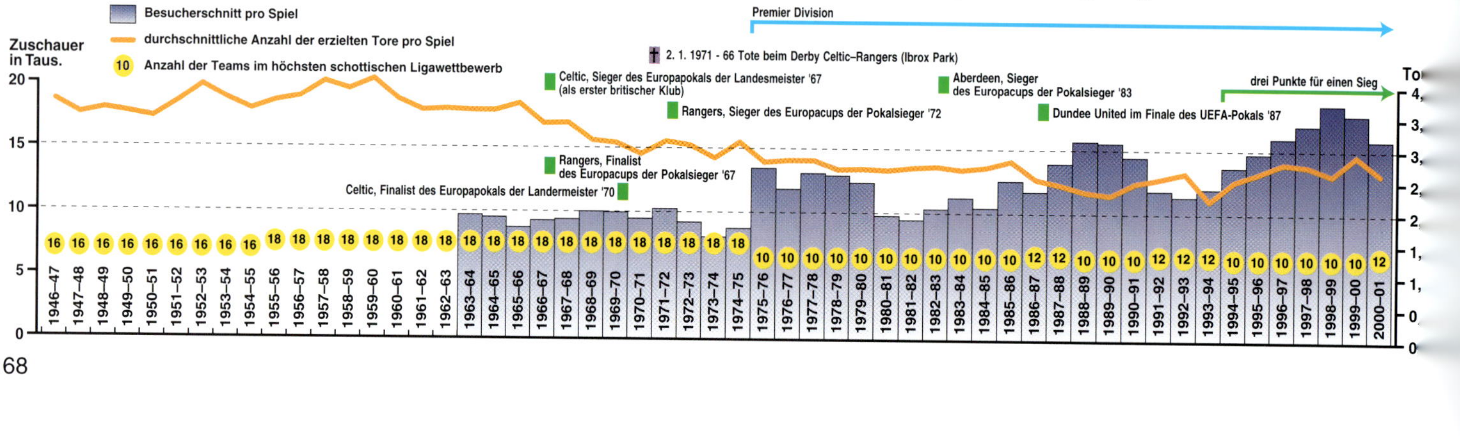

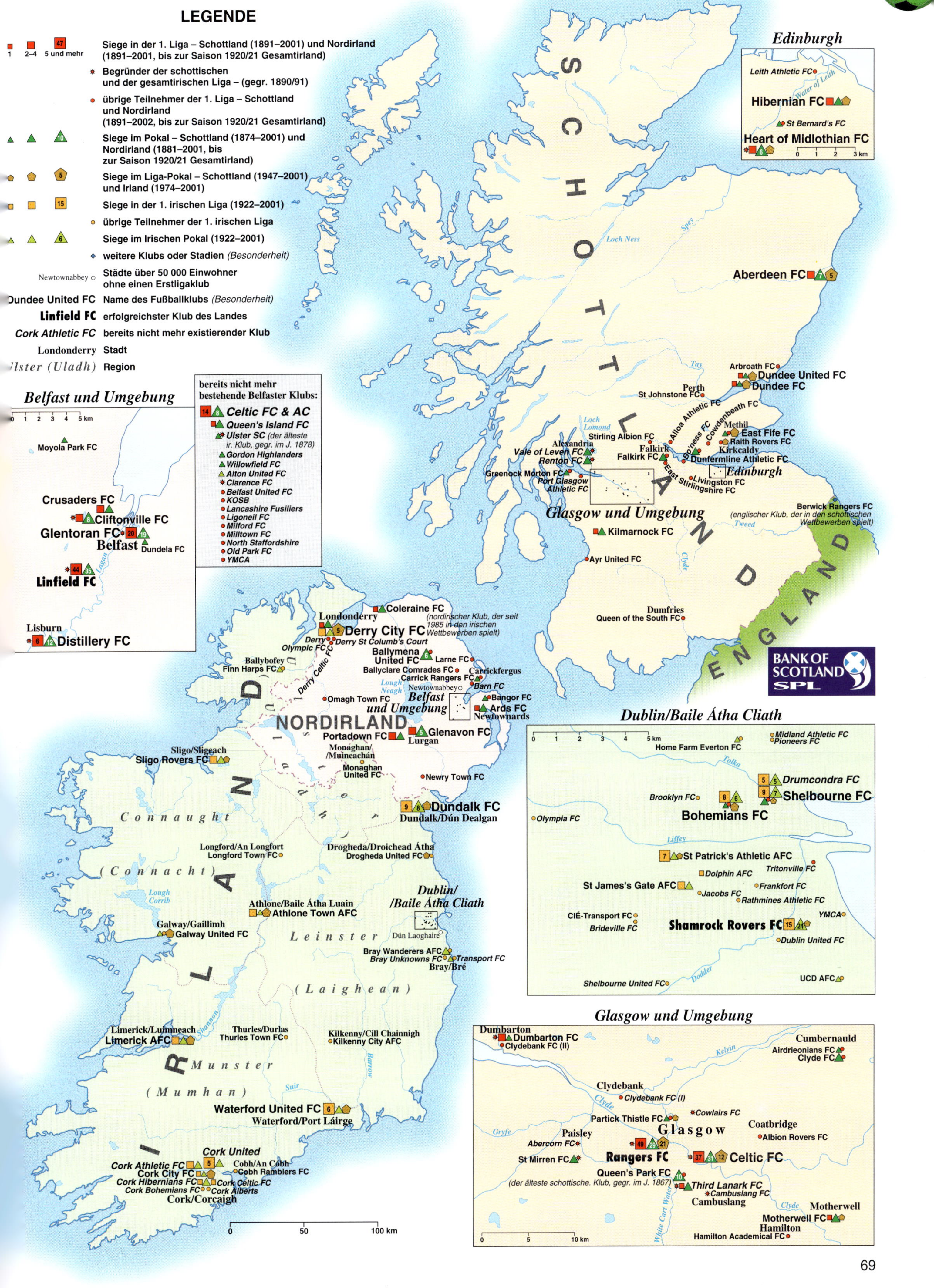
LEGENDE
1
2–4
5 und mehr
Siege in der 1. Liga – Schottland (1891–2001) und Nordirland (1891–2001, bis zur Saison 1920/21 Gesamtirland)
Begründer der schottischen und der gesamtirischen Liga – (gegr. 1890/91)
übrige Teilnehmer der 1. Liga – Schottland und Nordirland (1891–2002, bis zur Saison 1920/21 Gesamtirland)
Siege im Pokal – Schottland (1874–2001) und Nordirland (1881–2001, bis zur Saison 1920/21 Gesamtirland)
Siege im Liga-Pokal – Schottland (1947–2001) und Irland (1974–2001)
Siege in der 1. irischen Liga (1922–2001)
übrige Teilnehmer der 1. irischen Liga
Siege im Irischen Pokal (1922–2001)
weitere Klubs oder Stadien (Besonderheit)
Newtownabbey
Städte über 50 000 Einwohner ohne einen Erstligaklub
Dundee United FC
Name des Fußballklubs (Besonderheit)
Linfield FC
erfolgreichster Klub des Landes
Cork Athletic FC
bereits nicht mehr existierender Klub
Londonderry
Stadt
Ulster (Uladh)
Region
Belfast und Umgebung
Moyola Park FC
Crusaders FC
Cliftonville FC
Glentoran FC
Belfast
Dundela FC
Linfield FC
Lisburn
Distillery FC
Lagan
bereits nicht mehr bestehende Belfaster Klubs:
Celtic FC & AC
Queen's Island FC
Ulster SC (der älteste ir. Klub, gegr. im J. 1878)
Gordon Highlanders
Willowfield FC
Alton United FC
Clarence FC
Belfast United FC
KOSB
Lancashire Fusiliers
Ligoneil FC
Milford FC
Milltown FC
North Staffordshire
Old Park FC
YMCA
SCHOTTLAND
Edinburgh
Leith Athletic FC
Water of Leith
Hibernian FC
St Bernard's FC
Heart of Midlothian FC
Loch Ness
Spey
Aberdeen FC
Tay
Arbroath FC
Dundee United FC
Dundee FC
Perth
St Johnstone FC
Loch Lomond
Alexandria
Vale of Leven FC
Renton FC
Stirling Albion FC
Alloa Athletic FC
Cowdenbeath FC
Bo'ness FC
Methil
East Fife FC
Raith Rovers FC
Kirkcaldy
Falkirk
Falkirk FC
Dunfermline Athletic FC
Greenock Morton FC
Port Glasgow Athletic FC
East Stirlingshire FC
Livingston FC
Edinburgh
Glasgow und Umgebung
Berwick Rangers FC (englischer Klub, der in den schottischen Wettbewerben spielt)
Tweed
Kilmarnock FC
Ayr United FC
Clyde
Dumfries
Queen of the South FC
ENGLAND
BANK OF SCOTLAND SPL
Londonderry
Coleraine FC
(nordirischer Klub, der seit 1985 in den irischen Wettbewerben spielt)
Derry City FC
Derry Celtic FC
Derry St Columb's Court
Olympic FC
Ballybofey
Finn Harps FC
Ballymena United FC
Larne FC
Ballyclare Comrades FC
Carrickfergus
Carrick Rangers FC
Lough Neagh
Newtownabbey
Barn FC
Omagh Town FC
Belfast und Umgebung
Bangor FC
Ards FC
Newtownards
NORDIRLAND
Portadown FC
Glenavon FC
Lurgan
Monaghan/Muineachán
Monaghan United FC
Newry Town FC
Ulster
Dundalk FC
Dundalk/Dún Dealgan
Sligo/Sligeach
Sligo Rovers FC
Connaught
(Connacht)
Lough Corrib
Longford/An Longfort
Longford Town FC
Drogheda/Droichead Átha
Drogheda United FC
Dublin/Baile Átha Cliath
Athlone/Baile Átha Luain
Athlone Town AFC
Galway/Gaillimh
Galway United FC
Leinster
Dún Laoghaire
Bray Wanderers AFC
Bray Unknowns FC
Transport FC
Bray/Bré
(Laighean)
IRLAND
Limerick/Luimneach
Limerick AFC
Shannon
Thurles/Durlas
Thurles Town FC
Kilkenny/Cill Chainnigh
Kilkenny City AFC
Barrow
Munster
(Mumhan)
Suir
Waterford United FC
Waterford/Port Láirge
Cork United
Cork Athletic FC
Cobh/An Cobh
Cork City FC
Cobh Ramblers FC
Cork Hibernians FC
Cork Celtic FC
Cork Bohemians FC
Cork Alberts
Cork/Corcaigh
0 50 100 km
Dublin/Baile Átha Cliath
Home Farm Everton FC
Midland Athletic FC
Pioneers FC
Tolka
Drumcondra FC
Shelbourne FC
Brooklyn FC
Bohemians FC
Olympia FC
Liffey
St Patrick's Athletic AFC
Tritonville FC
Dolphin AFC
St James's Gate AFC
Frankfort FC
Jacobs FC
Rathmines Athletic FC
CIÉ-Transport FC
Brideville FC
Shamrock Rovers FC
YMCA
Dublin United FC
Dodder
Shelbourne United FC
UCD AFC
Glasgow und Umgebung
Dumbarton
Dumbarton FC
Clydebank FC (II)
Cumbernauld
Airdrieonians FC
Clyde FC
Kelvin
Clydebank
Clydebank FC (I)
Cowlairs FC
Partick Thistle FC
Coatbridge
Gryfe
Paisley
Glasgow
Albion Rovers FC
Abercorn FC
St Mirren FC
Rangers FC
Celtic FC
Queen's Park FC
(der älteste schottische. Klub, gegr. im J. 1867)
Third Lanark FC
Cambuslang FC
Cambuslang
White Cart Water
Clyde
Motherwell
Motherwell FC
Hamilton
Hamilton Academical FC
0 5 10 km

Norwegen, Dänemark, Island und die Färöer Inseln

Im Vergleich mit den anderen skandinavischen Ländern hat der Fußball in **Norwegen** eine längere Geschichte und eine breitere Basis. Die Gründung des ersten Studententeams Christiana Fotballklubb fällt in das Jahr 1885, fünf Jahre später aber existiert es nicht mehr. Zum Aufschwung des Fußballs kommt es im letzten Jahrzehnt des 19. Jahrhunderts, als die Klubs Odds BK in Skien (1894), Gjøvik (1895) sowie Grane Nordstrand (1893) und der FK Lyn (1896) in Oslo entstehen. Die norwegischen Verfechter des Spiels begannen 1902 mit der organisierten Tätigkeit, indem sie den Nationalverband gründeten, der sechs Jahre später in die FIFA aufgenommen wurde. Die Sieger des Norwegischen Pokals (seit 1902), des ersten offiziellen Wettbewerbs hierzulande, galten für lange Zeit als die Champions des Landes. Die Amateurliga wird seit der Saison 1937/38 gespielt, mit Ausnahme der Kriegspause von 1940 bis 1947. Ab 1963 gingen die Norweger zur Spielzeit Frühling–Herbst über und verzichteten auf die Play-offs. Erst im letzten Jahrzehnt, im Zusammenhang mit der massenhaften Abwanderung der besten Spieler ins Ausland, machte man sich daran, das Niveau der Liga durch die Schaffung professioneller Bedingungen zu retten. Man ist dabei auf einem guten Weg, was am besten durch die Tatsache belegt wird, dass die norwegischen Klubs im Durchschnitt über größere Finanzmittel als die Vereine aus dem benachbarten Schweden verfügen. Hinzu kommt, dass die Ligen bis hin zur untersten Klasse zu den am besten organisierten Wettbewerben der Welt gehören. Die absolute Mehrheit der Klubs ist in den Hafenstädten südlich des 64. Breitengrades zu Hause.

Auf die Zimbrische Halbinsel (Jütland) und die anliegenden Inseln, die das heutige **Dänemark** bilden, schwappte der Fußball aus dem nahen England über. Die Briten standen im Jahre 1878 auch hinter der Gründung des ersten Klubs im Lande – KB Kopenhagen. In der Hauptstadt stießen nach und nach immer weitere Vereine hinzu, doch bald schlossen sich auch andere Städte wie zum Beispiel Århus an. Es handelte sich oft um allgemeine Sportklubs, in denen auch Kricket oder Turnen betrieben wurde. Einige brüsteten sich in ihren Namen mit dem Gründungsdatum (B 1893 oder B 1901). Der Dänische Fußballverband existiert bereits seit 1889. Er ist der fünftälteste der Welt (älter sind nur die vier britischen Verbände) und gehört zu den Gründern der FIFA (1904). Die Geschichte der Liga wird seit 1913 geschrieben. In den ersten fünfzehn Jahren waren in ihr jedoch ausschließlich Kopenhagener Mannschaften vertreten. Um die Pokaltrophäe wird erst seit 1954 gekämpft. Im Laufe der Zeit ging man von der Spielsaison Frühling–Herbst zum klassischen mitteleuropäischen Modell Herbst–Frühling mit der Winterpause über. Dänemark hielt stets am Amateurstatus fest. Schon zu Beginn des 20. Jahrhunderts galt hier der Grundsatz: Wenn irgendein Spieler in die Welt, aber besonders nach England hinauszog mit dem Ziel, sich durch Fußball seine Brötchen zu verdienen, musste er bei seiner Rückkehr die professionellen Gewohnheiten aufgeben, oder besser gesagt, sich davon freikaufen. Wenn er dazu nicht bereit war, konnte er keinen organisierten Sport betreiben. Diese Regelung verursachte den Weggang Hunderter der besten Spieler ins Ausland und das kleine Dänemark avancierte so zum größten europäischen "Fußball-Exporteur". Ende der siebziger Jahre hörte man auf, den Legionären mit Sanktionen für ihre Profikarriere zu drohen. Gegenwärtig nimmt die erste dänische Profiliga die 14. Position unter den finanzstärksten Fußballwettbewerben der Welt ein.

Die Insel der Vulkane und Eisberge **Island** lernte das Fußballspiel bereits im Jahre 1895 dank eines schottischen Druckers und Buchhändlers kennen, der in Reykjavík lebte. Im Jahre 1912 kam ein lokaler Wettbewerb in Gang, den die örtlichen Sportfreunde stolz "die Liga" nannten. Sie wurde nur aus drei Klubs gebildet. Darunter war der 1899 gegründete, älteste Verein des Landes – KR (Reykjavík), der auch erster Champion wurde und bis heute die erfolgreichste Mannschaft ist. Anfangs war der Titel nur eine Sache von KR und drei weiteren Teams aus der Hauptstadt: Fram, Valur und Víkingur. Seit 1951 kommt ihr größter Gegner aus dem nahegelegenen Akranes. Bis auf Akureyri im Norden kommen alle Spitzenklubs aus Städten, die in der günstigeren Lage im Südwesten der Insel liegen. Wegen des rauhen Klimas beginnt die Liga im Mai und endet im Oktober. Die Assoziation wurde im Jahre 1929 gegründet, aber erst siebzehn Jahre später trat Island zum ersten Länderspiel (0:3 gegen Dänemark) an. Der nationale Pokal wird seit 1960 ausgespielt.

Auf den **Färöer Inseln**, die im Lauf des Golfstroms liegen und für ihre zahlreichen Niederschläge, Winde und Nebel bekannt sind, wird der Ligawettbewerb seit 1942 ausgetragen. Der Pokal hielt 1955 Einzug, aber der Fußballverband wurde erst 1979 gegründet. Dabei war der älteste Klub Tvøroyrar Bóltfelag (TB) auf dänische Initiative hin bereits Ende des 19. Jahrhunderts (1892) entstanden. Die Gewinner der Liga wechseln oft einander ab, der Wettbewerb kann nur im Rhythmus Frühling–Herbst gespielt werden. Der FIFA schlossen sich die Färöer erst 1988 an.

Norwegen

Dänemark

Island

Färöer Inseln (dän.)

LEGENDE

1 – 2–4 – 5 und mehr (19): Siege in der 1. Liga – Norwegen (1938–2000), Dänemark (1913–2001), Färöer Inseln (1942–2000) und Island (1912–2000)

Liga-Begründer – Norwegen (gegr. 1937/38), Dänemark (gegr. 1913) und Island (gegr. 1912)

übrige Teilnehmer der 1. Liga – Norwegen (1938–2001), Dänemark (1927–2002), Färöer Inseln (1979–2001) und Island (1912–2001)

Siege im Landespokal – Norwegen (1902–2001), Dänemark (1955–2000), Färöer Inseln (1955–2000) und Island (1960–2000)

Siege im isländischen Liga-Pokal (1996–2000)

ÍBV – Name des Fußballklubs *(Besonderheit)*

Rosenborg BK – erfolgreichster Klub des Landes

B 1901 – bereits nicht mehr existierender Klub

Tórshavn – Stadt

Teuerste norwegische, dänische und isländische Fußballspieler auf dem Transfermarkt

Tore André Flo (NOR)	2000	Chelsea FC	→	Rangers FC	12 000 000 Pfd.
Jesper Grønkjær (DEN)	2001	AFC Ajax	→	Chelsea FC	8 000 000 Pfd.
Martin Laursen (DEN)	2001	Hellas Verona	→	Parma AC	6 500 000 Pfd.
Henning Berg (NOR)	1997	Blackburn Rovers	→	Manchester United	5 000 000 Pfd.
John Carew (NOR)	2000	Rosenborg BK	→	Valencia CF	5 000 000 Pf
Thomas Helveg (DEN)	1999	Udinese Calcio	→	Milan AC	4 000 000 Pf
Claus Jensen (DEN)	2000	Bolton Wanderers	→	Charlton Athletic	4 000 000 Pf
Eidur Gudjohnsen (ISL)	2000	Bolton Wanderers	→	Chelsea FC	4 000 000 Pf

Berühmte norwegische Klubs

Klub-name	Gründ. Jahr	Stadion-name	Stadion-kapazität	Besucherschn. (Saison 2000)
Brann	1908	Brann Stadion	19 000	11 389
Fredrikstad	1903	Fredrikstad	16 000	518
Lillestrøm	1917	Åråsen	15 000	4 612
Rosenborg	1917	Lerkendal	21 000	11 944
Skeid	1915	Ullevål Stadion	25 600	411
Strømsgodset	1907	Marienlyst Stadion	13 500	2 579
Vålerenga	1913	Bislett	20 615	7 630
Viking	1899	Stavanger	17 000	6 660

Berühmte dänische Klubs

Klub-name	Gründ. Jahr	Stadion-name	Stadion-kapazität	Besucherschn. (Saison 2000/01)
AaB	1885	Ålborg Stadion	13 374	6 557
AB	1889	Gladsaxe Idrætspark	13 800	3 222
ÅGF	1880	Århus Stadion	9 877	5 706
Brøndby	1964	Brøndby Stadion	31 748	13 343
Esbjerg	1924	Esbjerg Idrætsparken	16 630	2 424
FC København	1992	Parken	41 641	15 987
OB	1893	Odense Stadion	15 633	5 808
Vejle	1891	Vejle Stadion	15 332	2 184

Entwicklung der Besucherzahl, erzielte Tore, Teilnehmerzahl der 1. Norwegischen Liga und wichtige Begebenheiten

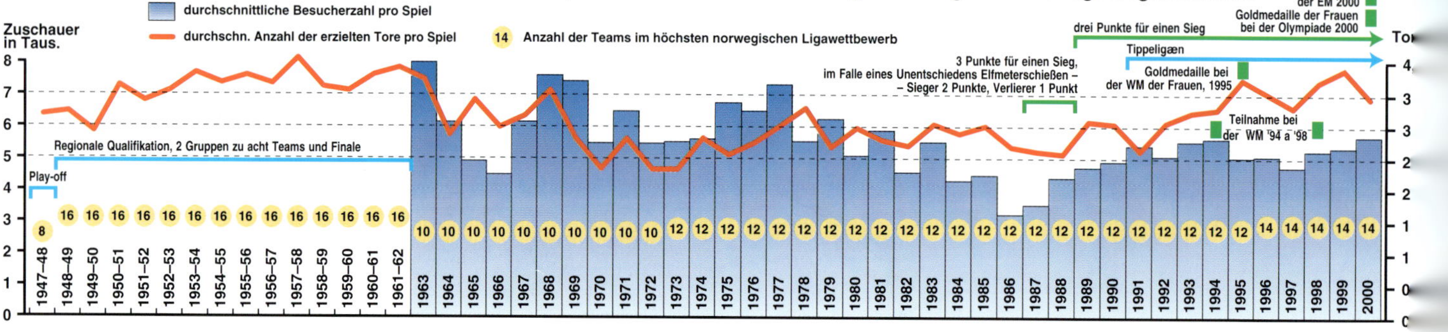

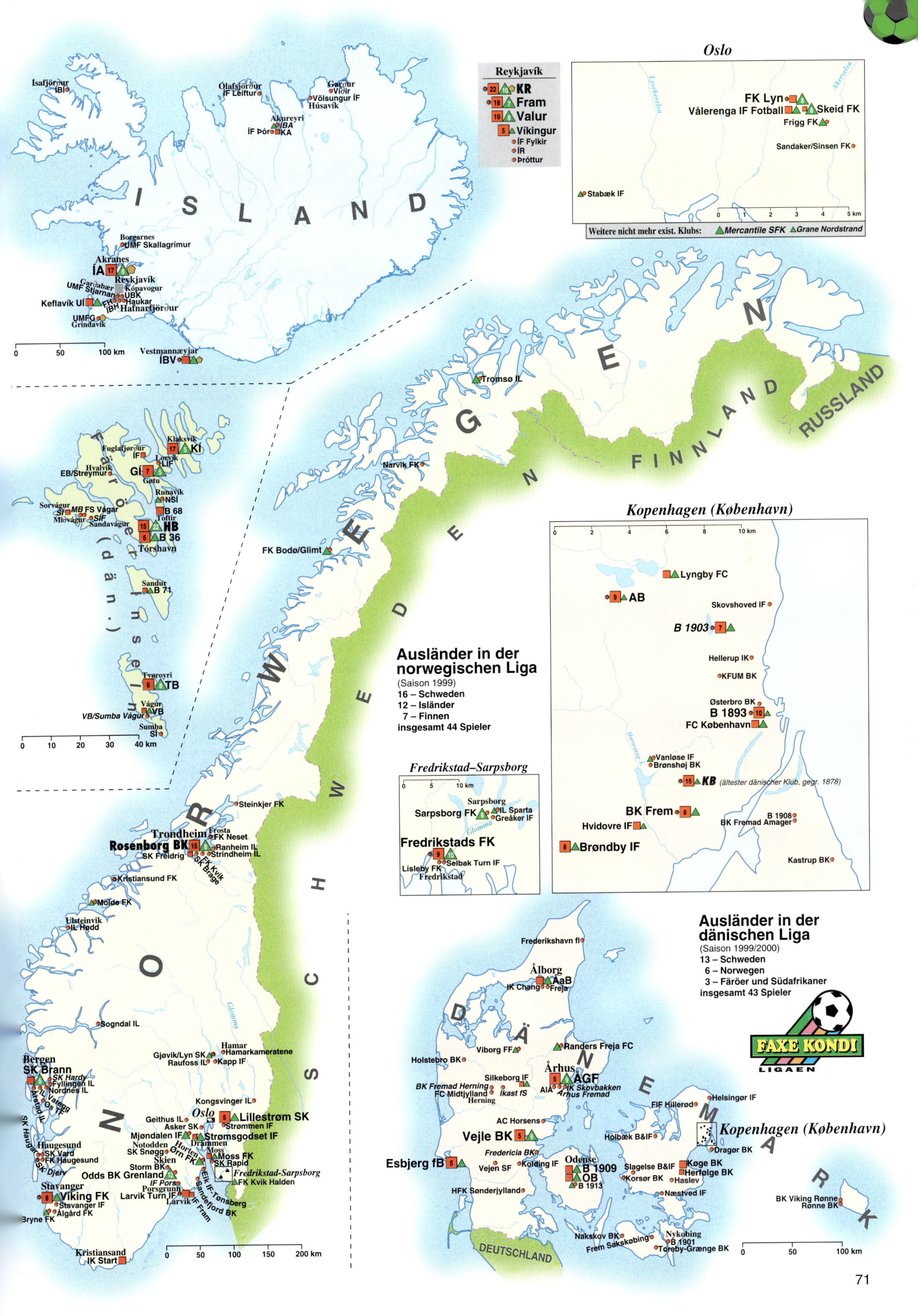

Ausländer in der norwegischen Liga
(Saison 1999)
16 – Schweden
12 – Isländer
7 – Finnen
insgesamt 44 Spieler

Ausländer in der dänischen Liga
(Saison 1999/2000)
13 – Schweden
6 – Norwegen
3 – Färöer und Südafrikaner
insgesamt 43 Spieler

Schweden und Finnland

Schweden, mit nicht ganz neun Millionen Einwohner das bevölkerungsreichste skandinavische Land, wird heute bereits als eine feste Fußballgröße gehandelt. Die Angaben zu den Anfängen des Fußballs im Land gehen zum Teil auseinander, aber man weiß, dass die Briten dem Ball schon in den 70er Jahren des 19. Jahrhunderts in Stockholm und Göteborg nachjagten. Der älteste schwedische Klub ist aller Wahrscheinlichkeit nach der 1887 von Schotten in Göteborg gegründete Örgryte IS. Hier erblickte in den Jahren 1895/96 auch der Schwedische Sport- und Athletikverband das Licht der Welt, der für die Entstehung des ersten Fußballwettbewerbs sorgte. Örgryte IS gab vor dem 1. Weltkrieg im schwedischen Fußball den Ton an und holte bis zum Jahr 1928 insgesamt 13 Titel. Diese Ausbeute ist umso höher zu bewerten, wenn man zu Rate zieht, dass bis zur Saison 1924/25 nach dem pokaltypischen K.-o.-System gespielt wurde. In der Zeit um den 1. Weltkrieg schafften zwei Vereine aus der Hauptstadt den Durchbruch – Djurgården und AIK Stockholm. Im Jahre 1902 wurde eine inoffizielle Schwedische Fußball-Assoziation gegründet, wodurch die Monopolstellung des Göteborger Verbandes angetastet wurde. Zwei Jahre später ging aus ihr die Schwedische Fußball-Föderation hervor, die zugleich Gründungsmitglied der FIFA wurde.

Im Zeitraum von 1924/25 bis 1957/58 wurde die Ligasaison nach dem eurokontinentalen System (Herbst–Frühling) ausgetragen, bevor man zum nordischen System (Frühling–Herbst) überging. Es kam ebenso zu einer Veränderung des Kräfteverhältnisses – mehr und mehr begannen sich Klubs außerhalb Stockholms und Göteborgs durchzusetzen. In den 40er Jahren, als auch der Schwedische Pokal anlief, und in den 50er Jahren sammelte der IFK Norrköping die meisten Titel. Mit Malmö FF drang zudem ein Team aus dem Süden in den Kreis der erfolgreichsten Mannschaften vor. Seit 1936 war dieses Team 64 Jahre ununterbrochen in der höchsten Spielklasse vertreten, ehe es 1999 erstmals absteigen musste. Fast die gesamten letzten 20 Jahre überragte der IFK Göteborg die Liga und den skandinavischen Fußball obendrein. In dieser Zeit spielte der IFK auch in Europa eine gute Rolle, die er durch den zweimaligen Gewinn des UEFA-Pokals unterstrich. Alle erfolgreichen schwedischen Klubs kommen aus Städten südlich von Stockholm – bis auf einen: Brynäs IF aus Gävle, der die Liga in der Auftaktsaison 1924/25 gewann. Die kompletten zwei Drittel des nördlichen Landesteils waren in der Liga bisher lediglich durch fünf Mannschaften aus vier Hafenstädten vertreten. Die schwedischen Klubs haben der Vollprofessionalisierung nie zugestimmt, werden in dieser Hinsicht aber offenbar schon bald dem Beispiel Dänemarks folgen.

In **Finnland** ist der Fußball bei weitem kein Nationalsport, aber allmählich tritt er aus dem Schatten des Eishockeys, Skilaufs und der Leichtathletik heraus. Der Fußballverband wurde im Jahre 1907 gegründet und gleich im Jahr darauf wurde eine Ligakonkurrenz angepfiffen. An dieser Liga nahmen fast ausschließlich Vereine aus Helsinki und Umgebung sowie aus Turku (Åbo), dem Zentrum der schwedischen Minderheit, teil. Die Hauptstadt lernte den Fußball schon um 1890 dank eingewanderter englischer Geschäftsleute kennen. Die Klubs aus den erwähnten Orten bestimmten das Geschehen bis in die 40er Jahre. In den 30er Jahren waren in der höchsten Spielklasse auch Mannschaften aus der Viipuri/Vyborg vertreten, einer Stadt, die später von der Sowjetunion okkupiert wurde. Nach dem 2. Weltkrieg fanden auch die Teams aus dem Seengebiet nördlich des 61. Breitengrades (Lahti, Valkeakoski, Kuopio) und aus den Küstenstädten entlang des Bottnischen Meerbusens (Vaasa, Kokkola, Oulu) den Anschluss. Die Liga wird wegen der langen und rauhen Winter vom Frühjahr bis zum Herbst ausgetragen. Bis 1929 und im Zeitraum von 1940–47 wurde zudem ein Play off gespielt. In ihrer Chronik fehlen der Liga nur zwei nicht gespielte Jahrgänge, was belegt, dass sie auch während der beiden Weltkriege kaum unterbrochen wurde. Den Pokalwettbewerb hingegen gibt es erst seit 1955. Das Charakteristische am finnischen Fußball war immer der Amateurstatus, die Spieler gehen bis heute ihren „zivilen" Berufen nach. Historisch gesehen gehört der finnische Fußball zum schwächsten in Europa, denn die Nationalmannschaft qualifizierte sich nie für eine WM oder EM.

Schweden

Finnland

Stockholm

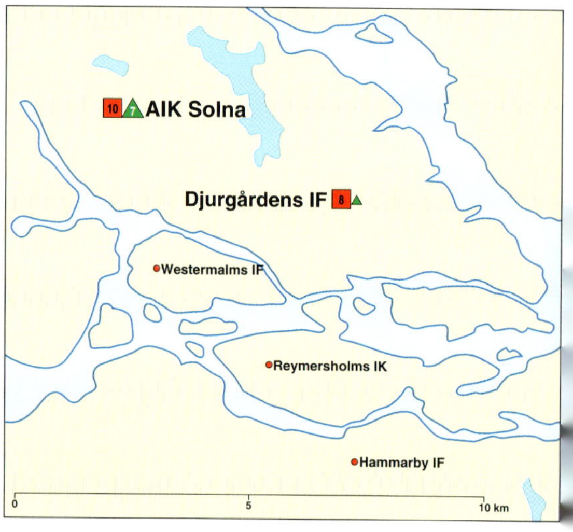

Göteborg

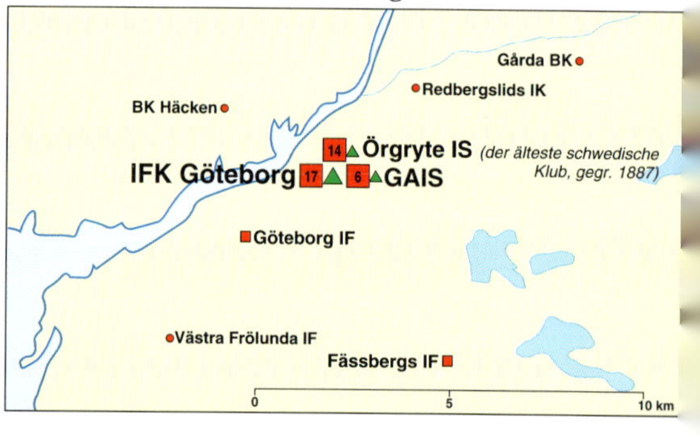

Berühmte finnische Klubs

Klubname	Stadtname	Gründ. Jahr	Name des Stadions	Stadionkapazität Total	Sitzplätze	Besucherschn. (Saison 2000)
FC Haka	Valkeakoski	1932	Tehtaan kenttä	6 400	2 850	2 070
FC Jazz	Pori	1934	Porin	10 000	5 900	1 781
HJK	Helsinki	1907	HJK Finnair	10 770	10 770	3 976
KTP	Kotka	1927	Urheilukeskus	4 500	4 500	1 524
KuPS	Kuopio	1923	Väinölänniemi	6 000	1 500	1 250
MyPa	Anjalankoski	1947	Anjalankosken Stadion	8 000	2 100	1 682
TPS	Turku	1922	Kupittaa	10 000	3 000	2 182
VPS	Vaasa	1924	Hietalahti	4 300	4 300	2 443

Berühmte schwedische Klubs

Klubname	Gründ. Jahr	Name des Stadions	Durchschn. Preis für Sitzplatz (£)	Besucherschn. (Saison 2000)	Stadionkapazität	Höchster Besuch	Spielfeld Dim. (m)	Spitzname	Budget 1999/00 (in Mil. GBP)
AIK Solna	1891	Råsunda Stadion	9	14 402	36 000	40 699	105 x 68	Gnaget – die Nagetiere	6,3
Djurgårdens IF	1891	Stockholms Olympiastadion	7	5 544	14 500	22 108	108 x 65	Järnkaminerna – der Eisenofen	1,4
Halmstads BK	1914	Örjans Vall	9	6 958	18 000	20 381	105 x 68	*gibt es nicht*	2,3
Hammarby IF	1897	Söderstadion	10	12 138	10 740	14 221	105 x 65	Bajen (von der örtlichen Aussprache: Hamarbaj)	3,6
Helsingborgs IF	1907	Olympia	9	9 415	17 000	26 154	105 x 70	*gibt es nicht*	6,3
IFK Göteborg	1904	Gamla Ullevi	9	9 300	18 000	31 604	105 x 67	Änglarna – die Engel	3,7
IFK Norrköping	1897	Norrköpings Idrottsparken	9	7 050	21 000	32 234	105 x 68	Peking	2,0
Malmö FF	1910	Malmö Stadion	7	6 156	32 000	29 328	105 x 65	Deljusblå – die Hellblauen	1,4
Örgryte IS	1887	Gamla Ullevi	9	4 713	18 000	31 604	105 x 67	*gibt es nicht*	2,5
Östers IF	1930	Värendsvallen	7	2 508	15 062	26 404	107 x 65	*gibt es nicht*	0,9

Entwicklung der Besucherzahl, erzielte Tore, Teilnehmerzahl der 1. Schwedischen Liga und wichtige Begebenheiten

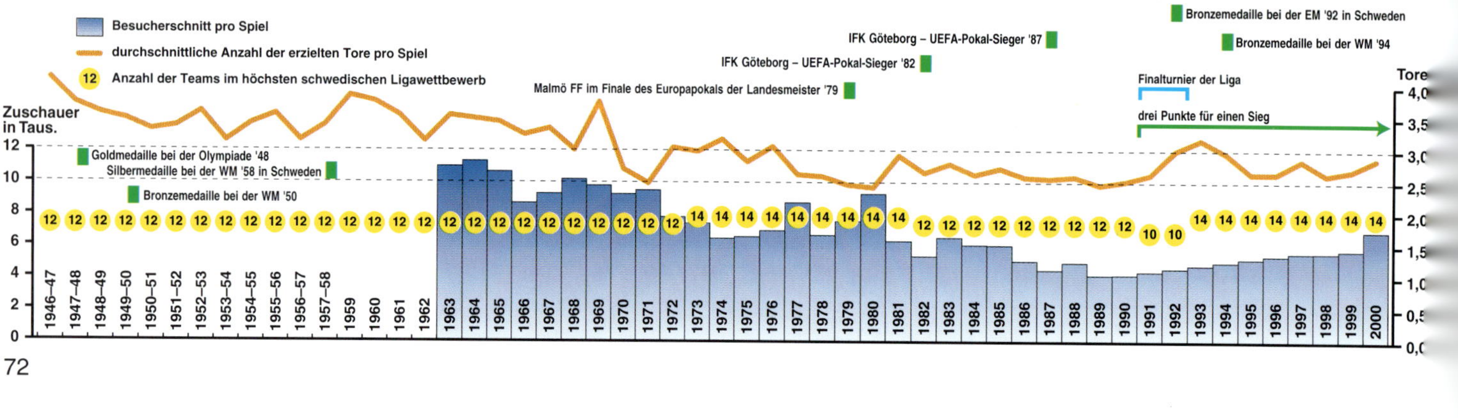

LEGENDE

- 1 / 2–4 / 5 und mehr: Siege in der 1. Liga – Schweden (1896–2000) und Finnland (1908–2000)
- ● übrige Teilnehmer der 1. Liga – Schweden (1925–2001) und Finnland (1939–2001)
- ▲ Siege im Landespokal – Schweden (1941–2001) und Finnland (1955–2000)
- ⬟ Siege im finnischen Liga-Pokal (1994–2000) und sog. Viking Cup (1972–76)
- FC Ilves — Name des Fußballklubs *(Besonderheit)*
- **Malmö FF** — erfolgreichster Klub des Landes
- *BK Derby* — bereits nicht mehr existierender Klub
- Vaasa/Vasa — Stadt

Ausländer in der schwedischen Liga

(Saison 1999)

7 – Norweger
5 – Isländer
2 – Dänen und Jugoslawen
insgesamt 24 Spieler

Turku/Åbo
TPS
ÅIFK
TuPy
FC Inter
TuKV
TuPK
TuTo
TuWe
UL

Helsinki/ /Helsingfors
HJK
HPS
FC HIFK
Kiffen
PPojat
PUS Helsinki
Unitas Helsinki
Atlantis
FC Jokerit
FinnPa
HT
Kullervo
Ponnistus
Stjärnan

Ausländer in der finnischen Liga

(Saison 1999)

12 – Ungarn
11 – Brasilianer
8 – Schweden
7 – Esten
6 – Russen
4 – Jugoslawen, Polen, Schotten und Sambier
insgesamt 80 Spieler

Teuerste schwedische Fußballspieler auf dem Transfermarkt

Zlatan Ibrahimovic	2001	Malmö FF	→	AFC Ajax	6 000 000 Pfd.
Patrick Andersson	2001	Bayern München	→	FC Barcelona	5 000 000 Pfd.
Olof Mellberg	2001	Santander	→	Aston Villa	5 000 000 Pfd.
Jesper Blomqvist	1998	Parma AC	→	Manchester United	4 400 000 Pfd.
Tomas Brolin	1995	Parma AC	→	Leeds United	4 300 000 Pfd.
Stefan Schwarz	1999	Valencia CF	→	Sunderland AFC	4 000 000 Pfd.
Daniel Andersson	2001	AS Bari	→	AC Venezia	4 000 000 Pfd.
Kennet Andersson	1999	SS Lazio	→	Bologna FC	3 700 000 Pfd.
Andreas Andersson	1998	Milan AC	→	Newcastle United	3 600 000 Pfd.

Frankreich und Andorra

Obwohl manche Franzosen das Spiel "la soule" für den Vorgänger des Fußballs halten, das schon im 12. Jahrhundert im Land gespielt wurde, besteht kein Streit darüber, dass der erste und bis heute bestehende Fußballklub in **Frankreich** Le Havre Athletic Club im Jahre 1872 von britischen Studenten gegründet wurde. Im Zusammenhang mit der späteren Verbreitung des Spiels ist bemerkenswert, dass die Franzosen, die zu fast allen neuen englischen Wörtern ein Äquivalent bildeten, den Terminus "Fußball" ausnahmsweise nicht ins Französische übersetzten. Im Jahre 1879 entstand der erste Pariser Klub – Paris Football Club, drei Jahre später folgte der Racing Club de France und im Jahre 1883 Stade Français. Die angegebenen Vereine gaben jedoch am Anfang eindeutig dem populäreren Rugby den Vorzug. Erst im Jahr 1891 waren es erneut die Briten, die für die Entstehung von reinen Fußballklubs sorgten: White Rovers FC (nur aus Schotten zusammengesetzt) und Gordon FC, bald in Standard AC umbenannt. Zur gleichen Zeit erblickte auch das erste nur aus Einheimischen gebildete Team mit dem hochtrabenden Namen Club français (Französicher Klub) das Licht der Welt. Die Landesmeisterschaft erlebte im Jahre 1894 unter Teilnahme von sechs Pariser Klubs ihre Premiere. Von Paris aus verbreitete sich das Spiel zuerst in die nähere Umgebung (AC Cambrai), dann fand es sowohl Zugang zum industriellen Norden (RC Roubaix, US Tourcoing) als auch in die Hafenstädte (US Lycée du Havre). Nur einige Jahre später (1899) wurde in Marseille, der Einwanderermetropole, der berühmte Klub Olympique gegründet. Nach einem etwas wirren Zeitraum, der durch die Entstehung und Auflösung von verschiedenen Verbänden und Vereinigungen geprägt war, wurde am 7. 4. 1919 die Französische Fußball-Föderation (Fédération Française de Football – FFF) gegründet. Zu deren ersten Präsidenten wurde Jules Rimet gewählt, der 33 Jahre lang auch an der Spitze der FIFA stand und als einer der Mitbegründer für die Weltmeisterschaft gilt.

Die Amateurliga wurde 1926 unter Teilnahme von elf Klubs gestartet, aber sie zerfiel frühzeitig aus Mangel an Zuschauerinteresse. Der nächste Wettbewerb mit acht Mannschaften und dem Namen "Coupe Sochaux" enstand im Jahre 1930. Erst danach nahm die FFF auch die Profis in ihre Gunst auf und erschuf die bis heute bestehende Liga "Championat de France". Den historisch ersten Sieg trug 1933 Olympique Lillois davon. Heute zählt die oberste Profiliga (1. Division) 18 Klubs, weitere 20 kämpfen in der zweiten Liga (2. Division), ebenso wie in der dritten Liga (Regional). Schon im Jahre 1917 stritten 48 Teilnehmer erstmals um den Französichen Pokal (Coupe de France), den Pott holte der Pariser Klub Olympique de Pantin. Hervorzuheben ist der Einzug des Provinzklubs Calais Racing Union FC (4. Liga!) in das Pokalfinale 2000.

Die qualitativ besten Teams sind heute vor allem in den industriellen Ballungsgebieten anzutreffen. Eine Ausnahme bilden die Provence und die Côte d'Azur, die als Tourismuszentren, bevorzugtes Wohngebiet der reichen Schichten, aber auch als die Regionen der Einwanderer aus den ehemaligen französischen Kolonien bekannt sind. Der Fußball ist im dörflichen Süden und in der Landesmitte weniger entwickelt, unter anderem deshalb, weil hier andere Sportarten (Rugby und Petanque) größere Popularität genießen.

Es hat sich gezeigt, dass die Verquickung verschiedener Einflüsse (vornehmlich das vorhandene Potenzial technischer Fußballer, die aus den verschiedensten Ecken des früher ausgedehnten französischen Kolonialreiches stammen, und das ausgeklügelte System der Fußballschulen für Jugendliche) Frankreich zur größten Fußballgroßmacht der Gegenwart aufsteigen ließ.

Das Fürstentum der Pyrenäen **Andorra** wurde 1996, nur zwei Jahre nach der Gründung des lokalen Fußballverbands, das jüngste Mitglied der UEFA. Die erste Liga- und Pokalsaison wurde 1995/96 ausgespielt. Zuvor nahmen die andorranischen Klubs am Spielbetrieb in unteren spanischen Ligen teil, an dem der FC Andorra auch weiterhin mitwirkt.

Frankreich

Andorra

Paris

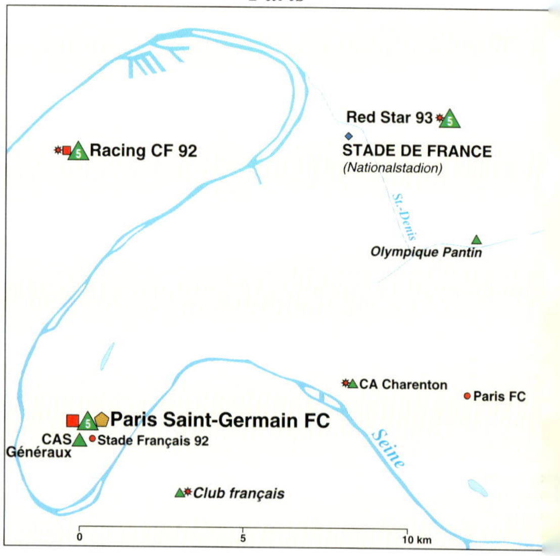

LEGENDE

1 · 2–4 · 5 und mehr: Siege in der 1. Liga – Frankreich (1933–2001) und Andorra (1996–2001)

Begründer der Französischen Liga – (gegr. 1932/33)

übrige Teilnehmer der 1. Liga – Frankreich (1933–2002) und Andorra (1996–2001)

Siege im Landespokal – Frankreich (1918–2001) und Andorra (1996–2001)

Siege im französischen Liga-Pokal (1953–65 der sog. Coupe Charles Drago und 1982–2001)

weitere Klubs oder Stadien *(Besonderheit)*

Amiens ○ Städte über 100 000 Einwohner ohne einen Erstligaklub

RC Lens — Name des Fußballklubs *(Besonderheit)*

CE Principat — erfolgreichster Klub des Landes

SR Colmar — bereits nicht mehr existierender Klub

Ajaccio — Stadt

Bretagne — Region

Berühmte französische Klubs

Klub-name	Gründ. Jahr	Name des Stadions	Stadion-kapazität	Besucherschn. (Saison 2000/01)	Budget in Mil. GBP (Saison 1999/2000)
Auxerre	1905	Abbé-Deschamps	21 000	10 912	8,0
Girondins Bordeaux	1881	Parc Lescure	34 462	30 061	20,0
Lille	1944	Grimonprez-Jooris	20 800	16 859	4,2
Metz	1932	Saint-Symphorien	26 304	18 569	9,8
Monaco	1924	Stade Louis II	18 500	7 559	23,0
Montpellier	1974	La Mosson	33 900	8 819	9,7
Nantes Atlantique	1943	La Beaujoire-Fonteneau	38 285	29 373	13,7
Olympique Lyon	1950	Municipal de Gerland	44 000	34 084	24,0
Olympique Marseille	1899	Stade Vélodrome	60 200	48 508	33,5
Paris Saint-Germain	1970	Parc des Princes	48 527	42 586	30,6
Racing Lens	1906	Félix-Bollaert	41 810	38 625	24,5
Racing Strasbourg	1906	Meinau	41 228	13 299	15,0
Saint-Etienne	1933	Geoffroy Guichard	35 800	27 606	5,0
Sochaux-Montbéliard	1928	Auguste-Bonal	20 000	12 951	8,5
Stade Rennais	1901	Route-de-Lorient	31 716	19 211	12,5
Toulouse	1937	Stadium municipal	37 000	21 265	7,6

Teuerste französische Fußballspieler auf dem Transfermarkt

Zinedine Zidane	2001 Juventus FC	→ Real Madrid	45 600 000 Pfd.
Nicolas Anelka	1999 Arsenal FC	→ Real Madrid	23 500 000 Pfd.
Lilian Thuram	2001 Parma AC	→ Juventus FC	22 000 000 Pfd.
Nicolas Anelka	2000 Real Madrid	→ Paris Saint-Germain	20 300 000 Pfd.
David Trezeguet	2000 AS Monaco	→ Juventus FC	14 000 000 Pfd.
Sylvian Wiltford	2000 Girondins Bordeaux	→ Arsenal FC	12 500 000 Pfd.
Thierry Henry	1999 AS Monaco	→ Juventus FC	11 000 000 Pfd.
Thierry Henry	1999 Juventus FC	→ Arsenal FC	10 500 000 Pfd.
Jean-Pierre Papin	1992 Olympique Marseille	→ Milan AC	10 000 000 Pfd.
Peter Luccin	2000 Olympique Marseille	→ Paris Saint-Germain	9 700 000 Pfd.
Claude Makelele	2000 Celta Vigo	→ Real Madrid	9 500 000 Pfd.
Olivier Dacourt	2000 RC Lens	→ Leeds United	8 300 000 Pfd.
Stéphane Dalmat	2001 Paris Saint-Germain	→ Inter Milano	8 000 000 Pfd.
Fabien Barthez	2000 AS Monaco	→ Manchester United	7 800 000 Pfd.

Entwicklung der Besucherzahl, erzielte Tore, Teilnehmerzahl der 1. Französischen Liga und wichtige Begebenheiten

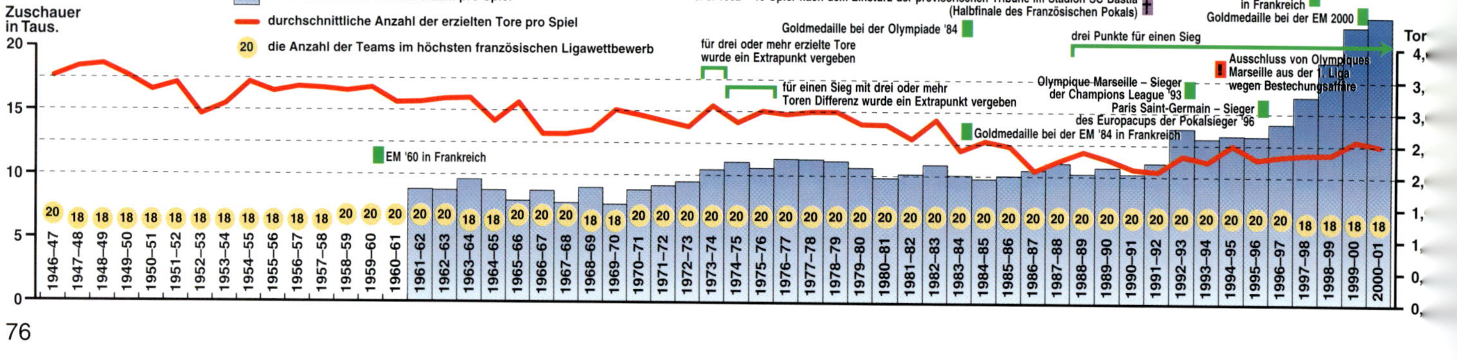

MONACO (2 km², 30 000 Einwohner), das sich an der Côte d' Azur unweit der französich-italienischen Grenze befindet, stellt allerdings im Grunde ein selbstständiges Staatengebilde dar. Trotzdem hat es keinen eigenen Fußballverband. Der wahrscheinlich einzige Fußballklub, der auf dem Gebiet des Fürstentums angesiedelt ist, der AS Monaco, spielt regelmäßig in den französischen Wettbewerben, und besonders in den letzten Jahren gehört er zu den besten Mannschaften der 1. Liga.

Monaco

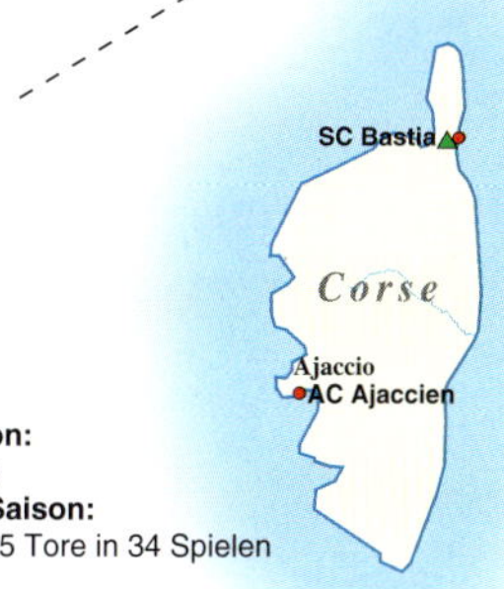

Ausländer in der französischen Liga
(Saison 2000/01)
– Brasilianer
– Argentinier
– Senegalesen
– Algerier, Belgier und Kameruner
– Jugoslawen
– Dänen, Malier und Portugiesen
– von der Elfenbeinküste
Insgesamt 126 Spieler

Andorra

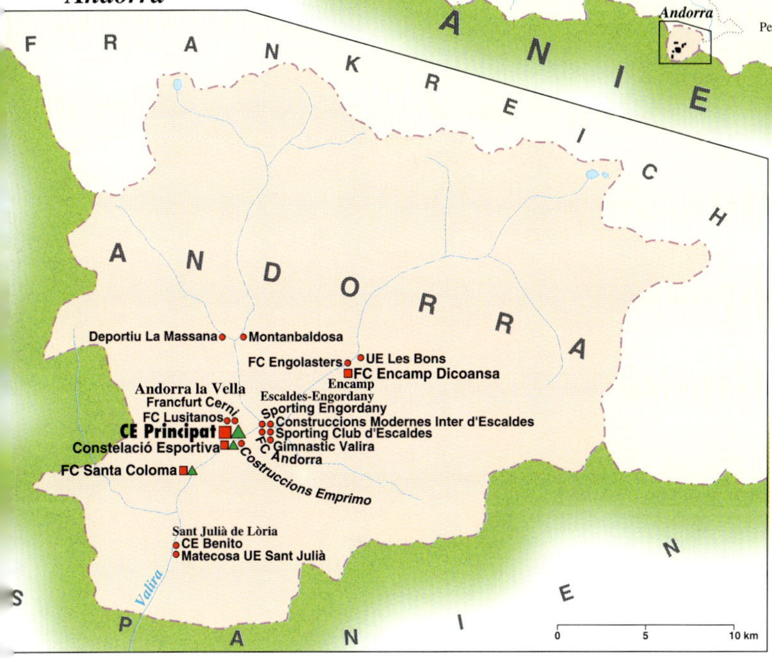

Französische Ligarekorde

Die meisten erzielten Tore in einer Saison:
Lille (1948/49) 102 in 34 Spielen,
RC Paris (1959/60) 118 in 38 Spielen
Die wenigsten erhaltenen Tore in einer Saison:
Olympique Marseille (1991/92) 21 in 38 Spielen
Die besten Torschützen der 1. Liga in einer Saison:
G. Andersson (Olympique Marseille, 1952/53) 35 Tore in 34 Spielen
J. Skoblar (1970/71) 44 Tore in 38 Spielen
Die meisten Tore in einem Spiel:
Jean Nicolas (Rouen, 1. 5. 1938 gegen Valenciennes) 7
Die meisten Tore in der 1. Liga insgesamt:
Delio Onnis (1972–86) 299
Die meisten Erstligaspiele mit erzieltem Tor in Folge:
Eugène Nio-Léa (Saint-Etienne, 2.–12. Runde 1956/57, 16 Tore) 11
Die meisten Ligaeinsätze:
Jean-Luc Ettori (AS Monaco, 1975–94) 602
Die meisten Minuten ohne Gegentor (Torwart):
Gaétan Huard (Bordeaux 1992/93) 1 176
Die längste Teilnahme in der 1. Liga:
Sochaux-Montbéliard 53 Saisons (1 878 Spiele, inklusive Saison 2000/01)
Die meisten Spiele ohne Niederlage in einer Saison der 1. Liga:
Nantes (1994/95) 32 Spiele)
Die meisten Spiele ohne Heimniederlage in Folge:
Nantes (15. April 1976–7. April 1981) 92 Spiele

Spanien und Portugal

Spanien

Portugal

Auf der Iberischen Halbinsel hielt der Fußball dank der Geschäftsaktivitäten britischer Firmen und über die wichtigsten spanischen Häfen in den 90er Jahren des 19. Jahrhunderts Einzug – nach europäischen Verhältnissen also ziemlich spät. Erstes wichtiges Zentrum war Bilbao, der England nächstgelegene Industriehafen in **Spanien.** Der dortige Klub Athletic gehört heute neben den beiden Giganten Real Madrid und FC Barcelona zu den drei Mannschaften, die an allen Jahrgängen der spanischen Liga teilnahmen. Das Spiel verbreitete sich nicht nur unter den Studenten und in den Häfen, sondern ähnlich wie in England auch in weiteren Industriezentren (Huelva, Irún, Gijón, Sevilla, La Coruña, Valencia). Interessant ist, dass es, die Hauptstadt ausgenommen, im Landesinneren, in Kastilien – dem Herzen des Landes – nie die entsprechende Qualität erreicht hat. Dank der Vertreter von Real (damals Madrid FC) gehörte Spanien zwar zu den Gründungsmitgliedern der FIFA, die gesamtstaatliche Fußballassoziation (Real Federación Española de Fútbol) entstand aber erst im Jahre 1913 durch die Vereinung einiger Regionalverbände. Schon früher, im Jahre 1902, begann der erste regelmäßige Wettbewerb – der Spanische Pokal. Die zunächst aus zehn Klubs bestehende Liga feierte ihre Premiere erst 1928/29. Darüber hinaus wurde sie bald vom Bürgerkrieg (1936–39) unterbrochen. Von Anfang an handelte es sich um einen professionellen Wettbewerb. Schon in den 20er Jahren bezahlte Real Madrid für die Verpflichtung des später zur Legende gewordenen Torwarts Zamora die Summe von 2000 Pfund (im sehr reichen und fußballerisch entwickelteren England lag der damalige Transferrekord bei etwa zehntausend Pfund). Im Laufe der Zeit wurde die spanische Liga zu einer der hochklassigsten und attraktivsten der Welt. In einer anhand der Anzahl der Trophäen aus den europäischen Pokalen erstellten Rangliste führen Real Madrid und der FC Barcelona. Die traditionelle Spaltung Spaniens und seine politischen Probleme werden sich auch im Sport, und besonders im Fußball bemerkbar. Zentralismus und Monarchie werden von dem „weißen Ballett" repräsentiert, dessen Name (Real) ihm im Jahre 1920 vom Fußballenthusiasten König Alfonso XIII. verliehen wurde. Barcelona, das katalanische Zentrum, das nach der Selbständigkeit strebt, war auch das Widerstandszentrum gegen das faschistische Regime Diktator Francos und stellt den unversöhnlichen Gegner des Hauptstadtklubs dar. Das Spannungsdreieck komplettieren die Teams aus der baskischen Region. Erwähnenswert ist vor allem eine wahrhaftige Rarität: Athletic Bilbao hatte, mit Ausnahme einiger englischer Spieler in der Anfangszeit des Vereins, nie Spieler anderer Nationalitäten in seinen Reihen – für das Team spielten ausschließlich die heimischen Basken. Zu den bedeutenden „Fußballstädten" gehören noch Valencia, das baskische San Sebastián, Sevilla (Zentrum Andalusiens) und La Coruña (Galicien).

Mit Rücksicht auf seine geografische Lage und die Seegeschichte betrachtete sich **Portugal** seit jeher als einen Umsteigebahnhof für nach Europa reisende Südamerikaner. Den ersten Klub gründeten jedoch die Studenten der englischen Universität in der altertümlichen Stadt Coimbra. Im Jahre 1876 trug er den Namen Associação Académica de Coimbra (ein reiner Fußballverein wurde erst im Jahre 1911 gebildet). Die Teams, die in der zweiten Hälfte des 20. Jahrhunderts das Land auf dem gesamten Planeten berühmt machten, kamen erst viel später zur Welt: 1904 – Benfica, 1906 – Sporting und der FC Porto. Bereits seit ihrer Gründung stellen sie in Portugal die sogenannte Santa Trindade (die Heilige Dreieinigkeit) dar, denn sie stiegen noch nie aus der ersten Liga ab und gewannen bis auf zwei Ausnahmen – Os Belenenses (1946) und Boavista (2001) – alle bisherigen Meistertitel. Der Fußballverband existiert seit 1914, Mitglied der FIFA wurde er aber erst im Jahre 1926. Um den Nationalpokal spielen die Portugiesen seit 1922, die Ligameisterschaft und damit auch die Vorherrschaft der genannten „Dreieinigkeit" begann mit dem Jahrgang 1934/35. Das Fußballgeschehen und die Spielqualität konzentriert sich im Lande auf zwei Hauptzentren. Die hohe Siedlungsdichte im Norden veranlasste die Existenz einer Vielzahl an Erstligaklubs, die aus relativ kleinen Städten in der Umgebung Portos stammen (Braga, Guimarães, Póvoa de Varzim). Das zweite Zentrum stellt die Hauptstadt Lissabon mit ihrem Hinterland (Setúbal, Estoril) dar.

Lissabon und Umgebung

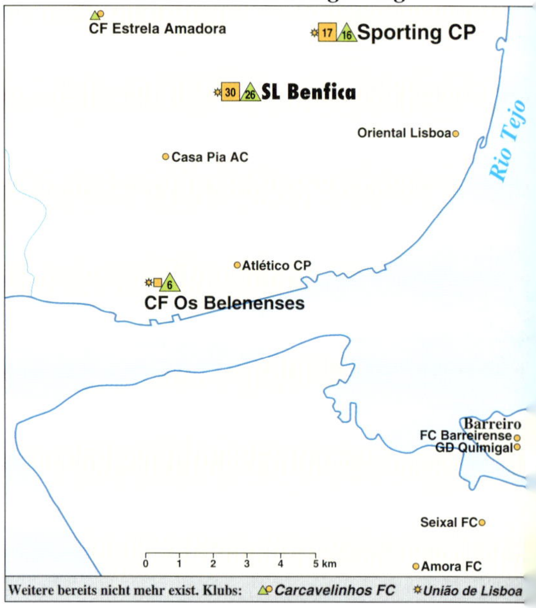

LEGENDE

1 / 2–4 / 5 und mehr (15)	Siege in der 1. Spanischen Liga (1929–2001)
	Begründer der spanischen Liga (gegr. 1928/29)
	übrige Teilnehmer der 1. Spanischen Liga (1929–20
(17)	Siege im Spanischen Landespokal (1902–2001)
	Siege im spanischen Liga-Pokal (1983–86)
(30)	Siege in der 1. Portugiesischen Liga (1935–2001)
	Begründer der portugiesischen Liga (gegr. 1934/35)
	übrige Teilnehmer der 1. Portugiesis. Liga (1935–20
(13)	Siege im Portugiesischen Landespokal (1922–2001
	weitere Klubs oder Stadien *(Besonderheit)*
Algeciras	Städte über 100 000 Einwohner ohne einen Erstligaklub
Académica Coimbra	Name des Fußballklubs *(Besonderheit)*
SL Benfica	erfolgreichster Klub des Landes
CD Europa	bereits nicht mehr existierender Klub
Sevilla	Stadt
La Rioja	Region

Teuerste spanische und portugiesische Fußballspieler auf dem Transfermarkt

Luís Figo (POR)	2000	FC Barcelona	→	Real Madrid	37 000 000 Pfd.
Gaizka Mendieta (ESP)	2001	Valencia CF	→	SS Lazio	29 000 000 Pfd.
Manuel Rui Costa (POR)	2001	AC Fiorentina	→	Milan AC	28 000 000 Pfd.
Gerard López (ESP)	2000	Valencia CF	→	FC Barcelona	13 000 000 Pfd.
José Maria Romero (ESP)	1999	Atlético Madrid	→	Milan AC	12 700 000 Pfd.
Nuno Gomes (POR)	2000	SL Benfica	→	AC Fiorentina	12 000 000 Pfd.
Francisco Javier Farinos (ESP)	2000	Valencia CF	→	Inter Milano	12 000 000 Pfd.

Berühmte portugiesische Klubs

Klub-name	Gründ. Jahr	Stadion-name	Stadion-kapazität	Besucherschn. (Sais. 2000/01)	Anzahl der Mitgl. (2000)	Spitzname
Académica Coimbra	1911	Municipal	25 000	1 250	12 500	Mancha Negra – Der schwarze Fleck
Benfica	1904	Estádio da Luz	77 844	27 206	95 300	Águias – Die Adler
Boavista	1903	Do Bessa	23 000	6 294	25 000	Os Axadrezados – Die Schachspieler
Os Belenenses	1919	Do Restelo	42 000	4 412	22 000	Belenenses – Die Bethlehemer
Porto	1906	Estádio das Antas	48 178	17 776	110 200	Dragoes – Die Drachen
Sporting	1906	José Alvalade	52 411	19 000	64 600	Leoes – Die Löwen
Vitória FC	1910	Do Bonfim	35 000	1 615	14 000	*gibt es nicht*
Vitória SC	1922	Afonso Henriques	33 000	7 748	11 000	*gibt es nicht*

Berühmte spanische Klubs

Klub-name	Gründ. Jahr	Stadion-name	Stadion-kapazität	Besucherschn. (Sais. 2000/01)	Anzahl der Mitglieder (2000)	Anzahl der "Fanklubs" (2000)	Spielfeld Dim. (m)	Spitzname	Budget 1999/2000 (in Mil. GBP)
Alavés	1921	Mendizorroza	19 200	13 984	15 000	11	105 x 67	Minidepor – Kleines Deportivo	9,2
Athletic Bilbao	1898	San Mamés	40 300	32 105	34 000	400	104 x 68	Leones de San Mamés – Die Löwen aus S. M.	24,1
Atlético Madrid	1903	Vicente Calderón	56 163	42 905	30 000	475	105 x 70	Colchoneros – Die Matratzenhersteller	30,7
Barcelona	1899	Nou Camp/Camp Nou	98 600	62 632	102 000	1 300	105 x 72	Barça	55,7
Celta Vigo	1923	Balaídos	31 800	21 684	33 000	65	105 x 68	Célticos – Die Kelten	14,4
Deportivo La Coruña	1906	Riazor	34 771	28 921	25 000	220	105 x 68	Superdepor – Großes Deportivo	22,0
Espanyol Barcelona	1900	Montjuïc	55 000	18 500	25 000	160	105 x 67	Pericos – Die Zwergpapageien	13,2
Mallorca	1916	Son Moix	23 142	16 637	15 000	53	105 x 68	Balear	14,7
Real Betis Balompié	1907	Manuel Ruíz de Lopera	62 000	29 381	35 000	300	104 x 67	Béticos	14,7
Real Madrid	1902	Santiago Bernabéu	74 871	64 475	69 000	1 305	106 x 70	Merengues – „Küsschen" (auch: Die Königlichen)	76,1
Real Oviedo	1926	Nuevo Carlos Tartiere	30 000	23 421	16 000	120	105 x 68	Ajedrecistas – Die Schachspieler	9,6
Real Sociedad	1909	Anoeta	32 000	25 000	26 300	98	105 x 70	Donostia – Die Basken	13,8
Real Valladolid	1928	Nuevo José Zorilla	26 512	13 253	11 200	77	105 x 68	Pucela – laut der Region	10,8
Real Zaragoza	1932	La Romareda	34 596	25 053	21 000	63	107 x 68	Aragonés – laut der Provinz	14,7
Sevilla	1905	Ramón Sánchez Pizjuán	45 500	30 000	20 000	115	105 x 70	Calé – Der andalusische Zigeuner oder Fatzke	6,2
Valencia	1919	Mestalla	49 092	42 737	39 000	360	105 x 70	Che FC – che (= hör mal, so)	33,7

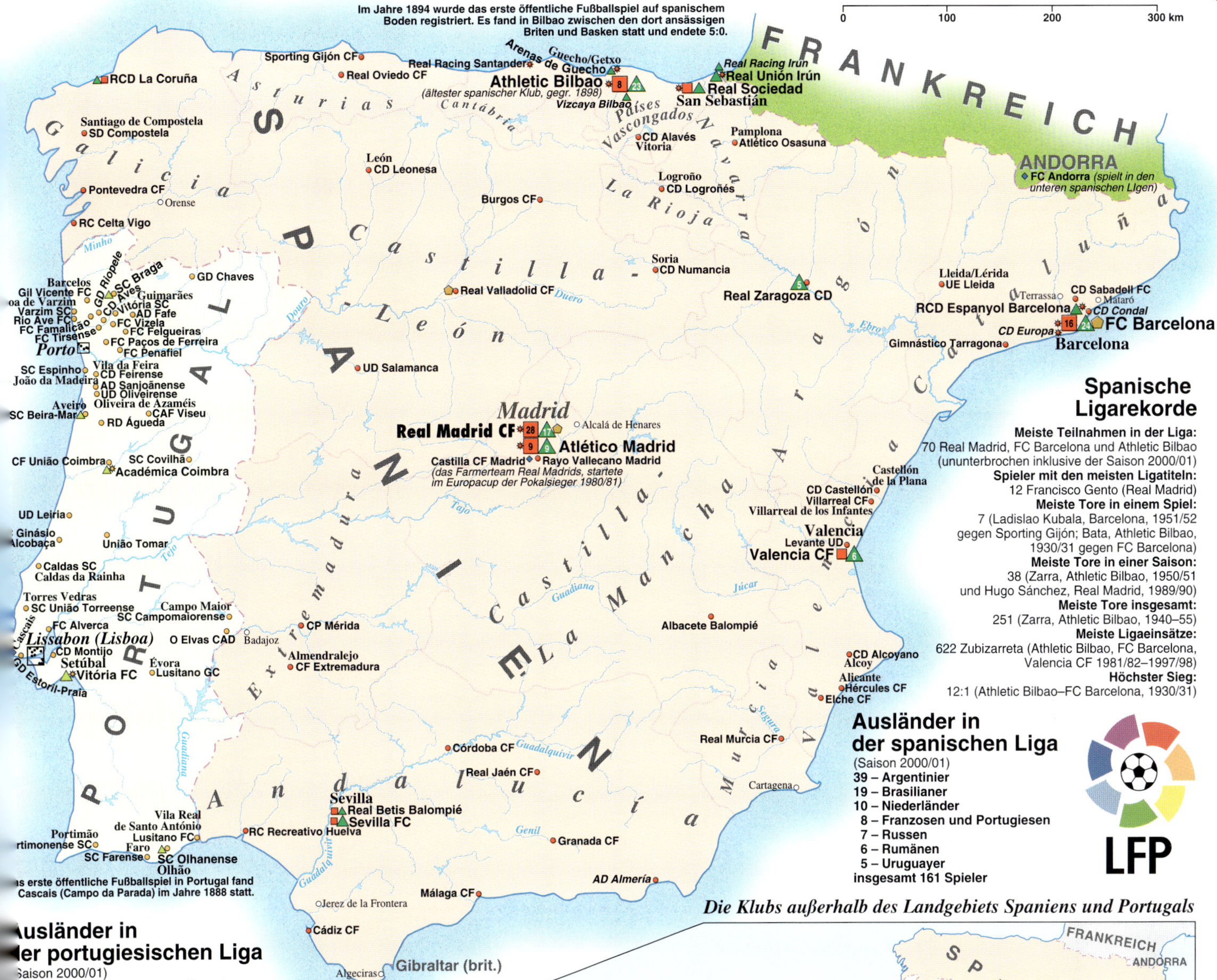

Spanische Ligarekorde

Meiste Teilnahmen in der Liga:
70 Real Madrid, FC Barcelona und Athletic Bilbao (ununterbrochen inklusive der Saison 2000/01)
Spieler mit den meisten Ligatiteln:
12 Francisco Gento (Real Madrid)
Meiste Tore in einem Spiel:
7 (Ladislao Kubala, Barcelona, 1951/52 gegen Sporting Gijón; Bata, Athletic Bilbao, 1930/31 gegen FC Barcelona)
Meiste Tore in einer Saison:
38 (Zarra, Athletic Bilbao, 1950/51 und Hugo Sánchez, Real Madrid, 1989/90)
Meiste Tore insgesamt:
251 (Zarra, Athletic Bilbao, 1940–55)
Meiste Ligaeinsätze:
622 Zubizarreta (Athletic Bilbao, FC Barcelona, Valencia CF 1981/82–1997/98)
Höchster Sieg:
12:1 (Athletic Bilbao–FC Barcelona, 1930/31)

Ausländer in der spanischen Liga

(Saison 2000/01)
39 – Argentinier
19 – Brasilianer
10 – Niederländer
8 – Franzosen und Portugiesen
7 – Russen
6 – Rumänen
5 – Uruguayer
insgesamt 161 Spieler

LFP

usländer in er portugiesischen Liga

Saison 2000/01)

0 – Brasilianer
4 – Angolaner
1 – von den Kapverden
0 – Jugoslawen
9 – Spanier
7 – Franzosen
insgesamt 188 Spieler

Porto und Umgebung

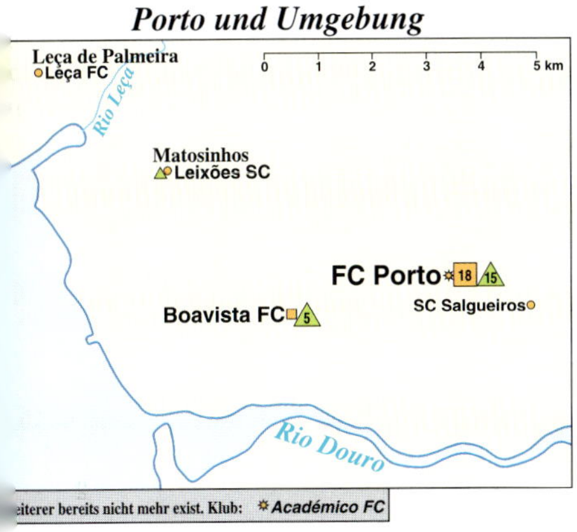

Die Klubs außerhalb des Landgebiets Spaniens und Portugals

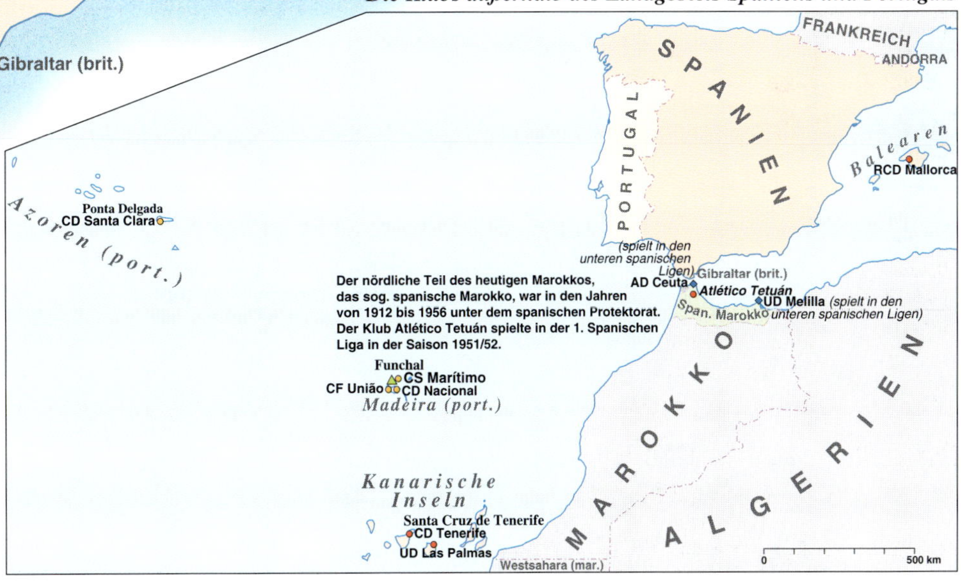

Entwicklung der Besucherzahl, erzielte Tore, Teilnehmerzahl der 1. Spanischen Liga und wichtige Begebenheiten

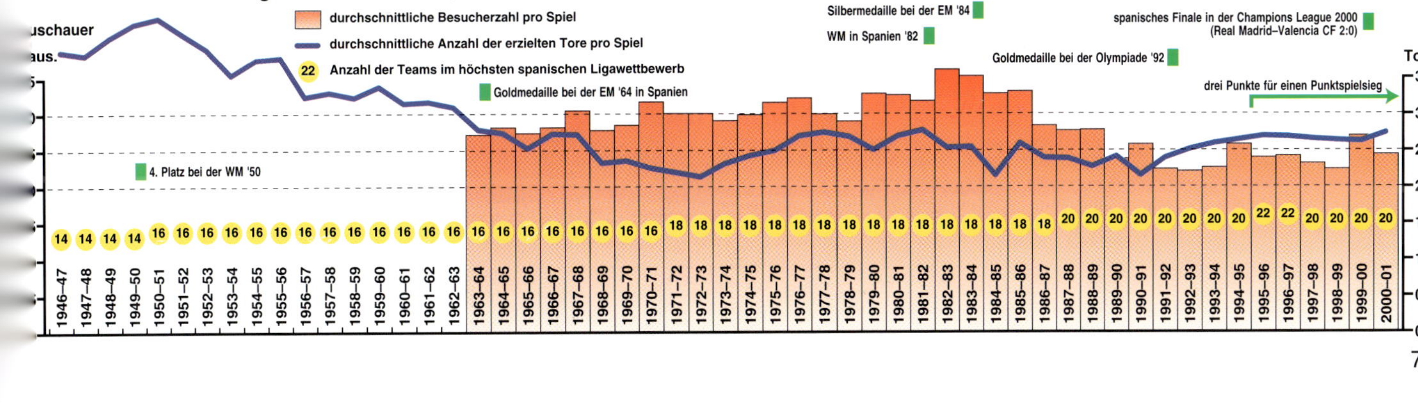

Italien, San Marino und Malta

Über **Italien** wird häufig gesagt, dass es das gelobte Land des Fußballs sei. Trotzdem ist hier fast nirgends den englischen, heute schon ausreichend internationalisierten Namen dieses Sports zu begegnen. Nicht Fußball, sondern Calcio, heißt das Spiel, das jeden Tag das Interesse von Millionen von Sportfreunden auf der Apenninenhalbinsel weckt. So wie die Italiener sich mit Hilfe des Papstes nach und nach den Katholizismus aneigneten, so bemächtigten sie sich auch des Fußballs. Die Engländer erfanden ihn zwar in der zweiten Hälfte des 19. Jahrhunderts, seine etwas wildere Form existierte aber schon im mittelalterlichen Florenz und wurde später auch in anderen italienischen Städten gespielt.

Die Geschichte des modernen Fußballs mit all seinen Regeln ist aber natürlich mit den Britischen Inseln verbunden, was die Italiener auch nicht bestreiten. Die ersten Klubs bekannten sich durch ihre Namen stolz zu ihren englischen Gründern (es handelte sich meistens um Studenten, Geschäftsleute und Ingenieure). Der älteste bis heute bestehende Klub entstand im Jahre 1893 in Genua unter dem Namen Genoa Cricket and Football Club (Genoa ist die englische Bezeichnung der berühmten Hafenstadt). In der italienischen Geschichte gab es eine Epoche, in der alles „Nichtitalienische" ausgemerzt werden sollte. Die faschistische Diktatur von Benito Mussolini (1922–1945) knüpfte durch ihr Programm an die Ära des die Welt beherrschenden römischen Reichs an und die englischen Bezeichnungen der Fußballklubs passten den Ideologen nicht ins Konzept. Die Klubs aus Genua und Mailand wurden italianisiert, die Abkürzungen Football Club bzw. Sporting Club verschwanden. Auch Inter Milano musste auf seine „unzureichende patriotische" Bezeichnung verzichten und den Namen Ambrosiana annehmen. Sobald es jedoch möglich war, kehrte man wieder zur Normalität zurück. In den siebziger und achtziger Jahren erscheint dann, im Zusammenhang mit der Umwandlung der Klubs in Aktiengesellschaften, in den Namen vieler Klubs jenes magische Wörtchen „Calcio". Wir treffen also nicht mehr AC Torino, sondern Torino Calcio an, ähnlich ist es im Falle von Cagliari (früher US) oder Vicenza (früher Lanerossi).

Am 26. März 1898 wurde der Italienische Fußballverband gegründet und an einem einzigen Tag, am 8. Mai 1898, wurde die erste italienische Meisterschaft ausgespielt. Vier Klubs nahmen teil, davon drei aus Turin (Internazionale di Torino, FC Torinese, Ginnastica di Torino), das Wasser grub ihnen aber der gastierende Genoa CFC ab. Die Liga nahm immer mehr Mannschaften auf, anfangs war sie aber eine Domäne des hochentwickelten Nordens – der Städte Turin, Mailand und Genua. Erst seit dem Jahre 1913 traten ihr auch die Klubs aus der Mitte und dem Süden des Landes bei, vorwiegend aus Rom und Neapel. Der so hoffnungsvoll angelaufene Wettbewerb wurde jedoch wegen des 1. Weltkriegs unterbrochen. Danach wurde die Liga in zwei Gruppen (Lega Nord und Lega Sud) geteilt, erst in der Saison 1929/30 kehrte man zu dem traditionellen System zurück. Achtzehn Klubs aus ganz Italien bildeten die sogenannte Serie A (die Ligen darunter erhielten die Bezeichnungen Serie B, Serie C1 und Serie C2). Der italienische Pokal (Coppa Italia) findet regelmäßig seit 1922 statt. Die fußballerische Qualität konzentrierte sich immer im reichen Norden (vor allem in der Poebene) und in der Hauptstadt Rom. Den als rückständig betrachteten Süden vertraten zumeist nur Neapel, Bari und Cagliari.

In **San Marino** werden die Fußballwettbewerbe seit dem Jahre 1937 ausgespielt. Damals wurde der Titan-Pokal geboren, der nach dem hiesigen Berg benannt ist. Die einheimische Liga nahm in der Saison 1985/86 ihren Spielbetrieb auf. Heute sind die 16 Klubs in zwei Gruppen aufgeteilt, die sechs Besten spielen in einem Play-off um den Titel.

Malta gründete bereits im Jahr 1900, damals noch britische Kolonie, seinen Fußballverband. Die Liga, heute halbprofessionell, wurde 10 Jahre später eingerichtet und Maltas Pokal im Jahre 1935 ins Leben gerufen. Alle Begegnungen der höchsten Spielklasse werden in nur drei mit Rasenplätzen ausgestatteten Stadien ausgetragen. Dafür gibt es gleich mehrere Ursachen: Das sehr trockene Klima erschwert die Raseninstandhaltung und die einzelnen Klubs sind nur einige Kilometer oder noch weniger voneinander entfernt. Durchschnittlich kommen 850 Zuschauer zu einem Ligaspiel.

FEDERAZIONE ITALIANA GIUOCO CALCIO

Italien

FEDERAZIONE SAMMARINESE GIUOCO CALCIO

San Marino

MALTA FOOTBALL ASSOCIATION 1900

Malta

LEGENDE

1 2–4 5 und mehr — Siege in der 1. Liga – Italien (1898–2001), San Marino (1986–2001) und Malta (1910–2001)

Liga-Begründer – Italien (gegr. 1898) und Malta (gegr. 1909/10)

übrige Teilnehmer der 1. Liga – Italien (1930–2002; Finalrundenteilnehmer 1898–1929), San Marino (1986–2001) und Malta (1910–2002)

Siege im Landespokal – Italien (1922–2001), San Marino (1937–2001) und Malta (1935–2001)

Rimini ○ — Städte über 100 000 Einwohner ohne einen Erstligaklub

SP Libertas — Name des Fußballklubs

Juventus FC — erfolgreichster Klub des Landes

Senglea Stars — bereits nicht mehr existierender Klub

Salerno — Stadt

Toscana — Region

Berühmte italienische Klubs

Klubname	Gründ. Jahr	Name des Stadions	Stadionkapazität	Besucherschn. (Sais. 2000/01)	Jahreskarten (Sais. 2000/01)	Spielfeld Dim. (m)	Spitzname	Budget 1998/99 (in Mil. GBP)
Atalanta	1904	Atleti Azzurri d'Italia	26 542	19 630	12 135	105 x 66	Orobici – nach der Region	12,0
Bari	1908	San Nicola	58 270	13 647	8 036	105 x 68	Galletti – die Hähnchen	14,7
Bologna	1909	Renato Dall' Ara	38 550	25 767	19 606	105 x 68	Felsinei – nach der alten römischen Stadtbenennung	21,8
Brescia	1911	Mario Rigamonti	27 547	15 490	10 800	105 x 68	Rondinelle – die Schwalben	11,0
Cagliari	1920	Sant' Elia	39 905	18 868	5 333	105 x 68	Isolani – Inselvolk	9,7
Fiorentina	1926	Artemio Franchi	47 232	29 885	22 261	105 x 68	Viola – die Veilchen	23,9
Genoa 1893	1893	Luigi Ferraris	40 122	14 500	11 841	106 x 68	Rossoblu – die Rot-Blauen	9,5
Hellas Verona	1903	Marc' Antonio Bentegodi	44 758	17 777	10 018	105 x 67	Scaligeri – nach dem alten herzoglichen Geschlecht	10,8
Internazionale	1908	Giuseppe Meazza	85 700	50 950	43 632	105 x 68	Nerazzurri – die Schwarz-Blauen	49,1
Juventus	1897	Delle Alpi	71 012	38 630	35 446	105 x 68	Vecchia Signora – die alte Dame	58,5
Lazio	1900	Olimpico	82 307	48 498	36 351	105 x 67	Laziali – die Lazianer (nach der Provinz)	50,0
Milan AC	1899	Giuseppe Meazza	85 700	52 448	40 704	105 x 68	Diavoli – die Bösen	54,1
Napoli	1926	San Paolo	78 000	39 875	23 419	105 x 68	Partenopei – nach der griechischen Stadtbenennung	20,0
Parma	1913	Ennio Tardini	29 149	19 748	13 810	105 x 68	Parmigiani – die Parmaner	44,4
Roma	1927	Olimpico	82 307	63 370	46 129	105 x 67	Lupi – die Wölfe	39,4
Sampdoria	1946	Luigi Ferraris	40 122	15 591	11 434	105 x 68	Blucerchiati – nach dem Dressdesign	15,0
Torino	1906	Delle Alpi	71 012	17 947	10 292	105 x 68	Granata – die Granaten	11,2
Udinese	1896	Friuli	41 632	20 136	15 341	105 x 68	Friulani – die Friauler (nach der Provinz)	15,5
Venezia	1907	Pierluigi Penzo	13 370	6 315	3 538	105 x 65	Lagunari – Menschen aus der Lagune	10,6
Vicenza	1902	Romeo Menti	20 920	14 990	11 572	105 x 68	Biancorossi – die Weiß-Roten	20,0

Entwicklung der Besucherzahl, erzielte Tore, Teilnehmerzahl der 1. Italienischen Liga und wichtige Begebenheiten

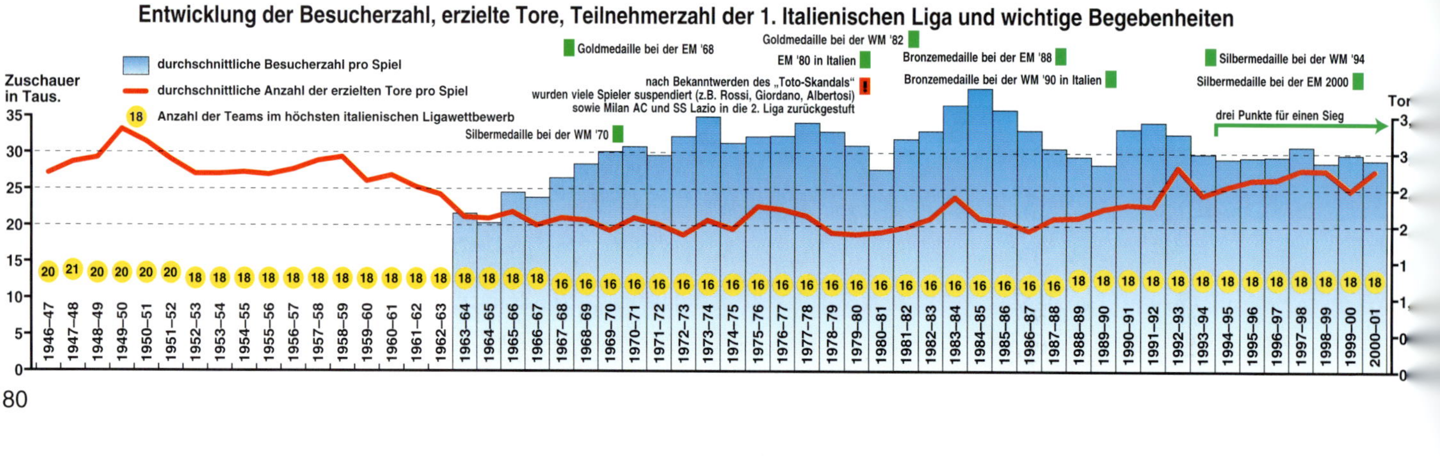

Italienische Ligarekorde

Meiste Tore in einer Saison:
35 – Gunnar Nordahl (Milan AC, 1949/50)
Meiste Tore insgesamt:
290 – Silvio Piola (Pro Vercelli, Lazio, AC Torino, Juventus und Novara, 1929–54)
Höchster Sieg:
10:0 (AC Torino–UC Alessandria, 1947/48)
Meiste Ligaeinsätze:
570 – Dino Zoff (Udinese, Mantova, Napoli und Juventus, 1961–83)
Längste Serie ohne Niederlage in Folge:
58 Spiele – Milan AC (1991/92–1992/93)

usländer in der Serie A

aison 2000/01)

- 9 – Argentinier
- 5 – Brasilianer
- 2 – Franzosen
- 9 – Portugiesen
- 8 – Jugoslawen und Uruguayer
- 7 – Chilenen
- 6 – Tschechen und Dänen
- 4 – Niederländer und Spanier
- 3 – Kolumbianer und Schweden

sgesamt 168 Spieler

Teuerste italienische Fußballspieler auf dem Transfermarkt

Gianluigi Buffon	2001	Parma AC	➔	Juventus FC	32 600 000 Pfd.
Christian Vieri	1999	SS Lazio	➔	Inter Milano	25 000 000 Pfd.
Antonio Cassano	2001	AS Bari	➔	AS Roma	19 000 000 Pfd.
Christian Vieri	1998	Atlético Madrid	➔	SS Lazio	18 000 000 Pfd.
Francesco Toldo	2001	AC Fiorentina	➔	Inter Milano	18 000 000 Pfd.
Filippo Inzaghi	2001	Juventus FC	➔	Milan AC	17 000 000 Pfd.
Vincenzo Montella	1999	UC Sampdoria	➔	AS Roma	15 500 000 Pfd.
Stefano Fiore	2001	Udinese Calcio	➔	SS Lazio	14 900 000 Pfd.
Giuliano Giannichedda	2001	Udinese Calcio	➔	SS Lazio	14 600 000 Pfd.
Gianluigi Lentini	1992	Torino Calcio	➔	Milan AC	13 000 000 Pfd.

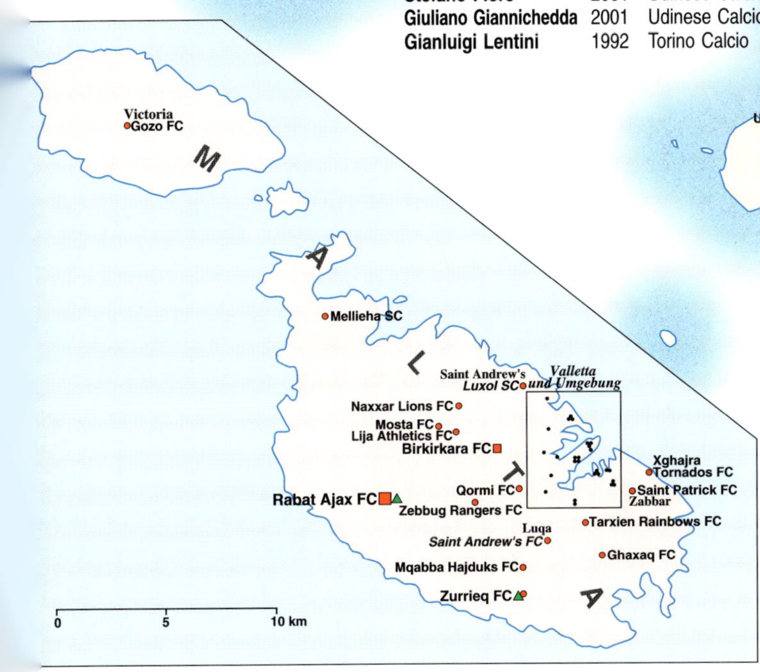

Die Alpenländer

In Wien, der Hauptstadt der Donaumonarchie, gastierten bis zum 1. Weltkrieg jede Menge britische Diplomaten, Geschäftsleute und Studenten, die sich hier als erste Werber des Fußballs hervortaten. Die Engländer gründeten zudem im Jahre 1894 den Vienna Cricket and Football Club (kurz: Cricketer), worauf die gebürtigen Wiener mit der Gründung eines eigenen Klubs reagierten – First Vienna. Das Duell dieser beiden Vereine am 15. November 1894 war zugleich das erste offizielle Fußballspiel auf dem Gebiet von **Österreich**. Im Jahre 1902 trafen erneut in Wien die Österreicher und Ungarn aufeinander. Der Vergleich, bei dem sich die Hausherren mit 5:0 durchsetzten, gilt bis heute als erste offiziell anerkannte Begegnung zweier nichtbritischer Teams in der Welt. Drei Jahre darauf wurde der Fußballverband gegründet und Österreich schloss sich nach Deutschland als zweites Land den sieben Gründungsmitgliedern der FIFA an. Der Österreichische Fußball-Bund (ÖFB) in seiner heutigen Gestalt war jedoch erst 1926 entstanden. Die erste Meisterschaft wurde 1912 von Rapid gewonnen, den Pokalwettbewerb gingen die Österreicher sieben Jahre später an. Die Liga war lange Zeit eine ausschließliche Angelegenheit der Donaumetropole, Klubs aus weiteren Städten stießen erst 1949 hinzu. Ähnlich verlief der Pokalwettbewerb, bei dessen Auftakt (1918/19) ebenfalls Rapid triumphierte. Die Hauptstadtteams beherrschten die Liga volle 70 Jahre. Den einzigen Erfolg eines anderen Klubs verbuchte 1965 der LASK aus Linz. Erst in den 70er Jahren rüttelte Wacker Innsbruck etwas stärker an der Vormachtstellung der Wiener Klubs, doch in den letzten Jahren drückten schon die Mannschaften aus Innsbruck, Salzburg und Graz der Ligaszene ihren Stempel auf. In der Saison 1974/75 wurde die Liga seit längerem erstmals mit nur zehn Teilnehmern ausgetragen. Ein Modell, zu dem man nach einigen Änderungen 1993/94 wieder zurückkehrte. Bei der Aufspaltung aller bisher vergebenen Meistertitel schlägt die Erfolgsskala ziemlich ungleichmäßig aus; nahezu 60 % entfallen auf die Wiener Traditionsvereine Rapid und Austria, weitere 25 % auf andere Hauptstadtklubs, und der Rest geht an die „Provinz“.

Die stets stabile und nie durch Kriege heimgesuchte **Schweiz** setzte sich in fußballerischen Belangen vor allem auf dem Feld der Diplomatie durch. Sie wurde zum Hauptsitz der zwei mächtigsten Fußballorganisationen (FIFA und UEFA) der Welt. 1954 richtete die Schweiz sogar die Weltmeisterschaft aus; ein organisatorischer Erfolg, während sportlich die benachbarten Österreicher mit Platz 3 zu überzeugen wussten. Die Schweizer wurden mit dem Fußball sehr frühzeitig bekannt gemacht, und zwar durch britische Studenten um das Jahr 1855 herum. Das Gründungsjahr 1879 führt der älteste Klub des Landes, der FC St. Gallen, in seinen Annalen. Junge Engländer trugen 1886 und 1890 zur Entstehung der zwei populärsten Vereine bei – Grasshoppers Zürich bzw. Servette Genf. Der Schweizer Fußballverband wurde im Jahre 1895 gegründet und nur zwei Jahre später erlebte der erste regelmäßige Wettbewerb seine Premiere. Dessen Sieger wurde in den Duellen jener drei Teams ermittelt, die aus den regionalen Gruppen aufstiegen. Seit 1926 wird der Kampf um die Pokaltrophäe ausgefochten. Auf regionaler Basis wurde der Ligawettbewerb bis zum Jahr 1932 gespielt, den nationalen Status erwarb er sich im Jahr darauf. Der gegenwärtige Modus gehört zu den kompliziertesten in der Welt: die zwölf Erstligisten tragen zuerst eine Hin- und Rückrunde aus, danach spielen die ersten Acht nach gleichem Schema um den Titel und die letzten Vier eine Relegation mit den ersten Vier der 2. Liga um den Auf- und Abstieg. Der größte Titelsammler sind die Grasshoppers aus Zürich, doch nicht selten setzen sich auch andere Klubs aus allen Teilen der viersprachigen Föderation (Genf, Basel, Bern, Lausanne, Sion) durch.

Das winzige **Liechtenstein** hat keine eigene Liga. Seine sieben registrierten Klubs nehmen am Spielbetrieb in unteren Schweizer Ligen teil. Seit 1946 gibt es jedoch den Liechtensteiner Pokal, dessen Gewinner in den 90er Jahren das Startrecht für den Europacup der Pokalsieger bzw. den UEFA Cup erhielt. Der Landesverband wurde 1933 gegründet, Mitglied der FIFA und UEFA ist man seit 1974.

ÖFB

Österreich

Schweiz

L.F.V.

Liechtenstein

LEGENDE

- 1 / 2–4 / 5 und mehr: Siege in der 1. Liga – Österreich (1912–2001) und Schweiz (1898–2001)
- Begründer der Liga – Österreichische (gegr. 1911/12) und Schweizer Liga (gegr. 1897/98)
- übrige Teilnehmer der 1. Liga – Österreich (1912–2002) und Schweiz (1898–2002)
- Siege im Pokal – Österreich (1919–2001), Schweiz (1926–2001) und Liechtenstein (1946–2001)
- weitere Klubs oder Stadien *(Besonderheit)*
- Villach: Städte über 50 000 Einwohner ohne einen Erstligaklub
- FC Balzers: Name des Fußballklubs
- **SK Rapid Wien**: erfolgreichster Klub des Landes
- *Anglo-American FC*: bereits nicht mehr existierender Klub
- **Basel**: Stadt
- *Burgenland*: Region

Teuerste österreichische und schweizerische Fußballspieler auf dem Transfermarkt

Patrick Müller (SUI)	2000	Grasshopper-Club Zürich	→	Olympique Lyonnais	5 100 000 Pfd.
David Sesa (SUI)	2000	US Lecce	→	SSC Napoli	4 250 000 Pfd.
Ciriaco Sforza (SUI)	2000	1. FC Kaiserslautern	→	Bayern München	4 000 000 Pfd.
Ramon Vega (SUI)	1997	Cagliari Calcio	→	Tottenham Hotspur	3 500 000 Pfd.
Mario Haas (AUT)	1999	Sturm Graz	→	RC Strasbourg	3 500 000 Pfd.

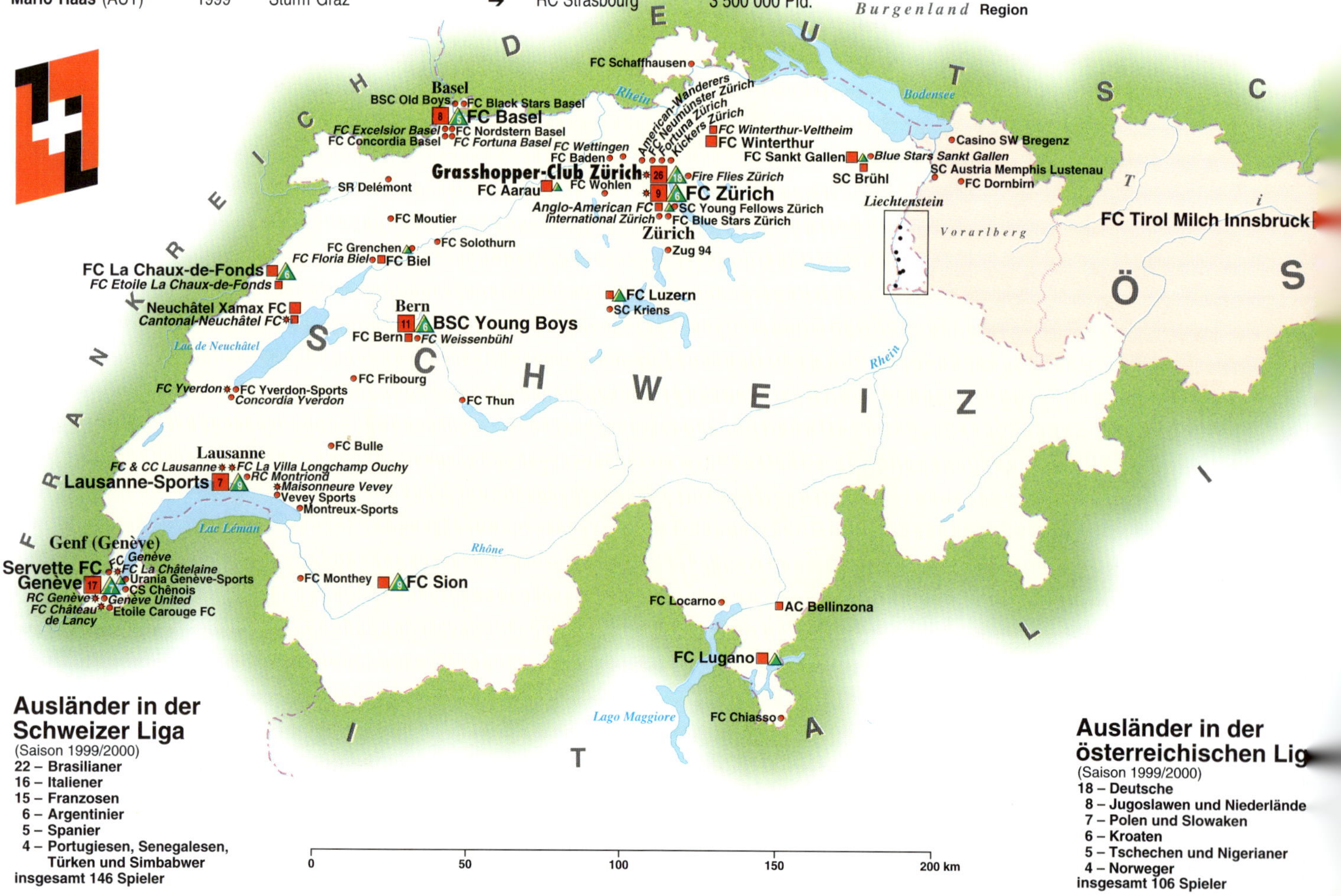

Ausländer in der Schweizer Liga

(Saison 1999/2000)
- 22 – Brasilianer
- 16 – Italiener
- 15 – Franzosen
- 6 – Argentinier
- 5 – Spanier
- 4 – Portugiesen, Senegalesen, Türken und Simbabwer

insgesamt 146 Spieler

Ausländer in der österreichischen Liga

(Saison 1999/2000)
- 18 – Deutsche
- 8 – Jugoslawen und Niederlände
- 7 – Polen und Slowaken
- 6 – Kroaten
- 5 – Tschechen und Nigerianer
- 4 – Norweger

insgesamt 106 Spieler

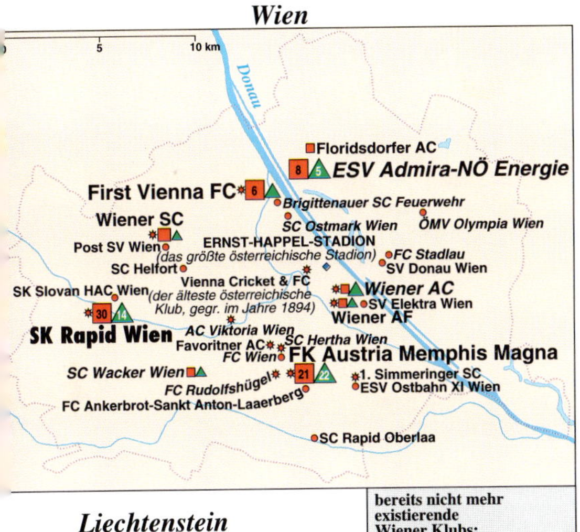

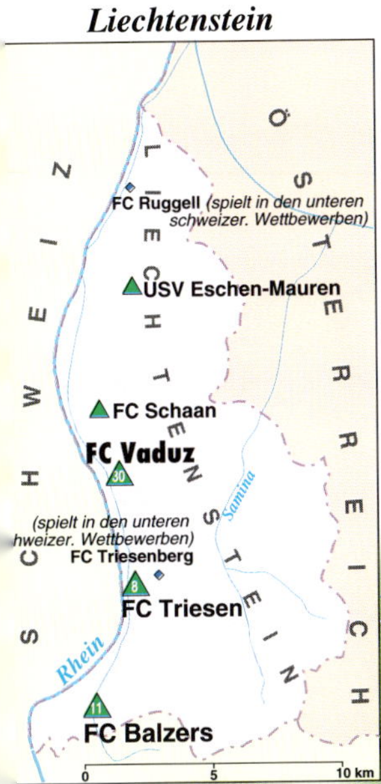

Berühmte österreichische und schweizerische Klubs

Klubname	Gründ. Jahr	Name des Stadions	Stadionkapazität	Besucherschn. (Saison 2000/01)
Austria Memphis	1911	Franz Horr-Stadion	11 800	5 559
First Vienna	1894	Casino-Stadion Hohe Warte	6 100	863
Grazer AK	1902	Arnold Schwarzenegger-Stadion	15 428	5 631
LASK Linz	1908	Linzer Stadion	25 138	4 923
Rapid Wien	1899	Gerhard Hanappi-Stadion	19 600	7 736
Ried	1912	Rieder Stadion	9 500	4 249
Salzburg	1933	Lehen	14 457	5 172
Sturm Graz	1909	Arnold Schwarzenegger-Stadion	15 428	10 831
Tirol Innsbruck	1913	Tivoli	15 200	13 131
Wiener SC	1907	Sportplatz Dornbach	8 800	564
Basel	1893	St. Jakob-Park	30 200	15 152
BSC Young Boys	1898	Wankdorf	28 400	4 475
Grasshopper-Club Zürich	1886	Hardturm	17 666	7 583
Lausanne-Sports	1896	Stade Olympique	15 850	3 564
Lugano	1908	Cornaredo	15 000	5 325
Neuchâtel Xamax	1970	La Maladière	22 500	3 800
Sankt Gallen	1879	Espenmoos	13 700	10 317
Servette Genève	1890	Les Charmilles	9 250	4 583
Sion	1909	Tourbillon	19 526	7 283
Zürich	1896	Letzigrund	19 500	6 056

Entwicklung der Besucherzahl, erzielte Tore, Teilnehmerzahl der 1. Österreichischen Liga und wichtige Begebenheiten

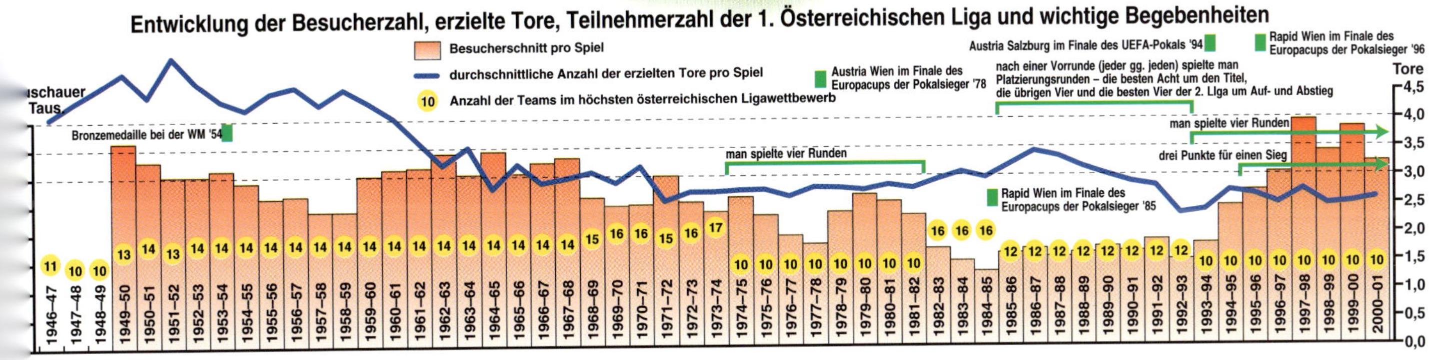

Deutschland

Auch wenn einige Quellen darin divergieren, wo in **Deutschland** der erste Fußballklub zum Leben erwachte, eins steht fest: die Eingangstore, durch welche das Spiel das Land betreten hatte, waren die großen Häfen an der Nordseeküste, wo die Fußballprotagonisten aus dem Albion mit ihren Schiffen landeten. Für den ältesten Klub hält man den Bremer FC, der angeblich schon im Jahre 1880 existierte. Neben Bremen entstanden Vereine bald auch in Hannover (ARBV, 1886) und in Hamburg (Hamburger FC und Germania, 1887). Im Jahre 1885 entdeckte der Fußball ebenso Berlin, in München wurde er 1889 zum ersten Mal vom Londoner Orion Club gezeigt. Der bedeutendste Wegbereiter war Dr. Franz Hueppe, der als Pädagoge den Kongress in Leipzig organisierte, auf dem im Jahre 1900 der Deutsche Fußball-Bund gegründet wurde. Recht bald folgte ein regelmäßiger Wettbewerb – erster deutscher Meister wurde 1903 der VfB Leipzig. Den Titel erkämpfte der VfB in einem Ausscheidungsturnier, dessen System danach lange Zeit Bestandteil des deutschen Fußballs war. Ab 1935 spielte man auch um den Deutschen Pokal, den ersten gewann der 1. FC Nürnberg. In die „Turnier"-Liga griffen vor und während des 2. Weltkrieges eine Reihe von Klubs aus den früheren deutschen bzw. okkupierten Gebieten ein – aus Schlesien, Ostpreußen, Polen, Österreich, Luxemburg, dem Elsass, den Sudeten sowie dem Protektorat Böhmen und Mähren. 1945 wurden nach einer Entscheidung der Siegermächte alle deutschen Sportorganisationen und Klubs aufgelöst. Die schrittweise Erneuerung ging bereits isoliert voneinander in zwei deutschen Staaten vor sich. Erster Meister Westdeutschlands wurde 1948 der 1. FC Nürnberg. Wieder spielte man nur in Regionalligen, deren Sieger in einem Finalturnier aufeinander trafen. Eine Kuriosität der Jahre 1950–56 stellte die Existenz des selbständigen Saarlands dar, das als solches in dieser Zeit sogar der FIFA und der UEFA angehörte.

Einen grundlegenden Umbruch in der Geschichte des westdeutschen Fußballs gab es in der Saison 1963/64, als die Bundesliga und damit das klassische Ligasystem eingeführt wurde. Die Deutschen übernahmen es als Letzte in Europa. Als erster Gewinner der Bundesliga, die mehr und mehr zu einer der anerkanntesten Ligen der Welt aufstieg, wurde der 1. FC Köln gefeiert. Wenngleich die größte Anzahl der bisherigen Bundesligavereine aus dem industriellen Ruhrgebiet kommt, so liegt bei der Anzahl der Siegertrophäen das durch den FC Bayern München bestens vertretene Bayern vorn. In der 1. und 2. Bundesliga spielen je 18 Teams, die Regionalliga als dritthöchste Spielklasse ist derzeit zweigeteilt in die Staffeln Nord und Süd.

In der ehemaligen sowjetischen Besatzungszone in Ostdeutschland ist die SG Planitz (heute FSV Zwickau) zum ersten Meister der **DDR** gekürt worden. Es war schon erstaunlich, dass im Osten sofort mit der Premierensaison 1949/50 in einer Liga um den Titel gespielt und zugleich ein Pokalwettbewerb ausgetragen wurde. In der sogenannten Oberliga setzte sich überwiegend der BFC Dynamo aus Ostberlin durch, aber auch die Teams aus Dresden, Magdeburg und Jena waren sehr erfolgreich. Nach der Wiedervereinigung des Landes wurden die hiesigen Klubs in die gesamtdeutschen Wettbewerbe integriert. Die um vieles höhere Qualität der Bundesliga im Vergleich zur Oberliga wird durch die Tatsache dokumentiert, dass ab der Saison 1991/92 immer nur eine oder maximal zwei Mannschaften aus den neuen Bundesländern in ersterer gespielt haben.

Rheinland und Ruhrgebiet

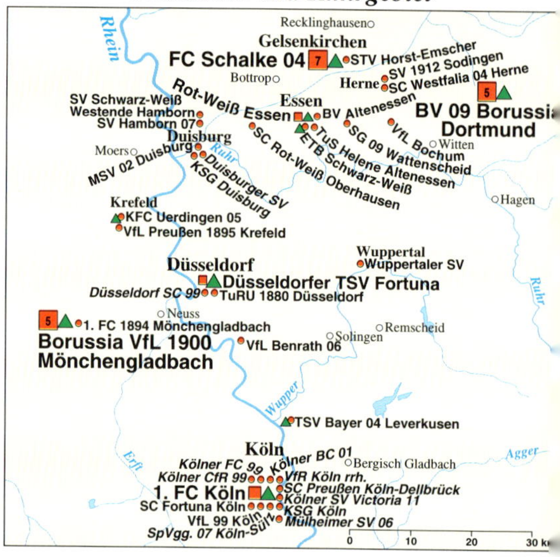

Teuerste deutsche Fußballspieler auf dem Transfermarkt

Oliver Bierhoff	1998	Udinese Calcio	→	Milan AC	8 700 000 Pfd.
Jörg Heinrich	1999	Borussia Dortmund	→	AC Fiorentina	8 500 000 Pfd.
Dietmar Hamann	1999	Newcastle United	→	Liverpool FC	8 000 000 Pfd.
Thomas Häßler	1991	Juventus FC	→	AS Roma	5 800 000 Pfd.
Karl-Heinz Riedle	1990	Werder Bremen	→	SS Lazio	5 500 000 Pfd.
Karl-Heinz Riedle	1993	SS Lazio	→	Borussia Dortmund	5 500 000 Pfd.
Christian Ziege	2000	Middlesbrough FC	→	Liverpool FC	5 500 000 Pfd.
Christian Ziege	2001	Liverpool FC	→	Tottenham Hotspur	5 500 000 Pfd.
Thomas Häßler	1990	1. FC Köln	→	Juventus FC	5 400 000 Pfd.
Dietmar Hamann	1998	Bayern München	→	Newcastle United	5 250 000 Pfd.

"der Osten" vor dem Jahre 1945

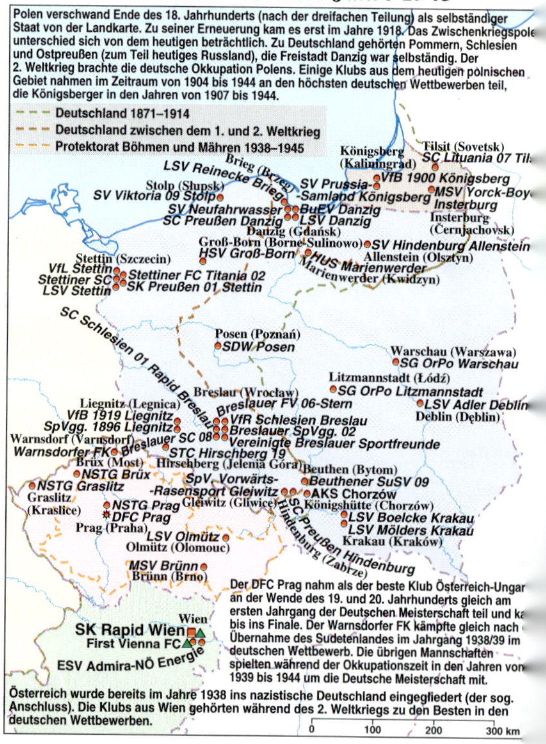

Berühmte deutsche Klubs

Klubname	Gründ. Jahr	Stadionname	Stadionkapazität	Besucherschn. (Saison 2000/01)	Anzahl der Mitglieder	Budget 1998/99 (in Mil. GBP)
Bayer Leverkusen	1904	BayArena	22 500	22 471	3 000	23,3
Bayern München	1900	Olympiastadion	69 256	48 471	82 500	83,5
Borussia Dortmund	1909	Westfalenstadion	68 600	63 729	11 000	43,9
Borussia M'gladbach	1900	Bökelbergstadion	34 500	23 350	5 500	8,0
Eintracht Frankfurt	1899	Waldstadion	61 146	29 694	6 000	13,3
Fortuna Düsseldorf	1911	Rheinstadion	55 850	5 109	5 000	3,5
Hamburger SV	1887	AOL-Arena	55 000	42 893	15 000	21,0
Hertha BSC Berlin	1892	Olympiastadion	55 000	40 337	8 600	17,0
1. FC Kaiserslautern	1900	Fritz-Walter-Stadion	41 582	39 404	10 500	31,4
Karlsruher SC	1894	Wildparkstadion	33 550	10 174	3 000	2,5
1. FC Köln	1948	Müngersdorfer St.	42 000	34 251	5 500	8,0
München 1860	1899	Olympiastadion	69 256	26 971	22 600	15,7
1. FC Nürnberg	1900	Frankenstadion	44 600	22 324	4 800	7,5
Schalke 04	1904	Arena "Auf Schalke"	61 000	45 623	22 000	26,2
VfB Stuttgart	1893	Gottlieb-Daimler-St.	51 165	26 657	7 000	15,7
Werder Bremen	1899	Weserstadion	35 282	30 042	3 000	21,0

Entwicklung der Besucherzahl, erzielte Tore, Teilnehmerzahl der deutschen Ligen und wichtige Begebenheiten

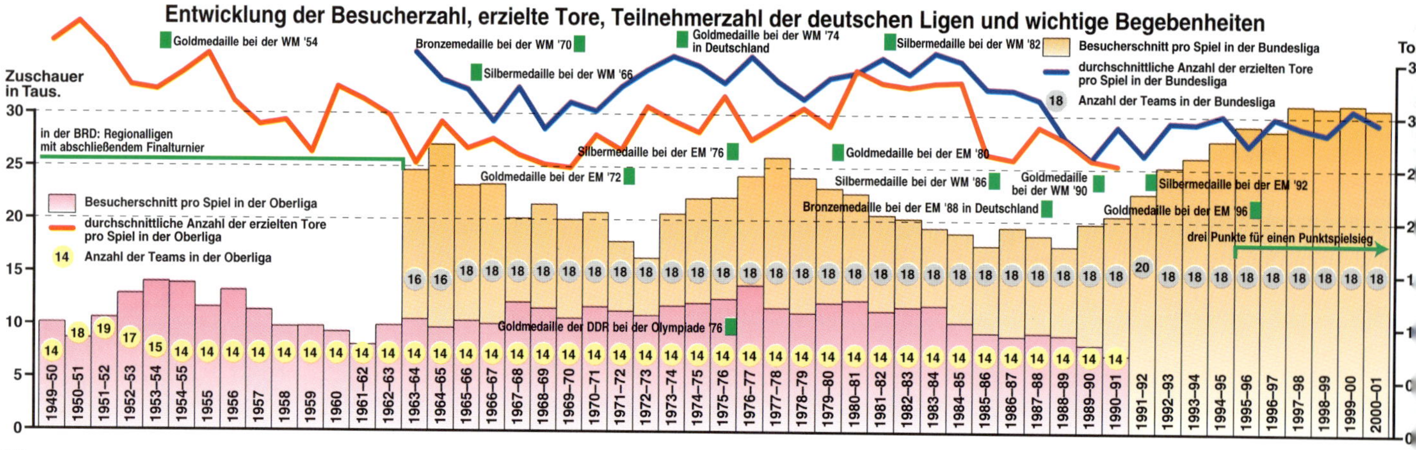

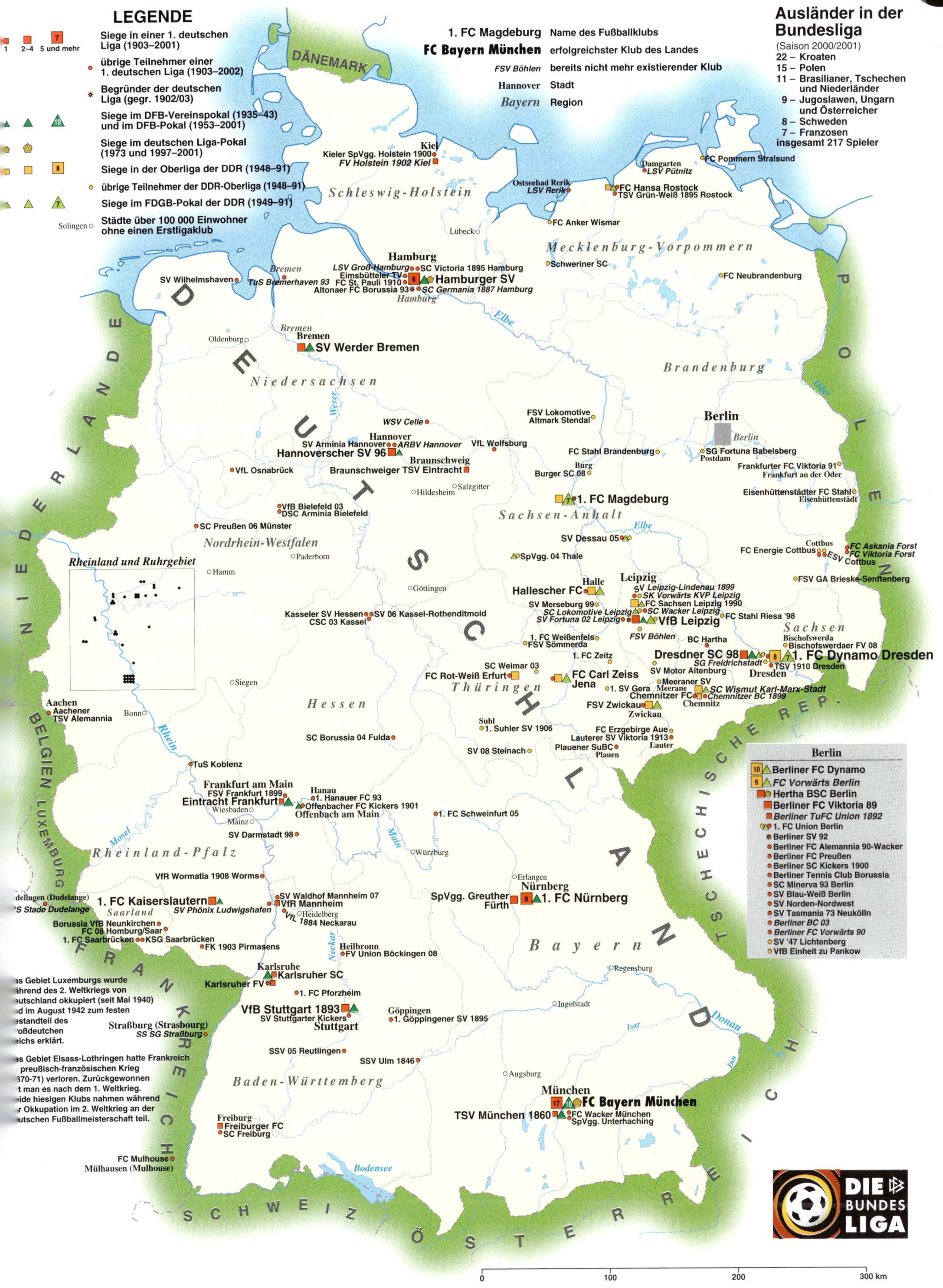

LEGENDE
1 2–4 5 und mehr 7
Siege in einer 1. deutschen Liga (1903–2001)
übrige Teilnehmer einer 1. deutschen Liga (1903–2002)
Begründer der deutschen Liga (gegr. 1902/03)
10
Siege im DFB-Vereinspokal (1935–43) und im DFB-Pokal (1953–2001)
Siege im deutschen Liga-Pokal (1973 und 1997–2001)
8
Siege in der Oberliga der DDR (1948–91)
übrige Teilnehmer der DDR-Oberliga (1948–91)
7
Siege im FDGB-Pokal der DDR (1949–91)
Solingen
Städte über 100 000 Einwohner ohne einen Erstligaklub
1. FC Magdeburg Name des Fußballklubs
FC Bayern München erfolgreichster Klub des Landes
FSV Böhlen bereits nicht mehr existierender Klub
Hannover Stadt
Bayern Region
Ausländer in der Bundesliga
(Saison 2000/2001)
22 – Kroaten
15 – Polen
11 – Brasilianer, Tschechen und Niederländer
9 – Jugoslawen, Ungarn und Österreicher
8 – Schweden
7 – Franzosen
insgesamt 217 Spieler
DÄNEMARK
Kiel
Kieler SpVgg. Holstein 1900
FV Holstein 1902 Kiel
Schleswig-Holstein
Lübeck
Ostseebad Rerik
LSV Rerik
Damgarten
LSV Pütnitz
FC Pommern Stralsund
FC Hansa Rostock
TSV Grün-Weiß 1895 Rostock
FC Anker Wismar
Mecklenburg-Vorpommern
Schweriner SC
FC Neubrandenburg
Hamburg
LSV Groß-Hamburg
SC Victoria 1895 Hamburg
Eimsbütteler TV
FC St. Pauli 1910
6
Hamburger SV
Altonaer FC Borussia 93
SC Germania 1887 Hamburg
Hamburg
Elbe
SV Wilhelmshaven
Bremen
TuS Bremerhaven 93
Bremen
Bremen
SV Werder Bremen
Oldenburg
Niedersachsen
Weser
Brandenburg
POLEN
Oder
Berlin
Berlin
Postdam
SG Fortuna Babelsberg
Frankfurter FC Viktoria 91
Frankfurt an der Oder
Eisenhüttenstädter FC Stahl
Eisenhüttenstadt
WSV Celle
Hannover
SV Arminia Hannover
ARBV Hannover
Hannoverscher SV 96
VfL Wolfsburg
Braunschweig
Braunschweiger TSV Eintracht
FSV Lokomotive Altmark Stendal
FC Stahl Brandenburg
Burg
Burger SC 08
VfL Osnabrück
Hildesheim
Salzgitter
1. FC Magdeburg
Sachsen-Anhalt
VfB Bielefeld 03
DSC Arminia Bielefeld
SC Preußen 06 Münster
Nordrhein-Westfalen
Paderborn
Elbe
SV Dessau 05
SpVgg. 04 Thale
Cottbus
FC Energie Cottbus
FC Askania Forst
FC Viktoria Forst
ESV Cottbus
FSV GA Brieske-Senftenberg
Rheinland und Ruhrgebiet
Hamm
Göttingen
Halle
Hallescher FC
Leipzig
SV Leipzig-Lindenau 1899
SK Vorwärts KVP Leipzig
FC Sachsen Leipzig 1990
SV Merseburg 99
SC Lokomotive Leipzig
SC Wacker Leipzig
SV Fortuna 02 Leipzig
VfB Leipzig
FC Stahl Riesa '98
Sachsen
Kasseler SV Hessen
SV 06 Kassel-Rothenditmold
CSC 03 Kassel
1. FC Weißenfels
FSV Sömmerda
FSV Böhlen
BC Hartha
Bischofswerda
Bischofswerdaer FV 08
Dresdner SC 98
SG Freidrichstadt
8
7
1. FC Dynamo Dresden
TSV 1910 Dresden
Dresden
1. FC Zeitz
SC Weimar 03
FC Rot-Weiß Erfurt
FC Carl Zeiss Jena
SV Motor Altenburg
Meeraner SV
Meerane
SC Wismut Karl-Marx-Stadt
1. SV Gera
Chemnitzer FC
Chemnitzer BC 1899
Chemnitz
Thüringen
FSV Zwickau
Zwickau
Siegen
Hessen
Aachen
Aachener TSV Alemannia
Bonn
Rhein
Suhl
1. Suhler SV 1906
FC Erzgebirge Aue
Lauterer SV Viktoria 1913
Lauter
Plauener SuBC
Plauen
SC Borussia 04 Fulda
SV 08 Steinach
TSCHECHISCHE REP.
BELGIEN
LUXEMBURG
NIEDERLANDE
DEUTSCHLAND
Berlin
10 Berliner FC Dynamo
6 FC Vorwärts Berlin
Hertha BSC Berlin
Berliner FC Viktoria 89
Berliner TuFC Union 1892
1. FC Union Berlin
Berliner SV 92
Berliner FC Alemannia 90-Wacker
Berliner FC Preußen
Berliner SC Kickers 1900
Berliner Tennis Club Borussia
SC Minerva 93 Berlin
SV Blau-Weiß Berlin
SV Norden-Nordwest
SV Tasmania 73 Neukölln
Berliner BC 03
Berliner FC Vorwärts 90
SV '47 Lichtenberg
VfB Einheit zu Pankow
TuS Koblenz
Frankfurt am Main
FSV Frankfurt 1899
Eintracht Frankfurt
Hanau
1. Hanauer FC 93
Offenbacher FC Kickers 1901
Offenbach am Main
Wiesbaden
Mainz
1. FC Schweinfurt 05
SV Darmstadt 98
Mosel
Main
Würzburg
Rheinland-Pfalz
VfR Wormatia 1908 Worms
Erlangen
Nürnberg
SpVgg. Greuther Fürth
9
1. FC Nürnberg
Dudelingen (Dudelange)
US Stade Dudelange
1. FC Kaiserslautern
Saarland
SV Phönix Ludwigshafen
SV Waldhof Mannheim 07
VfR Mannheim
Heidelberg
VfL 1884 Neckarau
Borussia VfB Neunkirchen
FC 08 Homburg/Saar
1. FC Saarbrücken
KSG Saarbrücken
FK 1903 Pirmasens
Neckar
Heilbronn
FV Union Böckingen 08
Bayern
Regensburg
Das Gebiet Luxemburgs wurde während des 2. Weltkriegs von Deutschland okkupiert (seit Mai 1940) und im August 1942 zum festen Bestandteil des Großdeutschen Reichs erklärt.
Karlsruhe
Karlsruher FV
Karlsruher SC
1. FC Pforzheim
Ingolstadt
VfB Stuttgart 1893
SV Stuttgarter Kickers
Stuttgart
Göppingen
1. Göppingener SV 1895
Straßburg (Strasbourg)
SS SG Straßburg
Donau
Isar
Das Gebiet Elsass-Lothringen hatte Frankreich im preußisch-französischen Krieg (1870-71) verloren. Zurückgewonnen hat man es nach dem 1. Weltkrieg. Beide hiesigen Klubs nahmen während der Okkupation im 2. Weltkrieg an der deutschen Fußballmeisterschaft teil.
SSV 05 Reutlingen
SSV Ulm 1846
Inn
Augsburg
Baden-Württemberg
München
17
FC Bayern München
TSV München 1860
FC Wacker München
SpVgg. Unterhaching
Freiburg
Freiburger FC
SC Freiburg
FRANKREICH
FC Mulhouse
Mülhausen (Mulhouse)
Bodensee
SCHWEIZ
ÖSTERREICH
DIE BUNDESLIGA
0
100
200
300 km

Tschechische Republik und Slowakei

Die Anfänge des Fußballs in den tschechischen Ländern sind nicht eindeutig belegt. Als sicher gilt, dass der Fußball zum ersten Mal im Jahre 1887 in Böhmen auftauchte sowie die Tatsache, dass dahinter erneut die Engländer steckten. Er wurde verbreitet durch Gebildete, die Kontakte zu den Britischen Inseln hatten, und durch deren britische Kollegen, die in Böhmen wirkten. Unter ihnen war auch ein junger Vertreter des fürstlichen Geschlechts Thurn und Taxis, der sich von seinem Studium in England einen Fußball mitgebracht hatte.

Das nachweislich erste Fußballspiel ist auf den 15. August 1892 datiert, als die Ruderer des Böhmischen Athletic Clubs in Roudnice den örtlichen Sokolverein mit 1:0 bezwangen. Im selben Jahr machte sich die Sokolorganisation auch um die erste tschechische Übersetzung der Fußballregeln verdient. Da wurden in Prag bereits etliche Fußballduelle ausgetragen. Der erste Klub, der sie organisierte, war der deutsche RRC Regatta, aber schon Mitte der 90er Jahre musste er sich immer öfter der Konkurrenz der Mannschaften aus den böhmischen Mittelschulen erwehren. Ein bedeutendes Jahr für die tschechische Fußballgeschichte war 1893, denn in jenes Jahr fällt das Gründungsdatum der beiden berühmtesten tschechischen Klubs und zugleich größten Rivalen: SK Slavia Prag und AC Sparta Prag. Am 29. März 1896 standen sie sich erstmals bei der Auftaktmeisterschaft Böhmens gegenüber. Auf dem Platz gewann Sparta 1:0, aber der Schiedsrichter, der Urvater des tschechischen Sports Josef Rössler-Ořovský, erkannte das Tor nach dem Spiel (!) wieder ab. Deshalb ging das 0:0 als Ergebnis in die Geschichte ein.

Nach Entstehung der **Tschechoslowakei** (1918) begann man sieben Jahre später, einen Ligawettbewerb auszuspielen. In der ersten Phase handelte es sich lediglich um die umbenannte Meisterschaft des Mittelböhmischen Gaus, genauer gesagt der Hauptstadt Prag. Im Herbst 1925 stieg mit dem SK Kladno der erste Klub außerhalb Prags in die Konkurrenz ein. Ab 1929 waren die Sudeten dank der Deutschen aus Teplitz mit ihrem ersten Verein, dem Teplitzer FK, in der höchsten Spielklasse präsent. Vier Jahre darauf begrüßte die Liga mit dem SK Židenice (heute Stavo Artikel Brno) ebenso ihren ersten mährischen Vertreter. Und nur weitere zwei Jahre später waren auch die Slowaken durch den 1. ČsŠK Bratislava (heute Slovan) mit von der Partie. Für das Jahr 1938 war der Start eines nationalen Pokalwettbewerbs der Tschechoslowakei vorgesehen, aber die Mobilisierung, das Münchener Abkommen und nicht zuletzt die nazistische Okkupation von Böhmen und Mähren sowie die Bildung des slowakischen Staats verzögerten die Realisierung dieses Vorhabens um viele Jahre. Bis zum Jahr 1944 wurden die tschechischen und slowakischen Wettbewerbe separat ausgetragen. Dadurch entstand der Tschechische Pokal, den 1940 der SK Olomouc ASO als Erster in Empfang nehmen konnte. Nach Kriegsende und der Erneuerung der Tschechoslowakei begann man 1945 sogleich wieder in einer gemeinsamen Liga zu spielen. Der Tschechoslowakische Pokal hingegen musste bis zum Jahr 1960 auf seinen ersten Besitzer – Dukla Prag – warten. Nach der 1993 erfolgten Teilung des Landes in zwei selbständige Staaten wurde der tschechische und slowakische Fußball abermals voneinander getrennt.

In der Vorkriegszeit sowie in der Ära der sozialistischen Industrialisierung waren die Erstligaklubs in den Großstädten und in den industriellen Zentren (insbesondere in der Slowakei) konzentriert. Die Jahrtausendwende förderte jedoch ein sehr ungewöhnliches Phänomen zu Tage. Die **Tschechische Republik** hatte und hat nämlich in ihrer 1. Liga gleich einige „Dorfklubs" bzw. Mannschaften aus ziemlich kleinen Städten zu bieten: Blšany (900 Einwohner), Drnovice (2 200) oder Lázně Bohdaneč (3 000). Es handelt sich allesamt um Teams, die von reichen, aber auch kontroversen Unternehmern finanzkräftig unterstützt werden. Der Modus der Liga blieb stabil; bisher änderte sich weder die Anzahl der Teilnehmer (16) noch die Anzahl der Ab- bzw. Aufsteiger (jeweils zwei). Die tschechische Meisterschaft war bisher ausschließlich die Sache der beiden Prager „S"-Teams, Sparta und Slavia, wobei Sparta in dieser Titelsammlung klar mit 7:1 vorn liegt.

Die ersten Fußballschritte in der **Slowakei** kamen auf Inspiration aus Budapest und Wien zustande. Im ersten Duell zweier Teams aus der heutigen Slowakei, dem damaligen ungarischen Oberland, trafen am 22. Mai 1899 im Rahmen eines Turnfestes in Prešov der Eperjesi TVE (Prešov) und Pozsónyi TE (Bratislava) aufeinander. Beginnend mit dem Jahr 1906 werden regelmäßige Wettbewerbe im heutigen Bratislava, in Banská Bystrica, Prešov, Zvolen und weiteren Städten organisiert. Im Jahre 1909 stieß der Kassai AC (Košice) bis ins Finale der Ungarnmeisterschaft (hier unterlag er dem berühmten Budapester Verein Ferencvárosi TC mit 0:11) vor. Seit der Gründung der Tschechoslowakei tragen tschechische Spieler ausgiebig zur Entwicklung des Fußballs in der Slowakei bei. Mit ihrer Hilfe entsteht eine ganze Reihe von Klubs, darunter auch der 1. ČsŠK Bratislava. In der Zeit des 2. Weltkriegs pflegt der slowakische Fußball eine, wenn auch beschränkte Möglichkeit des internationalen Kontakts. Dank der dabei gewonnenen Erfahrungen kann man den vormals großen Vorsprung des tschechischen Fußballs bedeutend verringern. 1969 eroberte Slovan Bratislava sogar die Trophäe im europäischen Cup der Pokalsieger, was einem tschechischen Vertreter noch nie gelang. Nach der Teilung der Tschechoslowakei im Jahr 1993 nahm die höchste slowakische Liga im Gegensatz zu ihrem tschechischen Pendant häufig Veränderungen vor, was den Modus im Kampf um den Titel (Play-off) und gegen den Abstieg betrifft. Die Meistertitel teilten sich bisher drei Mannschaften: Slovan Bratislava, Inter Bratislava und der 1. FC Košice.

Tschechische Republik

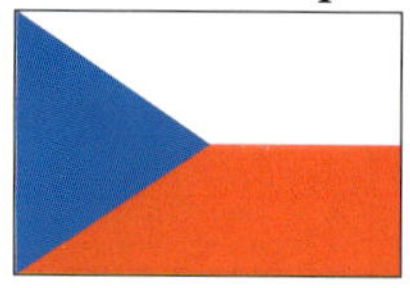

Slowakei

Prag (Praha)

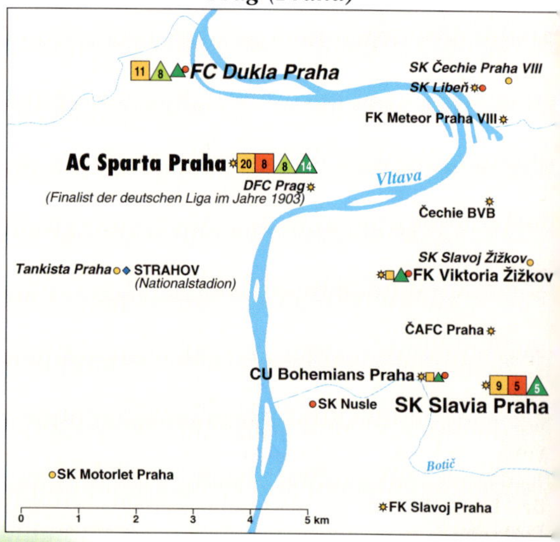

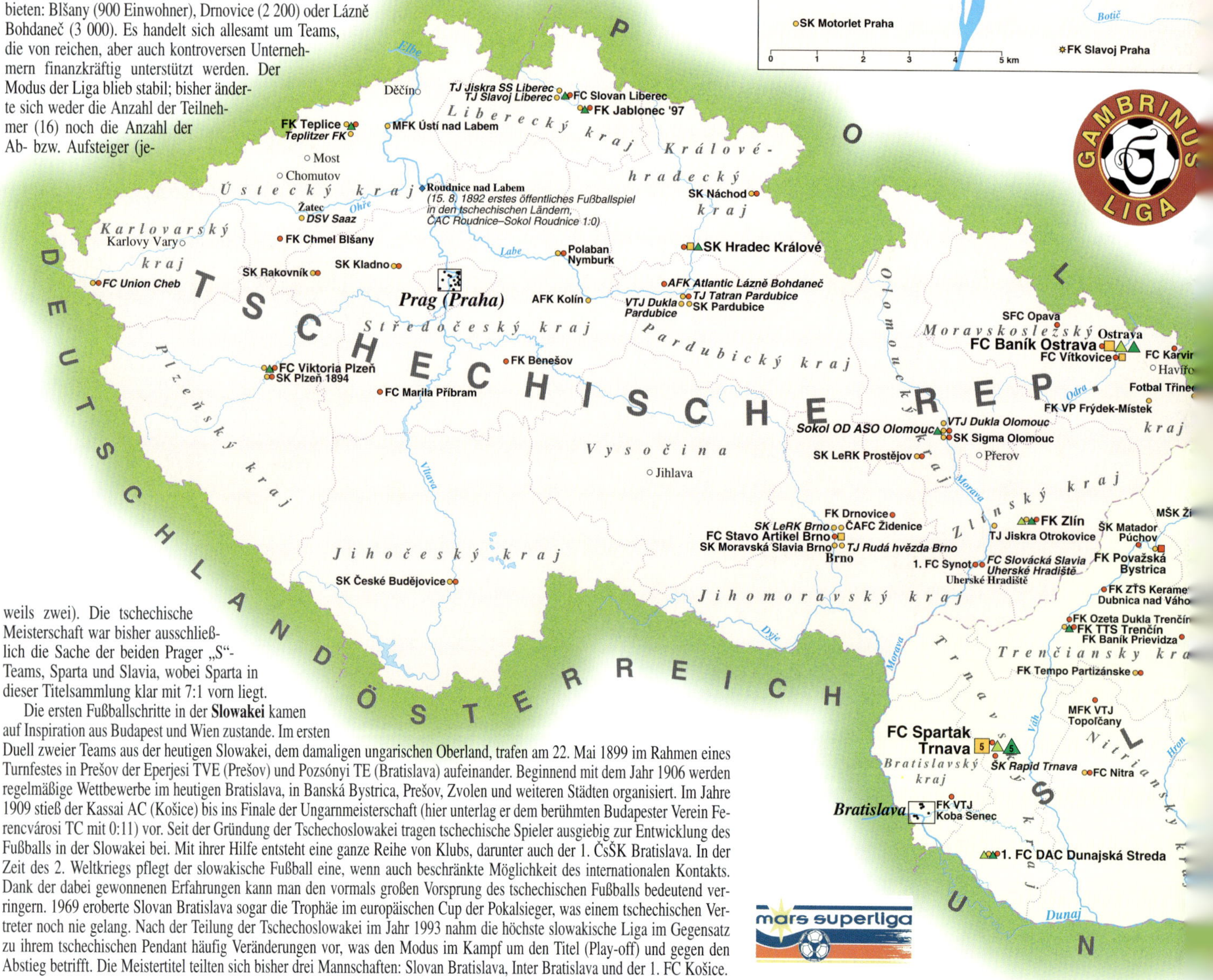

Entwicklung der Besucherzahl, erzielte Tore, Teilnehmerzahl der 1. Tschechoslowakischen, Tschechischen und Slowakischen Liga und wichtige Begebenheiten

- Besucherschnitt pro Spiel in der tschechoslowakischen Liga
- durchschnittliche Anzahl der erzielten Tore pro Spiel in der tschechoslow. Liga
- (16) Anzahl der Teams in der 1. Tschechoslowakischen Liga
- Besucherschnitt pro Spiel in der tschechischen Liga
- durchschn. Anzahl der erzielten Tore pro Spiel in der tschechischen Liga
- (16) Anahl der Teams in der 1. Tschechischen Liga
- durchschn. Anzahl der erzielten Tore pro Spiel in der slowakischen Liga
- (16) Anzahl der Teams in der 1. Slowakischen Liga

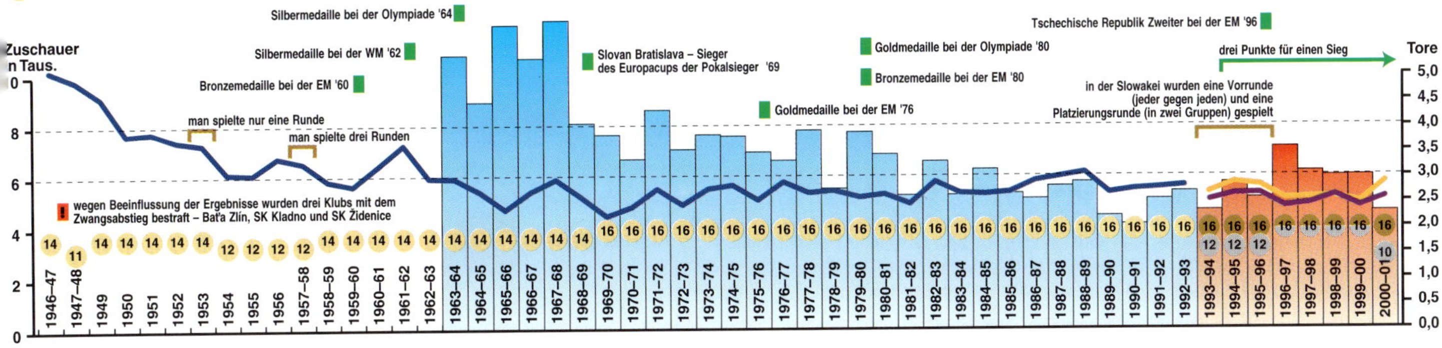

Berühmte tschechische und slowakische Klubs

Klub-name	Gründ. Jahr	Name des Stadions	Stadionkapazität Total	Sitzplätze	Besucherschn. (Sais. 2000/01)	Spielfeld Dim. (m)
Baník Ostrava	1922	Bazaly	19 048	19 048	3 878	105 x 69
Bohemians Praha	1905	V Dolíčku	13 340	3 030	3 066	105 x 70
Brno	1913	Za Lužánkami	50 000	6 500	7 267	105 x 68
Hradec Králové	1905	Všesportovní st.	25 000	17 000	2 459	105 x 70
Jablonec 97	1945	Střelnice	14 624	2 624	3 973	101 x 64
Sigma Olomouc	1919	Andrův stadion	12 069	12 069	7 718	105 x 68
Slavia Praha	1893	Eden	16 200	4 930	3 380	107 x 68
Slovan Liberec	1958	U Nisy	6 808	6 808	3 841	105 x 68
Sparta Praha	1893	AC Sparta Praha	21 362	21 362	6 290	105 x 68
Teplice	1945	Na Stínadlech	18 500	18 500	6 564	105 x 68
Viktoria Plzeň	1911	Štruncovy sady	28 218	6 318	3 074	103 x 67
Viktoria Žižkov	1903	FK Viktoria	8 000	1 500	3 747	103 x 65
Vítkovice	1919	SSK Vítkovice	18 163	4 163	544	102 x 66
1. FC Košice	1952	Na Čermeli	10 000	9 600	1 670	105 x 75
DAC Dunajská Streda	1904	DAC	16 410	3 410	622	105 x 68
Dukla Banská Bystrica	1965	SNP Na Štiavničkách	11 500	5 500	511	105 x 68
Inter Bratislava	1962	Inter	15 000	15 000	1 598	105 x 68
Lokomotíva Košice	1936	Na Čermeli	10 000	9 600	456	105 x 68
Nitra	1909	Pod Zoborom	11 384	7 384	1 414	105 x 68
Slovan Bratislava	1919	Tehelné pole	31 605	31 605	3 512	105 x 68
Spartak Trnava	1923	Anton Malatinský	18 500	18 500	3 161	105 x 68
Tatran Prešov	1898	Tatran	14 000	2 000	2 722	105 x 68

eurste tschechische und slowakische Fußballspieler auf dem Transfermarkt

avel Nedvěd (CZE)	2001	SS Lazio	→	Juventus FC	25 500 000 Pfd.
omáš Rosický (CZE)	2001	Sparta Praha	→	Borussia Dortmund	9 500 000 Pfd.
an Koller (CZE)	2001	RSC Anderlecht	→	Borussia Dortmund	7 200 000 Pfd.
ladimír Šmicer (CZE)	1999	RC Lens	→	Liverpool FC	4 000 000 Pfd.
adek Bejbl (CZE)	2000	Atlético Madrid	→	RC Lens	3 900 000 Pfd.
arel Poborský (CZE)	1996	Slavia Praha	→	Manchester United	3 500 000 Pfd.
ratislav Greško (SVK)	2000	Bayer 04 Leverkusen	→	Inter Milano	3 500 000 Pfd.

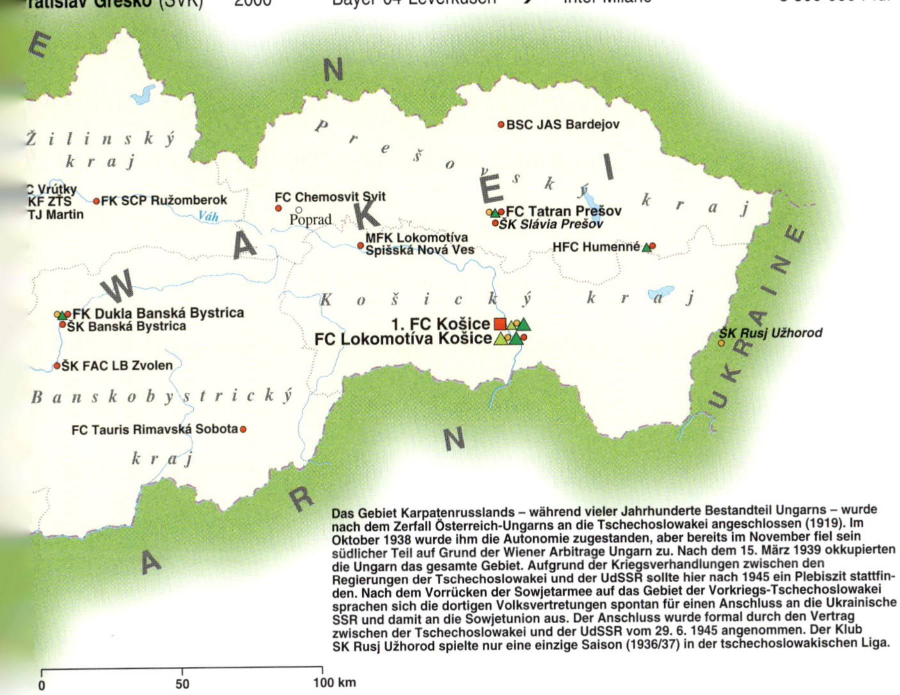

Das Gebiet Karpatenrusslands – während vieler Jahrhunderte Bestandteil Ungarns – wurde nach dem Zerfall Österreich-Ungarns an die Tschechoslowakei angeschlossen (1919). Im Oktober 1938 wurde ihm die Autonomie zugestanden, aber bereits im November fiel sein südlicher Teil auf Grund der Wiener Arbitrage Ungarn zu. Nach dem 15. März 1939 okkupierten die Ungarn das gesamte Gebiet. Aufgrund der Kriegsverhandlungen zwischen den Regierungen der Tschechoslowakei und der UdSSR sollte hier nach 1945 ein Plebiszit stattfinden. Nach dem Vorrücken der Sowjetarmee auf das Gebiet der Vorkriegs-Tschechoslowakei sprachen sich die dortigen Volksvertretungen spontan für einen Anschluss an die Ukrainische SSR und damit an die Sowjetunion aus. Der Anschluss wurde formal durch den Vertrag zwischen der Tschechoslowakei und der UdSSR vom 29. 6. 1945 angenommen. Der Klub SK Rusj Užhorod spielte nur eine einzige Saison (1936/37) in der tschechoslowakischen Liga.

Ausländer in der tschechischen Liga

(Saison 2000/01)
28 – Slowaken
1 – Argentinier, Brasilianer, Jugoslawe, Kroate und Simbabwer
insgesamt 33 Spieler

Ausländer in der slowakischen Liga

(Saison 2000/01)
9 – Tschechen
1 – Russe, Senegalese, Zentralafrikaner und Ukrainer
insgesamt 13 Spieler

Tschechische und tschechoslow. Ligarekorde

Meiste Teilnahmen in der 1.Liga:
Sparta Praha (immer außer der Saison 1975/76)
Meiste Ligaeinsätze:
435 – Jaroslav Šilhavý (Škoda Plzeň, RH Cheb, Slavia Praha, Drnovice und Viktoria Žižkov; 1979–98)
Meiste Tore (insgesamt):
447 – Josef Bican (Slavia Praha und Vítkovice; 1937–55)
Meiste Ligaeinsätze in Folge:
280 – Rostislav Václavíček (Brno; 1972–82)
Ältester Ligaspieler:
Josef Bican (Slavia Praha, 1955) 42 Jahre, 1 Monat und 6 Tage
Ältester Ligatorschütze:
Josef Bican (Slavia Praha, 1955) 41 Jahre, 10 Monate und 27 Tage
Meiste Siege in Folge:
23 – Slavia Praha (28. 4. 1929–9. 11. 1930)
Höchster Sieg:
15:1 (Slavia Praha–České Budějovice, 26. 6. 1948)
Höchster Besuch:
50 000 Zuschauer (Sparta Praha–Slavia Praha 2:2, 4. 9. 1965)

LEGENDE

1, 2–4, 5 und mehr	Siege in der 1. Tschechoslowakischen Liga (1925–93)
	Begründer der tschechoslow. Liga – (gegr. 1925)
	übrige Teilnehmer der 1. Tschechoslow. Liga (1925–93)
	Siege im Tschechoslowakischen Pokal (1961–93)
	Siege in der 1. Liga – Tschechien (1940–44 und 1994–2001) und Slowakei (1939–44 und 1994–2001)
	übrige Teilnehmer der 1. Liga – Tschechien (1940–44 und 1994–02) und Slowakei (1939–44 und 1994–02)
	Siege im Landespokal – Tschechische Republik (1940–44 und 1970–2001) und Slowakei (1970–2001)
	Weitere Klubs oder Stadien *(Besonderheit)*
Poprad	Städte über 50 000 Einwohner ohne einen Erstligaklub
FC Tatran Prešov	Name des Fußballklubs
AC Sparta Praha	erfolgreichster Klub des Landes
FC Union Cheb	bereits nicht mehr existierender Klub
Děčín	Stadt
Ústecký kraj	Region

Bratislava

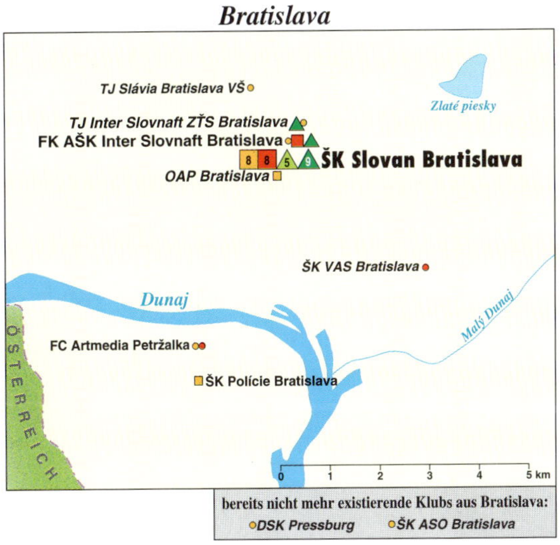

bereits nicht mehr existierende Klubs aus Bratislava:
DSK Pressburg *ŠK ASO Bratislava*

Polen und Ungarn

In **Polen,** bis zum Ende des 1. Weltkriegs unter den drei benachbarten Großmächten Deutschland, Russland und Österreich-Ungarn aufgeteilt, haben englische Ingenieure das Fußballspiel zum ersten Male um das Jahr 1890 vorgeführt, und zwar in der Textilstadt Łódź (Litzmannstadt). Die ersten Klubs entstanden im Zeitraum von 1896–98 in Liegnitz (Legnica), Breslau (Wrocław) und Danzig (Gdańsk). Das Spiel fiel besonders im damaligen Galizien auf fruchtbaren Boden, wo sich die Sokolvereine analog dem tschechischen Vorbild um dessen Entwicklung verdient machten. Auf dem II. Turnfest der galizischen Sokolvereine, das in Lemberg (Lwow, heutige Ukraine) zum Jahrestag der Schlacht bei Grunwald veranstaltet wurde, kam es 1894 zum ersten Fußballvergleich, bei dem die Gastgeber eine Mannschaft aus Krakau (Kraków) mit 1:0 bezwangen. Der erste Klub wurde jedoch erst 1903 in Lemberg gegründet – KS Slawa. Nach der Grundfarbe des Trikots wurde er wenig später in KS Czarni (Die Schwarzen) umbenannt. Aus der gleichen Stadt kam auch die berühmteste Mannschaft der Zwischenkriegszeit – KS Pogoń. Als eine ernsthafte Konkurrenz schälten sich jedoch bald die Krakauer Klubs Wisła und Cracovia heraus. Der älteste Warschauer Klub WKS wurde 1911 gegründet. Im selben Jahr nahm in Lemberg der Polnische Fußballverband (Polski Zwiazek Piłky Nożnej) seine Arbeit auf, zunächst als autonomer Bestandteil des österreichischen Verbands. 1919, kurz nach der Erneuerung des polnischen Staats, übertrug der PZPN seinen Wirkungskreis auch auf das zuvor von Russland und Deutschland okkupierte Gebiet. Zwei Jahre später wurde die erste Republikmeisterschaft ausgetragen und von Cracovia Kraków gewonnen. Weitere vier Jahre darauf wurde der Verband in die FIFA aufgenommen. Der qualitativ beste Fußball wurde vorerst im Oberschlesischen Becken gespielt, allen voran durch Ruch Chorzów. Der 2. Weltkrieg fügte dem Land schwere Wunden zu, von denen sich auch der Sport nur langsam erholte. Die Liga wurde jedoch schon 1946 wiederbelebt, wobei mit Polonia Warschau zum ersten Mal eine Mannschaft aus der Hauptstadt den Meistertitel holte. Ab 1951 nimmt auch der Pokalwettbewerb feste Züge an, vor dem Krieg wurde nur ein einziger Jahrgang (1926) durchgeführt. Nach und nach begannen sich nun die Teams aus weiteren Großstädten (Kraków, Poznań, Łódź) und insbesondere die Klubs aus dem Industrieballungsraum Oberschlesisches Becken (Zabrze, Chorzów, Bytom, Katowice, Sosnowiec) in Szene zu setzen. Außer ihnen wurden nur noch zwei Ligagewinner aus den Zentren der Stahl- und Kupferindustrie notiert – Stal Mielec und Zagłębie Lubin.

Obwohl eine Gruppe englischer Studenten bereits im Jahre 1879 den Fußballsport in Budapest vorstellte, für seinen wirklichen Bahnbrecher hält man in **Ungarn** Károly Löwenrosen, der vorher lange Zeit auf den Britischen Inseln lebte. Im Mai 1897 kam es im Stadion Millenáris vor den Augen von rund 100 Zuschauern zum ersten öffentlichen Spiel in Ungarn zwischen einem A- und einem B-Team des Klubs BTC. Im Jahre 1901, als man den Ungarischen Fußballverband gründete, wurde der BTC zugleich erster Landesmeister. Der Ferencvárosi TC aus Budapest, der berühmteste Verein der ungarischen Fußballgeschichte, entstand im Jahre 1899. Dem Lokalrivalen MTK, der bereits 1888 die Fußballbühne betrat, gehört ein anderes „Monopol“: er gewann 1910 den Auftaktjahrgang des Nationalpokals. Nach dem 1. Weltkrieg begann der ungarische Fußball schnell aufzublühen, noch entscheidender für seine Entwicklung war jedoch die Einführung des Profitums (1926). Ab den dreißiger Jahren zählt man Ungarn zu den Großmächten des Fußballs. Trotz des Ende der 40er Jahre durch die Kommunisten offiziell aufgehobenen Professionalismus war man weiter erfolgreich. Den Höhepunkt erlebte Ungarn in den 50er Jahren: zwei historische Siege „der ungarischen Ballzauberer“ über die Engländer und den Einzug ins WM-Finale 1954, wo der Titel buchstäblich zum Greifen nahe lag. Ein solides Niveau hielten die Magyaren ungefähr bis Mitte der 70er Jahre, danach aber ging es stetig bergab. Die Krise dauert bis heute an und der ungarische Fußball ist sowohl auf nationaler als auch auf Klubebene allenfalls nur noch Durchschnitt in Europa. Mehr als 90 % der Meisterschaften errangen die Vereine aus Budapest. Diese außergewöhnliche Dominanz der Metropole ist ein Erbe der Vergangenheit, als Budapest das Zentrum Ungarns – Bestandteil eines der größten Reiche des damaligen Europas – darstellte. Erstligafußball spielten auch die Teams aller anderen Großstädte (Debrecen, Győr, Miskolc, Nyíregyháza, Pécs, Szeged, Székesfehérvár), den Titel holten jedoch nur die Mannschaften aus Győr, Vác und Dunaújváros.

Polen | **Ungarn**

LEGENDE

- 1 / 2–4 / 5 und mehr: Siege in der 1. Polnischen Liga (1921–2001)
- Begründer der polnischen Liga (gegr. 1921)
- übrige Teilnehmer der 1. Polnischen Liga (1921–2002)
- Siege im Polnischen Pokal (1926–2001)
- 1 / 2–4 / 5 und mehr: Siege in der 1. Ungarischen Liga (1901–2001)
- Begründer der ungarischen Liga (gegr. 1901)
- übrige Teilnehmer der 1. Ungarischen Liga (1901–2002)
- Siege im Ungarischen Pokal (1910–2001)
- Weitere Klubs oder Stadien *(Besonderheit)*
- Kielce ○ Städte über 100 000 Einwohner ohne einen Erstligaklub
- Győri ETO FC: Name des Fußballklubs
- **KS Górnik Zabrze**: erfolgreichster Klub des Landes
- *Testvériség SE*: bereits nicht mehr existierender Klub
- **Łódź**: Stadt
- *Opolskie*: Region

Budapest

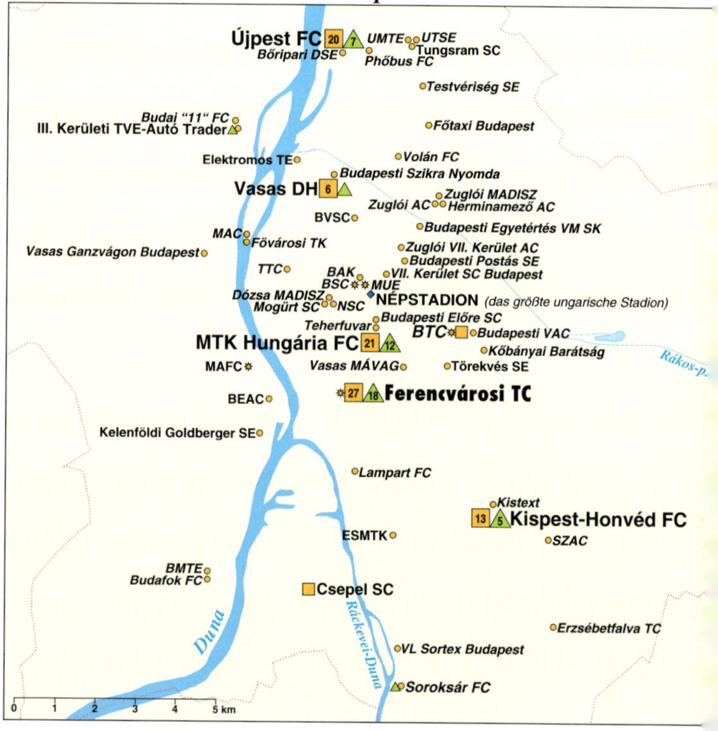

Berühmte polnische und ungarische Klubs

Klubname	Gründ. Jahr	Name des Stadions	Stadionkapazität	Besucherschn. (Saison 2000/01)
Amica Wronki	1992	Amica	6 000	1 920
GKS Katowice	1964	GKS	10 000	3 800
Górnik Zabrze	1948	Górnik	20 000	3 602
Legia Warszawa	1916	Wojska Polskiego	15 000	8 353
Lech Poznań	1922	Lech	15 000	4 850
Polonia Warszawa	1912	Polonia	10 000	2 960
Ruch Chorzów	1920	Ruch	20 000	3 411
Widzew Łódź	1910	Widzew	20 000	3 462
Wisła Kraków	1906	Wisła	15 000	8 267
Zagłębie Lubin	1946	Zagłębie	32 420	3 433
Debreceni VSC	1902	Nagyerdei	10 200	4 556
Diósgyőri	1910	Diósgyőri	28 000	1 565
Dunaferr	1951	Dunaferr	11 600	4 194
Ferencváros	1899	Üllői út	18 100	8 124
Győri ETO	1904	Győri	25 398	4 833
Kispest-Honvéd	1909	József Bozsik	15 000	2 256
MTK Hungária	1888	Hungária úti	10 702	2 211
Újpest	1885	Megyeri út	25 000	2 946
Vasas	1911	Fáy útcai	18 000	3 278
Videoton Fehérvár	1941	Sóstói	19 347	2 972

Entwicklung der Besucherzahl, erzielte Tore, Teilnehmerzahl der 1. Ungarischen Liga und wichtige Begebenheiten

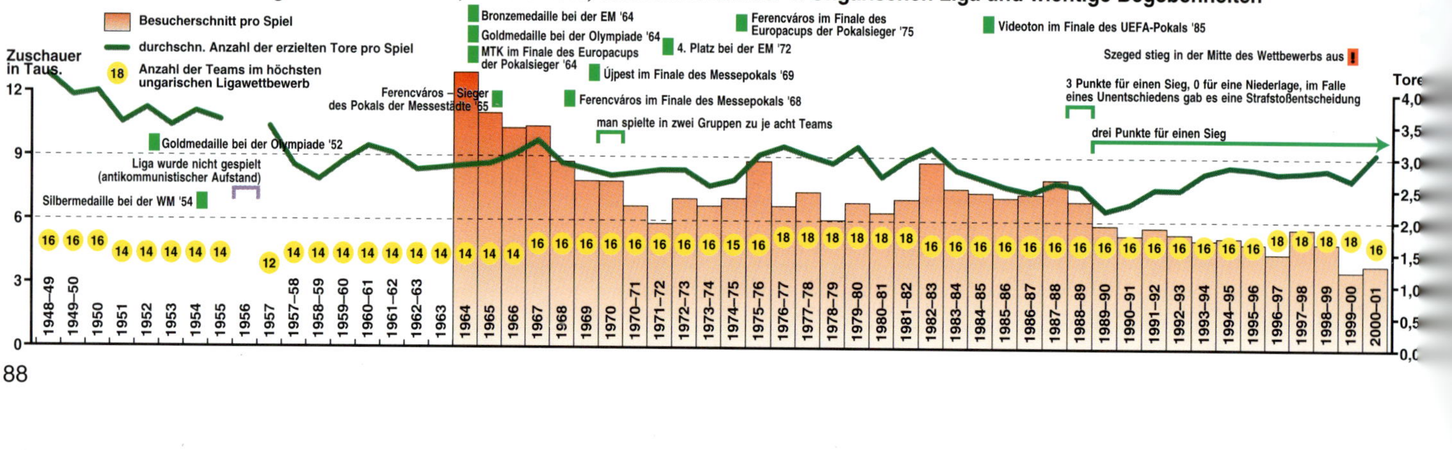

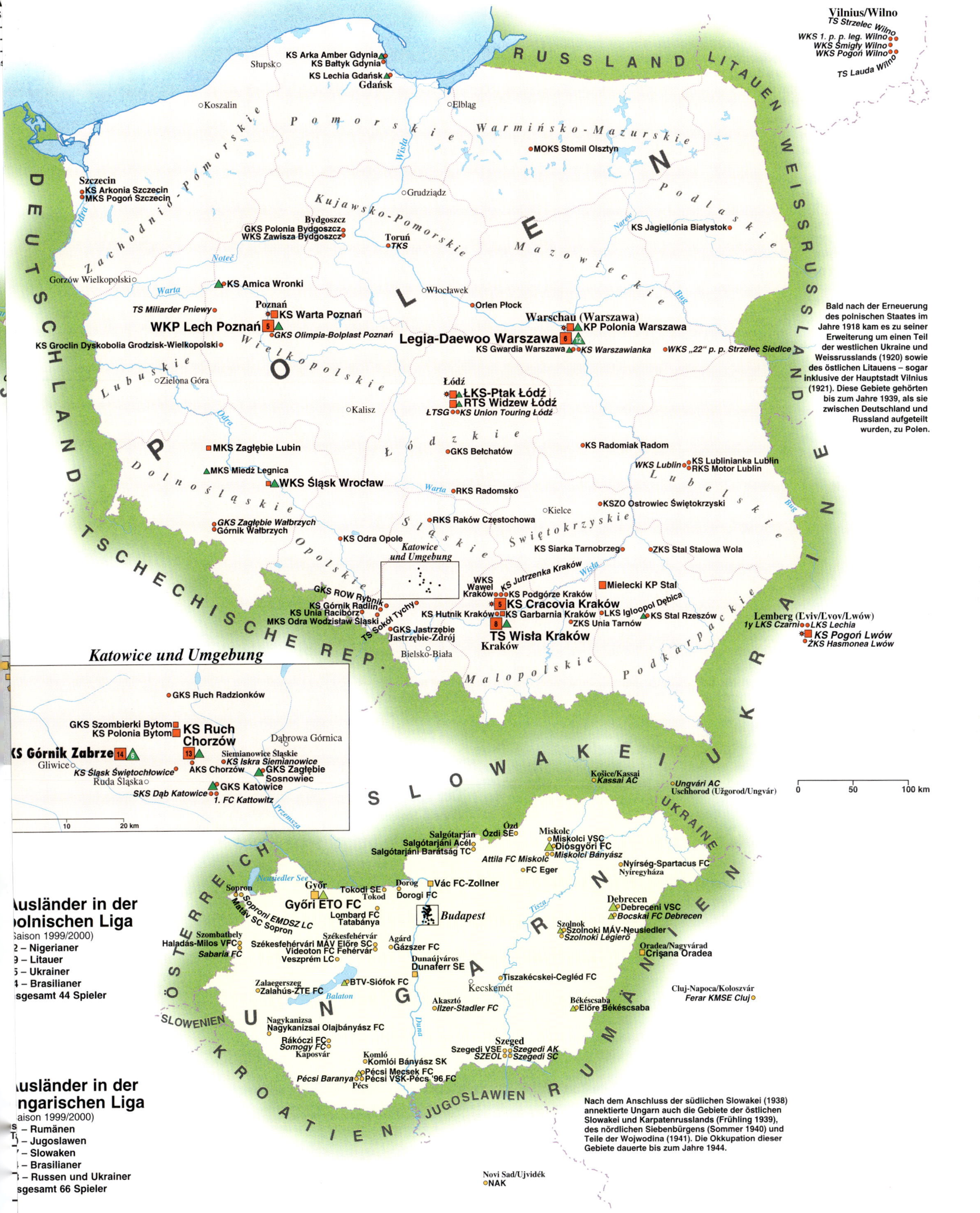

usländer in der
olnischen Liga
aison 1999/2000)
2 – Nigerianer
9 – Litauer
5 – Ukrainer
4 – Brasilianer
sgesamt 44 Spieler

usländer in der
ngarischen Liga
aison 1999/2000)
– Rumänen
– Jugoslawen
– Slowaken
– Brasilianer
– Russen und Ukrainer
sgesamt 66 Spieler

er teuerste ungarische Fußballspieler auf dem Transfermarkt

jos Détari	1988	Eintracht Frankfurt	➔	Olympiakos Peiraia	4 750 000 Pfd.

Das ehemalige Jugoslawien, Albanien

Das Königreich der Serben, Kroaten und Slowenen, das spätere erste **Jugoslawien** und bis 1991 die Sozialistische Föderative Republik Jugoslawien hat seit 1923 eine funktionierende Klubmeisterschaft vorzuweisen. Das selbständige **Serbien** hatte den Fußball zuvor von den Ungarn kennen gelernt, die in einer zahlenmäßig starken Volksgruppe den nördlichen Landesteil – die Region Vojvodina – bewohnten. Hier wurde im Jahre 1901 der Klub HAD Bačka (Subotica) gegründet. In den folgenden Jahren schlug der Fußball auch in Belgrad und weiteren größeren Städten seine Wurzeln. Zuerst wurde die Liga im Pokalmodus gespielt, das klassische Punktsystem wurde später lediglich während des 2. Weltkriegs unterbrochen. Die jetzige jugoslawische Liga wird nur noch von serbischen und montenegrinischen Klubs gebildet. Die Mehrheit von ihnen hat auf der Visitenkarte kein älteres Gründungsdatum als 1945 stehen, die Ausnahme bildet Vojvodina Novi Sad. Dieser Klub hat sich seinen Namen seit 1914 bewahrt.

Das heutige **Kroatien**, das fußballverrückteste Land des ehemaligen Jugoslawiens, kam um das Jahr 1880 erstmals mit der Lederkugel in Berührung, dank der englischen Besitzer einer Leder verarbeitenden Firma in Županja. Die Entstehung des ältesten, rein kroatischen Vereins PNIŠK (Prvi nogometni i športski klub) fällt in das Jahr 1903. Einige Monate später nahm ebenso in Zagreb der HAŠK (Hrvatski akademski športski klub) seine Tätigkeit auf. Das Jahr 1911 ist in die Geschichte von Hajduk Split eingemeißelt – in jenem Jahr wurde der Klub von jungen dalmatinischen Studenten in Prag gegründet. Bereits 1912 gab es erste Ansätze für eine eigene Meisterschaft, ein offizielles Statut hatte die Liga aber erst in den Jahren 1941–44 während des Ustascha-Mariottenregimes und danach erst wieder seit dem Frühjahr 1992. Die Teams aus den Orten, die zuvor von den serbischen Aggressoren heimgesucht wurden, nutzten drei Jahre lang die Plätze in anderen Orten als Heimstätte. Seit 1995 wird eine reguläre Meisterschaft ausgetragen. Alle bisherigen Titel machten Dinamo Zagreb und Hajduk Split unter sich aus.

Slowenien trägt seit 1991, dem Jahr der Unabhängigkeitserklärung des Landes, einen eigenständigen Punktekampf aus. Die Liga begann mit 21 Klubs. Danach sank die Anzahl der Teilnehmer bis auf 10–12 Klubs. In den 90er Jahren dominieren die großen Vereine aus Ljubljana und Maribor, deren Hegemonie nur ein einziges Mal vom Team aus Nová Gorica erschüttert wird. Fußball ist jedoch ein traditioneller Sport in Slowenien. Die ersten Erwähnungen über das von anderen Landesteilen Österreich-Ungarns abgeschaute Spiel stammen bereits aus dem Jahre 1899. Der älteste Klub Ilirija (gegründet 1911) war 1923 bei der ersten Saison der jugoslawischen Liga mit von der Partie.

Etwas langsamer – von Serbien und Bulgarien aus – verbreitete sich der Fußball in **Mazedonien**. Die erste Mannschaft, die an der jugoslawischen Liga teilnahm, war Gradanski Skopje in den 30er und 40er Jahren. Nach dem 2. Weltkrieg spielte mit Vardar ein weiterer Klub aus der mazedonischen Metropole regelmäßig in der höchsten Spielklasse. 1961 gewann Vardar sogar den Jugoslawischen Pokal und dominierte auch in den Anfangsjahren der eigenständigen Liga (die Premiere wurde im Jahre 1994 ausgespielt). Danach wurde der Titel dreimal vom Team Sileks aus dem kleinen Städtchen Kratovo erkämpft. In den letzten Jahren beherrscht erneut ein Vertreter der Hauptstadt die Liga – Sloga Jugomagnat.

Kompliziert ist die Entwicklung des Sport- und Fußballgeschehens in **Bosnien und Herzegowina**. In der Saison 1993/94 wurde ein Wettbewerb im vorwiegend von Kroaten bewohnten Landesteil (Herceg-Bosna) ins Leben gerufen. Mit dem Kriegsende im Jahre 1995 wurde die Liga der moslemischen Volksgruppe (die einzige von der UEFA anerkannte) gestartet, ebenso wie die des serbischen Landesteils. Drei Jahre später fand das erste Play-off zwischen den Vereinen des moslemischen und des kroatischen Landesteils statt und seit der Saison 2000/01 spielen sie in der gemeinsamen Föderationsliga.

Albanien hatte bis zu Beginn des 20. Jahrhunderts mit der türkischen Vorherrschaft zu kämpfen. Der Unterdrücker duldete bis dahin nur ungern das Spiel, das in Tirana von Ausländern gepflegt wurde. Die Entstehung des Verbandes und der Beginn der Ligakonkurrenz gehen bis ins Jahr 1930 zurück. Der gesamte Spielbetrieb wird vom Krieg unterbrochen. In den folgenden Jahren bewirkt der stalinistische Diktator Enver Hoxha die Isolation des Landes von der Außenwelt. Bis in die jüngste Zeit hinein machen die Teams aus Tirana die Titelvergabe unter sich aus, aber inzwischen setzen sich auch Klubs aus anderen Städten (Skadar) durch.

Teuerste Fußballspieler der Länder des ehemaligen Jugoslawiens auf dem Transfermarkt

Savo Milošević (YUG)	2000	Real Zaragoza	➔	Parma AC	16 500 000 Pfd.
Darko Kovačević (YUG)	1999	Real Sociedad	➔	Juventus FC	12 000 000 Pfd.
Elvir Baljić (BIH)	1999	Fenerbahçe SK	➔	Real Madrid	10 000 000 Pfd.
Dejan Stanković (YUG)	1998	Crvena zvezda Beograd	➔	SS Lazio	8 600 000 Pfd.
Alen Bokšić (CRO)	1993	Olympique Marseille	➔	SS Lazio	8 400 000 Pfd.

Berühmte Klubs der Länder des ehemaligen Jugoslawiens

Klub-name (Staat)	**Gründ. Jahr**	**Stadion-name**	**Stadion-kapazität**	**Besucherschn. (Sais. 2000/01)**	**Spitzname**
Sarajevo (BIH)	1946	Koševo	37 000	4 950	*gibt es nicht*
Željezničar Sarajevo (BIH)	1921	Grbavica	26 000	6 385	Željo (von Željezničar)
Dinamo Zagreb (CRO)	1945	Maksimir	45 000	4 956	*gibt es nicht*
Hajduk Split (CRO)	1911	Poljud	34 301	7 156	Majstor s mora – Der Meister vom Meer
Rijeka (CRO)	1946	Kantrida	21 000	2 044	*gibt es nicht*
Vardar Skopje (MKD)	1947	Vardar	30 000	3 842	Crveno-crni – Die Rot-Schwarzen
Olimpija Ljubljana (SVN)	1946	Bežigrad	10 000	1 544	Zmajčeki – Die Drachen
Maribor PL (SVN)	1960	Ljudski vrt	10 000	2 800	Ljubičice – Die Violen
Crvena zvezda Beograd (YUG)	1945	Crvena zvezda	52 000	7 400	Crvenobeli – Die Rot-Weißen
OFK Beograd (YUG)	1911	Omladinski	20 000	1 732	Romantičari – Die Romantiker
Partizan Beograd (YUG)	1945	Partizan	32 710	4 255	Crnobeli – Die Schwarz-Weißen
Vojvodina Novi Sad (YUG)	1914	Gradski	22 000	2 235	Lale – Die Tulpen

Entwicklung der Besucherzahl, erzielte Tore, Teilnehmerzahl der 1. Jugoslawischen Liga und wichtige Begebenheiten

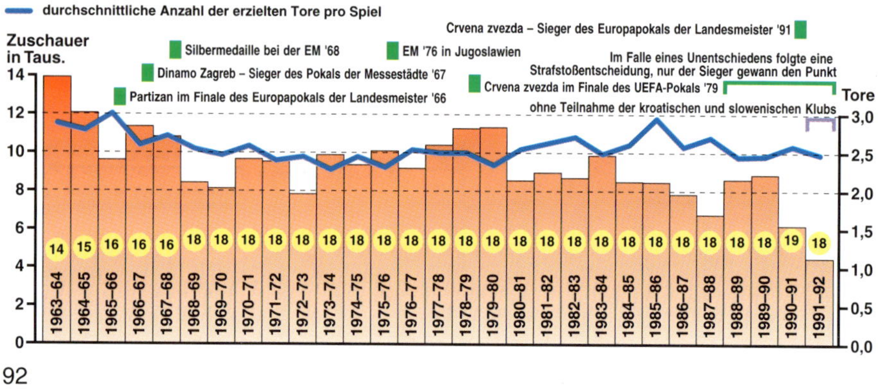

Slowenien

Kroatien

Bosnien und Herzegowina

Jugoslawien

Mazedonien

Albanien

Belgrad (Beograd)

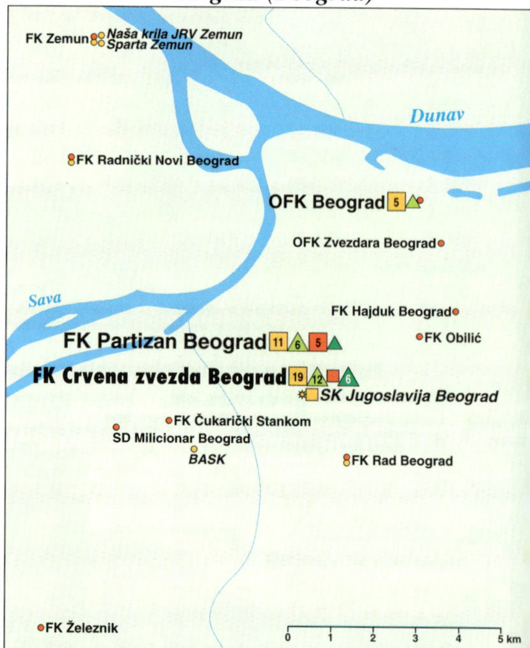

Weitere bereits nicht mehr bestehende Belgrader Klubs: SD Jedinstvo Beograd, FK Borac Beograd

Die Stadt Terst (heute in Italien) und die benachbarte Halbinsel Istrien wurden im Jahre 1945 von den britischen, amerikanischen und jugoslawischen Einheiten okkupiert. Sowohl das besiegte Italien als auch Jugoslawien machten dieses Gebiet geltend. Zwei Jahre nach dem Krieg wurde der sog. Freistaat Terst unter internationale Aufsicht gestellt. Im Jahre 1954 wurde nach dem Vertrag zwischen Jugoslawien und Italien das Gebiet zwischen beiden Staaten aufgeteilt. Der Klub Poncijana Trst spielte in der jugoslawischen Liga in den Saisons 1946/47 und 1948/49.

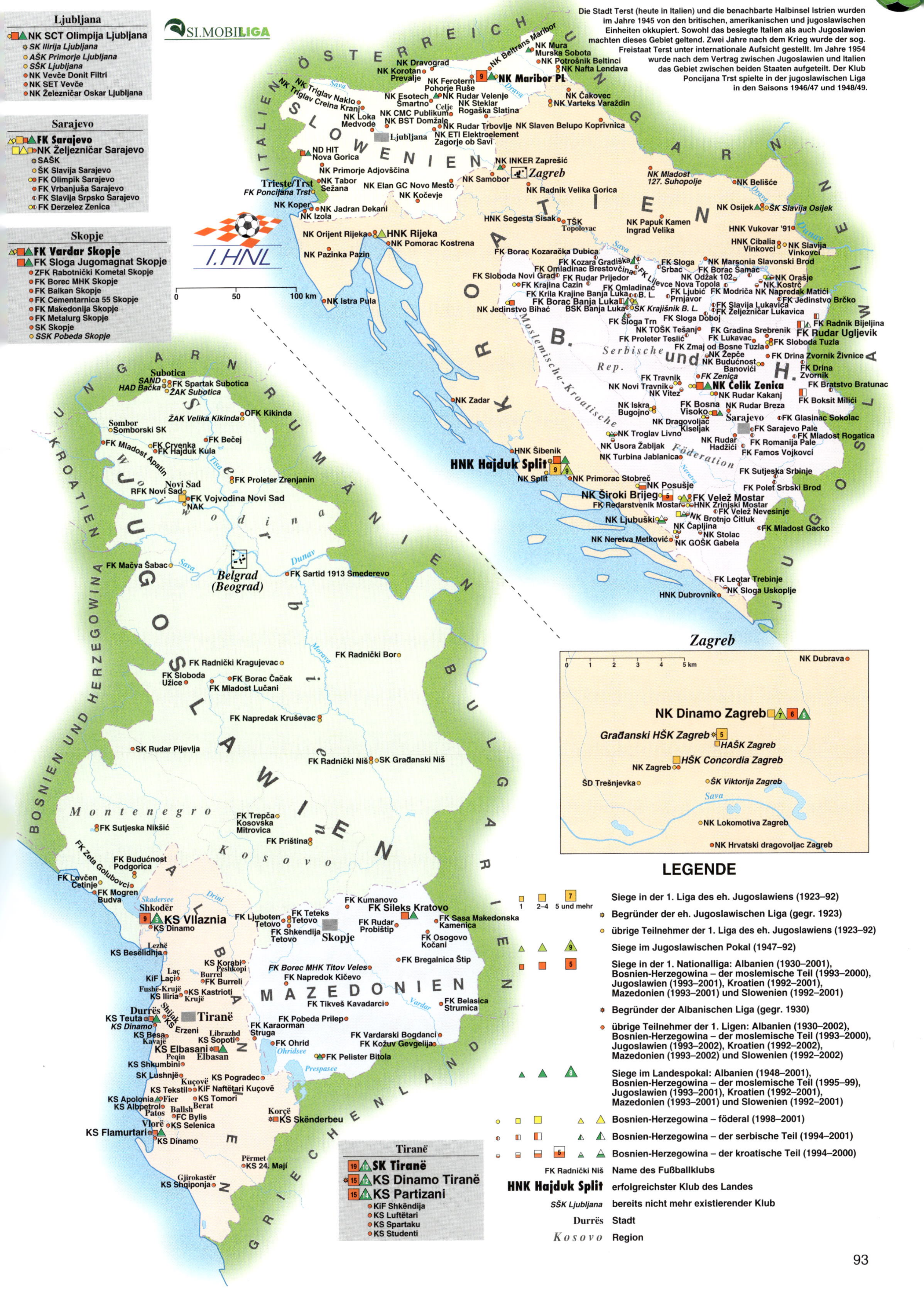

Griechenland, Zypern und Israel

Die bewaffneten Konflikte (die sog. Balkankriege) zu Beginn des 20. Jahrhunderts verursachten, dass **Griechenland** erst mit erheblicher Verspätung mit dem organisierten Fußball begann. Der selbständige Fußballverband entstand im Jahre 1926, die Liga startete mit der Saison 1927/28. Sie knüpfte an die Wettbewerbe der Städte Athen, Piräus und Thessaloniki an, deren Sieger in einem Miniturnier um den griechischen Titel kämpften. Dieses Turniersystem änderte sich innerhalb der Liga immer wieder. Zur Finalrunde traten drei, später aber auch zwölf Mannschaften an. Es handelte sich um einen der problematischsten Wettbewerbe in Europa; vier Saisons wurden aus finanziellen Gründen nicht ausgetragen, der 2. Weltkrieg verursachte eine weitere fünfjährige Pause. Ab der Saison 1953/54 nahmen mit den Klubs Niki Volos und Panachaiki Patra erstmals auch Vertreter vom Lande am Ligabetrieb teil. Die wirklich erste gesamtgriechische Meisterschaft begann im Herbst 1959, seit der Saison 1979/80 wird der Titelträger in einer Profiliga ermittelt. Den Meistertitel errang bis heute nur ein einziger Klub, der nicht aus dem Athener Ballungsraum oder aus Thessaloniki kommt – der Verein aus Larissa (1988), der seither eine gestiegene Popularität genießt. Im Jahre 1932 gewann AEK (Athen) den Auftaktjahrgang des griechischen Pokals. Genauso wie die Liga, hatte auch der Pokal mit einigen „Geburtswehen“ zu kämpfen. Während der ersten 15 Jahre spielte man nämlich lediglich vier Konkurrenzen aus. Außer den Teams aus den Fußballhochburgen Athen und Thessaloniki brachten bisher nur Larissa, Kastoria und OFI von der Insel Kreta den Pokal in ihren Besitz. Auf internationaler Ebene können sich die Griechen nur mit der Teilnahme der Nationalmannschaft an der WM 1994 und dem Vordringen von Panathinaikos ins Finale des Europapokals der Landesmeister 1971 rühmen.

Auf **Zypern** stellten britische Soldaten und Seemänner bereits in den 70er Jahren des 19. Jahrhunderts das Spiel vor. Der Verband wurde im Jahre 1934 gegründet. Die Liga und der Pokal kürten ein Jahr später ihren ersten Sieger. In beiden Fällen war es der AC Trast, einer der ältesten zypriotischen Klubs, der im Jahre 1896 gegründet wurde. Die besten Vereine sind nahezu ausnahmslos im griechischen Teil des Landes konzentriert. Aus der türkischen Region gewann nur ein Klub den Meistertitel – der Çetinkaya TSC (1951). Manche Teams zogen nach der Spaltung der Insel im Jahre 1974 vom Norden in den Süden um, aber sie behielten die ursprünglichen Namen (z.B. fand Anorthosis Famagusta in Larnaka eine neue Heimstätte). Zuvor, in den Spielzeiten 1968/69–1973/74, startete der zypriotische Meister in der griechischen Liga. Im nördlichen Teil der Insel, der sog. Türkischen Republik Nordzypern, spielt man eigene Wettbewerbe aus, die aber von der UEFA nicht anerkannt werden.

Den Fußball brachten britische Soldaten während des 1. Weltkriegs nach Palästina, also in das heutige **Israel**. Das Interesse an dem Spiel stieg dank der Juden, die aus fußballentwickelteren Ländern in die Heimat zurückkehrten. Der nationale Verband wurde im Jahre 1928 gegründet, seitdem wird auch der Pokalwettbewerb ausgespielt. Die Liga startete vier Jahre später. Die zahlreichen Streitigkeiten zwischen Israel und seinen arabischen Nachbarn beeinflussten das Schicksal des Landes auch in sportlicher Hinsicht. Nach dem Gewinn vieler kontinentaler Trophäen wurde Israel 1976 aus der Asiatischen Fußball-Konföderation (AFC) ausgeschlossen. Danach wurde es zunächst ein assoziiertes Mitglied der Konföderation Ozeaniens (OFC). Schließlich fand Israel 1991 einen Platz unter dem Dach der UEFA. Mehr als die Hälfte aller israelischen Klubs führt das Wort Hapoel (Arbeiter) in seinem Namen und fast ein Drittel heißt Maccabi (Kampfgeist). Die Palästinenser, obwohl sie keinen eigenen Staat haben, spielen ihre Liga und den Pokal sowohl im Gaza-Streifen als auch im Westjordanland aus. Ihre Assoziation gehört zur AFC.

Griechenland

Zypern

Israel

Palästina

Teuerste griechische, zypriotische und israelische Fußballer auf dem Transfermarkt

Haim Revivo (ISR)	2000	Celta Vigo	➔	Fenerbahçe SK	7 500 000 Pfd.
Mihail Konstandinou (CYP)	2001	Iraklis Thessaloniki	➔	Panathinaikos	7 000 000 Pfd.
Eyal Berkovic (ISR)	1999	West Ham United	➔	Celtic FC	5 750 000 Pfd.
Nikos Machlas (GRE)	1999	Vitesse	➔	AFC Ajax	5 700 000 Pfd.

Berühmte zypriotische und israelische Klubs

Klub-name	Gründ. Jahr	Stadion-name	Stadion-kapazität
AEL	1932	Tsirion	22 000
Anorthosis Famagusta	1911	Andonis Papadopoulos	16 320
APOEL	1926	Neo GSP	24 400
Omonia	1948	Neo GSP	24 400
Beitar Jerusalem	1939	Teddi	21 000
Hapoel Tel Aviv	1927	Bloomfield	16 700
Maccabi Haifa	1919	Kiryat Eli'ezer	14 585
Macabi Tel Aviv	1906	Bloomfield	20 000

Tel Aviv-Yafo

- 17 20 **Maccabi Tel Aviv**
- 13 10 **Hapoel Tel Aviv**
- 6 **Hapoel Petah-Tikva**
- **Hakoah Maccabi Ramat-Gan**
- **Bnei Yehuda Tel Aviv**
- **Beitar Tel Aviv**
- **Maccabi Petah-Tikva**
- **Hapoel Ramat-Gan**
- **Shimshon Tel Aviv**
- **Hapoel Yehud**
- **Hapoel Mahane-Yehuda**
- **Hapoel Zafririm Holon**
- **Maccabi Ramat-Amidar**
- **Maccabi Yafo**
- ***Hakoah Tel Aviv***

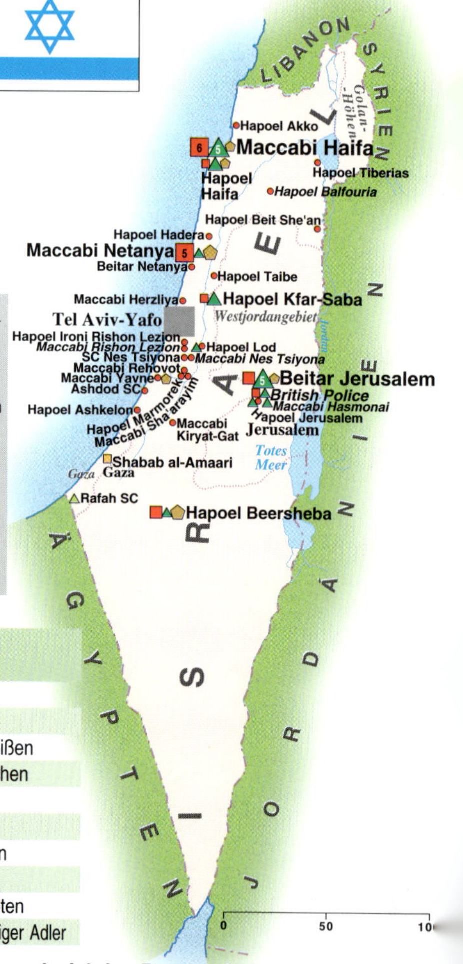

Berühmte griechische Klubs

Klub-name	Gründ. Jahr	Stadion-name	Stadion-kapazität	Besucherschn. (Saison 2000/01)	Höchster Besuch	Spitzname
AEK	1924	Nikos Gumas	22 014	5 318	33 494	Enosites – Die Alliierten
Aris	1914	Charilau	23 000	4 150	27 000	Kitrini – Die Gelben
Ethnikos Peiraia	1925	Yorgos Karaiskakis	32 000	1 025	41 020	Kyanolefki – Die Blauweißen
Iraklis Thessaloniki	1908	Kaftantzoglio	28 000	5 316	45 530	Gyreos – Die Altertümlichen
Larissa	1964	Alkazar	17 000	1 623	17 150	Vissini – Die Violetten
OFI	1925	Th. Bardinogiannis	14 000	2 902	12 391	OFIS (von OFI)
Olympiakos Peiraia	1925	OAKA "Spiros Louis“	74 160	11 989	74 452	Thrilos – Die Legendären
Panathinaikos	1908	OAKA "Spiros Louis“	74 160	6 168	74 493	Trifili – Dreiblatt
Panionios	1890	Neas Smirnis	15 000	1 562	20 950	Kyanerythri – Die Blauroten
PAOK	1926	Tumba	28 701	6 100	45 000	Dikefalos aetos – Zweiköpfiger Adler

Entwicklung der Besucherzahl, erzielte Tore, Teilnehmerzahl der 1. Griechischen Liga und wichtige Begebenheiten

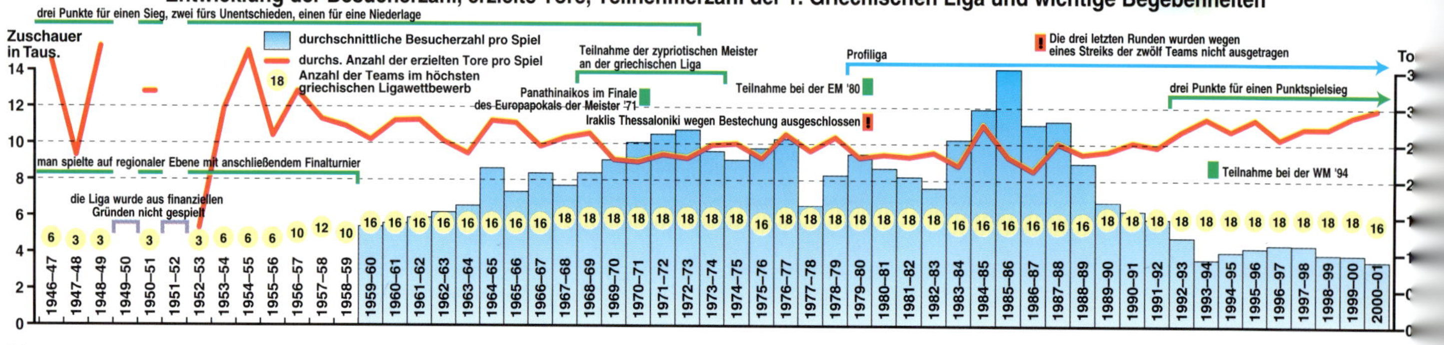

Ausländer in der griechischen Liga

(Saison 1999/2000)
35 – Jugoslawen
18 – Brasilianer
10 – Zyprioten
7 – Albaner
6 – Libyer
insgesamt 168 Spieler

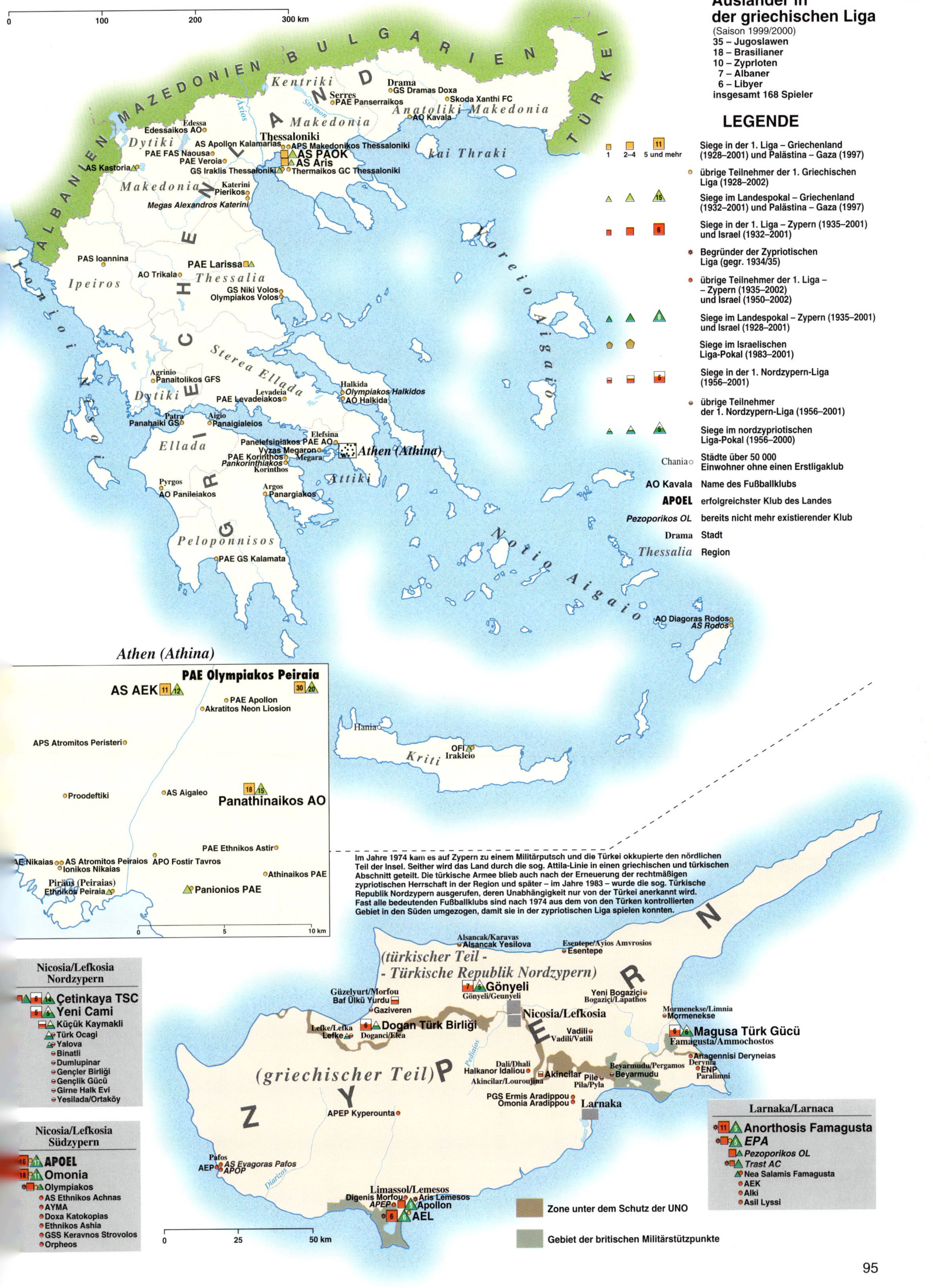

LEGENDE

- 1 / 2–4 / 5 und mehr: Siege in der 1. Liga – Griechenland (1928–2001) und Palästina – Gaza (1997)
- übrige Teilnehmer der 1. Griechischen Liga (1928–2002)
- Siege im Landespokal – Griechenland (1932–2001) und Palästina – Gaza (1997)
- Siege in der 1. Liga – Zypern (1935–2001) und Israel (1932–2001)
- Begründer der Zypriotischen Liga (gegr. 1934/35)
- übrige Teilnehmer der 1. Liga – – Zypern (1935–2002) und Israel (1950–2002)
- Siege im Landespokal – Zypern (1935–2001) und Israel (1928–2001)
- Siege im Israelischen Liga-Pokal (1983–2001)
- Siege in der 1. Nordzypern-Liga (1956–2001)
- übrige Teilnehmer der 1. Nordzypern-Liga (1956–2001)
- Siege im nordzypriotischen Liga-Pokal (1956–2000)
- Chania: Städte über 50 000 Einwohner ohne einen Erstligaklub
- AO Kavala: Name des Fußballklubs
- **APOEL**: erfolgreichster Klub des Landes
- *Pezoporikos OL*: bereits nicht mehr existierender Klub
- Drama: Stadt
- *Thessalia*: Region

Im Jahre 1974 kam es auf Zypern zu einem Militärputsch und die Türkei okkupierte den nördlichen Teil der Insel. Seither wird das Land durch die sog. Attila-Linie in einen griechischen und türkischen Abschnitt geteilt. Die türkische Armee blieb auch nach der Erneuerung der rechtmäßigen zypriotischen Herrschaft in der Region und später – im Jahre 1983 – wurde die sog. Türkische Republik Nordzypern ausgerufen, deren Unabhängigkeit nur von der Türkei anerkannt wird. Fast alle bedeutenden Fußballklubs sind nach 1974 aus dem von den Türken kontrollierten Gebiet in den Süden umgezogen, damit sie in der zypriotischen Liga spielen konnten.

- Zone unter dem Schutz der UNO
- Gebiet der britischen Militärstützpunkte

Türkei und Transkaukasien

Auf dem Gebiet der heutigen **Türkei** jagten die Briten bereits in den Jahren 1895–96 dem Lederball nach, und zwar in Smyrna, das damals überwiegend griechisch war. Die Bürokratie des Osmanischen Reiches stand dem neuen Sport eher ablehnend gegenüber und sah in den Ausländern potenzielle Feinde. Als Mittelschüler aus dem Istanbuler Viertel Galatasaray im Jahre 1899 ein Fußballteam errichten wollten, wurde ihnen ein resolutes Verbot erteilt. Die jungen Bahnbrecher gaben jedoch nicht auf, und so gründeten sie 1905 jenen Klub, der heute in ganz Europa bekannt ist. Zwei Jahre später erwuchs ihm im asiatischen Teil der Stadt ein Gegner namens Fenerbahçe und die Duelle beider Vereine bildeten die Basis für die sogenannte Sonntagsliga der Amateure. Im Zeitraum von 1908 bis 1912 entstanden in Istanbul und Smyrna weitere Vereine, deren Entwicklung jedoch durch den Balkankrieg (1912) jäh gestoppt wurde. Der 1. Weltkrieg bedeutete den Untergang des Osmanischen Reiches, die Entstehung der Türkei und nicht zuletzt die Gründung ihrer Fußballföderation, die 1923 in der neuen Hauptstadt Ankara erfolgte. In dem Wettbewerb aber, der bis 1958 Jahr für Jahr als Ausscheidungsturnier gespielt wurde, blieben die Mannschaften aus der Weltstadt Istanbul unter sich. Erst seit der Saison 1959 wird die Liga als nationale Konkurrenz ausgetragen. Die Vormachtstellung der Istanbuler Klubs wurde jedoch nicht angetastet. Einzig Trabzonspor, das Team aus der gleichnamigen Schwarzmeerstadt, drang in die Phalanx des Trios Galatasaray, Fenerbahçe und Besiktas ein und schnappte ihm seit 1976 insgesamt sechsmal die Meisterkrone vor der Nase weg. Der Pokal, um den seit 1963 gespielt wird, gelangte hingegen auch schon in den Besitz von Mannschaften aus Izmir, Ankara und den Industriestädten des westlichen Landesteils. Von den wenigen Vertretern der ausgedehnten, aber armen Region Zentral- und Ostanatoliens hat sich bisher keiner besonders hervorgetan. Der türkische Fußball, in dem 1951 die Profiära eingeläutet wurde, wird vielmehr sportlich wie finanziell von den genannten Istanbuler Großklubs eindeutig beherrscht. Deren Wirtschaftskraft ist heute schon so groß, dass sie – wie schon bewiesen – in der Lage sind, eine ganze Reihe von großen Spielerpersönlichkeiten aus den besten westeuropäischen Ligen an die Ufer des Bosporus zu locken. Von den Stars des ärmeren Balkans ganz zu schweigen.

Der größten Popularität im derzeit instabilen Gebiet von Transkaukasien erfreut sich der Fußball in **Georgien**. Wichtigster Grund dafür ist der FC Dinamo Tbilissi, der in den Zeiten der ehemaligen UdSSR leistungsmäßig voll und ganz mit den russischen Klubs mithalten konnte und der die hiesige Region auch über die Landesgrenzen hinaus europaweit bekannt machte. Als Beleg seiner Erfolge stehen der zweimalige Gewinn der sowjetischen Meisterschaft (1964, 1978) und der Sieg im Europacup der Pokalsieger (1981) zu Buche. Dinamo holte sich ebenso fast alle bisherigen Titel in der höchsten georgischen Liga, die ab der Saison 1990 gespielt wird (die ersten drei Titel gewann der Klub unter dem Namen Iberia). In den letzten Jahren ist die Position der Teams aus der Hauptstadt noch stärker geworden, denn durch die Abspaltung Abchasiens fehlt der Liga z.B. der Klub aus Suchumi. Eine bessere Qualität haben lediglich noch die Mannschaften aus Kutaïssi und aus der Hafenstadt Batumi aufzuweisen.

In der Fußballgeschichte der ehemaligen UdSSR hat auch **Armenien** einen festen Platz. Nicht zuletzt deshalb, weil es Ararat Erewan 1973 gelang, die beiden wertvollsten sowjetischen Trophäen (Meisterschaft und Pokal) gleich im Double zu erobern. Die unabhängige Fußballorganisation Armeniens und ein eigener Ligawettbewerb wurden 1992 ins Leben gerufen. Die größten Kontrahenten der Vereine aus der Hauptstadt Erewan sind die Teams aus Gjumri (ehemals Leninakan, 1988 vom Erdbeben schwer zerstört) und aus der Industriestadt Ararat.

Aserbaidschan, das wegen der Region Berg-Karabach in einem langwierigen Konflikt mit Armenien steht, wurde in der 1. Liga der ehemaligen Sowjetunion mehrere Saisons vom Klub Neftschi Baku und kurzzeitig auch von Kiapaz Ganja vertreten. Diesem Duo gelang es außerdem, die Mehrzahl der bisherigen Meistertitel in der 1992 gestarteten selbständigen Liga auf sich zu vereinen. Inzwischen ist der aserbaidschanische Fußballverband auch Mitglied der FIFA und der UEFA geworden.

Türkei

Georgien

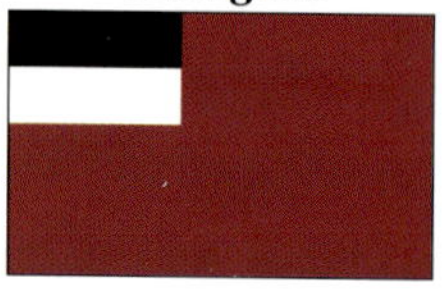

İstanbul

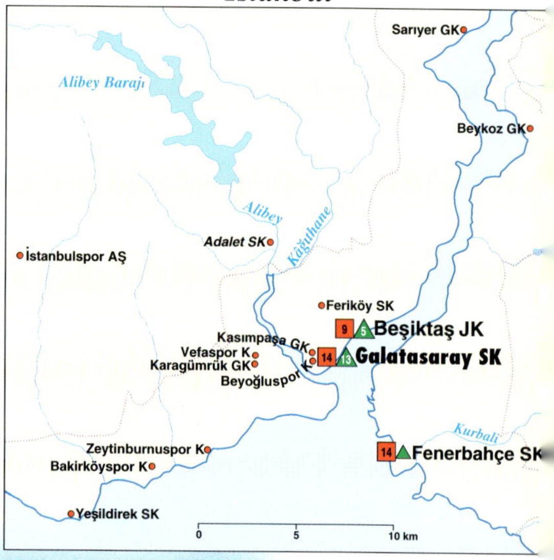

Ausländer in der türkischen Liga
(Saison 1999/2000)
10 – Brasilianer
7 – Ägypter
6 – Jugoslawen und Deutsche
4 – Bulgaren, Ghanaer und Kameruner
insgesamt 76 Spieler

Armenien

Aserbaidschan

Berühmte transkaukasische und türkische Klubs

Klub-name (Staat)	Stadt-name	Gründ. Jahr	Name des Stadions	Stadion-kapazität	Spielfeld Dim. (m)	Ligaplatzierung (Saison 2000/01)
Araks Ararat (ARM)	Erewan	1960	Araks	3 000	105 x 69	1.
Ararat Erewan (ARM)	Ararat	1946	Nairat	48 300	105 x 69	2.
Schirak Gjumri (ARM)	Gjumri	1934	Ozanyan	5 500	105 x 70	3.
Kiapaz Ganja (AZE)	Ganja	1960	Schekher	25 000	105 x 69	8.
Neftschi Baku (AZE)	Baku	1937	Tofig Bachramov	36 800	105 x 69	2.
Schamkir (AZE)	Schamkir	1959	Schamkir	8 000	105 x 69	1.
Dinamo Batumi (GEO)	Batumi	1923	Dinamo	13 640	105 x 68	7.
Dinamo Tbilissi (GEO)	Tbilissi	1925	Boris Paichadze	70 900	105 x 68	3.
Gurija Lantschchuti (GEO)	Lantschchuti	1952	Central	22 000	105 x 69	2. Liga
Torpedo Kutaïssi (GEO)	Kutaïssi	1959	Givi Kiladze	28 800	105 x 68	1.
Altay (TUR)	Izmir	1914	Alsancac	20 000	104 x 69	2. Liga
Beşiktaş (TUR)	Istanbul	1903	Inönü	38 000	105 x 68	4.
Fenerbahçe (TUR)	Istanbul	1907	F. Sükrü Saraçoglu	30 000	105 x 68	1.
Galatasaray (TUR)	Istanbul	1905	Ali Sami Yen	32 000	105 x 68	2.
Gençlerbirliği (TUR)	Ankara	1923	19 Mayis	24 000	105 x 70	10.
Göztepe (TUR)	Izmir	1925	Alsancak Stadi	17 000	105 x 68	2. Liga
MKE Ankaragücü (TUR)	Ankara	1910	19 Mayis	24 000	105 x 70	6.
Trabzonspor (TUR)	Trabzon	1967	Hüseyin Avni Aker	30 000	105 x 70	5.

ürkische Ligarekorde

eiste Teilnahmen in der Liga:
3 Fenerbahçe, Galatasaray und Beşiktaş
.h. ununterbrochen inklusive Saison 2000/01)
ie meisten Tore in einer Saison:
9 – Tanju Çolak (Galatasaray, 1987/88)
ie meisten Tore in einem Spiel:
– Tanju Çolak (Fenerbahçe, 1992/93, gegen Karşıyaka)
öchster Sieg in einem Spiel:
:0 (Beşiktaş–Adana Demirspor, 1989/90)

Teuerste georgische und türkische Fußballspieler auf dem Transfermarkt

Kakhi Kaladze (GEO)	2001	Dynamo Kyiw	➔	Milan AC	9 000 000 Pfd.
Alpay Özalan (TUR)	2000	Fenerbahçe SK	➔	Aston Villa	5 600 000 Pfd.
Georgi Kinkladze (GEO)	1998	Manchester City	➔	AFC Ajax	5 500 000 Pfd.
Ali Riza Sergen Yalçin (TUR)	1999	Siirt Jet-PA SK	➔	Fenerbahçe SK	4 500 000 Pfd.

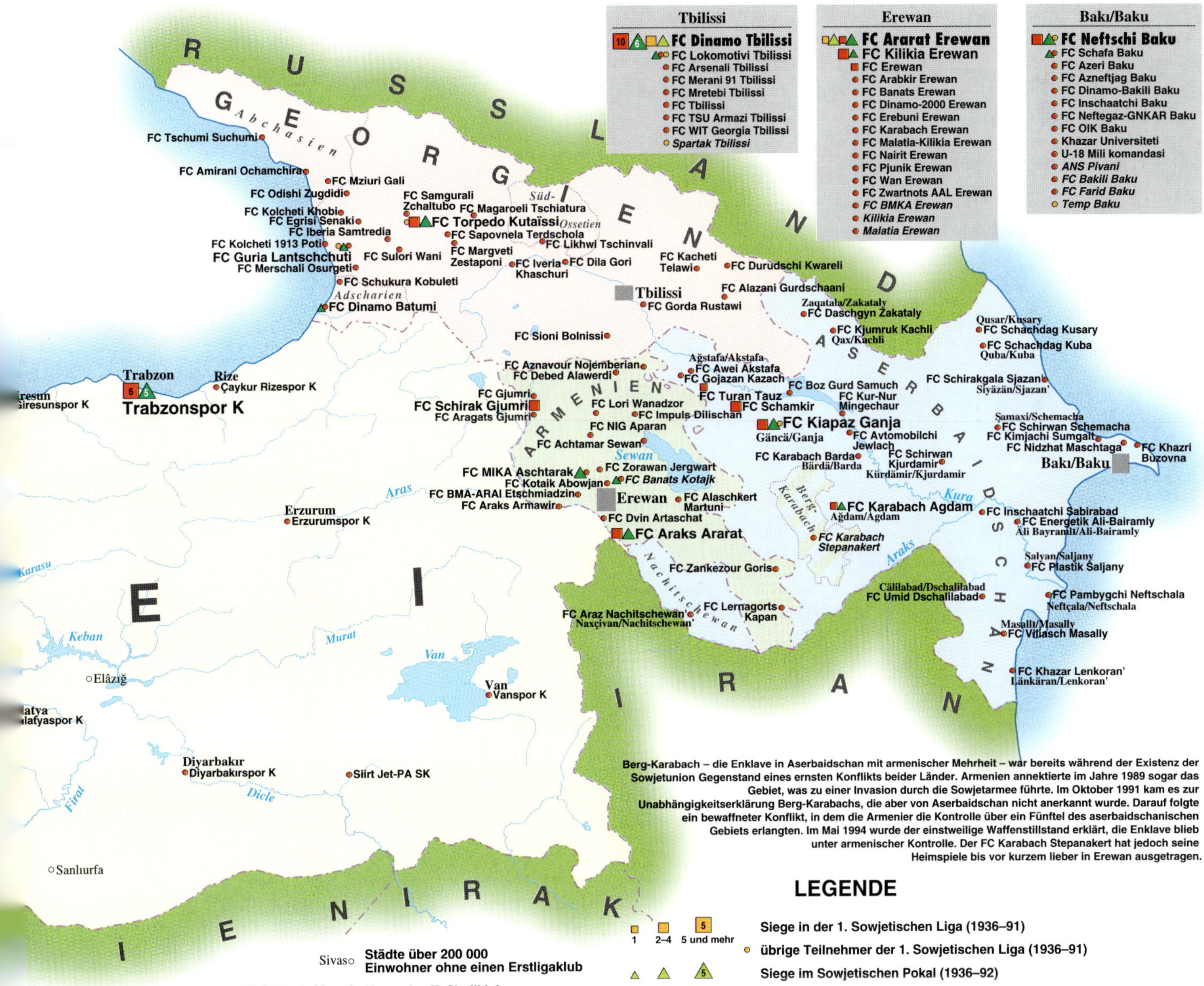

Berg-Karabach – die Enklave in Aserbaidschan mit armenischer Mehrheit – war bereits während der Existenz der Sowjetunion Gegenstand eines ernsten Konflikts beider Länder. Armenien annektierte im Jahre 1989 sogar das Gebiet, was zu einer Invasion durch die Sowjetarmee führte. Im Oktober 1991 kam es zur Unabhängigkeitserklärung Berg-Karabachs, die aber von Aserbaidschan nicht anerkannt wurde. Darauf folgte ein bewaffneter Konflikt, in dem die Armenier die Kontrolle über ein Fünftel des aserbaidschanischen Gebiets erlangten. Im Mai 1994 wurde der einstweilige Waffenstillstand erklärt, die Enklave blieb unter armenischer Kontrolle. Der FC Karabach Stepanakert hat jedoch seine Heimspiele bis vor kurzem lieber in Erewan ausgetragen.

LEGENDE

Sivas○ Städte über 200 000 Einwohner ohne einen Erstligaklub

FC Schirak Gjumri – Name des Fußballklubs

FC Dinamo Tbilissi – erfolgreichster Klub des Landes

Adalet SK – bereits nicht mehr existierender Klub

Trabzon – Stadt

Nachitschewan – Region

1 / 2–4 / 5 und mehr: Siege in der 1. Sowjetischen Liga (1936–91)

übrige Teilnehmer der 1. Sowjetischen Liga (1936–91)

Siege im Sowjetischen Pokal (1936–92)

Siege in der 1. Liga - Türkei (1959–2001), Armenien (1992–2000), Aserbaidschan (1992–2001) und Georgien (1990–2001)

übrige Teilnehmer der 1. Liga - Türkei (1959-2002), Armenien (1992–2001), Aserbaidschan (1992–2001) und Georgien (1990–2001)

Siege im Landespokal - Türkei (1963–2001), Armenien (1922–2001), Aserbaidschan (1993–2001) und Georgien (1990–2001)

Baltikum, Weißrussland, Ukraine und Moldawien

In **Estland** traf der erste Lederball mit einem englischen Frachtschiff ein und das Spiel der Seeleute inspirierte sogleich die örtlichen Studenten. Im Jahre 1908 wurde der erste Klub Meteor Tallinn gegründet. Der Fußballverband entstand 1921, nahezu zeitgleich zum Ligawettbewerb, der auch nach der sowjetischen Okkupation (1940) und der deutschen Besetzung (1941) fortgesetzt wurde. Nach dem 2. Weltkrieg war mit Sport Tallinn nur ein einziger estnischer Vertreter in der obersten Spielklasse der UdSSR vertreten. Auch nach der Erneuerung der Unabhängigkeit (1991) beherrschten die Klubs aus der Hauptstadt die estnische Liga, obzwar die beiden letzten Meisterschaften des 20. Jahrhunderts vom FC Levadia aus dem nahen Maardu gewonnen wurden. Zaristische Offiziere waren im Jahre 1908 die Vorkämpfer des Spiels auf dem Gebiet von **Litauen**. Die ersten Mannschaften wurden zwei Jahre später in Wilna (Vilnius) und Kaunas von russischen Studenten gebildet. Parallel zur Eigenstaatlichkeit entstand 1919 der erste rein litauische Klub – LSS Kaunas. Die Liga erlebte ihre Premiere im Jahre 1921. Nach dem gewaltsamen Anschluss an die Sowjetunion (1940) wurden während des Krieges noch zwei Jahrgänge (1942, 1943) ausgetragen. An der sowjetischen Meisterschaft nahm einzig Žalgiris Vilnius teil. In der selbständigen Liga triumphierten außer diesem Klub noch fünf weitere Vereine. Die besten Fußballer von **Lettland** sind bis heute in Riga konzentriert. Bereits in den Jahren 1910–16 trug man in der Hauptstadt die Rigaer Liga aus, in der ein Verein britischer Herkunft (British FC bzw. Britannia) dominierte. Die erste nationale Meisterschaft wurde 1922 von Kaiserwald Riga gewonnen. In die sowjetische Liga griff kurzzeitig auch Daugava Riga ein. Die heutige lettische Liga wird eindeutig vom FK Skonto Riga beherrscht, der seit 1991 sämtliche Titel holte.

Eine gute Tradition hat der Fußball auch in **Weißrussland**, wo Studenten schon im Jahre 1910 den Klub PGFK Gomel' gründeten. Als erster weißrussischer Vertreter spielte Dinamo Minsk in der höchsten Spielklasse der UdSSR, der die Hauptstädter von 1945 bis zum Zerfall des Staatenbundes ununterbrochen angehörten. Das gleiche Team gibt auch in der weißrussischen Liga den Ton an. Auf dem Gebiet der heutigen **Ukraine** bekam man Fußball bereits im Jahre 1894 zu sehen, als die Stadtauswahl von Lemberg auf die aus Krakau traf. Einige Klubs des jetzigen Territoriums nahmen in der Vergangenheit an den Wettbewerben verschiedener Staaten teil – in Uschhorod präsentierte sich die tschechoslowakische, aber auch die ungarische Liga; die Teams aus Tscherniwtsi spielten in Rumänien. Zum Stolz des Landes mauserte sich nach dem 2. Weltkrieg der Klub von Dynamo Kiew, der sowohl in der UdSSR als auch in den heimischen Gefilden reihenweise die wertvollsten Trophäen abräumte, und der sich auch in den Europapokal-Wettbewerben Respekt erwarb. Um die sowjetische Meisterschaft spielten früher mit Erfolg auch einige Mannschaften, die in den 90er Jahren in die selbständige ukrainische Liga wechselten – z.B. die Teams aus Dnipropetrovsk, Woroschilowgrad (jetzt Luhansk), Donezk und Odessa. Der beste Klub im heutigen **Moldawien** ist Zimbru Chişinău. Dessen Souveränität ist seit 1992 nur einmal unterbrochen worden – vom hauptstädtischen Lokalrivalen Constructurol.

Estland

Lettland

Litauen

Weißrussland

Ukraine

Moldawien

Entwicklung der Besucherzahl, erzielte Tore, Teilnehmerzahl der 1. Liga der UdSSR (Sowjetliga) und wichtige Begebenheiten

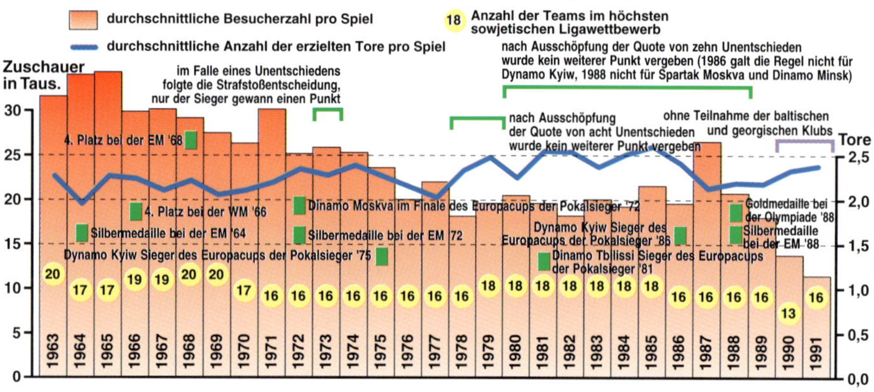

Teuerste ukrainische Fußballspieler auf dem Transfermarkt

Andrej Shevchenko	1999	Dynamo Kyiw	➔	Milan AC	16 200 000 Pfd.
Serhij Rebrov	2000	Dynamo Kyiw	➔	Tottenham Hotspur	11 000 000 Pfd.
Alexej Michajlitschenko	1990	Dynamo Kyiw	➔	UC Sampdoria	2 900 000 Pfd.

Der teuerste weißrussische Fußballspieler auf dem Transfermarkt

Sergej Gurenko	1999	Lokomotiv Moskva	➔	AS Roma	3 700 000 P

Berühmte ukrainische und weißrussische Klubs

Klubname	Gründ. Jahr	Name des Stadions	Stadionkapazität	Besucherschn. (Sais. 2000/01)
Tschornomoretz' Odesa	1958	Centraľnyj	43 000	5 656
Dnipro Dnipropetrows'k	1936	Meteor	30 352	12 962
Dynamo Kyiw	1927	Olimpijskyj	82 100	13 073
Karpaty L'wiw	1963	Ukraina	28 058	7 062
Kryvbas Kryvij Rih	1959	Metalurh	30 170	9 462
Metalist Charkiv	1944	Metalist	25 000	13 231
Schachtar Donez'k	1936	Schachtar	31 613	24 462
Tawrija Symferopoľ	1958	Lokomotyv	23 612	8 946
Belschyna Babrujsk	1958	Spartak	4 800	2 600
Dnepr-Transmasch Mahiljou	1997	Spartak	11 200	2 690
Dynama Minsk	1927	Dynama	42 375	2 151
Lakamatju-96 Vitsebsk	1996	Dynama	5 500	2 047
Njoman-Belcard Hrodna	1964	Njoman	14 000	4 310
Slavia Mazyr	1987	Junosť	7 500	4 560

Berühmte baltische und moldawische Klubs

Klubname	Gründ. Jahr	Name des Stadions	Stadionkapazität	Besucherschn. (Sais. 2000/01)
Flora Tallinn	1990	Kadriorg	6 000	855
Levadia Maardu	1990	Maardu	600	385
Norma Tallinn	1959	Rannavärava	500	286
Metalurgs Liepaja	1996	Daugava Liepaja	6 000	1 001
Skonto Riga	1991	Daugava	5 800	933
Ventspils	1997	Daugava Ventspils	2 000	1 250
Atletas-Inkaras Kaunas	1937	Inkaras	2 000	150
Ekranas Panevežys	1962	Aukštaitija	10 000	1 028
FBK Kaunas	1991	Dariaus ir Gireno	15 000	573
Žalgiris Vilnius	1947	Žalgiris	13 000	269
Constructorul-93 Chişinău	1993	Republikan	16 000	529
Sheriff Tiraspol	1996	Tiraspol	10 060	1 428
Tiligul Tiraspol	1961	Tiraspol	10 060	1 343
Zimbru Chişinău	1947	Speia	10 150	1 057

Ausländer in der estnischen Liga
(Saison 1999)
- **5 – Litauer**
- **3 – Russen**
- **2 – Aserbaid. und Norweger**
- **1 – Finne**

insgesamt 13 Spieler

Ausländer in der lettischen Liga
(Saison 1999)
- **18 – Russen**
- **13 – Litauer**
- **6 – Georgier**
- **5 – Weißrussen und Ukrainer**

insgesamt 48 Spieler

Ausländer in der litauischen Liga
(Saison1999)
- **3 – Russen**
- **2 – Letten**
- **1 – Weißrusse und Georgier**

insgesamt 7 Spieler

Ausländer in der weißrussischen Liga
(Saison 1999)
- **17 – Ukrainer**
- **5 – Russen**
- **1 – Georgier, Litauer, Kameruner und Kasache**

insgesamt 26 Spieler

Ausländer in der ukrainischen Liga
(Saison 1999/2000)
- **12 – Georgier**
- **7 – Weißrussen und Russen**
- **3 – Moldawier**
- **2 – Litauer und Turkmenen**

insgesamt 39 Spieler

Ausländer in der moldawischen Li
(Saison 1999/2000)
- **25 – Ukrainer**
- **5 – Georgier und Russen**
- **2 – Litauer und Nigerianer**
- **1 – Brasilianer und Rumä**

insgesamt 41 Spieler

LEGENDE

- 1 / 2–4 / 5 und mehr (13): Siege in der 1. Sowjetischen Liga (1936–91)
- übrige Teilnehmer der 1. Sowjetischen Liga (1936–91)
- (9): Siege im Sowjetischen Pokal (1936–92)
- (7): Siege in der 1. Liga – Ukraine (1992–2001), Weißrussland (1992–2000), Moldawien (1992–2001), Litauen (1922–43 und 1991–2000), Lettland (1922–43 und 1991–2000) und Estland (1921–43 und 1992–2000)
- übrige Teilnehmer der 1. Liga – Ukraine (1992–2002), Weißrussland (1992–2001), Moldawien (1992–2002), Litauen (1991–2001), Lettland (1991–2001) und Estland (1992–2001)
- (5): Siege im Landespokal – Ukraine (1992–2001), Weißrussland (1992–2001), Moldawien (1992–2001), Litauen (1990–2001), Lettland (1937–43 und 1992–2001) und Estland (1938–43 und 1993–2001)
- weitere Klubs oder Stadien *(Besonderheit)*
- Nikopol' ○ Städte über 100 000 Einwohner ohne einen Erstligaklub
- FBK Kaunas: Name des Fußballklubs
- **FK Dynamo Kyiw**: erfolgreichster Klub des Landes
- *Baltika Narva*: bereits nicht mehr existierender Klub
- Riwne/Rowno: Stadt

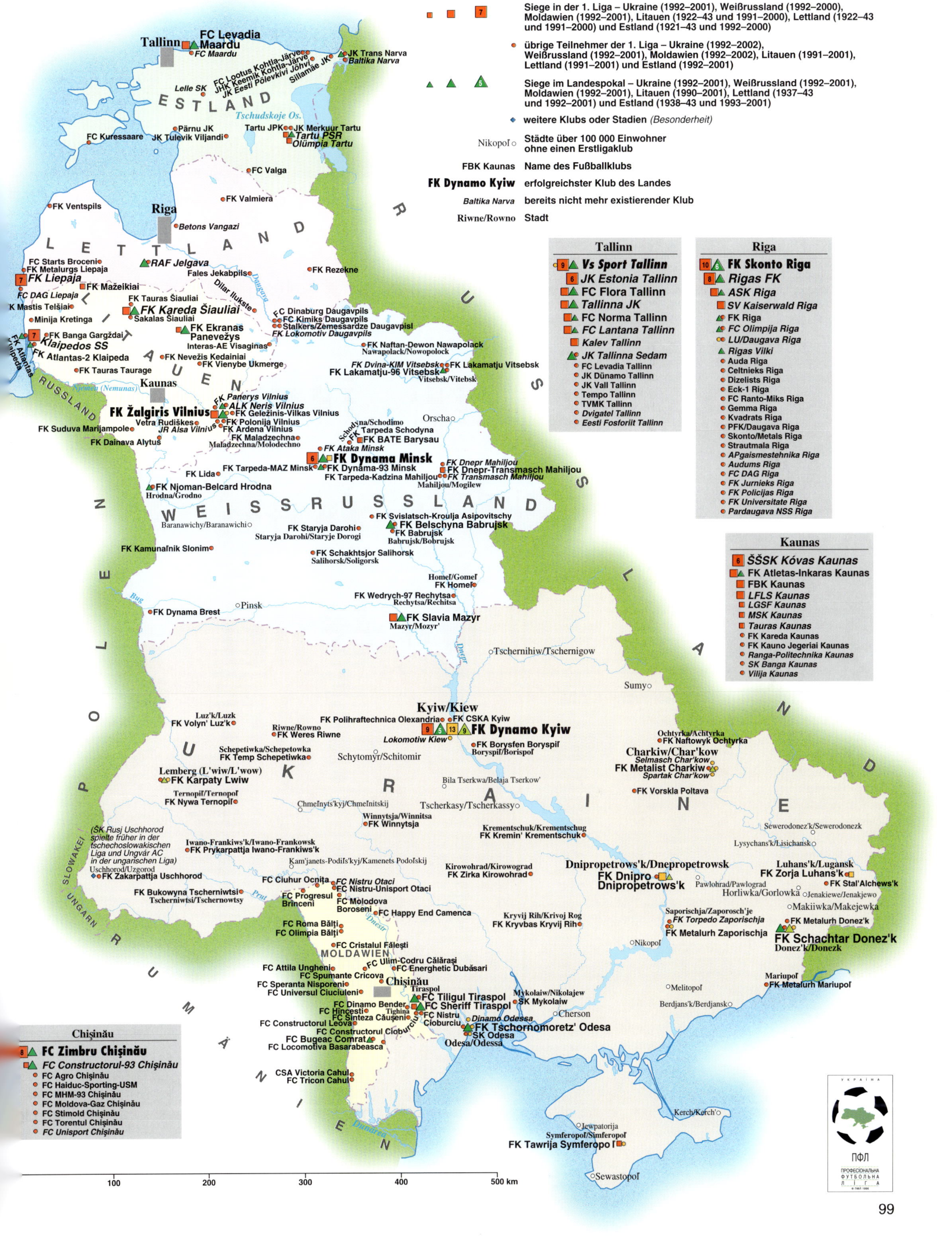

Russland und die Länder Mittelasiens

Auf dem Territorium von **Russland** wurde bereits in den 80er Jahren des 19. Jahrhunderts Fußball gespielt. Dennoch dauerte es weitere sieben Jahrzehnte, bevor er massenhaft Verbreitung fand. Seiner schnelleren Entwicklung standen sowohl die ungünstigen sozialpolitischen Bedingungen einschließlich blutiger Kriege, als auch die riesigen Entfernungen und das barsche, regional sehr unterschiedliche Klima im Wege. Der offenkundig erste Klub wurde von den englischen Managern Harry und Clement Charnock gegründet, die in den Baumwollspinnereien in Orechovo unweit von Moskau arbeiteten. Der Schwerpunkt der Anfänge des russischen Fußballs lag jedoch in St. Petersburg. Wieder waren es keine anderen als die Engländer, die kurz vor Ende der 80er und in den 90er Jahren des 19. Jahrhunderts an der Wiege der ersten hiesigen Klubs (Petersburg FC, Newski Club, Newka, Victoria) standen. Als erstes öffentliches Fußballspiel bezeichnen historische Quellen die Partie vom 13. Oktober 1898 zwischen den Mannschaften Peterburskij kruschok sportsmenov (Petersburger Sportkreis) und Kruschok ljubitelej sporta (Kreis der Sportliebhaber). Das erstgenannte Team wurde ausschließlich von Russen gebildet.

Zu Beginn des 20. Jahrhunderts spielte man schon in einigen russischen Großstädten lokale Ligen und Pokalwettbewerbe aus. Dem Allrussischen Fußballverband, der im Jahre 1912 entstand, gelang es zwar, sofort die erste gesamtstaatliche Meisterschaft zu organisieren, aber die Liga war kaum zwei Jahre alt, als sie schon wieder zerfiel. Der 1. Weltkrieg, die direkt folgende Revolution und der Bürgerkrieg dämpften begreiflicherweise erheblich auch die Fußballaktivitäten im ganzen Land. Die Meisterschaft der **UdSSR** fand im Zeitraum von 1922–35 nur unregelmäßig statt, wobei die Teilnehmer keine Klubs, sondern Auswahlmannschaften der großen Städte waren. Auch der offiziellen sowjetischen Liga und dem Pokalwettbewerb, die im Jahre 1936 eine neue Ära des hiesigen Fußballs einleiteten, war nicht allzu viel Glück beschieden, denn sie wurden bald durch den 2. Weltkrieg unterbrochen. Der russische bzw. sowjetische Fußball erlangte dank der Haltung des Staates, der Nachdruck auf einen organisierten Massencharakter des Sports legte, relativ schlüssige Wettbewerbsstrukturen. Als ebenso vorteilhaft erwies sich der Aufbau der Klubs, die ähnlich wie in Deutschland mehrere Sportarten unter ihrem Dach vereinten. Nach 1945 erreichte die Leistungsfähigkeit des russischen Fußballs bereits ein mit anderen europäischen Ländern vergleichbares Niveau.

In der sowjetischen Liga, die aus klimatischen Gründen immer in der Spielzeit Frühling–Herbst ausgetragen wird, dominierten durchwegs die Moskauer Klubs. Ihre Vormachtstellung, die sich in einer ununterbrochenen Titelserie seit der Ligapremiere (1936) ausdrückte, wurde erst 1961 durch Dynamo Kiew gestoppt. Das allgemein gute Niveau des Erstligafußballs und die insgesamt beschränkten Möglichkeiten der Freizeitgestaltung zogen regelmäßig viele Fans in die Stadien. Der Besucherschnitt pro Spiel lag gewöhnlich bei rund 20 000 Zuschauern und Mitte der 60er Jahre sogar bei 35 000 Zuschauern – eine Zahl, die damals in keiner anderen Liga der Welt erreicht wurde! Der Zerfall der UdSSR bedeutete auch das Ende der sowjetischen Wettbewerbe. Die letzte Saison wurde 1991 gespielt, als bereits die Klubs aus Georgien und aus dem Baltikum fehlten.

Nach dem Wegfall der starken Gegnerschaft aus der Ukraine oder Georgien beherrscht Spartak Moskva ziemlich souverän die selbständige russische Liga, in der die Hauptstädter außer 1995 alle Titel holten. In der noch jungen Geschichte der höchsten russischen Spielklasse kam es zum Bruch mit einer Tradition. Zum ersten Mal gingen in ihr nämlich auch Klubs aus dem Fernen Osten auf Punktejagd. In der sowjetischen Liga hingegen war nie eine Mannschaft aus dem asiatischen Teil Russlands präsent gewesen. Nunmehr spielen in der russischen Oberliga 16 Teams und in der zweithöchsten Spielklasse, der 1. Liga, 20 Teams. Die drittklassige 2. Liga ist aufgrund der weiten Ausdehnung des größten Landes der Erde regional organisiert – sie ist in sog. Zonen (West, Ost, Mitte, Süd, Wolgagebiet und Ural) unterteilt.

Obwohl der Fußball in allen postsowjetischen Ländern Mittelasiens die Sportart Nr. 1 darstellt, fristet er im Vergleich mit der hochentwickelten Welt weiterhin nur ein Aschenputtel-Dasein. In der höchsten sowjetischen Liga gaben ab den 60er Jahren nur drei mittelasiatische Klubs ihre Visitenkarte ab: Kajrat Alma-Ata (Kasachstan, 21 Jahre), Pamir Duschanbe (Tadschikistan, 1989–91) und Pachtakor Taschkent (Usbekistan, 22 Jahre). Der letztgenannte Klub ging hauptsächlich wegen des tragischen Flugzeugunglücks im Jahr 1979, bei dem alle Spieler der ersten Mannschaft ums Leben kamen, in die Geschichte ein. Mit Hilfe administrativer Eingriffe wurde er danach vor dem Abstieg bewahrt. Die Ligawettbewerbe aller fünf selbständigen Staaten werden seit 1992 ausgetragen. In **Usbekistan** sind 20 Teams in der höchsten Spielklasse vertreten (die besten Vereine kommen aus Taschkent und Fergana). Vier Teams weniger spielen in der 1. Liga von **Kasachstan**, wo die Spitzenklubs in der ehemaligen Metropole Alma-Ata, in Semipalatinsk und Pawlodar zu Hause sind. In den Erstligakonkurrenzen von **Kirgisien** (12 Klubs), **Turkmenistan** (11) und **Tadschikistan** (10) geben überwiegend die Teams aus den Hauptstädten oder deren Umgebung den Ton an. Sportlich ist die usbekische Liga am weitesten, finanziell hat Kasachstan mit einer ersten und zweiten Profiliga offensichtlich die größten Möglichkeiten.

Russland

Kasachstan

Usbekistan

Turkmenistan

Kirgisien

Tadschikistan

Berühmte russische und kasachische Klubs

Klubname	Gründ. Jahr	Stadionname	Stadionkapazität	Besucherschnitt (Saison 2000)	Ligaplatzierung (Saison 2000)
Alania Wladikawkaz	1937	Spartak	32 674	18 333	10.
CSKA Moskva	1923	CSKA	10 500	7 750	8.
Dinamo Moskva	1923	Dinamo	36 880	8 767	5.
Fakel Woronesch	1953	Centraĺnyj	30 000	23 120	13.
Lokomotiv Moskva	1923	Lokomotiv	24 000	5 847	2.
Spartak Moskva	1922	Luschniki	80 840	17 867	1.
Torpedo Moskva	1924	Eduard Streltsow	16 500	4 880	3.
Zenit Sankt Peterburg	1931	Petrovskij	21 838	18 157	7.
Irtysch Pawlodar	1965	Centraĺnyj	15 000	4 750	3.
Karjat-CSKA Almaty	1954	CS MO	24 000	1 700	9.

Anmerkung: *CSKA Moskva trägt manche Heimspiele im Dinamo-Stadion, Torpedo Moskva im Luschniki-Stadion aus.*

Ferganer Kessel und Umgebung

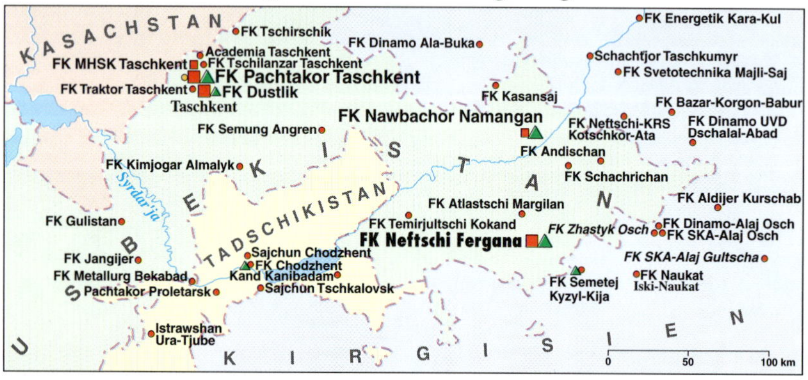

LEGENDE

Symbol	Bedeutung
1 / 2–4 / 5 und mehr	Siege in der 1. Sowjetischen Liga (1936–91)
	übrige Teilnehmer der 1. Sowjetischen Liga (1936–9
	Siege im Sowjetischen Pokal (1936–92)
	Siege in der 1. Liga – Russland (1992–2000), Kasachstan (1992–2000), Usbekistan (1992–2000), Turkmenistan (1992–2000), Kirgisien (1992–2000) und Tadschikistan (1992–2000)
	übrige Teilnehmer der 1. Liga – Russland (1992–200 Kasachistan (1992–2001), Usbekistan (1992–2001), Turkmenistan (1992–2000), Kirgisien (1992–2000) und Tadschikistan (1992–2000)
	Siege im Landespokal – Russland (1993–2000), Kasachstan (1992–2000), Usbekistan (1993–2000), Turkmenistan (1993–2000), Kirgisien (1992–2000) und Tadschikistan (1992–2000)
	weitere Klubs oder Stadien *(Besonderheit)*
Tscheljabinsk	Städte über 1 000 000 Einwohner ohne einen Erstligaklub
Dostyk Almaty	Name des Fußballklubs *(Besonderheit)*
FK Spartak Moskva	erfolgreichster Klub des Landes
Metallurg Moskva	bereits nicht mehr existierender Klub
Astana	Stadt
A l t a i	Region

Bischkek

- 5 **FK SKA-PVO Bischkek**
- CAG-Dinamo-MVD Bischkek
- *Alga-RIIF Bischkek*
- Metallurg Kadamdzhaj
- SK Nacional'naja Gwardia Bischkek
- Dinamo-Manas-SKIF Bischkek
- *SK Poljot Bischkek*
- Schumkar-Dastan Bischkek
- *Alga Bischkek*
- *Instrumentaĺtschik Bischkek*
- *Rotor Bischkek*
- *Selmaschevets Bischkek*

Moskau (Moskva)

- 12 10 8 **FK Spartak Moskva**
- 11 6 FK Dinamo Moskva
- 7 5 FK CSKA Moskva
- 6 FK Torpedo Moskva
- FK Lokomotiv Moskva
- FK Asmaral Moskva
- FK Torpedo-ZIL Moskva
- Kryl'ja Sowetow Moskva
- *Burewestnik Moskva*
- *Metallurg Moskva*
- *Pischkewik Moskva*
- *Stalinets Moskva*
- *VMS Moskva*
- *VVS Moskva*

Teuerste russische Fußballspieler auf dem Transfermarkt

Andrej Kanchelskis	1997	Everton FC	➔	AC Fiorentina	8 000 000 Pfd.
Igor Schalimow	1992	Foggia Calcio	➔	Inter Milano	6 500 000 Pfd.
Andrej Kanchelskis	1998	AC Fiorentina	➔	Rangers FC	5 500 000 Pfd.

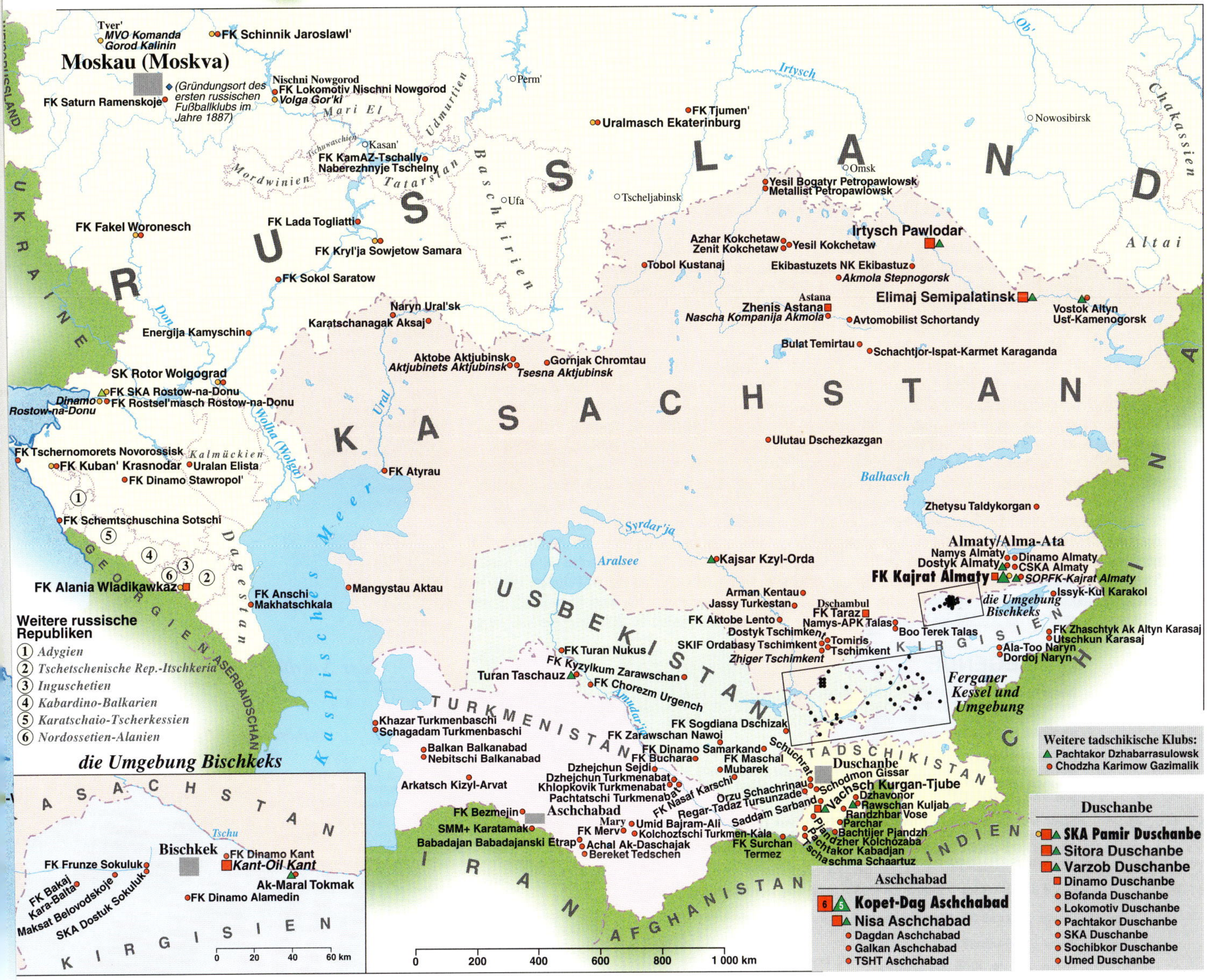

Südasien

Obwohl nahezu das gesamte Gebiet Südasiens lange unter britischem Einfluss stand, erreichte der Fußball hier nie eine solche Ausbreitung wie in Europa oder anderswo. Im Mutterland England war er nämlich der Sport der einfachen Arbeiterschichten. Da in dessen ehemaligen Kolonien aber die Beamten und Offiziere unter den Briten überwogen, wurde ihnen zuliebe mehr Kricket, Feldhockey und Golf gespielt. Der Fußball im ehemaligen Britisch-Indien hat zwar die längste Tradition auf dem asiatischen Kontinent, aber dessen Vorkämpfer waren eher die Soldaten, nach deren Abzug das Spiel wieder in Vergessenheit geriet.

In **Afghanistan** entstand die erste Fußballorganisation im Jahre 1922, die Liga mit der Hauptstadt Kabul als Zentrum existiert seit den 30er Jahren. 1948 wurde das Land zum FIFA-Mitglied, in den 50er Jahren war es auch international ziemlich aktiv. Die militärischen Interventionen der UdSSR (1979) und der USA (2001) sowie der über 20 Jahre andauernde Bürgerkrieg aber haben auch die Entwicklung des Fußballs gestoppt.

Nach **Indien,** bis 1947 Teil des ehemaligen Britisch-Indiens, brachten die britischen Kolonisten den Fußball mit; ab 1883 wurde er insbesondere unter den Studenten der britischen Mittelschulen betrieben. Die Indische Assoziation, in der vorwiegend Soldatenteams vereinigt waren, entstand im Jahre 1888 in Kalkutta. Das erste bedeutende Turnier fand fünf Jahre später statt, die regionale Kalkutta-Liga wird seit 1898 gespielt. Der 1897 gestartete Durand Cup gehört zu den ältesten Pokalwettbewerben der Welt. Die Auftaktsieger waren allesamt britische Militärklubs. Ein weiterer bedeutender Regionalwettbewerb entstand im Jahre 1902 in Bombay. Zur nationalen Meisterschaft wurde die Santosh Trophy deklariert, die als Turnier der Bundesstaaten seit 1941 ausgetragen wird. Die Ligakonkurrenz des föderalen Verbandes (gegr. 1937) wurde erst in der Saison 1996/97 eingeführt. Auch hier geben die Teams aus Kalkutta klar den Ton an. Zu den Duellen der Erzrivalen Mohun Bagan und Mohammedan kommen bis zu 100.000 Zuschauer ins Salt Lake Stadion (Yuba Bharati Krirangan). Zweites Fußballzentrum ist der Zwergstaat Goa, eine ehemalige portugiesische Kolonie.

In **Pakistan** ging es nur langsam voran in Sachen Fußball. Nach der Teilung Britisch-Indiens und der damit verbundenen Entstehung des Staates (1947) begann man ab 1948 einen Ligawettbewerb zu spielen. Seit kurzem gibt es die Bestrebung, das Spiel unter der Jugend zu fördern, nicht zuletzt deshalb, weil das Land der weltweit größte Hersteller von Fußbällen ist und zu dieser Arbeit oft Kinder herangezogen werden. Symptomatisch für das Land ist die Konzentration des Fußballs in den Zentren der historischen Regionen. In jeder der vier Provinzen – Punjab, Sind, Karatschi und Belutschistan – unterscheiden sich die Klubs anhand ihrer Farben (die Grünen, Roten und Blauen). Führende Zentren sind Karatschi im Süden und Lahore im Norden des Landes. Die Meisterschaft wird als Klubturnier ausgetragen, bei dem die Vertreter aller Provinzen und zahlreicher staatlicher Institutionen an den Start gehen.

Nach dem Zerfall von Britisch-Indien trug man im Jahre 1948 im ehemaligen Ostpakistan eine der vier Provinzmeisterschaften aus, die auch als Dhakaer Liga bezeichnet wurde. Nach dem Bürgerkrieg mit Westpakistan, aus dem 1972 das selbständige **Bangladesh** (Staat der Bengalen mit vorwiegend moslemischer Konfession) hervorging, wurde das Land bereits 1974 Mitglied der FIFA. Als oberster Wettbewerb wurde weiterhin die Dhakaer Liga geführt. Neben ihr werden Turniere unter den Vertretern der einzelnen Distrikte veranstaltet. Erst in der Saison 2000 wurde eine gesamtstaatliche Liga organisiert, der außer den besten Vereinen der Dhakaer Liga auch die siegreichen Städte der fünf Regionalwettbewerbe angehören.

Das Königreich **Nepal** öffnete sich der Welt erst im Jahre 1950, und gleich ein Jahr später entstand der Fußballverband. Das Spiel entfaltete sich vor allem im Talkessel von Kathmandu, wo der größte Teil der Bevölkerung des vorwiegend aus Bergdörfern bestehenden Landes lebt. Der Hauptwettbewerb ist die Liga der Märtyrer, in der nur die Klubs aus dem Ballungsraum vertreten sind, den die Hauptstadt mit den Nachbarstädten Patan und Bhaktapur bildet. Der Sieger der Konkurrenz nimmt am Asienpokal der Landesmeister teil. Auf regionaler Basis (acht Gruppen) ist der Pokalwettbewerb organisiert, dessen Gewinner sich für den Asiencup der Pokalsieger qualifiziert.

Auf Ceylon, der ehemals britischen Kolonie, fand der Fußball zwischen den Weltkriegen seine Verbreitung. Es wurden jede Menge Pokal- und Regionalwettbewerbe ausgetragen. Im heutigen **Sri Lanka** ist der Fußball nur in dem von den buddhistischen Singhalesen bewohnten Hauptteil des Landes organisiert. Die meisten Klubs sind in der Hauptstadt Colombo und deren Umgebung zu Hause. Die bewaffneten Bestrebungen der hinduistischen Tamilen zur Bildung eines eigenen Staats machten eine Entwicklung des Fußballs im übrigen Teil der Insel unmöglich. Die höchste Liga der Gegenwart ist die seit 1911 gespielte Bristol League, deren Sieger jedoch mehrheitlich unbekannt sind. In der Saison 2000/2001 hatte die Liga 22 Teilnehmer.

Einen Fußball-Zwerg stellen die Inseln der **Malediven** dar, die sich im Indischen Ozean in einer Länge von fast 2000 km erstrecken. Die Mehrzahl der Klubs kommt aus der Hauptstadt Male. Den nationalen Wettbewerb spielt man hier bereits seit 50 Jahren.

Das exotische Königreich **Bhutan** ist im Jahre 2000 als 204. Mitglied in die FIFA aufgenommen worden. Seitdem gibt es auch eine eigene Liga und die Nationalmannschaft nimmt erstmals an internationalen Wettbewerben teil.

LEGENDE

1 / 2–4 / 5 und mehr	Siege in der 1. Liga – Afghanistan (1995), Indien (1997–2001), Nepal (1997–99), Bhutan (2000), Bangladesh (2000), Sri Lanka (1911–2000) und Malediven (1983–2000)
	Begründer der Indischen Liga (gegr. 1996/97)
	übrige Teilnehmer der 1. Liga – Indien (1997–20 Nepal (1998–99), Bangladesh (2000–01), Sri Lanka (1999–2000) und Malediven (1997–200
	Siege in der 1. Pakistanischen Liga (1948–2000)
	übrige Teilnehmer der 1. Pakistan. Liga (1999–2
	Siege in der Liga von Dhaka (1948–2000), Kalkut (1898–2000), Kathmandu (1985–2000) und Thimbu (1996)
	übrige Teilnehmer der Dhakaer Liga (1992–2000) und der Liga von Kathmandu (1997–2000)
	Siege im Landespokal – Indien (1977–98), Bangladesh (1988–99), Sri Lanka (1949–2000) und Malediven (1988–2001)
	Siege in der Santosh Trophy (1942–2000)
Patna	Städte über 1 000 000 Einwohner ohne einen Erstligaklub
Pakistan Army	Name des Fußballklubs
PIA	erfolgreichster Klub des Landes
Royal Artillery	bereits nicht mehr existierender Klub
Lumbini	Stadt
Sikkim	Region

Afghanistan

Pakistan

Indien

Malediven

Sri Lanka

Nepal

Bhutan

Bangladesh

Lahore
5 Punjab
Pakistan Railways
Punjab Reds
WAPDA
Defence Lahore
Punjab Blue
Punjab Greens
Karatschi/Karachi
7 PIA
ABL
Karachi
Karachi Red
Pakistan Army
HBL
Karachi Yellow
Sindh Reds
KPT
Pakistan Navy
NBP
PACO
Pakistan Police
Sindh Greens
SSGC
Kathmandu
Manang Marsyangdi
New Road Team
Kathmandu SC
Mahendra Police
Ranipokhari
Tribhuvan Army
Bansbari
Boys SC
Boys Union
Naxal Yuwa
Sankata Badge SC
United Youth
Kalkutta/Calcutta
10 25 Mohun Bagan AC
26 East Bengal
11 Mohammedan SC
31 Bengal
8 Calcutta FC
Black Watch
Dalhousie
Durhan Light Rifles
Gordon Light Infantry
King's Own Regiment
North Staffordshire Regiment
Royal Irish Rifles
Railways
Eastern Railway
10th Middlesex Regiment
12th Special Service Battalion
70th Company RGA
91st Highlanders
93rd Highlanders
Cameron Highlanders
Gloucestershire Regiment
Highlander Light Infantry
King's Own Scottish Borderers
Lincolnshire Regiment
Tollygunge Agragami
Dhaka/Dacca
18 Mohammedan SC
10 Abahani KC
7 Dhaka Wanderers
East Pakistan IDC
Victoria SC
Dacca
Muktijoddha SKC
Azad
Bangladesh IDC
Bengal Government Press
BJMC
East Pakistan Gymkhana
Brothers Union
Agrani Bank SC
Arambagh KS
Dhanmondi
Farashganj SC
Rahmatganj MFS
YC Fakirerpool
Adamjee SCC
Badda JS
Bangladesh BC
BRTC SC
East End
Eskaton SS
Mirpur Chalantika SC
Police AC
PWD SC
Sadharan Bima KS
Wari SC
Colombo
9 11 Saunders SC
Renown SC
Ratnams SC
Pettah United SC
Royal Artillery
Air Force SC
Old Benedictans SC
Army SC
Cooray SC
Java Lane SC
Maligawatta Youth SC
Navy SC
Police SC
Wanathamulla Youth SC
PAKISTAN
CHINA
NEPAL
BHUTAN
INDIEN
BURMA
SRI LANKA
MALEDIVEN
BANGLADESH
Indus
Ganga
Yamuna
Ganga (Ganges)
Brahmaputra
Narmada
Godavari
Krishna
Penner
Hirakud
Stanley
Peshawar
Islamabad
NWFP
KRL
PTCL
UGC
PU
Greens
Rawalpindi
Srinagar
Jammu a Kashmir
Himachal Pradesh
Gujranwala
Lahore
Crescent Textile Mills
Faisalabad
Amritsar
6 Punjab
Phagwara
BSF
JCT Mills
Jullundur
Ludhiana
Chandigarh
Punjab
Multan
Haryana
Delhi
Services
Delhi
Uttar Pradesh
Pokhara
Valley SC
Kathmandu
Lumbini
Rupandehi
Friends Club
Three Star
Jawalakhel Youth
Patan
Sikkim
Thimbu
Bhutan Telecom
Company IECH
Phuentsholing FC
Arunachal Pradesh
Jhapa
Munal Club
Assam
Nagaland
Meghalaya
Manipur
Mizoram
Tripura
Jaipur
Agra
Lucknow
Kanpur
Rajasthan
Allahabad
Varanasi
Patna
Bihar
Netrokona
Mohammedan SC
Sylhet
Chaturanga JS
Abahani KC
Rajshahi
Dhaka/Dacca
West Bengal
Kalkutta/Calcutta
Khulna
Abahani KC
Chittagong
Madhya Pradesh
Bhopal
Ahmadabad
Indore
Vadodara
Surat
Nagpur
Orissa
Maharashtra
Kalyan
Mahindra United
Air India
Bombay
Bombay/ /Mumbai
Pune
Hyderabad
Andhra Pradesh
Hyderabad
Vishakhapatnam
Vijayawada
Vasco SC
Salgaocar SC
Churchill Brothers
Goa
Dempo SC
Goa (Goa)
Karnataka
Bangalore
ITI
Chennai/Madras
Indian Bank
Mysore
Tamil Nadu
Kerala
Coimbatore
Lakadiven (Lakhadweep)
Cochin
FC Kochin
Madurai
Trivandrum
Kerala
SBT
Kerala Police
Wennappuwa
New Youngs SC
Jupiter SC
Pelicans SC
Kandy
York SC
Negombo
Negombo Youth SC
Red Diamond SC
Hyline SC
Colombo
Youngsters SC
Kandana
Blue Star SC
Kalutara
Huraa
IFC
Hurriya SC
Victory SC
6 7
Club Valencia
Club Lagoons
7 New Radiant
Eagles
New Lagoons
Male
Andaman and Nicobar Islands
0
500
1 000 km

Südostasien

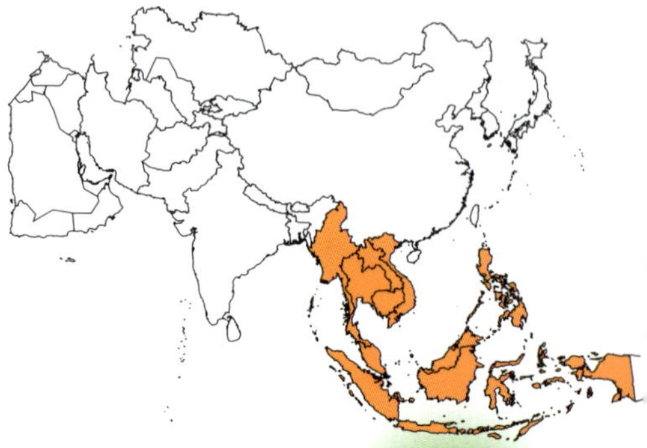

Die Wiege des Fußballs in Südostasien stellte der britische Militärstützpunkt in dem strategisch gut situiertem **Singapur** dar, wo auch im Jahre 1892 die erste Fußballorganisation (und der Pokal) auf dem asiatischen Kontinent entstanden sind. Singapur war lange das wichtigste Zentrum des Fußballs in ganz Malaysien. Die Liga dieses Stadtstaats, der heute bereits über drei Millionen Einwohner hat und zu den am meisten entwickelten der Welt gehört, wurde im Jahre 1904 gegründet. Aber erst seit 1996 kann man sie als vollwertig bezeichnen, denn bis dahin spielte die Nationalmannschaft Singapurs in den Klubwettbewerben des benachbarten Malaysias. Zur Zeit wird die 1. Liga von zwölf professionellen Klubs gebildet.

Der Fußballverband des an Erdöl und Gas reichen Sultanats **Brunei** entstand im Jahre 1959, lange vor dem Erreichen der Unabhängigkeit (1984). Die einheimische Meisterschaft ist trotz der kleinen Landesfläche nach dem Regionalprinzip organisiert: Die Sieger der vier Bezirke kämpfen im Play-off-Modus um den Titel. Hier spielen etwa 2500 Amateure und Halbprofis. Das einzige Team, das vollständig aus Profis gebildet wird – die Nationalmannschaft Bruneis – nimmt regelmäßig an den Klubwettbewerben im benachbarten Malaysia teil.

Die Entwicklung des Fußballs auf den Inseln von **Indonesien** sicherten die niederländischen Kolonisten. Unter der Schirmherrschaft von Niederländisch-Ostindien spielten die indonesischen Fußballer sogar bei der Weltmeisterschaft 1938 in Frankreich mit (sie durften wegen dem Rückzug ihrer Gegner teilnehmen). Auf der ausgedehnten Inselgruppe breitete sich der Fußball in den Nachkriegsjahren bis in jede Ecke aus, den regelmäßigen Amateurwettbewerb gibt es jedoch bereits seit dem Jahre 1931. Seit dem Jahrgang 1979/80 wurde ein neuer Wettbewerb mit der Beteiligung halbprofessioneller Mannschaften gegründet, in der Saison 1994/95 kam es zu ihrem Zusammenschluss. Die erste indonesische Liga stellt den größten professionellen Fußballwettbewerb der Welt dar, obwohl die Anzahl der Teilnehmer in den letzten Jahren von dreiunddreißig auf gegenwärtig achtundzwanzig reduziert wurde. Wegen der großen Distanzen und des notwendigen Flugverkehrs wird die Meisterschaft auf der Grundlage von zwei (früher drei und fünf) regionalen Gruppen organisiert: Der westlichen, in der die Klubs aus Sumatra und dem westlichen Teil Javas spielen, und der östlichen, in der die Teams aus dem restlichen Java, des weiteren aus Bali, Kalimantan, Sulawesi und dem West-Irian auf Neuguinea starten. In der Liga dominieren im Allgemeinen die Mannschaften aus Java, wo sich fast 60 Prozent der Population und deswegen auch die Mehrheit der organisierten Fußballspieler des mit 210 Millionen Einwohnern viertgrößten Landes der Welt konzentrieren

In Malaysien, heute **Malaysia**, breitete sich der Fußball zu Beginn des 20. Jahrhunderts von Singapur her aus, das bis zum Jahre 1957 dessen Bestandteil war. Die Föderation gehört zu den aktivsten in Asien und ist auch der Veranstalter des ältesten zwischenstaatlichen Turniers auf dem Kontinent – Merdeka genannt – das bereits seit dem Jahre 1957 stattfindet. Die Profi-Liga wird aber erst seit 1992 ausgespielt. Ihre Organisation kopiert den föderativen Aufbau des Landes, die Teilnehmer der höchsten Liga sind solche Klubs, die die Hauptstädte der einzelnen Staaten vertreten. Die Liga wird demnach stets von zwölf Mannschaften gebildet. Dazu kommt der Vertreter des Sultanats Brunei, das auf der Insel Borneo die zwei Bundesstaaten Sarawak und Sabah teilt. Die längste Tradition hat der Pokal Malaysias, abgesehen von Singapur der älteste regelmäßige Fußballwettbewerb in Südostasien – er wird seit 1921 ausgetragen. Auf Grund des wirtschaftlichen Booms hat der malaysische Fußball in den 90er Jahren einen riesigen Entwicklungsschub erfahren, was die Errichtung großer moderner Stadien und das Anwachsen der Besucherzahlen bei den Ligaspielen (gegenwärtig über 10 000 pro Partie) dokumentieren. Die Öl- und Erdgasgewinnung hilft auch auf Borneo der Entwicklung des Fußballs. Zu den Spitzenklubs der gegenwärtigen Liga zählen die Vertreter der Staaten Sarawak und Sabah, früher nur wegen der undurchdringlichen Urwälder, den wilden Dajaken und Sandokan bekannt.

Zu den fußballmäßig weniger entwickelten Ländern gehören die **Philippinen**, obwohl der einheimische Verband bereits im Jahre 1907 von den Spaniern gegründet wurde und der erste Fußballwettbewerb in Manila nur vier Jahre später gespielt wurde. Unter dem immer stärkeren Einfluss der USA, die hier die Militärstützpunkte hatten, entwickelten sich vornehmlich Baseball und Basketball, Fußball ist allmählich untergegangen und der Wettbewerb verschwand im Jahre 1936. Es gelang bis heute nicht, die eigentliche philippinische Liga zu erneuern. Inzwischen wird sie durch eine Liga ersetzt, die die Klubs der 10 Millionen Einwohner zählenden Hauptstadt Manila veranstalten. Hinzu kommt ein Turnier, das regelmäßig in der Stadt Dumaguete auf der Insel Negros unter Mitwirkung der bedeutendsten Mannschaften des Landes stattfindet, wobei die Teams der Streitkräfte herausragen.

Nach **Burma (Myanmar)** führten britische Soldaten den Fußball an der Wende des 19. zum 20. Jahrhundert ein. Die Liga gibt es in diesem Lande seit 1947 (den Pokal seit dem Jahre 1948) und außerdem wird noch der Pokalwettbewerb der Vertreter der Bundesstaaten des national mannigfaltigen Landes veranstaltet. In der Liga spielten bisher nur die Mannschaften aus der Hauptstadt, welche die bedeutendsten staatlichen Institutionen und militärischen Abteilungen repräsentieren. Die in Turnierform gespielte gesamtstaatliche Meisterschaft unter Mitwirkung der Vertreter der Regionalzonen (Staaten) bzw. ihrer Verwaltungsstellen, wird seit dem Jahre 1952 veranstaltet. Die Angaben über das Fußballgeschehen in diesem Staat, der sich in den letzten Jahren wieder bemüht, aus der internationalen Isolation zu entkommen, sind unzureichend.

Im Lande der Khmer, namentlich **Kambodscha**, waren französische Siedler die ersten, die Fußball spielten. Sie wirkten ebenfalls an der Gründung der Fußballföderation im Jahre 1933 mit. Vor dem Ära des Genozidregimes Pol-Pots (1975) hatte man hier eine Liga und der hiesige Fußball hat zudem eines der größten Stadien der Welt zur Verfügung (mit einer Kapazität von 170 000 Zuschauern). Die fußballerischen Aktivitäten wurden erst im Jahre 1982 wieder aufgenommen. In der Liga spielen die Teams der verschiedenen Ministerien und der Armee. Wegen der lange unbeständigen politischen Situation konzentriert sich das Fußballleben besonders in der Hauptstadt Phnom Penh.

Berühmte Klubs aus Südostasien

Klub-name (Land)	Stadt	Stadion-name	Stadion-kapazität
Brunei Darus Salam (Brunei)	Bandar Seri Begawan	Sultan Hassanal Bolkiah	35 000
Arseto Solo (Indonesien)	Surakarta	Sriwedari	15 000
NIAC Mitra Surabaya (Indonesien)	Surabaya	Gelora 10 Nopember	40 000
Pelita Bakrie (Indonesien)	Jakarta	Sanggraha Pelita	20 000
Persebaya Surabaya (Indonesien)	Surabaya	Gelora 10 Nopember	40 000
Persib (Indonesien)	Bandung	Siliwangi	25 000
PSIS Semarang (Indonesien)	Semarang	Jatidiri	35 000
PSM (Indonesien)	Ujung Pandang	Mattoangin	30 000
PSMS (Indonesien)	Medan	Teladan	25 000
Kuala Lumpur FA (Malaysia)	Kuala Lumpur	Merdeka St.	40 000
Perak (Malaysia)	Ipoh	Perak St.	36 000
Sarawak (Malaysia)	Kuching	Sarawak State St.	40 000
Selangor (Malaysia)	Shah Alam	Shah Alam St.	80 500
Balestier Central FC (Singapur)	Toa Payoh	Toa Payoh St.	3 500
Geylang United FC (Singapur)	Bedok	Bedok St.	4 000
Singapore Armed Forces FC (Singapur)	Jurong	Jurong Town St.	6 000
Tampines Rovers FC (Singapur)	Tampines	Tampines St.	4 500
Bangkok Bank/Thana-Khan-Bank (Thailand)	Bangkok	Bangna	2 000
Royal Thai Air Force/Thar-Harn-Arkard (Thailand)	Bangkok	Thupatemee	20 000
Thai Farmers Bank/Thai Kat-Si-Korn (Thailand)	Bangkok	Hockey St.	25 000

Auch nach **Laos** kam der Fußball mit der französischen Besiedlung Indochinas an der Wende vom 19. zum 0. Jahrhundert. Er begann sich jedoch erst nach dem 2. Weltkrieg auf der Basis der Regionalwettbewerbe zu ntwickeln. Die internationalen Kontakte des Landes waren bis in die 80er Jahre nur minimal. Die Probleme mit ler Organisation der gesamtstaatlichen Liga dauern bis in die heutige Zeit, da es zwei Wettbewerbe gibt – einen n der Hauptstadt Vientiane und einen weiteren mit dem Zentrum Luangprabang. In dem provinziellen und stark ewaldeten Land spielt man Fußball nur in den größeren Städten, die allesamt am Fluss Mekong liegen.

Obwohl **Thailand** (ehemals Siam) niemals kolonisiert wurde, kam der Fußball an der Wende vom 19. zum 0. Jahrhundert durch britische Geschäftsleute und Techniker ins Land. Auch der Verband Siams entstand für ie asiatischen Verhältnisse recht früh – bereits im Jahre 1916. Trotzdem hat das Nationalteam in den internatinalen Wettbewerben bisher keinen bedeutenden Erfolg erzielt. Die Liga besteht seit den 60er Jahren. Das 60 Millionen Einwohner zählende Land stellt ein weltweites Unikat dar, es hat wahrscheinlich die größte Konentration von Ligaklubs aus der Hauptstadt. Aus der Achtmillionenstadt Bangkok kommen nicht nur alle Meiter, sondern sogar alle zwölf Klubs, die in den vergangenen Jahren in der höchsten Liga gespielt haben. Die Mehrheit wird von der Wirtschaft unterstützt bzw. von staatlichen (besonders militärischen) Institutionen. Einen edeutenden Erfolg auf dem internationalen Feld erzielte die Mannschaft Thai Farmers Bank, die zweimal acheinander den Asienpokal der Meister gewonnen hat. Zu einer sehr kuriosen Situation kam es in der Saison 999: die ersten vier Teams hatten die gleiche Punktezahl, das Team auf dem fünften Platz nur einen weniger.

In **Vietnam**, dem wichtigsten Bestandteil des ehemaligen Indochinas, verbreitete sich der Fußball, dank der ranzösischen Siedler, bereits vor dem 1. Weltkrieg. Im Jahre 1923 wurde in Saigon der Fußballverband Kohinchinas gegründet. Großes Interesse an dem Spiel herrschte vor allem im Süden des Landes, wo folglich auch ie Qualität höher war. Vietnam wurde 1952, noch während der Kolonialzeit, Mitglied der FIFA. In den Jahren 954–1975 wurde das Land in Nord- und Südvietnam geteilt und von den Kriegen arg gebeutelt. Der gemeinsame Ligabetrieb wurde erst einige Jahre nach der Vereinigung des Landes im Jahre 1980 wieder aufgenommen. Dennoch liegen die Klubs ziemlich gleichmäßig über das Land verstreut. Die meisten Erstligateams der letzten ahre befinden sich im Mekongdelta und der Region der größten Metropole Ho-Chi-Minh-Stadt (Saigon).

Singapur

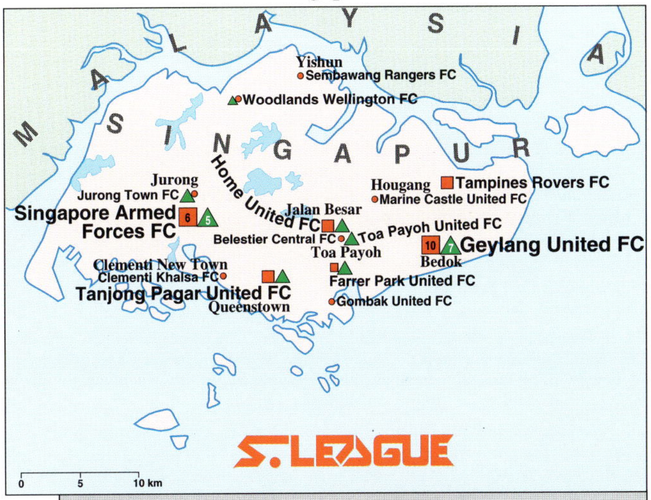

weitere singapurische Klubs:

- Singapore
- Singapore CC
- Singapore Chinese FA
- Tiger SA
- *Malay FA*
- *2nd Battalion Middlesex Regiment*
- *2nd Duke of Wellington's Regiment*
- *3rd Battalion Middlesex Regiment*
- Darul Afiah FC
- Marine Department SC
- *Royal Air Force*
- *1st Battalion Sherwood Foresters*
- *2nd Battalion West Kents*
- *Royal Artillery*
- *Royal Navy*
- *12th Company Royal Artillery*
- *1st Battalion KOYLI*
- *Rovers SC*
- *Royal Engineers*
- *1st Battalion South Staffs*
- IRC
- Kota Raja Club
- Star Soccerites SC
- *1st Battalion Manchester Regiment*
- Fathul Karib FC
- *AAA*
- *Harlequins*
- *HMS "Pegasus"*
- *RAF Seletar*
- *Singapore Engineers*
- *The Royal Regiment*
- *Wiltshire Regiment*
- *1st Battalion the Rifle Brigade*
- *1st BKOR Lancaster Regiment*
- *2nd Battalion 10th Lincoln Regiment*
- *5th Northumberland Fusiliers*

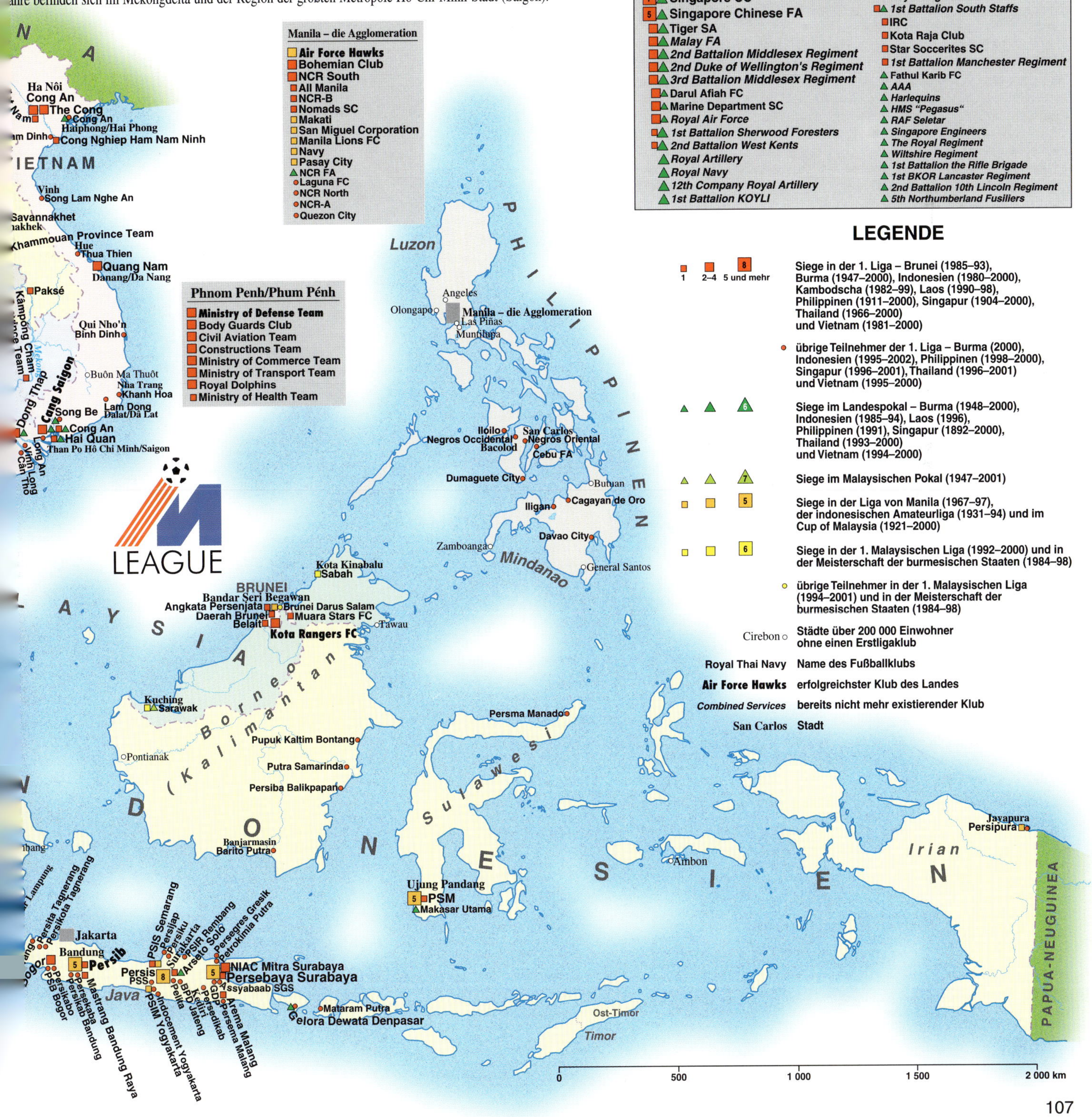

China, Mongolei und Taiwan

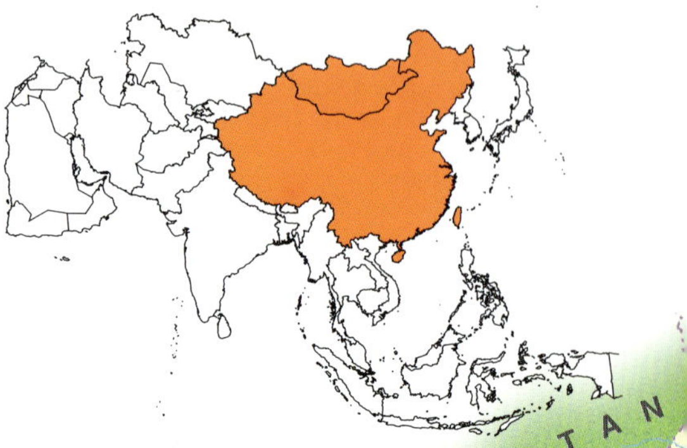

Die historischen Quellen geben an, dass die Urheimat des Fußballs **China** ist. Ihnen zufolge habe man hier bereits 2500 Jahre vor Christus das chinesische „Zuqiu" gespielt, das dem heutigen Fußball angeblich sehr ähnlich war. Es überlebte jedoch nicht. Den neuzeitlichen „englischen" Fußball verbreiteten die Briten in China über die Hafenstädte und Geschäftszentren wie Shanghai, Ningbo, Hongkong, Kanton und Amoy (Xiamen) bereits in den 60er Jahren des 19. Jahrhunderts. Die Revolution, bei der im Jahre 1912 der Kaiser gestürzt wurde, legte auch den Grundstein für die Bildung des ersten Nationalteams. Im Jahre 1924 kam es in Nanking, der damaligen Hauptstadt, zur Gründung der ersten Sportorganisation, die auch den Fußball beschirmte. In die FIFA wurde China 1931 aufgenommen. Die japanische Okkupation, die Kriegsereignisse und die nachfolgende Isolation des Landes unter Kommunistenführer Mao Tse-tung (bis 1976) verursachte den Niedergang des Spiels, das sich nicht als Sport der Massen durchsetzte.

Ein regelrechter Wettbewerb bildete sich erst nach dem Sieg der Kommunisten und der Entstehung der Chinesischen Volksrepublik (1949) heraus. Die ihn zunächst bestreitenden Teams waren die Vertreter ausgedehnter Regionen, oft größer als die gegenwärtigen chinesischen Provinzen, und der wichtigsten staatlichen Institutionen. Der Ligagewinner der Jahre 1951 und 1954, der Klub North East China (Nordost-China), war zum Beispiel eine Mannschaft, die drei Provinzen gemeinsam vertrat. Dank der um 1980 von Deng Xiaoping eingeleiteten wirtschaftlichen Öffnung des Landes ging es auch im Fußball bergauf. 1993 erhielt die 1. Liga sogar den Profistatus. Die Mehrzahl der Klubs wird von privaten Firmen unterstützt; folglich kommt es, ähnlich wie in anderen Ländern, beim Wechsel des Hauptsponsors oft zur Änderung des Vereinsnamens. Das Fußballgeschehen hat sich dabei in den 90er Jahren immer mehr in die Hauptstadt Peking sowie in das bedeutendste Wirtschaftsgebiet des Landes, die im Nordosten gelegene Mandschurei verlagert. Als die erfolgreichste Mannschaft dieser Zeit erwies sich Liaoning – das Team aus der gleichnamigen Provinz, die mit ihren Millionenstädten Shenyang und Fushun zugleich das Eisenhüttenzentrum Chinas darstellt. Neben der Mandschurei ist vor allem die ökonomisch starke Küstenregion am Ostchinesischen Meer in der höchsten Spielklasse vertreten. Das übrige Inland hingegen ist nur mit max. vier Städten im Oberhaus präsent. Angesichts einer Einwohnerzahl von über 1,2 Milliarden Menschen erscheint die 14er Liga jedoch ohnehin nicht sehr repräsentativ. Dafür macht der chinesische Fußball auf internationaler Bühne zuletzt immer mehr von sich reden. Dessen gestiegene Klasse wird dokumentiert durch die Spielpraxis, die Chinas beste Profis in den führenden europäischen Ligen erhalten, und nicht zuletzt durch die erstmalige WM-Endrundenteilnahme, die sich die Kicker aus dem „Reich der Mitte" unter Erfolgstrainer und Globetrotter Bora Milutinovic für das Turnier 2002 in Japan und Korea erkämpft haben.

Hongkong war einer der ersten Orte in Asien, der durch britische Missionare, Soldaten, See- oder Kaufleute mit dem Fußball vertraut gemacht wurde. Das war in den 70er Jahren des 19. Jahrhunderts. Anfangs wurde er jedoch nur von den Briten gespielt. Zu Beginn des 20. Jahrhunderts wurde er dann auch von den chinesischen Studenten an den britischen Schulen angenommen. Der Fußballverband entstand im Jahre 1914, aber der FIFA gehört er erst seit 1954 an. Die Ligakonkurrenz wird seit 1945 gespielt. Gegenwärtig wird sie von acht Mannschaften gebildet, unter denen zumeist South China den Ton angibt. Der Titelkampf selbst wird nach einem interessanten Modell ausgetragen: die vier besten Teams der Vorrunde spielen unter Anrechnung der Hälfte ihrer erzielten Punkte und Tore eine Finalrunde aus (jeder gegen jeden, mit Hin- und Rückspiel). Hongkong war das erste asiatische Land, in dem das Profitum eingeführt wurde. Auf der zum Kleinstaat gehörenden Halbinsel Kowloon sind die erfolgreichsten Klubs des Landes konzentriert.

In **Macau** lernte man das Fußballspiel Anfang des 20. Jahrhunderts durch die Portugiesen kennen. Der Fußballverband entstand im Jahre 1939, in die FIFA wurde er 1976 aufgenommen. Die kulturellen Unterschiede zwischen den einheimischen Chinesen und den portugiesischen Kolonisten standen einer größeren Entfaltung des Spiels stets im Wege. Am Spielbetrieb der 1. Liga nehmen derzeit acht Klubs teil.

Obwohl auch auf der Insel **Taiwan** nahezu seit Beginn des 20. Jahrhunderts Fußball gespielt wird (der Fußballverband existiert seit 1936), gehört das Spiel hier nicht zu den beliebtesten Sportarten. Auch wenn seine Popularität besonders in den letzten Jahren beständig zugenommen hat. Die Abtrennung vom kommunistischen China und die Unterstützung vonseiten der USA schlägt sich auch im Sportleben der Insel nieder. Der amerikanische Einfluss zeigt sich vor allem im hierzulande sehr verbreiteten Base- und Basketball. Die Entwicklung des Fußballs dagegen wurde durch den zeitweiligen Ausschluss des Landes aus der Asiatischen Fußballkonföderation (1976–89) gebremst. In der Liga spielen acht Klubs, die Mehrzahl kommt aus der Hauptstadt Taipei. An den asiatischen Pokalwettbewerben haben die Klubs aus Taiwan bisher nicht teilgenommen.

In die **Mongolei** gelangte der Fußball über die Sowjetunion, doch er erreichte nicht die Beliebtheit der traditionellen mongolischen Sportarten (Pferderennen, Ringkampf). Der Fußballverband wurde im Jahre 1959 gegründet, aber Mitglied der FIFA wurde das Land erst 1998. Das Fußballgeschehen spielt sich hauptsächlich in drei Städten ab. Neben der Hauptstadt Ulan Bator sind es die Bergbaustadt Erdenet und das Energiezentrum Darchan.

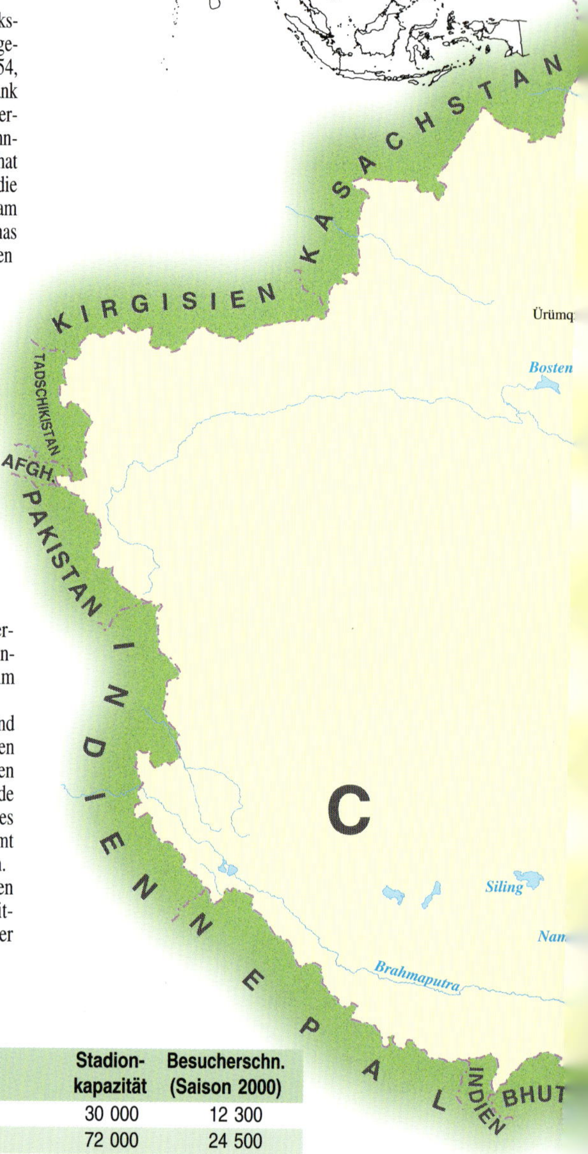

Berühmte chinesische Klubs

Klubname	Stadt	Gründ. Jahr	Stadionname	Stadionkapazität	Besucherschn. (Saison 2000)
Army August 1st Zhenbang	Shijiazhuang	1952	Skydome of Shijiazhuang	30 000	12 300
Beijing Guoan	Peking (Beijing)	1992	Workers' Stadium	72 000	24 500
Dalian Shide	Lü-ta/Dalian	1994	Jinzhou Stadium	30 000	15 800
Guangdong Hongyuan	Kanton (Guangzhou)	1992	Dongguang County Stadium	9 000	6 700
Chongqing Lifan	Chongqing	1994	Da Tianwan Stadium	30 000	18 700
Jilin Aodong	Yanji	1994	Yanji City Stadium	42 000	7 900
Liaoning Fushun Tegang	Fushun	1953	Leifeng Stadium	30 000	10 800
Shangdong Luneng Taishan	Jinan	1998	Shangdong Prov. Sports Center	50 000	17 500
Shanghai Shenhua Top	Shanghai	1993	Hongkou Stadium	35 000	25 200
Shenzhen Kejian Ping'an	Shenzhen	1993	City Sports Center	40 000	11 200
Sichuan Shangwutong	Chengdu	1993	Sichuan Prov. Sports Center	50 000	40 500
Tianjin Teda CEC	Tianjin	1993	Minyuan	20 000	10 200

China *Mongolei* *Taiwan* *Macau (chin.)* *Hongkong (chin.)*

0
500
1 000 km
RUSSLAND
weitere mongolische Klubs:
Idsskh
Argamag
Hurmastyn Ezed
Khangard
Tasyn Suudal
Udriin Od
Chövsgöl
Darchan
Selenge "CBB"
Erdenet "Ninj"
Ulanbator (Ulaanbaatar)
Erchim
Delger
Khuch
ITI Bank-Bars
UFJ
Business Bank
MONGOLEI
Hulun Nur
Yichun
Qiqihar
North East China
(spielte in Habrin, Jilin und Shenyang)
Harbin
Chanka
Jixi
Amur
Ussuri
Jilin
(spielte in Habrin, Jilin und Shenyang)
North East China
Changchun
Jilin Aodong
(spielte in Yanji, Changchun und Jilin)
Jilin Aodong
(spielte in Yanji, Changchun und Jilin)
Jilin Aodong
Yanji
(spielte in Habrin, Jilin und Shenyang)
Fushun
North East China
Shenyang Jinde
Liaoning Fushun Tegang
Shenyang
Benxi
Jinzhou
Anshan
NORDKOREA
CHINA
Hohhot
Baotou
Peking (Beijing)
Beijing Guoan
Beijing Youth
Datong
Tangshan
Beijing PCI
China
Tianjin Teda CEC
Tianjin
Lü-ta/Dalian
Dalian Shide
Shijiazhuang
Army August 1st Zhenbang
(auf chinesisch Ba Yi Zhenbang)
Taiyuan
Huang He
Qinghai
Jinan
Zibo
Shangdong Luneng Taishan
Handan
Qingdao
Qingdao Beer
Lanzhou
Zhengzhou
Luoyang
Zaozhuang
Xi' an
Shaanxi Guoli Hans Beer
Huainan
Nanjing
Jiangsu Shuntian
Hefei
Wuxi
Shanghai Shenhua Top
Shanghai
Yangtze
Wuhan
Wuhan Hongjinlong
Hangzhou
Ningbo
Chengdu
Sichuan Shangwutong
Chang Jiang
Chongqing
Chongqing Lifan
Nanchang
Changsha
weitere taiwanische Klubs:
Flying Camels
Lu Kuang
Taiung
Taiwan PEC
INDIEN
BURMA
Guiyang
Fuzhou
Taibei
Taipei Bank
Taipower
Taipei PEC
Ta Tung
Ming Chuan
Xiamen
Xiamen Hongshi
TAIWAN
Kunming
Yunnan Hongta
Xi Jiang
Kanton (Guangzhou)
Guangdong Hongyuan
Guangzhou Jili Cars
Guangzhou Songri
Foshan Fosjdi
Foshan
Shenzhen Kejian Ping'an
Shenzhen
Gaoxiong
Nanning
Mekong
Macau
Hongkong
LAOS
VIETNAM
Ausländer in der chinesischen Liga
(Saison 2000)
11 – Jugoslawen
9 – Brasilianer
2 – Ungarn und Paraguayer
insgesamt 39 Spieler
Macau
GD Lam Pak
Hap Kuan
Polícia
Wa Seng
GD Artilheiros
Leng Ngan
Autoridade Monetária
Bombeiros
Heng Tai
Ip U
Monte Carlo
PM Fiscal
Tim Iec
Hongkong
27 South China
9 Seiko
Eastern FC
Instant-Dict FC
Happy Valley
Kitchee
Kowloon Motor Bus Co.
Rangers
Yuen Long
Jardines
Royal Air Force
Sing Tao
Bulova
Ernest Borel
Lai Sun
Five-one-seven
Frankwell
HK Club
Kui Tan
Mansion
Orient & Yee Hope Union
Po Chai Pills
Sai Kung's Friends
Sun Hei
Voicelink
LEGENDE
2–4
5 und mehr
Siege in der 1. Liga – China (1951–2000), Hongkong (1946–2000), Macau (1973–2001), Taiwan (1985–98) und Mongolei (1985–99)
übrige Teilnehmer der 1. Liga – China (1922–2001), Hongkong (1994–2001), Macau (2000–2001), Taiwan (1998) und Mongolei (1996–97)
Siege im Landespokal – China (1984–2000), Hongkong (1975–2001) und Mongolei (1997–98)
Wuxi Städte über 1 000 000 Einwohner ohne einen Erstligaklub
Instant-Dict FC Name des Fußballklubs
South China erfolgreichster Klub des Landes
Beijing Youth bereits nicht mehr existierender Klub
Darchan Stadt

Japan und Korea

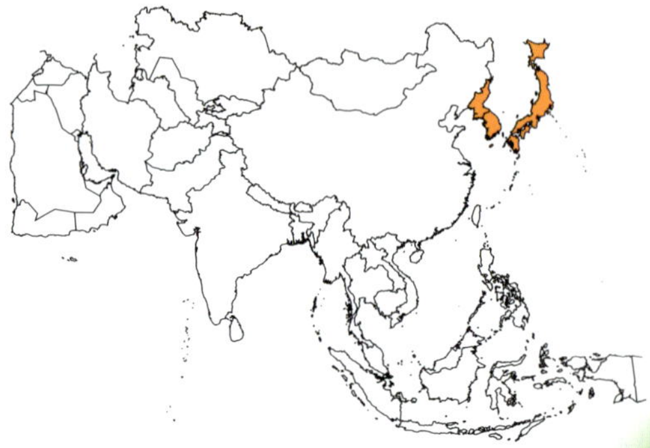

Das isolierte **Japan** kam relativ früh mit dem Fußball in Kontakt, und zwar bereits im Jahre 1873 dank des Engagements eines englischen Lehrers, der mit weiteren Landsleuten an der Marineakademie in Tokio lehrte. Das erste internationale Turnier im Lande – die Spiele des Fernen Ostens – fand 1917 statt. Im Jahre 1921 wurde der Fußballverband gegründet, der sich acht Jahre später der FIFA anschloss. In der Anfangsperiode hatte der Fußball aber nur an den Mittelschulen und Universitäten eine breite Basis.

Der Wettbewerb mit der längsten Tradition ist der Kaiserpokal, der seit 1921 gespielt wird. In den ersten Jahren der Konkurrenz dominierten die Universitätsteams aus Tokio, Kobe und Osaka. Schon vor dem 2. Weltkrieg erzielte der japanische Fußball einen internationalen Erfolg, als das (jedoch vorwiegend von Koreanern gebildete) Nationalteam bei der Olympiade 1936 in Berlin die Schweden bezwang. Die nächsten Erfolge zeitigten die Amateurfußballspieler bei der Olympiade 1964 in Tokio, als sie sich gegen Argentinien behaupteten, und bei der Olympiade 1968 in Mexiko, wo sie die Bronzemedaille gewannen. Ein dauerhafter Ligawettbewerb wird seit 1965 ausgetragen. Die Japan Soccer League gilt zugleich als die erste nationale Sportliga in Japan. Mit der Entstehung der 2. Liga (1972) wurde auch die Relegation um den Auf- und Abstieg eingeführt. Faktisch alle Klubs waren anfangs gleichzusetzen mit Werksteams; die Fußballspieler waren Angestellte der Industrieunternehmen, viele arbeiteten sogar vormittags. Die nationale Spitze wurde in dieser Zeit geprägt durch Vereine, deren Namen japanische Weltfirmen wie Nissan, Toyota, Mitsubishi, Yamaha, Mazda, u. a. zierten. Zwei Mannschaften eroberten in den 80er Jahren sogar die wertvollste asiatische Pokaltrophäe.

Die Profiliga (J-League) wurde 1992 etabliert. Mit der Schaffung neuer Geschäfts- und Sponsorabkommen wurde die Mehrzahl der Klubs umbenannt. Der Wettbewerb wurde 1993 mit zehn Teams begonnen. Die Teilnehmerzahl nahm jedoch ständig zu, und da zunächst niemand absteigen musste, waren es 1998 schon 18 Teams. In der Saison 1999 mussten erstmals zwei Klubs in den sauren Apfel des Abstiegs beißen. Der Fußball hat in den letzten Jahren an Popularität gewonnen und Japan hat sich in punkto Anzahl der Fußballer und internationaler Kluberfolge zu einer asiatischen Großmacht entwickelt. Insgesamt holten japanische Klubs (einschließlich der Saison 2000/01) 3x den Asienpokal der Landesmeister und 4x den Asiencup der Pokalsieger.

Bis auf zwei Ausnahmen (Consadole Sapporo aus dem Wintersportzentrum auf der Insel Hokkaido und Vispa Fukuoka von der Insel Kyushu) sind alle Ligaklubs auf der größten Insel Honshu ansässig. Die besten von ihnen sind im Ballungsraum der Hauptstadt Tokio zu finden. Das Verblüffende dabei: bis zur Saison 2000 war kein Klub direkt aus der 11-Millionen-Metropole darunter. Alle hiesigen Ligavereine kommen aus der Vorstadt oder den Nachbarstädten, die aber mit Tokio schon soweit zusammengewachsen sind, dass sie eine Agglomeration von 30 Millionen Einwohnern bilden: Kawasaki, Yokohama, Urawa, Kashiwa, Ichihara, beziehungsweise Hiratsuka. Als fußballerisch stärkste Region Japans erachtet man gegenwärtig jedoch die Präfektur Shizuoka mit den zwei Vertretern Jubilo Iwata und Shimizu S-Pulse.

Die Anfänge des Fußballs in **Korea** gehen bis auf das Jahr 1882 zurück, als er von der Besatzung eines britischen Kriegsschiffs über Pusan ins Land eingeführt wurde. Es dauerte jedoch lange, bis sich der Fußball in diesem Land, das im Großteil der ersten Hälfte des 20. Jahrhunderts von Japan okkupiert war, wirklich verwurzeln und entfalten konnte. Nach der Spaltung des Landes (1948) und dem anschließenden Koreanischen Krieg wurden nämlich durch die Amerikaner in **Südkorea** Baseball und weitere nordamerikanische Sportarten salonfähig gemacht, während der Fußball trotz der südkoreanischen WM-Teilnahme 1954 nur eine Nebenrolle spielte. Ein ständiger Ligawettbewerb wird erst seit 1983 gespielt, wobei zuerst nur zwei Profiklubs und drei Werksteams (Daewoo, Lucky Goldstar und POSCO) teilnahmen. Dennoch qualifizierte sich das Land schon für die WM 1986 und fehlte seither bei keiner Weltmeisterschaft. 1989 wurde die Liga voll professionalisiert und seit der Saison 1997 setzt sie sich aus zehn ständigen Teams zusammen. Südkorea gehört zu den wenigen Ländern, in denen die Mannschaften aus der Haupt- bzw. größten Stadt nicht den Ton angeben, und das, obwohl Seoul mit über 11 Millionen Einwohner etwa ein Viertel der Bevölkerung des Landes vereint. Einige Millionenstädte (Taegu, Inchon, Kwangju) sind jedoch überhaupt nicht in der 1. Liga vertreten. Im Hinblick auf die gemeinsame Ausrichtung der WM 2002 mit Japan wurden sechs Stadien neugebaut oder rekonstruiert, sodass Südkorea nun zu den Staaten mit den modernsten Arenen der Welt gehört. Auf Klubebene zählt man Südkorea zu den stärksten asiatischen Nationen, zumal der Asienpokal der Landesmeister in der Saison 2000/01 schon zum fünften Mal von einem südkoreanischen Vertreter gewonnen wurde.

Der Einmarsch der Sowjetarmee 1945 in den nördlichen Teil Koreas führte neben dem Abbruch der Kontakte zwischen Pjöngjang und Seoul nach der Teilung auch zur Entstehung des Fußballverbandes der KDVR, dem heutigen **Nordkorea.** Unter den Bedingungen des kollektiven Drills ging es rasch voran im Mannschaftssport. Seinen historischen Erfolg feierte der nordkoreanische Fußball bei der WM 1966 in England mit dem sensationellen Sieg über Favorit Italien und dem Einzug ins Viertelfinale. Über die Klubwettbewerbe des Landes, das sich von der übrigen Welt beständig isoliert, ist sehr wenig bekannt. Die nordkoreanischen Teams nehmen an den internationalen Konkurrenzen nur unregelmäßig teil. Oft treten sie aus politischen Gründen zurück. Nordkorea gehört zu den mitgliederstärksten Verbänden der Welt, denn über eine halbe Million Fußballer sind hierzulande registriert. Die gegenwärtigen wirtschaftlichen Schwierigkeiten erfassten auch den Sport, sodass sich die nordkoreanischen Vereine vorerst ganz von der internationalen Bühne verabschiedet haben. Trotz des Mangels an relevanten Informationen ist offenkundig, dass die Hauptstadt Pjöngjang das wichtigste Zentrum des Fußballs ist. Unter anderem auch deshalb, weil sie über drei große Arenen verfügt. Das moderne Stadion Rungnado (1. Mai) dürfte mit einer Kapazität von 150 000 Zuschauern das größte der Welt sein.

Berühmte japanische und südkoreanische Klubs

Klub-name	Stadt	Gründ. Jahr	Stadion-name	Stadion-kapazität	Besucherschn. (Saison 2000)	Bedeutung des Klubnames
Cerezo Osaka	Osaka	1957	Nagai	45 409	14 173	die blühende Kirsche - Sakura (sp.)
JEF United Ichihara	Ichihara	1989	Ichihara Rinkai Athletics	15 338	4 647	Name der Firma bzw. des Sponsors
Jubilo Iwata	Iwata	1972	Ogasayama Sports Park St.	51 349	11 970	Heil, hurra (lat.)
Kashima Antlers	Kashima	1993	Ibaraki Prefectural Soccer St.	41 800	13 081	die Hirsche (engl.)
Nagoya Grampus Eight	Nagoya	1992	Nagoya Mizuho Athletics	27 000	15 388	eine Delphinart und das Stadtsymbol
Sanfrecce Hiroshima FC	Hiroshima	1938	Hiroshima Big Arch	50 000	7 675	drei Pfeile (jap. und it.)
Shimizu S-Pulse	Shimizu	1991	Ogasayama Sports Park St.	51 349	13 509	pulsierendes „S"
Tokyo Verdy 1969	Kawasaki	1969	Kawasaki Todoroki	25 000	6 472	die Grünen (port.)
Urawa Red Diamonds	Urawa	1951	Urawa Komaba	21 500	16 356	Logo von Mitsubishi
Yokohama Flügels Marinos	Yokohama	1999	Yokohama International Sports St.	70 564	17 750	die Flügel (dt.) und die Seemänner (sp.)
Anyang LG Cheetahs	Anyang	1983	Anyang Sports Complex	25 000	11 236	die Geparde (engl.)
Chun-Nam Dragons	Kwangyang	1994	Kwangyang Football Only	25 000	10 437	die Drachen (engl.)
Pohang Steelers	Pohang	1973	Pohang	45 415	11 607	die Stahlwerker
Pusan Icons	Pusan	1979	Pusan Sports Complex Main	55 982	5 807	die Ikonen (engl.)
Suwon Samsung Bluewings	Suwon	1995	Suwon World Cup St.	44 047	13 584	die blauen Flügel (engl.)
Ulsan Hyundai Horang-i	Ulsan	1983	Ulsan Munsu Football St.	43 512	5 364	die Tiger

Entwicklung der Besucherzahl, erzielte Tore, Teilnehmerzahl der 1. Japanischen Liga und wichtige Begebenheiten

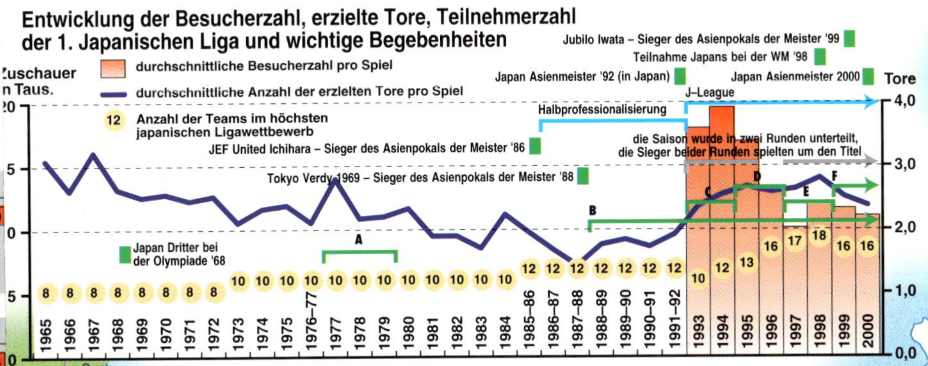

Punktsystem in der japanischen Liga

A – für den Sieg wurden 4 Punkte vergeben, fürs Unentschieden 1 oder 2 in Abhängigkeit vom Ergebnis des Elfmeterschießens

B – 3 Punkte für einen Sieg

C – kein Unentschieden, die Verlängerung hat entschieden, ggf. Elfmeterschießen; der Unterlegene erhielt keinen Punkt

D – kein Unentschieden, die Verlängerung hat entschieden, ggf. Elfmeterschießen; der Unterlegene im Elfmeterschießen erhielt 1 Punkt

E – kein Unentschieden, die Verlängerung hat entschieden, ggf. Elfmeterschießen; der Sieger der Verlängerung erhielt 2 Punkte, der Sieger des Elfmeterschießens erhielt 1 Punkt, der Unterlegene erhielt 0 Punkte

F – im Falle eines Unentschiedens kommt es zur Verlängerung; der Sieger der Verlängerung gewinnt 2 Punkte, im Falle des Unentschiedens nach der Verlängerung gewinnen beide Gegner je 1 Punkt

Tokio und Umgebung

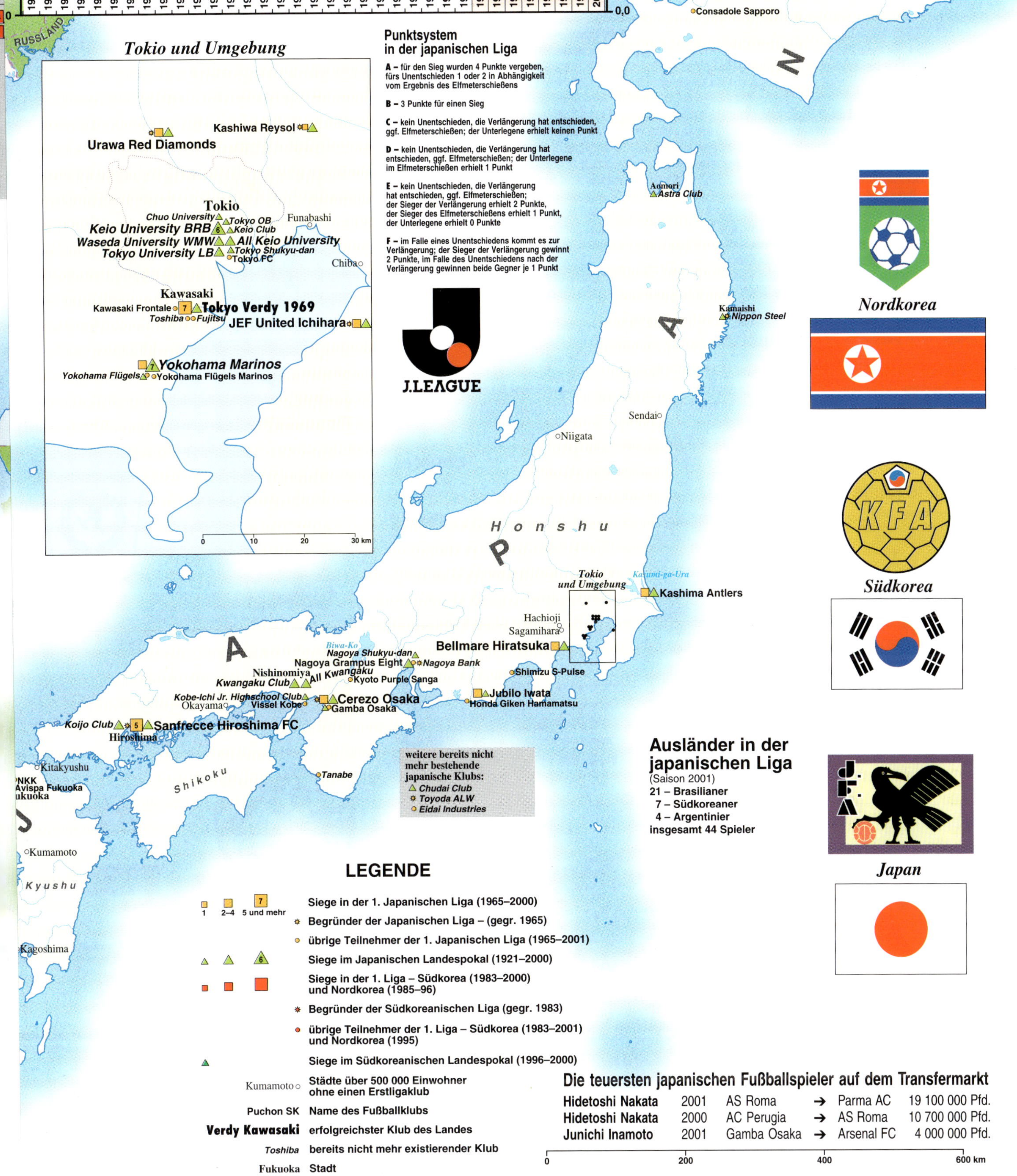

Nordkorea

Südkorea

Japan

Ausländer in der japanischen Liga

(Saison 2001)
21 – Brasilianer
7 – Südkoreaner
4 – Argentinier
insgesamt 44 Spieler

LEGENDE

1 / 2–4 / 5 und mehr

- Siege in der 1. Japanischen Liga (1965–2000)
- Begründer der Japanischen Liga – (gegr. 1965)
- übrige Teilnehmer der 1. Japanischen Liga (1965–2001)
- Siege im Japanischen Landespokal (1921–2000)
- Siege in der 1. Liga – Südkorea (1983–2000) und Nordkorea (1985–96)
- Begründer der Südkoreanischen Liga (gegr. 1983)
- übrige Teilnehmer der 1. Liga – Südkorea (1983–2001) und Nordkorea (1995)
- Siege im Südkoreanischen Landespokal (1996–2000)

Kumamoto – Städte über 500 000 Einwohner ohne einen Erstligaklub
Puchon SK – Name des Fußballklubs
Verdy Kawasaki – erfolgreichster Klub des Landes
Toshiba – bereits nicht mehr existierender Klub
Fukuoka – Stadt

Die teuersten japanischen Fußballspieler auf dem Transfermarkt

Hidetoshi Nakata	2001	AS Roma	→	Parma AC	19 100 000 Pfd.
Hidetoshi Nakata	2000	AC Perugia	→	AS Roma	10 700 000 Pfd.
Junichi Inamoto	2001	Gamba Osaka	→	Arsenal FC	4 000 000 Pfd.

Die Sahel-Zone und das Horn von Afrika

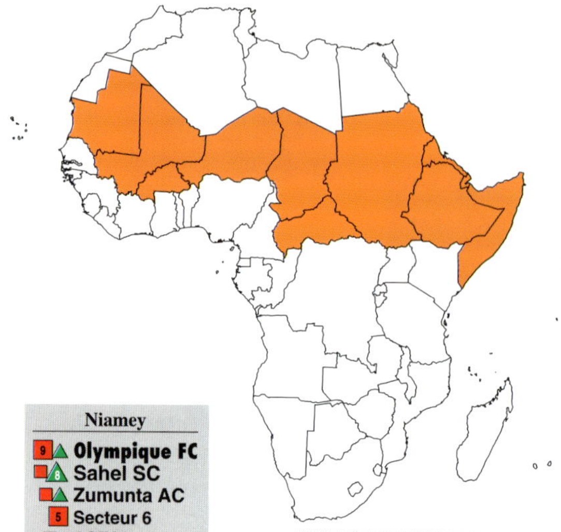

Die Bedingungen für die Entwicklung des Sports und Fußballs in dem Gebiet, das von Süden her die Sahara – die größte Wüste der Welt – säumt, sind nicht sehr gut. Nicht nur wegen des harten Klimas mit durchschnittlichen Temperaturen von über 35 Grad Celsius und des Wassermangels, aber besonders dadurch, dass alle Länder dieses Streifens zu den Ärmsten der Welt gehören. Oft werden sie von schwerwiegenden Dürren betroffen, die dann Hungersnot und viele Opfer verursachen. Mit Ausnahme Burkinas hatten zudem alle Länder der Region in den letzten Jahrzehnten unter schwerwiegenden und langwierigen Unruhen zu leiden.

Das Gebiet von **Mauretanien**, sowie das gesamte Französisch-Westafrika, lernte den Fußball durch die französischen Siedler und die Soldaten der Fremdenlegion kennen. Die Liga wird seit dem Jahre 1976 ausgetragen und wird vorwiegend von den Klubs aus der Hauptstadt Nouakchott gebildet – von hier kommen auch alle Meister. Das andere Zentrum ist Nouadhibou – eine Hafenstadt im Norden, das dritte ist Rosso, ein Handelszentrum an der Grenze zum Senegal.

Geschäftsleute aus Dakar brachten den Fußball nach **Mali** (den ehemaligen französischen Sudan), wo er sich aber nur im westlichen Teil des Landes ausbreitete. Timbuktu, das bekannte Karawanenzentrum der Tuareg am Rande der Sahara, war den europäischen Neuerungen nicht geneigt. Die absolute Mehrheit der Erstligaklubs kommt aus der Hauptstadt. Erst in den letzten Jahren steigt die Anzahl der Teilnehmer und allmählich füllen die Mannschaften aus dem moslemischen Osten die Fußballkarte des Landes, in den 90er Jahren setzten sich Mannschaften aus zehn verschiedenen Städten in der Liga durch. Das Stadion in Bamako wurde nach Sálif Keita benannt, dem berühmtesten Fußballer Malis in den 70ern.

In Ouagadougou, dem Zentrum von **Burkina Faso** (früher Obervolta), tauchte der Fußball, dank der französischen Siedler, bereits im Jahre 1896 auf. Entwickeln konnte er sich in diesem armen Land aber erst nach der Unabhängigkeit (1960). In Sachen Fußball gab es in Burkina Faso in den vergangenen Jahren einen raschen Aufschwung. Im Jahre 1998 war es Gastgeber der Afrikameisterschaft. Der Fußball hat sich besonders in den beiden größten Städten – Ouagadougou und Bobo-Dioulasso – entwickelt, aber in den letzten Jahren setzten sich auch andere Klubs durch. In der höchsten Spielklasse waren in den 90er Jahren Klubs aus insgesamt neun Städten vertreten.

Niger ist derzeit ein sowohl wirtschaftlich als auch fußballerisch rückständiges Land. Der Ligawettbewerb fand erstmals im Jahr 1966 statt. Die Verteilung der Städte, und somit auch der Fußballklubs, wird von den Naturbedingungen nachhaltig beeinflusst. Das größte Ballungszentrum stellt die am Fluss Niger gelegene Hauptstadt Niamey, dazu kommen die Städte Zinder und Maradi nahe der Grenze zu Nigeria. Die einzige Stadt der Sahara in der höchsten Liga ist Agadez, eher bekannt durch die Rallye Paris–Dakar.

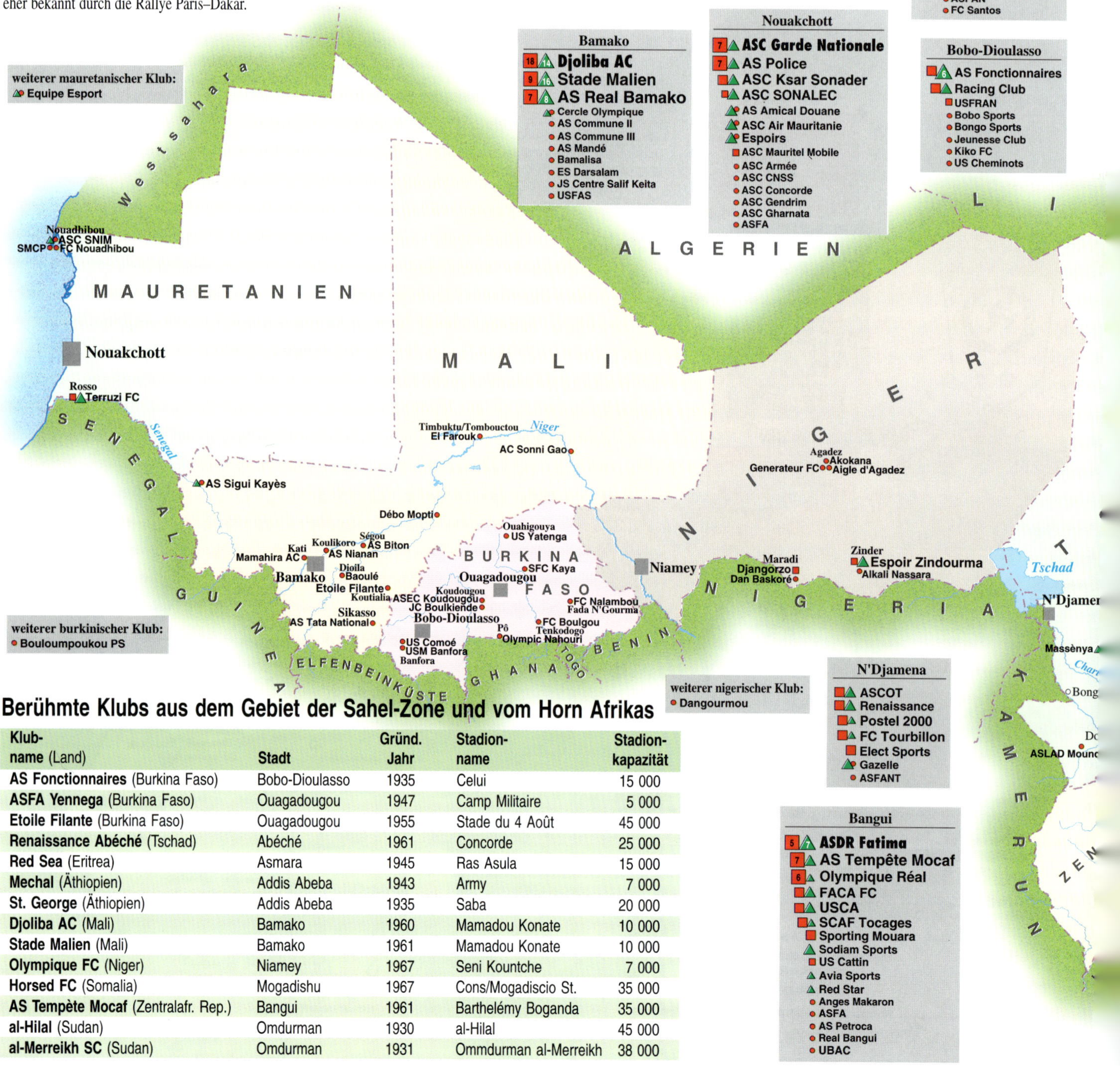

Berühmte Klubs aus dem Gebiet der Sahel-Zone und vom Horn Afrikas

Klubname (Land)	Stadt	Gründ. Jahr	Stadionname	Stadionkapazität
AS Fonctionnaires (Burkina Faso)	Bobo-Dioulasso	1935	Celui	15 000
ASFA Yennega (Burkina Faso)	Ouagadougou	1947	Camp Militaire	5 000
Etoile Filante (Burkina Faso)	Ouagadougou	1955	Stade du 4 Août	45 000
Renaissance Abéché (Tschad)	Abéché	1961	Concorde	25 000
Red Sea (Eritrea)	Asmara	1945	Ras Asula	15 000
Mechal (Äthiopien)	Addis Abeba	1943	Army	7 000
St. George (Äthiopien)	Addis Abeba	1935	Saba	20 000
Djoliba AC (Mali)	Bamako	1960	Mamadou Konate	10 000
Stade Malien (Mali)	Bamako	1961	Mamadou Konate	10 000
Olympique FC (Niger)	Niamey	1967	Seni Kountche	7 000
Horsed FC (Somalia)	Mogadishu	1967	Cons/Mogadiscio St.	35 000
AS Tempète Mocaf (Zentralafr. Rep.)	Bangui	1961	Barthelémy Boganda	35 000
al-Hilal (Sudan)	Omdurman	1930	al-Hilal	45 000
al-Merreikh SC (Sudan)	Omdurman	1931	Ommdurman al-Merreikh	38 000

Nur ein Minimum an Informationen gibt es über den Fußball im **Tschad**. Das Land wurde in der Vergangenheit we-
en nicht geleisteter Beitragszahlungen aus der FIFA ausgeschlossen. Die Entwicklung des Fußballs, sowie der Wirt-
chaft, wurde lange durch einen verschleppten Bürgerkrieg behindert. Erst in den letzten Jahren nehmen die stärksten
ereine des Tschads an den afrikanischen Wettbewerben teil. Das Leben konzentriert sich auf die Hauptstadt N'Djamena,
eitere Zentren stellen die Halbwüstenstädte Abéché im Osten und Moundou im Savannengebiet des Südens dar.

Französische Kolonisten führten den Fußball in das isolierte Land in der Mitte Afrikas, in die spätere **Zentralafrika-
ische Republik** ein. Wegen der dortigen natürlichen Bedingungen konnte die Besiedlung nur über die Flüsse, die Zu-
üsse des Kongos vonstatten gehen. Lediglich in der Hauptstadt Bangui gibt es eine Fußball-Infrastruktur. Die Klubs der
auptstadt gewannen nicht nur alle Titel, sondern sie stellen auch sämtliche Erstligateams.

Der **Sudan** gehörte dank dem Wirken der englischen Kolonisten (seit 1898) zu den Wegbereitern des Fußballs auf dem
frikanischen Kontinent. Die ersten Klubs entstanden in Khartoum und dem benachbarten Omdurman nach dem 1. Welt-
rieg, der erste Wettbewerb wurde von den Briten im Jahre 1936 aufgezogen. Die Khartoum-Liga startete 1951, aber die
ationalliga wird erst seit der Saison 1962 gespielt. Das Land hat mit einem langfristigen Konflikt zwischen dem domi-
anten arabisch-islamischen Norden und dem schwarzen Süden zu kämpfen, in dem Christentum und örtliche Religionen
berwiegen, wo sich die Mehrheit der Kämpfe abspielt und eine große Hungersnot herrscht. Das Fußballleben beschränkt
ch deswegen auf den moslemischen Teil. Das wichtigste Zentrum stellt die Agglomeration der Städte Khartoum,
mdurman und Nordkhartoum am Zusammenfluß des Weißen und Blauen Nils dar. Die Hauptstadt des Fußballs ist
mdurman, das fast alle Ligatitel gewann. Zu neuen Fußballzentren sind Bur Sudan, der Hafen am Roten Meer, und das
ebiet der Baumwollproduktion mit dem Zentrum Wad Medani am Blauen Nil geworden.

Italienische Kaufleute brachten den Fußball im Jahre 1924 nach **Äthiopien.** Um seine weitere Entwicklung küm-
erten sich die Einwanderer (Griechen, Armenier und Inder). Der erste Wettbewerb wurde in der Zeit der italienischen
kkupation durch die Rassentrennung beeinflusst. Der erste Klub äthiopischen Ursprungs wurde Saint George, ge-
ündet im Jahre 1935. Die Ligameisterschaft wird seit der Saison 1944 ausgespielt und gilt als die älteste der Sahel-
one. Ab Mitte der 70er bis Anfang der 90er Jahre unterbrach ein bewaffneter Konflikt im Zusammenhang mit der
richtung eines marxistischen Regimes sämtliche internationalen Aktivitäten des Landes. Die Naturbedingungen be-
immen die Siedlungsweise, die Entwicklung der Städte und somit auch das Entstehen der Klubs, von denen sich die
ehrheit in den klimatisch günstigen Bedingungen der Höhenlagen befindet. Das größte Zentrum stellt Addis Abeba
ır, das die anderen Städte in der Anzahl der Einwohner um das Zehnfache übersteigt. Die Teams der Metropole ge-
annen 80% aller Titel.

Eritrea lernte den Fußball dank italienischer Geschäftsleute, der späteren Okkupanten, kennen. In der Nachkriegs-
it verzeichnete vor allem der berühmteste Klub Eritreas „Red Sea" (Rotes Meer) Erfolge in der äthiopischen Liga. Im
hre 1993, als das Land nach 30-jährigem Kampf von der Regierung in Addis Abeba die Unabhängigkeit erhielt, begann
an auch die Geschichte des Fußballs neu zu schreiben. Aufgrund der Naturgegebenheiten und der Infrastruktur
nzentrieren sich alle erstklassigen Teams in der Hauptstadt Asmara. Zu Beginn des neuen Milleniums schlossen sich
r Liga auch Teams, die nicht aus der Metropole stammen, an. Die Liga wurde auf zehn Teilnehmer erweitert.

Britische und italienische Kolonialisten brachten den Fußball auch in das östlichste Gebiet Afrikas – nämlich nach
omalia. Bereits in der Vergangenheit teilten sie sich das Land in das Britische Somalia (Somaliland) im Norden und das
alienische Somalia mit dem Zentrum in Mogadishu. Der regelmäßige Ligawettbewerb wird seit dem Jahre 1967 ge-
ielt. Alle erfolgreichen Klubs kommen aus der Hauptstadt.

LEGENDE

1 · 2–4 · 5 und mehr — Siege in der 1. Liga: Äthiopien (1994–2000), Burkina Faso (1965–2001), Dschibuti (1987–2000), Eritrea (1995–2000), Mali (1965–2000), Mauretanien (1976–2000), Niger (1966–2000), Somalia (1967–2000), Sudan (1962–2000), Tschad (1989–2000) und Zentralafrikanische Republik (1968–2000)

● übrige Teilnehmer der 1. Liga: Äthiopien (1995–2001), Burkina Faso (1990–2001), Dschibuti (1994–96), Eritrea (1996–2001), Mali (1992–2001), Mauretanien (1992–2001), Niger (1991–2001), Sudan (1995–2000), Tschad (1994–99) und Zentralafrikanische Republik (1993–99)

▲ Siege im Landespokal: Äthiopien (1994–99), Burkina Faso (1975–2000), Dschibuti (1988–96), Eritrea (1997–98), Mali (1961–2000), Mauretanien (1976–2000), Niger (1974–2000), Somalia (1977–87), Sudan (1963–2000), Tschad (1973–2000) und Zentralafrikanische Republik (1974–2000)

■ Siege in der 1. Äthiopischen Liga (1944–93)

▲ Siege im Äthiopischen Landespokal (1945–93)

Bahir Dar○ — Städte über 100 000 Einwohner ohne einen Erstligaklub

Muger Cement — Name des Fußballklubs *(Besonderheit)*

Etoile Filante — erfolgreichster Klub des Landes

Silures — bereits nicht mehr existierender Klub

Koulikoro — Stadt

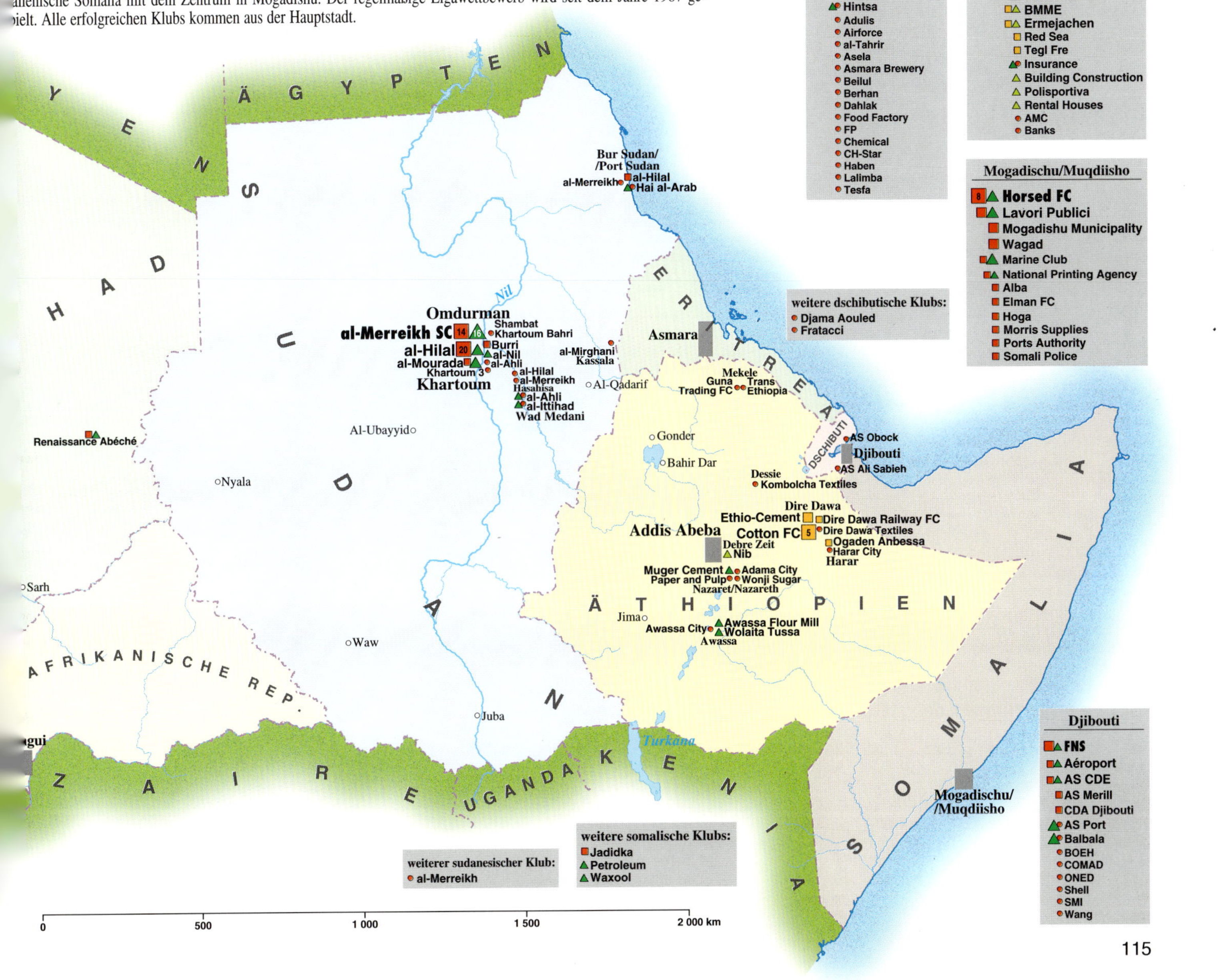

Golf von Guinea

In den Staaten, die am Golf von Guinea liegen, machten sich die Franzosen und die Briten um die Entwicklung des Fußballs verdient. Trotz der nicht besonders günstigen klimatischen Bedingungen (hohe Niederschläge und Luftfeuchtigkeit) ist diese Region gegenwärtig nach der Nordafrikas die zweitwichtigste auf dem schwarzen Kontinent.

Im ehemaligen Dahome, jetzt **Benin**, wurde der Fußball von den Kolonisten aus Frankreich verbreitet. Der nationale Verband enstand jedoch erst 1968. Ein Jahr später begann der Ligabetrieb, doch international blieb man im Fußball erfolglos – auch aus politischen Gründen. Das rege Leben spielt sich insbesondere in den zwei großen Küstenstädten Porto Novo und Cotonou ab, wo in etwa je zehn Klubs zu Hause und fast alle Titel gelandet sind. Erst seit den 90er Jahren sind in der Liga auch Teams aus dem Landesinneren vertreten.

Auf dem Territorium der **Elfenbeinküste** (offizieller Name: Côte d'Ivoire) hielt der Fußball aus zwei Richtungen Einzug: von der von den Engländern kolonisierten Goldküste Ghanas und auf direktem Wege durch französische Geschäftsleute. Die Entwicklung setzte erst nach dem 2. Weltkrieg ein und schon bald nach der Unabhängigkeit des Landes wurde Abidjan zu einem weiteren Fußballzentrum Afrikas. Der Ligawettbewerb wird seit 1960 gespielt. Die absolute Mehrheit der Titel (90 %) gewannen die Hauptstadtklubs, unter denen der ASEC Mimosas und Africa Sports das Zepter schwingen. Weitere Zentren stellen Gagnoa, Bouaké, Man und Daloa dar.

Gambia machte mit dem Fußball bereits zu Beginn des 20. Jahrhunderts über die britischen Kolonisten Bekanntschaft. Die Ligamannschaften sind in Banjul und Umgebung konzentriert.

Nach **Ghana** brachten die Engländer den Fußball um das Jahr 1880. Damit war Ghana das zweite Land Afrikas, wo das Spiel Fuß fasste. Der 1911 gegründete Verein Hearts of Oak aus der Hauptstadt Accra ist der älteste Klub im zentralen Afrika. Die erfolgreichsten Teams des Landes kommen jedoch nicht aus der Metropole (der Stadtwettbewerb von Accra entstand im Jahre 1922), sondern aus Kumasi, allen voran der 1926 gegründete Verein Ashanti United (benannt nach dem Stamm der Ashanti), der später in Asante Kotoko umbenannt wurde. Ein weiteres Fußballzentrum ist die vereinte Hafenstadt Sekondi-Takoradi. In den 90er Jahren hat sich die Fußballkarte des Landes gefüllt, sodass bereits 20 Städte Erstligafußball sahen. Die Liga wird seit 1955 gespielt. Im Jahr 1993 erhielt sie den Profistatus.

In **Guinea** begannen die französischen Siedler den Fußball nach dem 1. Weltkrieg zu propagieren. In den 40er Jahren fanden die ersten lokalen Turniere statt, zur richtigen Entfaltung kam es aber erst nach dem Erlangen der Unabhängigkeit im Jahre 1959. Der qualitativ beste Fußball wurde lange Zeit mit der Hauptstadt Conakry verknüpft, insbesondere aber mit dem Hafia FC, der bemerkenswerte Erfolge in den Afrikapokalen erzielte. Andere Städte, vor allem die Zentren der Mineralgewinnung, haben inzwischen aufgeholt.

Die spätere Republik **Guinea-Bissau** lernte das Fußballspiel mit Hilfe der portugiesischen Kolonisten kennen. Die Entwicklung wurde jahrelang von der Armut und den naturwidrigen Gegebenheiten gehemmt. Heutzutage wiederum wird sie von ethnischen Kriegen beeinträchtigt. Dennoch hat sich der Fußball in dem kleinen Land geografisch ziemlich verstreut; während der 90er Jahre waren nicht weniger als 10 Ortschaften in der höchsten Spielklasse vertreten.

Die Anfänge des Fußballs in **Kamerun** werden mit den vor dem 1. Weltkrieg im Gebiet von Buéa siedelnden deutschen Kolonisten in Verbindung gebracht. Die Franzosen haben ihn hierzulande zwischen den Kriegen verbreitet. Der Pokalwettbewerb wird seit 1956 gespielt, die Liga startete fünf Jahre später. Zum weiteren Aufschwung trugen sowohl der Sieg von Oryx Douala zum Auftakt des Afrikacups der Meister (1964) als auch die Teilnahme der Nationalauswahl an der WM-Endrunde 1982 bei. Die geografische Verteilung der Ligaklubs wird stark von den Naturgegebenheiten beeinflusst. Die Mehrzahl ist in der trefflichen Umgebung der Adamaoua-Hochebene beheimatet. Auf die besten Mannschaften des Landes trifft man jedoch nach wie vor in den beiden größten Städten – die Hafenstadt Douala und die Hauptstadt Jaunde (Yaoundé). Sie gehören zugleich zu den erfolgreichsten afrikanischen Teams. In den 90er Jahren gaben Klubs aus über 20 Städten ganz Kameruns ihre Visitenkarte in der 1. Liga ab.

Auf die dem Grünen Vorgebirge (Kap Verde) vorgelagerten Inseln, die späteren **Kapverden**, gelangte der Fußball durch portugiesische Siedler. Wassermangel und die Realität, dass sich das Land aus neun bergigen Vulkaninseln zusammensetzt, erschwert die Entwicklung des Fußballs. Jede dieser Inseln hat einen eigenen Wettbewerb, seit 1960 spielen ihre Vertreter in einem Turnier die Landesmeisterschaft aus.

Liberia ist aufgrund seiner Verbundenheit zu den USA, dank derer das Land bereits 1847 die Unabhängigkeit erlangte, im Vergleich mit den anderen Ländern der Region fußballerisch zurückgeblieben. Die Erschließung des Spiels kam erst in den 70er Jahren in Gang, woran der damalige Präsident großen Anteil hatte. Wegen der vielen Stammeskonflikte ist das Fußballgeschehen langfristig in der Hauptstadt Monrovia konzentriert.

In **Nigeria** waren es britische Missionare, die den Fußball Anfang des letzten Jahrhunderts bekannt machten. Sein Aufschwung begann nach dem Einzug der britischen Truppen während des 2. Weltkriegs. 1945 entstand der London unterstellte Fußballverband. Der selbständige Nationalverband wurde 1959, kurz vor der Unabhängigkeit, gegründet. Das Land besitzt ein riesiges Reservoir an Talenten und erstklassigen Spielern, die sich in ganz Europa durchgesetzt haben. Die Auswahlmannschaft, Super Eagles genannt, errang den bisher größten Triumph eines afrikanischen Landes – den Olympiasieg 1996. Die Fußballhochburg Nr. 1 bilden die größten Städte Lagos und Ibadan im Südwesten des Landes. Die zweite Fußballregion stellt das Nigerdelta um die Ostregion Biafra mit den Zentren Enugu, Owerri und dem Erdölhafen Port Harcourt dar. In den letzten 20 Jahren erreichte der Fußball auch das Bergland von Jos und den muslimischen Norden mit den Zentren Kaduna und Kano.

Im **Senegal** schlug der Fußball zwischen beiden Weltkriegen seine Wurzeln. Ein Verdienst der Franzosen, die 1945 auch an der Wiege der bedeutendsten regionalen Fußballorganisation standen – die Liga Französisch-Westafrikas. Deren oberstes Organ hatte seinen Sitz in Dakar. Nach dem Erreichen der Unabhängigkeit (1960) ging es auch im Fußball voran. Größtes Zentrum wurde die Hauptstadt Dakar. Ab den 80er Jahren breitete sich der Fußball ebenso in derem Hinterland sowie in weiteren Regionen und Städten aus: St. Louis und Louga im Norden und in die isolierte separatistische Region Casamance mit dem Zentrum Ziguinchor im Süden.

In das Land mit dem spanischen Namen **Sierra Leone** führten die Briten den Fußball ein. Der Entwicklung dienlich war auch die Gewinnung von Diamanten und Eisenerz im Landesinneren, aber der hier tobende langjährige ethnische Konflikt verlagerte das Fußballgeschehen in die Hauptstadt Freetown. Die Metropole stellt nicht nur sämtliche bisherigen Meister, sondern auch nahezu alle Ligateilnehmer der 90er Jahre.

Aufgrund des Interessenskonflikts der kolonialen Großmächte in der Region ist nicht sichergestellt, wer im Zeitraum des 1. Weltkrieges den Fußball nach **Togo** brachte. Seine Entfaltung und Organisation wird aber den Franzosen angerechnet. Von der Hauptstadt Lomé aus fand er im ganzen Land Verbreitung, denn nunmehr ist auch eine Reihe kleinerer Städte in der Liga präsent.

Bissau

8 **SC Bissau**
7 **Benfica**
UDIB
FC Portos
Ajuda Sport
Bissau TC
Estrela Negra Bissau
FC Mavegro

Banjul

16 15 **Wallidan**
7 Real Banjul
5 Ports Authority
Starlight/Gunners FC
Banjul Hawks FC
Augustians
Arrance
Dingareh
Mass Sosseh
Armed Forces
Flamenians
GAMTEL FC
Joggifans
Kaira Silo FC
Peat Marwick

Dakar

8 11 **ASC Diaraf**
8 6 ASC Jeanne d'Arc
AS Douanes
US Gorée
ASF Police
Foyer France
Port Autonome
ASFA
US Ouakam
ASC Yeggo
AS Cambérène
ASC Niayès-Pikine
Dakar Université Club
Dial Diop SC
Entente Sotrac-Ouakam
SIDEC

Freetown

9 **Mighty Blackpool FC**
7 East End Lions
Real Republicans
Kallon FC
Ports Authority FC
Old Edwardians
Freetown United
Easton Rangers FC
Goderich United
Golf Leopards
Mount Aureol
Regent Olympic FC
Tikonko Fisheries
Wellington People FC
Young Professionals

LEGENDE

1 · 2–4 · 5 und mehr: Siege in der 1. Liga: Benin (1969–99), Elfenbeinküste (1960–2000), Gambia (1965–2001), Ghana (1955–2000), Guinea (1965–2000), Guinea-Bissau (1975–2000), Kamerun (1961–2000), Kapverden (1960–2001), Liberia (1965–2000), Nigeria (1967–2001), Senegal (1960–2001), Sierra Leone (1967–2000), São Tomé und Príncipe (1977–2000) und Togo (1965–2000)

Liga-Begründer – Ghanaische (gegr. 1957) und Kamerunische Liga (gegr. 1961)

übrige Teilnehmer der 1. Liga: Benin (1995–2000), Elfenbeinküste (1991–2001), Gambia (1995–2001), Ghana (1982–2001), Guinea (1995–2000), Guinea-Bissau (1991–2000), Kamerun (1990–2001), Kapverden (1999–2001), Liberia (1992–2001), Nigeria (1991–2001), Senegal (1991–2001), Sierra Leone (1994–2001) und Togo (1995–2001)

Siege im Landespokal: Benin (1974–2000), Elfenbeinküste (1960–2001), Gambia (1974–2000), Ghana (1958–2000), Guinea (1975–2000), Guinea-Bissau (1976–2000), Kamerun (1956–2000), Liberia (1974–2000), Nigeria (1945–2000), Senegal (1961–2001), Sierra Leone (1973–2000), São Tomé und Príncipe (1981–2000) und Togo (1974–2001)

Akure ○ Städte über 100 000 Einwohner ohne einen Erstligaklub

Atlético Malabo — Name des Fußballklubs *(Besonderheit)*

Canon Yaoundé — erfolgreichster Klub des Landes

Real Republicans — bereits nicht mehr existierender Klub

Accra — Stadt

Teuerste Fußballspieler aus dem Gebiet des Golfs von Guinea auf dem Transfermarkt

Augustine "Jay Jay" Okocha (NGA)	1998	Fenerbahçe SK	→	Paris Saint-Germain	10 500 000 Pfd.
Ugo Ehiogu (NGA)	2000	Aston Villa FC	→	Middlesbrough FC	8 000 000 Pfd.
Bisan Etamé Mayer Lauren (CMR)	2000	RCD Mallorca	→	Arsenal FC	7 000 000 Pfd.
Stephan Appiah (GHA)	1999	Udinese Calcio	→	Parma AC	6 200 000 Pfd.
Sunday Oliseh (NGA)	1999	AFC Ajax	→	Juventus FC	6 000 000 Pfd.
Marc-Vivien Foé (CMR)	2000	West Ham United	→	Olympique Lyonnais	6 000 000 Pfd.
Sunday Oliseh (NGA)	2000	Juventus FC	→	Borussia Dortmund	4 700 000 Pfd.
George Weah (LBR)	1995	Paris Saint-Germain	→	Milan AC	4 500 000 Pfd.
Ibrahim Bakayoko (CIV)	1998	Montpellier HSC	→	Everton FC	4 500 000 Pfd.
Sam Johnson (GHA)	1999	Gençlerbirligi SK	→	Fenerbahçe SK	4 500 000 Pfd.
Alex Nyarko (GHA)	2000	RC Lens	→	Everton FC	4 500 000 Pfd.
Samuel Eto'o (CMR)	2001	Real Madrid	→	RCD Mallorca	4 200 000 Pfd.

Lomé
Agaza Lomé
ASKO Kara
Dynamic Togolais
Etoile Filante
AC Modèle
ASFOSA
Lomé 1
Entente II
AS Douanes
FC La Semeuse
Togo Telecom FC
weitere Klubs aus Togo:
Edan
Dumas
N I G E R
N I G E R I A
T S C H A D
K A M E R U N
ZENTRALAFRIKANISCHE REP.
BURKINA FASO
B E N I N
T O G O
G H A N A
Sokoto
Katsina United
Kano
Kano Pillars
Racca Rovers
Dutse
Jigawa Golden Stars
Maiduguri
El-Kanemi Warriors
Tschadsee
Zaria
Ranchers Bees
Kaduna
Bauchi
Gombe United
Wikki Tourists
Jos
Plateau United
Mighty Jets
Espérance Guider
Cotonsport Garoua
Minna
Niger Tornadoes
Police
Abuja
Keffi
Highlanders
Niger
Benue
Ilorin
Kwara Stars FC
Kwara United
Makurdi
Lobi Stars FC
BCC Lions of Gboko
Katsina Ala
Girondins Ngaoundéré
Abeokuta
Abiola Babes
3SC Shooting Stars
Leventis United
Ibadan
Concord United
Ijebu-Ode
Obanta United FD
Lagos
Benin City
New Nigeria Bank
Bendel United
Bendel Insurance
Enugu
Enugu Rangers
NITEL Vasco
Onitsha
Jaspers United
Awka
Udoji United
Warri
NPA
Iwuanyanwu Nationale
Owerri
Enyimba FC
Aba/Abia
2nd Mobil Pegasus
Port Harcourt
Eagle Cement
Port Harcourt Sharks
Calabar
Rovers FC
Eket
Kumbo Strikers
Free Boys Bamenda
PWD Bamenda
Vantour Dschang
Aigle Royale Dschang
Racing Bafoussam
Stade Bandjoun
Sable Batié
Unisport Bafang
Panthère Bangangté
Fovu Baham
PWD Kumba
Aigle Nkongsamba
Dihep di Nkam
Yabassi
Buéa/Bouéa
Mount Cameroon
Elecsport Limbé
Victoria United
Limbé
Tiko United
Douala
Diamant Yaoundé
Prévoyance Yaoundé
Union Yaoundé
Canon Yaoundé
Lion Yaoundé
Tonnerre Yaoundé
Fogabe Yaoundé
Cintra Yaoundé
Olympique Mvolyé
Epervier Ebolowa
Djerem Bertoua
Etoile Abong-Mbang
US Abong-Mbang
Ocean Kribi
Colombe Sangmélima
ÄQUATORIAL-GUINEA
G A B U N
K O N G O
Sansanné-Mango
Doumbé FC
Dapaong
Natitingou
Lions de l'Atakora
Antilopes Kouandé
Djougou
Panthères
Parakou
Buffles de Borgou
Sara Sport FC
Bafilo
Semassi Sokodé AC
Anié
Abou-Ossé
Ifodje Atakpamé
Dzahini FC
Amou Oblo
Bohicon
Alliance
Variétés
Gomido Kpalimé
Fokpo
Marantha FC
Aného
Gbohloe-su
Avrankou
ASJA
Lomé
Cotonou
Porto-Novo
Cotonou
Requins de l'Atlantique
ASFAP
AS Cotonou
Toffa
Energie Sport FC
Locomotive
ASACO
ASPAC
Cheminots
Porto-Novo
Dragons de l'Ouémé
Mogas 90
AS Porto-Novo
Etoile sportive
Postel Sport FC
UNB FC
Entente Force Armée
weitere beninische Klubs:
Cavaliers
Domarou
Soleil
Vantour
GD Os Operários
Santo Antonio
SÃO TOMÉ UND PRÍNCIPE
São Tomé
Bairros Unidos FC
Caixão Grande
Desportivo Guadalupe
Guadelupe
Santana FC
São Tomé
Vitória FC
Sporting Praia Cruz
6 de Setembro
Inter FC do Bom-Bom
Andorinhas SC
Aliança Nacional
Lagos
Stationery Stores
Lagos Railways
Julius Berger
Lagos EDN
Marine
GO Union Bank
Lagos PAN Bank
ACB Lagos FC
Gabros International
NEPA
Nigerdock
NITEL United
VIP
Douala
Oryx Douala
Union Douala
Caïman Douala
Léopard Douala
Dynamo Douala
Dragon Douala
Vent Lolanne
Avenir Douala
Ports FC Douala
Unité Douala
Abidjan
ASEC Mimosas
Africa Sports
Stade Abidjan
Stella Abidjan
SOA
Jeunesse
AS Ouamé
AUC
Lazer
Satellite FC
Tema
GHAPOHA Readers
Afienya United
State Traders
Roadmasters
Accra
Hearts of Oak SC
Great Olympics
Real Republicans
Boye Sowahs Zebi
Liberty Professionals
Manchester United
Standfast
M A U R E T A N I E N
S E N E G A L
M A L I
G A M B I A
GUINEA-BISSAU
G U I N E A
S I E R R A L E O N E
L I B E R I A
ELFENBEINKÜSTE
BURKINA FASO
G H A N A
T O G O
Senegal
Saint Louis
CSS Richard-Toll
Espoir St. Louis
AS St. Louisienne
ASEC Ndiambour
Louga
Thiès
Olympique Thiès
Diourbel
US Rail
ASC SONACOS
Tivaouane
Damels Tivaouane
Stade de M'bour
ETICS
AS Mbosse
Kaolack
Bakau
Bakau United FC
Sait Matty
Banjul
NPE
Saraba FC
Sukuta
Brikama
Espoirs Bignona
Ziguinchor
Casa Sports
Ingoré
Desportivo Mansabá
Gabú
Gabú GD
Farim GD
De Canchungo
FC Bula
Bafatá SC
FC Cuntum
Flamengo
Balantas Mansôa
Bissau
Prabis
Estrela Negra Bolama
Sangarédi
AS Mineurs
Labé
Fello Stars
CO Kakandé Boké
Club Industriel
Kamsar
weitere liberianische Klubs:
Barcelona
Dekontee Star
Mande Jala
MSG Kalum
Olympic FC
Survivors
Imoja
Kindia
Gangan FC
Ratoma
Conakry
Faranah
Sankaran FC
Faranah Federal
Kankan
AS AREDOR
Milo FC
Niger
Port Loko
Makeni
Wusum Stars
Bai Bureh Warriors
Freetown
Kono
Diamond Stars
Kissidougou
Niandan FC
Guéckédou
Makona
Bo Rangers
Kamboi Eagles
Kenema
Gbin-Gbin Club
Nzérékoré
Lamco Enforcers
Yekepa
Brewerville
MC Breweries
Monrovia
Monrovia
Mighty Barolle
Invincible Eleven
LPRC-Oilers
Saint Joseph's Warriors
NPA-Anchors
Cedar United
Junior Professionals
Bame
Black Stars
BUSA
Coca-Cola Marines
Defence Invaders
EU Liberia United
Exodus
FDA-Foresters
Fulani FC
LEC
LPMC-Planters
Mark Professionals
Sparrow
St. Anthony
YASA
Young Eagles
Conakry
Hafia FC
AS Kaloum Stars
Horoya AC
Kakimbo FC
ASFAG
Gbessia AC
Baraka SSG
Etoile Guinée
Odienné
ASPTT
Denguele Odienné
CO Korhogo
Sabé SC Bouna
SS Bouna
Wa
Upper West Heroes
Tamale/Tamala
RTU
Katiola
Sacraboutou Sports Bondoukou
Berekum Arsenals
Techiman
Holy Stars
Sunyani
Tano Bafoakwa
Yeji Elf
Espoir de Man
FC Man
ASC Bouaké
Alliance Bouaké
CO Bouaflé
RC Daloa
RFC Daoukro
US Yamoussoukro
FC Toumodi
AS Issia-Wazi
AS Oumé
ASI Abengourou
ASC Gagnoa
BA United
Mampong
Kumasi
Kumapim Star
King Faisal
Cornerstones
Asante Kotoko
Obuasi
Goldfields SC
Adansiman
Nkawkaw
Okwahu United
Neoplan Star
Kwaebibirem
Maxbees
Power FC
Dawu Youngstars
Diamonds
Koforidua
Voradep Ho
Apeguso
Arnold Warriors
Mighty Royals
Prampram
Anyama Rio Sports
Onze Frères
Abidjan
USC Bassam
Grand-Bassam
Prestea Mine Stars
Soccer Missionaries
Foso
Cape Coast Ebusua Dwarfs
All Blacks
Hasaacas
Eleven Wise FC
Sekondi
Swedru
Venomous Vipers
Cape Coast
Accra
Tema
San Pédro
Séwé SC
Djibetade Tabou
Volta
0
500
1 000 km

Zentralafrika

Portugiesische Siedler brachten den Fußball nach **Angola**. Der erste Fußballverband in Luanda wurde im Jahre 1922 gegründet. Die Entwicklung des Fußballs behinderte zunächst der Krieg gegen die Kolonisten, danach der seit dem Jahre 1976 andauernde Bürgerkrieg. Der regelmäßige Wettbewerb wurde drei Jahre später aufgenommen. Die Mehrheit der Klubs konzentriert sich im Ballungsraum der Hauptstadt, die sich während des Bürgerkriegs erheblich ausdehnte. Die beiden erfolgreichsten Mannschaften Luandas teilen sich beinahe alle Meistertitel untereinander auf. Vor allem infolge des noch nicht gebannten bewaffneten Konflikts nehmen die Klubs aus dem Südosten und Osten des Landes – wo die regierungsfeindliche Bewegung UNITA die Macht ausübt – nicht an der höchsten Spielklasse teil.

Die Spanier brachten den Fußball in das kleine Land am Golf von Guinea (die ehemalige Kolonie Rio Muni), das sich heute **Äquatorial-Guinea** nennt. Die Ligameisterschaft wird seit dem Jahre 1979 ausgespielt. Hier dominieren die Klubs aus der Stadt Malabo von der Vulkaninsel Bioko, die einen kleinen Teil der Republik bildet. Weitere Klubs liegen auf dem Festland verstreut.

Französische Siedler brachten den Fußball in der Zwischenkriegszeit auch in das äquatoriale **Gabun**. Die Fußballföderation wurde zwei Jahre nach dem Erhalt der Unabhängigkeit (1960) gegründet. Der Pokal wird bereits seit dem Jahre 1961 ausgespielt und der Ligawettbewerb seit der Saison 1968. Wegen der dichten Regenwälder, die den größten Teil des Landes bedecken, sind die Klubs vor allem in der Hauptstadt Libreville sowie in Port-Gentil, dem Zentrum der Erdölaufbereitung, beheimatet.

In das damalige französische **Kongo**-Brazzaville gelangte der Fußball dank der belgischen und französischen Siedler infolge seiner Entfaltung in der Metropole des ehemaligen Belgisch-Kongos, Léopoldville (Kinshasa), die am gegenüberliegenden Ufer des Kongo-Stroms liegt. Auch deswegen finden wir die Mehrheit der Ligaklubs in der Hauptstadt Brazzaville. Den ersten Wettbewerb spielte man bereits im Jahre 1931, aber bis zur Befreiung des Landes fehlen die entsprechenden Informationen. Der regelmäßige Ligawettbewerb wird seit 1965 ausgetragen. Im Zusammenhang mit der Ölgewinnung entstand das zweite Zentrum des Ligafußballs in der Hafenstadt Pointe-Noire. Erst in den letzten Jahren konnte das dritte Zentrum Loubomo, das an der die beiden Großstädte verbindenden Bahnlinie liegt, auch fußballerisch aufschließen.

Auf dem Gebiet Belgisch-Kongos, das während der Regierungszeit des Diktators Mobutu in **Zaire** umbenannt wurde (seit dem Jahre 1998 **Volksrepublik Kongo**), waren es belgische Siedler, die zu Beginn des 20. Jahrhunderts den Fußball verbreiteten. Die erste Fußballorganisation entstand im Jahre 1919. Ein regelmäßiger Ligawettbewerb wurde im Jahre 1958 aufgenommen. Er wird beherrscht von den Klubs aus der Fünfmillionen-Metropole Kinshasa (60 % der Titel). Ihre Gegner sind die Teams aus dem Diamantengebiet Kasai und der kupfererzreichen separatistischen Provinz Katanga/Shaba. Alle bedeutenden Erstligamannschaften kommen aus Städten, die entlang der Eisenbahnlinie von Kinshasa nach Lubumbashi, dem Zentrum des Kupferstreifens an der Grenze zu Sambia, liegen. Um den Titel spielen die besten Teams der Regionalwettbewerbe – sieben Gruppen plus Division d'Honneur, die die Mannschaften aus der Hauptstadt vereinigt – nach dem Play-off-Modus. Anfang der 90er Jahre wurde eine einheitliche Staatsliga gegründet. Später jedoch wurde aufgrund zahlreicher Unruhen das Regionalsystem wiederhergestellt.

Im Südteil der ehemaligen Kolonie Ruanda-Urundi, dem heutigen **Burundi**, wurde der Fußball entweder bereits am Ende des 19. Jahrhunderts von den Deutschen oder aber von den Belgiern eingeführt, die die Kolonie während des 1. Weltkriegs erhielten. Der Fußballverband wurde im Jahre 1948 gegründet, aber aufgrund der ständigen ethnischen Kämpfe entwickelte sich der Fußball nicht einmal nach dem Erreichen der Unabhängigkeit (1962). Auch deswegen konzentriert sich das Geschehen zumeist auf die Hauptstadt Bujumbura.

Die Geschichte von **Rwanda,** und somit auch die Entfaltung des Fußballs, hängt mit der Entwicklung der ehemaligen Kolonie Ruanda-Urundi zusammen. Trotz der zahlreichen ethnischen Unruhen im Land, das die höchste Bevölkerungsdichte Afrikas aufweist, wird die Ligameisterschaft seit dem Jahr 1981 regelmäßig ausgespielt. Die günstigeren klimatischen Bedingungen des Hochplateaus förderten die Verbreitung des Fußballs im ganzen Land, auch deshalb gibt es in der Liga rund zehn Vertreter kleinerer Städte.

In **Uganda** verbreiteten die Briten den Fußball zusammen mit dem Tee- und Kaffeeanbau bereits an der Wende vom 19. zum 20. Jahrhundert. Im Jahre 1915 wurde der erste Fußballklub (Nsambya) des Landes gegründet und sechs Jahre darauf auch der Fußballverband. Der FIFA trat das Land im Jahre 1959 bei. Das ganze Land, also auch das Fußballleben, wurde von der Gewaltherrschaft des Diktators Idi Amin und den langandauernden bewaffneten Konflikten gezeichnet. Auch deswegen konzentrierte sich das Fußballgeschehen lange Zeit in dem Landstreifen um den Victoriasee (Ukerewe) und entlang der Eisenbahn, die die Hauptstadt Kampala mit Nairobi und dem Hafen Mombasa in Kenia verbindet. In der Liga herrscht eine harte Konkurrenz: 6–7 Teams müssen am Saisonende absteigen.

In **Kenia** ging die Verbreitung des Fußballs durch britische Siedler am Ende des 19. Jahrhundert Hand in Hand mit der Entwicklung der Plantagenwirtschaft. Die ersten Klubs und Organisationen entstanden in den 20er Jahren des 20. Jahrhunderts. Der 1932 gegründete Fußballverband hat sich bald dem Londoner Verband angeschlossen, Mitglied der FIFA ist Kenia aber erst im Jahre 1960 geworden. Erst lange nach dem Erhalt der Autonomie wurde Ende der 70er Jahre die Ligameisterschaft gestartet. Es entstand eine der größten nationalen Ligen überhaupt, in der mehr als 20 Klubs um den Titel kämpfen. Die Mehrheit der Teams kommt aus den Städten, die in den klimatisch günstigeren Lagen der Ostafrikanischen Hochebene (1500–2000 m ü.d.M.) liegen – neben der Hauptstadt Nairobi besonders in der Nähe des Viktoriasees (Ukerewe). Außerhalb dieses Gebiets gibt es nur noch ein bedeutendes Fußballzentrum – die Hafenstadt Mombasa, das Tor zum Land.

In das Gebiet des ehemaligen Deutsch-Ostafrikas führten die deutschen und später die britischen Siedler den Fußball ein. In einem der ärmsten Länder der Welt setzte sich das Spiel aber nur langsam durch. Zunächst eroberte der Fußball die Insel Sansibar, die durch die Produktion von Vanille und Zimt berühmt ist. Der Fußballverband Tanganjikas entstand im Jahre 1930, der FIFA hat sich das Land erst 34 Jahre später (drei Jahre nach seiner Unabhängigkeit) angeschlossen. Das flächenmäßig große und einwohnerstarke Tanganjika (fast 1 Million km² und über 30 Millionen Einwohner) konkurriert dabei mit dem kleinen Sansibar (eine halbe Million Einwohner). Um den Titel im vereinigten **Tansania** kämpfen die drei besten Teams der zwei selbständigen Wettbewerbe. Obwohl sich der Fußball in den letzten Jahren im ganzen Land ausgebreitet hat, wird die Liga eindeutig von den Klubs aus der Hauptstadt Dar-es-Salaam dominiert – sie gewannen 80 % der Titel.

Nach **Sambia**, der ehemaligen britischen Kolonie Nordrhodesien, brachten den Fußball britische Eisenbahn- und Bergwerkstechniker sowie Siedler aus Südafrika. Der Verband entstand in Lusaka bereits im Jahre 1929, aber erst nach dem 2. Weltkrieg breitete sich der Fußball in der Bergwerksregion im Norden des Landes aus, woher auch die Mehrzahl der Landesmeister kommt. Mit dem Erreichen der Unabhängigkeit im Jahre 1964 wurde Sambia FIFA-Mitglied. Der Ligawettbewerb und der Pokal werden jedoch bereits seit dem Jahre 1962 ausgetragen.

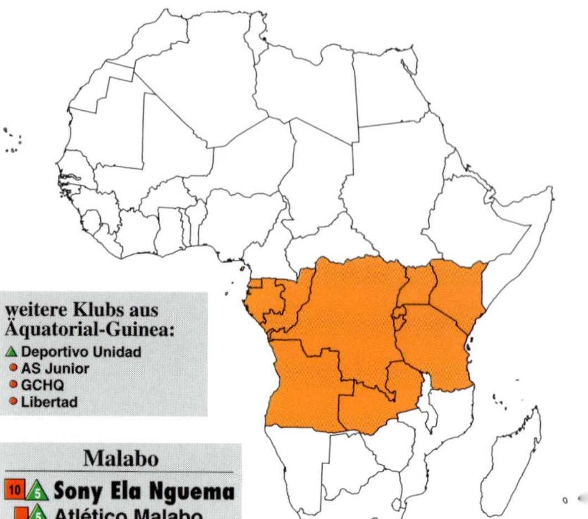

LEGENDE

1 · 2–4 · 5 und mehr	Siege in der 1. Liga: Angola (1968–2000), Äquatorial-Guinea (1979–2000), Burundi (1972–2000), Gabun (1968–2000), Kenia (1963–2000), Kongo (1931–2000), Rwanda (1980–2000), Sambia (1962–2000), Tansania (1965–2000), Uganda (1966–2000) und VR Kongo/Zaire (1958–2000)
●	übrige Teilnehmer der 1. Liga: Angola (1986–2001), Äquatorial-Guinea (1995–99), Burundi (1997–2001), Gabun (1990–2001), Kenia (1984–2001), Kongo (1994–2001), Rwanda (1996–2001), Sambia (1993–2001), Tansania (1995–2001), Uganda (1992–2001) und VR Kongo/Zaire (1990–2001)
▲ ▲ 6	Siege im Landespokal: Angola (1980–2000), Äquatorial-Guinea (1978–2000), Burundi (1982–2000), Gabun (1975–2000), Kenia (1967–2000), Kongo (1974–2000), Rwanda (1980–2000), Sambia (1962–2000), Tansania (1974–2000), Uganda (1971–2000) und VR Kongo/Zaire (1961–2000)
Likasi ○	Städte über 100 000 Einwohner ohne einen Erstligaklub
CARA	Name des Fußballklubs
Luo Union	bereits nicht mehr existierender Klub
GOR Mahia	erfolgreichster Klub des Landes
Benguela	Stadt

Libreville
8 6 FC 105
USM Libreville
Vantour Mangoungou
Aigle Royal
Olympique sportif
Anges ABC
AS Police
AS Solidarité
JAC
Zalang COC
Delta Sports FC
Ndzimba FC
AS Douanes
AS Scolaire
Cercle Mbéri
CSB
FC 104
Locomotive FC
Stade d'Akébé
TP Akwembé
Nairobi
12 11 GOR Mahia
12 5 AFC Leopards
7 Tusker FC
Luo Union
Mathare United
Utalii
AFC Kamili
Benham
Black Mamba
Canons
Coca Cola Freemark
Hakati Sport
Kahawa United
KCB
Kenya Grain Growers
Kimbo FC
Magareza Prisons Club
Maziwa
Red Berets
Reli
Re-Union
Utawala
Viatu Sportif
Kampala
9 7 City Council SC
9 6 Villa SC
8 6 Express Red Eagles
Bitumastic
Prisons FC
UCB
Gangama United
Nsambya FC
Bell
Blue Bats
Chicago FC
Maji
Military Police
Miracle
Natete
Posta
State House FC
Uganda Airlines
UTODA
Wandegeya
weitere ugandische Klubs:
Green Valley
Spear
UCI
USD
Nordosten des Victoriasees
UGANDA
KENIA
Mbale Heroes
Dairy Heroes
Diary Corporation
Telestars
Mbale
Kitale
Kitale Rangers
Barclays
Rock Stars FC
Tororo
Kakira
Iganga Town
Council
Coffee United SC
Kakira Sugar Works FC
Bungoma
Webuye
Panpaper
Eldoret KCC
Eldoret FC
Busia
Roraima FC
Nzoia Sugar
Busia Simba
UPDF FC Bombo
Nile Breweries FC
SCOUL
UEB
Lugazi
Police
Jinja
Simba SC
Kampala
Mumias Sugar Company FC
MOW
Kakamega
Health
Entebbe Works FC
Entebbe
Kisumu All Stars
Kisumu Breweries
Kisumu Telkom
Chemelil Sugar
Muhoroni
Nakuru
All-Stars
Transcom
Nakuru Police
Scarlets
Nakuru
Brooke Bond FC
Kericho
Victoriasee (Ukerewe)
Kisii
Shabana
Naivasha
Oserian Fastac
0
100
200 km
weitere burundische Klubs:
Africa Sport
FC Barcelone
Renaissance
Rumuri
Union Sporting
weitere kenianische Klubs:
Baruti
Silver Stars
Volcano United
ZENTRALAFRIKANISCHE REP.
SUDAN
ÄTHIOPIEN
Rudolfsee (Turkana)
Ubangi
Arua MC FC
Arua Young Stars
Gulu United
Moroto
Iduli FC
Lira
Pamba
Black Rhinos
Albertsee
UGANDA
KENIA
Masaka Local Council
Nordosten des Victoriasees
Fort Portal
Toro
UNNATO FC
Lyantonde
Bushenyi United
Mbarara
Rwampara FC
Mbarara United
Old Timers of Mbarara FC
TS Malekesa Kisangani
Mbandaka
FC Scibe
FC Lumière
VR KONGO/ZAIRE
Meru
Kisima FC
SOMALIA
Ruhengeri
Mukungwa Sports
Kabale
Horizon FC
Bukoba
Kagera Stars
SoNy Sugar
Migori
Ulinzi Stars
Thika
Green Berets
KTM Thika
Bata Bullets
Limuru
Blue Triangle
Nairobi
Malindi
Alaskan
CS Virunga
Etincelles
Gisenyi
Byumba
FC Nkuba Sport
Kigali
RWANDA
Victoriasee (Ukerewe)
Cyangugu
Espoir FC
Butare
Rayon Sports
FC Arabica
Bukavu
Mukura VS
Kirundo
BURUNDI
Bujumbura
Pamba Lira
Toto Africans
Mwanza
Shinyanga
Pamba SC
82 KJ Rangers
Arusha
Arusha FC
977 KJ
Mombasa
Ramogi
Feisal
Coast Stars
Bandari
Lenana Warriors
Waterworks
Mombasa Heroes
Kenya Navy
Cargo Mombasa
Lake Warriors
Wanderers
Pemba
Jamhuri
Kipanga
Macho Manne
Mkoani Stars
Kasai
Kagera Balimi RTC
Singida United
Tabora
Milambo
Tanga
Coastal Union
Kajumulo
Pemba
Kikwit
AS Makila
Kananga
FC St. Luc
US Tshinkunku
FC Mbongo Sport
AS Bantous
SM Sanga Balende
Mbuji-Mayi
Kalemie
Tanganjikasee
TANSANIA
Dodoma
CDA
Mpwapwa
Mji
Turiani
Mtibwa Sugar
Sansibar
Morogoro
Moro United
Reli
Tumabaku
Breweries
Dar-es-Salaam
13 Simba SC
12 Yanga
Pan African SC
Tanzania Stars
Rangers
International
Cosmopolitans
Railways SC
Desportivo da EKA
Dundo
Iringa
Lipuli FC
Rufiji
Sumbawanga
Ujenzi
Sansibar
Malindi SC
KMKM
Miembeni SC
Small Simba
Jeshi
Black Fighters
Kikwajuni
Mafunzo
Mlandege
Mwenga SC
Polisi
Shangani SC
Ujamaa
Capenda Camulemba
Sagrada Esperança
Saurimo
Sassamba
Lunda Sul
Inter Lunda Sul
Kamina
Mbeya
44 KJ
Tukuyu Stars
Njombe
Nazareth
Malawi
Lindi
Kariakoo
Bandari
Mtwara
Kolwezi
Gexkol
Songea
Maji Maji
Likasi
Lubumbashi
FC Lupopo
Scom Mikishi
TP Mazembe
FC Lubumbashi Sport
MOSAMBIK
Luena
Onze Bravos de Moxico
Chililabombwe
Roan United
Konkola Blades
Mufulira Blackpool
Nchanga Rangers
9 5 Mufulira Wanderers
Chambishi United
Kitwe-Nkana
Nkana FC
5 5 Power Dynamos
Chibuluma Modern Stars
Ndola
Nkhwiza
Zamsure
Luanshya
MALAWI
ANGOLA
Menongue
FC Chicoil
SAMBIA
Kabwe Warriors
Lusaka City Council
Lusaka
Zamtel
City of Lusaka
Red Arrows
Green Buffaloes
Profound Warriors
Lusaka Dynamos
Nkwazi Sports
Lusaka Tigers
Sambesi
Karibasee
Sambesi
Okawango
SIMBABWE
BOTSWANA
Kigali
5 Panthères Noires
Kiyovu Sports
APR FC
Rwanda FC
Eclair Sports
Miroplast
Nyamirambo
Simba FC
Stir FC
Terminus FC
Zebres FC
Kinshasa
10 8 AS Vita Club
9 6 DC Motema Pembe
5 AS Dragons
AS Kalamu
US Bilombe
AC Sodigraf
AS Sucribe
Babeti Cosmos Club
FC Kinshasa
FC Livulu
FC Paulino
FC SEAC
FC Style
FC Union
IC Espérance
SC Inter
SC Utexafrica
US Lusia
Ndola
Ndola United
Indeni
Lifebuoy Strikers
Ndola Wanderers
Railway Express
Zanaco
Zesco United
Bujumbura
9 11 Vital'O SC
6 Inter FC
FC Prince Louis
Inter-Star
Fantastique
Sports Dynamic
Maniema FC
Elite FC
Muzinga
Olympic Athletico
Chanic
FC Arabica
weitere sambische Klubs:
Circuit Chiefs
City Snipers
Forest Rangers
weitere Klubs aus der VR Kongo:
St. Hellois
AC CMZ
AS Mabuili
Bakolo Mboka
INSS Tshipepele
0
500
1 000
1 500 km

Südafrika

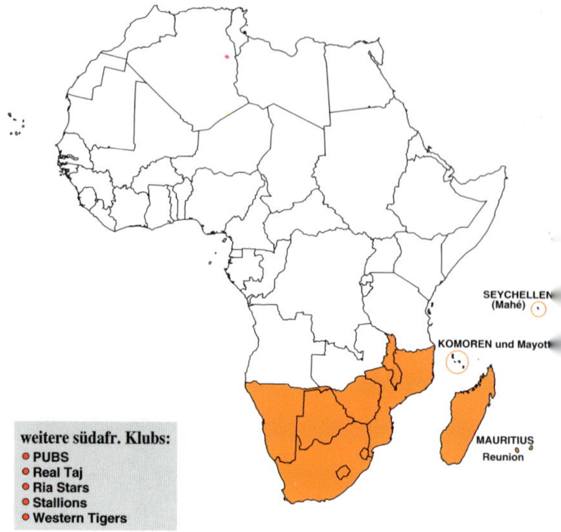

Es war das Gebiet der heutigen **Republik Südafrika**, wo man zuerst Fußball auf dem schwarzen Kontinent spielte. Das Spiel wurde hier von den Briten in den 60er Jahren des 19. Jahrhunderts eingeführt. Danach fand es schnell unter den niederländischen Siedlern (Buren) Verbreitung. Der erste Klub entstand im Jahre 1879 in der Provinz Natal (Pietermaritzburg); ein weiteres Zentrum war Kapstadt, wo 1891 die erste Stadtmeisterschaft ausgetragen wurde. Nach den Burenkriegen wurde die Region Johannesburg–Pretoria der neue Mittelpunkt des Fußballs. Die Profiliga startete 1959, aber während der Apartheid war sie nur den Weißen vorbehalten. Der Beginn der neuzeitlichen Fußballgeschichte in Südafrika ist mit der Gründung der Schwarzen-Liga (NSPL) im Jahr 1971 verbunden. Höhepunkt der letzten Jahre ist dabei das ewige Duell der Erzrivalen und beiden größten Klubs – Kaizer Chiefs und Orlando Pirates.

Im Königtum **Lesotho** spielt man Fußball seit Anfang des 20. Jahrhunderts. Im Jahre 1932 entstand im ehemaligen Basutoland der erste Verband, die Liga gibt es seit 1970. Aufgrund der überwiegenden Weidelandschaft des Bergstaats kicken auch Dorfklubs in der Liga, doch die Mehrzahl der Titel entfällt auf die Teams der Hauptstadt Maseru. Auch **Swasiland** hat den Fußball durch das benachbarte Südafrika kennen gelernt. Die Liga wird regelmäßig seit 1980 gespielt; sie wird beherrscht von den Highlanders aus der Hauptstadt Mbabane.

Nach **Simbabwe** brachten die Briten den Fußball in den 90er Jahren des 19. Jahrhunderts aus Südafrika mit. Doch lange Zeit wurde er im ehemaligen Süd-Rhodesien (1923–80) nur von den weißen Siedlern gespielt. Im Jahre 1965 wurde der Fußballverband gegründet; der Liga- und der Pokalwettbewerb, in denen nach und nach die Teams der Schwarzen die Oberhand gewannen, werden seit 1962 ausgetragen. Den wirklichen Zugang zur internationalen Bühne erhält das Land erst mit der Unabhängigkeit (1980). Wichtigstes Fußballzentrum wird die Hauptstadt Harare, ein weiteres Bulawayo.

In **Botswana** war es ähnlich – erst mit der Unabhängigkeit (1966) kam der Fußball zum Tragen. Die Liga wird seit 1978 gespielt. Die meisten Klubs sind im Ballungsraum der Metropole Gaborone angesiedelt. Ein weiteres Zentrum ist Selebi-Phikwe im Nordosten.

Fußball wurde in der ehemaligen deutschen Kolonie Südwestafrika jahrelang nur von den Weißen gespielt. Die nationale Ligakonkurrenz entstand jedoch bereits vor der Unabhängigkeit und Entstehung von **Namibia** (1990). Im Gegensatz zum „Normalfall" kam es nicht zur Konzentration der Kräfte in der Metropole. Während der 90er Jahre haben vielmehr Vereine aus zehn Städtchen ihre Visitenkarte in der Liga abgegeben, einschließlich der Klubs aus der ehemaligen Südafrika-Enklave Walvis Bay.

In **Malawi**, der ehemaligen Kolonie Njassaland, zeigten die Briten den Reiz des Fußballs auf. Über Jahre verhinderten die Bande zum rassistischen Rhodesien, dass das Spiel von den Eingeborenen angenommen wurde. Nach dem Erreichen der Unabhängigkeit (1964) wurde der Verband gegründet, aber die Liga lief erst 1986 an. Die besten Klubs kommen aus den zwei größten Städten – Lilongwe und Blantyre.

Nach **Mosambik** gelangte der Fußball nach dem 1. Weltkrieg durch die Portugiesen. Die erste Assoziation entstand im Jahre 1923; ihr gehörten die Klubs des Verwaltungszentrums Lourenço Marques und dessen Umgebung an. Zu weiteren Zentren entwickelten sich Nampula im Norden und Quelimane nahe der Sambesimündung. Der Bürgerkrieg beschleunigte den Zulauf der besten Kicker in der Hauptstadt Maputo, deren Teams fast alle Titel gewannen.

Auf der Insel **Madagaskar** wurde der Fußball in der Zwischenkriegszeit von den Franzosen verbreitet. 1961 entstand der madagassische Verband, während sein Vorgänger noch unter den Pariser Verband fiel (ab 1947). Die meisten Klubs kommen aus der Metropole Antananarivo, aus Mahajanga im Nordwesten und aus Toliara (Tuléar) im Dürregebiet des Südwestens.

Die zweitälteste Liga im Süden Afrikas wird auf der Insel **Mauritius** seit dem Jahre 1935 ausgetragen. Die Insel stand im 19. Jahrhundert unter der Wirtschaftshoheit der Briten, die auch den Fußball einführten. Viele der Klubs, die auf ethnischer und religiöser Basis (Kreolen, Tamilen, indische Hindus, Muslime) entstanden, wurden nach den blutigen Zusammenstößen der Fans im Jahre 1999 reorganisiert. Die meisten Teams kommen aus der Hauptstadt Port Louis, aus Beau Bassin-Rose Hill und Curepipe.

Auf der exotischen Inselgruppe der **Seychellen**, die geografisch zur Mittelafrika gehören, ist Fußball eine noch junge Sportart. Die Liga startete erst 1979. Die Mehrzahl der Klubs ist auf der größten Insel Mahé und der Hauptstadt Victoria zu Hause. Alle Erstligaspiele werden im größten Stadion der Insel ausgetragen.

Eine Liga entstand auch auf der Inselgruppe der **Komoren**, ebenso auf der Insel Mayotte, die sich den Komoren nicht anschließen wollte und weiter abhängiges Gebiet von Frankreich bleibt. Über diese Wettbewerbe gibt es wenig Informationen.

Reunion, die Insel im Indischen Ozean, lernte den Fußball durch die Franzosen kennen. Die Liga wird seit 1950 gespielt. Auf der kleinen und bergigen Vulkaninsel hat fast jedes Städtchen (ca. 15) einen Ligaklub.

weitere südafr. Klubs:
- PUBS
- Real Taj
- Ria Stars
- Stallions
- Western Tigers

Johannesburg – Pretoria

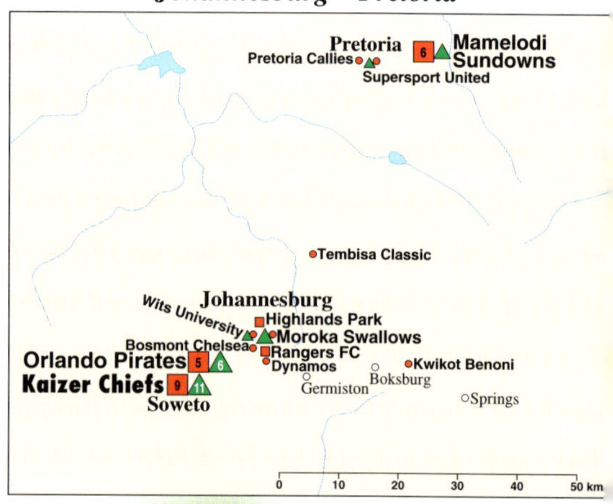

Der teuerste Fußballspieler aus Südafrika auf dem Transfermarkt

Benni McCarthy (RSA)	1999	AFC Ajax	➔	Celta Vigo	4 100 000 Pfd.

Swasiland

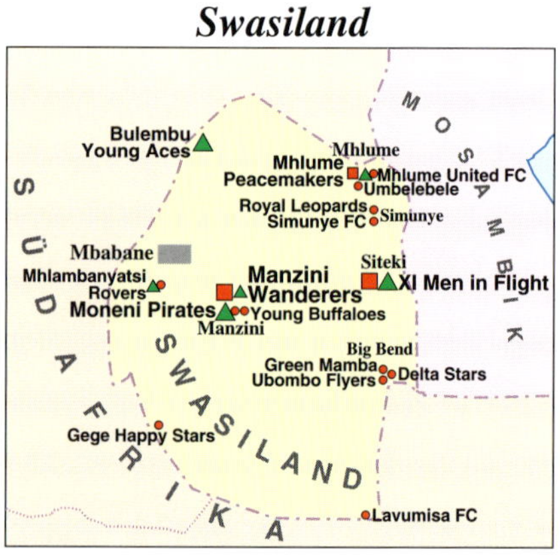

Lesotho

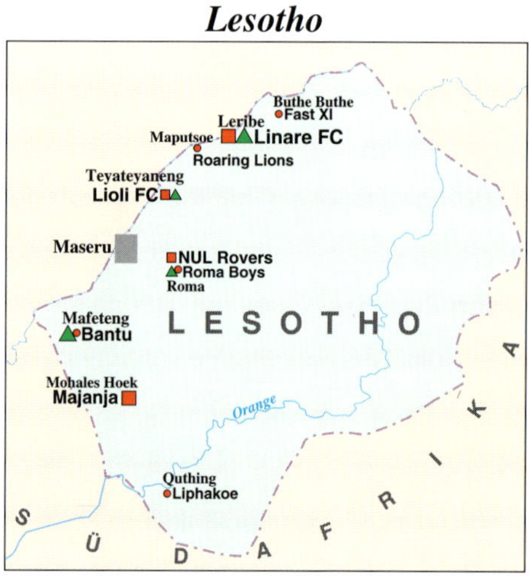

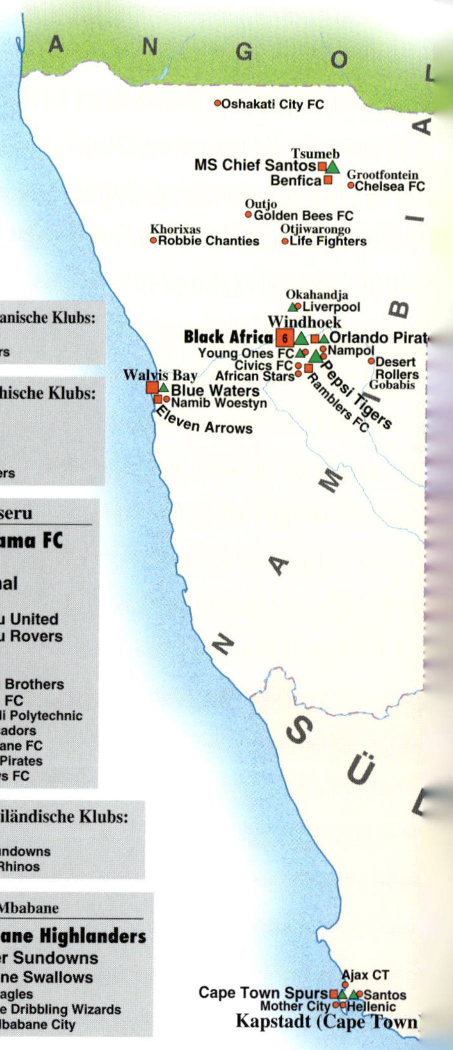

weitere botswanische Klubs:
- Jurning
- Matlata Tigers

weitere lesothische Klubs:
- Chelsea
- Fokothi
- Lifelo
- Uba Stars
- Young Flowers

Maseru
- 7 6 **Matlama FC**
- 6 LDF
- Arsenal
- LPF
- Maseru United
- Maseru Rovers
- LMPS
- LPS
- Maseru Brothers
- Maseru FC
- Lerotholi Polytechnic
- Ambassadors
- Manonyane FC
- Maseru Pirates
- Swallows FC

weitere swasiländische Klubs:
- Callies
- Nkomanzi Sundowns
- Usushwana Rhinos

Mbabane
- 12 **Mbabane Highlanders**
- Denver Sundowns
- Mbabane Swallows
- C & M Eagles
- Mbabane Dribbling Wizards
- Midas Mbabane City

Berühmte Klubs aus Südafrika

Klub-name	Gründ. Jahr	Stadion-name	Stadion-kapazität	Ligaplatzierung (Saison 2000/01)	Spitzname
AmaZulu	1932	King's Park St.	51 000	2. Liga	Usuthu
Bloemfontein Celtic	1969	Free State St.	45 000	17.	Phunya Sele Sele
Bush Bucks	1957	Independence	25 000	10.	Imbabala
Jomo Cosmos	1983	PAM Brink St.	15 000	4.	Ezenkosi
Kaizer Chiefs	1970	Johannesburg St.	37 500	2.	Amakhosi
Mamelodi Sundowns	1970	Odi St.	60 000	3.	The Brazilians – Die Brasilianer
Manning Rangers	1932	Chatsworth St.	25 000	16.	The Mighty Maulers – Die mächtigen Schläger
Orlando Pirates	1937	First National Bank	85 000	1.	Buccaneers

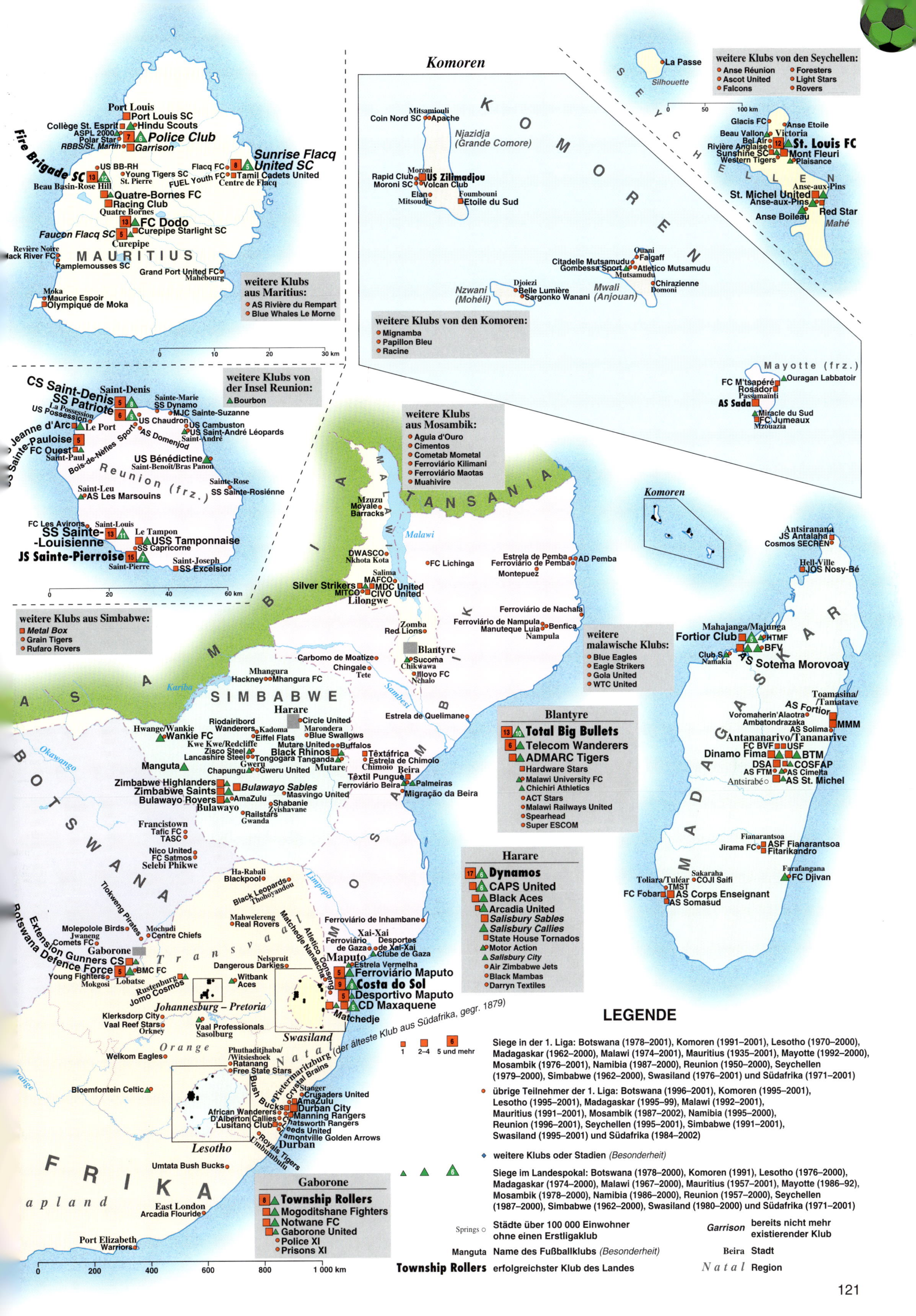
Komoren
Njazidja (Grande Comore)
Mitsamiouli
Coin Nord SC
Apache
Moroni
Rapid Club
US Zilimadjou
Moroni SC
Volcan Club
Elan
Mitsoudje
Foumbouni
Etoile du Sud
Nzwani (Mohéli)
Djoiezi
Belle Lumière
Sargonko Wanani
Mwali (Anjouan)
Citadelle Mutsamudu
Gombessa Sport
Ouani
Falgaff
Atletico Mutsamudu
Mutsamudu
Chirazienne
Domoni
weitere Klubs von den Komoren:
Mignamba
Papillon Bleu
Racine
Mayotte (frz.)
FC M'tsapéré
Ouragan Labbatoir
Rosador
Passamainti
AS Sada
Miracle du Sud
FC Jumeaux
Mzouazia
La Passe
Silhouette
SEYCHELLEN
weitere Klubs von den Seychellen:
Anse Réunion
Ascot United
Falcons
Foresters
Light Stars
Rovers
Glacis FC
Anse Etoile
Beau Vallon
Victoria
Bel Air
St. Louis FC
Rivière Anglaise
Sunshine SC
Mont Fleuri
Western Tigers
Plaisance
Anse-aux-Pins
St. Michel United
Anse Boileau
Red Star
Mahé
MAURITIUS
Port Louis
Port Louis SC
Collège St. Esprit
Hindu Scouts
ASPL 2000
Polar Star
Police Club
RBBS/St. Martin
Garrison
Fire Brigade SC
US BB-RH
Young Tigers SC
St. Pierre
Beau Basin-Rose Hill
Flacq FC
Sunrise Flacq
United SC
FUEL Youth FC
Tamil Cadets United
Centre de Flacq
Quatre-Bornes FC
Racing Club
Quatre Bornes
FC Dodo
Faucon Flacq SC
Curepipe Starlight SC
Curepipe
Rivière Noire
Black River FC
Pamplemousses SC
Grand Port United FC
Mahébourg
Moka
Maurice Espoir
Olympique de Moka
weitere Klubs aus Maritius:
AS Rivière du Rempart
Blue Whales Le Morne
Reunion (frz.)
Saint-Denis
CS Saint-Denis
SS Patriote
La Possession
US Possession
Sainte-Marie
SS Dynamo
MJC Sainte-Suzanne
US Chaudron
US Cambuston
US Saint-André Léopards
Saint-André
Jeanne d'Arc
Le Port
AS Sainte-Pauloise
FC Ouest
Saint-Paul
Bois-de-Nèfles Sport
AS Domenjod
US Bénédictine
Saint-Benoit/Bras Panon
Sainte-Rose
SS Sainte-Rosiénne
Saint-Leu
AS Les Marsouins
FC Les Avirons
Saint-Louis
SS Sainte-Louisienne
Le Tampon
USS Tamponnaise
SS Capricorne
JS Sainte-Pierroise
Saint-Pierre
Saint-Joseph
SS Excelsior
weitere Klubs von der Insel Reunion:
Bourbon
weitere Klubs aus Simbabwe:
Metal Box
Grain Tigers
Rufaro Rovers
weitere Klubs aus Mosambik:
Aguia d'Ouro
Cimentos
Cometab Mometal
Ferroviário Kilimani
Ferroviário Maotas
Muahivire
TANSANIA
MALAWI
Malawi
Mzuzu
Moyale Barracks
DWASCO
Nkhota Kota
FC Lichinga
Estrela de Pemba
Ferroviário de Pemba
AD Pemba
Montepuez
Salima
MAFCO
Silver Strikers
MDC United
MITCO
CIVO United
Lilongwe
Ferroviário de Nachala
Ferroviário de Nampula
Manuteque Luia
Benfica
Nampula
Zomba
Red Lions
Blantyre
Sucoma
Chikwawa
Illovo FC
Nchalo
weitere malawische Klubs:
Blue Eagles
Eagle Strikers
Gola United
WTC United
Blantyre
Total Big Bullets
Telecom Wanderers
ADMARC Tigers
Hardware Stars
Malawi University FC
Chichiri Athletics
ACT Stars
Malawi Railways United
Spearhead
Super ESCOM
SAMBIA
Kariba
Carbomo de Moatize
Chingale
Tete
Mhangura
Hackney
Mhangura FC
SIMBABWE
Harare
Circle United
Riodairibord Wanderers
Kadoma
Marondera
Blue Swallows
Hwange/Wankie
Wankie FC
Eiffel Flats
Kwe Kwe/Redcliffe
Zisco Steel
Lancashire Steel
Mutare United
Buffalos
Black Rhinos
Tongogara
Tanganda
Gweru
Manguta
Chapungu
Gweru United
Mutare
Têxtáfrica
Estrela de Chimoio
Chimoio
Beira
Têxtil Pungue
Ferroviário Beira
Palmeiras
Migração da Beira
Estrela de Quelimane
Zimbabwe Highlanders
Zimbabwe Saints
Bulawayo Rovers
Bulawayo
Bulawayo Sables
Masvingo United
AmaZulu
Shabanie
Zvishavane
Railstars
Gwanda
Harare
Dynamos
CAPS United
Black Aces
Arcadia United
Salisbury Sables
Salisbury Callies
State House Tornados
Motor Action
Salisbury City
Air Zimbabwe Jets
Black Mambas
Darryn Textiles
MOSAMBIK
Okawango
BOTSWANA
Francistown
Tafic FC
TASC
Nico United
FC Satmos
Selebi Phikwe
Ha-Rabali
Blackpool
Black Leopards
Thohoyandou
Limpopo
Tlokweng Pirates
Mahwelereng
Real Rovers
Molepolole Birds
Mochudi
Centre Chiefs
Jwaneng
Comets FC
Gaborone
Extension Gunners CS
Botswana Defence Force
BMC FC
Young Fighters
Mokgosi
Lobatse
Rustenburg
Jomo Cosmos
Transvaal
Nelspruit
Dangerous Darkies
Witbank Aces
Johannesburg – Pretoria
Klerksdorp City
Vaal Reef Stars
Orkney
Vaal Professionals
Sasolburg
Ferroviário de Inhambane
Xai-Xai
Ferroviário de Gaza
Desportes de Xai-Xai
Clube de Gaza
Maputo
Matchedje Nanacha
Atlético Consenco
Estrela Vermelha
Ferroviário Maputo
Costa do Sol
Desportivo Maputo
CD Maxaquene
Matchedje
Swasiland
Orange
Welkom Eagles
Phuthaditjhaba/Witsieshoek
Ratanang
Free State Stars
Natal
Pietermaritzburg (der älteste Klub aus Südafrika, gegr. 1879)
Crystal Brains
Bloemfontein Celtic
Bush Bucks
Stanger
Crusaders United
AmaZulu
Durban City
Manning Rangers
African Wanderers
D'Alberton Callies
Lusitano Club
Chatsworth Rangers
Leeds United
Lamontville Golden Arrows
Durban
Lesotho
Royals Tigers
Umbumbulu
Umtata Bush Bucks
SÜDAFRIKA
Kapland
East London
Arcadia Flouride
Port Elizabeth
Warriors
Gaborone
Township Rollers
Mogoditshane Fighters
Notwane FC
Gaborone United
Police XI
Prisons XI
0 200 400 600 800 1 000 km
Komoren
Antsiranana
JS Antalaha
Cosmos SECREN
Hell-Ville
JOS Nosy-Bé
MADAGASKAR
Mahajanga/Majunga
Fortior Club
HTMF
BFV
Club S
Namakia
AS Sotema Morovoay
Toamasina/Tamatave
AS Fortior
Voromaherin'Alaotra
Ambatondrazaka
AS Solima
MMM
Antananarivo/Tananarive
FC BVF
USF
Dinamo Fima
BTM
DSA
COSFAP
AS FTM
AS Cimelta
Antsirabé
AS St. Michel
Fianarantsoa
Jirama FC
ASF Fianarantsoa
Fitarikandro
Farafangana
FC Djivan
Toliara/Tuléar
Sakaraha
COJI Saifi
TMST
FC Fobar
AS Corps Enseignant
AS Somasud
LEGENDE
1 2–4 5 und mehr
Siege in der 1. Liga: Botswana (1978–2001), Komoren (1991–2001), Lesotho (1970–2000), Madagaskar (1962–2000), Malawi (1974–2001), Mauritius (1935–2001), Mayotte (1992–2000), Mosambik (1976–2001), Namibia (1987–2000), Reunion (1950–2000), Seychellen (1979–2000), Simbabwe (1962–2000), Swasiland (1976–2001) und Südafrika (1971–2001)
übrige Teilnehmer der 1. Liga: Botswana (1996–2001), Komoren (1995–2001), Lesotho (1995–2001), Madagaskar (1995–99), Malawi (1992–2001), Mauritius (1991–2001), Mosambik (1987–2002), Namibia (1995–2000), Reunion (1996–2001), Seychellen (1995–2001), Simbabwe (1991–2001), Swasiland (1995–2001) und Südafrika (1984–2002)
weitere Klubs oder Stadien (Besonderheit)
Siege im Landespokal: Botswana (1978–2000), Komoren (1991), Lesotho (1976–2000), Madagaskar (1974–2000), Malawi (1986–2000), Mauritius (1957–2001), Mayotte (1986–92), Mosambik (1978–2000), Namibia (1986–2000), Reunion (1957–2000), Seychellen (1987–2000), Simbabwe (1962–2000), Swasiland (1980–2000) und Südafrika (1971–2001)
Springs Städte über 100 000 Einwohner ohne einen Erstligaklub
Garrison bereits nicht mehr existierender Klub
Manguta Name des Fußballklubs (Besonderheit)
Beira Stadt
Township Rollers erfolgreichster Klub des Landes
Natal Region

Nordamerika

Der Fußball europäischer Prägung, den die Amerikaner als "soccer" bezeichnen, hat in den **USA** erst nach dem 2. Weltkrieg fester Fuß gefasst. Die Weltmacht aus Übersee hält jedoch einen "Rekord" – bereits im Jahre 1862 existierte in Boston der Oneida FC, der damit als erster Fußballklub außerhalb Englands in die Geschichte einging. Das Spiel hatte zunächst mehr Ähnlichkeit mit dem Rugby, die wahren Verfechter des "soccers" mussten bis zum Jahre 1884 warten, in dem The American Football Association in New York gegründet wurde. Dem Klubfußball fehlt ein klassisches, einheitliches Spielsystem. Je nachdem ob der Fußball in den USA gerade aufblühte oder ein kärgliches Dasein fristete entstanden immer wieder neue Ligen, aber als wirklich erstklassige Konkurrenzen kann man nur drei Wettbewerbe ansehen. Ganz am Anfang war es die ASL (American Soccer League), die von 1922 bis 1933 gespielt wurde. Ihre Qualität wird durch den dritten Platz der USA bei der WM 1930 bestätigt. Nach mehr als drei "stillen" Jahrzehnten wurden 1967 die NPSL (National Professional Soccer League) und die USA (United Soccer Association) gegründet, die sich ein Jahr später zur NASL (North American Soccer League) vereinigten. Besonders in den 70er Jahren genoss dieser Profiwettbewerb große Popularität. Die Klubs konnten sich den Einkauf von Stars anderer Kontinente leisten (für New York Cosmos spielten z.B. Pelé und Beckenbauer). Nach und nach aber sank das Interesse wieder und für die NASL fiel 1984 der Vorhang. Eine Wiederbelebung erfolgte erst nach der in den USA veranstalteten WM 1994. Zwei Jahre später entstand die heutige MLS (Major League Soccer).

In **Kanada**, wo fast alles vom Eishockey überlagert wird, hat sich der Fußball in letzter Zeit beachtlich ausgedehnt. Der vereinigte Fußballverband entstand bereits im Jahre 1912, damals noch als Bestandteil der englischen Assoziation. Der erste Wettbewerb von nationaler Bedeutung war der zur gleichen Zeit gegründete Challenge Cup. Von 1961–66 gab es für fünf Jahre eine Profiliga. Neun kanadische Klubs nahmen später an der benachbarten amerikanischen NASL teil, Toronto Croatia und Vancouver Whitecaps konnten den Wettbewerb sogar gewinnen. Danach wurden noch zwei eigene Erstligawettbewerbe registriert: die CPSL (1983) und die CSL (1987–92).

Zu den Kuriositäten des Weltfußballs zählt der Ligawettbewerb, der seit 1971 auf der größten Insel der Welt, auf **Grönland** gespielt wird. Das von Dänemark verwaltete Gebiet obliegt weder der FIFA noch einer Konföderation. Einen einheimischen Titelkampf gibt es auch auf den **Bermudas** (britische Kolonie). Auf den unabhängigen **Bahamas** ist der Fußball noch wenig verbreitet. Demgegenüber entwickelt sich auf den Inseln **Turks und Caicos** (brit.) sowie **Saint-Pierre und Miquelon** (fr.) so etwas wie eine fußballerische Aktivität.

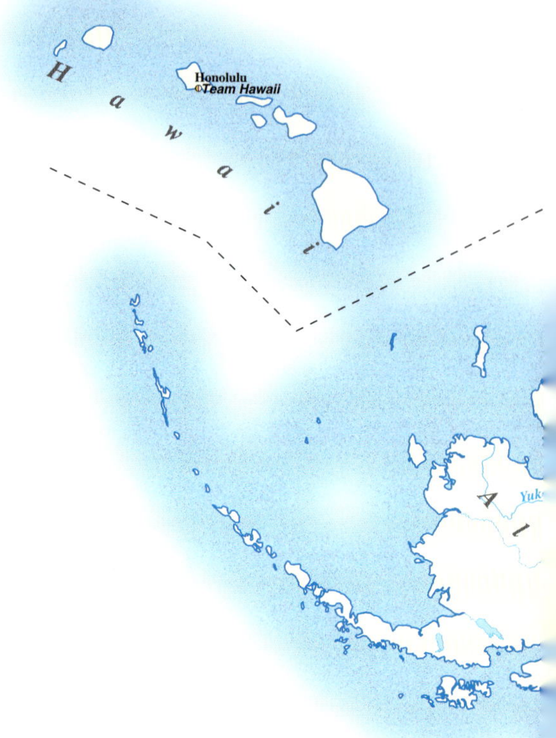

Klubs der Major League Soccer

Klubname	Gründ. Jahr	Name des Stadions	Stadionkapazität gesamt	Stadionkapazität für MLS	Besucherschn. (Saison 2000)	Spielfeld Dim. (m)
Colorado Rapids	1996	Mile High Stadium	76 123	17 500	14 029	106 x 68
Columbus Crew	1996	Columbus Crew St.	22 500	22 500	17 696	105 x 69
Dallas Burn	1996	The Cotton Bowl	67 600	25 425	12 211	106 x 65
DC United	1996	RFK Memorial St.	56 500	30 011	17 419	101 x 66
Chicago Fire	1998	Soldier Field	66 944	24 995	16 023	106 x 64
Kansas City Wizards	1996	Arrowhead Stadium	79 409	30 554	8 160	101 x 63
Los Angeles Galaxy	1996	The Rose Bowl	100 092	26 100	17 632	106 x 66
Miami Fusion	1998	Lockhart Stadium	20 450	20 450	8 689	106 x 69
New England Revolution	1996	Foxboro Stadium	60 292	22 385	16 735	106 x 66
NY/NJ MetroStars	1996	Giants Stadium	79 469	25 576	14 706	101 x 62
San Jose Earthquakes	1996	Spartan Stadium	30 011	19 166	14 959	101 x 64
Tampa Bay Mutiny	1996	Raymond James St.	66 321	17 482	13 106	106 x 64

LEGENDE

1 / 2–4 / 5 und mehr
- Siege in der ASL (1922–33)
- übrige Teilnehmer der ASL (1922–33)
- Siege in der NPSL (1967), USA (1967) und NASL (1968–84)
- übrige Teilnehmer der NPSL (1967), USA (1967) und NASL (1968–84)
- Siege in der MLS (1996–2000)
- übrige MLS-Teilnehmer (1996–2001)
- Siege im Lewis Cup (1925–30)
- Siege im MLS Cup (1996–2000)
- Siege in der 1. Liga: Kanada – CPSL (1983) und CSL (1987–92), Grönland (1971–99), Saint-Pierre und Miquelon (1964–94), Bermudas (1964–2001), Turks und Caicos (1999–2000) und Bahamas (1997–2001)
- übrige Teilnehmer der 1. Liga: Kanada – CPSL (1983) und CSL (1987–92), Bermudas (1966–2002)
- Siege im Landespokal – Bermudas (1994–2000), Bahamas (1999/2000)
- Sacramento ○ Städte über 1 000 000 Einwohner ohne einen Erstligaklub
- Montreal Impact: Name des Fußballklubs
- **Somerset CC**: erfolgreichster Klub des Landes
- *Boston Bears*: bereits nicht mehr existierender Klub
- Denver: Stadt
- *Texas*: Region

Nordosten

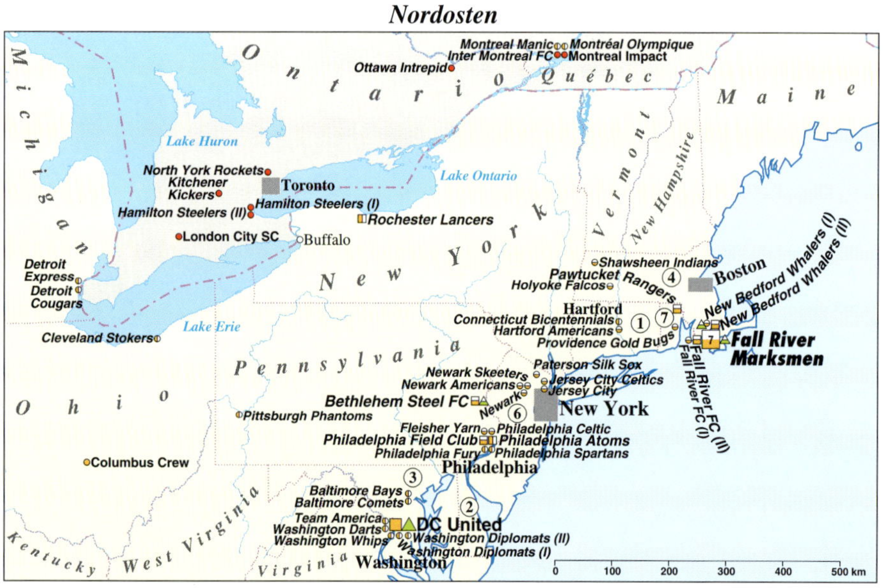

Toronto
- Toronto Croatia
- *Toronto Blizzard (II)*
- *Mississauga Croatia SC*
- *Toronto National*
- *Toronto City*
- *Toronto Falcons*

Boston
- *Boston Wonder Workers*
- New England Revolution
- *Boston Beacons*
- *Boston Minutemen*
- *New England Tea Men*
- *Boston*
- *Boston Bears*

New York
- *New York Cosmos*
- *New York Nationals*
- *New York Giants*
- New York/New Jersey MetroStars
- *New York Generals*
- *New York Skyliners*
- *Brooklyn Hakoah*
- *Brooklyn Wanderers (II)*
- *Hakoah All-Stars*
- *Harrison SC*
- *Indiana Flooring*
- *New York Americans*
- *New York Brookhattan*
- *New York Field Club*
- *New York SC*
- *New York Yankees*
- *Prague*
- *Queens Bohemians*
- *Todd Shipyards*

Entwicklung der Besucherzahl, erzielte Tore, Teilnehmerzahl der 1. US-amerikanischen Liga und wichtige Begebenheiten

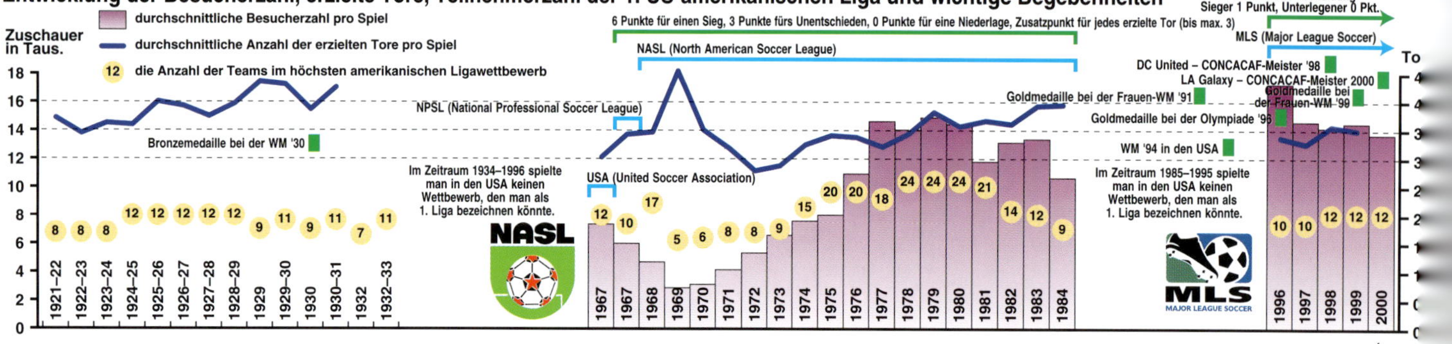

Ausländer in der MLS
(Saison 2001)
8 – Kolumbianer
5 – Bolivianer
4 – Jamaikaner, Salvadorianer sowie aus Trinidad und Tobago
3 – Engländer, Neuseeländer und Polen
insgesamt 57 Spieler
Bermudas
St George's Colts
St David's Islanders
North Village Red Devils
Vasco
Volcanoes
Devonshire
Devonshire Colts FC
Boulevard Blazers
Devonshire Cougars
Somerset CC
Sandys
Somerset Eagles
Somerset Trojans
Dandy Town Hornets
Hotels International FC
Young Men SC
Wolves SC
Hamilton
Hamilton Parish
PHC Zebras
Warwick
Southampton Rangers SC
Grönland (dän.)
Qaanaaq/Thule
T-41
Ilulissat/Jakobshavn
N-48
Kugssak
CIF-70
Qasigiannguit/Christianshåb
Sisimut/Holsteinsborg
SAK
Maniitsoq/Sukkertoppen
Aqissiaq
Kagssagssuk
GSS
Nuuk IL
B-67
Nuuk/Godthåb
Qaqortoq/Julianehåb
K-1933
CPSL
USA
Alaska
Yukon
Northwest Territories
Nunavut
KANADA
Great Bear L.
Mackenzie
Great Slave L.
British Columbia
Alberta
Saskatchewan
Manitoba
Ontario
Québec
Newfoundland
Nelson
Lake Winnipeg
Fraser
Edmonton Drillers
Edmonton Brickmen
Edmonton Eagles
Calgary Strikers
Calgary Mustangs
Calgary Boomers
Calgary Kickers
Vancouver Royals
Vancouver Royal Canadians
Vancouver Whitecaps
Vancouver 86ers
Victoria Vistas
Seattle Sounders
Winnipeg Fury
Saint-Pierre
ASIA
AS Saint Pierraise
St.-Pierre und Miquelon (frz.)
New Brunswick
Halifax
Nova Scotia Clippers
Nova Scotia
L. Superior
L. Huron
L. Ontario
St. Lawrence
L. Michigan
L. Erie
Maine
New York
Pennsylvania
Ohio
West Virginia
Michigan
Nordosten
Übrige Staaten der USA
1 Connecticut
2 Delaware
3 Maryland
4 Massachusetts
5 New Hampshire
6 New Jersey
7 Rhode Island
8 Vermont
Washington
Portland Timbers
Columbia
Oregon
Montana
Idaho
Wyoming
North Dakota
South Dakota
Minnesota
Minneapolis
Minnesota Kicks
Minnesota Strikers
Wisconsin
Milwaukee
Chicago Sting
Chicago Fire
Chicago Mustangs
Chicago Spurs
Iowa
Illinois
Indiana
Indianapolis
Cincinnati
Missouri
Nebraska
Nevada
Utah
Colorado
Kansas
Golden Bay Earthquakes
San Francisco Gales
Sacramento
Oakland Stompers
Oakland Clippers
San Jose Earthquakes (II)
San Jose Earthquakes (I)
Denver
Colorado Rapids
Colorado Caribous
Denver Dynamos
Kansas City Spurs
Kansas City Wizards
St. Louis Stars
Arkansas
Las Vegas Quicksilver
California
Los Angeles Toros
Los Angeles Wolves
Los Angeles Galaxy
Los Angeles Aztecs
California Surf
Anaheim
San Diego Toros
San Diego Sockers
Arizona
Phoenix
New Mexico
Tulsa Roughnecks
Oklahoma
Dallas Burn
Dallas Tornado
Texas
Rio Grande
Houston Hurricane
Houston Stars
San Antonio Thunder
Kentucky
Virginia
Norfolk
Ohio
Tennessee
North Carolina
Charlotte
South Carolina
Memphis Rogues
Mississippi
Alabama
Georgia
Atlanta Apollos
Atlanta Chiefs (II)
Louisiana
New Orleans
Florida
Orlando
Jacksonville Tea Men
Tampa Bay Rowdies
Tampa Bay Mutiny
Fort Lauderdale Strikers
Miami Fusion FC
Miami Toros
Bermudas (brit.)
Abacom United FC
Cavalier FC
Freeport
BAHAMAS
Turks und Caicos
Tropic All Stars
Masters
Turks und Caicos (brit.)
MEXIKO
1 000
2 000
3 000 km

Mittelamerika

Mit Ausnahme Mexikos hat das Gebiet Mittelamerikas im Weltmaßstab keine fußballerischen Meriten vorzuweisen. Immer öfter tauchen jedoch Beweise dafür auf, dass die Einheimischen schon vor Jahrhunderten ein ähnliches Spiel pflegten. Man kann das aus zahlreichen archäologischen Funden schließen, unter denen die Wissenschaftler deutlich aus natürlichen Materialien geformte Bälle erkennen. Eine genauere Beschreibung des Spiels ist leider nicht überliefert.

Der heutige mittelamerikanische Fußball wird vor allem durch **Mexiko** verkörpert. Das Land der Azteken ist die dominante Erscheinung in der Konföderation CONCACAF. Das Spiel mit dem runden Leder hatte hier bereits zu Ende des 19. Jahrhunderts Fuß gefasst. Es wurde von britischen, spanischen und französischen Unternehmern "importiert", die in der Hauptstadt Ciudad de México und deren Umgebung ihre Geschäfte machten. Sehr bald gelangte der Fußball auch in die Städte Toluca, Orizaba, Guadalajara, Veracruz oder Pachuca. Erster Champion des Ligawettbewerbs, der in Bezug auf sein Gründungsdatum (1902/03) zu den ältesten der westlichen Hemisphäre gehört, wurde das Team Orizaba Charleston. Letztlich drängten auch die Vereine América, España und Reforma aus Mexiko-Stadt ins allgemeine Bewusstsein vor. Der Verband entstand im Jahre 1927, der FIFA schloss er sich zwei Jahre später an. Die mexikanische Profiliga wurde in der Saison 1943/44 eingeführt. Ab der Saison 1996/97 gingen die Mexikaner zum südamerikanischen Modell Apertura – Clausura über, bei dem in jedem Jahrgang zwei Meister gekürt werden. Die meisten der heutigen Spitzenklubs kommen aus der Hauptstadt sowie aus Guadalajara, Toluca, León und Veracruz. Außerhalb Zentralmexikos gibt es nur wenige gute Mannschaften, einzig die Zentren Monterrey und Torreón im Norden können noch mithalten. Die Mehrzahl der Teams spielt unter den erschwerten Bedingungen des Hochgebirgsplateaus in Höhen von 2000 m ü.d.M. Die Ausnahme bilden die Hafenstädte Veracruz und Tampico sowie die Binnenstadt Monterrey. Der Pokalwettbewerb feierte schon im Jahre 1907 seine Premiere. In letzter Zeit hat das Interesse an ihm jedoch stark nachgelassen und von 1977 bis 1987 wurde er überhaupt nicht ausgetragen.

Im kleinen **Belize** (ehemals Britisch-Honduras) kann man eine Ligakonkurrenz seit den 90er Jahren des vergangenen Jahrhunderts festhalten. Das Gros der Meistertitel ging seitdem an das Team Juventus aus dem Städtchen Orange Walk. Ein eigener Fußballverband entstand erst 1980, sechs Jahre später trat er der FIFA bei. **Guatemala** führte den Ligawettbewerb bereits im Jahre 1919 ein, als auch die Fußballassoziation gegründet wurde, die sich 1946 der FIFA anschloss. Die erfolgreichsten Klubs – Comunicaciones und Municipal – kommen aus der Hauptstadt Guatemala City. Einen ernsthaften Gegner für die Mannschaften aus der Landesmetropole stellt nur das Team Xelajú aus der Stadt Quezaltenango dar. Alle bedeutenderen Fußballstädte sind ähnlich wie in Mexiko in den höheren Gebirgslagen der vulkanischen Zone angesiedelt. Obwohl der Fußballverband von **Honduras** bereits seit 1935 existiert und im Jahr 1946 der FIFA beigetreten ist, wird die eigene Liga erst ab der Saison 1965/66 gespielt. Die Meistertitel machten bisher die Klubs aus der Hauptstadt Tegucigalpa und aus den Städten San Pedro Sula und La Ceiba unter sich aus. In **El Salvador** wurde die Klubmeisterschaft mit der Saison 1926/27 gestartet, also noch vor Gründung der Assoziation (1935) und der Aufnahme in die FIFA (1938). Bei der Anzahl der Titel werden die Teams aus der Hauptstadt San Salvador vom Klub CD FAS aus dem nahe der guatemaltekischen Grenze gelegenen Santa Ana übertroffen. Noch früher begann man auf dem Gebiet von **Costa Rica** um Ligapunkte zu kämpfen, und zwar seit der Saison 1920/21, als sich der hiesige Verband sogleich dem Weltverband anschloss. Das populärste Team des Landes ist CD Saprissa, das aus der Vergangenheit auch Erfolge in den kontinentalen Pokalwettbewerben zu verzeichnen hat. Es dominieren die Vereine aus der Hauptstadt San José, doch auch die Klubs aus den Städten Heredia und Alajuela setzten sich wiederholt durch. Im ärmsten Land des mittelamerikanischen Festlands, in **Nicaragua**, sind alle bedeutenden Städte und somit auch die Klubs in der vulkanischen Zone im Westen des Landes konzentriert. Die nationale Liga ging erst 1963/64 in ihre erste Saison. Für guten, erfolgreichen Fußball steht vor allem der FC Diriangén aus der Kleinstadt Diriamba. In der unweit entfernten Hauptstadt Managua wurde bereits im Jahre 1931 die Fußballassoziation gegründet, die 1950 Mitglied der FIFA geworden ist. In **Panama** wurde die Ligakonkurrenz erst 1988 eingeführt. Das Land war zuvor eher vom Baseball-Virus "infiziert", der von den Amerikanern aus der Panamakanalzone verbreitet wurde. Dabei hatte sich der Fußball hier schon viel früher etabliert, was das Gründungsdatum der Föderation (1937) und der FIFA-Beitritt (1938) belegen. Die Fußballhochburgen des Landes befinden sich in den Städten entlang des Panamakanals.

Mexiko

Belize

Guatemala

Teuerste Fußballspieler Mittelamerikas auf dem Transfermarkt

Rafael Márquez Álvarez (MEX)	1999	Atlas Guadalajara	➔	AS Monaco	3 900 000 Pfd.
Paulo Wanchope (CRC)	2000	West Ham United	➔	Manchester City	3 650 000 Pfd.

El Salvador | *Honduras* | *Nicaragua* | *Costa Rica* | *Panama*

Berühmte Klubs Mittelamerikas

Klub-name (Land)	**Gründ. Jahr**	**Stadion-name**	**Stadion-kapazität**
Comunicaciones (GUA)	1939	Mateo Flores	45 000
Municipal (GUA)	1936	Mateo Flores	45 000
Olimpia (HON)	1926	Nacional	35 000
Alajuelense (CRC)	1919	Alejandro Moreira Soto	12 000
Saprissa (CRC)	1935	Ricardo Saprissa Aymá	34 000
América (MEX)	1916	Azteca	106 000
Cruz Azul (MEX)	1927	Azul	39 000
Guadalajara (MEX)	1906	Jalisco	63 163
Necaxa (MEX)	1923	Azteca	106 000
UNAM (MEX)	1954	Olímpico Universitario	72 449
Alianza (SLV)	1959	Cuscatlan	39 000
FAS (SLV)	1947	Oscar Alberto Quiteño	15 000

Zentrales Costa Rica

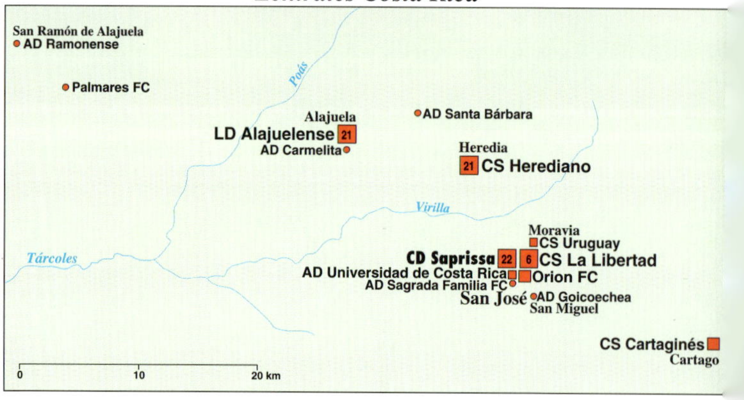

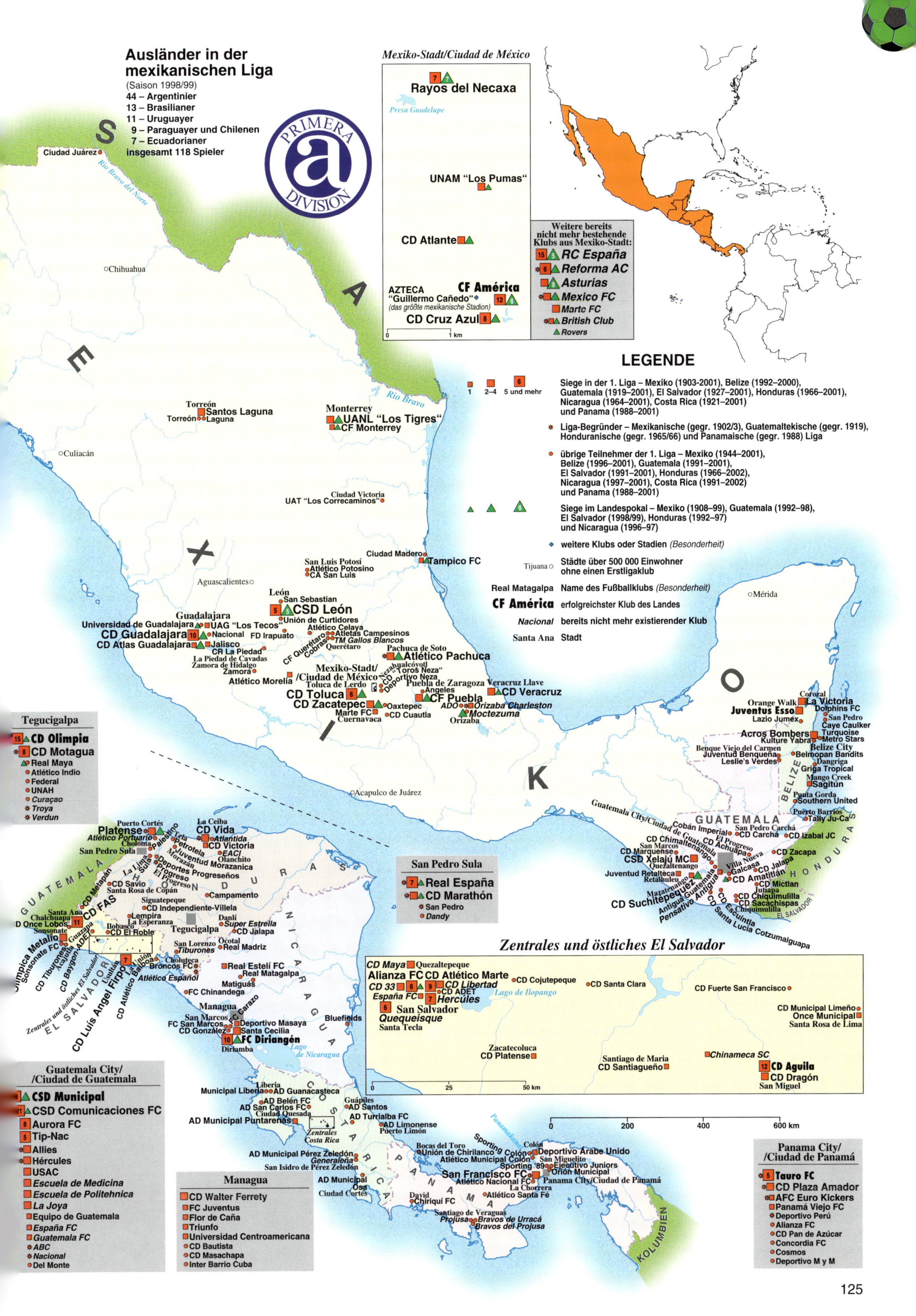
Ausländer in der mexikanischen Liga
(Saison 1998/99)
44 – Argentinier
13 – Brasilianer
11 – Uruguayer
9 – Paraguayer und Chilenen
7 – Ecuadorianer
insgesamt 118 Spieler
PRIMERA DIVISION
Mexiko-Stadt/Ciudad de México
Rayos del Necaxa
Presa Guadelupe
UNAM "Los Pumas"
CD Atlante
AZTECA "Guillermo Cañedo" (das größte mexikanische Stadion)
CF América
CD Cruz Azul
Weitere bereits nicht mehr bestehende Klubs aus Mexiko-Stadt:
RC España
Reforma AC
Asturias
Mexico FC
Marte FC
British Club
Rovers
LEGENDE
1 2–4 5 und mehr
Siege in der 1. Liga – Mexiko (1903-2001), Belize (1992–2000), Guatemala (1919–2001), El Salvador (1927–2001), Honduras (1966–2001), Nicaragua (1964–2001), Costa Rica (1921–2001) und Panama (1988–2001)
Liga-Begründer – Mexikanische (gegr. 1902/3), Guatemaltekische (gegr. 1919), Honduranische (gegr. 1965/66) und Panamaische (gegr. 1988) Liga
übrige Teilnehmer der 1. Liga – Mexiko (1944–2001), Belize (1996–2001), Guatemala (1991–2001), El Salvador (1991–2001), Honduras (1966–2002), Nicaragua (1997–2001), Costa Rica (1991–2002) und Panama (1988–2001)
Siege im Landespokal – Mexiko (1908–99), Guatemala (1992–98), El Salvador (1998/99), Honduras (1992–97) und Nicaragua (1996–97)
weitere Klubs oder Stadien (Besonderheit)
Tijuana – Städte über 500 000 Einwohner ohne einen Erstligaklub
Real Matagalpa – Name des Fußballklubs (Besonderheit)
CF América – erfolgreichster Klub des Landes
Nacional – bereits nicht mehr existierender Klub
Santa Ana – Stadt
MEXIKO
Ciudad Juárez
Rio Bravo del Norte
Chihuahua
Torreón
Santos Laguna
Laguna
Monterrey
UANL "Los Tigres"
CF Monterrey
Rio Bravo
Culiacán
Ciudad Victoria
UAT "Los Correcaminos"
Ciudad Madero
Tampico FC
San Luis Potosí
Atlético Potosino
CA San Luis
Aguascalientes
León
San Sebastian
CSD León
Unión de Curtidores
Guadalajara
Universidad de Guadalajara
UAG "Los Tecos"
CD Guadalajara
Nacional
CD Atlas Guadalajara
Jalisco
CR La Piedad
La Piedad de Cavadas
Zamora de Hidalgo
Zamora
FD Irapuato
Atlético Celaya
Atletas Campesinos
TM Gallos Blancos
Querétaro
CF Querétaro
Cobras
Pachuca de Soto
Atlético Pachuca
Mexiko-Stadt/ /Ciudad de México
Nezahualcóyotl
Toros Neza
Deportivo Neza
Toluca de Lerdo
Atlético Morelia
CD Toluca
CD Zacatepec
Oaxtepec
Marte FC
Cuernavaca
CD Cuautla
Puebla de Zaragoza
Angeles
CF Puebla
ADO
Orizaba Charleston
Moctezuma
Orizaba
Veracruz Llave
CD Veracruz
Mérida
Acapulco de Juárez
Tegucigalpa
CD Olimpia
CD Motagua
Real Maya
Atlético Indio
Federal
UNAH
Curaçao
Troya
Verdun
Corozal
La Victoria
Dolphins FC
Orange Walk
Juventus Esso
San Pedro
Lazio Jumex
Caye Caulker
Acros Bombers
Turquoise
Kulture Yabra
Metro Stars
Benque Viejo del Carmen
Juventud Benquena
Belize City
Belmopan Bandits
Leslie's Verdes
Dangriga
Griga Tropical
Mango Creek
Sagitún
Punta Gorda
Southern United
Puerto Barrios
Tally Ju-Ca
BELIZE
GUATEMALA
Guatemala City/Ciudad de Guatemala
Cobán
CD Imperial
San Pedro Carchá
CD Carchá
CD Izabal JC
CD Chimaltenango
San Marcos
CD Marquense
CSD Xelajú MC
Quezaltenango
El Progreso
CD Achuapa
Villa Nueva
CD Zacapa
Galcasa
CD Jalapa
Juventud Retalteca
Retalhuleu
CD Amatitlán
CD Mictlan
Jutiapa
CD Chiquimulilla
CD Sacachispas
Chiquimulilla
CD Suchitepequez
Mazatenango
Antigua Guatemala
Antigua
Pensativo
CD Escuintla
Santa Lucía Cotzumalguapa
HONDURAS
EL SALVADOR
Puerto Cortés
Platense
Atlético Portuario
Choloma
San Pedro Sula
La Ceiba
CD Vida
Atlántida
Tela
Petrotela
CD Victoria
Olanchito
EACI
Juventud Morazanica
Deportes Progreseños
El Progreso
CD Savio
Santa Rosa de Copán
Campamento
Siguatepeque
CD Independiente-Villela
Danlí
Super Estrella
CD Jalapa
Tegucigalpa
San Lorenzo
Tiburones
Ocotal
Real Madriz
Choluteca
Broncos FC
Real Estelí FC
Real Matagalpa
Matiguás
Atlético Español
FC Chinandega
San Pedro Sula
Real España
CD Marathón
San Pedro
Dandy
Santa Ana
Chalchuapa
CD FAS
Lempira
La Esperanza
Ilobasco
CD El Roble
Sonsonate
CD Once Lobos
Olimpica Metalio
Sonsonate FC
CD Tiburones
Acajutla
CD Baygon-ADET
Usulután
CD Luís Angel Firpo
CD Atlético Balboa
La Unión
Zentrales und östliches El Salvador
NICARAGUA
Managua
San Marcos
FC San Marcos
CD González
Deportivo Masaya
Santa Cecilia
FC Carazo
FC Diriangén
Diriamba
Bluefields
Lago de Nicaragua
Zentrales und östliches El Salvador
CD Maya
Quezaltepeque
Alianza FC
CD Atlético Marte
CD 33
CD Libertad
CD ADET
Lago de Ilopango
España FC
Hercúles
San Salvador
Quequeisque
Santa Tecla
CD Cojutepeque
CD Santa Clara
CD Fuerte San Francisco
CD Municipal Limeño
Once Municipal
Santa Rosa de Lima
Zacatecoluca
CD Platense
Santiago de Maria
CD Santiagueño
Chinameca SC
CD Aguila
CD Dragón
San Miguel
0 25 50 km
Guatemala City/ /Ciudad de Guatemala
CSD Municipal
CSD Comunicaciones FC
Aurora FC
Tip-Nac
Allies
Hércules
USAC
Escuela de Medicina
Escuela de Politehnica
La Joya
Equipo de Guatemala
España FC
Guatemala FC
ABC
Nacional
Del Monte
COSTA RICA
Liberia
Municipal Liberia
AD Guanacasteca
AD Belén FC
AD San Carlos FC
Ciudad Quesada
Guápiles
AD Santos
AD Municipal Puntarenas
AD Turrialba FC
AD Limonense
Puerto Limón
Zentrales Costa Rica
AD Municipal Pérez Zeledón
Generaleña
San Isidro de Pérez Zeledón
AD Municipal Osa
Ciudad Cortés
Managua
CD Walter Ferrety
FC Juventus
Flor de Caña
Triunfo
Universidad Centroamericana
CD Bautista
CD Masachapa
Inter Barrio Cuba
PANAMA
Panamakanal
Bocas del Toro
Unión de Chirilanco
Sporting Colón
Colón
Deportivo Árabe Unido
Atlético Municipal Colón
San Miguelito
Sporting '89
Ejecutivo Juniors
Orión Municipal
San Francisco FC
Atlético Nacional FC
Panama City/Ciudad de Panamá
La Chorrera
Atlético Santa Fé
David
Chiriquí FC
Santiago de Veraguas
Projusa
Bravos de Urracá
Bravos del Projusa
KOLUMBIEN
0 200 400 600 km
Panama City/ /Ciudad de Panamá
Tauro FC
CD Plaza Amador
AFC Euro Kickers
Panamá Viejo FC
Deportivo Perú
Alianza FC
CD Pan de Azúcar
Concordia FC
Cosmos
Deportivo M y M

Antillen

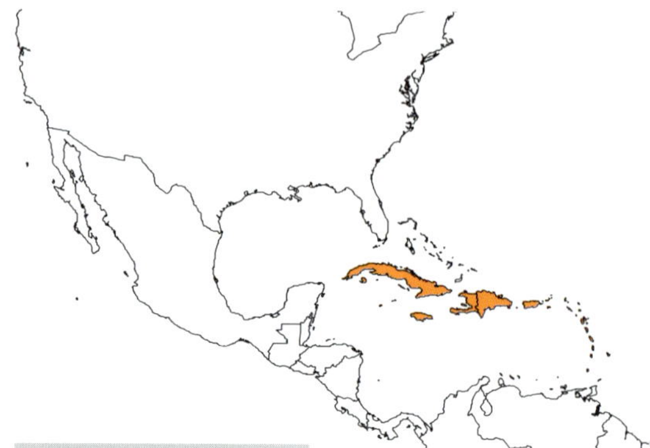

Auf den Inseln im Karibischen Meer, das durch die Großen Antillen im Norden und die Kleinen Antillen im Osten begrenzt wird, wurde Fußball nie als Sportart Nr. 1 angesehen. Eine ungleich höhere Popularität genießt hier die Leichtathletik. Vielerorts wird auch Kricket gespielt, das früher wie heute beliebte Unterhaltungsspiel der britischen Kolonisten, oder auch Baseball, was wiederum auf den Einfluss der Amerikaner zurückzuführen ist.

Die herausragende Stellung der genannten Sportarten wird vor allem auf **Kuba** sichtbar. Die größte Karibikinsel ist zudem zu einer Großmacht im Boxen aufgestiegen. Erste Bedeutung im Fußball hat das Jahr 1924 – da wurde die hiesige Fußballassoziation gegründet, die acht Jahre später der FIFA beitrat. Die bis heute existierende Liga nahm 1912 den Spielbetrieb auf. Erwähnenswert ist dabei die Tatsache, dass sie von 1949 zehn Jahre lang bis zur kommunistischen Revolution (Dez. 1958) mit fünf Teilnehmern unter einem Profistatut ausgetragen wurde. Den größten Erfolg auf internationaler Ebene erzielten die Kubaner mit dem Erreichen des Viertelfinals bei der WM 1938.

Nicht etwa unter dem Einfluss von Rum, sondern durch britische Siedler wurde der Fußball in den 90er Jahren des 19. Jahrhunderts auf **Jamaika** verbreitet. Die Briten gründeten im Jahre 1910 in der Hauptstadt Kingston auch die Assoziation und sie legten den Grundstein für die spätere Überlegenheit der lokalen Klubs. Zur zweiten Hochburg des Landes entwickelte sich Montego Bay im Norden der Insel. Jamaika machte vor allem 1998 von sich reden, als der Inselstaat seine WM-Endrunden-Premiere feierte und dabei sogar das favorisierte Japan schlug.

Der erfolgreichste Fußball in der Karibik wurde in den zurückliegenden Jahren auf **Haiti** gespielt, was sich auch in zwei Titelgewinnen bei der CONCACAF-Meisterschaft niederschlägt. Das Spiel war schon zu Beginn des 20. Jahrhunderts von den Franzosen übernommen worden, so dass weder die schnelle Entstehung der Fußballföderation (1904) noch deren Aufnahme in die FIFA (1933) überraschend kam. Die den östlichen, größeren Teil der Insel einnehmende **Dominikanische Republik** ist dem Fußballfieber weit weniger verfallen. Die ersten fußballerischen Aktivitäten begannen im Jahre 1953 mit der Gründung des Verbandes, der fünf Jahre später in die FIFA integriert wurde. Ein eigener Ligawettbewerb wird erst ab den 60er Jahren gespielt.

Auf der östlichsten Insel der Großen Antillen, dem amerikanischen **Puerto Rico**, hat man sich den Fußball Ende des 19. Jahrhunderts von den spanischen Kolonisten abgeschaut. Der gegenwärtig beste Klub ist Académia Quintana. Der Fußball steht auf der Insel jedoch im tiefen Schatten des Basketballs, in dem die Puertoricaner schon einige Achtungszeichen in der Welt gesetzt haben.

Nur ein Minimum an Informationen gibt es über Fußball und Ligawettbewerbe der Kleinen Antillen und übrigen Inseln der Karibik. Sicher ist, dass Fußball auf den **Kaimaninseln** (eine Assoziation gibt es seit 1966), den **Amerikanischen Jungferninseln,** den **Britischen Jungferninseln** (1968) sowie den weiteren britischen Kolonien **Anguilla** (1996) und **Montserrat** (1996) gespielt wird. FIFA-Mitglieder sind auch **Barbados** (der Landesverband entstand schon 1910), **Grenada** (1924), **Antigua und Barbuda** (1928), die selbständige niederländische Kolonie **Aruba** (1932), **Dominica** (1970), **Saint Lucia** (1979), **St. Vincent und Grenadinen** (1979), **St. Christoph und Nevis** (1991) sowie die französischen Kolonien **Guadeloupe** und **Martinique**. Nicht zu vergessen die **Niederländischen Antillen** (1921), die neben Haiti und Jamaika die fußballerisch stärkste Nation in der Karibik abgeben und die derzeit von den Inseln Curaçao und Bonaire gebildet werden. Die erwähnte Insel Curaçao veranstaltete seinerzeit die Meisterschaft der CCCF (Vorläufer der heutigen CONCACAF-Konföderation) für Mittelamerika und die Karibik.

Havanna (La Habana)

- 8 **FC Real Iberia**
- 8 *DC Gallego*
- 7 *Juventud Asturiana*
- 6 Ciudad de La Habana
- 5 Granjeros
- 5 *Hispano América*
- Azucareros
- Industriales
- La Habana
- *Deportivo Puentes Grandes*
- *Rovers AC*
- Cerro FC
- *Casino Español*
- *CD Hatuey*
- *Deportivo Español*
- *Fortuna*
- *Olimpia*
- Provincia

Grand Cayman

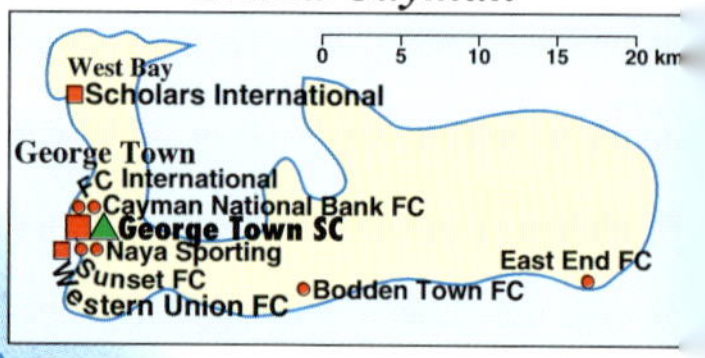

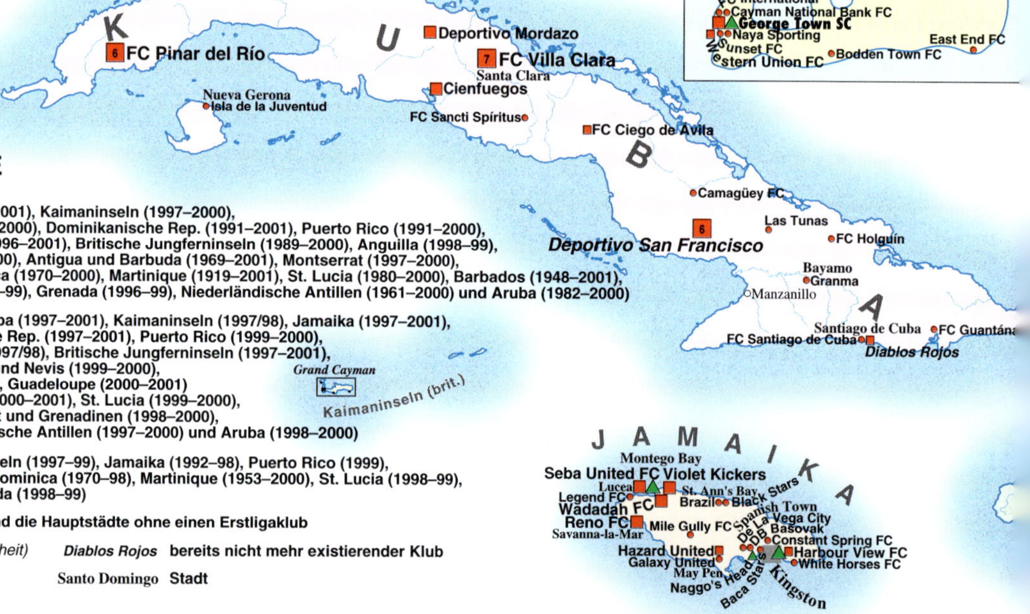

LEGENDE

1 / 2–4 / 5 und mehr: Siege in der 1. Liga: Kuba (1912–2001), Kaimaninseln (1997–2000), Jamaika (1974–2001), Haiti (1938–2000), Dominikanische Rep. (1991–2001), Puerto Rico (1991–2000), Amerikanische Jungferninseln (1996–2001), Britische Jungferninseln (1989–2000), Anguilla (1998–99), St. Christoph und Nevis (1986–2000), Antigua und Barbuda (1969–2001), Montserrat (1997–2000), Guadeloupe (1984–2001), Dominica (1970–2000), Martinique (1919–2001), St. Lucia (1980–2000), Barbados (1948–2001), St. Vincent und Grenadinen (1996–99), Grenada (1996–99), Niederländische Antillen (1961–2000) und Aruba (1982–2000)

● übrige Teilnehmer der 1. Liga: Kuba (1997–2001), Kaimaninseln (1997/98), Jamaika (1997–2001), Haiti (1999–2001), Dominikanische Rep. (1997–2001), Puerto Rico (1999–2000), Amerikanische Jungferninseln (1997/98), Britische Jungferninseln (1997–2001), Anguilla (1998/99), St. Christoph und Nevis (1999–2000), Antigua und Barbuda (1998–2001), Guadeloupe (2000–2001) Dominika (1997–99), Martinique (2000–2001), St. Lucia (1999–2000), Barbados (1998–2001), St. Vincent und Grenadinen (1998–2000), Grenada (1999–2000), Niederländische Antillen (1997–2000) und Aruba (1998–2000)

▲ Siege im Landespokal: Kaimaninseln (1997–99), Jamaika (1992–98), Puerto Rico (1999), Britische Jungferninseln (1997), Dominica (1970–98), Martinique (1953–2000), St. Lucia (1998–99), Barbados (1948–2001) und Grenada (1998–99)

Mayagüez ○	Städte über 100 000 Einwohner und die Hauptstädte ohne einen Erstligaklub		
Seba United FC	Name des Fußballklubs *(Besonderheit)*	*Diablos Rojos*	bereits nicht mehr existierender Klub
DCP Harlem Bombers	erfolgreichster Klub des Landes	Santo Domingo	Stadt

Jungferninseln

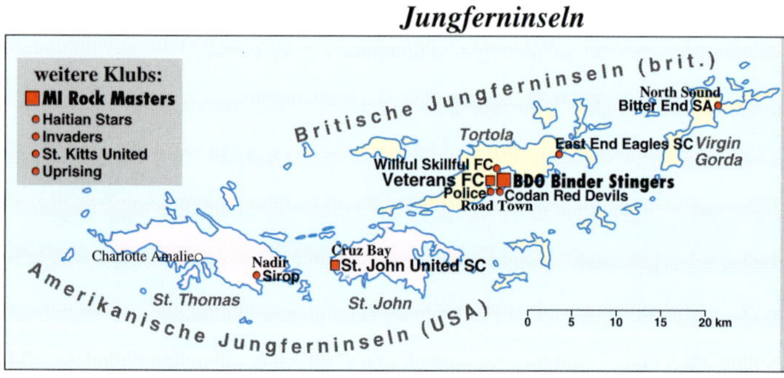

Saint Croix (Am. Jungferninseln)

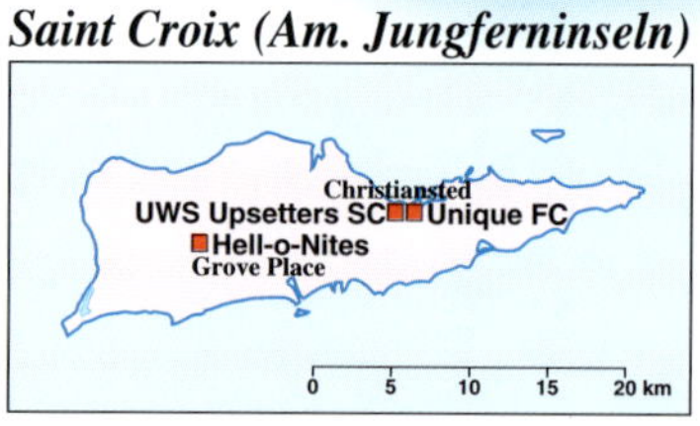

Kingston

- 5 **Santos**
- Boys' Town
- Tivoli Gardens FC
- Arnett Gardens FC
- Cavalier FC
- Jamaica Defence Force
- Waterhouse FC
- Olympic Gardens FC

Bonaire (Niederländische Antillen)

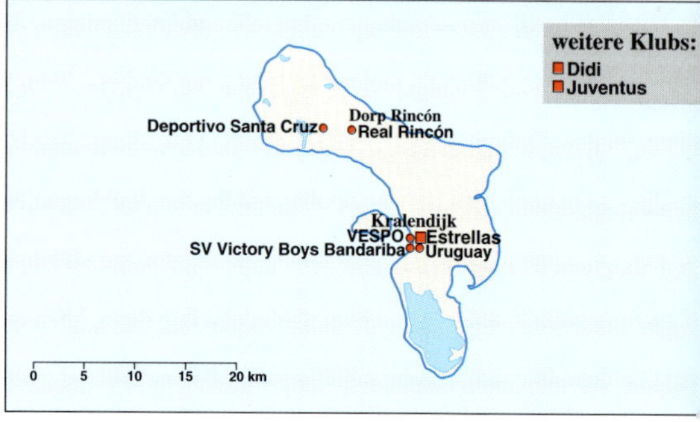

Anguilla

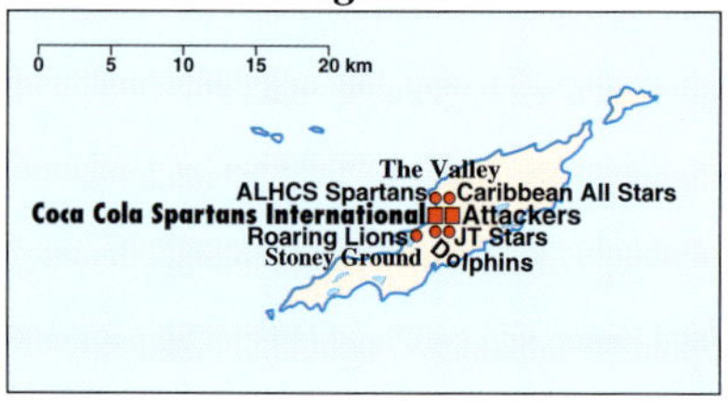

Aruba

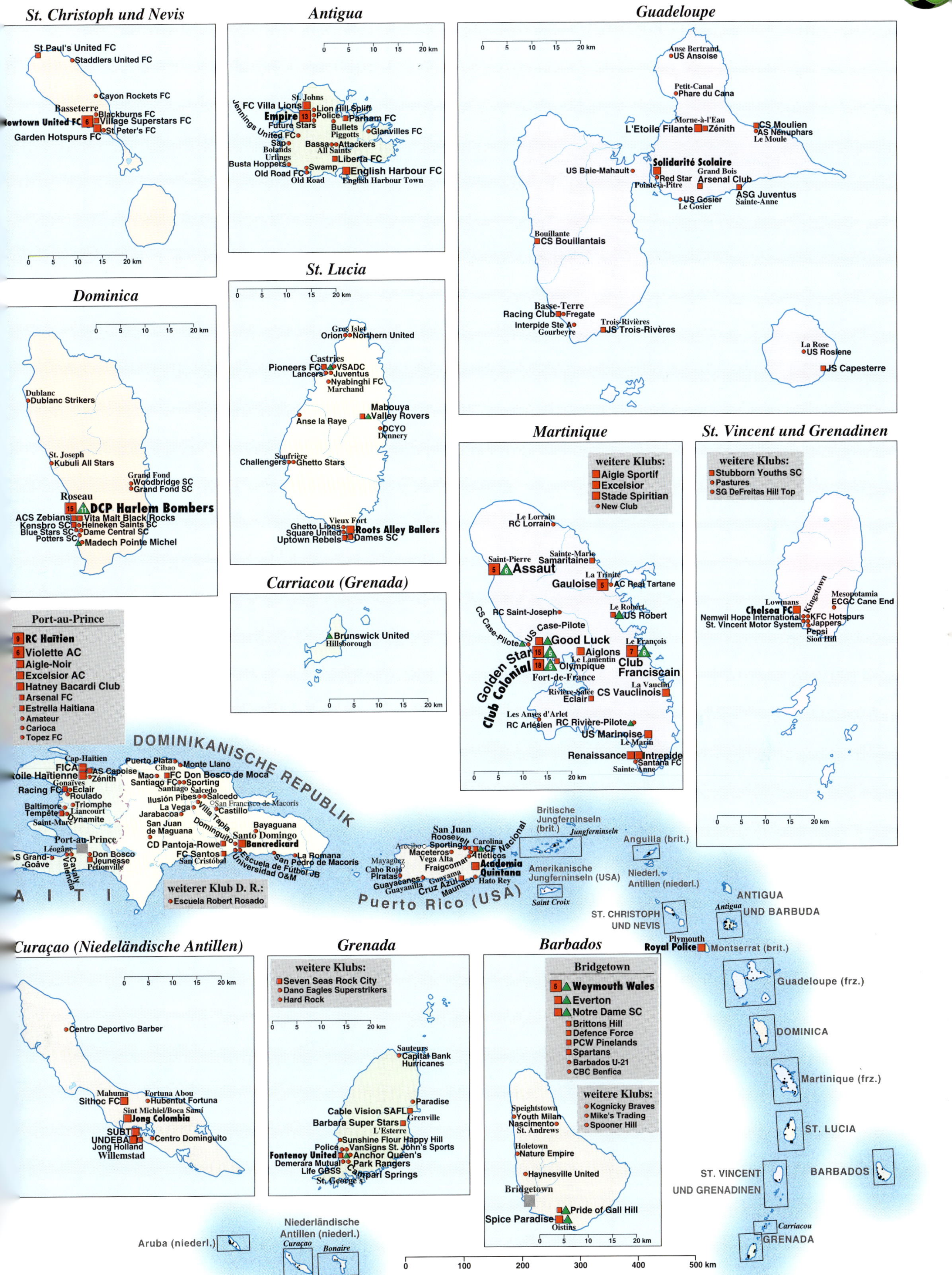
St. Christoph und Nevis
St Paul's United FC
Staddlers United FC
Cayon Rockets FC
Basseterre
Blackburns FC
Newtown United FC
Village Superstars FC
St Peter's FC
Garden Hotspurs FC
Antigua
St. Johns
FC Villa Lions
Lion Hill Spliff
Empire
Police
Parham FC
Jennings United FC
Future Stars
Bullets
Piggotts
Glanvilles FC
Sap
Bolands
Bassa
Attackers
All Saints
Urlings
Liberta FC
Busta Hoppers
Swamp
Old Road FC
Old Road
English Harbour FC
English Harbour Town
Guadeloupe
Anse Bertrand
US Ansoise
Petit-Canal
Phare du Cana
Morne-à-l'Eau
L'Etoile Filante
Zénith
CS Moulien
AS Nénuphars
Le Moule
Solidarité Scolaire
Grand Bois
US Baie-Mahault
Red Star
Arsenal Club
Pointe-à-Pitre
US Gosier
Le Gosier
ASG Juventus
Sainte-Anne
Bouillante
CS Bouillantais
Basse-Terre
Racing Club
Fregate
Interpide Ste A
Gourbeyre
Trois-Rivières
JS Trois-Rivères
La Rose
US Rosiene
JS Capesterre
Dominica
Dublanc
Dublanc Strikers
St. Joseph
Kubuli All Stars
Grand Fond
Woodbridge SC
Grand Fond SC
Roseau
DCP Harlem Bombers
ACS Zebians
Vita Malt Black Rocks
Kensbro SC
Heineken Saints SC
Blue Stars SC
Dame Central SC
Potters SC
Madech Pointe Michel
St. Lucia
Gros Islet
Orion
Northern United
Castries
Pioneers FC
VSADC
Lancers
Juventus
Nyabinghi FC
Marchand
Mabouya
Valley Rovers
Anse la Raye
DCYO
Dennery
Soufrière
Challengers
Ghetto Stars
Vieux Fort
Ghetto Lions
Square United
Roots Alley Ballers
Uptown Rebels
Dames SC
Martinique
weitere Klubs:
Aigle Sportif
Excelsior
Stade Spiritian
New Club
Le Lorrain
RC Lorrain
Saint-Pierre
Sainte-Marie
Samaritaine
Assaut
La Trinité
Gauloise
AC Real Tartane
RC Saint-Joseph
Le Robert
US Robert
CS Case-Pilote
Case-Pilote
Good Luck
Le François
Golden Star
US Club Colonial
Aiglons
Le Lamentin
Olympique
Club Franciscain
Fort-de-France
La Vauclin
Rivière-Salée
CS Vauclinois
Eclair
Les Anses d'Arlet
RC Arlésien
RC Rivière-Pilote
US Marinoise
Le Marin
Renaissance
Intrepide
Santana FC
Sainte-Anne
St. Vincent und Grenadinen
weitere Klubs:
Stubborn Youths SC
Pastures
SG DeFreitas Hill Top
Kingstown
Lowmans
Mesopotamia
ECGC Cane End
Chelsea FC
Nemwil Hope International
KFC Hotspurs
St. Vincent Motor System
Jappers
Pepsi
Sion Hill
Carriacou (Grenada)
Brunswick United
Hillsborough
Port-au-Prince
RC Haïtien
Violette AC
Aigle-Noir
Excelsior AC
Hatney Bacardi Club
Arsenal FC
Estrella Haitiana
Amateur
Carioca
Topez FC
DOMINIKANISCHE REPUBLIK
Cap-Haïtien
FICA
AS Capoise
Etoile Haïtienne
Zénith
Gonaïves
Racing FC
Eclair
Roulado
Baltimore
Triomphe
Tempête
Liancourt
Saint-Marc
Dynamite
Port-au-Prince
Léogâne
AS Grand-Goâve
Don Bosco
Jeunesse
Pétionville
Cavaly
Valencia
HAITI
Puerto Plata
Cibao
Monte Llano
Mao
FC Don Bosco de Moca
Santiago FC
Sporting
Santiago
Salcedo
Ilusión Pibes
San Francisco de Macorís
La Vega
Villa Tapia
Castillo
Jarabacoa
San Juan de Maguana
Dominguito
Bayaguana
Santo Domingo
CD Pantoja-Rowe
Bancredicard
FC Santos
San Cristóbal
La Romana
Escuela de Futbol JB
San Pedro de Macorís
Universidad O&M
weiterer Klub D. R.:
Escuela Robert Rosado
San Juan
Roosevelt
Carolina
Arecibo
Sporting
CF Nacional
Maceteros
Atléticos
Mayagüez
Vega Alta
Cabo Rojo
Fraigcomar
Academia Quintana
Piratas
Guayacanes
Guayama
Guayanilla
Cruz Azul
Maunabo
Hato Rey
Puerto Rico (USA)
Britische Jungferninseln (brit.)
Jungferninseln
Amerikanische Jungferninseln (USA)
Saint Croix
Anguilla (brit.)
Niederl. Antillen (niederl.)
ANTIGUA UND BARBUDA
Antigua
ST. CHRISTOPH UND NEVIS
Plymouth
Royal Police
Montserrat (brit.)
Guadeloupe (frz.)
DOMINICA
Martinique (frz.)
ST. LUCIA
ST. VINCENT UND GRENADINEN
BARBADOS
Carriacou
GRENADA
Curaçao (Niedeländische Antillen)
Centro Deportivo Barber
Mahuma
Fortuna Abou
Sithoc FC
Hubentut Fortuna
Sint Michiel/Boca Sami
Jong Colombia
SUBT
UNDEBA
Centro Dominguito
Jong Holland
Willemstad
Grenada
weitere Klubs:
Seven Seas Rock City
Dano Eagles Superstrikers
Hard Rock
Sauteurs
Capital Bank
Hurricanes
Paradise
Cable Vision SAFL
Grenville
Barbara Super Stars
L'Esterre
Sunshine Flour Happy Hill
Police
VanSigns St. John's Sports
Fontenoy United
Anchor Queen's
Demerara Mutual
Park Rangers
Life GBSS
Camparl Springs
St. George's
Barbados
Bridgetown
Weymouth Wales
Everton
Notre Dame SC
Brittons Hill
Defence Force
PCW Pinelands
Spartans
Barbados U-21
CBC Benfica
weitere Klubs:
Kognicky Braves
Mike's Trading
Spooner Hill
Speightstown
Youth Milan
Nascimento
St. Andrews
Holetown
Nature Empire
Haynesville United
Bridgetown
Pride of Gall Hill
Spice Paradise
Oistins
Aruba (niederl.)
Niederländische Antillen (niederl.)
Curaçao
Bonaire
0 100 200 300 400 500 km

Der Norden Südamerikas

Die Region wird durch zwei Staatengruppen gebildet. Während Kolumbien zu den reiferen Fußballnationen zählt, ist Venezuela in dieser Hinsicht das schwächste Land in Südamerika. Die übrigen Vertreter des Kontinents (Guyana, Surinam und Französisch-Guyana) gehören von ihrer Geschichte und Qualität her eher zur karibischen Region und fallen unter die CONCACAF-Zone.

Der erste Fußball in **Kolumbien** rollte in Barranquilla, der Hafenstadt am karibischen Meer, wo das Spiel zu Beginn des 20. Jahrhunderts von englischen und anderen europäischen Seeleuten verbreitet wurde. In dieser Stadt wurde 1924 auch der erste organisierte Wettbewerb ins Leben gerufen. Nach Entstehung der nationalen Kolumbianischen Fußballassoziation im Jahre 1936 wurden regionale Wettbewerbe in weiteren Großstädten wie Medellín, Cali, Bogotá, Bucaramanga, Manizales, Cúcuta, Pasto und Quibdó aus der Taufe gehoben. Das Jahr 1948 steht für den Beginn der professionellen Ära, einen wahren Aufschwung des Fußballs und die ersten Erfolge auf internationaler Bühne. Im Laufe der Zeit begann sich im einflussreichen Dunstkreis des Drogenhandels das erfolgreiche Fußballgeschehen auf die drei größten Städte – Bogotá, Medellín und Cali – zu konzentrieren. Von den im Zeitraum 1948–2000 vergebenen 52 Titeln entfielen nur sieben auf vier weitere Städte (davon eroberten drei nur ein einziges Mal die Krone). Ähnlich wie in den anderen Andenstaaten spielen die Fußballer unter sehr unterschiedlichen klimatischen Bedingungen. An der karibischen Küste (Barranquilla) herrschen vorwiegend Trockenheit und tropische Temperaturen. In den Kordilleren wiederum müssen die Spieler in großen Höhen antreten, in der Hauptstadt Bogotá in über 2500 m über dem Meeresspiegel. An der von zahlreichen Niederschlägen geprägten Pazifikküste sowie in den Urwäldern im Osten sind keine Spitzenteams zu Hause. Die Entfaltung des Fußballs wird zudem eingeschränkt durch die Aktivitäten der ultralinken Partisanengruppen (Guerilla), die über 2/3 des Landes kontrollieren. Die Spieler der Copa Mustang (höchste kolumbianische Liga) sind offenkundig die am stärksten ausgelasteten Fußballer der Welt. Während der langen Saison, die fast elf Monate dauert, absolvieren die erfolgreichsten Klubs um die 50 Spiele. Die Saison 1996/97 war die längste in der Fußballgeschichte überhaupt. Sie dauerte von August 1996 bis Dezember 1997. Die Anzahl der Erstligisten stieg schrittweise von ursprünglich 10 auf gegenwärtig 16 Klubs an. 1991 wurde auch die 2. Liga professionalisiert und seit 1993 steigt die letztplatzierte Mannschaft aus der ersten Division ab.

Venezuela ist fußballerisch das schwächste Land der südamerikanischen Konföderation CONMEBOL, obwohl es dank seiner Erdölvorräte zu den reichsten Staaten auf dem Kontinent gehört. Fußball ist letztlich auch nicht die Sportart Nummer eins im Land, sondern Baseball, was auf den starken Einfluss der USA zurückzuführen ist. Sportgeschichte und Tradition werden mehr vom karibischen Raum beeinflusst, so dass sich der Fußball hierzulande erst spät entfaltete. Stärker als anderswo wird er zudem von den großen Volksgruppen der ehemaligen Einwanderer geprägt. Dies kann man auch an den Namen einiger Vereine erkennen: Portuguesa, Deportivo Italchacao, Deportivo Galícia, UD Canarias. Wie in den meisten Andenländern hat sich der Ligafußball von der Küste und der Hauptstadt Caracas aus fast über das ganze Land verbreitet. Daher wird er unter den unterschiedlichsten natürlichen Bedingungen gespielt: an der heißen Küste von Maracaibo (Zentrum der Erdölgewinnung), in den feuchten Tropen des Orinoco-Flusses und des wilden Guayanischen Hochlands sowie in den Hochgebirgslagen der Anden (Mérida). In der höchsten Liga waren bereits über 20 Städte vertreten. Auf die Landesmetropole entfällt jedoch nahezu die Hälfte aller bisherigen Erstligisten.

Im ehemaligen Britisch-**Guyana** wurde der Fußball im Jahre 1902 von den Briten eingeführt. Im Verwaltungszentrum Georgetown gründeten sie im selben Jahr auch die erste Fußballassoziation. Die erste Meisterschaft wurde 1990 ausgetragen. Eine echte Nationalliga gibt es jedoch erst seit der Saison 2000/01. Zuvor wurde der Landesmeister in einem Turnier der Sieger der regionalen Konkurrenzen ermittelt. Die dichten Regenwälder im Inland beschränkten die Besiedlung und somit auch die Entwicklung des Fußballs, der nur an der Küste und entlang der Flüsse gespielt wird.

In **Surinam**, der ehemaligen Kolonie Niederländisch-Guyana, wurde der Fußball von den niederländischen Siedlern verbreitet und auf ein solides Niveau gebracht. 1920 wurde die Fußballassoziation gegründet und in der Saison 1923/24 die erste Meisterschaft ausgetragen. Vor dem 2. Weltkrieg entstanden außerdem drei Pokalwettbewerbe. Wegen der schier undurchdringlichen Urwälder ist das Fußballgeschehen an der Küste, insbesondere aber in der Hauptstadt Paramaribo und deren Umgebung konzentriert. Surinam ist überdies für die Niederlande zu einem reichen Arsenal an guten Fußballern geworden.

Auf den Inseln **Trinidad und Tobago** wurde der Fußball um die vorletzte Jahrhundertwende von britischen Kaufleuten eingeführt. Die bereits im Jahre 1906 gegründete Fußballassoziation Trinidads gilt als der zweitälteste Verband in der karibischen Region. Die Mehrzahl der Klubs kommt aus dem Ballungsgebiet der Hauptstadt Port of Spain, weitere sind entlang der windstillen Westküste beheimatet. Trinidads Fußball wurde spätestens durch Dwight Yorke, einem Spieler von Manchester United, hoffähig gemacht.

Die französischen Kolonisten brachten den Fußball auch nach **Französisch-Guyana**, obwohl ihnen das Land zunächst mehr als Gefängnis für Schwerverbrecher diente. 1934 wurde der Fußballverband gegründet. Ein Ligawettbewerb wird seit 1990 gespielt. In diesem sind neben Teams aus Cayenne, dem 70 000 Einwohner zählenden Verwaltungszentrum des französischen Departements, nur noch Mannschaften einiger Küstenstädtchen vertreten.

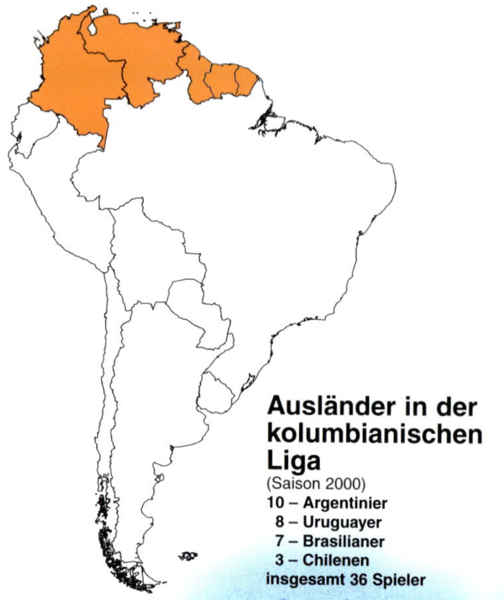

Ausländer in der kolumbianischen Liga
(Saison 2000)
10 – Argentinier
8 – Uruguayer
7 – Brasilianer
3 – Chilenen
insgesamt 36 Spieler

Berühmte kolumbianische und venezolanische Klubs

Klubname	Stadtname	Gründ. Jahr	Höhe ü.d.M. (m)	Name des Stadions	Stadionkapazität	Besucherschn. (Saison 2000)
América	Cali	1918	962	Pascual Guerrero	45 741	10 591
Atlético Nacional	Medellín	1936	1 487	Atanasio Girardot	48 000	10 925
Deportiva Junior	Barranquilla	1924	14	Metropolitano	60 000	7 382
Deportivo Cali	Cali	1943	962	Pascual Guerrero	45 741	5 921
Independiente Medellín	Medellín	1913	1 487	Atanasio Girardot	48 000	6 800
Independiente Santa Fé	Bogotá	1941	2 556	El Campín	45 297	6 773
Millonarios	Bogotá	1938	2 556	El Campín	45 297	18 362
Caracas FC	Caracas	1967	1 035	Brigido Iriarte	15 000	300
Estudiantes de Mérida	Mérida	1971	1 640	Olímpico	14 000	2 433
Mineros de Guayana	Puerto Ordaz	1978	30	Cachamay	12 000	3 000
Nacional Táchira	San Cristóbal	1974	830	Pueblo Nuevo	25 000	4 500
Portuguesa FC	Acarigua	1972	226	General Paez	20 000	3 850

LEGENDE

2–4 / 5 und mehr — Siege in der 1. Liga: Kolumbien (1948–2000), Venezuela (1921–2001), Guyana (1990–2000), Surinam (1950–2000), Französisch-Guyana (1982–2001) und Trinidad und Tobago (1990–2000)

* Begründer der kolumbianischen Liga (gegr. 1948)

• übrige Teilnehmer der 1. Liga: Kolumbien (1948–2001), Venezuela (1957–2002), Guyana (1999–2001), Surinam (1996–2001), Frz.-Guyana (1997–2001) und Trinidad und Tobago (1997–2000)

▲ Siege im Landespokal: Venezuela (1959–96), Surinam (1995–97) und Trinidad und Tobago (1994–2000)

△ Sieg im Guyanischen Pokal (1991–2001)

Palmira ○ Städte über 200 000 Einwohner ohne einen Erstligaklub

Topp XX — Name des Fußballklubs *(Besonderheit)*

Robin Hood — erfolgreichster Klub des Landes

Venzóleo — bereits nicht mehr existierender Klub

Bogotá — Stadt

Trinidad und Tobago

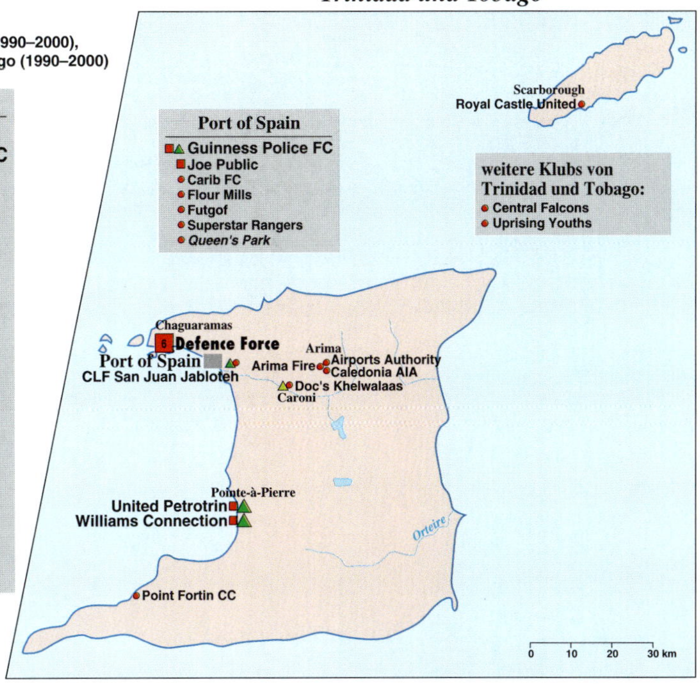

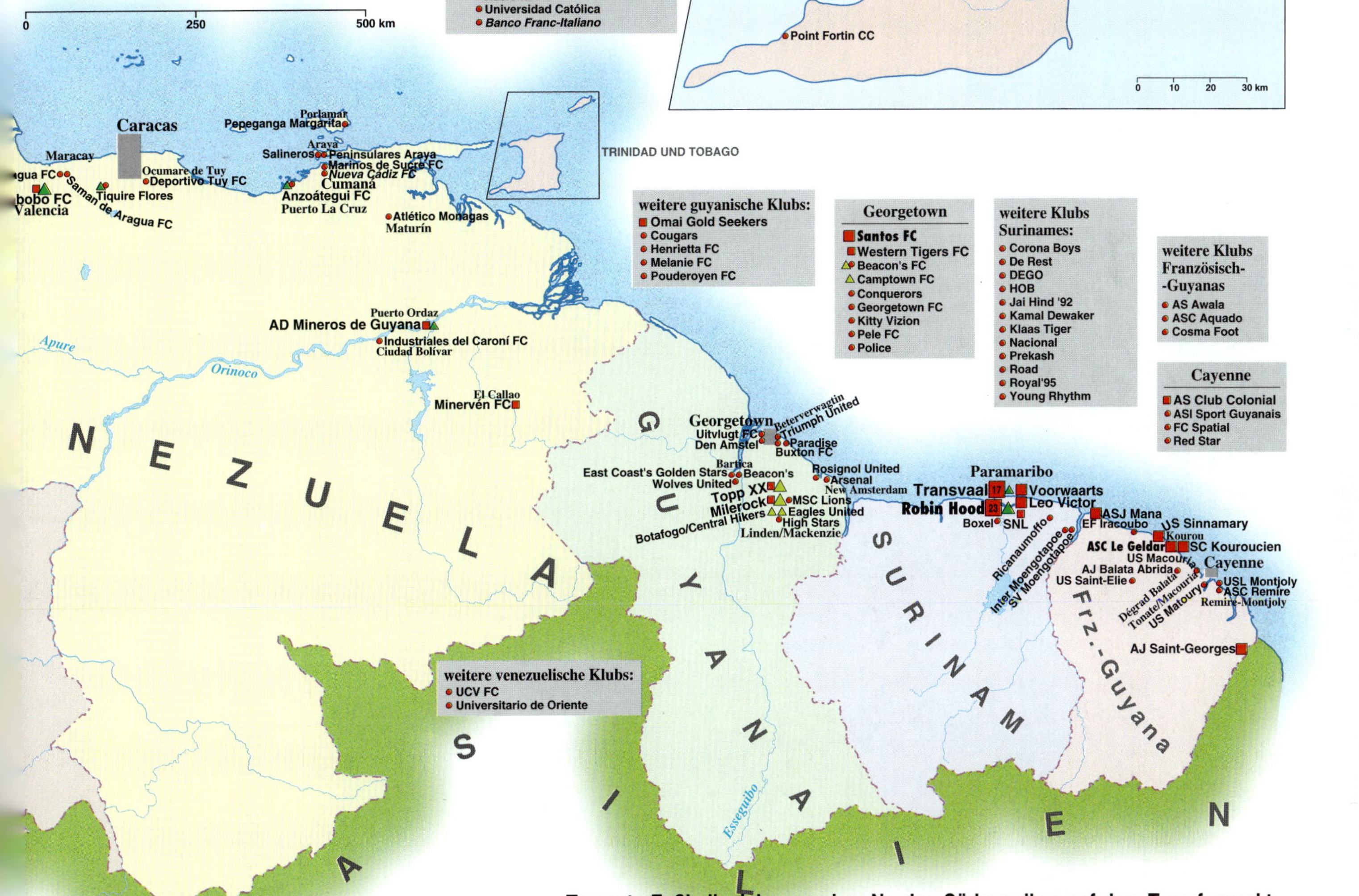

Teuerste Fußballspieler aus dem Norden Südamerikas auf dem Transfermarkt

Dwight Yorke (TRI)	1998	Aston Villa	➔	Manchester United	12 600 000 Pfd.
Juan Pablo Angel (COL)	2001	River Plate	➔	Aston Villa	9 500 000 Pfd.
Faustino Asprilla (COL)	1996	Parma AC	➔	Newcastle United	6 700 000 Pfd.

Kolumbien · *Venezuela* · *Guyana* · *Surinam* · *Trinidad und Tobago*

Die Andenländer

Spezifische natürliche Bedingungen charakterisieren das Leben und somit auch den Fußball in den Andenländern, zu denen auch noch Kolumbien gehört. Für die Klubs aus den niedriger gelegenen Regionen stellt die erhebliche Gebirgshöhe der übrigen Spielorte das größte Problem dar. Der Einfluss der Europäer war in diesem Gebiet nicht so stark wie im Fall der La Plata-Staaten und Chile. Unter den Fußballspielern findet man daher auch viel mehr Indianer und Mischlinge.

Über Chile gelangte der Fußball in den 90er Jahren des 19. Jahrhunderts nach **Bolivien**. Der erste Klub wurde im Jahre 1896 in der Bergarbeiterstadt Oruro gegründet. Die Hauptstadt La Paz erlebte 1908 die Gründung des berühmtesten bolivianischen Vereins The Strongest. Ein regelmäßiger Ligawettbewerb wird seit 1914 ausgetragen. Von 1914 bis 1953 setzte sich die Liga nur aus Teams der Hauptstadt zusammen. Von 1954 bis 1957 wurde die sog. Torneo Integrado ausgespielt, an der auch die Teams zweier weiterer Städte – Cochabamba und das Erdölzentrum Santa Cruz – teilnahmen. Im Zeitraum von 1958 bis 1976 existierten zwei Wettbewerbe: La Paz und Nacional. Die ersten Profiklubs entstanden bereits 1950 im ärmsten Land des Kontinents, das Vollprofi-Statut besitzt die Liga jedoch erst seit der Saison 1977. Die Liga wurde zunächst in Gruppen mit anschließendem Play-off gespielt, ab 1998 ging man auf das klassische Spielsystem des Kontinents (Apertura–Clausura) über, wonach die Saison zweigeteilt (Frühjahr–Herbst) ist. Die bolivianische Liga stellt hinsichtlich ihrer Bedingungen ein sehr anspruchsvolles Unternehmen dar. Größte Befürchtungen hegen alle Klubs Südamerikas, wenn sie in La Paz in einer Höhe von mehr als 3600 m ü.d.M. antreten müssen. Das erfordert eine vorherige Akklimatisierung oder die Straffung des Aufenthalts auf ein Minimum, nämlich das Spiel selbst. Der Sauerstoffmangel plagt die Fußballer in der gesamten Region des Hochplateaus Altiplano, d.h. auch in weiteren ursprünglichen Bergbaustädten wie Oruro und besonders Potosí (über 4000 m ü.d.M.). Geografisch gesehen wird das zweite große Fußballgebiet von den am Rande des Amazonas liegenden feuchten Tropen mit den Zentren Santa Cruz und Trinidad in der Provinz Beni sowie der an den Ausläufern der Anden gelegenen Stadt Cochabamba gebildet.

In **Peru** begann sich der Fußball dank britischer Geschäftsleute am Ende des 19. Jahrhunderts von der Hafenstadt Callao aus zu verbreiten. Der erste bedeutende Klub Ciclista Lima wurde 1896 in der benachbarten Hauptstadt gegründet. In Lima entstand 1912 auch der erste regelmäßige Wettbewerb des Landes. Zehn Jahre später wurde die Fußballföderation gegründet und ab 1926 wurde die Ligakonkurrenz unter Teilnahme der Klubs beider Städte ausgetragen. 1901 war das Entstehungsjahr eines der berühmtesten Klubs – Alianza Lima, in dem vor allem indianische Mischlinge (Mestizen) aus den Armenvierteln vereinigt sind. Zu dessen größtem Rivalen steigt später der Hochschulklub Universitario de Deportes auf. Im Jahr 1951 wurde die erste Liga professionalisiert. Erst seit der Saison 1966 sind in der nationalen Liga, Descentralizado genannt, auch regionale Klubs vertreten. Bis zur Gegenwart zählen wir schon mehr als 40 Städte, die einen (Ex-)Erstligisten beherbergen. Auch im peruanischen Fußball dominieren die Hauptstadtvereine, die 90 % aller Titel gewannen. Nirgendwo auf der Welt finden die Fußballspieler so unterschiedliche und komplizierte Bedingungen wie in Peru vor. Sie spielen sowohl unter den öden Bedingungen an der Küste (in Lima dazu bei ständigem Smog) als auch in den feuchten Tropen des Amazonas (Iquitos) und, zu allem Überfluss, in den Hochgebirgslagen der Anden. Die Spiele im Stadion des bekannten Klubs Cienciano aus Cuzco, der Stadt der Inkas, die sich in einer Höhe von 3300 m ü.d.M. befindet, werden am meisten gefürchtet. Noch höher gelegen (über 3800 m ü.d.M.) sind die Plätze der Klubs aus den Städten nahe des Titicacasees. Nur die wirklich widerstandsfähigsten Fußballer können auf dem Spielfeld des Teams Unión Minas aus Cerro de Pasco spielen, das mit einer Gebirgshöhe von 4340 m das am höchsten gelegene Stadion eines Erstligaklubs in der Welt darstellt. Die Gastmannschaften begrenzen ihren Aufenthalt in solch einer Höhe nur auf die Zeit des Spiels. Neben den Teams aus Lima erfreut sich der Klub Melgar FBC aus der Stadt Arequipa, die am Fuße der Vulkane Misti und Coropuna liegt, größter Popularität. Zu dessen Heimspielen kommen im Durchschnitt über 20 000 Zuschauer.

Die ersten Fußballspiele auf dem Gebiet von **Ecuador** wurden in der Hafenstadt Guayaquil von Seeleuten mit durchweg britischer Herkunft organisiert. Der erste Klub entstand hier im Jahre 1908, von den gegenwärtigen Erstligisten ist der CD Olmedo aus Riobamba (1919) der älteste Verein. Ein regelmäßiger Wettbewerb wurde 1922 eingeführt, drei Jahre darauf kam es in Guayaquil zur Gründung der Fußballassoziation. Erst später schlossen sich die Klubs aus der Hauptstadt Quito der Liga an. Vor dem 2. Weltkrieg nahmen bereits Vertreter mehrerer Provinzen an der nationalen Meisterschaft teil. Die Mehrzahl der Titel teilen sich die Teams aus den beiden größten Städten: Barcelona und EMELEC aus Guayaquil sowie Nacional und LDU aus Quito. Ähnlich wie in den anderen Andenstaaten stellt der Ligawettbewerb hohe Anforderungen aufgrund der natürlichen Bedingungen. Einerseits spielt man in den feuchten Tropen von Guayaquil, andererseits unter den Hochgebirgsbedingungen von Quito. Besonders in den 90er Jahren des 20. Jahrhunderts weitete sich die erste Liga auf weitere Städte an der Küste und im Binnenland aus und gewann so eine noch größere Vielfalt.

Der teuerste peruanische Fußballspieler auf dem Transfermarkt

Claudio Pizarro	2001	SV Werder Bremen	➔	FC Bayern München	5 200 000 Pfd.

Berühmte peruanische, bolivianische und ecuadorianische Klubs

Klubname	Stadtname	Gründ. Jahr	Höhe ü.d.M. (m)	Stadionname	Stadionkapazität
Alianza Lima	Lima	1901	137	Alejandro Villanueva "Matute"	35 000
Deportivo Municipal	Lima	1935	137	Cancha de los Muertos	15 000
Defensor Lima	Lima	1931	137	Teodoro "Lolo" Fernandez	15 000
Juan Aurich	Chiclayo	1922	34	Elias Aguirre	20 000
Melgar FBC	Arequipa	1915	2 524	Monumental de Arequipa "UNSA"	50 000
Sport Boys	Callao	1927	13	Miguel Grau	15 000
Sporting Cristal	Lima	1922	137	San Martín de Porras	13 000
Unión Cienciano	Cuzco	1901	3 248	Carcilasco de la Vega "Inca"	23 000
Unión Huaral	Huaral	1947	150	Julio Lores Colan	10 100
Unión Minas	Cerro de Pasco	1974	4 340	Daniel Alcides Carrión	8 000
Universitario de Deportes	Lima	1924	137	Monumental de la "U"	60 000
Blooming	Santa Cruz	1946	437	Ramón "Tachuichi" Aguilera	35 000
Bolívar	La Paz	1927	3 636	Olímpico Hernando Siles	45 000
Independiente Petrolero	Sucre	1932	2 790	Patria del Morro	18 000
Jorge Wilstermann	Cochabamba	1949	2 570	Felix Capriles	35 000
Oriente Petrolero	Santa Cruz	1955	437	Ramón "Tachuichi" Aguilera	35 000
Real Bamin Potosí	Potosí	1980	4 070	Villa Imperial	10 000
San José	Oruro	1942	3 704	Jesus Bermudez	33 000
The Strongest	La Paz	1908	3 636	Rafael Mendoza Castellón	15 000
Barcelona SC	Guayaquil	1925	4	Isidro Romero Cabro	73 000
Deportivo Quito	Quito	1940	2 811	Olímpico Atahualpa	45 900
El Nacional	Quito	1964	2 811	Olímpico Atahualpa	45 900
EMELEC	Quayaquil	1929	4	George Capwell	28 000
LDU Quito	Quito	1930	2 811	La Casa Blanca	55 400

Ausländer in der peruanischen Lig

(Saison 1999)

19 – Argentinier
18 – Kolumbianer
10 – Uruguayer
3 – Paraguayer und Amerikar
insgesamt 69 Spieler

Ausländer in der bolivianischen Lig

(Saison 1999)

48 – Argentinier
21 – Brasilianer
5 – Paraguayer
3 – Ecuadorianer, Kolumbi ner und Uruguayer
insgesamt 83 Spieler

Das Spielsystem der peruanischen Liga

Zwölf Mannschaften des höchsten Wettbewerbs Primera División spielen nach dem System Ape ra (der einleitende Teil) – Clausura (der abschließende Teil). Die Sieger jedes Teils steigen in den Cup der Befreier auf und spielen drei Begegnungen um den Titel aus. Der dritte Teilnehmer an d Copa Libertadores ist das Team mit der höchsten Gesamtpunktzahl aus beiden Teilen. Zum Aufs in den höchsten Wettbewerb dient die Qualifikation, Copa Perú. Die 24 Sieger der Wettbewerbe einzelnen Verwaltungseinheiten (Departements) des Landes zusammen mit zwei Teams aus Lim werden innerhalb der Etapa Regional in acht regionale Gruppen eingeteilt. Ihre Sieger treffen in Etapa Nacional aufeinander – Play off, dessen Sieger in die erste Division aufsteigt.

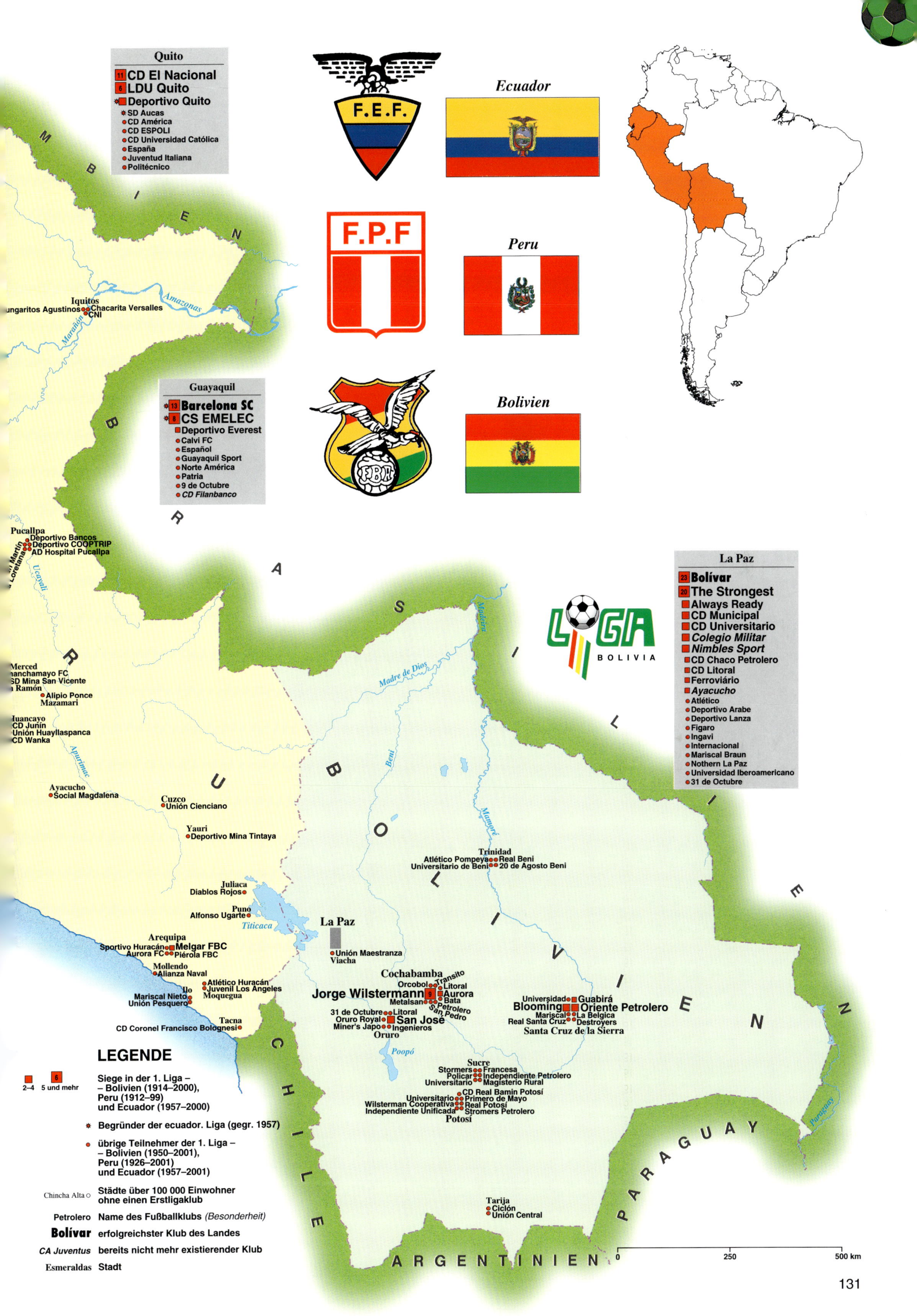
Quito
11 CD El Nacional
6 LDU Quito
Deportivo Quito
SD Aucas
CD América
CD ESPOLI
CD Universidad Católica
España
Juventud Italiana
Politécnico
F.E.F.
Ecuador
F.P.F
Peru
Bolivien
FBF
Guayaquil
13 Barcelona SC
8 CS EMELEC
Deportivo Everest
Calvi FC
Español
Guayaquil Sport
Norte América
Patria
9 de Octubre
CD Filanbanco
La Paz
23 Bolívar
20 The Strongest
Always Ready
CD Municipal
CD Universitario
Colegio Militar
Nimbles Sport
CD Chaco Petrolero
CD Litoral
Ferroviário
Ayacucho
Atlético
Deportivo Arabe
Deportivo Lanza
Figaro
Ingavi
Internacional
Mariscal Braun
Nothern La Paz
Universidad Iberoamericano
31 de Octubre
LIGA BOLIVIA
KOLUMBIEN
BRASILIEN
PERU
BOLIVIEN
CHILE
PARAGUAY
ARGENTINIEN
Amazonas
Marañón
Ucayali
Apurímac
Madre de Dios
Beni
Mamoré
Madeira
Titicaca
Poopó
Paraguay
Iquitos
Chacarita Versalles
CNI
Pucallpa
Deportivo Bancos
Deportivo COOPTRIP
AD Hospital Pucallpa
Merced
Alipio Ponce
Mazamari
Ayacucho
Social Magdalena
Cuzco
Unión Cienciano
Yauri
Deportivo Mina Tintaya
Juliaca
Diablos Rojos
Puno
Alfonso Ugarte
Arequipa
Sportivo Huracán
Melgar FBC
Aurora FC
Piérola FBC
Mollendo
Alianza Naval
Atlético Huracán
Juvenil Los Angeles
Moquegua
Ilo
Mariscal Nieto
Unión Pesquero
Tacna
CD Coronel Francisco Bolognesi
La Paz
Unión Maestranza
Viacha
Trinidad
Atlético Pompeya
Real Beni
Universitario de Beni
20 de Agosto Beni
Cochabamba
Orcobol
Transito
Litoral
Jorge Wilstermann
Aurora
Bata
Metalsan
Petrolero
San Pedro
31 de Octubre
Litoral
Oruro Royal
San José
Miner's Japo
Ingenieros
Oruro
Universidad
Guabirá
Blooming
Oriente Petrolero
Mariscal
La Belgica
Real Santa Cruz
Destroyers
Santa Cruz de la Sierra
Sucre
Stormers
Francesa
Policar
Independiente Petrolero
Universitario
Magisterio Rural
CD Real Bamin Potosí
Universitario
Primero de Mayo
Wilsterman Cooperativa
Real Potosí
Independiente Unificada
Stromers Petrolero
Potosí
Tarija
Ciclón
Unión Central
0
250
500 km
LEGENDE
2–4
5 und mehr
Siege in der 1. Liga – – Bolivien (1914–2000), Peru (1912–99) und Ecuador (1957–2000)
Begründer der ecuador. Liga (gegr. 1957)
übrige Teilnehmer der 1. Liga – – Bolivien (1950–2001), Peru (1926–2001) und Ecuador (1957–2001)
Chincha Alta Städte über 100 000 Einwohner ohne einen Erstligaklub
Petrolero Name des Fußballklubs (Besonderheit)
Bolívar erfolgreichster Klub des Landes
CA Juventus bereits nicht mehr existierender Klub
Esmeraldas Stadt

Brasilien

Brasilien ist ein fußballgesegnetes Land, wo mit genialer Technik und Spielwitz begnadete Fußballer gedeihen, wo Fußball nicht nur der Nationalsport schlechthin ist, sondern auch das gesellschaftliche Geschehen bestimmt. Das Spiel begann sich hier an der Wende des 19. und 20. Jahrhunderts zu verbreiten, als es zu den Einwanderungswellen der vorwiegend portugiesischen und italienischen Einwanderer kam. Der erste organisierte Klub entstand im Jahre 1895 in Rio de Janeiro. Es war der bis heute populärste Klub von Rio: der Clube de Regatas Flamengo. Ausländische Seeleute trugen zur Gründung weiterer berühmter Klubs bei: Vasco da Gama (1898, Fußballabteilung seit 1915), benannt nach dem berühmten portugiesischen Seefahrer, EC Vitória (1899), Fluminense FC (1902). Als der populärste Klub im Land gilt der SC Corinthians Paulista. Laut Umfrage zählen 37 % der Einwohner der 20-Millionenmetropole São Paulo zu dessen Fans. Das höchste Fußballorgan des Landes Confederação Brasileira do Futebol (CBF) wurde 1916 gegründet, ein Jahr später trat Brasilien der FIFA bei.

Fußballwettbewerbe wurden lange Zeit nur im Rahmen der einzelnen Bundesstaaten organisiert. Die bedeutendsten entstanden bereits vor dem 1. Weltkrieg bzw. bis zu dessen Ende: São Paulo (1902), Rio de Janeiro (1906), Pará (1913), Paraná und Pernambuco (1915), Minas Gerais (1916). Erst die Entstehung der südamerikanischen Copa Libertadores bewegte die Brasilianer zur Gründung des ersten nationalen Pokalwettbewerbs – Taça do Brasil. Er wurde von 1959–68 gespielt. Zur Gründung einer Nationalliga mit dem Namen Brasileirão kam es erst 1971. Die Anzahl der Ligateilnehmer, die Qualifikation zur Liga und der Modus des Titelkampfes haben sich seither mehrmals geändert. Derzeit bildet der Punktekampf der 25 besten Mannschaften, genannt Módulo Azul (blaue Gruppe), den Grundstock des Championats, das den Namen João Havelange-Pokal trägt. Er wird in einer einfachen Punkterunde (jeder gegen jeden) ausgetragen. Die zwölf besten Teams erreichen das Achtelfinale, das durch drei Mannschaften aus der "2. Division" (Módulo Amarelo – gelbe Gruppe) und den Sieger der "3. Division" (Módulo Verde/Branco – grünweiße Gruppe) ergänzt wird. Danach wird der Titel im Play-off ausgespielt. 1989 wurde der Pokalwettbewerb als Copa do Brasil wieder eingeführt. Von 1989–95 nahmen 32 Klubs teil, und zwar die 27 Meister der einzelnen Bundesstaaten und die fünf Mannschaften mit dem höchsten Zuschauerschnitt in diesen Wettbewerben. In der Saison 1996 wurde das Starterfeld um die acht Klubs mit der besten Besucherzahl in der Brasileirão aufgestockt. Seit 1997 nominiert der Landesverband CBF weitere Mannschaften. Gegenwärtig starten 64 Teams im Pokal, der Cupsieger qualifiziert sich für die Copa Libertadores.

Fußball wird zwar in allen 27 Bundesstaaten gespielt, aber dessen Verbreitung ist klar abgegrenzt durch die natürlichen Gegebenheiten im Inland und die Bevölkerungskonzentration in den Städten an der Küste. Das Land kann man in drei große Fußballregionen unterteilen: den hauptsächlich von europäischen Einwanderern besiedelten reichen Süden, den wirtschaftlich wichtigsten Staat São Paulo mit dem benachbarten Rio de Janeiro und den durchweg negriden, armen Nordosten. Außer diesen gibt es nur noch ein bedeutendes Fußballzentrum – die Bergbaustadt Belo Horizonte. Die Teams der zwei größten Städte – São Paulo und Rio de Janeiro – gewannen mehr als 2/3 aller Titel. Mit ihnen mithalten können lediglich die Vereine aus Porto Alegre. In den ausgedehnten Regenwäldern der Amazonastiefebene (Selvas) hat der Fußball nur in den Verwaltungszentren Fuß gefasst. Mit Ausnahme des Klubs EC Bahia aus der Stadt Salvador hat keine Mannschaft aus dem Landesinneren, dem Norden oder Nordosten in den nationalen Wettbewerben herausragende Erfolge erreicht. Brasilien ist der größte Exporteur von erstklassigen Fußballern in der Welt. Von den rund 2000 im Ausland kickenden Brasilianern spielt die Mehrheit in Westeuropa, eine ganze Reihe aber auch in Japan, den Ländern des Persischen Golfs oder in Russland.

Rio de Janeiro

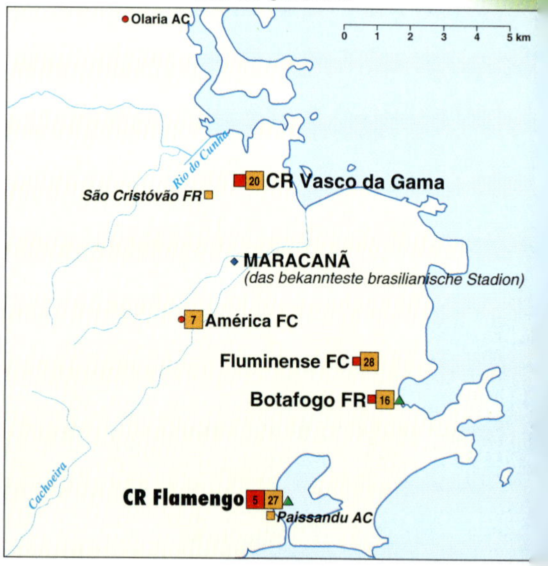

LEGENDE

1 | 2–4 | 5 und mehr: Siege in der Nationalliga – Brasileirão (1971–2000)

• übrige Brasileirão-Teilnehmer (1971–2001)

Siege im brasilianischen Pokal – Taça Brasil (1959–68) und Copa do Brasil 1989–2000)

Siege in der ersten Staatsliga – Acre (1947–2001), Alagoas (1927–2001), Amapá (1944–2001), Amazonas (1914–2001), Bahia (1905–2001), Ceará (1920–2001), Distrito Federal (1959–2001), Espírito Santo (1917–2001), Goiás (1944–2001), Maranhão (1918–2001), Mato Grosso (1943–2001), Mato Grosso do Sul (1979–2001), Minas Gerais (1916–2001), Pará (1913–2001), Paraíba (1917–2001), Paraná (1915–2001), Pernambuco (1915–2001), Piauí (1918–2001), Rio de Janeiro (1906–2001), Rio Grande do Norte (1920–2001), Rio Grande do Sul (1919–2001), Rondônia (1945–2001), Roraima (1995–2001), Santa Catarina (1924–2001), São Paulo (1902–2001), Sergipe (1918–2001) und Tocantins (1993–2001)

◆ weitere Klubs oder Stadien *(Besonderheit)*

EC Comercial	Name des Fußballklubs *(Besonderheit)*
CR Flamengo	erfolgreichster Klub im Land
SE Palestra Itália	bereits nicht mehr existierender Klub
Porto Alegre	Stadt
Paraná	Region

Teuerste brasilianische Fußballspieler auf dem Transfermarkt

Denílson de Oliveira	1997	São Paulo FC	→	Real Betis Balompié	21 500 000 Pfd.
Márcio Amoroso	1999	Udinese Calcio	→	Parma AC	20 000 000 Pfd.
Ronaldo	1997	FC Barcelona	→	Internazionale Milano	18 000 000 Pfd.
Conceição	2000	Deportivo La Coruña	→	Real Madrid	16 500 000 Pfd.
Márcio Amoroso	2001	Parma AC	→	Borussia Dortmund	15 800 000 Pfd.
Emerson	2000	Bayer Leverkusen	→	AS Roma	14 000 000 Pfd.
Ronaldo	1996	PSV	→	FC Barcelona	12 500 000 Pfd.
Rivaldo	1997	Deportivo La Coruña	→	FC Barcelona	12 500 000 Pfd.
Sonny Anderson	1999	FC Barcelona	→	Olympique Lyon	12 500 000 Pfd.
Geovanni	2001	Cruzeiro EC	→	FC Barcelona	12 500 000 Pfd.
Juninho	1997	Middlesbrough	→	Atlético Madrid	12 000 000 Pfd.

Berühmte brasilianische Klubs

Klubname (Staat)	Gründ. Jahr	Stadionname	Stadionkapazität	Besucherschnitt (2000)	Klubmaskottchen
Botafogo FR (RJ)	1904	Niterói	12 000	5 056	Manequinho – ein pissender Junge
CA Mineiro (MG)	1908	Mineirão	72 000	12 592	Galo – ein Hahn
CA Paranaense (PR)	1924	Arena da Baixada	32 000	11 049	Cartolinha – eine Kappe
Ceará SC (CE)	1914	Castelão	55 000	7 945	Vovô – ein Onkel
Coritiba FC (PR)	1909	Couto Pereira	45 000	3 229	Vovô – ein Onkel
CR Flamengo (RJ)	1895	Maracanã	78 000	13 815	Urubu – ein Vogel
CR Vasco da Gama (RJ)	1915	São Januário	27 000	9 126	Português – ein Portugiese
Criciúma EC (SC)	1948	Heriberto Hülse	30 000	2 905	Tigre – ein Tiger
Cruzeiro EC (MG)	1921	Mineirão	72 000	9 582	Raposa – ein Fuchs
EC Bahia (BA)	1931	Fonte Nova	80 000	26 959	Super-Homem – Supermann
EC Juventude (RS)	1913	Alfredo Jaconi	25 000	3 478	Papagaio – ein Papagei
EC Vitória (BA)	1899	Barradão	45 000	6 575	Leão – ein Löwe
Fluminense FC (RJ)	1902	Maracanã	78 000	17 863	Cartola – ein Hut (ein Funktionär)
Fortaleza EC (CE)	1913	Castelão	55 000	11 248	Leão – ein Löwe
Goiás EC (GO)	1943	Serra Dourada	54 000	17 907	Periquito – ein Zwergpapagei
Grêmio Portoalegrense (RS)	1903	Olímpico Monumental	55 000	12 154	Mosqueteiro – ein Musketier
Guarani FC (SP)	1911	Brinco de Ouro	47 500	4 376	Índio (Bugre) – ein Indianer
Paysandu SC (PA)	1914	Leônidas Sodré	15 000	8 920	Bicho-papão – ein Papäokäfer
Santa Cruz FC (PE)	1914	Arruda	60 000	18 909	Cobra Coral – eine Kugelschlange
Santos FC (SP)	1912	Vila Belmiro	28 200	6 193	Beleia – ein Wal
São Paulo FC (SP)	1935	Morumbi	80 000	5 915	São Paulo, o santo – St. Paul
SC Corinthians Paulista (SP)	1910	Pacaembu	38 000	5 488	Mosqueteiro – ein Musketier
SC Internacional (RS)	1909	Beira-Rio	54 247	17 128	Saci – Name der Figur
SC Recife (PE)	1905	Ilha do Retiro	50 000	15 171	Leão – ein Löwe
SE Gama (DF)	1975	Bezerrão	25 000	12 557	Periquito – ein Zwergpapagei
SE Palmeiras (SP)	1914	Palestra Itália	32 000	4 715	Periquito – ein Zwergpapagei

0 200 400 600 800 1 000 km
Manaus
37 Nacional FC
16 Atlético Rio Negro
6 Nacional Fast Club
5 América FC
Auto EC
Cruzeiro do Sul FC
Manaus AC
Olímpico Manaus
São Raimundo EC
Sul América EC
UE Portuguesa
AA Rodoviária
Manaus SC
Santos FC
Teresina
25 River AC
15 EC Flamengo
11 SE Tiradentes
5 Piauí EC
7 Botafogo EC
6 Militar FC
5 Artístico FC
Teresinense FC
Auto EC
Palmeiras FC
Fortaleza
33 Ceará SC
31 Fortaleza EC
9 Ferroviário AC
América F e C
Maguari EC
AE Tiradentes
Calouros do Ar FC
Gentilândia AC
Orion FC
Tramways SC
Macapá
17 EC Macapá
10 Amapá Clube
5 Independente EC
5 Ypiranga Macapá
Juventus EC
SER São José
Trem Desportivo
Aliança Macapá
Guarany AC
Santos FC
CEA Macapá
Übrige brasilianische Staaten
1 Alagoas
2 Distrito Federal
3 Espírito Santo
4 Paraíba
5 Rio de Janeiro
6 Rio Grande do Norte
7 Santa Catarina
8 Sergipe
São Luís
27 Sampaio Correa FC
21 Moto Clube
13 Maranhão AC
6 SC Luso Brasileiro
FAC São Luís
Fênix FC
Ferroviário EC
SE Tupan
SC Sírio
Vasco da Gama FC
Vitória do Mar FC
Salvador
45 EC Bahia
16 EC Vitória
10 EC Ypiranga
7 Botafogo SC
Galícia EC
Fluminense FC
Natação e Regatas
AD Leônico
AD Guarany
AA Bahia
Atlético FC
Bahiano de Tênis
Internacional Cricket
SC Bahia
SC Internacional
SC República
SC Santos Dumont
João Pessoa
25 Botafogo FC
9 EC Cabo Branco
6 Auto EC
5 Palmeiras SC
América FC
Ástrea
Colégio Pio X
Estrela do Mar EC
Felipéia EC
Pytaguares FC
Red Cross FC
Recife
33 SC Recife
23 Santa Cruz FC
19 Náutico Capibaribe
6 América FC
Torre SC
Tramways SC
EC Flamengo
Aracaju
31 CS Sergipe
13 AD Confiança
6 Cotingüiba SC
Ipiranga FC
Olímpico FC
Palestra FC
Vasco EC
Industrial FC
Passagem FC
Riachuelo FC
Brasília und Umgebung
9 SE Gama
8 Brasília EC
5 Taguatinga EC
Botafogo Sobradinho FC
Defelê FC
GE Brasiliense
Rabello FC
CEUB EC
CR Guará
AA Serviço Gráfico
CA Colombo
Coenge FC
Flamengo Tiradentes
AA Guanabara
AE Cruzeiro do Sul
Pederneiras FC
Pioneira FC
Curitiba
30 Coritiba FC
19 CA Paranaense
6 Paraná Clube
8 CA Ferroviário
7 Britânia SC
EC Pinheiros
Palestra Itália FC
Colorado EC
América FC
Internacional FC
Florianópolis
13 Avaí FC
10 Figueirense FC
CA Catarinense
Externato FC
Paula Ramos EC
Vitória
33 Rio Branco AC
16 AD Ferroviária
8 Vitória FC
6 América FC
6 Santo Antonio FC
AA Valeriodoce
Americano FC
Caxias FC
Floriano FC
São Paulo
0 1 2 3 4 5 km
Rio Tietê
21 SE Palmeiras
Portuguesa de Desportos
24 SC Corinthians Paulista
CA Juventus
Rio Pinheiros
Rio Tamanduateí
20 São Paulo FC
AD São Caetano
Weitere bereits nicht mehr bestehende Klubs aus São Paulo:
11 CA Paulistano
AA Palmeiras
AA São Bento
São Paulo AC
SC Americano
SC Germânia
SC Internacional
Manaus
Macapá
Santana EC 7
Belém
Paysandu SC 36
40 Remo
Tuna Luso Brasileira 11
São Luís
Fortaleza
Teresina
Natal
América FC 26
47 ABC FC
5 Alecrim FC
J. Pessoa
Campinense 14
Treze FC 11
Recife
CRB 23
CSA 36
Maceió
AO Itabaiana 8
Aracaju
EC Santa Cruz 5
Salvador
Fluminense FC
Cuiabá
CA Matogrossense 5
6 CE Dom Bosco
CE Operário Varzeagrandense 12
23 Mixto EC
Brasília
AC Goianiense 9
18 Goiás EC
Goiânia EC 14
14 Vila Nova FC
Goiânia
Belo Horizonte
Cruzeiro EC 25
CA Mineiro 37
15 América FC
Vitória
Campo Grande
8 EC Comercial
14 Operário FC
Rio de Janeiro
Santos FC 15
São Paulo
Curitiba
Florianópolis
8 Criciúma EC
5 EC Metropol
33 Grêmio Portoalegrense
33 SC Internacional
Porto Alegre
Boa Vista
Amazonas
Tocantins
Xingu
Madeira
São Francisco
Paraná
Roraima
Amapá
Pará
Maranhão
Piauí
Ceará
Pernambuco
Bahia
Goiás
Minas Gerais
Mato Grosso
Mato Grosso do Sul
São Paulo
Paraná
Rio Grande do Sul
Rondônia
BRASILIEN
GUYANA
SURINAM
Frz.-Guyana
VENEZUELA
BOLIVIEN
PARAGUAY
ARGENTINIEN
URUGUAY

Australien und Ozeanien

Im gesamten Gebiet von Ozeanien, das neben Australien von 13 Inselstaaten (davon sind elf FIFA-Mitglieder) gebildet wird, ist der Fußball mit Ausnahme von Französisch-Polynesien und Neukaledonien nirgendwo die Sportart Nr. 1. Als typisch britisches Element setzten sich hier vor allem Rugby und Kricket durch. Die Entwicklung des Fußballs wurde auch durch die großen Entfernungen und den damit verbundenen Mangel an internationalen Kontakten erschwert.

Von britischen Bergleuten wurde der Fußball um das Jahr 1870 nach **Australien** gebracht. 1881 gab es im Bundesstaat Neusüdwales – der Wiege des australischen Fußballs – schon mindestens fünf Klubs. Der erste regelmäßige Turnierwettbewerb entstand im Jahre 1885. An der Entwicklung des Fußballs im Lande beteiligten sich die Klubs mehrerer Nationalitäten, die sich aus den Einwanderern rekrutierten. Unter ihnen dominierten die Mannschaften, die sich mit den südslawischen Nationen bzw. dem Balkan identifizierten: kroatische, serbische, mazedonische, griechische, aber auch italienische, holländische und ungarische Klubs. Die australische Fußballassoziation wurde im Jahre 1921 gegründet, aber sie übte ihre Tätigkeit ausschließlich innerhalb des Bundesstaats Neusüdwales aus. Der föderale Fußballverband entstand erst 1961. Zwei Jahre später trat er der FIFA bei. Obwohl Fußball nur an der 10. Stelle unter den Sportarten im Lande geführt wird (die populärsten sind Golf und Tennis), qualifizierte sich Australien 1974 für die WM-Endrunde. Erst im Jahre 1977 wurden die fünf Regionalwettbewerbe zu einer nationalen Liga vereint. Wichtigste Fußballzentren sind Sydney und Melbourne. Des größten Zuspruchs aber erfreut sich der Fußball augenscheinlich in Perth, der Hauptstadt Westaustraliens, wo die Heimspiele des örtlichen Ligateams im Schnitt von über 10 000 Zuschauern besucht werden. In den letzten Jahren ist die Popularitätskurve des Fußballs weiter gestiegen. Auch deshalb, weil in der Liga eine Reihe von Ausländern spielt, während die besten australischen Kicker den Sprung in die starken Klubs Westeuropas schafften.

Nach **Neuseeland** gelangte der Fußball in den 80er Jahren des 19. Jahrhunderts. Von den Rugbyspielern wurde er jedoch sogleich aufs Nebengleis geschoben. Von Anfang an konzentrierte sich das Fußballgeschehen auf vier Zentren: Dunedin und Christchurch auf der Südinsel, Auckland und Wellington auf der Nordinsel. Die ersten Jahrgänge eines regelmäßigen Wettbewerbs wurden von drei Klubs bestritten, von denen der älteste Verein North Shore (1886) bis heute in der höchsten Spielklasse des Landes vertreten ist. Die beiden anderen – Otago (Dunedin) und Cantebury – haben sich bereits aufgelöst. Die erste Fußballassoziation entstand im Jahre 1889, der nationale Verband zwei Jahre darauf in der Hauptstadt Wellington. 1923 wurde der Landespokal, der Chatham Cup, aus der Taufe gehoben. Der Ligawettbewerb begann 1925, doch als Profikonkurrenz von acht Teams wird er erst seit 1970 geführt. Seinen bisher größten Erfolg verbuchte der neuseeländische Fußball mit dem Erreichen der WM-Endrunde 1982.

Bereits zu Ende des 19. Jahrhunderts spielten britische Soldaten Fußball in Port Moresby in Neuguinea. Die Briten und Australier, die den östlichen Teil der Insel verwalteten, verbreiteten den Fußball während des 2. Weltkriegs (Militärstützpunkt Rabaul) auch auf weiteren Inseln. Die Eingeborenen begannen ihn erst in den 50er Jahren organisiert zu spielen. Im Jahre 1962 wurde der Fußballverband gegründet, das unabhängige **Papua-Neuguinea** entstand jedoch erst 1975. Die Entwicklung des Fußballs wird erheblich von den klimatischen Bedingungen und den schlechten Verkehrsverbindungen beeinträchtigt. Die meisten Klubs sind im Hochland angesiedelt und in einigen regionalen Wettbewerben konzentriert. Deren Sieger spielen in einem Turnier um den Titel. Erfolgreichste Mannschaft ist das Universitätsteam aus der Hauptstadt Port Moresby. Das zweite bedeutende Zentrum befindet sich in Lae.

In den ausgedehnten Gefilden Ozeaniens hat sich der Fußball lediglich auf der Inselgruppe **Tahiti**, dem Zentrum Französisch-Polynesiens, so richtig entfaltet. Schon in den 40er Jahren wurden hier die ersten Wettbewerbe durchgeführt. Mit Ausnahme von **Neukaledonien** (ein Pokalwettbewerb wird seit 1954 ausgetragen), der **Cook-Inseln** (Liga seit 1971) und von **Fidschi** (Liga seit 1978) steckt der Fußball auf den übrigen Inseln noch in den Kinderschuhen.

Berühmte australische und neuseeländische Klubs

Klubname	Gründ. Jahr	Name des Stadions	Stadionkapazität
Adelaide Force	1946	Hindmarsh St.	15 000
Marconi-Fairfield Stallions	1958	Marconi Stadium	12 000
Melbourne Knights	1953	Knights Stadium	15 000
South Melbourne	1959	Bob Jane Stadium	18 100
Sydney Olympic	1977	Belmore Sports Gr.	21 000
Napier City Rovers	1973	Park Island	6 000
North Shore United	1886	Allen Hill Stadium	3 000
Uni-Mt Wellington	2000	Bill McKinley Park	5 000
Waitakere City	1989	Fred Taylor Park	3 000
Wellington United	1985	Newtown Park	10 000

Der teuerste australische Fußballspieler auf dem Transfermarkt

Marko Viduka	2000	Celtic FC ➔	Leeds United AFC	6 000 000 Pfd.

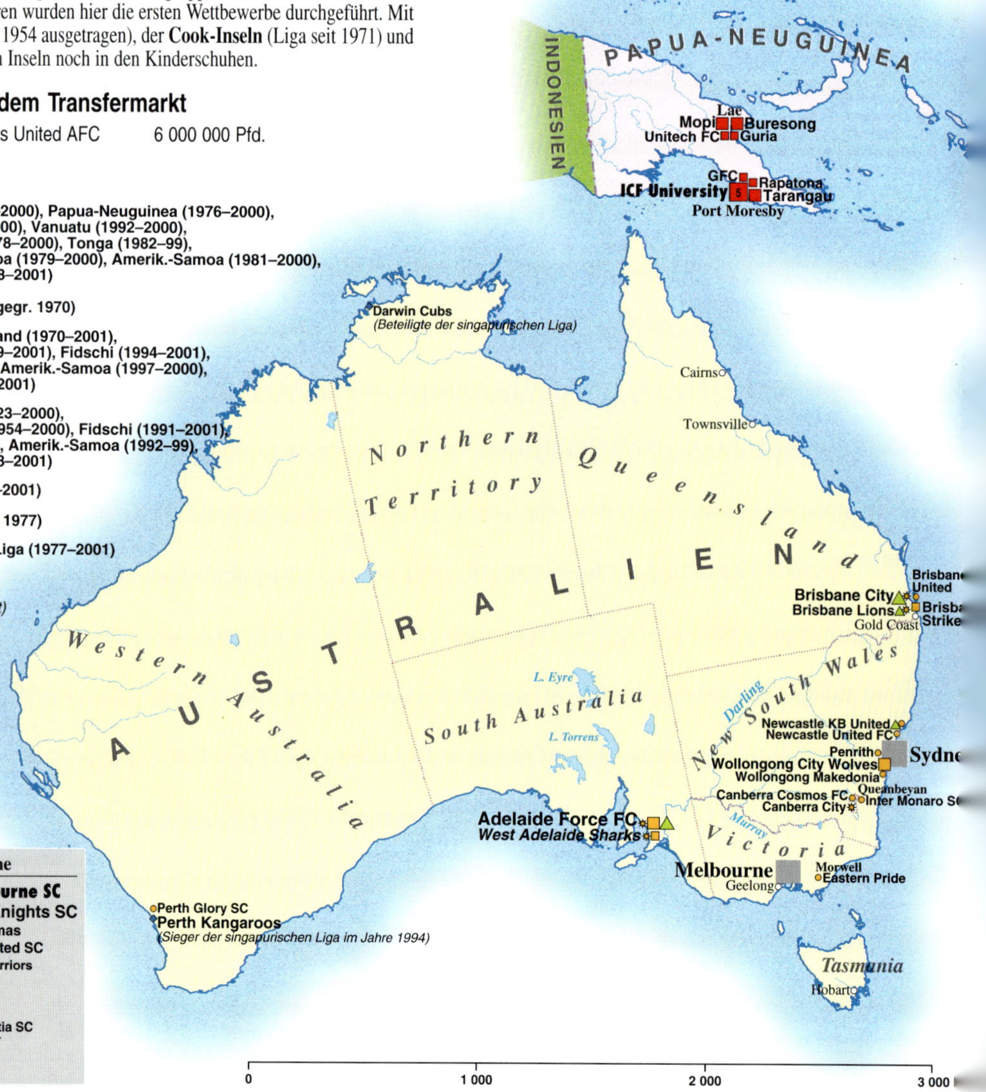

LEGENDE

- 1 / 2–4 / 5 und mehr: Siege in der 1. Liga – Neuseeland (1970–2000), Papua-Neuguinea (1976–2000), Salomonen (1984–2000), Guam (1990–2000), Vanuatu (1992–2000), Neukaledonien (1984–2000), Fidschi (1978–2000), Tonga (1982–99), Wallis und Futuna (1996–98), West-Samoa (1979–2000), Amerik.-Samoa (1981–2000), Cook-Inseln (1971–2001) und Tahiti (1948–2001)
- Begründer der Neuseeländischen Liga (gegr. 1970)
- übrige Teilnehmer der 1. Liga – Neuseeland (1970–2001), Mikronesien (1999), Neukaledonien (1999–2001), Fidschi (1994–2001), Tonga (1998), West-Samoa (1999–2000), Amerik.-Samoa (1997–2000), Cook-Inseln (1998–99) und Tahiti (1999–2001)
- Siege im Landespokal – Neuseeland (1923–2000), Salomonen (1991–96), Neukaledonien (1954–2000), Fidschi (1991–2001), Tonga (1981–98), West-Samoa (1984–99), Amerik.-Samoa (1992–99), Cook-Inseln (1978–2001) und Tahiti (1938–2001)
- Siege in der 1. Australischen Liga (1977–2001)
- Begründer der Australischen Liga (gegr. 1977)
- übrige Teilnehmer der 1. Australischen Liga (1977–2001)
- Siege im Australischen Pokal (1977–97)
- weitere Klubs oder Stadien *(Besonderheit)*
- Hobart: Städte über 100 000 Einwohner und die Hauptstädte ohne einen Erstligaklub
- Brisbane City: Name des Fußballklubs
- **AS Central Sport**: erfolgreichster Klub des Landes
- *Hutt Valley United*: bereits nicht mehr existierender Klub
- Honiara: Stadt
- *Victoria*: Region

Sydney

- Marconi-Fairfield Stallions FC
- Sydney City Hakoah
- Sydney Olympic FC
- APIA Leichhardt
- Parramatta Power SC
- St. George FC
- Sydney Croatia SC
- Western Suburbs
- Blacktown City
- Canterbury Marrickville
- Carlton SC
- Melita
- Northern Spirit FC
- Sydney United FC

Melbourne

- **South Melbourne SC**
- Melbourne Knights SC
- Brunswick Pumas
- Heidelberg United SC
- Collingwood Warriors
- Footscray
- Mooroolbark
- Green Gully
- Melbourne Croatia SC
- Melbourne JUST
- Preston
- Sunshine GC

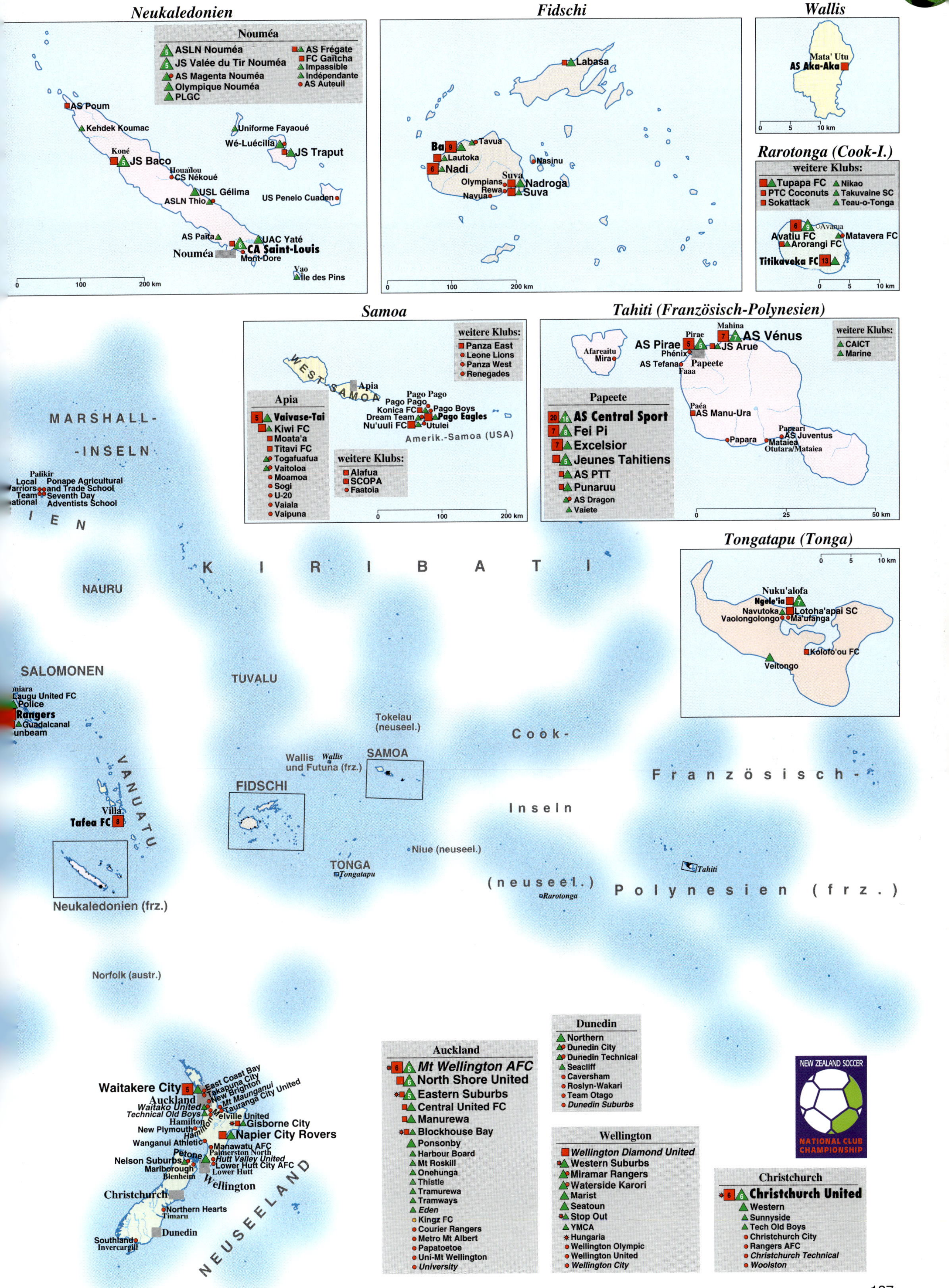
Neukaledonien
Nouméa
ASLN Nouméa
JS Valée du Tir Nouméa
AS Magenta Nouméa
Olympique Nouméa
PLGC
AS Frégate
FC Gaïtcha
Impassible
Indépendante
AS Auteuil
AS Poum
Kehdek Koumac
Koné
JS Baco
Houaïlou
CS Nékoué
Uniforme Fayaoué
Wé-Luécilla
JS Traput
USL Gélima
ASLN Thio
US Penelo Cuaden
AS Païta
UAC Yaté
CA Saint-Louis
Mont-Dore
Vao
Ile des Pins
0 100 200 km
Fidschi
Labasa
Ba
Tavua
Lautoka
Nadi
Nasinu
Olympians
Rewa
Navua
Suva
Nadroga
0 100 200 km
Wallis
Mata' Utu
AS Aka-Aka
0 5 10 km
Rarotonga (Cook-I.)
weitere Klubs:
Tupapa FC
PTC Coconuts
Sokattack
Nikao
Takuvaine SC
Teau-o-Tonga
Avarua
Avatiu FC
Arorangi FC
Matavera FC
Titikaveka FC
0 5 10 km
Samoa
weitere Klubs:
Panza East
Leone Lions
Panza West
Renegades
WEST-SAMOA
Apia
Vaivase-Tai
Kiwi FC
Moata'a
Titavi FC
Togafuafua
Vaitoloa
Moamoa
Sogi
U-20
Vaiala
Vaipuna
Pago Pago
Pago Boys
Konica FC
Dream Team
Pago Eagles
Nu'uuli FC
Utulei
Amerik.-Samoa (USA)
weitere Klubs:
Alafua
SCOPA
Faatoia
0 100 200 km
Tahiti (Französisch-Polynesien)
Afareaitu
Mira
Mahina
AS Vénus
Pirae
AS Pirae
Phénix
JS Arue
AS Tefana
Papeete
Faaa
weitere Klubs:
CAICT
Marine
Papeete
AS Central Sport
Fei Pi
Excelsior
Jeunes Tahitiens
AS PTT
Punaruu
AS Dragon
Vaiete
Paéa
AS Manu-Ura
Papara
Papeari
AS Juventus
Mataiea
Otutara/Mataiea
0 25 50 km
Tongatapu (Tonga)
0 5 10 km
Nuku'alofa
Ngele'ia
Navutoka
Lotoha'apai SC
Vaolongolongo
Ma'ufanga
Kolofo'ou FC
Veitongo
MARSHALL-INSELN
Palikir
Local Warriors
Team
National
Ponape Agricultural and Trade School
Seventh Day Adventists School
KIRIBATI
NAURU
SALOMONEN
Honiara
Laugu United FC
Police
Rangers
Guadalcanal
Sunbeam
TUVALU
Tokelau (neuseel.)
Wallis und Futuna (frz.)
Wallis
SAMOA
FIDSCHI
VANUATU
Villa
Tafea FC
Neukaledonien (frz.)
TONGA
Tongatapu
Niue (neuseel.)
Cook-Inseln (neuseel.)
Rarotonga
Französisch-Polynesien (frz.)
Tahiti
Norfolk (austr.)
Waitakere City
East Coast Bay
Takapuna City
New Brighton
Mt Maunganui
Tauranga City United
Auckland
Waitako United
Technical Old Boys
Hamilton
Melville United
New Plymouth
Gisborne City
Napier City Rovers
Wanganui Athletic
Manawatu AFC
Palmerston North
Petone
Hutt Valley United
Lower Hutt City AFC
Nelson Suburbs
Marlborough
Blenheim
Lower Hutt
Wellington
Christchurch
Northern Hearts
Timaru
Dunedin
Southland
Invercargill
NEUSEELAND
Auckland
Mt Wellington AFC
North Shore United
Eastern Suburbs
Central United FC
Manurewa
Blockhouse Bay
Ponsonby
Harbour Board
Mt Roskill
Onehunga
Thistle
Tramurewa
Tramways
Eden
Kingz FC
Courier Rangers
Metro Mt Albert
Papatoetoe
Uni-Mt Wellington
University
Dunedin
Northern
Dunedin City
Dunedin Technical
Seacliff
Caversham
Roslyn-Wakari
Team Otago
Dunedin Suburbs
Wellington
Wellington Diamond United
Western Suburbs
Miramar Rangers
Waterside Karori
Marist
Seatoun
Stop Out
YMCA
Hungaria
Wellington Olympic
Wellington United
Wellington City
NEW ZEALAND SOCCER
NATIONAL CLUB CHAMPIONSHIP
Christchurch
Christchurch United
Western
Sunnyside
Tech Old Boys
Christchurch City
Rangers AFC
Christchurch Technical
Woolston

Aland-Inseln (fin.)

Amerik. Jungferninseln (USA)

Amerik.-Samoa (USA)

Angola

Anguilla (brit.)

Antigua und Barbuda

Äquatorial-Guinea

Aruba (niederl.)

Äthiopien

Australien

Bahamas

Bahrain

Barbados

Benin

Bermudas (brit.)

Botswana

Brit. Jungferninseln (brit.)

Brunei

Burkina Faso

Burma

Burundi

Cook Inseln (neuseel.)

Dominica

Dominikanische Rep.

Symbol ist nicht vorhande

Dschibuti

Elfenbeinküste | **Eritrea** | *Falklandinseln (brit.)* | **Fidschi** | **Gabun**

Gambia | **Ghana** | *Gibraltar (brit.)* | **Grenada** | *Grönland (dän.)*

Guadeloupe (frz.) | *Guam (USA)* | *Guernsey (brit.)* | **Guinea** | **Guinea-Bissau**

Haiti | **Indonesien** | **Irak** | **Iran** | **Jamaika**

Jemen | *Jersey (brit.)* | **Jordanien** | *Kaimaninseln (brit.)* | **Kambodscha**

Kamerun

Kanada

Kapverden

Katar

Kenia

Kiribati

Komoren

Kongo

Kuba

Kuwait

Laos

Lesotho

Libanon

Liberia

Madagaskar

Malawi

Malaysia

Mali

Man (brit.)

Symbol ist nicht vorhande

Marshallinseln

Martinique (frz.)

Mauretanien

Mauritius

Mikronesien

Montserrat (brit.)

Mosambik

Namibia

Nauru

Neukaledonien (frz.)

Neuseeland

iederl. Antillen (niederl.)

Niger

Nigeria

Nördliche Marianen (USA)

Oman

Palau

Papua-Neuguinea

Philippinen

Puerto Rico (USA)

Reunion (frz.)

Rwanda

Salomonen

Sambia

Samoa

São Tomé und Príncipe

Saudi-Arabien

Senegal

Seychellen

Sierra Leone

Simbabwe

Singapur

Somalia

St. Christoph und Nevis

St. Lucia

St.-Pierre und Miquelon (frz

St. Vincent und Grenadinen

Südafrika

Sudan

Swasiland

Syrien

Tahiti/Frz. Polynesien (frz.)

Tansania

Thailand

Togo

Tonga

Tschad

Tuvalu

Uganda

USA

VAE

Vanuatu

Vietnam

VR Kongo

Wallis und Futuna (frz.)

Zentralafrikanische Re

WEITERE COPRESS-TOPTITEL

Formel 1 Guide 2002
80 Seiten;
15,0 x 20,5 cm;
3-7679-0795-X;
€ 6,00

Formel -1-Action Kalender 2003
13 Blätter; 48,0 x 35,0 cm; ISBN 3-7679-0746-1; € 11,90

Olympische Winterspiele 2002
128 Seiten; 23,0 x 30,5 cm
ISBN 3-7679-0513-2; € 15,90

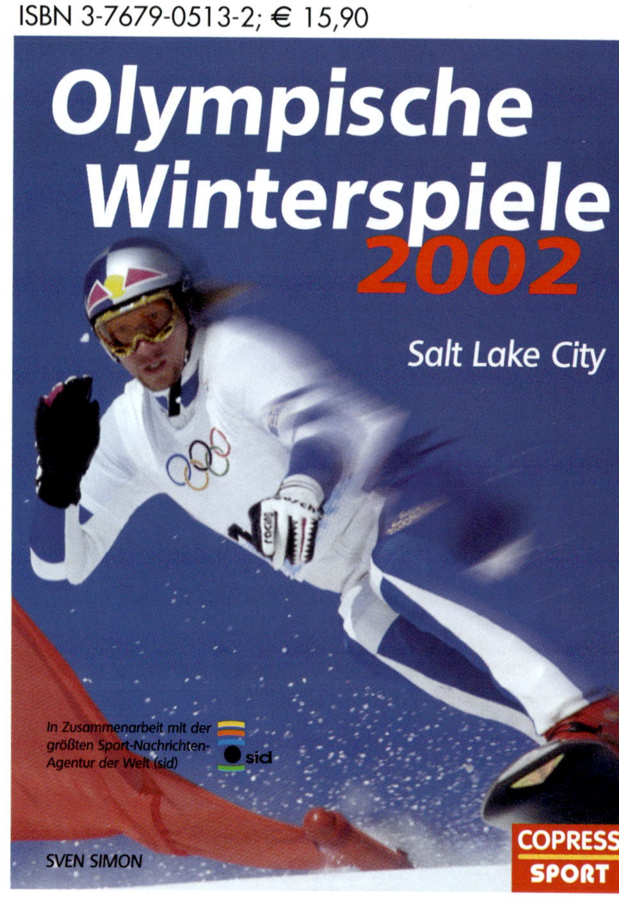

Leichtathletik EM 2002
128 Seiten; 21,0 x 28,5 cm
ISBN 3-7679-0661-9; € 22,00

Bei Ihrem Buchhändler

www.copress.de

Sieger der nationalen Fußballwettbewerbe

Die Klubs sind mit ihrem aktuellen Namen oder dem zuletzt benutzten Namen (bei bereits nicht mehr existierenden Klubs) angegeben. In der eckigen Klammer ist der vorherige Name eingefügt. Zwei verschiedene Klubs mit gleichem Namen unterscheidet der Name der Stadt in der runden Klammer.

Afghanistan - Liga
1995 Karlappan

Ägypten - Liga
1948/49 al-Ahli SC
1949/50 al-Ahli SC
1950/51 al-Ahli SC
1951/52 *wurde nicht ausgetragen*
1952/53 al-Ahli SC
1953/54 al-Ahli SC
1954/55 *Wettbewerb wurde nicht beendet*
1955/56 al-Ahli SC
1956/57 al-Ahli SC
1957/58 al-Ahli SC
1958/59 al-Ahli SC
1959/60 Zamalek SC
1960/61 al-Ahli SC
1961/62 al-Ahli SC
1962/63 Tersana SC
1963/64 Zamalek SC
1964/65 Zamalek SC
1965/66 Olympic SC
1966/67 Ismaily SC
1968-70 *wurde nicht ausgetragen*
1970/71 *Wettbewerb wurde nicht beendet*
1971/72 *wurde nicht ausgetragen*
1972/73 Ghazl Mahalla
1973/74 *Wettbewerb wurde nicht beendet*
1974/75 al-Ahli SC
1975/76 al-Ahli SC
1976/77 al-Ahli SC
1977/78 Zamalek SC
1978/79 al-Ahli SC
1979/80 al-Ahli SC
1980/81 al-Ahli SC
1981/82 al-Ahli SC
1982/83 Mokawloon al-Arab
1983/84 Zamalek SC
1984/85 al-Ahli SC
1985/86 al-Ahli SC
1986/87 al-Ahli SC
1987/88 Zamalek SC
1988/89 al-Ahli SC
1989/90 *Wettbewerb wurde nicht beendet*
1990/91 Ismaily SC
1991/92 Zamalek SC
1992/93 Zamalek SC
1993/94 al-Ahli SC
1994/95 al-Ahli SC
1995/96 al-Ahli SC
1996/97 al-Ahli SC
1997/98 al-Ahli SC
1998/99 al-Ahli SC
1999/00 al-Ahli SC
2000/01 Zamalek SC

Ägypten - Pokal
1921/22 Zamalek SC
1922/23 Tersana SC
1923/24 al-Ahli SC
1924/25 al-Ahli SC
1925/26 al-Ittihad
1926/27 al-Ahli SC
1927/28 al-Ahli SC
1928/29 Tersana SC
1929/30 al-Ahli SC
1930/31 al-Ahli SC
1931/32 Zamalek SC
1932/33 Olympic SC
1933/34 Olympic SC
1934/35 Zamalek SC
1935/36 al-Ittihad
1936/37 al-Ahli SC
1937/38 Zamalek SC
1938/39 al-Teram SC
1939/40 al-Ahli SC
1940/41 Zamalek SC
1941/42 al-Ahli SC
1942/43 al-Ahli SC und Zamalek SC
1943/44 Zamalek SC
1944/45 al-Ahli SC
1945/46 al-Ahli SC
1946/47 al-Ahli SC
1947/48 al-Ittihad
1948/49 al-Ahli SC
1949/50 al-Ahli SC
1950/51 al-Ahli SC
1951/52 Zamalek SC
1952/53 al-Ahli SC
1953/54 Tersana SC
1954/55 Zamalek SC
1955/56 al-Ahli SC
1956/57 Zamalek SC
1957/58 al-Ahli SC und Zamalek SC
1958/59 Zamalek SC
1959/60 Zamalek SC
1960/61 al-Ahli SC
1961/62 Zamalek SC
1962/63 al-Ittihad
1963/64 al-Suez
1964/65 Tersana SC
1965/66 al-Ahli SC
1966/67 Tersana SC
1968-72 *wurde nicht ausgetragen*
1972/73 al-Ittihad
1973/74 *wurde nicht ausgetragen*
1974/75 Zamalek SC
1975/76 al-Ittihad
1976/77 Zamalek SC
1977/78 al-Ahli SC
1978/79 Zamalek SC
1979/80 *wurde nicht ausgetragen*
1980/81 al-Ahli SC
1981/82 *wurde nicht ausgetragen*
1982/83 al-Ahli SC
1983/84 al-Ahli SC
1984/85 al-Ahli SC
1985/86 Tersana SC
1986/87 *wurde nicht ausgetragen*
1987/88 Zamalek SC
1988/89 al-Ahli SC
1989/90 Mokawloon al-Arab
1990/91 al-Ahli SC
1991/92 al-Ahli SC
1992/93 al-Ahli SC
1993/94 *wurde nicht ausgetragen*
1994/95 Mokawloon al-Arab
1995/96 al-Ahli SC
1996/97 Ismaily SC
1997/98 al-Masry
1998/99 Zamalek SC
1999/00 Ismaily SC
2000/01 al-Ahli SC

Albanien - Liga
1930 SK Tiranë
1931 SK Tiranë
1932 SK Tiranë
1933 KS Skënderbeu
1934 SK Tiranë
1935 *wurde nicht ausgetragen*
1936 SK Tiranë
1937 SK Tiranë
1938-44 *wurde nicht ausgetragen*
1945 KS Vllaznia
1946 KS Vllaznia
1947 KS Partizani
1948 KS Partizani
1949 KS Partizani
1950 KS Dinamo Tiranë
1951 KS Dinamo Tiranë
1952 KS Dinamo Tiranë
1953 KS Dinamo Tiranë
1954 KS Partizani
1955 KS Dinamo Tiranë
1956 KS Dinamo Tiranë
1957 KS Partizani
1958 KS Partizani
1959 KS Partizani
1960 KS Dinamo Tiranë
1961 KS Partizani
1962 *wurde nicht ausgetragen*
1962/63 KS Partizani
1963/64 KS Partizani
1964/65 SK Tiranë [KS 17. Nëntori]
1965/66 SK Tiranë [KS 17. Nëntori]
1966/67 KS Dinamo Tiranë
1967/68 SK Tiranë [KS 17. Nëntori]
1968/69 *wurde nicht ausgetragen*
1969/70 SK Tiranë [KS 17. Nëntori]
1970/71 KS Partizani
1971/72 KS Vllaznia
1972/73 KS Vllaznia
1973/74 KS Vllaznia
1974/75 KS Dinamo Tiranë
1975/76 KS Dinamo Tiranë
1976/77 KS Dinamo Tiranë
1977/78 KS Vllaznia
1978/79 KS Partizani
1979/80 KS Dinamo Tiranë
1980/81 KS Partizani
1981/82 SK Tiranë [KS 17. Nëntori]
1982/83 KS Vllaznia
1983/84 KS Elbasani [KS Labinoti]
1984/85 SK Tiranë [KS 17. Nëntori]
1985/86 KS Dinamo Tiranë
1986/87 KS Partizani
1987/88 SK Tiranë [KS 17. Nëntori]
1988/89 SK Tiranë KS 17. Nëntori]
1989/90 KS Dinamo Tiranë
1990/91 KS Flamurtari
1991/92 KS Vllaznia
1992/93 KS Partizani
1993/94 KS Teuta
1994/95 SK Tiranë
1995/96 SK Tiranë
1996/97 SK Tiranë
1997/98 KS Vllaznia
1998/99 SK Tiranë
1999/00 SK Tiranë
2000/01 KS Vllaznia

Albanien - Pokal
1948 KS Partizani
1949 KS Partizani
1950 KS Dinamo Tiranë
1951 KS Dinamo Tiranë
1952 KS Dinamo Tiranë
1953 KS Dinamo Tiranë
1954 KS Dinamo Tiranë
1955-56 *wurde nicht ausgetragen*
1957 KS Partizani
1958 KS Partizani
1959 *wurde nicht ausgetragen*
1960 KS Dinamo Tiranë
1961 KS Partizani
1962 *wurde nicht ausgetragen*
1962/63 SK Tiranë [KS 17. Nëntori]
1963/64 KS Partizani
1964/65 KS Vllaznia
1965/66 KS Partizani
1966/67 *wurde nicht ausgetragen*
1967/68 KS Partizani
1968/69 *wurde nicht ausgetragen*
1969/70 KS Partizani
1970/71 KS Dinamo Tiranë
1971/72 KS Vllaznia
1972/73 KS Partizani
1973/74 KS Dinamo Tiranë
1974/75 KS Elbasani [KS Labinoti]
1975/76 SK Tiranë [KS 17. Nëntori]
1976/77 SK Tiranë [KS 17. Nëntori]
1977/78 KS Dinamo Tiranë
1978/79 KS Vllaznia
1979/80 KS Partizani
1980/81 KS Vllaznia
1981/82 KS Dinamo Tiranë
1982/83 SK Tiranë [KS 17. Nëntori]
1983/84 SK Tiranë [KS 17. Nëntori]
1984/85 KS Flamurtari
1985/86 SK Tiranë [KS 17. Nëntori]
1986/87 KS Vllaznia
1987/88 KS Flamurtari
1988/89 KS Dinamo Tiranë
1989/90 KS Dinamo Tiranë
1990/91 KS Partizani
1991/92 KS Elbasani
1992/93 KS Partizani
1993/94 SK Tiranë
1994/95 KS Teuta
1995/96 SK Tiranë
1996/97 KS Partizani
1997/98 KS Apolonia
1998/99 SK Tiranë
1999/00 KS Teuta
2000/01 SK Tiranë

Algerien - Liga
1962/63 USM Alger
1963/64 USM Annaba
1964/65 CR Belouizdad [CR Belcourt]
1965/66 CR Belouizdad [CR Belcourt]
1966/67 NA Hussein Dey
1967/68 ES Sétif [EP Sétif]
1968/69 CR Belouizdad [CR Belcourt]
1969/70 CR Belouizdad [CR Belcourt]
1970/71 MC Oran
1971/72 MC Alger
1972/73 JS Kabylie
1973/74 JS Kabylie
1974/75 MC Alger
1975/76 MC Alger
1976/77 JS Kabylie [JS Kawkabi]
1977/78 MC Alger [MP Alger]
1978/79 MC Alger [MP Alger]
1979/80 JS Kabylie [JE Tizi-Ouzou]
1980/81 RC Kouba [RS Kouba]
1981/82 JS Kabylie [JE Tizi-Ouzou]
1982/83 JS Kabylie [JE Tizi-Ouzou]
1983/84 GC Mascara
1984/85 JS Kabylie [JE Tizi-Ouzou]
1985/86 JS Kabylie [JE Tizi-Ouzou]
1986/87 ES Sétif [EP Sétif]
1987/88 MC Oran [MP Oran]
1988/89 JS Kabylie [JE Tizi-Ouzou]
1989/90 JS Kabylie [JE Tizi-Ouzou]
1990/91 MO Constatntine
1991/92 MC Oran
1992/93 MC Oran
1993/94 US Chaouia
1994/95 JS Kabylie
1995/96 USM Alger
1996/97 CS Constantine
1997/98 USM El Harrach
1998/99 MC Alger
1999/00 CR Belouizdad
2000/01 CR Belouizdad

Algerien - Pokal
1962/63 ES Sétif
1963/64 ES Sétif
1964/65 MC Saïda
1965/66 CR Belouizdad [CR Belcourt]
1966/67 ES Sétif
1967/68 ES Sétif
1968/69 CR Belouizdad [CR Belcourt]
1969/70 CR Belouizdad [CR Belcourt]
1970/71 MC Alger
1971/72 USM Annaba [HAMR Annaba]
1972/73 MC Alger
1973/74 USM El Harrach
1974/75 MC Oran
1975/76 MC Alger
1976/77 JS Kabylie [JS Kawkabi]
1977/78 CR Belouizdad [CR Belcourt]
1978/79 NA Hussein Dey [MA Hussein Dey]
1979/80 ES Sétif [EP Sétif]
1980/81 USM Alger [USK Alger]
1981/82 DNC Alger
1982/83 MC Alger [MP Alger]
1983/84 MC Oran [MP Oran]
1984/85 MC Oran [MP Oran]
1985/86 JS Kabylie [JE Tizi-Ouzou]
1986/87 USM El Harrach
1987/88 USM Alger
1988/89 ES Sétif
1989/90 *wurde nicht ausgetragen*
1990/91 USM Sidi-bel-Abbès
1991/92 JS Kabylie
1992/93 *wurde nicht ausgetragen*
1993/94 JS Kabylie
1994/95 CR Belouizdad
1995/96 MC Oran
1996/97 USM Alger
1997/98 WA Tlemcen
1998/99 USM Alger
1999/00 MC Ouargla
2000/01 USM Alger

Amerikanische Jungferninseln - Liga
2000/01 UWS Upsetters SC

Amerikanische Jungferninseln - Liga von St. Croix
1997/98 Hell-o-Nites
1998/99 Unique FC

Amerikanische Jungferninseln - Liga von St. Thomas und St. John
1995/96 MI Rock Masters
1996/97 St. John United SC
1997/98 MI Rock Masters
1998/99 MI Rock Masters

Amerikanisch-Samoa - Liga
1980/81 Pago Eagles
1981/82 Pago Eagles
1982/83 Nu'uuli FC
1984-91 *Sieger unbekannt*
1991/92 Nu'uli FC
1993-96 *Sieger unbekannt*
1996/97 Pago Eagles
1997/98 *Sieger unbekannt*
1998/99 Konica FC
1999/00 Panza East

Amerikanisch-Samoa - Pokal
1991/92 Nu'uuli FC
1993-94 *Sieger unbekannt*
1994/95 Dream Team
1995/96 Pago Eagles
1997-98 *Sieger unbekannt*
1998/99 Konica FC

Andorra - Liga
1995/96 FC Encamp Dicoansa
1996/97 CE Principat
1997/98 CE Principat
1998/99 CE Principat
1999/00 Constelació Esportiva
2000/01 FC Santa Coloma

Andorra - Pokal
1995/96 CE Principat
1996/97 CE Principat
1997/98 CE Principat
1998/99 CE Principat
1999/00 Constelació Esportiva
2000/01 FC Santa Coloma

Angola - Liga
1968 Independente Tômbwa [Independente Porto Alexandre]
1969 Independente Tômbwa [Independente Porto Alexandre]
1970 Independente Tômbwa [Independente Porto Alexandre]
1971-78 *Sieger unbekannt*
1979 Primeiro de Agosto
1980 Primeiro de Agosto
1981 Primeiro de Agosto
1982 Petro Atlético Luanda
1983 Primeiro de Maio
1984 Petro Atlético Luanda
1985 Primeiro de Maio
1986 Petro Atlético Luanda
1987 Petro Atlético Luanda
1988 Petro Atlético Luanda
1989 Petro Atlético Luanda
1990 Petro Atlético Luanda
1991 Primeiro de Agosto
1992 Primeiro de Agosto
1993 Petro Atlético Luanda
1994 Petro Atlético Luanda
1995 Petro Atlético Luanda
1996 Primeiro de Agosto
1997 Petro Atlético Luanda
1998 Primeiro de Agosto
1999 Primeiro de Agosto
2000 Petro Atlético Luanda

Angola - Pokal
1980 Nacional
1981 AS Aviação [Desportivo TAAG]
1982 Primeiro de Maio
1983 Primeiro de Maio
1984 Primeiro de Agosto
1985 Ferroviário Huíla
1986 Inter Luanda
1987 Petro Atlético Luanda
1988 Sagrada Esperança
1989 Ferroviário Huíla
1990 Primeiro de Agosto
1991 Primeiro de Agosto
1992 Petro Atlético Luanda
1993 Petro Atlético Luanda
1994 Petro Atlético Luanda
1995 AS Aviação
1996 Progresso Sambizanga
1997 Petro Atlético Luanda
1998 Petro Atlético Luanda
1999 Sagrada Esperança
2000 Petro Atlético Luanda

Anguilla - Liga
1997/98 Coca Cola Spartans International
1998/99 Attackers

Antigua und Barbuda - Liga
1968/69 Empire
1969/70 Empire
1970/71 Empire
1971/72 Empire
1972/73 Empire
1973/74 Empire
1975-77 *Sieger unbekannt*
1978/79 Empire
1980-83 *Sieger unbekannt*
1983/84 Villa Lions FC
1984/85 Liberta FC
1985/86 Villa Lions FC
1986/87 *Sieger unbekannt*
1987/88 Empire
1988/89 *Sieger unbekannt*
1989/90 Parham FC [J & J Construction]
1990/91 *Sieger unbekannt*
1991/92 Empire
1993-94 *Sieger unbekannt*
1994/95 English Harbour FC
1995/96 English Harbour FC
1996/97 English Harbour FC
1997/98 Empire
1998/99 Empire
1999/00 Empire
2000/01 Empire

Äquatorial-Guinea - Liga
1979 Real Rebola
1980 Deportivo
1981 Atlético Malabo
1982 Atlético Malabo
1983 Dragons
1984 Sony Ela Nguema [CD Ela Nguema]
1985 Sony Ela Nguema [CD Ela Nguema]
1986 Sony Ela Nguema [CD Ela Nguema]
1987 Sony Ela Nguema [CD Ela Nguema]
1988 Sony Ela Nguema [CD Ela Nguema]
1989 Sony Ela Nguema [CD Ela Nguema]
1990 Sony Ela Nguema [CD Ela Nguema]
1991 Sony Ela Nguema [CD Ela Nguema]
1992 FC Aconangui
1993-95 *Sieger unbekannt*
1996 Cafe Band Sportif
1997 Deportivo
1998 Sony Ela Nguema
1999 FC Aconangui
2000 Sony Ela Nguema

Äquatorial-Guinea - Pokal
1978 Deportivo
1979 FC Aconangui
1980 Sony Ela Nguema [CD Ela Nguema]
1981 Sony Ela Nguema [CD Ela Nguema]
1982 Sony Ela Nguema [CD Ela Nguema]
1983 Sony Ela Nguema [CD Ela Nguema]
1984 GD Lage
1985 Atlético Malabo
1986 Juvenil Reyes
1987 Atlético Malabo
1988 Atlético Malabo
1989 Union Vesper
1990 Atlético Malabo
1991 Atlético Malabo
1992 Sony Ela Nguema [CD Ela Nguema]
1993-95 *Sieger unbekannt*
1996 FC Aconangui
1997 Union Vesper
1998 Union Vesper
1999 *Sieger unbekannt*
2000 Deportivo Unidad

Argentinien - Amateurliga
1891 Saint Andrew's
1892 *wurde nicht ausgetragen*
1893 Lomas AC
1894 Lomas AC
1895 Lomas AC
1896 Lomas Academy
1897 Lomas AC
1898 Lomas AC
1899 Belgrano AC
1900 Alumni AC [English High School]
1901 Alumni AC [Alumni Football Team]
1902 Alumni AC [Alumni Football Team]
1903 Alumni AC [Alumni Football Team]
1904 Belgrano AC
1905 Alumni AC [Alumni Football Team]
1906 Alumni AC
1907 Alumni AC
1908 Belgrano AC
1909 Alumni AC
1910 Alumni AC
1911 Alumni AC
1912 Quilmes AC und CA Porteño
1913 Racing Club und Estudiantes La Plata
1914 Racing Club und CA Porteño
1915 Racing Club
1916 Racing Club
1917 Racing Club
1918 Racing Club
1919 CA Boca Juniors und Racing Club
1920 CA Boca Juniors und CA River Plate
1921 CA Huracán (BA) und Racing Club
1922 CA Huracán (BA) und CA Independiente (BA)
1923 CA Boca Juniors und CA San Lorenzo Almagro
1924 CA Boca Juniors und CA San Lorenzo Almagro
1925 CA Huracán (BA) und Racing Club
1926 CA Boca Juniors und CA Independiente (BA)
1927 CA San Lorenzo Almagro
1928 CA Huracán (BA)
1929 Gimnasia y Esgrima
1930 CA Boca Juniors
1931 CA Estudiantil Porteño
1932 Sportivo Barracas
1933 Sportivo Dock Sud
1934 CA Estudiantil Porteño

Argentinien - Profiliga
1931 CA Boca Juniors
1932 CA River Plate
1933 CA San Lorenzo Almagro
1934 CA Boca Juniors
1935 CA Boca Juniors
1936 CA River Plate
1937 CA River Plate
1938 CA Independiente (BA)
1939 CA Independiente (BA)
1940 CA Boca Juniors
1941 CA River Plate
1942 CA River Plate
1943 CA Boca Juniors
1944 CA Boca Juniors
1945 CA River Plate
1946 CA San Lorenzo Almagro
1947 CA River Plate
1948 CA Independiente (BA)
1949 Racing Club
1950 Racing Club
1951 Racing Club
1952 CA River Plate
1953 CA River Plate
1954 CA Boca Juniors
1955 CA River Plate
1956 CA River Plate
1957 CA River Plate
1958 Racing Club
1959 CA San Lorenzo Almagro
1960 CA Independiente (BA)
1961 Racing Club
1962 CA Boca Juniors
1963 CA Independiente (BA)
1964 CA Boca Juniors
1965 CA Boca Juniors
1966 Racing Club
1967 CA Independiente (BA)
1968 CA Vélez Sarsfield
1969 CA Boca Juniors
1970 CA Boca Juniors
1971 CA Rosario Central
1972 CA San Lorenzo Almagro
1973 CA Rosario Central
1974 CA San Lorenzo Almagro
1975 CA River Plate
1976 CA Boca Juniors
1977 CA Independiente (BA)
1978 CA Independiente (BA)
1979 CA River Plate
1980 CA Rosario Central
1981 CA River Plate
1982 Ferro Carril Oeste
1983 Estudiantes La Plata
1984 Ferro Carril Oeste
1985 Argentinos Juniors
1985/86 CA River Plate
1986/87 CA Rosario Central
1987/88 CA Newell's Old Boys
1988/89 CA Independiente (BA)
1989/90 CA River Plate
1990/91 CA Newell's Old Boys
1991/92 CA River Plate und CA Newell's Old Boys
1992/93 CA Boca Juniors und CA Vélez Sarsfield
1993/94 CA River Plate und CA Independiente (BA)
1994/95 CA River Plate und CA San Lorenzo Almagro
1995/96 CA Vélez Sarsfield (2x)
1996/97 CA River Plate (2x)
1997/98 CA River Plate und CA Vélez Sarsfield
1998/99 CA Boca Juniors (2x)
1999/00 CA River Plate (2x)
2000/01 CA Boca Juniors und CA San Lorenzo Almagro

Argentinien - Metropolitano
1967 Estudiantes La Plata
1968 CA San Lorenzo Almagro
1969 CA Chacarita Juniors
1970 CA Independiente (BA)
1971 CA Independiente (BA)
1972 CA San Lorenzo Almagro
1973 CA Huracán (BA)
1974 CA Newell's Old Boys
1975 CA River Plate
1976 CA Boca Juniors
1977 CA River Plate
1978 Quilmes AC
1979 CA River Plate
1980 CA River Plate
1981 CA Boca Juniors
1982 Estudiantes La Plata
1983 CA Independiente (BA)
1984 Argentinos Juniors

Armenien - Liga
1992 FC Schirak Gjumri und FC Kilikija Erewan [Homenetmen Erewan]
1993 FC Ararat Erewan
1994 FC Schirak Gjumri
1995/96 FC Kilikija Erewan [FC Pjutnik Erewan]
1996/97 FC Kilikija Erewan [FC Pjutnik Erewan]
1997 FC Erewan
1998 FC Araks Ararat [FC Tsement Ararat]
1999 FC Araks Ararat [FC Tsement Ararat]
2000 FC Araks Ararat

Armenien - Pokal
1992 FC Banats Kotaik
1993 FC Ararat Erewan
1994 FC Ararat Erewan
1995 FC Ararat Erewan
1996 FC Kilikija Erewan [FC Pjutnik Erewan]
1997 FC Ararat Erewan
1998 FC Araks Ararat [FC Tsement Ararat]
1999 FC Araks Ararat [FC Tsement Ararat]
2000 FC MIKA Aschtarak
2000/01 FC MIKA Aschtarak

Aruba - Liga
1982 SV Dakota
1983-95 *Sieger unbekannt*
1996 SV Estrella
1997 SV Riverplate Modiki
1998 SV Estrella
1999 SV Estrella
2000 SV Deportivo Nacionaal

Aserbaidschan - Liga
1992 FC Neftschi Baku
1993 FC Karabach Agdam
1993/94 FC Turan Tauz
1994/95 FC Kiapaz Ganja
1995/96 FC Neftschi Baku
1996/97 FC Neftschi Baku
1997/98 FC Kiapaz Ganja
1998/99 FC Kiapaz Ganja
1999/00 FC Schamkir
2000/01 FC Schamkir

Aserbaidschan - Pokal
1992/93 FC Karabach Agdam
1993/94 FC Kiapaz Ganja
1994/95 FC Neftschi Baku
1995/96 FC Neftschi Baku
1996/97 FC Kiapaz Ganja
1997/98 FC Kiapaz Ganja
1998/99 FC Neftschi Baku
1999/00 FC Kiapaz Ganja
2000/01 FC Schafa Baku

Äthiopien - Liga
1944 BMME
1945-47 *wurde nicht ausgetragen*
1948 Red Sea
1949 Mechal [Army]
1950 St. George
1951 Mechal [Army]
1952 Mechal [Army]
1953 Mechal [Army]
1954 Mechal [Army]
1955 SC Asmara [Hamassien]
1956 Mechal
1957 SC Asmara [Hamassien]
1958 Embassoyra [Akale Guzay]
1959 Tele SC
1960 Cotton FC
1961 Ethio-Cement
1962 Cotton FC
1963 Cotton FC
1964 Ethio-Cement

1965 Cotton FC
1966 St. George
1967 St. George
1968 St. George
1969 Tele SC
1970 Tele SC
1971 St. George
1972 SC Asmara
1973 SC Asmara
1974 Embassoyra
1975 St. George
1976 Mechal
1977 Dire Dawa Railway FC
1978 Ogaden Anbessa
1979 Omedla
1980 Tegl Fre
1981 Ermejachen
1982 Mechal
1983 Cotton FC
1984 Mechal
1985 St. George [Brewery]
1986 St. George [Brewery]
1987 St. George [Brewery]
1988 Mechal
1989 *Sieger unbekannt*
1990 St. George [Brewery]
1991 St. George
1992 St. George
1993 EEPCO [EELPA]
1994 St. George
1995 St. George
1996 St. George
1997 Ethiopian Coffee
1998 EEPCO [EELPA]
1999 St. George
2000 St. George

Äthiopien - Pokal
1945 BMME
1946 Mechal [Army]
1947 Polisportiva
1948 Mekuria [Body Guard]
1949 Mechal [Army]
1950 Mechal [Army]
1951 Mechal [Army]
1952 St. George
1953 St. George
1954 Mechal [Army]
1955 Mechal
1956 Mechal
1957 St. George
1958 Mekuria
1959 Omedla
1960 Nib
1961-69 *wurde nicht ausgetragen*
1970 SC Asmara
1971 EEPCO [Electric Sports]
1972 EEPCO [Electric Sports]
1973 St. George
1974 St. George
1975 Mechal
1976 EEPCO [Electric Sports]
1977 St. George
1978 Omedla
1979 Mechal
1980 Red Sea
1981 Red Sea
1982 Ermejachen
1983 *Sieger unbekannt*
1984 Awet
1985 Awet
1986 Building Construction
1987 Awet
1988 Ethiopian Coffee [Bunna Gebeya]
1989 *wurde nicht ausgetragen*
1990 Rental Houses
1991-92 *wurde nicht ausgetragen*
1993 St. George
1994 Muger Cement
1995 Insurance
1996 Awassa Flour Mill
1997 Wolaita Tussa
1998 Ethiopian Coffee
1999 Ethiopian Coffee

Australien - Liga
1977 Sydney City Hakoah
1978 West Adelaide Sharks [West Adelaide Hellas]
1979 Marconi-Fairfield Stallions FC [Marconi-Fairfield FC]
1980 Sydney City Hakoah
1981 Sydney City Hakoah
1982 Sydney City Hakoah
1983 St. George FC [Budapest St. George FC]
1984 South Melbourne SC
1985 Brunswick Pumas [Brunswick Juventus]
1986 Adelaide Force FC [Adelaide City]
1987 APIA Leichhardt
1988 Marconi-Fairfield Stallions FC [Marconi-Fairfield FC]
1989 Marconi-Fairfield Stallions FC [Marconi-Fairfield FC]
1989/90 Sydney Olympic FC
1990/91 South Melbourne SC
1991/92 Adelaide Force FC [Adelaide City]
1992/93 Marconi-Fairfield Stallions FC [Marconi-Fairfield FC]
1993/94 Adelaide Force FC [Adelaide City]
1994/95 Melbourne Knights SC
1995/96 Melbourne Knights SC
1996/97 Brisbane Strikers FC
1997/98 South Melbourne SC
1998/99 South Melbourne SC
1999/00 Wollongong City Wolves
2000/01 Wollongong City Wolves

Australien - Pokal
1977 Brisbane City
1978 Brisbane City
1979 Adelaide Force FC [Adelaide City]
1980 Marconi-Fairfield Stallions FC [Marconi-Fairfield FC]
1981 Brisbane Lions
1982 APIA Leichhardt
1983 Sydney Olympic FC
1984 Newcastle KB United
1985 Sydney Olympic FC
1986 Sydney City Hakoah
1987 Sydney Croatia SC
1988 APIA Leichhardt
1989 Adelaide Force FC [Adelaide City]
1989/90 South Melbourne SC
1990/91 Parramatta Power SC [Parramatta Eagles SC]
1991/92 Adelaide Force FC [Adelaide City]
1992/93 Heidelberg United SC
1993/94 Parramatta Power SC [Parramatta Eagles SC]
1994/95 Melbourne Knights SC
1995/96 South Melbourne SC
1996/97 Collingwood Warriors

Bahamas - Liga
1996/97 Cavalier FC
1997/98 Cavalier FC
1998/99 Cavalier FC
1999/00 Abacom United FC
2000/01 Cavalier FC

Bahamas - Pokal
1999/00 Cavalier FC

Bahrain - Liga
1956/57 Muharraq
1957/58 Muharraq
1958/59 al-Nasr
1959/60 Muharraq
1960/61 Muharraq
1961/62 Muharraq
1962/63 Muharraq
1963/64 Muharraq
1964/65 Muharraq
1965/66 Muharraq
1966/67 Muharraq
1967/68 Bahrain Club
1968/69 al-Ahli
1969/70 Muharraq
1970/71 Muharraq
1971/72 al-Ahli
1972/73 Muharraq
1973/74 Muharraq
1974/75 al-Arabi
1975/76 Muharraq
1976/77 al-Ahli
1977/78 Bahrain Club
1978/79 al-Hala
1979/80 Muharraq
1980/81 Bahrain Club
1981/82 West Riffa
1982/83 Muharraq
1983/84 Muharraq
1984/85 Bahrain Club
1985/86 Muharraq
1986/87 West Riffa
1987/88 Muharraq
1988/89 Bahrain Club
1989/90 West Riffa
1990/91 Muharraq
1991/92 Muharraq
1992/93 West Riffa
1993/94 East Riffa
1994/95 Muharraq
1995/96 al-Ahli
1996/97 West Riffa
1997/98 West Riffa
1998/99 Muharraq
1999/00 West Riffa

Bahrain - Pokal
1952 Muharraq
1953 Muharraq
1954 Muharraq
1955-57 *Sieger unbekannt*
1958 Muharraq
1959 Muharraq
1960 al-Nasr
1961 Muharraq
1962 Muharraq
1963 Muharraq
1964 Muharraq
1965 *wurde nicht ausgetragen*
1966 Muharraq
1967 Muharraq
1968 al-Nasr
1969 al-Arabi
1970 Bahrain Club
1971 Bahrain Club
1972 Muharraq
1973 West Riffa
1974 Muharraq
1975 Muharraq
1976 al-Hala
1977 al-Nasr
1978 Muharraq
1979 Muharraq
1980 al-Hala
1981 al-Hala
1982 al-Ahli
1983 Muharraq
1984 Muharraq
1985 West Riffa
1986 West Riffa
1987 al-Ahli
1988 al-Wahda
1989 Muharraq
1990-94 *Sieger unbekannt*
1995 al-Wahda
1996 Bahrain Club
1997 Muharraq
1998 West Riffa
1999 East Riffa
2000 East Riffa

Bangladesh - Liga
2000 Abahani KC

Bangladesh - Liga von Dacca
1948 Victoria SC
1949 East Pakistan Gymkhana
1950 Dhaka Wanderers
1951 Dhaka Wanderers
1952 Bengal Government Press
1953 Dhaka Wanderers
1954 Dhaka Wanderers
1955 Dhaka Wanderers
1956 Dhaka Wanderers
1957 Mohammedan SC
1958 Azad
1959 Mohammedan SC
1960 Dhaka Wanderers
1961 Mohammedan SC
1962 Victoria SC
1963 Mohammedan SC
1964 Victoria SC
1965 Mohammedan SC
1966 Mohammedan SC
1967 East Pakistan IDC
1968 East Pakistan IDC
1969 Mohammedan SC
1970 East Pakistan IDC
1971-72 *wurde nicht ausgetragen*
1973 Bangladesh IDC
1974 Abahani KC
1975 Mohammedan SC
1976 Mohammedan SC
1977 Abahani KC
1978 Mohammedan SC
1979 BJMC
1980 Mohammedan SC
1981 Abahani KC
1982 Mohammedan SC
1983 Abahani KC
1984 Abahani KC
1985 Abahani KC
1986 Mohammedan SC
1987 Mohammedan SC
1988/89 Mohammedan SC
1989/90 Abahani KC
1991 *wurde nicht ausgetragen*
1991/92 Abahani KC
1993 Mohammedan SC
1994 Abahani KC
1995 Abahani KC
1996 Mohammedan SC
1997/98 Muktijoddha SKC
1999 Mohammedan SC
2000 Muktijoddha SKC

Bangladesh - Pokal
1988 Abahani KC
1989 Mohammedan SC
1990 Mohammedan SC
1991 Mohammedan SC
1992 Brothers Union
1993 *Sieger unbekannt*
1994 Muktijoddha SKC
1995 Mohammedan SC
1996 *Sieger unbekannt*
1997 Abahani KC
1998 *Sieger unbekannt*
1999 Abahani KC

Barbados - Liga
1947/48 Spartans
1949-59 *Sieger unbekannt*
1960 Everton
1961 *Sieger unbekannt*
1962 Everton
1963-65 *Sieger unbekannt*
1966 Everton
1967 Weymouth Wales [New South Wales]
1968 *Sieger unbekannt*
1969 Weymouth Wales [New South Wales]
1970 Weymouth Wales [New South Wales]
1971-83 *Sieger unbekannt*
1984 Weymouth Wales
1985 *Sieger unbekannt*
1986 Weymouth Wales
1987 Everton
1988-89 *Sieger unbekannt*
1990 Brittons Hill
1991 *Sieger unbekannt*
1992 PCW Pinelands
1993 Pride of Gall Hill
1994 *Sieger unbekannt*
1995 Defence Force
1996 Spice Paradise
1997 Notre Dame SC
1998 Notre Dame SC
1999 Notre Dame SC
2000 Notre Dame SC
2001 Spice Paradise

Barbados - Pokal
1947/48 Everton
1949-59 *Sieger unbekannt*
1960 Everton
1961 *Sieger unbekannt*
1962 Everton
1963-65 *Sieger unbekannt*
1966 *Wettbewerb wurde nicht beendet*
1967 Weymouth Wales [New South Wales]
1968 *Sieger unbekannt*
1969 Weymouth Wales [New South Wales]
1970 Weymouth Wales [New South Wales]
1971-85 *Sieger unbekannt*
1986 Everton
1987-94 *Sieger unbekannt*
1995 Pride of Gall Hill
1996 Spice Paradise
1997 Notre Dame SC
1998 Pride of Gall Hill [Bayer Pride]
1999 Pride of Gall Hill
2000 Spice Paradise
2001 Notre Dame SC

Belgien - Liga
1895/96 RTFC Liégeois [FC Liégeois]
1896/97 R Racing CB [Racing CB]
1897/98 RTFC Liégeois [FC Liégeois]
1898/99 RTFC Liégeois [FC Liégeois]
1899/00 R Racing CB [Racing CB]
1900/01 R Racing CB [Racing CB]
1901/02 R Racing CB [Racing CB]
1902/03 R Racing CB [Racing CB]
1903/04 R Union Saint-Gilloise [Union Saint-Gilloise]
1904/05 R Union Saint-Gilloise [Union Saint-Gilloise]
1905/06 R Union Saint-Gilloise [Union Saint-Gilloise]
1906/07 R Union Saint-Gilloise [Union Saint-Gilloise]
1907/08 R Racing CB [Racing CB]
1908/09 R Union Saint-Gilloise [Union Saint-Gilloise]
1909/10 R Union Saint-Gilloise [Union Saint-Gilloise]
1910/11 Cercle Brugge KSV [CS Brugeois]
1911/12 R Daring CB [Daring CB]
1912/13 R Union Saint-Gilloise [Union Saint-Gilloise]
1913/14 R Daring CB [Daring CB]
1915-19 *wurde nicht ausgetragen*
1919/20 Club Brugge KV [RFC Brugeois]
1920/21 R Daring CB [Daring CBSR]
1921/22 K Beerschot VAV [Beerschot AC]
1922/23 R Union Saint-Gilloise [Union R Saint-Gilloise]
1923/24 K Beerschot VAV [Beerschot AC]
1924/25 K Beerschot VAV [Beerschot AC]
1925/26 K Beerschot VAV [Beerschot AC]
1926/27 Cercle Brugge KSV [RCS Brugeois]
1927/28 K Beerschot VAV [R Beerschot AC]
1928/29 R Antwerp FC
1929/30 Cercle Brugge KSV [RCS Brugeois]
1930/31 R Antwerp FC
1931/32 K Lierse SK [K Liersche SK]
1932/33 R Union Saint-Gilloise [Union R Saint-Gilloise]
1933/34 R Union Saint-Gilloise [Union R Saint-Gilloise]
1934/35 R Union Saint-Gilloise [Union R Saint-Gilloise]
1935/36 R Daring CB [Daring CBSR]
1936/37 R Daring CB [Daring CBSR]
1937/38 K Beerschot VAV [R Beerschot AC]
1938/39 K Beerschot VAV [R Beerschot AC]
1940-41 *wurde nicht ausgetragen*
1941/42 K Lierse SK [K Liersche SK]
1942/43 KV Mechelen [RFC Malinois]
1943/44 R Antwerp FC
1944/45 *wurde nicht ausgetragen*
1945/46 KV Mechelen [RFC Malinois]
1946/47 RSC Anderlecht [RSC Anderlechtois]
1947/48 KV Mechelen [RFC Malinois]
1948/49 RSC Anderlecht [RSC Anderlechtois]
1949/50 RSC Anderlecht [RSC Anderlechtois]
1950/51 RSC Anderlecht [RSC Anderlechtois]
1951/52 RTFC Liégeois [RFC Liégeois]
1952/53 RTFC Liégeois [RFC Liégeois]
1953/54 RSC Anderlecht [RSC Anderlechtois]
1954/55 RSC Anderlecht [RSC Anderlechtois]
1955/56 RSC Anderlecht [RSC Anderlechtois]
1956/57 R Antwerp FC
1957/58 R Standard Liège [R Standard Club Liégeois]
1958/59 RSC Anderlecht [RSC Anderlechtois]
1959/60 K Lierse SK [K Liersche SK]
1960/61 R Standard Liège [R Standard Club Liégeois]
1961/62 RSC Anderlecht [RSC Anderlechtois]
1962/63 R Standard Liège [R Standard Club Liégeois]
1963/64 RSC Anderlecht [RSC Anderlechtois]
1964/65 RSC Anderlecht [RSC Anderlechtois]
1965/66 RSC Anderlecht [RSC Anderlechtois]
1966/67 RSC Anderlecht [RSC Anderlechtois]
1967/68 RSC Anderlecht [RSC Anderlechtois]
1968/69 R Standard Liège [R Standard Club Liégeois]
1969/70 R Standard Liège [R Standard Club Liégeois]
1970/71 R Standard Liège [R Standard Club Liégeois]
1971/72 RSC Anderlecht [RSC Anderlechtois]
1972/73 Club Brugge KV
1973/74 RSC Anderlecht [RSC Anderlechtois]
1974/75 RWD Molenbeek
1975/76 Club Brugge KV
1976/77 Club Brugge KV
1977/78 Club Brugge KV
1978/79 KSK Beveren [SK Beveren]
1979/80 Club Brugge KV
1980/81 RSC Anderlecht [RSC Anderlechtois]
1981/82 R Standard Liège [R Standard Club Liégeois]
1982/83 R Standard Liège [R Standard Club Liégeois]
1983/84 KSK Beveren [SK Beveren]
1984/85 RSC Anderlecht
1985/86 RSC Anderlecht
1986/87 RSC Anderlecht
1987/88 Club Brugge KV
1988/89 KV Mechelen
1989/90 Club Brugge KV
1990/91 RSC Anderlecht
1991/92 Club Brugge KV
1992/93 RSC Anderlecht
1993/94 RSC Anderlecht
1994/95 RSC Anderlecht
1995/96 Club Brugge KV
1996/97 K Lierse SK
1997/98 Club Brugge KV
1998/99 KRC Genk
1999/00 RSC Anderlecht
2000/01 RSC Anderlecht

Belgien - Pokal
1911/12 R Racing CB [Racing CB]
1912/13 R Union Saint-Gilloise [Union Saint-Gilloise]
1913/14 R Union Saint-Gilloise [Union Saint-Gilloise]
1915-26 *wurde nicht ausgetragen*
1926/27 Cercle Brugge KSV [RCS Brugeois]
1928-53 *wurde nicht ausgetragen*
1953/54 R Standard Liège [R Standard Club Liégeois]
1954/55 R Antwerp FC
1955/56 RRC Tournaisien
1957-63 *wurde nicht ausgetragen*
1963/64 KAA Gent [ARA La Gantoise]
1964/65 RSC Anderlecht [RSC Anderlechtois]
1965/66 R Standard Liège [R Standard Club Liégeois]
1966/67 R Standard Liège [R Standard Club Liégeois]
1967/68 Club Brugge KV [RFC Brugeois]
1968/69 K Lierse SK
1969/70 Club Brugge KV [RFC Brugeois]
1970/71 K Beerschot VAV
1971/72 RSC Anderlecht [RSC Anderlechtois]
1972/73 RSC Anderlecht [RSC Anderlechtois]
1973/74 KSV Waregem
1974/75 RSC Anderlecht [RSC Anderlechtois]
1975/76 RSC Anderlecht [RSC Anderlechtois]
1976/77 Club Brugge KV
1977/78 KSK Beveren [SK Beveren-Waas]
1978/79 K Beerschot VAV
1979/80 KSV Waterschei THOR
1980/81 R Standard Liège [R Standard Club Liégeois]
1981/82 KSV Waterschei THOR
1982/83 KSK Beveren [SK Beveren]
1983/84 KAA Gent
1984/85 Cercle Brugge KSV [KSV Cercle Brugge]
1985/86 Club Brugge KV
1986/87 KV Mechelen
1987/88 RSC Anderlecht
1988/89 RSC Anderlecht
1989/90 RTFC Liégeois [RFC Liège]
1990/91 Club Brugge KV
1991/92 R Antwerp FC
1992/93 R Standard Liège [R Standard Club Liégeois]
1993/94 RSC Anderlecht
1994/95 Club Brugge KV
1995/96 Club Brugge KV
1996/97 KFC Germinal Ekeren
1997/98 KRC Genk
1998/99 K Lierse SK
1999/00 KRC Genk
2000/01 KVC Westerlo

Belgien - Liga-Pokal
1997/98 KFC Lommelse SK
1998/99 K Sint-Truidense VV
1999/00 RSC Anderlecht

Belize - Liga
1991/92 La Victoria
1992/93 Acros Bombers [Acros Carib]
1993/94 La Victoria
1994/95 Acros Bombers [Acros Crystal]
1995/96 Juventus Esso [Juventus Caribbean]
1996/97 Juventus Esso [Juventus Caribbean]
1997/98 Juventus Esso [Juventus Caribbean]
1998/99 Juventus Esso [Juventus Pepsi]
1999/00 Sagitún

Benin - Liga
1969 ASFAP [FAD]
1970 AS Porto-Novo
1971 AS Cotonou
1972 AS Porto-Novo
1973 AS Porto-Novo
1974 Etoile sportive
1975-77 *wurde nicht ausgetragen*
1978 Dragons de l'Ouémé
1979 Dragons de l'Ouémé
1980 Buffles de Borgou
1981 ASFAP [Adjidjas]
1982 Dragons de l'Ouémé
1983 Dragons de l'Ouémé
1984 Lions de l'Atakora
1985 Requins de l'Atlantique
1986 Dragons de l'Ouémé
1987 Requins de l'Atlantique
1988 *wurde nicht ausgetragen*
1989 Dragons de l'Ouémé
1990 Requins de l'Atlantique
1991 Postel Sport FC
1992 Buffles de Borgou
1993 Dragons de l'Ouémé
1994 Dragons de l'Ouémé
1995 Toffa
1996 Mogas 90
1997 Mogas 90
1998 Dragons de l'Ouémé
1999 Dragons de l'Ouémé

Benin - Pokal
1974 Etoile sportive
1975-77 *wurde nicht ausgetragen*
1978 Requins de l'Atlantique
1979 Buffles de Borgou
1980 *wurde nicht ausgetragen*
1981 Requins de l'Atlantique
1982 Buffles de Borgou
1983 Requins de l'Atlantique
1984 Dragons de l'Ouémé
1985 Dragons de l'Ouémé
1986 Dragons de l'Ouémé
1987 Dragons de l'Ouémé
1988 Requins de l'Atlantique
1989 Requins de l'Atlantique
1990 Dragons de l'Ouémé
1991 Mogas 90
1992 Mogas 90
1993 Locomotive
1994 Mogas 90
1995 Mogas 90
1996 UNB FC
1997 Energie Sport FC
1998 Mogas 90
1999 Mogas 90
2000 Mogas 90

Bermudas - Liga
1963/64 Young Men SC
1964/65 Young Men SC
1965/66 Young Men SC
1966/67 Somerset CC
1967/68 Somerset CC
1968/69 Somerset CC
1969/70 Somerset CC
1970/71 PHC Zebras
1971/72 Devonshire Colts FC
1972/73 Devonshire Colts FC
1973/74 North Village Red Devils [North Village CC]
1974/75 Hotels International FC
1975/76 North Village Red Devils [North Village CC]
1976/77 PHC Zebras
1977/78 North Village Red Devils [North Village CC]
1978/79 North Village Red Devils [North Village CC]
1979/80 Hotels International FC
1980/81 Southampton Rangers SC
1981/82 Somerset CC
1982/83 Somerset CC
1983/84 Somerset CC
1984/85 PHC Zebras
1985/86 PHC Zebras
1986/87 Somerset CC
1987/88 Dandy Town Hornets [Dandy Town SC]
1988/89 PHC Zebras
1989/90 PHC Zebras
1990/91 Boulevard Blazers [Boulevard CC]
1991/92 PHC Zebras
1992/93 Somerset CC
1993/94 Dandy Town Hornets [Dandy Town SC]
1994/95 Boulevard Blazers [Boulevard CC]
1995/96 Vasco Volcanoes [Vasco da Gama FC]
1996/97 Devonshire Colts FC
1997/98 Vasco Volcanoes
1998/99 Vasco Volcanoes
1999/00 PHC Zebras
2000/01 Dandy Town Hornets

Bermudas - Pokal
1993/94 Vasco Volcanoes
1994/95 *Sieger unbekannt*
1995/96 Boulevard Blazers
1996/97 Boulevard Blazers
1997/98 Vasco Volcanoes
1998/99 Devonshire Colts FC
1999/00 North Village Red Devils

Bhutan - Liga
2000 Phuentsholing FC

Bhutan - Liga von Thimbu
1996 Bhutan Telecom Company IECH

Bolivien - Liga
1914 The Strongest
1915 Colegio Militar
1916 The Strongest
1917 The Strongest
1918-21 *wurde nicht ausgetragen*
1922 The Strongest
1923 The Strongest
1924 The Strongest
1925 The Strongest
1926 *wurde nicht ausgetragen*
1927 Nimbles Sport
1928 Colegio Militar
1929 CD Universitario
1930 The Strongest
1931 Nimbles Sport
1932 Bolívar
1933-34 *wurde nicht ausgetragen*
1935 The Strongest
1936 Ayacucho
1937 Bolívar
1938 The Strongest
1939 Bolívar
1940 Bolívar
1941 Bolívar
1942 Bolívar
1943 The Strongest
1944 Ferroviário
1945 The Strongest
1946 The Strongest
1947-49 *wurde nicht ausgetragen*
1950 Bolívar
1951 Always Ready
1952 The Strongest
1953 Bolívar
1954 CD Litoral
1955 San José
1956 Bolívar
1957 Always Ready
1958 Jorge Wilstermann
1959 Jorge Wilstermann
1960 Jorge Wilstermann
1961 CD Municipal
1962 *wurde nicht ausgetragen*
1963 Aurora
1964 The Strongest
1965 CD Municipal
1966 Bolívar
1967 Jorge Wilstermann
1968 Bolívar
1969 CD Universitario
1970 CD Chaco Petrolero
1971 Oriente Petrolero
1972 Jorge Wilstermann
1973 Jorge Wilstermann
1974 The Strongest
1975 Guabirá
1976 Bolívar
1977 The Strongest
1978 Bolívar
1979 Oriente Petrolero
1980 Jorge Wilstermann
1981 Jorge Wilstermann
1982 Bolívar
1983 Bolívar
1984 Blooming
1985 Bolívar
1986/87 The Strongest
1987 Bolívar
1988 Bolívar
1989 The Strongest
1990 Oriente Petrolero
1991 Bolívar
1992 Bolívar
1993 The Strongest
1994 Bolívar
1995 San José
1996 Bolívar
1997 Bolívar
1998 Blooming
1999 Blooming
2000 Jorge Wilstermann

Bosnien und Herzegowina - Liga
1997/98 NK Željezničar Sarajevo
1998/99 *wurde nicht ausgetragen*
1999/00 NK Brotnjo Čitluk
2000/01 NK Željezničar Sarajevo

Bosnien und Herzegowina - Pokal
1997/98 FK Sarajevo
1998/99 *wurde nicht ausgetragen*
1999/00 NK Željezničar Sarajevo
2000/01 NK Željezničar Sarajevo

Bosnien und Herzegowina (kroatischer Teil) - Liga
1993/94 NK Široki Brijeg [Mladost Dubint Široki Brijeg]

1994/95 NK Široki Brijeg [Mladost Dubint Široki Brijeg]
1995/96 NK Široki Brijeg [Mladost Široki Brijeg]
1996/97 NK Široki Brijeg
1997/98 NK Široki Brijeg
1998/99 NK Posušje
1999/00 NK Posušje

Bosnien und Herzegowina (kroatischer Teil) - Pokal
1994/95 NK Ljubuški
1995/96 NK Ljubuški
1996/97 NK Troglav Livno
1997/98 NK Orašje
1998/99 NK Brotnjo Čitluk

Bosnien und Herzegowina (moslemischer Teil) - Liga
1995/96 NK Čelik Zenica
1996/97 NK Čelik Zenica
1997/98 FK Bosna Visoko
1998/99 FK Sarajevo
1999/00 NK Jedinstvo Bihać

Bosnien und Herzegowina (moslemischer Teil) - Pokal
1994/95 NK Čelik Zenica
1995/96 NK Čelik Zenica
1996/97 FK Sarajevo
1997/98 FK Sarajevo
1998/99 FK Bosna Visoko

Bosnien und Herzegowina (serbischer Teil) - Liga
1995/96 FK Boksit Milići
1996/97 FK Rudar Ugljevik
1997/98 FK Rudar Ugljevik
1998/99 FK Radnik Bijeljina
1999/00 FK Boksit Milići
2000/01 FK Borac Banja Luka

Bosnien und Herzegowina (serbischer Teil) - Pokal
1993/94 FK Kozara Gradiška
1994/95 FK Borac Banja Luka
1995/96 FK Borac Banja Luka
1996/97 FK Sloga Trn
1997/98 FK Rudar Ugljevik
1998/99 FK Rudar Ugljevik
1999/00 FK Kozara Gradiška
2000/01 FK Kozara Gradiška

Botswana - Liga
1978 Notwane FC [Notwane PG]
1979 Township Rollers
1980 Township Rollers
1981 Botswana Defence Force
1982 Township Rollers
1983 Township Rollers
1984 Township Rollers
1985 Township Rollers
1986 Gaborone United
1987 Township Rollers
1988 Botswana Defence Force
1989 Botswana Defence Force
1990 Gaborone United
1991 Botswana Defence Force
1992 Extension Gunners CS [Lobatse CS Gunners]
1993 Extension Gunners CS [Lobatse CS Gunners]
1994 Extension Gunners CS
1995 Township Rollers
1996 Notwane FC [Notwane PG]
1997 Botswana Defence Force
1998 Notwane FC [Notwane PG]
1999 Mogoditshane Fighters
1999/00 Mogoditshane Fighters
2000/01 Mogoditshane Fighters

Botswana - Pokal
1978 Notwane FC [Notwane PG]
1979 Township Rollers
1980-88 *Sieger unbekannt*
1989 Botswana Defence Force
1990 Gaborone United
1991 Botswana Defence Force
1992 Extension Gunners CS [Lobatse CS Gunners]
1993 Township Rollers
1994 Township Rollers
1995 Notwane FC [Notwane PG]
1996 Township Rollers
1997 Notwane FC [Notwane PG]
1998 Botswana Defence Force
1999 Mogoditshane Fighters
2000 Mogoditshane Fighters

Brasilien - Liga
1971 CA Mineiro
1972 SE Palmeiras
1973 SE Palmeiras
1974 CR Vasco da Gama
1975 SC Internacional
1976 SC Internacional
1977 São Paulo FC
1978 Guarani FC
1979 SC Internacional
1980 CR Flamengo
1981 Grêmio Portoalegrense
1982 CR Flamengo
1983 CR Flamengo
1984 Fluminense FC
1985 Coritiba FC
1986 São Paulo FC
1987 CR Flamengo
1988 EC Bahia
1989 CR Vasco da Gama
1990 SC Corinthians Paulista
1991 São Paulo FC
1992 CR Flamengo
1993 SE Palmeiras
1994 SE Palmeiras
1995 Botafogo FR
1996 Grêmio Portoalegrense
1997 CR Vasco da Gama
1998 SC Corinthians Paulista
1999 SC Corinthians Paulista
2000 CR Vasco da Gama

Brasilien - Pokal
1959 EC Bahia
1960 SE Palmeiras
1961 Santos FC
1962 Santos FC
1963 Santos FC
1964 Santos FC
1965 Santos FC
1966 Cruzeiro EC
1967 SE Palmeiras
1968 Botafogo FR
1969-88 *wurde nicht ausgetragen*
1989 Grêmio Portoalegrense
1990 CR Flamengo
1991 Criciúma EC
1992 SC Internacional
1993 Cruzeiro EC
1994 Grêmio Portoalegrense
1995 SC Corinthians Paulista
1996 Cruzeiro EC
1997 Grêmio Portoalegrense
1998 SE Palmeiras
1999 EC Juventude
2000 Cruzeiro EC

Brasilien - Liga des Bundesstaats Acre
1947 Rio Branco FC
1948 América FC
1949 América FC
1950 Rio Branco FC
1951 Rio Branco FC
1952 Atlético Acreano
1953 Atlético Acreano
1954 Independência FC
1955 Rio Branco FC
1956 Rio Branco FC
1957 Rio Branco FC
1958 Independência FC
1959 Independência FC
1960 Independência FC
1961 Rio Branco FC
1962 Rio Branco FC und Atlético Acreano
1963 Independência FC
1964 Rio Branco FC
1965 AD Vasco da Gama
1966 AC Juventus
1967 GA Sampaio
1968 Atlético Acreano
1969 AC Juventus
1970 Independência FC
1971 Rio Branco FC
1972 Independência FC
1973 Rio Branco FC
1974 Independência FC
1975 AC Juventus
1976 AC Juventus
1977 Rio Branco FC
1978 AC Juventus
1979 Rio Branco FC
1980 AC Juventus
1981 AC Juventus
1982 AC Juventus
1983 Rio Branco FC
1984 AC Juventus
1985 Independência FC
1986 Rio Branco FC
1987 Atlético Acreano
1988 Independência FC
1989 AC Juventus
1990 AC Juventus
1991 Atlético Acreano
1992 Rio Branco FC
1993 Independência FC
1994 Rio Branco FC
1995 AC Juventus
1996 AC Juventus
1997 Rio Branco FC
1998 Independência FC
1999 AD Vasco da Gama
2000 Rio Branco FC
2001 AD Vasco da Gama

Brasilien - Liga des Bundesstaats Alagoas
1927 CRB
1928 CSA
1929 CSA
1930 CRB
1931-32 *wurde nicht ausgetragen*
1933 CSA
1934 *wurde nicht ausgetragen*
1935 CSA
1936 CSA
1937 CRB
1938 CRB
1939 CRB
1940 CRB
1941 CSA
1942 CSA
1943 *wurde nicht ausgetragen*
1944 CSA
1945 Santa Cruz FC
1946 EC Barroso
1947 EC Alexandria
1948 Santa Cruz FC
1949 CSA
1950 CRB
1951 CRB
1952 CSA
1953 Ferroviário AC
1954 Ferroviário AC
1955 CSA
1956 CSA
1957 CSA
1958 CSA
1959 CS Capelense
1960 CSA
1961 CSA
1962 CS Capelense
1963 CSA
1964 CRB
1965 CSA
1966 CSA
1967 CSA
1968 CSA
1969 CRB
1970 CRB
1971 CSA
1972 CRB
1973 CRB
1974 CSA
1975 CSA
1976 CRB
1977 CRB
1978 CRB
1979 CRB
1980 CSA
1981 CSA
1982 CSA
1983 CRB
1984 CSA
1985 CSA
1986 CRB
1987 CRB
1988 CSA
1989 CS Capelense
1990 CSA
1991 CSA
1992 CRB
1993 CRB
1994 CSA
1995 CRB
1996 CSA
1997 CSA
1998 CSA
1999 CSA
2000 ASA
2001 ASA

Brasilien - Liga des Bundesstaats Amapá
1944 EC Macapá
1945 Amapá Clube
1946 EC Macapá
1947 EC Macapá
1948 EC Macapá
1949 *wurde nicht ausgetragen*
1950 Amapá Clube
1951 Amapá Clube
1952 Trem Desportivo
1953 Amapá Clube
1954 EC Macapá
1955 EC Macapá
1956 EC Macapá
1957 EC Macapá
1958 EC Macapá
1959 EC Macapá
1960 Santana EC
1961 Santana EC
1962 Santana EC
1963 CEA Macapá
1964 Juventus EC
1965 Santana EC
1966 Juventus EC
1967 Juventus EC
1968 Santana EC
1969 EC Macapá
1970 SER São José
1971 SER São José
1972 Santana EC
1973 Amapá Clube
1974 EC Macapá
1975 Amapá Clube
1976 Ypiranga Macapá
1977 Guarany AC
1978 EC Macapá
1979 Amapá Clube
1980 EC Macapá
1981 EC Macapá
1982 Independente EC
1983 Independente EC
1984 Trem Desportivo
1985 Santana EC
1986 EC Macapá
1987 Amapá Clube
1988 Amapá Clube
1989 Independente EC
1990 Amapá Clube
1991 EC Macapá
1992 Ypiranga Macapá
1993 SER São José
1994 Ypiranga Macapá
1995 Independente EC
1996 *wurde nicht ausgetragen*
1997 Ypiranga Macapá
1998 Aliança Macapá
1999 Ypiranga Macapá
2000 Santos FC
2001 Independente EC

Brasilien - Liga des Bundesstaats Amazonas
1914 Manaus AC
1915 Manaus AC
1916 Nacional FC
1917 Nacional FC
1918 Nacional FC
1919 Nacional FC
1920 Nacional FC
1921 Atlético Rio Negro
1922 Nacional FC
1923 Nacional FC
1924-26 *wurde nicht ausgetragen*
1927 Atlético Rio Negro
1928 Cruzeiro do Sul FC
1929 Manaus SC
1930 Cruzeiro do Sul FC
1931 Atlético Rio Negro
1932 Atlético Rio Negro
1933 Nacional FC
1934 UE Portuguesa
1935 UE Portuguesa
1936 Nacional FC
1937 Nacional FC
1938 Atlético Rio Negro
1939 Nacional FC
1940 Atlético Rio Negro
1941 Nacional FC
1942 Nacional FC
1943 Atlético Rio Negro
1944 Olímpico Manaus
1945 Nacional FC
1946 Nacional FC
1947 Olimpico Manaus
1948 Nacional Fast Club
1949 Nacional Fast Club
1950 Nacional FC
1951 América FC
1952 América FC
1953 América FC
1954 América FC
1955 Nacional Fast Club
1956 Auto EC
1957 Nacional FC
1958 Santos FC
1959 Auto EC
1960 Nacional Fast Club
1961 São Raimundo EC
1962 Atlético Rio Negro
1963 Nacional FC
1964 Nacional FC
1965 Atlético Rio Negro
1966 Olimpico Manaus
1967 Olimpico Manaus
1968 Nacional FC
1969 Nacional FC
1970 Nacional Fast Club
1971 Nacional Fast Club
1972 Nacional FC
1973 AA Rodoviária
1974 Nacional FC
1975 Atlético Rio Negro
1976 Nacional FC
1977 Nacional FC
1978 Nacional FC
1979 Nacional FC
1980 Nacional FC
1981 Nacional FC
1982 Atlético Rio Negro
1983 Nacional FC
1984 Nacional FC
1985 Nacional FC
1986 Nacional FC
1987 Atlético Rio Negro
1988 Atlético Rio Negro
1989 Atlético Rio Negro
1990 Atlético Rio Negro
1991 Nacional FC
1992 Sul América EC
1993 Sul América EC
1994 América FC
1995 Nacional FC
1996 Nacional FC
1997 São Raimundo EC
1998 São Raimundo EC
1999 São Raimundo EC
2000 Nacional FC
2001 Atlético Rio Negro

Brasilien - Liga des Bundesstaats Bahia
1905 Internacional Cricket
1906 Natação e Regatas
1907 Natação e Regatas
1908 EC Vitória [SC Victoria]
1909 EC Vitória [SC Victoria]
1910 SC Santos Dumont
1911 SC Bahia
1912 Atlético FC
1913 Fluminense FC (Salvador)
1914 SC Internacional
1915 Fluminense FC (Salvador)
1916 SC República
1917 EC Ypiranga [SC Ypiranga]
1918 EC Ypiranga [SC Ypiranga]
1919 Botafogo SC
1920 EC Ypiranga [SC Ypiranga]
1921 EC Ypiranga [SC Ypiranga]
1922 Botafogo SC
1923 Botafogo SC
1924 AA Bahia
1925 EC Ypiranga [SC Ypiranga]
1926 Botafogo SC
1927 Bahiano de Tênis
1928 EC Ypiranga [SC Ypiranga]
1929 EC Ypiranga [SC Ypiranga]
1930 Botafogo SC
1931 EC Bahia
1932 EC Ypiranga [SC Ypiranga]
1933 EC Bahia
1934 EC Bahia
1935 Botafogo SC
1936 EC Bahia
1937 EC Bahia
1938 EC Bahia und Botafogo SC
1939 EC Ypiranga [SC Ypiranga]
1940 EC Bahia
1941 Galícia EC
1942 Galícia EC
1943 Galícia EC
1944 EC Bahia
1945 EC Bahia
1946 AD Guarany
1947 EC Bahia
1948 EC Bahia
1949 EC Bahia
1950 EC Bahia
1951 EC Ypiranga [SC Ypiranga]
1952 EC Bahia
1953 EC Vitória
1954 EC Bahia
1955 EC Vitória
1956 EC Bahia
1957 EC Vitória
1958 EC Bahia
1959 EC Bahia
1960 EC Bahia
1961 EC Bahia
1962 EC Bahia
1963 Fluminense FC (Feira de Santana)
1964 EC Bahia
1965 EC Vitória
1966 AD Leônico
1967 EC Bahia
1968 Galícia EC
1969 Fluminense FC (Feira de Santana)
1970 EC Bahia
1971 EC Bahia
1972 EC Vitória
1973 EC Bahia
1974 EC Bahia
1975 EC Bahia
1976 EC Bahia
1977 EC Bahia
1978 EC Bahia
1979 EC Bahia
1980 EC Vitória
1981 EC Bahia
1982 EC Bahia
1983 EC Bahia
1984 EC Bahia
1985 EC Vitória
1986 EC Bahia
1987 EC Bahia
1988 EC Bahia
1989 EC Vitória
1990 EC Vitória
1991 EC Bahia
1992 EC Vitória
1993 EC Bahia
1994 EC Bahia
1995 EC Vitória
1996 EC Vitória
1997 EC Vitória
1998 EC Bahia
1999 EC Bahia
2000 EC Vitória
2001 EC Bahia

Brasilien - Liga des Bundesstaats Ceará
1920 Fortaleza EC
1921 Fortaleza EC
1922 Ceará SC
1923 Fortaleza EC
1924 Fortaleza EC
1925 Ceará SC
1926 Fortaleza EC
1927 Fortaleza EC
1928 Fortaleza EC
1929 Maguari EC
1930 Orion FC
1931 Ceará SC
1932 Ceará SC
1933 Ceará SC
1934 Fortaleza EC
1935 América F e C
1936 Maguari EC
1937 Fortaleza EC
1938 Fortaleza EC
1939 Ceará SC
1940 Tramways SC
1941 Ceará SC
1942 Ceará SC
1943 Maguari EC
1944 Maguari EC
1945 Ferroviário AC
1946 Fortaleza EC
1947 Fortaleza EC
1948 Ceará SC
1949 Fortaleza EC
1950 Ferroviário AC
1951 Ceará SC
1952 Ferroviário AC
1953 Fortaleza EC
1954 Fortaleza EC
1955 Calouros do Ar FC
1956 Gentilândia AC
1957 Ceará SC
1958 Ceará SC
1959 Fortaleza EC
1960 Fortaleza EC
1961 Ceará SC
1962 Ceará SC
1963 Ceará SC
1964 Fortaleza EC
1965 Fortaleza EC
1966 América F e C
1967 Fortaleza EC
1968 Ferroviário AC
1969 Fortaleza EC
1970 Ferroviário AC
1971 Ceará SC
1972 Ceará SC
1973 Fortaleza EC
1974 Fortaleza EC
1975 Ceará SC
1976 Ceará SC
1977 Ceará SC
1978 Ceará SC
1979 Ferroviário AC
1980 Ceará SC
1981 Ceará SC
1982 Fortaleza EC
1983 Fortaleza EC
1984 Ceará SC
1985 Fortaleza EC
1986 Ceará SC
1987 Fortaleza EC
1988 Ferroviário AC
1989 Ceará SC
1990 Ceará SC
1991 Fortaleza EC
1992 Fortaleza EC, Ceará SC, AE Tiradentes und Icasa EC
1993 Ceará SC
1994 Ferroviário AC
1995 Ferroviário AC
1996 Ceará SC
1997 Ceará SC
1998 Ceará SC
1999 Ceará SC
2000 Fortaleza EC
2001 Fortaleza EC

Brasilien - Liga des Bundesstaats Distrito Federal
1959 GE Brasiliense
1960 Defelê FC
1961 Defelê FC
1962 Defelê FC
1963 AE Cruzeiro do Sul
1964 AA Guanabara
1965 Pederneiras FC
1966 Rabello FC
1967 Rabello FC
1968 Defelê FC
1969 Coenge FC
1970 GE Brasiliense
1971 CA Colombo
1972 AA Serviço Gráfico
1973 Ceub EC
1974 Pioneira FC
1975 *wurde nicht ausgetragen*
1976 Brasília EC
1977 Brasília EC
1978 Brasília EC
1979 SE Gama
1980 Brasília EC
1981 Taguatinga EC
1982 Brasília EC
1983 Brasília EC
1984 Brasília EC
1985 Botafogo Sobradinho FC
1986 Botafogo Sobradinho FC
1987 Brasília EC
1988 Flamengo Tiradentes [Grêmio Tiradentes]
1989 Taguatinga EC
1990 SE Gama
1991 Taguatinga EC
1992 Taguatinga EC
1993 Taguatinga EC
1994 SE Gama
1995 SE Gama
1996 CR Guará
1997 SE Gama
1998 SE Gama
1999 SE Gama
2000 SE Gama
2001 SE Gama

Brasilien - Liga des Bundesstaats Espírito Santo
1917 América FC
1918 Rio Branco AC
1919 Rio Branco AC
1920 Vitória FC
1921 Rio Branco AC
1922 América FC
1923 América FC
1924 Rio Branco AC
1925 América FC
1926 Floriano FC
1927 América FC
1928 América FC
1929 Rio Branco AC
1930 Rio Branco AC
1931 Santo Antonio FC
1932 Vitória FC
1933 Vitória FC
1934 Rio Branco AC
1935 Rio Branco AC
1936 Rio Branco AC
1937 Rio Branco AC
1938 Rio Branco AC
1939 Rio Branco AC
1940 Americano FC
1941 Rio Branco AC
1942 Rio Branco AC
1943 Caxias FC
1944 Vitória FC
1945 Rio Branco AC
1946 Rio Branco AC
1947 Rio Branco AC
1948 AA Valeriodoce
1949 Rio Branco AC
1950 Vitória FC
1951 Rio Branco AC
1952 Vitória FC
1953 Santo Antonio FC
1954 Santo Antonio FC
1955 Santo Antonio FC
1956 Vitória FC
1957 Rio Branco AC
1958 Rio Branco AC
1959 Rio Branco AC
1960 Santo Antonio FC
1961 Santo Antonio FC
1962 AD Ferroviária
1963 Santos FC
1964 Rio Branco AC
1965 Rio Branco AC
1966 AD Ferroviária
1967 AD Ferroviária
1968 Rio Branco AC
1969 Rio Branco AC
1970 Rio Branco AC
1971 *Wettbewerb wurde nicht beendet*
1972 AD Ferroviária
1973 Rio Branco AC
1974 AD Ferroviária
1975 Rio Branco AC
1976 Vitória FC
1977 AD Ferroviária
1978 Rio Branco AC
1979 AD Ferroviária
1980 AD Ferroviária
1981 AD Ferroviária
1982 Rio Branco AC
1983 Rio Branco AC
1984 AD Ferroviária
1985 Rio Branco AC
1986 AD Ferroviária
1987 Guarapari EC
1988 Ibiraçu EC
1989 AD Ferroviária
1990 AA Colatina
1991 Muniz Freire FC
1992 AD Ferroviária
1993 Linhares EC
1994 AD Ferroviária
1995 Linhares EC
1996 AD Ferroviária
1997 Linhares EC
1998 Linhares EC
1999 GE Serra
2000 AD Ferroviária
2001 Alegrense FC

Brasilien - Liga des Bundesstaats Goiás
1944 AC Goianiense
1945 Goiânia EC
1946 Goiânia EC
1947 AC Goianiense
1948 Goiânia EC
1949 AC Goianiense
1950 Goiânia EC
1951 Goiânia EC
1952 Goiânia EC
1953 Goiânia EC
1954 Goiânia EC
1955 AC Goianiense
1956 Goiânia EC
1957 AC Goianiense
1958 Goiânia EC
1959 Goiânia EC
1960 Goiânia EC
1961 Vila Nova FC
1962 Vila Nova FC
1963 Vila Nova FC
1964 AC Goianiense
1965 Anápolis FC
1966 Goiás EC
1967 CRAC
1968 Goiânia EC
1969 Vila Nova FC
1970 AC Goianiense
1971 Goiás EC
1972 Goiás EC
1973 Vila Nova FC
1974 Goiânia EC
1975 Goiás EC
1976 Goiás EC
1977 Vila Nova FC
1978 Vila Nova FC
1979 Vila Nova FC
1980 Vila Nova FC
1981 Goiás EC
1982 Vila Nova FC
1983 Goiás EC
1984 Vila Nova FC
1985 AC Goianiense
1986 Goiás EC
1987 Goiás EC
1988 AC Goianiense
1989 Goiás EC
1990 Goiás EC
1991 Goiás EC
1992 Goiatuba EC
1993 Vila Nova FC
1994 Goiás EC
1995 Vila Nova FC
1996 Goiás EC
1997 Goiás EC
1998 Goiás EC
1999 Goiás EC
2000 Goiás EC
2001 Vila Nova FC

Brasilien - Liga des Bundesstaats Maranhão
1918 Fênix FC
1919 SC Luso Brasileiro
1920 SC Luso Brasileiro
1921 FAC São Luís
1922 Fênix FC
1923 FAC São Luís
1924 SC Luso Brasileiro
1925 SC Luso Brasileiro
1926 SC Luso Brasileiro
1927 SC Luso Brasileiro
1928 Vasco da Gama FC
1929 *wurde nicht ausgetragen*
1930 Sampaio Correa FC
1931 SC Sírio
1932 SE Tupan
1933 Sampaio Correa FC
1934 Sampaio Correa FC
1935 SE Tupan
1936 *wurde nicht ausgetragen*
1937 Maranhão AC
1938 SE Tupan
1939 Maranhão AC
1940 Sampaio Correa FC
1941 Maranhão AC
1942 Sampaio Correa FC
1943 Maranhão AC
1944 Moto Clube
1945 Moto Clube
1946 Moto Clube
1947 Moto Clube
1948 Moto Clube

1949 Moto Clube
1950 Moto Clube
1951 Maranhão AC
1952 Vitória do Mar FC
1953 Sampaio Correa FC
1954 Sampaio Correa FC
1955 Moto Clube
1956 Sampaio Correa FC
1957 Ferroviário EC
1958 Ferroviário EC
1959 Moto Clube
1960 Moto Clube
1961 Sampaio Correa FC
1962 Sampaio Correa FC
1963 Maranhão AC
1964 Sampaio Correa FC
1965 Sampaio Correa FC
1966 Moto Clube
1967 Moto Clube
1968 Moto Clube
1969 Maranhão AC
1970 Maranhão AC
1971 Ferroviário EC
1972 Sampaio Correa FC
1973 Ferroviário EC
1974 Moto Clube
1975 Sampaio Correa FC
1976 Sampaio Correa FC
1977 Moto Clube
1978 Sampaio Correa FC
1979 Maranhão AC
1980 Sampaio Correa FC
1981 Moto Clube
1982 Moto Clube
1983 Moto Clube
1984 Sampaio Correa FC
1985 Sampaio Correa FC
1986 Sampaio Correa FC
1987 Sampaio Correa FC
1988 Sampaio Correa FC
1989 Moto Clube
1990 Sampaio Correa FC
1991 Sampaio Correa FC
1992 Sampaio Correa FC
1993 Maranhão AC
1994 Maranhão AC
1995 Maranhão AC
1996 Bacabal EC
1997 Sampaio Correa FC
1998 Sampaio Correa FC
1999 Maranhão AC
2000 Moto Clube
2001 Moto Clube

Brasilien – Liga des Bundesstaats Mato Grosso

1943 Mixto EC
1944 Americano FC
1945 Mixto EC
1946 CA Matogrossense
1947 Mixto EC
1948 Mixto EC
1949 Mixto EC
1950 CA Matogrossense
1951 Mixto EC
1952 Mixto EC
1953 Mixto EC
1954 Mixto EC
1955 CA Matogrossense
1956 CA Matogrossense
1957 CA Matogrossense
1958 CE Dom Bosco
1959 Mixto EC
1960 CE Dom Bosco
1961 Mixto EC
1962 Mixto EC
1963 CE Dom Bosco
1964 CE Operário Varzeagrandense
1965 Mixto EC
1966 CE Dom Bosco
1967 CE Operário Varzeagrandense
1968 CE Operário Varzeagrandense
1969 Mixto EC
1970 Mixto EC
1971 CE Dom Bosco
1972 CE Operário Varzeagrandense
1973 CE Operário Varzeagrandense
1974 Operário FC
1975 EC Comercial
1976 Operário FC
1977 Operário FC
1978 Operário FC
1979 Mixto EC
1980 Mixto EC
1981 Mixto EC
1982 Mixto EC
1983 CE Operário Varzeagrandense
1984 Mixto EC
1985 CE Operário Varzeagrandense
1986 CE Operário Varzeagrandense
1987 CE Operário Varzeagrandense
1988 Mixto EC
1989 Mixto EC
1990 Sinop FC
1991 CE Dom Bosco
1992 Sorriso EC
1993 Sorriso EC
1994 CE Operário Varzeagrandense
1995 CE Operário Varzeagrandense
1996 Mixto EC
1997 CE Operário Varzeagrandense
1998 Sinop FC
1999 Sinop FC
2000 SER Juventude
2001 SER Juventude
1979 Operário FC
1980 Operário FC
1981 Operário FC
1982 EC Comercial
1983 Operário FC
1984 Corumbaense FC
1985 EC Comercial
1986 Operário FC
1987 EC Comercial
1988 Operário FC
1989 Operário FC
1990 Ubiratan EC
1991 Operário FC
1992 SE Nova Andradina
1993 EC Comercial
1994 EC Comercial
1995 SER Chapadão
1996 Operário FC
1997 Operário FC
1998 Ubiratan EC
1999 Ubiratan EC
2000 EC Comercial
2001 EC Comercial

Brasilien – Liga des Bundesstaats Minas Gerais

1916 América FC
1917 América FC
1918 América FC
1919 América FC
1920 América FC
1921 América FC
1922 América FC
1923 América FC
1924 América FC
1925 América FC
1926 CA Mineiro
1927 CA Mineiro
1928 SE Palestra Itália
1929 SE Palestra Itália
1930 SE Palestra Itália
1931 CA Mineiro
1932 CA Mineiro und Villa Nova AC
1933 Villa Nova AC
1934 Villa Nova AC
1935 Villa Nova AC
1936 CA Mineiro
1937 EC Siderúrgica
1938 CA Mineiro
1939 CA Mineiro
1940 SE Palestra Itália
1941 CA Mineiro
1942 CA Mineiro
1943 Cruzeiro EC
1944 Cruzeiro EC
1945 Cruzeiro EC
1946 CA Mineiro
1947 CA Mineiro
1948 América FC
1949 CA Mineiro
1950 CA Mineiro
1951 Villa Nova AC
1952 CA Mineiro
1953 CA Mineiro
1954 CA Mineiro
1955 CA Mineiro
1956 CA Mineiro und Cruzeiro EC
1957 América FC
1958 CA Mineiro
1959 Cruzeiro EC
1960 Cruzeiro EC
1961 Cruzeiro EC
1962 CA Mineiro
1963 CA Mineiro
1964 EC Siderúrgica
1965 Cruzeiro EC
1966 Cruzeiro EC
1967 Cruzeiro EC
1968 Cruzeiro EC
1969 Cruzeiro EC
1970 CA Mineiro
1971 América FC
1972 Cruzeiro EC
1973 Cruzeiro EC
1974 Cruzeiro EC
1975 Cruzeiro EC
1976 CA Mineiro
1977 Cruzeiro EC
1978 CA Mineiro
1979 CA Mineiro
1980 CA Mineiro
1981 CA Mineiro
1982 CA Mineiro
1983 CA Mineiro
1984 Cruzeiro EC
1985 CA Mineiro
1986 CA Mineiro
1987 Cruzeiro EC
1988 CA Mineiro
1989 CA Mineiro
1990 Cruzeiro EC
1991 CA Mineiro
1992 Cruzeiro EC
1993 América FC
1994 Cruzeiro EC
1995 CA Mineiro
1996 Cruzeiro EC
1997 Cruzeiro EC
1998 Cruzeiro EC
1999 CA Mineiro
2000 CA Mineiro
2001 América FC

Brasilien – Liga des Bundesstaats Pará

1913 Remo
1914 Remo
1915 Remo
1916 Remo
1917 Remo
1918 Remo
1919 Remo
1920 Paysandu SC
1921 Paysandu SC
1922 Paysandu SC
1923 Paysandu SC
1924 Remo
1925 Remo
1926 Remo
1927 Paysandu SC
1928 Paysandu SC
1929 Paysandu SC
1930 Remo
1931 Paysandu SC
1932 Remo
1933 Remo
1934 Paysandu SC
1935 *wurde nicht ausgetragen*
1936 Remo
1937 Tuna Luso Brasileira
1938 Tuna Luso Brasileira
1939 Tuna Luso Brasileira
1940 Remo
1941 Tuna Luso Brasileira
1942 Paysandu SC
1943 Paysandu SC
1944 Paysandu SC
1945 Paysandu SC
1946 *wurde nicht ausgetragen*
1947 Paysandu SC
1948 Tuna Luso Brasileira
1949 Remo
1950 Remo
1951 Tuna Luso Brasileira
1952 Remo
1953 Remo
1954 Remo
1955 Tuna Luso Brasileira
1956 Paysandu SC
1957 Paysandu SC
1958 Tuna Luso Brasileira
1959 Paysandu SC
1960 Remo
1961 Paysandu SC
1962 Paysandu SC
1963 Paysandu SC
1964 Remo
1965 Paysandu SC
1966 Paysandu SC
1967 Paysandu SC
1968 Remo
1969 Paysandu SC
1970 Tuna Luso Brasileira
1971 Remo
1972 Paysandu SC
1973 Remo
1974 Remo
1975 Remo
1976 Paysandu SC
1977 Remo
1978 Remo
1979 Remo
1980 Paysandu SC
1981 Paysandu SC
1982 Paysandu SC
1983 Tuna Luso Brasileira
1984 Paysandu SC
1985 Paysandu SC
1986 Remo
1987 Paysandu SC
1988 Tuna Luso Brasileira
1989 Remo
1990 Remo
1991 Remo
1992 Paysandu SC
1993 Remo
1994 Remo
1995 Remo
1996 Remo
1997 Remo
1998 Paysandu SC
1999 Remo
2000 Paysandu SC
2001 Paysandu SC

Brasilien – Liga des Bundesstaats Paraíba

1917 Colégio Pio X
1918 EC Cabo Branco
1919 Palmeiras SC
1920 EC Cabo Branco
1921 Palmeiras SC
1922 Pytaguares FC
1923 América FC
1924 EC Cabo Branco
1925 América FC
1926 EC Cabo Branco
1927 EC Cabo Branco
1928 Palmeiras SC
1929 EC Cabo Branco
1930 *wurde nicht ausgetragen*
1931 EC Cabo Branco
1932 EC Cabo Branco
1933 Palmeiras SC
1934 EC Cabo Branco
1935 Palmeiras SC
1936 Botafogo FC
1937 Botafogo FC
1938 Botafogo FC
1939 Auto EC
1940 Treze FC
1941 Treze FC
1942 Astrea
1943 Astrea
1944 Botafogo FC
1945 Botafogo FC
1946 Felipéia EC
1947 Botafogo FC
1948 Botafogo FC
1949 Botafogo FC
1950 Treze FC
1951 *wurde nicht ausgetragen*
1952 Red Cross FC
1953 Botafogo FC
1954 Botafogo FC
1955 Botafogo FC
1956 Auto EC
1957 Botafogo FC
1958 Auto EC
1959 Estrela do Mar EC
1960 Campinense
1961 Campinense
1962 Campinense
1963 Campinense
1964 Campinense
1965 Campinense
1966 Treze FC
1967 Campinense
1968 Botafogo FC
1969 Botafogo FC
1970 Botafogo FC
1971 Campinense
1972 Campinense
1973 Campinense
1974 Campinense
1975 Botafogo FC und Treze FC
1976 Botafogo FC
1977 Botafogo FC
1978 Botafogo FC
1979 Botafogo FC
1980 Campinense
1981 Treze FC
1982 Treze FC
1983 Treze FC
1984 Botafogo FC
1985 *wurde nicht ausgetragen*
1986 Botafogo FC
1987 Auto EC
1988 Botafogo FC
1989 Treze FC
1990 Auto EC
1991 Campinense
1992 Auto EC
1993 Campinense
1994 Souza EC
1995 Santa Cruz Recreativo EC
1996 Santa Cruz Recreativo EC
1997 Confiança EC
1998 Botafogo FC
1999 Botafogo FC
2000 Treze FC
2001 Treze FC

Brasilien – Liga des Bundesstaats Paraná

1915 Internacional FC
1916 Coritiba FC
1917 América FC
1918 Britânia SC
1919 Britânia SC
1920 Britânia SC
1921 Britânia SC
1922 Britânia SC
1923 Britânia SC
1924 Palestra Itália FC
1925 CA Paranaense
1926 Palestra Itália FC
1927 Coritiba FC
1928 Britânia SC
1929 CA Paranaense
1930 CA Paranaense
1931 Coritiba FC
1932 Palestra Itália FC
1933 Coritiba FC
1934 CA Paranaense
1935 Coritiba FC
1936 CA Paranaense
1937 CA Ferroviário
1938 CA Ferroviário
1939 Coritiba FC
1940 CA Paranaense
1941 Coritiba FC
1942 Coritiba FC
1943 CA Paranaense
1944 CA Ferroviário
1945 CA Paranaense
1946 Coritiba FC
1947 Coritiba FC
1948 CA Ferroviário
1949 CA Paranaense
1950 CA Ferroviário
1951 Coritiba FC
1952 Coritiba FC
1953 CA Ferroviário
1954 Coritiba FC
1955 CA Monte Alegre
1956 Coritiba FC
1957 Coritiba FC
1958 CA Paranaense
1959 Coritiba FC
1960 Coritiba FC
1961 EC Comercial
1962 Londrina EC [Londrina Regatas]
1963 Grêmio Maringá
1964 Grêmio Maringá
1965 CA Ferroviário
1966 CA Ferroviário
1967 EC Pinheiros [Savóia Água Verde]
1968 Coritiba FC
1969 Coritiba FC
1970 CA Paranaense
1971 Coritiba FC
1972 Coritiba FC
1973 Coritiba FC
1974 Coritiba FC
1975 Coritiba FC
1976 Coritiba FC
1977 Grêmio Maringá
1978 Coritiba FC
1979 Coritiba FC
1980 Colorado EC und Cascavel EC
1981 Londrina EC
1982 CA Paranaense
1983 CA Paranaense
1984 EC Pinheiros
1985 CA Paranaense
1986 Coritiba FC
1987 EC Pinheiros
1988 CA Paranaense
1989 Coritiba FC
1990 CA Paranaense
1991 Paraná Clube
1992 Londrina EC
1993 Paraná Clube
1994 Paraná Clube
1995 Paraná Clube
1996 Paraná Clube
1997 Paraná Clube
1998 CA Paranaense
1999 Coritiba FC
2000 CA Paranaense
2001 CA Paranaense

Brasilien – Liga des Bundesstaats Pernambuco

1915 EC Flamengo
1916 SC Recife
1917 SC Recife
1918 América FC
1919 América FC
1920 SC Recife
1921 América FC
1922 América FC
1923 SC Recife
1924 SC Recife
1925 SC Recife
1926 Torre SC
1927 América FC
1928 SC Recife
1929 Torre SC
1930 Torre SC
1931 Santa Cruz FC
1932 Santa Cruz FC
1933 Santa Cruz FC
1934 Náutico Capibaribe
1935 Santa Cruz FC
1936 Tramways SC
1937 Tramways SC
1938 SC Recife
1939 Náutico Capibaribe
1940 Santa Cruz FC
1941 SC Recife
1942 SC Recife
1943 SC Recife
1944 América FC
1945 Náutico Capibaribe
1946 Santa Cruz FC
1947 Santa Cruz FC
1948 SC Recife
1949 SC Recife
1950 Náutico Capibaribe
1951 Náutico Capibaribe
1952 Náutico Capibaribe
1953 SC Recife
1954 Náutico Capibaribe
1955 SC Recife
1956 SC Recife
1957 Santa Cruz FC
1958 SC Recife
1959 Santa Cruz FC
1960 Náutico Capibaribe
1961 SC Recife
1962 SC Recife
1963 Náutico Capibaribe
1964 Náutico Capibaribe
1965 Náutico Capibaribe
1966 Náutico Capibaribe
1967 Náutico Capibaribe
1968 Náutico Capibaribe
1969 Santa Cruz FC
1970 Santa Cruz FC
1971 Santa Cruz FC
1972 Santa Cruz FC
1973 Santa Cruz FC
1974 Náutico Capibaribe
1975 SC Recife
1976 Santa Cruz FC
1977 SC Recife
1978 Santa Cruz FC
1979 Santa Cruz FC
1980 SC Recife
1981 SC Recife
1982 SC Recife
1983 Santa Cruz FC
1984 Náutico Capibaribe
1985 Náutico Capibaribe
1986 Santa Cruz FC
1987 Santa Cruz FC
1988 SC Recife
1989 Náutico Capibaribe
1990 Santa Cruz FC
1991 SC Recife
1992 SC Recife
1993 Santa Cruz FC
1994 SC Recife
1995 Santa Cruz FC
1996 SC Recife
1997 SC Recife
1998 SC Recife
1999 SC Recife
2000 SC Recife
2001 Náutico Capibaribe

Brasilien – Liga des Bundesstaats Piauí

1918 Palmeiras FC
1919 Teresinense FC
1920 Artístico FC
1921 Militar FC
1922 Teresinense FC
1923 Artístico FC
1924 SE Tiradentes
1925 SE Tiradentes
1926 SE Tiradentes
1927 SE Tiradentes
1928 SE Tiradentes
1929 Artístico FC
1930 Artístico FC
1931 Militar FC
1932 Militar FC
1933 Artístico FC
1934 SE Tiradentes
1935 Militar FC
1936 Militar FC
1937 Militar FC
1938 Botafogo EC
1939 EC Flamengo
1940 Botafogo EC
1941 Botafogo EC
1942 EC Flamengo
1943 Botafogo EC
1944 EC Flamengo
1945 EC Flamengo
1946 EC Flamengo
1947 Botafogo EC
1948 River AC
1949 Botafogo EC
1950 River AC
1951 River AC
1952 River AC
1953 River AC
1954 River AC
1955 River AC
1956 River AC
1957 Botafogo EC
1958 River AC
1959 River AC
1960 River AC
1961 River AC
1962 River AC
1963 River AC
1964 EC Flamengo
1965 EC Flamengo
1966 Piauí EC
1967 Piauí EC
1968 Piauí EC
1969 Piauí EC
1970 EC Flamengo
1971 EC Flamengo
1972 SE Tiradentes
1973 River AC
1974 SE Tiradentes
1975 River AC und SE Tiradentes
1976 EC Flamengo
1977 River AC
1978 River AC
1979 EC Flamengo
1980 River AC
1981 River AC
1982 SE Tiradentes
1983 Auto EC
1984 EC Flamengo
1985 Piauí EC
1986 EC Flamengo
1987 EC Flamengo
1988 EC Flamengo
1989 River AC
1990 SE Tiradentes
1991 SE Picos
1992 IV de Julho EC
1993 IV de Julho EC
1994 SE Picos
1995 AA Corisabbá
1996 River AC
1997 SE Picos
1998 SE Picos
1999 River AC
2000 River AC
2001 River AC

Brasilien – Liga des Bundesstaats Rio de Janeiro

1906 Fluminense FC
1907 Fluminense FC und Botafogo FR
1908 Fluminense FC
1909 Fluminense FC
1910 Botafogo FR [Botafogo FC]
1911 Fluminense FC
1912 Paysandu AC
1913 América FC
1914 CR Flamengo
1915 CR Flamengo
1916 América FC
1917 Fluminense FC
1918 Fluminense FC
1919 Fluminense FC
1920 CR Flamengo
1921 CR Flamengo
1922 América FC
1923 CR Vasco da Gama
1924 CR Vasco da Gama und Fluminense FC
1925 CR Flamengo
1926 São Cristóvão FR [São Cristóvão AC]
1927 CR Flamengo
1928 América FC
1929 CR Vasco da Gama
1930 Botafogo FR [Botafogo FC]
1931 América FC
1932 Botafogo FR [Botafogo FC]
1933 Botafogo FR und Bangu AC [Botafogo FC]
1934 Botafogo FR und CR Vasco da Gama [Botafogo FC]
1935 Botafogo FR und América FC [Botafogo FC]
1936 Fluminense FC
1937 Fluminense FC
1938 Fluminense FC
1939 CR Flamengo
1940 Fluminense FC
1941 Fluminense FC
1942 CR Flamengo
1943 CR Flamengo
1944 CR Flamengo
1945 CR Vasco da Gama
1946 Fluminense FC
1947 CR Vasco da Gama
1948 Botafogo FR
1949 CR Vasco da Gama
1950 CR Vasco da Gama
1951 Fluminense FC
1952 CR Vasco da Gama
1953 CR Flamengo
1954 CR Flamengo
1955 CR Flamengo
1956 CR Vasco da Gama
1957 Botafogo FR
1958 CR Vasco da Gama
1959 Fluminense FC
1960 América FC
1961 Botafogo FR
1962 Botafogo FR
1963 CR Flamengo
1964 Fluminense FC
1965 CR Flamengo
1966 Bangu AC
1967 Botafogo FR
1968 Botafogo FR
1969 Fluminense FC
1970 CR Vasco da Gama
1971 Fluminense FC
1972 CR Flamengo
1973 Fluminense FC
1974 CR Flamengo
1975 Fluminense FC
1976 Fluminense FC
1977 CR Vasco da Gama
1978 CR Flamengo
1979 CR Flamengo (2x)
1980 Fluminense FC
1981 CR Flamengo
1982 CR Vasco da Gama
1983 Fluminense FC
1984 Fluminense FC
1985 Fluminense FC
1986 CR Flamengo
1987 CR Vasco da Gama
1988 CR Vasco da Gama
1989 Botafogo FR
1990 Botafogo FR
1991 CR Flamengo
1992 CR Vasco da Gama
1993 CR Vasco da Gama
1994 CR Vasco da Gama
1995 Fluminense FC
1996 CR Flamengo
1997 Botafogo FR
1998 CR Vasco da Gama
1999 CR Flamengo
2000 CR Flamengo
2001 CR Flamengo

Brasilien – Liga des Bundesstaats Rio Grande do Norte

1920 ABC FC
1921 ABC FC
1922 América FC
1923 ABC FC
1924 América FC
1925 ABC FC
1926 ABC FC
1927 América FC
1928 ABC FC
1929 ABC FC
1930 América FC
1931 América FC
1932 ABC FC
1933 ABC FC
1934 ABC FC
1935 ABC FC
1936 ABC FC
1937 ABC FC
1938 ABC FC
1939 ABC FC
1940 ABC FC
1941 ABC FC
1942 *wurde nicht ausgetragen*
1943 Santa Cruz FC
1944 ABC FC
1945 ABC FC
1946 América FC
1947 ABC FC
1948 América FC
1949 América FC
1950 ABC FC
1951 *wurde nicht ausgetragen*
1952 América FC
1953 ABC FC
1954 ABC FC
1955 ABC FC
1956 América FC
1957 América FC
1958 ABC FC
1959 ABC FC
1960 ABC FC
1961 ABC FC
1962 ABC FC
1963 América FC
1964 Alecrim FC
1965 ABC FC
1966 ABC FC
1967 Alecrim FC
1968 Alecrim FC
1969 América FC
1970 ABC FC
1971 ABC FC
1972 ABC FC
1973 ABC FC
1974 América FC
1975 América FC
1976 ABC FC
1977 América FC
1978 ABC FC
1979 América FC
1980 América FC
1981 América FC
1982 América FC
1983 ABC FC
1984 ABC FC
1985 Alecrim FC
1986 Alecrim FC
1987 América FC
1988 América FC
1989 América FC
1990 ABC FC
1991 América FC
1992 América FC
1993 ABC FC
1994 ABC FC
1995 ABC FC
1996 América FC

1997 ABC FC
1998 ABC FC
1999 ABC FC
2000 ABC FC
2001 AC Corintians

Brasilien – Liga des Bundesstaats Rio Grande do Sul
1919 GE Brasil
1920 Guarany FC
1921 Grêmio Portoalegrense
1922 Grêmio Portoalegrense
1923-24 *wurde nicht ausgetragen*
1925 GE Bagé
1926 Grêmio Portoalegrense
1927 SC Internacional
1928 SC Americano
1929 EC Cruzeiro
1930 EC Pelotas
1931 Grêmio Portoalegrense
1932 Grêmio Portoalegrense
1933 SC São Paulo
1934 SC Internacional
1935 GA Farroupilha
1936 SC Rio Grande
1937 Grêmio Santanense
1938 Guarany FC
1939 FC Riograndense
1940 SC Internacional
1941 SC Internacional
1942 SC Internacional
1943 SC Internacional
1944 SC Internacional
1945 SC Internacional
1946 Grêmio Portoalegrense
1947 SC Internacional
1948 SC Internacional
1949 Grêmio Portoalegrense
1950 SC Internacional
1951 SC Internacional
1952 SC Internacional
1953 SC Internacional
1954 SC Renner
1955 SC Internacional
1956 Grêmio Portoalegrense
1957 Grêmio Portoalegrense
1958 Grêmio Portoalegrense
1959 Grêmio Portoalegrense
1960 Grêmio Portoalegrense
1961 SC Internacional
1962 Grêmio Portoalegrense
1963 Grêmio Portoalegrense
1964 Grêmio Portoalegrense
1965 Grêmio Portoalegrense
1966 Grêmio Portoalegrense
1967 Grêmio Portoalegrense
1968 Grêmio Portoalegrense
1969 SC Internacional
1970 SC Internacional
1971 SC Internacional
1972 SC Internacional
1973 SC Internacional
1974 SC Internacional
1975 SC Internacional
1976 SC Internacional
1977 Grêmio Portoalegrense
1978 SC Internacional
1979 Grêmio Portoalegrense
1980 Grêmio Portoalegrense
1981 SC Internacional
1982 SC Internacional
1983 SC Internacional
1984 SC Internacional
1985 Grêmio Portoalegrense
1986 Grêmio Portoalegrense
1987 Grêmio Portoalegrense
1988 Grêmio Portoalegrense
1989 Grêmio Portoalegrense
1990 Grêmio Portoalegrense
1991 SC Internacional
1992 SC Internacional
1993 Grêmio Portoalegrense
1994 SC Internacional
1995 Grêmio Portoalegrense
1996 Grêmio Portoalegrense
1997 SC Internacional
1998 EC Juventude
1999 Grêmio Portoalegrense
2000 SER Caxias
2001 Grêmio Portoalegrense

Brasilien – Liga des Bundesstaats Rondônia
1945 Ypiranga EC
1946 Ferroviário AC
1947 Ferroviário AC
1948 Ferroviário AC
1949 Ferroviário AC
1950 Ferroviário AC
1951 Ferroviário AC
1952 Ferroviário AC
1953 Ypiranga EC
1954 Moto Clube
1955 Ferroviário AC
1956 CR Flamengo
1957 Ferroviário AC
1958 Ferroviário AC
1959 Ypiranga EC
1960 CR Flamengo
1961 CR Flamengo
1962 CR Flamengo
1963 Ferroviário AC
1964 Ypiranga EC
1965 CR Flamengo
1966 CR Flamengo
1967 CR Flamengo
1968 Moto Clube
1969 Moto Clube
1970 Ferroviário AC
1971 Moto Clube
1972 Moto Clube
1973 São Domingos EC
1974 Botafogo FC
1975 Moto Clube
1976 Moto Clube
1977 Moto Clube
1978 Ferroviário AC
1979 Ferroviário AC
1980 Moto Clube
1981 Moto Clube
1982 CR Flamengo
1983 CR Flamengo
1984 Ypiranga EC
1985 CR Flamengo
1986 Ferroviário AC
1987 Ferroviário AC
1988 *wurde nicht ausgetragen*
1989 Ferroviário AC
1990 *wurde nicht ausgetragen*
1991 Ji Paraná FC
1992 Ji Paraná FC
1993 SE Ariquemes
1994 SE Ariquemes
1995 Ji Paraná FC
1996 Ji Paraná FC
1997 Ji Paraná FC
1998 Ji Paraná FC
1999 Ji Paraná FC
2000 Guajará EC
2001 Ji Paraná FC

Brasilien – Liga des Bundesstaats Roraima
1995 Atlético Roraima
1996 Baré EC
1997 Baré EC
1998 Atlético Roraima
1999 Baré EC
2000 Atlético Rio Negro
2001 Atlético Roraima

Brasilien – Liga des Bundesstaats Santa Catarina
1924 Avaí FC
1925 Externato FC
1926 Avaí FC
1927 Avaí FC
1928 Avaí FC
1929 Caxias FC
1930 Avaí FC
1931 Lauro Muller FC
1932 Figueirense FC
1933 *wurde nicht ausgetragen*
1934 CA Catarinense
1935 Figueirense FC
1936 Figueirense FC
1937 Figueirense FC
1938 CIP FC
1939 Figueirense FC
1940 Ypiranga FC
1941 Figueirense FC
1942 Avaí FC
1943 Avaí FC
1944 Avaí FC
1945 Avaí FC
1946 *wurde nicht ausgetragen*
1947 América FC
1948 América FC
1949 GE Olímpico
1950 CA Carlos Renaux
1951 América FC
1952 América FC
1953 CA Carlos Renaux
1954 Caxias FC
1955 Caxias FC
1956 CA Operário
1957 Hercílio Luz FC
1958 Hercílio Luz FC
1959 Paula Ramos EC
1960 EC Metropol
1961 EC Metropol
1962 EC Metropol
1963 Náutico Marcílio Dias
1964 GE Olímpico
1965 EC Internacional
1966 SER Perdigão
1967 EC Metropol
1968 Criciúma EC [Comerciário EC]
1969 EC Metropol
1970 EC Ferroviário
1971 América FC
1972 Figueirense FC
1973 Avaí FC
1974 Figueirense FC
1975 Avaí FC
1976 Joinville EC
1977 Chapecoense
1978 Joinville EC
1979 Joinville EC
1980 Joinville EC
1981 Joinville EC
1982 Joinville EC
1983 Joinville EC
1984 Joinville EC
1985 Joinville EC
1986 Criciúma EC
1987 Joinville EC
1988 Avaí FC
1989 Criciúma EC
1990 Criciúma EC
1991 Criciúma EC
1992 Brusque FC
1993 Criciúma EC
1994 Figueirense FC
1995 Criciúma EC
1996 Chapecoense
1997 Avaí FC
1998 Criciúma EC
1999 Figueirense FC
2000 Joinville EC
2001 Joinville EC

Brasilien – Liga des Bundesstaats São Paulo
1902 São Paulo AC
1903 São Paulo AC
1904 São Paulo AC
1905 CA Paulistano
1906 SC Germânia
1907 SC Internacional
1908 CA Paulistano
1909 AA Palmeiras
1910 AA Palmeiras
1911 São Paulo AC
1912 SC Americano
1913 SC Americano und CA Paulistano
1914 SC Corinthians Paulista und AA São Bento
1915 SC Germânia und AA Palmeiras
1916 SC Corinthians Paulista und CA Paulistano
1917 CA Paulistano
1918 CA Paulistano
1919 CA Paulistano
1920 SE Palmeiras [Palestra Itália]
1921 CA Paulistano
1922 SC Corinthians Paulista
1923 SC Corinthians Paulista
1924 SC Corinthians Paulista
1925 AA São Bento
1926 CA Paulistano und SE Palmeiras [Palestra Itália]
1927 CA Paulistano und SE Palmeiras [Palestra Itália]
1928 SC Internacional und SC Corinthians Paulista
1929 CA Paulistano und SC Corinthians Paulista
1930 SC Corinthians Paulista
1931 São Paulo FC
1932 SE Palmeiras [Palestra Itália]
1933 SE Palmeiras [Palestra Itália]
1934 SE Palmeiras [Palestra Itália]
1935 Santos FC und Portuguesa de Desportos
1936 Portuguesa de Desportos und SE Palmeiras [Palestra Itália]
1937 SC Corinthians Paulista
1938 SC Corinthians Paulista
1939 SC Corinthians Paulista
1940 SE Palmeiras [Palestra Itália]
1941 SC Corinthians Paulista
1942 SE Palmeiras
1943 São Paulo FC
1944 SE Palmeiras
1945 São Paulo FC
1946 São Paulo FC
1947 SE Palmeiras
1948 São Paulo FC
1949 São Paulo FC
1950 SE Palmeiras
1951 SC Corinthians Paulista
1952 SC Corinthians Paulista
1953 São Paulo FC
1954 SC Corinthians Paulista
1955 Santos FC
1956 Santos FC
1957 São Paulo FC
1958 Santos FC
1959 SE Palmeiras
1960 Santos FC
1961 Santos FC
1962 Santos FC
1963 SE Palmeiras
1964 Santos FC
1965 Santos FC
1966 SE Palmeiras
1967 Santos FC
1968 Santos FC
1969 Santos FC
1970 São Paulo FC
1971 São Paulo FC
1972 SE Palmeiras
1973 Santos FC und Portuguesa de Desportos
1974 SE Palmeiras
1975 São Paulo FC
1976 SE Palmeiras
1977 SC Corinthians Paulista
1978 Santos FC
1979 SC Corinthians Paulista
1980 São Paulo FC
1981 São Paulo FC
1982 SC Corinthians Paulista
1983 SC Corinthians Paulista
1984 Santos FC
1985 São Paulo FC
1986 AA Internacional
1987 São Paulo FC
1988 SC Corinthians Paulista
1989 São Paulo FC
1990 CA Bragantino
1991 São Paulo FC
1992 São Paulo FC
1993 SE Palmeiras
1994 SE Palmeiras
1995 SC Corinthians Paulista
1996 SE Palmeiras
1997 SC Corinthians Paulista
1998 São Paulo FC
1999 SC Corinthians Paulista
2000 São Paulo FC
2001 SC Corinthians Paulista

Brasilien – Liga des Bundesstaats Sergipe
1918 Cotingüiba SC
1919 *wurde nicht ausgetragen*
1920 Cotingüiba SC
1921 Industrial FC
1922 CS Sergipe
1923 Cotingüiba SC
1924 CS Sergipe
1925-26 *wurde nicht ausgetragen*
1927 CS Sergipe
1928 CS Sergipe
1929 CS Sergipe
1930-31 *wurde nicht ausgetragen*
1932 CS Sergipe
1933 CS Sergipe
1934 Palestra FC
1935 Palestra FC
1936 Cotingüiba SC
1937 CS Sergipe
1938 *wurde nicht ausgetragen*
1939 Ipiranga FC
1940 CS Sergipe
1941 Riachuelo FC
1942 Cotingüiba SC
1943 CS Sergipe
1944 Vasco EC
1945 Ipiranga FC
1946 Olímpico FC
1947 Olímpico FC
1948 Vasco EC
1949 Palestra FC
1950 Passagem FC
1951 AD Confiança
1952 Cotingüiba SC
1953 Vasco EC
1954 AD Confiança
1955 CS Sergipe
1956 EC Santa Cruz
1957 EC Santa Cruz
1958 EC Santa Cruz
1959 EC Santa Cruz
1960 EC Santa Cruz
1961 CS Sergipe
1962 AD Confiança
1963 AD Confiança
1964 CS Sergipe
1965 AD Confiança
1966 América FC
1967 CS Sergipe
1968 AD Confiança
1969 AO Itabaiana
1970 CS Sergipe
1971 CS Sergipe
1972 CS Sergipe
1973 AO Itabaiana
1974 CS Sergipe
1975 CS Sergipe
1976 AD Confiança
1977 AD Confiança
1978 AO Itabaiana
1979 AO Itabaiana
1980 AO Itabaiana
1981 AO Itabaiana
1982 AO Itabaiana und CS Sergipe
1983 AD Confiança
1984 CS Sergipe
1985 CS Sergipe
1986 AD Confiança
1987 Vasco EC
1988 AD Confiança
1989 CS Sergipe
1990 AD Confiança
1991 CS Sergipe
1992 CS Sergipe
1993 CS Sergipe
1994 CS Sergipe
1995 CS Sergipe
1996 CS Sergipe
1997 AO Itabaiana
1998 Olímpico Lagartense
1999 CS Sergipe
2000 CS Sergipe
2001 AD Confiança

Brasilien – Liga des Bundesstaats Tocantins
1993 Tocantinópolis EC
1994 UA Araguainense
1995 Intercap EC
1996 Gurupi EC
1997 Gurupi EC
1998 AA Alvorada
1999 Interporto FC
2000 Palmas FR
2001 Palmas FR

Britische Jungferninseln – Liga von Tortola
1989 Strikers
1990 Strikers
1991 Bombers
1992 VG Ball Stars
1993 Hiarouns
1994 Hiarouns
1995 Intefada
1996 BDO Binder Stingers [Black Lions]
1997/98 BDO Binder Stingers
1998/99 Veterans FC
1999/00 HBA Panthers

Britische Jungferninseln – Liga von Virgin Gorda
1996 Spice United SC
1997 Beverly Hills Strikers
1998 VG Kickers United
1999 *wurde nicht ausgetragen*
2000 Rangers

Britische Jungferninseln – Pokal von Virgin Gorda
1997 VG Kickers United

Brunei – Liga
1985 Angkata Persenjata
1986 Daerah Brunei
1987 Kota Rangers FC
1988 Belait
1989 Muara Stars FC
1990-92 *Sieger unbekannt*
1993 Kota Rangers FC

Bulgarien – Liga
1925 SK Vladislav Varna
1926 SK Vladislav Varna
1927 *wurde nicht ausgetragen*
1928 FK Slavia Sofija [SK Slavija Sofija]
1929 FK Botev Plovdiv [SK Botev Plovdiv]
1930 FK Slavia Sofija [SK Slavija Sofija]
1931 AS Sofija
1932 FK Spartak Varna [Schipenski Sokol Varna]
1933 PFK Levski Sofija [SK Levski Sofija]
1934 SK Vladislav Varna
1935 SK Sofija
1936 FK Slavia Sofija [SK Slavija Sofija]
1937 PFK Levski Sofija [SK Levski Sofija]
1937/38 Titscha Varna
1938/39 FK Slavia Sofija [SK Slavija Sofija]
1939/40 FK Lokomotiv Sofija [ZSK Sofija]
1941 FK Slavia Sofija [SK Slavija Sofija]
1942 PFK Levski Sofija [SK Levski Sofija]
1943 FK Slavia Sofija [SK Slavija Sofija]
1944 *wurde nicht ausgetragen*
1945 FK Lokomotiv Sofija [SK Lokomotiv Sofija]
1946 PFK Levski Sofija [SK Levski Sofija]
1947 PFK Levski Sofija [SK Levski Sofija]
1948 FK CSKA Sofija [FD Septemvrijsko Sofija]
1948/49 PFK Levski Sofija [SK Levski Sofija]
1950 PFK Levski Sofija [Dinamo Sofija]
1951 FK CSKA Sofija [CDNA Sofija]
1952 FK CSKA Sofija [CDNA Sofija]
1953 PFK Levski Sofija [Dinamo Sofija]
1954 FK CSKA Sofija [CDNA Sofija]
1955 FK CSKA Sofija [CDNA Sofija]
1956 FK CSKA Sofija [CDNA Sofija]
1957 FK CSKA Sofija [CDNA Sofija]
1958 FK CSKA Sofija [CDNA Sofija]
1958/59 FK CSKA Sofija [CDNA Sofija]
1959/60 FK CSKA Sofija [CDNA Sofija]
1960/61 FK CSKA Sofija [CDNA Sofija]
1961/62 FK CSKA Sofija [CDNA Sofija]
1962/63 FK Spartak Plovdiv [DFS Spartak Plovdiv]
1963/64 FK Lokomotiv Sofija [FD Lokomotiv Sofija]
1964/65 PFK Levski Sofija [FD Levski Sofija]
1965/66 FK CSKA Sofija [CSKA Tscherveno zname Sofija]
1966/67 FK Botev Plovdiv [ASK Botev Plovdiv]
1967/68 PFK Levski Sofija [FD Levski Sofija]
1968/69 FK CSKA Sofija [CSKA Septemvrijsko zname Sofija]
1969/70 PFK Levski Sofija [DFS Levski-Spartak Sofija]
1970/71 FK CSKA Sofija [CSKA Septemvrijsko zname Sofija]
1971/72 FK CSKA Sofija [CSKA Septemvrijsko zname Sofija]
1972/73 FK CSKA Sofija [CSKA Septemvrijsko zname Sofija]
1973/74 PFK Levski Sofija [DFS Levski-Spartak Sofija]
1974/75 FK CSKA Sofija [CSKA Septemvrijsko zname Sofija]
1975/76 FK CSKA Sofija [CSKA Septemvrijsko zname Sofija]
1976/77 PFK Levski Sofija [DFS Levski-Spartak Sofija]
1977/78 PFK Levski Sofija [DFS Lokomotiv Sofija]
1978/79 PFK Levski Sofija [DFS Levski-Spartak Sofija]
1979/80 FK CSKA Sofija [CSKA Septemvrijsko zname Sofija]
1980/81 FK CSKA Sofija [CSKA Septemvrijsko zname Sofija]
1981/82 FK CSKA Sofija [CSKA Septemvrijsko zname Sofija]
1982/83 FK CSKA Sofija [CSKA Septemvrijsko zname Sofija]
1983/84 PFK Levski Sofija [DFS Levski-Spartak Sofija]
1984/85 PFK Levski Sofija [DFS Levski-Spartak Sofija]
1985/86 FK Beroe Stara Zagora [DFS Stara Zagora]
1986/87 FK CSKA Sofija [CFKA Sredets Sofija]
1987/88 PFK Levski Sofija [FK Vitoscha Sofija]
1988/89 FK CSKA Sofija [CFKA Sredets Sofija]
1989/90 FK CSKA Sofija [CFKA Sofija]
1990/91 FK Etăr Veliko Tărnovo
1991/92 FK CSKA Sofija
1992/93 PFK Levski Sofija [FK Levski-14 Sofija]
1993/94 PFK Levski Sofija [Levski-1914 Sofija]
1994/95 PFK Levski Sofija [Levski-1914 Sofija]
1995/96 FK Slavia Sofija
1996/97 FK CSKA Sofija
1997/98 FK Lovetsch [FK Liteks Lovetsch]
1998/99 FK Lovetsch [FK Liteks Lovetsch]
1999/00 PFK Levski Sofija
2000/01 PFK Levski Sofija

Bulgarien – Pokal
1937/38 FD Spartak Sofija [FK '13 Sofija]
1938/39 FD Schipka Sofija
1939/40 FD Spartak Sofija [FK '13 Sofija]
1941 AS Sofija
1942 PFK Levski Sofija [SK Levski Sofija]
1943-80 *wurde nicht ausgetragen*
1980/81 FK CSKA Sofija [CSKA Septemvrijsko zname Sofija]
1981/82 PFK Levski Sofija [DFS Levski-Spartak Sofija]
1982/83 FK CSKA Sofija [CSKA Septemvrijsko zname Sofija]
1983/84 PFK Levski Sofija [DFS Levski-Spartak Sofija]
1984/85 FK CSKA Sofija [CSKA Septemvrijsko zname Sofija]
1985/86 PFK Levski Sofija [FK Vitoscha Sofija]
1986/87 FK CSKA Sofija [CFKA Sredets Sofija]
1987/88 FK CSKA Sofija [CFKA Sredets Sofija]
1988/89 FK CSKA Sofija [CFKA Sredets Sofija]
1989/90 FK Sliven
1990/91 PFK Levski Sofija [FK Levski-14 Sofija]
1991/92 PFK Levski Sofija [FK Levski-14 Sofija]
1992/93 FK CSKA Sofija
1993/94 PFK Levski Sofija [Levski-1914 Sofija]
1994/95 FK Lokomotiv Sofija
1995/96 FK Slavia Sofija
1996/97 FK CSKA Sofija
1997/98 PFK Levski Sofija [Levski-1914 Sofija]
1998/99 FK CSKA Sofija
1999/00 PFK Levski Sofija
2000/01 FK Lovetsch

Bulgarien – Sowjetarmee Pokal
1946 PFK Levski Sofija [SK Levski Sofija]
1947 PFK Levski Sofija [SK Levski Sofija]
1948 FK Lokomotiv Sofija [SK Lokomotiv Sofija]
1948/49 PFK Levski Sofija [SK Levski Sofija]
1950 PFK Levski Sofija [Dinamo Sofija]
1951 FK CSKA Sofija [CDNA Sofija]
1952 FK Slavia Sofija [USS-DSO Udarnik Sofija]
1953 FK Lokomotiv Sofija [FD Lokomotiv Sofija]
1954 FK CSKA Sofija [CDNA Sofija]
1955 FK CSKA Sofija [CDNA Sofija]
1956 PFK Levski Sofija [Dinamo Sofija]
1957 PFK Levski Sofija [FD Levski Sofija]
1958 FK Spartak Plovdiv [DSO Spartak Plovdiv]
1958/59 PFK Levski Sofija [FD Levski Sofija]
1959/60 FK Septemvri Sofija [FD Septemvri CDV Sofija]
1960/61 FK CSKA Sofija [CDNA Sofija]
1961/62 FK Botev Plovdiv [ASK Botev Plovdiv]
1962/63 FK Slavia Sofija [FD Slavija Sofija]
1963/64 FK Slavia Sofija [FD Slavija Sofija]
1964/65 FK CSKA Sofija [CSKA Tscherveno zname Sofija]
1965/66 FK Slavia Sofija [FD Slavija Sofija]
1966/67 PFK Levski Sofija [FD Levski Sofija]
1967/68 FD Spartak Sofija
1968/69 FK CSKA Sofija [CSKA Septemvrijsko zname Sofija]
1969/70 PFK Levski Sofija [DFS Levski-Spartak Sofija]
1970/71 PFK Levski Sofija [DFS Levski-Spartak Sofija]
1971/72 FK CSKA Sofija [CSKA Septemvrijsko zname Sofija]
1972/73 FK CSKA Sofija [CSKA Septemvrijsko zname Sofija]
1973/74 FK CSKA Sofija [CSKA Septemvrijsko zname Sofija]
1974/75 FK Slavia Sofija [DFS Slavija Sofija]
1975/76 PFK Levski Sofija [DFS Levski-Spartak Sofija]
1976/77 PFK Levski Sofija [DFS Levski-Spartak Sofija]
1977/78 FK Marek Dupnica [DFS Marek Stanke Dimitrov]
1978/79 PFK Levski Sofija [DFS Levski-Spartak Sofija]
1979/80 FK Slavia Sofija [DFS Slavija Sofija]
1980/81 FK Botev Plovdiv [AFD Trakia Plovdiv]
1981/82 FK Lokomotiv Sofija [DFS Lokomotiv Sofija]
1982/83 FK Lokomotiv Plovdiv [DFS Lokomotiv Plovdiv]
1983/84 PFK Levski Sofija [DFS Levski-Spartak Sofija]
1984/85 FK CSKA Sofija [CSKA Septemvrijsko zname Sofija]
1985/86 FK CSKA Sofija [CFKA Sredets Sofija]
1986/87 PFK Levski Sofija [FK Vitoscha Sofija]
1987/88 PFK Levski Sofija [FK Vitoscha Sofija]
1988/89 FK CSKA Sofija [CFKA Sredets Sofija]
1989/90 FK CSKA Sofija
1990/91 FK Etăr Veliko Tărnovo

Burkina Faso – Liga
1965 Etoile Filante
1966 AS Fonctionnaires
1967 US Ouagadougou
1968 USFRAN
1969 AS Fonctionnaires
1970 ASFA Yennega [ASFA]
1971 ASFA Yennega [ASFA]
1972 ASFA Yennega [Jeanne d'Arc]
1973 ASFA Yennega [Jeanne d'Arc]
1974 Silures
1975 Silures
1976 Silures
1977 Silures
1978 Silures
1979 Silures
1980 Silures
1981 Silures
1982 *wurde nicht ausgetragen*
1983 US Ouagadougou
1984 ASFA Yennega
1985 Etoile Filante
1986 *wurde nicht ausgetragen*
1987 Racing Club
1988 Etoile Filante
1989 ASFA Yennega
1990 Etoile Filante
1991 Etoile Filante
1992 Etoile Filante
1993 Etoile Filante
1994 Etoile Filante
1995 ASFA Yennega
1996 Racing Club
1997 Racing Club
1998 USFA
1999 ASFA Yennega
2000 USFA
2001 Etoile Filante

Burkina Faso – Pokal
1975 RC Kadiogo
1976 RC Kadiogo
1977 RC Kadiogo
1978 RC Kadiogo
1979 RC Kadiogo
1980 RC Kadiogo
1981 Silures
1982 *wurde nicht ausgetragen*
1983 Racing Club
1984 Racing Club
1985 AS Fonctionnaires
1986 *wurde nicht ausgetragen*
1987 Racing Club
1988 AS Fonctionnaires
1989 AS Fonctionnaires
1990 Etoile Filante
1991 Etoile Filante
1992 Etoile Filante
1993 Etoile Filante
1994 RC Kadiogo
1995 AS Fonctionnaires
1996 Etoile Filante
1997 AS Fonctionnaires
1998 AS Fonctionnaires
1999 Etoile Filante
2000 Etoile Filante

Burma – Liga
1947 Irrawady Flotilla Co.
1948-84 *Sieger unbekannt*
1985 Burma Oil Corporation
1986-95 *Sieger unbekannt*
1996 Finance and Revenue
1997 Finance and Revenue

1998	Yangon City Development
1999	Finance and Revenue
2000	Finance and Revenue

Burma – Meisterschaft der Burmanische Staaten

1984	Mandalaj
1985	Magwe
1986-94	*Sieger unbekannt*
1995	Rakhine State
1996-97	*Sieger unbekannt*
1998	Mandalaj

Burma – Pokal

1948	Customs Club
1949-96	*Sieger unbekannt*
1997	Yangon City Development
1998-99	*Sieger unbekannt*
2000	Finance and Revenue

Burundi – Liga

1972	Sports Dynamic
1973	Sports Dynamic
1974	Inter FC
1975-78	*Sieger unbekannt*
1979	Vital'O SC
1980	FC Prince Louis
1981	FC Prince Louis
1982	Fantastique
1983	Vital'O SC
1984	Vital'O SC
1985	Inter FC
1986	Inter FC
1987	Inter FC
1988	Inter FC
1989	Inter FC
1990	Inter-Star
1991	Vital'O SC
1992	Inter-Star
1993	Vital'O SC
1994	Vital'O SC
1995	Fantastique
1996	*Sieger unbekannt*
1997	Maniema FC
1998	Vital'O SC
1999	Vital'O SC
2000	Vital'O SC

Burundi – Pokal

1982	Vital'O SC
1983	Inter FC
1984	Inter FC
1985	Vital'O SC
1986	Vital'O SC
1987	Muzinga
1988	Vital'O SC
1989	Vital'O SC
1990	Inter-Star
1991	Vital'O SC
1992	FC Prince Louis
1993	Vital'O SC
1994	Vital'O SC
1995	Vital'O SC
1996	Vital'O SC
1997	Vital'O SC
1998	Elite FC
1999	*Sieger unbekannt*
2000	Olympic Athletico

Chile – Liga

1933	CD Magallanes
1934	CD Magallanes
1935	CD Magallanes
1936	Audax Italiano
1937	Deportivo Colo Colo
1938	CD Magallanes
1939	Deportivo Colo Colo
1940	Universidad de Chile
1941	Deportivo Colo Colo
1942	CD Santiago Morning
1943	Unión Española
1944	Deportivo Colo Colo
1945	Green Cross
1946	Audax Italiano
1947	Deportivo Colo Colo
1948	Audax Italiano
1949	CD Universidad Católica
1950	Deportiva Everton
1951	Unión Española
1952	Deportiva Everton
1953	Deportivo Colo Colo
1954	CD Universidad Católica
1955	CD Palestino
1956	Deportivo Colo Colo
1957	Audax Italiano
1958	Deportes Santiago Wanderers
1959	Universidad de Chile
1960	Deportivo Colo Colo
1961	CD Universidad Católica
1962	Universidad de Chile
1963	Deportivo Colo Colo
1964	Universidad de Chile
1965	Universidad de Chile
1966	CD Universidad Católica
1967	Universidad de Chile
1968	Deportes Santiago Wanderers
1969	Universidad de Chile
1970	Deportivo Colo Colo
1971	Deportes Unión San Felipe
1972	Deportivo Colo Colo
1973	Unión Española
1974	Deportes Huachipato
1975	Unión Española
1976	Deportiva Everton
1977	Unión Española
1978	CD Palestino
1979	Deportivo Colo Colo
1980	Deportes Cobreloa
1981	Deportivo Colo Colo
1982	Deportes Cobreloa
1983	Deportivo Colo Colo
1984	CD Universidad Católica
1985	Deportes Cobreloa
1986	Deportivo Colo Colo
1987	CD Universidad Católica
1988	Deportes Cobreloa
1989	Deportivo Colo Colo
1990	Deportivo Colo Colo
1991	Deportivo Colo Colo
1992	Deportes Cobreloa
1993	Deportivo Colo Colo
1994	Universidad de Chile
1995	Universidad de Chile
1996	Deportivo Colo Colo
1997	CD Universidad Católica und Deportivo Colo Colo
1998	Deportivo Colo Colo
1999	Universidad de Chile
2000	Universidad de Chile

Chile – Pokal

1958	Deportivo Colo Colo
1959	Deportes Santiago Wanderers
1960	*wurde nicht ausgetragen*
1961	Deportes Santiago Wanderers
1962-73	*wurde nicht ausgetragen*
1974	Deportivo Colo Colo
1975	CD Palestino
1976	*wurde nicht ausgetragen*
1977	CD Palestino
1978	*wurde nicht ausgetragen*
1979	Universidad de Chile
1980	Deportes Iquique
1981	Deportivo Colo Colo
1982	Deportivo Colo Colo
1983	CD Universidad Católica
1984	Deportiva Everton
1985	Deportivo Colo Colo
1986	Deportes Cobreloa
1987	Deportes Cobresal
1988	Deportivo Colo Colo
1989	Deportivo Colo Colo
1990	Deportivo Colo Colo
1991	CD Universidad Católica
1992	Unión Española
1993	Unión Española
1994	Deportivo Colo Colo
1995	CD Universidad Católica
1996	Deportivo Colo Colo
1997	*wurde nicht ausgetragen*
1998	Universidad de Chile
1999	*wurde nicht ausgetragen*
2000	Universidad de Chile

China – Liga

1951	North East China
1952	*wurde nicht ausgetragen*
1953	Army August 1st Zhenbang [August 1st]
1954	North East China
1955	Beijing PCI [CIPC]
1956	Beijing Youth
1957	Beijing Guoan [Beijing]
1958	Beijing Guoan [Beijing]
1959	*wurde nicht ausgetragen*
1960	Tianjin Teda CEC [Tianjin]
1961	Shanghai Shenhua Top [Shanghai]
1962	Shanghai Shenhua Top [Shanghai]
1963	Beijing Youth
1964	Beijing PCI
1965	Jilin Aodong [Jilin]
1966-72	*wurde nicht ausgetragen*
1973	Beijing Guoan [Beijing]
1974	Army August 1st Zhenbang [August 1st]
1975	*wurde nicht ausgetragen*
1976	*Wettbewerb wurde nicht beendet* [Beijing]
1977	Army August 1st Zhenbang [August 1st]
1978	Liaoning Fushun Tegang [Liaoning]
1979	Guangdong Hongyuan [Guangdong]
1980	Tianjin Teda CEC [Tianjin]
1981	Army August 1st Zhenbang [August 1st]
1982	Beijing Guoan [Beijing]
1983	Shanghai Shenhua Top und Guangdong Hongyuan [Shanghai und Guangdong]
1984	Beijing Guoan [Beijing]
1985	Liaoning Fushun Tegang [Liaoning]
1986	Army August 1st Zhenbang [August 1st]
1987	Liaoning Fushun Tegang [Liaoning]
1988	Liaoning Fushun Tegang [Liaoning]
1989	China B
1990	Liaoning Fushun Tegang [Liaoning]
1991	Liaoning Fushun Tegang [Liaoning]
1992	Liaoning Fushun Tegang [Liaoning]
1993	Liaoning Fushun Tegang [Liaoning]
1994	Dalian Shide [Dalian Wanda]
1995	Shanghai Shenhua Top [Shanghai Shenhua]
1996	Dalian Shide [Dalian Wanda]
1997	Dalian Shide [Dalian Wanda]
1998	Dalian Shide [Dalian Wanda Shide]
1999	Shangdong Luneng Taishan
2000	Dalian Shide

China – Pokal

1984	Liaoning Fushun Tegang [Liaoning]
1985	Beijing Guoan [Beijing]
1986	Liaoning Fushun Tegang [Liaoning]
1987-89	*wurde nicht ausgetragen*
1990	Army August 1st Zhenbang [August 1st]
1991	Shanghai Shenhua Top [Shanghai]
1992	Dalian Shide [Dalian Wanda]
1993-94	*wurde nicht ausgetragen*
1995	Shangdong Luneng Taishan [Jinan Taishan]
1996	Beijing Guoan
1997	Beijing Guoan
1998	Shanghai Shenhua Top [Shanghai Shenhua]
1999	Dalian Shide [Dalian Wanda Shide]
2000	Beijing Guoan

Cook Inseln – Liga

1971	Titikaveka FC
1972	Titikaveka FC
1973	Titikaveka FC
1974	Titikaveka FC
1975	Titikaveka FC
1976	Titikaveka FC
1977	Titikaveka FC
1978	Titikaveka FC
1979	Titikaveka FC
1980	Avatiu FC
1981	Titikaveka FC
1982	Titikaveka FC
1983	Titikaveka FC
1984	Titikaveka FC
1985	Arorangi FC
1986	*Sieger unbekannt*
1987	Arorangi FC
1988-90	*Sieger unbekannt*
1991	Avatiu FC
1992	Tupapa FC
1993	Tupapa FC
1994	Avatiu FC
1995	PTC Coconuts
1996	Avatiu FC
1997	Avatiu FC
1998/99	Tupapa FC
1999/00	Avatiu FC
2000/01	Sokattack

Cook Inseln – Pokal

1978	Tupapa FC
1979	Titikaveka FC
1980	Matavera FC
1981	Avatiu FC
1982	Avatiu FC
1983	Nikao
1984	Titikaveka FC
1985	Arorangi FC
1986-90	*Sieger unbekannt*
1991	Takuvaine SC
1992	Avatiu FC
1993	Avatiu FC
1994	Avatiu FC
1995	Avatiu FC
1996	Avatiu FC
1997	Avatiu FC
1998	Teau-o-Tonga
1998/99	Tupapa FC
1999/00	Tupapa FC
2000/01	Avatiu FC

Costa Rica – Liga

1920/21	CS Herediano
1921/22	CS Herediano
1922/23	CS Cartaginés
1923/24	CS Herediano
1924/25	CS La Libertad
1925/26	CS La Libertad
1926/27	CS Herediano
1927/28	LD Alajuelense
1928/29	CS La Libertad
1929/30	CS Herediano
1930/31	CS Herediano
1931/32	CS Herediano
1932/33	CS Herediano
1933/34	CS La Libertad
1934/35	CS Herediano
1935/36	CS Cartaginés
1936/37	CS Herediano
1937/38	Orion FC
1938/39	LD Alajuelense
1939/40	CS Cartaginés
1940/41	LD Alajuelense
1941/42	CS La Libertad
1942/43	AD Universidad de Costa Rica
1943/44	Orion FC
1944/45	LD Alajuelense
1945/46	CS La Libertad
1946/47	CS Herediano
1947/48	CS Herediano
1948/49	LD Alajuelense
1949/50	LD Alajuelense
1950/51	CS Herediano
1951/52	CD Saprissa
1952/53	CD Saprissa
1953/54	*Titel nicht vergeben*
1954/55	CS Herediano
1955/56	*Titel nicht vergeben*
1956/57	CD Saprissa
1957/58	LD Alajuelense
1958/59	LD Alajuelense
1959/60	LD Alajuelense
1960/61	CS Herediano
1961/62	CD Saprissa
1962/63	CS Uruguay
1963/64	CD Saprissa
1964/65	CD Saprissa
1965/66	LD Alajuelense
1966/67	CD Saprissa
1967/68	CD Saprissa
1968/69	CD Saprissa
1969/70	LD Alajuelense
1970/71	LD Alajuelense
1971/72	CD Saprissa
1972/73	CD Saprissa
1973/74	CD Saprissa
1974/75	CD Saprissa
1975/76	CD Saprissa
1976/77	CD Saprissa
1977/78	CS Herediano
1978/79	CS Herediano
1979/80	LD Alajuelense
1980/81	CS Herediano
1981/82	CD Saprissa
1982/83	LD Alajuelense
1983/84	LD Alajuelense
1984/85	CS Herediano
1985/86	AD Municipal Puntarenas
1986/87	CS Herediano
1987/88	CD Saprissa
1988/89	CD Saprissa
1989/90	*Titel nicht vergeben*
1990/91	LD Alajuelense
1991/92	LD Alajuelense
1992/93	CS Herediano
1993/94	CD Saprissa
1994/95	CD Saprissa
1995/96	LD Alajuelense
1996/97	LD Alajuelense
1997/98	CD Saprissa
1998/99	CD Saprissa
1999/00	LD Alajuelense
2000/01	LD Alajuelense

Dänemark – Liga

1913	KB
1914	KB
1915	*wurde nicht ausgetragen*
1916	B 93
1917	KB
1918	KB
1919	AB
1920	B 1903
1921	AB
1922	KB
1923	BK Frem
1924	B 1903
1925	KB
1926	B 1903
1927	B 93
1927/28	B 93
1928/29	B 93
1929/30	B 93
1930/31	BK Frem
1931/32	KB
1932/33	BK Frem
1933/34	B 93
1934/35	B 93
1935/36	BK Frem
1936/37	AB
1937/38	B 1903
1938/39	B 93
1939/40	KB
1940/41	BK Frem
1941/42	B 93
1942/43	AB
1943/44	BK Frem
1944/45	AB
1945/46	B 93
1946/47	AB
1947/48	KB
1948/49	KB
1949/50	KB
1950/51	AB
1951/52	AB
1952/53	KB
1953/54	Køge BK
1954/55	ÅGF
1955/56	ÅGF
1956/57	ÅGF
1958	Vejle BK
1959	B 1909
1960	ÅGF
1961	Esbjerg fB
1962	Esbjerg fB
1963	Esbjerg fB
1964	B 1909
1965	Esbjerg fB
1966	Hvidovre IF
1967	AB
1968	KB
1969	B 1903
1970	B 1903
1971	Vejle BK
1972	Vejle BK
1973	Hvidovre IF
1974	KB
1975	Køge BK
1976	B 1903
1977	OB
1978	Vejle BK
1979	Esbjerg fB
1980	KB
1981	Hvidovre IF
1982	OB
1983	Lyngby FC [Lyngby BK]
1984	Vejle BK
1985	Brøndby IF
1986	ÅGF
1987	Brøndby IF
1988	Brøndby IF
1989	OB
1990	Brøndby IF
1991	Brøndby IF
1991/92	Lyngby FC [Lyngby BK]
1992/93	FC København
1993/94	Silkeborg IF
1994/95	ÅaB
1995/96	Brøndby IF
1996/97	Brøndby IF
1997/98	Brøndby IF
1998/99	ÅaB
1999/00	Herfølge BK
2000/01	FC København

Dänemark – Pokal

1954/55	ÅGF
1955/56	BK Frem
1956/57	ÅGF
1958	Vejle BK
1959	Vejle BK
1960	ÅGF
1961	ÅGF
1962	B 1909
1963	B 1913
1964	Esbjerg fB
1965	ÅGF
1966	ÅaB
1967	Randers Freja FC [Randers SK Freja]
1968	Randers Freja FC [Randers SK Freja]
1969	KB
1970	ÅaB
1971	B 1909
1972	Vejle BK
1973	Randers Freja FC [Randers SK Freja]
1974	Vanløse IF
1975	Vejle BK
1976	Esbjerg fB
1977	Vejle BK
1978	BK Frem
1979	B 1903
1980	Hvidovre IF
1981	Vejle BK
1982	B 93
1983	OB
1984	Lyngby FC [Lyngby BK]
1985	Lyngby FC [Lyngby BK]
1986	B 1903
1987	ÅGF
1988	ÅGF
1989	Brøndby IF
1990	Lyngby FC [Lyngby BK]
1991	OB
1991/92	ÅGF
1992/93	OB
1993/94	Brøndby IF
1994/95	FC København
1995/96	ÅGF
1996/97	FC København
1997/98	Brøndby IF
1998/99	AB
1999/00	Viborg FF
2000/01	Silkeborg IF

DDR (hist.) – Liga

1947/48	FSV Zwickau [SG Planitz]
1948/49	Hallescher FC [ZSG Union Halle]
1949/50	FSV Zwickau [ZSG Horch Zwickau]
1950/51	FC Sachsen Leipzig 1990 [BSG Chemie Leipzig]
1951/52	Hallescher FC [BSG Turbine Halle]
1952/53	1. FC Dynamo Dresden [SG Volkspolizei Dresden]
1953/54	FC Rot-Weiß Erfurt [BSG Turbine Erfurt]
1954/55	FC Rot-Weiß Erfurt [SC Turbine Erfurt]
1956	SC Wismut Karl-Marx-Stadt
1957	SC Wismut Karl-Marx-Stadt
1958	FC Vorwärts Berlin [ZASK Vorwärts Berlin]
1959	SC Wismut Karl-Marx-Stadt
1960	FC Vorwärts Berlin [ZASK Vorwärts Berlin]
1961/62	FC Vorwärts Berlin [ZASK Vorwärts Berlin]
1962/63	FC Carl Zeiss Jena [SC Motor Jena]
1963/64	FC Sachsen Leipzig 1990 [BSG Chemie Leipzig]
1964/65	FC Vorwärts Berlin [ZASK Vorwärts Berlin]
1965/66	FC Vorwärts Berlin [ZASK Vorwärts Berlin]
1966/67	Chemnitzer FC [FC Karl-Marx-Stadt]
1967/68	FC Carl Zeiss Jena
1968/69	FC Vorwärts Berlin
1969/70	FC Carl Zeiss Jena
1970/71	1. FC Dynamo Dresden [SG Dynamo Dresden]
1971/72	1. FC Magdeburg
1972/73	1. FC Dynamo Dresden [SG Dynamo Dresden]
1973/74	1. FC Magdeburg
1974/75	1. FC Magdeburg
1975/76	1. FC Dynamo Dresden [SG Dynamo Dresden]
1976/77	1. FC Dynamo Dresden [SG Dynamo Dresden]
1977/78	1. FC Dynamo Dresden [SG Dynamo Dresden]
1978/79	Berliner FC Dynamo
1979/80	Berliner FC Dynamo
1980/81	Berliner FC Dynamo
1981/82	Berliner FC Dynamo
1982/83	Berliner FC Dynamo
1983/84	Berliner FC Dynamo
1984/85	Berliner FC Dynamo
1985/86	Berliner FC Dynamo
1986/87	Berliner FC Dynamo
1987/88	Berliner FC Dynamo
1988/89	1. FC Dynamo Dresden [SG Dynamo Dresden]
1989/90	1. FC Dynamo Dresden [SG Dynamo Dresden]
1990/91	FC Hansa Rostock

DDR (hist.) – Pokal

1948/49	SV Dessau 05 [BSG Waggonbau Dessau]
1949/50	SpVgg. 04 Thale [BSG EHW Thale]
1950/51	*wurde nicht ausgetragen*
1951/52	1. FC Dynamo Dresden [SG Volkspolizei Dresden]
1952/53	*wurde nicht ausgetragen*
1953/54	FC Vorwärts Berlin [ZSK Vorwärts KVP Berlin]
1954/55	SC Wismut Karl-Marx-Stadt
1956	Hallescher FC [SC Chemie Halle-Leuna]
1957	SC Lokomotive Leipzig
1958	Dresdner SC 98 [SC Einheit Dresden]
1959	Berliner FC Dynamo [SC Dynamo Dresden]
1960	FC Carl Zeiss Jena [SC Motor Jena]
1961/62	Hallescher FC [SC Chemie Halle]
1962/63	FSV Zwickau [BSG Motor Zwickau]
1963/64	1. FC Magdeburg [SC Aufbau Magdeburg]
1964/65	1. FC Magdeburg [SC Aufbau Magdeburg]
1965/66	FC Sachsen Leipzig 1990 [BSG Chemie Leipzig]
1966/67	FSV Zwickau [BSG Motor Zwickau]
1967/68	1. FC Union Berlin
1968/69	1. FC Magdeburg
1969/70	FC Vorwärts Berlin
1970/71	1. FC Dynamo Dresden [SG Dynamo Dresden]
1971/72	FC Carl Zeiss Jena
1972/73	1. FC Magdeburg
1973/74	FC Carl Zeiss Jena
1974/75	FSV Zwickau [BSG Sachsenring Zwickau]
1975/76	VfB Leipzig [1. FC Lokomotive Leipzig]
1976/77	1. FC Dynamo Dresden [SG Dynamo Dresden]
1977/78	1. FC Magdeburg
1978/79	1. FC Magdeburg
1979/80	FC Carl Zeiss Jena
1980/81	VfB Leipzig [1. FC Lokomotive Leipzig]
1981/82	1. FC Dynamo Dresden [SG Dynamo Dresden]
1982/83	1. FC Magdeburg
1983/84	1. FC Dynamo Dresden [SG Dynamo Dresden]
1984/85	1. FC Dynamo Dresden [SG Dynamo Dresden]
1985/86	VfB Leipzig [1. FC Lokomotive Leipzig]
1986/87	VfB Leipzig [1. FC Lokomotive Leipzig]
1987/88	Berliner FC Dynamo
1988/89	Berliner FC Dynamo
1989/90	1. FC Dynamo Dresden [SG Dynamo Dresden]
1990/91	FC Hansa Rostock

Deutschland – Liga

1902/03	VfB Leipzig
1903/04	*Wettbewerb wurde nicht beendet*
1904/05	Berliner TuFC Union 1892
1905/06	VfB Leipzig
1906/07	Freiburger FC
1907/08	Berliner FC Viktoria 89 [TuFC Viktoria 89 Berlin]
1908/09	Karlsruher SC [Karlsruher FC Phönix]
1909/10	Karlsruher FV
1910/11	Berliner FC Viktoria 89 [TuFC Viktoria 89 Berlin]
1911/12	FV Holstein 1902 Kiel
1912/13	VfB Leipzig
1913/14	SpVgg. Greuther Fürth [SpVgg. Fürth]
1915-19	*wurde nicht ausgetragen*
1919/20	1. FC Nürnberg
1920/21	1. FC Nürnberg
1921/22	*Titel nicht vergeben*
1922/23	Hamburger SV
1923/24	1. FC Nürnberg
1924/25	1. FC Nürnberg
1925/26	SpVgg. Greuther Fürth [SpVgg. Fürth]
1926/27	1. FC Nürnberg
1927/28	Hamburger SV
1928/29	SpVgg. Greuther Fürth [SpVgg. Fürth]
1929/30	Hertha BSC Berlin
1930/31	Hertha BSC Berlin
1931/32	FC Bayern München
1932/33	Düsseldorfer TSV Fortuna
1933/34	FC Schalke 04
1934/35	FC Schalke 04
1935/36	1. FC Nürnberg
1936/37	FC Schalke 04
1937/38	Hannoverscher SV 96
1938/39	FC Schalke 04
1939/40	FC Schalke 04
1940/41	SK Rapid Wien
1941/42	FC Schalke 04
1942/43	Dresdner SC 98
1943/44	Dresdner SC 98
1945-47	*wurde nicht ausgetragen*
1947/48	1. FC Nürnberg
1948/49	VfR Mannheim
1949/50	VfB Stuttgart 1893
1950/51	1. FC Kaiserslautern
1951/52	VfB Stuttgart 1893
1952/53	1. FC Kaiserslautern
1953/54	Hannoverscher SV 96
1954/55	Rot-Weiß Essen
1955/56	BV 09 Borussia Dortmund
1956/57	BV 09 Borussia Dortmund
1957/58	FC Schalke 04
1958/59	Eintracht Frankfurt [SG Eintracht Frankfurt]
1959/60	Hamburger SV
1960/61	1. FC Nürnberg
1961/62	1. FC Köln
1962/63	BV 09 Borussia Dortmund
1963/64	1. FC Köln
1964/65	SV Werder Bremen
1965/66	TSV München 1860
1966/67	Braunschweiger TSV Eintracht
1967/68	1. FC Nürnberg
1968/69	FC Bayern München
1969/70	Borussia VfL 1900 Mönchengladbach
1970/71	Borussia VfL 1900 Mönchengladbach
1971/72	FC Bayern München
1972/73	FC Bayern München
1973/74	FC Bayern München
1974/75	Borussia VfL 1900 Mönchengladbach
1975/76	Borussia VfL 1900 Mönchengladbach
1976/77	Borussia VfL 1900 Mönchengladbach
1977/78	1. FC Köln
1978/79	Hamburger SV
1979/80	FC Bayern München
1980/81	FC Bayern München
1981/82	Hamburger SV
1982/83	Hamburger SV
1983/84	VfB Stuttgart 1893
1984/85	FC Bayern München
1985/86	FC Bayern München
1986/87	FC Bayern München
1987/88	SV Werder Bremen
1988/89	FC Bayern München
1989/90	FC Bayern München
1990/91	1. FC Kaiserslautern
1991/92	VfB Stuttgart 1893
1992/93	SV Werder Bremen
1993/94	FC Bayern München
1994/95	BV 09 Borussia Dortmund
1995/96	BV 09 Borussia Dortmund
1996/97	FC Bayern München
1997/98	1. FC Kaiserslautern
1998/99	FC Bayern München
1999/00	FC Bayern München
2000/01	FC Bayern München

Deutschland – Pokal

1934/35	1. FC Nürnberg
1935/36	VfB Leipzig
1936/37	FC Schalke 04
1937/38	SK Rapid Wien
1938/39	1. FC Nürnberg
1939/40	Dresdner SC 98
1940/41	Dresdner SC 98
1941/42	TSV München 1860
1942/43	First Vienna FC [FC Vienna]
1944-52	*wurde nicht ausgetragen*
1952/53	Rot-Weiß Essen
1953/54	VfB Stuttgart 1893
1954/55	Karlsruher SC
1955/56	Karlsruher SC
1956/57	FC Bayern München
1957/58	VfB Stuttgart 1893
1958/59	ETB Schwarz-Weiß
1959/60	Borussia VfL 1900 Mönchengladbach [Borussia VfL München-Gladbach]
1960/61	SV Werder Bremen
1961/62	1. FC Nürnberg
1962/63	Hamburger SV
1963/64	TSV München 1860
1964/65	BV 09 Borussia Dortmund
1965/66	FC Bayern München
1966/67	FC Bayern München
1967/68	1. FC Köln
1968/69	FC Bayern München
1969/70	Offenbacher FC Kickers 1901
1970/71	FC Bayern München
1971/72	FC Schalke 04
1972/73	Borussia VfL 1900 Mönchengladbach
1973/74	Eintracht Frankfurt
1974/75	Eintracht Frankfurt
1975/76	Hamburger SV
1976/77	1. FC Köln
1977/78	1. FC Köln
1978/79	Düsseldorfer TSV Fortuna
1979/80	Düsseldorfer TSV Fortuna
1980/81	Eintracht Frankfurt
1981/82	FC Bayern München
1982/83	1. FC Köln
1983/84	FC Bayern München
1984/85	KFC Uerdingen 05 [FC Bayer 05 Uerdingen]
1985/86	FC Bayern München
1986/87	Hamburger SV
1987/88	Eintracht Frankfurt
1988/89	BV 09 Borussia Dortmund
1989/90	1. FC Kaiserslautern
1990/91	SV Werder Bremen
1991/92	Hannoverscher SV 96
1992/93	TSV Bayer 04 Leverkusen
1993/94	SV Werder Bremen
1994/95	Borussia VfL 1900 Mönchengladbach
1995/96	1. FC Kaiserslautern
1996/97	VfB Stuttgart 1893
1997/98	FC Bayern München
1998/99	SV Werder Bremen
1999/00	FC Bayern München
2000/01	FC Schalke 04

Deutschland – Liga-Pokal

1972/73	Hamburger SV
1974-96	*wurde nicht ausgetragen*

1996/97 FC Bayern München
1997/98 FC Bayern München
1998/99 FC Bayern München
1999/00 FC Bayern München
2000/01 Hertha BSC Berlin

Dominica - Liga
1970 DCP Harlem Bombers
1971 *Sieger unbekannt*
1972 DCP Harlem Bombers
1973 DCP Harlem Bombers
1974 DCP Harlem Bombers
1975 *wurde nicht ausgetragen*
1976-80 *Sieger unbekannt*
1981 DCP Harlem Bombers
1982 *Sieger unbekannt*
1983 DCP Harlem Bombers
1984 *Sieger unbekannt*
1985 DCP Harlem Bombers und Kensbro SC
1986-88 *Sieger unbekannt*
1989 DCP Harlem Bombers
1990-91 *Sieger unbekannt*
1992 DCP Harlem Bombers
1993 DCP Harlem Bombers
1994 DCP Harlem Bombers
1995 DCP Harlem Bombers
1996 Vita Malt Black Rocks
1997 DCP Harlem Bombers
1998 ACS Zebians
1999 DCP Harlem Bombers
2000 DCP Harlem Bombers

Dominica - Pokal
1970 DCP Harlem Bombers
1971 DCP Harlem Bombers
1972 *Sieger unbekannt*
1973 DCP Harlem Bombers
1974 DCP Harlem Bombers
1975 *wurde nicht ausgetragen*
1976 DCP Harlem Bombers
1977 *Sieger unbekannt*
1978 DCP Harlem Bombers
1979 *Sieger unbekannt*
1980 DCP Harlem Bombers
1981-83 *Sieger unbekannt*
1984 DCP Harlem Bombers
1985-91 *Sieger unbekannt*
1992 DCP Harlem Bombers
1993 *Sieger unbekannt*
1994 DCP Harlem Bombers
1995-96 *Sieger unbekannt*
1997 DCP Harlem Bombers
1998 Madech Pointe Michel

Dominikanische Republik - Liga
1991 Bancredicard
1992-93 *Sieger unbekannt*
1994 Bancredicard
1995-96 *Sieger unbekannt*
1997 FC Santos
1998 *wurde nicht ausgetragen*
1999 FC Don Bosco de Moca
2000/01 CD Pantoja-Rowe

Dschibuti - Liga
1987 AS Merill
1988 AS CDE
1989 *Sieger unbekannt*
1990 *wurde nicht ausgetragen*
1991 Aéroport
1992-93 *Sieger unbekannt*
1994 FNS
1995 FNS
1996 FNS
1997-99 *Sieger unbekannt*
2000 CDA Djibouti

Dschibuti - Pokal
1988 AS Port
1989 AS Port
1990 *wurde nicht ausgetragen*
1991 Aéroport
1992 AS CDE
1993 FNS
1994 Balbala
1995 Balbala
1996 Balbala

Ecuador - Liga
1957 CS EMELEC
1958-59 *Titel nicht vergeben*
1960 Barcelona SC
1961 CS EMELEC
1962 Deportivo Everest
1963 Barcelona SC
1964 Deportivo Quito
1965 CS EMELEC
1966 Barcelona SC
1967 CD El Nacional
1968 Deportivo Quito
1969 LDU Quito
1970 Barcelona SC
1971 Barcelona SC
1972 CS EMELEC
1973 CD El Nacional
1974 LDU Quito
1975 LDU Quito
1976 CD El Nacional
1977 CD El Nacional
1978 CD El Nacional
1979 CS EMELEC
1980 Barcelona SC
1981 Barcelona SC
1982 CD El Nacional
1983 CD El Nacional
1984 CD El Nacional
1985 Barcelona SC
1986 CD El Nacional
1987 Barcelona SC
1988 CS EMELEC
1989 Barcelona SC
1990 LDU Quito
1991 Barcelona SC
1992 CD El Nacional
1993 CS EMELEC
1994 CS EMELEC
1995 Barcelona SC
1996 CD El Nacional
1997 Barcelona SC
1998 LDU Quito
1999 LDU Quito
2000 Deportivo Olmedo

El Salvador - Liga
1926/27 Chinameca SC
1927/28 Hercúles
1928/29 Hercúles
1929/30 Hercúles
1930/31 Hercúles
1931/32 Hercúles
1932/33 Hercúles
1933/34 Hercúles
1934/35 CD Maya
1935/36 CD Maya
1936/37 CD 33
1937/38 CD 33
1938/39 CD 33
1939/40 España FC
1940/41 Quequeisque
1941/42 Quequeisque
1942/43 Quequeisque
1943/44 Quequeisque
1944/45 Quequeisque
1945/46 Quequeisque
1946/47 CD Libertad
1947/48 *wurde nicht ausgetragen*
1948/49 CD Libertad
1949/50 Once Municipal
1950/51 *wurde nicht ausgetragen*
1951/52 CD Dragón
1952/53 CD FAS
1953/54 CD Dragón
1954/55 CD FAS
1955/56 CD Atlético Marte
1956/57 CD Atlético Marte
1957/58 CD Atlético Marte
1958/59 CD FAS
1959/60 CD Aguila
1960/61 CD Aguila
1961/62 CD FAS
1962/63 CD FAS
1963/64 CD Aguila
1964/65 CD Aguila
1965/66 Alianza FC
1966/67 Alianza FC
1967/68 CD Aguila
1968/69 CD Atlético Marte
1969/70 CD Atlético Marte
1970/71 CD Juventud Olimpica Metalio
1971/72 CD Aguila
1972/73 CD Juventud Olimpica Metalio
1973/74 CD Platense
1974/75 CD Aguila
1975/76 CD Aguila
1976/77 CD FAS
1977/78 CD FAS
1978/79 CD Santiagueño
1979/80 CD Atlético Marte
1980/81 CD FAS
1981/82 CD Atlético Marte
1982/83 CD Aguila
1983/84 CD FAS
1984/85 CD Atlético Marte
1985/86 CD Atlético Marte
1986/87 Alianza FC
1987/88 CD Aguila
1988/89 CD Luis Angel Firpo
1989/90 Alianza FC
1990/91 CD Luis Angel Firpo
1991/92 CD Luis Angel Firpo
1992/93 CD Luis Angel Firpo
1993/94 Alianza FC
1994/95 CD FAS
1995/96 CD FAS
1996/97 Alianza FC
1997/98 CD Luis Angel Firpo
1998/99 CD Luis Angel Firpo
1999/00 CD Aguila und CD Luis Angel Firpo
2000/01 CD Aguila

El Salvador - Pokal
1998/99 Alianza FC

Elfenbeinküste - Liga
1960 Onze Frères
1961 Onze Frères
1962 Stade Abidjan
1963 Stade Abidjan
1964 ASEC Mimosas
1965 Stade Abidjan
1966 Stade Abidjan
1967 Africa Sports
1968 Africa Sports
1969 Stade Abidjan
1970 ASEC Mimosas
1971 Africa Sports
1972 ASEC Mimosas
1973 ASEC Mimosas
1974 ASEC Mimosas
1975 ASEC Mimosas
1976 ASC Gagnoa
1977 Africa Sports
1978 Africa Sports
1979 Stella Abidjan
1980 ASEC Mimosas
1981 Stella Abidjan
1982 Africa Sports
1983 Africa Sports
1984 Stella Abidjan
1985 Africa Sports
1986 Africa Sports
1987 Africa Sports
1988 Africa Sports
1989 Africa Sports
1990 ASEC Mimosas
1991 ASEC Mimosas
1992 ASEC Mimosas
1993 ASEC Mimosas
1994 ASEC Mimosas
1995 ASEC Mimosas
1996 Africa Sports
1997 ASEC Mimosas
1998 ASEC Mimosas
1999 Africa Sports
2000 ASEC Mimosas

Elfenbeinküste - Pokal
1960 Espoir de Man
1961 Africa Sports
1962 ASEC Mimosas
1963 Jeunesse
1964 Africa Sports
1965-66 *wurde nicht ausgetragen*
1967 ASEC Mimosas
1968 ASEC Mimosas
1969 ASEC Mimosas
1970 ASEC Mimosas
1971 Stade Abidjan
1972 ASEC Mimosas
1973 ASEC Mimosas
1974 Stella Abidjan
1975 Stella Abidjan
1976 Stade Abidjan
1977 Africa Sports
1978 Africa Sports
1979 Africa Sports
1980 RC Daloa
1981 Africa Sports
1982 Africa Sports
1983 ASEC Mimosas
1984 Stade Abidjan
1985 Africa Sports
1986 Africa Sports
1987 ASC Bouaké
1988 ASI Abengourou
1989 Africa Sports
1990 ASC Gagnoa
1991 *Wettbewerb wurde nicht beendet*
1992 ASEC Mimosas
1993 Africa Sports
1994 Stade Abidjan
1995 ASEC Mimosas
1996 SOA
1997 ASEC Mimosas
1998 Africa Sports
1999 ASEC Mimosas
2000 Stade Abidjan
2001 Alliance Bouaké

England - Liga
1888/89 Preston North End FC
1889/90 Preston North End FC
1890/91 Everton FC
1891/92 Sunderland AFC
1892/93 Sunderland AFC
1893/94 Aston Villa FC
1894/95 Sunderland AFC
1895/96 Aston Villa FC
1896/97 Aston Villa FC
1897/98 Sheffield United FC
1898/99 Aston Villa FC
1899/00 Aston Villa FC
1900/01 Liverpool FC
1901/02 Sunderland AFC
1902/03 Sheffield Wednesday FC [The Wednesday]
1903/04 Sheffield Wednesday FC [The Wednesday]
1904/05 Newcastle United
1905/06 Liverpool FC
1906/07 Newcastle United
1907/08 Manchester United FC
1908/09 Newcastle United
1909/10 Aston Villa FC
1910/11 Manchester United FC
1911/12 Blackburn Rovers FC
1912/13 Sunderland AFC
1913/14 Blackburn Rovers FC
1914/15 Everton FC
1916-19 *wurde nicht ausgetragen*
1919/20 West Bromwich Albion FC
1920/21 Burnley FC
1921/22 Liverpool FC
1922/23 Liverpool FC
1923/24 Huddersfield Town AFC
1924/25 Huddersfield Town AFC
1925/26 Huddersfield Town AFC
1926/27 Newcastle United
1927/28 Everton FC
1928/29 Sheffield Wednesday FC
1929/30 Sheffield Wednesday FC
1930/31 Arsenal FC
1931/32 Everton FC
1932/33 Arsenal FC
1933/34 Arsenal FC
1934/35 Arsenal FC
1935/36 Sunderland AFC
1936/37 Manchester City FC
1937/38 Arsenal FC
1938/39 Everton FC
1940-46 *wurde nicht ausgetragen*
1946/47 Liverpool FC
1947/48 Arsenal FC
1948/49 Portsmouth FC
1949/50 Portsmouth FC
1950/51 Tottenham Hotspur FC
1951/52 Manchester United FC
1952/53 Arsenal FC
1953/54 Wolverhampton Wanderers FC
1954/55 Chelsea FC
1955/56 Manchester United FC
1956/57 Manchester United FC
1957/58 Wolverhampton Wanderers FC
1958/59 Wolverhampton Wanderers FC
1959/60 Burnley FC
1960/61 Tottenham Hotspur FC
1961/62 Ipswich Town FC
1962/63 Everton FC
1963/64 Liverpool FC
1964/65 Manchester United FC
1965/66 Liverpool FC
1966/67 Manchester United FC
1967/68 Manchester City FC
1968/69 Leeds United AFC
1969/70 Everton FC
1970/71 Arsenal FC
1971/72 Derby County FC
1972/73 Liverpool FC
1973/74 Leeds United AFC
1974/75 Derby County FC
1975/76 Liverpool FC
1976/77 Liverpool FC
1977/78 Nottingham Forest FC
1978/79 Liverpool FC
1979/80 Liverpool FC
1980/81 Aston Villa FC
1981/82 Liverpool FC
1982/83 Liverpool FC
1983/84 Liverpool FC
1984/85 Everton FC
1985/86 Liverpool FC
1986/87 Everton FC
1987/88 Liverpool FC
1988/89 Arsenal FC
1989/90 Liverpool FC
1990/91 Arsenal FC
1991/92 Leeds United AFC
1992/93 Manchester United FC
1993/94 Manchester United FC
1994/95 Blackburn Rovers FC
1995/96 Manchester United FC
1996/97 Manchester United FC
1997/98 Arsenal FC
1998/99 Manchester United FC
1999/00 Manchester United FC
2000/01 Manchester United FC

England - Pokal
1871/72 The Wanderers FC
1872/73 The Wanderers FC
1873/74 Oxford University
1874/75 Royal Engineers FC
1875/76 The Wanderers FC
1876/77 The Wanderers FC
1877/78 The Wanderers FC
1878/79 Old Etonians
1879/80 Clapham Rovers
1880/81 Old Carthusians
1881/82 Old Etonians
1882/83 Blackburn Olympic FC
1883/84 Blackburn Rovers FC
1884/85 Blackburn Rovers FC
1885/86 Blackburn Rovers FC
1886/87 Aston Villa FC
1887/88 West Bromwich Albion FC
1888/89 Preston North End FC
1889/90 Blackburn Rovers FC
1890/91 Blackburn Rovers FC
1891/92 West Bromwich Albion FC
1892/93 Wolverhampton Wanderers FC [The Wanderers Wolverhampton]
1893/94 Notts County FC
1894/95 Aston Villa FC
1895/96 Sheffield Wednesday FC [The Wednesday]
1896/97 Aston Villa FC
1897/98 Nottingham Forest FC
1898/99 Sheffield United FC
1899/00 Bury FC
1900/01 Tottenham Hotspur FC
1901/02 Sheffield United FC
1902/03 Bury FC
1903/04 Manchester City FC
1904/05 Aston Villa FC
1905/06 Everton FC
1906/07 Sheffield Wednesday FC [The Wednesday]
1907/08 Wolverhampton Wanderers FC [The Wanderers Wolverhampton]
1908/09 Manchester United FC
1909/10 Newcastle United FC
1910/11 Bradford City FC
1911/12 Barnsley FC
1912/13 Aston Villa FC
1913/14 Burnley FC
1914/15 Sheffield United FC
1916-19 *wurde nicht ausgetragen*
1919/20 Aston Villa FC
1920/21 Tottenham Hotspur FC
1921/22 Huddersfield Town AFC
1922/23 Bolton Wanderers FC
1923/24 Newcastle United FC
1924/25 Sheffield United FC
1925/26 Bolton Wanderers FC
1926/27 Cardiff City AFC
1927/28 Blackburn Rovers FC
1928/29 Bolton Wanderers FC
1929/30 Arsenal FC
1930/31 West Bromwich Albion FC
1931/32 Newcastle United FC
1932/33 Everton FC
1933/34 Manchester City FC
1934/35 Sheffield Wednesday FC
1935/36 Arsenal FC
1936/37 Sunderland AFC
1937/38 Preston North End FC
1938/39 Portsmouth FC
1940-45 *wurde nicht ausgetragen*
1945/46 Derby County FC
1946/47 Charlton Athletic FC
1947/48 Manchester United FC
1948/49 Wolverhampton Wanderers FC
1949/50 Arsenal FC
1950/51 Newcastle United FC
1951/52 Newcastle United FC
1952/53 Blackpool FC
1953/54 West Bromwich Albion FC
1954/55 Newcastle United FC
1955/56 Manchester City FC
1956/57 Aston Villa FC
1957/58 Bolton Wanderers FC
1958/59 Nottingham Forest FC
1959/60 Wolverhampton Wanderers FC
1960/61 Tottenham Hotspur FC
1961/62 Tottenham Hotspur FC
1962/63 Manchester United FC
1963/64 West Ham United FC
1964/65 Liverpool FC
1965/66 Everton FC
1966/67 Tottenham Hotspur FC
1967/68 West Bromwich Albion FC
1968/69 Manchester City FC
1969/70 Chelsea FC
1970/71 Arsenal FC
1971/72 Leeds United AFC
1972/73 Sunderland AFC
1973/74 Liverpool FC
1974/75 West Ham United FC
1975/76 Southampton FC
1976/77 Manchester United FC
1977/78 Ipswich Town FC
1978/79 Arsenal FC
1979/80 West Ham United FC
1980/81 Tottenham Hotspur FC
1981/82 Tottenham Hotspur FC
1982/83 Manchester United FC
1983/84 Everton FC
1984/85 Manchester United FC
1985/86 Liverpool FC
1986/87 Coventry City FC
1987/88 Wimbledon FC
1988/89 Liverpool FC
1989/90 Manchester United FC
1990/91 Tottenham Hotspur FC
1991/92 Liverpool FC
1992/93 Arsenal FC
1993/94 Manchester United FC
1994/95 Everton FC
1995/96 Manchester United FC
1996/97 Chelsea FC
1997/98 Arsenal FC
1998/99 Manchester United FC
1999/00 Chelsea FC
2000/01 Liverpool FC

England - Liga-Pokal
1960/61 Aston Villa FC
1961/62 Norwich City FC
1962/63 Birmingham City FC
1963/64 Leicester City FC
1964/65 Chelsea FC
1965/66 West Bromwich Albion FC
1966/67 Queen's Park Rangers FC
1967/68 Leeds United AFC
1968/69 Swindon Town FC
1969/70 Manchester City FC
1970/71 Tottenham Hotspur FC
1971/72 Stoke City FC
1972/73 Tottenham Hotspur FC
1973/74 Wolverhampton Wanderers FC
1974/75 Aston Villa FC
1975/76 Manchester City FC
1976/77 Aston Villa FC
1977/78 Nottingham Forest FC
1978/79 Nottingham Forest FC
1979/80 Wolverhampton Wanderers FC
1980/81 Liverpool FC
1981/82 Liverpool FC
1982/83 Liverpool FC
1983/84 Liverpool FC
1984/85 Norwich City FC
1985/86 Oxford United FC
1986/87 Arsenal FC
1987/88 Luton Town FC
1988/89 Nottingham Forest FC
1989/90 Nottingham Forest FC
1990/91 Sheffield Wednesday FC
1991/92 Manchester United FC
1992/93 Arsenal FC
1993/94 Aston Villa FC
1994/95 Liverpool FC
1995/96 Aston Villa FC
1996/97 Leicester City FC
1997/98 Chelsea FC
1998/99 Tottenham Hotspur FC
1999/00 Leicester City FC
2000/01 Liverpool FC

Eritrea - Liga
1994/95 Red Sea
1995/96 *Sieger unbekannt*
1996/97 Medlaw Megbi
1997/98 Red Sea
1998/99 Red Sea
1999/00 Red Sea

Eritrea - Pokal
1997 Red Sea
1998 Hintsa

Estland - Liga
1921 Vs Sport Tallinn
1922 Vs Sport Tallinn
1923 Kalev Tallinn [Ess Kalev Tallinn]
1924 Vs Sport Tallinn
1925 Vs Sport Tallinn
1926 Tallinna JK
1927 Vs Sport Tallinn
1928 Tallinna JK
1929 Vs Sport Tallinn
1930 Kalev Tallinn [Ess Kalev Tallinn]
1931 Vs Sport Tallinn
1932 Vs Sport Tallinn
1933 Vs Sport Tallinn
1934 JK Estonia Tallinn
1935 JK Estonia Tallinn
1936 JK Estonia Tallinn
1937/38 JK Estonia Tallinn
1938/39 JK Estonia Tallinn
1939/40 Olümpia Tartu
1941 *wurde nicht ausgetragen*
1942 Tartu PSR
1943 JK Estonia Tallinn
1944-91 *wurde nicht ausgetragen*
1992 FC Norma Tallinn
1992/93 FC Norma Tallinn
1993/94 FC Flora Tallinn
1994/95 FC Flora Tallinn
1995/96 FC Lantana Tallinn
1996/97 FC Lantana Tallinn
1997/98 FC Norma Tallinn
1998 FC Norma Tallinn
1999 FC Levadia Maardu
2000 FC Levadia Maardu

Estland - Pokal
1938 Vs Sport Tallinn
1939 Tallinna JK
1940 Tallinna JK
1941 *wurde nicht ausgetragen*
1942 Vs Sport Tallinn
1943 Tartu PSR
1944-92 *wurde nicht ausgetragen*
1993 FC Lantana Tallinn [FC Nikol Tallinn]
1994 FC Norma Tallinn
1995 FC Flora Tallinn
1996 JK Tallinna Sadam
1997 JK Tallinna Sadam
1998 FC Flora Tallinn
1999 FC Levadia Maardu
2000 FC Levadia Maardu
2001 JK Trans Narva

Färöer Inseln - Liga
1942 KÍ
1943 TB
1944 *wurde nicht ausgetragen*
1945 KÍ
1946 B 36
1947 SÍ
1948 B 36
1949 TB
1950 B 36
1951 TB
1952 KÍ
1953 KÍ
1954 KÍ
1955 HB
1956 KÍ
1957 KÍ
1958 KÍ
1959 B 36
1960 HB
1961 KÍ
1962 B 36
1963 HB
1964 HB
1965 HB
1966 KÍ
1967 KÍ
1968 KÍ
1969 KÍ
1970 KÍ
1971 HB
1972 KÍ
1973 HB
1974 HB
1975 HB
1976 TB
1977 TB
1978 HB
1979 ÍF
1980 TB
1981 HB
1982 HB
1983 GÍ
1984 B 68
1985 B 68
1986 GÍ
1987 GÍ
1988 HB
1989 B 71
1990 HB
1991 KÍ
1992 B 68
1993 GÍ
1994 GÍ
1995 GÍ
1996 GÍ
1997 B 36
1998 HB
1999 KÍ
2000 VB

Färöer Inseln - Pokal
1955 HB
1956 TB
1957 HB
1958 TB
1959 HB
1960 TB
1961 TB
1962 HB
1963 HB
1964 HB
1965 B 36
1966 KÍ
1967 KÍ
1968 HB
1969 HB
1970 *wurde nicht ausgetragen*
1971 HB
1972 HB
1973 HB
1974 VB
1975 HB
1976 HB
1977 TB
1978 TB
1979 TB
1980 TB
1981 HB
1982 HB
1983 GÍ
1984 HB
1985 GÍ
1986 NSÍ
1987 HB
1988 HB
1989 HB
1990 KÍ
1991 B 36
1992 HB
1993 B 71
1994 KÍ
1995 HB
1996 GÍ
1997 GÍ
1998 HB
1999 KÍ
2000 GÍ

Fidschi - Liga
1978 Ba
1979 Ba
1980 Nadi
1981 Nadi
1982 Nadi
1983 Ba
1984 Lautoka
1985 Nadi
1986 Ba
1987 Ba
1988 Lautoka
1989 Nadroga
1990 Nadroga
1991 Labasa
1992 Ba
1993 Nadroga
1994 Ba
1995 Ba
1996 Suva
1997 Suva
1998 Nadi
1999 Ba
2000 Nadi

Fidschi - Pokal
1991 Ba
1992 Labasa
1993 Nadroga
1994 Tavua
1995 Suva
1996 Nadi
1997 Labasa und Ba
1998 Ba
1999 Labasa
2000 Lautoka
2001 Nadroga

Finnland - Liga
1908 Unitas Helsinki
1909 PUS Helsinki
1910 ÅIFK
1911 HJK
1912 HJK
1913 Kiffen [KIF]
1914 *wurde nicht ausgetragen*
1915 Kiffen [KIF]
1916 Kiffen [KIF]
1917 HJK
1918 HJK
1919 HJK
1920 ÅIFK
1921 HPS
1922 HPS
1923 HJK
1924 ÅIFK
1925 HJK
1926 HPS
1927 HPS
1928 TPS
1929 HPS
1930 FC HIFK [HIFK]
1931 FC HIFK [HIFK]
1932 HPS
1933 FC HIFK [HIFK]
1934 HPS
1935 HPS
1936 HJK
1937 FC HIFK [HIFK]
1938 HJK
1939 TPS
1940 Sudet Viipuri
1941 TPS
1942 HT
1943 *wurde nicht ausgetragen*
1944 VIFK
1945 VPS
1946 VIFK
1947 FC HIFK [HIFK]
1948 VPS
1949 TPS
1950 Ikissat
1951 KTP
1952 KTP
1953 VIFK
1954 TuPy
1955 Kiffen [KIF]
1956 KuPS
1957 HPS
1958 KuPS
1959 FC HIFK [HIFK]
1960 FC Haka
1961 FC HIFK [HIFK]
1962 FC Haka
1963 Reipas
1964 HJK
1965 FC Haka
1966 KuPS
1967 Reipas

1968	TPS
1969	KPV
1970	Reipas
1971	TPS
1972	TPS
1973	HJK
1974	KuPS
1975	TPS
1976	KuPS
1977	FC Haka
1978	HJK
1979	OPS
1980	OPS
1981	HJK
1982	FC Kuusysi
1983	FC Ilves
1984	FC Kuusysi
1985	HJK
1986	FC Kuusysi
1987	HJK
1988	HJK
1989	FC Kuusysi
1990	HJK
1991	FC Kuusysi
1992	HJK
1993	FC Jazz
1994	TPV
1995	FC Haka
1996	FC Jazz
1997	HJK
1998	FC Haka
1999	FC Haka
2000	FC Haka

Finnland – Pokal

1955	FC Haka
1956	PPojat
1957	FF Jaro [Drott]
1958	KTP
1959	FC Haka
1960	FC Haka
1961	KTP
1962	HPS
1963	FC Haka
1964	Reipas
1965	ÅIFK
1966	HJK
1967	KTP
1968	KuPS
1969	FC Haka
1970	FC MP [MP]
1971	FC MP [MP]
1972	Reipas
1973	Reipas
1974	Reipas
1975	Reipas
1976	Reipas
1977	FC Haka
1978	Reipas
1979	FC Ilves
1980	KTP
1981	HJK
1982	FC Haka
1983	FC Kuusysi
1984	HJK
1985	FC Haka
1986	FC RoPS [RoPS]
1987	FC Kuusysi
1988	FC Haka
1989	KuPS
1990	FC Ilves
1991	TPS
1992	MyPa
1993	HJK
1994	TPS
1995	MyPa
1996	HJK
1997	FC Haka
1998	HJK
1999	HJK
2000	HJK

Finnland – Liga-Pokal

1972	TPS
1973	GBK
1974	HJK
1975	FC MP [MP]
1976	KPV
1977-93	*wurde nicht ausgetragen*
1994	HJK
1995	FC Haka
1996	HJK
1997	HJK
1998	HJK
1999	VPS
2000	VPS

Frankreich – Liga

1932/33	Olympique Lillois
1933/34	FC Sète
1934/35	FC Sochaux-Montbéliard
1935/36	Racing CF 92
1936/37	FC Sochaux-Montbéliard
1937/38	Olympique Marseille
1938/39	FC Sète
1940-45	*wurde inoffiziell gespielt*
1945/46	Lille OSC
1946/47	CO Roubaix-Tourcoing
1947/48	Olympique Marseille
1948/49	Stade de Reims
1949/50	FC Girondins Bordeaux
1950/51	OGC Nice
1951/52	OGC Nice
1952/53	Stade de Reims
1953/54	Lille OSC
1954/55	Stade de Reims
1955/56	OGC Nice
1956/57	AS Saint-Etienne
1957/58	Stade de Reims
1958/59	OGC Nice
1959/60	Stade de Reims
1960/61	AS Monaco
1961/62	Stade de Reims
1962/63	AS Monaco
1963/64	AS Saint-Etienne
1964/65	FC Nantes Atlantique
1965/66	FC Nantes Atlantique
1966/67	AS Saint-Etienne
1967/68	AS Saint-Etienne
1968/69	AS Saint-Etienne
1969/70	AS Saint-Etienne
1970/71	Olympique Marseille
1971/72	Olympique Marseille
1972/73	FC Nantes Atlantique
1973/74	AS Saint-Etienne
1974/75	AS Saint-Etienne
1975/76	AS Saint-Etienne
1976/77	FC Nantes Atlantique
1977/78	AS Monaco
1978/79	RC Strasbourg
1979/80	FC Nantes Atlantique
1980/81	AS Saint-Etienne
1981/82	AS Monaco
1982/83	FC Nantes Atlantique
1983/84	FC Girondins Bordeaux
1984/85	FC Girondins Bordeaux
1985/86	Paris Saint-Germain FC
1986/87	FC Girondins Bordeaux
1987/88	AS Monaco
1988/89	Olympique Marseille
1989/90	Olympique Marseille
1990/91	Olympique Marseille
1991/92	Olympique Marseille
1992/93	*Titel nicht vergeben*
1993/94	Paris Saint-Germain FC
1994/95	FC Nantes Atlantique
1995/96	AJ Auxerroise
1996/97	AS Monaco
1997/98	RC Lens
1998/99	FC Girondins Bordeaux
1999/00	AS Monaco
2000/01	FC Nantes Atlantique

Frankreich – Pokal

1917/18	Olympique Pantin
1918/19	CAS Généraux
1919/20	CA Charenton [CA de Paris]
1920/21	Red Star 93 [Red Star Amical Club Paris]
1921/22	Red Star 93 [Red Star Amical Club Paris]
1922/23	Red Star 93 [Red Star Amical Club Paris]
1923/24	Olympique Marseille
1924/25	CAS Généraux
1925/26	Olympique Marseille
1926/27	Olympique Marseille
1927/28	Red Star 93 [Red Star Olympique Paris]
1928/29	Stade Olympique Montpelliérain [Sports Olympiques Montpelliérains]
1929/30	FC Sète
1930/31	Club français
1931/32	AS Cannes
1932/33	Excelsior AC Roubaix
1933/34	FC Sète
1934/35	Olympique Marseille
1935/36	Racing CF 92 [Racing Club de Paris]
1936/37	FC Sochaux-Montbéliard
1937/38	Olympique Marseille
1938/39	Racing CF 92 [Racing Club de Paris]
1939/40	Racing CF 92 [Racing Club de Paris]
1940/41	FC Girondins Bordeaux [Girondins ASP]
1941/42	Red Star 93 [Red Star Olympique Paris]
1942/43	Olympique Marseille
1943/44	Nancy-Lorraine XI
1944/45	Racing CF 92 [Racing Club de Paris]
1945/46	Lille OSC
1946/47	Lille OSC
1947/48	Lille OSC
1948/49	Racing CF 92 [Racing Club de Paris]
1949/50	Stade de Reims
1950/51	RC Strasbourg
1951/52	OGC Nice
1952/53	Lille OSC
1953/54	OGC Nice
1954/55	Lille OSC
1955/56	CS Sedan-Ardennes [UA Sedan-Torcy]
1956/57	Toulouse FC
1957/58	Stade de Reims
1958/59	Le Havre AC
1959/60	AS Monaco
1960/61	CS Sedan-Ardennes [UA Sedan-Torcy]
1961/62	AS Saint-Etienne
1962/63	AS Monaco
1963/64	Olympique Lyonnais
1964/65	Stade Rennais FC
1965/66	RC Strasbourg
1966/67	Olympique Lyonnais
1967/68	AS Saint-Etienne
1968/69	Olympique Marseille
1969/70	AS Saint-Etienne
1970/71	Stade Rennais FC
1971/72	Olympique Marseille
1972/73	Olympique Lyonnais
1973/74	AS Saint-Etienne
1974/75	AS Saint-Etienne
1975/76	Olympique Marseille
1976/77	AS Saint-Etienne
1977/78	AS Nancy-Lorraine
1978/79	FC Nantes Atlantique [FC Nantes]
1979/80	AS Monaco
1980/81	SC Bastia [SEC Bastia]
1981/82	Paris Saint-Germain FC
1982/83	Paris Saint-Germain FC
1983/84	FC Metz
1984/85	AS Monaco
1985/86	FC Girondins Bordeaux
1986/87	FC Girondins Bordeaux
1987/88	FC Metz
1988/89	Olympique Marseille
1989/90	Montpellier HSC
1990/91	AS Monaco
1991/92	*wurde nicht ausgetragen*
1992/93	Paris Saint-Germain FC
1993/94	AJ Auxerroise
1994/95	Paris Saint-Germain FC
1995/96	AJ Auxerroise
1996/97	OGC Nice
1997/98	Paris Saint-Germain FC
1998/99	FC Nantes Atlantique
1999/00	FC Nantes Atlantique
2000/01	RC Strasbourg

Frankreich – Liga-Pokal

1953	FC Sochaux-Montbéliard
1954	Stade de Reims
1955	AS Saint-Etienne
1956	Nîmes OSC
1957	Olympique Marseille
1958	AS Saint-Etienne
1959	RC Lens
1960	RC Lens
1961	AS Monaco
1962	RC Franc Comtois
1963	FC Sochaux-Montbéliard
1964	FC Sochaux-Montbéliard
1965	RC Lens
1966-81	*wurde nicht ausgetragen*
1982	Stade Lavallois MFC
1983	*wurde nicht ausgetragen*
1984	Stade Lavallois MFC
1985	*wurde nicht ausgetragen*
1986	FC Metz
1987-90	*wurde nicht ausgetragen*
1991	Stade de Reims
1992	Montpellier HSC
1993	*wurde nicht ausgetragen*
1994	RC Lens
1994/95	Paris Saint-Germain FC
1995/96	FC Metz
1996/97	RC Strasbourg
1997/98	Paris Saint-Germain FC
1998/99	RC Lens
1999/00	FC Gueugnonnais
2000/01	Olympique Lyonnais

Französisch-Guyana – Liga

1981/82	USL Montjoly
1983-84	*Sieger unbekannt*
1984/85	SC Kouroucien
1986-89	*Sieger unbekannt*
1989/90	SC Kouroucien
1990/91	AS Club Colonial
1991/92	*Sieger unbekannt*
1992/93	US Sinnamary
1993/94	ASJ Mana
1994/95	US Sinnamary
1995/96	*Sieger unbekannt*
1996/97	ASC Le Geldar
1997/98	ASJ Mana
1998/99	AJ Saint-Georges
1999/00	AJ Saint-Georges
2000/01	ASC Le Geldar

Gabun – Liga

1968	Olympique sportif
1969	Aigle Royal
1970	Aigle Royal
1971	AS Solidarité
1972	Olympique sportif
1973	AS Police
1974	Zalang COC
1975	Pétrosport FC
1976	Vantour Mangoungou
1977	Vantour Mangoungou
1978	FC 105 [ASMO FC 105]
1979	Anges ABC
1980	USM Libreville
1981	USM Libreville
1982	FC 105 [ASMO FC 105]
1983	FC 105 [ASMO FC 105]
1984	AS Sogara
1985	FC 105 [ASMO FC 105]
1986	FC 105 [ASMO FC 105]
1987	FC 105 [ASMO FC 105]
1988	USM Libreville
1989	AS Sogara
1990	JAC
1991	AS Sogara
1992	AS Sogara
1993	AS Sogara
1994	AS Sogara
1995	Manga Sport
1996	Mbilinga FC
1997	FC 105
1998	Pétrosport FC
1999	FC 105
2000	Manga Sport

Gabun – Pokal

1975	Pétrosport FC
1976	Anges ABC
1977	FC 105 [ASMO FC 105]
1978	Pétrosport FC
1979	USM Libreville
1980	FC 105 [ASMO FC 105]
1981	FC 105 [ASMO FC 105]
1982	CAP Owendo
1983	CAP Owendo
1984	FC 105 [ASMO FC 105]
1985	AS Sogara
1986	FC 105 [ASMO FC 105]
1987	USM Libreville
1988	Vantour Mangoungou
1989	Pétrosport FC
1990	Mbilinga FC [Shellsport]
1991	USM Libreville
1992	Delta Sports FC
1993	Manga Sport
1994	Manga Sport
1995	Mbilinga FC
1996	FC 105 [ASMO FC 105]
1997	Mbilinga FC
1998	Ndzimba FC
1999	US Bitam

Gambia – Liga

1965	Arrance
1966	Augustians
1967	Augustians
1968	*wurde nicht ausgetragen*
1969	Wallidan
1970	Wallidan
1971	Wallidan
1972	Wallidan
1973	Ports Authority
1974	Wallidan
1975	Real Banjul
1976	*wurde nicht ausgetragen*
1977	Wallidan
1978	Real Banjul
1979	Wallidan
1980	Starlight/Gunners FC [Starlight]
1981	Starlight/Gunners FC [Starlight]
1982	Ports Authority
1983	Real Banjul
1984	Ports Authority
1985	Wallidan
1986	Ports Authority
1987	Wallidan
1988	Wallidan
1989	Wallidan
1990	Wallidan
1991	Wallidan
1992	Wallidan
1993	Banjul Hawks FC
1994	Real Banjul
1995	Wallidan
1996	Banjul Hawks FC
1996/97	Real Banjul
1997/98	Real Banjul
1998/99	Ports Authority
1999/00	Real Banjul
2001	Wallidan

Gambia – Pokal

1974	Wallidan
1975	Ports Authority
1976	Wallidan
1977	*Sieger unbekannt*
1978	Wallidan
1979	Dingareh
1980	*Sieger unbekannt*
1981	Wallidan
1982	Starlight/Gunners FC [Starlight]
1983	Banjul Hawks FC
1984	Wallidan
1985	Starlight/Gunners FC [Starlight]
1986	Wallidan
1987	Wallidan
1988-90	*Sieger unbekannt*
1991	Wallidan
1992	*Sieger unbekannt*
1993	Wallidan
1994	Wallidan
1995	Mass Sosseh
1996	Wallidan
1997	Real Banjul
1998	Wallidan
1999	Wallidan
2000	Steve Biko

Georgien – Liga

1990	FC Dinamo Tbilisi [FC Iberia Tbilisi]
1991	FC Dinamo Tbilisi [FC Iberia Tbilisi]
1991/92	FC Dinamo Tbilisi [FC Iberia Tbilisi]
1992/93	FC Dinamo Tbilisi
1993/94	FC Dinamo Tbilisi
1994/95	FC Dinamo Tbilisi
1995/96	FC Dinamo Tbilisi
1996/97	FC Dinamo Tbilisi
1997/98	FC Dinamo Tbilisi
1998/99	FC Dinamo Tbilisi
1999/00	FC Torpedo Kutaïssi
2000/01	FC Torpedo Kutaïssi

Georgien – Pokal

1990	FC Guria Lantschchuti
1991	*wurde nicht ausgetragen*
1991/92	FC Dinamo Tbilisi [FC Iberia Tbilisi]
1992/93	FC Dinamo Tbilisi
1993/94	FC Dinamo Tbilisi
1994/95	FC Dinamo Tbilisi
1995/96	FC Dinamo Tbilisi
1996/97	FC Dinamo Tbilisi
1997/98	FC Dinamo Batumi
1998/99	FC Torpedo Kutaïssi
1999/00	FC Lokomotivi Tbilisi
2000/01	FC Torpedo Kutaïssi

Ghana – Liga

1955	Hearts of Oak SC
1956	Hearts of Oak SC
1957	*wurde nicht ausgetragen*
1958	Hearts of Oak SC
1959	Asante Kotoko FC
1960	Eleven Wise FC
1961/62	Hearts of Oak SC
1962/63	Real Republicans
1963/64	Asante Kotoko FC
1964/65	Asante Kotoko FC
1966	*wettbewerb wurde annulliert*
1967	Cape Coast Ebusua Dwarfs [Cape Coast Mysterious Dwarfs]
1968	Asante Kotoko FC
1969	Asante Kotoko FC
1970	Great Olympics
1971	Hearts of Oak SC
1972	Asantc Kotoko FC
1973	Hearts of Oak SC
1974	Great Olympics
1975	Asante Kotoko FC
1976	Hearts of Oak SC
1977	Hasaacas
1978	Hearts of Oak SC
1979	Hearts of Oak SC
1980	Asante Kotoko FC
1981	Asante Kotoko FC
1982	Asante Kotoko FC
1983	Asante Kotoko FC
1984	Hearts of Oak SC
1985	Hearts of Oak SC
1986	Asante Kotoko FC
1987	Asante Kotoko FC
1988/89	Asante Kotoko FC
1989/90	Hearts of Oak SC
1990/91	Asante Kotoko FC
1991/92	Asante Kotoko FC
1992/93	Asante Kotoko FC
1993/94	Goldfields SC
1994/95	Goldfields SC
1995/96	Goldfields SC
1996/97	Hearts of Oak SC
1997/98	Hearts of Oak SC
1999	Hearts of Oak SC
2000	Hearts of Oak SC

Ghana – Pokal

1958	Asante Kotoko FC
1959	Cornerstones
1960	Asante Kotoko FC
1961/62	Real Republicans
1962/63	Real Republicans
1963/64	Real Republicans
1964/65	Real Republicans
1966-67	*wurde nicht ausgetragen*
1968	Cape Coast Ebusua Dwarfs [Cape Coast Mysterious Dwarfs]
1969-72	*wurde nicht ausgetragen*
1973	Hearts of Oak SC
1974	Hearts of Oak SC
1975	Great Olympics
1976	Asante Kotoko FC
1977	*wurde nicht ausgetragen*
1978	Asante Kotoko FC
1979	Hearts of Oak SC
1980	Hasaacas
1981	Hearts of Oak SC
1982	Eleven Wise FC
1983	Great Olympics
1984	Asante Kotoko FC
1985	Hasaacas
1986	Okwahu United
1987	Hearts of Oak SC
1988	Hearts of Oak SC
1989	Hearts of Oak SC
1989/90	Asante Kotoko FC
1990/91	Asante Kotoko FC
1991/92	Voradep Ho
1992/93	Goldfields SC
1993/94	Hearts of Oak SC
1994/95	Hearts of Oak SC
1995/96	Hearts of Oak SC
1996/97	GHAPOHA Readers
1997/98	Asante Kotoko FC
1999	Hearts of Oak SC
2000	Hearts of Oak SC

Grenada – Liga

1996	Barba Super Stars
1997	Seven Seas Rock City
1998	Fontenoy United
1999	Cable Vision SAFL

Grenada – Pokal

1998	Anchor Queen's Park Rangers
1999	Brunswick United

Griechenland – Liga

1927/28	AS Aris
1928/29	*wurde nicht ausgetragen*
1929/30	Panathinaikos AO
1930/31	PAE Olympiakos Peiraia
1931/32	AS Aris
1932/33	PAE Olympiakos Peiraia
1933/34	PAE Olympiakos Peiraia
1934/35	*wurde nicht ausgetragen*
1935/36	PAE Olympiakos Peiraia
1936/37	PAE Olympiakos Peiraia
1937/38	PAE Olympiakos Peiraia
1938/39	AS AEK
1939/40	AS AEK
1941-45	*wurde nicht ausgetragen*
1945/46	AS Aris
1946/47	PAE Olympiakos Peiraia
1947/48	PAE Olympiakos Peiraia
1948/49	Panathinaikos AO
1949/50	*wurde nicht ausgetragen*
1950/51	PAE Olympiakos Peiraia
1951/52	*wurde nicht ausgetragen*
1952/53	Panathinaikos AO
1953/54	PAE Olympiakos Peiraia
1954/55	PAE Olympiakos Peiraia
1955/56	PAE Olympiakos Peiraia
1956/57	PAE Olympiakos Peiraia
1957/58	PAE Olympiakos Peiraia
1958/59	PAE Olympiakos Peiraia
1959/60	Panathinaikos AO
1960/61	Panathinaikos AO
1961/62	Panathinaikos AO
1962/63	AS AEK
1963/64	Panathinaikos AO
1964/65	Panathinaikos AO
1965/66	PAE Olympiakos Peiraia
1966/67	PAE Olympiakos Peiraia
1967/68	AS AEK
1968/69	Panathinaikos AO
1969/70	Panathinaikos AO
1970/71	AS AEK
1971/72	Panathinaikos AO
1972/73	PAE Olympiakos Peiraia
1973/74	PAE Olympiakos Peiraia
1974/75	PAE Olympiakos Peiraia
1975/76	AS PAOK
1976/77	Panathinaikos AO
1977/78	AS AEK
1978/79	AS AEK
1979/80	PAE Olympiakos Peiraia
1980/81	PAE Olympiakos Peiraia
1981/82	PAE Olympiakos Peiraia
1982/83	PAE Olympiakos Peiraia
1983/84	Panathinaikos AO
1984/85	AS PAOK
1985/86	Panathinaikos AO
1986/87	PAE Olympiakos Peiraia
1987/88	PAE Larissa
1988/89	AS AEK
1989/90	Panathinaikos AO
1990/91	Panathinaikos AO
1991/92	AS AEK
1992/93	AS AEK
1993/94	AS AEK
1994/95	Panathinaikos AO
1995/96	Panathinaikos AO
1996/97	PAE Olympiakos Peiraia
1997/98	PAE Olympiakos Peiraia
1998/99	PAE Olympiakos Peiraia
1999/00	PAE Olympiakos Peiraia
2000/01	PAE Olympiakos Peiraia

Griechenland – Pokal

1931/32	AS AEK
1932/33	Ethnikos Peiraia
1934-38	*wurde nicht ausgetragen*
1938/39	AS AEK
1939/40	Panathinaikos AO
1941-46	*wurde nicht ausgetragen*
1946/47	PAE Olympiakos Peiraia
1947/48	Panathinaikos AO
1948/49	AS AEK
1949/50	AS AEK
1950/51	PAE Olympiakos Peiraia
1951/52	PAE Olympiakos Peiraia
1952/53	PAE Olympiakos Peiraia
1953/54	PAE Olympiakos Peiraia
1954/55	Panathinaikos AO
1955/56	AS AEK
1956/57	PAE Olympiakos Peiraia
1957/58	PAE Olympiakos Peiraia
1958/59	PAE Olympiakos Peiraia
1959/60	PAE Olympiakos Peiraia
1960/61	PAE Olympiakos Peiraia
1961/62	*Titel nicht vergeben*
1962/63	PAE Olympiakos Peiraia
1963/64	AS AEK
1964/65	PAE Olympiakos Peiraia
1965/66	AS AEK
1966/67	Panathinaikos AO
1967/68	PAE Olympiakos Peiraia
1968/69	Panathinaikos AO
1969/70	AS Aris
1970/71	PAE Olympiakos Peiraia
1971/72	AS PAOK
1972/73	PAE Olympiakos Peiraia
1973/74	AS PAOK
1974/75	PAE Olympiakos Peiraia
1975/76	GS Iraklis Thessaloniki
1976/77	Panathinaikos AO
1977/78	AS AEK
1978/79	Panionios PAE
1979/80	AS Kastoria
1980/81	PAE Olympiakos Peiraia
1981/82	Panathinaikos AO
1982/83	AS AEK
1983/84	Panathinaikos AO
1984/85	PAE Larissa
1985/86	Panathinaikos AO
1986/87	OFI
1987/88	Panathinaikos AO
1988/89	Panathinaikos AO
1989/90	PAE Olympiakos Peiraia
1990/91	Panathinaikos AO
1991/92	PAE Olympiakos Peiraia
1992/93	Panathinaikos AO
1993/94	Panathinaikos AO
1994/95	Panathinaikos AO
1995/96	AS AEK
1996/97	AS AEK
1997/98	Panionios PAE
1998/99	PAE Olympiakos Peiraia
1999/00	AS AEK
2000/01	AS PAOK

Grönland – Liga

1971	T-41
1972	GSS
1973	GSS
1974	SAK
1975	GSS
1976	GSS
1977	N-48
1978	N-48
1979	CIF-70
1980	N-48
1981	Nuuk IL
1982	N-48
1983	N-48
1984	N-48
1985	Nuuk IL
1986	Nuuk IL
1987	K-1933
1988	Nuuk IL
1989	Kagssagssuk
1990	K-1933
1991	K-1933
1992	Aqissiaq
1993	B-67
1994	B-67
1995	Kugssak
1996	B-67
1997	B-67
1998	K-1933
1999	B-67

Guadeloupe – Liga

1983/84	JS Capesterre
1984/85	CS Moulien
1986-87	*Sieger unbekannt*
1987/88	Solidarité Scolaire
1988/89	Zénith
1989/90	Solidarité Scolaire
1990/91	Solidarité Scolaire
1992-93	*Sieger unbekannt*
1993/94	JS Trois-Rivières
1994/95	Arsenal Club
1995/96	L'Etoile Filante
1996/97	CS Bouillantais
1997/98	L'Etoile Filante
1998/99	Racing Club
1999/00	ASG Juventus
2000/01	L'Etoile Filante

Guam – Liga

1990	University of Guam Tritons
1991	University of Guam Tritons
1992	University of Guam Tritons
1993	University of Guam Tritons
1994	CSX Tumon Club [Tumon Taivon]
1995-96	*Sieger unbekannt*
1997	CSX Tumon Club [Tumon SC]
1998	Anderson Bombers [Anderson SC]
1999	Coor's Light
2000	Coor's Light

Guatemala – Liga

1919	Allies
1920	Hércules
1921	Hércules
1922	Hércules
1923	Allies
1924	Escuela de Medicina
1925	La Joya
1926	La Joya
1927	Hércules
1928	Escuela de Medicina
1929	Universidad de San Carlos
1930	Universidad de San Carlos
1931	Universidad de San Carlos
1932	Equipo de Guatemala
1933	Escuela de Politehnica
1934	Escuela de Politehnica
1935	Pensativo de Antigua
1936-37	*wurde nicht ausgetragen*
1938	Tip-Nac
1939	Juventud Retalteca
1940	Tip-Nac
1941	Guatemala FC
1942	CSD Municipal
1943	Tip-Nac
1944	*wurde nicht ausgetragen*
1945	Tip-Nac
1946	CSD Municipal
1947	CSD Municipal
1948	*wurde nicht ausgetragen*
1949	España FC
1950	CSD Comunicaciones FC
1951	CSD Municipal
1952	CSD Municipal
1953	Tip-Nac
1954	*wurde nicht ausgetragen*
1955	CSD Municipal
1956	CSD Comunicaciones FC
1956/57	CSD Comunicaciones FC
1957/58	CSD Comunicaciones FC
1958/59	CSD Municipal
1959/60	CSD Comunicaciones FC
1961	CSD Xelajú MC
1962	CSD Municipal
1963	CSD Municipal
1964	Aurora FC
1965	CSD Municipal
1966	Aurora FC
1967	Aurora FC
1968/69	CSD Comunicaciones FC
1969/70	CSD Municipal
1970/71	CSD Comunicaciones FC
1971	CSD Comunicaciones FC
1972	CSD Comunicaciones FC
1973	CSD Municipal
1974	CSD Municipal
1975	Aurora FC
1976	CSD Municipal
1977/78	CSD Comunicaciones FC
1978/79	Aurora FC
1979/80	CSD Comunicaciones FC
1980	CSD Xelajú MC
1981	CSD Comunicaciones FC
1982	CSD Comunicaciones FC
1983	CD Suchitepéquez
1984	Aurora FC
1985	CSD Comunicaciones FC
1986	Aurora FC
1987/88	CSD Municipal
1988/89	CSD Municipal
1989/90	CSD Municipal
1990/91	CSD Comunicaciones FC
1991/92	CSD Municipal
1992/93	Aurora FC
1993/94	CSD Municipal
1994/95	CSD Comunicaciones FC
1995/96	CSD Xelajú MC
1996/97	CSD Comunicaciones FC

1997/98	CSD Comunicaciones FC
1998/99	CSD Comunicaciones FC
1999/00	CSD Comunicaciones FC und CSD Municipal
2000/01	CSD Municipal und CSD Comunicaciones FC

Guatemala - Pokal

1991/92	CSD Comunicaciones FC
1992/93	CD Suchitepéquez
1993/94	CD Suchitepéquez
1994/95	CSD Municipal
1995/96	CSD Municipal
1996/97	CD Amatitlán
1997/98	CD Suchitepéquez

Guinea - Liga

1965	AS Kaloum Stars [Conakry I]
1966	Kakimbo FC [Conakry II]
1967	Kakimbo FC [Conakry II]
1968	Kakimbo FC [Conakry II]
1969	AS Kaloum Stars [Conakry I]
1970	AS Kaloum Stars [Conakry I]
1971	Hafia FC
1972	Hafia FC
1973	Hafia FC
1974	Hafia FC
1975	Hafia FC
1976	Hafia FC
1977	Hafia FC
1978	Hafia FC
1979	Hafia FC
1980	AS Kaloum Stars
1981	AS Kaloum Stars
1982	Hafia FC
1983	Hafia FC
1984	AS Kaloum Stars
1985	Hafia FC
1986	Horoya AC
1987	AS Kaloum Stars
1988	Horoya AC
1989	Horoya AC
1990	Horoya AC
1991	Horoya AC
1992	Horoya AC
1993	AS Kaloum Stars
1994	Horoya AC
1995	AS Kaloum Stars
1996	AS Kaloum Stars
1997	*wettbewerb wurde annulliert*
1998	AS Kaloum Stars
1999	*wurde nicht ausgetragen*
2000	Horoya AC

Guinea - Pokal

1975	AS Kaloum Stars
1976	AS Kaloum Stars
1977	Horoya AC
1978	Horoya AC
1979	Horoya AC
1980	Gbessia AC
1981	Gbessia AC
1982	Horoya AC
1983	Horoya AC
1984	Horoya AC
1985	AS Kaloum Stars
1986	CO Kakandé Boké
1987	ASFAG
1988	CO Kakandé Boké
1989	Horoya AC
1990	Makona
1991	ASFAG
1992	Hafia FC
1993	Hafia FC
1994	Horoya AC
1995	Horoya AC
1996	ASFAG
1997	AS Kaloum Stars
1998	AS Kaloum Stars
1999	Horoya AC
2000	Fello Stars

Guinea-Bissau - Liga

1975	Balantas Mansôa [Os Balantas]
1976	UDIB
1977	Benfica
1978	*wurde nicht ausgetragen*
1979	Benfica
1980	Benfica
1981	*wurde nicht ausgetragen*
1982	Benfica
1983	SC Bissau
1984	SC Bissau
1985	UDIB
1986	SC Bissau
1987	Bafatá SC
1988	Benfica
1989	Benfica
1990	SC Bissau
1991	SC Bissau
1992	SC Bissau
1993	Benfica
1994	FC Portos
1995	FC Portos
1996	FC Portos
1997	SC Bissau
1998	SC Bissau
1999	*wurde nicht ausgetragen*
2000	SC Bissau

Guinea-Bissau - Pokal

1976	SC Bissau
1977	UDIB
1978	UDIB
1979	FC Bula
1980	Estrela Negra Bolama
1981	*wurde nicht ausgetragen*
1982	Ajuda Sport
1983-84	*wurde nicht ausgetragen*
1985	Benfica
1986	Bafatá SC
1987	SC Bissau
1988	UDIB
1989-90	*wurde nicht ausgetragen*
1991	SC Bissau
1992	Benfica
1993-99	*Sieger unbekannt*
2000	FC Portos

Guyana - Liga

1990	Santos FC
1991	Santos FC
1992-93	*wurde nicht ausgetragen*
1994	Western Tigers FC
1995	Milerock
1996	Omai Gold Seekers
1997	Topp XX
1998	Santos FC
1998/99	Santos FC

Guyana - Pokal

1990/91	Milerock
1991/92	Eagles United
1992/93	Botafogo/Central Hikers
1993/94	Camptown FC
1994/95	Topp XX
1995/96	Beacon's FC
1996/97	Topp XX
1997/98	Milerock
1998/99	Doc's Khelwalaas FC
1999/00	Topp XX
2000/01	Topp XX

Haiti - Liga

1937/38	RC Haïtien
1939	Violette AC
1940	Hatney Bacardi Club
1941	RC Haïtien
1942	Etoile Haïtienne
1943	Arsenal FC
1944	Etoile Haïtienne
1945	Hatney Bacardi Club
1946	RC Haïtien
1947	RC Haïtien
1948	Excelsior AC
1949	*Wettbewerb wurde nicht beendet*
1950	Excelsior AC
1951	Excelsior AC
1952/53	Aigle-Noir
1953/54	RC Haïtien
1955	Aigle-Noir
1956	Jeunesse
1957	Violette AC
1958	RC Haïtien
1959-60	*Sieger unbekannt*
1961	Estrella Haitiana
1962	RC Haïtien
1963-67	*Sieger unbekannt*
1968	Violette AC
1969	RC Haïtien
1970	Aigle-Noir
1971-82	*Sieger unbekannt*
1983	Violette AC
1984-89	*Sieger unbekannt*
1989/90	FICA
1990/91	FICA
1991/92	*Wettbewerb wurde nicht beendet*
1992/93	Tempête
1993/94	FICA
1994/95	Violette AC
1996	Racing FC
1997	AS Capoise
1998	FICA
1999	Violette AC
2000	RC Haïtien

Honduras - Liga

1965/66	Platense
1966/67	CD Olimpia
1967/68	CD Olimpia
1968/69	CD Motagua
1969/70	CD Olimpia
1970/71	CD Motagua
1971/72	CD Olimpia
1972/73	*Titel nicht vergeben*
1973	CD Motagua
1974	Real España
1975	Real España
1976	Real España
1977	CD Olimpia
1978	CD Motagua
1979	CD Marathón
1980	Real España
1981	CD Vida
1982	CD Olimpia
1983	CD Vida
1984	CD Olimpia
1985	CD Marathón
1986	CD Olimpia
1987	CD Olimpia
1988	Real España
1989	CD Olimpia
1990	Real España
1991/92	CD Motagua
1992/93	CD Olimpia
1993/94	Real España
1994/95	CD Victoria
1995/96	CD Olimpia
1996/97	CD Olimpia
1997/98	CD Motagua
1998/99	CD Olimpia
1999/00	CD Motagua (2x)
2000/01	CD Olimpia und Platense

Honduras - Pokal

1992	Real España
1993	Real Maya
1994	CD Marathón
1995	CD Olimpia
1996	Platense
1997	Platense

Hongkong - Liga

1945/46	Royal Air Force
1946/47	Sing Tao
1947/48	Kitchee
1948/49	South China
1949/50	Kitchee
1950/51	South China
1951/52	South China
1952/53	South China
1953/54	Kowloon Motor Bus Co.
1954/55	South China
1955/56	Eastern FC
1956/57	South China
1957/58	South China
1958/59	South China
1959/60	South China
1960/61	South China
1961/62	South China
1962/63	Yuen Long
1963/64	Kitchee
1964/65	Happy Valley
1965/66	South China
1966/67	Kowloon Motor Bus Co.
1967/68	South China
1968/69	South China
1969/70	Jardines
1970/71	Rangers
1971/72	South China
1972/73	Seiko
1973/74	South China
1974/75	Seiko
1975/76	South China
1976/77	South China
1977/78	South China
1978/79	Seiko
1979/80	Seiko
1980/81	Seiko
1981/82	Seiko
1982/83	Seiko
1983/84	Seiko
1984/85	Seiko
1985/86	South China
1986/87	South China
1987/88	South China
1988/89	Happy Valley
1989/90	South China
1990/91	South China
1991/92	South China
1992/93	Eastern FC
1993/94	Eastern FC
1994/95	Eastern FC
1995/96	Instant-Dict FC
1996/97	South China
1997/98	Instant-Dict FC
1998/99	Happy Valley
1999/00	South China

Hongkong - Pokal

1974/75	Seiko
1975/76	Seiko
1976/77	Rangers
1977/78	Seiko
1978/79	Yuen Long
1979/80	Seiko
1980/81	Seiko
1981/82	Bulova
1982/83	Bulova
1983/84	Eastern FC
1984/85	South China
1985/86	Seiko
1986/87	South China
1987/88	South China
1988/89	Lai Sun
1989/90	South China
1990/91	South China
1991/92	Ernest Borel
1992/93	Eastern FC
1993/94	Eastern FC
1994/95	Rangers
1995/96	South China
1996/97	Instant-Dict FC
1997/98	Instant-Dict FC
1998/99	South China
1999/00	Happy Valley
2000/01	Instant-Dict FC

Indien - Liga

1996/97	JCT Mills
1997/98	Mohun Bagan AC
1998/99	Salgaocar SC
1999/00	Mohun Bagan AC
2000/01	East Bengal

Indien - Liga von Kalkutta

1898	Gloucestershire Regiment
1899	Calcutta FC
1900	Royal Irish Rifles
1901	Royal Irish Rifles
1902	King's Own Scottish Borderers
1903	93rd Highlanders
1904	King's Own Regiment
1905	King's Own Regiment
1906	Highlander Light Infantry
1907	Calcutta FC
1908	Gordon Light Infantry
1909	Gordon Light Infantry
1910	Dalhousie
1911	70th Company RGA
1912	Black Watch
1913	Black Watch
1914	91st Highlanders
1915	10th Middlesex Regiment
1916	Calcutta FC
1917	Lincolnshire Regiment
1918	Calcutta FC
1919	12th Special Service Battalion
1920	Calcutta FC
1921	Dalhousie
1922	Calcutta FC
1923	Calcutta FC
1924	Cameron Highlanders
1925	Calcutta FC
1926	North Staffordshire Regiment
1927	North Staffordshire Regiment
1928	Dalhousie
1929	Dalhousie
1930	*wurde nicht ausgetragen*
1931	Durhan Light Rifles
1932	Durhan Light Rifles
1933	Durhan Light Rifles
1934	Mohammedan SC
1935	Mohammedan SC
1936	Mohammedan SC
1937	Mohammedan SC
1938	Mohammedan SC
1939	Mohun Bagan AC
1940	Mohammedan SC
1941	Mohammedan SC
1942	East Bengal
1943	Mohun Bagan AC
1944	Mohun Bagan AC
1945	East Bengal
1946	East Bengal
1947	*wurde nicht ausgetragen*
1948	Mohammedan SC
1949	East Bengal
1950	East Bengal
1951	Mohun Bagan AC
1952	East Bengal
1953	*wurde nicht ausgetragen*
1954	Mohun Bagan AC
1955	Mohun Bagan AC
1956	Mohun Bagan AC
1957	Mohammedan SC
1958	Eastern Railway
1959	Mohun Bagan AC
1960	Mohun Bagan AC
1961	East Bengal
1962	Mohun Bagan AC
1963	Mohun Bagan AC
1964	Mohun Bagan AC
1965	Mohun Bagan AC
1966	East Bengal
1967	Mohammedan SC
1968	*wurde nicht ausgetragen*
1969	Mohun Bagan AC
1970	East Bengal
1971	East Bengal
1972	East Bengal
1973	East Bengal
1974	East Bengal
1975	East Bengal
1976	Mohun Bagan AC
1977	East Bengal
1978	Mohun Bagan AC
1979	Mohun Bagan AC
1980	*wurde nicht ausgetragen*
1981	Mohammedan SC
1982	East Bengal
1983	Mohun Bagan AC
1984	Mohun Bagan AC
1985	East Bengal
1986	Mohun Bagan AC
1987	East Bengal
1988	East Bengal
1989	East Bengal
1990	Mohun Bagan AC
1991	East Bengal
1992	Mohun Bagan AC
1993	East Bengal
1994	Mohun Bagan AC
1995	East Bengal
1996	Mohun Bagan AC
1997	Mohun Bagan AC
1998	East Bengal
1999	East Bengal
2000	East Bengal

Indien - Pokal

1977	ITI
1978	East Bengal und Mohun Bagan AC
1979	BSF
1980	East Bengal und Mohun Bagan AC
1981	Mohun Bagan AC
1982	Mohun Bagan AC
1983	Mohammedan SC
1984	Mohammedan SC
1985	East Bengal
1986	Mohun Bagan AC
1987	Mohun Bagan AC
1988	Salgaocar SC
1989	Salgaocar SC
1990	Kerala Police
1991	*wurde nicht ausgetragen*
1992	Mohun Bagan AC
1993	Mohun Bagan AC
1994	Mohun Bagan AC
1995	JCT Mills
1996	East Bengal
1997	Salgaocar SC
1998	Mohun Bagan AC

Indien - Santosh Trophy

1941/42	Bengal
1943-44	*wurde nicht ausgetragen*
1944/45	Delhi
1945/46	Bengal
1946/47	Mysore
1947/48	Bengal
1948/49	*wurde nicht ausgetragen*
1949/50	Bengal
1950/51	Bengal
1951/52	Bengal
1952/53	Mysore
1953/54	Bengal
1954/55	Bombay
1955/56	Bengal
1956/57	Hyderabad
1957/58	Hyderabad
1958/59	Bengal
1959/60	Bengal
1960/61	Services
1961/62	Railways
1962/63	Bengal
1963/64	Maharashtra
1964/65	Railways
1965/66	Andhra Pradesh
1966/67	Railways
1967/68	Mysore
1968/69	Mysore
1969/70	Bengal
1970/71	Punjab
1971/72	Bengal
1972/73	Bengal
1973/74	Kerala
1974/75	Punjab
1975/76	Bengal
1976/77	Bengal
1977/78	Bengal
1978/79	Bengal
1979/80	Bengal
1980/81	Punjab
1981/82	Bengal
1982/83	Bengal und Goa
1983/84	Goa
1984/85	Punjab
1985/86	Punjab
1986/87	Bengal
1987/88	Punjab
1988/89	Bengal
1989/90	Bengal
1990/91	Bengal
1991/92	Maharashtra
1992/93	Kerala
1993/94	Bengal
1994/95	Bengal
1995/96	Bengal
1996/97	Bengal
1997/98	Bengal
1998/99	Bengal
1999/00	Maharashtra

Indonesien - Amateurliga

1931	VIJ Jakarta
1932	PSIM Yogyakarta
1933	VIJ Jakarta
1934	VIJ Jakarta
1935	Persis
1936	Persis
1937	Persib
1938	VIJ Jakarta
1939	Persis
1940	Persis
1941	Persis
1942	Persis
1943	Persis
1944-47	*wurde nicht ausgetragen*
1948	Persis
1949	*wurde nicht ausgetragen*
1950	Persebaya Surabaya
1951	Persebaya Surabaya
1952	Persebaya Surabaya
1953	*wurde nicht ausgetragen*
1954	Persija
1955-56	*wurde nicht ausgetragen*
1957	PSM
1958	*wurde nicht ausgetragen*
1959	PSM
1960	*wurde nicht ausgetragen*
1961	Persib
1962-63	*wurde nicht ausgetragen*
1964	Persija
1965	PSM
1966	PSM
1967	PSMS
1968-70	*wurde nicht ausgetragen*
1971	PSMS
1972	*wurde nicht ausgetragen*
1973	Persija
1974	*wurde nicht ausgetragen*
1975	Persija und PSMS
1976	*wurde nicht ausgetragen*
1977	Persija
1978	Persebaya Surabaya
1979	Persija
1980	Persipura
1981	Persiraja (Banda Aceh)
1982	*wurde nicht ausgetragen*
1983	PSMS
1984	*wurde nicht ausgetragen*
1985	PSMS
1986	Persib
1987	PSIS Semarang
1988	Persebaya Surabaya
1989	*wurde nicht ausgetragen*
1990	Persib
1991	*wurde nicht ausgetragen*
1992	PSM
1993	*wurde nicht ausgetragen*
1994	Persib

Indonesien - Profiliga

1979/80	Warna Agung
1980/82	NIAC Mitra Surabaya
1982/83	NIAC Mitra Surabaya
1983/84	Yanita Utama Bogor
1984	Yanita Utama Bogor
1985	Tiga Berlian
1986	Tiga Berlian
1987/88	NIAC Mitra Surabaya
1988/89	Pelita Bakrie [Pelita Jaya Mastrans]
1990/91	Pelita Bakrie [Pelita Jaya Mastrans]
1991/92	Arseto Solo
1992/93	Arema Malang
1993/94	Pelita Bakrie [Pelita Jaya Mastrans]
1994/95	Persib
1995/96	Mastrans Bandung Raya
1996/97	Persebaya Surabaya
1997/98	*Wettbewerb wurde nicht beendet*
1998/99	PSIS Semarang
1999/00	PSM

Indonesien - Pokal

1985	Arseto Solo
1986	Makasar Utama
1987	Tiga Berlian
1988	Tiga Berlian
1989	Tiga Berlian
1990-91	*wurde nicht ausgetragen*
1992	Semen Padang
1993	*wurde nicht ausgetragen*
1994	Gelora Dewata Denpasar

Irak - Liga

1974/75	al-Tayaran
1975/76	al-Zawra
1976/77	al-Zawra
1977/78	al-Mina
1978/79	al-Zawra
1979/80	al-Shorta
1980/81	al-Talaba
1981/82	al-Talaba
1982/83	al-Talaba
1983/84	Salaheddin
1984/85	al-Jaish
1985/86	al-Karkh [al-Rasheed]
1986/87	al-Talaba
1987/88	al-Karkh [al-Rasheed]
1988/89	al-Karkh [al-Rasheed]
1989/90	al-Karkh [al-Rasheed]
1990/91	*Wettbewerb wurde nicht beendet*
1991/92	al-Zawra
1992/93	al-Jawwiya
1993/94	al-Talaba
1994/95	al-Zawra
1995/96	al-Zawra
1996/97	al-Jawwiya
1997/98	al-Shorta
1998/99	al-Zawra
1999/00	al-Zawra
2000/01	al-Zawra

Irak - Pokal

1975/76	al-Zawra
1976/77	*wurde nicht ausgetragen*
1977/78	al-Tayaran
1978/79	al-Zawra
1979/80	al-Jaish
1980/81	al-Zawra
1981/82	al-Zawra
1982/83	al-Jaish
1983/84	al-Sinaa
1984/85	*wurde nicht ausgetragen*
1985/86	al-Karkh [al-Rasheed]
1986/87	*wurde nicht ausgetragen*
1987/88	al-Karkh [al-Rasheed]
1988/89	al-Zawra
1989/90	al-Zawra
1990/91	al-Zawra
1991/92	al-Jawwiya
1992/93	al-Zawra
1993/94	al-Zawra
1994/95	al-Zawra
1995/96	al-Zawra
1996/97	al-Jawwiya
1997/98	al-Zawra
1998/99	al-Zawra
1999/00	al-Zawra

Iran - Liga

1959/60	Pirouzi [Shahin FC]
1960/61	*wurde nicht ausgetragen*
1961/62	Daraei FC
1963-66	*wurde nicht ausgetragen*
1966/67	Paas
1967/68	Paas
1968/69	*wurde nicht ausgetragen*
1969/70	Esteghlal [Taj]
1970/71	*Wettbewerb wurde nicht beendet*
1971/72	*wurde nicht ausgetragen*
1972/73	Pirouzi [Perspolis]
1973/74	Esteghlal [Taj]
1974/75	Pirouzi [Perspolis]
1975/76	Paas
1976/77	Paas
1977/78	*Wettbewerb wurde nicht beendet*
1979-89	*wurde nicht ausgetragen*
1989/90	Esteghlal
1990/91	Paas
1991/92	Paas
1992/93	Saipa
1993/94	Saipa
1994/95	Pirouzi
1995/96	Pirouzi
1996/97	Pirouzi
1997/98	Esteghlal
1998/99	Pirouzi
1999/00	Pirouzi
2000/01	Esteghlal

Iran - Pokal

1987	Malavan
1988	*Sieger unbekannt*
1989	Pirouzi
1990	Pirouzi
1991	Malavan
1992	Pirouzi
1993	*wurde nicht ausgetragen*
1994	Saipa
1995	Bahman
1996	Esteghlal
1997	Bargh
1998	*wurde nicht ausgetragen*
1999	Pirouzi
2000	Esteghlal

Irland - Liga

1921/22	St James's Gate AFC
1922/23	Shamrock Rovers FC
1923/24	Bohemians FC
1924/25	Shamrock Rovers FC
1925/26	Shelbourne FC
1926/27	Shamrock Rovers FC
1927/28	Bohemians FC
1928/29	Shelbourne FC
1929/30	Bohemians FC
1930/31	Shelbourne FC
1931/32	Shamrock Rovers FC
1932/33	Dundalk FC
1933/34	Bohemians FC
1934/35	Dolphin AFC
1935/36	Bohemians FC
1936/37	Sligo Rovers FC
1937/38	Shamrock Rovers FC
1938/39	Shamrock Rovers FC
1939/40	St James's Gate AFC
1940/41	Cork United
1941/42	Cork United
1942/43	Cork United
1943/44	Shelbourne FC
1944/45	Cork United
1945/46	Cork United
1946/47	Shelbourne FC
1947/48	Drumcondra FC
1948/49	Drumcondra FC
1949/50	Cork Athletic FC
1950/51	Cork Athletic FC
1951/52	St Patrick's Athletic AFC
1952/53	Shelbourne FC
1953/54	Shamrock Rovers FC
1954/55	St Patrick's Athletic AFC
1955/56	St Patrick's Athletic AFC
1956/57	Shamrock Rovers FC
1957/58	Drumcondra FC
1958/59	Shamrock Rovers FC
1959/60	Limerick AFC
1960/61	Drumcondra FC
1961/62	Shelbourne FC
1962/63	Dundalk FC
1963/64	Shamrock Rovers FC
1964/65	Drumcondra FC
1965/66	Waterford United FC [Waterford AFC]
1966/67	Dundalk FC
1967/68	Waterford United FC [Waterford AFC]
1968/69	Waterford United FC [Waterford AFC]
1969/70	Waterford United FC [Waterford AFC]
1970/71	Cork Hibernians FC
1971/72	Waterford United FC [Waterford AFC]
1972/73	Waterford United FC [Waterford AFC]
1973/74	Cork Celtic FC
1974/75	Bohemians FC
1975/76	Dundalk FC
1976/77	Sligo Rovers FC
1977/78	Bohemians FC
1978/79	Dundalk FC
1979/80	Limerick AFC [Limerick United FC]
1980/81	Athlone Town AFC
1981/82	Dundalk FC
1982/83	Athlone Town AFC
1983/84	Shamrock Rovers FC
1984/85	Shamrock Rovers FC
1985/86	Shamrock Rovers FC
1986/87	Shamrock Rovers FC
1987/88	Dundalk FC
1988/89	Derry City FC
1989/90	St Patrick's Athletic AFC
1990/91	Dundalk FC
1991/92	Shelbourne FC
1992/93	Cork City FC
1993/94	Shamrock Rovers FC
1994/95	Dundalk FC
1995/96	St Patrick's Athletic AFC
1996/97	Derry City FC
1997/98	St Patrick's Athletic AFC
1998/99	St Patrick's Athletic AFC
1999/00	Shelbourne FC
2000/01	Bohemians FC
1921/22	St James's Gate AFC
1922/23	Alton United FC
1923/24	Athlone Town AFC
1924/25	Shamrock Rovers FC
1925/26	Cork United [Fordsons United FC]
1926/27	Drumcondra FC
1927/28	Bohemians FC
1928/29	Shamrock Rovers FC
1929/30	Shamrock Rovers FC
1930/31	Shamrock Rovers FC
1931/32	Shamrock Rovers FC
1932/33	Shamrock Rovers FC
1933/34	Cork United [Cork FC]
1934/35	Bohemians FC
1935/36	Shamrock Rovers FC
1936/37	Waterford United FC [Waterford AFC]

1937/38 St James's Gate AFC
1938/39 Shelbourne FC
1939/40 Shamrock Rovers FC
1940/41 Cork United
1941/42 Dundalk FC
1942/43 Drumcondra FC
1943/44 Shamrock Rovers FC
1944/45 Shamrock Rovers FC
1945/46 Drumcondra FC
1946/47 Cork United
1947/48 Shamrock Rovers FC
1948/49 Dundalk FC
1949/50 Transport FC
1950/51 Cork Athletic FC
1951/52 Dundalk FC
1952/53 Cork Athletic FC
1953/54 Drumcondra FC
1954/55 Shamrock Rovers FC
1955/56 Shamrock Rovers FC
1956/57 Drumcondra FC
1957/58 Dundalk FC
1958/59 St Patrick's Athletic AFC
1959/60 Shelbourne FC
1960/61 St Patrick's Athletic AFC
1961/62 Shamrock Rovers FC
1962/63 Shelbourne FC
1963/64 Shamrock Rovers FC
1964/65 Shamrock Rovers FC
1965/66 Shamrock Rovers FC
1966/67 Shamrock Rovers FC
1967/68 Shamrock Rovers FC
1968/69 Shamrock Rovers FC
1969/70 Bohemians FC
1970/71 Limerick AFC
1971/72 Cork Hibernians FC
1972/73 Cork Hibernians FC
1973/74 Finn Harps FC
1974/75 Home Farm Everton FC [Home Farm FC]
1975/76 Bohemians FC
1976/77 Dundalk FC
1977/78 Shamrock Rovers FC
1978/79 Dundalk FC
1979/80 Waterford United FC [Waterford AFC]
1980/81 Dundalk FC
1981/82 Limerick AFC [Limerick United FC]
1982/83 Sligo Rovers FC
1983/84 UCD AFC
1984/85 Shamrock Rovers FC
1985/86 Shamrock Rovers FC
1986/87 Shamrock Rovers FC
1987/88 Dundalk FC
1988/89 Derry City FC
1989/90 Bray Wanderers AFC
1990/91 Galway United FC
1991/92 Bohemians FC
1992/93 Shelbourne FC
1993/94 Sligo Rovers FC
1994/95 Derry City FC
1995/96 Shelbourne FC
1996/97 Shelbourne FC
1997/98 Cork City FC
1998/99 Bray Wanderers AFC
1999/00 Shelbourne FC
2000/01 Bohemians FC

Irland – Liga-Pokal
1973/74 Waterford United FC [Waterford AFC]
1974/75 Bohemians FC
1975/76 Limerick AFC
1976/77 Shamrock Rovers FC
1977/78 Dundalk FC
1978/79 Bohemians FC
1979/80 Athlone Town AFC
1980/81 Dundalk FC
1981/82 Athlone Town AFC
1982/83 Athlone Town AFC
1983/84 Drogheda United FC
1984/85 Waterford United FC
1985/86 Galway United FC
1986/87 Dundalk FC
1987/88 Cork City FC
1988/89 Derry City FC
1989/90 Dundalk FC
1990/91 Derry City FC
1991/92 Derry City FC
1992/93 Limerick AFC
1993/94 Derry City FC
1994/95 Cork City FC
1995/96 Shelbourne FC
1996/97 Galway United FC
1997/98 Sligo Rovers FC
1998/99 Cork City FC
1999/00 Derry City FC
2000/01 St Patrick's Athletic AFC

Island – Liga
1912 KR
1913 Fram
1914 Fram
1915 Fram
1916 Fram
1917 Fram
1918 Fram
1919 KR
1920 Víkingur
1921 Fram
1922 Fram
1923 Fram
1924 Víkingur
1925 Fram
1926 KR
1927 KR
1928 KR
1929 KR
1930 Valur
1931 KR
1932 KR
1933 Valur
1934 KR
1935 Valur
1936 Valur
1937 Valur
1938 Valur
1939 Fram
1940 Valur
1941 KR
1942 Valur
1943 Valur
1944 Valur
1945 Valur
1946 Fram
1947 Fram
1948 KR
1949 KR
1950 KR
1951 ÍA
1952 KR
1953 ÍA
1954 ÍA
1955 KR
1956 Valur
1957 ÍA
1958 ÍA
1959 KR
1960 ÍA
1961 KR
1962 Fram
1963 KR
1964 Keflavík UÍ [ÍBK]
1965 KR
1966 Valur
1967 Valur
1968 KR
1969 Keflavík UÍ [ÍBK]
1970 ÍA
1971 Keflavík UÍ [ÍBK]
1972 Fram
1973 Keflavík UÍ [ÍBK]
1974 ÍA
1975 ÍA
1976 Valur
1977 ÍA
1978 Valur
1979 ÍBV
1980 Valur
1981 Víkingur
1982 Víkingur
1983 ÍA
1984 ÍA
1985 Valur
1986 Fram
1987 Valur
1988 Fram
1989 KA
1990 Fram
1991 Víkingur
1992 ÍA
1993 ÍA
1994 ÍA
1995 ÍA
1996 ÍA
1997 ÍBV
1998 ÍBV
1999 KR
2000 KR

Island – Pokal
1960 KR
1961 KR
1962 KR
1963 KR
1964 KR
1965 Valur
1966 KR
1967 KR
1968 ÍBV
1969 ÍBA
1970 Fram
1971 Víkingur
1972 ÍBV
1973 Fram
1974 Valur
1975 Keflavík UÍ [ÍBK]
1976 Valur
1977 Valur
1978 ÍA
1979 Fram
1980 Fram
1981 ÍBV
1982 ÍA
1983 ÍA
1984 ÍA
1985 Fram
1986 ÍA
1987 Fram
1988 Valur
1989 Fram
1990 Valur
1991 Valur
1992 Valur
1993 ÍA
1994 KR
1995 KR
1996 ÍA
1997 Keflavík UÍ
1998 ÍBV
1999 KR
2000 ÍA

Island – Liga-Pokal
1996 ÍA
1997 ÍBV
1998 KR
1999 ÍA
2000 UMFG

Israel – Liga
1931/32 British Police
1932/33 *wurde nicht ausgetragen*
1933/34 Hapoel Tel Aviv
1934/35 Hapoel Tel Aviv
1935/36 Hapoel Tel Aviv
1936/37 Maccabi Tel Aviv
1937/38 Hapoel Tel Aviv
1938/39 Maccabi Tel Aviv
1939/40 Hapoel Tel Aviv
1940/41 Maccabi Tel Aviv
1941/42 *wurde nicht ausgetragen*
1942/43 Hapoel Tel Aviv
1944-46 *wurde nicht ausgetragen*
1946/47 Maccabi Tel Aviv
1948-49 *wurde nicht ausgetragen*
1949/50 Maccabi Tel Aviv
1950/51 *wurde nicht ausgetragen*
1951/52 Maccabi Tel Aviv
1952/53 *wurde nicht ausgetragen*
1953/54 Maccabi Tel Aviv
1954/55 Hapoel Petah-Tikva
1955/56 Maccabi Tel Aviv
1956/57 Hapoel Tel Aviv
1957/58 Maccabi Tel Aviv
1958/59 Hapoel Petah-Tikva
1959/60 Hapoel Petah-Tikva
1960/61 Hapoel Petah-Tikva
1961/62 Hapoel Petah-Tikva
1962/63 Hapoel Petah-Tikva
1963/64 Hapoel Ramat-Gan
1964/65 Hakoah Maccabi Ramat-Gan
1965/66 Hapoel Tel Aviv
1966/67 *wurde nicht ausgetragen*
1967/68 Maccabi Tel Aviv
1968/69 Hapoel Tel Aviv
1969/70 Maccabi Tel Aviv
1970/71 Maccabi Netanya
1971/72 Maccabi Tel Aviv
1972/73 Hakoah Maccabi Ramat-Gan
1973/74 Maccabi Netanya
1974/75 Hapoel Beersheba
1975/76 Hapoel Beersheba
1976/77 Maccabi Tel Aviv
1977/78 Maccabi Netanya
1978/79 Maccabi Tel Aviv
1979/80 Maccabi Netanya
1980/81 Hapoel Tel Aviv
1981/82 Hapoel Kfar-Saba
1982/83 Maccabi Netanya
1983/84 Maccabi Haifa
1984/85 Maccabi Haifa
1985/86 Hapoel Tel Aviv
1986/87 Beitar Jerusalem
1987/88 Hapoel Tel Aviv
1988/89 Maccabi Haifa
1989/90 Bnei Yehuda Tel Aviv
1990/91 Maccabi Haifa
1991/92 Maccabi Tel Aviv
1992/93 Beitar Jerusalem
1993/94 Maccabi Haifa
1994/95 Maccabi Tel Aviv
1995/96 Maccabi Tel Aviv
1996/97 Beitar Jerusalem
1997/98 Beitar Jerusalem
1998/99 Hapoel Haifa
1999/00 Hapoel Tel Aviv
2000/01 Maccabi Haifa

Israel – Pokal
1927/28 Hapoel Tel Aviv und Maccabi Hasmonai
1928/29 Maccabi Tel Aviv
1929/30 Maccabi Tel Aviv
1930/31 *wurde nicht ausgetragen*
1931/32 British Police
1932/33 Maccabi Tel Aviv
1933/34 Hapoel Tel Aviv
1934/35 Maccabi Petah-Tikva
1935/36 *wurde nicht ausgetragen*
1936/37 Hapoel Tel Aviv
1937/38 Hapoel Tel Aviv
1938/39 Hapoel Tel Aviv
1939/40 Beitar Tel Aviv
1940/41 Maccabi Tel Aviv
1941/42 Beitar Tel Aviv
1943-45 *wurde nicht ausgetragen*
1945/46 Maccabi Tel Aviv
1946/47 Maccabi Tel Aviv
1948-51 *wurde nicht ausgetragen*
1951/52 Maccabi Petah-Tikva
1952/53 *wurde nicht ausgetragen*
1953/54 Maccabi Tel Aviv
1954/55 Maccabi Tel Aviv
1955/56 *wurde nicht ausgetragen*
1956/57 Hapoel Petah-Tikva
1957/58 Maccabi Tel Aviv
1958/59 Maccabi Tel Aviv
1959/60 Hapoel Tel Aviv
1960/61 *wurde nicht ausgetragen*
1961/62 Maccabi Haifa
1962/63 Hapoel Haifa
1963/64 Maccabi Tel Aviv
1964/65 Maccabi Tel Aviv
1965/66 Hapoel Haifa
1966/67 Maccabi Tel Aviv
1967/68 Bnei Yehuda Tel Aviv
1968/69 Hakoah Maccabi Ramat-Gan
1969/70 Maccabi Tel Aviv
1970/71 Hakoah Maccabi Ramat-Gan
1971/72 Hapoel Tel Aviv
1972/73 Hapoel Jerusalem
1973/74 Hapoel Haifa
1974/75 Hapoel Kfar-Saba
1975/76 Beitar Jerusalem
1976/77 Maccabi Tel Aviv
1977/78 Maccabi Netanya
1978/79 Beitar Jerusalem
1979/80 Hapoel Kfar-Saba
1980/81 Bnei Yehuda Tel Aviv
1981/82 Hapoel Yehud
1982/83 Hapoel Tel Aviv
1983/84 Hapoel Lod
1984/85 Beitar Jerusalem
1985/86 Beitar Jerusalem
1986/87 Maccabi Tel Aviv
1987/88 Maccabi Tel Aviv
1988/89 Beitar Jerusalem
1989/90 Hapoel Kfar-Saba
1990/91 Maccabi Haifa
1991/92 Hapoel Petah-Tikva
1992/93 Maccabi Haifa
1993/94 Maccabi Tel Aviv
1994/95 Maccabi Haifa
1995/96 Maccabi Tel Aviv
1996/97 Hapoel Beersheba
1997/98 Maccabi Haifa
1998/99 Hapoel Tel Aviv
1999/00 Hapoel Tel Aviv
2000/01 Maccabi Tel Aviv

Israel – Liga-Pokal
1982/83 Maccabi Netanya
1983/84 Maccabi Netanya
1984/85 Maccabi Yavne
1985/86 Hapoel Petah-Tikva
1986/87 Shimshon Tel Aviv
1987/88 Shimshon Tel Aviv
1988/89 Hapoel Beersheba
1989/90 Hapoel Petah-Tikva
1990/91 Hapoel Petah-Tikva
1991/92 Bnei Yehuda Tel Aviv
1992/93 Maccabi Tel Aviv
1993/94 Maccabi Haifa
1994/95 Maccabi Petah-Tikva
1995/96 Hapoel Beersheba
1996/97 Bnei Yehuda Tel Aviv
1997/98 Beitar Jerusalem
1998/99 Maccabi Tel Aviv
1999/00 Maccabi Petah-Tikva
2000/01 Hapoel Haifa

Italien – Liga
1898 Genoa 1893 [Genoa C & AC]
1899 Genoa 1893 [Genoa C & AC]
1900 Genoa 1893 [Genoa FBC]
1901 Milan AC [Milan C & FBC]
1902 Genoa 1893 [Genoa FBC]
1903 Genoa 1893 [Genoa FBC]
1904 Genoa 1893 [Genoa FBC]
1905 Juventus FC [FBC Juventus]
1906 Milan AC [Milan FBC]
1907 Milan AC [Milan FBC]
1908 US Pro Vercelli
1909 US Pro Vercelli
1909/10 Internazionale Milano FC [Internazionale FBC]
1910/11 US Pro Vercelli
1911/12 US Pro Vercelli
1912/13 US Pro Vercelli
1913/14 AS Casale [FBC Casale]
1914/15 Genoa 1893 [Genoa FBC]
1916-19 *wurde nicht ausgetragen*
1919/20 Internazionale Milano FC [Internazionale FBC]
1920/21 US Pro Vercelli
1921/22 US Pro Vercelli und US Novese
1922/23 Genoa 1893 [Genoa FBC]
1923/24 Genoa 1893 [Genoa FBC]
1924/25 Bologna FC [Bologna FBC]
1925/26 Juventus FC [FBC Juventus]
1926/27 Torino Calcio [FBC Torino]
1927/28 Torino Calcio [FBC Torino]
1928/29 Bologna FC [AGC Bologna]
1929/30 Internazionale Milano FC [Internazionale FBC]
1930/31 Juventus FC
1931/32 Juventus FC
1932/33 Juventus FC
1933/34 Juventus FC
1934/35 Juventus FC
1935/36 Bologna FC [AGC Bologna]
1936/37 Bologna FC [AGC Bologna]
1937/38 Internazionale Milano FC [AS Ambrosiana-Inter]
1938/39 Bologna FC [AGC Bologna]
1939/40 Internazionale Milano FC [AS Ambrosiana-Inter]
1940/41 Bologna FC [AGC Bologna]
1941/42 AS Roma
1942/43 Torino Calcio [AC Torino]
1944-45 *wurde nicht ausgetragen*
1945/46 Torino Calcio [AC Torino]
1946/47 Torino Calcio [AC Torino]
1947/48 Torino Calcio [AC Torino]
1948/49 Torino Calcio [AC Torino]
1949/50 Juventus FC
1950/51 Milan AC
1951/52 Juventus FC
1952/53 Internazionale Milano FC
1953/54 Internazionale Milano FC
1954/55 Milan AC
1955/56 AC Fiorentina
1956/57 Milan AC
1957/58 Juventus FC
1958/59 Milan AC
1959/60 Juventus FC
1960/61 Juventus FC
1961/62 Milan AC
1962/63 Internazionale Milano FC
1963/64 Bologna FC
1964/65 Internazionale Milano FC
1965/66 Internazionale Milano FC
1966/67 Juventus FC
1967/68 Milan AC
1968/69 AC Fiorentina
1969/70 Cagliari Calcio [US Cagliari]
1970/71 Internazionale Milano FC
1971/72 Juventus FC
1972/73 Juventus FC
1973/74 SS Lazio
1974/75 Juventus FC
1975/76 Torino Calcio
1976/77 Juventus FC
1977/78 Juventus FC
1978/79 Milan AC
1979/80 Internazionale Milano FC
1980/81 Juventus FC
1981/82 Juventus FC
1982/83 AS Roma
1983/84 Juventus FC
1984/85 Hellas Verona FC [Hellas-Verona AC]
1985/86 Juventus FC
1986/87 SSC Napoli
1987/88 Milan AC
1988/89 Internazionale Milano FC
1989/90 SSC Napoli
1990/91 UC Sampdoria
1991/92 Milan AC
1992/93 Milan AC
1993/94 Milan AC
1994/95 Juventus FC
1995/96 Milan AC
1996/97 Juventus FC
1997/98 Juventus FC
1998/99 Milan AC
1999/00 SS Lazio
2000/01 AS Roma

Italien – Pokal
1921/22 AC Vado
1923-35 *wurde nicht ausgetragen*
1935/36 Torino Calcio [FBC Torino]
1936/37 Genoa 1893 [AC Genova 1893]
1937/38 Juventus FC
1938/39 Internazionale Milano FC [AS Ambrosiana-Inter]
1939/40 AC Fiorentina
1940/41 AC Venezia [AFC Venezia]
1941/42 Juventus FC
1942/43 Torino Calcio [AC Torino]
1944-57 *wurde nicht ausgetragen*
1957/58 SS Lazio
1958/59 Juventus FC
1959/60 Juventus FC
1960/61 AC Fiorentina
1961/62 SSC Napoli [AC Napoli]
1962/63 Atalanta Bergamasca Calcio
1963/64 AS Roma
1964/65 Juventus FC
1965/66 AC Fiorentina
1966/67 Milan AC
1967/68 Torino Calcio [AC Torino]
1968/69 AS Roma
1969/70 Bologna FC
1970/71 Torino Calcio
1971/72 Milan AC
1972/73 Milan AC
1973/74 Bologna FC
1974/75 AC Fiorentina
1975/76 SSC Napoli
1976/77 Milan AC
1977/78 Internazionale Milano FC
1978/79 Juventus FC
1979/80 AS Roma
1980/81 AS Roma
1981/82 Internazionale Milano FC
1982/83 Juventus FC
1983/84 AS Roma
1984/85 UC Sampdoria
1985/86 AS Roma
1986/87 SSC Napoli
1987/88 UC Sampdoria
1988/89 UC Sampdoria
1989/90 Juventus FC
1990/91 AS Roma
1991/92 Parma AC
1992/93 AS Roma
1993/94 UC Sampdoria
1994/95 Juventus FC
1995/96 AC Fiorentina
1996/97 Vicenza Calcio
1997/98 SS Lazio
1998/99 Parma AC
1999/00 SS Lazio
2000/01 AC Fiorentina

Jamaika – Liga
1973/74 Santos
1974/75 Santos
1975/76 Santos
1976/77 Santos
1977/78 Arnett Gardens FC
1978/79 *Sieger unbekannt*
1979/80 Santos
1980/81 Cavalier FC
1981/82 *Sieger unbekannt*
1982/83 Tivoli Gardens FC
1983/84 Boys' Town
1984/85 Jamaica Defence Force
1985/86 Boys' Town
1986/87 Seba United FC
1987/88 Wadadah FC
1988/89 Boys' Town
1989/90 Reno FC
1990/91 Reno FC
1991/92 Wadadah FC
1992/93 Hazard United
1993/94 Violet Kickers
1994/95 *Sieger unbekannt*
1995/96 Violet Kickers
1996/97 Seba United FC
1997/98 Waterhouse FC
1998/99 Tivoli Gardens FC
1999/00 Harbour View FC
2000/01 Arnett Gardens FC

Jamaika – Pokal
1992 Seba United FC
1993 Olympic Gardens FC
1994 Harbour View FC
1995 Seba United FC
1996 *Sieger unbekannt*
1997 Naggo's Head
1998 Harbour View FC

Japan – Liga
1965 Sanfrecce Hiroshima FC [Toyo Kogyo]
1966 Sanfrecce Hiroshima FC [Toyo Kogyo]
1967 Sanfrecce Hiroshima FC [Toyo Kogyo]
1968 Sanfrecce Hiroshima FC [Toyo Kogyo]
1969 Urawa Red Diamonds [Mitsubishi Motors FC]
1970 Sanfrecce Hiroshima FC [Toyo Kogyo]
1971 Cerezo Osaka [Yanmar Diesel FC]
1972 Kashiwa Reysol [Hitachi]
1973 Urawa Red Diamonds [Mitsubishi Motors FC]
1974 Cerezo Osaka [Yanmar Diesel FC]
1975 Cerezo Osaka [Yanmar Diesel FC]
1976/77 JEF United Ichihara [JR East Furukawa]
1977 Bellmare Hiratsuka [Fujita FC]
1978 Urawa Red Diamonds [Mitsubishi Motors FC]
1979 Bellmare Hiratsuka [Fujita FC]
1980 Cerezo Osaka [Yanmar Diesel FC]
1981 Bellmare Hiratsuka [Fujita FC]
1982 Urawa Red Diamonds [Mitsubishi Motors FC]
1983 Tokyo Verdy 1969 [Yomiuri Nippon SC]
1984 Tokyo Verdy 1969 [Yomiuri Nippon SC]
1985/86 JEF United Ichihara [JR East Furukawa]
1986/87 Tokyo Verdy 1969 [Yomiuri Nippon SC]
1987/88 Jubilo Iwata [Yamaha Motors]
1988/89 Yokohama Marinos [Nissan Motors]
1989/90 Yokohama Marinos [Nissan Motors]
1990/91 Tokyo Verdy 1969 [Yomiuri Nippon SC]
1991/92 Tokyo Verdy 1969 [Yomiuri Nippon SC]
1993 Tokyo Verdy 1969 [Verdy Kawasaki]
1994 Tokyo Verdy 1969 [Verdy Kawasaki]
1995 Yokohama Marinos
1996 Kashima Antlers
1997 Jubilo Iwata
1998 Kashima Antlers
1999 Jubilo Iwata
2000 Kashima Antlers

Japan – Pokal
1921 Tokyo Shukyu-dan
1922 Nagoya Shukyu-dan
1923 Astra Club
1924 Koijo Club
1925 Koijo Club
1926 *wurde nicht ausgetragen*
1927 Kobe-Ichi Jr. Highschool Club
1928 Waseda University WMW
1929 Kwangaku Club
1930 Kwangaku Club
1931 Tokyo University LB
1932 Keio Club
1933 Tokyo OB
1934 *wurde nicht ausgetragen*
1935 Seoul Shukyu-dan
1936 Keio University BRB
1937 Keio University BRB
1938 Waseda University WMW
1939 Keio University BRB
1940 Keio University BRB
1941-45 *wurde nicht ausgetragen*
1946 Tokyo University LB
1947-48 *wurde nicht ausgetragen*
1949 Tokyo University LB
1950 All Kwangaku
1951 All Keio University
1952 All Keio University
1953 All Kwangaku
1954 Keio University BRB
1955 All Kwangaku
1956 Keio University BRB
1957 Chudai Club
1958 Kwangaku Club
1959 Kwangaku Club
1960 JEF United Ichihara [Furukawa Electric]
1961 JEF United Ichihara [Furukawa Electric]
1962 Chuo University
1963 Waseda University WMW
1964 Nippon Steel und JEF United Ichihara [Yahata Steel und Furukawa Electric]
1965 Sanfrecce Hiroshima FC [Toyo Kogyo]
1966 Waseda University WMW
1967 Sanfrecce Hiroshima FC [Toyo Kogyo]
1968 Cerezo Osaka [Yanmar Diesel FC]
1969 Sanfrecce Hiroshima FC [Toyo Kogyo]
1970 Cerezo Osaka [Yanmar Diesel FC]
1971 Urawa Red Diamonds [Mitsubishi Motors FC]
1972 Kashiwa Reysol [Hitachi]
1973 Urawa Red Diamonds [Mitsubishi Motors FC]
1974 Cerezo Osaka [Yanmar Diesel FC]
1975 Kashiwa Reysol [Hitachi]
1976 JEF United Ichihara [Furukawa Electric]
1977 Bellmare Hiratsuka [Fujita FC]
1978 Urawa Red Diamonds [Mitsubishi Motors FC]
1979 Bellmare Hiratsuka [Fujita FC]
1980 Urawa Red Diamonds [Mitsubishi Motors FC]
1981 NKK [Nippon Kokan]
1982 Jubilo Iwata [Yamaha Motors]
1983 Yokohama Marinos [Nissan Motors]
1984 Tokyo Verdy 1969 [Yomiuri Nippon SC]
1985 Yokohama Marinos [Nissan Motors]
1986 Tokyo Verdy 1969 [Yomiuri Nippon SC]
1987 Tokyo Verdy 1969 [Yomiuri Nippon SC]
1988 Yokohama Marinos [Nissan Motors]
1989 Yokohama Marinos [Nissan Motors]
1990 Gamba Osaka [Matsushita Electric]
1991 Yokohama Marinos [Nissan Motors]
1992 Yokohama Marinos
1993 Yokohama Marinos
1994 Bellmare Hiratsuka
1995 Nagoya Grampus Eight
1996 Tokyo Verdy 1969 [Verdy Kawasaki]
1997 Kashima Antlers
1998 Yokohama Flügels
1999 Nagoya Grampus Eight
2000 Kashima Antlers

Jemen – Liga
1990/91 al-Tilal
1991/92 al-Ahli (San'a)
1992/93 *wurde nicht ausgetragen*
1993/94 al-Ahli (San'a)
1994/95 al-Wahda (San'a)
1995/96 *wurde nicht ausgetragen*
1996/97 al-Wahda (San'a)
1997/98 al-Wahda (San'a)
1998/99 al-Ahli (San'a)
1999/00 al-Ahli (San'a)

Jemen – Pokal
1993/94 al-Tilal
1995-96 *Sieger unbekannt*
1996/97 al-Ahli (Hodeida)
1997/98 al-Ahli (San'a)
1998/99 al-Ittihad (Ibb)
1999/00 al-Wahda (San'a)

Jordanien – Liga
1944 al-Faysali
1945 al-Faysali
1946 Jordan
1947 al-Ahli
1948 *wurde nicht ausgetragen*
1949 al-Ahli
1950 al-Ahli
1951 al-Ahli
1952 al-Jazira
1953 *wurde nicht ausgetragen*
1954 al-Ahli
1955 al-Jazira
1956 al-Jazira
1957-58 *wurde nicht ausgetragen*
1959 al-Faysali
1960 al-Faysali
1961 al-Faysali
1962 al-Faysali
1963 al-Faysali
1964 al-Faysali
1965 al-Faysali
1966 al-Faysali
1967-69 *wurde nicht ausgetragen*
1970 al-Faysali
1971 al-Faysali
1972 al-Faysali
1973 al-Faysali
1974 al-Faysali
1975 al-Ahli
1976 al-Faysali
1977 al-Faysali
1978 al-Ahli
1979 al-Ahli
1980 al-Wahdat
1981 Ramtha
1982 Ramtha
1983 al-Faysali
1984 Amman Club
1985 al-Faysali
1986 al-Faysali
1987 al-Wahdat
1988 al-Faysali
1989 al-Faysali
1990 al-Faysali

1991 al-Wahdat
1992 al-Faysali
1993 al-Faysali
1994 al-Wahdat
1995 al-Wahdat
1996 al-Wahdat
1997 al-Wahdat
1998 *Wettbewerb wurde nicht beendet*
1999 al-Faysali
2000 al-Faysali

Jordanien - Pokal
1980 al-Faysali
1981 al-Faysali
1982 al-Wahdat
1983 al-Faysali
1984 al-Jazira
1985 al-Wahdat
1986 al-Arabi
1987 al-Faysali
1988 al-Wahdat
1989 al-Faysali
1990 Ramtha
1991 Ramtha
1992 al-Faysali
1993 al-Faysali
1994 al-Faysali
1995 al-Faysali
1996 al-Wahdat
1997 al-Wahdat
1998 *wurde nicht ausgetragen*
1999 al-Faysali
2000 al-Hussein

Jugoslawien (ehemaliges) - Liga
1923 Građanski HŠK Zagreb
1924 SK Jugoslavija Beograd
1925 SK Jugoslavija Beograd
1926 Građanski HŠK Zagreb
1927 HNK Hajduk Split [NK Hajduk Split]
1928 Građanski HŠK Zagreb
1929 HNK Hajduk Split [NK Hajduk Split]
1930 HŠK Concordia Zagreb
1930/31 OFK Beograd [BSK Beograd]
1931/32 HŠK Concordia Zagreb
1932/33 OFK Beograd [BSK Beograd]
1933/34 *wurde nicht ausgetragen*
1934/35 OFK Beograd [BSK Beograd]
1935/36 OFK Beograd [BSK Beograd]
1936/37 Građanski HŠK Zagreb
1937/38 HAŠK Zagreb
1938/39 OFK Beograd [BSK Beograd]
1939/40 Građanski HŠK Zagreb
1941-46 *wurde nicht ausgetragen*
1946/47 FK Partizan Beograd [JSD Partizan Beograd]
1947/48 NK Dinamo Zagreb
1948/49 FK Partizan Beograd [JSD Partizan Beograd]
1950 HNK Hajduk Split [NK Hajduk Split]
1951 FK Crvena zvezda Beograd
1952 HNK Hajduk Split [NK Hajduk Split]
1952/53 FK Crvena zvezda Beograd
1953/54 NK Dinamo Zagreb
1954/55 HNK Hajduk Split [NK Hajduk Split]
1955/56 FK Crvena zvezda Beograd
1956/57 FK Crvena zvezda Beograd
1957/58 NK Dinamo Zagreb
1958/59 FK Crvena zvezda Beograd
1959/60 FK Crvena zvezda Beograd
1960/61 FK Partizan Beograd [JSD Partizan Beograd]
1961/62 FK Partizan Beograd [JSD Partizan Beograd]
1962/63 FK Partizan Beograd [JSD Partizan Beograd]
1963/64 FK Crvena zvezda Beograd
1964/65 FK Partizan Beograd
1965/66 FK Vojvodina Novi Sad
1966/67 FK Sarajevo
1967/68 FK Crvena zvezda Beograd
1968/69 FK Crvena zvezda Beograd
1969/70 FK Crvena zvezda Beograd
1970/71 HNK Hajduk Split [NK Hajduk Split]
1971/72 NK Željezničar Sarajevo [FK Željezničar Sarajevo]
1972/73 FK Crvena zvezda Beograd
1973/74 HNK Hajduk Split [NK Hajduk Split]
1974/75 HNK Hajduk Split [NK Hajduk Split]
1975/76 FK Partizan Beograd
1976/77 FK Crvena zvezda Beograd
1977/78 FK Partizan Beograd
1978/79 HNK Hajduk Split [NK Hajduk Split]
1979/80 FK Crvena zvezda Beograd
1980/81 FK Crvena zvezda Beograd
1981/82 NK Dinamo Zagreb
1982/83 FK Partizan Beograd
1983/84 FK Crvena zvezda Beograd
1984/85 FK Sarajevo
1985/86 FK Partizan Beograd
1986/87 FK Partizan Beograd
1987/88 FK Crvena zvezda Beograd
1988/89 FK Vojvodina Novi Sad
1989/90 FK Crvena zvezda Beograd
1990/91 FK Crvena zvezda Beograd
1991/92 FK Crvena zvezda Beograd

Jugoslawien (ehemaliges) - Pokal
1946/47 FK Partizan Beograd [JSD Partizan Beograd]
1947/48 FK Crvena zvezda Beograd
1948/49 FK Crvena zvezda Beograd
1950 FK Crvena zvezda Beograd
1951 NK Dinamo Zagreb
1952 FK Partizan Beograd [JSD Partizan Beograd]
1952/53 OFK Beograd [BSK Beograd]
1953/54 FK Partizan Beograd [JSD Partizan Beograd]
1954/55 OFK Beograd [BSK Beograd]
1955/56 *wurde nicht ausgetragen*
1956/57 FK Partizan Beograd [JSD Partizan Beograd]
1957/58 FK Crvena zvezda Beograd
1958/59 FK Crvena zvezda Beograd
1959/60 NK Dinamo Zagreb
1960/61 FK Vardar Skopje
1961/62 OFK Beograd
1962/63 NK Dinamo Zagreb
1963/64 FK Crvena zvezda Beograd
1964/65 NK Dinamo Zagreb
1965/66 OFK Beograd
1966/67 HNK Hajduk Split [NK Hajduk Split]
1967/68 FK Crvena zvezda Beograd
1968/69 NK Dinamo Zagreb
1969/70 FK Crvena zvezda Beograd
1970/71 FK Crvena zvezda Beograd
1971/72 HNK Hajduk Split [NK Hajduk Split]
1972/73 HNK Hajduk Split [NK Hajduk Split]
1973/74 HNK Hajduk Split [NK Hajduk Split]
1974/75 *wurde nicht ausgetragen*
1975/76 HNK Hajduk Split [NK Hajduk Split]
1976/77 HNK Hajduk Split [NK Hajduk Split]
1977/78 HNK Rijeka [NK Rijeka]
1978/79 HNK Rijeka [NK Rijeka]
1979/80 NK Dinamo Zagreb
1980/81 FK Velež Mostar
1981/82 K Crvena zvezda Beograd
1982/83 NK Dinamo Zagreb
1983/84 HNK Hajduk Split [NK Hajduk Split]
1984/85 FK Crvena zvezda Beograd
1985/86 FK Velež Mostar
1986/87 HNK Hajduk Split [NK Hajduk Split]
1987/88 FK Borac Banja Luka
1988/89 FK Partizan Beograd
1989/90 FK Crvena zvezda Beograd
1990/91 HNK Hajduk Split [NK Hajduk Split]
1991/92 FK Partizan Beograd

Jugoslawien (heutiges) - Liga
1992/93 FK Partizan Beograd
1993/94 FK Partizan Beograd
1994/95 FK Crvena zvezda Beograd
1995/96 FK Partizan Beograd
1996/97 FK Partizan Beograd
1997/98 FK Obilić Beograd
1998/99 FK Partizan Beograd
1999/00 FK Crvena zvezda Beograd
2000/01 FK Crvena zvezda Beograd

Jugoslawien (heutiges) - Pokal
1992/93 FK Crvena zvezda Beograd
1993/94 FK Partizan Beograd
1994/95 FK Crvena zvezda Beograd
1995/96 FK Crvena zvezda Beograd
1996/97 FK Crvena zvezda Beograd
1997/98 FK Partizan Beograd
1998/99 FK Crvena zvezda Beograd
1999/00 FK Crvena zvezda Beograd
2000/01 FK Partizan Beograd

Kaimaninseln - Liga
1996/97 George Town SC
1997/98 Scholars International
1998/99 George Town SC
1999/00 Western Union FC

Kaimaninseln - Pokal
1997 George Town SC
1998 George Town SC
1999 George Town SC

Kambodscha - Liga
1982 Ministry of Commerce Team
1983 Ministry of Commerce Team
1984 Ministry of Commerce Team
1985 Ministry of Defense Team
1986 Ministry of Defense Team
1987 Ministry of Health Team
1988 Kâmpong Cham Province Team
1989 Ministry of Transport Team
1990 Ministry of Transport Team
1991 Constructions Team
1992 Constructions Team
1993 Ministry of Defense Team
1994 Civil Aviation Team
1995 Civil Aviation Team
1996 Body Guards Club
1997 Body Guards Club
1998 Royal Dolphins
1999 Royal Dolphins

Kamerun - Liga
1961 Oryx Douala
1962 Caïman Douala
1963 Oryx Douala
1964 Oryx Douala
1965 Oryx Douala
1966 Diamant Yaoundé
1967 Oryx Douala
1968 Caïman Douala
1969 Union Douala
1970 Canon Yaoundé
1971 Aigle Nkongsamba
1972 Léopard Douala
1973 Léopard Douala
1974 Canon Yaoundé
1975 Caïman Douala
1976 Union Douala
1977 Canon Yaoundé
1978 Union Douala
1979 Canon Yaoundé
1980 Canon Yaoundé
1981 Tonnerre Yaoundé
1982 Canon Yaoundé
1983 Tonnerre Yaoundé
1984 Tonnerre Yaoundé
1985 Canon Yaoundé
1986 Canon Yaoundé
1987 Tonnerre Yaoundé
1988 Tonnerre Yaoundé
1989 Racing Bafoussam
1990 Union Douala
1991 Canon Yaoundé
1992 Racing Bafoussam
1993 Racing Bafoussam
1994 Aigle Nkongsamba
1995 Racing Bafoussam
1996 Unisport Bafang
1997 Cotonsport Garoua
1998 Cotonsport Garoua
1999 Sable Batié
2000 Fovu Baham

Kamerun - Pokal
1956 Oryx Douala
1957 Canon Yaoundé
1958 Tonnerre Yaoundé
1959 Caïman Douala
1960 Lion Yaoundé
1961 Union Douala
1962 Lion Yaoundé
1963 Oryx Douala
1964 Diamant Yaoundé
1965 Lion Yaoundé
1966 Lion Yaoundé
1967 Canon Yaoundé
1968 Oryx Douala
1969 Union Douala
1970 Oryx Douala
1971 Diamant Yaoundé
1972 Diamant Yaoundé
1973 Canon Yaoundé
1974 Tonnerre Yaoundé
1975 Canon Yaoundé
1976 Canon Yaoundé
1977 Canon Yaoundé
1978 Canon Yaoundé
1979 Dynamo Douala
1980 Union Douala
1981 Dynamo Douala
1982 Dragon Douala
1983 Canon Yaoundé
1984 Dihep di Nkam
1985 Union Douala
1986 Canon Yaoundé
1987 Tonnerre Yaoundé
1988 Panthère Bangangté
1989 Tonnerre Yaoundé
1990 Prévoyance Yaoundé
1991 Tonnerre Yaoundé
1992 Olympique Mvolyé
1993 Canon Yaoundé
1994 Olympique Mvolyé
1995 Canon Yaoundé
1996 Racing Bafoussam
1997 Union Douala
1998 Dynamo Douala
1999 Canon Yaoundé
2000 Kumbo Strikers

Kanada - Liga
1983 Edmonton Eagles
1984-86 *wurde nicht ausgetragen*
1987 Calgary Kickers
1988 Vancouver 86ers
1989 Vancouver 86ers
1990 Vancouver 86ers
1991 Vancouver 86ers
1992 Winnipeg Fury

Kapverden - Liga
1960 Sporting Clube
1961 Amarante
1962-67 *Sieger unbekannt*
1968 Sporting Clube
1969-82 *Sieger unbekannt*
1983 Académica Operária
1984 Derby FC
1985 Sporting Clube
1986-87 *Sieger unbekannt*
1988 Académica
1989-90 *Sieger unbekannt*
1991 Sporting Clube
1992 CS Mindelense
1993 Académica Operária
1994 CD Travadores
1995 FC Boavista
1996 CD Travadores
1997 Sporting Clube
1998 CS Mindelense
1999 Amarante
2000 Derby FC
2001 Onze Unidos

Kasachstan - Liga
1992 FK Kajrat Almaty
1993 Irtysch Pawlodar [Ansat Pawlodar]
1994 Elimaj Semipalatinsk [AES Elimaj Semipalatinsk]
1995 Elimaj Semipalatinsk [AES Elimaj Semipalatinsk]
1996 FK Taraz [Taraz Dschambul]
1997 Irtysch Pawlodar
1998 Elimaj Semipalatinsk [AES Elimaj Semipalatinsk]
1999 Irtysch Pawlodar [Irtysch Bastau Pawlodar]
2000 Zhenis Astana

Kasachstan - Pokal
1992 FK Kajrat Almaty
1993 Dostyk Almaty
1994 Wostok Altyn Ust'-Kamenogorsk [Wostok Ust' Kamenogorsk]
1995 Elimaj Semipalatinsk [AES Elimaj Semipalatinsk]
1996 FK Kajrat Almaty
1997 *wurde nicht ausgetragen*
1998 Irtysch Pawlodar
1999 Kajsar Kzyl-Orda [Kajsar Hurricane Kzyl-Orda]
2000 SOPFK-Kajrat Almaty

Katar - Liga
1972/73 Qatar FC [al-Isteqlal]
1973/74 al-Sad
1974/75 *wurde nicht ausgetragen*
1975/76 Rayyan
1976/77 Qatar FC [al-Isteqlal]
1977/78 Rayyan
1978/79 al-Sad
1979/80 al-Sad
1980/81 al-Sad
1981/82 Rayyan
1982/83 al-Arabi
1983/84 Rayyan
1984/85 al-Arabi
1985/86 Rayyan
1986/87 al-Sad
1987/88 al-Sad
1988/89 al-Sad
1989/90 Rayyan
1990/91 al-Arabi
1991/92 al-Ittihad
1992/93 al-Arabi
1993/94 al-Arabi
1994/95 Rayyan
1995/96 al-Arabi
1996/97 al-Arabi
1997/98 al-Ittihad
1998/99 Wakra
1999/00 al-Sad
2000/01 al-Wakra

Katar - Pokal
1972/73 al-Ahli
1973/74 Qatar FC [al-Isteqlal]
1974/75 al-Sad
1975/76 Qatar FC [al-Isteqlal]
1976/77 al-Sad
1977/78 al-Arabi
1978/79 al-Arabi
1979/80 al-Arabi
1980/81 al-Ahli
1981/82 al-Sad
1982/83 al-Arabi
1983/84 al-Arabi
1984/85 al-Sad
1985/86 al-Sad
1986/87 al-Ahli
1987/88 al-Sad
1988/89 al-Arabi
1989/90 al-Arabi
1990/91 al-Sad
1991/92 al-Ahli
1992/93 al-Arabi
1993/94 al-Sad
1994/95 al-Ittihad
1995/96 al-Ittihad
1996/97 al-Ittihad
1997/98 al-Ittihad
1998/99 Rayyan
1999/00 al-Sad

Kenia - Liga
1963 Nakuru All-Stars
1964 Luo Union
1965 Feisal
1966 AFC Leopards [Abaluhya United]
1967 AFC Leopards [Abaluhya United]
1968 GOR Mahia
1969 Nakuru All-Stars
1970 AFC Leopards [Abaluhya United]
1971 *wettbewerb wurde annulliert*
1972 Tusker FC [Kenya Breweries]
1973 AFC Leopards [Abaluhya United]
1974 GOR Mahia
1975 Luo Union
1976 GOR Mahia
1977 Tusker FC [Kenya Breweries]
1978 Tusker FC [Kenya Breweries]
1979 GOR Mahia
1980 GOR Mahia
1981 AFC Leopards [Abaluhya United]
1982 AFC Leopards [Abaluhya United]
1983 AFC Leopards
1984 GOR Mahia
1985 GOR Mahia
1986 AFC Leopards
1987 GOR Mahia
1988 AFC Leopards
1989 AFC Leopards
1990 GOR Mahia
1991 GOR Mahia
1992 AFC Leopards
1993 GOR Mahia
1994 Tusker FC [Kenya Breweries]
1995 GOR Mahia
1996 Tusker FC [Kenya Breweries]
1997 Utalii
1998 AFC Leopards
1999 Tusker FC
2000 Tusker FC

Kenia - Pokal
1967 AFC Leopards [Abaluhya United]
1968-74 *Sieger unbekannt*
1975 Tusker FC [Kenya Breweries]
1976 GOR Mahia
1977 *Sieger unbekannt*
1978 GOR Mahia
1979 Ramogi
1980 GOR Mahia
1981 GOR Mahia
1982 GOR Mahia
1983 GOR Mahia
1984 AFC Leopards
1985 AFC Leopards
1986 GOR Mahia
1987 GOR Mahia
1988 GOR Mahia
1989 Tusker FC [Kenya Breweries]
1990 Eldoret FC [Rivatex]
1991 AFC Leopards
1992 GOR Mahia
1993 Tusker FC [Kenya Breweries]
1994 AFC Leopards
1995 GOR Mahia
1996 Mumias Sugar Company FC
1997 Eldoret KCC
1998 Mathare United
1999 Coast Stars
2000 Mathare United

Kirgisien - Liga
1992 FK SKA-PVO Bischkek [Alga Bischkek]
1993 Alga-RIIF Bischkek
1994 Kant-Oil Kant
1995 Kant-Oil Kant
1996 Metallurg Kadamdzhaj
1997 CAG-Dinamo-MVD Bishkek [FK Dinamo Bischkek]
1998 CAG-Dinamo-MVD Bishkek
1999 CAG-Dinamo-MVD Bishkek
2000 FK SKA-PVO Bischkek

Kirgisien - Pokal
1992 FK SKA-PVO Bischkek [Alga Bischkek]
1993 Alga-RIIF Bischkek
1994 Ak-Maral Tokmak
1995 FK Semetej Kyzyl-Kija
1996 SK Nacional'naja Gwardia Bischkek [SK AiK Bischkek]
1997 FK SKA-PVO Bischkek [Alga-PVO Bischkek]
1998 FK SKA-PVO Bischkek
1999 FK SKA-PVO Bischkek
2000 FK SKA-PVO Bischkek

Kolumbien - Liga
1948 Independiente Santa Fé
1949 CD Millonarios
1950 Once Caldas [Deportivo Caldas]
1951 CD Millonarios
1952 CD Millonarios
1953 CD Millonarios
1954 Atlético Nacional
1955 Independiente Medellín
1956 Deportes Quindío [Atlético Quindío]
1957 Independiente Medellín
1958 Independiente Santa Fé
1959 CD Millonarios
1960 Independiente Santa Fé
1961 CD Millonarios
1962 CD Millonarios
1963 CD Millonarios
1964 CD Millonarios
1965 Deportivo Cali
1966 Independiente Santa Fé
1967 Deportivo Cali
1968 Unión Magdalena
1969 Deportivo Cali
1970 Deportivo Cali
1971 Independiente Santa Fé
1972 CD Millonarios
1973 Atlético Nacional
1974 Deportivo Cali
1975 Independiente Santa Fé
1976 Atlético Nacional
1977 Deportiva Junior [Atlético Junior]
1978 CD Millonarios
1979 América
1980 Deportiva Junior [Atlético Junior]
1981 Atlético Nacional
1982 América
1983 América
1984 América
1985 América
1986 América
1987 CD Millonarios
1988 CD Millonarios
1989 *Wettbewerb wurde nicht beendet*
1990 América
1991 Atlético Nacional
1992 América
1993 Deportiva Junior [Atlético Junior]
1994 Atlético Nacional
1995 Deportiva Junior [Atlético Junior]
1995/96 Deportivo Cali
1996/97 América
1998 Deportivo Cali
1999 Atlético Nacional
2000 América

Komoren - Liga
1991 Etoile du Sud
1992-97 *Sieger unbekannt*
1998 US Zilimadjou
1999-00 *Sieger unbekannt*
2001 US Zilimadjou

Komoren - Pokal
1991 Gombessa Sport

Kongo - Liga
1931 Etoile du Congo [Etoile Poto-Poto]
1932-64 *Sieger unbekannt*
1965 Diables Noirs
1966 Abeilles FC
1967 Etoile du Congo
1968 CS Patronage Sainte Anne
1969 CARA
1970 Vita Club Mokanda [Victoria Club Mokanda]
1971 CARA
1972 CARA
1973 CARA
1974 CARA
1975 CARA
1976 Diables Noirs
1977 Inter Club
1978 Etoile du Congo
1979 Etoile du Congo
1980 CARA
1981 Etoile du Congo
1982 CARA
1983 Kotoko Mfoa
1984 CARA
1985 Etoile du Congo
1986 CS Patronage Sainte Anne
1987 Etoile du Congo
1988 Inter Club
1989 Etoile du Congo
1990 Inter Club
1991 Diables Noirs
1992 Etoile du Congo
1993 *wurde nicht ausgetragen*
1994 Etoile du Congo
1995 AS Cheminots
1996 Munisport
1997 Munisport
1998 Vita Club Mokanda
1999 Vita Club Mokanda
2000 Etoile du Congo

Kongo - Pokal
1974 Vita Club Mokanda
1975-76 *Sieger unbekannt*
1977 Vita Club Mokanda
1978-80 *Sieger unbekannt*
1981 CARA
1982 AS Cheminots
1983 Etoile du Congo
1984 AS Cheminots
1985 Inter Club
1986 CARA
1987 Inter Club
1988 CS Patronage Sainte Anne
1989 Diables Noirs
1990 Diables Noirs
1991 Elecsport
1992 Pétrosport
1993 *wurde nicht ausgetragen*
1994 EPB
1995 Etoile du Congo
1996 Vita Club Mokanda
1997 Vita Club Mokanda
1998 Etoile du Congo
1999 Etoile du Congo
2000 Etoile du Congo

Kroatien - Liga
1992 HNK Hajduk Split [NK Hajduk Split]
1992/93 NK Dinamo Zagreb [NK Croatia Zagreb]
1993/94 HNK Hajduk Split
1994/95 HNK Hajduk Split
1995/96 NK Dinamo Zagreb [NK Croatia Zagreb]
1996/97 NK Dinamo Zagreb [NK Croatia Zagreb]
1997/98 NK Dinamo Zagreb [NK Croatia Zagreb]
1998/99 NK Dinamo Zagreb [NK Croatia Zagreb]
1999/00 NK Dinamo Zagreb
2000/01 HNK Hajduk Split

Kroatien - Pokal
1992 NK INKER Zaprešić
1992/93 HNK Hajduk Split
1993/94 NK Dinamo Zagreb [NK Croatia Zagreb]
1994/95 HNK Hajduk Split
1995/96 NK Dinamo Zagreb [NK Croatia Zagreb]
1996/97 NK Dinamo Zagreb [NK Croatia Zagreb]
1997/98 NK Dinamo Zagreb [NK Croatia Zagreb]
1998/99 NK Osijek
1999/00 HNK Hajduk Split
2000/01 NK Dinamo Zagreb

Kuba - Liga
1912 Rovers AC
1913 CD Hatuey
1914 Rovers AC
1915 Hispano América
1916 La Habana [La Habana FC]
1917 FC Real Iberia [FC Iberia]
1918 FC Real Iberia [FC Iberia]
1919 Hispano América
1920 Hispano América
1921 Hispano América
1922 FC Real Iberia [FC Iberia]
1923 FC Real Iberia [FC Iberia]
1924 Olimpia
1925 Fortuna
1926 FC Real Iberia
1927 Juventud Asturiana
1928 FC Real Iberia
1929 FC Real Iberia
1930 Deportivo Español
1931 DC Gallego
1932 DC Gallego
1933 Juventud Asturiana
1934 FC Real Iberia
1935 Juventud Asturiana
1936 Juventud Asturiana
1937 DC Gallego
1938 DC Gallego
1939 DC Gallego
1940 DC Gallego
1941 Juventud Asturiana
1942 Deportivo Puentes Grandes
1943 Deportivo Puentes Grandes
1944 Juventud Asturiana
1945 DC Gallego
1946 *wurde nicht ausgetragen*
1947 DC Gallego
1948 Juventud Asturiana
1949 Diablos Rojos
1950 Hispano América
1951 Deportivo San Francisco
1952 Deportivo San Francisco
1953 Deportivo San Francisco
1954 Deportivo San Francisco
1955 Deportivo San Francisco
1956 Casino Español
1957 Deportivo San Francisco
1958 Deportivo Mordazo
1959 Deportivo Mordazo
1960 Cerro FC
1961 Deportivo Mordazo
1962 *wurde nicht ausgetragen*
1963 Industriales
1964 Industriales
1965 La Habana
1966 La Habana
1967 La Habana
1968 Granjeros
1969 Granjeros
1970 Granjeros
1971 *wurde nicht ausgetragen*
1972 Industriales
1973 Industriales
1974 Azucareros
1975 Granjeros
1976 Azucareros
1977 Granjeros
1978/79 Ciudad de La Habana
1979 Ciudad de La Habana
1980 FC Villa Clara
1981 FC Villa Clara
1982 FC Villa Clara
1983 FC Villa Clara
1984 Ciudad de La Habana
1985 Cienfuegos
1986 FC Villa Clara
1987 FC Pinar del Río
1988/89 FC Pinar del Río
1989/90 FC Pinar del Río
1990/91 Cienfuegos

1991/92 FC Pinar del Río
1993 FC Ciego de Ávila
1994 Ciudad de La Habana
1995 FC Pinar del Río
1996 FC Villa Clara
1997 FC Villa Clara
1998 Ciudad de La Habana
1999/00 FC Pinar del Rio
2001 Ciudad de La Habana

Kuwait - Liga
1961/62 al-Arabi
1962/63 al-Arabi
1963/64 al-Arabi
1964/65 Kuwait SC
1965/66 al-Arabi
1966/67 al-Arabi
1967/68 Kuwait SC
1968/69 al-Qadisiya
1969/70 al-Arabi
1970/71 al-Qadisiya
1971/72 Kuwait SC
1972/73 al-Qadisiya
1973/74 Kuwait SC
1974/75 al-Qadisiya
1975/76 al-Qadisiya
1976/77 Kuwait SC
1977/78 al-Qadisiya
1978/79 Kuwait SC
1979/80 al-Arabi
1980/81 Salimiya
1981/82 al-Arabi
1982/83 al-Arabi
1983/84 al-Arabi
1984/85 al-Arabi
1985/86 Kazma
1986/87 Kazma
1987/88 al-Arabi
1988/89 al-Arabi
1989/90 Jahra
1990/91 *wurde nicht ausgetragen*
1991/92 al-Qadisiya
1992/93 al-Arabi
1993/94 Kazma
1994/95 Salimiya
1995/96 Kazma
1996/97 al-Arabi
1997/98 Salimiya
1998/99 al-Qadisiya
1999/00 Salimiya
2000/01 Kuwait SC

Kuwait - Pokal
1961/62 al-Arabi
1962/63 al-Arabi
1963/64 al-Arabi
1964/65 al-Qadisiya
1965/66 al-Arabi
1966/67 al-Qadisiya
1967/68 al-Qadisiya
1968/69 al-Arabi
1969/70 al-Yarmuk
1970/71 al-Arabi
1971/72 al-Qadisiya
1972/73 al-Yarmuk
1973/74 al-Qadisiya
1974/75 al-Qadisiya
1975/76 Kuwait SC
1976/77 Kuwait SC
1977/78 Kuwait SC
1978/79 al-Qadisiya
1979/80 Kuwait SC
1980/81 al-Arabi
1981/82 Kazma
1982/83 al-Arabi
1983/84 Kazma
1984/85 Kuwait SC
1985/86 Fehaihil
1986/87 Kuwait SC
1987/88 Kuwait SC
1988/89 al-Qadisiya
1989/90 Kazma
1990/91 *wurde nicht ausgetragen*
1991/92 al-Arabi
1992/93 Salimiya
1993/94 al-Qadisiya
1994/95 Kazma
1995/96 al-Arabi
1996/97 Kazma
1997/98 Kazma
1998/99 al-Arabi
1999/00 al-Arabi
2000/01 Salimiya

Laos - Liga
1990 Lao Army
1991 Lao Army
1992 Lao Army
1993 Lao Army und Savannakhet
1994 Lao Army
1995 Education Team und Paksé
1996 Lao Army
1997 Lao Army und Sayaboury
1998 Khammouan Province Team

Laos - Pokal
1996 Electricity of Lao

Lesotho - Liga
1970 Maseru United
1971 Majanja
1972 LMPS
1973 Linare FC
1974 Matlama FC
1975 Maseru FC
1976 Maseru United
1977 Matlama FC
1978 Matlama FC
1979 Linare FC
1980 Linare FC
1981 Maseru Brothers
1982 Matlama FC
1983 LPF
1984 LPF
1985 Lioli FC
1986 Matlama FC
1987 LDF
1988 Matlama FC
1989 Arsenal
1990 LDF
1991 Arsenal
1992 Matlama FC
1993 Arsenal
1994 LDF
1995 Majanja
1996 NUL Rovers [Roma Rovers]
1997 LDF
1998 LDF
1999 LDF
2000 LPS

Lesotho - Pokal
1976 Matlama FC
1977 *wurde nicht ausgetragen*
1978 Maseru United
1979 Matlama FC
1980 Matlama FC
1981 Maseru Rovers
1982 Maseru Rovers
1983 Linare FC
1984 Lioli FC
1985 LPF
1986 LDF
1987 Matlama FC
1988 LDF
1989 Arsenal
1990 LDF
1991 Arsenal
1992 Matlama FC
1993 Bantu
1994 Matlama FC
1995 Roma Boys [Real Rovers]
1996 Lerotholi Polytechnic
1997 Bantu
1998 Arsenal
1999 Linare FC
2000 LDF

Lettland - Liga
1922 SV Kaiserwald Riga
1923 SV Kaiserwald Riga
1924 Rigas FK
1925 Rigas FK
1926 Rigas FK
1927 FK Liepaja [Olimpija Liepaja]
1928 FK Liepaja [Olimpija Liepaja]
1929 FK Liepaja [Olimpija Liepaja]
1930 Rigas FK
1931 Rigas FK
1932 ASK Riga
1933 FK Liepaja [Olimpija Liepaja]
1934 Rigas FK
1935 Rigas FK
1936 FK Liepaja [Olimpija Liepaja]
1937/38 FK Liepaja [Olimpija Liepaja]
1938/39 FK Liepaja [Olimpija Liepaja]
1939/40 Rigas FK
1941 *wurde nicht ausgetragen*
1942 ASK Riga
1943 ASK Riga
1944-90 *wurde nicht ausgetragen*
1991 FK Skonto Riga [Forum-Skonto Riga]
1992 FK Skonto Riga
1993 FK Skonto Riga
1994 FK Skonto Riga
1995 FK Skonto Riga
1996 FK Skonto Riga
1997 FK Skonto Riga
1998 FK Skonto Riga
1999 FK Skonto Riga
2000 FK Skonto Riga

Lettland - Pokal
1937 Rigas FK
1938 Rigas Vilki
1939 Rigas FK
1940-42 *wurde nicht ausgetragen*
1943 ASK Riga
1944-91 *wurde nicht ausgetragen*
1992 FK Skonto Riga
1993 RAF Jelgava
1994 FC Olimpija Riga
1995 FK Skonto Riga
1996 RAF Jelgava
1997 FK Skonto Riga
1998 FK Skonto Riga
1999 FK Riga
2000 FK Skonto Riga
2001 FK Skonto Riga

Libanon - Liga
1933/34 al-Nahda
1934/35 American University
1935/36 Sika
1936/37 American University
1937/38 American University
1938/39 Sika
1939/40 *wurde nicht ausgetragen*
1940/41 Sika
1941/42 al-Nahda
1942/43 al-Nahda
1943/44 Homenetmen
1944/45 Homenmen
1945/46 Homenetmen
1946/47 al-Nahda
1947/48 Homenetmen
1948/49 al-Nahda
1949/50 *wurde nicht ausgetragen*
1950/51 Homenetmen
1952-53 *wurde nicht ausgetragen*
1953/54 Homenmen
1954/55 Homenetmen
1955/56 Racing Club
1956/57 Homenmen
1958-60 *wurde nicht ausgetragen*
1960/61 Homenmen
1961/62 *wurde nicht ausgetragen*
1962/63 Homenetmen
1963/64 *wurde nicht ausgetragen*
1964/65 Racing Club
1965/66 *wurde nicht ausgetragen*
1966/67 al-Shabiba Mazraa
1967/68 *wurde nicht ausgetragen*
1968/69 Homenetmen
1969/70 Racing Club
1971-72 *wurde nicht ausgetragen*
1972/73 al-Nijma
1973/74 *wurde nicht ausgetragen*
1974/75 al-Nijma
1976-87 *wurde nicht ausgetragen*
1987/88 al-Ansar
1988/89 *wurde nicht ausgetragen*
1989/90 al-Ansar
1990/91 al-Ansar
1991/92 al-Ansar
1992/93 al-Ansar
1993/94 al-Ansar
1994/95 al-Ansar
1995/96 al-Ansar
1996/97 al-Ansar
1997/98 al-Ansar
1998/99 al-Ansar
1999/00 al-Nijma
2000/01 al-Ansar

Libanon - Pokal
1938 al-Nahda
1939 Helmi Sport
1940 Helmi Sport
1941 al-Nahda
1942 *wurde nicht ausgetragen*
1943 Homenetmen
1944 *wurde nicht ausgetragen*
1945 al-Nahda
1946 *wurde nicht ausgetragen*
1947 al-Nahda
1948 Homenetmen
1949 *wurde nicht ausgetragen*
1950 al-Shabiba Mazraa
1951 al-Shabiba Mazraa
1952-61 *wurde nicht ausgetragen*
1962 Homenetmen
1963 *wurde nicht ausgetragen*
1964 al-Safa
1965-70 *wurde nicht ausgetragen*
1971 al-Nijma
1972-85 *wurde nicht ausgetragen*
1986 al-Safa
1987 al-Nijma
1988 al-Ansar
1989 al-Nijma
1990 al-Ansar
1991 al-Ansar
1992 al-Ansar
1993 al-Borj
1994 al-Ansar
1995 al-Ansar
1996 al-Ansar
1997 al-Nijma
1998 al-Nijma
1998/99 al-Ansar
1999/00 Shabab as-Sahel
2000/01 al-Tadamun (Sur)

Liberia - Liga
1965 Invincible Eleven
1966 Invincible Eleven
1967 Mighty Barolle
1968-71 *wurde nicht ausgetragen*
1972 Mighty Barolle
1973 Mighty Barolle
1974 Mighty Barolle
1975 *wurde nicht ausgetragen*
1976 Saint Joseph's Warriors
1977 *wurde nicht ausgetragen*
1978 Saint Joseph's Warriors
1979 Saint Joseph's Warriors
1980 Invincible Eleven
1981 Invincible Eleven
1982 *wurde nicht ausgetragen*
1983 Invincible Eleven
1984 Invincible Eleven
1985 Invincible Eleven
1986 Mighty Barolle
1987 Invincible Eleven
1988 Mighty Barolle
1989 Mighty Barolle
1990 *wurde nicht ausgetragen*
1991 LPRC-Oilers
1992 LPRC-Oilers
1993 Mighty Barolle
1994 NPA-Anchors
1995 Mighty Barolle
1996 Junior Professionals
1997 Invincible Eleven
1998 Invincible Eleven
1999 LPRC-Oilers
2000 Mighty Barolle

Liberia - Pokal
1974 Mighty Barolle
1975 *wurde nicht ausgetragen*
1976 Cedar United
1977 Cedar United
1978 Mighty Barolle
1979-80 *wurde nicht ausgetragen*
1981 Mighty Barolle
1982 Saint Joseph's Warriors
1983 Mighty Barolle
1984 Mighty Barolle
1985 Mighty Barolle
1986 Mighty Barolle
1987 Mighty Barolle
1988 LPRC-Oilers
1989 LPRC-Oilers
1990 *wurde nicht ausgetragen*
1991 Invincible Eleven
1992 NPA-Anchors
1993 LPRC-Oilers
1994-97 *wurde nicht ausgetragen*
1998 Invincible Eleven
1999 LPRC-Oilers
2000 LPRC-Oilers

Libyen - Liga
1963/64 al-Ahli (Tripolis)
1964/65 al-Ittihad (Tripolis)
1965/66 al-Ittihad (Tripolis)
1966/67 al-Ittihad (Tripolis)
1967/68 *wurde nicht ausgetragen*
1968/69 al-Ittihad (Tripolis)
1969/70 al-Ahli (Benghazi)
1970/71 al-Ahli (Tripolis)
1971/72 al-Ahli (Benghazi)
1972/73 al-Ahli (Tripolis)
1973/74 al-Ahli (Tripolis)
1974/75 al-Ahli (Benghazi)
1975/76 al-Medina
1976/77 al-Tahaddy
1977/78 al-Ahli (Tripolis)
1979-82 *wurde nicht ausgetragen*
1982/83 al-Medina
1983/84 al-Ahli (Tripolis)
1984/85 al-Dahra
1985/86 al-Ittihad (Tripolis)
1986/87 al-Nasr
1987/88 al-Ittihad (Tripolis)
1988/89 al-Ittihad (Tripolis)
1989/90 al-Ittihad (Tripolis)
1990/91 al-Ittihad (Tripolis)
1991/92 al-Ahli (Benghazi)
1992/93 al-Ahli (Tripolis)
1993/94 al-Ahli (Tripolis)
1994/95 al-Ahli (Tripolis)
1995/96 al-Tahaddy
1996/97 *wurde nicht ausgetragen*
1997/98 al-Mahalla
1998/99 al-Mahalla
2000 al-Ahli (Tripolis)
2001 al-Medina

Libyen - Pokal
1974/75 al-Ahli (Tripolis)
1975/76 al-Ahli (Tripolis)
1976/77 al-Medina
1977/78 al-Nasr
1978/79 *wurde nicht ausgetragen*
1979/80 al-Ahli (Benghazi)
1980/81 al-Ahli (Benghazi)
1981/82 al-Nasr
1982/83 al-Ahli (Tripolis)
1983/84 al-Nasr
1984/85 al-Ahli (Tripolis)
1985/86 al-Ittihad (Tripolis)
1986/87 Libya FC
1987/88 al-Ahli (Tripolis)
1988/89 al-Soukour
1989/90 al-Medina
1990/91 al-Ahli (Benghazi)
1991/92 al-Ahli (Benghazi)
1992/93 al-Wahda
1993/94 al-Ahli (Tripolis)
1994/95 al-Ahli (Tripolis)
1995/96 al-Nasr
1996/97 *wurde nicht ausgetragen*
1997/98 al-Shaat
1998/99 al-Ittihad (Tripolis)
1999/00 al-Ahli (Tripolis)

Liechtenstein - Pokal
1946 FC Triesen
1947 FC Triesen
1948 FC Triesen
1949 FC Vaduz
1950 FC Triesen
1951 FC Triesen
1952 FC Vaduz
1953 FC Vaduz
1954 FC Vaduz
1955 FC Schaan
1956 FC Vaduz
1957 FC Vaduz
1958 FC Vaduz
1959 FC Vaduz
1960 FC Vaduz
1961 FC Vaduz
1962 FC Vaduz
1963 FC Schaan
1964 FC Balzers
1965 FC Triesen
1966 FC Vaduz
1967 FC Vaduz
1968 FC Vaduz
1969 FC Vaduz
1970 FC Vaduz
1971 FC Vaduz
1972 FC Triesen
1973 FC Balzers
1974 FC Vaduz
1975 FC Triesen
1976 USV Eschen-Mauren
1977 USV Eschen-Mauren
1978 USV Eschen-Mauren
1979 FC Balzers
1980 FC Vaduz
1981 FC Balzers
1982 FC Balzers
1983 FC Balzers
1984 FC Balzers
1985 FC Vaduz
1986 FC Vaduz
1987 USV Eschen-Mauren
1988 FC Vaduz
1989 FC Balzers
1990 FC Vaduz
1991 FC Balzers
1992 FC Vaduz
1993 FC Balzers
1994 FC Schaan
1995 FC Vaduz
1996 FC Vaduz
1997 FC Balzers
1998 FC Vaduz
1999 FC Vaduz
2000 FC Vaduz
2001 FC Vaduz

Litauen - Liga
1922 LFLS Kaunas
1923 LFLS Kaunas
1924 ŠSSK Kóvas Kaunas [SK Kóvas Kaunas]
1925 ŠSSK Kóvas Kaunas [SK Kóvas Kaunas]
1926 ŠSSK Kóvas Kaunas [SK Kóvas Kaunas]
1927 LFLS Kaunas
1928 Klaipedos SS
1929 Klaipedos SS
1930 Klaipedos SS
1931 Klaipedos SS
1932 Klaipedos SS
1933 ŠSSK Kóvas Kaunas
1934 MSK Kaunas
1935 ŠSSK Kóvas Kaunas
1936 ŠSSK Kóvas Kaunas
1937 Klaipedos SS
1937/38 Klaipedos SS
1938/39 LGSF Kaunas
1939/40 *fanden nur Gruppenspiele statt*
1941 *Wettbewerb wurde nicht beendet*
1942 LFLS Kaunas
1942/43 Tauras Kaunas
1944-90 *wurde nicht ausgetragen*
1991 FK Žalgiris Vilnius
1991/92 FK Žalgiris Vilnius
1992/93 FK Ekranas Panevežys
1993/94 FK ROMAR Mažeikiai
1994/95 FK Atletas-Inkaras Kaunas [FK Inkaras Kaunas]
1995/96 FK Atletas-Inkaras Kaunas [FK Inkaras-Grifas Kaunas]
1996/97 FK Kareda Šiauliai
1997/98 FK Kareda Šiauliai
1998/99 FK Žalgiris Vilnius
1999 FBK Kaunas [FK Žalgiris Kaunas]
2000 FBK Kaunas

Litauen - Pokal
1990 FK Atlantas-2 Klaipeda [FK Sirjus-VLPFK Klaipeda]
1991 FK Žalgiris Vilnius
1991/92 ALK Neris Vilnius [FK Lietuvos-Makabi Vilnius]
1992/93 FK Žalgiris Vilnius
1993/94 FK Žalgiris Vilnius [FK Žalgiris-EBSW Vilnius]
1994/95 FK Atletas-Inkaras Kaunas [FK Inkaras Kaunas]
1995/96 FK Kareda Šiauliai [FK Kareda-Sakalas Šiauliai]
1996/97 FK Žalgiris Vilnius
1997/98 FK Ekranas Panevežys
1998/99 FK Kareda Šiauliai
1999/00 FK Ekranas Panevežys
2000/01 FK Atlantas Klaipeda

Luxemburg - Liga
1909/10 Racing Club
1910/11 Sporting Club
1911/12 US Luxembourg [US Hollerich/Bonnevoie]
1912/13 *wurde nicht ausgetragen*
1913/14 US Luxembourg [US Hollerich/Bonnevoie]
1914/15 US Luxembourg [US Hollerich/Bonnevoie]
1915/16 US Luxembourg [US Hollerich/Bonnevoie]
1916/17 US Luxembourg [US Hollerich/Bonnevoie]
1917/18 CS FOLA Esch
1918/19 Sporting Club
1919/20 CS FOLA Esch
1920/21 AS Jeunesse Esch
1921/22 CS FOLA Esch
1922/23 FA Red Boys Differdange
1923/24 CS FOLA Esch
1924/25 Spora Luxembourg
1925/26 FA Red Boys Differdange
1926/27 US Luxembourg
1927/28 Spora Luxembourg
1928/29 Spora Luxembourg
1929/30 CS FOLA Esch
1930/31 FA Red Boys Differdange
1931/32 FA Red Boys Differdange
1932/33 FA Red Boys Differdange
1933/34 Spora Luxembourg
1934/35 Spora Luxembourg
1935/36 Spora Luxembourg
1936/37 AS Jeunesse Esch
1937/38 Spora Luxembourg
1938/39 CS Stade Dudelange
1939/40 CS Stade Dudelange
1941-44 *wurde nicht ausgetragen*
1944/45 CS Stade Dudelange
1945/46 CS Stade Dudelange
1946/47 CS Stade Dudelange
1947/48 CS Stade Dudelange
1948/49 CS Stade Dudelange
1949/50 CS Stade Dudelange
1950/51 AS Jeunesse Esch
1951/52 FC '95 Schifflange [FC The National Schifflange]
1952/53 FC Progrès Niedercorn
1953/54 AS Jeunesse Esch
1954/55 CS Stade Dudelange
1955/56 Spora Luxembourg
1956/57 CS Stade Dudelange
1957/58 AS Jeunesse Esch
1958/59 AS Jeunesse Esch
1959/60 AS Jeunesse Esch
1960/61 Spora Luxembourg
1961/62 US Luxembourg
1962/63 AS Jeunesse Esch
1963/64 FC Aris Bonnevoie
1964/65 CS Stade Dudelange
1965/66 FC Aris Bonnevoie
1966/67 AS Jeunesse Esch
1967/68 AS Jeunesse Esch
1968/69 FC Avenir Beggen
1969/70 AS Jeunesse Esch
1970/71 US Luxembourg
1971/72 FC Aris Bonnevoie
1972/73 AS Jeunesse Esch
1973/74 AS Jeunesse Esch
1974/75 AS Jeunesse Esch
1975/76 AS Jeunesse Esch
1976/77 AS Jeunesse Esch
1977/78 FC Progrès Niedercorn
1978/79 FA Red Boys Differdange
1979/80 AS Jeunesse Esch
1980/81 FC Progrès Niedercorn
1981/82 FC Avenir Beggen
1982/83 AS Jeunesse Esch
1983/84 FC Avenir Beggen
1984/85 AS Jeunesse Esch
1985/86 FC Avenir Beggen
1986/87 AS Jeunesse Esch
1987/88 AS Jeunesse Esch
1988/89 Spora Luxembourg
1989/90 US Luxembourg
1990/91 US Luxembourg
1991/92 US Luxembourg
1992/93 FC Avenir Beggen
1993/94 FC Avenir Beggen
1994/95 AS Jeunesse Esch
1995/96 AS Jeunesse Esch
1996/97 AS Jeunesse Esch
1997/98 AS Jeunesse Esch
1998/99 AS Jeunesse Esch
1999/00 F91 Dudelange
2000/01 F91 Dudelange

Luxemburg - Pokal
1921/22 Racing Club
1922/23 CS FOLA Esch
1923/24 CS FOLA Esch
1924/25 FA Red Boys Differdange
1925/26 FA Red Boys Differdange
1926/27 FA Red Boys Differdange
1927/28 Spora Luxembourg
1928/29 FA Red Boys Differdange
1929/30 FA Red Boys Differdange
1930/31 FA Red Boys Differdange
1931/32 Spora Luxembourg
1932/33 FC Progrès Niedercorn
1933/34 FA Red Boys Differdange
1934/35 AS Jeunesse Esch
1935/36 FA Red Boys Differdange
1936/37 AS Jeunesse Esch
1937/38 CS Stade Dudelange
1938/39 US Dudelange
1939/40 Spora Luxembourg
1941-44 *wurde nicht ausgetragen*
1944/45 FC Progrès Niedercorn
1945/46 AS Jeunesse Esch
1946/47 US Luxembourg
1947/48 CS Stade Dudelange
1948/49 CS Stade Dudelange
1949/50 Spora Luxembourg
1950/51 SC Tétange
1951/52 FA Red Boys Differdange
1952/53 FA Red Boys Differdange
1953/54 AS Jeunesse Esch
1954/55 CS FOLA Esch
1955/56 CS Stade Dudelange
1956/57 Spora Luxembourg
1957/58 FA Red Boys Differdange
1958/59 US Luxembourg
1959/60 FC '95 Schifflange [FC The National Schifflange]
1960/61 CS Alliance Dudelange
1961/62 CS Alliance Dudelange
1962/63 US Luxembourg
1963/64 US Luxembourg
1964/65 Spora Luxembourg
1965/66 Spora Luxembourg
1966/67 FC Aris Bonnevoie
1967/68 US Rumelange
1968/69 US Luxembourg
1969/70 US Luxembourg
1970/71 FC Jeunesse Hautcharage
1971/72 FA Red Boys Differdange
1972/73 AS Jeunesse Esch
1973/74 AS Jeunesse Esch
1974/75 US Rumelange
1975/76 AS Jeunesse Esch
1976/77 FC Progrès Niedercorn
1977/78 FC Progrès Niedercorn
1978/79 FA Red Boys Differdange
1979/80 Spora Luxembourg
1980/81 AS Jeunesse Esch
1981/82 FA Red Boys Differdange
1982/83 FC Avenir Beggen
1983/84 FC Avenir Beggen
1984/85 FA Red Boys Differdange
1985/86 US Luxembourg
1986/87 FC Avenir Beggen
1987/88 AS Jeunesse Esch
1988/89 US Luxembourg
1989/90 1. FC Swift Hesperange
1990/91 US Luxembourg
1991/92 FC Avenir Beggen
1992/93 FC Avenir Beggen
1993/94 FC Avenir Beggen
1994/95 CS Grevenmacher
1995/96 US Luxembourg
1996/97 AS Jeunesse Esch
1997/98 CS Grevenmacher
1998/99 AS Jeunesse Esch
1999/00 AS Jeunesse Esch
2000/01 FC Etzella Ettelbruck

Macau - Liga
1973 Policia
1974-83 *Sieger unbekannt*
1984 Wa Seng
1985 *Sieger unbekannt*
1986 Hap Kuan
1987 Hap Kuan
1988 Wa Seng
1989 Hap Kuan
1990-91 *Sieger unbekannt*
1991/92 GD Lam Pak
1992/93 Leng Ngan
1993/94 GD Lam Pak
1994/95 GD Artilheiros
1996-97 *Sieger unbekannt*
1997/98 GD Lam Pak
1998/99 *Sieger unbekannt*
1999/00 Policia
2000/01 GD Lam Pak

Madagaskar - Liga
1962 AS Fortior
1963 AS Fortior
1964-67 *Sieger unbekannt*
1968 Fitarikandro
1969 USF
1970 MMM
1971 AS St. Michel
1972 Fortior Club
1973 JS Antalaha
1974 AS Corps Enseignant
1975 AS Corps Enseignant
1976 *wurde nicht ausgetragen*
1977 AS Corps Enseignant
1978 AS St. Michel
1979 Fortior Club
1980 MMM
1981 AS Somasud
1982 Dinamo Fima
1983 Dinamo Fima
1984 *wurde nicht ausgetragen*
1985 AS Sotema Morovoay
1986 BTM
1987 JOS Nosy-Bé
1988 COSFAP
1989 AS Sotema Morovoay
1990 ASF Fianarantsoa
1991 AS Sotema Morovoay
1992 AS Sotema Morovoay
1993 BTM
1994 *Sieger unbekannt*
1995 FC Fobar
1996 FC BVF
1997 DSA
1998 DSA
1999 AS Fortior
2000 AS Fortior

Madagaskar - Pokal
1974 Fortior Club
1975 Fortior Club
1976 Fortior Club
1977 Fortior Club
1978 AS Sotema Morovoay
1979 AS Sotema Morovoay
1980 AS St. Michel
1981 Dinamo Fima
1982 AS Sotema Morovoay
1983 Dinamo Fima
1984 *wurde nicht ausgetragen*
1985 Fortior Club
1986 HTMF
1987 BTM
1988 BFV
1989 BTM
1990 BFV
1991 BTM
1992 COSFAP
1993 AS Cimelta
1994-95 *Sieger unbekannt*
1996 Club S
1997 *Sieger unbekannt*
1998 FC Djivan
1999 FC Djivan
2000 FC Djivan

Malawi - Liga
1973/74 Total Big Bullets [Bata Bullets]
1974/75 Total Big Bullets [Bata Bullets]

1975/76 Telecom Wanderers [Yamaha Wanderers]
1976/77 Hardware Stars
1977/78 Total Big Bullets [Bata Bullets]
1978/79 Total Big Bullets [Bata Bullets]
1979/80 Telecom Wanderers [Limbe Leaf Wanderers]
1980/81 Total Big Bullets [Bata Bullets]
1981/82 ADMARC Tigers
1982/83 ADMARC Tigers
1983/84 Total Big Bullets [Bata Bullets]
1984/85 Silver Strikers
1985/86 Total Big Bullets [Bata Bullets]
1986/87 CIVO United
1987/88 MDC United
1988/89 ADMARC Tigers
1989/90 Telecom Wanderers [Limbe Leaf Wanderers]
1990/91 Total Big Bullets [Bata Bullets]
1991/92 Total Big Bullets [Bata Bullets]
1992/93 Total Big Bullets [Bata Bullets]
1994-95 *Sieger unbekannt*
1995/96 Telecom Wanderers
1996/97 Telecom Wanderers
1997/98 Telecom Wanderers
1998/99 Total Big Bullets [Bata Bullets]
1999/00 Total Big Bullets [Bata Bullets]
2000/01 Total Big Bullets

Malawi - Pokal
1967 Chichiri Athletics
1968 Malawi University FC
1969 Total Big Bullets [Bata Bullets]
1970 Total Big Bullets [Bata Bullets]
1971 Telecom Wanderers [Limbe Leaf Wanderers]
1972 Telecom Wanderers [Limbe Leaf Wanderers]
1973 Total Big Bullets [Bata Bullets]
1974 Telecom Wanderers [Limbe Leaf Wanderers]
1975 Total Big Bullets [Bata Bullets]
1976 Total Big Bullets [Bata Bullets]
1977 Sucoma
1978-91 *wurde nicht ausgetragen*
1992 Silver Strikers
1993 Total Big Bullets [Bata Bullets]
1994-95 *Sieger unbekannt*
1996 Total Big Bullets [Bata Bullets]
1997 Total Big Bullets [Bata Bullets]
1998 Total Big Bullets [Bata Bullets]
1999 Total Big Bullets [Bata Bullets]
2000 Telecom Wanderers

Malaysia - Liga
1992 Pahang FA
1993 *Sieger unbekannt*
1994 Singapore
1995 Pahang FA
1996 Sabah
1997 Sarawak
1998 Pulau Pinang
1999 Pahang FA
2000 Selangor

Malaysia - Pokal
1952 Pulau Pinang
1953 Kelantan
1954 Kelantan
1955 Pulau Pinang
1956 Pulau Pinang
1957 Pulau Pinang
1958 Combined Services
1959 Perak
1960 Selangor
1961 Selangor
1962 Selangor
1963 Singapore
1964 Perak
1965 Perak
1966 Selangor
1967 Singapore
1968 Selangor
1969 Terengganu
1970 Prisons
1971 Prisons
1972 Selangor
1973 Prisons
1974 UMNO
1975 Kuantan FA
1976 Kelab Sukan Adabi
1977 Kuantan FA und Kelab Kilat
1978 Negri Sembilan und PKNS
1979 PKNS
1980 PB Darulmakmur
1981 Penang Port Commission
1982 Kelab Sultan Sulaiman
1983 Penang Port Commission
1984 Johor FC
1985 Cheq Point
1986-89 *Sieger unbekannt*
1990 Perak
1991 Kedah [SEDC Kedah]
1992 Sarawak
1993 *Sieger unbekannt*
1994 Kuala Lumpur FA
1995 *Sieger unbekannt*
1996 Kedah
1997 Selangor
1998 Johor FC
1999 Kuala Lumpur FA
2000 Terengganu
2001 Selangor

Malaysia - Cup of Malaysia
1921 Singapore
1922 Selangor
1923 Singapore
1924 Singapore
1925 Singapore
1926 Perak
1927 Selangor
1928 Singapore und Selangor
1929 Singapore und Selangor
1930 Singapore
1931 Perak
1932 Singapore
1933 Singapore
1934 Singapore
1935 Selangor
1936 Selangor
1937 Singapore
1938 Selangor
1939 Singapore
1940 Singapore
1941-47 *wurde nicht ausgetragen*
1948 Negri Sembilan
1949 Selangor
1950 Singapore
1951 Singapore
1952 Singapore
1953 Pulau Pinang
1954 Pulau Pinang
1955 Singapore
1956 Selangor
1957 Perak
1958 Pulau Pinang
1959 Selangor
1960 Singapore
1961 Selangor
1962 Selangor
1963 Selangor
1964 Singapore
1965 Singapore
1966 Selangor
1967 Perak
1968 Selangor
1969 Selangor
1970 Perak
1971 Selangor
1972 Selangor
1973 Selangor
1974 Pulau Pinang
1975 Selangor
1976 Selangor
1977 Singapore
1978 Selangor
1979 Selangor
1980 Singapore
1981 Selangor
1982 Selangor
1983 Pahang FA
1984 Selangor
1985 Johor FC
1986 Selangor
1987 Kuala Lumpur FA
1988 Kuala Lumpur FA
1989 Kuala Lumpur FA
1990 Kedah
1991 Johor FC
1992 Pahang FA
1993 Kedah
1994 Singapore
1995 Selangor
1996 Selangor
1997 Selangor
1998 Perak
1999 Brunei Darus Salam
2000 Perak

Malediven - Liga
1983 Club Valencia
1984 Club Valencia
1985 Club Valencia
1986 Victory SC
1987 Victory SC
1988 Victory SC
1989 Club Lagoons
1990 New Radiant
1991 New Radiant
1992 Victory SC
1993 Club Valencia
1994 Club Valencia
1995 New Radiant
1996 Victory SC
1997 New Radiant
1998 Club Valencia
1999 Club Valencia
2000 Victory SC

Malediven - Pokal
1988 Club Valencia
1989 New Radiant
1990 Club Lagoons
1991 New Radiant
1992 Club Lagoons
1993 Victory SC
1994 New Radiant
1995 Club Valencia
1996 New Radiant
1997 New Radiant
1998 New Radiant
1999 Club Valencia
2000 Victory SC
2001 New Radiant

Mali - Liga
1965 AS Real Bamako
1966 Djoliba AC
1967 Djoliba AC
1968 Djoliba AC
1969 AS Real Bamako
1970 Stade Malien
1971 Djoliba AC
1972 Stade Malien
1973 Djoliba AC
1974 Djoliba AC
1975 Djoliba AC
1976 Djoliba AC
1977-78 *wurde nicht ausgetragen*
1979 Djoliba AC
1980 AS Real Bamako
1981 AS Real Bamako
1982 Djoliba AC
1983 AS Real Bamako
1984 Stade Malien
1985 Djoliba AC
1986 AS Real Bamako
1987 Stade Malien
1988 Djoliba AC
1989 Stade Malien
1990 Djoliba AC
1991 AS Real Bamako
1992 Djoliba AC
1993 Stade Malien
1994 Stade Malien
1995 Stade Malien
1996 Djoliba AC
1997 Djoliba AC
1998 Djoliba AC
1999 Djoliba AC
2000 Stade Malien

Mali - Pokal
1961 Stade Malien
1962 AS Real Bamako
1963 Stade Malien
1964 AS Real Bamako
1965 Djoliba AC
1966 AS Real Bamako
1967 AS Real Bamako
1968 AS Real Bamako
1969 AS Real Bamako
1970 Stade Malien
1971 Djoliba AC
1972 Stade Malien
1973 Djoliba AC
1974 Djoliba AC
1975 Djoliba AC
1976 Djoliba AC
1977 Djoliba AC
1978 Djoliba AC
1979 Djoliba AC
1980 AS Real Bamako
1981 Djoliba AC
1982 Stade Malien
1983 Djoliba AC
1984 Stade Malien
1985 Stade Malien
1986 Stade Malien
1987 AS Sigui Kayès
1988 Stade Malien
1989 AS Real Bamako
1990 Stade Malien
1991 Stade Malien
1992 Stade Malien
1993 Djoliba AC
1994 Stade Malien
1995 Stade Malien
1996 Djoliba AC
1997 Stade Malien
1998 Djoliba AC
1999 Stade Malien
2000 Cercle Olympique

Malta - Liga
1909/10 Floriana FC
1910/11 *wurde nicht ausgetragen*
1911/12 Floriana FC
1912/13 Floriana FC
1913/14 Hamrun Spartans FC
1914/15 Valletta FC [Valletta United FC]
1915/16 *wurde nicht ausgetragen*
1916/17 Saint George's FC
1917/18 Hamrun Spartans FC
1918/19 KOMR Militia
1919/20 Sliema Wanderers FC
1920/21 Floriana FC
1921/22 Floriana FC
1922/23 Sliema Wanderers FC
1923/24 Sliema Wanderers FC
1924/25 Floriana FC
1925/26 Sliema Wanderers FC
1926/27 Floriana FC
1927/28 Floriana FC
1928/29 Floriana FC
1929/30 Sliema Wanderers FC
1930/31 Floriana FC
1931/32 Valletta FC [Valletta United FC]
1932/33 Sliema Wanderers FC
1933/34 Sliema Wanderers FC
1934/35 Floriana FC
1935/36 Sliema Wanderers FC
1936/37 Floriana FC
1937/38 Sliema Wanderers FC
1938/39 Sliema Wanderers FC
1939/40 Sliema Wanderers FC
1941-44 *wurde nicht ausgetragen*
1944/45 Valletta FC
1945/46 Valletta FC
1946/47 Hamrun Spartans FC
1947/48 Valletta FC
1948/49 Sliema Wanderers FC
1949/50 Floriana FC
1950/51 Floriana FC
1951/52 Floriana FC
1952/53 Floriana FC
1953/54 Sliema Wanderers FC
1954/55 Floriana FC
1955/56 Sliema Wanderers FC
1956/57 Sliema Wanderers FC
1957/58 Floriana FC
1958/59 Valletta FC
1959/60 Valletta FC
1960/61 Hibernians FC
1961/62 Floriana FC
1962/63 Valletta FC
1963/64 Sliema Wanderers FC
1964/65 Sliema Wanderers FC
1965/66 Sliema Wanderers FC
1966/67 Hibernians FC
1967/68 Floriana FC
1968/69 Hibernians FC
1969/70 Floriana FC
1970/71 Sliema Wanderers FC
1971/72 Sliema Wanderers FC
1972/73 Floriana FC
1973/74 Valletta FC
1974/75 Floriana FC
1975/76 Sliema Wanderers FC
1976/77 Floriana FC
1977/78 Valletta FC
1978/79 Hibernians FC
1979/80 Valletta FC
1980/81 Hibernians FC
1981/82 Hibernians FC
1982/83 Hamrun Spartans FC
1983/84 Valletta FC
1984/85 Rabat Ajax FC
1985/86 Rabat Ajax FC
1986/87 Hamrun Spartans FC
1987/88 Hamrun Spartans FC
1988/89 Sliema Wanderers FC
1989/90 Valletta FC
1990/91 Hamrun Spartans FC
1991/92 Valletta FC
1992/93 Floriana FC
1993/94 Hibernians FC
1994/95 Hibernians FC
1995/96 Sliema Wanderers FC
1996/97 Valletta FC
1997/98 Valletta FC
1998/99 Valletta FC
1999/00 Birkirkara FC
2000/01 Valletta FC

Malta - Pokal
1934/35 Sliema Wanderers FC
1935/36 Sliema Wanderers FC
1936/37 Sliema Wanderers FC
1937/38 Floriana FC
1938/39 Melita FC
1939/40 Sliema Wanderers FC
1941-44 *wurde nicht ausgetragen*
1944/45 Floriana FC
1945/46 Sliema Wanderers FC
1946/47 Floriana FC
1947/48 Sliema Wanderers FC
1948/49 Floriana FC
1949/50 Floriana FC
1950/51 Sliema Wanderers FC
1951/52 Sliema Wanderers FC
1952/53 Floriana FC
1953/54 Floriana FC
1954/55 Floriana FC
1955/56 Sliema Wanderers FC
1956/57 Floriana FC
1957/58 Floriana FC
1958/59 Sliema Wanderers FC
1959/60 Valletta FC
1960/61 Floriana FC
1961/62 Hibernians FC
1962/63 Sliema Wanderers FC
1963/64 Valletta FC
1964/65 Sliema Wanderers FC
1965/66 Floriana FC
1966/67 Floriana FC
1967/68 Sliema Wanderers FC
1968/69 Sliema Wanderers FC
1969/70 Hibernians FC
1970/71 Hibernians FC
1971/72 Floriana FC
1972/73 Gzira United FC
1973/74 Sliema Wanderers FC
1974/75 Valletta FC
1975/76 Floriana FC
1976/77 Valletta FC
1977/78 Valletta FC
1978/79 Sliema Wanderers FC
1979/80 Hibernians FC
1980/81 Floriana FC
1981/82 Hibernians FC
1982/83 Hamrun Spartans FC
1983/84 Hamrun Spartans FC
1984/85 Zurrieq FC
1985/86 Rabat Ajax FC
1986/87 Hamrun Spartans FC
1987/88 Hamrun Spartans FC
1988/89 Hamrun Spartans FC
1989/90 Sliema Wanderers FC
1990/91 Valletta FC
1991/92 Hamrun Spartans FC
1992/93 Floriana FC
1993/94 Floriana FC
1994/95 Valletta FC
1995/96 Valletta FC
1996/97 Valletta FC
1997/98 Hibernians FC
1998/99 Valletta FC
1999/00 Sliema Wanderers FC
2000/01 Valletta FC

Marokko - Liga
1915/16 CA Casablanca
1916/17 US Marocaine
1917/18 US Marocaine
1918/19 US Marocaine
1919/20 IS Olympique Marocaine
1920/21 IS Olympique Marocaine
1921/22 IS Olympique Marocaine
1922/23 US Fès
1923/24 IS Olympique Marocaine
1924/25 US Fès
1925/26 US Athlétique
1926/27 Stade Marocaine
1927/28 *wurde nicht ausgetragen*
1928/29 US Athlétique
1929/30 IS Olympique Marocaine
1930/31 Stade Marocaine
1931/32 US Marocaine
1932/33 US Marocaine
1933/34 US Marocaine
1934/35 US Marocaine
1935/36 IS Olympique Marocaine
1936/37 IS Olympique Marocaine
1937/38 US Marocaine
1938/39 US Marocaine
1939/40 US Marocaine
1940/41 US Marocaine
1941/42 US Marocaine
1942/43 US Marocaine
1943/44 Stade Marocaine
1944/45 Racing Acant-Garde
1945/46 US Marocaine
1946/47 US Athlétique
1947/48 WA Casablanca
1948/49 WA Casablanca
1949/50 WA Casablanca
1950/51 WA Casablanca
1952-56 *wurde nicht ausgetragen*
1956/57 WA Casablanca
1957/58 KAC Marrakech
1958/59 EJS Casablanca
1959/60 KAC Kénitra
1960/61 FAR Rabat
1961/62 FAR Rabat
1962/63 FAR Rabat
1963/64 FAR Rabat
1964/65 MAS Fès
1965/66 WA Casablanca
1966/67 FAR Rabat
1967/68 FAR Rabat
1968/69 WA Casablanca
1969/70 FAR Rabat
1970/71 Nehdat Settat [RS Settat]
1971/72 ADM Casablanca
1972/73 KAC Kénitra
1973/74 Raja Beni Mellal
1974/75 MC Oujda
1975/76 WA Casablanca
1976/77 WA Casablanca
1977/78 WA Casablanca
1978/79 MAS Fès
1979/80 SC Chabab Mohammedia
1980/81 KAC Kénitra
1981/82 KAC Kénitra
1982/83 MAS Fès
1983/84 FAR Rabat
1984/85 MAS Fès
1985/86 WA Casablanca
1986/87 FAR Rabat
1987/88 Raja CA Casablanca
1988/89 FAR Rabat
1989/90 WA Casablanca
1990/91 WA Casablanca
1991/92 KAC Marrakesh
1992/93 WA Casablanca
1993/94 Olympique Casablanca
1994/95 COD Meknès
1995/96 Raja CA Casablanca
1996/97 Raja CA Casablanca
1997/98 Raja CA Casablanca
1998/99 Raja CA Casablanca
1999/00 Raja CA Casablanca
2000/01 Raja CA Casablanca

Marokko - Pokal
1956/57 MC Oujda
1957/58 MC Oujda
1958/59 FAR Rabat
1959/60 MC Oujda
1960/61 KAC Kénitra
1961/62 MC Oujda
1962/63 KAC Marrakech
1963/64 KAC Marrakech
1964/65 KAC Marrakech
1965/66 COD Meknès
1966/67 FUS Rabat
1967/68 Raja CA Casablanca
1968/69 Nehdat Settat [RS Settat]
1969/70 WA Casablanca
1970/71 FAR Rabat
1971/72 SC Chabab Mohammedia
1972/73 FUS Rabat
1973/74 Raja CA Casablanca
1974/75 SC Chabab Mohammedia
1975/76 FUS Rabat
1976/77 Raja CA Casablanca
1977/78 WA Casablanca
1978/79 WA Casablanca
1979/80 MAS Fès
1980/81 WA Casablanca
1981/82 Raja CA Casablanca
1982/83 CLAS Casablanca
1983/84 FAR Rabat
1984/85 FAR Rabat
1985/86 FAR Rabat
1986/87 KAC Marrakech
1987/88 Raja CA Casablanca
1988/89 WA Casablanca
1989/90 MAS Fès
1990/91 WA Casablanca
1991/92 Olympique Casablanca
1992/93 KAC Marrakech
1993/94 WA Casablanca
1994/95 FUS Rabat
1995/96 Raja CA Casablanca
1996/97 WA Casablanca
1997/98 WA Casablanca
1998/99 FAR Rabat
1999/00 Nehdat Settat

Martinique - Liga
1919 Intrepide
1920 Club Colonial
1921 Club Colonial
1922 Club Colonial
1923 Club Colonial
1924 Club Colonial
1925 Intrepide
1926 Club Colonial
1927 Golden Star
1928 Golden Star
1929 Golden Star
1930 Club Colonial
1931 Club Colonial
1932 Stade Spiritian
1933 Intrepide
1934 *Sieger unbekannt*
1935 Club Colonial
1936 Golden Star
1937 Golden Star
1938 Club Colonial
1939 Golden Star
1940 Club Colonial
1941 Club Colonial
1942 Club Colonial
1943 Club Colonial
1944 Gauloise
1945 Good Luck
1946 Aigle Sportif
1947 Aigle Sportif
1948 Golden Star
1949 Club Colonial
1950 Gauloise
1951 Gauloise
1952 Golden Star
1953 Golden Star
1954 Golden Star
1955 Gauloise
1956 Golden Star
1957 Good Luck
1958 Golden Star
1959 Golden Star
1960 Stade Spiritian
1961 Stade Spiritian
1962 Golden Star
1963 Assaut
1964 Club Colonial
1965 Club Colonial
1966 Assaut
1967 Assaut
1968 Assaut
1969 Eclair
1970 Club Franciscain
1971 CS Vauclinois
1972 Club Colonial
1973 Assaut
1974 CS Vauclinois
1975 Samaritaine
1976 Golden Star
1977 Renaissance
1978 Renaissance
1979 Renaissance
1980 Gauloise
1981-83 *Sieger unbekannt*
1984 Olympique
1985-87 *Sieger unbekannt*
1987/88 Excelsior
1988/89 Excelsior
1989/90 US Marinoise
1990/91 Aiglons
1991/92 Aiglons
1992/93 US Robert
1993/94 Club Franciscain
1994/95 US Marinoise
1995/96 Club Franciscain
1996/97 Club Franciscain
1997/98 Aiglons
1998/99 Club Franciscain
1999/00 Club Franciscain
2000/01 Club Franciscain

Martinique - Pokal
1953 Golden Star
1954 Club Colonial
1955 Club Colonial
1956 Good Luck
1957 Golden Star
1958 Golden Star
1959 Club Colonial
1960 US Robert
1961 US Robert
1962 Club Colonial
1963 Golden Star
1964 Assaut
1965 Assaut
1966 Assaut
1967 Assaut
1968 Assaut
1969 Club Franciscain
1970 Golden Star
1971-72 *Sieger unbekannt*
1973 Good Luck
1974 Good Luck
1975-76 *Sieger unbekannt*
1977 CS Case-Pilote
1978 RC Rivière-Pilote
1979 Good Luck
1980 Club Colonial
1981-85 *Sieger unbekannt*
1986 Club Franciscain
1987 Club Franciscain
1988-89 *Sieger unbekannt*
1989/90 Club Franciscain
1991-97 *Sieger unbekannt*
1997/98 Club Franciscain
1998/99 Club Franciscain
1999/00 Assaut

Mauretanien - Liga
1976 ASC Garde Nationale
1977 ASC Garde Nationale
1978 ASC Garde Nationale
1979 ASC Garde Nationale
1980 *wurde nicht ausgetragen*
1981 AS Police
1982 AS Police
1983 ASC Ksar Sonader
1984 ASC Garde Nationale
1985 ASC Ksar Sonader
1986 AS Police
1987 AS Police
1988 AS Police
1989 *wurde nicht ausgetragen*
1990 AS Police
1991 AS Police
1992 ASC Ksar Sonader
1993 ASC Ksar Sonader
1994 ASC Garde Nationale
1995 ASC SONALEC
1996-97 *Sieger unbekannt*
1998 ASC Garde Nationale
1999 Terruzi FC [SDPA Rosso]
2000 ASC Mauritel Mobile

Mauretanien - Pokal
1976 Equipe Esport
1977 Espoirs
1978 Espoirs
1979 ASC Ksar Sonader
1980 *wurde nicht ausgetragen*
1981 ASC Garde Nationale
1982 Terruzi FC [ASC Trarza Rosso]
1983 Espoirs
1984 Terruzi FC [ASC Trarza Rosso]
1985 AS Police
1986 ASC Garde Nationale
1987 AS Amical Douane
1988 *wurde nicht ausgetragen*
1989 ASC Garde Nationale
1990 ASC Air Mauritanie
1991 AS Amical Douane
1992 ASC SNIM
1993 ASC Ksar Sonader
1994 *Sieger unbekannt*
1995 ASC Air Mauritanie
1996 ASC SONALEC
1997 ASC SONALEC
1998 ASC SONALEC
1999 AS Police
2000 ASC Air Mauritanie

Mauritius - Liga
1935 Curepipe Starlight SC [Curepipe SC]
1936 Garrison
1937 Garrison
1938 FC Dodo
1939 FC Dodo
1940-41 *wurde nicht ausgetragen*
1942 Fire Brigade SC
1943 *wurde nicht ausgetragen*
1944 FC Dodo
1945 FC Dodo
1946 FC Dodo
1947 Collège St. Esprit
1948 FC Dodo
1949 Faucon Flacq SC [Faucons Noir]
1950 Fire Brigade SC
1951 FC Dodo
1952 *wurde nicht ausgetragen*
1953 FC Dodo
1954 Faucon Flacq SC [Faucons Noir]
1955 Faucon Flacq SC [Faucons Noir]
1956 *wurde nicht ausgetragen*
1957 FC Dodo und Faucon Flacq SC [Faucons Noir]
1958 Faucon Flacq SC [Faucons Noir]
1959 FC Dodo
1960 *wurde nicht ausgetragen*
1961 Fire Brigade SC
1962 Police Club
1963 Racing Club
1964 FC Dodo
1965 Police Club
1966 FC Dodo
1967 Police Club
1968 FC Dodo
1969-70 *wurde nicht ausgetragen*
1971 Police Club
1972 Police Club
1973 Fire Brigade SC
1974 Fire Brigade SC
1975 Quatre-Bornes FC [Hindu Cadets Club]
1976 Port Louis SC [Muslim Scouts Club]
1976/77 Quatre-Bornes FC [Hindu Cadets Club]
1977/78 Racing Club
1978/79 Quatre-Bornes FC [Hindu Cadets Club]
1979/80 Fire Brigade SC
1980/81 Police Club
1981/82 Police Club
1982/83 Fire Brigade SC
1983/84 Fire Brigade SC
1984/85 Fire Brigade SC
1985/86 Tamil Cadets United
1986/87 Sunrise Flacq United SC [Sunrise SC]
1987/88 Fire Brigade SC
1988/89 Sunrise Flacq United SC [Sunrise SC]
1989/90 Sunrise Flacq United SC [Sunrise SC]
1990/91 Sunrise Flacq United SC [Sunrise SC]
1991/92 Sunrise Flacq United SC [Sunrise SC]
1992/93 Fire Brigade SC
1993/94 Fire Brigade SC
1994/95 Sunrise Flacq United SC
1995/96 Sunrise Flacq United SC
1996/97 Sunrise Flacq United SC
1997/98 Port Louis SC [Scouts Club]
1998/99 Fire Brigade SC
2000 *wurde nicht ausgetragen*
2001 Olympique de Moka

Mauritius - Pokal

1957	FC Dodo
1958	*Sieger unbekannt*
1959	Faucon Flacq SC
1960	FC Dodo
1961	FC Dodo
1962	Police Club
1963	Police Club
1964	*Sieger unbekannt*
1965	Police Club
1966	FC Dodo
1967	Police Club
1968	Police Club
1969	Hindu Scouts
1970-76	*Sieger unbekannt*
1977	Hindu Scouts
1978-79	*Sieger unbekannt*
1980	Fire Brigade SC
1981	Fire Brigade SC
1982	Fire Brigade SC
1983	Fire Brigade SC
1984	Police Club
1985	Sunrise Flacq United SC
1986	Fire Brigade SC
1987	Sunrise Flacq United SC [Sunrise SC]
1988	Quatre-Bornes FC [Cadets Club Quatre Bornes]
1989	Fire Brigade SC
1990	Fire Brigade SC
1991	Fire Brigade SC
1992	Sunrise Flacq United SC [Sunrise SC]
1993	Sunrise Flacq United SC [Sunrise SC]
1994	Fire Brigade SC
1995	Fire Brigade SC
1996	Sunrise Flacq United SC
1997	Fire Brigade SC
1998	Fire Brigade SC
1999	*wettbewerb wurde annulliert*
2000	*wurde nicht ausgetragen*
2001	ASPL 2000

Mayotte - Liga

1992	AS Sada
1993-96	*Sieger unbekannt*
1997	FC M'tsapéré
1998	AS Sada
1999	FC Jumeaux
2000	Rosador

Mayotte - Pokal

1986	Miracle du Sud
1987-91	*Sieger unbekannt*
1992	Ouragan Labbatoir

Mazedonien - Liga

1992/93	FK Vardar Skopje
1993/94	FK Vardar Skopje
1994/95	FK Vardar Skopje
1995/96	FK Sileks Kratovo
1996/97	FK Sileks Kratovo
1997/98	FK Sileks Kratovo
1998/99	FK Sloga Jugomagnat Skopje
1999/00	FK Sloga Jugomagnat Skopje
2000/01	FK Sloga Jugomagnat Skopje

Mazedonien - Pokal

1992/93	FK Vardar Skopje
1993/94	FK Sileks Kratovo
1994/95	FK Vardar Skopje
1995/96	FK Sloga Jugomagnat Skopje
1996/97	FK Sileks Kratovo
1997/98	FK Vardar Skopje
1998/99	FK Vardar Skopje
1999/00	FK Sloga Jugomagnat Skopje
2000/01	FK Pelister Bitola

Mexiko - Liga

1902/03	Orizaba Charleston
1903/04	Mexico FC [Mexico Cricket Club]
1904/05	Atlético Pachuca
1905/06	Reforma AC
1906/07	Reforma AC
1907/08	British Club
1908/09	Reforma AC
1909/10	Reforma AC
1910/11	Reforma AC
1911/12	Reforma AC
1912/13	Mexico FC
1913/14	RC España [España]
1914/15	RC España [España]
1915/16	RC España [España]
1916/17	RC España [España]
1917/18	Atlético Pachuca
1918/19	RC España
1919/20	RC España
1920/21	RC España
1921/22	RC España
1922/23	Asturias
1923/24	RC España
1924/25	CF América
1925/26	CF América
1926/27	CF América
1927/28	CF América
1928/29	Marte FC (México City)
1929/30	*wurde nicht ausgetragen*
1930/31	RC España
1931/32	CD Atlante
1932/33	Rayos del Necaxa
1933/34	RC España
1934/35	Rayos del Necaxa
1935/36	RC España
1936/37	Rayos del Necaxa
1937/38	Rayos del Necaxa
1938/39	Asturias
1939/40	RC España
1940/41	CD Atlante
1941/42	RC España
1942/43	Marte FC (México City)
1943/44	Asturias
1944/45	RC España
1945/46	CD Veracruz
1946/47	CD Atlante
1947/48	CSD León
1948/49	CSD León
1949/50	CD Veracruz
1950/51	CD Atlas Guadalajara
1951/52	CSD León
1952/53	Tampico FC
1953/54	Marte FC (Cuernavaca)
1954/55	CD Zacatepec
1955/56	CSD León
1956/57	CD Guadalajara
1957/58	CD Zacatepec
1958/59	CD Guadalajara
1959/60	CD Guadalajara
1960/61	CD Guadalajara
1961/62	CD Guadalajara
1962/63	Jalisco [Oro]
1963/64	CD Guadalajara
1964/65	CD Guadalajara
1965/66	CF América
1966/67	CD Toluca
1967/68	CD Toluca
1968/69	CD Cruz Azul
1969/70	CD Guadalajara
1970	CD Cruz Azul
1970/71	CF América
1971/72	CD Cruz Azul
1972/73	CD Cruz Azul
1973/74	CD Cruz Azul
1974/75	CD Toluca
1975/76	CF América
1976/77	UNAM „Los Pumas"
1977/78	UANL „Los Tigres" [UANL]
1978/79	CD Cruz Azul
1979/80	CD Cruz Azul
1980/81	UNAM „Los Pumas"
1981/82	UANL „Los Tigres" [UANL]
1982/83	CF Puebla
1983/84	CF América
1984/85	CF América
1985	CF América
1986	CF Monterrey
1986/87	CD Guadalajara
1987/88	CF América
1988/89	CF América
1989/90	CF Puebla
1990/91	UNAM „Los Pumas"
1991/92	CSD León
1992/93	CD Atlante
1993/94	UAG „Los Tecos"
1994/95	Rayos del Necaxa
1995/96	Rayos del Necaxa
1996/97	Santos Laguna und CD Guadalajara
1997/98	CD Cruz Azul und CD Toluca
1998/99	Rayos del Necaxa und CD Toluca
1999/00	Atlético Pachuca und CD Toluca
2000/01	Atlético Morelia und Santos Laguna

Mexiko - Pokal

1907/08	Atlético Pachuca
1908/09	Reforma AC
1909/10	Reforma AC
1910/11	British Club
1911/12	Atlético Pachuca
1912/13	*wurde nicht ausgetragen*
1913/14	Mexico FC
1914/15	RC España
1915/16	Rovers
1916/17	RC España
1917/18	RC España
1918/19	RC España
1919/20	*wurde nicht ausgetragen*
1920/21	Mexico FC
1921/22	Asturias
1922/23	Asturias
1923/24	Asturias
1924/25	Rayos del Necaxa
1925/26	Rayos del Necaxa
1927-32	*wurde nicht ausgetragen*
1932/33	Rayos del Necaxa
1933/34	Asturias
1934/35	*wurde nicht ausgetragen*
1935/36	Rayos del Necaxa
1936/37	Asturias
1937/38	CF América
1938/39	Asturias
1939/40	Asturias
1940/41	Asturias
1941/42	CD Atlante
1942/43	Moctezuma
1943/44	RC España
1944/45	CF Puebla
1945/46	CD Atlas Guadalajara
1946/47	Moctezuma
1947/48	CD Veracruz
1948/49	CSD León
1949/50	CD Atlas Guadalajara
1950/51	CD Atlante
1951/52	CD Atlante
1952/53	CF Puebla
1953/54	CF América
1954/55	CF América
1955/56	CD Toluca
1956/57	CD Zacatepec
1957/58	CSD León
1958/59	CD Zacatepec
1959/60	Rayos del Necaxa
1960/61	Tampico FC
1961/62	CD Atlas Guadalajara
1962/63	CD Guadalajara
1963/64	CF América
1964/65	CF América
1965/66	Rayos del Necaxa
1966/67	CSD León
1967/68	CD Atlas Guadalajara
1968/69	CD Cruz Azul
1969/70	CD Guadalajara
1970/71	CSD León
1971/72	CSD León
1972/73	*wurde nicht ausgetragen*
1973/74	CF América
1974/75	UNAM „Los Pumas"
1975/76	UANL „Los Tigres" [UANL]
1977-87	*wurde nicht ausgetragen*
1987/88	CF Puebla
1988/89	CD Toluca
1989/90	CF Puebla
1990/91	Universidad de Guadalajara
1991/92	CF Monterrey
1993-94	*wurde nicht ausgetragen*
1994/95	Rayos del Necaxa
1995/96	UANL „Los Tigres" [UANL]
1996/97	CD Cruz Azul
1997/98	*wurde nicht ausgetragen*
1998/99	UANL „Los Tigres"

Moldawien - Liga

1992	FC Zimbru Chişinău
1992/93	FC Zimbru Chişinău
1993/94	FC Zimbru Chişinău
1994/95	FC Zimbru Chişinău
1995/96	FC Zimbru Chişinău
1996/97	FC Constructorul-93 Chişinău
1997/98	FC Zimbru Chişinău
1998/99	FC Zimbru Chişinău
1999/00	FC Zimbru Chişinău
2000/01	FC Sheriff Tiraspol

Moldawien - Pokal

1992	FC Bugeac Comrat
1992/93	FC Tiligul Tiraspol
1993/94	FC Tiligul Tiraspol
1994/95	FC Tiligul Tiraspol
1995/96	FC Constructorul-93 Chişinău
1996/97	FC Zimbru Chişinău
1997/98	FC Zimbru Chişinău
1998/99	FC Sheriff Tiraspol
1999/00	FC Constructorul-93 Chişinău
2000/01	FC Sheriff Tiraspol

Mongolei - Liga

1985	Khuch
1986-89	*Sieger unbekannt*
1990	Khuch
1991-93	*Sieger unbekannt*
1994	Khuch
1995	Idsskh
1996	Erchim
1997	Delger
1998	Erchim
1999	ITI Bank-Bars

Mongolei - Pokal

1997	Erchim
1998	Delger

Montserrat - Liga

1996/97	Royal Police
1998-99	*wurde nicht ausgetragen*
2000	Royal Police

Mosambik - Liga

1976	Têxtáfrica
1977	Desportivo Maputo
1978	Desportivo Maputo
1979	Costa do Sol
1980	Costa do Sol
1981	Têxtil Punguè
1982	Ferroviário Maputo
1983	Desportivo Maputo
1984	CD Maxaquene
1985	CD Maxaquene
1986	CD Maxaquene
1987	Matchedje
1988	Desportivo Maputo
1989	Ferroviário Maputo
1990	Matchedje
1991	Costa do Sol
1992	Costa do Sol
1993	Costa do Sol
1994	Costa do Sol
1995	Desportivo Maputo
1996	Ferroviário Maputo
1997	Ferroviário Maputo
1998	Costa do Sol
1998/99	Ferroviário Maputo
1999/00	Costa do Sol
2000/01	Costa do Sol

Mosambik - Pokal

1978	CD Maxaquene
1979	Palmeiras Beira
1980	Costa do Sol
1981	CD Maxaquene
1982	Ferroviário Maputo
1983	Desportivo Maputo
1984	Costa do Sol
1985	*Sieger unbekannt*
1986	Estrela Vermelha (Lichinga)
1987	CD Maxaquene
1988	Costa do Sol
1989	Ferroviário Maputo
1990	Matchedje
1991	Clube de Gaza
1992	Costa do Sol
1993	Ferroviário Beira
1994	CD Maxaquene
1995	Costa do Sol
1995/96	Ferroviário Maputo
1996/97	CD Maxaquene
1997/98	Costa do Sol
1998/99	Costa do Sol
1999/00	Costa do Sol

Namibia - Liga

1987	Benfica
1988	Blue Waters
1989	Black Africa [Black Africans Nashua]
1990	Orlando Pirates
1991	Eleven Arrows
1992	Ramblers FC
1993	MS Chief Santos
1994	Black Africa [Black Africans Nashua]
1995	Black Africa [Black Africans Nashua]
1996	Blue Waters
1997	*Sieger unbekannt*
1998	Black Africa
1999	Black Africa
2000	Black Africa

Namibia - Pokal

1986	Orlando Pirates
1987	*wurde nicht ausgetragen*
1988	Young Ones FC
1989	*Sieger unbekannt*
1990	Black Africa
1991	MS Chief Santos
1992	Liverpool
1993	Black Africa [Black Africans Nashua]
1994	Blue Waters
1995	Pepsi Tigers [MP Tigers]
1996	Pepsi Tigers [MP Tigers]
1997	Black Africa
1997/98	MS Chief Santos
1999	MS Chief Santos
2000	MS Chief Santos

Nepal - Liga

1997	Tribhuvan Army
1998	Mahendra Police
1999	Mahendra Police

Nepal - Liga von Kathmandu

1985	New Road Team
1986	Manang Marsyangdi
1987	Kathmandu SC
1988	Kathmandu SC
1989	Rani Pokhari
1990-93	*Sieger unbekannt*
1994	Manang Marsyangdi
1995	*Sieger unbekannt*
1996	New Road Team
1997	Three Star
1998	Three Star
1999	*wurde nicht ausgetragen*
2000	Manang Marsyangdi

Neukaledonien - Liga

1984	AS Frégate
1985	CA Saint-Louis
1986-95	*Sieger unbekannt*
1996	JS Traput
1997	JS Baco
1998	AS Poum
1999	FC Gaïtcha
2000	JS Baco

Neukaledonien - Pokal

1954	Indépendante
1955	*wurde nicht ausgetragen*
1956	PLGC
1957	Impassible
1958	PLGC
1959	Wé-Luécilla [Wé]
1960	Uniforme Fayaoué
1961	Île des Pins
1962	Olympique Nouméa
1963	Olympique Nouméa
1964	JS Vallée du Tir Nouméa
1965	JS Vallée du Tir Nouméa
1966	JS Vallée du Tir Nouméa
1967	JS Vallée du Tir Nouméa
1968	JS Vallée du Tir Nouméa
1969	ASLN Nouméa
1970	ASLN Nouméa
1971	ASLN Nouméa
1972	ASLN Nouméa
1973	UAC Yaté
1974	UAC Yaté
1975	ASLN Nouméa
1976	Kehdek Koumac
1977	USL Gélima
1978	USL Gélima
1979	USL Gélima
1980	JS Baco
1981	CA Saint-Louis
1982	USL Gélima
1983	AS Païta
1984	JS Baco
1985	CA Saint-Louis
1986	CA Saint-Louis
1987	JS Baco
1988	Wé-Luécilla
1989	AS Frégate
1990	CA Saint-Louis
1991	JS Baco
1992	Wé-Luécilla
1993	ASLN Thio
1994	CA Saint-Louis
1995	JS Baco
1996	AS Magenta Nouméa
1997	CA Saint-Louis
1998	JS Traput
1999	JS Traput
2000	AS Magenta Nouméa

Neuseeland - Liga

1970	Blockhouse Bay
1971	Eastern Suburbs
1972	Mt Wellington AFC
1973	Christchurch United
1974	Mt Wellington AFC
1975	Christchurch United
1976	Wellington Diamond United
1977	North Shore United
1978	Christchurch United
1979	Mt Wellington AFC
1980	Mt Wellington AFC
1981	Wellington Diamond United
1982	Mt Wellington AFC
1983	Manurewa
1984	Gisborne City
1985	Wellington Diamond United
1986	Mt Wellington AFC
1987	Christchurch United
1988	Christchurch United
1989	Napier City Rovers
1990	Waitakere City
1991	Christchurch United
1992	Waitakere City
1993	Napier City Rovers
1994	North Shore United
1995	Waitakere City
1996	Waitakere City
1997	Waitakere City
1998	Napier City Rovers
1999	Central United FC
2000	Napier City Rovers

Neuseeland - Pokal

1923	Seacliff
1924	Habour Board
1925	YMCA
1926	Sunnyside
1927	Ponsonby
1928	Petone
1929	Tramways
1930	Petone
1931	Tramurewa
1932	Marist
1933	Ponsonby
1934	Thistle
1935	Western Suburbs [Mental Hospital AFC]
1936	Western
1937	*wurde nicht ausgetragen*
1938	Waterside Karori
1939	Waterside Karori
1940	Waterside Karori
1941-44	*wurde nicht ausgetragen*
1945	Western
1946	Marist
1947	Waterside Karori
1948	Tech Old Boys (Christchurch)
1949	Petone
1950	Eden
1951	Eastern Suburbs
1952	North Shore United und Western
1953	Eastern Suburbs
1954	Onehunga
1955	Western
1956	Stop Out
1957	Seatoun
1958	Seatoun
1959	Northern
1960	North Shore United
1961	Northern
1962	Technical Old Boys (Hamilton)
1963	North Shore United
1964	Mt Roskill
1965	Eastern Suburbs
1966	Miramar Rangers
1967	North Shore United
1968	Eastern Suburbs
1969	Eastern Suburbs
1970	Blockhouse Bay
1971	Western Suburbs
1972	Christchurch United
1973	Mt Wellington AFC
1974	Christchurch United
1975	Christchurch United
1976	Christchurch United
1977	Nelson Suburbs [Nelson United]
1978	Manurewa
1979	North Shore United
1980	Mt Wellington AFC
1981	Dunedin City
1982	Mt Wellington AFC
1983	Mt Wellington AFC
1984	Manurewa
1985	Napier City Rovers
1986	North Shore United
1987	Gisborne City
1988	Waitako United
1989	Christchurch United
1990	Mt Wellington AFC
1991	Christchurch United
1992	Miramar Rangers
1993	Napier City Rovers
1994	Waitakere City
1995	Waitakere City
1996	Waitakere City
1997	Central United FC
1998	Central United FC
1999	Dunedin Technical
2000	Napier City Rovers

Nicaragua - Liga

1963/64	Triunfo
1964/65	*wurde nicht ausgetragen*
1965/66	*wurde nicht ausgetragen*
1966/67	Flor de Caña
1967/68	*wurde nicht ausgetragen*
1968/69	Universidad Centroamericana
1969/70	*wurde nicht ausgetragen*
1970/71	FC Diriangén
1971/72	*wurde nicht ausgetragen*
1972/73	Santa Cecilia
1973/74	Santa Cecilia
1975-76	*wurde nicht ausgetragen*
1976/77	FC Diriangén
1977/78	FC Diriangén
1979-85	*wurde nicht ausgetragen*
1986	Deportivo Masaya
1986/87	*wurde nicht ausgetragen*
1987/88	FC Diriangén
1988/89	FC Diriangén
1989/90	FC Diriangén
1991-92	*wurde nicht ausgetragen*
1992/93	FC Diriangén
1993/94	FC Diriangén
1994/95	*wurde nicht ausgetragen*
1995/96	FC Juventus
1996/97	FC Diriangén
1997/98	CD Walter Ferrety
1998/99	Real Esteli FC
1999/00	FC Diriangén
2000/01	CD Walter Ferrety

Nicaragua - Pokal

1996	FC Diriangén
1997	FC Diriangén

Niederlande - Liga

1897/98	AFC RAP
1898/99	AFC RAP
1899/00	HVV
1900/01	HVV
1901/02	HVV
1902/03	HVV
1903/04	HBS
1904/05	HVV
1905/06	HBS
1906/07	HVV
1907/08	Quick (Den Haag)
1908/09	Sparta
1909/10	HVV
1910/11	Sparta
1911/12	Sparta
1912/13	Sparta
1913/14	HVV
1914/15	Sparta
1915/16	Willem II
1916/17	Go Ahead Eagles [Go Ahead]
1917/18	AFC Ajax
1918/19	AFC Ajax
1919/20	VV Be Quick
1920/21	VAV NAC [SV NAC]
1921/22	Go Ahead Eagles [Go Ahead]
1922/23	RCH
1923/24	Feyenoord [Feijenoord]
1924/25	HBS
1925/26	SC Enschede
1926/27	Heracles [AVC Heracles]
1927/28	Feyenoord [Feijenoord]
1928/29	PSV
1929/30	Go Ahead Eagles [Go Ahead]
1930/31	AFC Ajax
1931/32	AFC Ajax
1932/33	Go Ahead Eagles [Go Ahead]
1933/34	AFC Ajax
1934/35	PSV
1935/36	Feyenoord [Feijenoord]
1936/37	AFC Ajax
1937/38	Feyenoord [Feijenoord]
1938/39	AFC Ajax
1939/40	Feyenoord [Feijenoord]
1940/41	Heracles [AVC Heracles]
1941/42	SV ADO
1942/43	SV ADO
1943/44	ASC de Volewijckers
1944/45	*wurde nicht ausgetragen*
1945/46	FC Haarlem [Haarlemsche FC]
1946/47	AFC Ajax
1947/48	BVV
1948/49	SVV
1949/50	SV Limburgia
1950/51	PSV
1951/52	Willem II
1952/53	RCH
1953/54	Eindhoven
1954/55	Willem II
1955/56	Rapid JC
1956/57	AFC Ajax
1957/58	DOS
1958/59	Sparta
1959/60	AFC Ajax
1960/61	Feyenoord [Feijenoord]
1961/62	Feyenoord [Feijenoord]
1962/63	PSV
1963/64	DWS/A [DWS]
1964/65	Feyenoord [Feijenoord]
1965/66	AFC Ajax
1966/67	AFC Ajax
1967/68	AFC Ajax
1968/69	Feyenoord [Feijenoord]
1969/70	AFC Ajax
1970/71	Feyenoord [Feijenoord]
1971/72	AFC Ajax
1972/73	AFC Ajax
1973/74	Feyenoord
1974/75	PSV
1975/76	PSV
1976/77	AFC Ajax
1977/78	PSV
1978/79	AFC Ajax
1979/80	AFC Ajax
1980/81	AZ [AZ '67]
1981/82	AFC Ajax
1982/83	AFC Ajax
1983/84	Feyenoord
1984/85	AFC Ajax
1985/86	PSV
1986/87	PSV
1987/88	PSV
1988/89	PSV
1989/90	AFC Ajax
1990/91	PSV
1991/92	PSV
1992/93	Feyenoord
1993/94	AFC Ajax
1994/95	AFC Ajax
1995/96	AFC Ajax
1996/97	PSV
1997/98	AFC Ajax
1998/99	Feyenoord
1999/00	PSV
2000/01	PSV

Niederlande - Pokal

1898/99	AFC RAP
1899/00	Velocitas (Breda)
1900/01	HBS
1901/02	FC Haarlem [Haarlemsche FC]
1902/03	HVV
1903/04	HFC
1904/05	VOC
1905/06	Concordia
1906/07	VOC
1907/08	HBS
1908/09	Quick (Den Haag)
1909/10	Quick (Den Haag)
1910/11	Quick (Den Haag)
1911/12	FC Haarlem [Haarlemsche FC]
1912/13	HFC
1913/14	Dordrecht '90 [DFC]
1914/15	HFC
1915/16	Quick (Den Haag)
1916/17	AFC Ajax
1917/18	RCH
1918/19	*wurde nicht ausgetragen*
1919/20	CVV
1920/21	Schoten
1922-24	*wurde nicht ausgetragen*
1924/25	ZFC
1925/26	LONGA
1926/27	VUC
1927/28	RCH
1928/29	*wurde nicht ausgetragen*
1929/30	Feyenoord [Feijenoord]
1930/31	*wurde nicht ausgetragen*
1931/32	Dordrecht '90 [DFC]
1932/33	*wurde nicht ausgetragen*
1933/34	Velocitas (Groningen)
1934/35	Feyenoord [Feijenoord]
1935/36	Roermond FC
1936/37	Eindhoven
1937/38	VSV
1938/39	Wageningen
1940-42	*wurde nicht ausgetragen*
1942/43	AFC Ajax
1943/44	Willem II
1945-47	*wurde nicht ausgetragen*
1947/48	Wageningen
1948/49	Quick (Nijmegen)
1949/50	PSV
1951-56	*wurde nicht ausgetragen*
1956/57	Fortuna '54
1957/58	Sparta
1958/59	VVV
1959/60	*wurde nicht ausgetragen*
1960/61	AFC Ajax
1961/62	Sparta
1962/63	Willem II
1963/64	Fortuna '54
1964/65	Feyenoord [Feijenoord]
1965/66	Sparta
1966/67	AFC Ajax
1967/68	SV ADO
1968/69	Feyenoord [Feijenoord]
1969/70	AFC Ajax
1970/71	AFC Ajax
1971/72	AFC Ajax
1972/73	VAV NAC [SV NAC]
1973/74	PSV
1974/75	FC Den Haag
1975/76	PSV
1976/77	FC Twente
1977/78	AZ [AZ '67]
1978/79	AFC Ajax
1979/80	Feyenoord
1980/81	AZ [AZ '67]
1981/82	AZ [AZ '67]
1982/83	AFC Ajax
1983/84	Feyenoord
1984/85	FC Utrecht
1985/86	AFC Ajax
1986/87	AFC Ajax
1987/88	PSV
1988/89	PSV
1989/90	PSV
1990/91	Feyenoord
1991/92	Feyenoord
1992/93	AFC Ajax
1993/94	Feyenoord
1994/95	Feyenoord
1995/96	PSV
1996/97	SV Roda JC
1997/98	AFC Ajax
1998/99	SV Roda JC
1999/00	SV Roda JC
2000/01	FC Twente

Niederländische Antillen - Liga
1961 Sithoc FC
1962 Sithoc FC
1963-65 *Sieger unbekannt*
1966 Jong Colombia
1967 Didi
1968 Jong Colombia
1969 SUBT
1970 Estrellas
1971-76 *Sieger unbekannt*
1977 Jong Holland
1978-79 *Sieger unbekannt*
1980 SUBT
1981-84 *Sieger unbekannt*
1985 Juventus
1986 *Sieger unbekannt*
1987 UNDEBA
1988-96 *Sieger unbekannt*
1996/97 UNDEBA
1997 Jong Colombia
1998/99 Sithoc FC
2000 Jong Colombia

Niger - Liga
1966 Secteur 6
1967 Secteur 6
1968 Secteur 6
1969 Secteur 6
1970 Secteur 6
1971 ASFAN
1972 *wurde nicht ausgetragen*
1973 Secteur 7
1974 Olympique FC
1975 ASFAN
1976 Olympique FC
1977 Olympique FC
1978 Olympique FC
1979 *wurde nicht ausgetragen*
1980 AS Niamey
1981 AS Niamey
1982 AS Niamey
1983 Djangorzo
1984 Espoir Zindourma
1985 Zumunta AC
1986 Zumunta AC
1987 Sahel SC
1988 Zumunta AC
1989 Olympique FC
1990 Olympique FC
1991 Sahel SC
1992 Sahel SC
1993 Zumunta AC
1994 Olympique FC
1995 *wurde nicht ausgetragen*
1996 Sahel SC
1997/98 Olympique FC
1999 Olympique FC
2000 JS Ténéré

Niger - Pokal
1974 Sahel SC
1975 Liberté FC
1976 Liberté FC
1977 Zumunta AC
1978 Sahel SC
1979 Ader Club
1980 Espoir Zindourma
1981 Espoir Zindourma
1982-84 *wurde nicht ausgetragen*
1985 Sahel SC
1986 Sahel SC
1987 Sahel SC
1988 Liberté FC
1989 Olympique FC
1990 Liberté FC
1991 Olympique FC
1992 Sahel SC
1993 Sahel SC
1994 Zumunta AC
1995 ASFAN
1996 Sahel SC
1997 JS Ténéré
1998 JS Ténéré
1999 JS Ténéré
2000 JS Ténéré

Nigeria - Liga
1967 Stationery Stores
1968 *Sieger unbekannt*
1969 Stationery Stores
1970 Enugu Rangers
1971 3SC Shooting Stars [WNDC Ibadan]
1972 Mighty Jets
1973 Bendel Insurance
1974 Enugu Rangers
1975 Enugu Rangers
1976 3SC Shooting Stars [IICC Shooting Stars]
1977 Enugu Rangers
1978 Racca Rovers
1979 Bendel Insurance
1980 3SC Shooting Stars [IICC Shooting Stars]
1981 Enugu Rangers
1982 Enugu Rangers
1983 3SC Shooting Stars [IICC Shooting Stars]
1984 Enugu Rangers
1985 New Nigeria Bank
1986 Leventis United
1987 Iwuanyanwu Nationale
1988 Iwuanyanwu Nationale
1989 Iwuanyanwu Nationale
1990 Iwuanyanwu Nationale
1991 Julius Berger
1992 Stationery Stores
1993 Iwuanyanwu Nationale
1994 BCC Lions of Gboko
1995 3SC Shooting Stars
1996 Udoji United
1997 Eagle Cement
1998 3SC Shooting Stars
1999 Lobi Stars FC
2000 Julius Berger
2001 Enyimba FC

Nigeria - Pokal
1945 Marine
1946 Lagos Railways
1947 Marine
1948 Lagos Railways
1949 Lagos Railways
1950 GO Union Bank
1951 Lagos Railways
1952 Lagos PAN Bank
1953 Kano Pillars
1954 Calabar Rovers FC
1955 Port Harcourt
1956 Lagos Railways
1957 Lagos Railways
1958 Port Harcourt
1959 3SC Shooting Stars [Ibadan Lions]
1960 Lagos EDN
1961 3SC Shooting Stars [Ibadan Lions]
1962 Police
1963 Port Harcourt
1964 Lagos Railways
1965 Lagos EDN
1966 3SC Shooting Stars [Ibadan Lions]
1967 Stationery Stores
1968 Stationery Stores
1969 3SC Shooting Stars [Ibadan Lions]
1970 Lagos EDN
1971 3SC Shooting Stars [WNDC Ibadan]
1972 Bendel Insurance
1973 *Wettbewerb wurde nicht beendet*
1974 Enugu Rangers
1975 Enugu Rangers
1976 Enugu Rangers
1977 3SC Shooting Stars [IICC Shooting Stars]
1978 Bendel Insurance
1979 3SC Shooting Stars [IICC Shooting Stars]
1980 Bendel Insurance
1981 Enugu Rangers
1982 Stationery Stores
1983 Enugu Rangers
1984 Leventis United
1985 Abiola Babes
1986 Leventis United
1987 Abiola Babes
1988 Iwuanyanwu Nationale
1989 BCC Lions of Gboko
1990 Stationery Stores
1991 El-Kanemi Warriors
1992 El-Kanemi Warriors
1993 BCC Lions of Gboko
1994 BCC Lions of Gboko
1995 3SC Shooting Stars
1996 Julius Berger
1997 BCC Lions of Gboko
1998 Wikki Tourists
1999 Plateau United
2000 Niger Tornadoes

Nordirland - Liga (bis zur Saison 1920/21 gesamtirische)
1890/91 Linfield FC
1891/92 Linfield FC
1892/93 Linfield FC
1893/94 Glentoran FC
1894/95 Linfield FC
1895/96 Distillery FC
1896/97 Glentoran FC
1897/98 Linfield FC
1898/99 Distillery FC
1899/00 Celtic FC & AC
1900/01 Distillery FC
1901/02 Linfield FC
1902/03 Distillery FC
1903/04 Linfield FC
1904/05 Glentoran FC
1905/06 Cliftonville FC und Distillery FC
1906/07 Linfield FC
1907/08 Linfield FC
1908/09 Linfield FC
1909/10 Cliftonville FC
1910/11 Linfield FC
1911/12 Glentoran FC
1912/13 Glentoran FC
1913/14 Linfield FC
1915-18 *wurde nicht ausgetragen*
1918/19 Celtic FC & AC
1919/20 Celtic FC & AC
1920/21 Glentoran FC
1921/22 Linfield FC
1922/23 Linfield FC
1923/24 Queen's Island FC
1924/25 Glentoran FC
1925/26 Celtic FC & AC
1926/27 Celtic FC & AC
1927/28 Celtic FC & AC
1928/29 Celtic FC & AC
1929/30 Linfield FC
1930/31 Glentoran FC
1931/32 Linfield FC
1932/33 Celtic FC & AC
1933/34 Linfield FC
1934/35 Linfield FC
1935/36 Celtic FC & AC
1936/37 Celtic FC & AC
1937/38 Celtic FC & AC
1938/39 Celtic FC & AC
1939/40 Celtic FC & AC
1941-47 *wurde nicht ausgetragen*
1947/48 Celtic FC & AC
1948/49 Linfield FC
1949/50 Linfield FC
1950/51 Glentoran FC
1951/52 Glenavon FC
1952/53 Glentoran FC
1953/54 Linfield FC
1954/55 Linfield FC
1955/56 Linfield FC
1956/57 Glenavon FC
1957/58 Ards FC
1958/59 Linfield FC
1959/60 Glenavon FC
1960/61 Linfield FC
1961/62 Linfield FC
1962/63 Distillery FC
1963/64 Glentoran FC
1964/65 Derry City FC
1965/66 Linfield FC
1966/67 Glentoran FC
1967/68 Glentoran FC
1968/69 Linfield FC
1969/70 Glentoran FC
1970/71 Linfield FC
1971/72 Glentoran FC
1972/73 Crusaders FC
1973/74 Coleraine FC
1974/75 Linfield FC
1975/76 Crusaders FC
1976/77 Glentoran FC
1977/78 Linfield FC
1978/79 Linfield FC
1979/80 Linfield FC
1980/81 Glentoran FC
1981/82 Linfield FC
1982/83 Linfield FC
1983/84 Linfield FC
1984/85 Linfield FC
1985/86 Linfield FC
1986/87 Linfield FC
1987/88 Glentoran FC
1988/89 Linfield FC
1989/90 Portadown FC
1990/91 Portadown FC
1991/92 Glentoran FC
1992/93 Linfield FC
1993/94 Linfield FC
1994/95 Crusaders FC
1995/96 Portadown FC
1996/97 Crusaders FC
1997/98 Cliftonville FC
1998/99 Glentoran FC
1999/00 Linfield FC

Nordirland - Pokal (bis zur Saison 1920/21 gesamtirische)
1880/81 Moyola Park FC
1881/82 Queen's Island FC
1882/83 Cliftonville FC
1883/84 Distillery FC
1884/85 Distillery FC
1885/86 Distillery FC
1886/87 Ulster FC
1887/88 Cliftonville FC
1888/89 Distillery FC
1889/90 Gordon Highlanders
1890/91 Linfield FC
1891/92 Linfield FC
1892/93 Linfield FC
1893/94 Distillery FC
1894/95 Linfield FC
1895/96 Distillery FC
1896/97 Cliftonville FC
1897/98 Linfield FC
1898/99 Linfield FC
1899/00 Cliftonville FC
1900/01 Cliftonville FC
1901/02 Linfield FC
1902/03 Distillery FC
1903/04 Linfield FC
1904/05 Distillery FC
1905/06 Shelbourne FC
1906/07 Cliftonville FC
1907/08 Bohemians FC
1908/09 Cliftonville FC
1909/10 Distillery FC
1910/11 Shelbourne FC
1911/12 Linfield FC
1912/13 Linfield FC
1913/14 Glentoran FC
1914/15 Linfield FC
1915/16 Linfield FC
1916/17 Glentoran FC
1917/18 Celtic FC & AC
1918/19 Linfield FC
1919/20 Shelbourne FC
1920/21 Glentoran FC
1921/22 Linfield FC
1922/23 Linfield FC
1923/24 Queen's Island FC
1924/25 Distillery FC
1925/26 Celtic FC & AC
1926/27 Ards FC
1927/28 Willowfield FC
1928/29 Ballymena United FC
1929/30 Linfield FC
1930/31 Linfield FC
1931/32 Glentoran FC
1932/33 Glentoran FC
1933/34 Linfield FC
1934/35 Glentoran FC
1935/36 Linfield FC
1936/37 Celtic FC & AC
1937/38 Celtic FC & AC
1938/39 Linfield FC
1939/40 Ballymena United FC
1940/41 Celtic FC & AC
1941/42 Linfield FC
1942/43 Celtic FC & AC
1943/44 Celtic FC & AC
1944/45 Linfield FC
1945/46 Linfield FC
1946/47 Celtic FC & AC
1947/48 Linfield FC
1948/49 Derry City FC
1949/50 Linfield FC
1950/51 Glentoran FC
1951/52 Ards FC
1952/53 Linfield FC
1953/54 Derry City FC
1954/55 Dundela FC
1955/56 Distillery FC
1956/57 Glenavon FC
1957/58 Ballymena United FC
1958/59 Glenavon FC
1959/60 Linfield FC
1960/61 Glenavon FC
1961/62 Linfield FC
1962/63 Linfield FC
1963/64 Derry City FC
1964/65 Coleraine FC
1965/66 Glentoran FC
1966/67 Crusaders FC
1967/68 Crusaders FC
1968/69 Ards FC
1969/70 Linfield FC
1970/71 Distillery FC
1971/72 Coleraine FC
1972/73 Glentoran FC
1973/74 Ards FC
1974/75 Coleraine FC
1975/76 Carrick Rangers FC
1976/77 Coleraine FC
1977/78 Linfield FC
1978/79 Cliftonville FC
1979/80 Linfield FC
1980/81 Ballymena United FC
1981/82 Linfield FC
1982/83 Glentoran FC
1983/84 Ballymena United FC
1984/85 Glentoran FC
1985/86 Glentoran FC
1986/87 Glentoran FC
1987/88 Glentoran FC
1988/89 Ballymena United FC
1989/90 Glentoran FC
1990/91 Portadown FC
1991/92 Glenavon FC
1992/93 Bangor FC
1993/94 Linfield FC
1994/95 Linfield FC
1995/96 Glentoran FC
1996/97 Glenavon FC
1997/98 Glentoran FC
1998/99 Portadown FC
1999/00 Glentoran FC
2000/01 Glentoran FC

Nordjemen (hist.) - Liga
1978/79 al-Wahda (San'a)
1979/80 al-Zohra
1980/81 al-Ahli (San'a)
1981/82 al-Sha'ab (San'a)
1982/83 al-Ahli (San'a)
1983/84 al-Ahli (San'a)
1984/85 *Sieger unbekannt*
1985/86 al-Shorta (San'a)
1986/87 *Sieger unbekannt*
1987/88 al-Ahli (San'a)
1988/89 al-Yarmuk
1989/90 al-Yarmuk

Nordkorea - Liga
1985 April 25
1986 April 25
1987 April 25
1988 April 25
1989 Chadongcha
1990 April 25
1991 Pyongyang Club
1992-94 *Sieger unbekannt*
1995 April 25
1996 Locomotive

Nordzyprischen Türkischen Republik - Liga
1955/56 Dogan Türk Birligi
1956/57 Dogan Türk Birligi
1957/58 Çetinkaya TSC
1958/59 Dogan Türk Birligi
1959/60 Çetinkaya TSC
1960/61 Çetinkaya TSC
1961/62 Çetinkaya TSC
1962/63 Kucuk Kaymakli
1963/64 *Wettbewerb wurde nicht beendet*
1965-68 *wurde nicht ausgetragen*
1968/69 Magusa Türk Gücü
1969/70 Çetinkaya TSC
1970/71 Yenicami
1971/72 Gönyeli
1972/73 Yenicami
1973/74 Yenicami
1974/75 *wurde nicht ausgetragen*
1975/76 Yenicami
1976/77 Magusa Türk Gücü
1977/78 Gönyeli
1978/79 Magusa Türk Gücü
1979/80 Magusa Türk Gücü
1980/81 Gönyeli
1981/82 Magusa Türk Gücü
1982/83 Magusa Türk Gücü
1983/84 Yenicami
1984/85 Kucuk Kaymakli
1985/86 Kucuk Kaymakli
1986/87 Baf Ülkü Yurdu
1987/88 Baf Ülkü Yurdu
1988/89 Baf 766lkü Yurdu
1989/90 Baf Ülkü Yurdu
1990/91 Dogan Türk Birligi
1991/92 Dogan Türk Birligi
1992/93 Gönyeli
1993/94 Dogan Türk Birligi
1994/95 Gönyeli
1995/96 Akincilar
1996/97 Çetinkaya TSC
1997/98 Çetinkaya TSC
1998/99 Gönyeli
1999/00 Çetinkaya TSC
2000/01 Gönyeli

Nordzyprischen Türkischen Republik - Pokal
1956 Çetinkaya TSC
1957 Çetinkaya TSC
1958 Çetinkaya TSC
1959 Çetinkaya TSC
1960 Çetinkaya TSC
1961 Magusa Türk Gücü
1962 Yenicami
1963 Çetinkaya TSC
1964 *Wettbewerb wurde nicht beendet*
1965-68 *wurde nicht ausgetragen*
1969 Çetinkaya TSC
1970 Çetinkaya TSC
1971 Gönyeli
1972 Lefke
1973 Yenicami
1974 Yenicami
1975 *wurde nicht ausgetragen*
1976 Çetinkaya TSC
1977 Magusa Türk Gücü
1978 Dogan Türk Birligi
1979 Magusa Türk Gücü
1980 Kucuk Kaymakli
1981 Yenicami
1982 Türk Ocagi
1983 Magusa Türk Gücü
1984 Türk Ocagi
1985 Gönyeli
1986 Magusa Türk Gücü
1987 Magusa Türk Gücü
1988 Kucuk Kaymakli
1989 Yenicami
1990 Dogan Türk Birligi
1991 Çetinkaya TSC
1992 Çetinkaya TSC
1993 Çetinkaya TSC
1994 Yalova
1995 Gönyeli
1996 Çetinkaya TSC
1997 Kucuk Kaymakli
1998 Gönyeli
1999 Çetinkaya TSC
2000 Gönyeli

Norwegen - Liga
1937/38 Fredrikstads FK
1938/39 Fredrikstads FK
1940-47 *wurde nicht ausgetragen*
1947/48 Freidrig SK
1948/49 Fredrikstads FK
1949/50 Fram IF
1950/51 Fredrikstads FK
1951/52 Fredrikstads FK
1952/53 Larvik Turn IF
1953/54 Fredrikstads FK
1954/55 Larvik Turn IF
1955/56 Larvik Turn IF
1956/57 Fredrikstads FK
1957/58 Viking FK [IL Viking]
1958/59 Lillestrøm SK
1959/60 Fredrikstads FK
1960/61 Fredrikstads FK
1961/62 SK Brann
1963 SK Brann
1964 FK Lyn [SFK Lyn]
1965 Vålerenga IF Fotball [Vålerengens IF]
1966 FK Skeid
1967 Rosenborg BK
1968 FK Lyn [SFK Lyn]
1969 Rosenborg BK
1970 Strømsgodset IF
1971 Rosenborg BK
1972 Viking FK [IL Viking]
1973 Viking FK [IL Viking]
1974 Viking FK [IL Viking]
1975 Viking FK [IL Viking]
1976 Lillestrøm SK
1977 Lillestrøm SK
1978 IK Start
1979 Viking FK [IL Viking]
1980 IK Start
1981 Vålerenga IF Fotball [Vålerengens IF]
1982 Viking FK [IL Viking]
1983 Vålerenga IF Fotball [Vålerengens IF]
1984 Vålerenga IF Fotball [Vålerengens IF]
1985 Rosenborg BK
1986 Lillestrøm SK
1987 Moss FK
1988 Rosenborg BK
1989 Lillestrøm SK
1990 Rosenborg BK
1991 Viking FK
1992 Rosenborg BK
1993 Rosenborg BK
1994 Rosenborg BK
1995 Rosenborg BK
1996 Rosenborg BK
1997 Rosenborg BK
1998 Rosenborg BK
1999 Rosenborg BK
2000 Rosenborg BK

Norwegen - Pokal
1902 Grane Nordstrand
1903 Odds BK Grenland [Odds BK]
1904 Odds BK Grenland [Odds BK]
1905 Odds BK Grenland [Odds BK]
1906 Odds BK Grenland [Odds BK]
1907 Mercantile SFK
1908 FK Lyn [SFK Lyn]
1909 FK Lyn [SFK Lyn]
1910 FK Lyn [SFK Lyn]
1911 FK Lyn [SFK Lyn]
1912 Mercantile SFK
1913 Odds BK Grenland [Odds BK]
1914 Frigg FK [Frigg SK]
1915 Odds BK Grenland [Odds BK]
1916 Frigg FK [Frigg SK]
1917 Sarpsborg FK
1918 Kvik Halden
1919 Odds BK Grenland [Odds BK]
1920 Ørn FK
1921 Frigg FK [Frigg SK]
1922 Odds BK Grenland [Odds BK]
1923 SK Brann
1924 Odds BK Grenland [Odds BK]
1925 SK Brann
1926 Odds BK Grenland [Odds BK]
1927 Ørn FK
1928 Ørn FK
1929 Sarpsborg FK
1930 Ørn FK
1931 Odds BK Grenland [Odds BK]
1932 Fredrikstads FK
1933 Mjøndalen IF
1934 Mjøndalen IF
1935 Fredrikstads FK
1936 Fredrikstads FK
1937 Mjøndalen IF
1938 Fredrikstads FK
1939 Sarpsborg FK
1940 Fredrikstads FK
1941-44 *wurde nicht ausgetragen*
1945 FK Lyn [SFK Lyn]
1946 FK Lyn [SFK Lyn]
1947 FK Skeid
1948 Sarpsborg FK
1949 Sarpsborg FK
1950 Fredrikstads FK
1951 Sarpsborg FK
1952 IL Sparta
1953 Viking FK [IL Viking]
1954 FK Skeid
1955 FK Skeid
1956 FK Skeid
1957 Fredrikstads FK
1958 FK Skeid
1959 Viking FK [IL Viking]
1960 Rosenborg BK
1961 Fredrikstads FK
1962 Gjøvik/Lyn
1963 FK Skeid
1964 Rosenborg BK
1965 FK Skeid
1966 Fredrikstads FK
1967 FK Lyn [SFK Lyn]
1968 FK Lyn [SFK Lyn]
1969 Strømsgodset IF
1970 Strømsgodset IF
1971 Rosenborg BK
1972 SK Brann
1973 Strømsgodset IF
1974 FK Skeid
1975 FK Bodø/Glimt
1976 SK Brann
1977 Lillestrøm SK
1978 Lillestrøm SK
1979 Viking FK [IL Viking]
1980 Vålerenga IF Fotball [Vålerengens IF]
1981 Lillestrøm SK
1982 SK Brann
1983 Moss FK
1984 Fredrikstads FK
1985 Lillestrøm SK
1986 Tromsø IL
1987 Bryne FK [Bryne IL]
1988 Rosenborg BK
1989 Viking FK
1990 Rosenborg BK
1991 Strømsgodset IF
1992 Rosenborg BK
1993 FK Bodø/Glimt
1994 Molde FK
1995 Rosenborg BK
1996 Tromsø IL
1997 Vålerenga IF Fotball [Vålerengens IF]
1998 Stabæk IF
1999 Rosenborg BK
2000 Odds BK Grenland

Oman - Liga
1976/77 Fanja
1977/78 Rowi
1978/79 Fanja
1979/80 al-Nasr
1980/81 al-Nasr
1981/82 al-Ahli
1982/83 Zofar
1983/84 Fanja
1984/85 Zofar
1985/86 Fanja
1986/87 Fanja
1987/88 Fanja
1988/89 al-Nasr
1989/90 Zofar
1990/91 Fanja
1991/92 Zofar
1992/93 Zofar
1993/94 Zofar
1994/95 Sur
1995/96 Sur
1996/97 Omani Club
1997/98 al-Nasr
1998/99 Zofar
1999/00 al-Uruba
2000/01 Zofar

Oman - Pokal
1971/72 al-Ahli
1972/73 Sur
1973/74 al-Tali'aa
1974/75 Fanja
1975/76 Fanja
1976/77 Zofar
1977/78 Fanja
1978/79 Omani Club
1979/80 Zofar
1980/81 Zofar
1981/82 al-Ahli
1982/83 al-Ahli
1983/84 al-Ahli
1984/85 Fanja
1985/86 Fanja
1986/87 Fanja
1987/88 al-Ahli
1988/89 Fanja
1989/90 Zofar
1990/91 Fanja
1991/92 Sur
1992/93 al-Uruba
1993/94 Omani Club
1994/95 al-Nasr
1995/96 Seeb
1996/97 Seeb
1997/98 Seeb
1998/99 Zofar
1999/00 al-Nasr

Österreich - Liga
1911/12 SK Rapid Wien
1912/13 SK Rapid Wien
1913/14 Wiener AF
1915 Wiener AC
1915/16 SK Rapid Wien
1916/17 SK Rapid Wien
1917/18 Floridsdorfer AC
1918/19 SK Rapid Wien
1919/20 SK Rapid Wien
1920/21 SK Rapid Wien
1921/22 Wiener SC
1922/23 SK Rapid Wien
1923/24 FK Austria Memphis Magna [Wiener Amateur SV]
1924/25 SC Hakoah Wien
1925/26 FK Austria Memphis Magna [Wiener Amateur SV]
1926/27 ESV Admira-NÖ Energie Wien [SK Admira Wien]
1927/28 ESV Admira-NÖ Energie Wien [SK Admira Wien]
1928/29 SK Rapid Wien
1929/30 SK Rapid Wien
1930/31 First Vienna FC
1931/32 ESV Admira-NÖ Energie Wien [SK Admira Wien]
1932/33 First Vienna FC
1933/34 ESV Admira-NÖ Energie Wien [SK Admira Wien]
1934/35 SK Rapid Wien
1935/36 ESV Admira-NÖ Energie Wien [SK Admira Wien]
1936/37 ESV Admira-NÖ Energie Wien [SK Admira Wien]
1937/38 SK Rapid Wien
1938/39 ESV Admira-NÖ Energie Wien [SK Admira Wien]
1939/40 SK Rapid Wien
1940/41 SK Rapid Wien
1941/42 First Vienna FC [FC Vienna]
1942/43 First Vienna FC [FC Vienna]
1943/44 First Vienna FC [FC Vienna]
1944/45 *wettbewerb wurde annulliert*
1945/46 SK Rapid Wien
1946/47 SC Wacker Wien
1947/48 SK Rapid Wien
1948/49 FK Austria Memphis Magna [FK Austria Wien]
1949/50 FK Austria Memphis Magna [FK Austria Wien]
1950/51 SK Rapid Wien
1951/52 SK Rapid Wien
1952/53 FK Austria Memphis Magna [FK Austria Wien]
1953/54 SK Rapid Wien
1954/55 First Vienna FC
1955/56 SK Rapid Wien
1956/57 SK Rapid Wien
1957/58 Wiener SC
1958/59 Wiener SC
1959/60 SK Rapid Wien
1960/61 FK Austria Memphis Magna [FK Austria Wien]
1961/62 FK Austria Memphis Magna [FK Austria Wien]
1962/63 FK Austria Memphis Magna [FK Austria Wien]
1963/64 SK Rapid Wien
1964/65 LASK Linz [Linzer ASK]
1965/66 ESV Admira-NÖ Energie Wien
1966/67 SK Rapid Wien
1967/68 SK Rapid Wien
1968/69 FK Austria Memphis Magna [FK Austria Wien]
1969/70 FK Austria Memphis Magna [FK Austria-WAC]
1970/71 FC Tirol Milch Innsbruck [SWW Innsbruck]
1971/72 FC Tirol Milch Innsbruck [SWW Innsbruck]
1972/73 FC Tirol Milch Innsbruck [SWW Innsbruck]
1973/74 FC Linz [SK VÖEST Linz]
1974/75 FC Tirol Milch Innsbruck [SWW Innsbruck]
1975/76 FK Austria Memphis Magna [FK Austria-WAC Elementar]
1976/77 FC Tirol Milch Innsbruck [SWW Innsbruck]

1977/78 FK Austria Memphis Magna [FK Austria-Memphis Wien]
1978/79 FK Austria Memphis Magna [FK Austria-Memphis Wien]
1979/80 FK Austria Memphis Magna [FK Austria-Memphis Wien]
1980/81 FK Austria Memphis Magna [FK Austria-Memphis Wien]
1981/82 SK Rapid Wien
1982/83 SK Rapid Wien
1983/84 FK Austria Memphis Magna [FK Austria-Memphis Wien]
1984/85 FK Austria Memphis Magna [FK Austria-Memphis Wien]
1985/86 FK Austria Memphis Magna [FK Austria-Memphis Wien]
1986/87 SK Rapid Wien
1987/88 SK Rapid Wien
1988/89 FC Tirol Milch Innsbruck [FC Swarovski Tirol Innsbruck]
1989/90 FC Tirol Milch Innsbruck [FC Swarovski Tirol Innsbruck]
1990/91 FK Austria Memphis Magna [FK Austria-Memphis Wien]
1991/92 FK Austria Memphis Magna [FK Austria-Memphis Wien]
1992/93 FK Austria Memphis Magna [FK Austria-Memphis Wien]
1993/94 SV Wüstenrot Salzburg [SV Casino Salzburg]
1994/95 SV Wüstenrot Salzburg [SV Casino Salzburg]
1995/96 SK Rapid Wien
1996/97 SV Wüstenrot Salzburg [SV Casino Salzburg]
1997/98 SK Puntigamer Sturm Graz
1998/99 SK Puntigamer Sturm Graz
1999/00 FC Tirol Milch Innsbruck
2000/01 FC Tirol Milch Innsbruck

Österreich - Pokal
1918/19 SK Rapid Wien
1919/20 SK Rapid Wien
1920/21 FK Austria Memphis Magna [Wiener Amateur SV]
1921/22 Wiener AF
1922/23 Wiener SC
1923/24 FK Austria Memphis Magna [Wiener Amateur SV]
1924/25 FK Austria Memphis Magna [Wiener Amateur SV]
1925/26 FK Austria Memphis Magna [Wiener Amateur SV]
1926/27 SK Rapid Wien
1927/28 ESV Admira-NÖ Energie Wien [SK Admira Wien]
1928/29 First Vienna FC
1929/30 First Vienna FC
1930/31 Wiener AC
1931/32 ESV Admira-NÖ Energie Wien [SK Admira Wien]
1932/33 FK Austria Memphis Magna [FK Austria Wien]
1933/34 ESV Admira-NÖ Energie Wien [SK Admira Wien]
1934/35 FK Austria Memphis Magna [FK Austria Wien]
1935/36 FK Austria Memphis Magna [FK Austria Wien]
1936/37 First Vienna FC
1937/38 Wiener AC [Wiener AC Schwarz-Rot]
1939-45 *wurde nicht ausgetragen*
1945/46 SK Rapid Wien
1946/47 SC Wacker Wien
1947/48 FK Austria Memphis Magna [FK Austria Wien]
1948/49 FK Austria Memphis Magna [FK Austria Wien]
1950-58 *wurde nicht ausgetragen*
1958/59 Wiener AC
1959/60 FK Austria Memphis Magna [FK Austria Wien]
1960/61 SK Rapid Wien
1961/62 FK Austria Memphis Magna [FK Austria Wien]
1962/63 FK Austria Memphis Magna [FK Austria Wien]
1963/64 ESV Admira-NÖ Energie Wien
1964/65 LASK Linz [Linzer ASK]
1965/66 ESV Admira-NÖ Energie Wien
1966/67 FK Austria Memphis Magna [FK Austria Wien]
1967/68 SK Rapid Wien
1968/69 SK Rapid Wien
1969/70 FC Tirol Milch Innsbruck [FC Wacker Innsbruck]
1970/71 FK Austria Memphis Magna [FK Austria-WAC]
1971/72 SK Rapid Wien
1972/73 FC Tirol Milch Innsbruck [SWW Innsbruck]
1973/74 FK Austria Memphis Magna [FK Austria-WAC Elementar]
1974/75 FC Tirol Milch Innsbruck [SWW Innsbruck]
1975/76 SK Rapid Wien
1976/77 FK Austria Memphis Magna [FK Austria-Memphis Wien]
1977/78 FC Tirol Milch Innsbruck [SWW Innsbruck]
1978/79 FC Tirol Milch Innsbruck [SWW Innsbruck]
1979/80 FK Austria Memphis Magna [FK Austria-Memphis Wien]
1980/81 Liebherr GAK [Grazer AK]
1981/82 FK Austria Memphis Magna [FK Austria-Memphis Wien]
1982/83 SK Rapid Wien
1983/84 SK Rapid Wien
1984/85 SK Rapid Wien
1985/86 FK Austria Memphis Magna [FK Austria-Memphis Wien]
1986/87 SK Rapid Wien
1987/88 Kremser SC [Kremser SC Sparkasse]
1988/89 FC Tirol Milch Innsbruck [FC Swarovski Tirol Innsbruck]
1989/90 FK Austria Memphis Magna [FK Austria-Memphis Wien]
1990/91 SV Stockerau
1991/92 FK Austria Memphis Magna [FK Austria-Memphis Wien]
1992/93 FC Tirol Milch Innsbruck [FC Wacker Innsbruck]
1993/94 FK Austria Memphis Magna [FK Austria-Memphis Wien]
1994/95 SK Rapid Wien
1995/96 SK Puntigamer Sturm Graz [SK Stabil Fenser Sturm]
1996/97 SK Puntigamer Sturm Graz
1997/98 SV Josko Ried
1998/99 SK Puntigamer Sturm Graz
1999/00 Liebherr GAK
2000/01 FC Kärnten

Pakistan - Liga
1948 Karachi Red
1949 *wurde nicht ausgetragen*
1950 Baluchistan
1951 *wurde nicht ausgetragen*
1952 Punjab
1953 Punjab
1954 Punjab
1955 Punjab
1956 Baluchistan
1957 Punjab
1958 Punjab Blue
1959 Baluchistan
1960 Dacca
1961 Dacca
1962 Dacca
1963 Karachi
1964 Karachi
1965 *wurde nicht ausgetragen*
1966 Karachi
1967 *wurde nicht ausgetragen*
1968 Peshawar
1969 Pakistan Railways
1970 Chittagong
1971 PIA
1972 PIA
1973 Karachi Yellow
1974 PIA
1975 Sindh Reds
1976 PIA
1977 *wurde nicht ausgetragen*
1978 PIA
1979 Karachi Red
1980 Karachi Red
1981 PIA
1982 HBL
1983 WAPDA
1984 Pakistan Railways
1985 Quetta
1986 PAF
1987 Crescent Textile Mills
1988 Punjab Reds
1989 Punjab Reds
1990 Punjab Reds
1991 WAPDA
1992 WAPDA
1993 Defence Lahore
1994 Pakistan Army
1995 Crescent Textile Mills
1996 Pakistan Army
1997 ABL
1998 PIA
1999 ABL
2000 ABL

Palästina - Liga (Gaza)
1997 Shabab al-Amaari

Palästina - Pokal (Gaza)
1997 Rafah SC

Panama - Liga
1988 CD Plaza Amador
1989 Tauro FC
1990 CD Plaza Amador
1991 Tauro FC
1992 CD Plaza Amador
1993 AFC Euro Kickers
1994 San Francisco FC
1995 San Francisco FC
1995/96 San Francisco FC
1996/97 Tauro FC
1997/98 Tauro FC
1998/99 Deportivo Árabe Unido
1999/00 Tauro FC
2000/01 Panamá Viejo FC

Papua-Neuguinea - Liga
1976 Mopi
1977 GFC
1978 Tarangau
1979 Tarangau
1980 *wurde nicht ausgetragen*
1981 Mopi
1982 Buresong
1983 *wurde nicht ausgetragen*
1984 Buresong
1985 Mopi
1986-87 *Sieger unbekannt*
1988 Rapatona
1989-91 *Sieger unbekannt*
1992 ICF University
1993-94 *Sieger unbekannt*
1995 ICF University
1996 ICF University
1997 ICF University
1998 ICF University
1999 Guria
2000 Unitech FC

Paraguay - Liga
1906 Guaraní (Asunción)
1907 Guaraní (Asunción)
1908 *Titel nicht vergeben*
1909 Nacional
1910 Libertad
1911 Nacional
1912 Olimpia
1913 Cerro Porteño (Asunción)
1914 Olimpia
1915 Cerro Porteño (Asunción)
1916 Olimpia
1917 Libertad
1918 Cerro Porteño (Asunción)
1919 Cerro Porteño (Asunción)
1920 Libertad
1921 Guaraní (Asunción)
1922 *Titel nicht vergeben*
1923 Guaraní (Asunción)
1924 Nacional
1925 Olimpia
1926 Nacional
1927 Olimpia
1928 Olimpia
1929 Olimpia
1930 Libertad
1931 Olimpia
1932-34 *Titel nicht vergeben*
1935 Cerro Porteño (Asunción)
1936 Olimpia
1937 Olimpia
1938 Olimpia
1939 Cerro Porteño (Asunción)
1940 Cerro Porteño (Asunción)
1941 Cerro Porteño (Asunción)
1942 Nacional
1943 Libertad
1944 Cerro Porteño (Asunción)
1945 Libertad
1946 Nacional
1947 Olimpia
1948 Olimpia
1949 Guaraní (Asunción)
1950 Cerro Porteño (Asunción)
1951 Sportivo Luqueño
1952 Presidente Hayes
1953 Sportivo Luqueño
1954 Cerro Porteño (Asunción)
1955 Libertad
1956 Olimpia
1957 Olimpia
1958 Olimpia
1959 Olimpia
1960 Olimpia
1961 Cerro Porteño (Asunción)
1962 Olimpia
1963 Cerro Porteño (Asunción)
1964 Guaraní (Asunción)
1965 Olimpia
1966 Cerro Porteño (Asunción)
1967 Guaraní (Asunción)
1968 Olimpia
1969 Guaraní (Asunción)
1970 Cerro Porteño (Asunción)
1971 Olimpia
1972 Cerro Porteño (Asunción)
1973 Cerro Porteño (Asunción)
1974 Cerro Porteño (Asunción)
1975 Olimpia
1976 Libertad
1977 Cerro Porteño (Asunción)
1978 Olimpia
1979 Olimpia
1980 Olimpia
1981 Olimpia
1982 Olimpia
1983 Olimpia
1984 Guaraní (Asunción)
1985 Olimpia
1986 Sol de América
1987 Cerro Porteño (Asunción)
1988 Olimpia
1989 Olimpia
1990 Cerro Porteño (Asunción)
1991 Sol de América
1992 Cerro Porteño (Asunción)
1993 Olimpia
1994 Cerro Porteño (Asunción)
1995 Olimpia
1996 Cerro Porteño (Asunción)
1997 Olimpia
1998 Olimpia
1999 Olimpia
2000 Olimpia

Peru - Liga
1912 Lima Cricket
1913 Jorge Chávez
1914 Lima Cricket
1915 José Gálvez
1916 José Gálvez
1917 Juan Bielovucic
1918 Alianza Lima [Sport Alianza Lima]
1919 Alianza Lima [Sport Alianza Lima]
1920 Sport Inca
1921 Sport Progreso
1922-25 *wurde nicht ausgetragen*
1926 Sport Progreso
1927 Alianza Lima
1928 Alianza Lima
1929 Universitario de Deportes
1930 Atlético Chalaco
1931 Alianza Lima
1932 Alianza Lima
1933 Alianza Lima
1934 Universitario de Deportes
1935 Sport Boys
1936 *wurde nicht ausgetragen*
1937 Sport Boys
1938 Deportivo Municipal
1939 Universitario de Deportes
1940 Deportivo Municipal
1941 Universitario de Deportes
1942 Sport Boys
1943 Deportivo Municipal
1944 Mariscal Sucre
1945 Universitario de Deportes
1946 Universitario de Deportes
1947 Atlético Chalaco
1948 Alianza Lima
1949 Universitario de Deportes
1950 Deportivo Municipal
1951 Sport Boys
1952 Alianza Lima
1953 Mariscal Sucre
1954 Alianza Lima
1955 Alianza Lima
1956 Sporting Cristal
1957 Centro Iqueño
1958 Sport Boys
1959 Universitario de Deportes
1960 Universitario de Deportes
1961 Sporting Cristal
1962 Alianza Lima
1963 Alianza Lima
1964 Universitario de Deportes
1965 Alianza Lima
1966 Universitario de Deportes
1967 Universitario de Deportes
1968 Sporting Cristal
1969 Universitario de Deportes
1970 Sporting Cristal
1971 Universitario de Deportes
1972 Sporting Cristal
1973 CA Defensor Lima
1974 Universitario de Deportes
1975 Alianza Lima
1976 Unión Huaral
1977 Alianza Lima
1978 Alianza Lima
1979 Sporting Cristal
1980 Sporting Cristal
1981 Melgar FBC
1982 Universitario de Deportes
1983 Sporting Cristal
1984 Sport Boys
1985 Universitario de Deportes
1986 Colegio San Agustín
1987 Universitario de Deportes
1988 Sporting Cristal
1989 Unión Huaral
1990 Universitario de Deportes
1991 Sporting Cristal
1992 Universitario de Deportes
1993 Universitario de Deportes
1994 Sporting Cristal
1995 Sporting Cristal
1996 Sporting Cristal
1997 Alianza Lima
1998 Universitario de Deportes
1999 Universitario de Deportes
2000 Universitario de Deportes

Philippinen - Liga
1911 All Manila
1912 Bohemian Club
1913 Bohemian Club
1914 Nomads SC
1915-97 *Sieger unbekannt*
1998 NCR South
1999 NCR-B
2000 NCR South

Philippinen - Liga von Manila
1967 Manila Lions FC
1968-81 *Sieger unbekannt*
1982 Navy
1983 Air Force Hawks [Air Force FC]
1984 San Miguel Corporation
1985 *Sieger unbekannt*
1986 Air Force Hawks [Air Force FC]
1987-88 *Sieger unbekannt*
1989 Air Force Hawks [Air Force FC]
1990-93 *Sieger unbekannt*
1994 Pasay City
1995 Makati
1996 *Sieger unbekannt*
1997 Air Force Hawks

Philippinen - Pokal
1991 NCR FA

Polen - Liga
1921 KS Cracovia Kraków
1922 KS Pogoń Lwów
1923 KS Pogoń Lwów
1924 *wurde nicht ausgetragen*
1925 KS Pogoń Lwów
1926 KS Pogoń Lwów
1927 TS Wisła Kraków
1928 TS Wisła Kraków
1929 KS Warta Poznań
1930 KS Cracovia Kraków
1931 KS Garbarnia Kraków
1932 KS Cracovia Kraków
1933 KS Ruch Chorzów [KS Ruch Wielki Hajduki Chorzów]
1934 KS Ruch Chorzów [KS Ruch Wielki Hajduki Chorzów]
1935 KS Ruch Chorzów [KS Ruch Wielki Hajduki Chorzów]
1936 KS Ruch Chorzów [KS Ruch Wielki Hajduki Chorzów]
1937 KS Cracovia Kraków
1938 KS Ruch Chorzów [KS Ruch Wielki Hajduki Chorzów]
1939 *Wettbewerb wurde nicht beendet*
1940-45 *wurde nicht ausgetragen*
1946 KP Polonia Warszawa [KKS Polonia Warszawa]
1947 KS Warta Poznań
1948 KS Cracovia Kraków
1949 TS Wisła Kraków [KS Gwardia Kraków]
1950 TS Wisła Kraków [KS Gwardia Kraków]
1951 TS Wisła Kraków [KS Gwardia Kraków]
1952 KS Ruch Chorzów [KS Unia Chorzów]
1953 KS Ruch Chorzów [KS Unia Chorzów]
1954 KS Polonia Bytom [KS Ogniwo Bytom]
1955 Legia-Daewoo Warszawa [CWKS Warszawa]
1956 Legia-Daewoo Warszawa [CWKS Warszawa]
1957 KS Górnik Zabrze
1958 ŁKS-Ptak Łódź [ŁKS]
1959 KS Górnik Zabrze
1960 KS Ruch Chorzów
1961 KS Górnik Zabrze
1962 KS Polonia Bytom
1962/63 KS Górnik Zabrze
1963/64 KS Górnik Zabrze
1964/65 KS Górnik Zabrze
1965/66 KS Górnik Zabrze
1966/67 KS Górnik Zabrze
1967/68 KS Ruch Chorzów
1968/69 Legia-Daewoo Warszawa [CWKS Legia Warszawa]
1969/70 Legia-Daewoo Warszawa [CWKS Legia Warszawa]
1970/71 KS Górnik Zabrze
1971/72 KS Górnik Zabrze
1972/73 Mielecki KP Stal [FKS Stal Mielec]
1973/74 KS Ruch Chorzów
1974/75 KS Ruch Chorzów
1975/76 Mielecki KP Stal [FKS Stal Mielec]
1976/77 WKS Śląsk Wrocław [Wojskowy KS Śląsk Wrocław]
1977/78 TS Wisła Kraków [GTS Wisła Kraków]
1978/79 KS Ruch Chorzów
1979/80 GKS Szombierki Bytom
1980/81 RTS Widzew Łódź
1981/82 RTS Widzew Łódź
1982/83 WKP Lech Poznań [KKS Lech Poznań]
1983/84 WKP Lech Poznań [KKS Lech Poznań]
1984/85 KS Górnik Zabrze
1985/86 KS Górnik Zabrze
1986/87 KS Górnik Zabrze
1987/88 KS Górnik Zabrze
1988/89 KS Ruch Chorzów
1989/90 WKP Lech Poznań [KKS Lech Poznań]
1990/91 MKS Zagłębie Lubin
1991/92 WKP Lech Poznań [KKS Lech Poznań]
1992/93 WKP Lech Poznań [KKS Lech Poznań]
1993/94 Legia-Daewoo Warszawa [WWKS Legia Warszawa]
1994/95 Legia-Daewoo Warszawa [WWKS Legia Warszawa]
1995/96 RTS Widzew Łódź
1996/97 RTS Widzew Łódź
1997/98 ŁKS-Ptak Łódź [ŁKS]
1998/99 TS Wisła Kraków
1999/00 KP Polonia Warszawa
2000/01 TS Wisła Kraków

Polen - Pokal
1926 TS Wisła Kraków
1927-38 *wurde nicht ausgetragen*
1939 *Wettbewerb wurde nicht beendet*
1940-50 *wurde nicht ausgetragen*
1951 KS Ruch Chorzów [KS Unia Chorzów]
1952 KP Polonia Warszawa [KS Kolejarz Warszawa]
1953 *wurde nicht ausgetragen*
1954 KS Gwardia Warszawa
1955 Legia-Daewoo Warszawa [CWKS Warszawa]
1956 Legia-Daewoo Warszawa [CWKS Warszawa]
1957 ŁKS-Ptak Łódź [ŁKS]
1958-61 *wurde nicht ausgetragen*
1962 GKS Zagłębie Sosnowiec [KS Stal Sosnowiec]
1962/63 GKS Zagłębie Sosnowiec [KS Stal Sosnowiec]
1963/64 Legia-Daewoo Warszawa [CWKS Warszawa]
1964/65 KS Górnik Zabrze
1965/66 Legia-Daewoo Warszawa [CWKS Warszawa]
1966/67 TS Wisła Kraków
1967/68 KS Górnik Zabrze
1968/69 KS Górnik Zabrze
1969/70 KS Górnik Zabrze
1970/71 KS Górnik Zabrze
1971/72 KS Górnik Zabrze
1972/73 Legia-Daewoo Warszawa [CWKS Legia Warszawa]
1973/74 KS Ruch Chorzów
1974/75 KS Stal Rzeszów
1975/76 WKS Śląsk Wrocław [Wojskowy KS Śląsk Wrocław]
1976/77 GKS Zagłębie Sosnowiec
1977/78 GKS Zagłębie Sosnowiec
1978/79 KS Arka Amber Gdynia [MZKS Arka Gdynia]
1979/80 Legia-Daewoo Warszawa [CWKS Legia Warszawa]
1980/81 Legia-Daewoo Warszawa [CWKS Legia Warszawa]
1981/82 WKP Lech Poznań [KKS Lech Poznań]
1982/83 KS Lechia Gdańsk [BKS Lechia Gdańsk]
1983/84 WKP Lech Poznań [KKS Lech Poznań]
1984/85 RTS Widzew Łódź
1985/86 GKS Katowice
1986/87 WKS Śląsk Wrocław [Wojskowy KS Śląsk Wrocław]
1987/88 WKP Lech Poznań [KKS Lech Poznań]
1988/89 Legia-Daewoo Warszawa [CWKS Legia Warszawa]
1989/90 Legia-Daewoo Warszawa [CWKS Legia Warszawa]
1990/91 GKS Katowice
1991/92 MKS Miedź Legnica
1992/93 GKS Katowice
1993/94 Legia-Daewoo Warszawa [WWKS Legia Warszawa]
1994/95 Legia-Daewoo Warszawa [WWKS Legia Warszawa]
1995/96 KS Ruch Chorzów
1996/97 Legia-Daewoo Warszawa
1997/98 KS Amica Wronki
1998/99 KS Amica Wronki
1999/00 KS Amica Wronki
2000/01 KP Polonia Warszawa

Portugal - Liga
1934/35 FC Porto
1935/36 SL Benfica
1936/37 SL Benfica
1937/38 SL Benfica
1938/39 FC Porto
1939/40 FC Porto
1940/41 Sporting CP
1941/42 SL Benfica
1942/43 SL Benfica
1943/44 Sporting CP
1944/45 SL Benfica
1945/46 CF Os Belenenses
1946/47 Sporting CP
1947/48 Sporting CP
1948/49 Sporting CP
1949/50 SL Benfica
1950/51 Sporting CP
1951/52 Sporting CP
1952/53 Sporting CP
1953/54 Sporting CP
1954/55 SL Benfica
1955/56 FC Porto
1956/57 SL Benfica
1957/58 Sporting CP
1958/59 FC Porto
1959/60 SL Benfica
1960/61 SL Benfica
1961/62 Sporting CP
1962/63 SL Benfica
1963/64 SL Benfica
1964/65 SL Benfica
1965/66 Sporting CP
1966/67 SL Benfica
1967/68 SL Benfica
1968/69 SL Benfica
1969/70 Sporting CP
1970/71 SL Benfica
1971/72 SL Benfica
1972/73 SL Benfica
1973/74 Sporting CP
1974/75 SL Benfica
1975/76 SL Benfica
1976/77 SL Benfica
1977/78 FC Porto
1978/79 FC Porto
1979/80 Sporting CP
1980/81 SL Benfica
1981/82 Sporting CP
1982/83 SL Benfica
1983/84 SL Benfica
1984/85 FC Porto
1985/86 FC Porto
1986/87 SL Benfica
1987/88 FC Porto
1988/89 SL Benfica
1989/90 FC Porto
1990/91 SL Benfica
1991/92 FC Porto
1992/93 FC Porto
1993/94 SL Benfica
1994/95 FC Porto
1995/96 FC Porto
1996/97 FC Porto
1997/98 FC Porto
1998/99 FC Porto
1999/00 Sporting CP
2000/01 Boavista FC

Portugal - Pokal
1921/22 FC Porto
1922/23 Sporting CP
1923/24 SC Olhanense
1924/25 FC Porto
1925/26 CS Marítimo
1926/27 CF Os Belenenses
1927/28 Carcavelinhos FC
1928/29 CF Os Belenenses
1929/30 SL Benfica
1930/31 SL Benfica
1931/32 FC Porto
1932/33 CF Os Belenenses
1933/34 Sporting CP
1934/35 SL Benfica
1935/36 Sporting CP
1936/37 FC Porto
1937/38 Sporting CP
1938/39 Académica Coimbra
1939/40 SL Benfica
1940/41 Sporting CP
1941/42 CF Os Belenenses
1942/43 SL Benfica
1943/44 SL Benfica
1944/45 Sporting CP
1945/46 Sporting CP
1946/47 *wurde nicht ausgetragen*
1947/48 Sporting CP
1948/49 SL Benfica
1949/50 *wurde nicht ausgetragen*
1950/51 SL Benfica
1951/52 SL Benfica
1952/53 SL Benfica
1953/54 Sporting CP
1954/55 SL Benfica
1955/56 FC Porto
1956/57 SL Benfica
1957/58 FC Porto
1958/59 SL Benfica
1959/60 CF Os Belenenses
1960/61 Leixões SC
1961/62 SL Benfica
1962/63 Sporting CP
1963/64 SL Benfica
1964/65 Vitória FC
1965/66 SC Braga
1966/67 Vitória FC
1967/68 FC Porto
1968/69 SL Benfica
1969/70 SL Benfica
1970/71 Sporting CP
1971/72 SL Benfica
1972/73 Sporting CP
1973/74 Sporting CP
1974/75 Boavista FC
1975/76 Boavista FC
1976/77 FC Porto
1977/78 Sporting CP
1978/79 Boavista FC
1979/80 SL Benfica
1980/81 SL Benfica
1981/82 Sporting CP
1982/83 SL Benfica
1983/84 FC Porto
1984/85 SL Benfica
1985/86 SL Benfica
1986/87 SL Benfica
1987/88 FC Porto
1988/89 CF Os Belenenses
1989/90 CF Estrela Amadora
1990/91 FC Porto
1991/92 Boavista FC
1992/93 SL Benfica
1993/94 FC Porto
1994/95 Sporting CP
1995/96 SL Benfica
1996/97 Boavista FC

1997/98 FC Porto
1998/99 SC Beira-Mar
1999/00 FC Porto
2000/01 FC Porto

Puerto Rico - Liga
1990/91 Cruz Azul
1992-95 *Sieger unbekannt*
1995/96 Academia Quintana
1996/97 Academia Quintana
1997/98 Academia Quintana
1998/99 CF Nacional
1999/00 Academia Quintana

Puerto Rico - Pokal
1999 CF Nacional

Reunion - Liga
1950 SS Patriote
1951 SS Patriote
1952 SS Jeanne d'Arc
1953 SS Patriote
1954 SS Patriote
1955 SS Patriote
1956 JS Sainte-Pierroise
1957 JS Sainte-Pierroise
1958 SS Sainte-Louisienne
1959 JS Sainte-Pierroise
1960 JS Sainte-Pierroise
1961 JS Sainte-Pierroise
1962 SS Patriote
1963 SS Sainte-Louisienne
1964 SS Sainte-Louisienne
1965 SS Sainte-Louisienne
1966 SS Sainte-Louisienne
1967 SS Sainte-Louisienne
1968 SS Sainte-Louisienne
1969 SS Sainte-Louisienne
1970 SS Sainte-Louisienne
1971 JS Sainte-Pierroise
1972 JS Sainte-Pierroise
1973 JS Sainte-Pierroise
1974 SS Excelsior
1975 JS Sainte-Pierroise
1976 JS Sainte-Pierroise
1977 FC Ouest
1978 JS Sainte-Pierroise
1979 SS Sainte-Pauloise
1980 CS Saint-Denis
1981 SS Sainte-Pauloise
1982 SS Sainte-Louisienne
1983 SS Sainte-Pauloise
1984 CS Saint-Denis
1985 SS Sainte-Pauloise
1986 SS Sainte-Pauloise
1987 CS Saint-Denis
1988 SS Sainte-Louisienne
1989 JS Sainte-Pierroise
1990 JS Sainte-Pierroise
1991 USS Tamponnaise
1992 USS Tamponnaise
1993 JS Sainte-Pierroise
1994 JS Sainte-Pierroise
1995 CS Saint-Denis
1996 CS Saint-Denis
1997 SS Sainte-Louisienne
1998 SS Sainte-Louisienne
1999 USS Tamponnaise
2000 AS Les Marsouins

Reunion - Pokal
1957 Bourbon
1958 SS Jeanne d'Arc
1959 JS Sainte-Pierroise
1960 SS Jeanne d'Arc
1961 SS Patriote
1962 JS Sainte-Pierroise
1963 US Bénédictine
1964 SS Sainte-Louisienne
1965 *Sieger unbekannt*
1966 SS Patriote
1967 SS Jeanne d'Arc
1968 SS Sainte-Louisienne
1969 SS Sainte-Louisienne
1970 SS Sainte-Louisienne
1971 SS Sainte-Louisienne
1972 US Bénédictine
1973 SS Patriote
1974 CS Saint-Denis
1975 CS Saint-Denis
1976 SS Patriote
1977 CS Saint-Denis
1978 CS Saint-Denis
1979 CS Saint-Denis
1980 JS Sainte-Pierroise
1981 SS Sainte-Louisienne
1982 US Saint-André Léopards
1983 FC Ouest
1984 JS Sainte-Pierroise
1985 CS Saint-Denis
1986 CS Saint-Denis
1987 SS Sainte-Louisienne
1988 CS Saint-Denis
1989 JS Sainte-Pierroise
1990 SS Patriote
1991 USS Tamponnaise
1992 JS Sainte-Pierroise
1993 USS Tamponnaise
1994 JS Sainte-Pierroise
1995 SS Sainte-Louisienne
1996 SS Sainte-Louisienne
1997 AS Les Marsouins
1998 SS Sainte-Louisienne
1999 SS Sainte-Louisienne
2000 USS Tamponnaise

Rwanda - Liga
1980 Panthères Noires
1981 Rayon Sports
1982 *wurde nicht ausgetragen*
1983 Kiyovu Sports
1984 Panthères Noires
1985 Panthères Noires
1986 Panthères Noires
1987 Panthères Noires
1988 Mukungwa Sports
1989 Mukungwa Sports
1990-91 *wurde nicht ausgetragen*
1992 Kiyovu Sports
1993 Kiyovu Sports
1994 *wurde nicht ausgetragen*
1995 APR FC
1996 APR FC
1997 Rayon Sports
1998 Rayon Sports
1999 APR FC
2000 APR FC

Rwanda - Pokal
1980 Mukura VS
1981 Mukura VS
1982 *wurde nicht ausgetragen*
1983 Panthères Noires
1984 *wurde nicht ausgetragen*
1985 Kiyovu Sports
1986 Mukura VS
1987 Mukura VS
1988 Etincelles
1989 Rayon Sports
1990-91 *wurde nicht ausgetragen*
1992 Mukura VS
1993 Rayon Sports
1994 *wurde nicht ausgetragen*
1995 Rayon Sports
1996 Kiyovu Sports
1997 Rwanda FC
1998 Rayon Sports
1999 Rayon Sports
2000 Mukura VS

Rumänien - Liga
1909/10 Olimpia-Rhein Bucureşti [FC Olimpia Bucureşti]
1910/11 Olimpia-Rhein Bucureşti [FC Olimpia Bucureşti]
1911/12 FC Prahova Ploieşti [FC United Ploieşti]
1912/13 CA Colentina Bucureşti
1913/14 CA Colentina Bucureşti
1914/15 Româno-Americană Bucureşti
1915/16 FC Prahova Ploieşti
1917-19 *wurde nicht ausgetragen*
1919/20 ASC Venus Bucureşti
1920/21 ASC Venus Bucureşti
1921/22 CSF Chinezul Timişoara
1922/23 CSF Chinezul Timişoara
1923/24 CSF Chinezul Timişoara
1924/25 CSF Chinezul Timişoara
1925/26 CSF Chinezul Timişoara
1926/27 CSF Chinezul Timişoara
1927/28 CS Colţea Braşov
1928/29 ASC Venus Bucureşti
1929/30 Flacăra Bucureşti [FC Juventus Bucureşti]
1930/31 CSM Reşiţa [SS UD Reşiţa]
1931/32 ASC Venus Bucureşti
1932/33 FC Ripensia Timişoara
1933/34 ASC Venus Bucureşti
1934/35 FC Ripensia Timişoara
1935/36 FC Ripensia Timişoara
1936/37 ASC Venus Bucureşti
1937/38 FC Ripensia Timişoara
1938/39 ASC Venus Bucureşti
1939/40 ASC Venus Bucureşti
1940/41 Unirea Tricolor MAI Bucureşti [Unirea-Tricolor Bucureşti]
1941/42 UFC Rapid Bucureşti [FC Rapid Bucureşti]
1943-46 *wurde nicht ausgetragen*
1946/47 FC UT Arad [IT Arad]
1947/48 FC UT Arad [IT Arad]
1948/49 Crişana Oradea [IC Oradea]
1950 FC UT Arad [Flamura Roşie IT Arad]
1951 FC Steaua Bucureşti [CCA Bucureşti]
1952 FC Steaua Bucureşti [CCA Bucureşti]
1953 FC Steaua Bucureşti [CCA Bucureşti]
1954 FC UT Arad [Flamura Roşie IT Arad]
1955 FC Dinamo Bucureşti [CS Dinamo Bucureşti]
1956 FC Steaua Bucureşti [CCA Bucureşti]
1957/58 FC Petrolul Ploieşti
1958/59 FC Petrolul Ploieşti
1959/60 FC Steaua Bucureşti [CCA Bucureşti]
1960/61 FC Steaua Bucureşti [CCA Bucureşti]
1961/62 FC Dinamo Bucureşti [CS Dinamo Bucureşti]
1962/63 FC Dinamo Bucureşti [CS Dinamo Bucureşti]
1963/64 FC Dinamo Bucureşti [CS Dinamo Bucureşti]
1964/65 FC Dinamo Bucureşti [CS Dinamo Bucureşti]
1965/66 FC Petrolul Ploieşti
1966/67 UFC Rapid Bucureşti [CS Rapid Bucureşti]
1967/68 FC Steaua Bucureşti [CSA Steaua Bucureşti]
1968/69 FC UT Arad [UT Arad]
1969/70 FC UT Arad [UT Arad]
1970/71 FC Dinamo Bucureşti [CS Dinamo Bucureşti]
1971/72 FC Argeş Dacia Piteşti [FC Argeş Piteşti]
1972/73 FC Dinamo Bucureşti [CS Dinamo Bucureşti]
1973/74 AS Universitatea FC Craiova [CS Universitatea Craiova]
1974/75 FC Dinamo Bucureşti [CS Dinamo Bucureşti]
1975/76 FC Steaua Bucureşti [CSA Steaua Bucureşti]
1976/77 FC Dinamo Bucureşti [CS Dinamo Bucureşti]
1977/78 FC Steaua Bucureşti [CSA Steaua Bucureşti]
1978/79 FC Argeş Dacia Piteşti [FC Argeş Piteşti]
1979/80 AS Universitatea FC Craiova [CS Universitatea Craiova]
1980/81 AS Universitatea FC Craiova [CS Universitatea Craiova]
1981/82 FC Dinamo Bucureşti [CS Dinamo Bucureşti]
1982/83 FC Dinamo Bucureşti [CS Dinamo Bucureşti]
1983/84 FC Dinamo Bucureşti [CS Dinamo Bucureşti]
1984/85 FC Steaua Bucureşti [CSA Steaua Bucureşti]
1985/86 FC Steaua Bucureşti [CSA Steaua Bucureşti]
1986/87 FC Steaua Bucureşti [CSA Steaua Bucureşti]
1987/88 FC Steaua Bucureşti [CSA Steaua Bucureşti]
1988/89 FC Steaua Bucureşti [CSA Steaua Bucureşti]
1989/90 FC Dinamo Bucureşti [CS Dinamo Bucureşti]
1990/91 AS Universitatea FC Craiova [CS Universitatea Craiova]
1991/92 FC Dinamo Bucureşti [CS Dinamo Bucureşti]
1992/93 FC Steaua Bucureşti [CSA Steaua Bucureşti]
1993/94 FC Steaua Bucureşti [CSA Steaua Bucureşti]
1994/95 FC Steaua Bucureşti [CSA Steaua Bucureşti]
1995/96 FC Steaua Bucureşti [CSA Steaua Bucureşti]
1996/97 FC Steaua Bucureşti [CSA Steaua Bucureşti]
1997/98 FC Steaua Bucureşti [CSA Steaua Bucureşti]
1998/99 UFC Rapid Bucureşti
1999/00 FC Dinamo Bucureşti
2000/01 FC Steaua Bucureşti

Rumänien - Pokal
1933/34 FC Ripensia Timişoara
1934/35 UFC Rapid Bucureşti [CFR Bucureşti]
1935/36 FC Ripensia Timişoara
1936/37 UFC Rapid Bucureşti [FC Rapid Bucureşti]
1937/38 UFC Rapid Bucureşti [FC Rapid Bucureşti]
1938/39 UFC Rapid Bucureşti [FC Rapid Bucureşti]
1939/40 UFC Rapid Bucureşti [FC Rapid Bucureşti]
1940/41 UFC Rapid Bucureşti [FC Rapid Bucureşti]
1941/42 UFC Rapid Bucureşti [FC Rapid Bucureşti]
1942/43 CFR Turnu Severin
1944-47 *wurde nicht ausgetragen*
1947/48 FC UT Arad [IT Arad]
1948/49 FC Steaua Bucureşti [CSCA Bucureşti]
1950 FC Steaua Bucureşti [CCA Bucureşti]
1951 FC Steaua Bucureşti [CCA Bucureşti]
1952 FC Steaua Bucureşti [CCA Bucureşti]
1953 FC UT Arad [Flamura Roşie IT Arad]
1954 CSM Reşiţa [Metalul Reşiţa]
1955 FC Steaua Bucureşti [CCA Bucureşti]
1956 Crişana Oradea [Progresul Oradea]
1957/58 FC Politehnica Timişoara [CS Ştiinţa Timişoara]
1958/59 FC Dinamo Bucureşti [CS Dinamo Bucureşti]
1959/60 FC Naţional Bucureşti [Progresul Bucureşti]
1960/61 Sticla Ariesul Turda [CS Ariesul Turda]
1961/62 FC Steaua Bucureşti [CSA Steaua Bucureşti]
1962/63 FC Petrolul Ploieşti
1963/64 FC Dinamo Bucureşti [CS Dinamo Bucureşti]
1964/65 FC Universitatea Cluj-Napoca [Ştiinţa Cluj]
1965/66 FC Steaua Bucureşti [CSA Steaua Bucureşti]
1966/67 FC Steaua Bucureşti [CSA Steaua Bucureşti]
1967/68 FC Dinamo Bucureşti [CS Dinamo Bucureşti]
1968/69 FC Steaua Bucureşti [CSA Steaua Bucureşti]
1969/70 FC Steaua Bucureşti [CSA Steaua Bucureşti]
1970/71 FC Steaua Bucureşti [CSA Steaua Bucureşti]
1971/72 UFC Rapid Bucureşti [CS Rapid Bucureşti]
1972/73 FC Râmnicu Vâlcea [Chimia Rîmnicu Vîlcea]
1973/74 CS Jiul Petroşani
1974/75 UFC Rapid Bucureşti [CS Rapid Bucureşti]
1975/76 FC Steaua Bucureşti [CSA Steaua Bucureşti]
1976/77 AS Universitatea FC Craiova [CS Universitatea Craiova]
1977/78 AS Universitatea FC Craiova [CS Universitatea Craiova]
1978/79 FC Steaua Bucureşti [CSA Steaua Bucureşti]
1979/80 FC Politehnica Timişoara [CS Politehnica Timişoara]
1980/81 AS Universitatea FC Craiova [CS Universitatea Craiova]
1981/82 FC Dinamo Bucureşti [CS Dinamo Bucureşti]
1982/83 AS Universitatea FC Craiova [CS Universitatea Craiova]
1983/84 FC Dinamo Bucureşti [CS Dinamo Bucureşti]
1984/85 FC Steaua Bucureşti [CSA Steaua Bucureşti]
1985/86 FC Dinamo Bucureşti [CS Dinamo Bucureşti]
1986/87 FC Steaua Bucureşti [CSA Steaua Bucureşti]
1987/88 FC Steaua Bucureşti [CSA Steaua Bucureşti]
1988/89 FC Steaua Bucureşti [CSA Steaua Bucureşti]
1989/90 FC Dinamo Bucureşti [CS Dinamo Bucureşti]
1990/91 AS Universitatea FC Craiova [CS Universitatea Craiova]
1991/92 FC Steaua Bucureşti [CSA Steaua Bucureşti]
1992/93 AS Universitatea FC Craiova [FC Universitatea Craiova]
1993/94 FC Gloria Bistrita
1994/95 FC Petrolul Ploieşti
1995/96 FC Steaua Bucureşti [CSA Steaua Bucureşti]
1996/97 FC Steaua Bucureşti [CSA Steaua Bucureşti]
1997/98 UFC Rapid Bucureşti
1998/99 FC Steaua Bucureşti
1999/00 FC Dinamo Bucureşti
2000/01 FC Dinamo Bucureşti

Russland - Liga
1992 FK Spartak Moskva
1993 FK Spartak Moskva
1994 FK Spartak Moskva
1995 FK Alania Wladikawkaz [FK Spartak-Alanija Wladikawkaz]
1996 FK Spartak Moskva
1997 FK Spartak Moskva
1998 FK Spartak Moskva
1999 FK Spartak Moskva
2000 FK Spartak Moskva

Russland - Pokal
1992/93 FK Torpedo Moskva
1993/94 FK Spartak Moskva
1994/95 FK Dinamo Moskva
1995/96 FK Lokomotiv Moskva
1996/97 FK Lokomotiv Moskva
1997/98 FK Spartak Moskva
1998/99 FK Zenit Sankt Peterburg
1999/00 FK Lokomotiv Moskva

Saint-Pierre und Miquelon - Liga
1964 ASIA
1965 ASIA
1966 ASIA
1967 ASIA
1968 ASIA
1969 ASIA
1970 ASIA
1971 ASIA
1972 AS Saint Pierraise
1973 ASIA
1974 ASIA
1975 ASIA
1976 ASIA
1977 ASIA
1978 ASIA
1979 ASIA
1980 ASIA
1981 ASIA
1982 ASIA
1983 ASIA
1984 ASIA
1985 ASIA
1986 ASIA
1987 ASIA
1988 AS Saint Pierraise
1989 ASIA
1990 ASIA
1991 ASIA
1992 AS Saint Pierraise
1993 AS Saint Pierraise
1994 AS Saint Pierraise

Salomonen - Liga
1984 Sunbeam
1985 Rangers
1986-87 *Sieger unbekannt*
1988 Rangers
1989 Sunbeam
1990 Sunbeam
1991 Rangers
1992-93 *Sieger unbekannt*
1994 Police
1995 Rangers
1996 Rangers
1997-99 *Sieger unbekannt*
2000 Laugu United

Salomonen - Pokal
1991 Police
1992-93 *Sieger unbekannt*
1994 Guadalcanal
1995 *Sieger unbekannt*
1996 Police

Sambia - Liga
1962 Roan United
1963 Mufulira Wanderers
1964 Lusaka City Council
1965 Mufulira Wanderers
1966 Mufulira Wanderers
1967 Mufulira Wanderers
1968 Kabwe Warriors
1969 Mufulira Wanderers
1970 Kabwe Warriors
1971 Kabwe Warriors
1972 Kabwe Warriors
1973 Green Buffaloes [Zambia Army]
1974 Green Buffaloes [Zambia Army]
1975 Green Buffaloes
1976 Mufulira Wanderers
1977 Green Buffaloes
1978 Mufulira Wanderers
1979 Green Buffaloes
1980 Nchanga Rangers
1981 Green Buffaloes
1982 Nkana FC
1983 Nkana FC
1984 Power Dynamos
1985 Nkana FC
1986 Nkana FC
1987 Kabwe Warriors
1988 Nkana FC
1989 Nkana FC
1990 Nkana FC
1991 Power Dynamos
1992 Nkana FC
1993 Nkana FC
1994 Power Dynamos
1995 Mufulira Wanderers
1996 Mufulira Wanderers
1997 Power Dynamos
1998 Nchanga Rangers
1999 Nkana FC
2000 Power Dynamos

Sambia - Pokal
1962 Roan United
1963 Mufulira Blackpool
1964 City of Lusaka
1965 Mufulira Wanderers
1966 Mufulira Wanderers
1967-69 *Sieger unbekannt*
1970 Ndola United
1971-73 *Sieger unbekannt*
1974 Mufulira Wanderers
1975 Nkana FC [Rokana United]
1976 Ndola United
1977 Mufulira Wanderers
1978-79 *Sieger unbekannt*
1980 Power Dynamos
1981 Power Dynamos
1982 Green Buffaloes
1983 Red Arrows
1984 Mufulira Wanderers
1985 Power Dynamos
1986 Nchanga Rangers
1987 Power Dynamos
1988 Power Dynamos
1989 Red Arrows
1990 Power Dynamos
1991 Mufulira Wanderers
1992 Kabwe Warriors
1993 Power Dynamos
1994 Mufulira Wanderers
1995 Mufulira Wanderers
1996 Roan United
1997 Power Dynamos
1998 Konkola Blades
1999 Zamsure
2000 Nkana FC

San Marino - Liga
1985/86 Calcio Faetano
1986/87 SP La Fiorita
1987/88 SP Tre Fiori
1988/89 SP Domagnano
1989/90 SP La Fiorita
1990/91 Calcio Faetano
1991/92 SS Montevito
1992/93 SP Tre Fiori
1993/94 SP Tre Fiori
1994/95 SP Tre Fiori
1995/96 SP Libertas
1996/97 SS Folgore Falciano
1997/98 SS Folgore Falciano
1998/99 Calcio Faetano
1999/00 SS Folgore Falciano
2000/01 SP Cosmos

San Marino - Pokal
1936/37 SP Libertas
1938-49 *wurde nicht ausgetragen*
1949/50 SP Libertas
1951-53 *wurde nicht ausgetragen*
1953/54 SP Libertas
1955-57 *wurde nicht ausgetragen*
1957/58 SP Libertas
1958/59 SP Libertas
1959/60 *wurde nicht ausgetragen*
1960/61 SP Libertas
1962-64 *wurde nicht ausgetragen*
1964/65 SS Juvenes
1965/66 SP Tre Fiori
1966/67 SP Tre Penne
1967/68 SS Juvenes
1968/69 *Titel nicht vergeben*
1969/70 SP Tre Penne
1970/71 SP Tre Fiori
1971/72 SP Domagnano
1972/73 *Titel nicht vergeben*
1973/74 SP Tre Fiori
1974/75 SP Tre Fiori
1975/76 SS Juvenes
1976/77 SS Dogana [GS Dogana]
1977/78 SS Juvenes
1978/79 SS Dogana [GS Dogana]
1979/80 SP Cosmos
1980/81 SP Cosmos
1981/82 SP Tre Penne
1982/83 SP Tre Penne
1983/84 SS Juvenes
1984/85 SP Tre Fiori
1985/86 SP La Fiorita
1986/87 SP Libertas
1987/88 SP Domagnano
1988/89 SP Libertas
1989/90 SP Domagnano
1990/91 SP Libertas
1991/92 SP Domagnano
1992/93 Calcio Faetano
1993/94 Calcio Faetano
1994/95 SP Cosmos
1995/96 SP Domagnano
1996/97 SS Murata
1997/98 Calcio Faetano
1998/99 SP Cosmos
1999/00 SP Tre Penne
2000/01 SP Domagnano

São Tomé und Príncipe - Liga
1977 Vitória FC
1978 Vitória FC
1979 Vitória FC
1980 Desportivo Guadelupe
1981 Desportivo Guadelupe
1982 Sporting Praia Cruz
1983 *wurde nicht ausgetragen*
1984 Andorinhas SC
1985 Sporting Praia Cruz
1986 Vitória FC
1987 *wurde nicht ausgetragen*
1988 6 de Septembro
1989 Vitória FC
1990 GD Os Operários
1991 Santana FC
1992 *wurde nicht ausgetragen*
1993 GD Os Operários
1994 Sporting Praia Cruz
1995 Inter do Bom-Bom
1996 Bairros Unidos FC [Caixão Grande]
1997 *wurde nicht ausgetragen*
1998 GD Os Operários
1999 Sporting Praia Cruz
2000 Inter do Bom-Bom

São Tomé und Príncipe - Pokal
1981 Desportivo Guadelupe
1982 Sporting Praia Cruz
1983 *wurde nicht ausgetragen*
1984 Vitória FC
1985 Vitória FC
1986 Vitória FC
1987 *wurde nicht ausgetragen*
1988 6 de Septembro
1989 Vitória FC
1990 6 de Septembro
1991 Santana FC
1992 GD Os Operários
1993 Sporting Praia Cruz
1994 Sporting Praia Cruz
1995 Bairros Unidos FC [Caixão Grande]
1996 Aliança Nacional
1997 *wurde nicht ausgetragen*
1998 Sporting Praia Cruz
1999 Vitória FC
2000 Sporting Praia Cruz

Saudi-Arabien - Liga
1975/76 al-Nasr
1976/77 al-Hilal
1977/78 al-Ahli (ar-Riyad)
1978/79 al-Hilal
1979/80 al-Nasr
1980/81 al-Nasr
1981/82 al-Ittihad
1982/83 al-Ittifaq
1983/84 al-Ahli (ar-Riyad)
1984/85 al-Hilal
1985/86 al-Hilal
1986/87 al-Ittifaq
1987/88 al-Hilal
1988/89 al-Nasr
1989/90 al-Hilal
1990/91 al-Shabab
1991/92 al-Shabab
1992/93 al-Shabab
1993/94 al-Nasr
1994/95 al-Nasr
1995/96 al-Hilal
1996/97 al-Ittihad
1997/98 al-Hilal
1998/99 al-Ittihad
1999/00 al-Ittihad
2000/01 al-Ittihad

Saudi-Arabien - Pokal
1956/57 al-Ahli (ar-Riyad) [al-Thaghar]
1957/58 al-Ittihad
1958/59 al-Ittihad
1959/60 al-Wahda (Unayzah)
1960/61 West Team
1961/62 East Team
1962/63 al-Ittihad
1963/64 al-Hilal
1964/65 al-Ittifaq
1965/66 *wurde nicht ausgetragen*
1966/67 West Team
1967/68 West Team
1968/69 Central Team
1969/70 al-Ahli (ar-Riyad)
1971-72 *wurde nicht ausgetragen*
1972/73 al-Nasr
1973/74 al-Nasr
1975-90 *wurde nicht ausgetragen*
1990/91 al-Ittihad
1991/92 al-Qadisiya
1992/93 al-Shabab
1993/94 al-Riyadh SC
1994/95 al-Hilal
1995/96 al-Shabab
1996/97 al-Ittihad
1997/98 al-Ahli (ar-Riyad)
1998/99 al-Shabab
1999/00 al-Hilal
2000/01 al-Ittihad

Schottland - Liga
1890/91 Dumbarton FC und Rangers FC
1891/92 Dumbarton FC
1892/93 Celtic FC
1893/94 Celtic FC
1894/95 Heart of Midlothian FC
1895/96 Celtic FC
1896/97 Heart of Midlothian FC
1897/98 Celtic FC
1898/99 Rangers FC
1899/00 Rangers FC
1900/01 Rangers FC
1901/02 Rangers FC
1902/03 Hibernian FC
1903/04 Third Lanark FC
1904/05 Celtic FC
1905/06 Celtic FC
1906/07 Celtic FC
1907/08 Celtic FC
1908/09 Celtic FC
1909/10 Celtic FC
1910/11 Rangers FC
1911/12 Rangers FC
1912/13 Rangers FC
1913/14 Celtic FC
1914/15 Celtic FC
1915/16 Celtic FC
1916/17 Celtic FC
1917/18 Rangers FC
1918/19 Celtic FC
1919/20 Rangers FC
1920/21 Rangers FC
1921/22 Celtic FC
1922/23 Rangers FC
1923/24 Rangers FC
1924/25 Rangers FC
1925/26 Celtic FC
1926/27 Rangers FC
1927/28 Rangers FC
1928/29 Rangers FC
1929/30 Rangers FC
1930/31 Rangers FC
1931/32 Motherwell FC
1932/33 Rangers FC
1933/34 Rangers FC
1934/35 Rangers FC
1935/36 Celtic FC
1936/37 Rangers FC
1937/38 Celtic FC
1938/39 Rangers FC
1940-46 *wurde nicht ausgetragen*
1946/47 Rangers FC
1947/48 Hibernian FC
1948/49 Rangers FC
1949/50 Rangers FC
1950/51 Hibernian FC
1951/52 Hibernian FC
1952/53 Rangers FC
1953/54 Celtic FC
1954/55 Aberdeen FC
1955/56 Rangers FC
1956/57 Rangers FC
1957/58 Heart of Midlothian FC
1958/59 Rangers FC
1959/60 Heart of Midlothian FC
1960/61 Rangers FC
1961/62 Dundee FC
1962/63 Rangers FC
1963/64 Rangers FC
1964/65 Kilmarnock FC
1965/66 Celtic FC
1966/67 Celtic FC
1967/68 Celtic FC
1968/69 Celtic FC
1969/70 Celtic FC
1970/71 Celtic FC
1971/72 Celtic FC
1972/73 Celtic FC
1973/74 Celtic FC
1974/75 Rangers FC
1975/76 Rangers FC
1976/77 Celtic FC
1977/78 Rangers FC
1978/79 Celtic FC
1979/80 Aberdeen FC
1980/81 Celtic FC
1981/82 Celtic FC
1982/83 Dundee United FC
1983/84 Aberdeen FC
1984/85 Aberdeen FC
1985/86 Celtic FC
1986/87 Rangers FC
1987/88 Celtic FC
1988/89 Rangers FC
1989/90 Rangers FC
1990/91 Rangers FC
1991/92 Rangers FC
1992/93 Rangers FC
1993/94 Rangers FC

1994/95 Rangers FC
1995/96 Rangers FC
1996/97 Rangers FC
1997/98 Celtic FC
1998/99 Rangers FC
1999/00 Rangers FC
2000/01 Celtic FC

Schottland - Pokal

1873/74 Queen's Park FC
1874/75 Queen's Park FC
1875/76 Queen's Park FC
1876/77 Vale of Leven FC
1877/78 Vale of Leven FC
1878/79 Vale of Leven FC
1879/80 Queen's Park FC
1880/81 Queen's Park FC
1881/82 Queen's Park FC
1882/83 Dumbarton FC
1883/84 Queen's Park FC
1884/85 Renton FC
1885/86 Queen's Park FC
1886/87 Hibernian FC
1887/88 Renton FC
1888/89 Third Lanark FC
1889/90 Queen's Park FC
1890/91 Heart of Midlothian FC
1891/92 Celtic FC
1892/93 Queen's Park FC
1893/94 Rangers FC
1894/95 St Bernard's FC
1895/96 Heart of Midlothian FC
1896/97 Rangers FC
1897/98 Rangers FC
1898/99 Celtic FC
1899/00 Celtic FC
1900/01 Heart of Midlothian FC
1901/02 Hibernian FC
1902/03 Rangers FC
1903/04 Celtic FC
1904/05 Third Lanark FC
1905/06 Heart of Midlothian FC
1906/07 Celtic FC
1907/08 Celtic FC
1908/09 *Titel nicht vergeben*
1909/10 Dundee FC
1910/11 Celtic FC
1911/12 Celtic FC
1912/13 Falkirk FC
1913/14 Celtic FC
1915-19 *wurde nicht ausgetragen*
1919/20 Kilmarnock FC
1920/21 Partick Thistle FC
1921/22 Greenock Morton FC
1922/23 Celtic FC
1923/24 Airdrieonians FC
1924/25 Celtic FC
1925/26 St Mirren FC
1926/27 Celtic FC
1927/28 Rangers FC
1928/29 Kilmarnock FC
1929/30 Rangers FC
1930/31 Celtic FC
1931/32 Rangers FC
1932/33 Celtic FC
1933/34 Rangers FC
1934/35 Rangers FC
1935/36 Rangers FC
1936/37 Celtic FC
1937/38 East Fife FC
1938/39 Clyde FC
1940-46 *wurde nicht ausgetragen*
1946/47 Aberdeen FC
1947/48 Rangers FC
1948/49 Rangers FC
1949/50 Rangers FC
1950/51 Celtic FC
1951/52 Motherwell FC
1952/53 Rangers FC
1953/54 Celtic FC
1954/55 Clyde FC
1955/56 Heart of Midlothian FC
1956/57 Falkirk FC
1957/58 Clyde FC
1958/59 St Mirren FC
1959/60 Rangers FC
1960/61 Dunfermline Athletic FC
1961/62 Rangers FC
1962/63 Rangers FC
1963/64 Rangers FC
1964/65 Celtic FC
1965/66 Rangers FC
1966/67 Celtic FC
1967/68 Dunfermline Athletic FC
1968/69 Celtic FC
1969/70 Aberdeen FC
1970/71 Celtic FC
1971/72 Celtic FC
1972/73 Rangers FC
1973/74 Celtic FC
1974/75 Celtic FC
1975/76 Rangers FC
1976/77 Celtic FC
1977/78 Rangers FC
1978/79 Rangers FC
1979/80 Celtic FC
1980/81 Rangers FC
1981/82 Aberdeen FC
1982/83 Aberdeen FC
1983/84 Aberdeen FC
1984/85 Celtic FC
1985/86 Aberdeen FC
1986/87 St Mirren FC
1987/88 Celtic FC
1988/89 Celtic FC
1989/90 Aberdeen FC
1990/91 Motherwell FC
1991/92 Rangers FC
1992/93 Rangers FC
1993/94 Dundee United FC
1994/95 Celtic FC
1995/96 Rangers FC
1996/97 Kilmarnock FC
1997/98 Heart of Midlothian FC
1998/99 Rangers FC
1999/00 Rangers FC
2000/01 Celtic FC

Schottland - Liga-Pokal

1946/47 Rangers FC
1947/48 East Fife FC
1948/49 Rangers FC
1949/50 East Fife FC
1950/51 Motherwell FC
1951/52 Dundee FC
1952/53 Dundee FC
1953/54 East Fife FC
1954/55 Heart of Midlothian FC
1955/56 Aberdeen FC
1956/57 Celtic FC
1957/58 Celtic FC
1958/59 Heart of Midlothian FC
1959/60 Heart of Midlothian FC
1960/61 Rangers FC
1961/62 Rangers FC
1962/63 Heart of Midlothian FC
1963/64 Rangers FC
1964/65 Rangers FC
1965/66 Celtic FC
1966/67 Celtic FC
1967/68 Celtic FC
1968/69 Celtic FC
1969/70 Celtic FC
1970/71 Rangers FC
1971/72 Partick Thistle FC
1972/73 Hibernian FC
1973/74 Dundee FC
1974/75 Celtic FC
1975/76 Rangers FC
1976/77 Aberdeen FC
1977/78 Rangers FC
1978/79 Rangers FC
1979/80 Dundee United FC
1980/81 Dundee United FC
1981/82 Rangers FC
1982/83 Celtic FC
1983/84 Rangers FC
1984/85 Rangers FC
1985/86 Aberdeen FC
1986/87 Rangers FC
1987/88 Rangers FC
1988/89 Rangers FC
1989/90 Aberdeen FC
1990/91 Rangers FC
1991/92 Hibernian FC
1992/93 Rangers FC
1993/94 Rangers FC
1994/95 Raith Rovers FC
1995/96 Aberdeen FC
1996/97 Rangers FC
1997/98 Celtic FC
1998/99 Rangers FC
1999/00 Celtic FC
2000/01 Celtic FC

Schweden - Liga

1896 Örgryte IS
1897 Örgryte IS
1898 Örgryte IS
1899 Örgryte IS
1900 AIK Solna
1901 AIK Solna
1902 Örgryte IS
1903 Göteborg IF
1904 Örgryte IS
1905 Örgryte IS
1906 Örgryte IS
1907 Örgryte IS
1908 IFK Göteborg
1909 Örgryte IS
1910 IFK Göteborg
1911 AIK Solna
1912 Djurgårdens IF
1913 Örgryte IS
1914 AIK Solna
1915 Djurgårdens IF
1916 AIK Solna
1917 Djurgårdens IF
1918 IFK Göteborg
1919 GAIS
1920 Djurgårdens IF
1921 IFK Eskilstuna
1922 GAIS
1923 AIK Solna
1924 Fassbergs IF
1925 Brynäs IF
1924/25 GAIS
1925/26 Örgryte IS
1926/27 GAIS
1927/28 Örgryte IS
1928/29 Helsingborgs IF
1929/30 Helsingborgs IF
1930/31 GAIS
1931/32 AIK Solna
1932/33 Helsingborgs IF
1933/34 Helsingborgs IF
1934/35 IFK Göteborg
1935/36 IF Elfsborg
1936/37 AIK Solna
1937/38 IK Sleipner
1938/39 IF Elfsborg
1939/40 IF Elfsborg
1940/41 Helsingborgs IF
1941/42 IFK Göteborg
1942/43 IFK Norrköping
1943/44 Malmö FF
1944/45 IFK Norrköping
1945/46 IFK Norrköping
1946/47 IFK Norrköping
1947/48 IFK Norrköping
1948/49 Malmö FF
1949/50 Malmö FF
1950/51 Malmö FF
1951/52 IFK Norrköping
1952/53 Malmö FF
1953/54 GAIS
1954/55 Djurgårdens IF
1955/56 IFK Norrköping
1956/57 IFK Norrköping
1957/58 IFK Göteborg
1959 Djurgårdens IF
1960 IFK Norrköping
1961 IF Elfsborg
1962 IFK Norrköping
1963 IFK Norrköping
1964 Djurgårdens IF
1965 Malmö FF
1966 Djurgårdens IF
1967 Malmö FF
1968 Östers IF
1969 IFK Göteborg
1970 Malmö FF
1971 Malmö FF
1972 Åtvidabergs FF
1973 Åtvidabergs FF
1974 Malmö FF
1975 Malmö FF
1976 Halmstads BK
1977 Malmö FF
1978 Östers IF
1979 Halmstads BK
1980 Östers IF
1981 Östers IF
1982 IFK Göteborg
1983 IFK Göteborg
1984 IFK Göteborg
1985 Örgryte IS
1986 Malmö FF
1987 IFK Göteborg
1988 Malmö FF
1989 IFK Norrköping
1990 IFK Göteborg
1991 IFK Göteborg
1992 AIK Solna
1993 IFK Göteborg
1994 IFK Göteborg
1995 IFK Göteborg
1996 IFK Göteborg
1997 Halmstads BK
1998 AIK Solna
1999 Helsingborgs IF
2000 Halmstads BK

Schweden - Pokal

1941 Helsingborgs IF
1942 GAIS
1943 IFK Norrköping
1944 Malmö FF
1945 IFK Norrköping
1946 Malmö FF
1947 Malmö FF
1948 Rł IF
1949 AIK Solna
1950 AIK Solna
1951 Malmö FF
1952 *wurde nicht ausgetragen*
1953 Malmö FF
1954-66 *wurde nicht ausgetragen*
1967 Malmö FF
1968/69 IFK Norrköping
1969 Åtvidabergs FF
1970/71 Åtvidabergs FF
1971/72 Landskrona BoIS
1972/73 Malmö FF
1973/74 Malmö FF
1974/75 Malmö FF
1975/76 AIK Solna
1976/77 Östers IF
1977/78 Malmö FF
1978/79 IFK Göteborg
1979/80 Malmö FF
1980/81 Kalmar FF
1981/82 IFK Göteborg
1982/83 IFK Göteborg
1983/84 Malmö FF
1984/85 AIK Solna
1985/86 Malmö FF
1986/87 Kalmar FF
1987/88 IFK Norrköping
1988/89 Malmö FF
1989/90 Djurgårdens IF
1990/91 IFK Norrköping
1991 IFK Göteborg
1992/93 Degerfors IF
1993/94 IFK Norrköping
1994/95 Halmstads BK
1995/96 AIK Solna
1996/97 AIK Solna
1997/98 Helsingborgs IF
1998/99 AIK Solna
1999/00 Örgryte IS
2000/01 IF Elfsborg

Schweiz - Liga

1897/98 Grasshopper-Club Zürich
1898/99 Anglo-American FC
1899/00 Grasshopper-Club Zürich
1900/01 Grasshopper-Club Zürich
1901/02 FC Zürich
1902/03 BSC Young Boys
1903/04 FC Sankt Gallen
1904/05 Grasshopper-Club Zürich
1905/06 FC Winterthur
1906/07 Servette FC Genève
1907/08 FC Winterthur
1908/09 BSC Young Boys
1909/10 BSC Young Boys
1910/11 BSC Young Boys
1911/12 FC Aarau
1912/13 Lausanne-Sports [Montriond-Sports FC]
1913/14 FC Aarau
1914/15 SC Brühl [FC Brühl]
1915/16 Cantonal-Neuchâtel FC
1916/17 FC Winterthur-Veltheim
1917/18 Servette FC Genève
1918/19 FC Etoile La Chaux-de-Fonds
1919/20 BSC Young Boys
1920/21 Grasshopper-Club Zürich
1921/22 Servette FC Genève
1922/23 FC Bern
1923/24 FC Zürich
1924/25 Servette FC Genève
1925/26 Servette FC Genève
1926/27 Grasshopper-Club Zürich
1927/28 Grasshopper-Club Zürich
1928/29 BSC Young Boys
1929/30 Servette FC Genève
1930/31 Grasshopper-Club Zürich
1931/32 Lausanne-Sports
1932/33 Servette FC Genève
1933/34 Servette FC Genève
1934/35 Lausanne-Sports
1935/36 Lausanne-Sports
1936/37 Grasshopper-Club Zürich
1937/38 FC Lugano
1938/39 Grasshopper-Club Zürich
1939/40 Servette FC Genève
1940/41 FC Lugano
1941/42 Grasshopper-Club Zürich
1942/43 Grasshopper-Club Zürich
1943/44 Lausanne-Sports
1944/45 Grasshopper-Club Zürich
1945/46 Servette FC Genève
1946/47 FC Biel
1947/48 AC Bellinzona
1948/49 FC Lugano
1949/50 Servette FC Genève
1950/51 Lausanne-Sports
1951/52 Grasshopper-Club Zürich
1952/53 FC Basel
1953/54 FC La Chaux-de-Fonds
1954/55 FC La Chaux-de-Fonds
1955/56 Grasshopper-Club Zürich
1956/57 BSC Young Boys
1957/58 BSC Young Boys
1958/59 BSC Young Boys
1959/60 BSC Young Boys
1960/61 Servette FC Genève
1961/62 Servette FC Genève
1962/63 FC Zürich
1963/64 FC La Chaux-de-Fonds
1964/65 Lausanne-Sports
1965/66 FC Zürich
1966/67 FC Basel
1967/68 FC Zürich
1968/69 FC Basel
1969/70 FC Basel
1970/71 Grasshopper-Club Zürich
1971/72 FC Basel
1972/73 FC Basel
1973/74 FC Zürich
1974/75 FC Zürich
1975/76 FC Zürich
1976/77 FC Basel
1977/78 Grasshopper-Club Zürich
1978/79 Servette FC Genève
1979/80 FC Basel
1980/81 FC Zürich
1981/82 Grasshopper-Club Zürich
1982/83 Grasshopper-Club Zürich
1983/84 Grasshopper-Club Zürich
1984/85 Servette FC Genève
1985/86 BSC Young Boys
1986/87 Neuchâtel Xamax FC
1987/88 Neuchâtel Xamax FC
1988/89 FC Luzern
1989/90 Grasshopper-Club Zürich
1990/91 Grasshopper-Club Zürich
1991/92 FC Sion
1992/93 FC Aarau
1993/94 Servette FC Genève
1994/95 Grasshopper-Club Zürich
1995/96 Grasshopper-Club Zürich
1996/97 FC Sion
1997/98 Grasshopper-Club Zürich
1998/99 Servette FC Genève
1999/00 FC Sankt Gallen
2000/01 Grasshopper-Club Zürich

Schweiz - Pokal

1925/26 Grasshopper-Club Zürich
1926/27 Grasshopper-Club Zürich
1927/28 Servette FC Genève
1928/29 Urania Genève-Sports
1929/30 BSC Young Boys
1930/31 FC Lugano
1931/32 Grasshopper-Club Zürich
1932/33 FC Basel
1933/34 Grasshopper-Club Zürich
1934/35 Lausanne-Sports
1935/36 FC Young Fellows Zürich
1936/37 Grasshopper-Club Zürich
1937/38 Grasshopper-Club Zürich
1938/39 Lausanne-Sports
1939/40 Grasshopper-Club Zürich
1940/41 Grasshopper-Club Zürich
1941/42 Grasshopper-Club Zürich
1942/43 Grasshopper-Club Zürich
1943/44 Lausanne-Sports
1944/45 BSC Young Boys
1945/46 Grasshopper-Club Zürich
1946/47 FC Basel
1947/48 FC La Chaux-de-Fonds
1948/49 Servette FC Genève
1949/50 Lausanne-Sports
1950/51 FC La Chaux-de-Fonds
1951/52 Grasshopper-Club Zürich
1952/53 BSC Young Boys
1953/54 FC La Chaux-de-Fonds
1954/55 FC La Chaux-de-Fonds
1955/56 Grasshopper-Club Zürich
1956/57 FC La Chaux-de-Fonds
1957/58 BSC Young Boys
1958/59 FC Grenchen
1959/60 FC Luzern
1960/61 FC La Chaux-de-Fonds
1961/62 Lausanne-Sports
1962/63 FC Basel
1963/64 Lausanne-Sports
1964/65 FC Sion
1965/66 FC Zürich
1966/67 FC Basel
1967/68 FC Lugano
1968/69 FC Sankt Gallen
1969/70 FC Zürich
1970/71 Servette FC Genève
1971/72 FC Zürich
1972/73 FC Zürich
1973/74 FC Sion
1974/75 FC Basel
1975/76 FC Zürich
1976/77 BSC Young Boys
1977/78 Servette FC Genève
1978/79 Servette FC Genève
1979/80 FC Sion
1980/81 Lausanne-Sports
1981/82 FC Sion
1982/83 Grasshopper-Club Zürich
1983/84 Servette FC Genève
1984/85 FC Aarau
1985/86 FC Sion
1986/87 BSC Young Boys
1987/88 Grasshopper-Club Zürich
1988/89 Grasshopper-Club Zürich
1989/90 Grasshopper-Club Zürich
1990/91 FC Sion
1991/92 FC Luzern
1992/93 FC Lugano
1993/94 Grasshopper-Club Zürich
1994/95 FC Sion
1995/96 FC Sion
1996/97 FC Sion
1997/98 Lausanne-Sports
1998/99 Lausanne-Sports
1999/00 FC Zürich
2000/01 Servette FC Genève

Senegal - Liga

1960 ASC Jeanne d'Arc
1961-64 *Sieger unbekannt*
1965 US Gorée
1966 Olympique Thiès
1967 Espoir St. Louis
1968 Foyer France
1969 ASC Jeanne d'Arc
1970 ASC Diaraf
1971 ASFA
1972 ASFA
1973 ASC Jeanne d'Arc
1974 ASFA
1975 ASC Diaraf
1976 ASC Diaraf
1977 ASC Diaraf
1978 US Gorée
1979 ASF Police
1980 ASC SONACOS [SEIB Diourbel]
1981 US Gorée
1982 ASC Diaraf
1983 ASC SONACOS [SEIB Diourbel]
1984 US Gorée
1985 ASC Jeanne d'Arc
1986 ASC Jeanne d'Arc
1987 ASC SONACOS [SEIB Diourbel]
1988 ASC Jeanne d'Arc
1989 ASC Diaraf
1990 Port Autonome
1991 Port Autonome
1992 ASEC Ndiambour
1993 AS Douanes
1994 ASEC Ndiambour
1995 ASC Diaraf
1996 ASC SONACOS
1997 AS Douanes
1998 ASEC Ndiambour
1999 ASC Jeanne d'Arc
2000 ASC Diaraf
2001 ASC Jeanne d'Arc

Senegal - Pokal

1961 Espoir St. Louis
1962 ASC Jeanne d'Arc
1963 US Rail
1964 US Ouakam
1965 US Gorée
1966 AS St. Louisienne
1967 Foyer France
1968 Foyer France
1969 ASC Jeanne d'Arc
1970 ASC Diaraf
1971 ASC Linguère
1972 US Gorée
1973 ASC Diaraf
1974 ASC Jeanne d'Arc
1975 ASC Diaraf
1976 ASF Police
1977 ASC Saltigue
1978 ASF Police
1979 Casa Sports
1980 ASC Jeanne d'Arc
1981 ASF Police
1982 ASC Diaraf
1983 ASC Diaraf
1984 ASC Jeanne d'Arc
1985 ASC Diaraf
1986 AS Douanes
1987 ASC Jeanne d'Arc
1988 ASC Linguère
1989 US Ouakam
1990 ASC Linguère
1991 ASC Diaraf
1992 US Gorée
1993 ASC Diaraf
1994 ASC Diaraf
1995 ASC Diaraf
1996 ASC Diaraf
1997 AS Douanes
1998 ASC Yeggo
1999 ASEC Ndiambour
2000 Port Autonome
2001 ASC SONACOS

Seychellen - Liga

1978/79 St. Louis FC
1979/80 St. Louis FC
1980/81 St. Louis FC
1981/82 Mont Fleuri
1982/83 St. Louis FC
1983/84 Mont Fleuri
1984/85 St. Louis FC
1985/86 St. Louis FC
1986/87 St. Louis FC
1987/88 St. Louis FC
1988/89 St. Louis FC
1989/90 St. Louis FC
1990/91 St. Louis FC
1991/92 St. Louis FC
1993-94 *Sieger unbekannt*
1994/95 Sunshine SC
1995/96 St. Michel United
1996/97 St. Michel United
1997/98 Red Star
1998/99 St. Michel United
1999/00 St. Michel United

Seychellen - Pokal

1986/87 Beau Vallon
1987/88 St. Louis FC
1988/89 Anse Boileau
1989/90 Plaisance
1990/91 Anse-aux-Pins
1991/92 *Sieger unbekannt*
1992/93 Anse-aux-Pins
1993/94 *Sieger unbekannt*
1994/95 Red Star
1995/96 St. Louis FC
1996/97 St. Michel United
1997/98 St. Michel United
1998/99 Red Star
1999/00 Sunshine SC

Sierra Leone - Liga

1967 Mighty Blackpool FC
1968-72 *Sieger unbekannt*
1973 Ports Authority FC
1974 Mighty Blackpool FC
1975-77 *Sieger unbekannt*
1978 Mighty Blackpool FC
1979 Mighty Blackpool FC
1980 East End Lions
1981 Real Republicans
1982 Kallon FC [Sierra Fisheries]
1983 Real Republicans
1984 Real Republicans
1985 East End Lions
1986 Kallon FC [Sierra Fisheries]
1987 Kallon FC [Sierra Fisheries]
1988 Mighty Blackpool FC
1989 Freetown United
1990 Old Edwardians
1991 Mighty Blackpool FC
1992 East End Lions
1993 East End Lions
1994 East End Lions
1995 Mighty Blackpool FC
1996 Mighty Blackpool FC
1997 East End Lions
1998 *Sieger unbekannt*
1999 East End Lions
2000 Mighty Blackpool FC

Sierra Leone - Pokal

1973 East End Lions
1974-77 *Sieger unbekannt*
1978 Bai Bureh Warriors
1979 Wusum Stars
1980 East End Lions
1981 Kamboi Eagles
1982 Bai Bureh Warriors
1983 Mighty Blackpool FC
1984 Old Edwardians
1985 Kamboi Eagles
1986 Real Republicans
1987 Real Republicans
1988 Mighty Blackpool FC
1989 East End Lions
1990 Ports Authority FC
1991 Ports Authority FC
1992 Diamond Stars
1993 Mighty Blackpool FC
1994-99 *Sieger unbekannt*
2000 Mighty Blackpool FC

Simbabwe - Liga

1962 Bulawayo Rovers
1963 Dynamos
1964 Bulawayo Rovers
1965 Dynamos
1966 Dynamos [St. Pauls]
1967 State House Tornados
1968 Bulawayo Sables
1969 Bulawayo Sables
1970 Dynamos
1971 Arcadia United [Arcadia Steel]
1972 Salisbury Sables
1973 Metal Box
1974 Salisbury Sables
1975 Black Aces [Chibuku]
1976 Dynamos
1977 Zimbabwe Saints
1978 Dynamos
1979 CAPS United
1980 Dynamos
1981 Dynamos
1982 Dynamos
1983 Dynamos
1984 Black Rhinos
1985 Dynamos
1986 Dynamos
1987 Black Rhinos
1988 Zimbabwe Saints
1989 Dynamos
1990 Zimbabwe Highlanders [Bulawayo Highlanders]
1991 Dynamos
1992 Black Aces
1993 Zimbabwe Highlanders
1994 Dynamos
1995 Dynamos
1996 CAPS United
1997 Dynamos
1998 *wurde nicht ausgetragen*
1999 Zimbabwe Highlanders
2000 Zimbabwe Highlanders

Simbabwe - Pokal

1962 Bulawayo Rovers
1963 Salisbury Callies
1964 *wurde nicht ausgetragen*
1965 Salisbury City
1966 Manguta
1967 Salisbury Callies
1968 Arcadia United
1969 Arcadia United
1970 Wankie FC
1971 Black Aces [Chibuku]
1972 Manguta
1973 Wankie FC
1974 Black Aces [Chibuku]
1975 Salisbury Callies
1976 Dynamos
1977 Zimbabwe Saints
1978 Zisco Steel
1979 Zimbabwe Saints
1980 CAPS United
1981 CAPS United
1982 CAPS United
1983 CAPS United
1984 Black Rhinos
1985 Dynamos
1986 Dynamos
1987 Zimbabwe Saints
1988 Dynamos
1989 Dynamos
1990 Zimbabwe Highlanders [Bulawayo Highlanders]
1991 Wankie FC
1992 CAPS United
1993 Tanganda
1994 Motor Action [Blackpool]
1995 Chapungu
1996 Dynamos
1997 CAPS United
1998 CAPS United
1999 Black Aces
2000 Dynamos

Singapur - Liga

1904 1st Battalion Manchester Regiment
1905 1st Battalion Sherwood Foresters
1906 *wurde nicht ausgetragen*
1907 Singapore CC
1908 2nd Battalion West Kents
1909 3rd Battalion Middlesex Regiment
1910 3rd Battalion Middlesex Regiment
1911 Singapore CC
1912 Singapore CC
1913 Singapore CC
1914 Singapore CC
1915-20 *wurde nicht ausgetragen*
1921 1st Battalion South Staffs
1922 2nd Battalion Middlesex Regiment
1923 2nd Battalion Middlesex Regiment
1924 Singapore CC
1925 Singapore Chinese FA
1926 2nd Duke of Wellington's Regiment
1927 2nd Duke of Wellington's Regiment
1928 2nd Duke of Wellington's Regiment
1929 Singapore CC
1930 Singapore Chinese FA
1931 Malay FA
1932 Malay FA
1933 Malay FA
1934 Singapore Chinese FA
1935 Royal Engineers
1936 Royal Air Force
1937 Singapore Chinese FA
1938 Singapore Chinese FA
1939 Malay FA
1940 Royal Air Force
1941 Royal Air Force
1942-49 *wurde nicht ausgetragen*
1950 Kota Raja Club
1951 Tiger SA
1952 Rovers SC
1953 Tiger SA
1954 Star Soccerites SC
1955 Marine Department SC
1956 Tiger SA
1957 Marine Department SC
1958 Darul Afiah FC
1959 Darul Afiah FC
1960 IRC
1961-74 *Sieger unbekannt*
1975 Geylang United FC [Geylang International]
1976 Geylang United FC [Geylang International]
1977 Geylang United FC [Geylang International]
1978 Singapore Armed Forces FC
1979 Tampines Rovers FC
1980 Tampines Rovers FC
1981 Singapore Armed Forces FC
1982 Farrer Park United FC
1983 Tanjong Pagar United FC [Tiong Bahru CSC]
1984 Tampines Rovers FC
1985 Home United FC [Police FC]
1986 Singapore Armed Forces FC
1987 Tanjong Pagar United FC [Tiong Bahru CSC]
1988 Geylang United FC [Geylang International]
1989 Geylang United FC [Geylang International]
1990 Geylang United FC [Geylang International]
1991 Geylang United FC [Geylang International]

1992 Geylang United FC [Geylang International]
1993 Geylang United FC [Geylang International]
1994 Perth Kangaroos
1995 *wurde nicht ausgetragen*
1996 Geylang United FC
1997 Singapore Armed Forces FC
1998 Singapore Armed Forces FC
1999 Home United FC
2000 Singapore Armed Forces FC

Singapur - Pokal
1892 Singapore Engineers
1893 Royal Engineers
1894 2nd Battalion 10th Lincoln Regiment
1895 Royal Artillery
1896 5th Northumberland Fusiliers
1897 1st Battalion the Rifle Brigade
1898 12th Company Royal Artillery
1899 1st BKOR Lancaster Regiment
1900 12th Company Royal Artillery
1901 Singapore CC
1902 12th Company Royal Artillery
1903 Singapore CC
1904 Harlequins
1905 1st Battalion Sherwood Foresters
1906 1st Battalion Sherwood Foresters
1907 2nd Battalion West Kents
1908 2nd Battalion West Kents
1909 3rd Battalion Middlesex Regiment
1910 3rd Battalion Middlesex Regiment
1911 2nd Battalion West Kents
1912 2nd Battalion West Kents
1913 1st Battalion KOYLI
1914 1st Battalion KOYLI
1915-19 *wurde nicht ausgetragen*
1920 1st Battalion South Staffs
1921 Singapore CC
1922 2nd Battalion Middlesex Regiment
1923 2nd Battalion Middlesex Regiment
1924 HMS „Pegasus"
1925 Singapore Chinese FA
1926 2nd Duke of Wellington's Regiment
1927 2nd Duke of Wellington's Regiment
1928 2nd Duke of Wellington's Regiment
1929 Singapore CC
1930 Malay FA
1931 Malay FA
1932 Wiltshire Regiment
1933 Malay FA
1934 Malay FA
1935 Singapore Chinese FA
1936 Royal Artillery
1937 Singapore Chinese FA
1938 Royal Artillery
1939 Singapore Chinese FA
1940 The Royal Regiment
1941 Royal Air Force
1942-49 *wurde nicht ausgetragen*
1950 Royal Navy
1951 Royal Navy
1952 Tiger SA
1953 Tiger SA
1954 Rovers SC
1955 Marine Department SC
1956 Tiger SA
1957 AAA
1958 Fathul Karib FC
1959 Darul Afiah FC
1960 RAF Seletar
1961-67 *Sieger unbekannt*
1968 Home United FC [Police FC]
1969-74 *Sieger unbekannt*
1975 Singapore Armed Forces FC
1976 Geylang United FC [Geylang International]
1977 Toa Payoh United FC
1978 Geylang United FC [Geylang International]
1979 Toa Payoh United FC
1980 Home United FC [Police FC]
1981 Farrer Park United FC
1982 Tanjong Pagar United FC [Tiong Bahru CSC]
1983 Farrer Park United FC
1984 Singapore Armed Forces FC
1985 Tanjong Pagar United FC [Tiong Bahru CSC]
1986 Singapore Armed Forces FC
1987 Tanjong Pagar United FC [Tiong Bahru CSC]
1988 Jurong Town FC
1989 Jurong Town FC
1990 Geylang United FC [Geylang International]
1991 Geylang United FC [Geylang International]
1992 Geylang United FC [Geylang International]
1993 *Sieger unbekannt*
1994 Tanjong Pagar United FC [Tiong Bahru United]
1995 Geylang United FC [Geylang International]
1996 Geylang United FC
1997 Singapore Armed Forces FC
1998 Woodlands Wellington FC
1999 Singapore Armed Forces FC
2000 Home United FC

Slowakei - Liga
1939 FK Považská Bystrica [AC Sparta Považská Bystrica]
1939/40 ŠK Slovan Bratislava [ŠK Bratislava]
1940/41 ŠK Slovan Bratislava [ŠK Bratislava]
1941/42 ŠK Slovan Bratislava [ŠK Bratislava]
1942/43 OAP Bratislava
1943/44 ŠK Slovan Bratislava [ŠK Bratislava]
1945-93 *wurde nicht ausgetragen*
1993/94 ŠK Slovan Bratislava
1994/95 ŠK Slovan Bratislava
1995/96 ŠK Slovan Bratislava
1996/97 1. FC Košice
1997/98 1. FC Košice
1998/99 ŠK Slovan Bratislava
1999/00 FK AŠK Inter Slovnaft Bratislava
2000/01 FK AŠK Inter Slovnaft Bratislava

Slowakei - Pokal
1969/70 ŠK Slovan Bratislava [TJ Slovan CHZJD Bratislava]
1970/71 FC Spartak Trnava [TJ Spartak TAZ Trnava]
1971/72 ŠK Slovan Bratislava [TJ Slovan CHZJD Bratislava]
1972/73 1. FC Košice [TJ VSS Košice]
1973/74 ŠK Slovan Bratislava [TJ Slovan CHZJD Bratislava]
1974/75 FC Spartak Trnava [TJ Spartak TAZ Trnava]
1975/76 ŠK Slovan Bratislava [TJ Slovan CHZJD Bratislava]
1976/77 FK Lokomotiva Košice [TJ Lokomotiva Košice]
1977/78 FK TTS Trenčín [TJ TTS Trenčín]
1978/79 FK Lokomotiva Košice [TJ Lokomotiva Košice]
1979/80 1. FC Košice [TJ ZŤS Košice]
1980/81 FK Dukla Banská Bystrica [ASVŠ Dukla Banská Bystrica]
1981/82 ŠK Slovan Bratislava [TJ Slovan CHZJD Bratislava]
1982/83 ŠK Slovan Bratislava [TJ Slovan CHZJD Bratislava]
1983/84 AŠK Inter Slovnaft Bratislava [TJ Internacionál Slovnaft Bratislava]
1984/85 FK Lokomotiva Košice [TJ Lokomotiva Košice]
1985/86 FC Spartak Trnava [TJ Spartak TAZ Trnava]
1986/87 1. FC DAC Dunajská Streda [TJ DAC Poľnohospodár Dunajská Streda]
1987/88 TJ Inter Slovnaft ZŤS Bratislava
1988/89 TJ Inter Slovnaft ZŤS Bratislava
1989/90 TJ Inter Slovnaft ZŤS Bratislava
1990/91 FC Spartak Trnava [TJ Spartak Trnava]
1991/92 FC Tatran Prešov
1992/93 1. FC Košice
1993/94 ŠK Slovan Bratislava
1994/95 AŠK Inter Slovnaft Bratislava
1995/96 HFC Humenné [FC Chemlon Humenné]
1996/97 ŠK Slovan Bratislava
1997/98 FC Spartak Trnava
1998/99 ŠK Slovan Bratislava
1999/00 FK AŠK Inter Slovnaft Bratislava
2000/01 FK AŠK Inter Slovnaft Bratislava

Slowenien - Liga
1991/92 NK SCT Olimpija Ljubljana
1992/93 NK SCT Olimpija Ljubljana
1993/94 NK SCT Olimpija Ljubljana
1994/95 NK SCT Olimpija Ljubljana
1995/96 ND HIT Nova Gorica
1996/97 NK Maribor PL [NK Maribor Branik]
1997/98 NK Maribor PL [NK Maribor Teatanic]
1998/99 NK Maribor PL [NK Maribor Teatanic]
1999/00 NK Maribor PL
2000/01 NK Maribor PL

Slowenien - Pokal
1991/92 NK Maribor PL [NK Maribor Branik]
1992/93 NK SCT Olimpija Ljubljana
1993/94 NK Maribor PL [NK Maribor Branik]
1994/95 NK Mura Murska Sobota
1995/96 NK SCT Olimpija Ljubljana
1996/97 NK Maribor PL [NK Maribor Branik]
1997/98 NK Rudar Velenje
1998/99 NK Maribor PL [NK Maribor Teatanic]
1999/00 NK SCT Olimpija Ljubljana
2000/01 ND HIT Nova Gorica

Somalia - Liga
1967 Somali Police
1968 Hoga
1969 Lavori Publici
1970 Lavori Publici
1971 Lavori Publici
1972 Horsed FC
1973 Horsed FC
1974 Horsed FC
1975 Mogadishu Municipality
1976 Horsed FC
1977 Horsed FC
1978 Horsed FC
1979 Horsed FC
1980 Horsed FC
1981 Lavori Publici
1982 Wagad
1983 National Printing Agency
1984 Marine Club
1985 Wagad
1986 Mogadishu Municipality
1987 Wagad
1988 Wagad
1989 Mogadishu Municipality
1990 Jadidka
1991-93 *wurde nicht ausgetragen*
1994 Morris Supplies
1995 Alba
1996-97 *wurde nicht ausgetragen*
1998 Ports Authority
1999 *Sieger unbekannt*
2000 Elman FC

Somalia - Pokal
1977 Lavori Publici
1978 *Sieger unbekannt*
1979 Marine Club
1980 Lavori Publici
1981 National Printing Agency
1982 Horsed FC
1983 Horsed FC
1984 Waxool
1985 Petroleum
1986 Marine Club
1987 Horsed FC

Sowjetunion (hist.) - Liga
1936 FK Dinamo Moskva und FK Spartak Moskva [Dinamo Moskva und Spartak Moskva]
1937 FK Dinamo Moskva [Dinamo Moskva]
1938 FK Spartak Moskva [Spartak Moskva]
1939 FK Spartak Moskva [Spartak Moskva]
1940 FK Dinamo Moskva [Dinamo Moskva]
1941 *Wettbewerb wurde nicht beendet*
1942-44 *wurde nicht ausgetragen*
1945 FK Dinamo Moskva [Dinamo Moskva]
1946 FK CSKA Moskva [CDKA Moskva]
1947 FK CSKA Moskva [CDKA Moskva]
1948 FK CSKA Moskva [CDKA Moskva]
1949 FK Dinamo Moskva [Dinamo Moskva]
1950 FK CSKA Moskva [CDKA Moskva]
1951 FK CSKA Moskva [CDSA Moskva]
1952 FK Spartak Moskva [Spartak Moskva]
1953 FK Spartak Moskva [Spartak Moskva]
1954 FK Dinamo Moskva [Dinamo Moskva]
1955 FK Dinamo Moskva [Dinamo Moskva]
1956 FK Spartak Moskva [Spartak Moskva]
1957 FK Dinamo Moskva [Dinamo Moskva]
1958 FK Spartak Moskva [Spartak Moskva]
1959 FK Dinamo Moskva [Dinamo Moskva]
1960 FK Torpedo Moskva [Torpedo Moskva]
1961 FK Dynamo Kyiw [Dinamo Kiew]
1962 FK Spartak Moskva [Spartak Moskva]
1963 FK Dinamo Moskva [Dinamo Moskva]
1964 FC Dinamo Tbilisi [Dinamo Tbilisi]
1965 FK Torpedo Moskva [Torpedo Moskva]
1966 FK Dynamo Kyiw [Dinamo Kiew]
1967 FK Dynamo Kyiw [Dinamo Kiew]
1968 FK Dynamo Kyiw [Dinamo Kiew]
1969 FK Spartak Moskva [Spartak Moskva]
1970 FK CSKA Moskva [CSKA Moskva]
1971 FK Dynamo Kyiw [Dinamo Kiew]
1972 FK Zorja Luhans'k [Zarja Voroschilovgrad]
1973 FC Ararat Erewan [Ararat Erewan]
1974 FK Dynamo Kyiw [Dinamo Kiew]
1975 FK Dynamo Kyiw [Dinamo Kiew]
1976 FK Dinamo Moskva und FK Torpedo Moskva [Dinamo Moskva und Torpedo Moskva]
1977 FK Dynamo Kyiw [Dinamo Kiew]
1978 FC Dinamo Tbilisi [Dinamo Tbilisi]
1979 FK Spartak Moskva [Spartak Moskva]
1980 FK Dynamo Kyiw [Dinamo Kiew]
1981 FK Dynamo Kyiw [Dinamo Kiew]
1982 FK Dynama Minsk [Dinamo Minsk]
1983 FK Dnipro Dnipropetrows'k [Dnepr Dnepropetrowsk]
1984 FK Zenit Sankt Peterburg [Zenit Leningrad]
1985 FK Dynamo Kyiw [Dinamo Kiew]
1986 FK Dynamo Kyiw [Dinamo Kiew]
1987 FK Spartak Moskva [Spartak Moskva]
1988 FK Dnipro Dnipropetrows'k [Dnepr Dnepropetrowsk]
1989 FK Spartak Moskva [Spartak Moskva]
1990 FK Dynamo Kyiw [Dinamo Kiew]
1991 FK CSKA Moskva

Sowjetunion (hist.) - Pokal
1936 FK Lokomotiv Moskva [Lokomotiv Moskva]
1937 FK Dinamo Moskva [Dinamo Moskva]
1938 FK Spartak Moskva [Spartak Moskva]
1939 FK Spartak Moskva [Spartak Moskva]
1940-43 *wurde nicht ausgetragen*
1944 FK Zenit Sankt Peterburg [Zenit Leningrad]
1945 FK CSKA Moskva [CDKA Moskva]
1946 FK Spartak Moskva [Spartak Moskva]
1947 FK Spartak Moskva [Spartak Moskva]
1948 FK CSKA Moskva [CDKA Moskva]
1949 FK Torpedo Moskva [Torpedo Moskva]
1950 FK Spartak Moskva [Spartak Moskva]
1951 FK CSKA Moskva [CDSA Moskva]
1952 FK Torpedo Moskva [Torpedo Moskva]
1953 FK Dinamo Moskva [Dinamo Moskva]
1954 FK Dynamo Kyiw [Dinamo Kiew]
1955 FK CSKA Moskva [CDSA Moskva]
1956 *wurde nicht ausgetragen*
1957 FK Lokomotiv Moskva [Lokomotiv Moskva]
1958 FK Spartak Moskva [Spartak Moskva]
1959 *wurde nicht ausgetragen*
1959/60 FK Torpedo Moskva [Torpedo Moskva]
1960/61 FK Schachtar Donez'k [Schachtor Stalino]
1961/62 FK Schachtar Donez'k [Schachtor Donezk]
1962/63 FK Spartak Moskva [Spartak Moskva]
1963/64 FK Dynamo Kyiw [Dinamo Kiew]
1964/65 FK Spartak Moskva [Spartak Moskva]
1965/66 FK Dynamo Kyiw [Dinamo Kiew]
1966/67 FK Dinamo Moskva [Dinamo Moskva]
1967/68 FK Torpedo Moskva [Torpedo Moskva]
1968/69 FK Karpaty L'wiw [Karpaty L'wow]
1969/70 FK Dinamo Moskva [Dinamo Moskva]
1970/71 FK Spartak Moskva [Spartak Moskva]
1971/72 FK Torpedo Moskva [Torpedo Moskva]
1972/73 FC Ararat Erewan [Ararat Erewan]
1973/74 FK Dynamo Kyiw [Dinamo Kiew]
1974/75 FC Ararat Erewan [Ararat Erewan]
1975/76 FC Dinamo Tbilisi [Dinamo Tbilisi]
1976/77 FK Dinamo Moskva [Dinamo Moskva]
1977/78 FK Dynamo Kyiw [Dinamo Kiew]
1978/79 FC Dinamo Tbilisi [Dinamo Tbilisi]
1979/80 FK Schachtar Donez'k [Schachtor Donezk]
1980/81 FK SKA Rostow-na-Donu [SKA Rostow-na-Donu]
1981/82 FK Dynamo Kyiw [Dinamo Kiew]
1982/83 FK Schachtar Donez'k [Schachtor Donezk]
1983/84 FK Dinamo Moskva [Dinamo Moskva]
1984/85 FK Dynamo Kyiw [Dinamo Kiew]
1985/86 FK Torpedo Moskva [Torpedo Moskva]
1986/87 FK Dynamo Kyiw [Dinamo Kiew]
1987/88 FK Metalist Charkiw [Metallist Char'kow]
1988/89 FK Dnipro Dnipropetrows'k [Dnepr Dnepropetrowsk]
1989/90 FK Dynamo Kyiw [Dinamo Kiew]
1990/91 FK CSKA Moskva
1991/92 FK Spartak Moskva [Spartak Moskva]

Spanien - Liga
1928/29 FC Barcelona
1929/30 Athletic Bilbao
1930/31 Athletic Bilbao
1931/32 Real Madrid CF [Real FC Madrid]
1932/33 Real Madrid CF [Real FC Madrid]
1933/34 Athletic Bilbao
1934/35 Real Betis Balompié
1935/36 Athletic Bilbao
1937-39 *wurde nicht ausgetragen*
1939/40 Atlético Madrid [Atlético Aviación Madrid]
1940/41 Atlético Madrid [Atlético Aviación Madrid]
1941/42 Valencia CF
1942/43 Athletic Bilbao [Atlético Bilbao]
1943/44 Valencia CF
1944/45 FC Barcelona [CF Barcelona]
1945/46 Sevilla FC [CF Sevilla]
1946/47 Valencia CF
1947/48 FC Barcelona [CF Barcelona]
1948/49 FC Barcelona [CF Barcelona]
1949/50 Atlético Madrid
1950/51 Atlético Madrid
1951/52 FC Barcelona [CF Barcelona]
1952/53 FC Barcelona [CF Barcelona]
1953/54 Real Madrid CF
1954/55 Real Madrid CF
1955/56 Athletic Bilbao [Atlético Bilbao]
1956/57 Real Madrid CF
1957/58 Real Madrid CF
1958/59 FC Barcelona [CF Barcelona]
1959/60 FC Barcelona [CF Barcelona]
1960/61 Real Madrid CF
1961/62 Real Madrid CF
1962/63 Real Madrid CF
1963/64 Real Madrid CF
1964/65 Real Madrid CF
1965/66 Atlético Madrid
1966/67 Real Madrid CF
1967/68 Real Madrid CF
1968/69 Real Madrid CF
1969/70 Atlético Madrid
1970/71 Valencia CF
1971/72 Real Madrid CF
1972/73 Atlético Madrid
1973/74 FC Barcelona [CF Barcelona]
1974/75 Real Madrid CF
1975/76 Real Madrid CF
1976/77 Atlético Madrid
1977/78 Real Madrid CF
1978/79 Real Madrid CF
1979/80 Real Madrid CF
1980/81 Real Sociedad
1981/82 Real Sociedad
1982/83 Athletic Bilbao
1983/84 Athletic Bilbao
1984/85 FC Barcelona
1985/86 Real Madrid CF
1986/87 Real Madrid CF
1987/88 Real Madrid CF
1988/89 Real Madrid CF
1989/90 Real Madrid CF
1990/91 FC Barcelona
1991/92 FC Barcelona
1992/93 FC Barcelona
1993/94 FC Barcelona
1994/95 Real Madrid CF
1995/96 Atlético Madrid
1996/97 Real Madrid CF
1997/98 FC Barcelona
1998/99 FC Barcelona
1999/00 RCD La Coruña
2000/01 Real Madrid CF

Spanien - Pokal
1901/02 Vizcaya Bilbao
1902/03 Athletic Bilbao
1903/04 Athletic Bilbao
1904/05 Real Madrid CF [Madrid FC]
1905/06 Real Madrid CF [Madrid FC]
1906/07 Real Madrid CF [Madrid FC]
1907/08 Real Madrid CF [Madrid FC]
1908/09 Real Sociedad [Ciclista San Sebastián]
1909/10 Athletic Bilbao und FC Barcelona
1910/11 Athletic Bilbao
1911/12 FC Barcelona
1912/13 FC Barcelona und Real Racing Irún
1913/14 Athletic Bilbao
1914/15 Athletic Bilbao
1915/16 Athletic Bilbao
1916/17 Real Madrid CF [Madrid FC]
1917/18 Real Unión Irún
1918/19 Arenas de Guecho
1919/20 FC Barcelona
1920/21 Athletic Bilbao
1921/22 FC Barcelona
1922/23 Athletic Bilbao
1923/24 Real Unión Irún
1924/25 FC Barcelona
1925/26 FC Barcelona
1926/27 Real Unión Irún
1927/28 FC Barcelona
1928/29 RCD Espanyol Barcelona [RCD Español Barcelona]
1929/30 Athletic Bilbao
1930/31 Athletic Bilbao
1931/32 Athletic Bilbao
1932/33 Athletic Bilbao
1933/34 Real Madrid CF [Real FC Madrid]
1934/35 Sevilla FC
1935/36 Real Madrid CF [Real FC Madrid]
1937-38 *wurde nicht ausgetragen*
1938/39 Sevilla FC [CF Sevilla]
1939/40 RCD Espanyol Barcelona [RCD Español Barcelona]
1940/41 Valencia CF
1941/42 FC Barcelona [CF Barcelona]
1942/43 Athletic Bilbao [Atlético Bilbao]
1943/44 Athletic Bilbao [Atlético Bilbao]
1944/45 Athletic Bilbao [Atlético Bilbao]
1945/46 Real Madrid CF
1946/47 Real Madrid CF
1947/48 Sevilla FC [CF Sevilla]
1948/49 Valencia CF
1949/50 Athletic Bilbao [Atlético Bilbao]
1950/51 FC Barcelona [CF Barcelona]
1951/52 FC Barcelona [CF Barcelona]
1952/53 FC Barcelona [CF Barcelona]
1953/54 Valencia CF
1954/55 Athletic Bilbao [Atlético Bilbao]
1955/56 Athletic Bilbao [Atlético Bilbao]
1956/57 FC Barcelona [CF Barcelona]
1957/58 Athletic Bilbao [Atlético Bilbao]
1958/59 FC Barcelona [CF Barcelona]
1959/60 Atlético Madrid
1960/61 Atlético Madrid
1961/62 Real Madrid CF
1962/63 FC Barcelona [CF Barcelona]
1963/64 Real Zaragoza CD
1964/65 Atlético Madrid
1965/66 Real Zaragoza CD
1966/67 Valencia CF
1967/68 FC Barcelona [CF Barcelona]
1968/69 Athletic Bilbao [Atlético Bilbao]
1969/70 Real Madrid CF
1970/71 FC Barcelona [CF Barcelona]
1971/72 Atlético Madrid
1972/73 Athletic Bilbao
1973/74 Real Madrid CF
1974/75 Real Madrid CF
1975/76 Atlético Madrid
1976/77 Real Betis Balompié
1977/78 FC Barcelona
1978/79 Valencia CF
1979/80 Real Madrid CF
1980/81 FC Barcelona
1981/82 Real Madrid CF
1982/83 FC Barcelona
1983/84 Athletic Bilbao
1984/85 Atlético Madrid
1985/86 Real Zaragoza CD
1986/87 Real Sociedad
1987/88 FC Barcelona
1988/89 Real Madrid CF
1989/90 FC Barcelona
1990/91 Atlético Madrid
1991/92 Atlético Madrid
1992/93 Real Madrid CF
1993/94 Real Zaragoza CD
1994/95 RCD La Coruña
1995/96 Atlético Madrid
1996/97 FC Barcelona
1997/98 FC Barcelona
1998/99 Valencia CF
1999/00 RCD Espanyol Barcelona
2000/01 Real Zaragoza CD

Spanien - Liga-Pokal
1982/83 FC Barcelona
1983/84 Real Valladolid
1984/85 Real Madrid CF
1985/86 FC Barcelona

Sri Lanka - Liga
1911 Royal Artillery
1912-48 *Sieger unbekannt*
1949 Saunders SC
1950-84 *Sieger unbekannt*
1985 Saunders SC
1986 Saunders SC
1987 Saunders SC
1988 Saunders SC
1989 Renown SC
1990 Renown SC
1991 York SC
1992 Saunders SC
1993 Renown SC
1994 Renown SC
1995 Pettah United SC
1996 Saunders SC
1997 Saunders SC
1998 Ratnams SC
1999 Saunders SC
2000 Ratnams SC

Sri Lanka - Pokal
1949 Saunders SC
1950-51 *Sieger unbekannt*
1952 Saunders SC
1953 *Sieger unbekannt*
1954 Saunders SC
1955 Saunders SC
1956-59 *Sieger unbekannt*
1960 Saunders SC
1961-62 *Sieger unbekannt*
1963 Saunders SC
1964 Saunders SC
1965-81 *Sieger unbekannt*
1982 Saunders SC
1983 *Sieger unbekannt*
1984 Saunders SC
1985 Saunders SC
1986 Air Force SC
1987 Saunders SC
1988/89 Renown SC
1989/90 Renown SC
1991 York SC
1992 Saunders SC
1993 Renown SC
1994 Renown SC
1995/96 Old Benedictans SC
1996/97 Saunders SC
1998 Saunders SC
1999/00 Ratnams SC

St. Christoph und Nevis - Liga
1986 Garden Hotspurs FC
1987-89 *Sieger unbekannt*
1990 Garden Hotspurs FC
1991 Village Superstars FC
1992 Newtown United FC
1993 Newtown United FC
1994 Garden Hotspurs FC
1995 Newtown United FC
1996 Newtown United FC
1997 Newtown United FC
1998 Newtown United FC
1999 St Paul's United FC
2000 Garden Hotspurs FC

St. Lucia - Liga
1980 Dames SC
1981 Uptown Rebels
1982-96 *Sieger unbekannt*
1997 Pioneers FC
1998 Mabouya Valley Rovers
1999 Roots Alley Ballers
2000 Roots Alley Ballers

St. Lucia - Pokal
1998 Mabouya Valley Rovers
1999 VSADC

St. Vincent und Grenadinen - Liga
1996 Stubborn Youths SC
1997 *Sieger unbekannt*
1998 Chelsea FC
1999 Chelsea FC

Südafrika - Liga
1971 Orlando Pirates
1972 AmaZulu
1973 Orlando Pirates
1974 Kaizer Chiefs
1975 Orlando Pirates
1976 Kaizer Chiefs
1977 Kaizer Chiefs
1978 Lusitano Club
1979 Kaizer Chiefs
1980 Highlands Park
1981 Kaizer Chiefs
1982 Durban City
1983 Durban City
1984 Kaizer Chiefs
1985 Bush Bucks
1986 Rangers FC
1987 Jomo Cosmos
1988 Mamelodi Sundowns [Mamelodi United]
1989 Kaizer Chiefs
1990 Mamelodi Sundowns
1991 Kaizer Chiefs
1992 Kaizer Chiefs
1993 Mamelodi Sundowns
1994 Orlando Pirates
1995 Cape Town Spurs
1996/97 Manning Rangers
1997/98 Mamelodi Sundowns
1998/99 Mamelodi Sundowns
1999/00 Mamelodi Sundowns
2000/01 Orlando Pirates

Südafrika - Pokal
1971 Kaizer Chiefs
1972 Kaizer Chiefs
1973 Orlando Pirates

1974 Orlando Pirates
1975 Orlando Pirates
1976 Kaizer Chiefs
1977 Kaizer Chiefs
1978 Wits University
1979 Kaizer Chiefs
1980 Orlando Pirates
1981 Kaizer Chiefs
1982 Kaizer Chiefs
1983 Moroka Swallows
1984 Kaizer Chiefs
1985 Bloemfontein Celtic
1986 Mamelodi Sundowns [Mamelodi United]
1987 Kaizer Chiefs
1988 Orlando Pirates
1989 Moroka Swallows
1990 Jomo Cosmos
1991 Moroka Swallows
1992 Kaizer Chiefs
1993 Witbank Aces [Witbank Total Aces]
1994 Vaal Professionals
1995 Cape Town Spurs
1996 Orlando Pirates
1997 Mamelodi Sundowns
1998 Mamelodi Sundowns
1999 Supersport United
2000 Kaizer Chiefs
2001 Santos

Sudan - Liga
1962 al-Hilal (Omdurman)
1963 *wurde nicht ausgetragen*
1964 al-Hilal (Omdurman)
1965 al-Hilal (Omdurman)
1966 al-Hilal (Omdurman)
1967 al-Hilal (Omdurman)
1968 al-Mourada
1969 Burri
1970 al-Merreikh SC
1971 al-Merreikh SC
1972 al-Merreikh SC
1973 al-Merreikh SC
1974 al-Hilal (Omdurman) und al-Merreikh SC
1975 al-Merreikh SC
1976 *wurde nicht ausgetragen*
1977 al-Merreikh SC
1978 al-Merreikh SC
1979 *wurde nicht ausgetragen*
1980 al-Hilal (Omdurman)
1981 al-Hilal (Omdurman)
1982 al-Merreikh SC
1983 al-Hilal (Omdurman)
1984 al-Hilal (Omdurman)
1985 al-Merreikh SC
1986 al-Hilal (Omdurman)
1987 al-Hilal (Omdurman)
1988 al-Hilal (Omdurman)
1989 al-Hilal (Omdurman)
1990 al-Merreikh SC
1991 al-Hilal (Omdurman)
1992 al-Hilal (Port Sudan)
1993 al-Merreikh SC
1994 al-Hilal (Omdurman)
1995 al-Hilal (Omdurman)
1996 al-Hilal (Omdurman)
1997 al-Merreikh SC
1998 al-Hilal (Omdurman)
1999 al-Hilal (Omdurman)
2000 al-Merreikh SC

Sudan - Pokal
1963 al-Merreikh SC
1964-69 *Sieger unbekannt*
1970 al-Merreikh SC
1971 al-Merreikh SC
1972 al-Merreikh SC
1973 *Sieger unbekannt*
1974 al-Merreikh SC
1975 *Sieger unbekannt*
1976 *wurde nicht ausgetragen*
1977 al-Hilal (Omdurman)
1978 al-Nil
1979-80 *wurde nicht ausgetragen*
1981 Hai-al Arab
1982 al-Ahli (Wad Medani)
1983 al-Merreikh SC
1984 al-Merreikh SC
1985 al-Merreikh SC
1986 al-Merreikh SC
1987 al-Mourada
1988 al-Merreikh SC
1989 al-Mourada
1990 al-Ittihad
1991 al-Merreikh SC
1992 al-Merreikh SC
1993 al-Hilal (Omdurman)
1994 al-Merreikh SC
1995 al-Mourada
1996 al-Merreikh SC
1997 al-Mourada
1998 al-Merreikh SC
1999 al-Merreikh SC
2000 al-Hilal (Omdurman)

Südkorea - Liga
1983 Hallelujah
1984 Pusan Icons [Daewoo Royals]
1985 Anyang LG Cheetahs [Lucky-Goldstar Hwangso]
1986 Pohang Steelers [POSCO Atoms]
1987 Pusan Icons [Daewoo Royals]
1988 Pohang Steelers [POSCO Atoms]
1989 Puchon SK [Yukong Elephants]
1990 Anyang LG Cheetahs [Lucky-Goldstar Hwangso]
1991 Pusan Icons [Daewoo Royals]
1992 Pohang Steelers [POSCO Atoms]
1993 Songnam Ilhwa Chunma [Ilhwa Chunma]
1994 Songnam Ilhwa Chunma [Ilhwa Chunma]
1995 Songnam Ilhwa Chunma [Ilhwa Chunma]
1996 Ulsan Hyundai Horang-i
1997 Pusan Icons [Pusan Daewoo Royals]
1998 Suwon Samsung Bluewings
1999 Suwon Samsung Bluewings
2000 Anyang LG Cheetahs

Südkorea - Pokal
1996 Pohang Steelers
1997 Chun-Nam Dragons
1998 Anyang LG Cheetahs
1999 Songnam Ilhwa Chunma [Chunan Ilhwa Chunma]
2000 Chonbuk Hyundai Dinos [Chonbuk Hyundai Motors]

Südjemen (hist.) - Liga
1983/84 al-Shorta (Aden)
1984/85 *Sieger unbekannt*
1985/86 al-Tilal
1987-90 *Sieger unbekannt*

Surinam - Liga
1950 Transvaal
1951 Transvaal
1952 Voorwaarts
1953 Robin Hood
1954 Robin Hood
1955 Robin Hood
1956 Robin Hood
1957 Voorwaarts
1958 *wurde nicht ausgetragen*
1959 Robin Hood
1960 *wurde nicht ausgetragen*
1961 Robin Hood
1962 Transvaal
1963 Leo Victor
1964 Robin Hood
1965 Transvaal
1966 Transvaal
1967 Transvaal
1968 Transvaal
1969 Transvaal
1970 Transvaal
1971 Robin Hood
1972 *wurde nicht ausgetragen*
1973 Transvaal
1974 Transvaal
1975 Robin Hood
1976 Robin Hood
1977 Voorwaarts
1978 Leo Victor
1979 Robin Hood
1980 Robin Hood
1981 Robin Hood
1982 Leo Victor
1983 Robin Hood
1984 Robin Hood
1985 Robin Hood
1986 Robin Hood
1987 Robin Hood
1988 Robin Hood
1989 Robin Hood
1990 Transvaal
1991 Transvaal
1992 Robin Hood
1993 Robin Hood
1994 Robin Hood
1995 Transvaal
1996 Transvaal
1997 Transvaal
1998/99 SNL
1999/00 Transvaal

Surinam - Pokal
1995 Robin Hood
1996 Transvaal
1997 Robin Hood

Swasiland - Liga
1976 Mbabane Highlanders
1977-79 *Sieger unbekannt*
1980 Mbabane Highlanders
1981 Mhlume Peacemakers
1982 Mbabane Highlanders
1983 Manzini Wanderers
1984 Mbabane Highlanders
1985 Manzini Wanderers
1986 Mbabane Highlanders
1987 Manzini Wanderers
1988 Mbabane Highlanders
1989 Denver Sundowns
1990 Denver Sundowns
1991 Mbabane Highlanders
1992 Mbabane Highlanders
1993 Mbabane Swallows
1994 XI Men in Flight
1995 Mbabane Highlanders
1996 XI Men in Flight
1997 Mbabane Highlanders
1998/99 Manzini Wanderers
1999/00 Mbabane Highlanders
2000/01 Mbabane Highlanders

Swasiland - Pokal
1980 Bulembu Young Aces
1981 *Sieger unbekannt*
1982 Bulembu Young Aces
1983 Mbabane Highlanders
1984 Manzini Wanderers
1985 Mbabane Highlanders
1986 Mbabane Swallows
1987 Mbabane Highlanders
1988 Moneni Pirates
1989 Moneni Pirates
1990 Mbabane Highlanders
1991 Denver Sundowns
1992 Denver Sundowns
1993 XI Men in Flight
1994 Mbabane Highlanders
1995 Mhlambanyatsi Rovers
1996 XI Men in Flight
1997 *Sieger unbekannt*
1998 Denver Sundowns
1999 *Sieger unbekannt*
2000 Mhlume United

Syrien - Liga
1966/67 al-Ittihad
1967/68 al-Ittihad
1968/69 Thowra [Barada]
1969/70 Thowra [Barada]
1971-72 *wurde nicht ausgetragen*
1972/73 al-Jaish
1973/74 *wurde nicht ausgetragen*
1974/75 al-Karama
1975/76 al-Jaish
1976/77 al-Ittihad
1977/78 *wurde nicht ausgetragen*
1978/79 al-Jaish
1979/80 al-Shorta (Damascus)
1980/81 *wurde nicht ausgetragen*
1981/82 Teshrine
1982/83 al-Karama
1983/84 al-Karama
1984/85 al-Jaish
1986 al-Jaish
1986/87 Jabla
1987/88 Jabla
1988/89 Jabla
1989/90 al-Futuwa
1990/91 al-Futuwa
1991/92 al-Hurriya
1992/93 al-Ittihad
1993/94 al-Hurriya
1994/95 al-Ittihad
1995/96 al-Karama
1996/97 Teshrine
1997/98 al-Jaish
1998/99 al-Jaish
1999/00 Jabla
2000/01 al-Jaish

Syrien - Pokal
1959/60 al Ahli SC (EGY)
1960/61 *wurde nicht ausgetragen*
1961/62 Rmeilan
1962/63 *wurde nicht ausgetragen*
1963/64 al-Hurriya [al-Soori]
1964/65 *wurde nicht ausgetragen*
1965/66 al-Ittihad [Halal al-Ahli]
1966/67 al-Shorta (Damascus)
1967/68 al-Shorta (Damascus)
1968/69 Rmeilan
1969/70 al-Maghazel
1971-72 *wurde nicht ausgetragen*
1972/73 al-Ittihad
1974-77 *wurde nicht ausgetragen*
1977/78 al-Majd
1978/79 *wurde nicht ausgetragen*
1979/80 al-Shorta (Damascus)
1980/81 al-Shorta (Damascus)
1981/82 al-Ittihad
1982/83 al-Karama
1983/84 al-Ittihad
1984/85 al-Ittihad
1985/86 al-Jaish
1986/87 al-Karama
1987/88 al-Futuwa
1988/89 al-Futuwa
1989/90 al-Futuwa
1990/91 al-Futuwa
1991/92 al-Hurriya
1992/93 al-Wahda
1993/94 al-Ittihad
1994/95 al-Karama
1995/96 al-Karama
1996/97 al-Jaish
1997/98 al-Jaish
1998/99 Jabla
1999/00 al-Jaish

Tadschikistan - Liga
1992 SKA Pamir Duschanbe
1993 Sitora Duschanbe
1994 Sitora Duschanbe
1995 SKA Pamir Duschanbe
1996 Dinamo Duschanbe
1997 Vachsch Kurgan-Tjube
1998 Varzob Duschanbe
1999 Varzob Duschanbe
2000 Varzob Duschanbe

Tadschikistan - Pokal
1992 SKA Pamir Duschanbe
1993 Sitora Duschanbe
1994 Rawschan Kuljab
1995 Pachtakor Dzhabarrasulowsk
1996 *wurde nicht ausgetragen*
1997 Vachsch Kurgan-Tjube
1998 FK Chodzhent
1999 Varzob Duschanbe

Tahiti - Liga
1948 Fei Pi
1949 Fei Pi
1950 Fei Pi
1951 Fei Pi
1952 Excelsior
1953 AS Vénus
1954 Jeunes Tahitiens
1955 AS Central Sport
1956 Excelsior
1957 Excelsior
1958 AS Central Sport
1959 Excelsior
1960 Excelsior
1961 Jeunes Tahitiens
1962 AS Central Sport
1963 AS Central Sport
1964 AS Central Sport
1965 AS Central Sport
1966 AS Central Sport
1967 AS Central Sport
1968 Fei Pi
1969 Punaruu
1970 Fei Pi
1971 Fei Pi
1972 AS Central Sport
1973 AS Central Sport
1974 AS Central Sport
1975 AS Central Sport
1976 AS Central Sport
1977 AS Central Sport
1978 AS Central Sport
1979 AS Central Sport
1980 JS Arue
1981 AS Central Sport
1982 AS Central Sport
1983 AS Central Sport
1984 AS PTT
1985 AS Central Sport
1986 Excelsior
1987 Jeunes Tahitiens
1988 Excelsior
1989 AS Pirae
1990 AS Vénus
1991 AS Pirae
1992 AS Vénus
1993 AS Pirae
1994 *Sieger unbekannt*
1995 AS Pirae
1996 AS Manu-Ura
1997 AS Vénus
1998 AS Vénus
1998/99 AS Vénus
1999/00 AS Vénus
2000/01 AS Pirae

Tahiti - Pokal
1938 Marine
1939-44 *wurde nicht ausgetragen*
1945 CAICT
1946 Fei Pi
1947 Fei Pi
1948 Fei Pi
1949 Fei Pi
1950 AS Central Sport
1951 Jeunes Tahitiens
1952 AS Vénus
1953 AS Central Sport
1954 AS Central Sport
1955 Fei Pi
1956 Fei Pi
1957 AS Central Sport
1958 Fei Pi
1959 Fei Pi
1960 Excelsior
1961 AS Central Sport
1962 AS Central Sport
1963 Excelsior
1964 Excelsior
1965 Excelsior
1966 AS Central Sport
1967 AS Central Sport
1968 Punaruu
1969 Punaruu
1970 JS Arue
1971 Jeunes Tahitiens
1972 AS Central Sport
1973 AS Central Sport
1974 Vaiete
1975 AS Central Sport
1976 AS Central Sport
1977 AS Central Sport
1978 AS Pirae
1979 AS Central Sport
1980 AS Pirae
1981 AS Central Sport
1982 Jeunes Tahitiens
1983 AS Central Sport
1984 AS Pirae
1985 AS PTT
1986 AS PTT
1987 Jeunes Tahitiens
1988 AS Central Sport
1989 Jeunes Tahitiens
1990 AS Vénus
1991 AS Vénus
1992 AS Vénus
1993-94 *Sieger unbekannt*
1995 AS Central Sport
1996 AS Pirae
1997 AS Dragon
1998 AS Vénus
1999 AS Vénus
2000 AS Pirae
2001 AS Vénus

Taiwan - Liga
1985 Flying Camels
1986-93 *Sieger unbekannt*
1994 Ta Tung
1995 Taipower
1996 Taipower
1997 Taipower
1998 Taipower

Tansania - Liga
1965 Simba SC [Sunderland]
1966 Simba SC [Sunderland]
1967 Cosmopolitans
1968 Yanga
1969 Yanga
1970 Yanga
1971 Yanga
1972 Simba SC
1973 Simba SC
1974 Yanga
1975 Simba SC [Mseto Sports]
1976 Simba SC
1977 Simba SC
1978 Simba SC
1979 Simba SC
1980 Simba SC
1981 Yanga
1982 Pan African SC
1983 Yanga
1984 KMKM
1985 Maji Maji
1986 Maji Maji
1987 Yanga
1988 Pan African SC
1989 Malindi SC
1990 Pamba SC
1991 Yanga
1992 Malindi SC
1993 Simba SC
1994 Simba SC
1995 Simba SC
1996 Yanga
1996/97 Yanga
1998 Maji Maji
1999 44 KJ [Prisons]
2000 Yanga

Tansania - Pokal
1974 Jeshi
1975 Yanga
1976 Rangers International
1977 KMKM
1978 Pan African SC
1979 Pan African SC
1980 Coastal Union
1981 Pan African SC
1982 KMKM
1983 KMKM
1984 Simba SC
1985 Miembeni SC
1986 Miembeni SC
1987 Miembeni SC
1988 Coastal Union
1989 Pamba SC
1990 Small Simba
1991 Railways SC
1992 Pamba SC
1993 Malindi SC
1994 Yanga
1995 Simba SC
1996 Kajumulo
1997 Tanzania Stars
1998 Tanzania Stars
1999 Yanga
2000 Simba SC

Thailand - Liga
1966 Bangkok Bank
1967 Bangkok Bank
1968-69 *Sieger unbekannt*
1970 Bangkok Bank
1971-84 *Sieger unbekannt*
1985 Bangkok Bank
1986 Port Authority
1987 Bangkok Bank
1988 Royal Thai Air Force
1989 *Sieger unbekannt*
1990 Bangkok Bank
1991 Port Authority
1992 Thai Farmers Bank
1993 Thai Farmers Bank
1994 Bangkok Bank
1995 Thai Farmers Bank
1996/97 Bangkok Bank
1997 Royal Thai Air Force
1998 Sinthana
1999 Royal Thai Air Force
2000 BEC Tero-Sassana

Thailand - Pokal
1993 TOT
1994 UCOM Rajpracha SC
1995 Royal Thai Air Force
1996 *Sieger unbekannt*
1997 Sinthana
1998 *wurde nicht ausgetragen*
1999 Bangkok Bank
2000 BEC Tero-Sassana

Togo - Liga
1965 Etoile Filante
1966 AC Modèle
1967 Etoile Filante
1968 Etoile Filante
1969 AC Modèle
1970 Dynamic Togolais
1971 Dynamic Togolais
1972 AC Modèle
1973 AC Modèle
1974 Lomé 1
1975 Lomé 1
1976 Lomé 1
1977 *wurde nicht ausgetragen*
1978 Semassi Sokodé AC
1979 Semassi Sokodé AC
1980 Agaza Lomé
1981 Semassi Sokodé AC
1982 Semassi Sokodé AC
1983 Semassi Sokodé AC
1984 Agaza Lomé
1985 ASFOSA
1986 ASFOSA
1987 Doumbé
1988 ASKO Kara
1989 ASKO Kara
1990 Ifodje Atakpamé
1991 *wurde nicht ausgetragen*
1992 Etoile Filante
1993 Semassi Sokodé AC
1994 Semassi Sokodé AC
1995 Semassi Sokodé AC
1996 ASKO Kara
1997 Dynamic Togolais
1998 *wurde nicht ausgetragen*
1999 Semassi Sokodé AC
2000 *Wettbewerb wurde nicht beendet*

Togo - Pokal
1974 Ifodje Atakpamé
1975 ASKO Kara
1976 ASKO Kara
1977 Edan
1978 *wurde nicht ausgetragen*
1979 Agaza Lomé
1980 Semassi Sokodé AC
1981 Agaza Lomé
1982 Semassi Sokodé AC
1983 *wurde nicht ausgetragen*
1984 Agaza Lomé
1985 Foadan Dapaong
1986 Entente II
1987 ASKO Kara
1988 Agaza Lomé
1989 Entente II
1990 Semassi Sokodé AC
1991-93 *wurde nicht ausgetragen*
1994 Etoile Filante
1995 ASKO Kara
1996 Doumbé
1997-98 *wurde nicht ausgetragen*
1999 Agaza Lomé
2000 Agaza Lomé
2001 Dynamic Togolais

Tonga - Liga
1982 Ngele'ia
1983 Ngele'ia
1984 Ngele'ia
1985 Ngele'ia
1986-96 *Sieger unbekannt*
1997 Lotoha'apai SC
1998 Lotoha'apai SC
1999 Kolofo'ou FC

Tonga - Pokal
1981 Ngele'ia
1982 Ngele'ia
1983 Ngele'ia
1984 Veitongo
1985 Ngele'ia
1986 Ngele'ia
1987 Ngele'ia
1988 Ngele'ia
1989-93 *Sieger unbekannt*
1994 Navutoka
1995-97 *Sieger unbekannt*
1998 Veitongo

Trinidad und Tobago - Liga
1990 Defense Force
1991 Defense Force
1992 *Sieger unbekannt*
1993 Defense Force
1994 Guinness Police FC
1995 United Petrotrin
1996 Defense Force
1997 Defense Force
1998 Joe Public
1999 Defense Force
2000 Williams Connection

Trinidad und Tobago - Pokal
1994 Guinness Police FC
1995 United Petrotrin
1996 *Sieger unbekannt*
1997 United Petrotrin
1998 CLF San Juan Jabloteh
1999 Williams Connection
2000 Williams Connection

Tschad - Liga
1989 Renaissance
1990 Elect Sports
1991 FC Tourbillon
1992 Elect Sports
1993 Postel 2000
1994 Renaissance Abéché
1995 Postel 2000
1996 ASCOT
1997 FC Tourbillon
1998 ASCOT
1999 Renaissance
2000 FC Tourbillon

Tschad - Pokal
1973 Gazelle
1974 Gazelle
1975-88 *Sieger unbekannt*
1989 FC Tourbillon
1990 Renaissance
1991 Postel 2000
1992 Massénya
1993 Renaissance Abéché
1994 *Sieger unbekannt*
1995 ASCOT
1996 Renaissance
1997 Gazelle
1998 Renaissance
1999 ASCOT
2000 Gazelle

Tschechische Republik - Liga
1939/40 SK Slavia Praha
1940/41 SK Slavia Praha
1941/42 SK Slavia Praha
1942/43 SK Slavia Praha
1943/44 AC Sparta Praha
1945-93 *wurde nicht ausgetragen*
1993/94 AC Sparta Praha
1994/95 AC Sparta Praha
1995/96 SK Slavia Praha
1996/97 AC Sparta Praha
1997/98 AC Sparta Praha
1998/99 AC Sparta Praha
1999/00 AC Sparta Praha
2000/01 AC Sparta Praha

Tschechische Republik - Pokal
1939/40 Sokol OD ASO Olomouc [SK ASO Olomouc]
1940/41 SK Slavia Praha
1941/42 SK Slavia Praha
1942/43 AC Sparta Praha
1943/44 AC Sparta Praha
1945-69 *wurde nicht ausgetragen*
1969/70 FK Zlín [TJ Gottwaldov]
1970/71 FC Viktoria Plzeň [TJ Škoda Plzeň]
1971/72 AC Sparta Praha [TJ Sparta ČKD Praha]
1972/73 FC Baník Ostrava [TJ Baník Ostrava OKD]
1973/74 SK Slavia Praha [TJ Slavia Praha]
1974/75 AC Sparta Praha [TJ Sparta ČKD Praha]
1975/76 AC Sparta Praha [TJ Sparta ČKD Praha]
1976/77 FK Teplice [TJ Sklo Union Teplice]
1977/78 FC Baník Ostrava [TJ Baník Ostrava OKD]
1978/79 FC Baník Ostrava [TJ Baník Ostrava OKD]
1979/80 AC Sparta Praha [TJ Sparta ČKD Praha]
1980/81 FC Dukla Praha [ASVS Dukla Praha]
1981/82 FC Bohemians Praha [TJ Bohemians ČKD Praha]
1982/83 FC Dukla Praha [ASVS Dukla Praha]
1983/84 AC Sparta Praha [TJ Sparta ČKD Praha]
1984/85 FC Dukla Praha [ASVS Dukla Praha]
1985/86 AC Sparta Praha [TJ Sparta ČKD Praha]
1986/87 AC Sparta Praha [TJ Sparta ČKD Praha]
1987/88 AC Sparta Praha [TJ Sparta ČKD Praha]
1988/89 AC Sparta Praha [TJ Sparta ČKD Praha]
1989/90 FC Dukla Praha [ASVS Dukla Praha]
1990/91 FC Baník Ostrava
1991/92 AC Sparta Praha
1992/93 AC Sparta Praha
1993/94 FK Viktoria Žižkov
1994/95 SK Hradec Králové
1995/96 AC Sparta Praha
1996/97 SK Slavia Praha
1997/98 FK Jablonec '97
1998/99 SK Slavia Praha
1999/00 FC Slovan Liberec
2000/01 FK Viktoria Žižkov

Tschechoslowakei (hist.) - Liga
1925 SK Slavia Praha
1925/26 AC Sparta Praha
1927 AC Sparta Praha
1927/28 FK Viktoria Žižkov [SK Viktoria Žižkov]
1928/29 SK Slavia Praha
1929/30 SK Slavia Praha
1930/31 SK Slavia Praha
1931/32 AC Sparta Praha
1932/33 SK Slavia Praha
1933/34 SK Slavia Praha
1934/35 SK Slavia Praha
1935/36 AC Sparta Praha
1936/37 SK Slavia Praha
1937/38 AC Sparta Praha
1938/39 AC Sparta Praha
1940-44 *wurde nicht ausgetragen*
1945/46 AC Sparta Praha
1946/47 SK Slavia Praha
1947/48 AC Sparta Praha
1949 ŠK Slovan Bratislava [Sokol NV Bratislava]
1950 ŠK Slovan Bratislava [Sokol NV Bratislava]
1951 ŠK Slovan Bratislava [Sokol NV Bratislava]
1952 AC Sparta Praha [Sokol Sparta ČKD Praha]
1953 FK Dukla Praha [ÚDA Praha]
1954 AC Sparta Praha [Spartak Sokolovo Praha]
1955 ŠK Slovan Bratislava [TJ Slovan Bratislava ÚNV]
1956 FK Dukla Praha [VTJ Dukla Praha]
1957/58 FK Dukla Praha [VTJ Dukla Praha]
1958/59 ŠK Polície Bratislava [ÚD Červená hviezda Bratislava]
1959/60 SK Hradec Králové [TJ Spartak Hradec Králové]
1960/61 FK Dukla Praha [VTJ Dukla Praha]
1961/62 FK Dukla Praha [VTJ Dukla Praha]
1962/63 FK Dukla Praha [VTJ Dukla Praha]
1963/64 FK Dukla Praha [VTJ Dukla Praha]
1964/65 AC Sparta Praha [Spartak Sokolovo Praha]
1965/66 FK Dukla Praha [VTJ Dukla Praha]

1966/67	AC Sparta Praha [TJ Sparta ČKD Praha]
1967/68	FC Spartak Trnava [TJ Spartak TAZ Trnava]
1968/69	FC Spartak Trnava [TJ Spartak TAZ Trnava]
1969/70	ŠK Slovan Bratislava [TJ Slovan CHZJD Bratislava]
1970/71	FC Spartak Trnava [TJ Spartak TAZ Trnava]
1971/72	FC Spartak Trnava [TJ Spartak TAZ Trnava]
1972/73	FC Spartak Trnava [TJ Spartak TAZ Trnava]
1973/74	ŠK Slovan Bratislava [TJ Slovan CHZJD Bratislava]
1974/75	ŠK Slovan Bratislava [TJ Slovan CHZJD Bratislava]
1975/76	FC Baník Ostrava [TJ Baník Ostrava OKD]
1976/77	FK Dukla Praha [ASVS Dukla Praha]
1977/78	FC Stavo Artikel Brno [TJ Zbrojovka Brno]
1978/79	FK Dukla Praha [ASVS Dukla Praha]
1979/80	FC Baník Ostrava [TJ Baník Ostrava OKD]
1980/81	FC Baník Ostrava [TJ Baník Ostrava OKD]
1981/82	FK Dukla Praha [ASVS Dukla Praha]
1982/83	FC Bohemians Praha [TJ Bohemians ČKD Praha]
1983/84	AC Sparta Praha [TJ Sparta ČKD Praha]
1984/85	AC Sparta Praha [TJ Sparta ČKD Praha]
1985/86	FC Vítkovice [TJ Vítkovice]
1986/87	AC Sparta Praha [TJ Sparta ČKD Praha]
1987/88	AC Sparta Praha [TJ Sparta ČKD Praha]
1988/89	AC Sparta Praha [TJ Sparta ČKD Praha]
1989/90	AC Sparta Praha [TJ Sparta ČKD Praha]
1990/91	AC Sparta Praha [TJ Sparta ČKD Praha]
1991/92	ŠK Slovan Bratislava
1992/93	AC Sparta Praha

Tschechoslowakei (hist.) – Pokal

1960/61	FK Dukla Praha [VTJ Dukla Praha]
1961/62	ŠK Slovan Bratislava [TJ Slovan CHZJD Bratislava]
1962/63	ŠK Slovan Bratislava [TJ Slovan CHZJD Bratislava]
1963/64	AC Sparta Praha [Spartak Sokolovo Praha]
1964/65	FK Dukla Praha [VTJ Dukla Praha]
1965/66	FK Dukla Praha [VTJ Dukla Praha]
1966/67	FC Spartak Trnava [TJ Spartak Trnava]
1967/68	ŠK Slovan Bratislava [TJ Slovan CHZJD Bratislava]
1968/69	FK Dukla Praha [VTJ Dukla Praha]
1969/70	FK Zlín [TJ Gottwaldov]
1970/71	FC Spartak Trnava [TJ Spartak TAZ Trnava]
1971/72	AC Sparta Praha [TJ Sparta ČKD Praha]
1972/73	FC Baník Ostrava [TJ Baník Ostrava OKD]
1973/74	ŠK Slovan Bratislava [TJ Slovan CHZJD Bratislava]
1974/75	FC Spartak Trnava [TJ Spartak TAZ Trnava]
1975/76	AC Sparta Praha [TJ Sparta ČKD Praha]
1976/77	FK Lokomotíva Košice [TJ Lokomotíva Košice]
1977/78	FC Baník Ostrava [TJ Baník Ostrava OKD]
1978/79	FK Lokomotíva Košice [TJ Lokomotíva Košice]
1979/80	AC Sparta Praha [TJ Sparta ČKD Praha]
1980/81	FK Dukla Praha [ASVS Dukla Praha]
1981/82	ŠK Slovan Bratislava [TJ Slovan CHZJD Bratislava]
1982/83	FK Dukla Praha [ASVS Dukla Praha]
1983/84	AC Sparta Praha [TJ Sparta ČKD Praha]
1984/85	FK Dukla Praha [ASVS Dukla Praha]
1985/86	FC Spartak Trnava [TJ Spartak TAZ Trnava]
1986/87	1. FC DAC Dunajská Streda [TJ DAC Poľnohospodár Dunajská Streda]
1987/88	AC Sparta Praha [TJ Sparta ČKD Praha]
1988/89	AC Sparta Praha [TJ Sparta ČKD Praha]
1989/90	FK Dukla Praha [ASVS Dukla Praha]
1990/91	FC Baník Ostrava
1991/92	AC Sparta Praha
1992/93	1. FC Košice

Tunesien – Liga

1920/21	Racing Club
1921/22	Stade Gauloise
1922/23	Stade Gauloise
1923/24	Racing Club
1924/25	Sporting Club
1925/26	Stade Gauloise
1926/27	Sporting Club
1927/28	Avant Garde
1928/29	US Tunisienne
1929/30	US Tunisienne
1930/31	Italia
1931/32	US Tunisienne
1932/33	Sfax Railways SC
1933/34	Italia
1934/35	Italia
1935/36	Italia
1936/37	Savoia La Goulette
1937/38	CS Gabesien
1939-40	*wurde nicht ausgetragen*
1940/41	Espérance Tunis
1942-43	*wurde nicht ausgetragen*
1943/44	CA Bizertin
1944/45	CA Bizertin
1945/46	Club Africain
1946/47	Club Africain
1947/48	CA Bizertin
1948/49	ES Sahel
1949/50	CS Hammam-Lif
1951-55	*wurde nicht ausgetragen*
1955/56	CS Hammam-Lif
1956/57	Stade Tunisien
1957/58	ES Sahel
1958/59	Espérance Tunis
1959/60	Espérance Tunis
1960/61	Stade Tunisien
1961/62	Stade Tunisien
1962/63	ES Sahel
1963/64	Club Africain
1964/65	Stade Tunisien
1965/66	ES Sahel
1966/67	Club Africain
1967/68	Sfax Railways SC
1968/69	CS Sfaxien
1969/70	Espérance Tunis
1970/71	CS Sfaxien
1971/72	ES Sahel
1972/73	Club Africain
1973/74	Club Africain
1974/75	Espérance Tunis
1975/76	Espérance Tunis
1976/77	JS Kairouaniase
1977/78	CS Sfaxien
1978/79	Club Africain
1979/80	Club Africain
1980/81	CS Sfaxien
1981/82	Espérance Tunis
1982/83	CS Sfaxien
1983/84	CA Bizertin
1984/85	Espérance Tunis
1985/86	ES Sahel
1986/87	ES Sahel
1987/88	Espérance Tunis
1988/89	Espérance Tunis
1989/90	Club Africain
1990/91	Espérance Tunis
1991/92	Club Africain
1992/93	Espérance Tunis
1993/94	Espérance Tunis
1994/95	CS Sfaxien
1995/96	Club Africain
1996/97	ES Sahel
1997/98	Espérance Tunis
1998/99	Espérance Tunis
1999/00	Espérance Tunis
2000/01	Espérance Tunis

Tunesien – Pokal

1921/22	Avant Garde
1922/23	Racing Club
1923/24	Stade Gauloise
1924/25	Sporting Club
1925/26	Stade Gauloise
1927-28	*wurde nicht ausgetragen*
1928/29	US Tunisienne
1929/30	US Tunisienne
1930/31	Racing Club
1931/32	US Tunisienne
1932/33	US Tunisienne
1933/34	US Tunisienne
1934/35	Italia
1935/36	Stade Gauloise
1936/37	Sporting Club
1937/38	Espérance Tunis
1939-40	*wurde nicht ausgetragen*
1940/41	US Ferryville
1942-43	*wurde nicht ausgetragen*
1943/44	Olympique Tunis
1944/45	Patrie FC
1945/46	CS Hammam-Lif
1946/47	CS Hammam-Lif
1947/48	CS Hammam-Lif
1948/49	CS Hammam-Lif
1949/50	CS Hammam-Lif
1951-55	*wurde nicht ausgetragen*
1955/56	Stade Tunisien
1956/57	Espérance Tunis
1957/58	Stade Tunisien
1958/59	ES Sahel
1959/60	Stade Tunisien
1960/61	AS Marsa
1961/62	Stade Tunisien
1962/63	ES Sahel
1963/64	Espérance Tunis
1964/65	Club Africain
1965/66	Stade Tunisien
1966/67	Club Africain
1967/68	Club Africain
1968/69	Club Africain
1969/70	Club Africain
1970/71	CS Sfaxien
1971/72	Club Africain
1972/73	Club Africain
1973/74	ES Sahel
1974/75	ES Sahel
1975/76	Club Africain
1976/77	AS Marsa
1977/78	*wurde nicht ausgetragen*
1978/79	Espérance Tunis
1979/80	Espérance Tunis
1980/81	ES Sahel
1981/82	CA Bizertin
1982/83	ES Sahel
1983/84	AS Marsa
1984/85	CS Hammam-Lif
1985/86	Espérance Tunis
1986/87	CA Bizertin
1987/88	CO Transports
1988/89	Espérance Tunis
1989/90	AS Marsa
1990/91	Espérance Tunis
1991/92	Club Africain
1992/93	Olympique Béja
1993/94	AS Marsa
1994/95	CS Sfaxien
1995/96	ES Sahel
1996/97	Espérance Tunis
1997/98	Club Africain
1998/99	Espérance Tunis
1999/00	Club Africain
2000/01	CS Hammam-Lif

Türkei – Liga

1959	Fenerbahçe SK
1959/60	Beşiktaş JK
1960/61	Fenerbahçe SK
1961/62	Galatasaray SK
1962/63	Galatasaray SK
1963/64	Fenerbahçe SK
1964/65	Fenerbahçe SK
1965/66	Beşiktaş JK
1966/67	Beşiktaş JK
1967/68	Fenerbahçe SK
1968/69	Galatasaray SK
1969/70	Fenerbahçe SK
1970/71	Galatasaray SK
1971/72	Galatasaray SK
1972/73	Galatasaray SK
1973/74	Fenerbahçe SK
1974/75	Fenerbahçe SK
1975/76	Trabzonspor K
1976/77	Trabzonspor K
1977/78	Fenerbahçe SK
1978/79	Trabzonspor K
1979/80	Trabzonspor K
1980/81	Trabzonspor K
1981/82	Beşiktaş JK
1982/83	Fenerbahçe SK
1983/84	Trabzonspor K
1984/85	Fenerbahçe SK
1985/86	Beşiktaş JK
1986/87	Galatasaray SK
1987/88	Galatasaray SK
1988/89	Fenerbahçe SK
1989/90	Beşiktaş JK
1990/91	Beşiktaş JK
1991/92	Beşiktaş JK
1992/93	Galatasaray SK
1993/94	Galatasaray SK
1994/95	Beşiktaş JK
1995/96	Fenerbahçe SK
1996/97	Galatasaray SK
1997/98	Galatasaray SK
1998/99	Galatasaray SK
1999/00	Galatasaray SK
2000/01	Fenerbahçe SK

Türkei – Pokal

1962/63	Galatasaray SK
1963/64	Galatasaray SK
1964/65	Galatasaray SK
1965/66	Galatasaray SK
1966/67	Altay GK
1967/68	Fenerbahçe SK
1968/69	Göztepe SK
1969/70	Göztepe SK
1970/71	Eskişehirspor K
1971/72	MKE Ankaragücü SK
1972/73	Galatasaray SK
1973/74	Fenerbahçe SK
1974/75	Beşiktaş JK
1975/76	Galatasaray SK
1976/77	Trabzonspor K
1977/78	Trabzonspor K
1978/79	Fenerbahçe SK
1979/80	Altay GK
1980/81	MKE Ankaragücü SK
1981/82	Galatasaray SK
1982/83	Fenerbahçe SK
1983/84	Trabzonspor K
1984/85	Galatasaray SK
1985/86	Bursaspor K
1986/87	Gençlerbirligi SK
1987/88	Sakaryaspor AŞ [Sakaryaspor K]
1988/89	Beşiktaş JK
1989/90	Beşiktaş JK
1990/91	Galatasaray SK
1991/92	Trabzonspor K
1992/93	Galatasaray SK
1993/94	Beşiktaş JK
1994/95	Trabzonspor K
1995/96	Galatasaray SK
1996/97	Kocaelispor K
1997/98	Beşiktaş JK
1998/99	Galatasaray SK
1999/00	Galatasaray SK
2000/01	Gençlerbirligi SK

Turkmenistan – Liga

1992	Kopet-Dag Aschchabad
1993	Kopet-Dag Aschchabad
1994	Kopet-Dag Aschchabad
1995	Kopet-Dag Aschchabad
1996	Nisa Aschchabad
1997/98	Kopet-Dag Aschchabad
1998/99	Nisa Aschchabad
2000	Kopet-Dag Aschchabad

Turkmenistan – Pokal

1993	Kopet-Dag Aschchabad
1994	Kopet-Dag Aschchabad
1995	Turan Taschauz
1996/97	Kopet-Dag Aschchabad
1998	Nisa Aschchabad
1999	Kopet-Dag Aschchabad
2000	Kopet-Dag Aschchabad

Turks und Caicos – Liga

1999	Tropic All Stars
2000	Masters

Uganda – Liga

1966	Express Red Eagles [Express FC]
1967	Bitumastic
1968	*wurde nicht ausgetragen*
1969	Prisons FC
1970	Coffee United SC
1971	Simba SC
1972	Simba SC
1973	Simba SC
1974	Express Red Eagles [Express FC]
1975	Express Red Eagles [Express FC]
1976	City Council SC
1977	City Council SC
1978	City Council SC
1979	UCB
1980	Nile Breweries FC
1981	City Council SC
1982	Villa SC [Nakivubo Villa SC]
1983	City Council SC
1984	Villa SC [Nakivubo Villa SC]
1985	City Council SC
1986	City Council SC
1987	Villa SC [Nakivubo Villa SC]
1988	Express Red Eagles [Express FC]
1989	Express Red Eagles [Express FC]
1990	Villa SC [Nakivubo Villa SC]
1991	City Council SC
1992	Villa SC [Nakivubo Villa SC]
1993	Express Red Eagles [Express FC]
1994	Villa SC [Nakivubo Villa SC]
1995	Express Red Eagles
1996	Express Red Eagles
1997	City Council SC
1998	Villa SC
1999	Villa SC
2000	Villa SC

Uganda – Pokal

1971	Coffee United SC
1972-75	*wettbewerb wurde annulliert*
1976	Gangama United
1977	Simba SC
1978	Nsambya FC
1979	City Council SC
1980	City Council SC
1981	Coffee United SC
1982	City Council SC
1983	Villa SC [Nakivubo Villa SC]
1984	City Council SC
1985	Express Red Eagles [Express FC]
1986	Villa SC [Nakivubo Villa SC]
1987	City Council SC
1988	Villa SC [Nakivubo Villa SC]
1989	Villa SC [Nakivubo Villa SC]
1990	City Council SC
1991	Express Red Eagles [Express FC]
1992	Express Red Eagles [Express FC]
1993	City Council SC
1994	Express Red Eagles
1995	Express Red Eagles
1996	UEB
1997	Express Red Eagles
1998	Villa SC
1999	Dairy Heroes
2000	Villa SC

Ukraine – Liga

1992	FK Tawrija Symferopoľ
1992/93	FK Dynamo Kyiw
1993/94	FK Dynamo Kyiw
1994/95	FK Dynamo Kyiw
1995/96	FK Dynamo Kyiw
1996/97	FK Dynamo Kyiw
1997/98	FK Dynamo Kyiw
1998/99	FK Dynamo Kyiw
1999/00	FK Dynamo Kyiw
2000/01	FK Dynamo Kyiw

Ukraine – Pokal

1992	FK Tschornomoretz' Odesa
1992/93	FK Dynamo Kyiw
1993/94	FK Tschornomoretz' Odesa
1994/95	FK Schachtar Donez'k
1995/96	FK Dynamo Kyiw
1996/97	FK Schachtar Donez'k
1997/98	FK Dynamo Kyiw
1998/99	FK Dynamo Kyiw
1999/00	FK Dynamo Kyiw
2000/01	FK Schachtar Donez'k

Ungarn – Liga

1901	BTC
1902	BTC
1903	Ferencvárosi TC
1904	MTK Hungária FC [MTK]
1905	Ferencvárosi TC
1906/07	Ferencvárosi TC
1907/08	MTK Hungária FC [MTK]
1908/09	Ferencvárosi TC
1909/10	Ferencvárosi TC
1910/11	Ferencvárosi TC
1911/12	Ferencvárosi TC
1912/13	Ferencvárosi TC
1913/14	MTK Hungária FC [MTK]
1915-16	*wurde nicht ausgetragen*
1916/17	MTK Hungária FC [MTK]
1917/18	MTK Hungária FC [MTK]
1918/19	MTK Hungária FC [MTK]
1919/20	MTK Hungária FC [MTK]
1920/21	MTK Hungária FC [MTK]
1921/22	MTK Hungária FC [MTK]
1922/23	MTK Hungária FC [MTK]
1923/24	MTK Hungária FC [MTK]
1924/25	MTK Hungária FC [MTK]
1925/26	Ferencvárosi TC
1926/27	Ferencvárosi TC [Ferencváros FC]
1927/28	Ferencvárosi TC [Ferencváros FC]
1928/29	MTK Hungária FC [Hungária FC]
1929/30	Újpest FC
1930/31	Újpest FC
1931/32	Ferencvárosi TC [Ferencváros FC]
1932/33	Újpest FC
1933/34	Ferencvárosi TC [Ferencváros FC]
1934/35	Újpest FC
1935/36	MTK Hungária FC [Hungária FC]
1936/37	MTK Hungária FC [Hungária FC]
1937/38	Ferencvárosi TC [Ferencváros FC]
1938/39	Újpest FC
1939/40	Ferencvárosi TC [Ferencváros FC]
1940/41	Ferencvárosi TC [Ferencváros FC]
1941/42	Csepel SC [Weisz Manfréd FC]
1942/43	Csepel SC [Weisz Manfréd FC]
1943/44	Crişana Oradea [Nagyvárad AC]
1944/45	*wurde nicht ausgetragen*
1945	Újpest FC
1945/46	Újpest FC
1946/47	Újpest FC
1947/48	Csepel SC [Csepel Munkás TE]
1948/49	Ferencvárosi TC
1949/50	Kispest-Honvéd FC [Budapesti Honvéd FC]
1950	Kispest-Honvéd FC [Budapesti Honvéd FC]
1951	MTK Hungária FC [Budapesti Bástya SE]
1952	Kispest-Honvéd FC [Budapesti Honvéd FC]
1953	MTK Hungária FC [Budapesti VL]
1954	Kispest-Honvéd FC [Budapesti Honvéd FC]
1955	Kispest-Honvéd FC [Budapesti Honvéd FC]
1956	*wurde nicht ausgetragen*
1957	Vasas DH [Budapesti Vasas SC]
1957/58	MTK Hungária FC [MTK]
1958/59	Csepel SC
1959/60	Újpest FC [Újpesti Dózsa]
1960/61	Vasas DH [Budapesti Vasas SC]
1961/62	Vasas DH [Budapesti Vasas SC]
1962/63	Ferencvárosi TC
1963	Győri ETO FC [Győri Vasas ETO]
1964	Ferencvárosi TC
1965	Vasas DH [Budapesti Vasas SC]
1966	Vasas DH [Budapesti Vasas SC]
1967	Ferencvárosi TC
1968	Ferencvárosi TC
1969	Újpest FC [Újpesti Dózsa]
1970	Újpest FC [Újpesti Dózsa]
1970/71	Újpest FC [Újpesti Dózsa]
1971/72	Újpest FC [Újpesti Dózsa]
1972/73	Újpest FC [Újpesti Dózsa]
1973/74	Újpest FC [Újpesti Dózsa]
1974/75	Újpest FC [Újpesti Dózsa]
1975/76	Ferencvárosi TC
1976/77	Vasas DH [Budapesti Vasas SC]
1977/78	Újpest FC [Újpesti Dózsa]
1978/79	Újpest FC [Újpesti Dózsa]
1979/80	Kispest-Honvéd FC [Budapesti Honvéd FC]
1980/81	Ferencvárosi TC
1981/82	Győri ETO FC [Rába ETO]
1982/83	Győri ETO FC [Rába ETO]
1983/84	Kispest-Honvéd FC [Budapesti Honvéd FC]
1984/85	Kispest-Honvéd FC [Budapesti Honvéd FC]
1985/86	Kispest-Honvéd FC [Budapesti Honvéd FC]
1986/87	MTK Hungária FC [MTK-VM]
1987/88	Kispest-Honvéd FC [Budapesti Honvéd FC]
1988/89	Kispest-Honvéd FC [Budapesti Honvéd FC]
1989/90	Újpest FC [Újpesti Dózsa]
1990/91	Kispest-Honvéd FC [Budapesti Honvéd FC]
1991/92	Ferencvárosi TC
1992/93	Kispest-Honvéd FC
1993/94	Vác FC-Zollner [Vác FC-Samsung]
1994/95	Ferencvárosi TC
1995/96	Ferencvárosi TC
1996/97	MTK Hungária FC [MTK FC]
1997/98	Újpest FC [Újpesti TE]
1998/99	MTK Hungária FC [MTK FC]
1999/00	Dunaferr SE
2000/01	Ferencvárosi TC

Ungarn – Pokal

1909/10	MTK Hungária FC [MTK]
1910/11	MTK Hungária FC [MTK]
1911/12	MTK Hungária FC [MTK]
1912/13	Ferencvárosi TC
1913/14	MTK Hungária FC [MTK]
1915-21	*wurde nicht ausgetragen*
1921/22	Ferencvárosi TC
1922/23	MTK Hungária FC [MTK]
1923/24	*wurde nicht ausgetragen*
1924/25	Ferencvárosi TC
1925/26	Kispest-Honvéd FC [Kispesti AC]
1926/27	Ferencvárosi TC [Ferencváros FC]
1927/28	Ferencvárosi TC [Ferencváros FC]
1928/29	*wurde nicht ausgetragen*
1929/30	Bocskai FC Debrecen [Bocskai FC Debrecen]
1930/31	III. Kerületi TVE-Autó Trader [III. Kerületi TVE]
1931/32	MTK Hungária FC [Hungária FC]
1932/33	Ferencvárosi TC [Ferencváros FC]
1933/34	Soroksár FC
1934/35	Ferencvárosi TC [Ferencváros FC]
1936-40	*wurde nicht ausgetragen*
1940/41	Szolnoki MÁV-Neusiedler [Szolnoki MÁV SE]
1941/42	Ferencvárosi TC [Ferencváros FC]
1942/43	Ferencvárosi TC [Ferencváros FC]
1943/44	Ferencvárosi TC [Ferencváros FC]
1945-51	*wurde nicht ausgetragen*
1952	MTK Hungária FC [Budapesti VL]
1953-54	*wurde nicht ausgetragen*
1955	Vasas DH [Budapesti Vasas]
1956-57	*wurde nicht ausgetragen*
1957/58	Ferencvárosi TC
1959-63	*wurde nicht ausgetragen*
1964	Kispest-Honvéd FC [Budapesti Honvéd FC]
1965	Győri ETO FC [Győri Vasas ETO]
1966	Győri ETO FC [Rába ETO]
1967	Győri ETO FC [Rába ETO]
1968	MTK Hungária FC [MTK]
1969	Újpest FC [Újpesti Dózsa]
1970	Újpest FC [Újpesti Dózsa]
1970/71	*wurde nicht ausgetragen*
1971/72	Ferencvárosi TC
1972/73	Vasas DH [Budapesti Vasas SC]
1973/74	Ferencvárosi TC
1974/75	Újpest FC [Újpesti Dózsa]
1975/76	Ferencvárosi TC
1976/77	Diósgyőri FC [Diósgyőri VTK]
1977/78	Ferencvárosi TC
1978/79	Győri ETO FC [Rába ETO]
1979/80	Diósgyőri FC [Diósgyőri VTK]
1980/81	Vasas DH [Budapesti Vasas SC]
1981/82	Újpest FC [Újpesti Dózsa]
1982/83	Újpest FC [Újpesti Dózsa]
1983/84	BTV-Siófok FC [Siófoki Bányász SK]
1984/85	Kispest-Honvéd FC [Budapesti Honvéd FC]
1985/86	Vasas DH [Budapesti Vasas SC]
1986/87	Újpest FC [Újpesti Dózsa]
1987/88	Előre Békéscsaba [Békéscsabai Előre Spartacus SC]
1988/89	Kispest-Honvéd FC [Budapesti Honvéd FC]
1989/90	Pécsi Mecsek FC [Pécsi Munkás SC]
1990/91	Ferencvárosi TC
1991/92	Újpest FC [Újpesti TE]
1992/93	Ferencvárosi TC
1993/94	Ferencvárosi TC
1994/95	Ferencvárosi TC
1995/96	Kispest-Honvéd FC [Kispest-Honvéd TIG FC]
1996/97	MTK Hungária FC [MTK FC]
1997/98	MTK Hungária FC [MTK FC]
1998/99	Debreceni VSC [DVSC-Epona]
1999/00	MTK Hungária FC
2000/01	Debreceni VSC

Uruguay – Liga

1900	CA Peñarol [CURCC]
1901	CA Peñarol [CURCC]
1902	Nacional
1903	Nacional
1904	*wurde nicht ausgetragen*
1905	CA Peñarol [CURCC]
1906	Montevideo Wanderers FC
1907	CA Peñarol [CURCC]
1908	River Plate
1909	Montevideo Wanderers FC
1910	River Plate
1911	CA Peñarol [CURCC]
1912	Nacional
1913	River Plate
1914	River Plate
1915	Nacional
1916	Nacional
1917	Nacional
1918	CA Peñarol
1919	Nacional
1920	Nacional
1921	CA Peñarol
1922	Nacional
1923	Nacional und Montevideo Wanderers FC
1924	Nacional und CA Peñarol
1925	*Wettbewerb wurde nicht beendet*
1926	CA Peñarol
1927	Rampla Juniors FC
1928	CA Peñarol
1929	CA Peñarol
1930	*wurde nicht ausgetragen*
1931	Montevideo Wanderers FC
1932	CA Peñarol
1933	Nacional
1934	Nacional
1935	CA Peñarol
1936	CA Peñarol
1937	CA Peñarol
1938	CA Peñarol
1939	Nacional
1940	Nacional
1941	Nacional
1942	Nacional
1943	Nacional
1944	CA Peñarol
1945	CA Peñarol
1946	Nacional
1947	Nacional
1948	*wurde nicht ausgetragen*
1949	CA Peñarol
1950	Nacional
1951	CA Peñarol
1952	Nacional
1953	CA Peñarol
1954	CA Peñarol
1955	Nacional
1956	Nacional
1957	Nacional
1958	CA Peñarol
1959	CA Peñarol
1960	CA Peñarol
1961	CA Peñarol
1962	CA Peñarol
1963	Nacional
1964	CA Peñarol
1965	CA Peñarol
1966	Nacional
1967	CA Peñarol
1968	CA Peñarol
1969	Nacional
1970	Nacional
1971	Nacional
1972	Nacional
1973	CA Peñarol
1974	CA Peñarol
1975	CA Peñarol
1976	Defensor Sporting [Defensor]
1977	Nacional
1978	CA Peñarol
1979	CA Peñarol
1980	Nacional
1981	CA Peñarol
1982	CA Peñarol
1983	Nacional
1984	Central Español FC
1985	CA Peñarol
1986	CA Peñarol
1987	Defensor Sporting [Defensor]
1988	Danubio FC
1989	CA Progreso
1990	CA Bella Vista
1991	Defensor Sporting
1992	Nacional
1993	CA Peñarol
1994	CA Peñarol
1995	CA Peñarol
1996	CA Peñarol
1997	CA Peñarol
1998	Nacional
1999	CA Peñarol
2000	Nacional

Uruguay – Pokal

1934	Nacional
1935	*wurde nicht ausgetragen*
1936	CA Peñarol
1937-40	*wurde nicht ausgetragen*
1941	CA Peñarol
1942	*wurde nicht ausgetragen*
1943	CA Peñarol
1944	Central Español FC [Central FC]
1945	Nacional
1946	CA Peñarol
1947	CA Peñarol
1948	Nacional

1949 CA Peñarol
1950 Rampla Juniors FC
1951 CA Peñarol
1952 Nacional
1953 CA Peñarol
1954 *wurde nicht ausgetragen*
1955 Rampla Juniors FC
1956 CA Peñarol
1957 CA Peñarol
1958 Nacional
1959 Nacional
1960 *wurde nicht ausgetragen*
1961 Nacional
1962 Nacional
1963 Nacional
1964-84 *wurde nicht ausgetragen*
1985 CA Progreso
1986 CA Peñarol
1987 Montevideo Wanderers FC
1988 Danubio FC
1989 *wurde nicht ausgetragen*
1990 Montevideo Wanderers FC

USA - Liga (ASL)
1921/22 Philadelphia Field Club
1922/23 Pawtucket Rangers [J & P Coats]
1923/24 Fall River Marksmen
1924/25 Fall River Marksmen
1925/26 Fall River Marksmen
1926/27 Bethlehem Steel FC
1927/28 Boston Wonder Workers
1928/29 Fall River Marksmen
1929 Fall River Marksmen
1929/30 Fall River Marksmen
1930 Fall River Marksmen
1930/31 New York Giants
1932 New Bedford Whalers (II)
1932/33 Fall River FC (II)

USA - Pokal (Lewis Cup)
1925 Boston Wonder Workers
1926 New Bedford Whalers (II)
1927 Boston Wonder Workers
1928 Bethlehem Steel FC
1929 New York Nationals
1930 Fall River Marksmen

USA - Liga (MLS)
1996 DC United
1997 DC United
1998 Chicago Fire
1999 DC United
2000 Kansas City Wizards

USA - Pokal (MLS Cup)
1996 DC United
1997 Dallas Burn
1998 Chicago Fire
1999 DC United
2000 Kansas City Wizards

USA und Kanada - -Liga (USA, NASL)
1967 Los Angeles Wolves
1967 Oakland Clippers
1968 Atlanta Apollos [Atlanta Chiefs (I)]
1969 Kansas City Spurs
1970 Rochester Lancers
1971 Dallas Tornado
1972 New York Cosmos [New York]
1973 Philadelphia Atoms
1974 Los Angeles Aztecs
1975 Tampa Bay Rowdies
1976 Toronto Croatia [Toronto Metros-Croatia]
1977 New York Cosmos [Cosmos]
1978 New York Cosmos [Cosmos]
1979 Vancouver Whitecaps
1980 New York Cosmos
1981 Chicago Sting
1982 New York Cosmos
1983 Tulsa Roughnecks
1984 Chicago Sting

Usbekistan - Liga
1992 FK Neftschi Fergana und FK Pachtakor Taschkent
1993 FK Neftschi Fergana
1994 FK Neftschi Fergana
1995 FK Neftschi Fergana
1996 FK Nawbachor Namangan
1997 FK MHSK Taschkent
1998 FK Pachtakor Taschkent
1999 FK Dustlik
2000 FK Dustlik

Usbekistan - Pokal
1993 FK Pachtakor Taschkent
1994 FK Neftschi Fergana
1995 FK Nawbachor Namangan
1996 FK Neftschi Fergana
1997 FK Pachtakor Taschkent
1998 FK Nawbachor Namangan
1999 *wurde nicht ausgetragen*
2000 FK Dustlik

Vanuatu - Liga
1992 Tafea FC
1993 *Sieger unbekannt*
1994 Tafea FC
1995 Tafea FC
1996 Tafea FC
1997 Tafea FC
1998 Tafea FC
1999 Tafea FC
2000 Tafea FC

Venezuela - Liga
1921 América
1922 Centro Atlético
1923 América
1924 Centro Atlético
1925 Loyola SC
1926 Centro Atlético
1927 Venzóleo
1928 Deportivo Venezuela
1929 Deportivo Venezuela
1930 Centro Atlético
1931 Deportivo Venezuela
1932 Unión SC
1933 Deportivo Venezuela
1934 Unión SC
1935 Unión SC
1936 Dos Caminos SC
1937 Dos Caminos SC
1938 Dos Caminos SC
1939 Unión SC
1940 Unión SC
1941 Litoral FC
1942 Dos Caminos SC
1943 Loyola SC
1944 Loyola SC
1945 Dos Caminos SC
1946 Deportivo Español
1947 Unión SC
1948 Loyola SC
1949 Dos Caminos SC
1950 Unión SC
1951 Universidad Central
1952 La Salle FC
1953 Universidad Central
1954 Deportivo Vasco
1955 La Salle FC
1956 Banco Obrero
1957 Universidad Central
1958 Deportivo Portugués
1959 Deportivo Español
1960 Deportivo Portugués
1961 Deportivo Italchacao FC [Deportivo Italia]
1962 Deportivo Portugués
1963 Deportivo Italchacao FC [Deportivo Italia]
1964 Deportivo Galicia
1965 UD Lara FC [Lara FC]
1966 Deportivo Italchacao FC [Deportivo Italia]
1967 Deportivo Portugués
1968 UD Canarias
1969 Deportivo Galicia
1970 Deportivo Galicia
1971 Carabobo FC [Valencia FC]
1972 Deportivo Italchacao FC [Deportivo Italia]
1973 Portuguesa FC
1974 Deportivo Galicia
1975 Portuguesa FC
1976 Portuguesa FC
1977 Portuguesa FC
1978 Portuguesa FC
1979 UD Táchira FC
1980 Estudiantes Mérida FC
1981 UD Táchira FC
1982 Atlético San Cristóbal
1983 FCU-ULA FC [ULA-Mérida FC]
1984 UD Táchira FC
1985 Estudiantes Mérida FC
1986 UD Táchira FC [UA Táchira FC]
1986/87 Marítimo FC [CS Marítimo]
1987/88 Marítimo FC [CS Marítimo]
1988/89 AD Mineros de Guayana
1989/90 Marítimo FC [CS Marítimo]
1990/91 FCU-ULA FC [ULA FC]
1991/92 Caracas FC
1992/93 Marítimo FC [CS Marítimo]
1993/94 Caracas FC
1994/95 Caracas FC
1995/96 Minervén FC
1996/97 Caracas FC
1997/98 Atlético Zulia FC
1998/99 Deportivo Italchacao FC
1999/00 UD Táchira FC
2000/01 Caracas FC

Venezuela - Pokal
1959 Deportivo Portugués
1960 Banco Agrícola y Pecuario
1961 Deportivo Italchacao FC [Deportivo Italia]
1962 Deportivo Italchacao FC [Deportivo Italia]
1963 UD Canarias
1964 Tiquire Flores
1965 Carabobo FC [Valencia FC]
1966 Deportivo Galicia
1967 Deportivo Galicia
1968 UD Canarias
1969 Deportivo Galicia
1970 Deportivo Italchacao FC [Deportivo Italia]
1971 Estudiantes Mérida FC
1972 Deportivo Portugués
1973 Portuguesa FC
1974 *wurde nicht ausgetragen*
1975 Estudiantes Mérida FC
1976 Portuguesa FC
1977 Portuguesa FC
1978 Carabobo FC [Valencia FC]
1979 Deportivo Galicia
1980 CA Zamora
1981 Deportivo Galicia
1982 CA Zamora
1983 *wurde nicht ausgetragen*
1984 AD Mineros de Guayana
1985 Estudiantes Mérida FC
1986 UD Táchira FC [UA Táchira FC]
1986/87 Marítimo FC [CS Marítimo]
1987/88 Caracas FC
1988/89 Marítimo FC [CS Marítimo]
1989/90 Internacional de Lara FC
1990/91 Anzoátegui FC
1991/92 CD Trujillanos [Trujillanos FC]
1992/93 Caracas FC
1993/94 Caracas FC
1994/95 Caracas FC
1995/96 FCU-ULA FC [ULA FC]

Vereinigten Arabischen Emirate - -Liga
1974/75 al-Ahli
1975/76 al-Ahli
1976/77 al-Ain
1977/78 al-Nasr
1978/79 al-Nasr
1979/80 al-Ahli
1980/81 al-Ain
1981/82 al-Wasl
1982/83 al-Wasl
1983/84 al-Ain
1984/85 al-Wasl
1985/86 al-Nasr
1986/87 Sharjah
1987/88 al-Wasl
1988/89 Sharjah
1989/90 al-Shabab
1990/91 *Wettbewerb wurde nicht beendet*
1991/92 al-Wasl
1992/93 al-Ain
1993/94 Sharjah
1994/95 al-Shabab
1995/96 Sharjah
1996/97 al-Wasl
1997/98 al-Ain
1998/99 al-Wahda
1999/00 al-Ain
2000/01 al-Wahda

Vereinigten Arabischen Emirate - -Pokal
1974/75 al-Ahli
1975/76 *Wettbewerb wurde nicht beendet*
1976/77 al-Ahli
1977/78 *Wettbewerb wurde nicht beendet*
1978/79 Sharjah
1979/80 Sharjah
1980/81 al-Shabab
1981/82 Sharjah
1982/83 Sharjah
1983/84 Ajman
1984/85 al-Nasr
1985/86 al-Nasr
1986/87 al-Wasl
1987/88 al-Ahli
1988/89 al-Nasr
1989/90 al-Shabab
1990/91 Sharjah
1991/92 Bani Yas
1992/93 al-Sha'ab
1993/94 al-Shabab
1994/95 Sharjah
1995/96 al-Ahli
1996/97 al-Shabab
1997/98 Sharjah
1998/99 al-Ain
1999/00 al-Wahda

Vietnam - Liga
1981 Duong Sat Viet Nam [Tong Cuc Duong Sat]
1982 The Cong [Cau Lac Bo Quan Doi]
1983 The Cong [Cau Lac Bo Quan Doi]
1984 Cong An (Ha Nôi)
1985 Cong Nghiep Ham Nam Ninh
1986 Cang Saigon
1987 The Cong [Cau Lac Bo Quan Doi]
1988 Cong An (Ha Nôi)
1989 Dong Thap
1990 *wurde nicht ausgetragen*
1991 Hai Quan
1992 Quang Nam
1993 Quang Nam
1994 Cang Saigon
1995 Cong An (Than Po Ho Chi Minh)
1996 Dong Thap
1997 Cang Saigon
1998 The Cong
1999/00 Song Lam Nghe An

Vietnam - Pokal
1994 Song Be
1995 Cong An (Hai Phong)
1996 Dong Thap
1997 Hai Quan
1998 Cong An (Than Po Ho Chi Minh)
1999/00 Cang Saigon

Volksrepublik Kongo - Liga
1958 FC Lupopo [FC St. Eloi]
1959-62 *Sieger unbekannt*
1963 DC Motema Pembe [CS Imana]
1964 DC Motema Pembe [CS Imana]
1965 AS Dragons [AS Bilima]
1966 TP Mazembe [TP Engelbert]
1967 TP Mazembe [TP Engelbert]
1968 FC Lupopo [FC St. Eloi]
1969 TP Mazembe [TP Engelbert]
1970 AS Vita Club
1971 AS Vita Club
1972 AS Vita Club
1973 AS Vita Club
1974 DC Motema Pembe [CS Imana]
1975 AS Vita Club
1976 TP Mazembe
1977 AS Vita Club
1978 DC Motema Pembe [CS Imana]
1979 AS Dragons [AS Bilima]
1980 AS Vita Club
1981 FC Lupopo
1982 AS Dragons [AS Bilima]
1983 SM Sanga Balende
1984 AS Dragons [AS Bilima]
1985 US Tshinkunku
1986 FC Lupopo
1987 TP Mazembe
1988 AS Vita Club
1989 DC Motema Pembe
1990 FC Lupopo
1991 Scom Mikishi
1992 US Bilombe
1993 AS Vita Club
1994 DC Motema Pembe
1995 AS Bantous
1996 DC Motema Pembe
1997 AS Vita Club
1998 DC Motema Pembe
1999 DC Motema Pembe
2000 TP Mazembe

Volksrepublik Kongo - Pokal
1961 St. Hellois
1962-63 *Sieger unbekannt*
1964 DC Motema Pembe [CS Imana]
1965 AS Dragons [AS Bilima]
1966 TP Mazembe [TP Engelbert]
1967 TP Mazembe [TP Engelbert]
1968 FC Lupopo [FC St. Eloi]
1969-70 *Sieger unbekannt*
1971 AS Vita Club
1972 AS Vita Club
1973 AS Vita Club
1974 DC Motema Pembe [CS Imana]
1975 AS Vita Club
1976 TP Mazembe
1977 AS Vita Club
1978 DC Motema Pembe [CS Imana]
1979 TP Mazembe
1980 FC Lubumbashi Sport
1981 AS Vita Club
1982 AS Vita Club
1983 AS Vita Club
1984 DC Motema Pembe [CS Imana]
1985 DC Motema Pembe
1986 AS Kalamu
1987 AS Kalamu
1988 AS Kalamu
1989 AS Kalamu
1990 DC Motema Pembe
1991 DC Motema Pembe
1992 US Bilombe
1993 DC Motema Pembe
1994 DC Motema Pembe
1995 AC Sodigraf
1996 AS Dragons
1997 AS Dragons
1998 AS Dragons
1999 AS Dragons
2000 TP Mazembe

Wales - Liga
1992/93 Cwmbran Town AFC
1993/94 Bangor City FC
1994/95 Bangor City FC
1995/96 Barry Town FC
1996/97 Barry Town FC
1997/98 Barry Town FC
1998/99 Barry Town FC
1999/00 TNS Llansantffraid FC
2000/01 Barry Town FC

Wales - Pokal
1877/78 Wrexham AFC [Wrexham FC]
1878/79 Newtown AFC [Newtown White Star FC]
1879/80 Druids FC
1880/81 Druids FC
1881/82 Druids FC
1882/83 Wrexham AFC [Wrexham FC]
1883/84 Oswestry Town FC [Oswestry White Stars FC]
1884/85 Druids FC
1885/86 Druids FC
1886/87 Chirk AAA FC
1887/88 Chirk AAA FC
1888/89 Bangor City FC [Bangor FC]
1889/90 Chirk AAA FC
1890/91 Shrewsbury Town FC
1891/92 Chirk AAA FC
1892/93 Wrexham AFC
1893/94 Chirk AAA FC
1894/95 Newtown AFC
1895/96 Bangor City FC [Bangor FC]
1896/97 Wrexham AFC
1897/98 Druids FC
1898/99 Druids FC
1899/00 Aberystwyth Town FC [Aberystwyth FC]
1900/01 Oswestry Town FC [Oswestry United FC]
1901/02 Telford United FC [Wellington Town FC]
1902/03 Wrexham AFC
1903/04 Druids FC
1904/05 Wrexham AFC
1905/06 Telford United FC [Wellington Town FC]
1906/07 Oswestry Town FC [Oswestry United FC]
1907/08 Chester City FC [Chester FC]
1908/09 Wrexham AFC
1909/10 Wrexham AFC
1910/11 Wrexham AFC
1911/12 Cardiff City AFC
1912/13 Swansea City FC [Swansea Town AFC]
1913/14 Wrexham AFC
1914/15 Wrexham AFC
1916-19 *wurde nicht ausgetragen*
1919/20 Cardiff City AFC
1920/21 Wrexham AFC
1921/22 Cardiff City AFC
1922/23 Cardiff City AFC
1923/24 Wrexham AFC
1924/25 Wrexham AFC
1925/26 Ebbw Vale AFC
1926/27 Cardiff City AFC
1927/28 Cardiff City AFC
1928/29 Connah's Quay Nomads FC [Connah's Quay & Shotton FC]
1929/30 Cardiff City AFC
1930/31 Wrexham AFC
1931/32 Swansea City FC [Swansea Town AFC]
1932/33 Chester City FC [Chester FC]
1933/34 Bristol City FC
1934/35 Tranmere Rovers FC
1935/36 Crewe Alexandra FC
1936/37 Crewe Alexandra FC
1937/38 Shrewsbury Town FC
1938/39 South Liverpool FC
1939/40 Telford United FC [Wellington Town FC]
1941-46 *wurde nicht ausgetragen*
1946/47 Chester City FC [Chester FC]
1947/48 Lovell's Athletic FC
1948/49 Merthyr Tydfil AFC
1949/50 Swansea City FC [Swansea Town AFC]
1950/51 Merthyr Tydfil AFC
1951/52 Rhyl FC
1952/53 Rhyl FC
1953/54 Flint Town United FC
1954/55 Barry Town FC
1955/56 Cardiff City AFC
1956/57 Wrexham AFC
1957/58 Wrexham AFC
1958/59 Cardiff City AFC
1959/60 Wrexham AFC
1960/61 Swansea City FC [Swansea Town AFC]
1961/62 Bangor City FC
1962/63 Borough United AFC
1963/64 Cardiff City AFC
1964/65 Cardiff City AFC
1965/66 Swansea City FC [Swansea Town AFC]
1966/67 Cardiff City AFC
1967/68 Cardiff City AFC
1968/69 Cardiff City AFC
1969/70 Cardiff City AFC
1970/71 Cardiff City AFC
1971/72 Wrexham AFC
1972/73 Cardiff City AFC
1973/74 Cardiff City AFC
1974/75 Wrexham AFC
1975/76 Cardiff City AFC
1976/77 Shrewsbury Town FC
1977/78 Wrexham AFC
1978/79 Shrewsbury Town FC
1979/80 Newport County AFC [Newport County FC]
1980/81 Swansea City FC
1981/82 Swansea City FC
1982/83 Swansea City FC
1983/84 Shrewsbury Town FC
1984/85 Shrewsbury Town FC
1985/86 Wrexham AFC
1986/87 Merthyr Tydfil AFC
1987/88 Cardiff City AFC
1988/89 Swansea City FC
1989/90 Hereford United FC
1990/91 Swansea City FC
1991/92 Cardiff City AFC
1992/93 Cardiff City AFC
1993/94 Barry Town FC
1994/95 Wrexham AFC
1995/96 TNS Llansantffraid FC [Llansantffraid FC]
1996/97 Barry Town FC
1997/98 Bangor City FC
1998/99 UWIC Inter Cardiff AFC [Inter Cable-Tel AFC]
1999/00 Bangor City FC
2000/01 Barry Town FC

Wallis und Futuna - Liga
1996 AS Aka-Aka
1997 AS Aka-Aka
1998 AS Aka-Aka

Weißrussland - Liga
1992 FK Dynama Minsk
1992/93 FK Dynama Minsk
1993/94 FK Dynama Minsk
1994/95 FK Dynama Minsk
1995 FK Dynama Minsk
1996 FK Slavia Mazyr [FK MPKC Mazyr]
1997 FK Dynama Minsk
1998 FK Dnepr-Transmasch Mahiljou
1999 FK BATE Barysau
2000 FK Slavia Mazyr

Weißrussland - Pokal
1992 FK Dynama Minsk
1992/93 FK Njoman-Belcard Hrodna [FK Neman Hrodna]
1993/94 FK Dynama Minsk
1994/95 FK Dynama-93 Minsk
1995/96 FK Slavia Mazyr [FK MPKC Mazyr]
1996/97 FK Belschyna Babrujsk
1997/98 FK Lakamatju-96 Vitsebsk
1998/99 FK Belschyna Babrujsk
1999/00 FK Slavia Mazyr
2000/01 FK Belschyna Babrujsk

West-Samoa - Liga
1979 Vaivase-Tai
1980 Vaivase-Tai
1981 SCOPA und Vaivase-Tai
1982 Alafua
1983 Vaivase-Tai
1984 Kiwi FC
1985 Kiwi FC
1986-96 *Sieger unbekannt*
1997 Kiwi FC
1998 Vaivase-Tai
1999 Moata'a
2000 Titavi FC

West-Samoa - Pokal
1984 Vaivase-Tai
1985 Vaivase-Tai
1986-96 *Sieger unbekannt*
1997 Kiwi FC
1998 Togafuafua
1999 Vaitoloa

Zentralafrikanische Republik - Liga
1968 US Cattin
1969-70 *wurde nicht ausgetragen*
1971 Olympique Réal
1972 *wurde nicht ausgetragen*
1973 Olympique Réal
1974 ASDR Fatima
1975 Olympique Réal
1976 AS Tempête Mocaf
1977 SCAF Tocages
1978 ASDR Fatima
1979 Olympique Réal
1980 USCA
1981 Sporting Mouara [Publique sportive Mouara]
1982 Olympique Réal
1983 ASDR Fatima
1984 AS Tempête Mocaf
1985 SCAF Tocages
1986 Sporting Mouara [Publique sportive Mouara]
1987 *Sieger unbekannt*
1988 ASDR Fatima
1989 SCAF Tocages
1990 AS Tempête Mocaf
1991 FACA FC
1992 USCA
1993 AS Tempête Mocaf
1994 *Sieger unbekannt*
1995 FACA FC
1996 AS Tempête Mocaf
1997 AS Tempête Mocaf
1998 ASDR Fatima
1999 AS Tempête Mocaf
2000 Olympique Réal

Zentralafrikanische Republik - -Pokal
1974 AS Tempête Mocaf
1975 *wurde nicht ausgetragen*
1976 Red Star
1977 Sodiam Sports
1978 USCA
1979 Sodiam Sports
1980 ASDR Fatima
1981 ASDR Fatima
1982 AS Tempête Mocaf
1983 Avia Sports
1984 SCAF Tocages
1985 AS Tempête Mocaf
1986-87 *wurde nicht ausgetragen*
1988 USCA
1989 Olympique Réal
1990 FACA FC
1991 ASDR Fatima
1992 AS Tempête Mocaf
1993 ASDR Fatima
1994 FACA FC
1995 *wurde nicht ausgetragen*
1996 *Sieger unbekannt*
1997 USCA
1998 ASDR Fatima
1999 ASDR Fatima
2000 ASDR Fatima

Zypern - Liga
1934/35 Trast AC
1935/36 APOEL
1936/37 APOEL
1937/38 AEL
1938/39 APOEL
1939/40 APOEL
1940/41 AEL
1942-44 *wurde nicht ausgetragen*
1944/45 APOEL
1945/46 EPA
1946/47 APOEL
1947/48 APOEL
1948/49 APOEL
1949/50 Anorthosis Famagusta
1950/51 Çetinkaya TSC
1951/52 APOEL
1952/53 AEL
1953/54 Pezoporikos OL
1954/55 AEL
1955/56 AEL
1956/57 Anorthosis Famagusta
1957/58 Anorthosis Famagusta
1958/59 *wurde nicht ausgetragen*
1959/60 Anorthosis Famagusta
1960/61 Omonia
1961/62 Anorthosis Famagusta
1962/63 Anorthosis Famagusta
1963/64 *wurde nicht ausgetragen*
1964/65 APOEL
1965/66 Omonia
1966/67 Olympiakos
1967/68 AEL
1968/69 Olympiakos
1969/70 EPA
1970/71 Olympiakos
1971/72 Omonia
1972/73 APOEL
1973/74 Omonia
1974/75 Omonia
1975/76 Omonia
1976/77 Omonia
1977/78 Omonia
1978/79 Omonia
1979/80 APOEL
1980/81 Omonia
1981/82 Omonia
1982/83 Omonia
1983/84 Omonia
1984/85 Omonia
1985/86 APOEL
1986/87 Omonia
1987/88 Pezoporikos OL
1988/89 Omonia
1989/90 APOEL
1990/91 Apollon
1991/92 APOEL
1992/93 Omonia
1993/94 Apollon
1994/95 Anorthosis Famagusta
1995/96 APOEL
1996/97 Anorthosis Famagusta
1997/98 Anorthosis Famagusta
1998/99 Anorthosis Famagusta
1999/00 Anorthosis Famagusta
2000/01 Omonia

Zypern - Pokal
1934/35 Trast AC
1935/36 Trast AC
1936/37 APOEL
1937/38 Trast AC
1938/39 AEL
1939/40 AEL
1940/41 APOEL
1942-44 *wurde nicht ausgetragen*
1944/45 EPA
1945/46 EPA
1946/47 APOEL
1947/48 AEL
1948/49 Anorthosis Famagusta
1949/50 EPA
1950/51 APOEL
1951/52 Çetinkaya TSC
1952/53 EPA
1953/54 Çetinkaya TSC
1954/55 EPA
1956-61 *wurde nicht ausgetragen*
1961/62 Anorthosis Famagusta
1962/63 APOEL
1963/64 *wurde nicht ausgetragen*
1964/65 Omonia
1965/66 Apollon
1966/67 Apollon
1967/68 APOEL
1968/69 APOEL
1969/70 Pezoporikos OL
1970/71 Anorthosis Famagusta
1971/72 Omonia
1972/73 APOEL
1973/74 Omonia
1974/75 Anorthosis Famagusta
1975/76 APOEL
1976/77 Olympiakos
1977/78 APOEL
1978/79 APOEL
1979/80 Omonia
1980/81 Omonia
1981/82 Omonia
1982/83 Omonia
1983/84 APOEL
1984/85 AEL
1985/86 Apollon
1986/87 AEL
1987/88 Omonia
1988/89 AEL
1989/90 Nea Salamis Famagusta
1990/91 Omonia
1991/92 Apollon
1992/93 APOEL
1993/94 Omonia
1994/95 APOEL
1995/96 APOEL
1996/97 APOEL
1997/98 Anorthosis Famagusta
1998/99 APOEL
1999/00 Omonia
2000/01 Apollon

Verzeichnis der Klubs, Städte und Länder

Das Register umfasst die Namen der Klubs (inklusive ältere Bezeichnungen), Städte und Länder (Staaten und abhängige Gebiete) und ermöglicht, jene Seite zu finden, auf der der gesuchte Begriff in der vorliegenden Landkarte eingezeichnet ist.

Zur Vereinfachung verwenden wir die Begriffe „Klub" und „Stadt", obwohl es sich oft um ein Team ohne nachweisbaren Klubstatus oder im Falle von „Stadt" lediglich um ein Dorf handelt (die fachliche Definition einer Stadt wird in der Welt unterschiedlich gehandhabt). Eine genauere Unterscheidung dieser Kategorien wäre sehr kompliziert, wahrscheinlich fast unmöglich (vor allem bei Teams, die im 19. Jahrhundert spielten).

Im Register kommen einige Arten von Stichwörtern vor. Die sogenannten Hauptstichwörter der Klubs liefern uns folgende Informationen (sofern sie bekannt sind): **Klubname** (vollständiger Klubname), Stadt, Land, Gründungsjahr (Entwicklung der Namensänderungen, mögliche Fusionen, Teilungen, Auflösungen, Neugründungen) und Seitennummer. Die Nebenstichwörter der Klubs (nicht fett gedruckt) helfen den Klub zu finden, auch wenn von ihm nur ein älterer oder ungenauer (unvollständiger) Name bekannt ist. Die im Register erfassten Städte kann man entweder auf der Karte direkt finden oder als Bestandteil des Klubnamens.

Verwendete Abkürzungen:

aufgelöst	- aufgel.	Seite	- S.
Auflösung	- Aufl.	siehe	- s.
entstand	- entst.	wiedergegründet	- wiedergegr.
gegründet	- gegr.	Wiedergründung	- Wiedergr.

1. Bielefelder FC Arminia s. DSC Arminia Bielefeld
1. Brigittenauer AC s. Brigittenauer SC Feuerwehr
1. Brigittenauer AC s. SC Ostmark Wien
1. Brigittenauer AC s. SC Rasenspieler Hochstädt
1. ČsŠK Bratislava s. ŠK Slovan Bratislava
1. ČsŠK Trnava s. FC Spartak Trnava
1. FC 05 der TG 1848 Schweinfurt s. 1. FC Schweinfurt 05
1. FC 1894 Mönchengladbach (1. Fußball-Club 1894 Mönchengladbach), Mönchengladbach, Deutschland, Klub, entst. 1894, [1894-1920 FC München-Gladbach, 20-33 SC München-Gladbach, 33 Fusion mit Borussia VfL München-Gladbach => SC Borussia München-Gladbach (33-34), 34 Aufl. der Fusion, 34-50 SC München-Gladbach, 50 Fusion mit FC Eintracht München-Gladbach => 1. FC München-Gladbach (50-61)], s. S. 84
1. FC DAC Dunajská Streda (1. Football Club Dunaszerdahelyi Atlétikai Club Dunajská Streda), Dunajská Streda, Slowakei, Klub, entst. 1904, [1904-?? Dunaszerdahelyi Atlétikai Club, ??-?? DSE Dunajská Streda, ??-3? DTE Dunajská Streda, 3?-3? DTS Dunajská Streda, 3?-4? DOMKE Dunajská Streda, 4?-5? Stavokombinát Dunajská Streda, 5?-5? Spartacus Dunajská Streda, 5?-65 Slavoj Dunajská Streda, 65-68 TJ Jednota Dunajská Streda, 68-82 TJ DAC Dunajská Streda, 82-93 TJ DAC Poľnohospodár Dunajská Streda, 93-96 FC DAC Gemer Dunajská Streda], s. S. 86
1. FC Dynamo Dresden (1. Fußball-Club Dynamo Dresden), Dresden, Deutschland, Klub, entst. 1950, [1950 SG Deutsche Volkspolizei Dresden, 50-53 SG Volkspolizei Dresden, 53-90 SG Dynamo Dresden, 54 Umzug des A-Teams nach Berlin => SC Dynamo Dresden], s. S. 85
1. FC Kaiserslautern (1. Fußball-Club Kaiserslautern), Kaiserslautern, Deutschland, Klub, entst. 1900, [entst. 1900 durch Fusion FC Germania 1896 Kaiserslautern und FG 1898 Kaiserslautern => FC 1900 Kaiserslautern (1900-09), 09 Fusion mit FC Palatia 1901 Kaiserslautern und FC Bavaria 1902 Kaiserslautern => FV Kaiserslautern (09-29), 29 Fusion mit SV Phönix 1910 Kaiserslautern => FV/Phönix Kaiserslautern (29-32)], s. S. 85
1. FC Kattowitz (1. Football Club Kattowitz), Katowice, Polen, Klub, entst. 1905, [1905-06 Frisch Auf Kattowitz, 06-22 Preußen 1905 Kattowitz, 22 1. KS Katowice, 22-45 1. FC Kattowitz, 45 aufgel.], s. S. 89
1. FC Köln (1. Fußball-Club Köln), Köln, Deutschland, Klub, entst. 1948, [entst. 1948 durch Fusion Kölner BC 01 und SpVgg. 07 Köln-Sülz], s. S. 84
1. FC Köln s. Kölner BC 01
1. FC Köln s. SpVgg. 07 Köln-Sülz
1. FC Košice (1. Football Club Košice), Košice, Slowakei, Klub, entst. 1952, [1952 ZSJ VSS Košice, 53-56 TJ Spartak Košice VSS, 56 Fusion mit TJ Spoje Košice => TJ Spartak Košice, 57 Fusion mit TJ Slavoj Košice => TJ Jednota Košice (57-62), 62-79 TJ VSS Košice, 79-90 TJ ZŤS Košice, 90-92 TJ Jednota ZŤS Košice, 92 Fusion mit TJ VSŽ Košice => 1. FC Košice], s. S. 87
1. FC Lokomotive Leipzig s. VfB Leipzig
1. FC Magdeburg (1. Fußball-Club Magdeburg), Magdeburg, Deutschland, Klub, entst. 1896, [1896-?? Magdeburger FC Viktoria, ??-1938 SV Viktoria Magdeburg, 38 Fusion mit MTV 1860 Magdeburg-Neustadt => VfL Viktoria Neustadt-1860 Magdeburg (38-45), 45 aufgel. und wiedergegr., 45-48 SG Sudenburg, 48-50 SG Eintracht Sudenburg, 50 Fusion mit SG Lemsdorf => BSG Krupp-Gruson Magdeburg (50-51), 51-52 BSG Stahl Magdeburg, 52-53 BSG Motor Magdeburg, 53-57 BSG Motor Mitte Magdeburg, 57-65 SC Aufbau Magdeburg, 65 SC Magdeburg], s. S. 85
1. FC München-Gladbach s. 1. FC 1894 Mönchengladbach
1. FC Neudorf s. RC Strasbourg
1. FC Nürnberg (1. Fußball-Club Nürnberg-Verein für Leibesübungen), Nürnberg, Deutschland, Klub, entst. 1900, s. S. 85
1. FC Petržalka s. FC Artmedia Petržalka
1. FC Pforzheim (1. Fußball-Club Pforzheim), Pforzheim, Deutschland, Klub, entst. 1896, s. S. 85
1. FC Saarbrücken (1. Fußball-Club Saarbrücken), Saarbrücken, Deutschland, Klub, entst. 1903, [1903-07 TV Malstatt, 07-09 FV Malstatt-Burbach, 09-43 FV Saarbrücken, aufgel. 43 durch Fusion mit SC Altenkessel => KSG Saarbrücken (43-45), 45 Aufl. der Fusion], s. S. 85
1. FC Schweinfurt 05 (1. Fußball-Club Schweinfurt 1905-Verein für Leibesübungen), Schweinfurt, Deutschland, Klub, entst. 1905, [1905-21 1. FC Schweinfurt 05, 21 Fusion mit TG 1848 Schweinfurt => 1. FC 05 der TG 1848 Schweinfurt (21-23), 23 Aufl. der Fusion], s. S. 85
1. FC Swift Hesperange (1. Football Club Swift Hesperange), Luxembourg, Luxemburg, Klub, entst. 1916, [1916-40 FC Swift Hesperange, 40-44 FV Rot-Weiß Hesperingen], s. S. 74
1. FC Synot (1. Football Club Synot), Staré Město, Tschechische Republik, Klub, entst. 1927, [1927-48 SK Staré Město, 48-69 Jiskra Staré Město, 69-93 TJ Jiskra Staré Město, 93-94 SFK Staré Město, 94-99 FC Synot Staré Město, 1999-2000 FC Synot, 2000 Fusion mit FC Slovácká Slavia Uherské Hradiště => 1. FC Synot], s. S. 86
1. FC Synot s. FC Slovácká Slavia Uherské Hradiště
1. FC Union Berlin (1. Fußball-Club Union Berlin), Berlin, Deutschland, Klub, entst. 1906, [1906-20 SC Olympia 06 Oberschöneweide, 20-45 SC Union 06 Oberschöneweide, 45 aufgel. und wiedergegr., 45-48 SG Oberschöneweide, 48-50 SC Union 06 Oberschöneweide, 50-51 SG Union Oberschöneweide, 51-55 BSG Motor Oberschöneweide, 55-57 SC Motor Berlin, 57-63 TSC Oberschöneweide, 63-66 TSC Berlin, 50 Umzug des A-Teams nach Westberlin => SC Union 06 Berlin], s. S. 85
1. FC Weißenfels (1. Fußball-Club Weißenfels), Weißenfels, Deutschland, Klub, [??-1945 TuR Weißenfels, 45 aufgel. und wiedergegr., 45-48 SG Langendorf, 48-49 SG Weißenfels-Süd, 49-51 BSG Schuhmetro Weißenfels, 51-54 ZSG Schuhmetro Weißenfels, 54-60 SC Fortschritt Weißenfels, 60-90 BSG Fortschritt Weißenfels, 90-92 1. SC 1861 Weißenfels], s. S. 85
1. FC Zeitz (1. Fußball-Club Zeitz), Zeitz, Deutschland, Klub, entst. 1910, [19??-45 SpVgg. Zeitz 1910, 45 aufgel. und wiedergegr., 45-48 SG Rot-Weiß Zeitz, 48-49 ZSG Gasolin Zeitz, 49-50 ZSG Hydrierwerk Zeitz, 50-?? BSG Chemie Zeitz, ??-90 BSG Chemie Hyzet Zeitz, 90-94 SG Chemie Zeitz], s. S. 85
1. Football Club Dunaszerdahelyi Atlétikai Club Dunajská Streda s. 1. FC DAC Dunajská Streda
1. Football Club Kattowitz s. 1. FC Kattowitz
1. Football Club Košice s. 1. FC Košice
1. Football Club Swift Hesperange s. 1. FC Swift Hesperange
1. Football Club Synot s. 1. FC Synot
1. FSV Osnabrück s. VfL Osnabrück
1. Fußball-Club 1894 Mönchengladbach s. 1. FC 1894 Mönchengladbach
1. Fußball-Club Dynamo Dresden s. 1. FC Dynamo Dresden
1. Fußball-Club Kaiserslautern s. 1. FC Kaiserslautern
1. Fußball-Club Köln s. 1. FC Köln
1. Fußball-Club Magdeburg s. 1. FC Magdeburg
1. Fußball-Club Nürnberg-Verein für Leibesübungen s. 1. FC Nürnberg
1. Fußball-Club Pforzheim s. 1. FC Pforzheim
1. Fußball-Club Saarbrücken s. 1. FC Saarbrücken
1. Fußball-Club Schweinfurt 1905-Verein für Leibesübungen s. 1. FC Schweinfurt 05
1. Fußball-Club Union Berlin s. 1. FC Union Berlin
1. Fußball-Club Weißenfels s. 1. FC Weißenfels
1. Fußball-Club Zeitz s. 1. FC Zeitz
1. FV 1900 Kiel s. FV Holstein 1902 Kiel
1. FV 1900 Kiel s. Kieler SpVgg. Holstein 1900
1. Göppinger FV 1905 s. 1. Göppinger SV 1895
1. Göppinger Sportverein 1895 s. 1. Göppinger SV 1895
1. Göppinger SV 1895 (1. Göppinger Sportverein 1895), Göppingen, Deutschland, Klub, entst. 1895, [1895-1918 Athletik SV Göppingen, 18 Fusion mit 1. Göppinger FV 1905 => 1. Göppinger SV 1895], s. S. 85
1. Grazer SC (1. Grazer Sport Club), Graz, Österreich, Klub, entst. 1923, s. S. 83
1. Grazer Sport Club s. 1. Grazer SC
1. Groß-Florisdorfer FK Admira s. ESV Admira-NÖ Energie
1. Hanauer FC 93 (1. Hanauer Fußball-Club 1893), Hanau, Deutschland, Klub, entst. 1893, s. S. 85
1. Hanauer Fußball-Club 1893 s. 1. Hanauer FC 93
1. Jenaer SV 1903 s. FC Carl Zeiss Jena
1. Kremser SC s. Kremser SC
1. KS Czarni Lemberg s. 1y LKS Czarni
1. KS Katowice s. 1. FC Kattowitz
1. máj Karviná s. FC Vítkovice
1. p. p. leg. Wilno s. WKS 1. p. p. leg. Wilno
1. Reichsbahn SG Borussia Fulda s. SC Borussia 04 Fulda
1. SC 1861 Weißenfels s. 1. FC Weißenfels
1. SC Kauftreff Wiener Neustadt s. 1. SC Wiener Neustädt
1. SC Wiener Neustädt (1. Sport Club Wiener Neustadt), Wiener Neustadt, Österreich, Klub, entst. 1908, [19??-?? 1. SC Kauftreff Wiener Neustadt], s. S. 83
1. Schwechater SC s. SV Schwechat
1. Simmeringer SC (1. Simmeringer Sport Club), Wien, Österreich, Klub, entst. 1900, [1900-?? 1. Simmeringer SC, ??-?? 1. Simmeringer SC Thurzo, ??-?? 1. Simmeringer SC IS CEOX], s. S. 83
1. Simmeringer Sport Club s. 1. Simmeringer SC
1. Sport Club Wiener Neustadt s. 1. SC Wiener Neustädt
1. Sport-Verein Gera s. 1. SV Gera
1. SSV 1928 Ulm s. SSV Ulm 1846
1. Stettiner Schwimmverein Borussia-Poseidon 1900 s. SK Preußen 01 Stettin
1. Suhler Sport-Verein 1906 s. 1. Suhler SV 1906
1. Suhler SV 1906 (1. Suhler Sport-Verein 1906), Suhl, Deutschland, Klub, entst. 1906, [??-1945 1. Suhler SV, 45 aufgel. und wiedergegr., 45-49 SG Suhl, 49-52 ZSG Suhl, 52-57 BSG Motor Mitte Suhl, 57-62 BSG Motor Suhl, 62-69 BSG Motor Ernst Thälmann Suhl, 69 Fusion mit BSG Motor Simson Suhl => BSG Motor Suhl (69-90)], s. S. 85
1. SV Borussia 04 Fulda s. SC Borussia 04 Fulda
1. SV Gera (1. Sport-Verein Gera), Gera, Deutschland, Klub, [??-1945 1. SV Gera, 45 aufgel. und wiedergegr., 45-49 SG Gera-Pforten, 49-50 BSG Gera-Süd, 50 Fusion mit RFT Gera => BSG Mechanik Gera (50), 50-53 BSG Motor Gera, 53-90 BSG Wismut Gera, 90-93 FSV Wismut Gera], s. S. 85
10th Lincoln Regiment s. 2nd Battalion 10th Lincoln Regiment
10th Middlesex Regiment, Calcutta, Indien, Klub, [aufgel. 19??], s. S. 105
11 FC s. Budai „11" FC
12 de Octubre FC (12 de Octubre Fútbol Club), Itá, Paraguay, Klub, entst. 1914, s. S. 135
12 de Octubre Fútbol Club s. 12 de Octubre FC
12th Company Royal Artillery, Singapur, Klub, s. S. 107
12th Special Service Battalion, Calcutta, Indien, Klub, [aufgel. 19??], s. S. 105
14. oktobar Niš s. FK Radnički Niš
15 de Setiembre (Quince de Setiembre), Trujillo, Peru, Klub, s. S. 130
17. Nëntori s. SK Tiranë
1st Battalion KOYLI, Singapur, Klub, s. S. 107
1st Battalion Manchester Regiment, Singapur, Klub, s. S. 107
1st Battalion Sherwood Foresters, Singapur, Klub, s. S. 107
1st Battalion South Staffs, Singapur, Klub, s. S. 107
1st Battalion the Rifle Brigade, Singapur, Klub, s. S. 107
1st BKOR Lancaster Regiment, Singapur, Klub, s. S. 107
1y LKS Czarni (1y Lwowski Klub Sportowy Czarni), Lemberg (L'viv/L'vov/Lwów), Ukraine, Klub, entst. 1903, [1903-09 KS Slawa Lemberg, 09-18 1. KS Czarni Lemberg, 19-39 1y LKS Czarni, 39 aufgel.], s. S. 89
1y Lwowski Klub Sportowy Czarni s. 1y LKS Czarni
20 de Agosto Beni, Trinidad, Bolivien, Klub, s. S. 131
21. Shkurti s. KS Selenica
22 p. p. Strzelec Siedlce s. WKS „22" p. p. Strzelec Siedlce
23. August Bucureşti s. CS Faur Bucureşti
24. Mají s. KS 24. Mají
2nd Battalion 10th Lincoln Regiment, Singapur, Klub, s. S. 107
2nd Battalion Middlesex Regiment, Singapur, Klub, s. S. 107
2nd Battalion West Kents, Singapur, Klub, s. S. 107
2nd Duke of Wellington's Regiment, Singapur, Klub, s. S. 107
2nd Mobil Pegasus, Eket/Afaha Eket, Nigeria, Klub, s. S. 117
31 de Octubre, La Paz, Bolivien, Klub, s. S. 131
31 de Octubre, Oruro, Bolivien, Klub, s. S. 131
33 FC s. Budai „11" FC
3rd Battalion Middlesex Regiment, Singapur, Klub, s. S. 107
3SC Shooting Stars, Ibadan, Nigeria, Klub, entst. 1963, [19??-71 Ibadan Lions, 71-7? WNDC Ibadan, 7?-92 IICC Shooting Stars], s. S. 117
44 KJ, Mbeya, Tansania, Klub, [19??-2000 Prisons], s. S. 119
5th Northumberland Fusiliers, Singapur, Klub, s. S. 107
6 de Setembro, São Tomé, São Tomé und Príncipe, Klub, s. S. 117
70th Company RGA, Calcutta, Indien, Klub, [aufgel. 19??], s. S. 105
8 de Diciembre (Club 8 de Diciembre), Caacupé, Paraguay, Klub, entst. 1928, s. S. 135
8. Nëntori Shijak s. KS Erzeni
82 KJ Rangers, Shinyanga, Tansania, Klub, s. S. 119
9 de Octubre (Asociación Deportivo Nueve de Octubre), Guayaquil, Ecuador, Klub, entst. 1926, [aufgel. 1976, Umzug nach Milagro, Wiedergr. ?? nach Rückkehr des Teams], s. S. 131
9 de Octubre (Asociación Deportivo Nueve de Octubre), Milagro, Ecuador, Klub, entst. 1976, [entst. 1976 nach Umzug aus Guayaquil, aufgel. ??, Umzug nach Guayaquil], s. S. 130
91st Highlanders, Calcutta, Indien, Klub, [aufgel. 19??], s. S. 105
93rd Highlanders, Calcutta, Indien, Klub, [aufgel. 19??], s. S. 105
977 KJ, Arusha, Tansania, Klub, s. S. 119
A Saad Olympie Chlef s. ASO Chlef
AA Alvorada (Associação Atlética Alvorada), Alvorada, Brasilien, Klub, entst. 1993, s. S. 133
AA Anapolina (Associação Atlética Anapolina), Anápolis, Brasilien, Klub, entst. 1948, s. S. 133
AA Bahia (Associação Atlética da Bahia), Salvador, Brasilien, Klub, [aufgel. 1931 durch Fusion mit Bahiano de Tênis => EC Bahia], s. S. 133
AA Bahia s. Bahiano de Tênis
AA Bahia s. EC Bahia
AA Caldense (Associação Atlética Caldense), Poços de Caldas, Brasilien, Klub, entst. 1925, s. S. 133
AA Colatina (Associação Atlética Colatina), Colatina, Brasilien, Klub, entst. 1978, s. S. 133
AA Corisabbá (Associação Atlética Corisabbá), Floriano, Brasilien, Klub, entst. 1973, s. S. 133
AA Francana (Associação Atlética Francana), Franca, Brasilien, Klub, entst. 1912, s. S. 133
AA Guanabara (Associação Atlética Guanabara), Brasília, Brasilien, Klub, [aufgel. 19??], s. S. 133
AA Internacional (Associação Atlética Internacional), Limeira, Brasilien, Klub, entst. 1913, s. S. 133
AA La Gantoise s. KAA Gent
AA Louviéroise s. RAA Louviéroise
AA Palmeiras (Associação Atlética das Palmeiras), São Paulo, Brasilien, Klub, [aufgel. 1930 durch Fusion mit CA Paulistano => São Paulo FC], s. S. 133
AA Palmeiras s. CA Paulistano
AA Palmeiras s. São Paulo FC
AA Ponte Preta (Associação Atlética Ponte Preta), Campinas, Brasilien, Klub, entst. 1900, s. S. 133
AA Rapid Mouscronnois s. R Excelsior Mouscron
AA Rodoviária (Associação Atlética Rodoviária), Manaus, Brasilien, Klub, [aufgel. 19??], s. S. 133
AA São Bento (Associação Atlética São Bento), São Paulo, Brasilien, Klub, [aufgel. 19??], s. S. 133
AA Serviço Gráfico (Associação Atlética Serviço Gráfico), Brasília, Brasilien, Klub, s. S. 133
AA Valeriodoce (Associação Atlética Valeriodoce), Vitória, Brasilien, Klub, [aufgel. 19??], s. S. 133
AAA, Singapur, Klub, s. S. 107
ÅaB (Ålborg Boldspilklub A/S), Ålborg, Dänemark, Klub, entst. 1885, [1906 Fusion mit Ålborg FK], s. S. 71
Aachen, Stadt, Deutschland, s. S. 85
Aachener TSV Alemannia (Aachener Turn- und Sport-Verein Alemannia 1900), Aachen, Deutschland, Klub, entst. 1900, [1900-19 FC Alemannia Aachen, 19 Fusion mit Aachener TV 1847 => TSV Alemannia Aachen (19-24), 24 Aufl. der Fusion], s. S. 85
Aachener Turn- und Sport-Verein Alemannia 1900 s. Aachener TSV Alemannia
Aachener TV 1847 s. Aachener TSV Alemannia
Aale, Stadt, Libanon, s. S. 102
Aalst, Stadt, Belgien, s. S. 75
Aarau, Stadt, Schweiz, s. S. 82
AB (Akademisk Boldklub), Kopenhagen (København), Dänemark, Klub, entst. 1889, [entst. 1889 durch Fusion Polyteknisk BK und Fredericia Studenternes CK], s. S. 71
AB s. Stævnet
Aba, Stadt, Nigeria, s. S. 117
Abaco, Stadt, Bahamas, s. S. 123
Abacom United FC (Abacom United Football Club), Abaco, Bahamas, Klub, s. S. 123
Abacom United Football Club s. Abacom United FC
Abadan, Stadt, Iran, s. S. 103
Abahani KC (Abahani Krira Chakra), Chittagong, Bangladesh, Klub, s. S. 105
Abahani KC (Abahani Krira Chakra), Dacca, Bangladesh, Klub, s. S. 105
Abahani KC (Abahani Krira Chakra), Khulna, Bangladesh, Klub, s. S. 105
Abahani KC (Abahani Krira Chakra), Rajshahi, Bangladesh, Klub, s. S. 105
Abahani Krira Chakra s. Abahani KC
Abaluhya Football Club Leopards s. AFC Leopards
ABC FC (ABC Futebol Clube), Natal, Brasilien, Klub, entst. 1915, s. S. 133
ABC Futebol Clube s. ABC FC
ABC, Ciudad de Guatemala/Guatemala City, Guatemala, Klub, [aufgel. 19??], s. S. 125
Abéché, Stadt, Tschad, s. S. 115
Abeilles FC (Abeilles Football Club), Pointe-Noire, Kongo, Klub, s. S. 118
Abeilles Football Club s. Abeilles FC
Abengourou, Stadt, Elfenbeinküste, s. S. 117
Abeokuta, Stadt, Nigeria, s. S. 117
Abercorn FC (Abercorn Football Club), Paisley, Schottland, Klub, entst. 1877, [aufgel. 1920], s. S. 69
Abercorn Football Club s. Abercorn FC
Aberdeen FC (Aberdeen Football Club), Aberdeen, Schottland, Klub, entst. 1903, s. S. 69
Aberdeen Football Club s. Aberdeen FC
Aberdeen, Stadt, Schottland, s. S. 69
Abergavenny Thursdays FC (Abergavenny Thursdays Football Club), Abergavenny, Wales, Klub, entst. 1900, s. S. 67
Abergavenny Thursdays Football Club s. Abergavenny Thursdays FC
Abergavenny, Stadt, Wales, s. S. 67
Aberystwyth Town FC (Aberystwyth Town Football Club), Aberystwyth, Wales, Klub, entst. 1884, s. S. 67
Aberystwyth Town Football Club s. Aberystwyth Town FC
Aberystwyth, Stadt, Wales, s. S. 67
Abia, Stadt, Nigeria, s. S. 117
Abidjan Université Club s. AUC
Abidjan, Stadt, Elfenbeinküste, s. S. 117
Abiola Babes (Abiola Babes Mashood), Abeokuta, Nigeria, Klub, [aufgel. 1989], s. S. 117
Abiola Babes Mashood s. Abiola Babes
ABL (Allied Bank Limited), Karachi, Pakistan, Klub, s. S. 105
Åbo Idrotts Förening Kamraterna s. ÅIFK
Åbo, Stadt, Finnland, s. S. 73
Abong-Mbang, Stadt, Kamerun, s. S. 117
Abou-Ossé, Anié, Togo, Klub, s. S. 117
Abowjan, Stadt, Armenien, s. S. 97
Abu Hulayfah, Stadt, Kuwait, s. S. 103
Abu-Dhabi, Stadt, VAE, s. S. 103
Abuja, Stadt, Nigeria, s. S. 117
AbuMoslem, Mashhad, Iran, Klub, s. S. 103
AC 1897 Gantois s. RRC Heirnis Gent
AC Ajaccien (Athletic Club Ajaccien), Ajaccio, Frankreich, Klub, entst. 1910, s. S. 77
AC Bellinzona (Associazione Calcio Bellinzona), Bellinzona, Schweiz, Klub, entst. 1904, [1925 Fusion mit AC Dare Bellinzona], s. S. 82
AC Brescia s. Brescia Calcio
AC Bruxelles s. Athletic & Running CB
AC Catania s. Catania Calcio
AC CMZ, Volksrepublik Kongo, Klub, s. S. 118
AC Comense s. Como Calcio
AC Como s. Como Calcio
AC Coríntians (Atlético Clube Coríntians), Caicó, Brasilien, Klub, entst. 1968, s. S. 133
AC Cremona s. US Cremonese
AC Dare Bellinzona s. AC Bellinzona
AC del Duca Ascoli s. Ascoli Calcio 1898
AC Eger s. FC Eger
AC Empoli s. Empoli FC
AC Ferrara s. SPAL Ferrara
AC Fiorentina (Associazione Calcio Fiorentina), Florenz (Firenze), Italien, Klub, entst. 1926, [entst. 1926 durch Fusion Polisportiva Giovanile Firenze Libertas und CS Firenze => Associazione Fiorentina del Calcio (26-28), 28 Fusion mit Fiorenza US und SS Italia Firenze => AC Fiorentina], s. S. 81
AC Genova 1893 s. Genoa 1893
AC Goianiense (Atlético Clube Goianiense), Goiânia, Brasilien, Klub, entst. 1937, s. S. 133
AC Horsens, Horsens, Dänemark, Klub, entst. 1915, [1915-94 Horsens fS], s. S. 71
AC Juventus (Atlético Clube Juventus), Rio Branco, Brasilien, Klub, entst. 1966, s. S. 132
AC Juventus Topoľčany s. MFK VTJ Topoľčany
AC Kolín s. AFK Kolín
AC Královské Vinohrady s. AC Sparta Praha
AC La Dominante Genova s. AC Liguria
AC La Dominante Genova s. SG Andrea Doria
AC La Dominante Genova s. SG Sampierdarenese
AC Lanerossi-Vicenza s. Vicenza Calcio
AC Lecco s. Lecco Calcio
AC Legnano (Associazione Calcio Legnano), Legnano, Italien, Klub, entst. 1913, [1913-?? Legnano FBC], s. S. 81
AC Léopards Loubomo, Loubomo, Kongo, Klub, s. S. 118
AC Liguria (Associazione Calcio Liguria), Genua (Genova), Italien, Klub, entst. 1927, [entst. 1927 durch Fusion SG Sampierdarenese und SG Andrea Doria => AC La Dominante Genova (27-30), 30-32 FC Liguria, 32-37 SG Sampierdarenese, 37 Fusion mit Rivarolese Nazionale Liguria und Polisportiva Corniglianese => AC Liguria (37-45), 45 aufgel.], s. S. 81
AC Mantova (Associazione Calcio Mantova), Mantova, Italien, Klub, entst. 1911, [entst. 1911 durch Fusion Vis et Virtus Mantova und Gruppo del Calcio Mantova => AC Ozo Mantova (56-61), 61-84 AC Mantova, 84 aufgel. und wiedergegr., 84-94 Nuova AC Mantova], s. S. 81
AC Messina s. ACR Messina
AC Mestre s. AC Venezia
AC Modèle (Athletic Club Modèle), Lomé, Togo, Klub, s. S. 117
AC Napoli s. SSC Napoli
AC Nitra s. FC Nitra
AC Ozo Mantova s. AC Mantova
AC Padova s. Padova Calcio
AC Palermo s. US Palermo
AC Perugia (Associazione Calcio Perugia), Perugia, Italien, Klub, entst. 1905, [entst. 1905 durch Fusion Libertas Perugia und Fortebraccio Perugia => AC Perugia (05-13), 13-19 SS Perugia], s. S. 81
AC Pistoia s. AC Pistoiese
AC Pistoiese (Associazione Calcio Pistoiese), Pistoia, Italien, Klub, entst. 1921, [1921-37 US Pistoiese, 37-39 AC Pistoia, 39-87 US Pistoiese, 87-88 Pistoiese Calcio, 88 aufgel. und wiedergegr., 88-?? Nuova Pistoiese], s. S. 81
AC Plzeň s. SK Plzeň 1894
AC Považská Bystrica s. FK Považská Bystrica
AC Real Tartane, La Trinité, Martinique, Klub, s. S. 127
AC Reggiana (Associazione Calcio Reggiana), Reggio nell' Emilia, Italien, Klub, entst. 1919, [1919-?? US Reggiana], s. S. 81
AC San Marco s. AC Venezia
AC San Martín (Atlético Club San Martín), Mendoza, Argentinien, Klub, entst. 1927, s. S. 135
AC Siena (Associazione Calcio Siena), Siena, Italien, Klub, entst. 1919, [1919-34 SS Robur Siena], s. S. 81
AC Slovácká Slavia Uherské Hradiště s. FC Slovácká Slavia Uherské Hradiště
AC Sodigraf (Athletic Club Sodigraf), Kinshasa, Volksrepublik Kongo, Klub, entst. 1989, s. S. 119
AC Sonni Gao (Athletic Club Sonni Gao), Gao, Mali, Klub, s. S. 114
AC Sparta Považská Bystrica s. FK Považská Bystrica
AC Sparta Praha (Athletic Club Sparta Praha), Prag (Praha), Tschechische Republik, Klub, entst. 1893, [1893-94 AC Královské Vinohrady, 1894-1948 AC Sparta Praha, 48-49 Sokol Sparta Praha, 49-51 ZSJ Bratrství Sparta Praha, 51 Fusion mit ZSJ ČKD Sokolovo Libeň => Sokol Sparta ČKD Praha (51-53), 53-65 Spartak Sokolovo Praha, 65-91 TJ Sparta ČKD Praha], s. S. 86
AC Sparta Topoľčany s. MFK VTJ Topoľčany
AC Sparta Wien s. SK Slovan HAC Wien
AC Spišská Nová Ves s. MFK Lokomotíva Spišská Nová Ves
AC Svit Batizovce s. FC Chemosvit Svit
AC Svit s. FC Chemosvit Svit
AC Ternana s. Ternana Calcio
AC Torino s. Torino Calcio
AC Udinese s. Udinese Calcio
AC Vado (Associazione Calcio Vado), Vado Ligure, Italien, Klub, entst. 1908, [aufgel. 19??], s. S. 81
AC Venezia (Associazione Calcio Venezia), Venedig (Venezia), Italien, Klub, entst. 1907, [entst. 1907 durch Fusion SG Marziale und SG Constantino Reyer => Venezia FC (07-??), ??-28 AC Venezia, 27 Fusion mit US Virtus Rialtina, 28 Fusion mit Libertas AC, AFC Foglore und Ardor US Gindecca => AC San Marco (28-30), 30-35 SS Serenissima, 35-45 Associazione Fascista Calcio Venezia, 45-83 AC Venezia, 83-87 Venezia Calcio, 87 Fusion mit AC Mestre => AS Venezia-Mestre Calcio (87-89)], s. S. 81
AC Verona s. Hellas Verona FC
AC Vicenza s. Vicenza Calcio
AC Victoria Las Palmas s. UD Las Palmas
AC Viktoria Wien (Athletic Club Viktoria Wien), Wien, Österreich, Klub, [aufgel. 1911 durch Fusion mit Vienna Cricket & FC], s. S. 83
AC Viktoria Wien s. Vienna Cricket & FC
Academia Quintana, Hato Rey, Puerto Rico, Klub, s. S. 127
Academia Taschkent, Taschkent, Usbekistan, Klub, s. S. 100
Académica Coimbra (Associação Académica de Coimbra), Coimbra, Portugal, Klub, entst. 1911, [1911-74 Académica Coimbra, 74-8? Académico Coimbra], s. S. 79
Académica Operária, Sal Rei, Kapverden, Klub, s. S. 116
Académica, Lobito, Angola, Klub, s. S. 118
Académica, Mindelo, Kapverden, Klub, s. S. 116
Academicals FAC s. Hamilton Academical FC
Académico Coimbra s. Académica Coimbra
Académico FC (Académico Futebol Clube), Porto, Portugal, Klub, entst. 1911, [aufgel. 19??], s. S. 79
Académico Futebol Clube s. Académico FC
Acajutla, Stadt, El Salvador, s. S. 125
Acapulco de Juárez, Stadt, Mexiko, s. S. 125
Acarigua, Stadt, Venezuela, s. S. 128
ACB Lagos FC (African Continental Bank Lagos Football Club), Lagos, Nigeria, Klub, s. S. 117
Access GoldenGrain Petropawlowsk s. Yesil Bogatyr Petropawlowsk
Access Yesil Petropawlowsk s. Yesil Bogatyr Petropawlowsk
Accra, Stadt, Ghana, s. S. 117
Accrington FC s. Accrington Stanley FC
Accrington Stanley FC (Accrington Stanley Football Club), Accrington, England, Klub, entst. 1872, [1872-96 Accrington FC, 96 aufgel. und wiedergegr., 1896-1963 Accrington Stanley FC, 63 aufgel. und wiedergegr., 63-66 Accrington FC, 66 aufgel., 68 wiedergegr.], s. S. 67
Accrington Stanley Football Club s. Accrington Stanley FC
Accrington, Stadt, England, s. S. 67
Acél s. Salgótarjáni Acél
Aces s. Black Aces
ACFR Braşov s. CFR Braşov
ACFR Iaşi s. CFR Iaşi
Achal Ak-Daschajak, Ak-Daschajak, Turkmenistan, Klub, s. S. 101
Achdar s. al-Achdar
Achileas Trikala s. AO Trikala
Achilles Łódź s. ŁTSG
Achtamar Sewan s. FC Achtamar Sewan
Achtyrka, Stadt, Ukraine, s. S. 99
Achuapa s. CD Achuapa
ACIA s. CD Italiano
Aconangui, Stadt, Äquatorial-Guinea, s. S. 118
Acquaviva, Stadt, San Marino, s. S. 81
ACR Messina (Associazione Calcio Riunite Messina), Messina, Italien, Klub, entst. 1945, [1945-49 AS Messina, 49-66 AC Messina, 66 aufgel. und wiedergegr.], s. S. 81
Acros Bombers, Belize City, Belize, Klub, [19??-9? Acros Carib, 9?-9? Acros Crystal], s. S. 125
Acros Carib s. Acros Bombers
Acros Crystal s. Acros Bombers
ACS Zebians, Roseau, Dominica, Klub, s. S. 127
ACT Stars, Blantyre, Malawi, Klub, s. S. 121
Acvila Iaşi s. CFR Iaşi
AD Almería (Agrupacion Deportivo Almería), Almería, Spanien, Klub, entst. 1930, [aufgel. 1982], s. S. 79
AD Belén FC (Asociación Deportiva Belén Fútbol Club), Belén, Costa Rica, Klub, entst. 1978, s. S. 125
AD Carmelita (Asociación Deportiva Carmelita), Alajuela, Costa Rica, Klub, entst. 1948, [19??-?? El Carmen], s. S. 124
AD Ceuta, Ceuta, Spanien, Klub, entst. 1996, s. S. 79
AD Confiança (Associação Desportiva Confiança), Aracaju, Brasilien, Klub, entst. 1936, s. S. 133
Ad Dawhah, Stadt, Katar, s. S. 103
Ad Diraz-Bani Jamrah, Stadt, Bahrain, s. S. 102
AD Fafe (Associação Desportiva de Fafe), Fafe, Portugal, Klub, entst. 1958, s. S. 79
AD Fafe s. FC Famalicão
AD Ferroviária (Associação Desportiva Ferroviária), Vitória, Brasilien, Klub, entst. 1963, s. S. 133
AD Goicoechea (Asociación Deportiva Goicoechea), San Miguel, Costa Rica, Klub, entst. 1958, s. S. 124
AD Guanacasteca (Asociación Deportiva Guanacasteca), Liberia, Costa Rica, Klub, entst. 1973, s. S. 125
AD Guarany (Associação Desportiva Guarany), Salvador, Brasilien, Klub, s. S. 133
AD Hospital Pucallpa, Pucallpa, Peru, Klub, s. S. 131
AD Leônico (Associação Desportiva Leônico), Salvador, Brasilien, Klub, entst. 1940, s. S. 133
AD Limonense (Asociación Deportiva Limonense), Puerto Limón, Costa Rica, Klub, entst. 1961, s. S. 125
AD Mineros de Guayana (Asociación Deportiva Mineros de Guayana), Puerto Ordaz, Venezuela, Klub, entst. 1978, s. S. 129
AD Municipal Osa (Asociación Deportiva Municipal Osa), Ciudad Cortés, Costa Rica, Klub, s. S. 125
AD Municipal Pérez Zeledón (Asociación Deportiva Municipal Pérez Zeledón), San Isidro de Pérez Zeledón, Costa Rica, Klub, entst. 1991, s. S. 125
AD Municipal Puntarenas (Asociación Deportiva Municipal Puntarenas), Puntarenas, Costa Rica, Klub, entst. 1952, s. S. 125
AD Pemba (Associação Desportivo de Pemba), Pemba, Mosambik, Klub, s. S. 121
AD Pérez Zeledón s. Generaleña
AD Ramonense (Asociación Deportiva Ramonense), San Ramón de Alajuela, Costa Rica, Klub, entst. 1953, s. S. 124
AD Sagrada Familia FC (Asociación Deportiva Sagrada Familia Fútbol Club), San José, Costa Rica, Klub, entst. 1967, s. S. 124
AD San Carlos FC (Asociación Deportiva San Carlos Fútbol Club), Ciudad Quesada, Costa Rica, Klub, entst. 1965, s. S. 125
AD Sanjoãnense (Associação Desportiva Sanjoanense), São João da Madeira, Portugal, Klub, entst. 1924, s. S. 79
AD Santa Bárbara (Asociación Deportiva Santa Bárbara), Santa Bárbara, Costa Rica, Klub, entst. 1943, s. S. 124
AD Santos (Asociación Deportiva Santos), Guápiles, Costa Rica, Klub, s. S. 125
AD São Caetano (Associação Desportiva São Caetano), São Paulo, Brasilien, Klub, entst. 1989, s. S. 133
AD Turrialba FC (Asociación Deportiva Turrialba Fútbol Club), Turrialba, Costa Rica, Klub, entst. 1940, s. S. 125
AD Universidad de Costa Rica (Asociación Deportiva Universidad de Costa Rica), San José, Costa Rica, Klub, entst. 1942, s. S. 124
AD Vasco da Gama (Associação Desportiva Vasco

da Gama), Rio Branco, Brasilien, Klub, entst. 1952, **s. S.** 132
Adalet Gençlik Spor Kulübü **s.** Adalet SK
Adalet SK (Adalet Gençlik Spor Kulübü), İstanbul, Türkei, Klub, entst. 1946, [aufgel. 1971 durch Fusion mit Alibeyköy SK => Alibeyköy-Adalet SK], **s. S.** 96
Adama City, Nazret/Nazareth, Äthiopien, Klub, **s. S.** 115
Adamjee SCC, Dacca, Bangladesh, Klub, **s. S.** 105
Adan, Stadt, Jemen, **s. S.** 103
Adana Demirspor K (Adana Demirspor Kulübü), Adana, Türkei, Klub, entst. 1940, **s. S.** 96
Adana Demirspor Kulübü **s.** Adana Demirspor K
Adana, Stadt, Türkei, **s. S.** 96
Adanaspor Anonim Şirketi **s.** Adanaspor AŞ
Adanaspor AŞ (Adanaspor Anonim Şirketi), Adana, Türkei, Klub, entst. 1954, [1954-97 Adanaspor SK], **s. S.** 96
Adanaspor SK **s.** Adanaspor AŞ
Adansiman, Obuasi, Ghana, Klub, **s. S.** 117
Adapazarı, Stadt, Türkei, **s. S.** 96
ADC Potiguar (Associação Desportiva e Cultural Potiguar), Mossoró, Brasilien, Klub, entst. 1945, **s. S.** 133
ad-Dammam, Stadt, Saudi-Arabien, **s. S.** 103
Addis Abeba, Stadt, Äthiopien, **s. S.** 115
ad-Diwaniya, Stadt, Irak, **s. S.** 103
Adelaide City **s.** Adelaide Force FC
Adelaide City Zebras **s.** Adelaide Force FC
Adelaide Force FC (Adelaide Force Football Club), Adelaide, Australien, Klub, entst. 1946, [1946-76 Juventus Adelaide, 76-98 Adelaide City, 98-99 Adelaide City Zebras], **s. S.** 136
Adelaide Force Football Club **s.** Adelaide Force FC
Adelaide, Stadt, Australien, **s. S.** 136
Aden, Stadt, Jemen, **s. S.** 103
Ader Club, Niamey, Niger, Klub, **s. S.** 114
ADET **s.** CD ADET
ADET **s.** CD Baygon-ADET
Adjamé **s.** Stella Abidjan
Adjidjas **s.** ASFAP
Adler Deblin **s.** LSV Adler Deblin
Adler Rothenditmold **s.** SV 06 Kassel-Rothenditmold
ADM Casablanca, Casablanca/Dar Al-Bayda, Marokko, Klub, **s. S.** 113
ADM Pérez Zeledón **s.** Generaleña
ADMARC Tigers (Agricultural Development and Marketing Corporation), Blantyre, Malawi, Klub, **s. S.** 121
Admira Myrtle Mill Wiener Neustadt **s.** SV Admira Wiener Neustadt
Admira Rax-Werke Wiener Neustadt **s.** SV Admira Wiener Neustadt
Admira Wiener Neustadt **s.** SV Admira Wiener Neustadt
Admiraltejets Leningrad **s.** Dinamo Sankt Peterburg
Admira-NÖ Energie **s.** ESV Admira-NÖ Energie
Admira-Wacker Mödling **s.** VfB Admira-Wacker Mödling
Admira-Wacker Mödling **s.** VfB Mödling
Admira-Wacker **s.** ESV Admira-NÖ Energie
Admira-Wacker **s.** SC Wacker Wien
Admira-Wacker **s.** SCN Admira-Wacker
ADO (Atlético Deportivo Olimpico), Callao, Peru, Klub, **s. S.** 130
ADO (Atletico Deportivo Orizabeño), Orizaba, Mexiko, Klub, [1949 aufgel.], **s. S.** 125
Ado Ekiti, Stadt, Nigeria, **s. S.** 117
ADO **s.** Holland Sport
ADO **s.** SV ADO
Adriatiku **s.** KS Besa
ADT (Asociación Deportiva de Tarma), Tarma, Peru, Klub, entst. 1929, **s. S.** 130
Adulis, Asmara, Eritrea, Klub, **s. S.** 115
Advendo **s.** VAV NAC
AE Catuense (Associação Esportiva Catuense), Alagoinhas, Brasilien, Klub, entst. 1974, **s. S.** 133
AE Cruzeiro do Sul (Associação Esportiva Cruzeiro do Sul), Brasília, Brasilien, Klub, [aufgel. 19??], **s. S.** 133
AE Nikaias (Athlitiki Enosis Nikaias), Athen (Athina), Griechenland, Klub, entst. 1948, **s. S.** 95
AE Piridopiu **s.** AS Aigaleo
AE **s.** Ionikos Nikaias
AE Tiradentes (Associação Esportiva Tiradentes), Fortaleza, Brasilien, Klub, entst. 1961, **s. S.** 133
AE Trikala **s.** AO Trikala
AEK (Athlitiki Enosis Kitiou), Larnaka/Larnaca, Zypern, Klub, entst. 1994, [entst. 1994 durch Fusion EPA und Pezoporikos OL], **s. S.** 95
AEK Kavala **s.** AO Kavala
AEK Pyrgos **s.** AO Panileiakos
AEK **s.** AS AEK
AEK **s.** EPA
AEK **s.** Pezoporikos OL
AEL (Athlitiki Enosis Lemesou), Limassol/Lemesos, Zypern, Klub, entst. 1930, **s. S.** 95
AELU (Asociación Estadio La Unión), Lima, Peru, Klub, entst. 1982, **s. S.** 130
AEP **s.** APOP
AEP **s.** AS Evagoras Pafos
AEP, Pafos, Zypern, Klub, entst. 2000, [entst. 2000 durch Fusion AS Evagoras Pafos und APOP], **s. S.** 95
AeroPa **s.** FinnPa
Aéroport, Djibouti, Dschibuti, Klub, **s. S.** 115
AES Elimaj Semipalatinsk **s.** Elimaj Semipalatinsk
Afaha Eket, Stadt, Nigeria, **s. S.** 117
Afan Lido FC (Afan Lido Football Club), Port Talbot, Wales, Klub, entst. 1967, **s. S.** 67
Afan Lido Football Club **s.** Afan Lido FC
Afareaitu, Stadt, Tahiti, **s. S.** 137
AFC Ajax (Amsterdamse Football Club Ajax), Amsterdam, Niederlande, Klub, entst. 1900, [1908 Fusion mit Holland Amsterdam], **s. S.** 75
AFC Catania **s.** Catania Calcio
AFC DWS (Amsterdamse Football Club Door Wilskracht Sterk), Amsterdam, Niederlande, Klub, entst. 1907, [aufgel. 1958 durch Fusion mit BVC => DWS/A, 83 wiedergegr.], **s. S.** 75
AFC DWS **s.** BVC
AFC DWS **s.** DWS/A
AFC Euro Kickers (Asociación Fútbol Club Euro Kickers), Ciudad de Panamá/Panama City, Panama, Klub, entst. 1984, **s. S.** 125
AFC Foglore **s.** AC Venezia
AFC Kamili, Nairobi, Kenia, Klub, **s. S.** 119
AFC Leopards (Abaluhya Football Club Leopards), Nairobi, Kenia, Klub, entst. 1964, **s. S.** 119
AFC RAP (Amsterdamse Football Club Run Amstel Progress), Amsterdam, Niederlande, Klub, entst. 1887, [entst. 1887 durch Fusion Run, Amstel und Progress, aufgel. 1914 durch Fusion mit Volharding en Amstel CC => VRA], **s. S.** 75
AFD Sliven **s.** FK Sliven
AFD Trakija Plovdiv **s.** FK Botev Plovdiv
AFD Trakija Plovdiv **s.** FK Spartak Plovdiv
Afërdita e Perpemari **s.** KS Elbasani
Afghanistan, Länder, **s. S.** 104 und 105
Afienya United, Tema, Ghana, Klub, **s. S.** 117
AFK Atlantic Lázně Bohdaneč (Atletický fotbalový klub Atlantic Lázně Bohdaneč), Lázně Bohdaneč, Tschechische Republik, Klub, entst. 1918, [1918-4? AFK Lázně Bohdaneč, 4?-94 Sokol Lázně Bohdaneč, 1994-2000 AFK Atlantic Lázně Bohdaneč, aufgel. 2000 durch Fusion mit FC Slovan Pardubice => FK AS Pardubice], **s. S.** 86
AFK Benešov **s.** FK Benešov
AFK Bohemia Vršovice **s.** CU Bohemians Praha
AFK Bohemians Vršovice **s.** CU Bohemians Praha
AFK Kolín (Atletický fotbalový klub Kolín), Kolín, Tschechische Republik, Klub, entst. 1902, [entst. 1902 durch Fusion FC Kolín und AC Kolín => AFK Kolín (02-48), 48-49 Sokol Kolín, 49-50 Sokol Modrobílí Kolín, 50-53 Sokol ČSD Kolín, 53-73 ČSD Lokomotiva Kolín, 73 Fusion mit TJ Tatra Kolín => TJ Kolín (73-83), 83-?? TJ Agro Kolín], **s. S.** 86
AFK Lázně Bohdaneč **s.** AFK Atlantic Lázně Bohdaneč
AFK Vršovice **s.** CU Bohemians Praha
Afonso XIII Mallorca **s.** RCD Mallorca
Africa Sport, Burundi, Klub, **s. S.** 119
Africa Sports (Africa Sports National), Abidjan, Elfenbeinküste, Klub, entst. 1936, **s. S.** 117
Africa Sports National **s.** Africa Sports
Africain **s.** Club Africain
African Continental Bank Lagos Football Club **s.** ACB Lagos FC
African Stars, Windhoek, Namibia, Klub, **s. S.** 120
African Wanderers, Durban, Südafrika, Klub, entst. 1906, **s. S.** 121
Afriki **s.** al-Afriki
Afrosijab Samarkand **s.** FK Dinamo Samarkand
Agadez, Stadt, Niger, **s. S.** 114
Agadir, Stadt, Marokko, **s. S.** 113
Agaña, Stadt, Guam, **s. S.** 136
Agárd, Stadt, Ungarn, **s. S.** 89
Agaza Lomé (Omnisport Agaza Lomé), Lomé, Togo, Klub, **s. S.** 117
Agdam, Stadt, Aserbaidschan, **s. S.** 97
Agdam, Stadt, Aserbaidschan, **s. S.** 97
ÅGF (Århus Gymnastik Forening), Århus, Dänemark, Klub, entst. 1880, **s. S.** 71
AGIMI **s.** SK Tiranë
AGIU Spiridona **s.** AS Aigaleo
Agosto Beni **s.** 20 de Agosto Beni
Agra, Stadt, Indien, **s. S.** 105
Agrani Bank SC (Agrani Bank Sports Club), Dacca, Bangladesh, Klub, **s. S.** 105
Agrani Bank Sports Club **s.** Agrani Bank SC
Agremiação Sportiva Arapiraquense **s.** ASA
Agricultural Development and Marketing Corporation **s.** ADMARC Tigers
Agricultural Marketing Corporation Pharmacor **s.** AMC
Agriculture and Irrigation (Ministry of Agriculture and Irrigation), Rangoon/Yangon, Burma, Klub, **s. S.** 106
Agrinio, Stadt, Griechenland, **s. S.** 95
Agro Chişinău **s.** FC Agro Chişinău
Agro Drnovice **s.** FK Drnovice
Agro Kolín **s.** AFK Kolín
Agrupacion Deportivo Almería **s.** AD Almería
Agstafa, Stadt, Aserbaidschan, **s. S.** 97
Aguascalientes, Stadt, Mexiko, **s. S.** 125
Águeda, Stadt, Portugal, **s. S.** 79
Aguia d'Ouro, Mosambik, Klub, **s. S.** 121
Aguila Negra **s.** Aigle-Noir
Aguila **s.** CD Aguila
Agustinos **s.** Hungaritos Agustinos
Ägypten, Länder, **s. S.** 112 und 113
Ahd **s.** al-Ahd
Ahil Bugojno **s.** NK Iskra Bugojno
Ahli Fujeira **s.** al-Ahli Fujeira
Ahli **s.** al-Ahli
Ahli Saida **s.** al-Ahli Saida
Ahli Sarba **s.** al-Ahli Sarba
Ahli SC **s.** al-Ahli SC
Ahmadabad, Stadt, Indien, **s. S.** 105
Ahmadi, Stadt, Kuwait, **s. S.** 103
Ahvaz, Stadt, Iran, **s. S.** 103
AIÅ (Arbejdernes Idrætsklub Århus), Århus, Dänemark, Klub, entst. 1918, **s. S.** 71
ÅIFK (Åbo Idrotts Förening Kamraterna), Turku/Åbo, Finnland, Klub, entst. 1908, **s. S.** 73
Aigaleo **s.** AS Aigaleo
Aigio, Stadt, Griechenland, **s. S.** 95
Aigle d'Agadez, Agadez, Niger, Klub, **s. S.** 114
Aigle Nkongsamba, Nkongsamba, Kamerun, Klub, **s. S.** 117
Aigle Royal, Libreville, Gabun, Klub, **s. S.** 119
Aigle Royale Dschang, Dschang, Kamerun, Klub, **s. S.** 117
Aigle Sportif, Martinique, Klub, **s. S.** 127
Aigle-Noir, Port-au-Prince, Haiti, Klub, [19??-?? Aguila Negra], **s. S.** 127
Aigles de Bélinga, Makoku, Gabun, Klub, **s. S.** 118
Aigles Verts, Port-Gentil, Gabun, Klub, **s. S.** 118
Aiglons, Le Lamentin, Martinique, Klub, **s. S.** 127
AiK Bischkek **s.** Rotor Bischkek
AiK Bischkek **s.** SK Nacional'naja Gwardia Bischkek
AIK Solna (Allmänna Idrottsklubben Solna), Stockholm, Schweden, Klub, entst. 1891, **s. S.** 72
Aïn Beida, Stadt, Algerien, **s. S.** 113
Ain **s.** al-Ain
Aïn-M'Lila, Stadt, Algerien, **s. S.** 113
Air Force FC **s.** Air Force Hawks
Air Force Hawks, Manila, Philippinen, Klub, [198?-?? Air Force FC], **s. S.** 107
Air Force **s.** Nib
Air Force **s.** Royal Air Force
Air Force SC (Sri Lanka Air Force Sport Club), Colombo, Sri Lanka, Klub, **s. S.** 105
Air India, Bombay/Mumbai, Indien, Klub, **s. S.** 105
Air Mauritanie **s.** ASC Air Mauritanie
Air Zimbabwe Jets, Harare, Simbabwe, Klub, **s. S.** 121
Airdrieonians FC (Airdrieonians Football Club), Cumbernauld, Schottland, Klub, entst. 1878, [1878-80 Excelsior FC], **s. S.** 69
Airdrieonians Football Club **s.** Airdrieonians FC
Airforce, Asmara, Eritrea, Klub, **s. S.** 115
Airlines **s.** Uganda Airlines
Airports Authority, Arima, Trinidad und Tobago, Klub, **s. S.** 129
Aix-en-Provence, Stadt, Frankreich, **s. S.** 77
Aixoise **s.** AS Aixoise
AJ Auxerroise (Association de la Jeunesse Auxerroise), Auxerre, Frankreich, Klub, entst. 1905, **s. S.** 77
AJ Balata Abrida, Dégrad Balata, Französisch-Guyana, Klub, **s. S.** 129
AJ Saint-Georges, Saint-Georges, Französisch-Guyana, Klub, **s. S.** 129
Ajaccien **s.** AC Ajaccien
Ajaccio, Stadt, Frankreich, **s. S.** 77
Ajax Cape Town (Ajax CT), Kapstadt (Cape Town), Südafrika, Klub, entst. 1995, [1995-99 Seven Stars], **s. S.** 120
Ajax CT **s.** Ajax Cape Town
Ajax FC **s.** Rabat Ajax FC
Ajax **s.** AFC Ajax
Ajax, Brazzaville, Kongo, Klub, **s. S.** 118
Ajdabiyah, Stadt, Libyen, **s. S.** 113
Ajdovščina, Stadt, Slowenien, **s. S.** 93
Ajman, Ajman, VAE, Klub, entst. 1974, **s. S.** 103
Ajman, Stadt, VAE, **s. S.** 103
Ajuda Sport, Bissau, Guinea-Bissau, Klub, **s. S.** 116
Ak Altyn Karasaj **s.** FK Zhaschtyk Ak Altyn Karasaj
Ak Altyn Karasaj **s.** FK Zhastyk Osch
Aka-Aka **s.** AS Aka-Aka
Akademik Dimitrovgrad **s.** DFS Akademik Dimitrovgrad
Akademik Plovdiv **s.** FK Botev Plovdiv
Akademik Plovdiv **s.** FK Spartak Plovdiv
Akademik Sofija **s.** FK Akademik Sofija
Akademik Stalin **s.** Akademik Varna
Akademik Svischtov **s.** FK Akademik Svischtov
Akademik Varna **s.** FK Tscherno More Varna
Akademik Varna, Varna, Bulgarien, Klub, entst. 1949, [1949-56 Akademik Stalin, 56-57 Akademik Varna, 57 aufgel.], **s. S.** 91
Akademischer BV Hannover **s.** ARBV Hannover
Akademischer FC Hannover **s.** ARBV Hannover
Akademischer Ruder- und Ballspielverein Hannover **s.** ARBV Hannover
Akademischer Ruder- und BV Hannover **s.** ARBV Hannover
Akademisk Boldklub **s.** AB
Akademski športni klub Primorje Ljubljana **s.** AŠK Primorje Ljubljana
Akale Guzay **s.** Embassoyra
Akasztó, Stadt, Ungarn, **s. S.** 89
Ak-Daschajak, Stadt, Turkmenistan, **s. S.** 101
Akébé **s.** Stade d'Akébé
Akha'a Ahli **s.** al-Akha'a Ahli
Akincilar, Akincilar/Louroujina, Zypern, Klub, **s. S.** 95
Akincilar, Stadt, Zypern, **s. S.** 95
Akko, Stadt, Israel, **s. S.** 94
Ak-Maral Tokmak, Tokmak, Kirgisien, Klub, [19??-94 Spartak Tokmak], **s. S.** 101
Akmola Kokchetaw **s.** Akmola Stepnogorsk
Akmola Kokchetaw **s.** Yesil Kokchetaw
Akmola Stepnogorsk **s.** Yesil Kokchetaw
Akmola Stepnogorsk, Stepnogorsk, Kasachstan, Klub, entst. 1968, [1968-69 Arai Stepnogorsk, 69-99 Chimik Stepnogorsk, 1999-2000 Akmola Stepnogorsk, aufgel. 2000, Umzug nach Kokchetaw => Akmola Kokchetaw], **s. S.** 101
Akoah Sofija **s.** FK Septemvri Sofija
Akoah Sofija **s.** SK Sofija
Akokana, Agadez, Niger, Klub, **s. S.** 114
Akoni Soa Firegnina Fianarantsoa **s.** ASF Fianarantsoa
AKP Senec **s.** FK VTJ Koba Senec
Akranes, Stadt, Island, **s. S.** 71
AKS Chorzów (Amatorski Klub Sportowy Chorzów), Königshütte (Chorzów), Polen, Klub, entst. 1910, [1910-23 VfR Königshütte, 23 aufgel. und wiedergegr., 23-24 Koniezynki Chorzów, 24-39 ASK Chorzów, 39 aufgel. und wiedergegr., 39-45 FV Germania 01 Königshütte, 45 aufgel. und wiedergegr., 45-48 AKS Chorzów, 48-55 KS Budowlani Chorzów, 55-92 ASK Chorzów, 92 Fusion mit Chorzowianka Chorzów => ASK-Chorzowianka Chorzów (92-9?)], **s. S.** 84 und 89
Aksaj, Stadt, Kasachstan, **s. S.** 101
Akstafa, Stadt, Aserbaidschan, **s. S.** 97
Aktau, Stadt, Kasachstan, **s. S.** 101
Aktivist Böhlen **s.** FSV Böhlen
Aktivist Brieske-Ost **s.** FSV GA Brieske-Senftenberg
Aktivist Brieske-Seftenberg **s.** FC Energie Cottbus
Aktjubinets Aktjubinsk **s.** Aktobe Aktjubinsk
Aktjubinets Aktjubinsk **s.** Tsesna Aktjubinsk
Aktjubinets Aktjubinsk, Aktjubinsk, Kasachstan, Klub, entst. 1967, [aufgel. 1996 durch Fusion mit Tsesna Aktjubinsk => Aktobemunaj Aktjubinsk], **s. S.** 101
Aktjubinsk, Stadt, Kasachstan, **s. S.** 101
Aktobe Aktjubinsk, Aktjubinsk, Kasachstan, Klub, entst. 1996, [entst. 1996 durch Fusion Aktjubinets Aktjubinsk und Tsesna Aktjubinsk => Aktobemunaj Aktjubinsk (96-97)], **s. S.** 101
Aktobe Lento **s.** FK Aktobe Lento
Aktobe, Stadt, Kasachstan, **s. S.** 101
Aktobemunaj Aktjubinsk **s.** Aktjubinets Aktjubinsk
Aktobemunaj Aktjubinsk **s.** Aktobe Aktjubinsk
Aktobemunaj Aktjubinsk **s.** Tsesna Aktjubinsk
Akure, Stadt, Nigeria, **s. S.** 117
Akureyri, Stadt, Island, **s. S.** 71
Akwatia Diamond Stars **s.** Diamonds
Akwembé **s.** TP Akwembé
Akyab, Stadt, Burma, **s. S.** 106
Al Ayn, Stadt, VAE, **s. S.** 103
Al Basrah, Stadt, Irak, **s. S.** 103
Al Bayda, Stadt, Libyen, **s. S.** 113
Al Fayyum, Stadt, Ägypten, **s. S.** 113
Al Fujeira, Stadt, VAE, **s. S.** 103
Al Mayadin, Stadt, Syrien, **s. S.** 102
Al Uqsur, Stadt, Ägypten, **s. S.** 113
Ala-Buka, Stadt, Kirgisien, **s. S.** 100
al-Achdar, Al Bayda, Libyen, Klub, **s. S.** 113
Alacranes **s.** CD Aguila
Alacranes **s.** CD Atlético Marte
Alacranes **s.** CD Libertad
al-Afriki, Darnah, Libyen, Klub, **s. S.** 113
Alafua, West-Samoa, Klub, **s. S.** 137
Alagoinhas, Stadt, Brasilien, **s. S.** 133
al-Ahd, Beirout/Beyrut, Libanon, Klub, **s. S.** 102
al-Ahli Fujeira, Al Fujeira, VAE, Klub, entst. 1972, **s. S.** 103
al-Ahli Saida, Saida/Sidon, Libanon, Klub, **s. S.** 102
al-Ahli Sarba, Juniyah/Jounieh, Libanon, Klub, **s. S.** 102
al-Ahli SC (al-Ahli Sports Club), Kairo (Al-Qahirah), Ägypten, Klub, entst. 1907, **s. S.** 112
al-Ahli Sports Club **s.** al-Ahli SC
al-Ahli, Ad Dawhah/Doha, Katar, Klub, **s. S.** 103
al-Ahli, Al-Manamah, Bahrain, Klub, **s. S.** 102
al-Ahli, Amman, Jordanien, Klub, **s. S.** 102
al-Ahli, ar-Riyad, Saudi-Arabien, Klub, entst. 1957, [1957-?? al-Thaghar, ??-99 al-Ahli, aufgel. 99, umzug nach Jiddah], **s. S.** 103
al-Ahli, Benghazi, Libyen, Klub, **s. S.** 113
al-Ahli, Dubayy, VAE, Klub, entst. 1970, **s. S.** 103
al-Ahli, Hodeida/al-Hudayda, Jemen, Klub, **s. S.** 103
al-Ahli, Jiddah, Saudi-Arabien, Klub, entst. 1999, [entst. 1999 nach Umzug von al-Ahli aus ar-Riyad], **s. S.** 102
al-Ahli, Khartoum, Sudan, Klub, **s. S.** 115
al-Ahli, Masqat/Muscat, Oman, Klub, **s. S.** 103
al-Ahli, San'a, Jemen, Klub, **s. S.** 103
al-Ahli, Tripolis (Tarabulus al-Gharb), Libyen, Klub, **s. S.** 113
al-Ahli, Wad Medani, Sudan, Klub, **s. S.** 115
al-Ain, al-Ain/Al Ayn, VAE, Klub, entst. 1974, **s. S.** 103
al-Ain, Stadt, VAE, **s. S.** 103
Alaj Gultscha **s.** FK SKA-Alaj Gultscha
Alaj Osch **s.** FK Dinamo-Alaj Osch
Alaj-Osch-Pirim Gultscha **s.** FK SKA-Alaj Gultscha
Alajuela, Stadt, Costa Rica, **s. S.** 124
Alajuelense **s.** LD Alajuelense
al-Akha'a Ahli, Aale/Aley, Libanon, Klub, **s. S.** 102
al-Amaari **s.** Shabab al-Amaari
Al-Amara, Stadt, Irak, **s. S.** 103
Alamedin, Stadt, Kirgisien, **s. S.** 101
Aland, Länder, **s. S.** 73
Alania Wladikawkaz **s.** FK Alania Wladikawkaz
al-Ansar, al-Madina, Saudi-Arabien, Klub, **s. S.** 102
al-Ansar, Beirout/Beyrut, Libanon, Klub, entst. 1954, **s. S.** 102
al-Antilak, Surt, Libyen, Klub, **s. S.** 113
al-Arabi, Ad Dawhah/Doha, Katar, Klub, **s. S.** 103
al-Arabi, Ad Diraz-Bani Jamrah, Bahrain, Klub, **s. S.** 102
al-Arabi, Irbid, Jordanien, Klub, **s. S.** 102
al-Arabi, Kuwait City, Kuwait, Klub, **s. S.** 103
al-Arz, al-Arz, Libanon, Klub, **s. S.** 102
al-Arz, Stadt, Libanon, **s. S.** 102
Alaschkert Martuni **s.** FC Alaschkert Martuni
Alaskan, Malindi, Kenia, Klub, **s. S.** 119
Alatau Dschambul **s.** FK Taraz
Ala-Too Naryn, Naryn, Kirgisien, Klub, **s. S.** 101
Alavés **s.** CD Alavés
Alawerdi, Stadt, Armenien, **s. S.** 97
Alazani Gurdschaani **s.** FC Alazani Gurdschaani
Alba Audace FC **s.** AS Roma
Alba Audace FC **s.** SGS Fortitudo
Alba Audace FC **s.** SS Alba
Alba **s.** SS Alba
Alba, Mogadishu/Muqdiisho, Somalia, Klub, **s. S.** 115
Albacete Balompié, Albacete, Spanien, Klub, entst. 1940, [1940-?? Albacete FC], **s. S.** 79
Albacete FC **s.** Albacete Balompié
Albacete, Stadt, Spanien, **s. S.** 79
Albanien, Länder, **s. S.** 92 und 93
al-Bashier, Miswata, Libyen, Klub, **s. S.** 113
Albert Rovers **s.** Cork Alberts
Albertin Slonim **s.** FK Kamunal'nik Slonim
Alberto Secada, Lima, Peru, Klub, [aufgel. 19??], **s. S.** 130
Alberton Callies **s.** D'Alberton Callies
Albion Rovers FC (Albion Rovers Football Club), Coatbridge, Schottland, Klub, entst. 1882, **s. S.** 69
Albion Rovers Football Club **s.** Albion Rovers FC
Ålborg Boldspilklub A/S **s.** ÅaB
Ålborg FK **s.** ÅaB
Ålborg, Stadt, Dänemark, **s. S.** 71
al-Borj, Beirout/Beyrut, Libanon, Klub, **s. S.** 102
Albpetrol **s.** KS Albpetrol
al-Buqa'a, Stadt, Jordanien, **s. S.** 102
al-Buraymi, Stadt, Oman, **s. S.** 103
al-Bustan, al-Bustan, Oman, Klub, **s. S.** 103
al-Bustan, Stadt, Oman, **s. S.** 103
Alca Klagenfurt **s.** FC Kärnten
Alcalá de Henares, Stadt, Spanien, **s. S.** 79
Alchewsk, Stadt, Ukraine, **s. S.** 99
Alchews'k, Stadt, Ukraine, **s. S.** 99
Alcides Vigo Hurtado (Club Alcides Vigo Hurtado), Lima, Peru, Klub, entst. 1987, **s. S.** 130
Alcobaça, Stadt, Portugal, **s. S.** 79
Alcoy, Stadt, Spanien, **s. S.** 79
Alcoyano **s.** CD Alcoyano
al-Dahra, Tripolis (Tarabulus al-Gharb), Libyen, Klub, **s. S.** 113
al-Deffatain **s.** al-Wahdat
al-Difa'a al-Jawi, Baghdad, Irak, Klub, **s. S.** 103
Aldijer Kurschab **s.** FK Aldijer Kurschab
al-Diwania, ad-Diwaniya, Irak, Klub, **s. S.** 103
al-Domiat, Domiat, Ägypten, Klub, **s. S.** 112
Aldosivi **s.** CA Aldosivi
Alecrim FC (Alecrim Futebol Clube), Natal, Brasilien, Klub, entst. 1915, **s. S.** 133
Alecrim Futebol Clube **s.** Alecrim FC
Alegre, Stadt, Brasilien, **s. S.** 133
Alegrense FC (Alegrense Futebol Clube), Alegre, Brasilien, Klub, entst. 1971, **s. S.** 133
Alegrense Futebol Clube **s.** Alegrense FC
Alemán **s.** Deportivo Alemán
Alemannia 1897 Karlsruhe **s.** Karlsruher SC
Alemannia 90-Wacker **s.** Berliner FC Alemannia 90-Wacker
Alemannia Aachen **s.** Aachener TSV Alemannia
Alemannia Cottbus **s.** ESV Cottbus
Alemannia Düsseldorf **s.** Düsseldorfer TSV Fortuna
Alemannia Neuendorf **s.** TuS Koblenz
al-Emirates, Ras al-Khaima, VAE, Klub, entst. 1972, **s. S.** 103
Aleppo, Stadt, Syrien, **s. S.** 102
Alès, Stadt, Frankreich, **s. S.** 77
Alessandria FBC **s.** USC Alessandria
Alessandria, Stadt, Italien, **s. S.** 81
Alexander Melbourne **s.** Heidelberg United SC
Alexandra FC **s.** Crewe Alexandra FC
Alexandra FC **s.** Mold Alexandra FC
Alexandria **s.** EC Alexandria
Alexandria, Stadt, Ägypten, **s. S.** 112
Alexandria, Stadt, Schottland, **s. S.** 69
Aley, Stadt, Libanon, **s. S.** 102
al-Fahis, Amman, Jordanien, Klub, **s. S.** 102
al-Faysali, Amman, Jordanien, Klub, **s. S.** 102
Alfonso FC Pontevedra **s.** Pontevedra CF
Alfonso Ugarte (Club Alfonso Ugarte), Chiclín, Peru, Klub, **s. S.** 130
Alfonso Ugarte (Club Alfonso Ugarte), Puno, Peru, Klub, **s. S.** 131
al-Fuhayhil, Stadt, Kuwait, **s. S.** 103
al-Futuwa, Dayr az Zawr, Syrien, Klub, **s. S.** 102
Alga Bischkek **s.** Alga-RIIF Bischkek
Alga Bischkek **s.** FK SKA-PVO Bischkek
Alga Bischkek, Bischkek, Kirgisien, Klub, entst. 1993, [entst. 1993 nach Teilung von Alga Bischkek => Alga Bischkek und Alga-RIIF Bischkek, aufgel. 94 durch Fusion mit Alga-RIIF Bischkek => Alga Bischkek], **s. S.** 100
Alga-PVO Bischkek **s.** FK SKA-PVO Bischkek
Ålgård FK (Ålgård Fotballklubb), Ålgård, Norwegen, Klub, entst. 1925, **s. S.** 71
Ålgård Fotballklubb **s.** Ålgård FK
Ålgård, Stadt, Norwegen, **s. S.** 71
Alga-RIIF Bischkek **s.** Alga Bischkek
Alga-RIIF Bischkek **s.** FK SKA-PVO Bischkek
Alga-RIIF Bischkek, Bischkek, Kirgisien, Klub, entst. 1993, [entst. 1993 nach Teilung von Alga Bischkek => Alga-RIIF Bischkek und Alga Bischkek, aufgel. 94 durch Fusion mit Alga Bischkek => Alga Bischkek], **s. S.** 100
Algeciras, Stadt, Spanien, **s. S.** 79
Alger, Stadt, Algerien, **s. S.** 113
Algerien, Länder, **s. S.** 112 und 113
Algier, Stadt, Algerien, **s. S.** 113
al-Hajr, al-Hajr, Saudi-Arabien, Klub, **s. S.** 103
al-Hajr, Stadt, Saudi-Arabien, **s. S.** 103
al-Hala, Al-Muharraq, Bahrain, Klub, **s. S.** 102
al-Hasaka, Stadt, Syrien, **s. S.** 102
ALHCS Spartans, The Valley, Anguilla, Klub, **s. S.** 126
al-Hikma, Beirout/Beyrut, Libanon, Klub, **s. S.** 102
al-Hilal **s.** al-Qadisiya
al-Hilal **s.** al-Wahda
al-Hilal, Al-Manamah, Bahrain, Klub, [entst. 199? durch Fusion al-Wahda und al-Qadisiya => al-Hilal, 9? Teilung => al-Hilal und al-Qadisiya], **s. S.** 102
al-Hilal, ar-Riyad, Saudi-Arabien, Klub, entst. 1957, **s. S.** 103
al-Hilal, Benghazi, Libyen, Klub, **s. S.** 113
al-Hilal, Bur Sudan/Port Sudan, Sudan, Klub, **s. S.** 115
al-Hilal, Hasahisa, Sudan, Klub, **s. S.** 115
al-Hilal, Hodeida/al-Hudayda, Jemen, Klub, **s. S.** 103
al-Hilal, Omdurman, Sudan, Klub, entst. 1930, **s. S.** 115
Al-Hillah, Stadt, Irak, **s. S.** 103
al-Hudayda, Stadt, Jemen, **s. S.** 103
al-Hurriya, Halab/Aleppo, Syrien, Klub, [19??-?? al-Soori], **s. S.** 102
al-Hussein **s.** Shabab al-Hussein
al-Hussein, Irbid, Jordanien, Klub, **s. S.** 102
al-Hyad, Benghazi, Libyen, Klub, **s. S.** 113
Äli Bayramlı, Stadt, Aserbaidschan, **s. S.** 97
Ali Sabieh, Stadt, Dschibuti, **s. S.** 115
Aliança de Macapá **s.** Aliança Macapá
Aliança Macapá (Aliança de Macapá), Macapá, Brasilien, Klub, **s. S.** 133
Aliança Nacional, São Tomé, São Tomé und Príncipe, Klub, **s. S.** 117
Alianza Atlético Sullana (Club Alianza Atlético de Sullana), Sullana, Peru, Klub, entst. 1920, [1920-22 Alianza Sullana, 22 Fusion mit Atlético Sullana => Alianza Atlético Sullana], **s. S.** 130
Alianza Callao, Callao, Peru, Klub, [aufgel. 19??], **s. S.** 130
Alianza Chorrillos, Lima, Peru, Klub, [aufgel. 19??], **s. S.** 130
Alianza de Santa Lucía **s.** CA Juventud Alianza
Alianza FC (Alianza Fútbol Club), Ciudad de Panamá/Panama City, Panama, Klub, **s. S.** 125
Alianza FC (Alianza Fútbol Club), San Salvador, El Salvador, Klub, entst. 1959, [1959-6? Alianza International], **s. S.** 125
Alianza Fútbol Club **s.** Alianza FC
Alianza Huánuco, Huánuco, Peru, Klub, **s. S.** 130
Alianza International **s.** Alianza FC
Alianza Juventud Pringles (Alianza Juventud Unida Universitario Deportivo Pringles), San Luis, Argentinien, Klub, entst. 1979, [entst. 1979 durch Fusion Juventud Unida Universitario und CD Pringles => Alianza Juventud Pringles (79-??), ?? Aufl. der Fusion], **s. S.** 135
Alianza Juventud Unida Universitario Deportivo Pringles **s.** Alianza Juventud Pringles
Alianza Lima (Club Alianza Lima), Lima, Peru, Klub, entst. 1901, [1901-28 Sport Alianza Lima], **s. S.** 130
Alianza Naval, Mollendo, Peru, Klub, **s. S.** 131
Alianza Sullana **s.** Alianza Atlético Sullana
Ali-Bairamly, Stadt, Aserbaidschan, **s. S.** 97
Alibeyköy SK **s.** Adalet SK
Alibeyköy-Adalet SK **s.** Adalet SK
Alicante CF **s.** Hércules CF
Alicante, Stadt, Spanien, **s. S.** 79
al-Ijtimayi, Trablous/Tripoli, Libanon, Klub, **s. S.** 102
Alipio Ponce, Mazamari, Peru, Klub, **s. S.** 131
al-Ismal'iliyah, Stadt, Ägypten, **s. S.** 112
al-Isteqlal **s.** Qatar FC
al-Istiklal, Beirout/Beyrut, Libanon, Klub, **s. S.** 102
al-Ittifaq, ad-Dammam, Saudi-Arabien, Klub, entst. 1944, **s. S.** 103
al-Ittihad Osman **s.** Mazarea Dina
al-Ittihad, Ad Dawhah/Doha, Katar, Klub, **s. S.** 103
al-Ittihad, Alexandria (Iskandarija), Ägypten, Klub, **s. S.** 112
al-Ittihad, Halab/Aleppo, Syrien, Klub, [19??-?? Halal al-Ahli], **s. S.** 102
al-Ittihad, Ibb, Jemen, Klub, **s. S.** 103
al-Ittihad, Jiddah, Saudi-Arabien, Klub, entst. 1947, **s. S.** 102
al-Ittihad, Kalba, VAE, Klub, entst. 1972, **s. S.** 103
al-Ittihad, Salalah, Oman, Klub, **s. S.** 103
al-Ittihad, Tawurgha, Libyen, Klub, **s. S.** 113
al-Ittihad, Tripolis (Tarabulus al-Gharb), Libyen, Klub, **s. S.** 113
al-Ittihad, Wad Medani, Sudan, Klub, **s. S.** 115
al-Jadida, Benghazi, Libyen, Klub, **s. S.** 113
Al-Jadida, Stadt, Marokko, **s. S.** 113
al-Jahra', Stadt, Kuwait, **s. S.** 103
al-Jaish, Baghdad, Irak, Klub, **s. S.** 103
al-Jaish, Damaskus (Dimashq ash Sham/Damascus), Syrien, Klub, **s. S.** 102
al-Jalil, Amman, Jordanien, Klub, **s. S.** 102
al-Jawwiya (al-Qwwa al-Jawwiya), Baghdad, Irak, Klub, **s. S.** 103
al-Jazira, Abu-Dhabi, VAE, Klub, entst. 1974, **s. S.** 103
al-Jazira, Amman, Jordanien, Klub, **s. S.** 102
al-Jazira, Hasaka/al-Hasaka, Syrien, Klub, **s. S.** 102
al-Jazira, Zuwarah, Libyen, Klub, **s. S.** 113
al-Jeel **s.** Shabab al-Jeel
al-Jihad, Al-Qamishliyah/Qamchli, Syrien, Klub, **s. S.** 102
Al-Jizah, Stadt, Ägypten, **s. S.** 112
ALK Neris Vilnius, Vilnius, Litauen, Klub, [??-1991 Neris Vilnius, 91-93 FK Lietuvos-Makabi Vilnius, 93-94 ALK Neris Vilnius, 9? aufgel.], **s. S.** 99
al-Kadhmiya, Baghdad, Irak, Klub, **s. S.** 103
Alkali Nassara, Zinder, Niger, Klub, **s. S.** 114
al-Karama, Homs/Hims, Syrien, Klub, **s. S.** 102
al-Karkh, Baghdad, Irak, Klub, [19??-93 al-Rasheed], **s. S.** 103
Al-Karmah, Stadt, Jordanien, **s. S.** 102
al-Khabura, al-Khabura, Oman, Klub, **s. S.** 103
al-Khabura, Stadt, Oman, **s. S.** 103
al-Khaleej, Khor Fakkan, VAE, Klub, entst. 1981, **s. S.** 103
al-Kharj, Stadt, Saudi-Arabien, **s. S.** 103
al-Khobar, Stadt, Saudi-Arabien, **s. S.** 103
Alki, Larnaka/Larnaca, Zypern, Klub, entst. 1948, **s. S.** 95
Alkmaar, Stadt, Niederlande, **s. S.** 75
Alkmaar-Zaanstreek **s.** AZ
al-Koot, Al-Koot, Irak, Klub, **s. S.** 103
Al-Koot, Stadt, Irak, **s. S.** 103
al-Koroum, Alexandria (Iskandarija), Ägypten, Klub, [19??-97 Chrome], **s. S.** 112
All Blacks, Swedru, Ghana, Klub, **s. S.** 117
All Boys AC **s.** CA All Boys
All Boys FC **s.** CA All Boys
All Keio University, Tokyo, Japan, Klub, [aufgel. 19??], **s. S.** 111
All Kwangaku, Nishinomiya, Japan, Klub, [aufgel. 19??], **s. S.** 111
All Manila, Manila, Philippinen, Klub, **s. S.** 107
All Nippon Airways **s.** Yokohama Flügels
All Saints, Stadt, Antigua und Barbuda, **s. S.** 127
All Stars **s.** Caribbean All Stars
All Stars **s.** Kisumu All Stars
All Stars **s.** Kubuli All Stars
All Stars **s.** Tropic All Stars
Al-Ladhiqiah, Stadt, Syrien, **s. S.** 102
Allahabad, Stadt, Indien, **s. S.** 105
Allenstein, Stadt, Polen, **s. S.** 84 und 89
Allgemeiner Schwechater SC **s.** SV Schwechat
Alliance Bouaké (SC Renaissance Alliance Bouaké), Bouaké, Elfenbeinküste, Klub, **s. S.** 117
Alliance Dudelange **s.** CS Alliance Dudelange
Alliance Dudelange **s.** F91 Dudelange
Alliance Dudelange **s.** US Dudelange
Alliance Sportive Ostendaise **s.** KV Oostende
Alliance, Bohicon, Benin, Klub, **s. S.** 117
Allied Bank Limited **s.** ABL
Allies, Ciudad de Guatemala/Guatemala City, Guatemala, Klub, **s. S.** 125
Allmänna Idrottsklubben Solna **s.** AIK Solna
Alloa Athletic FC (Alloa Athletic Football Club), Alloa, Schottland, Klub, entst. 1883, **s. S.** 69
Alloa Athletic Football Club **s.** Alloa Athletic FC
Alloa, Stadt, Schottland, **s. S.** 69
All-Stars **s.** Hakoah All-Stars
All-Stars **s.** Nakuru All-Stars
Alma-Ata, Stadt, Kasachstan, **s. S.** 101
al-Madina, Stadt, Saudi-Arabien, **s. S.** 102
al-Maghazel, Homs/Hims, Syrien, Klub, **s. S.** 102
Almagro (Club Almagro), Buenos Aires, Argentinien, Klub, entst. 1911, [1911-13 Almagro, 13-16 Almagro FC, 16-19 Almagro, 19-27 CS Almagro], **s. S.** 135
Almagro FC **s.** Almagro
al-Mahalla, Tripolis (Tarabulus al-Gharb), Libyen, Klub, **s. S.** 113
al-Majd, Damaskus (Dimashq ash Sham/Damascus), Syrien, Klub, **s. S.** 102
al-Majd, San'a, Jemen, Klub, **s. S.** 103
al-Majd, Trablous/Tripoli, Libanon, Klub, **s. S.** 102
Al-Malikiyah, Stadt, Bahrain, **s. S.** 102
Almalyk, Stadt, Usbekistan, **s. S.** 100
Al-Manamah, Stadt, Bahrain, **s. S.** 102
al-Mansoura, Mansoura, Ägypten, Klub, **s. S.** 112
al-Marikh, Port Said/Bur Sa'id, Ägypten, Klub, [19??-?? Star], **s. S.** 112
al-Masry, Port Said/Bur Sa'id, Ägypten, Klub, **s. S.** 112
Almaty, Stadt, Kasachstan, **s. S.** 101
al-Mayadin, Al Mayadin, Syrien, Klub, **s. S.** 102
al-Medina, Tripolis (Tarabulus al-Gharb), Libyen, Klub, entst. 1953, **s. S.** 113
Almelo, Stadt, Niederlande, **s. S.** 75
Almendralejo, Stadt, Spanien, **s. S.** 79
Almería, Stadt, Spanien, **s. S.** 79
al-Merreikh SC (al-Merreikh Sports Club), Omdurman, Sudan, Klub, entst. 1931, **s. S.** 115
al-Merreikh Sports Club **s.** al-Merreikh SC
al-Merreikh, Bur Sudan/Port Sudan, Sudan, Klub, **s. S.** 115
al-Merreikh, Hasahisa, Sudan, Klub, **s. S.** 115
al-Merreikh, Sudan, Klub, **s. S.** 115
al-Mina, Basra/Al Basrah, Irak, Klub, **s. S.** 103
al-Minya SC (al-Minya Sports Club), Minya, Ägypten, Klub, **s. S.** 113
al-Minya Sports Club **s.** al-Minya SC
al-Mirghani, Kassala, Sudan, Klub, **s. S.** 115
al-Morouj, Marj, Libyen, Klub, **s. S.** 113
al-Mosil, Mosul, Irak, Klub, **s. S.** 103
al-Mouhafaza, Damaskus (Dimashq ash Sham/Damascus), Syrien, Klub, **s. S.** 102
al-Mourada, Omdurman, Sudan, Klub, entst. 1930, **s. S.** 115
Al-Muharraq, Stadt, Bahrain, **s. S.** 102
al-Mukhtalat **s.** Zamalek SC
al-Mustakbel, Jmil, Libyen, Klub, **s. S.** 113
al-Nafot, Baghdad, Irak, Klub, **s. S.** 103
al-Nahda, ad-Dammam, Saudi-Arabien, Klub, **s. S.** 103
al-Nahda, Beirout/Beyrut, Libanon, Klub, [aufgel. 19??], **s. S.** 102
al-Najaf, Al-Najaf, Irak, Klub, **s. S.** 103
Al-Najaf, Stadt, Irak, **s. S.** 103
al-Najma, Benghazi, Libyen, Klub, **s. S.** 113
al-Nasiriya, An-Nasiriya, Irak, Klub, **s. S.** 103
al-Nasr, Al-Manamah, Bahrain, Klub, **s. S.** 102
al-Nasr, ar-Riyad, Saudi-Arabien, Klub, entst. 1955, **s. S.** 103
al-Nasr, Benghazi, Libyen, Klub, **s. S.** 113
al-Nasr, Dubayy, VAE, Klub, entst. 1960, **s. S.** 103
al-Nasr, Jalib ash Shuyukh, Kuwait, Klub, entst. 1965, **s. S.** 103
al-Nasr, Salalah, Oman, Klub, **s. S.** 103
al-Nijma, Beirout/Beyrut, Libanon, Klub, entst. 1945, **s. S.** 102
al-Nijma, Unayzah, Saudi-Arabien, Klub, **s. S.** 103
al-Nil, Khartoum, Sudan, Klub, **s. S.** 115
Alor-Setar, Stadt, Malaysia, **s. S.** 106
Alpine ALAG Leoben **s.** DSV Leoben
Alpine Stabil Leoben **s.** DSV Leoben
Al-Qadarif, Stadt, Sudan, **s. S.** 115
al-Qadisiya **s.** al-Hilal
al-Qadisiya **s.** al-Wahda
al-Qadisiya, al-Khobar, Saudi-Arabien, Klub, **s. S.** 103
al-Qadisiya, Al-Manamah, Bahrain, Klub, [aufgel. 199? durch Fusion mit al-Wahda => al-Hilal, 9? Aufl. der Fusion und Zurückbenennung => al-Hilal und al-Qadisiya], **s. S.** 102
al-Qadisiya, Amman, Jordanien, Klub, **s. S.** 102
al-Qadisiya, Kuwait City, Kuwait, Klub, entst. 1960, **s. S.** 103
Al-Qahirah, Stadt, Ägypten, **s. S.** 112
Al-Qamishliyah, Stadt, Syrien, **s. S.** 102
al-Qanah, al-Ismal'iliyah, Ägypten, Klub, [19??-?? Suez Canal-SC], **s. S.** 112
al-Qawqazi, Amman, Jordanien, Klub, **s. S.** 102
al-Qwwa al-Jawwiya **s.** al-Jawwiya
al-Ra'ed, Buraydah, Saudi-Arabien, Klub, **s. S.** 103
al-Rafik, Surman, Libyen, Klub, **s. S.** 113
al-Rasheed **s.** al-Karkh
al-Rasifa, Ar Rusayfah, Jordanien, Klub, **s. S.** 102
al-Rawda, al-Rawda, Saudi-Arabien, Klub, **s. S.** 103
al-Rawda, Stadt, Saudi-Arabien, **s. S.** 103
al-Reyada wa al-Adab, Trablous/Tripoli, Libanon, Klub, **s. S.** 102
al-Riyadh SC, ar-Riyad, Saudi-Arabien, Klub, **s. S.** 103
Alsa Vilnius **s.** JR Alsa Vilnius
al-Sad, Ad Dawhah/Doha, Katar, Klub, **s. S.** 103
al-Safa, Beirout/Beyrut, Libanon, Klub, **s. S.** 102
al-Sahil, Abu Hulayfah, Kuwait, Klub, entst. 1977, **s. S.** 103
al-Salam Zgharta, Zgharta, Libanon, Klub, **s. S.** 102
Alsancak Yesilova, Alsancak/Karavas, Zypern, Klub, **s. S.** 95
Alsancak, Stadt, Zypern, **s. S.** 95
al-Saqr, Ta'izz, Jemen, Klub, **s. S.** 103
al-Selaikh, Baghdad, Irak, Klub, **s. S.** 103
al-Sha'ab, Ash-Shariqah/Sharjah, VAE, Klub, entst. 1974, **s. S.** 103
al-Sha'ab, Ibb, Jemen, Klub, **s. S.** 103
al-Sha'ab, Mukalla, Jemen, Klub, [19??-?? Sha'ab Hadramaut], **s. S.** 103
al-Sha'ab, San'a, Jemen, Klub, **s. S.** 103
al-Shaat, Tripolis (Tarabulus al-Gharb), Libyen, Klub, **s. S.** 113
al-Shabab **s.** Harakat al-Shabab
al-Shabab, Ahmadi, Kuwait, Klub, entst. 1963, **s. S.** 103
al-Shabab, ar-Riyad, Saudi-Arabien, Klub, **s. S.** 103
al-Shabab, Dubayy, VAE, Klub, entst. 1974, **s. S.** 103
al-Shabiba Mazraa, Beirout/Beyrut, Libanon, Klub, **s. S.** 102
al-Shams, Kairo (Al-Qahirah), Ägypten, Klub, **s. S.** 112
al-Sharara, Lahaj, Jemen, Klub, **s. S.** 103
al-Sharqeya SC (al-Sharqeya Sports Club), Az Zaqaziq, Ägypten, Klub, **s. S.** 112
al-Sharqeya Sports Club **s.** al-Sharqeya SC
al-Shoala, Aden/Adan, Jemen, Klub, **s. S.** 103
al-Shoala, al-Kharj, Saudi-Arabien, Klub, **s. S.** 103
al-Shoala, Damaskus (Dimashq ash Sham/Damascus), Syrien, Klub, **s. S.** 102

al-Shorta, Aden/Adan, Jemen, Klub, s. S. 103
al-Shorta, Baghdad, Irak, Klub, s. S. 103
al-Shorta, Damaskus (Dimashq ash Sham/Damascus), Syrien, Klub, s. S. 102
al-Shorta, Halab/Aleppo, Syrien, Klub, s. S. 102
al-Shorta, Kairo (Al-Qahirah), Ägypten, Klub, s. S. 112
al-Shorta, San'a, Jemen, Klub, s. S. 103
al-Shorta, Tripolis (Tarabulus al-Gharb), Libyen, Klub, [aufgel. 1997], s. S. 113
al-Shuhadaa s. Jahra
al-Simawa, as-Samawa, Irak, Klub, s. S. 103
al-Sinaa, Baghdad, Irak, Klub, s. S. 103
al-Soori s. al-Hurriya
al-Soukour, Tobruq, Libyen, Klub, s. S. 113
al-Suez s. Ittihad Suez
al-Suez, Suez/Suvajs, Ägypten, Klub, [1967 Fusion mit Ithad Suez], s. S. 112
al-Suwaiq, Batha, Oman, Klub, s. S. 103
al-Swehli, Miswata, Libyen, Klub, s. S. 113
al-Ta'awon, Buraydah, Saudi-Arabien, Klub, s. S. 103
al-Ta'awon, Khor/Khawr, Katar, Klub, s. S. 103
al-Tadamun, Kuwait City, Kuwait, Klub, entst. 1965, s. S. 103
al-Tadamun, Sur/Tyre, Libanon, Klub, s. S. 102
al-Tadamun, Trablous/Tripoli, Libanon, Klub, s. S. 102
al-Ta'ee, Hael, Saudi-Arabien, Klub, s. S. 102
al-Tahaddy, Benghazi, Libyen, Klub, s. S. 113
al-Tahrir, Asmara, Eritrea, Klub, s. S. 115
al-Talaba, Baghdad, Irak, Klub, s. S. 103
al-Tali'aa, Masqat/Muscat, Oman, Klub, s. S. 103
al-Tali'aa, Syrien, Klub, s. S. 102
al-Tali'aa, Ta'izz, Jemen, Klub, s. S. 103
Altay Gençlık Kulübü s. Altay GK
Altay GK (Altay Gençlık Kulübü), İzmir, Türkei, Klub, entst. 1914, s. S. 96
al-Tayaran, Baghdad, Irak, Klub, s. S. 103
Altenburg, Stadt, Deutschland, s. S. 85
Altenessen s. BV Altenessen
Altenessen s. TuS Helene Altenessen
Altenkessel s. 1. FC Saarbrücken
Altenkessel s. KSG Saarbrücken
Alter Markt Köln s. SC Fortuna Köln
al-Teram SC (al-Teram Sports Club), Alexandria (Iskandarija), Ägypten, Klub, s. S. 112
al-Teram Sports Club s. al-Teram SC
Älterer TG 1848 s. CSC 03 Kassel
al-Thaghar s. al-Ahli
al-Tilal, Aden/Adan, Jemen, Klub, s. S. 103
Altınordu SK (Altınordu Spor Kulübü), İzmir, Türkei, Klub, entst. 1923, s. S. 96
Altınordu Spor Kulübü s. Altınordu SK
Alton United FC (Alton United Football Club), Belfast, Irland, Klub, [aufgel. 19??], s. S. 69
Alton United Football Club s. Alton United FC
Altonaer Cricketclub 1893 s. Altonaer FC Borussia 93
Altonaer FC 93 s. Altonaer FC Borussia 93
Altonaer FC Borussia 93 (Altonaer Fußball-Club Borussia von 1893), Hamburg, Deutschland, Klub, entst. 1893, [1893-94 Altonaer Cricketclub 1893, 1894-1919 Altonaer FC 93, 19 Fusion mit Altonaer Turnerschaft 1880 => VfL Altona (19-22), 22 Aufl. der Fusion, 22-37 Altonaer FC 93, 37 Fusion mit SV Borussia 03 Altona-Bahrenfeld => Altonaer FC Borussia 93], s. S. 85
Altonaer Fußball-Club Borussia von 1893 s. Altonaer FC Borussia 93
Altonaer Turnerschaft 1880 s. Altonaer FC Borussia 93
Altos Hornos Zapla (Asociación Cultural y Deportiva Altos Hornos Zapla), Zapla, Argentinien, Klub, entst. 1946, s. S. 135
Al-Ubayyid, Stadt, Sudan, s. S. 115
Aluminium, Naj Hammadi, Ägypten, Klub, s. S. 113
Alumni AC (Alumni Athletic Club), Buenos Aires, Argentinien, Klub, entst. 1893, [1898-1901 English High School AC, 1901-06 Alumni Football Team, 06-13 Alumni AC, 13 aufgel.], s. S. 135
Alumni Athletic Club s. Alumni AC
Alumni Football Team s. Alumni AC
al-Uruba, Ras al-Khaima, VAE, Klub, s. S. 103
al-Uruba, Sur, Oman, Klub, s. S. 103
Alvarado s. CA Alvarado
Alverca, Stadt, Portugal, s. S. 79
Alvorada Neusiedl am See s. SC Neusiedl am See
Alvorada, Stadt, Brasilien, s. S. 133
al-Wahda s. al-Hilal
al-Wahda s. al-Qadisiya
al-Wahda, Abu-Dhabi, VAE, Klub, entst. 1974, s. S. 103
al-Wahda, Aden/Adan, Jemen, Klub, s. S. 103
al-Wahda, Al-Manamah, Bahrain, Klub, [aufgel. 199? durch Fusion mit al-Qadisiya => al-Hilal], s. S. 102
al-Wahda, Damaskus (Dimashq ash Sham/Damascus), Syrien, Klub, s. S. 102
al-Wahda, Mekka/Makkah, Saudi-Arabien, Klub, s. S. 102
al-Wahda, San'a, Jemen, Klub, s. S. 103
al-Wahda, Tripolis (Tarabulus al-Gharb), Libyen, Klub, s. S. 113
al-Wahda, Unayzah, Saudi-Arabien, Klub, s. S. 103
al-Wahdat, Amman, Jordanien, Klub, [19??-8? al-Deffatain], s. S. 102
al-Wakra, Stadt, Katar, s. S. 103
al-Wakra, Wakra/al-Wakra, Katar, Klub, s. S. 103
al-Wasl, Dubayy, VAE, Klub, entst. 1974, s. S. 103
al-Wathba, Homs/Hims, Syrien, Klub, s. S. 102
Always Ready, La Paz, Bolivien, Klub, s. S. 131
al-Wiffak, Ajdabiyah, Libyen, Klub, s. S. 113
al-Wiffak, Sabratha, Libyen, Klub, s. S. 113
al-Yaqaza, Al-Ladhiqiah/Latakia, Syrien, Klub, s. S. 102
al-Yarmuk, Amman, Jordanien, Klub, s. S. 102
al-Yarmuk, Kuwait City, Kuwait, Klub, entst. 1965, s. S. 103
al-Yarmuk, San'a, Jemen, Klub, s. S. 103
al-Yarmuk, Tripolis (Tarabulus al-Gharb), Libyen, Klub, s. S. 113
Alytus, Stadt, Litauen, s. S. 99
al-Zawra, Baghdad, Irak, Klub, s. S. 103
al-Zohra, San'a, Jemen, Klub, s. S. 103
AM Cosmos Ljubljana s. NK Železničar Oskar Ljubljana
Amadora, Stadt, Portugal, s. S. 78
Amager s. BK Fremad Amager
Amal Madinet Aïn-M'Lila s. AS Aïn-M'Lila
Amapá Clube, Macapá, Brasilien, Klub, entst. 1944, s. S. 133
Amarante, Mindelo, Kapverden, Klub, s. S. 116
Amateur, Port-au-Prince, Haiti, Klub, s. S. 127
Amateure Steyr s. SK Amateure Steyr
Amateure-FIAT s. SC Amateure-FIAT
Amatitlán, Stadt, Guatemala, s. S. 125
Amatorski Klub Sportowy Chorzów s. AKS Chorzów
AmaZulu, Bulawayo, Simbabwe, Klub, s. S. 121
AmaZulu, Durban, Südafrika, Klub, entst. 1932, s. S. 121
Ambassadors, Maseru, Lesotho, Klub, s. S. 120
Ambato, Stadt, Ecuador, s. S. 130
Ambatondrazaka, Stadt, Madagaskar, s. S. 121
Ambergris Turquoise s. Caye Caulker Turquoise
Ambon, Stadt, Indonesien, s. S. 107
Ambrosiana SS s. Internazionale Milano FC
Ambrosiana SS s. US Milanese
AMC (Agricultural Marketing Corporation Pharmacor), Addis Abeba, Äthiopien, Klub, s. S. 115
AMEFA s. CS Astra Arad
América (Corporación Deportiva América), Cali, Kolumbien, Klub, entst. 1918, s. S. 128
América F e C (América Futebol e Comércio), Fortaleza, Brasilien, Klub, entst. 1920, s. S. 133
América FC (América Football Club), João Pessoa, Brasilien, Klub, [aufgel. 19??], s. S. 133
América FC (América Futebol Clube), Belo Horizonte, Brasilien, Klub, entst. 1912, s. S. 133
América FC (América Futebol Clube), Curitiba, Brasilien, Klub, [aufgel. 1924 durch Fusion mit Internacional FC => CA Paranaense], s. S. 133
América FC (América Futebol Clube), Joinville, Brasilien, Klub, [aufgel. 1976 durch Fusion mit Caxias FC => Joinville EC], s. S. 133
América FC (América Futebol Clube), Manaus, Brasilien, Klub, entst. 1939, s. S. 133
América FC (América Futebol Clube), Natal, Brasilien, Klub, entst. 1915, s. S. 133
América FC (América Futebol Clube), Propriá, Brasilien, Klub, s. S. 133
América FC (América Futebol Clube), Recife, Brasilien, Klub, entst. 1914, s. S. 133
América FC (América Futebol Clube), Rio Branco, Brasilien, Klub, [aufgel. 19??], s. S. 132
América FC (América Futebol Clube), Rio de Janeiro, Brasilien, Klub, entst. 1904, s. S. 133
América FC (América Futebol Clube), São José do Rio Prêto, Brasilien, Klub, entst. 1946, s. S. 133
América FC (América Futebol Clube), Vitória, Brasilien, Klub, [aufgel. 19??], s. S. 133
América FC s. CA Paranaense
América FC s. Caxias FC
América FC s. Internacional FC
América FC s. Joinville EC
América FC s. Linhares EC
América Football Club s. América FC
América Futebol Clube s. América FC
América Futebol e Comércio s. América F e C
América s. CD América
América s. CF América
América s. Unión América
América, Ambato, Ecuador, Klub, s. S. 130
América, Caracas, Venezuela, Klub, [aufgel. 19??], s. S. 129
América, Manta, Ecuador, Klub, s. S. 130
American University, Beirout/Beyrut, Libanon, Klub, [aufgel. 19??], s. S. 102
Americano FC (Americano Futebol Clube), Campos, Brasilien, Klub, entst. 1914, s. S. 133
Americano FC (Americano Futebol Clube), Cuiabá, Brasilien, Klub, [aufgel. 19??], s. S. 133
Americano FC (Americano Futebol Clube), Vitória, Brasilien, Klub, [aufgel. 19??], s. S. 133
Americano Futebol Clube s. Americano FC
Americano s. SC Americano
Americans s. Hartford Americans
Americans s. New York Americans
Americans s. Newark Americans
American-Wanderers, Zürich, Schweiz, Klub, [aufgel. 19??], s. S. 82
Amerikanisch-Samoa, Länder, s. S. 136 und 137
Amerikanische Jungferninseln, Länder, s. S. 126 und 127
Amersfoort, Stadt, Niederlande, s. S. 75
Amica Wronki s. KS Amica Wronki
Amical Club Mouzon s. CS Sedan-Ardennes
Amical Douane s. AS Amical Douane
Amical FC Paris s. Red Star 93
Amical s. KSK Beveren
Amicale SC s. AS Saint-Etienne
Amicale sportive Dragons s. AS Dragons
Amiens, Stadt, Frankreich, s. S. 77
Amirani Ochamchira s. FC Amirani Ochamchira
Amis des Sports Schifflange s. FC '95 Schifflange
Amman Club, Amman, Jordanien, Klub, s. S. 102
Amman, Stadt, Jordanien, s. S. 102
Ammochostos, Stadt, Zypern, s. S. 95
Amocom Chişinău s. FC Unisport Chişinău
Amora FC (Amora Futebol Clube), Amora, Portugal, Klub, entst. 1921, s. S. 78
Amora Futebol Clube s. Amora FC
Amora, Stadt, Portugal, s. S. 78
Amou Oblo, Stadt, Togo, s. S. 117
Amritsar, Stadt, Indien, s. S. 105
Amrokgang, Sinuiju, Nordkorea, Klub, s. S. 110
Amstel s. AFC RAP
Amstel s. Den Amstel
Amsterdam, Stadt, Niederlande, s. S. 75
Amsterdamse Football Club Ajax s. AFC Ajax
Amsterdamse Football Club Door Wilskracht Sterk s. AFC DWS
Amsterdamse Football Club Run Amstel Progress s. AFC RAP
Amsterdamse Sportclub de Volewijckers s. ASC de Volewijckers
Amstrig Riga s. LU/Daugava Riga
AMTE s. CS Astra Arad
An Cóbh, Stadt, Irland, s. S. 69
An Giang, Long Xuyên, Vietnam, Klub, s. S. 107
An Longfort, Stadt, Irland, s. S. 69
Anagennisi Deryneias, Derynia, Zypern, Klub, entst. 1920, s. S. 95
Anaheim, Stadt, USA, s. S. 123
Anapolina s. AA Anapolina
Anápolis FC (Anápolis Futebol Clube), Anápolis, Brasilien, Klub, entst. 1946, s. S. 133
Anápolis Futebol Clube s. Anápolis FC
Anápolis, Stadt, Brasilien, s. S. 133
Anbessa s. Ogaden Anbessa
Anchor Queen's Park Rangers, St. George's, Grenada, Klub, s. S. 127
Anchors s. NPA-Anchors
Ancient Order of the Hibernians s. Cork Hibernians FC
Ancona Calcio, Ancona, Italien, Klub, entst. 1905, [1905-27 US Anconiatana, 27 Fusion mit SEF Stamura Ancona => SS Ancona (27-32), 32-45 US Anconitana-Bianchi, 45-82 US Anconiatana], s. S. 81
Ancona, Stadt, Italien, s. S. 81
Anconiatana s. Ancona Calcio
Anderlecht s. RSC Anderlecht
Anderlechtois s. RSC Anderlecht
Anderson Bombers, Guam, Klub, [19??-9? Anderson SC], s. S. 136
Anderson s. Anderson Bombers
Andhra Pradesh, Hyderabad, Indien, Klub, [Auswahl des Staates Andhra Pradesh], s. S. 105
Andino SC (Andino Sport Club), La Rioja, Argentinien, Klub, entst. 1946, s. S. 135
Andino Sport Club s. Andino SC
Andischan, Stadt, Usbekistan, s. S. 100
Andischanets Andischan s. FK Andischan
Andorinhas SC (Andorinhas Sporting Clube), São Tomé, São Tomé und Príncipe, Klub, s. S. 117
Andorinhas Sporting Clube s. Andorinhas SC
Andorra la Vella, Stadt, Andorra, s. S. 77
Andorra, Länder, s. S. 76 und 77
Andover, Stadt, USA, s. S. 122
Andrea Doria s. AC Liguria
Andrea Doria s. SG Andrea Doria
Andrea Doria s. SG Sampierdarenese
Andrea Doria s. UC Sampdoria
Anécho, Stadt, Togo, s. S. 117
Angel Dimitrov Sliven s. FK Sliven
Angel Firpo s. CD Luís Angel Firpo
Angel Kunchev Trjavna, Trjavna, Bulgarien, Klub, [aufgel. 19??], s. S. 91
Angel Kunchev-Levski Ruse, Ruse, Bulgarien, Klub, [aufgel. 19??], s. S. 91
Angeles, Puebla de Zaragoza, Mexiko, Klub, s. S. 125
Angeles, Stadt, Philippinen, s. S. 107
Angers, Stadt, Frankreich, s. S. 77
Anges ABC, Libreville, Gabun, Klub, s. S. 119
Anges Makaron, Bangui, Zentralafrikanische Republik, Klub, s. S. 114
Anges sportive Diables Rouges de Fatima s. ASDR Fatima
Angkata Persenjata, Bandar Seri Begawan, Brunei, Klub, s. S. 107
Anglaise s. Rivière Anglaise
Anglo-American FC (Anglo-American Fußball Club), Zürich, Schweiz, Klub, [aufgel. 19??], s. S. 82
Anglo-American Fußball Club s. Anglo-American FC
Anglo-Palermitan A & FC Palermo s. US Palermo
Angochi, Stadt, Aruba, s. S. 126
Angola, Länder, s. S. 118 und 119
Angoragücü SK s. MKE Ankaragücü SK
Angoulême, Stadt, Frankreich, s. S. 77
Angren, Stadt, Usbekistan, s. S. 100
Anguilla, Länder, s. S. 126 und 127
Anié, Stadt, Togo, s. S. 117
Anjalankoski, Stadt, Finnland, s. S. 73
Ankara Demirspor K (Ankara Demirspor Kulübü), Ankara, Türkei, Klub, entst. 1932, s. S. 96
Ankara Demirspor Kulübü s. Ankara Demirspor K
Ankara Hilal s. Şekerspor K
Ankara, Stadt, Türkei, s. S. 96
Ankaragücü SK s. MKE Ankaragücü SK
Anker Wismar s. FC Anker Wismar
Ankerbrot-Sankt Anton-Laaerberg s. FC Ankerbrot-Sankt Anton-Laaerberg
Annaba, Stadt, Algerien, s. S. 113
An-Nasiriya, Stadt, Irak, s. S. 103
Anorthosis Famagusta (Syllogos Anorthosis Famagusta), Larnaka/Larnaca, Zypern, Klub, entst. 1911, [1974 Umzug nach Larnaka], s. S. 95
ANS Pivani, Bakı/Baku, Aserbaidschan, Klub, entst. 1992, [1992-94 FC Baku Fahlasi Maschtagi, 94-99 FC Baku Fahlasi, 1999-2000 ANS Pivani, 00 aufgel.], s. S. 97
Ansar s. al-Ansar
Ansat Pawlodar s. Irtysch Pawlodar
Anschi Makhatschkala s. FK Anschi Makhatschkala
Anse Bertrand, Stadt, Guadeloupe, s. S. 127
Anse Boileau, Anse Boileau, Seychellen, Klub, s. S. 121
Anse Boileau, Stadt, Seychellen, s. S. 121
Anse Etoile, Anse Etoile, Seychellen, Klub, s. S. 121
Anse Etoile, Stadt, Seychellen, s. S. 121
Anse la Raye, Anse la Raye, St. Lucia, Klub, s. S. 127
Anse la Raye, Stadt, St. Lucia, s. S. 127
Anse Réunion, Seychellen, Klub, s. S. 121
Anse-aux-Pins, Anse-aux-Pins, Seychellen, Klub, s. S. 121
Anse-aux-Pins, Stadt, Seychellen, s. S. 121
Anshan, Stadt, China, s. S. 109
Ansoise s. US Ansoise
Antalaha s. JS Antalaha
Antalya, Stadt, Türkei, s. S. 96
Antalyaspor Anonim Şirketi s. Antalyaspor AŞ
Antalyaspor AŞ (Antalyaspor Anonim Şirketi), Antalya, Türkei, Klub, entst. 1966, [1966-97 Antalyaspor K], s. S. 96
Antalyaspor K s. Antalyaspor AŞ
Antananarivo, Stadt, Madagaskar, s. S. 121
Antibes, Stadt, Frankreich, s. S. 77
Antibes-Juan-Les-Pins FC s. FC Antibes
Antigua Guatemala FC (Antigua Guatemala Fútbol Club), Antigua Guatemala, Guatemala, Klub, s. S. 125
Antigua Guatemala Fútbol Club s. Antigua Guatemala FC
Antigua Guatemala, Stadt, Guatemala, s. S. 125
Antigua und Barbuda, Länder, s. S. 126 und 127
Antilak s. al-Antilak
Antilles Kensbro s. Kensbro SC
Antilopes, Kouandé, Benin, Klub, s. S. 117
Antlers s. Kashima Antlers
Antofagasta, Stadt, Chile, s. S. 135
Antoniana s. Juventud Antoniana
Antonio Franco s. CD Guaraní Antonio Franco
Antonio Tomba s. CD Godoy Cruz Antonio Tomba
Antsirabé, Stadt, Madagaskar, s. S. 121
Antsiranana, Stadt, Madagaskar, s. S. 121
Antwerp Cricket and Football Club s. R Antwerp FC
Antwerp FC s. R Antwerp FC
Antwerpen, Stadt, Belgien, s. S. 75
Anyama Rio Sports, Anyama, Elfenbeinküste, Klub, s. S. 117
Anyama, Stadt, Elfenbeinküste, s. S. 117
Anyang LG Cheetahs, Anyang, Südkorea, Klub, entst. 1983, [1983-90 Lucky-Goldstar Hwangso, 90-95 LG Cheetah], s. S. 110
Anyang, Stadt, Südkorea, s. S. 110
Anzin s. Valenciennes FC
Anzoátegui FC (Anzoátegui Fútbol Club), Puerto La Cruz, Venezuela, Klub, entst. 1969, [19??-86 Anzoátegui FC, 86-88 Atlético Anzoátegui], s. S. 129
Anzoátegui Fútbol Club s. Anzoátegui FC
AO Aigaleo s. AS Aigaleo
AO Diagoras Rodos (Athlitikos Omilos Diagoras Rodos), Rodos, Griechenland, Klub, entst. 1905, [1905-68 Diagoras Rodos, aufgel. 68 durch Fusion mit Dorieas Rodos und Rodiakos Rodos => AS Rodos (68-85), 85 Aufl. der Fusion und Zurückbenennung], s. S. 95
AO Diagoras Rodos s. AS Rodos
AO Evizo, Lambaréné, Gabun, Klub, s. S. 118
AO Halkida (Athlitikos Omilos Halkida), Halkida, Griechenland, Klub, [entst. 19?? durch Fusion Olympiakos Halkidos und ??], s. S. 95
AO Halkida s. Olympiakos Halkidos
AO Itabaiana (Associação Olímpica Itabaiana), Itabaiana, Brasilien, Klub, entst. 1938, s. S. 133
AO Kavala (Athlitikos Omilos Kavala), Kavala, Griechenland, Klub, entst. 1965, [entst. 1965 durch Fusion Iraklis Kavala, AEK Kavala und Filippi Kavala], s. S. 95
AO Panileiakos (Athlitikos Omilos Panileiakos), Pyrgos, Griechenland, Klub, entst. 1957, [entst. 1957 durch Fusion AEK Pyrgos, Apollon Pyrgos, Iraklis Pyrgos und Ethnikos Pyrgos], s. S. 95
AO Trikala (Athlitikos Omilos Trikala), Trikala, Griechenland, Klub, entst. 1963, [entst. 1963 durch Fusion AE Trikala und Achileas Trikala], s. S. 95
AO Xanthi s. Skoda Xanthi FC
Aomori, Stadt, Japan, s. S. 111
AOSS Erewan s. FC Kilikia Erewan
Aouled s. Djama Aouled
Apache, Mitsamiouli, Komoren, Klub, s. S. 121
Aparan, Stadt, Armenien, s. S. 97
Apatin, Stadt, Jugoslawien, s. S. 93
Apeguso, Stadt, Ghana, s. S. 117
Apeldoorn, Stadt, Niederlande, s. S. 75
APEP (Athlitiki Podosfeirikos Enosis Potamidisa), Limassol/Lemesos, Zypern, Klub, entst. 1979, [aufgel. 199?, Umzug nach Kyperounta => APEP Kyperounta], s. S. 95
APEP Kyperounta (Athlitiki Podosfeirikos Enosis Potamidisa Kyperounta), Kyperounta, Zypern, Klub, [entst. 199? nach Umzug von APEP aus Limassol], s. S. 95
APEP Kyperounta s. APEP
APEP s. APEP Kyperounta
APgaismestehnika Riga s. FK Jurnieks Riga
APgaismestehnika Riga, Riga, Lettland, Klub, [aufgel. 1992 durch Fusion mit Jurnieks Riga => Merit Brok Riga], s. S. 99
APIA Leichhardt, Sydney, Australien, Klub, s. S. 136
Apia, Stadt, West-Samoa, s. S. 137
APO Fostir Tavros (Athlitikos Podosfeirikos Omilos Fostir Tavros), Athen (Athina), Griechenland, Klub, s. S. 95
APOEL (Athlitikos Podosfairikos Omilos Ellinion Levkosias), Nicosia/Lefkosia, Zypern, Klub, entst. 1926, s. S. 95
Apollo s. Guangzhou Jili Cars
Apollon Kalamarias s. AS Apollon Kalamarias
Apollon Pyrgos s. AO Panileiakos
Apollon s. PAE Apollon
Apollon Serai s. PAE Panserraikos
Apollon, Limassol/Lemesos, Zypern, Klub, entst. 1954, s. S. 95
Apollonas GS Smyrna s. PAE Apollon
Apollos s. Atlanta Apollos
Apolon s. Wellington Olympic
Apolonia s. KS Apolonia
APOP (Athlitikos Podosfairikos Omilos Pafos), Pafos, Zypern, Klub, entst. 1953, [aufgel. 2000 durch Fusion mit AS Evagoras Pafos => AEP], s. S. 95
APOP s. AEP
APOP s. AS Evagoras Pafos
APR FC (Armée Patriotique Rwandaise Football Club), Kigali, Rwanda, Klub, entst. 1994, s. S. 119
April 25, Pyongyang, Nordkorea, Klub, s. S. 110
Aprilov Gabrovo s. FK Tschardafon Gabrovo
APS Atromitos Peristeri (Athlitiki Podosfeiriki Syllogos Atromitos Peristeri), Athen (Athina), Griechenland, Klub, entst. 1923, s. S. 95
APS Makedonikos Thessaloniki (Athlitikos Podosfeiriki Syllogos Makedonikos Thessaloniki), Thessaloniki, Griechenland, Klub, entst. 1928, s. S. 95
Aqissiaq, Maniitsoq/Sukkertoppen, Grönland, Klub, s. S. 123
Aquado s. ASC Aquado
Äquatorial-Guinea, Länder, s. S. 118 und 119
Ar FC s. Calouros do Ar FC
Ar Ramadi, Stadt, Irak, s. S. 103
Ar Rifaa'ash Sharqi, Stadt, Bahrain, s. S. 102
Ar Rusayfah, Stadt, Jordanien, s. S. 102
ARA (Associação Recreativa do Amboím), Gabela, Angola, Klub, s. S. 118
ARA La Gantoise s. KAA Gent
ARA Mouscronnois s. R Excelsior Mouscron
Arab Contractors s. Mokawloon al-Arab
Arabe Marte s. CD Atlético Marte
Arabe s. Deportivo Arabe
Árabe Unido s. Deportivo Árabe Unido
Arabi s. al-Arabi
Arabica s. FC Arabica
Arabkir Erewan s. FC Arabkir Erewan
Aracaju, Stadt, Brasilien, s. S. 133
Arad, Stadt, Rumänien, s. S. 91
Aradippou, Stadt, Zypern, s. S. 95
Aragats Gjumri s. FC Aragats Gjumri
Aragua FC (Aragua Fútbol Club), Maracay, Venezuela, Klub, [19??-69 Aragua FC, 69-72 Tiquire-Aragua FC], s. S. 129
Aragua FC s. Saman de Aragua FC
Aragua Fútbol Club s. Aragua FC
Araguaína, Stadt, Brasilien, s. S. 133
Araguainense s. UA Araguainense
Arai Stepnogorsk s. Akmola Stepnogorsk
Arak, Stadt, Iran, s. S. 103
Araks Ararat s. FC Araks Ararat
Araks Armawir s. FC Araks Armawir
Aral Nukus s. FK Turan Nukus
Arambagh Krira Shangha s. Arambagh KS
Arambagh KS (Arambagh Krira Shangha), Dacca, Bangladesh, Klub, s. S. 105
Arapiraca, Stadt, Brasilien, s. S. 133
Araraquara, Stadt, Brasilien, s. S. 133
Araras, Stadt, Brasilien, s. S. 133
Ararat Erewan s. FC Ararat Erewan
Ararat, Stadt, Armenien, s. S. 97
Ararat, Teheran/Tehran, Iran, Klub, s. S. 103
Aras Klaipeda s. FK Atlantas Klaipeda
Araya, Stadt, Venezuela, s. S. 129
Araz Baku s. FC Bakili Baku
Araz Nachitschewan' s. FC Araz Nachitschewan'
Arbeel, Arbeel, Irak, Klub, s. S. 103
Arbeel, Stadt, Irak, s. S. 103
Arbeiter TV Bremerhaven s. TuS Bremerhaven 93
Arbejdernes Idrætsklub Århus s. AIÅ
Arbroath FC (Arbroath Football Club), Arbroath, Schottland, Klub, entst. 1878, s. S. 69
Arbroath Football Club s. Arbroath FC
Arbroath, Stadt, Schottland, s. S. 69
ARBV Hannover (Akademischer Ruder- und Ballspielverein Hannover), Hannover, Deutschland, Klub, entst. 1886, [1886-98 Verein Akademischer Radfahrer Hannover, 98 aufgel. und wiedergegr., 98 Akademischer FC Hannover, 1998-1902 Akademischer BV Hannover, 02-06 Akademischer Ruder- und BV Hannover, 06 aufgel.], s. S. 85
Arcadia Flouride, East London, Südafrika, Klub, s. S. 121
Arcadia Karls United s. Arcadia United
Arcadia Steel s. Arcadia United
Arcadia United (Arcadia Karls United), Harare, Simbabwe, Klub, [197?-?? Arcadia Steel], s. S. 121
Ardabil, Stadt, Iran, s. S. 103
Ardena Vilnius s. FK Ardena Vilnius
Ardita Rebbio Como s. Como Calcio
Ardor US Gindecca s. AC Venezia
Ards FC (Ards Football Club), Newtownards, Nordirland, Klub, entst. 1902, [1902-?? Ards United], s. S. 69
Ards Football Club s. Ards FC
Ards United s. Ards FC
Ardwick FC s. Manchester City FC
Arecibo, Stadt, Puerto Rico, s. S. 127
AREDOR s. AS AREDOR
Arema Malang, Malang, Indonesien, Klub, entst. 1987, s. S. 107
Arenas Club Las Palmas s. UD Las Palmas
Arenas de Guecho (Club Arenas de Guecho), Guecho/Getxo, Spanien, Klub, entst. 1909, s. S. 79
Arequipa, Stadt, Peru, s. S. 131
Argamag, Mongolei, Klub, s. S. 109
Argentinien, Länder, s. S. 134 und 135
Argentino de Lomas s. CA Témperley
Argentino de Temperley s. CA Témperley
Argentino Quilmes s. CA Argentino Quilmes
Argentino s. CA Argentino
Argentinos de Vélez Sarsfield s. CA Vélez Sarsfield
Argentinos Juniors (Asociación Atlética Argentinos Juniors), Buenos Aires, Argentinien, Klub, entst. 1904, [1904-34 Argentinos Juniors, aufgel. 34 durch Fusion mit Atlanta AC => Atlanta-Argentinos Juniors, 34 Aufl. der Fusion und Zurückbenennung], s. S. 135
Argentinos Juniors s. Atlanta-Argentinos Juniors
Argentinos Juniors s. CA Atlanta
Argeş Dacia Piteşti s. FC Argeş Dacia Piteşti
Argos, Stadt, Griechenland, s. S. 95
Århus Fremad s. IK Skovbakken
Århus Fremad, Århus, Dänemark, Klub, entst. 1897, [aufgel. 1999 durch Fusion mit IK Skovbakken => FC Århus], s. S. 71
Århus Gymnastik Forening s. ÅGF
Århus, Stadt, Dänemark, s. S. 71
Arica s. Defensor Arica
Arica, Stadt, Chile, s. S. 135
Ariesul Turda s. Steve Biko
Arima Fire, Arima, Trinidad und Tobago, Klub, [19??-99 Fire Services], s. S. 129
Arima, Stadt, Trinidad und Tobago, s. S. 129
Ariquemes, Stadt, Brasilien, s. S. 133
Aris Bonnevoie s. FC Aris Bonnevoie
Aris Kastoria s. AS Kastoria
Aris Korinthos s. PAE Korinthos
Aris Korinthos s. Pankorinthiakos
Aris Larissa s. PAE Larissa
Aris Lemesos, Limassol/Lemesos, Zypern, Klub, entst. 1930, s. S. 95
Aris Nikea s. Ionikos Nikaias
Aris s. AS Aris
Arka Amber Gdynia s. KS Arka Amber Gdynia
Arkatsch Kizyl-Arvat, Kizyl-Arvat, Turkmenistan, Klub, s. S. 101
Arkonia Szczecin s. KS Arkonia Szczecin
Arlan Nebit-Dag s. Balkan Balkanabad
Arlésien s. RC Arlésien
Armádna XI s. OAP Bratislava
Arman Kentau, Kentau, Kasachstan, Klub, s. S. 101
Armaturka Ústí nad Labem s. MFK Ústí nad Labem
Armawir, Stadt, Armenien, s. S. 97
Armed Forces FC s. Singapore Armed Forces FC
Armed Forces, Banjul, Gambia, Klub, s. S. 116
Armée Patriotique Rwandaise Football Club s. APR FC
Armée s. ASC Armée
Armenia, Stadt, Kolumbien, s. S. 128
Armenien, Länder, s. S. 96 und 97
Armenikum Erewan s. FC Pjunik Erewan
Armenio s. CD Armenio
Armija Sofija s. AS Sofija
Armijas Sportas Klubs Riga s. ASK Riga
Arminia Bielefeld s. DSC Arminia Bielefeld
Arminia Hannover s. SV Arminia Hannover
Arminia Reutlingen s. SSV 05 Reutlingen
Army August 1st Zhenbang, Shijiazhuang, China, Klub, entst. 1952, [1952-9? August 1st, 199?-2000 August 1st Jinsui, 00-01 August 1st Zhenbang], s. S. 109
Army s. Lao Army
Army s. Mechal
Army s. Pakistan Army
Army s. Tribhuvan Army
Army SC (Army Sport Club), Colombo, Sri Lanka, Klub, s. S. 105
Army Sport Club s. Army SC
Army Sports Corps Militia s. ASC Militia
Army, Rangoon/Yangon, Burma, Klub, s. S. 106
Arnett Gardens FC (Arnett Gardens Football Club), Kingston, Jamaika, Klub, s. S. 126
Arnett Gardens Football Club s. Arnett Gardens FC
Arnhem, Stadt, Niederlande, s. S. 75
Arnold Warriors, Apeguso, Ghana, Klub, s. S. 117
Arorangi FC (Arorangi Football Club), Arorangi, Cook Inseln, Klub, s. S. 137
Arorangi Football Club s. Arorangi FC
Arorangi, Stadt, Cook Inseln, s. S. 137
ar-Ramadi, Ar Ramadi, Irak, Klub, s. S. 103
ar-Ramtha, Stadt, Jordanien, s. S. 102
Arrance, Banjul, Gambia, Klub, s. S. 116
Ar-Raqqah, Stadt, Syrien, s. S. 102
Ar-Rayyan, Stadt, Katar, s. S. 103
ar-Riyad, Stadt, Saudi-Arabien, s. S. 103
Arroceros Carabobo FC s. Carabobo FC
Arrol Johnston Dumfries s. Queen of the South FC
Arsenal Club, Grand Bois, Guadeloupe, Klub, s. S. 127
Arsenal FC (Arsenal Football Club), London, England, Klub, entst. 1886, [1886 Dial Square FC, 1886-91 Royal Arsenal FC, 1891-1914 Woolwich Arsenal], s. S. 66
Arsenal FC (Arsenal Football Club), Port-au-Prince, Haiti, Klub, s. S. 127
Arsenal Football Club s. Arsenal FC
Arsenal, Maseru, Lesotho, Klub, entst. 1983, s. S. 120
Arsenal, New Amsterdam, Guyana, Klub, s. S. 129
Arsenali Tbilisi s. FC Arsenali Tbilisi
Arsenals, Berekum, Ghana, Klub, s. S. 117
Arsenal-SKIF Tschimkent s. SKIF Ordabasy Tschimkent
Arseto Solo, Surakarta, Indonesien, Klub, entst. 1977, s. S. 107
Årstad Idrettslag s. Årstad IL
Årstad IL (Årstad Idrettslag), Bergen, Norwegen, Klub, entst. 1918, s. S. 71
Artaschat, Stadt, Armenien, s. S. 97
Artilheiros s. GD Artilheiros
Artillery s. Royal Artillery
Artístico FC (Artístico Futebol Clube), Teresina, Brasilien, Klub, [aufgel. 19??], s. S. 133
Artístico Futebol Clube s. Artístico FC
Artmedia Petržalka s. FC Artmedia Petržalka
Arua MC FC (Arua Municipal Council Football Club), Arua, Uganda, Klub, s. S. 119
Arua Municipal Council Football Club s. Arua MC FC
Arua Young Stars, Arua, Uganda, Klub, s. S. 119
Arua, Stadt, Uganda, s. S. 119
Aruba, Länder, s. S. 126 und 127
Arue, Stadt, Tahiti, s. S. 137
Arusha FC (Arusha Football Club), Arusha, Tansania, Klub, s. S. 119
Arusha Football Club s. Arusha FC
Arusha, Stadt, Tansania, s. S. 119
Arz s. al-Arz
AS AEK (Athlitikos Syllogos Athlitiki Enosi Konstantinoupoleos), Athen (Athina), Griechenland, Klub, entst. 1924, s. S. 95
AS Aigaleo (Athlitikos Syllogos Aigaleo), Athen (Athina), Griechenland, Klub, entst. 1947, [entst. 1947 durch Fusion AO Aigaleo, AE Piridopiu, Ierapolis, AGIU Spiridona und Finikas], s. S. 95
AS Aïn-M'Lila (Amal Madinet Aïn-M'Lila), Aïn-M'Lila, Algerien, Klub, s. S. 113
AS Aixoise (Association sportive Aixoise), Aix-en-Provence, Frankreich, Klub, entst. 1941, [entst. 1941 durch Fusion FC Aix und US Aixoise], s. S. 77
AS Aka-Aka, Mata' Utu, Wallis und Futuna, Klub, s. S. 137
AS Ali Sabieh, Ali Sabieh, Dschibuti, Klub, s. S. 115
AS Ambrosiana Inter Milano s. Internazionale Milano FC
AS Ambrosiana Milano s. Internazionale Milano FC
AS Amical Douane (Association sportive Amical Douane), Nouakchott, Mauretanien, Klub, s. S. 114
AS Angoulême (Association sportive Angoulême-Charente 92), Angoulême, Frankreich, Klub, entst. 1925, [1925-48 AS des Charentes Angoulême, 48-79 AS Angoulême, 79-92 AS Angoulême-Charentes, 92 aufgel. und wiedergegr.], s. S. 77
AS Angoulême-Charentes s. AS Angoulême
AS Apollon Kalamarias (Athlitikos Syllogos Apollon Kalamarias), Thessaloniki, Griechenland, Klub, entst. 1925, s. S. 95
AS Ardita Rebbio Como s. Como Calcio
AS AREDOR (Association sportive AREDOR), Kankan, Guinea, Klub, s. S. 117
AS Aris (Athlitikos Syllogos Aris), Thessaloniki, Griechenland, Klub, entst. 1914, s. S. 95
AS Atromitos Peiraios (Athlitikos Syllogos Atromitos Peiraios), Athen (Athina), Griechenland, Klub, entst. 1932, s. S. 95
AS Auteuil (Association sportive Auteuil), Nouméa, Neukaledonien, Klub, s. S. 137
AS Avântul Reghin (Asociaţia Sportivă Avântul Reghin), Reghin, Rumänien, Klub, entst. 1930, [1930-47 Foresta Reghin, 47-48 Foresta-Caramida Reghin, 48-49 IPEIL Reghin, 49-58 AS Avîntul Reghin, 58-?? Energia Reghin, ??-6? Recoltă Reghin, 6?-6? Partizanul Reghin, 6?-67 Forestierul Reghin], s. S. 91
AS Aviação (Gruppo Desportivo Atlético Sport Aviação), Luanda, Angola, Klub, [19??-90 Desportivo TAAG], s. S. 118
AS Avignonnaise s. Olympique Avignonnais
AS Awala, Französisch-Guyana, Klub, s. S. 129
AS Bacău s. FCM Bacău
AS Bantous (Association sportive Bantous), Mbuji-Mayi, Volksrepublik Kongo, Klub, s. S. 119
AS Bari (Associazione Sportiva Bari), Bari, Italien, Klub, entst. 1908, [1908-27 Liberty FBC Bari, 27-28 FBC Bari, 28 Fusion mit Ideale US Bari => US Bari (1928-45), 45-52 AS Bari, 52-68 Bari FC], s. S. 81
AS Beausoleil Monaco s. AS Monaco
AS Bilima s. AS Dragons
AS Biterroise Béziers (Association sportive Biterroise Béziers), Béziers, Frankreich, Klub, entst. 1911, [1911-32 Stade Béziers Sport, 32-35 Stade Olympique Biterrois Béziers, 35-41 Entente sportive Biterroise Béziers], s. S. 77
AS Biton (Avenir Sportif Biton), Ségou, Mali, Klub, s. S. 114
AS Bordj Bou Arreridj, Bordj Bou Arreridj, Algerien, Klub, s. S. 113
AS Cambérène, Dakar, Senegal, Klub, s. S. 116
AS Cannes (Association sportive de Cannes), Cannes, Frankreich, Klub, entst. 1902, [1902-46 AS Cannes, 46-51 AS Cannes-Grasse], s. S. 77
AS Cannes-Grasse s. AS Cannes
AS Capoise (Association sportive Capoise), Cap-Haïtien, Haiti, Klub, s. S. 127
AS Casale (Associazione Sportiva Casale), Casale Monferrato, Italien, Klub, entst. 1909, [1909-?? FBC Casale, ??-27 US FBC Casale, 27-?? XI Legione US FC Casale, ??-72 FBC Casale, 72 Fusion mit Junior FC Casale => Junior Casale AC (72-79), 79-92 AS Casale, 92 aufgel.], s. S. 81
AS Casino s. AS Saint-Etienne
AS CBK, Niamey, Niger, Klub, s. S. 114
AS CDE (AS Compagnie Djibouti-Ethiopie), Djibouti, Dschibuti, Klub, s. S. 115
AS Central Sport (Association sportive Central Sport), Papeete, Tahiti, Klub, s. S. 137
AS Chaudron s. US Chaudron
AS Cheminots (Association sportive Cheminots), Pointe-Noire, Kongo, Klub, s. S. 118
AS Cimelta, Antananarivo/Tananarive, Madagaskar, Klub, s. S. 121
AS Club Colonial, Cayenne, Französisch-Guyana, Klub, s. S. 129
AS Commune II, Bamako, Mali, Klub, s. S. 114
AS Commune III, Bamako, Mali, Klub, s. S. 114
AS Compagnie Djibouti-Ethiopie s. AS CDE
AS Corps Enseignant, Toliara/Tuléar, Madagaskar, Klub, s. S. 121
AS Cotonou, Cotonou, Benin, Klub, s. S. 117
AS Danubiana Ploieşti s. SC Astra Ploieşti
AS del Duca Ascoli s. Ascoli Calcio 1898
AS des Charentes Angoulême s. AS Angoulême
AS Differdange (Association sportive Differdange), Differdange, Luxemburg, Klub, entst. 1921, [1921-40 AS Differdange, 40-41 FK Rotstern Differdingen, 41 aufgel., 44 wiedergegr.], s. S. 74
AS Djerba, Djerba, Tunesien, Klub, s. S. 113
AS Doljul Craiova (Asociaţia Sportivă Doljul Craiova), Craiova, Rumänien, Klub, entst. 1921, [1921-39 CS Craiovan Craiova, 39 Fusion mit Rovine Grivita Craiova => FC Craiova (39-48), 48-49 AS Doljul Craiova, 49 aufgel.], s. S. 91
AS Domenjod, Domenjod, Reunion, Klub, s. S. 121
AS Douanes (Association sportive Douanes), Dakar, Senegal, Klub, s. S. 116
AS Douanes, Libreville, Gabun, Klub, s. S. 119
AS Douanes, Lomé, Togo, Klub, s. S. 117
AS Dragon (Association sportive Dragon), Papeete, Tahiti, Klub, s. S. 137
AS Dragons (Amicale sportive Dragons), Kinshasa, Volksrepublik Kongo, Klub, entst. 1938, [19??-?? AS Bilima], s. S. 119
AS Etablissements Merill s. AS Merill
AS Ethnikos Achnas (Athlitikos Syllogos Ethnikos Achnas), Nicosia/Lefkosia, Zypern, Klub, entst. 1968, [1974 Umzug nach Nicosia], s. S. 95
AS Evagoras Pafos (Athlitikos Syllogos Evagoras Pafos), Pafos, Zypern, Klub, entst. 1961, [aufgel. 2000 durch Fusion mit APOP => AEP], s. S. 95
AS Evagoras Pafos s. AEP
AS Evagoras Pafos s. APOP
AS Fascista Empoli s. Empoli FC
AS Fonctionnaires (Association sportive Fonctionnaires), Bobo-Dioulasso, Burkina Faso, Klub, entst. 1935, s. S. 114
AS Forces Armées s. ASFAN
AS Fortior, Toamasina/Tamatave, Madagaskar, Klub, s. S. 121
AS Frégate (Association sportive Frégate), Nouméa, Neukaledonien, Klub, s. S. 137
AS FTM, Antananarivo/Tananarive, Madagaskar, Klub, s. S. 121
AS Gabesien (Avenir sportif Gabesien), Gabès, Tunesien, Klub, s. S. 113
AS Grand-Goâve (Association sportive Grand-Goâve), Grand-Goâve, Haiti, Klub, s. S. 127
AS Independenţă Sibiu s. FC Inter Sibiu
AS Issia-Wazi (Association sportive Issia-Wazi), Issia, Elfenbeinküste, Klub, s. S. 117

AS Jahouvey Mana **s.** ASJ Mana
AS Jeunesse Esch (Association sportive La Jeunesse d'Esch/Alzette), Esch-sur-Alzette, Luxemburg, Klub, entst. 1907, [1907-18 Jeunesse la Frontière Esch, 18-40 AS Jeunesse Esch, 40-44 SV Schwarz-Weiß 07 Esch], **s. S.** 74
AS Junior, Äquatorial-Guinea, Klub, **s. S.** 118
AS Juventus (Association sportive Juventus), Papeari, Tahiti, Klub, **s. S.** 137
AS Kalamu, Kinshasa, Volksrepublik Kongo, Klub, **s. S.** 119
AS Kaloum Stars (Association sportive Kaloum Stars), Conakry, Guinea, Klub, [19??-?? Conakry I], **s. S.** 117
AS Kasserine (Avenir sportif Kasserine), Kasserine, Tunesien, Klub, **s. S.** 113
AS Kastoria (Athlitikos Syllogos Kastoria), Kastoria, Griechenland, Klub, entst. 1963, [entst. 1963 durch Fusion Aris Kastoria, Atromitos Kastoria und Orestiade Kastoria], **s. S.** 95
AS Les Marsouins, Saint-Leu, Reunion, Klub, entst. 1955, **s. S.** 121
AS Lucchese-Libertas (Associazione Sportiva Lucchese-Libertas), Lucca, Italien, Klub, entst. 1905, [1905-84 US Lucchese-Libertas], **s. S.** 81
AS Mabuilu (Association sportive Mabuilu), Volksrepublik Kongo, Klub, **s. S.** 118
AS Magenta Nouméa (Association sportive Magenta Nouméa), Nouméa, Neukaledonien, Klub, **s. S.** 137
AS Makila, Kikwit, Volksrepublik Kongo, Klub, **s. S.** 119
AS Mandé (Association sportive Mandé), Bamako, Mali, Klub, **s. S.** 114
AS Manu-Ura (Association sportive Manu-Ura), Paéa, Tahiti, Klub, **s. S.** 137
AS Marsa (Avenir sportif La Marsa), Marsa Ben Ramdan, Tunesien, Klub, **s. S.** 113
AS Mbosse, Kaolack, Senegal, Klub, **s. S.** 117
AS Merill (AS Etablissements Merill), Djibouti, Dschibuti, Klub, **s. S.** 115
AS Messina **s.** ACR Messina
AS Metz **s.** FC Metz
AS Mineurs (Association sportive Mineurs), Sangarédi, Guinea, Klub, **s. S.** 117
AS Monaco (Association sportive de Monaco Football Professionnel), Monaco, Monaco, Klub, entst. 1924, [entst. 1924 durch Fusion Swimming Club Monaco, Monaco Sport, Etoile de Monaco, Riviéra AC und AS Beausoleil Monaco], **s. S.** 77
AS Montbéliard **s.** FC Sochaux-Montbéliard
AS Nancy-Lorraine (Association sportive Nancy-Lorraine), Nancy, Frankreich, Klub, entst. 1967, **s. S.** 77
AS Ndombe, Bandundu, Volksrepublik Kongo, Klub, **s. S.** 118
AS Nénuphars, Le Moule, Guadeloupe, Klub, **s. S.** 127
AS Niamey, Niamey, Niger, Klub, **s. S.** 114
AS Nianan (Association sportive Nianan), Koulikoro, Mali, Klub, **s. S.** 114
AS Obock (Association sportive Obock), Obock, Dschibuti, Klub, **s. S.** 115
AS Oprag **s.** JAC
AS Ouamé (Association sportive Ouamé), Abidjan, Elfenbeinküste, Klub, **s. S.** 117
AS Oued-Ellil (Avenir sportif Oued-Ellil), Tunis, Tunesien, Klub, entst. 1976, **s. S.** 113
AS Oumé, Oumé, Elfenbeinküste, Klub, **s. S.** 117
AS Païta (Association sportive Païta), Païta, Neukaledonien, Klub, **s. S.** 137
AS PAOK (Athlitikos Syllogos Panthessalonikos Athlitikos Omilos Konstantinoupoliton), Thessaloniki, Griechenland, Klub, entst. 1926, **s. S.** 95
AS Pardubice **s.** AFK Atlantic Lázně Bohdaneč
AS Pescara **s.** Pescara Calcio
AS Petroca (Association sportive Petroca), Bangui, Zentralafrikanische Republik, Klub, **s. S.** 114
AS Pirae (Association sportive Pirae), Pirae, Tahiti, Klub, **s. S.** 137
AS Police (Association sportive Police), Nouakchott, Mauretanien, Klub, [19??-?? ASC Gendarmerie], **s. S.** 114
AS Police, Brazzaville, Kongo, Klub, **s. S.** 118
AS Police, Libreville, Gabun, Klub, **s. S.** 119
AS Politehnica Iaşi **s.** FC Politehnica Iaşi
AS Port (Association sportive Port), Djibouti, Dschibuti, Klub, **s. S.** 115
AS Port Louis 2000 **s.** ASPL 2000
AS Porto-Novo, Porto-Novo, Benin, Klub, **s. S.** 117
AS Poum (Association sportive Poum), Poum, Neukaledonien, Klub, **s. S.** 137
AS Pro Vercelli **s.** US Pro Vercelli
AS PTT (Association sportive Postes-Telegrammes-Telephones), Papeete, Tahiti, Klub, **s. S.** 137
AS PTT **s.** ASC Mauritel Mobile
AS Real Bamako (Association sportive Real Bamako), Bamako, Mali, Klub, **s. S.** 114
AS Rivière du Rempart (Association de Rivière du Rempart), Mauritius, Klub, entst. 2000, [19??-2000 Young Eagles], **s. S.** 121
AS Rodos (Athlitikos Syllogos Rodos), Rodos, Griechenland, Klub, entst. 1968, [entst. 1968 durch Fusion AO Diagoras Rodos, Dorieas Rodos und Rodiakos Rodos => AS Rodos (68-85), 85 Aufl. der Fusion], **s. S.** 95
AS Rodos **s.** AO Diagoras Rodos
AS Roma (Associazione Sportiva Roma), Rom (Roma), Italien, Klub, entst. 1927, [entst. 1927 durch Fusion SGS Fortitudo, Roman FC und Alba Audace FC], **s. S.** 81
AS Roma **s.** SGS Fortitudo
AS Sada, Sada, Mayotte, Klub, **s. S.** 121
AS Saint Pierraise, Saint-Pierre, Saint-Pierre und Miquelon, Klub, **s. S.** 123
AS Sainte Savine **s.** AS Troyenne-Savinienne
AS Saint-Etienne (SAEM Association sportive de Saint-Etienne), Saint-Etienne, Frankreich, Klub, entst. 1933, [entst. 1933 durch Fusion AS Casino, Amicale SC und AS Stéphanois], **s. S.** 77
AS Scolaire, Libreville, Gabun, Klub, **s. S.** 119
AS Sigui Kayès (Association sportive Sigui de Kayès), Kayès, Mali, Klub, **s. S.** 114
AS Sofija (Athletic sportive Sofija), Sofija, Bulgarien, Klub, entst. 1923, [entst. 1923 durch Fusion Slava Sofija, Athletic Sofija und Armija Sofija, ?? aufgel.], **s. S.** 90
AS Sogara (Société Gabonaise des Raffinage), Port-Gentil, Gabun, Klub, entst. 1958, [aufgel. 1995], **s. S.** 118
AS Şoimii IPA Sibiu **s.** FC Şoimii COMPA Sibiu
AS Solidarité, Libreville, Gabun, Klub, **s. S.** 119
AS Solima, Toamasina/Tamatave, Madagaskar, Klub, **s. S.** 121
AS Somasud, Toliara/Tuléar, Madagaskar, Klub, **s. S.** 121
AS Sotema Morovoay, Mahajanga/Majunga, Madagaskar, Klub, **s. S.** 121
AS St. Louisienne, Saint Louis, Senegal, Klub, **s. S.** 117
AS St. Michel (Association sportive Saint Michel), Antananarivo/Tananarive, Madagaskar, Klub, **s. S.** 121
AS Stéphanois **s.** AS Saint-Etienne
AS Sucosport, Brazzaville, Kongo, Klub, **s. S.** 118
AS Sucribe, Kinshasa, Volksrepublik Kongo, Klub, **s. S.** 119
AS Sucrière, Kwilu Ngongo, Volksrepublik Kongo, Klub, **s. S.** 118
AS Tata National (Association sportive Tata National), Sikasso, Mali, Klub, **s. S.** 114
AS Tefana (Association sportive Tefana), Faaa, Tahiti, Klub, **s. S.** 137
AS Tempête Mocaf (Association sportive Tempête Mocaf), Bangui, Zentralafrikanische Republik, Klub, **s. S.** 114
AS Tipografia Arad **s.** CS Astra Arad
AS Troyenne-Savinienne (Association sportive Troyenne-Savinienne), Troyes, Frankreich, Klub, entst. 1931, [entst. 1931 durch Fusion US Troyenne und AS Sainte Savine => AS Troyenne-Savinienne (31-63), 63 aufgel.], **s. S.** 77
AS Unirea Rîmnicu Vîlcea **s.** FC Râmnicu Vâlcea
AS Universitatea FC Craiova (Asociaţia Sportivă Universitatea Fotbal Club Craiova), Craiova, Rumänien, Klub, entst. 1948, [1948-50 CSU Craiova, 50-66 Ştiinţa Craiova, 66-92 CS Universitatea Craiova, 92-97 FC Universitatea Craiova], **s. S.** 91
AS Varesina **s.** Varese FC
AS Venezia-Mestre Calcio **s.** AC Venezia
AS Vénus (Association sportive Vénus), Mahina, Tahiti, Klub, **s. S.** 137
AS Veti Club, Matadi, Volksrepublik Kongo, Klub, **s. S.** 118
AS Victoria Bucureşti (Asociaţia Sportivă Victoria Bucureşti), Bukarest (Bucureşti), Rumänien, Klub, entst. 1971, [entst. 1971 als Reserveteam von CS Dinamo Bucureşti => Dinamo-Victoria Bucureşti (71-85), 85-90 AS Victoria Bucureşti, 90 aufgel.], **s. S.** 90
AS Vita Club (Association sportive Vita Club), Kinshasa, Volksrepublik Kongo, Klub, entst. 1935, **s. S.** 119
ASA (Agremiação Sportiva Arapiraquense), Arapiraca, Brasilien, Klub, entst. 1977, **s. S.** 133
ASA Bucureşti **s.** FC Steaua Bucureşti
ASA Câmpulung Moldovenesc, Câmpulung Moldovenesc, Rumänien, Klub, entst. 1951, [1948-53 Casa Armatei Cîmpulung Moldovenesc, 53 aufgel., 92 wiedergegr., 92-94 ASA Cîmpulung Moldovenesc], **s. S.** 91
ASA Cîmpulung Moldovenesc **s.** ASA Câmpulung Moldovenesc
ASA Crişul Oradea **s.** FC Bihor Oradea
ASA Electromureş Tîrgu Mureş **s.** ASA Târgu Mureş
ASA Mureşul Tîrgu Mureş **s.** ASA Târgu Mureş
ASA Mureşul Tîrgu Mureş **s.** CS Mureşul Tîrgu Mureş
ASA Târgu Mureş (Asociaţia Sportivă Armata Târgu Mureş), Târgu Mureş, Rumänien, Klub, entst. 1962, [1962-64 ASA Tîrgu Mureş, 64 Fusion mit CS Mureşul Tîrgu Mureş => ASA Mureşul Tîrgu Mureş (64-69), 69-90 ASA Tîrgu Mureş, 90 Fusion mit Electromureş Tîrgu Mureş => ASA Electromureş Tîrgu Mureş (90-9?), 9?-9? FC Electromureş Tîrgu Mureş], **s. S.** 91
ASA Tîrgu Mureş **s.** ASA Târgu Mureş
ASA Tîrgu Mureş **s.** CS Mureşul Tîrgu Mureş
ASACO, Cotonou, Benin, Klub, **s. S.** 117
Asante Kotoko FC (Asante Kotoko Football Club), Kumasi, Ghana, Klub, entst. 1926, [1926-?? Ashanti United], **s. S.** 117
Asante Kotoko Football Club **s.** Asante Kotoko FC
Asante Mampong Kumapim Stars **s.** Kumapim Star
ASC Air Mauritanie (Association sportive Culturelle Air Mauritanie), Nouakchott, Mauretanien, Klub, **s. S.** 114
ASC Aquado, Französisch-Guyana, Klub, **s. S.** 129
ASC Armée (Association sportive Culturelle Armée), Nouakchott, Mauretanien, Klub, **s. S.** 114
ASC Bouaké (Association sportive Culturelle Bouaké), Bouaké, Elfenbeinküste, Klub, **s. S.** 117
ASC CNSS (Association sportive Culturelle de la Caisse Nationale de Securité Sociale), Nouakchott, Mauretanien, Klub, **s. S.** 114
ASC Concorde (Association sportive Culturelle Concorde), Nouakchott, Mauretanien, Klub, **s. S.** 114
ASC de Volewijckers (Amsterdamse Sportclub de Volewijckers), Amsterdam, Niederlande, Klub, entst. 1920, [aufgel. 1974 durch Fusion mit FC Amsterdam, 83 wiedergegr.], **s. S.** 75
ASC de Volewijckers **s.** FC Amsterdam
ASC Diaraf (Association sportive Culturelle Diaraf), Dakar, Senegal, Klub, [19??-?? US Diaraf], **s. S.** 116
ASC Gagnoa (Association Sports Club Gagnoa), Gagnoa, Elfenbeinküste, Klub, **s. S.** 117
ASC Garde Nationale (Association sportive Culturelle Garde Nationale), Nouakchott, Mauretanien, Klub, **s. S.** 114
ASC Gendarmerie **s.** AS Police
ASC Gendrim, Nouakchott, Mauretanien, Klub, **s. S.** 114
ASC Gharnata (Association sportive Culturelle Gharnata), Nouakchott, Mauretanien, Klub, **s. S.** 114
ASC Jeanne d'Arc (Association sportive Culturelle Jeanne d'Arc), Dakar, Senegal, Klub, entst. 1921, **s. S.** 116
ASC Ksar Sonader (Association sportive Culturelle Ksar Sonader), Nouakchott, Mauretanien, Klub, **s. S.** 114
ASC Le Geldar, Kourou, Französisch-Guyana, Klub, **s. S.** 129
ASC Linguère (Association sportive Culturelle Linguère), Saint Louis, Senegal, Klub, **s. S.** 117
ASC Livorno (Associazione Sportiva Calcio Livorno), Livorno, Italien, Klub, entst. 1915, [entst. 1915 durch Fusion Spes Livorno und FBC Virtus Juventusque => US Livorno (15-44), 44-45 US Pro Livorno, 45-76 US Livorno, 76-77 US Livorno Calcio, 77-82 UC Livorno, 82-88 US Livorno, 88-90 Pro Livorno Calcio, 90-9? UC Livorno], **s. S.** 81
ASC Mauritel Mobile (Association sportive Culturelle Mauritel Mobile), Nouakchott, Mauretanien, Klub, [19??-99 AS PTT], **s. S.** 114
ASC Militia (Army Sports Corps Militia), Sliema, Malta, Klub, entst. 1916, **s. S.** 81
ASC Niayés-Pikine, Dakar, Senegal, Klub, **s. S.** 116
ASC Oran (Association sportive de Chemistes d'Oran), Oran, Algerien, Klub, entst. 1933, **s. S.** 113
ASC Port Autonome **s.** SMCP
ASC Remire, Remire-Montjoly, Französisch-Guyana, Klub, **s. S.** 129
ASC Saltigue (Association sportive Culturelle Saltigue), Rufisque, Senegal, Klub, **s. S.** 117
ASC SNIM (Association sportive Culturelle SNIM), Nouadhibou, Mauretanien, Klub, **s. S.** 114
ASC SONACOS (Association sportive Culturelle Société Nationale de Commercialisation des Olegineaux de Senegal), Diourbel, Senegal, Klub, [19??-9? SEIB Diourbel], **s. S.** 117
ASC SONALEC (Association sportive Culturelle SONALEC), Nouakchott, Mauretanien, Klub, **s. S.** 114
ASC Tbilisi **s.** FC Arsenali Tbilisi
AŠC Topoľčany **s.** MFK VTJ Topoľčany
ASC Trarza Rosso **s.** Terruzi FC
ASC Venus Bucureşti, Bukarest (Bucureşti), Rumänien, Klub, entst. 1915, [aufgel. 1949], **s. S.** 90
ASC Yeggo, Dakar, Senegal, Klub, **s. S.** 116
ASCA Antalaha **s.** JS Antalaha
Aschchabad, Stadt, Turkmenistan, **s. S.** 101
Aschtarak, Stadt, Armenien, **s. S.** 97
Ascoli Calcio 1898, Ascoli Piceno, Italien, Klub, entst. 1898, [1898-1905 SS Vigor Ascoli, 1905-11 CS Vigor Ascoli, 1911-14 SS Ascoli, 14 aufgel., 26 wiedergegr., 26-55 Vigor GS Ascoli Piceno, 55-?? AS del Duca Ascoli, ??-72 AC del Duca Ascoli], **s. S.** 81
Ascoli Piceno, Stadt, Italien, **s. S.** 81
ASCOT (Association sportive Coton Tchad), N'Djamena, Tschad, Klub, **s. S.** 114
Ascot United, Seychellen, Klub, **s. S.** 121
AŠD Dukla Banská Bystrica **s.** FK Dukla Banská Bystrica
ASD-Juventus Bucureşti **s.** Flacăra Bucureşti
ASDR Fatima (Anges sportive Diables Rouges de Fatima), Bangui, Zentralafrikanische Republik, Klub, **s. S.** 114
ASEC Koudougou, Koudougou, Burkina Faso, Klub, **s. S.** 114
ASEC Mimosas (Association sportive des Employées Commerciales Mimosas), Abidjan, Elfenbeinküste, Klub, entst. 1948, **s. S.** 117
ASEC Ndiambour, Louga, Senegal, Klub, **s. S.** 117
Asela, Asmara, Eritrea, Klub, **s. S.** 115
Asenovets Sliven **s.** FK Sliven
Aserbaidschan, Länder, **s. S.** 96 und 97
ASF Fianarantsoa (Akoni Soa Firegnina Fianarantsoa), Fianarantsoa, Madagaskar, Klub, **s. S.** 121
ASF Police (Association sportive Forces Police), Dakar, Senegal, Klub, **s. S.** 116
ASFA (Association sportive Forces Armées), Bangui, Zentralafrikanische Republik, Klub, **s. S.** 114
ASFA (Association sportive Forces Armées), Dakar, Senegal, Klub, **s. S.** 116
ASFA (Association sportive Forces Armées), Nouakchott, Mauretanien, Klub, **s. S.** 114
ASFA **s.** ASFA Yennega
ASFA Yennega (Association sportive du Faso Yennega), Ouagadougou, Burkina Faso, Klub, entst. 1947, [19??-71 ASFA, 71-?? Jeanne d'Arc], **s. S.** 114
ASFAG (Association sportive Forces Armées Guinéen), Conakry, Guinea, Klub, **s. S.** 117
ASFAN (AS Forces Armées), Ouagadougou, Burkina Faso, Klub, **s. S.** 114
ASFAN (Association sportive Forces Armées Niger), Niamey, Niger, Klub, **s. S.** 114
ASFANT (Association sportive des Forces Armées Nationales Tchadienne), N'Djamena, Tschad, Klub, **s. S.** 114
ASFAP (Association sportive Forces Armées Populaires), Cotonou, Benin, Klub, [19??-74 FAD, ??-?? Adjidjas], **s. S.** 117
ASFOSA (Association sportive de la Forêt Sacrée), Lomé, Togo, Klub, **s. S.** 117
ASG Juventus, Sainte-Anne, Guadeloupe, Klub, **s. S.** 127
ASG Vorwärts Rostock **s.** FC Pommern Stralsund
Ashanti United **s.** Asante Kotoko FC
Ashdod SC, Ashdod, Israel, Klub, entst. 1983, [1983-99 Maccabi Ironi Ashdod, 99 Fusion mit Hapoel Ashdod => Ashdod SC], **s. S.** 94
Ashdod, Stadt, Israel, **s. S.** 94
Ashia **s.** Ethnikos Ashia
Ashkelon, Stadt, Israel, **s. S.** 94
ash-Shamal, Madinat ash Shamal, Katar, Klub, **s. S.** 103
Ash-Shariqah, Stadt, VAE, **s. S.** 103
ASI Abengourou (ASI Abengourou Issia-Wazi), Abengourou, Elfenbeinküste, Klub, **s. S.** 117
ASI Abengourou Issia-Wazi **s.** ASI Abengourou
ASI Sport Guyanais, Cayenne, Französisch-Guyana, Klub, **s. S.** 129
ASIA, Saint-Pierre, Saint-Pierre und Miquelon, Klub, **s. S.** 123
Asil Lyssi, Larnaka/Larnaca, Zypern, Klub, entst. 1932, [1974 Umzug nach Larnaka], **s. S.** 95
Asipovitschy, Stadt, Weißrussland, **s. S.** 99
ASJ Mana (AS Jahouvey Mana), Mana, Französisch-Guyana, Klub, **s. S.** 129
ASJA, Avrankou, Benin, Klub, **s. S.** 117
ASK Admira Rax-Werke Wiener Neustadt **s.** SV Admira Wiener Neustadt
ASK Botev Plovdiv **s.** FK Botev Plovdiv
ASK Botev Plovdiv **s.** FK Spartak Plovdiv
AŠK Inter Slovnaft Bratislava **s.** FK AŠK Inter Slovnaft Bratislava
AŠK Primorje Ljubljana (Akademski športni klub Primorje Ljubljana), Ljubljana, Slowenien, Klub, entst. 1918, [aufgel. 1936 durch Fusion mit NK Ljubljana], **s. S.** 93
AŠK Primorje Ljubljana **s.** NK Železničar Oskar Ljubljana
ASK Riga (Armijas Sportas Klubs Riga), Riga, Lettland, Klub, [aufgel. 19??], **s. S.** 99
ASK Schwarze Elf Sankt Pölten **s.** FCN Sankt Pölten
ASK Termez **s.** FK Surchan Termez
ASK Vorwärts Berlin **s.** FC Vorwärts Berlin
Askania Forst **s.** FC Askania Forst
ASK-Chorzowianka Chorzów **s.** AKS Chorzów
Asker SK (Asker Skiklubb), Asker, Norwegen, Klub, entst. 1923, [entst. 1923 durch Fusion Asker SK und Asker IF], **s. S.** 71
Asker SK a Asker IF **s.** Asker SK
Asker Skiklubb **s.** Asker SK
Asker, Stadt, Norwegen, **s. S.** 71
ASKO Kara (Association sportive de Kozah Lama Kara), Lomé, Togo, Klub, **s. S.** 117
ASLAD Moundou, Moundou, Tschad, Klub, **s. S.** 114
ASLN Nouméa (Association sportive Le Nickel Nouméa), Nouméa, Neukaledonien, Klub, **s. S.** 137
ASLN Thio (Association sportive Le Nickel Thio), Thio, Neukaledonien, Klub, **s. S.** 137
ASM Dinamo Satu Mare **s.** FC Olimpia Satu Mare
ASM Oran (Association sportive M. Oran), Oran, Algerien, Klub, **s. S.** 113
ASM Tîrgu Mureş **s.** CS Tîrgu Mureş
Asmara Brewery, Asmara, Eritrea, Klub, **s. S.** 115
Asmara, Stadt, Eritrea, **s. S.** 115
Asmaral Moskva **s.** FK Asmaral Moskva
ASMO FC 105 **s.** FC 105
ASO Bratislava **s.** ŠK ASO Bratislava
ASO Chlef (A Saad Olympie Chlef), Chlef/Ech Chéliff, Algerien, Klub, [19??-?? CSO El Asnam, ??-?? Chlef Saad Olympie], **s. S.** 113
ASO Olomouc **s.** Sokol OD ASO Olomouc
Asociación Alianza, Lima, Peru, Klub, [aufgel. 19??], **s. S.** 130
Asociación Atlética Argentinos Juniors **s.** Argentinos Juniors
Asociación Atlética Estudiantes **s.** Estudiantes
Asociación Chorrillos, Lima, Peru, Klub, **s. S.** 130
Asociación Cultural y Deportiva Altos Hornos Zapla **s.** Altos Hornos Zapla
Asociación Deportiva Belén Fútbol Club **s.** AD Belén FC
Asociación Deportiva Carmelita **s.** AD Carmelita
Asociación Deportiva de Tarma **s.** ADT
Asociación Deportiva Goicoechea **s.** AD Goicoechea
Asociación Deportiva Guanacasteca **s.** AD Guanacasteca
Asociación Deportiva Limonense **s.** AD Limonense
Asociación Deportiva Mineros de Guayana **s.** AD Mineros de Guayana
Asociación Deportiva Municipal Osa **s.** AD Municipal Osa
Asociación Deportiva Municipal Pérez Zeledón **s.** AD Municipal Pérez Zeledón
Asociación Deportiva Municipal Puntarenas **s.** AD Municipal Puntarenas
Asociación Deportiva Ramonense **s.** AD Ramonense
Asociación Deportiva Sagrada Familia Fútbol Club **s.** AD Sagrada Familia FC
Asociación Deportiva San Carlos Fútbol Club **s.** AD San Carlos FC
Asociación Deportiva Santa Bárbara **s.** AD Santa Bárbara
Asociación Deportiva Santos **s.** AD Santos
Asociación Deportiva Turrialba Fútbol Club **s.** AD Turrialba FC
Asociación Deportiva Unión Magdalena **s.** Unión Magdalena
Asociación Deportiva Universidad de Costa Rica **s.** AD Universidad de Costa Rica
Asociación Deportivo Cali **s.** Deportivo Cali
Asociación Deportivo Nueve de Octubre **s.** 9 de Octubre
Asociación Deportivo Pasto **s.** Deportivo Pasto
Asociación Estadio La Unión **s.** AELU
Asociación Fútbol Club Euro Kickers **s.** AFC Euro Kickers
Asociaţia Sportivă Armata Târgu Mureş **s.** ASA Târgu Mureş
Asociaţia Sportivă Avântul Reghin **s.** AS Avântul Reghin
Asociaţia Sportivă Doljul Craiova **s.** AS Doljul Craiova
Asociaţia Sportivă Universitatea Fotbal Club Craiova **s.** AS Universitatea FC Craiova
Asociaţia Sportivă Victoria Bucureşti **s.** AS Victoria Bucureşti
ASPAC, Cotonou, Benin, Klub, **s. S.** 117
ASPE Trieste **s.** FK Poncijana Trst
ASPE Trieste **s.** USC Triestina
ASPL 2000 (AS Port Louis 2000), Port Louis, Mauritius, Klub, entst. 2000, [entst. 2000 durch Fusion RBBS/St. Martin und Century Welfare Association], **s. S.** 121
ASPL 2000 **s.** RBBS/St. Martin
ASPTT (Association sportive Postes Télégrammes Téléphones), Odienné, Elfenbeinküste, Klub, **s. S.** 117
as-Sahel **s.** Shabab as-Sahel
as-Samawa, Stadt, Irak, **s. S.** 103
Ässät **s.** PoPa
Assaut, Saint-Pierre, Martinique, Klub, **s. S.** 127
as-Seeb, Stadt, Oman, **s. S.** 103
Assegurances Doval **s.** Gimnastic Valira
Associação Académica de Coimbra **s.** Académica Coimbra
Associação Atlética Alvorada **s.** AA Alvorada
Associação Atlética Anapolina **s.** AA Anapolina
Associação Atlética Caldense **s.** AA Caldense
Associação Atlética Colatina **s.** AA Colatina
Associação Atlética Corisabbá **s.** AA Corisabbá
Associação Atlética da Bahia **s.** AA Bahia
Associação Atlética das Palmeiras **s.** AA Palmeiras
Associação Atlética Francana **s.** AA Francana
Associação Atlética Guanabara **s.** AA Guanabara
Associação Atlética Internacional **s.** AA Internacional
Associação Atlética Ponte Preta **s.** AA Ponte Preta
Associação Atlética Rodoviária **s.** AA Rodoviária
Associação Atlética São Bento **s.** AA São Bento
Associação Atlética Serviço Gráfico **s.** AA Serviço Gráfico
Associação Atlética Valeriodoce **s.** AA Valeriodoce
Associação Chapecoense de Futebol **s.** Chapecoense
Associação Desportiva Confiança **s.** AD Confiança
Associação Desportiva de Fafe **s.** AD Fafe
Associação Desportiva e Cultural Potiguar **s.** ADC Potiguar
Associação Desportiva Ferroviária **s.** AD Ferroviária
Associação Desportiva Guarany **s.** AD Guarany
Associação Desportiva Leônico **s.** AD Leônico
Associação Desportiva Sanjoanense **s.** AD Sanjoãnense
Associação Desportiva São Caetano **s.** AD São Caetano
Associação Desportiva Vasco da Gama **s.** AD Vasco da Gama
Associação Desportivo de Pemba **s.** AD Pemba
Associação Esportiva Catuense **s.** AE Catuense
Associação Esportiva Cruzeiro do Sul **s.** AE Cruzeiro do Sul
Associação Esportiva Tiradentes **s.** AE Tiradentes
Associação Ferroviária de Esportes **s.** Ferroviária de Esportes
Associação Olímpica Itabaiana **s.** AO Itabaiana
Associação Portuguesa de Desportos **s.** Portuguesa de Desportos
Associação Recreativa do Amboím **s.** ARA
Associacion Deportiva Club Unión Cienciano **s.** Unión Cienciano
Association de la Jeunesse Auxerroise **s.** AJ Auxerroise
Association de Rivière du Rempart **s.** AS Rivière du Rempart
Association sportive Aixoise **s.** AS Aixoise
Association sportive Amical Douane **s.** AS Amical Douane
Association sportive Angoulême-Charente 92 **s.** AS Angoulême
Association sportive AREDOR **s.** AS AREDOR
Association sportive Auteuil **s.** AS Auteuil
Association sportive Bantous **s.** AS Bantous
Association sportive Biterroise Béziers **s.** AS Biterroise Béziers
Association sportive Capoise **s.** AS Capoise
Association sportive Central Sport **s.** AS Central Sport
Association sportive Cheminots **s.** AS Cheminots
Association sportive Coton Tchad **s.** ASCOT
Association sportive Culturelle Air Mauritanie **s.** ASC Air Mauritanie
Association sportive Culturelle Armée **s.** ASC Armée
Association sportive Culturelle Bouaké **s.** ASC Bouaké
Association sportive Culturelle Concorde **s.** ASC Concorde
Association sportive Culturelle de la Caisse Nationale de Securité Sociale **s.** ASC CNSS
Association sportive Culturelle Diaraf **s.** ASC Diaraf
Association sportive Culturelle Garde Nationale **s.** ASC Garde Nationale
Association sportive Culturelle Gharnata **s.** ASC Gharnata
Association sportive Culturelle Jeanne d'Arc **s.** ASC Jeanne d'Arc
Association sportive Culturelle Ksar Sonader **s.** ASC Ksar Sonader
Association sportive Culturelle Linguère **s.** ASC Linguère
Association sportive Culturelle Mauritel Mobile **s.** ASC Mauritel Mobile
Association sportive Culturelle Saltigue **s.** ASC Saltigue
Association sportive Culturelle SNIM **s.** ASC SNIM
Association sportive Culturelle Société Nationale de Commercialisation des Olegineaux de Senegal **s.** ASC SONACOS
Association sportive Culturelle SONALEC **s.** ASC SONALEC
Association sportive de Cannes **s.** AS Cannes
Association sportive de Chemistes d'Oran **s.** ASC Oran
Association sportive de Kozah Lama Kara **s.** ASKO Kara
Association sportive de la Forêt Sacrée **s.** ASFOSA
Association sportive de Monaco Football Professionnel **s.** AS Monaco
Association sportive des Employées Commerciales Mimosas **s.** ASEC Mimosas
Association sportive des Forces Armées Nationales Tchadienne **s.** ASFANT
Association sportive Differdange **s.** AS Differdange
Association sportive Douanes **s.** AS Douanes
Association sportive Dragon **s.** AS Dragon
Association sportive du Faso Yennega **s.** ASFA Yennega
Association sportive Fonctionnaires **s.** AS Fonctionnaires
Association sportive Forces Armées Guinéen **s.** ASFAG
Association sportive Forces Armées Niger **s.** ASFAN
Association sportive Forces Armées Populaires **s.** ASFAP
Association sportive Forces Armées **s.** ASFA
Association sportive Forces Police **s.** ASF Police
Association sportive Frégate **s.** AS Frégate
Association sportive Grand-Goâve **s.** AS Grand-Goâve
Association sportive Issia-Wazi **s.** AS Issia-Wazi
Association sportive Juventus **s.** AS Juventus
Association sportive Kaloum Stars **s.** AS Kaloum Stars
Association sportive La Jeunesse d'Esch/Alzette **s.** AS Jeunesse Esch
Association sportive Le Nickel Nouméa **s.** ASLN Nouméa
Association sportive Le Nickel Thio **s.** ASLN Thio
Association sportive M. Oran **s.** ASM Oran
Association sportive Mabuilu **s.** AS Mabuilu
Association sportive Magenta Nouméa **s.** AS Magenta Nouméa
Association sportive Mandé **s.** AS Mandé
Association sportive Manu-Ura **s.** AS Manu-Ura
Association sportive Mineurs **s.** AS Mineurs
Association sportive Nancy-Lorraine **s.** AS Nancy-Lorraine
Association sportive Nianan **s.** AS Nianan
Association sportive Obock **s.** AS Obock
Association sportive Ouamé **s.** AS Ouamé
Association sportive Païta **s.** AS Païta
Association sportive Petroca **s.** AS Petroca
Association sportive Pirae **s.** AS Pirae
Association sportive Police **s.** AS Police
Association sportive Port **s.** AS Port
Association sportive Postes Télégrammes Téléphones **s.** ASPTT
Association sportive Postes-Telegrammes-Telephones **s.** AS PTT
Association sportive Poum **s.** AS Poum
Association sportive Real Bamako **s.** AS Real Bamako
Association sportive Saint Michel **s.** AS St. Michel
Association sportive Sigui de Kayès **s.** AS Sigui Kayès
Association sportive Tata National **s.** AS Tata National
Association sportive Tefana **s.** AS Tefana
Association sportive Tempête Mocaf **s.** AS Tempête Mocaf
Association sportive Troyenne-Savinienne **s.** AS Troyenne-Savinienne
Association sportive Vénus **s.** AS Vénus
Association sportive Vita Club **s.** AS Vita Club
Association Sports Club Gagnoa **s.** ASC Gagnoa
Associazione Calcio Bellinzona **s.** AC Bellinzona
Associazione Calcio Fiorentina **s.** AC Fiorentina
Associazione Calcio Legnano **s.** AC Legnano
Associazione Calcio Liguria **s.** AC Liguria
Associazione Calcio Mantova **s.** AC Mantova
Associazione Calcio Perugia **s.** AC Perugia
Associazione Calcio Pistoiese **s.** AC Pistoiese
Associazione Calcio Reggiana **s.** AC Reggiana
Associazione Calcio Riunite Messina **s.** ACR Messina
Associazione Calcio Siena **s.** AC Siena
Associazione Calcio Vado **s.** AC Vado
Associazione Calcio Venezia **s.** AC Venezia
Associazione Fascista Calcio Padova **s.** Padova Calcio
Associazione Fascista Calcio Venezia **s.** AC Venezia
Associazione Fascista Calcio Vicenza **s.** Vicenza Calcio
Associazione Fiorentina del Calcio **s.** AC Fiorentina
Associazione Sportiva Bari **s.** AS Bari
Associazione Sportiva Calcio Livorno **s.** ASC Livorno
Associazione Sportiva Casale **s.** AS Casale
Associazione Sportiva Lucchese-Libertas **s.** AS Lucchese-Libertas
Associazione Sportiva Roma **s.** AS Roma
Associazione Studentesca del Calcio Modena **s.** Modena FC
ASS-SKIF Erewan **s.** FC Erebuni Erewan
Assuan, Stadt, Ägypten, **s. S.** 113
As-Sulaymaniyah, Stadt, Irak, **s. S.** 103
Assyabaab Salim Group Surabaya **s.** Assyabaab SGS
Assyabaab SGS (Assyabaab Salim Group Surabaya), Sidoardjo, Indonesien, Klub, entst. 1989, **s. S.** 107
Astana, Stadt, Kasachstan, **s. S.** 101
Aston Villa FC (Aston Villa Football Club), Birmingham, England, Klub, entst. 1874, [1872-74 Birmingham C & FC], **s. S.** 67
Aston Villa Football Club **s.** Aston Villa FC
Astra Arad **s.** CS Astra Arad
Astra Club, Aomori, Japan, Klub, [aufgel. 19??], **s. S.** 111
Astra Ploieşti **s.** SC Astra Ploieşti
Astra-Româna Moreni **s.** CS Flacăra Moreni
Ástrea (Clube Ástrea), João Pessoa, Brasilien, Klub, **s. S.** 133
Asturiana **s.** Juventud Asturiana
Asturias, Mexiko-Stadt/Ciudad de México, Mexiko, Klub, [aufgel. 1950], **s. S.** 125
Asunción, Stadt, Paraguay, **s. S.** 135
Asuom, Stadt, Ghana, **s. S.** 117
ASV 1927 Haidbrunn **s.** Reichsbahn Wacker Wiener Neustadt
ASV Vorwärts Stralsund **s.** FC Pommern Stralsund
ASVŠ Dukla Banská Bystrica **s.** FK Dukla Banská Bystrica
ASVS Dukla Praha **s.** FK Dukla Praha
Aswan SC (Aswan Sport Club), Assuan/Aswan, Ägypten, Klub, **s. S.** 113
Aswan Sport Club **s.** Aswan SC
Aswan, Stadt, Ägypten, **s. S.** 113
Asyut, Stadt, Ägypten, **s. S.** 113
At Turrah, Stadt, Jordanien, **s. S.** 102
ATAC **s.** ES Troyes AC
Atacama **s.** Deportes Regional Atacama
Ataka Minsk **s.** FK Ataka Minsk
Ataka-407 Minsk **s.** FK Ataka Minsk
Ataka-Aura Minsk **s.** FK Ataka Minsk
Atakora **s.** Lions de l'Atakora
Atakpamé, Stadt, Togo, **s. S.** 117
Atalanta Bergamasca Calcio, Bergamo, Italien, Klub, entst. 1904, [1904-13 FC Bergamo, 13 Fusion mit Società Bergamasca di Ginnastica e Scherma => SS Bergamo (13-20), 20 Fusion mit Atalanta Bergamo => Atalanta Bergamasca di Ginnastica e Scherma (20-45)], **s. S.** 81
Atalanta Bergamasca di Ginnastica e Scherma **s.** Atalanta Bergamasca Calcio
Atalanta Bergamo **s.** Atalanta Bergamasca Calcio
Athen, Stadt, Griechenland, **s. S.** 95
Athina, Stadt, Griechenland, **s. S.** 95
Athinaikos PAE (Athinaikos Podosfeiriki Athlitikos Enosis), Athen (Athina), Griechenland, Klub, entst. 1917, **s. S.** 95
Athinaikos Podosfeiriki Athlitikos Enosis **s.** Athinaikos PAE
Äthiopien, Länder, **s. S.** 114 und 115
Athletic & Running CB (Athletic & Running Club de Bruxelles), Brüssel (Bruxelles/Brussel), Belgien, Klub, entst. 1896, [1896-98 AC Bruxelles, 98 Fusion mit Running CB => Athletic & Running CB (1898-1909), 1909 aufgel.], **s. S.** 75
Athletic & Running Club de Bruxelles **s.** Athletic & Running CB
Athletic Bilbao (Athletic Club de Bilbao), Bilbao, Spanien, Klub, entst. 1898, [1940-72 Atlético Bilbao], **s. S.** 79
Athletic Bilbao **s.** Vizcaya Bilbao
Athletic Club Ajaccien **s.** AC Ajaccien
Athletic Club de Bilbao **s.** Athletic Bilbao
Athletic Club de Madrid **s.** Atlético Madrid
Athletic Club Modèle **s.** AC Modèle
Athletic Club Sodigraf **s.** AC Sodigraf
Athletic Club Sonni Gao **s.** AC Sonni Gao
Athletic Club Sparta Praha **s.** AC Sparta Praha
Athletic Club Viktoria Wien **s.** AC Viktoria Wien
Athletic Sofija **s.** AS Sofija
Athletic sportive Sofija **s.** AS Sofija
Athletik SC Marathon 1908 Stettin **s.** Stettiner SC
Athletik SV Göppingen **s.** 1. Göppinger SV 1895
Athletik SV Neckarau **s.** VfL 1884 Neckarau
Athlétique **s.** US Athlétique
Athlitiki Enosis Kitiou **s.** AEK
Athlitiki Enosis Lemesou **s.** AEL
Athlitiki Enosis Nikaias **s.** AE Nikaias
Athlitiki Podosfeiriki Syllogos Atromitos Peristeri **s.** APS Atromitos Peristeri
Athlitiki Podosfeirikos Enosis Potamidisa Kyperounta **s.** APEP Kyperounta
Athlitiki Podosfeirikos Enosis Potamidisa **s.** APEP
Athlitikos Omilos Diagoras Rodos **s.** AO Diagoras Rodos
Athlitikos Omilos Halkida **s.** AO Halkida
Athlitikos Omilos Kavala **s.** AO Kavala
Athlitikos Omilos Panileiakos **s.** AO Panileiakos
Athlitikos Omilos Trikala **s.** AO Trikala
Athlitikos Podosfairikos Omilos Ellinion Levkosias **s.** APOEL
Athlitikos Podosfairikos Omilos Pafos **s.** APOP
Athlitikos Podosfeiriki Syllogos Makedonikos Thessaloniki **s.** APS Makedonikos Thessaloniki
Athlitikos Podosfeirikos Omilos Fostir Tavros **s.** APO Fostir Tavros
Athlitikos Syllogos Aigaleo **s.** AS Aigaleo
Athlitikos Syllogos Apollon Kalamarias **s.** AS Apollon Kalamarias
Athlitikos Syllogos Aris **s.** AS Aris
Athlitikos Syllogos Athlitiki Enosi Konstantinoupoleos **s.** AS AEK
Athlitikos Syllogos Atromitos Peiraios **s.** AS Atromitos Peiraios
Athlitikos Syllogos Ethnikos Achnas **s.** AS Ethnikos Achnas
Athlitikos Syllogos Evagoras Pafos **s.** AS Evagoras Pafos
Athlitikos Syllogos Kastoria **s.** AS Kastoria
Athlitikos Syllogos Panthessalonikos Athlitikos Omilos Konstantinoupoliton **s.** AS PAOK
Athlitikos Syllogos Rodos **s.** AS Rodos
Athlone Town AFC (Athlone Town Association Football Club), Athlone/Baile Átha Luain, Irland, Klub, entst. 1887, **s. S.** 69
Athlone Town Association Football Club **s.** Athlone Town AFC
Athlone, Stadt, Irland, **s. S.** 69
ATK Praha **s.** FK Dukla Praha
Atlanta AC **s.** Argentinos Juniors
Atlanta AC **s.** Atlanta-Argentinos Juniors
Atlanta AC **s.** CA Atlanta
Atlanta Apollos, Atlanta, USA, Klub, entst. 1967, [1967-70 Atlanta Chiefs (I), 70-73 Atlanta Apollos, 73 aufgel.], **s. S.** 123
Atlanta Chiefs (I) **s.** Atlanta Apollos
Atlanta Chiefs (II) **s.** Colorado Caribous
Atlanta Chiefs (II), Atlanta, USA, Klub, entst. 1979, [1978-79 Colorado Caribous, 79 Umzug nach Atlanta => Atlanta Chiefs (II) (79-81), 81 aufgel.], **s. S.** 123
Atlanta, Stadt, USA, **s. S.** 123
Atlanta-Argentinos Juniors **s.** Argentinos Juniors
Atlanta-Argentinos Juniors **s.** CA Atlanta
Atlanta-Argentinos Juniors, Buenos Aires, Argentinien, Klub, entst. 1934, [entst. 1934 durch Fusion Atlanta AC und Argentinos Juniors => Atlanta-Argentinos Juniors, 34 Aufl. der Fusion], **s. S.** 135
Atlantas Klaipeda **s.** FK Atlantas Klaipeda
Atlantas Klaipeda **s.** FK Atlantas-2 Klaipeda
Atlante **s.** CD Atlante
Atlantic Lázně Bohdaneč **s.** AFK Atlantic Lázně Bohdaneč
Atlantida, La Ceiba, Honduras, Klub, [aufgel. 19??], **s. S.** 125
Atlantis, Helsinki/Helsingfors, Finnland, Klub, **s. S.** 73
Atlas Guadalajara **s.** CD Atlas Guadalajara
Atlastschi Margilan **s.** FK Atlastschi Margilan
Atletas Campesinos, Querétaro, Mexiko, Klub, **s. S.** 125

Atletas Kaunas s. FK Atletas-Inkaras Kaunas
Atletas-Inkaras Kaunas s. FK Atletas-Inkaras Kaunas
Atletic Plovdiv s. SK Plovdiv
Atletický fotbalový klub Atlantic Lázně Bohdaneč s. AFK Atlantic Lázně Bohdaneč
Atletický fotbalový klub Kolín s. AFK Kolín
Atlético Acreano, Rio Branco, Brasilien, Klub, entst. 1966, s. S. 132
Atlético Anzoátegui s. Anzoátegui FC
Atlético Arabe Marte s. Sonsonate FC
Atlético Aviación Madrid s. Atlético Madrid
Atlético Balboa s. CD Atlético Balboa
Atlético Barrio Frigorífico, Callao, Peru, Klub, [19??-?? Deportivo Frigorífico], s. S. 130
Atlético Belén, Moyobamba, Peru, Klub, s. S. 130
Atlético Bilbao s. Athletic Bilbao
Atlético Bucaramanga (Club Atlético Bucaramanga Corporación Deportiva), Bucaramanga, Kolumbien, Klub, entst. 1949, [1949-?? Deportivo Bucaramanga], s. S. 128
Atlético Celaya (Club Atlético Celaya AC), Celaya, Mexiko, Klub, entst. 1969, [1969-94 Celaya], s. S. 125
Atlético Chalaco, Callao, Peru, Klub, entst. 1899, s. S. 130
Atlético Cienciano s. Unión Cienciano
Atlético Club San Martín s. AC San Martín
Atlético Clube Coríntians s. AC Coríntians
Atlético Clube de Portugal s. Atlético CP
Atlético Clube Goianiense s. AC Goianiense
Atlético Clube Juventus s. AC Juventus
Atletico Conseng, Maputo, Mosambik, Klub, s. S. 121
Atlético Córdoba, Lima, Peru, Klub, [aufgel. 19??], s. S. 130
Atlético CP (Atlético Clube de Portugal), Lissabon (Lisboa), Portugal, Klub, entst. 1942, [entst. 1942 durch Fusion Carcavelinhos FC und União de Lisboa], s. S. 78
Atlético CP s. Carcavelinhos FC
Atlético CP s. União de Lisboa
Atlético Deportivo Olimpico s. ADO
Atletico Deportivo Orizabeño s. ADO
Atlético Español s. Rayos del Necaxa
Atlético Español, Choluteca, Honduras, Klub, [aufgel. 19??], s. S. 125
Atlético Falcón, Coro, Venezuela, Klub, s. S. 128
Atlético FC (Atlético Futebol Clube), Salvador, Brasilien, Klub, [aufgel. 19??], s. S. 133
Atlético Fénix (Centro Atlético Fénix), Montevideo, Uruguay, Klub, entst. 1916, s. S. 135
Atlético Futebol Clube s. Atlético FC
Atlético Grau (Club Atlético Grau), Piura, Peru, Klub, entst. 1919, [19??-66 Miguel Grau], s. S. 130
Atlético Huambo s. Petro Atlético Huambo
Atlético Huila s. CD Atlético Huila
Atlético Huracán, Moquegua, Peru, Klub, entst. 1958, s. S. 131
Atlético Indio, Tegucigalpa, Honduras, Klub, s. S. 125
Atlético Junior s. Deportiva Junior
Atlético Las Palmas s. UD Las Palmas
Atlético Luanda s. Petro Atlético Luanda
Atlético Madrid (Club Atlético de Madrid), Madrid, Spanien, Klub, entst. 1903, [1903-26 Athletic Club de Madrid, 26-39 Atlético Madrid, 39 Fusion mit Aviación Nacional Madrid => Atlético Aviación Madrid (39-47)], s. S. 79
Atlético Malabo, Malabo, Äquatorial-Guinea, Klub, s. S. 118
Atlético Marte s. CD Atlético Marte
Atlético Marte s. CD Libertad
Atlético Monagas, Maturín, Venezuela, Klub, entst. 1988, [1988-9? Monagas SC], s. S. 129
Atlético Morazán s. Juventud Morazanica
Atlético Morelia (Club Atlético Morelia AC), Morelia, Mexiko, Klub, entst. 1947, [19??-69 Morelia], s. S. 125
Atlético Municipal Colón, Colón, Panama, Klub, s. S. 125
Atlético Municipal s. Atlético Nacional
Atletico Mutsamudu, Mutsamudu, Komoren, Klub, s. S. 121
Atlético Nacional (Corporación Deportiva Club Atlético Nacional), Medellín, Kolumbien, Klub, entst. 1936, [1936-51 Atlético Municipal], s. S. 128
Atlético Nacional FC (Atlético Nacional Fútbol Club), La Chorrera, Panama, Klub, entst. 1995, s. S. 125
Atlético Nacional Fútbol Club s. Atlético Nacional FC
Atlético Osasuna (Club Atlético Osasuna), Pamplona, Spanien, Klub, entst. 1920, [entst. 1920 durch Fusion New Club Pamplona und Sportiva Pamplona], s. S. 79
Atlético Pachuca (Club Atlético Pachuca), Pachuca de Soto, Mexiko, Klub, entst. 1900, [1919 aufgel., 50 wiedergegr., 52 aufgel., 60 wiedergegr.], s. S. 125
Atlético Pompeya, Trinidad, Bolivien, Klub, s. S. 131
Atlético Portuario, Puerto Cortés, Honduras, Klub, [aufgel. 19??], s. S. 125
Atlético Potosino, San Luis Potosí, Mexiko, Klub, s. S. 125
Atlético Quindío s. Deportes Quindío
Atlético Rio Negro (Atlético Rio Negro Clube), Boa Vista, Brasilien, Klub, entst. 1971, s. S. 133
Atlético Rio Negro (Atlético Rio Negro Clube), Manaus, Brasilien, Klub, entst. 1913, s. S. 133
Atlético Rio Negro Clube s. Atlético Rio Negro
Atlético Roraima (Atlético Roraima Clube), Boa Vista, Brasilien, Klub, entst. 1944, s. S. 133
Atlético Roraima Clube s. Atlético Roraima
Atlético s. SC Atlético
Atlético San Cristóbal s. San Cristóbal FC
Atlético San Cristóbal s. UD Táchira FC
Atlético San Cristóbal, San Cristóbal, Venezuela, Klub, [aufgel. 1985 durch Fusion mit UD Táchira => UA Táchira], s. S. 128
Atlético Santa Fé, Santa Fé, Panama, Klub, [19??-91 Independiente Santa Fé], s. S. 125
Atlético Sullana s. Alianza Atlético Sullana
Atlético Talleres Central Córdoba s. CA Talleres
Atlético Tetuán (Club Atlético de Tetuán), Tetuán, Marokko, Klub, entst. 1922, [aufgel. 1956 durch Fusion mit Ceuta SD => Club Atlético Ceuta], s. S. 79
Atlético Torino (Club Atlético Torino), Talara, Peru, Klub, entst. 1957, s. S. 130
Atlético Zulia FC (Atlético Zulia Fútbol Club), Maracaibo, Venezuela, Klub, entst. 1996, [entst. 1996 nach Umzug von ULA FC aus Mérida, aufgel. 98, Umzug nach Mérida], s. S. 128
Atlético Zulia FC s. FCU-ULA FC
Atlético Zulia Fútbol Club s. Atlético Zulia FC
Atlético, La Paz, Bolivien, Klub, s. S. 131
Atléticos, Rio Piedras, Puerto Rico, Klub, s. S. 127
Atletik Dupnica s. FK Marek Dupnica
Atoms s. Philadelphia Atoms
Atromitos Ioannina s. PAS Ioannina
Atromitos Kastoria s. AS Kastoria
Atromitos Peiraios s. AS Atromitos Peiraios
Atromitos Peristeri s. APS Atromitos Peristeri
ATS Eisenstadt s. SC Eisenstadt
Attackers, All Saints, Antigua und Barbuda, Klub, s. S. 127
Attackers, The Valley, Anguilla, Klub, s. S. 126
at-Ta'if, Stadt, Saudi-Arabien, s. S. 102
Attila FC Miskolc (Attila Futball Club Miskolc), Miskolc, Ungarn, Klub, entst. 1926, [aufgel. 1936], s. S. 89
Attila Futball Club Miskolc s. Attila FC Miskolc
Attila Ungheni s. FC Attila Ungheni
ATV 1845 Leipzig s. VfB Leipzig
ATV 1896 Liegnitz s. SpVgg. 1896 Liegnitz
ATV Leipzig-Lindenau 1899 s. SV Leipzig-Lindenau 1899
Åtvidaberg, Stadt, Schweden, s. S. 73
Åtvidabergs FF (Åtvidabergs Fotboll Förening), Åtvidaberg, Schweden, Klub, entst. 1907, s. S. 73
Åtvidabergs Fotboll Förening s. Åtvidabergs FF
Atyrau, Stadt, Kasachstan, s. S. 101
AUC (Abidjan Université Club), Abidjan, Elfenbeinküste, Klub, s. S. 117
Aucas s. SD Aucas
Aucayacu, Stadt, Peru, s. S. 130
Auckland City s. Eden
Auckland City s. Metro Mt Albert
Auckland, Stadt, Neuseeland, s. S. 137
Auda Riga, Riga, Lettland, Klub, s. S. 99
Audace CS s. SS Alba
Audax Club Sportivo Italiano s. Audax Italiano
Audax Italiano (Audax Club Sportivo Italiano), Santiago, Chile, Klub, entst. 1910, s. S. 135
Audax Modena s. Modena FC
Audaz Octubrino s. CSD Audaz Octubrino
Audums Riga s. Betons Vangazi
Audums Riga, Riga, Lettland, Klub, [aufgel. 1992 durch Fusion mit Betons Vangazi => Rigas FK], s. S. 99
Aue, Stadt, Deutschland, s. S. 85
Aufbau Magdeburg s. 1. FC Magdeburg
Aufbau Rostock s. TSV Grün-Weiß 1895 Rostock
Aufbau Wismar s. FC Anker Wismar
Augsburg, Stadt, Deutschland, s. S. 85
August 1st Jinsui s. Army August 1st Zhenbang
August 1st s. Army August 1st Zhenbang
August 1st Zhenbang s. Army August 1st Zhenbang
Augustians, Banjul, Gambia, Klub, s. S. 116
Aurich-Cañaña s. CSD Aurich-Cañaña
Aurich-Cañaña s. Deportivo Cañaña
Aurich-Cañaña s. Juan Aurich
Aurora FC (Aurora Fútbol Club), Arequipa, Peru, Klub, entst. 1915, s. S. 131
Aurora FC (Aurora Fútbol Club), Ciudad de Guatemala/Guatemala City, Guatemala, Klub, entst. 1945, s. S. 125
Aurora Fútbol Club s. Aurora FC
Aurora s. SP Aurora
Aurora, Cochabamba, Bolivien, Klub, entst. 1935, s. S. 131
Aurul Brad, Brad, Rumänien, Klub, entst. 1934, [1934-50 CS Mica Brad, 50-53 Metalul Brad, 53-68 Aurul Brad, 68-76 CS Mica Brad], s. S. 91
Auseklis Daugavpils s. FC Dinaburg Daugavpils
Australien, Länder, s. S. 136 und 137
Austria Graz s. ESV Austria Graz
Austria Klagenfurt s. FC Kärnten
Austria Lustenau s. FC Dornbirn
Austria Lustenau s. SC Austria Memphis Lustenau
Austria Memphis Lustenau s. SC Austria Memphis Lustenau
Austria Memphis Magna s. FK Austria Memphis Magna
Austria Rapid Klagenfurt s. FC Kärnten
Austria Salzburg s. SV Wüstenrot Salzburg
Austria Wien s. FK Austria Memphis Magna
Austria Wien s. Wiener AC
Austria-WAC s. FK Austria Memphis Magna
Austria-WAC s. Wiener AC
Austro-FIAT s. SC Amateure-FIAT
Auteuil s. AS Auteuil
Auto EC (Auto Esporte Clube), João Pessoa, Brasilien, Klub, entst. 1936, s. S. 133
Auto EC (Auto Esporte Clube), Manaus, Brasilien, Klub, [aufgel. 19??], s. S. 133
Auto EC (Auto Esporte Clube), Teresina, Brasilien, Klub, entst. 1951, s. S. 133
Auto Esporte Clube s. Auto EC
Autobaas Narva s. JK Trans Narva
Automecanica Moreni s. CS Flacăra Moreni
Autoridade Monetária, Macau, Klub, s. S. 109
Autótaxi SC s. Főtaxi Budapest
Auxerre, Stadt, Frankreich, s. S. 77
Auxerroise s. AJ Auxerroise
Auxiliary Forces s. JS Massira
Auxiliary Forces, Casablanca/Dar Al-Bayda, Marokko, Klub, [aufgel. 1995, Umzug nach El Aaiún => JS Massira], s. S. 113
Avaí FC (Avaí Futebol Clube), Florianópolis, Brasilien, Klub, entst. 1923, s. S. 133
Avaí Futebol Clube s. Avaí FC
Avangard Char'kow s. FK Metalist Charkiw
Avangard Krivoj Rog s. FK Kryvbas Kryvij Rih
Avangard Rowno s. FK Weres Riwne
Avangard Simferopoľ s. FK Tawrija Symferopoľ
Avangard Sverdlovsk s. Uralmasch Ekaterinburg
Avangard Ternopoľ s. FK Nywa Ternopiľ
Avangard Tschernowtsy s. FK Bukowyna Tscherniwtsi
Avant Garde, Tunis, Tunesien, Klub, s. S. 113
Avant-Garde s. Racing Avant-Garde
Avanti Wiener SC s. Wiener SC
Avântul Reghin s. AS Avântul Reghin
Avarua, Stadt, Cook Inseln, s. S. 137
Avatiu FC (Avatiu Football Club), Avatiu, Cook Inseln, Klub, s. S. 137
Avatiu Football Club s. Avatiu FC
Avatiu, Stadt, Cook Inseln, s. S. 137
AVC Heracles s. Heracles
AVC Vitesse s. SBV Vitesse
Aveiro, Stadt, Portugal, s. S. 79
Avellino Calcio, Avellino, Italien, Klub, entst. 1912, [1912-?? US Avellino], s. S. 81
Avellino, Stadt, Italien, s. S. 81
Avenir Beggen s. FC Avenir Beggen
Avenir Douala, Douala, Kamerun, Klub, s. S. 117
Avenir Sportif Biton s. AS Biton
Avenir sportif Gabesien s. AS Gabesien
Avenir sportif Kasserine s. AS Kasserine
Avenir sportif La Marsa s. AS Marsa
Avenir sportif Oued-Ellil s. AS Oued-Ellil
Averon Ioannina s. PAS Ioannina
Aves s. CD Aves
Avia Sports, Bangui, Zentralafrikanische Republik, Klub, s. S. 114
Aviação s. AS Aviação
Aviación Nacional Madrid s. Atlético Madrid
Aviación, Santiago, Chile, Klub, [aufgel. 19??], s. S. 135
Avignon, Stadt, Frankreich, s. S. 77
Avignonnais s. Olympique Avignonnais
Avîntul Chişinău s. FC Zimbru Chişinău
Avîntul Fălticeni s. FC Foresta Fălticeni
Avîntul Piatra Neamţ s. FC Ceahlăul Piatra Neamţ
Avîntul Reghin s. AS Avântul Reghin
Avîntul Tîrgu Mureş s. CS Tîrgu Mureş
Avispa Fukuoka, Fukuoka, Japan, Klub, [19??-96 Fukuoka Blux], s. S. 111
Avrankou, Stadt, Benin, s. S. 117
Avtomobilchi Jewlach s. FC Avtomobilchi Jewlach
Avtomobilist Kzyl-Orda s. Kajsar Kzyl-Orda
Avtomobilist Namangan s. FK Nawbachor Namangan
Avtomobilist Narva s. JK Trans Narva
Avtomobilist Schortandy, Schortandy, Kasachstan, Klub, s. S. 101
Avtomobilist Termez s. FK Surchan Termez
Avtomobilist Tiraspol s. FC Tiligul Tiraspol
AVV-LSPA Riga s. FC Ranto-Miks Riga
Awala s. AS Awala
Awassa City, Awassa, Äthiopien, Klub, s. S. 115
Awassa Flour Mill, Awassa, Äthiopien, Klub, s. S. 115
Awassa, Stadt, Äthiopien, s. S. 115
Awei Akstafa s. FC Awei Akstafa
Awet, Asmara, Eritrea, Klub, s. S. 115
Awka, Stadt, Nigeria, s. S. 117
Ayacucho, La Paz, Bolivien, Klub, [aufgel. 19??], s. S. 131
Ayacucho, Stadt, Peru, s. S. 131
Aydın, Stadt, Türkei, s. S. 96
Aydınspor K (Aydınspor Kulübü), Aydın, Türkei, Klub, entst. 1966, s. S. 96
Aydınspor Kulübü s. Aydınspor K
Ayios Amvrosios, Stadt, Zypern, s. S. 95
AYMA, Nicosia/Lefkosia, Zypern, Klub, entst. 1914, s. S. 95
Ayr FC s. Ayr United FC
Ayr Parkhouse FC s. Ayr United FC
Ayr United FC (Ayr United Football Club), Ayr, Schottland, Klub, entst. 1910, [entst. 1910 durch Fusion Ayr FC und Ayr Parkhouse FC], s. S. 69
Ayr United Football Club s. Ayr United FC
Ayr, Stadt, Schottland, s. S. 69
AZ (Alkmaar-Zaanstreek), Alkmaar, Niederlande, Klub, entst. 1967, [entst. 1967 durch Fusion VV Alkmaar und FC Zaanstreek => AZ '67 (67-86)], s. S. 75
AZ '67 s. AZ
AZ '67 s. VV Alkmaar
Az Zaqaziq, Stadt, Ägypten, s. S. 112
Az Zawiyah, Stadt, Libyen, s. S. 113
Azad, Dacca, Bangladesh, Klub, s. S. 105
Azeri Baku s. FC Azeri Baku
Azhar Kokchetaw, Kokchetaw, Kasachstan, Klub, [19??-92 Kokschetau Kokchetaw], s. S. 101
Aznavour Nojemberian s. FC Aznavour Nojemberian
Azneftjag Baku s. FC Azneftjag Baku
Azovetz Mariupoľ s. FK Metalurh Mariupoľ
az-Tadamun, Beirout/Beyrut, Libanon, Klub, s. S. 102
Aztecs s. Los Angeles Aztecs
Azúcar s. CD Pan de Azúcar
Azucareros s. CD Santa Lucia Cotzumalguapa
Azucareros, Havanna (La Habana), Kuba, Klub, s. S. 126
B & B Tigers s. Pepsi Tigers
B 1893 (Boldklubben 1893), Kopenhagen (København), Dänemark, Klub, entst. 1893, s. S. 71
B 1893 s. Stævnet
B 1901 (Boldklub 1901), Nykobing, Dänemark, Klub, entst. 1901, s. S. 71
B 1903 (Boldklubben 1903), Kopenhagen (København), Dänemark, Klub, entst. 1903, [aufgel. 1992 durch Fusion mit KB => FC København], s. S. 71
B 1903 s. FC København
B 1903 s. KB
B 1908 (Boldklubben 1908), Kopenhagen (København), Dänemark, Klub, entst. 1908, s. S. 71
B 1909 (Boldklubben 1909), Odense, Dänemark, Klub, entst. 1909, s. S. 71
B 1913 (Boldklubben 1913), Odense, Dänemark, Klub, entst. 1913, s. S. 71
B 36 (Bóltfelagið 36), Tórshavn, Färöer Inseln, Klub, entst. 1936, s. S. 71
B 68 (Bóltfelagið 68), Toftir, Färöer Inseln, Klub, entst. 1962, s. S. 71
B 71 (Bóltfelagið 71), Sandur, Färöer Inseln, Klub, entst. 1971, s. S. 71
B-67 (Bóltfelag-67), Nuuk/Godthåb, Grönland, Klub, s. S. 123
BA Stars s. Tano Bafoakwa
BA United (Brong Ahafo United), Sunyani, Ghana, Klub, s. S. 117
Ba, Ba, Fidschi, Klub, s. S. 137
Ba, Stadt, Fidschi, s. S. 137
Babadajan Babadajanski Etrap, Babadajan, Turkmenistan, Klub, [19??-94 Gaija Babadajan], s. S. 101
Babadajan, Stadt, Turkmenistan, s. S. 101
Babahoyo, Stadt, Ecuador, s. S. 130
Babelsberg s. SG Fortuna Babelsberg
Babes s. Abiola Babes
Babeti Cosmos Club, Kinshasa, Volksrepublik Kongo, Klub, s. S. 119
Babrujsk, Stadt, Weißrussland, s. S. 99
Baca Stars, Portmore, Jamaika, Klub, s. S. 126
Bacabal EC (Bacabal Esporte Clube), Bacabal, Brasilien, Klub, entst. 1974, s. S. 133
Bacabal Esporte Clube s. Bacabal EC
Bacabal, Stadt, Brasilien, s. S. 133
Bacardi Club s. Hatney Bacardi Club
Bacău, Stadt, Rumänien, s. S. 91
Baccus Marine s. Coca-Cola Marines
Bachtijer Pjandzh, Pjandzh, Tadschikistan, Klub, s. S. 101
Bačka s. HAD Bačka
Baco s. JS Baco
Bacolod, Stadt, Philippinen, s. S. 107
Badajoz, Stadt, Spanien, s. S. 79
Badda Jagarani Sangsad s. Badda JS
Badda JS (Badda Jagarani Sangsad), Dacca, Bangladesh, Klub, s. S. 105
Baden, Stadt, Schweiz, s. S. 82
Badminton s. Ferrobádminton
Badminton s. Ferroviários
Badminton, Santiago, Chile, Klub, [aufgel. 1950 durch Fusion mit Ferroviários => Ferrobádminton], s. S. 135
Badza Kruševac s. NK Napredak Kruševac
Baf Ülkü Yurdu, Güzelyurt/Morfou, Zypern, Klub, s. S. 95
Bafang, Stadt, Kamerun, s. S. 117
Bafatá SC (Bafatá Sporting Clube), Bafatá, Guinea-Bissau, Klub, s. S. 117
Bafatá Sporting Clube s. Bafatá SC
Bafatá, Stadt, Guinea-Bissau, s. S. 117
Bafilo, Stadt, Togo, s. S. 117
Bafoussam, Stadt, Kamerun, s. S. 117
Bagé, Stadt, Brasilien, s. S. 133
Baghdad, Stadt, Irak, s. S. 103
Bago, Stadt, Burma, s. S. 106
Baham, Stadt, Kamerun, s. S. 117
Bahamas, Länder, s. S. 122 und 123
Baharia, Alexandria (Iskandarija), Ägypten, Klub, s. S. 112
Bahia Blanca, Stadt, Argentinien, s. S. 135
Bahia s. AA Bahia
Bahia s. EC Bahia
Bahia s. SC Bahia
Bahiano de Tênis (Clube Bahiano de Tênis), Salvador, Brasilien, Klub, [aufgel. 1931 durch Fusion mit AA Bahia => EC Bahia], s. S. 133
Bahiano de Tênis s. AA Bahia
Bahiano de Tênis s. EC Bahia
Bahir Dar, Stadt, Äthiopien, s. S. 115
Bahman, Karaj, Iran, Klub, [aufgel. 2000], s. S. 103
Bahna, Stadt, Ägypten, s. S. 112
Bahrain Club, Al-Muharraq, Bahrain, Klub, s. S. 102
Bahrain, Länder, s. S. 102 und 103
Bai Bureh Warriors, Port Loko, Sierra Leone, Klub, s. S. 117
Baia Mare, Stadt, Rumänien, s. S. 91
Baie-Mahault, Stadt, Guadeloupe, s. S. 127
Baile Átha Cliath, Stadt, Irland, s. S. 69
Baile Átha Luain, Stadt, Irland, s. S. 69
Bainsford Britannia FC s. East Stirlingshire FC
Bairros Unidos FC, Caixão Grande, São Tomé und Príncipe, Klub, [19??-2000 Caixão Grande], s. S. 117
Bajé, Stadt, Brasilien, s. S. 133
Bajram-Ali, Stadt, Turkmenistan, s. S. 101
BAK (Budapesti Atlétikai Klub), Budapest, Ungarn, Klub, entst. 1900, [1900-09 BAK, 09 Fusion mit Csepel AK, 36 aufgel., 46 wiedergegr., 46-47 BAK, 47 aufgel.], s. S. 88
Bakau United FC (Bakau United Football Club), Bakau, Gambia, Klub, entst. 1996, s. S. 117
Bakau United Football Club s. Bakau United FC
Bakau, Stadt, Gambia, s. S. 117
Bakewell Topp XX s. Topp XX
Bakhtaran, Stadt, Iran, s. S. 103
Bakı, Stadt, Aserbaidschan, s. S. 97
Bakili Baku s. FC Araz Nachitschewan'
Bakili Baku s. FC Bakili Baku
Bakili Nachitschewan' s. FC Araz Nachitschewan'
Bakili Nachitschewan' s. FC Bakili Baku
Bakirköyspor K (Bakirköyspor Kulübü), İstanbul, Türkei, Klub, entst. 1949, s. S. 96
Bakirköyspor Kulübü s. Bakirköyspor K
Bakolo Mboka, Volksrepublik Kongo, Klub, s. S. 118
Bakony Vasas s. Veszprém LC
Bakony Vegyész s. Veszprém LC
Baku Fahlasi s. ANS Pivani
Baku, Stadt, Aserbaidschan, s. S. 97
Baladiyyat Mahalla, Mahalla al-Kubra, Ägypten, Klub, s. S. 112
Balantas de Mansôa s. Balantas Mansôa
Balantas Mansôa (Balantas de Mansôa), Mansôa, Guinea-Bissau, Klub, [19??-9? Os Balantas], s. S. 117
Balata Abrida s. AJ Balata Abrida
Balaton TV-Siófok Futball Club s. BTV-Siófok FC
Balbala, Djibouti, Dschibuti, Klub, s. S. 115
Balboa s. CD Atlético Balboa
Balestier Central FC (Balestier Central Football Club), Toa Payoh, Singapur, Klub, s. S. 107
Balestier Central Football Club s. Balestier Central FC
Balfouria, Stadt, Israel, s. S. 94
Bălgarija Haskovo, Haskovo, Bulgarien, Klub, [aufgel. 19??], s. S. 91
Bălgarija Sofija s. FK Slavija Sofija
Bălgarski Sokol Varna s. FK Spartak Varna
Balıkesir, Stadt, Türkei, s. S. 96
Balıkesirspor K (Balıkesirspor Kulübü), Balıkesir, Türkei, Klub, entst. 1966, s. S. 96
Balıkesirspor Kulübü s. Balıkesirspor K
Balikpapan, Stadt, Indonesien, s. S. 107
Balimi RTC s. Kagera Balimi RTC
Balkan Balkanabad, Balkanabad, Turkmenistan, Klub, [19??-93 Arlan Nebit-Dag, 93 Schazada Nebit-Dag], s. S. 101
Balkan Gabrovo s. FK Tschardafon Gabrovo
Balkan Skopje s. FK Balkan Skopje
Balkanabad, Stadt, Turkmenistan, s. S. 101
Balkan-Streda Skopje s. FK Balkan Skopje
Ball Stars s. VG Ball Stars
Ballsh, Stadt, Albanien, s. S. 93
Ballspiel- und Eislauf-Verein Danzig s. BuEV Danzig
Ballspiel-Club Hartha s. BC Hartha
Ballspielverein 1906 Altenessen s. BV Altenessen
Ballspielverein von 1909 Borussia Dortmund s. BV 09 Borussia Dortmund
Ballybofey, Stadt, Irland, s. S. 69
Ballyclare Comrades FC (Ballyclare Comrades Football Club), Ballyclare, Nordirland, Klub, entst. 1919, s. S. 69
Ballyclare Comrades Football Club s. Ballyclare Comrades FC
Ballyclare, Stadt, Nordirland, s. S. 69
Ballymena FC s. Ballymena United FC
Ballymena United FC (Ballymena United Football Club), Ballymena, Nordirland, Klub, entst. 1928, [1928-34 Ballymena FC], s. S. 69
Ballymena United Football Club s. Ballymena United FC
Ballymena, Stadt, Nordirland, s. S. 69
Balnet Daugavpils s. FC Kimiks Daugavpils
Balochistan Greens, Quetta, Pakistan, Klub, s. S. 104
Balochistan Reds, Quetta, Pakistan, Klub, s. S. 104
Balompié s. Real Betis Balompié
Balshi s. FC Bylis
Bălţi, Stadt, Moldawien, s. S. 99
Baltika Kaliningrad s. FK Baltika Kaliningrad
Baltika Liepaja s. FC DAG Liepaja
Baltika Liepaja s. FK Liepaja
Baltika Liepaja s. FK Metalurgs Liepaja
Baltika Narva, Narva, Estland, Klub, [aufgel. 1992], s. S. 99
Baltimore Bays, Baltimore, USA, Klub, entst. 1967, [aufgel. 1969], s. S. 122
Baltimore Comets s. Las Vegas Quicksilver
Baltimore Comets s. San Diego Sockers
Baltimore Comets, Baltimore, USA, Klub, entst. 1974, [aufgel. 1976, Umzug nach San Diego => San Diego Jaws], s. S. 122
Baltimore, Saint-Marc, Haiti, Klub, s. S. 127
Baltimore, Stadt, USA, s. S. 122
Bałtyk Gdynia s. KS Bałtyk Gdynia
Baluchistan, Quetta, Pakistan, Klub, s. S. 104
Balzers, Stadt, Liechtenstein, s. S. 83
Bamako, Stadt, Mali, s. S. 114
Bamalisa, Bamako, Mali, Klub, s. S. 114
Bame, Monrovia, Liberia, Klub, s. S. 117
Bamenda, Stadt, Kamerun, s. S. 117
Bamin Potosí s. CD Real Bamin Potosí
Banana s. Bonita Banana
Banats Erewan s. FC Banats Erewan
Banats Kotajk s. FC Banats Kotajk
Banatul Timişoara s. CFR Timişoara
Banatul Timişoara s. CS Banatul Timişoara
Banco Agrícola y Pecuario, Caracas, Venezuela, Klub, [aufgel. 19??], s. S. 129
Banco Franc-Italiano, Caracas, Venezuela, Klub, [aufgel. 19??], s. S. 129
Banco Obrero, Caracas, Venezuela, Klub, [aufgel. 19??], s. S. 129
Bancredicard, Santo Domingo, Dominikanische Republik, Klub, s. S. 127
Banda Aceh, Stadt, Indonesien, s. S. 106
Banda del Río Salí, Stadt, Argentinien, s. S. 135
Bandar Abbas, Stadt, Iran, s. S. 103
Bandar Lampung, Stadt, Indonesien, s. S. 107
Bandar Seri Begawan, Stadt, Brunei, s. S. 107
Bandar-e Anzali, Stadt, Iran, s. S. 103
Bandari, Mombasa, Kenia, Klub, s. S. 119
Bandari, Mtwara, Tansania, Klub, s. S. 119
Bandits s. Belmopan Bandits
Bandjoun, Stadt, Kamerun, s. S. 117
Bandundu, Stadt, Volksrepublik Kongo, s. S. 118
Bandung, Stadt, Indonesien, s. S. 107
Banfield AC s. CA Banfield
Banfield FC s. CA Banfield
Banfora, Stadt, Burkina Faso, s. S. 114
Banga Gargždai s. FK Banga Gargždai
Banga Kaunas s. FBK Kaunas
Banga Kaunas s. SK Banga Kaunas
Banga Kaunas s. Vilija Kaunas
Banga-Granitas Kaunas s. FBK Kaunas
Banga-Granitas Kaunas s. SK Banga Kaunas
Banga-Granitas Kaunas s. Vilija Kaunas
Bangalore, Stadt, Indien, s. S. 105
Bangangté, Stadt, Kamerun, s. S. 117
Bangkok Bank (Bangkok Bank of Commerce), Krungthep/Bangkok, Thailand, Klub, s. S. 106
Bangkok Bank of Commerce s. Bangkok Bank
Bangkok Bank of Commerce s. BBC
Bangkok Metropolitan Administration s. BMA
Bangkok, Stadt, Thailand, s. S. 106
Bangladesh BC (Bangladesh Boys' Club), Dacca, Bangladesh, Klub, s. S. 105
Bangladesh Boys' Club s. Bangladesh BC
Bangladesh IDC, Dacca, Bangladesh, Klub, s. S. 105
Bangladesh Jute Mill Corporation s. BJMC
Bangladesh Road Transport Corporation Sports Club s. BRTC SC
Bangladesh, Länder, s. S. 104 und 105
Bangor Athletic FC s. Bangor City FC
Bangor CC s. Bangor City FC
Bangor City FC (Bangor City Football Club), Bangor, Wales, Klub, entst. 1876, [1876-98 Bangor FC, 1898-1910 Bangor City FC, 10-20 Bangor Comrades FC, 20 Fusion mit Bangor CC => Bangor Athletic FC (20-23)], s. S. 67
Bangor City Football Club s. Bangor City FC
Bangor Comrades FC s. Bangor City FC
Bangor FC (Bangor Football Club), Bangor, Nordirland, Klub, entst. 1918, s. S. 69
Bangor FC s. Bangor City FC
Bangor Football Club s. Bangor FC
Bangor, Stadt, Nordirland, s. S. 69
Bangor, Stadt, Wales, s. S. 67
Bangu AC (Bangu Atlético Clube), Bangu, Brasilien, Klub, entst. 1904, s. S. 133
Bangu Atlético Clube s. Bangu AC
Bangu, Stadt, Brasilien, s. S. 133
Bangui, Stadt, Zentralafrikanische Republik, s. S. 114 und 115
Bani Suwaif, Bani Suwaif, Ägypten, Klub, s. S. 113
Bani Suwaif, Stadt, Ägypten, s. S. 113
Bani Yas, Sir Bani Yas, VAE, Klub, entst. 1982, s. S. 103
Baník 1. máj Karviná s. FC Karviná
Baník Kladno SONP s. SK Kladno
Baník Mír Karviná s. FC Karviná
Baník MŽ Olomouc s. SK Sigma Olomouc
Baník Nováky s. FK Baník Prievidza
Baník Opava s. SFC Opava
Baník Ostrava s. FC Baník Ostrava
Baník Polonia Mír Karviná s. FC Karviná
Baník Prievidza s. FK Baník Prievidza
Baník Prostějov s. SK LeRK Prostějov
Baník Třinec s. Fotbal Třinec
Baník Vítkovice s. FC Vítkovice
Banja Luka, Stadt, Bosnien und Herzegowina, s. S. 93
Banjarmasin, Stadt, Indonesien, s. S. 107
Banjul Hawks FC (Banjul Hawks Football Club), Banjul, Gambia, Klub, s. S. 116
Banjul Hawks Football Club s. Banjul Hawks FC
Banjul, Stadt, Gambia, s. S. 117
Bankin Fampandrosoana Ny Varotra s. BFV
Bankin ny Tantsaha Mpamokatra s. BTM
Bank-Melli, Teheran/Tehran, Iran, Klub, s. S. 103
Banks, Addis Abeba, Äthiopien, Klub, [19??-?? Ethiopia Bank], s. S. 115
Banovići, Stadt, Bosnien und Herzegowina, s. S. 93
Bansbari, Kathmandu, Nepal, Klub, s. S. 105
Banská Bystrica, Stadt, Slowakei, s. S. 87
Bantous s. AS Bantous
Bantu, Mafeteng, Lesotho, Klub, s. S. 120
Bányász s. Dorogi FC
Bányász s. Miskolci Bányász
Bányász s. Nagykanizsai Olajbányász FC
Bányász s. Tokodi SE
Bányász SC s. Lombard FC Tatabánya
Bányász SC s. Pécsi Mecsek FC
Bányász SK s. BTV-Siófok FC
Bányász TC s. Salgótarjáni Acél
Bányász TC s. Salgótarjáni Barátság TC
Bányatelepi TC s. Salgótarjáni Barátság TC
Banzart, Stadt, Tunesien, s. S. 113
Baotou, Stadt, China, s. S. 109
Baoulé, Dioila, Mali, Klub, s. S. 114
Barada s. Thowra
Baraka SSG, Conakry, Guinea, Klub, s. S. 117
Baranawichi, Stadt, Weißrussland, s. S. 99
Baranawichy, Stadt, Weißrussland, s. S. 99
Baranya s. Pécsi Baranya
Barátság s. Zuglói MADISZ
Barátság SE s. Rákóczi FC
Barátság TC s. Salgótarjáni Barátság TC
Barba Super Stars, L'Esterre, Grenada, Klub, s. S. 127
Barbados U-21, Bridgetown, Barbados, Klub, s. S. 127
Barbados, Länder, s. S. 126 und 127
Barber, Stadt, Niederländische Antillen, s. S. 127
Barcelona SC (Barcelona Sporting Club), Guayaquil, Ecuador, Klub, entst. 1925, s. S. 131
Barcelona Sporting Club s. Barcelona SC
Barcelona, Liberia, Klub, s. S. 117
Barcelona, Stadt, Spanien, s. S. 79
Barcelos, Stadt, Portugal, s. S. 79
Barclays, Kitale, Kenia, Klub, s. S. 119
Barda, Stadt, Aserbaidschan, s. S. 97
Bärdä, Stadt, Aserbaidschan, s. S. 97
Bardejov, Stadt, Slowakei, s. S. 87
Bardhyli s. KS Besëlidhja
Baré EC (Baré Esporte Clube), Boa Vista, Brasilien, Klub, entst. 1946, s. S. 133
Baré Esporte Clube s. Baré EC
Bargh, Shiraz, Iran, Klub, s. S. 103
Bari FC s. AS Bari
Bari, Stadt, Italien, s. S. 81
Barinas, Stadt, Venezuela, s. S. 128
Bariobé, Bariobé, Äquatorial-Guinea, Klub, s. S. 118
Bariobé, Stadt, Äquatorial-Guinea, s. S. 118
Barito Putra, Banjarmasin, Indonesien, Klub, entst. 1988, s. S. 107
Barn FC (Barn Football Club), Carrickfergus, Nordirland, Klub, entst. 1912, [aufgel. 1939], s. S. 69
Barn Football Club s. Barn FC
Barnsley FC (Barnsley Football Club), Barnsley, England, Klub, entst. 1887, [1887-97 Barnsley St Peter's], s. S. 67
Barnsley Football Club s. Barnsley FC
Barnsley St Peter's s. Barnsley FC
Barnsley, Stadt, England, s. S. 67
Barolle s. Mighty Barolle
Barquisimeto FC s. UD Lara FC
Barquisimeto, Stadt, Venezuela, s. S. 128
Barra de São Francisco, Stadt, Brasilien, s. S. 133
Barracas s. Sportivo Barracas
Barracks s. Moyale Barracks
Barrancabermeja, Stadt, Kolumbien, s. S. 128
Barranqueras, Stadt, Argentinien, s. S. 135
Barranquilla, Stadt, Kolumbien, s. S. 128
Barreirense s. FC Barreirense
Barreiro, Stadt, Portugal, s. S. 78
Barrikady Wolgograd s. SK Rotor Wolgograd
Barroso s. EC Barroso
Barry FC s. Barry Town FC
Barry Town FC (Barry Town Football Club), Barry, Wales, Klub, entst. 1912, [1912-23 Barry FC, 23 aufgel. und wiedergegr.], s. S. 67
Barry Town Football Club s. Barry Town FC
Barry, Stadt, Wales, s. S. 67
Bartica, Stadt, Guyana, s. S. 129
Bartolomé Mitre s. CA Bartolomé Mitre
Baruti, Kenia, Klub, s. S. 119
Barysau, Stadt, Weißrussland, s. S. 99
Basacato del Este, Stadt, Äquatorial-Guinea, s. S. 118
Basáñez s. CA Basáñez
Basarabeasca, Stadt, Moldawien, s. S. 99
Basel, Stadt, Schweiz, s. S. 82
Baseler Sport Club Old Boys s. BSC Old Boys
Bashier s. al-Bashier
Bashkimi s. KS Elbasani
BASK (Beogradski akademski sport klub), Belgrad (Beograd), Jugoslawien, Klub, entst. 1903, [aufgel. 1945], s. S. 92
Baskoré s. Dan Baskoré
Basovak s. DB Basovak
Basra, Stadt, Irak, s. S. 103
Bassa, All Saints, Antigua und Barbuda, Klub, s. S. 127
Bassam s. USC Bassam
Bassein, Stadt, Burma, s. S. 106
Basse-Terre, Stadt, Guadeloupe, s. S. 127
Basseterre, Stadt, St. Christoph und Nevis, s. S. 127
Bastia, Stadt, Frankreich, s. S. 77
Bástya SE s. Vác FC-Zollner
Bástya SE Szeged s. Szegedi AK
Baťa Baťovany s. FK Tempo Partizánske
Bata Bullets s. Total Big Bullets
Bata Bullets, Limuru, Kenia, Klub, s. S. 119
Bata Radom s. KS Radomiak Radom
Bata, Cochabamba, Bolivien, Klub, s. S. 131
Bata, Stadt, Äquatorial-Guinea, s. S. 118
BATE Barysau s. FK BATE Barysau
Batha, Stadt, Oman, s. S. 103
Batié, Stadt, Kamerun, s. S. 117
Batna, Stadt, Algerien, s. S. 113
Baťov Otrokovice s. TJ Jiskra Otrokovice
Bats s. Blue Bats
Battalion 10th Lincoln Regiment s. 2nd Battalion 10th Lincoln Regiment
Battalion Manchester Regiment s. 1st Battalion Manchester Regiment
Battalion Middlesex Regiment s. 2nd Battalion Middlesex Regiment
Battalion Middlesex Regiment s. 3rd Battalion Middlesex Regiment
Battalion Sherwood Foresters s. 1st Battalion Sherwood Foresters
Battalion South Staffs s. 1st Battalion South Staffs
Battalion the Rifle Brigade s. 1st Battalion the Rifle Brigade
Battalion West Kents s. 2nd Battalion West Kents
Batumi, Stadt, Georgien, s. S. 97
Batyr Ekibastuz s. Ekibastuzets NK Ekibastuz
Bauchi, Stadt, Nigeria, s. S. 117
Bauru, Stadt, Brasilien, s. S. 133
Bautista s. CD Bautista
Bavaria 1902 Kaiserslautern s. 1. FC Kaiserslautern
Bawshar, Stadt, Oman, s. S. 103
Bayaguana, Bayaguana, Dominikanische Republik, Klub, s. S. 127
Bayaguana, Stadt, Dominikanische Republik, s. S. 127
Bayamo, Stadt, Kuba, s. S. 126
Bayamón, Stadt, Puerto Rico, s. S. 127
Bayenthaler SV 1920 s. SC Fortuna Köln
Bayenthaler SV s. Kölner SV Victoria 11
Bayer 04 Leverkusen s. TSV Bayer 04 Leverkusen
Bayer 05 Uerdingen s. KFC Uerdingen 05
Bayer Pride s. Pride of Gall Hill
Bayern München s. FC Bayern München
Baygon s. CD ADET
Baygon s. CD Baygon-ADET
Baygon-ADET s. CD Baygon-ADET
Bays s. Baltimore Bays
Bazar-Korgon, Stadt, Kirgisien, s. S. 100
BBC (Bangkok Bank of Commerce), Krungthep/Bangkok, Thailand, Klub, s. S. 106
BB-RH s. US BB-RH
BC 1903 Hamborn s. SV Hamborn 07
BC Hartha (Ballspiel-Club Hartha), Hartha, Deutschland, Klub, entst. 1913, [1913-45 BC Hartha, 45 aufgel. und wiedergegr., 45-49 SG Hartha, 49-52 BSG Industrie Hartha, 52-90 BSG Fortschritt Hartha], s. S. 85
BC Plauen s. Plauener SuBC
BCC Lions of Gboko (Benue Cement Club Lions of Gboko), Gboko, Nigeria, Klub, s. S. 117
Bdin Vidin s. FK Bdin Vidin
BDO Binder Stingers, Road Town, Britische Jungferninseln, Klub, [1992-97 Black Lions], s. S. 126
Be Quick s. VV Be Quick
BEAC (Budapesti Egyetemi Atlétikai Club), Budapest, Ungarn, Klub, entst. 1898, [1898-1949 BEAC, 49-51 Tudomány MEFESZ Budapest, aufgel. 51 Fusion mit MAFC => Budapesti DISZ FSE (51-54), 54-56 Budapesti Haladás SE, 56 Teilung => MAFC und BEAC], s. S. 88
BEAC s. MAFC
Beacon's FC (Beacon's Football Club), Georgetown, Guyana, Klub, s. S. 129
Beacon's Football Club s. Beacon's FC
Beacons s. Boston Beacons
Beacon's, Bartica, Guyana, Klub, s. S. 129
Bears s. Boston Bears
Beau Bassin-Rose Hill, Stadt, Mauritius, s. S. 121
Beau Vallon, Beau Vallon, Seychellen, Klub, s. S. 121
Beau Vallon, Stadt, Seychellen, s. S. 121
Beausoleil Monaco s. AS Monaco
BEC Tero-Sassana, Krungthep/Bangkok, Thailand, Klub, [19??-97 Singha Tero-Sassana], s. S. 106
Bečej, Stadt, Jugoslawien, s. S. 93
Béchar, Stadt, Algerien, s. S. 113
Bedok, Stadt, Singapur, s. S. 107

Beer s. Qingdao Beer
Beeringen FC s. K Beringen FC
Beerschot AC s. K Beerschot VAV
Beersheba, Stadt, Israel, s. S. 94
Bees FC s. Golden Bees FC
Bees s. Ranchers Bees
Beganets Sofija s. FK Slavija Sofija
Beijing Guoan, Peking (Beijing), China, Klub, [19??-?? Beijing], s. S. 109
Beijing PCI (Beijing Physical Culture Institute), Peking (Beijing), China, Klub, [19??-?? CIPC], s. S. 109
Beijing Physical Culture Institute s. Beijing PCI
Beijing Youth, Peking (Beijing), China, Klub, s. S. 109
Beijing, Stadt, China, s. S. 109
Beilul, Asmara, Eritrea, Klub, s. S. 115
Beira, Stadt, Mosambik, s. S. 121
Beira-Mar s. SC Beira-Mar
Beirout, Stadt, Libanon, s. S. 102
Beit She'an, Stadt, Israel, s. S. 94
Beitar Jerusalem, Jerusalem, Israel, Klub, entst. 1939, s. S. 94
Beitar Netanya, Netanya, Israel, Klub, s. S. 94
Beitar Tel Aviv, Tel Aviv-Yafo, Israel, Klub, entst. 1940, s. S. 94
Béja, Stadt, Tunesien, s. S. 113
Bejaïa, Stadt, Algerien, s. S. 113
Bekabad, Stadt, Usbekistan, s. S. 100
Békéscsaba, Stadt, Ungarn, s. S. 89
Békéscsabai Előre FC s. Előre Békéscsaba
Békéscsabai Előre MTE s. Előre Békéscsaba
Békéscsabai Előre SC s. Előre Békéscsaba
Békéscsabai Előre Spartacus SC s. Előre Békéscsaba
Békéscsabai EMTE 1912 s. Előre Békéscsaba
Békéscsabai Építők Előre SK s. Előre Békéscsaba
Békéscsabai Építők SC s. Előre Békéscsaba
Békéscsabai Építők SK s. Előre Békéscsaba
Békéscsabai Törekvés SE s. Előre Békéscsaba
Bekwai, Stadt, Ghana, s. S. 117
Bel Air, Victoria, Seychellen, Klub, s. S. 121
Belait, Kuala Belait, Brunei, Klub, s. S. 107
Belaja Tserkow', Stadt, Ukraine, s. S. 99
Belarus Minsk s. FK Dynama Minsk
Belarus Minsk s. FK Dynama-93 Minsk
Belasica Strumica s. FK Belasica Strumica
Belasitsa Petritsch s. FK Belasitsa Petritsch
BelAZ Schodimo s. FK Tarpeda Schodyna
Belbis, Stadt, Ägypten, s. S. 112
Bełchatów, Stadt, Polen, s. S. 89
Belcourt s. CR Belouizdad
Belém, Stadt, Brasilien, s. S. 133
Belén s. Atlético Belén
Belén, Stadt, Costa Rica, s. S. 125
Belenenses s. CF Os Belenenses
Belfast United FC (Belfast United Football Club), Belfast, Nordirland, Klub, entst. 1915, [aufgel. 1918], s. S. 69
Belfast United Football Club s. Belfast United FC
Belfast, Stadt, Irland, s. S. 69
Belfast, Stadt, Nordirland, s. S. 69
Belgica Egedem Sport s. KVV Belgica Egedem Sport
Belgien, Länder, s. S. 74 und 75
Belgrad, Stadt, Jugoslawien, s. S. 92 und 93
Belgrano AC (Belgrano Athletic Club), Buenos Aires, Argentinien, Klub, entst. 1896, s. S. 135
Belgrano Athletic Club s. Belgrano AC
Belgrano s. CA Belgrano
Bélinga s. Aigles de Bélinga
Belišćanski SK s. NK Belišće
Belišće, Stadt, Kroatien, s. S. 93
Belite Orli Pleven s. FK Spartak Pleven
Belize City, Stadt, Belize, s. S. 125
Belize, Länder, s. S. 124 und 125
Bell, Kampala, Uganda, Klub, s. S. 119
Bella Vista Paysandú s. CA Bella Vista Paysandú
Bella Vista s. CA Bella Vista
Belle Lumière, Djoiezi, Komoren, Klub, s. S. 121
Bellinzona, Stadt, Schweiz, s. S. 82
Bellmare Hiratsuka, Hiratsuka, Japan, Klub, entst. 1968, [1968-74 Towa Estate Agent, 74-92 Fujita FC], s. S. 111
Belmont AFC s. Tranmere Rovers FC
Belmont s. North Shore United
Belmopan Bandits, Belmopan, Belize, Klub, [19??-99 Builders Bandits], s. S. 125
Belmopan, Stadt, Belize, s. S. 125
Belo Horizonte, Stadt, Brasilien, s. S. 133
Belomorets Kavala, Kavala, Griechenland, Klub, [aufgel. 19??], s. S. 91
Belovodskoje, Stadt, Kirgisien, s. S. 101
Belschyna Babrujsk s. FK Belschyna Babrujsk
Beltinci, Stadt, Slowenien, s. S. 93
Beltinka Beltinci s. NK Potrošnik Beltinci
Beltrans Maribor s. NK Beltrans Maribor
Belval Belvaux s. FC The Belval Belvaux
Belvaux, Stadt, Luxemburg, s. S. 74
Belvedur Izola s. NK Izola
Ben Slimane, Stadt, Marokko, s. S. 113
Bendel Insurance, Benin City, Nigeria, Klub, s. S. 117
Bendel United, Benin City, Nigeria, Klub, s. S. 117
Benedictans SC s. Old Benedictans SC
Bénédictine s. US Bénédictine
Benešov, Stadt, Tschechische Republik, s. S. 86
Benešovský SK s. FK Benešov
Benfica (Sport Bissau e Benfica), Bissau, Guinea-Bissau, Klub, s. S. 116
Benfica Cabinda (Benfica de Cabinda), Cabinda, Angola, Klub, s. S. 118
Benfica de Cabinda s. Benfica Cabinda
Benfica s. CBC Benfica
Benfica s. Desportivo Mambroa Benfica
Benfica s. SL Benfica
Benfica, Chela, Angola, Klub, [19??-9? Desportivo Chela], s. S. 118
Benfica, Luanda, Angola, Klub, [19??-99 Saneamento Rangol], s. S. 118
Benfica, Nampula, Mosambik, Klub, s. S. 121
Benfica, Tsumeb, Namibia, Klub, s. S. 120
Bengal Government Press, Dacca, Bangladesh, Klub, s. S. 105
Bengal, Calcutta, Indien, Klub, [Auswahl des Staates West Bengal], s. S. 105
Benghazi, Stadt, Libyen, s. S. 113
Bengkulu, Stadt, Indonesien, s. S. 106
Benguela, Stadt, Angola, s. S. 119
Benham, Nairobi, Kenia, Klub, s. S. 119
Beni Khalled, Stadt, Tunesien, s. S. 113
Beni Mellal, Stadt, Marokko, s. S. 113
Beni s. Real Beni
Beni s. Universitario de Beni
Benin City, Stadt, Nigeria, s. S. 117
Benin, Länder, s. S. 116 und 117
Benito s. CE Benito
Benkovski Pernik s. FK Minjor Pernik
Benkovski Vidin s. FK Bdin Vidin
Benoni, Stadt, Südafrika, s. S. 121
Benque Viejo del Carmen, Stadt, Belize, s. S. 125
Benqueña s. Juventud Benqueña
Benrath, Stadt, Deutschland, s. S. 84
Benrather FC 06 s. VfL Benrath 06
Benrather FV s. VfL Benrath 06
Bentegodi SC s. Hellas Verona FC
Benue Cement Club Lions of Gboko s. BCC Lions of Gboko
Benxi, Stadt, China, s. S. 109
Benzinwerk Böhlen s. FSV Böhlen
Beograd, Stadt, Jugoslawien, s. S. 92 und 93
Beogradski akademski sport klub s. BASK
Berat, Stadt, Albanien, s. S. 93
Berchem Sport s. K Berchem Sport
Berdjansk, Stadt, Ukraine, s. S. 99
Berdjans'k, Stadt, Ukraine, s. S. 99
Berec Power s. MDC United
Bereket Tedschen, Tedschen, Turkmenistan, Klub, s. S. 101
Berekum, Stadt, Ghana, s. S. 117
Berets s. Green Berets
Berezina Borisow s. FK BATE Barysau
Bergamasca Calcio s. Atalanta Bergamasca Calcio
Bergamo, Stadt, Italien, s. S. 81
Bergeborbeck s. Rot-Weiß Essen
Bergen, Stadt, Norwegen, s. S. 71
Berger s. Julius Berger
Bergisch Gladbach, Stadt, Deutschland, s. S. 84
Berhan, Asmara, Eritrea, Klub, s. S. 115
Beringen, Stadt, Belgien, s. S. 75
Berlin, Stadt, Deutschland, s. S. 85
Berliner Ballspiel-Club 1903 s. Berliner BC 03
Berliner BC 03 (Berliner Ballspiel-Club 1903), Berlin, Deutschland, Klub, entst. 1903, [1903-18 Berliner BC 03, aufgel. 18 durch Fusion mit Brandenburger FV 1892 => Berliner BC-Brandenburg 92], s. S. 85
Berliner BC-Brandenburg 92 s. Berliner BC 03
Berliner FC Alemannia 90 s. Berliner FC Alemannia 90-Wacker
Berliner FC Alemannia 90-Wacker (Berliner Fußball-Club Alemannia 90-Wacker), Berlin, Deutschland, Klub, entst. 1890, [1890 SV Jugendlust 1890 Berlin, 1890-1936 Berliner TuFC Alemannia, 36-45 Berliner FC Alemannia 90, 45 aufgel. und wiedergegr., 45-48 SG Prenzlauer Berg-West, 48-94 Berliner FC Alemannia 90, 94 Fusion mit SC Wacker 04 Reinickendorf => SG Wacker-Alemannia 1890 Berlin (94-98)], s. S. 85
Berliner FC des Nordens s. SV Norden-Nordwest
Berliner FC Dynamo (Berliner Fußball-Club Dynamo), Berlin, Deutschland, Klub, entst. 1954, [1954 SC Dynamo Berlin, 54 Fusion mit SG Dynamo Dresden, Umzug nach Berlin, 54-66 SC Dynamo Dresden, 66-90 Berliner FC Dynamo, 90-99 FC Berlin], s. S. 85
Berliner FC Friedrich Wilhelm s. Berliner FC Preußen
Berliner FC Hertha s. Hertha BSC Berlin
Berliner FC Meteor s. Hertha BSC Berlin
Berliner FC Meteor s. SV Norden-Nordwest
Berliner FC Preußen (Berliner Fußball-Club Preußen), Berlin, Deutschland, Klub, entst. 1894, [1894-98 Berliner FC Friedrich Wilhelm, 1898-1945 Berliner FC Preußen, 45 aufgel., 49 wiedergegr.], s. S. 85
Berliner FC Viktoria 89 (Berliner Fußball-Club Viktoria von 1889), Berlin, Deutschland, Klub, entst. 1889, [1889-1933 TuFC Viktoria 89 Berlin, 33-37 Berliner FC Viktoria 89, 37-45 BFC Viktoria 89 Berlin, 45 aufgel. und wiedergegr., 45-48 SG Tempelhof], s. S. 85
Berliner FC Vorwärts 90 (Berliner Fußball-Club Vorwärts 1890), Berlin, Deutschland, Klub, entst. 1890, [1890-1927 Berliner FC Vorwärts 90, aufgel. 27 durch Fusion mit Berliner TuFC Union 1892 => SpVgg. Blau-Weiß 90 Berlin], s. S. 85
Berliner FC Vorwärts 90 s. Berliner TuFC Union 1892
Berliner FC Vorwärts 90 s. SV Blau-Weiß Berlin
Berliner Fußball-Club Alemannia 90-Wacker s. Berliner FC Alemannia 90-Wacker
Berliner Fußball-Club Dynamo s. Berliner FC Dynamo
Berliner Fußball-Club Preußen s. Berliner FC Preußen
Berliner Fußball-Club Viktoria von 1889 s. Berliner FC Viktoria 89
Berliner Fußball-Club Vorwärts 1890 s. Berliner FC Vorwärts 90
Berliner SC 1899 s. Hertha BSC Berlin
Berliner SC Hubertuself s. Berliner SC Kickers 1900
Berliner SC Kickers 1900 (Berliner Sport-Club Kickers 1900), Berlin, Deutschland, Klub, entst. 1899, [1899-1912 Schöneberger FC Borussia 1899, 12 Fusion mit TuFC Sportlust 04 Schöneberg => FC Sportlust-Borussia Schöneberg (12-23), 23 Fusion mit Berliner SC Hubertuself => Berliner SC Kickers 1900 (23-45), 45 aufgel. und wiedergegr., 45-47 SG Schöneberg-Nord], s. S. 85
Berliner Sport-Club Kickers 1900 s. Berliner SC Kickers 1900
Berliner Sport-Verein von 1892 s. Berliner SV 92
Berliner SV 92 (Berliner Sport-Verein von 1892), Berlin, Deutschland, Klub, entst. 1892, [1892-1914 Berliner TuFC Britannia, 14-45 Berliner SV 92, 45 aufgel. und wiedergegr., 45-49 SG Wilmersdorf], s. S. 85
Berliner Tennis Club Borussia, Berlin, Deutschland, Klub, entst. 1902, [1902-45 Berliner Tennis Club Borussia, 45 aufgel. und wiedergegr., 45-49 SG Charlottenburg], s. S. 85
Berliner Thor- und Fußball-Club Union 1892 s. Berliner TuFC Union 1892
Berliner TuFC Alemannia s. Berliner FC Alemannia 90-Wacker
Berliner TuFC Britannia s. Berliner SV 92
Berliner TuFC Union 1892 (Berliner Thor- und Fußball-Club Union 1892), Berlin, Deutschland, Klub, entst. 1892, [1892-1927 Berliner TuFC Union 1892, aufgel. 27 durch Fusion mit Berliner FC Vorwärts 90 => SpVgg. Blau-Weiß 90 Berlin], s. S. 85
Berliner TuFC Union 1892 s. Berliner FC Vorwärts 90
Berliner TuFC Union 1892 s. SV Blau-Weiß Berlin
Bermudas, Länder, s. S. 122 und 123
Bern, Stadt, Schweiz, s. S. 82
Berner Sport Club Young Boys s. BSC Young Boys
Bernoussi s. Rachad Bernoussi
Beroe Stara Zagora s. FK Beroe Stara Zagora
Beroeps Voetbal Club s. BVC
Berolina Moabit s. SC Minerva 93 Berlin
Bertoua, Stadt, Kamerun, s. S. 117
Berwick Rangers FC (Berwick Rangers Football Club), Berwick-upon-Tweed, Schottland, Klub, entst. 1881, s. S. 69
Berwick Rangers Football Club s. Berwick Rangers FC
Berwick-upon-Tweed, Stadt, Schottland, s. S. 69
Besa s. KS Besa
Besaiteen, Al-Muharraq, Bahrain, Klub, s. S. 102
Besançon, Stadt, Frankreich, s. S. 77
Besëlidhja s. KS Besëlidhja
Beşiktaş Jimnastik Kulübü s. Beşiktaş JK
Beşiktaş JK (Beşiktaş Jimnastik Kulübü), İstanbul, Türkei, Klub, entst. 1903, s. S. 96
Beterverwagting, Stadt, Guyana, s. S. 129
Bethlehem Steel FC (Bethlehem Steel Football Club), Bethlehem, USA, Klub, entst. 1917, [1921-22 Philadelphia FC, ?? aufgel.], s. S. 122
Bethlehem Steel Football Club s. Bethlehem Steel FC
Bethlehem, Stadt, USA, s. S. 122
Betis Balompié s. Real Betis Balompié
Betons Vangazi s. Audums Riga
Betons Vangazi, Vangazi, Lettland, Klub, [aufgel. 1992 durch Fusion mit Audums Riga => Rigas FK], s. S. 99
Bettembourg, Stadt, Luxemburg, s. S. 74
Beuthen, Stadt, Polen, s. S. 84 und 89
Beuthener Spiel- und Sportverein 1909 s. Beuthener SuSV 09
Beuthener SuSV 09 (Beuthener Spiel- und Sportverein 1909), Beuthen (Bytom), Polen, Klub, entst. 1909, [1909-?? SV Britannia Beuthen, ??-45 Beuthener SuSV 09, 45 aufgel.], s. S. 84
Beveren, Stadt, Belgien, s. S. 75
Beverly Hills Strikers, Britische Jungferninseln, Klub, s. S. 126
Bewag Eisenstadt s. SC Eisenstadt
Beyarmudu, Beyarmudu/Pergamos, Zypern, Klub, s. S. 95
Beyarmudu, Stadt, Zypern, s. S. 95
Beykoz Gençlık Kulübü s. Beykoz GK
Beykoz GK (Beykoz Gençlık Kulübü), İstanbul, Türkei, Klub, entst. 1909, s. S. 96
Beyogluspor K (Beyogluspor Kulübü), İstanbul, Türkei, Klub, entst. 1923, s. S. 96
Beyogluspor Kulübü s. Beyogluspor K
Beyrut, Stadt, Libanon, s. S. 102
Béziers, Stadt, Frankreich, s. S. 77
Bezmejin, Stadt, Turkmenistan, s. S. 101
BFC Viktoria 89 Berlin s. Berliner FC Viktoria 89
BFL s. Hamarkameratene
BFV (Bankin Fampandrosoana Ny Varotra), Mahajanga/Majunga, Madagaskar, Klub, entst. 1978, s. S. 121
Bhopal, Stadt, Indien, s. S. 105
Bhutan Telecom Company IECH, Thimbu, Bangladesh, Klub, s. S. 105
Białystok, Stadt, Polen, s. S. 89
Bicentennials s. Connecticut Bicentennials
Bié s. União Sporting do Bié
Biel, Stadt, Schweiz, s. S. 82
Bielefeld, Stadt, Deutschland, s. S. 85
Bielefelder FC Arminia s. DSC Arminia Bielefeld
Bielefelder SK Cheruskia s. VfB Bielefeld 03
Bielefelder TG 48 s. DSC Arminia Bielefeld
Bielovucic s. Juan Bielovucic
Bielsko-Biała, Stadt, Polen, s. S. 89
Big Bend, Stadt, Swasiland, s. S. 120
Bignona, Stadt, Senegal, s. S. 117
Bihać, Stadt, Bosnien und Herzegowina, s. S. 93
Bihor Oradea s. FC Bihor Oradea
Bijeljina, Stadt, Bosnien und Herzegowina, s. S. 93
Bila Tserkwa, Stadt, Ukraine, s. S. 99
Bilbao, Stadt, Spanien, s. S. 79
Bilbays, Stadt, Ägypten, s. S. 112
Bilima s. AS Dragons
Billingsfors Idrottsklubben s. Billingsfors IK
Billingsfors IK (Billingsfors Idrottsklubben), Billingsfors, Schweden, Klub, entst. 1906, s. S. 73
Billingsfors, Stadt, Schweden, s. S. 73
Bilombe s. US Bilombe
Bilquas, Bilquas, Ägypten, Klub, s. S. 112
Bilquas, Stadt, Ägypten, s. S. 112
Binatli, Nicosia/Lefkosia, Zypern, Klub, s. S. 95
Binder Stingers s. BDO Binder Stingers
Binh Dinh, Qui Nho'n, Vietnam, Klub, s. S. 107
Binjai, Stadt, Indonesien, s. S. 107
Biostart Publikum Celje s. NK CMC Publikum
Birds s. Molepolole Birds
Birkenhead, Stadt, England, s. S. 67
Birkirkara Celtic FC s. Birkirkara FC
Birkirkara FC (Birkirkara Football Club), Birkirkara, Malta, Klub, entst. 1937, [1937-50 Birkirkara United FC, 50 Fusion mit Birkirkara Celtic FC => Birkirkara FC (50-94), 94 Fusion mit Luxol FC => Birkirkara Luxol FC (94-97)], s. S. 81
Birkirkara FC s. Luxol SC
Birkirkara Football Club s. Birkirkara FC
Birkirkara Luxol FC s. Birkirkara FC
Birkirkara Luxol FC s. Luxol SC
Birkirkara United FC s. Birkirkara FC
Birkirkara, Stadt, Malta, s. S. 81
Birmingham C & FC s. Aston Villa FC
Birmingham City FC (Birmingham City Football Club), Birmingham, England, Klub, entst. 1875, [1875-88 Small Heath Alliance, 1888-1905 Small Heath, 1905-45 Birmingham FC], s. S. 67
Birmingham City Football Club s. Birmingham City FC
Birmingham FC s. Birmingham City FC
Birmingham, Stadt, England, s. S. 67
Bischkek, Stadt, Kirgisien, s. S. 100 und 101
Bischofshoffen, Stadt, Österreich, s. S. 83
Bischofswerda, Stadt, Deutschland, s. S. 85
Bischofswerdaer Fußballverein 1908 s. Bischofswerdaer FV 08
Bischofswerdaer FV 08 (Bischofswerdaer Fußballverein 1908), Bischofswerda, Deutschland, Klub, entst. 1951, [entst. 1951 durch Fusion BSG Einheit Bischofswerda, BSG Stahl Bischofswerda und BSG Motor-Süd Bischofswerda => BSG Motor Bischofswerda (51-70), 70-90 BSG Fortschritt Bischofswerda, 90-91 FV Fortschritt Bischofswerda], s. S. 85
Biskra, Stadt, Algerien, s. S. 113
Bismarckhütter BC s. KS Ruch Chorzów
Bismarckhütter SV 99 s. KS Ruch Chorzów
Bissau TC (Bissau Tennis Clube), Bissau, Guinea-Bissau, Klub, s. S. 116
Bissau Tennis Clube s. Bissau TC
Bissau, Stadt, Guinea-Bissau, s. S. 116 und 117
Bistrita, Stadt, Rumänien, s. S. 91
Bit Pleven s. FK Spartak Pleven
Bitam, Stadt, Gabun, s. S. 118
Biterroise Béziers s. AS Biterroise Béziers
Bitola, Stadt, Mazedonien, s. S. 91 und 93
Biton s. AS Biton
Bitter End SA, North Sound, Britische Jungferninseln, Klub, s. S. 126
Bitumastic, Kampala, Uganda, Klub, s. S. 119
Bivoj Praha s. SK Nusle
Bizerte, Stadt, Tunesien, s. S. 113
Bjala Slatina, Stadt, Bulgarien, s. S. 91
Bjarezina Barysau s. FK BATE Barysau
BJMC (Bangladesh Jute Mill Corporation), Dacca, Bangladesh, Klub, s. S. 105
Björneborg, Stadt, Finnland, s. S. 73
BJSS Daugavpils s. FC Dinaburg Daugavpils
BK Derby (Bollklubb Derby), Linköping, Schweden, Klub, entst. 1912, [aufgel. 1981 durch Fusion mit IF SAAB => Derby/SAAB], s. S. 73
BK Derby s. IF SAAB
BK Frem (Boldklubben Frem), Kopenhagen (København), Dänemark, Klub, entst. 1886, s. S. 71
BK Frem s. Stævnet
BK Fremad Amager (Boldklubben Fremad Amager), Kopenhagen (København), Dänemark, Klub, entst. 1910, s. S. 71
BK Fremad Herning (Boldklubben Fremad Herning), Herning, Dänemark, Klub, entst. 1918, [aufgel. 1999 durch Fusion mit Ikast fS => FC Midtjylland], s. S. 71
BK Fremad Herning s. FC Midtjylland
BK Fremad Herning s. Ikast fS
BK Häcken (Bollklubben Häcken), Göteborg, Schweden, Klub, entst. 1940, s. S. 72
BK Viking Rønne (Boldklubben Viking Rønne), Rønne, Dänemark, Klub, entst. 1907, s. S. 71
BKOR Lancaster Regiment s. 1st BKOR Lancaster Regiment
BKS Jagiellonia Białystok s. KS Jagiellonia Białystok
BKS Lechia Gdańsk s. GKS Olimpia-Bolplast Poznań
BKS Lechia Gdańsk s. KS Lechia Gdańsk
BKS Polonia Bydgoszcz s. GKS Polonia Bydgoszcz
BKS Szombierki Bytom s. GKS Szombierki Bytom
Black Aces, Harare, Simbabwe, Klub, [19??-?? Chibuku], s. S. 121
Black Africa, Windhoek, Namibia, Klub, [19??-9? Black Africans Nashua], s. S. 120
Black Africans Nashua s. Black Africa
Black Fighters, Zanzibar, Tansania, Klub, s. S. 119
Black Leopards, Thohoyandou, Südafrika, Klub, s. S. 121
Black Lions s. BDO Binder Stingers
Black Mamba, Nairobi, Kenia, Klub, s. S. 119
Black Mambas, Harare, Simbabwe, Klub, s. S. 121
Black Rhinos, Lira, Uganda, Klub, s. S. 119
Black Rhinos, Mutare, Simbabwe, Klub, entst. 1983, s. S. 121
Black River FC (Black River Football Club), Rivière Noire, Mauritius, Klub, entst. 2000, [entst. 2000 durch Fusion Preston FC und St. Benoit], s. S. 121
Black River Football Club s. Black River FC
Black Star Blackburn s. Blackburn Olympic FC
Black Stars Basel s. FC Black Stars Basel
Black Stars, Monrovia, Liberia, Klub, s. S. 117
Black Stars, St. Ann's Bay, Jamaika, Klub, s. S. 126
Black Watch, Calcutta, Indien, Klub, [aufgel. 19??], s. S. 105
Blackburn Grammar School Old Boys s. Blackburn Rovers FC
Blackburn Olympic FC (Blackburn Olympic Football Club), Blackburn, England, Klub, entst. 1877, [entst. 1877 durch Fusion James Street Blackburn und Black Star Blackburn => Blackburn Olympic FC (77-89), 89 aufgel.], s. S. 67
Blackburn Olympic Football Club s. Blackburn Olympic FC
Blackburn Rovers FC (Blackburn Rovers Football Club), Blackburn, England, Klub, entst. 1875, [1875-?? Blackburn Grammar School Old Boys], s. S. 67
Blackburn Rovers Football Club s. Blackburn Rovers FC
Blackburn, Stadt, England, s. S. 67
Blackburns FC (Blackburns Football Club), Basseterre, St. Christoph und Nevis, Klub, s. S. 127
Blackburns Football Club s. Blackburns FC
Blackenhall Wanderers s. Wolverhampton Wanderers FC
Blackpool FC (Blackpool Football Club), Blackpool, England, Klub, entst. 1887, [1887-99 Blackpool St John, 99 Fusion mit South Shore => Blackpool FC], s. S. 67
Blackpool FC s. Mighty Blackpool FC
Blackpool Football Club s. Blackpool FC
Blackpool s. Motor Action
Blackpool s. Mufulira Blackpool
Blackpool St John s. Blackpool FC
Blackpool, Ha-Rabali, Südafrika, Klub, [19??-89 Blackpool, 89-90 Sharp Blackpool, 90-?? PE Blackpool], s. S. 121
Blackpool, Stadt, England, s. S. 67
Blacktown City, Sydney, Australien, Klub, s. S. 136
Blades s. Konkola Blades
Blagoevgrad, Stadt, Bulgarien, s. S. 91
Blantyre, Stadt, Malawi, s. S. 121
Blauw Wit s. DWS/A
Blau-Weiß 90 Berlin s. Berliner FC Vorwärts 90
Blau-Weiß 90 Berlin s. Berliner TuFC Union 1892
Blau-Weiß 90 Berlin s. SV Blau-Weiß Berlin
Blau-Weiß Dessau s. SV Dessau 05
Blau-Weiß Riesa s. FC Stahl Riesa '98
Blau-Weiß Wismar s. FC Anker Wismar
Blenheim, Stadt, Neuseeland, s. S. 137
Bleue Dudelange s. CS Alliance Dudelange
Blida, Stadt, Algerien, s. S. 113
Blitz Breslau s. VfR Schlesien Breslau
Blizzard s. Toronto Blizzard (II)
Blockhouse Bay, Auckland, Neuseeland, Klub, s. S. 137
Bloemfontein Celtic, Bloemfontein, Südafrika, Klub, entst. 1969, [1985-88 Frasers Bloemfontein Celtic], s. S. 121
Bloemfontein, Stadt, Südafrika, s. S. 121
Blooming (Club Blooming), Santa Cruz de la Sierra, Bolivien, Klub, entst. 1946, s. S. 131
Blšany, Stadt, Tschechische Republik, s. S. 86
Blue Bats, Kampala, Uganda, Klub, s. S. 119
Blue Eagles, Malawi, Klub, s. S. 121
Blue s. Punjab Blue
Blue Star SC (Blue Star Sport Club), Kalutara, Sri Lanka, Klub, s. S. 105
Blue Star Sport Club s. Blue Star SC
Blue Stars Sankt Gallen, Sankt Gallen, Schweiz, Klub, [aufgel. 19??], s. S. 82
Blue Stars SC (Blue Stars Soccer Club), Roseau, Dominica, Klub, s. S. 127
Blue Stars Soccer Club s. Blue Stars SC
Blue Stars Zürich s. FC Blue Stars Zürich
Blue Stars Zürich s. Fortuna Zürich
Blue Swallows, Marondera, Simbabwe, Klub, s. S. 121
Blue Triangle Athi River s. Blue Triangle
Blue Triangle, Thika, Kenia, Klub, [19??-?? Blue Triangle Athi River], s. S. 119
Blue Waters (Tunacor Blue Waters), Walvis Bay, Namibia, Klub, s. S. 120
Blue Whales Le Morne, Mauritius, Klub, s. S. 121
Bluefields, Bluefields, Nicaragua, Klub, s. S. 125
Bluefields, Stadt, Nicaragua, s. S. 125
Bluewings s. Suwon Samsung Bluewings
Blumenau, Stadt, Brasilien, s. S. 133
Błyskawica Radlin s. KS Górnik Radlin
BMA (Bangkok Metropolitan Administration), Krungthep/Bangkok, Thailand, Klub, [19??-97 Stock Exchange of Thailand], s. S. 106
BMA-ARAI Etschmiadzin s. FC BMA-ARAI Etschmiadzin
BMC FC (Botswana Meat Commission Football Club), Lobatse, Botswana, Klub, s. S. 121
BMKA Erewan s. FC BMKA Erewan
BMME (British Military Mission in Ethiopia), Addis Abeba, Äthiopien, Klub, s. S. 115
BMTE (Budapest Munkás Torna Egyesület), Budapest, Ungarn, Klub, [aufgel. 19??], s. S. 88
Bnei Yehuda Tel Aviv, Tel Aviv-Yafo, Israel, Klub, entst. 1935, s. S. 94
Bo Rangers, Bo, Sierra Leone, Klub, [19??-9? Kakua Devil Rangers], s. S. 117
Bo, Stadt, Sierra Leone, s. S. 117
Boa Vista, Stadt, Brasilien, s. S. 133
Boavista FC (Boavista Futebol Clube), Porto, Portugal, Klub, entst. 1903, s. S. 79
Boavista Futebol Clube s. Boavista FC
Boavista s. FC Boavista
Bobo Sports, Bobo-Dioulasso, Burkina Faso, Klub, s. S. 114
Bobo-Dioulasso, Stadt, Burkina Faso, s. S. 114
Bobrujsk, Stadt, Weißrussland, s. S. 99
Boby Brno s. FC Stavo Artikel Brno
Boca Juniors s. CA Boca Juniors
Boca Juniors, Cali, Kolumbien, Klub, entst. 1939, s. S. 128
Boca Samí, Stadt, Niederländische Antillen, s. S. 127
Bocas del Toro, Stadt, Panama, s. S. 125
Bochum, Stadt, Deutschland, s. S. 84
Bochumer TV s. VfL Bochum
Bocskai FC Debrecen (Bocskai Futball Club Debrecen), Debrecen, Ungarn, Klub, entst. 1924, [1924-?? Bocskay SC Debrecen, ??-40 Bocskai FC Debrecen, 40 aufgel.], s. S. 89
Bocskai Futball Club Debrecen s. Bocskai FC Debrecen
Bocskay SC Debrecen s. Bocskai FC Debrecen
Bodden Town FC (Bodden Town Football Club), Bodden Town, Kaimaninseln, Klub, s. S. 126
Bodden Town Football Club s. Bodden Town FC
Bodden Town, Stadt, Kaimaninseln, s. S. 126
Bodø, Stadt, Norwegen, s. S. 71
Body Guard s. Mekuria
Body Guards Club, Phum Pénh/Phompenh, Kambodscha, Klub, s. S. 107
BOEH, Djibouti, Dschibuti, Klub, s. S. 115
Boelcke Krakau s. LSV Boelcke Krakau
Bofanda Duschanbe, Duschanbe, Tadschikistan, Klub, s. S. 101
Bogaziçi, Stadt, Zypern, s. S. 95
Bogdanci, Stadt, Mazedonien, s. S. 93
Bogor, Stadt, Indonesien, s. S. 107
Bogotá, Stadt, Kolumbien, s. S. 128
Bohemia Vršovice s. CU Bohemians Praha
Bohemian Club, Manila, Philippinen, Klub, s. S. 107
Bohemians FC (Bohemians Football Club), Dublin/Baile Átha Cliath, Irland, Klub, entst. 1890, s. S. 69
Bohemians FC s. Cork Bohemians FC
Bohemians Football Club s. Bohemians FC
Bohemians Praha s. CU Bohemians Praha
Bohemians s. Queens Bohemians
Bohicon, Stadt, Benin, s. S. 117
Böhlen, Stadt, Deutschland, s. S. 85
Böhlitz-Ehrenberg s. FC Sachsen Leipzig 1990
Boigoma, Stadt, Komoren, s. S. 121
BoIS s. Landskrona BoIS
Bois-de-Nèfles Sport, Bois-de-Nèfles, Reunion, Klub, s. S. 121
Bois-de-Nèfles, Stadt, Reunion, s. S. 121
Boké, Stadt, Guinea, s. S. 117
Boksburg, Stadt, Südafrika, s. S. 121
Boksit Milići s. FK Boksit Milići
Boksit Široki Brijeg s. NK Široki Brijeg
Bolama, Stadt, Guinea-Bissau, s. S. 117
Bolands, Stadt, Antigua und Barbuda, s. S. 127
Boldklub 1901 s. B 1901
Boldklubben 1893 s. B 1893
Boldklubben 1903 s. B 1903
Boldklubben 1908 s. B 1908
Boldklubben 1909 s. B 1909
Boldklubben 1913 s. B 1913
Boldklubben Frem s. BK Frem
Boldklubben Fremad Amager s. BK Fremad Amager
Boldklubben Fremad Herning s. BK Fremad Herning
Boldklubben Viking Rønne s. BK Viking Rønne
Bolívar (Bolívar Independiente Unificada), La Paz, Bolivien, Klub, entst. 1927, s. S. 131
Bolívar Independiente Unificada s. Bolívar
Bolivien, Länder, s. S. 130 und 131
Bollklubb Derby s. BK Derby
Bollklubben Häcken s. BK Häcken
Bolnissi, Stadt, Georgien, s. S. 97
Bologna AGC s. Bologna FC
Bologna FBC s. Bologna FC
Bologna FC (Bologna Football Club 1909), Bologna, Italien, Klub, entst. 1909, [1909-26 Bologna FBC, 26-43 Bologna AGC], s. S. 81
Bologna Football Club 1909 s. Bologna FC
Bologna, Stadt, Italien, s. S. 81
Bóltfelag-67 s. B-67
Bóltfelagið 36 s. B 36
Bóltfelagið 68 s. B 68
Bóltfelagið 71 s. B 71
Bolton Wanderers FC (Bolton Wanderers Football Club), Bolton, England, Klub, entst. 1874, [1874-77 Christ Church FC], s. S. 67
Bolton Wanderers Football Club s. Bolton Wanderers FC
Bolton, Stadt, England, s. S. 67
Bolu, Stadt, Türkei, s. S. 96
Boluspor K (Boluspor Kulübü), Bolu, Türkei, Klub, entst. 1965, s. S. 96
Boluspor Kulübü s. Boluspor K
Bombay, Bombay/Mumbai, Indien, Klub, [die Stadtauswahl Bombay vertritt den Staat Maharashtra], s. S. 105
Bombay, Stadt, Indien, s. S. 105
Bombeiros, Macau, Klub, s. S. 109
Bombers s. DCP Harlem Bombers
Bombers, Britische Jungferninseln, Klub, s. S. 126
Bombo, Stadt, Uganda, s. S. 119
Bom-Bom s. Inter FC do Bom-Bom
Bondoukou, Stadt, Elfenbeinküste, s. S. 117
Bo'ness Cadora FC s. Bo'ness FC
Bo'ness FC (Bo'ness Football Club), Bo'ness, Schottland, Klub, entst. 1882, [aufgel. 1946 durch Fusion mit Bo'ness Cadora FC => Bo'ness United FC], s. S. 69
Bo'ness Football Club s. Bo'ness FC
Bo'ness United FC s. Bo'ness FC
Bo'ness, Stadt, Schottland, s. S. 69
Bongo Sports, Bobo-Dioulasso, Burkina Faso, Klub, s. S. 114
Bongor, Stadt, Tschad, s. S. 114
Bonita Banana, Machala, Ecuador, Klub, s. S. 130
Bonn, Stadt, Deutschland, s. S. 85
Bontang, Stadt, Indonesien, s. S. 107
Boo Terek Talas, Talas, Kirgisien, Klub, s. S. 101
Boom FC s. KFC Boom
Boom, Stadt, Belgien, s. S. 75
Boomers s. Calgary Boomers
Boquerón s. CD Boquerón
Bor, Stadt, Jugoslawien, s. S. 93
Borac Banja Luka s. FK Borac Banja Luka
Borac Banja Luka s. FK Borac Beograd
Borac Beograd s. FK Borac Banja Luka
Borac Beograd s. FK Borac Beograd
Borac Čačak s. FK Borac Čačak
Borac Kozaračka Dubica s. FK Borac Kozaračka Dubica
Borac Šamac s. FK Borac Šamac
Borac Široki Brijeg s. NK Široki Brijeg
Borac Zagreb s. NK Zagreb
Borac Zrenjanin s. FK Proleter Zrenjanin
Boraimi, Boraimi/al-Buraymi, Oman, Klub, s. S. 103
Boraimi, Stadt, Oman, s. S. 103
Borås, Stadt, Schweden, s. S. 73
Bordeaux, Stadt, Frankreich, s. S. 77
Border Security Force s. BSF
Bordj Bou Arreridj, Stadt, Algerien, s. S. 113
Bordj Menaïel, Stadt, Algerien, s. S. 113
Borec MHK Skopje s. FK Borec MHK Skopje
Borec MHK Titov Veles s. FK Borec MHK Titov Veles
Borec Titov Veles s. FK Borec MHK Titov Veles
Borec Veles s. FK Borec MHK Titov Veles
Borgarnes, Stadt, Island, s. S. 71
Borgerhout s. K Tubantia Borgerhout
Borgo Maggiore, Stadt, San Marino, s. S. 81
Borgou s. Buffles de Borgou
Bőripari Dolgozók Sport Egyesülete s. Bőripari DSE
Bőripari DSE (Bőripari Dolgozók Sport Egyesülete), Budapest, Ungarn, Klub, entst. 1949, [entst. 1949 durch Fusion UMTE und Wolfner SE => Bőripari DSE (49-51), 51 aufgel.], s. S. 88
Borislav Borisovgrad s. FK Borislav Părvomaj
Borislav Kjustendil, Kjustendil, Bulgarien, Klub, [aufgel. 19??], s. S. 91
Borislav Părvomaj s. FK Borislav Părvomaj
Borislav Sliven s. FK Sliven
Borislav Stara Zagora s. FK Beroe Stara Zagora
Borisow, Stadt, Weißrussland, s. S. 99
Borispol', Stadt, Ukraine, s. S. 99
Borj s. al-Borj
Borlänge, Stadt, Schweden, s. S. 73
Borne-Sulinowo, Stadt, Polen, s. S. 84
Boroseni, Stadt, Moldawien, s. S. 99
Borough United AFC (Borough United Association Football Club), Llandudno, Wales, Klub, entst. 1954, [entst. 1954 durch Fusion Conwy Borough und Llandudno Junction FC => Borough United AFC (54-66), 66 aufgel.], s. S. 67
Borough United Association Football Club s. Borough United AFC
Borujerd, Stadt, Iran, s. S. 103
Borussia 04 Fulda s. SC Borussia 04 Fulda
Borussia 1899 Cöln s. Kölner CfR 99
Borussia 1909 Zaborze s. SC Preußen Hindenburg
Borussia 93 s. Altonaer FC Borussia 93
Borussia Dortmund s. BV 09 Borussia Dortmund
Borussia München-Gladbach-Eicken s. Borussia VfL 1900 Mönchengladbach
Borussia s. Berliner Tennis Club Borussia
Borussia Verein für Bewegungsspiele Neunkirchen s. Borussia VfB Neunkirchen
Borussia Verein für Leibesübungen 1900 Mönchengladbach s. Borussia VfL 1900 Mönchengladbach
Borussia VfB Neunkirchen (Borussia Verein für Bewegungsspiele Neunkirchen), Neunkirchen, Deutschland, Klub, entst. 1905, [1905-07 FC Borussia Neunkirchen, 07 Fusion mit SC Neunkirchen => SC Borussia Neunkirchen (07-08), 08-45 Borussia VfB Neunkirchen, 45 aufgel. und wiedergegr., 45-51 VfB Neunkirchen], s. S. 85
Borussia VfL 1900 Mönchengladbach (Borussia Verein für Leibesübungen 1900 Mönchengladbach), Mönchengladbach, Deutschland, Klub, entst. 1900, [1900 Teutonia München-Gladbach, 00-03 Marianischen Jünglings Congregation München-Gladbach, 03-?? FC Borussia München-Gladbach-Eicken, ??-19 FC Borussia München-Gladbach, 19 Fusion mit TV Germania München-Gladbach => VfTuS München-Gladbach (19-21), 21 Aufl. der Fusion, 21-33 Borussia VfL München-Gladbach, 33 Fusion mit SC München-Gladbach => SC Borussia München-Gladbach (33-34), 34 Aufl. der Fusion, 34-61 Borussia VfL München-Gladbach], s. S. 84
Borussia VfL München-Gladbach s. 1. FC 1894 Mönchengladbach
Borussia VfL München-Gladbach s. Borussia VfL 1900 Mönchengladbach
Borysfen Boryspil' s. FK Borysfen Boryspil'
Boryspil', Stadt, Ukraine, s. S. 99
Boshar, Boshar/Bawshar, Oman, Klub, s. S. 103
Boshar, Stadt, Oman, s. S. 103
Bosmont Chelsea, Johannesburg, Südafrika, Klub, s. S. 121
Bosna Visoko s. FK Bosna Visoko
Bosnien und Herzegowina, Länder, s. S. 92 und 93
Bossche Voetbal Vereniging s. BVV
Boston Beacons, Boston, USA, Klub, entst. 1967, [1967 Boston Rovers, 67-68 Boston Beacons, 68 aufgel.], s. S. 122
Boston Bears, Boston, USA, Klub, entst. 1931, [aufgel. 19??], s. S. 122
Boston Minutemen, Boston, USA, Klub, entst. 1974, [aufgel. 1976], s. S. 122
Boston Rovers s. Boston Beacons
Boston Wonder Workers, Boston, USA, Klub, entst. 1924, [aufgel. 19??], s. S. 122
Boston, Boston, USA, Klub, entst. 1930, [aufgel. 19??], s. S. 122
Boston, Stadt, USA, s. S. 122
Botafogo de Futebol e Regatas s. Botafogo FR
Botafogo EC (Botafogo Esporte Clube), Teresina, Brasilien, Klub, s. S. 133
Botafogo Esporte Clube s. Botafogo EC
Botafogo FC (Botafogo Futebol Clube), João Pessoa, Brasilien, Klub, entst. 1931, s. S. 133
Botafogo FC (Botafogo Futebol Clube), Porto Velho, Brasilien, Klub, s. S. 132
Botafogo FC (Botafogo Futebol Clube), Ribeirão Prêto, Brasilien, Klub, entst. 1918, s. S. 133
Botafogo FC s. Botafogo FR
Botafogo FR (Botafogo de Futebol e Regatas), Rio de Janeiro, Brasilien, Klub, entst. 1904, [1904-42 Botafogo FC], s. S. 133
Botafogo Futebol Clube s. Botafogo FC
Botafogo SC (Botafogo Sport Club), Salvador, Brasilien, Klub, s. S. 133
Botafogo Sobradinho FC (Botafogo Sobradinho Futebol Clube), Sobradinho, Brasilien, Klub, entst. 1975, [19??-?? Sobradinho EC], s. S. 133
Botafogo Sobradinho Futebol Clube s. Botafogo Sobradinho FC
Botafogo Sport Club s. Botafogo SC
Botafogo, São Filipe, Kapverden, Klub, s. S. 116
Botafogo/Central Hikers, Linden/Mackenzie, Guyana, Klub, s. S. 129
Botev 45 Burgas s. Levski-Botev 45 Burgas
Botev Bjala Slatina, Bjala Slatina, Bulgarien, Klub, [aufgel. 19??], s. S. 91
Botev Burgas s. FK Tschernomorets Burgas
Botev Gorna Dschumaja s. FK Pirin Blagoevgrad
Botev Haskovo s. FK Haskovo
Botev Jambol, Jambol, Bulgarien, Klub, [aufgel. 19??], s. S. 91
Botev Montana s. FK Botev Montana
Botev Pazardschik, Pazardschik, Bulgarien, Klub, [aufgel. 19??], s. S. 91
Botev Pleven s. FK Spartak Pleven
Botev Pleven s. JSK-Botev Pleven
Botev Plovdiv s. FK Botev Plovdiv

Botev Plovdiv s. FK Spartak Plovdiv
Botev Plovdiv s. Schipka Plovdiv
Botev Schumen s. FK Schumen
Botev Sofija s. FK Septemvri Sofija
Botev Sofija s. FK Slavija Sofija
Botev Sofija s. SK Sofija
Botev Sofija, Sofija, Bulgarien, Klub, [aufgel. 19??], s. S. 90
Botev Stalin s. FK Tscherno More Varna
Botev Stara Zagora s. FK Beroe Stara Zagora
Botev Stara Zagora s. Lokomotiv Stara Zagora
Botev Varna s. FK Tscherno More Varna
Botev Vratsa s. FK Botev Vratsa
Botoşani, Stadt, Rumänien, s. S. 91
Botostroj Baťov s. TJ Jiskra Otrokovice
Botostroj I Zlín s. FK Zlín
Botswana Defence Force, Lobatse, Botswana, Klub, s. S. 121
Botswana Meat Commission Football Club s. BMC FC
Botswana, Länder, s. S. 120 und 121
Bottrop, Stadt, Deutschland, s. S. 84
Bouaflé, Stadt, Elfenbeinküste, s. S. 117
Bouaké, Stadt, Elfenbeinküste, s. S. 117
Bouéa, Stadt, Kamerun, s. S. 117
Bouéni, Stadt, Mayotte, s. S. 121
Boufarik, Stadt, Algerien, s. S. 113
Bouillantais s. CS Bouillantais
Bouillante, Stadt, Guadeloupe, s. S. 127
Boulevard Blazers, Devonshire, Bermudas, Klub, [19??-95 Boulevard CC], s. S. 123
Boulevard CC s. Boulevard Blazers
Boulgou s. FC Boulgou
Boulkiende s. JC Boulkiende
Bouloumpoukou PS, Burkina Faso, Klub, s. S. 114
Bouna, Stadt, Elfenbeinküste, s. S. 117
Bourbon, Reunion, Klub, s. S. 121
Bournemouth, Stadt, England, s. S. 67
Boxel, Boxel, Surinam, Klub, s. S. 129
Boxel, Stadt, Surinam, s. S. 129
Boxing Club Alès s. FC Olympique Alèsien
Box-Verein Wiesdorf s. TSV Bayer 04 Leverkusen
Boye Sowahs Zebi, Accra, Ghana, Klub, [19??-83 Great Lions], s. S. 117
Boys Empire League s. Melita FC
Boys s. Roma Boys
Boys s. Sport Boys
Boys SC (Boys Sports Club), Kathmandu, Nepal, Klub, s. S. 105
Boys Sports Club s. Boys SC
Boys' Town, Kingston, Jamaika, Klub, s. S. 126
Boys Union, Kathmandu, Nepal, Klub, s. S. 105
BP '24 Dupnica s. FK Marek Dupnica
BPD Jateng, Jaten, Indonesien, Klub, s. S. 107
Brad, Stadt, Rumänien, s. S. 91
Bradford City AFC (Bradford City Association Football Club), Bradford, England, Klub, entst. 1903, s. S. 67
Bradford City Association Football Club s. Bradford City AFC
Bradford Park Avenue FC (Bradford Park Avenue Football Club), Bradford, England, Klub, entst. 1907, [1974 aufgel., 88 wiedergegr.], s. S. 67
Bradford Park Avenue Football Club s. Bradford Park Avenue FC
Bradford, Stadt, England, s. S. 67
Braga, Stadt, Portugal, s. S. 79
Bragança Paulista, Stadt, Brasilien, s. S. 133
Bragantino s. CA Bragantino
Brage s. IK Brage
Brage s. SK Brage
Brăila, Stadt, Rumänien, s. S. 91
Brains s. Crystal Brains
Brandenburg, Stadt, Deutschland, s. S. 85
Brandenburger FV 1892 s. Berliner BC 03
Brann s. SK Brann
Bras Panon, Stadt, Reunion, s. S. 121
Brasil, Ambato, Ecuador, Klub, s. S. 130
Brasília EC (Brasília Esporte Clube), Brasília, Brasilien, Klub, entst. 1975, s. S. 133
Brasília Esporte Clube s. Brasília EC
Brasília, Stadt, Brasilien, s. S. 133
Brasilien, Länder, s. S. 132 und 133
Brasiliense s. GE Brasiliense
Braşov, Stadt, Rumänien, s. S. 91
Braşovia Braşov s. CS Braşovia Braşov
Bratislava, Stadt, Slowakei, s. S. 86 und 87
Bratrství Sparta Praha s. AC Sparta Praha
Bratrství Sparta Praha s. SK Libeň
Bratstvo Bratunac s. FK Bratstvo Bratunac
Bratunac, Stadt, Bosnien und Herzegowina, s. S. 93
Braun s. Mariscal Braun
Braunschweig, Stadt, Deutschland, s. S. 85
Braunschweiger TSV Eintracht (Braunschweiger Turn- und Sportverein Eintracht von 1895), Braunschweig, Deutschland, Klub, entst. 1895, [1895-99 FuCC Eintracht Braunschweig, 1899-1920 FC Eintracht Braunschweig, 20-45 SV Eintracht Braunschweig, 45 aufgel. und wiedergegr., 45-49 TSV Braunschweig], s. S. 85
Braunschweiger Turn- und Sportverein Eintracht von 1895 s. Braunschweiger TSV Eintracht
Braves s. Kognicky Braves
Bravos de Urracá s. Bravos del Projusa
Bravos de Urracá s. Projusa
Bravos de Urracá, Santiago de Veraguas, Panama, Klub, [aufgel. 1995 durch Fusion mit Projusa => Bravos del Projusa], s. S. 125
Bravos del Projusa s. Bravos de Urracá
Bravos del Projusa s. Projusa
Bravos del Projusa, Santiago de Veraguas, Panama, Klub, entst. 1995, [entst. 1995 durch Fusion Projusa und Bravos de Urracá, 97 aufgel.], s. S. 125
Bray Unknowns FC (Bray Unknowns Football Club), Bray/Bré, Irland, Klub, entst. 1911, [aufgel. 1944], s. S. 69
Bray Unknowns Football Club s. Bray Unknowns FC
Bray Wanderers AFC (Bray Wanderers Association Football Club), Bray/Bré, Irland, Klub, entst. 1942, s. S. 69
Bray Wanderers Association Football Club s. Bray Wanderers AFC
Bray, Stadt, Irland, s. S. 69
Brazil Juniors s. SV Brazil Juniors
Brazil, St. Ann's Bay, Jamaika, Klub, s. S. 126
Brazil, Stadt, Aruba, s. S. 126
Brazzaville, Stadt, Kongo, s. S. 118
Brčko, Stadt, Bosnien und Herzegowina, s. S. 93
Bré, Stadt, Irland, s. S. 69
Breda, Stadt, Niederlande, s. S. 75
Bregalnica Štip s. FK Bregalnica Štip
Bregenz, Stadt, Österreich, s. S. 82
Bremen, Stadt, Deutschland, s. S. 85
Bremerhaven, Stadt, Deutschland, s. S. 85
Brentford FC (Brentford Football Club), London, England, Klub, entst. 1889, s. S. 66
Brentford Football Club s. Brentford FC
Brescia Calcio, Brescia, Italien, Klub, entst. 1911, [1911-19 Brescia FC, 19-76 AC Brescia], s. S. 81
Brescia FC s. Brescia Calcio
Brescia, Stadt, Italien, s. S. 81
Breslau, Stadt, Polen, s. S. 84 und 89
Breslauer Fußballverein 1906-Stern s. Breslauer FV 06-Stern
Breslauer FV 06-Stern (Breslauer Fußballverein 1906-Stern), Breslau (Wrocław), Polen, Klub, entst. 1906, [1906-12 SC Pfeil Breslau, 12 Fusion mit SV Corso Breslau => Breslauer FV 06 (12-??), ??-45 Breslauer FV 06-Stern, 45 aufgel.], s. S. 84
Breslauer SC 08 (Breslauer Sportclub 1908), Breslau (Wrocław), Polen, Klub, entst. 1908, [1908-33 Breslauer SC 08, aufgel. 33 durch Fusion mit Vereinigte Breslauer Sportfreunde => Breslauer SpVgg. 02], s. S. 84
Breslauer SC 08 s. Breslauer SpVgg. 02
Breslauer SC 08 s. Vereinigte Breslauer Sportfreunde
Breslauer Sportclub 1908 s. Breslauer SC 08
Breslauer Sportvereinigung 1902 s. Breslauer SpVgg. 02
Breslauer SpVgg. 02 (Breslauer Sportvereinigung 1902), Breslau (Wrocław), Polen, Klub, entst. 1933, [entst. 1933 durch Fusion Breslauer SC 08 und Vereinigte Breslauer Sportfreunde, 45 aufgel.], s. S. 84
Breslauer SpVgg. 02 s. Breslauer SC 08
Breslauer SpVgg. 02 s. Vereinigte Breslauer Sportfreunde
Brest, Stadt, Frankreich, s. S. 77
Brest, Stadt, Weißrussland, s. S. 99
Brest-Armorique FC (Brest-Armorique Football Club), Brest, Frankreich, Klub, entst. 1950, [1950-82 Stade Brestois], s. S. 77
Brest-Armorique Football Club s. Brest-Armorique FC
Brestoj Kazanlăk s. FK Rozova Dolina Kazanlăk
Brestovčina, Stadt, Bosnien und Herzegowina, s. S. 93
Breweries FC s. Nile Breweries FC
Breweries s. Kisumu Breweries
Breweries s. MC Breweries
Breweries, Dar es Salaam, Tansania, Klub, s. S. 119
Brewerville, Stadt, Liberia, s. S. 117
Brewery s. Asmara Brewery
Brewery s. St. George
Breza, Stadt, Bosnien und Herzegowina, s. S. 93
Brickmen s. Edmonton Brickmen
Brideville FC (Brideville Football Club), Dublin/Baile Átha Cliath, Irland, Klub, entst. 1920, [aufgel. 1960], s. S. 69
Brideville Football Club s. Brideville FC
Bridgeport Bears s. Philadelphia Field Club
Bridgeport Hungaria s. Newark
Bridgetown, Stadt, Barbados, s. S. 127
Brieg, Stadt, Polen, s. S. 84
Brieske-Senftenberg, Stadt, Deutschland, s. S. 85
Brighton & Hove Albion FC (Brighton & Hove Albion Football Club), Brighton, England, Klub, entst. 1901, s. S. 67
Brighton & Hove Albion Football Club s. Brighton & Hove Albion FC
Brighton, Stadt, England, s. S. 67
Brigittenauer AC Hochstädt s. Brigittenauer SC Feuerwehr
Brigittenauer AC Hochstädt s. SC Rasenspieler Hochstädt
Brigittenauer AC s. Brigittenauer SC Feuerwehr
Brigittenauer AC s. SC Ostmark Wien
Brigittenauer SC Feuerwehr (Brigittenauer Sport Club Feuerwehr), Wien, Österreich, Klub, entst. 1925, [entst. 1925 durch Fusion SC Ostmark Wien und SC Donaustadt => 1. Brigittenauer AC (25-72), 72 Fusion mit SC Rasenspieler Hochstädt => Brigittenauer AC Hochstädt (72-73), 73 Fusion mit SV Helios Brigittenauer => Brigittenauer AC (73-74), 74-89 1. Brigittenauer AC, 89 Fusion mit SKV Feuerwehr => Brigittenauer SC Feuerwehr], s. S. 83
Brigittenauer Sport Club Feuerwehr s. Brigittenauer SC Feuerwehr
Brikama, Stadt, Gambia, s. S. 117
Brînceni, Stadt, Moldawien, s. S. 99
Brisbane Azzuri s. Brisbane City
Brisbane City, Brisbane, Australien, Klub, [19??-?? Brisbane Azzuri], s. S. 136
Brisbane Lions, Brisbane, Australien, Klub, [19??-?? Hollandia], s. S. 136
Brisbane Strikers FC (Brisbane Strikers Football Club), Brisbane, Australien, Klub, entst. 1993, s. S. 136
Brisbane Strikers Football Club s. Brisbane Strikers FC
Brisbane United, Brisbane, Australien, Klub, s. S. 136
Brisbane, Stadt, Australien, s. S. 136
Bristol City FC (Bristol City Football Club), Bristol, England, Klub, entst. 1894, [1894-97 Bristol South End], s. S. 67
Bristol City Football Club s. Bristol City FC
Bristol South End s. Bristol City FC
Bristol, Stadt, England, s. S. 67
Britânia SC (Britânia Sport Club), Curitiba, Brasilien, Klub, entst. 1914, [entst. 1914 durch Fusion Leão FC und Tigre FC, aufgel. 71 Fusion mit Palestra Itália FC und CA Ferroviário => Colorado EC], s. S. 133
Britânia SC s. CA Ferroviário
Britânia SC s. Colorado EC
Britânia SC s. Palestra Itália FC
Britânia Sport Club s. Britânia SC
Britannia Beuthen s. Beuthener SuSV 09
Britannia Dortmund s. BV 09 Borussia Dortmund
Britannia s. Berliner SV 92
Britische Jungferninseln, Länder, s. S. 126 und 127
British Club, Mexiko-Stadt/Ciudad de México, Mexiko, Klub, [19?? aufgel.], s. S. 125
British Legion FC s. Conwy United FC
British Military Mission in Ethiopia s. BMME
British Police, Jerusalem, Israel, Klub, [aufgel. 1948], s. S. 94
Briton Ferry Athletic AFC (Briton Ferry Athletic Association Football Club), Briton Ferry, Wales, Klub, entst. 1926, s. S. 67
Briton Ferry Athletic Association Football Club s. Briton Ferry Athletic AFC
Briton Ferry, Stadt, Wales, s. S. 67
Brittons Hill, Bridgetown, Barbados, Klub, [19??-99 Budg-Buy], s. S. 127
Brno, Stadt, Tschechische Republik, s. S. 84 und 86
Broceni, Stadt, Lettland, s. S. 99
Broncos FC (Broncos Fútbol Club), Choluteca, Honduras, Klub, entst. 1988, [1988-93 Sitraacensa], s. S. 125
Broncos Fútbol Club s. Broncos FC
Brøndby IF (Brøndbyrnes Idræts Forening), Kopenhagen (København), Dänemark, Klub, entst. 1964, [entst. 1964 durch Fusion Brøndby-Vest und Brøndby-Øst], s. S. 71
Brøndby-Øst s. Brøndby IF
Brøndbyrnes Idræts Forening s. Brøndby IF
Brøndby-Vest s. Brøndby IF
Brong Ahafo United s. BA United
Brønshøj BK (Brønshøj Boldklubben), Kopenhagen (København), Dänemark, Klub, entst. 1919, s. S. 71
Brønshøj Boldklubben s. Brønshøj BK
Brooke Bond FC (Brooke Bond Football Club), Kericho, Kenia, Klub, s. S. 119
Brooke Bond Football Club s. Brooke Bond FC
Brookhattan s. New York Brookhattan
Brooklyn FC (Brooklyn Football Club), Dublin/Baile Átha Cliath, Irland, Klub, entst. 1910, [aufgel. 19??], s. S. 69
Brooklyn Football Club s. Brooklyn FC
Brooklyn Hakoah s. Hakoah All-Stars
Brooklyn Hakoah, New York, USA, Klub, entst. 1929, [aufgel. 1929 durch Fusion mit New York Hakoah => Hakoah All Stars], s. S. 122
Brooklyn Wanderers (II), New York, USA, Klub, entst. 1932, [aufgel. 19??], s. S. 122
Brooklyn Wanderers s. New York Americans
Brothers s. Churchill Brothers
Brothers s. Maseru Brothers
Brothers Union (Brothers Union Club), Dacca, Bangladesh, Klub, s. S. 105
Brothers Union Club s. Brothers Union
Brotnjo Čitluk s. NK Brotnjo Čitluk
BRTC SC (Bangladesh Road Transport Corporation Sports Club), Dacca, Bangladesh, Klub, s. S. 105
Brugeois s. Cercle Brugge KSV
Brugeois s. Club Brugge KV
Bruges s. Club Brugge KV
Brugge, Stadt, Belgien, s. S. 75
Brugsche FC s. Club Brugge KV
Brühl s. SC Brühl
Brunei Darus Salam, Bandar Seri Begawan, Brunei, Klub, s. S. 107
Brunei, Länder, s. S. 106 und 107
Brünn, Stadt, Tschechische Republik, s. S. 84 und 86
Brunssum, Stadt, Niederlande, s. S. 75
Brunswick Juventus s. Brunswick Pumas
Brunswick Pumas, Melbourne, Australien, Klub, [19??-?? Brunswick Juventus], s. S. 136
Brunswick United, Hillsborough, Grenada, Klub, s. S. 127
Brusque FC (Brusque Futebol Clube), Brusque, Brasilien, Klub, entst. 1987, [entst. 1987 durch Fusion CA Carlos Renaux und CE Paysandu], s. S. 133
Brusque FC s. CA Carlos Renaux
Brusque Futebol Clube s. Brusque FC
Brusque, Stadt, Brasilien, s. S. 133
Brussel, Stadt, Belgien, s. S. 75
Brüssel, Stadt, Belgien, s. S. 75
Brussels FC s. R Daring CB
Brüx, Stadt, Tschechische Republik, s. S. 84
Bruxelles, Stadt, Belgien, s. S. 75
Brynäs Idrottsförening s. Brynäs IF
Brynäs IF (Brynäs Idrottsförening), Gävle, Schweden, Klub, entst. 1912, [1978 Fusion mit Gefle IF, 82 Aufl. der Fusion], s. S. 73
Brynäs IF s. Gefle IF
Bryne FK (Bryne Fotballklubb), Bryne, Norwegen, Klub, entst. 1926, [1926-91 Bryne IL], s. S. 71
Bryne Fotballklubb s. Bryne FK
Bryne IL s. Bryne FK
Bryne, Stadt, Norwegen, s. S. 71
Brzeg, Stadt, Polen, s. S. 84
BSC (Budapesti Sport Club), Budapest, Ungarn, Klub, entst. 1900, [aufgel. 1906], s. S. 88
BSC Bardejov s. BSC JAS Bardejov
BSC JAS Bardejov, Bardejov, Slowakei, Klub, entst. 1922, [1922-32 BSC Bardejov, 32-48 ŠK Bardejov, 48-49 Sokol Bardejov, 49-51 Sokol OSK Bardejov, 51-53 ZSJ ČSSZ Bardejov, 53-62 TJ Slavoj Bardejov, 62-92 TJ Partizán Bardejov], s. S. 87
BSC Old Boys (Baseler Sport Club Old Boys), Basel, Schweiz, Klub, entst. 1894, s. S. 82
BSC Young Boys (Berner Sport Club Young Boys), Bern, Schweiz, Klub, entst. 1898, s. S. 82
BSF (Border Security Force), Jullundur, Indien, Klub, s. S. 105
BSG Aktivist Böhlen s. FSV Böhlen
BSG Aktivist Brieske-Ost s. FSV GA Brieske-Senftenberg
BSG Aktivist Brieske-Senftenberg s. FSV GA Brieske-Senftenberg
BSG Aktivist Mitte Böhlen s. FSV Böhlen
BSG Aktivist Seftenberg s. FSV GA Brieske-Senftenberg
BSG Aktivist West Böhlen s. FSV Böhlen
BSG Aufbau Rostock s. TSV Grün-Weiß 1895 Rostock
BSG Aufbau Wismar s. FC Anker Wismar
BSG Benzinwerk Böhlen s. FSV Böhlen
BSG Bergbau Hamborn s. SV Schwarz-Wieß Westende Hamborn
BSG Buna Merseburg s. SV Merseburg 99
BSG Carl Zeiss Jena s. FC Carl Zeiss Jena
BSG Chemie Böhlen s. FSV Böhlen
BSG Chemie Buna-Schkopau s. SV Merseburg 99
BSG Chemie Hyzet Zeitz s. 1. FC Zeitz
BSG Chemie Karl-Marx-Stadt s. Chemnitzer FC
BSG Chemie Leipzig s. FC Sachsen Leipzig 1990
BSG Chemie Leipzig-West s. FC Sachsen Leipzig 1990
BSG Chemie Merseburg s. SV Merseburg 99
BSG Chemie Südwest Leipzig s. FC Sachsen Leipzig 1990
BSG Chemie Zeitz s. 1. FC Zeitz
BSG DEFA Babelsberg s. SG Fortuna Babelsberg
BSG der IG Farbenindustrie AG 04 Leverkusen s. TSV Bayer 04 Leverkusen
BSG DWM Posen s. SDW Posen
BSG EAB '47 Berlin s. SV '47 Lichtenberg
BSG EAB '47 Lichtenberg s. SV '47 Lichtenberg
BSG EHW Thale s. SpVgg. 04 Thale
BSG Einheit Bischofswerda s. Bischofswerdaer FV 08
BSG Einheit Brandenburg s. FC Stahl Brandenburg
BSG Einheit Burg s. Burger SC 08
BSG Einheit Meerane s. Meeraner SV
BSG Einheit Pankow s. VfB Einheit zu Pankow
BSG Einheit Plauen s. Plauener SuBC
BSG Einheit Schwerin s. Schweriner SC
BSG Einheit-Ost Leipzig s. VfB Leipzig
BSG Empor Burg s. Burger SC 08
BSG Empor Lauter s. FC Hansa Rostock
BSG Empor Lauter s. Lauterer SV Viktoria 1913
BSG Empor-Tabak Dresden s. TSV 1910 Dresden
BSG Energie Cottbus s. FC Energie Cottbus
BSG Erich Zeigner Leipzig-Probstheida s. VfB Leipzig
BSG Fewa Chemnitz s. Chemnitzer FC
BSG Fortschritt Bischofswerda s. Bischofswerdaer FV 08
BSG Fortschritt Hartha s. BC Hartha
BSG Fortschritt Meerane s. Meeraner SV
BSG Fortschritt Weißenfels s. 1. FC Weißenfels
BSG Franz Mehring Marga s. FSV GA Brieske-Senftenberg
BSG Freiheit-Wismut Lauter s. Lauterer SV Viktoria 1913
BSG Gera-Süd s. 1. SV Gera
BSG Horch Zwickau s. FSV Zwickau
BSG Industrie Hartha s. BC Hartha
BSG Krupp-Gruson Magdeburg s. 1. FC Magdeburg
BSG KWU Erfurt s. FC Rot-Weiß Erfurt
BSG KWU Weimar s. SC Weimar 03
BSG Lokomotive Cottbus s. ESV Cottbus
BSG Lokomotive Stendal s. FSV Lokomotive Altmark Stendal
BSG Lokomotive Weimar s. SC Weimar 03
BSG Märkische Volksstimme Babelsberg s. SG Fortuna Babelsberg
BSG Mechanik Gera s. 1. SV Gera
BSG Mechanik Jena s. FC Carl Zeiss Jena
BSG Mechanik Steinach s. SV 08 Steinach
BSG Motor Altenburg s. SV Motor Altenburg
BSG Motor Bischofswerda s. Bischofswerdaer FV 08
BSG Motor Ernst Thälmann Suhl s. 1. Suhler SV 1906
BSG Motor Gera s. 1. SV Gera
BSG Motor Jena s. FC Carl Zeiss Jena
BSG Motor Kabelwerk Schwerin s. Schweriner SC
BSG Motor Lauter s. Lauterer SV Viktoria 1913
BSG Motor Magdeburg s. 1. FC Magdeburg
BSG Motor Mitte Magdeburg s. 1. FC Magdeburg
BSG Motor Mitte s. TSV Grün-Weiß 1895 Rostock
BSG Motor Mitte Suhl s. 1. Suhler SV 1906
BSG Motor Nord s. TSV Grün-Weiß 1895 Rostock
BSG Motor Nordwest Rostock s. TSV Grün-Weiß 1895 Rostock
BSG Motor Oberschöneweide s. 1. FC Union Berlin
BSG Motor Ost s. TSV Grün-Weiß 1895 Rostock
BSG Motor Schwerin s. Schweriner SC
BSG Motor Simson Suhl s. 1. Suhler SV 1906
BSG Motor Sömmerda s. FSV Sömmerda
BSG Motor Steinach s. SV 08 Steinach
BSG Motor Stralsund s. FC Pommern Stralsund
BSG Motor Suhl s. 1. Suhler SV 1906
BSG Motor Weimar s. SC Weimar 03
BSG Motor West Karl-Marx-Stadt s. Chemnitzer FC
BSG Motor West s. TSV Grün-Weiß 1895 Rostock
BSG Motor Wismar s. FC Anker Wismar
BSG Motor Zwickau s. FSV Zwickau
BSG Motor-Süd Bischofswerda s. Bischofswerdaer FV 08
BSG Pneumatik Aue s. FC Erzgebirge Aue
BSG Post Neubrandenburg s. FC Neubrandenburg
BSG Rheinmetall Sömmerda s. FSV Sömmerda
BSG Robotron Ernst Thälmann Sömmerda s. FSV Sömmerda
BSG Robotron Sömmerda s. FSV Sömmerda
BSG Rotation Babelsberg s. SG Fortuna Babelsberg
BSG Rotation Dresden s. Dresdner SC 98
BSG Sachsenring Zwickau s. FSV Zwickau
BSG Sachsenverlag Dresden s. Dresdner SC 98
BSG Schuhmetro Weißenfels s. 1. FC Weißenfels
BSG Stahl Altenburg s. SV Motor Altenburg
BSG Stahl Bischofswerda s. Bischofswerdaer FV 08
BSG Stahl Brandenburg s. FC Stahl Brandenburg
BSG Stahl Eisenhüttenstadt s. Eisenhüttenstädter FC Stahl
BSG Stahl Fürstenberg s. Eisenhüttenstädter FC Stahl
BSG Stahl Magdeburg s. 1. FC Magdeburg
BSG Stahl Riesa s. FC Stahl Riesa '98
BSG Stahl Stalinstadt s. Eisenhüttenstädter FC Stahl
BSG Stahl Steinach s. SV 08 Steinach
BSG Stahl Thale s. SpVgg. 04 Thale
BSG Tabak Dresden s. TSV 1910 Dresden
BSG Turbine Erfurt s. FC Rot-Weiß Erfurt
BSG Turbine Halle s. Hallescher FC
BSG Turbine Neubrandenburg s. FC Neubrandenburg
BSG Turbine Weimar s. SC Weimar 03
BSG Waggonbau Dessau s. SV Dessau 05
BSG Wismut Aue s. FC Erzgebirge Aue
BSG Wismut Aue s. SC Wismut Karl-Marx-Stadt
BSG Wismut Gera s. 1. SV Gera
BSG Zentronik Sömmerda s. FSV Sömmerda
BSK Banja Luka, Banja Luka, Bosnien und Herzegowina, Klub, s. S. 93
BSK s. OFK Beograd
BST Domžale s. NK BST Domžale
BSV Brandenburg s. FC Stahl Brandenburg
BSV Stahl Brandenburg s. FC Stahl Brandenburg
BSV Turbine Voith Sankt Pölten s. FCN Sankt Pölten
BSZKRT s. Budapesti Előre SC
BSZSE s. Előre Békéscsaba
BTC (Budapesti Torna Club), Budapest, Ungarn, Klub, entst. 1885, [aufgel. 1938], s. S. 88
BTM (Bankin ny Tantsaha Mpamokatra), Antananarivo/Tananarive, Madagaskar, Klub, s. S. 121
BTV-Siófok FC (Balaton TV-Siófok Futball Club), Siófok, Ungarn, Klub, entst. 1921, [1921-49 Siófoki SE, 49-50 Siófoki Dolgozók SE, 50-53 Siófoki Épitők SE, 53-55 Siófoki Spartacus SE, 55-56 Siófoki Vörös Meteor SE, 56-57 Siófoki Bányász, 57 MÁV Siófoki SE, 57-58 Siófoki MÁV Olajmunkás SE, 58-62 Siófoki MÁV Olajbányász, 62-63 Olajbányász SE, 63-98 Siófoki Bányász SK, 98-99 Siófok FC], s. S. 89
Bucaramanga, Stadt, Kolumbien, s. S. 128
Buceo s. Deportivo Huracán Buceo
Buchara, Stadt, Usbekistan, s. S. 101
Buchoro Buchara s. FK Buchara
Bucks s. Bush Bucks
Bucovina Suceava s. FC Foresta Fălticeni
Bucovina Suceava s. NC Foresta Suceava
Bucureşti, Stadt, Rumänien, s. S. 90 und 91
Budafok FC (Budafok Futball Club), Budapest, Ungarn, Klub, entst. 1935, [1935-39 Budafok FC, aufgel. 39 durch Fusion mit SZISE Budapest => Gamma FC], s. S. 88
Budafok FC s. Teherfuvar
Budafok Futball Club s. Budafok FC
Budai „11" FC (Budai „11" Futball Club), Budapest, Ungarn, Klub, entst. 1900, [1900-26 „33" FC, 26-29 Budai „33", 29-38 Budai „11" FC, 38 aufgel.], s. S. 88
Budai „11" Futball Club s. Budai „11" FC
Budai „33" s. Budai „11" FC
Budai Barátság s. Teherfuvar
Budai FC s. III. Kerületi TVE-Autó Trader
Budai Munkás s. Teherfuvar
Budaia, Budaia, Bahrain, Klub, s. S. 102
Budaia, Stadt, Bahrain, s. S. 102
Budapest Haladás SE s. MAFC
Budapest Lokomotív s. BVSC
Budapest Munkás Torna Egyesület s. BMTE
Budapest St. George FC s. St. George FC
Budapest TSE s. Budapesti Előre SC
Budapest, Stadt, Ungarn, s. S. 88 und 89
Budapesti Atlétikai Klub s. BAK
Budapesti Bástya SE s. MTK Hungária FC
Budapesti Bőripari DSE s. UMTE
Budapesti DISZ FSE s. BEAC
Budapesti Dósza s. Újpest FC
Budapesti Egyetemi Atlétikai Club s. BEAC
Budapesti Egyetértés s. Budapesti Egyetértés VM SK
Budapesti Egyetértés VM SK (Budapesti Egyetértés Vörös Meteor Sport Klub), Budapest, Ungarn, Klub, entst. 1907, [1907-49 Budapesti Vörös Meteor, 49-56 Budapesti Vendéglátóipari SK, 56-72 Budapesti Egyetértés, 72 Fusion mit Vörös Meteor Egyetértés => Budapesti Egyetértés VM SK (72-75), aufgel. 75 durch Fusion mit MTK => MTK-VM Budapest], s. S. 88
Budapesti Egyetértés Vörös Meteor Sport Klub s. Budapesti Egyetértés VM SK
Budapesti Előre SC (Budapesti Előre Sport Club), Budapest, Ungarn, Klub, entst. 1912, [1912-23 Budapesti VKT, 23-46 BSZKRT, 46-54 Budapesti Előre, aufgel. 54 durch Fusion mit Budapesti Lokomotív => Budapest TSE], s. S. 88
Budapesti Előre Sport Club s. Budapesti Előre SC
Budapesti Haladás SE s. BEAC
Budapesti Honvéd FC s. Kispest-Honvéd FC
Budapesti Kinizsi s. Ferencvárosi TC
Budapesti Kinizsi Vasas s. Vasas DH
Budapesti Lokomotív s. Budapesti Előre SC
Budapesti Póstás s. SZAC
Budapesti Postás SE (Budapesti Postás Sport Egyesület), Budapest, Ungarn, Klub, entst. 1899, [1899-1919 Budapesti Postás, 19 aufgel., 20 wiedergegr., 20-45 Budapesti Postás, 45 Fusion mit SZAC (45-49), 49-50 Postás SE, 50-53 Budapesti Postás, 53-89 Budapesti Postás SE, 89 aufgel.], s. S. 88
Budapesti Postás Sport Egyesület s. Budapesti Postás SE
Budapesti Rendőr Egylet s. Újpest FC
Budapesti Sport Club s. BSC
Budapesti Szikra Nyomda, Budapest, Ungarn, Klub, entst. 1903, [1903-19 Typographia FC, 19 aufgel., 32 wiedergegr., 32-34 Nyomda, 34-45 Tipografia Nyomda TE, 45-50 Tipografia FC, 50-56 Budapesti Szirka Nyomda, 56 aufgel.], s. S. 88
Budapesti Szirka Nyomda s. Budapesti Szikra Nyomda
Budapesti Textiles s. MTK Hungária FC
Budapesti Torna Club s. BTC
Budapesti TSE s. BVSC
Budapesti Turul FC s. Fővárosi TK
Budapesti Turul FC s. Zuglói VII. Kerület AC
Budapesti VAC (Budapesti Vívó Atlétikai Club), Budapest, Ungarn, Klub, entst. 1910, [1910-26 Budapesti VAC, aufgel. 26 durch Fusion mit III. Kerületi TVE, 28 wiedergegr., 28-40 Budapesti VAC, 40 aufgel., 46 wiedergegr., 46-49 Budapesti VAC, 49 aufgel.], s. S. 88
Budapesti Vasas Izzó s. Tungsram SC
Budapesti Vasas Izzó s. Vác FC-Zollner
Budapesti Vasas s. Vasas DH
Budapesti Vasutas Sport Club s. BVSC
Budapesti Vendéglátóipari SK s. Budapesti Egyetértés VM SK
Budapesti Vívó Atlétikai Club s. Budapesti VAC
Budapesti VKT s. Budapesti Előre SC
Budapesti VL s. MTK Hungária FC
Budapesti Volán SC s. Volán FC
Budapesti Vörös Meteor s. Budapesti Egyetértés VM SK
Budg-Buy s. Brittons Hill
Budivelnik Poltava s. FK Vorskla Poltava
Budivelnik Ternopoľ s. FK Nywa Ternopiľ
Budowlani Chorzów s. AKS Chorzów
Budowlani Gdańsk s. KS Lechia Gdańsk
Budowlani s. KS Odra Opole
Budućnost Banovići s. NK Budućnost Banovići
Budućnost Novi Sad s. RFK Novi Sad
Budućnost Podgorica s. FK Budućnost Podgorica
Budućnost Titograd s. FK Budućnost Podgorica
Budva, Stadt, Jugoslawien, s. S. 93
Buéa, Stadt, Kamerun, s. S. 117
Buenaventura, Stadt, Kolumbien, s. S. 128
Buenos Aires, Stadt, Argentinien, s. S. 135
BuEV Danzig (Ballspiel- und Eislauf-Verein Danzig), Danzig (Gdańsk), Polen, Klub, entst. 1903, [1903-05 FC Danzig, 05-16 BuEV Danzig, 16-30 VfL Danzig, 30-45 BuEV Danzig, 45 aufgel.], s. S. 84
Buffalo s. Chonbuk Buffalo
Buffalo, Stadt, USA, s. S. 122
Buffaloes s. Green Buffaloes
Buffaloes s. Young Buffaloes
Buffaloes, Mutare, Simbabwe, Klub, entst. 1996, s. S. 121
Buffles de Borgou, Parakou, Benin, Klub, s. S. 117
BUG Brest s. FK Dynama Brest
Bugeac Comrat s. FC Bugeac Comrat
Bugojno, Stadt, Bosnien und Herzegowina, s. S. 93
Builders Bandits s. Belmopan Bandits
Building Construction, Addis Abeba, Äthiopien, Klub, s. S. 115
Bujumbura, Stadt, Burundi, s. S. 119
Bukarest, Stadt, Rumänien, s. S. 90 und 91
Bukavu, Stadt, Volksrepublik Kongo, s. S. 119
Bukoba, Stadt, Tansania, s. S. 119
Bukowyna Tscherniwtsi s. FK Bukowyna Tscherniwtsi
Bukowyna Tschernowtsy s. FK Bukowyna Tscherniwtsi
Bula, Stadt, Guinea-Bissau, s. S. 117
Bulat Temirtau, Temirtau, Kasachstan, Klub, entst. 1966, [1966-68 Metallurg Temirtau, 68-78 Strojiteľ Temirtau], s. S. 101
Bulawayo Highlanders s. Zimbabwe Highlanders
Bulawayo Rovers, Bulawayo, Simbabwe, Klub, s. S. 121
Bulawayo Sables, Bulawayo, Simbabwe, Klub, [aufgel. 19??], s. S. 121
Bulawayo, Stadt, Simbabwe, s. S. 121
Bulembu Young Aces, Bulembu, Swasiland, Klub, s. S. 120
Bulembu, Stadt, Swasiland, s. S. 120
Bulgarien, Länder, s. S. 90 und 91
Bulle, Stadt, Schweiz, s. S. 82
Bullets s. Bata Bullets
Bullets s. Total Big Bullets
Bullets, Piggotts, Antigua und Barbuda, Klub, s. S. 127
Bulova, Hongkong, Klub, s. S. 109
Buna Merseburg s. SV Merseburg 99
Buna Schkopau s. SV Merseburg 99
Bungoma, Stadt, Kenia, s. S. 119
Bunna Gebeya s. Ethiopian Coffee
Buôn Ma Thuôt, Stadt, Vietnam, s. S. 107
Buqa'a, al-Buqa'a, Jordanien, Klub, s. S. 102
Bur Sa'id, Stadt, Ägypten, s. S. 112
Bur Sudan, Stadt, Sudan, s. S. 115
Buraydah, Stadt, Saudi-Arabien, s. S. 103
Buresong, Lae, Papua-Neuguinea, Klub, s. S. 136
Burevestnik Chişinău s. FC Zimbru Chişinău
Burewestnik Moskva, Moskau (Moskva), Russland, Klub, entst. 1931, [1931-36 SKIG Moskva, 36-?? Burewestnik Moskva, ?? aufgel.], s. S. 100
Burg, Stadt, Deutschland, s. S. 85
Burgas, Stadt, Bulgarien, s. S. 91
Burger SC 08 (Burger Sport-Club 1908), Burg, Deutschland, Klub, entst. 1908, [19??-45 Burger BC 08, 45 aufgel. und wiedergegr., 45-50 SG Sportfreunde Burg, 50 ZSG Burg, 50-90 BSG Einheit Burg, 90 Fusion mit BSG Empor Burg => Einheit/Empor Burg (90-91)], s. S. 85
Burger Sport-Club 1908 s. Burger SC 08
Burgos CF (Burgos Club de Fútbol), Burgos, Spanien, Klub, entst. 1922, [1922-83 Burgos CF, 83 aufgel. und wiedergegr., 83-94 Real Burgos CF, 94 aufgel., 96 wiedergegr.], s. S. 79
Burgos Club de Fútbol s. Burgos CF
Burgos, Stadt, Spanien, s. S. 79
Burkina Faso, Länder, s. S. 114 und 115
Burma Oil Corporation, Rangoon/Yangon, Burma, Klub, s. S. 106
Burma Police SC, Rangoon/Yangon, Burma, Klub, s. S. 106
Burma, Länder, s. S. 106 und 107
Burn s. Dallas Burn
Burnley FC (Burnley Football Club), Burnley, England, Klub, entst. 1882, [1882 Burnley Rovers], s. S. 67
Burnley Football Club s. Burnley FC
Burnley Rovers s. Burnley FC
Burnley, Stadt, England, s. S. 67
Burrel, Stadt, Albanien, s. S. 93
Burreli Mat s. FK Burreli
Burri, Khartoum, Sudan, Klub, s. S. 115
Bursa, Stadt, Türkei, s. S. 96
Bursaspor K (Bursaspor Kulübü), Bursa, Türkei, Klub, entst. 1963, s. S. 96
Bursaspor Kulübü s. Bursaspor K
Burundi Sports Dynamic s. Sports Dynamic
Burundi, Länder, s. S. 118 und 119
Bury FC (Bury Football Club), Bury, England, Klub, entst. 1885, s. S. 67
Bury Football Club s. Bury FC
Bury, Stadt, England. s. S. 67
BUSA, Monrovia, Liberia, Klub, s. S. 117
Bush Bucks s. Umtata Bush Bucks
Bush Bucks, Durban, Südafrika, Klub, entst. 1957, s. S. 121
Bushenyi United, Bushenyi, Uganda, Klub, s. S. 119
Bushenyi, Stadt, Uganda, s. S. 119
Busia Simba, Busia, Kenia, Klub, s. S. 119
Busia, Stadt, Kenia, s. S. 119
Busia, Stadt, Uganda, s. S. 119
Business Bank, Ulanbator (Ulaanbaatar), Mongolei, Klub, s. S. 109
Busta Hoppers, Urlings, Antigua und Barbuda, Klub, s. S. 127
Bustan s. al-Bustan
Busto Arsizio, Stadt, Italien, s. S. 81
Buston Dschizak s. FK Sogdiana Dschizak
Butare, Stadt, Rwanda, s. S. 119
Buthe Buthe, Stadt, Lesotho, s. S. 120
Butovice s. SK Motorlet Praha
Butuan, Stadt, Philippinen, s. S. 107
Buxton FC (Buxton Football Club), Buxton, Guyana, Klub, s. S. 129
Buxton Football Club s. Buxton FC
Buxton, Stadt, Guyana, s. S. 129
Buzău, Stadt, Rumänien, s. S. 91
Buzovna, Stadt, Aserbaidschan, s. S. 97
BV 09 Borussia Dortmund (Ballspielverein von 1909 Borussia Dortmund), Dortmund, Deutschland, Klub, entst. 1909, [1909-45 BV Borussia Dortmund, 10 Fusion mit Britannia Dortmund und Rhenania Dortmund, 45 aufgel. und wiedergegr., 45 SG Borussia Dortmund], s. S. 84
BV 09 Wattenscheid s. SG 09 Wattenscheid
BV 1899 Osnabrück s. VfL Osnabrück
BV 1909 Wattenscheid s. SG 09 Wattenscheid
BV Altenessen (Ballspielverein 1906 Altenessen), Essen, Deutschland, Klub, entst. 1906, [1906-33 BV Altenessen, 33 Fusion mit Essener SC Preußen => BV Preußen Altenessen (33-34), 34 Aufl. der Fusion], s. S. 84
BV Hannovera 98 s. Hannoverscher SV 96
BV Preußen Altenessen s. BV Altenessen
BVC (Beroeps Voetbal Club), Amsterdam, Niederlande, Klub, entst. 1954, [aufgel. 1958 durch Fusion mit AFC DWS => DWS/A], s. S. 75
BVC de Graafschap s. VBV de Graafschap
BVC s. AFC DWS
BVC s. DWS/A
BVF s. FC BVF
BVSC (Budapesti Vasutas Sport Club), Budapest, Ungarn, Klub, entst. 1911, [1911-44 BVSC, 44-48 MÁV Konzum Előre Budapest, 48-54 Budapest Lokomotív, 54 Fusion mit Előre Budapest SC => Budapesti TSE (54-56), 56-89 BVSC, 89-91 BVSC-Mávtranssped, 91-92 BVSC-Novép, 92-96 BVSC-Dreher, 96-97 BVSC, 97-99 BVSC-Zügló FC], s. S. 88
BVSC-Dreher s. BVSC
BVSC-Mávtranssped s. BVSC
BVSC-Novép s. BVSC
BVSC-Zügló FC s. BVSC
BVV (Bossche Voetbal Vereniging), Den Bosch/'s-Hertogenbosch, Niederlande, Klub, entst. 1906, s. S. 75
BVV s. FC Den Bosch
Bydgoszcz, Stadt, Polen, s. S. 89
Bylis s. FC Bylis
Bytom, Stadt, Polen, s. S. 84 und 89
Byumba, Byumba, Rwanda, Klub, s. S. 119
Byumba, Stadt, Rwanda, s. S. 119
C & M Eagles, Mbabane, Swasiland, Klub, [19??-97 C & M Sales], s. S. 120
C & M Sales s. C & M Eagles
C+M Motors Potters s. Potters SC
CA Aldosivi (Club Atlético Aldosivi), Mar del Plata, Argentinien, Klub, entst. 1913, s. S. 135
CA All Boys (Club Atlético All Boys), Buenos Aires, Argentinien, Klub, entst. 1913, [1913-?? All Boys AC, ??-?? All Boys FC], s. S. 135
CA Alvarado (Club Atlético Alvarado), Mar del Plata, Argentinien, Klub, entst. 1928, s. S. 135
CA Argentino (Club Atlético Argentino Mutual, Social y Biblioteca), Firmat, Argentinien, Klub, entst. 1922, s. S. 135
CA Argentino Quilmes (Club Atlético Argentino de Quilmes), Buenos Aires, Argentinien, Klub, entst. 1899, s. S. 135
CA Argentinos de Vélez Sarsfield s. CA Vélez Sarsfield
CA Atlanta (Club Atlético Atlanta), Buenos Aires, Argentinien, Klub, entst. 1904, [1904-34 Atlanta AC, aufgel. 34 Fusion mit Argentinos Juniors => Atlanta-Argentinos Juniors, 34 Aufl. der Fusion und Zurückbenennung => CA Atlanta], s. S. 135
CA Banfield (Club Atlético Banfield), Buenos Aires, Argentinien, Klub, entst. 1896, [1896-1904 Banfield AC, 04-09 Banfield FC], s. S. 135
CA Bartolomé Mitre (Club Atlético Bartolomé Mitre), Posadas, Argentinien, Klub, entst. 1926, [1926-28 Mitre FC], s. S. 135
CA Basáñez (Club Atlético Basáñez), Montevideo, Uruguay, Klub, entst. 1920, s. S. 135
CA Batna (Chabab Aurés Batna), Batna, Algerien, Klub, [19??-?? CN Batna], s. S. 113
CA Belgrano (Club Atlético Belgrano), Córdoba, Argentinien, Klub, entst. 1905, [1905-10 General Belgrano], s. S. 135
CA Bella Vista (Club Atlético Bella Vista), Montevideo, Uruguay, Klub, entst. 1920, s. S. 135
CA Bella Vista Paysandú (Club Atlético Bella Vista de Paysandú), Paysandú, Uruguay, Klub, s. S. 135
CA Bizertin (Club Athletique Bizertin), Bizerte/Banzart, Tunesien, Klub, entst. 1928, s. S. 113
CA Boca Juniors (Club Atlético Boca Juniors), Buenos Aires, Argentinien, Klub, entst. 1905, s. S. 135
CA Bragantino (Clube Atlético Bragantino), Bragança Paulista, Brasilien, Klub, entst. 1928, s. S. 133
CA Carlos Renaux (Clube Atlético Carlos Renaux), Brusque, Brasilien, Klub, [aufgel. 1987 durch

Fusion mit CE Paysandu => Brusque FC], s. S. 133
CA Carlos Renaux s. Brusque FC
CA Casablanca, Casablanca/Dar Al-Bayda, Marokko, Klub, s. S. 113
CA Catarinense (Clube Atlético Catarinense), Florianópolis, Brasilien, Klub, [aufgel. 19??], s. S. 133
CA Central Córdoba (Club Atlético Central Córdoba), Rosario, Argentinien, Klub, entst. 1906, [1906-13 Córdoba and Rosario Railway AC, 13-15 Ferrocarril Córdoba y Rosario], s. S. 135
CA Central Córdoba (Club Atlético Central Córdoba), Santiago del Estero, Argentinien, Klub, entst. 1919, s. S. 135
CA Central Norte (Club Atlético Central Norte), Salta, Argentinien, Klub, entst. 1921, s. S. 135
CA Cerro (Club Atlético Cerro), Montevideo, Uruguay, Klub, entst. 1922, s. S. 135
CA Chacarita Juniors (Club Atlético Chacarita Juniors), Buenos Aires, Argentinien, Klub, entst. 1906, s. S. 135
CA Chaco For Ever (Club Atlético Chaco For Ever), Resistencia, Argentinien, Klub, entst. 1913, s. S. 135
CA Charenton (Cercle Athlétique Charenton), Paris, Frankreich, Klub, entst. 1893, [1893-1904 Nationale de Saint-Mandé, 06-06 FC de Paris, 06 Fusion mit US XII Paris und Paris Athlétic Club => CA de Paris (06-63), 63 Fusion mit Stade Olympique Charenton => CAP/SOC Paris (63-80)], s. S. 76
CA Cluj s. Ferar KMSE Cluj
CA Colegiales (Club Atlético Colegiales), Asunción, Paraguay, Klub, entst. 1977, s. S. 135
CA Colentina Bucureşti, Bukarest (Bucureşti), Rumänien, Klub, entst. 1909, [aufgel. 194?], s. S. 90
CA Colombo (Clube Atlético Colombo), Brasilia, Brasilien, Klub, s. S. 133
CA Colón (Club Atlético Colón), Santa Fé, Argentinien, Klub, entst. 1905, [1905-12 Colón FC], s. S. 135
CA Concepción (Club Atlético Concepción), Banda del Rio Sali, Argentinien, Klub, entst. 1909, s. S. 135
CA de Paris s. CA Charenton
CA Defensor Lima (Club Atlético Defensor Lima), Lima, Peru, Klub, entst. 1931, s. S. 130
CA Estudiantes (Club Atlético Estudiantes), Buenos Aires, Argentinien, Klub, entst. 1898, [1898-99 Colegio Nacional, 1899-1928 Estudiantes], s. S. 135
CA Estudiantes (Club Atlético Estudiantes), Santiago del Estero, Argentinien, Klub, entst. 1912, s. S. 135
CA Estudiantil Porteño (Club Atlético Estudiantil Porteño), Buenos Aires, Argentinien, Klub, entst. 1902, s. S. 135
CA Ferro Carril Oeste (Club Atlético Ferro Carril Oeste), General Pico, Argentinien, Klub, entst. 1934, s. S. 135
CA Ferro Carril Oeste Buenos Aires s. Ferro Carril Oeste
CA Ferroviário (Clube Atlético Ferroviário), Curitiba, Brasilien, Klub, entst. 1930, [aufgel. 1971 durch Fusion mit Palestra Itália FC und Britânia SC => Colorado EC], s. S. 133
CA Ferroviário s. Britânia SC
CA Ferroviário s. Colorado EC
CA Ferroviário s. Palestra Itália FC
CA Gimnasia y Esgrima (Club Atlético Gimnasia y Esgrima), Mendoza, Argentinien, Klub, entst. 1908, s. S. 135
CA Gimnasia y Esgrima (Club Atlético Gimnasia y Esgrima), San Salvador de Jujuy, Argentinien, Klub, entst. 1931, s. S. 135
CA Huracán (Club Atlético Huracán), Bahía Blanca, Argentinien, Klub, entst. 1916, s. S. 135
CA Huracán (Club Atlético Huracán), Buenos Aires, Argentinien, Klub, entst. 1908, s. S. 135
CA Huracán (Club Atlético Huracán), Comodoro Rivadavia, Argentinien, Klub, entst. 1927, s. S. 135
CA Huracán (Club Atlético Huracán), San Rafael, Argentinien, Klub, entst. 1925, s. S. 135
CA Huracán Corrientes (Club Atlético Huracán Corrientes), Corrientes, Argentinien, Klub, entst. 1918, [1918-32 FC Huracán, 32-86 CA Huracán], s. S. 135
CA Huracán Las Heras (Club Atlético Huracán Las Heras), Mendoza, Argentinien, Klub, entst. 1929, s. S. 135
CA Huracán s. CA Huracán Corrientes
CA Independiente (Club Atlético Independiente), Buenos Aires, Argentinien, Klub, entst. 1905, [1905-08 Independiente FC], s. S. 135
CA Independiente (Club Atlético Independiente), Trelew, Argentinien, Klub, entst. 1916, s. S. 135
CA Independiente s. Independiente Rivadavia
CA Juventud (Club Atlético Juventud), Las Piedras, Uruguay, Klub, entst. 1935, [1935-47 Ildu], s. S. 135
CA Juventud Alianza (Club Atlético de la Juventud Alianza), San Juan, Argentinien, Klub, entst. 1973, [entst. 1973 durch Fusion CA Juventud und Alianza de Santa Lucía], s. S. 135
CA Juventud del Tigre s. CA Tigre
CA Juventud s. CA Juventud Alianza
CA Juventus (Club Atlético Juventus), Esmeraldas, Ecuador, Klub, entst. 1979, [aufgel. 199?], s. S. 130
CA Juventus (Clube Atlético Juventus), São Paulo, Brasilien, Klub, entst. 1924, s. S. 133
CA Kimberley (Club Atlético Kimberley), Mar del Plata, Argentinien, Klub, entst. 1921, s. S. 135
CA Lanús (Club Atlético Lanús), Buenos Aires, Argentinien, Klub, entst. 1915, [1915-34 CA Lanús, aufgel. 34 durch Fusion mit Talleres FC => Unión Talleres-Lanús, 34 Aufl. der Fusion und Zurückbenennung], s. S. 135
CA Lanús s. CA Talleres
CA Lanús s. Unión Talleres-Lanús
CA Ledesma (Club Atlético Ledesma), Libertador General San Martín, Argentinien, Klub, entst. 1928, s. S. 135
CA Los Andes (Club Atlético Los Andes), Buenos Aires, Argentinien, Klub, entst. 1917, s. S. 135
CA Mariano Moreno (Club Atlético Mariano Moreno), Junín, Argentinien, Klub, entst. 1916, s. S. 135
CA Matogrossense (Clube Atlético Matogrossense), Cuiabá, Brasilien, Klub, s. S. 133
CA Messin Metz s. FC Metz
CA Mineiro (Clube Atlético Mineiro), Belo Horizonte, Brasilien, Klub, entst. 1908, s. S. 133
CA Monte Alegre (Clube Atlético Monte Alegre), Telêmaco Borba, Brasilien, Klub, [aufgel. 19??], s. S. 133
CA Newell's Old Boys (Club Atlético Newell's Old Boys), Rosario, Argentinien, Klub, entst. 1903, s. S. 135
CA Nueva Chicago (Club Atlético Nueva Chicago), Buenos Aires, Argentinien, Klub, entst. 1911, [1911-14 FC Los Unidos de Nueva Chicago, 14-18 Nueva Chicago FC], s. S. 135
CA Operário (Clube Atlético Operário), Joinville, Brasilien, Klub, [aufgel. 19??], s. S. 133
CA Oradea s. Crişana Oradea
CA Paranaense (Clube Atlético Paranaense), Curitiba, Brasilien, Klub, entst. 1924, [entst. 1924 durch Fusion América FC und Internacional FC], s. S. 133
CA Paranaense s. América FC
CA Paranaense s. Internacional FC
CA Patronato (Club Atlético Patronato de la Juventud Católica), Paraná, Argentinien, Klub, entst. 1914, s. S. 135
CA Paulistano (Clube Atlético Paulistano), São Paulo, Brasilien, Klub, [aufgel. 1930 durch Fusion mit AA Palmeiras => São Paulo FC], s. S. 133
CA Paulistano s. AA Palmeiras
CA Paulistano s. São Paulo FC
CA Peñarol (Club Atlético Peñarol), Montevideo, Uruguay, Klub, entst. 1891, [1891-1914 CURCC], s. S. 135
CA Platense (Club Atlético Platense), Buenos Aires, Argentinien, Klub, entst. 1905, s. S. 135
CA Porteño (Club Atlético Porteño), Buenos Aires, Argentinien, Klub, entst. 1895, [1895-?? Porteño AC], s. S. 135
CA Progreso (Club Atlético Progreso), Montevideo, Uruguay, Klub, entst. 1917, s. S. 135
CA Puerto Comercial (Club Atlético Puerto Comercial), Bahía Blanca, Argentinien, Klub, entst. 1915, [1915-?? Club Sud América], s. S. 135
CA Racing (Club Atlético Racing), Cordóba, Argentinien, Klub, entst. 1924, s. S. 135
CA Regina (Club Atlético Regina), Villa Regina, Argentinien, Klub, entst. 1928, [1928-35 Nacional], s. S. 135
CA Renato Cesarini (Club Atlético Renato Cesarini), Rosario, Argentinien, Klub, entst. 1975, s. S. 135
CA Rentistas (Club Atlético Rentistas), Montevideo, Uruguay, Klub, entst. 1933, s. S. 135
CA River Plate (Club Atlético River Plate), Asunción, Paraguay, Klub, entst. 1911, s. S. 135
CA River Plate (Club Atlético River Plate), Buenos Aires, Argentinien, Klub, entst. 1901, [entst. 1901 durch Fusion Santa Rosa FC und La Rosales FC], s. S. 135
CA River Plate (Club Atlético River Plate), Montevideo, Uruguay, Klub, entst. 1932, [entst. 1932 durch Fusion Capurro und Olimpia], s. S. 135
CA River Plate (Club Atlético River Plate), Riobamba, Ecuador, Klub, entst. 1950, s. S. 130
CA Rosario Central (Club Atlético Rosario Central), Rosario, Argentinien, Klub, entst. 1889, [1889-1904 Central Argentine Railway AC], s. S. 135
CA Saint-Louis, Saint-Louis, Neukaledonien, Klub, s. S. 137
CA San Lorenzo (Club Atlético San Lorenzo), Mar del Plata, Argentinien, Klub, entst. 1921, s. S. 135
CA San Lorenzo Almagro (Club Atlético San Lorenzo de Almagro), Buenos Aires, Argentinien, Klub, entst. 1908, s. S. 135
CA San Luis (Club Atlético San Luis AC), San Luis Potosí, Mexiko, Klub, s. S. 125
CA San Martín (Club Atlético San Martín), San Juan, Argentinien, Klub, entst. 1907, s. S. 135
CA San Martín (Club Atlético San Martín), San Miguel de Tucumán, Argentinien, Klub, entst. 1909, s. S. 135
CA San Telmo (Club Atlético San Telmo), Buenos Aires, Argentinien, Klub, entst. 1904, [1904-16 San Telmo FC], s. S. 135
CA Santa Rosa (Club Atlético Santa Rosa), Santa Rosa, Argentinien, Klub, entst. 1923, s. S. 135
CA Sarmiento (Club Atlético Sarmiento), Junín, Argentinien, Klub, entst. 1911, s. S. 135
CA Sarmiento (Club Atlético Sarmiento), Resistencia, Argentinien, Klub, entst. 1919, s. S. 135
CA Talleres (Club Atlético Talleres), Buenos Aires, Argentinien, Klub, entst. 1906, [1906-20 Talleres United FC, 20-34 Talleres FC, aufgel. 34 durch Fusion mit CA Lanús => Unión Talleres-Lanús, 34 Aufl. der Fusion und Zurückbenennung => CA Talleres], s. S. 135
CA Talleres (Club Atlético Talleres), Córdoba, Argentinien, Klub, entst. 1913, [1913-18 Atlético Talleres Central Córdoba], s. S. 135
CA Tembetary (Club Atlético Tembetary), Asunción, Paraguay, Klub, entst. 1912, s. S. 135
CA Témperley (Club Atlético Témperley), Buenos Aires, Argentinien, Klub, entst. 1912, [1912-21 Centenario FC, 21-32 CA Temperley, 32 Fusion mit Argentino de Lomas => Argentino de Temperley (32-35)], s. S. 135
CA Tigre (Club Atlético Tigre), Buenos Aires, Argentinien, Klub, entst. 1902, [1902-15 CA Juventud del Tigre], s. S. 135
CA Timişoara s. CAM Timişoara
CA Trinidad (Club Atlético Trinidad), San Juan, Argentinien, Klub, entst. 1913, [1913-80 Los Andes], s. S. 135
CA Tucumán (Club Atlético Tucumán), San Miguel de Tucumán, Argentinien, Klub, entst. 1902, s. S. 135
CA Unión (Club Atlético Unión), General Pinedo, Argentinien, Klub, entst. 1921, s. S. 135
CA Unión (Club Atlético Unión), Santa Fé, Argentinien, Klub, entst. 1907, s. S. 135
CA Uruguay (Club Atlético Uruguay), Concepción del Uruguay, Argentinien, Klub, entst. 1904, s. S. 135
CA Vélez Sarsfield (Club Atlético Vélez Sarsfield), Buenos Aires, Argentinien, Klub, entst. 1910, [1910-12 CA Argentinos de Vélez Sarsfield, 12-14 Librería del Colegio AC], s. S. 135
CA Zamora (Club Atlético Zamora), Barinas, Venezuela, Klub, entst. 1977, s. S. 128
Caacupé, Stadt, Paraguay, s. S. 135
Cabinda, Stadt, Angola, s. S. 118
Cable Vision SAFL (Cable Vision Saint Andrea's Football League), Grenville, Grenada, Klub, s. S. 127
Cable Vision Saint Andrea's Football League s. Cable Vision SAFL
Cabo Branco s. EC Cabo Branco
Cabo Rojo, Stadt, Puerto Rico, s. S. 127
Čačak, Stadt, Jugoslawien, s. S. 93
Cadets Club Quatre Bornes s. Quatre-Bornes FC
Cadettenvereeniging Velocitas s. Velocitas
Cádiz CF (Cádiz Club de Fútbol), Cádiz, Spanien, Klub, entst. 1910, [1910-35 Español Cádiz, 35 Fusion mit Mirandilla Cádiz => Cádiz CF], s. S. 79
Cádiz Club de Fútbol s. Cádiz CF
Cádiz, Stadt, Spanien, s. S. 79
Caen, Stadt, Frankreich, s. S. 77
Caernarfon Athletic s. Caernarfon Town FC
Caernarfon Celts s. Caernarfon Town FC
Caernarfon Ironopolis s. Caernarfon Town FC
Caernarfon Royal Welsh Fusiliers FC s. Caernarfon Town FC
Caernarfon Town FC (Caernarfon Town Football Club), Caernarfon, Wales, Klub, entst. 1876, [1876-91 Caernarfon Athletic, 1891-1903 Caernarfon Ironopolis, 03 aufgel., 06 wiedergegr., 06 Fusion mit Caernarfon Celts und Caernarfon Royal Welsh Fusiliers FC => Caernarfon United (06-26), 26-30 Caernarfon Athletic, 30 aufgel., 32 wiedergegr., 32-36 Caernarfon United, 36 aufgel., 37 wiedergegr.], s. S. 67
Caernarfon Town Football Club s. Caernarfon Town FC
Caernarfon United s. Caernarfon Town FC
Caersws, Stadt, Wales, s. S. 67
Caersws Amateurs FC s. Caersws FC
Caersws FC (Caersws Football Club), Caersws, Wales, Klub, entst. 1887, [1887-1974 Caersws Amateurs FC], s. S. 67
Caersws Football Club s. Caersws FC
Caersws, Stadt, Wales, s. S. 67
CAF Viseu (Clube Académico de Futebol Viseu), Viseu, Portugal, Klub, entst. 1917, s. S. 79
ČAFC Praha (Český Amatérský Football Club Praha), Prag (Praha), Tschechische Republik, Klub, entst. 1899, [1899-1948 ČAFC Vinohrady, 48-51 Sokol Vinohrady ČAFC, 51-52 ZSJ IZ Praha, 52 Fusion mit TJ Sokol Sparta Krč => ZSJ Stavomontáže Praha (52-53), 53-56 Tatran Praha Stavomontáže, 56 Teilung => TJ Tatran PS Praha (56-63), 63-68 TJ Tatran PSZ Praha, 68-89 TJ SZP Praha ČAFC], s. S. 86
ČAFC Vinohrady s. ČAFC Praha
ČAFC Židenice (Český Amatérský Fotbalový Club Židenice), Brno, Tschechische Republik, Klub, entst. 1921, [1921-27 DSK Juliánov, 27-33 DSK Brno XV, 33-48 ČAFC Židenice, 48 Sokol Židenice, 49-53 ZSJ MEZ Židenice, 53-60 TJ Spartak Židenice, 60-76 TJ ZKL Brno, 76-90 TJ Zetor Brno], s. S. 86
Cafe Band Sportif, Malabo, Äquatorial-Guinea, Klub, s. S. 118
Cagayan de Oro, Cagayan de Oro, Philippinen, Klub, s. S. 107
Cagayan de Oro, Stadt, Philippinen, s. S. 107
CAG-Dinamo-MVD Bischkek, Bischkek, Kirgisien, Klub, entst. 1934, [1934-95 Dinamo Bischkek, 95-96 Dinamo-Oil Bischkek, 96-97 FK Dinamo Bischkek], s. S. 100
Cagliari Calcio, Cagliari, Italien, Klub, entst. 1920, [1920-24 Cagliari FC, 24 Fusion mit US Italia Cagliari => CS Cagliari (24-34), 34 aufgel. und wiedergegr., 34-70 US Cagliari], s. S. 81
Cagliari FC s. Cagliari Calcio
Cagliari, Stadt, Italien, s. S. 81
Caguas, Stadt, Puerto Rico, s. S. 127
Cahul, Stadt, Moldawien, s. S. 99
Caicó, Stadt, Brasilien, s. S. 133
CAICT, Tahiti, Klub, s. S. 137
Caile Ferate Româna Braşov s. CFR Braşov
Caile Ferate Româna Bucureşti s. UFC Rapid Bucureşti
Caile Ferate Româna Cluj-Napoca s. CFR Cluj-Napoca
Caile Ferate Româna Iaşi s. CFR Iaşi
Caile Ferate Româna Turnu Severin s. CFR Turnu Severin
Cailungo, Stadt, San Marino, s. S. 81
Caïman Douala, Douala, Kamerun, Klub, s. S. 117
Cairns, Stadt, Australien, s. S. 136
Caixão Grande s. Bairros Unidos FC
Caixão Grande, Stadt, São Tomé und Príncipe, s. S. 117
Cajamarca, Stadt, Peru, s. S. 130
Čakovec, Stadt, Kroatien, s. S. 93
Calabar Rovers FC (Calabar Rovers Football Club), Calabar, Nigeria, Klub, s. S. 117
Calabar Rovers Football Club s. Calabar Rovers FC
Calabar, Stadt, Nigeria, s. S. 117
Calama, Stadt, Chile, s. S. 135
Călăraşi, Stadt, Moldawien, s. S. 99
Calcio Faetano (Società Calcio Faetano), Faetano, San Marino, Klub, entst. 1962, s. S. 81
Calcutta FC (Calcutta Football Club), Calcutta, Indien, Klub, [aufgel. 19??], s. S. 105
Calcutta Football Club s. Calcutta FC
Calcutta, Stadt, Indien, s. S. 105
Caldas da Rainha, Stadt, Portugal, s. S. 79
Caldas de Vizela, Stadt, Portugal, s. S. 79
Caldas s. Once Caldas
Caldas s. Once Deportivo
Caldas SC (Caldas Sport Clube), Caldas da Rainha, Portugal, Klub, entst. 1916, s. S. 79
Caldas Sport Clube s. Caldas SC
Caldense s. AA Caldense
Caledonia AIA (Courts Caledonia AIA), Arima, Trinidad und Tobago, Klub, [19??-?? Caledonia United], s. S. 129
Caledonia United s. Caledonia AIA
Calgary Boomers s. Memphis Rogues
Calgary Boomers, Calgary, Kanada, Klub, entst. 1980, [1978-80 Memphis Rogues, 80 Umzug nach Calgary => Calgary Boomers (80-81), 81 aufgel.], s. S. 123
Calgary Kickers s. Calgary Strikers
Calgary Kickers, Calgary, Kanada, Klub, entst. 1987, [aufgel. 1989], s. S. 123
Calgary Mustangs, Calgary, Kanada, Klub, entst. 1983, [aufgel. 1983], s. S. 123
Calgary Strikers, Calgary, Kanada, Klub, entst. 1987, [1987-88 Calgary Kickers, 89 aufgel.], s. S. 123
Calgary, Stadt, Kanada, s. S. 123
Cali, Stadt, Kolumbien, s. S. 128
California Surf s. St. Louis Stars
California Surf, Anaheim, USA, Klub, entst. 1978, [1967-78 St. Louis Stars, 78 Umzug nach Anaheim => California Surf (78-81), 81 aufgel.], s. S. 123
Călilabad, Stadt, Aserbaidschan, s. S. 97
Callao, Stadt, Peru, s. S. 130
Callies s. D'Albertson Callies
Callies s. Pretoria Callies
Callies s. Salisbury Callies
Callies, Swasiland, Klub, s. S. 120
Calouros do Ar FC (Calouros do Ar Futebol Clube), Fortaleza, Brasilien, Klub, entst. 1952, s. S. 133
Calouros do Ar Futebol Clube s. Calouros do Ar FC
Calvi FC (Calvi Fútbol Club), Guayaquil, Ecuador, Klub, entst. 1987, s. S. 131
Calvi Fútbol Club s. Calvi FC
Calvi, Machala, Ecuador, Klub, [1976-?? Carmen Mora], s. S. 130
CAM Petroşani s. CS Jiul Petroşani
Cam Pha, Stadt, Vietnam, s. S. 107
CAM Timişoara (Clubul Atletic Muncitoresc Timişoara), Temeschburg (Timişoara), Rumänien, Klub, entst. 1911, [1911-36 RGM Timişoara, 36 Fusion mit CA Timişoara => CAM Timişoara (36-41), 41 Fusion mit CSF Chinezul Timişoara => Chinezul CAM Timişoara (41-46), 46-49 CAM Timişoara, 49 aufgel.], s. S. 91
CAM Timişoara s. CSF Chinezul Timişoara
CAM Vulcan Petroşani s. CS Jiul Petroşani
Camagüey FC (Camagüey Fútbol Club), Camagüey, Kuba, Klub, s. S. 126
Camagüey Fútbol Club s. Camagüey FC
Camagüey, Stadt, Kuba, s. S. 126
Cambérène s. AS Cambérène
Cambondo SC (Cambondo Sport Clube), Malanje, Angola, Klub, s. S. 118
Cambondo Sport Clube s. Cambondo SC
Cambridge, Stadt, England, s. S. 67
Cambuslang FC (Cambuslang Football Club), Cambuslang, Schottland, Klub, entst. 1875, [aufgel. ??], s. S. 69
Cambuslang Football Club s. Cambuslang FC
Cambuslang, Stadt, Schottland, s. S. 69
Cambuston s. US Cambuston
Cambuur Leeuwarden s. SC Cambuur Leeuwarden
Camels s. Flying Camels
Camenca, Stadt, Moldawien, s. S. 99
Cameron Highlanders, Calcutta, Indien, Klub, [aufgel. 19??], s. S. 105
Campamento, Campamento, Honduras, Klub, s. S. 125
Campamento, Stadt, Honduras, s. S. 125
Campari Springs, St. George's, Grenada, Klub, s. S. 127
Câmpia Turzii, Stadt, Rumänien, s. S. 91
Campina Grande, Stadt, Brasilien, s. S. 133
Campinas, Stadt, Brasilien, s. S. 133
Campinense (Campinense Clube), Campina Grande, Brasilien, Klub, entst. 1925, s. S. 133
Campinense Clube s. Campinense
Campo Grande AC (Campo Grande Atlético Clube), Campo Grande, Brasilien, Klub, entst. 1940, s. S. 133
Campo Grande Atlético Clube s. Campo Grande AC
Campo Grande, Stadt, Brasilien, s. S. 133
Campo Maior, Stadt, Portugal, s. S. 79
Campomaiorense s. SC Campomaiorense
Campos, Stadt, Brasilien, s. S. 133
Camptown FC (Camptown Football Club), Georgetown, Guyana, Klub, s. S. 129
Camptown Football Club s. Camptown FC
Câmpulung Moldovenesc, Stadt, Rumänien, s. S. 91
Cân Tho, Cân Tho, Vietnam, Klub, s. S. 107
Cân Tho, Stadt, Vietnam, s. S. 107
Caña s. Flor de Caña
Cana s. Phare du Cana
Çanakkale, Stadt, Türkei, s. S. 96
Cañaña s. CSD Aurich-Cañaña
Cañaña s. Deportivo Cañaña
Canarias s. UD Canarias
Canberra City, Canberra, Australien, Klub, s. S. 136
Canberra Cosmos FC (Canberra Cosmos Football Club), Canberra, Australien, Klub, entst. 1995, s. S. 136
Canberra Cosmos Football Club s. Canberra Cosmos FC
Canberra, Stadt, Australien, s. S. 136
Canchungo, Stadt, Guinea-Bissau, s. S. 117
Cane End s. ECGC Cane End
Cang Saigon, Than Po Hô Chi Minh/Saigon, Vietnam, Klub, s. S. 107
Cannes, Stadt, Frankreich, s. S. 77
Canon Sportif Yaoundé s. Canon Yaoundé
Canon Yaoundé (Canon Sportif Yaoundé), Yaoundé, Kamerun, Klub, entst. 1930, s. S. 117
Canons, Nairobi, Kenia, Klub, s. S. 119
Cantebury Woolston s. Woolston
Cantem, Stadt, Guinea-Bissau, s. S. 117
Canterbury Marrickville, Sydney, Australien, Klub, s. S. 136
Canton Invaders s. Montreal Impact
Cantonal-Neuchâtel FC (Cantonal-Neuchâtel Football Club), Neuchâtel, Schweiz, Klub, entst. 1893, [1893-95 Neuchâtel Rovers FC, 1895-1906 FC Neuchâtel, 06 Fusion mit FC Vignoble => Cantonal-Neuchâtel FC (06-70), aufgel. 70 durch Fusion mit Xamax Sports Neuchâtel => Neuchâtel Xamax FC], s. S. 82
Cantonal-Neuchâtel FC s. Neuchâtel Xamax FC
Cantonal-Neuchâtel Football Club s. Cantonal-Neuchâtel FC
Cao Lanh, Stadt, Vietnam, s. S. 107
CAP Owendo, Owendo, Gabun, Klub, s. S. 118
CAP s. Intercap EC
CAP/SOC Paris s. CA Charenton
Cape Coast Ebusua Dwarfs, Swedru, Ghana, Klub, [19??-?? Cape Coast Mysterious Dwarfs], s. S. 117
Cape Coast Mysterious Dwarfs s. Cape Coast Ebusua Dwarfs
Cape Coast, Stadt, Ghana, s. S. 117
Cape Town Spurs, Kapstadt (Cape Town), Südafrika, Klub, entst. 1969, s. S. 120
Cape Town, Stadt, Südafrika, s. S. 120
Capela, Stadt, Brasilien, s. S. 133
Capelense s. CS Capelense
Capenda Camulemba, Stadt, Angola, s. S. 119
Capesterre, Stadt, Guadeloupe, s. S. 127
Cap-Haïtien, Stadt, Haiti, s. S. 127
Capibaribe s. Náutico Capibaribe
Capital Bank Hurricanes, Sauteurs, Grenada, Klub, s. S. 127
Capital Development Authority s. CDA
Čapljina, Stadt, Bosnien und Herzegowina, s. S. 93
Capoise s. AS Capoise
Capricorne s. SS Capricorne
CAPS United, Harare, Simbabwe, Klub, s. S. 121
Capurro s. CA River Plate
CARA (Club Athlétique Renaissance Aiglons), Brazzaville, Kongo, Klub, entst. 1951, s. S. 118
Carabobo FC (Carabobo Fútbol Club), Valencia, Venezuela, Klub, entst. 1964, [1964-83 Valencia FC, 83-84 Deportivo Carabobo, 84-8? Nacional-Carabobo FC, 8?-?? Arroceros Carabobo FC, ??-97 Valencia FC], s. S. 129
Carabobo Fútbol Club s. Carabobo FC
Caracas FC (Caracas Fútbol Club), Caracas, Venezuela, Klub, entst. 1967, [19??-80 Yamaha FC, 80-84 Caracas-Yamaha FC], s. S. 129
Caracas Fútbol Club s. Caracas FC
Caracas, Stadt, Venezuela, s. S. 129
Caracas-Yamaha FC s. Caracas FC
Caravel s. Deportivo Independiente Caravel
Carazo s. FC Carazo
Carbomo de Moatize, Moatize, Mosambik, Klub, s. S. 121
Carbone s. Unión Carbone
Carcavelinhos FC (Carcavelinhos Futebol Clube), Lissabon (Lisboa), Portugal, Klub, entst. 1912, [aufgel. 1942 durch Fusion mit União de Lisboa => Atlético CP], s. S. 78
Carcavelinhos FC s. Atlético CP
Carcavelinhos FC s. União de Lisboa
Carcavelinhos Futebol Clube s. Carcavelinhos FC
Carchá s. CD Carchá
Cardiff City AFC (Cardiff City Association Football Club), Cardiff, Wales, Klub, entst. 1899, [1899-1902 Riverside FC, 1902-08 Riverside Albion], s. S. 67
Cardiff City Association Football Club s. Cardiff City AFC
Cardiff FC s. UWIC Inter Cardiff AFC
Cardiff, Stadt, Wales, s. S. 67
Cargo Mombasa, Mombasa, Kenia, Klub, s. S. 119
Carib FC (Carib Football Club), Port of Spain, Trinidad und Tobago, Klub, s. S. 129
Carib Football Club s. Carib FC
Caribbean All Stars, The Valley, Anguilla, Klub, s. S. 126
Caribous s. Colorado Caribous
Carioca, Port-au-Prince, Haiti, Klub, s. S. 127
Carl Zeiss 1903 Jena s. FC Carl Zeiss Jena
Carlisle Red Rose s. Carlisle United FC
Carlisle United FC (Carlisle United Football Club), Carlisle, England, Klub, entst. 1903, [entst. 1903 durch Fusion Shaddowgate United und Carlisle Red Rose], s. S. 67
Carlisle United Football Club s. Carlisle United FC
Carlisle, Stadt, England, s. S. 67
Carlos Concha, Callao, Peru, Klub, s. S. 130
Carlos Mannucci (Club Carlos A. Mannucci), Trujillo, Peru, Klub, entst. 1965, s. S. 130
Carlos Renaux s. Brusque FC
Carlos Renaux s. CA Carlos Renaux
Carlos Walker, Santiago, Chile, Klub, [aufgel. 19??], s. S. 135
Carlton SC (Carlton Soccer Club), Sydney, Australien, Klub, s. S. 136
Carlton Soccer Club s. Carlton SC
Carmarthen Town AFC (Carmarthen Town Association Football Club), Carmarthen, Wales, Klub, entst. 1953, s. S. 67
Carmarthen Town Association Football Club s. Carmarthen Town AFC
Carmarthen, Stadt, Wales, s. S. 67
Carmelita s. AD Carmelita
Carmen Bucureşti, Bukarest (Bucureşti), Rumänien, Klub, [19??-39 Mociornita Bucureşti, 39-47 CS Carmen Bucureşti, 47 aufgel. und wiedergegr., 47-50 Pielari Bucureşti, 50-?? Flacăra Rosie Bucureşti], s. S. 90
Carmen Mora s. Calvi
Carolina, Stadt, Puerto Rico, s. S. 127
Caroní FC s. Industriales del Caroní FC
Caroni, Stadt, Trinidad und Tobago, s. S. 129
Carouge, Stadt, Schweiz, s. S. 82
Carpaţi Baia Mare s. SC Phönix Baia Mare
Carrick Rangers FC (Carrick Rangers Football Club), Carrickfergus, Nordirland, Klub, entst. 1939, s. S. 69
Carrick Rangers Football Club s. Carrick Rangers FC
Carrickfergus, Stadt, Nordirland, s. S. 69
Cartagena, Stadt, Kolumbien, s. S. 128
Cartagena, Stadt, Spanien, s. S. 79
Cartaginés s. CS Cartaginés
Cartago, Stadt, Costa Rica, s. S. 124
Carthusians s. Old Carthusians
Caruaru, Stadt, Brasilien, s. S. 133
CAS Génerale Paris s. CAS Généraux
CAS Généraux (Club Athlétique des Sports Généraux), Paris, Frankreich, Klub, [??-1920 CAS Génerale Paris], s. S. 76
Casa Armatei Cîmpulung Moldovenesc s. ASA Câmpulung Moldovenesc
Casa Feroviarul Rapid Timişoara s. CFR Timişoara
Casa Pia AC (Casa Pia Atlético Clube), Lissabon (Lisboa), Portugal, Klub, entst. 1920, s. S. 78
Casa Pia Atlético Clube s. Casa Pia AC
Casa Sports, Ziguinchor, Senegal, Klub, s. S. 117
Casablanca, Stadt, Marokko, s. S. 113
Casale Monferrato, Stadt, Italien, s. S. 81
Cascais, Stadt, Portugal, s. S. 79
Cascavel EC (Cascavel Esporte Clube), Cascavel, Brasilien, Klub, entst. 1979, s. S. 133
Cascavel Esporte Clube s. Cascavel EC
Cascavel, Stadt, Brasilien, s. S. 133
Case-Pilote, Stadt, Martinique, s. S. 127
Casino Español, Havanna (La Habana), Kuba, Klub, [aufgel. 19??], s. S. 126
Casino First Vienna FC s. First Vienna FC
Casino Graz-GAK s. Liebherr GAK
Casino s. AS Saint-Etienne
Casino Salzburg s. SV Wüstenrot Salzburg
Casino Schwarz-Weiß Bregenz s. Casino SW Bregenz
Casino SW Bregenz (Casino Schwarz-Weiß Bregenz), Bregenz, Österreich, Klub, entst. 1910, [1910-71 FC Schwarz-Weiß Bregenz, 71-72 Olympia Bregenz, 72-73 SC Vorwerk Bregenz, 73 Fusion mit FC Rätia Bludenz => SC Vorwerk Vorarlberg Bregenz (73-75), 75 Aufl. der Fusion => FC Rätia Bludenz und FC Schwarz-Weiß Bregenz (75-79), 79 Fusion mit FC Dornbirn => IG Bregenz Dornbirn (79-87), 87 Aufl. der Fusion => Mohren FC Dornbirn und Casino SW Bregenz], s. S. 82
Casino SW Bregenz s. FC Dornbirn
Casseler FV Eintracht s. CSC 03 Kassel
Casseler FV s. Kasseler SV Hessen
Casseler FV Teutonia s. CSC 03 Kassel
Casseler SC 03 s. CSC 03 Kassel
Casseler Sport-Club 03 Kassel s. CSC 03 Kassel
Cassel-Rothenditmold s. SV 06 Kassel-Rothenditmold
Castellón de la Plana, Stadt, Spanien, s. S. 79
Castilla CF Madrid (Castilla Club de Fútbol Madrid), Madrid, Spanien, Klub, entst. 1903, s. S. 79
Castilla Club de Fútbol Madrid s. Castilla CF Madrid
Castilla s. Mariscal Castilla
Castillo, Castillo, Dominikanische Republik, Klub, s. S. 127
Castillo, Stadt, Dominikanische Republik, s. S. 127
Castries, Stadt, St. Lucia, s. S. 127
Catalão, Stadt, Brasilien, s. S. 133
Catalonia, Caracas, Venezuela, Klub, s. S. 129
Catamarca, Stadt, Argentinien, s. S. 135
Catanese s. Catania Calcio
Catania Calcio, Catania, Italien, Klub, entst. 1908, [1908-10 Pro Patria Catania, 10-29 US Catanese, 29-30 SS Catania, 30-36 AFC Catania, 36-43 AC Catania, 43 aufgel., 46 wiedergegr., 46-66 Club Calcio Catania], s. S. 81
Catania, Stadt, Italien, s. S. 81
Catanzaro, Stadt, Italien, s. S. 81
Catarinense s. CA Catarinense
Catholic University FC s. UCD AFC
Católica s. CD Universidad Católica
Católica s. Universidad Católica
Cattin s. US Cattin
Catuense s. AE Catuense
Cau Lac Bo Quan Doi s. The Cong
Căuşeni, Stadt, Moldawien, s. S. 99
Cava Benito s. CE Benito
CAVA Ruse s. FK Dunav Ruse
Cavalier FC (Cavalier Football Club), Freeport, Bahamas, Klub, s. S. 123
Cavalier FC (Cavalier Football Club), Kingston, Jamaika, Klub, s. S. 126
Cavalier Football Club s. Cavalier FC
Cavaliers, Benin, Klub, s. S. 117
Cavaly, Léogâne, Haiti, Klub, s. S. 127
Caversham s. Dunedin Suburbs
Caversham s. Dunedin Technical
Caversham, Dunedin, Neuseeland, Klub, [aufgel. 1971 durch Fusion mit Dunedin Technical und Maori Hill => Dunedin Suburbs, 72 Aufl. der Fusion und Zurückbenennung], s. S. 137
Caxias do Sul, Stadt, Brasilien, s. S. 133
Caxias FC (Caxias Futebol Clube), Joinville, Brasilien, Klub, [aufgel. 1976 durch Fusion mit América FC => Joinville EC], s. S. 133
Caxias FC (Caxias Futebol Clube), Vitória, Brasilien, Klub, [aufgel. 19??], s. S. 133
Caxias FC s. América FC
Caxias FC s. Joinville EC
Caxias Futebol Clube s. Caxias FC
Caye Caulker Turquoise, San Pedro, Belize, Klub, [19??-99 San Pedro Turquoise, 1999-2000 Ambergris Turquoise], s. S. 125
Cayenne, Stadt, Französisch-Guyana, s. S. 129
Çaykur Rizespor K (Çaykur Rizespor Kulübü), Rize, Türkei, Klub, entst. 1953, [1953-9? Rizespor K], s. S. 97
Çaykur Rizespor Kulübü s. Çaykur Rizespor K
Cayman National Bank FC (Cayman National Bank Football Club), George Town, Kaimaninseln, Klub, s. S. 126
Cayman National Bank Football Club s. Cayman National Bank FC
Cayon Rockets FC (Cayon Rockets Football Club), Cayon, St. Christoph und Nevis, Klub, s. S. 127
Cayon Rockets Football Club s. Cayon Rockets FC
Cayon, Stadt, St. Christoph und Nevis, s. S. 127
Cazin, Stadt, Bosnien und Herzegowina, s. S. 93
CBC Benfica, Bridgetown, Barbados, Klub, s. S. 127
CBK s. AS CBK
CCA Bucureşti s. FC Steaua Bucureşti
CD „Toros Neza" (Club Deportivo „Toros de Neza"), Nezahualcóyotl, Mexiko, Klub, entst. 1981, [1981-94 UTN, 94 Toros Hidalgo], s. S. 125
CD 33 (Club Deportivo 33), San Salvador, El Salvador, Klub, [aufgel. 19??], s. S. 125
CD Achuapa (Club Deportivo Achuapa), El Progreso, Guatemala, Klub, s. S. 125
CD ADET (Club Deportivo Asociación Deportiva El Tránsito), San Salvador, El Salvador, Klub, entst. 1974, [aufgel. 1991 durch Fusion mit CD Baygon => CD Baygon-ADET (91-96), 96 Aufl. der Fusion und Zurückbenennung], s. S. 125
CD ADET s. CD Baygon-ADET
CD Aguila (Club Deportivo Aguila), San Miguel, El Salvador, Klub, entst. 1958, [entst. 1958 durch Übernahme von CD Alacranes], s. S. 125
CD Alacranes s. CD Aguila
CD Alacranes s. CD Atlético Marte
CD Alacranes s. CD Libertad
CD Alavés (Club Deportivo Alavés), Vitoria, Spanien, Klub, entst. 1921, s. S. 79
CD Alcoyano (Club Deportivo Alcoyano), Alcoy, Spanien, Klub, entst. 1927, s. S. 79
CD Amatitlán (Club Deportivo Amatitlán), Amatitlán, Guatemala, Klub, s. S. 125
CD América (Club Deportivo América), Quito, Ecuador, Klub, entst. 1939, s. S. 131
CD Armenio (Club Deportivo Armenio), Buenos Aires, Argentinien, Klub, entst. 1962, [1962-70 Club Armenio de Fútbol], s. S. 135
CD Atlante (Club Deportivo Atlante SA), Mexiko-Stadt/Ciudad de México, Mexiko, Klub, entst. 1916, [1916-17 Sinaloa, 17-18 Lusitania, 18-20 U-53], s. S. 125
CD Atlas Guadalajara (Club Deportivo Atlas de Guadalajara AC), Guadalajara, Mexiko, Klub, entst. 1916, s. S. 125
CD Atlético Arabe Marte s. Sonsonate FC
CD Atlético Balboa (Club Deportivo Atlético Balboa), La Unión, El Salvador, Klub, s. S. 125
CD Atlético Huila (Club Deportivo Atlético Huila), Neiva, Kolumbien, Klub, entst. 1990, s. S. 128
CD Atlético Marte (Club Deportivo Atlético Arabe Marte), San Salvador, El Salvador, Klub, entst. 1950, [entst. 1950 durch Fusion CD Libertad und CD Alacranes => CD Atlético Marte (50-96), 96-99 CD Atlético Arabe Marte], s. S. 125
CD Atlético Marte s. CD Libertad
CD Aves (Clube Desportivo das Aves), Vila das Aves, Portugal, Klub, entst. 1930, s. S. 79
CD Azucareros s. CD Santa Lucia Cotzumalguapa
CD Bautista (Club Deportivo Bautista), Managua, Nicaragua, Klub, s. S. 125
CD Baygon s. CD ADET
CD Baygon s. CD Baygon-ADET
CD Baygon-ADET (Club Deportivo Baygon-ADET), Guazapa, El Salvador, Klub, entst. 1991, [entst. 1991 durch Fusion CD Baygon und CD ADET, 96 Aufl. der Fusion], s. S. 125
CD Baygon-ADET s. CD ADET
CD Boquerón (Club Deportivo Boquerón), Ciudad del Este, Paraguay, Klub, s. S. 135
CD Carchá (Club Deportivo Carchá), San Pedro Carchá, Guatemala, Klub, s. S. 125
CD Castellón (Club Deportivo Castellón), Castellón de la Plana, Spanien, Klub, entst. 1921, s. S. 79
CD Chaco Petrolero (Club Deportivo Chaco Petrolero), La Paz, Bolivien, Klub, entst. 1942, [1942-62 Deportivo Chaco], s. S. 131
CD Chimaltenango (Club Deportivo Chimaltenango), Chimaltenango, Guatemala, Klub, s. S. 125
CD Chiquimulilla (Club Deportivo Chiquimulilla), Chiquimulilla, Guatemala, Klub, s. S. 125
CD Cojutepeque (Club Deportivo Cojutepeque), Cojutepeque, El Salvador, Klub, entst. 1971, s. S. 125
CD Condal (Club Deportivo Condal), Barcelona, Spanien, Klub, entst. 1934, [1934-56 SDEI Barcelona, 70 aufgel.], s. S. 79
CD Coronel Francisco Bolognesi (Club Deportivo Coronel Francisco Bolognesi), Tacna, Peru, Klub, entst. 1929, s. S. 131
CD Cruz Azul (Club Deportivo Social y Cultural Cruz Azul AC), Mexiko-Stadt/Ciudad de México, Mexiko, Klub, entst. 1927, s. S. 125
CD Cuautla (Club Deportivo Cuautla), Cuautla, Mexiko, Klub, s. S. 125
CD Cuenca (Club Deportivo Cuenca), Cuenca, Ecuador, Klub, entst. 1971, s. S. 130
CD Dragón (Club Deportivo Dragón), San Miguel, El Salvador, Klub, entst. 1939, s. S. 125
CD El Nacional (Club Deportivo El Nacional), Quito, Ecuador, Klub, entst. 1964, s. S. 131
CD El Roble (Club Deportivo El Roble), Ilobasco, El Salvador, Klub, s. S. 125
CD Ela Nguema s. Sony Ela Nguema
CD Escuintla (Club Deportivo Escuintla), Escuintla, Guatemala, Klub, s. S. 125
CD Esmeraldas Petrolero (Club Deportivo Esmeraldas Petrolero), Esmeraldas, Ecuador, Klub, entst. 1977, s. S. 130
CD Español (Club Deportivo Español), Buenos Aires, Argentinien, Klub, entst. 1956, s. S. 135
CD Español Barcelona s. RCD Espanyol Barcelona
CD Español Valladolid s. Real Valladolid CF
CD ESPOLI (Club Deportivo Escuela de Policía), Quito, Ecuador, Klub, entst. 1986, s. S. 131
CD Europa (Club Deportivo Europa), Barcelona, Spanien, Klub, entst. 1907, [aufgel. 1932], s. S. 79
CD FAS (Club Deportivo Fútbol Asociado Santaneco), Santa Ana, El Salvador, Klub, entst. 1947, [entst. 1947 durch Fusion Fuerte 22, Mecca, Excelsior und Olimpic], s. S. 125

(Clube Desportivo Feirense), Vila da Feira, Portugal, Klub, entst. 1918, s. S. 79
CD Fernández Vial (Club Deportivo Ferroviário Asociación Arturo Fernández Vial), Concepción, Chile, Klub, entst. 1903, s. S. 135
CD Filanbanco (Club Deportivo Filanbanco), Guayaquil, Ecuador, Klub, entst. 1979, [aufgel. 1991, Umzug nach Milagro => Váldez SC], s. S. 131
CD Filanbanco s. Váldez SC
CD Fuerte San Francisco (Club Deportivo Fuerte San Francisco), San Francisco, El Salvador, Klub, s. S. 125
CD Godoy Cruz Antonio Tomba (Club Deportivo Godoy Cruz Antonio Tomba), Godoy Cruz, Argentinien, Klub, entst. 1921, [1921-30 Sportivo Godoy Cruz, 30 Fusion mit Antonio Tomba => CD Godoy Cruz Antonio Tomba], s. S. 135
CD González (Club Deportivo González), San Marcos, Nicaragua, Klub, s. S. 125
CD Green Cross (Club Deportivo Green Cross), Manta, Ecuador, Klub, entst. 1961, [aufgel. 19??], s. S. 130
CD Guadalajara (Club Deportivo Guadalajara AC), Guadalajara, Mexiko, Klub, entst. 1906, [1906-08 Union], s. S. 125
CD Guaraní Antonio Franco (Club Deportivo Guaraní Antonio Franco), Posadas, Argentinien, Klub, entst. 1932, [1932-35 Sportivo Guaraní], s. S. 135
CD Hatuey, Havanna (La Habana), Kuba, Klub, [aufgel. 19??], s. S. 126
CD Humaitá (Club Deportivo Humaitá), Mariano Roque Alonso, Paraguay, Klub, entst. 1932, s. S. 135
CD Independiente-Villela (Club Deportivo Independiente-Villela), Siguatepeque, Honduras, Klub, s. S. 125
CD Italiano (Club Deportivo Italiano), Buenos Aires, Argentinien, Klub, entst. 1955, [1955-73 ACIA, 73-78 CS Italiano], s. S. 135
CD Izabal JC (Club Deportivo Izabal Juventud Catolica), Izabal, Guatemala, Klub, s. S. 125
CD Jalapa (Club Deportivo Jalapa), Jalapa, Guatemala, Klub, s. S. 125
CD Jalapa (Club Deportivo Jalapa), Jalapa, Nicaragua, Klub, s. S. 125
CD Junín (Club Deportivo Junín), Huancayo, Peru, Klub, [1983-85 Huancayo FC, 85-98 CD Junín, aufgel. 98 der Fusion mit Meteor SC => Meteor-Junín (98-99), 99 Aufl. der Fusion und Zurückbenennung], s. S. 131
CD Junín s. Meteor SC
CD Juventud Olímpica Metalío (Club Deportivo Juventud Olímpica Metalío), Sonsonate, El Salvador, Klub, s. S. 125
CD La Coruña s. RCD La Coruña
CD Leonesa (Cultural y Deportiva Leonesa), León, Spanien, Klub, entst. 1923, [entst. 1923 durch Fusion Gimnastico León und Victoria León], s. S. 79
CD Libertad (Club Deportivo Libertad), San Salvador, El Salvador, Klub, [aufgel. 1950 durch Fusion mit CD Alacranes => CD Atlético Marte], s. S. 125
CD Libertad s. CD Atlético Marte
CD Litoral (Club Deportivo Litoral), La Paz, Bolivien, Klub, s. S. 131
CD Logroñés (Club Deportivo Logroñés), Logroño, Spanien, Klub, entst. 1940, s. S. 79
CD Lota Schwager (Club Deportivo Lota Schwager), Lota, Chile, Klub, entst. 1966, s. S. 135
CD Luís Angel Firpo (Club Deportivo Luís Angel Firpo), Usulután, El Salvador, Klub, entst. 1923, [1923 Tecum-Umam], s. S. 125
CD Magallanes (Club Deportivo Magallanes), Santiago, Chile, Klub, entst. 1897, s. S. 135
CD Malacitano Málaga s. Málaga CF
CD Maldonado (Club Deportivo Maldonado), Maldonado, Uruguay, Klub, entst. 1928, s. S. 135
CD Mallorca s. RCD Mallorca
CD Mandiyú (Club Deportivo Mandiyú), Corrientes, Argentinien, Klub, entst. 1952, [1952-53 CD Tipoití], s. S. 135
CD Marathón (Club Deportivo Marathón), San Pedro Sula, Honduras, Klub, entst. 1925, s. S. 125
CD Marquense (Club Deportivo Marquense), San Marcos, Guatemala, Klub, s. S. 125
CD Masachapa (Club Deportivo Masachapa), Managua, Nicaragua, Klub, s. S. 125
CD Maxaquene (Clube Desportes Maxaquene), Maputo, Mosambik, Klub, s. S. 121
CD Maya (Club Deportivo Maya), Quezaltepeque, El Salvador, Klub, [aufgel. 19??], s. S. 125
CD Metapán (Club Deportivo Metapan), Metapán, El Salvador, Klub, s. S. 125
CD Mictlan (Club Deportivo Mictlan), Jutiapa, Guatemala, Klub, s. S. 125
CD Millonarios (Club Deportivo los Millonarios), Bogotá, Kolumbien, Klub, entst. 1938, [1938-46 Deportivo Municipal], s. S. 128
CD Montijo (Clube Desportivo Montijo), Montijo, Portugal, Klub, entst. 1948, s. S. 79
CD Morón (Club Deportivo Morón), Buenos Aires, Argentinien, Klub, entst. 1947, [1947 Los Piratas, 47-52 CS Morón], s. S. 135
CD Motagua (Club Deportivo Motagua), Tegucigalpa, Honduras, Klub, entst. 1928, s. S. 125
CD Municipal (Club Deportivo Municipal), La Paz, Bolivien, Klub, entst. 1944, s. S. 131
CD Municipal Limeño (Club Deportivo Municipal Limeño), Santa Rosa de Lima, El Salvador, Klub, s. S. 125
CD Nacional (Clube Desportivo Nacional), Funchal, Portugal, Klub, entst. 1910, s. S. 79
CD Numancia (Club Deportivo Numancia), Soria, Spanien, Klub, entst. 1945, s. S. 79
CD Olimpia (Club Deportivo Olimpia), Tegucigalpa, Honduras, Klub, entst. 1926, s. S. 125
CD Once Lobos (Club Deportivo Once Lobos), Chalchuapa, El Salvador, Klub, s. S. 125
CD Ovación SIPESA s. CD Pesquero
CD Ovetense s. Real Oviedo CF
CD Palestino (Club Deportivo Palestino), Santiago, Chile, Klub, entst. 1920, s. S. 135
CD Pan de Azúcar (Club Deportivo Pan de Azúcar), Ciudad de Panamá/Panama City, Panama, Klub, entst. 1974, s. S. 125
CD Pantoja-Rowe (Club Deportivo Pantoja-Rowe), Pantoja, Dominikanische Republik, Klub, s. S. 127
CD Pesquero (Club Deportivo Pesquero), Chimbote, Peru, Klub, entst. 1966, [1966-93 CD Ovación SIPESA, 93-96 CD SIPESA, 96-99 CD Pesquero, aufgel. 99, Umzug nach Huancayo => CD Wanka], s. S. 130
CD Pesquero s. CD Wanka
CD Platense (Club Deportivo Platense), Zacatecoluca, El Salvador, Klub, s. S. 125
CD Plaza Amador (Club Deportivo Plaza Amador), Ciudad de Panamá/Panama City, Panama, Klub, entst. 1955, s. S. 125
CD Pringles s. Alianza Juventud Pringles
CD Provincial Osorno (Club Deportivo Provincial Osorno), Osorno, Chile, Klub, entst. 1983, s. S. 135
CD Quevedo (Club Deportivo Quevedo), Quevedo, Ecuador, Klub, entst. 1950, s. S. 130
CD Real Bamin Potosí (Club Deportivo Real Bamin Potosí), Potosí, Bolivien, Klub, entst. 1980, s. S. 131
CD Sabadell FC (Centre D'Esports Sabadell Fútbol Club), Sabadell, Spanien, Klub, entst. 1903, s. S. 79
CD Sacachispas (Club Deportivo Sacachispas), Chiquimulilla, Guatemala, Klub, s. S. 125
CD Santa Clara (Club Deportivo Santa Clara), Santa Clara, El Salvador, Klub, s. S. 125
CD Santa Clara (Clube Desportivo Santa Clara), Ponta Delgada, Portugal, Klub, entst. 1921, s. S. 79
CD Santa Lucia Cotzumalguapa (Club Deportivo Santa Lucia Cotzumalguapa), Santa Lucia Cotzumalguapa, Guatemala, Klub, [19??-99 CD Azucareros], s. S. 125
CD Santiago Morning (Club Deportivo Santiago Morning), Santiago, Chile, Klub, entst. 1936, [entst. 1936 durch Fusion Deportivo Santiago und Morning Star], s. S. 135
CD Santiago Morning s. Deportivo Santiago
CD Santiago Morning s. Morning Star
CD Santiagueño (Club Deportivo Santiagueño), Santiago de Maria, El Salvador, Klub, s. S. 125
CD Saprissa (Club Deportivo Saprissa), San José, Costa Rica, Klub, entst. 1935, s. S. 124
CD Savio (Club Deportivo Savio), Santa Rosa de Copán, Honduras, Klub, s. S. 125
CD SIPESA s. CD Pesquero
CD Suchitépequez (Club Deportivo Suchitépequez), Mazatenango, Guatemala, Klub, s. S. 125
CD Técnico Universitario (Club Deportivo Técnico Universitario), Ambato, Ecuador, Klub, entst. 1971, s. S. 130
CD Tenerife (Club Deportivo Tenerife), Santa Cruz de Tenerife, Spanien, Klub, entst. 1922, s. S. 79
CD Tiburones (Club Deportivo Tiburones), Acajutla, El Salvador, Klub, entst. 1979, [1979-90 CEPA], s. S. 125
CD Tipoití s. CD Mandiyú
CD Toluca (Club Deportivo Toluca AC), Toluca de Lerdo, Mexiko, Klub, entst. 1917, s. S. 125
CD Travadores (Clube Desportivo Travadores), Praia, Kapverden, Klub, s. S. 116
CD Trujillanos (Club Deportivo Trujillanos), Valera, Venezuela, Klub, entst. 1981, [1981-98 Trujillanos FC], s. S. 128
CD Universidad Católica (Club Deportivo Universidad Católica), Quito, Ecuador, Klub, entst. 1961, s. S. 131
CD Universidad Católica (Club Deportivo Universidad Católica), Santiago, Chile, Klub, entst. 1935, s. S. 135
CD Universitario (Club Deportivo Universitario), La Paz, Bolivien, Klub, s. S. 131
CD Veracruz (Club Deportivo Veracruz SA), Veracruz Llave, Mexiko, Klub, entst. 1943, [1984 aufgel., 89 wiedergegr.], s. S. 125
CD Victoria (Club Deportivo Victoria), La Ceiba, Honduras, Klub, entst. 1935, s. S. 125
CD Vida (Club Deportivo Vida), La Ceiba, Honduras, Klub, entst. 1940, s. S. 125
CD Walter Ferrety (Club Deportivo Walter Ferrety), Managua, Nicaragua, Klub, s. S. 125
CD Wanka (Club Deportivo Wanka), Huancayo, Peru, Klub, entst. 1999, [entst. 1999 nach Umzug von CD Pesquero aus Chimbote], s. S. 131
CD Wanka s. CD Pesquero
CD Zacapa (Club Deportivo Zacapa), Zacapa, Guatemala, Klub, s. S. 125
CD Zacatepec (Club Deportivo Zacatepec SA), Cuernavaca, Mexiko, Klub, entst. 1950, s. S. 125
CDA (Capital Development Authority), Dodoma, Tansania, Klub, s. S. 119
CDA Djibouti, Djibouti, Dschibuti, Klub, s. S. 115
CDE s. AS CDE
CDKA Moskva s. FK CSKA Moskva
CDNA Sofija s. DSO Tscherveno zname Sofija
CDNA Sofija s. FK CSKA Sofija
CDNA Sofija s. FK Septemvri Sofija
CDNV Sofija s. FK CSKA Sofija
CDSA Moskva s. FK CSKA Moskva
CDSA Moskva s. VVS Moskva
CDV Sofija s. FK Septemvri Sofija
CE Benito (Club Esportiu Benito), Sant Julià de Lòria, Andorra, Klub, entst. 1997, [1997-98 Cava Benito], s. S. 77
CE Dom Bosco (Clube Esportivo Dom Bosco), Cuiabá, Brasilien, Klub, entst. 1925, s. S. 133
CE Operário Varzeagrandense (Clube Esportivo Operário Varzeagrandense), Várzea Grande, Brasilien, Klub, entst. 1940, s. S. 133
CE Paysandu s. Brusque FC
CE Paysandu s. CA Carlos Renaux
CE Principat (Club Esportiu Principat), Andorra la Vella, Andorra, Klub, entst. 1987, [1987-95 CE Principat, 95-96 CE Principat Inter Trade], s. S. 77
CE Principat Inter Trade s. CE Principat
CEA Clube Macapá s. CEA Macapá
CEA Macapá (CEA Clube Macapá), Macapá, Brasilien, Klub, [aufgel. 19??], s. S. 133
Ceahlăul Piatra Neamţ s. FC Ceahlăul Piatra Neamţ
Ceará SC (Ceará Sporting Club), Fortaleza, Brasilien, Klub, entst. 1914, s. S. 133
Ceará Sporting Club s. Ceará SC
Cebu City, Stadt, Philippinen, s. S. 107
Cebu FA (Cebu Football Association), Cebu City, Philippinen, Klub, s. S. 107
Cebu Football Association s. Cebu FA
Čechie BVB, Prag (Praha), Tschechische Republik, Klub, entst. 1898, [1898-99 Sportovní kroužek Slavoj Karlín, 1899-1948 SK Čechie Karlín, 48-50 Sokol Čechie Karlín, 50-51 ZSJ OD Karlín, 51-53 ZSJ ČKD Dukla Karlín, 53-67 TJ Spartak Karlín Dukla, 67-?? TJ Čechie Karlín, ??-2000 SK Čechie Karlín], s. S. 86
Čechie Karlín s. Čechie BVB
Čechie Liberec s. TJ Jiskra SS Liberec
Čechie Liberec s. TJ Slavoj Liberec
Čechie Praha VIII s. SK Čechie Praha VIII
Čechie Trnava s. FC Spartak Trnava
Cecle sportif Batavea s. CSB
Cedar United, Monrovia, Liberia, Klub, s. S. 117
Cefn Albion FC s. Flexsys Cefn Druids AFC
Cefn Druids FC s. Flexsys Cefn Druids AFC
Celaya, Stadt, Mexiko, s. S. 125
Celeritas s. Feyenoord
Čelik Zenica s. NK Čelik Zenica
Celje, Stadt, Slowenien, s. S. 93
Celle, Stadt, Deutschland, s. S. 85
Celta s. Deportivo Celta
Celta Vigo s. RC Celta Vigo
Celtic FC & AC (Celtic Football Club & Athletic Club), Belfast, Nordirland, Klub, entst. 1891, [1891-97 Celtic FC, 1897-1949 Celtic FC & AC, 49 aufgel.], s. S. 69
Celtic FC (Celtic Football Club), Glasgow, Schottland, Klub, entst. 1888, s. S. 69
Celtic FC s. Birkirkara FC
Celtic FC s. Celtic FC & AC
Celtic FC s. Cork Celtic FC
Celtic FC s. Derry Celtic FC
Celtic Football Club & Athletic Club s. Celtic FC & AC
Celtic Football Club s. Celtic FC
Celtic s. Bloemfontein Celtic
Celtic s. Philadelphia Celtic
Celtics s. Jersey City Celtics
Celtnieks Daugavpils s. FC Dinaburg Daugavpils
Celtnieks Riga, Riga, Lettland, Klub, s. S. 99
Celts s. Caernarfon Town FC
Cemaes Bay FC s. Cemaes Ynys Môn FC
Cemaes Ynys Môn FC (Cemaes Ynys Môn Football Club), Cemaes, Wales, Klub, entst. 1946, [1946-97 Cemaes Bay FC], s. S. 67
Cemaes Ynys Môn Football Club s. Cemaes Ynys Môn FC
Cemaes, Stadt, Wales, s. S. 67
Cement s. Eagle Cement
Cementarnica 55 Skopje s. FK Cementarnica 55 Skopje
Centenario FC s. CA Témperley
Central Argentine Railway AC s. CA Rosario Central
Central Córdoba s. CA Central Córdoba
Central Español FC (Central Español Fútbol Club), Montevideo, Uruguay, Klub, entst. 1905, [1905-71 Central FC, 71 Fusion mit Federation of Spanish Institutions => Central Español FC], s. S. 135
Central Español Fútbol Club s. Central Español FC
Central Falcons, Trinidad und Tobago, Klub, [19??-9? Trinity Falcons], s. S. 129
Central FC s. Balestier Central FC
Central FC s. Central Español FC
Central Hikers s. Botafogo/Central Hikers
Central Laitiere Association sportive Casablanca s. CLAS Casablanca
Central Norte s. CA Central Norte
Central s. Unión Central
Central s. Universidad Central
Central SC (Central Sport Club), Caruaru, Brasilien, Klub, entst. 1919, s. S. 133
Central Sport Club s. Central SC
Central Sport s. AS Central Sport
Central Team, ar-Riyad, Saudi-Arabien, Klub, [aufgel. 19??], s. S. 103
Central United FC (Central United Football Club), Auckland, Neuseeland, Klub, entst. 1962, s. S. 137
Central United Football Club s. Central United FC
Central'nyj Sportivnyj Klub Armiji Almaty s. CSKA Almaty
Centre Chiefs (Wharic Centre Chiefs), Mochudi, Botswana, Klub, s. S. 121
Centre de Flacq, Stadt, Mauritius, s. S. 121
Centre D'Esports Sabadell Fútbol Club s. CD Sabadell FC
Centre Salif Keita s. JS Centre Salif Keita
Centro Atlético (Centro Atlético de Gimnasia y Deportes), Caracas, Venezuela, Klub, entst. 1907, [aufgel. 19??], s. S. 129
Centro Atlético de Gimnasia y Deportes s. Centro Atlético
Centro Atlético Fénix s. Atlético Fénix
Centro de la Juventud Antoniana s. Juventud Antoniana
Centro Deportivo Barber, Barber, Niederländische Antillen, Klub, s. S. 127
Centro Deportivo Olmedo s. Deportivo Olmedo
Centro Dominguito, Dominguito, Niederländische Antillen, Klub, s. S. 127
Centro Iqueño s. Juventud La Joya
Centro Iqueño s. La Joya-Iqueño
Centro Iqueño, Lima, Peru, Klub, entst. 1935, [aufgel. 1987 durch Fusion mit Juventud La Joya => La Joya-Iqueño, 87 Aufl. der Fusion und Zurückbenennung], s. S. 130
Centro Juvenil, Esmeraldas, Ecuador, Klub, s. S. 130
Centro Sportivo Alagoano s. CSA
Centroamericana s. Universidad Centroamericana
Centrul Universitar Bucureşti s. CF Sportul Studentesc Bucureşti
Century Welfare Association s. ASPL 2000
Century Welfare Association s. RBBS/St. Martin
CEPA s. CD Tiburones
Cercle Athlétique Charenton s. CA Charenton
Cercle Brugge Koninklijke Sportvereniging s. Cercle Brugge KSV
Cercle Brugge KSV (Cercle Brugge Koninklijke Sportvereniging), Brugge, Belgien, Klub, entst. 1899, [1899-1924 CS Brugeois, 24-68 RCS Brugeois, 68-97 KSV Cercle Brugge], s. S. 75
Cercle Club Athlétique Sporting Racing Luxembourg s. Spora Luxembourg
Cercle des Régates de Bruxelles, Brüssel (Bruxelles/Brussel), Belgien, Klub, entst. 1878, s. S. 75
Cercle des Sports Echternach s. CS Echternach
Cercle Mbéri (Cercle Mbéri sportif), Libreville, Gabun, Klub, s. S. 119
Cercle Mbéri sportif s. Cercle Mbéri
Cercle Olympique, Bamako, Mali, Klub, s. S. 114
Cercle sportif Football and Lawn Tennis Esch/Alzette s. CS FOLA Esch
Cercle sportif le Stade Dudelange s. CS Stade Dudelange
Cercle sportif Obercorn s. CS Obercorn
Cerezo Osaka, Osaka, Japan, Klub, entst. 1957, [19??-92 Yanmar Diesel FC], s. S. 111
Cernăuţi, Stadt, Ukraine, s. S. 91 und 99
Cerro Corá (Club Cerro Corá), Asunción, Paraguay, Klub, entst. 1925, s. S. 135
Cerro de Pasco, Stadt, Peru, s. S. 130
Cerro FC (Cerro Fútbol Club), Havanna (La Habana), Kuba, Klub, s. S. 126
Cerro Fútbol Club s. Cerro FC
Cerro Porteño (Club Cerro Porteño), Asunción, Paraguay, Klub, entst. 1912, s. S. 135
Cerro Porteño (Club Cerro Porteño), Ciudad del Este, Paraguay, Klub, s. S. 135
Cerro s. CA Cerro
Červená hviezda Bratislava s. FK AŠK Inter Slovnaft Bratislava
Červená hviezda Bratislava s. ŠK Polície Bratislava
Cesarini s. CA Renato Cesarini
Cesena AC (Cesena Associazione Calcio), Cesena, Italien, Klub, entst. 1940, s. S. 81
Cesena Associazione Calcio s. Cesena AC
Cesena, Stadt, Italien, s. S. 81
Česká sportovní společnost Drnovice s. FK Drnovice
České Budějovice, Stadt, Tschechische Republik, s. S. 86
Český Amatérský Football Club Praha s. ČAFC Praha
Český Amatérský Fotbalový Club Židenice s. ČAFC Židenice
Český SK Jablonec s. FK Jablonec '97
Cessange s. FC Progrès Cessange
Cetinje, Stadt, Jugoslawien, s. S. 93
Çetinkaya TSC (Çetinkaya Turkish Sport Club), Nicosia/Lefkosia, Zypern, Klub, entst. 1916, [1916-51 LTSK], s. S. 95
Çetinkaya Turkish Sport Club s. Çetinkaya TSC
CEUB EC (CEUB Esporte Clube), Brasília, Brasilien, Klub, [aufgel. 19??], s. S. 133
CEUB Esporte Clube s. CEUB EC
Ceuta SD s. Atlético Tetuán
Ceuta, Stadt, Spanien, s. S. 79
CF América (Club de Fútbol América SA), Mexiko-Stadt/Ciudad de México, Mexiko, Klub, entst. 1916, [entst. 1916 durch Fusion Record FC und Colon FC], s. S. 125
CF Barcelona s. FC Barcelona
CF Chindia Târgovişte (Clubul de Fotbal Chindia Târgovişte), Târgovişte, Rumänien, Klub, entst. 1950, [1950-5? Metalul Tîrgovişte, 5?-57 Energia Tîrgovişte, 57-72 Metalul Tîrgovişte, 72-94 CS Tîrgovişte, 94 CS Târgovişte, 94-96 Otelul U Târgovişte], s. S. 91
CF Estrela Amadora (Clube de Futebol Estrela da Amadora), Amadora, Portugal, Klub, entst. 1932, s. S. 78
CF Extremadura (Club de Fútbol Extremadura), Almendralejo, Spanien, Klub, entst. 1924, s. S. 79
CF Malaguaño s. Málaga CF
CF Monterrey (Club de Fútbol Monterrey AC), Monterrey, Mexiko, Klub, entst. 1945, [1946 aufgel., ?? wiedergegr.], s. S. 125
CF Nacional, Carolina, Puerto Rico, Klub, s. S. 127
CF Nistru Chişinău s. FC Zimbru Chişinău
CF Os Belenenses (Clube de Futebol Os Belenenses), Lissabon (Lisboa), Portugal, Klub, entst. 1919, s. S. 78
CF Puebla (Club de Fútbol Puebla de la Franja AC), Puebla de Zaragoza, Mexiko, Klub, entst. 1943, s. S. 125
CF Querétaro (Club de Fútbol Querétaro), Querétaro, Mexiko, Klub, s. S. 125
CF Sevilla s. Sevilla FC
CF Sportul Studentesc Bucureşti (Clubul de Fotbal Sportul Studentesc Bucureşti), Bukarest (Bucureşti), Rumänien, Klub, entst. 1916, [1916-19 SC Universitar Studentesc Bucureşti, 19-45 Sportul Studentesc Bucureşti, 45-47 Sparta Bucureşti, 47 aufgel., 48 wiedergegr., 48-54 Centrul Universitar Bucureşti, 54 Fusion mit IA Bucureşti => Ştiinţa Bucureşti (54-66), 66-69 Politehnica Bucureşti], s. S. 90
CF União (Clube de Futebol União), Funchal, Portugal, Klub, entst. 1913, s. S. 79
CF União Coimbra (Clube de Futebol União de Coimbra), Coimbra, Portugal, Klub, entst. 1919, s. S. 79
CFA Espoir, Kongo, Klub, s. S. 118
CFC Preußen Krefeld s. VfL Preußen 1895 Krefeld
CFKA Sofija s. FK CSKA Sofija
CFKA Sredec Sofija s. FK CSKA Sofija
CFPV s. Vagonul Ploieşti
CFR Arad s. CS Astra Arad
CFR Braşov (Caile Ferate Româna Braşov), Braşov, Rumänien, Klub, entst. 1920, [1920-46 SS ACFR Braşov, ?? aufgel.], s. S. 91
CFR Bucureşti s. UFC Rapid Bucureşti
CFR Cluj s. CFR Cluj-Napoca
CFR Cluj s. Ferar KMSE Cluj
CFR Cluj s. Rapid Cluj
CFR Cluj s. Victoria CFR Cluj
CFR Cluj-Napoca (Caile Ferate Româna Cluj-Napoca), Cluj-Napoca, Rumänien, Klub, entst. 1907, [1907-50 CFR Cluj, 47 Fusion mit Ferar KMSE Cluj, 50-58 Locomotivă Cluj, 58-60 CFR Cluj, 60 Fusion mit Rapid Cluj => CSM Cluj (60-64), 64-67 Clujeana Cluj, 67-74 CFR Cluj, 74-82 CFR Cluj-Napoca, 82-85 Steaua CFR Cluj-Napoca], s. S. 91
CFR Galaţi s. Gloria CFR Galaţi
CFR Iaşi (Caile Ferate Româna Iaşi), Iaşi, Rumänien, Klub, entst. 1921, [1921-?? Acvila Iaşi, ??-36 CS Victoria Iaşi, 36 Fusion mit ACFR Iaşi => Victoria CFR Iaşi (36-47), 47-50 CFR Iaşi, 50-56 Locomotivă Iaşi, 56-58 CFR Iaşi, aufgel. 58 durch Fusion mit Ştiinţa Iaşi => CSMS Iaşi], s. S. 91
CFR Iaşi s. FC Politehnica Iaşi
CFR Locomotivă Satu Mare s. FC Olimpia Satu Mare
CFR Mureşul Tîrgu Mureş s. CS Mureşul Tîrgu Mureş
CFR Ploieşti s. Vagonul Ploieşti
CFR Satu Mare s. FC Olimpia Satu Mare
CFR Sibiu s. FC Şoimii COMPA Sibiu
CFR Timişoara (Casa Ferovariul Rapid Timişoara), Temeschburg (Timişoara), Rumänien, Klub, entst. 1919, [1919-26 Sparta CFR Timişoara, 26 Fusion mit Unirea Timişoara => Sparta Unirea CFR Timişoara (26-32), 27 Fusion mit CS Banatul Timişoara, 32-50 CFR Timişoara, 50-58 Locomotivă Timişoara], s. S. 91
CFR Tîrgu Mureş s. CS Mureşul Tîrgu Mureş
CFR Turnu Severin (Caile Ferate Româna Turnu Severin), Drobeta-Turnu Severin, Rumänien, Klub, entst. 1928, [1928-51 CFR Turnu Severin, 51-57 Locomotivă Turnu Severin, 57-58 CFR Turnu Severin, 58 aufgel.], s. S. 91
CG Tîrgu Mureş (Clubul Gimnastic Tîrgu Mureş), Târgu Mureş, Rumänien, Klub, [aufgel. 19??], s. S. 91
ČH Topoľčany s. MFK VTJ Topoľčany
Chabab Aurés Batna s. CA Batna
Chabab Mohammedia s. SC Chabab Mohammedia
Chabab Riadhi Belouizdad s. CR Belouizdad
Chabab sportif de Constantine s. CS Constantine
Chacao s. Deportivo Italchacao FC
Chacarita Juniors s. CA Chacarita Juniors
Chacarita Versalles, Iquitos, Peru, Klub, s. S. 131
Chaco For Ever s. CA Chaco For Ever
Chaco Petrolero s. CD Chaco Petrolero
Chadongcha, Pyongyang, Nordkorea, Klub, s. S. 110
Chaguaramas, Stadt, Trinidad und Tobago, s. S. 129
Chalaco s. Atlético Chalaco
Chalantika SC s. Mirpur Chalantika SC
Chalchuapa, Stadt, El Salvador, s. S. 125
Challengers, Soufrière, St. Lucia, Klub, s. S. 127
Chambishi United, Chambishi, Sambia, Klub, s. S. 119
Chambishi, Stadt, Sambia, s. S. 119
Chamois Niortais FC (Chamois Niortais Football Club), Niort, Frankreich, Klub, entst. 1921, s. S. 77
Chamois Niortais Football Club s. Chamois Niortais FC
Chancay, Stadt, Peru, s. S. 130
Chanchamayo FC (Chanchamayo Fútbol Club), La Merced, Peru, Klub, [19??-85 Hostal Rey], s. S. 131
Chanchamayo Fútbol Club s. Chanchamayo FC
Chang s. IK Chang
Changsha, Stadt, China, s. S. 109
Changwon, Stadt, Südkorea, s. S. 110
Chanic, Bujumbura, Burundi, Klub, s. S. 119
Chankendi, Stadt, Armenien, s. S. 97
Chanties s. Robbie Chanties
Chaouia s. US Chaouia
Chapadão do Sul, Stadt, Brasilien, s. S. 133
Chapecó, Stadt, Brasilien, s. S. 133
Chapecoense (Associação Chapecoense de Futebol), Chapecó, Brasilien, Klub, entst. 1973, s. S. 133
Chapungu, Gweru, Simbabwe, Klub, s. S. 121
Charentes Angoulême s. AS Angoulême
Charenton s. CA Charenton
Charkiw, Stadt, Ukraine, s. S. 99
Char'kow, Stadt, Ukraine, s. S. 99
Charleroi SC s. RSC Charleroi
Charleroi, Stadt, Belgien, s. S. 75
Charleston s. Orizaba Charleston
Charloische Voetbal Vereniging s. CVV
Charlotte Amalie, Stadt, Amerikanische Jungferninseln, s. S. 126
Charlotte, Stadt, USA, s. S. 123
Charlottenburg s. Berliner Tennis Club Borussia
Charlton Athletic FC (Charlton Athletic Football Club), London, England, Klub, entst. 1905, s. S. 66
Charlton Athletic Football Club s. Charlton Athletic FC
Château de Lancy s. FC Château de Lancy
Châteauroux, Stadt, Frankreich, s. S. 77
Chatham, Stadt, England, s. S. 67
Chatsworth Rangers, Durban, Südafrika, Klub, s. S. 121
Chaturanga JS, Sylhet, Bangladesh, Klub, s. S. 105
Chaudron s. US Chaudron
Chaves, Stadt, Portugal, s. S. 79
Chávez s. Jorge Chávez
Chazar Sumgait s. FC Kimjachi Sumgait
Cheb, Stadt, Tschechische Republik, s. S. 86
Cheetahs s. Anyang LG Cheetahs
Chela, Stadt, Angola, s. S. 118
Chelas Lisboa s. Oriental Lisboa
Chelsea FC (Chelsea Football Club), Grootfontein, Namibia, Klub, s. S. 120
Chelsea FC (Chelsea Football Club), London, England, Klub, entst. 1905, s. S. 66
Chelsea FC (Chelsea Football Club), Lowmans, St. Vincent und Grenadinen, Klub, s. S. 127
Chelsea Football Club s. Chelsea FC
Chelsea s. Bosmont Chelsea
Chelsea, Lesotho, Klub, s. S. 120
Chemelil Sugar, Muhoroni, Kenia, Klub, [19??-95 Muhoroni FC], s. S. 119
Chemical (Chemical Corporation), Asmara, Eritrea, Klub, s. S. 115
Chemical Corporation s. Chemical
Chemie Böhlen s. FSV Böhlen
Chemie Buna-Schkopau s. SV Merseburg 99
Chemie Halle s. Hallescher FC
Chemie Karl-Marx-Stadt s. Chemnitzer FC
Chemie Leipzig s. FC Sachsen Leipzig 1990
Chemie Merseburg s. SV Merseburg 99
Chemie Südwest Leipzig s. FC Sachsen Leipzig 1990
Chemie SV Linz s. Linzer SV Stickstoff
Chemie Zeitz s. 1. FC Zeitz
Chemik Racibórz s. KS Unia Racibórz
Chemik Semtín s. SK Pardubice
Chemikas Kedainiai s. FK Nevežis Kedainiai
Cheminots Loubomo, Loubomo, Kongo, Klub, s. S. 118
Cheminots s. AS Cheminots
Cheminots s. CS Cheminots
Cheminots s. US Cheminots
Cheminots, Cotonou, Benin, Klub, s. S. 117
Chemko Humenné s. HFC Humenné
Chemlon Humenné s. HFC Humenné
Chemnitz, Stadt, Deutschland, s. S. 85
Chemnitzer Ballspiel-Club 1899 s. Chemnitzer BC 1899
Chemnitzer BC 1899 (Chemnitzer Ballspiel-Club 1899), Chemnitz, Deutschland, Klub, entst. 1899, [1899-1900 Chemnitzer SC Britannia, 1900-33 Chemnitzer BC 1899, 33 aufgel.], s. S. 85
Chemnitzer FC (Chemnitzer Fußball-Club), Chemnitz, Deutschland, Klub, entst. 1920, [1920-42 Polizei SV Chemnitz, 42-45 SG Ordnungspolizei Chemnitz, 45 aufgel. und wiedergegr., 45-50 SG Chemnitz-Nord, 50-53 BSG Fewa Chemnitz, 53-56 BSG Chemie Karl-Marx-Stadt, 56-63 SC Motor Karl-Marx-Stadt, 58 Fusion mit BSG Motor West Karl-Marx-Stadt, 63-66 SC Karl-Marx-Stadt, 66-90 FC Karl-Marx-Stadt], s. S. 85
Chemnitzer Fußball-Club s. Chemnitzer FC
Chemnitzer SC Britannia s. Chemnitzer BC 1899
Chemosvit Svit s. FC Chemosvit Svit
CHENAC Rodange s. FC Chiers Rodange
Chêne-Bourg, Stadt, Schweiz, s. S. 82
Chengdu, Stadt, China, s. S. 109
Chennai, Stadt, Indien, s. S. 105
Chênois s. CS Chênois
Cheq Point, Kuala Lumpur, Malaysia, Klub, s. S. 106
Cherson, Stadt, Ukraine, s. S. 99
Cheruskia s. VfB Bielefeld 03
Chester City FC (Chester City Football Club), Chester, England, Klub, entst. 1884, [1884-1983 Chester FC], s. S. 67
Chester City Football Club s. Chester City FC
Chester FC s. Chester City FC
Chester, Stadt, England, s. S. 67
Chesterfield FC (Chesterfield Football Club), Chesterfield, England, Klub, entst. 1866, [??-?? Chesterfield Town], s. S. 67
Chesterfield Football Club s. Chesterfield FC
Chesterfield Town s. Chesterfield FC
Chesterfield, Stadt, England, s. S. 67
Chiang Mai, Stadt, Thailand, s. S. 106
Chiasso, Stadt, Schweiz, s. S. 82
Chiba, Stadt, Japan, s. S. 111
Chibuku s. Black Aces
Chibuluma Modern Stars, Kalulushi, Sambia, Klub, [19??-2000 Kalulushi Modern Stars], s. S. 119
Chicago FC (Chicago Football Club), Kampala, Uganda, Klub, s. S. 119
Chicago Fire, Chicago, USA, Klub, entst. 1998, s. S. 123
Chicago Football Club s. Chicago FC
Chicago Mustangs, Chicago, USA, Klub, entst. 1967, [aufgel. 1968], s. S. 123
Chicago Spurs s. Kansas City Spurs
Chicago Spurs, Chicago, USA, Klub, entst. 1967, [aufgel. 1968, Umzug nach Kansas City => Kansas City Spurs], s. S. 123
Chicago Sting, Chicago, USA, Klub, entst. 1975, [aufgel. 1988], s. S. 123
Chicago, Stadt, USA, s. S. 123
Chichiri Athletics, Blantyre, Malawi, Klub, s. S. 121
Chiclayo, Stadt, Peru, s. S. 130
Chiclín, Stadt, Peru, s. S. 130
Chicoil s. FC Chicoil
Chief Santos s. MS Chief Santos
Chiefs (I) s. Atlanta Apollos
Chiefs (II) s. Atlanta Chiefs (II)
Chiefs s. Centre Chiefs
Chiefs s. Circuit Chiefs
Chiefs s. Kaizer Chiefs
Chiers Rodange s. FC Chiers Rodange
Chiers Rodange s. FC Racing Rodange
Chiers Rodange s. FC Rodange 91
Chiesanuova, Stadt, San Marino, s. S. 81
Chievo Verona, Verona, Italien, Klub, s. S. 81
Chihuahua, Stadt, Mexiko, s. S. 125
Chikwawa, Stadt, Malawi, s. S. 121
Chile, Länder, s. S. 134 und 135
Chililabombwe, Stadt, Sambia, s. S. 119
Chillán, Stadt, Chile, s. S. 135
Chimaltenango, Stadt, Guatemala, s. S. 125
Chimbote, Stadt, Peru, s. S. 130
Chimia Fălticeni s. FC Foresta Fălticeni
Chimia Suceava s. NC Foresta Suceava
Chimik Dimitrovgrad s. DFS Akademik Dimitrovgrad
Chimik Dschambul s. FK Taraz
Chimik Grodno s. FK Njoman-Belcard Hrodna
Chimik Hrodna s. FK Njoman-Belcard Hrodna
Chimik Kara-Balta s. FK KVT Dinamo Kara-Balta
Chimik Kustanaj s. Tobol Kustanaj
Chimik Mogilew s. FK Dnepr Mahiljou
Chimik Stepnogorsk s. Akmola Stepnogorsk
Chimoio, Stadt, Mosambik, s. S. 121
China B, Peking (Beijing), China, Klub, s. S. 109
China, Länder, s. S. 108 und 109
Chinameca SC (Chinameca Sporting Club), Chinameca, El Salvador, Klub, [aufgel. 19??], s. S. 125
Chinameca Sporting Club s. Chinameca SC
Chinameca, Stadt, El Salvador, s. S. 125
Chinandega, Stadt, Nicaragua, s. S. 125
Chincha Alta, Stadt, Peru, s. S. 130
Chindia Târgovişte s. CF Chindia Târgovişte
Chinese FA s. Singapore Chinese FA
Chinezul CAM Timişoara s. CAM Timişoara
Chinezul CAM Timişoara s. CSF Chinezul Timişoara
Chinezul Timişoara s. CSF Chinezul Timişoara
Chingale, Tete, Mosambik, Klub, s. S. 121
Chingola, Stadt, Sambia, s. S. 119
Chio Waldhof 07 s. SV Waldhof Mannheim 07
Chiquimulilla, Stadt, Guatemala, s. S. 125
Chirazienne, Domoni, Komoren, Klub, s. S. 121
Chirilanco s. Unión de Chirilanco
Chiriquí FC (Chiriquí Fútbol Club), David, Panama, Klub, entst. 1995, s. S. 125
Chiriquí Fútbol Club s. Chiriquí FC
Chirk AAA FC (Chirk Amateur Athletic Association Football Club), Chirk, Wales, Klub, entst. 1875, s. S. 67
Chirk Amateur Athletic Association Football Club s. Chirk AAA FC
Chirk, Stadt, Wales, s. S. 67
Chişinău, Stadt, Moldawien, s. S. 91 und 99
Chittagong, Chittagong, Bangladesh, Klub, [aufgel. 19??], s. S. 105
Chittagong, Stadt, Bangladesh, s. S. 105
Chlef Saad Olympie s. ASO Chlef
Chlef, Stadt, Algerien, s. S. 113
Chmel Blšany s. FK Chmel Blšany
Chmeľnitskij, Stadt, Ukraine, s. S. 99
Chmeľnyts'kyj, Stadt, Ukraine, s. S. 99
Chodzha Karimow Gazimalik, Tadschikistan, Klub, s. S. 101
Chodzhent, Stadt, Tadschikistan, s. S. 100
Choloma, Stadt, Honduras, s. S. 125
Choluteca, Stadt, Honduras, s. S. 125
Chomutov, Stadt, Tschechische Republik, s. S. 86
Chonbuk Buffalo, Chonju, Südkorea, Klub, [aufgel. 1994], s. S. 110
Chonbuk Dinos s. Chonbuk Hyundai Dinos
Chonbuk Hyundai Dinos, Chonju, Südkorea, Klub, entst. 1994, [1994-96 Chonbuk Dinos, 1996-2000 Chonbuk Hyundai Dinos, 00-01 Chonbuk Hyundai Motors], s. S. 110
Chonbuk Hyundai Motors s. Chonbuk Hyundai Dinos
Chongjin, Stadt, Nordkorea, s. S. 110
Chongju, Stadt, Südkorea, s. S. 110
Chongqing Lifan, Chongqing, China, Klub, entst. 1994, [1994-9? Vanguard Huandaodo, 9?-96 Qianwei, 96-98 Qianwei Huandao, 1998-2001 Chongqing Longxin], s. S. 109
Chongqing Longxin s. Chongqing Lifan
Chongqing, Stadt, China, s. S. 109
Chonju, Stadt, Südkorea, s. S. 110
Chooka, Talesh, Iran, Klub, s. S. 103
Chorezm Urgench s. FK Chorezm Urgench
Chorrillos s. Alianza Chorrillos
Chorrillos s. Asociación Chorrillos
Chorzów, Stadt, Polen, s. S. 84 und 89
Chorzowianka Chorzów s. AKS Chorzów
Chosilot Parchar s. Parchar
Christ Church FC s. Bolton Wanderers FC
Christanshåb Idrætsforening-70 s. CIF-70
Christchurch City s. Christchurch Technical
Christchurch City s. Woolston
Christchurch City, Christchurch, Neuseeland, Klub, entst. 2000, [entst. 2000 durch Fusion Woolston und Christchurch Technical], s. S. 137
Christchurch Rangers s. Queen's Park Rangers FC
Christchurch Technical s. Christchurch City
Christchurch Technical s. Woolston
Christchurch Technical, Christchurch, Neuseeland, Klub, [aufgel. 2000 durch Fusion mit Woolston => Christchurch City], s. S. 137
Christchurch United, Christchurch, Neuseeland, Klub, [1977-78 Trans Tours United], s. S. 137
Christchurch, Stadt, Neuseeland, s. S. 137
Christian Youth FC s. Wellington Olympic
Christianshåb, Stadt, Grönland, s. S. 123
Christiansted, Stadt, Amerikanische Jungferninseln, s. S. 126
Christo Botev Plovdiv s. FK Botev Plovdiv
Christo Botev Plovdiv s. Schipka Plovdiv
Christo Botev Sofija s. FK Slavija Sofija
Christo Michailov Montana, Montana, Bulgarien, Klub, [aufgel. 19??], s. S. 91
Christo Slavtschev Pavlikeni s. FK Pavlikeni
Chrobry Szczecin s. KS Arkonia Szczecin
Chrome s. al-Koroum
Chromtau, Stadt, Kasachstan, s. S. 101
CH-Star, Asmara, Eritrea, Klub, s. S. 115
Chudai Club, Japan, Klub, [aufgel. 19??], s. S. 111
Chulbuk Vose s. Randzhbar Vose
Chunan Ilhwa Chunma s. Songnam Ilhwa Chunma
Chun-Nam Dragons, Kwangyang, Südkorea, Klub, entst. 1994, s. S. 110
Chuo University, Tokyo, Japan, Klub, [aufgel. 19??], s. S. 111
Churchill Brothers, Salcete, Indien, Klub, s. S. 105
Cibalia Vinkovci s. HNK Cibalia Vinkovci
Cibao, Stadt, Dominikanische Republik, s. S. 127
Ciclista Lima (Club Ciclista Lima Association), Lima, Peru, Klub, entst. 1896, [1992 Fusion mit Defensor Kiwi => Defensor Kiwi-Ciclista (92-93)], s. S. 130
Ciclón, Tarija, Bolivien, Klub, s. S. 131
CIÉ s. CIÉ-Transport FC
Ciego de Ávila, Stadt, Kuba, s. S. 126
Cienciano s. Unión Cienciano
Cienfuegos (Club Cienfuegos), Cienfuegos, Kuba, Klub, s. S. 126

Cienfuegos, Stadt, Kuba, **s. S.** 126
CIÉ-Transport FC (Coreis Ionter Éirann-Transport Football Club), Dublin/Baile Átha Cliath, Irland, Klub, entst. 1951, [entst. 1951 nach Umzug von Transport FC aus Bray nach Dublin, 75 Fusion mit CIÉ => CIÉ-Transport FC], **s. S.** 69
CIF-70 (Christanshåb Idrætsforening-70), Qasigiannguit/Christianshåb, Grönland, Klub, **s. S.** 123
Cill Chainnigh, Stadt, Irland, **s. S.** 69
Cimelta **s.** AS Cimelta
Cimentos, Mosambik, Klub, **s. S.** 121
Cîmpia Turzii **s.** Industria Sârmei Câmpia Turzii
Cîmpulung Moldovenesc **s.** ASA Câmpulung Moldovenesc
Cincinnati, Stadt, USA, **s. S.** 123
Cintra Yaoundé, Yaoundé, Kamerun, Klub, **s. S.** 117
Cioburciu, Stadt, Moldawien, **s. S.** 99
Ciocanul Bucureşti **s.** CS Ciocanul Bucureşti
Ciocanul Bucureşti **s.** FC Dinamo Bucureşti
Ciocanul Bucureşti **s.** Unirea Tricolor MAI Bucureşti
CIP FC (CIP Futebol Clube), Itajaí, Brasilien, Klub, [aufgel. 19??], **s. S.** 133
CIP Futebol Clube **s.** CIP FC
CIPC **s.** Beijing PCI
Cipolletti (Club Cipolletti), Cipolletti, Argentinien, Klub, entst. 1926, **s. S.** 135
Cipolletti, Stadt, Argentinien, **s. S.** 135
Circle United, Mabvuku, Simbabwe, Klub, **s. S.** 121
Circolo Sportivo Italiano, Lima, Peru, Klub, [aufgel. 19??], **s. S.** 130
Circuit Chiefs, Sambia, Klub, **s. S.** 119
Círculo Deportivo (Círculo Deportivo Comandante Nicanor Otamendi), Mar del Plata, Argentinien, Klub, entst. 1921, **s. S.** 135
Círculo Deportivo Comandante Nicanor Otamendi **s.** Círculo Deportivo
Circulo Deportivo Everest **s.** Deportivo Everest
Circulo Sportivo Guardia Republicana **s.** Guardia Republicana
Cirebon, Stadt, Indonesien, **s. S.** 107
Citadelle Mutsamudu, Mutsamudu, Komoren, Klub, **s. S.** 121
Čitluk, Stadt, Bosnien und Herzegowina, **s. S.** 93
Cito Hamburg **s.** SC Victoria 1895 Hamburg
City Council SC, Kampala, Uganda, Klub, **s. S.** 119
City of Lusaka, Lusaka, Sambia, Klub, **s. S.** 119
City Snipers, Sambia, Klub, **s. S.** 119
Ciuciuleni, Stadt, Moldawien, **s. S.** 99
Ciudad Bolívar, Stadt, Venezuela, **s. S.** 129
Ciudad Cortés, Stadt, Costa Rica, **s. S.** 125
Ciudad de Guatemala, Stadt, Guatemala, **s. S.** 125
Ciudad de La Habana (Club Ciudad de La Habana), Havanna (La Habana), Kuba, Klub, **s. S.** 126
Ciudad de México, Stadt, Mexiko, **s. S.** 125
Ciudad de Panamá, Stadt, Panama, **s. S.** 125
Ciudad del Este, Stadt, Paraguay, **s. S.** 135
Ciudad Juárez, Ciudad Juárez, Mexiko, Klub, **s. S.** 125
Ciudad Juárez, Stadt, Mexiko, **s. S.** 125
Ciudad Madero, Ciudad Madero, Mexiko, Klub, **s. S.** 125
Ciudad Madero, Stadt, Mexiko, **s. S.** 125
Ciudad Quesada, Stadt, Costa Rica, **s. S.** 125
Ciudad Victoria, Stadt, Mexiko, **s. S.** 125
Ciuhur Ocniţa **s.** FC Ciuhur Ocniţa
Civics FC (Civics Football Club), Windhoek, Namibia, Klub, **s. S.** 120
Civics Football Club **s.** Civics FC
Civil Aviation Team, Phum Pénh/Phompenh, Kambodscha, Klub, **s. S.** 107
Civil Police, Valletta, Malta, Klub, entst. 1916, [aufgel. 1922], **s. S.** 81
Civil Service United **s.** CIVO United
CIVO United (Civil Service United), Lilongwe, Malawi, Klub, **s. S.** 121
ČKD Polovodiče Praha **s.** SK Nusle
ČKD Sokolovo Libeň **s.** SK Libeň
ČKZ Rakovník **s.** SK Rakovník
CL Financial San Juan Jabloteh **s.** CLF San Juan Jabloteh
Clapham Rovers, London, England, Klub, [aufgel. ??], **s. S.** 66
Clapton Orient **s.** Leyton Orient FC
Clarence FC (Clarence Football Club), Belfast, Nordirland, Klub, [aufgel. ??], **s. S.** 69
Clarence Football Club **s.** Clarence FC
CLAS Casablanca (Central Laitiere Association sportive Casablanca), Casablanca/Dar Al-Bayda, Marokko, Klub, **s. S.** 113
Clementi Khalsa FC (Clementi Khalsa Football Club), Clementi New Town, Singapur, Klub, **s. S.** 107
Clementi Khalsa Football Club **s.** Clementi Khalsa FC
Clementi New Town, Stadt, Singapur, **s. S.** 107
Clermont-Ferrand, Stadt, Frankreich, **s. S.** 77
Cleveland Stokers, Cleveland, USA, Klub, entst. 1967, [aufgel. 1968], **s. S.** 122
Cleveland, Stadt, USA, **s. S.** 122
CLF San Juan Jabloteh (CL Financial San Juan Jabloteh), San Juan, Trinidad und Tobago, Klub, **s. S.** 129
Cliftonville FC (Cliftonville Football Club), Belfast, Nordirland, Klub, entst. 1879, **s. S.** 69
Cliftonville Football Club **s.** Cliftonville FC
Clippers **s.** Nova Scotia Clippers
Clippers **s.** Oakland Clippers
Clooney Park **s.** Derry Celtic FC
Club 57, Brazzaville, Kongo, Klub, **s. S.** 118
Club 8 de Diciembre **s.** 8 de Diciembre
Club Africain, Tunis, Tunesien, Klub, entst. 1920, **s. S.** 113
Club Alcides Vigo Hurtado **s.** Alcides Vigo Hurtado
Club Alfonso Ugarte **s.** Alfonso Ugarte
Club Alianza Atlético de Sullana **s.** Alianza Atlético Sullana
Club Alianza Lima **s.** Alianza Lima
Club Almagro **s.** Almagro
Club Antibes Olympique **s.** FC Antibes
Club Arenas de Guecho **s.** Arenas de Guecho
Club Armenio de Fútbol **s.** CD Armenio
Club Athletique Bizertin **s.** CA Bizertin
Club Athlétique des Sports Généraux **s.** CAS Généraux
Club Athlétique Renaissance Aiglons **s.** CARA
Club Atlético Aldosivi **s.** CA Aldosivi
Club Atlético All Boys **s.** CA All Boys
Club Atlético Alvarado **s.** CA Alvarado
Club Atlético Argentino de Quilmes **s.** CA Argentino Quilmes
Club Atlético Argentino Mutual, Social y Biblioteca **s.** CA Argentino
Club Atlético Atlanta **s.** CA Atlanta
Club Atlético Banfield **s.** CA Banfield
Club Atlético Bartolomé Mitre **s.** CA Bartolomé Mitre
Club Atlético Basáñez **s.** CA Basáñez
Club Atlético Belgrano **s.** CA Belgrano
Club Atlético Bella Vista de Paysandú **s.** CA Bella Vista Paysandú
Club Atlético Bella Vista **s.** CA Bella Vista
Club Atlético Boca Juniors **s.** CA Boca Juniors
Club Atlético Bucaramanga Corporación Deportiva **s.** Atlético Bucaramanga
Club Atlético Celaya AC **s.** Atlético Celaya
Club Atlético Central Córdoba **s.** CA Central Córdoba
Club Atlético Central Norte **s.** CA Central Norte
Club Atlético Cerro **s.** CA Cerro
Club Atlético Ceuta **s.** Atlético Tetuán
Club Atlético Chacarita Juniors **s.** CA Chacarita Juniors
Club Atlético Chaco For Ever **s.** CA Chaco For Ever
Club Atlético Colegiales **s.** CA Colegiales
Club Atlético Colón **s.** CA Colón
Club Atlético Concepción **s.** CA Concepción
Club Atlético de la Juventud Alianza **s.** CA Juventud Alianza
Club Atlético de Madrid **s.** Atlético Madrid
Club Atlético de Tetuán **s.** Atlético Tetuán
Club Atlético Defensor Lima **s.** CA Defensor Lima
Club Atlético Estudiantes **s.** CA Estudiantes
Club Atlético Estudiantil Porteño **s.** CA Estudiantil Porteño
Club Atlético Ferro Carril Oeste **s.** CA Ferro Carril Oeste
Club Atlético Gimnasia y Esgrima **s.** CA Gimnasia y Esgrima
Club Atlético Grau **s.** Atlético Grau
Club Atlético Huracán Corrientes **s.** CA Huracán Corrientes
Club Atlético Huracán Las Heras **s.** CA Huracán Las Heras
Club Atlético Huracán **s.** CA Huracán
Club Atlético Independiente **s.** CA Independiente
Club Atlético Juventud **s.** CA Juventud
Club Atlético Juventus **s.** CA Juventus
Club Atlético Kimberley **s.** CA Kimberley
Club Atlético Lanús **s.** CA Lanús
Club Atlético Ledesma **s.** CA Ledesma
Club Atlético Los Andes **s.** CA Los Andes
Club Atlético Mariano Moreno **s.** CA Mariano Moreno
Club Atlético Morelia AC **s.** Atlético Morelia
Club Atlético Newell's Old Boys **s.** CA Newell's Old Boys
Club Atlético Nueva Chicago **s.** CA Nueva Chicago
Club Atlético Osasuna **s.** Atlético Osasuna
Club Atlético Pachuca **s.** Atlético Pachuca
Club Atlético Patronato de la Juventud Católica **s.** CA Patronato
Club Atlético Peñarol **s.** CA Peñarol
Club Atlético Platense **s.** CA Platense
Club Atlético Porteño **s.** CA Porteño
Club Atlético Progreso **s.** CA Progreso
Club Atlético Puerto Comercial **s.** CA Puerto Comercial
Club Atlético Racing **s.** CA Racing
Club Atlético Regina **s.** CA Regina
Club Atlético Renato Cesarini **s.** CA Renato Cesarini
Club Atlético Rentistas **s.** CA Rentistas
Club Atlético River Plate **s.** CA River Plate
Club Atlético Rosario Central **s.** CA Rosario Central
Club Atlético San Lorenzo de Almagro **s.** CA San Lorenzo Almagro
Club Atlético San Lorenzo **s.** CA San Lorenzo
Club Atlético San Luis AC **s.** CA San Luis
Club Atlético San Martín **s.** CA San Martín
Club Atlético San Telmo **s.** CA San Telmo
Club Atlético Santa Rosa **s.** CA Santa Rosa
Club Atlético Sarmiento **s.** CA Sarmiento
Club Atlético Talleres **s.** CA Talleres
Club Atlético Tembetary **s.** CA Tembetary
Club Atlético Témperley **s.** CA Témperley
Club Atlético Tigre **s.** CA Tigre
Club Atlético Torino **s.** Atlético Torino
Club Atlético Trinidad **s.** CA Trinidad
Club Atlético Tucumán **s.** CA Tucumán
Club Atlético Unión **s.** CA Unión
Club Atlético Uruguay **s.** CA Uruguay
Club Atlético Vélez Sarsfield **s.** CA Vélez Sarsfield
Club Atlético Zamora **s.** CA Zamora
Club Blooming **s.** Blooming
Club Brugge Koninklijke Voetbalvereniging **s.** Club Brugge KV
Club Brugge KV (Club Brugge Koninklijke Voetbalvereniging), Brugge, Belgien, Klub, entst. 1891, [1891-92 Brugsche FC, 1892-1920 FC Brugeois, 20-72 RFC Bruges], **s. S.** 75
Club Calcio Catania **s.** Catania Calcio
Club Carlos A. Mannucci **s.** Carlos Mannucci
Club Centro Deportivo Municipal **s.** Deportivo Municipal
Club Cerro Corá **s.** Cerro Corá
Club Cerro Porteño **s.** Cerro Porteño
Club Ciclista Lima Association **s.** Ciclista Lima
Club Cienfuegos **s.** Cienfuegos
Club Cipolletti **s.** Cipolletti
Club Ciudad de La Habana **s.** Ciudad de La Habana
Club Cobán Imperial **s.** Cobán Imperial
Club Colegio Nacional de Iquitos **s.** CNI
Club Colonial **s.** AS Club Colonial
Club Colonial, Fort-de-France, Martinique, Klub, **s. S.** 127
Club de Cricket Victoria **s.** EC Vitória
Club de culture physique Montreux **s.** Montreux-Sports
Club de Deportes Antofagasta **s.** Deportes Antofagasta
Club de Deportes Arica **s.** Deportes Arica
Club de Deportes Cobreloa **s.** Deportes Cobreloa
Club de Deportes Cobresal **s.** Deportes Cobresal
Club de Deportes Concepción **s.** Deportes Concepción
Club de Deportes Coquimbo Unido **s.** Deportes Coquimbo Unido
Club de Deportes Huachipato **s.** Deportes Huachipato
Club de Deportes Iberia Bío-Bío **s.** Deportes Iberia Bío-Bío
Club de Deportes Iquique **s.** Deportes Iquique
Club de Deportes La Serena **s.** Deportes La Serena
Club de Deportes Melipilla **s.** Deportes Melipilla
Club de Deportes Ñublense **s.** Deportes Ñublense
Club de Deportes O'Higgins **s.** Deportes O'Higgins
Club de Deportes Ovalle **s.** Deportes Ovalle
Club de Deportes Puerto Montt **s.** Deportes Puerto Montt
Club de Deportes Rangers **s.** Deportes Rangers
Club de Deportes Regional Atacama **s.** Deportes Regional Atacama
Club de Deportes San Luís **s.** Deportes San Luís
Club de Deportes Santiago Wanderers **s.** Deportes Santiago Wanderers
Club de Deportes Temuco **s.** Deportes Temuco
Club de Deportes Unión San Felipe **s.** Deportes Unión San Felipe
Club de Deportes Valdivia **s.** Deportes Valdivia
Club de Fútbol América SA **s.** CF América
Club de Fútbol Extremadura **s.** CF Extremadura
Club de Fútbol Monterrey AC **s.** CF Monterrey
Club de Fútbol Puebla de la Franja AC **s.** CF Puebla
Club de Fútbol Querétaro **s.** CF Querétaro
Club de Fútbol Universidad Autonoma de Tamaulipas AC „Los Correcaminos" **s.** UAT „Los Correcaminos"
Club de Gimnasia y Esgrima La Plata **s.** Gimnasia y Esgrima La Plata
Club Del Monte **s.** Del Monte
Club Deportes Progreseños **s.** Deportes Progreseños
Club Deportivo „Toros de Neza" **s.** CD „Toros Neza"
Club Deportivo 33 **s.** CD 33
Club Deportivo Achuapa **s.** CD Achuapa
Club Deportivo Aguila **s.** CD Aguila
Club Deportivo Alavés **s.** CD Alavés
Club Deportivo Alcoyano **s.** CD Alcoyano
Club Deportivo Amatitlán **s.** CD Amatitlán
Club Deportivo América **s.** CD América
Club Deportivo Armenio **s.** CD Armenio
Club Deportivo Asociación Deportiva El Tránsito **s.** CD ADET
Club Deportivo Atlante SA **s.** CD Atlante
Club Deportivo Atlas de Guadalajara AC **s.** CD Atlas Guadalajara
Club Deportivo Atlético Arabe Marte **s.** CD Atlético Marte
Club Deportivo Atlético Balboa **s.** CD Atlético Balboa
Club Deportivo Atlético Huila **s.** CD Atlético Huila
Club Deportivo Bautista **s.** CD Bautista
Club Deportivo Baygon-ADET **s.** CD Baygon-ADET
Club Deportivo Boquerón **s.** CD Boquerón
Club Deportivo Carchá **s.** CD Carchá
Club Deportivo Castellón **s.** CD Castellón
Club Deportivo Chaco Petrolero **s.** CD Chaco Petrolero
Club Deportivo Chimaltenango **s.** CD Chimaltenango
Club Deportivo Chiquimulilla **s.** CD Chiquimulilla
Club Deportivo Cojutepeque **s.** CD Cojutepeque
Club Deportivo Condal **s.** CD Condal
Club Deportivo Coronel Francisco Bolognesi **s.** CD Coronel Francisco Bolognesi
Club Deportivo Cuautla **s.** CD Cuautla
Club Deportivo Cuenca **s.** CD Cuenca
Club Deportivo Dragón **s.** CD Dragón
Club Deportivo El Nacional **s.** CD El Nacional
Club Deportivo El Roble **s.** CD El Roble
Club Deportivo Escuela de Policía **s.** CD ESPOLI
Club Deportivo Escuintla **s.** CD Escuintla
Club Deportivo Esmeraldas Petrolero **s.** CD Esmeraldas Petrolero
Club Deportivo Español **s.** CD Español
Club Deportivo Europa **s.** CD Europa
Club Deportivo Ferroviário Asociación Arturo Fernández Vial **s.** CD Fernández Vial
Club Deportivo Filanbanco **s.** CD Filanbanco
Club Deportivo Fuerte San Francisco **s.** CD Fuerte San Francisco
Club Deportivo Fútbol Asociado Santaneco **s.** CD FAS
Club Deportivo Godoy Cruz Antonio Tomba **s.** CD Godoy Cruz Antonio Tomba
Club Deportivo González **s.** CD González
Club Deportivo Green Cross **s.** CD Green Cross
Club Deportivo Guadalajara AC **s.** CD Guadalajara
Club Deportivo Guaraní Antonio Franco **s.** CD Guaraní Antonio Franco
Club Deportivo Humaitá **s.** CD Humaitá
Club Deportivo Independiente-Villela **s.** CD Independiente-Villela
Club Deportivo Italiano **s.** CD Italiano
Club Deportivo Izabal Juventud Catolica **s.** CD Izabal JC
Club Deportivo Jalapa **s.** CD Jalapa
Club Deportivo Junín **s.** CD Junín
Club Deportivo Juventud Olímpica Metalío **s.** CD Juventud Olímpica Metalío
Club Deportivo Libertad **s.** CD Libertad
Club Deportivo Litoral **s.** CD Litoral
Club Deportivo Logroñés **s.** CD Logroñés
Club Deportivo los Millonarios **s.** CD Millonarios
Club Deportivo Lota Schwager **s.** CD Lota Schwager
Club Deportivo Luís Angel Firpo **s.** CD Luís Angel Firpo
Club Deportivo Magallanes **s.** CD Magallanes
Club Deportivo Maldonado **s.** CD Maldonado
Club Deportivo Mandiyú **s.** CD Mandiyú
Club Deportivo Marathón **s.** CD Marathón
Club Deportivo Marquense **s.** CD Marquense
Club Deportivo Masachapa **s.** CD Masachapa
Club Deportivo Maya **s.** CD Maya
Club Deportivo Metapan **s.** CD Metapán
Club Deportivo Mictlan **s.** CD Mictlan
Club Deportivo Morón **s.** CD Morón
Club Deportivo Motagua **s.** CD Motagua
Club Deportivo Municipal Limeño **s.** CD Municipal Limeño
Club Deportivo Municipal **s.** CD Municipal
Club Deportivo Numancia **s.** CD Numancia
Club Deportivo Olimpia **s.** CD Olimpia
Club Deportivo Once Lobos **s.** CD Once Lobos
Club Deportivo Palestino **s.** CD Palestino
Club Deportivo Pan de Azúcar **s.** CD Pan de Azúcar
Club Deportivo Pantoja-Rowe **s.** CD Pantoja-Rowe
Club Deportivo Pesquero **s.** CD Pesquero
Club Deportivo Platense **s.** CD Platense
Club Deportivo Plaza Amador **s.** CD Plaza Amador
Club Deportivo Provincial Osorno **s.** CD Provincial Osorno
Club Deportivo Quevedo **s.** CD Quevedo
Club Deportivo Real Bamin Potosí **s.** CD Real Bamin Potosí
Club Deportivo Sacachispas **s.** CD Sacachispas
Club Deportivo Santa Clara **s.** CD Santa Clara
Club Deportivo Santa Lucia Cotzumalguapa **s.** CD Santa Lucia Cotzumalguapa
Club Deportivo Santiago Morning **s.** CD Santiago Morning
Club Deportivo Santiagueño **s.** CD Santiagueño
Club Deportivo Saprissa **s.** CD Saprissa
Club Deportivo Savio **s.** CD Savio
Club Deportivo Social y Cultural Cruz Azul AC **s.** CD Cruz Azul
Club Deportivo Suchitépequez **s.** CD Suchitépequez
Club Deportivo Técnico Universitario **s.** CD Técnico Universitario
Club Deportivo Tenerife **s.** CD Tenerife
Club Deportivo Tiburones **s.** CD Tiburones
Club Deportivo Toluca AC **s.** CD Toluca
Club Deportivo Trujillanos **s.** CD Trujillanos
Club Deportivo Universidad Autonoma de Nuevo León AC „Los Tigres" **s.** UANL „Los Tigres"
Club Deportivo Universidad Católica **s.** CD Universidad Católica
Club Deportivo Universitario **s.** CD Universitario
Club Deportivo Veracruz SA **s.** CD Veracruz
Club Deportivo Victoria **s.** CD Victoria
Club Deportivo Vida **s.** CD Vida
Club Deportivo Walter Ferrety **s.** CD Walter Ferrety
Club Deportivo Wanka **s.** CD Wanka
Club Deportivo Zacapa **s.** CD Zacapa
Club Deportivo Zacatepec SA **s.** CD Zacatepec
Club des Sports Metz **s.** FC Metz
Club Diablos Rojos **s.** Diablos Rojos
Club Esportiu Benito **s.** CE Benito
Club Esportiu Principat **s.** CE Principat
Club Estudiantes de La Plata **s.** Estudiantes La Plata
Club Ferro Carril Oeste **s.** Ferro Carril Oeste
Club français, Paris, Frankreich, Klub, entst. 1892, [aufgel. 19??], **s. S.** 76
Club Franciscain, Le François, Martinique, Klub, **s. S.** 127
Club General Caballero **s.** General Caballero
Club Gimnasia y Tiro **s.** Gimnasia y Tiro
Club Gimnástico de Tarragona **s.** Gimnástico Tarragona
Club Guabirá **s.** Guabirá
Club Guaraní **s.** Guaraní
Club Hijos de Yurimaguas **s.** Hijos de Yurimaguas
Club Homenetmen **s.** Homenetmen
Club Hygiènique de Lausanne **s.** Lausanne-Sports
Club Independiente Petrolero **s.** Independiente Petrolero
Club Independiente Santa Fé **s.** Independiente Santa Fé
Club Industriel, Kamsar, Guinea, Klub, **s. S.** 117
Club Jorge Newbery **s.** Jorge Newbery
Club Jorge Wilstermann **s.** Jorge Wilstermann
Club José Gálvez **s.** José Gálvez
Club Juan Aurich **s.** Juan Aurich
Club Juventud Antoniana **s.** Juventud Antoniana
Club Juventud Retalteca **s.** Juventud Retalteca
Club La Habana **s.** La Habana
Club La Loretana **s.** La Loretana
Club Lagoons, Malé, Malediven, Klub, **s. S.** 105
Club Las Tunas **s.** Las Tunas
Club Libertad **s.** Libertad
Club Los Espartanos **s.** Los Espartanos
Club Malherbe Caennais **s.** SM Caen
Club Mariscal Nieto **s.** Mariscal Nieto
Club Matanzas **s.** Matanzas
Club Nacional de Football **s.** Nacional
Club Olimpia **s.** Olimpia
Club Olimpo **s.** Olimpo
Club Olympique Avignonnaise **s.** Olympique Avignonnais
Club Olympique des Transports **s.** CO Transports
Club Olympique Duige Meknès **s.** COD Meknès
Club Olympique Kakandé de Boké **s.** CO Kakandé Boké
Club Olympique Roubaix-Tourcoing **s.** CO Roubaix-Tourcoing
Club Omnisport Forces Armées Populaire **s.** COSFAP
Club Omnisport Korhogo **s.** CO Korhogo
Club Oriente Petrolero **s.** Oriente Petrolero
Club Platense **s.** Platense
Club Polideportivo Mérida **s.** CP Mérida
Club Presidente Hayes **s.** Presidente Hayes
Club Provincia **s.** Provincia
Club Real España **s.** Real España
Club Real Maya **s.** Real Maya
Club Real Santa Cruz **s.** Real Santa Cruz
Club Reboceros de La Piedad AC **s.** CR La Piedad
Club S, Namakia, Madagaskar, Klub, **s. S.** 121
Club Saman de Aragua Fútbol Club **s.** Saman de Aragua FC
Club San José **s.** San José
Club Santos Laguna SC **s.** Santos Laguna
Club Silvio Pettirossi **s.** Silvio Pettirossi
Club Social Deportivo Audaz Octubrino **s.** CSD Audaz Octubrino
Club Social Deportivo Aurich-Cañaña **s.** CSD Aurich-Cañaña
Club Social Deportivo Defensor Asociación Nacional de Agricultores **s.** CSD Defensor ANDA
Club Social Deportivo Macará **s.** CSD Macará
Club Social Deportivo Mina San Vicente **s.** CSD Mina San Vicente
Club Social Miramar Misiones **s.** Miramar Misiones
Club Social y Deportivo Colo Colo **s.** Deportivo Colo Colo
Club Social y Deportivo Comunicaciones Fútbol Club **s.** CSD Comunicaciones FC
Club Social y Deportivo El Tanque Sisley **s.** Deportivo El Tanque Sisley
Club Social y Deportivo General Roca **s.** Deportivo Roca
Club Social y Deportivo Huracán Buceo **s.** Deportivo Huracán Buceo
Club Social y Deportivo León AC **s.** CSD León
Club Social y Deportivo Loma Negra **s.** Deportivo Loma Negra
Club Social y Deportivo Municipal **s.** CSD Municipal
Club Social y Deportivo Villa Española **s.** Deportivo Villa Española
Club Social y Deportivo Xelajú Mario Camposeco **s.** CSD Xelajú MC
Club Sociedad Deportivo Quito **s.** Deportivo Quito
Club Sol de América **s.** Sol de América
Club Sport Boys Association **s.** Sport Boys
Club Sport Cartaginés **s.** CS Cartaginés
Club Sport Colombia **s.** Sport Colombia
Club Sport Empresa Electrica del Ecuador **s.** CS EMELEC
Club Sport Herediano **s.** CS Herediano
Club Sport La Libertad **s.** CS La Libertad
Club Sport Libertad **s.** CS Libertad
Club Sport Moulien **s.** CS Moulien
Club Sport Uruguay **s.** CS Uruguay
Club sportif Alliance Dudelange **s.** CS Alliance Dudelange
Club sportif Chênois **s.** CS Chênois
Club Sportif de Saint-Denis **s.** CS Saint-Denis
Club sportif des Cheminots **s.** CS Cheminots
Club sportif Grevenmacher **s.** CS Grevenmacher
Club sportif Hammam-Lif **s.** CS Hammam-Lif
Club sportif Hobscheid **s.** CS Hobscheid
Club sportif Pétange **s.** CS Pétange
Club sportif Sedan-Ardennes **s.** CS Sedan-Ardennes
Club sportif Sfaxien **s.** CS Sfaxien
Club Sporting Cristal Backus **s.** Sporting Cristal
Club sportive Case-Pilote **s.** CS Case-Pilote
Club sportive Vauclinois **s.** CS Vauclinois
Club Sportivo Barracas **s.** Sportivo Barracas
Club Sportivo Desamparados **s.** Sportivo Desamparados
Club Sportivo Dock Sud **s.** Sportivo Dock Sud
Club Sportivo Independiente Rivadavia **s.** Independiente Rivadavia
Club Sportivo Luqueño **s.** Sportivo Luqueño
Club Sportivo Patria **s.** Sportivo Patria
Club Sportivo San Lorenzo **s.** Sportivo San Lorenzo
Club Sportivo Sergipe **s.** CS Sergipe
Club Sportivo Trinidense **s.** Sportivo Trinidense
Club Studentesco Minerva Como **s.** Como Calcio
Club Sud América **s.** CA Puerto Comercial
Club The Strongest **s.** The Strongest
Club Unión Central **s.** Unión Central
Club Unión de Minas **s.** Unión Minas
Club Unión Deportivo de la Costa **s.** UNICOSTA
Club Unión Española **s.** Unión Española
Club Unión Huaral de Deportes **s.** Unión Huaral
Club Unión La Calera **s.** Unión La Calera
Club Universal **s.** Universal
Club Universidad Autonoma de Guadalajara AC „Los Tecos" **s.** UAG „Los Tecos"
Club Universidad Nacional Autonoma de Honduras **s.** UNAH
Club Universidad Técnica de Cajamarca **s.** UTC
Club Universitario de Deportes **s.** Universitario de Deportes
Club Valencia, Malé, Malediven, Klub, **s. S.** 105
Club Vizcaya de Bilbao **s.** Vizcaya Bilbao
Clube Académico de Futebol Viseu **s.** CAF Viseu
Clube Ástrea **s.** Ástrea
Clube Atlético Bragantino **s.** CA Bragantino
Clube Atlético Carlos Renaux **s.** CA Carlos Renaux
Clube Atlético Catarinense **s.** CA Catarinense
Clube Atlético Colombo **s.** CA Colombo
Clube Atlético Ferroviário **s.** CA Ferroviário
Clube Atlético Juventus **s.** CA Juventus
Clube Atlético Matogrossense **s.** CA Matogrossense
Clube Atlético Mineiro **s.** CA Mineiro
Clube Atlético Monte Alegre **s.** CA Monte Alegre
Clube Atlético Operário **s.** CA Operário
Clube Atlético Paranaense **s.** CA Paranaense
Clube Atlético Paulistano **s.** CA Paulistano
Clube Bahiano de Tênis **s.** Bahiano de Tênis
Clube de Futebol Estrela da Amadora **s.** CF Estrela Amadora
Clube de Futebol Os Belenenses **s.** CF Os Belenenses
Clube de Futebol União de Coimbra **s.** CF União Coimbra
Clube de Futebol União **s.** CF União
Clube de Gaza, Xai-Xai, Mosambik, Klub, **s. S.** 121
Clube de Natação e Regatas São Salvador **s.** Natação e Regatas
Clube de Regatas Brasil **s.** CRB
Clube de Regatas Flamengo **s.** CR Flamengo
Clube de Regatas Guará **s.** CR Guará
Clube de Regatas Vasco da Gama **s.** CR Vasco da Gama
Clube Desportes Maxaquene **s.** CD Maxaquene
Clube Desportivo das Aves **s.** CD Aves
Clube Desportivo Feirense **s.** CD Feirense
Clube Desportivo Montijo **s.** CD Montijo
Clube Desportivo Nacional **s.** CD Nacional
Clube Desportivo Santa Clara **s.** CD Santa Clara
Clube Desportivo Travadores **s.** CD Travadores
Clube do Remo **s.** Remo
Clube Esportivo Dom Bosco **s.** CE Dom Bosco
Clube Esportivo Operário Varzeagrandense **s.** CE Operário Varzeagrandense
Clube Internacional de Cricket **s.** Internacional Cricket
Clube Malutrom **s.** Malutrom
Clube Náutico Capibaribe **s.** Náutico Capibaribe
Clube Náutico Marcílio Dias **s.** Náutico Marcílio Dias
Clube Oriental de Lisboa **s.** Oriental Lisboa
Clube Palmeiras Beira **s.** Palmeiras Beira
Clube Recreativo Atlético Catalão **s.** CRAC
Clube Sport Marítimo **s.** CS Marítimo
Clube Sportivo Capelense **s.** CS Capelense
Clube Sportivo Mindelense **s.** CS Mindelense
Clubul Atletic Muncitoresc Timişoara **s.** CAM Timişoara
Clubul de Fotbal Chindia Târgovişte **s.** CF Chindia Târgovişte
Clubul de Fotbal Sportul Studentesc Bucureşti **s.** CF Sportul Studentesc Bucureşti
Clubul Gimnastic Tîrgu Mureş **s.** CG Tîrgu Mureş
Clubul Sportiv al Armatei Victoria Cahul **s.** CSA Victoria Cahul
Clubul Sportiv Astra Arad **s.** CS Astra Arad
Clubul Sportiv Banatul Timişoara **s.** CS Banatul Timişoara
Clubul Sportiv Braşovia Braşov **s.** CS Braşovia Braşov
Clubul Sportiv Ciocanul Bucureşti **s.** CS Ciocanul Bucureşti
Clubul Sportiv Colţea Braşov **s.** CS Colţea Braşov
Clubul Sportiv Concordia Iaşi **s.** CS Concordia Iaşi
Clubul Sportiv Crişana Oradea **s.** CS Crişana Oradea
Clubul Sportiv Faur Bucureşti **s.** CS Faur Bucureşti
Clubul Sportiv Feroviar Chinezul Timişoara **s.** CSF Chinezul Timişoara
Clubul Sportiv Flacăra Moreni **s.** CS Flacăra Moreni
Clubul Sportiv Fulgerul Chişinău **s.** CS Fulgerul Chişinău
Clubul Sportiv Generala Craiova **s.** CS Generala Craiova
Clubul Sportiv Hackoah Cernăuţi **s.** CS Hackoah Cernăuţi
Clubul Sportiv Înţelegerea Oradea **s.** CS Înţelegerea Oradea
Clubul Sportiv Jahn Cernăuţi **s.** CS Jahn Cernăuţi
Clubul Sportiv Jiul Petroşani **s.** CS Jiul Petroşani
Clubul Sportiv Macabi Cernăuţi **s.** CS Macabi Cernăuţi
Clubul Sportiv Mihai Viteazul Chişinău **s.** CS Mihai Viteazul Chişinău
Clubul Sportiv Muncitoresc Lugoj **s.** CSM Lugoj
Clubul Sportiv Muncitoresc Reşiţa **s.** CSM Reşiţa
Clubul Sportiv Mureşul Tîrgu Mureş **s.** CS Mureşul Tîrgu Mureş
Clubul Sportiv Oţelul Galaţi **s.** CS Oţelul Galaţi
Clubul Sportiv Polonia Cernăuţi **s.** CS Polonia Cernăuţi
Clubul Sportiv Stăruinţa Oradea **s.** CS Stăruinţa Oradea
Clubul Sportiv studentesc Chişinău **s.** FC Unisport Chişinău
Clubul Sportiv Tîrgu Mureş **s.** CS Tîrgu Mureş
Clubul Sportiv Tricolor Bucureşti **s.** CS Tricolor Bucureşti
Clujeana Cluj **s.** CFR Cluj-Napoca
Cluj-Napoca, Stadt, Rumänien, **s. S.** 89 und 91
Clwb Pêl-Droed Porthmadog Football Club **s.** CPD Porthmadog FC
Clyde FC (Clyde Football Club), Cumbernauld, Schottland, Klub, entst. 1878, **s. S.** 69
Clyde Football Club **s.** Clyde FC
Clydebank FC (I) (Clydebank Football Club), Clydebank, Schottland, Klub, entst. 1914, [aufgel. 1933], **s. S.** 69
Clydebank FC (II) (Clydebank Football Club), Dumbarton, Schottland, Klub, entst. 1965, **s. S.** 69
Clydebank Football Club **s.** Clydebank FC (I)
Clydebank Football Club **s.** Clydebank FC (II)
Clydebank, Stadt, Schottland, **s. S.** 69
CM Belcourt **s.** CR Belouizdad
CM Constantine **s.** CS Constantine
CMC Publikum **s.** NK CMC Publikum
CMZ **s.** AC CMZ
CN Batna **s.** CA Batna
CNI (Club Colegio Nacional de Iquitos), Iquitos, Peru, Klub, entst. 1926, **s. S.** 131
CNSS **s.** ASC CNSS
CO Bouaflé, Bouaflé, Elfenbeinküste, Klub, **s. S.** 117
CO Kakandé Boké (Club Olympique Kakandé de Boké), Boké, Guinea, Klub, **s. S.** 117
CO Korhogo (Club Omnisport Korhogo), Korhogo, Elfenbeinküste, Klub, **s. S.** 117
CO Médenine, Médenine, Tunesien, Klub, **s. S.** 113
CO Roubaix-Tourcoing (Club Olympique Roubaix-Tourcoing), Roubaix, Frankreich, Klub, entst. 1945, [entst. 1945 durch Fusion RC Roubaix und Excelsior AC Roubaix], **s. S.** 77
CO Roubaix-Tourcoing **s.** Excelsior AC Roubaix
CO Roubaix-Tourcoing **s.** RC Roubaix
CO Transports (Club Olympique des Transports), Tunis, Tunesien, Klub, **s. S.** 113
Coast Stars, Mombasa, Kenia, Klub, **s. S.** 119
Coastal Union, Tanga, Tansania, Klub, **s. S.** 119
Coatbridge, Stadt, Schottland, **s. S.** 69
Cobán Imperial (Club Cobán Imperial), Cobán, Guatemala, Klub, **s. S.** 125
Cobán, Stadt, Guatemala, **s. S.** 125
Cobh Ramblers FC (Cobh Ramblers Football Club), Cobh/An Cóbh, Irland, Klub, entst. 1922, [1922-?? Cove Ramblers], **s. S.** 69
Cobh Ramblers Football Club **s.** Cobh Ramblers FC
Cobh, Stadt, Irland, **s. S.** 69
Cobras **s.** Real Maya
Cobras, Querétaro, Mexiko, Klub, **s. S.** 125
Cobreloa **s.** Deportes Cobreloa
Cobresal **s.** Deportes Cobresal
Coca Cola Freemark, Nairobi, Kenia, Klub, **s. S.** 119
Coca Cola Spartans International, The Valley, Anguilla, Klub, **s. S.** 126
Coca-Cola Marines, Monrovia, Liberia, Klub, [19??-9? Baccus Marine], **s. S.** 117
Cochabamba, Stadt, Bolivien, **s. S.** 131
Cochin, Stadt, Indien, **s. S.** 105
Coconuts **s.** PTC Coconuts
COD Meknès (Club Olympique Duige Meknès), Meknès, Marokko, Klub, **s. S.** 113
Codan Red Devils, Road Town, Britische Jungferninseln, Klub, **s. S.** 126
Codri Bălţi **s.** FC Olimpia Bălţi
Codru Călăraşi **s.** FC Ulim-Codru Călăraşi
Coenge FC (Coenge Futebol Clube), Brasília, Brasilien, Klub, **s. S.** 133
Coenge Futebol Clube **s.** Coenge FC
Coffee Marketing Corporation **s.** Ethiopian Coffee
Coffee United SC, Kakira, Uganda, Klub, **s. S.** 119
Coimbatore, Stadt, Indien, **s. S.** 105
Coimbra, Stadt, Portugal, **s. S.** 79
Coin Nord SC (Coin Nord Sport Club), Mitsamiouli, Komoren, Klub, **s. S.** 121
Coin Nord Sport Club **s.** Coin Nord SC
COJI Saifi, Sakaraha, Madagaskar, Klub, **s. S.** 121
Cojutepeque, Stadt, El Salvador, **s. S.** 125
Colatina, Stadt, Brasilien, **s. S.** 133
Colegiales **s.** CA Colegiales
Colegio Militar, La Paz, Bolivien, Klub, [aufgel. 19??], **s. S.** 131
Colegio Nacional **s.** CA Estudiantes
Colégio Pio X, João Pessoa, Brasilien, Klub, [aufgel. 19??], **s. S.** 133
Colegio San Agustín, Lima, Peru, Klub, entst. 1970, **s. S.** 130
Colentina Bucureşti **s.** CA Colentina Bucureşti
Coleraine Alexandra **s.** Coleraine FC
Coleraine FC (Coleraine Football Club), Coleraine, Nordirland, Klub, entst. 1927, [entst. 1927 durch Fusion Coleraine Alexandra und Coleraine Olympic], **s. S.** 69
Coleraine Football Club **s.** Coleraine FC
Coleraine Olympic **s.** Coleraine FC
Coleraine, Stadt, Nordirland, **s. S.** 69
Collège St. Esprit, Port Louis, Mauritius, Klub, **s. S.** 121
College United **s.** Metro Mt Albert
Collingwood Warriors, Melbourne, Australien, Klub, **s. S.** 136
Collo, Stadt, Algerien, **s. S.** 113
Colmar, Stadt, Frankreich, **s. S.** 77
Cölner BC 01 **s.** Kölner BC 01
Cölner CfR 99 **s.** Kölner CfR 99
Cölner FC 99 **s.** Kölner FC 99
Cölner SC 99 **s.** Kölner FC 99
Colo Colo **s.** Deportivo Colo Colo
Colombe Sangmélima, Sangmélima, Kamerun, Klub, **s. S.** 117
Colombo **s.** CA Colombo
Colombo, Stadt, Sri Lanka, **s. S.** 105
Colón FC (Colón Fútbol Club), Montevideo, Uruguay, Klub, entst. 1907, **s. S.** 135
Colón FC **s.** CA Colón
Colon FC **s.** CF América
Colón Fútbol Club **s.** Colón FC
Colón, Stadt, Panama, **s. S.** 125
Colonial **s.** AS Club Colonial
Colonial **s.** Club Colonial
Colorado Caribous **s.** Atlanta Chiefs (II)
Colorado Caribous, Denver, USA, Klub, entst. 1978, [aufgel. 1979, Umzug nach Atlanta => Atlanta Chiefs (II)], **s. S.** 123
Colorado EC (Colorado Esporte Clube), Curitiba, Brasilien, Klub, entst. 1971, [entst. 1971 durch Fusion Britânia SC, Palestra Itália FC und CA Ferroviário, aufgel. 89 durch Fusion mit EC Pinheiros => Paraná], **s. S.** 133
Colorado EC **s.** Britânia SC
Colorado EC **s.** CA Ferroviário
Colorado EC **s.** EC Pinheiros
Colorado EC **s.** Palestra Itália FC
Colorado EC **s.** Paraná Clube
Colorado Esporte Clube **s.** Colorado EC
Colorado Rapids, Denver, USA, Klub, entst. 1996, **s. S.** 123
Colţea Braşov **s.** CS Colţea Braşov
Colts FC **s.** Devonshire Colts FC
Colts **s.** St George's Colts
Columbus Crew, Columbus, USA, Klub, entst. 1996, **s. S.** 122
Columbus, Stadt, USA, **s. S.** 122
Colwyn Bay FC (Colwyn Bay Football Club), Colwyn Bay, Wales, Klub, entst. 1885, **s. S.** 67
Colwyn Bay Football Club **s.** Colwyn Bay FC
Colwyn Bay, Stadt, Wales, **s. S.** 67
COMAD, Djibouti, Dschibuti, Klub, **s. S.** 115
Combined Services, Kuala Lumpur, Malaysia, Klub, [aufgel. 19??], **s. S.** 106
Comense **s.** Como Calcio
Comercial FC (Comercial Futebol Clube), Ribeirão Prêto, Brasilien, Klub, entst. 1911, **s. S.** 133
Comercial Futebol Clube **s.** Comercial FC
Comercial **s.** EC Comercial
Comercial **s.** Palestra Itália FC
Comerciário EC **s.** Criciúma EC
Comercio **s.** Deportivo Comercio
Cometab Mometal, Mosambik, Klub, **s. S.** 121
Comets FC (Comets Football Club), Jwaneng, Botswana, Klub, **s. S.** 121
Comets Football Club **s.** Comets FC
Comets **s.** Baltimore Comets
Commerce (Ministry of Commerce), Rangoon/Yangon, Burma, Klub, **s. S.** 106
Commerce Team **s.** Ministry of Commerce Team
Commercial Union Bohemians Praha **s.** CU Bohemians Praha
Commune II **s.** AS Commune II
Commune III **s.** AS Commune III
Como Calcio, Como, Italien, Klub, entst. 1907, [1907-26 FBC Como, 12 Fusion mit Club Studentesco Minerva Como, 26 Fusion mit Esperia FC Como => AC Comense (26-36), 36 Fusion mit AS Ardita Rebbio Como => AC Como (36-75)], **s. S.** 81
Como, Stadt, Italien, **s. S.** 81

Comodoro Rivadavia, Stadt, Argentinien, s. S. 135
Comoé s. US Comoé
Compagnie Sucrière s. CSS Richard-Toll
Company RGA s. 70th Company RGA
Company Royal Artillery s. 12th Company Royal Artillery
Competrol Bucureşti s. Flacăra Bucureşti
Compostela s. SD Compostela
Comrades FC s. Ballyclare Comrades FC
Comrat, Stadt, Moldawien, s. S. 99
Comunicaciones FC s. CSD Comunicaciones FC
Conakry I s. AS Kaloum Stars
Conakry II s. Kakimbo FC
Conakry, Stadt, Guinea, s. S. 117
Concepción del Uruguay, Stadt, Argentinien, s. S. 135
Concepción FC (Concepción Fútbol Club), San Miguel de Tucumán, Argentinien, Klub, entst. 1927, s. S. 135
Concepción Fútbol Club s. Concepción FC
Concepción s. CA Concepción
Concepción, Stadt, Chile, s. S. 135
Concha s. Carlos Concha
Concord United, Abeokuta, Nigeria, Klub, s. S. 117
Concorde s. ASC Concorde
Concordia (Delftsche Cricket- en Footballclub Concordia), Delft, Niederlande, Klub, entst. 1885, s. S. 75
Concordia Basel s. FC Concordia Basel
Concordia FC (Concordia Fútbol Club), Ciudad de Panamá/Panama City, Panama, Klub, s. S. 125
Concordia Fútbol Club s. Concordia FC
Concordia Iaşi s. CS Concordia Iaşi
Concordia Leipzig s. SC Wacker Leipzig
Concordia Ploieşti s. FC Prahova Ploieşti
Concordia Ružomberok s. FK SCP Ružomberok
Concordia Yverdon, Yverdon, Schweiz, Klub, [aufgel. 19??], s. S. 82
Concordia Zabrze s. KS Górnik Zabrze
Concordia Zagreb s. HŠK Concordia Zagreb
Concordia, Stadt, Argentinien, s. S. 135
Concórdia, Stadt, Brasilien, s. S. 133
Condal s. CD Condal
Cone Textiles s. State House Tornados
Confiança EC (Confiança Esporte Clube), Sapé, Brasilien, Klub, entst. 1953, s. S. 133
Confiança Esporte Clube s. Confiança EC
Confiança s. AD Confiança
Cong An, Ha Nôi, Vietnam, Klub, s. S. 107
Cong An, Haiphong/Hai Phong, Vietnam, Klub, s. S. 107
Cong An, Than Po Hô Chi Minh/Saigon, Vietnam, Klub, s. S. 107
Cong Nghiep Ham Nam Ninh, Nam Ninh, Vietnam, Klub, s. S. 107
Connah's Quay & Shotton FC s. Connah's Quay Nomads FC
Connah's Quay AFC s. Connah's Quay Nomads FC
Connah's Quay Juniors FC s. Connah's Quay Nomads FC
Connah's Quay Nomads FC (Connah's Quay Nomads Football Club), Connah's Quay, Wales, Klub, [??-?? Connah's Quay AFC, ??-?? Connah's Quay & Shotton FC, 46-52 Connah's Quay Juniors FC], s. S. 67
Connah's Quay Nomads Football Club s. Connah's Quay Nomads FC
Connah's Quay, Stadt, Wales, s. S. 67
Connecticut Bicentennials s. Edmonton Drillers
Connecticut Bicentennials s. Oakland Stompers
Connecticut Bicentennials, Hartford, USA, Klub, entst. 1975, [1975-77 Hartford Bicentennials, 77-78 Connecticut Bicentennials, aufgel. 78, Umzug nach Oakland => Oakland Stompers], s. S. 122
Connection s. Williams Connection
Conquerors, Georgetown, Guyana, Klub, s. S. 129
Consadole Sapporo s. Toshiba
Consadole Sapporo, Sapporo, Japan, Klub, [entst. 199? nach Umzug von Toshiba aus Kawasaki], s. S. 111
Conseng s. Atletico Conseng
Constant Spring FC (Constant Spring Football Club), Constant Spring, Jamaika, Klub, s. S. 126
Constant Spring Football Club s. Constant Spring FC
Constant Spring, Stadt, Jamaika, s. S. 126
Constanţa, Stadt, Rumänien, s. S. 91
Constantine, Stadt, Algerien, s. S. 113
Constantino Reyer s. AC Venezia
Constelació Esportiva, Andorra la Vella, Andorra, Klub, s. S. 77
Construccions Modernes Inter d'Escaldes, Escaldes-Engordany, Andorra, Klub, s. S. 77
Construction (Ministry of Construction), Rangoon/Yangon, Burma, Klub, s. S. 106
Constructions Team (Department of Municipal Constructions Team), Phum Pénh/Phompenh, Kambodscha, Klub, s. S. 107
Constructorul Brăila s. Dacia Unirea Brăila
Constructorul Chişinău s. FC Agro Chişinău
Constructorul Cioburciu s. FC Constructorul Cioburciu
Constructorul Cioburciu s. FC Constructorul-93 Chişinău
Constructorul Leova s. FC Constructorul Leova
Constructorul-93 Chişinău s. FC Constructorul Cioburciu
Constructorul-93 Chişinău s. FC Constructorul-93 Chişinău
Conwy Borough s. Borough United AFC
Conwy British Legion FC s. Conwy United FC
Conwy Town FC s. Conwy United FC
Conwy United FC (Conwy United Football Club), Conwy, Wales, Klub, entst. 1977, [entst. 1977 durch Fusion Conwy Town FC und Conwy British Legion FC], s. S. 67
Conwy United Football Club s. Conwy United FC
Conwy, Stadt, Wales, s. S. 67
Cook Inseln, Länder, s. S. 136 und 137
Co-operativa de Servicios Especiales León de Huánuco s. León Huánuco
Coopsol Trujillo, Trujillo, Peru, Klub, [19??-2001 Deportivo UPAO], s. S. 130
COOPTRIP s. Deportivo COOPTRIP
Cooray SC (Cooray Sport Club), Colombo, Sri Lanka, Klub, s. S. 105
Cooray Sport Club s. Cooray SC
Coor's Light, Guam, Klub, s. S. 136
Copiapó, Stadt, Chile, s. S. 135
Copsicua Rovers FC (Copsicua Rovers Football Club), Cospicua, Malta, Klub, entst. 1916, [aufgel. 1935], s. S. 81
Copsicua Rovers Football Club s. Copsicua Rovers FC
Coquimbo, Stadt, Chile, s. S. 135
Corá s. Cerro Corá
Corcaigh, Stadt, Irland, s. S. 69
Córdoba and Rosario Railway AC s. CA Central Córdoba
Córdoba CF (Córdoba Club de Fútbol), Córdoba, Spanien, Klub, entst. 1951, [1951-54 CS San Alvaro Córdoba, 54 Fusion mit RCD Córdoba => Córdoba CF], s. S. 79
Córdoba Club de Fútbol s. Córdoba CF
Córdoba s. Atlético Córdoba
Cordóba, Stadt, Argentinien, s. S. 135
Córdoba, Stadt, Argentinien, s. S. 135
Córdoba, Stadt, Spanien, s. S. 79
Coreis Ionter Éirann-Transport Football Club s. CIÉ-Transport FC
Corinthians Paulista s. SC Corinthians Paulista
Coríntians s. AC Coríntians
Corisabbá s. AA Corisabbá
Coritiba FC (Coritiba Foot Ball Club), Curitiba, Brasilien, Klub, entst. 1909, s. S. 133
Coritiba Foot Ball Club s. Coritiba FC
Cork Alberts s. Cork Celtic FC
Cork Alberts s. Cork United
Cork Alberts, Cork/Corcaigh, Irland, Klub, entst. 1946, [1946-77 Albert Rovers, 77-79 Cork Alberts, aufgel. 79 durch Fusion mit Cork Celtic FC => Cork United], s. S. 69
Cork Athletic FC (Cork Athletic Football Club), Cork/Corcaigh, Irland, Klub, [aufgel. 1957], s. S. 69
Cork Athletic FC s. Cork United
Cork Athletic Football Club s. Cork Athletic FC
Cork Bohemians FC (Cork Bohemians Football Club), Cork/Corcaigh, Irland, Klub, entst. 1920, [aufgel. 1934], s. S. 69
Cork Bohemians Football Club s. Cork Bohemians FC
Cork Celtic FC (Cork Celtic Football Club), Cork/Corcaigh, Irland, Klub, entst. 1935, [1935-59 Evergreen United FC, 59-79 Cork Celtic FC, aufgel. 79 durch Fusion mit Cork Alberts => Cork United], s. S. 69
Cork Celtic FC s. Cork Alberts
Cork Celtic FC s. Cork United
Cork Celtic Football Club s. Cork Celtic FC
Cork City FC (Cork City Football Club), Cork/Corcaigh, Irland, Klub, entst. 1984, s. S. 69
Cork City FC s. Cork United
Cork City Football Club s. Cork City FC
Cork FC s. Cork United
Cork Hibernians FC (Cork Hibernians Football Club), Cork/Corcaigh, Irland, Klub, [19??-57 Ancient Order of the Hibernians, 57-76 Cork Hibernians FC, 76 aufgel.], s. S. 69
Cork Hibernians Football Club s. Cork Hibernians FC
Cork United s. Cork Alberts
Cork United s. Cork Celtic FC
Cork United, Cork/Corcaigh, Irland, Klub, entst. 1912, [1912-30 Fordsons United FC, 30-38 Cork FC, 38-39 Cork City FC, 39-48 Cork United, 48-57 Cork Athletic FC, 57 aufgel., wiedergegr. 79 durch Fusion Cork Celtic FC und Cork Alberts => Cork United (79-82), 82 aufgel.], s. S. 69
Cork, Stadt, Irland, s. S. 69
Cornélio Procópio, Stadt, Brasilien, s. S. 133
Cornerstones, Kumasi, Ghana, Klub, entst. 1931, s. S. 117
Corniglianese s. AC Liguria
Coro, Stadt, Venezuela, s. S. 128
Corona Boys, Surinam, Klub, s. S. 129
Coronel Francisco Bolognesi s. CD Coronel Francisco Bolognesi
Coronel Oviedo, Stadt, Paraguay, s. S. 135
Corozal FC s. La Victoria
Corozál FC s. Sagitún
Corozal, Stadt, Belize, s. S. 125
Corporación Club Deportes Tolima s. Deportes Tolima
Corporación Club Deportivo Tuluá s. Deportivo Tuluá
Corporación de Fútbol de la Universidad de Chile s. Universidad de Chile
Corporación Deportes Quindío s. Deportes Quindío
Corporación Deportiva América s. América
Corporación Deportiva Club Atlético Nacional s. Atlético Nacional
Corporación Deportiva Envigado Fútbol Club s. Envigado FC
Corporación Deportiva Everton s. Deportiva Everton
Corporación Deportiva Independiente Medellín s. Independiente Medellín
Corporación Deportiva Once Caldas s. Once Caldas
Corporación Deportiva Real Cartagena s. Real Cartagena
Corporación Nuevo Cúcuta Deportivo s. Cúcuta Deportivo
Corporación Popular Deportiva Junior s. Deportiva Junior
Corps Enseignant s. AS Corps Enseignant
Correcaminos s. UAT „Los Correcaminos"
Corrientes, Stadt, Argentinien, s. S. 135
Corrugated Swallows s. Moroka Swallows
Corso Breslau s. Breslauer FV 06-Stern
Corumbá, Stadt, Brasilien, s. S. 133
Corumbaense FC (Corumbaense Futebol Clube), Corumbá, Brasilien, Klub, entst. 1914, s. S. 133
Corumbaense Futebol Clube s. Corumbaense FC
Corvinul FC Hunedoara (Corvinul Fotbal Club Hunedoara), Hunedoara, Rumänien, Klub, entst. 1921, [1921-46 Corvinul FC Hunedoara, 46-48 UF Hunedoara, 48-52 IMS Hunedoara, 52-57 Metalul Hunedoara, 57-58 Energia Hunedoara, 57-63 Corvinul FC Hunedoara, 63-65 Siderurgistul Hunedoara, 65-70 Metalul Hunedoara], s. S. 91
Corvinul Fotbal Club Hunedoara s. Corvinul FC Hunedoara
COSFAP (Club Omnisport Forces Armées Populaire), Antananarivo/Tananarive, Madagaskar, Klub, s. S. 121
Cosma Foot, Französisch-Guyana, Klub, s. S. 129
Cosmopolitans, Dar es Salaam, Tansania, Klub, s. S. 119
Cosmos Club s. Babeti Cosmos Club
Cosmos FC s. Canberra Cosmos FC
Cosmos s. New York Cosmos
Cosmos s. SP Cosmos
Cosmos SC s. Curepipe Starlight SC
Cosmos SECREN, Antsiranana, Madagaskar, Klub, s. S. 121
Cosmos, Ciudad de Panamá/Panama City, Panama, Klub, s. S. 125
Cospicua, Stadt, Malta, s. S. 81
Costa do Sol, Maputo, Mosambik, Klub, s. S. 121
Costa Rica, Länder, s. S. 124 und 125
Costruccions Emprimo, Andorra la Vella, Andorra, Klub, [1996 aufgel.], s. S. 77
Cotingüiba SC (Cotingüiba Sport Club), Aracaju, Brasilien, Klub, entst. 1909, s. S. 133
Cotingüiba Sport Club s. Cotingüiba SC
Cotonou, Stadt, Benin, s. S. 117
Cotonsport Garoua, Garoua, Kamerun, Klub, s. S. 117
Cotopaxi s. SD Cotopaxi
Cottbus, Stadt, Deutschland, s. S. 85
Cottbuser FV 1898 s. ESV Cottbus
Cottbuser SC s. ESV Cottbus
Cottbus-Ost s. ESV Cottbus
Cottbus-Süd s. ESV Cottbus
Cotton FC (Cotton Football Club), Dire Dawa, Äthiopien, Klub, s. S. 115
Cotton Football Club s. Cotton FC
Cottonera FC (Cottonera Football Club), Cospicua, Malta, Klub, entst. 1911, s. S. 81
Cottonera Football Club s. Cottonera FC
Cougars s. Detroit Cougars
Cougars s. Devonshire Cougars
Cougars, Guyana, Klub, s. S. 129
Courier Rangers, Auckland, Neuseeland, Klub, s. S. 137
Courtrai Sports s. K Kortrijk Sport
Courts Caledonia AIA s. Caledonia AIA
Cove Ramblers s. Cobh Ramblers FC
Coventry City FC (Coventry City Football Club), Coventry, England, Klub, entst. 1883, [1883-98 Singers FC], s. S. 67
Coventry City Football Club s. Coventry City FC
Coventry, Stadt, England, s. S. 67
Covilhã, Stadt, Portugal, s. S. 79
Cowdenbeath FC (Cowdenbeath Football Club), Cowdenbeath, Schottland, Klub, entst. 1881, [1881-?? The Miners FC], s. S. 69
Cowdenbeath Football Club s. Cowdenbeath FC
Cowdenbeath, Stadt, Schottland, s. S. 69
Cowlairs FC (Cowlairs Football Club), Glasgow, Schottland, Klub, entst. 1876, [aufgel. 19??], s. S. 69
Cowlairs Football Club s. Cowlairs FC
CP Mérida (Club Polideportivo Mérida), Mérida, Spanien, Klub, entst. 1912, s. S. 79
CPD Porthmadog FC (Clwb Pêl-Droed Porthmadog Football Club), Porthmadog, Wales, Klub, entst. 1884, s. S. 67
CR Belcourt s. CR Belouizdad
CR Belouizdad (Chabab Riadhi Belouizdad), Algier (Algier (Alger/El-Jaza'ir)), Algerien, Klub, entst. 1962, [19??-?? J Belcourt, ??-?? CM Belcourt, ??-95 CR Belcourt], s. S. 113
CR Flamengo (Clube de Regatas Flamengo), Porto Velho, Brasilien, Klub, entst. 1955, s. S. 132
CR Flamengo (Clube de Regatas Flamengo), Rio de Janeiro, Brasilien, Klub, entst. 1895, s. S. 133
CR Guará (Clube de Regatas Guará), Guará, Brasilien, Klub, entst. 1967, s. S. 133
CR La Piedad (Club Reboceros de La Piedad AC), La Piedad de Cavadas, Mexiko, Klub, entst. 1951, s. S. 125
CR Vasco da Gama (Clube de Regatas Vasco da Gama), Rio de Janeiro, Brasilien, Klub, entst. 1915, s. S. 133
CRAC (Clube Recreativo Atlético Catalão), Catalão, Brasilien, Klub, entst. 1931, s. S. 133
Cracovia Kraków s. KS Cracovia Kraków
Craiova, Stadt, Rumänien, s. S. 91
Craiovan Craiova s. AS Doljul Craiova
CRB (Clube de Regatas Brasil), Maceió, Brasilien, Klub, entst. 1912, s. S. 133
Crédit Agricole, Rabat, Marokko, Klub, [aufgel. 1995], s. S. 113
Creditanstalt Wiener SC s. Wiener SC
Crefelder FC 1895 s. VfL Preußen 1895 Krefeld
Cremona, Stadt, Italien, s. S. 81
Cremonese s. US Cremonese
Crescent Textile Mills, Faisalabad, Pakistan, Klub, s. S. 105
Crew s. Columbus Crew
Crewe Alexandra FC (Crewe Alexandra Football Club), Crewe, England, Klub, entst. 1877, s. S. 67
Crewe Alexandra Football Club s. Crewe Alexandra FC
Crewe, Stadt, England, s. S. 67
Criciúma EC (Criciúma Esporte Clube), Criciúma, Brasilien, Klub, entst. 1948, [1947-78 Comerciário EC], s. S. 133
Criciúma Esporte Clube s. Criciúma EC
Criciúma, Stadt, Brasilien, s. S. 133
Cricket Club Erfurt s. FC Rot-Weiß Erfurt
Cricket s. Internacional Cricket
Cricket s. Lima Cricket
Cricket-Frem Wien s. Vienna Cricket & FC
Cricova, Stadt, Moldawien, s. S. 99
Crişana Oradea s. CS Crişana Oradea
Crişana Oradea, Oradea/Nagyvárad, Rumänien, Klub, entst. 1911, [1911-19 Nagyvárad AC, 19-40 CA Oradea, 40-45 Nagyvárad AC, 45-48 Libertatea Oradea, 48-51 IC Oradea, 51-58 Progresul Oradea, 58-61 CS Oradea, 61-63 Crişana Oradea, 63 aufgel.], s. S. 89 und 91
Cristal Caldas s. Once Caldas
Cristal s. Sporting Cristal
Cristalul Făleşti s. FC Cristalul Făleşti
Crişul Oradea s. FC Bihor Oradea
Crna Gora Titograd s. FK Budućnost Podgorica
Crni Drim Struga s. FK Karaorman Struga
Crnogorac Cetinje s. FK Lovćen Cetinje
Croatia s. Toronto Croatia
Croatia SC s. Melbourne Croatia SC
Croatia SC s. Mississauga Croatia SC
Croatia SC s. Sydney Croatia SC
Croatia Zagreb s. NK Dinamo Zagreb
Crossing Elewijk s. R Crossing Schaerbeek
Crossing Schaerbeek s. R Crossing Schaerbeek
Crusaders FC (Crusaders Football Club), Belfast, Nordirland, Klub, entst. 1898, s. S. 69
Crusaders Football Club s. Crusaders FC
Crusaders United, Stanger, Südafrika, Klub, s. S. 121
Cruz Azul s. CD Cruz Azul
Cruz Azul, Guayama, Puerto Rico, Klub, s. S. 127
Cruz Bay, Stadt, Amerikanische Jungferninseln, s. S. 126
Cruzeiro do Sul FC (Cruzeiro do Sul Futebol Clube), Manaus, Brasilien, Klub, [aufgel. 19??], s. S. 133
Cruzeiro do Sul Futebol Clube s. Cruzeiro do Sul FC
Cruzeiro do Sul s. AE Cruzeiro do Sul
Cruzeiro EC (Cruzeiro Esporte Clube), Belo Horizonte, Brasilien, Klub, entst. 1921, [1921-42 SS Palestra Itália], s. S. 133
Cruzeiro Esporte Clube s. Cruzeiro EC
Cruzeiro s. EC Cruzeiro
Crvena zvezda Beograd s. FK Crvena zvezda Beograd
Crvenka, Stadt, Jugoslawien, s. S. 93
Crystal Brains, Durban, Südafrika, Klub, entst. 1982, s. S. 121
Crystal Palace FC (Crystal Palace Football Club), London, England, Klub, entst. 1905, s. S. 66
Crystal Palace Football Club s. Crystal Palace FC
CS Alliance Dudelange (Club sportif Alliance Dudelange), Dudelange, Luxemburg, Klub, entst. 1916, [entst. 1916 durch Fusion Etoile Bleue Dudelange und Etoile Rouge Dudelange => CS Alliance Dudelange (16-40), 40-44 FV Rot-Schwarz Düdelingen, 44-91 CS Alliance Dudelange, aufgel. 91 durch Fusion mit CS Stade Dudelange und US Dudelange => F91 Dudelange], s. S. 74
CS Alliance Dudelange s. F91 Dudelange
CS Almagro s. Almagro
CS Ariesul Turda s. Sticla Ariesul Turda
CS Astra Arad (Clubul Sportiv Astra Arad), Arad, Rumänien, Klub, entst. 1911, [1911-18 AMTE, 12 Fusion mit AS Tipografia Arad, 18-40 AMEFA, 40 aufgel., 46 wiedergegr., 45-48 AMEFA, 48 Fusion mit CS Astra Arad => UVA-AMEFA (48-55), 55-57 Metalul Arad, 57-58 Energia Arad, 58-62 AMEFA, 62-73 Vagonul Arad, 73 Fusion mit CFR Arad => Unirea Arad (73-75), 75-?? Rapid Arad, ??-90 CS Vagonul Arad], s. S. 91
CS Astra-Româna Moreni s. CS Flacăra Moreni
CS Banatul Timişoara (Clubul Sportiv Banatul Timişoara), Temeschburg (Timişoara), Rumänien, Klub, entst. 1923, [1923-27 CS Banatul Timişoara, aufgel. 27 durch Fusion mit Sparta Unirea CFR Timişoara], s. S. 91
CS Banatul Timişoara s. CFR Timişoara
CS Bouillantais, Bouillante, Guadeloupe, Klub, s. S. 127
CS Braşovia Braşov (Clubul Sportiv Braşovia Braşov), Braşov, Rumänien, Klub, entst. 1914, [aufgel. 1937], s. S. 91
CS Brugeois s. Cercle Brugge KSV
CS Caennais s. SM Caen
CS Cagliari s. Cagliari Calcio
CS Capelense (Clube Sportivo Capelense), Capela, Brasilien, Klub, s. S. 133
CS Carmen Bucureşti s. Carmen Bucureşti
CS Cartaginés (Club Sport Cartaginés), Cartago, Costa Rica, Klub, entst. 1906, s. S. 124
CS Case-Pilote (Club sportive Case-Pilote), Case-Pilote, Martinique, Klub, s. S. 127
CS Ceahlăul Piatra Neamţ s. FC Ceahlăul Piatra Neamţ
CS Cheminots (Club sportif des Cheminots), Tunis, Tunesien, Klub, s. S. 113
CS Chênois (Club sportif Chênois), Chêne-Bourg, Schweiz, Klub, entst. 1907, s. S. 82
CS Ciocanul Bucureşti (Clubul Sportiv Ciocanul Bucureşti), Bukarest (Bucureşti), Rumänien, Klub, entst. 1919, [1919-40 Maccabi Bucureşti, 40 aufgel., 45 wiedergegr., 45-48 CS Ciocanul Bucureşti, aufgel. 48 durch Fusion mit Unirea-Tricolor Bucureşti => CS Dinamo Bucureşti], s. S. 90
CS Ciocanul Bucureşti s. FC Dinamo Bucureşti
CS Ciocanul Bucureşti s. Unirea Tricolor MAI Bucureşti
CS Colţea Braşov (Clubul Sportiv Colţea Braşov), Braşov, Rumänien, Klub, entst. 1921, [aufgel. 1931], s. S. 91
CS Concordia Iaşi (Clubul Sportiv Concordia Iaşi), Iaşi, Rumänien, Klub, [aufgel. 19??], s. S. 91
CS Constantine (Chabab sportif de Constantine), Constantine, Algerien, Klub, [19??-?? CM Constantine], s. S. 113
CS Craiovan Craiova s. AS Doljul Craiova
CS Crişana Oradea (Clubul Sportiv Crişana Oradea), Oradea, Rumänien, Klub, entst. 1912, [aufgel. 1940], s. S. 91
CS Crişul Oradea s. FC Bihor Oradea
CS de Cheminots Alès s. FC Olympique Alèsien
CS Dinamo Bucureşti s. AS Victoria Bucureşti
CS Dinamo Bucureşti s. CS Ciocanul Bucureşti
CS Dinamo Bucureşti s. Dinamo Orasul Stalin
CS Dinamo Bucureşti s. FC Dinamo Bucureşti
CS Dinamo Bucureşti s. FCM Bacău
CS Dinamo Bucureşti s. Unirea Tricolor MAI Bucureşti
CS Echternach (Cercle des Sports Echternach), Echternach, Luxemburg, Klub, entst. 1910, [1910-11 Jeunesse Echternach, 11 aufgel., 13 wiedergegr., 13-15 CS Echternach, 15 aufgel.], s. S. 75
CS EMELEC (Club Sport Empresa Electrica del Ecuador), Guayaquil, Ecuador, Klub, entst. 1929, s. S. 131
CS Faur Bucureşti (Clubul Sportiv Faur Bucureşti), Bukarest (Bucureşti), Rumänien, Klub, entst. 1935, [1935-37 Malaxa Bucureşti, 37-41 Titanii Bucureşti, 41-45 Rogifer Bucureşti, 45-47 23. August Bucureşti, 47-49 Metalochimic Bucureşti, 49-56 Metalul Bucureşti, 56-58 Energia Bucureşti, 58-60 Titanii Bucureşti, 60-91 Metalul Bucureşti], s. S. 90
CS Firenze s. AC Fiorentina
CS Flacăra Moreni (Clubul Sportiv Flacăra Moreni), Moreni, Rumänien, Klub, entst. 1930, [1930-31 IMSER Moreni, 31 aufgel. und wiedergegr., 31-50 CS Astra-Româna Moreni, 50-51 Partizanul Moreni, 51-77 CS Flacăra Moreni, 77 Fusion mit Automecanica Moreni => Flacăra Automecanica Moreni (77-90)], s. S. 91
CS FOLA Esch (Cercle sportif Football and Lawn Tennis Esch/Alzette), Esch-sur-Alzette, Luxemburg, Klub, entst. 1906, [1906-40 CS FOLA Esch, 40-44 Rote Erde Esch], s. S. 74
CS Fulgerul Chişinău (Clubul Sportiv Fulgerul Chişinău), Chişinău/Kischinew, Moldawien, Klub, [aufgel. 19??], s. S. 91
CS Gabesien, Gabès, Tunesien, Klub, s. S. 113
CS Generala Craiova (Clubul Sportiv Generala Craiova), Craiova, Rumänien, Klub, entst. 1922, [aufgel. 19??], s. S. 91
CS Gloria Bistrita s. FC Gloria Bistrita
CS Grevenmacher (Club sportif Grevenmacher), Grevenmacher, Luxemburg, Klub, entst. 1909, [1909-19 Stade Mosellan Grevenmacher, 19-40 CS Grevenmacher, 40-44 FK Grevenmacher], s. S. 75
CS Hackoah Cernăuţi (Clubul Sportiv Hackoah Cernăuţi), Tscherniwtsi/Tschernowtsy/Cernăuţi, Ukraine, Klub, [aufgel. 19??], s. S. 91
CS Hammam-Lif (Club sportif Hammam-Lif), Hammamet, Tunesien, Klub, entst. 1944, s. S. 113
CS Herediano (Club Sport Herediano), Heredia, Costa Rica, Klub, entst. 1921, s. S. 124
CS Hobscheid (Club sportif Hobscheid), Hobscheid, Luxemburg, Klub, entst. 1932, [1932-40 CS Hobscheid, 40-44 FV Hobscheid], s. S. 75
CS Imana s. DC Motema Pembe
CS Înţelegerea Oradea (Clubul Sportiv Înţelegerea Oradea), Oradea, Rumänien, Klub, [aufgel. 19??], s. S. 91
CS Italiano s. CD Italiano
CS Jahn Cernăuţi (Clubul Sportiv Jahn Cernăuţi), Tscherniwtsi/Tschernowtsy/Cernăuţi, Ukraine, Klub, [aufgel. 19??], s. S. 91
CS Jiul Petroşani (Clubul Sportiv Jiul Petroşani), Petroşani, Rumänien, Klub, entst. 1919, [1919-24 CAM Petroşani, 24 Fusion mit CAM Vulcan Petroşani => UCAS Petroşani (24-29), 29 Fusion mit CS Lupeni => CS Jiul Petroşani (30-49), 49-50 Partizanul Petroşani, 50-52 Flacăra Petroşani, 52-56 Minerul Petroşani, 56-57 Energia Petroşani, 57-58 Minerul Petroşani], s. S. 91
CS Kleine Heide Beeringen s. K Beringen FC
CS La Forestoise s. RCS La Forestoise
CS La Libertad (Club Sport La Libertad), San José, Costa Rica, Klub, s. S. 124
CS Levski Sofija s. PFK Levski Sofija
CS Libertad (Club Sport Libertad), Trujillo, Peru, Klub, s. S. 130
CS Lupeni s. CS Jiul Petroşani
CS Macabi Cernăuţi (Clubul Sportiv Macabi Cernăuţi), Tscherniwtsi/Tschernowtsy/Cernăuţi, Ukraine, Klub, [aufgel. 19??], s. S. 91
CS Marítimo (Clube Sport Marítimo), Funchal, Portugal, Klub, entst. 1910, s. S. 79
CS Marítimo s. Marítimo FC
CS Mica Brad s. Aurul Brad
CS Mihai Viteazul Chişinău (Clubul Sportiv Mihai Viteazul Chişinău), Chişinău/Kischinew, Moldawien, Klub, [aufgel. 19??], s. S. 91
CS Mindelense (Clube Sportivo Mindelense), Mindelo, Kapverden, Klub, s. S. 116
CS Morón s. CD Morón
CS Moulien (Club Sport Moulien), Le Moule, Guadeloupe, Klub, s. S. 127
CS Mureşul Tîrgu Mureş (Clubul Sportiv Mureşul Tîrgu Mureş), Târgu Mureş, Rumänien, Klub, entst. 1921, [1921-23 SS Mureşul Tîrgu Mureş, 23 Fusion mit CFR Tîrgu Mureş => CFR Mureşul Tîrgu Mureş (23-24), 24-39 CS Mureşul Tîrgu Mureş, 39 aufgel., ?? wiedergegr., ??-60 Vointa Tîrgu Mureş, 60-64 CS Mureşul Tîrgu Mureş, aufgel. 64 durch Fusion mit ASA Tîrgu Mureş => ASA Mureşul Tîrgu Mureş], s. S. 91
CS Mureşul Tîrgu Mureş s. ASA Târgu Mureş
CS Nékoué, Houailou, Neukaledonien, Klub, s. S. 137
CS Obercorn (Cercle sportif Obercorn), Obercorn, Luxemburg, Klub, entst. 1930, s. S. 74
CS Oradea s. Crişana Oradea
CS Oţelul Galaţi (Clubul Sportiv Oţelul Galaţi), Galaţi, Rumänien, Klub, entst. 1965, [1965-70 CS Oţelul Galaţi, 70 aufgel., 72 wiedergegr., 72-75 CS Oţelul Galaţi, 75 aufgel., 76 wiedergegr.], s. S. 91
CS Oţelul Reşiţa s. CSM Reşiţa
CS Patronage Sainte Anne, Pointe-Noire, Kongo, Klub, s. S. 118
CS Pétange (Club sportif Pétange), Pétange, Luxemburg, Klub, entst. 1909, [1909-40 CS Pétange, 40-44 FV 08 Petingen], s. S. 74
CS Piatra Neamţ s. FC Ceahlăul Piatra Neamţ
CS Pierrots s. RC Strasbourg
CS Politehnica Timişoara s. FC Politehnica Timişoara
CS Polonia Cernăuţi (Clubul Sportiv Polonia Cernăuţi), Tscherniwtsi/Tschernowtsy/Cernăuţi, Ukraine, Klub, [aufgel. 19??], s. S. 91
CS Ponziana Trieste s. FK Poncijana Trst
CS Ponziana Trieste s. USC Triestina
CS Progresul Vulcan Bucureşti s. FC Naţional Bucureşti
CS Racing Uccle s. Léopold CB
CS Rapid Bucureşti s. UFC Rapid Bucureşti
CS România Cluj s. Victoria CFR Cluj
CS Saint-Denis (Club Sportif de Saint-Denis), Saint-Denis, Reunion, Klub, entst. 1969, s. S. 121
CS San Alvaro Córdoba s. Córdoba CF
CS Sedan-Ardennes (Club sportif Sedan-Ardennes), Sedan, Frankreich, Klub, entst. 1919, [1919-66 UA Sedan Torcy, 66 Fusion mit Racing Club de Paris => Racing Paris-Sedan (66-67), 67 Aufl. der Fusion => Racing Club de Paris und UA Sedan Torcy (67-76), 76 Fusion mit Amical Club Mouzon => CS Sedan-Mouzon Ardennes (76-85)], s. S. 77
CS Sedan-Mouzon Ardennes s. CS Sedan-Ardennes
CS Sergipe (Club Sportivo Sergipe), Aracaju, Brasilien, Klub, entst. 1909, s. S. 133
CS Sfaxien (Club sportif Sfaxien), Sfax, Tunesien, Klub, s. S. 113
CS Stade Dudelange (Cercle sportif le Stade Dudelange), Düdelingen (Dudelange), Luxemburg, Klub, entst. 1908, [1908-12 Gallia Dudelange, 12-13 Sparta Dudelange, 13-40 CS Stade Dudelange, 40-44 FV Stadt Düdelingen, 44-91 CS Stade Dudelange, aufgel. 91 durch Fusion mit SC Alliance Dudelange und US Dudelange => F91 Dudelange], s. S. 74 und 85
CS Stade Dudelange s. CS Alliance Dudelange
CS Stade Dudelange s. F91 Dudelange
CS Stade Dudelange s. US Dudelange
CS Stăruinţa Oradea (Clubul Sportiv Stăruinţa Oradea), Oradea, Rumänien, Klub, entst. 1912, [aufgel. 1958], s. S. 91
CS Steagul Roşu Braşov s. FC Braşov
CS Steagul Roşu Orasul Stalin s. Dinamo Orasul Stalin
CS Ştiinţa Timişoara s. FC Politehnica Timişoara
CS Târgovişte s. CF Chindia Târgovişte
CS Tîrgovişte s. CF Chindia Târgovişte
CS Tîrgu Mureş (Clubul Sportiv Tîrgu Mureş), Târgu Mureş, Rumänien, Klub, entst. 1944, [1944-45 ASM Tîrgu Mureş, 45-47 Dermagand Tîrgu Mureş, 47-49 RATA Tîrgu Mureş, 49-56 Locomotivă Tîrgu Mureş, 56-57 Avîntul Tîrgu Mureş, 57-58 Energia Tîrgu Mureş, ?? aufgel.], s. S. 91
CS Tricolor Bucureşti (Clubul Sportiv Tricolor Bucureşti), Bukarest (Bucureşti), Rumänien, Klub, entst. 1914, [1914 Teilul Bucureşti, 14-26 CS Tricolor Bucureşti, aufgel. 26 durch Fusion mit Unirea Bucureşti => Unirea-Tricolor Bucureşti], s. S. 90
CS Tricolor Bucureşti s. Unirea Tricolor MAI Bucureşti
CS Universitatea Cluj s. FC Universitatea Cluj-Napoca
CS Universitatea Cluj-Napoca s. FC Universitatea Cluj-Napoca
CS Universitatea Craiova s. AS Universitatea FC Craiova
CS Uruguay (Club Sport Uruguay), Moravia, Costa Rica, Klub, entst. 1936, s. S. 124
CS Vagonul Arad s. CS Astra Arad
CS Vauclinois (Club sportive Vauclinois), Le Vauclin, Martinique, Klub, s. S. 127
CS Verviétois s. RCS Verviétois
CS Victoria Cluj s. Victoria CFR Cluj
CS Victoria Iaşi s. CFR Iaşi
CS Vigor Ascoli s. Ascoli Calcio 1898
CS Virunga, Goma, Volksrepublik Kongo, Klub, s. S. 119
CSA (Centro Sportivo Alagoano), Maceió, Brasilien, Klub, entst. 1913, s. S. 133
CSA Steaua Bucureşti s. FC Steaua Bucureşti
CSA Victoria Cahul (Clubul Sportiv al Armatei Victoria Cahul), Cahul, Moldawien, Klub, s. S. 99
ČSAD Benešov s. FK Benešov
CSB (Cecle sportif Batavea), Libreville, Gabun, Klub, s. S. 119
CSC 03 Kassel (Casseler Sport-Club 03 Kassel), Kassel, Deutschland, Klub, entst. 1903, [1903-19 Casseler FV Teutonia, 19 Casseler FV Eintracht, 19 Fusion mit Sportfreunde Cassel => VfR 03 Cassel, 19 Fusion mit Älterer TG 1848 => Tuspo 1848 Cassel (19-25), 25 Aufl. der Fusion, 25-26 Casseler SC 03, 26-45 CSC 03 Kassel, 45 aufgel. und wiedergegr., 45-46 SG Eintracht Kassel, 46-47 TuSG Eintracht Kassel], s. S. 85
CSCA Bucureşti s. FC Steaua Bucureşti
CSD Audaz Octubrino (Club Social Deportivo Audaz Octubrino), Machala, Ecuador, Klub, entst. 1949, s. S. 130
CSD Aurich-Cañaña (Club Social Deportivo Aurich-Cañaña), Chiclayo, Peru, Klub, entst. 1993, [entst. 1993 durch Fusion Juan Aurich und Deportivo Cañaña, 97 Aufl. der Fusion => Juan Aurich und Deportivo Cañaña], s. S. 130
CSD Aurich-Cañaña s. Deportivo Cañaña
CSD Aurich-Cañaña s. Juan Aurich
CSD Comunicaciones FC (Club Social y Deportivo Comunicaciones Fútbol Club), Ciudad de Guatemala/Guatemala City, Guatemala, Klub, entst. 1939, s. S. 125
CSD Defensor ANDA (Club Social Deportivo Defensor Asociación Nacional de Agricultores), Aucayacu, Peru, Klub, entst. 1977, s. S. 130
CSD León (Club Social y Deportivo León AC), León, Mexiko, Klub, entst. 1920, [1920-44 León Atlético], s. S. 125
ČSD Lokomotiva Kolín s. AFK Kolín
CSD Macará (Club Social Deportivo Macará), Ambato, Ecuador, Klub, entst. 1939, s. S. 130
CSD Mina San Vicente (Club Social Deportivo Mina San Vicente), San Ramón, Peru, Klub, entst. 1970, s. S. 131
CSD Municipal (Club Social y Deportivo Municipal), Ciudad de Guatemala/Guatemala City, Guatemala, Klub, entst. 1936, s. S. 125
ČSD Plzeň s. SK Plzeň 1894
CSD Xelajú MC (Club Social y Deportivo Xelajú Mario Camposeco), Quezaltenango, Guatemala, Klub, s. S. 125
Csepel AK s. BAK
Csepel FC s. Csepel SC
Csepel Munkás TE s. Csepel SC
Csepel SC (Csepel Sport Club), Budapest, Ungarn, Klub, entst. 1912, [1912-32 Csepeli TK, 32-37 Csepel FC, 37-44 Weisz Manfréd FC, 44-47 Csepel SC, 47-50 Csepel Munkás TE, 50-57 Csepeli Vasas, 57-93 Csepel SC, 93-95 Csepel-Kordax], s. S. 88
Csepel Sport Club s. Csepel SC
Csepeli TK s. Csepel SC
Csepeli Vasas s. Csepel SC
Csepel-Kordax s. Csepel SC
CSF Chinezul Timişoara (Clubul Sportiv Feroviar Chinezul Timişoara), Temeschburg (Timişoara), Rumänien, Klub, entst. 1910, [1910-19 Kinizsi SE Temeszvár, 19-41 CSF Chinezul Timişoara, 36 Fusion mit ILSA Timişoara, aufgel. 41 durch Fusion mit CAM Timişoara => Chinezul CAM Timişoara], s. S. 91
CSF Chinezul Timişoara s. CAM Timişoara
CSK Crvenka s. FK Crvenka
ČSK Vítkovice s. FC Vítkovice
CSKA Almaty (Central'nyj Sportivnyj Klub Armiji Almaty), Almaty/Alma-Ata, Kasachstan, Klub, s. S. 101
CSKA Kyiw s. FK CSKA Kyiw
CSKA Moskva s. FK CSKA Moskva
CSKA Septemvrijsko zname Sofija s. FK CSKA Sofija
CSKA Septemvrijsko zname Sofija s. FK Septemvri Sofija
CSKA Sofija s. FK CSKA Sofija
CSKA Tscherveno zname Sofija s. FK CSKA Sofija
CSKA Tscherveno zname Sofija s. FK Septemvri Sofija
CSKA-Borysfen Boryspil' s. FK Borysfen Boryspil'
CSKA-Borysfen Boryspil' s. FK CSKA Kyiw
CSKA-Borysfen Kyiw s. FK CSKA Kyiw
CSK-MO Moskva s. FK CSKA Moskva
CSM Baia Mare s. FC Baia Mare
CSM Baia Mare s. SC Phönix Baia Mare
CSM Brăila s. Dacia Unirea Brăila
CSM Bucovina Suceava s. NC Foresta Suceava
CSM Cluj s. CFR Cluj-Napoca
CSM Cluj s. Rapid Cluj
CSM Lugoj (Clubul Sportiv Muncitoresc Lugoj), Lugoj, Rumänien, Klub, entst. 1920, [1920-34 Vulturii Lugoj, 34-38 Vulturii Textila Lugoj, 38-69 Vulturii Lugoj, 69-80 Vulturii Textila Lugoj, 80-84 Vulturii Lugoj], s. S. 91
CSM Mediaş s. Gaz Metan Mediaş
CSM Reşiţa (Clubul Sportiv Muncitoresc Reşiţa), Reşiţa, Rumänien, Klub, entst. 1926, [entst. 1926 durch Fusion SS Reşiţa und Uzinele Reşiţa => SS UD Reşiţa (26-45), 45-48 CS Oţelul Reşiţa, 48 Fusion mit Locomotivă Reşiţa => Metalochimic Reşiţa (48-49), 49-55 Metalul Reşiţa, 55-56 Energia Reşiţa, 56-58 Metalul Reşiţa, 58-75 CSM Reşiţa, 75-82 FCM Reşiţa], s. S. 91
CSM Rîmnicu Vîlcea s. FC Râmnicu Vâlcea
CSM Suceava s. NC Foresta Suceava
CSMD Baia Mare s. FC Baia Mare
CSMS Iaşi s. CFR Iaşi
CSMS Iaşi s. FC Politehnica Iaşi
CSO Baia Mare s. FC Baia Mare
CSO El Asnam s. ASO Chlef
CSO Farul Constanţa s. FC Farul Constanţa
CSO Galaţi s. Siderurgistul Galaţi
CSS Amocom Chişinău s. FC Unisport Chişinău
CSS Richard-Toll, Richard-Toll, Senegal, Klub, [19??-97 Compagnie Sucrière], s. S. 117
ČsŠK Bratislava s. ŠK Slovan Bratislava
ČSSZ Humenné s. HFC Humenné
CSU Cluj s. FC Universitatea Cluj-Napoca
CSU Craiova s. AS Universitatea FC Craiova
CSU Galaţi s. FCM Dunarea Galaţi
CSU Iaşi s. FC Politehnica Iaşi
CSU Timişoara s. FC Politehnica Timişoara
CSX Tumon Club, Tamuning, Guam, Klub, [19??-?? Tumon Athlete's Foot, ??-9? Tumon Taivon, 9?-9? Tumon SC], s. S. 136
CU Bohemians Praha (Commercial Union Bohemians Praha), Prag (Praha), Tschechische Republik, Klub, entst. 1905, [1905-27 AFK Vršovice, 27-41 AFK Bohemians Vršovice, 41-45 AFK Bohemia Vršovice, 45-48 AFK Bohemians Vršovice, 48 Sokol Bohemians Vršovice, 49 Sokol Železničáři Bohemians Praha, 50-51 ZSJ Železničáři Praha, 51-53 ZSJ ČKD Stalingrad Praha, 53-62 TJ Spartak Praha Stalingrad, 62-65 TJ ČKD Praha, 65-90 TJ Bohemians ČKD Praha, 90-99 FC Bohemians Praha], s. S. 86
Cuaden s. US Penelo Cuaden
Cuanza Sul s. Dinamos do Cuanza Sul
Cuautla, Stadt, Mexiko, s. S. 125
Cuca s. Desportivo Cuca
Cúcuta Deportivo (Corporación Nuevo Cúcuta Deportivo), Cúcuta, Kolumbien, Klub, entst. 1949, s. S. 128
Cúcuta, Stadt, Kolumbien, s. S. 128
Cuenca, Stadt, Ecuador, s. S. 130
Cuernavaca, Stadt, Mexiko, s. S. 125
Cuiabá, Stadt, Brasilien, s. S. 133
Čukarički Stankom s. FK Čukarički Stankom
Cukrovar Olomouc s. SK Sigma Olomouc
Culiacán, Stadt, Mexiko, s. S. 125
Cultural y Deportiva Leonesa s. CD Leonesa
Cumaná, Stadt, Venezuela, s. S. 129
Cumbernauld, Stadt, Schottland, s. S. 69
Cuntum, Stadt, Guinea-Bissau, s. S. 117
Curaçao, Tegucigalpa, Honduras, Klub, [aufgel. 19??], s. S. 125
CURCC s. CA Peñarol
Curepipe Cosmos SC s. Curepipe Starlight SC
Curepipe SC s. Curepipe Starlight SC
Curepipe Starlight SC (Curepipe Starlight Sports Club), Curepipe, Mauritius, Klub, entst. 1935, [1935-?? Curepipe SC, ??-2000 Curepipe Cosmos SC], s. S. 121
Curepipe Starlight Sports Club s. Curepipe Starlight SC

Curepipe, Stadt, Mauritius, s. S. 121
Curicó, Stadt, Chile, s. S. 135
Curitiba, Stadt, Brasilien, s. S. 133
Curmi United s. Qormi FC
Curtidores s. Unión de Curtidores
Customs Club, Rangoon/Yangon, Burma, Klub, s. S. 106
Cuzco, Stadt, Peru, s. S. 131
CVV (Charloische Voetbal Vereniging), Rotterdam, Niederlande, Klub, s. S. 75
CWKS Legia Warszawa s. Legia-Daewoo Warszawa
CWKS Warszawa s. Legia-Daewoo Warszawa
Cwmbran Town AFC (Cwmbran Town Association Football Club), Cwmbran, Wales, Klub, entst. 1951, s. S. 67
Cwmbran Town Association Football Club s. Cwmbran Town AFC
Cwmbran, Stadt, Wales, s. S. 67
Cyangugu, Stadt, Rwanda, s. S. 119
Czarni Lemberg s. 1y LKS Czarni
Częstochowa, Stadt, Polen, s. S. 89
Dâ Lat, Stadt, Vietnam, s. S. 107
Da Nang, Stadt, Vietnam, s. S. 107
Dąb Katowice s. SKS Dąb Katowice
Dąbrowa Górnica, Stadt, Polen, s. S. 89
DAC Dunajská Streda s. 1. FC DAC Dunajská Streda
Dacca, Dacca, Bangladesh, Klub, [aufgel. 19??], s. S. 105
Dacca, Stadt, Bangladesh, s. S. 105
Dacia Brăila s. Dacia Unirea Brăila
Dacia Cluj s. Victoria CFR Cluj
Dacia Unirea Brăila, Brăila, Rumänien, Klub, entst. 1928, [entst. 1928 durch Fusion Dacia Brăila und Unirea Brăila => Dacia Unirea Brăila (28-37), 37-40 DUIG Brăila, 40-45 FC Brăila, 45-47 Dacia Unirea Brăila, 47 aufgel., 60 wiedergegr., 60-62 CSM Brăila, 62-63 Progresul Brăila, 63-65 Laminorul Brăila, 65-66 Constructorul Brăila, 66-74 Progresul Brăila, 74-81 FC Brăila, 81-91 FCM Progresul Brăila], s. S. 91
Dacia-Vasile Alecsandri Galaţi s. DVA Galaţi
Daegu, Stadt, Südkorea, s. S. 110
Daerah Brunei, Bandar Seri Begawan, Brunei, Klub, s. S. 107
Daewoo Royals s. Pusan Icons
Daewoo s. Pusan Icons
DAF VfB Union Mödling s. VfB Mödling
DAG Liepaja s. FC DAG Liepaja
DAG Riga s. FC DAG Riga
DAG Tartu s. Tartu JPK
Dagdan Aschchabad, Aschchabad, Turkmenistan, Klub, [B-Team von Kopet-Dag Aschchabad], s. S. 101
Dahlak, Asmara, Eritrea, Klub, s. S. 115
Dahra s. al-Dahra
Dainava Alytus s. FK Dainava Alytus
Dairy Corporation s. Dairy Heroes
Dairy Corporation s. Mbale Heroes
Dairy Corporation, Mbale, Uganda, Klub, [aufgel. 1996 durch Fusion mit Mbale Heroes => Dairy Heroes], s. S. 119
Dairy Heroes s. Dairy Corporation
Dairy Heroes s. Mbale Heroes
Dairy Heroes, Mbale, Uganda, Klub, entst. 1996, [entst. 1996 durch Fusion Mbale Heroes und Dairy Corporation], s. S. 119
Daisotra Alytus s. FK Dainava Alytus
Dakadaha Naadiga s. Ports Authority
Dakar Université Club, Dakar, Senegal, Klub, s. S. 116
Dakar, Stadt, Senegal, s. S. 116 und 117
Dakota s. SV Dakota
Dalat, Stadt, Vietnam, s. S. 107
D'Alberton Callies, Durban, Südafrika, Klub, s. S. 121
Dalgytsch Baku s. FC Neftegaz-GNKAR Baku
Dalgytsch-GNKAR Baku s. FC Neftegaz-GNKAR Baku
Dalhousie, Calcutta, Indien, Klub, [aufgel. 19??], s. S. 105
Dali, Stadt, Zypern, s. S. 95
Dalian Shide, Lü-ta/Dalian, China, Klub, [19??-98 Dalian Wanda, 1998-2000 Dalian Wanda Shide], s. S. 109
Dalian Wanda s. Dalian Shide
Dalian Wanda Shide s. Dalian Shide
Dalian, Stadt, China, s. S. 109
Dallas Burn, Dallas, USA, Klub, entst. 1996, s. S. 123
Dallas Tornado, Dallas, USA, Klub, entst. 1967, [aufgel. 1981], s. S. 123
Dallas, Stadt, USA, s. S. 123
Daloa, Stadt, Elfenbeinküste, s. S. 117
Damanhour SC (Damanhour Sports Club), Damanhour, Ägypten, Klub, s. S. 112
Damanhour Sports Club s. Damanhour SC
Damanhour, Stadt, Ägypten, s. S. 112
Damascus, Stadt, Syrien, s. S. 102
Damaskus, Stadt, Syrien, s. S. 102
Dame Central SC (Dame Central Soccer Club), Roseau, Dominica, Klub, s. S. 127
Dame Central Soccer Club s. Dame Central SC
Damels Tivaouane, Tivaouane, Senegal, Klub, s. S. 117
Dames SC, Vieux Fort, St. Lucia, Klub, s. S. 127
Damgarten, Stadt, Deutschland, s. S. 85
Dan Baskoré, Maradi, Niger, Klub, s. S. 114
Danang, Stadt, Vietnam, s. S. 107
Dandy Town Hornets, Hamilton, Bermudas, Klub, [19??-9? Dandy Town SC], s. S. 123
Dandy Town SC s. Dandy Town Hornets
Dandy, San Pedro Sula, Honduras, Klub, [aufgel. 19??], s. S. 125
Dänemark, Länder, s. S. 70 und 71
Dangerous Darkies, Nelspruit, Südafrika, Klub, s. S. 121
Dangourmou, Niger, Klub, s. S. 114
Dangriga Jaguars s. Griga Tropical
Dangriga, Stadt, Belize, s. S. 125
Danlí, Stadt, Honduras, s. S. 125
Dano Eagles Superstrikers, Grenada, Klub, s. S. 127
Danubiana Ploieşti s. SC Astra Ploieşti
Danubio FC (Danubio Fútbol Club), Montevideo, Uruguay, Klub, entst. 1932, s. S. 135
Danubio Fútbol Club s. Danubio FC
Danubio, Caracas, Venezuela, Klub, s. S. 129
Danuvia SE s. Zuglói MADISZ
Danzig, Stadt, Polen, s. S. 84 und 89
Daoukro, Stadt, Elfenbeinküste, s. S. 117
Dapaong, Stadt, Togo, s. S. 117
Dar Al-Bayda, Stadt, Marokko, s. S. 113
Dar es Salaam, Stadt, Tansania, s. S. 119
Daraei FC (Daraei Football Club), Teheran/Tehran, Iran, Klub, s. S. 103
Daraei Football Club s. Daraei FC
Darchan, Stadt, Mongolei, s. S. 109
Dardanelspor Anonim Şirketi s. Dardanelspor AŞ
Dardanelspor AŞ (Dardanelspor Anonim Şirketi), Çanakkale, Türkei, Klub, entst. 1966, [1966-97 Dardanelspor K], s. S. 96
Dardanelspor K s. Dardanelspor AŞ
Dare Bellinzona s. AC Bellinzona
Daring Beggen s. FC Avenir Beggen
Daring Brussels Club s. R Daring CB
Daring CB s. R Daring CB
Daring CB s. Skill FC
Daring CBSR s. R Daring CB
Daring Club Eich, Luxembourg, Luxemburg, Klub, entst. 1909, [aufgel. 1913], s. S. 74
Daring Club Motema Pembe s. DC Motema Pembe
Daring FC s. R Daring CB
Darkies s. Dangerous Darkies
Darmstadt, Stadt, Deutschland, s. S. 85
Darmstädter SC 05 s. SV Darmstadt 98
Darnah, Stadt, Libyen, s. S. 113
Darniss, Darnah, Libyen, Klub, s. S. 113
Darryn Textiles, Harare, Simbabwe, Klub, s. S. 121
Darsalam s. ES Darsalam
Dărschavna Sportna Organizatsija Tscherveno zname Sofija s. DSO Tscherveno zname Sofija
Darts s. Washington Darts
Darul Afiah FC (Darul Afiah Football Club), Singapur, Klub, s. S. 107
Darul Afiah Football Club s. Darul Afiah FC
Darulmakmur s. PB Darulmakmur
Darwen FC (Darwen Football Club), Darwen, England, Klub, entst. 1875, [1899 aufgel. und wiedergegr.], s. S. 67
Darwen Football Club s. Darwen FC
Darwen, Stadt, England, s. S. 67
Darwin Cubs, Darwin, Australien, Klub, s. S. 136
Darwin, Stadt, Australien, s. S. 136
Daschgyn Zakataly s. FC Daschgyn Zakataly
Daschkowuz Taschauz s. Turan Taschauz
Datong, Stadt, China, s. S. 109
Daugava Riga s. FC Olimpija Riga
Daugava Riga s. PFK/Daugava Riga
Daugavpils, Stadt, Lettland, s. S. 99
Daunia FC 1909 Foggia s. Foggia Calcio
Davao City, Davao, Philippinen, Klub, s. S. 107
Davao, Stadt, Philippinen, s. S. 107
Davenport s. North Shore United
David, Stadt, Panama, s. S. 125
Dawei, Stadt, Burma, s. S. 106
Dawu Youngstars, Koforidua, Ghana, Klub, entst. 1987, s. S. 117
Dayr az Zawr, Stadt, Syrien, s. S. 102
DB Basovak, Spanish Town, Jamaika, Klub, s. S. 126
DC Gallego, Havanna (La Habana), Kuba, Klub, [aufgel. 19??], s. S. 126
DÇ Karabükspor K (Demir-Çelik Karabükspor Kulübü), Karabük, Türkei, Klub, entst. 1969, s. S. 96
DC Motema Pembe (Daring Club Motema Pembe), Kinshasa, Volksrepublik Kongo, Klub, entst. 1936, [19??-85 CS Imana], s. S. 119
DC United (District of Columbia United), Washington, USA, Klub, entst. 1996, s. S. 122
DCP Harlem Bombers, Roseau, Dominica, Klub, s. S. 127
DCYO, Dennery, St. Lucia, Klub, s. S. 127
DDR, Länder, s. S. 84 und 85
De Canchungo, Canchungo, Guinea-Bissau, Klub, s. S. 117
De La Vega City, Spanish Town, Jamaika, Klub, s. S. 126
De Rest, Surinam, Klub, s. S. 129
Debed Alawerdi s. FC Debed Alawerdi
Dębica, Stadt, Polen, s. S. 89
Deblin, Stadt, Polen, s. S. 84
Dęblin, Stadt, Polen, s. S. 84
Débo Mopti, Mopti, Mali, Klub, s. S. 114
Debre Zeit, Stadt, Äthiopien, s. S. 115
Debrecen, Stadt, Ungarn, s. S. 89
Debreceni Lokomotív s. Debreceni VSC
Debreceni MTE s. Debreceni VSC
Debreceni MVSC s. Debreceni VSC
Debreceni Törekvés s. Debreceni VSC
Debreceni Vasutas Sport Club s. Debreceni VSC
Debreceni VSC (Debreceni Vasutas Sport Club), Debrecen, Ungarn, Klub, entst. 1902, [1902-12 Egyetértés FC, 12-48 DVSC, 48-49 DVSE, 49-56 Debreceni Lokomotív, 56-57 Debreceni Törekvés, 57-79 DVSC, 79 Fusion mit Debreceni MTE => Debreceni MVSC (79-89), 89-95 DVSC, 95-99 DVSC-Epona], s. S. 89
Decemviri Riga s. FK Jurnieks Riga
Děčín, Stadt, Tschechische Republik, s. S. 86
Defelê FC (Defelê Futebol Clube), Brasília, Brasilien, Klub, s. S. 133
Defelê Futebol Clube s. Defelê FC
Defence (Ministry of Defence), Rangoon/Yangon, Burma, Klub, s. S. 106
Defence Force s. Botswana Defence Force
Defence Force s. Jamaica Defence Force
Defence Force, Bridgetown, Barbados, Klub, s. S. 127
Defence Force, Chaguaramas, Trinidad und Tobago, Klub, s. S. 129
Defence Invaders, Monrovia, Liberia, Klub, s. S. 117
Defence Lahore, Lahore, Pakistan, Klub, s. S. 105
Defensa s. Nacional
Defense Team s. Ministry of Defense Team
Defensor ANDA s. CSD Defensor ANDA
Defensor Arica, Lima, Peru, Klub, s. S. 130
Defensor Kiwi s. Ciclista Lima
Defensor Kiwi-Ciclista s. Ciclista Lima
Defensor Lima s. CA Defensor Lima
Defensor s. Defensor Sporting
Defensor Sporting (Defensor Sporting Club), Montevideo, Uruguay, Klub, entst. 1913, [1913-89 Defensor, 89 Fusion mit Sporting Club Montevideo => Defensor Sporting], s. S. 135
Defensor Sporting Club s. Defensor Sporting
Deffatain s. al-Wahdat
DeFreitas Hill Top s. SG DeFreitas Hill Top
Degerfors Idrottsförening s. Degerfors IF
Degerfors IF (Degerfors Idrottsförening), Degerfors, Schweden, Klub, entst. 1907, s. S. 73
Degerfors, Stadt, Schweden, s. S. 73
DEGO, Surinam, Klub, s. S. 129
Dégrad Balata, Stadt, Französisch-Guyana, s. S. 129
Dehouk, Duhook, Irak, Klub, s. S. 103
Dekani, Stadt, Slowenien, s. S. 93
Dekontee Star, Liberia, Klub, s. S. 117
Del Monte (Club Del Monte), Ciudad de Guatemala/Guatemala City, Guatemala, Klub, s. S. 125
Delémont, Stadt, Schweiz, s. S. 82
Délép Szeged s. Szegedi SC
Delfín SC (Delfín Sporting Club), Manta, Ecuador, Klub, entst. 1988, s. S. 130
Delfín Sporting Club s. Delfín SC
Delft, Stadt, Niederlande, s. S. 75
Delftsche Cricket- en Footballclub Concordia s. Concordia
Delger, Ulanbator (Ulaanbaatar), Mongolei, Klub, s. S. 109
Delhi, Delhi, Indien, Klub, [Auswahl des Staates Delhi], s. S. 105
Delhi, Stadt, Indien, s. S. 105
Delta Sports FC (Delta Sports Football Club), Libreville, Gabun, Klub, s. S. 119
Delta Sports Football Club s. Delta Sports FC
Delta Stars, Big Bend, Swasiland, Klub, s. S. 120
Délvasuti MTK s. Székesfehérvári MÁV Előre SC
Demerara Mutual Life GBSS, St. George's, Grenada, Klub, s. S. 127
Demir-Çelik Karabükspor Kulübü s. DÇ Karabükspor K
Dempo SC (Dempo Sports Club), Panjim, Indien, Klub, entst. 1966, s. S. 105
Dempo Sports Club s. Dempo SC
Den Amstel, Den Amstel, Guyana, Klub, s. S. 129
Den Amstel, Stadt, Guyana, s. S. 129
Den Bosch, Stadt, Niederlande, s. S. 75
Den Haag, Stadt, Niederlande, s. S. 75
Denguele Odienné (Denguele Sports Odienné), Odienné, Elfenbeinküste, Klub, s. S. 117
Denguele Sports Odienné s. Denguele Odienné
Denizli, Stadt, Türkei, s. S. 96
Denizlispor K (Denizlispor Kulübü), Denizli, Türkei, Klub, entst. 1966, s. S. 96
Denizlispor Kulübü s. Denizlispor K
Dennery, Stadt, St. Lucia, s. S. 127
Denpasar, Stadt, Indonesien, s. S. 107
Denver Dynamos s. Minnesota Kicks
Denver Dynamos, Denver, USA, Klub, entst. 1974, [1974-76 Denver Dynamos, aufgel. 76, Umzug nach Minneapolis => Minnesota Kicks], s. S. 123
Denver Sundowns, Mbabane, Swasiland, Klub, s. S. 120
Denver, Stadt, USA, s. S. 123
Department of Municipal Constructions Team s. Constructions Team
Deportes Antofagasta (Club de Deportes Antofagasta), Antofagasta, Chile, Klub, entst. 1966, s. S. 135
Deportes Arica (Club de Deportes Arica), Arica, Chile, Klub, entst. 1978, s. S. 135
Deportes Cobreloa (Club de Deportes Cobreloa), Calama, Chile, Klub, entst. 1977, s. S. 135
Deportes Cobresal (Club de Deportes Cobresal), El Salvador, Chile, Klub, entst. 1979, s. S. 135
Deportes Concepción (Club de Deportes Concepción), Concepción, Chile, Klub, entst. 1966, s. S. 135
Deportes Coquimbo Unido (Club de Deportes Coquimbo Unido), Coquimbo, Chile, Klub, entst. 1957, s. S. 135
Deportes Huachipato (Club de Deportes Huachipato), Talcahuano, Chile, Klub, entst. 1947, s. S. 135
Deportes Iberia Bío-Bío (Club de Deportes Iberia Bío-Bío), Los Angeles, Chile, Klub, entst. 1933, s. S. 135
Deportes Iquique (Club de Deportes Iquique), Iquique, Chile, Klub, entst. 1978, s. S. 135
Deportes La Serena (Club de Deportes La Serena), La Serena, Chile, Klub, entst. 1955, s. S. 135
Deportes Melipilla (Club de Deportes Melipilla), Melipilla, Chile, Klub, entst. 1963, [1963-92 Deportes Soinca], s. S. 135
Deportes Ñublense (Club de Deportes Ñublense), Chillán, Chile, Klub, entst. 1916, [198?-8? Ñuble Unido], s. S. 135
Deportes O'Higgins (Club de Deportes O'Higgins), Rancagua, Chile, Klub, entst. 1955, s. S. 135
Deportes Ovalle (Club de Deportes Ovalle), Ovalle, Chile, Klub, entst. 1963, s. S. 135
Deportes Progreseños (Club Deportes Progreseños), El Progreso, Honduras, Klub, entst. 1986, s. S. 125
Deportes Puerto Montt (Club de Deportes Puerto Montt), Puerto Montt, Chile, Klub, entst. 1983, s. S. 135
Deportes Quindío (Corporación Deportes Quindío), Armenia, Kolumbien, Klub, entst. 1951, [1951-?? Atlético Quindío], s. S. 128
Deportes Rangers (Club de Deportes Rangers), Talca, Chile, Klub, entst. 1902, s. S. 135
Deportes Regional Atacama (Club de Deportes Regional Atacama), Copiapó, Chile, Klub, entst. 1979, s. S. 135
Deportes San Luís (Club de Deportes San Luís), Quillota, Chile, Klub, entst. 1916, s. S. 135
Deportes Santiago Wanderers (Club de Deportes Santiago Wanderers), Valparaíso, Chile, Klub, entst. 1892, s. S. 135
Deportes Soinca s. Deportes Melipilla
Deportes Temuco (Club de Deportes Temuco), Temuco, Chile, Klub, entst. 1986, [entst. 1986 nach Umzug von Green Cross aus Santiago], s. S. 135
Deportes Temuco s. Green Cross
Deportes Tolima (Corporación Club Deportes Tolima), Ibagué, Kolumbien, Klub, entst. 1955, s. S. 128
Deportes Unión San Felipe (Club de Deportes Unión San Felipe), San Felipe, Chile, Klub, entst. 1958, s. S. 135
Deportes Valdivia (Club de Deportes Valdivia), Valdivia, Chile, Klub, s. S. 135
Deportiu La Massana, La Massana, Andorra, Klub, entst. 1992, [1997-98 Magatzems Lima], s. S. 77
Deportiva Everton (Corporación Deportiva Everton), Viña del Mar, Chile, Klub, entst. 1909, s. S. 135
Deportiva Junior (Corporación Popular Deportiva Junior), Barranquilla, Kolumbien, Klub, entst. 1924, [1924-48 Deportivo Junior, 48-99 Atlético Junior], s. S. 128
Deportivo Alemán, Santiago, Chile, Klub, [aufgel. 19??], s. S. 135
Deportivo Árabe Unido, Colón, Panama, Klub, entst. 1984, s. S. 125
Deportivo Arabe, La Paz, Bolivien, Klub, s. S. 131
Deportivo Bancos, Pucallpa, Peru, Klub, entst. 1951, [19??-8? Deportivo Pucallpa], s. S. 131
Deportivo Banrenor s. IMI FC
Deportivo Barranquilla, Barranquilla, Kolumbien, Klub, entst. 1949, s. S. 128
Deportivo Bucaramanga s. Atlético Bucaramanga
Deportivo Caldas s. Once Caldas
Deportivo Caldas s. Once Deportivo
Deportivo Cali (Asociación Deportivo Cali), Cali, Kolumbien, Klub, entst. 1943, s. S. 128
Deportivo Cañaña s. CSD Aurich-Cañaña
Deportivo Cañaña s. Juan Aurich
Deportivo Cañaña, Lambayeque, Peru, Klub, entst. 1979, [aufgel. 1993 durch Fusion mit Juan Aurich => CSD Aurich-Cañaña, 97 Aufl. der Fusion und Zurückbenennung => Deportivo Cañaña und Juan Aurich], s. S. 130
Deportivo Carabobo s. Carabobo FC
Deportivo Celta, Caracas, Venezuela, Klub, s. S. 129
Deportivo Chacao s. Deportivo Italchacao FC
Deportivo Chaco s. CD Chaco Petrolero
Deportivo Colo Colo (Club Social y Deportivo Colo Colo), Santiago, Chile, Klub, entst. 1925, s. S. 135
Deportivo Comercio, Moyobamba, Peru, Klub, s. S. 130
Deportivo Cooperativa Triplayera s. Deportivo COOPTRIP
Deportivo COOPTRIP (Deportivo Cooperativa Triplayera), Pucallpa, Peru, Klub, s. S. 131
Deportivo El Tanque Sisley (Club Social y Deportivo El Tanque Sisley), Montevideo, Uruguay, Klub, entst. 1955, [1955-82 El Tanque, 82 Fusion mit Sisley => Deportivo El Tanque Sisley], s. S. 135
Deportivo Español, Caracas, Venezuela, Klub, [aufgel. 19??], s. S. 129
Deportivo Español, Havanna (La Habana), Kuba, Klub, [aufgel. 19??], s. S. 126
Deportivo Everest (Circulo Deportivo Everest), Guayaquil, Ecuador, Klub, s. S. 131
Deportivo Frigorífico s. Atlético Barrio Frigorífico
Deportivo Galícia, Caracas, Venezuela, Klub, entst. 1960, s. S. 129
Deportivo Huracán Buceo (Club Social y Deportivo Huracán Buceo), Montevideo, Uruguay, Klub, entst. 1937, s. S. 135
Deportivo Independiente Caravel, Oranjestad, Aruba, Klub, s. S. 126
Deportivo Italchacao FC (Deportivo Italchacao Fútbol Club), Caracas, Venezuela, Klub, entst. 1948, [1948-96 Deportivo Italia, 96-98 Deportivo Chacao], s. S. 129
Deportivo Italchacao Fútbol Club s. Deportivo Italchacao FC
Deportivo Italia s. Deportivo Italchacao FC
Deportivo Junior s. Deportiva Junior
Deportivo La Previsora s. San Francisco FC
Deportivo Lanza, La Paz, Bolivien, Klub, s. S. 131
Deportivo Loma Negra (Club Social y Deportivo Loma Negra), Olavarría, Argentinien, Klub, entst. 1929, s. S. 135
Deportivo M y M, Ciudad de Panamá/Panama City, Panama, Klub, [19??-92 Río Mar], s. S. 125
Deportivo Manizales s. Once Caldas
Deportivo Manizales s. Once Deportivo
Deportivo Masaya, Masaya, Nicaragua, Klub, s. S. 125
Deportivo Mina Tintaya, Yauri, Peru, Klub, s. S. 131
Deportivo Mordazo, Mordazo, Kuba, Klub, s. S. 126
Deportivo Municipal (Club Centro Deportivo Municipal), Lima, Peru, Klub, entst. 1935, s. S. 130
Deportivo Municipal s. CD Millonarios
Deportivo Nacionaal s. SV Deportivo Nacionaal
Deportivo Nacional, Lima, Peru, Klub, [aufgel. 19??], s. S. 130
Deportivo Neza, Nezahualcóyotl, Mexiko, Klub, s. S. 125
Deportivo Olmedo (Centro Deportivo Olmedo), Riobamba, Ecuador, Klub, entst. 1919, s. S. 130
Deportivo Pasto (Asociación Deportivo Pasto), Pasto, Kolumbien, Klub, entst. 1949, s. S. 128
Deportivo Pereira (Ferroclub Deportivo Pereira), Pereira, Kolumbien, Klub, entst. 1944, s. S. 128
Deportivo Perricholi s. Guardia Republicana
Deportivo Perú, Ciudad de Panamá/Panama City, Panama, Klub, s. S. 125
Deportivo Portugués, Caracas, Venezuela, Klub, s. S. 129
Deportivo Pucallpa s. Deportivo Bancos
Deportivo Puentes Grandes, Havanna (La Habana), Kuba, Klub, [aufgel. 19??], s. S. 126
Deportivo Quito (Club Sociedad Deportivo Quito), Quito, Ecuador, Klub, entst. 1940, s. S. 131
Deportivo Roca (Club Social y Deportivo General Roca), General Roca, Argentinien, Klub, entst. 1974, s. S. 135
Deportivo Samarios s. Unión Magdalena
Deportivo San Cristóbal s. UD Táchira FC
Deportivo San Francisco, San Francisco, Kuba, Klub, [aufgel. 19??], s. S. 126
Deportivo Santa Cruz, Santa Cruz, Niederländische Antillen, Klub, s. S. 126
Deportivo Santiago s. CD Santiago Morning
Deportivo Santiago s. Morning Star
Deportivo Santiago, Santiago, Chile, Klub, [aufgel. 1936 durch Fusion mit Morning Star => CD Santiago Morning], s. S. 135
Deportivo SIMA, Callao, Peru, Klub, s. S. 130
Deportivo Sula s. Sula
Deportivo Tuluá (Corporación Club Deportivo Tuluá), Tuluá, Kolumbien, Klub, entst. 1967, s. S. 128
Deportivo Tuy FC (Deportivo Tuy Fútbol Club), Ocumare de Tuy, Venezuela, Klub, entst. 1989, s. S. 129
Deportivo Tuy Fútbol Club s. Deportivo Tuy FC
Deportivo Unidad, Äquatorial-Guinea, Klub, s. S. 118
Deportivo UPAO s. Coopsol Trujillo
Deportivo Vasco, Caracas, Venezuela, Klub, [aufgel. 19??], s. S. 129
Deportivo Venezuela, Caracas, Venezuela, Klub, [aufgel. 19??], s. S. 129
Deportivo Villa Española (Club Social y Deportivo Villa Española), Montevideo, Uruguay, Klub, entst. 1940, s. S. 135
Deportivo Yurimaguas s. Hijos de Yurimaguas
Deportivo, Mongomo, Äquatorial-Guinea, Klub, s. S. 118
Depot Batallion s. Royal Engineers FC
Derby County FC (Derby County Football Club), Derby, England, Klub, entst. 1884, s. S. 67
Derby County Football Club s. Derby County FC
Derby FC (Derby Futebol Clube), Mindelo, Kapverden, Klub, s. S. 116
Derby Futebol Clube s. Derby FC
Derby s. BK Derby
Derby, Stadt, England, s. S. 67
Derby/SAAB s. BK Derby
Derby/SAAB s. IF SAAB
Dermagand Tîrgu Mureş s. CS Tîrgu Mureş
Dermata Cluj s. Rapid Cluj
Derry Celtic FC (Derry Celtic Football Club), Londonderry, Nordirland, Klub, entst. 1893, [entst. 1893 durch Fusion Clooney Park, Ivy und Rosemount => St Columb's Hall Celtic (93-98), 1898-1915 Derry Celtic FC, 15 aufgel.], s. S. 69
Derry Celtic Football Club s. Derry Celtic FC
Derry City FC (Derry City Football Club), Londonderry, Irland, Klub, entst. 1928, s. S. 69
Derry City Football Club s. Derry City FC
Derry Olympic FC (Derry Olympic Football Club), Londonderry, Nordirland, Klub, [aufgel. ??], s. S. 69
Derry Olympic Football Club s. Derry Olympic FC
Derry Saint Columb's Court s. Derry St Columb's Court
Derry St Columb's Court (Derry Saint Columb's Court), Londonderry, Nordirland, Klub, entst. 1886, [aufgel. 1915], s. S. 69
Derynia, Stadt, Zypern, s. S. 95
Đerzelez Sarajevo s. FK Đerzelez Zenica
Đerzelez Sarajevo s. FK Zenica
Đerzelez Zenica s. FK Đerzelez Zenica
Đerzelez Zenica s. FK Zenica
Desamparados de Huracán s. Sportivo Desamparados
Desert Rollers, Gobabis, Namibia, Klub, s. S. 120
Desportes de Xai-Xai, Xai-Xai, Mosambik, Klub, s. S. 121
Desportivo Chela s. Benfica
Desportivo Cuca (Desportivo da Cuca), Luanda, Angola, Klub, s. S. 118
Desportivo da Cuca s. Desportivo Cuca
Desportivo da EKA, Dundo, Angola, Klub, s. S. 119
Desportivo de Guadelupe s. Desportivo Guadelupe
Desportivo de Mansabá s. Desportivo Mansabá
Desportivo de Nocal s. Desportivo Nocal
Desportivo de Sonangol s. Desportivo Sonangol
Desportivo Guadelupe (Desportivo de Guadelupe), Guadelupe, São Tomé und Príncipe, Klub, s. S. 117
Desportivo Mambroa Benfica, Huambo, Angola, Klub, s. S. 118
Desportivo Mansabá (Desportivo de Mansabá), Mansabá, Guinea-Bissau, Klub, s. S. 117
Desportivo Maputo (Grupo Desportivo de Maputo), Maputo, Mosambik, Klub, s. S. 121
Desportivo Nocal (Desportivo de Nocal), Luanda, Angola, Klub, s. S. 118
Desportivo Primeiro de Agosto s. Primeiro de Agosto
Desportivo Sonangol (Desportivo de Sonangol), Namibe, Angola, Klub, s. S. 118
Desportivo TAAG s. AS Aviação
Dessau, Stadt, Deutschland, s. S. 85
Dessau-Nord s. SV Dessau 05
Dessie, Stadt, Äthiopien, s. S. 115
Destroyers, Santa Cruz de la Sierra, Bolivien, Klub, entst. 1948, s. S. 131
Detroit Cougars, Detroit, USA, Klub, entst. 1967, [aufgel. 1968], s. S. 122
Detroit Express s. Washington Diplomats (II)
Detroit Express, Detroit, USA, Klub, entst. 1978, [1978-81 Detroit Express, aufgel. 81, Umzug nach Washington => Washington Diplomats (II)], s. S. 122
Detroit, Stadt, USA, s. S. 122
Deutsche Sportbrüder Brüx s. NSTG Brüx
Deutsche Volkspolizei Dresden s. 1. FC Dynamo Dresden
Deutscher Fußball-Club Prag s. DFC Prag
Deutscher Spielverein Saaz s. DSV Saaz
Deutscher Sport Klub Pressburg s. DSK Pressburg
Deutscher Sport-Club Arminia Bielefeld s. DSC Arminia Bielefeld
Deutschland Neuendorf s. TuS Koblenz
Deutschland, Länder, s. S. 84 und 85
Deventer, Stadt, Niederlande, s. S. 75
Devonshire Colts FC (Devonshire Colts Football Club), Devonshire, Bermudas, Klub, s. S. 123
Devonshire Colts Football Club s. Devonshire Colts FC
Devonshire Cougars, Devonshire, Bermudas, Klub, s. S. 123
Devonshire, Stadt, Bermudas, s. S. 123
Dezful, Stadt, Iran, s. S. 103
Dezrobiera Constanţa s. FC Farul Constanţa
DFC Prag (Deutscher Fußball-Club Prag), Prag (Praha), Tschechische Republik, Klub, entst. 1896, [aufgel. 1939], s. S. 84 und 86
DFC s. Dordrecht '90
DFC Warnsdorf s. Warnsdorfer FK
DFS Akademik Dimitrovgrad (Druschestvo za Fizkultura i Sport Akademik Dimitrovgrad), Dimitrovgrad, Bulgarien, Klub, entst. 1947, [1947-69 Chimik Dimitrovgrad], s. S. 91
DFS Botev Vratsa s. FK Botev Vratsa
DFS Dobrudscha Tolbuchin s. FK Dobrudscha Dobritsch
DFS Dunav Ruse s. FK Dunav Ruse
DFS Dupnica s. FK Marek Dupnica
DFS Haskovo s. FK Haskovo
DFS Hebăr Pazardschik s. FK Hebăr 1920 Pazardschik
DFS Levski-Spartak Sofija s. FD Spartak Sofija
DFS Levski-Spartak Sofija s. PFK Levski Sofija
DFS Lokomotiv Gorna Oriahovitza s. FK Lokomotiv Gorna Oriahovitza
DFS Lokomotiv Plovdiv s. FK Lokomotiv Plovdiv
DFS Lokomotiv Sofija s. FK Lokomotiv Sofija
DFS Lokomotiv Sofija s. FK Slavija Sofija
DFS Marek Stanke Dimitrov s. FK Marek Dupnica
DFS Maritsa Plovdiv s. FK Maritsa Plovdiv
DFS Minjor Pernik s. FK Minjor Pernik
DFS Osam Lovetsch s. FK Lovetsch
DFS Pernik s. FK Minjor Pernik
DFS Pirin Blagoevgrad s. FK Pirin Blagoevgrad
DFS Rozova Dolina Kazanlăk s. FK Rozova Dolina Kazanlăk
DFS Schumen s. FK Schumen
DFS Septemvri Sofija s. FK Septemvri Sofija
DFS Slavija Sofija s. FK Lokomotiv Sofija
DFS Slavija Sofija s. FK Slavija Sofija
DFS Sliven s. FK Sliven
DFS Spartak Pleven s. FK Spartak Pleven
DFS Spartak Plovdiv s. FK Botev Plovdiv
DFS Spartak Plovdiv s. FK Spartak Plovdiv
DFS Stara Zagora s. FK Beroe Stara Zagora
DFS Stara Zagora s. Lokomotiv Stara Zagora
DFS Torpedo Pleven (Druschestvo za Fizkultura i Sport Torpedo Pleven), Pleven, Bulgarien, Klub, [aufgel. 1955 durch Fusion mit DSO Spartak Pleven], s. S. 91
DFS Torpedo Pleven s. FK Spartak Pleven
DFS Tschernomorec Burgas s. FK Tschernomorets Burgas
DFS Tscherveno zname Pavlikeni s. FK Pavlikeni
DH Al-Jadida (Diffaa Hassani Al-Jadida), Al-Jadida, Marokko, Klub, s. S. 113
Dhaka Wanderers (Dhaka Wanderers Club), Dacca, Bangladesh, Klub, s. S. 105
Dhaka Wanderers Club s. Dhaka Wanderers
Dhali, Stadt, Zypern, s. S. 95
Dhanmondi (Dhanmondi Club), Dacca, Bangladesh, Klub, s. S. 105
Dhanmondi Club s. Dhanmondi
DHC '66 s. RFC Xerxes
DHC '66 s. Xerxes/DHC
Diables Noirs, Brazzaville, Kongo, Klub, entst. 1940, s. S. 118
Diablos Rojos (Club Diablos Rojos), Juliaca, Peru, Klub, entst. 1965, s. S. 131
Diablos Rojos, Santiago de Cuba, Kuba, Klub, [aufgel. 19??], s. S. 126
Diagoras Rodos s. AO Diagoras Rodos
Diagoras Rodos s. AS Rodos
Dial Diop SC, Dakar, Senegal, Klub, s. S. 116
Dial Square FC s. Arsenal FC
Diamant Yaoundé, Yaoundé, Kamerun, Klub, s. S. 117
Diamond Stars, Kono, Sierra Leone, Klub, s. S. 117
Diamonds (Akwatia Diamond Stars), Koforidua, Ghana, Klub, s. S. 117
Diamonds s. Urawa Red Diamonds
Diana Zürich s. Fortuna Zürich
Diaraf s. ASC Diaraf
Diciembre s. 8 de Diciembre
Didi, Niederländische Antillen, Klub, s. S. 126
Diekirch, Stadt, Luxemburg, s. S. 75
Diest, Stadt, Belgien, s. S. 75
Difa'a al-Jawi s. al-Difa'a al-Jawi
Diffaa Hassani Al-Jadida s. DH Al-Jadida
Differdange, Stadt, Luxemburg, s. S. 74
Digenis Akritas Morfou s. Digenis Morfou
Digenis Morfou (Digenis Akritas Morfou), Limassol/Lemesos, Zypern, Klub, entst. 1931, [1974 Umzug nach Limassol], s. S. 95
Dihep di Nkam, Yabassi, Kamerun, Klub, s. S. 117
Dijon, Stadt, Frankreich, s. S. 77
Dila Gori s. FC Dila Gori
Dilar Ilukste, Ilukste, Lettland, Klub, [19??-92 Varpa-Dilar Ilukste], s. S. 99
Dilischan, Stadt, Armenien, s. S. 97
Dimashq ash Sham, Stadt, Syrien, s. S. 102
Dimitar Kanev Haskovo s. FK Haskovo
Dimitrov Bratislava s. ŠK Slovan Bratislava
Dimitrovgrad, Stadt, Bulgarien, s. S. 91
Dinaburg Daugavpils s. FC Dinaburg Daugavpils
Dinamo Ala-Buka s. FK Dinamo Ala-Buka
Dinamo Alamedin s. FK Dinamo Alamedin
Dinamo Almaty, Almaty/Alma-Ata, Kasachstan, Klub, s. S. 101
Dinamo Bacău s. Dinamo Cluj
Dinamo Bacău s. FCM Bacău
Dinamo Baia Mare s. FC Baia Mare
Dinamo Baku s. FC Dinamo-Bakili Baku
Dinamo Batumi s. FC Dinamo Batumi
Dinamo Bender s. FC Dinamo Bender
Dinamo Bischkek s. CAG-Dinamo-MVD Bischkek
Dinamo Braşov s. Dinamo Orasul Stalin
Dinamo Brest s. FK Dynama Brest
Dinamo Bucureşti s. AS Victoria Bucureşti
Dinamo Bucureşti s. CS Ciocanul Bucureşti
Dinamo Bucureşti s. Dinamo Orasul Stalin
Dinamo Bucureşti s. FC Dinamo Bucureşti
Dinamo Bucureşti s. FCM Bacău
Dinamo Bucureşti s. Unirea Tricolor MAI Bucureşti
Dinamo Chişinău s. FC Torentul Chişinău
Dinamo Chişinău s. FC Zimbru Chişinău
Dinamo Cluj s. Dinamo Orasul Stalin
Dinamo Cluj s. FCM Bacău
Dinamo Cluj, Cluj-Napoca, Rumänien, Klub, entst. 1957, [entst. 1957 nach Abspaltung eines Teils von Dinamo Orasul Stalin, der nach Cluj umzog => Dinamo Cluj, aufgel. 58 durch Fusion mit Dinamo Bacău], s. S. 91
Dinamo de Fima s. Dinamo Fima
Dinamo Dschalal-Abad s. FK Dinamo UVD Dschalal-Abad
Dinamo Duschanbe, Duschanbe, Tadschikistan, Klub, entst. 1995, s. S. 101
Dinamo Erewan s. FC Ararat Erewan
Dinamo Fima (Dinamo de Fima), Antananarivo/Tananarive, Madagaskar, Klub, s. S. 121
Dinamo Gabrovo s. FK Tschardafon Gabrovo
Dinamo Galaţi s. Siderurgistul Galaţi
Dinamo Jangijer s. FK Jangijer
Dinamo Jaroslawl' s. FK Schinnik Jaroslawl'
Dinamo Kant s. FK Dinamo Kant
Dinamo Kiew s. FK Dynamo Kyiw
Dinamo Kirowabad s. FC Kiapaz Ganja
Dinamo Leningrad s. Dinamo Sankt Peterburg
Dinamo Minsk s. FK Dynama Minsk
Dinamo Moskva s. FK Dinamo Moskva
Dinamo Odessa, Odesa/Odessa, Ukraine, Klub, entst. 1936, [aufgel. 19??], s. S. 99
Dinamo Orasul Stalin s. Dinamo Cluj
Dinamo Orasul Stalin s. FC Braşov
Dinamo Orasul Stalin, Braşov, Rumänien, Klub, entst. 1950, [entst. 1950 nach Abspaltung eines Teils von CS Dinamo Bucureşti => Dinamo Braşov (50-53), 53-57 Dinamo Orasul Stalin, 57 zog ein Teil des Klubs nach Cluj um => Dinamo Cluj, aufgel. 57 durch Fusion mit CS Steagul Roşu Orasul Stalin => Energia Orasul Stalin], s. S. 91
Dinamo Osch s. FK Dinamo-Alaj Osch
Dinamo Piteşti s. FC Argeş Dacia Piteşti
Dinamo Rostow-na-Donu, Rostow-na-Donu, Russland, Klub, entst. 1925, [aufgel. 19??], s. S. 101
Dinamo s. KS Dinamo
Dinamo s. KS Skënderbeu
Dinamo Samarkand s. FK Dinamo Samarkand
Dinamo Sankt Peterburg, Sankt Peterburg, Russland, Klub, entst. 1925, [1925-54 Dinamo Leningrad, 54 aufgel. und wiedergegr., 54-58 Trudovyje Rezervy Leningrad, 58-62 Admiraltejets Leningrad, 62-91 Dinamo Leningrad], s. S. 101
Dinamo Satu Mare s. FC Olimpia Satu Mare
Dinamo Slatina s. IPA Slatina
Dinamo Sofija s. PFK Levski Sofija
Dinamo Sokuluk s. FK Frunze Sokuluk
Dinamo Stawropol' s. FK Dinamo Stawropol'
Dinamo Suceava s. NC Foresta Suceava
Dinamo Svischtov s. FK Akademik Svischtov
Dinamo Tbilisi s. FC Dinamo Tbilisi
Dinamo Tiranë s. KS Dinamo Tiranë
Dinamo Tschernowtsy s. FK Bukowyna Tscherniwtsi
Dinamo Tselinograd s. Zhenis Astana
Dinamo Urgench s. FK Chorezm Urgench
Dinamo UVD Dschalal-Abad s. FK Dinamo UVD Dschalal-Abad
Dinamo Vilnius s. FK Žalgiris Vilnius
Dinamo Vinkovci s. HNK Cibalia Vinkovci
Dinamo Wladiwostok s. Lutsch Wladiwostok
Dinamo Zagreb s. NK Dinamo Zagreb
Dinamo Zugdidi s. FC Odishi Zugdidi
Dinamo-2000 Erewan s. FC Dinamo-2000 Erewan
Dinamo-Alaj Osch s. FK Dinamo-Alaj Osch
Dinamo-Bakili Baku s. FC Dinamo-Bakili Baku
Dinamo-Codru Chişinău s. FC Torentul Chişinău
Dinamo-Gazovik Tjumen' s. FK Tjumen'
Dinamo-Manas-SKIF Bischkek, Bischkek, Kirgisien, Klub, s. S. 100
Dinamo-Nasaf Karschi s. FK Nasaf Karschi
Dinamo-Oil Bischkek s. CAG-Dinamo-MVD Bischkek
Dinamos do Cuanza Sul, Ngunza/Sumbe, Angola, Klub, s. S. 118
Dinamo-Victoria Bucureşti s. AS Victoria Bucureşti
Dingareh, Banjul, Gambia, Klub, s. S. 116
Dioila, Stadt, Mali, s. S. 114
Diósgyőri AC s. Diósgyőri FC
Diósgyőri FC (Diósgyőri Futball Club), Miskolc, Ungarn, Klub, entst. 1910, [entst. 1910 durch Fusion Diósgyőri IK und Diósgyőri VLI => Diósgyőr-VTK (1910-38), 38 Fusion mit Diósgyőri AC => Diósgyőri MÁVAG SC (38-45), 45 Aufl. der Fusion, 45-48 DVTK, 48-57 Diósgyőri Vasas, 57-92 Diósgyőri VTK], s. S. 89
Diósgyőri Futball Club s. Diósgyőri FC
Diósgyőri IK s. Diósgyőri FC
Diósgyőri MÁVAG SC s. Diósgyőri FC
Diósgyőri Vasas s. Diósgyőri FC
Diósgyőri VLI s. Diósgyőri FC
Diósgyőr-VTK s. Diósgyőri FC
Diourbel, Stadt, Senegal, s. S. 117
Diplomats s. Washington Diplomats (I)
Diplomats s. Washington Diplomats (II)
Dire Dawa Railway FC (Dire Dawa Railway Football Club), Dire Dawa, Äthiopien, Klub, s. S. 115
Dire Dawa Railway Football Club s. Dire Dawa Railway FC
Dire Dawa Textiles, Dire Dawa, Äthiopien, Klub, [19??-?? Garments], s. S. 115
Dire Dawa, Stadt, Äthiopien, s. S. 115

Diriamba, Stadt, Nicaragua, **s. S.** 125
Diriangén **s.** FC Diriangén
Distillery FC (Distillery Football Club), Lisburn, Nordirland, Klub, entst. 1880, **s. S.** 69
Distillery Football Club **s.** Distillery FC
Distribuţia Bucureşti **s.** Flacăra Bucureşti
District of Columbia United **s.** DC United
Disz FSE Budapest **s.** MAFC
DISZ FSE **s.** BEAC
Diwania **s.** al-Diwania
Diyala, Khanaqeen, Irak, Klub, **s. S.** 103
Diyarbakır, Stadt, Türkei, **s. S.** 97
Diyarbakırspor K (Diyarbakırspor Kulübü), Diyarbakır, Türkei, Klub, entst. 1968, **s. S.** 97
Diyarbakırspor Kulübü **s.** Diyarbakırspor K
Dizelists Riga, Riga, Lettland, Klub, **s. S.** 99
Djama Aouled, Dschibuti, Klub, **s. S.** 115
Djangorzo, Maradi, Niger, Klub, **s. S.** 114
Djerba, Stadt, Tunesien, **s. S.** 113
Djerem Bertoua, Bertoua, Kamerun, Klub, **s. S.** 117
Djerv **s.** SK Djerv
Djerv **s.** SK Haugar
Djibetade Tabou, Tabou, Elfenbeinküste, Klub, **s. S.** 117
Djibouti, Stadt, Dschibuti, **s. S.** 115
Djivan **s.** FC Djivan
Djoiezi, Stadt, Komoren, **s. S.** 121
Djoliba AC (Djoliba Athletic Club), Bamako, Mali, Klub, **s. S.** 114
Djoliba Athletic Club **s.** Djoliba AC
Djougou, Stadt, Benin, **s. S.** 117
Djurgårdens Idrottsförening **s.** Djurgårdens IF
Djurgårdens IF (Djurgårdens Idrottsförening), Stockholm, Schweden, Klub, entst. 1891, **s. S.** 72
DNA Haskovo **s.** FK Haskovo
DNA Sliven **s.** FK Sliven
DNA Stanke Dimitrov **s.** FK Marek Dupnica
DNA Stara Zagora **s.** FK Beroe Stara Zagora
DNA Svischtov **s.** FK Akademik Svischtov
DNA Veliko Tărnovo **s.** FK Etăr Veliko Tărnovo
DNC Alger, Algier (Alger/El-Jaza'ir), Algerien, Klub, **s. S.** 113
Dnepr Dnepropetrowsk **s.** FK Dnipro Dnipropetrows'k
Dnepr Krementschug **s.** FK Kremin' Krementschuk
Dnepr Mahiljou **s.** FK Dnepr Mahiljou
Dnepr Mahiljou **s.** FK Dnepr-Transmasch Mahiljou
Dnepr Mahiljou **s.** FK Transmasch Mahiljou
Dnepr Mogilew **s.** FK Dnepr Mahiljou
Dnepropetrowsk, Stadt, Ukraine, **s. S.** 99
Dnepr-Transmasch Mahiljou **s.** FK Dnepr Mahiljou
Dnepr-Transmasch Mahiljou **s.** FK Dnepr-Transmasch Mahiljou
Dnepr-Transmasch Mahiljou **s.** FK Transmasch Mahiljou
Dnestr Tiraspol **s.** FC Tiligul Tiraspol
Dnipro Dnipropetrows'k **s.** FK Dnipro Dnipropetrows'k
Dnipropetrows'k, Stadt, Ukraine, **s. S.** 99
DNV Plovdiv **s.** FK Botev Plovdiv
Doba, Stadt, Tschad, **s. S.** 114
Doboj, Stadt, Bosnien und Herzegowina, **s. S.** 93
Dobritsch, Stadt, Bulgarien, **s. S.** 91
Dobrudscha Dobritsch **s.** FK Dobrudscha Dobritsch
Dock Sud **s.** Sportivo Dock Sud
Dockyard Police, Senglea, Malta, Klub, entst. 1916, [aufgel. 1921], **s. S.** 81
Doc's Khelwalaas FC (Doc's Khelwalaas Football Club), Caroni, Trinidad und Tobago, Klub, **s. S.** 129
Doc's Khelwalaas Football Club **s.** Doc's Khelwalaas FC
Dodo **s.** FC Dodo
Dodoma, Stadt, Tansania, **s. S.** 119
Doetinchem, Stadt, Niederlande, **s. S.** 75
Dogan Türk Birligi, Doganci/Elea, Zypern, Klub, **s. S.** 95
Dogana, Stadt, San Marino, **s. S.** 81
Doganci, Stadt, Zypern, **s. S.** 95
Doha, Stadt, Katar, **s. S.** 103
Dolgozó FC Kaposvár **s.** Rákóczi FC
Dolgozók SE **s.** BTV-Siófok FC
Doljul Craiova **s.** AS Doljul Craiova
Dolphin AFC (Dolphin Association Football Club), Dublin/Baile Átha Cliath, Irland, Klub, [aufgel. 19??], **s. S.** 69
Dolphin Association Football Club **s.** Dolphin AFC
Dolphins FC (Dolphins Football Club), San Pedro, Belize, Klub, [19??-97 San Pedro FC, aufgel. 98, Umzug nach Corozal => La Victoria, 99 wiedergegr.], **s. S.** 125
Dolphins FC **s.** La Victoria
Dolphins Football Club **s.** Dolphins FC
Dolphins **s.** Royal Dolphins
Dolphins, The Valley, Anguilla, Klub, **s. S.** 126
Dom Bosco **s.** CE Dom Bosco
Domagnano **s.** SP Domagnano
Domagnano, Stadt, San Marino, **s. S.** 81
Domarou, Benin, Klub, **s. S.** 117
Domenjod, Stadt, Reunion, **s. S.** 121
Domiat **s.** al-Domiat
Domiat, Stadt, Ägypten, **s. S.** 112
Dominguito, Santo Domingo, Dominikanische Republik, Klub, **s. S.** 127
Dominguito, Stadt, Niederländische Antillen, **s. S.** 127
Dominica, Länder, **s. S.** 126 und 127
Dominikanische Republik, Länder, **s. S.** 126 und 127
DOMKE Dunajská Streda **s.** 1. FC DAC Dunajská Streda
Domoina Soavina Atsimondrano **s.** DSA
Domoni, Stadt, Komoren, **s. S.** 121
Domžale, Stadt, Slowenien, **s. S.** 93
Don Bosco de Moca **s.** FC Don Bosco de Moca
Don Bosco, Pétionville, Haiti, Klub, **s. S.** 127
Don Orione AC (Don Orione Athletic Club), Barranqueras, Argentinien, Klub, entst. 1946, **s. S.** 135
Don Orione Athletic Club **s.** Don Orione AC
Don Pernil Santa Coloma **s.** FC Santa Coloma
Donau Wien **s.** SV Donau Wien
Donaustadt **s.** Brigittenauer SC Feuerwehr
Donaustadt **s.** SC Ostmark Wien
Donawitzer Sport Verein Leoben **s.** DSV Leoben
Doncaster, Stadt, England, **s. S.** 67
Donezk, Stadt, Ukraine, **s. S.** 99
Donez'k, Stadt, Ukraine, **s. S.** 99
Dong Thap, Cao Lanh, Vietnam, Klub, **s. S.** 107
Donnervárosi Levente **s.** Somogy FC
Donostia FC **s.** Real Sociedad
Door Oefening Sterk **s.** DOS
Door Wilskracht Sterk/Amsterdam **s.** DWS/A
Doornik, Stadt, Belgien, **s. S.** 75
Dopolavoro Empolese **s.** Empoli FC
Dopolavoro Interaziendale Italo Gambacciani Sezione Calcio Empoli **s.** Empoli FC
Dordoj Naryn, Naryn, Kirgisien, Klub, **s. S.** 101
Dordrecht '90 **s.** SVV
Dordrecht '90, Dordrecht, Niederlande, Klub, entst. 1890, [1892-1974 DFC, 74-79 FC Dordrecht, 79-90 DS '79, 90-91 FC Dordrecht '90, 91 Fusion mit SVV => SVV/Dordrecht '90 (91-92), 92 aufgel. und wiedergegr.], **s. S.** 75
Dordrecht, Stadt, Niederlande, **s. S.** 75
Dorieas Rodos **s.** AO Diagoras Rodos
Dorieas Rodos **s.** AS Rodos
Dornbirn **s.** SC Austria Memphis Lustenau
Dornbirn, Stadt, Österreich, **s. S.** 82
Dorog, Stadt, Ungarn, **s. S.** 89
Dorogi AC **s.** Dorogi FC
Dorogi Bányász SC **s.** Dorogi FC
Dorogi FC (Dorogi Futball Club), Dorog, Ungarn, Klub, entst. 1914, [1914-49 Dorogi AC, 49-51 Dorogi Tárna, 51-56 Dorogi Bányász SC, 56-57 Dorogi AC, 57-59 Dorogi Bányász SC, 59-85 Dorogi AC, 85-95 Dorogi Bányász SC, 95-98 Dorogi SE], **s. S.** 89
Dorogi Futball Club **s.** Dorogi FC
Dorogi SE **s.** Dorogi FC
Dorogi Tárna **s.** Dorogi FC
Dorostol Silistra **s.** FK Dorostol Silistra
Dorp Rincón, Stadt, Niederländische Antillen, **s. S.** 126
Dortmund, Stadt, Deutschland, **s. S.** 84
DOS (Door Oefening Sterk), Utrecht, Niederlande, Klub, entst. 1901, [1970 Fusion mit VV Elinkwijk und Velox => FC Utrecht], **s. S.** 75
Dos Caminos SC (Dos Caminos Sport Club), Caracas, Venezuela, Klub, [aufgel. 19??], **s. S.** 129
Dos Caminos Sport Club **s.** Dos Caminos SC
DOS **s.** FC Utrecht
DOS **s.** VV Elinkwijk
Dostuk Sokuluk **s.** SKA Dostuk Sokuluk
Dostyk Almaty, Almaty/Alma-Ata, Kasachstan, Klub, **s. S.** 101
Dostyk Tschimkent **s.** Schiger Tschimkent
Dostyk Tschimkent **s.** Tomiris Tschimkent
Dostyk Tschimkent, Tschimkent, Kasachstan, Klub, entst. 2000, [entst. 2000 durch Fusion Schiger Tschimkent und Tomiris Tschimkent], **s. S.** 101
Douala, Stadt, Kamerun, **s. S.** 117
Douanes **s.** AS Douanes
Doumbé FC, Sansanné-Mango, Togo, Klub, **s. S.** 117
Dourados, Stadt, Brasilien, **s. S.** 133
Doxa Katokopias, Nicosia/Lefkosia, Zypern, Klub, entst. 1954, [1974 Umzug nach Nicosia], **s. S.** 95
Doxa **s.** GS Dramas Doxa
Dózsa MADISZ, Budapest, Ungarn, Klub, entst. 1945, [aufgel. 19??], **s. S.** 88
Dózsa **s.** Újpest FC
Dózsa SC **s.** Pécsi Mecsek FC
Dragoi **s.** KS Pogradec
Dragon Douala, Douala, Kamerun, Klub, **s. S.** 117
Dragon **s.** AS Dragon
Dragón **s.** CD Dragón
Dragons de l'Ouémé, Porto-Novo, Benin, Klub, **s. S.** 117
Dragons **s.** AS Dragons
Dragons **s.** Chun-Nam Dragons
Dragons, Bata, Äquatorial-Guinea, Klub, **s. S.** 118
Dragør BK (Dragør Boldklub), Dragør, Dänemark, Klub, entst. 1907, **s. S.** 71
Dragør Boldklub **s.** Dragør BK
Dragør, Stadt, Dänemark, **s. S.** 71
Dragoş Vodă Cernăuţi, Tscherniwtsi/Tschernowtsy/Cernăuţi, Ukraine, Klub, [aufgel. 19??], **s. S.** 91
Dragovoljac Kiseljak **s.** NK Dragovoljac Kiseljak
Drama, Stadt, Griechenland, **s. S.** 95
Dramas Doxa **s.** GS Dramas Doxa
Drammen, Stadt, Norwegen, **s. S.** 71
Drasche Gubacs Budapest **s.** ESMTK
Dravograd, Stadt, Slowenien, **s. S.** 93
Dream Team, Pago Pago, Amerikanisch-Samoa, Klub, **s. S.** 137
Dreher **s.** BVSC
Dresden, Stadt, Deutschland, **s. S.** 85
Dresdner SC 98 (Dresdner Sport-Club 1898), Dresden, Deutschland, Klub, entst. 1898, [1898-45 Dresdner SC, 45 aufgel. und wiedergegr., 45-50 SG Mickten, 50-51 BSG Sachsenverlag Dresden, 51-54 BSG Rotation Dresden, 54-66 SC Einheit Dresden, 66-90 FSV Lokomotive Dresden], **s. S.** 85
Dresdner Sport-Club 1898 **s.** Dresdner SC 98
Dresdner TV Guts Muts **s.** TSV 1910 Dresden
Dribbling Wizards **s.** Mbabane Dribbling Wizards
Drillers **s.** Edmonton Drillers
Drina Zvornik **s.** FK Drina Zvornik
Drina Zvornik Živnice **s.** FK Drina Zvornik Živnice
Drnovice, Stadt, Tschechische Republik, **s. S.** 86
Drobeta-Turnu Severin, Stadt, Rumänien, **s. S.** 91
Drogheda AFC **s.** Drogheda United FC
Drogheda United FC (Drogheda United Football Club), Drogheda/Droichead Átha, Irland, Klub, entst. 1919, [1919-75 Drogheda AFC], **s. S.** 69
Drogheda United Football Club **s.** Drogheda United FC
Drogheda, Stadt, Irland, **s. S.** 69
Droichead Átha, Stadt, Irland, **s. S.** 69
Drott **s.** FF Jaro
Druids FC **s.** Flexsys Cefn Druids AFC
Druids United FC **s.** Flexsys Cefn Druids AFC
Drumcondra FC (Drumcondra Football Club), Dublin/Baile Átha Cliath, Irland, Klub, entst. 1924, [aufgel. 1973 durch Fusion mit Home Farm FC => Home Farm-Drumcondra FC], **s. S.** 69
Drumcondra FC **s.** Home Farm Everton FC
Drumcondra Football Club **s.** Drumcondra FC
Druschestvo za Fizkultura i Sport Akademik Dimitrovgrad **s.** DFS Akademik Dimitrovgrad
Druschestvo za Fizkultura i Sport Torpedo Pleven **s.** DFS Torpedo Pleven
DSA (Domoina Soavina Atsimondrano), Antananarivo/Tananarive, Madagaskar, Klub, **s. S.** 121
DSC Arminia Bielefeld (Deutscher Sport-Club Arminia Bielefeld), Bielefeld, Deutschland, Klub, entst. 1905, [1905-19 1. Bielefelder FC Arminia, 07 Fusion mit FC Siegfried Bielefeld, 19 Fusion mit Bielefelder TG 48 => TG Arminia Bielefeld (19-22), 22 aufgel. und wiedergegr., 22-26 1. Bielefelder FC Arminia], **s. S.** 85
Dschalal-Abad, Stadt, Kirgisien, **s. S.** 100
Dschalilabad, Stadt, Aserbaidschan, **s. S.** 97
Dschambul, Stadt, Kasachstan, **s. S.** 101
Dschang, Stadt, Kamerun, **s. S.** 117
Dschezkazgan, Stadt, Kasachstan, **s. S.** 101
Dschezkazganets Dschezkazgan **s.** Ulutau Dschezkazgan
Dschibuti, Länder, **s. S.** 114 und 115
Dschizak, Stadt, Usbekistan, **s. S.** 101
DSE Dunajská Streda **s.** 1. FC DAC Dunajská Streda
DSF Opava **s.** SFC Opava
DSK Brno XV **s.** ČAFC Židenice
DSK Juliánov **s.** ČAFC Židenice
DSK Pressburg (Deutscher Sport Klub Pressburg), Bratislava, Slowakei, Klub, entst. 1939, [aufgel. 1944], **s. S.** 87
DSO Akademik Sofija **s.** FK Akademik Sofija
DSO Burevestnik Chişinău **s.** FC Zimbru Chişinău
DŠO Spartak Kablo Topoľčany **s.** MFK VTJ Topoľčany
DSO Spartak Pleven **s.** DFS Torpedo Pleven
DSO Spartak Pleven **s.** FK Spartak Pleven
DSO Spartak Plovdiv **s.** FK Spartak Plovdiv
DSO Strojitel Sofija **s.** FK Slavija Sofija
DSO Strojtel Svischtov **s.** FK Akademik Svischtov
DSO Torpedo Sofija **s.** FK Lokomotiv Sofija
DSO Tscherveno zname Sofija (Dărschavna Sportna Organizatsija Tscherveno zname Sofija), Sofija, Bulgarien, Klub, [aufgel. 1964 durch Fusion mit CDNA Sofija => CSKA Tscherveno zname Sofija], **s. S.** 90
DSO Tscherveno zname Sofija **s.** FK CSKA Sofija
DSO Zenit Sankt Peterburg **s.** FK Zenit Sankt Peterburg
DSV Alpine Leoben **s.** DSV Leoben
DSV Leoben (Donawitzer Sport Verein Leoben), Leoben, Österreich, Klub, entst. 1922, [1922-70 Werks SV Donawitz, 70-71 Werks SV Alpine Leoben Donawitz, 71-?? DSV Alpine Leoben, ??-?? DSV Alpine ALAG Leoben, ??-92 DSV Alpine Stabil Leoben, 92 Fusion mit FC Leoben => DSV Leoben], **s. S.** 83
DSV Saaz (Deutscher Spielverein Saaz), Žatec, Tschechische Republik, Klub, entst. 1920, [aufgel. 1939], **s. S.** 86
DTE Dunajská Streda **s.** 1. FC DAC Dunajská Streda
DTS Dunajská Streda **s.** 1. FC DAC Dunajská Streda
DTSG Krakau **s.** TS Wisła Kraków
Dubăsari, Stadt, Moldawien, **s. S.** 99
Dubayy, Stadt, VAE, **s. S.** 103
Dublanc Strikers, Dublanc, Dominica, Klub, [19??-99 Superwoods United], **s. S.** 127
Dublanc, Stadt, Dominica, **s. S.** 127
Dublin United FC (Dublin United Football Club), Dublin/Baile Átha Cliath, Irland, Klub, entst. 1904, [aufgel. 1933], **s. S.** 69
Dublin United Football Club **s.** Dublin United FC
Dublin, Stadt, Irland, **s. S.** 69
Dubnica nad Váhom, Stadt, Slowakei, **s. S.** 86
Dubrava **s.** NK Dubrava
Dubrovnik, Stadt, Kroatien, **s. S.** 93
Duca Ascoli **s.** Ascoli Calcio 1898
Dudelange, Stadt, Luxemburg, **s. S.** 74 und 85
Düdelingen, Stadt, Luxemburg, **s. S.** 74 und 85
Duhook, Stadt, Irak, **s. S.** 103
DUIG Brăila **s.** Dacia Unirea Brăila
Duisburg, Stadt, Deutschland, **s. S.** 84
Duisburger Spielverein **s.** Duisburger SV
Duisburger SpV. 1900 **s.** KSG Duisburg
Duisburger SV (Duisburger Spielverein), Duisburg, Deutschland, Klub, entst. 1893, [1893-1900 Duisburger TV 1848, 1900-64 Duisburger SV, aufgel. 64 durch Fusion mit TuS Duisburg => Eintracht Duisburg], **s. S.** 84
Duisburger TV 1848 **s.** Duisburger SV
Dukat Moskva **s.** FK Spartak Moskva
Duke of Wellington's Regiment **s.** 2nd Duke of Wellington's Regiment
Dukla Banská Bystrica **s.** FK Dukla Banská Bystrica
Dukla ČSSZ Prešov **s.** FC Tatran Prešov
Dukla Hraničář Cheb **s.** FC Union Cheb
Dukla Karlín **s.** Čechie BVB
Dukla Olomouc **s.** VTJ Dukla Olomouc
Dukla Pardubice **s.** Tankista Praha
Dukla Pardubice **s.** VTJ Dukla Pardubice
Dukla Praha **s.** FC Marila Příbram
Dukla Praha **s.** FK Dukla Praha
Dukla Příbram **s.** FC Marila Příbram
Dukla Trenčín **s.** FK Ozeta Dukla Trenčín
Dumaguete City, Dumaguete, Philippinen, Klub, **s. S.** 107
Dumaguete, Stadt, Philippinen, **s. S.** 107
Dumas, Togo, Klub, **s. S.** 117
Dumbarton Athletic FC **s.** Dumbarton FC
Dumbarton FC (Dumbarton Football Club), Dumbarton, Schottland, Klub, entst. 1872, [1872-?? Dumbarton Athletic FC], **s. S.** 69
Dumbarton Football Club **s.** Dumbarton FC
Dumbarton, Stadt, Schottland, **s. S.** 69
Dumfries FC **s.** Queen of the South FC
Dumfries, Stadt, Schottland, **s. S.** 69
Dumlupinar, Nicosia/Lefkosia, Zypern, Klub, **s. S.** 95
Dún Dealgan, Stadt, Irland, **s. S.** 69
Dún Laoghaire, Stadt, Irland, **s. S.** 69
Dunaferr SE (Dunaferr Sport Egyesület), Dunaújváros, Ungarn, Klub, entst. 1951, [1951-52 Dunapentelei Vasas, 52-53 Sztálin Vasmü Épitők, 53 Sztálinvárosi Vasmü Épitők, 53-57 Sztálinvárosi Vasas, 57-61 Dunapentelei Vasas, 61-90 Dunaújvárosi Kohász SE], **s. S.** 89
Dunaferr Sport Egyesület **s.** Dunaferr SE
Dunajská Streda, Stadt, Slowakei, **s. S.** 86
Dünamo Tallinn **s.** JK Dünamo Tallinn
Dunapentelei Vasas **s.** Dunaferr SE
Dunarea CSU Galaţi **s.** FCM Dunarea Galaţi
Dunarea Galaţi **s.** FCM Dunarea Galaţi
Dunaszerdahelyi Atlétikai Club **s.** 1. FC DAC Dunajská Streda
Dunaújváros, Stadt, Ungarn, **s. S.** 89
Dunaújvárosi Kohász SE **s.** Dunaferr SE
Dunav Ruse **s.** FK Dunav Ruse
Dunav Ruse **s.** Torpedo Ruse
Dunav Svischtov **s.** FK Akademik Svischtov
Dundalk FC (Dundalk Football Club), Dundalk/Dún Dealgan, Irland, Klub, entst. 1926, **s. S.** 69
Dundalk Football Club **s.** Dundalk FC
Dundalk, Stadt, Irland, **s. S.** 69
Dundee FC (Dundee Football Club), Dundee, Schottland, Klub, entst. 1893, [entst. 1893 durch Fusion Our Boys Dundee und East End Dundee], **s. S.** 69
Dundee Football Club **s.** Dundee FC
Dundee Hibernians FC **s.** Dundee United FC
Dundee United FC (Dundee United Football Club), Dundee, Schottland, Klub, entst. 1909, [1909-23 Dundee Hibernians FC], **s. S.** 69
Dundee United Football Club **s.** Dundee United FC
Dundee, Stadt, Schottland, **s. S.** 69
Dundela FC (Dundela Football Club), Belfast, Nordirland, Klub, **s. S.** 69
Dundela Football Club **s.** Dundela FC
Dundo, Stadt, Angola, **s. S.** 119
Dunedin City, Dunedin, Neuseeland, Klub, **s. S.** 137
Dunedin Suburbs **s.** Caversham
Dunedin Suburbs **s.** Dunedin Technical
Dunedin Suburbs, Dunedin, Neuseeland, Klub, entst. 1971, [entst. 1971 durch Fusion Dunedin Technical, Caversham und Maori Hill, 72 Aufl. der Fusion], **s. S.** 137
Dunedin Technical **s.** Caversham
Dunedin Technical **s.** Dunedin Suburbs
Dunedin Technical, Dunedin, Neuseeland, Klub, [aufgel. 1971 durch Fusion mit Caversham und Maori Hill => Dunedin Suburbs, 72 Aufl. der Fusion und Zurückbenennung], **s. S.** 137
Dunedin, Stadt, Neuseeland, **s. S.** 137
Dunfermline Athletic FC (Dunfermline Athletic Football Club), Dunfermline, Schottland, Klub, entst. 1885, **s. S.** 69
Dunfermline Athletic Football Club **s.** Dunfermline Athletic FC
Dunfermline, Stadt, Schottland, **s. S.** 69
Duong Sat Viet Nam, Ha Nôi, Vietnam, Klub, [19??-?? Tong Cuc Duong Sat], **s. S.** 107
Dupnica, Stadt, Bulgarien, **s. S.** 91
Durban City, Durban, Südafrika, Klub, [1988-?? Natal United], **s. S.** 121
Durban, Stadt, Südafrika, **s. S.** 121
Durhan Light Rifles, Calcutta, Indien, Klub, [aufgel. 19??], **s. S.** 105
Durlas, Stadt, Irland, **s. S.** 69
Durrës, Stadt, Albanien, **s. S.** 93
Durudschi Kwareli **s.** FC Durudschi Kwareli
Duschanbe, Stadt, Tadschikistan, **s. S.** 101
Düsseldorf, Stadt, Deutschland, **s. S.** 84
Düsseldorfer FC 1899 **s.** Düsseldorfer SC 99
Düsseldorfer FK Fortuna **s.** Düsseldorfer TSV Fortuna
Düsseldorfer FK Union **s.** TuRU 1880 Düsseldorf
Düsseldorfer SC 99 (Düsseldorfer Sport-Club 1899), Düsseldorf, Deutschland, Klub, entst. 1899, [1899-1913 Düsseldorfer FC 1899, 13-?? Düsseldorfer SC 99, ?? aufgel.], **s. S.** 84
Düsseldorfer Sport-Club 1899 **s.** Düsseldorfer SC 99
Düsseldorfer TSV Fortuna (Düsseldorfer Turn- und Sportverein Fortuna von 1895), Düsseldorf, Deutschland, Klub, entst. 1911, [1911-12 FK Alemannia Düsseldorf, 12-13 FK Fortuna Düsseldorf, 13 Fusion mit SV 1908 Flingern => Düsseldorfer FK Fortuna (13-19), 19 Fusion mit Flinger TV 1895 => Düsseldorfer TSV Fortuna], **s. S.** 84
Düsseldorfer Turn- und Sportverein Fortuna von 1895 **s.** Düsseldorfer TSV Fortuna
Dustlik, Stadt, Usbekistan, **s. S.** 100
Dutse, Stadt, Nigeria, **s. S.** 117
DVA Galaţi (Dacia-Vasile Alecsandri Galaţi), Galaţi, Rumänien, Klub, entst. 1922, [entst. 1922 durch Fusion Soimii Dacia Galaţi und Liceul Vasile Alecsandri Galaţi => DVA Galaţi (22-40), aufgel. 40 durch Fusion mit Gloria CFR Galaţi], **s. S.** 91
DVA Galaţi **s.** Gloria CFR Galaţi
DVF Kazanlăk **s.** FK Rozova Dolina Kazanlăk
Dvigatel Tallinn, Tallinn, Estland, Klub, [aufgel. 1992], **s. S.** 99
Dvin Artaschat **s.** FC Dvin Artaschat
Dvina-KIM Vitsebsk **s.** FK Dvina-KIM Vitsebsk
Dvina-KIM Vitsebsk **s.** FK Lakamatju Vitsebsk
Dvina-KIM Vitsebsk **s.** FK Lakamatju-96 Vitsebsk
DVSC **s.** Debreceni VSC
DVSC-Epona **s.** Debreceni VSC
DVSE **s.** Debreceni VSC
DVTK **s.** Diósgyőri FC
DVV Go Ahead **s.** Go Ahead Eagles
Dwanga Sugar Corporation **s.** DWASCO
Dwarfs **s.** Cape Coast Ebusua Dwarfs
DWASCO (Dwanga Sugar Corporation), Nkhota Kota, Malawi, Klub, **s. S.** 121
DWM Posen **s.** SDW Posen
DWS **s.** AFC DWS
DWS **s.** DWS/A
DWS **s.** FC Amsterdam
DWS **s.** SV Blauw Wit
DWS/A (Door Wilskracht Sterk/Amsterdam), Amsterdam, Niederlande, Klub, entst. 1958, [entst. 1958 durch Fusion AFC DWS und BVC => DWS/A (58-62), 62-72 DWS, aufgel. 72 durch Fusion mit Blauw Wit => FC Amsterdam], **s. S.** 75
DWS/A **s.** AFC DWS
DWS/A **s.** BVC
Dynama Brest **s.** FK Dynama Brest
Dynama Minsk **s.** FK Dynama Minsk
Dynama-93 Minsk **s.** FK Dynama-93 Minsk
Dynamic Togolais, Lomé, Togo, Klub, [1974 aufgel., ?? wiedergegr.], **s. S.** 117
Dynamite, Saint-Marc, Haiti, Klub, **s. S.** 127
Dynamo Berlin **s.** Berliner FC Dynamo
Dynamo České Budějovice **s.** SK České Budějovice
Dynamo Douala, Douala, Kamerun, Klub, **s. S.** 117
Dynamo Dresden **s.** 1. FC Dynamo Dresden
Dynamo Dresden **s.** Berliner FC Dynamo
Dynamo Kyiw **s.** FK Dynamo Kyiw
Dynamo Praha **s.** SK Slavia Praha
Dynamo **s.** SS Dynamo
Dynamo Slavia Praha **s.** SK Slavia Praha
Dynamo Žilina **s.** MŠK Žilina
Dynamos **s.** Denver Dynamos
Dynamos **s.** Lusaka Dynamos
Dynamos **s.** Power Dynamos
Dynamos, Harare, Simbabwe, Klub, entst. 1962, [1966-6? St. Pauls], **s. S.** 121
Dynamos, Johannesburg, Südafrika, Klub, [1999 Halls Dynamos], **s. S.** 121
Dyskobolia Grodzisk-Wielkopolski **s.** KS Groclin Dyskobolia Grodzisk-Wielkopolski
Dzahini FC, Amou Oblo, Togo, Klub, **s. S.** 117
Dzhabarrasulowsk **s.** Pachtakor Dzhabarrasulowsk
Dzhavonor, Kuljab, Tadschikistan, Klub, **s. S.** 101
Dzhejchun Sejdi, Sejdi, Turkmenistan, Klub, **s. S.** 101
Dzhejchun Turkmenabat, Turkmenabat, Turkmenistan, Klub, [19??-97 Lebap Tschardschou], **s. S.** 101
EACI (Escuela Agricola Campesina de Isletas), Olanchito, Honduras, Klub, [aufgel. 19??], **s. S.** 125
EAG Kedainiai **s.** FK Nevežis Kedainiai
Eagle Cement, Port Harcourt, Nigeria, Klub, **s. S.** 117
Eagle FC **s.** Leyton Orient FC
Eagle Strikers, Malawi, Klub, **s. S.** 121
Eagles **s.** Blue Eagles
Eagles **s.** C & M Eagles
Eagles **s.** Edmonton Eagles
Eagles **s.** Kamboi Eagles
Eagles **s.** Pago Eagles
Eagles **s.** Somerset Eagles
Eagles **s.** Welkom Eagles
Eagles **s.** Young Eagles
Eagles SC **s.** East End Eagles SC
Eagles United, Linden/Mackenzie, Guyana, Klub, **s. S.** 129
Eagles, Malé, Malediven, Klub, **s. S.** 105
Earthquakes **s.** Golden Bay Earthquakes
Earthquakes **s.** San Jose Earthquakes (I)
Earthquakes **s.** San Jose Earthquakes (II)
East Bengal (East Bengal Club), Calcutta, Indien, Klub, entst. 1920, **s. S.** 105
East Bengal Club **s.** East Bengal
East Coast Bays, East Coast Bays, Neuseeland, Klub, **s. S.** 137
East Coast Bays, Stadt, Neuseeland, **s. S.** 137
East Coast's Golden Stars, Bartica, Guyana, Klub, **s. S.** 129
East End (East End Club), Dacca, Bangladesh, Klub, **s. S.** 105
East End Club **s.** East End
East End Dundee **s.** Dundee FC
East End Eagles SC (East End Eagles Sport Club), East End, Britische Jungferninseln, Klub, **s. S.** 126
East End Eagles Sport Club **s.** East End Eagles SC
East End FC (East End Football Club), East End, Kaimaninseln, Klub, **s. S.** 126
East End Football Club **s.** East End FC
East End Lions, Freetown, Sierra Leone, Klub, entst. 1926, **s. S.** 116
East End, Stadt, Britische Jungferninseln, **s. S.** 126
East End, Stadt, Kaimaninseln, **s. S.** 126
East Fife FC (East Fife Football Club), Methil, Schottland, Klub, entst. 1903, **s. S.** 69
East Fife Football Club **s.** East Fife FC
East London, Stadt, Südafrika, **s. S.** 121
East Pakistan Gymkhana, Dacca, Bangladesh, Klub, **s. S.** 105
East Pakistan IDC, Dacca, Bangladesh, Klub, **s. S.** 105
East Riffa, Ar Rifaa'ash Sharqi, Bahrain, Klub, **s. S.** 102
East Stirlingshire FC (East Stirlingshire Football Club), Falkirk, Schottland, Klub, entst. 1880, [1880-?? Bainsford Britannia FC], **s. S.** 69
East Stirlingshire Football Club **s.** East Stirlingshire FC
East Team, ad-Dammam, Saudi-Arabien, Klub, [aufgel. 19??], **s. S.** 103
Eastern FC (Eastern Football Club), Hongkong, Klub, **s. S.** 109
Eastern Football Club **s.** Eastern FC
Eastern Pride, Morwell, Australien, Klub, entst. 1961, [19??-96 Morwell Falcons, 1996-2000 Gippsland Falcons], **s. S.** 136
Eastern Railway, Calcutta, Indien, Klub, **s. S.** 105
Eastern Suburbs, Auckland, Neuseeland, Klub, **s. S.** 137
Easton Rangers FC (Easton Rangers Football Club), Freetown, Sierra Leone, Klub, **s. S.** 116
Easton Rangers Football Club **s.** Easton Rangers FC
EB **s.** EB/Streymur
EB/Streymur (Felagsdeildin Eiðis Bóltfelag/Streymur), Hvalvík, Färöer Inseln, Klub, entst. 1993, [entst. 1993 durch Fusion Streymur und EB], **s. S.** 71
Ebbw Vale AFC (Ebbw Vale Association Football Club), Ebbw Vale, Wales, Klub, entst. 1888, [1888-1906 Ebbw Vale FC, 06 aufgel., 07 wiedergegr., 07-98 Ebbw Vale AFC, 98 aufgel.], **s. S.** 67
Ebbw Vale Association Football Club **s.** Ebbw Vale AFC
Ebbw Vale FC **s.** Ebbw Vale AFC
Ebbw Vale, Stadt, Wales, **s. S.** 67
Ebolowa, Stadt, Kamerun, **s. S.** 117
Ebusua Dwarfs **s.** Cape Coast Ebusua Dwarfs
EC Alexandria (Esporte Clube Alexandria), Maceió, Brasilien, Klub, [aufgel. 19??], **s. S.** 133
EC Bahia (Esporte Clube Bahia), Salvador, Brasilien, Klub, entst. 1931, [entst. 1931 durch Fusion AA Bahia und Bahiano de Tênis], **s. S.** 133
EC Bahia **s.** Bahiano de Tênis
EC Barroso (Esporte Clube Barroso), Maceió, Brasilien, Klub, [aufgel. 19??], **s. S.** 133
EC Brazil **s.** EC Pinheiros
EC Cabo Branco (Esporte Clube Cabo Branco), João Pessoa, Brasilien, Klub, **s. S.** 133
EC Comercial (Esporte Clube Comercial), Campo Grande, Brasilien, Klub, entst. 1943, **s. S.** 133
EC Comercial (Esporte Clube Comercial), Cornélio Procópio, Brasilien, Klub, entst. 1943, **s. S.** 133
EC Cruzeiro (Esporte Clube Cruzeiro), Porto Alegre, Brasilien, Klub, entst. 1913, **s. S.** 133
EC Ferroviário (Esporte Clube Ferroviário), Tubarão, Brasilien, Klub, **s. S.** 133
EC Flamengo (Esporte Clube Flamengo), Recife, Brasilien, Klub, [aufgel. 19??], **s. S.** 133
EC Flamengo (Esporte Clube Flamengo), Teresina, Brasilien, Klub, entst. 1937, **s. S.** 133
EC Internacional (Esporte Clube Internacional), Lages/Lajes, Brasilien, Klub, entst. 1949, **s. S.** 133
EC Internacional (Esporte Clube Internacional), Santa Maria, Brasilien, Klub, entst. 1928, **s. S.** 133
EC Juventude (Esporte Clube Juventude), Caxias do Sul, Brasilien, Klub, entst. 1913, **s. S.** 133
EC Macapá (Esporte Clube Macapá), Macapá, Brasilien, Klub, entst. 1944, **s. S.** 133
EC Metropol (Esporte Clube Metropol), Criciúma, Brasilien, Klub, [aufgel. 19??], **s. S.** 133
EC Noroeste (Esporte Clube Noroeste), Bauru, Brasilien, Klub, entst. 1910, **s. S.** 133
EC Novo Hamburgo (Esporte Clube Novo Hamburgo), Novo Hamburgo, Brasilien, Klub, entst. 1911, **s. S.** 133
EC Pelotas (Esporte Clube Pelotas), Pelotas, Brasilien, Klub, entst. 1908, **s. S.** 133
EC Pinheiros (Esporte Clube Pinheiros), Curitiba, Brasilien, Klub, entst. 1914, [1914-?? Savóia FC, ??-42 Savóia Água Verde, 42-45 EC Brazil, 45-71 Savóia Água Verde, 71-89 EC Pinheiros, aufgel. 89 durch Fusion mit Colorado EC => Paraná], **s. S.** 133
EC Pinheiros **s.** Colorado EC
EC Pinheiros **s.** Paraná Clube
EC Santa Cruz (Esporte Clube Santa Cruz), Estância, Brasilien, Klub, **s. S.** 133
EC Santo André (Esporte Clube Santo André), Santo André, Brasilien, Klub, entst. 1974, **s. S.** 133
EC São Bento (Esporte Clube São Bento), Sorocaba, Brasilien, Klub, entst. 1913, **s. S.** 133
EC São José **s.** São José EC
EC Siderúrgica (Esporte Clube Siderúrgica), Sabará, Brasilien, Klub, **s. S.** 133
EC Vitória (Esporte Clube Vitória), Salvador, Brasilien, Klub, entst. 1899, [1899-1903 Club de Cricket Victoria, 03-46 SC Victoria], **s. S.** 133
EC XV de Novembro (Esporte Clube XV de Novembro), Jaú, Brasilien, Klub, entst. 1924, **s. S.** 133
EC XV de Novembro (Esporte Clube XV de Novembro), Piracicaba, Brasilien, Klub, entst. 1913, **s. S.** 133
EC Ypiranga (Esporte Clube Ypiranga), Salvador, Brasilien, Klub, entst. 1906, [1906-?? SC Ypiranga], **s. S.** 133
ECGC Cane End, Mesopotamia, St. Vincent und Grenadinen, Klub, [19??-99 ECGC Mespo United], **s. S.** 127
ECGC Mespo United **s.** ECGC Cane End
Ech Chéliff, Stadt, Algerien, **s. S.** 113
Echo Cluj **s.** Rapid Cluj
Echternach, Stadt, Luxemburg, **s. S.** 75
Eck-1 Riga, Riga, Lettland, Klub, **s. S.** 99
Ecker Stadler FC **s.** Ilzer-Stadler FC
Eclair AC Bettembourg (Eclair Athlétique Club Bettembourg), Bettembourg, Luxemburg, Klub, entst. 1917, [aufgel. 1932], **s. S.** 74
Eclair Athlétique Club Bettembourg **s.** Eclair AC Bettembourg
Eclair Sports, Kigali, Rwanda, Klub, **s. S.** 119
Eclair, Gonaïves, Haiti, Klub, **s. S.** 127
Eclair, Rivière Salée, Martinique, Klub, **s. S.** 127
Ecuador, Länder, **s. S.** 130 und 131
Edan, Togo, Klub, [aufgel. 19??], **s. S.** 117
Ede, Stadt, Nigeria, **s. S.** 117
Eden **s.** Metro Mt Albert
Eden, Auckland, Neuseeland, Klub, [aufgel. 1972 durch Fusion mit Mt Albert-Ponsonby => Auckland City], **s. S.** 137
Edera Trieste AS **s.** FK Poncijana Trst
Edera Trieste AS **s.** USC Triestina
Edessa, Stadt, Griechenland, **s. S.** 95
Edessaikos AO (Edessaikos Athlitikos Omilos), Edessa, Griechenland, Klub, entst. 1939, **s. S.** 95
Edessaikos Athlitikos Omilos **s.** Edessaikos AO
Edinburgh, Stadt, Schottland, **s. S.** 69
Edmonton Brickmen, Edmonton, Kanada, Klub, entst. 1986, [aufgel. 1990], **s. S.** 123
Edmonton Drillers **s.** Oakland Stompers
Edmonton Drillers, Edmonton, Kanada, Klub, entst. 1979, [1975-77 Hartford Bicentennials, 77-78 Connecticut Bicentennials, 78 Umzug nach Oakland => Oakland Stompers (78-79), 79 Umzug nach Edmonton => Edmonton Drillers (79-82), 82 aufgel.], **s. S.** 123
Edmonton Eagles, Edmonton, Kanada, Klub, entst. 1983, [aufgel. 1983], **s. S.** 123
Edmonton, Stadt, Kanada, **s. S.** 123
EDN **s.** Lagos EDN
EDN Zwolle **s.** FC Zwolle
ÉDOSZ SE **s.** Ferencvárosi TC
Education Team, Vientiane/Viangchan, Laos, Klub, **s. S.** 106
Edwardians **s.** Old Edwardians
EELPA **s.** EEPCO
Eendracht Aalst **s.** KSC Eendracht Aalst
Eendracht Voetbal Club Aalst **s.** KSC Eendracht Aalst
EEPCO (Ethiopia Electric Power Corporation), Addis Abeba, Äthiopien, Klub, entst. 1962, [19??-?? Electric Sports, ??-99 EELPA], **s. S.** 115
Eesti Fosforiit Tallinn **s.** FC Maardu
Eesti Fosforiit Tallinn, Tallinn, Estland, Klub, [aufgel. 1991, Umzug nach Maardu => FK Maardu], **s. S.** 99
Eesti Põlevkivi Jõhvi **s.** JK Eesti Põlevkivi Jõhvi
EF Iracoubo, Iracoubo, Französisch-Guyana, Klub, **s. S.** 129
Egedem Sport **s.** KVV Belgica Egedem Sport
Eger SC **s.** FC Eger
Eger Schwarz-Elf Sankt Pölten **s.** FCN Sankt Pölten
Eger SE **s.** FC Eger
Eger, Stadt, Ungarn, **s. S.** 89
Egri Bástya **s.** FC Eger
Egri Dózsa **s.** FC Eger
Egri Fáklya **s.** FC Eger
Egri Kinizsi **s.** FC Eger
Egri MOVE **s.** FC Eger
Egri Petőfi **s.** FC Eger
Egri Testgyakorlók Klubja **s.** FC Eger
Egri Vasas **s.** FC Eger
Egri Volán **s.** FC Eger
Egrisi Senaki **s.** FC Egrisi Senaki
Egyetértés FC **s.** Debreceni VSC
Egyetértés VM SK **s.** Budapesti Egyetértés VM SK
EHW Thale **s.** SpVgg. 04 Thale
Eidai Industries, Japan, Klub, [aufgel. 1976], **s. S.** 111
EIF (Ekenäs Idrottsförening), Tammisaari/Ekenäs, Finnland, Klub, entst. 1905, **s. S.** 73
Eiffel Flats, Eiffel Flats, Simbabwe, Klub, **s. S.** 121
Eiffel Flats, Stadt, Simbabwe, **s. S.** 121
Eik Idrettsforening-Tønsberg **s.** Eik IF-Tønsberg
Eik IF **s.** Eik IF-Tønsberg
Eik IF-Tønsberg (Eik Idrettsforening-Tønsberg), Tønsberg, Norwegen, Klub, entst. 1928, [1928-1989 Eik IF], **s. S.** 71
Eimsbütteler Turnverband **s.** Eimsbütteler TV
Eimsbütteler TV (Eimsbütteler Turnverband), Hamburg, Deutschland, Klub, entst. 1906, [1906-24 Eimsbütteler TV, 24-33 SV Eimsbütteler], **s. S.** 85
Eindhoven, Stadt, Niederlande, **s. S.** 75
Eindhovia **s.** VV Eindhoven
Einheit Bischofswerda **s.** Bischofswerdaer FV 08
Einheit Brandenburg **s.** FC Stahl Brandenburg
Einheit Meerane **s.** Meeraner SV
Einheit Pankow **s.** VfB Einheit zu Pankow
Einheit Plauen **s.** Plauener SuBC
Einheit Schwerin **s.** Schweriner SC
Einheit zu Pankow **s.** VfB Einheit zu Pankow
Einheit/Empor Burg **s.** Burger SC 08
Einheit-Ost Leipzig **s.** VfB Leipzig
Einigkeit Wien **s.** ESV Admira-NÖ Energie
Eintracht 06 Babelsberg **s.** SG Fortuna Babelsberg
Eintracht Braunschweig **s.** Braunschweiger TSV Eintracht
Eintracht Duisburg **s.** Duisburger SV
Eintracht Eisenstadt **s.** SC Eisenstadt
Eintracht Esch **s.** US Esch
Eintracht Frankfurt, Frankfurt am Main, Deutschland, Klub, entst. 1899, [1899-1900 Frankfurter FC 1899, 1900 Fusion mit FC Kickers 1899 Frankfurt => Frankfurter FC 1899-Kickers (00-04), 04-11 FV Kickers Frankfurt, 11 Fusion mit FC Viktoria Frankfurt => Frankfurter FV (11-20), 20 Fusion mit Frankfurter TG 1861 => Frankfurter TSG Eintracht 1861 (20-26), 26 Aufl. der Fusion, 26-68 SG Eintracht Frankfurt, 68 Fusion mit TG 1861 Frankfurt => Eintracht Frankfurt], **s. S.** 85
Eintracht Gelsenkirchen **s.** STV Horst-Emscher
Eintracht Kassel **s.** CSC 03 Kassel
Eintracht München-Gladbach **s.** 1. FC 1894 Mönchengladbach
Eintracht Stendal **s.** FSV Lokomotive Altmark Stendal
Eintracht Sudenburg **s.** 1. FC Magdeburg
Eintracht Weimar **s.** SC Weimar 03
Eirina FC Pontevedra **s.** Pontevedra CF
Eischen, Stadt, Luxemburg, **s. S.** 75
Eisden, Stadt, Belgien, **s. S.** 75
Eisen und Stahl 1946 Linz **s.** FC Linz
Eisenbahnen Sportverein Cottbus **s.** ESV Cottbus
Eisenbahner Sport Verein Austria Graz **s.** ESV Austria Graz
Eisenbahner Sport Vereine Ostbahn XI Wien **s.** ESV Ostbahn XI Wien
Eisenbahnersportverein Admira-Niederösterreich Energie **s.** ESV Admira-NÖ Energie
Eisenhüttenstadt, Stadt, Deutschland, **s. S.** 85
Eisenhüttenstädter FC Stahl (Eisenhüttenstädter Fußball-Club Stahl), Eisenhüttenstadt, Deutschland, Klub, entst. 1950, [1950-53 BSG Stahl Fürstenberg, 53-60 BSG Stahl Stalinstadt, 60-90 BSG Stahl Eisenhüttenstadt], **s. S.** 85
Eisenhüttenstädter Fußball-Club Stahl **s.** Eisenhüttenstädter FC Stahl
Eisenstadt, Stadt, Österreich, **s. S.** 83
Ejecutivo Juniors, San Miguelito, Panama, Klub, **s. S.** 125
EJS Casablanca, Casablanca/Dar Al-Bayda, Marokko, Klub, **s. S.** 113
EKA **s.** Desportivo da EKA
Ekaterinburg, Stadt, Russland, **s. S.** 101
Ekenäs Idrottsförening **s.** EIF
Ekenäs, Stadt, Finnland, **s. S.** 73
Ekeren **s.** KFC Germinal Ekeren
Eket, Stadt, Nigeria, **s. S.** 117
Ekibastuz, Stadt, Kasachstan, **s. S.** 101
Ekibastuzets Ekibastuz **s.** Ekibastuzets NK Ekibastuz

Ekibastuzets NK Ekibastuz, Ekibastuz, Kasachstan, Klub, entst. 1979, [1979-80 Ugol'schtschik Ekibastuz, 80-92 Ekibastuzets Ekibastuz, 1992-2000 Batyr Ekibastuz], **s. S.** 101
Ekranas Panevežys **s.** FK Ekranas Panevežys
El Callao, Stadt, Venezuela, **s. S.** 129
El Carmen **s.** AD Carmelita
El Farouk, Tombouctou, Mali, Klub, **s. S.** 114
El Ghazi **s.** Ghazl Mahalla
El Harrach **s.** USM El Harrach
El Mahalla **s.** Ghazl Mahalla
El Nacional **s.** CD El Nacional
El Progreso, Stadt, Guatemala, **s. S.** 125
El Progreso, Stadt, Honduras, **s. S.** 125
El Roble **s.** CD El Roble
El Salvador, Länder, **s. S.** 124 und 125
El Salvador, Stadt, Chile, **s. S.** 135
El Tanque **s.** Deportivo El Tanque Sisley
El Tanque Sisley **s.** Deportivo El Tanque Sisley
El Tranvías **s.** Rayos del Necaxa
El Vigía FC (El Vigía Fútbol Club), El Vigía, Venezuela, Klub, entst. 1987, [1999 Umzug von Internacional de Lara aus Barquisimeto => Internacional El Vigía (99)], **s. S.** 128
El Vigía Fútbol Club **s.** El Vigía FC
El Vigía, Stadt, Venezuela, **s. S.** 128
Ela Nguema **s.** Sony Ela Nguema
El-Aaiún, Stadt, Westsahara, **s. S.** 113
Elan GC Novo Mesto **s.** NK Elan GC Novo Mesto
Elan, Mitsoudje, Komoren, Klub, **s. S.** 121
Elâzıg, Stadt, Türkei, **s. S.** 97
Elbasan, Stadt, Albanien, **s. S.** 93
Elbląg, Stadt, Polen, **s. S.** 89
Elche CF (Elche Club de Fútbol), Elche, Spanien, Klub, entst. 1923, **s. S.** 79
Elche Club de Fútbol **s.** Elche CF
Elche, Stadt, Spanien, **s. S.** 79
Eldoret FC (Eldoret Football Club), Eldoret, Kenia, Klub, [19??-98 Rivatex], **s. S.** 119
Eldoret Football Club **s.** Eldoret FC
Eldoret KCC, Eldoret, Kenia, Klub, [19??-?? Post Office Eldoret], **s. S.** 119
Eldoret, Stadt, Kenia, **s. S.** 119
Elea, Stadt, Zypern, **s. S.** 95
Elecsport Limbé, Limbé, Kamerun, Klub, **s. S.** 117
Elecsport, Pointe-Noire, Kongo, Klub, **s. S.** 118
Elect Sports (Tout Puissant Alect Sports), N'Djamena, Tschad, Klub, **s. S.** 114
Electric Sports **s.** EEPCO
Electricity of Lao, Vientiane/Viangchan, Laos, Klub, **s. S.** 106
Electro CFR Craiova **s.** FC Extensiv Craiova
Electromureş Tîrgu Mureş **s.** ASA Târgu Mureş
Electroputere Craiova **s.** FC Extensiv Craiova
Elefsina, Stadt, Griechenland, **s. S.** 95
Elektra Wien **s.** SV Elektra Wien
Elektrik Leningrad **s.** FK Zenit Sankt Peterburg
Elektrik Leningrad, Sankt Peterburg, Russland, Klub, entst. 1931, [1931-38 Krasnaja Zarja Leningrad, aufgel. 40 Fusion mit Zenit Leningrad], **s. S.** 101
Elektroelement Zagorje ob Savi **s.** NK ETI Elektroelement Zagorje ob Savi
Elektromos Munkás Budapest **s.** Elektromos TE
Elektromos TE (Elektromos Torna Egylet), Budapest, Ungarn, Klub, entst. 1921, [1921-45 Elektromos TE, 45-51 Elektromos Munkás Budapest, 51-57 Vasas Elektromos], **s. S.** 88
Elektromos Torna Egylet **s.** Elektromos TE
Elektronas Taurage **s.** FK Tauras Taurage
Eleven Arrows (Explorers Eleven Arrows), Walvis Bay, Namibia, Klub, **s. S.** 120
Eleven Men in Flight **s.** XI Men in Flight
Eleven Wise FC (Eleven Wise Football Club), Sekondi, Ghana, Klub, entst. 1919, **s. S.** 117
Eleven Wise Football Club **s.** Eleven Wise FC
Elf **s.** Yeji Elf
Elfenbeinküste, Länder, **s. S.** 116 und 117
Elfsborg **s.** IF Elfsborg
Elimaj Semipalatinsk, Semipalatinsk, Kasachstan, Klub, entst. 1964, [1964-71 Tsementnik Semipalatinsk, 71-93 Spartak Semipalatinsk, 1993-2001 AES Jelimaj Semipalatinsk], **s. S.** 101
Elinkwijk **s.** DOS
Elinkwijk **s.** FC Utrecht
Elinkwijk **s.** VV Elinkwijk
Elista, Stadt, Russland, **s. S.** 101
Elite FC (Elite Football Club), Bujumbura, Burundi, Klub, **s. S.** 119
Elite Football Club **s.** Elite FC
El-Jaza'ir, Stadt, Algerien, **s. S.** 113
El-Kanemi Warriors, Maiduguri, Nigeria, Klub, **s. S.** 117
Elman FC (Elman Football Club), Mogadishu/Muqdiisho, Somalia, Klub, **s. S.** 115
Elman Football Club **s.** Elman FC
Elo (Kuopion Elo), Kuopio, Finnland, Klub, entst. 1919, [aufgel. 1990], **s. S.** 73
Előre Békéscsaba, Békéscsaba, Ungarn, Klub, entst. 1912, [1912-33 Békéscsabai EMTE 1912, 33-46 Békéscsabai Törekvés SE, 46-48 Békéscsabai Előre MTE, 48-50 BSZSE, 50-57 Békéscsabai Építők SK, 57-63 Békéscsabai Építők Előre SK, 63-70 Békéscsabai Előre SC, 70-90 Békéscsabai Előre Spartacus SC, 90 Békéscsabai Építők SC, 90-99 Békéscsabai Előre FC], **s. S.** 89
Előre Budapest SC **s.** BVSC
Előre **s.** Budapesti Előre SC
Előre Spartacus SC **s.** Előre Békéscsaba
Elvas **s.** O Elvas CAD
Elvas, Stadt, Portugal, **s. S.** 79
Elvis Mykolaiw **s.** SK Mykolaiw
Embassoyra, Asmara, Eritrea, Klub, [19??-?? Akale Guzay], **s. S.** 115
EMDSZ LC **s.** Soproni EMDSZ LC
EMELEC **s.** CS EMELEC
EMFA FC **s.** Kilkenny City AFC
Emirates **s.** al-Emirates
Empire, St. Johns, Antigua und Barbuda, Klub, **s. S.** 127
Empoli FBC **s.** Empoli FC
Empoli FC (Empoli Football Club), Empoli, Italien, Klub, entst. 1920, [1920-31 Empoli FBC, 31-36 AS Fascista Empoli, 36-38 Dopolavoro Empolese, 38-41 Dopolavoro Interaziendale Italo Gambacciani Sezione Calcio Empoli, 41-44 AC Empoli, 44 GS Azelio Landi Empoli, 44-83 Empoli FBC], **s. S.** 81
Empoli Football Club **s.** Empoli FC
Empoli, Stadt, Italien, **s. S.** 81
Empor Burg **s.** Burger SC 08
Empor Lauter **s.** FC Hansa Rostock
Empor Lauter **s.** Lauterer SV Viktoria 1913
Empor Rostock **s.** FC Hansa Rostock
Empor Rostock **s.** Lauterer SV Viktoria 1913
Empor-Tabak Dresden **s.** TSV 1910 Dresden
Emprimo **s.** Costruccions Emprimo
Emscher **s.** Rot-Weiß Essen
Emschertaler SV **s.** SC Rot-Weiß Oberhausen
En avant Guingamp, Guingamp, Frankreich, Klub, entst. 1912, **s. S.** 77
Encamp, Stadt, Andorra, **s. S.** 77
Encarnación, Stadt, Paraguay, **s. S.** 135
Energetik Ali-Bairamly **s.** FC Energetik Ali-Bairamly
Energetik Dschambul **s.** FK Taraz
Energetik Kara-Kul **s.** FK Energetik Kara-Kul
Energhetic Dubăsari **s.** FC Energhetic Dubăsari
Energia Arad **s.** CS Astra Arad
Energia Baia Mare **s.** FC Baia Mare
Energia Bucureşti **s.** CS Faur Bucureşti
Energia Cîmpia Turzii **s.** Industria Sârmei Câmpia Turzii
Energia Craiova **s.** FC Extensiv Craiova
Energia Fălticeni **s.** FC Foresta Fălticeni
Energia Hunedoara **s.** Corvinul FC Hunedoara
Energia Lupeni **s.** Minerul Lupeni
Energia Mediaş **s.** Gaz Metan Mediaş
Energia Orasul Stalin **s.** Dinamo Orasul Stalin
Energia Orasul Stalin **s.** FC Braşov
Energia Petroşani **s.** CS Jiul Petroşani
Energia Ploieşti **s.** FC Prahova Ploieşti
Energia Reghin **s.** AS Avântul Reghin
Energia Reşiţa **s.** CSM Reşiţa
Energia Slatina **s.** IPA Slatina
Energia Tîrgovişte **s.** CF Chindia Târgovişte
Energia Tîrgu Mureş **s.** CS Tîrgu Mureş
Energie Cottbus **s.** FC Energie Cottbus
Energie Neubrandenburg **s.** FC Neubrandenburg
Energie Sport FC (Energie Sport Football Club), Cotonou, Benin, Klub, **s. S.** 117
Energie Sport Football Club **s.** Energie Sport FC
Energija Kamyschin, Kamyschin, Russland, Klub, entst. 1958, [1958-96 Tekstil'schtschik Kamyschin, 96-97 Energija-Tekstil'schtschik Kamyschin], **s. S.** 101
Energija Sofija **s.** FK Lokomotiv Sofija
Energija-Tekstil'schtschik Kamyschin **s.** Energija Kamyschin
Energy (Ministry of Energy), Rangoon/Yangon, Burma, Klub, **s. S.** 106
Enforcers **s.** Lamco Enforcers
Engelbert **s.** TP Mazembe
Engineers FC **s.** Royal Engineers FC
Engineers **s.** Royal Engineers
Engineers **s.** Singapore Engineers
England, Länder, **s. S.** 66 und 67
English Harbour FC (English Harbour Football Club), English Harbour Town, Antigua und Barbuda, Klub, **s. S.** 127
English Harbour Football Club **s.** English Harbour FC
English Harbour Town, Stadt, Antigua und Barbuda, **s. S.** 127
English High School AC **s.** Alumni AC
Engolasters **s.** FC Engolasters
Enosis Neon Paralimni **s.** ENP
Enosis Pezoporikou Amol **s.** EPA
ENP (Enosis Neon Paralimni), Paralimni, Zypern, Klub, entst. 1936, **s. S.** 95
Enschede, Stadt, Niederlande, **s. S.** 75
Enschedese Boys **s.** FC Twente
Enschedese Boys **s.** SC Enschede
Entebbe Works FC (Entebbe Works Football Club), Entebbe, Uganda, Klub, **s. S.** 119
Entebbe Works Football Club **s.** Entebbe Works FC
Entebbe, Stadt, Uganda, **s. S.** 119
Entente Collo, Collo, Algerien, Klub, **s. S.** 113
Entente Force Armée, Porto-Novo, Benin, Klub, **s. S.** 117
Entente II, Lomé, Togo, Klub, **s. S.** 117
Entente Sotrac-Ouakam, Dakar, Senegal, Klub, **s. S.** 116
Entente sportif Beni Khalled **s.** ES Beni Khalled
Entente sportive Biterroise Béziers **s.** AS Biterroise Béziers
Entente sportive de Sétif **s.** ES Sétif
Entente Taiba-Ics **s.** ETICS
Entete AC Rodange **s.** FC Chiers Rodange
Entete, Niamey, Niger, Klub, **s. S.** 114
Entreprise Peinture et Bâtiment **s.** EPB
Enugu Rangers (Enugu Rangers International), Enugu, Nigeria, Klub, entst. 1970, **s. S.** 117
Enugu Rangers International **s.** Enugu Rangers
Enugu, Stadt, Nigeria, **s. S.** 117
Envigado FC (Corporación Deportiva Envigado Fútbol Club), Envigado, Kolumbien, Klub, entst. 1989, **s. S.** 128
Envigado, Stadt, Kolumbien, **s. S.** 128
Enyimba FC (Enyimba Football Club), Aba/Abia, Nigeria, Klub, **s. S.** 117
Enyimba Football Club **s.** Enyimba FC
EP Sétif **s.** ES Sétif
EPA (Enosis Pezoporikou Amol), Larnaka/Larnaca, Zypern, Klub, entst. 1930, [1930-94 EPA, aufgel. 94 durch Fusion mit Pezoporikos OL => AEK], **s. S.** 95
EPA **s.** AEK
EPA **s.** Pezoporikos OL
EPB (Entreprise Peinture et Bâtiment), Pointe-Noire, Kongo, Klub, entst. 1982, **s. S.** 118
Eperjesi TVE **s.** FC Tatran Prešov
Epervier Ebolowa, Ebolowa, Kamerun, Klub, **s. S.** 117
Építők Előre SK **s.** Előre Békéscsaba
Építők SE **s.** BTV-Siófok FC
Epona **s.** Debreceni VSC
Equipe Esport, Mauretanien, Klub, **s. S.** 114
Equipo de Guatemala, Ciudad de Guatemala/Guatemala City, Guatemala, Klub, **s. S.** 125
Ércbányász SC **s.** Pécsi Mecsek FC
Erchim, Ulanbator (Ulaanbaatar), Mongolei, Klub, **s. S.** 109
Erdenet „Ninj“, Erdenet, Mongolei, Klub, **s. S.** 109
Erdenet, Stadt, Mongolei, **s. S.** 109
Erebuni Erewan **s.** FC Erebuni Erewan
Erebuni-Homenmen Erewan **s.** FC Erebuni Erewan
Erewan, Stadt, Armenien, **s. S.** 97
Erfurt, Stadt, Deutschland, **s. S.** 85
Erich Zeigner Leipzig-Probstheida **s.** VfB Leipzig
Eritrea, Länder, **s. S.** 114 und 115
Erlangen, Stadt, Deutschland, **s. S.** 85
Ermejachen, Addis Abeba, Äthiopien, Klub, **s. S.** 115
Ermis Aradippou **s.** PGS Ermis Aradippou
Ermis GC Veroia **s.** PAE Veroia
Ernest Borel, Hongkong, Klub, **s. S.** 109
Ernst Abbe Jena **s.** FC Carl Zeiss Jena
Ernst Reuter Neubrandenburg **s.** FC Neubrandenburg
Erzeni **s.** KS Erzeni
Erzgebirge Aue **s.** FC Erzgebirge Aue
Erzsébetfalva TC (Erzsébetfalva Torna Club), Budapest, Ungarn, Klub, entst. 1909, [1909-35 Erzsébetfalva TC, aufgel. 35 durch Fusion mit Soroksár FC => Erzsébet-Soroksár], **s. S.** 88
Erzsébetfalva TC **s.** Soroksár FC
Erzsébetfalva TC **s.** VL Sortex Budapest
Erzsébetfalva Torna Club **s.** Erzsébetfalva TC
Erzsébeti MTK **s.** ESMTK
Erzsébeti Spartacus Munkás Testedzőkokor **s.** ESMTK
Erzsébeti VTK **s.** ESMTK
Erzsébet-Soroksár **s.** Erzsébetfalva TC
Erzsébet-Soroksár **s.** Soroksár FC
Erzsébet-Soroksár **s.** VL Sortex Budapest
Erzurum, Stadt, Türkei, **s. S.** 97
Erzurumspor K (Erzurumspor Kulübü), Erzurum, Türkei, Klub, entst. 1968, **s. S.** 97
Erzurumspor Kulübü **s.** Erzurumspor K
ES Beni Khalled (Entente sportif Beni Khalled), Beni Khalled, Tunesien, Klub, **s. S.** 113
ES Darsalam (Etoile sportive Darsalam), Bamako, Mali, Klub, **s. S.** 114
ES Mostaganem, Mostaganem, Algerien, Klub, **s. S.** 113
ES Sahel (Etoile sportive du Sahel), Sousse, Tunesien, Klub, entst. 1925, **s. S.** 113
ES Sétif (Entente sportive de Sétif), Sétif, Algerien, Klub, [19??-88 EP Sétif], **s. S.** 113
ES Sour el Ghozlane, Sour el Ghozlane, Algerien, Klub, **s. S.** 113
ES Troyes AC (ES Troyes Aube-Champagne), Troyes, Frankreich, Klub, entst. 1986, [1986-2000 ATAC], **s. S.** 77
ES Troyes Aube-Champagne **s.** ES Troyes AC
ES Zarzis (Espérance sportive Zarzis), Zarzis, Tunesien, Klub, **s. S.** 113
Esbjerg fB (Esbjerg forenede Boldklubber), Esbjerg, Dänemark, Klub, entst. 1924, **s. S.** 71
Esbjerg forenede Boldklubber **s.** Esbjerg fB
Esbjerg, Stadt, Dänemark, **s. S.** 71
Escaldes-Engordany, Stadt, Andorra, **s. S.** 77
Eschen, Stadt, Liechtenstein, **s. S.** 83
Esch-sur-Alzette, Stadt, Luxemburg, **s. S.** 74
ESCOM United **s.** Super ESCOM
Escuela Agricola Campesina de Isletas **s.** EACI
Escuela de Fútbol JB (Escuela de Fútbol Jorge Rolando Bauger), Santo Domingo, Dominikanische Republik, Klub, **s. S.** 127
Escuela de Fútbol Jorge Rolando Bauger **s.** Escuela de Fútbol JB
Escuela de Medicina, Ciudad de Guatemala/Guatemala City, Guatemala, Klub, [aufgel. 19??], **s. S.** 125
Escuela de Politehnica, Ciudad de Guatemala/Guatemala City, Guatemala, Klub, [aufgel. 19??], **s. S.** 125
Escuela Robert Rosado, Dominikanische Republik, Klub, **s. S.** 127
Escuintla, Stadt, Guatemala, **s. S.** 125
ESDAG Tartu **s.** Tartu JPK
Esentepe, Esentepe/Ayios Amvrosios, Zypern, Klub, **s. S.** 95
Esentepe, Stadt, Zypern, **s. S.** 95
Esfahan, Stadt, Iran, **s. S.** 103
Esgrima **s.** Gimnasia y Esgrima La Plata
Eskaton SS, Dacca, Bangladesh, Klub, **s. S.** 105
Eskilstuna, Stadt, Schweden, **s. S.** 73
Eskişehir, Stadt, Türkei, **s. S.** 96
Eskişehirspor K (Eskişehirspor Kulübü), Eskişehir, Türkei, Klub, entst. 1965, **s. S.** 96
Eskişehirspor Kulübü **s.** Eskişehirspor K
ESKO, Kairo (Al-Qahirah), Ägypten, Klub, **s. S.** 112
ESM Guelma (Etaradji Sari Mecanique Guelma), Guelma, Algerien, Klub, **s. S.** 113
ESM Sidi-bel-Abbés **s.** USM Sidi-bel-Abbès
Esmeraldas, Stadt, Ecuador, **s. S.** 130
ESMTK (Erzsébeti Spartacus Munkás Testedzőkokor), Budapest, Ungarn, Klub, entst. 1907, [1907-39 Erzsébeti MTK, 39 Fusion mit Drasche Gubacs Budapest => Pesterzsébeti MTK (39-45), 45-49 Erzsébeti MTK, 49-56 Pesterzsébeti Vasas, 56-58 Erzsébeti MTK, 58-70 Erzsébeti VTK], **s. S.** 88
Esotech Šmartno **s.** NK Esotech Šmartno
España FC (España Fútbol Club), Ciudad de Guatemala/Guatemala City, Guatemala, Klub, [aufgel. 19??], **s. S.** 125
España FC (España Fútbol Club), San Salvador, El Salvador, Klub, [aufgel. 19??], **s. S.** 125
España Fútbol Club **s.** España FC
España **s.** RC España
España **s.** Real España
España, Quito, Ecuador, Klub, **s. S.** 131
Español Barcelona **s.** RCD Espanyol Barcelona
Español Cádiz **s.** Cádiz CF
Español CF Barcelona **s.** RCD Espanyol Barcelona
Español FC **s.** Central Español FC
Español **s.** Atlético Español
Español **s.** Casino Español
Español **s.** CD Español
Español **s.** Deportivo Español
Español Valladolid **s.** Real Valladolid CF
Español, Guayaquil, Ecuador, Klub, **s. S.** 131
Española **s.** Unión Española
Espanyol Barcelona **s.** RCD Espanyol Barcelona
Espartanos **s.** Los Espartanos
Esperança **s.** Sagrada Esperança
Espérance Antibes **s.** FC Antibes
Espérance Guider, Guider, Kamerun, Klub, **s. S.** 117
Espérance **s.** IC Espérance
Espérance sportive Tunis **s.** Espérance Tunis
Espérance sportive Zarzis **s.** ES Zarzis
Espérance Tunis (Espérance sportive Tunis), Tunis, Tunesien, Klub, entst. 1910, **s. S.** 113
Esperia FC Como **s.** Como Calcio
Espinho, Stadt, Portugal, **s. S.** 79
Espinosa **s.** Octavio Espinosa
Espoir de Man, Man, Elfenbeinküste, Klub, **s. S.** 117
Espoir FC (Espoir Football Club), Cyangugu, Rwanda, Klub, **s. S.** 119
Espoir Football Club **s.** Espoir FC
Espoir **s.** CFA Espoir
Espoir St. Louis, Saint Louis, Senegal, Klub, **s. S.** 117
Espoir Zindourma, Zinder, Niger, Klub, [19??-?? Zindourma], **s. S.** 114
Espoirs Bignona, Bignona, Senegal, Klub, **s. S.** 117
Espoirs, Nouakchott, Mauretanien, Klub, **s. S.** 114
ESPOLI **s.** CD ESPOLI
Esporte Clube Alexandria **s.** EC Alexandria
Esporte Clube Bahia **s.** EC Bahia
Esporte Clube Barroso **s.** EC Barroso
Esporte Clube Cabo Branco **s.** EC Cabo Branco
Esporte Clube Comercial **s.** EC Comercial
Esporte Clube Cruzeiro **s.** EC Cruzeiro
Esporte Clube Ferroviário **s.** EC Ferroviário
Esporte Clube Flamengo **s.** EC Flamengo
Esporte Clube Internacional **s.** EC Internacional
Esporte Clube Juventude **s.** EC Juventude
Esporte Clube Macapá **s.** EC Macapá
Esporte Clube Metropol **s.** EC Metropol
Esporte Clube Noroeste **s.** EC Noroeste
Esporte Clube Novo Hamburgo **s.** EC Novo Hamburgo
Esporte Clube Pelotas **s.** EC Pelotas
Esporte Clube Pinheiros **s.** EC Pinheiros
Esporte Clube Santa Cruz **s.** EC Santa Cruz
Esporte Clube Santo André **s.** EC Santo André
Esporte Clube São Bento **s.** EC São Bento
Esporte Clube Siderúrgica **s.** EC Siderúrgica
Esporte Clube Vitória **s.** EC Vitória
Esporte Clube XV de Novembro **s.** EC XV de Novembro
Esporte Clube Ypiranga **s.** EC Ypiranga
Ess Kalev Tallinn **s.** Kalev Tallinn
Essa Town, Madinat Isa, Bahrain, Klub, **s. S.** 102
Essen, Stadt, Deutschland, **s. S.** 84
Essener SC Preußen **s.** BV Altenessen
Essener TB **s.** ETB Schwarz-Weiß
Essener Turnerbund Schwarz-Weiß **s.** ETB Schwarz-Weiß
Estância, Stadt, Brasilien, **s. S.** 133
Esteghlal, Ahvaz, Iran, Klub, [19??-96 Sepasad], **s. S.** 103
Esteghlal, Rasht, Iran, Klub, **s. S.** 103
Esteghlal, Teheran/Tehran, Iran, Klub, [19??-79 Taj], **s. S.** 103
Estelí, Stadt, Nicaragua, **s. S.** 125
Estibadores Navales, Manta, Ecuador, Klub, **s. S.** 130
Estland, Länder, **s. S.** 98 und 99
Estonia Jõhvi **s.** JK Eesti Põlevkivi Jõhvi
Estonia Tallinn **s.** JK Estonia Tallinn
Estoril, Stadt, Portugal, **s. S.** 79
Estrela Amadora **s.** CF Estrela Amadora
Estrela de Chimoio, Chimoio, Mosambik, Klub, **s. S.** 121
Estrela de Pemba, Pemba, Mosambik, Klub, **s. S.** 121
Estrela de Quelimane, Quelimane, Mosambik, Klub, **s. S.** 121
Estrela do Mar EC (Estrela do Mar Esporte Clube), João Pessoa, Brasilien, Klub, [aufgel. 19??], **s. S.** 133
Estrela do Mar Esporte Clube **s.** Estrela do Mar EC
Estrela Negra Bissau (Estrela Negra de Bissau), Bissau, Guinea-Bissau, Klub, **s. S.** 116
Estrela Negra Bolama (Estrela Negra de Bolama), Bolama, Guinea-Bissau, Klub, **s. S.** 117
Estrela Negra de Bissau **s.** Estrela Negra Bissau
Estrela Negra de Bolama **s.** Estrela Negra Bolama
Estrela Vermelha (Grupo Desportes Estrela Vermelha), Maputo, Mosambik, Klub, **s. S.** 121
Estrella Haitiana, Port-au-Prince, Haiti, Klub, **s. S.** 127
Estrella **s.** Super Estrella
Estrella **s.** SV Estrella
Estrellas, Kralendijk, Niederländische Antillen, Klub, **s. S.** 126
Estudiantes (Asociación Atlética Estudiantes), Río Cuarto, Argentinien, Klub, entst. 1912, **s. S.** 135
Estudiantes de Medicina, Ica, Peru, Klub, **s. S.** 130
Estudiantes de Mérida Fútbol Club **s.** Estudiantes Mérida FC
Estudiantes Eva Perón **s.** Estudiantes La Plata
Estudiantes La Plata (Club Estudiantes de La Plata), La Plata, Argentinien, Klub, entst. 1905, [1905-35 Estudiantes, 35-52 Estudiantes La Plata, 52-55 Estudiantes Eva Perón], **s. S.** 135
Estudiantes Mérida FC (Estudiantes de Mérida Fútbol Club), Mérida, Venezuela, Klub, entst. 1971, **s. S.** 128
Estudiantes **s.** CA Estudiantes
Estudiantil Porteño **s.** CA Estudiantil Porteño
ESV Admira Wien **s.** ESV Admira-NÖ Energie
ESV Admira-NÖ Energie (Eisenbahnersportverein Admira-Niederösterreich Energie), Wien, Österreich, Klub, entst. 1905, [entst. 1905 durch Fusion Einigkeit Wien und Vindobona Wien => 1. Groß-Florisdorfer FK Admira (05-14), 14-51 SK Admira Wien, 51 Fusion mit ESV Wien => ESV Admira Wien (51-60), 60-71 ESV Admira-NÖ Energie, aufgel. 71 durch Fusion mit SC Wacker Wien => FC Admira-Wacker], **s. S.** 83 und 84
ESV Admira-NÖ Energie **s.** SCN Admira-Wacker
ESV Admira-NÖ Energie Wien **s.** SC Wacker Wien
ESV Austria Graz (Eisenbahner Sport Verein Austria Graz), Graz, Österreich, Klub, entst. 1930, [1930-38 SV Südbahn Graz, 38-45 Reichsbahn SG Graz, 45-48 SK Südbahn Graz], **s. S.** 83
ESV Cottbus (Eisenbahnen Sportverein Cottbus), Cottbus, Deutschland, Klub, entst. 1896, [1896 FC Alemannia Cottbus, 1896-1913 SC Alemannia Cottbus, 13 Fusion mit Cottbuser SC (13-??), ?? Fusion mit TV Friesen Cottbus => SC TSV Friesen Cottbus (??-33), 33 Fusion mit Cottbuser FV 1898 => SV Cottbus-Süd (33-34), 34 Aufl. der Fusion, 45 aufgel. und wiedergegr., 45-48 SG Cottbus-Ost, 48-49 Rot-Weiß Cottbus, 49-50 Reichsbahn Cottbus, 50-90 BSG Lokomotive Cottbus], **s. S.** 85
ESV Haidbrunn-Wacker Wiener Neustadt **s.** Reichsbahn Wacker Wiener Neustadt
ESV Ostbahn XI Wien (Eisenbahner Sport Vereine Ostbahn XI Wien), Wien, Österreich, Klub, entst. 1920, [1920-70 ESV Ostbahn XI Wien, 70 Fusion mit SAC Olympia XI Wien => ESV Ostbahn-Olympia XI Wien (70-82), 82 Fusion mit SV Wibeba Wien => SC Wibeba-Ostbahn XI Wien (82-??)], **s. S.** 83
ESV Ostbahn-Olympia XI Wien **s.** ESV Ostbahn XI Wien
ESV Wacker Wiener Neustadt **s.** Reichsbahn Wacker Wiener Neustadt
ESV Wien **s.** ESV Admira-NÖ Energie
Etăr Veliko Tărnovo **s.** FK Etăr Veliko Tărnovo
Etăr Veliko Tărnovo, Veliko Tărnovo, Bulgarien, Klub, [aufgel. 19??], **s. S.** 91
Etaradji Sari Mecanique Guelma **s.** ESM Guelma
ETB Schwarz-Weiß (Essener Turnerbund Schwarz-Weiß), Essen, Deutschland, Klub, entst. 1900, [1900-24 Essener TB, 24-36 SK Schwarz-Weiß Essen, 36 Fusion mit Essener TB => ETB Schwarz-Weiß], **s. S.** 84
Ethio-Cement, Dire Dawa, Äthiopien, Klub, **s. S.** 115
Ethiopia Bank **s.** Banks
Ethiopia Electric Power Corporation **s.** EEPCO
Ethiopian Coffee, Addis Abeba, Äthiopien, Klub, entst. 1976, [19??-?? Bunna Gebeya, ??-?? Coffee Marketing Corporation], **s. S.** 115
Ethiopian Insurance Corporation **s.** Insurance
Ethnikos Achnas **s.** AS Ethnikos Achnas
Ethnikos Ashia, Nicosia/Lefkosia, Zypern, Klub, **s. S.** 95
Ethnikos Astir **s.** PAE Ethnikos Astir
Ethnikos Omilos Filathlon Faliru Peiraia **s.** Ethnikos Peiraia
Ethnikos Peiraia (Ethnikos Omilos Filathlon Faliru Peiraia), Athen (Athina), Griechenland, Klub, entst. 1925, [entst. 1925 durch Fusion Piraikos Omilos und Omilos Filathlon], **s. S.** 95
Ethnikos Pyrgos **s.** AO Panileiakos
ETI Elektroelement Zagorje ob Savi **s.** NK ETI Elektroelement Zagorje ob Savi
ETICS (Entente Taiba-Ics), Tivaouane, Senegal, Klub, **s. S.** 117
Etincelles, Gisanyi, Rwanda, Klub, **s. S.** 119
ETO FC Győr **s.** Győri ETO FC
Etoile Abong-Mbang, Abong-Mbang, Kamerun, Klub, **s. S.** 117
Etoile Bleue Dudelange **s.** CS Alliance Dudelange
Etoile Carouge FC (Etoile Carouge Football Club), Carouge, Schweiz, Klub, entst. 1922, [entst. 1922 durch Fusion Etoile sportive Carouge und FC Carouge], **s. S.** 82
Etoile Carouge Football Club **s.** Etoile Carouge FC
Etoile de Monaco **s.** AS Monaco
Etoile du Congo, Brazzaville, Kongo, Klub, [19??-?? Etoile Poto-Poto], **s. S.** 118
Etoile du Sud, Foumbouni, Komoren, Klub, **s. S.** 121
Etoile Filante Bastia **s.** SC Bastia
Etoile Filante, Koutialia, Mali, Klub, **s. S.** 114
Etoile Filante, Lomé, Togo, Klub, **s. S.** 117
Etoile Filante, Ouagadougou, Burkina Faso, Klub, entst. 1955, **s. S.** 114
Etoile Guinée, Conakry, Guinea, Klub, **s. S.** 117
Etoile Haïtienne, Cap-Haïtien, Haiti, Klub, **s. S.** 127
Etoile La Chaux-de-Fonds **s.** FC Etoile La Chaux-de-Fonds
Etoile Poto-Poto **s.** Etoile du Congo
Etoile Rouge Dudelange **s.** CS Alliance Dudelange
Etoile sportive Carouge **s.** Etoile Carouge FC
Etoile sportive Darsalam **s.** ES Darsalam
Etoile sportive du Sahel **s.** ES Sahel
Etoile sportive, Porto-Novo, Benin, Klub, **s. S.** 117
Etonians **s.** Old Etonians
Etschmiadzin, Stadt, Armenien, **s. S.** 97
Ettelbruck, Stadt, Luxemburg, **s. S.** 75
Etzella Ettelbruck **s.** FC Etzella Ettelbruck
EU Liberia United, Monrovia, Liberia, Klub, **s. S.** 117
Euro Kickers **s.** AFC Euro Kickers
Europa **s.** CD Europa
Eurospekter Ljubljana **s.** NK Železničar Oskar Ljubljana
Evagoras Pafos **s.** AEP
Evagoras Pafos **s.** APOP
Evagoras Pafos **s.** AS Evagoras Pafos
Everest **s.** Deportivo Everest
Evergreen United FC **s.** Cork Celtic FC
Everton FC (Everton Football Club), Liverpool, England, Klub, entst. 1878, [1878-79 St Domingo FC], **s. S.** 67
Everton Football Club **s.** Everton FC
Everton **s.** Deportiva Everton
Everton, Bridgetown, Barbados, Klub, **s. S.** 127
Evizo **s.** AO Evizo
Évora, Stadt, Portugal, **s. S.** 79
Excelsior AC (Excelsior Athlétic Club), Port-au-Prince, Haiti, Klub, **s. S.** 127
Excelsior AC Roubaix (Excelsior Athlétic Club Roubaix), Roubaix, Frankreich, Klub, entst. 1928, [entst. 1928 durch Fusion FC Roubaix und Excelsior Club Tourcoing, aufgel. 45 durch Fusion mit RC Roubaix => CO Roubaix-Tourcoing], **s. S.** 77
Excelsior AC Roubaix **s.** CO Roubaix-Tourcoing
Excelsior Athlétic Club Roubaix **s.** Excelsior AC Roubaix
Excelsior Athlétic Club **s.** Excelsior AC
Excelsior Basel **s.** FC Excelsior Basel
Excelsior BV **s.** SC Excelsior
Excelsior Club Tourcoing **s.** Excelsior AC Roubaix
Excelsior Club Tourcoing **s.** RC Roubaix
Excelsior FC Hasselt **s.** KSC Hasselt
Excelsior FC **s.** Airdrieonians FC
Excelsior FC **s.** Luton Town FC
Excelsior FC Winterthur **s.** FC Winterthur
Excelsior Hamburg **s.** SC Victoria 1895 Hamburg
Excelsior Mouscron **s.** R Excelsior Mouscron
Excelsior **s.** CD FAS
Excelsior **s.** SS Excelsior
Excelsior Sport's Club **s.** R Excelsior SC
Excelsior Zug **s.** Zug 94
Excelsior, Martinique, Klub, **s. S.** 127
Excelsior, Papeete, Tahiti, Klub, **s. S.** 137
Exodus, Monrovia, Liberia, Klub, **s. S.** 117
Explorers Eleven Arrows **s.** Eleven Arrows
Explosia Semtín **s.** SK Pardubice
Express FC **s.** Express Red Eagles
Express Red Eagles, Kampala, Uganda, Klub, [19??-?? Express FC], **s. S.** 119
Express **s.** Detroit Express
Extension Gunners Cash Stores **s.** Extension Gunners CS
Extension Gunners CS (Extension Gunners Cash Stores), Lobatse, Botswana, Klub, **s. S.** 121
Extensiv Craiova **s.** FC Extensiv Craiova
Externato FC (Externato Futebol Clube), Florianópolis, Brasilien, Klub, [aufgel. 19??], **s. S.** 133
Externato Futebol Clube **s.** Externato FC
Extremadura **s.** CF Extremadura
F. Sajdov Gissar **s.** Schodmon Gissar
F91 Dudelange **s.** CS Alliance Dudelange
F91 Dudelange **s.** CS Stade Dudelange
F91 Dudelange **s.** US Dudelange
F91 Dudelange, Dudelange, Luxemburg, Klub, entst. 1991, [entst. 1991 durch Fusion CS Alliance Dudelange, CS Stade Dudelange und US Dudelange], **s. S.** 74
FA Ben Slimane, Ben Slimane, Marokko, Klub, **s. S.** 113
FA Red Boys Differdange (Football Association Red Boys Differdange), Differdange, Luxemburg, Klub, entst. 1907, [1907-19 SC Differdange, 19-40 FA Red Boys Differdange, 40-44 FK 07 Differdingen], **s. S.** 74
Faaa, Stadt, Tahiti, **s. S.** 137
Faatoia, West-Samoa, Klub, **s. S.** 137
FAC LB Zvolen **s.** ŠK FAC LB Zvolen
FAC São Luís (Football Athletic Club de São Luís), São Luís, Brasilien, Klub, [aufgel. 19??], **s. S.** 133
FAC Viktoria Wien **s.** Floridsdorfer AC
FACA FC (Forces Armées Centralafricain Football Club), Bangui, Zentralafrikanische Republik, Klub, **s. S.** 114
Factory 36, Kairo (Al-Qahirah), Ägypten, Klub, **s. S.** 112
FAD **s.** ASFAP
Fada N'Gourma, Stadt, Burkina Faso, **s. S.** 114
Faetano, Stadt, San Marino, **s. S.** 81
Fafe **s.** FC Famalicão
Fafe, Stadt, Portugal, **s. S.** 79
Fahis **s.** al-Fahis
Faigaff, Ouani, Komoren, Klub, **s. S.** 121
Fairway Stars **s.** Free State Stars
Faisalabad, Stadt, Pakistan, **s. S.** 105
Fajr Sepasi, Shiraz, Iran, Klub, **s. S.** 103
Fajzali Sarband **s.** Saddam Sarband
Fakel Buchara **s.** FK Buchara
Fakel Tjumen' **s.** FK Tjumen'
Fakel Woronesch **s.** FK Fakel Woronesch
Fakirerpool **s.** YC Fakirerpool
Falciano, Stadt, San Marino, **s. S.** 81
Falcón FC (Falcón Fútbol Club), Coro, Venezuela, Klub, **s. S.** 128
Falcón Fútbol Club **s.** Falcón FC
Falcón **s.** Atlético Falcón
Falcons **s.** Central Falcons
Falcons **s.** Toronto Falcons
Falcons, Seychellen, Klub, **s. S.** 121
Falcos **s.** Holyoke Falcos
Fales Jekabpils, Jekabpils, Lettland, Klub, **s. S.** 99
Făleşti, Stadt, Moldawien, **s. S.** 99
Falke 1906 Hamburg **s.** Hamburger SV
Fálkinn Reykjavík **s.** Fram
Falkirk FC (Falkirk Football Club), Falkirk, Schottland, Klub, entst. 1876, **s. S.** 69
Falkirk Football Club **s.** Falkirk FC
Falkirk, Stadt, Schottland, **s. S.** 69
Fall River FC (I) (Fall River Football Club (I)), Fall River, USA, Klub, entst. 1930, [entst. 1930 nach Umzug von Providence Gold Bugs nach Fall River, aufgel. 31 durch Fusion mit New Bedford Whalers (I) und New York Yankees => New Bedford Whalers (II)], **s. S.** 122
Fall River FC (II) (Fall River Football Club (II)), Fall River, USA, Klub, entst. 1932, [aufgel. 19??], **s. S.** 122
Fall River FC **s.** New Bedford Whalers (I)
Fall River FC **s.** New Bedford Whalers (II)
Fall River FC **s.** New York Yankees
Fall River FC **s.** Providence Gold Bugs
Fall River Football Club (I) **s.** Fall River FC (I)
Fall River Football Club (II) **s.** Fall River FC (II)
Fall River Marksmen **s.** New York SC
Fall River Marksmen **s.** New York Yankees
Fall River Marksmen, Fall River, USA, Klub, entst. 1921, [1921-22 Fall River United, aufgel. 31 durch Fusion mit New York Soccer Club => New York Yankees], **s. S.** 122
Fall River United **s.** Fall River Marksmen
Fall River, Stadt, USA, **s. S.** 122
Fălticeni, Stadt, Rumänien, **s. S.** 91
Famagusta, Stadt, Zypern, **s. S.** 95
Famalicão **s.** FC Famalicão
Famos Vojkovci **s.** FK Famos Vojkovci
Fandok Babrujsk **s.** FK Babrujsk
Fanja, Fanja, Oman, Klub, **s. S.** 103
Fanja, Stadt, Oman, **s. S.** 103
Fantastique (Fantastique Express), Bujumbura, Burundi, Klub, **s. S.** 119
Fantastique Express **s.** Fantastique
FAR Rabat (Forces Armees Royale Rabat), Rabat, Marokko, Klub, **s. S.** 113
Farafangana, Stadt, Madagaskar, **s. S.** 121
Faranah Federal, Faranah, Guinea, Klub, **s. S.** 117
Faranah, Stadt, Guinea, **s. S.** 117
Farashganj SC (Farashganj Sporting Club), Dacca, Bangladesh, Klub, **s. S.** 105
Farashganj Sporting Club **s.** Farashganj SC
Farense **s.** SC Farense
Farid Baku **s.** FC Farid Baku
Farim GD (Farim Grupo Desportiva), Gabú, Guinea-Bissau, Klub, **s. S.** 117
Farim Grupo Desportiva **s.** Farim GD
Faro, Stadt, Portugal, **s. S.** 79
Färöer Inseln, Länder, **s. S.** 70 und 71
Farouk **s.** El Farouk
Farrer Park United FC (Farrer Park United Football Club), Farrer Park, Singapur, Klub, **s. S.** 107
Farrer Park United Football Club **s.** Farrer Park United FC
Farrer Park, Stadt, Singapur, **s. S.** 107
Farroupilha **s.** GA Farroupilha
Faruk **s.** Zamalek SC
Farul Constanţa **s.** FC Farul Constanţa
FAS Naousa **s.** PAE FAS Naousa
FAS **s.** CD FAS
Fässbergs Idrottsförening **s.** Fässbergs IF
Fässbergs IF (Fässbergs Idrottsförening), Göteborg, Schweden, Klub, entst. 1916, **s. S.** 72
Fast Club **s.** Nacional Fast Club
Fast XI, Buthe Buthe, Lesotho, Klub, **s. S.** 120
Fatah Union sportif Rabat **s.** FUS Rabat
Fathul Karib FC (Fathul Karib Football Club), Singapur, Klub, **s. S.** 107
Fathul Karib Football Club **s.** Fathul Karib FC
Fatima **s.** ASDR Fatima
Faucon Flacq SC **s.** Flacq SC
Faucon Flacq SC, Curepipe, Mauritius, Klub, [19??-?? Faucons Noir, ??-2000 Faucon Flacq SC, aufgel. 2000, Umzug nach Centre de Flacq => Flacq SC], **s. S.** 121
Faucons Noir **s.** Faucon Flacq SC
Faur Bucureşti **s.** CS Faur Bucureşti
Fav AC Schöps **s.** Favoritner AC
Favoritner AC (Favoritner Athletikclub), Wien, Österreich, Klub, entst. 1910, [1910 Kegelklub Favoriten, 10-?? Favoritner AC, ??-83 Vuzem Favoritner AC, 83-90 Fav AC Schöps], **s. S.** 83
Favoritner Athletikclub **s.** Favoritner AC
Favoritner SC (Favoritner Sport-Club), Wien, Österreich, Klub, entst. 1910, [1910-31 SpVgg. der Beamten der Finanz-Landesdirektion, 31-36 Favoritner SC, 36 aufgel.], **s. S.** 83
Favoritner SK Blau Weiß **s.** FC Ankerbrot-Sankt Anton-Laaerberg
Favoritner Sport-Club **s.** Favoritner SC
Fayaoué, Stadt, Neukaledonien, **s. S.** 137
Faysali **s.** al-Faysali
FBC Audax Modena **s.** Modena FC
FBC Bari **s.** AS Bari
FBC Casale **s.** AS Casale
FBC Como **s.** Como Calcio
FBC Juventus **s.** Juventus FC
FBC Torinese (Foot Ball Club Torinese), Turin (Torino), Italien, Klub, entst. 1894, [1899 Fusion mit Internazional FBC, 06 aufgel.], **s. S.** 81
FBC Torinese **s.** Internazional FBC
FBC Virtus Juventusque **s.** ASC Livorno
FBK Kaunas (Futbolo Beisbolo Klubas Kaunas), Kaunas, Litauen, Klub, entst. 1991, [entst. 1991 durch Fusion SK Banga Kaunas und Vilija Kaunas => Banga-Granitas Kaunas (91-92), 92-93 SK Banga Kaunas, 93 aufgel. und wiedergegr., 93-99 FBK Kaunas, 99 FK Žalgiris Kaunas], **s. S.** 99
FC & CC Lausanne (Football Club & Cricket Club Lausanne), Lausanne, Schweiz, Klub, [aufgel. 19??], **s. S.** 82
FC 03 München-Laim **s.** FC Wacker München
FC 05 Kalk **s.** VfR Köln rrh.
FC 08 Homburg/Saar (Fußball-Club von 1908 Homburg/Saar), Homburg, Deutschland, Klub, entst. 1908, [1908-13 FC Homburg, 13-36 FV Homburg, 36 aufgel., 37 wiedergegr., 37-45 VfL Homburg, 45 aufgel. und wiedergegr., 45-49 FC Homburg, 49-58 SV Homburg, 58-76 FC Homburg/Saar], **s. S.** 85
FC 104 (Football Club 104), Libreville, Gabun, Klub, **s. S.** 119
FC 105 (Football Club 105), Libreville, Gabun, Klub, [19?? Fusion mit Vita Mangoungou => Vantour Mangoungou, 77 Aufl. der Fusion, 77-96 ASMO FC 105], **s. S.** 119
FC 105 **s.** Vantour Mangoungou
FC 1897 Gantois **s.** RRC Heirnis Gent
FC 1898 Courtraisien **s.** K Kortrijk Sport
FC 1899 Osnabrück **s.** VfL Osnabrück
FC 1900 Kaiserslautern **s.** 1. FC Kaiserslautern
FC 1900 Königsberg **s.** VfB 1900 Königsberg
FC 1905 Uerdingen **s.** KFC Uerdingen 05
FC '95 Schifflange (Football Club '95 Schifflange), Schifflange, Luxemburg, Klub, entst. 1912, [1912-40 FC The National Schifflange, 40-44 FK 1912 Schifflange, 44-95 FC The National Schifflange, 95 Fusion mit Amis des Sports Schifflange => FC '95 Schifflange], **s. S.** 74
FC Aarau (Fußball Club Aarau), Aarau, Schweiz, Klub, entst. 1902, **s. S.** 82
FC Achtamar Sewan (Football Club Achtamar Sewan), Sewan, Armenien, Klub, **s. S.** 97
FC Aconangui, Aconangui, Äquatorial-Guinea, Klub, **s. S.** 118
FC Adler Rothenditmold **s.** SV 06 Kassel-Rothenditmold
FC Admira-Wacker **s.** ESV Admira-NÖ Energie
FC Admira-Wacker **s.** SC Wacker Wien
FC Admira-Wacker **s.** SCN Admira-Wacker
FC Agro Chişinău (Fotbal Club Agro Chişinău), Chişinău, Moldawien, Klub, entst. 1990, [1990-92 FC Constructorul Chişinău, 92-93 FC Constructorul-Agro Chişinău], **s. S.** 99

FC Agrox Kladno **s.** SK Kladno

FC Aix **s.** AS Aixoise

FC Alaschkert Martuni (Football Club Alaschkert Martuni), Martuni, Armenien, Klub, **s. S.** 97

FC Alazani Gurdschaani (Football Club Alazani Gurdschaani), Gurdschaani, Georgien, Klub, **s. S.** 97

FC Alemannia 1897 Karlsruhe **s.** Karlsruher SC

FC Alemannia Aachen **s.** Aachener TSV Alemannia

FC Alemannia Cottbus **s.** ESV Cottbus

FC Alemannia Neuendorf **s.** TuS Koblenz

FC Alter Markt Köln **s.** SC Fortuna Köln

FC Alverca (Futebol Clube de Alverca), Alverca, Portugal, Klub, entst. 1939, **s. S.** 79

FC Amirani Ochamchira (Football Club Amirani Ochamchira), Ochamchira, Georgien, Klub, **s. S.** 97

FC Amsterdam (Football Club Amsterdam), Amsterdam, Niederlande, Klub, entst. 1972, [entst. 1972 durch Fusion DWS und SV Blauw Wit, 74 Fusion mit ASC de Volewijckers, 82 aufgel.], **s. S.** 75

FC Amsterdam **s.** ASC de Volewijckers

FC Amsterdam **s.** DWS/A

FC Amsterdam **s.** SV Blauw Wit

FC Andorra (Futbol Club Andorra), Escaldes-Engordany, Andorra, Klub, entst. 1942, [1996-97 Veterans de Futbol d'Andorra], **s. S.** 77

FC Anker Wismar (Fußball-Club Anker Wismar), Wismar, Deutschland, Klub, [??-1945 Wismarer TSV, 45 aufgel. und wiedergegr., 45-46 Sport-Frei Wismar, 46-47 SG Blau-Weiß Wismar, 47-49 SG Wismar Süd, 49-51 ZSG Anker Wismar, 51-61 BSG Motor Wismar, 61 Fusion mit BSG Aufbau Wismar => TSG Wismar (61-97), 97 Fusion mit SV Schiffahrt/Hafen 61 Wismar => FC Anker Wismar], **s. S.** 85

FC Ankerbrot-Laaerberg Wien **s.** FC Ankerbrot-Sankt Anton-Laaerberg

FC Ankerbrot-Sankt Anton-Laaerberg (Fußball Club Ankerbrot-Sankt Anton-Laaerberg), Wien, Österreich, Klub, entst. 1936, [1936-48 SC Ankerbrot Wien, 48-5? Favoritner SK Blau Weiß, 5?-60 KSV Ankerbrot Wien, 60 Fusion mit FC Laaerberg Wien => FC Ankerbrot-Laaerberg Wien (60-??)], **s. S.** 83

FC Antibes (Football Club Antibes-Juan-Les-Pins), Antibes, Frankreich, Klub, entst. 1932, [1932-34 Club Antibes Olympique, 33-40 Antibes-Juan-Les-Pins FC, 40 aufgel. und wiedergegr., 40-66 Olympique d'Antibes-Juan-Les-Pins, 66 Fusion mit US Antiboise und Espérance Antibes => FC Antibes], **s. S.** 77

FC Arabica (Football Club Arabica), Kirundo, Burundi, Klub, **s. S.** 119

FC Arabkir Erewan (Football Club Arabkir Erewan), Erewan, Armenien, Klub, entst. 1977, [1977 95 Kanaz Erewan], **s. S.** 97

FC Aragats Gjumri (Football Club Aragats Gjumri), Gjumri, Armenien, Klub, **s. S.** 97

FC Araks Ararat (Football Club Araks Ararat), Ararat, Armenien, Klub, entst. 1960, [1960-93 FC Ararat, 1993-2000 FC Tsement Ararat], **s. S.** 97

FC Araks Armawir (Football Club Araks Armawir), Armawir, Armenien, Klub, **s. S.** 97

FC Ararat Erewan (Football Club Ararat Erewan), Erewan, Armenien, Klub, entst. 1937, [1937-54 Dinamo Erewan, 54 aufgel. und wiedergegr., 54-63 Spartak Erewan, 63-88 Ararat Erewan], **s. S.** 97

FC Ararat **s.** FC Araks Ararat

FC Araz Baku **s.** FC Bakili Baku

FC Araz Nachitschewan' (Football Club Araz Nachitschewan'), Naxçivan/Nachitschewan', Aserbaidschan, Klub, entst. 1998, [entst. 1998 nach Umzug von FC Bakili Baku nach Nachitschewan' => FC Bakili Nachitschewan' (98-??)], **s. S.** 97

FC Argeş Dacia Piteşti (Fotbal Club Argeş Dacia Piteşti), Piteşti, Rumänien, Klub, entst. 1953, [1953-68 Dinamo Piteşti, 68-94 FC Argeş Piteşti], **s. S.** 91

FC Argeş Piteşti **s.** FC Argeş Dacia Piteşti

FC Århus **s.** Århus Fremad

FC Århus **s.** IK Skovbakken

FC Aris Benneweg **s.** FC Aris Bonnevoie

FC Aris Bonnevoie (Football Club Aris Bonnevoie), Luxembourg, Luxemburg, Klub, entst. 1922, [1922-40 FC Aris Bonnevoie, 40-41 FC Aris Benneweg, 41 aufgel., 44 wiedergegr.], **s. S.** 74

FC Arminia Hannover **s.** SV Arminia Hannover

FC Arminia Reutlingen **s.** SSV 05 Reutlingen

FC Arsenali Tbilisi (Football Club Arsenali Tbilisi), Tbilisi, Georgien, Klub, entst. 1940, [1940-?? ASC Tbilisi], **s. S.** 97

FC Artmedia Petržalka (Football Club Artmedia Petržalka), Bratislava, Slowakei, Klub, entst. 1898, [1898-1919 Pozsónyi TE, 19-?? Polgári TE, 48-50 Sokol Petržalka, 50-53 ZSJ Kovosmalt Petržalka, 53-63 TJ Spartak Petržalka Kovosmalt, 63-65 TJ Považské strojárně Bratislava, 65-74 Spartak Sklárske stroje Bratislava, 74-76 TJ SKS Petržalka, 76-86 TJ ZŤS Petržalka, aufgel. 86 durch Fusion mit TJ Internacionál Slovnaft Bratislava => TJ Internacionál Slovnaft ZŤS Bratislava (86-90), 90 Aufl. der Fusion und Zurückbenennung, 90-91 TJ ZŤS Petržalka, 91-93 1. FC Petržalka], **s. S.** 87

FC AS Grenoble **s.** Grenoble Foot 38

FC Askania Forst (Fußball-Club Askania Forst), Forst, Deutschland, Klub, entst. 1901, [aufgel. 1945], **s. S.** 85

FC Assent **s.** KTH Diest

FC Attila Ungheni (Fotbal Club Attila Ungheni), Ungheni, Moldawien, Klub, **s. S.** 99

FC Avenir Beggen (Football Club Avenir Beggen), Luxembourg, Luxemburg, Klub, entst. 1915, [1915 FC Daring Beggen, 15-40 FC Avenir Beggen, 40-44 SV Beggen], **s. S.** 74

FC Avtomobilchi Jewlach (Football Club Avtomobilchi Jewlach), Yevlax/Jewlach, Aserbaidschan, Klub, **s. S.** 97

FC Awei Akstafa (Football Club Awei Akstafa), Agstafa/Akstafa, Aserbaidschan, Klub, **s. S.** 97

FC Azeri Baku (Football Club Azeri Baku), Bakı/Baku, Aserbaidschan, Klub, **s. S.** 97

FC Aznavour Nojemberian (Football Club Aznavour Nojemberian), Nojemberian, Armenien, Klub, entst. 1981, [1981-?? Pachatsojagorts Nojemberian], **s. S.** 97

FC Azneftjag Baku (Football Club Azneftjag Baku), Bakı/Baku, Aserbaidschan, Klub, [19??-93 Taraggi Baku], **s. S.** 97

FC Bacău **s.** FCM Bacău

FC Baden (Fußball Club Baden), Baden, Schweiz, Klub, entst. 1897, **s. S.** 82

FC Baia Mare (Fotbal Club Baia Mare), Baia Mare, Rumänien, Klub, entst. 1927, [1927-46 Tricolor Baia Mare, 46-48 Minaur Baia Mare, 48 Fusion mit SC Phönix Baia Mare => CSM Baia Mare (48-50), 50-55 Metalul Baia Mare, 55-59 Energia Baia Mare, 59-61 CSM Baia Mare, 61 Fusion mit Dinamo Baia Mare => CSMD Baia Mare, 61-62 CSO Baia Mare, 62-75 Minerul Baia Mare, 75-85 FC Baia Mare, 85-98 FC Maramures Baia Mare], **s. S.** 91

FC Bakili Baku (Football Club Bakili Baku), Bakı/Baku, Aserbaidschan, Klub, entst. 1997, [1997 FC Araz Baku, 97-98 FC Bakili Baku, aufgel. 98, Umzug nach Nachitschewan' => FC Bakili Nachitschewan'], **s. S.** 97

FC Bakili Baku **s.** FC Araz Nachitschewan'

FC Bakili Nachitschewan' **s.** FC Araz Nachitschewan'

FC Bakili Nachitschewan' **s.** FC Bakili Baku

FC Baku Fahlasi Maschtagi **s.** ANS Pivani

FC Baku Fahlasi **s.** ANS Pivani

FC Balnet Daugavpils **s.** FC Kimiks Daugavpils

FC Balzers (Fußball Club Balzers), Balzers, Liechtenstein, Klub, entst. 1932, **s. S.** 83

FC Banats Erewan (Football Club Banats Erewan), Erewan, Armenien, Klub, **s. S.** 97

FC Banats Kotajk (Football Club Banats Kotajk), Kotajk, Armenien, Klub, entst. 1992, [aufgel. 1995], **s. S.** 97

FC Baník Ostrava (Football Club Baník Ostrava), Ostrava, Tschechische Republik, Klub, entst. 1922, [1922-48 SK Slezská Ostrava, 48 Sokol Slezská Ostrava, 49-51 Sokol Trojice Slezská Ostrava, 51-52 ZSJ OKD Ostrava, 52-70 TJ Baník Ostrava, 70-90 TJ Baník Ostrava OKD, 90-94 FC Baník Ostrava, 94-95 FC Baník Ostrava Tango], **s. S.** 86

FC Baník Ostrava Tango **s.** FC Baník Ostrava

FC Barcelona (Fútbol Club Barcelona), Barcelona, Spanien, Klub, entst. 1899, [1899-1941 FC Barcelona, 41-74 CF Barcelona], **s. S.** 79

FC Barcelone (Football Club Barcelone), Burundi, Klub, **s. S.** 119

FC Barreirense (Futebol Clube Barreirense), Barreiro, Portugal, Klub, entst. 1911, **s. S.** 78

FC Basel (Fußball Club Basel), Basel, Schweiz, Klub, entst. 1893, **s. S.** 82

FC Batumi **s.** FC Dinamo Batumi

FC Bavaria 1902 Kaiserslautern **s.** 1. FC Kaiserslautern

FC Bayer 05 Uerdingen **s.** KFC Uerdingen 05

FC Bayern München (Fußball-Club Bayern München), München, Deutschland, Klub, entst. 1900, [1900-06 MTV 1879 München, 06-19 Münchener SC, 19 Fusion mit TV Jahn München => TuSpV. Jahn München (19-23), 23 Aufl. der Fusion => TV Jahn München und FC Bayern München], **s. S.** 85

FC Belgica Edegem **s.** KVV Belgica Egedem Sport

FC Belvaux **s.** FC The Belval Belvaux

FC Bergamo **s.** Atalanta Bergamasca Calcio

FC Berlin **s.** Berliner FC Dynamo

FC Bern (Fußball Club Bern), Bern, Schweiz, Klub, entst. 1894, **s. S.** 82

FC Biel (Fußball Club Biel), Biel, Schweiz, Klub, entst. 1896, [1896-1907 FC de Bienne, 07 Fusion mit FC Floria Biel => Vereinigter FC Biel (07-11)], **s. S.** 82

FC Bihor Oradea (Fotbal Club Bihor Oradea), Oradea, Rumänien, Klub, entst. 1958, [1958-61 CS Crişul Oradea, 61-62 ASA Crişul Oradea, 62-72 CS Crişul Oradea], **s. S.** 91

FC Bilbao **s.** Vizcaya Bilbao

FC Black Stars Basel (Fußball Club Black Stars Basel), Basel, Schweiz, Klub, entst. 1907, **s. S.** 82

FC Blue Stars Zürich (Fußball Club Blue Stars Zürich), Zürich, Schweiz, Klub, entst. 1900, [1900-1906 Mars Zürich, 12 Fusion mit Fortuna Zürich], **s. S.** 82

FC Blue Stars Zürich **s.** Fortuna Zürich

FC BMA-ARAI Etschmiadzin (Football Club BMA-ARAI Etschmiadzin), Etschmiadzin, Armenien, Klub, [19??-94 FC Zvartnots Etschmiadzin, 94-95 FC SKA-ARAI Etschmiadzin], **s. S.** 97

FC BMKA Erewan (Football Club BMKA Erewan), Erewan, Armenien, Klub, [aufgel. 1996], **s. S.** 97

FC Boavista (Futebol Clube Boavista), Praia, Kapverden, Klub, **s. S.** 116

FC Boby Brno **s.** FC Stavo Artikel Brno

FC Bohemians Praha **s.** CU Bohemians Praha

FC Bordeaux **s.** FC Girondins Bordeaux

FC Borussia 04 Fulda **s.** SC Borussia 04 Fulda

FC Borussia 1899 Cöln **s.** Kölner CfR 99

FC Borussia 1909 Zaborze **s.** SC Preußen Hindenburg

FC Borussia München-Gladbach **s.** Borussia VfL 1900 Mönchengladbach

FC Borussia Neunkirchen **s.** Borussia VfB Neunkirchen

FC Boulgou (Football Club Boulgou), Tenkodogo, Burkina Faso, Klub, **s. S.** 114

FC Boz Gurd Samuch (Football Club Boz Gurd Samuch), Samuch, Aserbaidschan, Klub, [19??-92 Kjur Samuch], **s. S.** 97

FC Brăila **s.** Dacia Unirea Brăila

FC Braşov (Fotbal Club Braşov), Braşov, Rumänien, Klub, entst. 1939, [1939-48 Uzinele Astra Braşov, 48-50 CS Steagul Roşu Braşov, 50-53 Metalul Braşov, 53-57 Dinamo Orasul Stalin, 57-58 Energia Orasul Stalin, 58-61 CS Steagul Roşu Orasul Stalin, 61-80 CS Steagul Roşu Braşov, 80-92 FCM Braşov], **s. S.** 91

FC Brugeois **s.** Club Brugge KV

FC Brühl **s.** SC Brühl

FC Bucovina Suceava **s.** FC Foresta Fălticeni

FC Bucovina Suceava **s.** NC Foresta Suceava

FC Bugeac Comrat (Fotbal Club Bugeac Comrat), Comrat, Moldawien, Klub, **s. S.** 99

FC Bula (Futebol Clube Bula), Bula, Guinea-Bissau, Klub, **s. S.** 117

FC Bulle (Football Club Bulle), Bulle, Schweiz, Klub, entst. 1910, **s. S.** 82

FC BVF, Antananarivo/Tananarive, Madagaskar, Klub, **s. S.** 121

FC Bylis (Football Club Bylis), Ballsh, Albanien, Klub, entst. 1972, [1972-91 KS Bylis, 91-9? KS Balshi], **s. S.** 93

FC Cabinda (Futebol Clube Cabinda), Cabinda, Angola, Klub, **s. S.** 118

FC Carazo (Fútbol Club Carazo), San Marcos, Nicaragua, Klub, **s. S.** 125

FC Carl Zeiss Jena (Fußball-Club Carl Zeiss Jena), Jena, Deutschland, Klub, entst. 1903, [1903-17 FC Carl Zeiss 1903 Jena, 17-45 1. Jenaer SV 1903, 45 aufgel. und wiedergegr., 45-48 SG Ernst Abbe Jena, 48-49 SG Stadion Jena, 49-51 BSG Carl Zeiss Jena, 51 BSG Mechanik Jena, 51-54 BSG Motor Jena, 54-66 SC Motor Jena], **s. S.** 85

FC Carouge **s.** Etoile Carouge FC

FC Carpaţi Baia Mare **s.** SC Phönix Baia Mare

FC Ceahlăul Piatra Neamţ (Fotbal Club Ceahlăul Piatra Neamţ), Piatra Neamţ, Rumänien, Klub, entst. 1919, [1919-49 CS Ceahlăul Piatra Neamţ, 49-51 Progresul Piatra Neamţ, 51-56 Avîntul Piatra Neamţ, 56-58 Recoltă Piatra Neamţ, 58-61 CS Piatra Neamţ, 61-79 CS Ceahlăul Piatra Neamţ, 79-80 Relon Ceahlăul Piatra Neamţ, 80-?? CS Ceahlăul Piatra Neamţ], **s. S.** 91

FC Cette **s.** FC Sète

FC Château de Lancy (Football Club Château de Lancy), Genève, Schweiz, Klub, [aufgel. 19??], **s. S.** 82

FC Chazar Sumgait **s.** FC Kimjachi Sumgait

FC Chemlon Humenné **s.** HFC Humenné

FC Chemosvit Svit (Football Club Chemosvit Svit), Svit, Slowakei, Klub, entst. 1936, [1936-42 AC Svit Batizovce, 42-48 AC Svit, 48-53 Sokol Tatrasvit Svit, 53-76 TJ Iskra Svit, 76-93 TJ Chemosvit Svit], **s. S.** 87

FC Chiasso (Football Club Chiasso), Chiasso, Schweiz, Klub, entst. 1905, **s. S.** 82

FC Chicoil (Futebol Clube Chicoil), Menongue, Angola, Klub, **s. S.** 119

FC Chiers Rodange (Football Club Chiers Rodange), Rodange, Luxemburg, Klub, entst. 1907, [1907-24 FC Chiers Rodange, 24 Fusion mit Entete AC Rodange => CHENAC Rodange (24-25), 25-40 FC Chiers Rodange, 40-44 FV Korn Rodingen, 44-91 FC Chiers Rodange, aufgel. 1991 durch Fusion mit FC Racing Rodange => FC Rodange 91], **s. S.** 74

FC Chiers Rodange **s.** FC Racing Rodange

FC Chiers Rodange **s.** FC Rodange 91

FC Chinandega (Fútbol Club Chinandega), Chinandega, Nicaragua, Klub, **s. S.** 125

FC Ciego de Ávila (Fútbol Club Ciego de Ávila), Ciego de Ávila, Kuba, Klub, **s. S.** 126

FC Ciuhur Ocniţa (Fotbal Club Ciuhur Ocniţa), Ocniţa, Moldawien, Klub, **s. S.** 99

FC Codru Călăraşi **s.** FC Ulim-Codru Călăraşi

FC Concordia Basel (Fußball Club Concordia Basel), Basel, Schweiz, Klub, entst. 1907, **s. S.** 82

FC Constanţa **s.** FC Farul Constanţa

FC Constructorul Chişinău **s.** FC Agro Chişinău

FC Constructorul Cioburciu (Fotbal Club Constructorul Cioburciu), Cioburciu, Moldawien, Klub, entst. 2001, [entst. 2001 nach Umzug von FC Constructorul-93 Chişinău nach Cioburciu => FC Constructorul Cioburciu], **s. S.** 99

FC Constructorul Cioburciu **s.** FC Constructorul-93 Chişinău

FC Constructorul Leova (Fotbal Club Constructorul Leova), Leova, Moldawien, Klub, **s. S.** 99

FC Constructorul-93 Chişinău (Fotbal Club Constructorul-93 Chişinău), Chişinău, Moldawien, Klub, entst. 1993, [aufgel. 2001, Umzug nach Cioburciu => FC Constructorul Cioburciu], **s. S.** 99

FC Constructorul-93 Chişinău **s.** FC Constructorul Cioburciu

FC Constructorul-Agro Chişinău **s.** FC Agro Chişinău

FC Craiova **s.** AS Doljul Craiova

FC Cristalul Făleşti (Fotbal Club Cristalul Făleşti), Făleşti, Moldawien, Klub, **s. S.** 99

FC Cuntum (Futebol Clube Cuntum), Cuntum/Cantem, Guinea-Bissau, Klub, **s. S.** 117

FC DAC Gemer Dunajská Streda **s.** 1. FC DAC Dunajská Streda

FC DAG Liepaja (Football Club DAG Liepaja), Liepaja, Lettland, Klub, entst. 1995, [entst. 1995 nach Umzug von FC DAG Riga nach Liepaja => FC DAG Liepaja (95-96), aufgel. 96 durch Fusion mit FK Liepaja => FK Baltika Liepaja], **s. S.** 99

FC DAG Liepaja **s.** FC DAG Riga

FC DAG Liepaja **s.** FK Liepaja

FC DAG Liepaja **s.** FK Metalurgs Liepaja

FC DAG Riga (Football Club DAG Riga), Riga, Lettland, Klub, entst. 1993, [19??-93 VEF Riga, 93 Fusion mit Zentra Riga => VEF-Zentra Riga (93), 93-95 FC DAG Riga, aufgel. 95, Umzug nach Liepaja => FC DAG Liepaja], **s. S.** 99

FC DAG Riga **s.** FC DAG Liepaja

FC DAG Tartu **s.** Tartu JPK

FC Dalgytsch Baku **s.** FC Neftegaz-GNKAR Baku

FC Dalgytsch-GNKAR Baku **s.** FC Neftegaz-GNKAR Baku

FC Danzig **s.** BuEV Danzig

FC Daring Beggen **s.** FC Avenir Beggen

FC Daschgyn Zakataly (Football Club Daschgyn Zakataly), Zaqatala/Zakataly, Aserbaidschan, Klub, **s. S.** 97

FC de Bienne **s.** FC Biel

FC de Bienne **s.** FC Floria Biel

FC de Paris **s.** CA Charenton

FC de Paris **s.** Paris FC

FC Debed Alawerdi (Football Club Debed Alawerdi), Alawerdi, Armenien, Klub, **s. S.** 97

FC Den Bosch (Football Club Den Bosch), Den Bosch/'s-Hertogenbosch, Niederlande, Klub, entst. 1965, [1965-67 FC Den Bosch, 67 Fusion mit VV Wilhelmina => FC Den Bosch '67 (67-88), 88-92 BVV], **s. S.** 75

FC Den Bosch '67 **s.** FC Den Bosch

FC Den Haag (Football Club Den Haag), Den Haag/'s-Gravenhage, Niederlande, Klub, entst. 1971, [entst. 1971 durch Fusion SV ADO und Holland Sport], **s. S.** 75

FC Den Haag **s.** Holland Sport

FC Den Haag **s.** SV ADO

FC Deutschland Neuendorf **s.** TuS Koblenz

FC Diana Zürich **s.** Fortuna Zürich

FC Diest **s.** KTH Diest

FC Dila Gori (Football Club Dila Gori), Gori, Georgien, Klub, entst. 1949, **s. S.** 97

FC Dinaburg Daugavpils (Football Club Dinaburg Daugavpils), Daugavpils, Lettland, Klub, [19??-92 Celtnieks Daugavpils, 92-93 BJSS Daugavpils, 93-94 Auseklis Daugavpils, 94-96 FC Vilan-D Daugavpils], **s. S.** 99

FC Dinamo Baku **s.** FC Dinamo-Bakili Baku

FC Dinamo Batumi (Football Club Dinamo Batumi), Batumi, Georgien, Klub, entst. 1923, [1923-90 Dinamo Batumi, 90-93 FC Batumi], **s. S.** 97

FC Dinamo Bender (Fotbal Club Dinamo Bender), Tighina, Moldawien, Klub, [??-1996 FC Tighina Bender], **s. S.** 99

FC Dinamo Bucureşti (Fotbal Club Dinamo Bucureşti), Bukarest (Bucureşti), Rumänien, Klub, entst. 1948, [entst. 1948 durch Fusion Unirea-Tricolor Bucureşti und CS Ciocanul Bucureşti => CS Dinamo Bucureşti (48-92)], **s. S.** 90

FC Dinamo Chişinău **s.** FC Torentul Chişinău

FC Dinamo Tbilisi (Football Club Dinamo Tbilisi), Tbilisi, Georgien, Klub, entst. 1925, [1925-88 Dinamo Tbilisi, 88-90 FC Dinamo Tbilisi, 90-92 FC Iberia Tbilisi], **s. S.** 97

FC Dinamo Zugdidi **s.** FC Odishi Zugdidi

FC Dinamo-2000 Erewan (Football Club Dinamo-2000 Erewan), Erewan, Armenien, Klub, **s. S.** 97

FC Dinamo-Bakili Baku (Football Club Dinamo-Bakili Baku), Bakı/Baku, Aserbaidschan, Klub, entst. 1995, [1995-96 Tschinar-Policejskaja Akademija Baku, 96-97 Policejskaja Akademija Baku, 1998-2000 FC Dinamo Baku], **s. S.** 97

FC Dinamo-Codru Chişinău **s.** FC Torentul Chişinău

FC Diriangén (Fútbol Club Diriangén), Diriamba, Nicaragua, Klub, **s. S.** 125

FC Djivan (Football Club Djivan), Farafangana, Madagaskar, Klub, **s. S.** 121

FC Dodo (Football Club Dodo), Curepipe, Mauritius, Klub, **s. S.** 121

FC Don Bosco de Moca (Fútbol Club Don Bosco de Moca), Cibao, Dominikanische Republik, Klub, **s. S.** 127

FC Dordrecht **s.** Dordrecht '90

FC Dornbirn (Fußball Club Dornbirn), Dornbirn, Österreich, Klub, entst. 1913, [1913-1973 FC Dornbirn, 65 Fusion mit SC Austria Lustenau => SpVgg. Lustenau (65-66), 66 Aufl. der Fusion => SC Austria Lustenau und FC Dornbirn (66-79), 79 Fusion mit FC Schwarz-Weiß Bregenz => IG Bregenz Dornbirn (79-87), 87 Aufl. der Fusion => Casino SW Bregenz und Mohren FC Dornbirn (87-??)], **s. S.** 82

FC Dornbirn **s.** Casino SW Bregenz

FC Dornbirn **s.** SC Austria Memphis Lustenau

FC Dukla Praha **s.** FK Dukla Praha

FC Dukla Příbram **s.** FC Marila Příbram

FC Dukla **s.** FC Marila Příbram

FC Durudschi Kwareli (Football Club Durudschi Kwareli), Kwareli, Georgien, Klub, **s. S.** 97

FC Dvin Artaschat (Football Club Dvin Artaschat), Artaschat, Armenien, Klub, entst. 1992, **s. S.** 97

FC Eger (Futball Club Eger), Eger, Ungarn, Klub, entst. 1886, [1886-1907 AC Eger, 07-17 Ifjúsági Klub, 17-18 Egri Testgyakorlók Klubja, 18-45 Egri MOVE, 45 aufgel., 51 wiedergegr., 51-55 Egri Fáklya, 55 Egri Petőfi, 55-57 Egri Bástya, 57-60 Eger SC, 60-61 Egri Vasas, 61-77 Egri Dózsa, 77 Fusion mit Egri Vasas, Egri Volán und Egri Kinizsi => Eger SE (77-94)], **s. S.** 89

FC Egrisi Senaki (Football Club Egrisi Senaki), Senaki, Georgien, Klub, entst. 1936, **s. S.** 97

FC Eintracht Braunschweig **s.** Braunschweiger TSV Eintracht

FC Eintracht München-Gladbach **s.** 1. FC 1894 Mönchengladbach

FC Electromureş Tîrgu Mureş **s.** ASA Târgu Mureş

FC Electroputere Craiova **s.** FC Extensiv Craiova

FC Encamp Dicoansa (Futbol Club Encamp Dicoansa), Encamp, Andorra, Klub, **s. S.** 77

FC Energetik Ali-Bairamly (Football Club Energetik Ali-Bairamly), Äli Bayramlı/Ali-Bairamly, Aserbaidschan, Klub, **s. S.** 97

FC Energhetic Dubăsari (Fotbal Club Energhetic Dubăsari), Dubăsari, Moldawien, Klub, entst. 1996, **s. S.** 99

FC Energie Cottbus (Fußball-Club Energie Cottbus), Cottbus, Deutschland, Klub, entst. 1963, [1963-66 SC Cottbus, 63 Fusion mit SC Aktivist Brieske-Seftenberg, 66-90 BSG Energie Cottbus], **s. S.** 85

FC Engolasters (Futbol Club Engolasters), Encamp, Andorra, Klub, [19??-98 Joieries Aurum], **s. S.** 77

FC Erebuni Erewan (Football Club Erebuni Erewan), Erewan, Armenien, Klub, entst. 1992, [1992 Homenmen-SKIF Erewan, 92-93 Homenmen-FIMA Erewan, 93-95 ASS-SKIF Erewan, 95-96 HMM Erewan, 96-97 Homenmen Erewan, 97-98 FC Erebuni-Homenmen Erewan], **s. S.** 97

FC Erebuni-Homenmen Erewan **s.** FC Erebuni Erewan

FC Erewan (Football Club Erewan), Erewan, Armenien, Klub, entst. 1995, [1995 Kotajk-2 Erewan], **s. S.** 97

FC Erzgebirge Aue (Fußball-Club Wismut Aue), Aue, Deutschland, Klub, entst. 1945, [1945-48 SG Aue, 48-49 BSG Pneumatik Aue, 49-51 Zentra Wismut Aue, 51-54 BSG Wismut Aue, aufgel. 54, Umzug nach Karl-Marx-Stadt => SC Wismut Karl-Marx-Stadt (54-63), Wiedergr. 63 nach Rückkehr des Teams => BSG Wismut Aue (63-90), 90-93 FC Wismut Aue], **s. S.** 85

FC Etoile La Chaux-de-Fonds (Football Club Etoile La Chaux-de-Fonds), La Chaux-de-Fonds, Schweiz, Klub, entst. 1898, [1934 Fusion mit FC Sporting-Dulcia La Chaux-de-Fonds, ?? aufgel.], **s. S.** 82

FC Etzella Ettelbruck (Football Club Etzella Ettelbruck), Ettelbruck, Luxemburg, Klub, entst. 1917, [1917-40 FC Etzella Ettelbruck, 40-44 FV Ettelbrück], **s. S.** 75

FC Excelsior Basel (Fußball Club Excelsior Basel), Basel, Schweiz, Klub, [aufgel. 19??], **s. S.** 82

FC Extensiv Craiova (Fotbal Club Extensiv Craiova), Craiova, Rumänien, Klub, entst. 1949, [1949-56 Metalul Craiova, 56-60 Energia Craiova, 60-62 Electro CFR Craiova, 62-98 FC Electroputere Craiova], **s. S.** 91

FC Falke 1906 Hamburg **s.** Hamburger SV

FC Famalicão (Futebol Clube de Famalicão), Vila Nova de Famalicão, Portugal, Klub, entst. 1931, [1988-89 AD Fafe], **s. S.** 79

FC Farid Baku (Football Club Farid Baku), Bakı/Baku, Aserbaidschan, Klub, entst. 1997, [aufgel. 1998], **s. S.** 97

FC Farul Constanţa (Fotbal Club Farul Constanţa), Constanţa, Rumänien, Klub, entst. 1920, [1920-46 SPM Constanţa, 46-49 PCA Constanţa, 49 Fusion mit Dezrobiera Constanţa => Locomotivă PCA Constanţa (49-58), 58-72 CSO Farul Constanţa, 72-89 FC Constanţa], **s. S.** 91

FC Felgueiras (Futebol Clube Felgueiras), Felgueiras, Portugal, Klub, entst. 1934, **s. S.** 79

FC Flora Tallinn (Football Club Flora Tallinn), Tallinn, Estland, Klub, entst. 1990, **s. S.** 99

FC Floria Biel (Fußball Club Floria Biel), Biel, Schweiz, Klub, [aufgel. 1907 durch Fusion mit FC de Bienne => Vereinigter FC Biel], **s. S.** 82

FC Floria Biel **s.** FC Biel

FC Fobar (Football Club Fobar), Toliara/Tuléar, Madagaskar, Klub, **s. S.** 121

FC Foresta Fălticeni (Fotbal Club Foresta Fălticeni), Fălticeni, Rumänien, Klub, entst. 1954, [1954-55 Avîntul Fălticeni, 55-57 Recoltă Fălticeni, 57-58 Energia Fălticeni, 58-82 Foresta Fălticeni, 82-85 Chimia Fălticeni, 85-97 Foresta Fălticeni, 97 Fusion mit FC Bucovina Suceava => FC Foresta Fălticeni], **s. S.** 91

FC Fortuna Basel (Fußball Club Fortuna Basel), Basel, Schweiz, Klub, [aufgel. 19??], **s. S.** 82

FC Fortuna Leipzig **s.** SV Fortuna 02 Leipzig

FC Fortuna Wien **s.** SC Helfort

FC Frankonia 1900 Straßburg **s.** SS SG Straßburg

FC Frankonia Straßburg **s.** SS SG Straßburg

FC Fribourg (Football Club Fribourg), Fribourg, Schweiz, Klub, entst. 1900, [1900-05 FC Technicum Fribourg, 05-17 FC Stella Fribourg], **s. S.** 82

FC Gaitcha (Football Club Gaitcha), Nouméa, Neukaledonien, Klub, **s. S.** 137

FC Galaţi **s.** FCM Dunarea Galaţi

FC Genève (Football Club de Genève), Genève, Schweiz, Klub, [aufgel. 1923 durch Fusion mit FC Urania des Eauc-Vives Genève => Urania Genève-Sports], **s. S.** 82

FC Genève **s.** Urania Genève-Sports

FC Gera Drnovice **s.** FK Drnovice

FC Germania 04 Kalk **s.** VfR Köln rrh.

FC Germania 1896 Kaiserslautern **s.** 1. FC Kaiserslautern

FC Germania Ried **s.** SV Josko Ried

FC Germinal Ekeren **s.** KFC Germinal Ekeren

FC Gheorghe-Gheorghiu-Dej **s.** FC Oneşti

FC Girondins Bordeaux (Football Club des Girondins de Bordeaux), Bordeaux, Frankreich, Klub, entst. 1881, [1881-1936 Girondins Guyenne Sports, 36 Fusion mit FC Bordeaux => Girondins Bordeaux FC, 91 aufgel. und wiedergegr.], **s. S.** 77

FC Gjumri (Football Club Gjumri), Gjumri, Armenien, Klub, entst. 1998, [1998 FC Schirak-2 Gjumri], **s. S.** 97

FC Gloria Bistrita (Fotbal Club Gloria Bistrita), Bistrita, Rumänien, Klub, entst. 1926, [1926-?? CS Gloria Bistrita, ??-?? Progresul Bistrita, ??-92 CS Gloria Bistrita], **s. S.** 91

FC Gloria Buzău (Fotbal Club Gloria Buzău), Buzău, Rumänien, Klub, entst. 1971, **s. S.** 91

FC Gojazan Kazach (Football Club Gojazan Kazach), Qazax/Kazach, Aserbaidschan, Klub, **s. S.** 97

FC Gold á Rot Wiltz **s.** FC Wiltz 71

FC Gorda Rustawi (Football Club Gorda Rustawi), Rustawi, Georgien, Klub, entst. 1948, [1948-90 Metalurgi Rustawi, 90-92 Gorda Rustawi, 92-96 FC Metalurgi Rustawi], **s. S.** 97

FC Grenchen (Fußball Club Grenchen), Grenchen, Schweiz, Klub, entst. 1906, [1913 Fusion mit Old Boys Grenchen], **s. S.** 82

FC Grenoble **s.** Grenoble Foot 38

FC Grenoble-Dauphiné **s.** Grenoble Foot 38

FC Grenoble-Isère **s.** Grenoble Foot 38

FC Groningen (Football Club Groningen), Groningen, Niederlande, Klub, entst. 1921, [1921-71 GVAV], **s. S.** 75

FC Grün-Weiß Leipzig **s.** FC Sachsen Leipzig 1990

FC Grün-Weiß Leipzig **s.** FSV Böhlen

FC Guantánamo (Fútbol Club Guantánamo), Guantánamo, Kuba, Klub, **s. S.** 126

FC Gueugnonnais (Football Club Gueugnonnais), Gueugnon, Frankreich, Klub, entst. 1940, **s. S.** 77

FC Guria Lantschchuti (Football Club Guria Lantschchuti), Lantschchuti, Georgien, Klub, entst. 1952, **s. S.** 97

FC Haarlem (Football Club Haarlem), Haarlem, Niederlande, Klub, entst. 1889, [1889-1980 Haarlemsche FC, 80-92 SBV Haarlem], **s. S.** 75

FC Haiduc-Sporting-USM (Fotbal Club Haiduc-Sporting-USM), Chişinău, Moldawien, Klub, **s. S.** 99

FC Haka (Football Club Valkeakosken Haka), Valkeakoski, Finnland, Klub, entst. 1932, [1932-91 Haka], **s. S.** 73

FC Hakoah Wien (Fußball Club Hakoah Wien), Wien, Österreich, Klub, entst. 1901, [1901-28 SK Hakoah Wien, 28-38 FC Hakoah Wien, 38 aufgel.], **s. S.** 83

FC Hansa Rostock (Fußball-Club Hansa Rostock), Rostock, Deutschland, Klub, entst. 1954, [entst. 1954 nach Umzug des A-Teams BSG Empor Lauter nach Rostock, 54-65 SC Empor Rostock], **s. S.** 85

FC Happy End Camenca (Fotbal Club Happy End Camenca), Camenca, Moldawien, Klub, **s. S.** 99

FC Hassia Cassel **s.** Kasseler SV Hessen

FC Heirnis Gent **s.** RRC Heirnis Gent

FC Hertha 08 Sülz **s.** SpVgg. 07 Köln-Sülz

FC Hessen Kassel **s.** Kasseler SV Hessen

FC HIFK (Football Club Helsingin Idrotts Förening Kamraterna), Helsinki/Helsingfors, Finnland, Klub, entst. 1897, [1897-1995 HIFK], **s. S.** 73

FC Hîncesti (Fotbal Club Hîncesti), Hîncesti, Moldawien, Klub, [19??-2001 Petrocub Condor Sarata Galbena], **s. S.** 99

FC Hinteracker Wien **s.** Post SV Wien

FC Hohenzollern 1902 Sellerhausen **s.** SV Fortuna 02 Leipzig

FC Hohenzollern Benrath-Hassels **s.** VfL Benrath 06

FC Holguín (Fútbol Club Holguín), Holguín, Kuba, Klub, **s. S.** 126

FC Homburg **s.** FC 08 Homburg/Saar

FC Homburg/Saar **s.** FC 08 Homburg/Saar

FC Homenetmen Erewan **s.** FC Kilikia Erewan

FC Hornek **s.** SC Helfort

FC Huracán **s.** CA Huracán Corrientes

FC Iberia **s.** FC Real Iberia

FC Iberia Samtredia (Football Club Iberia Samtredia), Samtredia, Georgien, Klub, entst. 1936, [1936-90 Lokomotiv Samtredia, 90-91 Sanavardo Samtredia, 92-93 Lokomotiv Samtredia, 93-98 FC Samtredia], **s. S.** 97

FC Iberia Tbilisi **s.** FC Dinamo Tbilisi

FC Ilves (Football Club Ilves), Tampere/Tammerfors, Finnland, Klub, entst. 1975, [entst. 1975 durch Fusion Ikissat und TaPa => Ilves (75-91)], **s. S.** 73

FC Impuls Dilischan (Football Club Impuls Dilischan), Dilischan, Armenien, Klub, **s. S.** 97

FC Innsbruck Capillaris Tirol **s.** FC Tirol Milch Innsbruck

FC Inschaatchi Baku (Football Club Inschaatchi Baku), Bakı/Baku, Aserbaidschan, Klub, entst. 1985, **s. S.** 97

FC Inschaatchi Sabirabad (Football Club Inschaatchi Sabirabad), Sabirabad, Aserbaidschan, Klub, **s. S.** 97

FC Inter (Football Club Inter), Turku/Åbo, Finnland, Klub, entst. 1993, **s. S.** 73

FC Inter Sibiu (Fotbal Club Inter Sibiu), Sibiu, Rumänien, Klub, entst. 1950, [1950-72 AS Independenţă Sibiu, 72 Fusion mit Textila Cisnadie => Independenţă Cisnadie (72-73), 73 Aufl. der Fusion, 73-86 Inter Sibiu], **s. S.** 91

FC International (Football Club International), George Town, Kaimaninseln, Klub, **s. S.** 126

FC Isaria 03 München **s.** FC Wacker München

FC Iveria Khaschuri (Football Club Iveria Khaschuri), Khaschuri, Georgien, Klub, entst. 1936, **s. S.** 97

FC Jambon, Brazzaville, Kongo, Klub, **s. S.** 118

FC Jazz (Football Club Jazz), Pori/Björneborg, Finnland, Klub, entst. 1934, [1934-91 PPT], **s. S.** 73

FC Jerazank Erewan **s.** FC Karabach Erewan

FC Jeunesse Hautcharage (Football Club Jeunesse Hautcharage), Hautcharage, Luxemburg, Klub, entst. 1919, **s. S.** 74

FC Jeunesse Wasserbillig (Football Club Jeunesse Wasserbillig), Wasserbillig, Luxemburg, Klub, entst. 1908, [1908-19 FC Swift Wasserbillig, 19-40 FC Jeunesse Wasserbillig, 40-44 SV Schwarz-Weiß Wasserbillig, 44-94 FC Jeunesse Wasserbillig, aufgel. 94 durch Fusion mit US Mertert => Union Mertert-Wasserbillig], **s. S.** 75

FC Jokerit (Football Club Jokerit), Helsinki/Helsingfors, Finnland, Klub, entst. 1935, [1935-98 PK-35], **s. S.** 73

FC Joko Slovácká Slavia Uherské Hradiště **s.** FC Slovácká Slavia Uherské Hradiště

FC Jumeaux (Football Club Jumeaux), Mzouazia, Mayotte, Klub, **s. S.** 121

FC Juventus (Fútbol Club Juventus), Managua, Nicaragua, Klub, **s. S.** 125

FC Juventus Bucureşti **s.** Flacăra Bucureşti

FC Kabuscorp (Futebol Clube Kabuscorp), Palanca, Angola, Klub, **s. S.** 118

FC Kacheti Telawi (Football Club Kacheti Telawi), Telawi, Georgien, Klub, entst. 1936, **s. S.** 97

FC Kahunga (Football Club Kahunga), Brazzaville, Kongo, Klub, **s. S.** 118

FC Karabach Agdam (Football Club Karabach Agdam), Agdam/Agdam, Aserbaidschan, Klub, entst. 1968, **s. S.** 97

FC Karabach Barda (Football Club Karabach Barda), Bärdä/Barda, Aserbaidschan, Klub, entst. 1992, [1992-97 FC Pambygtschi Barda], **s. S.** 97

FC Karabach Erewan (Football Club Karabach Erewan), Erewan, Armenien, Klub, entst. 1990, [1990-93 FC Schengawit Erewan, 93-95 FC Jerazank Erewan, 95-99 FC Karabach Erewan, aufgel. 99, Umzug nach Stepanakert => FC Karabach Stepanakert (99), Wiedergr. 99 nach Rückkehr des Teams], **s. S.** 97

FC Karabach Erewan **s.** FC Karabach Stepanakert

FC Karabach Stepanakert (Football Club Karabach Stepanakert), Stepanakert/Chankendi, Armenien, Klub, entst. 1999, [entst. 1999 nach Umzug von FC Karabach Erewan nach Stepanakert => FC Karabach Stepanakert (99), 99 aufgel., Umzug nach Erewan], **s. S.** 97

FC Karabach Stepanakert **s.** FC Karabach Erewan

FC Karl-Marx-Stadt **s.** Chemnitzer FC

FC Kärnten (Fußball Club Kärnten), Klagenfurt, Österreich, Klub, entst. 1920, [1920-39 Kaufmännischer SK Klagenfurt, 39-45 SG Austria Rapid Klagenfurt, 45-?? SK Austria Klagenfurt, ??-?? SK Maxell Austria Klagenfurt, ??-?? Alca Klagenfurt, ??-97 SV Hypobank Austria Klagenfurt, 97 Fusion mit Villacher SV => SK Austria Klagenfurt-VSV (97-99)], **s. S.** 83

FC Karviná (Football Club Karviná), Karviná, Tschechische Republik, Klub, entst. 1919, [1919-39 PKS Polonia Karviná, 39 aufgel., 51 wiedergegr., 51 Sokol Polonia Karviná, 51-53 Sokol OKD Karviná, 53-55 TJ Baník Polonia Mír Karviná, 55-61 TJ Baník Mír Karviná, 61-93 TJ Baník 1. máj Karviná, 93-94 FK 1. máj Karviná, aufgel. 94 durch Fusion mit FC Kovkor Vítkovice => FC Karviná-Vítkovice (94-95), 95 Aufl. der Fusion und Zurückbenennung], **s. S.** 86

FC Karviná-Vítkovice **s.** FC Karviná

FC Karviná-Vítkovice **s.** FC Vítkovice

FC Kasach Aschtarak **s.** FC MIKA Aschtarak

FC Kattowitz **s.** 1. FC Kattowitz

FC Kaučuk Opava **s.** SFC Opava

FC Keli Linz **s.** FC Linz

FC Khazar Lenkoran' (Football Club Khazar Lenkoran'), Länkäran/Lenkoran', Aserbaidschan, Klub, entst. 1992, **s. S.** 97

FC Khazri Buzovna (Football Club Khazri Buzovna), Buzovna, Aserbaidschan, Klub, entst. 1992, [1992-93 FC Khazri Buzovna, 93-94 FC Khazri-Eltadsch Buzovna], **s. S.** 97

FC Khazri-Eltadsch Buzovna **s.** FC Khazri Buzovna

FC Kiapaz Ganja (Football Club Kiapaz Ganja), Gancä/Ganja, Aserbaidschan, Klub, entst. 1960, [1960-73 Dinamo Kirowabad, 73-91 Kiapaz Kirowabad], **s. S.** 97

FC Kickers 1899 Frankfurt **s.** Eintracht Frankfurt

FC Kickers Stuttgart **s.** SV Stuttgarter Kickers

FC Kilikia Erewan (Football Club Kilikia Erewan), Erewan, Armenien, Klub, entst. 1992, [1992-93 Homenetmen Erewan, 93-94 AOSS Erewan, 94-95 FC Homenetmen Erewan, 95-98 FC Pjunik Erewan], **s. S.** 97

FC Kimiks Daugavpils (Football Club Kimiks Daugavpils), Daugavpils, Lettland, Klub, [19??-?? Kimiks Daugavpils, ??-94 FC Balnet Daugavpils], **s. S.** 99

FC Kimjachi Sumgait (Football Club Kimjachi Sumgait), Sumqayıt/Sumgait, Aserbaidschan, Klub, entst. 1959, [19??-98 FC Chazar Sumgait], **s. S.** 97

FC Kinshasa (Football Club Kinshasa), Kinshasa, Volksrepublik Kongo, Klub, **s. S.** 119

FC Kitale **s.** Kitale Rangers

FC Kjumruk Kachli (Football Club Kjumruk Kachli), Qax/Kachli, Aserbaidschan, Klub, **s. S.** 97

FC København (Football Club København), Kopenhagen (København), Dänemark, Klub, entst. 1992, [entst. 1992 durch Fusion KB und B 1903], **s. S.** 71

FC København **s.** B 1903

FC København **s.** KB

FC Kochin (Football Club Kochin), Cochin, Indien, Klub, entst. 1997, **s. S.** 105

FC Koeppchen Wormeldange (Football Club Koeppchen Wormeldange), Wormeldange, Luxemburg, Klub, entst. 1921, [1921-40 FC Koeppchen Wormeldange, 40-41 FC Wormeldange, 41 aufgel., 44 wiedergegr.], **s. S.** 75

FC Kolcheti 1913 Poti (Football Club Kolcheti 1913 Poti), Poti, Georgien, Klub, entst. 1913, **s. S.** 97

FC Kolcheti Khobi (Football Club Kolcheti Khobi), Khobi, Georgien, Klub, **s. S.** 97

FC Kolín **s.** AFK Kolín

FC Kotaik Abowjan (Football Club Kotaik Abowjan), Abowjan, Armenien, Klub, entst. 1955, **s. S.** 97

FC Kovkor Vítkovice **s.** FC Karviná

FC Kovkor Vítkovice **s.** FC Vítkovice

FC Kuressaare (Football Club Kuressaare), Kuressaare, Estland, Klub, **s. S.** 99

FC Kur-Nur Mingechaur (Football Club Kur-Nur Mingechaur), Mingäçevir/Mingechaur, Aserbaidschan, Klub, entst. 1970, [19??-93 Kur Mingechaur], **s. S.** 97

FC Kutaïsi **s.** FC Torpedo Kutaïssi

FC Kuusysi (Football Club Kuusysi), Lahti, Finnland, Klub, entst. 1934, [1934-64 Lahden Pallo-Miehet, 64-69 UP Lahti, 69-74 Lahti '69, 74-91 Kuusysi, 91-96 FC Kuusysi, aufgel. 96 durch Fusion mit FC Reipas => FC Lahti], **s. S.** 73

FC Kuusysi **s.** FC Lahti

FC Kuusysi **s.** FC Reipas

FC La Châtelaine (Football Club La Châtelaine), Genève, Schweiz, Klub, [aufgel. 19??], **s. S.** 82

FC La Chaux-de-Fonds (Football Club La Chaux-de-Fonds), La Chaux-de-Fonds, Schweiz, Klub, entst. 1894, **s. S.** 82

FC La Semeuse, Lomé, Togo, Klub, **s. S.** 117

FC La Villa Longchamp Ouchy (Football Club La Villa Longchamp Ouchy), Lausanne, Schweiz, Klub, [aufgel. 19??], **s. S.** 82

FC Laaerberg Wien **s.** FC Ankerbrot-Sankt Anton-Laaerberg

FC Lahti (Football Club Lahti), Lahti, Finnland, Klub, entst. 1996, [entst. 1996 durch Fusion FC Kuusysi und FC Reipas], **s. S.** 73

FC Lahti **s.** FC Kuusysi

FC Lahti **s.** FC Reipas

FC Lantana Tallinn (Football Club Lantana Tallinn), Tallinn, Estland, Klub, entst. 1951, [1951-91 TVMK Tallinn, 91-92 FC TVMV-90 Tallinn, 92-93 FC Nikol Tallinn, 93-94 FC Nikol/Markelor Tallinn, 94-95 FC Lantana/Markelor Tallinn, 1995-2000 FC Lantana Tallinn, 2000 aufgel.], **s. S.** 99

FC Lantana/Markelor Tallinn **s.** FC Lantana Tallinn

FC Lelle **s.** Lelle SK

FC Leoben **s.** DSV Leoben

FC Leopoldstadt **s.** Wiener AF

FC Lernagorts Kapan (Football Club Lernagorts Kapan), Kapan, Armenien, Klub, [19??-99 FC Sjunik Kapan], **s. S.** 97
FC Les Avirons (Football Club Les Avirons), Les Avirons, Reunion, Klub, **s. S.** 121
FC Levadia Maardu (Football Club Levadia Maardu), Maardu, Estland, Klub, [1999 Fusion mit JK Tallinna Sadam], **s. S.** 99
FC Levadia Maardu **s.** JK Tallinna Sadam
FC Levadia Tallinn (Football Club Levadia Tallinn), Tallinn, Estland, Klub, entst. 2001, [entst. 2001 nach Umzug von FC Maardu nach Tallinn => FC Levadia Tallinn], **s. S.** 99
FC Levadia Tallinn **s.** FC Maardu
FC Liakhwi Tschinvali (Football Club Liakhwi Tschinvali), Tschinvali, Georgien, Klub, **s. S.** 97
FC Libertas Salerno **s.** Salernitana Sport
FC Libota (Football Club Libota), Brazzaville, Kongo, Klub, **s. S.** 118
FC Lichinga, Lichinga, Mosambik, Klub, **s. S.** 121
FC Liégeois **s.** RTFC Liégeois
FC Liguria **s.** AC Liguria
FC Linz (Fußball Club Linz), Linz, Österreich, Klub, entst. 1946, [1946-49 SV Eisen und Stahl 1946 Linz, 49-90 SK VÖEST Linz, 90-91 FC VÖEST Linz, 91-93 FC Stahl Linz, 93 FC Linz, 93-96 FC Keli Linz, 96-97 FC Linz, aufgel. 97 durch Fusion mit Linzer ASK => LASK Linz], **s. S.** 83
FC Linz **s.** LASK Linz
FC Livulu (Football Club Livulu), Kinshasa, Volksrepublik Kongo, Klub, **s. S.** 119
FC Locarno (Football Club Locarno), Locarno, Schweiz, Klub, entst. 1906, [1906-10 Unitas Locarno], **s. S.** 82
FC Locomotiva Basarabeasca (Fotbal Club Locomotiva Basarabeasca), Basarabeasca, Moldawien, Klub, **s. S.** 99
FC Lokomotivi Tbilisi (Football Club Lokomotivi Tbilisi), Tbilisi, Georgien, Klub, entst. 1936, [1936-90 Lokomotivi Tbilisi, 90-93 Merani Tbilisi, 93-96 Merani-Batscho Tbilisi], **s. S.** 97
FC Lootus Kohtla-Järve (Football Club Lootus Kohtla-Järve), Kohtla-Järve, Estland, Klub, **s. S.** 99
FC Lori Wanadzor (Football Club Lori Wanadzor), Wanadzor, Armenien, Klub, entst. 1936, [1936-?? Lori Kirowakan], **s. S.** 97
FC Lorient (Football Club Lorient-Bretagne Sud), Lorient, Frankreich, Klub, entst. 1926, **s. S.** 77
FC Los Unidos de Nueva Chicago **s.** CA Nueva Chicago
FC Lubumbashi Sport (Football Club Lubumbashi SP Lussi Sport), Lubumbashi, Volksrepublik Kongo, Klub, **s. S.** 119
FC Lugano (Football Club Lugano), Lugano, Schweiz, Klub, entst. 1908, **s. S.** 82
FC Lumière (Football Club Lumière), Mbandaka, Volksrepublik Kongo, Klub, **s. S.** 119
FC Lupopo (Palmares Football Club Lupopo), Lubumbashi, Volksrepublik Kongo, Klub, entst. 1939, [19??-?? FC St. Eloi], **s. S.** 119
FC Lusitanos (Futbol Club Lusitanos), Andorra la Vella, Andorra, Klub, **s. S.** 77
FC Luzern (Fußball Club Luzern), Luzern, Schweiz, Klub, entst. 1901, **s. S.** 82
FC Maardu (Football Club Maardu), Maardu, Estland, Klub, entst. 1991, [entst. 1991 nach Umzug von Eesti Fosforiit Tallinn nach Maardu => FK Maardu (91-92), 92-98 FK Olümp Maardu, 1998-2001 FC Maardu, aufgel. 01, Umzug nach Tallinn => FC Levadia Tallinn], **s. S.** 99
FC Maardu **s.** FC Levadia Tallinn
FC Magaroeli Tschiatura (Football Club Magaroeli Tschiatura), Tschiatura, Georgien, Klub, entst. 1936, **s. S.** 97
FC Malatia-Kilikia Erewan (Football Club Malatia-Kilikia Erewan), Erewan, Armenien, Klub, entst. 1993, [entst. 1993 durch Fusion Malatia Erewan und Kilikia Erewan], **s. S.** 97
FC Malatia-Kilikia Erewan **s.** Kilikia Erewan
FC Malatia-Kilikia Erewan **s.** Malatia Erewan
FC Malinois **s.** KV Mechelen
FC Man (Football Club Man), Man, Elfenbeinküste, Klub, **s. S.** 117
FC Mansfeldia Clausen (Football Club Mansfeldia Clausen), Luxembourg, Luxemburg, Klub, entst. 1919, [1919-40 FC Mansfeldia Clausen, 40-44 FK Mansfeldia Klausen, 44-86 FC Mansfeldia Clausen, aufgel. 86 durch Fusion mit FC Rapid Neudorf => RM '86 Luxembourg], **s. S.** 74
FC Mansfeldia Clausen-Cents **s.** FC Rapid Neudorf
FC Maramures Baia Mare **s.** FC Baia Mare
FC Margveti Zestaponi (Football Club Margveti Zestaponi), Zestaponi, Georgien, Klub, entst. 1938, [1938-?? Metalurgi Zestaponi], **s. S.** 97
FC Marila Příbram (Football Club Marila Příbram), Příbram, Tschechische Republik, Klub, entst. 1996, [entst. 1996 durch Fusion FC Příbram und FK Dukla Praha => FC Dukla (96-98), 1998-2000 FC Dukla Příbram], **s. S.** 86
FC Marlekor Tallinn **s.** TVMK Tallinn
FC Mars Freiburg **s.** SC Freiburg
FC Martigues (Saem Football Club de Martigues), Martigues, Frankreich, Klub, entst. 1921, **s. S.** 77
FC Mavegro (Futebol Clube Mavegro), Bissau, Guinea-Bissau, Klub, **s. S.** 116
FC Mbongo Sport (Football Club Mbongo Sport), Mbuji-Mayi, Volksrepublik Kongo, Klub, **s. S.** 119
FC Merani 91 Tbilisi (Football Club Merani 91 Tbilisi), Tbilisi, Georgien, Klub, entst. 1991, **s. S.** 97
FC Merschali Osurgeti (Football Club Merschali Osurgeti), Osurgeti, Georgien, Klub, **s. S.** 97
FC Metalurgi Rustawi **s.** FC Gorda Rustawi
FC Metz (Football Club de Metz), Metz, Frankreich, Klub, entst. 1932, [1932-34 FC Metz, aufgel. 34 durch Fusion mit CA Messin Metz und AS Metz => Club des Sports Metz (34-36), 36 Aufl. der Fusion und Zurückbenennung, 36-40 FC Metz, 40-44 FV Metz], **s. S.** 77
FC MHM-93 Chişinău (Fotbal Club MHM-93 Chişinău), Chişinău, Moldawien, Klub, entst. 1993, **s. S.** 99
FC Midtjylland (Football Club Midtjylland), Herning, Dänemark, Klub, entst. 1999, [entst. 1999 durch Fusion BK Fremad Herning und Ikast fS], **s. S.** 71
FC Midtjylland **s.** BK Fremad Herning
FC Midtjylland **s.** Ikast fS
FC MIKA Aschtarak (Football Club MIKA Aschtarak), Aschtarak, Armenien, Klub, [19??-99 FC Kasach Aschtarak], **s. S.** 97
FC Moldova Boroseni (Fotbal Club Moldova Boroseni), Boroseni, Moldawien, Klub, **s. S.** 99
FC Moldova-Gaz Chişinău (Fotbal Club Moldova-Gaz Chişinău), Chişinău, Moldawien, Klub, entst. 1995, [1995-96 FC Sindicat Chişinău, 96-97 FC Sindicat Moldova-Gaz Chişinău], **s. S.** 99
FC Mondercange (Football Club Mondercange), Mondercange, Luxemburg, Klub, entst. 1933, [1933-40 FC Mondercange, 40-44 FK Monnerich], **s. S.** 74
FC Montegnée **s.** R Racing FC Montegnée
FC Monthey (Football Club Monthey), Monthey, Schweiz, Klub, **s. S.** 82
FC Morkinali Tbilisi **s.** FC WIT Georgia Tbilisi
FC Moutier (Football Club Moutier), Moutier, Schweiz, Klub, entst. 1921, **s. S.** 82
FC MP (Football Club Mikkelin Palloilijat), Mikkeli, Finnland, Klub, entst. 1929, [1929-91 Mikkelin Palloilijat], **s. S.** 73
FC Mretebi Tbilisi (Football Club Mretebi Tbilisi), Tbilisi, Georgien, Klub, **s. S.** 97
FC M'tsapéré (Football Club M'tsapéré), M'tsapéré, Mayotte, Klub, **s. S.** 121
FC Mülhausen **s.** FC Mulhouse
FC Mulhouse (Fußball-Club Mulhouse), Mülhausen (Mulhouse), Frankreich, Klub, entst. 1893, [1893-1918 FC Mülhausen, 01 Fusion mit Young Boys Mülhausen, 18-40 FC Mulhouse, 40-44 FC Mülhausen], **s. S.** 77 und 85
FC München-Gladbach **s.** 1. FC 1894 Mönchengladbach
FC Municipal Young Boys Diekirch **s.** FC Young Boys Diekirch
FC Mziuri Gali (Football Club Mziuri Gali), Gali, Georgien, Klub, **s. S.** 97
FC Nairit Erewan (Football Club Nairit Erewan), Erewan, Armenien, Klub, **s. S.** 97
FC Nalambou (Football Club Nalambou), Fada N'Gourma, Burkina Faso, Klub, **s. S.** 114
FC Nancy (Football Club Nancy), Nancy, Frankreich, Klub, entst. 1935, [aufgel. 1967], **s. S.** 77
FC Nantes Atlantique (Football Club de Nantes Atlantique), Nantes, Frankreich, Klub, entst. 1943, [1943-92 FC Nantes], **s. S.** 77
FC Nantes **s.** FC Nantes Atlantique
FC Naţional Bucureşti (Fotbal Club Naţional Bucureşti), Bukarest (Bucureşti), Rumänien, Klub, entst. 1944, [1944-48 Socec Lafayette Bucureşti, 48-50 Grafica Mnetaria Bucureşti, 50-54 Spartac Bucureşti, 54-56 Progresul Finante-Banci Bucureşti, 56-77 Progresul Bucureşti, 77 Fusion mit Vulcan Bucureşti => CS Progresul Vulcan Bucureşti (77-87), 87-88 Progresul Vointa Bucureşti, 88-89 Progresul Energia Bucureşti, 89-91 Progresul Soimii IMUC, 91-94 Progresul BNR Bucureşti], **s. S.** 90
FC Neftegaz Kusary **s.** FC Schachdag Kusary
FC Neftegaz-GNKAR Baku (Football Club Neftegaz-GNKAR Baku), Bakı/Baku, Aserbaidschan, Klub, [19??-98 FC Dalgytsch Baku, 98 FC Dalgytsch-GNKAR Baku], **s. S.** 97
FC Neftschi Baku (Football Club Neftschi Baku), Bakı/Baku, Aserbaidschan, Klub, entst. 1937, [1937-68 Neftjanik Baku, 68-87 Neftschi Baku], **s. S.** 97
FC Neubrandenburg (Fußball-Club Neubrandenburg), Neubrandenburg, Deutschland, Klub, entst. 1948, [1948-50 SG Ernst Reuter Neubrandenburg, 50-53 BSG Energie Neubrandenburg, 53-62 BSG Turbine Neubrandenburg, 62-66 SC Neubrandenburg, 66 Fusion mit BSG Post Neubrandenburg (66-91), 91-93 SV Post Telekom Neubrandenburg], **s. S.** 85
FC Neuchâtel **s.** Cantonal-Neuchâtel FC
FC Neudorf **s.** RC Strasbourg
FC Neumünster Zürich (Fußball Club Neumünster Zürich), Zürich, Schweiz, Klub, [aufgel. 19??], **s. S.** 82
FC Nicholson Wien **s.** FC Wien
FC Nidzhat Maschtaga (Football Club Nidzhat Maschtaga), Maştaga/Maschtaga, Aserbaidschan, Klub, **s. S.** 97
FC NIG Aparan (Football Club NIG Aparan), Aparan, Armenien, Klub, **s. S.** 97
FC Nikol Tallinn **s.** FC Lantana Tallinn
FC Nikol/Markelor Tallinn **s.** FC Lantana Tallinn
FC Nistru Cioburciu (Fotbal Club Nistru Cioburciu), Cioburciu, Moldawien, Klub, **s. S.** 99
FC Nistru Otaci (Fotbal Club Nistru Otaci), Otaci, Moldawien, Klub, entst. 1952, [1952-99 FC Nistru Otaci, aufgel. 99 durch Fusion mit FC Unisport Chişinău => FC Nistru-Unisport Otaci], **s. S.** 99
FC Nistru Otaci **s.** FC Nistru-Unisport Otaci
FC Nistru Otaci **s.** FC Unisport Chişinău
FC Nistru-Unisport Otaci (Fotbal Club Nistru-Unisport Otaci), Otaci, Moldawien, Klub, entst. 1999, [entst. 1999 durch Fusion FC Unisport Chişinău und FC Nistru Otaci], **s. S.** 99
FC Nistru-Unisport Otaci **s.** FC Nistru Otaci
FC Nistru-Unisport Otaci **s.** FC Unisport Chişinău
FC Nitra (Football Club Nitra), Nitra, Slowakei, Klub, entst. 1909, [1909-11 NYÖTTSO, 11-19 NYTVE, 19-21 Nyitrai SC, 21-23 ŠK Nitra, 23-48 AC Nitra, 48-49 Sokol Nitra, 49-50 ZSJ Sokol SZ Nitra, 50-53 Sokol KP Nitra, 53-56 TJ Slavoj Nitra, 56-66 TJ Slovan Nitra, 66-76 TJ AC Nitra, 76-90 TJ Plastika Nitra], **s. S.** 86
FC Nkuba Sport (Football Club Nkuba Sport), Nkuba, Volksrepublik Kongo, Klub, **s. S.** 119
FC Norden-Nordwest Berlin **s.** SV Norden-Nordwest
FC Norden-West Berlin **s.** SV Norden-Nordwest
FC Nordstern Basel (Fußball Club Nordstern Basel), Basel, Schweiz, Klub, entst. 1901, [1910 Fusion mit Young Fellows Basel], **s. S.** 82
FC Norma Tallinn (Football Club Norma Tallinn), Tallinn, Estland, Klub, entst. 1959, **s. S.** 99
FC Nouadhibou, Nouadhibou, Mauretanien, Klub, **s. S.** 114
FC Nürnberg **s.** 1. FC Nürnberg
FC Odishi Zugdidi (Football Club Odishi Zugdidi), Zugdidi, Georgien, Klub, entst. 1918, [1918-94 Odischi Zugdidi, 94-95 FC Dinamo Zugdidi], **s. S.** 97
FC OIK Baku (Football Club Ordu Idman Klubi Baku), Bakı/Baku, Aserbaidschan, Klub, entst. 1957, [1957-9? SKA Baku], **s. S.** 97
FC Olimpia Bălţi (Fotbal Club Olimpia Bălţi), Bălţi, Moldawien, Klub, entst. 1963, [1963-65 Strojitel' Bălţi, 65-68 Codri Bălţi, 68-69 Strojindustria Bălţi, 69-84 Pischtschevik Bălţi, 84-92 Zarea Bălţi], **s. S.** 99
FC Olimpia Bucureşti **s.** Olimpia-Rhein Bucureşti
FC Olimpia Satu Mare (Fotbal Club Olimpia Satu Mare), Satu Mare, Rumänien, Klub, entst. 1921, [1921-32 FC Olimpia Satu Mare, 32 Fusion mit CFR Satu Mare => Olimpia CFR Satu Mare (32-48), 48-52 CFR Locomotivă Satu Mare, 52-60 Progresul Satu Mare, 60-65 ASM Dinamo Satu Mare, 65-67 Satmareana Satu Mare, 67 Teilung => Unio Satu Mare und Metalul Satu Mare, 68 Fusion Unio Satu Mare und Metalul Satu Mare => FC Olimpia Satu Mare (68-87), 87 Fusion mit Unirea Satu Mare => Olimpia IUM Satu Mare (87-??), ??-98 Olimpia Satu Mare], **s. S.** 91
FC Olimpija Riga (Football Club Olimpija Riga), Riga, Lettland, Klub, entst. 1948, [1948-91 Daugava Riga, 91-93 Kompar-Daugava Riga, 93-95 FC Olimpija Riga, 95 aufgel.], **s. S.** 99
FC Olpran Drnovice **s.** FK Drnovice
FC Olt Scorniceşti (Fotbal Club Olt Scorniceşti), Scorniceşti, Rumänien, Klub, entst. 1972, [1972-80 Viitorul Scorniceşti, 80 Umzug nach Slatina => FC Olt Slatina (80-86), 86 Umzug nach Scorniceşti => FC Olt Scorniceşti, 90 aufgel.], **s. S.** 91
FC Olt Scorniceşti **s.** FC Olt Slatina
FC Olt Slatina (Fotbal Club Olt Slatina), Slatina, Rumänien, Klub, entst. 1980, [entst. 1980 nach Umzug von Viitorul Scorniceşti nach Slatina => FC Olt Slatina (80-86), aufgel. 86, Umzug nach Scorniceşti => FC Olt Scorniceşti], **s. S.** 91
FC Olt Slatina **s.** FC Olt Scorniceşti
FC Oltul Slatina **s.** IPA Slatina
FC Olympia 1898 Darmstadt **s.** SV Darmstadt 98
FC Olympia 1933 Wien **s.** ÖMV Olympia Wien
FC Olympique Alèsien (Football Club Olympique Alèsien), Alès, Frankreich, Klub, entst. 1923, [entst. 1923 durch Fusion Red Star Alèsien, Boxing Club Alès und CS de Cheminots Alès], **s. S.** 77
FC Olympique Eischen (Football Club Olympique Eischen), Eischen, Luxemburg, Klub, entst. 1917, [1917-40 FC Olympique Eischen, 40-44 FK Eichen], **s. S.** 75
FC ÖMV Stadlau **s.** FC Stadlau
FC ÖMV Stadlau **s.** ÖMV Olympia Wien
FC Oneşti (Fotbal Club Oneşti), Oneşti, Rumänien, Klub, entst. 1994, [1994-96 FC Gheorghe-Gheorghiu-Dej], **s. S.** 91
FC Ouest (Football Club de l'Ouest), Saint-Paul, Reunion, Klub, entst. 1967, **s. S.** 121
FC Ouest Lausanne **s.** Lausanne-Sports
FC Oulu (Football Club Oulu), Oulu/Uleåborg, Finnland, Klub, entst. 1925, [1925-91 OTP], **s. S.** 73
FC Paços de Ferreira (Futebol Clube Paços de Ferreira), Paços de Ferreira, Portugal, Klub, entst. 1950, **s. S.** 79
FC Palatia 1901 Kaiserslautern **s.** 1. FC Kaiserslautern
FC Pambygchi Neftschala (Football Club Pambygchi Neftschala), Neftçala/Neftschala, Aserbaidschan, Klub, entst. 1992, **s. S.** 97
FC Pambygtschi Barda **s.** FC Karabach Barda
FC Patenidis Motorlet Praha **s.** SK Motorlet Praha
FC Paulino (Football Club Paulino), Kinshasa, Volksrepublik Kongo, Klub, **s. S.** 119
FC Penafiel (Futebol Clube de Penafiel), Penafiel, Portugal, Klub, entst. 1951, **s. S.** 79
FC Petra Drnovice **s.** FK Drnovice
FC Petrolul Ploieşti (Fotbal Club Petrolul Ploieşti), Ploieşti, Rumänien, Klub, entst. 1952, [entst. 1952 nach Umzug von Flacăra Bucureşti nach Ploieşti und Fusion mit Partizanul Ploieşti => Flacăra Ploieşti (52-57), 56 Teilung => Metalul Ploieşti, 57-92 FC Petrolul Ploieşti, 92-93 FC Ploieşti], **s. S.** 91
FC Pfaffenthal **s.** Red-Black Pfaffenthal
FC Pfalz 03 Ludwigshafen **s.** SV Phönix Ludwigshafen
FC Pforzheim **s.** 1. FC Pforzheim
FC Phönix Sankt Gallen **s.** FC Sankt Gallen
FC Pinar del Río (Fútbol Club Pinar del Río), Pinar del Río, Kuba, Klub, **s. S.** 126
FC Pjunik Erewan (Football Club Pjunik Erewan), Erewan, Armenien, Klub, [19??-2001 Armenikum Erewan], **s. S.** 97
FC Pjunik Erewan **s.** FC Kilikia Erewan
FC Plastik Saljany (Football Club Plastik Saljany), Salyan/Saljany, Aserbaidschan, Klub, **s. S.** 97
FC Ploieşti **s.** FC Petrolul Ploieşti
FC Ploieşti **s.** Vagonul Ploieşti
FC Plzeň **s.** SK Plzeň 1894
FC Politehnica Iaşi (Fotbal Club Politehnica Iaşi), Iaşi, Rumänien, Klub, entst. 1945, [1945 Sportul Studentesc Iaşi, 45-48 AS Politehnica Iaşi, 48-50 CSU Iaşi, 50-58 Ştiinţa Iaşi, 58 Fusion mit CFR Iaşi => CSMS Iaşi (58-67), 67-?? Politehnica CF Iaşi], **s. S.** 91
FC Politehnica Timişoara (Fotbal Club Politehnica Timişoara), Temeschburg (Timişoara), Rumänien, Klub, entst. 1921, [1921-48 CS Politehnica Timişoara, 48-49 CSU Timişoara, 49-66 CS Ştiinţa Timişoara, 66-69 FC Ripensia, 69-92 CS Politehnica Timişoara], **s. S.** 91
FC Pommern Stralsund (Fußball-Club Pommern Stralsund), Stralsund, Deutschland, Klub, entst. 1967, [entst. 1967 nach Umzug von ASG Vorwärts Rostock nach Stralsund => ASV Vorwärts Stralsund (67-89), 89 Fusion mit BSG Motor Stralsund => TSV 1860 Stralsund (89-94)], **s. S.** 85
FC Porto (Futebol Clube do Porto), Porto, Portugal, Klub, entst. 1906, **s. S.** 79
FC Portos (Futebol Clube Portos), Bissau, Guinea-Bissau, Klub, [19??-96 Porto FC], **s. S.** 116
FC Prahova Ploieşti (Fotbal Club Prahova Ploieşti), Ploieşti, Rumänien, Klub, entst. 1909, [1909-14 FC United Ploieşti, 14-50 FC Prahova Ploieşti, 47 Fusion mit Concordia Ploieşti, 50-56 Partizanul Ploieşti, aufgel. 52 Fusion mit Flacăra Ploieşti, 56 Aufl. der Fusion und Zurückbenennung => Metalul Ploieşti (56-57), 57-58 Energia Ploieşti], **s. S.** 91
FC Preußen 04 Krefeld **s.** VfL Preußen 1895 Krefeld
FC Preußen Münster **s.** SC Preußen 06 Münster
FC Preußen Rothenditmold **s.** SV 06 Kassel-Rothenditmold
FC Preußen **s.** Berliner FC Preußen
FC Preußen Stettin **s.** SK Preußen 01 Stettin
FC Příbram **s.** FC Marila Příbram
FC Příbram **s.** FK Dukla Praha
FC Prince Louis (Football Club Prince Louis), Bujumbura, Burundi, Klub, **s. S.** 119
FC Progrès Cessange (Football Club Progrès Cessange), Luxembourg, Luxemburg, Klub, entst. 1908, [1908-40 FC Progrès Grund, 40-44 SpV. 08 Grund, 44-78 FC Progrès Grund, 78-81 FC Yougo Grund-Cessange], **s. S.** 74
FC Progrès Grund **s.** FC Progrès Cessange
FC Progrès Niedercorn (Football Club Progrès Niedercorn), Niedercorn, Luxemburg, Klub, entst. 1919, [1919-40 FC Progrès Niedercorn, 40-44 FK Niederkorn], **s. S.** 74
FC Progresul Brînceni (Fotbal Club Progresul Brînceni), Brînceni, Moldawien, Klub, [??-1994 FC Vilia Brînceni], **s. S.** 99
FC Prussia-Samland Königsberg **s.** SV Prussia-Samland Königsberg
FC Racing Rodange (Football Club Racing Rodange), Rodange, Luxemburg, Klub, entst. 1931, [1931-40 FC Racing Rodange, 40-44 FV 31 Rodingen, 44-91 FC Racing Rodange, aufgel. 91 durch Fusion mit FC Chiers Rodange => FC Rodange 91], **s. S.** 74
FC Racing Rodange **s.** FC Chiers Rodange
FC Racing Rodange **s.** FC Rodange 91
FC Râmnicu Vâlcea (Fotbal Club Râmnicu Vâlcea), Râmnicu Vâlcea, Rumänien, Klub, entst. 1924, [1924-46 SS Vîlceana Rîmnicu Vîlcea, 46-47 Vîlceana Rîmnicu Vîlcea, 47-55 CSM Rîmnicu Vîlcea, 55-57 Flamura Rosie Rîmnicu Vîlcea, 57-58 AS Unirea Rîmnicu Vîlcea, 58 aufgel. und wiedergegr., 58-60 Santierul Govora, 60-62 Chimia Govora, 62-67 Unirea Rîmnicu Vîlcea, 67-74 Chimia Rîmnicu Vîlcea, 74 CS Rîmnicu Vîlcea, 74-?? Chimia Rîmnicu Vîlcea], **s. S.** 91
FC Ranto-Miks Riga (Football Club Ranto-Miks Riga), Riga, Lettland, Klub, entst. 1994, [1994-95 FK Riga-LSPA, 95-96 AVV-LSPA Riga, 96-98 Ranto-AVV Riga], **s. S.** 99
FC Rapid Bucureşti **s.** UFC Rapid Bucureşti
FC Rapid Neudorf (Football Club Rapid Neudorf), Luxembourg, Luxemburg, Klub, entst. 1909, [1909-40 FC Rapid Neudorf, 40-44 SV 09 Neudorf, 44-86 FC Rapid Neudorf, aufgel. 86 durch Fusion mit FC Mansfeldia Clausen-Cents => RM '86 Luxembourg], **s. S.** 74
FC Rapid Neudorf **s.** FC Mansfeldia Clausen
FC Rapid Salzburg **s.** SV Wüstenrot Salzburg
FC Rätia Bludenz **s.** Casino SW Bregenz
FC Real Iberia, Havanna (La Habana), Kuba, Klub, [19??-2? FC Iberia, ?? aufgel.], **s. S.** 126
FC Red Star Merl-Belair (Football Club Red Star Merl-Belair), Luxembourg, Luxemburg, Klub, entst. 1927, **s. S.** 74
FC Reipas (Football Club Reipas), Lahti, Finnland, Klub, entst. 1945, [entst. 1945 nach Umzug von Reipas aus Vyborg nach Lahti => Reipas Lahti (45-91), 91-96 FC Reipas, aufgel. 96 durch Fusion mit FC Kuusysi => FC Lahti], **s. S.** 73
FC Reipas **s.** FC Kuusysi
FC Reipas **s.** FC Lahti
FC Rhenania Krefeld **s.** VfL Preußen 1895 Krefeld
FC Riograndense (Football Club Riograndense), Rio Grande, Brasilien, Klub, **s. S.** 133
FC Ripensia **s.** FC Politehnica Timişoara
FC Ripensia Timişoara (Fotbal Club Ripensia Timişoara), Temeschburg (Timişoara), Rumänien, Klub, entst. 1928, [aufgel. 1948], **s. S.** 91
FC Rocar Bucureşti **s.** FC Rocar Fulgerul Bragadiru
FC Rocar Fulgerul Bragadiru (Fotbal Club Rocar Fulgerul Bragadiru), Bukarest (Bucureşti), Rumänien, Klub, entst. 1953, [19??-2000 FC Rocar Bucureşti], **s. S.** 90
FC Rodange 91 (Football Club Rodange 91), Rodange, Luxemburg, Klub, entst. 1991, [entst. 1991 durch Fusion FC Chiers Rodange und FC Racing Rodange], **s. S.** 74
FC Rodange 91 **s.** FC Chiers Rodange
FC Rodange 91 **s.** FC Racing Rodange
FC Roma Bălţi (Fotbal Club Roma Bălţi), Bălţi, Moldawien, Klub, entst. 1995, **s. S.** 99
FC RoPS (Football Club Rovaniemen Palloseura), Rovaniemi, Finnland, Klub, entst. 1950, [1950-91 RoPS], **s. S.** 73
FC Rot-Weiß Erfurt (Fußball-Club Rot-Weiß Erfurt), Erfurt, Deutschland, Klub, entst. 1895, [1895-96 Cricket Club Erfurt, 1896-1946 SC Erfurt, 46 aufgel. und wiedergegr., 46-48 SG Erfurt-West, 48-49 SG Fortuna Erfurt, 49-51 BSG KWU Erfurt, 51-54 BSG Turbine Erfurt, 54-66 SC Turbine Erfurt], **s. S.** 85
FC Roubaix **s.** Excelsior AC Roubaix
FC Rouen (Football Club de Rouen), Rouen, Frankreich, Klub, entst. 1899, **s. S.** 77
FC Rudolfshügel (Fußball Club Rudolfshügel), Wien, Österreich, Klub, entst. 1902, [aufgel. 1935], **s. S.** 83
FC Ruggell (Fußball Club Ruggell), Ruggell, Liechtenstein, Klub, entst. 1958, **s. S.** 83
FC Saarbrücken **s.** 1. FC Saarbrücken
FC Sachsen Leipzig 1990 (Fußball-Club Sachsen Leipzig 1990), Leipzig, Deutschland, Klub, entst. 1899, [??-19?? SpVgg. Leipzig, 38-45 SV TuRa Leipzig, 45 aufgel. und wiedergegr., 45-49 SG Leutzsch, 49 Fusion mit SG Lindenau-Aue, SG Leipzig-Mitte, SG Böhlitz-Ehrenberg und SG Lindenau-Hafen => ZSG Industrie Leipzig (49-50), 50-54 BSG Chemie Leipzig, 54 aufgel. und wiedergegr., 54-56 BSG Chemie Leipzig-West, 56 Fusion mit BSG Chemie Südwest Leipzig => BSG Chemie Leipzig (56-90), 90 FC Grün-Weiß Leipzig, 90 Fusion mit FSV Böhlen => FC Sachsen Leipzig 1990], **s. S.** 85
FC Sachsen Leipzig **s.** FSV Böhlen
FC Samgurali Zchaltubo (Football Club Samgurali Zchaltubo), Zchaltubo, Georgien, Klub, entst. 1945, **s. S.** 97
FC Samtredia **s.** FC Iberia Samtredia
FC San Marcos (Fútbol Club San Marcos), San Marcos, Nicaragua, Klub, **s. S.** 125
FC Sancti Spíritus (Fútbol Club Sancti Spíritus), Sancti Spíritus, Kuba, Klub, **s. S.** 126
FC Sankt Gallen (Fußball Club Sankt Gallen), Sankt Gallen, Schweiz, Klub, entst. 1879, [1879-98 FC Sankt Gallen, 96 Fusion mit FC Viktor Sankt Gallen, 98 Fusion mit FC Phönix Sankt Gallen => Vereinigte FC Sankt Gallen (1898-1903)], **s. S.** 82
FC Sankt Pölten **s.** FCN Sankt Pölten
FC Sankt Veit an der Glan (Fußball Club Sankt Veit an der Glan), Sankt Veit an der Glan, Österreich, Klub, entst. 1950, [1950-92 SV Sankt Veit an der Glan, 92 Fusion mit SCA Sankt Veit an der Glan => FC Sankt Veit an der Glan], **s. S.** 83
FC Santa Coloma (Futbol Club Santa Coloma), Santa Coloma, Andorra, Klub, entst. 1989, [1997-98 Don Pernil Santa Coloma], **s. S.** 77
FC Santa Cruz (Futebol Clube Santa Cruz do Sul), Santa Cruz do Sul, Brasilien, Klub, entst. 1913, **s. S.** 133
FC Santiago de Cuba (Fútbol Club Santiago de Cuba), Santiago de Cuba, Kuba, Klub, **s. S.** 126
FC Santos (Football Club Santos), Ouagadougou, Burkina Faso, Klub, **s. S.** 114
FC Santos (Fútbol Club Santos), San Cristóbal, Dominikanische Republik, Klub, **s. S.** 127
FC Sapovnela Terdschola (Football Club Sapovnela Terdschola), Terdschola, Georgien, Klub, **s. S.** 97
FC Satmos, Selebi Phikwe/Selibe Philewe, Botswana, Klub, **s. S.** 121
FC Schaan (Fußball Club Schaan), Schaan, Liechtenstein, Klub, entst. 1949, **s. S.** 83
FC Schachdag Kuba (Football Club Schachdag Kuba), Quba/Kuba, Aserbaidschan, Klub, **s. S.** 97
FC Schachdag Kusary (Football Club Schachdag Kusary), Qusar/Kusary, Aserbaidschan, Klub, [19??-98 FC Neftegaz Kusary], **s. S.** 97
FC Schafa Baku (Football Club Schafa Baku), Bakı/Baku, Aserbaidschan, Klub, **s. S.** 97
FC Schaffhausen (Fußball Club Schaffhausen), Schaffhausen, Schweiz, Klub, entst. 1896, [1896-1904 FC Viktoria Schaffhausen, 04 Fusion mit Young Boys Schaffhausen und Grasläufer Schaffhausen => FC Schaffhausen], **s. S.** 82
FC Schalke 04 (Fußball-Club Gelsenkirchen Schalke von 1904), Gelsenkirchen, Deutschland, Klub, entst. 1904, [1904-12 SC Westfalia 04 Schalke, 12 Fusion mit TV 1877 Schalke (12-13), 13 Aufl. der Fusion, 13-19 SC Westfalia 04 Schalke, 19 Fusion mit TV 1877 Schalke => TuS 1877 Schalke (19-24)], **s. S.** 84
FC Schamkir (Football Club Schamkir), Şämkir/Schamkir, Aserbaidschan, Klub, entst. 1959, **s. S.** 97
FC Schengawit Erewan **s.** FC Karabach Erewan
FC Schirak Gjumri (Football Club Schirak Gjumri), Gjumri, Armenien, Klub, entst. 1934, [1934-57 Karmir Drosch Gjumri], **s. S.** 97
FC Schirak-2 Gjumri **s.** FC Gjumri
FC Schirakgala Sjazan' (Football Club Schirakgala Sjazan'), Siyäzän/Sjazan', Aserbaidschan, Klub, **s. S.** 97
FC Schirwan Kjurdamir (Football Club Schirwan Kjurdamir), Kürdämir/Kjurdamir, Aserbaidschan, Klub, **s. S.** 97
FC Schirwan Schemacha (Football Club Schirwan Schemacha), Şamaxi/Schemacha, Aserbaidschan, Klub, **s. S.** 97
FC Schukura Kobuleti (Football Club Schukura Kobuleti), Kobuleti, Georgien, Klub, **s. S.** 97
FC Schwarz-Weiß Bregenz **s.** Casino SW Bregenz
FC Schwarz-Weiß Bregenz **s.** FC Dornbirn
FC Schweinfurt 05 **s.** 1. FC Schweinfurt 05
FC Scibe (Football Club Scibe), Mbandaka, Volksrepublik Kongo, Klub, **s. S.** 119
FC SEAC (Football Club SEAC), Kinshasa, Volksrepublik Kongo, Klub, **s. S.** 119
FC Selena Bacău **s.** FCM Bacău
FC Sérésien **s.** RFC Seraing
FC Sète (Football Club de Sète), Sète, Frankreich, Klub, entst. 1900, [1900-14 Olympique Cette, 14-28 FC Cette], **s. S.** 77
FC Sheriff Tiraspol (Fotbal Club Sheriff Tiraspol), Tiraspol, Moldawien, Klub, entst. 1996, [1996-97 FC Tiras Tiraspol], **s. S.** 99
FC Siegfried Bielefeld **s.** DSC Arminia Bielefeld
FC Sindicat Chişinău **s.** FC Moldova-Gaz Chişinău
FC Sindicat Moldova-Gaz Chişinău **s.** FC Moldova-Gaz Chişinău
FC Sinteza Căuşeni (Fotbal Club Sinteza Căuşeni), Căuşeni, Moldawien, Klub, **s. S.** 99
FC Sion (Football Club Sion), Sion, Schweiz, Klub, entst. 1909, **s. S.** 82
FC Sioni Bolnissi (Football Club Sioni Bolnissi), Bolnissi, Georgien, Klub, entst. 1936, **s. S.** 97
FC Sjunik Kapan **s.** FC Lernagorts Kapan
FC SKA-ARAI Etschmiadzin **s.** FC BMA-ARAI Etschmiadzin
FC Slovácká Slavia Uherské Hradiště (Football Club Slovácká Slavia Uherské Hradiště), Uherské Hradiště, Tschechische Republik, Klub, entst. 1894, [1894-194? AC Slovácká Slavia Uherské Hradiště, 4?-48 SK Slovácká Slavia Uherské Hradiště, 48-53 Sokol Slovácká Slavia Uherské Hradiště, 53-6? TJ Spartak Uherské Hradiště, 6?-93 TJ Slovácká Slavia Uherské Hradiště, 93-94 SK Slovácká Slavia Uherské Hradiště, 94-95 SK TIC Slovácká Slavia Uherské Hradiště, 95-9? FC Joko Slovácká Slavia Uherské Hradiště, 199?-2000 FC Slovácká Slavia Uherské Hradiště, aufgel. 2000 durch Fusion mit FC Synot => 1. FC Synot], **s. S.** 86
FC Slovácká Slavia Uherské Hradiště **s.** 1. FC Synot
FC Slovan Liberec (Football Club Slovan Liberec), Liberec, Tschechische Republik, Klub, entst. 1958, [entst. 1958 durch Fusion TJ Slavoj Liberec und TJ Jiskra SS Liberec => TJ Slovan Liberec (58-80), 80-93 TJ Slovan Elitex Liberec, 93 FC Slovan Liberec, 93-94 FC Slovan WSK Liberec, 94-95 FC Slovan WSK Vratislav Liberec], **s. S.** 86
FC Slovan Pardubice **s.** AFK Atlantic Lázně Bohdaneč
FC Slovan Rimavská Sobota **s.** FC Tauris Rimavská Sobota
FC Slovan WSK Liberec **s.** FC Slovan Liberec
FC Slovan WSK Vratislav Liberec **s.** FC Slovan Liberec
FC Sochaux **s.** FC Sochaux-Montbéliard
FC Sochaux-Montbéliard (Football Club Sochaux-Montbéliard), Montbéliard, Frankreich, Klub, entst. 1928, [1928-30 FC Sochaux, 30 Fusion mit AS Montbéliard => FC Sochaux-Montbéliard], **s. S.** 77
FC Şoimii COMPA Sibiu (Fotbal Club Şoimii COMPA Sibiu), Sibiu, Rumänien, Klub, entst. 1921, [1921-47 FC Şoimii Sibiu, 47 Fusion mit CFR Sibiu => Şoimii CFR Sibiu (47-48), 48-49 CFR Sibiu, 49-73 Locomotivă Sibiu, 73-81 FC Şoimii Sibiu, 81 Fusion mit IPA Sibiu => FC Şoimii IPA Sibiu (81-90), 90-92 AS Şoimii IPA Sibiu], **s. S.** 91
FC Şoimii IPA Sibiu **s.** FC Şoimii COMPA Sibiu
FC Şoimii Sibiu **s.** FC Şoimii COMPA Sibiu
FC Solothurn (Fußball Club Solothurn), Solothurn, Schweiz, Klub, entst. 1902, [1906 Fusion mit FC Young Boys Solothurn], **s. S.** 82
FC Spartak Trnava (Football Club Spartak Trnava), Trnava, Slowakei, Klub, entst. 1923, [entst. 1923 durch Fusion ŠK Čechie Trnava und 1. ČsŠK Trnava => TŠS Trnava (23-48), 39 Fusion mit ŠK Rapid Trnava, 48-49 Sokol NV Trnava, 49 Fusion mit Kovosmalt Trnava => ZSJ Kovosmalt Trnava (49-53), 53-62 TJ Spartak Kovosmalt Trnava, 62-67 TJ Spartak Trnava, 67-88 TJ Spartak TAZ Trnava, 88-90 TJ Spartak ZŤS Trnava, 90-93 TJ Spartak Trnava], **s. S.** 86
FC Spatial (Football Club Spatial), Cayenne, Französisch-Guyana, Klub, **s. S.** 129
FC Speranta Nisporeni (Fotbal Club Speranta Nisporeni), Nisporeni, Moldawien, Klub, **s. S.** 99
FC Sporting Mertzig (Football Club Sporting Mertzig), Mertzig, Luxemburg, Klub, entst. 1961, **s. S.** 75
FC Sporting-Dulcia La Chaux-de-Fonds **s.** FC Etoile La Chaux-de-Fonds
FC Sportlust-Borussia Schöneberg **s.** Berliner SC Kickers 1900
FC Sportul studentesc Chişinău **s.** FC Unisport Chişinău
FC Spumante Cricova (Fotbal Club Spumante Cricova), Cricova, Moldawien, Klub, **s. S.** 99
FC St. Eloi **s.** FC Lupopo
FC St. Luc (Football Club St. Luc), Kananga, Volksrepublik Kongo, Klub, **s. S.** 119
FC St. Pauli 1910 (Fußball-Club St. Pauli von 1910), Hamburg, Deutschland, Klub, entst. 1910, [1910-24 Hamburg-St. Pauli TV], **s. S.** 85
FC Stadlau (Fußball Club Stadlau), Wien, Österreich, Klub, entst. 1903, [1903-63 FC Stadlau, aufgel. 63 durch Fusion mit ÖMV Olympia Wien => FC ÖMV Stadlau], **s. S.** 83
FC Stadlau **s.** ÖMV Olympia Wien
FC Stahl Brandenburg (Fußball-Club Stahl Brandenburg), Brandenburg, Deutschland, Klub, entst. 1945, [1945-50 SG Brandenburg-West, 50-55 BSG Einheit Brandenburg, 55-90 BSG Stahl Brandenburg, 90-93 BSV Stahl Brandenburg, 93-98 BSV Brandenburg], **s. S.** 85
FC Stahl Linz **s.** FC Linz
FC Stahl Riesa '98 (Fußball-Club Stahl Riesa '98), Riesa, Deutschland, Klub, entst. 1948, [1948-54 BSG Stahl Riesa, 49 Fusion mit SG Riesa, 54-57 SC Stahl Riesa, 57-90 BSG Stahl Riesa, 90-91 FC Stahl Riesa, 91-95 Riesaer SV, 95 Fusion mit SV Blau-Weiß Riesa => Riesaer SV Blau-Weiß (95-98), 98 Fusion mit SC Riesa => FC Stahl Riesa '98], **s. S.** 85
FC Starts Broceni (Football Club Starts Broceni), Broceni, Lettland, Klub, **s. S.** 99
FC Stavo Artikel Brno (Football Club Stavo Artikel Brno), Brno, Tschechische Republik, Klub, entst. 1913, [1913-48 SK Židenice, 48 ZK Zbrojovka Židenice, 48-49 Sokol Zbrojovka Židenice, 49-53 Sokol Zbrojovka Brno I, 53-68 TJ Spartak ZJŠ Brno, 62 Fusion mit TJ Rudá hvězda Brno, 68-90 TJ Zbrojovka Brno, 90-92 FC Zbrojovka Brno, 1992-2000 FC Boby Brno], **s. S.** 86
FC Steaua Bucureşti (Fotbal Club Steaua Bucureşti), Bukarest (Bucureşti), Rumänien, Klub, entst. 1947, [1947-48 ASA Bucureşti, 48-50 CSCA Bucureşti, 50-61 CCA Bucureşti, 61-98 CSA Steaua Bucureşti], **s. S.** 90
FC Stella Fribourg **s.** FC Fribourg
FC Stimold Chişinău (Fotbal Club Stimold Chişinău), Chişinău, Moldawien, Klub, [19??-97 FC Stimold-MIF Chişinău], **s. S.** 99
FC Stimold-MIF Chişinău **s.** FC Stimold Chişinău
FC Sturm Innsbruck **s.** FC Tirol Milch Innsbruck
FC Style (Football Club Style), Kinshasa, Volksrepublik Kongo, Klub, **s. S.** 119
FC Sulori Wani (Football Club Sulori Wani), Wani, Georgien, Klub, **s. S.** 97
FC Svit Zlín **s.** FK Zlín
FC Swarovski Tirol Innsbruck **s.** FC Tirol Milch Innsbruck
FC Swarovski Tirol Innsbruck **s.** WSG Wattens
FC Swift Hesperange **s.** 1. FC Swift Hesperange
FC Swift Wasserbillig **s.** FC Jeunesse Wasserbillig
FC Synot **s.** 1. FC Synot
FC Synot **s.** FC Slovácká Slavia Uherské Hradiště
FC Synot Staré Město **s.** 1. FC Synot
FC Tatran Bukóza Prešov **s.** FC Tatran Prešov
FC Tatran Prešov (Football Club Tatran Prešov), Prešov, Slowakei, Klub, entst. 1898, [1898-1920 Eperjesi TVE, 20-48 Snaha-Törekvés Prešov, 48 Fusion mit ŠK Slávia Prešov => PTS, 48-49 Sokol Sparta Prešov, 49-50 Sokol Sparta Dukla Prešov, 50-51 Sokol Dukla Prešov, 51-52 ZSJ Dukla ČSSZ Prešov, 52-53 ZSJ ČSSZ Prešov, 53-89 TJ Tatran Prešov, 89-91 TJ Tatran Agro Prešov, 91-96 FC Tatran Prešov, 96-97 FC Tatran Bukóza Prešov], **s. S.** 87
FC Tauris Rimavská Sobota (Football Club Tauris Rimavská Sobota), Rimavská Sobota, Slowakei, Klub, entst. 1913, [1913-19 RAC, 19-22 RPOS, 22-35 ŠK Slovan Rimavská Sobota, 35 Fusion mit RME => ŠK Snaha-Törekvés Rimavská Sobota (35-45), 45-48 ŠK Rimavská Sobota, 48-52 Sokol Rimavská Sobota, 52-53 ZSJ ČSSZ Rimavská Sobota, 53-54 TJ Tatran Rimavská Sobota, 54 Fusion mit TJ Slavoj Rimavská Sobota => Tatran Rimavská Sobota (54-55), 55-92 TJ Slovan Rimavská Sobota, 92-93 ŠK Saturn Rimavská Sobota, 93 ŠK Slovan Rimavská Sobota, 93-95 FC Slovan Rimavská Sobota], **s. S.** 87
FC Tbilisi (Football Club Tbilisi), Tbilisi, Georgien, Klub, **s. S.** 97
FC Technicum Fribourg **s.** FC Fribourg
FC Terrex Kladno **s.** SK Kladno
FC Tevalte Tallinn **s.** TVMK Tallinn
FC Tevalte-Markelor Tallinn **s.** TVMK Tallinn
FC The Belval Belvaux (Football Club The Belval Belvaux), Belvaux, Luxemburg, Klub, entst. 1908, [1908-14 The Bel-Val Belvaux, 14 Fusion mit Sportsmen-Club Belvaux => FC Belvaux (14-40), 40-44 FV Beles, 44-?? FC Belvaux], **s. S.** 74
FC The National Schifflange **s.** FC '95 Schifflange
FC Thun (Fußball Club Thun), Thun, Schweiz, Klub, entst. 1898, **s. S.** 82
FC Tighina Bender **s.** FC Dinamo Bender
FC Tiligul Tiraspol (Fotbal Club Tiligul Tiraspol), Tiraspol, Moldawien, Klub, entst. 1961, [1961-63 Pischtschevik Tiraspol, 63-67 Luceafarul Tiraspol, 67-72 Dnestr Tiraspol, 72-78 Zvezda Tiraspol, 78-79 Start Tiraspol, 79-86 Avtomobilist Tiraspol, 86-90 Tekstil'schtschik Tiraspol, 90-91 Tiras Tiraspol], **s. S.** 99
FC Tiras Tiraspol **s.** FC Sheriff Tiraspol
FC Tirol Innsbruck **s.** FC Tirol Milch Innsbruck
FC Tirol Innsbruck **s.** WSG Wattens
FC Tirol Milch Innsbruck (Fußball Club Tirol Milch Innsbruck), Innsbruck, Österreich, Klub, entst. 1913, [1913-22 FC Wacker Innsbruck, 22-23 FC Sturm Innsbruck, 23-71 FC Wacker Innsbruck, 71 Fusion mit WSG Swarovski Wattens => FC Tirol Innsbruck, 71-86 SWW Innsbruck, 86 Aufl. der Fusion => FC Swarovski Tirol Innsbruck (86-92) und WSG Freisinger Swarovski Wattens, 92-93 FC Wacker Innsbruck, 93 FC Tirol Innsbruck, 93-95 FC Innsbruck Capillaris Tirol], **s. S.** 82
FC Tirsense (Futebol Clube Tirsense), Santo Tirso, Portugal, Klub, entst. 1938, **s. S.** 79
FC Topoľčany **s.** MFK VTJ Topoľčany
FC Torentul Chişinău (Fotbal Club Torentul Chişinău), Chişinău, Moldawien, Klub, [19??-91 Dinamo Chişinău, 91-92 FC Dinamo-Codru Chişinău, 92-93 FC Dinamo Chişinău], **s. S.** 99
FC Torino **s.** Torino Calcio
FC Torpedo Kutaissi (Football Club Torpedo Kutaissi), Kutaissi, Georgien, Klub, entst. 1959, [1959-60 Lokomotiv Kutaisi, 60-90 Torpedo Kutaisi, 90-92 FC Kutaisi], **s. S.** 97
FC Toumodi (Football Club Toumodi), Toumodi, Elfenbeinküste, Klub, **s. S.** 117
FC Tourbillon (Football Club Tourbillon), N'Djamena, Tschad, Klub, **s. S.** 114
FC Tours (Football Club Tours), Tours, Frankreich, Klub, entst. 1951, **s. S.** 77
FC Tricolore Gasperich **s.** FC Tricolore Muhlenweg
FC Tricolore Muhlenweg (Football Club Tricolore Muhlenweg), Luxembourg, Luxemburg, Klub, entst. 1919, [1919-48 FC Tricolore Muhlenweg, 48-?? FC Tricolore Gasperich], **s. S.** 74
FC Tricon Cahul (Fotbal Club Tricon Cahul), Cahul, Moldawien, Klub, **s. S.** 99
FC Triesen (Fußball Club Triesen), Triesen, Liechtenstein, Klub, entst. 1932, **s. S.** 83
FC Triesenberg (Fußball Club Triesenberg), Triesenberg, Liechtenstein, Klub, entst. 1972, **s. S.** 83
FC Tschumi Suchumi (Football Club Tschumi Suchumi), Suchumi, Georgien, Klub, **s. S.** 97
FC Tsement Ararat **s.** FC Araks Ararat
FC TSU Armazi Tbilisi (Football Club TSU Armazi Tbilisi), Tbilisi, Georgien, Klub, entst. 1906, [1906-96 Schewardeni 1906 Tbilisi, 96-97 TSU-Schewardeni 1906 Tbilisi, 1997-2000 FC TSU Tbilisi], **s. S.** 97
FC TSU Tbilisi **s.** FC TSU Armazi Tbilisi
FC Turan Tauz (Football Club Turan Tauz), Tovuz/Tauz, Aserbaidschan, Klub, entst. 1954, **s. S.** 97
FC Turnhout **s.** KFC Turnhout
FC TVMV-90 Tallinn **s.** FC Lantana Tallinn
FC Twente (Football Club Twente), Enschede, Niederlande, Klub, entst. 1965, [entst. 1965 durch Fusion SC Enschede und Enschedese Boys], **s. S.** 75
FC Twente **s.** SC Enschede
FC Ulim-Codru Călăraşi (Fotbal Club Ulim-Codru Călăraşi), Călăraşi, Moldawien, Klub, [19??-97 FC Codru Călăraşi], **s. S.** 99
FC Umid Dschalilabad (Football Club Umid Dschalilabad), Cälilabad/Dschalilabad, Aserbaidschan, Klub, **s. S.** 97
FC Union (Football Club Union), Kinshasa, Volksrepublik Kongo, Klub, **s. S.** 119
FC Union 1893 Cassel **s.** Kasseler SV Hessen

FC Union Berlin **s.** 1. FC Union Berlin
FC Union Cheb (Football Club Union Cheb), Cheb, Tschechische Republik, Klub, entst. 1951, [1951-52 VSJ Sokolovo Cheb, 52-66 TJ RH Cheb, 66-72 VTJ Dukla Hraničář Cheb, 72-90 TJ RH Cheb, 90-93 SKP Cheb, 93-96 FC Union Cheb, 96 aufgel.], **s. S.** 86
FC Union Freiburg **s.** SC Freiburg
FC Union Mülheim **s.** Mülheimer SV 06
FC Union Raiffeisen Wels **s.** FC Union Wels
FC Union Wels (Fußball Club Union Wels), Wels, Österreich, Klub, entst. 1946, [1946-?? FC Union Wels, ??-?? FC Union Raiffeisen Wels, 84 aufgel.], **s. S.** 83
FC Unisport Chişinău (Fotbal Club Unisport Chişinău), Chişinău, Moldawien, Klub, entst. 1992, [1992 Clubul Sportiv studentesc Chişinău, 92-93 CSS Amocom Chişinău, 93-96 FC Sportul studentesc Chişinău, 96 Fusion mit FC Universul Truseni => FC Unisport Chişinău (96-99), aufgel. 99 durch Fusion mit FC Nistru Otaci => FC Nistru-Unisport Otaci], **s. S.** 99
FC Unisport Chişinău **s.** FC Nistru Otaci
FC Unisport Chişinău **s.** FC Nistru-Unisport Otaci
FC United Ploieşti **s.** FC Prahova Ploieşti
FC Universitatea Cluj-Napoca (Fotbal Club Universitatea Cluj-Napoca), Cluj-Napoca, Rumänien, Klub, entst. 1919, [1919-48 Universitatea Cluj, 48-49 CSU Cluj, 49-66 Ştiinţa Cluj, 66-74 CS Universitatea Cluj, 74-92 CS Universitatea Cluj-Napoca], **s. S.** 91
FC Universitatea Craiova **s.** AS Universitatea FC Craiova
FC Universul Ciuciuleni (Fotbal Club Universul Ciuciuleni), Ciuciuleni, Moldawien, Klub, **s. S.** 99
FC Universul Truseni **s.** FC Unisport Chişinău
FC Urania des Eauc-Vives Genève **s.** FC Genève
FC Urania des Eauc-Vives Genève **s.** Urania Genève-Sports
FC UT Arad (Fotbal Club Unizale Textile Arad), Arad, Rumänien, Klub, entst. 1945, [1945-49 IT Arad, 49-58 Flamura Roşie IT Arad, 58-85 UT Arad, 85-?? FCM UT Arad, ??-97 UT Arad], **s. S.** 91
FC Utrecht (Football Club Utrecht), Utrecht, Niederlande, Klub, entst. 1970, [entst. 1970 durch Fusion DOS, VV Elinkwijk und Velox], **s. S.** 75
FC Utrecht **s.** DOS
FC Utrecht **s.** VV Elinkwijk
FC Vaduz (Fußball Club Vaduz), Vaduz, Liechtenstein, Klub, entst. 1931, **s. S.** 83
FC Vairogs Rezekne **s.** FK Rezekne
FC Valenciennes **s.** Valenciennes FC
FC Valga (Football Club Valga), Valga, Estland, Klub, **s. S.** 99
FC Veltheim **s.** FC Winterthur
FC Veltheim **s.** FC Winterthur-Veltheim
FC Venlo-VVV **s.** VVV
FC Verbroedering Geel **s.** KFC Verbroedering Geel
FC Victoria Frankfurt/Oder **s.** Frankfurter FC Viktoria 91
FC Victoria Hamburg **s.** SC Victoria 1895 Hamburg
FC Vienna **s.** First Vienna FC
FC Vignoble **s.** Cantonal-Neuchâtel FC
FC Vigri Tallinn **s.** TVMK Tallinn
FC Viktor Sankt Gallen **s.** FC Sankt Gallen
FC Viktoria Forst (Fußball-Club Viktoria Forst), Forst, Deutschland, Klub, entst. 1901, [aufgel. 1933 durch Fusion mit Fortuna Forst => Viktoria-Fortuna Forst], **s. S.** 85
FC Viktoria Frankfurt **s.** Eintracht Frankfurt
FC Viktoria Mannheim **s.** VfR Mannheim
FC Viktoria Plzeň (Football Club Viktoria Plzeň), Plzeň, Tschechische Republik, Klub, entst. 1911, [1911-48 SK Viktoria Plzeň, 48 Sokol Plzeň V, 49-51 Sokol Škodovka Plzeň, 51-53 ZSJ ZVIL Plzeň, 53-62 TJ Spartak Plzeň, 62-65 TJ Spartak LZ Plzeň, 65-92 TJ Škoda Plzeň], **s. S.** 86
FC Viktoria Schaffhausen **s.** FC Schaffhausen
FC Viktoria Zaborze **s.** SC Preußen Hindenburg
FC Vilan-D Daugavpils **s.** FC Dinaburg Daugavpils
FC Vilia Brînceni **s.** FC Progresul Brînceni
FC Viliasch Masally (Football Club Viliasch Masally), Masallı/Masally, Aserbaidschan, Klub, entst. 1967, **s. S.** 97
FC Villa Clara (Fútbol Club Villa Clara), Santa Clara, Kuba, Klub, **s. S.** 126
FC Vítkovice (Football Club Vítkovice), Ostrava, Tschechische Republik, Klub, entst. 1919, [1919-22 SK Slavoj Vítkovice, 22-23 SK Vítkovice, 23-37 SSK Vítkovice, 37-39 SK Železárny Vítkovice, 39-45 ČSK Vítkovice, 45-48 SK Vítkovické železárny, 48-52 Sokol Vítkovické železárny, 53-57 TJ Baník Vítkovice, 57-79 TJ VŽKG Ostrava, 79-92 TJ Vítkovice, 92-93 SSK Vítkovice, 93-94 FC Kovkor Vítkovice, aufgel. 94 durch Fusion mit FK 1. máj Karviná => FC Karviná-Vítkovice, 95 Aufl. der Fusion und Zurückbenennung, 95-98 FC Vítkovice, 98-99 FK Vítkovice], **s. S.** 86
FC Vizela (Futebol Clube Vizela), Caldas de Vizela, Portugal, Klub, entst. 1939, **s. S.** 79
FC VÖEST Linz **s.** FC Linz
FC Volendam (Football Club Volendam), Volendam, Niederlande, Klub, entst. 1920, [1920-77 RKSV Volendam], **s. S.** 75
FC Vorwärts 90 **s.** Berliner FC Vorwärts 90
FC Vorwärts Berlin (Fußball-Club Vorwärts Berlin), Berlin, Deutschland, Klub, entst. 1953, [entst. 1953 nach Umzug von SK Vorwärts KVP Leipzig nach Berlin => ZSK Vorwärts KVP Berlin (53-54), 54-56 ASK Vorwärts Berlin, 56-66 ZASK Vorwärts Berlin, 66-71 FC Vorwärts Berlin, aufgel. 71, Umzug nach Frankfurt => FC Vorwärts Frankfurt/Oder], **s. S.** 85
FC Vorwärts Berlin **s.** Frankfurter FC Viktoria 91
FC Vorwärts Frankfurt/Oder **s.** FC Vorwärts Berlin
FC Vorwärts Frankfurt/Oder **s.** Frankfurter FC Viktoria 91
FC Vrútky (Football Club Vrútky), Vrútky, Slowakei, Klub, entst. 1928, [entst. 1928 durch Fusion RŠK Vrútky und Ruttkai FC => FC Vrútky (28-45), 45-48 ŠK Železničiari Vrútky, 48-53 Sokol Železničiari Vrútky, 53-?? TJ Lokomotíva Vrútky], **s. S.** 87
FC Wacker Innsbruck **s.** FC Tirol Milch Innsbruck
FC Wacker Innsbruck **s.** WSG Wattens
FC Wacker Leipzig **s.** SC Wacker Leipzig
FC Wacker München (Fußball-Club Wacker München), München, Deutschland, Klub, entst. 1903, [1903 FC Isaria 03 München, 03 FC Wittelsbach München, 03-04 FC 03 München-Laim], **s. S.** 85
FC Wageningen (Football Club Wageningen), Wageningen, Niederlande, Klub, entst. 1911, [1911-78 VV Wageningen, 78-92 FC Wageningen, 92 aufgel.], **s. S.** 75
FC Wan Erewan (Football Club Wan Erewan), Erewan, Armenien, Klub, entst. 1990, **s. S.** 97
FC Wattens **s.** WSG Wattens
FC Weissenbühl (Fußball Club Weissenbühl), Bern, Schweiz, Klub, [aufgel. 19??], **s. S.** 82
FC Wettingen (Fußball Club Wettingen), Wettingen, Schweiz, Klub, entst. 1931, [aufgel. 1993], **s. S.** 82
FC Wien (Fußball Club Wien), Wien, Österreich, Klub, entst. 1913, [1913-33 FC Nicholson Wien, 33-74 FC Wien, 74 aufgel.], **s. S.** 83
FC Wiltz 71 (Football Club Wiltz 71), Wiltz, Luxemburg, Klub, entst. 1971, [entst. 1971 durch Fusion US Niederwitz und FC Gold á Rot Wiltz], **s. S.** 75
FC Winterthur (Fußball Club Winterthur), Winterthur, Schweiz, Klub, entst. 1896, [1896 Excelsior FC Winterthur, 1896-1914 FC Winterthur, aufgel. 14 durch Fusion mit FC Veltheim => FC Winterthur-Veltheim, 2? wiedergegr. => FC Winterthur, 27 Fusion mit FC Winterthur-Veltheim], **s. S.** 82
FC Winterthur **s.** FC Winterthur-Veltheim
FC Winterthur-Veltheim (Fußball Club Winterthur-Veltheim), Winterthur, Schweiz, Klub, entst. 1914, [entst. 1914 durch Fusion FC Veltheim und FC Winterthur => FC Winterthur-Veltheim, aufgel. 1927 Fusion mit FC Winterthur], **s. S.** 82
FC Winterthur-Veltheim **s.** FC Winterthur
FC Wismut Aue **s.** FC Erzgebirge Aue
FC WIT Georgia Tbilisi (Football Club Worlds Innovation Technologies Georgia Tbilisi), Tbilisi, Georgien, Klub, entst. 1968, [1968-90 Morkinali Tbilisi, 90-93 Krtsanisi Tbilisi, 93-94 Krtsanisi-Zooweti Tbilisi, 94-95 Zooweti Tbilisi, 95-97 FC Morkinali Tbilisi], **s. S.** 97
FC Wittelsbach München **s.** FC Wacker München
FC Wohlen (Fußball Club Wohlen), Wohlen, Schweiz, Klub, entst. 1904, **s. S.** 82
FC Wormeldange **s.** FC Koeppchen Wormeldange
FC Yougo Grund-Cessange **s.** FC Progrès Cessange
FC Young Boys Diekirch (Football Club Young Boys Diekirch), Diekirch, Luxemburg, Klub, entst. 1908, [1908-40 FC Municipal Young Boys Diekirch, 40-44 FK Diekirch], **s. S.** 75
FC Young Boys Solothurn **s.** FC Solothurn
FC Young Fellows Zürich **s.** SC Young Fellows Zürich
FC Yverdon (Football Club Yverdon), Yverdon, Schweiz, Klub, [aufgel. 19??], **s. S.** 82
FC Yverdon-Sports (Football Club Yverdon-Sports), Yverdon, Schweiz, Klub, entst. 1948, **s. S.** 82
FC Zaanstreek **s.** AZ
FC Zaanstreek **s.** VV Alkmaar
FC Zankezour Goris (Football Club Zankezour Goris), Goris, Armenien, Klub, entst. 1982, **s. S.** 97
FC Zbrojovka Brno **s.** FC Stavo Artikel Brno
FC Zeitz **s.** 1. FC Zeitz
FC Zimbru Chişinău (Fotbal Club Zimbru Chişinău), Chişinău, Moldawien, Klub, entst. 1947, [1947-50 Dinamo Chişinău, 50-58 DSO Burevestnik Chişinău, 58-65 Moldova Chişinău, 65-67 Avîntul Chişinău, 67-73 Moldova Chişinău, 73-91 CF Nistru Chişinău], **s. S.** 99
FC Zlín **s.** FK Zlín
FC Zorawan Jergwart (Football Club Zorawan Jergwart), Jergwart, Armenien, Klub, **s. S.** 97
FC Zug **s.** Zug 94
FC Zuid West (Football Club Zuid West), Harelbeke, Belgien, Klub, entst. 1930, [1930-?? RC Harelbeke, ??-2001 KRC Harelbeke], **s. S.** 75
FC Zürich (Fußball Club Zürich), Zürich, Schweiz, Klub, entst. 1896, [1896-?? Sport und Spiel Zürich], **s. S.** 82
FC Zvartnots Etschmiadzin **s.** FC BMA-ARAI Etschmiadzin
FC Zwartnots AAL Erewan (Football Club Zwartnots AAL Erewan), Erewan, Armenien, Klub, [19??-2000 FC Zwartnots Erewan], **s. S.** 97
FC Zwartnots Erewan **s.** FC Zwartnots AAL Erewan
FC Zwolle (Football Club Zwolle), Zwolle, Niederlande, Klub, entst. 1910, [entst. 1910 durch Fusion Prins Hendrik und EDN Zwolle => VV PEC Zwolle (10-71), 71-91 PEC Zwolle], **s. S.** 75
FCM Bacău (Fotbal Club Muncitoresc Bacău), Bacău, Rumänien, Klub, entst. 1950, [entst. 1950 nach Abspaltung eines Teils von CS Dinamo Bucureşti => Dinamo Bacău (50-70), 58 Fusion mit Dinamo Cluj, 70-90 SC Bacău, 90-92 FC Bacău, 92-95 FC Selena Bacău, 95-96 AS Bacău], **s. S.** 91
FCM Braşov **s.** FC Braşov
FCM Dunarea Galaţi (Fotbal Club Muncitoresc Dunarea Galaţi), Galaţi, Rumänien, Klub, entst. 1970, [1970-76 FC Galaţi, 76-82 FCM Galaţi, 82 Fusion mit CSU Galaţi => Dunarea CSU Galaţi (82-95)], **s. S.** 91
FCM Galaţi **s.** FCM Dunarea Galaţi
FCM Progresul Brăila **s.** Dacia Unirea Brăila
FCM Reşiţa **s.** CSM Reşiţa
FCM UT Arad **s.** FC UT Arad
FCN Sankt Pölten (Fußball Club Niederösterreich Sankt Pölten), Sankt Pölten, Österreich, Klub, entst. 1920, [1920-73 ASK Schwarze Elf Sankt Pölten, 73 Fusion mit BSV Turbine Voith Sankt Pölten und FC Sankt Pölten => VSE Sankt Pölten (73-84), 84 Fusion mit SV Gablitz => SG VSE Sankt Pölten-Gablitz (84-89), 89 Aufl. der Fusion => VSE Eger Schwarz-Elf Sankt Pölten (89-98), 98 Fusion mit SV Gerasdorf => FCN Sankt Pölten], **s. S.** 83
FCU-55 Skopje **s.** FK Cementarnica 55 Skopje
FCU-ULA FC (FCU-Universidad de Los Andes Fútbol Club), Mérida, Venezuela, Klub, entst. 1977, [1977-85 ULA-Mérida FC, 85-96 ULA FC, aufgel. 96, Umzug nach Maracaibo => Atlético Zulia FC, Wiedergr. 98 nach Rückkehr des Teams => ULA FC (98-99)], **s. S.** 128
FCU-Universidad de Los Andes Fútbol Club **s.** FCU-ULA FC
FD Dimitar Kanev Haskovo **s.** FK Haskovo
FD Dunav Ruse **s.** FK Dunav Ruse
FD Dunav Ruse **s.** Torpedo Ruse
FD Etăr Veliko Tărnovo **s.** FK Etăr Veliko Tărnovo
FD Irapuato (Fomento Deportivo Irapuato AC), Irapuato, Mexiko, Klub, entst. 1950, **s. S.** 125
FD Levski Sofija **s.** FD Spartak Sofija
FD Levski Sofija **s.** PFK Levski Sofija
FD Lokomotiv Sofija **s.** FK Lokomotiv Sofija
FD Lokomotiv Sofija **s.** FK Slavija Sofija
FD Milicioner Zagreb **s.** NK Zagreb
FD Proleter Osijek **s.** NK Osijek
FD Schipka Sofija (Fizkulturno druschestvo Schipka Sofija), Sofija, Bulgarien, Klub, entst. 1922, [aufgel. 1945 durch Fusion mit Tsadvar Sofija], **s. S.** 90
FD Septemvri CDV Sofija **s.** FK CSKA Sofija
FD Septemvri CDV Sofija **s.** FK Septemvri Sofija
FD Septemvrijsko Sofija **s.** FK CSKA Sofija
FD Septemvrijsko Sofija **s.** FK Septemvri Sofija
FD Slavija Sofija **s.** FK Lokomotiv Sofija
FD Slavija Sofija **s.** FK Slavija Sofija
FD Spartak Sofija (Fizkulturno druschestvo Spartak Sofija), Sofija, Bulgarien, Klub, entst. 1907, [1907-11 Iskra Sofija, 11-13 Rakovski Sofija, 13-45 FK '13 Sofija, 45-47 Rakovski Sofija, 47-69 FD Spartak Sofija, aufgel. 69 durch Fusion mit FD Levski Sofija => DFS Levski-Spartak Sofija], **s. S.** 90
FD Spartak Sofija **s.** PFK Levski Sofija
FD Strojitel Sofija (Fizkulturno druschestvo Strojitel Sofija), Sofija, Bulgarien, Klub, [aufgel. 1953], **s. S.** 90
FDA-Foresters, Monrovia, Liberia, Klub, **s. S.** 117
FDSE **s.** Videoton FC Fehérvár
Federación Universitaria **s.** Universitario de Deportes
Federal, Tegucigalpa, Honduras, Klub, **s. S.** 125
Federation of Spanish Institutions **s.** Central Español FC
Federazione Calcio Juventus **s.** Juventus FC
FÉG-Lampart **s.** Lampart FC
Fégyvergyári SK **s.** Lampart FC
Fehaihil, al-Fuhayhil, Kuwait, Klub, entst. 1964, **s. S.** 103
Fehérvár '96 FC **s.** Videoton FC Fehérvár
Fehérvár Parmalat '96 FC **s.** Videoton FC Fehérvár
Fehérvár-Parmalat FC **s.** Videoton FC Fehérvár
Fei Pi, Papeete, Tahiti, Klub, **s. S.** 137
Feijenoord **s.** Feyenoord
Feira de Santana, Stadt, Brasilien, **s. S.** 133
Feirense **s.** CD Feirense
Feisal, Mombasa, Kenia, Klub, **s. S.** 119
Feiyada **s.** Shenzhen Kejian Ping'an
Felagsdeildin Eiðis Bóltfelag/Streymur **s.** EB/Streymur
Felgueiras, Stadt, Portugal, **s. S.** 79
Felipéia EC (Felipéia Esporte Clube), João Pessoa, Brasilien, Klub, [aufgel. 19??], **s. S.** 133
Felipéia Esporte Clube **s.** Felipéia EC
Fello Stars, Labé, Guinea, Klub, **s. S.** 117
Fenerbahçe SK (Fenerbahçe Spor Kulübü), İstanbul, Türkei, Klub, entst. 1907, **s. S.** 96
Fenerbahçe Spor Kulübü **s.** Fenerbahçe SK
Fênix FC (Fênix Futebol Clube), São Luís, Brasilien, Klub, [aufgel. 19??], **s. S.** 133
Fênix Futebol Clube **s.** Fênix FC
Fénix **s.** Atlético Fénix
Ferar KMSE Cluj **s.** CFR Cluj-Napoca
Ferar KMSE Cluj, Cluj-Napoca/Kolozsvár, Rumänien, Klub, entst. 1880, [1880-1919 Kolozsvári AC, 19-40 CA Cluj, 40-45 Kolozsvári AC, 45 aufgel. und wiedergegr., 45-47 Ferar KMSE Cluj, aufgel. 47 durch Fusion mit CFR Cluj], **s. S.** 89 und 91
Ferencváros FC **s.** Ferencvárosi TC
Ferencvárosi TC (Ferencvárosi Torna Club), Budapest, Ungarn, Klub, entst. 1899, [1899-1926 Ferencvárosi TC, 26-44 Ferencváros FC, 44-49 Ferencvárosi TC, 49-50 ÉDOSZ SE, 50-56 Budapesti Kinizsi], **s. S.** 88
Ferencvárosi Torna Club **s.** Ferencvárosi TC
Fergana, Stadt, Usbekistan, **s. S.** 100
Feriköy SK (Feriköy Spor Kulübü), İstanbul, Türkei, Klub, entst. 1927, **s. S.** 96
Feriköy Spor Kulübü **s.** Feriköy SK
Fernández Vial **s.** CD Fernández Vial
Feroterm Pohorje Ruše **s.** NK Feroterm Pohorje Ruše
Ferrara, Stadt, Italien, **s. S.** 81
Ferro Carril Oeste (Club Ferro Carril Oeste), Buenos Aires, Argentinien, Klub, entst. 1904, [1904-38 CA Ferro Carril Oeste Buenos Aires], **s. S.** 135
Ferro Carril Oeste **s.** CA Ferro Carril Oeste
Ferrobádminton **s.** Badminton
Ferrobádminton **s.** Ferroviários
Ferrobádminton, Santiago, Chile, Klub, entst. 1950, [entst. 1950 durch Fusion Badminton und Ferroviários], **s. S.** 135
Ferrocarril Córdoba y Rosario **s.** CA Central Córdoba
Ferroclub Deportivo Pereira **s.** Deportivo Pereira
Ferroviária de Esportes (Associação Ferroviária de Esportes), Araraquara, Brasilien, Klub, entst. 1950, **s. S.** 133
Ferroviária **s.** AD Ferroviária
Ferroviário AC (Ferroviário Atlético Clube), Fortaleza, Brasilien, Klub, entst. 1933, **s. S.** 133
Ferroviário AC (Ferroviário Atlético Clube), Maceió, Brasilien, Klub, entst. 1937, **s. S.** 133
Ferroviário AC (Ferroviário Atlético Clube), Porto Velho, Brasilien, Klub, **s. S.** 132
Ferroviário Atlético Clube **s.** Ferroviário AC
Ferroviário Beira, Beira, Mosambik, Klub, **s. S.** 121
Ferroviário de Gaza, Xai-Xai, Mosambik, Klub, **s. S.** 121
Ferroviário de Huíla **s.** Ferroviário Huíla
Ferroviário de Inhambane, Inhambane, Mosambik, Klub, **s. S.** 121
Ferroviário de Lubango **s.** Ferroviário Huíla
Ferroviário de Nachala, Nachala, Mosambik, Klub, **s. S.** 121
Ferroviário de Nampula, Nampula, Mosambik, Klub, **s. S.** 121
Ferroviário de Pemba, Pemba, Mosambik, Klub, **s. S.** 121
Ferroviário EC (Ferroviário Esporte Clube), São Luís, Brasilien, Klub, **s. S.** 133
Ferroviário EC **s.** Operário Ferroviário EC
Ferroviário Esporte Clube **s.** Ferroviário EC
Ferroviário Huíla (Ferroviário de Huíla), Lubango, Angola, Klub, [19??-88 Ferroviário de Lubango], **s. S.** 118
Ferroviário Kilimani, Mosambik, Klub, **s. S.** 121
Ferroviário Maotas, Mosambik, Klub, **s. S.** 121
Ferroviário Maputo, Maputo, Mosambik, Klub, **s. S.** 121
Ferroviário **s.** Britânia SC
Ferroviário **s.** CA Ferroviário
Ferroviário **s.** Colorado EC
Ferroviário **s.** EC Ferroviário
Ferroviário **s.** Palestra Itália FC
Ferroviário, La Paz, Bolivien, Klub, **s. S.** 131
Ferroviários **s.** Badminton
Ferroviários **s.** Ferrobádminton
Ferroviários, Santiago, Chile, Klub, [aufgel. 1950 durch Fusion mit Badminton => Ferrobádminton], **s. S.** 135
Ferryville **s.** US Ferryville
Ferryville, Stadt, Tunesien, **s. S.** 113
Fès, Stadt, Marokko, **s. S.** 113
Feuerwehr **s.** Brigittenauer SC Feuerwehr
Feyenoord, Rotterdam, Niederlande, Klub, entst. 1908, [1908-10 Wilhelmina, 10-11 Hillesluise FC, 11-12 Celeritas, 12-71 RV & AV Feijenoord, 71-78 SC Feyenoord], **s. S.** 75
Fez, Stadt, Marokko, **s. S.** 113
FF Jaro, Pietarsaari/Jakobstad, Finnland, Klub, entst. 1965, [1965-?? Drott], **s. S.** 73
Fflint Athletic **s.** Fflint Town United FC
Fflint FC **s.** Fflint Town United FC
Fflint Town Amateurs FC **s.** Fflint Town United FC
Fflint Town FC **s.** Fflint Town United FC
Fflint Town United FC (Fflint Town United Football Club), Fflint, Wales, Klub, entst. 1886, [1886-90 Fflint FC, 1890-1905 Fflint Town FC, 05 Fusion mit Fflint UAC => Fflint FC (05-19), 19-31 Fflint Town FC, 31-35 Fflint Town Amateurs FC, 35-49 Fflint Town FC, 49 Fusion mit Fflint Athletic => Fflint Town United FC], **s. S.** 67
Fflint Town United Football Club **s.** Fflint Town United FC
Fflint UAC **s.** Fflint Town United FC
Fflint, Stadt, Wales, **s. S.** 67
FG 1898 Kaiserslautern **s.** 1. FC Kaiserslautern
FG Salzburg **s.** SV Wüstenrot Salzburg
FH (Fimleikafélag Hafnarfjörður), Hafnarfjörður, Island, Klub, entst. 1929, [1929-35 FH, aufgel. 35 durch Fusion mit Haukar => ÍBH, 61 Aufl. der Fusion und Zurückbenennung], **s. S.** 71
FH **s.** Haukar
FH **s.** ÍBH
Fianarantsoa, Stadt, Madagaskar, **s. S.** 121
FICA, Cap-Haïtien, Haiti, Klub, **s. S.** 127
Fidschi, Länder, **s. S.** 136 und 137
Field Club **s.** New York Field Club
Field Club **s.** Philadelphia Field Club
Fier, Stadt, Albanien, **s. S.** 93
FIF Hillerød (Fredriksborg Idrætsforening Hillerød), Hillerød, Dänemark, Klub, **s. S.** 71
Figaro, La Paz, Bolivien, Klub, **s. S.** 131
Fighters **s.** Black Fighters
Fighters **s.** Life Fighters
Fighters **s.** Mogoditshane Fighters
Fighters **s.** Young Fighters
Figueirense FC (Figueirense Futebol Clube), Florianópolis, Brasilien, Klub, entst. 1921, **s. S.** 133
Figueirense Futebol Clube **s.** Figueirense FC
Filanbanco **s.** CD Filanbanco
Filante **s.** Etoile Filante
Filippi Kavala **s.** AO Kavala
Fima **s.** Dinamo Fima
Fimleikafélag Hafnarfjörður **s.** FH
Finance and Revenue (Ministry of Finance and Revenue), Rangoon/Yangon, Burma, Klub, **s. S.** 106
Finikas **s.** AS Aigaleo
Finn Harps FC (Finn Harps Football Club), Ballybofey, Irland, Klub, entst. 1954, **s. S.** 69
Finn Harps Football Club **s.** Finn Harps FC
Finnairin Palloilijat **s.** FinnPa
Finnland, Länder, **s. S.** 72 und 73
FinnPa (Finnairin Palloilijat), Helsinki/Helsingfors, Finnland, Klub, entst. 1965, [1965-69 AeroPa], **s. S.** 73
Fiorentina **s.** AC Fiorentina
Fiorentino, Stadt, San Marino, **s. S.** 81
Fiorenza US **s.** AC Fiorentina
Fire Brigade SC (Fire Brigade Sports Club), Beau Bassin-Rose Hill, Mauritius, Klub, [aufgel. 2000, Umzug nach Rivière Noire => Vacoas-Phoenix FC], **s. S.** 121
Fire Brigade SC **s.** Pamplemousses SC
Fire Brigade Sports Club **s.** Fire Brigade SC
Fire Flies Zürich, Zürich, Schweiz, Klub, [aufgel. 19??], **s. S.** 82
Fire **s.** Chicago Fire
Fire Services **s.** Arima Fire
Firenze, Stadt, Italien, **s. S.** 81
Firmat, Stadt, Argentinien, **s. S.** 135
First Vienna FC (First Vienna Football Club), Wien, Österreich, Klub, entst. 1894, [1894-1940 First Vienna FC, 40-45 FC Vienna, 45-83 First Vienna FC, 83-86 Vienna Wien Portas, 86-87 First Vienna FC Emco, 87-91 First Vienna FC Rank Xerox, 91-93 First Vienna FC McDonald's, 93-98 Honda Havelka Vienna, 98-99 Casino First Vienna FC], **s. S.** 83 und 84
First Vienna FC Emco **s.** First Vienna FC
First Vienna FC McDonald's **s.** First Vienna FC
First Vienna FC Rank Xerox **s.** First Vienna FC
First Vienna Football Club **s.** First Vienna FC
Fisheries **s.** Tikonko Fisheries
Fitarikandro, Fianarantsoa, Madagaskar, Klub, **s. S.** 121
Fitzroy United **s.** Heidelberg United SC
Five-one-seven, Hongkong, Klub, **s. S.** 109
Fives de Lille **s.** Lille OSC
Fives de Lille **s.** Olympique Lillois
Fives de Lille **s.** SC Fives de Lille
Fizkulturno druschestvo Schipka Sofija **s.** FD Schipka Sofija
Fizkulturno druschestvo Spartak Sofija **s.** FD Spartak Sofija
Fizkulturno druschestvo Strojitel Sofija **s.** FD Strojitel Sofija
FK 07 Differdingen **s.** FA Red Boys Differdange
FK 1. máj Karviná **s.** FC Karviná
FK 1. máj Karviná **s.** FC Vítkovice
FK '13 Sofija **s.** FD Spartak Sofija
FK 14. oktobar Niš **s.** FK Radnički Niš
FK 1903 Pirmasens (Fußballklub 1903 Pirmasens), Pirmasens, Deutschland, Klub, entst. 1903, [1919 Fusion mit SK 05 Pirmasens], **s. S.** 85
FK 1912 Schifflange **s.** FC '95 Schifflange
FK 1927 Bettemburg **s.** SC Bettembourg
FK Afrosijab Samarkand **s.** FK Dinamo Samarkand
FK Ak Altyn Karasaj **s.** FK Zhaschtyk Ak Altyn Karasaj
FK Ak Altyn Karasaj **s.** FK Zhastyk Osch
FK Akademik Sofija (Fudbalski klub Akademik Sofija), Sofija, Bulgarien, Klub, entst. 1947, [1947-67 DSO Akademik Sofija, 67-87 SFD Akademik Sofija], **s. S.** 90
FK Akademik Svischtov (Fudbalski klub Akademik Svischtov), Svischtov, Bulgarien, Klub, entst. 1949, [1949-?? Slavija Svischtov, ??-?? Dunav Svischtov, ??-?? General Koptschev Svischtov, ??-58 DSO Strojtel Svischtov, 58 Fusion mit Akademik Svischtov, Dinamo Svischtov, Tscherveno zname Svischtov, Spartak Svischtov, Lokomotiv Svischtov und DNA Svischtov => SFD Akademik Svischtov (58-??)], **s. S.** 91
FK Aktau **s.** Mangystau Aktau
FK Aktobe Lento (Futbol'nyj klub Aktobe Lento), Aktobe, Kasachstan, Klub, **s. S.** 101
FK Alaj Gultscha **s.** FK SKA-Alaj Gultscha
FK Alaj-Osch-Pirim Gultscha **s.** FK SKA-Alaj Gultscha
FK Alania Wladikawkaz (Futbol'nyj klub Alanija Vladikavkaz), Wladikawkaz, Russland, Klub, entst. 1937, [1937-43 Spartak Ordschonikidze, 43-55 Spartak Dzaudschikau, 55-90 Spartak Ordschonikidze, 90-95 FK Spartak Wladikawkaz, 95-96 FK Spartak-Alanija Wladikawkaz], **s. S.** 101
FK Aldijer Kurschab (Futbol'nyj klub Aldijer Kurschab), Kurschab, Kirgisien, Klub, entst. 1998, **s. S.** 100
FK Alemannia Düsseldorf **s.** Düsseldorfer TSV Fortuna
FK Andischan (Futbol'nyj klub Andischan), Andischan, Usbekistan, Klub, entst. 1964, [1964-?? Spartak Andischan, ??-?? Andischanets Andischan, ??-92 Pachtakor Andischan, 92-96 Navruz Andischan], **s. S.** 100
FK Anschi Makhatschkala (Futbol'nyj klub Anschi Makhatschkala), Makhatschkala, Russland, Klub, **s. S.** 101
FK Ardena Vilnius (Futbolo Klubas Ardena Vilnius), Vilnius, Litauen, Klub, entst. 1951, [1951-96 FK Lokomotyvas Vilnius, 96-97 FK Lokomotyvas-Vilbana Vilnius, 97-98 FK Lokomotyvas-Legela Vilnius, 98-99 FK Lokomotyvas Vilnius], **s. S.** 99
FK Armaturka Ústí nad Labem **s.** MFK Ústí nad Labem
FK AS Pardubice **s.** AFK Atlantic Lázně Bohdaneč
FK AŠK Inter Slovnaft Bratislava (Futbalový klub AŠK Inter Slovnaft Bratislava), Bratislava, Slowakei, Klub, entst. 1962, [entst. 1962 durch Fusion TJ Iskra Slovnaft Bratislava und A-Team von TJ Červená hviezda Bratislava => TJ Slovnaft Bratislava (62-65), 65-86 TJ Internacionál Slovnaft Bratislava, aufgel. 86 durch Fusion mit TJ ZŤS Petržalka => TJ Inter Slovnaft ZŤS Bratislava (86-90), 90 Aufl. der Fusion und Zurückbenennung, 90-92 TJ Internacionál Slovnaft Bratislava], **s. S.** 87
FK Asmaral Moskva (Futbol'nyj klub Asmaral Moskva), Moskau (Moskva), Russland, Klub, entst. 1990, **s. S.** 100
FK Astana **s.** Zhenis Astana
FK Ataka Minsk (Futbol'nyj klub Ataka Minsk), Minsk, Weißrussland, Klub, entst. 1986, [1986-93 Ataka-407 Minsk, 93-97 FK Ataka-Aura Minsk, 97 FK Ataka Minsk, 97 aufgel.], **s. S.** 99
FK Ataka-Aura Minsk **s.** FK Ataka Minsk
FK Atlantas Klaipeda (Futbolo Klubas Atlantas Klaipeda), Klaipeda, Litauen, Klub, entst. 1960, [1960-70 Granitas Klaipeda, 70-89 Atlantas Klaipeda, 89-92 FK Granitas Klaipeda, 92 FK Granitas-Aras Klaipeda, 92-96 PSK Aras Klaipeda], **s. S.** 99
FK Atlantas-2 Klaipeda (Futbolo Klubas Atlantas-2 Klaipeda), Klaipeda, Litauen, Klub, entst. 1972, [1972-89 Atlantas Klaipeda, 89-95 FK Sirjus-VLPFK Klaipeda, 95-99 JR Klaipeda], **s. S.** 99
FK Atlastschi Margilan (Futbol'nyj klub Atlastschi Margilan), Margilan, Usbekistan, Klub, entst. 1980, **s. S.** 100
FK Atletas-Inkaras Kaunas (Futbolo Klubas Atletas-Inkaras Kaunas), Kaunas, Litauen, Klub, entst. 1937, [1937-?? Inkaras Kaunas, ??-91 Vytis-Inkaras Kaunas, 91 Teilung => Vytis Kaunas und FK Inkaras Kaunas (91-95), 95-96 FK Inkaras-Grifas Kaunas, 96-98 FK Inkaras Kaunas, 98 Fusion mit Atletas Kaunas => FK Atletas-Inkaras Kaunas (98-99), 1999-2000 FK Inkaras Kaunas], **s. S.** 99
FK Atyrau (Futbol'nyj klub Atyrau), Atyrau, Kasachstan, Klub, **s. S.** 101
FK Austria Memphis Magna (Fußball Klub Austria Memphis Magna), Wien, Österreich, Klub, entst. 1911, [1911-26 Wiener Amateur SV, 26-38 FK Austria Wien, 38 SC Ostmark Wien, 38-69 FK Austria Wien, 69 Fusion mit Wiener AC => FK Austria-WAC (69-73), 73-77 FK Austria-WAC Elementar, 77 FK Austria Wien, 77-99 FK Austria-Memphis Wien], **s. S.** 83
FK Austria Wien **s.** FK Austria Memphis Magna
FK Austria Wien **s.** Wiener AC
FK Austria-Memphis Wien **s.** FK Austria Memphis Magna
FK Austria-WAC Elementar **s.** FK Austria Memphis Magna
FK Austria-WAC **s.** FK Austria Memphis Magna
FK Austria-WAC **s.** Wiener AC
FK Babrujsk (Futbol'nyj klub Babrujsk), Babrujsk/Bobrujsk, Weißrussland, Klub, entst. 1984, [1984-91 Traktor Bobrujsk, 91-92 Traktor Babrujsk, 92-94 FK Fandok Babrujsk], **s. S.** 99
FK Balkan BISI Skopje **s.** FK Balkan Skopje
FK Balkan Skopje (Fudbalski klub Balkan Skopje), Skopje, Mazedonien, Klub, entst. 1921, [1921-93 Balkan-Streda Skopje, 93-94 FK Balkan Stokokomerc Skopje, 94-98 FK Balkan BISI Skopje], **s. S.** 93
FK Balkan Stokokomerc Skopje **s.** FK Balkan Skopje
FK Baltika Kaliningrad (Futbol'nyj klub Baltika Kaliningrad), Kaliningrad, Russland, Klub, entst. 1955, [1955-57 Pischkewik Kaliningrad], **s. S.** 101
FK Baltika Liepaja **s.** FC DAG Liepaja
FK Baltika Liepaja **s.** FK Liepaja
FK Baltika Liepaja **s.** FK Metalurgs Liepaja
FK Baltika Metalurgs Liepaja **s.** FK Metalurgs Liepaja
FK Banga Gargždai (Futbolo Klubas Banga Gargždai), Gargždai, Litauen, Klub, entst. 1957, [1957-63 Nemunas Gargždai, 63-66 Statybininkas Gargždai], **s. S.** 99
FK Baník Prievidza (Futbalový klub Baník Prievidza), Prievidza, Slowakei, Klub, entst. 1919, [1919-28 PAC, 28-43 ŠK Prievidza, 43-45 ŠOHG Prievidza, 45-48 ŠK Prievidza, 48-49 Sokol Prievidza, 49-54 Sokol Carpathia Prievidza, 54 Fusion mit Baník Nováky => Baník Prievidza (54-61), 61-94 TJ Baník Prievidza, 94-95 MFK Prievidza, 95-9? FK Petrimex Prievidza, 9?-99 MŠK Petrimex Prievidza], **s. S.** 86
FK BATE Barysau (Futbol'nyj klub BATE Barysau), Barysau/Borisow, Weißrussland, Klub, entst. 1973, [1973-91 Berezina Borisow, 91-93 Bjarezina Barysau, 93-96 Fomalhaut Barysau], **s. S.** 99
FK Bazar-Korgon-Babur (Futbol'nyj klub Bazar-Korgon-Babur), Bazar-Korgon, Kirgisien, Klub, entst. 1998, **s. S.** 100
FK Bdin Vidin (Fudbalski klub Bdin Vidin), Vidin, Bulgarien, Klub, entst. 1919, [1919-?? Sportist Vidin, ??-?? Viktorija Vidin, ??-57 Benkovski Vidin], **s. S.** 91
FK Bečej (Fudbalski klub Bečej), Bečej, Jugoslawien, Klub, entst. 1919, **s. S.** 93
FK Belarus Minsk **s.** FK Dynama-93 Minsk
FK Belasica Strumica (Fudbalski klub Belasica Strumica), Strumica, Mazedonien, Klub, **s. S.** 93
FK Belasitsa Petritsch (Fudbalski klub Belasitsa Petritsch), Petritsch, Bulgarien, Klub, entst. 1920, [1920-23 Majuc Vojvola Petritsch, 23-?? Ljuben Vesov Petritsch, ??-?? Makedonija Petritsch, ??-?? Ilinden Petritsch, ??-?? Spartak Petritsch, ??-?? Strojtel Petritsch, ??-57 Torpedo Petritsch, 57 Strojtel Petritsch, 57 Fusion mit Tscherveno zname Petritsch => FK Belasitsa Petritsch], **s. S.** 91
FK Belschyna Babrujsk (Futbol'nyj klub Belschyna Babrujsk), Babrujsk/Bobrujsk, Weißrussland, Klub, entst. 1958, [1958-91 Schinnik Bobrujsk, 91-96 FK Schinnik Babrujsk], **s. S.** 99
FK Benešov (Fotbalový klub Benešov), Benešov, Tschechische Republik, Klub, entst. 1913, [1913-29 AFK Benešov, 29-48 Benešovský SK, 48-49 Sokol Benešov, 49-53 Sokol ČSD Benešov, 53-71 TJ Lokomotiva Benešov, 71-90 TJ ČSAD Benešov, 90-96 FK Švarc Benešov], **s. S.** 86
FK Beroe Stara Zagora (Fudbalski klub Beroe Stara Zagora), Stara Zagora, Bulgarien, Klub, entst. 1916, [1916-?? Beroe Stara Zagora, ??-?? Borislav Stara Zagora, ??-?? Trajana Stara Zagora, ??-?? Svetoslav Stara Zagora, ??-?? Beroe Stara Zagora, ??-?? Levski Stara Zagora, ??-?? Schipka Stara Zagora, ??-?? Septemvriji Stara Zagora, ??-56 Udarnik Stara Zagora, 56 Fusion mit DNA Stara Zagora und Spartak Stara Zagora => Botev Stara Zagora (56-58), 58 Fusion mit Lokomotiv Stara Zagora => DFS Stara Zagora (58-89), 89-99 FK Beroe Stara Zagora, 99 Fusion mit FK Olimpik Teteven => FK Olimpik-Beroe Stara Zagora (1999-2001)], **s. S.** 91
FK Beroe Stara Zagora **s.** FK Olimpik Teteven
FK Bezmejin (Futbol'nyj klub Bezmejin), Bezmejin, Turkmenistan, Klub, [19??-93 Sport Bezmejin], **s. S.** 101
FK Bodø/Glimt (Fotballklubben Bodø/Glimt), Bodø, Norwegen, Klub, entst. 1916, [1916-92 SFK Bodø/Glimt], **s. S.** 71
FK Boksit Milići (Fudbalski klub Boksit Milići), Milići, Bosnien und Herzegowina, Klub, **s. S.** 93
FK Bor **s.** FK Radnički Bor
FK Borac Banja Luka (Fudbalski klub Borac Banja Luka), Banja Luka, Bosnien und Herzegowina, Klub, entst. 1926, [aufgel. 1992, Umzug nach Belgrad => FK Borac Beograd, Wiedergr. 96 nach Rückkehr des Teams], **s. S.** 93
FK Borac Banja Luka **s.** FK Borac Beograd
FK Borac Beograd (Fudbalski klub Borac Beograd), Belgrad (Beograd), Jugoslawien, Klub, entst. 1992, [entst. 1992 nach Umzug von FK Borac Banja Luka nach Belgrad => FK Borac Beograd (92-96), aufgel. 96, Umzug nach Banja Luka => FK Borac Banja Luka], **s. S.** 92
FK Borac Beograd **s.** FK Borac Banja Luka
FK Borac Čačak (Fudbalski klub Borac Čačak), Čačak, Jugoslawien, Klub, entst. 1926, [1926-48 Mladi Radnik Čačak], **s. S.** 93
FK Borac Kozaračka Dubica (Fudbalski klub Borac Kozaračka Dubica), Kozaračka Dubica, Bosnien und Herzegowina, Klub, **s. S.** 93
FK Borac Šamac (Fudbalski klub Borac Šamac), Šamac, Bosnien und Herzegowina, Klub, **s. S.** 93
FK Borec MHK Skopje (Fudbalski klub Borec MHK Skopje), Skopje, Mazedonien, Klub, entst. 1997, [entst. 1997 nach Umzug von FK Borec MHK Titov Veles nach Skopje], **s. S.** 93
FK Borec MHK Titov Veles (Fudbalski klub Borec MHK Titov Veles), Titov Veles, Mazedonien, Klub, entst. 1926, [1926-?? Borec Veles, ??-96 Borec Titov Veles, 96-97 FK Borec MHK Titov Veles, aufgel. 97, Umzug nach Skopje], **s. S.** 93
FK Borec MHK Titov Veles **s.** FK Borec MHK Skopje
FK Borislav Borisovgrad **s.** FK Borislav Părvomaj
FK Borislav Părvomaj (Fudbalski klub Borislav Părvomaj), Părvomaj, Bulgarien, Klub, [19??-?? FK Borislav Borisovgrad], **s. S.** 91
FK Borysfen Boryspil' (Futbol'nyj klub Borysfen Boryspil'), Boryspil'/Borispol', Ukraine, Klub, entst. 1994, [entst. 1994 nach Umzug von ZS Orijana Kyiw nach Boryspil' => FK CSKA-Borysfen Boryspil' (94-95), aufgel. 95, Umzug nach Kyiw, ?? wiedergegr.], **s. S.** 99
FK Bosna Visoko (Fudbalski klub Bosna Visoko), Visoko, Bosnien und Herzegowina, Klub, entst. 1953, [entst. 1953 durch Fusion FK Jedinstvo Visoko und FK Radnički Visoko], **s. S.** 93
FK Botev Montana (Fudbalski klub Botev Montana), Montana, Bulgarien, Klub, **s. S.** 91
FK Botev Plovdiv (Fudbalski klub Botev Plovdiv), Plovdiv, Bulgarien, Klub, entst. 1912, [1912-46 SK Botev Plovdiv, 46 Fusion mit Schipka Plovdiv => OSK Christo Botev Plovdiv (46-47), 47 Fusion mit St. Kiradgijev Plovdiv => ASK Botev Plovdiv (47-51), 51-55 DNV Plovdiv, 55-56 SKNA Plovdiv, 56-67 ASK Botev Plovdiv, 67 Fusion mit DFS Spartak Plovdiv und Akademik Plovdiv => AFD Trakija Plovdiv (67-86), 82 löste sich DFS Spartak Plovdiv, 86-89 FK Trakija Plovdiv], **s. S.** 91
FK Botev Vratsa (Fudbalski klub Botev Vratsa), Vratsa, Bulgarien, Klub, entst. 1921, [1921-86 DFS Botev Vratsa, 86-89 FK Vratsa], **s. S.** 91
FK Bratstvo Bratunac (Fudbalski klub Bratstvo Bratunac), Bratunac, Bosnien und Herzegowina, Klub, [19??-96 FK Bratstvo Gračanica], **s. S.** 93
FK Bratstvo Gračanica **s.** FK Bratstvo Bratunac
FK Bregalnica Štip (Fudbalski klub Bregalnica Štip), Štip, Mazedonien, Klub, entst. 1926, **s. S.** 93
FK Buchara (Futbol'nyj klub Buchara), Buchara, Usbekistan, Klub, entst. 1966, [1966-?? Buchoro Buchara, ??-80 Fakel Buchara, 80-96 Nurafschon Buchara], **s. S.** 101
FK Budućnost Podgorica (Fudbalski klub Budućnost Podgorica), Podgorica, Jugoslawien, Klub, entst. 1925, [1925-45 Zora Titograd, 45 Fusion mit Crna Gora Titograd => FK Budućnost Titograd (45-91)], **s. S.** 93
FK Budućnost Titograd **s.** FK Budućnost Podgorica
FK Budva **s.** FK Mogren Budva
FK Bukowyna Tscherniwtsi (Futbol'nyj klub Bukowyna Tscherniwtsi), Tscherniwtsi/Tschernowtsy, Ukraine, Klub, entst. 1949, [1949-60 Dinamo Tschernowtsy, 60-65 Avangard Tschernowtsy, 65-92 Bukowyna Tschernowtsy], **s. S.** 99
FK Burreli (Futboll klub Burreli), Burrel, Albanien, Klub, entst. 1952, [1952-92 KS 31. Korriku, 92-9? Burreli Mat], **s. S.** 93
FK Čelik Zenica **s.** NK Čelik Zenica
FK Cementarnica 55 Skopje (Fudbalski klub Cementarnica 55 Skopje), Skopje, Mazedonien, Klub, entst. 1955, [1955-96 FCU-55 Skopje], **s. S.** 93
FK Chemikas Kedainiai **s.** FK Nevežis Kedainiai
FK Chemlon Humenné **s.** HFC Humenné
FK Chmel Blšany (Fotbalový klub Chmel Blšany), Blšany, Tschechische Republik, Klub, entst. 1946, [1946-66 Sokol Blšany, 66-85 TJ Sokol Blšany, 85-91 TJ JZD Blšany, 91-92 SK Chmel Blšany], **s. S.** 86
FK Chodzhent (Futbol'nyj klub Chodzhent), Chodzhent, Tadschikistan, Klub, [19??-94 FK Chodzhent, 94-95 Mechnat Chodzhent], **s. S.** 100
FK Chorezm Urgench (Futbol'nyj klub Chorezm Urgenč), Urgench, Usbekistan, Klub, [19??-96 Dinamo Urgench], **s. S.** 101
FK Crvena zvezda Beograd (Fudbalski klub Crvena zvezda Beograd), Belgrad (Beograd), Jugoslawien, Klub, entst. 1945, **s. S.** 92
FK Crvenka (Fudbalski klub Crvenka), Crvenka, Jugoslawien, Klub, entst. 1960, [entst. 1960 durch Fusion CSK Crvenka, Spartak Crvenka und Jedinstvo Crvenka], **s. S.** 93
FK CSKA Kyiw (Futbol'nyj klub CSKA Kyiw), Kyiw/Kiew, Ukraine, Klub, entst. 1946, [1946-91 SKA Kiew, 91-94 ZS Orijana Kyiw, aufgel. 94, Umzug nach Boryspil' => FK CSKA-Borysfen Boryspil', Wiedergr. 95 nach Rückkehr des Teams, 95-96 FK CSKA-Borysfen Kyiw], **s. S.** 99
FK CSKA Moskva (Futbol'nyj klub Central'nyj Sportivnyj Klub Armiji Moskva), Moskau (Moskva), Russland, Klub, entst. 1923, [1923-24 OLLS Moskva, 24-28 OPPV Moskva, 28-51 CDKA Moskva, 51-57 CDSA Moskva, 53 Fusion mit VVS Moskva, 57-60 CSK-MO Moskva, 60-88 CSKA Moskva], **s. S.** 100
FK CSKA Sofija (Fudbalski klub Centralnij Sport klub Armija Sofija), Sofija, Bulgarien, Klub, entst. 1948, [1948 FD Septemvrijsko Sofija, 48-49 CDNV Sofija, 49-50 NV Sofija, 50-51 NA Sofija, 51-53 CDNA Sofija, 53 Sofijski Garnizon, 53-64 CDNA Sofija, 64 Fusion mit DSO Tscherveno zname Sofija => CSKA Tscherveno zname Sofija (64-68), 68 Fusion mit FD Septemvri CDV Sofija => CSKA Septemvrijsko zname Sofija (68-85), 85 aufgel. und wiedergegr., 85-87 FK Sredets Sofija,

87-89 CFKA Sredec Sofija, 89-90 CFKA Sofija], **s. S.** 90

FK CSKA-Borysfen Boryspil' **s.** FK Borysfen Boryspil'

FK CSKA-Borysfen Boryspil' **s.** FK CSKA Kyiw

FK CSKA-Borysfen Kyiw **s.** FK CSKA Kyiw

FK Čukarički **s.** FK Čukarički Stankom

FK Čukarički Stankom (Fudbalski klub Čukarički Stankom), Belgrad (Beograd), Jugoslawien, Klub, entst. 1926, [1926-?? FK Čukarički, 48 Fusion mit Istra Čukarički], **s. S.** 92

FK Dainava Alytus (Futbolo Klubas Dainava Alytus), Alytus, Litauen, Klub, entst. 1943, [1943-?? Snaige Alytus, ??-91 Poringe Alytus, 91-92 FK Snaige Alytus, 92-93 FK Dainava Alytus, 93-96 FK Daisotra Alytus], **s. S.** 99

FK Daisotra Alytus **s.** FK Dainava Alytus

FK Daugava Riga **s.** LU/Daugava Riga

FK Đerzelez Sarajevo **s.** FK Zenica

FK Đerzelez Zenica (Fudbalski klub Đerzelez Zenica), Sarajevo, Bosnien und Herzegowina, Klub, entst. 1999, [entst. 1999 durch Fusion FK Zenica und FK Đerzelez Sarajevo], **s. S.** 93

FK Đerzelez Zenica **s.** FK Zenica

FK Diekirch **s.** FC Young Boys Diekirch

FK Dinamo Ala-Buka (Futbol'nyj klub Dinamo Ala-Buka), Ala-Buka, Kirgisien, Klub, entst. 1997, **s. S.** 100

FK Dinamo Alamedin (Futbol'nyj klub Dinamo Alamedin), Alamedin, Kirgisien, Klub, entst. 1997, **s. S.** 101

FK Dinamo Bischkek **s.** CAG-Dinamo-MVD Bischkek

FK Dinamo Dschalal-Abad **s.** FK Dinamo UVD Dschalal-Abad

FK Dinamo Jangijer **s.** FK Jangijer

FK Dinamo Kant (Futbol'nyj klub Dinamo Kant), Kant, Kirgisien, Klub, entst. 1997, **s. S.** 101

FK Dinamo Kiew **s.** FK Dynamo Kyiw

FK Dinamo Moskva (Futbol'nyj klub Dinamo Moskva), Moskau (Moskva), Russland, Klub, entst. 1923, [1923-90 Dinamo Moskva], **s. S.** 100

FK Dinamo Samarkand (Futbol'nyj klub Dinamo Samarkand), Samarkand, Usbekistan, Klub, entst. 1936, [1936-?? Dinamo Samarkand, ??-93 Marakanda Samarkand, 93-97 FK Dinamo Samarkand, 97-98 FK Afrosijab Samarkand, 1998-2000 FK Samarkand], **s. S.** 101

FK Dinamo Sokuluk **s.** FK Frunze Sokuluk

FK Dinamo Stawropol' (Futbol'nyj klub Dinamo Stawropol'), Stawropol', Russland, Klub, entst. 1951, **s. S.** 101

FK Dinamo UVD Dschalal-Abad (Futbol'nyj klub Dinamo UVD Dschalal-Abad), Dschalal-Abad, Kirgisien, Klub, entst. 1992, [1992-96 FK Kokart Dschalal-Abad, 96-97 FK Dschalal-Abad, 97-98 FK Dinamo Dschalal-Abad, 1998-2000 FK Dschalal-Abad], **s. S.** 100

FK Dinamo-Alaj Osch (Futbol'nyj klub Dinamo-Alaj Osch), Osch, Kirgisien, Klub, entst. 1968, [1968-96 Alaj Osch, 96 Fusion mit Dinamo Osch => FK Dinamo-Alaj Osch], **s. S.** 100

FK Dnepr Dnepropetrowsk **s.** FK Dnipro Dnipropetrows'k

FK Dnepr Mahiljou (Futbol'nyj klub Dnepr Mahiljou), Mahiljou/Mogilew, Weißrussland, Klub, entst. 1960, [1960-63 Chimik Mogilew, 63-73 Spartak Mogilew, 73-91 Dnepr Mogilew, 91-97 FK Dnepr Mahiljou, aufgel. 97 durch Fusion mit FK Transmasch Mahiljou => FK Dnepr-Transmasch Mahiljou], **s. S.** 99

FK Dnepr Mahiljou **s.** FK Dnepr-Transmasch Mahiljou

FK Dnepr Mahiljou **s.** FK Transmasch Mahiljou

FK Dnepr-Transmasch Mahiljou (Futbol'nyj klub Dnepr-Transmasch Mahiljou), Mahiljou/Mogilew, Weißrussland, Klub, entst. 1997, [entst. 1997 durch Fusion FK Dnepr Mahiljou und FK Transmasch Mahiljou], **s. S.** 99

FK Dnepr-Transmasch Mahiljou **s.** FK Dnepr Mahiljou

FK Dnepr-Transmasch Mahiljou **s.** FK Transmasch Mahiljou

FK Dnipro Dnipropetrows'k (Futbol'nyj klub Dnipro Dnipropetrows'k), Dnipropetrows'k/Dnepropetrowsk, Ukraine, Klub, entst. 1936, [1936-49 Stal Dnepropetrowsk, 49-62 Metallurg Dnepropetrowsk, 62-89 Dnepr Dnepropetrowsk, 89-92 FK Dnepr Dnepropetrowsk], **s. S.** 99

FK Dobrudscha Dobritsch (Fudbalski klub Dobrudscha Dobritsch), Dobritsch, Bulgarien, Klub, entst. 1919, [1919-?? Vichăr Tolbuchin, ??-?? Levski Tolbuchin, ??-?? Orlov Tolbuchin, ??-?? Slavija Tolbuchin, ??-?? Tscherveno zname Tolbuchin, ??-?? Spartak Tolbuchin, ??-?? Septemvriji Tolbuchin, ??-88 DFS Dobrudscha Tolbuchin, 88-90 FK Dobrudscha Tolbuchin, 90-94 FK Dobrudscha Dobritsch], **s. S.** 91

FK Dobrudscha Tolbuchin **s.** FK Dobrudscha Dobritsch

FK Dorostol Silistra (Fudbalski klub Dorostol Silistra), Silistra, Bulgarien, Klub, [19??-?? Levski-Dorostol Silistra], **s. S.** 91

FK Drina Zvornik (Fudbalski klub Drina Zvornik), Zvornik, Bosnien und Herzegowina, Klub, **s. S.** 93

FK Drina Zvornik Živnice (Fudbalski klub Drina Zvornik Živnice), Živnice, Bosnien und Herzegowina, Klub, **s. S.** 93

FK Drnovice (Fotbalový klub Drnovice), Drnovice, Tschechische Republik, Klub, entst. 1932, [1932-48 Česká sportovní společnost Drnovice, 48-61 Sokol Drnovice, 61-89 TJ Drnovice, 89-90 TJ JZD Drnovice, 90 TJ Agro Drnovice, 90-93 FC Gera Drnovice, 93 FC Olpran Drnovice, 1993-2000 FC Petra Drnovice], **s. S.** 86

FK Dschalal-Abad **s.** FK Dinamo UVD Dschalal-Abad

FK Dukla Banská Bystrica (Futbalový klub Dukla Banská Bystrica), Banská Bystrica, Slowakei, Klub, entst. 1965, [1965-67 VTJ Dukla Banská Bystrica, 67-74 AŠD Dukla Banská Bystrica, 74-92 ASVŠ Dukla Banská Bystrica], **s. S.** 87

FK Dukla Praha (Fotbalový klub Dukla Praha), Prag (Praha), Tschechische Republik, Klub, entst. 1948, [1948-53 ATK Praha, 53-56 ÚDA Praha, 56-76 VTJ Dukla Praha, 76-91 ASVS Dukla Praha, 91-94 FC Dukla Praha, 94-96 FK Dukla Praha, aufgel. 96 durch Fusion mit FC Příbram => FC Dukla], **s. S.** 86

FK Dukla Praha **s.** FC Marila Příbram

FK Dunav Ruse (Fudbalski klub Dunav Ruse), Ruse, Bulgarien, Klub, entst. 1919, [1919-?? CAVA Ruse, ??-?? Napredak Ruse, ??-?? Levski Ruse, ??-?? Varuts Ruse, ??-?? Kantsev Ruse, ??-?? Rakovski Ruse, ??-?? Ruschenets Ruse, ??-49 Spartak Ruse, 49 Fusion mit Lokomotiv Ruse und Partizani Ruse => Torpedo Ruse (49-59), 59 Aufl. der Fusion => Lokomotiv Ruse und FD Dunav Ruse (59-67), 67 Fusion mit Lokomotiv Ruse => TDFS Dunav Ruse (67-84), 84 Aufl. der Fusion => Lokomotiv Ruse und DFS Dunav Ruse (84-89)], **s. S.** 91

FK Dustlik (Futbol'nyj klub Dustlik), Dustlik, Usbekistan, Klub, entst. 1963, [1963-95 Politotdel Taschkent], **s. S.** 100

FK Dvina-KIM Vitsebsk (Futbol'nyj klub Dvina-KIM Vitsebsk), Vitsebsk/Vitebsk, Weißrussland, Klub, entst. 1960, [1960-91 KIM Vitebsk, 91-95 KIM Vitsebsk, 95-96 FK Dvina-KIM Vitsebsk, aufgel. 96 durch Fusion mit FK Lakamatju Vitsebsk => FK Lakamatju-96 Vitsebsk], **s. S.** 99

FK Dvina-KIM Vitsebsk **s.** FK Lakamatju Vitsebsk

FK Dvina-KIM Vitsebsk **s.** FK Lakamatju-96 Vitsebsk

FK Dynama Brest (Futbol'nyj klub Dynama Brest), Brest, Weißrussland, Klub, entst. 1960, [1960-73 Spartak Brest, 73-75 BUG Brest, 75-91 Dinamo Brest], **s. S.** 99

FK Dynama Minsk (Futbol'nyj klub Dynama Minsk), Minsk, Weißrussland, Klub, entst. 1927, [1927-54 Dinamo Minsk, 54 aufgel. und wiedergegr., 54-59 Spartak Minsk, 59-62 Belarus Minsk, 62-91 Dinamo Minsk], **s. S.** 99

FK Dynama-93 Minsk (Futbol'nyj klub Dynama-93 Minsk), Minsk, Weißrussland, Klub, entst. 1992, [1992-93 FK Belarus Minsk], **s. S.** 99

FK Dynamo Kyiw (Futbol'nyj klub Dynamo Kyiw), Kyiw/Kiew, Ukraine, Klub, entst. 1927, [1927-89 Dinamo Kiew, 89-92 FK Dinamo Kiew], **s. S.** 99

FK Eichen **s.** FC Olympique Eischen

FK Ekranas Panevežys (Futbolo Klubas Ekranas Panevežys), Panevežys, Litauen, Klub, entst. 1962, [1962-94 Ekranas Panevežys], **s. S.** 99

FK Elektronas Taurage **s.** FK Tauras Taurage

FK Elvis Mykolaiw **s.** SK Mykolaiw

FK Energetik Kara-Kul (Futbol'nyj klub Energetik Kara-Kul), Kara-Kul, Kirgisien, Klub, entst. 1998, **s. S.** 100

FK Etăr Veliko Tărnovo (Fudbalski klub Etăr Veliko Tărnovo), Veliko Tărnovo, Bulgarien, Klub, entst. 1924, [1924-?? Trapezica Veliko Tărnovo, ??-?? Udarnik Veliko Tărnovo, ??-?? Tscherveno zname Veliko Tărnovo, ??-?? Spartak Veliko Tărnovo, ??-?? DNA Veliko Tărnovo, ??-86 FD Etăr Veliko Tărnovo], **s. S.** 91

FK Fakel Woronesch (Futbol'nyj klub Fakel Woronesch), Woronesch, Russland, Klub, entst. 1953, [1953-76 Trud Woronesch], **s. S.** 101

FK Famos Vojkovci (Fudbalski klub Famos Vojkovci), Vojkovci, Bosnien und Herzegowina, Klub, **s. S.** 93

FK Fandok Babrujsk **s.** FK Babrujsk

FK Fortuna Düsseldorf **s.** Düsseldorfer TSV Fortuna

FK Frunze Sokuluk (Futbol'nyj klub Frunze Sokuluk), Sokuluk, Kirgisien, Klub, entst. 1997, [1997-99 FK Dinamo Sokuluk], **s. S.** 101

FK Frydrych Teplice **s.** FK Teplice

FK Galenika Zemun **s.** FK Zemun

FK Galenika Zemun **s.** Sparta Zemun

FK Geležinis-Vilkas EBW Vilnius **s.** FK Geležinis-Vilkas Vilnius

FK Geležinis-Vilkas Vilnius (Futbolo Klubas Geležinis-Vilkas Vilnius), Vilnius, Litauen, Klub, entst. 1992, [1992 FK Lietuvos-Makabi Vilnius II, 92-94 FK Geležinis-Vilkas Vilnius, 94-95 FK Geležinis-Vilkas EBW Vilnius, 95-96 FK Žalgiris-2 Vilnius, 96-97 FK Žalgiris-Volmeta Vilnius, 97-98 FK Geležinis-Vilkas Vilnius, 1998-2000 FK Žalgiris-2 Vilnius], **s. S.** 99

FK Germania 08 Böckingen **s.** FV Union Böckingen 08

FK GGS Armaturka Ústí nad Labem **s.** MFK Ústí nad Labem

FK Glasinac Sokolac (Fudbalski klub Glasinac Sokolac), Sokolac, Bosnien und Herzegowina, Klub, **s. S.** 93

FK Gradina Srebrenik (Fudbalski klub Gradina Srebrenik), Srebrenik, Bosnien und Herzegowina, Klub, **s. S.** 93

FK Granitas Klaipeda **s.** FK Atlantas Klaipeda

FK Granitas-Aras Klaipeda **s.** FK Atlantas Klaipeda

FK Grevenmacher **s.** CS Grevenmacher

FK GRO Rad Beograd **s.** FK Rad Beograd

FK Gulistan (Futbol'nyj klub Gulistan), Gulistan, Usbekistan, Klub, [19??-?? Schifokor Gulistan], **s. S.** 100

FK Hajduk Beograd (Fudbalski klub Hajduk Beograd), Belgrad (Beograd), Jugoslawien, Klub, **s. S.** 92

FK Hajduk Kula (Fudbalski klub Hajduk Kula), Kula, Jugoslawien, Klub, entst. 1925, **s. S.** 93

FK Haskovo (Fudbalski klub Haskovo), Haskovo, Bulgarien, Klub, entst. 1922, [1922-?? Botev Haskovo, ?? Fusion mit Levski Haskovo => Septemvri Haskovo (??-57), 57 Fusion mit Tscherveno zname Haskovo, Spartak Haskovo und DNA Haskovo => FD Dimitar Kanev Haskovo (57-73), 73-89 DFS Haskovo], **s. S.** 91

FK Haugesund (Fotballklubben Haugesund), Haugesund, Norwegen, Klub, entst. 1993, [entst. 1993 durch Fusion SK Djerv und SK Haugar], **s. S.** 71

FK Hebăr 1920 Pazardschik (Fudbalski klub Hebăr 1920 Pazardschik), Pazardschik, Bulgarien, Klub, entst. 1920, [1920-90 DFS Hebăr Pazardschik, 1990-2001 FK Hebăr Pazardschik], **s. S.** 91

FK Hebăr Pazardschik **s.** FK Hebăr 1920 Pazardschik

FK Hejčín Olomouc **s.** SK Sigma Olomouc

FK Homel' (Futbol'nyj klub Homel'), Homel'/Gomel', Weißrussland, Klub, entst. 1959, [1959-69 Lokomotiv Gomel', 69-70 Spartak Gomel', 70-76 Gomsel'masch Gomel', 76-78 Maschinostroitel Gomel', 78-91 Gomsel'masch Gomel', 91-95 Homsel'masch Homel'], **s. S.** 99

FK Inkaras Kaunas **s.** FK Atletas-Inkaras Kaunas

FK Inkaras-Grifas Kaunas **s.** FK Atletas-Inkaras Kaunas

FK Jablonec '97 (Fotbalový klub Jablonec '97), Jablonec nad Nisou, Tschechische Republik, Klub, entst. 1945, [1945 Český SK Jablonec, 45-48 SK Jablonec, 48-49 Sokol Jablonec, 49-53 ZSJ Preciosa Jablonec, 53-61 TJ Jiskra Jablonec, 61-64 TJ Jiskra Bižuterie Jablonec, 64-93 TJ LIAZ Jablonec, 93-94 SK Sklobižu Jablonec, 94-97 FK Jablonec], **s. S.** 86

FK Jablonec **s.** FK Jablonec '97

FK Jambol (Fudbalski klub Jambol), Jambol, Bulgarien, Klub, entst. 1921, [1921-45 General Drajev Jambol, 45-80 Nikolaj Laschkov Jambol, 80-90 Tundschja Jambol, 90-92 FK Nikolaj Laschkov Jambol], **s. S.** 91

FK Jangijer (Futbol'nyj klub Jangijer), Jangijer, Usbekistan, Klub, entst. 1966, [1966-?? Tselinnik Jangijer, ??-?? Meliorator Jangijer, ??-95 FK Dinamo Jangijer], **s. S.** 100

FK Jantra Gabrovo **s.** FK Tschardafon Gabrovo

FK Jedinstvo Brčko (Fudbalski klub Jedinstvo Brčko), Brčko, Bosnien und Herzegowina, Klub, **s. S.** 93

FK Jedinstvo Visoko **s.** FK Bosna Visoko

FK Jurnieks Riga (Futbola Klubs Jurnieks Riga), Riga, Lettland, Klub, [19??-92 Jurnieks Riga, 92 Fusion mit APgaismestehnika Riga => Merit Brok Riga (92), 92-93 Decemviri Riga, 93-96 FK Jurnieks Riga, 96 aufgel.], **s. S.** 99

FK Kajrat Almaty (Futbol'nyj klub Kajrat Almaty), Almaty/Alma-Ata, Kasachstan, Klub, entst. 1954, [1954-55 Lokomotiv Alma-Ata, 55-56 Uroschaj Alma-Ata, 56-90 Kajrat Alma-Ata, 90-97 FK Kajrat Almaty, 97 Teilung => Kajrat-CSKA Almaty und SOPFK-Kajrat Almaty, 2001 Fusion => FK Kajrat Almaty], **s. S.** 101

FK Kajrat Almaty **s.** SOPFK-Kajrat Almaty

FK KamAZ-Tschally Naberezhnyje Tschelny (Futbol'nyj klub KamAZ-Tschally Naberezhnyje Tschelny), Naberezhnyje Tschelny, Russland, Klub, entst. 1981, [1981-87 Trud-PRZ Naberezhnyje Tschelny, 87-89 Torpedo Naberezhnyje Tschelny, 89-94 KamAZ Naberezhnyje Tschelny], **s. S.** 101

FK Kamunal'nik Slonim (Futbol'nyj klub Kamunal'nik Slonim), Slonim, Weißrussland, Klub, entst. 1992, [1992-93 Albertin Slonim, 93-96 KPF Slonim], **s. S.** 99

FK Karaorman Struga (Fudbalski klub Karaorman Struga), Struga, Mazedonien, Klub, entst. 1945, [entst. 1945 durch Fusion Crni Drim Struga und Jugoslavija Struga], **s. S.** 93

FK Kareda Kaunas (Futbolo Klubas Kareda Kaunas), Kaunas, Litauen, Klub, entst. 1999, [entst. 1999 nach Umzug von FK Kareda Šiauliai nach Kaunas], **s. S.** 99

FK Kareda Kaunas **s.** FK Kareda Šiauliai

FK Kareda Šiauliai (Futbolo Klubas Kareda Šiauliai), Šiauliai, Litauen, Klub, entst. 1954, [1954-94 Sakalas Šiauliai, 94-95 FK Šiauliai-Sakalas, 95-96 FK Kareda-Sakalas Šiauliai, 96-99 FK Kareda Šiauliai, aufgel. 99, Umzug nach Kaunas => FK Kareda Kaunas], **s. S.** 99

FK Kareda Šiauliai **s.** FK Kareda Kaunas

FK Karpaty L'wiw (Futbol'nyj klub Karpaty L'wiw), Lemberg (L'wiw/L'wow), Ukraine, Klub, entst. 1963, [1963-82 Karpaty L'wow, 82-89 SKA Karpaty L'wow, 89 aufgel. und wiedergegr., 89-90 Karpaty L'wow], **s. S.** 99

FK Kasansaj (Futbol'nyj klub Kasansaj), Kasansaj, Usbekistan, Klub, entst. 1978, [1978-93 Kosonsojtschi Kasansaj, 93-94 Kuschon Kasansaj], **s. S.** 100

FK Kauno Jegeriai Kaunas (Futbolo Klubas Kauno Jegeriai Kaunas), Kaunas, Litauen, Klub, entst. 1996, **s. S.** 99

FK Kimjogar Almalyk (Futbol'nyj klub Kimjogar Almalyk), Almalyk, Usbekistan, Klub, **s. S.** 100

FK Koba Senec **s.** FK VTJ Koba Senec

FK Kokart Dschalal-Abad **s.** FK Dinamo UVD Dschalal-Abad

FK Kozara Gradiška (Fudbalski klub Kozara Gradiška), Gradiška, Bosnien und Herzegowina, Klub, **s. S.** 93

FK Kožuv Gevgelija (Fudbalski klub Kožuv Gevgelija), Gevgelija, Mazedonien, Klub, [1994-95 FK Kožuv Vinojug Gevgelija], **s. S.** 93

FK Kožuv Vinojug Gevgelija **s.** FK Kožuv Gevgelija

FK Krajina Cazin (Fudbalski klub Krajina Cazin), Cazin, Bosnien und Herzegowina, Klub, **s. S.** 93

FK Kremin' Krementschuk (Futbol'nyj klub Kremin' Krementschuk), Krementschuk/Krementschug, Ukraine, Klub, entst. 1959, [1959-63 Torpedo Krementschug, 63-85 Dnepr Krementschug], **s. S.** 99

FK Krila Krajine Banja Luka (Fudbalski klub Krila Krajine Banja Luka), Banja Luka, Bosnien und Herzegowina, Klub, **s. S.** 93

FK Kryl'ja Sowjetow Samara (Futbol'nyj klub Kryl'ja Sowjetow Samara), Samara, Russland, Klub, entst. 1943, [1943-52 Kryl'ja Sowjetow Kujbyschew, 52-53 Zenit Kujbyschew, 53-90 Kryl'ja Sowjetow Kujbyschew], **s. S.** 101

FK Kryvbas Kryvij Rih (Futbol'nyj klub Kryvbas Kryvij Rih), Kryvij Rih/Krivoj Rog, Ukraine, Klub, entst. 1959, [1959-62 Avangard Krivoj Rog, 62-66 Girnyk Krivoj Rog, 66-92 Krivbas Krivoj Rog], **s. S.** 99

FK Kuban' Krasnodar (Futbol'nyj klub Kuban' Krasnodar), Krasnodar, Russland, Klub, entst. 1954, [1954-58 Neftjanik Krasnodar, 58-62 Spartak Krasnodar, 62-90 Kuban' Krasnodar], **s. S.** 101

FK Kumanovo (Fudbalski klub Kumanovo), Kumanovo, Mazedonien, Klub, **s. S.** 93

FK Kvik (Fotballklubben Kvik), Trondheim, Norwegen, Klub, entst. 1900, **s. S.** 71

FK Kvik Halden (Fotballklubb Kvik Halden), Halden, Norwegen, Klub, **s. S.** 71

FK KVT Dinamo Kara-Balta (Futbol'nyj klub KVT Dinamo Kara-Balta), Kara-Balta, Kirgisien, Klub, entst. 1968, [1968-92 Chimik Kara-Balta, 92-96 KVT Chimik Kara-Balta], **s. S.** 101

FK Kyzylkum Zarawschan (Futbol'nyj klub Kyzylkum Zarawschan), Zarawschan, Usbekistan, Klub, **s. S.** 101

FK Lada Togliatti (Futbol'nyj klub Lada Togliatti), Togliatti, Russland, Klub, entst. 1969, [1969-90 Torpedo Tol'jatti], **s. S.** 101

FK Lakamatju Vitsebsk (Futbol'nyj klub Lakamatju Vitsebsk), Vitsebsk/Vitebsk, Weißrussland, Klub, entst. 1986, [1986-91 SKP Lokomotiv Vitebsk, 91-96 FK Lakamatju Vitsebsk, aufgel. 96 durch Fusion mit FK Dvina-KIM Vitsebsk => FK Lakamatju-96 Vitsebsk, 9? wiedergegr.], **s. S.** 99

FK Lakamatju Vitsebsk **s.** FK Dvina-KIM Vitsebsk

FK Lakamatju Vitsebsk **s.** FK Lakamatju-96 Vitsebsk

FK Lakamatju-96 Vitsebsk (Futbol'nyj klub Lakamatju-96 Vitsebsk), Vitsebsk/Vitebsk, Weißrussland, Klub, entst. 1996, [entst. 1996 durch Fusion FK Dvina-KIM Vitsebsk und FK Lakamatju Vitsebsk], **s. S.** 99

FK Lakamatju-96 Vitsebsk **s.** FK Dvina-KIM Vitsebsk

FK Lakamatju-96 Vitsebsk **s.** FK Lakamatju Vitsebsk

FK Leotar Trebinje (Fudbalski klub Leotar Trebinje), Trebinje, Bosnien und Herzegowina, Klub, **s. S.** 93

FK Levski Kjustendil **s.** FK Velbazjd Kjustendil

FK Levski-14 Sofija **s.** PFK Levski Sofija

FK Lida (Futbol'nyj klub Lida), Lida, Weißrussland, Klub, entst. 1962, [1962-97 Obuvschtschik Lida], **s. S.** 99

FK Liepaja (Futbola Klubs Liepaja), Liepaja, Lettland, Klub, entst. 1909, [1909-?? Olimpija Liepaja, ??-?? Zvejnieks Liepaja, ??-94 FK Olimpija Liepaja, 94-96 FK Liepaja, aufgel. 96 durch Fusion mit FC DAG Liepaja => FK Baltika Liepaja], **s. S.** 99

FK Liepaja **s.** FC DAG Liepaja

FK Liepaja **s.** FK Metalurgs Liepaja

FK Lietuvos-Makabi Vilnius II **s.** FK Geležinis-Vilkas Vilnius

FK Lietuvos-Makabi Vilnius **s.** ALK Neris Vilnius

FK Lijevce Nova Topola (Fudbalski klub Lijevce Nova Topola), Nova Topola, Bosnien und Herzegowina, Klub, **s. S.** 93

FK Liteks Lovetsch **s.** FK Lovetsch

FK Ljubić Prnjavor (Fudbalski klub Ljubić Prnjavor), Prnjavor, Bosnien und Herzegowina, Klub, **s. S.** 93

FK Ljuboten Tetovo (Fudbalski klub Ljuboten Tetovo), Tetovo, Mazedonien, Klub, entst. 1919, [1919-?? Šar Tetovo], **s. S.** 93

FK Lokomotiv Daugavpils (Futbola Klubs Lokomotiv Daugavpils), Daugavpils, Lettland, Klub, entst. 1994, [aufgel. 1998], **s. S.** 99

FK Lokomotiv Gorna Oriahovitza (Fudbalski klub Lokomotiv Gorna Oriahovitza), Gorna Oriahovitza, Bulgarien, Klub, entst. 1922, [1922 Levski Gorna Oriahovitza, 22-32 JSK Gorna Oriahovitza, 32-?? Nikolo Petrov Gorna Oriahovitza, ??-45 Torpedo Gorna Oriahovitza, 45-86 DFS Lokomotiv Gorna Oriahovitza], **s. S.** 91

FK Lokomotiv Moskva (Moskovskij Futbol'nyj klub Lokomotiv Moskva), Moskau (Moskva), Russland, Klub, entst. 1923, [1923-35 KOR Moskva, 35 aufgel., 36 wiedergegr., 36-90 Lokomotiv Moskva], **s. S.** 100

FK Lokomotiv Nischni Nowgorod (Futbol'nyj klub Lokomotiv Nischni Nowgorod), Nischni Nowgorod, Russland, Klub, entst. 1987, [1987-90 Lokomotiv Gor'ki], **s. S.** 101

FK Lokomotiv Plovdiv (Fudbalski klub Lokomotiv Plovdiv), Plovdiv, Bulgarien, Klub, entst. 1936, [1936-?? ZSK Plovdiv, ??-?? ZSK Levski-Slavija Plovdiv, ??-49 Slavija-Tschengelov Plovdiv, 49-51 Torpedo Plovdiv, 51-89 DFS Lokomotiv Plovdiv], **s. S.** 91

FK Lokomotiv Sofija (Fudbalski klub Lokomotiv Sofija), Sofija, Bulgarien, Klub, entst. 1929, [1929-?? ZSK Sofija, ??-44 Energija Sofija, 44-49 SK Lokomotiv Sofija, 49-51 DSO Torpedo Sofija, 51-69 FD Lokomotiv Sofija, 69 Fusion mit FD Slavija Sofija => ZSK Slavija Sofija (69-71), 71 Aufl. der Fusion => DFS Slavija Sofija und DFS Lokomotiv Sofija (71-86)], **s. S.** 90

FK Lokomotíva Energogas Košice **s.** FK Lokomotíva Košice

FK Lokomotíva Košice (Futbalový klub Lokomotíva Košice), Košice, Slowakei, Klub, entst. 1936, [1945-48 ŠK Jednota Košice, 48-49 Sokol Jednota Košice, 49 Fusion mit Sokol Železničiari Sparta Košice => Sokol Dynamo ČSD Košice (49-53), 53-65 TJ Lokomotíva Košice, 65 Fusion mit TJ VSŽ Košice => TJ Lokomotíva VSŽ Košice (65-67), 67 Aufl. der Fusion, 67-92 TJ Lokomotíva Košice, 90-94 FK Lokomotíva Košice, 94 FK Lokomotíva Energogas Košice], **s. S.** 87

FK Lokomotyvas Vilnius **s.** FK Ardena Vilnius

FK Lokomotyvas-Legela Vilnius **s.** FK Ardena Vilnius

FK Lokomotyvas-Vilbana Vilnius **s.** FK Ardena Vilnius

FK Lom (Fudbalski klub Lom), Lom, Bulgarien, Klub, [aufgel. 19??], **s. S.** 91

FK Lovčen Cetinje (Fudbalski klub Lovčen Cetinje), Cetinje, Jugoslawien, Klub, [19??-?? SK Crnogorac Cetinje], **s. S.** 93

FK Lovetsch (Fudbalski klub Lovetsch), Lovetsch, Bulgarien, Klub, entst. 1921, [19??-?? DFS Osam Lovetsch, 91-9? Leks Lovetsch, 9?-99 FK Liteks Lovetsch], **s. S.** 91

FK Lukavac (Fudbalski klub Lukavac), Lukavac, Bosnien und Herzegowina, Klub, **s. S.** 93

FK Lyn (Fotballklubben Lyn), Oslo, Norwegen, Klub, entst. 1896, [1896-1994 SFK Lyn], **s. S.** 71

FK Maardu **s.** Eesti Fosforiit Tallinn

FK Maardu **s.** FC Maardu

FK Mačva Šabac (Fudbalski klub Mačva Šabac), Šabac, Jugoslawien, Klub, entst. 1919, [1919-45 FK Mačva Šabac, 45-51 FK Podrinje Šabac], **s. S.** 93

FK Makedonija Skopje (Fudbalski klub Makedonija Skopje), Skopje, Mazedonien, Klub, entst. 1934, [aufgel. 1947 durch Fusion mit SSK Pobeda Skopje => FK Vardar Skopje, ?? wiedergegr.], **s. S.** 91 und 93

FK Makedonija Skopje **s.** FK Vardar Skopje

FK Makedonija Skopje **s.** SSK Pobeda Skopje

FK Maladzechna (Futbol'nyj klub Maladzechna), Maladzechna/Molodechno, Weißrussland, Klub, entst. 1989, [1989-92 Metallurg Molodechno], **s. S.** 99

FK Mansfeldia Klausen **s.** FC Mansfeldia Clausen

FK Marek Dupnica (Fudbalski klub Marek Dupnica), Dupnica, Bulgarien, Klub, entst. 1919, [1919-?? Slavija Dupnica, ??-?? Levski Dupnica, ??-?? Atletik Dupnica, ??-?? JSK Dupnica, ??-?? Pobeda Dupnica, ??-?? BP '24 Dupnica, ??-?? Pod. Botev Dupnica, ??-?? Vichăr Dupnica, ??-?? Razviti Dupnica, ??-?? Muzala Dupnica, ??-47 Lăv Dupnica, 47 Fusion mit Levski Dupnica => DFS Dupnica (47-49), 49-53 Tscherveno zname Stanke Dimitrov, 53-?? Lokomotiv Stanke Dimitrov, ??-?? DNA Stanke Dimitrov, ??-?? Spartak Stanke Dimitrov, ??-56 Septemvriji Stanke Dimitrov, 56-86 DFS Marek Stanke Dimitrov, 86-89 Rila Stanke Dimitrov, 89-92 FK Marek Stanke Dimitrov], **s. S.** 91

FK Marek Stanke Dimitrov **s.** FK Marek Dupnica

FK Maritsa Plovdiv (Fudbalski klub Maritsa Plovdiv), Plovdiv, Bulgarien, Klub, entst. 1921, [1921-90 DFS Maritsa Plovdiv], **s. S.** 91

FK Maschal Mubarek (Futbol'nyj klub Maschal Mubarek), Mubarek, Usbekistan, Klub, **s. S.** 101

FK Mastis Telšiai (Futbolo Klubas Mastis Telšiai), Telšiai, Litauen, Klub, entst. 1956, **s. S.** 99

FK Mažeikiai (Futbolo Klubas Mažeikiai), Mažeikiai, Litauen, Klub, entst. 1947, [1947-91 Jovaras Mažeikiai, 91-92 FK Mažeikiai, 92-95 FK ROMAR Mažeikiai, 95 aufgel., 9? wiedergegr.], **s. S.** 99

FK Merv (Futbol'nyj klub Merv), Mary, Turkmenistan, Klub, **s. S.** 101

FK Metalist Charkiw (Futbol'nyj klub Metalist Charkiw), Charkiw/Char'kow, Ukraine, Klub, entst. 1944, [1944-56 Lokomotiv Char'kow, 56-66 Avangard Char'kow, 66-90 Metallist Char'kow, 90-92 FK Metallist Char'kow], **s. S.** 99

FK Metallist Char'kow **s.** FK Metalist Charkiw

FK Metallurg Bekabad (Futbol'nyj klub Metallurg Bekabad), Bekabad, Usbekistan, Klub, [19??-?? Madantschi Bekadab], **s. S.** 100

FK Metallurg Zaporosch'je **s.** FK Metalurh Zaporischja

FK Metalurg Pernik (Fudbalski klub Metalurg Pernik), Pernik, Bulgarien, Klub, entst. 1957, [aufgel. 1966 durch Fusion mit SK Minjor Pernik => Kakra Pernicki Pernik, ?? wiedergegr.], **s. S.** 91

FK Metalurg Skopje (Fudbalski klub Metalurg Skopje), Skopje, Mazedonien, Klub, entst. 1967, **s. S.** 93

FK Metalurgs Liepaja (Futbola Klubs Metalurgs Liepaja), Liepaja, Lettland, Klub, entst. 1996, [entst. 1996 durch Fusion FC DAG Liepaja und FK Liepaja => FK Baltika Liepaja (96-97), 97 FK Baltika Metalurgs Liepaja], **s. S.** 99

FK Metalurh Donez'k (Futbol'nyj klub Metalurh Donez'k), Donez'k/Donezk, Ukraine, Klub, entst. 1995, **s. S.** 99

FK Metalurh Mariupol' (Futbol'nyj klub Metalurh Mariupol'), Mariupol', Ukraine, Klub, entst. 1948, [1948-83 Novator Mariupol', 83-95 Azovetz Mariupol'], **s. S.** 99

FK Metalurh Zaporischja (Futbol'nyj klub Metalurh Zaporischja), Saporischja/Zaporosch'je, Ukraine, Klub, entst. 1931, [1931-90 Metallurg Zaporosch'je, 90-92 FK Metallurg Zaporosch'je], **s. S.** 99

FK Meteor Praha VIII (Fotbalový klub Meteor Praha VIII), Prag (Praha), Tschechische Republik, Klub, entst. 1896, [1896-99 Sportovní kroužek Libeň, 1899-1901 Sportovní kroužek Meteor Libeň, 01-48 SK Meteor Praha VIII, 48-49 Sokol Meteor Praha VIII, 49 Sokol Libeň A, 49-53 Sokol Loděnice Libeň, 53-54 TJ Spartak Libeň Loděnice, 54-66 TJ Loděnice Libeň, 66-76 TJ Meteor Praha, 76-?? TJ Meteor Praha ŽSP, ??-?? TJ Meteor Praha], **s. S.** 86

FK MHSK Taschkent (Futbol'nyj klub MHSK Taschkent), Taschkent, Usbekistan, Klub, entst. 1991, [1991-92 Umid Taschkent, 92-93 FKA Pachtakor-79 Taschkent], **s. S.** 100

FK Minjor Pernik (Fudbalski klub Minjor Pernik), Pernik, Bulgarien, Klub, entst. 1919, [1919-32 Kakra Pernik, 32-4? Benkovski Pernik, 45 Fusion mit Svetkavitsa Pernik, Pernik JSK und Rudnitsar Pernik, 4?-49 Republikanets Pernik, 49-5? Republikanets Dimitrovo, 5?-52 Torpedo Dimitrovo, 52-62 SK Minjor Dimitrovo, 62-66 SK Minjor Pernik, 66 Fusion mit Metalurg Pernik => Kakra Pernitski Pernik (66-70), 70-74 DFS Pernik, 74-89 DFS Minjor Pernik], **s. S.** 91

FK Mladost Apatin (Fudbalski klub Mladost Apatin), Apatin, Jugoslawien, Klub, **s. S.** 93

FK Mladost Gacko (Fudbalski klub Mladost Gacko), Gacko, Bosnien und Herzegowina, Klub, **s. S.** 93

FK Mladost Lučani (Fudbalski klub Mladost Lučani), Lučani, Jugoslawien, Klub, entst. 1952, **s. S.** 93

FK Mladost Rogatica (Fudbalski klub Mladost Rogatica), Rogatica, Bosnien und Herzegowina, Klub, **s. S.** 93

FK Modriča (Fudbalski klub Modriča), Modriča, Bosnien und Herzegowina, Klub, **s. S.** 93

FK Mogren Budva (Fudbalski klub Mogren Budva), Budva, Jugoslawien, Klub, entst. 1945, [1945-91 FK Budva], **s. S.** 93

FK Monnerich **s.** FC Mondercange

FK Montana (Fudbalski klub Montana), Montana, Bulgarien, Klub, entst. 1929, **s. S.** 91

FK MPKC Mazyr **s.** FK Slavia Mazyr

FK Muša Ukmerge **s.** FK Vienybe Ukmerge

FK Naftan-Dewon Nawapolack (Futbol'nyj klub Naftan-Dewon Nawapolack), Nawapolack/Nowopolock, Weißrussland, Klub, entst. 1995, **s. S.** 99

FK Naftowyk Ochtyrka (Futbol'nyj klub Naftowyk Ochtyrka), Ochtyrka/Achtyrka, Ukraine, Klub, **s. S.** 99

FK Napredok Kičevo (Fudbalski klub Napredok Kičevo), Kičevo, Mazedonien, Klub, **s. S.** 93

FK Nasaf Karschi (Futbol'nyj klub Nasaf Karschi), Karschi, Usbekistan, Klub, entst. 1975, [19??-?? Pachtatschi Karschi, ??-97 Dinamo-Nasaf Karschi], **s. S.** 101

FK Naukat (Futbol'nyj klub Naukat), Iski-Naukat, Kirgisien, Klub, entst. 1997, **s. S.** 100

FK Nawbachor Namangan (Futbol'nyj klub Nawbachor Namangan), Namangan, Usbekistan, Klub, entst. 1978, [1978-?? Tekstil'schtschik Namangan, ??-88 Avtomobilist Namangan], **s. S.** 100

FK Neftochimik Burgas (Fudbalski klub Neftochimik Burgas), Burgas, Bulgarien, Klub, entst. 1932, **s. S.** 91

FK Neftschi Fergana (Futbol'nyj klub Neftschi Fergana), Fergana, Usbekistan, Klub, entst. 1960, [1960-?? Spartak Fergana, ??-92 Neftjanik Fergana], **s. S.** 100

FK Neftschi Kotschkor-Ata **s.** FK Neftschi-KRS Kotschkor-Ata

FK Neftschi-KRS Kotschkor-Ata (Futbol'nyj klub Neftschi-KRS Kotschkor-Ata), Kotschkor-Ata, Kirgisien, Klub, entst. 1994, [1994-97 FK Neftschi Kotschkor-Ata], **s. S.** 100

FK Neman Hrodna **s.** FK Njoman-Belcard Hrodna

FK Neset (Fotball Klubb Neset), Frosta, Norwegen, Klub, **s. S.** 71

FK Nevežis Kedainiai (Futbolo Klubas Nevežis Kedainiai), Kedainiai, Litauen, Klub, entst. 1959, [1959-60 Nevežis Kedainiai, 60-92 EAG Kedainiai, 92-95 FK Chemikas Kedainiai, 95-96 FK Nevežis-Fostra Kedainiai, 96-98 FK Nevežis-Lifosa Kedainiai], **s. S.** 99

FK Nevežis-Fostra Kedainiai **s.** FK Nevežis Kedainiai

FK Nevežis-Lifosa Kedainiai **s.** FK Nevežis Kedainiai

FK Niederkorn **s.** FC Progrès Niedercorn

FK Nikolaj Laschkov Jambol **s.** FK Jambol

FK Njoman-Belcard Hrodna (Futbol'nyj klub Njoman-Belcard Hrodna), Hrodna/Grodno, Weißrussland, Klub, entst. 1964, [1964-72 Neman Grodno, 72-91 Chimik Grodno, 91-92 Chimik Hrodna, 92-99 FK Neman Hrodna], **s. S.** 99

FK Nyva Winnytsja **s.** FK Winnytsja

FK Nywa Ternopil' (Futbol'nyj klub Nywa Ternopil'), Ternopil'/Ternopol', Ukraine, Klub, entst. 1959, [1959-72 Avangard Ternopol', 72-83 Budivelnik Ternopol'], **s. S.** 99

FK Obilić (Fudbalski klub Obilić), Belgrad (Beograd), Jugoslawien, Klub, entst. 1924, **s. S.** 92

FK Ohrid (Fudbalski klub Ohrid), Ohrid, Mazedonien, Klub, entst. 1946, [entst. 1946 durch Fusion OSK 1921 Ohrid, Jugoslaven Ohrid, Građanski Ohrid, Rašanec Ohrid und Ohridski Branovi Ohrid], **s. S.** 93

FK Olimpija Liepaja **s.** FK Liepaja

FK Olimpik Sarajevo (Fudbalski klub Olimpik Sarajevo), Sarajevo, Bosnien und Herzegowina, Klub, **s. S.** 93

FK Olimpik Teteven (Fudbalski klub Teteven), Teteven, Bulgarien, Klub, entst. 1992, [aufgel. 1999 durch Fusion mit FK Beroe Stara Zagora => FK Olimpik-Beroe Stara Zagora], **s. S.** 91

FK Olimpik Teteven **s.** FK Beroe Stara Zagora

FK Olimpik-Beroe Stara Zagora **s.** FK Beroe Stara Zagora

FK Olimpik-Beroe Stara Zagora **s.** FK Olimpik Teteven

FK Olümp Maardu **s.** FC Maardu

FK Omladinac Banja Luka (Fudbalski klub Omladinac Banja Luka), Banja Luka, Bosnien und Herzegowina, Klub, **s. S.** 93

FK Omladinac Brestovčina (Fudbalski klub Omladinac Brestovčina), Brestovčina, Bosnien und Herzegowina, Klub, **s. S.** 93

FK Osogovo Kočani (Fudbalski klub Osogovo Kočani), Kočani, Mazedonien, Klub, entst. 1924, **s. S.** 93

FK Ostroj Opava **s.** SFC Opava

FK Ozeta Dukla Trenčín (Futbalový klub Ozeta Dukla Trenčín), Trenčín, Slowakei, Klub, entst. 1943, [1943-47 ŠK Nehera Trenčín, 47-48 ZK Odeva Trenčín, 48-52 ZSJ Odeva Trenčín, 52-53 ZSJ Iskra OZVŠ Trenčín, 53-57 TJ Iskra Trenčín Odeva, 57-60 TJ Odeva Trenčín, 60 Fusion mit TJ Merina Trenčín => TJ Jednota Trenčín (60-81), 81 Aufl. der Fusion => TJ Odeva Trenčín (81-92), 92 Fusion mit VTJ Trenčín => TJ Ozeta Dukla Trenčín (92-9?)], **s. S.** 86

FK Pachtakor Taschkent (Futbol'nyj klub Pachtakor Taschkent), Taschkent, Usbekistan, Klub, entst. 1956, [1956-88 Pachtakor Taschkent], **s. S.** 100

FK Panerys Vilnius (Futbolo Klubas Panerys Vilnius), Vilnius, Litauen, Klub, entst. 1975, [1975-99 FK Panerys Vilnius, 99 aufgel.], **s. S.** 99

FK Panteri Bijeljina **s.** FK Radnik Bijeljina

FK Partizan Beograd (Fudbalski klub Partizan Beograd), Belgrad (Beograd), Jugoslawien, Klub, entst. 1945, [1945-63 JSD Partizan Beograd], **s. S.** 92

FK Pavlikeni (Fudbalski klub Pavlikeni), Pavlikeni, Bulgarien, Klub, entst. 1922, [1922-48 Christo Slavtschev Pavlikeni, 48-49 Rosstroj Pavlikeni, 49-90 DFS Tscherveno zname Pavlikeni], **s. S.** 91

FK Pelister Bitola (Fudbalski klub Pelister Bitola), Bitola, Mazedonien, Klub, entst. 1945, **s. S.** 93

FK Petrimex Prievidza **s.** FK Baník Prievidza

FK Pirin Blagoevgrad (Fudbalski klub Pirin Blagoevgrad), Blagoevgrad, Bulgarien, Klub, entst. 1934, [1934-?? Botev Gorna Dschumaja, ??-50 Makedonija Gorna Dschumaja, 50-?? Makedonija Blagoevgrad, ??-?? Torpedo Blagoevgrad, ??-72 Strojtel Blagoevgrad, 72-89 DFS Pirin Blagoevgrad], **s. S.** 91

FK Pobeda 26 Pleven **s.** FK Spartak Pleven

FK Pobeda Prilep (Fudbalski klub Pobeda Prilep), Prilep, Mazedonien, Klub, entst. 1941, [1941-50 Goce Delčev Prilep, 50-?? FK Pobeda Prilep, ??-95 FK Pobeda Vitaminka Prilep], **s. S.** 93

FK Pobeda Prilep (Fudbalski klub Pobeda Prilep), Prilep, Mazedonien, Klub, entst. 1941, [1941-50 Gotse Deltschew Prilep, 50-?? FK Pobeda Prilep, ??-95 FK Pobeda Vitaminka Prilep], **s. S.** 91

FK Pobeda Vitaminka Prilep **s.** FK Pobeda Prilep

FK Podrinje Šabac **s.** FK Mačva Šabac

FK Polet Srpski Brod (Fudbalski klub Polet Srpski Brod), Srpski Brod, Bosnien und Herzegowina, Klub, **s. S.** 93

FK Policijas Riga (Futbola Klubs Policijas Riga), Riga, Lettland, Klub, [aufgel. 2001 durch Fusion mit LU/Daugava Riga => PFK/Daugava Riga], **s. S.** 99

FK Policijas Riga **s.** LU/Daugava Riga

FK Policijas Riga **s.** PFK/Daugava Riga

FK Polihraftechnica Olexandria (Futbol'nyj klub Polihraftechnica Olexandria), Kyiw/Kiew, Ukraine, Klub, **s. S.** 99

FK Polonija Vilnius (Futbolo Klubas Polonija Vilnius), Vilnius, Litauen, Klub, **s. S.** 99

FK Poncijana Trst (Fudbalski klub Poncijana Trst), Trst/Trieste, Italien, Klub, entst. 1918, [1918-28 CS Ponziana Trieste, 28 Fusion mit Edera Trieste AS => ASPE Trieste (29-45), 45 Teilung => FK Poncijana Trst und US Triestina], **s. S.** 93

FK Poncijana Trst **s.** USC Triestina

FK Považská Bystrica (Futbalový klub Považská Bystrica), Považská Bystrica, Slowakei, Klub, entst. 1920, [1920-24 ŠK Považská Bystrica, 24-26 Orol Považská Bystrica, 26-33 ŠK Považská Bystrica, 33-36 ŠK Munička Považská Bystrica, 36-39 AC Sparta Považská Bystrica, 39-45 AC Považská Bystrica, 45-48 AC Sparta Považská Bystrica, 48 ZK Manet Považská Bystrica, 48-50 Sokol Manet Považská Bystrica, 50-53 ZSJ Manet Považská Bystrica, 53-66 TJ Spartak Považská Bystrica, 66-68 TJ Sparta Považská Bystrica, 68-90 TJ ZVL Považská Bystrica, 90-93 FK Sparta Považská Bystrica], **s. S.** 86

FK Preußen Dellbrück **s.** SC Preußen Köln-Dellbrück

FK Priština (Fudbalski klub Priština), Priština, Jugoslawien, Klub, entst. 1922, **s. S.** 93

FK Proleter Teslić (Fudbalski klub Proleter Teslić), Teslić, Bosnien und Herzegowina, Klub, **s. S.** 93

FK Proleter Zrenjanin (Fudbalski klub Proleter Zrenjanin), Zrenjanin, Jugoslawien, Klub, entst. 1947, [entst. 1947 durch Fusion Železničar Zrenjanin, Borac Zrenjanin, Obilić Zrenjanin und FK Zrenjanin], **s. S.** 93

FK Prykarpattja Iwano-Frankiws'k (Futbol'nyj klub Prykarpattja Iwano-Frankiws'k), Iwano-Frankiws'k/Iwano-Frankowsk, Ukraine, Klub, entst. 1940, [1940-81 Spartak Iwano-Frankowsk, 81-89 Prikarpatje Iwano-Frankowsk, 89-92 Prikarpatje Iwano-Frankowsk], **s. S.** 99

FK Rabotnički Kometal Skopje (Fudbalski klub Rabotnički Kometal Skopje), Skopje, Mazedonien, Klub, entst. 1945, [entst. 1945 durch Fusion FK Volga Skopje, Radnički Skopje und Sloboda Skopje => ZFK Rabotnički Skopje (45-97)], **s. S.** 93

FK Rad Beograd (Fudbalski klub Rad Beograd), Belgrad (Beograd), Jugoslawien, Klub, entst. 1958, [1958-90 FK Rad Beograd, 90-93 FK GRO Rad Beograd], **s. S.** 92

FK Radnički Bor (Fudbalski klub Radnički Bor), Bor, Jugoslawien, Klub, entst. 1919, [1919-?? FK Bor], **s. S.** 93

FK Radnički Kragujevac (Fudbalski klub Radnički Kragujevac), Kragujevac, Jugoslawien, Klub, entst. 1924, **s. S.** 93

FK Radnički Niš (Fudbalski klub Radnički Niš), Niš, Jugoslawien, Klub, entst. 1923, [1923-44 FK Radnički Niš, 44-47 FK 14. oktobar Niš], **s. S.** 93

FK Radnički Novi Beograd (Fudbalski klub Radnički Novi Beograd), Novi Beograd, Jugoslawien, Klub, entst. 1920, **s. S.** 93

FK Radnički Visoko **s.** FK Bosna Visoko

FK Radnik Bijeljina (Fudbalski klub Radnik Bijeljina), Bijeljina, Bosnien und Herzegowina, Klub, [19??-97 FK Panteri Bijeljina], **s. S.** 93

FK Rakovski Ruse (Fudbalski klub Rakovski), Ruse, Bulgarien, Klub, entst. 1992, **s. S.** 91

FK Rapid Liberec **s.** TJ Jiskra SS Liberec

FK Redarstvenik Mostar (Fudbalski klub Redarstvenik Mostar), Mostar, Bosnien und Herzegowina, Klub, **s. S.** 93

FK Rezekne (Futbola Klubs Rezekne), Rezekne, Lettland, Klub, entst. 1992, [1992 Strautmala Rezekne, 92-96 FC Vairogs Rezekne, 96 Fusion mit Kolons Rezekne => FK Rezekne], **s. S.** 99

FK Riga (Futbola Klubs Riga), Riga, Lettland, Klub, entst. 1999, **s. S.** 99

FK Riga-LSPA **s.** FC Ranto-Miks Riga

FK Romanija Pale (Fudbalski klub Romanija Pale), Pale, Bosnien und Herzegowina, Klub, **s. S.** 93

FK ROMAR Mažeikiai **s.** FK Mažeikiai

FK Rostsel'masch Rostow-na-Donu (Futbol'nyj klub Rostsel'masch Rostow-na-Donu), Rostow-na-Donu, Russland, Klub, entst. 1930, [1930-52 Traktor Rostow-na-Donu, 52-57 Torpedo Rostow-na-Donu], **s. S.** 101

FK Rot-Schwarz Pfaffenthal **s.** Red-Black Pfaffenthal

FK Rotstern Differdingen s. AS Differdange

FK Rozova Dolina Kazanlăk (Fudbalski klub Rozova Dolina Kazanlăk), Kazanlăk, Bulgarien, Klub, entst. 1919, [1919-?? Granit Kazanlăk, ??-?? DVF Kazanlăk, ??-?? Tschipka Kazanlăk, ??-?? Trimoncium Kazanlăk, ??-?? Brestoj Kazanlăk, ??-?? Spartak Kazanlăk, ??-49 Torpedo Kazanlăk, 49-85 DFS Rozova Dolina Kazanlăk], s. S. 91

FK Rudar Prijedor (Fudbalski klub Rudar Prijedor), Prijedor, Bosnien und Herzegowina, Klub, s. S. 93

FK Rudar Probištip (Fudbalski klub Rudar Probištip), Probištip, Mazedonien, Klub, s. S. 93

FK Rudar Ugljevik (Fudbalski klub Rudar Ugljevik), Ugljevik, Bosnien und Herzegowina, Klub, s. S. 93

FK Samarkand s. FK Dinamo Samarkand

FK Sarajevo (Fudbalski klub Sarajevo), Sarajevo, Bosnien und Herzegowina, Klub, entst. 1946, [entst. 1946 durch Fusion Udarnik Sarajevo und Sloboda Sarajevo => FK Torpedo Sarajevo (46-47)], s. S. 93

FK Sarajevo Pale (Fudbalski klub Sarajevo Pale), Pale, Bosnien und Herzegowina, Klub, s. S. 93

FK Sartid 1913 Smederevo (Fudbalski klub Sartid 1913 Smederevo), Smederevo, Jugoslawien, Klub, s. S. 93

FK Sasa Makedonska Kamenica (Fudbalski klub Sasa Makedonska Kamenica), Makedonska Kamenica, Mazedonien, Klub, entst. 1968, s. S. 93

FK Saturn Ramenskoje (Futbol'nyj klub Saturn Ramenskoje), Ramenskoje, Russland, Klub, entst. 1958, [1958-62 Trud Ramenskoje], s. S. 101

FK Schachrichan (Futbol'nyj klub Schachrichan), Schachrichan, Usbekistan, Klub, s. S. 100

FK Schachtar Donez'k (Futboľnyj klub Schachtar Donez'k), Donez'k/Donezk, Ukraine, Klub, entst. 1936, [1936-47 Stachanovetz Stalino, 47-61 Schachtor Stalino, 61-89 Schachtor Donezk, 89-92 FK Schachtor Donezk], s. S. 99

FK Schachtor Donezk s. FK Schachtar Donez'k

FK Schakhtsjor Salihorsk (Futboľnyj klub Schakhtsjor Salihorsk), Salihorsk/Soligorsk, Weißrussland, Klub, entst. 1963, [1963-91 Schakhtsjor Soligorsk], s. S. 99

FK Schemtschuschina Sotschi (Futbol'nyj klub Schemtschuschina Sotschi), Sotschi, Russland, Klub, entst. 1990, s. S. 101

FK Schinnik Babrujsk s. FK Belschyna Babrujsk

FK Schinnik Jaroslawl' (Futbol'nyj klub Schinnik Jaroslawl'), Jaroslawl', Russland, Klub, entst. 1957, [1957-60 Dinamo Jaroslawl'], s. S. 101

FK Schumen (Fudbalski klub Schumen), Schumen, Bulgarien, Klub, entst. 1920, [1920-?? Preslava Schumen, ??-?? Han Omurtag Schumen, ??-?? Rodina Schumen, ??-?? Botev Schumen, ??-?? JBV Schumen, ??-50 Panajot Volov Schumen, 50-57 Panajot Volov Kolarovgrad, 57-66 Volov Kolarovgrad, 66-80 Volov Schumen, 80-84 DFS Schumen, 84-?? Madara Schumen], s. S. 91

FK SCP Ružomberok (Futbalový klub Slovenské celulózky und papierne Ružomberok), Ružomberok, Slowakei, Klub, entst. 1906, [1906-18 Concordia Ružomberok, 18-24 ŠK Viktoria Ružomberok-Rybárpole, 24-48 ŠK Ružomberok, 48 Fusion mit SBZ Ružomberok => Sokol SBZ Ružomberok (48-53), 53-55 TJ Iskra Ružomberok, 55 Teilung => TJ Iskra Ružomberok und TJ Slovan Ružomberok, 57-89 TJ BZVIL Ružomberok, 89-92 TJ BZ Ružomberok, 92-95 ŠK Texicom Ružomberok, 95-96 MŠK Ružomberok, 96-97 MŠK SCP Ružomberok], s. S. 87

FK Selmasch Mahiljou s. FK Transmasch Mahiljou

FK Semetej Kyzyl-Kija (Futbol'nyj klub Semetej Kyzyl-Kija), Kyzyl-Kija, Kirgisien, Klub, entst. 1992, [1992-93 FK Semetej Kyzyl-Orda, 93-96 FK Semetej Kyzyl-Kija, 96-98 FK Semetej-Dinamo Kyzyl-Kija], s. S. 100

FK Semetej Kyzyl-Orda s. FK Semetej Kyzyl-Kija

FK Semetej-Dinamo Kyzyl-Kija s. FK Semetej Kyzyl-Kija

FK Semung Angren (Futbol'nyj klub Semung Angren), Angren, Usbekistan, Klub, s. S. 100

FK Septemvri Sofija (Fudbalski klub Septemvri Sofija), Sofija, Bulgarien, Klub, entst. 1944, [entst. 1944 durch Fusion SK Sofija, Akoah Sofija, Vazroschdan Sofija und Sokol Sofija => Botev Sofija (44-47), aufgel. 47 durch Fusion mit CDV Sofija und Tsadvar Sofija => FD Septemvrijsko Sofija, Wiedergr. 57 durch Abspaltung von CDNA Sofija => FD Septemvri CDV Sofija (57-68), aufgel. 68 durch Fusion mit CSKA Tscherveno zname Sofija => CSKA Septemvrijsko zname Sofija, 85 wiedergegr. => DFS Septemvri Sofija (85-89)], s. S. 90

FK Shkendija Tetovo (Fudbalski klub Shkendija Tetovo), Tetovo, Mazedonien, Klub, entst. 1992, s. S. 93

FK Šiauliai-Sakalas s. FK Kareda Šiauliai

FK Sileks Kratovo (Fudbalski klub Sileks Kratovo), Kratovo, Mazedonien, Klub, entst. 1965, s. S. 93

FK Sirjus-VLPFK Klaipeda s. FK Atlantas-2 Klaipeda

FK SKA Rostow-na-Donu (Futbol'nyj klub Sportivnyj Klub Armiji Rostow-na-Donu), Rostow-na-Donu, Russland, Klub, entst. 1958, [1958-60 SKVO Rostow-na-Donu, 60-?? SKA Rostow-na-Donu], s. S. 101

FK SKA-Alaj Gultscha (Futbol'nyj klub Sportivnyj Klub Armiji-Alaj Gultscha), Gultscha, Kirgisien, Klub, entst. 1992, [1992-94 FK Alaj Gultscha, 94 FK Alaj-Osch-Pirim Gultscha, 94-98 FK Alaj Gultscha, 98 FK SKA-Alaj Gultscha, aufgel. 98, Umzug nach Osch => FK SKA-Alaj Osch], s. S. 100

FK SKA-Alaj Gultscha s. FK SKA-Alaj Osch

FK SKA-Alaj Osch (Futbol'nyj klub Sportivnyj Klub Armiji-Alaj Osch), Osch, Kirgisien, Klub, entst. 1998, [entst. 1998 nach Umzug von FK SKA-Alaj Gultscha nach Osch => FK SKA-Alaj Osch], s. S. 100

FK SKA-Alaj Osch s. FK SKA-Alaj Gultscha

FK SKA-PVO Bischkek (Futbol'nyj klub Sportivnyj Klub Armiji-PVO Bischkek), Bischkek, Kirgisien, Klub, entst. 1960, [1960-93 Alga Bischkek, 93 Teilung => Alga Bischkek und Alga-RIIF Bischkek, 94 Fusion => Alga Bischkek (94-96), 96-97 Alga-PVO Bischkek], s. S. 100

FK Skonto Riga (Futbola Klubs Skonto Riga), Riga, Lettland, Klub, entst. 1991, [1991 Forum-Skonto Riga], s. S. 99

FK Slavia Mazyr (Futboľnyj klub Slavia Mazyr), Mazyr/Mozyr', Weißrussland, Klub, entst. 1987, [1987-95 Polesje Mozyr', 95-97 FK MPKC Mazyr], s. S. 99

FK Slavija Lukavica (Fudbalski klub Slavija Lukavica), Lukavica, Bosnien und Herzegowina, Klub, s. S. 93

FK Slavija Sofija (Fudbalski klub Slavija Sofija), Sofija, Bulgarien, Klub, entst. 1910, [1910-15 Botev Sofija, 15 Fusion mit Christo Botev Sofija und Razvitije Sofija => SK Slavija Sofija (15-45), 45 Fusion mit SK Bălgarija Sofija und SK Beganets Sofija => NFD Slavija Sofija (45-49), 49-51 DSO Strojitel Sofija, 51-52 USS-DSO Udarnik Sofija, 52-57 GUTP-DSO Udarnik Sofija, 57-69 FD Slavija Sofija, 69 Fusion mit FD Lokomotiv Sofija => ZSK Slavija Sofija (69-71), 71 Aufl. der Fusion => DFS Lokomotiv Sofija und DFS Slavija Sofija (71-86)], s. S. 90

FK Slavija Srpsko Sarajevo (Fudbalski klub Slavija Srpsko Sarajevo), Sarajevo, Bosnien und Herzegowina, Klub, s. S. 93

FK Slavoj Praha (Fotbalový klub Slavoj Praha), Prag (Praha), Tschechische Republik, Klub, entst. 1909, [1909-12 Nuselský sportovní kroužek, 12-48 Nuselský sportovní klub, 48-50 Sokol Nuselský, 50-53 Sokol Masna Nuselský, 53-57 TJ Slavoj Praha PPM, 57-9? TJ Slavoj Praha, 9?-9? TJ Slavoj Praha IV], s. S. 86

FK Sliven (Fudbalski klub Sliven), Sliven, Bulgarien, Klub, entst. 1918, [1918-?? Sportist Sliven, ??-?? Borislav Sliven, ??-?? Asenovets Sliven, ??-?? Trakijets Sliven, ??-?? Hadschi Dimitar Sliven, ??-?? Angel Dimitrov Sliven, ??-?? Sabi Dimitrov Sliven, ??-?? DNA Sliven, ??-?? SKNA Sliven, ??-?? Mlada Gvardija Sliven, ??-?? Slivenski Tekstilets Sliven, ??-64 Zaimkov Sliven, 64-72 AFD Sliven, 72-89 DFS Sliven], s. S. 91

FK Sloboda Novi Grad (Fudbalski klub Sloboda Novi Grad), Novi Grad, Bosnien und Herzegowina, Klub, s. S. 93

FK Sloboda Titovo Užice s. FK Sloboda Užice

FK Sloboda Tuzla (Fudbalski klub Sloboda Tuzla), Tuzla, Bosnien und Herzegowina, Klub, entst. 1925, [entst. 1925 durch Fusion Obilić Tuzla, Kamabi Tuzla und Gorki Tuzla => Zrijnski Tuzla (25-??)], s. S. 93

FK Sloboda Užice (Fudbalski klub Sloboda Užice), Užice, Jugoslawien, Klub, entst. 1925, [1925-?? Građanski Titovo Užice, ??-90 FK Sloboda Titovo Užice], s. S. 93

FK Sloga Doboj (Fudbalski klub Sloga Doboj), Doboj, Bosnien und Herzegowina, Klub, s. S. 93

FK Sloga Jugomagnat Skopje (Fudbalski klub Sloga Jugomagnat Skopje), Skopje, Mazedonien, Klub, entst. 1927, [1927-?? Sloga Skopje], s. S. 93

FK Sloga Srbac (Fudbalski klub Sloga Srbac), Srbac, Bosnien und Herzegowina, Klub, s. S. 93

FK Sloga Trn (Fudbalski klub Sloga Trn), Trn, Bosnien und Herzegowina, Klub, s. S. 93

FK Snaige Alytus s. FK Dainava Alytus

FK Sogdiana Dschizak (Futbol'nyj klub Sogdiana Dschizak), Dschizak, Usbekistan, Klub, entst. 1970, [1970-?? Zhizach Dschizak, ??-?? Trud Dschizak, ??-?? Irrigator Dschizak, ??-?? Buston Dschizak, ??-?? Zvezda Dschizak, ??-90 Jeschlik Dschizak], s. S. 101

FK Sokol Saratow (Futbol'nyj klub Sokol Saratow), Saratow, Russland, Klub, entst. 1946, s. S. 101

FK Sparta Považská Bystrica s. FK Považská Bystrica

FK Spartak Moskva (Moskovskij Gorodskoj Futbol'nyj klub Spartak Moskva), Moskau (Moskva), Russland, Klub, entst. 1922, [1922 MKS, 22-25 Krasnaja Presnja Moskva, 25-30 Pischkewiki Moskva, 30-34 Dukat Moskva, 34-35 Promkooperatsija Moskva, 35-92 Spartak Moskva], s. S. 100

FK Spartak Pleven (Fudbalski klub Spartak Pleven), Pleven, Bulgarien, Klub, entst. 1919, [1919-20 Skobelev Pleven, 20-?? FK Pobeda 26 Pleven, ??-?? Levski Pleven, ??-?? Bit Pleven, ??-?? Botev Pleven, ??-?? Belite Orli Pleven, ??-?? SP '39 Pleven, ??-?? Trud Pleven, ??-?? Republikanets Pleven, ??-?? Vinarov Pleven, ??-?? Septemvri Pleven, ??-?? Lokomotiv Pleven, 55 Fusion mit DFS Torpedo Pleven => DSO Spartak Pleven (55-58), 58-85 DFS Spartak Pleven], s. S. 91

FK Spartak Plovdiv (Fudbalski klub Spartak Plovdiv), Plovdiv, Bulgarien, Klub, entst. 1944, [1944-47 NFD Septemvri Plovdiv, 45 Fusion mit Levski Plovdiv, 47 Fusion mit NFD Udarnik Plovdiv => NFD Spartak Plovdiv (47-49), 49-58 DSO Spartak Plovdiv, 58-67 DFS Spartak Plovdiv, aufgel. 67 durch Fusion mit ASK Botev Plovdiv und Akademik Plovdiv => AFD Trakija Plovdiv, Wiedergr. 82 durch Abspaltung AFD Trakija Plovdiv => DFS Spartak Plovdiv (82-89)], s. S. 91

FK Spartak Subotica (Fudbalski klub Spartak Subotica), Subotica, Jugoslawien, Klub, entst. 1945, s. S. 93

FK Spartak Varna (Fudbalski klub Spartak Varna), Varna, Bulgarien, Klub, entst. 1918, [1918-24 Bălgarski Sokol Varna, 24 Fusion mit Schipka Varna => Schipenski Sokol Varna (24-45), 45 Fusion mit Levski Varna und Rakovski Varna => Spartak Varna (45-49), 49-56 Spartak Stalin, 56-69 Spartak Varna, 69 Fusion mit Lokomotiv Varna => ZSK Spartak Varna (69-86)], s. S. 91

FK Spartak Wladikawkaz s. FK Alania Wladikawkaz

FK Spartak ZŤS Dubnica nad Váhom s. FK ZŤS Kerametal Dubnica nad Váhom

FK Spartak-Alanija Wladikawkaz s. FK Alania Wladikawkaz

FK Sredets Sofija s. FK CSKA Sofija

FK Stal' Alchews'k (Futboľnyj klub Staľ Alchews'k), Alchews'k/Alchewsk, Ukraine, Klub, s. S. 99

FK Staryja Darohi (Futboľnyj klub Staryja Darohi), Staryja Darohi/Staryje Dorogi, Weißrussland, Klub, entst. 1976, [1976-91 Strojiteľ Staryje Dorogi, 91-9? FK Strojiteľ Staryja Darohi], s. S. 99

FK Strojiteľ Staryja Darohi s. FK Staryja Darohi

FK Strumska Slava Radomir (Fudbalski klub Strumska Slava Radomir), Radomir, Bulgarien, Klub, s. S. 91

FK Suduva Marijampole (Futbolo Klubas Suduva Marijampole), Marijampole, Litauen, Klub, [19??-95 FK Žydrius Marijampole], s. S. 99

FK Surchan Termez (Futbol'nyj klub Surchan Termez), Termez, Usbekistan, Klub, entst. 1968, [1968-?? Tschegeratschi Termez, ??-?? Avtomobilist Termez, ??-?? Spartak Termez, ??-94 FK Surchan Termez, 94-96 ASK Termez], s. S. 101

FK Sutjeska Nikšić (Fudbalski klub Sutjeska Nikšić), Nikšić, Jugoslawien, Klub, entst. 1944, s. S. 93

FK Sutjeska Srbinje (Fudbalski klub Sutjeska Srbinje), Srbinje, Bosnien und Herzegowina, Klub, s. S. 93

FK Švarc Benešov s. FK Benešov

FK Svetotechnika Majli-Saj (Futbol'nyj klub Svetotechnika Majli-Saj), Majli-Saj, Kirgisien, Klub, entst. 1998, s. S. 100

FK Svislatsch-Kroulja Asipovitschy (Futboľnyj klub Svislatsch-Kroulja Asipovitschy), Asipovitschy/Osipovitschi, Weißrussland, Klub, entst. 1994, s. S. 99

FK Taraz (Futbol'nyj klub Taraz), Dschambul, Kasachstan, Klub, entst. 1961, [1961-67 Metallist Dschambul, 67-68 Voschod Dschambul, 68-71 Energetik Dschambul, 71-75 Alatau Dschambul, 75-92 Chimik Dschambul, 92 Fosfor Dschambul, 92-97 Taraz Dschambul], s. S. 101

FK Tarpeda Schodyna (Futboľnyj klub Tarpeda Schodyna), Schodyna/Schodimo, Weißrussland, Klub, entst. 1965, [1965-?? Torpedo Schodimo, ??-92 BelAZ Schodimo], s. S. 99

FK Tarpeda-Kadzina Mahiljou (Futboľnyj klub Tarpeda-Kadzina Mahiljou), Mahiljou/Mogilew, Weißrussland, Klub, entst. 1974, [1974-91 Torpedo Mogilew, 91-95 FK Torpedo Mahiljou], s. S. 99

FK Tarpeda-MAZ Minsk (Futboľnyj klub Tarpeda-MAZ Minsk), Minsk, Weißrussland, Klub, entst. 1947, [1947-91 Torpedo Minsk], s. S. 99

FK Tauras Šiauliai (Futbolo Klubas Tauras Šiauliai), Šiauliai, Litauen, Klub, s. S. 99

FK Tauras Taurage (Futbolo Klubas Tauras Taurage), Taurage, Litauen, Klub, entst. 1943, [1943-60 Tauras Taurage, 60-61 MSK Taurage, 61-90 Tauras Taurage, 90-93 FK Elektronas Taurage, 93-95 FK Tauras-Karšuva Taurage], s. S. 99

FK Tauras-Karšuva Taurage s. FK Tauras Taurage

FK Tawrija Symferopoľ (Futboľnyj klub Tawrija Symferopoľ), Symferopoľ/Simferopoľ, Ukraine, Klub, entst. 1958, [1958-63 Avangard Simferopoľ, 63-90 Tawrija Simferopoľ], s. S. 99

FK Tekstilac Tetovo s. FK Teteks Tetovo

FK Temirjultschi Kokand (Futbol'nyj klub Temirjultschi Kokand), Kokand, Usbekistan, Klub, s. S. 100

FK Temp Schepetiwka (Futboľnyj klub Temp Schepetiwka), Schepetiwka/Schepetowka, Ukraine, Klub, entst. 1990, s. S. 99

FK Tempo Partizánske (Futbalový klub Tempo Partizánske), Partizánske, Slowakei, Klub, entst. 1940, [1940-42 ŠK Baťa Baťovany, 42-45 HG Šimonovany, 45-48 ŠK Baťovany, 48-49 Sokol Baťovany, 49-53 Sokol Svit Partizánske, 53-?? TJ Iskra Partizánske, ??-90 TJ Iskra ZDA Partizánske], s. S. 86

FK Teplice (Fotbalový klub Teplice), Teplice, Tschechische Republik, Klub, entst. 1945, [1945-48 SK Teplice-Šenov, 48-49 Sokol Teplice, 49-51 ZSJ Technomat Teplice, 51-52 Sokol Vodotechna Teplice, 52-53 Sokol Ingstav Teplice, 53-60 TJ Tatran Teplice, 60-66 TJ Slovan Teplice, 66-92 TJ Sklo Union Teplice, 92 Fusion mit VTJ Teplice => TFK VTJ Teplice, 93-94 FK Frydrych Teplice], s. S. 86

FK Teteks Tetovo (Fudbalski klub Teteks Tetovo), Tetovo, Mazedonien, Klub, entst. 1951, [1951-?? FK Tekstilac Tetovo], s. S. 93

FK Tetingen s. SC Tétange

FK Tikveš Kavadarci (Fudbalski klub Tikveš Kavadarci), Kavadarci, Mazedonien, Klub, entst. 1926, s. S. 93

FK Tjumen' (Futbol'nyj klub Tjumen'), Tjumen', Russland, Klub, entst. 1961, [1961-63 Geolog Tjumen', 63-65 Priboj Tjumen', 65-78 Neftjanik Tjumen', 78-80 Strojiteľ Tjumen', 80-83 Fakel Tjumen', 83-92 Geolog Tjumen', 92-96 Dinamo-Gazovik Tjumen'], s. S. 101

FK Torpedo Mahiljou s. FK Tarpeda-Kadzina Mahiljou

FK Torpedo Moskva (Futbol'nyj klub Torpedo Moskva), Moskau (Moskva), Russland, Klub, entst. 1924, [1924-36 Proletarskaja Kuznitsa Moskva, 36-90 Torpedo Moskva, 90-96 FK Torpedo Moskva, 96-98 FK Torpedo-Luschniki Moskva], s. S. 100

FK Torpedo Sarajevo s. FK Sarajevo

FK Torpedo Zaporischja (Futboľnyj klub Torpedo Zaporischja), Saporischja/Zaporosch'je, Ukraine, Klub, entst. 1920, [1920-?? Silmasch Zaporosch'je, ??-?? Traktor Zaporosch'je, ??-82 Komunarets Zaporosch'je, 82-92 Torpedo Zaporosch'je, 92-99 FK Torpedo Zaporischja, 99 aufgel.], s. S. 99

FK Torpedo-Luschniki Moskva s. FK Torpedo Moskva

FK Torpedo-ZIL Moskva (Futbol'nyj klub Torpedo-ZIL Moskva), Moskau (Moskva), Russland, Klub, s. S. 100

FK Trakija Plovdiv s. FK Botev Plovdiv

FK Traktor Taschkent (Futbol'nyj klub Traktor Taschkent), Taschkent, Usbekistan, Klub, entst. 1968, [1968-70 Taschawtomasch Taschkent], s. S. 100

FK Transmasch Mahiljou (Futboľnyj klub Transmasch Mahiljou), Mahiljou/Mogilew, Weißrussland, Klub, entst. 1994, [1994 FK Selmasch Mahiljou, 94-97 FK Transmasch Mahiljou, aufgel. 97 durch Fusion mit FK Dnepr Mahiljou => FK Dnepr-Transmasch Mahiljou], s. S. 99

FK Transmasch Mahiljou s. FK Dnepr Mahiljou

FK Transmasch Mahiljou s. FK Dnepr-Transmasch Mahiljou

FK Travnik (Fudbalski klub Travnik), Travnik, Bosnien und Herzegowina, Klub, s. S. 93

FK Trepča Kosovska Mitrovica (Fudbalski klub Trepča Kosovska Mitrovica), Kosovska Mitrovica, Jugoslawien, Klub, entst. 1932, [1932-45 Trepča Kosovska Mitrovica, 45-90 Trepča Titova Mitrovica], s. S. 93

FK Tschardafon Gabrovo (Fudbalski klub Tschardafon Gabrovo), Gabrovo, Bulgarien, Klub, entst. 1920, [1920-?? OTO Gabrovo, ??-?? Tschardafon Orlovets Gabrovo, ??-?? Aprilov Gabrovo, ??-?? Balkan Gabrovo, ??-?? Tscherveno zname Gabrovo, ??-?? Dinamo Gabrovo, ??-?? Spartak Gabrovo, ??-57 Torpedo Gabrovo, 57-73 Tschardafon Orlovets Gabrovo, 73-89 Jantra Gabrovo, 89-94 FK Jantra Gabrovo], s. S. 91

FK Tscherno More Varna (Fudbalski klub Tscherno More Varna), Varna, Bulgarien, Klub, entst. 1945, [entst. 1945 durch Fusion SK Vladislav Varna und Titscha Varna => TV-45 (45-??), ??-48 TVP Varna, 48-49 Botev Varna, 49-50 Botev Stalin, 50-56 VUS Stalin, 56 VUS Varna, 56-?? SKNA Varna, ??-69 VUS Varna, 69 Fusion mit Akademik Varna und SD Tscherno More Varna => SAFD Tscherno More Varna (69-93)], s. S. 91

FK Tschernomorets Burgas (Fudbalski klub Tschernomorets Burgas), Burgas, Bulgarien, Klub, entst. 1947, [entst. 1947 durch Fusion Slavija Burgas und Levski-Botev 45 Burgas => Ljubislav Burgas (47-48), 48-69 Botev Burgas, 69 Fusion mit Lokomotiv Burgas => DFS Tschernomorec Burgas (69-89)], s. S. 91

FK Tschernomorets Novorossisk (Futbol'nyj klub Tschernomorets Novorossisk), Novorossisk, Russland, Klub, entst. 1960, [1960-71 Tsement Novorossisk, 71 aufgel., 77 wiedergegr., 77-91 Tsement Novorossisk, 91-93 Gekris Novorossisk], s. S. 101

FK Tschernomoretz Odessa s. FK Tschornomoretz' Odesa

FK Tschilanzar Taschkent (Futbol'nyj klub Tschilanzar Taschkent), Taschkent, Usbekistan, Klub, entst. 1992, s. S. 100

FK Tschirschik (Futbol'nyj klub Tschirschik), Tschirschik, Usbekistan, Klub, s. S. 100

FK Tschornomoretz' Odesa (Futboľnyj klub Tschornomoretz' Odesa), Odesa/Odessa, Ukraine, Klub, entst. 1958, [1958-89 Tschernomoretz Odessa, 89-92 FK Tschernomoretz Odessa], s. S. 99

FK TTS Trenčín (Futbalový klub Trenčiansky telovýchovný spolok Trenčín), Trenčín, Slowakei, Klub, entst. 1905, [1905 TTE, 05-19 PTTE, 19-49 TTS, 49-53 Sokol TTS Trenčín, 53-56 TJ Iskra Trenčín Merina, 56 Fusion mit TJ Spartak Trenčín => TJ TTS Trenčín (56-60), 60 Fusion mit TJ Odeva Trenčín => TJ TTS Trenčín (60-82), 82-90 TTS Trenčín], s. S. 86

FK Turan Nukus (Futbol'nyj klub Turan Nukus), Nukus, Usbekistan, Klub, [19??-99 Aral Nukus], s. S. 101

FK Ukmerge s. FK Vienybe Ukmerge

FK Universitate Riga (Futbola Klubs Universitate Riga), Riga, Lettland, Klub, entst. 1996, [entst. 1996 nach Umzug von RAF Jelgava nach Riga => FK Universitate Riga (96-98), aufgel. 98 durch Fusion mit LU/Daugava Riga], s. S. 99

FK Universitate Riga s. LU/Daugava Riga

FK Universitate Riga s. RAF Jelgava

FK Valmiera (Futbola Klubs Valmiera), Valmiera, Lettland, Klub, [19??-95 Gauja Valmiera], s. S. 99

FK Vardar Skopje (Fudbalski klub Vardar Skopje), Skopje, Mazedonien, Klub, entst. 1947, [entst. 1947 durch Fusion SSK Pobeda Skopje und FK Makedonija Skopje], s. S. 91 und 93

FK Vardar Skopje s. FK Makedonija Skopje

FK Vardar Skopje s. SSK Pobeda Skopje

FK Vardarski Bogdanci (Fudbalski klub Vardarski Bogdanci), Bogdanci, Mazedonien, Klub, s. S. 93

FK Velbazjd Kjustendil (Fudbalski klub Velbazjd Kjustendil), Kjustendil, Bulgarien, Klub, entst. 1920, [1920-56 Levski Kjustendil, 56-?? Velbazjd Kjustendil, ??-99 FK Levski Kjustendil], s. S. 91

FK Velež Mostar (Fudbalski klub Velež Mostar), Mostar, Bosnien und Herzegowina, Klub, entst. 1922, s. S. 93

FK Velež Nevesinje (Fudbalski klub Velež Nevesinje), Nevesinje, Bosnien und Herzegowina, Klub, s. S. 93

FK Ventspils (Futbola Klubs Ventspils), Ventspils, Lettland, Klub, entst. 1997, [entst. 1997 durch Fusion Nafta Ventspils und Venta Ventspils], s. S. 99

FK Vienybe Ukmerge (Futbolo Klubas Vienybe Ukmerge), Ukmerge, Litauen, Klub, entst. 1962, [1962-65 Vienybe Ukmerge, 65-?? Pivonija Ukmerge, ??-92 FK Vienybe Ukmerge, 92-95 FK Muša Ukmerge, 95-97 FK Ukmerge], s. S. 99

FK Viktoria Žižkov (Fotbalový klub Viktoria Žižkov), Prag (Praha), Tschechische Republik, Klub, entst. 1903, [1903-04 Sportovní kroužek Viktoria Žižkov, 04-48 SK Viktoria Žižkov, 48 Sokol Viktoria Žižkov, 49-51 Sokol Žižkov A, 51-52 ZSJ ČSAD Žižkov, aufgel. 52 durch Fusion mit ZSJ Avia Čakovice, wiedergegr. 52 => ZSJ Údržba Žižkov (52-53), 53-65 TJ Slavoj Žižkov, 65-73 TJ Viktoria Žižkov, 73-8? TJ Viktoria Žižkov Strojimport, 8?-92 TJ Viktoria Žižkov PS], s. S. 86

FK Vítkovice s. FC Vítkovice

FK Vitoscha Sofija s. PFK Levski Sofija

FK Vojvodina Novi Sad (Fudbalski klub Vojvodina Novi Sad), Novi Sad, Jugoslawien, Klub, entst. 1914, [1914-45 Vojvodina Novi Sad, 45 Fusion mit Radnički Novi Sad und Slavija Novi Sad => Sloga Novi Sad (45-51)], s. S. 93

FK Volga Skopje s. FK Rabotnički Kometal Skopje

FK Volyn' Luz'k (Futboľnyj klub Volyn' Luz'k), Luz'k/Luzk, Ukraine, Klub, entst. 1960, [1968-72 Torpedo Luzk, 72-76 SK Luzk, 76-89 Torpedo Luzk, 89-92 Volin' Luzk], s. S. 99

FK Vorskla Poltava (Futboľnyj klub Vorskla Poltava), Poltava, Ukraine, Klub, entst. 1938, [1938-53 Kolgospnik Poltava, 53-68 Kolos Poltava, 68-73 Silbud Poltava, 73-79 Budivelnik Poltava], s. S. 99

FK VP Frýdek-Místek (Fotbalový klub Válcovny plechu Frýdek-Místek), Frýdek-Místek, Tschechische Republik, Klub, entst. 1921, [1921-29 Karlohutní SK, 29-50 SK Karlova Huť, 50-61 ZSJ Železárny Frýdek-Místek, 61-64 TJ Železárny Frýdek-Místek, 64-66 TJ Spartak Frýdek-Místek, 66-93 TJ VP Frýdek-Místek], s. S. 86

FK Vratsa s. FK Botev Vratsa

FK Vrbanjuša Sarajevo (Fudbalski klub Vrbanjuša Sarajevo), Sarajevo, Bosnien und Herzegowina, Klub, s. S. 93

FK VTJ Koba Senec (Futbalový klub Vojenská telovýchovná jednota Koba Senec), Senec, Slowakei, Klub, entst. 1990, [1990-92 AKP Senec, 92-95 FK Koba Senec, 95 Fusion mit VTJ Bratislava => FK VTJ Koba Senec], s. S. 86

FK Wedrych-97 Rechytsa (Futboľnyj klub Wedrych-97 Rechytsa), Rechytsa/Rechitsa, Weißrussland, Klub, entst. 1952, [1952-91 Wedrich Rechitsa], s. S. 99

FK Weres Riwne (Futboľnyj klub Weres Riwne), Riwne/Rowno, Ukraine, Klub, entst. 1958, [1958-67 Kolchoznik Rowno, 67-72 Gorin Rowno, 72-91 Avangard Rowno], s. S. 99

FK Winnytsja (Futboľnyj klub Winnytsja), Winnytsja/Winnitsa, Ukraine, Klub, entst. 1958, [1958-78 Lokomotiv Winnitsa, 78-92 Niva Winnitsa, 92-99 FK Nyva Winnytsja], s. S. 99

FK Zakarpattja Usshorod (Futboľnyj klub Zakarpattja Usshorod), Usshorod/Uzgorod, Ukraine, Klub, s. S. 99

FK Žalgiris Kaunas s. FBK Kaunas

FK Žalgiris Vilnius (Futbolo Klubas Žalgiris Vilnius), Vilnius, Litauen, Klub, entst. 1947, [1947-48 Dinamo Vilnius, 48-62 Spartak Vilnius, 62-90 Žalgiris Vilnius, 90-93 FK Žalgiris Vilnius, 93-95 FK Žalgiris-EBSW Vilnius], s. S. 99

FK Žalgiris-2 Vilnius s. FK Geležinis-Vilkas Vilnius

FK Žalgiris-EBSW Vilnius s. FK Žalgiris Vilnius

FK Žalgiris-Volmeta Vilnius s. FK Geležinis-Vilkas Vilnius

FK Zarawschan Nawoi (Futbol'nyj klub Zarawschan Nawoi), Nawoi, Usbekistan, Klub, entst. 1962, s. S. 101

FK Železnik (Fudbalski klub Železnik), Železnik, Jugoslawien, Klub, entst. 1930, s. S. 92

FK Željezničar Lukavica (Fudbalski klub Žejezničar Lukavica), Lukavica, Bosnien und Herzegowina, Klub, s. S. 93

FK Željezničar Sarajevo s. NK Željezničar Sarajevo

FK Zemun (Fudbalski klub Zemun), Zemun, Jugoslawien, Klub, entst. 1969, [entst. 1969 durch Fusion Jedinstvo Zemun, Sremac Zemun und Sparta Zemun => FK Galenika Zemun (69-86)], s. S. 92

FK Zenica (Fudbalski klub Zenica), Zenica, Bosnien und Herzegowina, Klub, [aufgel. 1999 durch Fusion mit FK Đerzelez Sarajevo => FK Đerzelez Zenica], s. S. 93

FK Zenica s. FK Đerzelez Zenica

FK Zenit Sankt Peterburg (Futbol'nyj klub Zenit Sankt Peterburg), Sankt Peterburg, Russland, Klub, entst. 1931, [1931-91 Zenit Leningrad, 40 Fusion mit Stalinets Leningrad und Elektrik Leningrad, 91-9? DSO Zenit Sankt Peterburg], s. S. 101

FK Zeta Golubovci (Fudbalski klub Zeta Golubovci), Golubovci, Jugoslawien, Klub, s. S. 93

FK Zhaschtyk Ak Altyn Karasaj (Futbol'nyj klub Zhaschtyk Ak Altyn Karasaj), Karasaj, Kirgisien, Klub, [19??-95 FK Ak Altyn Karasaj, aufgel. 95, Umzug nach Osch => FK Zhaschtyk Osch (95-98), Wiedergr. 98 nach Rückkehr des Teams => FK Zhaschtyk Ak Altyn Karasaj], s. S. 101

FK Zhaschtyk Ak Altyn Karasaj s. FK Zhastyk Osch

FK Zhaschtyk Osch s. FK Zhaschtyk Ak Altyn Karasaj

FK Zhastyk Osch (Futbol'nyj klub Zhastyk Osch), Osch, Kirgisien, Klub, entst. 1995, [entst. 1995 nach Umzug von FK Ak Altyn Karasaj nach Osch => FK Zhaschtyk Osch (95-98), aufgel. 98, Umzug nach Karasaj => FK Zhaschtyk Ak Altyn Karasaj], s. S. 100

FK Zirka Kirowohrad (Futboľnyj klub Zirka Kirowohrad), Kirowohrad/Kirowograd, Ukraine, Klub, entst. 1922, [1922-93 Zirka Kirowograd, 93-97 FK Zirka-Nibas Kirowohrad], s. S. 99

FK Zirka-Nibas Kirowohrad s. FK Zirka Kirowohrad

FK Zlín (Fotbalový klub Zlín), Zlín, Tschechische Republik, Klub, entst. 1919, [1919-22 SK Zlín, 22-48 SK Baťa Zlín, 48 ZK Botostroj I Zlín, 49-51 Sokol Svit I Gottwaldov, 51-53 ZSJ Svit I Gottwaldov, 53-58 TJ Jiskra Gottwaldov, 58 Fusion mit TJ Spartak Gottwaldov => TJ Gottwaldov (58-89), 89-90 SK Zlín, 90-96 FC Svit Zlín, 96-99 FC Zlín, 1999-2000 FC Svit Zlín], s. S. 86

FK Zmaj od Bosne Tuzla (Fudbalski klub Zmaj od Bosne Tuzla), Tuzla, Bosnien und Herzegowina, Klub, s. S. 93

FK Zorja Luhans'k (Futboľnyj klub Zorja Luhans'k), Luhans'k/Lugansk, Ukraine, Klub, entst. 1938, [1938-64 Trudovyje rezervy Lugansk, 64-70 Zarja Lugansk, 70-90 Zarja Voroschilovgrad, 90-92 Zarja Luhans'k, 92-95 FK Zorja-Mals Luhans'k], s. S. 99

FK Zorja-Mals Luhans'k s. FK Zorja Luhans'k

FK Zrenjanin s. FK Proleter Zrenjanin

FK ZŤS Kerametal Dubnica nad Váhom (Futbalový klub Závody ťažkého strojárstva Kerametal Dubnica nad Váhom), Dubnica nad Váhom, Slowakei, Klub, entst. 1932, [1932-48 ŠK Dubnica nad Váhom, 48-52 Sokol Škoda Dubnica nad Váhom, 52-53 Sokol Vorošilov Dubnica nad Váhom, 53-65 TJ Spartak Dubnica nad Váhom, 65-78 TJ Spartak SMZ Dubnica nad Váhom, 78-93 TJ Spartak ZŤS Dubnica nad Váhom, 93-9? FK Spartak ZŤS Dubnica nad Váhom], s. S. 86

FK Žydrius Marijampole s. FK Suduva Marijampole

FKA Pachtakor-79 Taschkent s. FK MHSK Taschkent

FKS PZL Stal Mielec s. Mielecki KP Stal

FKS Stal Mielec s. Mielecki KP Stal

Flacăra Automecanica Moreni s. CS Flacăra Moreni

Flacăra Bucureşti s. FC Petrolul Ploieşti

Flacăra Bucureşti, Bukarest (Bucureşti), Rumänien, Klub, entst. 1924, [entst. 1924 durch Fusion Triumf Bucureşti und Romcomit Bucureşti => FC Juventus Bucureşti (24-41), 41-47 ASD-Juventus Bucureşti, 47-48 Distribuţia Bucureşti, 48-49 Petrolul Bucureşti, 49 Competrol Bucureşti, 49-50 Partizanul Bucureşti, 50-52 Flacăra Bucureşti, aufgel. 52, Umzug nach Ploieşti => Flacăra Ploieşti], s. S. 90

Flacăra Lupeni s. Minerul Lupeni

Flacăra Mediaş s. Gaz Metan Mediaş

Flacăra Moreni s. CS Flacăra Moreni

Flacăra Petroşani s. CS Jiul Petroşani

Flacăra Ploieşti s. FC Prahova Ploieşti

Flacăra Ploieşti s. Flacăra Bucureşti

Flacăra Rosie Bucureşti s. Carmen Bucureşti

Flacq SC s. Faucon Flacq SC

Flacq SC, Centre de Flacq, Mauritius, Klub, entst. 2000, [entst. 2000 nach Umzug von Faucon Flacq SC nach Centre de Flacq], s. S. 121

Flacq United Estates Limited Youth Football Club s. FUEL Youth FC

Flamengo Esportivo Tiradentes s. Flamengo Tiradentes

Flamengo s. CR Flamengo

Flamengo s. EC Flamengo

Flamengo Tiradentes (Flamengo Esportivo Tiradentes), Brasília, Brasilien, Klub, entst. 1967, [1967-?? Grêmio Tiradentes], s. S. 133

Flamengo, Pefiné, Guinea-Bissau, Klub, s. S. 117

Flamenians, Banjul, Gambia, Klub, s. S. 116

Flamingo's s. Holland Sport

Flamura Rosie Cluj s. Rapid Cluj

Flamura Roşie IT Arad s. FC UT Arad

Flamura Rosie Rîmnicu Vîlcea s. FC Râmnicu Vâlcea

Flamura Rosie Suceava s. NC Foresta Suceava

Flamura Turda s. Sticla Ariesul Turda

Flamurtari s. KS Flamurtari

Fleisher Yarn, Philadelphia, USA, Klub, entst. 1924, [aufgel. 19??], s. S. 122

Flexsys Cefn Druids AFC (Flexsys Cefn Druids Association Football Club), Wrexham, Wales, Klub, entst. 1870, [1870-1918 Druids FC, 18-19 Rhosymedre Druids, 19-45 Druids FC, 45-92 Druids United FC, 92 Fusion mit Cefn Albion FC => Cefn Druids FC (92-98)], s. S. 67

Flexsys Cefn Druids Association Football Club s. Flexsys Cefn Druids AFC

Flinger TV 1895 s. Düsseldorfer TSV Fortuna

Flooring s. Indiana Flooring

Flor de Caña, Managua, Nicaragua, Klub, s. S. 125

Flora Tallinn s. FC Flora Tallinn

Florenz, Stadt, Italien, s. S. 81

Floria Biel s. FC Biel

Floria Biel s. FC Floria Biel

Floriana FC (Floriana Football Club), Floriana, Malta, Klub, entst. 1900, s. S. 81

Floriana Football Club s. Floriana FC

Floriana Liberty, Floriana, Malta, Klub, entst. 1911, [aufgel. 1930], s. S. 81

Floriana, Stadt, Malta, s. S. 81

Floriano FC (Floriano Futebol Clube), Vitória, Brasilien, Klub, [aufgel. 19??], s. S. 133

Floriano Futebol Clube s. Floriano FC

Floriano, Stadt, Brasilien, s. S. 133

Florianópolis, Stadt, Brasilien, s. S. 133

Floridablanca, Stadt, Kolumbien, s. S. 128

Floridsdorfer AC (Floridsdorfer Athletiksport-Club), Wien, Österreich, Klub, entst. 1904, [1904-90 Floridsdorfer AC, 90 Fusion mit Groß Viktoria Wien => FAC Viktoria Wien (90-9?)], s. S. 83

Floridsdorfer Athletiksport-Club s. Floridsdorfer AC

Flour Mills (National Flour Mills), Port of Spain, Trinidad und Tobago, Klub, s. S. 129

Flowers s. Young Flowers

Flügels s. Yokohama Flügels

Flügels s. Yokohama Flügels Marinos

Fluminense FC (Fluminense Futebol Clube), Feira de Santana, Brasilien, Klub, entst. 1941, s. S. 133

Fluminense FC (Fluminense Futebol Clube), Rio de Janeiro, Brasilien, Klub, entst. 1902, s. S. 133

Fluminense FC (Fluminense Futebol Clube), Salvador, Brasilien, Klub, [aufgel. 19??], s. S. 133

Fluminense Futebol Clube s. Fluminense FC

Flyers s. Ubombo Flyers

Flying Camels, Taiwan, Klub, s. S. 109

FNS (Force Nationale Securité), Djibouti, Dschibuti, Klub, s. S. 115

Foadan Dapaong, Dapaong, Togo, Klub, s. S. 117

Fobar s. FC Fobar

Focşani, Stadt, Rumänien, s. S. 91

Fogabe Yaoundé, Yaoundé, Kamerun, Klub, s. S. 117

Foggia Calcio, Foggia, Italien, Klub, entst. 1920, [1920-24 Foggia SC, 24 Fusion mit Velo Club Foggia => US Foggia (25-57), 27 Fusion mit Daunia FC 1909 Foggia und US Savoia Foggia, 57 Fusion mit Gruppo Sportivo Incredit => US Foggia Incredit (57-68), 68-84 US Foggia], s. S. 81

Foggia SC s. Foggia Calcio

Foggia, Stadt, Italien, s. S. 81

Foglore s. AC Venezia

Fokothi, Lesotho, Klub, s. S. 120

Fokpo, Stadt, Togo, s. S. 117

FOLA Esch s. CS FOLA Esch

Folgore Falciano s. SS Folgore Falciano

Fomalhaut Barysau s. FK BATE Barysau

Fomei Hradec Králové s. SK Hradec Králové

Fomento Deportivo Irapuato AC s. FD Irapuato

Fonctionnaires s. AS Fonctionnaires

Fontenoy United, St. George's, Grenada, Klub, s. S. 127

Food Factory, Asmara, Eritrea, Klub, s. S. 115

Foolad Sepahan, Esfahan, Iran, Klub, [19??-2000 Sepahan], s. S. 103

Foolad, Ahvaz, Iran, Klub, s. S. 103

Foot Ball Club Torinese s. FBC Torinese

Football Association Red Boys Differdange s. FA Red Boys Differdange

Football Athletic Club de São Luís s. FAC São Luís

Football Club & Cricket Club Lausanne s. FC & CC Lausanne

Football Club 104 s. FC 104

Football Club 105 s. FC 105

Football Club '95 Schifflange s. FC '95 Schifflange

Football Club Achtamar Sewan s. FC Achtamar Sewan

Football Club Alaschkert Martuni s. FC Alaschkert Martuni

Football Club Alazani Gurdschaani s. FC Alazani Gurdschaani

Football Club Amirani Ochamchira s. FC Amirani Ochamchira

Football Club Amsterdam s. FC Amsterdam

Football Club Antibes-Juan-Les-Pins s. FC Antibes

Football Club Arabica s. FC Arabica

Football Club Arabkir Erewan s. FC Arabkir Erewan

Football Club Aragats Gjumri s. FC Aragats Gjumri

Football Club Araks Ararat s. FC Araks Ararat

Football Club Araks Armawir s. FC Araks Armawir

Football Club Ararat Erewan s. FC Ararat Erewan

Football Club Araz Nachitschewan' s. FC Araz Nachitschewan'

Football Club Aris Bonnevoie s. FC Aris Bonnevoie

Football Club Arsenali Tbilisi s. FC Arsenali Tbilisi

Football Club Artmedia Petržalka s. FC Artmedia Petržalka

Football Club Avenir Beggen s. FC Avenir Beggen

Football Club Avtomobilchi Jewlach s. FC Avtomobilchi Jewlach

Football Club Awei Akstafa s. FC Awei Akstafa

Football Club Azeri Baku s. FC Azeri Baku

Football Club Aznavour Nojemberian s. FC Aznavour Nojemberian

Football Club Azneftjag Baku s. FC Azneftjag Baku

Football Club Bakili Baku s. FC Bakili Baku

Football Club Banats Erewan s. FC Banats Erewan

Football Club Banats Kotajk s. FC Banats Kotajk

Football Club Baník Ostrava s. FC Baník Ostrava

Football Club Barcelone s. FC Barcelone

Football Club BMA-ARAI Etschmiadzin s. FC BMA-ARAI Etschmiadzin

Football Club BMKA Erewan s. FC BMKA Erewan

Football Club Boulgou s. FC Boulgou

Football Club Boz Gurd Samuch s. FC Boz Gurd Samuch

Football Club Bulle s. FC Bulle

Football Club Bylis s. FC Bylis

Football Club Château de Lancy s. FC Château de Lancy

Football Club Chemosvit Svit s. FC Chemosvit Svit

Football Club Chiasso s. FC Chiasso

Football Club Chiers Rodange s. FC Chiers Rodange

Football Club DAG Liepaja s. FC DAG Liepaja

Football Club DAG Riga s. FC DAG Riga

Football Club Daschgyn Zakataly s. FC Daschgyn Zakataly

Football Club de Genève s. FC Genève

Football Club de l'Ouest s. FC Ouest

Football Club de Metz s. FC Metz

Football Club de Nantes Atlantique s. FC Nantes Atlantique

Football Club de Rouen s. FC Rouen

Football Club de Sète s. FC Sète

Football Club Debed Alawerdi s. FC Debed Alawerdi

Football Club Den Bosch s. FC Den Bosch

Football Club Den Haag s. FC Den Haag

Football Club des Girondins de Bordeaux s. FC Girondins Bordeaux

Football Club Dila Gori s. FC Dila Gori

Football Club Dinaburg Daugavpils s. FC Dinaburg Daugavpils

Football Club Dinamo Batumi s. FC Dinamo Batumi

Football Club Dinamo Tbilisi s. FC Dinamo Tbilisi

Football Club Dinamo-2000 Erewan s. FC Dinamo-2000 Erewan

Football Club Dinamo-Bakili Baku s. FC Dinamo-Bakili Baku

Football Club Djivan s. FC Djivan

Football Club Dodo s. FC Dodo

Football Club Durudschi Kwareli s. FC Durudschi Kwareli

Football Club Dvin Artaschat s. FC Dvin Artaschat

Football Club Egrisi Senaki s. FC Egrisi Senaki

Football Club Energetik Ali-Bairamly s. FC Energetik Ali-Bairamly

Football Club Erebuni Erewan s. FC Erebuni Erewan

Football Club Erewan s. FC Erewan

Football Club Etoile La Chaux-de-Fonds s. FC Etoile La Chaux-de-Fonds

Football Club Etzella Ettelbruck s. FC Etzella Ettelbruck

Football Club Farid Baku s. FC Farid Baku

Football Club Flora Tallinn s. FC Flora Tallinn

Football Club Fobar s. FC Fobar

Football Club Fribourg s. FC Fribourg

Football Club Gaïtcha s. FC Gaïtcha

Football Club Gjumri s. FC Gjumri

Football Club Gojazan Kazach s. FC Gojazan Kazach
Football Club Gorda Rustawi s. FC Gorda Rustawi
Football Club Groningen s. FC Groningen
Football Club Gueugnonnais s. FC Gueugnonnais
Football Club Guria Lantschchuti s. FC Guria Lantschchuti
Football Club Haarlem s. FC Haarlem
Football Club Helsingin Idrotts Förening Kamraterna s. FC HIFK
Football Club Iberia Samtredia s. FC Iberia Samtredia
Football Club Ilves s. FC Ilves
Football Club Impuls Dilischan s. FC Impuls Dilischan
Football Club Inschaatchi Baku s. FC Inschaatchi Baku
Football Club Inschaatchi Sabirabad s. FC Inschaatchi Sabirabad
Football Club Inter s. FC Inter
Football Club International s. FC International
Football Club Iveria Khaschuri s. FC Iveria Khaschuri
Football Club Jazz s. FC Jazz
Football Club Jeunesse Hautcharage s. FC Jeunesse Hautcharage
Football Club Jeunesse Wasserbillig s. FC Jeunesse Wasserbillig
Football Club Jokerit s. FC Jokerit
Football Club Jumeaux s. FC Jumeaux
Football Club Kacheti Telawi s. FC Kacheti Telawi
Football Club Kahunga s. FC Kahunga
Football Club Karabach Agdam s. FC Karabach Agdam
Football Club Karabach Barda s. FC Karabach Barda
Football Club Karabach Erewan s. FC Karabach Erewan
Football Club Karabach Stepanakert s. FC Karabach Stepanakert
Football Club Karviná s. FC Karviná
Football Club Khazar Lenkoran' s. FC Khazar Lenkoran'
Football Club Khazri Buzovna s. FC Khazri Buzovna
Football Club Kiapaz Ganja s. FC Kiapaz Ganja
Football Club Kilikia Erewan s. FC Kilikia Erewan
Football Club Kimiks Daugavpils s. FC Kimiks Daugavpils
Football Club Kimjachi Sumgait s. FC Kimjachi Sumgait
Football Club Kinshasa s. FC Kinshasa
Football Club Kjumruk Kachli s. FC Kjumruk Kachli
Football Club København s. FC København
Football Club Kochin s. FC Kochin
Football Club Koeppchen Wormeldange s. FC Koeppchen Wormeldange
Football Club Kolcheti 1913 Poti s. FC Kolcheti 1913 Poti
Football Club Kolcheti Khobi s. FC Kolcheti Khobi
Football Club Kotaik Abowjan s. FC Kotaik Abowjan
Football Club Kuressaare s. FC Kuressaare
Football Club Kur-Nur Mingechaur s. FC Kur-Nur Mingechaur
Football Club Kuusysi s. FC Kuusysi
Football Club La Châtelaine s. FC La Châtelaine
Football Club La Chaux-de-Fonds s. FC La Chaux-de-Fonds
Football Club La Villa Longchamp Ouchy s. FC La Villa Longchamp Ouchy
Football Club Lahti s. FC Lahti
Football Club Lantana Tallinn s. FC Lantana Tallinn
Football Club Lernagorts Kapan s. FC Lernagorts Kapan
Football Club Les Avirons s. FC Les Avirons
Football Club Levadia Maardu s. FC Levadia Maardu
Football Club Levadia Tallinn s. FC Levadia Tallinn
Football Club Liakhwi Tschinvali s. FC Liakhwi Tschinvali
Football Club Libota s. FC Libota
Football Club Livulu s. FC Livulu
Football Club Locarno s. FC Locarno
Football Club Lokomotivi Tbilisi s. FC Lokomotivi Tbilisi
Football Club Lootus Kohtla-Järve s. FC Lootus Kohtla-Järve
Football Club Lori Wanadzor s. FC Lori Wanadzor
Football Club Lorient-Bretagne Sud s. FC Lorient
Football Club Lubumbashi SP Lussi Sport s. FC Lubumbashi Sport
Football Club Lugano s. FC Lugano
Football Club Lumière s. FC Lumière
Football Club Maardu s. FC Maardu
Football Club Magaroeli Tschiatura s. FC Magaroeli Tschiatura
Football Club Malatia-Kilikia Erewan s. FC Malatia-Kilikia Erewan
Football Club Man s. FC Man
Football Club Mansfeldia Clausen s. FC Mansfeldia Clausen
Football Club Margveti Zestaponi s. FC Margveti Zestaponi
Football Club Marila Příbram s. FC Marila Příbram
Football Club Mbongo Sport s. FC Mbongo Sport
Football Club Merani 91 Tbilisi s. FC Merani 91 Tbilisi
Football Club Merschali Osurgeti s. FC Merschali Osurgeti
Football Club Midtjylland s. FC Midtjylland
Football Club MIKA Aschtarak s. FC MIKA Aschtarak
Football Club Mikkelin Palloilijat s. FC MP
Football Club Mondercange s. FC Mondercange
Football Club Monthey s. FC Monthey
Football Club Moutier s. FC Moutier
Football Club Mretebi Tbilisi s. FC Mretebi Tbilisi
Football Club M'tsapéré s. FC M'tsapéré
Football Club Mziuri Gali s. FC Mziuri Gali
Football Club Nairit Erewan s. FC Nairit Erewan
Football Club Nalambou s. FC Nalambou
Football Club Nancy s. FC Nancy
Football Club Neftegaz-GNKAR Baku s. FC Neftegaz-GNKAR Baku
Football Club Neftschi Baku s. FC Neftschi Baku
Football Club Nidzhat Maschtaga s. FC Nidzhat Maschtaga
Football Club NIG Aparan s. FC NIG Aparan
Football Club Nitra s. FC Nitra
Football Club Nkuba Sport s. FC Nkuba Sport
Football Club Norma Tallinn s. FC Norma Tallinn
Football Club Odishi Zugdidi s. FC Odishi Zugdidi
Football Club Olimpija Riga s. FC Olimpija Riga
Football Club Olympique Alèsien s. FC Olympique Alèsien
Football Club Olympique Eischen s. FC Olympique Eischen
Football Club Ordu Idman Klubi Baku s. FC OIK Baku
Football Club Oulu s. FC Oulu
Football Club Pambygchi Neftschala s. FC Pambygchi Neftschala
Football Club Paulino s. FC Paulino
Football Club Pjunik Erewan s. FC Pjunik Erewan
Football Club Plastik Saljany s. FC Plastik Saljany
Football Club Prince Louis s. FC Prince Louis
Football Club Progrès Cessange s. FC Progrès Cessange
Football Club Progrès Niedercorn s. FC Progrès Niedercorn
Football Club Racing Rodange s. FC Racing Rodange
Football Club Ranto-Miks Riga s. FC Ranto-Miks Riga
Football Club Rapid Neudorf s. FC Rapid Neudorf
Football Club Red Star Merl-Belair s. FC Red Star Merl-Belair
Football Club Reipas s. FC Reipas
Football Club Riograndense s. FC Riograndense
Football Club Rodange 91 s. FC Rodange 91
Football Club Rovaniemen Palloseura s. FC RoPS
Football Club Samgurali Zchaltubo s. FC Samgurali Zchaltubo
Football Club Santos s. FC Santos
Football Club Sapovnela Terdschola s. FC Sapovnela Terdschola
Football Club Schachdag Kuba s. FC Schachdag Kuba
Football Club Schachdag Kusary s. FC Schachdag Kusary
Football Club Schafa Baku s. FC Schafa Baku
Football Club Schamkir s. FC Schamkir
Football Club Schirak Gjumri s. FC Schirak Gjumri
Football Club Schirakgala Sjazan' s. FC Schirakgala Sjazan'
Football Club Schirwan Kjurdamir s. FC Schirwan Kjurdamir
Football Club Schirwan Schemacha s. FC Schirwan Schemacha
Football Club Schukura Kobuleti s. FC Schukura Kobuleti
Football Club Scibe s. FC Scibe
Football Club SEAC s. FC SEAC
Football Club Sion s. FC Sion
Football Club Sioni Bolnissi s. FC Sioni Bolnissi
Football Club Slovácká Slavia Uherské Hradiště s. FC Slovácká Slavia Uherské Hradiště
Football Club Slovan Liberec s. FC Slovan Liberec
Football Club Sochaux-Montbéliard s. FC Sochaux-Montbéliard
Football Club Spartak Trnava s. FC Spartak Trnava
Football Club Spatial s. FC Spatial
Football Club Sporting Mertzig s. FC Sporting Mertzig
Football Club St. Luc s. FC St. Luc
Football Club Starts Broceni s. FC Starts Broceni
Football Club Stavo Artikel Brno s. FC Stavo Artikel Brno
Football Club Style s. FC Style
Football Club Sulori Wani s. FC Sulori Wani
Football Club Tatran Prešov s. FC Tatran Prešov
Football Club Tauris Rimavská Sobota s. FC Tauris Rimavská Sobota
Football Club Tbilisi s. FC Tbilisi
Football Club The Belval Belvaux s. FC The Belval Belvaux
Football Club Torpedo Kutaïssi s. FC Torpedo Kutaïssi
Football Club Toumodi s. FC Toumodi
Football Club Tourbillon s. FC Tourbillon
Football Club Tours s. FC Tours
Football Club Tricolore Muhlenweg s. FC Tricolore Muhlenweg
Football Club Tschumi Suchumi s. FC Tschumi Suchumi
Football Club TSU Armazi Tbilisi s. FC TSU Armazi Tbilisi
Football Club Turan Tauz s. FC Turan Tauz
Football Club Twente s. FC Twente
Football Club Umid Dschalilabad s. FC Umid Dschalilabad
Football Club Union Cheb s. FC Union Cheb
Football Club Union s. FC Union
Football Club Utrecht s. FC Utrecht
Football Club Valga s. FC Valga
Football Club Valkeakosken Haka s. FC Haka
Football Club Viktoria Plzeň s. FC Viktoria Plzeň
Football Club Viliasch Masally s. FC Viliasch Masally
Football Club Vítkovice s. FC Vítkovice
Football Club Volendam s. FC Volendam
Football Club Vrútky s. FC Vrútky
Football Club Wageningen s. FC Wageningen
Football Club Wan Erewan s. FC Wan Erewan
Football Club Wiltz 71 s. FC Wiltz 71
Football Club Worlds Innovation Technologies Georgia Tbilisi s. FC WIT Georgia Tbilisi
Football Club Young Boys Diekirch s. FC Young Boys Diekirch
Football Club Yverdon s. FC Yverdon
Football Club Yverdon-Sports s. FC Yverdon-Sports
Football Club Zankezour Goris s. FC Zankezour Goris
Football Club Zorawan Jergwart s. FC Zorawan Jergwart
Football Club Zuid West s. FC Zuid West
Football Club Zwartnots AAL Erewan s. FC Zwartnots AAL Erewan
Football Club Zwolle s. FC Zwolle
Footscray, Melbourne, Australien, Klub, s. S. 136
Force Nationale Securité s. FNS
Forces Armées Centralafricain Football Club s. FACA FC
Forces Armees Royale Rabat s. FAR Rabat
Fordsons United FC s. Cork United
Forest FC s. Nottingham Forest FC
Forest Rangers, Sambia, Klub, s. S. 119
Foresta Fălticeni s. FC Foresta Fălticeni
Foresta Falticeni s. NC Foresta Suceava
Foresta Reghin s. AS Avântul Reghin
Foresta Suceava s. NC Foresta Suceava
Foresta-Caramida Reghin s. AS Avântul Reghin
Foresters s. FDA-Foresters
Foresters, Seychellen, Klub, s. S. 121
Forestierul Reghin s. AS Avântul Reghin
Forestoise s. RCS La Forestoise
Forestry (Ministry of Forestry), Rangoon/Yangon, Burma, Klub, s. S. 106
Forli, Stadt, Italien, s. S. 81
Formosa, Stadt, Argentinien, s. S. 135
Forst, Stadt, Deutschland, s. S. 85
Fort Lauderdale Strikers s. Miami Toros
Fort Lauderdale Strikers, Fort Lauderdale, USA, Klub, entst. 1977, [1963-68 Washington Britannica, 68-72 Washington Darts, 72 Umzug nach Miami => Miami Gators, 73-76 Miami Toros, 77 Umzug nach Fort Lauderdale => Fort Lauderdale Strikers, 83 aufgel.], s. S. 123
Fort Lauderdale, Stadt, USA, s. S. 123
Fort Portal, Stadt, Uganda, s. S. 119
Fortaleza EC (Fortaleza Esporte Clube), Fortaleza, Brasilien, Klub, entst. 1913, s. S. 133
Fortaleza Esporte Clube s. Fortaleza EC
Fortaleza, Stadt, Brasilien, s. S. 133
Fort-de-France, Stadt, Martinique, s. S. 127
Fortebraccio Perugia s. AC Perugia
Fortior Club (Fortior Club de la Côte Ouest), Mahajanga/Majunga, Madagaskar, Klub, s. S. 121
Fortior Club de la Côte Ouest s. Fortior Club
Fortior s. AS Fortior
Fortitudo s. AS Roma
Fortitudo s. SGS Fortitudo
Fortschritt Bischofswerda s. Bischofswerdaer FV 08
Fortschritt Hartha s. BC Hartha
Fortschritt Meerane s. Meeraner SV
Fortschritt Weißenfels s. 1. FC Weißenfels
Fortuna 02 Leipzig s. SV Fortuna 02 Leipzig
Fortuna '54 s. RKSV Sittardia
Fortuna '54 s. SC Fortuna Sittard
Fortuna '54, Geleen, Niederlande, Klub, entst. 1954, [1954-68 Fortuna '54, aufgel. 68 durch Fusion mit RKSV Sittardia => FSC Geelen (68-79)], s. S. 75
Fortuna Abou, Stadt, Niederländische Antillen, s. S. 127
Fortuna Babelsberg s. SG Fortuna Babelsberg
Fortuna Basel s. FC Fortuna Basel
Fortuna Düsseldorf s. Düsseldorfer TSV Fortuna
Fortuna Erfurt s. FC Rot-Weiß Erfurt
Fortuna Forst s. FC Viktoria Forst
Fortuna Freiburg s. Freiburger FC
Fortuna Herne s. SC Westfalia 04 Herne
Fortuna Köln s. Kölner SV Victoria 11
Fortuna Köln s. SC Fortuna Köln
Fortuna Leipzig s. SV Fortuna 02 Leipzig
Fortuna Sittard s. SC Fortuna Sittard
Fortuna Wien s. SC Helfort
Fortuna Zürich s. FC Blue Stars Zürich
Fortuna Zürich, Zürich, Schweiz, Klub, entst. 1898, [1898-?? FC Diana Zürich, ??-1912 Fortuna Zürich, aufgel. 12 durch Fusion mit FC Blue Stars Zürich], s. S. 82
Fortuna, Havanna (La Habana), Kuba, Klub, [aufgel. 19??], s. S. 126
Forum-Skonto Riga s. FK Skonto Riga
Fosfor Dschambul s. FK Taraz
Fósforos Lisboa s. Oriental Lisboa
Foshan Fosidi, Foshan, China, Klub, [19??-96 Foshan, 96-97 Foshan Fosidi, aufgel. 97 durch Fusion mit Xiamen Yincheng], s. S. 109
Foshan, Stadt, China, s. S. 109
Fosidi s. Foshan Fosidi
Foso, Stadt, Ghana, s. S. 117
Fostir Tavros s. APO Fostir Tavros
Főtaxi Budapest, Budapest, Ungarn, Klub, entst. 1932, [1932-36 Taxi FC, 36-37 Szürketaxi, 37-45 Taxisok Budapest, 45-50 Taxi FC, 50-79 Autótaxi SC, 79-87 Főtaxi Budapest, 87 aufgel.], s. S. 88
Fotbal Club Agro Chişinău s. FC Agro Chişinău
Fotbal Club Argeş Dacia Piteşti s. FC Argeş Dacia Piteşti
Fotbal Club Attila Ungheni s. FC Attila Ungheni
Fotbal Club Baia Mare s. FC Baia Mare
Fotbal Club Bihor Oradea s. FC Bihor Oradea
Fotbal Club Braşov s. FC Braşov
Fotbal Club Bugeac Comrat s. FC Bugeac Comrat
Fotbal Club Ceahlăul Piatra Neamţ s. FC Ceahlăul Piatra Neamţ
Fotbal Club Ciuhur Ocniţa s. FC Ciuhur Ocniţa
Fotbal Club Constructorul Cioburciu s. FC Constructorul Cioburciu
Fotbal Club Constructorul Leova s. FC Constructorul Leova
Fotbal Club Constructorul-93 Chişinău s. FC Constructorul-93 Chişinău
Fotbal Club Cristalul Făleşti s. FC Cristalul Făleşti
Fotbal Club Dinamo Bender s. FC Dinamo Bender
Fotbal Club Dinamo Bucureşti s. FC Dinamo Bucureşti
Fotbal Club Energhetic Dubăsari s. FC Energhetic Dubăsari
Fotbal Club Extensiv Craiova s. FC Extensiv Craiova
Fotbal Club Farul Constanţa s. FC Farul Constanţa
Fotbal Club Foresta Fălticeni s. FC Foresta Fălticeni
Fotbal Club Gloria Bistrita s. FC Gloria Bistrita
Fotbal Club Gloria Buzău s. FC Gloria Buzău
Fotbal Club Haiduc-Sporting-USM s. FC Haiduc-Sporting-USM
Fotbal Club Happy End Camenca s. FC Happy End Camenca
Fotbal Club Hîncesti s. FC Hîncesti
Fotbal Club Inter Sibiu s. FC Inter Sibiu
Fotbal Club Locomotiva Basarabeasca s. FC Locomotiva Basarabeasca
Fotbal Club MHM-93 Chişinău s. FC MHM-93 Chişinău
Fotbal Club Moldova Boroseni s. FC Moldova Boroseni
Fotbal Club Moldova-Gaz Chişinău s. FC Moldova-Gaz Chişinău
Fotbal Club Muncitoresc Bacău s. FCM Bacău
Fotbal Club Muncitoresc Dunarea Galaţi s. FCM Dunarea Galaţi
Fotbal Club Naţional Bucureşti s. FC Naţional Bucureşti
Fotbal Club Nistru Cioburciu s. FC Nistru Cioburciu
Fotbal Club Nistru Otaci s. FC Nistru Otaci
Fotbal Club Nistru-Unisport Otaci s. FC Nistru-Unisport Otaci
Fotbal Club Olimpia Bălţi s. FC Olimpia Bălţi
Fotbal Club Olimpia Satu Mare s. FC Olimpia Satu Mare
Fotbal Club Olt Scorniceşti s. FC Olt Scorniceşti
Fotbal Club Olt Slatina s. FC Olt Slatina
Fotbal Club Oneşti s. FC Oneşti
Fotbal Club Petrolul Ploieşti s. FC Petrolul Ploieşti
Fotbal Club Politehnica Iaşi s. FC Politehnica Iaşi
Fotbal Club Politehnica Timişoara s. FC Politehnica Timişoara
Fotbal Club Prahova Ploieşti s. FC Prahova Ploieşti
Fotbal Club Progresul Brînceni s. FC Progresul Brînceni
Fotbal Club Râmnicu Vâlcea s. FC Râmnicu Vâlcea
Fotbal Club Ripensia Timişoara s. FC Ripensia Timişoara
Fotbal Club Rocar Fulgerul Bragadiru s. FC Rocar Fulgerul Bragadiru
Fotbal Club Roma Bălţi s. FC Roma Bălţi
Fotbal Club Sheriff Tiraspol s. FC Sheriff Tiraspol
Fotbal Club Sinteza Căuşeni s. FC Sinteza Căuşeni
Fotbal Club Şoimii COMPA Sibiu s. FC Şoimii COMPA Sibiu
Fotbal Club Speranta Nisporeni s. FC Speranta Nisporeni
Fotbal Club Spumante Cricova s. FC Spumante Cricova
Fotbal Club Steaua Bucureşti s. FC Steaua Bucureşti
Fotbal Club Stimold Chişinău s. FC Stimold Chişinău
Fotbal Club Tiligul Tiraspol s. FC Tiligul Tiraspol
Fotbal Club Torentul Chişinău s. FC Torentul Chişinău
Fotbal Club Tricon Cahul s. FC Tricon Cahul
Fotbal Club Ulim-Codru Călăraşi s. FC Ulim-Codru Călăraşi
Fotbal Club Unisport Chişinău s. FC Unisport Chişinău
Fotbal Club Universitatea Cluj-Napoca s. FC Universitatea Cluj-Napoca
Fotbal Club Universul Ciuciuleni s. FC Universul Ciuciuleni
Fotbal Club Unizale Textile Arad s. FC UT Arad
Fotbal Club Zimbru Chişinău s. FC Zimbru Chişinău
Fotbal Třinec, Třinec, Tschechische Republik, Klub, entst. 1921, [1921-23 KS Siła Třinec, 23-37 SK Třinec, 37-48 SK Železárny Třinec, 48-53 Sokol Železárny Třinec, 53-58 TJ Baník Třinec, 58-93 TJ TŽ Třinec, 1993-2000 SK Železárny Třinec], s. S. 86
Fotball Klubb Neset s. FK Neset
Fotballklubb Kvik Halden s. FK Kvik Halden
Fotballklubben Bodø/Glimt s. FK Bodø/Glimt
Fotballklubben Haugesund s. FK Haugesund
Fotballklubben Kvik s. FK Kvik
Fotballklubben Lyn s. FK Lyn
Fotbalový klub Benešov s. FK Benešov
Fotbalový klub Chmel Blšany s. FK Chmel Blšany
Fotbalový klub Drnovice s. FK Drnovice
Fotbalový klub Dukla Praha s. FK Dukla Praha
Fotbalový klub Jablonec '97 s. FK Jablonec '97
Fotbalový klub Meteor Praha VIII s. FK Meteor Praha VIII
Fotbalový klub Slavoj Praha s. FK Slavoj Praha
Fotbalový klub Teplice s. FK Teplice
Fotbalový klub Válcovny plechu Frýdek-Místek s. FK VP Frýdek-Místek
Fotbalový klub Viktoria Žižkov s. FK Viktoria Žižkov
Fotbalový klub Zlín s. FK Zlín
Foumbouni, Stadt, Komoren, s. S. 121
Fővárosi TC s. TTC
Fővárosi Testedzők Köre s. Fővárosi TK
Fővárosi TK (Fővárosi Testedzők Köre), Budapest, Ungarn, Klub, entst. 1906, [1906-26 Fővárosi TK, aufgel. 26 durch Fusion mit Zuglói VII. Kerület AC => Budapesti Turul FC, 32 wiedergegr., 32-49 Fővárosi TK, 49 aufgel.], s. S. 88
Fővárosi TK s. Zuglói VII. Kerület AC
Fovu Baham (Fovu Club Baham), Baham, Kamerun, Klub, s. S. 117
Fovu Club Baham s. Fovu Baham
Foyer France, Dakar, Senegal, Klub, s. S. 116
FP, Asmara, Eritrea, Klub, s. S. 115
FR Miðboejar s. Víkingur
FR Vesturbæjar s. KR
Fraigcomar, Rio Piedras, Puerto Rico, Klub, s. S. 127
Fram (Knattspyrnufélagið Fram), Reykjavík, Island, Klub, entst. 1908, [1908 Kári Reykjavík, 14 Fusion mit Fálkinn Reykjavík], s. S. 71
Fram Kongsvinger s. Kongsvinger IL
Fram s. IF Fram
Franc Comtois s. RC Franc Comtois
Franca, Stadt, Brasilien, s. S. 133
Francana s. AA Francana
Francesa, Sucre, Bolivien, Klub, s. S. 131
Francfurt Cerni, Andorra la Vella, Andorra, Klub, s. S. 77
Franciscain s. Club Franciscain
Francisco Bolognesi s. CD Coronel Francisco Bolognesi
Francistown, Stadt, Botswana, s. S. 121
Frankfort FC (Frankfort Football Club), Dublin/Baile Átha Cliath, Irland, Klub, [aufgel. 19??], s. S. 69
Frankfort Football Club s. Frankfort FC
Frankfurt am Main, Stadt, Deutschland, s. S. 85
Frankfurt an der Oder, Stadt, Deutschland, s. S. 85
Frankfurter FC 1899 s. Eintracht Frankfurt
Frankfurter FC Viktoria 91 (Frankfurter Fußball-Club Viktoria 91), Frankfurt an der Oder, Deutschland, Klub, entst. 1971, [entst. 1971 nach Umzug von FC Vorwärts Berlin nach Frankfurt => FC Vorwärts Frankfurt/Oder (71-91), 91-92 FC Victoria Frankfurt/Oder], s. S. 85
Frankfurter Fußball-Club Viktoria 91 s. Frankfurter FC Viktoria 91
Frankfurter FV s. Eintracht Frankfurt
Frankfurter TG 1861 s. Eintracht Frankfurt
Frankfurter TSG Eintracht 1861 s. Eintracht Frankfurt
Frankonia Straßburg s. SS SG Straßburg
Frankreich, Länder, s. S. 76 und 77
Frankwell, Hongkong, Klub, s. S. 109
Franz Mehring Marga s. FSV GA Brieske-Senftenberg
Französisch-Guyana, Länder, s. S. 128 und 129
Französisch-Polynesien, Länder, s. S. 136 und 137
Frasers Bloemfontein Celtic s. Bloemfontein Celtic
Fratacci, Dschibuti, Klub, s. S. 115
Fredericia BK (Fredericia Boldklubben), Fredericia, Dänemark, Klub, entst. 1896, [aufgel. 1953], s. S. 71
Fredericia Boldklubben s. Fredericia BK
Fredericia Studenternes CK s. AB
Fredericia, Stadt, Dänemark, s. S. 71
Frederikshavn fI (Frederikshavn forenede Idrætsklubben), Frederikshavn, Dänemark, Klub, entst. 1931, s. S. 71
Frederikshavn forenede Idrætsklubben s. Frederikshavn fI
Frederikshavn, Stadt, Dänemark, s. S. 71
Fredriksborg Idrætsforening Hillerød s. FIF Hillerød
Fredrikstad, Stadt, Norwegen, s. S. 71
Fredrikstads FK (Fredrikstads Fotballklubb), Fredrikstad, Norwegen, Klub, entst. 1903, s. S. 71
Fredrikstads Fotballklubb s. Fredrikstads FK
Free Boys Bamenda, Bamenda, Kamerun, Klub, s. S. 117
Free State Stars, Phuthaditjhaba/Witsieshoek, Südafrika, Klub, entst. 1979, [19??-90 Fairway Stars, 90-99 Qwa Qwa Stars], s. S. 121
Freeport, Stadt, Bahamas, s. S. 123
Freetown United, Freetown, Sierra Leone, Klub, s. S. 116
Freetown, Stadt, Sierra Leone, s. S. 116 und 117
Frégate s. AS Frégate
Fregate, Basse-Terre, Guadeloupe, Klub, s. S. 127
Freiburg, Stadt, Deutschland, s. S. 85
Freiburger FC (Freiburger Fußball-Club), Freiburg, Deutschland, Klub, entst. 1897, [1897-1946 Freiburger FC, 46 aufgel. und wiedergegr., 46-49 Fortuna Freiburg], s. S. 85
Freiburger Fußball-Club s. Freiburger FC
Freidig Hamar s. Hamarkameratene
Freidrichstadt s. SG Freidrichstadt
Freidrig s. SK Freidrig
Freie Schwimmer 1910 Bremen s. SV Werder Bremen
Freier SV Sturm Grube Marga s. FSV GA Brieske-Senftenberg
Freiheit-Wismut Lauter s. Lauterer SV Viktoria 1913
Freiimfelde Halle s. Hallescher FC
Freisinger Swarovski Wattens s. WSG Wattens
Freja s. Randers Freja FC
Freja, Ålborg, Dänemark, Klub, entst. 1912, s. S. 71
Frem 1914 s. Skeid FK
Frem s. BK Frem
Frem Sakskøbing, Sakskøbing, Dänemark, Klub, entst. 1906, s. S. 71
Frem Sandefjord s. Sandefjord BK
Frem Wien s. Vienna Cricket & FC
Fremad Amager s. BK Fremad Amager
Fremad Herning s. BK Fremad Herning
Fremad Herning s. FC Midtjylland
Fremad Herning s. Ikast fS
Frères s. Onze Frères
Fribourg, Stadt, Schweiz, s. S. 82
Friedrichstädter TV 1880 s. TuRU 1880 Düsseldorf
Friends Club, Patan, Nepal, Klub, s. S. 105
Friends s. Sai Kung's Friends
Friesen Cottbus s. ESV Cottbus
Friesen Leipzig s. SC Wacker Leipzig
Frigg FK (Frigg Fotballklubben), Oslo, Norwegen, Klub, entst. 1904, [1904-89 Frigg SK, 54 Fusion mit SK Varg], s. S. 71
Frigg Fotballklubben s. Frigg FK
Frigorífico s. Atlético Barrio Frigorífico
Frisch Auf Kattowitz s. 1. FC Kattowitz
Frölunda IF s. Västra Frölunda IF
Frontale s. Kawasaki Frontale
Frontera Rivera Chico FC s. Frontera Rivera FC
Frontera Rivera FC (Frontera Rivera Fútbol Club), Rivera, Uruguay, Klub, entst. 1923, [1923-97 Frontera Rivera Chico FC], s. S. 135
Frontera Rivera Fútbol Club s. Frontera Rivera FC
Frosta, Stadt, Norwegen, s. S. 71
Frunze Sokuluk s. FK Frunze Sokuluk
Frýdek-Místek, Stadt, Tschechische Republik, s. S. 86
Frydrych Teplice s. FK Teplice
FS Elektra Wien s. SV Elektra Wien
FS Vágar, Miðvágur, Färöer Inseln, Klub, entst. 1993, [entst. 1993 durch Fusion SÍF, MB und SÍ], s. S. 71
FSC Geelen s. Fortuna '54
FSC Geelen s. RKSV Sittardia
FSC Geelen s. SC Fortuna Sittard
FSV Böhlen (Fußballsportverein Böhlen), Böhlen, Deutschland, Klub, entst. 1949, [1949-51 BSG Benzinwerk Böhlen, 51-52 BSG Aktivist West Böhlen, 52 Fusion mit BSG Aktivist Mitte Böhlen => BSG Aktivist Böhlen (52-69), 69-90 BSG Chemie Böhlen, 90 FSV Böhlen, aufgel. 90 durch Fusion mit FC Grün-Weiß Leipzig => FC Sachsen Leipzig], s. S. 85
FSV Böhlen s. FC Sachsen Leipzig 1990
FSV Frankfurt 1899 (Fußballsportverein Frankfurt 1899), Frankfurt am Main, Deutschland, Klub, entst. 1899, s. S. 85
FSV GA Brieske-Senftenberg (Fußballsportverein Glückauf Brieske-Senftenberg), Brieske-Senftenberg, Deutschland, Klub, entst. 1919, [1919-28 FV Grube Marga, 28-33 Freier SV Sturm Grube Marga, 33-45 SV Marga, 45 aufgel. und wiedergegr., 45-48 SG Grube Marga, 48-50 BSG Franz Mehring Marga, 50-54 BSG Aktivist Brieske-Ost, 54 aufgel. und wiedergegr., 54-63 SC Aktivist Brieske-Senftenberg, aufgel. 63, Umzug nach Cottbus => SC Cottbus, 6? wiedergegr., 6?-72 BSG Aktivist Brieske-Ost, 72 Fusion mit BSG Aktivist Seftenberg => BSG Aktivist Brieske-Senftenberg (72-90)], s. S. 85
FSV Lokomotive Altmark Stendal (Fußballsportverein Lokomotive Altmark Stendal), Stendal, Deutschland, Klub, [??-1945 Viktoria Stendal, 45 aufgel. und wiedergegr., 45-49 SG Stendal-Nord, 49 SG Eintracht Stendal, 49-50 SG Hans-Wendler Stendal, 50-90 BSG Lokomotive Stendal], s. S. 85
FSV Lokomotive Dresden s. Dresdner SC 98
FSV Robotron Sömmerda s. FSV Sömmerda
FSV Soemtron Sömmerda s. FSV Sömmerda
FSV Sömmerda (Fußballsportverein Sömmerda), Sömmerda, Deutschland, Klub, [??-1945 VfB Sömmerda, 45 aufgel. und wiedergegr., 45-48 SG Sömmerda, 48-50 BSG Rheinmetall Sömmerda, 50-72 BSG Motor Sömmerda, 72-78 BSG Zentronik Sömmerda, 78-87 BSG Robotron Sömmerda, 87-90 BSG Robotron Ernst Thälmann Sömmerda, 90-91 FSV Robotron Sömmerda, 91-93 FSV Soemtron Sömmerda], s. S. 85
FSV Wismut Gera s. 1. SV Gera
FSV Zwickau (Fußballsportverein Zwickau), Zwickau, Deutschland, Klub, entst. 1912, [1912-45 Planitzer SC, 45 aufgel. und wiedergegr., 45-49 SG Planitz, 49-50 ZSG Horch Zwickau, 50 BSG Horch Zwickau, 50-68 BSG Motor Zwickau, 68-90 BSG Sachsenring Zwickau], s. S. 85
FTM s. AS FTM
FuCC Eintracht Braunschweig s. Braunschweiger TSV Eintracht
Fudbalski klub Akademik Sofija s. FK Akademik Sofija
Fudbalski klub Akademik Svischtov s. FK Akademik Svischtov
Fudbalski klub Balkan Skopje s. FK Balkan Skopje
Fudbalski klub Bdin Vidin s. FK Bdin Vidin
Fudbalski klub Bečej s. FK Bečej
Fudbalski klub Belasica Strumica s. FK Belasica Strumica
Fudbalski klub Belasitsa Petritsch s. FK Belasitsa Petritsch
Fudbalski klub Beroe Stara Zagora s. FK Beroe Stara Zagora
Fudbalski klub Boksit Milići s. FK Boksit Milići
Fudbalski klub Borac Banja Luka s. FK Borac Banja Luka
Fudbalski klub Borac Beograd s. FK Borac Beograd
Fudbalski klub Borac Čačak s. FK Borac Čačak
Fudbalski klub Borac Kozaračka Dubica s. FK Borac Kozaračka Dubica
Fudbalski klub Borac Šamac s. FK Borac Šamac
Fudbalski klub Borec MHK Skopje s. FK Borec MHK Skopje
Fudbalski klub Borec MHK Titov Veles s. FK Borec MHK Titov Veles
Fudbalski klub Borislav Părvomaj s. FK Borislav Părvomaj
Fudbalski klub Bosna Visoko s. FK Bosna Visoko
Fudbalski klub Botev Montana s. FK Botev Montana
Fudbalski klub Botev Plovdiv s. FK Botev Plovdiv
Fudbalski klub Botev Vratsa s. FK Botev Vratsa
Fudbalski klub Bratstvo Bratunac s. FK Bratstvo Bratunac
Fudbalski klub Bregalnica Štip s. FK Bregalnica Štip
Fudbalski klub Budućnost Podgorica s. FK Budućnost Podgorica
Fudbalski klub Cementarnica 55 Skopje s. FK Cementarnica 55 Skopje
Fudbalski klub Centralnij Sport klub Armija Sofija s. FK CSKA Sofija
Fudbalski klub Crvena zvezda Beograd s. FK Crvena zvezda Beograd
Fudbalski klub Crvenka s. FK Crvenka
Fudbalski klub Čukarički Stankom s. FK Čukarički Stankom
Fudbalski klub Ðerzelez Zenica s. FK Ðerzelez Zenica
Fudbalski klub Dobrudscha Dobritsch s. FK Dobrudscha Dobritsch
Fudbalski klub Dorostol Silistra s. FK Dorostol Silistra
Fudbalski klub Drina Zvornik s. FK Drina Zvornik
Fudbalski klub Drina Zvornik Živnice s. FK Drina Zvornik Živnice
Fudbalski klub Dunav Ruse s. FK Dunav Ruse
Fudbalski klub Etăr Veliko Tărnovo s. FK Etăr Veliko Tărnovo
Fudbalski klub Famos Vojkovci s. FK Famos Vojkovci
Fudbalski klub Glasinac Sokolac s. FK Glasinac Sokolac
Fudbalski klub Gradina Srebrenik s. FK Gradina Srebrenik
Fudbalski klub Hajduk Beograd s. FK Hajduk Beograd
Fudbalski klub Hajduk Kula s. FK Hajduk Kula
Fudbalski klub Haskovo s. FK Haskovo
Fudbalski klub Hebăr 1920 Pazardschik s. FK Hebăr 1920 Pazardschik
Fudbalski klub Jambol s. FK Jambol
Fudbalski klub Jedinstvo Brčko s. FK Jedinstvo Brčko
Fudbalski klub Karaorman Struga s. FK Karaorman Struga
Fudbalski klub Kozara Gradiška s. FK Kozara Gradiška
Fudbalski klub Kožuv Gevgelija s. FK Kožuv Gevgelija
Fudbalski klub Krajina Cazin s. FK Krajina Cazin
Fudbalski klub Krila Krajine Banja Luka s. FK Krila Krajine Banja Luka
Fudbalski klub Kumanovo s. FK Kumanovo
Fudbalski klub Leotar Trebinje s. FK Leotar Trebinje
Fudbalski klub Lijevce Nova Topola s. FK Lijevce Nova Topola
Fudbalski klub Ljubić Prnjavor s. FK Ljubić Prnjavor
Fudbalski klub Ljuboten Tetovo s. FK Ljuboten Tetovo
Fudbalski klub Lokomotiv Gorna Oriahovitza s. FK Lokomotiv Gorna Oriahovitza
Fudbalski klub Lokomotiv Plovdiv s. FK Lokomotiv Plovdiv
Fudbalski klub Lokomotiv Sofija s. FK Lokomotiv Sofija
Fudbalski klub Lom s. FK Lom
Fudbalski klub Lovčen Cetinje s. FK Lovčen Cetinje
Fudbalski klub Lovetsch s. FK Lovetsch
Fudbalski klub Lukavac s. FK Lukavac
Fudbalski klub Mačva Šabac s. FK Mačva Šabac
Fudbalski klub Makedonija Skopje s. FK Makedonija Skopje
Fudbalski klub Marek Dupnica s. FK Marek Dupnica
Fudbalski klub Maritsa Plovdiv s. FK Maritsa Plovdiv
Fudbalski klub Metalurg Pernik s. FK Metalurg Pernik
Fudbalski klub Metalurg Skopje s. FK Metalurg Skopje
Fudbalski klub Minjor Pernik s. FK Minjor Pernik
Fudbalski klub Mladost Apatin s. FK Mladost Apatin
Fudbalski klub Mladost Gacko s. FK Mladost Gacko
Fudbalski klub Mladost Lučani s. FK Mladost Lučani
Fudbalski klub Mladost Rogatica s. FK Mladost Rogatica
Fudbalski klub Modriča s. FK Modriča
Fudbalski klub Mogren Budva s. FK Mogren Budva
Fudbalski klub Montana s. FK Montana
Fudbalski klub Napredok Kičevo s. FK Napredok Kičevo
Fudbalski klub Neftochimik Burgas s. FK Neftochimik Burgas
Fudbalski klub Obilić s. FK Obilić
Fudbalski klub Ohrid s. FK Ohrid
Fudbalski klub Olimpik Sarajevo s. FK Olimpik Sarajevo
Fudbalski klub Omladinac Banja Luka s. FK Omladinac Banja Luka
Fudbalski klub Omladinac Brestovčina s. FK Omladinac Brestovčina
Fudbalski klub Osogovo Kočani s. FK Osogovo Kočani
Fudbalski klub Partizan Beograd s. FK Partizan Beograd
Fudbalski klub Pavlikeni s. FK Pavlikeni
Fudbalski klub Pelister Bitola s. FK Pelister Bitola
Fudbalski klub Pirin Blagoevgrad s. FK Pirin Blagoevgrad
Fudbalski klub Pobeda Prilep s. FK Pobeda Prilep
Fudbalski klub Polet Srpski Brod s. FK Polet Srpski Brod
Fudbalski klub Poncijana Trst s. FK Poncijana Trst
Fudbalski klub Priština s. FK Priština
Fudbalski klub Proleter Teslić s. FK Proleter Teslić
Fudbalski klub Proleter Zrenjanin s. FK Proleter Zrenjanin
Fudbalski klub Rabotnički Kometal Skopje s. FK Rabotnički Kometal Skopje
Fudbalski klub Rad Beograd s. FK Rad Beograd
Fudbalski klub Radnički Bor s. FK Radnički Bor
Fudbalski klub Radnički Kragujevac s. FK Radnički Kragujevac
Fudbalski klub Radnički Niš s. FK Radnički Niš
Fudbalski klub Radnički Novi Beograd s. FK Radnički Novi Beograd
Fudbalski klub Radnik Bijeljina s. FK Radnik Bijeljina
Fudbalski klub Rakovski s. FK Rakovski Ruse
Fudbalski klub Redarstvenik Mostar s. FK Redarstvenik Mostar
Fudbalski klub Romanija Pale s. FK Romanija Pale
Fudbalski klub Rozova Dolina Kazanlăk s. FK Rozova Dolina Kazanlăk
Fudbalski klub Rudar Prijedor s. FK Rudar Prijedor
Fudbalski klub Rudar Probištip s. FK Rudar Probištip
Fudbalski klub Rudar Ugljevik s. FK Rudar Ugljevik
Fudbalski klub Sarajevo Pale s. FK Sarajevo Pale
Fudbalski klub Sarajevo s. FK Sarajevo
Fudbalski klub Sartid 1913 Smederevo s. FK Sartid 1913 Smederevo
Fudbalski klub Sasa Makedonska Kamenica s. FK Sasa Makedonska Kamenica
Fudbalski klub Schumen s. FK Schumen
Fudbalski klub Septemvri Sofija s. FK Septemvri Sofija
Fudbalski klub Shkendija Tetovo s. FK Shkendija Tetovo
Fudbalski klub Sileks Kratovo s. FK Sileks Kratovo
Fudbalski klub Slavija Lukavica s. FK Slavija Lukavica
Fudbalski klub Slavija Sofija s. FK Slavija Sofija
Fudbalski klub Slavija Srpsko Sarajevo s. FK Slavija Srpsko Sarajevo
Fudbalski klub Sliven s. FK Sliven

Fudbalski klub Sloboda Novi Grad s. FK Sloboda Novi Grad
Fudbalski klub Sloboda Tuzla s. FK Sloboda Tuzla
Fudbalski klub Sloboda Užice s. FK Sloboda Užice
Fudbalski klub Sloga Doboj s. FK Sloga Doboj
Fudbalski klub Sloga Jugomagnat Skopje s. FK Sloga Jugomagnat Skopje
Fudbalski klub Sloga Srbac s. FK Sloga Srbac
Fudbalski klub Sloga Trn s. FK Sloga Trn
Fudbalski klub Spartak Pleven s. FK Spartak Pleven
Fudbalski klub Spartak Plovdiv s. FK Spartak Plovdiv
Fudbalski klub Spartak Subotica s. FK Spartak Subotica
Fudbalski klub Spartak Varna s. FK Spartak Varna
Fudbalski klub Strumska Slava Radomir s. FK Strumska Slava Radomir
Fudbalski klub Sutjeska Nikšić s. FK Sutjeska Nikšić
Fudbalski klub Sutjeska Srbinje s. FK Sutjeska Srbinje
Fudbalski klub Teteks Tetovo s. FK Teteks Tetovo
Fudbalski klub Teteven s. FK Olimpik Teteven
Fudbalski klub Tikveš Kavadarci s. FK Tikveš Kavadarci
Fudbalski klub Travnik s. FK Travnik
Fudbalski klub Trepča Kosovska Mitrovica s. FK Trepča Kosovska Mitrovica
Fudbalski klub Tschardafon Gabrovo s. FK Tschardafon Gabrovo
Fudbalski klub Tscherno More Varna s. FK Tscherno More Varna
Fudbalski klub Tschernomorets Burgas s. FK Tschernomorets Burgas
Fudbalski klub Vardar Skopje s. FK Vardar Skopje
Fudbalski klub Vardarski Bogdanci s. FK Vardarski Bogdanci
Fudbalski klub Velbazjd Kjustendil s. FK Velbazjd Kjustendil
Fudbalski klub Velež Mostar s. FK Velež Mostar
Fudbalski klub Velež Nevesinje s. FK Velež Nevesinje
Fudbalski klub Vojvodina Novi Sad s. FK Vojvodina Novi Sad
Fudbalski klub Vrbanjuša Sarajevo s. FK Vrbanjuša Sarajevo
Fudbalski klub Žejezničar Lukavica s. FK Željezničar Lukavica
Fudbalski klub Železnik s. FK Železnik
Fudbalski klub Zemun s. FK Zemun
Fudbalski klub Zenica s. FK Zenica
Fudbalski klub Zeta Golubovci s. FK Zeta Golubovci
Fudbalski klub Zmaj od Bosne Tuzla s. FK Zmaj od Bosne Tuzla
FUEL Youth FC (Flacq United Estates Limited Youth Football Club), Centre de Flacq, Mauritius, Klub, s. S. 121
Fuerte 22 s. CD FAS
Fuerte San Francisco s. CD Fuerte San Francisco
Fuglafjørður, Stadt, Färöer Inseln, s. S. 71
Fujita FC s. Bellmare Hiratsuka
Fujitsu, Kawasaki, Japan, Klub, [aufgel. 19??], s. S. 111
Fukuoka Blux s. Avispa Fukuoka
Fukuoka, Stadt, Japan, s. S. 111
Fulani FC (Fulani Football Club), Monrovia, Liberia, Klub, s. S. 117
Fulani Football Club s. Fulani FC
Fulda, Stadt, Deutschland, s. S. 85
Fulgerul Chişinău s. CS Fulgerul Chişinău
Fulham FC (Fulham Football Club), London, England, Klub, entst. 1879, [1879-88 Fulham St Andrew's C & FC], s. S. 66
Fulham Football Club s. Fulham FC
Fulham St Andrew's C & FC s. Fulham FC
Funabashi, Stadt, Japan, s. S. 111
Funchal, Stadt, Portugal, s. S. 79
Fürstenberg s. Eisenhüttenstädter FC Stahl
Fürth, Stadt, Deutschland, s. S. 85
Furukawa Electric s. JEF United Ichihara
Fury s. Philadelphia Fury
Fury s. Winnipeg Fury
FUS Rabat (Fatah Union sportif Rabat), Rabat, Marokko, Klub, s. S. 113
Fushë-Krujë, Stadt, Albanien, s. S. 93
Fushun, Stadt, China, s. S. 109
Fusiliers s. Lancashire Fusiliers
Fusion FC s. Miami Fusion FC
Fußball Club Aarau s. FC Aarau
Fußball Club Ankerbrot-Sankt Anton-Laaerberg s. FC Ankerbrot-Sankt Anton-Laaerberg
Fußball Club Baden s. FC Baden
Fußball Club Balzers s. FC Balzers
Fußball Club Basel s. FC Basel
Fußball Club Bern s. FC Bern
Fußball Club Biel s. FC Biel
Fußball Club Black Stars Basel s. FC Black Stars Basel
Fußball Club Blue Stars Zürich s. FC Blue Stars Zürich
Fußball Club Concordia Basel s. FC Concordia Basel
Fußball Club Dornbirn s. FC Dornbirn
Fußball Club Excelsior Basel s. FC Excelsior Basel
Fußball Club Floria Biel s. FC Floria Biel
Fußball Club Fortuna Basel s. FC Fortuna Basel
Fußball Club Grenchen s. FC Grenchen
Fußball Club Hakoah Wien s. FC Hakoah Wien
Fußball Club Kärnten s. FC Kärnten
Fußball Club Linz s. FC Linz
Fußball Club Luzern s. FC Luzern
Fußball Club Neumünster Zürich s. FC Neumünster Zürich
Fußball Club Niederösterreich Sankt Pölten s. FCN Sankt Pölten
Fußball Club Nordstern Basel s. FC Nordstern Basel
Fußball Club Rudolfshügel s. FC Rudolfshügel
Fußball Club Ruggell s. FC Ruggell
Fußball Club Sankt Gallen s. FC Sankt Gallen
Fußball Club Sankt Veit an der Glan s. FC Sankt Veit an der Glan
Fußball Club Schaan s. FC Schaan
Fußball Club Schaffhausen s. FC Schaffhausen
Fußball Club Solothurn s. FC Solothurn
Fußball Club Stadlau s. FC Stadlau
Fußball Club Thun s. FC Thun
Fußball Club Tirol Milch Innsbruck s. FC Tirol Milch Innsbruck
Fußball Club Triesen s. FC Triesen
Fußball Club Triesenberg s. FC Triesenberg
Fußball Club Union Wels s. FC Union Wels
Fußball Club Vaduz s. FC Vaduz
Fußball Club Weissenbühl s. FC Weissenbühl
Fußball Club Wettingen s. FC Wettingen
Fußball Club Wien s. FC Wien
Fußball Club Winterthur s. FC Winterthur
Fußball Club Winterthur-Veltheim s. FC Winterthur-Veltheim
Fußball Club Wohlen s. FC Wohlen
Fußball Club Zürich s. FC Zürich
Fußball Klub Austria Memphis Magna s. FK Austria Memphis Magna
Fußball-Club Anker Wismar s. FC Anker Wismar
Fußball-Club Askania Forst s. FC Askania Forst
Fußball-Club Bayern München s. FC Bayern München
Fußball-Club Carl Zeiss Jena s. FC Carl Zeiss Jena
Fußball-Club Energie Cottbus s. FC Energie Cottbus
Fußball-Club Gelsenkirchen Schalke von 1904 s. FC Schalke 04
Fußball-Club Hansa Rostock s. FC Hansa Rostock
Fußball-Club Mulhouse s. FC Mulhouse
Fußball-Club Neubrandenburg s. FC Neubrandenburg
Fußball-Club Pommern Stralsund s. FC Pommern Stralsund
Fußball-Club Rot-Weiß Erfurt s. FC Rot-Weiß Erfurt
Fußball-Club Sachsen Leipzig 1990 s. FC Sachsen Leipzig 1990
Fußball-Club St. Pauli von 1910 s. FC St. Pauli 1910
Fußball-Club Stahl Brandenburg s. FC Stahl Brandenburg
Fußball-Club Stahl Riesa '98 s. FC Stahl Riesa '98
Fußball-Club Viktoria Forst s. FC Viktoria Forst
Fußball-Club von 1908 Homburg/Saar s. FC 08 Homburg/Saar
Fußball-Club Vorwärts Berlin s. FC Vorwärts Berlin
Fußball-Club Wacker München s. FC Wacker München
Fußball-Club Wismut Aue s. FC Erzgebirge Aue
Fußballgesellschaft 1896 Mannheim s. VfR Mannheim
Fußballklub 1903 Pirmasens s. FK 1903 Pirmasens
Fußballsportverein Böhlen s. FSV Böhlen
Fußballsportverein Frankfurt 1899 s. FSV Frankfurt 1899
Fußballsportverein Glückauf Brieske-Senftenberg s. FSV GA Brieske-Senftenberg
Fußballsportverein Lokomotive Altmark Stendal s. FSV Lokomotive Altmark Stendal
Fußballsportverein Sömmerda s. FSV Sömmerda
Fußballsportverein Zwickau s. FSV Zwickau
Fußballverein Holstein von 1902 Kiel s. FV Holstein 1902 Kiel
Fußball-Verein Union 1908 Böckingen s. FV Union Böckingen 08
Futball Club Eger s. FC Eger
Futbalový klub AŠK Inter Slovnaft Bratislava s. FK AŠK Inter Slovnaft Bratislava
Futbalový klub Baník Prievidza s. FK Baník Prievidza
Futbalový klub Dukla Banská Bystrica s. FK Dukla Banská Bystrica
Futbalový klub Lokomotíva Košice s. FK Lokomotíva Košice
Futbalový klub Ozeta Dukla Trenčín s. FK Ozeta Dukla Trenčín
Futbalový klub Považská Bystrica s. FK Považská Bystrica
Futbalový klub Slovenské celulózky und papierne Ružomberok s. FK SCP Ružomberok
Futbalový klub Tempo Partizánske s. FK Tempo Partizánske
Futbalový klub Trenčiansky telovýchovný spolok Trenčín s. FK TTS Trenčín
Futbalový klub Vojenská telovýchovná jednota Koba Senec s. FK VTJ Koba Senec
Futbalový klub Závody ťažkého strojárstva Kerametal Dubnica nad Váhom s. FK ZŤS Kerametal Dubnica nad Váhom
Futbol Club Andorra s. FC Andorra
Fútbol Club Barcelona s. FC Barcelona
Fútbol Club Carazo s. FC Carazo
Fútbol Club Chinandega s. FC Chinandega
Fútbol Club Ciego de Ávila s. FC Ciego de Ávila
Fútbol Club Diriangén s. FC Diriangén
Fútbol Club Don Bosco de Moca s. FC Don Bosco de Moca
Futbol Club Encamp Dicoansa s. FC Encamp Dicoansa
Futbol Club Engolasters s. FC Engolasters
Fútbol Club Guantánamo s. FC Guantánamo
Fútbol Club Holguín s. FC Holguín
Fútbol Club Juventus s. FC Juventus
Futbol Club Lusitanos s. FC Lusitanos
Fútbol Club Pinar del Río s. FC Pinar del Río
Fútbol Club Real s. Real Estelí FC
Fútbol Club San Marcos s. FC San Marcos
Fútbol Club Sancti Spíritus s. FC Sancti Spíritus
Futbol Club Santa Coloma s. FC Santa Coloma
Fútbol Club Santiago de Cuba s. FC Santiago de Cuba
Fútbol Club Santos s. FC Santos
Fútbol Club Villa Clara s. FC Villa Clara
Futbola Klubs Jurnieks Riga s. FK Jurnieks Riga
Futbola Klubs Liepaja s. FK Liepaja
Futbola Klubs Lokomotiv Daugavpils s. FK Lokomotiv Daugavpils
Futbola Klubs Metalurgs Liepaja s. FK Metalurgs Liepaja
Futbola Klubs Policijas Riga s. FK Policijas Riga
Futbola Klubs Rezekne s. FK Rezekne
Futbola Klubs Riga s. FK Riga
Futbola Klubs Skonto Riga s. FK Skonto Riga
Futbola Klubs Universitate Riga s. FK Universitate Riga
Futbola Klubs Valmiera s. FK Valmiera
Futbola Klubs Ventspils s. FK Ventspils
Futboll klub Burreli s. FK Burreli
Futbol’nyj klub Aktobe Lento s. FK Aktobe Lento
Futbol’nyj klub Alanija Vladikavkaz s. FK Alania Wladikawkaz
Futbol’nyj klub Aldijer Kurschab s. FK Aldijer Kurschab
Futbol’nyj klub Andischan s. FK Andischan
Futbol’nyj klub Anschi Makhatschkala s. FK Anschi Makhatschkala
Futbol’nyj klub Asmaral Moskva s. FK Asmaral Moskva
Futboľnyj klub Ataka Minsk s. FK Ataka Minsk
Futbol’nyj klub Atlastschi Margilan s. FK Atlastschi Margilan
Futbol’nyj klub Atyrau s. FK Atyrau
Futboľnyj klub Babrujsk s. FK Babrujsk
Futbol’nyj klub Baltika Kaliningrad s. FK Baltika Kaliningrad
Futboľnyj klub BATE Barysau s. FK BATE Barysau
Futbol’nyj klub Bazar-Korgon-Babur s. FK Bazar-Korgon-Babur
Futboľnyj klub Belschyna Babrujsk s. FK Belschyna Babrujsk
Futbol’nyj klub Bezmejin s. FK Bezmejin
Futboľnyj klub Borysfen Boryspiľ s. FK Borysfen Boryspiľ
Futbol’nyj klub Buchara s. FK Buchara
Futboľnyj klub Bukowyna Tscherniwtsi s. FK Bukowyna Tscherniwtsi
Futbol’nyj klub Central’nyj Sportivnyj Klub Armiji Moskva s. FK CSKA Moskva
Futbol’nyj klub Chodzhent s. FK Chodzhent
Futbol’nyj klub Chorezm Urgenč s. FK Chorezm Urgench
Futboľnyj klub CSKA Kyiw s. FK CSKA Kyiw
Futbol’nyj klub Dinamo Ala-Buka s. FK Dinamo Ala-Buka
Futbol’nyj klub Dinamo Alamedin s. FK Dinamo Alamedin
Futbol’nyj klub Dinamo Kant s. FK Dinamo Kant
Futbol’nyj klub Dinamo Moskva s. FK Dinamo Moskva
Futbol’nyj klub Dinamo Samarkand s. FK Dinamo Samarkand
Futbol’nyj klub Dinamo Stawropol’ s. FK Dinamo Stawropol’
Futbol’nyj klub Dinamo UVD Dschalal-Abad s. FK Dinamo UVD Dschalal-Abad
Futbol’nyj klub Dinamo-Alaj Osch s. FK Dinamo-Alaj Osch
Futboľnyj klub Dnepr Mahiljou s. FK Dnepr Mahiljou
Futboľnyj klub Dnepr-Transmasch Mahiljou s. FK Dnepr-Transmasch Mahiljou
Futboľnyj klub Dnipro Dnipropetrows'k s. FK Dnipro Dnipropetrows'k
Futbol’nyj klub Dustlik s. FK Dustlik
Futboľnyj klub Dvina-KIM Vitsebsk s. FK Dvina-KIM Vitsebsk
Futboľnyj klub Dynama Brest s. FK Dynama Brest
Futboľnyj klub Dynama Minsk s. FK Dynama Minsk
Futboľnyj klub Dynama-93 Minsk s. FK Dynama-93 Minsk
Futboľnyj klub Dynamo Kyiw s. FK Dynamo Kyiw
Futbol’nyj klub Energetik Kara-Kul s. FK Energetik Kara-Kul
Futbol’nyj klub Fakel Woronesch s. FK Fakel Woronesch
Futbol’nyj klub Frunze Sokuluk s. FK Frunze Sokuluk
Futbol’nyj klub Gulistan s. FK Gulistan
Futbol’nyj klub Homeľ s. FK Homeľ
Futbol’nyj klub Jangijer s. FK Jangijer
Futbol’nyj klub Kajrat Almaty s. FK Kajrat Almaty
Futbol’nyj klub KamAZ-Tschally Naberezhnyje Tschelny s. FK KamAZ-Tschally Naberezhnyje Tschelny
Futboľnyj klub Kamunaľnik Slonim s. FK Kamunaľnik Slonim
Futboľnyj klub Karpaty L'wiw s. FK Karpaty L'wiw
Futbol’nyj klub Kasansaj s. FK Kasansaj
Futbol’nyj klub Kimjogar Almalyk s. FK Kimjogar Almalyk
Futboľnyj klub Kremin' Krementschuk s. FK Kremin' Krementschuk
Futbol’nyj klub Kryl’ja Sowjetow Samara s. FK Kryl’ja Sowjetow Samara
Futboľnyj klub Kryvbas Kryvij Rih s. FK Kryvbas Kryvij Rih
Futbol’nyj klub Kuban’ Krasnodar s. FK Kuban’ Krasnodar
Futbol’nyj klub KVT Dinamo Kara-Balta s. FK KVT Dinamo Kara-Balta
Futbol’nyj klub Kyzylkum Zarawschan s. FK Kyzylkum Zarawschan
Futbol’nyj klub Lada Togliatti s. FK Lada Togliatti
Futboľnyj klub Lakamatju Vitsebsk s. FK Lakamatju Vitsebsk
Futboľnyj klub Lakamatju-96 Vitsebsk s. FK Lakamatju-96 Vitsebsk
Futboľnyj klub Lida s. FK Lida
Futbol’nyj klub Lokomotiv Nischni Nowgorod s. FK Lokomotiv Nischni Nowgorod
Futboľnyj klub Maladzechna s. FK Maladzechna
Futbol’nyj klub Maschal Mubarek s. FK Maschal Mubarek
Futbol’nyj klub Merv s. FK Merv
Futboľnyj klub Metalist Charkiw s. FK Metalist Charkiw
Futbol’nyj klub Metallurg Bekabad s. FK Metallurg Bekabad
Futboľnyj klub Metalurh Donez'k s. FK Metalurh Donez'k
Futboľnyj klub Metalurh Mariupoľ s. FK Metalurh Mariupoľ
Futboľnyj klub Metalurh Zaporischja s. FK Metalurh Zaporischja
Futbol’nyj klub MHSK Taschkent s. FK MHSK Taschkent
Futboľnyj klub Naftan-Dewon Nawapolack s. FK Naftan-Dewon Nawapolack
Futboľnyj klub Naftowyk Ochtyrka s. FK Naftowyk Ochtyrka
Futbol’nyj klub Nasaf Karschi s. FK Nasaf Karschi
Futbol’nyj klub Naukat s. FK Naukat
Futbol’nyj klub Nawbachor Namangan s. FK Nawbachor Namangan
Futbol’nyj klub Neftschi Fergana s. FK Neftschi Fergana
Futbol’nyj klub Neftschi-KRS Kotschkor-Ata s. FK Neftschi-KRS Kotschkor-Ata
Futboľnyj klub Njoman-Belcard Hrodna s. FK Njoman-Belcard Hrodna
Futboľnyj klub Nywa Ternopiľ s. FK Nywa Ternopiľ
Futbol’nyj klub Pachtakor Taschkent s. FK Pachtakor Taschkent
Futboľnyj klub Polihraftechnica Olexandria s. FK Polihraftechnica Olexandria
Futboľnyj klub Prykarpattja Iwano-Frankiws'k s. FK Prykarpattja Iwano-Frankiws'k
Futbol’nyj klub Rostsel’masch Rostow-na-Donu s. FK Rostsel’masch Rostow-na-Donu
Futbol’nyj klub Saturn Ramenskoje s. FK Saturn Ramenskoje
Futbol’nyj klub Schachrichan s. FK Schachrichan
Futboľnyj klub Schachtar Donez'k s. FK Schachtar Donez'k
Futboľnyj klub Schakhtsjor Salihorsk s. FK Schakhtsjor Salihorsk
Futbol’nyj klub Schemtschuschina Sotschi s. FK Schemtschuschina Sotschi
Futbol’nyj klub Schinnik Jaroslawl’ s. FK Schinnik Jaroslawl’
Futbol’nyj klub Semetej Kyzyl-Kija s. FK Semetej Kyzyl-Kija
Futbol’nyj klub Semung Angren s. FK Semung Angren
Futboľnyj klub Slavia Mazyr s. FK Slavia Mazyr
Futbol’nyj klub Sogdiana Dschizak s. FK Sogdiana Dschizak
Futbol’nyj klub Sokol Saratow s. FK Sokol Saratow
Futbol’nyj klub Sportivnyj Klub Armiji Rostow-na-Donu s. FK SKA Rostow-na-Donu
Futbol’nyj klub Sportivnyj Klub Armiji-Alaj Gultscha s. FK SKA-Alaj Gultscha
Futbol’nyj klub Sportivnyj Klub Armiji-Alaj Osch s. FK SKA-Alaj Osch
Futbol’nyj klub Sportivnyj Klub Armiji-PVO Bischkek s. FK SKA-PVO Bischkek
Futboľnyj klub Staľ Alchews'k s. FK Staľ Alchews'k
Futboľnyj klub Staryja Darohi s. FK Staryja Darohi
Futbol’nyj klub Surchan Termez s. FK Surchan Termez
Futboľnyj klub Svetotechnika Majli-Saj s. FK Svetotechnika Majli-Saj
Futboľnyj klub Svislatsch-Kroulja Asipovitschy s. FK Svislatsch-Kroulja Asipovitschy
Futbol’nyj klub Taraz s. FK Taraz
Futboľnyj klub Tarpeda Schodyna s. FK Tarpeda Schodyna
Futboľnyj klub Tarpeda-Kadzina Mahiljou s. FK Tarpeda-Kadzina Mahiljou
Futboľnyj klub Tarpeda-MAZ Minsk s. FK Tarpeda-MAZ Minsk
Futboľnyj klub Tawrija Symferopoľ s. FK Tawrija Symferopoľ
Futbol’nyj klub Temirjultschi Kokand s. FK Temirjultschi Kokand
Futboľnyj klub Temp Schepetiwka s. FK Temp Schepetiwka
Futbol’nyj klub Tjumen’ s. FK Tjumen’
Futbol’nyj klub Torpedo Moskva s. FK Torpedo Moskva
Futboľnyj klub Torpedo Zaporischja s. FK Torpedo Zaporischja
Futbol’nyj klub Torpedo-ZIL Moskva s. FK Torpedo-ZIL Moskva
Futbol’nyj klub Traktor Taschkent s. FK Traktor Taschkent
Futboľnyj klub Transmasch Mahiljou s. FK Transmasch Mahiljou
Futbol’nyj klub Tschernomorets Novorossisk s. FK Tschernomorets Novorossisk
Futbol’nyj klub Tschilanzar Taschkent s. FK Tschilanzar Taschkent
Futbol’nyj klub Tschirschik s. FK Tschirschik
Futboľnyj klub Tschornomoretz' Odesa s. FK Tschornomoretz' Odesa
Futbol’nyj klub Turan Nukus s. FK Turan Nukus
Futboľnyj klub Volyn' Luz'k s. FK Volyn' Luz'k
Futboľnyj klub Vorskla Poltava s. FK Vorskla Poltava
Futboľnyj klub Wedrych-97 Rechytsa s. FK Wedrych-97 Rechytsa
Futboľnyj klub Weres Riwne s. FK Weres Riwne
Futboľnyj klub Winnytsja s. FK Winnytsja
Futboľnyj klub Zakarpattja Usshorod s. FK Zakarpattja Usshorod
Futbol’nyj klub Zarawschan Nawoi s. FK Zarawschan Nawoi
Futbol’nyj klub Zenit Sankt Peterburg s. FK Zenit Sankt Peterburg
Futbol’nyj klub Zhaschtyk Ak Altyn Karasaj s. FK Zhaschtyk Ak Altyn Karasaj
Futbol’nyj klub Zhastyk Osch s. FK Zhastyk Osch
Futboľnyj klub Zirka Kirowohrad s. FK Zirka Kirowohrad
Futboľnyj klub Zorja Luhans'k s. FK Zorja Luhans'k
Futbolo Beisbolo Klubas Kaunas s. FBK Kaunas
Futbolo Klubas Ardena Vilnius s. FK Ardena Vilnius
Futbolo Klubas Atlantas Klaipeda s. FK Atlantas Klaipeda
Futbolo Klubas Atlantas-2 Klaipeda s. FK Atlantas-2 Klaipeda
Futbolo Klubas Atletas-Inkaras Kaunas s. FK Atletas-Inkaras Kaunas
Futbolo Klubas Banga Gargždai s. FK Banga Gargždai
Futbolo Klubas Dainava Alytus s. FK Dainava Alytus
Futbolo Klubas Ekranas Panevežys s. FK Ekranas Panevežys
Futbolo Klubas Geležinis-Vilkas Vilnius s. FK Geležinis-Vilkas Vilnius
Futbolo Klubas Kareda Kaunas s. FK Kareda Kaunas
Futbolo Klubas Kareda Šiauliai s. FK Kareda Šiauliai
Futbolo Klubas Kauno Jegeriai Kaunas s. FK Kauno Jegeriai Kaunas
Futbolo Klubas Mastis Telšiai s. FK Mastis Telšiai
Futbolo Klubas Mažeikiai s. FK Mažeikiai
Futbolo Klubas Nevežis Kedainiai s. FK Nevežis Kedainiai
Futbolo Klubas Panerys Vilnius s. FK Panerys Vilnius
Futbolo Klubas Polonija Vilnius s. FK Polonija Vilnius
Futbolo Klubas Suduva Marijampole s. FK Suduva Marijampole
Futbolo Klubas Tauras Šiauliai s. FK Tauras Šiauliai
Futbolo Klubas Tauras Taurage s. FK Tauras Taurage
Futbolo Klubas Vienybe Ukmerge s. FK Vienybe Ukmerge
Futbolo Klubas Žalgiris Vilnius s. FK Žalgiris Vilnius
Futebol Clube Barreirense s. FC Barreirense
Futebol Clube Boavista s. FC Boavista
Futebol Clube Bula s. FC Bula
Futebol Clube Cabinda s. FC Cabinda
Futebol Clube Chicoil s. FC Chicoil
Futebol Clube Cuntum s. FC Cuntum
Futebol Clube de Alverca s. FC Alverca
Futebol Clube de Famalicão s. FC Famalicão
Futebol Clube de Penafiel s. FC Penafiel
Futebol Clube do Porto s. FC Porto
Futebol Clube Felgueiras s. FC Felgueiras
Futebol Clube Kabuscorp s. FC Kabuscorp
Futebol Clube Mavegro s. FC Mavegro
Futebol Clube Paços de Ferreira s. FC Paços de Ferreira
Futebol Clube Portos s. FC Portos
Futebol Clube Santa Cruz do Sul s. FC Santa Cruz
Futebol Clube Tirsense s. FC Tirsense
Futebol Clube Vizela s. FC Vizela
Futgof, Port of Spain, Trinidad und Tobago, Klub, s. S. 129
Future Stars United FC (Future Stars United Football Club), Britische Jungferninseln, Klub, s. S. 126
Future Stars United Football Club s. Future Stars United FC
Future Stars, St. Johns, Antigua und Barbuda, Klub, s. S. 127
Futuwa s. al-Futuwa
Fuzhou, Stadt, China, s. S. 109
FV 08 Petingen s. CS Pétange
FV 1893 Stuttgart s. VfB Stuttgart 1893
FV 1904 Leverkusen s. TSV Bayer 04 Leverkusen
FV 1911 Neuendorf s. TuS Koblenz
FV 1911 s. TuS Koblenz
FV 31 Rodingen s. FC Racing Rodange
FV Beles s. FC The Belval Belvaux
FV Ettelbrück s. FC Etzella Ettelbruck
FV Fortschritt Bischofswerda s. Bischofswerdaer FV 08
FV Germania 01 Königshütte s. AKS Chorzów
FV Grube Marga s. FSV GA Brieske-Senftenberg
FV Hobscheid s. CS Hobscheid
FV Holstein 1902 Kiel (Fußballverein Holstein von 1902 Kiel), Kiel, Deutschland, Klub, entst. 1902, [1902-17 FV Holstein 1902 Kiel, aufgel. 17 durch Fusion mit 1. FV 1900 Kiel => Kieler SpVgg. Holstein 1900], s. S. 85
FV Holstein 1902 Kiel s. Kieler SpVgg. Holstein 1900
FV Homburg s. FC 08 Homburg/Saar
FV Kaiserslautern s. 1. FC Kaiserslautern
FV Kickers Frankfurt s. Eintracht Frankfurt
FV Köln-Dellbrück s. SC Preußen Köln-Dellbrück
FV Korn Rodingen s. FC Chiers Rodange
FV Malstatt-Burbach s. 1. FC Saarbrücken
FV Metz s. FC Metz
FV Rot-Schwarz Düdelingen s. CS Alliance Dudelange
FV Rot-Weiß Hesperingen s. 1. FC Swift Hesperange
FV Rümelingen s. US Rumelange
FV Saarbrücken s. 1. FC Saarbrücken
FV Saarbrücken s. KSG Saarbrücken
FV Stadt Düdelingen s. CS Stade Dudelange
FV Union Böckingen 08 (Fußball-Verein Union 1908 Böckingen), Heilbronn, Deutschland, Klub, entst. 1908, [entst. 1908 durch Fusion FK Germania 08 Böckingen und Viktoria Böckingen], s. S. 85
FV Werder Bremen s. SV Werder Bremen
FV/Phönix Kaiserslautern s. 1. FC Kaiserslautern
Fvgg. 1907 Neckarau s. VfL 1884 Neckarau
Fylkir s. ÍF Fylkir
Fyllingen Idrettslag s. Fyllingen IL
Fyllingen IL (Fyllingen Idrettslag), Bergen, Norwegen, Klub, entst. 1946, s. S. 71
GA Brieske-Senftenberg s. FSV GA Brieske-Senftenberg
GA Farroupilha (Grêmio Atlético Farroupilha), Pelotas, Brasilien, Klub, entst. 1926, s. S. 133
GA Sampaio (Grêmio Atlético Sampaio), Rio Branco, Brasilien, Klub, [aufgel. 19??], s. S. 132
Gabela, Stadt, Angola, s. S. 118
Gabela, Stadt, Bosnien und Herzegowina, s. S. 93
Gabès, Stadt, Tunesien, s. S. 113
Gabesien s. AS Gabesien
Gabesien s. CS Gabesien
Gaborone United, Gaborone, Botswana, Klub, s. S. 121
Gaborone, Stadt, Botswana, s. S. 121
Gabros International, Lagos, Nigeria, Klub, s. S. 117
Gabrovo, Stadt, Bulgarien, s. S. 91
Gabú GD (Gabú Grupo Desportiva), Gabú, Guinea-Bissau, Klub, s. S. 117
Gabú Grupo Desportiva s. Gabú GD
Gabú, Stadt, Guinea-Bissau, s. S. 117
Gabun, Länder, s. S. 118 und 119
Gacko, Stadt, Bosnien und Herzegowina, s. S. 93
Gagnoa, Stadt, Elfenbeinküste, s. S. 117
Gaija Babadajan s. Babadajan Babadajanski Etrap
Gaillimh, Stadt, Irland, s. S. 69
GAIS (Göteborgs Atlet & Idrottssällskap), Göteborg, Schweden, Klub, entst. 1894, [1894-1926 GATS], s. S. 72
Gaïtcha s. FC Gaïtcha
Gaj Kočevje s. NK Kočevje
GAK Trummer-Montagen s. Liebherr GAK
Galatasaray SK (Galatasaray Spor Kulübü), İstanbul, Türkei, Klub, entst. 1905, s. S. 96
Galatasaray Spor Kulübü s. Galatasaray SK
Galaţi, Stadt, Rumänien, s. S. 91
Galaxy s. Los Angeles Galaxy
Galaxy United, May Pen, Jamaika, Klub, s. S. 126
Galcasa, Villa Nueva, Guatemala, Klub, s. S. 125
Galenika Zemun s. FK Zemun
Galenika Zemun s. Sparta Zemun
Gales s. San Francisco Gales
Gali, Stadt, Georgien, s. S. 97
Galícia BC (Galícia Esporte Clube), Salvador, Brasilien, Klub, entst. 1933, s. S. 133
Galícia Esporte Clube s. Galícia EC
Galícia s. Deportivo Galícia
Galkan Aschchabad, Aschchabad, Turkmenistan, Klub, s. S. 101
Gall Hill, Stadt, Barbados, s. S. 127
Gallego s. DC Gallego
Gallia Dudelange s. CS Stade Dudelange
Gallos Blancos s. Tampico FC
Gallos Blancos s. TM Gallos Blancos
Gálvez s. José Gálvez
Galway Rovers FC s. Galway United FC
Galway United FC (Galway United Football Club), Galway/Gaillimh, Irland, Klub, entst. 1937, [1937-81 Galway Rovers FC], s. S. 69
Galway United Football Club s. Galway United FC
Galway, Stadt, Irland, s. S. 69
Gama, Stadt, Brasilien, s. S. 133
Gamba Osaka, Osaka, Japan, Klub, entst. 1991, [1991-92 Matsushita Electric], s. S. 111
Gambia Ports Authority s. Ports Authority
Gambia, Länder, s. S. 116 und 117
Gamlakarleby Bollklubb s. GBK
Gamma FC s. Budafok FC
Gamma FC s. Teherfuvar
GAMTEL FC (GAMTEL Football Club), Banjul, Gambia, Klub, s. S. 117
GAMTEL Football Club s. GAMTEL FC
Gâncă, Stadt, Aserbaidschan, s. S. 97
Gangama United, Kampala, Uganda, Klub, s. S. 119
Gangan FC (Gangan Football Club), Kindia, Guinea, Klub, s. S. 117
Gangan Football Club s. Gangan FC
Ganja, Stadt, Aserbaidschan, s. S. 97
Ganz Budapest s. Vasas Ganzvágon Budapest
Gánz Danubius SE s. Volán FC
Ganz Gyári Budapest s. Vasas Ganzvágon Budapest
Ganz MÁVAG s. Vasas Ganzvágon Budapest
Ganz MÁVAG s. Vasas MÁVAG
Ganz Vasas Budapest s. Vasas Ganzvágon Budapest
Ganz VTSE Budapest s. Vasas Ganzvágon Budapest
Ganzvágon Budapest s. Vasas Ganzvágon Budapest
Ganzvágon Budapest s. Vasas MÁVAG
Gao, Stadt, Mali, s. S. 114
Gaoxiong, Stadt, Taiwan, s. S. 109
Garbania Kraków s. KS Garbarnia Kraków
Gårda BK (Gårda Bollklubb), Göteborg, Schweden, Klub, entst. 1919, s. S. 72
Gårda Bollklubb s. Gårda BK
Garðabær, Stadt, Island, s. S. 71
Garde Nationale s. ASC Garde Nationale
Garden Hotspurs FC (Garden Hotspurs Football Club), Basseterre, St. Christoph und Nevis, Klub, s. S. 127
Garden Hotspurs Football Club s. Garden Hotspurs FC
Garður, Stadt, Island, s. S. 71
Gargždai, Stadt, Litauen, s. S. 99
Garments s. Dire Dawa Textiles
Garments s. Kombolcha Textiles
Garoua, Stadt, Kamerun, s. S. 117
Garrison, Port Louis, Mauritius, Klub, [aufgel. 19??], s. S. 121
Gastronomia Gdynia s. KS Arka Amber Gdynia
GATS s. GAIS
Gauja Valmiera s. FK Valmiera
Gauloise s. Stade Gauloise
Gauloise, La Trinité, Martinique, Klub, s. S. 127
Gävle, Stadt, Schweden, s. S. 73
Gaz Metan Mediaş, Mediaş, Rumänien, Klub, entst. 1945, [1945-47 Karres Mediaş, 47-50 Gaz Metan Mediaş, 49-51 Partizanul Mediaş, 51-55 Flacăra Mediaş, 55-58 Energia Mediaş, 58-60 Gaz Metan Mediaş, 60-62 CSM Mediaş], s. S. 91
Gaza s. Clube de Gaza
Gaza s. Ferroviário de Gaza
Gaza, Stadt, Palästina, s. S. 94
Gazelle, N'Djamena, Tschad, Klub, s. S. 114
Gaziantep, Stadt, Türkei, s. S. 96
Gaziantepspor K (Gaziantepspor Kulübü), Gaziantep, Türkei, Klub, entst. 1963, s. S. 96
Gaziantepspor Kulübü s. Gaziantepspor K
Gaziveren, Gaziveren, Zypern, Klub, s. S. 95
Gaziveren, Stadt, Zypern, s. S. 95
Gázszer FC (Gázszer Futball Club), Agárd, Ungarn, Klub, entst. 1994, [1994-97 Gázszer FC Agárd], s. S. 89
Gázszer FC Agárd s. Gázszer FC
Gázszer Futball Club s. Gázszer FC
Gbenko Milo FC s. Milo FC
Gbessia AC, Conakry, Guinea, Klub, s. S. 117
Gbin-Gbin Club, Nzérékoré, Guinea, Klub, s. S. 117
GBK (Gamlakarleby Bollklubb), Kokkola/Karleby, Finnland, Klub, entst. 1924, s. S. 73
Gbohloé-su, Aného, Togo, Klub, s. S. 117
Gboko, Stadt, Nigeria, s. S. 117
GC Mascara (Ghali Chabab RAI Mascara), Mascara, Algerien, Klub, entst. 1925, s. S. 113
GCHQ, Äquatorial-Guinea, Klub, s. S. 118
GD Artilheiros (Grupo Desportivo Artilheiros), Macau, Klub, s. S. 109
GD Chaves (Grupo Desportivo de Chaves), Chaves, Portugal, Klub, entst. 1949, s. S. 79
GD da CUF Barreiro s. GD Quimigal
GD Estoril-Praia (Grupo Desportivo Estoril-Praia), Estoril, Portugal, Klub, entst. 1939, s. S. 79
GD Lage (Grupo Deportivo Lage), Malabo, Äquatorial-Guinea, Klub, s. S. 118
GD Lam Pak (Grupo Desportivo Lam Pak), Macau, Klub, s. S. 109
GD Os Operários (Grupo Desportivo Os Operários), Santo Antonio, São Tomé und Príncipe, Klub, s. S. 117
GD Quimigal (Grupo Desportivo Quimigal), Barreiro, Portugal, Klub, entst. 1937, [1937-44 Unidos FC Barreiro, 44-78 GD da CUF Barreiro], s. S. 78
GD Riopele (Grupo Desportivo Riopele), Pousada de Saramagos, Portugal, Klub, entst. 1958, [aufgel. 1984], s. S. 79
Gdańsk, Stadt, Polen, s. S. 84 und 89
Gdański KS Lechia/Olimpia s. KS Lechia Gdańsk
GDP (Gelora Delta Putra), Sidoardjo, Indonesien, Klub, s. S. 107
Gdynia, Stadt, Polen, s. S. 89
GE Bagé (Grêmio Esportivo Bagé), Bagé/Bajé, Brasilien, Klub, s. S. 133
GE Brasil (Grêmio Esportivo Brasil), Pelotas, Brasilien, Klub, entst. 1911, s. S. 133
GE Brasiliense (Grêmio Esportivo Brasiliense), Núcleo Bandeirante, Brasilien, Klub, s. S. 133
GE Olímpico (Grêmio Esportivo Olímpico), Blumenau, Brasilien, Klub, s. S. 133
GE Serra (Grêmio Esportivo Serra), Serra, Brasilien, Klub, s. S. 133
Gebze, Stadt, Türkei, s. S. 96
Geel, Stadt, Belgien, s. S. 75
Geelong, Stadt, Australien, s. S. 136
Gefle Idrottsförening s. Gefle IF
Gefle IF (Gefle Idrottsförening), Gävle, Schweden, Klub, [1978 Fusion mit Brynäs IF, 82 Aufl. der Fusion], s. S. 73
Gefle IF s. Brynäs IF
Gege Happy Stars, Gege, Swasiland, Klub, s. S. 120
Gege, Stadt, Swasiland, s. S. 120
Geithus Idrettslag s. Geithus IL
Geithus IL (Geithus Idrettslag), Geithus, Norwegen, Klub, entst. 1897, s. S. 71
Geithus, Stadt, Norwegen, s. S. 71
Gekris Novorossisk s. FK Tschernomorets Novorossisk
Geleen, Stadt, Niederlande, s. S. 75
Geležinis-Vilkas Vilnius s. FK Geležinis-Vilkas Vilnius
Gélima, Stadt, Neukaledonien, s. S. 137
Gelora Delta Putra s. GDP
Gelora Dewata Denpasar, Denpasar, Indonesien, Klub, entst. 1989, s. S. 107
Gelsenkirchen, Stadt, Deutschland, s. S. 84
Gemer Dunajská Streda s. 1. FC DAC Dunajská Streda
Gemma Riga, Riga, Lettland, Klub, [19??-94 Gemma/RFS Riga], s. S. 99
Gemma/RFS Riga s. Gemma Riga
Gençler Birligi, Nicosia/Lefkosia, Zypern, Klub, s. S. 95
Gençlerbirligi SK (Gençlerbirligi Spor Kulübü), Ankara, Türkei, Klub, entst. 1923, s. S. 96
Gençlerbirligi Spor Kulübü s. Gençlerbirligi SK
Gençlik Gücü, Nicosia/Lefkosia, Zypern, Klub, s. S. 95
Gendarmerie s. US Gendarmerie
Gendrim s. ASC Gendrim
General Aquino s. Sportivo Luqueño
General Belgrano s. CA Belgrano
General Caballero (Club General Caballero), San Lorenzo del Campo Grande, Paraguay, Klub, s. S. 135
General Drajev Jambol s. FK Jambol
General Koptschev Svischtov s. FK Akademik Svischtov
General Pico, Stadt, Argentinien, s. S. 135
General Pinedo, Stadt, Argentinien, s. S. 135
General Roca, Stadt, Argentinien, s. S. 135
General Santos, Stadt, Philippinen, s. S. 107
Generala Craiova s. CS Generala Craiova
Generaleña, San Isidro de Pérez Zeledón, Costa Rica, Klub, [aufgel. 1991 durch Fusion mit AD Pérez Zeledón => ADM Pérez Zeledón], s. S. 125
Generals s. New York Generals
Generateur FC (Generateur Football Club), Agadez, Niger, Klub, s. S. 114
Generateur Football Club s. Generateur FC
Généraux s. CAS Généraux
Genève United, Genève, Schweiz, Klub, [aufgel. 19??], s. S. 82
Genève, Stadt, Schweiz, s. S. 82
Genk, Stadt, Belgien, s. S. 75
Genoa 1893, Genua (Genova), Italien, Klub, entst. 1893, [1893-99 Genoa C & AC, 1899-1929 Genoa FBC, 1929-45 AC Genova 1893, 45-70 Genoa C & FC, 70-80 Genoa FBC], s. S. 81
Genoa C & AC s. Genoa 1893
Genoa C & FC s. Genoa 1893
Genoa FBC s. Genoa 1893
Genova, Stadt, Italien, s. S. 81
Gent, Stadt, Belgien, s. S. 75
Gentilândia AC (Gentilândia Atlético Clube), Fortaleza, Brasilien, Klub, [aufgel. 19??], s. S. 133
Gentilândia Atlético Clube s. Gentilândia AC
Genua, Stadt, Italien, s. S. 81
Geolog Tjumen' s. FK Tjumen'
George Town SC (George Town Sports Club), George Town, Kaimaninseln, Klub, s. S. 126
George Town Sports Club s. George Town SC
George Town, Stadt, Kaimaninseln, s. S. 126
Georgetown FC (Georgetown Football Club), Georgetown, Guyana, Klub, s. S. 129
Georgetown Football Club s. Georgetown FC

Georgetown, Stadt, Guyana, **s. S.** 129
Georgia Tbilisi **s.** FC WIT Georgia Tbilisi
Georgien, Länder, **s. S.** 96 und 97
Gera Drnovice **s.** FK Drnovice
Gera, Stadt, Deutschland, **s. S.** 85
Gerasdorf **s.** Wiener SC
Germania 01 Königshütte **s.** AKS Chorzów
Germania 04 Kalk **s.** VfR Köln rrh.
Germania 05 Wilhelmshaven **s.** SV Wilhelmshaven
Germania 08 Böckingen **s.** FV Union Böckingen 08
Germania 1887 Hamburg **s.** Hamburger SV
Germania 1887 Hamburg **s.** SC Germania 1887 Hamburg
Germania 1896 Kaiserslautern **s.** 1. FC Kaiserslautern
Germania 1906 Bochum **s.** VfL Bochum
Germania 1912 Warnsdorf **s.** Warnsdorfer FK
Germania Ried **s.** SV Josko Ried
Germânia **s.** SC Germânia
Germania Schwechat **s.** SV Schwechat
Germinal Beerschot Antwerpen **s.** KFC Germinal Beerschot Antwerpen
Germinal Ekeren **s.** KFC Germinal Ekeren
Germiston, Stadt, Südafrika, **s. S.** 121
Gesundbrunnen **s.** Hertha BSC Berlin
Gesundbrunnen **s.** SV Norden-Nordwest
Getxo, Stadt, Spanien, **s. S.** 79
Geunyeli, Stadt, Zypern, **s. S.** 95
Gevgelija, Stadt, Mazedonien, **s. S.** 93
Gexkol, Kolwezi, Volksrepublik Kongo, Klub, **s. S.** 119
Geylang United FC (Geylang United Football Club), Bedok, Singapur, Klub, **s. S.** 107
Geylang United Football Club **s.** Geylang United FC
GFC, Port Moresby, Papua-Neuguinea, Klub, **s. S.** 136
GGS Armaturka Ústí nad Labem **s.** MFK Ústí nad Labem
Ghali Chabab RAI Mascara **s.** GC Mascara
Ghana Ports Authority **s.** GHAPOHA Readers
Ghana, Länder, **s. S.** 116 und 117
GHAPOHA Readers (Ghana Ports Authority), Tema, Ghana, Klub, [19??-?? Harbour City], **s. S.** 117
Ghardaia, Stadt, Algerien, **s. S.** 113
Gharnata **s.** ASC Gharnata
Ghaxaq FC (Ghaxaq Football Club), Ghaxaq, Malta, Klub, entst. 1956, **s. S.** 81
Ghaxaq Football Club **s.** Ghaxaq FC
Ghaxaq, Stadt, Malta, **s. S.** 81
Ghazl Domiat, Domiat, Ägypten, Klub, **s. S.** 112
Ghazl Mahalla, Mahalla al-Kubra, Ägypten, Klub, [19??-?? Mahalla Spinning, ??-?? Misr Textiles, ??-?? El Ghazi, ??-?? Mahalla Filature, ??-?? El Mahalla], **s. S.** 112
Ghazl Suez, Suez/Suvajs, Ägypten, Klub, **s. S.** 112
Gheorghe-Gheorghiu-Dej **s.** FC Oneşti
Ghetto Lions, Vieux Fort, St. Lucia, Klub, **s. S.** 127
Ghetto Stars, Soufrière, St. Lucia, Klub, **s. S.** 127
GÍ (Gøtu Ítróttarfelag), Gøtu, Färöer Inseln, Klub, entst. 1926, **s. S.** 71
Giants **s.** New York Giants
Gibraltar, Länder, **s. S.** 79
GIF Sundsvall (Gymnastik och Idrottsförening Sundsvall), Sundsvall, Schweden, Klub, entst. 1903, **s. S.** 73
Gijón Sport **s.** Sporting Gijón CF
Gijón, Stadt, Spanien, **s. S.** 79
Gil Vicente FC (Gil Vicente Futebol Clube), Barcelos, Portugal, Klub, entst. 1924, **s. S.** 79
Gil Vicente Futebol Clube **s.** Gil Vicente FC
Gimnasia y Esgrima Eva Perón **s.** Gimnasia y Esgrima La Plata
Gimnasia y Esgrima La Plata (Club de Gimnasia y Esgrima La Plata), La Plata, Argentinien, Klub, entst. 1887, [1887 Gimnasia y Esgrima, 87-97 Esgrima, 1897-1915 Gimnasia y Esgrima, 15 Fusion mit Independencia => Independencia, 15-52 Gimnasia y Esgrima, 52-55 Gimnasia y Esgrima Eva Perón], **s. S.** 135
Gimnasia y Esgrima **s.** CA Gimnasia y Esgrima
Gimnasia y Tiro (Club Gimnasia y Tiro), Salta, Argentinien, Klub, entst. 1902, **s. S.** 135
Gimnastic Valira, Escaldes-Engordany, Andorra, Klub, entst. 1993, [1997-98 Assegurances Doval], **s. S.** 77
Gimnástico FC Valencia **s.** Levante UD
Gimnastico León **s.** CD Leonesa
Gimnástico Tarragona (Club Gimnástico de Tarragona), Tarragona, Spanien, Klub, entst. 1914, **s. S.** 79
Ginásio Alcobaça **s.** SC Ginásio Alcobaça
Gippsland Falcons **s.** Eastern Pride
Giresun, Stadt, Türkei, **s. S.** 97
Giresunspor K (Giresunspor Kulübü), Giresun, Türkei, Klub, entst. 1967, **s. S.** 97
Giresunspor Kulübü **s.** Giresunspor K
Girne Halk Evi, Nicosia/Lefkosia, Zypern, Klub, **s. S.** 95
Girnyk Krivoj Rog **s.** FK Kryvbas Kryvij Rih
Girondins Bordeaux FC **s.** FC Girondins Bordeaux
Girondins Guyenne Sports **s.** FC Girondins Bordeaux
Girondins Ngaoundéré, Ngaoundéré, Kamerun, Klub, [19??-?? Maiscam Ngaoundéré], **s. S.** 117
Gisanyi, Stadt, Rwanda, **s. S.** 119
Gisborne City, Gisborne, Neuseeland, Klub, **s. S.** 137
Gisborne, Stadt, Neuseeland, **s. S.** 137
Gissar, Stadt, Tadschikistan, **s. S.** 101
Gjirokastër, Stadt, Albanien, **s. S.** 93
Gjøvik SK **s.** Gjøvik/Lyn SK
Gjøvik Turn **s.** Gjøvik/Lyn SK
Gjøvik, Stadt, Norwegen, **s. S.** 71
Gjøvik/Lyn SK (Gjøvik/Lyn Sportsklubb), Gjøvik, Norwegen, Klub, entst. 1895, [1895-1902 Gjøvik Turn, 02-93 SK Gjøvik-Lyn, 93 Fusion mit Gjøvik SK => Gjøvik/Lyn SK], **s. S.** 71
Gjøvik/Lyn Sportsklubb **s.** Gjøvik/Lyn SK
Gjumri, Stadt, Armenien, **s. S.** 97
GKS Arkonia Szczecin **s.** KS Arkonia Szczecin
GKS Bełchatów (Górniczy Klub Sportowy Bełchatów), Bełchatów, Polen, Klub, entst. 1977, **s. S.** 89
GKS Jastrzębie (Górniczy Klub Sportowy Jastrzębie), Jastrzębie-Zdrój, Polen, Klub, entst. 1962, **s. S.** 89
GKS Katowice (Górniczy Klub Sportowy Katowice), Katowice, Polen, Klub, entst. 1964, [entst. 1964 durch Fusion Rapid Orzeł Katowice, Górnik Katowice, Koszutka Katowice, Śląski Katowice und Katowicki Klub Łyżwiarski], **s. S.** 89
GKS Odra Wodzisław Śląski **s.** MKS Odra Wodzisław Śląski
GKS Olimpia Poznań **s.** GKS Olimpia-Bolplast Poznań
GKS Olimpia-Bolplast Poznań (Gwardyjski Klub Sportowy Olimpia-Bolplast Poznań), Poznań, Polen, Klub, entst. 1945, [1945-94 GKS Olimpia Poznań, 94-95 GKS Olimpia-Bolplast Poznań, aufgel. 95 durch Fusion mit BKS Lechia Gdańsk => Olimpia/Lechia Gdańsk], **s. S.** 89
GKS Olimpia-Bolplast Poznań **s.** KS Lechia Gdańsk
GKS Polonia Bydgoszcz (Górniczy Klub Sportowy Polonia Bydgoszcz), Bydgoszcz, Polen, Klub, entst. 1920, [1920-48 KS Polonia Bydgoszcz, 48-56 KS Gwardia Bydgoszcz, 56-?? BKS Polonia Bydgoszcz], **s. S.** 89
GKS Polonia/Szombierki Bytom **s.** GKS Szombierki Bytom
GKS ROW Rybnik (Górniczy Klub Sportowy Rybnickiego Okręgu Węglowego Rybnik), Rybnik, Polen, Klub, entst. 1920, [1920-57 Górnik Rybnik], **s. S.** 89
GKS Ruch Radzionków (Górniczy Klub Sportowy Ruch Radzionków), Radzionków, Polen, Klub, entst. 1919, **s. S.** 89
GKS Szombierki Bytom (Górniczy Klub Sportowy Szombierki Bytom), Bytom, Polen, Klub, entst. 1920, [1920-22 TS Poniatowski Schomberg, 22 aufgel., 28 wiedergegr., 28-29 Poniatowski Godula Schomberg, 29 aufgel., 45 wiedergegr., 45-48 BKS Szombierki Bytom, 48-56 KS Górnik Bytom, 56-97 GKS Szombierki Bytom, aufgel. 97 durch Fusion mit KS Polonia Bytom => TS GKS Polonia/Szombierki Bytom (97-98), 98 Aufl. der Fusion und Zurückbenennung], **s. S.** 89
GKS Szombierki Bytom **s.** KS Polonia Bytom
GKS Tychy **s.** TS Miliarder Pniewy
GKS Tychy **s.** TS Sokół Tychy
GKS Wodzisław Śląski **s.** MKS Odra Wodzisław Śląski
GKS Zagłębie Sosnowiec (Górniczy Klub Sportowy Zagłębie Sosnowiec), Sosnowiec, Polen, Klub, entst. 1906, [1906-08 KS Milowice Sosnowiec, 08-18 KS Union Sosnowiec, 18-21 KS Sosnowiec, 21-31 KS Victoria Sosnowiec, 31-39 KS Unia Sosnowiec, 39-48 RKU Sosnowiec, 48-49 KS Stal Sosnowiec, 49-52 KS Metal Sosnowiec, 52-63 KS Stal Sosnowiec, 63-93 GKS Zagłębie Sosnowiec, 93 aufgel. und wiedergegr.], **s. S.** 89
GKS Zagłębie Wałbrzych (Górniczy Klub Sportowy Zagłębie Wałbrzych), Wałbrzych, Polen, Klub, entst. 1956, [entst. 1956 nach Teilung von KS Górnik Wałbrzych => Górnik-Thorez Wałbrzych (56-??) und KS Górnik Wałbrzych, ??-92 GKS Zagłębie Wałbrzych, aufgel. 92 durch Fusion mit KS Górnik Wałbrzych => KP Wałbrzych], **s. S.** 89
GKS Zagłębie Wałbrzych **s.** Górnik Wałbrzych
Glacis FC (Glacis Football Club), Glacis, Seychellen, Klub, **s. S.** 121
Glacis Football Club **s.** Glacis FC
Glacis, Stadt, Seychellen, **s. S.** 121
Gladiator Lecce **s.** US Lecce
Glanvilles FC (Glanvilles Football Club), Glanvilles, Antigua und Barbuda, Klub, **s. S.** 127
Glanvilles Football Club **s.** Glanvilles FC
Glanvilles, Stadt, Antigua und Barbuda, **s. S.** 127
Glasgow, Stadt, Schottland, **s. S.** 69
Glasinac Sokolac **s.** FK Glasinac Sokolac
Gleiwitz, Stadt, Polen, **s. S.** 84 und 89
Glenavon FC (Glenavon Football Club), Lurgan, Nordirland, Klub, entst. 1889, **s. S.** 69
Glenavon Football Club **s.** Glenavon FC
Glentoran FC (Glentoran Football Club), Belfast, Nordirland, Klub, entst. 1882, [entst. 1882 durch Fusion Oakfields und Nettlefields], **s. S.** 69
Glentoran Football Club **s.** Glentoran FC
Gliwice, Stadt, Polen, **s. S.** 84 und 89
Gloggnitz, Stadt, Österreich, **s. S.** 83
Gloria Arad, Arad, Rumänien, Klub, entst. 1913, [1913-22 Gloria Arad, 22 Fusion mit SFR Arad => Gloria CFR Arad (22-34), 34 Aufl. der Fusion, 34-49 Gloria Arad, 49-69 ICA], **s. S.** 91
Gloria Bistrita **s.** FC Gloria Bistrita
Gloria Buzău **s.** FC Gloria Buzău
Gloria Caile Ferate Româna Galaţi **s.** Gloria CFR Galaţi
Gloria CFR Arad **s.** Gloria Arad
Gloria CFR Galaţi (Gloria Caile Ferate Româna Galaţi), Galaţi, Rumänien, Klub, entst. 1932, [entst. 1932 durch Fusion Gloria Galaţi und CFR Galaţi => Gloria CFR Galaţi (32-48), 40 Fusion mit DVA Galaţi, 48-50 CFR Galaţi, 50-57 Locomotivă Galaţi], **s. S.** 91
Gloria CFR Galaţi **s.** DVA Galaţi
Gloria Galaţi **s.** Gloria CFR Galaţi
Glory SC **s.** Perth Glory SC
Glossop FC **s.** Glossop North End FC
Glossop North End FC (Glossop North End Football Club), Glossop, England, Klub, entst. 1886, [1886-1915 Glossop North End FC, 15 aufgel., 19 wiedergegr., 19-39 Glossop North End FC, 39 aufgel., 45 wiedergegr., 45-92 Glossop FC], **s. S.** 67
Glossop North End Football Club **s.** Glossop North End FC
Glossop, Stadt, England, **s. S.** 67
Gloucester, Stadt, England, **s. S.** 67
Gloucestershire Regiment, Calcutta, Indien, Klub, [aufgel. 19??], **s. S.** 105
Glyn CFC **s.** Leyton Orient FC
Go Ahead Eagles, Deventer, Niederlande, Klub, entst. 1902, [1902-71 DVV Go Ahead], **s. S.** 75
GO Union Bank, Lagos, Nigeria, Klub, **s. S.** 117
Goa, Panjim, Indien, Klub, [Auswahl des Staates Goa, Daman und Diu], **s. S.** 105
Gobabis, Stadt, Namibia, **s. S.** 120
Goce Delčev Prilep **s.** FK Pobeda Prilep
Goderich United, Freetown, Sierra Leone, Klub, **s. S.** 116
Godoy Cruz Antonio Tomba **s.** CD Godoy Cruz Antonio Tomba
Godoy Cruz, Stadt, Argentinien, **s. S.** 135
Godthåb, Stadt, Grönland, **s. S.** 123
Goiânia EC (Goiânia Esporte Clube), Goiânia, Brasilien, Klub, entst. 1937, **s. S.** 133
Goiânia Esporte Clube **s.** Goiânia EC
Goiânia, Stadt, Brasilien, **s. S.** 133
Goianiense **s.** AC Goianiense
Goiás EC (Goiás Esporte Clube), Goiânia, Brasilien, Klub, entst. 1943, **s. S.** 133
Goiás Esporte Clube **s.** Goiás EC
Goiatuba EC (Goiatuba Esporte Clube), Goiatuba, Brasilien, Klub, entst. 1970, **s. S.** 133
Goiatuba Esporte Clube **s.** Goiatuba EC
Goiatuba, Stadt, Brasilien, **s. S.** 133
Goicoechea **s.** AD Goicoechea
Gojazan Kazach **s.** FC Gojazan Kazach
Gola United, Malawi, Klub, **s. S.** 121
Gold á Rot Wiltz **s.** FC Wiltz 71
Gold Bugs **s.** Providence Gold Bugs
Gold Coast, Stadt, Australien, **s. S.** 136
Gold Seekers **s.** Omai Gold Seekers
Goldberger SE **s.** Kelenföldi Goldberger SE
Golden Arrows **s.** Lamontville Golden Arrows
Golden Bay Earthquakes **s.** San Jose Earthquakes (I)
Golden Bay Earthquakes, Oakland, USA, Klub, entst. 1982, [1974-82 San Jose Earthquakes, 82 Umzug nach Oakland => Golden Bay Earthquakes (82-85), aufgel. 85, Umzug nach San Jose => San Jose Earthquakes], **s. S.** 123
Golden Bees FC (Golden Bees Football Club), Outjo, Namibia, Klub, **s. S.** 120
Golden Bees Football Club **s.** Golden Bees FC
Golden **s.** Sun Hei
Golden Star, Fort-de-France, Martinique, Klub, **s. S.** 127
Golden Stars **s.** East Coast's Golden Stars
Golden Stars **s.** Jigawa Golden Stars
Goldfields SC, Obuasi, Ghana, Klub, **s. S.** 117
Golf Leopards, Freetown, Sierra Leone, Klub, **s. S.** 116
Golf Olympic Rangers Mahia **s.** GOR Mahia
Golubovci, Stadt, Jugoslawien, **s. S.** 93
Goma, Stadt, Volksrepublik Kongo, **s. S.** 119
Gombak United FC (Gombak United Football Club), Gombak, Singapur, Klub, **s. S.** 107
Gombak United Football Club **s.** Gombak United FC
Gombak, Stadt, Singapur, **s. S.** 107
Gombe United, Bauchi, Nigeria, Klub, **s. S.** 117
Gombessa Sport, Mutsamudu, Komoren, Klub, **s. S.** 121
Gomel', Stadt, Weißrussland, **s. S.** 99
Gomhuriat Shibin, Shibin al Kawm, Ägypten, Klub, **s. S.** 112
Gomido Kpalimé, Kpalimé, Togo, Klub, **s. S.** 117
Gomsel'masch Gomel' **s.** FK Homel'
Gonaïves, Stadt, Haiti, **s. S.** 127
Gonder, Stadt, Äthiopien, **s. S.** 115
Gönyeli, Gönyeli/Geunyeli, Zypern, Klub, **s. S.** 95
Gönyeli, Stadt, Zypern, **s. S.** 95
González **s.** CD González
Good Luck, Fort-de-France, Martinique, Klub, **s. S.** 127
Göppingen, Stadt, Deutschland, **s. S.** 85
Göppinger SV 1895 **s.** 1. Göppinger SV 1895
GOR Mahia (Golf Olympic Rangers Mahia), Nairobi, Kenia, Klub, entst. 1968, **s. S.** 119
Gorda Rustawi **s.** FC Gorda Rustawi
Gordon Highlanders (Gordon Highlanders Regiment), Belfast, Nordirland, Klub, [aufgel. ??], **s. S.** 69
Gordon Highlanders Regiment **s.** Gordon Highlanders
Gordon Light Infantry, Calcutta, Indien, Klub, [aufgel. 19??], **s. S.** 105
Gorée **s.** US Gorée
Gori, Stadt, Georgien, **s. S.** 97
Gorin Rowno **s.** FK Weres Riwne
Goris, Stadt, Armenien, **s. S.** 97
Gorki Tuzla **s.** FK Sloboda Tuzla
Gorlowka, Stadt, Ukraine, **s. S.** 99
Gorna Oriahovitza, Stadt, Bulgarien, **s. S.** 91
Górniczy Klub Sportowy Bełchatów **s.** GKS Bełchatów
Górniczy Klub Sportowy Jastrzębie **s.** GKS Jastrzębie
Górniczy Klub Sportowy Katowice **s.** GKS Katowice
Górniczy Klub Sportowy Polonia Bydgoszcz **s.** GKS Polonia Bydgoszcz
Górniczy Klub Sportowy Ruch Radzionków **s.** GKS Ruch Radzionków
Górniczy Klub Sportowy Rybnickiego Okręgu Węglowego Rybnik **s.** GKS ROW Rybnik
Górniczy Klub Sportowy Szombierki Bytom **s.** GKS Szombierki Bytom
Górniczy Klub Sportowy Zagłębie Sosnowiec **s.** GKS Zagłębie Sosnowiec
Górniczy Klub Sportowy Zagłębie Wałbrzych **s.** GKS Zagłębie Wałbrzych
Górnik Bytom **s.** GKS Szombierki Bytom
Górnik Katowice **s.** GKS Katowice
Górnik Radlin **s.** KS Górnik Radlin
Górnik Rybnik **s.** GKS ROW Rybnik
Górnik Wałbrzych **s.** GKS Zagłębie Wałbrzych
Górnik Wałbrzych, Wałbrzych, Polen, Klub, entst. 1946, [1946-92 KS Górnik Wałbrzych, 56 Teilung => KS Górnik Wałbrzych und Górnik-Thorez Wałbrzych, 92 Fusion mit GKS Zagłębie Wałbrzych => KP Wałbrzych (92-97)], **s. S.** 89
Górnik-Thorez Wałbrzych **s.** GKS Zagłębie Wałbrzych
Górnik-Thorez Wałbrzych **s.** Górnik Wałbrzych
Gornjak Chromtau, Chromtau, Kasachstan, Klub, **s. S.** 101
Gorton Athletic **s.** Manchester City FC
Gorzów Wielkopolski, Stadt, Polen, **s. S.** 89
Gosier **s.** US Gosier
GOŠK Dubrovnik **s.** HNK Dubrovnik
GOŠK Gabela **s.** NK GOŠK Gabela
GOŠK Jug Dubrovnik **s.** HNK Dubrovnik
Gosson FC **s.** R Racing FC Montegnée
Göteborg Idrottsförening **s.** Göteborg IF
Göteborg IF (Göteborg Idrottsförening), Göteborg, Schweden, Klub, **s. S.** 72
Göteborg, Stadt, Schweden, **s. S.** 72 und 73
Göteborgs Atlet & Idrottssälskap **s.** GAIS
Gotse Deltschew Prilep **s.** FK Pobeda Prilep
Göttingen, Stadt, Deutschland, **s. S.** 85
Gottwaldov **s.** FK Zlín
Gøtu Ítróttarfelag **s.** GÍ
Gøtu, Stadt, Färöer Inseln, **s. S.** 71
Gourbeyre, Stadt, Guadeloupe, **s. S.** 127
Goycataz FC (Goycataz Futebol Clube), Campos, Brasilien, Klub, entst. 1912, **s. S.** 133
Goycataz Futebol Clube **s.** Goycataz FC
Gozo FC (Gozo Football Club), Victoria, Malta, Klub, entst. 1987, **s. S.** 81
Gozo Football Club **s.** Gozo FC
Göztepe SK (Göztepe Spor Kulübü), İzmir, Türkei, Klub, entst. 1925, [19??-?? UDV Göztepe SK], **s. S.** 96
Göztepe Spor Kulübü **s.** Göztepe SK
Graafschap **s.** VBV de Graafschap
Građanski Bugojno **s.** NK Iskra Bugojno
Građanski Hrvatski športski klub Zagreb **s.** Građanski HŠK Zagreb
Građanski HŠK Zagreb (Građanski Hrvatski športski klub Zagreb), Zagreb, Kroatien, Klub, entst. 1911, [aufgel. 1945], **s. S.** 93
Građanski Niš **s.** SK Građanski Niš
Građanski Ohrid **s.** FK Ohrid
Građanski SK Skopje **s.** SSK Pobeda Skopje
Građanski Titovo Užice **s.** FK Sloboda Užice
Građanski Zagreb **s.** NK Dinamo Zagreb
Gradina Srebrenik **s.** FK Gradina Srebrenik
Gradiška, Stadt, Bosnien und Herzegowina, **s. S.** 93
Grafica Mnetaria Bucureşti **s.** FC Naţional Bucureşti
Graficar Zagreb **s.** NK Zagreb
Grain Growers **s.** Kenya Grain Growers
Grain Tigers, Simbabwe, Klub, **s. S.** 121
Grampus Eight **s.** Nagoya Grampus Eight
Gran Canaria Las Palmas **s.** UD Las Palmas
Granada CF (Granada Club de Fútbol), Granada, Spanien, Klub, entst. 1931, [1931-40 Recreativo Granada], **s. S.** 79
Granada Club de Fútbol **s.** Granada CF
Granada, Stadt, Spanien, **s. S.** 79
Grand Bois, Stadt, Guadeloupe, **s. S.** 127
Grand Fond SC (Grand Fond Soccer Club), Grand Fond, Dominica, Klub, **s. S.** 127
Grand Fond Soccer Club **s.** Grand Fond SC
Grand Fond, Stadt, Dominica, **s. S.** 127
Grand Port United FC (Le Grand Port United Football Club), Mahébourg, Mauritius, Klub, [19??-2000 Mahébourg United], **s. S.** 121
Grand-Bassam, Stadt, Elfenbeinküste, **s. S.** 117
Grand-Goâve, Stadt, Haiti, **s. S.** 127
Grane Nordstrand, Oslo, Norwegen, Klub, entst. 1893, [aufgel. 1904], **s. S.** 71
Granit Kazanlăk **s.** FK Rozova Dolina Kazanlăk
Granitas Klaipeda **s.** FK Atlantas Klaipeda
Granjeros, Havanna (La Habana), Kuba, Klub, **s. S.** 126
Granma, Bayamo, Kuba, Klub, **s. S.** 126
Graphia Schwechat **s.** SV Schwechat
Grasläufer Schaffhausen **s.** FC Schaffhausen
Graslitz, Stadt, Tschechische Republik, **s. S.** 84
Grasshopper-Club Zürich, Zürich, Schweiz, Klub, entst. 1886, **s. S.** 82
Grau **s.** Atlético Grau
Graz, Stadt, Österreich, **s. S.** 83
Grazer AK **s.** Liebherr GAK
Grazer SC **s.** 1. Grazer SC
Greåker Idrettsforening **s.** Greåker IF
Greåker IF (Greåker Idrettsforening), Sarpsborg, Norwegen, Klub, entst. 1919, **s. S.** 71
Great Lions **s.** Boye Sowahs Zebi
Great Olympics, Accra, Ghana, Klub, entst. 1954, **s. S.** 117
Green Berets, Thika, Kenia, Klub, **s. S.** 119
Green Buffaloes, Lusaka, Sambia, Klub, [19??-74 Zambia Army], **s. S.** 119
Green Cross **s.** CD Green Cross
Green Cross **s.** Deportes Temuco
Green Cross, Santiago, Chile, Klub, [aufgel. 1986, Umzug nach Temuco => Deportes Temuco], **s. S.** 135
Green Gully, Melbourne, Australien, Klub, **s. S.** 136
Green Mamba, Big Bend, Swasiland, Klub, **s. S.** 120
Green Valley, Uganda, Klub, **s. S.** 119
Greenock Morton FC (Greenock Morton Football Club), Greenock, Schottland, Klub, entst. 1874, **s. S.** 69
Greenock Morton Football Club **s.** Greenock Morton FC
Greenock, Stadt, Schottland, **s. S.** 69
Greens **s.** Balochistan Greens
Greens **s.** NWFP Greens
Greens **s.** Punjab Greens
Greens **s.** Sindh Greens
Grêmio Atlético Farroupilha **s.** GA Farroupilha
Grêmio Atlético Sampaio **s.** GA Sampaio
Grêmio de Esportes Maringá **s.** Grêmio Maringá
Grêmio de Football Santanense **s.** Grêmio Santanense
Grêmio Esportivo Bagé **s.** GE Bagé
Grêmio Esportivo Brasil **s.** GE Brasil
Grêmio Esportivo Brasiliense **s.** GE Brasiliense
Grêmio Esportivo Olímpico **s.** GE Olímpico
Grêmio Esportivo Serra **s.** GE Serra
Grêmio Foot-ball Portoalegrense **s.** Grêmio Portoalegrense
Grêmio Maringá (Grêmio de Esportes Maringá), Maringá, Brasilien, Klub, entst. 1961, **s. S.** 133
Grêmio Portoalegrense (Grêmio Foot-ball Portoalegrense), Porto Alegre, Brasilien, Klub, entst. 1903, **s. S.** 133
Grêmio Santanense (Grêmio de Football Santanense), Santana do Livramento, Brasilien, Klub, entst. 1913, **s. S.** 133
Grêmio Tiradentes **s.** Flamengo Tiradentes
Grenada, Länder, **s. S.** 126 und 127
Grenchen, Stadt, Schweiz, **s. S.** 82
Grenoble Foot 38, Grenoble, Frankreich, Klub, entst. 1917, [1917-77 FC Grenoble, 77-85 FC AS Grenoble, 85-90 FC Grenoble-Dauphiné, 90 aufgel. und wiedergegr., 90-93 FC Grenoble-Isère, 93-97 Olympique Grenoble-Isère, 97 aufgel. und wiedergegr.], **s. S.** 77
Grenoble, Stadt, Frankreich, **s. S.** 77
Grenville, Stadt, Grenada, **s. S.** 127
Gresik, Stadt, Indonesien, **s. S.** 107
Gresik, Stadt, Indonesien, **s. S.** 107
Greuther Fürth **s.** SpVgg. Greuther Fürth
Grevenmacher, Stadt, Luxemburg, **s. S.** 75
Griechenland, Länder, **s. S.** 94 und 95
Griga Tropical, Dangriga, Belize, Klub, [19??-99 Dangriga Jaguars, 1999-2000 Grigamandala], **s. S.** 125
Grigamandala **s.** Griga Tropical
Grimsby Pelham FC **s.** Grimsby Town FC
Grimsby Town FC (Grimsby Town Football Club), Grimsby, England, Klub, entst. 1878, [1878-97 Grimsby Pelham FC], **s. S.** 67
Grimsby Town Football Club **s.** Grimsby Town FC
Grimsby, Stadt, England, **s. S.** 67
Grinaker Pubs **s.** Rangers FC
Grinaker Rangers **s.** Rangers FC
Grindavík, Stadt, Island, **s. S.** 71
Groclin Dyskobolia Grodzisk-Wielkopolski **s.** KS Groclin Dyskobolia Grodzisk-Wielkopolski
Grodno, Stadt, Weißrussland, **s. S.** 99
Grodzisk-Wielkopolski, Stadt, Polen, **s. S.** 89
Grombalia Sports, Grombalia, Tunesien, Klub, **s. S.** 113
Grombalia, Stadt, Tunesien, **s. S.** 113
Groningen, Stadt, Niederlande, **s. S.** 75
Groninger Voetbal Vereniging Velocitas **s.** Velocitas
Grönland, Länder, **s. S.** 122 und 123
Grønlands Seminarius Sportklub **s.** GSS
Grootfontein, Stadt, Namibia, **s. S.** 120
Gros Islet, Stadt, St. Lucia, **s. S.** 127
Groß Viktoria Wien **s.** Floridsdorfer AC
Groß-Born, Stadt, Polen, **s. S.** 84
Groß-Florisdorfer FK Admira **s.** ESV Admira-NÖ Energie
Groß-Hamburg **s.** LSV Groß-Hamburg
Grosvenor Wrexham **s.** Wrexham AFC
Grove Place, Stadt, Amerikanische Jungferninseln, **s. S.** 126
Grube Marga **s.** FSV GA Brieske-Senftenberg
Grudziądz, Stadt, Polen, **s. S.** 89
Grün-Weiß Leipzig **s.** FC Sachsen Leipzig 1990
Grün-Weiß Leipzig **s.** FSV Böhlen
Grupo Companhia Têxtil Punguè **s.** Têxtil Punguè
Grupo Deportivo Lage **s.** GD Lage
Grupo Desportes Estrela Vermelha **s.** Estrela Vermelha
Grupo Desportivo Artilheiros **s.** GD Artilheiros
Grupo Desportivo de Chaves **s.** GD Chaves
Grupo Desportivo de Maputo **s.** Desportivo Maputo
Grupo Desportivo Estoril-Praia **s.** GD Estoril-Praia
Grupo Desportivo Lam Pak **s.** GD Lam Pak
Grupo Desportivo Os Operários **s.** GD Os Operários
Grupo Desportivo Quimigal **s.** GD Quimigal
Grupo Desportivo Riopele **s.** GD Riopele
Grupo Desportivo Têxtáfrica **s.** Têxtáfrica
Grupo do Remo **s.** Remo
Gruppo del Calcio Mantova **s.** AC Mantova
Gruppo Desportivo Atlético Sport Aviação **s.** AS Aviação
Gruppo Desportivo Sagrada Esperança **s.** Sagrada Esperança
Gruppo Sportivo Incredit **s.** Foggia Calcio
GS Azelio Landi Empoli **s.** Empoli FC
GS Dramas Doxa (Gymnastikos Syllogos Dramas Doxa), Drama, Griechenland, Klub, entst. 1918, **s. S.** 95
GS Iraklis Thessaloníki (Gymnastikos Syllogos Iraklis Thessaloniki), Thessaloniki, Griechenland, Klub, entst. 1908, **s. S.** 95
GS Kalamata **s.** PAE GS Kalamata
GS Niki Volos (Gymnastikos Syllogos Niki Volos), Volos, Griechenland, Klub, entst. 1924, **s. S.** 95
GSS (Grønlands Seminarius Sportklub), Nuuk/Godthåb, Grönland, Klub, **s. S.** 123
GSS Keravnos Strovolos, Nicosia/Lefkosia, Zypern, Klub, entst. 1926, **s. S.** 95
Guabirá (Club Guabirá), Santa Cruz de la Sierra, Bolivien, Klub, entst. 1962, **s. S.** 131
Guabo, Stadt, Ecuador, **s. S.** 130
Guadalajara, Stadt, Mexiko, **s. S.** 125
Guadalcanal, Honiara, Salomonen, Klub, **s. S.** 137
Guadalupe, Stadt, Peru, **s. S.** 130
Guadeloupe, Länder, **s. S.** 126 und 127
Guadelupe, Stadt, São Tomé und Príncipe, **s. S.** 117
Guajará EC, Guajará-Mirim, Brasilien, Klub, entst. 1952, **s. S.** 132
Guajará-Mirim, Stadt, Brasilien, **s. S.** 132
Guam Tritons **s.** University of Guam Tritons
Guam, Länder, **s. S.** 136 und 137
Guanabara **s.** AA Guanabara
Guanacasteca **s.** AD Guanacasteca
Guanaré, Stadt, Venezuela, **s. S.** 128
Guangdong Hongyuan, Kanton (Guangzhou), China, Klub, [19??-?? Guangdong], **s. S.** 109
Guangzhou Apollo **s.** Guangzhou Jili Cars
Guangzhou B **s.** Guangzhou Songri
Guangzhou Jili Cars, Kanton (Guangzhou), China, Klub, entst. 1993, [1993-9? Taiyansheng, 199?-2001 Guangzhou Apollo], **s. S.** 109
Guangzhou Panasonic **s.** Guangzhou Songri
Guangzhou Songri, Kanton (Guangzhou), China, Klub, entst. 1993, [1993-94 Guangzhou Panasonic, 94-95 Guangzhou B], **s. S.** 109
Guangzhou, Stadt, China, **s. S.** 109
Guantánamo, Stadt, Kuba, **s. S.** 126
Guápiles, Stadt, Costa Rica, **s. S.** 125
Guará, Stadt, Brasilien, **s. S.** 133
Guaraní (Club Guaraní), Asunción, Paraguay, Klub, entst. 1903, [1914-?? Guaraní FC], **s. S.** 135
Guaraní (Club Guaraní), Coronel Oviedo, Paraguay, Klub, **s. S.** 135
Guaraní Antonio Franco **s.** CD Guaraní Antonio Franco
Guarani FC (Guarani Futebol Clube), Campinas, Brasilien, Klub, entst. 1911, **s. S.** 133
Guaraní FC **s.** Guaraní
Guarani Futebol Clube **s.** Guarani FC
Guarany AC (Guarany Atlético Clube), Macapá, Brasilien, Klub, **s. S.** 133
Guarany Atlético Clube **s.** Guarany AC
Guarany FC (Guarany Futebol Clube), Bagé/Bajé, Brasilien, Klub, entst. 1907, **s. S.** 133
Guarany Futebol Clube **s.** Guarany FC
Guarany **s.** AD Guarany
Guarapari EC (Guarapari Esporte Clube), Guarapari, Brasilien, Klub, entst. 1936, **s. S.** 133
Guarapari Esporte Clube **s.** Guarapari EC
Guarapari, Stadt, Brasilien, **s. S.** 133
Guardia Republicana (Circulo Sportivo Guardia Republicana), Lima, Peru, Klub, entst. 1950, [1950-81 Deportivo Perricholi], **s. S.** 130
Guatemala City, Stadt, Guatemala, **s. S.** 125
Guatemala FC (Guatemala Fútbol Club), Ciudad de Guatemala/Guatemala City, Guatemala, Klub, [aufgel. 19??], **s. S.** 125
Guatemala Fútbol Club **s.** Guatemala FC
Guatemala, Länder, **s. S.** 124 und 125
Guayacanes, Guayanilla, Puerto Rico, Klub, **s. S.** 127
Guayama, Stadt, Puerto Rico, **s. S.** 127
Guayanilla, Stadt, Puerto Rico, **s. S.** 127
Guayaquil Sport, Guayaquil, Ecuador, Klub, **s. S.** 131
Guayaquil, Stadt, Ecuador, **s. S.** 130 und 131
Guaynabo, Stadt, Puerto Rico, **s. S.** 127
Guazapa, Stadt, El Salvador, **s. S.** 125
Guecho, Stadt, Spanien, **s. S.** 79
Guéckédou, Stadt, Guinea, **s. S.** 117
Guelma, Stadt, Algerien, **s. S.** 113
Gueugnon, Stadt, Frankreich, **s. S.** 77
Gueugnonnais **s.** FC Gueugnonnais
Guider, Stadt, Kamerun, **s. S.** 117
Guimarães, Stadt, Portugal, **s. S.** 79
Guinea Grass, Stadt, Belize, **s. S.** 125
Guinea, Länder, **s. S.** 116 und 117
Guinea-Bissau, Länder, **s. S.** 116 und 117
Guingamp, Stadt, Frankreich, **s. S.** 77
Guinness Police FC (Guinness Police Football Club), Port of Spain, Trinidad und Tobago, Klub, [19??-?? Police FC], **s. S.** 129
Guinness Police Football Club **s.** Guinness Police FC
Guiyang, Stadt, China, **s. S.** 109
Gujranwala, Stadt, Pakistan, **s. S.** 105
Gulistan, Stadt, Usbekistan, **s. S.** 100
Gully **s.** Green Gully
Gultscha, Stadt, Kirgisien, **s. S.** 100
Gulu United, Gulu, Uganda, Klub, **s. S.** 119
Gulu, Stadt, Uganda, **s. S.** 119
Gumárna 1. máje Púchov **s.** ŠK Matador Púchov
Guna Trading FC (Guna Trading Football Club), Mekele, Äthiopien, Klub, **s. S.** 115
Guna Trading Football Club **s.** Guna Trading FC
Gunners CS **s.** Extension Gunners CS
Guoan **s.** Beijing Guoan
Gurdschaani, Stadt, Georgien, **s. S.** 97
Guria Lantschchuti **s.** FC Guria Lantschchuti
Guria, Lae, Papua-Neuguinea, Klub, **s. S.** 136
Gurupi EC (Gurupi Esporte Clube), Gurupi, Brasilien, Klub, entst. 1988, **s. S.** 133
Gurupi Esporte Clube **s.** Gurupi EC
Gurupi, Stadt, Brasilien, **s. S.** 133
Gut Belbis, Belbis/Bilbays, Ägypten, Klub, **s. S.** 112
GUTP-DSO Udarnik Sofija **s.** FK Slavija Sofija
Guyana, Länder, **s. S.** 128 und 129
Güzelyurt, Stadt, Zypern, **s. S.** 95
GVAV **s.** FC Groningen
Gwanda, Stadt, Simbabwe, **s. S.** 121
Gwardia Bydgoszcz **s.** GKS Polonia Bydgoszcz
Gwardia Kraków **s.** TS Wisła Kraków
Gwardia Szczecin **s.** KS Arkonia Szczecin
Gwardia Warszawa **s.** KS Gwardia Warszawa
Gwardyjski Klub Sportowy Olimpia-Bolplast Poznań **s.** GKS Olimpia-Bolplast Poznań
Gweru United, Gweru, Simbabwe, Klub, **s. S.** 121
Gweru, Stadt, Simbabwe, **s. S.** 121
Gymnaste Club Nice **s.** OGC Nice
Gymnastik och Idrottsförening Sundsvall **s.** GIF Sundsvall
Gymnastikos Syllogos Dramas Doxa **s.** GS Dramas Doxa
Gymnastikos Syllogos Iraklis Thessaloniki **s.** GS Iraklis Thessaloniki
Gymnastikos Syllogos Niki Volos **s.** GS Niki Volos
Győr, Stadt, Ungarn, **s. S.** 89
Győri Egyetértés Torna Osztálya Football Club **s.** Győri ETO FC
Győri ETO FC (Győri Egyetértés Torna Osztálya Footbal Club), Győr, Ungarn, Klub, entst. 1904, [1904-49 Győri Vagongyár ETO, 49-50 Győr, 50-52 Győri Vasas SC ETO, 52 Győri Vasas, 53 Vasas SE Győr, 54-57 Wilhelm Pick Vasas ETO SK, 57 Magyar Wilhelm Pick Vagon- és Gépgyár ETO, 57-65 Győri Vasas ETO, 65-85 Rába ETO, 85-92 Győri ETO FC, 92-94 Rába ETO FC, 94 ETO FC Győr], **s. S.** 89
Győri Vagongyár ETO **s.** Győri ETO FC
Győri Vasas ETO **s.** Győri ETO FC
Győri Vasas **s.** Győri ETO FC
Győri Vasas SC ETO **s.** Győri ETO FC
Gzira United FC (Gzira United Football Club), Gzira, Malta, Klub, entst. 1946, **s. S.** 81
Gzira United Football Club **s.** Gzira United FC
Gzira, Stadt, Malta, **s. S.** 81
HA Nador (Hilal Athletic Nador), Nador/Nadur, Marokko, Klub, **s. S.** 113
Ha Nôi, Stadt, Vietnam, **s. S.** 107
Haagse Voetbal Vereniging Quick Dass **s.** Quick
Haagse Voetbal Vereniging **s.** HVV
Haarlem Football Club **s.** HFC
Haarlem, Stadt, Niederlande, **s. S.** 75
Haarlemsche FC **s.** FC Haarlem
Haben, Asmara, Eritrea, Klub, **s. S.** 115
Habib Bank Limited **s.** HBL
Habour Board, Auckland, Neuseeland, Klub, **s. S.** 137
HAC Humenné **s.** HFC Humenné
Hacettepe SK (Hacettepe Spor Kulübü), Ankara, Türkei, Klub, entst. 1945, **s. S.** 96
Hacettepe Spor Kulübü **s.** Hacettepe SK
Hachioji, Stadt, Japan, **s. S.** 111
Häcken **s.** BK Häcken
Hackney, Mhangura, Simbabwe, Klub, **s. S.** 121
Hackoah Cernăuţi **s.** CS Hackoah Cernăuţi
HAD Bačka (Hrvatsko atletičko društvo Bačka), Subotica, Jugoslawien, Klub, entst. 1901, [aufgel. 1946], **s. S.** 93
Hadera, Stadt, Israel, **s. S.** 94
Haderslev FK **s.** HFK Sønderjylland
Haderslev Fotboldklub Sønderjylland **s.** HFK Sønderjylland
Haderslev, Stadt, Dänemark, **s. S.** 71
Hadjout, Stadt, Algerien, **s. S.** 113
Hadschi Dimitar Sliven **s.** FK Sliven
Hadžići, Stadt, Bosnien und Herzegowina, **s. S.** 93
Hael, Stadt, Saudi-Arabien, **s. S.** 102
Hafia FC (Hafia Football Club), Conakry, Guinea, Klub, **s. S.** 117
Hafia Football Club **s.** Hafia FC
Hafnarfjörður, Stadt, Island, **s. S.** 71
Hagen, Stadt, Deutschland, **s. S.** 84
Hai Phong, Stadt, Vietnam, **s. S.** 107
Hai Quan, Than Po Hô Chi Minh/Saigon, Vietnam, Klub, **s. S.** 107
Hai-al Arab, Bur Sudan/Port Sudan, Sudan, Klub, **s. S.** 115
Haidbrunn-Wacker Wiener Neustadt **s.** Reichsbahn Wacker Wiener Neustadt
Haiduc-Sporting-USM **s.** FC Haiduc-Sporting-USM
Haifa, Baghdad, Irak, Klub, **s. S.** 103
Haifa, Stadt, Israel, **s. S.** 94
HAIL **s.** Hamarkameratene
Haiphong, Stadt, Vietnam, **s. S.** 107
Haishi **s.** Shenyang Jinde
Haiti, Länder, **s. S.** 126 und 127
Haitian Stars, Amerikanische Jungferninseln, Klub, **s. S.** 126
Haïtien **s.** RC Haïtien
Hajduk Beograd **s.** FK Hajduk Beograd
Hajduk Kula **s.** FK Hajduk Kula
Hajduk Sarajevo **s.** NK Željezničar Sarajevo
Hajduk Split **s.** HNK Hajduk Split
Hajduks FC **s.** Mqabba Hajduks FC
Hajr **s.** al-Hajr
Haka **s.** FC Haka
Hakati Sport, Nairobi, Kenia, Klub, **s. S.** 119
Hakoah All Stars **s.** Brooklyn Hakoah
Hakoah All-Stars, New York, USA, Klub, entst. 1929, [entst. 1929 durch Fusion Brooklyn Hakoah und New York Hakoah], **s. S.** 122
Hakoah Maccabi Ramat-Gan **s.** Hakoah Tel Aviv
Hakoah Maccabi Ramat-Gan, Tel Aviv-Yafo, Israel, Klub, entst. 1963, [entst. 1963 durch Fusion Hakoah Tel Aviv und Maccabi Ramat-Gan], **s. S.** 94
Hakoah **s.** Sydney City Hakoah
Hakoah Tel Aviv **s.** Hakoah Maccabi Ramat-Gan
Hakoah Tel Aviv, Tel Aviv-Yafo, Israel, Klub, [aufgel. 1963 durch Fusion mit Maccabi Ramat-Gan => Hakoah Maccabi Ramat-Gan], **s. S.** 94
Hakoah Wien **s.** FC Hakoah Wien
Hala **s.** al-Hala
Halab, Stadt, Syrien, **s. S.** 102
Haladás **s.** SZEOL
Haladás Szombathely SE **s.** Haladás-Milos VFC
Haladás VFC **s.** Haladás-Milos VFC
Haladás VSE **s.** Haladás-Milos VFC
Haladás-Milos Vasutas Futball Club **s.** Haladás-Milos VFC
Haladás-Milos VFC (Haladás-Milos Vasutas Futball Club), Szombathely, Ungarn, Klub, entst. 1919, [1919-26 Szombathelyi Haladás VSE, 26-36 Szombathelyi MAV, 36-44 Szombathelyi Haladás VSE, 44-48 Haladás Szombathely SE, 48-49 Szombathelyi VSE, 49-54 Szombathelyi Lokomotív SE, 55-56 Szombathelyi Törekvés SE, 57-70 Szombathelyi Haladás VSE, 70-90 Haladás VSE, 95-97 Haladás VFC], **s. S.** 89
Halal al-Ahli **s.** al-Ittihad
Halden, Stadt, Norwegen, **s. S.** 71
Halifax, Stadt, Kanada, **s. S.** 123
Halkanor Idaliou, Dali/Dhali, Zypern, Klub, **s. S.** 95
Halkida, Stadt, Griechenland, **s. S.** 95
Halle, Stadt, Deutschland, **s. S.** 85
Hallelujah Strikers SC (Hallelujah Strikers Sport Club), Britische Jungferninseln, Klub, [19??-97 LSL Strikers], **s. S.** 126
Hallelujah Strikers Sport Club **s.** Hallelujah Strikers SC
Hallelujah, Soul/Seoul, Südkorea, Klub, **s. S.** 110
Hallescher FC (Hallescher Fußball-Club), Halle, Deutschland, Klub, entst. 1900, [1900-45 Hallescher FC Wacker, 45 aufgel. und wiedergegr., 45-48 SG Halle-Glaucha, 48-49 SG Freiimfelde Halle, 49 aufgel. und wiedergegr., 49-50 ZSG Union Halle, 50-54 BSG Turbine Halle, 54-58 SC Chemie Halle-Leuna, 58-66 SC Chemie Halle, 66-91 Hallescher FC Chemie], **s. S.** 85
Hallescher FC Chemie **s.** Hallescher FC
Hallescher FC Wacker **s.** Hallescher FC
Hallescher Fußball-Club **s.** Hallescher FC
Halls Dynamos **s.** Dynamos
Hallstahammar, Stadt, Schweden, **s. S.** 73
Hallstahammars SK (Hallstahammars Sportsklubb), Hallstahammar, Schweden, Klub, entst. 1906, **s. S.** 73
Hallstahammars Sportsklubb **s.** Hallstahammars SK
Halmia **s.** IS Halmia
Halmstad, Stadt, Schweden, **s. S.** 73
Halmstads BK (Halmstads Bollklubb), Halmstad, Schweden, Klub, entst. 1914, **s. S.** 73
Halmstads Bollklubb **s.** Halmstads BK
Hamadan, Stadt, Iran, **s. S.** 103
Hamah, Stadt, Syrien, **s. S.** 102
Hamamatsu, Stadt, Japan, **s. S.** 111

Hamar, Stadt, Norwegen, **s.** **S.** 71
Hamarkameratene, Hamar, Norwegen, Klub, entst. 1918, [1918-27 Freidig Hamar, 27-46 BFL, 46 Fusion mit HAIL => Hamarkameratene], **s. S.** 71
Hamassien **s.** SC Asmara
Hamborn, Stadt, Deutschland, **s. S.** 84
Hamburg, Stadt, Deutschland, **s. S.** 85
Hamburger FC 1888 **s.** Hamburger SV
Hamburger FC **s.** SC Germania 1887 Hamburg
Hamburger Sport-Verein **s.** Hamburger SV
Hamburger SV (Hamburger Sport-Verein), Hamburg, Deutschland, Klub, entst. 1887, [1887-1914 Hamburger FC 1888, 14-19 Hamburger SV, 19 Fusion mit FC Falke 1906 Hamburg, 19 Fusion mit SC Germania 1887 Hamburg => Hamburger SV], **s. S.** 85
Hamburger SV **s.** SC Germania 1887 Hamburg
Hamburg-St. Pauli TV **s.** FC St. Pauli 1910
Hamilton Academical FC (Hamilton Academical Football Club), Hamilton, Schottland, Klub, entst. 1874, [1874-1965 Academicals FAC], **s. S.** 69
Hamilton Academical Football Club **s.** Hamilton Academical FC
Hamilton Parish (Hamilton Parish Wormen's Club), Hamilton, Bermudas, Klub, **s. S.** 123
Hamilton Parish Wormen's Club **s.** Hamilton Parish
Hamilton **s.** Waitako United
Hamilton Steelers (I), Hamilton, Kanada, Klub, entst. 1983, [aufgel. 1983], **s. S.** 122
Hamilton Steelers (II), Hamilton, Kanada, Klub, entst. 1987, [aufgel. 1994], **s. S.** 122
Hamilton Wanderers **s.** Technical Old Boys
Hamilton Wanderers **s.** Waitako United
Hamilton, Hamilton, Neuseeland, Klub, [aufgel. 1992 durch Fusion mit Technical Old Boys], **s. S.** 137
Hamilton, Stadt, Bermudas, **s. S.** 123
Hamilton, Stadt, Kanada, **s. S.** 122
Hamilton, Stadt, Neuseeland, **s. S.** 137
Hamilton, Stadt, Schottland, **s. S.** 69
Hamm, Stadt, Deutschland, **s. S.** 85
Hammamet, Stadt, Tunesien, **s. S.** 113
Hammam-Lif **s.** CS Hammam-Lif
Hammarby Idrottsförening **s.** Hammarby IF
Hammarby IF (Hammarby Idrottsförening), Stockholm, Schweden, Klub, entst. 1897, **s. S.** 72
HAMR Annaba **s.** USM Annaba
Hamrun Lions FC **s.** Hamrun Spartans FC
Hamrun Spartans FC (Hamrun Spartans Football Club), Hamrun, Malta, Klub, entst. 1910, [1910-18 Hamrun Spartans FC, 18-19 Hamrun United FC, 19-21 Hamrun Spartans FC, 21-22 Hamrun Lions FC], **s. S.** 81
Hamrun Spartans Football Club **s.** Hamrun Spartans FC
Hamrun United FC **s.** Hamrun Spartans FC
Hamrun, Stadt, Malta, **s. S.** 81
Han Omurtag Schumen **s.** FK Schumen
Hanau, Stadt, Deutschland, **s. S.** 85
Hanauer FC 93 **s.** 1. Hanauer FC 93
Handan, Stadt, China, **s. S.** 109
Hangö Idrottsklubb **s.** HIK
Hangö, Stadt, Finnland, **s. S.** 73
Hangzhou, Stadt, China, **s. S.** 109
Hania, Stadt, Griechenland, **s. S.** 95
Hanil Bank, Soul/Seoul, Südkorea, Klub, [aufgel. 198?], **s. S.** 110
Hanko, Stadt, Finnland, **s. S.** 73
Hannover, Stadt, Deutschland, **s. S.** 85
Hannovera 98 **s.** Hannoverscher SV 96
Hannoverscher FC 96 **s.** Hannoverscher SV 96
Hannoverscher Sportverein von 1896 **s.** Hannoverscher SV 96
Hannoverscher SV 96 (Hannoverscher Sportverein von 1896), Hannover, Deutschland, Klub, entst. 1896, [1896-1913 Hannoverscher FC 96, 13 Fusion mit BV Hannovera 98 => Hannoverscher SV 96], **s. S.** 85
Hansa Rostock **s.** FC Hansa Rostock
Hans-Wendler Stendal **s.** FSV Lokomotive Altmark Stendal
Han-Tengri Kant **s.** Kant-Oil Kant
Hap Kuan, Macau, Klub, **s. S.** 109
Hapoel Akko, Akko, Israel, Klub, **s. S.** 94
Hapoel Ashdod **s.** Ashdod SC
Hapoel Ashkelon, Ashkelon, Israel, Klub, entst. 1949, **s. S.** 94
Hapoel Balfouria, Balfouria, Israel, Klub, [aufgel. 19??], **s. S.** 94
Hapoel Beersheba, Beersheba, Israel, Klub, entst. 1949, **s. S.** 94
Hapoel Beit She'an, Beit She'an, Israel, Klub, entst. 1958, **s. S.** 94
Hapoel Hadera, Hadera, Israel, Klub, **s. S.** 94
Hapoel Haifa, Haifa, Israel, Klub, entst. 1930, **s. S.** 94
Hapoel Ironi Rishon Lezion, Rishon Lezion, Israel, Klub, entst. 1940, **s. S.** 94
Hapoel Jerusalem, Jerusalem, Israel, Klub, entst. 1927, **s. S.** 94
Hapoel Kfar-Saba, Kfar-Saba, Israel, Klub, entst. 1936, **s. S.** 94
Hapoel Lod, Lod, Israel, Klub, entst. 1950, **s. S.** 94
Hapoel Mahane-Yehuda, Tel Aviv-Yafo, Israel, Klub, **s. S.** 94
Hapoel Marmorek, Marmorek, Israel, Klub, **s. S.** 94
Hapoel Petah-Tikva, Tel Aviv-Yafo, Israel, Klub, entst. 1950, **s. S.** 94
Hapoel Ramat-Gan, Tel Aviv-Yafo, Israel, Klub, entst. 1938, **s. S.** 94
Hapoel Taibe, Taibe, Israel, Klub, entst. 1963, **s. S.** 94
Hapoel Tel Aviv, Tel Aviv-Yafo, Israel, Klub, entst. 1927, **s. S.** 94
Hapoel Tiberias, Tiberias, Israel, Klub, entst. 1963, **s. S.** 94
Hapoel Yehud, Tel Aviv-Yafo, Israel, Klub, **s. S.** 94
Hapoel Zafririm Holon, Tel Aviv-Yafo, Israel, Klub, entst. 1972, **s. S.** 94
Happy End Camenca **s.** FC Happy End Camenca
Happy Hill, Stadt, Grenada, **s. S.** 127
Happy Stars **s.** Gege Happy Stars
Happy Valley, Hongkong, Klub, **s. S.** 109
Ha-Rabali, Stadt, Südafrika, **s. S.** 121
Harakat al-Shabab, Trablous/Tripoli, Libanon, Klub, **s. S.** 102
Harar City, Harar, Äthiopien, Klub, **s. S.** 115
Harar, Stadt, Äthiopien, **s. S.** 115
Harare, Stadt, Simbabwe, **s. S.** 121
Harbin, Jilin und Shenyang, Stadt, China, **s. S.** 109
Harbour City **s.** GHAPOHA Readers
Harbour FC **s.** English Harbour FC
Harbour View FC (Harbour View Football Club), Harbour View, Jamaika, Klub, **s. S.** 126
Harbour View Football Club **s.** Harbour View FC
Harbour View, Stadt, Jamaika, **s. S.** 126
Hard Rock, Grenada, Klub, **s. S.** 127
Hardware Stars, Blantyre, Malawi, Klub, **s. S.** 121
Hardy **s.** SK Hardy
Harelbeke, Stadt, Belgien, **s. S.** 75
Harlem Bombers **s.** DCP Harlem Bombers
Harlequins, Singapur, Klub, **s. S.** 107
Harrison SC (Harrison Soccer Club), New York, USA, Klub, entst. 1921, [19??-21 Kearny Erie AA, ?? aufgel.], **s. S.** 122
Harrison Soccer Club **s.** Harrison SC
Hartford Americans, Hartford, USA, Klub, entst. 1927, [aufgel. 19??], **s. S.** 122
Hartford Bicentennials **s.** Connecticut Bicentennials
Hartford Bicentennials **s.** Edmonton Drillers
Hartford Bicentennials **s.** Oakland Stompers
Hartford, Stadt, USA, **s. S.** 122
Hartha, Stadt, Deutschland, **s. S.** 85
Hasaacas, Sekondi, Ghana, Klub, entst. 1929, **s. S.** 117
Hasahisa, Stadt, Sudan, **s. S.** 115
Hasaka, Stadt, Syrien, **s. S.** 102
HAŠK Građanski Zagreb **s.** NK Dinamo Zagreb
HAŠK Zagreb (Hrvatski akademski športski klub Zagreb), Zagreb, Kroatien, Klub, entst. 1923, [aufgel. 1945], **s. S.** 93
Haskovo, Stadt, Bulgarien, **s. S.** 91
Haslev, Haslev, Dänemark, Klub, **s. S.** 71
Haslev, Stadt, Dänemark, **s. S.** 71
Hasmonai **s.** Maccabi Hasmonai
Hasmonea Lemberg **s.** ŻKS Hasmonea Lwów
Hasmonea Lwów **s.** ŻKS Hasmonea Lwów
Hassan, Zinjibar, Jemen, Klub, **s. S.** 103
Hassania Agadir **s.** US Hassania Agadir
Hasselt, Stadt, Belgien, **s. S.** 75
Hasseltse VV **s.** KSC Hasselt
Hassia Cassel **s.** Kasseler SV Hessen
Hat Yai, Stadt, Thailand, **s. S.** 106
Hatney Bacardi Club, Port-au-Prince, Haiti, Klub, **s. S.** 127
Hato Rey, Stadt, Puerto Rico, **s. S.** 127
Hatuey **s.** CD Hatuey
Haugar **s.** SK Djerv
Haugar **s.** SK Haugar
Haugesund FK **s.** SK Djerv
Haugesund FK **s.** SK Haugar
Haugesund, Stadt, Norwegen, **s. S.** 71
Haukar (Knattspyrnufélagið Haukar), Hafnarfjörður, Island, Klub, entst. 1931, [1931-35 Haukar, aufgel. 35 Fusion mit FH => ÍBH, 61 Aufl. der Fusion und Zurückbenennung], **s. S.** 71
Haukar **s.** FH
Haukar **s.** ÍBH
Hautcharage, Stadt, Luxemburg, **s. S.** 74
Havanna, Stadt, Kuba, **s. S.** 126
Haverfordwest Athletic **s.** Haverfordwest County AFC
Haverfordwest County AFC (Haverfordwest County Association Football Club), Haverfordwest, Wales, Klub, entst. 1899, [1899-1901 Haverfordwest FC, 01-36 Haverfordwest Town, 36-56 Haverfordwest Athletic], **s. S.** 67
Haverfordwest County Association Football Club **s.** Haverfordwest County AFC
Haverfordwest FC **s.** Haverfordwest County AFC
Haverfordwest Town **s.** Haverfordwest County AFC
Haverfordwest, Stadt, Wales, **s. S.** 67
Havířov, Stadt, Tschechische Republik, **s. S.** 86
Havnar Bóltfelag **s.** HB
Hawks FC **s.** Banjul Hawks FC
Hawks **s.** Air Force Hawks
Hayes **s.** Presidente Hayes
Haynesville United, Haynesville, Barbados, Klub, **s. S.** 127
Haynesville, Stadt, Barbados, **s. S.** 127
Hazard United, May Pen, Jamaika, Klub, **s. S.** 126
Hazards **s.** Jam Rocks SC I
HB (Havnar Bóltfelag), Tórshavn, Färöer Inseln, Klub, entst. 1904, **s. S.** 71
HBA Panthers, Britische Jungferninseln, Klub, **s. S.** 126
HBL (Habib Bank Limited), Karachi, Pakistan, Klub, **s. S.** 105
HBS (Houdt Braef Stant), Den Haag/'s-Gravenhage, Niederlande, Klub, entst. 1893, **s. S.** 75
Headington FC **s.** Oxford United FC
Headington United FC **s.** Oxford United FC
Health Team **s.** Ministry of Health Team
Health, Entebbe, Uganda, Klub, **s. S.** 119
Heart of Midlothian FC (Heart of Midlothian Football Club), Edinburgh, Schottland, Klub, entst. 1874, [1874-?? White Stars], **s. S.** 69
Heart of Midlothian Football Club **s.** Heart of Midlothian FC
Hearts of Oak SC (Hearts of Oak Sporting Club), Accra, Ghana, Klub, entst. 1911, **s. S.** 117
Hearts of Oak Sporting Club **s.** Hearts of Oak SC
Hearts **s.** Northern Hearts
Hebăr 1920 Pazardschik **s.** FK Hebăr 1920 Pazardschik
Hebăr Pazardschik **s.** FK Hebăr 1920 Pazardschik
HEC **s.** RKC Waalwijk
Heemstede, Stadt, Niederlande, **s. S.** 75
Heerenveen, Stadt, Niederlande, **s. S.** 75
Heeres Sport-Verein Groß-Born **s.** HSV Groß-Born
Heeressportverein Unteroffiziersschule Marienwerder **s.** HUS Marienwerder
Heerlen, Stadt, Niederlande, **s. S.** 75
Hefei, Stadt, China, **s. S.** 109
Heidelberg United SC (Heidelberg United Soccer Club), Melbourne, Australien, Klub, entst. 1958, [19??-?? Alexander Melbourne, ??-7? Fitzroy United], **s. S.** 136
Heidelberg United Soccer Club **s.** Heidelberg United SC
Heidelberg, Stadt, Deutschland, **s. S.** 85
Heilbronn, Stadt, Deutschland, **s. S.** 85
Heineken Saints SC (Heineken Saints Soccer Club), Roseau, Dominica, Klub, **s. S.** 127
Heineken Saints Soccer Club **s.** Heineken Saints SC
Heirnis Gent **s.** RRC Heirnis Gent
Hejčín Olomouc **s.** SK Sigma Olomouc
Hejčínský SK Báňské a Hutní Olomouc **s.** SK Sigma Olomouc
Helene Altenessen **s.** TuS Helene Altenessen
Helfort **s.** SC Helfort
Helios Brigittenauer **s.** Brigittenauer SC Feuerwehr
Hellas AC Verona **s.** Hellas Verona FC
Hellas **s.** South Melbourne SC
Hellas **s.** West Adelaide Sharks
Hellas Verona FC (Hellas Verona Football Club), Verona, Italien, Klub, entst. 1903, [1903-19 Hellas Verona, 19-28 Hellas AC Verona, 28 Fusion mit Bentegodi SC und Scaligera AC => AC Verona (28-59), 59 Fusion mit Hellas Verona => Hellas-Verona AC (59-87), 87-91 Hellas Verona, 91 aufgel. und wiedergegr.], **s. S.** 81
Hellas Verona Football Club **s.** Hellas Verona FC
Hellenic, Kapstadt (Cape Town), Südafrika, Klub, entst. 1958, **s. S.** 120
Hellerup Idrætsklub **s.** Hellerup IK
Hellerup IK (Hellerup Idrætsklub), Kopenhagen (København), Dänemark, Klub, entst. 1900, **s. S.** 71
Hell-o-Nites, Grove Place, Amerikanische Jungferninseln, Klub, **s. S.** 126
Hell-Ville, Stadt, Madagaskar, **s. S.** 121
Helmi Sport, Beirout/Beyrut, Libanon, Klub, [aufgel. 19??], **s. S.** 102
Helmond Sport, Helmond, Niederlande, Klub, entst. 1967, **s. S.** 75
Helmond, Stadt, Niederlande, **s. S.** 75
Helsingborg, Stadt, Schweden, **s. S.** 73
Helsingborgs Idrottsförening **s.** Helsingborgs IF
Helsingborgs IF (Helsingborgs Idrottsförening), Helsingborg, Schweden, Klub, entst. 1907, [entst. 1907 durch Fusion Svea und Svithiod], **s. S.** 73
Helsingfors, Stadt, Finnland, **s. S.** 73
Helsingin Jalkapalloklubi **s.** HJK
Helsingin Kullervo **s.** Kullervo
Helsingin Palloseura **s.** HPS
Helsingin Ponnistus **s.** Ponnistus
Helsingin Toverit **s.** HT
Helsingør Idrætsforening **s.** Helsingør IF
Helsingør IF (Helsingør Idrætsforening), Helsingør, Dänemark, Klub, entst. 1899, **s. S.** 71
Helsingør, Stadt, Dänemark, **s. S.** 71
Helsinki, Stadt, Finnland, **s. S.** 73
Helwan Textiles, Helwan, Ägypten, Klub, **s. S.** 112
Helwan, Stadt, Ägypten, **s. S.** 112
Helyiipar SK **s.** Pécsi Mecsek FC
Heng Tai, Macau, Klub, **s. S.** 109
Henrietta FC (Henrietta Football Club), Guyana, Klub, **s. S.** 129
Henrietta Football Club **s.** Henrietta FC
Henzada, Stadt, Burma, **s. S.** 106
Heracles Enschede **s.** SC Enschede
Heracles, Almelo, Niederlande, Klub, entst. 1903, [1903-74 AVC Heracles, 74-98 SC Heracles], **s. S.** 75
Hercílio Luz FC (Hercílio Luz Futebol Clube), Tubarão, Brasilien, Klub, entst. 1918, **s. S.** 133
Hercílio Luz Futebol Clube **s.** Hercílio Luz FC
Hércules CF (Hércules Club de Fútbol), Alicante, Spanien, Klub, entst. 1922, [1922-41 Hércules CF, 41-42 Alicante CF], **s. S.** 79
Hércules Club de Fútbol **s.** Hércules CF
Hercules **s.** RKC Waalwijk
Hércules, Ciudad de Guatemala/Guatemala City, Guatemala, Klub, **s. S.** 125
Hercúles, San Salvador, El Salvador, Klub, [aufgel. 19??], **s. S.** 125
Heredia, Stadt, Costa Rica, **s. S.** 124
Herediano **s.** CS Herediano
Hereford United FC (Hereford United Football Club), Hereford, England, Klub, entst. 1924, **s. S.** 67
Hereford United Football Club **s.** Hereford United FC
Hereford, Stadt, England, **s. S.** 67
Herfølge BK (Herfølge Boldklub), Herfølge, Dänemark, Klub, entst. 1921, **s. S.** 71
Herfølge Boldklub **s.** Herfølge BK
Herfølge, Stadt, Dänemark, **s. S.** 71
Herin'ny Tanora Milalao Fampianarana **s.** HTMF
Herminamező AC (Herminamező Atlétikai Club), Budapest, Ungarn, Klub, [aufgel. 19??], **s. S.** 88
Herminamező Atlétikai Club **s.** Herminamező AC
Herne, Stadt, Deutschland, **s. S.** 84
Herning **s.** BK Fremad Herning
Herning, Stadt, Dänemark, **s. S.** 71
Heroes **s.** Mbale Heroes
Heroes **s.** Mombasa Heroes
Heroes **s.** Upper West Heroes
Heroj Šibenik **s.** HNK Šibenik
Hertha 08 Sülz **s.** SpVgg. 07 Köln-Sülz
Hertha Berliner Sport-Club Berlin **s.** Hertha BSC Berlin
Hertha BSC Berlin (Hertha Berliner Sport-Club Berlin), Berlin, Deutschland, Klub, entst. 1892, [1892-1923 Berliner FC Hertha, 23 Fusion mit Berliner SC 1899 => Hertha BSC Berlin (23-45), 45 aufgel. und wiedergegr., 45-49 SG Gesundbrunnen, 49 Teilung => Hertha BSC Berlin, SV Norden-Nordwest und Berliner FC Meteor], **s. S.** 85
Hertha BSC Berlin **s.** SV Norden-Nordwest
Hertha Salzburg **s.** SV Wüstenrot Salzburg
Hertha Wien **s.** SC Hertha Wien
Herzliya, Stadt, Israel, **s. S.** 94
Hessen Kassel **s.** Kasseler SV Hessen
HFC (Haarlem Football Club), Haarlem, Niederlande, Klub, entst. 1879, **s. S.** 75
HFC Humenné, Humenné, Slowakei, Klub, entst. 1908, [1908-48 HAC Humenné, 48-49 Sokol Humenné, 49-53 Sokol ČSSZ Humenné, 52-53 ČSSZ Humenné, 53-59 TJ Tatran Humenné, 59 Fusion mit Lokomotíva Humenné => TJ Chemko Humenné (59-68), 68-73 TJ LCHZZ Humenné, 73-91 TJ Chemlon Humenné, 91-9? FK Chemlon Humenné, 9?-99 FC Chemlon Humenné], **s. S.** 87
HFK Sønderjylland (Haderslev Fotboldklub Sønderjylland), Haderslev, Dänemark, Klub, entst. 1906, [1906-2000 Haderslev FK], **s. S.** 71
HG Šimonovany **s.** FK Tempo Partizánske
Hiarouns, Britische Jungferninseln, Klub, **s. S.** 126
Hibernian FC (Hibernian Football Club), Edinburgh, Schottland, Klub, entst. 1875, [1891 aufgel., 93 wiedergegr.], **s. S.** 69
Hibernian Football Club **s.** Hibernian FC
Hibernians FC (Hibernians Football Club), Paola, Malta, Klub, entst. 1931, [1931-32 Paola Constitutionals], **s. S.** 81
Hibernians FC **s.** Cork Hibernians FC
Hibernians FC **s.** Dundee United FC
Hibernians Football Club **s.** Hibernians FC
Hidroaviación, Lima, Peru, Klub, [aufgel. 19??], **s. S.** 130
HIFK **s.** FC HIFK
High Stars, Linden/Mackenzie, Guyana, Klub, **s. S.** 129
Highlander Light Infantry, Calcutta, Indien, Klub, [aufgel. 19??], **s. S.** 105
Highlanders **s.** 91st Highlanders
Highlanders **s.** 93rd Highlanders
Highlanders **s.** Cameron Highlanders
Highlanders **s.** Gordon Highlanders
Highlanders **s.** Mbabane Highlanders
Highlanders **s.** Zimbabwe Highlanders
Highlanders, Keffi, Nigeria, Klub, **s. S.** 117
Highlands Park, Johannesburg, Südafrika, Klub, **s. S.** 121
Hijos de Yurimaguas (Club Hijos de Yurimaguas), Callao, Peru, Klub, entst. 1967, [1967-?? Hijos de Yurimaguas, ??-98 Deportivo Yurimaguas], **s. S.** 130
HIK (Hangö Idrottsklubb), Hanko/Hangö, Finnland, Klub, entst. 1903, **s. S.** 73
Hikma **s.** al-Hikma
Hilal Athletic Nador **s.** HA Nador
Hilal **s.** al-Hilal
Hildesheim, Stadt, Deutschland, **s. S.** 85
Hillerød, Stadt, Dänemark, **s. S.** 71
Hillesluise FC **s.** Feyenoord
Hillsborough, Stadt, Grenada, **s. S.** 127
Hims, Stadt, Syrien, **s. S.** 102
Hîncesti, Stadt, Moldawien, **s. S.** 99
Hindenburg Allenstein **s.** SV Hindenburg Allenstein
Hindenburg, Stadt, Polen, **s. S.** 84 und 89
Hindu Cadets Club **s.** Quatre-Bornes FC
Hindu Scouts, Port Louis, Mauritius, Klub, **s. S.** 121
Hinthada, Stadt, Burma, **s. S.** 106
Hintsa, Asmara, Eritrea, Klub, **s. S.** 115
Hiradás Vasas SE **s.** Vác FC-Zollner
Hiratsuka, Stadt, Japan, **s. S.** 111
Hiroshima, Stadt, Japan, **s. S.** 111
Hirschberg 19 **s.** STC Hirschberg 19
Hirschberg, Stadt, Polen, **s. S.** 84
Hispano América, Havanna (La Habana), Kuba, Klub, [aufgel. 19??], **s. S.** 126
HIT Nova Gorica **s.** ND HIT Nova Gorica
Hitachi **s.** Kashiwa Reysol
HJK (Helsingin Jalkapalloklubi), Helsinki/Helsingfors, Finnland, Klub, entst. 1907, **s. S.** 73
HK Club (Hong Kong Club), Hongkong, Klub, **s. S.** 109
HMM Erewan **s.** FC Erebuni Erewan
HMS „Pegasus“, Singapur, Klub, **s. S.** 107
HNK Cibalia Vinkovci (Hrvatski nogometni klub Cibalia Vinkovci), Vinkovci, Kroatien, Klub, entst. 1919, [1919-47 HNK Cibalia Vinkovci, 47 Fusion mit NK Sloga Vinkovci => NK Dinamo Vinkovci (47-90)], **s. S.** 93
HNK Dubrovnik (Hrvatski nogometni klub Dubrovnik), Dubrovnik, Kroatien, Klub, entst. 1920, [1920-22 NK Jug Dubrovnik, 22 Fusion mit GOŠK Dubrovnik => NK GOŠK Dubrovnik (22-??), ??-92 GOŠK Jug Dubrovnik], **s. S.** 93
HNK Hajduk Split (Hrvatski nogometni klub Hajduk Split), Split, Kroatien, Klub, entst. 1911, [1911-92 NK Hajduk Split], **s. S.** 93
HNK Rijeka (Hrvatski nogometni klub Rijeka), Rijeka, Kroatien, Klub, entst. 1946, [1946-54 SD Kvarner Rijeka, 54-92 NK Rijeka], **s. S.** 93
HNK Segesta Sisak (Hrvatski nogometni klub Segesta Sisak), Sisak, Kroatien, Klub, entst. 1945, [entst. 1945 durch Fusion Sloboda Sisak und Naprijed Sisak => NK Segesta Sisak (45-91)], **s. S.** 93
HNK Šibenik (Hrvatski nogometni klub Šibenik), Šibenik, Kroatien, Klub, entst. 1929, [entst. 1929 durch Fusion Heroj Šibenik, Zrinjski Šibenik, Lastavica Šibenik, Maraton Šibenik, ZMAJ Šibenik, ŠOŠK Šibenik und Junak Šibenik => NK Šibenik (29-92)], **s. S.** 93
HNK Vukovar '91 (Hrvatski nogometni klub Vukovar '91), Vukovar, Kroatien, Klub, entst. 1991, [1991-9? NK Vukovar '91], **s. S.** 93
HNK Zrinjski Mostar (Hrvatski nogometni klub Zrinjski Mostar), Mostar, Bosnien und Herzegowina, Klub, entst. 1905, **s. S.** 93
Ho, Stadt, Ghana, **s. S.** 117
HOB, Surinam, Klub, **s. S.** 129
Hobart, Stadt, Australien, **s. S.** 136
Hobscheid, Stadt, Luxemburg, **s. S.** 75
Hochstädt **s.** SC Rasenspieler Hochstädt
Hødd **s.** IL Hødd
Hodeida, Stadt, Jemen, **s. S.** 103
Hoga (Hoga Dalca), Mogadishu/Muqdiisho, Somalia, Klub, **s. S.** 115
Hoga Dalca **s.** Hoga
Högadals Idrottssälskap **s.** Högadals IS
Högadals IS (Högadals Idrottssälskap), Karlshamn, Schweden, Klub, entst. 1921, **s. S.** 73
Hohenfelder SC 1884 **s.** SC Germania 1887 Hamburg
Hohenzollern 1902 Sellerhausen **s.** SV Fortuna 02 Leipzig
Hohenzollern Benrath-Hassels **s.** VfL Benrath 06
Hohhot, Stadt, China, **s. S.** 109
Holbæk B&IF (Holbæk Bold og Idrætsforening), Holbæk, Dänemark, Klub, entst. 1931, **s. S.** 71
Holbæk Bold og Idrætsforening **s.** Holbæk B&IF
Holbæk, Stadt, Dänemark, **s. S.** 71
Holetown, Stadt, Barbados, **s. S.** 127
Holguín, Stadt, Kuba, **s. S.** 126
Holland Amsterdam **s.** AFC Ajax
Holland Sport **s.** FC Den Haag
Holland Sport **s.** SV ADO
Holland Sport, Den Haag/'s-Gravenhage, Niederlande, Klub, entst. 1954, [1954-55 Flamingo's, 55 Holland Sport, 55 Fusion mit Scheveningen => SHS (55-64), 64 Aufl. der Fusion, aufgel. 71 durch Fusion mit SV ADO => FC Den Haag], **s. S.** 75
Hollandia **s.** Brisbane Lions
Hollerich/Bonnevoie **s.** US Luxembourg
Holmsund, Stadt, Schweden, **s. S.** 73
Holmsunds FF (Holmsunds Fotbollförening), Holmsund, Schweden, Klub, entst. 1923, [1923-91 IFK Holmsund], **s. S.** 73
Holmsunds Fotbollförening **s.** Holmsunds FF
Holstebro BK (Holstebro Boldklubben), Holstebro, Dänemark, Klub, entst. 1921, **s. S.** 71
Holstebro Boldklubben **s.** Holstebro BK
Holstebro, Stadt, Dänemark, **s. S.** 71
Holstein 1902 Kiel **s.** FV Holstein 1902 Kiel
Holstein 1902 Kiel **s.** Kieler SpVgg. Holstein 1900
Holsteinsborg, Stadt, Grönland, **s. S.** 123
Holy Stars, Techiman, Ghana, Klub, **s. S.** 117
Holyoke Falcos, Holyoke, USA, Klub, entst. 1921, [aufgel. 19??], **s. S.** 122
Holyoke, Stadt, USA, **s. S.** 122
Holywell Town FC (Holywell Town Football Club), Holywell, Wales, Klub, entst. 1946, **s. S.** 67
Holywell Town Football Club **s.** Holywell Town FC
Holywell, Stadt, Wales, **s. S.** 67
Homburg, Stadt, Deutschland, **s. S.** 85
Home Affairs (Ministry of Home Affairs), Rangoon/Yangon, Burma, Klub, **s. S.** 106
Home Farm Everton FC (Home Farm Everton Football Club), Dublin/Baile Átha Cliath, Irland, Klub, entst. 1928, [1928-73 Home Farm FC, 73 Fusion mit Drumcondra FC => Home Farm-Drumcondra FC (73), 73-95 Home Farm FC], **s. S.** 69
Home Farm Everton Football Club **s.** Home Farm Everton FC
Home Farm FC **s.** Drumcondra FC
Home Farm FC **s.** Home Farm Everton FC
Home Farm-Drumcondra FC **s.** Drumcondra FC
Home Farm-Drumcondra FC **s.** Home Farm Everton FC
Home United FC (Home United Football Club), Jalan Besar, Singapur, Klub, **s. S.** 107
Home United Football Club **s.** Home United FC
Homel', Stadt, Weißrussland, **s. S.** 99
Homenetmen (Club Homenetmen), Beirout/Beyrut, Libanon, Klub, **s. S.** 102
Homenetmen Erewan **s.** FC Kilikia Erewan
Homenmen Erewan **s.** FC Erebuni Erewan
Homenmen, Beirout/Beyrut, Libanon, Klub, **s. S.** 102
Homenmen-FIMA Erewan **s.** FC Erebuni Erewan
Homenmen-SKIF Erewan **s.** FC Erebuni Erewan
Homs, Stadt, Syrien, **s. S.** 102
Homsel'masch Homel' **s.** FK Homel'
Honda Giken Hamamatsu, Hamamatsu, Japan, Klub, [19??-92 Honda], **s. S.** 111
Honda Havelka Vienna **s.** First Vienna FC
Honduras **s.** Progreso
Honduras, Länder, **s. S.** 124 und 125
Hong Kong Club **s.** HK Club
Hongjinlong **s.** Wuhan Hongjinlong
Hongkong, Länder, **s. S.** 108 und 109
Hongshi **s.** Xiamen Hongshi
Hongtao K **s.** Wuhan Hongjinlong
Hongyuan **s.** Guangdong Hongyuan
Honiara, Stadt, Salomonen, **s. S.** 137
Honolulu, Stadt, USA, **s. S.** 122
Honvéd **s.** SZEOL
Hooger Op FC Diest **s.** KTH Diest
Hoppers **s.** Busta Hoppers
Horch Zwickau **s.** FSV Zwickau
Horizon FC (Horizon Football Club), Kabale, Uganda, Klub, **s. S.** 119
Horizon Football Club **s.** Horizon FC
Horliwka, Stadt, Ukraine, **s. S.** 99
Hornets **s.** Dandy Town Hornets
Horoya AC, Conakry, Guinea, Klub, **s. S.** 117
Horsed FC (Horsed Football Club), Mogadishu/Muqdiisho, Somalia, Klub, **s. S.** 115
Horsed Football Club **s.** Horsed FC
Horsens fS **s.** AC Horsens
Horsens, Stadt, Dänemark, **s. S.** 71
Horst-Emscher **s.** STV Horst-Emscher
Horten, Stadt, Norwegen, **s. S.** 71
Hospital Pucallpa **s.** AD Hospital Pucallpa
Hostal Rey **s.** Chanchamayo FC
Hot Stars Kisumu **s.** Kisumu All Stars
Hotels International FC (Hotels International Football Club), Hamilton, Bermudas, Klub, **s. S.** 123
Hotels International Football Club **s.** Hotels International FC
Hotspur FC **s.** Tottenham Hotspur FC
Hotspurs FC **s.** Garden Hotspurs FC
Hotspurs FC **s.** Pieta Hotspurs FC
Hotspurs **s.** KFC Hotspurs
Hottine, Al-Ladhiqiah/Latakia, Syrien, Klub, **s. S.** 102
Houaïlou, Stadt, Neukaledonien, **s. S.** 137
Houdt Braef Stant **s.** HBS
Hougang, Stadt, Singapur, **s. S.** 107
Houston Hurricane, Houston, USA, Klub, entst. 1978, [aufgel. 1980], **s. S.** 123
Houston Stars, Houston, USA, Klub, entst. 1967, [aufgel. 1968], **s. S.** 123
Houston, Stadt, USA, **s. S.** 123
Hove Albion FC **s.** Brighton & Hove Albion FC
HPS (Helsingin Palloseura), Helsinki/Helsingfors, Finnland, Klub, entst. 1917, **s. S.** 73
Hradec Králové, Stadt, Tschechische Republik, **s. S.** 86
Hrodna, Stadt, Weißrussland, **s. S.** 99
Hrvatski akademski športski klub Zagreb **s.** HAŠK Zagreb
Hrvatski dragovoljac Zagreb **s.** NK Hrvatski dragovoljac Zagreb
Hrvatski nogometni klub Cibalia Vinkovci **s.** HNK Cibalia Vinkovci
Hrvatski nogometni klub Dubrovnik **s.** HNK Dubrovnik
Hrvatski nogometni klub Hajduk Split **s.** HNK Hajduk Split
Hrvatski nogometni klub Rijeka **s.** HNK Rijeka
Hrvatski nogometni klub Segesta Sisak **s.** HNK Segesta Sisak
Hrvatski nogometni klub Šibenik **s.** HNK Šibenik
Hrvatski nogometni klub Vukovar '91 **s.** HNK Vukovar '91
Hrvatski nogometni klub Zrinjski Mostar **s.** HNK Zrinjski Mostar
Hrvatski športski klub Concordia Zagreb **s.** HŠK Concordia Zagreb
Hrvatsko atletičko društvo Bačka **s.** HAD Bačka
HŠK Concordia Zagreb (Hrvatski športski klub Concordia Zagreb), Zagreb, Kroatien, Klub, entst. 1906, [aufgel. 1945], **s. S.** 93
HŠK Sava Zagreb **s.** NK Zagreb
HŠK Željezničar Zagreb **s.** NK Lokomotiva Zagreb
HŠK Željezničar Zagreb **s.** ŠK Viktorija Zagreb
HSV Groß-Born (Heeres Sport-Verein Groß-Born), Groß-Born (Borne-Sulinowo), Polen, Klub, entst. 1943, [aufgel. 1944], **s. S.** 84
HT (Helsingin Toverit), Helsinki/Helsingfors, Finnland, Klub, entst. 1911, **s. S.** 73
HTMF (Herin'ny Tanora Milalao Fampianarana), Mahajanga/Majunga, Madagaskar, Klub, **s. S.** 121
Huachipato **s.** Deportes Huachipato
Huacho, Stadt, Peru, **s. S.** 130
Huainan, Stadt, China, **s. S.** 109
Huambo, Stadt, Angola, **s. S.** 118
Huancayo FC **s.** CD Junín
Huancayo, Stadt, Peru, **s. S.** 131
Huánuco, Stadt, Peru, **s. S.** 130
Huaral, Stadt, Peru, **s. S.** 130
Huayang **s.** Shenyang Jinde
Huayllaspanca **s.** Unión Huayllaspanca
Hubei Meierya **s.** Wuhan Hongjinlong
Hubei **s.** Wuhan Hongjinlong
Hubentut Fortuna, Fortuna Abou, Niederländische Antillen, Klub, **s. S.** 127
Huddersfield Town AFC (Huddersfield Town Association Football Club), Huddersfield, England, Klub, entst. 1908, **s. S.** 67
Huddersfield Town Association Football Club **s.** Huddersfield Town AFC
Huddersfield, Stadt, England, **s. S.** 67
Hue, Stadt, Vietnam, **s. S.** 107
Huelva Recreation Club **s.** RC Recreativo Huelva
Huelva, Stadt, Spanien, **s. S.** 79
Huila **s.** CD Atlético Huila
Huíla **s.** Ferroviário Huíla
Huíla **s.** Inter Huíla
Humaitá **s.** CD Humaitá
Humenné, Stadt, Slowakei, **s. S.** 87
Hunedoara, Stadt, Rumänien, **s. S.** 91
Hungária FC **s.** MTK Hungária FC
Hungaria **s.** Miramar Rangers
Hungaria **s.** Wellington City
Hungaria, Wellington, Neuseeland, Klub, [aufgel. 1971 durch Fusion mit Miramar Rangers => Wellington City (71-??), ?? Aufl. der Fusion und Zurückbenennung], **s. S.** 137
Hungaritos Agustinos, Iquitos, Peru, Klub, **s. S.** 131
Huraa, Stadt, Malediven, **s. S.** 105
Huracán Alvarado **s.** Sportivo Desamparados
Huracán Buceo **s.** Deportivo Huracán Buceo
Huracán Las Heras **s.** CA Huracán Las Heras
Huracán **s.** Atlético Huracán
Huracán **s.** CA Huracán
Huracán **s.** Sportivo Huracán
Huracán, Medellín, Kolumbien, Klub, entst. 1949, **s. S.** 128
Hurmastyn Ezed, Mongolei, Klub, **s. S.** 109
Hurricane **s.** Houston Hurricane
Hurricanes **s.** Capital Bank Hurricanes
Hurriya **s.** al-Hurriya
Hurriya SC, Huraa, Malediven, Klub, **s. S.** 105
HUS Marienwerder (Heeressportverein Unteroffiziersschule Marienwerder), Marienwerder (Kwidzyn), Polen, Klub, entst. 1941, [aufgel. 1945], **s. S.** 84
Húsavík, Stadt, Island, **s. S.** 71
Hussein Dey **s.** NA Hussein Dey
Hussein **s.** al-Hussein
Hutnik Kraków **s.** KS Hutnik Kraków
Hutt Valley United **s.** Petone
Hutt Valley United, Lower Hutt, Neuseeland, Klub, entst. 1987, [entst. 1987 durch Fusion Lower Hutt City, Petone und Stop Out, 92 Aufl. der Fusion], **s. S.** 137
Hütteldorfer AC 1911 **s.** SK Slovan HAC Wien
Hvalvík, Stadt, Färöer Inseln, **s. S.** 71
Hvidovre Idrætsforening **s.** Hvidovre IF
Hvidovre IF (Hvidovre Idrætsforening), Kopenhagen (København), Dänemark, Klub, entst. 1925, **s. S.** 71
HVV (Haagse Voetbal Vereniging), Den Haag/'s-Gravenhage, Niederlande, Klub, entst. 1886, [1886-89 Olympia], **s. S.** 75
Hwange, Stadt, Simbabwe, **s. S.** 121
Hyad **s.** al-Hyad
Hyderabad, Hyderabad, Indien, Klub, [die Stadtauswahl Hyderabad vertritt den Staat Andhra Pradesh], **s. S.** 105
Hyderabad, Stadt, Indien, **s. S.** 105
Hyderabad, Stadt, Pakistan, **s. S.** 104
Hyères FC (Hyères Football Club), Hyères, Frankreich, Klub, entst. 1912, **s. S.** 77
Hyères Football Club **s.** Hyères FC
Hyères, Stadt, Frankreich, **s. S.** 77
Hyline SC (Hyline Sport Club), Kandy, Sri Lanka, Klub, **s. S.** 105
Hyline Sport Club **s.** Hyline SC
Hypobank Austria Klagenfurt **s.** FC Kärnten
Hyundai Dinos **s.** Chonbuk Hyundai Dinos
Hyundai Horang-i **s.** Ulsan Hyundai Horang-i
ÍA (Íthróttabandalag Akranes), Akranes, Island, Klub, entst. 1946, **s. S.** 71
IA Bucureşti **s.** CF Sportul Studentesc Bucureşti
Iaşi, Stadt, Rumänien, **s. S.** 91
ÍBA (Íthróttabandalag Akureyri), Akureyri, Island, Klub, entst. 1928, [entst. 1928 durch Fusion KA und ÍF Thór => ÍBA (28-74), 74 Aufl. der Fusion], **s. S.** 71
ÍBA **s.** ÍF Thór
ÍBA **s.** KA
Ibadan Lions **s.** 3SC Shooting Stars
Ibadan, Stadt, Nigeria, **s. S.** 117
Ibagué, Stadt, Kolumbien, **s. S.** 128
Ibarra, Stadt, Ecuador, **s. S.** 130
Ibb, Stadt, Jemen, **s. S.** 103
Ibb, Stadt, Jemen, **s. S.** 103
Iberia Bío-Bío **s.** Deportes Iberia Bío-Bío
Iberia **s.** FC Real Iberia
Iberia Samtredia **s.** FC Iberia Samtredia
Iberia SC Zaragoza **s.** Real Zaragoza CD
Iberia Tbilisi **s.** FC Dinamo Tbilisi
Iberoamericano **s.** Universidad Iberoamericano
ÍBH (Íthróttabandalagið Hafnarfjörður), Hafnarfjörður, Island, Klub, entst. 1935, [entst. 1935 durch Fusion FH und Haukar => ÍBH (35-61), 61 Aufl. der Fusion], **s. S.** 71
ÍBH **s.** FH
ÍBH **s.** Haukar
ÍBÍ (Íthróttabandalag Ísafjörður), Ísafjörður, Island, Klub, **s. S.** 71
Ibiraçu EC (Ibiraçu Esporte Clube), Ibiraçu, Brasilien, Klub, entst. 1959, **s. S.** 133
Ibiraçu Esporte Clube **s.** Ibiraçu EC
Ibiraçu, Stadt, Brasilien, **s. S.** 133
ÍBK **s.** Keflavík UÍ
ÍBV (Íthróttabandalag Vestmannæyjar), Vestmannæyjar, Island, Klub, entst. 1945, [entst. 1945 durch Fusion Thór Vestmannæyjar und Tyr Vestmannæyjar], **s. S.** 71
IC Espérance, Kinshasa, Volksrepublik Kongo, Klub, **s. S.** 119
IC ONATRA, Matadi, Volksrepublik Kongo, Klub, **s. S.** 118
IC Oradea **s.** Crişana Oradea
ICA **s.** Gloria Arad
Ica, Stadt, Peru, **s. S.** 130
Icasa EC (Icasa Esporte Clube), Juàzeiro do Norte, Brasilien, Klub, entst. 1963, **s. S.** 133
Icasa Esporte Clube **s.** Icasa EC
ICF University, Port Moresby, Papua-Neuguinea, Klub, **s. S.** 136
Ichihara, Stadt, Japan, **s. S.** 111
Icons **s.** Pusan Icons
Idaliou **s.** Halkanor Idaliou
Ideale US Bari **s.** AS Bari
İdman Ocazi **s.** Trabzonspor K
İdman Yurdu SK **s.** Mersin İdman Yurdu SK
Idrætsklub Chang **s.** IK Chang
Idrætsklubben Skovbakken **s.** IK Skovbakken
Idrettsforening Pors **s.** IF Pors
Idrettsforeningen Fram **s.** IF Fram
Idrettsklubben Start **s.** IK Start
Idrettslaget Hødd **s.** IL Hødd
Idrettslaget Sparta **s.** IL Sparta
Idrettslaget Varegg **s.** IL Varegg
Ídróttafélag Reykjavíkur **s.** ÍR
Idrottsförening Kamraterna Göteborg **s.** IFK Göteborg
Idrottsförening Kamraterna Luleå **s.** IFK Luleå
Idrottsförening Kamraterna Malmö **s.** IFK Malmö
Idrottsförening Kamraterna Norrköping **s.** IFK Norrköping
Idrottsförening Kamraterna Sundsvall **s.** IFK Sundsvall
Idrottsförening Kamraterna Uddevalla **s.** IFK Uddevalla
Idrottsförening Swedish Aeroplan Aktie Bolag **s.** IF SAAB
Idrottsföreningen Elfsborg **s.** IF Elfsborg
Idrottsföreningen Kamraterna Eskilstuna **s.** IFK Eskilstuna
Idrottsklubben Brage **s.** IK Brage
Idrottsklubben City **s.** IK City
Idrottsklubben Oddevold **s.** IK Oddevold
Idrottsklubben Sirius **s.** IK Sirius
Idrottsklubben Sleipner **s.** IK Sleipner
Idrottssälskap Halmia **s.** IS Halmia
Idsskh, Mongolei, Klub, **s. S.** 109
Idudi FC (Idudi Football Club), Moroto, Uganda, Klub, **s. S.** 119
Idudi Football Club **s.** Idudi FC
Ierapolis **s.** AS Aigaleo
ÍF (Ítróttarfelag Fuglafjarðar), Fuglafjørður, Färöer Inseln, Klub, entst. 1946, **s. S.** 71
IF Elfsborg (Idrottsföreningen Elfsborg), Borås, Schweden, Klub, entst. 1904, **s. S.** 73
IF Fram (Idrettsforeningen Fram), Larvik, Norwegen, Klub, entst. 1894, **s. S.** 71
ÍF Fylkir (Íthróttafélagið Fylkir), Reykjavík, Island, Klub, entst. 1967, **s. S.** 71
ÍF Leiftur (Íthróttafélagið Leiftur), Ólafsfjörður, Island, Klub, entst. 1931, **s. S.** 71
IF Pors (Idrettsforening Pors), Porsgrunn, Norwegen, Klub, entst. 1905, [1905-06 Lyn Porsgrunn, 06-97 IF Pors, aufgel. 97 durch Fusion mit Odd BK => Odds BK Grenland], **s. S.** 71
IF Pors **s.** Odds BK Grenland
IF SAAB (Idrottsförening Swedish Aeroplan Aktie Bolag), Linköping, Schweden, Klub, entst. 1941, [aufgel. 1981 durch Fusion mit BK Derby => Derby/SAAB], **s. S.** 73
IF SAAB **s.** BK Derby
ÍF Thór (Íthróttafélagið Thór), Akureyri, Island, Klub, entst. 1915, [1915-28 ÍF Thór, aufgel. 28 Fusion mit KA => ÍBA, 74 Aufl. der Fusion und Zurückbenennung], **s. S.** 71

ÍF Thór **s.** ÍBA
ÍF Thór **s.** KA
IFC, Malé, Malediven, Klub, **s. S.** 105
Ife, Stadt, Nigeria, **s. S.** 117
Ifjúsági Klub **s.** FC Eger
IFK Eskilstuna (Idrottsföreningen Kamraterna Eskilstuna), Eskilstuna, Schweden, Klub, entst. 1897, **s. S.** 73
IFK Göteborg (Idrottsförening Kamraterna Göteborg), Göteborg, Schweden, Klub, entst. 1904, **s. S.** 72
IFK Holmsund **s.** Holmsunds FF
IFK Luleå (Idrottsförening Kamraterna Luleå), Luleå, Schweden, Klub, entst. 1900, [1983 Fusion mit Luleå FF => Luleå FF/IFK (83-90), 90 Aufl. der Fusion], **s. S.** 73
IFK Malmö (Idrottsförening Kamraterna Malmö), Malmö, Schweden, Klub, entst. 1899, **s. S.** 73
IFK Norrköping (Idrottsförening Kamraterna Norrköping), Norrköping, Schweden, Klub, entst. 1897, **s. S.** 73
IFK Sundsvall (Idrottsförening Kamraterna Sundsvall), Sundsvall, Schweden, Klub, entst. 1900, **s. S.** 73
IFK Uddevalla (Idrottsförening Kamraterna Uddevalla), Uddevalla, Schweden, Klub, entst. 1905, **s. S.** 73
Ifodje Atakpamé (Omnisport Ifodje Atakpamé), Atakpamé, Togo, Klub, **s. S.** 117
IG Bregenz Dornbirn **s.** Casino SW Bregenz
IG Bregenz Dornbirn **s.** FC Dornbirn
IG Farbenindustrie AG 04 Leverkusen **s.** TSV Bayer 04 Leverkusen
Igali **s.** NSA Igali
Iganga Town Council, Iganga, Uganda, Klub, **s. S.** 119
Iganga, Stadt, Uganda, **s. S.** 119
Ighil-Izane, Stadt, Algerien, **s. S.** 113
Igloopol Dębica **s.** LKS Igloopol Dębica
IICC Shooting Stars **s.** 3SC Shooting Stars
III. Kerületi Árpád SE **s.** III. Kerületi TVE-Autó Trader
III. Kerületi FC **s.** III. Kerületi TVE-Autó Trader
III. Kerületi MADISZ **s.** III. Kerületi TVE-Autó Trader
III. Kerületi Textiles **s.** III. Kerületi TVE-Autó Trader
III. Kerületi Textilfestő **s.** III. Kerületi TVE-Autó Trader
III. Kerületi Textilfestő TVE **s.** III. Kerületi TVE-Autó Trader
III. Kerületi Turna es Vívó Egylet-Autó Trader **s.** III. Kerületi TVE-Autó Trader
III. Kerületi TVE **s.** Budapesti VAC
III. Kerületi TVE **s.** III. Kerületi TVE-Autó Trader
III. Kerületi TVE-Autó Trader (III. Kerületi Turna es Vívó Egylet-Autó Trader), Budapest, Ungarn, Klub, entst. 1887, [1887-1926 III. Kerületi FC, 1889 Fusion mit Budai FC, 1926 Fusion mit VAC Budapest => III. Kerületi FC (26-28), 28-39 III. Kerületi TVE, 39 Fusion mit III. Kerületi Árpád SE (39-41), 41-45 III. Kerületi FC, 45-48 III. Kerületi MADISZ, 48-49 III. Kerületi TVE, 49-51 III. Kerületi Textiles, 51-52 III. Kerületi VL, 52-58 III. Kerületi Textilfestő, 58-61 III. Kerületi Textilfestő TVE, 61-92 III. Kerületi TVE], **s. S.** 88
III. Kerületi VL **s.** III. Kerületi TVE-Autó Trader
Ijebu-Ode, Stadt, Nigeria, **s. S.** 117
Ijmuiden, Stadt, Niederlande, **s. S.** 75
Ijtimayi **s.** al-Ijtimayi
IK Brage (Idrottsklubben Brage), Borlänge, Schweden, Klub, entst. 1925, **s. S.** 73
IK Chang (Idrætsklub Chang), Ålborg, Dänemark, Klub, entst. 1912, **s. S.** 71
IK City (Idrottsklubben City), Eskilstuna, Schweden, Klub, entst. 1907, **s. S.** 73
IK Oddevold (Idrottsklubben Oddevold), Uddevalla, Schweden, Klub, entst. 1932, **s. S.** 73
IK Sirius (Idrottsklubben Sirius), Uppsala, Schweden, Klub, entst. 1907, **s. S.** 73
IK Skovbakken (Idrætsklubben Skovbakken), Århus, Dänemark, Klub, entst. 1927, [aufgel. 1999 durch Fusion mit Århus Fremad => FC Århus], **s. S.** 71
IK Skovbakken **s.** Århus Fremad
IK Sleipner (Idrottsklubben Sleipner), Norrköping, Schweden, Klub, entst. 1903, **s. S.** 73
IK Start (Idrettsklubben Start), Kristiansand, Norwegen, Klub, entst. 1905, **s. S.** 71
Ikast forenede Sportsklubber **s.** Ikast fS
Ikast fS (Ikast forenede Sportsklubber), Ikast, Dänemark, Klub, entst. 1935, [aufgel. 1999 durch Fusion mit BK Fremad Herning => FC Midtjylland], **s. S.** 71
Ikast fS **s.** BK Fremad Herning
Ikast fS **s.** FC Midtjylland
Ikast, Stadt, Dänemark, **s. S.** 71
Ikerre, Stadt, Nigeria, **s. S.** 117
Ikissat (Ilves Kissat), Tampere/Tammerfors, Finnland, Klub, entst. 1931, [aufgel. 1975 durch Fusion mit TaPa => Ilves], **s. S.** 73
Ikissat **s.** FC Ilves
Ikissat **s.** TaPa
IK-VIK Fotboll Västerås **s.** Västerås IK
IL Hødd (Idrettslaget Hødd), Ulsteinvik, Norwegen, Klub, entst. 1919, **s. S.** 71
IL Sparta (Idrettslaget Sparta), Sarpsborg, Norwegen, Klub, entst. 1928, **s. S.** 71
IL Varegg (Idrettslaget Varegg), Bergen, Norwegen, Klub, entst. 1947, **s. S.** 71
IL Viking **s.** Viking FK
Ildu **s.** CA Juventud
Île des Pins, Vao, Neukaledonien, Klub, **s. S.** 137
Ilesha, Stadt, Nigeria, **s. S.** 117
Ilhwa Chunma **s.** Songnam Ilhwa Chunma
Iligan, Iligan, Philippinen, Klub, **s. S.** 107
Iligan, Stadt, Philippinen, **s. S.** 107
Ilinden Petritsch **s.** FK Belasitsa Petritsch
Iliria **s.** KS Iliria
Ilirija Ljubljana **s.** NK Železničar Oskar Ljubljana
Ilirija Ljubljana **s.** SK Ilirija Ljubljana
Illa, Stadt, Nigeria, **s. S.** 117
Illovo FC (Illovo Football Club), Nchalo, Malawi, Klub, **s. S.** 121
Illovo Football Club **s.** Illovo FC
Ilo, Stadt, Peru, **s. S.** 131
Ilobasco, Stadt, El Salvador, **s. S.** 125
Iloilo, Iloilo, Philippinen, Klub, **s. S.** 107
Iloilo, Stadt, Philippinen, **s. S.** 107
Ilorin, Stadt, Nigeria, **s. S.** 117
ILSA Timişoara **s.** CSF Chinezul Timişoara
Ilukste, Stadt, Lettland, **s. S.** 99
Ilulissat, Stadt, Grönland, **s. S.** 123
Ilusión Pibes, Salcedo, Dominikanische Republik, Klub, **s. S.** 127
Ilves Kissat **s.** Ikissat
Ilves **s.** FC Ilves
Ilves **s.** Ikissat
Ilves **s.** TaPa
Ilzer-Stadler FC (Ilzer-Stadler Futball Club), Akasztó, Ungarn, Klub, entst. 1994, [entst. 1994 durch Fusion Kiskőrösi Petőfi Labdarúgó Club, Kiskőrös Stadler FC und Stadler FC => Kiskőrös-Stadler (94-96), 96-97 Innstadt Stadler FC, 97 Ecker Stadler FC, 98 Ilzer-Stadler FC, 99 aufgel.], **s. S.** 89
Ilzer-Stadler Futball Club **s.** Ilzer-Stadler FC
Imana **s.** DC Motema Pembe
IMI Corporation **s.** IMI FC
IMI FC (Internacional Marine Incorporated Fútbol Club), Talara, Peru, Klub, entst. 1992, [1992-94 Deportivo Banrenor, 94-9? Norbank, 9? Fusion mit IMI Corporation => IMI Norbank (9?-99), 99 Aufl. der Fusion], **s. S.** 130
IMI Norbank **s.** IMI FC
Impact **s.** Montreal Impact
Impassible, Nouméa, Neukaledonien, Klub, **s. S.** 137
Impuls Dilischan **s.** FC Impuls Dilischan
IMS Hunedoara **s.** Corvinul FC Hunedoara
IMSER Moreni **s.** CS Flacăra Moreni
Inca **s.** Sport Inca
Inchon, Stadt, Südkorea, **s. S.** 110
Indeni, Ndola, Sambia, Klub, **s. S.** 119
Indépendante, **Nouméa, Neukaledonien, Klub, s. S. 137**
Independência FC (Independência Futebol Clube), Rio Branco, Brasilien, Klub, entst. 1946, **s. S.** 132
Independência Futebol Clube **s.** Independência FC
Independencia **s.** Gimnasia y Esgrima La Plata
Independenţă Cisnadie **s.** FC Inter Sibiu
Independenţă Sibiu **s.** FC Inter Sibiu
Independente do Tômbwa **s.** Independente Tômbwa
Independente EC (Independente Esporte Clube), Macapá, Brasilien, Klub, entst. 1962, **s. S.** 133
Independente Esporte Clube **s.** Independente EC
Independente Porto Alexandre **s.** Independente Tômbwa
Independente Tômbwa (Independente do Tômbwa), Tômbwa/Tombua, Angola, Klub, [19??-74 Independente Porto Alexandre], **s. S.** 118
Independiente Caravel **s.** Deportivo Independiente Caravel
Independiente FC **s.** CA Independiente
Independiente Medellín (Corporación Deportiva Independiente Medellín), Medellín, Kolumbien, Klub, entst. 1913, [1913-51 Medellín FC], **s. S.** 128
Independiente Petrolero (Club Independiente Petrolero), Sucre, Bolivien, Klub, entst. 1932, **s. S.** 131
Independiente Rivadavia (Club Sportivo Independiente Rivadavia), Mendoza, Argentinien, Klub, entst. 1913, [1913-19 CA Independiente], **s. S.** 135
Independiente **s.** CA Independiente
Independiente Santa Fé (Club Independiente Santa Fé), Bogotá, Kolumbien, Klub, entst. 1941, **s. S.** 128
Independiente Santa Fé **s.** Atlético Santa Fé
Independiente Unificada, Potosí, Bolivien, Klub, [19??-71 Wilsterman Unificada], **s. S.** 131
Independiente-Villela **s.** CD Independiente-Villela
Indian Bank, Chennai/Madras, Indien, Klub, **s. S.** 105
Indian Telephone Industries **s.** ITI
Indiana Flooring, New York, USA, Klub, entst. 1924, [aufgel. 19??], **s. S.** 122
Indianapolis, Stadt, USA, **s. S.** 123
Indians **s.** Shawsheen Indians
Indien, Länder, **s. S.** 104 und 105
Indio **s.** Atlético Indio
Indocement Jakarta, Jakarta, Indonesien, Klub, **s. S.** 106
Indocement Yogyakarta (Mataram Indocement Yogyakarta), Yogyakarta, Indonesien, Klub, entst. 1978, **s. S.** 107
Indonesien, Länder, **s. S.** 106 und 107
Indore, Stadt, Indien, **s. S.** 105
Industria Sârmei Câmpia Turzii, Câmpia Turzii, Rumänien, Klub, entst. 1921, [1921-49 Industria Sîrmei Cîmpia Turzii, 49-57 Metalul Cîmpia Turzii, 57-58 Energia Cîmpia Turzii, 58-94 Industria Sîrmei Cîmpia Turzii], **s. S.** 91
Industrial EC **s.** Linhares EC
Industrial FC (Industrial Futebol Clube), Aracaju, Brasilien, Klub, [aufgel. 19??], **s. S.** 133
Industrial Futebol Clube **s.** Industrial FC
Industriales del Caroní FC (Industriales del Caroní Fútbol Club), Ciudad Bolívar, Venezuela, Klub, **s. S.** 129
Industriales del Caroní Fútbol Club **s.** Industriales del Caroní FC
Industriales, Havanna (La Habana), Kuba, Klub, **s. S.** 126
Industriali **s.** KiF Laçi
Industrie Hartha **s.** BC Hartha
Industrie Leipzig **s.** FC Sachsen Leipzig 1990
Industriel **s.** Club Industriel
Inecel, Manta, Ecuador, Klub, **s. S.** 130
Ingatlan **s.** Salgótarjáni Barátság TC
Ingavi, La Paz, Bolivien, Klub, **s. S.** 131
Ingenieros, Oruro, Bolivien, Klub, **s. S.** 131
Ingolstadt, Stadt, Deutschland, **s. S.** 85
Ingoré, Ingoré, Guinea-Bissau, Klub, **s. S.** 117
Ingoré, Stadt, Guinea-Bissau, **s. S.** 117
Ingrad-Kladivar Celje **s.** NK CMC Publikum
Inhambane, Stadt, Mosambik, **s. S.** 121
Inkaras Kaunas **s.** FK Atletas-Inkaras Kaunas
INKER Zaprešić **s.** NK INKER Zaprešić
Innsbruck, Stadt, Österreich, **s. S.** 82
Innstadt Stadler FC **s.** Ilzer-Stadler FC
Inschaatchi Baku **s.** FC Inschaatchi Baku
Inschaatchi Sabirabad **s.** FC Inschaatchi Sabirabad
INSS Tshipepele, Volksrepublik Kongo, Klub, **s. S.** 118
Instant-Dict FC (Instant-Dict Football Club), Hongkong, Klub, entst. 1991, **s. S.** 109
Instant-Dict Football Club **s.** Instant-Dict FC
Insterburg, Stadt, Russland, **s. S.** 84
Institución Atlética Sud América **s.** Sud América
Instituto Atlético Central Córdoba **s.** Instituto Central Córdoba
Instituto Central Córdoba (Instituto Atlético Central Córdoba), Córdoba, Argentinien, Klub, entst. 1918, [1918-24 Instituto Ferrocarril Central Córdoba], **s. S.** 135
Instituto Ferrocarril Central Córdoba **s.** Instituto Central Córdoba
Instrumental'tschik Bischkek **s.** Rotor Bischkek
Instrumental'tschik Bischkek **s.** Selmaschevets Bischkek
Instrumental'tschik Bischkek, Bischkek, Kirgisien, Klub, [aufgel. 1993 durch Fusion mit Selmaschevets Bischkek => Rotor Bischkek], **s. S.** 100
Insurance (Ethiopian Insurance Corporation), Addis Abeba, Äthiopien, Klub, **s. S.** 115
Intefada, Britische Jungferninseln, Klub, **s. S.** 126
Înţelegerea Oradea **s.** CS Înţelegerea Oradea
Inter Barrio Cuba, Managua, Nicaragua, Klub, **s. S.** 125
Inter Cable-Tel AFC **s.** UWIC Inter Cardiff AFC
Inter Cardiff FC **s.** UWIC Inter Cardiff AFC
Inter Club, Brazzaville, Kongo, Klub, **s. S.** 118
Inter Clube de Luanda **s.** Inter Luanda
Inter de Huíla **s.** Inter Huíla
Inter d'Escaldes **s.** Construccions Modernes Inter d'Escaldes
Inter FC (Inter Football Club), Bujumbura, Burundi, Klub, **s. S.** 119
Inter FC do Bom-Bom (Inter Futebol Clube do Bom-Bom), São Tomé, São Tomé und Príncipe, Klub, **s. S.** 117
Inter Football Club **s.** Inter FC
Inter Futebol Clube do Bom-Bom **s.** Inter FC do Bom-Bom
Inter Huíla (Inter de Huíla), Lubango, Angola, Klub, **s. S.** 118
Inter Luanda (Inter Clube de Luanda), Luanda, Angola, Klub, **s. S.** 118
Inter Lunda Sul, Saurimo, Angola, Klub, **s. S.** 119
Inter Moengotapoe, Moengotapoe, Surinam, Klub, **s. S.** 129
Inter Monaro SC (Inter Monaro Soccer Club), Queanbeyan, Australien, Klub, entst. 1967, **s. S.** 136
Inter Monaro Soccer Club **s.** Inter Monaro SC
Inter Montreal FC (Inter Montreal Football Club), Montreal, Kanada, Klub, entst. 1983, [aufgel. 1983], **s. S.** 122
Inter Montreal Football Club **s.** Inter Montreal FC
Inter **s.** FC Inter
Inter **s.** SC Inter
Inter Sibiu **s.** FC Inter Sibiu
Inter Slovnaft Bratislava **s.** FK AŠK Inter Slovnaft Bratislava
Inter Slovnaft ZŤS Bratislava **s.** TJ Inter Slovnaft ZŤS Bratislava
Inter Snieckus Visaginas **s.** Interas-AE Visaginas
Interas-AE Visaginas (Interas-Atomine Elektrine Visaginas), Visaginas, Litauen, Klub, entst. 1979, [1979-92 Inter Snieckus Visaginas], **s. S.** 99
Interas-Atomine Elektrine Visaginas **s.** Interas-AE Visaginas
Intercap EC (Intercap Esporte Clube), Paraíso, Brasilien, Klub, entst. 1992, [entst. 1992 durch Fusion Interlagos und CAP], **s. S.** 133
Intercap Esporte Clube **s.** Intercap EC
Interlagos **s.** Intercap EC
Internacional Cricket (Clube Internacional de Cricket), Salvador, Brasilien, Klub, [aufgel. 19??], **s. S.** 133
Internacional de Lara FC (Internacional de Lara Fútbol Club), Barquisimeto, Venezuela, Klub, [aufgel. 1999, Umzug nach El Vigía => Internacional El Vigía], **s. S.** 128
Internacional de Lara Fútbol Club **s.** Internacional de Lara FC
Internacional de Lara **s.** El Vigía FC
Internacional El Vigía **s.** El Vigía FC
Internacional El Vigía **s.** Internacional de Lara FC
Internacional FC (Internacional Futebol Clube), Curitiba, Brasilien, Klub, [aufgel. 1924 durch Fusion mit América FC => CA Paranaense], **s. S.** 133
Internacional FC **s.** América FC
Internacional FC **s.** CA Paranaense
Internacional Futebol Clube **s.** Internacional FC
Internacional Marine Incorporated Fútbol Club **s.** IMI FC
Internacional **s.** AA Internacional
Internacional **s.** EC Internacional
Internacional **s.** SC Internacional
Internacionál Slovnaft Bratislava **s.** FC Artmedia Petržalka
Internacionál Slovnaft Bratislava **s.** FK AŠK Inter Slovnaft Bratislava
Internacionál Slovnaft Bratislava **s.** TJ Inter Slovnaft ZŤS Bratislava
Internacional, La Paz, Bolivien, Klub, **s. S.** 131
Internacional, Lima, Peru, Klub, **s. S.** 130
International Molde **s.** Molde FK
International **s.** Alianza FC
International **s.** FC International
International **s.** Gabros International
International **s.** Scholars International
International Zürich, Zürich, Schweiz, Klub, [aufgel. 19??], **s. S.** 82
Internationaler Cölner FC **s.** Kölner FC 99
Internazional FBC (Internazional Foot Ball Club), Turin (Torino), Italien, Klub, entst. 1890, [aufgel. 1899 durch Fusion mit FBC Torinese], **s. S.** 81
Internazional FBC **s.** FBC Torinese
Internazional Foot Ball Club **s.** Internazional FBC
Internazionale FBC **s.** Internazionale Milano FC
Internazionale FBC **s.** US Milanese
Internazionale Milano FC (Internazionale Milano Football Club), Mailand (Milano), Italien, Klub, entst. 1908, [1908-28 Internazionale FBC, 28 Fusion mit US Milanese => Ambrosiana SS (28-30), 30-33 AS Ambrosiana Milano, 33-45 AS Ambrosiana Inter Milano], **s. S.** 81
Internazionale Milano Football Club **s.** Internazionale Milano FC
Interpide Ste A, Gourbeyre, Guadeloupe, Klub, **s. S.** 127
Interporto FC (Interporto Futebol Clube), Porto Nacional, Brasilien, Klub, entst. 1994, **s. S.** 133
Interporto Futebol Clube **s.** Interporto FC
Interskonto Riga **s.** Skonto/Metals Riga
Inter-Star, Bujumbura, Burundi, Klub, **s. S.** 119
Into (Kemin Into), Kemi, Finnland, Klub, entst. 1907, **s. S.** 73
Intrepid **s.** Ottawa Intrepid
Intrepide, Sainte-Anne, Martinique, Klub, **s. S.** 127
Întreprinderea de Prelucrarea Aluminiului Slatina **s.** IPA Slatina
Invaders **s.** Defence Invaders
Invaders, Amerikanische Jungferninseln, Klub, **s. S.** 126
Invercargill, Stadt, Neuseeland, **s. S.** 137
Invincible Eleven, Monrovia, Liberia, Klub, **s. S.** 117
Ioannina, Stadt, Griechenland, **s. S.** 95
Ionikos Nikaias, Athen (Athina), Griechenland, Klub, entst. 1965, [entst. 1965 durch Fusion AE und Aris Nikea], **s. S.** 95
Ip U, Macau, Klub, **s. S.** 109
IPA Sibiu **s.** FC Şoimii COMPA Sibiu
IPA Slatina (Întreprinderea de Prelucrarea Aluminiului Slatina), Slatina, Rumänien, Klub, [19??-73 FC Oltul Slatina, 73-79 Dinamo Slatina, 79-82 Energia Slatina], **s. S.** 91
IPEIL Reghin **s.** AS Avântul Reghin
Ipiranga FC (Ipiranga Futebol Clube), Aracaju, Brasilien, Klub, [aufgel. 19??], **s. S.** 133
Ipiranga Futebol Clube **s.** Ipiranga FC
Ipoh, Stadt, Malaysia, **s. S.** 106
Ipswich AFC **s.** Ipswich Town FC
Ipswich Town FC (Ipswich Town Football Club), Ipswich, England, Klub, entst. 1878, [1878-88 Ipswich AFC], **s. S.** 67
Ipswich Town Football Club **s.** Ipswich Town FC
Ipswich, Stadt, England, **s. S.** 67
Iqueño **s.** Centro Iqueño
Iquique, Stadt, Chile, **s. S.** 135
Iquitos, Stadt, Peru, **s. S.** 131
ÍR (Íþróttafélag Reykjavíkur), Reykjavík, Island, Klub, entst. 1907, **s. S.** 71
IR Ittihad Tanger, Tanger, Marokko, Klub, [19??-?? Union Tanger], **s. S.** 113
Iracoubo, Stadt, Französisch-Guyana, **s. S.** 129
Irak, Länder, **s. S.** 102 und 103
Irakleio, Stadt, Griechenland, **s. S.** 95
Iraklis Kavala **s.** AO Kavala
Iraklis Larissa **s.** PAE Larissa
Iraklis Pyrgos **s.** AO Panileiakos
Iraklis Serai **s.** PAE Panserraikos
Iraklis Thessaloniki **s.** GS Iraklis Thessaloniki
Iran, Länder, **s. S.** 102 und 103
Irapuato, Stadt, Mexiko, **s. S.** 125
IRB Hadjout, Hadjout, Algerien, Klub, **s. S.** 113
Irbid, Stadt, Jordanien, **s. S.** 102
IRC, Singapur, Klub, **s. S.** 107
Iringa, Stadt, Tansania, **s. S.** 119
Irland, Länder, **s. S.** 68 und 69
Ironi Rishon Lezion **s.** Hapoel Ironi Rishon Lezion
Ironopolis **s.** Caernarfon Town FC
Ironworks FC **s.** West Ham United FC
Irrawady Flotila Co., Hinthada/Henzada, Burma, Klub, [aufgel. 19??], **s. S.** 106
Irrigator Dschizak **s.** FK Sogdiana Dschizak
IrSooter, Noshahr, Iran, Klub, **s. S.** 103
Irtysch Bastau Pawlodar **s.** Irtysch Pawlodar
Irtysch Pawlodar, Pawlodar, Kasachstan, Klub, entst. 1965, [1965-68 Irtysch Pawlodar, 68-92 Traktor Pawlodar, 92-95 Ansat Pawlodar, 95-98 Irtysch Pawlodar, 98-99 Irtysch Bastau Pawlodar], **s. S.** 101
Irún, Stadt, Spanien, **s. S.** 79
IS Casablanca, Casablanca/Dar Al-Bayda, Marokko, Klub, **s. S.** 113
IS Halmia (Idrottssälskap Halmia), Halmstad, Schweden, Klub, entst. 1907, **s. S.** 73
IS Olympique Marocaine, Casablanca/Dar Al-Bayda, Marokko, Klub, **s. S.** 113
Ísafjörður, Stadt, Island, **s. S.** 71
Isaria 03 München **s.** FC Wacker München
ISE Spišská Nová Ves **s.** MFK Lokomotíva Spišská Nová Ves
Iseyin, Stadt, Nigeria, **s. S.** 117
Iskandarija, Stadt, Ägypten, **s. S.** 112
Iski-Naukat, Stadt, Kirgisien, **s. S.** 100
Iskra Bugojno **s.** NK Iskra Bugojno
Iskra Partizánske **s.** FK Tempo Partizánske
Iskra Púchov **s.** ŠK Matador Púchov
Iskra Ružomberok **s.** FK SCP Ružomberok
Iskra Siemianowice **s.** KS Iskra Siemianowice
Iskra Slovnaft Bratislava **s.** FK AŠK Inter Slovnaft Bratislava
Iskra Sofija **s.** FD Spartak Sofija
Iskra Trenčín Merina **s.** FK TTS Trenčín
Iskra Trenčín Odeva **s.** FK Ozeta Dukla Trenčín
Iskra Zabrze **s.** KS Górnik Zabrze
Iskra Žilina **s.** MŠK Žilina
Isla de la Juventud, Nueva Gerona, Kuba, Klub, **s. S.** 126
Islamabad, Stadt, Pakistan, **s. S.** 105
Island, Länder, **s. S.** 70 und 71
Islanders **s.** St David's Islanders
ISM Aïn Beïda **s.** USM Aïn Beïda
Ismail Qemali **s.** KS Flamurtari
Ismaily SC (Ismaily Sporting Club), al-Ismal'iliyah, Ägypten, Klub, **s. S.** 112
Ismaily Sporting Club **s.** Ismaily SC
Israel, Länder, **s. S.** 94 und 95
Issia, Stadt, Elfenbeinküste, **s. S.** 117
Issyk-Kul Karakol, Karakol, Kirgisien, Klub, **s. S.** 101
İstanbul, Stadt, Türkei, **s. S.** 96
İstanbulspor Anonim Şirketi **s.** İstanbulspor AŞ
İstanbulspor AŞ (İstanbulspor Anonim Şirketi), İstanbul, Türkei, Klub, entst. 1926, [1926-97 İstanbulspor K], **s. S.** 96
İstanbulspor K **s.** İstanbulspor AŞ
Istiklal **s.** al-Istiklal
Istra Čukarički **s.** FK Čukarički Stankom
Istra Pula **s.** NK Istra Pula
Istrabenz Koper **s.** NK Koper
Istragas Jadran Dekani **s.** NK Jadran Dekani
Istrawshan Ura-Tjube, Ura-Tjube, Tadschikistan, Klub, **s. S.** 100
IT Arad **s.** FC UT Arad
IT Casablanca, Casablanca/Dar Al-Bayda, Marokko, Klub, **s. S.** 113
Itá, Stadt, Paraguay, **s. S.** 135
Itabaiana, Stadt, Brasilien, **s. S.** 133
Itabuna EC (Itabuna Esporte Clube), Itabuna, Brasilien, Klub, **s. S.** 133
Itabuna Esporte Clube **s.** Itabuna EC
Itabuna, Stadt, Brasilien, **s. S.** 133
Itajaí, Stadt, Brasilien, **s. S.** 133
Italchacao FC **s.** Deportivo Italchacao FC
Italia Cagliari **s.** Cagliari Calcio
Italia Firenze **s.** AC Fiorentina
Italia **s.** Deportivo Italchacao FC
Italia, Tunis, Tunesien, Klub, [aufgel. 19??], **s. S.** 113
Italiano **s.** CD Italiano
Italien, Länder, **s. S.** 80 und 81
Ithad Suez **s.** al-Suez
Íthróttabandalag Akranes **s.** ÍA
Íthróttabandalag Akureyri **s.** ÍBA
Íthróttabandalag Ísafjörður **s.** ÍBÍ
Íthróttabandalag Vestmannæyjar **s.** ÍBV
Íthróttabandalagið Hafnarfjörður **s.** ÍBH
Íthróttafélagið Fylkir **s.** ÍF Fylkir
Íthróttafélagið Leiftur **s.** ÍF Leiftur
Íthróttafélagið Thór **s.** ÍF Thór
Íthróttaflokkur KFUM **s.** Valur
ITI (Indian Telephone Industries), Bangalore, Indien, Klub, **s. S.** 105
ITI Bank-Bars, Ulanbator (Ulaanbaatar), Mongolei, Klub, **s. S.** 109
Ítróttarfelag Fuglafjarðar **s.** ÍF
Ittifaq **s.** al-Ittifaq
Ittihad Askeria, Tripolis (Tarabulus al-Gharb), Libyen, Klub, **s. S.** 113
Ittihad Khémisset, Khémisset, Marokko, Klub, **s. S.** 113
Ittihad Ryadi **s.** TS Ittihad Ryadi
Ittihad **s.** al-Ittihad
Ittihad Suez, Suez/Suvajs, Ägypten, Klub, [aufgel. 1967 durch Fusion mit al-Suez], **s. S.** 112
Ittihad Tanger **s.** IR Ittihad Tanger
Itumbiara EC (Itumbiara Esporte Clube), Itumbiara, Brasilien, Klub, entst. 1970, **s. S.** 133
Itumbiara Esporte Clube **s.** Itumbiara EC
Itumbiara, Stadt, Brasilien, **s. S.** 133
IV de Julho EC (IV de Julho Esporte Clube), Piripiri, Brasilien, Klub, entst. 1987, **s. S.** 133
IV de Julho Esporte Clube **s.** IV de Julho EC
Iveria Khaschuri **s.** FC Iveria Khaschuri
Ivy **s.** Derry Celtic FC
Iwano-Frankiws'k, Stadt, Ukraine, **s. S.** 99
Iwano-Frankowsk, Stadt, Ukraine, **s. S.** 99
Iwata, Stadt, Japan, **s. S.** 111
Iwisa Kaizer Chiefs **s.** Kaizer Chiefs
Iwo, Stadt, Nigeria, **s. S.** 117
Iwuanyanwu Nationale, Owerri, Nigeria, Klub, entst. 1985, [19??-?? Spartans Oweri], **s. S.** 117
Ixelles **s.** Union FC Ixelles
Ixelles SC **s.** Sporting CB
Izabal, Stadt, Guatemala, **s. S.** 125
İzmir, Stadt, Türkei, **s. S.** 96
İzmirspor K (İzmirspor Kulübü), İzmir, Türkei, Klub, entst. 1923, **s. S.** 96
İzmirspor Kulübü **s.** İzmirspor K
İzmit, Stadt, Türkei, **s. S.** 96
Izola, Stadt, Slowenien, **s. S.** 93
J & J Construction **s.** Parham FC
J & P Coats **s.** Pawtucket Rangers
J Belcourt **s.** CR Belouizdad
Jabla, Jabla, Syrien, Klub, **s. S.** 102
Jabla, Stadt, Syrien, **s. S.** 102
Jablanica, Stadt, Bosnien und Herzegowina, **s. S.** 93
Jablonec nad Nisou, Stadt, Tschechische Republik, **s. S.** 86
Jabloteh **s.** CLF San Juan Jabloteh
JAC (Jeunesse Athletic Club), Libreville, Gabun, Klub, [19??-?? AS Oprag], **s. S.** 119
Jacksonville Tea Men **s.** New England Tea Men
Jacksonville Tea Men, Jacksonville, USA, Klub, entst. 1980, [1978-80 New England Tea Men, 80 Umzug nach Jacksonville => Jacksonville Tea Men (80-84), 84 aufgel.], **s. S.** 123
Jacksonville, Stadt, USA, **s. S.** 123
Jacobs FC (Jacobs Football Club), Dublin/Baile Átha Cliath, Irland, Klub, [aufgel. 1984], **s. S.** 69
Jacobs Football Club **s.** Jacobs FC
Jadida **s.** al-Jadida
Jadidka, Somalia, Klub, **s. S.** 115
Jadran Dekani **s.** NK Jadran Dekani
Jaén, Stadt, Spanien, **s. S.** 79
Jagatjit Cotton Textile Mills **s.** JCT Mills
Jagiellonia Białystok **s.** KS Jagiellonia Białystok
Jahn Cernăuţi **s.** CS Jahn Cernăuţi
Jahn Łódź **s.** ŁTSG
Jahn München **s.** FC Bayern München
Jahn Neckarau **s.** VfL 1884 Neckarau
Jahra, al-Jahra', Kuwait, Klub, entst. 1966, [1966-81 al-Shuhadaa], **s. S.** 103
Jai Hind '92, Surinam, Klub, **s. S.** 129
Jaipur, Stadt, Indien, **s. S.** 105
Jaish **s.** al-Jaish
Jakarta FC (Jakarta Football Club), Jakarta, Indonesien, Klub, [19??-2001 Persijatim], **s. S.** 106
Jakarta Football Club **s.** Jakarta FC
Jakarta, Stadt, Indonesien, **s. S.** 106 und 107
Jakobshavn, Stadt, Grönland, **s. S.** 123
Jakobstad, Stadt, Finnland, **s. S.** 73
Jalan Besar, Stadt, Singapur, **s. S.** 107
Jalapa, Stadt, Guatemala, **s. S.** 125
Jalapa, Stadt, Nicaragua, **s. S.** 125
Jalgpalli- ja Hokiklubi Keemik Kohtla-Järve **s.** JHK Keemik Kohtla-Järve
Jalgpalli Klub Estonia Tallinn **s.** JK Estonia Tallinn
Jalgpalliklubi Dünamo Tallinn **s.** JK Dünamo Tallinn
Jalgpalliklubi Eesti Põlevkivi Jõhvi **s.** JK Eesti Põlevkivi Jõhvi
Jalgpalliklubi Merkuur Tartu **s.** JK Merkuur Tartu
Jalgpalliklubi Tallinna Sadam **s.** JK Tallinna Sadam
Jalgpalliklubi Trans Narva **s.** JK Trans Narva
Jalgpalliklubi Tulevik Viljandi **s.** JK Tulevik Viljandi
Jalgpalliklubi Vall Tallinn **s.** JK Vall Tallinn
Jalib ash Shuyukh, Stadt, Kuwait, **s. S.** 103
Jalil **s.** al-Jalil
Jalisco, Guadalajara, Mexiko, Klub, [19??-70 Oro], **s. S.** 125
Jalkapallo Turun Palloseura **s.** TPS
Jam Rocks SC I (Jam Rocks Sport Club I), Britische Jungferninseln, Klub, [19??-9? Reggae Boys, 9?-9? Hazards], **s. S.** 126
Jam Rocks SC II (Jam Rocks Sport Club II), Britische Jungferninseln, Klub, **s. S.** 126
Jam Rocks Sport Club I **s.** Jam Rocks SC I
Jam Rocks Sport Club II **s.** Jam Rocks SC II
Jamaat S. Madinet Tiaret **s.** JSM Tiaret
Jamaica Defence Force, Kingston, Jamaika, Klub, **s. S.** 126
Jamaika, Länder, **s. S.** 126 und 127
Jambi, Stadt, Indonesien, **s. S.** 106
Jambol, Stadt, Bulgarien, **s. S.** 91
Jambon **s.** FC Jambon
James Street Blackburn **s.** Blackburn Olympic FC
Jamhuri, Pemba, Tansania, Klub, **s. S.** 119
Jangijer, Stadt, Usbekistan, **s. S.** 100
Jäntevä (Kotkan Jäntevä), Kotka, Finnland, Klub, entst. 1940, **s. S.** 73
Jantra Gabrovo **s.** FK Tschardafon Gabrovo
Japan, Länder, **s. S.** 110 und 111
Japara, Stadt, Indonesien, **s. S.** 107
Japo **s.** Miner's Japo
Japonés FC **s.** Olaria AC
Jappers, Kingstown, St. Vincent und Grenadinen, Klub, **s. S.** 127
Jarabacoa, Jarabacoa, Dominikanische Republik, Klub, **s. S.** 127
Jarabacoa, Stadt, Dominikanische Republik, **s. S.** 127
Jardines, Hongkong, Klub, **s. S.** 109
Jaro **s.** FF Jaro
Jaroslawl', Stadt, Russland, **s. S.** 101
JAS Bardejov **s.** BSC JAS Bardejov
Jaspers United, Onitsha, Nigeria, Klub, **s. S.** 117
Jassy Turkestan, Turkestan, Kasachstan, Klub, [19??-92 Montaschnik Turkestan], **s. S.** 101
Jastrzębie-Zdrój, Stadt, Polen, **s. S.** 89
Jaten, Stadt, Indonesien, **s. S.** 107
Jaú, Stadt, Brasilien, **s. S.** 133
Jauniu Rinktine Alsa Vilnius **s.** JR Alsa Vilnius
Java Lane SC (Java Lane Sport Club), Colombo, Sri Lanka, Klub, **s. S.** 105
Java Lane Sport Club **s.** Java Lane SC
Jawalakhel Youth, Patan, Nepal, Klub, **s. S.** 105
Jawwiya **s.** al-Jawwiya
Jayapura, Stadt, Indonesien, **s. S.** 107
Jazira **s.** al-Jazira
Jazz **s.** FC Jazz
JBV Schumen **s.** FK Schumen
JC Boulkiende, Koudougou, Burkina Faso, Klub, **s. S.** 114
JČE České Budějovice **s.** SK České Budějovice
JCT Mills (Jagatjit Cotton Textile Mills), Phagwara, Indien, Klub, **s. S.** 105
JE Tizi-Ouzou **s.** JS Kabylie
Jeanne d'Arc **s.** ASC Jeanne d'Arc
Jeanne d'Arc **s.** ASFA Yennega
Jeanne d'Arc **s.** SS Jeanne d'Arc
Jedinstvo Beograd **s.** SD Jedinstvo Beograd
Jedinstvo Bihać **s.** NK Jedinstvo Bihać
Jedinstvo Brčko **s.** FK Jedinstvo Brčko
Jedinstvo Bugojno **s.** NK Iskra Bugojno
Jedinstvo Crvenka **s.** FK Crvenka
Jedinstvo Pljevlja **s.** SK Rudar Pljevlja
Jedinstvo Visoko **s.** FK Bosna Visoko
Jedinstvo Zemun **s.** FK Zemun
Jedinstvo Zemun **s.** Sparta Zemun
Jednota Dunajská Streda **s.** 1. FC DAC Dunajská Streda
Jednota Košice **s.** FK Lokomotíva Košice
Jednota Trenčín **s.** FK Ozeta Dukla Trenčín
Jednota Žilina **s.** MŠK Žilina
Jednota ZŤS Košice **s.** 1. FC Košice
Jednotnost Ljubljana **s.** NK SCT Olimpija Ljubljana
JEF United Ichihara, Ichihara, Japan, Klub, entst. 1989, [19??-?? Furukawa Electric, ??-92 JR East Furukawa], **s. S.** 111
Jekabpils, Stadt, Lettland, **s. S.** 99
Jelenia Góra, Stadt, Polen, **s. S.** 84
Jelgava, Stadt, Lettland, **s. S.** 99
Jemen, Länder, **s. S.** 102 und 103
Jena, Stadt, Deutschland, **s. S.** 85
Jenaer SV 1903 **s.** FC Carl Zeiss Jena
Jenakijewe, Stadt, Ukraine, **s. S.** 99
Jenakjewo, Stadt, Ukraine, **s. S.** 99
Jenbek Dschezkazgan **s.** Ulutau Dschezkazgan
Jenbek Tschimkent **s.** Schiger Tschimkent
Jennings United FC (Jennings United Football Club), Jennings, Antigua und Barbuda, Klub, **s. S.** 127
Jennings United Football Club **s.** Jennings United FC
Jennings, Stadt, Antigua und Barbuda, **s. S.** 127
Jerazank Erewan **s.** FC Karabach Erewan
Jerez de la Frontera, Stadt, Spanien, **s. S.** 79
Jergwart, Stadt, Armenien, **s. S.** 97
Jeronim **s.** KS Flamurtari
Jersey City Celtics, Jersey, USA, Klub, entst. 1921, [aufgel. 1921], **s. S.** 122
Jersey City, Jersey, USA, Klub, entst. 1928, [aufgel. 19??], **s. S.** 122
Jersey, Stadt, USA, **s. S.** 122
Jerusalem, Stadt, Israel, **s. S.** 94
Jeschlik Dschizak **s.** FK Sogdiana Dschizak
Jeshi, Zanzibar, Tansania, Klub, **s. S.** 119
Jet Wavre **s.** Racing Jet Wavre
Jet-PA SK **s.** Siirt Jet-PA SK
Jets **s.** Air Zimbabwe Jets
Jets **s.** Mighty Jets
Jeunes Tahitiens, Papeete, Tahiti, Klub, **s. S.** 137
Jeunesse (Jeunesse Club), Abidjan, Elfenbeinküste, Klub, **s. S.** 117
Jeunesse Athletic Club **s.** JAC
Jeunesse Club **s.** Jeunesse
Jeunesse Club, Bobo-Dioulasso, Burkina Faso, Klub, **s. S.** 114
Jeunesse de la Frontière **s.** US Dudelange
Jeunesse Echternach **s.** CS Echternach
Jeunesse Esch **s.** AS Jeunesse Esch
Jeunesse Hautcharage **s.** FC Jeunesse Hautcharage
Jeunesse la Frontière Esch **s.** AS Jeunesse Esch
Jeunesse Ouvrière sportive Nosy-Bé **s.** JOS Nosy-Bé
Jeunesse sportive Antalaha **s.** JS Antalaha
Jeunesse sportive de Kabylie **s.** JS Kabylie
Jeunesse sportive du Ténéré **s.** JS Ténéré
Jeunesse sportive Kairouaniase **s.** JS Kairouaniase
Jeunesse sportive Massira **s.** JS Massira
Jeunesse sportive musulmane de Bejaia **s.** JSM Bejaia
Jeunesse sportive Sainte-Pierroise **s.** JS Sainte-Pierroise
Jeunesse sportive Trois-Rivières **s.** JS Trois-Rivières
Jeunesse Wasserbillig **s.** FC Jeunesse Wasserbillig
Jeunesse, Pétionville, Haiti, Klub, **s. S.** 127
Jewlach, Stadt, Aserbaidschan, **s. S.** 97
Jewpatorija, Stadt, Ukraine, **s. S.** 99
Jhapa, Stadt, Nepal, **s. S.** 105
JHK Keemik Kohtla-Järve (Jalgpalli- ja Hokiklubi Keemik Kohtla-Järve), Kohtla-Järve, Estland, Klub, entst. 1991, **s. S.** 99
Ji Paraná FC (Ji Paraná Futebol Clube), Ji Paraná, Brasilien, Klub, entst. 1991, **s. S.** 133
Ji Paraná Futebol Clube **s.** Ji Paraná FC
Ji Paraná, Stadt, Brasilien, **s. S.** 133
Jiangsu Jiajia **s.** Jiangsu Shuntian
Jiangsu Maint **s.** Jiangsu Shuntian
Jiangsu Shuntian, Nanjing, China, Klub, entst. 1993, [1993-95 Jiangsu Maint, 95-96 Jiangsu, 1996-2000 Jiangsu Jiajia], **s. S.** 109
Jidd Hafs, Jidd Hafs, Bahrain, Klub, **s. S.** 102
Jidd Hafs, Stadt, Bahrain, **s. S.** 102
Jiddah, Stadt, Saudi-Arabien, **s. S.** 102
Jigawa Golden Stars, Dutse, Nigeria, Klub, **s. S.** 117
Jihad **s.** al-Jihad
Jihlava, Stadt, Tschechische Republik, **s. S.** 86
Jil Sakanene Bordj Menaïel **s.** JS Bordj Menaïel
Jili Cars **s.** Guangzhou Jili Cars
Jilin Aodong, Yanji, Changchun und Jilin, China, Klub, entst. 1994, [19??-?? Jilin, ??-95 Jilin Samsung, 95-97 Yanbian Hyundai, 97-98 Yanbian Aodong, 1998-2001 Jilin Aodong, aufgel. 01, Umzug nach Hangzhou => Zhejiang Sanhua Lucheng], **s. S.** 109
Jilin Samsung **s.** Jilin Aodong
Jima, Stadt, Äthiopien, **s. S.** 115
Jinan Taishan Jiangjun **s.** Shangdong Luneng Taishan
Jinan Taishan **s.** Shangdong Luneng Taishan
Jinan, Stadt, China, **s. S.** 109
Jinde **s.** Shenyang Jinde
Jinja, Stadt, Uganda, **s. S.** 119
Jinonice **s.** SK Motorlet Praha
Jinzhou, Stadt, China, **s. S.** 109
Jirama FC (Jirama Football Club), Fianarantsoa, Madagaskar, Klub, **s. S.** 121
Jirama Football Club **s.** Jirama FC
Jiskra Gottwaldov **s.** FK Zlín
Jiskra Jablonec **s.** FK Jablonec '97
Jiskra Náchod **s.** SK Náchod
Jiskra Otrokovice **s.** TJ Jiskra Otrokovice
Jiskra Rybitví **s.** SK Pardubice
Jiskra Semtín **s.** SK Pardubice
Jiskra SS Liberec **s.** FC Slovan Liberec
Jiskra SS Liberec **s.** TJ Jiskra SS Liberec
Jiskra SS Liberec **s.** TJ Slavoj Liberec
Jiskra Staré Město **s.** 1. FC Synot
Jiul Lupeni **s.** Minerul Lupeni
Jiul Petroşani **s.** CS Jiul Petroşani
Jixi, Stadt, China, **s. S.** 109
JK Dünamo Tallinn (Jalgpalliklubi Dünamo Tallinn), Tallinn, Estland, Klub, entst. 1940, **s. S.** 99
JK Eesti Põlevkivi Jõhvi (Jalgpalliklubi Eesti Põlevkivi Jõhvi), Jõhvi, Estland, Klub, entst. 1974, [1974-92 Estonia Jõhvi, 1992-2000 JK Eesti Põlevkivi Jõhvi, 2000 aufgel.], **s. S.** 99
JK Estonia Tallinn (Jalgpalli Klub Estonia Tallinn), Tallinn, Estland, Klub, [aufgel. 19??], **s. S.** 99
JK Merkuur Tartu (Jalgpalliklubi Merkuur Tartu), Tartu, Estland, Klub, entst. 1987, [1987-90 Leivakombinaat Tartu, 90 KEK Jõgeva/Merkuur Tartu], **s. S.** 99
JK Serveni Tallinn **s.** JK Vall Tallinn
JK Tallinna Sadam (Jalgpalliklubi Tallinna Sadam), Tallinn, Estland, Klub, entst. 1992, [aufgel. 1999 durch Fusion mit FC Levadia Maardu], **s. S.** 99
JK Tallinna Sadam **s.** FC Levadia Maardu
JK Tervis Pärnu **s.** Lelle SK

JK Trans Narva (Jalgpalliklubi Trans Narva), Narva, Estland, Klub, entst. 1979, [1979-85 Avtomobilist Narva, 85-92 Autobaas Narva], **s. S.** 99
JK Tulevik Viljandi (Jalgpalliklubi Tulevik Viljandi), Viljandi, Estland, Klub, entst. 1912, [1912-91 Viljandi FK, 91-92 Viljandi JK, 97 Fusion mit Lelle SK], **s. S.** 99
JK Tulevik Viljandi **s.** Lelle SK
JK Vall Tallinn (Jalgpalliklubi Vall Tallinn), Tallinn, Estland, Klub, entst. 1993, [1993 JK Serveni Tallinn], **s. S.** 99
JK/Kalev Pärnu **s.** Pärnu JK
Jmil, Stadt, Libyen, **s. S.** 113
João Pessoa, Stadt, Brasilien, **s. S.** 133
Joe Public, Port of Spain, Trinidad und Tobago, Klub, **s. S.** 129
Joggifans, Banjul, Gambia, Klub, **s. S.** 117
Johannesburg, Stadt, Südafrika, **s. S.** 121
Johannstadt Dresden **s.** TSV 1910 Dresden
Johor Baharu, Stadt, Malaysia, **s. S.** 106
Johor FC (Johor Football Club), Johor Baharu, Malaysia, Klub, **s. S.** 106
Johor Football Club **s.** Johor FC
Jõhvi, Stadt, Estland, **s. S.** 99
Joieries Aurum **s.** FC Engolasters
Joinville EC (Joinville Esporte Clube), Joinville, Brasilien, Klub, entst. 1976, [entst. 1976 durch Fusion América FC und Caxias FC], **s. S.** 133
Joinville EC **s.** América FC
Joinville EC **s.** Caxias FC
Joinville Esporte Clube **s.** Joinville EC
Joinville, Stadt, Brasilien, **s. S.** 133
Jokerit **s.** FC Jokerit
Joko Slovácká Slavia Uherské Hradiště **s.** FC Slovácká Slavia Uherské Hradiště
Jomo Cosmos, Rustenburg, Südafrika, Klub, entst. 1983, [1990 Jomo Midas Cosmos], **s. S.** 121
Jomo Midas Cosmos **s.** Jomo Cosmos
Jong Colombia, Sint Michiel/Boca Samí, Niederländische Antillen, Klub, **s. S.** 127
Jong Holland, Willemstad, Niederländische Antillen, Klub, **s. S.** 127
Jönköping, Stadt, Schweden, **s. S.** 73
Jönköpings Södra Idrottsförening **s.** Jönköpings Södra IF
Jönköpings Södra IF (Jönköpings Södra Idrottsförening), Jönköping, Schweden, Klub, entst. 1922, **s. S.** 73
Jonoob, Ahvaz, Iran, Klub, **s. S.** 103
Jordan, Amman, Jordanien, Klub, [19?? aufgel.], **s. S.** 102
Jordanien, Länder, **s. S.** 102 und 103
Jorge Chávez, Lima, Peru, Klub, **s. S.** 130
Jorge Newbery (Club Jorge Newbery), Junín, Argentinien, Klub, entst. 1913, **s. S.** 135
Jorge Washington, Callao, Peru, Klub, [aufgel. 19??], **s. S.** 130
Jorge Wilstermann (Club Jorge Wilstermann), Cochabamba, Bolivien, Klub, entst. 1949, **s. S.** 131
JOS Nosy-Bé (Jeunesse Ouvrière sportive Nosy-Bé), Hell-Ville, Madagaskar, Klub, **s. S.** 121
Jos, Stadt, Nigeria, **s. S.** 117
José Gálvez (Club José Gálvez), Chimbote, Peru, Klub, entst. 1953, **s. S.** 130
José Gálvez (Sport José Gálvez), Lima, Peru, Klub, [aufgel. 19??], **s. S.** 130
José Olaya, Lima, Peru, Klub, [aufgel. 19??], **s. S.** 130
Josko Ried **s.** SV Josko Ried
Jounieh, Stadt, Libanon, **s. S.** 102
Jovaras Mažeikiai **s.** FK Mažeikiai
JR Alsa Vilnius (Jauniu Rinktine Alsa Vilnius), Vilnius, Litauen, Klub, entst. 1995, [aufgel. 1996], **s. S.** 99
JR East Furukawa **s.** JEF United Ichihara
JR Klaipeda **s.** FK Atlantas-2 Klaipeda
JRV Zemun **s.** Naša krila JRV Zemun
JS Antalaha (Jeunesse sportive Antalaha), Antsiranana, Madagaskar, Klub, [19??-?? ASCA Antalaha], **s. S.** 121
JS Arue, Arue, Tahiti, Klub, **s. S.** 137
JS Baco, Koné, Neukaledonien, Klub, **s. S.** 137
JS Bordj Menaiel (Jil Sakanene Bordj Menaïel), Bordj Menaïel, Algerien, Klub, **s. S.** 113
JS Capesterre, Capesterre, Guadeloupe, Klub, **s. S.** 127
JS Centre Salif Keita, Bamako, Mali, Klub, **s. S.** 114
JS Kabylie (Jeunesse sportive de Kabylie), Tizi-Ouzou, Algerien, Klub, entst. 1946, [19??-?? JS Kawkabi, ??-89 JE Tizi-Ouzou], **s. S.** 113
JS Kairouaniase (Jeunesse sportive Kairouaniase), Kairouan, Tunesien, Klub, entst. 1942, **s. S.** 113
JS Kawkabi **s.** JS Kabylie
JS Massira (Jeunesse sportive Massira), El-Aaiún, Westsahara, Klub, entst. 1995, [entst. 1995 nach Umzug von Auxiliary Forces aus Casablanca nach El-Aaiún => JS Massira], **s. S.** 113
JS Massira **s.** Auxiliary Forces
JS Sainte-Pierroise (Jeunesse sportive Sainte-Pierroise), Saint-Pierre, Reunion, Klub, entst. 1950, **s. S.** 121
JS Ténéré (Jeunesse sportive du Ténéré), Niamey, Niger, Klub, **s. S.** 114
JS Traput, Traput, Neukaledonien, Klub, **s. S.** 137
JS Trois-Rivières (Jeunesse sportive Trois-Rivières), Trois-Rivières, Guadeloupe, Klub, **s. S.** 127
JS Vallée du Tir Nouméa, Nouméa, Neukaledonien, Klub, **s. S.** 137
JS Verlorenkost **s.** US Luxembourg
JSD Partizan Beograd **s.** FK Partizan Beograd
JSK Dupnica **s.** FK Marek Dupnica
JSK Gorna Oriahovitza **s.** FK Lokomotiv Gorna Oriahovitza
JSK Ruse, Ruse, Bulgarien, Klub, [aufgel. 19??], **s. S.** 91
JSK Skopje, Skopje, Mazedonien, Klub, [aufgel. 19??], **s. S.** 91
JSK Stara Zagora, Stara Zagora, Bulgarien, Klub, [aufgel. 19??], **s. S.** 91
JSK-Botev Pleven, Pleven, Bulgarien, Klub, [aufgel. 19??], **s. S.** 91
JSM Bejaïa (Jeunesse sportive musulmane de Bejaïa), Bejaïa, Algerien, Klub, **s. S.** 113
JSM Boufarik **s.** WA Boufarik
JSM Skikda, Skikda, Algerien, Klub, **s. S.** 113
JSM Tébessa, Tébessa, Algerien, Klub, **s. S.** 113
JSM Tiaret (Jamaat S. Madinet Tiaret), Tiaret, Algerien, Klub, **s. S.** 113
JT Stars, The Valley, Anguilla, Klub, **s. S.** 126
Juan Aurich (Club Juan Aurich), Chiclayo, Peru, Klub, entst. 1922, [aufgel. 1993 durch Fusion mit Deportivo Cañaña => CSD Aurich-Cañaña, 97 Aufl. der Fusion und Zurückbenennung => Juan Aurich und Deportivo Cañaña], **s. S.** 130
Juan Aurich **s.** CSD Aurich-Cañaña
Juan Aurich **s.** Deportivo Cañaña
Juan Bielovucic, Lima, Peru, Klub, [aufgel. 19??], **s. S.** 130
Juàzeiro do Norte, Stadt, Brasilien, **s. S.** 133
Juba, Stadt, Sudan, **s. S.** 115
Jubilo Iwata, Iwata, Japan, Klub, entst. 1972, [19??-92 Yamaha Motors], **s. S.** 111
Jug Dubrovnik **s.** HNK Dubrovnik
Jugendlust 1890 Berlin **s.** Berliner FC Alemannia 90-Wacker
Jugokeramika Zaprešić **s.** NK INKER Zaprešić
Jugoslaven Ohrid **s.** FK Ohrid
Jugoslavija Beograd **s.** SK Jugoslavija Beograd
Jugoslavija Struga **s.** FK Karaorman Struga
Jugoslawien, Länder, **s. S.** 92 und 93
Juliaca, Stadt, Peru, **s. S.** 131
Juliana Heerlen **s.** Rapid JC
Julianehåb, Stadt, Grönland, **s. S.** 123
Juliánov **s.** ČAFC Židenice
Julius Berger, Lagos, Nigeria, Klub, entst. 1972, **s. S.** 117
Jullundur, Stadt, Indien, **s. S.** 105
Jumeaux **s.** FC Jumeaux
Jumex **s.** Lazio Jumex
Junak Šibenik **s.** HNK Šibenik
Junín **s.** CD Junín
Junín, Stadt, Argentinien, **s. S.** 135
Junior Casale AC **s.** AS Casale
Junior FC Casale **s.** AS Casale
Junior FC **s.** Montreux-Sports
Junior Professionals, Monrovia, Liberia, Klub, **s. S.** 117
Junior **s.** AS Junior
Juniyah, Stadt, Libanon, **s. S.** 102
Jupiter SC (Jupiter Sport Club), Negombo, Sri Lanka, Klub, **s. S.** 105
Jupiter Sport Club **s.** Jupiter SC
Jurnieks Riga **s.** APgaismestehnika Riga
Jurnieks Riga **s.** FK Jurnieks Riga
Jurning, Botswana, Klub, **s. S.** 121
Jurong Town FC (Jurong Town Football Club), Jurong, Singapur, Klub, **s. S.** 107
Jurong Town Football Club **s.** Jurong Town FC
Jurong, Stadt, Singapur, **s. S.** 107
JUST **s.** Melbourne JUST
Jutas-Veszprém **s.** Veszprém LC
Jutiapa, Stadt, Guatemala, **s. S.** 125
Jutrzenka Kraków **s.** KS Jutrzenka Kraków
Juvenes **s.** SS Dogana
Juvenes **s.** SS Juvenes
Juvenes/Dogana **s.** SS Juvenes/Dogana
Juvenil Los Angeles, Moquegua, Peru, Klub, **s. S.** 131
Juvenil Reyes, Bata, Äquatorial-Guinea, Klub, **s. S.** 118
Juvenil **s.** Centro Juvenil
Juventina Palermo **s.** US Palermo
Juventud Alianza **s.** CA Juventud Alianza
Juventud Antoniana (Club Juventud Antoniana), Salta, Argentinien, Klub, entst. 1915, [1915-17 Centro de la Juventud Antoniana], **s. S.** 135
Juventud Asturiana, Havanna (La Habana), Kuba, Klub, [aufgel. 19??], **s. S.** 126
Juventud Benqueña, Benque Viejo del Carmen, Belize, Klub, **s. S.** 125
Juventud del Tigre **s.** CA Tigre
Juventud Italiana, Quito, Ecuador, Klub, **s. S.** 131
Juventud La Joya **s.** Centro Iqueño
Juventud La Joya **s.** La Joya-Iqueño
Juventud La Joya, Chancay, Peru, Klub, [aufgel. 1987 durch Fusion mit Centro Iqueño => La Joya-Iqueño, 87 Aufl. der Fusion und Zurückbenennung], **s. S.** 130
Juventud La Palma, Huacho, Peru, Klub, entst. 1950, **s. S.** 130
Juventud Morazanica, Morazán, Honduras, Klub, [19??-83 Atlético Morazán], **s. S.** 125
Juventud Olímpica Metalío **s.** CD Juventud Olímpica Metalío
Juventud Pringles **s.** Alianza Juventud Pringles
Juventud Retalteca (Club Juventud Retalteca), Retalhuleu, Guatemala, Klub, **s. S.** 125
Juventud **s.** CA Juventud
Juventud **s.** SV Juventud
Juventud Unida Universitario **s.** Alianza Juventud Pringles
Juventude **s.** EC Juventude
Juventude **s.** SER Juventude
Juventude, Palmeira, Kapverden, Klub, **s. S.** 116
Juventus Adelaide **s.** Adelaide Force FC
Juventus Bucureşti **s.** Flacăra Bucureşti
Juventus Caribbean **s.** Juventus Esso
Juventus EC (Juventus Esporte Clube), Macapá, Brasilien, Klub, [aufgel. 19??], **s. S.** 133
Juventus Esporte Clube **s.** Juventus EC
Juventus Esso, Orange Walk, Belize, Klub, [19??-98 Juventus Caribbean, 98-99 Juventus Pepsi], **s. S.** 125
Juventus FC (Juventus Football Club), Turin (Torino), Italien, Klub, entst. 1897, [1897-99 SC Juventus, 1899-1929 FBC Juventus, 23-45 Federazione Calcio Juventus], **s. S.** 81
Juventus Football Club **s.** Juventus FC
Juventus Lecce **s.** US Lecce
Juventus Pepsi **s.** Juventus Esso
Juventus **s.** AC Juventus
Juventus **s.** AS Juventus
Juventus **s.** ASG Juventus
Juventus **s.** Brunswick Pumas
Juventus **s.** CA Juventus
Juventus **s.** FC Juventus
Juventus Topoľčany **s.** MFK VTJ Topoľčany
Juventus Zürich **s.** SC Young Fellows Zürich
Juventus, Castries, St. Lucia, Klub, **s. S.** 127
Juventus, Niederländische Antillen, Klub, **s. S.** 126
Jwaneng, Stadt, Botswana, **s. S.** 121
JZD Blšany **s.** FK Chmel Blšany
JZD Drnovice **s.** FK Drnovice
K Athletische SV Oostende **s.** KV Oostende
K Beeringen FC **s.** K Beringen FC
K Beerschot VAC **s.** KFC Germinal Ekeren
K Beerschot VAV (Koninklijke Beerschot Voetbal-en Atletikclub), Antwerpen, Belgien, Klub, entst. 1899, [1899-1926 Beerschot AC, 26-68 R Beerschot AC, 68-99 K Beerschot VAV, aufgel. 99 durch Fusion mit KFC Germinal Ekeren => KFC Germinal Beerschot Antwerpen], **s. S.** 75
K Beerschot VAV **s.** KFC Germinal Beerschot Antwerpen
K Berchem Sport (Koninklijk Berchem Sport), Antwerpen, Belgien, Klub, entst. 1908, [1908-31 Berchem Sport, 31-67 R Berchem Sport], **s. S.** 75
K Beringen FC (Koninklijke Beringen Football Club), Beringen, Belgien, Klub, entst. 1924, [1924-25 CS Kleine Heide Beeringen, 25-47 Beeringen FC, 47-51 Beringen FC, 51-52 K Beringen FC, 52-72 K Beeringen FC], **s. S.** 75
K Kortrijk Sport (Koninklijke Kortrijk Sport), Kortrijk, Belgien, Klub, entst. 1901, [1901-19 SC Courtrasien, 19 Fusion mit FC 1898 Courtraisien => Courtrai Sports (19-27), 27-51 R Courtrai Sports, 51-71 K Kortrijk Sport, aufgel. 71 durch Fusion mit Stade Kortrijk => KV Kortrijk], **s. S.** 75
K Kortrijk Sport **s.** KV Kortrijk
K Liersche SK **s.** K Lierse SK
K Lierse SK (Koninklijke Lierse Sportkring), Lier, Belgien, Klub, entst. 1906, [1906-31 Liersche SK, 31-47 K Liersche SK, 47-72 K Lierse SK, 72 Fusion mit KV Lyra => K Lierse SV (72-82)], **s. S.** 75
K Lierse SK **s.** K Lyra TSV
K Lierse SV **s.** K Lierse SK
K Lierse SV **s.** K Lyra TSV
K Lyra **s.** K Lyra TSV
K Lyra TSV (Koninklijke Lyra Turn- en Sportvereeniging), Lier, Belgien, Klub, entst. 1909, [1909-34 TSV Lyra, 34-38 Lyra K Maatschappijt, 38-71 K Lyra, 71-72 KV Lyra, aufgel. 72 durch Fusion mit K Lierse SK => K Lierse SV, 82 wiedergegr.], **s. S.** 75
K Maasland Maasmechelen **s.** K Patro Eisden
K Patria FC Tongeren **s.** KSK Tongeren
K Patro Eisden (Koninklijke Patro Eisden), Eisden, Belgien, Klub, entst. 1942, [1942-92 VV Patro Eisden, 92-98 K Patro Eisden, aufgel. 98, Umzug nach Maasmechelen => K Maasland Maasmechelen], **s. S.** 75
K Racing Club Lokeren **s.** KSC Lokeren
K Sint Niklaasse SK **s.** K Sint-Niklase SK
K Sint-Niklase SK (Koninklijke Sint-Niklase Sportkring Excelsior), Sint-Niklaas, Belgien, Klub, entst. 1920, [1920-22 VV Beerschot Sint Niklaas, 22-47 Sint Niklaasche SK, 47-51 Sint Niklaasse SK, 51-71 K Sint Niklaasse SK, 71-89 K Sint Niklase SK, 89 Fusion mit R Excelsior AC 1913 Sint-Niklaas => K Sint-Niklase SK Excelsior], **s. S.** 75
K Sint-Niklase SK Excelsior **s.** K Sint-Niklase SK
K Sint-Truidense VV (Koninklijke Sint-Truidense Voetbalvereniging), Sint-Truiden, Belgien, Klub, entst. 1923, [1923-47 Sint Truidensche VV, 47-51 Sint Truidense VV], **s. S.** 75
K Stade Leuven (Koninklijke Stade Leuven), Leuven, Belgien, Klub, entst. 1903, [1903-28 Stade Louvaniste, 28-67 R Stade Louvaniste], **s. S.** 75
K Standaard FC Lokeren **s.** KSC Lokeren
K Tongerse SV Cercle **s.** KSK Tongeren
K Tubantia Borgerhout (Koninklijke Tubantia Bourgerhout Voetbalklub), Antwerpen, Belgien, Klub, entst. 1915, [1915-40 Tubantia AC, 40-60 K Tubantia FC, 60 Fusion mit KRC Bourgerhout => K Tubantia Borgerhout FC (60-71)], **s. S.** 75
K Tubantia Borgerhout FC **s.** K Tubantia Borgerhout
K Tubantia FC **s.** K Tubantia Borgerhout
K-1933 (Kissaviarsuk-1933), Qaqortoq/Julianehåb, Grönland, Klub, **s. S.** 123
KA (Knattspyrnufélag Akureyri), Akureyri, Island, Klub, entst. 1928, [aufgel. 1928 durch Fusion mit ÍF Thór => ÍBA, 74 Aufl. der Fusion und Zurückbenennung], **s. S.** 71
KA **s.** ÍBA
KA **s.** ÍF Thór
KAA Gent (Koninklijke Athletiek Associatie Gent), Gent, Belgien, Klub, entst. 1900, [1900-14 AA La Gantoise, 14-72 ARA La Gantoise], **s. S.** 75
Kabadjan, Stadt, Tadschikistan, **s. S.** 101
Kabale, Stadt, Uganda, **s. S.** 119
Kablo Topoľčany **s.** MFK VTJ Topoľčany
Kabul, Stadt, Afghanistan, **s. S.** 104
Kabuscorp **s.** FC Kabuscorp
Kabwe Warriors, Kabwe, Sambia, Klub, **s. S.** 119
Kabwe, Stadt, Sambia, **s. S.** 119
Kabylie **s.** JS Kabylie
KAC Kénitra (Kawkab Athletic Club Kénitra), Kénitra/Mina Hasan Sani, Marokko, Klub, **s. S.** 113
KAC Marrakech (Kawkab Athletic Club Marrakech), Marrakech, Marokko, Klub, **s. S.** 113
Kacheti Telawi **s.** FC Kacheti Telawi
Kachin State, Myitkina, Burma, Klub, **s. S.** 106
Kachli, Stadt, Aserbaidschan, **s. S.** 97
Kadamdzhaj **s.** Metallurg Kadamdzhaj
Kadhmiya **s.** al-Kadhmiya
Kadiogo **s.** RC Kadiogo
Kadoma, Stadt, Simbabwe, **s. S.** 121
Kaduna, Stadt, Nigeria, **s. S.** 117
Kafr ad Dawwar, Stadt, Ägypten, **s. S.** 112
Kafr ash Shaykh SC (Kafr ash Shaykh Sports Club), Kafr ash Shaykh, Ägypten, Klub, **s. S.** 112
Kafr ash Shaykh Sports Club **s.** Kafr ash Shaykh SC
Kafr ash Shaykh, Stadt, Ägypten, **s. S.** 112
Kafr az Zayyat, Stadt, Ägypten, **s. S.** 112
Kafr Soom, Kafr Soom, Jordanien, Klub, **s. S.** 102
Kafr Soom, Stadt, Jordanien, **s. S.** 102
Kagera Balimi RTC, Kagera, Tansania, Klub, **s. S.** 119
Kagera Stars, Bukoba, Tansania, Klub, **s. S.** 119
Kagera, Stadt, Tansania, **s. S.** 119
Kagoshima, Stadt, Japan, **s. S.** 111
Kagssagssuk, Maniitsoq/Sukkertoppen, Grönland, Klub, **s. S.** 123
Kahawa United, Nairobi, Kenia, Klub, **s. S.** 119
Kahramanmaraş, Stadt, Türkei, **s. S.** 96
Kahramanmaraşspor K (Kahramanmaraşspor Kulübü), Kahramanmaraş, Türkei, Klub, entst. 1969, **s. S.** 96
Kahramanmaraşspor Kulübü **s.** Kahramanmaraşspor K
Kahunga **s.** FC Kahunga
Kaiaua, Stadt, Neuseeland, **s. S.** 137
Kaimaninseln, Länder, **s. S.** 126 und 127
Kaira Silo FC (Kaira Silo Football Club), Banjul, Gambia, Klub, **s. S.** 117
Kaira Silo Football Club **s.** Kaira Silo FC
Kairo, Stadt, Ägypten, **s. S.** 112
Kairouan, Stadt, Tunesien, **s. S.** 113
Kaiserslautern, Stadt, Deutschland, **s. S.** 85
Kaiserwald Riga **s.** SV Kaiserwald Riga
Kaizer Chiefs, Soweto, Südafrika, Klub, entst. 1970, [1990 Iwisa Kaizer Chiefs], **s. S.** 121
Kajaani, Stadt, Finnland, **s. S.** 73
Kajaanin Palloilijat **s.** KaPa
Kajnar Taldykorgan **s.** Zhetysu Taldykorgan
Kajrat Alma-Ata **s.** FK Kajrat Almaty
Kajrat Almaty **s.** FK Kajrat Almaty
Kajrat Almaty **s.** SOPFK-Kajrat Almaty
Kajrat-CSKA Almaty **s.** FK Kajrat Almaty
Kajrat-CSKA Almaty **s.** SOPFK-Kajrat Almaty
Kajsar Hurricane Kzyl-Orda **s.** Kajsar Kzyl-Orda
Kajsar Kzyl-Orda, Kzyl-Orda, Kasachstan, Klub, entst. 1968, [1968 Volna Kzyl-Orda, 68-74 Avtomobilist Kzyl-Orda, 74-89 Orbita Kzyl-Orda, 89-90 Meliorator Kzyl-Orda, 90-96 Kajsar Kzyl-Orda, 96-97 Kajsar Munai Kzyl-Orda, 1997-2000 Kajsar Hurricane Kzyl-Orda], **s. S.** 101
Kajsar Munai Kzyl-Orda **s.** Kajsar Kzyl-Orda
Kajumulo World Soccer **s.** Moro United
Kajumulo, Tanga, Tansania, Klub, **s. S.** 119
Kakamega, Stadt, Kenia, **s. S.** 119
Kakandé Boké **s.** CO Kakandé Boké
Kakanj, Stadt, Bosnien und Herzegowina, **s. S.** 93
Kakimbo FC (Kakimbo Football Club), Conakry, Guinea, Klub, [19??-?? Conakry II], **s. S.** 117
Kakimbo Football Club **s.** Kakimbo FC
Kakira Sugar Works FC (Kakira Sugar Works Football Club), Kakira, Uganda, Klub, **s. S.** 119
Kakira Sugar Works Football Club **s.** Kakira Sugar Works FC
Kakira, Stadt, Uganda, **s. S.** 119
Kakra Pernicki Pernik **s.** FK Metalurg Pernik
Kakra Pernik **s.** FK Minjor Pernik
Kakra Pernitski Pernik **s.** FK Minjor Pernik
Kakua Devil Rangers **s.** Bo Rangers
Kalakombinaat Pärnu **s.** Pärnu JK
Kalakombinaat/MEK Pärnu **s.** Pärnu JK
Kalamarias **s.** AS Apollon Kalamarias
Kalamata, Stadt, Griechenland, **s. S.** 95
Kalamu **s.** AS Kalamu
Kalba, Stadt, VAE, **s. S.** 103
Kalemie, Stadt, Volksrepublik Kongo, **s. S.** 119
Kalev Sillamäe **s.** Sillamäe JK
Kalev Tallinn, Tallinn, Estland, Klub, [19??-?? Ess Kalev Tallinn, ??-?? ShVSM Tallinn, ??-?? Sport Tallinn, ??-?? Kalev Tallinn, ?? aufgel.], **s. S.** 99
Kalev Tartu **s.** Tartu JPK
Kaliningrad, Stadt, Russland, **s. S.** 84 und 101
Kalisz, Stadt, Polen, **s. S.** 89
Kalk 04 **s.** VfR Köln rrh.
Kallon FC (Kallon Football Club), Freetown, Sierra Leone, Klub, [19??-2000 Sierra Fisheries], **s. S.** 116
Kallon Football Club **s.** Kallon FC
Kalmar FF (Kalmar Fotboll Förening), Kalmar, Schweden, Klub, entst. 1910, **s. S.** 73
Kalmar Fotboll Förening **s.** Kalmar FF
Kalmar, Stadt, Schweden, **s. S.** 73
Kaloum Stars **s.** AS Kaloum Stars
Kalulushi Modern Stars **s.** Chibuluma Modern Stars
Kalulushi, Stadt, Sambia, **s. S.** 119
Kalum **s.** MSG Kalum
Kalutara, Stadt, Sri Lanka, **s. S.** 105
Kalyan, Stadt, Indien, **s. S.** 105
Kamabi Tuzla **s.** FK Sloboda Tuzla
Kamaishi, Stadt, Japan, **s. S.** 111
Kamal Dewaker, Surinam, Klub, **s. S.** 129
KamAZ Naberezhnyje Tschelny **s.** FK KamAZ-Tschally Naberezhnyje Tschelny
KamAZ-Tschally Naberezhnyje Tschelny **s.** FK KamAZ-Tschally Naberezhnyje Tschelny
Kambodscha, Länder, **s. S.** 106 und 107
Kamboi Eagles, Kenema, Sierra Leone, Klub, **s. S.** 117
Kamen Ingrad Velika **s.** NK Papuk Kamen Ingrad Velika
Kamenets-Podoľskij, Stadt, Ukraine, **s. S.** 99
Kamerun, Länder, **s. S.** 116 und 117
Kamili **s.** AFC Kamili
Kamina, Stadt, Volksrepublik Kongo, **s. S.** 119
Kam'janets-Podil's'kyj, Stadt, Ukraine, **s. S.** 99
Kampala, Stadt, Uganda, **s. S.** 119
Kampog Kota Batu, Stadt, Brunei, **s. S.** 107
Kâmpóng Cham Province Team, Kâmpóng Cham, Kambodscha, Klub, **s. S.** 107
Kâmpóng Cham, Stadt, Kambodscha, **s. S.** 107
Kamsar, Stadt, Guinea, **s. S.** 117
Kamunaľnik Slonim **s.** FK Kamunaľnik Slonim
Kamyschin, Stadt, Russland, **s. S.** 101
Kanada, Länder, **s. S.** 122 und 123
Kananga, Stadt, Volksrepublik Kongo, **s. S.** 119
Kanaz Erewan **s.** FC Arabkir Erewan
Kand Kanibadam, Kanibadam, Tadschikistan, Klub, **s. S.** 100
Kandana, Stadt, Sri Lanka, **s. S.** 105
Kandy, Stadt, Sri Lanka, **s. S.** 105
Kangar, Stadt, Malaysia, **s. S.** 106
Kangaroos **s.** Perth Kangaroos
Kanibadam, Stadt, Tadschikistan, **s. S.** 100
Kankan, Stadt, Guinea, **s. S.** 117
Kano Pillars, Kano, Nigeria, Klub, **s. S.** 117
Kano, Stadt, Nigeria, **s. S.** 117
Kanpur, Stadt, Indien, **s. S.** 105
Kansas City Spurs **s.** Chicago Spurs
Kansas City Spurs, Kansas City, USA, Klub, entst. 1968, [1967-68 Chicago Spurs, 68 Umzug nach Kansas City => Kansas City Spurs (68-70), 70 aufgel.], **s. S.** 123
Kansas City Wizards, Kansas City, USA, Klub, entst. 1996, **s. S.** 123
Kansas City, Stadt, USA, **s. S.** 123
Kant, Stadt, Kirgisien, **s. S.** 101
Kant-Oil Kant, Kant, Kirgisien, Klub, [19??-94 Han-Tengri Kant, 94-95 Kant-Oil Kant, 95 aufgel.], **s. S.** 101
Kanton, Stadt, China, **s. S.** 109
Kantsev Ruse **s.** FK Dunav Ruse
Kanu-Club Ludwigshafen **s.** SV Phönix Ludwigshafen
Kaolack, Stadt, Senegal, **s. S.** 117
KaPa (Kajaanin Palloilijat), Kajaani, Finnland, Klub, entst. 1924, **s. S.** 73
Kapan, Stadt, Armenien, **s. S.** 97
Kapfenberg, Stadt, Österreich, **s. S.** 83
Kapfenberger Sportvereinigung **s.** Kapfenberger SV
Kapfenberger SV (Kapfenberger Sportvereinigung), Kapfenberg, Österreich, Klub, **s. S.** 83
Kapos-ÉDOSZ **s.** Rákóczi FC
Kaposvár, Stadt, Ungarn, **s. S.** 89
Kaposvári Kinizsi **s.** Rákóczi FC
Kaposvári MÁV **s.** Somogy FC
Kapp Idrettsforening **s.** Kapp IF
Kapp IF (Kapp Idrettsforening), Kapp, Norwegen, Klub, entst. 1913, **s. S.** 71
Kapp, Stadt, Norwegen, **s. S.** 71
Kapstadt, Stadt, Südafrika, **s. S.** 120
Kapverden, Länder, **s. S.** 116 und 117
Kara **s.** ASKO Kara
Karabach Agdam **s.** FC Karabach Agdam
Karabach Barda **s.** FC Karabach Barda
Karabach Erewan **s.** FC Karabach Erewan
Karabach Erewan **s.** FC Karabach Stepanakert
Karabach Stepanakert **s.** FC Karabach Erewan
Karabach Stepanakert **s.** FC Karabach Stepanakert
Kara-Balta, Stadt, Kirgisien, **s. S.** 101
Karabük, Stadt, Türkei, **s. S.** 96
Karabükspor K **s.** DÇ Karabükspor K
Karachi Port Trust **s.** KPT
Karachi Red, Karachi, Pakistan, Klub, **s. S.** 105
Karachi Yellow, Karachi, Pakistan, Klub, **s. S.** 105
Karachi, Karachi, Pakistan, Klub, **s. S.** 105
Karachi, Stadt, Pakistan, **s. S.** 104 und 105
Karadicha Plovdiv **s.** SK Plovdiv
Karaganda, Stadt, Kasachstan, **s. S.** 101
Karagümrük Gençlık Kulübü **s.** Karagümrük GK
Karagümrük GK (Karagümrük Gençlık Kulübü), İstanbul, Türkei, Klub, entst. 1926, **s. S.** 96
Karaj, Stadt, Iran, **s. S.** 103
Karakol, Stadt, Kirgisien, **s. S.** 101
Kara-Kul, Stadt, Kirgisien, **s. S.** 100
Karama **s.** al-Karama
Karaorman Struga **s.** FK Karaorman Struga
Karasaj, Stadt, Kirgisien, **s. S.** 101
Karatamak, Stadt, Turkmenistan, **s. S.** 101
Karatschanagak Aksaj, Aksaj, Kasachstan, Klub, **s. S.** 101
Karavas, Stadt, Zypern, **s. S.** 95
Karbala, Stadt, Irak, **s. S.** 103
Karbala'a, Karbala, Irak, Klub, **s. S.** 103
Kareda Kaunas **s.** FK Kareda Kaunas
Kareda Kaunas **s.** FK Kareda Šiauliai
Kareda Šiauliai **s.** FK Kareda Kaunas
Kareda Šiauliai **s.** FK Kareda Šiauliai
Kári Reykjavík **s.** Fram
Kariakoo, Lindi, Tansania, Klub, **s. S.** 119
Karkh **s.** al-Karkh
Karkook, Stadt, Irak, **s. S.** 103
Karkouk, Karkook, Irak, Klub, **s. S.** 103
Karlappan, Kabul, Afghanistan, Klub, **s. S.** 104
Karleby, Stadt, Finnland, **s. S.** 73
Karl-Marx-Stadt **s.** Chemnitzer FC
Karlohutní SK **s.** FK VP Frýdek-Místek
Karlovy Vary, Stadt, Tschechische Republik, **s. S.** 86
Karlshamn, Stadt, Schweden, **s. S.** 73
Karlsruhe, Stadt, Deutschland, **s. S.** 85
Karlsruher FC Phönix **s.** Karlsruher SC
Karlsruher FC Phönix-Alemannia **s.** Karlsruher SC
Karlsruher Fußball-Verein **s.** Karlsruher FV
Karlsruher FV (Karlsruher Fußball-Verein), Karlsruhe, Deutschland, Klub, entst. 1891, **s. S.** 85
Karlsruher SC (Karlsruher Sport-Club), Karlsruhe, Deutschland, Klub, entst. 1894, [1894-1912 Karlsruher FC Phönix, 12 Fusion mit FC Alemannia 1897 Karlsruhe => Karlsruher FC Phönix-Alemannia (12-52), 52 Fusion mit VfB Mühlburg => Karlsruher SC], **s. S.** 85
Karlsruher Sport-Club **s.** Karlsruher SC
Karmal, Al-Karmah, Jordanien, Klub, **s. S.** 102
Karmir Drosch Gjumri **s.** FC Schirak Gjumri
Kärnten **s.** FC Kärnten
Karori **s.** Waterside Karori
Karpaty L'wiw **s.** FK Karpaty L'wiw
Karpaty L'wow **s.** FK Karpaty L'wiw
Karres Mediaş **s.** Gaz Metan Mediaş
Karschi, Stadt, Usbekistan, **s. S.** 101
Karşıyaka Anonim Şirketi **s.** Karşıyaka AŞ
Karşıyaka AŞ (Karşıyaka Anonim Şirketi), İzmir, Türkei, Klub, entst. 1912, [1912-97 Karşıyaka SK], **s. S.** 96
Karşıyaka SK **s.** Karşıyaka AŞ
Karviná, Stadt, Tschechische Republik, **s. S.** 86
Karviná-Vítkovice **s.** FC Karviná
Karviná-Vítkovice **s.** FC Vítkovice
Kasach Aschtarak **s.** FC MIKA Aschtarak
Kasachstan, Länder, **s. S.** 100 und 101
Kasan', Stadt, Russland, **s. S.** 101
Kasansaj, Stadt, Usbekistan, **s. S.** 100
KASE **s.** Kassai AC
Kashima Antlers, Kashima, Japan, Klub, [19??-92 Sumitomo Metal], **s. S.** 111
Kashima, Stadt, Japan, **s. S.** 111
Kashiwa Reysol, Kashiwa, Japan, Klub, [19??-92 Hitachi], **s. S.** 111
Kashiwa, Stadt, Japan, **s. S.** 111
Kasımpaşa Gençlık Kulübü **s.** Kasımpaşa GK
Kasımpaşa GK (Kasımpaşa Gençlık Kulübü), İstanbul, Türkei, Klub, entst. 1921, **s. S.** 96
Kassai AC (Kassai Atlétikai Club), Košice/Kassai, Slowakei, Klub, entst. 1903, [1903-18 Kassai AC, 06 Fusion mit Kassai SE, 08 Fusion mit KASE, 18-38 ŠK Sparta Košice, 38-45 Kassai AC, 45 aufgel.], **s. S.** 89
Kassai Atlétikai Club **s.** Kassai AC
Kassai SE **s.** Kassai AC
Kassai, Stadt, Slowakei, **s. S.** 87 und 89
Kassala, Stadt, Sudan, **s. S.** 115
Kassel, Stadt, Deutschland, **s. S.** 85
Kasseler Sport-Verein Hessen **s.** Kasseler SV Hessen
Kasseler SV Hessen (Kasseler Sport-Verein Hessen), Kassel, Deutschland, Klub, entst. 1893, [1893-95 FC Union 1893 Cassel, 95 Fusion mit FC Hassia Cassel => Casseler FV 1895 (1895-1904), 04 Fusion mit Casseler FV 1897 => Casseler FV (04-19), 19 Fusion mit VfK Cassel => SV Kurhessen Cassel (19-45), 45 aufgel. und wiedergegr., 45-47 VfL Hessen Kassel, 47 Fusion mit KSV Kassel => Kasseler SV Hessen (47-93), 93-98 FC Hessen Kassel, 98 aufgel. und wiedergegr.], **s. S.** 85
Kasserine, Stadt, Tunesien, **s. S.** 113
Kastoria, Stadt, Griechenland, **s. S.** 95
Kastrioti **s.** KS Kastrioti
Kastrup BK (Kastrup Boldklub), Kopenhagen (København), Dänemark, Klub, entst. 1933, **s. S.** 71
Kastrup Boldklub **s.** Kastrup BK
Katar, Länder, **s. S.** 102 und 103
Katerini, Stadt, Griechenland, **s. S.** 95
Kathmandu SC (Kathmandu Sport Club), Kathmandu, Nepal, Klub, **s. S.** 105
Kathmandu Sport Club **s.** Kathmandu SC
Kathmandu, Stadt, Nepal, **s. S.** 105
Kati, Stadt, Mali, **s. S.** 114
Katiola, Stadt, Elfenbeinküste, **s. S.** 117
Katowice, Stadt, Polen, **s. S.** 89
Katowicki Klub Łyżwiarski **s.** GKS Katowice
Katsina Ala, Stadt, Nigeria, **s. S.** 117
Katsina United, Katsina, Nigeria, Klub, **s. S.** 117
Katsina, Stadt, Nigeria, **s. S.** 117
Kaučuk Opava **s.** SFC Opava
Kaufmännischer SK Klagenfurt **s.** FC Kärnten
Kauftreff Wiener Neustadt **s.** 1. SC Wiener Neustädt
Kaunas, Stadt, Litauen, **s. S.** 99
Kauno Jegeriai Kaunas **s.** FK Kauno Jegeriai Kaunas
Kavadarci, Stadt, Mazedonien, **s. S.** 93
Kavajë, Stadt, Albanien, **s. S.** 93
Kavala, Stadt, Griechenland, **s. S.** 91 und 95
Kawasaki Frontale, Kawasaki, Japan, Klub, **s. S.** 111
Kawasaki, Stadt, Japan, **s. S.** 111
Kawkab Athletic Club Kénitra **s.** KAC Kénitra
Kawkab Athletic Club Marrakech **s.** KAC Marrakech
Kawkabi **s.** JS Kabylie
Kaya, Stadt, Burkina Faso, **s. S.** 114
Kayes Mandigou, Mandigou, Kongo, Klub, **s. S.** 118
Kayès, Stadt, Mali, **s. S.** 114
Kayseri, Stadt, Türkei, **s. S.** 96
Kayserispor K (Kayserispor Kulübü), Kayseri, Türkei, Klub, entst. 1966, **s. S.** 96
Kayserispor Kulübü **s.** Kayserispor K
Kazach, Stadt, Aserbaidschan, **s. S.** 97
Kazanläk, Stadt, Bulgarien, **s. S.** 91
Kazma, Kuwait City, Kuwait, Klub, entst. 1964, **s. S.** 103
KB (Københavns Boldklub), Kopenhagen (København), Dänemark, Klub, entst. 1878, [aufgel. 1992 durch Fusion mit B 1903 => FC København], **s. S.** 71
KB **s.** B 1903
KB **s.** FC København
KB **s.** Stævnet
KBF Leningrad **s.** VMS Moskva
KCB (Kenya Commercial Bank), Nairobi, Kenia, Klub, **s. S.** 119
KDT Nacional, Callao, Peru, Klub, **s. S.** 130
KEAC **s.** SZEOL
Kearny Erie AA **s.** Harrison SC
Kecskemét, Stadt, Ungarn, **s. S.** 89
Kedah (Kedah Darul Aman), Alor-Setar, Malaysia, Klub, [19??-9? SEDC Kedah], **s. S.** 106
Kedah Darul Aman **s.** Kedah
Kedainiai, Stadt, Litauen, **s. S.** 99
Kediri, Stadt, Indonesien, **s. S.** 107
Keemik Kohtla-Järve **s.** JHK Keemik Kohtla-Järve
Kef, Stadt, Tunesien, **s. S.** 113
Keffi, Stadt, Nigeria, **s. S.** 117
Keflavík UÍ (Keflavík-Ungmenna-og Íthróttafélag), Keflavík, Island, Klub, entst. 1929, [1929-56 UMFK, 56 Fusion mit KFK => ÍBK (56-94)], **s. S.** 71
Keflavík, Stadt, Island, **s. S.** 71
Keflavík-Ungmenna-og Íthróttafélag **s.** Keflavík UÍ
Kegelklub Favoriten **s.** Favoritner AC
Kehdek Koumac, Koumac, Neukaledonien, Klub, **s. S.** 137
Keio Club, Tokyo, Japan, Klub, [aufgel. 19??], **s. S.** 111
Keio University Blue Red Blue **s.** Keio University BRB
Keio University BRB (Keio University Blue Red Blue), Tokyo, Japan, Klub, [aufgel. 19??], **s. S.** 111
Kejian Ping'an **s.** Shenzhen Kejian Ping'an
KEK Jõgeva/Merkuur Tartu **s.** JK Merkuur Tartu
Kelab Kilat, Kuala Lumpur, Malaysia, Klub, **s. S.** 106
Kelab Sukan Adabi, Malaysia, Klub, **s. S.** 106
Kelab Sultan Sulaiman, Shah Alam, Malaysia, Klub, **s. S.** 106
Kelang, Stadt, Malaysia, **s. S.** 106
Kelantan (Kelantan Darul Naim), Kota Baharu, Malaysia, Klub, **s. S.** 106
Kelantan Darul Naim **s.** Kelantan
Kelenföldi Goldberger SE (Kelenföldi Goldberger Sport Egyesület), Budapest, Ungarn, Klub, entst. 1926, [1926-28 Vespag Budapest, 28-50 Goldberger SE, 50-51 Kelenföldi Textil SE, 51-56 Keltex SE, 56-68 Goldberger SE, 68-69 Kelenföldi Goldberger SE, 69-91 Keltex SE], **s. S.** 88
Kelenföldi Goldberger Sport Egyesület **s.** Kelenföldi Goldberger SE
Kelenföldi Textil SE **s.** Kelenföldi Goldberger SE
Keli Linz **s.** FC Linz
Keli Ried **s.** SV Josko Ried
Kelston West **s.** Waitakere City
Keltex SE **s.** Kelenföldi Goldberger SE
Kemi, Stadt, Finnland, **s. S.** 73
Kemin Into **s.** Into
Kemin Palloseura **s.** KePS
Kenema, Stadt, Sierra Leone, **s. S.** 117
Kenia, Länder, **s. S.** 118 und 119
Kénitra, Stadt, Marokko, **s. S.** 113
Kensbro SC (Kensbro Soccer Club), Roseau, Dominica, Klub, [19??-9? Antilles Kensbro], **s. S.** 127
Kensbro Soccer Club **s.** Kensbro SC
Kentau, Stadt, Kasachstan, **s. S.** 101
Kenya Breweries **s.** Tusker FC
Kenya Commercial Bank **s.** KCB
Kenya Grain Growers, Nairobi, Kenia, Klub, **s. S.** 119
Kenya Navy, Mombasa, Kenia, Klub, **s. S.** 119
Kenyan Taitex Mills Thika **s.** KTM Thika
KePS (Kemin Palloseura), Kemi, Finnland, Klub, entst. 1932, **s. S.** 73
Kerala Police, Trivandrum, Indien, Klub, **s. S.** 105
Kerala, Trivandrum, Indien, Klub, [Auswahl des Staates Kerala], **s. S.** 105
Kerametal Dubnica nad Váhom **s.** FK ZŤS Kerametal Dubnica nad Váhom
Keravnos Strovolos **s.** GSS Keravnos Strovolos
Kerch, Stadt, Ukraine, **s. S.** 99
Kerch', Stadt, Ukraine, **s. S.** 99
Kericho, Stadt, Kenia, **s. S.** 119
Kerkenah **s.** OC Kerkenah
Kerkrade, Stadt, Niederlande, **s. S.** 75
Kerman, Stadt, Iran, **s. S.** 103
Keshavarz, Teheran/Tehran, Iran, Klub, **s. S.** 103
Kfar-Saba, Stadt, Israel, **s. S.** 94
KFC Belgica Edegem **s.** KVV Belgica Egedem Sport
KFC Boom (Koninklijke Boom Football Club), Boom, Belgien, Klub, entst. 1913, [1913-38 Boom FC], **s. S.** 75
KFC Diest **s.** KTH Diest
KFC Germinal Beerschot Antwerpen (Koninklijke Football Club Germinal Beerschot Antwerpen), Antwerpen, Belgien, Klub, entst. 1999, [entst. 1999 durch Fusion KFC Germinal Ekeren und K Beerschot VAV], **s. S.** 75
KFC Germinal Beerschot Antwerpen **s.** K Beerschot VAV
KFC Germinal Beerschot Antwerpen **s.** KFC Germinal Ekeren
KFC Germinal Ekeren (Koninklijke Football Club Germinal Ekeren), Antwerpen, Belgien, Klub, entst. 1921, [1921-71 FC Germinal Ekeren, 71-99 KFC Germinal Ekeren, aufgel. 99 durch Fusion mit K Beerschot VAC => KFC Germinal Beerschot Antwerpen], **s. S.** 75
KFC Germinal Ekeren **s.** K Beerschot VAV
KFC Germinal Ekeren **s.** KFC Germinal Beerschot Antwerpen
KFC Herentals **s.** KFC Verbroedering Geel
KFC Hotspurs, Kingstown, St. Vincent und Grenadinen, Klub, **s. S.** 127
KFC Lommelse SK (Koninklijke Football Club Lommelse Sportkring), Lommel, Belgien, Klub, entst. 1933, [1933-46 Lommelsche SK, 46-68 Lommelse SK], **s. S.** 75
KFC Malinois **s.** KV Mechelen
KFC Turnhout (Koninklijke Football Club Turnhout), Turnhout, Belgien, Klub, entst. 1919, [1919-52 FC Turnhout], **s. S.** 75
KFC Uerdingen 05 (Krefelder Fußball-Club Uerdingen von 1905), Krefeld, Deutschland, Klub, entst. 1905, [1905-48 FC 1905 Uerdingen, 48 Fusion mit VfB Uerdingen => SpV. 1905/10 Uerdingen, 48 Aufl. der Fusion, 48-53 FC 1905 Uerdingen, 53-95 FC Bayer 05 Uerdingen], **s. S.** 84
KFC Verbroedering Geel (Koninklijke Football Club Verbroedering Geel), Geel, Belgien, Klub, entst. 1924, [1924-?? FC Verbroedering Geel, 99 Fusion mit KFC Herentals], **s. S.** 75
KFC Winterslag (Koninklijke Football Club Winterslag), Genk, Belgien, Klub, entst. 1923, [1923-58 Winterslag FC, 58-88 KFC Winterslag, aufgel. 88 durch Fusion mit KSV Waterschei THOR => KRC Genk], **s. S.** 75
KFC Winterslag **s.** KRC Genk
KFC Winterslag **s.** KSV Waterschei THOR
KFK **s.** Keflavík UÍ
KFUM BK (Kristelig Forening for Unge Mønd's Boldklub), Kopenhagen (København), Dänemark, Klub, entst. 1899, **s. S.** 71
KGS IV Lemberg **s.** KS Pogoń Lwów
Khabura **s.** al-Khabura
Khaleej **s.** al-Khaleej
Khalsa FC **s.** Clementi Khalsa FC
Khammouan Province Team, Savannakhet, Laos, Klub, **s. S.** 107
Khan Research Laboratories **s.** KRL
Khanaqeen, Stadt, Irak, **s. S.** 103
Khangard, Mongolei, Klub, **s. S.** 109
Khanh Hoa, Nha Trang, Vietnam, Klub, **s. S.** 107
Khartoum 3, Khartoum, Sudan, Klub, **s. S.** 115
Khartoum Bahri, Stadt, Sudan, **s. S.** 115
Khartoum, Stadt, Sudan, **s. S.** 115
Khaschuri, Stadt, Georgien, **s. S.** 97
Khawr, Stadt, Katar, **s. S.** 103
Khazar Lenkoran' **s.** FC Khazar Lenkoran'
Khazar Turkmenbaschi, Turkmenbaschi, Turkmenistan, Klub, **s. S.** 101
Khazar Universiteti, Bakı/Baku, Aserbaidschan, Klub, **s. S.** 97
Khazri Buzovna **s.** FC Khazri Buzovna

Khazri-Eltadsch Buzovna **s.** FC Khazri Buzovna
Khelwalaas FC **s.** Doc's Khelwalaas FC
Khémisset, Stadt, Marokko, **s. S.** 113
Khitan, Kuwait City, Kuwait, Klub, entst. 1965, **s. S.** 103
Khlopkovik Turkmenabat, Turkmenabat, Turkmenistan, Klub, **s. S.** 101
Khobi, Stadt, Georgien, **s. S.** 97
Khor Fakkan, Stadt, VAE, **s. S.** 103
Khor, Stadt, Katar, **s. S.** 103
Khorixas, Stadt, Namibia, **s. S.** 120
Khorramabad, Stadt, Iran, **s. S.** 103
Khouribga, Stadt, Marokko, **s. S.** 113
Khuch, Ulanbator (Ulaanbaatar), Mongolei, Klub, **s. S.** 109
Khulna, Stadt, Bangladesh, **s. S.** 105
Khyber Medicine College **s.** KMC
KÍ (Klaksvíkar Ítróttarfelag), Klaksvík, Färöer Inseln, Klub, entst. 1904, **s. S.** 71
Kiapaz Kirowabad **s.** FC Kiapaz Ganja
Kičevo, Stadt, Mazedonien, **s. S.** 93
Kickers 1900 **s.** Berliner SC Kickers 1900
Kickers Frankfurt **s.** Eintracht Frankfurt
Kickers Offenbach **s.** Offenbacher FC Kickers 1901
Kickers **s.** AFC Euro Kickers
Kickers **s.** Calgary Kickers
Kickers **s.** Calgary Strikers
Kickers **s.** Kitchener Kickers
Kickers **s.** Violet Kickers
Kickers Stuttgart **s.** SV Stuttgarter Kickers
Kickers United **s.** VG Kickers United
Kickers Zürich, Zürich, Schweiz, Klub, [aufgel. 19??], **s. S.** 82
Kiel, Stadt, Deutschland, **s. S.** 85
Kielce, Stadt, Polen, **s. S.** 89
Kieler Sportvereinigung Holstein von 1900 **s.** Kieler SpVgg. Holstein 1900
Kieler SpVgg. Holstein 1900 (Kieler Sportvereinigung Holstein von 1900), Kiel, . Deutschland, Klub, entst. 1900, [1900-17 1. FV 1900 Kiel, 17 Fusion mit FV Holstein 1902 Kiel => Kieler SpVgg. Holstein 1900], **s. S.** 85
Kieler SpVgg. Holstein 1900 **s.** FV Holstein 1902 Kiel
Kiew, Stadt, Ukraine, **s. S.** 99
KiF Albania Tabak **s.** KS Sopoti
KiF Laçi (Klubi i Futbollit Laçi), Laç, Albanien, Klub, entst. 1938, [1970-92 KS Industriali, 92-9? KS Laçi], **s. S.** 93
KiF Naftëtari Kuçovë (Klubi i Futbollit Naftëtari Kuçovë), Kuçovë, Albanien, Klub, entst. 1945, [1945-48 Naftëtari Kuçovë, 48-50 Qyteti Stalin, 50-57 Puna Qyteti Stalin, 57-90 KiF Naftëtari Qyteti Stalin], **s. S.** 93
KiF Naftëtari Qyteti Stalin **s.** KiF Naftëtari Kuçovë
KIF **s.** Kiffen
KiF Shkëndija (Klubi i Futballit Shkëndija), Tiranë, Albanien, Klub, entst. 1970, **s. S.** 93
Kiffen (Kronohagens Iddrottsförening), Helsinki/Helsingfors, Finnland, Klub, entst. 1908, [1908-77 KIF], **s. S.** 73
Kigali, Stadt, Rwanda, **s. S.** 119
Kikinda, Stadt, Jugoslawien, **s. S.** 93
Kiko FC (Kiko Football Club), Bobo-Dioulasso, Burkina Faso, Klub, **s. S.** 114
Kiko Football Club **s.** Kiko FC
Kikosi Maalum cha Kuzuia Magendo **s.** KMKM
Kikwajuni, Zanzibar, Tansania, Klub, **s. S.** 119
Kikwancha, Nampcho, Nordkorea, Klub, **s. S.** 110
Kikwit, Stadt, Volksrepublik Kongo, **s. S.** 119
Kilikia Erewan **s.** FC Kilikia Erewan
Kilikia Erewan **s.** FC Malatia-Kilikia Erewan
Kilikia Erewan **s.** Malatia Erewan
Kilikia Erewan, Erewan, Armenien, Klub, [aufgel. 1993 durch Fusion mit Malatia Erewan => FC Malatia-Kilikia Erewan], **s. S.** 97
Kilimani **s.** Ferroviário Kilimani
Kilkenny City AFC (Kilkenny City Association Football Club), Kilkenny/Cill Chainnigh, Irland, Klub, entst. 1966, [1966-89 EMFA FC], **s. S.** 69
Kilkenny City Association Football Club **s.** Kilkenny City AFC
Kilkenny, Stadt, Irland, **s. S.** 69
Kilmarnock FC (Kilmarnock Football Club), Kilmarnock, Schottland, Klub, entst. 1869, **s. S.** 69
Kilmarnock Football Club **s.** Kilmarnock FC
Kilmarnock, Stadt, Schottland, **s. S.** 69
KIM Vitebsk **s.** FK Dvina-KIM Vitsebsk
KIM Vitsebsk **s.** FK Dvina-KIM Vitsebsk
Kimberley **s.** CA Kimberley
Kimbo FC (Kimbo Football Club), Nairobi, Kenia, Klub, **s. S.** 119
Kimbo Football Club **s.** Kimbo FC
Kimiks Daugavpils **s.** FC Kimiks Daugavpils
Kimjachi Sumgait **s.** FC Kimjachi Sumgait
Kimjogar Almalyk **s.** FK Kimjogar Almalyk
Kindia, Stadt, Guinea, **s. S.** 117
King Faisal (King Faisal Babies), Kumasi, Ghana, Klub, **s. S.** 117
King Faisal Babies **s.** King Faisal
King Mjølner **s.** Narvik FK
King's Own Military Regiment Militia **s.** KOMR Militia
King's Own Regiment, Calcutta, Indien, Klub, [aufgel. 19??], **s. S.** 105
King's Own Scottish Borderers Regiment **s.** KOSB
King's Own Scottish Borderers, Calcutta, Indien, Klub, [aufgel. 19??], **s. S.** 105
King's Own Scottish Borders **s.** Queen of the South FC
Kingston upon Hull, Stadt, England, **s. S.** 67
Kingston, Stadt, Jamaika, **s. S.** 126
Kingstown, Stadt, St. Vincent und Grenadinen, **s. S.** 127
Kingz FC (Kingz Football Club), Auckland, Neuseeland, Klub, **s. S.** 136
Kingz Football Club **s.** Kingz FC
Kinizsi SE Temesztvár **s.** CSF Chinezul Timişoara
Kinshasa, Stadt, Volksrepublik Kongo, **s. S.** 118 und 119
Kipanga, Pemba, Tansania, Klub, **s. S.** 119
Kirgisien, Länder, **s. S.** 100 und 101
Kiri (Kotkan Kiri), Kotka, Finnland, Klub, entst. 1928, **s. S.** 73
Kırıkkale, Stadt, Türkei, **s. S.** 96
Kirkcaldy, Stadt, Schottland, **s. S.** 69
Kirkov-Junak Lovetsch, Lovetsch, Bulgarien, Klub, [aufgel. 19??], **s. S.** 91
Kirowograd, Stadt, Ukraine, **s. S.** 99
Kirowohrad, Stadt, Ukraine, **s. S.** 99
Kirundo, Stadt, Burundi, **s. S.** 119
Kiryat-Gat, Stadt, Israel, **s. S.** 94
Kisangani, Stadt, Volksrepublik Kongo, **s. S.** 119
Kischinew, Stadt, Moldawien, **s. S.** 91 und 99
Kiseljak, Stadt, Bosnien und Herzegowina, **s. S.** 93
Kisii, Stadt, Kenia, **s. S.** 119
Kisima FC (Kisima Football Club), Meru, Kenia, Klub, [19??-?? Meru Bombers, ??-99 Mafuko Bombers], **s. S.** 119
Kisima Football Club **s.** Kisima FC
Kiskőrös Stadler FC **s.** Ilzer-Stadler FC
Kiskőrösi Petőfi Labdarúgó Club **s.** Ilzer-Stadler FC
Kiskőrös-Stadler **s.** Ilzer-Stadler FC
Kismarton FC Eisenstadt **s.** SC Eisenstadt
Kispest-Honvéd FC (Kispest-Honvéd Futball Club), Budapest, Ungarn, Klub, entst. 1909, [1909-26 Kispesti AC, 26-44 Kispesti FC, 44-49 Kispesti AC, 49-91 Budapesti Honvéd FC, 91-96 Kispest-Honvéd FC, 96 Kispest-Honvéd TIG FC], **s. S.** 88
Kispest-Honvéd Futball Club **s.** Kispest-Honvéd FC
Kispest-Honvéd TIG FC **s.** Kispest-Honvéd FC
Kispesti AC **s.** Kispest-Honvéd FC
Kispesti FC **s.** Kispest-Honvéd FC
Kispesti Textilgyár RT FC **s.** Kistext
Kissaviarsuk-1933 **s.** K-1933
Kissidougou, Stadt, Guinea, **s. S.** 117
Kistext SK **s.** Kistext
Kistext, Budapest, Ungarn, Klub, entst. 1927, [1927-39 Kispesti Textilgyár RT FC, 39-51 Kistext SK, 51-57 VL Kistext, 57-87 Kistext, 87 aufgel.], **s. S.** 88
Kisumu All Stars, Kisumu, Kenia, Klub, [19??-?? Hot Stars Kisumu], **s. S.** 119
Kisumu Breweries, Kisumu, Kenia, Klub, **s. S.** 119
Kisumu Telecoms **s.** Kisumu Telkom
Kisumu Telkom, Kisumu, Kenia, Klub, [19??-?? Post Office Kisumu, 94-95 KSM Posta Kisumu, 96-99 Kisumu Telecoms], **s. S.** 119
Kisumu, Stadt, Kenia, **s. S.** 119
Kitakyushu, Stadt, Japan, **s. S.** 111
Kitale Rangers, Kitale, Kenia, Klub, [19??-?? FC Kitale], **s. S.** 119
Kitale, Stadt, Kenia, **s. S.** 119
Kitchee, Hongkong, Klub, **s. S.** 109
Kitchener Kickers, Kitchener, Kanada, Klub, entst. 1990, [1990 Kitchener Spirit, 91 aufgel.], **s. S.** 122
Kitchener Spirit **s.** Kitchener Kickers
Kitchener, Stadt, Kanada, **s. S.** 122
Kitty Vizion, Georgetown, Guyana, Klub, **s. S.** 129
Kitwe-Nkana, Stadt, Sambia, **s. S.** 119
Kiwi FC (Kiwi Football Club), Apia, West-Samoa, Klub, **s. S.** 137
Kiwi Football Club **s.** Kiwi FC
Kiyovu Sports, Kigali, Rwanda, Klub, **s. S.** 119
Kizyl-Arvat, Stadt, Turkmenistan, **s. S.** 101
Kjumruk Kachli **s.** FC Kjumruk Kachli
Kjur Samuch **s.** FC Boz Gurd Samuch
Kjurdamir, Stadt, Aserbaidschan, **s. S.** 97
Kjustendil, Stadt, Bulgarien, **s. S.** 91
KKS Lech Poznań **s.** WKP Lech Poznań
KKS Polonia Warszawa **s.** KP Polonia Warszawa
KKS Poznań **s.** WKP Lech Poznań
Klaas Tiger, Surinam, Klub, **s. S.** 129
Kladno, Stadt, Tschechische Republik, **s. S.** 86
Klagenfurt, Stadt, Österreich, **s. S.** 83
Klaipeda, Stadt, Litauen, **s. S.** 99
Klaipedos Sport Sajunga **s.** Klaipedos SS
Klaipedos SS (Klaipedos Sport Sajunga), Klaipeda, Litauen, Klub, [aufgel. 19??], **s. S.** 99
Klaksvík, Stadt, Färöer Inseln, **s. S.** 71
Klaksvíkar Ítróttarfelag **s.** KÍ
Klerksdorp City, Klerksdorp, Südafrika, Klub, **s. S.** 121
Klerksdorp, Stadt, Südafrika, **s. S.** 121
Klevas Šiauliai **s.** Sakalas Šiauliai
Klub Piłkarski Polonia Warszawa **s.** KP Polonia Warszawa
Klub siláků Plzeň **s.** SK Plzeň 1894
Klub Sportowy „22" pułk piechoty Strzelec Siedlce **s.** WKS „22" p. p. Strzelec Siedlce
Klub Sportowy Amica Wronki **s.** KS Amica Wronki
Klub Sportowy Arka Amber Gdynia **s.** KS Arka Amber Gdynia
Klub Sportowy Arkonia Szczecin **s.** KS Arkonia Szczecin
Klub Sportowy Bałtyk Gdynia **s.** KS Bałtyk Gdynia
Klub Sportowy Cracovia Kraków **s.** KS Cracovia Kraków
Klub Sportowy Garbarnia Kraków **s.** KS Garbarnia Kraków
Klub Sportowy Górnik Radlin **s.** KS Górnik Radlin
Klub Sportowy Górnik Zabrze **s.** KS Górnik Zabrze
Klub Sportowy Groclin Dyskobolia Grodzisk-Wielkopolski **s.** KS Groclin Dyskobolia Grodzisk-Wielkopolski
Klub Sportowy Gwardia Warszawa **s.** KS Gwardia Warszawa
Klub Sportowy Hutnik Kraków **s.** KS Hutnik Kraków
Klub Sportowy Iskra Siemianowice **s.** KS Iskra Siemianowice
Klub Sportowy Jagiellonia Białystok **s.** KS Jagiellonia Białystok
Klub Sportowy Jutrzenka Kraków **s.** KS Jutrzenka Kraków
Klub Sportowy Lechia/Polonia Gdańsk **s.** KS Lechia Gdańsk
Klub Sportowy Lublinianka Lublin **s.** KS Lublinianka Lublin
Klub Sportowy Odra Opole **s.** KS Odra Opole
Klub Sportowy Podgórze Kraków **s.** KS Podgórze Kraków
Klub Sportowy Pogoń Lwów **s.** KS Pogoń Lwów
Klub Sportowy Polonia Bytom **s.** KS Polonia Bytom
Klub Sportowy Radomiak Radom **s.** KS Radomiak Radom
Klub Sportowy Ruch Chorzów **s.** KS Ruch Chorzów
Klub Sportowy Siarka Tarnobrzeg **s.** KS Siarka Tarnobrzeg
Klub Sportowy Śląsk Świętochłowice **s.** KS Śląsk Świętochłowice
Klub Sportowy Stal Rzeszów **s.** KS Stal Rzeszów
Klub Sportowy Unia Racibórz **s.** KS Unia Racibórz
Klub Sportowy Union Touring Łódź **s.** KS Union Touring Łódź
Klub Sportowy Warszawianka **s.** KS Warszawianka
Klub Sportowy Warta Poznań **s.** KS Warta Poznań
Klub Sportowy Zakładów Ostrowieckich Ostrowiec Świętokrzyski **s.** KSZO Ostrowiec Świętokrzyski
Klub Turystów Łódź **s.** KS Union Touring Łódź
Klubi i Futballit Laçi **s.** KiF Laçi
Klubi i Futballit Shkëndija **s.** KiF Shkëndija
Klubi i Futbollit Naftëtari Kuçovë **s.** KiF Naftëtari Kuçovë
Klubi sportiv 24. Mají **s.** KS 24. Mají
Klubi sportiv Albpetrol **s.** KS Albpetrol
Klubi sportiv Apolonia **s.** KS Apolonia
Klubi sportiv Besa **s.** KS Besa
Klubi sportiv Besëlidhja **s.** KS Besëlidhja
Klubi sportiv Dinamo **s.** KS Dinamo
Klubi sportiv Dinamo Tiranë **s.** KS Dinamo Tiranë
Klubi sportiv Elbasani **s.** KS Elbasani
Klubi sportiv Erzeni **s.** KS Erzeni
Klubi sportiv Flamurtari **s.** KS Flamurtari
Klubi sportiv Iliria **s.** KS Iliria
Klubi sportiv Kastrioti **s.** KS Kastrioti
Klubi sportiv Korabi **s.** KS Korabi
Klubi sportiv Luftëtari **s.** KS Luftëtari
Klubi sportiv Partizani **s.** KS Partizani
Klubi sportiv Pogradec **s.** KS Pogradec
Klubi sportiv Selenica **s.** KS Selenica
Klubi sportiv Shkumbini **s.** KS Shkumbini
Klubi sportiv Shqiponja **s.** KS Shqiponja
Klubi sportiv Skënderbeu **s.** KS Skënderbeu
Klubi sportiv Sopoti **s.** KS Sopoti
Klubi sportiv Spartaku **s.** KS Spartaku
Klubi sportiv Studenti **s.** KS Studenti
Klubi sportiv Tekstil **s.** KS Tekstil
Klubi sportiv Teuta **s.** KS Teuta
Klubi sportiv Tomori **s.** KS Tomori
Klubi sportiv Vllaznia **s.** KS Vllaznia
KMC (Khyber Medicine College), Peshawar, Pakistan, Klub, **s. S.** 105
KMKM (Kikosi Maalum cha Kuzuia Magendo), Zanzibar, Tansania, Klub, **s. S.** 119
KMSE Cluj **s.** Ferar KMSE Cluj
Knattspyrnufélag Akureyri **s.** KA
Knattspyrnufélag Reykjavíkur **s.** KR
Knattspyrnufélagið Fram **s.** Fram
Knattspyrnufélagið Haukar **s.** Haukar
Knattspyrnufélagið Héðinn **s.** KR
Knattspyrnufélagið Thróttur **s.** Thróttur
Knattspyrnufélagið Valur **s.** Valur
Knattspyrnufélagið Víðir **s.** Víðir
Knattspyrnufélagið Víkingur **s.** Víkingur
Knights SC **s.** Melbourne Knights SC
Koba Senec **s.** FK VTJ Koba Senec
Kőbányai Barátság, Budapest, Ungarn, Klub, [19?? aufgel.], **s. S.** 88
Kőbányai Lokomotív **s.** Törekvés SE
Kőbányai Törekvés **s.** Törekvés SE
Kobe, Stadt, Japan, **s. S.** 111
Kobe-Ichi Jr. Highschool Club, Kobe, Japan, Klub, [aufgel. 19??], **s. S.** 111
København, Stadt, Dänemark, **s. S.** 71
Københavns Boldklub **s.** KB
Koblenz, Stadt, Deutschland, **s. S.** 85
Kobuleti, Stadt, Georgien, **s. S.** 97
Kocaelispor K (Kocaelispor Kulübü), İzmit, Türkei, Klub, entst. 1966, **s. S.** 96
Kocaelispor Kulübü **s.** Kocaelispor K
Kočani, Stadt, Mazedonien, **s. S.** 93
Kočevje, Stadt, Slowenien, **s. S.** 93
Kochin **s.** FC Kochin
Koeppchen Wormeldange **s.** FC Koeppchen Wormeldange
Koforidua, Stadt, Ghana, **s. S.** 117
Køge BK (Køge Boldklub), Køge, Dänemark, Klub, entst. 1927, **s. S.** 71
Køge Boldklub **s.** Køge BK
Køge, Stadt, Dänemark, **s. S.** 71
Kognicky Braves, Barbados, Klub, **s. S.** 127
Kohász **s.** Salgótarjáni Barátság TC
Kohtla-Järve, Stadt, Estland, **s. S.** 99
Koijo Club, Hiroshima, Japan, Klub, [aufgel. 19??], **s. S.** 111
Kokand, Stadt, Usbekistan, **s. S.** 100
Kokart Dschalal-Abad **s.** FK Dinamo UVD Dschalal-Abad
Kokchetaw, Stadt, Kasachstan, **s. S.** 101
Kokkola, Stadt, Finnland, **s. S.** 73
Kokkolan Palloveikot **s.** KPV
Kokschetau Kokchetaw **s.** Azhar Kokchetaw
Kolcheti 1913 Poti **s.** FC Kolcheti 1913 Poti
Kolcheti Khobi **s.** FC Kolcheti Khobi
Kolchozabad, Stadt, Tadschikistan, **s. S.** 101
Kolchoznik Rowno **s.** FK Weres Riwne
Kolchoztschi Turkmen-Kala, Turkmen-Kala, Turkmenistan, Klub, **s. S.** 101
Kolding Idrætsforening **s.** Kolding IF
Kolding IF (Kolding Idrætsforening), Kolding, Dänemark, Klub, entst. 1897, **s. S.** 71
Kolding, Stadt, Dänemark, **s. S.** 71
Kolejarz Gdynia **s.** KS Arka Amber Gdynia
Kolejarz Poznań **s.** WKP Lech Poznań
Kolejarz Warszawa **s.** KP Polonia Warszawa
Kolejarz Wodzisław Śląski **s.** MKS Odra Wodzisław Śląski
Kolgospnik Poltava **s.** FK Vorskla Poltava
Kolín, Stadt, Tschechische Republik, **s. S.** 86
Köln, Stadt, Deutschland, **s. S.** 84
Köln-Dellbrück **s.** SC Preußen Köln-Dellbrück
Kölner Ballspiel-Club 1901 **s.** Kölner BC 01
Kölner BC 01 (Kölner Ballspiel-Club 1901), Köln, Deutschland, Klub, entst. 1901, [1901-20 Cölner BC 01, 20-48 Kölner BC 01, aufgel. 48 durch Fusion mit SpVgg. 07 Köln-Sülz => 1. FC Köln], **s. S.** 84
Kölner BC 01 **s.** 1. FC Köln
Kölner BC 01 **s.** SpVgg. 07 Köln-Sülz
Kölner CfR 99 (Kölner Club für Rasenspiele 1899), Köln, Deutschland, Klub, entst. 1899, [1899-1914 FC Borussia 1899 Cöln, 14-20 Cölner CfR 99, 20-37 Kölner CfR 99, aufgel. 37 durch Fusion mit Kölner FC 99 => VfL 99 Köln], **s. S.** 84
Kölner CfR 99 **s.** Kölner FC 99
Kölner CfR 99 **s.** VfL 99 Köln
Kölner Club für Rasenspiele 1899 **s.** Kölner CfR 99
Kölner FC 99 (Kölner Fußball-Club 1899), Köln, Deutschland, Klub, entst. 1899, [1899 Internationaler Cölner FC, 1899-1916 Cölner FC 99, 16-20 Cölner SC 99, 20-37 Kölner FC 99, aufgel. 37 durch Fusion mit Kölner CfR 99 => VfL 99 Köln], **s. S.** 84
Kölner FC 99 **s.** Kölner CfR 99
Kölner FC 99 **s.** VfL 99 Köln
Kölner Fußball-Club 1899 **s.** Kölner FC 99
Kölner Spielverein Victoria 1911 **s.** Kölner SV Victoria 11
Kölner SV Victoria 11 (Kölner Spielverein Victoria 1911), Köln, Deutschland, Klub, entst. 1911, [1911-48 Kölner SV Victoria 11, aufgel. 48 durch Fusion mit Bayenthaler SV und SV 1927 Köln => SC Fortuna Köln], **s. S.** 84
Kölner SV Victoria 11 **s.** SC Fortuna Köln
Kolofo'ou FC (Kolofo'ou Football Club), Kolofo'ou, Tonga, Klub, **s. S.** 137
Kolofo'ou Football Club **s.** Kolofo'ou FC
Kolofo'ou, Stadt, Tonga, **s. S.** 137
Kolons Rezekne **s.** FK Rezekne
Kolora Liberec **s.** TJ Jiskra SS Liberec
Kolos Poltava **s.** FK Vorskla Poltava
Kolozsvár, Stadt, Rumänien, **s. S.** 89 und 91
Kolozsvári AC **s.** Ferar KMSE Cluj
Kolumbien, Länder, **s. S.** 128 und 129
Kolwezi, Stadt, Volksrepublik Kongo, **s. S.** 119
Kom, Stadt, Iran, **s. S.** 103
Komanda Gorod Kalinin **s.** MVO Komanda Gorod Kalinin
Kombinatic Tekstil **s.** KS Tekstil
Kombolcha Textiles, Dessie, Äthiopien, Klub, [19??-?? Garments], **s. S.** 115
Komló, Stadt, Ungarn, **s. S.** 89
Komlói Bányász SK (Komlói Bányász Sport Köre), Komló, Ungarn, Klub, entst. 1922, [1922-31 Komlói Bányász SC, 31-49 Komlói Bányász SE, 49-51 Komlói Szakszervezeti SE], **s. S.** 89
Komlói Bányász Sport Köre **s.** Komlói Bányász SK
Komlói Szakszervezeti SE **s.** Komlói Bányász SK
Komoren, Länder, **s. S.** 120 und 121
Kompar-Daugava Riga **s.** FC Olimpija Riga
Kompas Holidays Ljubljana **s.** NK Vevče Donit Filtri
KOMR Militia (King's Own Military Regiment Militia), Floriana, Malta, Klub, entst. 1909, [aufgel. 1925], **s. S.** 81
Komunarets Zaporosch'je **s.** FK Torpedo Zaporischja
Koné, Stadt, Neukaledonien, **s. S.** 137
Kongo, Länder, **s. S.** 118 und 119
Kongsvinger Idrettslag Topfotball **s.** Kongsvinger IL
Kongsvinger IF og Kongsvinger OS **s.** Kongsvinger IL
Kongsvinger IF **s.** Kongsvinger IL
Kongsvinger IL (Kongsvinger Idrettslag Topfotball), Kongsvinger, Norwegen, Klub, entst. 1923, [entst. 1923 durch Fusion Kongsvinger IF und Kongsvinger OS => Kongsvinger IF og Kongsvinger OS (23-34), 40 Fusion mit Fram Kongsvinger], **s. S.** 71
Kongsvinger OS **s.** Kongsvinger IL
Kongsvinger, Stadt, Norwegen, **s. S.** 71
Konica FC (Konica Football Club), Pago Pago, Amerikanisch-Samoa, Klub, **s. S.** 137
Konica Football Club **s.** Konica FC
Koniezynki Chorzów **s.** AKS Chorzów
Königsberg, Stadt, Russland, **s. S.** 84 und 101
Königshütte, Stadt, Polen, **s. S.** 84 und 89
Koninklijk Berchem Sport **s.** K Berchem Sport
Koninklijke Athletiek Associatie Gent **s.** KAA Gent
Koninklijke Beerschot Voetbal- en Atletikclub **s.** K Beerschot VAV
Koninklijke Beringen Football Club **s.** K Beringen FC
Koninklijke Boom Football Club **s.** KFC Boom
Koninklijke Football Club Germinal Beerschot Antwerpen **s.** KFC Germinal Beerschot Antwerpen
Koninklijke Football Club Germinal Ekeren **s.** KFC Germinal Ekeren
Koninklijke Football Club Lommelse Sportkring **s.** KFC Lommelse SK
Koninklijke Football Club Turnhout **s.** KFC Turnhout
Koninklijke Football Club Verbroedering Geel **s.** KFC Verbroedering Geel
Koninklijke Football Club Winterslag **s.** KFC Winterslag
Koninklijke Kortrijk Sport **s.** K Kortrijk Sport
Koninklijke Lierse Sportkring **s.** K Lierse SK
Koninklijke Lyra Turn- en Sportvereeniging **s.** K Lyra TSV
Koninklijke Patro Eisden **s.** K Patro Eisden
Koninklijke Racing Club Genk **s.** KRC Genk
Koninklijke Racing Club Mechelen **s.** KRC Mechelen
Koninklijke Sint-Niklase Sportkring Excelsior **s.** K Sint-Niklase SK
Koninklijke Sint-Truidense Voetbalvereniging **s.** K Sint-Truidense VV
Koninklijke Sportclub Eendracht Aalst **s.** KSC Eendracht Aalst
Koninklijke Sportclub Lokeren **s.** KSC Lokeren
Koninklijke Sporting Club Hasselt **s.** KSC Hasselt
Koninklijke Sportkring Beveren **s.** KSK Beveren
Koninklijke Sportkring Tongeren **s.** KSK Tongeren
Koninklijke Sportvereniging Waregem **s.** KSV Waregem
Koninklijke Sportvereniging Waterschei Tot Heil Onzer Ribbenkast **s.** KSV Waterschei THOR
Koninklijke Stade Leuven **s.** K Stade Leuven
Koninklijke Tesamen Hogerop Diest **s.** KTH Diest
Koninklijke Tubantia Bourgerhout Voetbalklub **s.** K Tubantia Borgerhout
Koninklijke Voetbalclub Kortrijk **s.** KV Kortrijk
Koninklijke Voetbalclub Westerlo **s.** KVC Westerlo
Koninklijke Voetbalklub Mechelen **s.** KV Mechelen
Koninklijke Voetbalklub Oostende **s.** KV Oostende
Koninklijke Voetbalklub Tienen **s.** KVK Tienen
Koninklijke Voetbalvereniging Belgica Egedem Sport **s.** KVV Belgica Egedem Sport
Koninklyk Van Neste Genootschap **s.** KV Oostende
Konkola Blades, Chililabombwe, Sambia, Klub, **s. S.** 119
Konkordija Beograd **s.** SD Jedinstvo Beograd
Kono, Stadt, Sierra Leone, **s. S.** 117
Konya, Stadt, Türkei, **s. S.** 96
Konyaspor K (Konyaspor Kulübü), Konya, Türkei, Klub, entst. 1981, **s. S.** 96
Konyaspor Kulübü **s.** Konyaspor K
Konzum Előre Budapest **s.** BVSC
Kookmin Bank, Soul/Seoul, Südkorea, Klub, **s. S.** 110
Koot **s.** al-Koot
Koparit, Kuopio, Finnland, Klub, entst. 1931, [1931-82 KPT], **s. S.** 73
Kópavogur, Stadt, Island, **s. S.** 71
Kopenhagen, Stadt, Dänemark, **s. S.** 71
Koper, Stadt, Slowenien, **s. S.** 93
Kopet-Dag Aschchabad **s.** Dagdan Aschchabad
Kopet-Dag Aschchabad, Aschchabad, Turkmenistan, Klub, **s. S.** 101
Koprivnica, Stadt, Kroatien, **s. S.** 93
KOR Moskva **s.** FK Lokomotiv Moskva
Korabi **s.** KS Korabi
Korçë, Stadt, Albanien, **s. S.** 93
KoRe (Kotkan Reipas), Kotka, Finnland, Klub, entst. 1923, **s. S.** 73
Korhogo, Stadt, Elfenbeinküste, **s. S.** 117
Korinthos, Stadt, Griechenland, **s. S.** 95
Korotan Prevalje **s.** NK Korotan Prevalje
Koroum **s.** al-Koroum
Korsør BK (Korsør Boldklubben), Korsør, Dänemark, Klub, entst. 1903, **s. S.** 71
Korsør Boldklubben **s.** Korsør BK
Korsør, Stadt, Dänemark, **s. S.** 71
Korting GAK **s.** Liebherr GAK
Kortrijk, Stadt, Belgien, **s. S.** 75
KOSB (King's Own Scottish Borderers Regiment), Belfast, Nordirland, Klub, [aufgel. 19??], **s. S.** 69
Kościuszko Niedobczyce **s.** KS Górnik Radlin
Košice, Stadt, Slowakei, **s. S.** 87 und 89
Kosonsojtschi Kasansaj **s.** FK Kasansaj
Kosovska Mitrovica, Stadt, Jugoslawien, **s. S.** 93
Kostrč, Stadt, Bosnien und Herzegowina, **s. S.** 93
Kostrena, Stadt, Kroatien, **s. S.** 93
Koszalin, Stadt, Polen, **s. S.** 89
Koszutka Katowice **s.** GKS Katowice
Kota Baharu, Stadt, Malaysia, **s. S.** 106
Kota Kinabalu, Stadt, Malaysia, **s. S.** 107
Kota Raja Club, Singapur, Klub, **s. S.** 107
Kota Rangers FC (Kota Rangers Football Club), Kampog Kota Batu, Brunei, Klub, **s. S.** 107
Kota Rangers Football Club **s.** Kota Rangers FC
Kotaik Abowjan **s.** FC Kotaik Abowjan
Kotajk, Stadt, Armenien, **s. S.** 97
Kotajk-2 Erewan **s.** FC Erewan
Kotka, Stadt, Finnland, **s. S.** 73
Kotkan Jäntevä **s.** Jäntevä
Kotkan Kiri **s.** Kiri
Kotkan Reipas **s.** KoRe
Kotkan Työväen Palloilijat **s.** KTP
Kotoko FC **s.** Asante Kotoko FC
Kotoko Mfoa, Brazzaville, Kongo, Klub, **s. S.** 118
Kotschkor-Ata, Stadt, Kirgisien, **s. S.** 100
Kotwica Gdynia **s.** KS Arka Amber Gdynia
Kouandé, Stadt, Benin, **s. S.** 117
Kouba **s.** RC Kouba
Koudougou, Stadt, Burkina Faso, **s. S.** 114
Koulikoro, Stadt, Mali, **s. S.** 114
Koumac, Stadt, Neukaledonien, **s. S.** 137
Kourou, Stadt, Französisch-Guyana, **s. S.** 129
Kouroucien **s.** SC Kouroucien
Koutialia, Stadt, Mali, **s. S.** 114
Kouvola, Stadt, Finnland, **s. S.** 73
Kóvas Kaunas **s.** ŠSSK Kóvas Kaunas
Kovkor Vítkovice **s.** FC Karviná
Kovkor Vítkovice **s.** FC Vítkovice
Kovosmalt Petržalka **s.** FC Artmedia Petržalka
Kovosmalt Trnava **s.** FC Spartak Trnava
Kowloon Motor Bus Co., Hongkong, Klub, **s. S.** 109
KOYLI **s.** 1st Battalion KOYLI
Kozara Gradiška **s.** FK Kozara Gradiška
Kozaračka Dubica, Stadt, Bosnien und Herzegowina, **s. S.** 93
Kožuv Gevgelija **s.** FK Kožuv Gevgelija
KP Polonia Warszawa (Klub Piłkarski Polonia Warszawa), Warschau (Warszawa), Polen, Klub, entst. 1912, [1912-48 KKS Polonia Warszawa, 48-56 KS Kolejarz Warszawa, 56-96 KKS Polonia Warszawa], **s. S.** 89
KP Wałbrzych **s.** GKS Zagłębie Wałbrzych
KP Wałbrzych **s.** Górnik Wałbrzych
Kpalimé, Stadt, Togo, **s. S.** 117
KPF Slonim **s.** FK Kamunal'nik Slonim
KPI Kaunas **s.** Ranga-Politechnika Kaunas
KPT (Karachi Port Trust), Karachi, Pakistan, Klub, **s. S.** 105
KPT **s.** Koparit
KPV (Kokkolan Palloveikot), Kokkola/Karleby, Finnland, Klub, entst. 1930, **s. S.** 73
KPW Poznań **s.** WKP Lech Poznań
KR (Knattspyrnufélag Reykjavíkur), Reykjavík, Island, Klub, entst. 1899, [1899-15 FR, 18 Fusion mit FR Vesturbæjar und Knattspyrnufélagið Héðinn], **s. S.** 71
Kraftsportklub Germania Fulda **s.** SC Borussia 04 Fulda
Kragujevac, Stadt, Jugoslawien, **s. S.** 93
Krajina Cazin **s.** FK Krajina Cazin
Krajišnik Banja Luka **s.** SK Krajišnik Banja Luka
Krakau, Stadt, Polen, **s. S.** 84 und 89
Kraków, Stadt, Polen, **s. S.** 84 und 89
Kralendijk, Stadt, Niederländische Antillen, **s. S.** 126
Královo Pole **s.** SK LeRK Brno
Královo Pole **s.** SK Moravská Slavia Brno
Královské Vinohrady **s.** AC Sparta Praha
Krama Yudha Tiga Berlian **s.** Tiga Berlian
Kranj, Stadt, Slowenien, **s. S.** 93
Kraslice, Stadt, Tschechische Republik, **s. S.** 84
Krasnaja Presnja Moskva **s.** FK Spartak Moskva
Krasnaja Zarja Leningrad **s.** Elektrik Leningrad
Krasnodar, Stadt, Russland, **s. S.** 101
Kratovo, Stadt, Mazedonien, **s. S.** 93
KRC Bourgerhout **s.** K Tubantia Borgerhout
KRC Genk (Koninklijke Racing Club Genk), Genk, Belgien, Klub, entst. 1988, [entst. 1988 durch Fusion KFC Winterslag und KSV Waterschei THOR], **s. S.** 75
KRC Genk **s.** KFC Winterslag
KRC Genk **s.** KSV Waterschei THOR
KRC Harelbeke **s.** FC Zuid West
KRC Mechelen (Koninklijke Racing Club Mechelen), Mechelen, Belgien, Klub, entst. 1904, [1904-29 RC Malines, 29-38 RC Societé R Malines, 38-57 RC Mechelen KM], **s. S.** 75
Krefeld, Stadt, Deutschland, **s. S.** 84
Krefelder Fußball-Club Uerdingen von 1905 **s.** KFC Uerdingen 05
Krementschug, Stadt, Ukraine, **s. S.** 99
Krementschuk, Stadt, Ukraine, **s. S.** 99
Kremin' Krementschuk **s.** FK Kremin' Krementschuk
Krems an der Donau, Stadt, Österreich, **s. S.** 83
Kremser SC (Kremser Sport Club), Krems an der Donau, Österreich, Klub, entst. 1919, [1919-20 1. Kremser SC, 20-24 Krems-Steiner SC, 24-?? Kremser SC, ??-84 Kremser SC Hypobank, 84-91 Kremser SC Sparkasse, 91-?? Radio CD Kremser SC], **s. S.** 83
Kremser SC Hypobank **s.** Kremser SC
Kremser SC Sparkasse **s.** Kremser SC
Kremser Sport Club **s.** Kremser SC
Krems-Steiner SC **s.** Kremser SC
Kretinga, Stadt, Litauen, **s. S.** 99
Kribi, Stadt, Kamerun, **s. S.** 117
Křídla vlasti Olomouc **s.** VTJ Dukla Olomouc
Kriegsspielgemeinschaft Duisburg **s.** KSG Duisburg
Kriegssportgemeinschaft Köln **s.** KSG Köln
Kriegssportgemeinschaft Saarbrücken **s.** KSG Saarbrücken
Kriens, Stadt, Schweiz, **s. S.** 82
Krila Krajine Banja Luka **s.** FK Krila Krajine Banja Luka
Kristelig Forening for Unge Mønd's Boldklub **s.** KFUM BK
Kristiania BK **s.** Skeid FK
Kristiansand, Stadt, Norwegen, **s. S.** 71
Kristiansund FK (Kristiansund Fotballklubben), Kristiansund, Norwegen, Klub, entst. 1912, **s. S.** 71
Kristiansund Fotballklubben **s.** Kristiansund FK
Kristiansund, Stadt, Norwegen, **s. S.** 71
Krivbas Krivoj Rog **s.** FK Kryvbas Kryvij Rih
Krivoj Rog, Stadt, Ukraine, **s. S.** 99
Krka Novoterm Novo Mesto **s.** NK Elan GC Novo Mesto
KRL (Khan Research Laboratories), Islamabad, Pakistan, Klub, **s. S.** 105
Kroatien, Länder, **s. S.** 92 und 93
Kronenclub 1897 Cannstatt **s.** VfB Stuttgart 1893
Kronohagens Iddrottsförening **s.** Kiffen
Krtsanisi Tbilisi **s.** FC WIT Georgia Tbilisi
Krtsanisi-Zooweti Tbilisi **s.** FC WIT Georgia Tbilisi
Krujë, Stadt, Albanien, **s. S.** 93
Krung Thai Bank, Krungthep/Bangkok, Thailand, Klub, **s. S.** 106
Krungthep, Stadt, Thailand, **s. S.** 106
Krupp-Gruson Magdeburg **s.** 1. FC Magdeburg
Kruševac, Stadt, Jugoslawien, **s. S.** 93
Kryl'ja Sowjetow Kujbyschew **s.** FK Kryl'ja Sowjetow Samara
Kryl'ja Sowjetow Moskva, Moskau (Moskva), Russland, Klub, entst. 1936, **s. S.** 100
Kryl'ja Sowjetow Samara **s.** FK Kryl'ja Sowjetow Samara
Kryvbas Kryvij Rih **s.** FK Kryvbas Kryvij Rih
Kryvij Rih, Stadt, Ukraine, **s. S.** 99
KS 17. Nëntori **s.** SK Tiranë
KS 21. Shkurti **s.** KS Selenica
KS 24. Mají (Klubi sportiv 24. Mají), Përmet, Albanien, Klub, entst. 1932, [1932-50 SK Përmet, 50-57 Puna Përmet], **s. S.** 93
KS 31. Korriku **s.** FK Burreli
KS 8. Nëntori Shijak **s.** KS Erzeni
KS Albpetrol (Klubi sportiv Albpetrol), Patos, Albanien, Klub, entst. 1947, [1947-50 KS Punëtori, 50-57 Puna Patos, 57-92 KS Punëtori], **s. S.** 93
KS Amica Wronki (Klub Sportowy Amica Wronki), Wronki, Polen, Klub, entst. 1992, **s. S.** 89
KS Apolonia (Klubi sportiv Apolonia), Fier, Albanien, Klub, entst. 1925, [1925-50 SK Fier, 50-57 Puna Fier], **s. S.** 93
KS Arka Amber Gdynia (Klub Sportowy Arka Amber Gdynia), Gdynia, Polen, Klub, entst. 1929, [1929-34 KS Gdynia, 34-46 KS Kotwica Gdynia, 46 ZKS Kotwica Gdynia, 46-49 RKS Mir Gdynia, 49 Fusion mit KS Gastronomia Gdynia => KS Spojnia Gdynia (49-51), 51-52 KS Kolejarz Gdynia, 52-64 RKS Arka Gdynia, 64-72 MZKS Gdynia, 72-?? MZKS Arka Gdynia, ??-98 KS Arka Gdynia], **s. S.** 89
KS Arka Gdynia **s.** KS Arka Amber Gdynia
KS Arkonia Szczecin (Klub Sportowy Arkonia Szczecin), Szczecin, Polen, Klub, entst. 1946, [1946-49 MKS Szczecin, 49-56 KS Gwardia Szczecin, 56-58 Chrobry Szczecin, 58-?? SKS Arkonia Szczecin, ??-?? GKS Arkonia Szczecin], **s. S.** 89
KS Balshi s. FC Bylis
KS Bałtyk Gdynia (Klub Sportowy Bałtyk Gdynia), Gdynia, Polen, Klub, entst. 1930, [1930-49 RKS Bałtyk Gdynia, 49-55 Ogniwo Gdynia, 55-?? RKS Bałtyk Gdynia, ??-?? SKS Bałtyk Gdynia], **s. S.** 89
KS Bashkimi **s.** KS Elbasani
KS Bashkimi **s.** KS Vllaznia
KS Besa (Klubi sportiv Besa), Kavajë, Albanien, Klub, entst. 1925, [1925-30 SK Adriatiku, 30-35 SK Kavajë, 35-50 KS Besa, 50-57 Puna Kavajë], **s. S.** 93
KS Besëlidhja (Klubi sportiv Besëlidhja), Lezhë, Albanien, Klub, entst. 1930, [1930-37 Bardhyli, 1937-50 SK Lezhë, 1950-57 Puna Lezhë], **s. S.** 93
KS Brno **s.** SK LeRK Brno
KS Budowlani Chorzów **s.** AKS Chorzów
KS Bylis **s.** FC Bylis
KS Chemik Racibórz **s.** KS Unia Racibórz
KS Cracovia Kraków (Klub Sportowy Cracovia Kraków), Kraków, Polen, Klub, entst. 1906, [1906-48 KS Cracovia Kraków, 48-50 KS Ogniwo Cracovia Kraków, 50-54 KS Ogniwo Kraków, 54-55 KS Sparta Kraków], **s. S.** 89
KS Dinamo (Klubi sportiv Dinamo), Durrës, Albanien, Klub, entst. 1947, [aufgel. 1958], **s. S.** 93
KS Dinamo (Klubi sportiv Dinamo), Shkodër, Albanien, Klub, entst. 1945, [1945-52 KS Spartaku], **s. S.** 93
KS Dinamo (Klubi sportiv Dinamo), Vlorë, Albanien, Klub, entst. 1952, **s. S.** 93
KS Dinamo **s.** KS Skënderbeu
KS Dinamo Tiranë (Klubi sportiv Dinamo Tiranë), Tiranë, Albanien, Klub, entst. 1950, [1950-95 KS Dinamo Tiranë, 95-97 KS Olimpik], **s. S.** 93
KS Dragoi **s.** KS Pogradec
KS Durrës **s.** KS Teuta
KS Elbasani (Klubi sportiv Elbasani), Elbasan, Albanien, Klub, entst. 1923, [1923-29 Afërdita e Perpemari, 29-34 KS Urani, 1934-48 KS Bashkimi, 48-50 KS Elbasan, 50-57 Puna Elbasan, 1957-91 KS Labinoti], **s. S.** 93
KS Erzeni (Klubi sportiv Erzeni), Shijak, Albanien, Klub, entst. 1931, [1931-47 KS Erzeni, 47-50 KS 8. Nëntori Shijak, 50-57 Puna Shijak], **s. S.** 93
KS Flamurtari (Klubi sportiv Flamurtari), Vlorë, Albanien, Klub, entst. 1923, [1923-35 SK Jeronim, 1935-45 KS Ismail Qemali, 45-50 KS Flamurtari, 50-57 Puna Vlorë], **s. S.** 93
KS Garbarnia Kraków (Klub Sportowy Garbarnia Kraków), Kraków, Polen, Klub, entst. 1921, [1921-49 KS Garbania Kraków, 49-50 KS Związkowiec Kraków, 50-55 KS Włókniarz Kraków, 55-?? KS Garbania Kraków, ??-?? RKS Garbania Kraków], **s. S.** 89
KS Gastronomia Gdynia **s.** KS Arka Amber Gdynia
KS Gdynia **s.** KS Arka Amber Gdynia
KS Górnik Bytom **s.** GKS Szombierki Bytom
KS Górnik Niedobczyce-Radlin **s.** KS Górnik Radlin
KS Górnik Radlin (Klub Sportowy Górnik Radlin), Radlin, Polen, Klub, entst. 1919, [1919-22 TS Kościuszko Niedobczyce, 22-39 TS Koscuszko-Rymer Niedobczyce, 39-45 Römergrube Niedobschütz, 45-48 KS Rymer Niedobczyce, 48 Fusion mit Błyskawica Radlin => KS Górnik Niedobczyce-Radlin (48-51)], **s. S.** 89
KS Górnik Wałbrzych **s.** GKS Zagłębie Wałbrzych
KS Górnik Wałbrzych **s.** Górnik Wałbrzych
KS Górnik Zabrze (Klub Sportowy Górnik Zabrze), Zabrze, Polen, Klub, entst. 1948, [entst. 1948 durch Fusion RKS Concordia Zabrze, KS Pogoń Zabrze, RKS Iskra Zabrze, KS Zjednoczenie Zabrze, TFMG Zabrze und Scaley Zabrze], **s. S.** 89
KS Groclin Dyskobolia Grodzisk-Wielkopolski (Klub Sportowy Groclin Dyskobolia Grodzisk-Wielkopolski), Grodzisk-Wielkopolski, Polen, Klub, entst. 1922, **s. S.** 89
KS Gwardia Bydgoszcz **s.** GKS Polonia Bydgoszcz
KS Gwardia Kraków **s.** TS Wisła Kraków
KS Gwardia Szczecin **s.** KS Arkonia Szczecin
KS Gwardia Warszawa (Klub Sportowy Gwardia Warszawa), Warschau (Warszawa), Polen, Klub, entst. 1948, **s. S.** 89
KS Hutnik Kraków (Klub Sportowy Hutnik Kraków), Kraków, Polen, Klub, entst. 1950, **s. S.** 89
KS Iliria (Klubi sportiv Iliria), Fushë-Krujë, Albanien, Klub, entst. 1970, **s. S.** 93
KS Industriali **s.** KiF Laçi
KS Iskra Siemianowice (Klub Sportowy Iskra Siemianowice), Siemianowice Śląskie, Polen, Klub, entst. 1923, [aufgel. 19??], **s. S.** 89
KS Ismail Qemali **s.** KS Flamurtari
KS Jagiellonia Białystok (Klub Sportowy Jagiellonia Białystok), Białystok, Polen, Klub, entst. 1927, [1927-?? BKS Jagiellonia Białystok, ??-?? MKSB Jagiellonia Białystok], **s. S.** 89
KS Jutrzenka Kraków (Klub Sportowy Jutrzenka Kraków), Kraków, Polen, Klub, entst. 1910, [aufgel. 1936], **s. S.** 89
KS Kastrioti (Klubi sportiv Kastrioti), Krujë, Albanien, Klub, entst. 1946, [1946-50 KS Kastrioti, 50-57 Puna Krujë], **s. S.** 93
KS Katowice **s.** 1. FC Kattowitz
KS Kolejarz Gdynia **s.** KS Arka Amber Gdynia
KS Kolejarz Poznań **s.** WKP Lech Poznań
KS Kolejarz Warszawa **s.** KP Polonia Warszawa
KS Kombinatic Tekstil **s.** KS Tekstil
KS Korabi (Klubi sportiv Korabi), Peshkopi, Albanien, Klub, entst. 1948, [1948-50 KS Korabi, 50-57 Puna Peshkopi], **s. S.** 93
KS Kotwica Gdynia **s.** KS Arka Amber Gdynia
KS Labinoti **s.** KS Elbasani
KS Laçi **s.** KiF Laçi
KS Lecha Lemberg **s.** KS Pogoń Lwów
KS Lechia Gdańsk (Klub Sportowy Lechia/Polonia Gdańsk), Gdańsk, Polen, Klub, entst. 1945, [1945-51 BKS Lechia Gdańsk, 51-56 LKS Budowlani Gdańsk, 56-95 BKS Lechia Gdańsk, 95 Fusion mit GKS Olimpia-Bolplast Poznań => Olimpia/Lechia Gdańsk (95-96), 96-97 Gdański KS Lechia/Olimpia, 97-98 Lechia Gdańsk, 98 Fusion mit SKS Polonia Gdańsk => Lechia/Polonia Gdańsk (1998-2000)], **s. S.** 89
KS Lechia Lwów **s.** LKS Lechia
KS Łódźianka Łódź **s.** ŁKS-Ptak Łódź
KS Lokomotiva **s.** KS Teuta
KS Lublinianka Lublin (Klub Sportowy

Lublinianka Lublin), Lublin, Polen, Klub, entst. 1921, s. S. 89
KS Luftëtari (Klubi sportiv Luftëtari), Tiranë, Albanien, Klub, entst. 1933, [1933-?? Shkolla e Bashkuar, ??-53 Shkolla e Bashkuar Enver Hoxha, 53-91 KS Luftëtari Enver Hoxha], s. S. 93
KS Luftëtari Enver Hoxha s. KS Luftëtari
KS Luftëtari s. KS Shqiponja
KS Metal Sosnowiec s. GKS Zagłębie Sosnowiec
KS Milowice Sosnowiec s. GKS Zagłębie Sosnowiec
KS Odra Opole (Klub Sportowy Odra Opole), Opole, Polen, Klub, entst. 1945, [1945-51 OKS Odra, 51-56 OKS Budowlani, 56-98 OKS Odra, 98 Fusion mit Varta Alkaline Namysłów => Varta/Odra Opole (98-99)], s. S. 89
KS Odra Wodzisław Śląski s. MKS Odra Wodzisław Śląski
KS Ogniwo Bytom s. KS Polonia Bytom
KS Ogniwo Cracovia Kraków s. KS Cracovia Kraków
KS Ogniwo Kraków s. KS Cracovia Kraków
KS Olimpik s. KS Dinamo Tiranë
KS Partizani (Klubi sportiv Partizani), Tiranë, Albanien, Klub, entst. 1946, s. S. 93
KS Pegrotour Dębica s. LKS Igloopol Dębica
KS Plania Racibórz s. KS Unia Racibórz
KS Podgórze Kraków (Klub Sportowy Podgórze Kraków), Kraków, Polen, Klub, entst. 1913, [1913-53 KS Podgórze Kraków, 53-56 Start Kraków, 56-?? SKS Podgórze Kraków], s. S. 89
KS Pogoń Lemberg s. KS Pogoń Lwów
KS Pogoń Lwów (Klub Sportowy Pogoń Lwów), Lemberg (L'viv/L'vov/Lwów), Ukraine, Klub, entst. 1907, [entst. 1907 durch Fusion KGS IV Lemberg und KS Lecha Lemberg => KS Pogoń Lemberg (07-18), 18-39 KS Pogoń Lwów, 39 aufgel.], s. S. 89
KS Pogoń Zabrze s. KS Górnik Zabrze
KS Pogradec (Klubi sportiv Pogradec), Pogradec, Albanien, Klub, entst. 1930, [1930-37 KS Dragoi, 37-50 KS Yll i Kug Pogradec, 50-54 KS Spartaku, 54-92 KS Yll i Kug Pogradec], s. S. 93
KS Polonia Beuthen s. KS Polonia Bytom
KS Polonia Bydgoszcz s. GKS Polonia Bydgoszcz
KS Polonia Bytom (Klub Sportowy Polonia Bytom), Bytom, Polen, Klub, entst. 1920, [1920-45 KS Polonia Beuthen, 45-48 KS Polonia Bytom, 48-55 KS Ogniwo Bytom, 55-97 KS Polonia Bytom, aufgel. 97 Fusion mit GKS Szombierki Bytom => TS GKS Polonia/Szombierki Bytom (97-98), 98 Aufl. der Fusion und Zurückbenennung], s. S. 89
KS Polonia Bytom s. GKS Szombierki Bytom
KS Punëtori s. KS Albpetrol
KS Radomiak Radom (Klub Sportowy Radomiak Radom), Radom, Polen, Klub, entst. 1910, [1910-49 Bata Radom, 49-51 Związkowiec Radom, 51-56 Włókniarz Radom, 56-80 RSK Radomiak Radom, 80-83 RKS Radom, 83-?? RSK Radomiak Radom], s. S. 89
KS Ruch BBC Wielki Hajduki Chorzów s. KS Ruch Chorzów
KS Ruch Chorzów (Klub Sportowy Ruch Chorzów), Chorzów, Polen, Klub, entst. 1920, [1920-23 KS Wielki Hajduki Chorzów, 23 Fusion mit Bismarckhütter BC => KS Ruch BBC Wielki Hajduki Chorzów, 23-39 KS Ruch Wielki Hajduki Chorzów, 39 aufgel. und wiedergegr., 39-45 Bismarckhütter SV 99, 45 aufgel. und wiedergegr., 45-50 KS Ruch Chorzów, 50-55 KS Unia Chorzów], s. S. 89
KS Ruch Wielki Hajduki Chorzów s. KS Ruch Chorzów
KS Rymer Niedobczyce s. KS Górnik Radlin
KS Selenica (Klubi sportiv Selenica), Selenica, Albanien, Klub, entst. 1930, [1930-92 KS 21. Shkurti], s. S. 93
KS Shkumbini (Klubi sportiv Shkumbini), Peqin, Albanien, Klub, entst. 1951, s. S. 93
KS Shqiponja (Klubi sportiv Shqiponja), Gjirokastër, Albanien, Klub, entst. 1930, [1930-45 KS Luftëtari, 45-50 KS Shqiponja, 50-57 Puna Gjirokastër, 57-93 KS Luftëtari], s. S. 93
KS Siarka Tarnobrzeg (Klub Sportowy Siarka Tarnobrzeg), Tarnobrzeg, Polen, Klub, entst. 1957, s. S. 89
KS Siła Třinec s. Fotbal Třinec
KS Skënderbeu (Klubi sportiv Skënderbeu), Korçë, Albanien, Klub, entst. 1926, [1926-46 KS Skënderbeu, 46-50 KS Dinamo, 50-57 Puna Korçë], s. S. 93
KS Śląsk Świętochłowice (Klub Sportowy Śląsk Świętochłowice), Świętochłowice, Polen, Klub, entst. 1920, [aufgel. 1939], s. S. 89
KS Slawa Lemberg s. 1y LKS Czarni
KS Sokół Pniewy s. TS Miliarder Pniewy
KS Sokół-Elektromis Pniewy s. TS Miliarder Pniewy
KS Sopoti (Klubi sportiv Sopoti), Librazhd, Albanien, Klub, entst. 1948, [1948-50 KS Sopoti, 50-57 Puna Librazhd, 57-96 KS Sopoti, 96-97 KiF Albania Tabak], s. S. 93
KS Sosnowiec s. GKS Zagłębie Sosnowiec
KS Sparta Kraków s. KS Cracovia Kraków
KS Spartaku (Klubi sportiv Spartaku), Tiranë, Albanien, Klub, entst. 1946, s. S. 93
KS Spartaku s. KS Dinamo
KS Spartaku s. KS Pogradec
KS Spojnia Gdynia s. KS Arka Amber Gdynia
KS Stal Rzeszów (Klub Sportowy Stal Rzeszów), Rzeszów, Polen, Klub, entst. 1944, [1944-?? ZKS Stal Rzeszów], s. S. 89
KS Stal Sosnowiec s. GKS Zagłębie Sosnowiec
KS Studenti (Klubi sportiv Studenti), Tiranë, Albanien, Klub, entst. 1953, s. S. 93
KS Tarnovia Tarnów s. ZKS Unia Tarnów
KS Tekstil (Klubi sportiv Tekstil), Kuçovë, Albanien, Klub, entst. 1948, [1948-54 KS Tekstil, 54-55 KS Kombinatic Tekstil], s. S. 93
KS Teuta (Klubi sportiv Teuta), Durrës, Albanien, Klub, entst. 1925, [1925-?? Urania, ??-45 KS Teuta, 45-48 KS Yll i Kug Durrës, 48-50 KS Durrës, 50-57 Puna Durrës, 1957-91 KS Lokomotiva], s. S. 93
KS Tomori (Klubi sportiv Tomori), Berat, Albanien, Klub, entst. 1929, [1929-31 Muzeka, 1931-50 KS Tomori, 1950-57 Puna Tomori], s. S. 93
KS Traktori s. SK Lushnjë
KS Unia Chorzów s. KS Ruch Chorzów
KS Unia Racibórz (Klub Sportowy Unia Racibórz), Racibórz, Polen, Klub, entst. 1946, [1946-49 KS Plania Racibórz, 49-?? KS Chemik Racibórz], s. S. 89
KS Unia Sosnowiec s. GKS Zagłębie Sosnowiec
KS Union Sosnowiec s. GKS Zagłębie Sosnowiec
KS Union Touring Łódź (Klub Sportowy Union Touring Łódź), Łódź, Polen, Klub, entst. 1906, [1906-22 Touring Club Łódź, 22-32 Klub Turystów Łódź, 32 Fusion mit SS Union Łódź => KS Union Touring Łódź (32-39), 39 aufgel.], s. S. 89
KS Urani s. KS Elbasani
KS Victoria Sosnowiec s. GKS Zagłębie Sosnowiec
KS Vllaznia (Klubi sportiv Vllaznia), Shkodër, Albanien, Klub, entst. 1919, [1919-35 KS Bashkimi, 35-50 KS Vllaznia, 50-57 Puna Shkodër], s. S. 93
KS Warszawianka (Klub Sportowy Warszawianka), Warschau (Warszawa), Polen, Klub, entst. 1921, [aufgel. 1939], s. S. 89
KS Warta Poznań (Klub Sportowy Warta Poznań), Poznań, Polen, Klub, entst. 1912, [1912-49 KS Warta Poznań, 49-50 KS Związkowiec Poznań, 50-56 Stal Poznań], s. S. 89
KS Wielki Hajduki Chorzów s. KS Ruch Chorzów
KS Wisła Płock s. Orlen Płock
KS Włókniarz Kraków s. KS Garbarnia Kraków
KS Yll i Kug Durrës s. KS Teuta
KS Yll i Kug Pogradec s. KS Pogradec
KS Zjednoczenie Zabrze s. KS Górnik Zabrze
KS Związkowiec Kraków s. KS Garbarnia Kraków
Ksar Sonader s. ASC Ksar Sonader
KSC Eendracht Aalst (Koninklijke Sportclub Eendracht Aalst), Aalst, Belgien, Klub, entst. 1919, [1919-23 Eendracht Voetbal Club Aalst, 23-51 SC Eendracht Aalst], s. S. 75
KSC Hasselt (Koninklijke Sporting Club Hasselt), Hasselt, Belgien, Klub, entst. 1909, [1909-31 Excelsior FC Hasselt, 31-64 R Excelsior FC Hasselt, 64 Fusion mit Hasseltse VV => KSC Hasselt], s. S. 75
KSC Lokeren (Koninklijke Sportclub Lokeren), Lokeren, Belgien, Klub, entst. 1970, [entst. 1970 durch Fusion K Racing Club Lokeren und K Standaard FC Lokeren], s. S. 75
KSG Duisburg (Kriegsspielgemeinschaft Duisburg), Duisburg, Deutschland, Klub, entst. 1943, [entst. 1943 durch Fusion Duisburger SpV. 1900 und TuS Duisburg, 45 aufgel.], s. S. 84
KSG Köln (Kriegssportgemeinschaft Köln), Köln, Deutschland, Klub, entst. 1943, [entst. 1943 durch Fusion VfL Köln 99 und SpVgg. 07 Köln-Sülz => KSG Köln (43-45), 45 Aufl. der Fusion], s. S. 84
KSG Köln s. SpVgg. 07 Köln-Sülz
KSG Köln s. VfL 99 Köln
KSG Saarbrücken (Kriegssportgemeinschaft Saarbrücken), Saarbrücken, Deutschland, Klub, entst. 1943, [entst. 1943 durch Fusion FV Saarbrücken und SC Altenkessel => KSG Saarbrücken (43-45), 45 Aufl. der Fusion], s. S. 85
KSG Saarbrücken s. 1. FC Saarbrücken
KSK Beveren (Koninklijke Sportkring Beveren), Beveren, Belgien, Klub, entst. 1934, [entst. 1934 durch Fusion Amical und Standard => SK Beveren-Waes (34-40), 40-78 SK Beveren-Waas, 78-84 SK Beveren], s. S. 75
KSK Tongeren (Koninklijke Sportkring Tongeren), Tongeren, Belgien, Klub, entst. 1968, [entst. 1968 durch Fusion K Tongerse SV Cercle und K Patria FC Tongeren], s. S. 75
KSM Posta Kisumu s. Kisumu Telkom
KSV Ankerbrot Wien s. FC Ankerbrot-Sankt Anton-Laaerberg
KSV Cercle Brugge s. Cercle Brugge KSV
KSV Kassel s. Kasseler SV Hessen
KSV Waregem (Koninklijke Sportvereniging Waregem), Waregem, Belgien, Klub, entst. 1925, [1925-40 Waereghem Sportief, 40-46 Waregem Sportief, 46 Fusion mit Red Star Waregem => SV Waregem (46-51)], s. S. 75
KSV Waterschei THOR (Koninklijke Sportvereniging Waterschei Tot Heil Onzer Ribbenkast), Genk, Belgien, Klub, entst. 1919, [1919-47 Waterschei's SV THOR, 47-51 Waterschei SV THOR, 51-88 KSV Waterschei THOR, aufgel. 88 durch Fusion mit KFC Winterslag => KRC Genk], s. S. 75
KSV Waterschei THOR s. KFC Winterslag
KSV Waterschei THOR s. KRC Genk
KSZO Ostrowiec Świętokrzyski (Klub Sportowy Zakładów Ostrowieckich Ostrowiec Świętokrzyski), Ostrowiec Świętokrzyski, Polen, Klub, entst. 1929, s. S. 89
KTH Diest (Koninklijke Tesamen Hogerop Diest), Diest, Belgien, Klub, entst. 1919, [1919-46 Hooger Op FC Diest, 46 Fusion mit Standaard Athletiek Diest => FC Diest (46-52), 52-88 KFC Diest, 88 Fusion mit FC Assent => KTH Diest], s. S. 75
KTM Thika (Kenyan Taitex Mills Thika), Thika, Kenia, Klub, s. S. 119
KTP (Kotkan Työväen Palloilijat), Kotka, Finnland, Klub, entst. 1927, s. S. 73
Kuala Belait, Stadt, Brunei, s. S. 107
Kuala Lumpur FA, Kuala Lumpur, Malaysia, Klub, s. S. 106
Kuala Lumpur, Stadt, Malaysia, s. S. 106
Kuala Terengganu, Stadt, Malaysia, s. S. 106
Kuantan FA, Kuantan, Malaysia, Klub, s. S. 106
Kuantan, Stadt, Malaysia, s. S. 106
Kuba, Länder, s. S. 126 und 127
Kuba, Stadt, Aserbaidschan, s. S. 97
Kuban' Krasnodar s. FK Kuban' Krasnodar
Kubrat Popovo, Popovo, Bulgarien, Klub, [aufgel. 19??], s. S. 91
Kubuli All Stars, St. Joseph, Dominica, Klub, s. S. 127
Kuching, Stadt, Malaysia, s. S. 107
Kuçovë, Stadt, Albanien, s. S. 93
Küçük Kaymakli, Nicosia/Lefkosia, Zypern, Klub, s. S. 95
Kudus, Stadt, Indonesien, s. S. 107
Kugssak, Qasigiannguit/Christianshåb, Grönland, Klub, s. S. 123
Kui Tan, Hongkong, Klub, s. S. 109
Kuito, Stadt, Angola, s. S. 118
Kula, Stadt, Jugoslawien, s. S. 93
Kuljab, Stadt, Tadschikistan, s. S. 101
Kullervo (Helsingin Kullervo), Helsinki/Helsingfors, Finnland, Klub, entst. 1920, s. S. 73
Kulture Yabra, Belize City, Belize, Klub, [19??-2000 Yabra Tropical FC], s. S. 125
Kumamoto, Stadt, Japan, s. S. 111
Kumanovo, Stadt, Mazedonien, s. S. 93
Kumapim Star (Asante Mampong Kumapim Stars), Mampong, Ghana, Klub, s. S. 117
Kumasi, Stadt, Ghana, s. S. 117
Kumba, Stadt, Kamerun, s. S. 117
Kumbo Strikers, Kumbo, Kamerun, Klub, s. S. 117
Kumbo, Stadt, Kamerun, s. S. 117
KuMu, Kuusankoski, Finnland, Klub, [19??-89 KumuP], s. S. 73
KumuP s. KuMu
Kunming, Stadt, China, s. S. 109
Kuopio, Stadt, Finnland, s. S. 73
Kuopion Elo s. Elo
Kuopion Palloseura s. KuPS
KuPS (Kuopion Palloseura), Kuopio, Finnland, Klub, entst. 1923, s. S. 73
Kur Mingechaur s. FC Kur-Nur Mingechaur
Kürdämir, Stadt, Aserbaidschan, s. S. 97
Kuressaare, Stadt, Estland, s. S. 99
Kurgan-Tjube, Stadt, Tadschikistan, s. S. 101
Kurhessen Cassel s. Kasseler SV Hessen
Kur-Nur Mingechaur s. FC Kur-Nur Mingechaur
Kurschab, Stadt, Kirgisien, s. S. 100
Kurunegala, Stadt, Sri Lanka, s. S. 105
Kusary, Stadt, Aserbaidschan, s. S. 97
Kuschon Kasansaj s. FK Kasansaj
Kustanaj, Stadt, Kasachstan, s. S. 101
Kutaïssi, Stadt, Georgien, s. S. 97
Kuusankoski, Stadt, Finnland, s. S. 73
Kuusysi s. FC Kuusysi
Kuusysi s. FC Lahti
Kuusysi s. FC Reipas
Kuwait City, Stadt, Kuwait, s. S. 103
Kuwait SC (Kuwait Sporting Club), Kuwait City, Kuwait, Klub, entst. 1960, s. S. 103
Kuwait Sporting Club s. Kuwait SC
Kuwait, Länder, s. S. 102 und 103
KV Kortrijk (Koninklijke Voetbalclub Kortrijk), Kortrijk, Belgien, Klub, entst. 1971, [entst. 1971 durch Fusion K Kortrijk Sport und Stade Kortrijk], s. S. 75
KV Kortrijk s. K Kortrijk Sport
KV Lyra s. K Lierse SK
KV Lyra s. K Lyra TSV
KV Mechelen (Koninklijke Voetbalklub Mechelen), Mechelen, Belgien, Klub, entst. 1904, [1904-29 FC Malinois, 29-53 RFC Malinois, 53-70 KFC Malinois], s. S. 75
KV Oostende (Koninklijke Voetbalklub Oostende), Oostende, Belgien, Klub, entst. 1911, [1911-37 Alliance Sportive Ostendaise, 37-81 K Athletische SV Oostende, 81 Fusion mit Koninklyk Van Neste Genootschap => KV Oostende], s. S. 75
Kvadrats Riga, Riga, Lettland, Klub, [19??-92 Sarkanais-Kvadrats Riga], s. S. 99
Kvarner Rijeka s. HNK Rijeka
KVC Westerlo (Koninklijke Voetbalclub Westerlo), Westerlo, Belgien, Klub, entst. 1933, [1933-42 Westerloo Sport, 42-?? VC Westerloo], s. S. 75
Kvik Halden s. FK Kvik Halden
Kvik s. FK Kvik
KVK Tienen (Koninklijke Voetbalklub Tienen), Tienen, Belgien, Klub, entst. 1921, [1921-51 RC Tirlemont, 51-73 RRC Tirlemont, 73-81 RRC Tienen, 81 Fusion mit Voorwaarts Tienen => KVK Tienen], s. S. 75
KVT Chimik Kara-Balta s. FK KVT Dinamo Kara-Balta
KVT Dinamo Kara-Balta s. FK KVT Dinamo Kara-Balta
KVV Belgica Egedem Sport (Koninklijke Voetbalvereniging Belgica Egedem Sport), Antwerpen, Belgien, Klub, entst. 1908, [1908-11 Sporting FC Belgica Egedem, 11 aufgel., 24 wiedergegr., 24-36 FC Belgica Edegem, 36-67 KFC Belgica Edegem, 67 Fusion mit KVV Egedem Sport => KVV Belgica Egedem Sport], s. S. 75
KVV Crossing Elewijk s. R Crossing Schaerbeek
KVV Egedem Sport s. KVV Belgica Egedem Sport
KVV Elewijk s. R Crossing Schaerbeek
Kwaebibirem United, Asuom, Ghana, Klub, s. S. 117
Kwangaku Club, Nishinomiya, Japan, Klub, [aufgel. 19??], s. S. 111
Kwangju, Stadt, Südkorea, s. S. 110
Kwangyang, Stadt, Südkorea, s. S. 110
Kwara Stars FC (Kwara Stars Football Club), Ilorin, Nigeria, Klub, s. S. 117
Kwara Stars Football Club s. Kwara Stars FC
Kwara United, Ilorin, Nigeria, Klub, s. S. 117
Kwareli, Stadt, Georgien, s. S. 97
Kwe Kwe, Stadt, Simbabwe, s. S. 121
Kwidzyn, Stadt, Polen, s. S. 84
Kwikot Benoni, Benoni, Südafrika, Klub, s. S. 121
Kwilu Ngongo, Stadt, Volksrepublik Kongo, s. S. 118
KWU Erfurt s. FC Rot-Weiß Erfurt
KWU Weimar s. SC Weimar 03
Kyiw, Stadt, Ukraine, s. S. 99
Kyoto Purple Sanga, Kyoto, Japan, Klub, s. S. 111
Kyoto, Stadt, Japan, s. S. 111
Kyperounta, Stadt, Zypern, s. S. 95
Kyzyl-Kija, Stadt, Kirgisien, s. S. 100
Kyzylkum Zarawschan s. FK Kyzylkum Zarawschan
Kzyl-Orda, Stadt, Kasachstan, s. S. 101
La Belgica, Santa Cruz de la Sierra, Bolivien, Klub, s. S. 131
La Berrichonne de Châteauroux s. LB Châteauroux
La Calera, Stadt, Chile, s. S. 135
La Ceiba, Stadt, Honduras, s. S. 125
La Châtelaine s. FC La Châtelaine
La Chaux-de-Fonds, Stadt, Schweiz, s. S. 82
La Chorrera, Stadt, Panama, s. S. 125
La Coruña, Stadt, Spanien, s. S. 79
La Dominante Genova s. SG Andrea Doria
La Dominante Genova s. SG Sampierdarenese
La Esperanza, Stadt, Honduras, s. S. 125
La Fiorita s. SP La Fiorita
La Forestoise s. RCS La Forestoise
La Habana (Club La Habana), Havanna (La Habana), Kuba, Klub, [19??-?? La Habana FC], s. S. 126
La Habana FC s. La Habana
La Habana, Stadt, Kuba, s. S. 126
La Joya, Ciudad de Guatemala/Guatemala City, Guatemala, Klub, [aufgel. 19??], s. S. 125
La Joya-Iqueño s. Centro Iqueño
La Joya-Iqueño s. Juventud La Joya
La Joya-Iqueño, Chancay, Peru, Klub, entst. 1987, [entst. 1987 durch Fusion Juventud La Joya und Centro Iqueño, 87 Aufl. der Fusion], s. S. 130
La Libertad s. CS La Libertad
La Lima, Stadt, Honduras, s. S. 125
La Loretana (Club La Loretana), Pucallpa, Peru, Klub, entst. 1971, s. S. 131
La Louvière, Stadt, Belgien, s. S. 75
La Massana, Stadt, Andorra, s. S. 77
La Merced, Stadt, Peru, s. S. 131
La Palma s. Juventud La Palma
La Passe, La Passe, Seychellen, Klub, s. S. 121
La Passe, Stadt, Seychellen, s. S. 121
La Paz, Stadt, Bolivien, s. S. 131
La Piedad de Cavadas, Stadt, Mexiko, s. S. 125
La Plata, Stadt, Argentinien, s. S. 135
La Possession, Stadt, Reunion, s. S. 121
La Rioja, Stadt, Argentinien, s. S. 135
La Romana, La Romana, Dominikanische Republik, Klub, s. S. 127
La Romana, Stadt, Dominikanische Republik, s. S. 127
La Rosales FC s. CA River Plate
La Rose, Stadt, Guadeloupe, s. S. 127
La Salle FC, Caracas, Venezuela, Klub, s. S. 129
La Salle s. San Pedro
La Semeuse s. FC La Semeuse
La Serena, Stadt, Chile, s. S. 135
La Trinité, Stadt, Martinique, s. S. 127
La Unión, Stadt, El Salvador, s. S. 125
La Vega City s. De La Vega City
La Vega, La Vega, Dominikanische Republik, Klub, s. S. 127
La Vega, Stadt, Dominikanische Republik, s. S. 127
La Victoria s. Dolphins FC
La Victoria, Corozal, Belize, Klub, [1998 Umzug von Dolphins FC aus San Pedro => La Victoria (98-99), 99 Corozal FC], s. S. 125
La Villa Longchamp Ouchy s. FC La Villa Longchamp Ouchy
Labasa, Labasa, Fidschi, Klub, s. S. 137
Labasa, Stadt, Fidschi, s. S. 137
Labbatoir, Stadt, Mayotte, s. S. 121
Labé, Stadt, Guinea, s. S. 117
Labinoti s. KS Elbasani
Laç, Stadt, Albanien, s. S. 93
Laçi s. KiF Laçi
Lada Togliatti s. FK Lada Togliatti
Lae, Stadt, Papua-Neuguinea, s. S. 136
Lagartense s. Olímpico Lagartense
Lagarto, Stadt, Brasilien, s. S. 133
Lage s. GD Lage
Lagerhaus Wien s. SV Donau Wien
Lages, Stadt, Brasilien, s. S. 133
Lagoons s. Club Lagoons
Lagoons s. New Lagoons
Lagos EDN, Lagos, Nigeria, Klub, s. S. 117
Lagos PAN Bank, Lagos, Nigeria, Klub, s. S. 117
Lagos Railways, Lagos, Nigeria, Klub, s. S. 117
Lagos, Stadt, Nigeria, s. S. 117
Laguna FC, Manila, Philippinen, Klub, s. S. 107
Laguna, Torreón, Mexiko, Klub, s. S. 125
Lagunillas, Stadt, Venezuela, s. S. 128
Lahaj, Stadt, Jemen, s. S. 103
Lahden Pallo-Miehet s. FC Kuusysi
Lahore, Stadt, Pakistan, s. S. 105
Lahti '69 s. FC Kuusysi
Lahti, Stadt, Finnland, s. S. 73
Lai Sun, Hongkong, Klub, s. S. 109
Lajes, Stadt, Brasilien, s. S. 133
Lakamatju Vitsebsk s. FK Dvina-KIM Vitsebsk
Lakamatju Vitsebsk s. FK Lakamatju Vitsebsk
Lakamatju Vitsebsk s. FK Lakamatju-96 Vitsebsk
Lakamatju-96 Vitsebsk s. FK Dvina-KIM Vitsebsk
Lakamatju-96 Vitsebsk s. FK Lakamatju Vitsebsk
Lakamatju-96 Vitsebsk s. FK Lakamatju-96 Vitsebsk
Lake Warriors, Mombasa, Kenia, Klub, s. S. 119
L'Aldosa, Stadt, Andorra, s. S. 77
Lalimba, Asmara, Eritrea, Klub, s. S. 115
Lam Dong, Dalat/Dâ Lat, Vietnam, Klub, s. S. 107
Lam Pak s. GD Lam Pak
Lambaréné, Stadt, Gabun, s. S. 118
Lambayeque, Stadt, Peru, s. S. 130
Lamco Enforcers, Yekepa, Liberia, Klub, s. S. 117
Laminorul Brăila s. Dacia Unirea Brăila
Lamontville Golden Arrows, Durban, Südafrika, Klub, s. S. 121
Lampart FC (Lampart Football Club), Budapest, Ungarn, Klub, entst. 1937, [1937-38 FÉG-Lampart, 38-43 Lampart FC, 43-45 Fégyvergyári SK, 45-66 Lampart FC, 66 aufgel.], s. S. 88
Lampart Football Club s. Lampart FC
Lanark FC s. Third Lanark FC
Lancashire Fusiliers (Lancashire Fusiliers Regiment), Belfast, Nordirland, Klub, [aufgel. 1898], s. S. 69
Lancashire Fusiliers Regiment s. Lancashire Fusiliers
Lancashire Steel, Kwe Kwe/Redcliffe, Simbabwe, Klub, s. S. 121
Lancaster Regiment s. 1st BKOR Lancaster Regiment
Lancers s. Rochester Lancers
Lancers, Castries, St. Lucia, Klub, s. S. 127
Landskrona BoIS (Landskrona Boll & Idrotssälskap), Landskrona, Schweden, Klub, entst. 1915, s. S. 73
Landskrona Boll & Idrotssälskap s. Landskrona BoIS
Landskrona, Stadt, Schweden, s. S. 73
Lanerossi Schio Vicenza s. Vicenza Calcio
Lanerossi-Vicenza s. Vicenza Calcio
Langendorf s. 1. FC Weißenfels
Länkäran, Stadt, Aserbaidschan, s. S. 97
Lantana Tallinn s. FC Lantana Tallinn
Lantschchuti, Stadt, Georgien, s. S. 97
Lanús s. CA Lanús
Lanús s. Unión Talleres-Lanús
Lanza s. Deportivo Lanza
Lanzhou, Stadt, China, s. S. 109
Lao Army, Vientiane/Viangchan, Laos, Klub, s. S. 106
Laos, Länder, s. S. 106 und 107
Lapathos, Stadt, Zypern, s. S. 95
Lara FC s. Internacional de Lara FC
Lara FC s. UD Lara FC
Larissa, Stadt, Griechenland, s. S. 95
Larissaikos s. PAE Larissa
Larnaca, Stadt, Zypern, s. S. 95
Larnaka, Stadt, Zypern, s. S. 95
Larne FC (Larne Football Club), Larne, Nordirland, Klub, entst. 1889, [1889-?? Larne Olympic], s. S. 69
Larne Football Club s. Larne FC
Larne Olympic s. Larne FC
Larne, Stadt, Nordirland, s. S. 69
Larvik Turn IF (Larvik Turn og Idrettsforening), Larvik, Norwegen, Klub, entst. 1906, s. S. 71
Larvik Turn og Idrettsforening s. Larvik Turn IF
Larvik, Stadt, Norwegen, s. S. 71
Las Heras s. CA Huracán Las Heras
Las Palmas de Gran Canaria, Stadt, Spanien, s. S. 79
Las Piedras, Stadt, Uruguay, s. S. 135
Las Piñas, Stadt, Philippinen, s. S. 107
Las Tunas (Club Las Tunas), Las Tunas, Kuba, Klub, s. S. 126
Las Tunas, Stadt, Kuba, s. S. 126
Las Vegas Quicksilver s. San Diego Sockers
Las Vegas Quicksilver, Las Vegas, USA, Klub, entst. 1977, [1975-76 Baltimore Comets, 76 Umzug nach San Diego => San Diego Jaws (76-77), 77 Umzug nach Las Vegas => Las Vegas Quicksilver (77-78), aufgel. 78, Umzug nach San Diego => San Diego Sockers], s. S. 123
Las Vegas, Stadt, USA, s. S. 123
LASK Linz (Linzer Athletik-Sportklub Linz), Linz, Österreich, Klub, entst. 1908, [1908-19 Linzer SK, 19-97 Linzer ASK, 97 Fusion mit FC Linz => LASK Linz], s. S. 83
LASK Linz s. FC Linz
Lastavica Šibenik s. HNK Šibenik
Lastoursville, Stadt, Gabun, s. S. 118
Latacunga, Stadt, Ecuador, s. S. 130
Latakia, Stadt, Syrien, s. S. 102
Latina, Stadt, Italien, s. S. 81
Lauda Wilno s. TS Lauda Wilno
Laugu United FC (Laugu United Football Club), Honiara, Salomonen, Klub, s. S. 137
Laugu United Football Club s. Laugu United FC
Lauro Muller FC (Lauro Muller Futebol Clube), Itajaí, Brasilien, Klub, [aufgel. 19??], s. S. 133
Lauro Muller Futebol Clube s. Lauro Muller FC
Lausanne, Stadt, Schweiz, s. S. 82
Lausanne-Sports, Lausanne, Schweiz, Klub, entst. 1896, [1896-1905 Montriond FC, 05-20 Montriond-Sports FC, 16 Fusion mit FC Ouest Lausanne, 20 Fusion mit Club Hygiènique de Lausanne => Lausanne-Sports], s. S. 82
Lauter, Stadt, Deutschland, s. S. 85
Lauterer Sport-Verein Viktoria 1913 s. Lauterer SV Viktoria 1913
Lauterer SV Viktoria 1913 (Lauterer Sport-Verein Viktoria 1913), Lauter, Deutschland, Klub, entst. 1913, [19??-45 SV Viktoria Lauter, 45 aufgel. und wiedergegr., 45-50 SG Lauter, 50-51 BSG Freiheit-Wismut Lauter, 51-54 BSG Empor Lauter, 54 Umzug des A-Teams nach Rostock => SC Empor Rostock, 54-90 BSG Motor Lauter], s. S. 85
Lautoka, Lautoka, Fidschi, Klub, s. S. 137
Lautoka, Stadt, Fidschi, s. S. 137
Lăv Dupnica s. FK Marek Dupnica
Laval, Stadt, Frankreich, s. S. 77
Lavalle s. Unión San Vicente
Lavallois MFC s. Stade Lavallois MFC
Lavori Publici, Mogadishu/Muqdiisho, Somalia, Klub, s. S. 115
Lavumisa FC (Lavumisa Football Club), Lavumisa, Swasiland, Klub, s. S. 120
Lavumisa Football Club s. Lavumisa FC
Lavumisa, Stadt, Swasiland, s. S. 120
Lawn Tennis de la Exposición s. Lawn Tennis FC
Lawn Tennis de la Exposición s. Meteor SC
Lawn Tennis FC (Lawn Tennis Football Club), Lima, Peru, Klub, entst. 1904, [1904-?? Lawn Tennis de la Exposición, aufgel. 90 durch Fusion mit Meteor SC => Meteor-Lawn Tennis, 94 Aufl. der Fusion und Zurückbenennung], s. S. 130
Lawn Tennis Football Club s. Lawn Tennis FC
Lazer, Abidjan, Elfenbeinküste, Klub, s. S. 117
Lazio Jumex, Guinea Grass, Belize, Klub, s. S. 125
Lazio s. SS Lazio
Lázně Bohdaneč, Stadt, Tschechische Republik, s. S. 86
LB Châteauroux (La Berrichonne de Châteauroux), Châteauroux, Frankreich, Klub, entst. 1883, s. S. 77
LCHZZ Humenné s. HFC Humenné
LD Alajuelense (Liga Deportiva Alajuelense), Alajuela, Costa Rica, Klub, entst. 1919, s. S. 124
LDF (Lesotho Defence Forces), Maseru, Lesotho, Klub, s. S. 120
LDU Portoviejo (Liga Deportiva Universitaria de Portoviejo), Portoviejo, Ecuador, Klub, entst. 1969, s. S. 130
LDU Quito (Liga Deportiva Universitaria de Quito), Quito, Ecuador, Klub, entst. 1930, s. S. 131
LDU, Cuenca, Ecuador, Klub, s. S. 130
Le François, Stadt, Martinique, s. S. 127
Le Geldar s. ASC Le Geldar
Le Gosier, Stadt, Guadeloupe, s. S. 127
Le Grand Port United Football Club s. Grand Port United FC
Le Havre AC (Le Havre Athletic Club Football Association), Le Havre, Frankreich, Klub, entst. 1872, [1872-91 Le Havre FC], s. S. 77
Le Havre Athletic Club Football Association s. Le Havre AC
Le Havre FC s. Le Havre AC
Le Havre, Stadt, Frankreich, s. S. 77
Le Lamentin, Stadt, Martinique, s. S. 127
Le Lorrain, Stadt, Martinique, s. S. 127
Le Mans, Stadt, Frankreich, s. S. 77
Le Marin, Stadt, Martinique, s. S. 127
Le Moule, Stadt, Guadeloupe, s. S. 127
Le Port, Stadt, Reunion, s. S. 121
Le Robert, Stadt, Martinique, s. S. 127
Le Tampon, Stadt, Reunion, s. S. 121
Le Vauclin, Stadt, Martinique, s. S. 127
Leão FC s. Britânia SC
Lebap Tschardschou s. Dzhejchun Turkmenabat
LEC (Liberia Electricity Company), Monrovia, Liberia, Klub, [19??-9? LEC Current], s. S. 117
LEC Current s. LEC
Leça de Palmeira, Stadt, Portugal, s. S. 79
Leça FC (Leça Futebol Clube), Leça de Palmeira, Portugal, Klub, entst. 1923, s. S. 79
Leça Futebol Clube s. Leça FC
Lecce FBC s. US Lecce
Lecce, Stadt, Italien, s. S. 81
Lecco Calcio, Lecco, Italien, Klub, entst. 1910, [1910-32 Sezione Calcio della Canottieri Lecco, 32-72 AC Lecco], s. S. 81
Lecco, Stadt, Italien, s. S. 81
Lech Poznań s. WKP Lech Poznań
Lechia Gdańsk s. GKS Olimpia-Bolplast Poznań
Lechia Gdańsk s. KS Lechia Gdańsk
Lechia Lemberg s. LKS Lechia
Lechia Lwów s. LKS Lechia
Lechia/Polonia Gdańsk s. KS Lechia Gdańsk
Ledesma s. CA Ledesma
Leeds United AFC (Leeds United Association Football Club), Leeds, England, Klub, entst. 1919, s. S. 67
Leeds United Association Football Club s. Leeds United AFC
Leeds United, Durban, Südafrika, Klub, s. S. 121
Leeds, Stadt, England, s. S. 67
Leeuwarden, Stadt, Niederlande, s. S. 75
Lefka, Stadt, Zypern, s. S. 95
Lefke, Lefke/Lefka, Zypern, Klub, s. S. 95
Lefke, Stadt, Zypern, s. S. 95
Lefkosia, Stadt, Zypern, s. S. 95
Legend FC (Legend Football Club), Lucea, Jamaika, Klub, s. S. 126
Legend Football Club s. Legend FC
Legia Warszawa s. Legia-Daewoo Warszawa
Legia-Daewoo Warszawa, Warschau (Warszawa), Polen, Klub, entst. 1916, [1916-20 WKS Legia Warszawa, 20-22 WKS Warszawa, 22-45 WKS Legia Warszawa, 45-50 WKS Warszawa, 50-67 CWKS Warszawa, 67-90 CWKS Legia Warszawa, 90-96 WWKS Legia Warszawa], s. S. 89
Legnano FBC s. AC Legnano
Legnano, Stadt, Italien, s. S. 81
Legnica, Stadt, Polen, s. S. 84 und 89
Leicester City FC (Leicester City Football Club), Leicester, England, Klub, entst. 1884, [1884-1919 Leicester Fosse], s. S. 67
Leicester City Football Club s. Leicester City FC
Leicester Fosse s. Leicester City FC
Leicester, Stadt, England, s. S. 67
Leichhardt s. APIA Leichhardt
Leiden, Stadt, Niederlande, s. S. 75
Leiftur s. ÍF Leiftur
Leiner Steyer s. SK Vorwärts Steyr
Leipzig, Stadt, Deutschland, s. S. 85
Leipzig-Lindenau 1899 s. SV Leipzig-Lindenau 1899
Leipzig-Mitte s. FC Sachsen Leipzig 1990
Leiria, Stadt, Portugal, s. S. 79
Leith Athletic FC (Leith Athletic Football Club), Edinburgh, Schottland, Klub, entst. 1887, [1887-1905 Leith Athletic FC, 05-16 Leith FC, 16 aufgel., 19 wiedergegr., 19-5? Leith Athletic FC, 5? aufgel.], s. S. 69
Leith Athletic Football Club s. Leith Athletic FC
Leith FC s. Leith Athletic FC
Leivakombinaat Tartu s. JK Merkuur Tartu
Leixões SC (Leixões Sport Clube), Matosinhos, Portugal, Klub, entst. 1907, s. S. 79
Leixões Sport Clube s. Leixões SC
Lek Domžale s. NK BST Domžale
Leks Lovetsch s. FK Lovetsch
Lelle SK (Lelle Spordiklubi), Lelle, Estland, Klub, entst. 1990, [1990-97 FC Lelle, aufgel. 97 durch Fusion mit JK Tulevik Viljandi, 97 wiedergegr., 1997-2000 Lelle SK, aufgel. 2000, Umzug nach Pärnu => JK Tervis Pärnu], s. S. 99
Lelle SK s. JK Tulevik Viljandi
Lelle Spordiklubi s. Lelle SK
Lelle, Stadt, Estland, s. S. 99
Lemania Montreux s. Montreux-Sports
Lemberg, Stadt, Ukraine, s. S. 89 und 99
Lemesos, Stadt, Zypern, s. S. 95
Lempira, La Esperanza, Honduras, Klub, s. S. 125
Lemsdorf s. 1. FC Magdeburg
Lenana Warriors, Mombasa, Kenia, Klub, s. S. 119
Lendava, Stadt, Slowenien, s. S. 93
Leng Ngan, Macau, Klub, s. S. 109
Lenkoran', Stadt, Aserbaidschan, s. S. 97
Lens, Stadt, Frankreich, s. S. 77
Lensois s. RC Lens
Leo Victor, Paramaribo, Surinam, Klub, s. S. 129
Leoben, Stadt, Österreich, s. S. 83
Leoes Luanda, Luanda, Angola, Klub, s. S. 118
Léogâne, Stadt, Haiti, s. S. 127
León Atlético s. CSD León
León Huánuco (Co-operativa de Servicios Especiales León de Huánuco), Huánuco, Peru, Klub, entst. 1946, s. S. 130
León, Stadt, Mexiko, s. S. 125
León, Stadt, Spanien, s. S. 79
Leone Lions, Amerikanisch-Samoa, Klub, s. S. 137
Leonesa s. CD Leonesa
Leônico s. AD Leônico
Léopard Douala, Douala, Kamerun, Klub, s. S. 117
Léopards Loubomo s. AC Léopards Loubomo
Leopards s. AFC Leopards
Leopards s. Black Leopards
Leopards s. Golf Leopards
Leopards s. Royal Leopards
Léopards s. US Saint-André Léopards
Léopold CB (Léopold Club de Bruxelles), Brüssel (Bruxelles/Brussel), Belgien, Klub, entst. 1893, [1893-95 Léopold FC, 1895-1921 Léopold CB, 21-54 R Léopold CB, 54-59 R Léopold FCB, 59-61 R Léopold FC Woluwe, 61-82 R Léopold FCB, 82 Fusion mit CS Racing Uccle => R Léopold FC d'Uccle (82-90), aufgel. 90 durch Fusion mit Uccle Sport => R Uccle-Léopold FC], s. S. 75
Léopold Club de Bruxelles s. Léopold CB
Léopold FC s. Léopold CB
Leopoldstadt s. Wiener AF
Leotar Trebinje s. FK Leotar Trebinje
Leova, Stadt, Moldawien, s. S. 99
Leribe, Stadt, Lesotho, s. S. 120
Lérida, Stadt, Spanien, s. S. 79
LeRK Brno s. SK LeRK Brno
LeRK Brno s. SK LeRK Prostějov
LeRK Prostějov s. SK LeRK Prostějov
Lernagorts Kapan s. FC Lernagorts Kapan
Lerotholi Polytechnic (Lerotholi Polytechnic School), Maseru, Lesotho, Klub, s. S. 120
Lerotholi Polytechnic School s. Lerotholi Polytechnic
Les Anses d'Arlet, Stadt, Martinique, s. S. 127
Les Avirons, Stadt, Reunion, s. S. 121
Les Bons La Mosquera, Stadt, Andorra, s. S. 77
Les Marsouins s. AS Les Marsouins
Leslie's Verdes, Benque Viejo del Carmen, Belize, Klub, [19??-2000 Real Verdes], s. S. 125
Lesotho Defence Forces s. LDF
Lesotho Mounted Police Service s. LMPS
Lesotho Paramilitary Forces s. LPF
Lesotho Prisons Service s. LPS
Lesotho, Länder, s. S. 120 und 121
L'Esterre, Stadt, Grenada, s. S. 127
Letec Hradec Králové s. VTJ Dukla Olomouc
Letná Kladno s. SK Kladno
L'Etoile Filante, Morne-à-l'Eau, Guadeloupe, Klub, s. S. 127
Lettland, Länder, s. S. 98 und 99
Leutzsch s. FC Sachsen Leipzig 1990
Leuven, Stadt, Belgien, s. S. 75
Levadeia, Stadt, Griechenland, s. S. 95
Levadeiakos s. PAE Levadeiakos
Levadia Maardu s. FC Levadia Maardu
Levadia Maardu s. JK Tallinna Sadam
Levadia Tallinn s. FC Levadia Tallinn
Levadia Tallinn s. FC Maardu
Levante UD (Levante Unión Deportiva), Valencia, Spanien, Klub, entst. 1915, [entst. 1915 durch Fusion Gimnástico FC Valencia und Levante UD => UD Levante-Gimnástico (15-41)], s. S. 79
Levante Unión Deportiva s. Levante UD
Leven s. Vale of Leven FC
Leventis United, Ibadan, Nigeria, Klub, [aufgel. 1987], s. S. 117
Leverkusen, Stadt, Deutschland, s. S. 84
Levski Burgas s. Levski-Botev 45 Burgas
Levski Dobritsch, Dobritsch, Bulgarien, Klub, [aufgel. 19??], s. S. 91
Levski Dupnica s. FK Marek Dupnica
Levski Gorna Oriahovitza s. FK Lokomotiv Gorna Oriahovitza
Levski Haskovo s. FK Haskovo
Levski Kjustendil s. FK Velbazjd Kjustendil
Levski Lom, Lom, Bulgarien, Klub, [aufgel. 19??], s. S. 91
Levski Pleven s. FK Spartak Pleven
Levski Plovdiv s. FK Spartak Plovdiv
Levski Plovdiv, Plovdiv, Bulgarien, Klub, entst. 1913, [aufgel. 1945 durch Fusion mit NFD Septemvri Plovdiv], s. S. 91
Levski Ruse s. FK Dunav Ruse
Levski Samokov, Samokov, Bulgarien, Klub, [aufgel. 19??], s. S. 91
Levski Sofija s. FD Spartak Sofija
Levski Sofija s. PFK Levski Sofija
Levski Stara Zagora s. FK Beroe Stara Zagora
Levski Svilengrad, Svilengrad, Bulgarien, Klub, [aufgel. 19??], s. S. 91
Levski Tolbuchin s. FK Dobrudscha Dobritsch
Levski Varna s. FK Spartak Varna
Levski-14 Sofija s. PFK Levski Sofija
Levski-1914 Sofija s. PFK Levski Sofija
Levski-Botev 45 Burgas s. FK Tschernomorets Burgas
Levski-Botev 45 Burgas s. Slavija Burgas
Levski-Botev 45 Burgas, Burgas, Bulgarien, Klub, entst. 1928, [1928-45 Levski Burgas, 45-47 Levski-Botev 45 Burgas, aufgel. 47 durch Fusion mit Slavija Burgas => Ljubislav Burgas], s. S. 91
Levski-Dorostol Silistra s. FK Dorostol Silistra
Levskiego Sofija s. PFK Levski Sofija
Levski-Slavija Plovdiv s. FK Lokomotiv Plovdiv
Levski-Spartak Sofija s. FD Spartak Sofija
Levski-Spartak Sofija s. PFK Levski Sofija
Leyton Orient FC (Leyton Orient Football Club), London, England, Klub, entst. 1881, [1881-86 Glyn CFC, 86-88 Eagle FC, 88-98 Orient FC, 1898-1946 Clapton Orient, 1966-87 Orient FC], s. S. 66
Leyton Orient Football Club s. Leyton Orient FC
Lezhë, Stadt, Albanien, s. S. 93
LFLS Kaunas (Lietuvos Fizunio Lavinimosi Sajunga Kaunas), Kaunas, Litauen, Klub, [aufgel. 19??], s. S. 99
LG Cheetah s. Anyang LG Cheetahs
LGSF Kaunas (Lietuvos Gimnastikos ir Sporto Federacija Kaunas), Kaunas, Litauen, Klub, [aufgel. 19??], s. S. 99

Liakhwi Tschinvali s. FC Liakhwi Tschinvali
Liancourt, Stadt, Haiti, s. S. 127
Liaoning Fushun s. Liaoning Fushun Tegang
Liaoning Fushun Tegang, Fushun, China, Klub, entst. 1953, [1953-?? Liaoning, ??-95 Liaoning Yuandong, 95-96 Liaoning, 96-97 Liaoning Hangxing, 97-98 Liaoning Shuangxing, 98-99 Liaoning Tianlun, 1999-2000 Liaoning Fushun], s. S. 109
Liaoning Hangxing s. Liaoning Fushun Tegang
Liaoning s. Liaoning Fushun Tegang
Liaoning Shuangxing s. Liaoning Fushun Tegang
Liaoning Tianlun s. Liaoning Fushun Tegang
Liaoning Yuandong s. Liaoning Fushun Tegang
LIAZ Jablonec s. FK Jablonec '97
Libanon, Länder, s. S. 102 und 103
Libeň s. SK Libeň
Liberec, Stadt, Tschechische Republik, s. S. 86
Liberia Electricity Company s. LEC
Liberia Petroleum Refining Company-Oilers s. LPRC-Oilers
Liberia United s. EU Liberia United
Liberia, Länder, s. S. 116 und 117
Liberia, Stadt, Costa Rica, s. S. 125
Liberta FC (Liberta Football Club), Liberta, Antigua und Barbuda, Klub, s. S. 127
Liberta Football Club s. Liberta FC
Liberta, Stadt, Antigua und Barbuda, s. S. 127
Libertad (Club Libertad), Asunción, Paraguay, Klub, entst. 1905, s. S. 135
Libertad s. CD Atlético Marte
Libertad s. CD Libertad
Libertad s. CS La Libertad
Libertad s. CS Libertad
Libertad, Äquatorial-Guinea, Klub, s. S. 118
Libertad, Barranquilla, Kolumbien, Klub, entst. 1956, s. S. 128
Libertador General San Martín, Stadt, Argentinien, s. S. 135
Libertas AC s. AC Venezia
Libertas Perugia s. AC Perugia
Libertas s. SP Libertas
Libertas Salerno s. Salernitana Sport
Libertas Wien s. SC Libertas Wien
Libertatea Oradea s. Crişana Oradea
Liberté FC (Liberté Football Club), Niamey, Niger, Klub, s. S. 114
Liberté Football Club s. Liberté FC
Liberty FBC Bari s. AS Bari
Liberty Professionals, Accra, Ghana, Klub, s. S. 117
Liberty s. Floriana Liberty
Libota s. FC Libota
Librazhd, Stadt, Albanien, s. S. 93
Librería del Colegio AC s. CA Vélez Sarsfield
Libreville, Stadt, Gabun, s. S. 118 und 119
Libya FC, Tripolis (Tarabulus al-Gharb), Libyen, Klub, s. S. 113
Libyen, Länder, s. S. 112 und 113
Liceul Vasile Alecsandri Galaţi s. DVA Galaţi
Lichinga, Stadt, Mosambik, s. S. 121
Lichtenberg s. SV '47 Lichtenberg
Lichtenvoorde, Stadt, Niederlande, s. S. 75
Lida, Stadt, Weißrussland, s. S. 99
Liebherr GAK (Liebherr Graz Grazer Athletik-Klub), Graz, Österreich, Klub, entst. 1902, [1902-?? Grazer AK, ??-?? Korting GAK, ??-92 Ring Schuch GAK, 92-93 GAK Trummer-Montagen, 93-97 Casino Graz-GAK], s. S. 83
Liebherr Graz Grazer Athletik-Klub s. Liebherr GAK
Liechtenstein, Länder, s. S. 82 und 83
Liège, Stadt, Belgien, s. S. 75
Liégeois s. RTFC Liégeois
Liegnitz, Stadt, Polen, s. S. 84 und 89
Liepaja, Stadt, Lettland, s. S. 99
Lier, Stadt, Belgien, s. S. 75
Liersche SK s. K Lierse SK
Lierse SK s. K Lierse SK
Lietuvos Fizunio Lavinimosi Sajunga Kaunas s. LFLS Kaunas
Lietuvos Gimnastikos ir Sporto Federacija Kaunas s. LGSF Kaunas
Lietuvos-Makabi Vilnius II s. FK Geležinis-Vilkas Vilnius
Lietuvos-Makabi Vilnius s. ALK Neris Vilnius
LÍF (Lorvíkar Ítróttarfelag), Lorvík, Färöer Inseln, Klub, entst. 1928, s. S. 71
Lifan s. Chongqing Lifan
Life Fighters, Otjiwarongo, Namibia, Klub, s. S. 120
Lifebuoy Strikers, Ndola, Sambia, Klub, [19??-?? Strike Rovers], s. S. 119
Lifefo, Lesotho, Klub, s. S. 120
Liga Debiec s. WKP Lech Poznań
Liga Deportiva Alajuelense s. LD Alajuelense
Liga Deportiva Universitaria de Portoviejo s. LDU Portoviejo
Liga Deportiva Universitaria de Quito s. LDU Quito
Light Stars, Seychellen, Klub, s. S. 121
Lightbody's Santos s. Santos
Ligoneil FC (Ligoneil Football Club), Belfast, Nordirland, Klub, [aufgel. ??], s. S. 69
Ligoneil Football Club s. Ligoneil FC
Liguria s. AC Liguria
Lija Athletics FC (Lija Athletics Football Club), Lija, Malta, Klub, entst. 1949, s. S. 81
Lija Athletics Football Club s. Lija Athletics FC
Lija, Stadt, Malta, s. S. 81
Lijevce Nova Topola s. FK Lijevce Nova Topola
Likasi, Stadt, Volksrepublik Kongo, s. S. 119
Lille Olympique Sporting Club s. Lille OSC
Lille OSC (Lille Olympique Sporting Club), Lille, Frankreich, Klub, entst. 1944, [entst. 1944 durch Fusion SC Fives de Lille und Olympique Lillois], s. S. 77
Lille OSC s. Olympique Lillois
Lille OSC s. SC Fives de Lille
Lille, Stadt, Frankreich, s. S. 77
Lillestrøm IL s. Lillestrøm SK
Lillestrøm SK (Lillestrøm Sportsklubb), Lillestrøm, Norwegen, Klub, entst. 1917, [entst. 1917 durch Fusion Lillestrøm IL und SK Rask], s. S. 71
Lillestrøm Sportsklubb s. Lillestrøm SK
Lillestrøm, Stadt, Norwegen, s. S. 71
Lilongwe, Stadt, Malawi, s. S. 121
Lima Cricket, Lima, Peru, Klub, [aufgel. 19??], s. S. 130
Lima, Stadt, Peru, s. S. 130
Limassol, Stadt, Zypern, s. S. 95
Limbe Leaf Wanderers s. Telecom Wanderers
Limbé, Stadt, Kamerun, s. S. 117
Limburgia s. SV Limburgia
Limeira, Stadt, Brasilien, s. S. 133
Limeño s. CD Municipal Limeño
Limerick AFC (Limerick Association Football Club), Limerick/Luimneach, Irland, Klub, entst. 1937, [1937-79 Limerick AFC, 79-83 Limerick United FC, 83-92 Limerick City FC], s. S. 69
Limerick Association Football Club s. Limerick AFC
Limerick City FC s. Limerick AFC
Limerick United FC s. Limerick AFC
Limerick, Stadt, Irland, s. S. 69
Limnia, Stadt, Zypern, s. S. 95
Limoges FC s. Limoges Foot 87
Limoges Foot 87, Limoges, Frankreich, Klub, entst. 1947, [entst. 1947 durch Fusion Red Star-CA Limoges und USAL => Limoges FC (47-87), 87 aufgel. und wiedergegr.], s. S. 77
Limoges, Stadt, Frankreich, s. S. 77
Limonense s. AD Limonense
Limuru, Stadt, Kenia, s. S. 119
Linare FC (Linare Football Club), Leribe, Lesotho, Klub, s. S. 120
Linare Football Club s. Linare FC
Lincoln Regiment s. 2nd Battalion 10th Lincoln Regiment
Lincolnshire Regiment, Calcutta, Indien, Klub, [aufgel. 19??], s. S. 105
Linden, Stadt, Guyana, s. S. 129
Lindenau-Aue s. FC Sachsen Leipzig 1990
Lindenau-Hafen s. FC Sachsen Leipzig 1990
Lindi, Stadt, Tansania, s. S. 119
Linfield Athletic s. Linfield FC
Linfield FC (Linfield Football Club), Belfast, Nordirland, Klub, entst. 1886, [1886-?? Linfield Athletic], s. S. 69
Linfield Football Club s. Linfield FC
Linguère s. ASC Linguère
Linhares EC (Linhares Esporte Clube), Linhares, Brasilien, Klub, entst. 1991, [entst. 1990 durch Fusion América FC und Industrial EC], s. S. 133
Linhares Esporte Clube s. Linhares EC
Linhares, Stadt, Brasilien, s. S. 133
Linköping, Stadt, Schweden, s. S. 73
Linz, Stadt, Österreich, s. S. 83
Linzer ASK s. FC Linz
Linzer ASK s. LASK Linz
Linzer Athletik-Sportklub Linz s. LASK Linz
Linzer SK s. LASK Linz
Linzer Sportverein Stickstoff s. Linzer SV Stickstoff
Linzer SV Stickstoff (Linzer Sportverein Stickstoff), Linz, Österreich, Klub, entst. 1929, [1929-69 Linzer SV Stickstoff, 69-?? Chemie SV Linz], s. S. 83
Lioli FC (Lioli Football Club), Teyateyaneng, Lesotho, Klub, s. S. 120
Lioli Football Club s. Lioli FC
Lion Hill Spliff, St. Johns, Antigua und Barbuda, Klub, s. S. 127
Lion Yaoundé, Yaoundé, Kamerun, Klub, s. S. 117
Lions de l'Atakora, Natitingou, Benin, Klub, s. S. 117
Lions FC s. Manila Lions FC
Lions FC s. Naxxar Lions FC
Lions FC s. Villa Lions FC
Lions of Gboko s. BCC Lions of Gboko
Lions s. Brisbane Lions
Lions s. East End Lions
Lions s. Ghetto Lions
Lions s. Leone Lions
Lions s. MSC Lions
Lions s. Red Lions
Lions s. Roaring Lions
Liphakoe, Quthing, Lesotho, Klub, s. S. 120
Lipuli FC (Lipuli Football Club), Iringa, Tansania, Klub, s. S. 119
Lipuli Football Club s. Lipuli FC
Lira, Stadt, Uganda, s. S. 119
Lisboa, Stadt, Portugal, s. S. 78 und 79
Lisburn, Stadt, Nordirland, s. S. 69
Lisichansk, Stadt, Ukraine, s. S. 99
Lisleby FK (Lisleby Fotballklubb), Fredrikstad, Norwegen, Klub, entst. 1910, s. S. 71
Lisleby Fotballklubb s. Lisleby FK
Lissabon, Stadt, Portugal, s. S. 78 und 79
Litauen, Länder, s. S. 98 und 99
Liteks Lovetsch s. FK Lovetsch
Litoral FC (Litoral Fútbol Club), Caracas, Venezuela, Klub, s. S. 129
Litoral Fútbol Club s. Litoral FC
Litoral s. CD Litoral
Litoral, Cochabamba, Bolivien, Klub, s. S. 131
Litoral, Oruro, Bolivien, Klub, s. S. 131
Lituania 07 Tilsit s. SC Lituania 07 Tilsit
Litzmannstadt, Stadt, Polen, s. S. 84 und 89
Liuyao s. Shenyang Jinde
Liverpool FC (Liverpool Football Club), Liverpool, England, Klub, entst. 1892, s. S. 67
Liverpool FC (Liverpool Fútbol Club), Montevideo, Uruguay, Klub, entst. 1915, s. S. 135
Liverpool Football Club s. Liverpool FC
Liverpool Fútbol Club s. Liverpool FC
Liverpool, Okahandja, Namibia, Klub, s. S. 120
Liverpool, Stadt, England, s. S. 67
Livingston FC (Livingston Football Club), Livingston, Schottland, Klub, entst. 1974, s. S. 69
Livingston Football Club s. Livingston FC
Livingston, Stadt, Schottland, s. S. 69
Livno, Stadt, Bosnien und Herzegowina, s. S. 93
Livorno, Stadt, Italien, s. S. 81
Livulu s. FC Livulu
Ljuben Vesov Petritsch s. FK Belasitsa Petritsch
Ljubić Prnjavor s. FK Ljubić Prnjavor
Ljubislav Burgas s. FK Tschernomorets Burgas
Ljubislav Burgas s. Levski-Botev 45 Burgas
Ljubislav Burgas s. Slavija Burgas
Ljubljana, Stadt, Slowenien, s. S. 93
Ljuboten Tetovo s. FK Ljuboten Tetovo
Ljubuški, Stadt, Bosnien und Herzegowina, s. S. 93
Ljungskile SK s. Panos Ljungskile SK
Ljungskile, Stadt, Schweden, s. S. 73
LKS Budowlani Gdańsk s. KS Lechia Gdańsk
LKS Czarni s. 1y LKS Czarni
LKS Igloopol Dębica (Ludowy Klub Sportowy Igloopol Dębica), Dębica, Polen, Klub, entst. 1978, [1978-91 LKS Igloopol Dębica, 91-92 KS Pegrotour Dębica], s. S. 89
LKS Lechia (Lwowski Klub Sportowy Lechia), Lemberg (L'viv/L'vov/Lwów), Ukraine, Klub, entst. 1904, [1904-18 KS Lechia Lemberg, 18-39 KS Lechia Lwów, 39 aufgel.], s. S. 89
ŁKS s. ŁKS-Ptak Łódź
ŁKS Włókniarz s. ŁKS-Ptak Łódź
ŁKS-Ptak Łódź (Łódzki Klub Sportowy-Ptak Łódź), Łódź, Polen, Klub, entst. 1908, [1908-12 KS Łódźianka Łódź, 12-48 ŁKS, 48-54 ŁKS Włókniarz, 54-98 ŁKS], s. S. 89
Llandudno Junction FC s. Borough United AFC
Llandudno, Stadt, Wales, s. S. 67
Llanelli AFC (Llanelli Association Football & Athletic Club), Llanelli, Wales, Klub, entst. 1896, s. S. 67
Llanelli Association Football & Athletic Club s. Llanelli AFC
Llanelli, Stadt, Wales, s. S. 67
Llaneros de Guanaré Fútbol Club s. Llaneros Guanaré FC
Llaneros Guanaré FC (Llaneros de Guanaré Fútbol Club), Guanaré, Venezuela, Klub, entst. 1984, s. S. 128
Llanidloes Town FC (Llanidloes Town Football Club), Llanidloes, Wales, Klub, entst. 1875, [1875-1918 Llanidloes United FC], s. S. 67
Llanidloes Town Football Club s. Llanidloes Town FC
Llanidloes United FC s. Llanidloes Town FC
Llanidloes, Stadt, Wales, s. S. 67
Llansantffraid FC s. TNS Llansantffraid FC
Llansantffraid, Stadt, Wales, s. S. 67
Lleida, Stadt, Spanien, s. S. 79
LMPS (Lesotho Mounted Police Service), Maseru, Lesotho, Klub, s. S. 120
Lobatse, Stadt, Botswana, s. S. 121
Lobi Stars FC (Lobi Stars Football Club), Makurdi, Nigeria, Klub, s. S. 117
Lobi Stars Football Club s. Lobi Stars FC
Lobito, Stadt, Angola, s. S. 118
Local Warriors, Palikir, Mikronesien, Klub, s. S. 137
Locarno, Stadt, Schweiz, s. S. 82
Locomotiva Basarabeasca s. FC Locomotiva Basarabeasca
Locomotivă Bucureşti s. UFC Rapid Bucureşti
Locomotivă Cluj s. CFR Cluj-Napoca
Locomotivă Galaţi s. Gloria CFR Galaţi
Locomotivă Iaşi s. CFR Iaşi
Locomotivă PCA Constanţa s. FC Farul Constanţa
Locomotivă Reşiţa s. CSM Reşiţa
Locomotivă Satu Mare s. FC Olimpia Satu Mare
Locomotivă Sibiu s. FC Şoimii COMPA Sibiu
Locomotivă Timişoara s. CFR Timişoara
Locomotivă Tîrgu Mureş s. CS Tîrgu Mureş
Locomotivă Turnu Severin s. CFR Turnu Severin
Locomotive FC (Locomotive Football Club), Libreville, Gabun, Klub, s. S. 119
Locomotive Football Club s. Locomotive FC
Locomotive, Cotonou, Benin, Klub, s. S. 117
Locomotive, Nordkorea, Klub, s. S. 110
Lod, Stadt, Israel, s. S. 94
Loděnice Libeň s. FK Meteor Praha VIII
Łódź, Stadt, Polen, s. S. 84 und 89
Łódźianka Łódź s. ŁKS-Ptak Łódź
Łódzski Klub Sportowy-Ptak Łódź s. ŁKS-Ptak Łódź
Łódzski Towarzystwo Sportowe i Gimnastyczne s. ŁTSG
Logroñés s. CD Logroñés
Logroño, Stadt, Spanien, s. S. 79
Loja, Stadt, Ecuador, s. S. 130
Loka Skofja Medvode s. NK Loka Medvode
Lokeren, Stadt, Belgien, s. S. 75
Lokomotiv Alma-Ata s. FK Kajrat Almaty
Lokomotiv Burgas s. FK Tschernomorets Burgas
Lokomotiv Char'kow s. FK Metalist Charkiw
Lokomotiv Daugavpils s. FK Lokomotiv Daugavpils
Lokomotiv Duschanbe, Duschanbe, Tadschikistan, Klub, s. S. 101
Lokomotiv Gomel' s. FK Homel'
Lokomotiv Gor'ki s. FK Lokomotiv Nischni Nowgorod
Lokomotiv Gorna Oriahovitza s. FK Lokomotiv Gorna Oriahovitza
Lokomotiv Kiew, Kyiw/Kiew, Ukraine, Klub, entst. 1925, [aufgel. 19??], s. S. 99
Lokomotiv Kutaisi s. FC Torpedo Kutaissi
Lokomotiv Moskva s. FK Lokomotiv Moskva
Lokomotiv Nischni Nowgorod s. FK Lokomotiv Nischni Nowgorod
Lokomotiv Pernik, Pernik, Bulgarien, Klub, [aufgel. 19??], s. S. 91
Lokomotiv Pleven s. FK Spartak Pleven
Lokomotiv Plovdiv s. FK Lokomotiv Plovdiv
Lokomotiv Ruse s. FK Dunav Ruse
Lokomotiv Ruse s. Torpedo Ruse
Lokomotív s. Budapesti Elõre SC
Lokomotív s. BVSC
Lokomotív s. Debreceni VSC
Lokomotív s. Miskolci VSC
Lokomotív s. Nyírség-Spartacus FC
Lokomotív s. Pécsi VSK-Pécs '96 FC
Lokomotív s. Szegedi VSE
Lokomotív s. Székesfehérvári MÁV Elõre SC
Lokomotív s. Testvériség SE
Lokomotív s. Törekvés SE
Lokomotiv Samtredia s. FC Iberia Samtredia
Lokomotiv Sofija s. FK Lokomotiv Sofija
Lokomotiv Sofija s. FK Slavija Sofija
Lokomotiv Stanke Dimitrov s. FK Marek Dupnica
Lokomotiv Stara Zagora s. FK Beroe Stara Zagora
Lokomotiv Stara Zagora, Stara Zagora, Bulgarien, Klub, [aufgel. 1958 durch Fusion mit Botev Stara Zagora => DFS Stara Zagora], s. S. 91
Lokomotiv Svischtov s. FK Akademik Svischtov
Lokomotiv Varna s. FK Spartak Varna
Lokomotiv Vitebsk s. FK Lakamatju Vitsebsk
Lokomotiv Winnitsa s. FK Winnytsja
Lokomotiva Benešov s. FK Benešov
Lokomotíva Bučina Zvolen s. ŠK FAC LB Zvolen
Lokomotiva Humenné s. HFC Humenné
Lokomotiva Kolín s. AFK Kolín
Lokomotíva Košice s. FK Lokomotíva Košice
Lokomotiva Liberec s. TJ Jiskra SS Liberec
Lokomotiva Nymburk s. Polaban Nymburk
Lokomotiva Plzeň s. SK Plzeň 1894
Lokomotiva s. KS Teuta
Lokomotíva Spišská Nová Ves s. MFK Lokomotíva Spišská Nová Ves
Lokomotíva Vrútky s. FC Vrútky
Lokomotiva Zagreb s. NK Lokomotiva Zagreb
Lokomotiva Zagreb s. ŠK Viktorija Zagreb
Lokomotíva Zvolen s. ŠK FAC LB Zvolen
Lokomotive Altmark Stendal s. FSV Lokomotive Altmark Stendal
Lokomotive Dresden s. Dresdner SC 98
Lokomotive Leipzig s. SC Lokomotive Leipzig
Lokomotive Leipzig s. VfB Leipzig
Lokomotive Stendal s. FSV Lokomotive Altmark Stendal
Lokomotive Weimar s. SC Weimar 03
Lokomotivi Tbilisi s. FC Lokomotivi Tbilisi
Lokomotyvas Vilnius s. FK Ardena Vilnius
Lom, Stadt, Bulgarien, s. S. 91
Loma Negra s. Deportivo Loma Negra
Lomas AC (Lomas Athletic Club), Buenos Aires, Argentinien, Klub, entst. 1891, s. S. 135
Lomas Academy, Buenos Aires, Argentinien, Klub, entst. 1891, s. S. 135
Lomas Athletic Club s. Lomas AC
Lombard FC Tatabánya (Lombard Futball Club Tatabánya), Tatabánya, Ungarn, Klub, entst. 1910, [1910-49 Tatabányai SC, 49-50 Tatabányai Tárna, 50-93 Tatabányai Bányász SC, 93-94 Tatabányai FC, 94-97 Tatabányai SC], s. S. 89
Lombard Futball Club Tatabánya s. Lombard FC Tatabánya
Lomé 1, Lomé, Togo, Klub, s. S. 117
Lomé, Stadt, Togo, s. S. 117
Lommel, Stadt, Belgien, s. S. 75
Lommelsche SK s. KFC Lommelse SK
Lommelse SK s. KFC Lommelse SK
London City SC (London City Soccer Club), London, Kanada, Klub, entst. 1990, [1990-92 London Lasers (II)], s. S. 122
London City Soccer Club s. London City SC
London Lasers s. London City SC
London, Stadt, England, s. S. 66 und 67
London, Stadt, Kanada, s. S. 122
Londonderry, Stadt, Irland, s. S. 69
Londonderry, Stadt, Nordirland, s. S. 69
Londrina EC (Londrina Esporte Clube), Londrina, Brasilien, Klub, entst. 1956, [1956-?? Londrina Regatas], s. S. 133
Londrina Esporte Clube s. Londrina EC
Londrina Regatas s. Londrina EC
Londrina, Stadt, Brasilien, s. S. 133
Long An, Tan An, Vietnam, Klub, s. S. 107
Long Xuyên, Stadt, Vietnam, s. S. 107
LONGA, Lichtenvoorde, Niederlande, Klub, s. S. 75
Longford Town FC (Longford Town Football Club), Longford/An Longfort, Irland, Klub, entst. 1924, s. S. 69
Longford Town Football Club s. Longford Town FC
Longford, Stadt, Irland, s. S. 69
Lootus Kohtla-Järve s. FC Lootus Kohtla-Järve
Lori Kirowakan s. FC Lori Wanadzor
Lori Wanadzor s. FC Lori Wanadzor
Lorient, Stadt, Frankreich, s. S. 77
Lorrain s. RC Lorrain
Lorraine XI s. Nancy-Lorraine XI
Lorvík, Stadt, Färöer Inseln, s. S. 71
Lorvíkar Ítróttarfelag s. LÍF
Los Andes s. CA Los Andes
Los Andes s. CA Trinidad
Los Andes, Stadt, Chile, s. S. 135
Los Angeles Aztecs, Los Angeles, USA, Klub, entst. 1974, [aufgel. 1981], s. S. 123
Los Angeles Galaxy, Los Angeles, USA, Klub, entst. 1996, s. S. 123
Los Angeles s. Juvenil Los Angeles
Los Angeles Toros s. San Diego Toros
Los Angeles Toros, Los Angeles, USA, Klub, entst. 1967, [aufgel. 1968, Umzug nach San Diego => San Diego Toros], s. S. 123
Los Angeles Wolves, Los Angeles, USA, Klub, entst. 1967, [aufgel. 1968], s. S. 123
Los Angeles, Stadt, Chile, s. S. 135
Los Angeles, Stadt, USA, s. S. 123
Los Correcaminos s. UAT „Los Correcaminos"
Los Espartanos (Club Los Espartanos), Pacasmayo, Peru, Klub, s. S. 130
Los Piratas s. CD Morón
Los Pumas s. UNAM „Los Pumas"
Los Tecos s. UAG „Los Tecos"
Los Tigres s. UANL „Los Tigres"
Lota Schwager s. CD Lota Schwager
Lota, Stadt, Chile, s. S. 135
Lotoha'apai SC, Nuku'alofa, Tonga, Klub, s. S. 137
Loubomo, Stadt, Kongo, s. S. 118
Louga, Stadt, Senegal, s. S. 117
Louroujina, Stadt, Zypern, s. S. 95
Louviéroise s. RAA Louviéroise
Lovčen Cetinje s. FK Lovčen Cetinje
Lovell's Athletic FC (Lovell's Athletic Football Club), Newport, Wales, Klub, entst. 1918, [aufgel. 1969], s. S. 67
Lovell's Athletic Football Club s. Lovell's Athletic FC
Lovetsch, Stadt, Bulgarien, s. S. 91
Lower Hutt City AFC (Lower Hutt City Association Football Club), Lower Hutt, Neuseeland, Klub, entst. 1966, [entst. 1966 durch Fusion Lower Hutt und Railways, aufgel. 87 durch Fusion mit Petone und Stop Out, 92 Aufl. der Fusion und Zurückbenennung], s. S. 137
Lower Hutt City Association Football Club s. Lower Hutt City AFC
Lower Hutt City s. Hutt Valley United
Lower Hutt City s. Petone
Lower Hutt City s. Stop Out
Lower Hutt, Stadt, Neuseeland, s. S. 137
Lowmans, Stadt, St. Vincent und Grenadinen, s. S. 127
Loyola SC (Loyola Sport Club), Caracas, Venezuela, Klub, [aufgel. 19??], s. S. 129
Loyola Sport Club s. Loyola SC
LPF (Lesotho Paramilitary Forces), Maseru, Lesotho, Klub, s. S. 120
LPMC-Planters, Monrovia, Liberia, Klub, s. S. 117
LPRC-Oilers (Liberia Petroleum Refining Company-Oilers), Monrovia, Liberia, Klub, s. S. 117
LPS (Lesotho Prisons Service), Maseru, Lesotho, Klub, s. S. 120
LSL Strikers s. Hallelujah Strikers SC
ŁSTV s. ŁTSG
LSV Adler Deblin (Luftwaffensportverein Adler Deblin), Deblin (Dęblin), Polen, Klub, entst. 1940, [aufgel. 1944], s. S. 84
LSV Boelcke Krakau (Luftwaffensportverein Boelcke Krakau), Krakau (Kraków), Polen, Klub, entst. 1940, [aufgel. 1944], s. S. 84
LSV Danzig (Luftwaffensportverein 1941 Danzig), Danzig (Gdańsk), Polen, Klub, entst. 1941, [aufgel. 1944], s. S. 84
LSV Groß-Hamburg (Luftwaffen-Sportverein Groß-Hamburg), Hamburg, Deutschland, Klub, entst. 1942, [aufgel. 1944], s. S. 85
LSV Markersdorf an der Pielach (Luftwaffensportverein Markersdorf an der Pielach), Markersdorf an der Pielach, Österreich, Klub, [aufgel. 194?], s. S. 83
LSV Mölders Krakau (Luftwaffensportverein Mölders Krakau), Krakau (Kraków), Polen, Klub, entst. 1940, [aufgel. 1944], s. S. 84
LSV Olmütz (Luftwaffensportverein Olmütz), Olmütz (Olomouc), Tschechische Republik, Klub, [aufgel. 1944], s. S. 84
LSV Pütnitz (Luftwaffensportverein Pütnitz), Damgarten, Deutschland, Klub, entst. 1936, [aufgel. 1944], s. S. 85
LSV Reinecke Brieg (Luftwaffensportverein Reinecke Brieg), Brieg (Brzeg), Polen, Klub, entst. 1936, [aufgel. 1944], s. S. 84
LSV Rerik (Luftwaffensportverein Rerik), Ostseebad Rerik, Deutschland, Klub, [aufgel. 1944], s. S. 85
LSV Stettin (Luftwaffensportverein Stettin), Stettin (Szczecin), Polen, Klub, entst. 1939, [aufgel. 1944], s. S. 84
ŁTSG (Łódzski Towarzystwo Sportowe i Gimnastyczne), Łódź, Polen, Klub, entst. 1910, [entst. 1910 durch Fusion TG Achilles Łódź und TG Jahn Łódź => ŁSTV (10-19), 19-37 ŁTSG, 37 aufgel.], s. S. 89
LTSK s. Çetinkaya TSC
Lu Kuang, Taiwan, Klub, s. S. 109
LU/Daugava Riga s. FK Policijas Riga
LU/Daugava Riga s. FK Universitate Riga
LU/Daugava Riga s. PFK/Daugava Riga
LU/Daugava Riga, Riga, Lettland, Klub, [19??-93 Torpedo Riga, 93-95 Vidus Riga, 95-96 Amstrig Riga, 96-98 FK Daugava Riga, 98-99 LU/Daugava Riga, 98 Fusion mit FK Universitate Riga, 99 aufgel. und wiedergegr., 1999-2001 LU/Daugava Riga, aufgel. 01 durch Fusion mit FK Policijas Riga => PFK/Daugava Riga], s. S. 99
Luanda, Stadt, Angola, s. S. 118
Luangprabang, Stadt, Laos, s. S. 106
Luanshya, Stadt, Sambia, s. S. 119
Lubango, Stadt, Angola, s. S. 118
Lübeck, Stadt, Deutschland, s. S. 85
Lublin, Stadt, Polen, s. S. 89
Lublinianka Lublin s. KS Lublinianka Lublin
Lubuk Pakam, Stadt, Indonesien, s. S. 106
Lubumbashi, Stadt, Volksrepublik Kongo, s. S. 119
Lučani, Stadt, Jugoslawien, s. S. 93
Lucca, Stadt, Italien, s. S. 81
Lucchese-Libertas s. AS Lucchese-Libertas
Lucea, Stadt, Jamaika, s. S. 126
Luceafarul Tiraspol s. FC Tiligul Tiraspol
Lucknow, Stadt, Indien, s. S. 105
Lucky-Goldstar Hwangso s. Anyang LG Cheetahs
Ludhiana, Stadt, Indien, s. S. 105
Ludowy Klub Sportowy Igloopol Dębica s. LKS Igloopol Dębica
Ludvika FFI s. Ludvika IF
Ludvika Idrottsförening s. Ludvika IF
Ludvika IF (Ludvika Idrottsförening), Ludvika, Schweden, Klub, entst. 1904, [1904-75 Ludvika FFI], s. S. 73
Ludvika, Stadt, Schweden, s. S. 73
Ludwigshafen am Rhein, Stadt, Deutschland, s. S. 85
Ludwigshafener FC Phönix s. SV Phönix Ludwigshafen
Luena, Stadt, Angola, s. S. 119
Luftëtari s. KS Luftëtari
Luftëtari s. KS Shqiponja
Luftwaffensportverein 1941 Danzig s. LSV Danzig
Luftwaffensportverein Adler Deblin s. LSV Adler Deblin
Luftwaffensportverein Boelcke Krakau s. LSV Boelcke Krakau
Luftwaffen-Sportverein Groß-Hamburg s. LSV Groß-Hamburg
Luftwaffensportverein Markersdorf an der Pielach s. LSV Markersdorf an der Pielach
Luftwaffensportverein Mölders Krakau s. LSV Mölders Krakau
Luftwaffensportverein Olmütz s. LSV Olmütz
Luftwaffensportverein Pütnitz s. LSV Pütnitz
Luftwaffensportverein Reinecke Brieg s. LSV Reinecke Brieg
Luftwaffensportverein Rerik s. LSV Rerik
Luftwaffensportverein Stettin s. LSV Stettin
Lugano, Stadt, Schweiz, s. S. 82
Lugansk, Stadt, Ukraine, s. S. 99
Lugazi, Stadt, Uganda, s. S. 119
Lugoj, Stadt, Rumänien, s. S. 91
Luhans'k, Stadt, Ukraine, s. S. 99
Luimneach, Stadt, Irland, s. S. 69
Luís Angel Firpo s. CD Luís Angel Firpo
Lukavac, Stadt, Bosnien und Herzegowina, s. S. 93
Lukavica, Stadt, Bosnien und Herzegowina, s. S. 93
Luleå FF s. IFK Luleå
Luleå FF/IFK s. IFK Luleå
Luleå, Stadt, Schweden, s. S. 73
Lumbini, Stadt, Nepal, s. S. 105
Lumière s. Belle Lumière
Lumière s. FC Lumière
Lunda Sul s. Inter Lunda Sul
Luo Union s. Re-Union
Luo Union, Nairobi, Kenia, Klub, entst. 1973, [aufgel. 19?? durch Fusion mit Re-Union], s. S. 119
Luoyang, Stadt, China, s. S. 109
Lupeni, Stadt, Rumänien, s. S. 91
Lupopo s. FC Lupopo
Luqa, Stadt, Malta, s. S. 81
Luque, Stadt, Paraguay, s. S. 135
Luqueño s. Sportivo Luqueño
Lurgan, Stadt, Nordirland, s. S. 69
Lusaka City Council, Lusaka, Sambia, Klub, s. S. 119
Lusaka Dynamos, Lusaka, Sambia, Klub, s. S. 119
Lusaka Tigers, Lusaka, Sambia, Klub, s. S. 119
Lusaka, Stadt, Sambia, s. S. 119
Lushnjë, Stadt, Albanien, s. S. 93
Lusia s. US Lusia
Lusitania s. CD Atlante
Lusitano Club, Durban, Südafrika, Klub, s. S. 121
Lusitano FC (Lusitano Futebol Clube), Vila Real de Santo António, Portugal, Klub, entst. 1926, s. S. 79
Lusitano Futebol Clube s. Lusitano FC
Lusitano GC (Lusitano Ginásio Clube), Évora, Portugal, Klub, entst. 1911, s. S. 79
Lusitano Ginásio Clube s. Lusitano GC
Lusitanos s. FC Lusitanos
Luso Brasileiro s. SC Luso Brasileiro
Lustenau, Stadt, Österreich, s. S. 82
Lü-ta, Stadt, China, s. S. 109
Luton Town FC (Luton Town Football Club), Luton, England, Klub, entst. 1885, [entst. 1885 durch Fusion Wanderers FC und Excelsior FC => Luton Town FC], s. S. 67
Luton Town Football Club s. Luton Town FC
Luton, Stadt, England, s. S. 67
Lutsch Wladiwostok, Wladiwostok, Russland, Klub, entst. 1957, [1957-58 Dinamo Wladiwostok], s. S. 101
Luxembourg, Stadt, Luxemburg, s. S. 74
Luxemburg, Länder, s. S. 74 und 75
Luxol FC s. Birkirkara FC
Luxol SC (Luxol Sports Club), Saint Andrew's, Malta, Klub, entst. 1983, [1983-94 Luxol SC, aufgel. 94 durch Fusion mit Birkirkara FC => Birkirkara Luxol FC], s. S. 81
Luxol Sports Club s. Luxol SC
Luz y Fuerza s. Rayos del Necaxa
Luzern, Stadt, Schweiz, s. S. 82
Luzk, Stadt, Ukraine, s. S. 99
Luz'k, Stadt, Ukraine, s. S. 99
L'viv, Stadt, Ukraine, s. S. 89 und 99
L'vov, Stadt, Ukraine, s. S. 89 und 99
Lwów, Stadt, Ukraine, s. S. 89 und 99
Lwowski Klub Sportowy Lechia s. LKS Lechia
Lyantonde, Stadt, Uganda, s. S. 119
Lyn Porsgrunn s. IF Pors
Lyn s. FK Lyn
Lyngby BK s. Lyngby FC
Lyngby FC (Lyngby Fotbold Club), Kopenhagen (København), Dänemark, Klub, entst. 1921, [1921-94 Lyngby BK], s. S. 71
Lyngby Fotbold Club s. Lyngby FC
Lyon, Stadt, Frankreich, s. S. 77
Lyra K Maatschappijt s. K Lyra TSV
Lysychans'k, Stadt, Ukraine, s. S. 99
M y M s. Deportivo M y M
MA Hussein Dey s. NA Hussein Dey
MA Tétouan (Maghreb Athletism Tétouan), Tétouan, Marokko, Klub, s. S. 113
Ma'aden, Al Fayyum, Ägypten, Klub, s. S. 113
Maardu, Stadt, Estland, s. S. 99
Maastricht, Stadt, Niederlande, s. S. 75
Maastrichtse Voetbal Vereniging s. MVV
Mabouya Valley Rovers, Mabouya, St. Lucia, Klub, s. S. 127
Mabouya, Stadt, St. Lucia, s. S. 127
Mabuilu s. AS Mabuilu
Mabvuku, Stadt, Simbabwe, s. S. 121
MAC (Magyar Atlétikai Club), Budapest, Ungarn, Klub, entst. 1875, [aufgel. 1946], s. S. 88
Macabi Cernăuţi s. CS Macabi Cernăuţi
Macau, Länder, s. S. 108 und 109
Macapá, Stadt, Brasilien, s. S. 133
Macará s. CSD Macará
Maccabi Bucureşti s. CS Ciocanul Bucureşti
Maccabi Haifa, Haifa, Israel, Klub, entst. 1919, s. S. 94
Maccabi Hasmonai, Jerusalem, Israel, Klub, [aufgel. 1948], s. S. 94
Maccabi Herzliya, Herzliya, Israel, Klub, entst. 1926, s. S. 94
Maccabi Ironi Ashdod s. Ashdod SC
Maccabi Kiryat-Gat, Kiryat-Gat, Israel, Klub, s. S. 94
Maccabi Nes Tsiyona, Nes Tsiyona, Israel, Klub, [aufgel. 19??], s. S. 94
Maccabi Netanya, Netanya, Israel, Klub, entst. 1939, s. S. 94
Maccabi Petah-Tikva, Tel Aviv-Yafo, Israel, Klub, entst. 1912, s. S. 94
Maccabi Ramat-Amidar, Tel Aviv-Yafo, Israel, Klub, s. S. 94
Maccabi Ramat-Gan s. Hakoah Maccabi Ramat-Gan
Maccabi Ramat-Gan s. Hakoah Tel Aviv
Maccabi Rehovot, Rehovot, Israel, Klub, s. S. 94
Maccabi Rishon Lezion, Rishon Lezion, Israel, Klub, [aufgel. 19??], s. S. 94
Maccabi Sha'arayim, Sha'arayim, Israel, Klub, s. S. 94
Maccabi Tel Aviv, Tel Aviv-Yafo, Israel, Klub, entst. 1906, s. S. 94
Maccabi Yafo, Tel Aviv-Yafo, Israel, Klub, entst. 1949, s. S. 94
Maccabi Yavne, Yavne, Israel, Klub, s. S. 94
Maceió, Stadt, Brasilien, s. S. 133
Maceteros, Vega Alta, Puerto Rico, Klub, s. S. 127
Machala, Stadt, Ecuador, s. S. 130
Macho Manne, Pemba, Tansania, Klub, s. S. 119
Mackenzie, Stadt, Guyana, s. S. 129
Macouria, Stadt, Französisch-Guyana, s. S. 129
Mačva Šabac s. FK Mačva Šabac
Madagaskar, Länder, s. S. 120 und 121
Madantschi Bekadab s. FK Metallurg Bekabad
Madara Schumen s. FK Schumen
Madech Pointe Michel, Pointe Michel, Dominica, Klub, s. S. 127
Madinat ash Shamal, Stadt, Katar, s. S. 103
Madinat Isa, Stadt, Bahrain, s. S. 102
MADISZ s. Dózsa MADISZ
MADISZ s. Zuglói MADISZ
Madras, Stadt, Indien, s. S. 105
Madrid FC s. Real Madrid CF
Madrid, Stadt, Spanien, s. S. 79
Madriz s. Real Madriz
Madurai, Stadt, Indien, s. S. 105
Maesteg Park Athletic FC s. Maesteg Park FC
Maesteg Park FC (Maesteg Park Football Club), Maesteg, Wales, Klub, entst. 1945, [1945-88 Maesteg Park Athletic FC], s. S. 67
Maesteg Park Football Club s. Maesteg Park FC
Maesteg, Stadt, Wales, s. S. 67
Maestranza s. Unión Maestranza
MAFC (Műegyetemi Atlétikai és Football Club), Budapest, Ungarn, Klub, entst. 1897, [1897-1904 MFC, 04-51 MAFC, aufgel. 51 durch Fusion mit Tudomány MEFESZ Budapest => Disz FSE Budapest (51-54), 54-56 Budapest Haladás SE, 56 Teilung => MAFC und BEAC], s. S. 88
MAFC s. BEAC
MAFCO (Malawi Armed Forces Training College), Salima, Malawi, Klub, s. S. 121
Mafeteng, Stadt, Lesotho, s. S. 120
Mafuko Bombers s. Kisima FC
Mafunzo, Zanzibar, Tansania, Klub, s. S. 119
MAG Korotan Prevalje s. NK Korotan Prevalje
Magallanes s. CD Magallanes
Magareza Prisons Club, Nairobi, Kenia, Klub, s. S. 119
Magaroeli Tschiatura s. FC Magaroeli Tschiatura
Magatzems Lima s. Deportiu La Massana
Magdalena s. Social Magdalena
Magdalena s. Unión Magdalena
Magdeburg, Stadt, Deutschland, s. S. 85
Magdeburger FC Viktoria s. 1. FC Magdeburg
Magenta Nouméa s. AS Magenta Nouméa
Maghazel s. al-Maghazel
Maghreb Athletism Tétouan s. MA Tétouan
Magisterio Rural, Sucre, Bolivien, Klub, s. S. 131
Maguari EC (Maguari Esporte Clube), Fortaleza, Brasilien, Klub, s. S. 133
Maguari Esporte Clube s. Maguari EC
Magusa Türk Gücü, Famagusta/Ammochostos, Zypern, Klub, s. S. 95
Magwe, Pakokku, Burma, Klub, s. S. 106
Magyar Atlétikai Club s. MAC
Magyar Testgyakorlók Köre Hungária Futball Club s. MTK Hungária FC
Magyar Úszó Egyesület s. MUE
Magyar Wilhelm Pick Vagon- és Gépgyár ETO s. Győri ETO FC
Mahajanga, Stadt, Madagaskar, s. S. 121
Mahalla al-Kubra, Stadt, Ägypten, s. S. 112
Mahalla Filature s. Ghazl Mahalla
Mahalla s. al-Mahalla
Mahalla Spinning s. Ghazl Mahalla
Mahane-Yehuda s. Hapoel Mahane-Yehuda
Maharashtra, Bombay/Mumbai, Indien, Klub, [Auswahl des Staates Maharashtra], s. S. 105
Mahébourg United s. Grand Port United FC
Mahébourg, Stadt, Mauritius, s. S. 121
Mahendra Police (Mahendra Police Club), Kathmandu, Nepal, Klub, s. S. 105
Mahendra Police Club s. Mahendra Police
Mahia s. GOR Mahia
Mahiljou, Stadt, Weißrussland, s. S. 99
Mahina, Stadt, Tahiti, s. S. 137
Mahindra & Mahindra s. Mahindra United
Mahindra United, Bombay/Mumbai, Indien, Klub, [19??-2000 Mahindra & Mahindra], s. S. 105
Mahuma, Stadt, Niederländische Antillen, s. S. 127
Mahwelereng, Stadt, Südafrika, s. S. 121
Maiduguri, Stadt, Nigeria, s. S. 117
Mailand, Stadt, Italien, s. S. 81
Mainz, Stadt, Deutschland, s. S. 85
Maiscam Ngaoundéré s. Girondins Ngaoundéré
Maison des Jeunes et de la Culture Sainte-Suzanne s. MJC Sainte-Suzanne
Maisonneure Vevey, Vevey, Schweiz, Klub, [aufgel. 19??], s. S. 82
Maisto Sporto Klubas Kaunas s. MSK Kaunas
Majantja, Mohale's Hoek, Lesotho, Klub, s. S. 120
Majd s. al-Majd
Maji Maji, Songea, Tansania, Klub, s. S. 119
Maji, Kampala, Uganda, Klub, s. S. 119
Majli-Saj, Stadt, Kirgisien, s. S. 100
Majuc Vojvola Petritsch s. FK Belasitsa Petritsch
Majunga, Stadt, Madagaskar, s. S. 121
Makasar Utama, Ujung Pandang, Indonesien, Klub, s. S. 107
Makati, Makati, Philippinen, Klub, s. S. 107
Makati, Stadt, Philippinen, s. S. 107
Makedonia s. Preston
Makedonia s. Wollongong Makedonia
Makedonija Bitola, Bitola, Mazedonien, Klub, [aufgel. 19??], s. S. 91
Makedonija Blagoevgrad s. FK Pirin Blagoevgrad
Makedonija Gorna Dschumaja s. FK Pirin Blagoevgrad
Makedonija Petritsch s. FK Belasitsa Petritsch
Makedonija Skopje s. FK Makedonija Skopje
Makedonija Skopje s. FK Vardar Skopje
Makedonija Skopje s. SSK Pobeda Skopje
Makedonikos Thessaloniki s. APS Makedonikos Thessaloniki

Makedonska Kamenica, Stadt, Mazedonien, **s.** S. 93
Makejewka, Stadt, Ukraine, **s.** S. 99
Makeni, Stadt, Sierra Leone, **s.** S. 117
Makhatschkala, Stadt, Russland, **s.** S. 101
Makiiwka, Stadt, Ukraine, **s.** S. 99
Makila **s.** AS Makila
Makine ve Kimya Endüstrisi Ankaragücü Spor Kulübü **s.** MKE Ankaragücü SK
Makkah, Stadt, Saudi-Arabien, **s.** S. 102
Makoku, Stadt, Gabun, **s.** S. 118
Makona, Guéckédou, Guinea, Klub, **s.** S. 117
Maksat Belovodskoje, Belovodskoje, Kirgisien, Klub, **s.** S. 101
Makurdi, Stadt, Nigeria, **s.** S. 117
Makyta Púchov **s.** ŠK Matador Púchov
Malabo, Stadt, Äquatorial-Guinea, **s.** S. 118
Malacca, Melaka/Malacca, Malaysia, Klub, **s.** S. 106
Malacca, Stadt, Malaysia, **s.** S. 106
Malacitano Málaga **s.** Málaga CF
Maladzechna, Stadt, Weißrussland, **s.** S. 99
Málaga CD **s.** Málaga CF
Málaga CF (Málaga Club de Fútbol), Málaga, Spanien, Klub, entst. 1933, [entst. 1933 durch Fusion Málaga FC, SC Málaga und CF Malaguaño => CD Malacitano Málaga (33-41), 41-92 Málaga CD, 92 aufgel., 94 wiedergegr.], **s.** S. 79
Málaga Club de Fútbol **s.** Málaga CF
Málaga FC **s.** Málaga CF
Málaga, Stadt, Spanien, **s.** S. 79
Malaguaño **s.** Málaga CF
Malang, Stadt, Indonesien, **s.** S. 107
Malanje, Stadt, Angola, **s.** S. 118
Malatia Erewan **s.** FC Malatia-Kilikia Erewan
Malatia Erewan **s.** Kilikia Erewan
Malatia Erewan, Erewan, Armenien, Klub, [aufgel. 1993 durch Fusion mit Kilikia Erewan => FC Malatia-Kilikia Erewan], **s.** S. 97
Malatia-Kilikia Erewan **s.** FC Malatia-Kilikia Erewan
Malatia-Kilikia Erewan **s.** Kilikia Erewan
Malatia-Kilikia Erewan **s.** Malatia Erewan
Malatya, Stadt, Türkei, **s.** S. 97
Malatyaspor K (Malatyaspor Kulübü), Malatya, Türkei, Klub, entst. 1966, **s.** S. 97
Malatyaspor Kulübü **s.** Malatyaspor K
Malavan, Bandar-e Anzali, Iran, Klub, **s.** S. 103
Malawi Armed Forces Training College **s.** MAFCO
Malawi Development Corporation United **s.** MDC United
Malawi International Transport Company **s.** MITCO
Malawi University FC (Malawi University Football Club), Blantyre, Malawi, Klub, **s.** S. 121
Malawi University Football Club **s.** Malawi University FC
Malawi, Länder, **s.** S. 120 und 121
Malaxa Bucureşti **s.** CS Faur Bucureşti
Malay FA, Singapur, Klub, **s.** S. 107
Malaysia, Länder, **s.** S. 106 und 107
Maldonado, Stadt, Uruguay, **s.** S. 135
Malé, Stadt, Malediven, **s.** S. 105
Malediven, Länder, **s.** S. 104 und 105
Malekesa Kisangani **s.** TS Malekesa Kisangani
Maleyat Kafr az Zayyat, Kafr az Zayyat, Ägypten, Klub, **s.** S. 112
Malherbe Caennais **s.** SM Caen
Mali, Länder, **s.** S. 114 und 115
Malien **s.** Stade Malien
Maligawatta Youth SC (Maligawatta Youth Sport Club), Colombo, Sri Lanka, Klub, **s.** S. 105
Maligawatta Youth Sport Club **s.** Maligawatta Youth SC
Malikiya, Al-Malikiyah, Bahrain, Klub, **s.** S. 102
Malindi SC (Malindi Sports Club), Zanzibar, Tansania, Klub, **s.** S. 119
Malindi Sports Club **s.** Malindi SC
Malindi, Stadt, Kenia, **s.** S. 119
Malines **s.** KRC Mechelen
Malinois **s.** KV Mechelen
Mallorca **s.** RCD Mallorca
Malmö FF (Malmö Fotbollförening), Malmö, Schweden, Klub, entst. 1910, **s.** S. 73
Malmö Fotbollförening **s.** Malmö FF
Malmö, Stadt, Schweden, **s.** S. 73
Malstatt **s.** 1. FC Saarbrücken
Malta University, Valletta, Malta, Klub, entst. 1905, [aufgel. 1920], **s.** S. 81
Malta, Länder, **s.** S. 80 und 81
Malutrom (Clube Malutrom), São José dos Pinhais, Brasilien, Klub, entst. 1994, **s.** S. 133
Mamahira AC, Kati, Mali, Klub, **s.** S. 114
Mamba **s.** Black Mamba
Mamba **s.** Green Mamba
Mambas **s.** Black Mambas
Mambroa Benfica **s.** Desportivo Mambroa Benfica
Mamelodi Sundowns, Pretoria, Südafrika, Klub, entst. 1970, [19??-88 Mamelodi United], **s.** S. 121
Mamelodi United **s.** Mamelodi Sundowns
Mampong, Stadt, Ghana, **s.** S. 117
Man, Stadt, Elfenbeinküste, **s.** S. 117
Mana United **s.** Western Suburbs
Mana, Stadt, Französisch-Guyana, **s.** S. 129
Manado, Stadt, Indonesien, **s.** S. 107
Managua, Stadt, Nicaragua, **s.** S. 125
Manama, Al-Manamah, Bahrain, Klub, **s.** S. 102
Manang Marsyangdi (Manang Marsyangdi Club), Kathmandu, Nepal, Klub, **s.** S. 105
Manang Marsyangdi Club **s.** Manang Marsyangdi
Manaus AC (Manaus Athletic Club), Manaus, Brasilien, Klub, [aufgel. 19??], **s.** S. 133
Manaus Athletic Club **s.** Manaus AC
Manaus SC (Manaus Sporting Club), Manaus, Brasilien, Klub, [aufgel. 19??], **s.** S. 133
Manaus Sporting Club **s.** Manaus SC
Manaus, Stadt, Brasilien, **s.** S. 133
Manawatu AFC (Manawatu Association Football Club), Palmerston North, Neuseeland, Klub, entst. 1971, [entst. 1971 durch Fusion Palmerston City und St Andrews => Palmerston City (71-74), 74-86 Manawatu United, 86 Fusion mit Rose City => Manawatu AFC], **s.** S. 137
Manawatu Association Football Club **s.** Manawatu AFC
Manawatu United **s.** Manawatu AFC
Manchester City FC (Manchester City Football Club), Manchester, England, Klub, entst. 1887, [entst. 1887 durch Fusion West Gorton und Gorton Athletic => Ardwick FC (1887-94)], **s.** S. 67
Manchester City Football Club **s.** Manchester City FC
Manchester Regiment **s.** 1st Battalion Manchester Regiment
Manchester United FC (Manchester United Football Club), Manchester, England, Klub, entst. 1878, [1878-80 Newton Heath Lancashire & Yorkshire Railway, 1880-1902 Newton Heath FC], **s.** S. 67
Manchester United Football Club **s.** Manchester United FC
Manchester United, Accra, Ghana, Klub, **s.** S. 117
Manchester, Kongo, Klub, **s.** S. 118
Manchester, Stadt, England, **s.** S. 67
Mandalaj, Mandalaj, Burma, Klub, **s.** S. 106
Mandalaj, Stadt, Burma, **s.** S. 106
Mandaluyong, Stadt, Philippinen, **s.** S. 107
Mande Jala, Liberia, Klub, **s.** S. 117
Mandé **s.** AS Mandé
Mandigou, Stadt, Kongo, **s.** S. 118
Mandiyú **s.** CD Mandiyú
Manet Považská Bystrica **s.** FK Považská Bystrica
Manga Sport, Moanda, Gabun, Klub, [19??-?? Mangasport Moanda], **s.** S. 118
Mangasport Moanda **s.** Manga Sport
Mango Creek, Stadt, Belize, **s.** S. 125
Manguta, Manguta, Simbabwe, Klub, **s.** S. 121
Manguta, Stadt, Simbabwe, **s.** S. 121
Mangystau Aktau, Aktau, Kasachstan, Klub, [19??-92 FK Aktau, 92-?? Munajschi Aktau], **s.** S. 101
Manic **s.** Montreal Manic
Maniema FC (Maniema Football Club), Bujumbura, Burundi, Klub, **s.** S. 119
Maniema Football Club **s.** Maniema FC
Maniitsoq, Stadt, Grönland, **s.** S. 123
Manila Lions FC, Manila, Philippinen, Klub, **s.** S. 107
Manila, Stadt, Philippinen, **s.** S. 107
Manisa, Stadt, Türkei, **s.** S. 96
Manizales, Stadt, Kolumbien, **s.** S. 128
Mannheim, Stadt, Deutschland, **s.** S. 85
Manning Rangers, Durban, Südafrika, Klub, entst. 1932, **s.** S. 121
Mannucci **s.** Carlos Mannucci
Manonyane FC (Manonyane Football Club), Maseru, Lesotho, Klub, **s.** S. 120
Manonyane Football Club **s.** Manonyane FC
Mansabá, Stadt, Guinea-Bissau, **s.** S. 117
Mansfeldia Clausen **s.** FC Mansfeldia Clausen
Mansfeldia Clausen-Cents **s.** FC Rapid Neudorf
Mansion, Hongkong, Klub, **s.** S. 109
Mansôa, Stadt, Guinea-Bissau, **s.** S. 117
Mansoura **s.** al-Mansoura
Mansoura, Stadt, Ägypten, **s.** S. 112
Manta SC (Manta Sporting Club), Manta, Ecuador, Klub, entst. 1967, [aufgel. 19??], **s.** S. 130
Manta Sporting Club **s.** Manta SC
Manta, Stadt, Ecuador, **s.** S. 130
Mantova, Stadt, Italien, **s.** S. 81
Manurewa, Auckland, Neuseeland, Klub, **s.** S. 137
Manuteque Luia, Nampula, Mosambik, Klub, **s.** S. 121
Manu-Ura **s.** AS Manu-Ura
Manzanillo, Stadt, Kuba, **s.** S. 126
Manzini Wanderers, Manzini, Swasiland, Klub, **s.** S. 120
Manzini, Stadt, Swasiland, **s.** S. 120
Mao, Mao, Dominikanische Republik, Klub, **s.** S. 127
Mao, Stadt, Dominikanische Republik, **s.** S. 127
Maori Hill **s.** Caversham
Maori Hill **s.** Dunedin Suburbs
Maori Hill **s.** Dunedin Technical
MAORT Nagykanizsa **s.** Nagykanizsai Olajbányász FC
Maotas **s.** Ferroviário Maotas
Maputo, Stadt, Mosambik, **s.** S. 121
Maputsoe, Stadt, Lesotho, **s.** S. 120
Mar del Plata, Stadt, Argentinien, **s.** S. 135
Mar **s.** Vitória do Mar FC
Maracaibo FC (Maracaibo Fútbol Club), Maracaibo, Venezuela, Klub, **s.** S. 128
Maracaibo Fútbol Club **s.** Maracaibo FC
Maracaibo, Stadt, Venezuela, **s.** S. 128
Maracay, Stadt, Venezuela, **s.** S. 129
Maradi, Stadt, Niger, **s.** S. 114
Marakanda Samarkand **s.** FK Dinamo Samarkand
Maramures Baia Mare **s.** FC Baia Mare
Maranatha FC, Fokpo, Togo, Klub, **s.** S. 117
Maranhão AC (Maranhão Atlético Clube), São Luís, Brasilien, Klub, entst. 1932, **s.** S. 133
Maranhão Atlético Clube **s.** Maranhão AC
Marathón **s.** CD Marathón
Maraton Šibenik **s.** HNK Šibenik
Marc O'Polo Ried **s.** SV Josko Ried
Marchand, Stadt, St. Lucia, **s.** S. 127
Marcílio Dias **s.** Náutico Marcílio Dias
Marconi-Fairfield FC **s.** Marconi-Fairfield Stallions FC
Marconi-Fairfield Stallions FC (Marconi-Fairfield Stallions Football Club), Sydney, Australien, Klub, entst. 1958, [19??-96 Marconi-Fairfield FC], **s.** S. 136
Marconi-Fairfield Stallions Football Club **s.** Marconi-Fairfield Stallions FC
Marek Dupnica **s.** FK Marek Dupnica
Marek Stanke Dimitrov **s.** FK Marek Dupnica
Marga **s.** FSV GA Brieske-Senftenberg
Margarita **s.** Pepeganga Margarita
Margilan, Stadt, Usbekistan, **s.** S. 100
Margveti Zestaponi **s.** FC Margveti Zestaponi
Maria Enzersdorf, Stadt, Österreich, **s.** S. 83
Marianischen Jünglings Congregation München-Gladbach **s.** Borussia VfL 1900 Mönchengladbach
Mariano Meglar **s.** Melgar FBC
Mariano Moreno **s.** CA Mariano Moreno
Mariano Roque Alonso, Stadt, Paraguay, **s.** S. 135
Maribor, Stadt, Slowenien, **s.** S. 93
Marienberg SK **s.** Strindheim IL
Mariendorf **s.** SV Blau-Weiß Berlin
Marienwerder, Stadt, Polen, **s.** S. 84
Marijampole, Stadt, Litauen, **s.** S. 99
Marikh **s.** al-Marikh
Marila Příbram **s.** FC Marila Příbram
Marine Castle United FC (Marine Castle United Football Club), Hougang, Singapur, Klub, **s.** S. 107
Marine Castle United Football Club **s.** Marine Castle United FC
Marine Club, Mogadishu/Muqdiisho, Somalia, Klub, **s.** S. 115
Marine Department SC, Singapur, Klub, **s.** S. 107
Marine, Lagos, Nigeria, Klub, **s.** S. 117
Marine, Tahiti, Klub, **s.** S. 137
Marines **s.** Coca-Cola Marines
Maringá, Stadt, Brasilien, **s.** S. 133
Marino CF Las Palmas **s.** UD Las Palmas
Marinoise **s.** US Marinoise
Marinos de Sucre FC (Marinos de Sucre Fútbol Club), Cumaná, Venezuela, Klub, entst. 1991, **s.** S. 129
Marinos de Sucre Fútbol Club **s.** Marinos de Sucre FC
Marinos **s.** Yokohama Flügels Marinos
Marinos **s.** Yokohama Marinos
Mariscal Braun, La Paz, Bolivien, Klub, **s.** S. 131
Mariscal Castilla, Lima, Peru, Klub, **s.** S. 130
Mariscal Nieto (Club Mariscal Nieto), Ilo, Peru, Klub, **s.** S. 131
Mariscal Sucre, Lima, Peru, Klub, **s.** S. 130
Mariscal, Santa Cruz de la Sierra, Bolivien, Klub, **s.** S. 131
Marist, Wellington, Neuseeland, Klub, **s.** S. 137
Marítima **s.** Sécil Marítima
Marítimo FC (Marítimo Fútbol Club), Caracas, Venezuela, Klub, [19??-93 CS Marítimo], **s.** S. 129
Marítimo Fútbol Club **s.** Marítimo FC
Marítimo **s.** CS Marítimo
Maritsa Plovdiv **s.** FK Maritsa Plovdiv
Mariupol', Stadt, Ukraine, **s.** S. 99
Marj, Stadt, Libyen, **s.** S. 113
Mark Professionals, Monrovia, Liberia, Klub, **s.** S. 117
Markersdorf an der Pielach, Stadt, Österreich, **s.** S. 83
Märkische Volksstimme Babelsberg **s.** SG Fortuna Babelsberg
Marksmen **s.** Fall River Marksmen
Marlborough, Blenheim, Neuseeland, Klub, **s.** S. 137
Marlekor Tallinn **s.** TVMK Tallinn
Marmorek, Stadt, Israel, **s.** S. 94
Marocaine **s.** Stade Marocaine
Marocaine **s.** US Marocaine
Marokko, Länder, **s.** S. 112 und 113
Marondera, Stadt, Simbabwe, **s.** S. 121
Marquense **s.** CD Marquense
Marrakech, Stadt, Marokko, **s.** S. 113
Marrickville **s.** Canterbury Marrickville
Mars Freiburg **s.** SC Freiburg
Mars Zürich **s.** FC Blue Stars Zürich
Marsa Ben Ramdan, Stadt, Tunesien, **s.** S. 113
Marsa FC (Marsa Football Club), Marsa, Malta, Klub, entst. 1920, [1920-21 Marsa FC, 21-31 Marsa United FC], **s.** S. 81
Marsa Football Club **s.** Marsa FC
Marsa United FC **s.** Marsa FC
Marsa, Stadt, Malta, **s.** S. 81
Marseille, Stadt, Frankreich, **s.** S. 77
Marshallinseln, Länder, **s.** S. 137
Marsonia Slavonski Brod **s.** NK Marsonia Slavonski Brod
Marsyangdi **s.** Manang Marsyangdi
Marte Atlético **s.** Sportivo Luqueño
Marte FC (Marte Fútbol Club), Cuernavaca, Mexiko, Klub, entst. 1953, [entst. 1953 nach Umzug aus México City], **s.** S. 125
Marte FC (Marte Fútbol Club), Mexiko-Stadt/Ciudad de México, Mexiko, Klub, [aufgel. 1953, Umzug nach Cuernavaca], **s.** S. 125
Marte Fútbol Club **s.** Marte FC
Martigues, Stadt, Frankreich, **s.** S. 77
Martin, Stadt, Slowakei, **s.** S. 87
Martinique, Länder, **s.** S. 126 und 127
Martispor **s.** Trabzonspor K
Martuni, Stadt, Armenien, **s.** S. 97
Marvilense Lisboa **s.** Oriental Lisboa
Marxloh **s.** SV Hamborn 07
Mary, Stadt, Turkmenistan, **s.** S. 101
Marziale **s.** AC Venezia
MAS Fès, Fez/Fès, Marokko, Klub, **s.** S. 113
Masachapa **s.** CD Masachapa
Masaka Local Council, Masaka, Uganda, Klub, **s.** S. 119
Masaka, Stadt, Uganda, **s.** S. 119
Masallı, Stadt, Aserbaidschan, **s.** S. 97
Masally, Stadt, Aserbaidschan, **s.** S. 97
Masaya, Stadt, Nicaragua, **s.** S. 125
Mascara, Stadt, Algerien, **s.** S. 113
Maschal Mubarek **s.** FK Maschal Mubarek
Maschinostroitel Gomel' **s.** FK Homel'
Maschtaga, Stadt, Aserbaidschan, **s.** S. 97
Maseru Brothers, Maseru, Lesotho, Klub, **s.** S. 120
Maseru FC (Maseru Football Club), Maseru, Lesotho, Klub, **s.** S. 120
Maseru Football Club **s.** Maseru FC
Maseru Pirates, Maseru, Lesotho, Klub, **s.** S. 120
Maseru Rovers, Maseru, Lesotho, Klub, **s.** S. 120
Maseru United, Maseru, Lesotho, Klub, **s.** S. 120
Maseru, Stadt, Lesotho, **s.** S. 120
Mashhad, Stadt, Iran, **s.** S. 103
MashinSazi, Tabriz, Iran, Klub, **s.** S. 103
Masqat, Stadt, Oman, **s.** S. 103
Masry **s.** al-Masry
Mass Sosseh, Banjul, Gambia, Klub, **s.** S. 116
Massénya, Massénya, Tschad, Klub, **s.** S. 114
Massénya, Stadt, Tschad, **s.** S. 114
Massey AFC **s.** Waitakere City
Massira **s.** Auxiliary Forces
Maştaga, Stadt, Aserbaidschan, **s.** S. 97
Masters **s.** MI Rock Masters
Masters, Turks und Caicos, Klub, **s.** S. 123
Mastis Telšiai **s.** FK Mastis Telšiai
Mastrans Bandung Raya, Bandung, Indonesien, Klub, entst. 1985, **s.** S. 107
Masvingo United, Masvingo, Simbabwe, Klub, **s.** S. 121
Masvingo, Stadt, Simbabwe, **s.** S. 121
Mata' Utu, Stadt, Wallis und Futuna, **s.** S. 137
Matadi, Stadt, Volksrepublik Kongo, **s.** S. 118
Matador Púchov **s.** ŠK Matador Púchov
Matagalpa, Stadt, Nicaragua, **s.** S. 125
Mataiea, Otutara/Mataiea, Tahiti, Klub, **s.** S. 137
Mataiea, Stadt, Tahiti, **s.** S. 137
Matanzas (Club Matanzas), Matanzas, Kuba, Klub, **s.** S. 126
Matanzas, Stadt, Kuba, **s.** S. 126
Mataram Indocement Yogyakarta **s.** Indocement Yogyakarta
Mataram Putra, Mataram, Indonesien, Klub, **s.** S. 107
Mataram, Stadt, Indonesien, **s.** S. 107
Mataró, Stadt, Spanien, **s.** S. 79
Matáv SC Sopron (Matáv Sport Club Sopron), Sopron, Ungarn, Klub, entst. 1923, [1923-90 Soproni Postás SE, 90-96 Soproni Távközlési SE], **s.** S. 89
Matáv Sport Club Sopron **s.** Matáv SC Sopron
Matavera FC (Matavera Football Club), Matavera, Cook Inseln, Klub, **s.** S. 137
Matavera Football Club **s.** Matavera FC
Matavera, Stadt, Cook Inseln, **s.** S. 137
Matchedje Nanaacha, Nanaacha, Mosambik, Klub, **s.** S. 121
Matchedje, Maputo, Mosambik, Klub, **s.** S. 121
Matecosa UE Sant Julià (Matecosa Unio Esportiva Sant Julià), Sant Julià de Lòria, Andorra, Klub, entst. 1982, **s.** S. 77
Matecosa Unio Esportiva Sant Julià **s.** Matecosa UE Sant Julià
MATEOSZ **s.** Teherfuvar
Mathare United, Nairobi, Kenia, Klub, **s.** S. 119
Matići, Stadt, Bosnien und Herzegowina, **s.** S. 93
Matiguás, Matiguás, Nicaragua, Klub, **s.** S. 125
Matiguás, Stadt, Nicaragua, **s.** S. 125
Matlama FC (Matlama Football Club), Maseru, Lesotho, Klub, **s.** S. 120
Matlama Football Club **s.** Matlama FC
Matlata Tigers, Botswana, Klub, **s.** S. 121
Matogrossense **s.** CA Matogrossense
Matosinhos, Stadt, Portugal, **s.** S. 79
Matoury, Stadt, Französisch-Guyana, **s.** S. 129
Matra Racing Paris **s.** Racing CF 92
Matsushita Electric **s.** Gamba Osaka
Maturín, Stadt, Venezuela, **s.** S. 129
Mátyásföldi Ikarus Budapest-Szolnok **s.** Szolnoki Légierő
Mátyásföldi Vasas Ikarus **s.** Szolnoki Légierő
Ma'ufanga, Nuku'alofa, Tonga, Klub, **s.** S. 137
Maunabo, Maunabo, Puerto Rico, Klub, **s.** S. 127
Maunabo, Stadt, Puerto Rico, **s.** S. 127
Mauretanien, Länder, **s.** S. 114 und 115
Maurice Espoir, Moka, Mauritius, Klub, **s.** S. 121
Mauritel Mobile **s.** ASC Mauritel Mobile
Mauritius, Länder, **s.** S. 120 und 121
MÁV Gépgyár **s.** Vasas MÁVAG
MÁV Konzum Előre Budapest **s.** BVSC
MÁV Nagykanizsai TE **s.** Nagykanizsai Olajbányász FC
MÁV Siófoki SE **s.** BTV-Siófok FC
MÁVAG **s.** Vasas Ganzvágon Budapest
MÁVAG **s.** Vasas MÁVAG
MÁVAG SC **s.** Diósgyőri FC
Mavegro **s.** FC Mavegro
Mavrica Ljubljana **s.** NK SET Vevče
Mávtranssped **s.** BVSC
Mawlamyine, Mawlamyine/Moulmein, Burma, Klub, **s.** S. 106
Mawlamyine, Stadt, Burma, **s.** S. 106
Maxaquene **s.** CD Maxaquene
Maxbees, Suhum, Ghana, Klub, **s.** S. 117
Maxell Austria Klagenfurt **s.** FC Kärnten
May Pen, Stadt, Jamaika, **s.** S. 126
Maya **s.** CD Maya
Maya **s.** Real Maya
Mayadin **s.** al-Mayadin
Mayagüez, Stadt, Puerto Rico, **s.** S. 127
Mayotte, Länder, **s.** S. 120 und 121
Maysan, Al-Amara, Irak, Klub, **s.** S. 103
Mazamari, Stadt, Peru, **s.** S. 131
Mazarea Dina, Al-Jizah, Ägypten, Klub, [19??-97 al-Ittihad Osman], **s.** S. 112
Mazatenango, Stadt, Guatemala, **s.** S. 125
Mazda FC **s.** Sanfrecce Hiroshima FC
Mazedonien, Länder, **s.** S. 92 und 93
Mažeikiai, Stadt, Litauen, **s.** S. 99
Mazembe **s.** TP Mazembe
Maziwa, Nairobi, Kenia, Klub, **s.** S. 119
Mazyr, Stadt, Weißrussland, **s.** S. 99
MB (Miðvágs Bóltfelag), Miðvágur, Färöer Inseln, Klub, entst. 1905, [aufgel. 1993 durch Fusion mit SÍF und SÍ], **s.** S. 71
MB **s.** FS Vágar
MB **s.** SÍ
MB **s.** SÍF
Mbabane Dribbling Wizards, Mbabane, Swasiland, Klub, **s.** S. 120
Mbabane Highlanders, Mbabane, Swasiland, Klub, **s.** S. 120
Mbabane Swallows, Mbabane, Swasiland, Klub, **s.** S. 120
Mbabane, Stadt, Swasiland, **s.** S. 120
Mbabane, Stadt, Swasiland, **s.** S. 120
Mbale Heroes **s.** Dairy Corporation
Mbale Heroes **s.** Dairy Heroes
Mbale Heroes, Mbale, Uganda, Klub, [aufgel. 1996 durch Fusion mit Dairy Corporation => Dairy Heroes], **s.** S. 119
Mbale, Stadt, Uganda, **s.** S. 119
Mbandaka, Stadt, Volksrepublik Kongo, **s.** S. 119
Mbarara United, Mbarara, Uganda, Klub, [19??-97 Old Timers of Mbarara], **s.** S. 119
Mbarara, Stadt, Uganda, **s.** S. 119
Mbeya, Stadt, Tansania, **s.** S. 119
Mbilinga FC (Shell Mbilinga Football Club), Port-Gentil, Gabun, Klub, entst. 1962, [19??-92 Shellsport], **s.** S. 118
Mboka **s.** Bakolo Mboka
Mbombey **s.** Stade Mbombey
Mbosse **s.** AS Mbosse
M'bour, Stadt, Senegal, **s.** S. 117
Mbuji-Mayi, Stadt, Volksrepublik Kongo, **s.** S. 119
MC Alger (Mouloudia Chalia d'Alger), Algier (Alger/El-Jaza'ir), Algerien, Klub, entst. 1921, [19??-86 MP Alger], **s.** S. 113
MC Breweries (Monrovia C. Breweries), Brewerville, Liberia, Klub, [19??-99 Monrovia Breweries], **s.** S. 117
MC Oran (Mouloudia Club d'Oran), Oran, Algerien, Klub, entst. 1946, [19??-86 MP Oran], **s.** S. 113
MC Ouargla, Ouargla, Algerien, Klub, **s.** S. 113
MC Oujda (Molodiat Club Oujda), Oujda, Marokko, Klub, **s.** S. 113
MC Saida, Saida, Algerien, Klub, **s.** S. 113
MDC United (Malawi Development Corporation United), Lilongwe, Malawi, Klub, [19??-?? Berec Power], **s.** S. 121
Mecca **s.** CD FAS
Mechal, Addis Abeba, Äthiopien, Klub, [19??-54 Army], **s.** S. 115
Mechanik Gera **s.** 1. SV Gera
Mechanik Jena **s.** FC Carl Zeiss Jena
Mechanik Steinach **s.** SV 08 Steinach
Mechelen, Stadt, Belgien, **s.** S. 75
Mechnat Chodzhent **s.** FK Chodzhent
Mecsek FC **s.** Pécsi Mecsek FC
Medan Jaya, Medan, Indonesien, Klub, entst. 1987, **s.** S. 106
Medan, Stadt, Indonesien, **s.** S. 106
Medellín FC **s.** Independiente Medellín
Medellín, Stadt, Kolumbien, **s.** S. 128
Médenine, Stadt, Tunesien, **s.** S. 113
Mediaş, Stadt, Rumänien, **s.** S. 91
Medical Support **s.** Osothsapa
Medicina **s.** Escuela de Medicina
Medicina **s.** Estudiantes de Medicina
Medina **s.** al-Medina
Medlaw Megbi, Asmara, Eritrea, Klub, **s.** S. 115
Medvode, Stadt, Slowenien, **s.** S. 93
Meerane, Stadt, Deutschland, **s.** S. 85
Meeraner Sport-Verein **s.** Meeraner SV
Meeraner SV (Meeraner Sport-Verein), Meerane, Deutschland, Klub, entst. 1907, [19??-45 Meeraner SV 07, 45 aufgel., 46 wiedergegr., 46-49 SG Meerane, 49-50 BSG Einheit Meerane, 50-90 BSG Fortschritt Meerane], **s.** S. 85
Megara, Stadt, Griechenland, **s.** S. 95
Megaron **s.** Vyzas Megaron
Megas Alexandros Katerini **s.** Pierikos
Megas Alexandros Katerini, Katerini, Griechenland, Klub, entst. 1922, [aufgel. 1961 durch Fusion mit Olympos Katerini => Pierikos], **s.** S. 95
Meidericher Spielverein von 1902 Duisburg **s.** MSV 02 Duisburg
Meierya **s.** Wuhan Hongjinlong
MEK Pärnu **s.** Pärnu JK
Mekele, Stadt, Äthiopien, **s.** S. 115
Mekka, Stadt, Saudi-Arabien, **s.** S. 102
Meknès, Stadt, Marokko, **s.** S. 113
Mekuria, Addis Abeba, Äthiopien, Klub, [19??-?? Body Guard], **s.** S. 115
Melaka, Stadt, Malaysia, **s.** S. 106
Melanie FC (Melanie Football Club), Guyana, Klub, **s.** S. 129
Melanie Football Club **s.** Melanie FC
Melbourne Croatia SC (Melbourne Croatia Soccer Club), Melbourne, Australien, Klub, entst. 1948, **s.** S. 136
Melbourne Croatia Soccer Club **s.** Melbourne Croatia SC
Melbourne JUST, Melbourne, Australien, Klub, **s.** S. 136
Melbourne Knights SC (Melbourne Knights Soccer Club), Melbourne, Australien, Klub, entst. 1953, **s.** S. 136
Melbourne Knights Soccer Club **s.** Melbourne Knights SC
Melbourne, Stadt, Australien, **s.** S. 136
Melgar FBC (Melgar Foot-Ball Club), Arequipa, Peru, Klub, entst. 1915, [1915-?? Mariano Meglar], **s.** S. 131
Melgar Foot-Ball Club **s.** Melgar FBC
Melgar **s.** Sportivo Melgar
Melilla, Stadt, Spanien, **s.** S. 79
Meliorator Jangijer **s.** FK Jangijer
Meliorator Kzyl-Orda **s.** Kajsar Kzyl-Orda
Meliorator Tschimkent **s.** Schiger Tschimkent
Melipilla, Stadt, Chile, **s.** S. 135
Melita FC (Melita Football Club), Saint Julian's, Malta, Klub, entst. 1906, [1906-38 Boys Empire League], **s.** S. 81
Melita FC **s.** Vittoriosa Rangers FC
Melita Football Club **s.** Melita FC
Melita, Sydney, Australien, Klub, **s.** S. 136
Melitopol', Stadt, Ukraine, **s.** S. 99
Mellieha SC (Mellieha Sports Club), Mellieha, Malta, Klub, entst. 1947, **s.** S. 81
Mellieha Sports Club **s.** Mellieha SC
Mellieha, Stadt, Malta, **s.** S. 81
Melville **s.** Melville United
Melville United (Metro Motors Melville United), Hamilton, Neuseeland, Klub, entst. 1966, [entst. 1996 durch Fusion Melville und Waitako United], **s.** S. 137
Melville United **s.** Waitako United
Memphis Rogues **s.** Calgary Boomers
Memphis Rogues, Memphis, USA, Klub, entst. 1978, [aufgel. 1980, Umzug nach Calgary => Calgary Boomers], **s.** S. 123
Memphis, Stadt, USA, **s.** S. 123
Mendoza, Stadt, Argentinien, **s.** S. 135
Menongue, Stadt, Angola, **s.** S. 119
Mental Hospital AFC **s.** Western Suburbs
Menzel Bourguiba, Stadt, Tunesien, **s.** S. 113
Merani 91 Tbilisi **s.** FC Merani 91 Tbilisi
Merani Tbilisi **s.** FC Lokomotivi Tbilisi
Merani-Batscho Tbilisi **s.** FC Lokomotivi Tbilisi
Mercantile SFK (Mercantile Ski og Fotballklubben), Oslo, Norwegen, Klub, entst. 1907, [aufgel. 19??], **s.** S. 71
Mercantile Ski og Fotballklubben **s.** Mercantile SFK
Mercator Ljubljana **s.** NK Vevče Donit Filtri
Mérida, Stadt, Mexiko, **s.** S. 125
Mérida, Stadt, Spanien, **s.** S. 79
Mérida, Stadt, Venezuela, **s.** S. 128
Merill **s.** AS Merill
Merina Trenčin **s.** FK Ozeta Dukla Trenčin
Merit Brok Riga **s.** APgaismestehnika Riga
Merit Brok Riga **s.** FK Jurnieks Riga
Merkuur Tartu **s.** JK Merkuur Tartu
Merl-Belair **s.** FC Red Star Merl-Belair
Merreikh **s.** al-Merreikh
Merreikh SC **s.** al-Merreikh SC
Merschali Osurgeti **s.** FC Merschali Osurgeti
Merseburg, Stadt, Deutschland, **s.** S. 85
Mersin İdman Yurdu SK (Mersin İdman Yurdu Spor Kulübü), Mersin, Türkei, Klub, entst. 1925, **s.** S. 96
Mersin İdman Yurdu Spor Kulübü **s.** Mersin İdman Yurdu SK
Mersin, Stadt, Türkei, **s.** S. 96
Merthyr Tydfil AFC (Merthyr Tydfil Association Football Club), Merthyr Tydfil, Wales, Klub, entst. 1945, **s.** S. 67
Merthyr Tydfil Association Football Club **s.** Merthyr Tydfil AFC
Merthyr Tydfil, Stadt, Wales, **s.** S. 67
Mertzig, Stadt, Luxemburg, **s.** S. 75
Meru Bombers **s.** Kisima FC
Meru, Stadt, Kenia, **s.** S. 119
Merv **s.** FK Merv
Mesopotamia, Stadt, St. Vincent und Grenadinen, **s.** S. 127
Mespo United **s.** ECGC Cane End
Messina, Stadt, Italien, **s.** S. 81
Městský fotbalový klub Ústí nad Labem **s.** MFK Ústí nad Labem
Mestský futbalový klub Lokomotíva Spišská Nová Ves **s.** MFK Lokomotíva Spišská Nová Ves
Mestský futbalový klub Vojenská telovýchovná jednota Topoľčany **s.** MFK VTJ Topoľčany
Mestský športový klub Žilina **s.** MŠK Žilina
Metal Box, Simbabwe, Klub, [aufgel. 19??], **s.** S. 121
Metal Sosnowiec **s.** GKS Zagłębie Sosnowiec
Metalac Beograd **s.** OFK Beograd
Metalio **s.** CD Juventud Olímpica Metalío
Metalist Charkiw **s.** FK Metalist Charkiw
Metallist Char'kow **s.** FK Metalist Charkiw
Metallist Dschambul **s.** FK Taraz
Metallist Nikolajew **s.** SK Mykolaiw
Metallist Petropawlowsk, Petropawlowsk, Kasachstan, Klub, **s.** S. 101
Metallurg Bekabad **s.** FK Metallurg Bekabad
Metallurg Dnepropetrowsk **s.** FK Dnipro Dnipropetrows'k
Metallurg Dschezkazgan **s.** Ulutau Dschezkazgan
Metallurg Kadamdzhaj, Bischkek, Kirgisien, Klub, entst. 1995, **s.** S. 100
Metallurg Molodechno **s.** FK Maladzechna
Metallurg Moskva, Moskau (Moskva), Russland, Klub, entst. 1931, [1931-35 Sacharniki Moskva, 35-36 RKIMA Moskva, 36-58 Metallurg Moskva, 58-?? Serp i Molot Moskva, ??-?? Metallurg Moskva, ?? aufgel.], **s.** S. 100
Metallurg Temirtau **s.** Bulat Temirtau
Metallurg Tschimkent **s.** Schiger Tschimkent
Metallurg Zaporosch'je **s.** FK Metalurh Zaporischja
Metalochimic Bucureşti **s.** CS Faur Bucureşti
Metalochimic Reşiţa **s.** CSM Reşiţa
Metalsan, Cochabamba, Bolivien, Klub, **s.** S. 131
Metalul Arad **s.** CS Astra Arad
Metalul Baia Mare **s.** FC Baia Mare
Metalul Brad **s.** Aurul Brad
Metalul Braşov **s.** FC Braşov
Metalul Bucureşti **s.** CS Faur Bucureşti
Metalul Cîmpia Turzii **s.** Industria Sârmei Câmpia Turzii
Metalul Craiova **s.** FC Extensiv Craiova
Metalul Hunedoara **s.** Corvinul FC Hunedoara
Metalul Ploieşti **s.** FC Petrolul Ploieşti
Metalul Ploieşti **s.** FC Prahova Ploieşti
Metalul Reşiţa **s.** CSM Reşiţa
Metalul Satu Mare **s.** FC Olimpia Satu Mare
Metalul Tîrgovişte **s.** CF Chindia Târgovişte
Metalurg Pernik **s.** FK Metalurg Pernik
Metalurg Pernik **s.** FK Minjor Pernik
Metalurg Skopje **s.** FK Metalurg Skopje
Metalurgi Rustawi **s.** FC Gorda Rustawi
Metalurgi Zestaponi **s.** FC Margveti Zestaponi
Metalurgs Liepaja **s.** FK Metalurgs Liepaja
Metalurh Donez'k **s.** FK Metalurh Donez'k
Metalurh Mariupol' **s.** FK Metalurh Mariupol'
Metalurh Zaporischja **s.** FK Metalurh Zaporischja
Metapán, Stadt, El Salvador, **s.** S. 125
Meteor Praha **s.** FK Meteor Praha VIII
Meteor Praha VIII **s.** FK Meteor Praha VIII
Meteor SC **s.** CD Junín
Meteor SC **s.** Lawn Tennis FC
Meteor SC, Lima, Peru, Klub, [1990 Fusion mit Lawn Tennis de la Exposición => Meteor-Lawn Tennis (90-94), 94 Aufl. der Fusion, 94-98 Meteor SC, 98 Fusion mit CD Junín => Meteor-Junín (98-99)], **s.** S. 130
Meteor-Junín **s.** CD Junín
Meteor-Junín **s.** Meteor SC
Meteor-Lawn Tennis **s.** Lawn Tennis FC
Meteor-Lawn Tennis **s.** Meteor SC
Methil, Stadt, Schottland, **s.** S. 69
Metković, Stadt, Kroatien, **s.** S. 93
Metro College **s.** Metro Mt Albert
Metro Motors Melville United **s.** Melville United
Metro Mount Albert Sports **s.** Metro Mt Albert
Metro Mt Albert (Metro Mount Albert Sports), Auckland, Neuseeland, Klub, entst. 1900, [1900-21 Tabernacle, 21-30 Metropolitan, 30 Fusion mit College United => Metro College (30-??), ??-72 Mt Albert-Ponsonby, 72 Fusion mit Eden => Auckland City (72-??)], **s.** S. 137
Metro Stars, Belize City, Belize, Klub, **s.** S. 125
Metropol **s.** EC Metropol
Metropolitan **s.** Metro Mt Albert
Metros Croatia **s.** Toronto Croatia
MetroStars **s.** New York/New Jersey MetroStars
Metz, Stadt, Frankreich, **s.** S. 77
Mexicali, Stadt, Mexiko, **s.** S. 125
Mexico Cricket Club **s.** Mexico FC
Mexico FC (Mexico Fútbol Club), Mexiko-Stadt/Ciudad de México, Mexiko, Klub, [??-?? Mexico Cricket Club, ?? aufgel.], **s.** S. 125
Mexico Fútbol Club **s.** Mexico FC
Mexiko, Länder, **s.** S. 124 und 125
Mexiko-Stadt, Stadt, Mexiko, **s.** S. 125
MFC **s.** MAFC
MFC **s.** MVV
MFK Lokomotíva Spišská Nová Ves (Mestský futbalový klub Lokomotíva Spišská Nová Ves), Spišská Nová Ves, Slowakei, Klub, entst. 1910, [1910-19 ISE Spišská Nová Ves, 19 Fusion mit Tatran Spišská Nová Ves => AC Spišská Nová Ves (19-48), 48-53 Sokol Spišská Nová Ves, 53-66 TJ Lokomotíva Spišská Nová Ves, 66-96 TJ Lokomotíva Bane Spišská Nová Ves, 96 Fusion mit VTJ Spišská Nová Ves => MFK Lokomotíva Spišská Nová Ves], **s.** S. 87
MFK Prievidza **s.** FK Baník Prievidza
MFK Ústí nad Labem (Městský fotbalový klub Ústí nad Labem), Ústí nad Labem, Tschechische Republik, Klub, entst. 1945, [1945-48 SK Ústí nad Labem, 48 Sokol Ústí nad Labem, 49-51 Sokol Armaturka Ústí nad Labem, 51-53 ZSJ Armaturka Ústí nad Labem, 53-77 TJ Spartak Ústí nad Labem, 77-83 TJ Spartak Armaturka Ústí nad Labem, 83-8? TJ Spartak PS Ústí nad Labem, 8?-91 TJ Spartak VHJ PS Ústí nad Labem, 91-94 FK Armaturka Ústí nad Labem, 94-98 FK GGS Armaturka Ústí nad Labem], **s.** S. 86
MFK VTJ Topoľčany (Mestský futbalový klub Vojenská telovýchovná jednota Topoľčany), Topoľčany, Slowakei, Klub, entst. 1912, [1912-18 NLTE, 18-19 TTC, 19-21 RTJ Topoľčany, 21-23 ŠK Topoľčany, 23-25 AC Sparta Topoľčany, 25-29 ČH Topoľčany, 29-38 AC Juventus Topoľčany, 38 Fusion mit ŠK Topoľčany => AŠC Topoľčany (38-39), 39-48 TS Topoľčany, 48-52 Sokol NV Topoľčany, 52-53 ZSJ Kablo Topoľčany, 53-56 DŠO Spartak Kablo Topoľčany, 56-58 Tatran Topoľčany, 58-67 TJ Spartak Kablo Topoľčany, 67-94 TJ TS Topoľčany, 94-95 FC Topoľčany], **s.** S. 86
Mhangura FC (Mhangura Football Club), Mhangura, Simbabwe, Klub, **s.** S. 121
Mhangura Football Club **s.** Mhangura FC
Mhangura, Stadt, Simbabwe, **s.** S. 121
Mhlambanyatsi Rovers, Mhlambanyatsi, Swasiland, Klub, **s.** S. 120
Mhlambanyatsi, Stadt, Swasiland, **s.** S. 120
Mhlume Peacemakers, Mhlume, Swasiland, Klub, **s.** S. 120
Mhlume United FC (Mhlume United Football Club), Mhlume, Swasiland, Klub, **s.** S. 120
Mhlume United Football Club **s.** Mhlume United FC
Mhlume, Stadt, Swasiland, **s.** S. 120
MHM-93 Chişinău **s.** FC MHM-93 Chişinău
MHSK Taschkent **s.** FK MHSK Taschkent
MI Rock Masters, Amerikanische Jungferninseln, Klub, **s.** S. 126
Miami Fusion FC (Miami Fusion Football Club), Miami, USA, Klub, entst. 1998, **s.** S. 123
Miami Fusion Football Club **s.** Miami Fusion FC
Miami Gators **s.** Fort Lauderdale Strikers
Miami Gators **s.** Miami Toros
Miami Gators **s.** Washington Darts
Miami Toros **s.** Fort Lauderdale Strikers
Miami Toros, Miami, USA, Klub, entst. 1972, [1963-68 Washington Britannica, 68-72 Washington Darts, 72 Umzug nach Miami => Miami Gators, 73-76 Miami Toros, aufgel. 77, Umzug nach Fort Lauderdale => Fort Lauderdale Strikers], **s.** S. 123
Miami, Stadt, USA, **s.** S. 123
Mibag Vorwärts Steyr **s.** SK Vorwärts Steyr
Mica Brad **s.** Aurul Brad
Mickten **s.** Dresdner SC 98
Mictlan **s.** CD Mictlan
Midas Mbabane City, Mbabane, Swasiland, Klub, **s.** S. 120
Miðboejar **s.** Víkingur
Middlesbrough FC (Middlesbrough Football Club), Middlesbrough, England, Klub, entst. 1876, **s.** S. 67
Middlesbrough Football Club **s.** Middlesbrough FC
Middlesbrough, Stadt, England, **s.** S. 67
Middlesex Regiment **s.** 10th Middlesex Regiment
Middlesex Regiment **s.** 2nd Battalion Middlesex Regiment
Middlesex Regiment **s.** 3rd Battalion Middlesex Regiment
Midland Athletic FC (Midland Athletic Football Club), Dublin/Baile Átha Cliath, Irland, Klub, entst. 1904, [aufgel. 19??], **s.** S. 69
Midland Athletic Football Club **s.** Midland Athletic FC
Midlothian FC **s.** Heart of Midlothian FC
Midsouth FC **s.** Sagitún
Midtjylland **s.** BK Fremad Herning
Midtjylland **s.** Ikast fS
Miðvágs Bóltfelag **s.** MB
Miðvágur, Stadt, Färöer Inseln, **s.** S. 71
Miedericher SV **s.** MSV 02 Duisburg
Miedericher TuS **s.** MSV 02 Duisburg
Miedericher TV 1880 **s.** MSV 02 Duisburg
Miedź Legnica **s.** MKS Miedź Legnica
Międzyzakładowy Klub Sportowy Miedź Legnica **s.** MKS Miedź Legnica
Międzyzakładowy Klub Sportowy Zagłębie Lubin **s.** MKS Zagłębie Lubin
Miejski Klub Sportowy Odra Wodzisław Śląski **s.** MKS Odra Wodzisław Śląski
Miejski Olsztyński Klub Sportowy Stomil Olsztyn **s.** MOKS Stomil Olsztyn
Mielec, Stadt, Polen, **s.** S. 89
Mielecki KP Stal, Mielec, Polen, Klub, entst. 1939, [1939-60 PZL Zryw Mielec, 60-85 FKS Stal Mielec, 85-97 FKS PZL Stal Mielec, 97 aufgel. und wiedergegr.], **s.** S. 89

Miembeni SC, Zanzibar, Tansania, Klub, s. S. 119
Mighty Barolle, Monrovia, Liberia, Klub, s. S. 117
Mighty Blackpool FC (Mighty Blackpool Football Club), Freetown, Sierra Leone, Klub, entst. 1954, s. S. 116
Mighty Blackpool Football Club s. Mighty Blackpool FC
Mighty Jets, Jos, Nigeria, Klub, s. S. 117
Mighty Royals (Prampram Mighty Royals), Prampram, Ghana, Klub, s. S. 117
Mignamba, Komoren, Klub, s. S. 121
Migori, Stadt, Kenia, s. S. 119
Migração da Beira, Beira, Mosambik, Klub, s. S. 121
Miguel Grau s. Atlético Grau
Mihai Viteazul Chişinău s. CS Mihai Viteazul Chişinău
MIKA Aschtarak s. FC MIKA Aschtarak
Mike's Trading, Barbados, Klub, s. S. 127
Mikkeli, Stadt, Finnland, s. S. 73
Mikkelin Palloilijat s. FC MP
Mikkelin Pallokissat s. MiPK
Mikronesien, Länder, s. S. 136 und 137
Milagro, Stadt, Ecuador, s. S. 130
Milambo, Tabora, Tansania, Klub, s. S. 119
Milan AC (Milan Associazione Calcio), Mailand (Milano), Italien, Klub, entst. 1899, [1899-1905 Milan C & FBC, 1905-38 Milan FBC, 38-45 Milano AC], s. S. 81
Milan Associazione Calcio s. Milan AC
Milan C & FBC s. Milan AC
Milan FBC s. Milan AC
Milanese s. US Milanese
Milano AC s. Milan AC
Milano, Stadt, Italien, s. S. 81
Mile Gully FC (Mile Gully Football Club), Mile Gully, Jamaika, Klub, s. S. 126
Mile Gully Football Club s. Mile Gully FC
Mile Gully, Stadt, Jamaika, s. S. 126
Milerock, Linden/Mackenzie, Guyana, Klub, s. S. 129
Milford FC (Milford Football Club), Belfast, Nordirland, Klub, [aufgel. 1893], s. S. 69
Milford Football Club s. Milford FC
Miliarder Pniewy s. TS Miliarder Pniewy
Miliarder Pniewy s. TS Sokół Tychy
Milići, Stadt, Bosnien und Herzegowina, s. S. 93
Milicionar Beograd s. SD Milicionar Beograd
Milicioner Zagreb s. NK Zagreb
Militar FC (Militar Futebol Clube), Teresina, Brasilien, Klub, [aufgel. 19??], s. S. 133
Militar Futebol Clube s. Militar FC
Militärsportverein Brünn s. MSV Brünn
Militärsportverein Yorck-von Boyen Insterburg s. MSV Yorck-Boyen Insterburg
Military Police, Kampala, Uganda, Klub, s. S. 119
Militia s. ASC Militia
Militia s. KOMR Militia
Millonarios s. CD Millonarios
Mills s. JCT Mills
Milltown FC (Milltown Football Club), Belfast, Nordirland, Klub, [aufgel. ??], s. S. 69
Milltown Football Club s. Milltown FC
Millwall Athletic s. Millwall FC
Millwall FC (Millwall Football Club), London, England, Klub, entst. 1885, [1885-89 Millwall Rovers, 1889-1925 Millwall Athletic], s. S. 66
Millwall Football Club s. Millwall FC
Millwall Rovers s. Millwall FC
Milo FC (Milo Football Club), Kankan, Guinea, Klub, [19??-98 Gbenko Milo FC], s. S. 117
Milo Football Club s. Milo FC
Miloje Zakič Kruševac s. NK Napredak Kruševac
Milowice Sosnowiec s. GKS Zagłębie Sosnowiec
Milwaukee, Stadt, USA, s. S. 123
Mimosas s. ASEC Mimosas
Mina Hasan Sani, Stadt, Marokko, s. S. 113
Mina s. al-Mina
Mina San Vicente s. CSD Mina San Vicente
Mina Tintaya s. Deportivo Mina Tintaya
Minas s. Unión Minas
Minaur Baia Mare s. FC Baia Mare
Minaur Baia Mare s. SC Phönix Baia Mare
Mindelense s. CS Mindelense
Mindelo, Stadt, Kapverden, s. S. 116
Mineiro s. CA Mineiro
Mineros de Guayana s. AD Mineros de Guayana
Miners FC s. Cowdenbeath FC
Miner's Japo, Oruro, Bolivien, Klub, s. S. 131
Minerul Baia Mare s. FC Baia Mare
Minerul Lupeni, Lupeni, Rumänien, Klub, entst. 1920, [1920-36 Jiul Lupeni, 36-50 Minerul Lupeni, 50-51 Partizanul Lupeni, 51-53 Flacăra Lupeni, 53-58 Minerul Lupeni, 58-59 Energia Lupeni], s. S. 91
Minerul Petroşani s. CS Jiul Petroşani
Minerva 93 Berlin s. SC Minerva 93 Berlin
Minerva Dudelange s. US Dudelange
Minervén FC (Minervén Fútbol Club), El Callao, Venezuela, Klub, entst. 1985, s. S. 129
Minervén Fútbol Club s. Minervén FC
Mines Stars s. Prestea Mines Stars
Mineurs s. AS Mineurs
Ming Chuan, Taibei, Taiwan, Klub, s. S. 109
Mingäçevir, Stadt, Aserbaidschan, s. S. 97
Mingechaur, Stadt, Aserbaidschan, s. S. 97
Minija Kretinga, Kretinga, Litauen, Klub, s. S. 99
Ministry of Agriculture and Irrigation s. Agriculture and Irrigation
Ministry of Commerce s. Commerce
Ministry of Commerce Team, Phum Pénh/Phompenh, Kambodscha, Klub, s. S. 107
Ministry of Construction s. Construction
Ministry of Defence s. Defence
Ministry of Defense Team, Phum Pénh/Phompenh, Kambodscha, Klub, s. S. 107
Ministry of Energy s. Energy
Ministry of Finance and Revenue s. Finance and Revenue
Ministry of Finance s. Red Arrows
Ministry of Forestry s. Forestry
Ministry of Health Team, Phum Pénh/Phompenh, Kambodscha, Klub, s. S. 107
Ministry of Home Affairs s. Home Affairs
Ministry of Railways s. Railways
Ministry of Transport Team, Phum Pénh/Phompenh, Kambodscha, Klub, s. S. 107
Ministry of Works s. MOW
Minjor Pernik s. FK Metalurg Pernik
Minjor Pernik s. FK Minjor Pernik
Minna, Stadt, Nigeria, s. S. 117
Minneapolis, Stadt, USA, s. S. 123
Minnesota Kicks s. Denver Dynamos
Minnesota Kicks, Minneapolis, USA, Klub, entst. 1976, [1974-76 Denver Dynamos, 76 Umzug nach Minneapolis => Minnesota Kicks (76-81), 81 aufgel.], s. S. 123
Minnesota Strikers, Minneapolis, USA, Klub, entst. 1984, [aufgel. 1988], s. S. 123
Minsk, Stadt, Weißrussland, s. S. 99
Minutemen s. Boston Minutemen
Minya SC s. al-Minya SC
Minya, Stadt, Ägypten, s. S. 113
MiPK (Mikkelin Pallokissat), Mikkeli, Finnland, Klub, entst. 1946, [aufgel. 1984], s. S. 73
Mir Gdynia s. KS Arka Amber Gdynia
Mira, Afareaitu, Tahiti, Klub, s. S. 137
Miracle du Sud, Bouéni, Mayotte, Klub, s. S. 121
Miracle, Kampala, Uganda, Klub, s. S. 119
Miraflores FC (Miraflores Fútbol Club), Lima, Peru, Klub, [19??-?? Porvenir Miraflores], s. S. 130
Miraflores Fútbol Club s. Miraflores FC
Miramar FC s. Miramar Misiones
Miramar Misiones (Club Social Miramar Misiones), Montevideo, Uruguay, Klub, entst. 1906, [1906-80 Miramar FC, 80 Fusion mit Misiones FC => Miramar Misiones], s. S. 135
Miramar Rangers s. Hungaria
Miramar Rangers s. Wellington City
Miramar Rangers, Wellington, Neuseeland, Klub, entst. 1907, [aufgel. 1971 durch Fusion mit Hungaria => Wellington City (71-??), ?? Aufl. der Fusion und Zurückbenennung], s. S. 137
Miranda-Canarias s. UD Canarias
Mirandilla Cádiz s. Cádiz CF
Mirbat SC, Mirbat, Oman, Klub, s. S. 103
Mirbat, Stadt, Oman, s. S. 103
Mirghani s. al-Mirghani
Miroplast, Kigali, Rwanda, Klub, s. S. 119
Mirpur Chalantika SC (Mirpur Chalantika Sporting Club), Dacca, Bangladesh, Klub, s. S. 105
Mirpur Chalantika Sporting Club s. Mirpur Chalantika SC
Misiones FC s. Miramar Misiones
Miskolc, Stadt, Ungarn, s. S. 89
Miskolci Bányász, Miskolc, Ungarn, Klub, entst. 1920, [1920-49 Pereces TK, 49-51 Pereces Tárna, 51-58 Perecesi Bányász, 58-59 Pereces TK, 59-74 Miskolci Bányász, 74 aufgel.], s. S. 89
Miskolci Lokomotív s. Miskolci VSC
Miskolci Törekvés s. Miskolci VSC
Miskolci Vasutas Sport Club s. Miskolci VSC
Miskolci VSC (Miskolci Vasutas Sport Club), Miskolc, Ungarn, Klub, entst. 1911, [1911-49 Miskolci VSC, 49-54 Miskolci Lokomotív, 54-56 Miskolci Törekvés], s. S. 89
Misr Textiles s. Ghazl Mahalla
Mississauga Croatia SC (Mississauga Croatia Soccer Club), Toronto, Kanada, Klub, entst. 1983, [aufgel. 1983], s. S. 122
Mississauga Croatia Soccer Club s. Mississauga Croatia SC
Miswata, Stadt, Libyen, s. S. 113
MITCO (Malawi International Transport Company), Lilongwe, Malawi, Klub, s. S. 121
Mitra Surabaya s. NIAC Mitra Surabaya
Mitre FC s. CA Bartolomé Mitre
Mitsamiouli, Stadt, Komoren, s. S. 121
Mitsoudje, Stadt, Komoren, s. S. 121
Mitsubishi Motors FC s. Urawa Red Diamonds
Mixto EC (Mixto Esporte Clube), Cuiabá, Brasilien, Klub, entst. 1934, s. S. 133
Mixto Esporte Clube s. Mixto EC
Mjällby AIF (Mjällby Allmänna Idrottsförening), Sölvesborg, Schweden, Klub, entst. 1939, s. S. 73
Mjällby Allmänna Idrottsförening s. Mjällby AIF
MJC Sainte-Suzanne (Maison des Jeunes et de la Culture Sainte-Suzanne), Sainte-Suzanne, Reunion, Klub, entst. 1974, s. S. 121
Mji, Mpwapwa, Tansania, Klub, s. S. 119
Mjølner FK s. Narvik FK
Mjølner-Narvik s. Narvik FK
Mjøndalen Idrettsforening s. Mjøndalen IF
Mjøndalen IF (Mjøndalen Idrettsforening), Mjøndalen, Norwegen, Klub, entst. 1910, s. S. 71
Mjøndalen, Stadt, Norwegen, s. S. 71
MKE Angoragücü SK s. MKE Ankaragücü SK
MKE Ankaragücü SK (Makine ve Kimya Endüstrisi Ankaragücü Spor Kulübü), Ankara, Türkei, Klub, entst. 1910, [1910-30 MKE Angoragücü SK], s. S. 96
MKE Kırıkkalespor K (MKE Kırıkkalespor Kulübü), Kırıkkale, Türkei, Klub, entst. 1967, s. S. 96
MKE Kırıkkalespor Kulübü s. MKE Kırıkkalespor K
Mkoani Stars, Pemba, Tansania, Klub, s. S. 119
MKS Miedź Legnica (Międzyzakładowy Klub Sportowy Miedź Legnica), Legnica, Polen, Klub, entst. 1971, s. S. 89
MKS Odra Wodzisław Śląski (Miejski Klub Sportowy Odra Wodzisław Śląski), Wodzisław Śląski, Polen, Klub, entst. 1922, [1922-48 KS Odra Wodzisław Śląski, 48-63 Kolejarz Wodzisław Śląski, 63-76 GKS Wodzisław Śląski, 76-92 GKS Odra Wodzisław Śląski], s. S. 89
MKS Pogoń Szczecin (Morski Klub Sportowy Pogoń Szczecin), Szczecin, Polen, Klub, entst. 1948, s. S. 89
MKS s. FK Spartak Moskva
MKS Szczecin s. KS Arkonia Szczecin
MKS Zagłębie Lubin (Międzyzakładowy Klub Sportowy Zagłębie Lubin), Lubin, Polen, Klub, entst. 1946, s. S. 89
MKSB Jagiellonia Białystok s. KS Jagiellonia Białystok
Mlada Gvardija Sliven s. FK Sliven
Mladi Radnik Čačak s. FK Borac Čačak
Mladost 127. Suhopolje s. NK Mladost 127. Suhopolje
Mladost Apatin s. FK Mladost Apatin
Mladost Dubint Široki Brijeg s. NK Široki Brijeg
Mladost Gacko s. FK Mladost Gacko
Mladost Lučani s. FK Mladost Lučani
Mladost Rogatica s. FK Mladost Rogatica
Mladost Široki Brijeg s. NK Široki Brijeg
Mlandege, Zanzibar, Tansania, Klub, s. S. 119
MMM (Mpiasa Mpianatra Miraka), Toamasina/Tamatave, Madagaskar, Klub, s. S. 121
MO Constantine (Mouloudia Olympique Constantine), Constantine, Algerien, Klub, entst. 1939, s. S. 113
Moamoa, Apia, West-Samoa, Klub, s. S. 137
Moanda, Stadt, Gabun, s. S. 118
Moanda, Stadt, Volksrepublik Kongo, s. S. 118
Moata'a, Apia, West-Samoa, Klub, s. S. 137
Moatize, Stadt, Mosambik, s. S. 121
Mobil Pegasus s. 2nd Mobil Pegasus
Mochudi, Stadt, Botswana, s. S. 121
Mociornita Bucureşti s. Carmen Bucureşti
Moctezuma, Orizaba, Mexiko, Klub, [aufgel. 1950], s. S. 125
Modèle s. AC Modèle
Modena Calcio s. Modena FC
Modena FBC s. Modena FC
Modena FC (Modena Football Club), Modena, Italien, Klub, entst. 1912, [entst. 1912 durch Fusion FBC Audax Modena und Associazione Studentesca del Calcio Modena => Modena FBC (12-25), 25-43 Modena Calcio, 43-57 Modena FBC, 57-59 Zenit Modena], s. S. 81
Modena Football Club s. Modena FC
Modena, Stadt, Italien, s. S. 81
Modern Stars s. Chibuluma Modern Stars
Mödling s. SCN Admira-Wacker
Mödling, Stadt, Österreich, s. S. 83
Modriča, Stadt, Bosnien und Herzegowina, s. S. 93
Modrobílí Kolín s. AFK Kolín
Moengotapoe, Stadt, Surinam, s. S. 129
Moers, Stadt, Deutschland, s. S. 84
Mogadishu Municipality, Mogadishu/Muqdiisho, Somalia, Klub, s. S. 115
Mogadishu, Stadt, Somalia, s. S. 115
Mogas 90 (Mogas 90 de la Sonacop), Porto-Novo, Benin, Klub, s. S. 117
Mogas 90 de la Sonacop s. Mogas 90
Mogilew, Stadt, Weißrussland, s. S. 99
Mogoditshane Fighters, Gaborone, Botswana, Klub, s. S. 121
Mogren Budva s. FK Mogren Budva
Mogürt s. Mogürt SC
Mogürt s. Zuglói MADISZ
Mogürt SC (Mogürt Sport Club), Budapest, Ungarn, Klub, entst. 1946, [entst. 1946 durch Fusion Zuglói MADISZ, Zuglói Barátság und Mogürt => Mogürt SC (46-50), 50 aufgel.], s. S. 88
Mogürt SC s. Zuglói MADISZ
Mogürt Sport Club s. Mogürt SC
Mohale's Hoek, Stadt, Lesotho, s. S. 120
Mohammedan SC (Mohammedan Sporting Club), Calcutta, Indien, Klub, entst. 1891, s. S. 105
Mohammedan SC (Mohammedan Sporting Club), Dacca, Bangladesh, Klub, s. S. 105
Mohammedan SC (Mohammedan Sporting Club), Netrokona, Bangladesh, Klub, s. S. 105
Mohammedan Sporting Club s. Mohammedan SC
Mohammedia, Stadt, Algerien, s. S. 113
Mohammedia, Stadt, Marokko, s. S. 113
Mohren FC Dornbirn s. Casino SW Bregenz
Mohren FC Dornbirn s. FC Dornbirn
Mohun Bagan AC, Calcutta, Indien, Klub, entst. 1889, s. S. 105
Moka, Stadt, Mauritius, s. S. 121
Mokanda s. Vita Club Mokanda
Mokawloon al-Arab, Kairo (Al-Qahirah), Ägypten, Klub, entst. 1962, [19??-?? Arab Contractors], s. S. 112
Mokgosi, Stadt, Botswana, s. S. 121
MOKS Stomil Olsztyn (Miejski Olsztyński Klub Sportowy Stomil Olsztyn), Olsztyn, Polen, Klub, entst. 1945, s. S. 89
Mold Alexandra FC (Mold Alexandra Football Club), Mold, Wales, Klub, entst. 1929, s. S. 67
Mold Alexandra Football Club s. Mold Alexandra FC
Mold, Stadt, Wales, s. S. 67
Moldawien, Länder, s. S. 98 und 99
Molde FK (Molde Fotballklubb), Molde, Norwegen, Klub, entst. 1911, [1911-14 International Molde], s. S. 71
Molde Fotballklubb s. Molde FK
Molde, Stadt, Norwegen, s. S. 71
Mölders Krakau s. LSV Mölders Krakau
Moldova Boroseni s. FC Moldova Boroseni
Moldova Chişinău s. FC Zimbru Chişinău
Moldova-Gaz Chişinău s. FC Moldova-Gaz Chişinău
Molenbeek s. RWD Molenbeek
Molepolole Birds, Molepolole, Botswana, Klub, s. S. 121
Molepolole, Stadt, Botswana, s. S. 121
Mollendo, Stadt, Peru, s. S. 131
Molodechno, Stadt, Weißrussland, s. S. 99
Molodiat Club Oujda s. MC Oujda
Mombasa Heroes, Mombasa, Kenia, Klub, entst. 19??-2001 P & O Nedlloyd, s. S. 119
Mombasa, Stadt, Kenia, s. S. 119
Monaco Sport s. AS Monaco
Monaco, Länder, s. S. 76 und 77
Monaco, Stadt, Monaco, s. S. 77
Monagas SC s. Atlético Monagas
Monaghan United FC (Monaghan United Football Club), Monaghan/Muineachán, Irland, Klub, entst. 1979, s. S. 69
Monaghan United Football Club s. Monaghan United FC
Monaghan, Stadt, Irland, s. S. 69
Monaro SC s. Inter Monaro SC
Monastir, Stadt, Tunesien, s. S. 113
Monastirienne s. US Monastirienne
Mönchengladbach, Stadt, Deutschland, s. S. 84
Mondercange, Stadt, Luxemburg, s. S. 74
Mondorf-les-Bains, Stadt, Luxemburg, s. S. 75
Moneni Pirates, Manzini, Swasiland, Klub, s. S. 120
Mongolei, Länder, s. S. 108 und 109
Mongomo, Stadt, Äquatorial-Guinea, s. S. 118
Monopoly Tobacco, Krungthep/Bangkok, Thailand, Klub, s. S. 106
Monrovia Breweries s. MC Breweries
Monrovia C. Breweries s. MC Breweries
Monrovia, Stadt, Liberia, s. S. 117
Mont Fleuri, Victoria, Seychellen, Klub, s. S. 121
Montana, Stadt, Bulgarien, s. S. 91
Montanbaldosa, L'Aldosa, Andorra, Klub, s. S. 77
Montaschnik Turkestan s. Jassy Turkestan
Montbéliard, Stadt, Frankreich, s. S. 77
Mont-Dore, Mont-Dore, Neukaledonien, Klub, s. S. 137
Mont-Dore, Stadt, Neukaledonien, s. S. 137
Monte Alegre s. CA Monte Alegre
Monte Carlo, Macau, Klub, s. S. 109
Monte Llano, Monte Llano, Dominikanische Republik, Klub, s. S. 127
Monte Llano, Stadt, Dominikanische Republik, s. S. 127
Montegiardino, Stadt, San Marino, s. S. 81
Montegnée s. R Racing FC Montegnée
Montego Bay, Stadt, Jamaika, s. S. 126
Montepuez, Montepuez, Mosambik, Klub, s. S. 121
Montepuez, Stadt, Mosambik, s. S. 121
Montería, Stadt, Kolumbien, s. S. 128
Monterrey, Stadt, Mexiko, s. S. 125
Montevideo FC s. Nacional
Montevideo Wanderers FC (Montevideo Wanderers Football Club), Montevideo, Uruguay, Klub, entst. 1902, s. S. 135
Montevideo Wanderers Football Club s. Montevideo Wanderers FC
Montevideo, Stadt, Uruguay, s. S. 135
Montevito s. SS Montevito
Monthey, Stadt, Schweiz, s. S. 82
Montijo, Stadt, Portugal, s. S. 79
Montjoly s. USL Montjoly
Montpellier HSC (Montpellier-Hérault Sporting Club), Montpellier, Frankreich, Klub, entst. 1974, [1974-90 Montpellier Pallaide SC], s. S. 77
Montpellier Pallaide SC s. Montpellier HSC
Montpellier, Stadt, Frankreich, s. S. 77
Montpellier-Hérault Sporting Club s. Montpellier HSC
Montreal Impact, Montreal, Kanada, Klub, entst. 1988, [1988-92 Montreal Supra, 97 Fusion mit Canton Invaders], s. S. 122
Montreal Manic s. Philadelphia Fury
Montreal Manic, Montreal, Kanada, Klub, entst. 1981, [1978-81 Philadelphia Fury, 81 Umzug nach Montreal => Montreal Manic (81-83), 83 aufgel.], s. S. 122
Montréal Olympique, Montreal, Kanada, Klub, entst. 1971, [aufgel. 1973], s. S. 122
Montreal Supra s. Montreal Impact
Montreal, Stadt, Kanada, s. S. 122
Montreux FC s. Montreux-Sports
Montreux, Stadt, Schweiz, s. S. 82
Montreux-Narcisse FC s. Montreux-Sports
Montreux-Sports, Montreux, Schweiz, Klub, entst. 1903, [1903-04 Narcisse FC Montreux, 04 Fusion mit Montreux FC => Montreux-Narcisse FC (04-20), 06 Fusion mit Junior FC, 20 Fusion mit Lemania Montreux und Club de culture physique Montreux => Montreux-Sports], s. S. 82
Montriond FC s. Lausanne-Sports
Montriond s. RC Montriond
Montriond-Sports FC s. Lausanne-Sports
Montserrat, Länder, s. S. 126 und 127
Monza, Stadt, Italien, s. S. 81
Mooroolbark, Melbourne, Australien, Klub, s. S. 136
Mopi, Lae, Papua-Neuguinea, Klub, s. S. 136
Mopti, Stadt, Mali, s. S. 114
Moquegua, Stadt, Peru, s. S. 131
Moravia, Stadt, Costa Rica, s. S. 124
Moravská Slavia Brno s. SK Moravská Slavia Brno
Morazán, Stadt, Honduras, s. S. 125
Morazanica s. Juventud Morazanica
Morba FBC (Morba Foot-Ball Club), Trujillo, Peru, Klub, s. S. 130
Morba Foot-Ball Club s. Morba FBC
Mordazo, Stadt, Kuba, s. S. 126
Morelia, Stadt, Mexiko, s. S. 125
Moreni, Stadt, Rumänien, s. S. 91
Moreno s. CA Mariano Moreno
Morfou, Stadt, Zypern, s. S. 95
Morkinali Tbilisi s. FC WIT Georgia Tbilisi
Mormenekse, Mormenekse/Limnia, Zypern, Klub, s. S. 95
Mormenekse, Stadt, Zypern, s. S. 95
Morne-à-l'Eau, Stadt, Guadeloupe, s. S. 127
Morning Star s. CD Santiago Morning
Morning Star s. Deportivo Santiago
Morning Star, Santiago, Chile, Klub, entst. 1903, [aufgel. 1936 durch Fusion mit Deportivo Santiago => CD Santiago Morning], s. S. 135
Moro United, Morogoro, Tansania, Klub, [19??-98 Sigara SC, 1998-2000 Kajumulo World Soccer], s. S. 119
Morogoro, Stadt, Tansania, s. S. 119
Moroka Swallows Big XI s. Moroka Swallows
Moroka Swallows, Johannesburg, Südafrika, Klub, entst. 1947, [19??-?? Corrugated Swallows, ??-?? Moroka Swallows Big XI], s. S. 121
Morón s. CD Morón
Moroni SC (Moroni Sport Club), Moroni, Komoren, Klub, s. S. 121
Moroni Sport Club s. Moroni SC
Moroni, Stadt, Komoren, s. S. 121
Moroto, Stadt, Uganda, s. S. 119
Morouj s. al-Morouj
Morris Supplies, Mogadishu/Muqdiisho, Somalia, Klub, s. S. 115
Morski Klub Sportowy Pogoń Szczecin s. MKS Pogoń Szczecin
Morton FC s. Greenock Morton FC
Morwell Falcons s. Eastern Pride
Morwell, Stadt, Australien, s. S. 136
Mosambik, Länder, s. S. 120 und 121
Mosil s. al-Mosil
Moskau, Stadt, Russland, s. S. 100 und 101
Moskovskaja Voennaja Okruga Komanda Gorod Kalinin s. MVO Komanda Gorod Kalinin
Moskovskij Futbol'nyj klub Lokomotiv Moskva s. FK Lokomotiv Moskva
Moskovskij Gorodskoj Futbol'nyj klub Spartak Moskva s. FK Spartak Moskva
Moskva, Stadt, Russland, s. S. 100 und 101
Moslem-Kroatische Föderation, Länder, s. S. 93
Moss FK (Moss Fotballklubb), Moss, Norwegen, Klub, entst. 1906, [1906-29 Moss IF], s. S. 71
Moss Fotballklubb s. Moss FK
Moss IF s. Moss FK
Moss, Stadt, Norwegen, s. S. 71
Mosseland 07 Luxemburg s. Spora Luxembourg
Mossoró, Stadt, Brasilien, s. S. 133
Most, Stadt, Tschechische Republik, s. S. 84
Most, Stadt, Tschechische Republik, s. S. 86
Mosta FC (Mosta Football Club), Mosta, Malta, Klub, entst. 1956, s. S. 81
Mosta Football Club s. Mosta FC
Mosta, Stadt, Malta, s. S. 81
Mostaganem, Stadt, Algerien, s. S. 113
Mostar, Stadt, Bosnien und Herzegowina, s. S. 93
Mosul, Stadt, Irak, s. S. 103
Motagua s. CD Motagua
Motala AIF (Motala Allmänna Idrottsförening), Motala, Schweden, Klub, entst. 1907, s. S. 73
Motala Allmänna Idrottsförening s. Motala AIF
Motala, Stadt, Schweden, s. S. 73
Motcom s. MOW
Motema Pembe s. DC Motema Pembe
Mother City, Kapstadt (Cape Town), Südafrika, Klub, entst. 1999, s. S. 120
Motherwell FC (Motherwell Football Club), Motherwell, Schottland, Klub, entst. 1886, s. S. 69
Motherwell Football Club s. Motherwell FC
Motherwell, Stadt, Schottland, s. S. 69
Moto Clube, Porto Velho, Brasilien, Klub, s. S. 132
Moto Clube, São Luís, Brasilien, Klub, entst. 1937, s. S. 133
Motor Action, Harare, Simbabwe, Klub, entst. 1994, [1994-99 Blackpool], s. S. 121
Motor Altenburg s. SV Motor Altenburg
Motor Berlin s. 1. FC Union Berlin
Motor Bischofswerda s. Bischofswerdaer FV 08
Motor Gera s. 1. SV Gera
Motor Jena s. FC Carl Zeiss Jena
Motor Kabelwerk Schwerin s. Schweriner SC
Motor Karl-Marx-Stadt s. Chemnitzer FC
Motor Lauter s. Lauterer SV Viktoria 1913
Motor Lublin s. RKS Motor Lublin
Motor Magdeburg s. 1. FC Magdeburg
Motor Nord s. TSV Grün-Weiß 1895 Rostock
Motor Oberschöneweide s. 1. FC Union Berlin
Motor Schwerin s. Schweriner SC
Motor Sömmerda s. FSV Sömmerda
Motor Steinach s. SV 08 Steinach
Motor Stralsund s. FC Pommern Stralsund
Motor Suhl s. 1. Suhler SV 1906
Motor Weimar s. SC Weimar 03
Motor Wismar s. FC Anker Wismar
Motor Zwickau s. FSV Zwickau
Motorlet Praha s. SK Motorlet Praha
Mouara s. Sporting Mouara
Mouhafaza s. al-Mouhafaza
Mouila, Stadt, Gabun, s. S. 118
Moulien s. CS Moulien
Moulmein, Stadt, Burma, s. S. 106
Mouloudia Chalia d'Alger s. MC Alger
Mouloudia Club d'Oran s. MC Oran
Mouloudia Olympique Constantine s. MO Constantine
Moundou, Stadt, Tschad, s. S. 114
Mount Aureol, Freetown, Sierra Leone, Klub, s. S. 116
Mount Cameroon, Buéa/Bouéa, Kamerun, Klub, s. S. 117
Mount Maunganui s. Mt Maunganui
Mount Maunganui, Stadt, Neuseeland, s. S. 137
Mount Roskill s. Mt Roskill
Mount Wellington Association Football Club s. Mt Wellington AFC
Mourada s. al-Mourada
Mouscron, Stadt, Belgien, s. S. 75
Mouscronnois s. R Excelsior Mouscron
Moutier, Stadt, Schweiz, s. S. 82
MOVE Székesfehérvár s. Videoton FC Fehérvár
MOW (Ministry of Works), Kakamega, Kenia, Klub, [19??-?? Motcom], s. S. 119
Moxico s. Onze Bravos de Moxico
Moyale Barracks, Mzuzu, Malawi, Klub, s. S. 121
Moyobamba, Stadt, Peru, s. S. 130
Moyola Park FC (Moyola Park Football Club), Belfast, Nordirland, Klub, s. S. 69
Moyola Park Football Club s. Moyola Park FC
Mozyr', Stadt, Weißrussland, s. S. 99
MP Alger s. MC Alger
MP Oran s. MC Oran
MP s. FC MP
MP Tigers s. Pepsi Tigers
Mpiasa Mpianatra Miraka s. MMM
MPKC Mazyr s. FK Slavia Mazyr
Mpwapwa, Stadt, Tansania, s. S. 119
Mqabba Hajduks FC (Mqabba Hajduks Football Club), Mqabba, Malta, Klub, entst. 1957, s. S. 81
Mqabba Hajduks Football Club s. Mqabba Hajduks FC
Mqabba, Stadt, Malta, s. S. 81
Mretebi Tbilisi s. FC Mretebi Tbilisi
MS Chief Santos, Tsumeb, Namibia, Klub, s. S. 120
MSC Lions, Linden/Mackenzie, Guyana, Klub, s. S. 129
Mseto Sports s. Simba SC
MSG Kalum, Liberia, Klub, s. S. 117
Msida Rangers FC s. Msida Saint Joseph's FC
Msida Rovers FC s. Msida Saint Joseph's FC
Msida Saint Joseph's FC (Msida Saint Joseph's Football Club), Msida, Malta, Klub, entst. 1903, [1903-?? Msida Wolves FC, ??-12 Msida Saint Joseph's FC, 12-25 Msida Rangers FC, 25-35 Msida Rovers FC], s. S. 81
Msida Saint Joseph's Football Club s. Msida Saint Joseph's FC
Msida Wolves FC s. Msida Saint Joseph's FC
Msida, Stadt, Malta, s. S. 81
MSK Kaunas (Maisto Sporto Klubas Kaunas), Kaunas, Litauen, Klub, [aufgel. 19??], s. S. 99
MŠK Martin s. ŠKF ZŤS VTJ Martin
MŠK Petrimex Prievidza s. FK Baník Prievidza
MŠK Ružomberok s. FK SCP Ružomberok
MŠK SCP Ružomberok s. FK SCP Ružomberok
MSK Taurage s. FK Tauras Taurage
MŠK Žilina (Mestský športový klub Žilina), Žilina, Slowakei, Klub, entst. 1908, [1908-09 ZsTK, 09-19 ŽTK, 19-48 ŠK Žilina, 48-49 Sokol Žilina, 49-53 Sokol Slovena Žilina, 53-56 TJ Iskra Žilina, 56-63 TJ Dynamo Žilina, 63-67 TJ Jednota Žilina, 67-90 TJ ZVL Žilina, 90-95 ŠK Žilina], s. S. 86
MSV 02 Duisburg (Meidericher Spielverein von 1902 Duisburg), Duisburg, Deutschland, Klub, entst. 1902, [1902-19 Miedericher SV, 05 Fusion mit Viktoria Miederich, 19 Fusion mit Miedericher TV 1880 => Miedericher TuS (19-24), 24 Aufl. der Fusion, 24-67 Miedericher SV], s. S. 84
MSV Brünn (Militärsportverein Brünn), Brünn (Brno), Tschechische Republik, Klub, [aufgel. 1945], s. S. 84
MSV von Boyen Tilsit s. MSV Yorck-Boyen Insterburg
MSV Yorck-Boyen Insterburg (Militärsportverein Yorck-von Boyen Insterburg), Insterburg (Tschernjachowsk), Russland, Klub, entst. 1934, [entst. 1934 durch Fusion SV Yorck 1921 Insterburg und MSV von Boyen Tilsit => MSV Yorck-Boyen Insterburg (34-45), 45 aufgel.], s. S. 84
Mt Albert-Ponsonby s. Eden
Mt Albert-Ponsonby s. Metro Mt Albert
Mt Maunganui (Mount Maunganui), Mount Maunganui, Neuseeland, Klub, entst. 1973, [aufgel. 2001 durch Fusion mit Tauranga City => Tauranga City United], s. S. 137
Mt Maunganui s. Tauranga City United
Mt Roskill (Mount Roskill), Auckland, Neuseeland, Klub, s. S. 137
Mt Wellington AFC (Mount Wellington Association Football Club), Auckland, Neuseeland, Klub, entst. 1952, [aufgel. 2000 durch Fusion mit University => Uni-Mt Wellington], s. S. 137
Mt Wellington AFC s. Uni-Mt Wellington
Mt Wellington AFC s. University
Mtibwa Sugar, Turiani, Tansania, Klub, s. S. 119
MTK FC s. MTK Hungária FC
MTK Hungária FC (Magyar Testgyakorlók Köre Hungária Futball Club), Budapest, Ungarn, Klub, entst. 1888, [1888-1926 MTK, 26-40 Hungária FC, 40 aufgel., 45 wiedergegr., 45-49 MTK, 49-51 Budapesti Textiles, 51-52 Budapesti Bástya SE, 52-56 Budapesti VL, 56-75 MTK, 75 Fusion mit VM Egyetértés SK => MTK-VM (75-92), 92-94 MTK, 94-98 MTK FC], s. S. 88
MTK s. MTK Hungária FC
MTK-VM Budapest s. Budapesti Egyetértés VM SK
MTK-VM s. MTK Hungária FC
Mto s. Singida United
M'tsapéré, Stadt, Mayotte, s. S. 121
MTV 1860 Magdeburg-Neustadt s. 1. FC Magdeburg
MTV 1879 München s. FC Bayern München
Mtwara, Stadt, Tansania, s. S. 119
Muahivire, Mosambik, Klub, s. S. 121
Muanda, Stadt, Volksrepublik Kongo, s. S. 118
Muang Khammouan, Stadt, Laos, s. S. 107
Muara Stars FC (Muara Stars Football Club), Muara, Brunei, Klub, s. S. 107
Muara Stars Football Club s. Muara Stars FC
Muara, Stadt, Brunei, s. S. 107
Mubarek, Stadt, Usbekistan, s. S. 101
MUE (Magyar Úszó Egyesület), Budapest, Ungarn, Klub, entst. 1900, [aufgel. 1905], s. S. 88
Műegyetemi Atlétikai és Football Club s. MAFC
Mufulira Blackpool, Mufulira, Sambia, Klub, s. S. 119
Mufulira Wanderers, Mufulira, Sambia, Klub, s. S. 119
Mufulira, Stadt, Sambia, s. S. 119
Muger Cement, Muger, Äthiopien, Klub, s. S. 115
Muger, Stadt, Äthiopien, s. S. 115
Muharraq, Al-Muharraq, Bahrain, Klub, s. S. 102
Muhoroni FC s. Chemelil Sugar
Muhoroni, Stadt, Kenia, s. S. 119
Muineachán, Stadt, Irland, s. S. 69
Mukalla, Stadt, Jemen, s. S. 103
Mukhtalat s. Zamalek SC
Mukorob Pelagic Tigers s. Pepsi Tigers
Muktijoddha Sangshad Krira Chakra s. Muktijoddha SKC
Muktijoddha SKC (Muktijoddha Sangshad Krira Chakra), Dacca, Bangladesh, Klub, s. S. 105
Mukungwa Sports, Ruhengeri, Rwanda, Klub, s. S. 119
Mukura Victory Sport s. Mukura VS
Mukura VS (Mukura Victory Sport), Butare, Rwanda, Klub, s. S. 119
Mülhausen, Stadt, Frankreich, s. S. 77 und 85
Mülheimer BC s. Mülheimer SV 06
Mülheimer FC 06 s. VfR Köln rrh.
Mülheimer Sport-Verein 1906 s. Mülheimer SV 06
Mülheimer SV 06 (Mülheimer Sport-Verein 1906), Köln, Deutschland, Klub, entst. 1906, [entst. 1906 durch Fusion Mülheimer BC und FC Union Mülheim => Mülheimer SV 06 (06-49), aufgel. 49 durch Fusion mit VfR Köln rrh. => SC Rapid Köln], s. S. 84
Mülheimer SV 06 s. VfR Köln rrh.
Mulhouse, Stadt, Frankreich, s. S. 77 und 85
Multan, Stadt, Pakistan, s. S. 105
Mumbai, Stadt, Indien, s. S. 105
Mumias Sugar Company FC (Mumias Sugar Company Football Club), Mumias, Kenia, Klub, s. S. 119
Mumias Sugar Company Football Club s. Mumias Sugar Company FC
Mumias, Stadt, Kenia, s. S. 119
Munadji 76, Tchibanga, Gabun, Klub, s. S. 118
Munajschi Aktau s. Mangystau Aktau
Munal Club, Jhapa, Nepal, Klub, s. S. 105
Munastir, Stadt, Tunesien, s. S. 113
München, Stadt, Deutschland, s. S. 85
Münchener SC s. FC Bayern München
München-Gladbach s. 1. FC 1894 Mönchengladbach
Muncitorul Turda s. Sticla Ariesul Turda
Municipal Colón s. Atlético Municipal Colón
Municipal Liberia, Liberia, Costa Rica, Klub, s. S. 125
Municipal Limeño s. CD Municipal Limeño
Municipal Osa s. AD Municipal Osa
Municipal Pérez Zeledón s. AD Municipal Pérez Zeledón
Municipal Puntarenas s. AD Municipal Puntarenas
Municipal s. Atlético Nacional
Municipal s. CD Municipal
Municipal s. CSD Municipal
Municipal s. Deportivo Municipal
Municipal Young Boys Diekirch s. FC Young Boys Diekirch
Munička Považská Bystrica s. FK Považská Bystrica
Munisport, Pointe-Noire, Kongo, Klub, s. S. 118
Muniz Freire FC (Muniz Freire Futebol Clube), Muniz Freire, Brasilien, Klub, entst. 1930, s. S. 133
Muniz Freire Futebol Clube s. Muniz Freire FC
Muniz Freire, Stadt, Brasilien, s. S. 133
Munkás SC s. Pécsi Mecsek FC
Münster, Stadt, Deutschland, s. S. 85
Muntilupa, Stadt, Philippinen, s. S. 107
Muqdiisho, Stadt, Somalia, s. S. 115
Mura Murska Sobota s. NK Mura Murska Sobota
Murata, Stadt, San Marino, s. S. 81
Murcia, Stadt, Spanien, s. S. 79
Mureşul Tîrgu Mureş s. ASA Târgu Mureş
Mureşul Tîrgu Mureş s. CS Mureşul Tîrgu Mureş
Murska Sobota, Stadt, Slowenien, s. S. 93
Muša Ukmerge s. FK Vienybe Ukmerge
Muscat, Stadt, Oman, s. S. 103
Muslim Scouts Club s. Port Louis SC
Mustakbel s. al-Mustakbel
Mustangs s. Calgary Mustangs
Mustangs s. Chicago Mustangs
Mutare United, Mutare, Simbabwe, Klub, s. S. 121
Mutare, Stadt, Simbabwe, s. S. 121
Mutiny s. Tampa Bay Mutiny
Mutsamudu, Stadt, Komoren, s. S. 121
Mutual Life GBSS s. Demerara Mutual Life GBSS
Muzala Dupnica s. FK Marek Dupnica
Muzeka s. KS Tomori
Muzinga, Bujumbura, Burundi, Klub, s. S. 119
MVC Maastricht s. MVV
MVO Komanda Gorod Kalinin (Moskovskaja Voennaja Okruga Komanda Gorod Kalinin), Tver', Russland, Klub, entst. 1948, [aufgel. 19??], s. S. 101
Mvolyé s. Olympique Mvolyé
MVV (Maastrichtse Voetbal Vereniging), Maastricht, Niederlande, Klub, entst. 1902, [1904 Fusion mit MVC Maastricht => MFC, 08 Fusion mit Vitesse Maastricht], s. S. 75
Mwanza Pamba SC s. Pamba Lira
Mwanza, Stadt, Tansania, s. S. 119
Mwenga SC (Mwenga Sporting Club), Zanzibar, Tansania, Klub, s. S. 119
Mwenga Sporting Club s. Mwenga SC
Myitkina, Stadt, Burma, s. S. 106
Mykolaiw, Stadt, Ukraine, s. S. 99
Myllykosken Pallo-47 s. MyPa
MyPa (Myllykosken Pallo-47), Anjalankoski, Finnland, Klub, entst. 1947, s. S. 73
Mysore, Mysore, Indien, Klub, [die Stadtauswahl Mysore vertritt den Staat Karnataka], s. S. 105
Mysore, Stadt, Indien, s. S. 105
Mystère s. TP Mystère
Mysterious Dwarfs s. Cape Coast Ebusua Dwarfs
MŽ Olomouc s. SK Sigma Olomouc
Mziuri Gali s. FC Mziuri Gali
MZK Pardubice s. TJ Tatran Pardubice
MZKS Arka Gdynia s. KS Arka Amber Gdynia
MZKS Gdynia s. KS Arka Amber Gdynia
MZKS Tarnovia Tarnów s. ZKS Unia Tarnów
Mzouazia, Stadt, Mayotte, s. S. 121
Mzuzu, Stadt, Malawi, s. S. 121
N-48 (Nagdlunguaq-48), Ilulissat/Jakobshavn, Grönland, Klub, s. S. 123
NA Hussein Dey, Algier (Alger/El-Jaza'ir), Algerien, Klub, entst. 1946, [19??-?? MA Hussein Dey], s. S. 113
NA Sofija s. FK CSKA Sofija
Naberezhnyje Tschelny, Stadt, Russland, s. S. 101
NAC s. VAV NAC
Nachala, Stadt, Mosambik, s. S. 121
Nachitschewan', Stadt, Aserbaidschan, s. S. 97
Náchod, Stadt, Tschechische Republik, s. S. 86
Nachodka, Stadt, Russland, s. S. 101
Nacionaal s. SV Deportivo Nacionaal
Nacional (Club Nacional de Football), Montevideo, Uruguay, Klub, entst. 1899, [entst. 1899 durch Fusion Montevideo FC und Defensa], s. S. 135
Nacional Fast Club, Manaus, Brasilien, Klub, entst. 1930, s. S. 133
Nacional FC (Nacional Fútbol Club), Asunción, Paraguay, Klub, entst. 1904, s. S. 135
Nacional FC (Nacional Fútbol Club), Caracas, Venezuela, Klub, s. S. 129
Nacional FC (Nacional Futebol Clube), Manaus, Brasilien, Klub, entst. 1913, s. S. 133
Nacional FC s. Atlético Nacional FC
Nacional Fútbol Club s. Nacional FC
Nacional Futebol Clube s. Nacional FC
Nacional s. Aliança Nacional
Nacional s. Atlético Nacional
Nacional s. CA Regina
Nacional s. CD Nacional
Nacional s. CF Nacional
Nacional s. Deportivo Nacional
Nacional s. KDT Nacional

Nacional, Benguela, Angola, Klub, **s. S.** 119
Nacional, Ciudad de Guatemala/Guatemala City, Guatemala, Klub, [aufgel. 19??], **s. S.** 125
Nacional, Guadalajara, Mexiko, Klub, **s. S.** 125
Nacional, Surinam, Klub, **s. S.** 129
Nacional-Carabobo FC **s.** Carabobo FC
Nacional'naja Gwardia Bischkek **s.** SK Nacional'naja Gwardia Bischkek
Nacional-Táchira FC (Nacional-Táchira Fútbol Club), San Cristobal, Venezuela, Klub, entst. 1996, **s. S.** 128
Nacional-Táchira Fútbol Club **s.** Nacional-Táchira FC
Nadi, Nadi, Fidschi, Klub, **s. S.** 137
Nadi, Stadt, Fidschi, **s. S.** 137
Nadir, Stadt, Amerikanische Jungferninseln, **s. S.** 126
Nador, Stadt, Marokko, **s. S.** 113
Nadroga, Suva, Fidschi, Klub, **s. S.** 137
Nadur, Stadt, Marokko, **s. S.** 113
Næstved BK **s.** Næstved IF
Næstved Idrætsforening **s.** Næstved IF
Næstved IF (Næstved Idrætsforening), Næstved, Dänemark, Klub, entst. 1939, [??-1939 Næstved BK], **s. S.** 71
Næstved, Stadt, Dänemark, **s. S.** 71
Nafot **s.** al-Nafot
Nafta Lendava **s.** NK Nafta Lendava
Nafta Ventspils **s.** FK Ventspils
Naftan-Dewon Nawapolack **s.** FK Naftan-Dewon Nawapolack
Naftëtari Kuçovë **s.** KiF Naftëtari Kuçovë
Naftowyk Ochtyrka **s.** FK Naftowyk Ochtyrka
Nagdlunguaq-48 **s.** N-48
Naggo's Head, Naggo's Head, Jamaika, Klub, **s. S.** 126
Naggo's Head, Stadt, Jamaika, **s. S.** 126
Nagoya Bank (Nagoya Mutual Financing Bank), Nagoya, Japan, Klub, [aufgel. 19??], **s. S.** 111
Nagoya Grampus Eight, Nagoya, Japan, Klub, [19??-92 Toyota], **s. S.** 111
Nagoya Mutual Financing Bank **s.** Nagoya Bank
Nagoya Shukyu-dan, Nagoya, Japan, Klub, [aufgel. 19??], **s. S.** 111
Nagoya, Stadt, Japan, **s. S.** 111
Nagpur, Stadt, Indien, **s. S.** 105
Nagykanizsa Zrinyi **s.** Nagykanizsai Olajbányász FC
Nagykanizsa, Stadt, Ungarn, **s. S.** 89
Nagykanizsai Bányász **s.** Nagykanizsai Olajbányász FC
Nagykanizsai Olajbányász FC (Nagykanizsai Olajbányász Futball Club), Nagykanizsa, Ungarn, Klub, entst. 1945, [1945-49 MAORT Nagykanizsa, 49-50 Nagykanizsai Olajmunkás, 50-57 Nagykanizsai Bányász, 57-58 Nagykanizsa Zrinyi, 58-66 Nagykanizsai Bányász, 66-97 Nagykanizsai Olajbányász SE, 97-99 MÁV Nagykanizsai TE], **s. S.** 89
Nagykanizsai Olajbányász Futball Club **s.** Nagykanizsai Olajbányász FC
Nagykanizsai Olajmunkás **s.** Nagykanizsai Olajbányász FC
Nagyvárad AC **s.** Crişana Oradea
Nagyvárad, Stadt, Rumänien, **s. S.** 89 und 91
Nahda **s.** al-Nahda
Nahouri **s.** Olympic Nahouri
Nairit Erewan **s.** FC Nairit Erewan
Nairobi, Stadt, Kenia, **s. S.** 119
Naivasha, Stadt, Kenia, **s. S.** 119
Naj Hammadi, Stadt, Ägypten, **s. S.** 113
Najaf **s.** al-Najaf
Najma **s.** al-Najma
NAK (Novosadski atletski klub), Novi Sad/Ujvidék, Jugoslawien, Klub, entst. 1897, [1897-41 NAK, 1941-45 Ujvidék AC], **s. S.** 89 und 93
Nakhon Ratchasima, Stadt, Thailand, **s. S.** 106
Nakhon Sawan, Stadt, Thailand, **s. S.** 106
Nakivubo Villa SC **s.** Villa SC
Naklo, Stadt, Slowenien, **s. S.** 93
Nakskov BK (Nakskov Boldklub), Nakskov, Dänemark, Klub, entst. 1919, **s. S.** 71
Nakskov Boldklub **s.** Nakskov BK
Nakskov, Stadt, Dänemark, **s. S.** 71
Nakuru All-Stars, Nakuru, Kenia, Klub, [19?? aufgel.], **s. S.** 119
Nakuru Police, Nakuru, Kenia, Klub, **s. S.** 119
Nakuru, Stadt, Kenia, **s. S.** 119
Nalambou **s.** FC Nalambou
Nam Dinh, Nam Dinh, Vietnam, Klub, **s. S.** 107
Nam Dinh, Stadt, Vietnam, **s. S.** 107
Nam Ninh, Stadt, Vietnam, **s. S.** 107
Namakia, Stadt, Madagaskar, **s. S.** 121
Namangan, Stadt, Usbekistan, **s. S.** 100
Namib Woestyn, Walvis Bay, Namibia, Klub, **s. S.** 120
Namibe, Stadt, Angola, **s. S.** 118
Namibia, Länder, **s. S.** 120 und 121
Nampcho, Stadt, Nordkorea, **s. S.** 110
Nampol, Windhoek, Namibia, Klub, **s. S.** 120
Nampula, Stadt, Mosambik, **s. S.** 121
Namsea Orlando Pirates **s.** Orlando Pirates
Namur, Stadt, Belgien, **s. S.** 75
Namys Almaty, Almaty/Alma-Ata, Kasachstan, Klub, **s. S.** 101
Namys-APK Talas, Talas, Kirgisien, Klub, **s. S.** 101
Nanaacha, Stadt, Mosambik, **s. S.** 121
Nanchang, Stadt, China, **s. S.** 109
Nancy, Stadt, Frankreich, **s. S.** 77
Nancy-Lorraine XI, Nancy, Frankreich, Klub, [aufgel. 19??], **s. S.** 77
Nanjing, Stadt, China, **s. S.** 109
Nanning, Stadt, China, **s. S.** 109
Nantes, Stadt, Frankreich, **s. S.** 77
Naousa, Stadt, Griechenland, **s. S.** 95
Napier City Rovers, Napier, Neuseeland, Klub, entst. 1973, [entst. 1973 durch Fusion Napier Rangers und Napier City], **s. S.** 137
Napier City **s.** Napier City Rovers
Napier Rangers **s.** Napier City Rovers
Napier, Stadt, Neuseeland, **s. S.** 137
Napoli, Stadt, Italien, **s. S.** 81
Napredak Kruševac **s.** NK Napredak Kruševac
Napredak Matići **s.** NK Napredak Matići
Napredak Ruse **s.** FK Dunav Ruse
Napredok Kičevo **s.** FK Napredok Kičevo
Naprijed Sisak **s.** HNK Segesta Sisak
Narcisse FC Montreux **s.** Montreux-Sports
Narva, Stadt, Estland, **s. S.** 99
Narvik FK (Narvik Fotballklubb), Narvik, Norwegen, Klub, entst. 1932, [entst. 1932 durch Fusion Støa Mjølner und King Mjølner => Mjølner FK (32-??), ??-?? Mjølner-Narvik, ??-?? Narvik/Nor], **s. S.** 71
Narvik Fotballklubb **s.** Narvik FK
Narvik, Stadt, Norwegen, **s. S.** 71
Narvik/Nor **s.** Narvik FK
Naryn Ural'sk, Ural'sk, Kasachstan, Klub, [19??-?? Uralets-Arma Ural'sk, ??-1998 Uralets Ural'sk], **s. S.** 101
Naryn, Stadt, Kirgisien, **s. S.** 101
Naša krila JRV Zemun (Naša krila Jugoslovensko ratno vazduhoplovstvo Zemun), Zemun, Jugoslawien, Klub, entst. 1919, [aufgel. 1950], **s. S.** 92
Naša krila Jugoslovensko ratno vazduhoplovstvo Zemun **s.** Naša krila JRV Zemun
Nasaf Karschi **s.** FK Nasaf Karschi
Nascha Kompanija Akmola, Astana, Kasachstan, Klub, entst. 1996, [aufgel. 1999], **s. S.** 101
Nascimento, St. Andrews, Barbados, Klub, **s. S.** 127
Nashua **s.** Black Africa
Nashua Young Ones Football Club **s.** Young Ones FC
Nasinu, Nasinu, Fidschi, Klub, **s. S.** 137
Nasinu, Stadt, Fidschi, **s. S.** 137
Nasiriya **s.** al-Nasiriya
Nasr **s.** al-Nasr
Nassara **s.** Alkali Nassara
Natação e Regatas (Clube de Natação e Regatas São Salvador), Salvador, Brasilien, Klub, [aufgel. 19??], **s. S.** 133
Natal United **s.** Durban City
Natal, Stadt, Brasilien, **s. S.** 133
Natete, Kampala, Uganda, Klub, **s. S.** 119
National Bank of Pakistan **s.** NBP
Naţional Bucureşti **s.** FC Naţional Bucureşti
National Capital Region Football Association **s.** NCR FA
National Capital Region Navy & Air Force **s.** NCR-B
National Capital Region North **s.** NCR North
National Capital Region South **s.** NCR South
National Capital Region-Army **s.** NCR-A
National Electra Power Authority **s.** NEPA
National Esch **s.** The National Esch
National Flour Mills **s.** Flour Mills
National Ports Authority-Anchors **s.** NPA-Anchors
National Printing Agency, Mogadishu/Muqdiisho, Somalia, Klub, **s. S.** 115
National **s.** Santiago National
National **s.** Toronto National
National Schifflange **s.** FC '95 Schifflange
Nationale de Saint-Mandé **s.** CA Charenton
Nationals **s.** New York Nationals
Nationalsozialistische Turngemeinde Brüx **s.** NSTG Brüx
Nationalsozialistische Turngemeinde Graslitz **s.** NSTG Graslitz
Nationalsozialistische Turngemeinde Prag **s.** NSTG Prag
Natitingou, Stadt, Benin, **s. S.** 117
Nature Empire, Holetown, Barbados, Klub, **s. S.** 127
Naukat **s.** FK Naukat
Nauru, Länder, **s. S.** 137
Náutico Capibaribe (Clube Náutico Capibaribe), Recife, Brasilien, Klub, entst. 1901, **s. S.** 133
Náutico Marcílio Dias (Clube Náutico Marcílio Dias), Itajaí, Brasilien, Klub, entst. 1919, **s. S.** 133
Naval **s.** Alianza Naval
Naval, Talcahuano, Chile, Klub, [aufgel. 199?], **s. S.** 135
Navruz Andischan **s.** FK Andischan
Navua, Navua, Fidschi, Klub, **s. S.** 137
Navua, Stadt, Fidschi, **s. S.** 137
Navutoka, Nuku'alofa, Tonga, Klub, **s. S.** 137
Navy **s.** Kenya Navy
Navy **s.** Pakistan Navy
Navy **s.** Royal Navy
Navy SC (Sri Lanka Navy Sport Club), Colombo, Sri Lanka, Klub, **s. S.** 105
Navy, Manila, Philippinen, Klub, **s. S.** 107
Nawapolack, Stadt, Weißrussland, **s. S.** 99
Nawbachor Namangan **s.** FK Nawbachor Namangan
Nawoi, Stadt, Usbekistan, **s. S.** 101
Naxal Yuwa (Naxal Yuwa Mandal), Kathmandu, Nepal, Klub, **s. S.** 105
Naxal Yuwa Mandal **s.** Naxal Yuwa
Naxçivan, Stadt, Aserbaidschan, **s. S.** 97
Naxxar Lions FC (Naxxar Lions Football Club), Naxxar, Malta, Klub, entst. 1916, **s. S.** 81
Naxxar Lions Football Club **s.** Naxxar Lions FC
Naxxar, Stadt, Malta, **s. S.** 81
Naya Sporting, George Town, Kaimaninseln, Klub, **s. S.** 126
Nazareth, Njombe, Tansania, Klub, **s. S.** 119
Nazareth, Stadt, Äthiopien, **s. S.** 115
Nazret, Stadt, Äthiopien, **s. S.** 115
NBP (National Bank of Pakistan), Karachi, Pakistan, Klub, **s. S.** 105
NBV Alkmaar VV **s.** VV Alkmaar
NC Foresta Suceava (Nord Club Foresta Suceava), Suceava, Rumänien, Klub, entst. 1956, [1956-57 Flamura Rosie Suceava, 57-58 Progresul Suceava, 58-60 Victoria Suceava, 60-64 Dinamo Suceava, 64-65 Viitorul Suceava, 65-72 Chimia Suceava, 72-92 CSM Suceava, 92-93 CSM Bucovina Suceava, 93-97 FC Bucovina Suceava, aufgel. 97 durch Fusion mit Foresta Falticeni, 99 wiedergegr.], **s. S.** 91
Nchalo, Stadt, Malawi, **s. S.** 121
Nchanga Rangers, Nchanga/Chingola, Sambia, Klub, **s. S.** 119
Nchanga, Stadt, Sambia, **s. S.** 119
NCR FA (National Capital Region Football Association), Manila, Philippinen, Klub, **s. S.** 107
NCR North (National Capital Region North), Manila, Philippinen, Klub, **s. S.** 107
NCR South (National Capital Region South), Manila, Philippinen, Klub, **s. S.** 107
NCR-A (National Capital Region-Army), Manila, Philippinen, Klub, **s. S.** 107
NCR-B (National Capital Region Navy & Air Force), Manila, Philippinen, Klub, **s. S.** 107
ND HIT Nova Gorica, Nova Gorica, Slowenien, Klub, entst. 1947, [1947-91 NK Vozila Nova Gorica, 91-93 NK SAOP Nova Gorica], **s. S.** 93
Ndiambour **s.** ASEC Ndiambour
N'Djamena, Stadt, Tschad, **s. S.** 114
Ndola United, Ndola, Sambia, Klub, **s. S.** 119
Ndola Wanderers, Ndola, Sambia, Klub, **s. S.** 119
Ndola, Stadt, Sambia, **s. S.** 119
Ndombe **s.** AS Ndombe
Ndzimba FC (Ndzimba Football Club), Libreville, Gabun, Klub, **s. S.** 119
Ndzimba Football Club **s.** Ndzimba FC
Nea Salamis Famagusta, Larnaka/Larnaca, Zypern, Klub, entst. 1948, [1974 Umzug nach Larnaka], **s. S.** 95
Neapel, Stadt, Italien, **s. S.** 81
Nebitschi Balkanabad, Balkanabad, Turkmenistan, Klub, **s. S.** 101
NEC (Nijmegen Eendracht Combinatie), Nijmegen, Niederlande, Klub, entst. 1900, **s. S.** 75
Neckarau, Stadt, Deutschland, **s. S.** 85
Neftçala, Stadt, Aserbaidschan, **s. S.** 97
Neftegaz Kusary **s.** FC Schachdag Kusary
Neftegaz-GNKAR Baku **s.** FC Neftegaz-GNKAR Baku
Neftjanik Baku **s.** FC Neftschi Baku
Neftjanik Fergana **s.** FK Neftschi Fergana
Neftjanik Krasnodar **s.** FK Kuban' Krasnodar
Neftjanik Tjumen' **s.** FK Tjumen'
Neftochimik Burgas **s.** FK Neftochimik Burgas
Neftschala, Stadt, Aserbaidschan, **s. S.** 97
Neftschi Baku **s.** FC Neftschi Baku
Neftschi Fergana **s.** FK Neftschi Fergana
Neftschi Kotschkor-Ata **s.** FK Neftschi-KRS Kotschkor-Ata
Neftschi-KRS Kotschkor-Ata **s.** FK Neftschi-KRS Kotschkor-Ata
Negombo Youth SC (Negombo Youth Sport Club), Negombo, Sri Lanka, Klub, **s. S.** 105
Negombo Youth Sport Club **s.** Negombo Youth SC
Negombo, Stadt, Sri Lanka, **s. S.** 105
Negri Sembilan (Negri Sembilan Darul Khusus), Seremban, Malaysia, Klub, **s. S.** 106
Negri Sembilan Darul Khusus **s.** Negri Sembilan
Negros Occidental, Bacolod, Philippinen, Klub, **s. S.** 107
Negros Oriental, San Carlos, Philippinen, Klub, **s. S.** 107
Neiva, Stadt, Kolumbien, **s. S.** 128
Nékoué **s.** CS Nékoué
Nelson Suburbs, Nelson, Neuseeland, Klub, entst. 1954, [19??-95 Nelson United], **s. S.** 137
Nelson United **s.** Nelson Suburbs
Nelson, Stadt, Neuseeland, **s. S.** 137
Nelspruit, Stadt, Südafrika, **s. S.** 121
Neman Grodno **s.** FK Njoman-Belcard Hrodna
Neman Hrodna **s.** FK Njoman-Belcard Hrodna
Nemunas Gargždai **s.** FK Banga Gargždai
Nemwil Hope International, Kingstown, St. Vincent und Grenadinen, Klub, **s. S.** 127
Nemzeti Kinizsi **s.** Vasas DH
Nemzeti SC **s.** NSC
Nemzeti Sport Club **s.** NSC
Nénuphars **s.** AS Nénuphars
Neoplan Star, Bekwai, Ghana, Klub, **s. S.** 117
NEPA (National Electra Power Authority), Lagos, Nigeria, Klub, **s. S.** 117
Nepal, Länder, **s. S.** 104 und 105
Neretva Metković **s.** NK Neretva Metković
Neris Vilnius **s.** ALK Neris Vilnius
Nes Sóknar Íttrótarfelag **s.** NSÍ
Nes Tsiyona, Stadt, Israel, **s. S.** 94
Neset **s.** FK Neset
Netanya, Stadt, Israel, **s. S.** 94
Netrokona, Stadt, Bangladesh, **s. S.** 105
Nettlefields **s.** Glentoran FC
Neubrandenburg, Stadt, Deutschland, **s. S.** 85
Neuchâtel Rovers FC **s.** Cantonal-Neuchâtel FC
Neuchâtel Xamax FC (Neuchâtel Xamax Football Club), Neuchâtel, Schweiz, Klub, entst. 1970, [entst. 1970 durch Fusion Cantonal-Neuchâtel FC und Xamax Sports Neuchâtel], **s. S.** 82
Neuchâtel Xamax FC **s.** Cantonal-Neuchâtel FC
Neuchâtel Xamax Football Club **s.** Neuchâtel Xamax FC
Neuchâtel, Stadt, Schweiz, **s. S.** 82
Neudorf **s.** FC Rapid Neudorf
Neudorf **s.** RC Strasbourg
Neufahrwasser **s.** SV Neufahrwasser
Neukaledonien, Länder, **s. S.** 136 und 137
Neuklettenhof a Amateure XI Wien **s.** SV Schwechat
Neuköllner SC Tasmania **s.** SV Tasmania 73 Neukölln
Neumünster Zürich **s.** FC Neumünster Zürich
Neunkirchen, Stadt, Deutschland, **s. S.** 85
Neuquén, Stadt, Argentinien, **s. S.** 135
Neuseeland, Länder, **s. S.** 136 und 137
Neusiedl am See, Stadt, Österreich, **s. S.** 83
Neuss, Stadt, Deutschland, **s. S.** 84
Nevesinje, Stadt, Bosnien und Herzegowina, **s. S.** 93
Nevežis Kedainiai **s.** FK Nevežis Kedainiai
New Amsterdam, Stadt, Guyana, **s. S.** 129
New Bedford Whalers (I) **s.** Fall River FC (I)
New Bedford Whalers (I), New Bedford, USA, Klub, entst. 1924, [aufgel. 1931 durch Fusion mit Fall River FC (I) und New York Yankees => New Bedford Whalers (II)], **s. S.** 122
New Bedford Whalers (II) **s.** Fall River FC (I)
New Bedford Whalers (II), New Bedford, USA, Klub, entst. 1931, [entst. 1931 durch Fusion New Bedford Whalers (I), Fall River FC (I) und New York Yankees, ?? aufgel.], **s. S.** 122
New Bedford Whalers **s.** New York Yankees
New Bedford, Stadt, USA, **s. S.** 122
New Brighton, Kaiaua, Neuseeland, Klub, **s. S.** 137
New Club Pamplona **s.** Atlético Osasuna
New Club, Martinique, Klub, **s. S.** 127
New England Revolution, Boston, USA, Klub, entst. 1996, **s. S.** 122
New England Tea Men **s.** Jacksonville Tea Men
New England Tea Men, Boston, USA, Klub, entst. 1978, [1978-80 New England Tea Men, aufgel. 80, Umzug nach Jacksonville => Jacksonville Tea Men], **s. S.** 122
New Jersey MetroStars **s.** New York/New Jersey MetroStars
New Lagoons, Malé, Malediven, Klub, [19??-98 Orchid], **s. S.** 105
New Nigeria Bank, Benin City, Nigeria, Klub, [aufgel. 19??], **s. S.** 117
New Orleans, Stadt, USA, **s. S.** 123
New Plymouth, New Plymouth, Neuseeland, Klub, **s. S.** 137
New Plymouth, Stadt, Neuseeland, **s. S.** 137
New Radiant, Malé, Malediven, Klub, **s. S.** 105
New Road Team, Kathmandu, Nepal, Klub, **s. S.** 105
New South Wales **s.** Weymouth Wales
New York Americans, New York, USA, Klub, entst. 1922, [1922-31 Brooklyn Wanderers (I), aufgel. 56 durch Fusion mit New York Hakoah], **s. S.** 122
New York Brookhattan, New York, USA, Klub, entst. 1933, [aufgel. 19??], **s. S.** 122
New York Cosmos, New York, USA, Klub, entst. 1971, [1971-77 New York, 77-79 Cosmos, 79-85 New York Cosmos, 85 aufgel.], **s. S.** 122
New York Field Club, New York, USA, Klub, entst. 1916, [aufgel. 19??], **s. S.** 122
New York Generals, New York, USA, Klub, entst. 1967, [aufgel. 1968], **s. S.** 122
New York Giants **s.** New York SC
New York Giants, New York, USA, Klub, entst. 1924, [aufgel. 19??], **s. S.** 122
New York Hakoah **s.** Brooklyn Hakoah
New York Hakoah **s.** Hakoah All-Stars
New York Hakoah **s.** New York Americans
New York Nationals, New York, USA, Klub, entst. 1927, [aufgel. 19??], **s. S.** 122
New York SC (New York Soccer Club), New York, USA, Klub, entst. 1927, [1927-29 New York Giants (II), aufgel. 1931 durch Fusion mit Fall River Marksmen => New York Yankees], **s. S.** 122
New York Skyliners, New York, USA, Klub, entst. 1967, [aufgel. 1967], **s. S.** 122
New York Soccer Club **s.** Fall River Marksmen
New York Soccer Club **s.** New York SC
New York Soccer Club **s.** New York Yankees
New York Yankees **s.** Fall River FC (I)
New York Yankees **s.** Fall River Marksmen
New York Yankees **s.** New Bedford Whalers (I)
New York Yankees **s.** New Bedford Whalers (II)
New York Yankees **s.** New York SC
New York Yankees, New York, USA, Klub, entst. 1931, [entst. 1931 durch Fusion New York Soccer Club und Fall River Marksmen, aufgel. 31 durch Fusion mit Fall River FC (I) und New Bedford Whalers (I) => New Bedford Whalers (II)], **s. S.** 122
New York, Stadt, USA, **s. S.** 122
New York/New Jersey MetroStars, New York, USA, Klub, entst. 1996, **s. S.** 122
New Youngs SC (New Youngs Sport Club), Wennappuwa, Sri Lanka, Klub, **s. S.** 105
New Youngs Sport Club **s.** New Youngs SC
Newark Americans, Newark, USA, Klub, entst. 1930, [aufgel. 19??], **s. S.** 122
Newark Skeeters, Newark, USA, Klub, entst. 1923, [aufgel. 19??], **s. S.** 122
Newark, Newark, USA, Klub, entst. 1929, [1929-30 Bridgeport Hungaria, 30-?? Newark, ?? aufgel.], **s. S.** 122
Newark, Stadt, USA, **s. S.** 122
Newbery **s.** Jorge Newbery
Newcastle Breakers FC **s.** Newcastle United FC
Newcastle East End **s.** Newcastle United FC
Newcastle KB United, Newcastle, Australien, Klub, **s. S.** 136
Newcastle United FC (Newcastle United Football Club), Newcastle, Australien, Klub, entst. 1995, [1995-2000 Newcastle Breakers FC], **s. S.** 136
Newcastle United FC (Newcastle United Football Club), Newcastle-upon-Tyne, England, Klub, entst. 1881, [1881-82 Stanley, 1882-92 Newcastle East End], **s. S.** 67
Newcastle United Football Club **s.** Newcastle United FC
Newcastle, Stadt, Australien, **s. S.** 136
Newcastle-upon-Tyne, Stadt, England, **s. S.** 67
Newell's Old Boys **s.** CA Newell's Old Boys
Newport AFC **s.** Newport County AFC
Newport County AFC (Newport County Association Football Club), Newport, Wales, Klub, entst. 1912, [1912-89 Newport County FC, 89 aufgel. und wiedergegr., 89-99 Newport AFC], **s. S.** 67
Newport County Association Football Club **s.** Newport County AFC
Newport County FC **s.** Newport County AFC
Newport, Stadt, Wales, **s. S.** 67
Newry Town FC (Newry Town Football Club), Newry, Nordirland, Klub, entst. 1923, **s. S.** 69
Newry Town Football Club **s.** Newry Town FC
Newry, Stadt, Nordirland, **s. S.** 69
Newton Heath FC **s.** Manchester United FC
Newton Heath Lancashire & Yorkshire Railway **s.** Manchester United FC
Newtown AFC (Newtown Association Football Club), Newtown, Wales, Klub, entst. 1875, [1875-88 Newtown White Star FC], **s. S.** 67
Newtown Association Football Club **s.** Newtown AFC
Newtown United FC (Newtown United Football Club), Basseterre, St. Christoph und Nevis, Klub, **s. S.** 127
Newtown United Football Club **s.** Newtown United FC
Newtown White Star FC **s.** Newtown AFC
Newtown, Stadt, Wales, **s. S.** 67
Newtownabbey, Stadt, Nordirland, **s. S.** 69
Newtownards, Stadt, Nordirland, **s. S.** 69
Neza **s.** Deportivo Neza
Nezahualcóyotl, Stadt, Mexiko, **s. S.** 125
NFD Septemvri Plovdiv **s.** FK Spartak Plovdiv
NFD Septemvri Plovdiv **s.** Levski Plovdiv
NFD Slavija Sofija **s.** FK Slavija Sofija
NFD Spartak Plovdiv **s.** FK Spartak Plovdiv
NFD Udarnik Plovdiv **s.** FK Spartak Plovdiv
Ngaoundéré, Stadt, Kamerun, **s. S.** 117
Ngele'ia, Nuku'alofa, Tonga, Klub, **s. S.** 137
Ngunza, Stadt, Angola, **s. S.** 118
Nha Trang, Stadt, Vietnam, **s. S.** 107
Niabinghi FC (Niabinghi Football Club), Marchand, St. Lucia, Klub, **s. S.** 127
Niabinghi Football Club **s.** Niabinghi FC
NIAC Mitra Surabaya, Surabaya, Indonesien, Klub, **s. S.** 107
Niamey, Stadt, Niger, **s. S.** 114
Nianan **s.** AS Nianan
Niandan FC (Niandan Football Club), Kissidougou, Guinea, Klub, **s. S.** 117
Niandan Football Club **s.** Niandan FC
Niayés-Pikine **s.** ASC Niayés-Pikine
Nib, Debre Zeit, Äthiopien, Klub, [19??-?? Air Force], **s. S.** 115
Nicaragua, Länder, **s. S.** 124 und 125
Nice, Stadt, Frankreich, **s. S.** 77
Nicholson Wien **s.** FC Wien
Nico United, Selebi Phikwe/Selibe Philewe, Botswana, Klub, **s. S.** 121
Nicosia, Stadt, Zypern, **s. S.** 95
Nidzhat Maschtaga **s.** FC Nidzhat Maschtaga
Niedercorn, Stadt, Luxemburg, **s. S.** 74
Niederlande, Länder, **s. S.** 74 und 75
Niederländische Antillen, Länder, **s. S.** 126 und 127
Niederwitz **s.** FC Wiltz 71
Nieto **s.** Mariscal Nieto
NIG Aparan **s.** FC NIG Aparan
Niger Tornadoes, Minna, Nigeria, Klub, **s. S.** 117
Niger, Länder, **s. S.** 114 und 115
Nigerdock **s.** VIP
Nigerdock, Lagos, Nigeria, Klub, [1996 Fusion mit VIP], **s. S.** 117
Nigeria Telephones United **s.** NITEL United
Nigeria Telephones Vasco de Gama **s.** NITEL Vasco
Nigeria, Länder, **s. S.** 116 und 117
Niigata, Stadt, Japan, **s. S.** 111
Nijma **s.** al-Nijma
Nijmegen Eendracht Combinatie **s.** NEC
Nijmegen, Stadt, Niederlande, **s. S.** 75
Nikaias **s.** AE Nikaias
Nikao, Nikao, Cook Inseln, Klub, **s. S.** 137
Nikao, Stadt, Cook Inseln, **s. S.** 137
Niki Volos **s.** GS Niki Volos
Nikol Tallinn **s.** FC Lantana Tallinn
Nikolaj Laschkov Jambol **s.** FK Jambol
Nikolajew, Stadt, Ukraine, **s. S.** 99
Nikolo Petrov Gorna Oriahovitza **s.** FK Lokomotiv Gorna Oriahovitza
Nikopol', Stadt, Ukraine, **s. S.** 99
Nikšić, Stadt, Jugoslawien, **s. S.** 93
Nil **s.** al-Nil
Nile Breweries FC (Nile Breweries Football Club), Jinja, Uganda, Klub, [1997 Nile Omuliro], **s. S.** 119
Nile Breweries Football Club **s.** Nile Breweries FC
Nile Omuliro **s.** Nile Breweries FC
Nimbles Sport, La Paz, Bolivien, Klub, entst. 1914, [aufgel. 19??], **s. S.** 131
Nîmes Olympique Sporting Club **s.** Nîmes OSC
Nîmes OSC (Nîmes Olympique Sporting Club), Nîmes, Frankreich, Klub, entst. 1901, [1901-37 SC Nîmes], **s. S.** 77
Nîmes, Stadt, Frankreich, **s. S.** 77
Ningbo, Stadt, China, **s. S.** 109
Ninj **s.** Erdenet „Ninj"
Niort, Stadt, Frankreich, **s. S.** 77
Nippon Kokan **s.** NKK
Nippon Steel, Kamaishi, Japan, Klub, [19??-69 Yahata Steel, ?? aufgel.], **s. S.** 111
Niš, Stadt, Jugoslawien, **s. S.** 93
Nisa Aschchabad, Aschchabad, Turkmenistan, Klub, **s. S.** 101
Nischni Nowgorod, Stadt, Russland, **s. S.** 101
Nishinomiya, Stadt, Japan, **s. S.** 111
Nisporeni, Stadt, Moldawien, **s. S.** 99
Nissan Motors **s.** Yokohama Marinos
Nistru Chişinău **s.** FC Zimbru Chişinău
Nistru Cioburciu **s.** FC Nistru Cioburciu
Nistru Otaci **s.** FC Nistru Otaci
Nistru Otaci **s.** FC Nistru-Unisport Otaci
Nistru Otaci **s.** FC Unisport Chişinău
Nistru-Unisport Otaci **s.** FC Nistru Otaci
Nistru-Unisport Otaci **s.** FC Nistru-Unisport Otaci
Nistru-Unisport Otaci **s.** FC Unisport Chişinău
NITEL United (Nigeria Telephones United), Lagos, Nigeria, Klub, **s. S.** 117
NITEL Vasco (Nigeria Telephones Vasco de Gama), Enugu, Nigeria, Klub, entst. 1970, **s. S.** 117
Nitra, Stadt, Slowakei, **s. S.** 86
Niue, Länder, **s. S.** 137
Niva Winnitsa **s.** FK Winnytsja
Njoman-Belcard Hrodna **s.** FK Njoman-Belcard Hrodna
Njombe, Stadt, Tansania, **s. S.** 119
NK AM Cosmos Ljubljana **s.** NK Železničar Oskar Ljubljana
NK Belišće (Nogometni klub Belišće), Belišće, Kroatien, Klub, entst. 1919, [1919-65 Belišćanski SK, 65 Fusion mit NK Proleter Belišće], **s. S.** 93
NK Beltinci **s.** NK Potrošnik Beltinci
NK Beltinka Beltinci **s.** NK Potrošnik Beltinci
NK Beltrans Maribor (Nogometni klub Beltrans Maribor), Maribor, Slowenien, Klub, entst. 1923, [1923-91 ŠD Železničar Maribor, 91-93 NK ISS Železničar Maribor], **s. S.** 93
NK Belvedur Izola **s.** NK Izola
NK Biostart Publikum Celje **s.** NK CMC Publikum
NK Borac Zagreb **s.** NK Zagreb
NK Brotnjo Čitluk (Nogometni klub Brotnjo Čitluk), Čitluk, Bosnien und Herzegowina, Klub, entst. 1955, **s. S.** 93
NK BST Domžale (Nogometni klub BST Domžale), Domžale, Slowenien, Klub, entst. 1921, [1921-91 NK Domžale, 91-92 NK Lek Domžale], **s. S.** 93
NK Budućnost Banovići (Nogometni klub Budućnost Banovići), Banovići, Bosnien und Herzegowina, Klub, **s. S.** 93
NK Čakovec (Nogometni klub Čakovec), Čakovec, Kroatien, Klub, **s. S.** 93
NK Čapljina (Nogometni klub Čapljina), Čapljina, Bosnien und Herzegowina, Klub, **s. S.** 93
NK Čelik Zenica (Nogometni klub Čelik Zenica), Zenica, Bosnien und Herzegowina, Klub, entst. 1945, [1945-?? FK Čelik Zenica], **s. S.** 93
NK CMC Publikum (Nogometni klub CMCelje Publikum), Celje, Slowenien, Klub, entst. 1919, [1919-?? SSK Celje, ??-91 ZNK Ingrad-Kladivar Celje, 91-94 NK Publikum Celje, 94-95 NK Biostart Publikum Celje, 95-99 NK Protonavto Publikum Celje], **s. S.** 93
NK Croatia Zagreb **s.** NK Dinamo Zagreb
NK Dinamo Vinkovci **s.** HNK Cibalia Vinkovci
NK Dinamo Zagreb (Nogometni klub Dinamo Zagreb), Zagreb, Kroatien, Klub, entst. 1945, [1945-91 NK Dinamo Zagreb, 91-93 HAŠK Građanski Zagreb, 1993-2000 NK Croatia Zagreb], **s. S.** 93
NK Domžale **s.** NK BST Domžale
NK Dragovoljac Kiseljak (Nogometni klub Dragovoljac Kiseljak), Kiseljak, Bosnien und Herzegowina, Klub, **s. S.** 93
NK Dravograd (Nogometni klub Dravograd), Dravograd, Slowenien, Klub, entst. 1948, **s. S.** 93
NK Dubrava (Nogometni klub Dubrava), Zagreb, Kroatien, Klub, entst. 1945, **s. S.** 93
NK Elan GC Novo Mesto (Nogometni klub Elan Granit Commerce Novo Mesto), Novo Mesto, Slowenien, Klub, entst. 1922, [1922-92 NK Elan Novo Mesto, 92-94 NK Studio D Novo Mesto, 94-9? NK Krka Novoterm Novo Mesto], **s. S.** 93
NK Elan Novo Mesto **s.** NK Elan GC Novo Mesto
NK Esotech Šmartno (Nogometni klub Esotech Smartno), Šmartno ob Paki, Slowenien, Klub, **s. S.** 93
NK ETI Elektroelement Zagorje ob Savi (Nogometni klub ETI Elektroelement Zagorje ob Savi), Zagorje ob Savi, Slowenien, Klub, [19??-92 NK Proletarec Zagorje], **s. S.** 93
NK Eurospekter Ljubljana **s.** NK Železničar Oskar Ljubljana
NK Feroterm Pohorje Ruše (Nogometni klub Feroterm Pohorje Ruše), Ruše, Slowenien, Klub, entst. 1956, [1956-?? NK Pohorje Ruše], **s. S.** 93
NK Gaj Kočevje **s.** NK Kočevje
NK GOŠK Dubrovnik **s.** HNK Dubrovnik
NK GOŠK Gabela (Nogometni klub GOŠK Gabela), Gabela, Bosnien und Herzegowina, Klub, **s. S.** 93
NK Hajduk Split **s.** HNK Hajduk Split
NK Hrvatski dragovoljac Zagreb (Nogometni klub Hrvatski dragovoljac Zagreb), Zagreb, Kroatien, Klub, entst. 1975, **s. S.** 93
NK INKER Zaprešić (Nogometni klub INKER Zaprešić), Zaprešić, Kroatien, Klub, entst. 1929, [1929-91 Jugokeramika Zaprešić, 1991-2000 NK INKER Zaprešić, 2000 aufgel. und wiedergegr.], **s. S.** 93
NK Iskra Bugojno (Nogometni klub Iskra Bugojno), Bugojno, Bosnien und Herzegowina, Klub, entst. 1947, [entst. 1947 durch Fusion Vrbas Bugojno, Ahil Bugojno, Građanski Bugojno, Sloga Bugojno und Jedinstvo Bugojno], **s. S.** 93
NK ISS Železničar Maribor **s.** NK Beltrans Maribor
NK Istra Pula (Nogometni klub Istra Pula), Pula, Kroatien, Klub, entst. 1961, **s. S.** 93
NK Istrabenz Koper **s.** NK Koper
NK Istragas Jadran Dekani **s.** NK Jadran Dekani
NK Izola (Nogometni klub Izola), Izola, Slowenien, Klub, entst. 1923, [1923-91 NK Izola, 91-94 NK Belvedur Izola], **s. S.** 93
NK Jadran Dekani (Nogometni klub Jadran Dekani), Dekani, Slowenien, Klub, entst. 1948, [1948-91 NK Jadran Dekani, 91-92 NK Jadran Lama Dekani, 92-94 NK Istragas Jadran Dekani], **s. S.** 93
NK Jadran Lama Dekani **s.** NK Jadran Dekani
NK Jedinstvo Bihać (Nogometni klub Jedinstvo Bihać), Bihać, Bosnien und Herzegowina, Klub, **s. S.** 93
NK Jednotnost Ljubljana **s.** NK SCT Olimpija Ljubljana
NK Jug Dubrovnik **s.** HNK Dubrovnik
NK Kočevje (Nogometni klub Kočevje), Kočevje, Slowenien, Klub, entst. 1920, [1920-94 NK Kočevje, 94-95 NK Gaj Kočevje], **s. S.** 93
NK Kompas Holidays Ljubljana **s.** NK Vevče Donit Filtri
NK Koper (Nogometni klub Koper), Koper, Slowenien, Klub, entst. 1950, [1950-94 NK Koper, 94-95 NK Istrabenz Koper], **s. S.** 93
NK Korotan Prevalje (Nogometni klub Korotan Prevalje), Prevalje, Slowenien, Klub, entst. 1933, [1933-54 SK Prevalje, 45 Fusion mit TVD Partizan Prevalje, 54-93 NK Korotan Prevalje, 93-94 NK Korotan Suvel Prevalje, 94-96 NK Nova Oprema KS Prevalje, 96-99 NK MAG Korotan Prevalje], **s. S.** 93
NK Korotan Suvel Prevalje **s.** NK Korotan Prevalje
NK Kostrč (Nogometni klub Kostrč), Kostrč, Bosnien und Herzegowina, Klub, **s. S.** 93
NK Krka Novoterm Novo Mesto **s.** NK Elan GC Novo Mesto
NK Lek Domžale **s.** NK BST Domžale
NK Ljubljana **s.** AŠK Primorje Ljubljana
NK Ljubljana **s.** NK Železničar Oskar Ljubljana
NK Ljubljana **s.** SK Ilirija Ljubljana
NK Ljubuški (Nogometni klub Ljubuški), Ljubuški, Bosnien und Herzegowina, Klub, **s. S.** 93
NK Loka Medvode (Nogometni klub Loka Medvode), Medvode, Slowenien, Klub, [19??-?? NK Medvode, ??-92 NK Loka Skofja Medvode], **s. S.** 93
NK Lokomotiva Zagreb (Nogometni klub Lokomotiva Zagreb), Zagreb, Kroatien, Klub, entst. 1945, [entst. 1945 durch Fusion ŠK Viktorija Zagreb und HŠK Željezničar Zagreb], **s. S.** 93
NK Lokomotiva Zagreb **s.** ŠK Viktorija Zagreb
NK MAG Korotan Prevalje **s.** NK Korotan Prevalje
NK Maribor Branik **s.** NK Maribor PL
NK Maribor PL (Nogometni klub Maribor Pivovarna Laško), Maribor, Slowenien, Klub, entst. 1960, [1960-88 NK Maribor, 88-97 NK Maribor Branik, 97-99 NK Maribor Teatanic], **s. S.** 93
NK Maribor Teatanic **s.** NK Maribor PL
NK Marsonia Slavonski Brod (Nogometni klub Marsonia Slavonski Brod), Slavonski Brod, Kroatien, Klub, entst. 1909, **s. S.** 93
NK Mavrica Ljubljana **s.** NK SET Vevče
NK Medvode **s.** NK Loka Medvode
NK Mercator Ljubljana **s.** NK Vevče Donit Filtri
NK Mladost 127. Suhopolje (Nogometni klub Mladost 127. Suhopolje), Suhopolje, Kroatien, Klub, entst. 1945, [1999 aufgel.], **s. S.** 93
NK Mura Murska Sobota (Nogometni klub Mura Murska Sobota), Murska Sobota, Slowenien, Klub, entst. 1924, **s. S.** 93
NK Nafta Lendava (Nogometni klub Nafta Lendava), Lendava, Slowenien, Klub, entst. 1934, **s. S.** 93
NK Napredak Kruševac (Nogometni klub Napredak Kruševac), Kruševac, Jugoslawien, Klub, entst. 1946, [entst. 1946 durch Fusion Badza Kruševac und Miloje Zakič Kruševac], **s. S.** 93
NK Napredak Matići (Nogometni klub Napredak Matići), Matići, Bosnien und Herzegowina, Klub, **s. S.** 93
NK Neretva Metković (Nogometni klub Neretva Metković), Metković, Kroatien, Klub, entst. 1919, **s. S.** 93
NK Nova Oprema KS Prevalje **s.** NK Korotan Prevalje
NK Novi Travnik (Nogometni klub Novi Travnik), Novi Travnik, Bosnien und Herzegowina, Klub, **s. S.** 93
NK Odred Ljubljana **s.** NK SCT Olimpija Ljubljana
NK Odžak 102 (Nogometni klub Odžak 102), Odžak, Bosnien und Herzegowina, Klub, **s. S.** 93
NK Olimpija Ljubljana **s.** NK SCT Olimpija Ljubljana
NK Optimizem Svoboda Ljubljana **s.** NK Vevče Donit Filtri
NK Orašje (Nogometni klub Orašje), Orašje, Bosnien und Herzegowina, Klub, **s. S.** 93
NK Oria Rudar Trbovlje **s.** NK Rudar Trbovlje
NK Orijent Rijeka (Nogometni klub Orijent Rijeka), Rijeka, Kroatien, Klub, entst. 1919, **s. S.** 93
NK Osijek (Nogometni klub Osijek), Osijek, Kroatien, Klub, entst. 1945, [1945-46 OFD Udarnik Osijek, 46-47 SD Slavonija Osijek, 47-61 FD Proleter Osijek, 61-67 SD Slavonija Osijek], **s. S.** 93
NK Papuk Kamen Ingrad Velika (Nogometni klub Papuk Kamen Ingrad Velika), Velika, Kroatien, Klub, **s. S.** 93
NK Pazinka Pazin (Nogometni klub Pazinka Pazin), Pazin, Kroatien, Klub, entst. 1947, **s. S.** 93
NK Pohorje Ruše **s.** NK Feroterm Pohorje Ruše
NK Pomorac Kostrena (Nogometni klub Pomorac Kostrena), Kostrena, Kroatien, Klub, entst. 1921, **s. S.** 93
NK Posušje (Nogometni klub Posušje), Posušje, Bosnien und Herzegowina, Klub, **s. S.** 93
NK Potrošnik Beltinci (Nogometni klub Potrošnik Beltinci), Beltinci, Slowenien, Klub, entst. 1948, [1948-?? NK Beltinka Beltinci, ??-94 NK Potrošnik Beltinci, 94-97 NK Beltinci], **s. S.** 93
NK Primorac Sem-Tem Stobreč **s.** NK Primorac Stobreč
NK Primorac Stobreč (Nogometni klub Primorac Stobreč), Stobreč, Kroatien, Klub, entst. 1929, [1929-94 NK Primorac Stobreč, 94-95 NK Primorac Sem-Tem Stobreč], **s. S.** 93
NK Primorje Ajdovščina (Nogometni klub Primorje Ajdovščina), Ajdovščina, Slowenien, Klub, entst. 1924, **s. S.** 93
NK Proletarec Zagorje **s.** NK ETI Elektroelement Zagorje ob Savi
NK Proleter Belišće **s.** NK Belišće
NK Protonavto Publikum Celje **s.** NK CMC Publikum
NK Publikum Celje **s.** NK CMC Publikum
NK Radnik Velika Gorica (Nogometni klub Radnik Velika Gorica), Velika Gorica, Kroatien, Klub, entst. 1945, **s. S.** 93
NK Rijeka **s.** HNK Rijeka
NK Rudar Breza (Nogometni klub Rudar Breza), Breza, Bosnien und Herzegowina, Klub, **s. S.** 93
NK Rudar Hadžići (Nogometni klub Rudar Hadžići), Hadžići, Bosnien und Herzegowina, Klub, **s. S.** 93
NK Rudar Kakanj (Nogometni klub Rudar Kakanj), Kakanj, Bosnien und Herzegowina, Klub, **s. S.** 93
NK Rudar Trbovlje (Nogometni klub Rudar Trbovlje), Trbovlje, Slowenien, Klub, [1991-9? NK Oria Rudar Trbovlje], **s. S.** 93
NK Rudar Velenje (Nogometni klub Rudar Velenje), Velenje, Slowenien, Klub, entst. 1948, **s. S.** 93
NK Samobor (Nogometni klub Samobor), Samobor, Kroatien, Klub, entst. 1925, **s. S.** 93
NK SAOP Nova Gorica **s.** ND HIT Nova Gorica
NK SCT Olimpija Ljubljana (Nogometni klub SCT Olimpija Ljubljana), Ljubljana, Slowenien, Klub, entst. 1946, [entst. 1946 durch Fusion ŠD Udarnik Ljubljana und Partizan Tabor => ŠD Jednotnost Ljubljana (46-47), 47-48 NK Jednotnost Ljubljana, 48-61 NK Odred Ljubljana, 61-62 NK Triglav Ljubljana, 62-91 NK Olimpija Ljubljana], **s. S.** 93
NK Segesta Sisak **s.** HNK Segesta Sisak
NK SET Vevče (Nogometni klub SET Vevče), Ljubljana, Slowenien, Klub, entst. 1913, [1913-91 NK Slovan Ljubljana, 91-93 NK Slovan Mavrica, 93-94 NK Mavrica Ljubljana, 94-96 NK Slovan Ljubljana], **s. S.** 93
NK Šibenik **s.** HNK Šibenik
NK Široki Brijeg (Nogometni klub Široki Brijeg),

Široki Brijeg, Bosnien und Herzegowina, Klub, entst. 1947, [1947-?? Boksit Široki Brijeg, ??-?? Borac Široki Brijeg, ??-95 Mladost Dubint Široki Brijeg, 95-96 Mladost Široki Brijeg], **s. S.** 93
NK Slaven Belupo Koprivnica (Nogometni klub Slaven Belupo Koprivnica), Koprivnica, Kroatien, Klub, entst. 1912, [1912-?? Slaven Koprivnica], **s. S.** 93
NK Slavija Vinkovci (Nogometni klub Slavija Vinkovci), Vinkovci, Kroatien, Klub, **s. S.** 93
NK Sloga Uskoplje (Nogometni klub Sloga Uskoplje), Uskoplje, Bosnien und Herzegowina, Klub, **s. S.** 93
NK Sloga Vinkovci **s.** HNK Cibalia Vinkovci
NK Slovan Ljubljana **s.** NK SET Vevče
NK Slovan Mavrica **s.** NK SET Vevče
NK Split (Nogometni klub Split), Split, Kroatien, Klub, entst. 1912, [1912-?? Radnički NK Split], **s. S.** 93
NK Steklar Rogaška Slatina (Nogometni klub Steklar Rogaška Slatina), Rogaška Slatina, Slowenien, Klub, entst. 1970, **s. S.** 93
NK Stolac (Nogometni klub Stolac), Stolac, Bosnien und Herzegowina, Klub, **s. S.** 93
NK Studio D Novo Mesto **s.** NK Elan GC Novo Mesto
NK Svoboda Ljubljana **s.** NK Vevče Donit Filtri
NK Tabor Sežana (Nogometni klub Tabor Sežana), Sežana, Slowenien, Klub, **s. S.** 93
NK TOŠK Tešanj (Nogometni klub TOŠK Tešanj), Tešanj, Bosnien und Herzegowina, Klub, **s. S.** 93
NK Triglav Creina Kranj (Nogometni klub Triglav Creina Kranj), Kranj, Slowenien, Klub, entst. 1920, [1920-?? NK Triglav Kranj], **s. S.** 93
NK Triglav Kranj **s.** NK Triglav Creina Kranj
NK Triglav Ljubljana **s.** NK SCT Olimpija Ljubljana
NK Triglav Naklo (Nogometni klub Triglav Naklo), Naklo, Slowenien, Klub, entst. 1938, [1938-95 NK Živila Naklo], **s. S.** 93
NK Troglav Livno (Nogometni klub Troglav Livno), Livno, Bosnien und Herzegowina, Klub, **s. S.** 93
NK Turbina Jablanica (Nogometni klub Turbina Jablanica), Jablanica, Bosnien und Herzegowina, Klub, **s. S.** 93
NK Usora Žabljak (Nogometni klub Usora Žabljak), Žabljak, Bosnien und Herzegowina, Klub, **s. S.** 93
NK Varteks Varaždin (Nogometni klub Varteks Varaždin), Varaždin, Kroatien, Klub, entst. 1931, [1931-?? ŠK Slavija Varaždin], **s. S.** 93
NK Vevče Donit Filtri (Nogometni klub Vevče Donit Filtri), Ljubljana, Slowenien, Klub, entst. 1947, [1947-91 NK Mercator Ljubljana, 91-92 NK Svoboda Ljubljana, 92-93 NK Kompas Holidays Ljubljana, 93-94 NK Optimizem Svoboda Ljubljana], **s. S.** 93
NK Vitez (Nogometni klub Vitez), Vitez, Bosnien und Herzegowina, Klub, **s. S.** 93
NK Vozila Nova Gorica **s.** ND HIT Nova Gorica
NK Vukovar '91 **s.** HNK Vukovar '91
NK Zadar (Nogometni klub Zadar), Zadar, Kroatien, Klub, entst. 1949, [1949-96 NK Zadar, 1996-2000 NK Zadarkomerc Zadar], **s. S.** 93
NK Zadarkomerc Zadar **s.** NK Zadar
NK Zagreb (Nogometni klub Zagreb), Zagreb, Kroatien, Klub, entst. 1946, [entst. 1946 durch Fusion HŠK Sava Zagreb, Sloboda Zagreb, Graficar Zagreb und Tekstilac Zagreb => FD Milicioner Zagreb (46-??), ??-52 NK Borac Zagreb], **s. S.** 93
NK Železničar AM Cosmos Ljubljana **s.** NK Železničar Oskar Ljubljana
NK Železničar Ljubljana **s.** NK Železničar Oskar Ljubljana
NK Železničar Oskar Ljubljana (Nogometni klub Železničar Oskar Ljubljana), Ljubljana, Slowenien, Klub, entst. 1910, [1910-45 NK Ljubljana, 36 Fusion mit SK Ilirija Ljubljana und AŠK Primorje Ljubljana, 45-?? NK Železničar Ljubljana, ??-91 NK Ljubljana, 91-92 NK Eurospekter Ljubljana, 92-94 NK AM Cosmos Ljubljana, 94-95 NK Železničar AM Cosmos Ljubljana], **s. S.** 93
NK Željezničar Sarajevo (Nogometni klub Željezničar Sarajevo), Sarajevo, Bosnien und Herzegowina, Klub, entst. 1921, [1921-?? Hajduk Sarajevo, ??-?? FK Željezničar Sarajevo], **s. S.** 93
NK Žepče (Nogometni klub Žepče), Žepče, Bosnien und Herzegowina, Klub, **s. S.** 93
NK Živila Naklo **s.** NK Triglav Naklo
Nkana FC (Nkana Football Club), Kitwe-Nkana, Sambia, Klub, [19??-?? Nkana Red Devils, ??-?? Rokana United], **s. S.** 119
Nkana Football Club **s.** Nkana FC
Nkana Red Devils **s.** Nkana FC
Nkawkaw, Stadt, Ghana, **s. S.** 117
Nkhota Kota, Stadt, Malawi, **s. S.** 121
Nkhwazi Sports, Lusaka, Sambia, Klub, **s. S.** 119
Nkhwiza, Kitwe-Nkana, Sambia, Klub, **s. S.** 119
NKK, Fukuoka, Japan, Klub, [19??-88 Nippon Kokan], **s. S.** 111
Nkomanzi Sundowns, Swasiland, Klub, **s. S.** 120
Nkongsamba, Stadt, Kamerun, **s. S.** 117
Nkuba, Stadt, Volksrepublik Kongo, **s. S.** 119
NLTE **s.** MFK VTJ Topoľčany
Nô Pintcha, Vila Nova Sintra, Kapverden, Klub, **s. S.** 116
NOAD (Nooit Ophouden Altijd Doorspelen), Tilburg, Niederlande, Klub, entst. 1910, **s. S.** 75
NOAD **s.** VAV NAC
Nocal **s.** Desportivo Nocal
Nogometni klub Belišće **s.** NK Belišće
Nogometni klub Beltrans Maribor **s.** NK Beltrans Maribor
Nogometni klub Brotnjo Čitluk **s.** NK Brotnjo Čitluk
Nogometni klub BST Domžale **s.** NK BST Domžale
Nogometni klub Budućnost Banovići **s.** NK Budućnost Banovići
Nogometni klub Čakovec **s.** NK Čakovec
Nogometni klub Čapljina **s.** NK Čapljina
Nogometni klub Čelik Zenica **s.** NK Čelik Zenica
Nogometni klub CMCelje Publikum **s.** NK CMC Publikum
Nogometni klub Dinamo Zagreb **s.** NK Dinamo Zagreb
Nogometni klub Dragovoljac Kiseljak **s.** NK Dragovoljac Kiseljak
Nogometni klub Dravograd **s.** NK Dravograd
Nogometni klub Dubrava **s.** NK Dubrava
Nogometni klub Elan Granit Commerce Novo Mesto **s.** NK Elan GC Novo Mesto
Nogometni klub Esotech Smartno **s.** NK Esotech Šmartno
Nogometni klub ETI Elektroelement Zagorje ob Savi **s.** NK ETI Elektroelement Zagorje ob Savi
Nogometni klub Feroterm Pohorje Ruše **s.** NK Feroterm Pohorje Ruše
Nogometni klub GOŠK Gabela **s.** NK GOŠK Gabela
Nogometni klub Hrvatski dragovoljac Zagreb **s.** NK Hrvatski dragovoljac Zagreb
Nogometni klub INKER Zaprešić **s.** NK INKER Zaprešić
Nogometni klub Iskra Bugojno **s.** NK Iskra Bugojno
Nogometni klub Istra Pula **s.** NK Istra Pula
Nogometni klub Izola **s.** NK Izola
Nogometni klub Jadran Dekani **s.** NK Jadran Dekani
Nogometni klub Jedinstvo Bihać **s.** NK Jedinstvo Bihać
Nogometni klub Kočevje **s.** NK Kočevje
Nogometni klub Koper **s.** NK Koper
Nogometni klub Korotan Prevalje **s.** NK Korotan Prevalje
Nogometni klub Kostrč **s.** NK Kostrč
Nogometni klub Ljubuški **s.** NK Ljubuški
Nogometni klub Loka Medvode **s.** NK Loka Medvode
Nogometni klub Lokomotiva Zagreb **s.** NK Lokomotiva Zagreb
Nogometni klub Maribor Pivovarna Laško **s.** NK Maribor PL
Nogometni klub Marsonia Slavonski Brod **s.** NK Marsonia Slavonski Brod
Nogometni klub Mladost 127. Suhopolje **s.** NK Mladost 127. Suhopolje
Nogometni klub Mura Murska Sobota **s.** NK Mura Murska Sobota
Nogometni klub Nafta Lendava **s.** NK Nafta Lendava
Nogometni klub Napredak Kruševac **s.** NK Napredak Kruševac
Nogometni klub Napredak Matići **s.** NK Napredak Matići
Nogometni klub Neretva Metković **s.** NK Neretva Metković
Nogometni klub Novi Travnik **s.** NK Novi Travnik
Nogometni klub Odžak 102 **s.** NK Odžak 102
Nogometni klub Orašje **s.** NK Orašje
Nogometni klub Orijent Rijeka **s.** NK Orijent Rijeka
Nogometni klub Osijek **s.** NK Osijek
Nogometni klub Papuk Kamen Ingrad Velika **s.** NK Papuk Kamen Ingrad Velika
Nogometni klub Pazinka Pazin **s.** NK Pazinka Pazin
Nogometni klub Pomorac Kostrena **s.** NK Pomorac Kostrena
Nogometni klub Posušje **s.** NK Posušje
Nogometni klub Potrošnik Beltinci **s.** NK Potrošnik Beltinci
Nogometni klub Primorac Stobreč **s.** NK Primorac Stobreč
Nogometni klub Primorje Ajdovščina **s.** NK Primorje Ajdovščina
Nogometni klub Radnik Velika Gorica **s.** NK Radnik Velika Gorica
Nogometni klub Rudar Breza **s.** NK Rudar Breza
Nogometni klub Rudar Hadžići **s.** NK Rudar Hadžići
Nogometni klub Rudar Kakanj **s.** NK Rudar Kakanj
Nogometni klub Rudar Trbovlje **s.** NK Rudar Trbovlje
Nogometni klub Rudar Velenje **s.** NK Rudar Velenje
Nogometni klub Samobor **s.** NK Samobor
Nogometni klub SCT Olimpija Ljubljana **s.** NK SCT Olimpija Ljubljana
Nogometni klub SET Vevče **s.** NK SET Vevče
Nogometni klub Široki Brijeg **s.** NK Široki Brijeg
Nogometni klub Slaven Belupo Koprivnica **s.** NK Slaven Belupo Koprivnica
Nogometni klub Slavija Vinkovci **s.** NK Slavija Vinkovci
Nogometni klub Sloga Uskoplje **s.** NK Sloga Uskoplje
Nogometni klub Split **s.** NK Split
Nogometni klub Steklar Rogaška Slatina **s.** NK Steklar Rogaška Slatina
Nogometni klub Stolac **s.** NK Stolac
Nogometni klub Tabor Sežana **s.** NK Tabor Sežana
Nogometni klub TOŠK Tešanj **s.** NK TOŠK Tešanj
Nogometni klub Triglav Creina Kranj **s.** NK Triglav Creina Kranj
Nogometni klub Triglav Naklo **s.** NK Triglav Naklo
Nogometni klub Troglav Livno **s.** NK Troglav Livno
Nogometni klub Turbina Jablanica **s.** NK Turbina Jablanica
Nogometni klub Usora Žabljak **s.** NK Usora Žabljak
Nogometni klub Varteks Varaždin **s.** NK Varteks Varaždin
Nogometni klub Vevče Donit Filtri **s.** NK Vevče Donit Filtri
Nogometni klub Vitez **s.** NK Vitez
Nogometni klub Zadar **s.** NK Zadar
Nogometni klub Zagreb **s.** NK Zagreb
Nogometni klub Železničar Oskar Ljubljana **s.** NK Železničar Oskar Ljubljana
Nogometni klub Željezničar Sarajevo **s.** NK Željezničar Sarajevo
Nogometni klub Žepče **s.** NK Žepče
Nojemberian, Stadt, Armenien, **s. S.** 97
Nomads FC **s.** Connah's Quay Nomads FC
Nomads SC, Manila, Philippinen, Klub, **s. S.** 107
Nonthaburi, Stadt, Thailand, **s. S.** 106
Nooit Ophouden Altijd Doorspelen **s.** NOAD
Noord, Stadt, Aruba, **s. S.** 126
Norbank **s.** IMI FC
Nord Club Foresta Suceava **s.** NC Foresta Suceava
Norden-Nordwest **s.** Hertha BSC Berlin
Norden-Nordwest **s.** SV Norden-Nordwest
Nordirland, Länder, **s. S.** 68 und 69
Nordkorea, Länder, **s. S.** 110 und 111
Nördliche Marianen, Länder, **s. S.** 136
Nordnes Idrettslag **s.** Nordnes IL
Nordnes IL (Nordnes Idrettslag), Bergen, Norwegen, Klub, entst. 1945, **s. S.** 71
Nordstern Basel **s.** FC Nordstern Basel
Nordzyprischen Türkischen Republik, Länder, **s. S.** 94 und 95
Norfolk, Länder, **s. S.** 137
Norfolk, Stadt, USA, **s. S.** 123
Norma Tallinn **s.** FC Norma Tallinn
Norman Inseln, Länder, **s. S.** 77
Noroeste **s.** EC Noroeste
Norrby Idrottsföreningen **s.** Norrby IF
Norrby IF (Norrby Idrottsföreningen), Borås, Schweden, Klub, entst. 1927, **s. S.** 73
Norrköping, Stadt, Schweden, **s. S.** 73
Norrøne Strømmen **s.** Strømmen IF
Norte América, Guayaquil, Ecuador, Klub, **s. S.** 131
North East China, Harbin, Jilin und Shenyang, China, Klub, [das gebildete Team repräsentiert die Provinzen Heilongjiang, Jilin und Liaoning], **s. S.** 109
North End FC **s.** Preston North End FC
North **s.** NCR North
North Shore **s.** North Shore United
North Shore United, Auckland, Neuseeland, Klub, entst. 1886, [1886-18?? Davenport, 18??-1933 North Shore, 33 Fusion mit Belmont => North Shore United], **s. S.** 137
North Sound, Stadt, Britische Jungferninseln, **s. S.** 126
North Staffordshire (North Staffordshire Regiment), Belfast, Nordirland, Klub, [aufgel. ??], **s. S.** 69
North Staffordshire Regiment **s.** North Staffordshire
North Staffordshire Regiment, Calcutta, Indien, Klub, [aufgel. 19??], **s. S.** 105
North Village CC **s.** North Village Red Devils
North Village Red Devils, Hamilton, Bermudas, Klub, [19??-9? North Village CC], **s. S.** 123
North West Frontier Province Greens **s.** NWFP Greens
North West Frontier Province Reds **s.** NWFP Reds
North York Rockets, North York, Kanada, Klub, entst. 1987, [aufgel. 1994, Umzug nach Toronto => Toronto Rockets], **s. S.** 122
North York, Stadt, Kanada, **s. S.** 122
Northampton Town FC (Northampton Town Football Club), Northampton, England, Klub, entst. 1897, **s. S.** 67
Northampton Town Football Club **s.** Northampton Town FC
Northampton, Stadt, England, **s. S.** 67
Northern Hearts, Timaru, Neuseeland, Klub, **s. S.** 137
Northern La Paz, La Paz, Bolivien, Klub, **s. S.** 131
Northern Spirit FC (Northern Spirit Football Club), Sydney, Australien, Klub, entst. 1998, **s. S.** 136
Northern Spirit Football Club **s.** Northern Spirit FC
Northern United, Gros Islet, St. Lucia, Klub, **s. S.** 127
Northern, Dunedin, Neuseeland, Klub, **s. S.** 137
Northumberland Fusiliers **s.** 5th Northumberland Fusiliers
Norwegen, Länder, **s. S.** 70 und 71
Norwich City FC (Norwich City Football Club), Norwich, England, Klub, entst. 1902, **s. S.** 67
Norwich City Football Club **s.** Norwich City FC
Norwich, Stadt, England, **s. S.** 67
Noshahr, Stadt, Iran, **s. S.** 103
Nosy-Bé **s.** JOS Nosy-Bé
Notodden, Stadt, Norwegen, **s. S.** 71
Notre Dame SC (Notre Dame Soccer Club), Bridgetown, Barbados, Klub, **s. S.** 127
Notre Dame Soccer Club **s.** Notre Dame SC
Nottingham Forest FC (Nottingham Forest Football Club), Nottingham, England, Klub, entst. 1865, [1865-79 Forest FC], **s. S.** 67
Nottingham Forest Football Club **s.** Nottingham Forest FC
Nottingham, Stadt, England, **s. S.** 67
Notts County FC (Notts County Football Club), Nottingham, England, Klub, entst. 1862, [1862-66 Notts FC], **s. S.** 67
Notts County Football Club **s.** Notts County FC
Notts FC **s.** Notts County FC
Notwane FC (Notwane Football Club), Gaborone, Botswana, Klub, **s. S.** 121
Notwane Football Club **s.** Notwane FC
Nouadhibou, Stadt, Mauretanien, **s. S.** 114
Nouakchott, Stadt, Mauretanien, **s. S.** 114
Nouméa, Stadt, Neukaledonien, **s. S.** 137
Nova Andradina, Stadt, Brasilien, **s. S.** 133
Nova Gorica, Stadt, Slowenien, **s. S.** 93
Nova Lima, Stadt, Brasilien, **s. S.** 133
Nova Oprema KS Prevalje **s.** NK Korotan Prevalje
Nova Scotia Clippers, Halifax, Kanada, Klub, entst. 1991, [aufgel. 1991], **s. S.** 123
Nova Topola, Stadt, Bosnien und Herzegowina, **s. S.** 93
Novara AC **s.** Novara Calcio
Novara Calcio, Novara, Italien, Klub, entst. 1908, [1908-18 Novara FC, 18 Fusion mit US Novarese => Novara FBA (18-34), 34-75 Novara AC, 75-77 Novara Calcio, 77-81 Novara AC], **s. S.** 81
Novara FBA **s.** Novara Calcio
Novara FC **s.** Novara Calcio
Novara, Stadt, Italien, **s. S.** 81
Novarese **s.** Novara Calcio
Novator Mariupol' **s.** FK Metalurh Mariupol'
Novép **s.** BVSC
Novese **s.** US Novese
Novi Beograd, Stadt, Jugoslawien, **s. S.** 93
Novi Grad, Stadt, Bosnien und Herzegowina, **s. S.** 93
Novi Ligure, Stadt, Italien, **s. S.** 81
Novi Sad, Stadt, Jugoslawien, **s. S.** 89 und 93
Novi Travnik, Stadt, Bosnien und Herzegowina, **s. S.** 93
Novo Hamburgo, Stadt, Brasilien, **s. S.** 133
Novo Mesto, Stadt, Slowenien, **s. S.** 93
Novorossisk, Stadt, Russland, **s. S.** 101
Novosadski atletski klub **s.** NAK
Nowopolock, Stadt, Weißrussland, **s. S.** 99
Nowosibirsk, Stadt, Russland, **s. S.** 101
NPA, Warri, Nigeria, Klub, **s. S.** 117
NPA-Anchors (National Ports Authority-Anchors), Monrovia, Liberia, Klub, **s. S.** 117
NPE, Sukuta, Gambia, Klub, **s. S.** 117
NSA Igali, Gabun, Klub, **s. S.** 118
Nsambya FC (Nsambya Football Club), Kampala, Uganda, Klub, **s. S.** 119
Nsambya Football Club **s.** Nsambya FC
NSC (Nemzeti Sport Club), Budapest, Ungarn, Klub, entst. 1906, [1906-26 NSC, 26-40 Nemzeti SC, 40 aufgel., 45 wiedergegr., 45-50 NSC, 50 aufgel.], **s. S.** 88
NSÍ (Nes Sóknar Íttrótarfelag), Runavík, Färöer Inseln, Klub, entst. 1957, **s. S.** 71
NSTG Brüx (Nationalsozialistische Turngemeinde Brüx), Brüx (Most), Tschechische Republik, Klub, entst. 1939, [entst. 1939 durch Fusion Deutsche Sportbrüder Brüx und Schwalbe Brüx => NSTG Brüx (39-45), 45 aufgel.], **s. S.** 84
NSTG Graslitz (Nationalsozialistische Turngemeinde Graslitz), Graslitz (Kraslice), Tschechische Republik, Klub, entst. 1939, [aufgel. 1945], **s. S.** 84
NSTG Prag (Nationalsozialistische Turngemeinde Prag), Prag (Praha), Tschechische Republik, Klub, entst. 1940, [aufgel. 1944], **s. S.** 84
NSTG Warnsdorf **s.** Warnsdorfer FK
Ñuble Unido **s.** Deportes Ñublense
Ñublense **s.** Deportes Ñublense
Núcleo Bandeirante, Stadt, Brasilien, **s. S.** 133
Nueva Cádiz FC (Sociedad Civil Academica Nueva Cádiz Fútbol Club), Cumaná, Venezuela, Klub, [aufgel. 1999, Umzug nach Maracaibo => Zulianos FC], **s. S.** 129
Nueva Cádiz FC **s.** Zulianos FC
Nueva Chicago FC **s.** CA Nueva Chicago
Nueva Gerona, Stadt, Kuba, **s. S.** 126
Nuku'alofa, Stadt, Tonga, **s. S.** 137
Nukus, Stadt, Usbekistan, **s. S.** 101
NUL Rovers, Roma, Lesotho, Klub, [19??-9? Roma Rovers], **s. S.** 120
Numancia **s.** CD Numancia
Nuova AC Mantova **s.** AC Mantova
Nuova Pistoiese **s.** AC Pistoiese
Nurafschon Buchara **s.** FK Buchara
Nürnberg, Stadt, Deutschland, **s. S.** 85
Nuselský sportovní klub **s.** FK Slavoj Praha
Nuselský sportovní kroužek **s.** FK Slavoj Praha
Nusle **s.** SK Nusle
Nuuk Idrætslag **s.** Nuuk IL
Nuuk IL (Nuuk Idrætslag), Nuuk/Godthåb, Grönland, Klub, **s. S.** 123
Nuuk, Stadt, Grönland, **s. S.** 123
Nu'uuli FC (Nu'uuli Football Club), Nu'uuli, Amerikanisch-Samoa, Klub, **s. S.** 137
Nu'uuli Football Club **s.** Nu'uuli FC
Nu'uuli, Stadt, Amerikanisch-Samoa, **s. S.** 137
NV Sofija **s.** FK CSKA Sofija
NWFP Greens (North West Frontier Province Greens), Peshawar, Pakistan, Klub, **s. S.** 105
NWFP Reds (North West Frontier Province Reds), Peshawar, Pakistan, Klub, **s. S.** 105
Nyala, Stadt, Sudan, **s. S.** 115
Nyamirambo, Kigali, Rwanda, Klub, **s. S.** 119
Nyíregyháza, Stadt, Ungarn, **s. S.** 89
Nyíregyházi FC **s.** Nyírség-Spartacus FC
Nyíregyházi Lokomotív **s.** Nyírség-Spartacus FC
Nyíregyházi Spartacus Petőfi **s.** Nyírség-Spartacus FC
Nyíregyházi Vasutas Spartacus SC **s.** Nyírség-Spartacus FC
Nyíregyházi VSC **s.** Nyírség-Spartacus FC
Nyírség-Spartacus FC (Nyírség-Spartacus Futball Club), Nyíregyháza, Ungarn, Klub, entst. 1928, [1928-49 Nyíregyházi FC, 49-54 Nyíregyházi Lokomotív, 54-77 Nyíregyházi VSC, 77 Fusion mit Nyíregyházi Spartacus Petőfi => Nyíregyházi Vasutas Spartacus SC (77-84), 84-92 Nyíregyházi VSC, 92-98 Nyíregyházi FC], **s. S.** 89
Nyírség-Spartacus Futball Club **s.** Nyírség-Spartacus FC
Nyitrai SC **s.** FC Nitra
Nykobing, Stadt, Dänemark, **s. S.** 71
Nymburk, Stadt, Tschechische Republik, **s. S.** 86
Nyomda **s.** Budapesti Szikra Nyomda
NYÖTTSO **s.** FC Nitra
NYTVE **s.** FC Nitra
Nyva Winnytsja **s.** FK Winnytsja
Nywa Ternopil' **s.** FK Nywa Ternopil'
Nzérékoré, Stadt, Guinea, **s. S.** 117
Nzoia Bungame **s.** Nzoia Sugar
Nzoia Sugar, Bungoma, Kenia, Klub, [19??-?? Nzoia Bungame], **s. S.** 119
O Elvas CAD (O Elvas Clube Alentejano de Desportos), Elvas, Portugal, Klub, entst. 1925, [1925-47 Sport Lisboa Elvas], **s. S.** 79
O Elvas Clube Alentejano de Desportos **s.** O Elvas CAD
Oak SC **s.** Hearts of Oak SC
Oakfields **s.** Glentoran FC
Oakland Clippers, Oakland, USA, Klub, entst. 1967, [aufgel. 1968], **s. S.** 123
Oakland Stompers **s.** Connecticut Bicentennials
Oakland Stompers **s.** Edmonton Drillers
Oakland Stompers, Oakland, USA, Klub, entst. 1978, [1975-77 Hartford Bicentennials, 77-78 Connecticut Bicentennials, 78 Umzug nach Oakland => Oakland Stompers (78-79), aufgel. 79, Umzug nach Edmonton => Edmonton Drillers], **s. S.** 123
Oakland, Stadt, USA, **s. S.** 123
OAP Bratislava (Oddiel armádných pretekárov Bratislava), Bratislava, Slowakei, Klub, entst. 1939, [1939-40 Armádna XI, 40-45 OAP Bratislava, 45 aufgel.], **s. S.** 87
Oaxtepec, Oaxtepec, Mexiko, Klub, **s. S.** 125
Oaxtepec, Stadt, Mexiko, **s. S.** 125
OB (Odense Boldklub), Odense, Dänemark, Klub, entst. 1893, **s. S.** 71
OB **s.** Tokyo OB
Obanta United FD, Ijebu-Ode, Nigeria, Klub, **s. S.** 117
Obercorn, Stadt, Luxemburg, **s. S.** 74
Oberhausen, Stadt, Deutschland, **s. S.** 84
Oberhausener SV 1904 **s.** SC Rot-Weiß Oberhausen
Oberhausener TV 1873 **s.** SC Rot-Weiß Oberhausen
Oberhausen-Styrum **s.** SC Rot-Weiß Oberhausen
Oberlaa **s.** SC Rapid Oberlaa
Oberschöneweide **s.** 1. FC Union Berlin
Obilić **s.** FK Obilić
Obilić Tuzla **s.** FK Sloboda Tuzla
Obilić Zrenjanin **s.** FK Proleter Zrenjanin
Obock, Stadt, Dschibuti, **s. S.** 115
Obuasi, Stadt, Ghana, **s. S.** 117
Obuvschtschik Lida **s.** FK Lida
OC Kerkenah (Oceane Club Kerkenah), Sfax, Tunesien, Klub, **s. S.** 113
OC Khouribga (Olympique Club Khouribga), Khouribga, Marokko, Klub, **s. S.** 113
Ocean Kribi, Kribi, Kamerun, Klub, **s. S.** 117
Oceane Club Kerkenah **s.** OC Kerkenah
Ocelárny Kladno **s.** SK Kladno
Ochamchira, Stadt, Georgien, **s. S.** 97
Ochtyrka, Stadt, Ukraine, **s. S.** 99
Ocniţa, Stadt, Moldawien, **s. S.** 99
Ocotal, Stadt, Nicaragua, **s. S.** 125
Octavio Espinosa, Ica, Peru, Klub, entst. 1957, **s. S.** 130
Octubre FC **s.** 12 de Octubre FC
Octubre **s.** 31 de Octubre
Octubre **s.** 9 de Octubre
Ocumare de Tuy, Stadt, Venezuela, **s. S.** 129
Odd BK **s.** IF Pors
Odd **s.** Rosenborg BK
Oddevold **s.** IK Oddevold
Oddiel armádných pretekárov Bratislava **s.** OAP Bratislava
Odds Ballklubb Grenland **s.** Odds BK Grenland
Odds BK Grenland (Odds Ballklubb Grenland), Skien, Norwegen, Klub, entst. 1894, [1894-1997 Odds BK, 97 Fusion mit IF Pors => Odds BK Grenland], **s. S.** 71
Odds BK Grenland **s.** IF Pors
Odds BK **s.** Odds BK Grenland
Odense Boldklub **s.** OB
Odense, Stadt, Dänemark, **s. S.** 71
Odesa, Stadt, Ukraine, **s. S.** 99
Odessa, Stadt, Ukraine, **s. S.** 99
Odeva Trenčín **s.** FK Ozeta Dukla Trenčín
Odeva Trenčín **s.** FK TTS Trenčín
Odienné, Stadt, Elfenbeinküste, **s. S.** 117
Odischi Zugdidi **s.** FC Odishi Zugdidi
Odra Opole **s.** KS Odra Opole
Odra Wodzisław Śląski **s.** MKS Odra Wodzisław Śląski
Odred Ljubljana **s.** NK SCT Olimpija Ljubljana
Odžak, Stadt, Bosnien und Herzegowina, **s. S.** 93
ÖEST Linz **s.** FC Linz
OFD Udarnik Osijek **s.** NK Osijek
Offenbach am Main, Stadt, Deutschland, **s. S.** 85
Offenbacher FC Kickers 1901 (Offenbacher Fußball-Club Kickers von 1901), Offenbach am Main, Deutschland, Klub, entst. 1901, [1901-21 Offenbacher FC Kickers, 21 Fusion mit VfR 1900 Offenbach => VfR Kickers Offenbach (21-25), 25 Aufl. der Fusion], **s. S.** 85
Offenbacher Fußball-Club Kickers von 1901 **s.** Offenbacher FC Kickers 1901
OFI (Omilos Filathlon Irakleio), Irakleio, Griechenland, Klub, entst. 1925, **s. S.** 95
OFK Beograd (Omladinski fudbalski klub Beograd), Belgrad (Beograd), Jugoslawien, Klub, entst. 1911, [1911-45 BSK, 45 aufgel. und wiedergegr., 45-50 Metalac Beograd, 50-57 BSK, 57-59 OSD Beograd], **s. S.** 92
OFK Kikinda (Omladinski fudbalski klub Kikinda), Kikinda, Jugoslawien, Klub, entst. 1909, **s. S.** 93
OFK Zvezdara Beograd (Omladinski fudbalski klub Zvezdara Beograd), Belgrad (Beograd), Jugoslawien, Klub, entst. 1951, **s. S.** 92
Ogaden Anbessa, Harar, Äthiopien, Klub, **s. S.** 115
Ogbomosho, Stadt, Nigeria, **s. S.** 117
OGC Nice (Olympique Gymnaste Club de Nice Côte d'Azur), Nice, Frankreich, Klub, entst. 1904, [1904-08 Gymnaste Club Nice], **s. S.** 77
Ogniwo Bytom **s.** KS Polonia Bytom
Ogniwo Gdynia **s.** KS Bałtyk Gdynia
Ogniwo Kraków **s.** KS Cracovia Kraków
Ogniwo Tarnów **s.** ZKS Unia Tarnów
O'Higgins **s.** Deportes O'Higgins
Ohrid, Stadt, Mazedonien, **s. S.** 93
Ohridski Branovi Ohrid **s.** FK Ohrid
OIK Baku **s.** FC OIK Baku
Oil Corporation **s.** Burma Oil Corporation
Oilers **s.** LPRC-Oilers
Oistins, Stadt, Barbados, **s. S.** 127
Okahandja, Stadt, Namibia, **s. S.** 120
Okayama, Stadt, Japan, **s. S.** 111
OKD Ostrava **s.** FC Baník Ostrava
Okean Nachodka, Nachodka, Russland, Klub, entst. 1966, [1966-70 Rybak Nachodka], **s. S.** 101
OKS Budowlani **s.** KS Odra Opole
OKS Odra **s.** KS Odra Opole
Okwahu Stores United **s.** Okwahu United
Okwahu United (Okwahu Stores United), Nkawkaw, Ghana, Klub, **s. S.** 117
Ólafsfjörður, Stadt, Island, **s. S.** 71
Olajbányász FC **s.** Nagykanizsai Olajbányász FC
Olajbányász SE **s.** BTV-Siófok FC
Olajmunkás **s.** Nagykanizsai Olajbányász FC
Olanchito, Stadt, Honduras, **s. S.** 125
Olaria AC (Olaria Atlético Clube), Rio de Janeiro, Brasilien, Klub, entst. 1915, [1915-?? Japonés FC], **s. S.** 133
Olaria Atlético Clube **s.** Olaria AC
Olavarría, Stadt, Argentinien, **s. S.** 135
Olaya **s.** José Olaya
Old Benedictans SC (Old Benedictans Sport Club), Colombo, Sri Lanka, Klub, **s. S.** 105
Old Benedictans Sport Club **s.** Old Benedictans SC
Old Boys Grenchen **s.** FC Grenchen
Old Boys **s.** BSC Old Boys
Old Boys **s.** CA Newell's Old Boys
Old Boys **s.** Tech Old Boys
Old Carthusians, London, England, Klub, [aufgel. 1908], **s. S.** 66
Old Edwardians, Freetown, Sierra Leone, Klub, **s. S.** 116
Old Etonians, London, England, Klub, entst. 1865, [aufgel. ??], **s. S.** 66
Old Park FC (Old Park Football Club), Belfast, Nordirland, Klub, [aufgel. ??], **s. S.** 69
Old Park Football Club **s.** Old Park FC
Old Road FC (Old Road Football Club), Old Road, Antigua und Barbuda, Klub, **s. S.** 127
Old Road Football Club **s.** Old Road FC
Old Road, Stadt, Antigua und Barbuda, **s. S.** 127
Old Timers of Mbarara FC (Old Timers of Mbarara Football Club), Mbarara, Uganda, Klub, **s. S.** 119
Old Timers of Mbarara Football Club **s.** Old Timers of Mbarara FC
Old Timers of Mbarara **s.** Mbarara United
Oldenburg, Stadt, Deutschland, **s. S.** 85
Oldham Athletic AFC (Oldham Athletic Association Football Club), Oldham, England, Klub, entst. 1895, [1895-99 Pine Villa], **s. S.** 67
Oldham Athletic Association Football Club **s.** Oldham Athletic AFC
Oldham, Stadt, England, **s. S.** 67
Olhanense **s.** SC Olhanense
Olhão, Stadt, Portugal, **s. S.** 79
Olimpia (Club Olimpia), Asunción, Paraguay, Klub, entst. 1902, **s. S.** 135
Olimpia Bălţi **s.** FC Olimpia Bălţi
Olimpia Bucureşti **s.** Olimpia-Rhein Bucureşti
Olimpia CFR Satu Mare **s.** FC Olimpia Satu Mare
Olimpia IUM Satu Mare **s.** FC Olimpia Satu Mare
Olimpia **s.** CA River Plate
Olimpia **s.** CD Olimpia
Olimpia Satu Mare **s.** FC Olimpia Satu Mare
Olimpia, Havanna (La Habana), Kuba, Klub, [aufgel. 19??], **s. S.** 126
Olimpia/Lechia Gdańsk **s.** GKS Olimpia-Bolplast Poznań
Olimpia/Lechia Gdańsk **s.** KS Lechia Gdańsk
Olimpia-Bolplast Poznań **s.** GKS Olimpia-Bolplast Poznań
Olimpia-Bolplast Poznań **s.** KS Lechia Gdańsk
Olimpia-Rhein Bucureşti, Bukarest (Bucureşti), Rumänien, Klub, entst. 1904, [1904-15 FC Olimpia Bucureşti, 15 aufgel., 21 wiedergegr., 21-45 FC Olimpia Bucureşti, 45-46 Olimpia-Rhein Bucureşti, 46 aufgel.], **s. S.** 90
Olimpic **s.** CD FAS
Olimpica Jiennense **s.** Real Jaén CF
Olímpica Metalío **s.** CD Juventud Olímpica Metalío
Olímpico Clube de Manaus **s.** Olímpico Manaus
Olímpico FC (Olímpico Futebol Clube), Aracaju, Brasilien, Klub, entst. 1931, **s. S.** 133
Olímpico Futebol Clube **s.** Olímpico FC
Olímpico Lagartense, Lagarto, Brasilien, Klub, **s. S.** 133
Olímpico Manaus (Olímpico Clube de Manaus), Manaus, Brasilien, Klub, [aufgel. 19??], **s. S.** 133
Olimpija Liepaja **s.** FK Liepaja
Olimpija Ljubljana **s.** NK SCT Olimpija Ljubljana
Olimpija Riga **s.** FC Olimpija Riga
Olimpik **s.** KS Dinamo Tiranë
Olimpik Sarajevo **s.** FK Olimpik Sarajevo
Olimpik Teteven **s.** FK Beroe Stara Zagora
Olimpik Teteven **s.** FK Olimpik Teteven
Olimpik-Beroe Stara Zagora **s.** FK Beroe Stara Zagora
Olimpik-Beroe Stara Zagora **s.** FK Olimpik Teteven
Olimpo (Club Olimpo), Bahía Blanca, Argentinien, Klub, entst. 1910, **s. S.** 135
Oliveira de Azaméis, Stadt, Portugal, **s. S.** 79
Oliveirense **s.** UD Oliveirense
OLLS Moskva **s.** FK CSKA Moskva
Olmedo **s.** Deportivo Olmedo
Olmütz, Stadt, Tschechische Republik, **s. S.** 84 und 86
Olomouc, Stadt, Tschechische Republik, **s. S.** 84 und 86
Olongapo, Stadt, Philippinen, **s. S.** 107
Olpran Drnovice **s.** FK Drnovice
Olsztyn, Stadt, Polen, **s. S.** 84 und 89
Olt Scorniceşti **s.** FC Olt Scorniceşti
Olt Scorniceşti **s.** FC Olt Slatina
Olt Slatina **s.** FC Olt Scorniceşti
Olt Slatina **s.** FC Olt Slatina
Oltul Slatina **s.** IPA Slatina
Olümp Maardu **s.** FC Maardu
Olümpia Tartu, Tartu, Estland, Klub, [aufgel. 19??], **s. S.** 99
Olympi, Az Zawiyah, Libyen, Klub, **s. S.** 113
Olympia 06 Oberschöneweide **s.** 1. FC Union Berlin
Olympia 1898 Darmstadt **s.** SV Darmstadt 98
Olympia 33 Wien **s.** SK Slovan HAC Wien
Olympia Bregenz **s.** Casino SW Bregenz
Olympia CB (Olympia Club de Bruxelles), Brüssel (Bruxelles/Brussel), Belgien, Klub, entst. 1897, [1897 Olympia FC, 1897-1909 Olympia CB, 09 aufgel.], **s. S.** 75
Olympia Club de Bruxelles **s.** Olympia CB
Olympia FC (Olympia Football Club), Dublin/Baile Atha Cliath, Irland, Klub, entst. 1912, [aufgel. 19??], **s. S.** 69
Olympia FC **s.** Olympia CB
Olympia Football Club **s.** Olympia FC
Olympia Rotterdam **s.** VOC
Olympia **s.** HVV
Olympia Wien **s.** FC Stadlau
Olympia Wien **s.** ÖMV Olympia Wien
Olympia Wien **s.** SV Donau Wien
Olympiakos Halkidos, Halkida, Griechenland, Klub, entst. 1938, [aufgel. 19?? durch Fusion mit ?? => AO Halkida], **s. S.** 95
Olympiakos Peiraia **s.** PAE Olympiakos Peiraia
Olympiakos Volos, Volos, Griechenland, Klub, entst. 1937, **s. S.** 95
Olympiakos, Nicosia/Lefkosia, Zypern, Klub, entst. 1931, **s. S.** 95
Olympians, Suva, Fidschi, Klub, **s. S.** 137
Olympic 2000, Kuala Lumpur, Malaysia, Klub, [aufgel. 2000], **s. S.** 106
Olympic Athletico, Bujumbura, Burundi, Klub, **s. S.** 119
Olympic Charleroi **s.** R Olympic Charleroi
Olympic FC (Olympic Football Club), Liberia, Klub, **s. S.** 117
Olympic FC **s.** Blackburn Olympic FC
Olympic FC **s.** Derry Olympic FC
Olympic Football Club **s.** Olympic FC
Olympic Gardens FC (Olympic Gardens Football Club), Kingston, Jamaika, Klub, **s. S.** 126
Olympic Gardens Football Club **s.** Olympic Gardens FC
Olympic Montignies **s.** R Olympic Charleroi
Olympic Nahouri, Pô, Burkina Faso, Klub, **s. S.** 114
Olympic SC (Olympic Sports Club), Alexandria (Iskandarija), Ägypten, Klub, **s. S.** 112
Olympic Sports Club **s.** Olympic SC
Olympics **s.** Great Olympics
Olympique Alèsien **s.** FC Olympique Alèsien
Olympique Avignonnais (Club Olympique Avignonnaise), Avignon, Frankreich, Klub, entst. 1949, [entst. 1949 durch Fusion AS Avignonnaise und Saint-Jean Olympique Avignon], **s. S.** 77
Olympique Béja (Olympique Club Béja), Béja, Tunesien, Klub, **s. S.** 113
Olympique Casablanca, Casablanca/Dar Al-Bayda, Marokko, Klub, [aufgel. 1995], **s. S.** 113
Olympique Cette **s.** FC Sète
Olympique Charenton **s.** CA Charenton
Olympique Club Béja **s.** Olympique Béja
Olympique Club Kef **s.** Olympique Kef
Olympique Club Khouribga **s.** OC Khouribga
Olympique d'Antibes-Juan-Les-Pins **s.** FC Antibes
Olympique de Marseille **s.** Olympique Marseille
Olympique de Moka **s.** Sunrise Flacq United SC
Olympique de Moka, Moka, Mauritius, Klub, entst. 2000, [entst. 2000 nach Umzug von Sunrise Flacq United SC nach Moka], **s. S.** 121
Olympique de Pantin **s.** Olympique Pantin
Olympique Eischen **s.** FC Olympique Eischen
Olympique FC (Olympique Football Club), Niamey, Niger, Klub, **s. S.** 114
Olympique Football Club **s.** Olympique FC
Olympique Grenoble-Isère **s.** Grenoble Foot 38
Olympique Gymnaste Club de Nice Côte d'Azur **s.** OGC Nice
Olympique Kef (Olympique Club Kef), Kef, Tunesien, Klub, **s. S.** 113
Olympique Lillois **s.** Lille OSC
Olympique Lillois **s.** SC Fives de Lille
Olympique Lillois, Lille, Frankreich, Klub, entst. 1902, [aufgel. 1944 durch Fusion mit SC Fives de Lille => Lille OSC], **s. S.** 77
Olympique Lyonnais, Lyon, Frankreich, Klub, entst. 1950, **s. S.** 77
Olympique Marocaine **s.** IS Olympique Marocaine
Olympique Marseille (Olympique de Marseille), Marseille, Frankreich, Klub, entst. 1899, **s. S.** 77
Olympique Montpelliérain **s.** Stade Olympique Montpelliérain
Olympique Mvolyé, Yaoundé, Kamerun, Klub, entst. 1989, **s. S.** 117
Olympique Nouméa, Nouméa, Neukaledonien, Klub, **s. S.** 137
Olympique Pantin (Olympique de Pantin), Paris, Frankreich, Klub, [aufgel. 1926 durch Fusion mit Red Star Club Paris], **s. S.** 76
Olympique Pantin **s.** Red Star 93
Olympique Réal (Olympique Réal Castel), Bangui, Zentralafrikanische Republik, Klub, **s. S.** 114
Olympique Réal Castel **s.** Olympique Réal
Olympique **s.** Cercle Olympique
Olympique **s.** Montréal Olympique
Olympique sportif, Libreville, Gabun, Klub, **s. S.** 119
Olympique Thiès, Thiès, Senegal, Klub, **s. S.** 117
Olympique Tunis, Tunis, Tunesien, Klub, **s. S.** 113
Olympique, Fort-de-France, Martinique, Klub, **s. S.** 127
Olympos Katerini **s.** Megas Alexandros Katerini
Olympos Katerini **s.** Pierikos
Omagh Celtic FC **s.** Omagh Town FC
Omagh Town FC (Omagh Town Football Club), Omagh, Nordirland, Klub, entst. 1964, [1964-69 Omagh Celtic FC], **s. S.** 69
Omagh Town Football Club **s.** Omagh Town FC
Omagh, Stadt, Nordirland, **s. S.** 69
Omai Gold Seekers, Guyana, Klub, **s. S.** 129
Oman, Länder, **s. S.** 102 und 103
Omani Club, Masqat/Muscat, Oman, Klub, **s. S.** 103
Omdurman, Stadt, Sudan, **s. S.** 115
Omedla, Addis Abeba, Äthiopien, Klub, [19??-?? Police], **s. S.** 115
Omilos Filathlon Irakleio **s.** OFI
Omilos Filathlon **s.** Ethnikos Peiraia
Omladinac Banja Luka **s.** FK Omladinac Banja Luka
Omladinac Brestovčina **s.** FK Omladinac Brestovčina
Omladinski fudbalski klub Beograd **s.** OFK Beograd
Omladinski fudbalski klub Kikinda **s.** OFK Kikinda
Omladinski fudbalski klub Zvezdara Beograd **s.** OFK Zvezdara Beograd
Omnisport Agaza Lomé **s.** Agaza Lomé
Omnisport Ifodje Atakpamé **s.** Ifodje Atakpamé
Omonia Aradippou, Aradippou, Zypern, Klub, entst. 1929, **s. S.** 95
Omonia, Nicosia/Lefkosia, Zypern, Klub, entst. 1948, **s. S.** 95
Omsk, Stadt, Russland, **s. S.** 101
ÖMV Olympia Wien (Sport Verein für Arbeiter und Angestellte ÖMV Olympia Wien), Wien, Österreich, Klub, entst. 1906, [1906-33 FC Olympia Wien, 33 aufgel. und wiedergegr., 33-56 FC Olympia 1933 Wien, 56-63 ÖMV Olympia

Wien, aufgel. 63 durch Fusion mit FC Stadlau => FC ÖMV Stadlau], **s. S.** 83
ÖMV Olympia Wien **s.** FC Stadlau
ÖMV Stadlau **s.** ÖMV Olympia Wien
ONATRA **s.** IC ONATRA
Once Caldas (Corporación Deportiva Once Caldas), Manizales, Kolumbien, Klub, entst. 1948, [1948-52 Deportivo Caldas, 52 Fusion mit Once Deportivo => Deportivo Manizales (52-60), 60-70 Once Caldas, 70-90 Cristal Caldas], **s. S.** 128
Once Deportivo **s.** Once Caldas
Once Deportivo, Manizales, Kolumbien, Klub, entst. 1948, [aufgel. 1952 durch Fusion mit Deportivo Caldas => Deportivo Manizales], **s. S.** 128
Once Lobos **s.** CD Once Lobos
Once Municipal, Santa Rosa de Lima, El Salvador, Klub, **s. S.** 125
ONED, Djibouti, Dschibuti, Klub, **s. S.** 115
Onehunga, Auckland, Neuseeland, Klub, **s. S.** 137
Oneşti, Stadt, Rumänien, **s. S.** 91
Onitsha, Stadt, Nigeria, **s. S.** 117
Onze Bravos de Moxico, Luena, Angola, Klub, **s. S.** 119
Onze Frères, Grand-Bassam, Elfenbeinküste, Klub, **s. S.** 117
Onze Unidos, Vila do Maio, Kapverden, Klub, **s. S.** 116
Oostende, Stadt, Belgien, **s. S.** 75
Opava, Stadt, Tschechische Republik, **s. S.** 86
Operária **s.** Académica Operária
Operário FC (Operário Futebol Clube), Campo Grande, Brasilien, Klub, entst. 1938, **s. S.** 133
Operário Ferroviário EC (Operário Ferroviário Esporte Clube), Ponta Grossa, Brasilien, Klub, entst. 1912, **s. S.** 133
Operário Ferroviário Esporte Clube **s.** Operário Ferroviário EC
Operário Futebol Clube **s.** Operário FC
Operário **s.** CA Operário
Operário Varzeagrandense **s.** CE Operário Varzeagrandense
Operários **s.** GD Os Operários
Opole, Stadt, Polen, **s. S.** 89
OPPV Moskva **s.** FK CSKA Moskva
Oprag **s.** JAC
OPS (Oulun Palloseura), Oulu/Uleåborg, Finnland, Klub, entst. 1946, **s. S.** 73
Optimizem Svoboda Ljubljana **s.** NK Vevče Donit Filtri
Oradea, Stadt, Rumänien, **s. S.** 89 und 91
Oran, Stadt, Algerien, **s. S.** 113
Orange Walk, Stadt, Belize, **s. S.** 125
Oranjestad, Stadt, Aruba, **s. S.** 126
Orašje, Stadt, Bosnien und Herzegowina, **s. S.** 93
Orbita Kzyl-Orda **s.** Kajsar Kzyl-Orda
Orchid **s.** New Lagoons
Orcobol, Cochabamba, Bolivien, Klub, **s. S.** 131
Ordabasy Tschimkent **s.** SKIF Ordabasy Tschimkent
Ordnungspolizei Chemnitz **s.** Chemnitzer FC
Ordu, Stadt, Türkei, **s. S.** 96
Orduspor K (Orduspor Kulübü), Ordu, Türkei, Klub, entst. 1967, **s. S.** 96
Orduspor Kulübü **s.** Orduspor K
Örebro SK (Örebro Sportklubb), Örebro, Schweden, Klub, entst. 1908, **s. S.** 73
Örebro Sportklubb **s.** Örebro SK
Örebro, Stadt, Schweden, **s. S.** 73
Orel Vratsa **s.** Orel-Tschegan Vratsa
Orel-Tschegan Vratsa, Vratsa, Bulgarien, Klub, [19??-?? Orel Vratsa, ?? aufgel.], **s. S.** 91
Orense, Stadt, Spanien, **s. S.** 79
Orestiade Kastoria **s.** AS Kastoria
Orfeas Smyrna **s.** Panionios PAE
Örgryte Idrottssällskap **s.** Örgryte IS
Örgryte IS (Örgryte Idrottssällskap), Göteborg, Schweden, Klub, entst. 1887, **s. S.** 72
Oria Rudar Trbovlje **s.** NK Rudar Trbovlje
Orient & Yee Hope Union, Hongkong, Klub, [19??-?? Yee Hope], **s. S.** 109
Orient FC **s.** Leyton Orient FC
Oriental FC (Oriental Fútbol Club), Asunción, Paraguay, Klub, entst. 1912, **s. S.** 135
Oriental Fútbol Club **s.** Oriental FC
Oriental Lisboa (Clube Oriental de Lisboa), Lissabon (Lisboa), Portugal, Klub, entst. 1946, [entst. 1946 durch Fusion Chelas Lisboa, Fósforos Lisboa und Marvilense Lisboa], **s. S.** 78
Oriente Petrolero (Club Oriente Petrolero), Santa Cruz de la Sierra, Bolivien, Klub, entst. 1955, **s. S.** 131
Oriente **s.** Universitario de Oriente
Orijana Kyiw **s.** FK Borysfen Boryspil'
Orijana Kyiw **s.** FK CSKA Kyiw
Orijent Rijeka **s.** NK Orijent Rijeka
Orion FC (Orion Fútbol Club), San José, Costa Rica, Klub, **s. S.** 124
Orion FC (Orion Futebol Clube), Fortaleza, Brasilien, Klub, [aufgel. 19??], **s. S.** 133
Orion Fútbol Club **s.** Orion FC
Orion Futebol Clube **s.** Orion FC
Orión Municipal, San Miguelito, Panama, Klub, **s. S.** 125
Orion, Gros Islet, St. Lucia, Klub, **s. S.** 127
Orizaba Charleston, Orizaba, Mexiko, Klub, [19?? aufgel.], **s. S.** 125
Orizaba, Stadt, Mexiko, **s. S.** 125
Orkney, Stadt, Südafrika, **s. S.** 121
Orlando Pirates (Namsea Orlando Pirates), Windhoek, Namibia, Klub, **s. S.** 120
Orlando Pirates, Johannesburg, Südafrika, Klub, entst. 1937, **s. S.** 121
Orlando, Stadt, USA, **s. S.** 123
Orléans, Stadt, Frankreich, **s. S.** 77
Orlen Płock, Płock, Polen, Klub, entst. 1947, [1947-92 KS Wisła Płock, 92-99 ZKS Petrochemia Płock, 1999-2000 Petro Płock], **s. S.** 89
Orli Haskovo, Haskovo, Bulgarien, Klub, [aufgel. 19??], **s. S.** 91
Orlov Tolbuchin **s.** FK Dobrudscha Dobritsch
Ormeño **s.** Walter Ormeño
Ørn FK (Ørn Fotballklubb), Horten, Norwegen, Klub, entst. 1904, **s. S.** 71
Ørn Fotballklubb **s.** Ørn FK
Oro Negro, Barrancabermeja, Kolumbien, Klub, entst. 1971, **s. S.** 128
Oro **s.** Jalisco
Orol Považská Bystrica **s.** FK Považská Bystrica
Orpheos, Nicosia/Lefkosia, Zypern, Klub, entst. 1948, **s. S.** 95
OrPo Litzmannstadt **s.** SG OrPo Litzmannstadt
OrPo Warschau **s.** SG OrPo Warschau
Orscha, Stadt, Weißrussland, **s. S.** 99
Ortaköy **s.** Yesilada/Ortaköy
Orumiyeh, Stadt, Iran, **s. S.** 103
Oruro Royal, Oruro, Bolivien, Klub, entst. 1896, **s. S.** 131
Oruro, Stadt, Bolivien, **s. S.** 131
Oryx Douala, Douala, Kamerun, Klub, **s. S.** 117
Orzu Schachrinau, Schachrinau, Tadschikistan, Klub, **s. S.** 101
Os Balantas **s.** Balantas Mansôa
Os Belenenses **s.** CF Os Belenenses
Os Operários **s.** GD Os Operários
Os TF (Os Turnforening), Os, Norwegen, Klub, entst. 1905, **s. S.** 71
Os Turnforening **s.** Os TF
Os, Stadt, Norwegen, **s. S.** 71
Osaka, Stadt, Japan, **s. S.** 111
Osam Lovetsch **s.** FK Lovetsch
Osasuna **s.** Atlético Osasuna
OSC Bremerhaven **s.** TuS Bremerhaven 93
Osch, Stadt, Kirgisien, **s. S.** 100
OSD Beograd **s.** OFK Beograd
Oserian Fastac, Naivasha, Kenia, Klub, [19??-98 Oserian], **s. S.** 119
Oserian **s.** Oserian Fastac
Oshakati City FC (Oshakati City Football Club), Oshakati, Namibia, Klub, **s. S.** 120
Oshakati City Football Club **s.** Oshakati City FC
Oshakati, Stadt, Namibia, **s. S.** 120
Oshogbo, Stadt, Nigeria, **s. S.** 117
Osijek, Stadt, Kroatien, **s. S.** 93
Osipovitschi, Stadt, Weißrussland, **s. S.** 99
OSK 1921 Ohrid **s.** FK Ohrid
OSK Christo Botev Plovdiv **s.** FK Botev Plovdiv
OSK Christo Botev Plovdiv **s.** Schipka Plovdiv
Oslo, Stadt, Norwegen, **s. S.** 71
Osnabrück, Stadt, Deutschland, **s. S.** 85
Osnabrücker BV 1905 **s.** VfL Osnabrück
Osogovo Kočani **s.** FK Osogovo Kočani
Osorno, Stadt, Chile, **s. S.** 135
Osothsapa, Krungthep/Bangkok, Thailand, Klub, [19??-?? Medical Support], **s. S.** 106
Ost Timor, Länder, **s. S.** 107
Ostbahn XI Wien **s.** ESV Ostbahn XI Wien
Østerbro BK (Østerbro Boldklub), Kopenhagen (København), Dänemark, Klub, entst. 1896, **s. S.** 71
Østerbro Boldklub **s.** Østerbro BK
Österreich, Länder, **s. S.** 82 und 83
Östers Idrottsförening **s.** Östers IF
Östers IF (Östers Idrottsförening), Växjö, Schweden, Klub, entst. 1930, **s. S.** 73
Ostmark Wien **s.** Brigittenauer SC Feuerwehr
Ostmark Wien **s.** FK Austria Memphis Magna
Ostmark Wien **s.** SC Ostmark Wien
Ostrava, Stadt, Tschechische Republik, **s. S.** 86
Ostroj Opava **s.** SFC Opava
Ostrowiec Świętokrzyski, Stadt, Polen, **s. S.** 89
Ostseebad Rerik, Stadt, Deutschland, **s. S.** 85
Osurgeti, Stadt, Georgien, **s. S.** 97
Oswestry Town FC (Oswestry Town Football Club), Oswestry, England, Klub, [18??-?? Oswestry White Stars FC, ??-19?? Oswestry United FC, 1988 aufgel., 19?? wiedergegr.], **s. S.** 67
Oswestry Town Football Club **s.** Oswestry Town FC
Oswestry United FC **s.** Oswestry Town FC
Oswestry White Stars FC **s.** Oswestry Town FC
Oswestry, Stadt, England, **s. S.** 67
Otaci, Stadt, Moldawien, **s. S.** 99
Otago **s.** Team Otago
Oţelul Galaţi **s.** CS Oţelul Galaţi
Oţelul Reşiţa **s.** CSM Reşiţa
Otelul U Târgovişte **s.** CF Chindia Târgovişte
Otjiwarongo, Stadt, Namibia, **s. S.** 120
OTO Gabrovo **s.** FK Tschardafon Gabrovo
OTP **s.** FC Oulu
Otrokovice, Stadt, Tschechische Republik, **s. S.** 86
Ottawa Intrepid, Ottawa, Kanada, Klub, entst. 1987, [1987 Ottawa Pioneers, 90 aufgel.], **s. S.** 122
Ottawa Pioneers **s.** Ottawa Intrepid
Ottawa, Stadt, Kanada, **s. S.** 122
Otutara, Stadt, Tahiti, **s. S.** 137
Ouagadougou, Stadt, Burkina Faso, **s. S.** 114
Ouahigouya, Stadt, Burkina Faso, **s. S.** 114
Ouakam **s.** US Ouakam
Ouamé **s.** AS Ouamé
Ouani, Stadt, Komoren, **s. S.** 121
Ouargla, Stadt, Algerien, **s. S.** 113
Oued-Ellil **s.** AS Oued-Ellil
Ouémé **s.** Dragons de l'Ouémé
Ouenzé **s.** Saint Michel de Ouenzé
Ouest Lausanne **s.** Lausanne-Sports
Ouest **s.** FC Ouest
Ouhod, al-Madina, Saudi-Arabien, Klub, **s. S.** 102
Oujda, Stadt, Marokko, **s. S.** 113
Oulu, Stadt, Finnland, **s. S.** 73
Oulun Palloseura **s.** OPS
Oum el Bouaghi, Stadt, Algerien, **s. S.** 113
Oumayya, Syrien, Klub, **s. S.** 102
Oumé, Stadt, Elfenbeinküste, **s. S.** 117
Our Boys Dundee **s.** Dundee FC
Ouragan Labbatoir, Labbatoir, Mayotte, Klub, **s. S.** 121
Ouro **s.** Aguia d'Ouro
Outjo, Stadt, Namibia, **s. S.** 120
Ovación SIPESA **s.** CD Pesquero
Ovalle, Stadt, Chile, **s. S.** 135
Ovetense **s.** Real Oviedo CF
Oviedo CF **s.** Real Oviedo CF
Oviedo, Stadt, Spanien, **s. S.** 79
Owendo, Stadt, Gabun, **s. S.** 118
Owerri, Stadt, Nigeria, **s. S.** 117
OWKS Bydgoszcz **s.** WKS Zawisza Bydgoszcz
OWKS Kraków **s.** WKS Wawel Kraków
OWKS Wrocław **s.** WKS Śląsk Wrocław
Owo, Stadt, Nigeria, **s. S.** 117
Oxford United FC (Oxford United Football Club), Oxford, England, Klub, entst. 1893, [1893-94 Headington FC, 1894-1960 Headington United FC], **s. S.** 67
Oxford United Football Club **s.** Oxford United FC
Oxford University, Oxford, England, Klub, **s. S.** 67
Oxford, Stadt, England, **s. S.** 67
Oyo, Stadt, Nigeria, **s. S.** 117
Ózd, Stadt, Ungarn, **s. S.** 89
Ózdi Kohász SE **s.** Ózdi SE
Ózdi SE (Ózdi Sport Egyesület), Ózd, Ungarn, Klub, entst. 1909, [1909-49 Ózdi Vasgyári TK, 49-58 Ózdi Vasas, 58-95 Ózdi Kohász SE], **s. S.** 89
Ózdi Sport Egyesület **s.** Ózdi SE
Ózdi Vasas **s.** Ózdi SE
Ózdi Vasgyári TK **s.** Ózdi SE
Ozeta Dukla Trenčín **s.** FK Ozeta Dukla Trenčín
Paas, Teheran/Tehran, Iran, Klub, **s. S.** 103
PAC **s.** FK Baník Prievidza
Pacasmayo, Stadt, Peru, **s. S.** 130
Pachatsojagorts Nojemberian **s.** FC Aznavour Nojemberian
Pachtakor Andischan **s.** FK Andischan
Pachtakor Duschanbe, Duschanbe, Tadschikistan, Klub, **s. S.** 101
Pachtakor Dzhabarrasulowsk, Tadschikistan, Klub, **s. S.** 101
Pachtakor Kabadjan, Kabadjan, Tadschikistan, Klub, **s. S.** 101
Pachtakor Proletarsk, Proletarsk, Tadschikistan, Klub, **s. S.** 100
Pachtakor Taschkent **s.** FK Pachtakor Taschkent
Pachtakor-79 Taschkent **s.** FK MHSK Taschkent
Pachtatschi Karschi **s.** FK Nasaf Karschi
Pachtatschi Turkmenabat, Turkmenabat, Turkmenistan, Klub, **s. S.** 101
Pachuca de Soto, Stadt, Mexiko, **s. S.** 125
Pacífico **s.** Sport Pacífico
PACO (Pakistan Automobile Coorporation), Karachi, Pakistan, Klub, **s. S.** 105
Paços de Ferreira, Stadt, Portugal, **s. S.** 79
Padang, Stadt, Indonesien, **s. S.** 106
Paderborn, Stadt, Deutschland, **s. S.** 85
Padova Calcio, Padova, Italien, Klub, entst. 1910, [1910-2? AC Padova, 2?-4? Associazione Fascista Calcio Padova, 4?-77 AC Padova], **s. S.** 81
Padova, Stadt, Italien, **s. S.** 81
PAE Apollon (Podosfeiriki Athlitikos Enosis Apollon), Athen (Athina), Griechenland, Klub, entst. 1891, [1891-1922 Apollonas GS Smyrna], **s. S.** 95
PAE Ethnikos Astir (Podosfeiriki Athlitikos Enosis Ethnikos Astir), Athen (Athina), Griechenland, Klub, entst. 1927, **s. S.** 95
PAE FAS Naousa (Podosfeiriki Athlitikos Enosis FAS Naousa), Naousa, Griechenland, Klub, entst. 1962, **s. S.** 95
PAE GS Kalamata (Podosfeiriki Athlitikos Enosis Gymnastikos Syllogos i Kalamata), Kalamata, Griechenland, Klub, entst. 1967, **s. S.** 95
PAE Korinthos (Podosfeiriki Athlitikos Enosis Korinthos), Korinthos, Griechenland, Klub, entst. 1963, [entst. 1963 durch Fusion Pagkorinthiakos und Aris Korinthos], **s. S.** 95
PAE Korinthos **s.** Pankorinthiakos
PAE Larissa (Podosfeiriki Athlitikos Enosis Larissa), Larissa, Griechenland, Klub, entst. 1964, [entst. 1964 durch Fusion Iraklis Larissa, Larissaikos, Aris Larissa und Toxotis Larissa], **s. S.** 95
PAE Levadeiakos (Podosfeiriki Athlitikos Enosis Levadeiakos), Levadeia, Griechenland, Klub, entst. 1926, **s. S.** 95
PAE Olympiakos Peiraia (Podosfeiriki Athlitikos Enosis Olympiakos Syndesmos Filathlon Peiraia), Athen (Athina), Griechenland, Klub, entst. 1925, **s. S.** 95
PAE Panserraikos (Podosfeiriki Athlitikos Enosis Panserraikos), Serres, Griechenland, Klub, entst. 1964, [entst. 1964 durch Fusion Iraklis Serai und Apollon Serai], **s. S.** 95
PAE Veroia (Podosfeiriki Athlitikos Enosis Veroia), Veroia, Griechenland, Klub, entst. 1961, [entst. 1961 durch Fusion Ermis GC Veroia und Vermio Veroia], **s. S.** 95
Paéa, Stadt, Tahiti, **s. S.** 137
PAF (Pakistan Air Force), Peshawar, Pakistan, Klub, **s. S.** 105
Pafos, Stadt, Zypern, **s. S.** 95
Pagkorinthiakos **s.** PAE Korinthos
Pago Boys, Pago Pago, Amerikanisch-Samoa, Klub, **s. S.** 137
Pago Eagles, Pago Pago, Amerikanisch-Samoa, Klub, **s. S.** 137
Pago Pago, Pago Pago, Amerikanisch-Samoa, Klub, **s. S.** 137
Pago Pago, Stadt, Amerikanisch-Samoa, **s. S.** 137
Pahang Darul Makmar **s.** Pahang FA
Pahang FA (Pahang Darul Makmar), Kuantan, Malaysia, Klub, **s. S.** 106
Paisley, Stadt, Schottland, **s. S.** 69
Païta, Stadt, Neukaledonien, **s. S.** 137
Pakistan Air Force **s.** PAF
Pakistan Army, Karachi, Pakistan, Klub, **s. S.** 105
Pakistan Automobile Coorporation **s.** PACO
Pakistan International Airlines **s.** PIA
Pakistan Navy, Karachi, Pakistan, Klub, **s. S.** 105
Pakistan Police, Karachi, Pakistan, Klub, **s. S.** 105
Pakistan Railways, Lahore, Pakistan, Klub, **s. S.** 105
Pakistan Television Corporation Limited **s.** PTCL
Pakistan Universities **s.** PU
Pakistan, Länder, **s. S.** 104 und 105
Pakokku, Stadt, Burma, **s. S.** 106
Paksé, Paksé, Laos, Klub, **s. S.** 107
Paksé, Stadt, Laos, **s. S.** 107
Palace FC **s.** Crystal Palace FC
Palanca, Stadt, Angola, **s. S.** 118
Palästina, Länder, **s. S.** 94 und 95
Palatia 1901 Kaiserslautern **s.** 1. FC Kaiserslautern
Pale, Stadt, Bosnien und Herzegowina, **s. S.** 93
Palembang, Stadt, Indonesien, **s. S.** 107
Palermo FBC **s.** US Palermo
Palermo **s.** Unión San Vicente
Palermo, Stadt, Italien, **s. S.** 81
Palestino **s.** CD Palestino
Palestino, Choloma, Honduras, Klub, **s. S.** 125
Palestra FC (Palestra Futebol Clube), Aracaju, Brasilien, Klub, [aufgel. 19??], **s. S.** 133
Palestra Futebol Clube **s.** Palestra FC
Palestra Itália FC (Palestra Itália Futebol Clube), Curitiba, Brasilien, Klub, entst. 1920, [1920-?? Palestra Itália FC, ??-?? Paranaense, ??-?? Comercial, ??-45 Palmeiras, 45-71 Palestra Itália FC, aufgel. 71 durch Fusion mit Britânia SC und CA Ferroviário => Colorado EC], **s. S.** 133
Palestra Itália FC **s.** Britânia SC
Palestra Itália FC **s.** CA Ferroviário
Palestra Itália FC **s.** Colorado EC
Palestra Itália Futebol Clube **s.** Palestra Itália FC
Palestra Itália **s.** Cruzeiro EC
Palestra Itália **s.** SE Palestra Itália
Palestra Itália **s.** SE Palmeiras
Palikir, Stadt, Mikronesien, **s. S.** 137
Pallo-Pojat **s.** PPojat
Palma de Mallorca, Stadt, Spanien, **s. S.** 79
Palmares FC (Palmares Fútbol Club), Palmares, Costa Rica, Klub, entst. 1978, **s. S.** 124
Palmares Football Club Lupopo **s.** FC Lupopo
Palmares Fútbol Club **s.** Palmares FC
Palmares, Stadt, Costa Rica, **s. S.** 124
Palmas FR (Palmas Futebol e Regatas), Palmas, Brasilien, Klub, entst. 1997, **s. S.** 133
Palmas Futebol e Regatas **s.** Palmas FR
Palmas, Stadt, Brasilien, **s. S.** 133
Palmeira, Stadt, Kapverden, **s. S.** 116
Palmeiras Beira (Clube Palmeiras Beira), Beira, Mosambik, Klub, **s. S.** 121
Palmeiras FC (Palmeiras Futebol Clube), Teresina, Brasilien, Klub, [aufgel. 19??], **s. S.** 133
Palmeiras Futebol Clube **s.** Palmeiras FC
Palmeiras **s.** AA Palmeiras
Palmeiras **s.** CA Paulistano
Palmeiras **s.** Palestra Itália FC
Palmeiras **s.** São Paulo FC
Palmeiras **s.** SE Palmeiras
Palmeiras SC (Palmeiras Sport Club), João Pessoa, Brasilien, Klub, [aufgel. 19??], **s. S.** 133
Palmeiras Sport Club **s.** Palmeiras SC
Palmerston City **s.** Manawatu AFC
Palmerston North, Stadt, Neuseeland, **s. S.** 137
Palmira, Stadt, Kolumbien, **s. S.** 128
Pamba Lira, Mwanza, Tansania, Klub, [19??-2000 Mwanza Pamba SC], **s. S.** 119
Pamba SC, Shinyanga, Tansania, Klub, **s. S.** 119
Pamba, Lira, Uganda, Klub, **s. S.** 119
Pambygchi Neftschala **s.** FC Pambygchi Neftschala
Pambygtschi Barda **s.** FC Karabach Barda
Pamir Duschanbe **s.** SKA Pamir Duschanbe
Pamplemousses SC, Rivière Noire, Mauritius, Klub, entst. 2000, [entst. 2000 nach Umzug von Fire Brigade SC nach Rivière Noire => Vacoas-Phoenix FC (2000), 2000 Fusion mit Real Pamplemousses], **s. S.** 121
Pamplona, Stadt, Spanien, **s. S.** 79
Pan African SC, Dar es Salaam, Tansania, Klub, entst. 1975, **s. S.** 119
Pan de Azúcar **s.** CD Pan de Azúcar
Panahaiki GS (Panahaiki Gymnastikos Syllogos), Patra, Griechenland, Klub, entst. 1924, **s. S.** 95
Panahaiki Gymnastikos Syllogos **s.** Panahaiki GS
Panaigialeios, Aigio, Griechenland, Klub, entst. 1927, **s. S.** 95
Panaitolikos GFS, Agrinio, Griechenland, Klub, entst. 1926, **s. S.** 95
Panajot Volov Kolarovgrad **s.** FK Schumen
Panajot Volov Schumen **s.** FK Schumen
Panama City, Stadt, Panama, **s. S.** 125
Panamá SC (Panamá Sporting Club), Babahoyo, Ecuador, Klub, entst. 1923, **s. S.** 130
Panamá Sporting Club **s.** Panamá SC
Panamá Viejo FC (Panamá Viejo Fútbol Club), Ciudad de Panamá/Panama City, Panama, Klub, entst. 1978, **s. S.** 125
Panamá Viejo Fútbol Club **s.** Panamá Viejo FC
Panama, Länder, **s. S.** 124 und 125
Panargiakos, Argos, Griechenland, Klub, entst. 1926, **s. S.** 95
Panasonic **s.** Guangzhou Songri
Panathinaikos AO (Panathinaikos Athlitikos Omilos), Athen (Athina), Griechenland, Klub, entst. 1908, [1908-10 PPO, 10-24 POA], **s. S.** 95
Panathinaikos Athlitikos Omilos **s.** Panathinaikos AO
Panelefsiniakos PAE AO (Panelefsiniakos Podosfeiriki Athlitikos Enosis Athlitikos Omilos), Elefsina, Griechenland, Klub, entst. 1931, **s. S.** 95
Panelefsiniakos Podosfeiriki Athlitikos Enosis Athlitikos Omilos **s.** Panelefsiniakos PAE AO
Panerys Vilnius **s.** FK Panerys Vilnius
Panevežys, Stadt, Litauen, **s. S.** 99
Panileiakos **s.** AO Panileiakos
Panionios GS **s.** Panionios PAE
Panionios GS Smyrna **s.** Panionios PAE
Panionios PAE (Panionios Podosfeiriki Athlitikos Enosis), Athen (Athina), Griechenland, Klub, entst. 1890, [1890-95 Orfeas Smyrna, 1895-1922 Panionios GS Smyrna, 22-96 Panionios GS], **s. S.** 95
Panionios Podosfeiriki Athlitikos Enosis **s.** Panionios PAE
Panjim, Stadt, Indien, **s. S.** 105
Pankorinthiakos, Korinthos, Griechenland, Klub, entst. 1931, [aufgel. 1970 durch Fusion mit Aris Korinthos => PAE Korinthos], **s. S.** 95
Panos Ljungskile SK (Panos Ljungskile Sportklubb), Ljungskile, Schweden, Klub, entst. 1926, [1926-97 Ljungskile SK], **s. S.** 73
Panos Ljungskile Sportklubb **s.** Panos Ljungskile SK
Panpaper, Webuye, Kenia, Klub, **s. S.** 119
Panserraikos **s.** PAE Panserraikos
Panteri Bijeljina **s.** FK Radnik Bijeljina
Panthère Bangangté (Panthère sportive Bangangté), Bangangté, Kamerun, Klub, **s. S.** 117
Panthère sportive Bangangté **s.** Panthère Bangangté
Panthères Noires, Kigali, Rwanda, Klub, **s. S.** 119
Panthères, Djougou, Benin, Klub, **s. S.** 117
Panthers **s.** HBA Panthers
Pantin **s.** Olympique Pantin
Pantoja, Stadt, Dominikanische Republik, **s. S.** 127
Panza East, Amerikanisch-Samoa, Klub, **s. S.** 137
Panza West, Amerikanisch-Samoa, Klub, **s. S.** 137
PAOK **s.** AS PAOK
Paola Constitutionals **s.** Hibernians FC
Paola Rovers FC **s.** Paola United FC
Paola United FC (Paola United Football Club), Paola, Malta, Klub, entst. 1913, [1913-19 Paola Rovers FC], **s. S.** 81
Paola United Football Club **s.** Paola United FC
Paola, Stadt, Malta, **s. S.** 81
Papara, Papara, Tahiti, Klub, **s. S.** 137
Papara, Stadt, Tahiti, **s. S.** 137
Papatoetoe, Auckland, Neuseeland, Klub, **s. S.** 137
Papeari, Stadt, Tahiti, **s. S.** 137
Papeete, Stadt, Tahiti, **s. S.** 137
Paper and Pulp, Nazret/Nazareth, Äthiopien, Klub, **s. S.** 115
Papillon Bleu, Komoren, Klub, **s. S.** 121
Papua-Neuguinea, Länder, **s. S.** 136 und 137
Papuk Kamen Ingrad Velika **s.** NK Papuk Kamen Ingrad Velika
Paradise, Paradise, Grenada, Klub, **s. S.** 127
Paradise, Paradise, Guyana, Klub, **s. S.** 129
Paradise, Stadt, Grenada, **s. S.** 127
Paradise, Stadt, Guyana, **s. S.** 129
Paraguay, Länder, **s. S.** 134 und 135
Paraíso, Stadt, Brasilien, **s. S.** 133
Parakou, Stadt, Benin, **s. S.** 117
Paralimni, Stadt, Zypern, **s. S.** 95
Paramaribo, Stadt, Surinam, **s. S.** 129
Paraná Clube, Curitiba, Brasilien, Klub, entst. 1989, [entst. 1989 durch Fusion EC Pinheiros und Colorado EC], **s. S.** 133
Paraná **s.** Colorado EC
Paraná **s.** EC Pinheiros
Paraná, Stadt, Argentinien, **s. S.** 135
Paranaense **s.** CA Paranaense
Paranaense **s.** Palestra Itália FC
Parchar, Parchar, Tadschikistan, Klub, [19??-95 Chosilot Parchar], **s. S.** 101
Parchar, Stadt, Tadschikistan, **s. S.** 101
Parchevitsch Plovdiv, Plovdiv, Bulgarien, Klub, [aufgel. 19??], **s. S.** 91
Pardaugava NSS Riga, Riga, Lettland, Klub, [aufgel. 1994], **s. S.** 99
Pardubice, Stadt, Tschechische Republik, **s. S.** 86
Parham FC (Parham Football Club), Parham, Antigua und Barbuda, Klub, [19??-9? J & J Construction], **s. S.** 127
Parham Football Club **s.** Parham FC
Parham, Stadt, Antigua und Barbuda, **s. S.** 127
Paris Athlétic Club **s.** CA Charenton
Paris FC (Paris Football Club), Paris, Frankreich, Klub, entst. 1970, [1970-82 FC de Paris, 82 Fusion mit RC Paris => Racing Paris 1 (82-83), 83 Aufl. der Fusion], **s. S.** 76
Paris FC **s.** Racing CF 92
Paris Football Club **s.** Paris FC
Paris Saint-Germain FC (Paris Saint-Germain Football Club), Paris, Frankreich, Klub, entst. 1970, **s. S.** 76
Paris Saint-Germain Football Club **s.** Paris Saint-Germain FC
Paris, Stadt, Frankreich, **s. S.** 76 und 77
Park Avenue FC **s.** Bradford Park Avenue FC
Parma AC (Parma Associazione Calcio), Parma, Italien, Klub, entst. 1913, [1913 Verdi FBC, 13-30 Parma FBC, 30-67 Parma AS, 67-68 Parma FC, 68 aufgel. und wiedergegr.], **s. S.** 81
Parma AS **s.** Parma AC
Parma Associazione Calcio **s.** Parma AC
Parma FBC **s.** Parma AC
Parma FC **s.** Parma AC
Parma, Stadt, Italien, **s. S.** 81
Parmalat FC **s.** Videoton FC Fehérvár
Pärnu Jalgpalliklubi **s.** Pärnu JK
Pärnu JK (Pärnu Jalgpalliklubi), Pärnu, Estland, Klub, entst. 1985, [entst. 1985 durch Fusion Kalakombinaat Pärnu und MEK Pärnu => Kalakombinaat/MEK Pärnu (85-91), 91-93 Pärnu JK, 93-94 JK/Kalev Pärnu], **s. S.** 99
Pärnu, Stadt, Estland, **s. S.** 99
Parramatta Eagles SC **s.** Parramatta Power SC
Parramatta Power SC (Parramatta Power Soccer Club), Sydney, Australien, Klub, entst. 1956, [19??-99 Parramatta Eagles SC], **s. S.** 136
Parramatta Power Soccer Club **s.** Parramatta Power SC
Partick Thistle FC (Partick Thistle Football Club), Glasgow, Schottland, Klub, entst. 1876, **s. S.** 69
Partick Thistle Football Club **s.** Partick Thistle FC
Partizán Bardejov **s.** BSC JAS Bardejov
Partizan Beograd **s.** FK Partizan Beograd
Partizan Prevalje **s.** NK Korotan Prevalje
Partizan Tabor **s.** NK SCT Olimpija Ljubljana
Partizani Ruse **s.** FK Dunav Ruse
Partizani Ruse **s.** Torpedo Ruse
Partizani **s.** KS Partizani
Partizánske, Stadt, Slowakei, **s. S.** 86
Partizanul Bucureşti **s.** Flacăra Bucureşti
Partizanul Lupeni **s.** Minerul Lupeni
Partizanul Mediaş **s.** Gaz Metan Mediaş
Partizanul Moreni **s.** CS Flacăra Moreni
Partizanul Petroşani **s.** CS Jiul Petroşani
Partizanul Ploieşti **s.** FC Petrolul Ploieşti
Partizanul Ploieşti **s.** FC Prahova Ploieşti
Partizanul Reghin **s.** AS Avântul Reghin
Pârvomaj, Stadt, Bulgarien, **s. S.** 91
PAS Ioannina (Podosfeiriki Athlitikos Syllogos Ioannina), Ioannina, Griechenland, Klub, entst. 1966, [entst. 1966 durch Fusion Atromitos Ioannina und Averon Ioannina], **s. S.** 95
Pasay City, Pasay, Philippinen, Klub, **s. S.** 107
Pasay, Stadt, Philippinen, **s. S.** 107
Passagem FC (Passagem Futebol Clube), Aracaju, Brasilien, Klub, [aufgel. 19??], **s. S.** 133
Passagem Futebol Clube **s.** Passagem FC
Passamaïnti, Stadt, Mayotte, **s. S.** 121
Pasto, Stadt, Kolumbien, **s. S.** 128
Pastures, St. Vincent und Grenadinen, Klub, **s. S.** 127
Patan, Stadt, Nepal, **s. S.** 105
Patenidis Motorlet Praha **s.** SK Motorlet Praha
Paterson Silk Sox, Paterson, USA, Klub, entst. 1922, [aufgel. 19??], **s. S.** 122
Paterson, Stadt, USA, **s. S.** 122
Pathein, Pathein/Bassein, Burma, Klub, **s. S.** 106
Pathein, Stadt, Burma, **s. S.** 106
Patna, Stadt, Indien, **s. S.** 105
Patos, Stadt, Albanien, **s. S.** 93
Patra, Stadt, Griechenland, **s. S.** 95
Patria **s.** Sportivo Patria
Patria, Guayaquil, Ecuador, Klub, **s. S.** 131
Patrie FC, Bizerte/Banzart, Tunesien, Klub, **s. S.** 113
Patriote **s.** SS Patriote
Patro Eisden **s.** K Patro Eisden
Patronage Sainte Anne **s.** CS Patronage Sainte Anne
Patronato **s.** CA Patronato
Paula Ramos EC (Paula Ramos Esporte Clube), Florianópolis, Brasilien, Klub, [aufgel. 19??], **s. S.** 133
Paula Ramos Esporte Clube **s.** Paula Ramos EC
Paulino **s.** FC Paulino
Paulistano **s.** AA Palmeiras
Paulistano **s.** CA Paulistano
Paulistano **s.** São Paulo FC
Pavlikeni, Stadt, Bulgarien, **s. S.** 91
Pawlodar, Stadt, Kasachstan, **s. S.** 101
Pawlograd, Stadt, Ukraine, **s. S.** 99
Pawlohrad, Stadt, Ukraine, **s. S.** 99
Pawtucket Rangers, Pawtucket, USA, Klub, entst. 1914, [1914-28 J & P Coats, 28-?? Pawtucket Rangers, ?? aufgel.], **s. S.** 122
Pawtucket, Stadt, USA, **s. S.** 122
Payam (Payam-Moghavemat), Mashhad, Iran, Klub, **s. S.** 103
Payam-Moghavemat **s.** Payam
Paysandu AC (Paysandu Athletic Club), Rio de Janeiro, Brasilien, Klub, [aufgel. 19??], **s. S.** 133
Paysandu Athletic Club **s.** Paysandu AC
Paysandu **s.** Brusque FC
Paysandu SC (Paysandu Sport Club), Belém, Brasilien, Klub, entst. 1914, **s. S.** 133
Paysandu Sport Club **s.** Paysandu SC
Paysandú, Stadt, Uruguay, **s. S.** 135
Pazardschik, Stadt, Bulgarien, **s. S.** 91
Pazin, Stadt, Kroatien, **s. S.** 93
Pazinka Pazin **s.** NK Pazinka Pazin
PB Darulmakmur, Kuantan, Malaysia, Klub, **s. S.** 106
PCA Constanţa **s.** FC Farul Constanţa
PCI **s.** Beijing PCI
PCW Pinelands, Bridgetown, Barbados, Klub, **s. S.** 127
PE Blackpool **s.** Blackpool
Peacemakers **s.** Mhlume Peacemakers
Peat Marwick, Banjul, Gambia, Klub, **s. S.** 116
Peate Villa **s.** Thurles Town FC
PEC **s.** Taiwan PEC
PEC Zwolle **s.** FC Zwolle
Pécs, Stadt, Ungarn, **s. S.** 89
Pécsi AC **s.** Pécsi Baranya
Pécsi Bányász SC **s.** Pécsi Mecsek FC
Pécsi Baranya Dózsa SC **s.** Pécsi Mecsek FC
Pécsi Baranya, Pécs, Ungarn, Klub, entst. 1927, [entst. 1927 durch Fusion Pécsi SC und Pécsi AC => Pécsi Baranya (27-32), 32 aufgel.], **s. S.** 89
Pécsi Dózsa **s.** Pécsi Mecsek FC
Pécsi Dózsa SC **s.** Pécsi Mecsek FC
Pécsi Épitők **s.** Pécsi Mecsek FC
Pécsi Fordan **s.** Pécsi Mecsek FC
Pécsi Helyiipar SK **s.** Pécsi Mecsek FC
Pécsi Lokomotív **s.** Pécsi VSK-Pécs '96 FC
Pécsi Mecsek FC (Pécsi Mecsek Futball Club), Pécs, Ungarn, Klub, entst. 1950, [1950-56 Pécsi Dózsa, 56-57 Pécsi Baranya Dózsa SC, 57-73 Pécsi Dózsa SC, 73 Fusion mit Pécsi Bányász SC, Ércbányász SC, Pécsi Helyiipar SK und Pécsi Épitők => Pécsi Munkás SC (73-92), 92-95 Pécsi Fordan, 95-97 PMSC-Titán], **s. S.** 89
Pécsi Mecsek Futball Club **s.** Pécsi Mecsek FC
Pécsi Munkás SC **s.** Pécsi Mecsek FC
Pécsi SC **s.** Pécsi Baranya
Pécsi Törekvés **s.** Pécsi VSK-Pécs '96 FC
Pécsi Vasutas Sport Kör-Pécs '96 Futball Club **s.** Pécsi VSK-Pécs '96 FC
Pécsi VSK **s.** Pécsi VSK-Pécs '96 FC
Pécsi VSK-Pécs '96 FC (Pécsi Vasutas Sport Kör-Pécs '96 Futball Club), Pécs, Ungarn, Klub, entst. 1919, [1919-49 Pécsi VSK, 49-55 Pécsi Lokomotív, 55-56 Pécsi Törekvés, 56-96 Pécsi VSK], **s. S.** 89
Pederneiras FC (Pederneiras Futebol Clube), Brasília, Brasilien, Klub, [aufgel. 19??], **s. S.** 133
Pederneiras Futebol Clube **s.** Pederneiras FC
Pefiné, Stadt, Guinea-Bissau, **s. S.** 117
Pegasus **s.** HMS „Pegasus“
Pegrotour Dębica **s.** LKS Igloopol Dębica
Pegu, Bago/Pegu, Burma, Klub, **s. S.** 106
Pegu, Stadt, Burma, **s. S.** 106
Pekalongan, Stadt, Indonesien, **s. S.** 107
Pekanbaru, Stadt, Indonesien, **s. S.** 106
Peking, Stadt, China, **s. S.** 109
Pele FC (Pele Football Club), Georgetown, Guyana, Klub, **s. S.** 129
Pele Football Club **s.** Pele FC
Pelicans SC (Pelicans Sport Club), Kurunegala, Sri Lanka, Klub, **s. S.** 105
Pelicans Sport Club **s.** Pelicans SC
Pelister Bitola **s.** FK Pelister Bitola
Pelita Bakrie, Jakarta, Indonesien, Klub, [19??-97 Pelita Jaya Mastrans], **s. S.** 106
Pelita Jaya Mastrans **s.** Pelita Bakrie
Pelita, Surakarta, Indonesien, Klub, entst. 1986, **s. S.** 107
Pelotas, Stadt, Brasilien, **s. S.** 133
Pematangsiantar, Stadt, Indonesien, **s. S.** 107
Pemba, Stadt, Mosambik, **s. S.** 121
Pemba, Stadt, Tansania, **s. S.** 119
Pembroke Hamilton Club Zebras **s.** PHC Zebras
Penafiel, Stadt, Portugal, **s. S.** 79
Penang Port Commission, Penang/Pinang, Malaysia, Klub, **s. S.** 106
Penang, Stadt, Malaysia, **s. S.** 106
Peñarol **s.** CA Peñarol
Penelo, Stadt, Neukaledonien, **s. S.** 137
Peninsulares Araya (Peninsulares de Araya), Araya, Venezuela, Klub, **s. S.** 129
Peninsulares de Araya **s.** Peninsulares Araya
Pennarossa **s.** SS Pennarossa
Penrith, Penrith, Australien, Klub, **s. S.** 136
Penrith, Stadt, Australien, **s. S.** 136
Pensativo Antigua (Pensativo de Antigua), Antigua Guatemala, Guatemala, Klub, [aufgel. 19??], **s. S.** 125
Pensativo de Antigua **s.** Pensativo Antigua
People FC **s.** Wellington People FC
Pepeganga Margarita, Porlamar, Venezuela, Klub, entst. 1985, **s. S.** 129
Pepsi Tigers (Mukorob Pelagic Tigers), Windhoek, Namibia, Klub, entst. 1942, [19??-?? B & B Tigers, ??-99 MP Tigers], **s. S.** 120
Pepsi, Sion Hill, St. Vincent und Grenadinen, Klub, **s. S.** 127
Peqin, Stadt, Albanien, **s. S.** 93
Perak (Perak Darul Ridzuan), Ipoh, Malaysia, Klub, **s. S.** 106
Perak Darul Ridzuan **s.** Perak
Perdigão **s.** SER Perdigão
Pereces Tárna **s.** Miskolci Bányász
Pereces TK **s.** Miskolci Bányász
Perecesi Bányász **s.** Miskolci Bányász
Pereira, Stadt, Kolumbien, **s. S.** 128
Pérez Zeledón **s.** AD Municipal Pérez Zeledón
Pérez Zeledón **s.** Generaleña
Pergamos, Stadt, Zypern, **s. S.** 95
Perlis (Perlis Indera Kayangan), Kangar, Malaysia, Klub, **s. S.** 106
Perlis Indera Kayangan **s.** Perlis
Perm', Stadt, Russland, **s. S.** 101
Përmet, Stadt, Albanien, **s. S.** 93
Pernik JSK **s.** FK Minjor Pernik
Pernik, Stadt, Bulgarien, **s. S.** 91
Perpignan, Stadt, Frankreich, **s. S.** 77
Perricholi **s.** Guardia Republicana
Persatuan Sepakbola Bandar Lampung **s.** PSBL
Persatuan Sepakbola Deli Serdang **s.** PSDS
Persatuan Sepakbola Indonesia Balikpapan **s.** Persiba
Persatuan Sepakbola Indonesia Bandung **s.** Persib
Persatuan Sepakbola Indonesia Jakarta **s.** Persija
Persatuan Sepakbola Indonesia Jayapura **s.** Persipura
Persatuan Sepakbola Indonesia Jepara **s.** Persijap
Persatuan Sepakbola Indonesia Kabupaten Bandung **s.** Persikab Bandung
Persatuan Sepakbola Indonesia Kabupaten Bogor **s.** Persikabo
Persatuan Sepakbola Indonesia Kota Raja **s.** Persiraja
Persatuan Sepakbola Indonesia Tangerang **s.** Persita
Persatuan Sepakbola Makasar **s.** PSM
Persatuan Sepakbola Manado **s.** Persma
Persatuan Sepakbola Padang **s.** PSP
Persatuan Sepakbola Pekanbaru dan Sekitarnya **s.** PSPS
Persatuan Sepakbola Sleman **s.** PSS
Persebaya Surabaya, Surabaya, Indonesien, Klub, entst. 1927, **s. S.** 107
Persedikab, Kediri, Indonesien, Klub, **s. S.** 107
Persegres Gresik, Gresik, Indonesien, Klub, **s. S.** 107
Persekaba, Bandung, Indonesien, Klub, **s. S.** 107
Persema Malang, Malang, Indonesien, Klub, entst. 1953, **s. S.** 107
Perserang, Serang, Indonesien, Klub, **s. S.** 107
Perserikatan Sepakbola Medan dan Sekitarnya **s.** PSMS
Persib (Persatuan Sepakbola Indonesia Bandung), Bandung, Indonesien, Klub, entst. 1950, **s. S.** 107
Persiba (Persatuan Sepakbola Indonesia Balikpapan), Balikpapan, Indonesien, Klub, entst. 1950, **s. S.** 107
Persija (Persatuan Sepakbola Indonesia Jakarta), Jakarta, Indonesien, Klub, entst. 1928, **s. S.** 106
Persijap (Persatuan Sepakbola Indonesia Jepara), Japara, Indonesien, Klub, **s. S.** 107
Persijatim **s.** Jakarta FC
Persikab Bandung (Persatuan Sepakbola Indonesia Kabupaten Bandung), Bandung, Indonesien, Klub, entst. 1963, **s. S.** 107
Persikabo (Persatuan Sepakbola Indonesia Kabupaten Bogor), Bogor, Indonesien, Klub, entst. 1975, **s. S.** 107
Persikota Tangerang, Tangerang, Indonesien, Klub, entst. 1995, **s. S.** 107
Persiku, Kudus, Indonesien, Klub, **s. S.** 107
Persipura (Persatuan Sepakbola Indonesia Jayapura), Jayapura, Indonesien, Klub, entst. 1964, **s. S.** 107
Persiraja (Persatuan Sepakbola Indonesia Kota Raja), Banda Aceh, Indonesien, Klub, entst. 1953, **s. S.** 106
Persiraja (Persatuan Sepakbola Indonesia Kota Raja), Jakarta, Indonesien, Klub, **s. S.** 106
Persis, Surakarta, Indonesien, Klub, **s. S.** 107
Persita (Persatuan Sepakbola Indonesia Tangerang), Tangerang, Indonesien, Klub, entst. 1953, **s. S.** 107
Persma (Persatuan Sepakbola Manado), Manado, Indonesien, Klub, entst. 1960, **s. S.** 107
Perspolis **s.** Pirouzi
Perth Glory SC (Perth Glory Soccer Club), Perth, Australien, Klub, entst. 1995, **s. S.** 136
Perth Glory Soccer Club **s.** Perth Glory SC
Perth Kangaroos, Perth, Australien, Klub, **s. S.** 136
Perth, Stadt, Australien, **s. S.** 136
Perth, Stadt, Schottland, **s. S.** 69
Perú **s.** Deportivo Perú
Peru, Länder, **s. S.** 130 und 131
Perugia, Stadt, Italien, **s. S.** 81
Pescara Calcio, Pescara, Italien, Klub, entst. 1937, [1937-46 SS Pescara, 46-74 AS Pescara], **s. S.** 81
Pescara, Stadt, Italien, **s. S.** 81

Peshawar, Peshawar, Pakistan, Klub, **s. S.** 105
Peshawar, Stadt, Pakistan, **s. S.** 105
Peshkopi, Stadt, Albanien, **s. S.** 93
Pesquero **s.** CD Pesquero
Pesquero **s.** CD Wanka
Pesquero **s.** Unión Pesquero
Pesterzsébeti MTK **s.** ESMTK
Pesterzsébeti Vasas **s.** ESMTK
Petah-Tikva **s.** Hapoel Petah-Tikva
Petah-Tikva **s.** Maccabi Petah-Tikva
Pétange, Stadt, Luxemburg, **s. S.** 74
Peterborough, Stadt, England, **s. S.** 67
Pétionville, Stadt, Haiti, **s. S.** 127
Petit-Canal, Stadt, Guadeloupe, **s. S.** 127
Petőfi **s.** Salgótarjáni Barátság TC
Petőfi SE **s.** Vác FC-Zollner
Petone **s.** Hutt Valley United
Petone **s.** Lower Hutt City AFC
Petone **s.** Stop Out
Petone, Petone, Neuseeland, Klub, [aufgel. 1987 durch Fusion mit Lower Hutt City und Stop Out => Hutt Valley United, 9? Aufl. der Fusion und Zurückbenennung], **s. S.** 137
Petone, Stadt, Neuseeland, **s. S.** 137
Petra Drnovice **s.** FK Drnovice
Petrimex Prievidza **s.** FK Baník Prievidza
Petritsch, Stadt, Bulgarien, **s. S.** 91
Petro Atlético de Huambo **s.** Petro Atlético Huambo
Petro Atlético de Luanda **s.** Petro Atlético Luanda
Petro Atlético Huambo (Petro Atlético de Huambo), Huambo, Angola, Klub, **s. S.** 118
Petro Atlético Luanda (Petro Atlético de Luanda), Luanda, Angola, Klub, entst. 1980, **s. S.** 118
Petro Płock **s.** Orlen Płock
Petroca **s.** AS Petroca
Petrochemia Płock **s.** Orlen Płock
Petrocub Condor Sarata Galbena **s.** FC Hîncesti
Petrokimia Putra, Gresik, Indonesien, Klub, entst. 1988, **s. S.** 107
Petrol Ofisi Gençlık Kulübü **s.** Petrol Ofisi GK
Petrol Ofisi GK (Petrol Ofisi Gençlık Kulübü), Ankara, Türkei, Klub, entst. 1954, **s. S.** 96
Petrolero **s.** Independiente Petrolero
Petrolero **s.** Oriente Petrolero
Petrolero **s.** Stormers Petrolero
Petrolero, Cochabamba, Bolivien, Klub, **s. S.** 131
Petroleros del Zulia, Maracaibo, Venezuela, Klub, [19??-?? Zulia FC], **s. S.** 128
Petroleum, Somalia, Klub, **s. S.** 115
Petrolul Bucureşti **s.** Flacăra Bucureşti
Petrolul Ploieşti **s.** FC Petrolul Ploieşti
Petropawlowsk, Stadt, Kasachstan, **s. S.** 101
Petroşani, Stadt, Rumänien, **s. S.** 91
Pétrosport FC (Pétrosport Football Club), Port-Gentil, Gabun, Klub, entst. 1956, **s. S.** 118
Pétrosport Football Club **s.** Pétrosport FC
Pétrosport, Pointe-Noire, Kongo, Klub, **s. S.** 118
Petrotela, Tela, Honduras, Klub, [19??-91 Tela Timsa], **s. S.** 125
Petrotrin **s.** United Petrotrin
Petržalka **s.** FC Artmedia Petržalka
Pettah United SC (Pettah United Sport Club), Colombo, Sri Lanka, Klub, **s. S.** 105
Pettah United Sport Club **s.** Pettah United SC
Pettirossi **s.** Silvio Pettirossi
Peußen Breslau **s.** Vereinigte Breslauer Sportfreunde
Peykan, Teheran/Tehran, Iran, Klub, **s. S.** 103
Pezoporikos OL (Pezoporikos Omilos Larnakos), Larnaka/Larnaca, Zypern, Klub, entst. 1927, [aufgel. 1994 durch Fusion mit EPA => AEK], **s. S.** 95
Pezoporikos OL **s.** AEK
Pezoporikos OL **s.** EPA
Pezoporikos Omilos Larnakos **s.** Pezoporikos OL
Pfaffenthal **s.** Red-Black Pfaffenthal
Pfeil Breslau **s.** Breslauer FV 06-Stern
PFK Levski Sofija (Profesionalen fudbalski klub Levski Sofija), Sofija, Bulgarien, Klub, entst. 1914, [1914-?? CS Levski Sofija, ??-?? Levskiego Sofija, ??-?? Spartak Sofija, ??-?? Sportista Sofija, ??-49 SK Levski Sofija, 49-57 Dinamo Sofija, 57-69 FD Levski Sofija, 69 Fusion mit FD Spartak Sofija => DFS Levski-Spartak Sofija (69-85), 85 aufgel. und wiedergegr., 85-90 FK Vitoscha Sofija, 90-93 FK Levski-14 Sofija, 93-98 Levski-1914 Sofija], **s. S.** 90
PFK/Daugava Riga (Policijas Futbola Klubs/Daugava Riga), Riga, Lettland, Klub, entst. 2001, [entst. 2001 durch Fusion FK Policijas Riga und LU/Daugava Riga], **s. S.** 99
PFK/Daugava Riga **s.** FK Policijas Riga
PFK/Daugava Riga **s.** LU/Daugava Riga
Pforzheim, Stadt, Deutschland, **s. S.** 85
PG Rangers **s.** Rangers FC
PGS Ermis Aradippou, Aradippou, Zypern, Klub, entst. 1948, **s. S.** 95
Phagwara, Stadt, Indien, **s. S.** 105
Phantoms **s.** Pittsburgh Phantoms
Phare du Cana, Petit-Canal, Guadeloupe, Klub, **s. S.** 127
PHC Zebras (Pembroke Hamilton Club Zebras), Warwick, Bermudas, Klub, **s. S.** 123
Phenix **s.** SC Enschede
Phénix, Pirae, Tahiti, Klub, **s. S.** 137
Philadelphia Atoms, Philadelphia, USA, Klub, entst. 1973, [aufgel. 1976], **s. S.** 122
Philadelphia Celtic, Philadelphia, USA, Klub, entst. 1927, [aufgel. 19??], **s. S.** 122
Philadelphia FC **s.** Bethlehem Steel FC
Philadelphia Field Club, Philadelphia, USA, Klub, entst. 1922, [1929 Bridgeport Bears, 29-?? Philadelphia Field Club, ?? aufgel.], **s. S.** 122
Philadelphia Fury **s.** Montreal Manic
Philadelphia Fury, Philadelphia, USA, Klub, entst. 1978, [aufgel. 1981, Umzug nach Montreal => Montreal Manic], **s. S.** 122
Philadelphia Spartans, Philadelphia, USA, Klub, entst. 1967, [aufgel. 1967], **s. S.** 122
Philadelphia, Stadt, USA, **s. S.** 122
Philippinen, Länder, **s. S.** 106 und 107
Philips Sport Vereniging **s.** PSV
Phőbus FC (Phőbus Futball Club), Budapest, Ungarn, Klub, entst. 1923, [1923-39 Phőbus FC, 39 aufgel., 45 wiedergegr., 45-57 Phőbus FC, 57 aufgel.], **s. S.** 88
Phőbus Futball Club **s.** Phőbus FC
Phoenix, Stadt, USA, **s. S.** 123
Phompenh, Stadt, Kambodscha, **s. S.** 107
Phönix 1910 Kaiserslautern **s.** 1. FC Kaiserslautern
Phönix Baia Mare **s.** FC Baia Mare
Phönix Baia Mare **s.** SC Phönix Baia Mare
Phönix Ludwigshafen **s.** SV Phönix Ludwigshafen
Phönix Sankt Gallen **s.** FC Sankt Gallen
Phuentsholing FC (Phuentsholing Football Club), Phuentsholing, Bangladesh, Klub, **s. S.** 105
Phuentsholing Football Club **s.** Phuentsholing FC
Phuentsholing, Stadt, Bangladesh, **s. S.** 105
Phum Pénh, Stadt, Kambodscha, **s. S.** 107
Phuthaditjhaba, Stadt, Südafrika, **s. S.** 121
PIA (Pakistan International Airlines), Karachi, Pakistan, Klub, **s. S.** 105
Piacenza Calcio, Piacenza, Italien, Klub, entst. 1919, [1919-9? Piacenza FC], **s. S.** 81
Piacenza FC **s.** Piacenza Calcio
Piacenza, Stadt, Italien, **s. S.** 81
Piatra Neamţ, Stadt, Rumänien, **s. S.** 91
Piauí EC (Piauí Esporte Clube), Teresina, Brasilien, Klub, entst. 1948, **s. S.** 133
Piauí Esporte Clube **s.** Piauí EC
Picos, Stadt, Brasilien, **s. S.** 133
Pielari Bucureşti **s.** Carmen Bucureşti
Pierikos **s.** Megas Alexandros Katerini
Pierikos, Katerini, Griechenland, Klub, entst. 1961, [entst. 1961 durch Fusion Megas Alexandros Katerini und Olympos Katerini], **s. S.** 95
Piérola FBC (Piérola Foot-Ball Club), Arequipa, Peru, Klub, **s. S.** 131
Piérola Foot-Ball Club **s.** Piérola FBC
Pieta Hotspurs FC (Pieta Hotspurs Football Club), Pieta, Malta, Klub, entst. 1968, **s. S.** 81
Pieta Hotspurs Football Club **s.** Pieta Hotspurs FC
Pieta, Stadt, Malta, **s. S.** 81
Pietarsaari, Stadt, Finnland, **s. S.** 73
Pietermaritzburg County, Pietermaritzburg, Südafrika, Klub, entst. 1879, **s. S.** 121
Pietermaritzburg, Stadt, Südafrika, **s. S.** 121
Piggotts, Stadt, Antigua und Barbuda, **s. S.** 127
Pikine **s.** ASC Niayés-Pikine
Pila, Stadt, Zypern, **s. S.** 95
Pile, Pila/Pyla, Zypern, Klub, **s. S.** 95
Pillars **s.** Kano Pillars
Pilsen **s.** Sport Pilsen
Pinang, Stadt, Malaysia, **s. S.** 106
Pinar del Río, Stadt, Kuba, **s. S.** 126
Pine Villa **s.** Oldham Athletic AFC
Pinelands **s.** PCW Pinelands
Pingan **s.** Shenzhen Kejian Ping'an
Pinheiros **s.** Colorado EC
Pinheiros **s.** EC Pinheiros
Pinheiros **s.** Paraná Clube
Pinsk, Stadt, Weißrussland, **s. S.** 99
Pio X **s.** Colégio Pio X
Pioneers FC (Pioneers Football Club), Castries, St. Lucia, Klub, **s. S.** 127
Pioneers FC (Pioneers Football Club), Dublin/Baile Átha Cliath, Irland, Klub, [aufgel. 19??], **s. S.** 69
Pioneers Football Club **s.** Pioneers FC
Pioneira FC (Pioneira Futebol Clube), Brasília, Brasilien, Klub, [aufgel. 19??], **s. S.** 133
Pioneira Futebol Clube **s.** Pioneira FC
Piracicaba, Stadt, Brasilien, **s. S.** 133
Pirae, Stadt, Tahiti, **s. S.** 137
Piraikos Omilos **s.** Ethnikos Peiraia
Piratas, Cabo Rojo, Puerto Rico, Klub, **s. S.** 127
Pirates **s.** Maseru Pirates
Pirates **s.** Moneni Pirates
Pirates **s.** Orlando Pirates
Pirates **s.** Tlokweng Pirates
Pirin Blagoevgrad **s.** FK Pirin Blagoevgrad
Piripiri, Stadt, Brasilien, **s. S.** 133
Pirmasens, Stadt, Deutschland, **s. S.** 85
Pirouzi, Teheran/Tehran, Iran, Klub, [19??-68 Shahin FC, 68-79 Perspolis], **s. S.** 103
Pisa AC **s.** Pisa Calcio
Pisa Calcio, Pisa, Italien, Klub, entst. 1909, [1909-31 Pisa SC, 31-45 Pisa AC, 45-9? Pisa SC], **s. S.** 81
Pisa SC **s.** Pisa Calcio
Pisa, Stadt, Italien, **s. S.** 81
Pischkewik Kaliningrad **s.** FK Baltika Kaliningrad
Pischkewik Moskva, Moskau (Moskva), Russland, Klub, entst. 1931, [1931-37 ZKP Moskva, 37-?? Pischkewik Moskva, ?? aufgel.], **s. S.** 100
Pischkewiki Moskva **s.** FK Spartak Moskva
Pischtschevik Bălţi **s.** FC Olimpia Bălţi
Pischtschevik Tiraspol **s.** FC Tiligul Tiraspol
Pistoia, Stadt, Italien, **s. S.** 81
Pistoiese Calcio **s.** AC Pistoiese
Piteşti, Stadt, Rumänien, **s. S.** 91
Pittsburgh Phantoms, Pittsburgh, USA, Klub, entst. 1967, [aufgel. 1967], **s. S.** 122
Pittsburgh, Stadt, USA, **s. S.** 122
Piura, Stadt, Peru, **s. S.** 130
Pivani **s.** ANS Pivani
Pivonija Ukmerge **s.** FK Vienybe Ukmerge
Pjandzh, Stadt, Tadschikistan, **s. S.** 101
Pjandzher Kolchozabad, Kolchozabad, Tadschikistan, Klub, **s. S.** 101
Pjunik Erewan **s.** FC Pjunik Erewan
Pjunik Erewan **s.** FC Kilikia Erewan
PK-35 **s.** FC Jokerit
PKNS, Shah Alam, Malaysia, Klub, **s. S.** 106
PKS Lech Poznań **s.** WKP Lech Poznań
PKS Polonia Karviná **s.** FC Karviná
Plaisance, Plaisance, Seychellen, Klub, **s. S.** 121
Plaisance, Stadt, Seychellen, **s. S.** 121
Plania Racibórz **s.** KS Unia Racibórz
Planitzer SC **s.** FSV Zwickau
Planters **s.** LPMC-Planters
Plastic SC (Plastic Sports Club), Kairo (Al-Qahirah), Ägypten, Klub, **s. S.** 112
Plastic Sports Club **s.** Plastic SC
Plastik Saljany **s.** FC Plastik Saljany
Plastika Nitra **s.** FC Nitra
Plateau United, Jos, Nigeria, Klub, **s. S.** 117
Platense (Club Platense), Puerto Cortés, Honduras, Klub, entst. 1960, **s. S.** 125
Platense **s.** CA Platense
Platense **s.** CD Platense
Plauen, Stadt, Deutschland, **s. S.** 85
Plauener Sport- und Ballspiel-Club **s.** Plauener SuBC
Plauener SuBC (Plauener Sport- und Ballspiel-Club), Plauen, Deutschland, Klub, entst. 1918, [entst. 1918 durch Fusion BC Plauen und SC Plauen => Plauener SuBC (18-45), 45 aufgel. und wiedergegr., 45-?? BSG Einheit Plauen], **s. S.** 85
Plaza Amador **s.** CD Plaza Amador
Pleven, Stadt, Bulgarien, **s. S.** 91
PLGC, Nouméa, Neukaledonien, Klub, **s. S.** 137
Pljevlja, Stadt, Jugoslawien, **s. S.** 93
Płock, Stadt, Polen, **s. S.** 89
Ploieşti, Stadt, Rumänien, **s. S.** 91
Plovdiv, Stadt, Bulgarien, **s. S.** 91
Plymouth, Stadt, England, **s. S.** 67
Plymouth, Stadt, Montserrat, **s. S.** 127
Plzeň, Stadt, Tschechische Republik, **s. S.** 86
PM Fiscal (Polícia Marítima e Fiscal), Macau, Klub, **s. S.** 109
PMSC-Titán **s.** Pécsi Mecsek FC
Pneumatik Aue **s.** FC Erzgebirge Aue
Pniewy, Stadt, Polen, **s. S.** 89
Po Chai Pills, Hongkong, Klub, **s. S.** 109
Pô, Stadt, Burkina Faso, **s. S.** 114
POA **s.** Panathinaikos AO
Pobeda Dupnica **s.** FK Marek Dupnica
Pobeda Montana, Montana, Bulgarien, Klub, [aufgel. 19??], **s. S.** 91
Pobeda Prilep **s.** FK Pobeda Prilep
Pobeda Skopje **s.** FK Makedonija Skopje
Pobeda Skopje **s.** FK Vardar Skopje
Pobeda Skopje **s.** SSK Pobeda Skopje
Pobeda Varna, Varna, Bulgarien, Klub, [aufgel. 19??], **s. S.** 91
Pobeda Vitaminka Prilep **s.** FK Pobeda Prilep
Poços de Caldas, Stadt, Brasilien, **s. S.** 133
Pod. Botev Dupnica **s.** FK Marek Dupnica
Podgorica, Stadt, Jugoslawien, **s. S.** 93
Podgórze Kraków **s.** KS Podgórze Kraków
Podosfeiriki Athlitikos Enosis Apollon **s.** PAE Apollon
Podosfeiriki Athlitikos Enosis Ethnikos Astir **s.** PAE Ethnikos Astir
Podosfeiriki Athlitikos Enosis FAS Naousa **s.** PAE FAS Naousa
Podosfeiriki Athlitikos Enosis Gymnastikos Syllogos i Kalamata **s.** PAE GS Kalamata
Podosfeiriki Athlitikos Enosis Korinthos **s.** PAE Korinthos
Podosfeiriki Athlitikos Enosis Larissa **s.** PAE Larissa
Podosfeiriki Athlitikos Enosis Levadeiakos **s.** PAE Levadeiakos
Podosfeiriki Athlitikos Enosis Olympiakos Syndesmos Filathlon Peiraia **s.** PAE Olympiakos Peiraia
Podosfeiriki Athlitikos Enosis Panserraikos **s.** PAE Panserraikos
Podosfeiriki Athlitikos Enosis Veroia **s.** PAE Veroia
Podosfeiriki Athlitikos Syllogos Ioannina **s.** PAS Ioannina
Podrinje Šabac **s.** FK Mačva Šabac
Pogoń Lwów **s.** KS Pogoń Lwów
Pogoń Szczecin **s.** MKS Pogoń Szczecin
Pogoń Wilno **s.** WKS Pogoń Wilno
Pogoń Zabrze **s.** KS Górnik Zabrze
Pogradec, Stadt, Albanien, **s. S.** 93
Pohang Atoms **s.** Pohang Steelers
Pohang Steelers, Pohang, Südkorea, Klub, entst. 1973, [19??-?? Tungsten Mining, ??-83 POSCO, 83-84 POSCO Dolphins, 84-95 POSCO Atoms, 95-96 Pohang Atoms], **s. S.** 110
Pohang, Stadt, Südkorea, **s. S.** 110
Pohorje Ruše **s.** NK Feroterm Pohorje Ruše
Point Fortin CC (Point Fortin Civic Centre), Point Fortin, Trinidad und Tobago, Klub, **s. S.** 129
Point Fortin Civic Centre **s.** Point Fortin CC
Point Fortin, Stadt, Trinidad und Tobago, **s. S.** 129
Pointe Michel, Stadt, Dominica, **s. S.** 127
Pointe-à-Pierre, Stadt, Trinidad und Tobago, **s. S.** 129
Pointe-à-Pitre, Stadt, Guadeloupe, **s. S.** 127
Pointe-Noire, Stadt, Kongo, **s. S.** 118
Pokhara, Stadt, Nepal, **s. S.** 105
Polaban Nymburk, Nymburk, Tschechische Republik, Klub, entst. 1900, [1900-02 SK Nymburk, 02-49 SK Polaban Nymburk, 49-52 ZSJ Lokomotiva Nymburk, 52-53 ZSJ ČSD Nymburk, 53-9? TJ Lokomotiva Nymburk], **s. S.** 86
Polar Star, Port Louis, Mauritius, Klub, **s. S.** 121
Poldi Kladno **s.** SK Kladno
Poldi SONP Kladno **s.** SK Kladno
Polen, Länder, **s. S.** 88 und 89
Polesje Mozyr' **s.** FK Slavia Mazyr
Polet Srpski Brod **s.** FK Polet Srpski Brod
Polgári TE **s.** FC Artmedia Petržalka
Policar, Sucre, Bolivien, Klub, **s. S.** 131
Police (Police Cadet Academy), Krungthep/Bangkok, Thailand, Klub, **s. S.** 106
Police AC (Police Athletics Club), Dacca, Bangladesh, Klub, **s. S.** 105
Police Athletics Club **s.** Police AC
Police Cadet Academy **s.** Police
Police Club (Police Football Club Port Louis), Port Louis, Mauritius, Klub, [aufgel. 2000, Umzug nach Vacoas], **s. S.** 121
Police FC **s.** Guinness Police FC
Police Football Club Port Louis **s.** Police Club
Police **s.** AS Police
Police **s.** ASF Police
Police **s.** British Police
Police **s.** Civil Police
Police **s.** Dockyard Police
Police **s.** Kerala Police
Police **s.** Mahendra Police
Police **s.** Military Police
Police **s.** Nakuru Police
Police **s.** Omedla
Police **s.** Pakistan Police
Police **s.** Royal Police
Police SC (Police Sport Club), Colombo, Sri Lanka, Klub, **s. S.** 105
Police SC **s.** Burma Police SC
Police Sport Club **s.** Police SC
Police XI, Gaborone, Botswana, Klub, **s. S.** 121
Police, Abuja, Nigeria, Klub, **s. S.** 117
Police, Georgetown, Guyana, Klub, **s. S.** 129
Police, Honiara, Salomonen, Klub, **s. S.** 137
Police, Jinja, Uganda, Klub, **s. S.** 119
Police, Road Town, Britische Jungferninseln, Klub, **s. S.** 126
Police, St. George's, Grenada, Klub, **s. S.** 127
Police, St. Johns, Antigua und Barbuda, Klub, **s. S.** 127
Policejskaja Akademija Baku **s.** FC Dinamo-Bakili Baku
Polícia (Polícia de Segurança Pública), Macau, Klub, **s. S.** 109
Polícia de Segurança Pública **s.** Polícia
Polícia Marítima e Fiscal **s.** PM Fiscal
Polície Bratislava **s.** ŠK Polície Bratislava
Policijas Futbola Klubs/Daugava Riga **s.** PFK/Daugava Riga
Policijas Riga **s.** FK Policijas Riga
Policijas Riga **s.** LU/Daugava Riga
Policijas Riga **s.** PFK/Daugava Riga
Polihraftechnica Olexandria **s.** FK Polihraftechnica Olexandria
Polisi, Zanzibar, Tansania, Klub, **s. S.** 119
Polisportiva Cornigliannese **s.** AC Liguria
Polisportiva Giovanile Firenze Libertas **s.** AC Fiorentina
Polisportiva, Addis Abeba, Äthiopien, Klub, **s. S.** 115
Politechnika Kaunas **s.** Ranga-Politechnika Kaunas
Politécnico, Quito, Ecuador, Klub, **s. S.** 131
Politehnica Bucureşti **s.** CF Sportul Studentesc Bucureşti
Politehnica CF Iaşi **s.** FC Politehnica Iaşi
Politehnica **s.** Escuela de Politehnica
Politehnica Timişoara **s.** FC Politehnica Timişoara
Politotdel Taschkent **s.** FK Dustlik
Polizei Litzmannstadt **s.** SG OrPo Litzmannstadt
Polizei SV Chemnitz **s.** Chemnitzer FC
Poljot Bischkek **s.** SK Poljot Bischkek
Poľnohospodár Dunajská Streda **s.** 1. FC DAC Dunajská Streda
Polonia Bydgoszcz **s.** GKS Polonia Bydgoszcz
Polonia Bytom **s.** GKS Szombierki Bytom
Polonia Bytom **s.** KS Polonia Bytom
Polonia Cernăuţi **s.** CS Polonia Cernăuţi
Polonia Gdańsk **s.** KS Lechia Gdańsk
Polonia Karviná **s.** FC Karviná
Polonia Warszawa **s.** KP Polonia Warszawa
Polonia/Szombierki Bytom **s.** GKS Szombierki Bytom
Polonija Vilnius **s.** FK Polonija Vilnius
Poltava, Stadt, Ukraine, **s. S.** 99
Poly-Akril, Esfahan, Iran, Klub, **s. S.** 103
Polytechnic **s.** Lerotholi Polytechnic
Polyteknikkojen Urheiluseura Helsinki **s.** PUS Helsinki
Polyteknisk BK **s.** AB
Pommern Stralsund **s.** FC Pommern Stralsund
Pomorac Kostrena **s.** NK Pomorac Kostrena
Pompeya **s.** Atlético Pompeya
Ponape Agricultural and Trade School, Palikir, Mikronesien, Klub, **s. S.** 137
Ponce, Stadt, Puerto Rico, **s. S.** 127
Poncijana Trst **s.** FK Poncijana Trst
Poncijana Trst **s.** USC Triestina
Poniatowski Godula Schomberg **s.** GKS Szombierki Bytom
Poniatowski Schomberg **s.** GKS Szombierki Bytom
Ponnistus (Helsingin Ponnistus), Helsinki/Helsingfors, Finnland, Klub, **s. S.** 73
Ponsonby, Auckland, Neuseeland, Klub, **s. S.** 137
Ponta Delgada, Stadt, Portugal, **s. S.** 79
Ponta Grossa, Stadt, Brasilien, **s. S.** 133
Ponte Preta **s.** AA Ponte Preta
Pontevedra CF (Pontevedra Club de Fútbol), Pontevedra, Spanien, Klub, entst. 1941, [entst. 1941 durch Fusion Eirina FC Pontevedra und Alfonso FC Pontevedra], **s. S.** 79
Pontevedra Club de Fútbol **s.** Pontevedra CF
Pontevedra, Stadt, Spanien, **s. S.** 79
Pontianak, Stadt, Indonesien, **s. S.** 107
Ponziana Trieste **s.** USC Triestina
Poole, Stadt, England, **s. S.** 67
PoPa (Porin Palloilijat), Pori/Björneborg, Finnland, Klub, entst. 1938, [1938-67 RU '38, 67-81 Ässät], **s. S.** 73
Popayán, Stadt, Kolumbien, **s. S.** 128
Popovo, Stadt, Bulgarien, **s. S.** 91
Poprad, Stadt, Slowakei, **s. S.** 87
Pori, Stadt, Finnland, **s. S.** 73
Porin Palloilijat **s.** PoPa
Poringe Alytus **s.** FK Dainava Alytus
Porirua United **s.** Western Suburbs
Porirua Viard United **s.** Western Suburbs
Porlamar, Stadt, Venezuela, **s. S.** 129
Porsgrunn, Stadt, Norwegen, **s. S.** 71
Port Authority (Port Authority of Thailand), Krungthep/Bangkok, Thailand, Klub, **s. S.** 106
Port Authority of Thailand **s.** Port Authority
Port Autonome **s.** SMCP
Port Autonome, Dakar, Senegal, Klub, **s. S.** 116
Port Elizabeth, Stadt, Südafrika, **s. S.** 121
Port Foad SC (Port Foad Sports Club), Port Said/Bur Sa'id, Ägypten, Klub, **s. S.** 112
Port Foad Sports Club **s.** Port Foad SC
Port Glasgow Athletic FC (Port Glasgow Athletic Football Club), Port Glasgow, Schottland, Klub, entst. 1877, [aufgel. 1911], **s. S.** 69
Port Glasgow Athletic Football Club **s.** Port Glasgow Athletic FC
Port Glasgow, Stadt, Schottland, **s. S.** 69
Port Harcourt Sharks, Port Harcourt, Nigeria, Klub, **s. S.** 117
Port Harcourt, Port Harcourt, Nigeria, Klub, **s. S.** 117
Port Harcourt, Stadt, Nigeria, **s. S.** 117
Port Láirge, Stadt, Irland, **s. S.** 69
Port Loko, Stadt, Sierra Leone, **s. S.** 117
Port Louis SC (Port Louis Sporting Club), Port Louis, Mauritius, Klub, [19??-?? Muslim Scouts Club, ??-2000 Scouts Club], **s. S.** 121
Port Louis Sporting Club **s.** Port Louis SC
Port Louis, Stadt, Mauritius, **s. S.** 121
Port Moresby, Stadt, Papua-Neuguinea, **s. S.** 136
Port of Spain, Stadt, Trinidad und Tobago, **s. S.** 129
Port **s.** AS Port
Port Said, Stadt, Ägypten, **s. S.** 112
Port Sudan, Stadt, Sudan, **s. S.** 115
Port Talbot Athletic FC **s.** Port Talbot Town FC
Port Talbot Town FC (Port Talbot Town Football Club), Port Talbot, Wales, Klub, [??-2001 Port Talbot Athletic FC], **s. S.** 67
Port Talbot Town Football Club **s.** Port Talbot Town FC
Port Talbot, Stadt, Wales, **s. S.** 67
Portadown FC (Portadown Football Club), Portadown, Nordirland, Klub, entst. 1924, **s. S.** 69
Portadown Football Club **s.** Portadown FC
Portadown, Stadt, Nordirland, **s. S.** 69
Port-au-Prince, Stadt, Haiti, **s. S.** 127
Porteño AC **s.** CA Porteño
Porteño **s.** CA Estudiantil Porteño
Porteño **s.** CA Porteño
Porteño **s.** Cerro Porteño
Port-Gentil, Stadt, Gabun, **s. S.** 118
Porthmadog, Stadt, Wales, **s. S.** 67
Portimão, Stadt, Portugal, **s. S.** 79
Portimonense SC (Portimonense Sporting Clube), Portimão, Portugal, Klub, entst. 1914, **s. S.** 79
Portimonense Sporting Clube **s.** Portimonense SC
Portland Timbers, Portland, USA, Klub, entst. 1975, [aufgel. 1982], **s. S.** 123
Portland, Stadt, USA, **s. S.** 123
Portmore, Stadt, Jamaika, **s. S.** 126
Porto Alegre, Stadt, Brasilien, **s. S.** 133
Porto Alexandre **s.** Independente Tômbwa
Porto de Santana, Stadt, Brasilien, **s. S.** 133
Porto FC **s.** FC Portos
Porto Nacional, Stadt, Brasilien, **s. S.** 133
Porto Velho, Stadt, Brasilien, **s. S.** 132
Porto, Stadt, Portugal, **s. S.** 79
Porto-Novo, Stadt, Benin, **s. S.** 117
Portos **s.** FC Portos
Portoviejo, Stadt, Ecuador, **s. S.** 130
Ports Authority (Gambia Ports Authority), Banjul, Gambia, Klub, **s. S.** 116
Ports Authority FC (Ports Authority Football Club), Freetown, Sierra Leone, Klub, **s. S.** 116
Ports Authority Football Club **s.** Ports Authority FC
Ports Authority, Mogadishu/Muqdiisho, Somalia, Klub, [19??-?? Dakadaha Naadiga], **s. S.** 115
Ports FC Douala (Ports Football Club Douala), Douala, Kamerun, Klub, **s. S.** 117
Ports Football Club Douala **s.** Ports FC Douala
Portsmouth FC (Portsmouth Football Club), Portsmouth, England, Klub, entst. 1898, **s. S.** 67
Portsmouth Football Club **s.** Portsmouth FC
Portsmouth, Stadt, England, **s. S.** 67
Portuario **s.** Atlético Portuario
Portugal, Länder, **s. S.** 78 und 79
Portugués **s.** Deportivo Portugués
Portuguesa de Desportos (Associação Portuguesa de Desportos), São Paulo, Brasilien, Klub, entst. 1920, **s. S.** 133
Portuguesa FC (Portuguesa Fútbol Club), Acarigua, Venezuela, Klub, entst. 1972, [199? aufgel., 96 wiedergegr.], **s. S.** 128
Portuguesa Fútbol Club **s.** Portuguesa FC
Portuguesa **s.** UE Portuguesa
Porvenir Miraflores **s.** Miraflores FC
Posadas, Stadt, Argentinien, **s. S.** 135
POSCO Atoms **s.** Pohang Steelers
POSCO Dolphins **s.** Pohang Steelers
POSCO **s.** Pohang Steelers
Posen, Stadt, Polen, **s. S.** 84 und 89
Possession **s.** US Possession
Post Neubrandenburg **s.** FC Neubrandenburg
Post Office Eldoret **s.** Eldoret KCC
Post Office Kisumu **s.** Kisumu Telkom
Post Sport Verein Wien **s.** Post SV Wien
Post SV Wien (Post Sport Verein Wien), Wien, Österreich, Klub, entst. 1919, [1919-?? SV Post Wien, ??-?? Post-SG Wien, ??-73 Post-SV Wien, 73 Fusion mit FC Hinteracker Wien, 74 Aufl. der Fusion, 75 Fusion mit Wiener SC => Wiener SC-Post (75-76), 76 Aufl. der Fusion => Post SV Wien und Wiener SC], **s. S.** 83
Post SV Wien **s.** Wiener SC
Post Telekom Neubrandenburg **s.** FC Neubrandenburg
Posta Telefon Telegraf Gençlık Spor Kulübü **s.** PTT SK
Posta, Kampala, Uganda, Klub, **s. S.** 119
Postás **s.** Budapesti Postás SE
Póstás **s.** SZAC
Postás SE **s.** Matáv SC Sopron
Postel 2000, N'Djamena, Tschad, Klub, **s. S.** 114
Postel Sport FC (Postel Sport Football Club), Porto-Novo, Benin, Klub, **s. S.** 117
Postel Sport Football Club **s.** Postel Sport FC
Post-SG Wien **s.** Post SV Wien
Posušje, Stadt, Bosnien und Herzegowina, **s. S.** 93
Poti, Stadt, Georgien, **s. S.** 97
Potiguar **s.** ADC Potiguar
Potonggang, Nordkorea, Klub, **s. S.** 110
Potosí, Stadt, Bolivien, **s. S.** 131
Potosino **s.** Atlético Potosino
Potrošnik Beltinci **s.** NK Potrošnik Beltinci
Potsdam, Stadt, Deutschland, **s. S.** 85
Potters SC (Potters Soccer Club), Roseau, Dominica, Klub, [19??-98 C+M Motors Potters], **s. S.** 127
Potters Soccer Club **s.** Potters SC
Pouderoyen FC (Pouderoyen Football Club), Guyana, Klub, **s. S.** 129
Pouderoyen Football Club **s.** Pouderoyen FC
Poum, Stadt, Neukaledonien, **s. S.** 137
Pousada de Saramagos, Stadt, Portugal, **s. S.** 79
Považská Bystrica, Stadt, Slowakei, **s. S.** 86
Považské strojárně Bratislava **s.** FC Artmedia Petržalka
Póvoa de Varzim, Stadt, Portugal, **s. S.** 79
Power Dynamos, Kitwe-Nkana, Sambia, Klub, entst. 1977, **s. S.** 119
Power FC (Power Football Club), Koforidua, Ghana, Klub, **s. S.** 117
Power Football Club **s.** Power FC
Power SC **s.** Parramatta Power SC
Poznań, Stadt, Polen, **s. S.** 84 und 89
Pozsónyi TE **s.** FC Artmedia Petržalka
Pozsónyi UVFSE **s.** ŠK VAS Bratislava
PPO **s.** Panathinaikos AO
PPojat (Pallo-Pojat), Helsinki/Helsingfors, Finnland, Klub, entst. 1934, **s. S.** 73
PPT **s.** FC Jazz
Prábis, Prábis, Guinea-Bissau, Klub, **s. S.** 117
Prábis, Stadt, Guinea-Bissau, **s. S.** 117
Prag, Stadt, Tschechische Republik, **s. S.** 84 und 86
Prague, New York, USA, Klub, entst. 1933, [aufgel. 19??], **s. S.** 122
Praha, Stadt, Tschechische Republik, **s. S.** 84 und 86
Prahova Ploieşti **s.** FC Prahova Ploieşti
Praia Cruz **s.** Sporting Praia Cruz
Praia, Stadt, Kapverden, **s. S.** 116
Prampram Mighty Royals **s.** Mighty Royals
Prampram, Stadt, Ghana, **s. S.** 117
Prato, Stadt, Italien, **s. S.** 81
Prekash, Surinam, Klub, **s. S.** 129
Prenzlauer Berg-West **s.** Berliner FC Alemannia 90-Wacker
Přerov, Stadt, Tschechische Republik, **s. S.** 86
Presidente Hayes (Club Presidente Hayes), Asunción, Paraguay, Klub, entst. 1907, [1913 aufgel., 17 wiedergegr.], **s. S.** 135
Preslava Schumen **s.** FK Schumen
Prešov, Stadt, Slowakei, **s. S.** 87
Pressburg **s.** DSK Pressburg
Prestea Mines Stars, Prestea, Ghana, Klub, **s. S.** 117
Prestea, Stadt, Ghana, **s. S.** 117
Preston FC **s.** Black River FC
Preston Makedonia **s.** Preston
Preston North End FC (Preston North End Football Club), Preston, England, Klub, entst. 1881, **s. S.** 67
Preston North End Football Club **s.** Preston North End FC
Preston, Melbourne, Australien, Klub, [19??-?? Preston Makedonia], **s. S.** 136
Preston, Stadt, England, **s. S.** 67
Pretoria Callies, Pretoria, Südafrika, Klub, **s. S.** 121
Pretoria City **s.** Supersport United
Pretoria, Stadt, Südafrika, **s. S.** 121
Preußen 01 Stettin **s.** SK Preußen 01 Stettin
Preußen 06 Münster **s.** SC Preußen 06 Münster
Preußen 1895 Krefeld **s.** VfL Preußen 1895 Krefeld
Preußen 1905 Kattowitz **s.** 1. FC Kattowitz
Preußen Altenessen **s.** BV Altenessen
Preußen Danzig **s.** SC Preußen Danzig
Preußen Hindenburg **s.** SC Preußen Hindenburg
Preußen Köln-Dellbrück **s.** SC Preußen Köln-Dellbrück
Preußen Rothenditmold **s.** SV 06 Kassel-Rothenditmold
Preußen **s.** Berliner FC Preußen
Preußen Stettin **s.** SK Preußen 01 Stettin
Preußen Zaborze **s.** SC Preußen Hindenburg
Preußen-Borussia Stettin-Neuwestend **s.** SK Preußen 01 Stettin
Prevalje, Stadt, Slowenien, **s. S.** 93
Prévoyance Yaoundé, Yaoundé, Kamerun, Klub, **s. S.** 117
Priboj Tjumen' **s.** FK Tjumen'
Příbram, Stadt, Tschechische Republik, **s. S.** 86
Pride of Gall Hill, Gall Hill, Barbados, Klub, [19??-98 Bayer Pride], **s. S.** 127
Prievidza, Stadt, Slowakei, **s. S.** 86
Prijedor, Stadt, Bosnien und Herzegowina, **s. S.** 93
Prikarpatje Iwano-Frankowsk **s.** FK Prykarpattja Iwano-Frankiws'k
Prilep, Stadt, Mazedonien, **s. S.** 91 und 93
Primavera do Leste, Stadt, Brasilien, **s. S.** 133
Primeiro de Agosto (Desportivo Primeiro de Agosto), Luanda, Angola, Klub, **s. S.** 118
Primeiro de Maio, Benguela, Angola, Klub, entst. 1914, **s. S.** 119
Primero de Mayo, Potosí, Bolivien, Klub, **s. S.** 131
Primorac Stobreč **s.** NK Primorac Stobreč
Primorje Ajdovščina **s.** NK Primorje Ajdovščina
Primorje Ljubljana **s.** AŠK Primorje Ljubljana
Primorje Ljubljana **s.** NK Železničar Oskar Ljubljana
Prince Louis **s.** FC Prince Louis
Principat **s.** CE Principat
Pringles **s.** Alianza Juventud Pringles
Prins Hendrik **s.** FC Zwolle
Prisons FC (Prisons Football Club), Kampala, Uganda, Klub, **s. S.** 119
Prisons Football Club **s.** Prisons FC
Prisons **s.** 44 KJ
Prisons XI, Gaborone, Botswana, Klub, **s. S.** 121
Prisons, Malaysia, Klub, **s. S.** 106
Priština, Stadt, Jugoslawien, **s. S.** 93
Prnjavor, Stadt, Bosnien und Herzegowina, **s. S.** 93
Pro Livorno Calcio **s.** ASC Livorno
Pro Patria Catania **s.** Catania Calcio
Pro Patria et Libertate Calcio US **s.** Pro Patria et Libertate Calcio
Pro Patria et Libertate Calcio, Busto Arsizio, Italien, Klub, entst. 1919, [1919-?? Società Ginnastica Pro Patria et Libertate, ??-83 Pro Patria et Libertate Calcio US], **s. S.** 81
Probištip, Stadt, Mazedonien, **s. S.** 93
Probstheida **s.** VfB Leipzig
Profesionalen fudbalski klub Levski Sofija **s.** PFK Levski Sofija
Professionals **s.** Liberty Professionals
Professionals **s.** Mark Professionals
Professionals **s.** Vaal Professionals
Professionals **s.** Young Professionals
Profound Warriors, Lusaka, Sambia, Klub, **s. S.** 119
Progrès Cessange **s.** FC Progrès Cessange
Progrès Grund **s.** FC Progrès Cessange
Progrès Niedercorn **s.** FC Progrès Niedercorn
Progreseños **s.** Deportes Progreseños
Progresista Apurímac, Lima, Peru, Klub, [aufgel. 19??], **s. S.** 130
Progreso **s.** CA Progreso
Progreso **s.** Sport Progreso
Progreso, El Progreso, Honduras, Klub, [19??-69 Honduras], **s. S.** 125
Progress **s.** AFC RAP
Progresso Sambizanga, Luanda, Angola, Klub, **s. S.** 118
Progresul Bistrita **s.** FC Gloria Bistrita
Progresul BNR Bucureşti **s.** FC Naţional Bucureşti
Progresul Brăila **s.** Dacia Unirea Brăila
Progresul Brînceni **s.** FC Progresul Brînceni
Progresul Bucureşti **s.** FC Naţional Bucureşti
Progresul Energia Bucureşti **s.** FC Naţional Bucureşti
Progresul Finante-Banci Bucureşti **s.** FC Naţional Bucureşti
Progresul Oradea **s.** Crişana Oradea
Progresul Piatra Neamţ **s.** FC Ceahlăul Piatra Neamţ
Progresul Satu Mare **s.** FC Olimpia Satu Mare
Progresul Soimii IMUC **s.** FC Naţional Bucureşti
Progresul Suceava **s.** NC Foresta Suceava
Progresul Turda **s.** Sticla Ariesul Turda
Progresul Vointa Bucureşti **s.** FC Naţional Bucureşti
Progresul Vulcan Bucureşti **s.** FC Naţional Bucureşti
Projusa **s.** Bravos de Urracá
Projusa **s.** Bravos del Projusa
Projusa, Santiago de Veraguas, Panama, Klub, entst. 1993, [aufgel. 1995 durch Fusion mit Bravos de Urracá => Bravos del Projusa], **s. S.** 125
Proletarec Zagorje **s.** NK ETI Elektroelement Zagorje ob Savi
Proletarsk, Stadt, Tadschikistan, **s. S.** 100
Proletarskaja Kuznitsa Moskva **s.** FK Torpedo Moskva
Proleter Belišće **s.** NK Belišće
Proleter Osijek **s.** NK Osijek
Proleter Teslić **s.** FK Proleter Teslić
Proleter Zrenjanin **s.** FK Proleter Zrenjanin
Promkooperatsija Moskva **s.** FK Spartak Moskva
Proodeftiki, Athen (Athina), Griechenland, Klub, entst. 1927, **s. S.** 95
Propriá, Stadt, Brasilien, **s. S.** 133
Prostějov, Stadt, Tschechische Republik, **s. S.** 86
Protonavto Publikum Celje **s.** NK CMC Publikum
Providence Clamdiggers **s.** Providence Gold Bugs
Providence Gold Bugs **s.** Fall River FC (I)
Providence Gold Bugs, Providence, USA, Klub, entst. 1924, [1924-28 Providence Clamdiggers, aufgel. 30, Umzug nach Fall Rivers => Fall River FC (I)], **s. S.** 122
Providence, Stadt, USA, **s. S.** 122
Provincia (Club Provincia), Havanna (La Habana), Kuba, Klub, **s. S.** 126
Provincial Osorno **s.** CD Provincial Osorno
Prussia-Samland Königsberg **s.** SV Prussia-Samland Königsberg
Prykarpattja Iwano-Frankiws'k **s.** FK Prykarpattja Iwano-Frankiws'k
PS Bengkulu, Bengkulu, Indonesien, Klub, **s. S.** 106
PSB Bogor, Bogor, Indonesien, Klub, entst. 1971, **s. S.** 107
PSBL (Persatuan Sepakbola Bandar Lampung), Bandar Lampung, Indonesien, Klub, entst. 1985, **s. S.** 107
PSDS (Persatuan Sepakbola Deli Serdang), Lubuk Pakam, Indonesien, Klub, **s. S.** 106
PSIM Yogyakarta, Yogyakarta, Indonesien, Klub, entst. 1931, **s. S.** 107
PSIR Rembang, Rembang, Indonesien, Klub, **s. S.** 107
PSIS Semarang, Semarang, Indonesien, Klub, entst. 1970, **s. S.** 107
PSK Aras Klaipeda **s.** FK Atlantas Klaipeda
PSM (Persatuan Sepakbola Makasar), Ujung Pandang, Indonesien, Klub, entst. 1915, **s. S.** 107
PSMS (Perserikatan Sepakbola Medan dan Sekitarnya), Medan, Indonesien, Klub, entst. 1950, **s. S.** 106
PSP (Persatuan Sepakbola Padang), Padang, Indonesien, Klub, entst. 1930, **s. S.** 106
PSPS (Persatuan Sepakbola Pekanbaru dan Sekitarnya), Pekanbaru, Indonesien, Klub, **s. S.** 106
PSS (Persatuan Sepakbola Sleman), Sleman, Indonesien, Klub, **s. S.** 107
PSV (Philips Sport Vereniging), Eindhoven, Niederlande, Klub, entst. 1913, **s. S.** 75
PTC Coconuts, Cook Inseln, Klub, **s. S.** 137
PTCL (Pakistan Television Corporation Limited), Islamabad, Pakistan, Klub, **s. S.** 105
PTS **s.** FC Tatran Prešov
PTS **s.** ŠK Slávia Prešov
PTT **s.** AS PTT
PTT **s.** ASC Mauritel Mobile
PTT SK (Posta Telefon Telegraf Gençlık Spor Kulübü), Ankara, Türkei, Klub, entst. 1954, **s. S.** 96
PTTE **s.** FK TTS Trenčín
PU (Pakistan Universities), Rawalpindi, Pakistan, Klub, **s. S.** 105
Publikum **s.** NK CMC Publikum
Publique sportive Mouara **s.** Sporting Mouara
PUBS, Südafrika, Klub, **s. S.** 121
Pucallpa, Stadt, Peru, **s. S.** 131
Puchon SK, Puchon, Südkorea, Klub, entst. 1982, [19??-95 Yukong Elephants, 95-97 Puchon Yukong], **s. S.** 110
Puchon Yukong **s.** Puchon SK
Puchon, Stadt, Südkorea, **s. S.** 110
Púchov, Stadt, Slowakei, **s. S.** 86
Puebla de Zaragoza, Stadt, Mexiko, **s. S.** 125
Puentes Grandes **s.** Deportivo Puentes Grandes
Puerto Barrios, Stadt, Guatemala, **s. S.** 125
Puerto Comercial **s.** CA Puerto Comercial

Puerto Cortés, Stadt, Honduras, s. S. 125
Puerto La Cruz, Stadt, Venezuela, s. S. 129
Puerto Limón, Stadt, Costa Rica, s. S. 125
Puerto Montt, Stadt, Chile, s. S. 135
Puerto Ordaz, Stadt, Venezuela, s. S. 129
Puerto Plata, Puerto Plata, Dominikanische Republik, Klub, s. S. 127
Puerto Plata, Stadt, Dominikanische Republik, s. S. 127
Puerto Rico, Länder, s. S. 126 und 127
Pula, Stadt, Kroatien, s. S. 93
Pulau Pinang, Penang/Pinang, Malaysia, Klub, s. S. 106
Pumas s. Brunswick Pumas
Pumas s. UNAM „Los Pumas"
Puna Durrës s. KS Teuta
Puna Elbasan s. KS Elbasani
Puna Fier s. KS Apolonia
Puna Gjirokastër s. KS Shqiponja
Puna Kavajë s. KS Besa
Puna Korçë s. KS Skënderbeu
Puna Krujë s. KS Kastrioti
Puna Lezhë s. KS Besëlidhja
Puna Librazhd s. KS Sopoti
Puna Lushnjë s. SK Lushnjë
Puna Patos s. KS Albpetrol
Puna Përmet s. KS 24. Maji
Puna Peshkopi s. KS Korabi
Puna Qyteti Stalin s. KiF Naftëtari Kuçovë
Puna Shijak s. KS Erzeni
Puna Shkodër s. KS Vllaznia
Puna Tiranë s. SK Tiranë
Puna Tomori s. KS Tomori
Puna Vlorë s. KS Flamurtari
Punaruu, Papeete, Tahiti, Klub, s. S. 137
Pune, Stadt, Indien, s. S. 105
Punëtori s. KS Albpetrol
Punguè s. Têxtil Punguè
Punjab Blue, Lahore, Pakistan, Klub, s. S. 105
Punjab Greens, Lahore, Pakistan, Klub, s. S. 105
Punjab Reds, Lahore, Pakistan, Klub, s. S. 105
Punjab, Amritsar, Indien, Klub, [Auswahl des Staates Punjab], s. S. 105
Punjab, Lahore, Pakistan, Klub, s. S. 105
Puno, Stadt, Peru, s. S. 131
Punta Arenas, Stadt, Chile, s. S. 135
Punta Gorda, Stadt, Belize, s. S. 125
Puntarenas, Stadt, Costa Rica, s. S. 125
Puntigamer Sturm Graz s. SK Puntigamer Sturm Graz
Pupuk Kalimantan Timur Bontang s. Pupuk Kaltim Bontang
Pupuk Kaltim Bontang (Pupuk Kalimantan Timur Bontang), Bontang, Indonesien, Klub, entst. 1987, s. S. 107
Purple Sanga s. Kyoto Purple Sanga
PUS Helsinki (Polyteknikkojen Urheiluseura Helsinki), Helsinki/Helsingfors, Finnland, Klub, s. S. 73
Pusan Daewoo Royals s. Pusan Icons
Pusan Icons, Pusan, Südkorea, Klub, entst. 1979, [1979-83 Daewoo, 83-95 Daewoo Royals, 95-99 Pusan Daewoo Royals], s. S. 110
Pusan, Stadt, Südkorea, s. S. 110
Pütnitz s. LSV Pütnitz
Putra Samarinda, Samarinda, Indonesien, Klub, entst. 1989, s. S. 107
PWD Bamenda (PWD Cammark Bamenda), Bamenda, Kamerun, Klub, s. S. 117
PWD Cammark Bamenda s. PWD Bamenda
PWD Cammark Kumba s. PWD Kumba
PWD Kumba (PWD Cammark Kumba), Kumba, Kamerun, Klub, s. S. 117
PWD SC, Dacca, Bangladesh, Klub, s. S. 105
Pyla, Stadt, Zypern, s. S. 95
Pyongyang Club, Pyongyang, Nordkorea, Klub, s. S. 110
Pyongyang, Stadt, Nordkorea, s. S. 110
Pyrgos, Stadt, Griechenland, s. S. 95
Pytaguares FC (Pytaguares Futebol Clube), João Pessoa, Brasilien, Klub, [aufgel. 19??], s. S. 133
Pytaguares Futebol Clube s. Pytaguares FC
PZL Zryw Mielec s. Mielecki KP Stal
Qaanaaq, Stadt, Grönland, s. S. 123
Qadisiya s. al-Hilal
Qadisiya s. al-Qadisiya
Qalali, Qalali, Bahrain, Klub, s. S. 102
Qalali, Stadt, Bahrain, s. S. 102
Qamchli, Stadt, Syrien, s. S. 102
Qanah s. al-Qanah
Qaqortoq, Stadt, Grönland, s. S. 123
Qasigiannguit, Stadt, Grönland, s. S. 123
Qatar FC (Qatar Football Club), Ad Dawhah/Doha, Katar, Klub, [19??-?? al-Isteqlal], s. S. 103
Qatar Football Club s. Qatar FC
Qawqazi s. al-Qawqazi
Qax, Stadt, Aserbaidschan, s. S. 97
Qazax, Stadt, Aserbaidschan, s. S. 97
Qazvin, Stadt, Iran, s. S. 103
Qianwei Huandao s. Chongqing Lifan
Qianwei s. Chongqing Lifan
Qina, Stadt, Ägypten, s. S. 113
Qingdao Beer, Qingdao, China, Klub, entst. 1993, [1993-9? Qingdao Manatees, 9?-97 Qingdao Hainiu, 1997-2001 Qingdao Yizhong Hainiu], s. S. 109
Qingdao Hainiu s. Qingdao Beer
Qingdao Manatees s. Qingdao Beer
Qingdao Yizhong Hainiu s. Qingdao Beer
Qingdao, Stadt, China, s. S. 109
Qiqihar, Stadt, China, s. S. 109
Qom, Stadt, Iran, s. S. 103
Qormi FC (Qormi Football Club), Qormi, Malta, Klub, entst. 1918, [1918-61 Curmi United], s. S. 81
Qormi Football Club s. Qormi FC
Qormi, Stadt, Malta, s. S. 81
Quang Nam, Danang/Da Nang, Vietnam, Klub, s. S. 107
Quanxing s. Sichuan Shangwutong
Quarayyat, Quarayyat, Oman, Klub, s. S. 103
Quarayyat, Stadt, Oman, s. S. 103
Quatre Bornes, Stadt, Mauritius, s. S. 121
Quatre-Bornes FC (Quatre-Bornes Football Club), Quatre Bornes, Mauritius, Klub, [19??-?? Hindu Cadets Club, ??-2000 Cadets Club Quatre Bornes], s. S. 121
Quatre-Bornes Football Club s. Quatre-Bornes FC
Quba, Stadt, Aserbaidschan, s. S. 97
Queanbeyan, Stadt, Australien, s. S. 136
Queen of the South FC (Queen of the South Football Club), Dumfries, Schottland, Klub, entst. 1919, [entst. 1919 durch Fusion Arrol Johnston Dumfries, Dumfries FC und King's Own Scottish Borders], s. S. 69
Queen of the South Football Club s. Queen of the South FC
Queens Bohemians, New York, USA, Klub, entst. 1932, [aufgel. 19??], s. S. 122
Queen's Island FC (Queen's Island Football Club), Belfast, Nordirland, Klub, [aufgel. 19??], s. S. 69
Queen's Island Football Club s. Queen's Island FC
Queen's Park FC (Queen's Park Football Club), Glasgow, Schottland, Klub, entst. 1867, s. S. 69
Queen's Park Football Club s. Queen's Park FC
Queen's Park Rangers FC (Queen's Park Rangers Football Club), London, England, Klub, entst. 1885, [1885-87 St Jude's, 87 Fusion mit Christchurch Rangers => Queen's Park Rangers FC], s. S. 66
Queen's Park Rangers Football Club s. Queen's Park Rangers FC
Queen's Park Rangers s. Anchor Queen's Park Rangers
Queen's Park, Port of Spain, Trinidad und Tobago, Klub, [aufgel. 1998], s. S. 129
Queenstown, Stadt, Singapur, s. S. 107
Quelimane, Stadt, Mosambik, s. S. 121
Quequeisque, Santa Tecla, El Salvador, Klub, [aufgel. 19??], s. S. 125
Querétaro, Stadt, Mexiko, s. S. 125
Quetta, Quetta, Pakistan, Klub, s. S. 104
Quetta, Stadt, Pakistan, s. S. 104
Quevedo, Stadt, Ecuador, s. S. 130
Quezaltenango, Stadt, Guatemala, s. S. 125
Quezaltepeque, Stadt, El Salvador, s. S. 125
Quezon City, Quezon City, Philippinen, Klub, s. S. 107
Quezon City, Stadt, Philippinen, s. S. 107
Qui Nho'n, Stadt, Vietnam, s. S. 107
Quick (Haagse Voetbal Vereniging Quick Dass), Den Haag/'s-Gravenhage, Niederlande, Klub, entst. 1896, s. S. 75
Quick, Nijmegen, Niederlande, Klub, entst. 1888, s. S. 75
Quicksilver s. Las Vegas Quicksilver
Quillota, Stadt, Chile, s. S. 135
Quilmes AC (Quilmes Atlético Club), Buenos Aires, Argentinien, Klub, entst. 1887, [1887-97 Quilmes Rovers AC, 1897-1900 Quilmes CC], s. S. 135
Quilmes Atlético Club s. Quilmes AC
Quilmes CC s. Quilmes AC
Quilmes Rovers AC s. Quilmes AC
Quilmes s. CA Argentino Quilmes
Quimigal s. GD Quimigal
Quince de Setiembre s. 15 de Setiembre
Quindío s. Deportes Quindío
Quintana s. Academia Quintana
Quito, Stadt, Ecuador, s. S. 130 und 131
Qusar, Stadt, Aserbaidschan, s. S. 97
Quthing, Stadt, Lesotho, s. S. 120
Qwa Qwa Stars s. Free State Stars
Qyteti Stalin s. KiF Naftëtari Kuçovë
R Antwerp FC (Royal Antwerp Football Club), Antwerpen, Belgien, Klub, entst. 1880, [1880-95 Antwerp Cricket and Football Club, 1895-1920 Antwerp FC], s. S. 75
R Beerschot AC s. K Beerschot VAV
R Berchem Sport s. K Berchem Sport
R Courtrai Sports s. K Kortrijk Sport
R Crossing Club Molenbeek s. R Crossing Schaerbeek
R Crossing Elewijk s. R Crossing Schaerbeek
R Crossing Schaerbeek (Royal Crossing Club de Schaerbeek), Brüssel (Bruxelles/Brussel), Belgien, Klub, entst. 1969, [entst. 1969 durch Fusion RCS de Schaerbeek und R Crossing Club Molenbeek => R Crossing Schaerbeek (69-83), 83-91 R Crossing Elewijk, 91 Fusion mit KVV Elewijk => KVV Crossing Elewijk (91-9?)], s. S. 75
R Daring CB (Royal Daring Club de Bruxelles), Brüssel (Bruxelles/Brussel), Belgien, Klub, entst. 1895, [1895 Daring FC, 1895-1901 Daring CB, 01 Fusion mit Brussels FC => Daring Brussels Club (01-03), 02 Fusion mit Skill FC, 03 Fusion mit US Bruxelloise => Daring CB (03-20), 20-52 Daring CBSR, 52-73 R Daring CB, aufgel. 73 durch Fusion mit R Racing White => RWD Molenbeek], s. S. 75
R Daring CB s. R Racing White
R Daring CB s. RWD Molenbeek
R Excelsior AC 1913 Sint-Niklaas s. K Sint-Niklase SK
R Excelsior FC Hasselt s. KSC Hasselt
R Excelsior Mouscron (Royal Excelsior Mouscron), Mouscron, Belgien, Klub, entst. 1964, [entst. 1964 durch Fusion ARA Mouscronnois und R Stade Mouscron, 90 Fusion mit AA Rapid Mouscronnois], s. S. 75
R Excelsior SC (Royal Excelsior Sport's Club), Brüssel (Bruxelles/Brussel), Belgien, Klub, entst. 1904, [1904-29 Excelsior Sport's Club, 29-36 R Excelsior Sport's Club, 36 aufgel.], s. S. 75
R Léopold CB s. Léopold CB
R Léopold FC d'Uccle s. Léopold CB
R Léopold FC d'Uccle s. R Uccle Sport
R Léopold FC Woluwe s. Léopold CB
R Léopold FCB s. Léopold CB
R Olympic Charleroi (Royal Olympic Club Charleroi), Charleroi, Belgien, Klub, entst. 1912, [1912-37 Olympic Charleroi, 37-72 R Olympic Charleroi, 72-82 R Olympic Montignies], s. S. 75
R Olympic Montignies s. R Olympic Charleroi
R Racing CB (Royal Racing Club de Bruxelles), Brüssel (Bruxelles/Brussel), Belgien, Klub, entst. 1891, [1891-94 Racing CB, 94-95 Racing FCB, 1895-1920 Racing CB, 20-63 R Racing CB, aufgel. 63 durch Fusion mit White Star AC => Racing White], s. S. 75
R Racing FC Montegnée (Royal Racing Football Club Montegnée), Liège, Belgien, Klub, entst. 1915, [entst. 1915 durch Fusion FC Montegnée und Gosson FC => Racing FC Montegnée (15-53)], s. S. 75
R Racing White (Royal Racing White), Brüssel (Bruxelles/Brussel), Belgien, Klub, entst. 1963, [entst. 1963 durch Fusion Racing CB und White Star AC, aufgel. 73 durch Fusion mit R Daring CB => RWD Molenbeek], s. S. 75
R Racing White s. R Daring CB
R Racing White s. R White Star AC
R Racing White s. RWD Molenbeek
R Stade Louvaniste s. K Stade Leuven
R Stade Mouscron s. R Excelsior Mouscron
R Standard Club Liégeois s. R Standard Liège
R Standard Liège (Royal Standard de Liège), Liège, Belgien, Klub, entst. 1898, [1898-1910 Standard FC Liégeois, 10-23 Standard Club Liégeois, 23-96 R Standard Club Liégeois, 96 Fusion mit RFC Seraing], s. S. 75
R Standard Liège s. RFC Seraing
R Tilleur FC (Royal Tilleur Football Club), Liège, Belgien, Klub, entst. 1900, [1900-25 Tilleur FC, 25-89 R Tilleur FC, 89 Fusion mit Saint Nicolas FC => RFC Tilleur-Saint Nicolas (89-95), aufgel. 95 durch Fusion mit RC Liégeois => RTFC Liégeois], s. S. 75
R Uccle Sport (Royal Uccle Sport), Brüssel (Bruxelles/Brussel), Belgien, Klub, entst. 1901, [1901-26 Uccle Sport, 26-90 R Uccle Sport, aufgel. 90 durch Fusion mit R Léopold FC d'Uccle => R Uccle-Léopold FC], s. S. 75
R Uccle-Léopold FC s. Léopold CB
R Uccle-Léopold FC s. R Uccle Sport
R Union Saint-Gilloise (Royale Union Saint-Gilloise), Brüssel (Bruxelles/Brussel), Belgien, Klub, entst. 1897, [1897-1922 Union Saint-Gilloise, 22-73 Union R Saint-Gilloise], s. S. 75
R White Star AC (Royal White Star Athletic Club), Brüssel (Bruxelles/Brussel), Belgien, Klub, entst. 1909, [1909 White Star Club Bruxelles, 09-22 White Star AC, 22-35 White Star Woluwe AC, 35-63 R White Star AC, aufgel. 63 durch Fusion mit Racing CB => R Racing White], s. S. 75
Rl Idrottsförening s. Rl IF
Rl IF (Rl Idrottsförening), Helsingborg, Schweden, Klub, entst. 1921, s. S. 73
RAA Louviéroise (Royale Association Athlétique La Louviéroise), La Louvière, Belgien, Klub, entst. 1912, [1912-37 AA Louviéroise], s. S. 75
Rába ETO FC s. Győri ETO FC
Rába ETO s. Győri ETO FC
Rabat Ajax FC (Rabat Ajax Football Club), Rabat, Malta, Klub, entst. 1929, [1929-38 Rabat Rovers FC, 38-81 Rabat FC], s. S. 81
Rabat Ajax Football Club s. Rabat Ajax FC
Rabat FC s. Rabat Ajax FC
Rabat Rovers FC s. Rabat Ajax FC
Rabat, Stadt, Malta, s. S. 81
Rabat, Stadt, Marokko, s. S. 113
Rabello FC (Rabello Futebol Clube), Brasília, Brasilien, Klub, [aufgel. 19??], s. S. 133
Rabello Futebol Clube s. Rabello FC
Rabotnički Kometal Skopje s. FK Rabotnički Kometal Skopje
RAC Casablanca, Casablanca/Dar Al-Bayda, Marokko, Klub, s. S. 113
RAC s. FC Tauris Rimavská Sobota
Racca Rovers, Kano, Nigeria, Klub, [aufgel. 19??], s. S. 117
Rachad Bernoussi (Renaissance Rachad Bernoussi), Rabat, Marokko, Klub, s. S. 113
Raci, Moanda/Muanda, Volksrepublik Kongo, Klub, s. S. 118
Racibórz, Stadt, Polen, s. S. 89
Racine, Boigoma, Komoren, Klub, s. S. 121
Racing Avant-Garde, Casablanca/Dar Al-Bayda, Marokko, Klub, s. S. 113
Racing Bafoussam (Racing Club Bafoussam), Bafoussam, Kamerun, Klub, s. S. 117
Racing CB s. R Racing CB
Racing CB s. R Racing White
Racing CB s. R White Star AC
Racing CF 92 (Racing Club de France 92), Paris, Frankreich, Klub, entst. 1897, [1897-1932 Racing Club de France, 32-66 Racing Club de Paris, 66 Fusion mit UA Sedan-Torcy => Racing Paris-Sedan (66-67), 67 Aufl. der Fusion, 67-82 Racing Club de Paris, 82 Fusion mit Paris FC => Racing Paris 1 (82-86), 86-90 Matra Racing Paris, 90-92 Racing Club de Paris], s. S. 76
Racing Club (Racing Club de Maurice), Quatre Bornes, Mauritius, Klub, s. S. 121
Racing Club (Racing Club luxembourgeois), Luxembourg, Luxemburg, Klub, entst. 1907, [aufgel. 1923 durch Fusion mit Sporting Club => Spora Luxembourg], s. S. 74
Racing Club Arlésien s. RC Arlésien
Racing Club Bafoussam s. Racing Bafoussam
Racing Club de France 92 s. Racing CF 92
Racing Club de France s. Racing CF 92
Racing Club de Lens s. RC Lens
Racing Club de Maurice s. Racing Club
Racing Club de Montevideo s. Racing Club de Sayago
Racing Club de Paris s. CS Sedan-Ardennes
Racing Club de Paris s. Racing CF 92
Racing Club de Roubaix s. RC Roubaix
Racing Club de Sayago, Montevideo, Uruguay, Klub, entst. 1919, [19??-?? Racing Club de Montevideo], s. S. 135
Racing Club de Strasbourg s. RC Strasbourg
Racing Club Franc Comtois s. RC Franc Comtois
Racing Club Genève s. RC Genève
Racing Club Haïtien s. RC Haïtien
Racing Club Heemstede s. RCH
Racing Club Jette s. Racing Jet Wavre
Racing Club Lokeren s. KSC Lokeren
Racing Club Lorrain s. RC Lorrain
Racing Club luxembourgeois s. Racing Club
Racing Club Montriond s. RC Montriond
Racing Club Rivière-Pilote s. RC Rivière-Pilote
Racing Club s. Sporting Club
Racing Club Saint-Joseph s. RC Saint-Joseph
Racing Club, Basse-Terre, Guadeloupe, Klub, s. S. 127
Racing Club, Beirout/Beyrut, Libanon, Klub, s. S. 102
Racing Club, Bobo-Dioulasso, Burkina Faso, Klub, s. S. 114
Racing Club, Buenos Aires, Argentinien, Klub, entst. 1903, [1903-05 Racing FC], s. S. 135
Racing Club, Tunis, Tunesien, Klub, s. S. 113
Racing FC Montegnée s. R Racing FC Montegnée
Racing FC s. Racing Club
Racing FC, Gonaïves, Haiti, Klub, s. S. 127
Racing FCB s. R Racing CB
Racing Irún s. Real Unión Irún
Racing Jet Bruxelles s. Racing Jet Wavre
Racing Jet Wavre, Brüssel (Bruxelles/Brussel), Belgien, Klub, entst. 1944, [1944-69 Racing Club Jette, 69 Fusion mit Royal Stade => Racing Jet Bruxelles (69-88), 88 Umzug nach Wavre], s. S. 75
Racing Paris 1 s. Paris FC
Racing Paris 1 s. Racing CF 92
Racing Paris-Sedan s. CS Sedan-Ardennes
Racing Paris-Sedan s. Racing CF 92
Racing Pierrots Strasbourg-Meinau s. RC Strasbourg
Racing Rodange s. FC Chiers Rodange
Racing Rodange s. FC Racing Rodange
Racing Rodange s. FC Rodange 91
Racing s. CA Racing
Racing Santander s. Real Racing Santander
Racing Uccle s. Léopold CB
Racing White Daring Molenbeek s. RWD Molenbeek
Racing White s. R Racing CB
Racing White s. R Racing White
Rad Beograd s. FK Rad Beograd
Radenthein, Stadt, Österreich, s. S. 83
Radio CD Kremser SC s. Kremser SC
Radlin, Stadt, Polen, s. S. 89
Radnički Bor s. FK Radnički Bor
Radnički fudbalski klub Novi Sad s. RFK Novi Sad
Radnički Kragujevac s. FK Radnički Kragujevac
Radnički Niš s. FK Radnički Niš
Radnički NK Split s. NK Split
Radnički Novi Beograd s. FK Radnički Novi Beograd
Radnički Novi Sad s. FK Vojvodina Novi Sad
Radnički Skopje s. FK Rabotnički Kometal Skopje
Radnički Visoko s. FK Bosna Visoko
Radnik Bijeljina s. FK Radnik Bijeljina
Radnik Velika Gorica s. NK Radnik Velika Gorica
Radom, Stadt, Polen, s. S. 89
Radomiak Radom s. KS Radomiak Radom
Radomir, Stadt, Bulgarien, s. S. 91
Radomsko, Stadt, Polen, s. S. 89
Radomszczański Klub Sportowy Radomsko s. RKS Radomsko
Radsportclub 07 Fulda s. SC Borussia 04 Fulda
Radzionków, Stadt, Polen, s. S. 89
Raed C. de Kouba s. RC Kouba
Ra'ed s. al-Ra'ed
RAF Jelgava s. FK Universitate Riga
RAF Jelgava, Jelgava, Lettland, Klub, entst. 1987, [1987-90 RASMS-RAF Jelgava, 90-96 RAF Jelgava, aufgel. 96, Umzug nach Riga => FK Universitate Riga], s. S. 99
RAF Seletar (Royal Air Force Seletar), Singapur, Klub, s. S. 107
Rafah SC, Rafah, Palästina, Klub, s. S. 94
Rafah, Stadt, Palästina, s. S. 94
Rafik s. al-Rafik
Rahmatganj MFS (Rahmatganj Muslim Friends Society), Dacca, Bangladesh, Klub, s. S. 105
Rahmatganj Muslim Friends Society s. Rahmatganj MFS
Raika-Sturm s. SK Puntigamer Sturm Graz
Rail Club Nationaux Kadiogo s. RC Kadiogo
Rail s. US Rail
Railstars, Gwanda, Simbabwe, Klub, [19??-?? United Railstars], s. S. 121
Railway Express, Ndola, Sambia, Klub, s. S. 119
Railway FC s. Dire Dawa Railway FC
Railways (Ministry of Railways), Rangoon/Yangon, Burma, Klub, s. S. 106
Railways s. Lagos Railways
Railways s. Lower Hutt City AFC
Railways s. Pakistan Railways
Railways s. Reli
Railways SC s. Sfax Railways SC
Railways SC, Dar es Salaam, Tansania, Klub, s. S. 119
Railways, Calcutta, Indien, Klub, s. S. 105
Rainbows FC s. Tarxien Rainbows FC
Raith Rovers FC (Raith Rovers Football Club), Kirkcaldy, Schottland, Klub, entst. 1883, s. S. 69
Raith Rovers Football Club s. Raith Rovers FC
Raja Beni Mellal (Raja Club Beni Mellal), Beni Mellal, Marokko, Klub, s. S. 113
Raja CA Casablanca (Raja Club Athletism Casablanca), Casablanca/Dar Al-Bayda, Marokko, Klub, s. S. 113
Raja Club Athletism Casablanca s. Raja CA Casablanca
Raja Club Beni Mellal s. Raja Beni Mellal
Raja Club s. Kota Raja Club
Rajpracha SC s. UCOM Rajpracha SC
Rajshahi, Stadt, Bangladesh, s. S. 105
Rajvithi-Agfatech, Krungthep/Bangkok, Thailand, Klub, s. S. 106
Raketa Sormovo Gor'ki s. Volga Gor'ki
Rakhine State, Sittwe/Akyab, Burma, Klub, s. S. 106
Rákóczi FC (Rákóczi Futball Club), Kaposvár, Ungarn, Klub, entst. 1923, [1923-44 Rákóczi SE, 44-46 Barátság SE, 46-49 Rákóczi SE, 49-50 Dolgozó FC Kaposvár, 50-51 Kapos-ÉDOSZ, 51-56 Kaposvári Kinizsi, 56-57 Rákóczi FC, 57-70 Kaposvári Kinizsi, 70-92 Rákóczi FC, 92-95 Rákóczi SE, 95-98 Rákóczi Kaposcukor FC], s. S. 89
Rákóczi Futball Club s. Rákóczi FC
Rákóczi Kaposcukor FC s. Rákóczi FC
Rákóczi SE s. Rákóczi FC
Rákospalotai Lokomotív s. Testvériség SE
Rákospalotai Törekvés s. Testvériség SE
Rakovnik, Stadt, Tschechische Republik, s. S. 86
Rakovski Ruse s. FK Dunav Ruse
Rakovski Ruse s. FK Rakovski Ruse
Rakovski Sofija s. FD Spartak Sofija
Rakovski Varna s. FK Spartak Varna
Raków Częstochowa s. RKS Raków Częstochowa
Ramadi s. ar-Ramadi
Ramat-Amidar s. Maccabi Ramat-Amidar
Ramat-Gan s. Hakoah Maccabi Ramat-Gan
Ramat-Gan s. Hapoel Ramat-Gan
Ramblers FC (Ramblers Football Club), Windhoek, Namibia, Klub, s. S. 120
Ramblers Football Club s. Ramblers FC
Ramblers s. Cobh Ramblers FC
Ramenskoje, Stadt, Russland, s. S. 101
Râmnicu Vâlcea, Stadt, Rumänien, s. S. 91
Ramogi, Mombasa, Kenia, Klub, s. S. 119
Ramón Santamarina, Tandil, Argentinien, Klub, entst. 1923, [aufgel. 1998], s. S. 135
Ramonense s. AD Ramonense
Ramos EC s. Paula Ramos EC
Rampla Juniors FC (Rampla Juniors Fútbol Club), Montevideo, Uruguay, Klub, entst. 1914, s. S. 135
Rampla Juniors Fútbol Club s. Rampla Juniors FC
Ramtha, ar-Ramtha, Jordanien, Klub, s. S. 102
Rancagua, Stadt, Chile, s. S. 135
Ranchers Bees (Ranchers Bees Defence Industries Corporation), Kaduna, Nigeria, Klub, s. S. 117
Ranchers Bees Defence Industries Corporation s. Ranchers Bees
Randers Freja FC (Randers Freja Fotbold Club), Randers, Dänemark, Klub, entst. 1898, [1898-19?? Randers SK Freja], s. S. 71
Randers Freja Fotbold Club s. Randers Freja FC
Randers SK Freja s. Randers Freja FC
Randers, Stadt, Dänemark, s. S. 71
Randzhbar Vose, Vose, Tadschikistan, Klub, [19??-96 Chulbuk Vose], s. S. 101
Ranga-Politechnika Kaunas, Kaunas, Litauen, Klub, entst. 1948, [1948-60 KPI Kaunas, 60-93 Politechnika Kaunas, 93-98 Ranga-Politechnika Kaunas, 98 aufgel.], s. S. 99
Rangers (Uhlsport Rangers), Hongkong, Klub, s. S. 109
Rangers AFC (Rangers Association Football Club), Christchurch, Neuseeland, Klub, entst. 1910, s. S. 137
Rangers Association Football Club s. Rangers AFC
Rangers FC (Rangers Football Club), Glasgow, Schottland, Klub, entst. 1873, s. S. 69
Rangers FC (Rangers Football Club), Johannesburg, Südafrika, Klub, [19??-?? PG Rangers, 88-89 Grinaker Rangers, 89-?? Grinaker Pubs], s. S. 121
Rangers FC s. Berwick Rangers FC
Rangers FC s. Carrick Rangers FC
Rangers FC s. Easton Rangers FC
Rangers FC s. Kota Rangers FC
Rangers FC s. Queen's Park Rangers FC
Rangers FC s. Sembawang Rangers FC
Rangers FC s. Sliema Rangers FC
Rangers FC s. Vittoriosa Rangers FC
Rangers FC s. Zebbug Rangers FC
Rangers Football Club s. Rangers FC
Rangers International, Dar es Salaam, Tansania, Klub, s. S. 119
Rangers s. 82 KJ Rangers
Rangers s. Bo Rangers
Rangers s. Chatsworth Rangers
Rangers s. Courier Rangers
Rangers s. Deportes Rangers
Rangers s. Enugu Rangers
Rangers s. Forest Rangers
Rangers s. Kitale Rangers
Rangers s. Manning Rangers
Rangers s. Miramar Rangers
Rangers s. Nchanga Rangers
Rangers s. Pawtucket Rangers
Rangers s. Superstar Rangers
Rangers SC s. Southampton Rangers SC
Rangers, Britische Jungferninseln, Klub, s. S. 126
Rangers, Honiara, Salomonen, Klub, s. S. 137
Rangoon, Stadt, Burma, s. S. 106
Ranheim Idrettslag s. Ranheim IL
Ranheim IL (Ranheim Idrettslag), Ranheim, Norwegen, Klub, entst. 1901, s. S. 71
Ranheim, Stadt, Norwegen, s. S. 71
Ranipokhari (Ranipokhari Corner Team), Kathmandu, Nepal, Klub, s. S. 105
Ranipokhari Corner Team s. Ranipokhari
Ranto-AVV Riga s. FC Ranto-Miks Riga
Ranto-Miks Riga s. FC Ranto-Miks Riga
RAP s. AFC RAP
Rapatona, Port Moresby, Papua-Neuguinea, Klub, s. S. 136
Rapid '54 s. Rapid JC
Rapid Arad s. CS Astra Arad
Rapid Bucureşti s. UFC Rapid Bucureşti
Rapid Club, Moroni, Komoren, Klub, s. S. 121
Rapid Cluj s. CFR Cluj-Napoca
Rapid Cluj, Cluj-Napoca, Rumänien, Klub, entst. 1937, [1937-40 Echo Cluj, 40-50 Dermata Cluj, 50-57 Flamura Rosie Cluj, 57-60 Rapid Cluj, aufgel. 60 durch Fusion mit CFR Cluj => CSM Cluj], s. S. 91
Rapid JC (Rapid Juliana Combinatie), Heerlen, Niederlande, Klub, entst. 1954, [entst. 1954 durch Fusion Rapid '54 und Juliana Heerlen, aufgel. 62 durch Fusion mit Roda Sport => SV Roda JC], s. S. 75
Rapid JC s. SV Roda JC
Rapid Juliana Combinatie s. Rapid JC
Rapid Köln s. Mülheimer SV 06
Rapid Köln s. SC Preußen Köln-Dellbrück
Rapid Köln s. VfR Köln rrh.
Rapid Liberec s. TJ Jiskra SS Liberec
Rapid Mouscronnois s. R Excelsior Mouscron
Rapid Neudorf s. FC Mansfeldia Clausen
Rapid Neudorf s. FC Rapid Neudorf
Rapid Oberlaa s. SC Rapid Oberlaa
Rapid Orzeł Katowice s. GKS Katowice
Rapid Osnabrück s. VfL Osnabrück
Rapid s. SK Rapid
Rapid Trnava s. FC Spartak Trnava
Rapid Trnava s. ŠK Rapid Trnava
Rapid Wien s. SK Rapid Wien
Rapids s. Colorado Rapids
Ras al-Khaima, Ras al-Khaima, VAE, Klub, entst. 1977, s. S. 103
Ras al-Khaima, Stadt, VAE, s. S. 103
Rašanec Ohrid s. FK Ohrid
Rasenspieler Hochstädt s. Brigittenauer SC Feuerwehr
Rasenspieler Hochstädt s. SC Rasenspieler Hochstädt
Rasensportverein 09 Gleiwitz s. SpV. Vorwärts-Rasensport Gleiwitz
Rasen-SV Olympia 1898 Darmstadt s. SV Darmstadt 98
Rasht, Stadt, Iran, s. S. 103
Rasifa s. al-Rasifa
Rask s. Lillestrøm SK
RASMS-RAF Jelgava s. RAF Jelgava
RATA Tîrgu Mureş s. CS Tîrgu Mureş
Ratanang, Phuthaditjhaba/Witsieshoek, Südafrika, Klub, s. S. 121
Rathmines Athletic FC (Rathmines Athletic Football Club), Dublin/Baile Átha Cliath, Irland, Klub, [aufgel. 1923], s. S. 69
Rathmines Athletic Football Club s. Rathmines Athletic FC
Ratnams SC (Ratnams Sport Club), Colombo, Sri Lanka, Klub, s. S. 105
Ratnams Sport Club s. Ratnams SC
Ratoma, Ratoma, Guinea, Klub, s. S. 117
Ratoma, Stadt, Guinea, s. S. 117
Raufoss Idrettslag s. Raufoss IL
Raufoss IL (Raufoss Idrettslag), Raufoss, Norwegen, Klub, entst. 1918, s. S. 71
Raufoss, Stadt, Norwegen, s. S. 71
Rauma, Stadt, Finnland, s. S. 73
Rauman Työväen Urheilijat s. RTU
Raumo, Stadt, Finnland, s. S. 73
Ravenna, Stadt, Italien, s. S. 81
Rawalpindi, Stadt, Pakistan, s. S. 105
Rawda s. al-Rawda
Rawschan Kuljab, Kuljab, Tadschikistan, Klub, s. S. 101
Rayo Vallecano de Madrid s. Rayo Vallecano Madrid
Rayo Vallecano Madrid (Rayo Vallecano de Madrid), Madrid, Spanien, Klub, entst. 1924, s. S. 79
Rayon Sports, Butare, Rwanda, Klub, s. S. 119
Rayos del Necaxa, Mexiko-Stadt/Ciudad de México, Mexiko, Klub, entst. 1923, [entst. 1923 durch Fusion Luz y Fuerza und El Tranvías, 71-82 Atlético Español], s. S. 125
Rayyan, Ar-Rayyan, Katar, Klub, s. S. 103
Razviti Dupnica s. FK Marek Dupnica
Razvitije Sofija s. FK Slavija Sofija
RBBS/St. Martin (Roche Bois Boys Scouts/St. Martin), Port Louis, Mauritius, Klub, [aufgel. 2000 durch Fusion mit Century Welfare Association => ASPL 2000], s. S. 121
RBBS/St. Martin s. ASPL 2000
RBC Roosendaal (Roosendaalse Boys Combinate Roosendaal), Roosendaal, Niederlande, Klub, entst. 1912, [1912-99 RBC], s. S. 75
RBC s. RBC Roosendaal
RC Arlésien (Racing Club Arlésien), Les Anses d'Arlet, Martinique, Klub, s. S. 127
RC Celta Vigo (Real Club Celta de Vigo), Vigo, Spanien, Klub, entst. 1923, [entst. 1923 durch Fusion Real Fortuna FC und Vigo Sporting => Real Celta Vigo FC (23-40)], s. S. 79
RC Daloa (Réveil Club de Daloa), Daloa, Elfenbeinküste, Klub, s. S. 117
RC España (Real Club España), Mexiko-Stadt/Ciudad de México, Mexiko, Klub, [19??-18 España, 50 aufgel.], s. S. 125
RC Franc Comtois (Racing Club Franc Comtois), Besançon, Frankreich, Klub, entst. 1905, s. S. 77
RC Gand s. RRC Heirnis Gent
RC Genève (Racing Club Genève), Genève, Schweiz, Klub, [aufgel. 19??], s. S. 82
RC Haïtien (Racing Club Haïtien), Port-au-Prince, Haiti, Klub, s. S. 127
RC Harelbeke s. FC Zuid West
RC Heirnis Gent s. RRC Heirnis Gent
RC Kadiogo (Rail Club Nationaux Kadiogo), Ouagadougou, Burkina Faso, Klub, s. S. 114
RC Kouba (Raed C. de Kouba), Algier (Alger/El-Jaza'ir), Algerien, Klub, entst. 1946, [19??-?? RS Kouba], s. S. 113
RC Lens (Racing Club de Lens), Lens, Frankreich, Klub, entst. 1906, [1906-35 RC Lensois], s. S. 77
RC Liégeois s. R Tilleur FC
RC Liégeois s. RTFC Liégeois
RC Lorrain (Racing Club Lorrain), Le Lorrain, Martinique, Klub, s. S. 127
RC Malines s. KRC Mechelen
RC Mechelen KM s. KRC Mechelen
RC Montriond (Racing Club Montriond), Lausanne, Schweiz, Klub, [aufgel. 19??], s. S. 82
RC Paris s. Paris FC
RC Recreativo Huelva (Real Club Recreativo de Huelva), Huelva, Spanien, Klub, entst. 1889, [1889-92 Huelva Recreation Club], s. S. 79
RC Relizane, Relizane/Ighil-Izane, Algerien, Klub, s. S. 113
RC Rivière-Pilote (Racing Club Rivière-Pilote), Rivière-Pilote, Martinique, Klub, s. S. 127
RC Roubaix (Racing Club de Roubaix), Roubaix, Frankreich, Klub, entst. 1895, [aufgel. 1945 durch Fusion mit Excelsior Club Tourcoing => CO Roubaix-Tourcoing], s. S. 77
RC Roubaix s. CO Roubaix-Tourcoing
RC Roubaix s. Excelsior AC Roubaix
RC Saint-Joseph (Racing Club Saint-Joseph), Saint-Joseph, Martinique, Klub, s. S. 127
RC Societé R Malines s. KRC Mechelen
RC Strasbourg (Racing Club de Strasbourg), Straßburg (Strasbourg), Frankreich, Klub, entst. 1906, [1906-08 FC Neudorf, 08-18 1. FC Neudorf, 18-70 RC Strasbourg, 70 Fusion mit CS Pierrots => Racing Pierrots Strasbourg-Meinau (70-76)], s. S. 77
RC Tirlemont s. KVK Tienen
RC Tournaisien s. RRC Tournaisien
RCA s. SV RCA
RCD Afonso XIII Mallorca s. RCD Mallorca
RCD Córdoba s. Córdoba CF
RCD Español Barcelona s. RCD Espanyol Barcelona
RCD Espanyol Barcelona (Real Club Deportiu Espanyol de Barcelona), Barcelona, Spanien, Klub, entst. 1900, [1901-09 Español CF Barcelona, 09-10 CD Español Barcelona, 10-95 RCD Español Barcelona], s. S. 79
RCD La Coruña (Real Club Deportivo de La Coruña), La Coruña, Spanien, Klub, entst. 1906, [1906-?? CD La Coruña], s. S. 79
RCD Mallorca (Real Club Deportivo Mallorca), Palma de Mallorca, Spanien, Klub, entst. 1916, [1916-31 RCD Afonso XIII Mallorca, 31-3? CD Mallorca], s. S. 79
RCH (Racing Club Heemstede), Heemstede, Niederlande, Klub, s. S. 75
RCS Brugeois s. Cercle Brugge KSV
RCS de Schaerbeek s. R Crossing Schaerbeek
RCS La Forestoise (Royal Club sportif La Forestoise), Brüssel (Bruxelles/Brussel), Belgien, Klub, entst. 1910, [1910-35 CS La Forestoise], s. S. 75
RCS Verviétois (Royal Club sportif Verviétois), Verviers, Belgien, Klub, entst. 1896, [1896-1903 Veviers FC, 03 Fusion mit Stade Wallon => CS Verviétois (03-26)], s. S. 75
RD Águeda (Recreio Desportivo de Águeda), Águeda, Portugal, Klub, entst. 1924, s. S. 79
Readers s. GHAPOHA Readers
Reading, Stadt, England, s. S. 67
Real Bamako s. AS Real Bamako
Real Bamin Potosí s. CD Real Bamin Potosí
Real Bangui, Bangui, Zentralafrikanische Republik, Klub, s. S. 114
Real Banjul (Real Olympique Banjul), Banjul, Gambia, Klub, s. S. 116
Real Basacato, Basacato del Este, Äquatorial-Guinea, Klub, s. S. 118
Real Beni, Trinidad, Bolivien, Klub, s. S. 131
Real Betis Balompié, Sevilla, Spanien, Klub, entst. 1907, [1907-14 Sevilla Balompié, 14 Fusion mit Real Betis Sevilla], s. S. 79
Real Betis Sevilla s. Real Betis Balompié
Real Burgos CF s. Burgos CF
Real Cartagena (Corporación Deportiva Real Cartagena), Cartagena, Kolumbien, Klub, entst. 1992, [entst. 1992 nach Umzug von Sporting Barranquilla nach Cartagena], s. S. 128
Real Cartagena s. Sporting Barranquilla
Real Celta Vigo FC s. RC Celta Vigo
Real Club Celta de Vigo s. RC Celta Vigo
Real Club Deportiu Espanyol de Barcelona s. RCD Espanyol Barcelona
Real Club Deportivo de La Coruña s. RCD La Coruña
Real Club Deportivo Mallorca s. RCD Mallorca
Real Club España s. RC España
Real Club Recreativo de Huelva s. RC Recreativo Huelva
Real España (Real Club España), San Pedro Sula, Honduras, Klub, entst. 1925, [1925-?? España], s. S. 125
Real Estelí FC (Fútbol Club Real), Estelí, Nicaragua, Klub, entst. 1961, s. S. 125
Real FC Madrid s. Real Madrid CF
Real Fortuna FC s. RC Celta Vigo
Real Gijón s. Sporting Gijón CF
Real Iberia s. FC Real Iberia
Real Jaén CF (Real Jaén Club de Fútbol), Jaén, Spanien, Klub, entst. 1922, [1922-47 Olímpica Jiennense], s. S. 79
Real Jaén Club de Fútbol s. Real Jaén CF
Real Madrid CF (Real Madrid Club de Fútbol), Madrid, Spanien, Klub, entst. 1902, [1902-20 Madrid FC, 20-38 Real FC Madrid], s. S. 79
Real Madrid Club de Fútbol s. Real Madrid CF
Real Madriz, Ocotal, Nicaragua, Klub, s. S. 125
Real Matagalpa, Matagalpa, Nicaragua, Klub, s. S. 125
Real Maya (Club Real Maya), Tegucigalpa, Honduras, Klub, entst. 1986, [1986-?? Cobras], s. S. 125
Real Murcia CF (Real Murcia Club de Fútbol), Murcia, Spanien, Klub, entst. 1908, s. S. 79
Real Murcia Club de Fútbol s. Real Murcia CF
Real Olympique Banjul s. Real Banjul
Real Oviedo CF (Real Oviedo Club de Fútbol), Oviedo, Spanien, Klub, entst. 1926, [entst. 1926 durch Fusion Real Stadium Oviedo und CD Ovetense => Oviedo CF (26-27)], s. S. 79
Real Oviedo Club de Fútbol s. Real Oviedo CF
Real Pamplemousses s. Pamplemousses SC
Real Racing Club de Irún s. Real Racing Irún
Real Racing Club de Santander s. Real Racing Santander
Real Racing Irún (Real Racing Club de Irún), Irún, Spanien, Klub, entst. 1901, [aufgel. 1915 durch Fusion mit Sporting Irún => Real Unión Irún], s. S. 79
Real Racing Santander (Real Racing Club de Santander), Santander, Spanien, Klub, entst. 1913, [1913-40 Racing Santander, 40-72 Real Santander Sociedad Deportiva], s. S. 79
Real Rebola, Rebola, Äquatorial-Guinea, Klub, s. S. 118
Real Republicans, Accra, Ghana, Klub, [aufgel. 1966], s. S. 117
Real Republicans, Freetown, Sierra Leone, Klub, s. S. 116
Real Rincón, Dorp Rincón, Niederländische Antillen, Klub, s. S. 126
Real Rovers s. Roma Boys
Real Rovers, Mahwelereng, Südafrika, Klub, entst. 1975, s. S. 121
Real Santa Cruz (Club Real Santa Cruz), Santa

Cruz de la Sierra, Bolivien, Klub, entst. 1962, s. S. 131
Real Santander Sociedad Deportiva s. Real Racing Santander
Real Sociedad (Real Sociedad de Fútbol), San Sebastián, Spanien, Klub, entst. 1909, [1909-10 Sociedad de Fútbol San Sebastián, 10-31 Real Sociedad de Fútbol San Sebastián, 31-40 Donostia FC], s. S. 79
Real Sociedad de Fútbol s. Real Sociedad
Real Sociedad de Fútbol San Sebastián s. Real Sociedad
Real Sporting de Gijón Club de Fútbol s. Sporting Gijón CF
Real Sporting Gijón s. Sporting Gijón CF
Real Stadium Oviedo s. Real Oviedo CF
Real Taj, Südafrika, Klub, s. S. 121
Real Tamale United s. RTU
Real Tartane s. AC Real Tartane
Real Unión Club de Irún s. Real Unión Irún
Real Unión Deportiva s. Real Valladolid CF
Real Unión Irún (Real Unión Club de Irún), Irún, Spanien, Klub, entst. 1915, [entst. 1915 durch Fusion Sporting Irún und Racing Irún], s. S. 79
Real Unión Irún s. Real Racing Irún
Real Valladolid CF (Real Valladolid Club de Fútbol), Valladolid, Spanien, Klub, entst. 1928, [entst. 1928 durch Fusion Real Unión Deportiva und CD Español Valladolid], s. S. 79
Real Valladolid Club de Fútbol s. Real Valladolid CF
Real Verdes s. Leslie's Verdes
Real X de Malabo, Malabo, Äquatorial-Guinea, Klub, s. S. 118
Real Zaragoza CD (Real Zaragoza Club Deportivo), Zaragoza, Spanien, Klub, entst. 1932, [entst. 1932 durch Fusion Real Zaragoza FC und Iberia SC Zaragoza], s. S. 79
Real Zaragoza Club Deportivo s. Real Zaragoza CD
Real Zaragoza FC s. Real Zaragoza CD
Rebels s. Uptown Rebels
Rebola, Stadt, Äquatorial-Guinea, s. S. 118
Rechitsa, Stadt, Weißrussland, s. S. 99
Rechytsa, Stadt, Weißrussland, s. S. 99
Recife, Stadt, Brasilien, s. S. 133
Recklinghausen, Stadt, Deutschland, s. S. 84
Recoltă Fălticeni s. FC Foresta Fălticeni
Recoltă Piatra Neamţ s. FC Ceahlăul Piatra Neamţ
Recoltă Reghin s. AS Avântul Reghin
Record FC s. CF América
Recreativo Granada s. Granada CF
Recreativo Huelva s. RC Recreativo Huelva
Recreio Desportivo de Águeda s. RD Águeda
Red Arrows, Lusaka, Sambia, Klub, [19??-99 Ministry of Finance], s. S. 119
Red Berets, Nairobi, Kenia, Klub, s. S. 119
Red Boys Differdange s. FA Red Boys Differdange
Red Cross FC (Red Cross Football Club), João Pessoa, Brasilien, Klub, [aufgel. 19??], s. S. 133
Red Cross Football Club s. Red Cross FC
Red Devils s. Codan Red Devils
Red Devils s. North Village Red Devils
Red Diamond SC (Red Diamond Sport Club), Kandy, Sri Lanka, Klub, s. S. 105
Red Diamond Sport Club s. Red Diamond SC
Red Diamonds s. Urawa Red Diamonds
Red Eagles s. Express Red Eagles
Red Lions, Zomba, Malawi, Klub, s. S. 121
Red Rose s. Carlisle United FC
Red Sea, Addis Abeba, Äthiopien, Klub, s. S. 115
Red Sea, Asmara, Eritrea, Klub, s. S. 115
Red Star 93 (SAEMS Red Star 93), Paris, Frankreich, Klub, entst. 1897, [1897-1907 Red Star Club Français, 07 Fusion mit Union Pédestre Rive Gauche Paris und Amical FC Paris => Red Star Amical Club Paris (07-26), 26 Fusion mit Olympique Pantin => Red Star Olympique Paris (26-46), 46 Fusion mit Sports Olympique Audonien => Red Star Olympique Audonien (46-48), 48 Fusion mit Stade Français Paris => Stade Français-Red Star Paris (48-51), 51 Aufl. der Fusion => Stade Français de Paris und Red Star Olympique Saint Ouen (50-67), 67-78 Red Star FC Saint Ouen, 78 aufgel. und wiedergegr.], s. S. 76
Red Star Adjamé s. Stella Abidjan
Red Star Alèsien s. FC Olympique Alèsien
Red Star Amical Club Paris s. Red Star 93
Red Star Club Français s. Red Star 93
Red Star Club Paris s. Olympique Pantin
Red Star FC Saint Ouen s. Red Star 93
Red Star Merl-Belair s. FC Red Star Merl-Belair
Red Star Olympique Audonien s. Red Star 93
Red Star Olympique Audonien s. Stade Français 92
Red Star Olympique Paris s. Red Star 93
Red Star Olympique Saint Ouen s. Red Star 93
Red Star Olympique Saint Ouen s. Stade Français 92
Red Star Strasbourg s. SS SG Straßburg
Red Star Waregem s. KSV Waregem
Red Star, Anse-aux-Pins, Seychellen, Klub, s. S. 121
Red Star, Bangui, Zentralafrikanische Republik, Klub, s. S. 114
Red Star, Cayenne, Französisch-Guyana, Klub, s. S. 129
Red Star, Pointe-à-Pitre, Guadeloupe, Klub, s. S. 127
Red Star-CA Limoges s. Limoges Foot 87
Redarstvenik Mostar s. FK Redarstvenik Mostar
Redbergslids Idrottsklubben s. Redbergslids IK
Redbergslids IK (Redbergslids Idrottsklubben), Göteborg, Schweden, Klub, entst. 1899, s. S. 72
Red-Black Pfaffenthal, Luxembourg, Luxemburg, Klub, entst. 1909, [1909-1? FC Pfaffenthal, 1? aufgel., 19 wiedergegr., 19-40 Red-Black Pfaffenthal, 40-44 FK Rot-Schwarz Pfaffenthal], s. S. 74
Redcliffe, Stadt, Simbabwe, s. S. 121
Reds s. Balochistan Reds
Reds s. NWFP Reds
Reds s. Punjab Reds
Reds s. Sindh Reds
Reds United FC s. Shelbourne FC
Reforma AC (Reforma Athletic Club), Mexiko-Stadt/Ciudad de México, Mexiko, Klub, [19?? aufgel.], s. S. 125
Reforma Athletic Club s. Reforma AC
Regar Tursunzade s. Regar-Tadaz Tursunzade
Regar-Tadaz Tursunzade, Tursunzade, Tadschikistan, Klub, [19??-94 Regar Tursunzade], s. S. 101
Regatas s. Natação e Regatas
Regensburg, Stadt, Deutschland, s. S. 85
Regent Olympic FC (Regent Olympic Football Club), Freetown, Sierra Leone, Klub, s. S. 116
Regent Olympic Football Club s. Regent Olympic FC
Reggae Boys s. Jam Rocks SC I
Reggiana s. AC Reggiana
Reggina Calcio, Reggio di Calabria, Italien, Klub, entst. 1914, s. S. 81
Reggio di Calabria, Stadt, Italien, s. S. 81
Reggio nell' Emilia, Stadt, Italien, s. S. 81
Reghin, Stadt, Rumänien, s. S. 91
Regina s. CA Regina
Rehovot, Stadt, Israel, s. S. 94
Reichsbahn Cottbus s. ESV Cottbus
Reichsbahn SG Graz s. ESV Austria Graz
Reichsbahn SG Wien (Reichsbahn Sportgemeinschaft Wien), Wien, Österreich, Klub, entst. 1939, [aufgel. 1944], s. S. 83
Reichsbahn Sportgemeinschaft Wien s. Reichsbahn SG Wien
Reichsbahn TSV Wormatia Worms s. VfR Wormatia 1908 Worms
Reichsbahn TuSV Worms s. VfR Wormatia 1908 Worms
Reichsbahn Wacker Wiener Neustadt, Wiener Neustadt, Österreich, Klub, entst. 1919, [1919-38 ESV Wacker Wiener Neustadt, 38-72 Reichsbahn Wacker Wiener Neustadt, aufgel. 72 durch Fusion mit ASV 1927 Haidbrunn => ESV Haidbrunn-Wacker Wiener Neustadt], s. S. 83
Reichsbahnsportgemeinschaft Fulda s. SC Borussia 04 Fulda
Reims, Stadt, Frankreich, s. S. 77
Reinecke Brieg s. LSV Reinecke Brieg
Reipas Lahti s. FC Reipas
Reipas s. FC Kuusysi
Reipas s. FC Lahti
Reipas s. FC Reipas
Reipas, Vyborg/Viipuri, Russland, Klub, entst. 1891, [aufgel. 1945, Umzug nach Lahti], s. S. 73
Reli, Morogoro, Tansania, Klub, [19??-?? Railways], s. S. 119
Reli, Nairobi, Kenia, Klub, s. S. 119
Relizane, Stadt, Algerien, s. S. 113
Relon Ceahlăul Piatra Neamţ s. FC Ceahlăul Piatra Neamţ
Rembang, Stadt, Indonesien, s. S. 107
Remire-Montjoly, Stadt, Französisch-Guyana, s. S. 129
Remo (Clube do Remo), Belém, Brasilien, Klub, entst. 1905, [1905-11 Grupo do Remo], s. S. 133
Rempart s. AS Rivière du Rempart
Remscheid, Stadt, Deutschland, s. S. 84
Renaissance Abéché, Abéché, Tschad, Klub, s. S. 115
Renaissance Rachad Bernoussi s. Rachad Bernoussi
Renaissance sportif Union Sidi Kacem s. US Sidi Kacem
Renaissance sportive Settat s. RS Settat
Renaissance, Burundi, Klub, s. S. 119
Renaissance, N'Djamena, Tschad, Klub, s. S. 114
Renaissance, Sainte-Anne, Martinique, Klub, s. S. 127
Renato Cesarini s. CA Renato Cesarini
Renaux s. CA Carlos Renaux
Renegades, Amerikanisch-Samoa, Klub, s. S. 137
Rennais FC s. Stade Rennais FC
Renner s. SC Renner
Rennes, Stadt, Frankreich, s. S. 77
Reno FC (Reno Football Club), Savanna-la-Mar, Jamaika, Klub, s. S. 126
Reno Football Club s. Reno FC
Renown SC (Renown Sport Club), Colombo, Sri Lanka, Klub, s. S. 105
Renown Sport Club s. Renown SC
Rental Houses, Addis Abeba, Äthiopien, Klub, s. S. 115
Rentistas s. CA Rentistas
Renton FC (Renton Football Club), Alexandria, Schottland, Klub, entst. 1872, [aufgel. 1921], s. S. 69
Renton Football Club s. Renton FC
República s. SC República
Republicans s. Real Republicans
Republika Lom, Lom, Bulgarien, Klub, [aufgel. 19??], s. S. 91
Republikanets Dimitrovo s. FK Minjor Pernik
Republikanets Pernik s. FK Minjor Pernik
Republikanets Pleven s. FK Spartak Pleven
Requins de l'Atlantique, Cotonou, Benin, Klub, s. S. 117
Rerik s. LSV Rerik
Resistencia SC (Resistencia Sport Club), Asunción, Paraguay, Klub, entst. 1917, s. S. 135
Resistencia Sport Club s. Resistencia SC
Resistencia, Stadt, Argentinien, s. S. 135
Reşiţa, Stadt, Rumänien, s. S. 91
Retalhuleu, Stadt, Guatemala, s. S. 125
Retalteca s. Juventud Retalteca
Re-Union s. Luo Union
Re-Union, Nairobi, Kenia, Klub, [19?? Fusion mit Luo Union], s. S. 119
Reunion, Länder, s. S. 120 und 121
Reutlingen, Stadt, Deutschland, s. S. 85
Réveil Club de Daloa s. RC Daloa
Revolution s. New England Revolution
Rewa, Suva, Fidschi, Klub, s. S. 137
Reyada wa al-Adab s. al-Reyada wa al-Adab
Reyes s. Juvenil Reyes
Reykjavik, Stadt, Island, s. S. 71
Reymersholms Idrottsklubben s. Reymersholms IK
Reymersholms IK (Reymersholms Idrottsklubben), Stockholm, Schweden, Klub, entst. 1899, s. S. 72
Reysol s. Kashiwa Reysol
Rezekne, Stadt, Lettland, s. S. 99
RFC Bruges s. Club Brugge KV
RFC Daoukro, Daoukro, Elfenbeinküste, Klub, s. S. 117
RFC Liège s. RTFC Liégeois
RFC Liégeois s. RTFC Liégeois
RFC Malinois s. KV Mechelen
RFC Seraing (Royal Football Club Seraing), Seraing, Belgien, Klub, entst. 1904, [1904-28 FC Sérésien, 28-94 RFC Sérésien, 94-96 RFC Seraing, aufgel. 96 durch Fusion mit R Standard Liège], s. S. 75
RFC Seraing s. R Standard Liège
RFC Sérésien s. RFC Seraing
RFC Tilleur-Saint Nicolas s. R Tilleur FC
RFC Tilleur-Saint Nicolas s. RTFC Liégeois
RFC Xerxes (Rotterdamsche Football Club Xerxes), Rotterdam, Niederlande, Klub, entst. 1904, [aufgel. 1967 durch Fusion mit DHC '66 => Xerxes/DHC], s. S. 75
RFC Xerxes s. Xerxes/DHC
RFK Novi Sad (Radnički fudbalski klub Novi Sad), Novi Sad, Jugoslawien, Klub, entst. 1921, [1921-25 Trgovački Novi Sad, 25-48 Budućnost Novi Sad, 48-54 Trgovački Novi Sad], s. S. 93
RFT Gera s. 1. SV Gera
RGM Timişoara s. CAM Timişoara
RH Cheb s. FC Union Cheb
Rhayader Town FC (Rhayader Town Football Club), Rhayader, Wales, Klub, entst. 1890, s. S. 67
Rhayader Town Football Club s. Rhayader Town FC
Rhayader, Stadt, Wales, s. S. 67
Rheinmetall Sömmerda s. FSV Sömmerda
Rhenania Dortmund s. BV 09 Borussia Dortmund
Rhenania Krefeld s. VfL Preußen 1895 Krefeld
Rhinos s. Black Rhinos
Rhinos s. Usushwana Rhinos
Rhondda, Stadt, Wales, s. S. 67
Rhosymedre Druids s. Flexsys Cefn Druids AFC
Rhyl Athletic s. Rhyl FC
Rhyl FC (Rhyl Football Club), Rhyl, Wales, Klub, entst. 1879, [1879-90 Rhyl Skull & Crossbones, 90-91 Rhyl FC, 91 aufgel., 92 wiedergegr., 1892-1910 Rhyl Athletic, 1898 Fusion mit Rhyl Town, 1910 aufgel. und wiedergegr., 10-14 Rhyl United, 14 aufgel., 19 wiedergegr., 19-28 Rhyl Athletic], s. S. 67
Rhyl Football Club s. Rhyl FC
Rhyl Skull & Crossbones s. Rhyl FC
Rhyl Town s. Rhyl FC
Rhyl United s. Rhyl FC
Rhyl, Stadt, Wales, s. S. 67
Rhythm s. Young Rhythm
Ria Stars, Südafrika, Klub, s. S. 121
Riachuelo FC (Riachuelo Futebol Clube), Aracaju, Brasilien, Klub, entst. 1931, s. S. 133
Riachuelo Futebol Clube s. Riachuelo FC
Ribeira Brava, Stadt, Kapverden, s. S. 116
Ribeirão Prêto, Stadt, Brasilien, s. S. 133
Ricanaumoffo, Ricanaumoffo, Surinam, Klub, s. S. 129
Ricanaumoffo, Stadt, Surinam, s. S. 129
Richard-Toll, Stadt, Senegal, s. S. 117
Rick's Paradise s. Spice Paradise
Ried im Innkreis, Stadt, Österreich, s. S. 83
Riesa, Stadt, Deutschland, s. S. 85
Riesaer SV Blau-Weiß s. FC Stahl Riesa '98
Riesaer SV s. FC Stahl Riesa '98
Rifa al-Gharbi, Stadt, Bahrain, s. S. 102
Rifle Brigade s. 1st Battalion the Rifle Brigade
Rifles s. Royal Irish Rifles
Riga, Stadt, Lettland, s. S. 99
Rigas FK (Rigas Futbola Klubs), Riga, Lettland, Klub, [aufgel. 19??], s. S. 99
Rigas FK s. Audums Riga
Rigas FK s. Betons Vangazi
Rigas Futbola Klubs s. Rigas FK
Rigas Vilki, Riga, Lettland, Klub, [aufgel. 19??], s. S. 99
Rijeka, Stadt, Kroatien, s. S. 93
Rila Stanke Dimitrov s. FK Marek Dupnica
Rimavská Sobota, Stadt, Slowakei, s. S. 87
Rimini, Stadt, Italien, s. S. 81
Rimyongsu, Nordkorea, Klub, s. S. 110
Rincón s. Real Rincón
Ring Schuch GAK s. Liebherr GAK
Rio Ave FC (Rio Ave Futebol Clube), Vila do Conde, Portugal, Klub, entst. 1939, s. S. 79
Rio Ave Futebol Clube s. Rio Ave FC
Rio Branco AC (Rio Branco Atlético Clube), Vitória, Brasilien, Klub, entst. 1913, s. S. 133
Rio Branco Atlético Clube s. Rio Branco AC
Rio Branco FC (Rio Branco Futebol Clube), Rio Branco, Brasilien, Klub, entst. 1919, s. S. 132
Rio Branco Futebol Clube s. Rio Branco FC
Rio Branco, Stadt, Brasilien, s. S. 132
Rio Cuarto, Stadt, Argentinien, s. S. 135
Rio de Janeiro, Stadt, Brasilien, s. S. 133
Rio Grande, Stadt, Brasilien, s. S. 133
Rio Mar s. Deportivo M y M
Rio Negro s. Atlético Rio Negro
Rio Piedras, Stadt, Puerto Rico, s. S. 127
Riobamba, Stadt, Ecuador, s. S. 130
Riodairibord Wanderers, Kadoma, Simbabwe, Klub, s. S. 121
Riograndense s. FC Riograndense
Riopele s. GD Riopele
Ripensia s. FC Politehnica Timişoara
Ripensia Timişoara s. FC Ripensia Timişoara
Rishon Lezion, Stadt, Israel, s. S. 94
Rivadavia s. Independiente Rivadavia
Rivarolese Nazionale Liguria s. AC Liguria
Rivatex s. Eldoret FC
River AC (River Atlético Clube), Teresina, Brasilien, Klub, entst. 1946, s. S. 133
River Atlético Clube s. River AC
River Plate s. CA River Plate
River Plate, Montevideo, Uruguay, Klub, entst. 1902, [aufgel. 1920], s. S. 135
Rivera, Stadt, Uruguay, s. S. 135
Riverplate Modiki s. SV Riverplate Modiki
Riverside Albion s. Cardiff City AFC
Riverside FC s. Cardiff City AFC
Riviéra AC s. AS Monaco
Rivière Anglaise, Victoria, Seychellen, Klub, s. S. 121
Rivière du Rempart s. AS Rivière du Rempart
Rivière Noire, Stadt, Mauritius, s. S. 121
Rivière Salée, Stadt, Martinique, s. S. 127
Rivière-Pilote, Stadt, Martinique, s. S. 127
Riwne, Stadt, Ukraine, s. S. 99
Rixdorf s. SV Tasmania 73 Neukölln
Rixdorfer FC Tasmania s. SV Tasmania 73 Neukölln
Riyadh SC s. al-Riyadh SC
Rize, Stadt, Türkei, s. S. 97
Rizespor K s. Çaykur Rizespor K
RKC s. RKC Waalwijk
RKC Waalwijk (Rooms Katholieke Combinatie Waalwijk), Waalwijk, Niederlande, Klub, entst. 1940, [entst. 1940 durch Fusion HEC, Hercules und WVB Waalwijk => RKC (40-9?)], s. S. 75
RKIMA Moskva s. Metallurg Moskva
RKS Arka Gdynia s. KS Arka Amber Gdynia
RKS Bałtyk Gdynia s. KS Bałtyk Gdynia
RKS Concordia Zabrze s. KS Górnik Zabrze
RKS Garbarnia Kraków s. KS Garbarnia Kraków
RKS Iskra Zabrze s. KS Górnik Zabrze
RKS Mir Gdynia s. KS Arka Amber Gdynia
RKS Motor Lublin (Robotniczny Klub Sportowy Motor Lublin), Lublin, Polen, Klub, entst. 1950, [1950-56 Stal Lublin], s. S. 89
RKS Radom s. KS Radomiak Radom
RKS Radomsko (Radomszczański Klub Sportowy Radomsko), Radomsko, Polen, Klub, entst. 1979, s. S. 89
RKS Raków Częstochowa (Robotniczy Klub Sportowy Raków Częstochowa), Częstochowa, Polen, Klub, entst. 1921, s. S. 89
RKSV Sittardia (Rooms Katholiek Sport Vereniging Sittardia), Sittard, Niederlande, Klub, entst. 1950, [aufgel. 1968 durch Fusion mit Fortuna '54 => FSC Geelen (68-79)], s. S. 75
RKSV Sittardia s. Fortuna '54
RKSV Sittardia s. SC Fortuna Sittard
RKSV Volendam s. FC Volendam
RKU Sosnowiec s. GKS Zagłębie Sosnowiec
RM '86 Luxembourg s. FC Mansfeldia Clausen
RM '86 Luxembourg s. FC Rapid Neudorf
RME s. FC Tauris Rimavská Sobota
Rmellan, Halab/Aleppo, Syrien, Klub, s. S. 102
Road Town, Stadt, Britische Jungferninseln, s. S. 126
Road, Surinam, Klub, s. S. 129
Roadmasters, Tema, Ghana, Klub, [aufgel. 1991], s. S. 117
Roan United, Chililabombwe, Sambia, Klub, s. S. 119
Roaring Lions, Maputsoe, Lesotho, Klub, s. S. 120
Roaring Lions, Stoney Ground, Anguilla, Klub, s. S. 126
Robbie Chanties, Khorixas, Namibia, Klub, s. S. 120
Robert s. US Robert
Robin Hood, Paramaribo, Surinam, Klub, s. S. 129
Robotniczne Towarzystwo Sportowe Widzew Łódź s. RTS Widzew Łódź
Robotniczy Klub Sportowy Motor Lublin s. RKS Motor Lublin
Robotniczy Klub Sportowy Raków Częstochowa s. RKS Raków Częstochowa
Robotron Sömmerda s. FSV Sömmerda
Robur Siena s. AC Siena
Roca s. Deportivo Roca
Rocar Bucureşti s. FC Rocar Fulgerul Bragadiru
Rocar Fulgerul Bragadiru s. FC Rocar Fulgerul Bragadiru
Rocha FC (Rocha Fútbol Club), Montevideo, Uruguay, Klub, s. S. 135
Rocha Fútbol Club s. Rocha FC
Rochdale, Stadt, England, s. S. 67
Roche Bois Boys Scouts/St. Martin s. RBBS/St. Martin
Rochester Lancers, Rochester, USA, Klub, entst. 1967, [aufgel. 1980], s. S. 122
Rochester, Stadt, USA, s. S. 122
Rock City s. Seven Seas Rock City
Rock Star FC (Rock Star Football Club), Tororo, Uganda, Klub, s. S. 119
Rock Star Football Club s. Rock Star FC
Rockets FC s. Cayon Rockets FC
Rockets s. North York Rockets
Rocks s. Vita Malt Black Rocks
Roda JC s. SV Roda JC
Roda Sport s. Rapid JC
Roda Sport s. SV Roda JC
Rodange, Stadt, Luxemburg, s. S. 74
Rodiakos Rodos s. AO Diagoras Rodos
Rodiakos Rodos s. AS Rodos
Rodina Haskovo, Haskovo, Bulgarien, Klub, [aufgel. 19??], s. S. 91
Rodina Schumen s. FK Schumen
Rodos, Stadt, Griechenland, s. S. 95
Rodoviária s. AA Rodoviária
Roermond FC (Roermond Football Club), Roermond, Niederlande, Klub, entst. 1900, [1900-20 RVV, 20-23 Roermondia], s. S. 75
Roermond Football Club s. Roermond FC
Roermond, Stadt, Niederlande, s. S. 75
Roermondia s. Roermond FC
Rogaška Slatina, Stadt, Slowenien, s. S. 93
Rogatica, Stadt, Bosnien und Herzegowina, s. S. 93
Rogifer Bucureşti s. CS Faur Bucureşti
Rogues s. Memphis Rogues
Rojos s. Diablos Rojos
ROK Air Force s. Sangmu
ROK Army s. Sangmu
ROK Navy s. Sangmu
Rokana United s. Nkana FC
Rollers s. Desert Rollers
Rollers s. Township Rollers
Rolný Púchov s. ŠK Matador Púchov
Rom, Stadt, Italien, s. S. 81
Roma Bălţi s. FC Roma Bălţi
Roma Boys, Roma, Lesotho, Klub, [19??-96 Real Rovers], s. S. 120
Roma Rovers s. NUL Rovers
Roma, Stadt, Italien, s. S. 81
Roma, Stadt, Lesotho, s. S. 120
Roman FC s. AS Roma
Roman FC s. SGS Fortitudo
România Cluj s. Victoria CFR Cluj
Romanija Pale s. FK Romanija Pale
Romăno-Americană Bucureşti (Societatea Romăno-Americană Bucureşti), Bukarest (Bucureşti), Rumänien, Klub, entst. 1914, [aufgel. 19??], s. S. 90
ROMAR Mažeikiai s. FK Mažeikiai
Romcomit Bucureşti s. Flacăra Bucureşti
Römergrube Niedobschütz s. KS Górnik Radlin
Rønne BK (Rønne Boldklubben), Rønne, Dänemark, Klub, entst. 1897, s. S. 71
Rønne Boldklubben s. Rønne BK
Rønne, Stadt, Dänemark, s. S. 71
Rooms Katholiek Sport Vereniging Sittardia s. RKSV Sittardia
Rooms Katholieke Combinatie Waalwijk s. RKC Waalwijk
Roosendaal, Stadt, Niederlande, s. S. 75
Roosendaalse Boys Combinate Roosendaal s. RBC Roosendaal
Roosevelt, San Juan, Puerto Rico, Klub, s. S. 127
Roots Alley Ballers, Vieux Fort, St. Lucia, Klub, s. S. 127
RoPS s. FC RoPS
Roraima FC (Roraima Football Club), Busia, Uganda, Klub, s. S. 119
Roraima Football Club s. Roraima FC
Roraima s. Atlético Roraima
Rosador, Passamainti, Mayotte, Klub, s. S. 121
Rosario Central s. CA Rosario Central
Rosario, Stadt, Argentinien, s. S. 135
Rose City s. Manawatu AFC
Roseau, Stadt, Dominica, s. S. 127
Rosemount s. Derry Celtic FC
Rosenborg Ballklubb s. Rosenborg BK
Rosenborg BK (Rosenborg Ballklubb), Trondheim, Norwegen, Klub, entst. 1917, [1917-28 SK Odd], s. S. 71
Rosiene s. US Rosiene
Rosignol United, Rosignol, Guyana, Klub, s. S. 129
Rosignol, Stadt, Guyana, s. S. 129
Roslyn-Wakari, Dunedin, Neuseeland, Klub, s. S. 137
Rosso s. Terruzi FC
Rosso, Stadt, Mauretanien, s. S. 114
Rosstroj Pavlikeni s. FK Pavlikeni
Rostock, Stadt, Deutschland, s. S. 85
Rostocker FC 1895 s. TSV Grün-Weiß 1895 Rostock
Rostocker FC Greif 1916 s. TSV Grün-Weiß 1895 Rostock
Rostocker SC 1895 s. TSV Grün-Weiß 1895 Rostock
Rostocker TB s. TSV Grün-Weiß 1895 Rostock
Rostocker TSV 1923 s. TSV Grün-Weiß 1895 Rostock
Rostow-na-Donu, Stadt, Russland, s. S. 101
Rostsel'masch Rostow-na-Donu s. FK Rostsel'masch Rostow-na-Donu
Rotation Babelsberg s. SG Fortuna Babelsberg
Rotation Dresden s. Dresdner SC 98
Rotation Leipzig s. SC Lokomotive Leipzig
Rotation Leipzig s. VfB Leipzig
Rote Erde Esch s. CS FOLA Esch
Roter Husar Eisenstadt s. SC Eisenstadt
Rothenditmold s. SV 06 Kassel-Rothenditmold
Rotor Bischkek s. Instrumental'tschik Bischkek
Rotor Bischkek s. Selmaschevets Bischkek
Rotor Bischkek s. SK Nacional'naja Gvardija Bischkek
Rotor Bischkek, Bischkek, Kirgisien, Klub, entst. 1993, [entst. 1993 durch Fusion Selmaschevets Bischkek und Instrumental'tschik Bischkek, aufgel. 97 durch Fusion mit SK AiK Bischkek], s. S. 100
Rotor Wolgograd s. SK Rotor Wolgograd
Rot-Schwarz Düdelingen s. CS Alliance Dudelange
Rot-Schwarz Pfaffenthal s. Red-Black Pfaffenthal
Rotstern Differdingen s. AS Differdange
Rotterdam, Stadt, Niederlande, s. S. 75
Rotterdamsche Football Club Xerxes s. RFC Xerxes
Rot-Weiß Cottbus s. ESV Cottbus
Rot-Weiß Erfurt s. FC Rot-Weiß Erfurt
Rot-Weiß Essen, Essen, Deutschland, Klub, entst. 1907, [1907-10 SV Vogelheim, 10-11 SuS Emscher, 11 Fusion mit TB Bergeborbeck (11-13), 13-20 SV Emscher-Vogelheim, 20-23 SuS Emscher, 23 Fusion mit TB Bergeborbeck => Rot-Weiß Essen], s. S. 84
Rot-Weiß Hesperingen s. 1. FC Swift Hesperange
Rot-Weiß Oberhausen s. SC Rot-Weiß Oberhausen
Rot-Weiß Zeitz s. 1. FC Zeitz
Roubaix, Stadt, Frankreich, s. S. 77
Rouen, Stadt, Frankreich, s. S. 77
Rouge Dudelange s. CS Alliance Dudelange
Roughnecks s. Tulsa Roughnecks
Roulado, Gonaïves, Haiti, Klub, s. S. 127
Rovaniemi, Stadt, Finnland, s. S. 73
Rovers AC, Havanna (La Habana), Kuba, Klub, [aufgel. 19??], s. S. 126
Rovers FC s. Albion Rovers FC
Rovers FC s. Blackburn Rovers FC
Rovers FC s. Calabar Rovers FC
Rovers FC s. Copsicua Rovers FC
Rovers FC s. Galway United FC
Rovers FC s. Paola United FC
Rovers FC s. Raith Rovers FC
Rovers FC s. Shamrock Rovers FC
Rovers FC s. Sligo Rovers FC
Rovers FC s. Tampines Rovers FC
Rovers FC s. Tranmere Rovers FC
Rovers FC s. Valletta Rovers FC
Rovers s. Bulawayo Rovers
Rovers s. Clapham Rovers
Rovers s. Mabouya Valley Rovers
Rovers s. Maseru Rovers
Rovers s. Mhlambanyatsi Rovers
Rovers s. Napier City Rovers
Rovers s. NUL Rovers
Rovers s. Racca Rovers
Rovers s. Real Rovers
Rovers s. Rufaro Rovers
Rovers SC (Rovers Sports Club), Singapur, Klub, s. S. 107
Rovers Sports Club s. Rovers SC
Rovers, Mexiko-Stadt/Ciudad de México, Mexiko, Klub, [19?? aufgel.], s. S. 125
Rovers, Seychellen, Klub, s. S. 121
Rovine Grivita Craiova s. AS Doljul Craiova
ROW Rybnik s. GKS ROW Rybnik
Rowdies s. Tampa Bay Rowdies
Rowi, Rowi, Oman, Klub, s. S. 103
Rowi, Stadt, Oman, s. S. 103
Rowno, Stadt, Ukraine, s. S. 99
Royal '95, Surinam, Klub, s. S. 129
Royal Air Force Seletar s. RAF Seletar
Royal Air Force, Hongkong, Klub, s. S. 109
Royal Air Force, Singapur, Klub, s. S. 107
Royal Antwerp Football Club s. R Antwerp FC
Royal Arsenal FC s. Arsenal FC
Royal Artillery s. 12th Company Royal Artillery
Royal Artillery, Colombo, Sri Lanka, Klub, [aufgel. 19??], s. S. 105
Royal Artillery, Singapur, Klub, s. S. 107
Royal Canadians s. Vancouver Royal Canadians
Royal Castle United, Scarborough, Trinidad und Tobago, Klub, s. S. 129
Royal Charleroi Sporting Club s. RSC Charleroi
Royal Club sportif La Forestoise s. RCS La Forestoise
Royal Club sportif Verviétois s. RCS Verviétois
Royal Crossing Club de Schaerbeek s. R Crossing Schaerbeek
Royal Daring Club de Bruxelles s. R Daring CB
Royal Dolphins, Phum Pénh/Phompenh, Kambodscha, Klub, s. S. 107
Royal Engineers FC (Royal Engineers Football Club), Chatham, England, Klub, entst. 1859, [1859-?? Royal Engineers FC, ??-?? Depot Batallion, ??-?? Royal Engineers FC, ?? aufgel.], s. S. 67
Royal Engineers Football Club s. Royal Engineers FC
Royal Engineers, Singapur, Klub, s. S. 107
Royal Excelsior Mouscron s. R Excelsior Mouscron
Royal Excelsior Sport's Club s. R Excelsior SC
Royal FC (Royal Football Club), Rangoon/Yangon, Burma, Klub, s. S. 106
Royal Football Club s. Royal FC
Royal Football Club Seraing s. RFC Seraing
Royal Irish Rifles, Calcutta, Indien, Klub, [aufgel. 19??], s. S. 105
Royal Leopards, Simunye, Swasiland, Klub, s. S. 120
Royal Montserrat Police Force s. Royal Police
Royal Navy, Singapur, Klub, s. S. 107
Royal Olympic Club Charleroi s. R Olympic Charleroi
Royal Police (Royal Montserrat Police Force), Plymouth, Montserrat, Klub, s. S. 127
Royal Racing Club de Bruxelles s. R Racing CB
Royal Racing Club Heirnis Gent s. RRC Heirnis Gent
Royal Racing Club Tournaisien s. RRC Tournaisien
Royal Racing Football Club Montegnée s. R Racing FC Montegnée
Royal Racing White s. R Racing White
Royal Regiment s. The Royal Regiment
Royal Sporting Club Anderlecht s. RSC Anderlecht
Royal Stade s. Racing Jet Wavre
Royal Standard de Liège s. R Standard Liège
Royal Thai Air Force, Krungthep/Bangkok, Thailand, Klub, s. S. 106
Royal Thai Army, Krungthep/Bangkok, Thailand, Klub, s. S. 106
Royal Thai Navy, Krungthep/Bangkok, Thailand, Klub, s. S. 106
Royal Tigers, Umbumbulu, Südafrika, Klub, s. S. 121
Royal Tilleur Football Club Liégeois s. RTFC Liégeois
Royal Tilleur Football Club s. R Tilleur FC
Royal Uccle Sport s. R Uccle Sport
Royal White Star Athletic Club s. R White Star AC
Royale Association Athlétique La Louviéroise s. RAA Louviéroise
Royale Union Saint-Gilloise s. R Union Saint-Gilloise
Royale Union Sportive Tournaisienne s. RUS Tournaisienne
Royals s. Mighty Royals
Royals s. Vancouver Royals
Rozova Dolina Kazanlăk s. FK Rozova Dolina Kazanlăk
RPOS s. FC Tauris Rimavská Sobota
RRC Gand s. RRC Heirnis Gent
RRC Gent s. RRC Heirnis Gent
RRC Heirnis Gent (Royal Racing Club Heirnis Gent), Gent, Belgien, Klub, entst. 1899, [entst. 1899 durch Fusion Union Pédestre 1895, AC 1897 Gantois und FC 1897 Gantois => RC Gand (1899-1925), 25-69 RRC Gand, 69-87 RRC Gent, 87 Fusion mit FC Heirnis Gent => RC Heirnis Gent], s. S. 75
RRC Tienen s. KVK Tienen
RRC Tirlemont s. KVK Tienen
RRC Tournaisien (Royal Racing Club Tournaisien), Tournai/Doornik, Belgien, Klub, entst. 1908, [1908-34 RC Tournaisien], s. S. 75
RS Kouba s. RC Kouba
RS Settat (Renaissance sportive Settat), Settat, Marokko, Klub, s. S. 113
RSC Anderlecht (Royal Sporting Club Anderlecht), Brüssel (Bruxelles/Brussel), Belgien, Klub, entst. 1908, [1908-33 SC Anderlechtois, 33-81 RSC Anderlechtois], s. S. 75
RSC Anderlechtois s. RSC Anderlecht
RSC Charleroi (Royal Charleroi Sporting Club), Charleroi, Belgien, Klub, entst. 1904, [1904-29 Charleroi SC], s. S. 75
RSK Radomiak Radom s. KS Radomiak Radom
RŠK Vrútky s. FC Vrútky
RTFC Liégeois (Royal Tilleur Football Club Liégeois), Liège, Belgien, Klub, entst. 1892, [1892-1920 FC Liégeois, 20-89 RFC Liégeois, 89-91 RFC Liège, 91-95 RC Liégeois, 95 Fusion mit RFC Tilleur-Saint Nicolas => RTFC Liégeois], s. S. 75
RTFC Liégeois s. R Tilleur FC
RTJ Topoľčany s. MFK VTJ Topoľčany
RTS OM TUR Łódź s. RTS Widzew Łódź
RTS Widzew Łódź (Robotniczne Towarzystwo Sportowe Widzew Łódź), Łódź, Polen, Klub, entst. 1910, [1910-14 TMRF Łódź, 14 aufgel., 22 wiedergegr., 22-46 Widzew Łódź, 46-49 RTS OM TUR Łódź, 49-98 RTS Widzew Łódź, 98-99 RTS Widzew-Piast Łódź], s. S. 89
RTS Widzew-Piast Łódź s. RTS Widzew Łódź
RTU (Rauman Työväen Uheilijat), Rauma/Raumo, Finnland, Klub, entst. 1930, s. S. 73
RTU (Real Tamale United), Tamale/Tamala, Ghana, Klub, entst. 1975, s. S. 117
RU '38 s. PoPa
Rwanda, Länder, s. S. 118 und 119
Ruch Chorzów s. KS Ruch Chorzów
Ruch Radzionków s. GKS Ruch Radzionków
Rudá hvězda Brno s. FC Stavo Artikel Brno
Rudá hvězda Brno s. TJ Rudá hvězda Brno
Rudá hvězda Spartak ZVÚ Hradec Králové s. SK Hradec Králové
Ruda Śląska, Stadt, Polen, s. S. 89
Rudar Breza s. NK Rudar Breza
Rudar Hadžići s. NK Rudar Hadžići
Rudar Kakanj s. NK Rudar Kakanj
Rudar Pljevlja s. FK Rudar Pljevlja
Rudar Prijedor s. FK Rudar Prijedor
Rudar Probištip s. FK Rudar Probištip
Rudar Trbovlje s. NK Rudar Trbovlje
Rudar Ugljevik s. FK Rudar Ugljevik
Rudar Velenje s. NK Rudar Velenje
Rudiškes, Stadt, Litauen, s. S. 99
Rúdlová s. ŠK Banská Bystrica
Rudnitsar Pernik s. FK Minjor Pernik
Rudolfshügel s. FC Rudolfshügel
Rufaro Rovers, Simbabwe, Klub, s. S. 121
Rufisque, Stadt, Senegal, s. S. 117
Rugby-Klub Merkur Hannover s. SV Arminia Hannover
Ruggell, Stadt, Liechtenstein, s. S. 83
Ruhengeri, Stadt, Rwanda, s. S. 119
Rumänien, Länder, s. S. 90 und 91
Rumelange, Stadt, Luxemburg, s. S. 74
Rumuri, Burundi, Klub, s. S. 119
Run s. AFC RAP
Runavík, Stadt, Färöer Inseln, s. S. 71
Running CB s. Athletic & Running CB
Rupandehi, Lumbini, Nepal, Klub, s. S. 105
RUS Tournaisienne (Royale Union Sportive Tournaisienne), Tournai/Doornik, Belgien, Klub, entst. 1902, [1902-28 US Tournaisienne], s. S. 75
Ruschenets Ruse s. FK Dunav Ruse
Ruse, Stadt, Bulgarien, s. S. 91
Ruše, Stadt, Slowenien, s. S. 93
Rusj Užhorod s. ŠK Rusj Užhorod
Russa Agragami Samity s. Tollygunge Agragami
Russland, Länder, s. S. 100 und 101
Rustawi, Stadt, Georgien, s. S. 97
Rustenburg, Stadt, Südafrika, s. S. 121
Ruttkai FC s. FC Vrútky
Ružomberok, Stadt, Slowakei, s. S. 87
RV & AV Excelsior s. SC Excelsior
RV & AV Feijenoord s. Feyenoord
RV & VV Sparta Rotterdam s. Sparta
RVV s. Roermond FC
Rwampara FC (Rwampara Football Club), Mbarara, Uganda, Klub, s. S. 119
Rwampara Football Club s. Rwampara FC
Rwanda FC (Rwanda Football Club), Kigali, Rwanda, Klub, s. S. 119
Rwanda Football Club s. Rwanda FC
RWD Molenbeek (Racing White Daring Molenbeek), Brüssel (Bruxelles/Brussel), Belgien, Klub, entst. 1973, [entst. 1973 durch Fusion R Racing White und R Daring CB], s. S. 75
RWD Molenbeek s. R Daring CB
RWD Molenbeek s. R Racing White
Rybak Nachodka s. Okean Nachodka
Rybitví s. SK Pardubice
Rybnik, Stadt, Polen, s. S. 89
Rymer Niedobczyce s. KS Górnik Radlin
Rzeszów, Stadt, Polen, s. S. 89
SA Mohammedia, Mohammedia, Algerien, Klub, s. S. 113
SA Salé (Sportif Association Salé), Salé, Marokko, Klub, s. S. 113
SAAB s. BK Derby
Saad Olympie s. ASO Chlef
Saarbrücken, Stadt, Deutschland, s. S. 85
Saarland, Länder, s. S. 85
Saaz s. DSV Saaz
Šabac, Stadt, Jugoslawien, s. S. 93
Sabadell, Stadt, Spanien, s. S. 79
Sabah, Kota Kinabalu, Malaysia, Klub, s. S. 107
Sabará, Stadt, Brasilien, s. S. 133
Sabaria FC (Sabaria Futball Club), Szombathely, Ungarn, Klub, entst. 1921, [1921-26 Szombathelyi Atlétikai Kör, 26-32 Sabaria FC, 32 aufgel.], s. S. 89
Sabaria Futball Club s. Sabaria FC
Sabé SC Bouna, Bouna, Elfenbeinküste, Klub, s. S. 117
Sabi Dimitrov Sliven s. FK Sliven
Sabirabad, Stadt, Aserbaidschan, s. S. 97
Sable Batié, Batié, Kamerun, Klub, entst. 1995, s. S. 117
Sables s. Bulawayo Sables
Sables s. Salisbury Sables
Sabratha, Stadt, Libyen, s. S. 113
SAC Olympia XI Wien s. ESV Ostbahn XI Wien
Sacachispas s. CD Sacachispas
Sacharniki Moskva s. Metallurg Moskva
Sachsen Leipzig 1990 s. FC Sachsen Leipzig 1990
Sachsen Leipzig s. FSV Böhlen
Sachsenring Zwickau s. FSV Zwickau
Sachsenverlag Dresden s. Dresdner SC 98
Sacraboutou Sports Bondoukou, Bondoukou, Elfenbeinküste, Klub, s. S. 117
Sacramento, Stadt, USA, s. S. 123
Sad s. al-Sad
Sada, Stadt, Mayotte, s. S. 121
Saddam Sarband, Kurgan-Tjube, Tadschikistan, Klub, [19??-96 Fajzali Sarband], s. S. 101

Saddlers United FC (Saddlers United Football Club), Saddlers, St. Christoph und Nevis, Klub, **s. S.** 127
Saddlers United Football Club **s.** Saddlers United FC
Saddlers, Stadt, St. Christoph und Nevis, **s. S.** 127
Sadharan Bima KS, Dacca, Bangladesh, Klub, **s. S.** 105
SAEM Association sportive de Saint-Etienne **s.** AS Saint-Etienne
Saem Football Club de Martigues **s.** FC Martigues
SAEMS Red Star 93 **s.** Red Star 93
Safa **s.** al-Safa
SAFD Tscherno More Varna **s.** FK Tscherno More Varna
Safi, Stadt, Marokko, **s. S.** 113
Sagaing Zone, Sagaing, Burma, Klub, **s. S.** 106
Sagaing, Stadt, Burma, **s. S.** 106
Sagamihara, Stadt, Japan, **s. S.** 111
Sagitún, Mango Creek, Belize, Klub, [19??-98 Corozál FC, 98 Midsouth FC], **s. S.** 125
Sagrada Esperança (Gruppo Desportivo Sagrada Esperança), Capenda Camulemba, Angola, Klub, **s. S.** 119
Sagrada Familia FC **s.** AD Sagrada Familia FC
Sahab, Sahab, Jordanien, Klub, **s. S.** 102
Sahab, Stadt, Jordanien, **s. S.** 102
Sahel **s.** ES Sahel
Sahel SC, Niamey, Niger, Klub, **s. S.** 114
Sahil **s.** al-Sahil
Sai Kung's Friends, Hongkong, Klub, **s. S.** 109
Saïda, Stadt, Algerien, **s. S.** 113
Saida, Stadt, Libanon, **s. S.** 102
Saifi **s.** COJI Saifi
Saigon, Stadt, Vietnam, **s. S.** 107
Saint Andrew's FC (Saint Andrew's Football Club), Luqa, Malta, Klub, entst. 1934, [aufgel. 1952], **s. S.** 81
Saint Andrew's Football Club **s.** Saint Andrew's FC
Saint Andrew's, Buenos Aires, Argentinien, Klub, [aufgel. ??], **s. S.** 135
Saint Andrew's, Stadt, Malta, **s. S.** 81
Saint Benoît, Stadt, Reunion, **s. S.** 121
Saint Bernard's Football Club **s.** St Bernard's FC
Saint George's FC (Saint George's Football Club), Cospicua, Malta, Klub, entst. 1890, **s. S.** 81
Saint George's Football Club **s.** Saint George's FC
Saint James's Gate Association Football Club **s.** St James's Gate AFC
Saint Johnstone Football Club **s.** St Johnstone FC
Saint Joseph's FC **s.** Msida Saint Joseph's FC
Saint Joseph's Warriors, Monrovia, Liberia, Klub, **s. S.** 117
Saint Julian's, Stadt, Malta, **s. S.** 81
Saint Louis, Stadt, Senegal, **s. S.** 117
Saint Michel de Ouenzé, Brazzaville, Kongo, Klub, **s. S.** 118
Saint Mirren Football Club **s.** St Mirren FC
Saint Nicolas FC **s.** R Tilleur FC
Saint Patrick FC (Saint Patrick Football Club), Zabbar, Malta, Klub, entst. 1912, **s. S.** 81
Saint Patrick Football Club **s.** Saint Patrick FC
Saint Patrick's Athletic Association Football Club **s.** St Patrick's Athletic AFC
Saint-André, Stadt, Reunion, **s. S.** 121
Saint-Denis, Stadt, Reunion, **s. S.** 121
Sainte Anne **s.** CS Patronage Sainte Anne
Sainte Savine **s.** AS Troyenne-Savinienne
Sainte-Anne, Stadt, Guadeloupe, **s. S.** 127
Sainte-Anne, Stadt, Martinique, **s. S.** 127
Saint-Elie, Stadt, Französisch-Guyana, **s. S.** 129
Sainte-Louisienne **s.** SS Sainte-Louisienne
Sainte-Marie, Stadt, Reunion, **s. S.** 121
Sainte-Marie, Stadt, Martinique, **s. S.** 127
Sainte-Pauloise **s.** SS Sainte-Pauloise
Sainte-Rose, Stadt, Reunion, **s. S.** 121
Sainte-Rosiénne **s.** SS Sainte-Rosiénne
Sainte-Suzanne, Stadt, Reunion, **s. S.** 121
Saint-Etienne, Stadt, Frankreich, **s. S.** 77
Saint-Georges, Stadt, Französisch-Guyana, **s. S.** 129
Saint-Germain FC **s.** Paris Saint-Germain FC
Saint-Jean Olympique Avignon **s.** Olympique Avignonnais
Saint-Joseph, Stadt, Reunion, **s. S.** 121
Saint-Joseph, Stadt, Martinique, **s. S.** 127
Saint-Leu, Stadt, Reunion, **s. S.** 121
Saint-Louis, Stadt, Reunion, **s. S.** 121
Saint-Louis, Stadt, Neukaledonien, **s. S.** 137
Saint-Marc, Stadt, Haiti, **s. S.** 127
Saint-Paul, Stadt, Reunion, **s. S.** 121
Saint-Pierre und Miquelon, Länder, **s. S.** 122 und 123
Saint-Pierre, Stadt, Reunion, **s. S.** 121
Saint-Pierre, Stadt, Martinique, **s. S.** 127
Saint-Pierre, Stadt, Saint-Pierre und Miquelon, **s. S.** 123
Saints **s.** Zimbabwe Saints
Saints SC **s.** Heineken Saints SC
Saipa, Teheran/Tehran, Iran, Klub, **s. S.** 103
Sait Matty, Bakau, Gambia, Klub, **s. S.** 117
Sajchun Chodzhent, Chodzhent, Tadschikistan, Klub, **s. S.** 100
Sajchun Tschkalovsk, Tschkalovsk, Tadschikistan, Klub, **s. S.** 100
SAK (Siumut Amerdlok Kûnuk), Sisimut/Holsteinsborg, Grönland, Klub, **s. S.** 123
SAK 1914 (Salzburger Athletiksport-Klub 1914), Salzburg, Österreich, Klub, entst. 1914, **s. S.** 83
Sakalas Šiauliai **s.** FK Kareda Šiauliai
Sakalas Šiauliai, Šiauliai, Litauen, Klub, [19??-2001 Klevas Šiauliai], **s. S.** 99
Sakaraha, Stadt, Madagaskar, **s. S.** 121
Sakaryaspor Anonim Şirketi **s.** Sakaryaspor AŞ
Sakaryaspor AŞ (Sakaryaspor Anonim Şirketi), Adapazarı, Türkei, Klub, entst. 1965, [1965-97 Sakaryaspor K], **s. S.** 96
Sakaryaspor K **s.** Sakaryaspor AŞ
Sakskøbing, Stadt, Dänemark, **s. S.** 71
Sal Rei, Stadt, Kapverden, **s. S.** 116
Salaheddin, Takrit, Irak, Klub, **s. S.** 103
Salalah, Stadt, Oman, **s. S.** 103
Salam Zgharta **s.** al-Salam Zgharta
Salamanca, Stadt, Spanien, **s. S.** 79
Salcedo, Salcedo, Dominikanische Republik, Klub, **s. S.** 127
Salcedo, Stadt, Dominikanische Republik, **s. S.** 127
Salcete, Stadt, Indien, **s. S.** 105
Salé, Stadt, Marokko, **s. S.** 113
Salernitana Sport, Salerno, Italien, Klub, entst. 1919, [1919-27 US Salernitana Audax, 27 Fusion mit FC Libertas Salerno => US Salernitana Fascista (27-45), 45-79 US Salernitana], **s. S.** 81
Salerno, Stadt, Italien, **s. S.** 81
Salgaocar SC (Salgaocar Sports Club), Vasco, Indien, Klub, **s. S.** 105
Salgaocar Sports Club **s.** Salgaocar SC
Salgótarján, Stadt, Ungarn, **s. S.** 89
Salgótarjáni Acél, Salgótarján, Ungarn, Klub, entst. 1901, [1901-48 Salgótarjáni SE, 48-56 Salgótarjáni Vasas, 56-59 Salgótarjáni SE, 59-77 Salgótarjáni Kohász, aufgel. 77 durch Fusion mit Salgótarjáni Bányász TC, SÜMSE, SZIMÜVEK, Salgótarjáni Ingatlan, Salgótarjáni Petőfi und Salgótarjáni Dózsa => Salgótarjáni TC, 84 Aufl. der Fusion und Zurückbenennung => Salgótarjáni Kohász (84-96)], **s. S.** 89
Salgótarjáni Bányász TC **s.** Salgótarjáni Acél
Salgótarjáni Bányász TC **s.** Salgótarjáni Barátság TC
Salgótarjáni Bányász TC-Salgglas **s.** Salgótarjáni Barátság TC
Salgótarjáni Bányatelepi TC **s.** Salgótarjáni Barátság TC
Salgótarjáni Barátság TC (Salgótarjáni Barátság Torna Club), Salgótarján, Ungarn, Klub, entst. 1920, [1920-21 Salgótarjáni TC, 21-25 Salgótarjáni Bányatelepi TC, 25-49 Salgótarjáni Bányász TC, 49-51 Salgótarjáni Tárna, 51-77 Salgótarjáni Bányász TC, 77 aufgel., wiedergegr. 84 durch Fusion Salgótarjáni Kohász, SÜMSE, SZIMÜVEK, Salgótarjáni Ingatlan, Salgótarjáni Petőfi, Salgótarjáni Dózsa => Salgótarjáni TC (84-92), 92 Aufl. der Fusion, 92-93 Salgótarjáni Bányász TC-Salgglas], **s. S.** 89
Salgótarjáni Barátság Torna Club **s.** Salgótarjáni Barátság TC
Salgótarjáni Dózsa **s.** Salgótarjáni Acél
Salgótarjáni Dózsa **s.** Salgótarjáni Barátság TC
Salgótarjáni Ingatlan **s.** Salgótarjáni Acél
Salgótarjáni Ingatlan **s.** Salgótarjáni Barátság TC
Salgótarjáni Kohász **s.** Salgótarjáni Acél
Salgótarjáni Kohász **s.** Salgótarjáni Barátság TC
Salgótarjáni Petőfi **s.** Salgótarjáni Acél
Salgótarjáni Petőfi **s.** Salgótarjáni Barátság TC
Salgótarjáni SE **s.** Salgótarjáni Acél
Salgótarjáni Tárna **s.** Salgótarjáni Barátság TC
Salgótarjáni TC **s.** Salgótarjáni Acél
Salgótarjáni TC **s.** Salgótarjáni Barátság TC
Salgótarjáni Vasas **s.** Salgótarjáni Acél
Salihorsk, Stadt, Weißrussland, **s. S.** 99
Salima, Stadt, Malawi, **s. S.** 121
Salimiya, Kuwait City, Kuwait, Klub, entst. 1964, **s. S.** 103
Salineros, Araya, Venezuela, Klub, **s. S.** 129
Salisbury Callies, Harare, Simbabwe, Klub, [aufgel. 19??], **s. S.** 121
Salisbury City, Harare, Simbabwe, Klub, [aufgel. 19??], **s. S.** 121
Salisbury Sables, Harare, Simbabwe, Klub, [aufgel. 19??], **s. S.** 121
Saljany, Stadt, Aserbaidschan, **s. S.** 97
Salomonen, Länder, **s. S.** 136 und 137
Salta, Stadt, Argentinien, **s. S.** 135
Saltigue **s.** ASC Saltigue
Salvador, Stadt, Brasilien, **s. S.** 133
Salyan, Stadt, Aserbaidschan, **s. S.** 97
Salzburg, Stadt, Österreich, **s. S.** 83
Salzburger Athletiksport-Klub 1914 **s.** SAK 1914
Salzgitter, Stadt, Deutschland, **s. S.** 85
Šamac, Stadt, Bosnien und Herzegowina, **s. S.** 93
Saman de Aragua FC (Club Saman de Aragua Fútbol Club), Maracay, Venezuela, Klub, entst. 1991, **s. S.** 129
Samara, Stadt, Russland, **s. S.** 101
Samarinda, Stadt, Indonesien, **s. S.** 107
Samaritaine, Sainte-Marie, Martinique, Klub, **s. S.** 127
Samarkand, Stadt, Usbekistan, **s. S.** 101
Samarra, Samurra, Irak, Klub, **s. S.** 103
Şamaxi, Stadt, Aserbaidschan, **s. S.** 97
Sambia, Länder, **s. S.** 118 und 119
Sambizanga **s.** Progresso Sambizanga
Samgurali Zchaltubo **s.** FC Samgurali Zchaltubo
Şämkir, Stadt, Aserbaidschan, **s. S.** 97
Samobor, Stadt, Kroatien, **s. S.** 93
Samokov, Stadt, Bulgarien, **s. S.** 91
Sampaio Correa FC (Sampaio Correa Futebol Clube), São Luís, Brasilien, Klub, entst. 1923, **s. S.** 133
Sampaio Correa Futebol Clube **s.** Sampaio Correa FC
Sampaio **s.** GA Sampaio
Sampdoria **s.** SG Andrea Doria
Sampdoria **s.** SG Sampierdarenese
Sampdoria **s.** UC Sampdoria
Sampierdarenese **s.** AC Liguria
Sampierdarenese **s.** SG Andrea Doria
Sampierdarenese **s.** SG Sampierdarenese
Sampierdarenese **s.** UC Sampdoria
Samsun, Stadt, Türkei, **s. S.** 96
Samsung Bluewings **s.** Suwon Samsung Bluewings
Samsunspor K (Samsunspor Kulübü), Samsun, Türkei, Klub, entst. 1965, **s. S.** 96
Samsunspor Kulübü **s.** Samsunspor K
Samtredia, Stadt, Georgien, **s. S.** 97
Samuch, Stadt, Aserbaidschan, **s. S.** 97
Samurra, Stadt, Irak, **s. S.** 103
San Agustín **s.** Colegio San Agustín
San Alvaro Córdoba **s.** Córdoba CF
San Antonio Thunder **s.** Team Hawaii
San Antonio Thunder **s.** Tulsa Roughnecks
San Antonio Thunder, San Antonio, USA, Klub, entst. 1975, [1975-77 San Antonio Thunder, aufgel. 77, Umzug nach Honolulu => Team Hawaii], **s. S.** 123
San Antonio, Stadt, USA, **s. S.** 123
San Carlos FC **s.** AD San Carlos FC
San Carlos, Stadt, Philippinen, **s. S.** 107
San Cristóbal FC (San Cristóbal Fútbol Club), San Cristóbal, Venezuela, Klub, entst. 1981, [1981-?? Atlético San Cristóbal], **s. S.** 128
San Cristóbal Fútbol Club **s.** San Cristóbal FC
San Cristóbal, Stadt, Dominikanische Republik, **s. S.** 127
San Cristobal, Stadt, Venezuela, **s. S.** 128
San Cristóbal, Stadt, Venezuela, **s. S.** 128
San Diego Jaws **s.** Baltimore Comets
San Diego Jaws **s.** Las Vegas Quicksilver
San Diego Jaws **s.** San Diego Sockers
San Diego Sockers **s.** Las Vegas Quicksilver
San Diego Sockers, San Diego, USA, Klub, entst. 1978, [1974-76 Baltimore Comets, 76 Umzug nach San Diego => San Diego Jaws (76-77), 77 Umzug nach Las Vegas => Las Vegas Quicksilver (77-78), 78 Umzug nach San Diego => San Diego Sockers (78-96), 96 aufgel.], **s. S.** 123
San Diego Toros **s.** Los Angeles Toros
San Diego Toros, San Diego, USA, Klub, entst. 1968, [1967-68 Los Angeles Toros, 68 Umzug nach San Diego => San Diego Toros, 68 aufgel.], **s. S.** 123
San Diego, Stadt, USA, **s. S.** 123
San Felipe, Stadt, Chile, **s. S.** 135
San Francisco de Macorís, Stadt, Dominikanische Republik, **s. S.** 127
San Francisco FC (San Francisco Fútbol Club), La Chorrera, Panama, Klub, entst. 1971, [19??-91 Deportivo La Previsora], **s. S.** 125
San Francisco Fútbol Club **s.** San Francisco FC
San Francisco Gales **s.** Vancouver Royal Canadians
San Francisco Gales **s.** Vancouver Royals
San Francisco Gales, San Francisco, USA, Klub, entst. 1967, [aufgel. 1967 durch Fusion mit Vancouver Royal Canadiens => Vancouver Royals], **s. S.** 123
San Francisco, Stadt, El Salvador, **s. S.** 125
San Francisco, Stadt, Kuba, **s. S.** 126
San Francisco, Stadt, USA, **s. S.** 123
San Giovanni **s.** SS San Giovanni
San Isidro de Pérez Zeledón, Stadt, Costa Rica, **s. S.** 125
San José (Club San José), Oruro, Bolivien, Klub, entst. 1942, **s. S.** 131
San Jose Clash **s.** San Jose Earthquakes (II)
San Jose Earthquakes (I), San Jose, USA, Klub, entst. 1974, [1974-82 San Jose Earthquakes, aufgel. 82 Umzug nach Oakland => Golden Bay Earthquakes], **s. S.** 123
San Jose Earthquakes (II), San Jose, USA, Klub, entst. 1996, [1996-2000 San Jose Clash], **s. S.** 123
San Jose Earthquakes **s.** Golden Bay Earthquakes
San José, Stadt, Costa Rica, **s. S.** 124
San Jose, Stadt, USA, **s. S.** 123
San Juan de Maguana, San Juan de Maguana, Dominikanische Republik, Klub, **s. S.** 127
San Juan de Maguana, Stadt, Dominikanische Republik, **s. S.** 127
San Juan, Stadt, Argentinien, **s. S.** 135
San Juan, Stadt, Puerto Rico, **s. S.** 127
San Juan, Stadt, Trinidad und Tobago, **s. S.** 129
San Lorenzo Almagro **s.** CA San Lorenzo Almagro
San Lorenzo del Campo Grande, Stadt, Paraguay, **s. S.** 135
San Lorenzo **s.** CA San Lorenzo
San Lorenzo, Stadt, Honduras, **s. S.** 125
San Luis Potosí, Stadt, Mexiko, **s. S.** 125
San Luís **s.** Deportes San Luís
San Luis, Stadt, Argentinien, **s. S.** 135
San Marco **s.** AC Venezia
San Marcos, Stadt, Guatemala, **s. S.** 125
San Marcos, Stadt, Nicaragua, **s. S.** 125
San Marino, Länder, **s. S.** 80 und 81
San Marino, Stadt, San Marino, **s. S.** 81
San Martín **s.** AC San Martín
San Martín **s.** CA San Martín
San Martín, Pucallpa, Peru, Klub, **s. S.** 131
San Miguel Corporation, Mandaluyong, Philippinen, Klub, **s. S.** 107
San Miguel de Tucumán, Stadt, Argentinien, **s. S.** 135
San Miguel, Stadt, Costa Rica, **s. S.** 124
San Miguel, Stadt, El Salvador, **s. S.** 125
San Miguelito, Stadt, Panama, **s. S.** 125
San Nicolás, Stadt, Argentinien, **s. S.** 135
San Pedro Carchá, Stadt, Guatemala, **s. S.** 125
San Pedro de Macorís, San Pedro de Macorís, Dominikanische Republik, Klub, **s. S.** 127
San Pedro de Macorís, Stadt, Dominikanische Republik, **s. S.** 127
San Pedro FC **s.** Dolphins FC
San Pédro Séwé SC (San Pédro Séwé Sports Club), San Pédro, Elfenbeinküste, Klub, **s. S.** 117
San Pédro Séwé Sports Club **s.** San Pédro Séwé SC
San Pedro Sula, Stadt, Honduras, **s. S.** 125
San Pedro Turquoise **s.** Caye Caulker Turquoise
San Pedro, Cochabamba, Bolivien, Klub, **s. S.** 131
San Pedro, San Pedro Sula, Honduras, Klub, [19??-66 La Salle], **s. S.** 125
San Pedro, Stadt, Belize, **s. S.** 125
San Pédro, Stadt, Elfenbeinküste, **s. S.** 117
San Rafael, Stadt, Argentinien, **s. S.** 135
San Ramón de Alajuela, Stadt, Costa Rica, **s. S.** 124
San Ramón, Stadt, Peru, **s. S.** 131
San Salvador de Jujuy, Stadt, Argentinien, **s. S.** 135
San Salvador, Stadt, El Salvador, **s. S.** 125
San Sebastian, León, Mexiko, Klub, **s. S.** 125
San Sebastián, Stadt, Spanien, **s. S.** 79
San Telmo FC **s.** CA San Telmo
San Vicente de Cañete, Stadt, Peru, **s. S.** 130
San Vicente **s.** Unión San Vicente
San'a, Stadt, Jemen, **s. S.** 103
Sanandaj, Stadt, Iran, **s. S.** 103
Sanat-Naft, Abadan, Iran, Klub, **s. S.** 103
Sanavardo Samtredia **s.** FC Iberia Samtredia
Šanciu Šauliu Sporto Klubas Kóvas Kaunas **s.** ŠŠSK Kóvas Kaunas
Sancti Spíritus, Stadt, Kuba, **s. S.** 126
SAND (Subotičko amatersko narodno društvo), Subotica, Jugoslawien, Klub, entst. 1912, [aufgel. 19??], **s. S.** 93
Sandaker S & FK **s.** Sandaker/Sinsen FK
Sandaker/Sinsen FK (Sandaker/Sinsen Fotballklubb), Oslo, Norwegen, Klub, entst. 1915, [1915-?? Sandaker S & FK], **s. S.** 71
Sandaker/Sinsen Fotballklubb **s.** Sandaker/Sinsen FK
Sandavágs Ítróttarfelag **s.** SÍF
Sandavágur, Stadt, Färöer Inseln, **s. S.** 71
Sandefjord Ballklubb **s.** Sandefjord BK
Sandefjord BK (Sandefjord Ballklubb), Sandefjord, Norwegen, Klub, entst. 1917, [1917-18 SK Frem Sandefjord], **s. S.** 71
Sandefjord, Stadt, Norwegen, **s. S.** 71
Sandur, Stadt, Färöer Inseln, **s. S.** 71
Sandviken, Stadt, Schweden, **s. S.** 73
Sandvikens AIK (Sandvikens Allmänna Idrottsklubben), Sandviken, Schweden, Klub, entst. 1901, **s. S.** 73
Sandvikens Allmänna Idrottsklubben **s.** Sandvikens AIK
Sandvikens Idrottsförening **s.** Sandvikens IF
Sandvikens IF (Sandvikens Idrottsförening), Sandviken, Schweden, Klub, entst. 1918, **s. S.** 73
Sandys, Stadt, Bermudas, **s. S.** 123
Saneamento Rangol **s.** Benfica
Sanfrecce Hiroshima FC (Sanfrecce Hiroshima Football Club), Hiroshima, Japan, Klub, entst. 1938, [1938-80 Toyo Kogyo, 80-92 Mazda FC], **s. S.** 111
Sanfrecce Hiroshima Football Club **s.** Sanfrecce Hiroshima FC
Sanga Balende **s.** SM Sanga Balende
Sangarédi, Stadt, Guinea, **s. S.** 117
Sangmélima, Stadt, Kamerun, **s. S.** 117
Sangmu, Soul/Seoul, Südkorea, Klub, [19??-7? Sungmu, 7? Fusion mit ROK Army, ROK Navy und ROK Air Force => Sangmu], **s. S.** 110
Sanjoānense **s.** AD Sanjoānense
Sankaran FC (Sankaran Football Club), Faranah, Guinea, Klub, **s. S.** 117
Sankaran Football Club **s.** Sankaran FC
Sankata Badge SC (Sankata Badge Sports Club), Kathmandu, Nepal, Klub, [19??-?? Sankata Boys], **s. S.** 105
Sankata Badge Sports Club **s.** Sankata Badge SC
Sankata Boys **s.** Sankata Badge SC
Sankt Gallen, Stadt, Schweiz, **s. S.** 82
Sankt Peterburg, Stadt, Russland, **s. S.** 101
Sankt Pölten, Stadt, Österreich, **s. S.** 83
Sankt Veit an der Glan, Stadt, Österreich, **s. S.** 83
Şanlıurfa, Stadt, Türkei, **s. S.** 97
Sansanné-Mango, Stadt, Togo, **s. S.** 117
Sant Julià de Lòria, Stadt, Andorra, **s. S.** 77
Santa Ana, Stadt, El Salvador, **s. S.** 125
Santa Bárbara, Stadt, Costa Rica, **s. S.** 124
Santa Catalina, Lima, Peru, Klub, [aufgel. 19??], **s. S.** 130
Santa Cecilia, Santa Cecilia, Nicaragua, Klub, **s. S.** 125
Santa Cecilia, Stadt, Nicaragua, **s. S.** 125
Santa Clara **s.** CD Santa Clara
Santa Clara, Stadt, El Salvador, **s. S.** 125
Santa Clara, Stadt, Kuba, **s. S.** 126
Santa Coloma, Stadt, Andorra, **s. S.** 77
Santa Cruz de la Sierra, Stadt, Bolivien, **s. S.** 131
Santa Cruz de Tenerife, Stadt, Spanien, **s. S.** 79
Santa Cruz do Sul, Stadt, Brasilien, **s. S.** 133
Santa Cruz FC (Santa Cruz Futebol Clube), Maceió, Brasilien, Klub, [aufgel. 19??], **s. S.** 133
Santa Cruz FC (Santa Cruz Futebol Clube), Natal, Brasilien, Klub, [aufgel. 19??], **s. S.** 133
Santa Cruz FC (Santa Cruz Futebol Clube), Recife, Brasilien, Klub, entst. 1914, **s. S.** 133
Santa Cruz Futebol Clube **s.** Santa Cruz FC
Santa Cruz Recreativo EC (Santa Cruz Recreativo Esporte Clube), Santa Rita, Brasilien, Klub, entst. 1939, **s. S.** 133
Santa Cruz Recreativo Esporte Clube **s.** Santa Cruz Recreativo EC
Santa Cruz **s.** EC Santa Cruz
Santa Cruz, Stadt, Aruba, **s. S.** 126
Santa Cruz, Stadt, Niederländische Antillen, **s. S.** 126
Santa Fé **s.** Independiente Santa Fé
Santa Fé, Stadt, Argentinien, **s. S.** 135
Santa Fé, Stadt, Panama, **s. S.** 125
Santa Lucia Cotzumalguapa **s.** CD Santa Lucia Cotzumalguapa
Santa Lucia Cotzumalguapa, Stadt, Guatemala, **s. S.** 125
Santa Maria, Stadt, Brasilien, **s. S.** 133
Santa Marta, Stadt, Kolumbien, **s. S.** 128
Santa Rita, Stadt, Brasilien, **s. S.** 133
Santa Rosa de Copán, Stadt, Honduras, **s. S.** 125
Santa Rosa de Lima, Stadt, El Salvador, **s. S.** 125
Santa Rosa FC **s.** CA River Plate
Santa Rosa, Stadt, Argentinien, **s. S.** 135
Santa Tecla, Stadt, El Salvador, **s. S.** 125
Santana do Livramento, Stadt, Brasilien, **s. S.** 133
Santana EC (Santana Esporte Clube), Porto de Santana, Brasilien, Klub, entst. 1955, **s. S.** 133
Santana Esporte Clube **s.** Santana EC
Santana FC (Santana Football Club), Sainte-Anne, Martinique, Klub, **s. S.** 127
Santana FC (Santana Futebol Clube), Santana, São Tomé und Príncipe, Klub, **s. S.** 117
Santana Football Club **s.** Santana FC
Santana Futebol Clube **s.** Santana FC
Santana, Stadt, São Tomé und Príncipe, **s. S.** 117
Santander, Stadt, Spanien, **s. S.** 79
Santiago Barranco, Lima, Peru, Klub, [aufgel. 19??], **s. S.** 130
Santiago de Compostela, Stadt, Spanien, **s. S.** 79
Santiago de Cuba, Stadt, Kuba, **s. S.** 126
Santiago de Maria, Stadt, El Salvador, **s. S.** 125
Santiago de Veraguas, Stadt, Panama, **s. S.** 125
Santiago del Estero, Stadt, Argentinien, **s. S.** 135
Santiago FC (Santiago Fútbol Club), Santiago, Dominikanische Republik, Klub, **s. S.** 127
Santiago Fútbol Club **s.** Santiago FC
Santiago Morning **s.** Deportivo Santiago
Santiago Morning **s.** Morning Star
Santiago National Juventus **s.** Santiago National
Santiago National, Santiago, Chile, Klub, [193?-42 Santiago National Juventus], **s. S.** 135
Santiago Wanderers **s.** Deportes Santiago Wanderers
Santiago, Stadt, Chile, **s. S.** 135
Santiago, Stadt, Dominikanische Republik, **s. S.** 127
Santiagueño **s.** CD Santiagueño
Santierul Govora **s.** FC Râmnicu Vâlcea
Santo André, Stadt, Brasilien, **s. S.** 133
Santo Antonio FC (Santo Antonio Futebol Clube), Vitória, Brasilien, Klub, **s. S.** 133
Santo Antonio Futebol Clube **s.** Santo Antonio FC
Santo Antonio, Stadt, São Tomé und Príncipe, **s. S.** 117
Santo Domingo de los Colorados, Stadt, Ecuador, **s. S.** 130
Santo Domingo, Stadt, Dominikanische Republik, **s. S.** 127
Santo Tirso, Stadt, Portugal, **s. S.** 79
Santos Dumont **s.** SC Santos Dumont
Santos FC (Santos Football Club), Georgetown, Guyana, Klub, **s. S.** 129
Santos FC (Santos Fútbol Club), Guabo, Ecuador, Klub, **s. S.** 130
Santos FC (Santos Futebol Clube), Barra de São Francisco, Brasilien, Klub, **s. S.** 133
Santos FC (Santos Futebol Clube), Macapá, Brasilien, Klub, entst. 1973, **s. S.** 133
Santos FC (Santos Futebol Clube), Manaus, Brasilien, Klub, [aufgel. 19??], **s. S.** 133
Santos FC (Santos Futebol Clube), Santos, Brasilien, Klub, entst. 1912, **s. S.** 133
Santos Football Club **s.** Santos FC
Santos Fútbol Club **s.** Santos FC
Santos Futebol Clube **s.** Santos FC
Santos Laguna (Club Santos Laguna SC), Torreón, Mexiko, Klub, entst. 1979, **s. S.** 125
Santos **s.** AD Santos
Santos **s.** FC Santos
Santos, Kapstadt (Cape Town), Südafrika, Klub, entst. 1982, [19??-93 Lightbody's Santos], **s. S.** 120
Santos, Kingston, Jamaika, Klub, **s. S.** 126
Santos, Stadt, Brasilien, **s. S.** 133
São Bento **s.** AA São Bento
São Bento **s.** EC São Bento
São Caetano **s.** AD São Caetano
São Cristovão AC **s.** São Cristóvão FR
São Cristóvão de Futebol e Regetas **s.** São Cristóvão FR
São Cristóvão FR (São Cristóvão de Futebol e Regetas), Rio de Janeiro, Brasilien, Klub, entst. 1898, [1898-19?? São Cristovão AC], **s. S.** 133
São Domingos EC (São Domingos Esporte Clube), Porto Velho, Brasilien, Klub, **s. S.** 132
São Domingos Esporte Clube **s.** São Domingos EC
São Filipe, Stadt, Kapverden, **s. S.** 116
São Francisco do Sul, Stadt, Brasilien, **s. S.** 133
São João da Madeira, Stadt, Portugal, **s. S.** 79
São João EC **s.** União São João EC
São José do Rio Prêto, Stadt, Brasilien, **s. S.** 133
São José dos Campos, Stadt, Brasilien, **s. S.** 133
São José dos Pinhais, Stadt, Brasilien, **s. S.** 133
São José EC (São José Esporte Clube), São José dos Campos, Brasilien, Klub, entst. 1913, [1913-76 EC São José], **s. S.** 133
São José Esporte Clube **s.** São José EC
São José **s.** SER São José
São Luís, Stadt, Brasilien, **s. S.** 133
São Paulo AC (São Paulo Athletic Club), São Paulo, Brasilien, Klub, [aufgel. 19??], **s. S.** 133
São Paulo Athletic Club **s.** São Paulo AC
São Paulo da Floresta **s.** São Paulo FC
São Paulo FC (São Paulo Futebol Clube), São Paulo, Brasilien, Klub, entst. 1935, [entst. 1930 durch Fusion CA Paulistano und AA Palmeiras => São Paulo da Floresta (30-35), 35 aufgel. und wiedergegr.], **s. S.** 133
São Paulo FC **s.** AA Palmeiras
São Paulo FC **s.** CA Paulistano
São Paulo Futebol Clube **s.** São Paulo FC
São Paulo **s.** SC São Paulo
São Paulo, Stadt, Brasilien, **s. S.** 133
São Raimundo EC (São Raimundo Esporte Clube), Manaus, Brasilien, Klub, entst. 1918, **s. S.** 133
São Raimundo Esporte Clube **s.** São Raimundo EC
São Tomé und Príncipe, Länder, **s. S.** 116 und 117
São Tomé, Stadt, São Tomé und Príncipe, **s. S.** 117
SAOP Nova Gorica **s.** ND HIT Nova Gorica
Sap, Bolands, Antigua und Barbuda, Klub, **s. S.** 127
Sapé, Stadt, Brasilien, **s. S.** 133
Sapele, Stadt, Nigeria, **s. S.** 117
Saporischja, Stadt, Ukraine, **s. S.** 99
Sapovnela Terdschola **s.** FC Sapovnela Terdschola
Sapporo, Stadt, Japan, **s. S.** 111
Saprissa **s.** CD Saprissa
Saqr **s.** al-Saqr
Šar Tetovo **s.** FK Ljuboten Tetovo
Sara Sport FC, Bafilo, Togo, Klub, **s. S.** 117
Saraba FC (Saraba Football Club), Brikama, Gambia, Klub, **s. S.** 117
Saraba Football Club **s.** Saraba FC
Sarajevo Pale **s.** FK Sarajevo Pale
Sarajevo, Stadt, Bosnien und Herzegowina, **s. S.** 93
Sarajevsko amaterski športski klub **s.** SAŠK
Saratow, Stadt, Russland, **s. S.** 101
Sarawak, Kuching, Malaysia, Klub, **s. S.** 107
Sarband **s.** Saddam Sarband
Sargonko Wanani, Wanani, Komoren, Klub, **s. S.** 121
Sarh, Stadt, Tschad, **s. S.** 115
Sarıyer Gençlık Kulübü **s.** Sarıyer GK
Sarıyer GK (Sarıyer Gençlık Kulübü), İstanbul, Türkei, Klub, entst. 1940, **s. S.** 96
Sarkanais-Kvadrats Riga **s.** Kvadrats Riga
Sarmiento **s.** CA Sarmiento
Sarpsborg FK (Sarpsborg Fotballklub), Sarpsborg, Norwegen, Klub, entst. 1903, **s. S.** 71
Sarpsborg Fotballklub **s.** Sarpsborg FK
Sarpsborg, Stadt, Norwegen, **s. S.** 71
Sarsfield **s.** CA Vélez Sarsfield
Sartid 1913 Smederevo **s.** FK Sartid 1913 Smederevo
Sasa Makedonska Kamenica **s.** FK Sasa Makedonska Kamenica
SAŠK (Sarajevsko amaterski športski klub), Sarajevo, Bosnien und Herzegowina, Klub, entst. 1910, **s. S.** 93
Sasolburg, Stadt, Südafrika, **s. S.** 121
Sassamba Lunda Sul, Saurimo, Angola, Klub, **s. S.** 119
Satellite FC (Satellite Football Club du Plateau), Abidjan, Elfenbeinküste, Klub, **s. S.** 117
Satellite Football Club du Plateau **s.** Satellite FC
Satmareana Satu Mare **s.** FC Olimpia Satu Mare
Satmos **s.** FC Satmos
Satu Mare, Stadt, Rumänien, **s. S.** 91
Saturn Ramenskoje **s.** FK Saturn Ramenskoje
Saturn Rimavská Sobota **s.** FC Tauris Rimavská Sobota
Saudi-Arabien, Länder, **s. S.** 102 und 103
Saunders SC (Saunders Sport Club), Colombo, Sri Lanka, Klub, **s. S.** 105
Saunders Sport Club **s.** Saunders SC
Saurimo, Stadt, Angola, **s. S.** 119
Sauteurs, Stadt, Grenada, **s. S.** 127
Sava Zagreb **s.** NK Zagreb
Savannakhet, Stadt, Laos, **s. S.** 107
Savannakhet, Thakhek/Muang Khammouan, Laos, Klub, **s. S.** 107
Savanna-la-Mar, Stadt, Jamaika, **s. S.** 126
Savio **s.** CD Savio
Savoia AC (Savoia Associazione Calcio), Torre Annunziata, Italien, Klub, entst. 1908, **s. S.** 81
Savóia Água Verde **s.** EC Pinheiros
Savoia Associazione Calcio **s.** Savoia AC
Savóia FC **s.** EC Pinheiros
Savoia Foggia **s.** Foggia Calcio
Savoia La Goulette, Tunis, Tunesien, Klub, **s. S.** 113
Sawhaj, Stadt, Ägypten, **s. S.** 113
Saxonia Berlin **s.** SC Minerva 93 Berlin
Saxonia Leipzig **s.** SC Wacker Leipzig
Sayaboury, Luangprabang, Laos, Klub, **s. S.** 106
Sayago **s.** Racing Club de Sayago
SBT (State Bank of Travancore), Trivandrum, Indien, Klub, **s. S.** 105
SBV Haarlem **s.** FC Haarlem
SBV Vitesse (Stichting Betaald Voetbal Vitesse), Arnhem, Niederlande, Klub, entst. 1892, [1892-1984 VAV Vitesse, 84-90 AVC Vitesse], **s. S.** 75
SBZ Ružomberok **s.** FK SCP Ružomberok
SC 04 Breslau **s.** Vereinigte Breslauer Sportfreunde
SC '47 Lichtenberg **s.** SV '47 Lichtenberg
SC Aktivist Brieske-Seftenberg **s.** FC Energie Cottbus
SC Aktivist Brieske-Senftenberg **s.** FSV GA Brieske-Senftenberg
SC Alemannia Cottbus **s.** ESV Cottbus
SC Alliance Dudelange **s.** CS Stade Dudelange
SC Alliance Dudelange **s.** US Dudelange
SC Altenkessel **s.** 1. FC Saarbrücken
SC Altenkessel **s.** KSG Saarbrücken
SC Alvorada Neusiedl am See **s.** SC Neusiedl am See
SC Amateure-FIAT (Sportclub Amateure-FIAT), Wien, Österreich, Klub, entst. 1928, [1928-38 SC Austro-FIAT, 38-40 SC Amateure-FIAT, 40 aufgel.], **s. S.** 83
SC Americano (Sport Club Americano), Porto Alegre, Brasilien, Klub, [aufgel. 19??], **s. S.** 133
SC Americano (Sport Club Americano), São Paulo, Brasilien, Klub, [aufgel. 19??], **s. S.** 133
SC Anderlechtois **s.** RSC Anderlecht
SC Ankerbrot Wien **s.** FC Ankerbrot-Sankt Anton-Laaerberg
SC Asmara, Asmara, Eritrea, Klub, [19??-?? Hamassien], **s. S.** 115
SC Astra Ploieşti (Sport Club Astra Ploieşti), Ploieşti, Rumänien, Klub, entst. 1934, [1934-97 AS Danubiana Ploieşti], **s. S.** 91
SC Atlético, Ribeira Brava, Kapverden, Klub, **s. S.** 116
SC Aufbau Magdeburg **s.** 1. FC Magdeburg
SC Austria Lustenau **s.** FC Dornbirn
SC Austria Lustenau **s.** SC Austria Memphis Lustenau
SC Austria Memphis Lustenau (Sport Club Austria Memphis Lustenau), Lustenau, Österreich, Klub, entst. 1914, [1914-65 SC Austria Lustenau, 65 Fusion mit FC Dornbirn => SpVgg. Lustenau (65-66), 66 Aufl. der Fusion => FC Dornbirn und SC Austria Lustenau (66-??), ??-?? SC Austria Memphis Lustenau], **s. S.** 82
SC Austro-FIAT **s.** SC Amateure-FIAT
SC Bacău **s.** FCM Bacău
SC Bahia (Sport Club Bahia), Salvador, Brasilien, Klub, [aufgel. 19??], **s. S.** 133
SC Bastia (Sporting Club de Bastia), Bastia, Frankreich, Klub, entst. 1905, [1905-62 SC Bastia, 62 Fusion mit Etoile Filante Bastia => SEC Bastia (62-91)], **s. S.** 77
SC Beira-Mar (Sport Clube Beira-Mar), Aveiro, Portugal, Klub, entst. 1922, **s. S.** 79
SC Bettembourg (Sporting Club Bettembourg), Bettembourg, Luxemburg, Klub, entst. 1927, [1927-40 SC Bettembourg, 40-44 FK 1927 Bettemburg], **s. S.** 74
SC Bewag Eisenstadt **s.** SC Eisenstadt
SC Bissau (Sporting Clube de Bissau), Bissau, Guinea-Bissau, Klub, **s. S.** 116
SC Borussia 04 Fulda (Sport-Club Borussia 04 Fulda), Fulda, Deutschland, Klub, entst. 1904, [1904-23 FC Borussia 04 Fulda, 23 Fusion mit Radsportclub 07 Fulda und Kraftsportklub Germania Fulda, 23-41 1. SV Borussia 04 Fulda, 41 Fusion mit Reichsbahnsportgemeinschaft Fulda => 1. Reichsbahn SG Borussia Fulda (43-45), 45 aufgel. und wiedergegr., 45-50 SG Borussia 04/45 Fulda, 50-51 1. SV Borussia 04 Fulda, 51 Fusion mit SC Fulda => SC Borussia 04 Fulda], **s. S.** 85
SC Borussia München-Gladbach **s.** 1. FC 1894 Mönchengladbach
SC Borussia München-Gladbach **s.** Borussia VfL 1900 Mönchengladbach
SC Borussia Neunkirchen **s.** Borussia VfB Neunkirchen
SC Braga (Sporting Clube de Braga), Braga, Portugal, Klub, entst. 1921, **s. S.** 79
SC Brühl (Sportclub Brühl), Sankt Gallen, Schweiz, Klub, entst. 1901, [1901-42 FC Brühl], **s. S.** 82
SC Cambuur Leeuwarden (Sport Club Cambuur Leeuwarden), Leeuwarden, Niederlande, Klub, entst. 1964, **s. S.** 75
SC Campomaiorense (Sporting Clube Campomaiorense), Campo Maior, Portugal, Klub, entst. 1926, **s. S.** 79
SC Chabab Mohammedia (Sporting Club Chabab de Mohammedia), Mohammedia, Marokko, Klub, **s. S.** 113
SC Chemie Halle **s.** Hallescher FC
SC Chemie Halle-Leuna **s.** Hallescher FC
SC Corinthians Paulista (Sport Club Corinthians Paulista), São Paulo, Brasilien, Klub, entst. 1910, **s. S.** 133
SC Cottbus **s.** FC Energie Cottbus
SC Cottbus **s.** FSV GA Brieske-Senftenberg
SC Courtrasien **s.** K Kortrijk Sport
SC Covilhã (Sporting Clube de Covilhã), Covilhã, Portugal, Klub, entst. 1923, **s. S.** 79
SC Cricket-Frem Wien **s.** Vienna Cricket & FC
SC Differdange **s.** FA Red Boys Differdange
SC Donaustadt **s.** Brigittenauer SC Feuerwehr
SC Donaustadt **s.** SC Ostmark Wien
SC Dynamo Berlin **s.** Berliner FC Dynamo
SC Dynamo Dresden **s.** 1. FC Dynamo Dresden
SC Dynamo Dresden **s.** Berliner FC Dynamo
SC Eendracht Aalst **s.** KSC Eendracht Aalst
SC Einheit Dresden **s.** Dresdner SC 98
SC Eintracht Eisenstadt **s.** SC Eisenstadt
SC Eisenstadt (Sport Club Eisenstadt), Eisenstadt, Österreich, Klub, entst. 1914, [1914-22 Kismarton FC Eisenstadt, 22-53 ATS Eisenstadt, 53 Fusion mit SC Bewag Eisenstadt => Roter Husar Eisenstadt (53-57), 57-80 SC Eisenstadt, 80-81 SC Eintracht Eisenstadt], **s. S.** 83
SC Empor Rostock **s.** FC Hansa Rostock
SC Empor Rostock **s.** Lauterer SV Viktoria 1913
SC Enschede (Sport Club Enschede), Enschede, Niederlande, Klub, entst. 1910, [entst. 1910 durch Fusion Phenix und Heracles Enschede, 65 Fusion mit Enschedese Boys => FC Twente], **s. S.** 75
SC Enschede **s.** FC Twente
SC Erfurt **s.** FC Rot-Weiß Erfurt
SC Espinho (Sporting Clube de Espinho), Espinho, Portugal, Klub, entst. 1914, **s. S.** 79
SC Excelsior (Sport Club Excelsior), Rotterdam, Niederlande, Klub, entst. 1902, [1902-89 RV & AV Excelsior, 89-?? Excelsior BV], **s. S.** 75
SC Farense (Sporting Clube Farense), Faro, Portugal, Klub, entst. 1910, **s. S.** 79
SC Feuerwehr **s.** Brigittenauer SC Feuerwehr
SC Feyenoord **s.** Feyenoord
SC Fives de Lille (Sporting Club Fivois-Fives de Lille), Lille, Frankreich, Klub, entst. 1901, [aufgel. 1944 durch Fusion mit Olympique Lillois => Lille OSC], **s. S.** 77
SC Fives de Lille **s.** Lille OSC
SC Fives de Lille **s.** Olympique Lillois
SC Fortschritt Weißenfels **s.** 1. FC Weißenfels
SC Fortuna Köln (Sport-Club Fortuna Köln), Köln, Deutschland, Klub, entst. 1948, [entst. 1948 durch Fusion SV 1927 Köln, Kölner SV Victoria 11 und Bayenthaler SV 1920 => SC Fortuna Köln, 76 Fusion mit FC Alter Markt Köln], **s. S.** 84
SC Fortuna Köln **s.** Kölner SV Victoria 11
SC Fortuna Sittard (Sport Club Fortuna Sittard), Sittard, Niederlande, Klub, entst. 1968, [entst. 1968 durch Fusion Fortuna '54 und RKSV Sittardia => FSC Geelen (68-79), 79 Umzug nach Sittard], **s. S.** 75
SC Freiburg (Sport-Club Freiburg), Freiburg, Deutschland, Klub, entst. 1904, [1904-?? FC Mars Freiburg, ??-12 SV 04 Freiburg, 12 Fusion mit FC Union Freiburg => SC Freiburg (12-45), 45 aufgel. und wiedergegr., 45-51 VfL Freiburg], **s. S.** 85
SC Frem Wien **s.** Vienna Cricket & FC
SC Fulda **s.** SC Borussia 04 Fulda
SC Germânia (Sport Club Germânia), São Paulo, Brasilien, Klub, [aufgel. 19??], **s. S.** 133
SC Germania 1887 Hamburg (Sportclub Germania von 1887 Hamburg), Hamburg, Deutschland, Klub, entst. 1887, [entst. 1887 durch Fusion Hohenfelder SC 1884 und Wandsbek-Marientaler SC 1884 => SC Germania 1887 Hamburg (1887-1919), aufgel. 1919 durch Fusion mit Hamburger FC => Hamburger SV], **s. S.** 85
SC Germania 1887 Hamburg **s.** Hamburger SV
SC Germania Schwechat **s.** SV Schwechat
SC Ginásio Alcobaça (Sport Clube Ginásio Alcobaça), Alcobaça, Portugal, Klub, entst. 1926, **s. S.** 79
SC Graphia Schwechat **s.** SV Schwechat
SC Heerenveen (Sport Club Heerenveen), Heerenveen, Niederlande, Klub, entst. 1920, [1920-77 VV Heerenveen], **s. S.** 75
SC Heid Stockerau **s.** SV Stockerau
SC Helfort (Sport Club Helfort), Wien, Österreich, Klub, entst. 1910, [1910-34 SC Helfort, 34 aufgel. und wiedergegr., 34-37 Sport- und Geselligkeitsverein Helfort, 37-72 SC Helfort, 72-75 SC Helfort-Intact, 75-81 SC Helfort, 81 Fusion mit FC Hornek => SC Helfort-Hornek (81-84), 84-?? SC Helfort, ??-91 SC Helfort-Teleges, 91 Fusion mit FC Fortuna Wien => SC Helfort-Fortuna (91-9?)], **s. S.** 83
SC Helfort-Fortuna **s.** SC Helfort
SC Helfort-Hornek **s.** SC Helfort
SC Helfort-Intact **s.** SC Helfort
SC Helfort-Teleges **s.** SC Helfort
SC Heracles **s.** Heracles
SC Hertha Wien (Sport Club Hertha Wien), Wien, Österreich, Klub, entst. 1904, [aufgel. 1931], **s. S.** 83
SC Inter, Kinshasa, Volksrepublik Kongo, Klub, **s. S.** 119
SC Internacional (Sport Club Internacional), Porto Alegre, Brasilien, Klub, entst. 1909, **s. S.** 133

SC Internacional (Sport Club Internacional), Salvador, Brasilien, Klub, [aufgel. 19??], **s. S.** 133
SC Internacional (Sport Club Internacional), São Paulo, Brasilien, Klub, [aufgel. 19??], **s. S.** 133
SC Juventus **s.** Juventus FC
SC Karl-Marx-Stadt **s.** Chemnitzer FC
SC Kickers 1900 **s.** Berliner SC Kickers 1900
SC Kouroucien, Kourou, Französisch-Guyana, Klub, **s. S.** 129
SC Kriens (Sportclub Kriens), Kriens, Schweiz, Klub, entst. 1944, **s. S.** 82
SC Leipzig **s.** SC Lokomotive Leipzig
SC Leipzig **s.** VfB Leipzig
SC Libertas Wien (Sport Club Libertas Wien), Wien, Österreich, Klub, entst. 1912, [aufgel. 1940], **s. S.** 83
SC Lituania 07 Tilsit (Sport-Club Lituania 1907 Tilsit), Tilsit (Sowetsk), Russland, Klub, entst. 1907, [1907-29 SC Lituania 07 Tilsit, aufgel. 29 durch Fusion mit VfK Tilsit => Tilsiter SC], **s. S.** 84
SC Lokomotive Leipzig (Sport-Club Lokomotive Leipzig), Leipzig, Deutschland, Klub, entst. 1954, [aufgel. 1963 durch Fusion mit SC Rotation Leipzig => SC Leipzig], **s. S.** 85
SC Lokomotive Leipzig **s.** VfB Leipzig
SC Luso Brasileiro (Sport Club Luso Brasileiro), São Luís, Brasilien, Klub, **s. S.** 133
SC Magdeburg **s.** 1. FC Magdeburg
SC Málaga **s.** Málaga CF
SC Minerva 93 Berlin (Sport-Club Minerva 1893 Berlin), Berlin, Deutschland, Klub, entst. 1893, [1893-1945 SC Minerva 93 Berlin, 04 Fusion mit Berolina Moabit und Saxonia Berlin, 45 aufgel. und wiedergegr., 45-47 SG Tiergarten, 47-49 SG Tiergarten-Minerva], **s. S.** 85
SC Motor Berlin **s.** 1. FC Union Berlin
SC Motor Jena **s.** FC Carl Zeiss Jena
SC Motor Karl-Marx-Stadt **s.** Chemnitzer FC
SC München-Gladbach **s.** 1. FC 1894 Mönchengladbach
SC München-Gladbach **s.** Borussia VfL 1900 Mönchengladbach
SC Nes Tsiyona, Nes Tsiyona, Israel, Klub, **s. S.** 94
SC Neubrandenburg **s.** FC Neubrandenburg
SC Neunkirchen **s.** Borussia VfB Neunkirchen
SC Neusiedl am See (Sport Club Neusiedl am See), Neusiedl am See, Österreich, Klub, entst. 1919, [1919-?? SC Neusiedl am See, ??-?? Sparkasse SC Neusiedl am See, ??-?? SC Alvorada Neusiedl am See], **s. S.** 83
SC Nîmes **s.** Nîmes OSC
SC Olhanense (Sporting Clube Olhanense), Olhão, Portugal, Klub, entst. 1912, **s. S.** 79
SC Olympia 06 Oberschöneweide **s.** 1. FC Union Berlin
SC Olympia 33 Wien **s.** SK Slovan HAC Wien
SC Olympia Wien **s.** SV Donau Wien
SC Ostmark Wien (Sport Club Ostmark Wien), Wien, Österreich, Klub, entst. 1910, [aufgel. 1925 durch Fusion mit SC Donaustadt => 1. Brigittenauer AC], **s. S.** 83
SC Ostmark Wien **s.** Brigittenauer SC Feuerwehr
SC Ostmark Wien **s.** FK Austria Memphis Magna
SC Peußen Breslau **s.** Vereinigte Breslauer Sportfreunde
SC Pfeil Breslau **s.** Breslauer FV 06-Stern
SC Phönix Baia Mare (Sport Club Phönix Baia Mare), Baia Mare, Rumänien, Klub, entst. 1932, [1932-38 SC Phönix Baia Mare, 38-45 FC Carpaţi Baia Mare, 45-48 SC Phönix Baia Mare, aufgel. 48 durch Fusion mit Minaur Baia Mare => CSM Baia Mare, ?? wiedergegr.], **s. S.** 91
SC Phönix Baia Mare **s.** FC Baia Mare
SC Plauen **s.** Plauener SuBC
SC Potsdam **s.** SG Fortuna Babelsberg
SC Preußen 06 Münster (Sportclub Preußen von 1906 Münster), Münster, Deutschland, Klub, entst. 1906, [1906-21 FC Preußen Münster], **s. S.** 85
SC Preußen 1910 Zaborze **s.** SC Preußen Hindenburg
SC Preußen Danzig (Sport-Club Preußen 1909 Danzig), Danzig (Gdańsk), Polen, Klub, entst. 1909, [1909-?? TuFV Preußen Danzig, ??-45 SC Preußen Danzig, 45 aufgel.], **s. S.** 84
SC Preußen Hindenburg (Sport-Club Preußen Hindenburg), Hindenburg (Zabrze), Polen, Klub, entst. 1909, [1909-10 FC Borussia 1909 Zaborze, 10 Fusion mit FC Viktoria Zaborze, SC Silesia Zaborze und SC Zabrze => SC Preußen 1910 Zaborze (10-15), 15-20 SC Preußen Hindenburg, 18 Fusion mit Sportfreunde Zaborze, 20-34 SC Preußen Zaborze, 23 Fusion mit Spfr. Zaborze-Poremba, 34-45 SC Preußen Hindenburg, 45 aufgel.], **s. S.** 84
SC Preußen Köln-Dellbrück (Sport-Club Preußen Köln-Dellbrück), Köln, Deutschland, Klub, entst. 1912, [1912-19 FK Preußen Dellbrück, 19-26 FV Köln-Dellbrück, 26-57 SC Preußen Köln-Dellbrück, aufgel. 57 durch Fusion mit SC Rapid Köln => SC Viktoria 04 Köln], **s. S.** 84
SC Preußen Stettin **s.** SK Preußen 01 Stettin
SC Preußen Zaborze **s.** SC Preußen Hindenburg
SC Rapid Köln **s.** Mülheimer SV 06
SC Rapid Köln **s.** SC Preußen Köln-Dellbrück
SC Rapid Köln **s.** VfR Köln rrh.
SC Rapid Oberlaa (Sport Club Rapid Oberlaa), Wien, Österreich, Klub, entst. 1911, **s. S.** 83
SC Rapid Osnabrück **s.** VfL Osnabrück
SC Rasenspieler Hochstädt (Sport Club Rasenspieler Hochstädt), Wien, Österreich, Klub, [aufgel. 1972 durch Fusion mit 1. Brigittenauer AC => Brigittenauer AC Hochstädt], **s. S.** 83
SC Rasenspieler Hochstädt **s.** Brigittenauer SC Feuerwehr
SC Recife (Sport Club do Recife), Recife, Brasilien, Klub, entst. 1905, [1905-?? Sport e Recife], **s. S.** 133
SC Red Star Strasbourg **s.** SS SG Straßburg
SC Renaissance Alliance Bouaké **s.** Alliance Bouaké
SC Renner (Sport Club Renner), Porto Alegre, Brasilien, Klub, [aufgel. 19??], **s. S.** 133
SC República (Sport Club República), Salvador, Brasilien, Klub, [aufgel. 19??], **s. S.** 133
SC Riesa **s.** FC Stahl Riesa '98
SC Rio Grande (Sport Club Rio Grande), Rio Grande, Brasilien, Klub, entst. 1900, **s. S.** 133
SC Rotation Leipzig **s.** SC Lokomotive Leipzig
SC Rotation Leipzig **s.** VfB Leipzig
SC Rot-Weiß Oberhausen (Sport-Club Rot-Weiß Oberhausen-Rheinland), Oberhausen, Deutschland, Klub, entst. 1904, [1904 Emschertaler SV, 04 Fusion mit Oberhausener TV 1873 => Oberhausener SV 1904 (04-23), 23 Fusion mit Styrumer BV 1908 => SV 1904 Oberhausen-Styrum (23-34)], **s. S.** 84
SC Salgueiros (Sport Comércio e Salgueiros), Porto, Portugal, Klub, entst. 1911, **s. S.** 79
SC Santos Dumont (Sport Club Santos Dumont), Salvador, Brasilien, Klub, [aufgel. 19??], **s. S.** 133
SC São Paulo (Sport Club São Paulo), Rio Grande, Brasilien, Klub, entst. 1908, **s. S.** 133
SC Schlesien 01 Breslau **s.** SC Schlesien 01 Rapid Breslau
SC Schlesien 01 Rapid Breslau (Sportclub Schlesien 01 Rapid Breslau), Breslau (Wrocław), Polen, Klub, entst. 1901, [1901-?? SC Schlesien 01 Breslau, ??-34 SC Schlesien 01 Rapid Breslau, aufgel. 34 durch Fusion mit VfR 1897 Breslau => VfR Schlesien Breslau], **s. S.** 84
SC Schlesien 01 Rapid Breslau **s.** VfR Schlesien Breslau
SC Silesia Zaborze **s.** SC Preußen Hindenburg
SC Sírio (Sport Club Sírio), São Luís, Brasilien, Klub, [aufgel. 19??], **s. S.** 133
SC Sportbrüder 1893 Leipzig **s.** VfB Leipzig
SC Stahl Riesa **s.** FC Stahl Riesa '98
SC Tasmania 1900 Berlin **s.** SV Tasmania 73 Neukölln
SC Telstar (Sport Club Telstar), Ijmuiden, Niederlande, Klub, entst. 1963, [entst. 1963 durch Fusion Stormvogels und VSV], **s. S.** 75
SC Telstar **s.** VSV
SC Tétange (Sport Club Tétange), Tétange, Luxemburg, Klub, entst. 1914, [1914-40 SC Tétange, 40-44 FK Tetingen], **s. S.** 74
SC Toulon **s.** SC Toulon-Var
SC Toulon-Var (Sporting Club Toulon et du Var), Toulon, Frankreich, Klub, entst. 1944, [1944-85 SC Toulon], **s. S.** 77
SC Traktor Schwerin **s.** Schweriner SC
SC TSV Friesen Cottbus **s.** ESV Cottbus
SC Turbine Erfurt **s.** FC Rot-Weiß Erfurt
SC União Torreense (Sport Clube União Torreense), Torres Vedras, Portugal, Klub, entst. 1927, **s. S.** 79
SC Union 06 Berlin **s.** 1. FC Union Berlin
SC Union 06 Oberschöneweide **s.** 1. FC Union Berlin
SC Universitar Studentesc Bucureşti **s.** CF Sportul Studentesc Bucureşti
SC Utexafrica, Kinshasa, Volksrepublik Kongo, Klub, **s. S.** 119
SC Veendam (Sport Club Veendam), Veendam, Niederlande, Klub, entst. 1974, **s. S.** 75
SC Venlo **s.** VVV
SC Victoria 1895 Hamburg (Sport-Club Victoria von 1895 Hamburg), Hamburg, Deutschland, Klub, entst. 1895, [entst. 1895 durch Fusion Cito Hamburg und Excelsior Hamburg => FC Victoria Hamburg (1895-1908)], **s. S.** 85
SC Victoria **s.** EC Vitória
SC Viktoria 04 Köln **s.** SC Preußen Köln-Dellbrück
SC Vorwärts Gleiwitz **s.** SpV. Vorwärts-Rasensport Gleiwitz
SC Vorwerk Bregenz **s.** Casino SW Bregenz
SC VVV **s.** VVV
SC Wacker 04 Reinickendorf **s.** Berliner FC Alemannia 90-Wacker
SC Wacker Leipzig (Sport-Club Wacker Leipzig), Leipzig, Deutschland, Klub, entst. 1895, [entst. 1895 durch Fusion Concordia Leipzig und Saxonia Leipzig => FC Wacker Leipzig (1895-1918), 1918-45 SC Wacker Leipzig, 21 Fusion mit Friesen Leipzig, 45 aufgel.], **s. S.** 85
SC Wacker Wien (Sport Club Wacker Wien), Wien, Österreich, Klub, entst. 1908, [aufgel. 1971 durch Fusion mit ESV Admira-NÖ Energie Wien => FC Admira-Wacker], **s. S.** 83
SC Wacker Wien **s.** ESV Admira-NÖ Energie
SC Wacker Wien **s.** SCN Admira-Wacker
SC Weimar 03 (Sport-Club Weimar 1903), Weimar, Deutschland, Klub, entst. 1903, [19??-45 SC Weimar 03, 45 aufgel. und wiedergegr., 45-48 SG Weimar-Ost, 48-49 SG Eintracht Weimar, 49-50 BSG KWU Weimar, 50-?? BSG Turbine Weimar, 54 Fusion mit BSG Lokomotive Weimar, 61 Fusion mit BSG Motor Weimar, 90-91 SV Motor Weimar], **s. S.** 85
SC Westfalia 04 Herne (Sportclub Westfalia von 1904 Herne), Herne, Deutschland, Klub, entst. 1904, [1904-77 SC Westfalia 04 Herne, 30 Fusion mit Fortuna Herne, 77-79 SC Westfalia Goldin 04 Herne], **s. S.** 84
SC Westfalia 04 Schalke **s.** FC Schalke 04
SC Westfalia Goldin 04 Herne **s.** SC Westfalia 04 Herne
SC Wibeba-Ostbahn XI Wien **s.** ESV Ostbahn XI Wien
SC Willem II **s.** Willem II
SC Wismut Karl-Marx-Stadt (Sport-Club Wismut Karl-Marx-Stadt), Chemnitz, Deutschland, Klub, entst. 1954, [entst. 1954 nach Umzug von BSG Wismut Aue nach Karl-Marx-Stadt => SC Wismut Karl-Marx-Stadt (54-63), aufgel. 63, Umzug nach Aue => BSG Wismut Aue], **s. S.** 85
SC Wismut Karl-Marx-Stadt **s.** FC Erzgebirge Aue
SC Wormatia 1908 Worms **s.** VfR Wormatia 1908 Worms
SC Young Fellows Zürich (Sportclub Young Fellows Zürich), Zürich, Schweiz, Klub, entst. 1903, [1903-93 FC Young Fellows Zürich, 93 Fusion mit SCI Juventus Zürich => SC Young Fellows Zürich], **s. S.** 82
SC Ypiranga **s.** EC Ypiranga
SC Zabrze **s.** SC Preußen Hindenburg
SC Zug **s.** Zug 94
SCA Sankt Veit an der Glan **s.** FC Sankt Veit an der Glan
SCAF Tocages (Stade Centralafricain Tocages), Bangui, Zentralafrikanische Republik, Klub, **s. S.** 114
Scaley Zabrze **s.** KS Górnik Zabrze
Scaligera AC **s.** Hellas Verona FC
Scarborough, Stadt, Trinidad und Tobago, **s. S.** 129
Scarlets, Nakuru, Kenia, Klub, **s. S.** 119
Schaan, Stadt, Liechtenstein, **s. S.** 83
Schaartuz, Stadt, Tadschikistan, **s. S.** 101
Schachdag Kuba **s.** FC Schachdag Kuba
Schachdag Kusary **s.** FC Schachdag Kusary
Schachrichan, Stadt, Usbekistan, **s. S.** 100
Schachrinau, Stadt, Tadschikistan, **s. S.** 101
Schachtar Donez'k **s.** FK Schachtar Donez'k
Schachtjor Karaganda **s.** Schachtjor-Ispat-Karmet Karaganda
Schachtjor Taschkumyr, Taschkumyr, Kirgisien, Klub, **s. S.** 100
Schachtjor-Ispat-Karmet Karaganda, Karaganda, Kasachstan, Klub, entst. 1958, [1958-97 Schachtjor Karaganda], **s. S.** 101
Schachtor Donezk **s.** FK Schachtar Donez'k
Schachtor Stalino **s.** FK Schachtar Donez'k
Schaerbeek **s.** R Crossing Schaerbeek
Schafa Baku **s.** FC Schafa Baku
Schaffhausen, Stadt, Schweiz, **s. S.** 82
Schagadam Turkmenbaschi, Turkmenbaschi, Turkmenistan, Klub, **s. S.** 101
Schakhtsjor Salihorsk **s.** FK Schakhtsjor Salihorsk
Schakhtsjor Soligorsk **s.** FK Schakhtsjor Salihorsk
Schalke 04 **s.** FC Schalke 04
Schamkir, Stadt, Aserbaidschan, **s. S.** 97
Schazada Nebit-Dag **s.** Balkan Balkanabad
Schemacha, Stadt, Aserbaidschan, **s. S.** 97
Schemtschuschina Sotschi **s.** FK Schemtschuschina Sotschi
Schengawit Erewan **s.** FC Karabach Erewan
Schepetiwka, Stadt, Ukraine, **s. S.** 99
Schepetowka, Stadt, Ukraine, **s. S.** 99
Scheveningen **s.** Holland Sport
Schewardeni 1906 Tbilisi **s.** FC TSU Armazi Tbilisi
Schiedam, Stadt, Niederlande, **s. S.** 75
Schiedamse Voetbal Vereniging **s.** SVV
Schifflange, Stadt, Luxemburg, **s. S.** 74
Schifokor Gulistan **s.** FK Gulistan
Schiger Tschimkent **s.** Dostyk Tschimkent
Schiger Tschimkent **s.** Tomiris Tschimkent
Schiger Tschimkent, Tschimkent, Kasachstan, Klub, entst. 1960, [1960-61 Jenbek Tschimkent, 61-81 Metallurg Tschimkent, 81-92 Meliorator Tschimkent, 1992-2000 Schiger Tschimkent, aufgel. 2000 durch Fusion mit Tomiris Tschimkent => Dostyk Tschimkent], **s. S.** 101
Schinnik Babrujsk **s.** FK Belschyna Babrujsk
Schinnik Bobrujsk **s.** FK Belschyna Babrujsk
Schinnik Jaroslawl' **s.** FK Schinnik Jaroslawl'
Schipenski Sokol Varna **s.** FK Spartak Varna
Schipka Plovdiv **s.** FK Botev Plovdiv
Schipka Plovdiv, Plovdiv, Bulgarien, Klub, [aufgel. 1946 durch Fusion mit SK Botev Plovdiv => OSK Christo Botev Plovdiv], **s. S.** 91
Schipka Sofija **s.** FD Schipka Sofija
Schipka Stara Zagora **s.** FK Beroe Stara Zagora
Schipka Varna **s.** FK Spartak Varna
Schirak Gjumri **s.** FC Schirak Gjumri
Schirak-2 Gjumri **s.** FC Gjumri
Schirakgala Sjazan' **s.** FC Schirakgala Sjazan'
Schirwan Kjurdamir **s.** FC Schirwan Kjurdamir
Schirwan Schemacha **s.** FC Schirwan Schemacha
Schitomir, Stadt, Ukraine, **s. S.** 99
Schlesien 01 Rapid Breslau **s.** SC Schlesien 01 Rapid Breslau
Schlesien Breslau **s.** SC Schlesien 01 Rapid Breslau
Schlesien Breslau **s.** VfR Schlesien Breslau
Schodimo, Stadt, Weißrussland, **s. S.** 99
Schodmon Gissar, Gissar, Tadschikistan, Klub, [1994-96 F. Sajdov Gissar], **s. S.** 101
Schodyna, Stadt, Weißrussland, **s. S.** 99
Scholars International, West Bay, Kaimaninseln, Klub, **s. S.** 126
Schöneberger FC Borussia 1899 **s.** Berliner SC Kickers 1900
Schortandy, Stadt, Kasachstan, **s. S.** 101
Schoten, Haarlem, Niederlande, Klub, **s. S.** 75
Schottland, Länder, **s. S.** 68 und 69
Schuchrat, Schachrinau, Tadschikistan, Klub, **s. S.** 101
Schuhmetro Weißenfels **s.** 1. FC Weißenfels
Schukura Kobuleti **s.** FC Schukura Kobuleti
Schumen, Stadt, Bulgarien, **s. S.** 91
Schumkar Bischkek **s.** Schumkar-Dastan Bischkek
Schumkar-Dastan Bischkek, Bischkek, Kirgisien, Klub, [19??-94 Schumkar-SKIF Bischkek, 94-95 Schumkar Bischkek], **s. S.** 100
Schumkar-SKIF Bischkek **s.** Schumkar-Dastan Bischkek
Schwalbe Brüx **s.** NSTG Brüx
Schwarz-Weiß 07 Esch **s.** AS Jeunesse Esch
Schwarz-Weiß Bregenz **s.** FC Dornbirn
Schwarz-Weiß **s.** ETB Schwarz-Weiß
Schwarz-Weiß Wasserbillig **s.** FC Jeunesse Wasserbillig
Schwarz-Wieß Hamborn **s.** SV Schwarz-Wieß Westende Hamborn
Schwarz-Weiß Westende Hamborn **s.** SV Schwarz-Wieß Westende Hamborn
Schwechat, Stadt, Österreich, **s. S.** 83
Schwechater SV **s.** SV Schwechat
Schweden, Länder, **s. S.** 72 und 73
Schweinfurt, Stadt, Deutschland, **s. S.** 85
Schweiz, Länder, **s. S.** 82 und 83
Schwerin, Stadt, Deutschland, **s. S.** 85
Schweriner SC (Schweriner Sport-Club), Schwerin, Deutschland, Klub, entst. 1903, [19??-45 Schweriner SV 03, 45 aufgel. und wiedergegr., 45-49 SG Schwerin, 49-50 SG Vorwärts Schwerin, 50-56 BSG Einheit Schwerin, 56-67 SC Traktor Schwerin, 67-?? BSG Motor Schwerin, ??-89 BSG Motor Kabelwerk Schwerin], **s. S.** 85
Schweriner Sport-Club **s.** Schweriner SC
Schweriner SV 03 **s.** Schweriner SC
Schwimm- und Sportverein Ulm 1846 **s.** SSV Ulm 1846
Schytomyr, Stadt, Ukraine, **s. S.** 99
SCI Juventus Zürich **s.** SC Young Fellows Zürich
Scibe **s.** FC Scibe
SCN Admira-Wacker (Sport Club Niederösterreich Admira-Wacker), Maria Enzersdorf, Österreich, Klub, entst. 1971, [entst. 1971 durch Fusion ESV Admira-NÖ Energie und SC Wacker Wien => FC Admira-Wacker (71-96), 96-97 SCN Admira-Wacker, aufgel. 97 durch Fusion mit VfB Mödling => VfB Admira-Wacker Mödling], **s. S.** 83
SCN Admira-Wacker **s.** VfB Admira-Wacker Mödling
SCN Admira-Wacker **s.** VfB Mödling
SCO Angers (Sporting-Club de l'Ouest Angers), Angers, Frankreich, Klub, entst. 1919, **s. S.** 77
Scolaire **s.** AS Scolaire
Scom Mikishi, Lubumbashi, Volksrepublik Kongo, Klub, **s. S.** 119
SCOPA, West-Samoa, Klub, **s. S.** 137
Scorniceşti, Stadt, Rumänien, **s. S.** 91
SCOUL, Lugazi, Uganda, Klub, **s. S.** 119
Scouts Club **s.** Port Louis SC
Scouts **s.** Hindu Scouts
SD Aucas (Sociedad Deportiva Aucas), Quito, Ecuador, Klub, entst. 1945, **s. S.** 131
SD Compostela (Sociedad Deportiva Compostela), Santiago de Compostela, Spanien, Klub, entst. 1962, **s. S.** 79
SD Cotopaxi (Sociedad Deportiva Cotopaxi), Latacunga, Ecuador, Klub, entst. 1923, **s. S.** 130
SD Jedinstvo Beograd (Sportsko društvo Jedinstvo Beograd), Belgrad (Beograd), Jugoslawien, Klub, entst. 1928, [entst. 1928 durch Fusion Vardar Beograd und Konkordija Beograd => SD Jedinstvo Beograd (28-45), 45 aufgel.], **s. S.** 92
SD Jedinstvo Pljevlja **s.** SK Rudar Pljevlja
ŠD Jednotnost Ljubljana **s.** NK SCT Olimpija Ljubljana
SD Kvarner Rijeka **s.** HNK Rijeka
SD Milicionar Beograd (Sportsko društvo Milicionar Beograd), Belgrad (Beograd), Jugoslawien, Klub, **s. S.** 92
SD Slavonija Osijek **s.** NK Osijek
ŠD Trešnjevka (Športsko društvo Trešnjevka), Zagreb, Kroatien, Klub, entst. 1926, **s. S.** 93
SD Tscherno More Varna **s.** FK Tscherno More Varna
ŠD Udarnik Ljubljana **s.** NK SCT Olimpija Ljubljana
SD Velimir Radić Pljevlja **s.** SK Rudar Pljevlja
ŠD Železničar Maribor **s.** NK Beltrans Maribor
SDEI Barcelona **s.** CD Condal
SDPA Rosso **s.** Terruzi FC
SDPA Trarza **s.** Terruzi FC
SDW Posen (Sportgemeinschaft Deutsche Waffen- und Munitionsfabriken Posen), Posen (Poznań), Polen, Klub, entst. 1940, [1940-43 BSG DWM Posen, 43-44 SDW Posen, 44 aufgel.], **s. S.** 84
SE Ariquemes (Sociedade Esportiva Ariquemes), Ariquemes, Brasilien, Klub, entst. 1981, **s. S.** 133
SE Gama (Sociedade Esportiva do Gama), Gama, Brasilien, Klub, entst. 1975, **s. S.** 133
SE Nova Andradina (Sociedade Esportiva Nova Andradina), Nova Andradina, Brasilien, Klub, entst. 1989, **s. S.** 133
SE Palestra Itália (Sociedade Esportiva Palestra Itália), Belo Horizonte, Brasilien, Klub, [aufgel. 19??], **s. S.** 133
SE Palmeiras (Sociedade Esportiva Palmeiras), São Paulo, Brasilien, Klub, entst. 1914, [1914-42 Palestra Itália], **s. S.** 133
SE Picos (Sociedade Esportiva Picos), Picos, Brasilien, Klub, entst. 1976, **s. S.** 133
SE Tiradentes (Sociedade Esportiva Tiradentes), Teresina, Brasilien, Klub, entst. 1959, **s. S.** 133
SE Tupan (Sociedade Esportiva Tupan), São Luís, Brasilien, Klub, entst. 1958, **s. S.** 133
SEAC **s.** FC SEAC
Seacliff, Dunedin, Neuseeland, Klub, **s. S.** 137
Sealions **s.** Shenyang Jinde
Seatoun, Wellington, Neuseeland, Klub, **s. S.** 137
Seattle Sounders, Seattle, USA, Klub, entst. 1974, [aufgel. 1983], **s. S.** 123
Seattle, Stadt, USA, **s. S.** 123
Seba United FC (Seba United Football Club), Montego Bay, Jamaika, Klub, **s. S.** 126
Seba United Football Club **s.** Seba United FC
SEC Bastia **s.** SC Bastia
Secada **s.** Alberto Secada
Sécil Marítima, Luanda, Angola, Klub, **s. S.** 118
SECREN **s.** Cosmos SECREN
Secteur 6, Niamey, Niger, Klub, **s. S.** 114
Secteur 7, Niamey, Niger, Klub, **s. S.** 114
Sedan Torcy **s.** CS Sedan-Ardennes
Sedan, Stadt, Frankreich, **s. S.** 77
Sedan-Ardennes **s.** CS Sedan-Ardennes
SEDC Kedah **s.** Kedah
Seeb, as-Seeb, Oman, Klub, **s. S.** 103
SEF Stamura Ancona **s.** Ancona Calcio
Segesta Sisak **s.** HNK Segesta Sisak
Ségou, Stadt, Mali, **s. S.** 114
SEIB Diourbel **s.** ASC SONACOS
Seiko, Hongkong, Klub, **s. S.** 109
Seinäjoki, Stadt, Finnland, **s. S.** 73
Seixal FC (Seixal Futebol Clube), Seixal, Portugal, Klub, entst. 1925, **s. S.** 78
Seixal Futebol Clube **s.** Seixal FC
Seixal, Stadt, Portugal, **s. S.** 78
Sejdi, Stadt, Turkmenistan, **s. S.** 101
Şekerspor Hilal GK **s.** Şekerspor K
Şekerspor K (Şekerspor Kulübü), Ankara, Türkei, Klub, entst. 1947, [1947-58 Şekerspor K, 58 Fusion mit Ankara Hilal => Şekerspor Hilal GK (58-63)], **s. S.** 96
Şekerspor Kulübü **s.** Şekerspor K
Sekka, Kairo (Al-Qahirah), Ägypten, Klub, **s. S.** 112
Sekondi, Stadt, Ghana, **s. S.** 117
Selaikh **s.** al-Selaikh
Selangor (Selangor Darul Ehsan), Shah Alam, Malaysia, Klub, **s. S.** 106
Selangor Darul Ehsan **s.** Selangor
Selbak Turn IF (Selbak Turn og Idrettsforening), Fredrikstad, Norwegen, Klub, entst. 1910, **s. S.** 71
Selbak Turn og Idrettsforening **s.** Selbak Turn IF
Selebi Phikwe, Stadt, Botswana, **s. S.** 121
Selena Bacău **s.** FCM Bacău
Selenge „CBB", Darchan, Mongolei, Klub, **s. S.** 109
Selenica, Stadt, Albanien, **s. S.** 93
Seletar **s.** RAF Seletar
Selibe Philewe, Stadt, Botswana, **s. S.** 121
Selmasch Char'kow, Charkiw/Char'kow, Ukraine, Klub, entst. 1936, [aufgel. 1940], **s. S.** 99
Selmasch Mahiljou **s.** FK Transmasch Mahiljou
Selmaschevets Bischkek **s.** Instrumental'tschik Bischkek
Selmaschevets Bischkek **s.** Rotor Bischkek
Selmaschevets Bischkek, Bischkek, Kirgisien, Klub, [aufgel. 1993 durch Fusion mit Instrumental'tschik Bischkek => Rotor Bischkek], **s. S.** 100
Semarang, Stadt, Indonesien, **s. S.** 107
Semassi Sokodé AC (Semassi Sokodé Athletic Club), Sokodé, Togo, Klub, entst. 1978, **s. S.** 117
Semassi Sokodé Athletic Club **s.** Semassi Sokodé AC
Sembawang Rangers FC (Sembawang Rangers Football Club), Yishun, Singapur, Klub, **s. S.** 107
Sembawang Rangers Football Club **s.** Sembawang Rangers FC
Semen Padang, Padang, Indonesien, Klub, entst. 1980, **s. S.** 106
Semetej Kyzyl-Kija **s.** FK Semetej Kyzyl-Kija
Semetej Kyzyl-Orda **s.** FK Semetej Kyzyl-Kija
Semetej-Dinamo Kyzyl-Kija **s.** FK Semetej Kyzyl-Kija
Semipalatinsk, Stadt, Kasachstan, **s. S.** 101
Semtín **s.** SK Pardubice
Semung Angren **s.** FK Semung Angren
Senaki, Stadt, Georgien, **s. S.** 97
Sendai, Stadt, Japan, **s. S.** 111
Senec, Stadt, Slowakei, **s. S.** 86
Senegal, Länder, **s. S.** 116 und 117
Senglea Athletic FC (Senglea Athletic Football Club), Senglea, Malta, Klub, entst. 1943, **s. S.** 81
Senglea Athletic Football Club **s.** Senglea Athletic FC
Senglea Stars, Senglea, Malta, Klub, entst. 1912, [aufgel. 1939], **s. S.** 81
Senglea, Stadt, Malta, **s. S.** 81
Seoul Shukyu-dan, Soul/Seoul, Südkorea, Klub, [aufgel. 19??], **s. S.** 110
Seoul, Stadt, Südkorea, **s. S.** 110
Sepahan **s.** Foolad Sepahan
Sepasad **s.** Esteghlal
SePS **s.** Sepsi-78
Sepsi-78, Seinäjoki, Finnland, Klub, entst. 1930, [1930-78 SePS, 78 aufgel. und wiedergegr.], **s. S.** 73
Septemvri CDV Sofija **s.** FK CSKA Sofija
Septemvri CDV Sofija **s.** FK Septemvri Sofija
Septemvri Haskovo **s.** FK Haskovo
Septemvri Pleven **s.** FK Spartak Pleven
Septemvri Plovdiv **s.** FK Spartak Plovdiv
Septemvri Plovdiv **s.** Levski Plovdiv
Septemvri Sofija **s.** FK Septemvri Sofija
Septemvriji Stanke Dimitrov **s.** FK Marek Dupnica
Septemvriji Stara Zagora **s.** FK Beroe Stara Zagora
Septemvriji Tolbuchin **s.** FK Dobrudscha Dobritsch
Septemvrijsko Sofija **s.** FK CSKA Sofija
Septemvrijsko Sofija **s.** FK Septemvri Sofija
Septemvrijsko zname Sofija **s.** FK CSKA Sofija
Septemvrijsko zname Sofija **s.** FK Septemvri Sofija
SER Caxias (Sociedade Esportiva e Recreativa Caxias), Caxias do Sul, Brasilien, Klub, entst. 1935, **s. S.** 133
SER Chapadão (Sociedade Esportiva e Recreativa Chapadão), Chapadão do Sul, Brasilien, Klub, entst. 1981, **s. S.** 133
SER Juventude (Sociedade Esportiva e Recreativa Juventude), Primavera do Leste, Brasilien, Klub, entst. 1982, **s. S.** 133
SER Perdigão (Sociedade Esportiva Recreativa Perdigão), Concórdia, Brasilien, Klub, [aufgel. 19??], **s. S.** 133
SER São José (Sociedade Esportiva e Recreativa São José), Macapá, Brasilien, Klub, entst. 1946, **s. S.** 133
Seraing, Stadt, Belgien, **s. S.** 75
Serang, Stadt, Indonesien, **s. S.** 107
Serbisch Republik, Länder, **s. S.** 93
Seremban, Stadt, Malaysia, **s. S.** 106
Serenissima **s.** AC Venezia
Sérésien **s.** RFC Seraing
Sergipe **s.** CS Sergipe
Serp i Molot Moskva **s.** Metallurg Moskva
Serra, Stadt, Brasilien, **s. S.** 133
Serravalle, Stadt, San Marino, **s. S.** 81
Serres, Stadt, Griechenland, **s. S.** 95
Serveni Tallinn **s.** JK Vall Tallinn
Servette FC Genève (Servette Football Club Genève), Genève, Schweiz, Klub, entst. 1890, **s. S.** 82
Servette Football Club Genève **s.** Servette FC Genève
Services, Delhi, Indien, Klub, [Auswahl des Staates Delhi], **s. S.** 105
Serviço Gráfico **s.** AA Serviço Gráfico
SET Vevče **s.** NK SET Vevče
Sète, Stadt, Frankreich, **s. S.** 77
Setembro **s.** 6 de Setembro
Setiembre **s.** 15 de Setiembre
Sétif, Stadt, Algerien, **s. S.** 113
Setra, Sitrah/Setra, Bahrain, Klub, **s. S.** 102
Setra, Stadt, Bahrain, **s. S.** 102
Settat, Stadt, Marokko, **s. S.** 113
Setúbal, Stadt, Portugal, **s. S.** 79
Seven Seas Rock City, Grenada, Klub, **s. S.** 127
Seven Stars **s.** Ajax Cape Town
Seventh Day Adventists School, Palikir, Mikronesien, Klub, **s. S.** 137
Sevilla Balompié **s.** Real Betis Balompié
Sevilla FC (Sevilla Fútbol Club), Sevilla, Spanien, Klub, entst. 1905, [1905-38 Sevilla FC, 38-86 CF Sevilla], **s. S.** 79
Sevilla Fútbol Club **s.** Sevilla FC
Sevilla, Stadt, Spanien, **s. S.** 79
Sewan, Stadt, Armenien, **s. S.** 97
Sewastopol', Stadt, Ukraine, **s. S.** 99
Séwé SC **s.** San Pédro Séwé SC
Sewerodonezk, Stadt, Ukraine, **s. S.** 99
Sewerodonez'k, Stadt, Ukraine, **s. S.** 99
Seychellen, Länder, **s. S.** 120 und 121
Sežana, Stadt, Slowenien, **s. S.** 93
Sezione Calcio della Canottieri Lecco **s.** Lecco Calcio
Sfax Railways SC (Sfax Railways Sports Club), Sfax, Tunesien, Klub, **s. S.** 113
Sfax Railways Sports Club **s.** Sfax Railways SC
Sfax, Stadt, Tunesien, **s. S.** 113
Sfaxien **s.** CS Sfaxien
SFC Kaya, Kaya, Burkina Faso, Klub, **s. S.** 114
SFC Opava (Slezský Football Club Opava), Opava, Tschechische Republik, Klub, entst. 1901, [1901-45 DSF Opava, 45-48 Slezan Opava, 48-53 Sokol SZJP Opava, 53-58 TJ Baník Opava, 58-90 TJ Ostroj Opava, 90-94 FK Ostroj Opava, 94-98 FC Kaučuk Opava], **s. S.** 86
SFD Akademik Sofija **s.** FK Akademik Sofija
SFD Akademik Svischtov **s.** FK Akademik Svischtov
SFK Bodø/Glimt **s.** FK Bodø/Glimt
SFK Lyn **s.** FK Lyn
SFK Staré Město **s.** 1. FC Synot
SFR Arad **s.** Gloria Arad
SG 09 Wattenscheid (Sportgemeinschaft Wattenscheid von 1909), Wattenscheid, Deutschland, Klub, entst. 1909, [1909-19 BV 1909 Wattenscheid, 19 Fusion mit TV 1901 Wattenscheid => TBV 1901 Wattenscheid (19-23), 23 Aufl. der Fusion, 23-34 BV 09 Wattenscheid, 34 Fusion mit SG 1930 Wattenscheid => SG 09/30 Wattenscheid (34-45)], **s. S.** 84
SG 09/30 Wattenscheid **s.** SG 09 Wattenscheid
SG 1930 Wattenscheid **s.** SG 09 Wattenscheid
SG Altenburg-Nord **s.** SV Motor Altenburg
SG Andrea Doria (Società Ginnastica Andrea Doria), Genua (Genova), Italien, Klub, entst. 1895, [1895-1927 SG Andrea Doria, aufgel. 27 durch Fusion mit SG Sampierdarenese => AC La Dominante Genova, 45 wiedergegr., 45-46 SG Andrea Doria, aufgel. 46 durch Fusion mit SG Sampierdarenese => UC Sampdoria], **s. S.** 81
SG Andrea Doria **s.** AC Liguria
SG Andrea Doria **s.** SG Sampierdarenese
SG Andrea Doria **s.** UC Sampdoria
SG Arad (Societatea de gimnastică Arad), Arad, Rumänien, Klub, entst. 1899, [aufgel. 194?], **s. S.** 91
SG Aue **s.** FC Erzgebirge Aue
SG Austria Rapid Klagenfurt **s.** FC Kärnten
SG Babelsberg **s.** SG Fortuna Babelsberg
SG Blau-Weiß Wismar **s.** FC Anker Wismar
SG Böhlitz-Ehrenberg **s.** FC Sachsen Leipzig 1990
SG Borussia 04/45 Fulda **s.** SC Borussia 04 Fulda
SG Borussia Dortmund **s.** BV 09 Borussia Dortmund
SG Brandenburg-West **s.** FC Stahl Brandenburg
SG Bremerhaven **s.** TuS Bremerhaven 93
SG Charlottenburg **s.** Berliner Tennis Club Borussia
SG Chemie Zeitz **s.** 1. FC Zeitz
SG Chemnitz-Nord **s.** Chemnitzer FC
SG Constantino Reyer **s.** AC Venezia
SG Cottbus-Ost **s.** ESV Cottbus
SG DeFreitas Hill Top, St. Vincent und Grenadinen, Klub, **s. S.** 127
SG Dessau-Nord **s.** SV Dessau 05
SG Deutsche Volkspolizei Dresden **s.** 1. FC Dynamo Dresden
SG Dynamo Dresden **s.** 1. FC Dynamo Dresden
SG Dynamo Dresden **s.** Berliner FC Dynamo
SG Eintracht Frankfurt **s.** Eintracht Frankfurt
SG Eintracht Gelsenkirchen **s.** STV Horst-Emscher
SG Eintracht Kassel **s.** CSC 03 Kassel
SG Eintracht Stendal **s.** FSV Lokomotive Altmark Stendal
SG Eintracht Sudenburg **s.** 1. FC Magdeburg
SG Eintracht Weimar **s.** SC Weimar 03
SG Erfurt-West **s.** FC Rot-Weiß Erfurt
SG Ernst Abbe Jena **s.** FC Carl Zeiss Jena
SG Ernst Reuter Neubrandenburg **s.** FC Neubrandenburg
SG Fortuna Babelsberg (Sportgruppe Fortuna Babelsberg), Potsdam, Deutschland, Klub, entst. 1906, [1906-45 VfL Eintracht 06 Babelsberg, 45 aufgel. und wiedergegr., 45-49 SG Babelsberg, 49-50 BSG Märkische Volksstimme Babelsberg, 50-60 BSG Rotation Babelsberg, 60-65 SC Potsdam, 65-69 BSG Rotation Babelsberg, 69-90 BSG DEFA Babelsberg], **s. S.** 85
SG Fortuna Erfurt **s.** FC Rot-Weiß Erfurt
SG Freidrichstadt (Sportgruppe Freidrichstadt), Dresden, Deutschland, Klub, entst. 1945, [aufgel. 1950], **s. S.** 85
SG Freiimfelde Halle **s.** Hallescher FC
SG Gera-Pforten **s.** 1. SV Gera
SG Gesundbrunnen **s.** Hertha BSC Berlin
SG Gesundbrunnen **s.** SV Norden-Nordwest
SG Grube Marga **s.** FSV GA Brieske-Senftenberg
SG Halle-Glaucha **s.** Hallescher FC
SG Hans-Wendler Stendal **s.** FSV Lokomotive Altmark Stendal
SG Hartha **s.** BC Hartha
SG Johannstadt Dresden **s.** TSV 1910 Dresden
SG Kirchenditmold **s.** SV 06 Kassel-Rothenditmold
SG Langendorf **s.** 1. FC Weißenfels
SG Lauter **s.** Lauterer SV Viktoria 1913
SG Leipzig-Mitte **s.** FC Sachsen Leipzig 1990
SG Lemsdorf **s.** 1. FC Magdeburg
SG Leutzsch **s.** FC Sachsen Leipzig 1990
SG Lichtenberg-Nord **s.** SV '47 Lichtenberg
SG Lindenau-Aue **s.** FC Sachsen Leipzig 1990
SG Lindenau-Hafen **s.** FC Sachsen Leipzig 1990
SG Mariendorf **s.** SV Blau-Weiß Berlin
SG Marziale **s.** AC Venezia
SG Meerane **s.** Meeraner SV
SG Merseburg-Nord **s.** SV Merseburg 99
SG Mickten **s.** Dresdner SC 98
SG Oberschöneweide **s.** 1. FC Union Berlin
SG Ordnungspolizei Chemnitz **s.** Chemnitzer FC
SG OrPo Litzmannstadt (Sportgemeinschaft Ordnungspolizei Litzmannstadt), Litzmannstadt (Łódź), Polen, Klub, entst. 1940, [1940-42 SV Polizei Litzmannstadt, 42-45 SG OrPo Litzmannstadt, 45 aufgel.], **s. S.** 84
SG OrPo Warschau (Sportgemeinschaft Ordnungspolizei Warschau), Warschau (Warszawa), Polen, Klub, entst. 1940, [aufgel. 1945], **s. S.** 84
SG Pankow-Nord **s.** VfB Einheit zu Pankow
SG Planitz **s.** FSV Zwickau
SG Prenzlauer Berg-West **s.** Berliner FC Alemannia 90-Wacker
SG Probstheida **s.** VfB Leipzig
SG Riesa **s.** FC Stahl Riesa '98
SG Rixdorf **s.** SV Tasmania 73 Neukölln
SG Rot-Weiß Zeitz **s.** 1. FC Zeitz
SG Sampierdarenese (Società Ginnastica Sampierdarenese), Genua (Genova), Italien, Klub, entst. 1899, [1899-1927 SG Sampierdarenese, aufgel. 27 durch Fusion mit SG Andrea Doria => AC La Dominante Genova, 45 wiedergegr., 45-46 SG Sampierdarenese, aufgel. 46 durch Fusion mit SG Andrea Doria => UC Sampdoria], **s. S.** 81
SG Sampierdarenese **s.** AC Liguria
SG Sampierdarenese **s.** SG Andrea Doria
SG Sampierdarenese **s.** UC Sampdoria
SG Schöneberg-Nord **s.** Berliner SC Kickers 1900
SG Schwerin **s.** Schweriner SC
SG Sibiu (Societatea de gimnastică Sibiu), Sibiu, Rumänien, Klub, entst. 1920, [aufgel. 1945], **s. S.** 91
SG Sömmerda **s.** FSV Sömmerda
SG Sportfreunde Burg **s.** Burger SC 08
SG Stadion Jena **s.** FC Carl Zeiss Jena
SG Steinach **s.** SV 08 Steinach
SG Stendal-Nord **s.** FSV Lokomotive Altmark Stendal
SG Sudenburg **s.** 1. FC Magdeburg
SG Suhl **s.** 1. Suhler SV 1906
SG Tempelhof **s.** Berliner FC Viktoria 89
SG Thale **s.** SpVgg. 04 Thale
SG Tiergarten **s.** SC Minerva 93 Berlin
SG Tiergarten-Minerva **s.** SC Minerva 93 Berlin
SG Torino (Società di Ginnastica Torino), Turin (Torino), Italien, Klub, entst. 1897, [aufgel. 1902], **s. S.** 81
SG Union 06 Oberschöneweide **s.** 1. FC Union Berlin
SG Volkspolizei Dresden **s.** 1. FC Dynamo Dresden
SG Vorwärts Schwerin **s.** Schweriner SC
SG VSE Sankt Pölten-Gablitz **s.** FCN Sankt Pölten
SG Wacker-Alemannia 1890 Berlin **s.** Berliner FC Alemannia 90-Wacker
SG Weimar-Ost **s.** SC Weimar 03
SG Weißenfels-Süd **s.** 1. FC Weißenfels
SG Wilmersdorf **s.** Berliner SV 92
SG Wismar Süd **s.** FC Anker Wismar
's-Gravenhage, Stadt, Niederlande, **s. S.** 75
SGS Fortitudo (Società Ginnastico Sportiva Fortitudo), Rom (Roma), Italien, Klub, entst. 1906, [aufgel. 1927 durch Fusion mit Roman FC und Alba Audace FC => AS Roma], **s. S.** 81
SGS Fortitudo **s.** AS Roma
Sha'ab Hadramaut **s.** al-Sha'ab
Sha'ab **s.** al-Sha'ab
Shaanxi Bohua Guoli **s.** Shaanxi Guoli Hans Beer
Shaanxi Guoli Hans Beer, Xi' an, China, Klub, [19??-2000 Shaanxi Guoli, 00-01 Shaanxi Bohua Guoli], **s. S.** 109
Shaanxi Guoli **s.** Shaanxi Guoli Hans Beer
Sha'arayim, Stadt, Israel, **s. S.** 94
Shaat **s.** al-Shaat
Shabab al-Amaari, Gaza, Palästina, Klub, **s. S.** 94
Shabab al-Hussein, Amman, Jordanien, Klub, **s. S.** 102
Shabab al-Jeel, Hodeida/al-Hudayda, Jemen, Klub, **s. S.** 103
Shabab as-Sahel, Beirout/Beyrut, Libanon, Klub, **s. S.** 102
Shabab **s.** al-Shabab
Shabana, Kisii, Kenia, Klub, **s. S.** 119
Shabanie, Zvishavane, Simbabwe, Klub, **s. S.** 121
Shabiba Mazraa **s.** al-Shabiba Mazraa
Shaddowgate United **s.** Carlisle United FC
Shah Alam, Stadt, Malaysia, **s. S.** 106
Shahin FC **s.** Pirouzi
Shahrdari, Tabriz, Iran, Klub, **s. S.** 103
Shaki, Stadt, Nigeria, **s. S.** 117
Shamal **s.** ash-Shamal
Shambat Khartoum Bahri, Khartoum Bahri, Sudan, Klub, **s. S.** 115
Shamrock Rovers FC (Shamrock Rovers Football Club), Dublin/Baile Átha Cliath, Irland, Klub, entst. 1901, **s. S.** 69
Shamrock Rovers Football Club **s.** Shamrock Rovers FC
Shams **s.** al-Shams
Shamsan, Aden/Adan, Jemen, Klub, **s. S.** 103
Shangani SC, Zanzibar, Tansania, Klub, **s. S.** 119
Shangdong Luneng Taishan, Jinan, China, Klub, [19??-95 Shangdong Taishan, 95-96 Jinan Taishan, 96-98 Jinan Taishan Jiangjun], **s. S.** 109
Shangdong Taishan **s.** Shangdong Luneng Taishan
Shanghai Shenhua **s.** Shanghai Shenhua Top
Shanghai Shenhua Top, Shanghai, China, Klub, [19??-?? Shanghai, ??-2001 Shanghai Shenhua], **s. S.** 109
Shanghai, Stadt, China, **s. S.** 109
Shangwutong **s.** Sichuan Shangwutong
Sharara **s.** al-Sharara
Sharjah, Ash-Shariqah/Sharjah, VAE, Klub, entst. 1974, **s. S.** 103
Sharjah, Stadt, VAE, **s. S.** 103
Sharks **s.** Port Harcourt Sharks
Sharks **s.** West Adelaide Sharks
Sharp Blackpool **s.** Blackpool
Sharqeya SC **s.** al-Sharqeya SC
Shawsheen Indians, Andover, USA, Klub, entst. 1925, [aufgel. 19??], **s. S.** 122
Sheffield FC (Sheffield Football Club), Sheffield, England, Klub, entst. 1855, **s. S.** 67

Sheffield Football Club **s.** Sheffield FC
Sheffield United FC (Sheffield United Football Club), Sheffield, England, Klub, entst. 1889, **s. S.** 67
Sheffield United Football Club **s.** Sheffield United FC
Sheffield Wednesday FC (Sheffield Wednesday Football Club), Sheffield, England, Klub, entst. 1867, [1867-1929 The Wednesday], **s. S.** 67
Sheffield Wednesday Football Club **s.** Sheffield Wednesday FC
Sheffield, Stadt, England, **s. S.** 67
Shelbourne AFC **s.** Shelbourne FC
Shelbourne FC (Shelbourne Football Club), Dublin/Baile Átha Cliath, Irland, Klub, entst. 1895, [1895-1934 Shelbourne AFC, 34-36 Reds United FC], **s. S.** 69
Shelbourne Football Club **s.** Shelbourne FC
Shelbourne United FC (Shelbourne United Football Club), Dublin/Baile Átha Cliath, Irland, Klub, entst. 1908, [aufgel. 1938], **s. S.** 69
Shelbourne United Football Club **s.** Shelbourne United FC
Shell Mbilinga Football Club **s.** Mbilinga FC
Shell, Djibouti, Dschibuti, Klub, **s. S.** 115
Shellsport **s.** Mbilinga FC
Shemooshak, Noshahr, Iran, Klub, **s. S.** 103
Shengyang Liuyao **s.** Shenyang Jinde
Shenhua **s.** Shanghai Shenhua Top
Shenyang Haishi **s.** Shenyang Jinde
Shenyang Huayang **s.** Shenyang Jinde
Shenyang Jinde, Shenyang, China, Klub, [19??-95 Shengyang Liuyao, 95-96 Shenyang Huayang, 96-97 Shenyang Sealions, 1996-2001 Shenyang Haishi], **s. S.** 109
Shenyang Sealions **s.** Shenyang Jinde
Shenyang, Stadt, China, **s. S.** 109
Shenzen Feiyada **s.** Shenzhen Kejian Ping'an
Shenzhen Kejian Ping'an, Shenzhen, China, Klub, entst. 1993, [1993-96 Shenzen, 96-97 Shenzen Feiyada, 97-98 Shenzhen Pingan, 1998-2000 Shenzhen Pingan Insurance, 00-01 Shenzhen Ping'an Kejian], **s. S.** 109
Shenzhen Pingan Insurance **s.** Shenzhen Kejian Ping'an
Shenzhen Ping'an Kejian **s.** Shenzhen Kejian Ping'an
Shenzhen Pingan **s.** Shenzhen Kejian Ping'an
Shenzhen, Stadt, China, **s. S.** 109
Sheriff Tiraspol **s.** FC Sheriff Tiraspol
's-Hertogenbosch, Stadt, Niederlande, **s. S.** 75
Sherwood Foresters **s.** 1st Battalion Sherwood Foresters
Shibin al Kawm, Stadt, Ägypten, **s. S.** 112
Shijak, Stadt, Albanien, **s. S.** 93
Shijiazhuang, Stadt, China, **s. S.** 109
Shimizu S-Pulse, Shimizu, Japan, Klub, [19??-92 Shimizu], **s. S.** 111
Shimizu, Stadt, Japan, **s. S.** 111
Shimshon Tel Aviv, Tel Aviv-Yafo, Israel, Klub, entst. 1951, **s. S.** 94
Shinyanga, Stadt, Tansania, **s. S.** 119
Shipyards **s.** Todd Shipyards
Shiraz, Stadt, Iran, **s. S.** 103
Shkëndija **s.** KiF Shkëndija
Shkendija Tetovo **s.** FK Shkendija Tetovo
Shkodër, Stadt, Albanien, **s. S.** 93
Shkolla e Bashkuar Enver Hoxha **s.** KS Luftëtari
Shkolla e Bashkuar **s.** KS Luftëtari
Shkumbini **s.** KS Shkumbini
Shoala **s.** al-Shoala
Shooting Stars **s.** 3SC Shooting Stars
Shorta **s.** al-Shorta
Shprefeja **s.** SK Tiranë
Shqiponja **s.** KS Shqiponja
Shrewsbury Town FC (Shrewsbury Town Football Club), Shrewsbury, England, Klub, entst. 1886, **s. S.** 67
Shrewsbury Town Football Club **s.** Shrewsbury Town FC
Shrewsbury, Stadt, England, **s. S.** 67
SHS **s.** Holland Sport
Shukyu-dan **s.** Nagoya Shukyu-dan
Shukyu-dan **s.** Tokyo Shukyu-dan
ShVSM Tallinn **s.** Kalev Tallinn
SÍ (Sorvágs Íttrótarfelag), Sorvágur, Färöer Inseln, Klub, entst. 1905, [aufgel. 1993 durch Fusion mit SÍF und MB], **s. S.** 71
SÍ (Sumbiar Íttrótarfelag), Sumba, Färöer Inseln, Klub, entst. 1940, [aufgel. 1994 durch Fusion mit VB => VB/Sumba Vágur (94-95), 95 Aufl. der Fusion und Zurückbenennung], **s. S.** 71
SÍ **s.** FS Vágar
SÍ **s.** MB
SÍ **s.** SÍF
SÍ **s.** VB
SÍ **s.** VB/Sumba Vágur
Siarka Tarnobrzeg **s.** KS Siarka Tarnobrzeg
Šiauliai, Stadt, Litauen, **s. S.** 99
Šibenik, Stadt, Kroatien, **s. S.** 93
Sibiu, Stadt, Rumänien, **s. S.** 91
Sichuan Quanxing Langjiu **s.** Sichuan Shangwutong
Sichuan Quanxing **s.** Sichuan Shangwutong
Sichuan Quanxing Shuijinfang **s.** Sichuan Shangwutong
Sichuan Shangwutong, Chengdu, China, Klub, entst. 1993, [1993-98 Sichuan Quanxing, 1998-2000 Sichuan Quanxing Langjiu, 00-01 Sichuan Quanxing Shuijinfang], **s. S.** 109
SIDEC, Dakar, Senegal, Klub, **s. S.** 116
Siderúrgica **s.** EC Siderúrgica
Siderurgistul Galaţi, Galaţi, Rumänien, Klub, entst. 1950, [1950-62 Dinamo Galaţi, 62 CSO Galaţi, 62-67 Siderurgistul Galaţi, 67 aufgel.], **s. S.** 91
Siderurgistul Hunedoara **s.** Corvinul FC Hunedoara
Sidi Kacem, Stadt, Marokko, **s. S.** 113
Sidi-bel-Abbès, Stadt, Algerien, **s. S.** 113
Sidoardjo, Stadt, Indonesien, **s. S.** 107
Sidon, Stadt, Libanon, **s. S.** 102
Siedlce, Stadt, Polen, **s. S.** 89
Siegen, Stadt, Deutschland, **s. S.** 85
Siegfried Bielefeld **s.** DSC Arminia Bielefeld
Siemianowice Śląskie, Stadt, Polen, **s. S.** 89
Siena, Stadt, Italien, **s. S.** 81
Sierra Fisheries **s.** Kallon FC
Sierra Leone, Länder, **s. S.** 116 und 117
SÍF (Sandavágs Íttróttarfelag), Sandavágur, Färöer Inseln, Klub, entst. 1906, [aufgel. 1993 durch Fusion mit MB und SÍ], **s. S.** 71
SÍF **s.** FS Vágar
SÍF **s.** MB
SÍF **s.** SÍ
Sigara SC **s.** Moro United
Sigma MŽ Olomouc **s.** SK Sigma Olomouc
Sigma Olomouc **s.** SK Rapid Wien
Siguatepeque, Stadt, Honduras, **s. S.** 125
Sigui Kayès **s.** AS Sigui Kayès
Siirt Jet-PA SK (Siirt Jet-PA Spor Kulübü), Siirt, Türkei, Klub, entst. 1969, **s. S.** 97
Siirt Jet-PA Spor Kulübü **s.** Siirt Jet-PA SK
Siirt, Stadt, Türkei, **s. S.** 97
Sika, Beirout/Beyrut, Libanon, Klub, [aufgel. 19??], **s. S.** 102
Sikasso, Stadt, Mali, **s. S.** 114
Siła Třinec **s.** Fotbal Třinec
Silbud Poltava **s.** FK Vorskla Poltava
Sileks Kratovo **s.** FK Sileks Kratovo
Silesia Zaborze **s.** SC Preußen Hindenburg
Silistra, Stadt, Bulgarien, **s. S.** 91
Silk Sox **s.** Paterson Silk Sox
Silkeborg Idræts Forening **s.** Silkeborg IF
Silkeborg IF (Silkeborg Idræts Forening), Silkeborg, Dänemark, Klub, entst. 1917, **s. S.** 71
Silkeborg, Stadt, Dänemark, **s. S.** 71
Sillamäe Jalgpalliklubi **s.** Sillamäe JK
Sillamäe JK (Sillamäe Jalgpalliklubi), Sillamäe, Estland, Klub, entst. 1951, [1951-97 Kalev Sillamäe], **s. S.** 99
Sillamäe, Stadt, Estland, **s. S.** 99
Silmasch Zaporosch'je **s.** FK Torpedo Zaporischja
Silures, Ouagadougou, Burkina Faso, Klub, [aufgel. 1982], **s. S.** 114
Silver Stars, Kenia, Klub, **s. S.** 119
Silver Strikers, Lilongwe, Malawi, Klub, **s. S.** 121
Silvio Pettirossi (Club Silvio Pettirossi), Encarnación, Paraguay, Klub, entst. 1926, **s. S.** 135
SIMA **s.** Deportivo SIMA
Simawa **s.** al-Simawa
Simba FC (Simba Football Club), Kigali, Rwanda, Klub, **s. S.** 119
Simba Football Club **s.** Simba FC
Simba **s.** Busia Simba
Simba SC (Simba Sports Club), Dar es Salaam, Tansania, Klub, entst. 1930, [19??-?? Sunderland, ??-75 Mseto Sports], **s. S.** 119
Simba SC, Lugazi, Uganda, Klub, **s. S.** 119
Simba Sports Club **s.** Simba SC
Simbabwe, Länder, **s. S.** 120 und 121
Simferopol', Stadt, Ukraine, **s. S.** 99
Simmeringer SC **s.** 1. Simmeringer SC
Simunye FC (Simunye Football Club), Simunye, Swasiland, Klub, **s. S.** 120
Simunye Football Club **s.** Simunye FC
Simunye, Stadt, Swasiland, **s. S.** 120
Sinaa **s.** al-Sinaa
Sinaloa **s.** CD Atlante
Sincelejo, Stadt, Kolumbien, **s. S.** 128
Sindh Greens, Karachi, Pakistan, Klub, **s. S.** 105
Sindh Reds, Karachi, Pakistan, Klub, **s. S.** 105
Sindicat Chişinău **s.** FC Moldova-Gaz Chişinău
Sindicat Moldova-Gaz Chişinău **s.** FC Moldova-Gaz Chişinău
Sing Tao, Hongkong, Klub, **s. S.** 109
Singapore Armed Forces FC (Singapore Armed Forces Football Club), Jurong, Singapur, Klub, **s. S.** 107
Singapore Armed Forces Football Club **s.** Singapore Armed Forces FC
Singapore CC (Singapore Cricket Club), Singapur, Klub, **s. S.** 107
Singapore Chinese FA, Singapur, Klub, **s. S.** 107
Singapore Cricket Club **s.** Singapore CC
Singapore Engineers, Singapur, Klub, **s. S.** 107
Singapore, Singapur/Singapore, Singapur, Klub, [Nationalmannschaft von Singapur], **s. S.** 107
Singapore, Stadt, Singapur, **s. S.** 107
Singapur, Länder, **s. S.** 106 und 107
Singapur, Stadt, Singapur, **s. S.** 107
Singers FC **s.** Coventry City FC
Singha Tero-Sassana **s.** BEC Tero-Sassana
Singha-Thamrongthai, Krungthep/Bangkok, Thailand, Klub, **s. S.** 106
Singida United, Singida, Tansania, Klub, [19??-2000 Mto], **s. S.** 119
Singida, Stadt, Tansania, **s. S.** 119
Sinnamary, Stadt, Französisch-Guyana, **s. S.** 129
Sinop FC (Sinop Futebol Clube), Sinop, Brasilien, Klub, entst. 1977, **s. S.** 133
Sinop Futebol Clube **s.** Sinop FC
Sinop, Stadt, Brasilien, **s. S.** 133
Sint Michiel, Stadt, Niederländische Antillen, **s. S.** 127
Sint Niklaasche SK **s.** K Sint-Niklase SK
Sint Niklaasse SK **s.** K Sint-Niklase SK
Sint Truidensche VV **s.** K Sint-Truidense VV
Sint Truidense VV **s.** K Sint-Truidense VV
Sintez FK ShNOS Tschimkent **s.** Tomiris Tschimkent
Sinteza Căuşeni **s.** FC Sinteza Căuşeni
Sinthana, Krungthep/Bangkok, Thailand, Klub, **s. S.** 106
Sint-Niklaas, Stadt, Belgien, **s. S.** 75
Sint-Niklase SK **s.** K Sint-Niklase SK
Sint-Truiden, Stadt, Belgien, **s. S.** 75
Sinuiju, Stadt, Nordkorea, **s. S.** 110
Siófok FC **s.** BTV-Siófok FC
Siófok, Stadt, Ungarn, **s. S.** 89
Siófoki Bányász **s.** BTV-Siófok FC
Siófoki MÁV Olajbányász **s.** BTV-Siófok FC
Siófoki MÁV Olajmunkás SE **s.** BTV-Siófok FC
Siófoki SE **s.** BTV-Siófok FC
Sion Hill, Stadt, St. Vincent und Grenadinen, **s. S.** 127
Sion, Stadt, Schweiz, **s. S.** 82
Sioni Bolnissi **s.** FC Sioni Bolnissi
SIPESA **s.** CD Pesquero
Sir Bani Yas, Stadt, VAE, **s. S.** 103
Siracusa, Stadt, Italien, **s. S.** 81
Sírio **s.** SC Sírio
Sirius **s.** IK Sirius
Široki Brijeg, Stadt, Bosnien und Herzegowina, **s. S.** 93
Sirop, Nadir, Amerikanische Jungferninseln, Klub, **s. S.** 126
Sisak, Stadt, Kroatien, **s. S.** 93
Sisimut, Stadt, Grönland, **s. S.** 123
Sisley **s.** Deportivo El Tanque Sisley
Siteki, Stadt, Swasiland, **s. S.** 120
Sithoc FC, Mahuma, Niederländische Antillen, Klub, **s. S.** 127
Sitora Duschanbe, Duschanbe, Tadschikistan, Klub, **s. S.** 101
Sitraacensa **s.** Broncos FC
Sitrah, Stadt, Bahrain, **s. S.** 102
Sittard, Stadt, Niederlande, **s. S.** 75
Sittwe, Stadt, Burma, **s. S.** 106
Siumut Amerdlok Kûnuk **s.** SAK
Sivas, Stadt, Türkei, **s. S.** 96
Siyäzän, Stadt, Aserbaidschan, **s. S.** 97
Sjazan', Stadt, Aserbaidschan, **s. S.** 97
Sjunik Kapan **s.** FC Lernagorts Kapan
SK 05 Pirmasens **s.** FK 1903 Pirmasens
SK Admira Wien **s.** ESV Admira-NÖ Energie
SK Adriatiku **s.** KS Besa
SK AiK Bischkek **s.** Rotor Bischkek
SK AiK Bischkek **s.** SK Nacional'naja Gwardia Bischkek
SK Amateure Steyr (Sport Klub Amateure Steyr), Steyr, Österreich, Klub, entst. 1920, **s. S.** 83
ŠK ASO Bratislava (Športový klub Ander und syn Olomouc Bratislava), Bratislava, Slowakei, Klub, entst. 1936, [aufgel. 1944], **s. S.** 87
SK ASO Olomouc **s.** Sokol OD ASO Olomouc
SK Austria Klagenfurt **s.** FC Kärnten
SK Austria Klagenfurt-VSV **s.** FC Kärnten
SK Bălgarija Sofija **s.** FK Slavija Sofija
SK Banga Kaunas (Sporto Klubas Banga Kaunas), Kaunas, Litauen, Klub, entst. 1959, [1959-91 SK Banga Kaunas, aufgel. 91 durch Fusion mit Vilija Kaunas => Banga-Granitas Kaunas], **s. S.** 99
SK Banga Kaunas **s.** FBK Kaunas
SK Banga Kaunas **s.** Vilija Kaunas
ŠK Banská Bystrica (Športový klub Banská Bystrica), Banská Bystrica, Slowakei, Klub, entst. 1928, [entst. 1928 durch Fusion ŠK Rúdlová und ŠK Slávia Banská Bystrica => ŠK Banská Bystrica (28-3?), 3?-39 ŠK Štefánik Banská Bystrica, 39-48 ŠK Banská Bystrica, 48-50 Sokol Banská Bystrica, 50-53 Sokol NV Banská Bystrica, 53-54 TJ Slovan Banská Bystrica, 54-?? TJ Slavoj Banská Bystrica], **s. S.** 87
ŠK Bardejov **s.** BSC JAS Bardejov
ŠK Baťa Baťovany **s.** FK Tempo Partizánske
SK Baťa Zlín **s.** FK Zlín
SK Baťov Otrokovice **s.** TJ Jiskra Otrokovice
ŠK Baťovany **s.** FK Tempo Partizánske
SK Beganets Sofija **s.** FK Slavija Sofija
SK Beveren **s.** KSK Beveren
SK Beveren-Waas **s.** KSK Beveren
SK Beveren-Waes **s.** KSK Beveren
SK Bischofshoffen (Sport Klub Bischofshoffen), Bischofshoffen, Österreich, Klub, entst. 1933, **s. S.** 83
SK Bivoj Praha **s.** SK Nusle
SK Botev Plovdiv **s.** FK Botev Plovdiv
SK Botev Plovdiv **s.** Schipka Plovdiv
SK Botostroj Baťov **s.** TJ Jiskra Otrokovice
SK Brage (Sportsklubben Brage), Trondheim, Norwegen, Klub, entst. 1907, **s. S.** 71
SK Brann (Sportsklubben Brann), Bergen, Norwegen, Klub, entst. 1908, **s. S.** 71
ŠK Bratislava **s.** ŠK Slovan Bratislava
SK Butovice **s.** SK Motorlet Praha
SK Čechie Karlín **s.** Čechie BVB
SK Čechie Liberec **s.** TJ Jiskra SS Liberec
SK Čechie Liberec **s.** TJ Slavoj Liberec
SK Čechie Praha VIII (Sportovní klub Čechie Praha VIII), Prag (Praha), Tschechische Republik, Klub, entst. 1903, [aufgel. 1949], **s. S.** 86
ŠK Čechie Trnava **s.** FC Spartak Trnava
SK České Budějovice (Sportovní klub České Budějovice), České Budějovice, Tschechische Republik, Klub, entst. 1899, [1899-1903 Sportovní kroužek České Budějovice, 03-05 SK Slavia České Budějovice, 05-49 SK České Budějovice, 51-53 ZSJ Slavia České Budějovice, 53-91 TJ Dynamo České Budějovice, 91-92 SK Dynamo České Budějovice, 1992-2000 SK JČE České Budějovice], **s. S.** 86
SK Chmel Blšany **s.** FK Chmel Blšany
SK Crnogorac Cetinje **s.** FK Lovčen Cetinje
SK Djerv (Sports Klubben Djerv), Haugesund, Norwegen, Klub, entst. 1919, [aufgel. 1993 durch Fusion mit SK Haugar => Haugesund FK], **s. S.** 71
SK Djerv **s.** FK Haugesund
SK Djerv **s.** SK Haugar
ŠK Dubnica nad Váhom **s.** FK ZŤS Kerametal Dubnica nad Váhom
SK Dynamo České Budějovice **s.** SK České Budějovice
SK Explosia Semtín **s.** SK Pardubice
ŠK FAC LB Zvolen (Športový klub FAC LB Zvolen), Zvolen, Slowakei, Klub, entst. 1902, [1902-13 ZSE, 13-19 ZTC, 19-24 ZRTC, 24-28 ZFC, 28-43 ZTK, 43-48 ŽZTK, 48-53 Sokol Železničiari Zvolen, 53-64 TJ Lokomotíva Zvolen, 64 Fusion mit Tatran Bučina Zvolen => TJ Lokomotíva Bučina Zvolen (64-84), 84-93 TJ Lokomotíva Zvolen], **s. S.** 87
SK Fier **s.** KS Apolonia
SK Freidrig (Sportsklubben Freidrig), Trondheim, Norwegen, Klub, entst. 1903, **s. S.** 71
SK Frem Sandefjord **s.** Sandefjord BK
SK Germania 1912 Warnsdorf **s.** Warnsdorfer FK
SK Gjøvik-Lyn **s.** Gjøvik/Lyn SK
SK Građanski Niš (Sportski klub Građanski Niš), Niš, Jugoslawien, Klub, **s. S.** 93
SK Hakoah Wien **s.** FC Hakoah Wien
SK Hardy (Sport Klubb Hardy), Bergen, Norwegen, Klub, [aufgel. 19??], **s. S.** 71
SK Haugar (Sportsklubben Haugar), Haugesund, Norwegen, Klub, entst. 1939, [aufgel. 1993 durch Fusion mit SK Djerv => Haugesund FK], **s. S.** 71
SK Haugar **s.** FK Haugesund
SK Haugar **s.** SK Djerv
SK Hejčín Olomouc **s.** SK Sigma Olomouc
SK Hradec Králové (Sportovní klub Hradec Králové), Hradec Králové, Tschechische Republik, Klub, entst. 1905, [1905-48 SK Hradec Králové, 48-49 Sokol Hradec Králové, 49-53 Sokol Škoda Hradec Králové, 53-76 TJ Spartak Hradec Králové, 76-89 TJ Spartak ZVÚ Hradec Králové, 89-90 TJ Rudá hvězda Spartak ZVÚ Hradec Králové, 90-92 SKP Spartak Hradec Králové, 92-94 SKP Fomei Hradec Králové], **s. S.** 86
SK Ilirija Ljubljana (Sport klub Ilirija Ljubljana), Ljubljana, Slowenien, Klub, entst. 1911, [aufgel. 1936 durch Fusion mit NK Ljubljana], **s. S.** 93
SK Ilirija Ljubljana **s.** NK Železničar Oskar Ljubljana
SK Jablonec **s.** FK Jablonec '97
SK JČE České Budějovice **s.** SK České Budějovice
ŠK Jednota Košice **s.** FK Lokomotíva Košice
SK Jeronim **s.** KS Flamurtari
SK Jugoslavija Beograd (Sportski klub Jugoslavija Beograd), Belgrad (Beograd), Jugoslawien, Klub, entst. 1923, [aufgel. 1943], **s. S.** 92
SK Karlova Huť **s.** FK VP Frýdek-Místek
SK Kavajë **s.** KS Besa
SK Kladno (Sportovní klub Kladno), Kladno, Tschechische Republik, Klub, entst. 1903, [1903-04 Sportovní kroužek Kladno, 04-48 SK Kladno, 48-49 ZK Ocelárny Kladno, 49 Fusion mit SK Sparta Kladno und STAK Letná Kladno => Sokol SONP Kladno (49-51), 51-53 ZSJ SONP Kladno, 53-58 TJ Baník Kladno SONP, 58-77 TJ SONP Kladno, 77-89 TJ Poldi SONP Kladno, 89-93 TJ Poldi Kladno, 93-94 FC Terrex Kladno, 94-95 FC Agrox Kladno], **s. S.** 86
SK Kóvas Kaunas **s.** ŠŠSK Kóvas Kaunas
SK Krajišnik Banja Luka (Sportski klub Krajišnik Banja Luka), Banja Luka, Bosnien und Herzegowina, Klub, [aufgel. 1945], **s. S.** 93
SK Královo Pole **s.** SK LeRK Brno
SK LeRK Brno (Sportovní klub Levně rychle kvalitně Brno), Brno, Tschechische Republik, Klub, entst. 1910, [1910-22 SK Sparta Královo Pole, 22-48 SK Královo Pole, 48-49 Sokol Královo Pole, 49 Fusion mit Sokol Moravská Slavia Brno => ZSJ GZ Královo Pole (49-53), 53-61 Spartak Královo Pole, 61-78 TJ Spartak KPS Brno, 78-93 TJ KS Brno, 93-95 SK LeRK Brno, aufgel. 95 durch Fusion mit SK Prostějov => SK LeRK], **s. S.** 86
SK LeRK Brno **s.** SK LeRK Prostějov
SK LeRK Prostějov (Sportovní klub Levně rychle kvalitně Prostějov), Prostějov, Tschechische Republik, Klub, entst. 1904, [1904-0? Sportovní kroužek Prostějov, 0?-48 SK Prostějov, 48-50 Sokol Prostějov II, 50-53 Sokol ČSSZ Prostějov, 53-56 TJ Tatran Prostějov, 56-58 TJ Slovan Prostějov, 58 Fusion mit Baník Prostějov => TJ Železárny Prostějov (58-9?), 9?-95 SK Prostějov, 95 Fusion mit SK LeRK Brno => SK LeRK (95-96)], **s. S.** 86
SK LeRK **s.** SK LeRK Brno
SK LeRK **s.** SK LeRK Prostějov
SK Levski Sofija **s.** PFK Levski Sofija
SK Lezhë **s.** KS Besëlidhja
SK Libeň (Sportovní klub Libeň), Prag (Praha), Tschechische Republik, Klub, entst. 1903, [1903-48 SK Libeň, 48-49 Sokol Libeň, 49-50 Sokol Libeň B, 50-51 ZSJ ČKD Sokolovo Libeň, aufgel. 51 durch Fusion mit ZSJ Bratrství Sparta Praha => Sokol Sparta ČKD Praha], **s. S.** 86
SK Liberec **s.** TJ Jiskra SS Liberec
SK Lokomotiv Sofija **s.** FK Lokomotiv Sofija
SK Lushnjë (Sport klub Lushnjë), Lushnjë, Albanien, Klub, entst. 1926, [1926-50 KS Traktori, 1950-57 Puna Lushnjë, 57-91 KS Traktori], **s. S.** 93
SK Luzk **s.** FK Volyn' Luz'k
ŠK Matador Púchov (Športový klub Matador Púchov), Púchov, Slowakei, Klub, entst. 1920, [1920-43 ŠK Púchov, 43-48 ŠK Rolný Púchov, 48-53 Sokol Makyta Púchov, 53-56 TJ Makyta Púchov, 56 Fusion mit TJ Sokol Makyta Púchov => TJ Iskra Púchov (56-68), 68-93 TJ Gumárna 1. máje Púchov], **s. S.** 86
SK Maxell Austria Klagenfurt **s.** FC Kärnten
SK Meteor Praha VIII **s.** FK Meteor Praha VIII
SK Mibag Vorwärts Steyr **s.** SK Vorwärts Steyr
SK Minjor Dimitrovo **s.** FK Minjor Pernik
SK Minjor Pernik **s.** FK Metalurg Pernik
SK Minjor Pernik **s.** FK Minjor Pernik
SK Moravská Slavia Brno (Sportovní klub Moravská Slavia Brno), Brno, Tschechische Republik, Klub, entst. 1906, [1906-48 SK Moravská Slavia Brno, 48-49 Sokol Moravská Slavia Brno, aufgel. 49 durch Fusion mit Sokol Královo Pole => ZSJ GZ Královo Pole, wiedergegr. 65, 65-90 TJ Moravská Slavia Brno], **s. S.** 86
SK Motorlet Praha (Sportovní klub Motorlet Praha), Prag (Praha), Tschechische Republik, Klub, entst. 1912, [1912-13 Sportovní kroužek Butovice, 13-30 SK Butovice, 30-48 SK Praha XVII, 48 Fusion mit SK Viktoria Jinonice => Sokol Jinonice (48-49), 49 Fusion mit ZSJ Praha-Jinonice => Sokol Šverma Jinonice (49-53), 53-69 TJ Spartak Praha Motorlet, 69-9? TJ Motorlet Praha, 9?-94 SSK Motorlet Praha, 1994-2000 FC Patenidis Motorlet Praha], **s. S.** 86
ŠK Munička Považská Bystrica **s.** FK Považská Bystrica
SK Mykolaiw (Sportyvnyj klub Mykolaiw), Mykolaiw/Nikolajew, Ukraine, Klub, entst. 1920, [1920-?? Metallist Nikolajew, ??-92 Sudostrojitel' Nikolajew, 92-94 FK Elvis Mykolaiw], **s. S.** 99
SK Náchod (Sportovní klub Náchod), Náchod, Tschechische Republik, Klub, entst. 1901, [1902-47 SK Náchod, 47-48 Sokol Tepna Náchod-Plhov, 48-61 Sokol Rubena Náchod, 61-63 TJ Jiskra Náchod, 63-64 TJ Jiskra Tepna Náchod, 64-74 TJ Tepna Náchod, 74-90 TJ Náchod], **s. S.** 86
SK Nacional'naja Gwardia Bischkek (Sportivnyj klub Nacional'naja Gwardia Bischkek), Bischkek, Kirgisien, Klub, entst. 1995, [1995-97 SK AiK Bischkek, 97 Fusion mit Rotor Bischkek, 97-98 SK Nacional'naja Gwardia-AiK Bischkek], **s. S.** 100
SK Nacional'naja Gwardia-AiK Bischkek **s.** SK Nacional'naja Gwardia Bischkek
ŠK Nehera Trenčín **s.** FK Ozeta Dukla Trenčín
ŠK Nitra **s.** FC Nitra
SK Nusle (Sportovní klub Nusle), Prag (Praha), Tschechische Republik, Klub, entst. 1903, [1903-10 SK Bivoj Praha, 10-48 SK Nusle, 48-49 Sokol Nusle, 49-53 Sokol Jawa Nusle, 53-?? TJ Spartak Praha Závody 9. května, ??-79 TJ ČKD Polovodiče Praha, 79-9? TJ Spartak Praha 4], **s. S.** 86
SK Nymburk **s.** Polaban Nymburk
SK Odd **s.** Rosenborg BK
SK Odesa (Sportyvnyj klub Odesa), Odesa/Odessa, Ukraine, Klub, entst. 1958, [1958-92 SKA Odessa], **s. S.** 99
SK Olomouc **s.** Sokol OD ASO Olomouc
SK Otrokovice **s.** TJ Jiskra Otrokovice
SK Pardubice (Sportovní klub Pardubice), Pardubice, Tschechische Republik, Klub, entst. 1925, [1925-47 SK Explosia Semtín, 47-48 SK Synthesia Semtín, 48-50 Sokol Synthesia Semtín, 50-53 ZSJ Chemik Semtín, 53-58 TJ Jiskra Semtín, 58 Fusion mit TJ Jiskra Rybitví => TJ VCHZ Pardubice (58-90), 90-93 TJ Synthesia Pardubice], **s. S.** 86
SK Pardubice **s.** TJ Tatran Pardubice
SK Përmet **s.** KS 24. Maji
SK Plovdiv (Sportklub Plovdiv), Plovdiv, Bulgarien, Klub, entst. 1926, [entst. 1926 durch Fusion Karadicha Plovdiv und Atletic Plovdiv, ?? aufgel.], **s. S.** 91
SK Plzeň 1894 (Sportovní klub Plzeň 1894), Plzeň, Tschechische Republik, Klub, entst. 1894, [1894-98 Studentský AC Plzeň, 98-99 AC Plzeň, 1899 Fusion mit FC Plzeň und Klub siláků Plzeň => SK Plzeň (1899-1948), 48-49 Sokol Plzeň I, 49-50 Sokol Doprava Plzeň, 50-53 ZSJ ČSD Plzeň, 53-90 TJ Lokomotiva Plzeň, 90-94 SK Plzeň], **s. S.** 86
SK Plzeň **s.** SK Plzeň 1894
SK Polaban Nymburk **s.** Polaban Nymburk
ŠK Polície Bratislava (Športový klub Polície Bratislava), Bratislava, Slowakei, Klub, entst. 1946, [1946-48 TKNB Bratislava, 48-52 Sokol SNB Bratislava, 52-53 Sokol Červená hviezda Bratislava, 53-61 ÚD Červená hviezda Bratislava, 61-90 TJ Červená hviezda Bratislava, 62 Fusion A-Team mit TJ Slovnaft Bratislava], **s. S.** 87
SK Poljot Bischkek (Sportivnyj klub Poljot Bischkek), Bischkek, Kirgisien, Klub, entst. 1998, [1998-99 SK Sverdlovskoje ROVD Bischkek, 1999-2000 SK Poljot Bischkek, 2000 aufgel.], **s. S.** 100
ŠK Považská Bystrica **s.** FK Považská Bystrica
SK Praha XVII **s.** SK Motorlet Praha
SK Preußen 01 Stettin (Sport-Klub Preußen 01 Stettin), Stettin (Szczecin), Polen, Klub, entst. 1901, [entst. 1901 durch Fusion FC Preußen Stettin und SC Preußen Stettin => SK Preußen 01 Stettin (01-37), aufgel. 37 durch Fusion mit 1. Stettiner Schwimmverein Borussia-Poseidon 1900 => SV Preußen-Borussia Stettin-Neuwestend], **s. S.** 84
SK Prevalje **s.** NK Korotan Prevalje
ŠK Prievidza **s.** FK Baník Prievidza
SK Prostějov **s.** SK LeRK Brno
SK Prostějov **s.** SK LeRK Prostějov
ŠK Púchov **s.** ŠK Matador Púchov
SK Puntigamer Sturm Graz (Sportklub Puntigamer Sturm Graz), Graz, Österreich, Klub, entst. 1909, [1909-69 SK Sturm Graz, 69-79 SK Sturm-Durisol, 79-91 SK Raika-Sturm, 91-96 SK Stabil Fenser Sturm], **s. S.** 83
SK Raika-Sturm **s.** SK Puntigamer Sturm Graz
SK Rakovník (Sportovní klub Rakovník), Rakovník, Tschechische Republik, Klub, entst. 1903, [1903-04 Sportovní kroužek Rakovník, 04-48 SK Rakovník, 48-49 Sokol Rakovník, 49-51 Sokol KZ Rakovník, 51-53 Sokol TOS Rakovník, 53-67 TJ Spartak Rakovník, 67-68 TJ ČKZ Rakovník, 68-73 SK Rakovník, 73-92 TJ ČKZ Rakovník], **s. S.** 86
SK Rapid (Sportsklubben Rapid), Moss, Norwegen, Klub, entst. 1925, **s. S.** 71
SK Rapid Liberec **s.** TJ Jiskra SS Liberec
ŠK Rapid Trnava (Športový klub Rapid Trnava), Trnava, Slowakei, Klub, entst. 1925, [1925-39 ŠK Rapid Trnava, aufgel. 39 durch Fusion mit TŠS Trnava], **s. S.** 86
ŠK Rapid Trnava **s.** FC Spartak Trnava
SK Rapid Wien (Sport Klub Rapid Wien), Wien, Österreich, Klub, entst. 1899, **s. S.** 83 und 84
SK Rask **s.** Lillestrøm SK
ŠK Rimavská Sobota **s.** FC Tauris Rimavská Sobota
ŠK Rolný Púchov **s.** ŠK Matador Púchov
SK Rotor Wolgograd (Sportivnyj klub Rotor Wolgograd), Wolgograd, Russland, Klub, entst. 1933, [1933-48 Traktor Stalingrad, 48-58 Torpedo Stalingrad, 58-61 Traktor Stalingrad, 61-70 Traktor Wolgograd, 70-72 Stal' Wolgograd, 72-75 Barrikady Wolgograd], **s. S.** 101
SK Rudar Pljevlja (Sportski klub Rudar Pljevlja), Pljevlja, Jugoslawien, Klub, entst. 1920, [1920-40 SK Rudar Pljevlja, 40-47 SD Jedinstvo Pljevlja, 47-57 SD Velimir Radić Pljevlja], **s. S.** 93
ŠK Rúdlová **s.** ŠK Banská Bystrica
ŠK Rusj Užhorod (Športový klub Rusj Užhorod), Usshorod/Uzgorod, Ukraine, Klub, entst. 1926, [aufgel. 1939], **s. S.** 87
ŠK Ružomberok **s.** FK SCP Ružomberok
ŠK Saturn Rimavská Sobota **s.** FC Tauris Rimavská Sobota
SK Schwarz-Weiß Essen **s.** ETB Schwarz-Weiß
SK Sigma MŽ Olomouc **s.** SK Sigma Olomouc
SK Sigma Olomouc (Sportovní klub Sigma Olomouc), Olomouc, Tschechische Republik, Klub, entst. 1919, [1919-20 FK Hejčín Olomouc, 20-47 SK Hejčín Olomouc, 47-48 Hejčínský SK Báňské und Hutní Olomouc, 48-49 ZSJ BH Olomouc, 49-53 Sokol MŽ Olomouc, 53-55 TJ Baník MŽ Olomouc, 55-60 TJ Spartak MŽ Olomouc, 56 Fusion mit TJ Cukrovar Olomouc, 60-67 TJ MŽ Olomouc, 67-79 TJ Sigma MŽ Olomouc, 79-90 TJ Sigma ZŤS Olomouc, 90-96 SK Sigma MŽ Olomouc], **s. S.** 86
SK Sklobižu Jablonec **s.** FK Jablonec '97
SK Skopje (Sportski klub Skopje), Skopje, Mazedonien, Klub, entst. 1960, **s. S.** 93
ŠK Slávia Banská Bystrica **s.** ŠK Banská Bystrica
SK Slavia České Budějovice **s.** SK České Budějovice
SK Slavia IPS Praha **s.** SK Slavia Praha
SK Slavia Praha (Sportovní klub Slavia Praha), Prag (Praha), Tschechische Republik, Klub, entst. 1893, [1893-1948 SK Slavia Praha, 48-49 Sokol Slavia Praha VII, 49 Fusion mit Dynamo Praha => ZSJ Dynamo Slavia Praha (49-53), 53-65 TJ Dynamo Praha, 65-68 TJ Slavia Praha, 68-73 SK Slavia Praha, 73-77 TJ Slavia Praha, 77-78 TJ Slavia IPS Praha, 78-91 SK Slavia IPS Praha], **s. S.** 86
ŠK Slávia Prešov (Športový klub Slávia Prešov), Prešov, Slowakei, Klub, entst. 1931, [1931-4? ŠK Slávia Prešov, aufgel. 48 durch Fusion mit Snaha-Törekvés Prešov => PTS], **s. S.** 87
ŠK Slávia Prešov **s.** FC Tatran Prešov
ŠK Slávia Turčianský Svätý Martin **s.** ŠKF ZŤS VTJ Martin
ŠK Slavija Osijek (Športski klub Slavija Osijek), Osijek, Kroatien, Klub, entst. 1929, [aufgel. 19??], **s. S.** 93
ŠK Slavija Sarajevo (Športski klub Slavija Sarajevo), Sarajevo, Bosnien und Herzegowina, Klub, entst. 1907, **s. S.** 93
SK Slavija Sofija **s.** FK Slavija Sofija
ŠK Slavija Varaždin **s.** NK Varteks Varaždin
SK Slavoj Vítkovice **s.** FC Vítkovice
SK Slavoj Žižkov (Sportovní klub Slavoj Žižkov), Prag (Praha), Tschechische Republik, Klub, entst. 1902, [aufgel. 1949], **s. S.** 86
SK Slezská Ostrava **s.** FC Baník Ostrava
SK Slovácká Slavia Uherské Hradiště **s.** FC Slovácká Slavia Uherské Hradiště
ŠK Slovan Bratislava (Športový klub Slovan Bratislava), Bratislava, Slowakei, Klub, entst. 1919, [1919-39 1. ČsŠK Bratislava, 39-48 ŠK Bratislava, 48 Sokol Bratislava, 49-53 Sokol NV Bratislava, 53-61 TJ Slovan Bratislava ÚNV, 61 Fusion mit TJ Dimitrov Bratislava => TJ Slovan CHZJD Bratislava (61-90)], **s. S.** 87
SK Slovan HAC Wien (Sport Klub Slovan Hüttelsdorfer Athletic Club Wien), Wien, Österreich, Klub, entst. 1902, [1902-34 SK Slovan Wien, 34-45 AC Sparta Wien, 45-60 SK Slovan Wien, 60 Fusion mit SC Olympia 33 Wien => SK Slovan-Olympia Wien (60-76), 76 Fusion mit Hütteldorfer AC 1911 => SK Slovan HAC Wien], **s. S.** 83
ŠK Slovan Rimavská Sobota **s.** FC Tauris Rimavská Sobota
SK Slovan Wien **s.** SK Slovan HAC Wien
SK Slovan-Olympia Wien **s.** SK Slovan HAC Wien
ŠK Snaha-Törekvés Rimavská Sobota **s.** FC Tauris Rimavská Sobota
SK Snøgg (Sportsklubben Snøgg), Notodden, Norwegen, Klub, entst. 1905, **s. S.** 71
SK Sofija (Sportklub Sofija), Sofija, Bulgarien, Klub, entst. 1919, [aufgel. 1944 durch Fusion mit Akoah Sofija, Vazroschdan Sofija und Sokol Sofija => Botev Sofija], **s. S.** 90
SK Sofija **s.** FK Septemvri Sofija
SK Sparta Kladno **s.** SK Kladno
ŠK Sparta Košice **s.** Kassai AC
SK Sparta Královo Pole **s.** SK LeRK Brno
SK Stabil Fenser Sturm **s.** SK Puntigamer Sturm Graz
SK Staré Město **s.** 1. FC Synot
ŠK Štefánik Banská Bystrica **s.** ŠK Banská Bystrica
SK Sturm Graz **s.** SK Puntigamer Sturm Graz
SK Sturm-Durisol **s.** SK Puntigamer Sturm Graz
SK Südbahn Graz **s.** ESV Austria Graz
SK Sverdlovskoje ROVD Bischkek **s.** SK Poljot Bischkek
SK Synthesia Semtín **s.** SK Pardubice
SK Teplice-Šenov **s.** FK Teplice
ŠK Texicom Ružomberok **s.** FK SCP Ružomberok
SK TIC Slovácká Slavia Uherské Hradiště **s.** FC Slovácká Slavia Uherské Hradiště
SK Tiranë (Sport klub Tiranë), Tiranë, Albanien, Klub, entst. 1920, [1920-27 AGIMI, 27-39 SK Tiranë, 39-44 Shprefeja, 44-50 KS 17. Nëntori, 50-57 Puna Tiranë, 57-91 KS 17. Nëntori], **s. S.** 93
ŠK Topoľčany **s.** MFK VTJ Topoľčany
SK Třinec **s.** Fotbal Třinec
ŠK Turčianský Svätý Martin **s.** ŠKF ZŤS VTJ Martin
SK Ústí nad Labem **s.** MFK Ústí nad Labem
SK Vard (Sportsklubben Vard), Haugesund, Norwegen, Klub, entst. 1916, **s. S.** 71
SK Varg **s.** Frigg FK
ŠK VAS Bratislava (Športový klub VAS Bratislava), Bratislava, Slowakei, Klub, entst. 1912, [1912-?? Pozsónyi UVFSE, ??-45 ŠK VAS Bratislava, 45 aufgel.], **s. S.** 87
SK Viktoria Jinonice **s.** SK Motorlet Praha
SK Viktoria Plzeň **s.** FC Viktoria Plzeň
ŠK Viktoria Ružomberok-Rybárpole **s.** FK SCP Ružomberok
SK Viktoria Žižkov **s.** FK Viktoria Žižkov
ŠK Viktorija Zagreb (Športski klub Viktorija Zagreb), Zagreb, Kroatien, Klub, entst. 1908, [aufgel. 1945 durch Fusion mit HŠK Željezničar Zagreb => NK Lokomotiva Zagreb], **s. S.** 93
ŠK Viktorija Zagreb **s.** NK Lokomotiva Zagreb
SK Vítkovice **s.** FC Vítkovice
SK Vítkovické železárny **s.** FC Vítkovice
SK Vladislav Varna (Sportklub Vladislav Varna), Varna, Bulgarien, Klub, entst. 1921, [aufgel. 1945 durch Fusion mit Titscha Varna => TV-45], **s. S.** 91
SK Vladislav Varna **s.** FK Tscherno More Varna
SK Vladislav Varna **s.** Titscha Varna
SK VÖEST Linz **s.** FC Linz
SK Vorwärts KVP Leipzig (Sportklub Vorwärts der Kasernierten Volkspolizei Leipzig), Leipzig, Deutschland, Klub, entst. 1951, [1951-52 SK Vorwärts Leipzig, 52-53 SK Vorwärts KVP Leipzig, aufgel. 53, Umzug nach Berlin => ZSK Vorwärts KVP Berlin], **s. S.** 85
SK Vorwärts KVP Leipzig **s.** FC Vorwärts Berlin
SK Vorwärts Leipzig **s.** SK Vorwärts KVP Leipzig
SK Vorwärts Steyr (Sport Klub Vorwärts Steyr), Steyr, Österreich, Klub, entst. 1919, [1919-34 SK Vorwärts Steyr, 34 aufgel., 45 wiedergegr., ??-?? SK Mibag Vorwärts Steyr, ??-?? Leiner Steyer], **s. S.** 83
SK Železárny Třinec **s.** Fotbal Třinec
SK Železárny Vítkovice **s.** FC Vítkovice
ŠK Železničiari Vrútky **s.** FC Vrútky
SK Židenice **s.** FC Stavo Artikel Brno
ŠK Žilina **s.** MŠK Žilina
SK Zlín **s.** FK Zlín
SKA Baku **s.** FC OIK Baku
SKA Dostuk Sokuluk (Sportivnyj Klub Armiji Dostuk Sokuluk), Sokuluk, Kirgisien, Klub, **s. S.** 101
SKA Duschanbe, Duschanbe, Tadschikistan, Klub, **s. S.** 101
SKA Karpaty L'wow **s.** FK Karpaty L'wiw
SKA Kiew **s.** FK CSKA Kyjw
SKA Odessa **s.** SK Odesa
SKA Pamir Duschanbe (Sportivnyj Klub Armiji Pamir Duschanbe), Duschanbe, Tadschikistan, Klub, entst. 1957, **s. S.** 101
SKA Rostow-na-Donu **s.** FK SKA Rostow-na-Donu
SKA-Alaj Gultscha **s.** FK SKA-Alaj Gultscha
SKA-Alaj Gultscha **s.** FK SKA-Alaj Osch
SKA-Alaj Osch **s.** FK SKA-Alaj Gultscha
SKA-Alaj Osch **s.** FK SKA-Alaj Osch
SKA-ARAI Etschmiadzin **s.** FC BMA-ARAI Etschmiadzin
Skallagrímur **s.** UMF Skallagrímur
SKA-PVO Bischkek **s.** FK SKA-PVO Bischkek
Skeeters **s.** Newark Skeeters
Skeid FK (Skeid Fotballklubben), Oslo, Norwegen, Klub, entst. 1915, [1929 Fusion mit Frem 1914 und Kristiania BK], **s. S.** 71
Skeid Fotballklubben **s.** Skeid FK
Skënderbeu **s.** KS Skënderbeu
ŠKF Závody ťažkého strojárstva Vojenská telovýchovná jednota Martin **s.** ŠKF ZŤS VTJ Martin
ŠKF ZŤS VTJ Martin (ŠKF Závody ťažkého strojárstva Vojenská telovýchovná jednota Martin), Martin, Slowakei, Klub, entst. 1912, [1912-20 TAC Martin, 20-32 ŠK Turčianský Svätý Martin, 32 Fusion mit ŠK Slávia Turčianský Svätý Martin => MŠK Martin (32-48), 48-50 Sokol Martin, 50-53 ZSJ Martin, 53-55 Spartak Martin, 55-61 Spartak TS Martin, 61-80 TJ Strojárne Martin, 80-90 TJ ZŤS Martin, 90 Fusion mit VTJ Martin => ŠKF ZŤS VTJ Martin], **s. S.** 87
Skien, Stadt, Norwegen, **s. S.** 71
SKIF Ordabasy Tschimkent, Tschimkent, Kasachstan, Klub, [19??-92 Arsenal-SKIF Tschimkent], **s. S.** 101
SKIG Moskva **s.** Burewestnik Moskva
Skikda, Stadt, Algerien, **s. S.** 113
Skill FC (Skill Football Club), Brüssel (Bruxelles/Brussel), Belgien, Klub, entst. 1896, [aufgel. 1902 durch Fusion mit Daring CB], **s. S.** 75
Skill FC **s.** R Daring CB
Skill Football Club **s.** Skill FC
Skillful FC **s.** Willful Skillful FC
Sklo Union Teplice **s.** FK Teplice
SKNA Plovdiv **s.** FK Botev Plovdiv
SKNA Sliven **s.** FK Sliven
SKNA Varna **s.** FK Tscherno More Varna
Skobelev Pleven **s.** FK Spartak Pleven
Škoda Hradec Králové **s.** SK Hradec Králové
Škoda Plzeň **s.** FC Viktoria Plzeň
Skoda Xanthi FC (Skoda Xanthi Football Club), Xanthi, Griechenland, Klub, entst. 1967, [1967-93 AO Xanthi], **s. S.** 95
Skoda Xanthi Football Club **s.** Skoda Xanthi FC
Skonto Riga **s.** FK Skonto Riga
Skonto/Metals Riga, Riga, Lettland, Klub, entst. 1991, [1991-95 Interskonto Riga], **s. S.** 99
Skopje, Stadt, Mazedonien, **s. S.** 91 und 93
Skopsko sportski klub Pobeda Skopje **s.** SSK Pobeda Skopje
Skovbakken **s.** Århus Fremad
Skovbakken **s.** IK Skovbakken
Skovshoved Idrætsforening **s.** Skovshoved IF
Skovshoved IF (Skovshoved Idrætsforening), Kopenhagen (København), Dänemark, Klub, entst. 1909, **s. S.** 71
SKP Cheb **s.** FC Union Cheb
SKP Fomei Hradec Králové **s.** SK Hradec Králové
SKP Lokomotiv Vitebsk **s.** FK Lakamatju Vitsebsk
SKP Spartak Hradec Králové **s.** SK Hradec Králové
SKS Arkonia Szczecin **s.** KS Arkonia Szczecin
SKS Bałtyk Gdynia **s.** KS Bałtyk Gdynia
SKS Dąb Katowice (Stocziowy Klub Sportowy Dąb Katowice), Katowice, Polen, Klub, entst. 1922, [aufgel. 1939], **s. S.** 89
SKS Podgórze Kraków **s.** KS Podgórze Kraków
SKS Polonia Gdańsk **s.** KS Lechia Gdańsk
SKV Feuerwehr **s.** Brigittenauer SC Feuerwehr
SKVO Rostow-na-Donu **s.** FK SKA Rostow-na-Donu
SKVO Uralmasch Sverdlovsk **s.** Uralmasch Ekaterinburg
Skyliners **s.** New York Skyliners
SL Benfica (Sport Lisboa e Benfica), Lissabon (Lisboa), Portugal, Klub, entst. 1904, [1904-08 Sport Lisboa, 08 Fusion mit Sport Clube de Benfica], **s. S.** 78
Slagelse B&IF (Slagelse Boldklub og Idrætsforening), Slagelse, Dänemark, Klub, entst. 1887, **s. S.** 71
Slagelse Boldklub og Idrætsforening **s.** Slagelse B&IF
Slagelse, Stadt, Dänemark, **s. S.** 71

Śląsk Świętochłowice s. KS Śląsk Świętochłowice
Śląsk Wrocław s. WKS Śląsk Wrocław
Śląski Katowice s. GKS Katowice
Slatina, Stadt, Rumänien, s. S. 91
Slava Jambol, Jambol, Bulgarien, Klub, [aufgel. 19??], s. S. 91
Slava Sofija s. AS Sofija
Slaven Belupo Koprivnica s. NK Slaven Belupo Koprivnica
Slaven Koprivnica s. NK Slaven Belupo Koprivnica
Slávia Banská Bystrica s. ŠK Banská Bystrica
Slávia Bratislava VŠ s. TJ Slávia Bratislava VŠ
Slavia České Budějovice s. SK České Budějovice
Slavia IPS Praha s. SK Slavia Praha
Slavia Mazyr s. FK Slavia Mazyr
Slavia Praha s. SK Slavia Praha
Slávia Prešov s. FC Tatran Prešov
Slávia Prešov s. ŠK Slávia Prešov
Slávia Turčianský Svätý Martin s. ŠKF ZŤS VTJ Martin
Slavija Burgas s. FK Tschernomorets Burgas
Slavija Burgas s. Levski-Botev 45 Burgas
Slavija Burgas, Burgas, Bulgarien, Klub, [aufgel. 1947 durch Fusion mit Levski-Botev 45 Burgas => Ljubislav Burgas], s. S. 91
Slavija Dupnica s. FK Marek Dupnica
Slavija Lukavica s. FK Slavija Lukavica
Slavija Novi Sad s. FK Vojvodina Novi Sad
Slavija Osijek s. ŠK Slavija Osijek
Slavija Sarajevo s. ŠK Slavija Sarajevo
Slavija Sofija s. FK Lokomotiv Sofija
Slavija Sofija s. FK Slavija Sofija
Slavija Srpsko Sarajevo s. FK Slavija Srpsko Sarajevo
Slavija Svischtov s. FK Akademik Svischtov
Slavija Tolbuchin s. FK Dobrudscha Dobritsch
Slavija Varaždin s. NK Varteks Varaždin
Slavija Vinkovci s. NK Slavija Vinkovci
Slavija-Tschengelov Plovdiv s. FK Lokomotiv Plovdiv
Slavoj Banská Bystrica s. ŠK Banská Bystrica
Slavoj Bardejov s. BSC JAS Bardejov
Slavoj Dunajská Streda s. 1. FC DAC Dunajská Streda
Slavoj Karlín s. Čechie BVB
Slavoj Košice s. 1. FC Košice
Slavoj Liberec s. FC Slovan Liberec
Slavoj Liberec s. TJ Jiskra SS Liberec
Slavoj Liberec s. TJ Slavoj Liberec
Slavoj Nitra s. FC Nitra
Slavoj Praha s. FK Slavoj Praha
Slavoj Rimavská Sobota s. FC Tauris Rimavská Sobota
Slavoj Vítkovice s. FC Vítkovice
Slavoj Žižkov s. SK Slavoj Žižkov
Slavonija Osijek s. NK Osijek
Slavonski Brod, Stadt, Kroatien, s. S. 93
Slawa Lemberg s. 1y LKS Czarni
Sleipner s. IK Sleipner
Sleman, Stadt, Indonesien, s. S. 107
Slezan Opava s. SFC Opava
Slezská Ostrava s. FC Baník Ostrava
Slezský Football Club Opava s. SFC Opava
Sliema Amateurs FC s. Sliema Wanderers FC
Sliema Athletic FC s. Sliema Wanderers FC
Sliema Rangers FC (Sliema Rangers Football Club), Sliema, Malta, Klub, entst. 1918, [1918-39 Sliema Rangers FC, aufgel. 39 durch Fusion mit Sliema Wanderers], s. S. 81
Sliema Rangers FC s. Sliema Wanderers FC
Sliema Rangers Football Club s. Sliema Rangers FC
Sliema Wanderers FC (Sliema Wanderers Football Club), Sliema, Malta, Klub, entst. 1909, [1909-18 Sliema Wanderers FC, 18-19 Sliema Amateurs FC, 19-44 Sliema Wanderers FC, 39 Fusion mit Sliema Rangers FC, 44-45 Sliema Athletic FC], s. S. 81
Sliema Wanderers Football Club s. Sliema Wanderers FC
Sliema Wanderers s. Sliema Rangers FC
Sliema, Stadt, Malta, s. S. 81
Sligeach, Stadt, Irland, s. S. 69
Sligo Rovers FC (Sligo Rovers Football Club), Sligo/Sligeach, Irland, Klub, entst. 1928, s. S. 69
Sligo Rovers Football Club s. Sligo Rovers FC
Sligo, Stadt, Irland, s. S. 69
Sliven, Stadt, Bulgarien, s. S. 91
Slivenski Tekstilets Sliven s. FK Sliven
Sloboda Novi Grad s. FK Sloboda Novi Grad
Sloboda Sarajevo s. FK Sarajevo
Sloboda Sisak s. HNK Segesta Sisak
Sloboda Skopje s. FK Rabotnički Kometal Skopje
Sloboda Tuzla s. FK Sloboda Tuzla
Sloboda Užice s. FK Sloboda Užice
Sloboda Zagreb s. NK Zagreb
Sloga Bugojno s. NK Iskra Bugojno
Sloga Doboj s. FK Sloga Doboj
Sloga Jugomagnat Skopje s. FK Sloga Jugomagnat Skopje
Sloga Novi Sad s. FK Vojvodina Novi Sad
Sloga Skopje s. FK Sloga Jugomagnat Skopje
Sloga Srbac s. FK Sloga Srbac
Sloga Trn s. FK Sloga Trn
Sloga Uskoplje s. NK Sloga Uskoplje
Sloga Vinkovci s. HNK Cibalia Vinkovci
Slonim, Stadt, Weißrussland, s. S. 99
Slough, Stadt, England, s. S. 67
Slovácká Slavia Uherské Hradiště s. FC Slovácká Slavia Uherské Hradiště
Slovan Banská Bystrica s. ŠK Banská Bystrica
Slovan Bratislava s. ŠK Slovan Bratislava
Slovan HAC Wien s. SK Slovan HAC Wien
Slovan Liberec s. FC Slovan Liberec
Slovan Liberec s. TJ Jiskra SS Liberec
Slovan Liberec s. TJ Slavoj Liberec
Slovan Ljubljana s. NK SET Vevče
Slovan Mavrica s. NK SET Vevče
Slovan Nitra s. FC Nitra
Slovan Pardubice s. AFK Atlantic Lázně Bohdaneč
Slovan Prostějov s. SK LeRK Prostějov
Slovan Rimavská Sobota s. FC Tauris Rimavská Sobota
Slovan Ružomberok s. FK SCP Ružomberok
Slovan Teplice s. FK Teplice
Slovan Wien s. SK Slovan HAC Wien
Slovan-Olympia Wien s. SK Slovan HAC Wien
Slovena Žilina s. MŠK Žilina
Slovenski športni klub Ljubljana s. SŠK Ljubljana
Slovnaft Bratislava s. FK AŠK Inter Slovnaft Bratislava
Slovnaft Bratislava s. ŠK Polície Bratislava
Slowakei, Länder, s. S. 86 und 87
Slowenien, Länder, s. S. 92 und 93
Słupsk, Stadt, Polen, s. S. 84 und 89
SM Caen (Stade Malherbe Caen Calvados-Basse-Normandie), Caen, Frankreich, Klub, entst. 1898, [1898-1913 Club Malherbe Caennais, 13 Fusion mit CS Caennais => Stade Malherbe Caennais (13-90)], s. S. 77
SM Sanga Balende, Mbuji-Mayi, Volksrepublik Kongo, Klub, s. S. 119
Small Heath Alliance s. Birmingham City FC
Small Heath s. Birmingham City FC
Small Simba, Zanzibar, Tansania, Klub, s. S. 119
Šmartno ob Paki, Stadt, Slowenien, s. S. 93
SMCP (Société Mauritanienne de Comercialisation de P.), Nouadhibou, Mauretanien, Klub, [19??-?? ASC Port Autonome], s. S. 114
Smederevo, Stadt, Jugoslawien, s. S. 93
SMI, Djibouti, Dschibuti, Klub, s. S. 115
Śmigły Wilno s. WKS Śmigły Wilno
SMM+ Karatamak, Karatamak, Turkmenistan, Klub, s. S. 101
Snaha-Törekvés Prešov s. FC Tatran Prešov
Snaha-Törekvés Prešov s. ŠK Slávia Prešov
Snaha-Törekvés Rimavská Sobota s. FC Tauris Rimavská Sobota
Snaige Alytus s. FK Dainava Alytus
SNIM s. ASC SNIM
Snipers s. City Snipers
SNL (Surinaams Nationaal Leger), Paramaribo, Surinam, Klub, s. S. 129
Snøgg s. SK Snøgg
SOA (Société Omnisport de l'Armée), Abidjan, Elfenbeinküste, Klub, s. S. 117
Sobradinho EC s. Botafogo Sobradinho FC
Sobradinho, Stadt, Brasilien, s. S. 133
Soccer Missionaries, Foso, Ghana, Klub, s. S. 117
Socec Lafayette Bucureşti s. FC Naţional Bucureşti
Sochaux-Montbéliard s. FC Sochaux-Montbéliard
Sochibkor Duschanbe, Duschanbe, Tadschikistan, Klub, s. S. 101
Social Magdalena, Ayacucho, Peru, Klub, s. S. 131
Socico, Brazzaville, Kongo, Klub, s. S. 118
Sociedad Civil Academica Nueva Cádiz Fútbol Club s. Nueva Cádiz FC
Sociedad de Fútbol San Sebastián s. Real Sociedad
Sociedad Deportiva Aucas s. SD Aucas
Sociedad Deportiva Compostela s. SD Compostela
Sociedad Deportiva Cotopaxi s. SD Cotopaxi
Sociedade Esportiva Ariquemes s. SE Ariquemes
Sociedade Esportiva do Gama s. SE Gama
Sociedade Esportiva e Recreativa Caxias s. SER Caxias
Sociedade Esportiva e Recreativa Chapadão s. SER Chapadão
Sociedade Esportiva e Recreativa Juventude s. SER Juventude
Sociedade Esportiva e Recreativa São José s. SER São José
Sociedade Esportiva Nova Andradina s. SE Nova Andradina
Sociedade Esportiva Palestra Itália s. SE Palestra Itália
Sociedade Esportiva Palmeiras s. SE Palmeiras
Sociedade Esportiva Picos s. SE Picos
Sociedade Esportiva Recreativa Perdigão s. SER Perdigão
Sociedade Esportiva Tiradentes s. SE Tiradentes
Sociedade Esportiva Tupan s. SE Tupan
Società Bergamasca di Ginnastica e Scherma s. Atalanta Bergamasca Calcio
Società Calcio Faetano s. Calcio Faetano
Società di Ginnastica Torino s. SG Torino
Società di Scherma e Ginnastica Pro Vercelli s. US Pro Vercelli
Società Ginnastica Andrea Doria s. SG Andrea Doria
Società Ginnastica Pro Patria et Libertate s. Pro Patria et Libertate Calcio
Società Ginnastica Sampierdarenese s. SG Sampierdarenese
Società Ginnastico Sportiva Fortitudo s. SGS Fortitudo
Società Podistica Lazio s. SS Lazio
Società Polisportiva Ars et Labor Ferrara s. SPAL Ferrara
Società Polisportiva Aurora s. SP Aurora
Società Polisportiva Cailungo s. SP Cailungo
Società Polisportiva Cosmos s. SP Cosmos
Società Polisportiva Domagnano s. SP Domagnano
Società Polisportiva La Fiorita s. SP La Fiorita
Società Polisportiva Libertas s. SP Libertas
Società Polisportiva Murata s. SS Murata
Società Polisportiva Tre Fiori s. SP Tre Fiori
Società Polisportiva Tre Penne s. SP Tre Penne
Società Sportiva Calcio Napoli s. SSC Napoli
Società Sportiva Dogana s. SS Dogana
Società Sportiva Folgore Falciano s. SS Folgore Falciano
Società Sportiva Juvenes s. SS Juvenes
Società Sportiva Juvenes/Dogana s. SS Juvenes/Dogana
Società Sportiva Lazio s. SS Lazio
Società Sportiva Montevito s. SS Montevito
Società Sportiva Pennarossa s. SS Pennarossa
Società Sportiva San Giovanni s. SS San Giovanni
Società Sportiva Virtus s. SS Virtus
Società Udinese di Ginnastica e Scherma s. Udinese Calcio
Societatea de gimnastică Arad s. SG Arad
Societatea de gimnastică Sibiu s. SG Sibiu
Societatea Româno-Americană Bucureşti s. Româno-Americană Bucureşti
Societatea Sportivă Sibiu s. SS Sibiu
Société Gabonaise des Raffinage s. AS Sogara
Société Mauritanienne de Comercialisation de P. s. SMCP
Société Omnisport de l'Armée s. SOA
Société sportive de Bouna s. SS Bouna
Société sportive La Jeanne d'Arc s. SS Jeanne d'Arc
Société sportive La Sainte-Pauloise s. SS Sainte-Pauloise
Société sportive l'Excelsior s. SS Excelsior
Société sportive Sainte-Louisienne s. SS Sainte-Louisienne
Sockers s. San Diego Sockers
Sodiam Sports, Bangui, Zentralafrikanische Republik, Klub, s. S. 114
Sodigraf s. AC Sodigraf
Sodingen s. SV 1912 Sodingen
Södra IF s. Jönköpings Södra IF
Sodus, ar-Riyad, Saudi-Arabien, Klub, s. S. 103
Soemtron Sömmerda s. FSV Sömmerda
Sofija, Stadt, Bulgarien, s. S. 90 und 91
Sofijski Garnizon s. FK CSKA Sofija
Sogara s. AS Sogara
Sogdiana Dschizak s. FK Sogdiana Dschizak
Sogi, Apia, West-Samoa, Klub, s. S. 137
Sogndal Idrettslag s. Sogndal IL
Sogndal IL (Sogndal Idrettslag), Sogndal, Norwegen, Klub, entst. 1926, s. S. 71
Sogndal, Stadt, Norwegen, s. S. 71
Sohag Sekka, Sohag/Sawhaj, Ägypten, Klub, s. S. 113
Sohag, Stadt, Ägypten, s. S. 113
Sohar, Sohar, Oman, Klub, s. S. 103
Sohar, Stadt, Oman, s. S. 103
ŠOHG Prievidza s. FK Baník Prievidza
Şoimii CFR Sibiu s. FC Şoimii COMPA Sibiu
Şoimii COMPA Sibiu s. FC Şoimii COMPA Sibiu
Soimii Dacia Galaţi s. DVA Galaţi
Şoimii IPA Sibiu s. FC Şoimii COMPA Sibiu
Şoimii Sibiu s. FC Şoimii COMPA Sibiu
Soinca s. Deportes Melipilla
Sokattack, Nikao, Cook Inseln, Klub, s. S. 137
Sokodé, Stadt, Togo, s. S. 117
Sokol Armaturka Ústí nad Labem s. MFK Ústí nad Labem
Sokol ASO Olomouc s. Sokol OD ASO Olomouc
Sokol Banská Bystrica s. ŠK Banská Bystrica
Sokol Bardejov s. BSC JAS Bardejov
Sokol Baťovany s. FK Tempo Partizánske
Sokol Benešov s. FK Benešov
Sokol Blšany s. FK Chmel Blšany
Sokol Bohemians Vršovice s. CU Bohemians Praha
Sokol Bratislava s. ŠK Slovan Bratislava
Sokol Carpathia Prievidza s. FK Baník Prievidza
Sokol Čechie Karlín s. Čechie BVB
Sokol Čechie Liberec s. TJ Slavoj Liberec
Sokol Červená hviezda Bratislava s. ŠK Polície Bratislava
Sokol ČSD Benešov s. FK Benešov
Sokol ČSD Kolín s. AFK Kolín
Sokol ČSSZ Humenné s. HFC Humenné
Sokol ČSSZ Prostějov s. SK LeRK Prostějov
Sokol Doprava Plzeň s. SK Plzeň 1894
Sokol Drnovice s. FK Drnovice
Sokol Dukla Prešov s. FC Tatran Prešov
Sokol Dynamo ČSD Košice s. FK Lokomotíva Košice
Sokol Hradec Králové s. SK Hradec Králové
Sokol Humenné s. HFC Humenné
Sokol Ingstav Teplice s. FK Teplice
Sokol Jablonec s. FK Jablonec '97
Sokol Jawa Nusle s. SK Nusle
Sokol Jednota Košice s. FK Lokomotíva Košice
Sokol Jinonice s. SK Motorlet Praha
Sokol Kolín s. AFK Kolín
Sokol KP Nitra s. FC Nitra
Sokol Královo Pole s. SK LeRK Brno
Sokol Královo Pole s. SK Moravská Slavia Brno
Sokol KZ Rakovník s. SK Rakovník
Sokol Lázně Bohdaneč s. AFK Atlantic Lázně Bohdaneč
Sokol Libeň A s. FK Meteor Praha VIII
Sokol Libeň B s. SK Libeň
Sokol Libeň s. SK Libeň
Sokol Liberec s. TJ Jiskra SS Liberec
Sokol Loděnice Libeň s. FK Meteor Praha VIII
Sokol Makyta Púchov s. ŠK Matador Púchov
Sokol Manet Považská Bystrica s. FK Považská Bystrica
Sokol Martin s. ŠKF ZŤS VTJ Martin
Sokol Masna Nuselský s. FK Slavoj Praha
Sokol Meteor Praha VIII s. FK Meteor Praha VIII
Sokol Modrobílí Kolín s. AFK Kolín
Sokol Moravská Slavia Brno s. SK LeRK Brno
Sokol Moravská Slavia Brno s. SK Moravská Slavia Brno
Sokol MŽ Olomouc s. SK Sigma Olomouc
Sokol MZK Pardubice s. TJ Tatran Pardubice
Sokol Nitra s. FC Nitra
Sokol Nuselský s. FK Slavoj Praha
Sokol Nusle s. SK Nusle
Sokol NV Banská Bystrica s. ŠK Banská Bystrica
Sokol NV Bratislava s. ŠK Slovan Bratislava
Sokol NV Topoľčany s. MFK VTJ Topoľčany
Sokol NV Trnava s. FC Spartak Trnava
Sokol Obchodní domy Ander und syn Olomouc s. Sokol OD ASO Olomouc
Sokol OD ASO Olomouc (Sokol Obchodní domy Ander und syn Olomouc), Olomouc, Tschechische Republik, Klub, entst. 1912, [1912-37 SK Olomouc, 37-48 SK ASO Olomouc, 48 Sokol ASO Olomouc, 49 Sokol OD ASO Olomouc, 49-51 Sokol OD ASO Olomouc, 51 aufgel.], s. S. 86
Sokol OKD Karviná s. FC Karviná
Sokol OSK Bardejov s. BSC JAS Bardejov
Sokol Petržalka s. FC Artmedia Petržalka
Sokol Plovdiv, Plovdiv, Bulgarien, Klub, [aufgel. 19??], s. S. 91
Sokol Plzeň I s. SK Plzeň 1894
Sokol Plzeň V s. FC Viktoria Plzeň
Sokół Pniewy/Tychy s. TS Miliarder Pniewy
Sokół Pniewy/Tychy s. TS Sokół Tychy
Sokol Polonia Karviná s. FC Karviná
Sokol Prievidza s. FK Baník Prievidza
Sokol Prostějov II s. SK LeRK Prostějov
Sokol Rakovník s. SK Rakovník
Sokol Rapid Liberec s. TJ Jiskra SS Liberec
Sokol Rimavská Sobota s. FC Tauris Rimavská Sobota
Sokol Rubena Náchod s. SK Náchod
Sokol Saratow s. FK Sokol Saratow
Sokol SBZ Ružomberok s. FK SCP Ružomberok
Sokol Schumen, Schumen, Bulgarien, Klub, [aufgel. 19??], s. S. 91
Sokol Škoda Dubnica nad Váhom s. FK ZŤS Kerametal Dubnica nad Váhom
Sokol Škoda Hradec Králové s. SK Hradec Králové
Sokol Škodovka Plzeň s. FC Viktoria Plzeň
Sokol Slavia Praha VII s. SK Slavia Praha
Sokol Slezská Ostrava s. FC Baník Ostrava
Sokol Slovácká Slavia Uherské Hradiště s. FC Slovácká Slavia Uherské Hradiště
Sokol Slovena Žilina s. MŠK Žilina
Sokol SNB Bratislava s. ŠK Polície Bratislava
Sokol Sofija s. FK Septemvri Sofija
Sokol Sofija s. SK Sofija
Sokol SONP Kladno s. SK Kladno
Sokol Sparta ČKD Praha s. AC Sparta Praha
Sokol Sparta ČKD Praha s. SK Libeň
Sokol Sparta Dukla Prešov s. FC Tatran Prešov
Sokol Sparta Krč s. ČAFC Praha
Sokol Sparta Praha s. AC Sparta Praha
Sokol Sparta Prešov s. FC Tatran Prešov
Sokol Spišská Nová Ves s. MFK Lokomotíva Spišská Nová Ves
Sokol Šverma Jinonice s. SK Motorlet Praha
Sokol Svit I Gottwaldov s. FK Zlín
Sokol Svit Partizánske s. FK Tempo Partizánske
Sokol Synthesia Semtín s. SK Pardubice
Sokol SZJP Opava s. SFC Opava
Sokol Tatrasvit Svit s. FC Chemosvit Svit
Sokol Teplice s. FK Teplice
Sokol Tepna Náchod-Plhov s. SK Náchod
Sokol TOS Rakovník s. SK Rakovník
Sokol Trojice Slezská Ostrava s. FC Baník Ostrava
Sokol TTS Trenčín s. FK TTS Trenčín
Sokół Tychy s. TS Sokół Tychy
Sokol Ústí nad Labem s. MFK Ústí nad Labem
Sokol Viktoria Žižkov s. FK Viktoria Žižkov
Sokol Vinohrady ČAFC s. ČAFC Praha
Sokol Vítkovické železárny s. FC Vítkovice
Sokol Vodotechna Teplice s. FK Teplice
Sokol Vorošilov Dubnica nad Váhom s. FK ZŤS Kerametal Dubnica nad Váhom
Sokol Zbrojovka Brno I s. FC Stavo Artikel Brno
Sokol Zbrojovka Židenice s. FC Stavo Artikel Brno
Sokol Železárny Třinec s. Fotbal Třinec
Sokol Železničáři Bohemians Praha s. CU Bohemians Praha
Sokol Železničiari Sparta Košice s. FK Lokomotíva Košice
Sokol Železničiari Vrútky s. FC Vrútky
Sokol Železničiari Zvolen s. ŠK FAC LB Zvolen
Sokol Židenice s. ČAFC Židenice
Sokol Žilina s. MŠK Žilina
Sokol Žižkov A s. FK Viktoria Žižkov
Sokolac, Stadt, Bosnien und Herzegowina, s. S. 93
Sokół-Elektromis Pniewy s. TS Miliarder Pniewy
Sokolovo Cheb s. FC Union Cheb
Sokolovo Praha s. AC Sparta Praha
Sokoto, Stadt, Nigeria, s. S. 117
Sokuluk, Stadt, Kirgisien, s. S. 101
Sol de América (Club Sol de América), Villa Elisa, Paraguay, Klub, entst. 1909, s. S. 135
Soleil, Benin, Klub, s. S. 117
Solidarité s. AS Solidarité
Solidarité Scolaire, Pointe-à-Pitre, Guadeloupe, Klub, s. S. 127
Soligorsk, Stadt, Weißrussland, s. S. 99
Solima s. AS Solima
Solingen, Stadt, Deutschland, s. S. 84
Solitu, Stadt, Aruba, s. S. 126
Solna s. AIK Solna
Solothurn, Stadt, Schweiz, s. S. 82
Solpotense, Vila do Pôrto Novo, Kapverden, Klub, s. S. 116
Sölvesborg, Stadt, Schweden, s. S. 73
Somali Police, Mogadishu/Muqdiisho, Somalia, Klub, s. S. 115
Somalia, Länder, s. S. 114 und 115
Somasud s. AS Somasud
Sombor, Stadt, Jugoslawien, s. S. 93
Somborski SK (Somborski sportski klub), Sombor, Jugoslawien, Klub, s. S. 93
Somborski sportski klub s. Somborski SK
Somerset CC (Somerset Cricket Club), Sandys, Bermudas, Klub, s. S. 123
Somerset Cricket Club s. Somerset CC
Somerset Eagles, Sandys, Bermudas, Klub, s. S. 123
Somerset Trojans, Sandys, Bermudas, Klub, s. S. 123
Sömmerda, Stadt, Deutschland, s. S. 85
Somogy Baranya s. Somogy FC
Somogy FC (Somogy Futball Club), Kaposvár, Ungarn, Klub, entst. 1926, [entst. 1926 durch Fusion Kaposvári MÁV und Donnervárosi Levente => Somogy FC (26-36), aufgel. 36 durch Fusion mit Somogy Baranya], s. S. 89
Somogy Futball Club s. Somogy FC
SONACOS s. ASC SONACOS
Sonad'Eau, Loubomo, Kongo, Klub, s. S. 118
SONALEC s. ASC SONALEC
Sonangol s. Desportivo Sonangol
Sønderjylland s. HFK Sønderjylland
Song Be, Thu Dâu Môt, Vietnam, Klub, s. S. 107
Song Lam Nghe An, Vinh, Vietnam, Klub, s. S. 107
Songea, Stadt, Tansania, s. S. 119
Songnam Ilhwa Chunma, Songnam, Südkorea, Klub, entst. 1989, [1989-95 Ilhwa Chunma, 95-99 Chunan Ilhwa Chunma], s. S. 110
Songnam, Stadt, Südkorea, s. S. 110
Songri s. Guangzhou Songri
Sonni Gao s. AC Sonni Gao
SONP Kladno s. SK Kladno
Sonsonate FC (Sonsonate Fútbol Club), Sonsonate, El Salvador, Klub, [19??-97 CD Atlético Arabe Marte], s. S. 125
Sonsonate Fútbol Club s. Sonsonate FC
Sonsonate, Stadt, El Salvador, s. S. 125
SoNy Awendo s. SoNy Sugar
Sony Ela Nguema, Malabo, Äquatorial-Guinea, Klub, [19??-?? CD Ela Nguema], s. S. 118
SoNy Sugar (South Nyanza Sugar), Migori, Kenia, Klub, [19??-95 SoNy Awendo], s. S. 119
Soori s. al-Hurriya
SOPFK-Kajrat Almaty s. FK Kajrat Almaty
SOPFK-Kajrat Almaty, Almaty/Alma-Ata, Kasachstan, Klub, entst. 1998, [entst. 1997 nach Teilung von FK Kajrat Almaty => Kajrat-CSKA Almaty und SOPFK-Kajrat Almaty, aufgel. 2001 durch Fusion => FK Kajrat Almaty], s. S. 101
Sopoti s. KS Sopoti
Sopron, Stadt, Ungarn, s. S. 89
Soproni EMDSZ Labdarúgók Clubja s. Soproni EMDSZ LC
Soproni EMDSZ LC (Soproni EMDSZ Labdarúgók Clubja), Sopron, Ungarn, Klub, entst. 1978, [1978-91 Soproni SE, 91 aufgel. und wiedergegr., 91-92 Soproni LC, 92-96 Soproni EMDSZ LC, 96 aufgel.], s. S. 89
Soproni LC s. Soproni EMDSZ LC
Soproni Postás SE s. Matáv SC Sopron
Soproni SE s. Soproni EMDSZ LC
Soproni Távközlési SE s. Matáv SC Sopron
Soria, Stadt, Spanien, s. S. 79
Sorocaba, Stadt, Brasilien, s. S. 133
Soroksár Budapesti Textil s. VL Sortex Budapest
Soroksár ESE Budapest s. VL Sortex Budapest
Soroksár FC (Soroksár Football Club), Budapest, Ungarn, Klub, entst. 1911, [1911-35 Soroksár FC, aufgel. 35 durch Fusion mit Erzsébetfalva TC => Erzsébet-Soroksár], s. S. 88
Soroksár FC s. Erzsébetfalva TC
Soroksár FC s. VL Sortex Budapest
Soroksár Football Club s. Soroksár FC
Sorriso EC (Sorriso Esporte Clube), Sorriso, Brasilien, Klub, entst. 1985, s. S. 133
Sorriso Esporte Clube s. Sorriso EC
Sorriso, Stadt, Brasilien, s. S. 133
Sortex Budapest s. VL Sortex Budapest
Sorvágs Íttrótarfelag s. SÍ
Sorvágur, Stadt, Färöer Inseln, s. S. 71
ŠOŠK Šibenik s. HNK Šibenik
Sosnowiec, Stadt, Polen, s. S. 89
Sotema Morovoay s. AS Sotema Morovoay
Sotrac-Ouakam s. Entente Sotrac-Ouakam
Sotschi, Stadt, Russland, s. S. 101
Soufrière, Stadt, St. Lucia, s. S. 127
Soukour s. al-Soukour
Soul, Stadt, Südkorea, s. S. 110
Sounders s. Seattle Sounders
Sour el Ghozlane, Stadt, Algerien, s. S. 113
Sousa EC (Sousa Esporte Clube), Sousa, Brasilien, Klub, entst. 1991, s. S. 133
Sousa Esporte Clube s. Sousa EC
Sousa, Stadt, Brasilien, s. S. 133
Sousse, Stadt, Tunesien, s. S. 113
Soussien s. Stade Soussien
South China (South China Athletic Association), Hongkong, Klub, entst. 1908, s. S. 109
South China Athletic Association s. South China
South Liverpool FC (South Liverpool Football Club), Liverpool, England, Klub, entst. 1935, s. S. 67
South Liverpool Football Club s. South Liverpool FC
South Melbourne SC (South Melbourne Soccer Club), Melbourne, Australien, Klub, entst. 1959, [entst. 1959 durch Fusion South Melbourne United, Hellas und Yarra Park], s. S. 136
South Melbourne Soccer Club s. South Melbourne SC
South Melbourne United s. South Melbourne SC
South Nyanza Sugar s. SoNy Sugar
South s. NCR South
South Shore s. Blackpool FC
South Staffs s. 1st Battalion South Staffs
Southampton FC (Southampton Football Club), Southampton, England, Klub, entst. 1885, [1885-94 Southampton St Mary's YMCA, 94-97 Southampton St Mary's], s. S. 67
Southampton Football Club s. Southampton FC
Southampton Rangers SC (Southampton Rangers Sports Club), Southampton, Bermudas, Klub, s. S. 123
Southampton Rangers Sports Club s. Southampton Rangers SC
Southampton St Mary's s. Southampton FC
Southampton St Mary's YMCA s. Southampton FC
Southampton, Stadt, Bermudas, s. S. 123
Southampton, Stadt, England, s. S. 67
Southend-on-Sea, Stadt, England, s. S. 67
Southern United, Punta Gorda, Belize, Klub, s. S. 125
Southland, Invercargill, Neuseeland, Klub, s. S. 137
Soweto, Stadt, Südafrika, s. S. 121
Sowetsk, Stadt, Russland, s. S. 84
Sowjetunion, Länder, s. S. 96-101
SP '39 Pleven s. FK Spartak Pleven
SP '45 Plovdiv, Plovdiv, Bulgarien, Klub, [aufgel. 19??], s. S. 91
SP Aurora (Società Polisportiva Aurora), San Marino, San Marino, Klub, entst. 1968, [aufgel. 1987], s. S. 81
SP Cailungo (Società Polisportiva Cailungo), Cailungo, San Marino, Klub, entst. 1974, s. S. 81
SP Cosmos (Società Polisportiva Cosmos), Falciano, San Marino, Klub, entst. 1979, s. S. 81
SP Domagnano (Società Polisportiva Domagnano), Domagnano, San Marino, Klub, entst. 1966, s. S. 81
SP La Fiorita (Società Polisportiva La Fiorita), Montegiardino, San Marino, Klub, entst. 1967, s. S. 81
SP Libertas (Società Polisportiva Libertas), Borgo Maggiore, San Marino, Klub, entst. 1928, s. S. 81
SP Tre Fiori (Società Polisportiva Tre Fiori), Fiorentino, San Marino, Klub, entst. 1949, s. S. 81
SP Tre Penne (Società Polisportiva Tre Penne), Borgo Maggiore, San Marino, Klub, entst. 1956, s. S. 81
SPAL Ferrara (Società Polisportiva Ars et Labor Ferrara), Ferrara, Italien, Klub, entst. 1907, [1907-40 SPAL Ferrara, 40-45 AC Ferrara], s. S. 81
Spanien, Länder, s. S. 78 und 79
Spanish Town, Stadt, Jamaika, s. S. 126
Sparkasse SC Neusiedl am See s. SC Neusiedl am See
Sparrow, Monrovia, Liberia, Klub, s. S. 117
Sparta Bucureşti s. CF Sportul Studentesc Bucureşti
Sparta CFR Timişoara s. CFR Timişoara
Sparta Dudelange s. CS Stade Dudelange
Sparta Eindhoven s. VV Eindhoven
Sparta Kladno s. SK Kladno
Sparta Košice s. Kassai AC
Sparta Kraków s. KS Cracovia Kraków
Sparta Královo Pole s. SK LeRK Brno
Sparta Otrokovice s. TJ Jiskra Otrokovice
Sparta Považská Bystrica s. FK Považská Bystrica
Sparta Praha s. AC Sparta Praha
Sparta s. IL Sparta
Sparta Tarnów s. ZKS Unia Tarnów
Sparta Topoľčany s. MFK VTJ Topoľčany
Sparta Unirea CFR Timişoara s. CFR Timişoara
Sparta Unirea CFR Timişoara s. CS Banatul Timişoara
Sparta Zemun s. FK Zemun
Sparta Zemun, Zemun, Jugoslawien, Klub, [aufgel. 1944, wiedergegr. ??, aufgel. 69 durch Fusion mit Jedinstvo Zemun und Sremac Zemun => FK Galenika Zemun], s. S. 92
Sparta, Rotterdam, Niederlande, Klub, entst. 1888, [1888-1976 RV & VV Sparta Rotterdam], s. S. 75
Spartac Bucureşti s. FC Naţional Bucureşti
Spartacus Dunajská Streda s. 1. FC DAC Dunajská Streda
Spartacus Petőfi s. Nyírség-Spartacus FC
Spartacus SE s. BTV-Siófok FC
Spartak Andischan s. FK Andischan
Spartak Brest s. FK Dynama Brest
Spartak Char'kow, Charkiw/Char'kow, Ukraine, Klub, entst. 1936, [aufgel. 1940], s. S. 99
Spartak Crvenka s. FK Crvenka
Spartak Dubnica nad Váhom s. FK ZŤS Kerametal Dubnica nad Váhom
Spartak Dzaudschikau s. FK Alania Wladikawkaz
Spartak Erewan s. FC Ararat Erewan
Spartak Fergana s. FK Neftschi Fergana
Spartak Frýdek-Místek s. FK VP Frýdek-Místek
Spartak Gabrovo s. FK Tschardafon Gabrovo
Spartak Gomeľ s. FK Homeľ
Spartak Gottwaldov s. FK Zlín
Spartak Haskovo s. FK Haskovo
Spartak Hradec Králové s. SK Hradec Králové
Spartak Iwano-Frankowsk s. FK Prykarpattja Iwano-Frankiws'k
Spartak Kablo Topoľčany s. MFK VTJ Topoľčany
Spartak Karlín Dukla s. Čechie BVB
Spartak Kazanlăk s. FK Rozova Dolina Kazanlăk
Spartak Košice VSS s. 1. FC Košice
Spartak KPS Brno s. SK LeRK Brno
Spartak Královo Pole s. SK LeRK Brno
Spartak Krasnodar s. FK Kuban' Krasnodar
Spartak Leningrad s. Spartak Sankt Peterburg
Spartak Libeň Loděnice s. FK Meteor Praha VIII
Spartak Martin s. ŠKF ZŤS VTJ Martin
Spartak Minsk s. FK Dynama Minsk
Spartak Mogilew s. FK Dnepr Mahiljou
Spartak Moskva s. FK Spartak Moskva
Spartak MŽ Olomouc s. SK Sigma Olomouc
Spartak Ordschonikidze s. FK Alania Wladikawkaz
Spartak Petritsch s. FK Belasitsa Petritsch
Spartak Pleven s. DFS Torpedo Pleven
Spartak Plovdiv s. FK Botev Plovdiv
Spartak Plovdiv s. FK Spartak Plovdiv
Spartak Plzeň s. FC Viktoria Plzeň
Spartak Považská Bystrica s. FK Považská Bystrica
Spartak Praha Motorlet s. SK Motorlet Praha
Spartak Praha Stalingrad s. CU Bohemians Praha
Spartak Praha Závody 9. května s. SK Nusle
Spartak Rakovník s. SK Rakovník
Spartak Ruse s. FK Dunav Ruse
Spartak Ruse s. Torpedo Ruse
Spartak Sankt Peterburg, Sankt Peterburg, Russland, Klub, entst. 1936, [1936-1991 Spartak Leningrad], s. S. 101
Spartak Semipalatinsk s. Elimaj Semipalatinsk
Spartak Sklárske stroje Bratislava s. FC Artmedia Petržalka
Spartak Sofija s. FD Spartak Sofija
Spartak Sofija s. PFK Levski Sofija
Spartak Sokolovo Praha s. AC Sparta Praha
Spartak Stalin s. FK Spartak Varna
Spartak Stanke Dimitrov s. FK Marek Dupnica
Spartak Stara Zagora s. FK Beroe Stara Zagora
Spartak Subotica s. FK Spartak Subotica
Spartak Svischtov s. FK Akademik Svischtov
Spartak TAZ Trnava s. FC Spartak Trnava
Spartak Tbilisi, Tbilisi, Georgien, Klub, entst. 1950, [aufgel. 19??], s. S. 97
Spartak Termez s. FK Surchan Termez
Spartak Tokmak s. Ak-Maral Tokmak
Spartak Tolbuchin s. FK Dobrudscha Dobritsch
Spartak Trenčín s. FK TTS Trenčín
Spartak TS Martin s. ŠKF ZŤS VTJ Martin
Spartak Uherské Hradiště s. FC Slovácká Slavia Uherské Hradiště
Spartak Ústí nad Labem s. MFK Ústí nad Labem
Spartak Varna s. FK Spartak Varna
Spartak Veliko Tărnovo s. FK Etăr Veliko Tărnovo
Spartak Vilnius s. FK Žalgiris Vilnius
Spartak Wladikawkaz s. FK Alania Wladikawkaz
Spartak Židenice s. ČAFC Židenice
Spartak ZJŠ Brno s. FC Stavo Artikel Brno
Spartak ZJŠ Brno s. TJ Rudá hvězda Brno
Spartak-Alanija Wladikawkaz s. FK Alania Wladikawkaz
Spartaku s. KS Dinamo
Spartaku s. KS Pogradec
Spartaku s. KS Spartaku
Spartans FC s. Hamrun Spartans FC
Spartans International s. Coca Cola Spartans International
Spartans Oweri s. Iwuanyanwu Nationale
Spartans s. ALHCS Spartans
Spartans s. Philadelphia Spartans
Spartans, Bridgetown, Barbados, Klub, s. S. 127
Spatial s. FC Spatial
Spear, Uganda, Klub, s. S. 119
Spearhead, Blantyre, Malawi, Klub, s. S. 121
Special Service Battalion s. 12th Special Service Battalion
Speightstown, Stadt, Barbados, s. S. 127
Speranta Nisporeni s. FC Speranta Nisporeni
Spes Livorno s. ASC Livorno
Spfr. Zaborze-Poremba s. SC Preußen Hindenburg
Spice Paradise, Oistins, Barbados, Klub, [1998 Rick's Paradise], s. S. 127
Spice United SC (Spice United Sport Club), Britische Jungferninseln, Klub, s. S. 126
Spice United Sport Club s. Spice United SC
Spiel- und Turnvereinigung Horst-Emscher s. STV Horst-Emscher
Spielverein 1906 Kassel-Rothenditmold s. SV 06 Kassel-Rothenditmold
Spielvereinigung 04 Thale s. SpVgg. 04 Thale
Spielvereinigung 1896 Liegnitz s. SpVgg. 1896 Liegnitz
Spielvereinigung 1907 Köln-Sülz s. SpVgg. 07 Köln-Sülz
Spielvereinigung Greuther Fürth s. SpVgg. Greuther Fürth
Spielvereinigung Unterhaching s. SpVgg. Unterhaching
Spirit FC s. Northern Spirit FC
Spiritian s. Stade Spiritian
Spišská Nová Ves, Stadt, Slowakei, s. S. 87
Spittal an der Drau, Stadt, Österreich, s. S. 83
Split, Stadt, Kroatien, s. S. 93
SPM Constanţa s. FC Farul Constanţa
Spoje Košice s. 1. FC Košice
Spojnia Gdynia s. KS Arka Amber Gdynia
Spooner Hill, Barbados, Klub, s. S. 127
Spora Luxembourg (Cercle Club Athlétique Sporting Racing Luxembourg), Luxembourg, Luxemburg, Klub, entst. 1923, [entst. 1923 durch Fusion Sporting Club und Racing Club => Spora Luxembourg (23-40), 40-44 SV Mosseland 07 Luxemburg], s. S. 74
Spora Luxembourg s. Racing Club
Spora Luxembourg s. Sporting Club
Spordany Juvenil s. Sporting Club d'Escaldes
Sport Alianza Lima s. Alianza Lima
Sport Bezmejin s. FK Bezmejin
Sport Bissau e Benfica s. Benfica
Sport Boys (Club Sport Boys Association), Callao, Peru, Klub, entst. 1927, s. S. 130
Sport Boys, Angochi, Aruba, Klub, s. S. 126
Sport Club Americano s. SC Americano
Sport Club Astra Ploieşti s. SC Astra Ploieşti
Sport Club Austria Memphis Lustenau s. SC Austria Memphis Lustenau
Sport Club Bahia s. SC Bahia
Sport Club Cambuur Leeuwarden s. SC Cambuur Leeuwarden
Sport Club Corinthians Paulista s. SC Corinthians Paulista
Sport Club do Recife s. SC Recife
Sport Club Eisenstadt s. SC Eisenstadt
Sport Club Enschede s. SC Enschede
Sport Club Excelsior s. SC Excelsior
Sport Club Fortuna Sittard s. SC Fortuna Sittard
Sport Club Germânia s. SC Germânia
Sport Club Heerenveen s. SC Heerenveen
Sport Club Helfort s. SC Helfort
Sport Club Hertha Wien s. SC Hertha Wien
Sport Club Internacional s. SC Internacional
Sport Club Libertas Wien s. SC Libertas Wien
Sport Club Luso Brasileiro s. SC Luso Brasileiro
Sport Club Neusiedl am See s. SC Neusiedl am See
Sport Club Niederösterreich Admira-Wacker s. SCN Admira-Wacker
Sport Club Ostmark Wien s. SC Ostmark Wien
Sport Club Phönix Baia Mare s. SC Phönix Baia Mare
Sport Club Rapid Oberlaa s. SC Rapid Oberlaa
Sport Club Rasenspieler Hochstädt s. SC Rasenspieler Hochstädt
Sport Club Renner s. SC Renner
Sport Club República s. SC República
Sport Club Rio Grande s. SC Rio Grande
Sport Club Santos Dumont s. SC Santos Dumont
Sport Club São Paulo s. SC São Paulo
Sport Club Sírio s. SC Sírio
Sport Club Telstar s. SC Telstar
Sport Club Tétange s. SC Tétange
Sport Club Veendam s. SC Veendam
Sport Club Wacker Wien s. SC Wacker Wien
Sport Clube Beira-Mar s. SC Beira-Mar
Sport Clube de Benfica s. SL Benfica
Sport Clube Ginásio Alcobaça s. SC Ginásio Alcobaça
Sport Clube União Torreense s. SC União Torreense
Sport Colombia (Club Sport Colombia), Asunción, Paraguay, Klub, entst. 1924, s. S. 135
Sport Comércio e Salgueiros s. SC Salgueiros
Sport e Recife s. SC Recife
Sport Guyanais s. ASI Sport Guyanais
Sport Inca, Lima, Peru, Klub, [aufgel. 19??], s. S. 130
Sport José Gálvez s. José Gálvez
Sport Klub Amateure Steyr s. SK Amateure Steyr
Sport Klub Bischofshoffen s. SK Bischofshoffen
Sport klub Ilirija Ljubljana s. SK Ilirija Ljubljana
Sport klub Lushnjë s. SK Lushnjë
Sport Klub Rapid Wien s. SK Rapid Wien
Sport Klub Slovan Hüttelsdorfer Athletic Club Wien s. SK Slovan HAC Wien
Sport klub Tiranë s. SK Tiranë
Sport Klub Vorwärts Steyr s. SK Vorwärts Steyr
Sport Klubb Hardy s. SK Hardy
Sport Lisboa e Benfica s. SL Benfica
Sport Lisboa Elvas s. O Elvas CAD
Sport Lisboa s. SL Benfica
Sport Pacífico, Tumbes Peru, Klub, s. S. 130
Sport Pilsen, Guadalupe, Peru, Klub, s. S. 130

Sport Progreso, Lima, Peru, Klub, [aufgel. 19??], **s. S.** 130
Sport Tallinn **s.** Kalev Tallinn
Sport Tallinn **s.** Vs Sport Tallinn
Sport Trelleborg **s.** Trelleborgs FF
Sport- und Geselligkeitsverein Helfort **s.** SC Helfort
Sport- und Schwimmverein von 1905 Reutlingen **s.** SSV 05 Reutlingen
Sport und Spiel Zürich **s.** FC Zürich
Sport- und Turnclub Hirschberg 19 **s.** STC Hirschberg 19
Sport Unie Brion Trappers **s.** SUBT
Sport Verein Admira Wiener Neustadt **s.** SV Admira Wiener Neustadt
Sport Verein Elektra Wien **s.** SV Elektra Wien
Sport Verein für Arbeiter und Angestellte ÖMV Olympia Wien **s.** ÖMV Olympia Wien
Sport Verein Gloggnitz **s.** SV Gloggnitz
Sport Verein Wüstenrod Salzburg **s.** SV Wüstenrot Salzburg
Sport Vereniging Blauw Wit **s.** SV Blauw Wit
Sport Vereniging Limburgia **s.** SV Limburgia
Sportbrüder Leipzig **s.** VfB Leipzig
Sportclub Amateure-FIAT **s.** SC Amateure-FIAT
Sport-Club Borussia 04 Fulda **s.** SC Borussia 04 Fulda
Sportclub Brühl **s.** SC Brühl
Sport-Club Fortuna Köln **s.** SC Fortuna Köln
Sport-Club Freiburg **s.** SC Freiburg
Sportclub Germania von 1887 Hamburg **s.** SC Germania 1887 Hamburg
Sportclub Kriens **s.** SC Kriens
Sport-Club Lituania 1907 Tilsit **s.** SC Lituania 07 Tilsit
Sport-Club Lokomotive Leipzig **s.** SC Lokomotive Leipzig
Sport-Club Minerva 1893 Berlin **s.** SC Minerva 93 Berlin
Sport-Club Preußen 1909 Danzig **s.** SC Preußen Danzig
Sport-Club Preußen Hindenburg **s.** SC Preußen Hindenburg
Sport-Club Preußen Köln-Dellbrück **s.** SC Preußen Köln-Dellbrück
Sportclub Preußen von 1906 Münster **s.** SC Preußen 06 Münster
Sport-Club Rot-Weiß Oberhausen-Rheinland **s.** SC Rot-Weiß Oberhausen
Sportclub Schlesien 01 Rapid Breslau **s.** SC Schlesien 01 Rapid Breslau
Sport-Club Victoria von 1895 Hamburg **s.** SC Victoria 1895 Hamburg
Sport-Club Wacker Leipzig **s.** SC Wacker Leipzig
Sport-Club Weimar 1903 **s.** SC Weimar 03
Sportclub Westfalia von 1904 Herne **s.** SC Westfalia 04 Herne
Sport-Club Wismut Karl-Marx-Stadt **s.** SC Wismut Karl-Marx-Stadt
Sportclub Young Fellows Zürich **s.** SC Young Fellows Zürich
Sport-Frei Wismar **s.** FC Anker Wismar
Sportfreunde Burg **s.** Burger SC 08
Sportfreunde Cassel **s.** CSC 03 Kassel
Sportfreunde Hamborn 1907 **s.** SV Hamborn 07
Sportfreunde Hamborn **s.** SV Hamborn 07
Sportfreunde Zaborze **s.** SC Preußen Hindenburg
Sportgemeinschaft Deutsche Waffen- und Munitionsfabriken Posen **s.** SDW Posen
Sportgemeinschaft Ordnungspolizei Litzmannstadt **s.** SG OrPo Litzmannstadt
Sportgemeinschaft Ordnungspolizei Warschau **s.** SG OrPo Warschau
Sportgemeinschaft Schutzstaffel Straßburg **s.** SS SG Straßburg
Sportgemeinschaft Wattenscheid von 1909 **s.** SG 09 Wattenscheid
Sportgruppe Fortuna Babelsberg **s.** SG Fortuna Babelsberg
Sportgruppe Freidrichstadt **s.** SG Freidrichstadt
Sportif Association Salé **s.** SA Salé
Sporting '89, San Miguelito, Panama, Klub, entst. 1989, **s. S.** 125
Sporting Barranquilla **s.** Real Cartagena
Sporting Barranquilla, Barranquilla, Kolumbien, Klub, entst. 1950, [aufgel. 1992, Umzug nach Cartagena => Real Cartagena], **s. S.** 128
Sporting Cabinda, Cabinda, Angola, Klub, **s. S.** 118
Sporting CB (Sporting Club de Bruxelles), Brüssel (Bruxelles/Brussel), Belgien, Klub, entst. 1894, [1894 Ixelles SC, 94-97 Sporting CB, 97 aufgel.], **s. S.** 75
Sporting Club a Racing Club **s.** Spora Luxembourg
Sporting Club Bettembourg **s.** SC Bettembourg
Sporting Club Chabab de Mohammedia **s.** SC Chabab Mohammedia
Sporting Club de Bastia **s.** SC Bastia
Sporting Club de Bruxelles **s.** Sporting CB
Sporting Club d'Escaldes, Escaldes-Engordany, Andorra, Klub, entst. 1993, [19??-97 Spordany Juvenil], **s. S.** 77
Sporting Club Fivois-Fives de Lille **s.** SC Fives de Lille
Sporting Club Montevideo **s.** Defensor Sporting
Sporting Club **s.** Racing Club
Sporting Club Toulon et du Var **s.** SC Toulon-Var
Sporting Club, Luxembourg, Luxemburg, Klub, entst. 1908, [aufgel. 1923 durch Fusion mit Racing Club => Spora Luxembourg], **s. S.** 74
Sporting Club, Tunis, Tunesien, Klub, **s. S.** 113
Sporting Clube Campomaiorense **s.** SC Campomaiorense
Sporting Clube da Praia Cruz **s.** Sporting Praia Cruz
Sporting Clube de Bissau **s.** SC Bissau
Sporting Clube de Braga **s.** SC Braga
Sporting Clube de Covilhã **s.** SC Covilhã
Sporting Clube de Espinho **s.** SC Espinho
Sporting Clube de Portugal **s.** Sporting CP
Sporting Clube Farense **s.** SC Farense
Sporting Clube Olhanense **s.** SC Olhanense
Sporting Clube, Praia, Kapverden, Klub, **s. S.** 116
Sporting Colón, Colón, Panama, Klub, **s. S.** 125
Sporting CP (Sporting Clube de Portugal), Lissabon (Lisboa), Portugal, Klub, entst. 1906, **s. S.** 78
Sporting Cristal (Club Sporting Cristal Backus), Lima, Peru, Klub, entst. 1922, [1922-55 Sporting Tabaco], **s. S.** 130
Sporting Engordany, Escaldes-Engordany, Andorra, Klub, entst. 1977, **s. S.** 77
Sporting FC Belgica Egedem **s.** KVV Belgica Egedem Sport
Sporting Gijón CF (Real Sporting de Gijón Club de Fútbol), Gijón, Spanien, Klub, entst. 1905, [entst. 1905 durch Fusion Gijón Sport und Sportiva Gijón, 05-12 Sporting Gijón, 12-40 Real Sporting Gijón, 40-73 Real Gijón], **s. S.** 79
Sporting Irún **s.** Real Racing Irún
Sporting Irún **s.** Real Unión Irún
Sporting Luanda, Luanda, Angola, Klub, **s. S.** 118
Sporting Lubango, Lubango, Angola, Klub, **s. S.** 118
Sporting Mertzig **s.** FC Sporting Mertzig
Sporting Mouara, Bangui, Zentralafrikanische Republik, Klub, [19??-?? Publique sportive Mouara], **s. S.** 114
Sporting Praia Cruz (Sporting Clube da Praia Cruz), São Tomé, São Tomé und Príncipe, Klub, **s. S.** 117
Sporting Tabaco **s.** Sporting Cristal
Sporting, San Juan, Puerto Rico, Klub, **s. S.** 127
Sporting, Santiago, Dominikanische Republik, Klub, **s. S.** 127
Sporting-Club de l'Ouest Angers **s.** SCO Angers
Sporting-Dulcia La Chaux-de-Fonds **s.** FC Etoile La Chaux-de-Fonds
Sportist Sliven **s.** FK Sliven
Sportist Sofija, Sofija, Bulgarien, Klub, [aufgel. 19??], **s. S.** 90
Sportist Vidin **s.** FK Bdin Vidin
Sportista Sofija **s.** PFK Levski Sofija
Sportiva Gijón **s.** Sporting Gijón CF
Sportiva Pamplona **s.** Atlético Osasuna
Sportivnyj Klub Armiji Dostuk Sokuluk **s.** SKA Dostuk Sokuluk
Sportivnyj Klub Armiji Pamir Duschanbe **s.** SKA Pamir Duschanbe
Sportivnyj klub Nacional'naja Gwardia Bischkek **s.** SK Nacional'naja Gwardia Bischkek
Sportivnyj klub Poljot Bischkek **s.** SK Poljot Bischkek
Sportivnyj klub Rotor Wolgograd **s.** SK Rotor Wolgograd
Sportivo Barracas (Club Sportivo Barracas), Buenos Aires, Argentinien, Klub, entst. 1913, **s. S.** 135
Sportivo Desamparados (Club Sportivo Desamparados), San Juan, Argentinien, Klub, entst. 1919, [1919-50 Sportivo Desamparados, 50 Fusion mit Huracán Alvarado => Desamparados de Huracán (50-5?)], **s. S.** 135
Sportivo Dock Sud (Club Sportivo Dock Sud), Buenos Aires, Argentinien, Klub, entst. 1916, **s. S.** 135
Sportivo Godoy Cruz **s.** CD Godoy Cruz Antonio Tomba
Sportivo Guaraní **s.** CD Guaraní Antonio Franco
Sportivo Huracán, Arequipa, Peru, Klub, entst. 1927, **s. S.** 131
Sportivo Luqueño (Club Sportivo Luqueño), Luque, Paraguay, Klub, entst. 1921, [entst. 1921 durch Fusion Vencedor, Marte Atlético und General Aquino], **s. S.** 135
Sportivo Melgar, Lima, Peru, Klub, [aufgel. 19??], **s. S.** 130
Sportivo Patria (Club Sportivo Patria), Formosa, Argentinien, Klub, entst. 1911, **s. S.** 135
Sportivo San Lorenzo (Club Sportivo San Lorenzo), San Lorenzo del Campo Grande, Paraguay, Klub, entst. 1921, **s. S.** 135
Sportivo Tarapacá Ferrocarril, Lima, Peru, Klub, [aufgel. 19??], **s. S.** 130
Sportivo Trinidense (Club Sportivo Trinidense), Asunción, Paraguay, Klub, entst. 1935, **s. S.** 135
Sportivo Unión, Lima, Peru, Klub, [aufgel. 19??], **s. S.** 130
Sportklub Plovdiv **s.** SK Plovdiv
Sport-Klub Preußen 01 Stettin **s.** SK Preußen 01 Stettin
Sportklub Puntigamer Sturm Graz **s.** SK Puntigamer Sturm Graz
Sportklub Sofija **s.** SK Sofija
Sportklub Vladislav Varna **s.** SK Vladislav Varna
Sportklub Vorwärts der Kasernierten Volkspolizei Leipzig **s.** SK Vorwärts KVP Leipzig
Sportksklubben Snøgg **s.** SK Snøgg
Sportlische Vereinigung Blau-Weiß **s.** SV Blau-Weiß Berlin
Sporto Klubas Banga Kaunas **s.** SK Banga Kaunas
Sportovní klub Čechie Praha VIII **s.** SK Čechie Praha VIII
Sportovní klub České Budějovice **s.** SK České Budějovice
Sportovní klub Hradec Králové **s.** SK Hradec Králové
Sportovní klub Kladno **s.** SK Kladno
Sportovní klub Levně rychle kvalitně Brno **s.** SK LeRK Brno
Sportovní klub Levně rychle kvalitně Prostějov **s.** SK LeRK Prostějov
Sportovní klub Libeň **s.** SK Libeň
Sportovní klub Moravská Slavia Brno **s.** SK Moravská Slavia Brno
Sportovní klub Motorlet Praha **s.** SK Motorlet Praha
Sportovní klub Náchod **s.** SK Náchod
Sportovní klub Nusle **s.** SK Nusle
Sportovní klub Pardubice **s.** SK Pardubice
Sportovní klub Plzeň 1894 **s.** SK Plzeň 1894
Sportovní klub Rakovník **s.** SK Rakovník
Sportovní klub Sigma Olomouc **s.** SK Sigma Olomouc
Sportovní klub Slavia Praha **s.** SK Slavia Praha
Sportovní klub Slavoj Žižkov **s.** SK Slavoj Žižkov
Sportovní kroužek Butovice **s.** SK Motorlet Praha
Sportovní kroužek České Budějovice **s.** SK České Budějovice
Sportovní kroužek Kladno **s.** SK Kladno
Sportovní kroužek Libeň **s.** FK Meteor Praha VIII
Sportovní kroužek Meteor Libeň **s.** FK Meteor Praha VIII
Sportovní kroužek Prostějov **s.** SK LeRK Prostějov
Sportovní kroužek Rakovník **s.** SK Rakovník
Sportovní kroužek Slavoj Karlín **s.** Čechie BVB
Sportovní kroužek Viktoria Žižkov **s.** FK Viktoria Žižkov
Športový klub Ander und syn Olomouc Bratislava **s.** ŠK ASO Bratislava
Športový klub Banská Bystrica **s.** ŠK Banská Bystrica
Športový klub FAC LB Zvolen **s.** ŠK FAC LB Zvolen
Športový klub Matador Púchov **s.** ŠK Matador Púchov
Športový klub Polície Bratislava **s.** ŠK Polície Bratislava
Športový klub Rapid Trnava **s.** ŠK Rapid Trnava
Športový klub Rusj Užhorod **s.** ŠK Rusj Užhorod
Športový klub Slávia Prešov **s.** ŠK Slávia Prešov
Športový klub Slovan Bratislava **s.** ŠK Slovan Bratislava
Športový klub VAS Bratislava **s.** ŠK VAS Bratislava
Sports Dynamic (Burundi Sports Dynamic), Bujumbura, Burundi, Klub, **s. S.** 119
Sports Klubben Djerv **s.** SK Djerv
Sports Olympique Audonien **s.** Red Star 93
Sports Olympiques Montpelliérains **s.** Stade Olympique Montpelliérain
Sports Réuins Delémont **s.** SR Delémont
Sports Réunis de Colmar **s.** SR Colmar
Sports U., Nordkorea, Klub, **s. S.** 110
Sportski klub Građanski Niš **s.** SK Građanski Niš
Sportski klub Jugoslavija Beograd **s.** SK Jugoslavija Beograd
Sportski klub Krajišnik Banja Luka **s.** SK Krajišnik Banja Luka
Sportski klub Rudar Pljevlja **s.** SK Rudar Pljevlja
Sportski klub Skopje **s.** SK Skopje
Športski klub Slavija Osijek **s.** ŠK Slavija Osijek
Športski klub Slavija Sarajevo **s.** ŠK Slavija Sarajevo
Športski klub Viktorija Zagreb **s.** ŠK Viktorija Zagreb
Sportsklubben Brage **s.** SK Brage
Sportsklubben Brann **s.** SK Brann
Sportsklubben Freidrig **s.** SK Freidrig
Sportsklubben Haugar **s.** SK Haugar
Sportsklubben Rapid **s.** SK Rapid
Sportsklubben Vard **s.** SK Vard
Sportsko društvo Jedinstvo Beograd **s.** SD Jedinstvo Beograd
Sportsko društvo Milicionar Beograd **s.** SD Milicionar Beograd
Športsko društvo Trešnjevka **s.** ŠD Trešnjevka
Sportsmen-Club Belvaux **s.** FC The Belval Belvaux
Sportul Studentesc Bucureşti **s.** CF Sportul Studentesc Bucureşti
Sportul studentesc Chişinău **s.** FC Unisport Chişinău
Sportul Studentesc Iaşi **s.** FC Politehnica Iaşi
Sport-Union Dessau **s.** SV Dessau 05
Sport-Verein 08 Steinach **s.** SV 08 Steinach
Sport-Verein '47 Lichtenberg **s.** SV '47 Lichtenberg
Sport-Verein Arminia Hannover **s.** SV Arminia Hannover
Sportverein Darmstadt von 1898 **s.** SV Darmstadt 98
Sport-Verein Dessau 1905 **s.** SV Dessau 05
Sportverein Fortuna 1902 Leipzig **s.** SV Fortuna 02 Leipzig
Sportverein Hindenburg Allenstein **s.** SV Hindenburg Allenstein
Sport-Verein Kaiserwald Riga **s.** SV Kaiserwald Riga
Sport-Verein Merseburg 1899 **s.** SV Merseburg 99
Sport-Verein Motor Altenburg **s.** SV Motor Altenburg
Sport-Verein Neufahrwasser **s.** SV Neufahrwasser
Sport-Verein Norden-Nordwest 1898 **s.** SV Norden-Nordwest
Sport-Verein Phönix Ludwigshafen **s.** SV Phönix Ludwigshafen
Sport-Verein Schwarz-Wieß Westende Hamborn **s.** SV Schwarz-Wieß Westende Hamborn
Sportverein Schwechat **s.** SV Schwechat
Sportverein Spittal an der Drau **s.** SV Spittal an der Drau
Sportverein Stockerau **s.** SV Stockerau
Sport-Verein Stuttgarter Kickers **s.** SV Stuttgarter Kickers
Sport-Verein Tasmania 1973 Neukölln **s.** SV Tasmania 73 Neukölln
Sport-Verein Viktoria von 1909 Stolp **s.** SV Viktoria 09 Stolp
Sport-Verein von 1912 Sodingen **s.** SV 1912 Sodingen
Sport-Verein Vorwärts-Rasensport Gleiwitz **s.** SpV. Vorwärts-Rasensport Gleiwitz
Sportverein Waldhof Mannheim 1907 **s.** SV Waldhof Mannheim 07
Sport-Verein Werder von 1899 Bremen **s.** SV Werder Bremen
Sport-Verein Wilhelmshaven **s.** SV Wilhelmshaven
Sportvereinigung Donau Wien **s.** SV Donau Wien
Sportvereinigung Josko Reid **s.** SV Josko Ried
Sportvereinigung Leipzig-Lindenau 1899 **s.** SV Leipzig-Lindenau 1899
Sportvereinigung Prussia-Samland Königsberg **s.** SV Prussia-Samland Königsberg
Sportvereniging Alles Door Oefening **s.** SV ADO
Sportvereniging Brazil Juniors **s.** SV Brazil Juniors
Sportvereniging Dakota **s.** SV Dakota
Sportvereniging Deportivo Nacionaal **s.** SV Deportivo Nacionaal
Sportvereniging Estrella **s.** SV Estrella
Sportvereniging Juventud **s.** SV Juventud
Sportvereniging Moengotapoe **s.** SV Moengotapoe
Sportvereniging Racing Club Aruba **s.** SV RCA
Sportvereniging Riverplate Modiki **s.** SV Riverplate Modiki
Sportvereniging Roda Juliana Combinatie **s.** SV Roda JC
Sportvereniging Victory Boys Bandariba **s.** SV Victory Boys Bandariba
Sportyvnyj klub Mykolaiw **s.** SK Mykolaiw
Sportyvnyj klub Odesa **s.** SK Odesa
Sportzirkel Samland Königsberg **s.** SV Prussia-Samland Königsberg
Springs **s.** Campari Springs
Springs, Stadt, Südafrika, **s. S.** 121
SpTV. 1877 Waldhof **s.** SV Waldhof Mannheim 07
S-Pulse **s.** Shimizu S-Pulse
Spumante Cricova **s.** FC Spumante Cricova
Spurs **s.** Cape Town Spurs
Spurs **s.** Chicago Spurs
Spurs **s.** Kansas City Spurs
SpV. 08 Grund **s.** FC Progrès Cessange
SpV. 1905/10 Uerdingen **s.** KFC Uerdingen 05
SpV. Vorwärts-Rasensport Gleiwitz (Sport-Verein Vorwärts-Rasensport Gleiwitz), Gleiwitz (Gliwice), Polen, Klub, entst. 1926, [entst. 1926 durch Fusion SC Vorwärts Gleiwitz und Rasensportverein 09 Gleiwitz => SpV. Vorwärts-Rasensport Gleiwitz (26-45), 45 aufgel.], **s. S.** 84
SpVgg. 04 Thale (Spielvereinigung 04 Thale), Thale, Deutschland, Klub, entst. 1904, [??-1945 SpVgg. 04 Thale, 45 aufgel. und wiedergegr., 45-?? SG Thale, ??-51 BSG EHW Thale, 51-90 BSG Stahl Thale, 90-92 SV Stahl Thale], **s. S.** 85
SpVgg. 05 Wilhelmshaven **s.** SV Wilhelmshaven
SpVgg. 07 Köln-Sülz (Spielvereinigung 1907 Köln-Sülz), Köln, Deutschland, Klub, entst. 1907, [1907-19 Sülzer SV 07, 19 Fusion mit FC Hertha 08 Sülz => SpVgg. 07 Köln-Sülz (19-43), aufgel. 43 durch Fusion mit VfL Köln 99 => KSG Köln (43-45), 45 Aufl. der Fusion und Zurückbenennung, 45-48 SpVgg. 07 Köln-Sülz, aufgel. 48 durch Fusion mit Kölner BC 01 => 1. FC Köln], **s. S.** 84
SpVgg. 07 Köln-Sülz **s.** 1. FC Köln
SpVgg. 07 Köln-Sülz **s.** Kölner BC 01
SpVgg. 07 Köln-Sülz **s.** KSG Köln
SpVgg. 1889 Ulm **s.** SSV Ulm 1846
SpVgg. 1896 Liegnitz (Spielvereinigung 1896 Liegnitz), Liegnitz (Legnica), Polen, Klub, entst. 1896, [1896-1924 ATV 1896 Liegnitz, 24-40 SpVgg. 1896 Liegnitz, aufgel. 40 durch Fusion mit VfB 1919 Liegnitz => Tuspo Liegnitz], **s. S.** 84
SpVgg. 1896 Liegnitz **s.** VfB 1919 Liegnitz
SpVgg. Blau-Weiß 90 Berlin **s.** Berliner FC Vorwärts 90
SpVgg. Blau-Weiß 90 Berlin **s.** Berliner TuFC Union 1892
SpVgg. Blau-Weiß 90 Berlin **s.** SV Blau-Weiß Berlin
SpVgg. der Beamten der Finanz-Landesdirektion **s.** Favoritner SC
SpVgg. Fürth **s.** SpVgg. Greuther Fürth
SpVgg. Greuther Fürth (Spielvereinigung Greuther Fürth), Fürth, Deutschland, Klub, entst. 1903, [1903-06 TV 1860 Fürth, 06-96 SpVgg. Fürth, 96 Fusion mit TSV Vestenbergsgreuth => SpVgg. Greuther Fürth], **s. S.** 85
SpVgg. Köln-Sülz 07 **s.** VfL 99 Köln
SpVgg. Leipzig **s.** FC Sachsen Leipzig 1990
SpVgg. Lustenau **s.** FC Dornbirn
SpVgg. Lustenau **s.** SC Austria Memphis Lustenau
SpVgg. Neuendorf **s.** TuS Koblenz
SpVgg. Unterhaching (Spielvereinigung Unterhaching), München, Deutschland, Klub, entst. 1925, **s. S.** 85
SpVgg. Zeitz 1910 **s.** 1. FC Zeitz
Square United, Vieux Fort, St. Lucia, Klub, **s. S.** 127
SR Colmar (Sports Réunis de Colmar), Colmar, Frankreich, Klub, entst. 1930, **s. S.** 77
SR Delémont (Sports Réuins Delémont), Delémont, Schweiz, Klub, entst. 1909, **s. S.** 82
Srbac, Stadt, Bosnien und Herzegowina, **s. S.** 93
Srbinje, Stadt, Bosnien und Herzegowina, **s. S.** 93
Srebrenik, Stadt, Bosnien und Herzegowina, **s. S.** 93
Sredets Sofija **s.** FK CSKA Sofija
Sremac Zemun **s.** FK Zemun
Sremac Zemun **s.** Sparta Zemun
Sri Lanka Air Force Sport Club **s.** Air Force SC
Sri Lanka Navy Sport Club **s.** Navy SC
Sri Lanka, Länder, **s. S.** 104 und 105
Srinagar, Stadt, Indien, **s. S.** 105
Srpski Brod, Stadt, Bosnien und Herzegowina, **s. S.** 93
SS ACFR Braşov **s.** CFR Braşov
SS Alba, Rom (Roma), Italien, Klub, entst. 1911, [aufgel. 1926 durch Fusion mit Audace CS => Alba Audace FC], **s. S.** 81
SS Ancona **s.** Ancona Calcio
SS Ascoli **s.** Ascoli Calcio 1898
SS Bergamo **s.** Atalanta Bergamasca Calcio
SS Bouna (Société sportive de Bouna), Bouna, Elfenbeinküste, Klub, **s. S.** 117
SS Capricorne, Saint-Pierre, Reunion, Klub, **s. S.** 121
SS Catania **s.** Catania Calcio
SS Dogana (Società Sportiva Dogana), Dogana, San Marino, Klub, entst. 1970, [aufgel. 2000 durch Fusion mit SS Juvenes => SS Juvenes/Dogana], **s. S.** 81
SS Dogana **s.** SS Juvenes
SS Dogana **s.** SS Juvenes/Dogana
SS Dynamo, Sainte-Marie, Reunion, Klub, **s. S.** 121
SS Excelsior (Société sportive l'Excelsior), Saint-Joseph, Reunion, Klub, entst. 1940, **s. S.** 121
SS Folgore Falciano (Società Sportiva Folgore Falciano), Falciano, San Marino, Klub, entst. 1972, **s. S.** 81
SS Italia Firenze **s.** AC Fiorentina
SS Jeanne d'Arc (Société sportive La Jeanne d'Arc), Le Port, Reunion, Klub, entst. 1927, **s. S.** 121
SS Juvenes (Società Sportiva Juvenes), Serravalle, San Marino, Klub, entst. 1953, [aufgel. 2000 durch Fusion mit SS Dogana => SS Juvenes/Dogana], **s. S.** 81
SS Juvenes **s.** SS Dogana
SS Juvenes **s.** SS Juvenes/Dogana
SS Juvenes/Dogana (Società Sportiva Juvenes/Dogana), Serravalle, San Marino, Klub, entst. 2000, [entst. 2000 durch Fusion SS Juvenes und SS Dogana => SS Juvenes/Dogana], **s. S.** 81
SS Juvenes/Dogana **s.** SS Dogana
SS Juvenes/Dogana **s.** SS Juvenes
SS Lanerossi-Vicenza **s.** Vicenza Calcio
SS Lazio (Società Sportiva Lazio), Rom (Roma), Italien, Klub, entst. 1900, [1900-25 Società Podistica Lazio], **s. S.** 81
SS Montevito (Società Sportiva Montevito), Fiorentino, San Marino, Klub, entst. 1974, **s. S.** 81
SS Murata (Società Polisportiva Murata), Murata, San Marino, Klub, entst. 1966, **s. S.** 81
SS Mureşul Tîrgu Mureş **s.** CS Mureşul Tîrgu Mureş
SS Osnabrück **s.** VfL Osnabrück
SS Palermo **s.** US Palermo
SS Palestra Itália **s.** Cruzeiro EC
SS Patriote, Saint-Denis, Reunion, Klub, entst. 1920, **s. S.** 121
SS Pennarossa (Società Sportiva Pennarossa), Chiesanuova, San Marino, Klub, entst. 1968, **s. S.** 81
SS Perugia **s.** AC Perugia
SS Pescara **s.** Pescara Calcio
SS Reşiţa **s.** CSM Reşiţa
SS Robur Siena **s.** AC Siena
SS Sainte-Louisienne (Société sportive Sainte-Louisienne), Saint-Louis, Reunion, Klub, entst. 1936, **s. S.** 121
SS Sainte-Pauloise (Société sportive La Sainte-Pauloise), Saint-Paul, Reunion, Klub, entst. 1972, **s. S.** 121
SS Sainte-Rosiénne, Sainte-Rose, Reunion, Klub, **s. S.** 121
SS San Giovanni (Società Sportiva San Giovanni), Chiesanuova, San Marino, Klub, entst. 1948, **s. S.** 81
SS Serenissima **s.** AC Venezia
SS SG Straßburg (Sportgemeinschaft Schutzstaffel Straßburg), Straßburg (Strasbourg), Frankreich, Klub, entst. 1900, [1900-18 FC Frankonia 1900 Straßburg, 18-40 SC Red Star Strasbourg, 40 FC Frankonia Straßburg, 40-45 SG SS Straßburg, 45 aufgel.], **s. S.** 85
SS Sibiu (Societatea Sportivă Sibiu), Sibiu, Rumänien, Klub, [aufgel. 19??], **s. S.** 91
SS Straßburg **s.** SS SG Straßburg
SS Ternana **s.** Ternana Calcio
SS UD Reşiţa **s.** CSM Reşiţa
SS Union Łódź **s.** KS Union Touring Łódź
SS Vigor Ascoli **s.** Ascoli Calcio 1898
SS Vîlceana Rîmnicu Vîlcea **s.** FC Râmnicu Vâlcea
SS Virtus (Società Sportiva Virtus), Acquaviva, San Marino, Klub, entst. 1964, **s. S.** 81
SSC Napoli (Società Sportiva Calcio Napoli), Neapel (Napoli), Italien, Klub, entst. 1926, [1926-68 AC Napoli], **s. S.** 81
SSC Palermo **s.** US Palermo
SSGC (Sui Southern Gas Company), Karachi, Pakistan, Klub, **s. S.** 105
SSK Celje **s.** NK CMC Publikum
SŠK Ljubljana (Slovenski športni klub Ljubljana), Ljubljana, Slowenien, Klub, entst. 1925, [aufgel. 1940], **s. S.** 93
SSK Motorlet Praha **s.** SK Motorlet Praha
SSK Pobeda Skopje (Skopsko sportski klub Pobeda Skopje), Skopje, Mazedonien, Klub, entst. 1922, [1922-39 Građanski SK Skopje, 39-47 SSK Pobeda Skopje, aufgel. 47 durch Fusion mit FK Makedonija Skopje => FK Vardar Skopje], **s. S.** 93
SSK Pobeda Skopje **s.** FK Makedonija Skopje
SSK Pobeda Skopje **s.** FK Vardar Skopje
SSK Vítkovice **s.** FC Vítkovice
ŠSSK Kóvas Kaunas (Šanciu Šauliu Sporto Klubas Kóvas Kaunas), Kaunas, Litauen, Klub, [19??-31 SK Kóvas Kaunas, 31-?? ŠSSK Kóvas Kaunas, ?? aufgel.], **s. S.** 99
SSV 04 Wuppertal **s.** Wuppertaler SV
SSV 05 Reutlingen (Sport- und Schwimmverein von 1905 Reutlingen), Reutlingen, Deutschland, Klub, entst. 1905, [1905-10 FC Arminia Reutlingen, 10-38 SV 05 Reutlingen, 38 Fusion mit SSV Reutlingen => SSV 05 Reutlingen, 46 aufgel. und wiedergegr., 46-50 SSV 1946 Reutlingen], **s. S.** 85
SSV 1946 Reutlingen **s.** SSV 05 Reutlingen
SSV Reutlingen **s.** SSV 05 Reutlingen
SSV Ulm 1846 (Schwimm- und Sportverein Ulm 1846), Ulm, Deutschland, Klub, entst. 1894, [1894-1939 Turnerbund 1846 Ulm, 39 Fusion mit Ulmer FV 1894, TV 1868 Ulm und SpVgg. 1889 Ulm => Ulmer TSG 1846 (39-70), 70 Fusion mit 1. SSV 1928 Ulm => SSV Ulm 1846], **s. S.** 85
St Andrew's C & FC **s.** Fulham FC
St Andrews **s.** Manawatu AFC
St Bernard's FC (Saint Bernard's Football Club), Edinburgh, Schottland, Klub, entst. 1878, [aufgel. 1942], **s. S.** 69
St Columb's Court **s.** Derry St Columb's Court
St Columb's Hall Celtic **s.** Derry Celtic FC
St David's Islanders, St David's, Bermudas, Klub, **s. S.** 123
St David's, Stadt, Bermudas, **s. S.** 123
St Domingo FC **s.** Everton FC
St George, Stadt, Bermudas, **s. S.** 123
St George's Colts, St George, Bermudas, Klub, **s. S.** 123
St James's Gate AFC (Saint James's Gate Association Football Club), Dublin/Baile Átha Cliath, Irland, Klub, entst. 1902, **s. S.** 69
St Johnstone FC (Saint Johnstone Football Club), Perth, Schottland, Klub, entst. 1884, **s. S.** 69
St Jude's **s.** Queen's Park Rangers FC
St Luke's Blackenhall **s.** Wolverhampton Wanderers FC
St Mary's **s.** Southampton FC
St Mirren FC (Saint Mirren Football Club), Paisley, Schottland, Klub, entst. 1877, **s. S.** 69
St Patrick's Athletic AFC (Saint Patrick's Athletic Association Football Club), Dublin/Baile Átha Cliath, Irland, Klub, entst. 1929, [1929-?? St Patrick's FC], **s. S.** 69
St Patrick's FC **s.** St Patrick's Athletic AFC
St Paul's United FC (St Paul's United Football Club), St Paul's, St. Christoph und Nevis, Klub, **s. S.** 127
St Paul's United Football Club **s.** St Paul's United FC
St Paul's, Stadt, St. Christoph und Nevis, **s. S.** 127
St Peter's FC (St Peter's Football Club), St Peter's, St. Christoph und Nevis, Klub, **s. S.** 127
St Peter's Football Club **s.** St Peter's FC
St Peter's **s.** Barnsley FC
St Peter's, Stadt, St. Christoph und Nevis, **s. S.** 127
St. Andrews, Stadt, Barbados, **s. S.** 127
St. Ann's Bay, Stadt, Jamaika, **s. S.** 126
St. Anthony, Monrovia, Liberia, Klub, **s. S.** 117
St. Benoit **s.** Black River FC
St. Christoph und Nevis, Länder, **s. S.** 126 und 127
St. Eloi **s.** FC Lupopo
St. Esprit **s.** Collège St. Esprit
St. George FC (St. George Football Club), Sydney, Australien, Klub, [19??-?? Budapest St. George FC], **s. S.** 136
St. George Football Club **s.** St. George FC
St. George, Addis Abeba, Äthiopien, Klub, entst. 1935, [1983-91 Brewery], **s. S.** 115
St. George's, Stadt, Grenada, **s. S.** 127
St. Hellois, Volksrepublik Kongo, Klub, **s. S.** 118
St. John United SC, Cruz Bay, Amerikanische Jungferninseln, Klub, **s. S.** 126
St. Johns, Stadt, Antigua und Barbuda, **s. S.** 127
St. Joseph, Stadt, Dominica, **s. S.** 127
St. Kiradgijev Plovdiv **s.** FK Botev Plovdiv
St. Kitts United, Amerikanische Jungferninseln, Klub, **s. S.** 126
St. Kostov Popovo, Popovo, Bulgarien, Klub, [aufgel. 19??], **s. S.** 91
St. Louis FC (St. Louis Football Club), Victoria, Seychellen, Klub, **s. S.** 121
St. Louis Football Club **s.** St. Louis FC
St. Louis Stars **s.** California Surf
St. Louis Stars, St. Louis, USA, Klub, entst. 1967, [1967-78 St. Louis Stars, aufgel. 78, Umzug nach Anaheim => California Surf], **s. S.** 123
St. Louis, Stadt, USA, **s. S.** 123
St. Louisienne **s.** AS St. Louisienne
St. Luc **s.** FC St. Luc
St. Lucia, Länder, **s. S.** 126 und 127
St. Michel **s.** AS St. Michel
St. Michel United, Anse-aux-Pins, Seychellen, Klub, **s. S.** 121
St. Pauli 1910 **s.** FC St. Pauli 1910
St. Pauls **s.** Dynamos
St. Pierre, Stadt, Mauritius, **s. S.** 121
St. Vincent Motor System, Kingstown, St. Vincent und Grenadinen, Klub, **s. S.** 127
St. Vincent und Grenadinen, Länder, **s. S.** 126 und 127
Stabæk Idrettsforening **s.** Stabæk IF
Stabæk IF (Stabæk Idrettsforening), Oslo, Norwegen, Klub, entst. 1912, **s. S.** 71
Stabil Fenser Sturm **s.** SK Puntigamer Sturm Graz
Stachanovetz Stalino **s.** FK Schachtar Donez'k
Stade Abidjan, Abidjan, Elfenbeinküste, Klub, entst. 1936, **s. S.** 117
Stade Bandjoun, Bandjoun, Kamerun, Klub, **s. S.** 117
Stade Béziers Sport **s.** AS Biterroise Béziers
Stade Brestois **s.** Brest-Armorique FC
Stade Centralafricain Tocages **s.** SCAF Tocages
Stade d'Akébé, Libreville, Gabun, Klub, **s. S.** 119
Stade de M'bour, M'bour, Senegal, Klub, **s. S.** 117
Stade de Paris **s.** Stade Français 92
Stade de Reims, Reims, Frankreich, Klub, entst. 1931, **s. S.** 77
Stade Dudelange **s.** CS Stade Dudelange
Stade Dudelange **s.** F91 Dudelange
Stade Dudelange **s.** US Dudelange
Stade Français 92, Paris, Frankreich, Klub, entst. 1883, [1883-1948 Stade Français FC, 48 Fusion mit Red Star Olympique Audonien => Stade Français Red Star Paris (48-51), 51 Teilung => Red Star Olympique Saint Ouen und Stade Français Paris (51-66), 66-68 Stade de Paris, 68-83 Stade Français Paris], **s. S.** 76
Stade Français FC **s.** Stade Français 92
Stade Français Paris **s.** Red Star 93
Stade Français Paris **s.** Stade Français 92
Stade Français Red Star Paris **s.** Stade Français 92
Stade Français-Red Star Paris **s.** Red Star 93
Stade Gauloise, Tunis, Tunesien, Klub, **s. S.** 113
Stade Kortrijk **s.** K Kortrijk Sport
Stade Kortrijk **s.** KV Kortrijk
Stade Lavallois Mayenne Football Club **s.** Stade Lavallois MFC
Stade Lavallois MFC (Stade Lavallois Mayenne Football Club), Laval, Frankreich, Klub, entst. 1902, **s. S.** 77
Stade Leuven **s.** K Stade Leuven
Stade Louvaniste **s.** K Stade Leuven
Stade Malherbe Caen Calvados-Basse-Normandie **s.** SM Caen
Stade Malherbe Caennais **s.** SM Caen
Stade Malien, Bamako, Mali, Klub, entst. 1961, **s. S.** 114
Stade Marocaine, Rabat, Marokko, Klub, **s. S.** 113
Stade Mbombey, Mouila, Gabun, Klub, **s. S.** 118
Stade Mosellan Grevenmacher **s.** CS Grevenmacher
Stade Olympique Biterrois Béziers **s.** AS Biterroise Béziers
Stade Olympique Charenton **s.** CA Charenton
Stade Olympique Montpelliérain, Montpellier, Frankreich, Klub, entst. 1919, [1919-26 Stade Olympique Montpelliérain, 26-37 Sports Olympiques Montpelliérains, 37-41 Stade Olympique Montpelliérain, 41 Fusion mit US Montpelliéraine => US Olympique de Montpellier (41-45), 45-69 Stade Olympique Montpelliérain, 69 aufgel.], **s. S.** 77
Stade Rennais FC (Stade Rennais Football Club), Rennes, Frankreich, Klub, entst. 1901, [1901-64 Stade Rennais Université Club], **s. S.** 77
Stade Rennais Football Club **s.** Stade Rennais FC
Stade Rennais Université Club **s.** Stade Rennais FC
Stade Soussien, Sousse, Tunesien, Klub, **s. S.** 113
Stade Spiritian, Martinique, Klub, **s. S.** 127
Stade Tunisien (Stade Tunisien Le Bardo), Tunis, Tunesien, Klub, **s. S.** 113
Stade Tunisien Le Bardo **s.** Stade Tunisien
Stade Wallon **s.** RCS Verviétois
Stade Yatenga **s.** US Yatenga
Stadion Jena **s.** FC Carl Zeiss Jena
Stadlau **s.** FC Stadlau
Stadlau **s.** ÖMV Olympia Wien
Stadler FC **s.** Ilzer-Stadler FC
Stævnet, Kopenhagen (København), Dänemark, Klub, [Mannschaft setzt sich aus Spielern KB, B 1893, BK Frem und AB zusammen], **s. S.** 71
Stahl Altenburg **s.** SV Moengotapoe
Stahl Bischofswerda **s.** Bischofswerdaer FV 08
Stahl Brandenburg **s.** FC Stahl Brandenburg
Stahl Eisenhüttenstadt **s.** Eisenhüttenstädter FC Stahl
Stahl Fürstenberg **s.** Eisenhüttenstädter FC Stahl
Stahl Linz **s.** FC Linz
Stahl Magdeburg **s.** 1. FC Magdeburg
Stahl Riesa **s.** FC Stahl Riesa '98
Stahl Stalinstadt **s.** Eisenhüttenstädter FC Stahl
Stahl Steinach **s.** SV 08 Steinach
Stahl Thale **s.** SpVgg. 04 Thale
STAK Letná Kladno **s.** SK Kladno
Stal' Alchews'k **s.** FK Stal' Alchews'k
Stal Dnepropetrowsk **s.** FK Dnipro Dnipropetrows'k
Stal Lublin **s.** RKS Motor Lublin
Stal Mielec **s.** Mielecki KP Stal
Stal Poznań **s.** KS Warta Poznań
Stal Rzeszów **s.** KS Stal Rzeszów
Stal Sosnowiec **s.** GKS Zagłębie Sosnowiec
Stal Stalowa Wola **s.** ZKS Stal Stalowa Wola
Stal' Wolgograd **s.** SK Rotor Wolgograd
Stalinets Leningrad **s.** FK Zenit Sankt Peterburg
Stalinets Leningrad, Sankt Peterburg, Russland, Klub, entst. 1931, [aufgel. 1940 durch Fusion mit Zenit Leningrad], **s. S.** 101
Stalinets Moskva, Moskau (Moskva), Russland, Klub, entst. 1931, [aufgel. 1940], **s. S.** 100
Stalingrad Praha **s.** CU Bohemians Praha
Stalinstadt **s.** Eisenhüttenstädter FC Stahl
Stalkers/Zemessardze Daugavpils, Daugavpils, Lettland, Klub, [19??-2000 Zibens/Zemessardze Daugavpils], **s. S.** 99
Stallions FC **s.** Marconi-Fairfield Stallions FC
Stallions, Südafrika, Klub, **s. S.** 121
Stalowa Wola, Stadt, Polen, **s. S.** 89
Stamura Ancona **s.** Ancona Calcio
Standaard Athletiek Diest **s.** KTH Diest
Standaard FC Lokeren **s.** KSC Lokeren
Standard Club Liégeois **s.** R Standard Liège
Standard FC Liégeois **s.** R Standard Liège
Standard Liège **s.** R Standard Liège
Standard Liége **s.** RFC Seraing
Standard **s.** KSK Beveren
Standfast, Accra, Ghana, Klub, **s. S.** 117
Stanger, Stadt, Südafrika, **s. S.** 121
Stanke Dimitrov **s.** FK Marek Dupnica
Stanley **s.** Newcastle United FC
Star FC **s.** Rock Star FC
Star **s.** al-Marikh
Star **s.** Golden Star
Star **s.** Kumapim Star
Star **s.** Morning Star
Star **s.** Neoplan Star
Star **s.** Polar Star
Star **s.** Red Star
Star **s.** Three Star
Star SC **s.** Blue Star SC
Star Soccerites SC, Singapur, Klub, **s. S.** 107
Stara Zagora, Stadt, Bulgarien, **s. S.** 91
Staré Město, Stadt, Tschechische Republik, **s. S.** 86
Starlight **s.** Starlight/Gunners FC
Starlight SC **s.** Curepipe Starlight SC
Starlight/Gunners FC (Starlight/Gunners Football Club), Banjul, Gambia, Klub, [19??-99 Starlight], **s. S.** 116
Starlight/Gunners Football Club **s.** Starlight/Gunners FC
Stars FC **s.** Kwara Stars FC
Stars FC **s.** Lobi Stars FC
Stars FC **s.** Muara Stars FC
Stars FC **s.** Vittoriosa Stars FC
Stars **s.** African Stars
Stars **s.** Baca Stars
Stars **s.** Black Stars
Stars **s.** Coast Stars
Stars **s.** Delta Stars
Stars **s.** Diamond Stars
Stars **s.** Fello Stars
Stars **s.** Future Stars
Stars **s.** Future Stars United FC
Stars **s.** Ghetto Stars
Stars **s.** Haitian Stars
Stars **s.** Hardware Stars
Stars **s.** Holy Stars
Stars **s.** Houston Stars
Stars **s.** JT Stars
Stars **s.** Kagera Stars
Stars **s.** Light Stars
Stars **s.** Metro Stars
Stars **s.** Mkoani Stars
Stars **s.** Ria Stars
Stars **s.** Senglea Stars
Stars **s.** Silver Stars
Stars **s.** St. Louis Stars
Stars **s.** Tano Bafoakwa
Stars **s.** Tanzania Stars
Stars **s.** Tukuyu Stars
Stars **s.** Uba Stars
Stars **s.** Ulinzi Stars
Stars **s.** Vaal Reef Stars
Stars **s.** VG Ball Stars
Stars **s.** Wusum Stars
Stars SC **s.** Blue Stars SC
Start Kraków **s.** KS Podgórze Kraków
Start **s.** IK Start
Start Tiraspol **s.** FC Tiligul Tiraspol
Starts Broceni **s.** FC Starts Broceni
Stăruinţa Oradea **s.** CS Stăruinţa Oradea
Staryja Darohi, Stadt, Weißrussland, **s. S.** 99
Staryje Dorogi, Stadt, Weißrussland, **s. S.** 99
State Bank of Travancore **s.** SBT

State House FC (State House Football Club), Kampala, Uganda, Klub, **s.** S. 119
State House Football Club **s.** State House FC
State House Tornados, Harare, Simbabwe, Klub, [19??-?? Cone Textiles], **s.** S. 121
State Traders, Tema, Ghana, Klub, **s.** S. 117
Stationery Stores, Lagos, Nigeria, Klub, entst. 1958, **s.** S. 117
Stattena Idrottsförening **s.** Stattena IF
Stattena IF (Stattena Idrottsförening), Helsingborg, Schweden, Klub, entst. 1922, **s.** S. 73
Statybininkas Gargždai **s.** FK Banga Gargždai
Stavanger Idrettsforening **s.** Stavanger IF
Stavanger IF (Stavanger Idrettsforening), Stavanger, Norwegen, Klub, entst. 1905, **s.** S. 71
Stavanger, Stadt, Norwegen, **s.** S. 71
Stavo Artikel Brno **s.** FC Stavo Artikel Brno
Stavokombinát Dunajská Streda **s.** 1. FC DAC Dunajská Streda
Stavomontáže Praha **s.** ČAFC Praha
Stawropol', Stadt, Russland, **s.** S. 101
STC Hirschberg 19 (Sport- und Turnclub Hirschberg 19), Hirschberg (Jelenia Góra), Polen, Klub, entst. 1919, [aufgel. 1945], **s.** S. 84
Steagul Roşu Orasul Stalin **s.** Dinamo Orasul Stalin
Steagul Roşu Orasul Stalin **s.** FC Braşov
Steaua Bucureşti **s.** FC Steaua Bucureşti
Steaua CFR Cluj-Napoca **s.** CFR Cluj-Napoca
Steel FC **s.** Bethlehem Steel FC
Steel **s.** Lancashire Steel
Steel **s.** Zisco Steel
Steelers **s.** Hamilton Steelers
Steelers **s.** Pohang Steelers
Steelworks **s.** Wuhan Hongjinlong
Štefánik Banská Bystrica **s.** ŠK Banská Bystrica
Steinach, Stadt, Deutschland, **s.** S. 85
Steinkjer FK (Steinkjer Fotballklubb), Steinkjer, Norwegen, Klub, entst. 1910, [1910-88 Steinkjer IFK], **s.** S. 71
Steinkjer Fotballklubb **s.** Steinkjer FK
Steinkjer IFK **s.** Steinkjer FK
Steinkjer, Stadt, Norwegen, **s.** S. 71
Steklar Rogaška Slatina **s.** NK Steklar Rogaška Slatina
Stella Abidjan (Stella Club Abidjan), Abidjan, Elfenbeinküste, Klub, entst. 1936, [19??-?? Red Star Adjamé], **s.** S. 117
Stella Club Abidjan **s.** Stella Abidjan
Stella Fribourg **s.** FC Fribourg
Stemm- und Ringclub Ludwigshafen **s.** SV Phönix Ludwigshafen
Stendal, Stadt, Deutschland, **s.** S. 85
Stepanakert, Stadt, Armenien, **s.** S. 97
Stéphanois **s.** AS Saint-Etienne
Stepnogorsk, Stadt, Kasachstan, **s.** S. 101
Stettin, Stadt, Polen, **s.** S. 84 und 89
Stettiner FC Titania 02 (Stettiner Fußball-Club Titania 1902), Stettin (Szczecin), Polen, Klub, entst. 1902, [aufgel. 1930 durch Fusion mit VfL Stettin], **s.** S. 84
Stettiner FC Titania 02 **s.** VfL Stettin
Stettiner Fußball-Club Titania 1902 **s.** Stettiner FC Titania 02
Stettiner SC (Stettiner Sport-Club), Stettin (Szczecin), Polen, Klub, entst. 1908, [1908-10 Athletik SC Marathon 1908 Stettin, 10-45 Stettiner SC, 45 aufgel.], **s.** S. 84
Stettiner Schwimmverein Borussia-Poseidon 1900 **s.** SK Preußen 01 Stettin
Stettiner Sport-Club **s.** Stettiner SC
Steve Biko, Bakau, Gambia, Klub, entst. 1978, **s.** S. 117
Steyr, Stadt, Österreich, **s.** S. 83
Stichting Betaald Voetbal Vitesse **s.** SBV Vitesse
Sticla Ariesul Turda, Turda, Rumänien, Klub, entst. 1922, [1922-?? Muncitorul Turda, ??-?? Sticla Turda, ??-4? CS Ariesul Turda, 4? aufgel., 4? wiedergegr., 4?-50 Sticla Turda, 50-57 Flamura Turda, 57 Fusion mit Progresul Turda => CS Ariesul Turda (57-78), 78-80 Sticla Turda], **s.** S. 91
Sticla Turda **s.** Sticla Ariesul Turda
Ştiinţa Bucureşti **s.** CF Sportul Studentesc Bucureşti
Ştiinţa Cluj **s.** FC Universitatea Cluj-Napoca
Ştiinţa Craiova **s.** AS Universitatea FC Craiova
Ştiinţa Iaşi **s.** CFR Iaşi
Ştiinţa Iaşi **s.** FC Politehnica Iaşi
Ştiinţa Timişoara **s.** FC Politehnica Timişoara
Stimold Chişinău **s.** FC Stimold Chişinău
Stinda AIL **s.** Strindheim IL
Sting **s.** Chicago Sting
Stingers **s.** BDO Binder Stingers
Štip, Stadt, Mazedonien, **s.** S. 93
Stir FC (Stir Football Club), Kigali, Rwanda, Klub, **s.** S. 119
Stir Football Club **s.** Stir FC
Stirling Albion FC (Stirling Albion Football Club), Stirling, Schottland, Klub, entst. 1945, **s.** S. 69
Stirling Albion Football Club **s.** Stirling Albion FC
Stirling, Stadt, Schottland, **s.** S. 69
Stirlingshire FC **s.** East Stirlingshire FC
Stjarnan **s.** UMF Stjarnan
Stjärnan, Helsinki/Helsingfors, Finnland, Klub, [aufgel. 1940], **s.** S. 73
Støa Mjølner **s.** Narvik FK
Stobreč, Stadt, Kroatien, **s.** S. 93
Stock Exchange of Thailand **s.** BMA
Stockerau, Stadt, Österreich, **s.** S. 83
Stockerauer SV 1907 **s.** SV Stockerau
Stockholm, Stadt, Schweden, **s.** S. 72 und 73
Stocziowy Klub Sportowy Dąb Katowice **s.** SKS Dąb Katowice
Stoke City FC (Stoke City Football Club), Stoke-on-Trent, England, Klub, entst. 1868, [1868-75 Stoke Ramblers, 1875-1925 Stoke FC, 1878 Fusion mit Stoke Victoria AC], **s.** S. 67
Stoke City Football Club **s.** Stoke City FC
Stoke FC **s.** Stoke City FC
Stoke Ramblers **s.** Stoke City FC
Stoke Victoria AC **s.** Stoke City FC
Stoke-on-Trent, Stadt, England, **s.** S. 67
Stokers **s.** Cleveland Stokers
Stolac, Stadt, Bosnien und Herzegowina, **s.** S. 93
Stolp, Stadt, Polen, **s.** S. 84 und 89
Stomil Olsztyn **s.** MOKS Stomil Olsztyn
Stompers **s.** Oakland Stompers
Stoney Ground, Stadt, Anguilla, **s.** S. 126
Stop Out **s.** Hutt Valley United
Stop Out **s.** Lower Hutt City AFC
Stop Out **s.** Petone
Stop Out, Wellington, Neuseeland, Klub, [aufgel. 1987 durch Fusion mit Lower Hutt City und Petone, 9? Aufl. der Fusion und Zurückbenennung], **s.** S. 137
Storm Ballklubb **s.** Storm BK
Storm BK (Storm Ballklubb), Skien, Norwegen, Klub, entst. 1902, **s.** S. 71
Stormers Petrolero, Potosí, Bolivien, Klub, **s.** S. 131
Stormers, Sucre, Bolivien, Klub, entst. 1914, **s.** S. 131
Stormvogels **s.** SC Telstar
Stormvogels **s.** VSV
Stralsund, Stadt, Deutschland, **s.** S. 85
Strasbourg, Stadt, Frankreich, **s.** S. 77 und 85
Straßburg, Stadt, Frankreich, **s.** S. 77 und 85
Strautmala Rezekne **s.** FK Rezekne
Strautmala Riga, Riga, Lettland, Klub, **s.** S. 99
Streymur **s.** EB/Streymur
Strike Rovers **s.** Lifebuoy Strikers
Strikers FC **s.** Brisbane Strikers FC
Strikers **s.** Beverly Hills Strikers
Strikers **s.** Calgary Strikers
Strikers **s.** Dublanc Strikers
Strikers **s.** Eagle Strikers
Strikers **s.** Fort Lauderdale Strikers
Strikers **s.** Hallelujah Strikers SC
Strikers **s.** Kumbo Strikers
Strikers **s.** Lifebuoy Strikers
Strikers **s.** Minnesota Strikers
Strikers **s.** Silver Strikers
Strikers **s.** VP Bank Strikers
Strikers, Britische Jungferninseln, Klub, **s.** S. 126
Strindheim Idrettslaget **s.** Strindheim IL
Strindheim IL (Strindheim Idrettslaget), Trondheim, Norwegen, Klub, entst. 1926, [1926-48 Marienberg SK, 48 Fusion mit Stinda AIL => Strindheim IL], **s.** S. 71
Strojárne Martin **s.** ŠKF ZŤS VTJ Martin
Strojindustria Bălţi **s.** FC Olimpia Bălţi
Strojitel' Bălţi **s.** FC Olimpia Bălţi
Strojitel Kurgan-Tjube **s.** Vachsch Kurgan-Tjube
Strojitel Sofija **s.** FD Strojitel Sofija
Strojitel Sofija **s.** FK Slavija Sofija
Strojitel' Staryja Darohi **s.** FK Staryja Darohi
Strojitel' Staryje Dorogi **s.** FK Staryja Darohi
Strojitel' Temirtau **s.** Bulat Temirtau
Strojitel' Tjumen' **s.** FK Tjumen'
Strojtel Blagoevgrad **s.** FK Pirin Blagoevgrad
Strojtel Petritsch **s.** FK Belasitsa Petritsch
Strojtel Svischtov **s.** FK Akademik Svischtov
Strømmen BK **s.** Strømmen IF
Strømmen FK **s.** Strømmen IF
Strømmen Idrettsforening **s.** Strømmen IF
Strømmen IF (Strømmen Idrettsforening), Strømmen, Norwegen, Klub, entst. 1911, [1911-34 Norrøne Strømmen, 34 Fusion mit Strømmen BK => Strømmen FK (34-45), 45 Fusion mit Strømmen IL => Strømmen IF], **s.** S. 71
Strømmen IL **s.** Strømmen IF
Strømmen, Stadt, Norwegen, **s.** S. 71
Strømsgodset Idrettsforening **s.** Strømsgodset IF
Strømsgodset IF (Strømsgodset Idrettsforening), Drammen, Norwegen, Klub, entst. 1907, **s.** S. 71
Strongest **s.** The Strongest
Strovolos **s.** GSS Keravnos Strovolos
Struga, Stadt, Mazedonien, **s.** S. 93
Strumica, Stadt, Mazedonien, **s.** S. 93
Strumska Slava Radomir **s.** FK Strumska Slava Radomir
Strzelec Wilno **s.** TS Strzelec Wilno
Stubborn Youths SC, St. Vincent und Grenadinen, Klub, **s.** S. 127
Studentesc Bucureşti **s.** CF Sportul Studentesc Bucureşti
Studenti **s.** KS Studenti
Studentský AC Plzeň **s.** SK Plzeň 1894
Studio D Novo Mesto **s.** NK Elan GC Novo Mesto
Sturm Graz **s.** SK Puntigamer Sturm Graz
Sturm Grube Marga **s.** FSV GA Brieske-Senftenberg
Sturm Innsbruck **s.** FC Tirol Milch Innsbruck
Stuttgart, Stadt, Deutschland, **s.** S. 85
Stuttgarter Kickers **s.** SV Stuttgarter Kickers
STV Eintracht Gelsenkirchen-Horst **s.** STV Horst-Emscher
STV Horst-Emscher (Spiel- und Turnvereinigung Horst-Emscher), Gelsenkirchen, Deutschland, Klub, entst. 1912, [1912-73 STV Horst-Emscher, 73 Fusion mit SG Eintracht Gelsenkirchen => STV Eintracht Gelsenkirchen-Horst (73-78)], **s.** S. 84
Style **s.** FC Style
Styrumer BV 1908 **s.** SC Rot-Weiß Oberhausen
Subotica, Stadt, Jugoslawien, **s.** S. 93
Subotičko amatersko narodno društvo **s.** SAND
SUBT (Sport Unie Brion Trappers), Willemstad, Niederländische Antillen, Klub, **s.** S. 127
Suceava, Stadt, Rumänien, **s.** S. 91
Suchitépequez **s.** CD Suchitépequez
Suchumi, Stadt, Georgien, **s.** S. 97
Sucoma, Chikwawa, Malawi, Klub, **s.** S. 121
Sucosport **s.** AS Sucosport
Sucre FC (Sucre Fútbol Club), Lima, Peru, Klub, **s.** S. 130
Sucre FC **s.** Marinos de Sucre FC
Sucre Fútbol Club **s.** Sucre FC
Sucre **s.** Mariscal Sucre
Sucre, Stadt, Bolivien, **s.** S. 131
Sucribe **s.** AS Sucribe
Sucrière **s.** AS Sucrière
Sud América (Institución Atlética Sud América), Montevideo, Uruguay, Klub, entst. 1914, **s.** S. 135
Sud América **s.** CA Puerto Comercial
Südafrika, Länder, **s.** S. 120 und 121
Sudan, Länder, **s.** S. 114 und 115
Südbahn Graz **s.** ESV Austria Graz
Sudenburg **s.** 1. FC Magdeburg
Sudet, Kouvola, Finnland, Klub, entst. 1945, [entst. 1945 nach Umzug von Sudet aus Vyborg nach Kouvola], **s.** S. 73
Sudet, Vyborg/Viipuri, Russland, Klub, entst. 1912, [aufgel. 1945, Umzug nach Kouvola], **s.** S. 73
Südkorea, Länder, **s.** S. 110 und 111
Sudostrojitel' Nikolajew **s.** SK Mykolaiw
Suduva Marijampole **s.** FK Suduva Marijampole
Südwest Ludwigshafen **s.** SV Phönix Ludwigshafen
Suez Canal-SC **s.** al-Qanah
Suez Petroleum SC (Suez Petroleum Sports Club), Suez/Suvajs, Ägypten, Klub, **s.** S. 112
Suez Petroleum Sports Club **s.** Suez Petroleum SC
Suez **s.** al-Suez
Suez, Stadt, Ägypten, **s.** S. 112
Sugar Company FC **s.** Mumias Sugar Company FC
Sugar **s.** Chemelil Sugar
Sugar **s.** Mtibwa Sugar
Sugar **s.** Nzoia Sugar
Sugar **s.** SoNy Sugar
Sugar **s.** Wonji Sugar
Sugar Works FC **s.** Kakira Sugar Works FC
Suhl, Stadt, Deutschland, **s.** S. 85
Suhler SV **s.** 1. Suhler SV 1906
Suhopolje, Stadt, Kroatien, **s.** S. 93
Suhum, Stadt, Ghana, **s.** S. 117
Sui Southern Gas Company **s.** SSGC
Sukkertoppen, Stadt, Grönland, **s.** S. 123
Sukuta, Stadt, Gambia, **s.** S. 117
Sul América EC (Sul América Esporte Clube), Manaus, Brasilien, Klub, entst. 1932, **s.** S. 133
Sul América Esporte Clube **s.** Sul América EC
Sula (Deportivo Sula), La Lima, Honduras, Klub, **s.** S. 125
Sulaibikhat, Kuwait City, Kuwait, Klub, entst. 1973, **s.** S. 103
Sullana, Stadt, Peru, **s.** S. 130
Sully FC **s.** UWIC Inter Cardiff AFC
Sulori Wani **s.** FC Sulori Wani
Sülz **s.** 1. FC Köln
Sülzer SV 07 **s.** SpVgg. 07 Köln-Sülz
Sumba, Stadt, Färöer Inseln, **s.** S. 71
Sumbawanga, Stadt, Tansania, **s.** S. 119
Sumbe, Stadt, Angola, **s.** S. 118
Sumbiar Íttrótarfelag **s.** SÍ
Sumgait, Stadt, Aserbaidschan, **s.** S. 97
Sumitomo Metal **s.** Kashima Antlers
Sumqayıt, Stadt, Aserbaidschan, **s.** S. 97
SÜMSE **s.** Salgótarjáni Acél
SÜMSE **s.** Salgótarjáni Barátság TC
Sumy, Stadt, Ukraine, **s.** S. 99
Sun Hei, Hongkong, Klub, [19??-99 Golden], **s.** S. 109
Sunbeam, Honiara, Salomonen, Klub, **s.** S. 137
Sunderland AFC (Sunderland Association Football Club), Sunderland, England, Klub, entst. 1879, [1879-81 Sunderland and District Teacher's AFC], **s.** S. 67
Sunderland and District Teacher's AFC **s.** Sunderland AFC
Sunderland Association Football Club **s.** Sunderland AFC
Sunderland **s.** Simba SC
Sunderland, Stadt, England, **s.** S. 67
Sundowns **s.** Denver Sundowns
Sundowns **s.** Mamelodi Sundowns
Sundowns **s.** Nkomanzi Sundowns
Sundsvall, Stadt, Schweden, **s.** S. 73
Sungmu **s.** Sangmu
Sunnyside, Christchurch, Neuseeland, Klub, **s.** S. 137
Sunrise Flacq United SC (Sunrise Flacq United Sports Club), Centre de Flacq, Mauritius, Klub, entst. 1948, [198?-93 Sunrise SC, aufgel. 2000, Umzug nach Moka => Olympique de Moka], **s.** S. 121
Sunrise Flacq United SC **s.** Olympique de Moka
Sunrise Flacq United Sports Club **s.** Sunrise Flacq United SC
Sunrise SC **s.** Sunrise Flacq United SC
Sunset FC (Sunset Football Club), George Town, Kaimaninseln, Klub, **s.** S. 126
Sunset Football Club **s.** Sunset FC
Sunshine Flour Happy Hill, Happy Hill, Grenada, Klub, **s.** S. 127
Sunshine GC (Sunshine George Cross), Melbourne, Australien, Klub, **s.** S. 136
Sunshine George Cross **s.** Sunshine GC
Sunshine SC, Victoria, Seychellen, Klub, **s.** S. 121
Sunyani, Stadt, Ghana, **s.** S. 117
Super Electricity Supply Commission **s.** Super ESCOM
Super ESCOM (Super Electricity Supply Commission), Blantyre, Malawi, Klub, [19??-?? ESCOM United], **s.** S. 121
Super Estrella, Danlí, Honduras, Klub, [aufgel. 19??], **s.** S. 125
Super Stars **s.** Barba Super Stars
Supersport United, Pretoria, Südafrika, Klub, entst. 1985, [1985-98 Pretoria City], **s.** S. 121
Superstar Rangers, Port of Spain, Trinidad und Tobago, Klub, **s.** S. 129
Superstars FC **s.** Village Superstars FC
Superstrikers **s.** Dano Eagles Superstrikers
Superwoods United **s.** Dublanc Strikers
Supplies **s.** Morris Supplies
Sur, Stadt, Libanon, **s.** S. 102
Sur, Stadt, Oman, **s.** S. 103
Sur, Sur, Oman, Klub, **s.** S. 103
Surabaya, Stadt, Indonesien, **s.** S. 107
Surakarta, Stadt, Indonesien, **s.** S. 107
Surat, Stadt, Indien, **s.** S. 105
Surchan Termez **s.** FK Surchan Termez
Surf **s.** California Surf
Surinaams Nationaal Leger **s.** SNL
Surinam, Länder, **s.** S. 128 und 129
Surman, Stadt, Libyen, **s.** S. 113
Surt, Stadt, Libyen, **s.** S. 113
Survivors, Liberia, Klub, **s.** S. 117
SuS Bochum **s.** VfL Bochum
SuS Emscher **s.** Rot-Weiß Essen
Sutjeska Nikšić **s.** FK Sutjeska Nikšić
Sutjeska Srbinje **s.** FK Sutjeska Srbinje
Suva, Stadt, Fidschi, **s.** S. 137
Suva, Suva, Fidschi, Klub, **s.** S. 137
Suvajs, Stadt, Ägypten, **s.** S. 112
Suwaiq **s.** al-Suwaiq
Suwon Samsung Bluewings, Suwon, Südkorea, Klub, entst. 1995, **s.** S. 110
Suwon, Stadt, Südkorea, **s.** S. 110
SV 04 Freiburg **s.** SC Freiburg
SV 04 Leverkusen **s.** TSV Bayer 04 Leverkusen
SV 05 Reutlingen **s.** SSV 05 Reutlingen
SV 06 Cassel-Rothenditmold **s.** SV 06 Kassel-Rothenditmold
SV 06 Kassel-Rothenditmold (Spielverein 1906 Kassel-Rothenditmold), Kassel, Deutschland, Klub, entst. 1906, [1906-17 FC Adler Rothenditmold, 17 Fusion mit FC Preußen Rothenditmold => SV 06 Cassel-Rothenditmold (17-26), 26-45 SV 06 Kassel-Rothenditmold, 45 aufgel. und wiedergegr., 45-47 VfL Kassel-Rothenditmold, 47 Fusion mit SG Kirchenditmold => VfL Kassel (47-48), 48 Aufl. der Fusion, 48-49 VfL Rothenditmold], **s.** S. 85
SV 07 Hamborn **s.** SV Hamborn 07
SV 07 Waldhof **s.** SV Waldhof Mannheim 07
SV 08 Steinach (Sport-Verein 08 Steinach), Steinach, Deutschland, Klub, entst. 1908, [1908-45 SV 08 Steinach, 45 aufgel. und wiedergegr., 45-50 SG Steinach, 50-51 BSG Mechanik Steinach, 51-52 BSG Stahl Steinach, 52-90 BSG Motor Steinach], **s.** S. 85
SV 09 Neudorf **s.** FC Rapid Neudorf
SV 1860 München **s.** TSV München 1860
SV 1904 Oberhausen-Styrum **s.** SC Rot-Weiß Oberhausen
SV 1908 Flingern **s.** Düsseldorfer TSV Fortuna
SV 1912 Sodingen (Sport-Verein von 1912 Sodingen), Herne, Deutschland, Klub, entst. 1912, **s.** S. 84
SV 1927 Köln **s.** Kölner SV Victoria 11
SV 1927 Köln **s.** SC Fortuna Köln
SV 1990 Altenburg **s.** SV Motor Altenburg
SV '47 Lichtenberg (Sport-Verein '47 Lichtenberg), Berlin, Deutschland, Klub, entst. 1945, [1945-47 SG Lichtenberg-Nord, 47-50 SC '47 Lichtenberg, 50-69 SG '47 Lichtenberg, 69-80 BSG EAB '47 Lichtenberg, 80-90 BSG EAB '47 Berlin], **s.** S. 85
SV Admira Myrtle Mill Wiener Neustadt **s.** SV Admira Wiener Neustadt
SV Admira Wiener Neustadt (Sport Verein Admira Wiener Neustadt), Wiener Neustadt, Österreich, Klub, entst. 1919, [1919-72 ASK Admira Rax-Werke Wiener Neustadt, 72-73 SV Admira Myrtle Mill Wiener Neustadt], **s.** S. 83
SV ADO (Sportvereniging Alles Door Oefening), Den Haag/'s-Gravenhage, Niederlande, Klub, entst. 1905, [1971 Fusion mit Holland Sport => FC Den Haag], **s.** S. 75
SV ADO **s.** FC Den Haag
SV ADO **s.** Holland Sport
SV Arminia Hannover (Sport-Verein Arminia Hannover), Hannover, Deutschland, Klub, entst. 1910, [1910-11 FC Arminia Hannover, 11 Fusion mit Rugby-Klub Merkur Hannover => SV Arminia-Merkur Hannover (11-20), 20-45 SV Arminia Hannover, 45 aufgel. und wiedergegr., 45 SV Bischofshol], **s.** S. 85
SV Arminia-Merkur Hannover **s.** SV Arminia Hannover
SV Austria Salzburg **s.** SV Wüstenrot Salzburg
SV Bayer 04 Leverkusen **s.** TSV Bayer 04 Leverkusen
SV Beggen **s.** FC Avenir Beggen
SV Bischofshol **s.** SV Arminia Hannover
SV Blauw Wit (Sport Vereniging Blauw Wit), Amsterdam, Niederlande, Klub, entst. 1902, [aufgel. 1972 durch Fusion mit DWS => FC Amsterdam, 83 wiedergegr.], **s.** S. 75
SV Blauw Wit **s.** FC Amsterdam
SV Blau-Weiß Berlin (Sportlische Vereinigung Blau-Weiß), Berlin, Deutschland, Klub, entst. 1927, [entst. 1927 durch Fusion Berliner TuFC Union 1892 und Berliner FC Vorwärts 90 => SpVgg. Blau-Weiß 90 Berlin (27-45), 45 aufgel. und wiedergegr., 45-49 SG Mariendorf, 49-92 SpVgg. Blau-Weiß 90 Berlin, 92 aufgel. und wiedergegr.], **s.** S. 85
SV Blau-Weiß Riesa **s.** FC Stahl Riesa '98
SV Blitz Breslau **s.** VfR Schlesien Breslau
SV Borussia 03 Altona-Bahrenfeld **s.** Altonaer FC Borussia 93
SV Borussia 04 Fulda **s.** SC Borussia 04 Fulda
SV Brazil Juniors (Sportvereniging Brazil Juniors), Brazil, Aruba, Klub, **s.** S. 126
SV Britannia Beuthen **s.** Beuthener SuSV 09
SV Buna Schkopau **s.** SV Merseburg 99
SV Casino Salzburg **s.** SV Wüstenrot Salzburg
SV Chio Waldhof **s.** SV Waldhof Mannheim 07
SV Corso Breslau **s.** Breslauer FV 06-Stern
SV Cottbus-Süd **s.** ESV Cottbus
SV Dakota (Sportvereniging Dakota), Oranjestad, Aruba, Klub, **s.** S. 126
SV Darmstadt 98 (Sportverein Darmstadt von 1898), Darmstadt, Deutschland, Klub, entst. 1898, [1898-1919 FC Olympia 1898 Darmstadt, 19 Rasen-SV Olympia 1898 Darmstadt, 19 Fusion mit Darmstädter SC 05 => SV Darmstadt 98], **s.** S. 85
SV Deportivo Nacionaal (Sportvereniging Deportivo Nacionaal), Noord, Aruba, Klub, **s.** S. 126
SV Dessau 05 (Sport-Verein Dessau 1905), Dessau, Deutschland, Klub, entst. 1921, [entst. 1921 durch Fusion VfR 1905 Dessau und TSV Dessau => SV Dessau 05 (21-45), 45 aufgel. und wiedergegr., 45-47 Blau-Weiß Dessau, 47-48 Sport-Union Dessau, 48-49 SG Dessau-Nord, 49 BSG Waggonbau Dessau, 49-50 BSG Waggonfabrik Dessau, 50-89 BSG Motor Dessau, 89-95 SG Waggonbau 05 Dessau], **s.** S. 85
SV Donau Wien (Sportvereinigung Donau Wien), Wien, Österreich, Klub, entst. 1921, [entst. 1921 durch Fusion SC Olympia Wien und SV Lagerhaus Wien], **s.** S. 83
SV Düdelingen **s.** US Dudelange
SV Eimsbütteler **s.** Eimsbütteler TV
SV Eintracht Braunschweig **s.** Braunschweiger TSV Eintracht
SV Eisen und Stahl 1946 Linz **s.** FC Linz
SV Elektra Wien (Sport Verein Elektra Wien), Wien, Österreich, Klub, entst. 1921, [1921-34 SV Elektra Wien, 34 aufgel., 46 wiedergegr., 46-?? SV Elektra Wien, ??-?? FS Elektra Wien], **s.** S. 83
SV Emscher-Vogelheim **s.** Rot-Weiß Essen
SV Estrella (Sportvereniging Estrella), Santa Cruz, Aruba, Klub, **s.** S. 126
SV FC Wattens **s.** WSG Wattens
SV Fortuna 02 Leipzig (Sportverein Fortuna 1902 Leipzig), Leipzig, Deutschland, Klub, entst. 1902, [1902-?? FC Fortuna Leipzig, ?? Fusion mit FC Hohenzollern 1902 Sellerhausen, ??-45 SV Fortuna Leipzig, 45 aufgel.], **s.** S. 85
SV Fortuna Leipzig **s.** SV Fortuna 02 Leipzig
SV Gablitz **s.** FCN Sankt Pölten
SV Gabor Schuhmode Spittal **s.** SV Spittal an der Drau
SV Gera **s.** 1. SV Gera
SV Gerasdorf **s.** FCN Sankt Pölten
SV Gerasdorf **s.** Wiener SC
SV Germania 1906 Bochum **s.** VfL Bochum
SV Gloggnitz (Sport Verein Gloggnitz), Gloggnitz, Österreich, Klub, entst. 1922, **s.** S. 83
SV Grün-Weiß 99 Bremen **s.** SV Werder Bremen
SV Hamborn 07 (Sportfreunde Hamborn 1907), Hamborn, Deutschland, Klub, entst. 1911, [entst. 1911 durch Fusion BC 1903 Hamborn und SV Marxloh => SV 07 Hamborn (11-54), 54 Fusion mit SV Sportfreunde Hamborn => SV Hamborn 07], **s.** S. 84
SV Helios Brigittenauer **s.** Brigittenauer SC Feuerwehr
SV Hindenburg Allenstein (Sportverein Hindenburg Allenstein), Allenstein (Olsztyn), Polen, Klub, entst. 1921, [aufgel. 1945], **s.** S. 84
SV Homburg **s.** FC 08 Homburg/Saar
SV Hypobank Austria Klagenfurt **s.** FC Kärnten
SV Josko Ried (Sportvereinigung Josko Reid), Ried im Innkreis, Österreich, Klub, entst. 1912, [1912-19 SV Ried, 19-?? FC Germania Ried, ??-?? SV Ried, ??-?? SV Marc O'Polo Ried, ??-97 SV Keli Ried], **s.** S. 83
SV Jugendlust 1890 Berlin **s.** Berliner FC Alemannia 90-Wacker
SV Juventud (Sportvereniging Juventud), Tanki Leendert, Aruba, Klub, **s.** S. 126
SV Kaiserwald Riga (Sport-Verein Kaiserwald Riga), Riga, Lettland, Klub, entst. 1909, [aufgel. 19??], **s.** S. 99
SV Kalk 04 **s.** VfR Köln rrh.
SV Keli Ried **s.** SV Josko Ried
SV Kurhessen Cassel **s.** Kasseler SV Hessen
SV Lagerhaus Wien **s.** SV Donau Wien
SV Leipzig-Lindenau 1899 (Sportvereinigung Leipzig-Lindenau 1899), Leipzig, Deutschland, Klub, entst. 1899, [1899-1903 ATV Leipzig-Lindenau 1899, 03-45 SV Leipzig-Lindenau 1899, 45 aufgel.], **s.** S. 85
SV Limburgia (Sport Vereniging Limburgia), Brunssum, Niederlande, Klub, entst. 1920, **s.** S. 75
SV Marc O'Polo Ried **s.** SV Josko Ried
SV Marga **s.** FSV GA Brieske-Senftenberg
SV Marxloh **s.** SV Hamborn 07
SV Merseburg 99 (Sport-Verein Merseburg 1899), Merseburg, Deutschland, Klub, entst. 1899, [??-1945 SV Merseburg 99, 45 aufgel. und wiedergegr., 45-4? SG Merseburg-Nord, 4?-4? BSG Buna Merseburg, 4?-48 BSG Chemie Merseburg, 48-90 BSG Chemie Buna-Schkopau, 90-91 SV Buna Schkopau], **s.** S. 85
SV Moengotapoe (Sportvereniging Moengotapoe), Moengotapoe, Surinam, Klub, **s.** S. 129
SV Mosseland 07 Luxemburg **s.** Spora Luxembourg
SV Motor Altenburg (Sport-Verein Motor Altenburg), Altenburg, Deutschland, Klub, entst. 1946, [1946-49 SG Altenburg-Nord, 49-51 ZSG Altenburg, 51-52 BSG Stahl Altenburg, 52-90 BSG Motor Altenburg, 90-98 SV 1990 Altenburg], **s.** S. 85
SV Motor Weimar **s.** SC Weimar 03
SV NAC **s.** VAV NAC
SV Neufahrwasser (Sport-Verein Neufahrwasser), Danzig (Gdańsk), Polen, Klub, entst. 1919, [aufgel. 1945], **s.** S. 84
SV Norden-Nordwest (Sport-Verein Norden-Nordwest 1898), Berlin, Deutschland, Klub, entst. 1898, [1898-1906 FC Norden-West Berlin, 06 Fusion mit Berliner FC des Nordens => FC Norden-Nordwest Berlin (06-07), 07 Fusion mit SV Teutonia Schönholz => SV Norden-Nordwest (07-45), 45 aufgel. und wiedergegr., 45-49 SG Gesundbrunnen, 49 Teilung => SV Norden-Nordwest, Hertha BSC Berlin und Berliner FC Meteor], **s.** S. 85
SV Norden-Nordwest **s.** Hertha BSC Berlin
SV Phönix 1910 Kaiserslautern **s.** 1. FC Kaiserslautern
SV Phönix Ludwigshafen (Sport-Verein Phönix Ludwigshafen), Ludwigshafen am Rhein, Deutschland, Klub, entst. 1903, [1903-36 Ludwigshafener FC Phönix, 36 Fusion mit FC Pfalz 03 Ludwigshafen, Stemm- und Ringclub Ludwigshafen, Turn- und Fechtclub Ludwigshafen, TV 1861 Ludwigshafen und Kanu-Club Ludwigshafen => TSG 1861 Ludwigshafen (36-45), 45 aufgel. und wiedergegr., 45-64 SV Phönix Ludwigshafen, aufgel. 64 durch Fusion mit TuRa Ludwigshafen => SV Südwest Ludwigshafen], **s.** S. 85
SV Polizei Litzmannstadt **s.** SG OrPo Litzmannstadt
SV Post Telekom Neubrandenburg **s.** FC Neubrandenburg
SV Post Wien **s.** Post SV Wien
SV Preußen-Borussia Stettin-Neuwestend **s.** SK Preußen 01 Stettin
SV Prussia-Samland Königsberg (Sportvereinigung Prussia-Samland Königsberg), Königsberg (Kaliningrad), Russland, Klub, entst. 1904, [1904-08 FC Prussia-Samland Königsberg, 08 Fusion mit Sportzirkel Samland Königsberg => SV Prussia-Samland Königsberg (08-45), 45 aufgel.], **s.** S. 84
SV RCA (Sportvereniging Racing Club Aruba), Solitu, Aruba, Klub, **s.** S. 126
SV Ried **s.** SV Josko Ried
SV Riverplate Modiki (Sportvereniging Riverplate Modiki), Oranjestad, Aruba, Klub, **s.** S. 126
SV Roda JC (Sportvereniging Roda Juliana Combinatie), Kerkrade, Niederlande, Klub, entst. 1962, [entst. 1962 durch Fusion Rapid JC und Roda Sport], **s.** S. 75
SV Roda JC **s.** Rapid JC
SV Sankt Veit an der Glan **s.** FC Sankt Veit an der Glan
SV Schiffahrt/Hafen 61 Wismar **s.** FC Anker Wismar
SV Schwarz-Weiß 07 Esch **s.** AS Jeunesse Esch
SV Schwarz-Weiß Wasserbillig **s.** FC Jeunesse Wasserbillig
SV Schwarz-Wieß Westende Hamborn (Sport-Verein Schwarz-Wieß Westende Hamborn), Hamborn, Deutschland, Klub, entst. 1937, [entst. 1937 durch Fusion Westende Laer und Thyssen Hamborn => BSG Bergbau Hamborn (37-45), 45 aufgel. und wiedergegr., 45-47 Schwarz-Wieß Hamborn, 47 Fusion mit SV Westende Hamborn => SV Schwarz-Wieß Westende Hamborn], **s.** S. 84
SV Schwechat (Sportverein Schwechat), Schwechat, Österreich, Klub, entst. 1906, [entst. 1906 durch Fusion Allgemeiner Schwechater SC und SC Graphia Schwechat => SC Germania Schwechat (06-10), 10 aufgel., 12 wiedergegr., 12-28 SC Germania Schwechat, 28 aufgel., wiedergegr. 33 durch Fusion Neuklettenhof und Amateure XI Wien => Germania Schwechat (33-45), 45-79 1. Schwechater SC, 79-84 Schwechater SV, 84-?? 1. Schwechater SC], **s.** S. 83
SV Spittal an der Drau (Sportverein Spittal an der Drau), Spittal an der Drau, Österreich, Klub, entst. 1921, [19??-?? SV Gabor Schuhmode Spittal], **s.** S. 83
SV Sportfreunde Hamborn **s.** SV Hamborn 07
SV Stahl Thale **s.** SpVgg. 04 Thale
SV Stockerau (Sportverein Stockerau), Stockerau, Österreich, Klub, entst. 1907, [1907-57 Stockerauer SV 1907, 57 Fusion mit SC Heid Stockerau => SV Stockerau], **s.** S. 83
SV Stuttgarter Kickers (Sport-Verein Stuttgarter Kickers), Stuttgart, Deutschland, Klub, entst. 1899, [1899-1933 FC Kickers Stuttgart], **s.** S. 85
SV Südbahn Graz **s.** ESV Austria Graz
SV Südwest Ludwigshafen **s.** SV Phönix Ludwigshafen
SV Tasmania 73 Neukölln (Sport-Verein Tasmania 1973 Neukölln), Berlin, Deutschland, Klub, entst. 1900, [1900-12 Rixdorfer FC Tasmania, 12-45 Neuköllner SC Tasmania, 45 aufgel. und wiedergegr., 45-49 SG Rixdorf, 49-73 SC Tasmania 1900 Berlin], **s.** S. 85
SV Teutonia Schönholz **s.** SV Norden-Nordwest
SV TuRa Leipzig **s.** FC Sachsen Leipzig 1990
SV Victory Boys Bandariba (Sportvereniging Victory Boys Bandariba), Kralendijk, Niederländische Antillen, Klub, **s.** S. 126
SV Viktoria 09 Stolp (Sport-Verein Viktoria von 1909 Stolp), Stolp (Słupsk), Polen, Klub, entst. 1909, [aufgel. 1945], **s.** S. 84
SV Viktoria Lauter **s.** Lauterer SV Viktoria 1913
SV Viktoria Magdeburg **s.** 1. FC Magdeburg
SV Vogelheim **s.** Rot-Weiß Essen
SV Waldhof Mannheim 07 (Sportverein Waldhof Mannheim 1907), Mannheim, Deutschland, Klub, entst. 1907, [1907-20 SV 07 Waldhof, 20 Fusion mit TV 1877 Waldhof => SpTV. 1877 Waldhof (20-25), 25 Aufl. der Fusion, 25-69 SV 07 Waldhof, 69-72 SV Waldhof Mannheim, 72-75 Chio Waldhof 07, 75-78 SV Chio Waldhof], **s.** S. 85
SV Waregem **s.** KSV Waregem
SV Werder Bremen (Sport-Verein Werder von 1899 Bremen), Bremen, Deutschland, Klub, entst. 1899, [1899-1920 FV Werder Bremen, 20-45 SV Werder Bremen, 45 Fusion mit TV Vorwärts Bremen und Freie Schwimmer 1910 Bremen => TuS Werder 1945 Bremen (45-46), 46 SV Grün-Weiß 99 Bremen], **s.** S. 85
SV Westende Hamborn **s.** SV Schwarz-Wieß Westende Hamborn
SV Wibeba Wien **s.** ESV Ostbahn XI Wien
SV Wilhelmshaven (Sport-Verein Wilhelmshaven), Wilhelmshaven, Deutschland, Klub, entst. 1905, [entst. 1939 durch Fusion Wilhelmshavener SV und VfL 1905 Rüstringen => SpVgg. 05 Wilhelmshaven (39-45), 45 aufgel., 52 wiedergegr., 52-72 SpVgg. 05 Wilhelmshaven, 72 Fusion mit TSV Germania 05 Wilhelmshaven => SV Wilhelmshaven], **s.** S. 85
SV Wüstenrot Salzburg (Sport Verein Wüstenrod Salzburg), Salzburg, Österreich, Klub, entst. 1933, [entst. 1933 durch Fusion Hertha Salzburg und FC Rapid Salzburg, 42-44 FG Salzburg, 44-78 SV Austria Salzburg, 78-97 SV Casino Salzburg], **s.** S. 83
SV Yorck 1921 Insterburg **s.** MSV Yorck-Boyen Insterburg
Švarc Benešov **s.** FK Benešov
Svea **s.** Helsingborgs IF
Sverdlovskoje ROVD Bischkek **s.** SK Poljot Bischkek
Svetkavitsa Pernik **s.** FK Minjor Pernik
Svetoslav Stara Zagora **s.** FK Beroe Stara Zagora
Svetotechnika Majli-Saj **s.** FK Svetotechnika Majli-Saj
SVg. Mödling **s.** VfB Mödling
Svilengrad, Stadt, Bulgarien, **s.** S. 91
Svischtov, Stadt, Bulgarien, **s.** S. 91
Svislatsch-Kroulja Asipovitschy **s.** FK Svislatsch-Kroulja Asipovitschy
Svit Batizovce **s.** FC Chemosvit Svit
Svit I Gottwaldov **s.** FK Zlín
Svit Otrokovice **s.** TJ Jiskra Otrokovice
Svit Zlín **s.** FK Zlín
Svit, Stadt, Slowakei, **s.** S. 87
Svithiod **s.** Helsingborgs IF
Svoboda Ljubljana **s.** NK Vevče Donit Filtri
SVV (Schiedamse Voetbal Vereniging), Schiedam, Niederlande, Klub, entst. 1904, [1991 Fusion mit Dordrecht '90], **s.** S. 75
SVV **s.** Dordrecht '90
SVV/Dordrecht **s.** Dordrecht '90
SW Bregenz **s.** Casino SW Bregenz
Swahil, Alexandria (Iskandarija), Ägypten, Klub, **s.** S. 112
Swallows FC (Swallows Football Club), Maseru, Lesotho, Klub, **s.** S. 120
Swallows Football Club **s.** Swallows FC
Swallows **s.** Blue Swallows
Swallows **s.** Mbabane Swallows
Swallows **s.** Moroka Swallows
Swamp, Old Road, Antigua und Barbuda, Klub, **s.** S. 127
Swansea City FC (Swansea City Football Club), Swansea, Wales, Klub, entst. 1912, [1912-70 Swansea Town AFC], **s.** S. 67
Swansea City Football Club **s.** Swansea City FC
Swansea Town AFC **s.** Swansea City FC
Swansea, Stadt, Wales, **s.** S. 67
Swarovski Tirol Innsbruck **s.** FC Tirol Milch Innsbruck
Swarovski Tirol Innsbruck **s.** WSG Wattens
Swarovski Wattens **s.** WSG Wattens
Swasiland, Länder, **s.** S. 120 und 121
Swedru, Stadt, Ghana, **s.** S. 117
Swehli **s.** al-Swehli
Świętochłowice, Stadt, Polen, **s.** S. 89
Swift Wasserbillig **s.** FC Jeunesse Wasserbillig
Swimming Club Monaco **s.** AS Monaco
Swindon Town FC (Swindon Town Football Club), Swindon, England, Klub, entst. 1881, **s.** S. 67
Swindon Town Football Club **s.** Swindon Town FC
Swindon, Stadt, England, **s.** S. 67
SWW Innsbruck **s.** FC Tirol Milch Innsbruck
Sydney City Hakoah, Sydney, Australien, Klub, **s.** S. 136
Sydney Croatia SC (Sydney Croatia Soccer Club), Sydney, Australien, Klub, **s.** S. 136
Sydney Croatia Soccer Club **s.** Sydney Croatia SC
Sydney Olympic FC (Sydney Olympic Football Club), Sydney, Australien, Klub, entst. 1977, [1995-98 UTS Sydney Olympic], **s.** S. 136
Sydney Olympic Football Club **s.** Sydney Olympic FC
Sydney United FC (Sydney United Football Club), Sydney, Australien, Klub, entst. 1958, **s.** S. 136
Sydney United Football Club **s.** Sydney United FC
Sydney, Stadt, Australien, **s.** S. 136
Sylhet, Stadt, Bangladesh, **s.** S. 105
Syllogos Anorthosis Famagusta **s.** Anorthosis Famagusta
Symferopol', Stadt, Ukraine, **s.** S. 99
Synot **s.** FC Slovácká Slavia Uherské Hradiště
Synot Staré Město **s.** 1. FC Synot
Synthesia Pardubice **s.** SK Pardubice
Synthesia Semtín **s.** SK Pardubice
Syrien, Länder, **s.** S. 102 und 103
SZAC (Szentlőrinci Atlétikai Club), Budapest, Ungarn, Klub, entst. 1908, [1908-45 SZAC, aufgel. 45 durch Fusion mit Budapesti Póstás, 56 wiedergegr., 56-59 SZAC, 59 aufgel.], **s.** S. 88
SZAC **s.** Budapesti Postás SE
SZAK **s.** Szegedi AK
Szczecin, Stadt, Polen, **s.** S. 84 und 89
SZEAC **s.** SZEOL
Szeged FC **s.** Szegedi AK
Szeged, Stadt, Ungarn, **s.** S. 89
Szegedi AK (Szegedi Atlétikai Klub), Szeged, Ungarn, Klub, entst. 1899, [1899-1926 SZAK, 26-31 Bástya SE Szeged, 31-40 Szeged FC, 40-49 Szegedi AK, 49-50 SZMTE, 50-57 Szegedi Petőfi, 57-76 Szegedi AK, aufgel. 76 durch Fusion mit SZEOL => SZEOL AK], **s.** S. 89
Szegedi AK **s.** Szegedi SC
Szegedi AK **s.** SZEOL
Szegedi Atlétikai Klub **s.** Szegedi AK
Szegedi Egyetemi és Olajipari **s.** SZEOL
Szegedi Haladás **s.** SZEOL
Szegedi Honvéd **s.** SZEOL
Szegedi Lokomotív **s.** Szegedi VSE
Szegedi Petőfi **s.** Szegedi AK
Szegedi SC (Szegedi Sport Club), Szeged, Ungarn, Klub, entst. 1976, [entst. 1976 durch Fusion Szegedi AK se SZEOL => SZEOL AK (76-85), 85 Fusion mit Délép Szeged => SZEOL-Délép (85-86), 86-97 Szegedi SC, 97 aufgel.], **s.** S. 89
Szegedi Sport Club **s.** Szegedi SC
Szegedi Törekvés **s.** Szegedi VSE
Szegedi Vasutas Sport Egyesület **s.** Szegedi VSE
Szegedi Vasutasok „Tisza" SE **s.** Szegedi VSE
Szegedi VSE (Szegedi Vasutas Sport Egyesület), Szeged, Ungarn, Klub, entst. 1914, [1919-44 Szegedi VSE, 44-49 Szegedi Vasutasok „Tisza" SE, 49-55 Szegedi Lokomotív, 55-57 Szegedi Törekvés], **s.** S. 89
Székesfehérvár, Stadt, Ungarn, **s.** S. 89
Székesfehérvári Előre **s.** Székesfehérvári MÁV Előre SC
Székesfehérvári Lokomotív **s.** Székesfehérvári MÁV Előre SC
Székesfehérvári Magyar Állami Vágon Előre Sport Club **s.** Székesfehérvári MÁV Előre SC
Székesfehérvári MÁV Előre **s.** Székesfehérvári MÁV Előre SC
Székesfehérvári MÁV Előre SC (Székesfehérvári Magyar Állami Vágon Előre Sport Club), Székesfehérvár, Ungarn, Klub, entst. 1909, [1909-10 Délvasuti MTK, 10-32 Székesfehérvári Előre, 32-49 Székesfehérvári MÁV Előre, 49-55 Székesfehérvári Lokomotív, 55-56 Székesfehérvári Törekvés], **s.** S. 89
Székesfehérvári Törekvés **s.** Székesfehérvári MÁV Előre SC
Szentlőrinci Atlétikai Club **s.** SZAC

SZEOL (Szegedi Egyetemi és Olajipari), Szeged, Ungarn, Klub, entst. 1921, [1921-40 KEAC, 40-48 SZEAC, 48-53 Szegedi Honvéd, 53-56 Szegedi Haladás, 56-69 SZEAC, 69-76 SZEOL, aufgel. 76 durch Fusion mit Szegedi AK => SZEOL AK], **s. S.** 89
SZEOL AK **s.** Szegedi AK
SZEOL AK **s.** Szegedi SC
SZEOL AK **s.** SZEOL
SZEOL **s.** Szegedi AK
SZEOL **s.** Szegedi SC
SZEOL-Délép **s.** Szegedi SC
SZIMÜVEK **s.** Salgótarjáni Acél
SZIMÜVEK **s.** Salgótarjáni Barátság TC
Szirka Nyomda **s.** Budapesti Szikra Nyomda
SZISE Budapest **s.** Budafok FC
SZISE Budapest **s.** Teherfuvar
SZMTE **s.** Szegedi AK
Szolnok, Stadt, Ungarn, **s. S.** 89
Szolnoki Honvéd Iljusin **s.** Szolnoki Légierő
Szolnoki Légierő, Szolnok, Ungarn, Klub, entst. 1951, [1951-53 Szolnoki Honvéd Iljusin, 53-57 Szolnoki Légierő, aufgel. 57 durch Fusion mit Mátyásföldi Vasas Ikarus => Mátyásföldi Ikarus Budapest-Szolnok], **s. S.** 89
Szolnoki Magyar Állami Vasut-Neusiedler **s.** Szolnoki MÁV-Neusiedler
Szolnoki MÁV MTE **s.** Szolnoki MÁV-Neusiedler
Szolnoki MÁV SE **s.** Szolnoki MÁV-Neusiedler
Szolnoki MÁV-Neusiedler (Szolnoki Magyar Állami Vasut-Neusiedler), Szolnok, Ungarn, Klub, entst. 1910, [1910-49 Szolnoki MÁV SE, 49-55 Szolnoki Törekvés SE, 55-79 Szolnoki MÁV SE, 79 Fusion mit Szolnoki MTE => Szolnoki MÁV MTE (79-95), 95-97 Szolnoki MÁV SE], **s. S.** 89
Szolnoki MTE **s.** Szolnoki MÁV-Neusiedler
Szolnoki Törekvés SE **s.** Szolnoki MÁV-Neusiedler
Szombathely, Stadt, Ungarn, **s. S.** 89
Szombathelyi Atlétikai Kör **s.** Sabaria FC
Szombathelyi Haladás VSE **s.** Haladás-Milos VFC
Szombathelyi Lokomotív SE **s.** Haladás-Milos VFC
Szombathelyi MAV **s.** Haladás-Milos VFC
Szombathelyi Törekvés SE **s.** Haladás-Milos VFC
Szombathelyi VSE **s.** Haladás-Milos VFC
Szombierki Bytom **s.** GKS Szombierki Bytom
Szombierki Bytom **s.** KS Polonia Bytom
Sztálin Vasmű Építők **s.** Dunaferr SE
Sztálinvárosi Vasas **s.** Dunaferr SE
Sztálinvárosi Vasmű Építők **s.** Dunaferr SE
Szürketaxi **s.** Főtaxi Budapest
T-41 (Tupilakken-41), Qaanaaq/Thule, Grönland, Klub, **s. S.** 123
Ta Tung, Taibei, Taiwan, Klub, **s. S.** 109
Ta'awon **s.** al-Ta'awon
Tabak Dresden **s.** TSV 1910 Dresden
Tabernacle **s.** Metro Mt Albert
Tabor Sežana **s.** NK Tabor Sežana
Tabora, Stadt, Tansania, **s. S.** 119
Tabou, Stadt, Elfenbeinküste, **s. S.** 117
Tabriz, Stadt, Iran, **s. S.** 103
TAC Martin **s.** ŠKF ZŤS VTJ Martin
Táchira FC **s.** Nacional-Táchira FC
Táchira FC **s.** UD Táchira FC
Táchira **s.** Atlético San Cristóbal
Tacna, Stadt, Peru, **s. S.** 131
Tacuarembó FC (Tacuarembó Fútbol Club), Tacuarembó, Uruguay, Klub, entst. 1998, **s. S.** 135
Tacuarembó Fútbol Club **s.** Tacuarembó FC
Tacuarembó, Stadt, Uruguay, **s. S.** 135
Tadamun **s.** al-Tadamun
Tadamun **s.** az-Tadamun
Tadschikistan, Länder, **s. S.** 100 und 101
Ta'ee **s.** al-Ta'ee
Taegu, Stadt, Südkorea, **s. S.** 110
Taejon Citizen, Taejon, Südkorea, Klub, entst. 1997, **s. S.** 110
Taejon, Stadt, Südkorea, **s. S.** 110
Tafea FC (Tafea Football Club), Villa, Vanuatu, Klub, **s. S.** 137
Tafea Football Club **s.** Tafea FC
Tafic FC (Tafic Football Club), Francistown, Botswana, Klub, **s. S.** 121
Tafic Football Club **s.** Tafic FC
Taguatinga EC (Taguatinga Esporte Clube), Taguatinga, Brasilien, Klub, entst. 1975, **s. S.** 133
Taguatinga Esporte Clube **s.** Taguatinga EC
Taguatinga, Stadt, Brasilien, **s. S.** 133
Tahaddy **s.** al-Tahaddy
Tahiti, Länder, **s. S.** 136 und 137
Tahitiens **s.** Jeunes Tahitiens
Tahrir **s.** al-Tahrir
Taiaran, Kairo (Al-Qahirah), Ägypten, Klub, **s. S.** 112
Taibe, Stadt, Israel, **s. S.** 94
Taibei, Stadt, Taiwan, **s. S.** 109
Taipei Bank, Taibei, Taiwan, Klub, **s. S.** 109
Taipei PEC, Taibei, Taiwan, Klub, **s. S.** 109
Taiping, Stadt, Malaysia, **s. S.** 106
Taipower, Taibei, Taiwan, Klub, **s. S.** 109
Taishan **s.** Shangdong Luneng Taishan
Taiung, Taiwan, Klub, **s. S.** 109
Taiwan PEC, Taiwan, Klub, **s. S.** 109
Taiwan, Länder, **s. S.** 108 und 109
Taiyansheng **s.** Guangzhou Jili Cars
Taiyuan, Stadt, China, **s. S.** 109
Ta'izz, Stadt, Jemen, **s. S.** 103
Taj **s.** Esteghlal
Taj **s.** Real Taj
Takapuna City, Takapuna, Neuseeland, Klub, **s. S.** 137
Takapuna, Stadt, Neuseeland, **s. S.** 137
Takrit, Stadt, Irak, **s. S.** 103
Takuvaine SC, Cook Inseln, Klub, **s. S.** 137
Talaba **s.** al-Talaba
Talara, Stadt, Peru, **s. S.** 130
Talas, Stadt, Kirgisien, **s. S.** 101
Talca, Stadt, Chile, **s. S.** 135
Talcahuano, Stadt, Chile, **s. S.** 135
Taldykorgan, Stadt, Kasachstan, **s. S.** 101
Talesh, Stadt, Iran, **s. S.** 103
Tali'aa **s.** al-Tali'aa
Talleres FC **s.** CA Lanús
Talleres FC **s.** CA Talleres
Talleres FC **s.** Unión Talleres-Lanús
Talleres **s.** CA Talleres
Talleres United FC **s.** CA Talleres
Tallinn, Stadt, Estland, **s. S.** 99
Tallinna Jalgpalliklubi **s.** Tallinna JK
Tallinna JK (Tallinna Jalgpalliklubi), Tallinn, Estland, Klub, entst. 1921, [aufgel. 19??], **s. S.** 99
Tallinna Sadam **s.** FC Levadia Maardu
Tallinna Sadam **s.** JK Tallinna Sadam
Tallinna Vineeri- ja Mööblikombinaat Tallinn **s.** TVMK Tallinn
Tally Ju-Ca (Tally Juventud Católica), Puerto Barrios, Guatemala, Klub, **s. S.** 125
Tally Juventud Católica **s.** Tally Ju-Ca
Talmone Torino **s.** Torino Calcio
Tamala, Stadt, Ghana, **s. S.** 117
Tamale, Stadt, Ghana, **s. S.** 117
Tamatave, Stadt, Madagaskar, **s. S.** 121
Tamil Cadets United, Centre de Flacq, Mauritius, Klub, [19??-?? Tamil Rovers], **s. S.** 121
Tamil Rovers **s.** Tamil Cadets United
Tammerfors, Stadt, Finnland, **s. S.** 73
Tammisaari, Stadt, Finnland, **s. S.** 73
Tampa Bay Mutiny, Tampa, USA, Klub, entst. 1996, **s. S.** 123
Tampa Bay Rowdies, Tampa, USA, Klub, entst. 1975, [aufgel. 1984], **s. S.** 123
Tampa, Stadt, USA, **s. S.** 123
Tampere, Stadt, Finnland, **s. S.** 73
Tampereen Kisa Toverit **s.** TKT
Tampereen Palloilijat **s.** TaPa
Tampereen Palloveikot **s.** TPV
Tampico FC (Tampico Fútbol Club AC), Tampico, Mexiko, Klub, [19??-82 Tampico FC, 82-96 Tampico-Madero FC, aufgel. 96, Umzug nach Queretaro => TM Gallos Blancos, 9? wiedergegr.], **s. S.** 125
Tampico Fútbol Club AC **s.** Tampico FC
Tampico, Stadt, Mexiko, **s. S.** 125
Tampico-Madero FC **s.** Tampico FC
Tampico-Madero FC **s.** TM Gallos Blancos
Tampines Rovers FC (Tampines Rovers Football Club), Tampines, Singapur, Klub, **s. S.** 107
Tampines Rovers Football Club **s.** Tampines Rovers FC
Tampines, Stadt, Singapur, **s. S.** 107
Tamponnaise **s.** USS Tamponnaise
Tamuning, Stadt, Guam, **s. S.** 136
Tan An, Stadt, Vietnam, **s. S.** 107
Tanabe, Stadt, Japan, **s. S.** 111
Tanabe, Tanabe, Japan, Klub, [aufgel. 19??], **s. S.** 111
Tananarive, Stadt, Madagaskar, **s. S.** 121
Tandil, Stadt, Argentinien, **s. S.** 135
Tanga, Stadt, Tansania, **s. S.** 119
Tanganda, Mutare, Simbabwe, Klub, **s. S.** 121
Tanger, Stadt, Marokko, **s. S.** 113
Tangerang, Stadt, Indonesien, **s. S.** 107
Tangshan, Stadt, China, **s. S.** 109
Tanjong Pagar United FC (Tanjong Pagar United Football Club), Queenstown, Singapur, Klub, **s. S.** 107
Tanjong Pagar United Football Club **s.** Tanjong Pagar United FC
Tanki Leendert, Stadt, Aruba, **s. S.** 126
Tankista Praha **s.** VTJ Dukla Pardubice
Tankista Praha, Prag (Praha), Tschechische Republik, Klub, entst. 1953, [aufgel. 1956, Umzug nach Pardubice => VTJ Dukla Pardubice], **s. S.** 86
Tano Bafoakwa, Sunyani, Ghana, Klub, [19??-67 BA Stars], **s. S.** 117
Tanora Miray Sansfil Tuléar **s.** TMST
Tansania, Länder, **s. S.** 118 und 119
Tanta SC (Tanta Spors Club), Tanta, Ägypten, Klub, **s. S.** 112
Tanta Spors Club **s.** Tanta SC
Tanta, Stadt, Ägypten, **s. S.** 112
Tanzania Stars, Dar es Salaam, Tansania, Klub, **s. S.** 119
TaPa (Tampereen Palloilijat), Tampere/Tammerfors, Finnland, Klub, entst. 1921, [aufgel. 1975 durch Fusion mit Ikissat => Ilves], **s. S.** 73
TaPa **s.** FC Ilves
TaPa **s.** Ikissat
Tarabulus al-Gharb, Stadt, Libyen, **s. S.** 113
Taraggi Baku **s.** FC Azneftjag Baku
Tarangau, Port Moresby, Papua-Neuguinea, Klub, **s. S.** 136
Taranto, Stadt, Italien, **s. S.** 81
Tarapacá Ferrocarril **s.** Sportivo Tarapacá Ferrocarril
Tarapoto, Stadt, Peru, **s. S.** 130
Taraz Dschambul **s.** FK Taraz
Taraz **s.** FK Taraz
Târgovişte, Stadt, Rumänien, **s. S.** 91
Târgu Mureş, Stadt, Rumänien, **s. S.** 91
Tarija, Stadt, Bolivien, **s. S.** 131
Tarma, Stadt, Peru, **s. S.** 130
Tarnobrzeg, Stadt, Polen, **s. S.** 89
Tarnovia Tarnów **s.** ZKS Unia Tarnów
Tarnów, Stadt, Polen, **s. S.** 89
Tarpeda Schodyna **s.** FK Tarpeda Schodyna
Tarpeda-Kadzina Mahiljou **s.** FK Tarpeda-Kadzina Mahiljou
Tarpeda-MAZ Minsk **s.** FK Tarpeda-MAZ Minsk
Tarrafol, Stadt, Kapverden, **s. S.** 116
Tarragona, Stadt, Spanien, **s. S.** 79
Tarsus, Stadt, Türkei, **s. S.** 96
Tartane **s.** AC Real Tartane
Tartu Jalgapallikool **s.** Tartu JPK
Tartu JPK (Tartu Jalgapallikool), Tartu, Estland, Klub, entst. 1910, [1910-92 Kalev Tartu, 92-94 ESDAG Tartu, 94-96 FC DAG Tartu], **s. S.** 99
Tartu PSR, Tartu, Estland, Klub, [aufgel. 19??], **s. S.** 99
Tartu, Stadt, Estland, **s. S.** 99
Tarxien Rainbows FC (Tarxien Rainbows Football Club), Tarxien, Malta, Klub, entst. 1934, **s. S.** 81
Tarxien Rainbows Football Club **s.** Tarxien Rainbows FC
Tarxien, Stadt, Malta, **s. S.** 81
TASC (Tatitown Sporting Club), Francistown, Botswana, Klub, **s. S.** 121
Taschauz, Stadt, Turkmenistan, **s. S.** 101
Taschawtomasch Taschkent **s.** FK Traktor Taschkent
Taschkent, Stadt, Usbekistan, **s. S.** 100
Taschkumyr, Stadt, Kirgisien, **s. S.** 100
Tasmania 1900 Berlin **s.** SV Tasmania 73 Neukölln
Tasyn Suudal, Mongolei, Klub, **s. S.** 109
Tata National **s.** AS Tata National
Tatabánya, Stadt, Ungarn, **s. S.** 89
Tatabányai Bányász SC **s.** Lombard FC Tatabánya
Tatabányai FC **s.** Lombard FC Tatabánya
Tatabányai SC **s.** Lombard FC Tatabánya
Tatabányai Tárna **s.** Lombard FC Tatabánya
Tatitown Sporting Club **s.** TASC
Tatra Kolín **s.** AFK Kolín
Tatran Bučina Zvolen **s.** ŠK FAC LB Zvolen
Tatran Humenné **s.** HFC Humenné
Tatran Liberec **s.** TJ Slavoj Liberec
Tatran Pardubice **s.** TJ Tatran Pardubice
Tatran Praha Stavomontáže **s.** ČAFC Praha
Tatran Prešov **s.** FC Tatran Prešov
Tatran Prostějov **s.** SK LeRK Prostějov
Tatran PS Praha **s.** ČAFC Praha
Tatran Rimavská Sobota **s.** FC Tauris Rimavská Sobota
Tatran Spišská Nová Ves **s.** MFK Lokomotíva Spišská Nová Ves
Tatran Teplice **s.** FK Teplice
Tatran Topoľčany **s.** MFK VTJ Topoľčany
Taunggyi, Stadt, Burma, **s. S.** 106
Taunggyi, Taunggyi, Burma, Klub, **s. S.** 106
Taurage, Stadt, Litauen, **s. S.** 99
Tauranga City **s.** Mt Maunganui
Tauranga City **s.** Tauranga City United
Tauranga City United **s.** Mt Maunganui
Tauranga City United, Tauranga, Neuseeland, Klub, entst. 2001, [entst. 2001 durch Fusion Tauranga City und Mt Maunganui], **s. S.** 137
Tauranga, Stadt, Neuseeland, **s. S.** 137
Tauras Kaunas, Kaunas, Litauen, Klub, [aufgel. 19??], **s. S.** 99
Tauras Šiauliai **s.** FK Tauras Šiauliai
Tauras Taurage **s.** FK Tauras Taurage
Tauris Rimavská Sobota **s.** FC Tauris Rimavská Sobota
Tauro FC (Tauro Fútbol Club), Ciudad de Panamá/Panama City, Panama, Klub, entst. 1984, **s. S.** 125
Tauro Fútbol Club **s.** Tauro FC
Tauz, Stadt, Aserbaidschan, **s. S.** 97
Távközlési SE **s.** Matáv SC Sopron
Tavoy, Stadt, Burma, **s. S.** 106
Tavua, Stadt, Fidschi, **s. S.** 137
Tavua, Tavua, Fidschi, Klub, **s. S.** 137
Tawau, Stadt, Malaysia, **s. S.** 106
Tawrija Simferopol' **s.** FK Tawrija Symferopol'
Tawrija Symferopol' **s.** FK Tawrija Symferopol'
Tawurgha, Stadt, Libyen, **s. S.** 113
Taxi FC **s.** Főtaxi Budapest
Taxisok Budapest **s.** Főtaxi Budapest
Tayaran **s.** al-Tayaran
TB (Tvøroyrar Bóltfelag), Tvøroyri, Färöer Inseln, Klub, entst. 1892, **s. S.** 71
TB Bergeborbeck **s.** Rot-Weiß Essen
TB Jahn Neckarau **s.** VfL 1884 Neckarau
Tbilisi, Stadt, Georgien, **s. S.** 97
TBV 1901 Wattenscheid **s.** SG 09 Wattenscheid
TC Benrath **s.** VfL Benrath 06
Tchibanga, Stadt, Gabun, **s. S.** 118
TDFS Dunav Ruse **s.** FK Dunav Ruse
Te Atatu **s.** Waitakere City
Tea Men **s.** Jacksonville Tea Men
Tea Men **s.** New England Tea Men
Team America, Washington, USA, Klub, entst. 1983, [aufgel. 1983], **s. S.** 122
Team Hawaii **s.** San Antonio Thunder
Team Hawaii **s.** Tulsa Roughnecks
Team Hawaii, Honolulu, USA, Klub, entst. 1977, [1975-77 San Antonio Thunder, 77 Umzug nach Honolulu => Team Hawaii (77-78), aufgel. 78 Umzug nach Tulsa => Tulsa Roughnecks], **s. S.** 122
Team International, Palikir, Mikronesien, Klub, **s. S.** 137
Team Otago, Dunedin, Neuseeland, Klub, **s. S.** 137
Teau-o-Tonga, Cook Inseln, Klub, **s. S.** 137
Tébessa, Stadt, Algerien, **s. S.** 113
Tech Old Boys, Christchurch, Neuseeland, Klub, **s. S.** 137
Techiman, Stadt, Ghana, **s. S.** 117
Technical Old Boys **s.** Hamilton
Technical Old Boys **s.** Waitako United
Technical Old Boys, Hamilton, Neuseeland, Klub, [aufgel. 1987 durch Fusion mit Hamilton Wanderers => Waitako United], **s. S.** 137
Technicum Fribourg **s.** FC Fribourg
Técnico Universitario **s.** CD Técnico Universitario
Tecos **s.** UAG „Los Tecos"
Tecum-Umam **s.** CD Luís Angel Firpo
Tedschen, Stadt, Turkmenistan, **s. S.** 101
Tefana **s.** AS Tefana
Tegal, Stadt, Indonesien, **s. S.** 107
Tegl Fre, Addis Abeba, Äthiopien, Klub, **s. S.** 115
Tegucigalpa, Stadt, Honduras, **s. S.** 125
Teheran, Stadt, Iran, **s. S.** 103
Teherfuvar, Budapest, Ungarn, Klub, entst. 1939, [entst. 1939 durch Fusion Budafok FC und SZISE Budapest => Gamma FC (39-45), 45 Budai Barátság, 45-48 Budai Munkás, 46-49 MATEOSZ, 49-51 Teherfuvar, 51 aufgel.], **s. S.** 88
Tehran, Stadt, Iran, **s. S.** 103
Teilul Bucureşti **s.** CS Tricolor Bucureşti
Tekstil **s.** KS Tekstil
Tekstilac Tetovo **s.** FK Teteks Tetovo
Tekstilac Zagreb **s.** NK Zagreb
Tekstil'schtschik Kamyschin **s.** Energija Kamyschin
Tekstil'schtschik Namangan **s.** FK Nawbachor Namangan
Tekstil'schtschik Tiraspol **s.** FC Tiligul Tiraspol
Tel Aviv-Yafo, Stadt, Israel, **s. S.** 94
Tela Timsa **s.** Petrotela
Tela, Stadt, Honduras, **s. S.** 125
Telawi, Stadt, Georgien, **s. S.** 97
Tele SC, Asmara, Eritrea, Klub, **s. S.** 115
Telecom FC **s.** Togo Telecom FC
Telecom Wanderers, Blantyre, Malawi, Klub, [19??-9? Limbe Leaf Wanderers, 9?-9? Yamaha Wanderers, ??-95 Limbe Leaf Wanderers], **s. S.** 121
Telêmaco Borba, Stadt, Brasilien, **s. S.** 133
Telephone Organisation of Thailand **s.** TOT
Telestars, Mbale, Uganda, Klub, **s. S.** 119
Telford United FC (Telford United Football Club), Telford, England, Klub, entst. 1876, [1876-1969 Wellington Town FC], **s. S.** 67
Telford United Football Club **s.** Telford United FC
Telford, Stadt, England, **s. S.** 67
Telmo Carbajo, Lima, Peru, Klub, [aufgel. 19??], **s. S.** 130
Telovýchovná jednota Inter Slovnaft Závody ťažkého strojárstva Bratislava **s.** TJ Inter Slovnaft ZŤS Bratislava
Tělovýchovná jednota Jiskra Otrokovice **s.** TJ Jiskra Otrokovice
Tělovýchovná jednota Jiskra Sběrné suroviny Liberec **s.** TJ Jiskra SS Liberec
Tělovýchovná jednota Rudá hvězda Brno **s.** TJ Rudá hvězda Brno
Telovýchovná jednota Slávia Bratislava Vysoké školy **s.** TJ Slávia Bratislava VŠ
Tělovýchovná jednota Slavoj Liberec **s.** TJ Slavoj Liberec
Tělovýchovná jednota Tatran Pardubice **s.** TJ Tatran Pardubice
Telšiai, Stadt, Litauen, **s. S.** 99
Telstar **s.** SC Telstar
Telstar **s.** VSV
Tema, Stadt, Ghana, **s. S.** 117
Tembetary **s.** CA Tembetary
Tembisa Classic, Tembisa, Südafrika, Klub, entst. 1994, **s. S.** 121
Tembisa, Stadt, Südafrika, **s. S.** 121
Temeschburg, Stadt, Rumänien, **s. S.** 91
Temirjultschi Kokand **s.** FK Temirjultschi Kokand
Temirtau, Stadt, Kasachstan, **s. S.** 101
Temp Baku, Bakı/Baku, Aserbaidschan, Klub, entst. 1930, [aufgel. 1940], **s. S.** 97
Temp Schepetiwka **s.** FK Temp Schepetiwka
Tempelhof **s.** Berliner FC Viktoria 89
Temperley **s.** CA Témperley
Tempête Mocaf **s.** AS Tempête Mocaf
Tempête, Saint-Marc, Haiti, Klub, **s. S.** 127
Tempo Partizánske **s.** FK Tempo Partizánske
Tempo Tallinn, Tallinn, Estland, Klub, **s. S.** 99
Temuco, Stadt, Chile, **s. S.** 135
Tenasserim, Dawei/Tavoy, Burma, Klub, **s. S.** 106
Ténéré **s.** JS Ténéré
Tenerife **s.** CD Tenerife
Teniente Ruiz, Lima, Peru, Klub, [aufgel. 19??], **s. S.** 130
Tenkodogo, Stadt, Burkina Faso, **s. S.** 114
Tennis Club Borussia **s.** Berliner Tennis Club Borussia
Teplice, Stadt, Tschechische Republik, **s. S.** 86
Teplitzer FK (Teplitzer Fußball Klub), Teplice, Tschechische Republik, Klub, entst. 1903, [aufgel. 1939], **s. S.** 86
Teplitzer Fußball Klub **s.** Teplitzer FK
Tepna Náchod **s.** SK Náchod
TeraktorSazi, Tabriz, Iran, Klub, **s. S.** 103
Teram SC **s.** al-Teram SC
Terdschola, Stadt, Georgien, **s. S.** 97
Terengganu (Terengganu Darul Iman), Kuala Terengganu, Malaysia, Klub, **s. S.** 106
Terengganu Darul Iman **s.** Terengganu
Teresina, Stadt, Brasilien, **s. S.** 133
Teresinense FC (Teresinense Futebol Clube), Teresina, Brasilien, Klub, [aufgel. 19??], **s. S.** 133
Teresinense Futebol Clube **s.** Teresinense FC
Terészvárosi Torna Club **s.** TTC
Terézvárosi TC **s.** TTC
Termez, Stadt, Usbekistan, **s. S.** 101
Terminus FC (Terminus Football Club), Kigali, Rwanda, Klub, **s. S.** 119
Terminus Football Club **s.** Terminus FC
Ternana Calcio Polisportiva **s.** Ternana Calcio
Ternana Calcio, Terni, Italien, Klub, entst. 1925, [1925-70 SS Ternana, 70-73 AC Ternana, 73-88 Ternana Calcio, 88-?? Ternana Calcio Polisportiva], **s. S.** 81
Terni, Stadt, Italien, **s. S.** 81
Ternopil', Stadt, Ukraine, **s. S.** 99
Ternopol', Stadt, Ukraine, **s. S.** 99
Tero-Sassana **s.** BEC Tero-Sassana
Terrassa, Stadt, Spanien, **s. S.** 79
Terrex Kladno **s.** SK Kladno
Terruzi FC (Terruzi Football Club), Rosso, Mauretanien, Klub, [19??-?? ASC Trarza Rosso, ??-98 SDPA Trarza, 1998-2000 SDPA Rosso], **s. S.** 114
Terruzi Football Club **s.** Terruzi FC
Tersana SC (Tersana Sporting Club), Al-Jizah, Ägypten, Klub, **s. S.** 112
Tersana Sporting Club **s.** Tersana SC
Tervis Pärnu **s.** Lelle SK
Tešanj, Stadt, Bosnien und Herzegowina, **s. S.** 93
Tesfa, Asmara, Eritrea, Klub, **s. S.** 115
Teshrine, Al-Ladhiqiah/Latakia, Syrien, Klub, **s. S.** 102
Teslić, Stadt, Bosnien und Herzegowina, **s. S.** 93
Testvériség SE (Testvériség Sport Egyesület), Budapest, Ungarn, Klub, entst. 1909, [1909-49 Testvériség SE, 49-54 Rákospalotai Lokomotív, 54-57 Rákospalotai Törekvés, 57 aufgel.], **s. S.** 88
Testvériség Sport Egyesület **s.** Testvériség SE
Tétange, Stadt, Luxemburg, **s. S.** 74
Tete, Stadt, Mosambik, **s. S.** 121
Teteks Tetovo **s.** FK Teteks Tetovo
Teteven, Stadt, Bulgarien, **s. S.** 91
Tétouan, Stadt, Marokko, **s. S.** 113
Tetovo, Stadt, Mazedonien, **s. S.** 93
Tetuán, Stadt, Marokko, **s. S.** 79
Teuta **s.** KS Teuta
Teutonia München-Gladbach **s.** Borussia VfL 1900 Mönchengladbach
Teutonia Schönholz **s.** SV Norden-Nordwest
Tevalte Tallinn **s.** TVMK Tallinn
Têxtáfrica (Grupo Desportivo Têxtáfrica), Chimoio, Mosambik, Klub, **s. S.** 121
Têxtil Punguè (Grupo Companhia Têxtil Punguè), Beira, Mosambik, Klub, **s. S.** 121
Textila Cisnadie **s.** FC Inter Sibiu
Textile Mills **s.** Crescent Textile Mills
Textiles **s.** Dire Dawa Textiles
Textiles **s.** MTK Hungária FC
Textilfestő **s.** III. Kerületi TVE-Autó Trader
Teyateyaneng, Stadt, Lesotho, **s. S.** 120
TFK VTJ Teplice **s.** FK Teplice
TFMG Zabrze **s.** KS Górnik Zabrze
TG 1848 Schweinfurt **s.** 1. FC Schweinfurt 05
TG 1861 Frankfurt **s.** Eintracht Frankfurt
TG Achilles Łódź **s.** ŁTSG
TG Arminia Bielefeld **s.** DSC Arminia Bielefeld
TG Jahn Łódź **s.** ŁTSG
Thaghar **s.** al-Ahli
Thai Air Force **s.** Royal Thai Air Force
Thai Army **s.** Royal Thai Army
Thai Farmers Bank, Krungthep/Bangkok, Thailand, Klub, **s. S.** 106
Thai Navy **s.** Royal Thai Navy
Thailand, Länder, **s. S.** 106 und 107
Thakhek, Stadt, Laos, **s. S.** 107
Thale, Stadt, Deutschland, **s. S.** 85
Thames Ironworks FC **s.** West Ham United FC
Than Po Hô Chi Minh, Stadt, Vietnam, **s. S.** 107
The Bel-Val Belvaux **s.** FC The Belval Belvaux
The Cong, Ha Nôi, Vietnam, Klub, [19??-97 Cau Lac Bo Quan Doi], **s. S.** 107
The Miners FC **s.** Cowdenbeath FC
The National Esch (The National Esch/Alzette), Esch-sur-Alzette, Luxemburg, Klub, entst. 1909, [aufgel. 1911], **s. S.** 74
The National Esch/Alzette **s.** The National Esch
The Royal Regiment, Singapur, Klub, **s. S.** 107
The Strongest (Club The Strongest), La Paz, Bolivien, Klub, entst. 1908, **s. S.** 131
The Valley, Stadt, Anguilla, **s. S.** 126
The Wanderers FC (The Wanderers Football Club), London, England, Klub, entst. 1863, [aufgel. 1881], **s. S.** 66
The Wanderers Football Club **s.** The Wanderers FC
The Wanderers Wolverhampton **s.** Wolverhampton Wanderers FC
The Wednesday **s.** Sheffield Wednesday FC
Thermaikos GC Thessaloniki (Thermaikos Gymnastic Club Thessaloniki), Thessaloniki, Griechenland, Klub, entst. 1925, **s. S.** 95
Thermaikos Gymnastic Club Thessaloniki **s.** Thermaikos GC Thessaloniki
Thessaloniki, Stadt, Griechenland, **s. S.** 95
Thiès, Stadt, Senegal, **s. S.** 117
Thika, Stadt, Kenia, **s. S.** 119
Thimbu, Stadt, Bangladesh, **s. S.** 105
Thio, Stadt, Neukaledonien, **s. S.** 137
Third Lanark FC (Third Lanark Football Club), Glasgow, Schottland, Klub, entst. 1872, [aufgel. 1969], **s. S.** 69
Third Lanark Football Club **s.** Third Lanark FC
Thistle FC **s.** Partick Thistle FC
Thistle, Auckland, Neuseeland, Klub, **s. S.** 137
Thohoyandou, Stadt, Südafrika, **s. S.** 121
Thór **s.** ÍBA
Thór **s.** ÍF Thór
Thór **s.** KA
Thór Vestmannæyjar **s.** ÍBV
Thowra, Damaskus (Dimashq ash Sham/Damascus), Syrien, Klub, [19??-96 Barada], **s. S.** 102
Three Star (Three Star Club), Patan, Nepal, Klub, **s. S.** 105
Three Star Club **s.** Three Star
Thróttur (Knattspyrnufélagið Thróttur), Reykjavík, Island, Klub, entst. 1949, **s. S.** 71
Thu Dâu Môt, Stadt, Vietnam, **s. S.** 107
Thua Thien, Hue, Vietnam, Klub, **s. S.** 107
Thule, Stadt, Grönland, **s. S.** 123
Thun, Stadt, Schweiz, **s. S.** 82
Thunder **s.** San Antonio Thunder
Thurles FC **s.** Thurles Town FC
Thurles Town FC (Thurles Town Football Club), Thurles/Durlas, Irland, Klub, entst. 1950, [entst. 1950 durch Fusion Thurles FC und Peate Villa], **s. S.** 69
Thurles Town Football Club **s.** Thurles Town FC
Thurles, Stadt, Irland, **s. S.** 69
Thursdays FC **s.** Abergavenny Thursdays FC
Thyssen Hamborn **s.** SV Schwarz-Weiß Westende Hamborn
Tianjin Lifei **s.** Tianjin Teda CEC
Tianjin Samsung **s.** Tianjin Teda CEC
Tianjin Teda CEC, Tianjin, China, Klub, [199?-95 Tianjin, 95-97 Tianjin Samsung, 97-98 Tianjin Lifei, 1998-2000 Tianjin Teda, 00-01 Tianjin Teda Dingxin], **s. S.** 109
Tianjin Teda Dingxin **s.** Tianjin Teda CEC
Tianjin, Stadt, China, **s. S.** 109
Tiaret, Stadt, Algerien, **s. S.** 113
Tiberias, Stadt, Israel, **s. S.** 94
Tiburones **s.** CD Tiburones
Tiburones, San Lorenzo, Honduras, Klub, [aufgel. 19??], **s. S.** 125
TIC Slovácká Slavia Uherské Hradiště **s.** FC Slovácká Slavia Uherské Hradiště
Tienen, Stadt, Belgien, **s. S.** 75
Tiergarten **s.** SC Minerva 93 Berlin
Tiga Berlian (Krama Yudha Tiga Berlian), Jakarta, Indonesien, Klub, entst. 1985, [entst. 1985 nach Umzug von Yanita Utama Bogor nach Jakarta => Tiga Berlian], **s. S.** 106
Tiga Berlian **s.** Yanita Utama Bogor
Tiger **s.** Klaas Tiger
Tiger SA, Singapur, Klub, **s. S.** 107
Tigers FC (Tigers Football Club), Floriana, Malta, Klub, entst. 1921, [aufgel. 1940], **s. S.** 81
Tigers FC **s.** Western Tigers FC
Tigers Football Club **s.** Tigers FC
Tigers **s.** ADMARC Tigers
Tigers **s.** Grain Tigers
Tigers **s.** Lusaka Tigers
Tigers **s.** Matlata Tigers
Tigers **s.** Royal Tigers
Tigers **s.** Western Tigers
Tigers SC **s.** Young Tigers SC
Tighina Bender **s.** FC Dinamo Bender
Tighina, Stadt, Moldawien, **s. S.** 99
Tigre FC **s.** Britânia SC
Tigre **s.** CA Tigre
Tigres **s.** UANL „Los Tigres"
Tijuana, Stadt, Mexiko, **s. S.** 125
Tiko United, Tiko, Kamerun, Klub, **s. S.** 117
Tiko, Stadt, Kamerun, **s. S.** 117
Tikonko Fisheries, Freetown, Sierra Leone, Klub, **s. S.** 116
Tikveš Kavadarci **s.** FK Tikveš Kavadarci
Tilal **s.** al-Tilal
Tilburg, Stadt, Niederlande, **s. S.** 75
Tilburgia **s.** Willem II
Tiligul Tiraspol **s.** FC Tiligul Tiraspol
Tilleur FC **s.** R Tilleur FC
Tilsit, Stadt, Russland, **s. S.** 84
Tilsiter SC **s.** SC Lituania 07 Tilsit
Tim Iec, Macau, Klub, **s. S.** 109
Timaru, Stadt, Neuseeland, **s. S.** 137
Timbers **s.** Portland Timbers
Timişoara, Stadt, Rumänien, **s. S.** 91
Tip-Nac (Tipografia Nacional), Ciudad de Guatemala/Guatemala City, Guatemala, Klub, entst. 1924, **s. S.** 125
Tipografia Arad **s.** CS Astra Arad
Tipografia FC **s.** Budapesti Szikra Nyomda
Tipografia Nacional **s.** Tip-Nac
Tipografia Nyomda TE **s.** Budapesti Szikra Nyomda
Tipoití **s.** CD Mandiyú
Tiquire Flores, Stadt, Venezuela, **s. S.** 129
Tiquire Flores, Tiquire Flores, Venezuela, Klub, **s. S.** 129
Tiquire-Aragua FC **s.** Aragua FC
Tiquire-Canarias **s.** UD Canarias
Tiradentes **s.** AE Tiradentes
Tiradentes **s.** Flamengo Tiradentes
Tiradentes **s.** SE Tiradentes
Tiranë, Stadt, Albanien, **s. S.** 93
Tiras Tiraspol **s.** FC Sheriff Tiraspol
Tiras Tiraspol **s.** FC Tiligul Tiraspol
Tiraspol, Stadt, Moldawien, **s. S.** 99
Tîrgu Mureş **s.** ASA Târgu Mureş
Tîrgu Mureş **s.** CG Tîrgu Mureş
Tîrgu Mureş **s.** CS Mureşul Tîrgu Mureş
Tîrgu Mureş **s.** CS Tîrgu Mureş
Tirlemont **s.** KVK Tienen
Tirol Innsbruck **s.** FC Tirol Milch Innsbruck
Tirol Innsbruck **s.** WSG Wattens
Tirol Milch Innsbruck **s.** FC Tirol Milch Innsbruck
Tirsana, Tripolis (Tarabulus al-Gharb), Libyen, Klub, **s. S.** 113
Tirsense **s.** FC Tirsense
Tiszakécske FC **s.** Tiszakécskei-Cegléd FC
Tiszakécske FC-Eurobusz **s.** Tiszakécskei-Cegléd FC
Tiszakécske, Stadt, Ungarn, **s. S.** 89
Tiszakécskei Labdarugó Club **s.** Tiszakécskei-Cegléd FC
Tiszakécskei-Cegléd FC (Tiszakécskei-Cegléd Futball Club), Tiszakécske, Ungarn, Klub, entst. 1993, [1993-96 Tiszkécskei Városi Sportegyesület, 96 Tiszakécskei Labdarugó Club, 96 Tiszakécske FC, 96-97 Tiszakécske FC-Eurobusz, 97-99 Tiszakécskei FC], **s. S.** 89
Tiszakécskei-Cegléd Futball Club **s.** Tiszakécskei-Cegléd FC
Tiszkécskei Városi Sportegyesület **s.** Tiszakécskei-Cegléd FC
Titania 02 **s.** Stettiner FC Titania 02
Titanii Bucureşti **s.** CS Faur Bucureşti
Titavi FC (Titavi Football Club), Apia, West-Samoa, Klub, **s. S.** 137
Titavi Football Club **s.** Titavi FC
Titikaveka FC (Titikaveka Football Club), Titikaveka, Cook Inseln, Klub, **s. S.** 137
Titikaveka Football Club **s.** Titikaveka FC
Titikaveka, Stadt, Cook Inseln, **s. S.** 137
Titov Veles, Stadt, Mazedonien, **s. S.** 93
Titscha Varna **s.** FK Tscherno More Varna
Titscha Varna **s.** SK Vladislav Varna
Titscha Varna, Varna, Bulgarien, Klub, entst. 1913, [aufgel. 1945 durch Fusion mit SK Vladislav Varna => TV-45], **s. S.** 91
Tivaouane, Stadt, Senegal, **s. S.** 117
Tivoli Gardens FC (Tivoli Gardens Football Club), Kingston, Jamaika, Klub, **s. S.** 126
Tivoli Gardens Football Club **s.** Tivoli Gardens FC
Tizi-Ouzou, Stadt, Algerien, **s. S.** 113
TJ AC Nitra **s.** FC Nitra
TJ Agro Drnovice **s.** FK Drnovice
TJ Agro Kolín **s.** AFK Kolín
TJ Baník 1. máj Karviná **s.** FC Karviná
TJ Baník Kladno SONP **s.** SK Kladno
TJ Baník Mír Karviná **s.** FC Karviná
TJ Baník MŽ Olomouc **s.** SK Sigma Olomouc
TJ Baník Opava **s.** SFC Opava
TJ Baník Ostrava **s.** FC Baník Ostrava
TJ Baník Polonia Mír Karviná **s.** FC Karviná
TJ Baník Prievidza **s.** FK Baník Prievidza
TJ Baník Třinec **s.** Fotbal Třinec
TJ Baník Vítkovice **s.** FC Vítkovice
TJ Bohemians ČKD Praha **s.** CU Bohemians Praha
TJ BZ Ružomberok **s.** FK SCP Ružomberok
TJ BZVIL Ružomberok **s.** FK SCP Ružomberok
TJ Čechie Karlín **s.** Čechie BVB
TJ Červená hviezda Bratislava **s.** FK AŠK Inter Slovnaft Bratislava
TJ Červená hviezda Bratislava **s.** ŠK Polície Bratislava
TJ Chemko Humenné **s.** HFC Humenné
TJ Chemlon Humenné **s.** HFC Humenné
TJ Chemosvit Svit **s.** FC Chemosvit Svit
TJ ČKD Polovodiče Praha **s.** SK Nusle
TJ ČKD Praha **s.** CU Bohemians Praha
TJ ČKZ Rakovník **s.** SK Rakovník
TJ ČSAD Benešov **s.** FK Benešov
TJ Cukrovar Olomouc **s.** SK Sigma Olomouc
TJ DAC Dunajská Streda **s.** 1. FC DAC Dunajská Streda
TJ DAC Poľnohospodár Dunajská Streda **s.** 1. FC DAC Dunajská Streda
TJ Dimitrov Bratislava **s.** ŠK Slovan Bratislava
TJ Drnovice **s.** FK Drnovice
TJ Dynamo České Budějovice **s.** SK České Budějovice
TJ Dynamo Praha **s.** SK Slavia Praha
TJ Dynamo Žilina **s.** MŠK Žilina
TJ Gottwaldov **s.** FK Zlín
TJ Gumárna 1. máje Púchov **s.** ŠK Matador Púchov
TJ Inter Slovnaft ZŤS Bratislava (Telovýchovná jednota Inter Slovnaft Závody ťažkého strojárstva Bratislava), Bratislava, Slowakei, Klub, entst. 1986, [entst. 1986 durch Fusion TJ Internacionál Slovnaft Bratislava und TJ ZŤS Petržalka => TJ Internacionál Slovnaft ZŤS Bratislava (86-90), 90 Aufl. der Fusion], **s. S.** 87
TJ Inter Slovnaft ZŤS Bratislava **s.** FK AŠK Inter Slovnaft Bratislava
TJ Internacionál Slovnaft Bratislava **s.** FK AŠK Inter Slovnaft Bratislava
TJ Internacionál Slovnaft Bratislava **s.** TJ Inter Slovnaft ZŤS Bratislava
TJ Internacionál Slovnaft ZŤS Bratislava **s.** FC Artmedia Petržalka
TJ Internacionál Slovnaft ZŤS Bratislava **s.** TJ Inter Slovnaft ZŤS Bratislava
TJ Iskra Partizánske **s.** FK Tempo Partizánske
TJ Iskra Púchov **s.** ŠK Matador Púchov
TJ Iskra Ružomberok **s.** FK SCP Ružomberok
TJ Iskra Slovnaft Bratislava **s.** FK AŠK Inter Slovnaft Bratislava
TJ Iskra Svit **s.** FC Chemosvit Svit
TJ Iskra Trenčín Merina **s.** FK TTS Trenčín
TJ Iskra Trenčín Odeva **s.** FK Ozeta Dukla Trenčín
TJ Iskra ZDA Partizánske **s.** FK Tempo Partizánske
TJ Iskra Žilina **s.** MŠK Žilina
TJ Jednota Dunajská Streda **s.** 1. FC DAC Dunajská Streda
TJ Jednota Košice **s.** 1. FC Košice
TJ Jednota Trenčín **s.** FK Ozeta Dukla Trenčín
TJ Jednota Žilina **s.** MŠK Žilina
TJ Jiskra Bižuterie Jablonec **s.** FK Jablonec '97
TJ Jiskra Gottwaldov **s.** FK Zlín
TJ Jiskra Jablonec **s.** FK Jablonec '97
TJ Jiskra Liberec Kolora **s.** TJ Jiskra SS Liberec
TJ Jiskra Náchod **s.** SK Náchod
TJ Jiskra Otrokovice (Tělovýchovná jednota Jiskra Otrokovice), Otrokovice, Tschechische Republik, Klub, entst. 1930, [1930-35 SK Otrokovice, 35-48 SK Baťov Otrokovice, 48 SK Botostroj Baťov, 48-52 Svit Otrokovice, 53 Fusion mit Sparta Otrokovice], **s. S.** 86
TJ Jiskra Rybitví **s.** SK Pardubice
TJ Jiskra Semtín **s.** SK Pardubice
TJ Jiskra SS Liberec (Tělovýchovná jednota Jiskra Sběrné suroviny Liberec), Liberec, Tschechische Republik, Klub, entst. 1911, [1911-19 FK Rapid Liberec, 19 Fusion mit SK Čechie Liberec => SK Liberec (19-38), 38 aufgel., 45 wiedergegr., 45-48 SK Rapid Liberec, 48-49 Sokol Rapid Liberec, 49-50 Sokol Liberec, 51-53 ZSJ Kolora Liberec, 53-56 TJ Jiskra Liberec Kolora, 56-58 TJ Lokomotiva Liberec, aufgel. 58 durch Fusion mit TJ Slavoj Liberec => TJ Slovan Liberec], **s. S.** 86
TJ Jiskra SS Liberec **s.** FC Slovan Liberec
TJ Jiskra SS Liberec **s.** TJ Slavoj Liberec
TJ Jiskra Staré Město **s.** 1. FC Synot
TJ Jiskra Tepna Náchod **s.** SK Náchod
TJ JZD Blšany **s.** FK Chmel Blšany
TJ JZD Drnovice **s.** FK Drnovice
TJ Kolín **s.** AFK Kolín
TJ KS Brno **s.** SK LeRK Brno
TJ LCHZZ Humenné **s.** HFC Humenné
TJ LIAZ Jablonec **s.** FK Jablonec '97
TJ Loděnice Libeň **s.** FK Meteor Praha VIII
TJ Lokomotíva Bane Spišská Nová Ves **s.** MFK Lokomotíva Spišská Nová Ves
TJ Lokomotiva Benešov **s.** FK Benešov
TJ Lokomotíva Bučina Zvolen **s.** ŠK FAC LB Zvolen
TJ Lokomotíva Košice **s.** FK Lokomotíva Košice
TJ Lokomotiva Liberec **s.** TJ Jiskra SS Liberec
TJ Lokomotiva Nymburk **s.** Polaban Nymburk
TJ Lokomotiva Plzeň **s.** SK Plzeň 1894
TJ Lokomotíva Spišská Nová Ves **s.** MFK Lokomotíva Spišská Nová Ves
TJ Lokomotíva Vrútky **s.** FC Vrútky
TJ Lokomotíva VSŽ Košice **s.** FK Lokomotíva Košice
TJ Lokomotíva Zvolen **s.** ŠK FAC LB Zvolen
TJ Makyta Púchov **s.** ŠK Matador Púchov
TJ Merina Trenčín **s.** FK Ozeta Dukla Trenčín
TJ Meteor Praha **s.** FK Meteor Praha VIII
TJ Meteor Praha ŽSP **s.** FK Meteor Praha VIII
TJ Moravská Slavia Brno **s.** SK Moravská Slavia Brno
TJ Motorlet Praha **s.** SK Motorlet Praha
TJ MŽ Olomouc **s.** SK Sigma Olomouc
TJ Náchod **s.** SK Náchod
TJ Odeva Trenčín **s.** FK Ozeta Dukla Trenčín
TJ Odeva Trenčín **s.** FK TTS Trenčín
TJ Ostroj Opava **s.** SFC Opava
TJ Ozeta Dukla Trenčín **s.** FK Ozeta Dukla Trenčín
TJ Partizán Bardejov **s.** BSC JAS Bardejov
TJ Plastika Nitra **s.** FC Nitra
TJ Poldi Kladno **s.** SK Kladno
TJ Poldi SONP Kladno **s.** SK Kladno
TJ Považské strojárně Bratislava **s.** FC Artmedia Petržalka
TJ RH Cheb **s.** FC Union Cheb
TJ Rudá hvězda Brno (Tělovýchovná jednota Rudá hvězda Brno), Brno, Tschechische Republik, Klub, entst. 1953, [1953-62 TJ Rudá hvězda Brno, aufgel. 62 durch Fusion mit TJ Spartak ZJŠ Brno], **s. S.** 86
TJ Rudá hvězda Brno **s.** FC Stavo Artikel Brno
TJ Rudá hvězda Spartak ZVÚ Hradec Králové **s.** SK Hradec Králové
TJ Sigma MŽ Olomouc **s.** SK Sigma Olomouc
TJ Sigma ZŤS Olomouc **s.** SK Sigma Olomouc
TJ Sklo Union Teplice **s.** FK Teplice
TJ Škoda Plzeň **s.** FC Viktoria Plzeň
TJ SKS Petržalka **s.** FC Artmedia Petržalka
TJ Slávia Bratislava VŠ (Telovýchovná jednota Slávia Bratislava Vysoké školy), Bratislava, Slowakei, Klub, entst. 1953, [aufgel. 1956], **s. S.** 87

TJ Slavia IPS Praha s. SK Slavia Praha
TJ Slavia Praha s. SK Slavia Praha
TJ Slavoj Banská Bystrica s. ŠK Banská Bystrica
TJ Slavoj Bardejov s. BSC JAS Bardejov
TJ Slavoj Košice s. 1. FC Košice
TJ Slavoj Liberec (Tělovýchovná jednota Slavoj Liberec), Liberec, Tschechische Republik, Klub, entst. 1945, [1945-48 SK Čechie Liberec, 48-52 Sokol Čechie Liberec, 53-58 TJ Slavoj Liberec, 55 Fusion mit TJ Tatran Liberec, aufgel. 58 durch Fusion mit TJ Jiskra SS Liberec => TJ Slovan Liberec], s. S. 86
TJ Slavoj Liberec s. FC Slovan Liberec
TJ Slavoj Liberec s. TJ Jiskra SS Liberec
TJ Slavoj Nitra s. FC Nitra
TJ Slavoj Praha IV s. FK Slavoj Praha
TJ Slavoj Praha PPM s. FK Slavoj Praha
TJ Slavoj Praha s. FK Slavoj Praha
TJ Slavoj Rimavská Sobota s. FC Tauris Rimavská Sobota
TJ Slavoj Žižkov s. FK Viktoria Žižkov
TJ Slovácká Slavia Uherské Hradiště s. FC Slovácká Slavia Uherské Hradiště
TJ Slovan Banská Bystrica s. ŠK Banská Bystrica
TJ Slovan Bratislava ÚNV s. ŠK Slovan Bratislava
TJ Slovan CHZJD Bratislava s. ŠK Slovan Bratislava
TJ Slovan Elitex Liberec s. FC Slovan Liberec
TJ Slovan Liberec s. FC Slovan Liberec
TJ Slovan Liberec s. TJ Jiskra SS Liberec
TJ Slovan Liberec s. TJ Slavoj Liberec
TJ Slovan Nitra s. FC Nitra
TJ Slovan Prostějov s. SK LeRK Prostějov
TJ Slovan Rimavská Sobota s. FC Tauris Rimavská Sobota
TJ Slovan Ružomberok s. FK SCP Ružomberok
TJ Slovan Teplice s. FK Teplice
TJ Slovnaft Bratislava s. FK AŠK Inter Slovnaft Bratislava
TJ Slovnaft Bratislava s. ŠK Polície Bratislava
TJ Sokol Blšany s. FK Chmel Blšany
TJ Sokol Makyta Púchov s. ŠK Matador Púchov
TJ Sokol Sparta Krč s. ČAFC Praha
TJ SONP Kladno s. SK Kladno
TJ Sparta Považská Bystrica s. FK Považská Bystrica
TJ Spartak Armaturka Ústí nad Labem s. MFK Ústí nad Labem
TJ Spartak Dubnica nad Váhom s. FK ZŤS Kerametal Dubnica nad Váhom
TJ Spartak Frýdek-Místek s. FK VP Frýdek-Místek
TJ Spartak Gottwaldov s. FK Zlín
TJ Spartak Hradec Králové s. SK Hradec Králové
TJ Spartak Kablo Topoľčany s. MFK VTJ Topoľčany
TJ Spartak Karlín Dukla s. Čechie BVB
TJ Spartak Košice s. 1. FC Košice
TJ Spartak Košice VSS s. 1. FC Košice
TJ Spartak Kovosmalt Trnava s. FC Spartak Trnava
TJ Spartak KPS Brno s. SK LeRK Brno
TJ Spartak Libeň Loděnice s. FK Meteor Praha VIII
TJ Spartak LZ Plzeň s. FC Viktoria Plzeň
TJ Spartak MŽ Olomouc s. SK Sigma Olomouc
TJ Spartak Petržalka Kovosmalt s. FC Artmedia Petržalka
TJ Spartak Plzeň s. FC Viktoria Plzeň
TJ Spartak Považská Bystrica s. FK Považská Bystrica
TJ Spartak Praha 4 s. SK Nusle
TJ Spartak Praha Motorlet s. SK Motorlet Praha
TJ Spartak Praha Stalingrad s. CU Bohemians Praha
TJ Spartak Praha Závody 9. května s. SK Nusle
TJ Spartak PS Ústí nad Labem s. MFK Ústí nad Labem
TJ Spartak Rakovník s. SK Rakovník
TJ Spartak SMZ Dubnica nad Váhom s. FK ZŤS Kerametal Dubnica nad Váhom
TJ Spartak TAZ Trnava s. FC Spartak Trnava
TJ Spartak Trenčín s. FK TTS Trenčín
TJ Spartak Trnava s. FC Spartak Trnava
TJ Spartak Uherské Hradiště s. FC Slovácká Slavia Uherské Hradiště
TJ Spartak Ústí nad Labem s. MFK Ústí nad Labem
TJ Spartak VHJ PS Ústí nad Labem s. MFK Ústí nad Labem
TJ Spartak Židenice s. ČAFC Židenice
TJ Spartak ZJŠ Brno s. FC Stavo Artikel Brno
TJ Spartak ZJŠ Brno s. TJ Rudá hvězda Brno
TJ Spartak ZŤS Dubnica nad Váhom s. FK ZŤS Kerametal Dubnica nad Váhom
TJ Spartak ZŤS Trnava s. FC Spartak Trnava
TJ Spartak ZVÚ Hradec Králové s. SK Hradec Králové
TJ Spoje Košice s. 1. FC Košice
TJ Strojárne Martin s. ŠKF ZŤS VTJ Martin
TJ Synthesia Pardubice s. SK Pardubice
TJ SZP Praha ČAFC s. ČAFC Praha
TJ Tatra Kolín s. AFK Kolín
TJ Tatran Agro Prešov s. FC Tatran Prešov
TJ Tatran Humenné s. HFC Humenné
TJ Tatran Liberec s. TJ Slavoj Liberec
TJ Tatran Pardubice (Tělovýchovná jednota Tatran Pardubice), Pardubice, Tschechische Republik, Klub, entst. 1905, [1905-48 SK Pardubice, 48-49 MZK Pardubice, 49-51 Sokol MZK Pardubice, 51-53 ZSJ ČSSZ Pardubice, 53-5? TJ Tatran Pardubice, 5? aufgel.], s. S. 86
TJ Tatran Prešov s. FC Tatran Prešov
TJ Tatran Prostějov s. SK LeRK Prostějov
TJ Tatran PSZ Praha s. ČAFC Praha
TJ Tatran Rimavská Sobota s. FC Tauris Rimavská Sobota
TJ Tatran Teplice s. FK Teplice
TJ Tepna Náchod s. SK Náchod
TJ TS Topoľčany s. MFK VTJ Topoľčany
TJ TTS Trenčín s. FK TTS Trenčín
TJ TŽ Třinec s. Fotbal Třinec
TJ VCHZ Pardubice s. SK Pardubice
TJ VCHZ Pardubice s. VTJ Dukla Pardubice
TJ Viktoria Žižkov PS s. FK Viktoria Žižkov
TJ Viktoria Žižkov s. FK Viktoria Žižkov
TJ Viktoria Žižkov Strojimport s. FK Viktoria Žižkov
TJ Vítkovice s. FC Vítkovice
TJ VP Frýdek-Místek s. FK VP Frýdek-Místek
TJ VSS Košice s. 1. FC Košice
TJ VSŽ Košice s. 1. FC Košice
TJ VSŽ Košice s. FK Lokomotíva Košice
TJ VŽKG Ostrava s. FC Vítkovice
TJ Zbrojovka Brno s. FC Stavo Artikel Brno
TJ Železárny Frýdek-Místek s. FK VP Frýdek-Místek
TJ Železárny Prostějov s. SK LeRK Prostějov
TJ Zetor Brno s. ČAFC Židenice
TJ ZKL Brno s. ČAFC Židenice
TJ ZŤS Košice s. 1. FC Košice
TJ ZŤS Martin s. ŠKF ZŤS VTJ Martin
TJ ZŤS Petržalka s. FC Artmedia Petržalka
TJ ZŤS Petržalka s. FK AŠK Inter Slovnaft Bratislava
TJ ZŤS Petržalka s. TJ Inter Slovnaft ZŤS Bratislava
TJ ZVL Považská Bystrica s. FK Považská Bystrica
TJ ZVL Žilina s. MŠK Žilina
Tjumen', Stadt, Russland, s. S. 101
TKNB Bratislava s. ŠK Polície Bratislava
TKS (Toruński Klub Sportowy), Toruń, Polen, Klub, entst. 1922, [aufgel. 1939], s. S. 89
TKT (Tampereen Kisa Toverit), Tampere/Tammerfors, Finnland, Klub, entst. 1930, s. S. 73
Tlemcen, Stadt, Algerien, s. S. 113
Tlokweng Pirates, Tlokweng, Botswana, Klub, s. S. 121
Tlokweng, Stadt, Botswana, s. S. 121
TM Gallos Blancos s. Tampico FC
TM Gallos Blancos, Querétaro, Mexiko, Klub, [entst. 1996 nach Umzug von Tampico-Madero FC nach Queretaro, 9? aufgel.], s. S. 125
TMRF Łódź s. RTS Widzew Łódź
TMST (Tanora Miray Sansfil Tuléar), Toliara/Tuléar, Madagaskar, Klub, s. S. 121
TNS Llansantffraid FC (Total Network Solutions Llansantffraid Football Club), Llansantffraid, Wales, Klub, entst. 1959, [1959-97 Llansantffraid FC], s. S. 67
Toa Payoh United FC, Toa Payoh, Singapur, Klub, s. S. 107
Toa Payoh, Stadt, Singapur, s. S. 107
Toamasina, Stadt, Madagaskar, s. S. 121
Tobol Kustanaj, Kustanaj, Kasachstan, Klub, [19??-94 Chimik Kustanaj], s. S. 101
Tobruq, Stadt, Libyen, s. S. 113
Tocages s. SCAF Tocages
Tocantinópolis EC (Tocantinópolis Esporte Clube), Tocantinópolis, Brasilien, Klub, entst. 1993, s. S. 133
Tocantinópolis Esporte Clube s. Tocantinópolis EC
Tocantinópolis, Stadt, Brasilien, s. S. 133
Todd Shipyards, New York, USA, Klub, entst. 1921, [aufgel. 19??], s. S. 122
Toffa, Cotonou, Benin, Klub, s. S. 117
Toftir, Stadt, Färöer Inseln, s. S. 71
Togafuafua, Apia, West-Samoa, Klub, s. S. 137
Togliatti, Stadt, Russland, s. S. 101
Togo Telecom FC, Lomé, Togo, Klub, s. S. 117
Togo, Länder, s. S. 116 und 117
Tokelau, Länder, s. S. 137
Tokmak, Stadt, Kirgisien, s. S. 101
Tokod, Stadt, Ungarn, s. S. 89
Tokodi Bányász s. Tokodi SE
Tokodi SE (Tokodi Sport Egyesület), Tokod, Ungarn, Klub, entst. 1926, [1926-56 Tokodi Üveggyár SK, 56-59 Tokodi SE, 59-60 Tokodi Bányász, 60-65 Tokodi SE, 65-77 Tokodi Bányász, 77-87 Tokodi Üveg], s. S. 89
Tokodi Sport Egyesület s. Tokodi SE
Tokodi Üveg s. Tokodi SE
Tokodi Üveggyár SK s. Tokodi SE
Tokyo FC (Tokyo Football Club), Tokyo, Japan, Klub, s. S. 111
Tokyo Football Club s. Tokyo FC
Tokyo OB, Tokyo, Japan, Klub, [aufgel. 19??], s. S. 111
Tokyo Shukyu-dan, Tokyo, Japan, Klub, [aufgel. 19??], s. S. 111
Tokyo University LB (Tokyo University Light Blue), Tokyo, Japan, Klub, [aufgel. 19??], s. S. 111
Tokyo University Light Blue s. Tokyo University LB
Tokyo Verdy 1969, Kawasaki, Japan, Klub, entst. 1969, [19??-92 Yomiuri Nippon SC, 1992-2001 Verdy Kawasaki], s. S. 111
Tokyo, Stadt, Japan, s. S. 111
Toliara, Stadt, Madagaskar, s. S. 121
Tolima s. Deportes Tolima
Tollygunge Agragami, Calcutta, Indien, Klub, entst. 1943, [1943-?? Russa Agragami Samity], s. S. 105
Toluca de Lerdo, Stadt, Mexiko, s. S. 125
Tomar, Stadt, Portugal, s. S. 79
Tombouctou, Stadt, Mali, s. S. 114
Tombua, Stadt, Angola, s. S. 118
Tômbwa, Stadt, Angola, s. S. 118
Tomiris Tschimkent s. Dostyk Tschimkent
Tomiris Tschimkent s. Schiger Tschimkent
Tomiris Tschimkent, Tschimkent, Kasachstan, Klub, [19??-?? Tomiris Tschimkent, ??-2000 Sintez FK ShNOS Tschimkent, 2000 Tomiris Tschimkent, aufgel. 2000 durch Fusion mit Schiger Tschimkent => Dostyk Tschimkent], s. S. 101
Tomori s. KS Tomori
Ton Pentre AFC (Ton Pentre Association Football Club), Rhondda, Wales, Klub, entst. 1935, s. S. 67
Ton Pentre Association Football Club s. Ton Pentre AFC
Tonate, Stadt, Französisch-Guyana, s. S. 129
Tong Cuc Duong Sat s. Duong Sat Viet Nam
Tonga, Länder, s. S. 136 und 137
Tongeren, Stadt, Belgien, s. S. 75
Tongerse SV Cercle s. KSK Tongeren
Tongogara, Kwe Kwe/Redcliffe, Simbabwe, Klub, s. S. 121
Tonnerre Kalara Yaoundé s. Tonnerre Yaoundé
Tonnerre Yaoundé (Tonnerre Kalara Yaoundé), Yaoundé, Kamerun, Klub, entst. 1938, s. S. 117
Tønsberg, Stadt, Norwegen, s. S. 71
Topez FC (Topez Football Club), Port-au-Prince, Haiti, Klub, s. S. 127
Topez Football Club s. Topez FC
Topoľčany, Stadt, Slowakei, s. S. 86
Topolovac, Stadt, Kroatien, s. S. 93
Topp XX (Bakewell Topp XX), Linden/Mackenzie, Guyana, Klub, s. S. 129
Toreby, Stadt, Dänemark, s. S. 71
Toreby-Grænge BK (Toreby-Grænge Boldklub), Toreby, Dänemark, Klub, s. S. 71
Toreby-Grænge Boldklub s. Toreby-Grænge BK
Törekvés s. Debreceni VSC
Törekvés SE (Törekvés Sport Egyesület), Budapest, Ungarn, Klub, entst. 1900, [1900-51 Törekvés SE, 51-55 Kőbányai Lokomotív, 55-57 Kőbányai Törekvés], s. S. 88
Törekvés Sport Egyesület s. Törekvés SE
Torentul Chişinău s. FC Torentul Chişinău
Torinese s. FBC Torinese
Torino Calcio, Turin (Torino), Italien, Klub, entst. 1906, [1906-36 FC Torino, 36-58 AC Torino, 58-59 Talmone Torino, 59-70 AC Torino], s. S. 81
Torino s. Atlético Torino
Torino, Stadt, Italien, s. S. 81
Tornado s. Dallas Tornado
Tornadoes s. Niger Tornadoes
Tornados FC s. Xghajra Tornados FC
Tornados s. State House Tornados
Törnävan Pallo-55 s. TP-55
Toro, Fort Portal, Uganda, Klub, s. S. 119
Toronto Blizzard (II), Toronto, Kanada, Klub, entst. 1987, [aufgel. 1993], s. S. 122
Toronto Blizzard s. Toronto Croatia
Toronto City, Toronto, Kanada, Klub, entst. 1967, [aufgel. 1967], s. S. 122
Toronto Croatia, Toronto, Kanada, Klub, entst. 1956, [1956-?? Metros Croatia, 71-74 Toronto Metros, 75-78 Toronto Metros-Croatia, 79-84 Toronto Blizzard (I)], s. S. 122
Toronto Falcons, Toronto, Kanada, Klub, entst. 1967, [aufgel. 1968], s. S. 122
Toronto Metros s. Toronto Croatia
Toronto Metros-Croatia s. Toronto Croatia
Toronto National, Toronto, Kanada, Klub, entst. 1983, [aufgel. 1983], s. S. 122
Toronto Rockets s. North York Rockets
Toronto, Stadt, Kanada, s. S. 122
Tororo, Stadt, Uganda, s. S. 119
Toros Hidalgo s. CD „Toros Neza"
Toros Neza s. CD „Toros Neza"
Toros s. Los Angeles Toros
Toros s. Miami Toros
Toros s. San Diego Toros
Torpedo Blagoevgrad s. FK Pirin Blagoevgrad
Torpedo Dimitrovo s. FK Minjor Pernik
Torpedo Gabrovo s. FK Tschardafon Gabrovo
Torpedo Gor'ki s. Volga Gor'ki
Torpedo Gorna Oriahovitza s. FK Lokomotiv Gorna Oriahovitza
Torpedo Kazanlăk s. FK Rozova Dolina Kazanlăk
Torpedo Krementschug s. FK Kremin' Krementschuk
Torpedo Kutaïsi s. FC Torpedo Kutaïssi
Torpedo Luzk s. FK Volyn' Luz'k
Torpedo Mahiljou s. FK Tarpeda-Kadzina Mahiljou
Torpedo Minsk s. FK Tarpeda-MAZ Minsk
Torpedo Mogilew s. FK Tarpeda-Kadzina Mahiljou
Torpedo Moskva s. FK Torpedo Moskva
Torpedo Naberezhnyje Tschelny s. FK KamAZ-Tschally Naberezhnyje Tschelny
Torpedo Petritsch s. FK Belasitsa Petritsch
Torpedo Pleven s. DFS Torpedo Pleven
Torpedo Pleven s. FK Spartak Pleven
Torpedo Plovdiv s. FK Lokomotiv Plovdiv
Torpedo Riga s. LU/Daugava Riga
Torpedo Rostow-na-Donu s. FK Rostsel'masch Rostow-na-Donu
Torpedo Ruse s. FK Dunav Ruse
Torpedo Ruse, Ruse, Bulgarien, Klub, entst. 1949, [entst. 1949 durch Fusion Spartak Ruse, Partizani Ruse und Lokomotiv Ruse => Torpedo Ruse (49-59), 59 Aufl. der Fusion => Lokomotiv Ruse und FD Dunav Ruse], s. S. 91
Torpedo Sarajevo s. FK Sarajevo
Torpedo Schodimo s. FK Tarpeda Schodyna
Torpedo Sofija s. FK Lokomotiv Sofija
Torpedo Stalingrad s. SK Rotor Wolgograd
Torpedo Tol'jatti s. FK Lada Togliatti
Torpedo Zaporischja s. FK Torpedo Zaporischja
Torpedo Zaporosch'je s. FK Torpedo Zaporischja
Torpedo-Luschniki Moskva s. FK Torpedo Moskva
Torpedo-ZIL Moskva s. FK Torpedo-ZIL Moskva
Torre Annunziata, Stadt, Italien, s. S. 81
Torre SC (Torre Sport Club), Recife, Brasilien, Klub, [aufgel. 19??], s. S. 133
Torre Sport Club s. Torre SC
Torreón, Stadt, Mexiko, s. S. 125
Torreón, Torreón, Mexiko, Klub, s. S. 125
Torres Vedras, Stadt, Portugal, s. S. 79
Tórshavn, Stadt, Färöer Inseln, s. S. 71
Toruń, Stadt, Polen, s. S. 89
Toruński Klub Sportowy s. TKS
Toshiba s. Consadole Sapporo
Toshiba, Kawasaki, Japan, Klub, [aufgel. 199?, Umzug nach Sapporo => Consadole Sapporo], s. S. 111
TOŠK Tešanj s. NK TOŠK Tešanj
TOT (Telephone Organisation of Thailand), Krungthep/Bangkok, Thailand, Klub, s. S. 106
Total Big Bullets, Blantyre, Malawi, Klub, [19??-2000 Bata Bullets], s. S. 121
Total Network Solutions Llansantffraid Football Club s. TNS Llansantffraid FC
Toto Africans, Mwanza, Tansania, Klub, s. S. 119
Tottenham Hotspur FC (Tottenham Hotspur Football Club), London, England, Klub, entst. 1882, [1882-85 Hotspur FC], s. S. 66
Tottenham Hotspur Football Club s. Tottenham Hotspur FC
Toulon, Stadt, Frankreich, s. S. 77
Toulouse FC (Toulouse Football Club), Toulouse, Frankreich, Klub, entst. 1937, [1937-67 Toulouse FC, 67 aufgel., 70 wiedergegr. => US Toulouse (70)], s. S. 77
Toulouse Football Club s. Toulouse FC
Toulouse, Stadt, Frankreich, s. S. 77
Toumodi, Stadt, Elfenbeinküste, s. S. 117
Tourbillon s. FC Tourbillon
Tourcoing s. RC Roubaix
Touring Club Łódź s. KS Union Touring Łódź
Tourists s. Wikki Tourists
Tournai, Stadt, Belgien, s. S. 75
Tournaisienne s. RUS Tournaisienne
Tours, Stadt, Frankreich, s. S. 77
Tout Puissant Alect Sports s. Elect Sports
Tout Puissant Mazembe s. TP Mazembe
Tout Puissant Mystère s. TP Mystère
Tovuz, Stadt, Aserbaidschan, s. S. 97
Towa Estate Agent s. Bellmare Hiratsuka
Towarzystwo Sportowe Lauda Wilno s. TS Lauda Wilno
Towarzystwo Sportowe Miliarder Pniewy s. TS Miliarder Pniewy
Towarzystwo Sportowe Sokół Tychy s. TS Sokół Tychy
Towarzystwo Sportowe Strzelec Wilno s. TS Strzelec Wilno
Towarzystwo Sportowe Wisła Kraków s. TS Wisła Kraków
Township Rollers, Gaborone, Botswana, Klub, s. S. 121
Townsville, Stadt, Australien, s. S. 136
Toxotis Larissa s. PAE Larissa
Toyo Kogyo s. Sanfrecce Hiroshima FC
Toyoda ALW, Japan, Klub, [aufgel. 19??], s. S. 111
Toyota s. Nagoya Grampus Eight
TP Akwembé, Libreville, Gabun, Klub, s. S. 119
TP Engelbert s. TP Mazembe
TP Mazembe (Tout Puissant Mazembe), Lubumbashi, Volksrepublik Kongo, Klub, entst. 1933, [19??-7? TP Engelbert], s. S. 119
TP Mystère (Tout Puissant Mystère), Brazzaville, Kongo, Klub, s. S. 118
TP-55 (Törnävan Pallo-55), Seinäjoki, Finnland, Klub, entst. 1955, s. S. 73
TPS (Jalkapallo Turun Palloseura), Turku/Åbo, Finnland, Klub, entst. 1922, s. S. 73
TPV (Tampereen Palloveikot), Tampere/Tammerfors, Finnland, Klub, entst. 1930, s. S. 73
Trablous, Stadt, Libanon, s. S. 102
Trabzon İdman Yurdu s. Trabzonspor K
Trabzon, Stadt, Türkei, s. S. 97
Trabzonspor K (Trabzonspor Kulübü), Trabzon, Türkei, Klub, entst. 1967, [entst. 1967 durch Fusion Trabzon İdman Yurdu, İdman Ocazi, Yelispor und Martispor], s. S. 97
Trabzonspor Kulübü s. Trabzonspor K
Traders s. State Traders
Trajana Stara Zagora s. FK Beroe Stara Zagora
Trakija Plovdiv s. FK Botev Plovdiv
Trakija Plovdiv s. FK Spartak Plovdiv
Trakijets Sliven s. FK Sliven
Traktor Bobrujsk s. FK Babrujsk
Traktor Pawlodar s. Irtysch Pawlodar
Traktor Rostow-na-Donu s. FK Rostsel'masch Rostow-na-Donu
Traktor Schwerin s. Schweriner SC
Traktor Stalingrad s. SK Rotor Wolgograd
Traktor Taschkent s. FK Traktor Taschkent
Traktor Wolgograd s. SK Rotor Wolgograd
Traktor Zaporosch'je s. FK Torpedo Zaporischja
Traktori s. SK Lushnjë
Tramurewa, Auckland, Neuseeland, Klub, s. S. 137
Tramways SC (Tramways Sport Club), Fortaleza, Brasilien, Klub, [aufgel. 19??], s. S. 133
Tramways SC (Tramways Sport Club), Recife, Brasilien, Klub, [aufgel. 19??], s. S. 133
Tramways Sport Club s. Tramways SC
Tramways, Auckland, Neuseeland, Klub, s. S. 137
Tranmere Rovers FC (Tranmere Rovers Football Club), Birkenhead, England, Klub, entst. 1884, [1884-85 Belmont AFC], s. S. 67
Tranmere Rovers Football Club s. Tranmere Rovers FC
Trans Ethiopia, Mekele, Äthiopien, Klub, s. S. 115
Trans Narva s. JK Trans Narva
Trans Tours United s. Christchurch United
Transcom, Nakuru, Kenia, Klub, s. S. 119
Transito, Cochabamba, Bolivien, Klub, s. S. 131
Transmasch Mahiljou s. FK Dnepr Mahiljou
Transmasch Mahiljou s. FK Dnepr-Transmasch Mahiljou
Transmasch Mahiljou s. FK Transmasch Mahiljou
Transport FC (Transport Football Club), Bray/Bré, Irland, Klub, entst. 1935, [aufgel. 1951, Umzug nach Dublin], s. S. 69
Transport FC s. CIÉ-Transport FC
Transport Football Club s. Transport FC
Transport Team s. Ministry of Transport Team
Transports s. CO Transports
Transvaal, Paramaribo, Surinam, Klub, s. S. 129
Trapezica Veliko Tărnovo s. FK Etăr Veliko Tărnovo
Traput, Stadt, Neukaledonien, s. S. 137
Trarza s. Terruzi FC
Trasandino, Los Andes, Chile, Klub, s. S. 135
Trast AC, Larnaka/Larnaca, Zypern, Klub, entst. 1896, [aufgel. 1944], s. S. 95
Travadores s. CD Travadores
Travnik, Stadt, Bosnien und Herzegowina, s. S. 93
Trbovlje, Stadt, Slowenien, s. S. 93
Tre Fiori s. SP Tre Fiori
Tre Penne s. SP Tre Penne
Trebinje, Stadt, Bosnien und Herzegowina, s. S. 93
Trelew, Stadt, Argentinien, s. S. 135
Trelleborg, Stadt, Schweden, s. S. 73
Trelleborgs FF (Trelleborgs Fotbollförening), Trelleborg, Schweden, Klub, entst. 1926, [entst. 1926 durch Fusion Sport Trelleborg und Victoria Trelleborg], s. S. 73
Trelleborgs Fotbollförening s. Trelleborgs FF
Trem Desportivo (Trem Desportivo Clube), Macapá, Brasilien, Klub, entst. 1947, s. S. 133
Trem Desportivo Clube s. Trem Desportivo
Trenčín, Stadt, Slowakei, s. S. 86
Trenčín, Stadt, Slowakei, s. S. 86
Trento, Stadt, Italien, s. S. 81
Trepča Kosovska Mitrovica s. FK Trepča Kosovska Mitrovica
Trepča Titova Mitrovica s. FK Trepča Kosovska Mitrovica
Trešnjevka s. ŠD Trešnjevka
Treze FC (Treze Futebol Clube), Campina Grande, Brasilien, Klub, entst. 1925, s. S. 133
Treze Futebol Clube s. Treze FC
Trgovački Novi Sad s. RFK Novi Sad
Triangle s. Blue Triangle
Tribhuvan Army (Tribhuvan Army Club), Kathmandu, Nepal, Klub, s. S. 105
Tribhuvan Army Club s. Tribhuvan Army
Tricolor Baia Mare s. FC Baia Mare
Tricolor Bucureşti s. CS Tricolor Bucureşti
Tricolor Bucureşti s. Unirea Tricolor MAI Bucureşti
Tricolor CFPV s. Vagonul Ploieşti
Tricolor CS Ploieşti s. Vagonul Ploieşti
Tricolor MAI Bucureşti s. Unirea Tricolor MAI Bucureşti
Tricolore Gasperich s. FC Tricolore Muhlenweg
Tricolore Muhlenweg s. FC Tricolore Muhlenweg
Tricon Cahul s. FC Tricon Cahul
Triesen, Stadt, Liechtenstein, s. S. 83
Triesenberg, Stadt, Liechtenstein, s. S. 83
Trieste, Stadt, Italien, s. S. 81 und 93
Triestina s. USC Triestina
Triglav Kranj s. NK Triglav Creina Kranj
Triglav Ljubljana s. NK SCT Olimpija Ljubljana
Triglav Naklo s. NK Triglav Naklo
Trikala, Stadt, Griechenland, s. S. 95
Trimoncium Kazanlăk s. FK Rozova Dolina Kazanlăk
Třinec, Stadt, Tschechische Republik, s. S. 86
Trinidad s. CA Trinidad
Trinidad und Tobago, Länder, s. S. 128 und 129
Trinidad, Stadt, Bolivien, s. S. 131
Trinidense s. Sportivo Trinidense
Trinity Falcons s. Central Falcons
Triomphe, Liancourt, Haiti, Klub, s. S. 127
Tripoli, Stadt, Libanon, s. S. 102
Tripolis, Stadt, Libyen, s. S. 113
Tritonville FC (Tritonville Football Club), Dublin/Baile Átha Cliath, Irland, Klub, [aufgel. 19??], s. S. 69
Tritonville Football Club s. Tritonville FC
Tritsvet Tschirpan, Tschirpan, Bulgarien, Klub, [aufgel. 19??], s. S. 91
Triumf Bucureşti s. Flacăra Bucureşti
Triumph United, Beterverwagting, Guyana, Klub, s. S. 129
Triunfo, Managua, Nicaragua, Klub, s. S. 125
Trivandrum, Stadt, Indien, s. S. 105
Trjavna, Stadt, Bulgarien, s. S. 91
Trn, Stadt, Bosnien und Herzegowina, s. S. 93
Trnava, Stadt, Slowakei, s. S. 86
Troglav Livno s. NK Troglav Livno
Trois-Rivières, Stadt, Guadeloupe, s. S. 127
Trojans s. Somerset Trojans
Tromsø Idrettslag s. Tromsø IL
Tromsø IL (Tromsø Idrettslag), Tromsø, Norwegen, Klub, entst. 1920, s. S. 71
Tromsø, Stadt, Norwegen, s. S. 71
Trondheim, Stadt, Norwegen, s. S. 71
Tropic All Stars, Turks und Caicos, Klub, s. S. 123
Troya, Tegucigalpa, Honduras, Klub, [aufgel. 19??], s. S. 125
Troyenne-Savinienne s. AS Troyenne-Savinienne
Troyes, Stadt, Frankreich, s. S. 77
Trst, Stadt, Italien, s. S. 81 und 93
Trud Dschizak s. FK Sogdiana Dschizak
Trud Pleven s. FK Spartak Pleven
Trud Ramenskoje s. FK Saturn Ramenskoje
Trud Woronesch s. FK Fakel Woronesch
Trudovyje Rezervy Leningrad s. Dinamo Sankt Peterburg
Trudovyje rezervy Lugansk s. FK Zorja Luhans'k
Trud-PRZ Naberezhnyje Tschelny s. FK KamAZ-Tschally Naberezhnyje Tschelny
Trujillanos FC s. CD Trujillanos
Trujillo, Stadt, Peru, s. S. 130
TS GKS Polonia/Szombierki Bytom s. GKS Szombierki Bytom
TS GKS Polonia/Szombierki Bytom s. KS Polonia Bytom
TS Ittihad Ryadi, Casablanca/Dar Al-Bayda, Marokko, Klub, s. S. 113
TS Kościuszko Niedobczyce s. KS Górnik Radlin
TS Koscuszko-Rymer Niedobczyce s. KS Górnik Radlin
TS Lauda Wilno (Towarzystwo Sportowe Lauda Wilno), Vilnius/Wilno, Litauen, Klub, [aufgel. 1939], s. S. 89
TS Malekesa Kisangani, Kisangani, Volksrepublik Kongo, Klub, s. S. 119
TS Miliarder Pniewy (Towarzystwo Sportowe Miliarder Pniewy), Pniewy, Polen, Klub, entst. 1945, [1945-?? KS Sokół Pniewy, ??-93 KS Sokół-Elektromis Pniewy, 93-95 TS Miliarder Pniewy, aufgel. 95 durch Fusion mit GKS Tychy => TS Sokół Pniewy/Tychy], s. S. 89
TS Poniatowski Schomberg s. GKS Szombierki Bytom
TS Sokół Pniewy/Tychy s. TS Miliarder Pniewy
TS Sokół Pniewy/Tychy s. TS Sokół Tychy
TS Sokół Tychy (Towarzystwo Sportowe Sokół Tychy), Tychy, Polen, Klub, entst. 1971, [1971-95 GKS Tychy, 95 Fusion mit TS Miliarder Pniewy => TS Sokół Pniewy/Tychy (95-96)], s. S. 89
TS Strzelec Wilno (Towarzystwo Sportowe Strzelec Wilno), Vilnius/Wilno, Litauen, Klub, [aufgel. 1939], s. S. 89
TS Tarnovia Tarnów s. ZKS Unia Tarnów
TS Topoľčany s. MFK VTJ Topoľčany
TS Wisła Kraków (Towarzystwo Sportowe Wisła Kraków), Kraków, Polen, Klub, entst. 1906, [1906-39 TS Wisła Kraków, 39 aufgel., 40 wiedergegr., 40-45 DTSG Krakau, 45 aufgel. und wiedergegr., 45-48 TS Wisła Kraków, 48-55 KS Gwardia Kraków, 55-91 GTS Wisła Kraków], s. S. 89
Tsadvar Sofija s. FD Schipka Sofija
Tsadvar Sofija s. FK Septemvri Sofija
Tsakapélé, Kongo, Klub, s. S. 118
Tsar Krum Bjala Slatina, Bjala Slatina, Bulgarien, Klub, [aufgel. 19??], s. S. 91
Tsar Simeon Pavlikeni, Pavlikeni, Bulgarien, Klub, [aufgel. 19??], s. S. 91
TSC Berlin s. 1. FC Union Berlin
TSC Oberschöneweide s. 1. FC Union Berlin
Tschad, Länder, s. S. 114 und 115
Tschardafon Gabrovo s. FK Tschardafon Gabrovo
Tschardafon Orlovets Gabrovo s. FK Tschardafon Gabrovo
Tschaschma Schaartuz, Schaartuz, Tadschikistan, Klub, s. S. 101
Tschechische Republik, Länder, s. S. 86 und 87
Tschechoslowakei, Länder, s. S. 86 und 87
Tschegan Burgas, Burgas, Bulgarien, Klub, [aufgel. 19??], s. S. 91
Tschegeratschi Termez s. FK Surchan Termez
Tscheljabinsk, Stadt, Russland, s. S. 101
Tscherkassy, Stadt, Ukraine, s. S. 99
Tscherkasy, Stadt, Ukraine, s. S. 99
Tschernigow, Stadt, Ukraine, s. S. 99
Tschernihiw, Stadt, Ukraine, s. S. 99
Tscherniwtsi, Stadt, Ukraine, s. S. 91 und 99
Tschernjachowsk, Stadt, Russland, s. S. 84
Tscherno More Varna s. FK Tscherno More Varna
Tschernomorets Burgas s. FK Tschernomorets Burgas
Tschernomorets Novorossisk s. FK Tschernomorets Novorossisk
Tschernomoretz Odessa s. FK Tschornomoretz' Odesa
Tschernowtsy, Stadt, Ukraine, s. S. 91 und 99
Tscherveno zname Gabrovo s. FK Tschardafon Gabrovo
Tscherveno zname Haskovo s. FK Haskovo
Tscherveno zname Pavlikeni s. FK Pavlikeni
Tscherveno zname Petritsch s. FK Belasitsa Petritsch
Tscherveno zname Sofija s. DSO Tscherveno zname Sofija
Tscherveno zname Sofija s. FK CSKA Sofija
Tscherveno zname Sofija s. FK Septemvri Sofija
Tscherveno zname Stanke Dimitrov s. FK Marek Dupnica
Tscherveno zname Svischtov s. FK Akademik Svischtov
Tscherveno zname Tolbuchin s. FK Dobrudscha Dobritsch
Tscherveno zname Veliko Tărnovo s. FK Etăr Veliko Tărnovo
Tschiatura, Stadt, Georgien, s. S. 97
Tschilanzar Taschkent s. FK Tschilanzar Taschkent
Tschimkent, Stadt, Kasachstan, s. S. 101
Tschinar-Policejskaja Akademija Baku s. FC Dinamo-Bakili Baku
Tschinvali, Stadt, Georgien, s. S. 97
Tschipka Kazanlăk s. FK Rozova Dolina Kazanlăk
Tschirpan, Stadt, Bulgarien, s. S. 91
Tschirschik, Stadt, Usbekistan, s. S. 100
Tschkalovsk, Stadt, Tadschikistan, s. S. 100
Tschornomoretz' Odesa s. FK Tschornomoretz' Odesa
Tschumi Suchumi s. FC Tschumi Suchumi
Tselinnik Akmola s. Zhenis Astana
Tselinnik Jangijer s. FK Jangijer
Tselinnik Tselinograd s. Zhenis Astana
Tsement Ararat s. FC Araks Ararat
Tsement Novorossisk s. FK Tschernomorets Novorossisk
Tsementnik Semipalatinsk s. Elimaj Semipalatinsk
Tsesna Akmola s. Zhenis Astana
Tsesna Aktjubinsk s. Aktjubinets Aktjubinsk
Tsesna Aktjubinsk s. Aktobe Aktjubinsk
Tsesna Aktjubinsk, Aktjubinsk, Kasachstan, Klub, [aufgel. 1996 durch Fusion mit Aktjubinets Aktjubinsk => Aktobemunaj Aktjubinsk], s. S. 101
TSG 1861 Ludwigshafen s. SV Phönix Ludwigshafen
TSG 80 Vohwinkel s. Wuppertaler SV
TSG Bau Rostock s. TSV Grün-Weiß 1895 Rostock
TSG Rostock s. TSV Grün-Weiß 1895 Rostock
TSG Wismar s. FC Anker Wismar
Tshinkunku s. US Tshinkunku
Tshipepele s. INSS Tshipepele
TSHT Aschchabad, Aschchabad, Turkmenistan, Klub, s. S. 101
TŠK, Topolovac, Kroatien, Klub, s. S. 93
TŠS Trnava s. FC Spartak Trnava
TŠS Trnava s. ŠK Rapid Trnava
TSU Armazi Tbilisi s. FC TSU Armazi Tbilisi
TSU Tbilisi s. FC TSU Armazi Tbilisi
Tsumeb, Stadt, Namibia, s. S. 120
TSU-Schewardeni 1906 Tbilisi s. FC TSU Armazi Tbilisi
TSV 1860 Stralsund s. FC Pommern Stralsund
TSV 1910 Dresden (Turn- und Sportverein 1910 Dresden), Dresden, Deutschland, Klub, entst. 1902, [1902-45 Dresdner TV Guts Muts, 45 aufgel. und wiedergegr., 45-50 SG Johannstadt Dresden, 50-52 BSG Tabak Dresden, 52-90 BSG Empor-Tabak Dresden, 90-92 SV Johannstadt Dresden], s. S. 85
TSV Alemannia Aachen s. Aachener TSV Alemannia
TSV Bayer 04 Leverkusen (Turn- und Sportverein Bayer 1904 Leverkusen), Leverkusen, Deutschland, Klub, entst. 1904, [1904-23 TuS der Farbenfabrik vorm. Friedrich Bayer & Co. 1904 Leverkusen, 23-28 FV 1904 Leverkusen, 28 Fusion mit Box-Verein Wiesdorf => SV 04 Leverkusen (28-35), 35-38 SV Bayer 04 Leverkusen, 38-45 BSG der IG Farbenindustrie AG 04 Leverkusen, 45-48 SV 04 Leverkusen, 48-84 SV Bayer 04 Leverkusen, 84 Fusion mit TuS 04 Leverkusen => TSV Bayer 04 Leverkusen], s. S. 84
TSV Braunschweig s. Braunschweiger TSV Eintracht
TSV Dessau s. SV Dessau 05
TSV Germania 05 Wilhelmshaven s. SV Wilhelmshaven
TSV Grün-Weiß 1895 Rostock (Turn- und Sportverein Grün-Weiß 1895 Rostock), Rostock, Deutschland, Klub, entst. 1895, [1895-?? Rostocker SC 1895, ??-1919 Rostocker FC 1895, 19 Fusion mit Rostocker FC Greif 1916 => Rostocker SC 1895 (19-38), 38 Fusion mit Rostocker TB, Rostocker TSV 1923 und VfR 03 Rostock => TSG Rostock (38-45), 45 aufgel., wiedergegr. 52 durch Fusion BSG Motor Nord, BSG Motor West, BSG Motor Ost, BSG Motor Mitte und BSG Aufbau Rostock => BSG Motor Nordwest Rostock (52-69), 69-90 TSG Bau Rostock], s. S. 85
TSV Lyra s. K Lyra TSV
TSV München 1860 (Turn- und Sportverein München von 1860), München, Deutschland, Klub, entst. 1899, [1899-1919 TV München 1860, 19-24 TSV München 1860, 24 Teilung => SV 1860 München und TV 1860 München (24-34), 34 Fusion SV 1860 München und TV 1860 München => TSV München 1860], s. S. 85
TSV Vestenbergsgreuth s. SpVgg. Greuther Fürth
TTC (Terézvárosi Torna Club), Budapest, Ungarn, Klub, entst. 1902, [1902-09 Fővárosi TC, 09-39 Terézvárosi TC, 39 aufgel., 46 wiedergegr., 46-50 Terézvárosi TC, 50 aufgel.], s. S. 88
TTC s. MFK VTJ Topoľčany
TTE s. FK TTS Trenčín
TTS s. FK TTS Trenčín
TTS Trenčín s. FK TTS Trenčín
Tubantia AC s. K Tubantia Borgerhout
Tubantia Borgerhout s. K Tubantia Borgerhout
Tubarão, Stadt, Brasilien, s. S. 133
Tucumán s. CA Tucumán
Tudomány MEFESZ Budapest s. BEAC
Tudomány MEFESZ Budapest s. MAFC
TuFC Britannia s. Berliner SV 92
TuFC Sportlust 04 Schöneberg s. Berliner SC Kickers 1900
TuFC Union 1892 s. Berliner TuFC Union 1892
TuFC Viktoria 89 Berlin s. Berliner FC Viktoria 89
TuFV Preußen Danzig s. SC Preußen Danzig
Tukuyu Stars, Mbeya, Tansania, Klub, s. S. 119
TuKV (Turun Kisaveikot), Turku/Åbo, Finnland, Klub, entst. 1930, s. S. 73
Tuléar, Stadt, Madagaskar, s. S. 121
Tulevik Viljandi s. JK Tulevik Viljandi
Tulevik Viljandi s. Lelle SK
Tulsa Roughnecks s. Team Hawaii
Tulsa Roughnecks, Tulsa, USA, Klub, entst. 1978, [1975-77 San Antonio Thunder, 77 Umzug nach Honolulu => Team Hawaii (77-78), aufgel. 78 Umzug nach Tulsa => Tulsa Roughnecks (78-84), 84 aufgel.], s. S. 123
Tulsa, Stadt, USA, s. S. 123
Tuluá, Stadt, Kolumbien, s. S. 128
Tumabaku, Morogoro, Tansania, Klub, s. S. 119
Tumán, Stadt, Peru, s. S. 130
Tumbes, Stadt, Peru, s. S. 130
Tumon Athlete's Foot s. CSX Tumon Club
Tumon SC s. CSX Tumon Club
Tumon Taivon s. CSX Tumon Club
Tuna Luso Brasileira, Belém, Brasilien, Klub, entst. 1903, s. S. 133
Tunacor Blue Waters s. Blue Waters
Tundschja Jambol s. FK Jambol
Tunesien, Länder, s. S. 112 und 113
Tungsram SC (Tungsram Sport Club), Budapest, Ungarn, Klub, entst. 1951, [1951-56 Budapesti Vasas Izzó, 56-57 UTE Izzó, 57-59 Újpesti Tungsram, 59-87 Budapesti Vasas Izzó, aufgel. 87 durch Fusion mit Váci Izzó MTE, 89 wiedergegr.], s. S. 88
Tungsram Sport Club s. Tungsram SC
Tungsten Mining s. Pohang Steelers
Tunis, Stadt, Tunesien, s. S. 113
Tunisien s. Stade Tunisien
Tunisienne s. US Tunisienne
Tupan s. SE Tupan
Tupapa FC (Tupapa Football Club), Cook Inseln, Klub, s. S. 137
Tupapa Football Club s. Tupapa FC
Tupilakken-41 s. T-41
TuPK (Turun Pallokissat), Turku/Åbo, Finnland, Klub, entst. 1928, s. S. 73
TuPy (Turun Pyrkivä), Turku/Åbo, Finnland, Klub, entst. 1906, s. S. 73
TuR Weißenfels s. 1. FC Weißenfels
TuRa Leipzig s. FC Sachsen Leipzig 1990
TuRa Ludwigshafen s. SV Phönix Ludwigshafen
Turan Nukus s. FK Turan Nukus
Turan Taschauz, Taschauz, Turkmenistan, Klub, [19??-93 Zarja-MALS Daschkowuz, 93-94 Daschkowuz Taschauz], s. S. 101
Turan Tauz s. FC Turan Tauz
Turbina Jablanica s. NK Turbina Jablanica
Turbine Erfurt s. FC Rot-Weiß Erfurt
Turbine Halle s. Hallescher FC
Turbine Neubrandenburg s. FC Neubrandenburg
Turbine Weimar s. SC Weimar 03
Turčianský Svätý Martin s. ŠKF ZŤS VTJ Martin
Turda, Stadt, Rumänien, s. S. 91
Turiani, Stadt, Tansania, s. S. 119
Turin, Stadt, Italien, s. S. 81
Türk Ocagi, Nicosia/Lefkosia, Zypern, Klub, s. S. 95
Türkei, Länder, s. S. 96 und 97
Turkestan, Stadt, Kasachstan, s. S. 101
Turkmenabat, Stadt, Turkmenistan, s. S. 101
Turkmenbaschi, Stadt, Turkmenistan, s. S. 101
Turkmenistan, Länder, s. S. 100 und 101
Turkmen-Kala, Stadt, Turkmenistan, s. S. 101
Turku, Stadt, Finnland, s. S. 73
Turn- und Fechtclub Ludwigshafen s. SV Phönix Ludwigshafen
Turn- und Rasensport Union 1880 Düsseldorf s. TuRU 1880 Düsseldorf
Turn- und Spielvereinigung Koblenz-Neuendorf s. TuS Koblenz
Turn- und Sportverein 1910 Dresden s. TSV 1910 Dresden
Turn- und Sportverein Bayer 1904 Leverkusen s. TSV Bayer 04 Leverkusen
Turn- und Sportverein Bremerhaven 1893 s. TuS Bremerhaven 93
Turn- und Sportverein Grün-Weiß 1895 Rostock s. TSV Grün-Weiß 1895 Rostock
Turn- und Sportverein Helene Altenessen 1928 s. TuS Helene Altenessen

Turn- und Sportverein München von 1860 s. TSV München 1860
Turnerbund 1846 Ulm s. SSV Ulm 1846
Turnhout, Stadt, Belgien, s. S. 75
Turnu Severin s. CFR Turnu Severin
Turquoise s. Caye Caulker Turquoise
Turra, Stadt, Jordanien, s. S. 102
Turra, Turra/At Turrah, Jordanien, Klub, s. S. 102
Turrialba, Stadt, Costa Rica, s. S. 125
Tursunzade, Stadt, Tadschikistan, s. S. 101
TuRU 1880 Düsseldorf (Turn- und Rasensport Union 1880 Düsseldorf), Düsseldorf, Deutschland, Klub, entst. 1919, [entst. 1919 durch Fusion Düsseldorfer FK Union, VfR Düsseldorf und Friedrichstädter TV 1880 => TuRU 1880 Düsseldorf], s. S. 84
Turul FC s. Zuglói VII. Kerület AC
Turul s. Zuglói AC
Turun Kisaveikot s. TuKV
Turun Pallokissat s. TuPK
Turun Pyrkivä s. TuPy
Turun Toverit s. TuTo
Turun Urheiluliitto s. UL
Turun Weikot s. TuWe
TuS 04 Leverkusen s. TSV Bayer 04 Leverkusen
TuS 1877 Schalke (19-24) s. FC Schalke 04
TuS 1908 Bochum s. VfL Bochum
TuS 48 Bochum s. VfL Bochum
TuS Bremerhaven 93 (Turn- und Sportverein Bremerhaven 1893), Bremerhaven, Deutschland, Klub, entst. 1912, [1912-33 Arbeiter TV Bremerhaven, 33 aufgel. und wiedergegr., 33-45 TuS Bremerhaven 93, 45 aufgel. und wiedergegr., 45-47 SG Bremerhaven, 47-74 TuS Bremerhaven 93, 74 Fusion mit OSC Bremerhaven, 76 aufgel.], s. S. 85
TuS der Farbenfabrik vorm. Friedrich Bayer & Co. 1904 Leverkusen s. TSV Bayer 04 Leverkusen
TuS Duisburg s. Duisburger SV
TuS Duisburg s. KSG Duisburg
TuS Helene Altenessen (Turn- und Sportverein Helene Altenessen 1928), Essen, Deutschland, Klub, entst. 1928, [1928-45 TuS Helene Altenessen, 45 aufgel. und wiedergegr., 45-50 VfR 1928 Essen], s. S. 84
TuS Koblenz (Turn- und Spielvereinigung Koblenz-Neuendorf), Koblenz, Deutschland, Klub, entst. 1911, [1911-34 FV 1911 Neuendorf, 34 Fusion mit FC Deutschland Neuendorf, FV 1911 und FC Alemannia Neuendorf => TuS Neuendorf (34-46), 46 aufgel. und wiedergegr., 46 SpVgg. Neuendorf, 46-82 TuS Neuendorf], s. S. 85
TuS Neuendorf s. TuS Koblenz
TuS Werder 1945 Bremen s. SV Werder Bremen
TuSG Eintracht Kassel s. CSC 03 Kassel
Tusker FC (Tusker Football Club), Nairobi, Kenia, Klub, [19??-98 Kenya Breweries], s. S. 119
Tusker Football Club s. Tusker FC
Tuspo 1848 Cassel s. CSC 03 Kassel
Tuspo Liegnitz s. SpVgg. 1896 Liegnitz
Tuspo Liegnitz s. VfB 1919 Liegnitz
TuSpV. Jahn München s. FC Bayern München
TuTo (Turun Toverit), Turku/Åbo, Finnland, Klub, entst. 1929, s. S. 73
Tutrakan, Stadt, Bulgarien, s. S. 91
Tuvalu, Länder, s. S. 137
TuWe (Turun Weikot), Turku/Åbo, Finnland, Klub, entst. 1912, s. S. 73
Tuy FC s. Deportivo Tuy FC
Tuzla, Stadt, Bosnien und Herzegowina, s. S. 93
TV 1860 Fürth s. SpVgg. Greuther Fürth
TV 1860 München s. TSV München 1860
TV 1861 Ludwigshafen s. SV Phönix Ludwigshafen
TV 1868 Ulm s. SSV Ulm 1846
TV 1877 Schalke s. FC Schalke 04
TV 1877 Waldhof s. SV Waldhof Mannheim 07
TV 1884 Neckarau s. VfL 1884 Neckarau
TV 1901 Wattenscheid s. SG 09 Wattenscheid
TV 48 Bochum s. VfL Bochum
TV Friesen Cottbus s. ESV Cottbus
TV Germania München-Gladbach s. Borussia VfL 1900 Mönchengladbach
TV Jahn München s. FC Bayern München
TV Malstatt s. 1. FC Saarbrücken
TV München 1860 s. TSV München 1860
TV Vorwärts Bremen s. SV Werder Bremen
TV-45 s. FK Tscherno More Varna
TV-45 s. SK Vladislav Varna
TV-45 s. Titscha Varna
TVD Partizan Prevalje s. NK Korotan Prevalje
Tver', Stadt, Russland, s. S. 101
TVMK Tallinn (Tallinna Vineeri- ja Mööblikombinaat Tallinn), Tallinn, Estland, Klub, entst. 1980, [1980-8? Vigri Tallinn, 8?-91 Vigri-Marat Tallinn, 91-93 FC Vigri Tallinn, 93-95 FC Tevalte Tallinn, 95-96 FC Tevalte-Markelor Tallinn, 96-97 FC Marlekor Tallinn], s. S. 99
TVMK Tallinn s. FC Lantana Tallinn
Tvøroyrar Bóltfelag s. TB
Tvøroyri, Stadt, Färöer Inseln, s. S. 71
TVP Varna s. FK Tscherno More Varna
Twente s. FC Twente
Tychy, Stadt, Polen, s. S. 89
Typographia FC s. Budapesti Szikra Nyomda
Tyr Vestmannæyjar s. ÍBV
Tyre, Stadt, Libanon, s. S. 102
TŽ Třinec s. Fotbal Třinec
U-17, Britische Jungferninseln, Klub, s. S. 126
U-18 Mili komandasi, Baku/Baku, Aserbaidschan, Klub, entst. 1994, s. S. 97
U-20, Apia, West-Samoa, Klub, s. S. 137
U-53 s. CD Atlante
UA Araguainense (União Atlética Araguainense), Araguaína, Brasilien, Klub, entst. 1993, s. S. 133
UA Sedan Torcy s. CS Sedan-Ardennes
UA Sedan-Torcy s. Racing CF 92
UA Táchira FC s. UD Táchira FC
UA Táchira s. Atlético San Cristóbal
UAC Yaté, Yaté, Neukaledonien, Klub, s. S. 137
UAG „Los Tecos" (Club Universidad Autonoma de Guadalajara AC „Los Tecos"), Guadalajara, Mexiko, Klub, entst. 1974, s. S. 125
UANL „Los Tigres" (Club Deportivo Universidad Autonoma de Nuevo León AC „Los Tigres"), Monterrey, Mexiko, Klub, entst. 1967, [1967-96 UANL], s. S. 125
UANL s. UANL „Los Tigres"
UAT „Los Correcaminos" (Club de Fútbol Universidad Autonoma de Tamaulipas AC „Los Correcaminos"), Ciudad Victoria, Mexiko, Klub, entst. 1973, [1977 aufgel., 80 wiedergegr.], s. S. 125
Uba Stars, Lesotho, Klub, s. S. 120
UBAC, Bangui, Zentralafrikanische Republik, Klub, s. S. 114
Uberaba SC (Uberaba Sport Club), Uberaba, Brasilien, Klub, entst. 1917, s. S. 133
Uberaba Sport Club s. Uberaba SC
Uberaba, Stadt, Brasilien, s. S. 133
Uberlândia EC (Uberlândia Esporte Clube), Uberlândia, Brasilien, Klub, entst. 1922, s. S. 133
Uberlândia Esporte Clube s. Uberlândia EC
Uberlândia, Stadt, Brasilien, s. S. 133
Ubiratan EC (Ubiratan Esporte Clube), Dourados, Brasilien, Klub, entst. 1947, s. S. 133
Ubiratan Esporte Clube s. Ubiratan EC
UBK (Ungmennafélagið Breiðablik Kópavogur), Kópavogur, Island, Klub, entst. 1950, s. S. 71
Ubombo Flyers, Big Bend, Swasiland, Klub, s. S. 120
UC Livorno s. ASC Livorno
UC Sampdoria (Unione Calcio Sampierdarenese-Doria), Genua (Genova), Italien, Klub, entst. 1946, [entst. 1946 durch Fusion SG Sampierdarenese und SG Andrea Doria], s. S. 81
UC Sampdoria s. SG Andrea Doria
UC Sampdoria s. SG Sampierdarenese
UCAS Petroşani s. CS Jiul Petroşani
UCB (Uganda Commercial Bank), Kampala, Uganda, Klub, [aufgel. 199?], s. S. 119
Uccle Sport s. Léopold CB
Uccle Sport s. R Uccle Sport
UCD AFC (University College Dublin Association Football Club), Dublin/Baile Átha Cliath, Irland, Klub, entst. 1895, [1895-?? Catholic University FC], s. S. 69
UCI, Uganda, Klub, s. S. 119
UCOM Rajpracha SC (UCOM Rajpracha Sport Club), Krungthep/Bangkok, Thailand, Klub, s. S. 106
UCOM Rajpracha Sport Club s. UCOM Rajpracha SC
UCV FC (UCV Fútbol Club), Venezuela, Klub, s. S. 129
UCV Fútbol Club s. UCV FC
UD Canarias (Unión Deportivo Canarias), Caracas, Venezuela, Klub, [19??-73 UD Canarias, 73-7? Tiquire-Canarias, 7?-77 UD Canarias, 77-?? Miranda-Canarias], s. S. 129
ÚD Červená hviezda Bratislava s. ŠK Policie Bratislava
UD Lara FC (Unión Deportiva de Lara Fútbol Club), Barquisimeto, Venezuela, Klub, [19??-7? Lara FC, 7?-77 Barquisimeto FC, 77-85 UD Lara FC, 85-87 UE Lara FC], s. S. 128
UD Las Palmas (Unión Deportiva Las Palmas), Las Palmas de Gran Canaria, Spanien, Klub, entst. 1949, [entst. 1949 durch Fusion Arenas Club Las Palmas, AC Victoria Las Palmas, Gran Canaria Las Palmas, Marino CF Las Palmas und Atlético Las Palmas], s. S. 79
UD Leiria (União Desportiva de Leiria), Leiria, Portugal, Klub, entst. 1966, s. S. 79
UD Lérida s. UE Lleida
UD Levante-Gimnástico s. Levante UD
UD Melilla, Melilla, Spanien, Klub, entst. 1921, s. S. 79
UD Oliveirense (União Desportiva Oliveirense), Oliveira de Azaméis, Portugal, Klub, entst. 1922, s. S. 79
UD Salamanca (Unión Deportiva Salamanca), Salamanca, Spanien, Klub, entst. 1923, s. S. 79
UD Táchira FC (Unión Deportivo Táchira Fútbol Club), San Cristóbal, Venezuela, Klub, entst. 1975, [1975-77 Deportivo San Cristóbal, 77-85 UD Táchira FC, 85 Fusion mit Atlético San Cristóbal => UA Táchira FC (85-89), 89-94 UD Táchira FC, 94-99 UA Táchira FC], s. S. 128
UD Táchira s. Atlético San Cristóbal
ÚDA Praha s. FK Dukla Praha
Udarnik Ljubljana s. NK SCT Olimpija Ljubljana
Udarnik Osijek s. NK Osijek
Udarnik Plovdiv s. FK Spartak Plovdiv
Udarnik Sarajevo s. FK Sarajevo
Udarnik Sofija s. FK Slavija Sofija
Udarnik Stara Zagora s. FK Beroe Stara Zagora
Udarnik Veliko Tărnovo s. FK Etăr Veliko Tărnovo
Uddevalla, Stadt, Schweden, s. S. 73
UDIB (União Desportiva Internacional Bissau), Bissau, Guinea-Bissau, Klub, s. S. 116
Udine, Stadt, Italien, s. S. 81
Udinese Calcio, Udine, Italien, Klub, entst. 1896, [1896-1923 Società Udinese di Ginnastica e Scherma, 23-78 AC Udinese], s. S. 81
Udinese s. Udinese Calcio
Udoji United, Awka, Nigeria, Klub, s. S. 117
Udriin Od, Mongolei, Klub, s. S. 109
UDV Göztepe SK s. Göztepe SK
UE Lara FC s. UD Lara FC
UE Les Bons (Unio Esportiva Les Bons), Les Bons La Mosquera, Andorra, Klub, s. S. 77
UE Lleida (Unió Esportiva Lleida), Lleida/Lérida, Spanien, Klub, entst. 1939, [1939-78 UD Lérida], s. S. 79
UE Portuguesa (União Esportiva Portuguesa), Manaus, Brasilien, Klub, [aufgel. 19??], s. S. 133
UEB (Uganda Electricity Board), Jinja, Uganda, Klub, s. S. 119
Uerdingen s. KFC Uerdingen 05
UF Hunedoara s. Corvinul FC Hunedoara
Ufa, Stadt, Russland, s. S. 101
UFC Rapid Bucureşti (Uniunea Fotbal Club Rapid Bucureşti), Bukarest (Bucureşti), Rumänien, Klub, entst. 1923, [1923-36 CFR Bucureşti, 36-45 FC Rapid Bucureşti, 45-49 Caile Ferate Române Bucureşti, 49-58 Locomotivă Bucureşti, 58-92 CS Rapid Bucureşti], s. S. 90
UFJ, Ulanbator (Ulaanbaatar), Mongolei, Klub, s. S. 109
Uganda Airlines, Kampala, Uganda, Klub, s. S. 119
Uganda Commercial Bank s. UCB
Uganda Electricity Board s. UEB
Uganda Taxi Operators and Drivers Association s. UTODA
Uganda, Länder, s. S. 118 und 119
Ugarte s. Alfonso Ugarte
UGC (University Grants Commission), Rawalpindi, Pakistan, Klub, s. S. 105
Ugljevik, Stadt, Bosnien und Herzegowina, s. S. 93
Ugol'schtschik Ekibastuz s. Ekibastuzets NK Ekibastuz
Uherské Hradiště, Stadt, Tschechische Republik, s. S. 86
Uhlsport Rangers s. Rangers
Uitvlugt FC (Uitvlugt Football Club), Uitvlugt, Guyana, Klub, s. S. 129
Uitvlugt Football Club s. Uitvlugt FC
Uitvlugt, Stadt, Guyana, s. S. 129
Ujamaa, Zanzibar, Tansania, Klub, s. S. 119
Ujenzi, Sumbawanga, Tansania, Klub, s. S. 119
Újpest FC (Újpest Futball Club), Budapest, Ungarn, Klub, entst. 1885, [1885-1926 Újpesti TE, 26-49 Újpest FC, 49 Fusion mit Budapesti Rendőr Egylet => Budapesti Dózsa (49-56), 56-90 Újpesti Dózsa, 90-94 Újpesti TE, 94-95 UTE-Novabau, 95-99 Újpesti TE], s. S. 88
Újpest Futball Club s. Újpest FC
Újpesti Dózsa s. Újpest FC
Újpesti Magyar Torna Egyesület s. UMTE
Újpesti TE s. Újpest FC
Újpesti Törekvés Sport Egyesület s. UTSE
Újpesti Tungsram s. Tungsram SC
Ujung Pandang, Stadt, Indonesien, s. S. 107
Ujvidék AC s. NAK
Ujvidék, Stadt, Jugoslawien, s. S. 89 und 93
Ukmerge, Stadt, Litauen, s. S. 99
Ukraine, Länder, s. S. 98 und 99
UL (Turun Urheiluliitto), Turku/Åbo, Finnland, Klub, entst. 1919, [aufgel. 1950], s. S. 73
ULA FC s. Atlético Zulia FC
ULA FC s. FCU-ULA FC
Ulaanbaatar, Stadt, Mongolei, s. S. 109
ULA-Mérida FC s. FCU-ULA FC
Ulanbator, Stadt, Mongolei, s. S. 109
Uleåborg, Stadt, Finnland, s. S. 73
Ulim-Codru Călăraşi s. FC Ulim-Codru Călăraşi
Ulinzi Stars, Thika, Kenia, Klub, s. S. 119
Ulm, Stadt, Deutschland, s. S. 85
Ulmer FV 1894 s. SSV Ulm 1846
Ulmer TSG 1846 s. SSV Ulm 1846
Ulsan Hyundai Horang-i, Ulsan, Südkorea, Klub, entst. 1983, [19??-95 Hyundai Horang-i], s. S. 110
Ulsan, Stadt, Südkorea, s. S. 110
Ulsteinvik, Stadt, Norwegen, s. S. 71
Ulster C & RFC s. Ulster SC
Ulster SC (Ulster Sport Club), Belfast, Nordirland, Klub, entst. 1878, [1878-?? Ulster C & RFC, ??-19?? Ulster SC, 19?? aufgel.], s. S. 69
Ulster Sport Club s. Ulster SC
Ultramarina, Tarrafol, Kapverden, Klub, s. S. 116
Ulutau Dschezkazgan, Dschezkazgan, Kasachstan, Klub, entst. 1967, [1967-80 Jenbek Dschezkazgan, 80-91 Dschezkazganets Dschezkazgan, 91-92 Metallurg Dschezkazgan, 92-97 Jenbek Dschezkazgan], s. S. 101
Umbelebele, Mhlume, Swasiland, Klub, s. S. 120
Umbumbulu, Stadt, Südafrika, s. S. 121
Umeå FC (Umeå Fotbollclub), Umeå, Schweden, Klub, entst. 1987, s. S. 73
Umeå Fotbollclub s. Umeå FC
Umeå, Stadt, Schweden, s. S. 73
Umed Duschanbe, Duschanbe, Tadschikistan, Klub, s. S. 101
UMF Skallagrímur (Ungmennafélagið Skallagrímur), Borgarnes, Island, Klub, entst. 1916, s. S. 71
UMF Stjarnan (Ungmennafélagið Stjarnan), Garðabær, Island, Klub, entst. 1960, s. S. 71
UMFG (Ungmennafélag Grindavíkur), Grindavík, Island, Klub, entst. 1963, s. S. 71
UMFK s. Keflavík ÍF
Umid Bajram-Ali, Bajram-Ali, Turkmenistan, Klub, s. S. 101
Umid Dschalilabad s. FC Umid Dschalilabad
Umid Taschkent s. FK MHSK Taschkent
UMNO, Kuantan, Malaysia, Klub, s. S. 106
Umoja, Liberia, Klub, s. S. 117
Umtata Bush Bucks, Umtata, Südafrika, Klub, entst. 1957, s. S. 121
Umtata, Stadt, Südafrika, s. S. 121
UMTE (Újpesti Magyar Torna Egyesület), Budapest, Ungarn, Klub, [aufgel. 1949 durch Fusion mit Wolfner SE => Budapesti Bőripari DSE], s. S. 88
UMTE s. Bőripari DSE
UNAH (Club Universidad Nacional Autonoma de Honduras), Tegucigalpa, Honduras, Klub, entst. 1981, s. S. 125
UNAM „Los Pumas" (Universidad Nacional Autonoma de México AC „Los Pumas"), Mexiko-Stadt/Ciudad de México, Mexiko, Klub, entst. 1954, s. S. 125
Unayzah, Stadt, Saudi-Arabien, s. S. 103
UNB FC (Université Nationale du Benin Football Club), Porto-Novo, Benin, Klub, s. S. 117
UNDEBA (Union Deportivo Banda'bou), Willemstad, Niederländische Antillen, Klub, s. S. 127
Ungarn, Länder, s. S. 88 und 89
Ungheni, Stadt, Moldawien, s. S. 99
Ungmennafélag Grindavíkur s. UMFG
Ungmennafélagið Breiðablik Kópavogur s. UBK
Ungmennafélagið Skallagrímur s. UMF Skallagrímur
Ungmennafélagið Stjarnan s. UMF Stjarnan
Ungvár, Stadt, Ukraine, s. S. 87, 89 und 99
Ungvári AC (Ungvári Atlétikai Club), Uschhorod/Uschgorod/Ungvár, Ukraine, Klub, entst. 1906, [aufgel. 1945], s. S. 89
Ungvári Atlétikai Club s. Ungvári AC
Unia Chorzów s. KS Ruch Chorzów
Unia Racibórz s. KS Unia Racibórz
Unia Sosnowiec s. GKS Zagłębie Sosnowiec
Unia Tarnów s. ZKS Unia Tarnów
União Atlética Araguainense s. UA Araguainense
União Coimbra s. CF União Coimbra
União de Lisboa s. Atlético CP
União de Lisboa s. Carcavelinhos FC
União de Lisboa, Lissabon (Lisboa), Portugal, Klub, [aufgel. 1942 durch Fusion mit Carcavelinhos FC => Atlético CP], s. S. 78
União Desportiva de Leiria s. UD Leiria
União Desportiva Internacional Bissau s. UDIB
União Desportiva Oliveirense s. UD Oliveirense
União Esportiva Portuguesa s. UE Portuguesa
União Futebol Comércio e Indústria de Tomar s. União Tomar
União s. CF União
União São João EC (União São João Esporte Clube), Araras, Brasilien, Klub, entst. 1981, s. S. 133
União São João Esporte Clube s. União São João EC
União Sporting do Bié, Kuito, Angola, Klub, s. S. 118
União Tomar (União Futebol Comércio e Indústria de Tomar), Tomar, Portugal, Klub, entst. 1914, s. S. 79
União Torreense s. SC União Torreense
Unicol FC (Unión Costa del Lago „Unicol" Fútbol Club), Lagunillas, Venezuela, Klub, entst. 1989, s. S. 128
UNICOSTA (Club Unión Deportivo de la Costa), Barranquilla, Kolumbien, Klub, entst. 1995, s. S. 128
Unidad s. Deportivo Unidad
Unidos de Nueva Chicago s. CA Nueva Chicago
Unidos FC Barreiro s. GD Quimigal
Unidos FC s. Bairros Unidos FC
Unidos s. Onze Unidos
Uniforme Fayaoué, Fayaoué, Neukaledonien, Klub, s. S. 137
Uni-Mt Wellington (University-Mt Wellington), Auckland, Neuseeland, Klub, entst. 2000, [entst. 2000 durch Fusion Mt Wellington AFC und University], s. S. 137
Uni-Mt Wellington s. Mt Wellington AFC
Uni-Mt Wellington s. University
Unio Esportiva Les Bons s. UE Les Bons
Unió Esportiva Lleida s. UE Lleida
Unio Satu Mare s. FC Olimpia Satu Mare
Union 06 Berlin s. 1. FC Union Berlin
Union 06 Oberschöneweide s. 1. FC Union Berlin
Union 1892 s. Berliner TuFC Union 1892
Union 1893 Cassel s. Kasseler SV Hessen
Unión América, Lima, Peru, Klub, s. S. 130
Union Bank s. GO Union Bank
Union Bendesländerversicherung Mödling s. VfB Mödling
Union Böckingen 08 s. FV Union Böckingen 08
Unión Buenos Aires, Lima, Peru, Klub, [aufgel. 19??], s. S. 130
Unión Callao, Callao, Peru, Klub, s. S. 130
Unión Carbone, Lima, Peru, Klub, [aufgel. 19??], s. S. 130
Unión Central (Club Unión Central), Tarija, Bolivien, Klub, entst. 1980, s. S. 131
Union Cheb s. FC Union Cheb
Unión Cienciano (Asociacion Deportiva Club Unión Cienciano), Cuzco, Peru, Klub, entst. 1901, [1901-?? Atlético Cienciano], s. S. 131
Unión Costa del Lago „Unicol" Fútbol Club s. Unicol FC
Unión de Chirilanco, Bocas del Toro, Panama, Klub, s. S. 125
Unión de Curtidores, León, Mexiko, Klub, s. S. 125
Unión Deportiva de Lara Fútbol Club s. UD Lara FC
Unión Deportiva Las Palmas s. UD Las Palmas
Unión Deportiva Salamanca s. UD Salamanca
Union Deportivo Banda'bou s. UNDEBA
Unión Deportivo Canarias s. UD Canarias
Unión Deportivo Táchira Fútbol Club s. UD Táchira FC
Union Douala (Union sportive Douala), Douala, Kamerun, Klub, entst. 1957, s. S. 117
Unión Española (Club Unión Española), Santiago, Chile, Klub, entst. 1897, [?? aufgel., 1935 wiedergegr.], s. S. 135
Unión FC (Unión Fútbol Club), Lima, Peru, Klub, [aufgel. 19??], s. S. 130
Union FC Ixelles (Union Football Club d'Ixelles), Brüssel (Bruxelles/Brussel), Belgien, Klub, entst. 1890, [aufgel. 1896], s. S. 75
Union Football Club d'Ixelles s. Union FC Ixelles
Union Freiburg s. SC Freiburg
Unión Fútbol Club s. Unión FC
Union Halle s. Hallescher FC
Unión Huaral (Club Unión Huaral de Deportes), Huaral, Peru, Klub, entst. 1947, s. S. 130
Unión Huayllaspanca, Huancayo, Peru, Klub, s. S. 131
Union Irún s. Real Unión Irún
Unión La Calera (Club Unión La Calera), La Calera, Chile, Klub, entst. 1954, s. S. 135
Unión Maestranza, Viacha, Bolivien, Klub, s. S. 131
Unión Magdalena (Asociación Deportiva Unión Magdalena), Santa Marta, Kolumbien, Klub, entst. 1951, [1951-53 Deportivo Samarios], s. S. 128
Union Mannheim s. VfR Mannheim
Union Mertert-Wasserbillig s. FC Jeunesse Wasserbillig
Unión Minas (Club Unión de Minas), Cerro de Pasco, Peru, Klub, entst. 1974, s. S. 130
Union Mödling s. VfB Mödling
Union Mülheim s. Mülheimer SV 06
Union Pédestre 1895 s. RRC Heirnis Gent
Union Pédestre Rive Gauche Paris s. Red Star 93
Unión Pesquero, Ilo, Peru, Klub, s. S. 131
Union R Saint-Gilloise s. R Union Saint-Gilloise
Unión s. CA Unión
Union s. CD Guadalajara
Union s. FC Union
Union Saint-Gilloise s. R Union Saint-Gilloise
Unión San Felipe s. Deportes Unión San Felipe
Unión San Vicente, Córdoba, Argentinien, Klub, entst. 1980, [entst. 1980 durch Fusion Lavalle und Palermo], s. S. 135
Union Sarir Madinet Sidi-bel-Abbès s. USM Sidi-bel-Abbès
Unión SC (Unión Sport Club), Caracas, Venezuela, Klub, [aufgel. 19??], s. S. 129
Union Sosnowiec s. GKS Zagłębie Sosnowiec
Union Sport Centralafricain s. USCA
Unión Sport Club s. Unión SC
Union Sport, Brazzaville, Kongo, Klub, s. S. 118
Union Sportif Abong-Mbang s. US Abong-Mbang
Union sportif Hassania Agadir s. US Hassania Agadir
Union sportif Monastirienne s. US Monastirienne
Union Sporting, Burundi, Klub, s. S. 119
Union sportive Ansoise s. US Ansoise
Union sportive Baie-Mahault s. US Baie-Mahault
Union sportive Bénédictine s. US Bénédictine
Union sportive Bilombe s. US Bilombe
Union sportive Cambuston s. US Cambuston
Union sportive Case-Pilote s. US Case-Pilote
Union sportive Chaouia s. US Chaouia
Union sportive Chaudron Cadjée s. US Chaudron
Union sportive Cheminots s. US Cheminots
Union sportive Culturelle Bassam s. USC Bassam
Union sportive de la Comoé s. US Comoé
Union sportive de la Medina d'Algiers s. USM Alger
Union sportive de Zilimadjou s. US Zilimadjou
Union sportive des Meuniers Banfora s. USM Banfora
Union sportive des Mineurs d'El Harrach s. USM El Harrach
Union sportive Douala s. Union Douala
Union sportive Dudelange s. US Dudelange
Union sportive Esch/Alzette s. US Esch
Union sportive Fonctionnaires s. USF
Union sportive Forces Armées s. USFA
Union sportive Foyer de la Rails Nationale s. USFRAN
Union sportive Gorée s. US Gorée
Union sportive Gosier s. US Gosier
Union sportive Luxembourg s. US Luxembourg
Union sportive Macouria s. US Macouria
Union sportive Madinet Aïn Beida s. USM Aïn Beida
Union sportive Marinoise s. US Marinoise
Union sportive Matoury s. US Matoury
Union sportive Mbila Nzambi Libreville s. USM Libreville
Union sportive Mondorf-les-Bains s. US Mondorf-les-Bains
Union sportive Musulmane Annaba s. USM Annaba
Union sportive musulmane de Blida s. USM Blida
Union sportive Ouagadougou s. US Ouagadougou
Union sportive Ouakam s. US Ouakam
Union sportive Possession s. US Possession
Union sportive Rail s. US Rail
Union sportive Robert s. US Robert
Union sportive Rosiene s. US Rosiene
Union sportive Rumelange s. US Rumelange
Union sportive Saint-André Léopards s. US Saint-André Léopards
Union sportive Saint-Elie s. US Saint-Elie
Union sportive Sinnamary s. US Sinnamary
Union sportive Stade Tamponnaise s. USS Tamponnaise
Union sportive Tsinkunku s. US Tshinkunku
Unión Talleres-Lanús s. CA Lanús
Unión Talleres-Lanús s. CA Talleres
Unión Talleres-Lanús, Buenos Aires, Argentinien, Klub, entst. 1934, [entst. 1934 durch Fusion CA Lanús und Talleres FC => Unión Talleres-Lanús, 34 Aufl. der Fusion], s. S. 135
Union Tanger s. IR Ittihad Tanger
Unión Tarapoto, Tarapoto, Peru, Klub, s. S. 130
Union Touring Łódź s. KS Union Touring Łódź
Unión Tumán, Tumán, Peru, Klub, s. S. 130
Union Vesper, Bata, Äquatorial-Guinea, Klub, s. S. 118
Union Wels s. FC Union Wels
Union Yaoundé, Yaoundé, Kamerun, Klub, s. S. 117
Unione Calcio Sampierdarenese-Doria s. UC Sampdoria
Unione Sportiva Calcio Alessandria s. USC Alessandria
Unione Sportiva Calcio Triestina s. USC Triestina
Unione Sportiva Catanzaro s. US Catanzaro
Unione Sportiva Cremonese s. US Cremonese
Unione Sportiva Lecce s. US Lecce
Unione Sportiva Milanese s. US Milanese
Unione Sportiva Novese s. US Novese
Unione Sportiva Palermo s. US Palermo
Unione Sportiva Pro Vercelli Calcio s. US Pro Vercelli
Unique FC (Unique Football Club), Christiansted, Amerikanische Jungferninseln, Klub, s. S. 126
Unique Football Club s. Unique FC
Unirea Arad s. CS Astra Arad
Unirea Brăila s. Dacia Unirea Brăila
Unirea Bucureşti s. CS Tricolor Bucureşti
Unirea Bucureşti s. Unirea Tricolor MAI Bucureşti
Unirea Satu Mare s. FC Olimpia Satu Mare
Unirea Timişoara s. CFR Timişoara
Unirea Tricolor MAI Bucureşti, Bukarest (Bucureşti), Rumänien, Klub, entst. 1926, [entst. 1926 durch Fusion Unirea Bucureşti und CS Tricolor Bucureşti => Unirea-Tricolor Bucureşti (26-48), 48 Unirea Tricolor MAI Bucureşti, aufgel. 48 durch Fusion mit CS Ciocanul Bucureşti => CS Dinamo Bucureşti], s. S. 90
Unirea-Tricolor Bucureşti s. CS Ciocanul Bucureşti
Unirea-Tricolor Bucureşti s. CS Tricolor Bucureşti
Unirea-Tricolor Bucureşti s. FC Dinamo Bucureşti
Unirea-Tricolor Bucureşti s. Unirea Tricolor MAI Bucureşti
Unisport Bafang, Bafang, Kamerun, Klub, s. S. 117
Unisport Chişinău s. FC Nistru Otaci
Unisport Chişinău s. FC Nistru-Unisport Otaci
Unisport Chişinău s. FC Unisport Chişinău
Unitas Helsinki, Helsinki/Helsingfors, Finnland, Klub, [aufgel. 19??], s. S. 73
Unitas Locarno s. FC Locarno
Unité Douala, Douala, Kamerun, Klub, s. S. 117
Unitech FC (Unitech Football Club), Lae, Papua-Neuguinea, Klub, s. S. 136
Unitech Football Club s. Unitech FC
United Ichihara s. JEF United Ichihara
United Petrotrin, Pointe-à-Pierre, Trinidad und Tobago, Klub, s. S. 129
United Ploieşti s. FC Prahova Ploieşti
United Railstars s. Railstars
United Tampere, Tampere/Tammerfors, Finnland, Klub, entst. 1988, s. S. 73
United Youth, Kathmandu, Nepal, Klub, s. S. 105
Uniunea Fotbal Club Rapid Bucureşti s. UFC Rapid Bucureşti
Universal (Club Universal), Encarnación, Paraguay, Klub, entst. 1919, s. S. 135
Universidad Católica s. CD Universidad Católica
Universidad Católica, Caracas, Venezuela, Klub, s. S. 129
Universidad Central, Caracas, Venezuela, Klub, s. S. 129
Universidad Centroamericana, Managua, Nicaragua, Klub, s. S. 125
Universidad de Chile (Corporación de Fútbol de la Universidad de Chile), Santiago, Chile, Klub, entst. 1928, s. S. 135
Universidad de Costa Rica s. AD Universidad de Costa Rica
Universidad de Guadalajara, Guadalajara, Mexiko, Klub, s. S. 125
Universidad de San Carlos s. USAC
Universidad Iberoamericano, La Paz, Bolivien, Klub, s. S. 131
Universidad Nacional Autonoma de México AC „Los Pumas" s. UNAM „Los Pumas"
Universidad O&M, Santo Domingo, Dominikanische Republik, Klub, s. S. 127
Universidad, Pereira, Kolumbien, Klub, entst. 1948, s. S. 128
Universidad, Santa Cruz de la Sierra, Bolivien, Klub, s. S. 131
Universitar Studentesc Bucureşti s. CF Sportul Studentesc Bucureşti
Universitario de Beni, Trinidad, Bolivien, Klub, s. S. 131
Universitario de Deportes (Club Universitario de Deportes), Lima, Peru, Klub, entst. 1924, [1924-32 Federación Universitaria], s. S. 130
Universitario de Oriente, Venezuela, Klub, s. S. 129
Universitario s. CD Universitario
Universitario, Potosi, Bolivien, Klub, s. S. 131
Universitario, Sucre, Bolivien, Klub, s. S. 131
Universitate Riga s. FK Universitate Riga
Universitate Riga s. LU/Daugava Riga
Universitate Riga s. RAF Jelgava
Universitatea Cluj s. FC Universitatea Cluj-Napoca
Universitatea Craiova s. AS Universitatea FC Craiova
Université Nationale du Benin Football Club s. UNB FC
University College Dublin Association Football Club s. UCD AFC
University Grants Commission s. UGC
University LB s. Tokyo University LB
University of Guam Tritons, Agaña, Guam, Klub, s. S. 136
University s. ICF University
University s. Mt Wellington AFC
University s. Uni-Mt Wellington
University, Auckland, Neuseeland, Klub, [aufgel. 2000 durch Fusion mit Mt Wellington AFC => Uni-Mt Wellington], s. S. 137
University-Mt Wellington s. Uni-Mt Wellington
Universul Ciuciuleni s. FC Universul Ciuciuleni
Universul Truseni s. FC Unisport Chişinău
Unknowns FC s. Bray Unknowns FC
UNNATO FC (UNNATO Football Club), Lyantonde, Uganda, Klub, s. S. 119
UNNATO Football Club s. UNNATO FC
Unterhaching s. SpVgg. Unterhaching
Unterländer Spielervereinigung Eschen-Mauren s. USV Eschen-Mauren
UP Lahti s. FC Kuusysi
UPAO s. Coopsol Trujillo
UPDF FC (UPDF Football Club), Bombo, Uganda, Klub, s. S. 119
UPDF Football Club s. UPDF FC
Upper West Heroes, Wa, Ghana, Klub, s. S. 117
Uppsala, Stadt, Schweden, s. S. 73
Uprising Youths, Trinidad und Tobago, Klub, s. S. 129
Uprising, Amerikanische Jungferninseln, Klub, s. S. 126
Upsetters SC s. UWS Upsetters SC
Uptown Rebels, Vieux Fort, St. Lucia, Klub, s. S. 127
Uralan Elista, Elista, Russland, Klub, entst. 1958, s. S. 101
Uralets Ural'sk s. Naryn Ural'sk
Uralets-Arma Ural'sk s. Naryn Ural'sk
Uralmasch Ekaterinburg, Ekaterinburg, Russland, Klub, entst. 1947, [1947-62 Avangard Sverdlovsk, 62-91 SKVO Uralmasch Sverdlovsk], s. S. 101
Uralmasch Sverdlovsk s. Uralmasch Ekaterinburg
Ural'sk, Stadt, Kasachstan, s. S. 101
Urana, Niamey, Niger, Klub, s. S. 114
Urani s. KS Elbasani
Urania des Eauc-Vives Genève s. Urania Genève-Sports
Urania Genève-Sports s. FC Genève
Urania Genève-Sports, Genève, Schweiz, Klub, entst. 1923, [entst. 1923 durch Fusion FC Genève und FC Urania des Eauc-Vives Genève => Urania Genève-Sports], s. S. 82
Urania s. KS Teuta
Ura-Tjube, Stadt, Tadschikistan, s. S. 100
Urawa Red Diamonds, Urawa, Japan, Klub, entst. 1951, [19??-92 Mitsubishi Motors FC], s. S. 111
Urawa, Stadt, Japan, s. S. 111
Urgench, Stadt, Usbekistan, s. S. 101
Urlings, Stadt, Antigua und Barbuda, s. S. 127
Uroschaj Alma-Ata s. FK Kajrat Almaty
Uruba s. al-Uruba
Uruguay s. CA Uruguay
Uruguay s. CS Uruguay
Uruguay, Kralendijk, Niederländische Antillen, Klub, s. S. 126
Uruguay, Länder, s. S. 134 und 135
Ürümqi, Stadt, China, s. S. 108
US Abong-Mbang (Union Sportif Abong-Mbang), Abong-Mbang, Kamerun, Klub, s. S. 117
US Aixoise s. AS Aixoise
US Alessandria s. USC Alessandria
US Anconitana s. Ancona Calcio
US Anconitana-Bianchi s. Ancona Calcio
US Ansoise (Union sportive Ansoise), Anse Bertrand, Guadeloupe, Klub, s. S. 127
US Antiboise s. FC Antibes
US Athlétique, Casablanca/Dar Al-Bayda, Marokko, Klub, s. S. 113
US Avellino s. Avellino Calcio
US Baie-Mahault (Union sportive Baie-Mahault), Baie-Mahault, Guadeloupe, Klub, s. S. 127
US Bari s. AS Bari
US BB-RH (US Beau Bassin-Rose Hill), Beau Bassin-Rose Hill, Mauritius, Klub, s. S. 121
US Beau Bassin-Rose Hill s. US BB-RH
US Bénédictine (Union sportive Bénédictine), Saint Benoît/Bras Panon, Reunion, Klub, entst. 1954, s. S. 121
US Bilombe (Union sportive Bilombe), Kinshasa, Volksrepublik Kongo, Klub, s. S. 119
US Bitam, Bitam, Gabun, Klub, s. S. 118
US Bruxelloise s. R Daring CB
US Cagliari s. Cagliari Calcio
US Cambuston (Union sportive Cambuston), Saint-André, Reunion, Klub, s. S. 121
US Case-Pilote (Union sportive Case-Pilote), Case-Pilote, Martinique, Klub, s. S. 127
US Catanese s. Catania Calcio
US Catanzaro (Unione Sportiva Catanzaro), Catanzaro, Italien, Klub, entst. 1929, s. S. 81
US Cattin, Bangui, Zentralafrikanische Republik, Klub, s. S. 114
US Chaouia (Union sportive Chaouia), Oum el Bouaghi, Algerien, Klub, s. S. 113
US Chaudron (Union sportive Chaudron Cadjée), Saint-Denis, Reunion, Klub, entst. 1985, [19??-?? AS Chaudron], s. S. 121
US Cheminots (Union sportive Cheminots), Bobo-Dioulasso, Burkina Faso, Klub, entst. 1966, s. S. 114
US Comoé (Union sportive de la Comoé), Banfora, Burkina Faso, Klub, s. S. 114
US Cremonese (Unione Sportiva Cremonese), Cremona, Italien, Klub, entst. 1903, [1903-13 AC Cremona], s. S. 81
US Diaraf s. ASC Diaraf
US Dudelange (Union sportive Dudelange), Dudelange, Luxemburg, Klub, entst. 1912, [entst. 1912 durch Fusion Minerva Dudelange und Jeunesse de la Frontière => US Dudelange (12-40), 40-44 SV Düdelingen, 44-91 US Dudelange, aufgel. 91 Fusion mit SC Alliance Dudelange und CS Stade Dudelange => F91 Dudelange], s. S. 74
US Dudelange s. SC Alliance Dudelange
US Dudelange s. CS Stade Dudelange
US Dudelange s. F91 Dudelange
US Esch (Union sportive Esch/Alzette), Esch-sur-Alzette, Luxemburg, Klub, entst. 1913, [1913-40 US Esch, 39-44 Eintracht Esch], s. S. 74
US FBC Casale s. AS Casale
US Ferryville, Ferryville/Menzel Bourguiba, Tunesien, Klub, s. S. 113
US Fès, Fez/Fès, Marokko, Klub, s. S. 113
US Foggia Incredit s. Foggia Calcio
US Foggia s. Foggia Calcio
US Forces Armées Securité s. USFAS
US Gendarmerie, Niamey, Niger, Klub, s. S. 114
US Gorée (Union sportive Gorée), Dakar, Senegal, Klub, s. S. 116
US Gosier (Union sportive Gosier), Le Gosier, Guadeloupe, Klub, s. S. 127
US Hassania Agadir (Union sportif Hassania Agadir), Agadir, Marokko, Klub, s. S. 113
US Hollerich/Bonnevoie s. US Luxembourg
US Italia Cagliari s. Cagliari Calcio
US Lecce (Unione Sportiva Lecce), Lecce, Italien, Klub, entst. 1908, [1927 Fusion mit Lecce FBC, Juventus Lecce und Gladiator Lecce], s. S. 81
US Livorno Calcio s. ASC Livorno
US Livorno s. ASC Livorno
US Lucchese-Libertas s. AS Lucchese-Libertas
US Lusia, Kinshasa, Volksrepublik Kongo, Klub, s. S. 119
US Luxembourg (Union sportive Luxembourg), Luxembourg, Luxemburg, Klub, entst. 1908, [1908-25 US Hollerich/Bonnevoie, 25 Fusion mit JS Verlorenkost => US Luxembourg (25-40), 40-44 VfR 08 Luxemburg], s. S. 74
US Macouria (Union sportive Macouria), Tonate/Macouria, Französisch-Guyana, Klub, s. S. 129
US Marinoise (Union sportive Marinoise), Le Marin, Martinique, Klub, s. S. 127
US Marocaine, Casablanca/Dar Al-Bayda, Marokko, Klub, s. S. 113
US Matoury (Union sportive Matoury), Matoury, Französisch-Guyana, Klub, s. S. 129
US Mertert s. FC Jeunesse Wasserbillig
US Milanese (Unione Sportiva Milanese), Mailand (Milano), Italien, Klub, [aufgel. 1928 durch Fusion mit Internazionale FBC => Ambrosiana SS], s. S. 81
US Milanese s. Internazionale Milano FC
US Mohammedia, Mohammedia, Marokko, Klub, s. S. 113
US Monastirienne (Union sportif Monastirienne), Monastir/Munastir, Tunesien, Klub, s. S. 113
US Mondorf-les-Bains (Union sportive Mondorf-les-Bains), Mondorf-les-Bains, Luxemburg, Klub, entst. 1915, s. S. 75
US Montpelliéraine s. Stade Olympique Montpelliérain
US Niederwiltz s. FC Wiltz 71
US Novarese s. Novara Calcio

US Novese (Unione Sportiva Novese), Novi Ligure, Italien, Klub, entst. 1908, s. S. 81
US Olympique de Montpellier s. Stade Olympique Montpelliérain
US Ouagadougou (Union sportive Ouagadougou), Ouagadougou, Burkina Faso, Klub, s. S. 114
US Ouakam (Union sportive Ouakam), Dakar, Senegal, Klub, s. S. 116
US Palermo (Unione Sportiva Palermo), Palermo, Italien, Klub, entst. 1898, [1898-?? Anglo-Palermitan und & FC Palermo, ??-1927 Palermo FBC, 27 Fusion mit Vigor Palermo => AC Palermo (27-41), 41 Fusion mit Juventina Palermo => US Palermo-Juventina (41-45), 45-67 US Palermo, 67-77 SS Palermo, 77-87 SSC Palermo, 87 aufgel. und wiedergegr.], s. S. 81
US Palermo-Juventina s. US Palermo
US Penelo Cuaden, Penelo, Neukaledonien, Klub, s. S. 137
US Pistoiese s. AC Pistoiese
US Possession (Union sportive Possession), La Possession, Reunion, Klub, entst. 1964, s. S. 121
US Pro Livorno s. ASC Livorno
US Pro Vercelli (Unione Sportiva Pro Vercelli Calcio), Vercelli, Italien, Klub, entst. 1892, [1892-19?? Società di Scherma e Ginnastica Pro Vercelli, ??-79 US Pro Vercelli, 79-84 AS Pro Vercelli], s. S. 81
US Rail (Union sportive Rail), Thiès, Senegal, Klub, s. S. 117
US Reggiana s. AC Reggiana
US Robert (Union sportive Robert), Le Robert, Martinique, Klub, s. S. 127
US Rosiene (Union sportive Rosiene), La Rose, Guadeloupe, Klub, s. S. 127
US Rumelange (Union sportive Rumelange), Rumelange, Luxemburg, Klub, entst. 1908, [1907-40 US Rumelange, 40-44 FV Rümelingen], s. S. 74
US Saint-André Léopards (Union sportive Saint-André Léopards), Saint-André, Reunion, Klub, entst. 1967, [19??-?? US Sainte-Andréenne], s. S. 121
US Sainte-Andréenne s. US Saint-André Léopards
US Saint-Elie (Union sportive Saint-Elie), Saint-Elie, Französisch-Guyana, Klub, s. S. 129
US Salernitana Audax s. Salernitana Sport
US Salernitana Fascista s. Salernitana Sport
US Salernitana s. Salernitana Sport
US Savoia Foggia s. Foggia Calcio
US Sidi Kacem (Renaissance sportif Union Sidi Kacem), Sidi Kacem, Marokko, Klub, s. S. 113
US Sinnamary (Union sportive Sinnamary), Sinnamary, Französisch-Guyana, Klub, s. S. 129
US Toulouse s. Toulouse FC
US Tournaisienne s. RUS Tournaisienne
US Triestina s. FK Poncijana Trst
US Triestina s. USC Triestina
US Troyenne s. AS Troyenne-Savinienne
US Tshinkunku (Union sportive Tsinkunku), Kananga, Volksrepublik Kongo, Klub, entst. 1959, s. S. 119
US Tunisienne, Tunis, Tunesien, Klub, s. S. 113
US Valenciennes-Anzin & Arrondissement s. Valenciennes FC
US Valenciennes-Anzin s. Valenciennes FC
US Virtus Rialtina s. AC Venezia
US XII Paris s. CA Charenton
US Yamoussoukro, Yamoussoukro, Elfenbeinküste, Klub, s. S. 117
US Yatenga, Ouahigouya, Burkina Faso, Klub, [19??-?? Stade Yatenga], s. S. 114
US Zilimadjou (Union sportive de Zilimadjou), Moroni, Komoren, Klub, s. S. 121
USA, Länder, s. S. 122 und 123
USAC (Universidad de San Carlos), Ciudad de Guatemala/Guatemala City, Guatemala, Klub, s. S. 125
USAL s. Limoges Foot 87
Usbekistan, Länder, s. S. 100 und 101
USC Alessandria (Unione Sportiva Calcio Alessandria), Alessandria, Italien, Klub, entst. 1912, [1912-75 US Alessandria, 20 Fusion mit Alessandria FBC], s. S. 81
USC Bassam (Union sportive Culturelle Bassam), Grand-Bassam, Elfenbeinküste, Klub, s. S. 117
USC Triestina (Unione Sportiva Calcio Triestina), Trieste, Italien, Klub, entst. 1918, [1918-28 CS Ponziana Trieste, 28 Fusion mit Edera Trieste AS => ASPE Trieste (29-45), 45 Teilung => FK Poncijana Trst und US Triestina (45-81)], s. S. 81
USCA (Union Sport Centralafricain), Bangui, Zentralafrikanische Republik, Klub, s. S. 114
Uschgorod, Stadt, Ukraine, s. S. 87, 89 und 99
Uschhorod, Stadt, Ukraine, s. S. 87, 89 und 99
USD, Uganda, Klub, s. S. 119
USF (Union sportive Fonctionnaires), Antananarivo/Tananarive, Madagaskar, Klub, s. S. 121
USFA (Union sportive Forces Armées), Ouagadougou, Burkina Faso, Klub, s. S. 114
USFAS (US Forces Armées Securité), Bamako, Mali, Klub, s. S. 114
USFRAN (Union sportive Foyer de la Rails Nationale), Bobo-Dioulasso, Burkina Faso, Klub, s. S. 114
USK Alger s. USM Alger
Uskoplje, Stadt, Bosnien und Herzegowina, s. S. 93
USL Gélima, Gélima, Neukaledonien, Klub, s. S. 137
USL Montjoly, Remire-Montjoly, Französisch-Guyana, Klub, s. S. 129
USM Aïn Beïda (Union sportive Madinet Aïn Beïda), Aïn Beïda, Algerien, Klub, [19??-?? ISM Aïn Beïda], s. S. 113
USM Alger (Union sportive de la Medina d'Algiers), Algier (Alger/El-Jaza'ir), Algerien, Klub, entst. 1947, [19??-?? USK Alger], s. S. 113
USM Annaba (Union sportive Musulmane Annaba), Annaba, Algerien, Klub, [19??-?? HAMR Annaba], s. S. 113
USM Banfora (Union sportive des Meuniers Banfora), Banfora, Burkina Faso, Klub, entst. 1988, s. S. 114
USM Blida (Union sportive musulmane de Blida), Blida, Algerien, Klub, s. S. 113
USM El Harrach (Union sportive des Mineurs d'El Harrach), Algier (Alger/El-Jaza'ir), Algerien, Klub, entst. 1931, s. S. 113
USM Libreville (Union sportive Mbila Nzambi Libreville), Libreville, Gabun, Klub, s. S. 119
USM Oujda, Oujda, Marokko, Klub, s. S. 113
USM Sidi-bel-Abbès (Union Sarir Madinet Sidi-bel-Abbès), Sidi-bel-Abbès, Algerien, Klub, [19??-?? ESM Sidi-bel-Abbès], s. S. 113
Usora Žabljak s. NK Usora Žabljak
USS Tamponnaise (Union sportive Stade Tamponnaise), Le Tampon, Reunion, Klub, entst. 1982, s. S. 121
USS-DSO Udarnik Sofija s. FK Slavija Sofija
Ústí nad Labem, Stadt, Tschechische Republik, s. S. 86
Usť-Kamenogorsk, Stadt, Kasachstan, s. S. 101
Usulután, Stadt, El Salvador, s. S. 125
Usushwana Rhinos, Swasiland, Klub, s. S. 120
USV Eschen-Mauren (Unterländer Spielervereinigung Eschen-Mauren), Eschen, Liechtenstein, Klub, entst. 1963, s. S. 83
UT Arad s. FC UT Arad
Utalii (Utalii College), Nairobi, Kenia, Klub, s. S. 119
Utalii College s. Utalii
Utawala, Nairobi, Kenia, Klub, s. S. 119
UTC (Club Universidad Técnica de Cajamarca), Cajamarca, Peru, Klub, entst. 1964, s. S. 130
UTE Izzó s. Tungsram SC
UTE-Novabau s. Újpest FC
Utexafrica s. SC Utexafrica
UTN s. CD „Toros Neza"
UTODA (Uganda Taxi Operators and Drivers Association), Kampala, Uganda, Klub, s. S. 119
Utrecht, Stadt, Niederlande, s. S. 75
UTS Sydney Olympic s. Sydney Olympic FC
Utschkun Karasaj, Karasaj, Kirgisien, Klub, s. S. 101
UTSE (Újpesti Törekvés Sport Egyesület), Budapest, Ungarn, Klub, entst. 1908, [1908-48 UTSE, 48 aufgel., 56 wiedergegr., 56-57 UTSE, 57 aufgel.], s. S. 88
Utulei, Stadt, Amerikanisch-Samoa, s. S. 137
Utulei, Utulei, Amerikanisch-Samoa, Klub, s. S. 137
UVA-AMEFA s. CS Astra Arad
UWIC Inter Cardiff AFC (UWIC Inter Cardiff Association Football Club), Cardiff, Wales, Klub, entst. 1990, [entst. 1990 durch Fusion Cardiff FC und Sully FC => Inter Cardiff FC (90-96), 1996-2000 Inter Cable-Tel AFC], s. S. 67
UWIC Inter Cardiff Association Football Club s. UWIC Inter Cardiff AFC
UWS Upsetters SC, Christiansted, Amerikanische Jungferninseln, Klub, s. S. 126
Uzgorod, Stadt, Ukraine, s. S. 87, 89 und 99
Užice, Stadt, Jugoslawien, s. S. 93
Uzinele Astra Braşov s. FC Braşov
Uzinele Reşiţa s. CSM Reşiţa
Vaal Professionals, Sasolburg, Südafrika, Klub, entst. 1970, s. S. 121
Vaal Reef Stars, Orkney, Südafrika, Klub, [19??-89 Vaal Reef Time Stars], s. S. 121
Vaal Reef Time Stars s. Vaal Reef Stars
Vaasa, Stadt, Finnland, s. S. 73
Vaasan Idrotts Förening Kamraterna s. VIFK
Vaasan Palloseura s. VPS
Vaasan Palloveikot s. VPV
VAC Budapest s. III. Kerületi TVE-Autó Trader
Vác FC s. Vác FC-Zollner
Vác FC-Samsung s. Vác FC-Zollner
Vác FC-Zollner (Vác Futball Club-Zollner), Vác, Ungarn, Klub, entst. 1889, [1899-1948 Váci VSE, 48-50 Váci DTK, 51-54 Váci VLSE, 54-55 Váci Petőfi SE, 55-56 Váci Bástya SE, 57-58 Váci SE, 58-61 Váci Petőfi SE, 61 Váci Városi SE, 61-64 Vasas SE, 65-69 Váci SE, 70-80 Váci Hiradás Vasas SE, 80-92 Váci Izzó MTE, 87 Fusion mit Budapesti Vasas Izzó, 92-96 Vác FC-Samsung, 96-97 Vác FC], s. S. 89
Vác Futball Club-Zollner s. Vác FC-Zollner
VAC s. Budapesti VAC
Vác, Stadt, Ungarn, s. S. 89
Vachsch Kurgan-Tjube, Kurgan-Tjube, Tadschikistan, Klub, [1992-93 Strojitel Kurgan-Tjube], s. S. 101
Váci Bástya SE s. Vác FC-Zollner
Váci DTK s. Vác FC-Zollner
Váci Hiradás Vasas SE s. Vác FC-Zollner
Váci Izzó MTE s. Tungsram SC
Váci Izzó MTE s. Vác FC-Zollner
Váci Petőfi SE s. Vác FC-Zollner
Váci SE s. Vác FC-Zollner
Váci Városi SE s. Vác FC-Zollner
Váci VLSE s. Vác FC-Zollner
Váci VSE s. Vác FC-Zollner
Vacoas-Phoenix FC s. Fire Brigade SC
Vacoas-Phoenix FC s. Pamplemousses SC
Vadász Tölténgyári Vasas Sport Egysület s. Videoton FC Fehérvár
Vadásztölténgyári SK s. Videoton FC Fehérvár
Vadásztölténgyári Vasas SK s. Videoton FC Fehérvár
Vadili, Stadt, Zypern, s. S. 95
Vadili, Vadili/Vatili, Zypern, Klub, s. S. 95
Vado Ligure, Stadt, Italien, s. S. 81
Vadodara, Stadt, Indien, s. S. 105
Vaduz, Stadt, Liechtenstein, s. S. 83
VAE, Länder, s. S. 102 und 103
Vágar s. FS Vágar
Vagongyár ETO s. Győri ETO FC
Vagonul Arad s. CS Astra Arad
Vagonul Ploieşti, Ploieşti, Rumänien, Klub, entst. 1924, [1924-36 Tricolor CS Ploieşti, 36 Fusion mit CFPV => Tricolor CFPV (36-40), 40-48 FC Ploieşti, 48-50 CFR Ploieşti], s. S. 91
Vágs Bóltfelag s. VB
Vágs Bóltfelag/Sumba Vágur s. VB/Sumba Vágur
Vágur, Stadt, Färöer Inseln, s. S. 71
Vaiala, Apia, West-Samoa, Klub, s. S. 137
Vaiete, Papeete, Tahiti, Klub, s. S. 137
Vaillant VfB Union Mödling s. VfB Mödling
Vaipuna, Apia, West-Samoa, Klub, s. S. 137
Vairogs Rezekne s. FK Rezekne
Vaitoloa, Apia, West-Samoa, Klub, s. S. 137
Vaivase-Tai, Apia, West-Samoa, Klub, s. S. 137
Váldez SC (Váldez Sporting Club), Milagro, Ecuador, Klub, entst. 1991, [entst. 1991 nach Umzug von CD Filanbanco aus Guayaquil], s. S. 130
Váldez SC s. CD Filanbanco
Váldez Sporting Club s. Váldez SC
Valdivia, Stadt, Chile, s. S. 135
Vale of Leven FC (Vale of Leven Football Club), Alexandria, Schottland, Klub, entst. 1872, [aufgel. 1928], s. S. 69
Vale of Leven Football Club s. Vale of Leven FC
Valencia CF (Valencia Club de Fútbol), Valencia, Spanien, Klub, entst. 1919, [1919-40 Valencia FC], s. S. 79
Valencia Club de Fútbol s. Valencia CF
Valencia FC s. Carabobo FC
Valencia FC s. Valencia CF
Valencia s. Club Valencia
Valencia, Léogâne, Haiti, Klub, s. S. 127
Valencia, Stadt, Spanien, s. S. 79
Valencia, Stadt, Venezuela, s. S. 129
Valenciennes FC (Valenciennes Football Club), Valenciennes, Frankreich, Klub, entst. 1913, [1913-16 FC Valenciennes, 16 Fusion mit Anzin => US Valenciennes-Anzin (16-89), 89 aufgel. und wiedergegr., 89-96 US Valenciennes-Anzin & Arrondissement], s. S. 77
Valenciennes Football Club s. Valenciennes FC
Valenciennes, Stadt, Frankreich, s. S. 77
Valera, Stadt, Venezuela, s. S. 128
Vålerenga Idrettsforening Fotball s. Vålerenga IF Fotball
Vålerenga IF Fotball (Vålerenga Idrettsforening Fotball), Oslo, Norwegen, Klub, entst. 1913, [1913-98 Vålerengens IF], s. S. 71
Vålerengens IF s. Vålerenga IF Fotball
Valeriodoce s. AA Valeriodoce
Valga, Stadt, Estland, s. S. 99
Valira s. Gimnastic Valira
Valkeakoski, Stadt, Finnland, s. S. 73
Vall Tallinn s. JK Vall Tallinn
Valladolid, Stadt, Spanien, s. S. 79
Vallecano s. Rayo Vallecano Madrid
Valledupar, Stadt, Kolumbien, s. S. 128
Vallée du Tir Nouméa s. JS Vallée du Tir Nouméa
Valletta City FC s. Valletta FC
Valletta FC (Valletta Football Club), Valletta, Malta, Klub, entst. 1909, [1909-32 Valletta United FC, 32-39 Valletta City FC, 39-44 Valletta Saint Paul's AFT], s. S. 81
Valletta Football Club s. Valletta FC
Valletta Rovers FC (Valletta Rovers Football Club), Valletta, Malta, Klub, entst. 1918, s. S. 81
Valletta Rovers Football Club s. Valletta Rovers FC
Valletta Saint Paul's AFT s. Valletta FC
Valletta United FC s. Valletta FC
Valletta, Stadt, Malta, s. S. 81
Valley SC (Valley Sporting Club), Pokhara, Nepal, Klub, s. S. 105
Valley Sporting Club s. Valley SC
Valmiera, Stadt, Lettland, s. S. 99
Valparaíso, Stadt, Chile, s. S. 135
Valur (Knattspyrnufélagið Valur), Reykjavík, Island, Klub, entst. 1911, [1911-1? Íthróttaflokkur KFUM, 18 Fusion mit Voeringjar Reykjavík], s. S. 71
Van, Stadt, Türkei, s. S. 97
Vancouver 86ers, Vancouver, Kanada, Klub, entst. 1986, s. S. 123
Vancouver Royal Canadians s. Vancouver Royals
Vancouver Royal Canadians, Vancouver, Kanada, Klub, entst. 1967, [aufgel. 1967 durch Fusion mit San Francisco Gales => Vancouver Royals], s. S. 123
Vancouver Royal Canadiens s. San Francisco Gales
Vancouver Royals s. San Francisco Gales
Vancouver Royals s. Vancouver Royal Canadians
Vancouver Royals, Vancouver, Kanada, Klub, entst. 1967, [entst. 1967 durch Fusion San Francisco Gales und Vancouver Royal Canadians, 68 aufgel.], s. S. 123
Vancouver Whitecaps, Vancouver, Kanada, Klub, entst. 1974, [aufgel. 1984], s. S. 123
Vancouver, Stadt, Kanada, s. S. 123
Vangazi, Stadt, Lettland, s. S. 99
Vanguard Huandaodo s. Chongqing Lifan
Vanløse Idrætsforening s. Vanløse IF
Vanløse IF (Vanløse Idrætsforening), Kopenhagen (København), Dänemark, Klub, entst. 1921, s. S. 71
VanSigns St. John's Sports, St. George's, Grenada, Klub, s. S. 127
Vanspor K (Vanspor Kulübü), Van, Türkei, Klub, entst. 1974, s. S. 97
Vanspor Kulübü s. Vanspor K
Vantour Dschang, Dschang, Kamerun, Klub, s. S. 117
Vantour Mangoungou s. FC 105
Vantour Mangoungou, Libreville, Gabun, Klub, [entst. 19?? durch Fusion Vita Mangoungou und FC 105, ?? Aufl. der Fusion], s. S. 119
Vantour, Benin, Klub, s. S. 117
Vanuatu, Länder, s. S. 136 und 137
Vao, Stadt, Neukaledonien, s. S. 137
Vaolongolongo, Nuku'alofa, Tonga, Klub, s. S. 137
Varanasi, Stadt, Indien, s. S. 105
Varaždin, Stadt, Kroatien, s. S. 93
Vard s. SK Vard
Vardar Beograd s. SD Jedinstvo Beograd
Vardar Skopje s. FK Makedonija Skopje
Vardar Skopje s. FK Vardar Skopje
Vardar Skopje s. SSK Pobeda Skopje
Vardarski Bogdanci s. FK Vardarski Bogdanci
Varegg s. IL Varegg
Varese Calcio s. Varese FC
Varese FBC s. Varese FC
Varese FC (Varese Football Club), Varese, Italien, Klub, entst. 1910, [1910-23 Varese FBC, 23-26 AS Varesina, 1926-46 Varese Sportiva, 46-70 Varese FC, 70-88 Varese Calcio], s. S. 81
Varese Football Club s. Varese FC
Varese Sportiva s. Varese FC
Varese, Stadt, Italien, s. S. 81
Varg s. Frigg FK
Variétés, Bohicon, Benin, Klub, s. S. 117
Varna, Stadt, Bulgarien, s. S. 91
Varnsdorf, Stadt, Tschechische Republik, s. S. 84
Városi SE s. Vác FC-Zollner
Varpa-Dilar Ilukste s. Dilar Ilukste
Varta Alkaline Namysłów s. KS Odra Opole
Varta/Odra Opole s. KS Odra Opole
Varteks Varaždin s. NK Varteks Varaždin
Varuts Ruse s. FK Dunav Ruse
Várzea Grande, Stadt, Brasilien, s. S. 133
Varzim SC (Varzim Sport Clube), Póvoa de Varzim, Portugal, Klub, entst. 1915, s. S. 79
Varzim Sport Clube s. Varzim SC
Varzob Duschanbe, Duschanbe, Tadschikistan, Klub, entst. 1996, s. S. 101
VAS Bratislava s. ŠK VAS Bratislava
Vas és Fémmunkások SC s. Vasas DH
Vasa, Stadt, Finnland, s. S. 73
Vasas Casino Vigadó s. Vasas DH
Vasas Danubius Hotels s. Vasas DH
Vasas DH (Vasas Danubius Hotels), Budapest, Ungarn, Klub, entst. 1911, [1911-43 Vas és Fémmunkások SC, 43-44 Budapesti Kinizsi Vasas, 44-45 Nemzeti Kinizsi, 45-48 Vasas SC, 48-56 Budapesti Vasas, 57-92 Budapesti Vasas SC, 92-93 Vasas-Smirnoff, 93-94 Vasas-Ilzer, 94-96 Vasas Casino Vigadó], s. S. 88
Vasas Elektromos s. Elektromos TE
Vasas Ganzvágon Budapest s. Vasas MÁVAG
Vasas Ganzvágon Budapest, Budapest, Ungarn, Klub, entst. 1903, [1903-21 Ganz Gyári Budapest, 21-46 Ganz VTSE Budapest, 46-51 Ganz Vasas Budapest, 51-56 Vasas Ganzvágon Budapest, 56-58 Ganz Budapest, 58-59 Vasas Ganzvágon Budapest, aufgel. 59 durch Fusion mit MÁVAG => Ganz MÁVAG], s. S. 88
Vasas Izzó s. Tungsram SC
Vasas MÁVAG, Budapest, Ungarn, Klub, entst. 1910, [1910-31 MÁV Gépgyár, 31-50 MÁVAG, 50-56 Vasas MÁVAG, 56-59 MÁVAG, aufgel. 59 durch Fusion mit Vasas Ganzvágon Budapest => Ganz MÁVAG], s. S. 88
Vasas s. Diósgyőri FC
Vasas SC s. Vasas DH
Vasas SE Győr s. Győri ETO FC
Vasas SE s. Vác FC-Zollner
Vasas-Ilzer s. Vasas DH
Vasas-Smirnoff s. Vasas DH
Vasco da Gama FC (Vasco da Gama Futebol Clube), São Luís, Brasilien, Klub, [aufgel. 19??], s. S. 133
Vasco da Gama FC s. Vasco Volcanoes
Vasco da Gama Futebol Clube s. Vasco da Gama FC
Vasco da Gama s. AD Vasco da Gama
Vasco da Gama s. CR Vasco da Gama
Vasco EC (Vasco Esporte Clube), Aracaju, Brasilien, Klub, entst. 1931, s. S. 133
Vasco Esporte Clube s. Vasco EC
Vasco s. Deportivo Vasco
Vasco s. NITEL Vasco
Vasco SC (Vasco Sports Club), Vasco, Indien, Klub, s. S. 105
Vasco Sports Club s. Vasco SC
Vasco Volcanoes, Hamilton, Bermudas, Klub, [19??-96 Vasco da Gama FC], s. S. 123
Vasco, Stadt, Indien, s. S. 105
Västerås Idrottsklubben s. Västerås IK
Västerås IK (Västerås Idrottsklubben), Västerås, Schweden, Klub, entst. 1910, [1910-81 Västerås IK, 81-90 IK-VIK Fotboll Västerås], s. S. 73
Västerås SK (Västerås Sportklubb), Västerås, Schweden, Klub, entst. 1904, s. S. 73
Västerås Sportklubb s. Västerås SK
Västerås, Stadt, Schweden, s. S. 73
Västra Frölunda Idrottsförening s. Västra Frölunda IF
Västra Frölunda IF (Västra Frölunda Idrottsförening), Göteborg, Schweden, Klub, entst. 1930, s. S. 72
Vasutas Spartacus SC s. Nyírség-Spartacus FC
Vasutasok „Tisza" SE s. Szegedi VSE
Vatili, Stadt, Zypern, s. S. 95
Vauclinois s. CS Vauclinois
VAV NAC (Voetbal- en Atletiek-vereniging NOAD Advendo Combinatie), Breda, Niederlande, Klub, entst. 1912, [entst. 1912 durch Fusion NOAD und Advendo => SV NAC (12-92)], s. S. 75
VAV Vitesse s. SBV Vitesse
Växjö, Stadt, Schweden, s. S. 73
Vazroschdan Sofija s. FK Septemvri Sofija
Vazroschdan Sofija s. SK Sofija
VB (Vágs Bóltfelag), Vágur, Färöer Inseln, Klub, entst. 1905, [aufgel. 1994 durch Fusion mit SÍ => VB/Sumba Vágur (94-95), 95 Aufl. der Fusion und Zurückbenennung], s. S. 71
VB s. SÍ
VB s. VB/Sumba Vágur
VB/Sumba Vágur (Vágs Bóltfelag/Sumba Vágur), Vágur, Färöer Inseln, Klub, entst. 1994, [entst. 1994 durch Fusion VB und SÍ => VB/Sumba Vágur (94-95), 95 Aufl. der Fusion], s. S. 71
VB/Sumba Vágur s. SÍ
VB/Sumba Vágur s. VB
VBV de Graafschap (Voetbal Vereniging de Graafschap), Doetinchem, Niederlande, Klub, entst. 1954, [1954-55 BVC de Graafschap], s. S. 75
VC Westerloo s. KVC Westerlo
VCHZ Pardubice s. SK Pardubice
Veendam, Stadt, Niederlande, s. S. 75
VEF Riga s. FC DAG Riga
Vefa Simtel SK s. Vefaspor K
Vefaspor K (Vefaspor Kulübü), İstanbul, Türkei, Klub, entst. 1908, [19??-?? Vefa Simtel SK], s. S. 96
Vefaspor Kulübü s. Vefaspor K
VEF-Zentra Riga s. FC DAG Riga
Vega Alta, Stadt, Puerto Rico, s. S. 127
Veitongo, Stadt, Tonga, s. S. 137
Veitongo, Veitongo, Tonga, Klub, s. S. 137
Vejen SF (Vejen Sportsforening), Vejen, Dänemark, Klub, entst. 1890, s. S. 71
Vejen Sportsforening s. Vejen SF
Vejen, Stadt, Dänemark, s. S. 71
Vejle BK (Vejle Boldklub), Vejle, Dänemark, Klub, entst. 1891, s. S. 71
Vejle Boldklub s. Vejle BK
Vejle, Stadt, Dänemark, s. S. 71
Velbazjd Kjustendil s. FK Velbazjd Kjustendil
Velenje, Stadt, Slowenien, s. S. 93
Velež Mostar s. FK Velež Mostar
Velež Nevesinje s. FK Velež Nevesinje
Vélez Sarsfield s. CA Vélez Sarsfield
Velika Gorica, Stadt, Kroatien, s. S. 93
Velika Kikinda s. ŽAK Velika Kikinda
Velika, Stadt, Kroatien, s. S. 93
Veliko Tărnovo, Stadt, Bulgarien, s. S. 91
Velimir Radić Pljevlja s. SK Rudar Pljevlja
Velo Club Foggia s. Foggia Calcio
Velocitas (Cadettenvereeniging Velocitas), Breda, Niederlande, Klub, [aufgel. 1927], s. S. 75
Velocitas (Groninger Voetbal Vereniging Velocitas), Groningen, Niederlande, Klub, s. S. 75
Velox s. DOS
Velox s. FC Utrecht
Velox s. VV Elinkwijk
Velsen, Stadt, Niederlande, s. S. 75
Velsenoorder Sport Vereniging s. VSV
Vempers Sports Athletic Dramatic Club s. VSADC
Vencedor s. Sportivo Luqueño
Vendéglátóipari SK s. Budapesti Egyetértés VM SK
Venedig, Stadt, Italien, s. S. 81
Venezia Calcio s. AC Venezia
Venezia FC s. AC Venezia
Venezia, Stadt, Italien, s. S. 81
Venezuela s. Deportivo Venezuela
Venezuela, Länder, s. S. 128 und 129
Venlo, Stadt, Niederlande, s. S. 75
Venlose Voetbal Vereniging s. VVV
Venomous Vipers, Cape Coast, Ghana, Klub, s. S. 117
Vent Lolanne, Douala, Kamerun, Klub, s. S. 117
Venta Ventspils s. FK Ventspils
Ventspils, Stadt, Lettland, s. S. 99
Venus Bucureşti s. ASC Venus Bucureşti
Vénus s. AS Vénus
Venzóleo, Caracas, Venezuela, Klub, [aufgel. 19??], s. S. 129
Veracruz Llave, Stadt, Mexiko, s. S. 125
Veracruz s. CD Veracruz
Verbroedering Geel s. KFC Verbroedering Geel
Vercelli, Stadt, Italien, s. S. 81
Verdes s. Leslie's Verdes
Verdi FBC s. Parma AC
Verdun, Tegucigalpa, Honduras, Klub, [aufgel. 19??], s. S. 125
Verdy 1969 s. Tokyo Verdy 1969
Verdy Kawasaki s. Tokyo Verdy 1969
Verein Akademischer Radfahrer Hannover s. ARBV Hannover
Verein für Bewegungsspiele 1900 Königsberg s. VfB 1900 Königsberg
Verein für Bewegungsspiele 1919 Liegnitz s. VfB 1919 Liegnitz
Verein für Bewegungsspiele Admira-Wacker Mödling s. VfB Admira-Wacker Mödling
Verein für Bewegungsspiele Einheit zu Pankow s. VfB Einheit zu Pankow
Verein für Bewegungsspiele Leipzig s. VfB Leipzig
Verein für Bewegungsspiele Mödling s. VfB Mödling
Verein für Bewegungsspiele Stuttgart von 1893 s. VfB Stuttgart 1893
Verein für Bewegungsspiele von 1903 Bielefeld s. VfB Bielefeld 03
Verein für Leibesübungen 1884 Mannheim-Neckarau s. VfL 1884 Neckarau
Verein für Leibesübungen 1899 Köln s. VfL 99 Köln
Verein für Leibesübungen Benrath 1906 s. VfL Benrath 06
Verein für Leibesübungen Bochum von 1848 s. VfL Bochum
Verein für Leibesübungen Preußen 1895 Krefeld s. VfL Preußen 1895 Krefeld
Verein für Leibesübungen Stettin s. VfL Stettin
Verein für Leibesübungen von 1899 Osnabrück s. VfL Osnabrück
Verein für Leibesübungen Wolfsburg s. VfL Wolfsburg
Verein für Rasenspiele Mannheim s. VfR Mannheim
Verein für Rasenspiele Schlesien Breslau s. VfR Schlesien Breslau
Verein für Rasenspiele Wormatia Worms von 1908 s. VfR Wormatia 1908 Worms
Verein für Rasensport Köln rechtsrheinisch s. VfR Köln rrh.
Vereinigte Breslauer Sportfreunde s. Breslauer SC 08
Vereinigte Breslauer Sportfreunde s. Breslauer SpVgg. 02
Vereinigte Breslauer Sportfreunde, Breslau (Wrocław), Polen, Klub, entst. 1910, [entst. 1910 durch Fusion SC 04 Breslau und SC Peußen Breslau => Vereinigte Breslauer Sportfreunde, aufgel. 33 durch Fusion mit Breslauer SC 08 => Breslauer SpVgg. 02], s. S. 84
Vereinigte FC Sankt Gallen s. FC Sankt Gallen
Vereinigten Arabischen Emirate, Länder, s. S. 102 und 103
Vereinigter FC Biel s. FC Biel
Vereinigter FC Biel s. FC Floria Biel
Verlorenkost s. US Luxembourg
Vermelha s. Estrela Vermelha
Vermio Veroia s. PAE Veroia
Veroia, Stadt, Griechenland, s. S. 95
Verona, Stadt, Italien, s. S. 81
Verts s. Aigles Verts
Verviers, Stadt, Belgien, s. S. 75
Verviétois s. RCS Verviétois
Vespag Budapest s. Kelenföldi Goldberger SE
Vesper s. Union Vesper
VESPO, Kralendijk, Niederländische Antillen, Klub, s. S. 126
Vestenbergsgreuth s. SpVgg. Greuther Fürth
Vestmannæyjar, Stadt, Island, s. S. 71
Vesturbæjar s. KR
Veszprém FC s. Veszprém LC
Veszprém Labdarúgó Club s. Veszprém LC
Veszprém LC (Veszprém Labdarúgó Club), Veszprém, Ungarn, Klub, entst. 1912, [1912-48 Veszprém TC, 48-54 Veszprémi Vasas, 54-68 Bakony Vasas, 68-85 Bakony Vegyész, 85-90 Veszprém SE, 90-91 Veszprém FC, 91-93 Veszprém LC, 93-97 Jutas-Veszprém], s. S. 89
Veszprém SE s. Veszprém LC
Veszprém TC s. Veszprém LC
Veszprém, Stadt, Ungarn, s. S. 89
Veszprémi Vasas s. Veszprém LC
Veterans de Futbol d'Andorra s. FC Anker Wismar
Veterans FC (Veterans Football Club), Road Town, Britische Jungferninseln, Klub, s. S. 126
Veterans Football Club s. Veterans FC
Veti Club s. AS Veti Club
Vetra Rudiškes, Rudiškes, Litauen, Klub, s. S. 99
Vevče Donit Filtri s. NK Vevče Donit Filtri
Vevey Sports, Vevey, Schweiz, Klub, entst. 1905, s. S. 82
Vevey, Stadt, Schweiz, s. S. 82
Veviers FC s. RCS Verviétois
VfB 1900 Königsberg (Verein für Bewegungsspiele 1900 Königsberg), Königsberg (Kaliningrad), Russland, Klub, entst. 1900, [1900-07 FC 1900 Königsberg, 07-45 VfB 1900 Königsberg, 45 aufgel.], s. S. 84
VfB 1919 Liegnitz (Verein für Bewegungsspiele 1919 Liegnitz), Liegnitz (Legnica), Polen, Klub, entst. 1919, [1919-40 VfB 1919 Liegnitz, aufgel. 40 durch Fusion mit SpVgg. 1896 Liegnitz => Tuspo Liegnitz], s. S. 84
VfB 1919 Liegnitz s. SpVgg. 1896 Liegnitz
VfB Admira-Wacker Mödling (Verein für Bewegungsspiele Admira-Wacker Mödling), Mödling, Österreich, Klub, entst. 1997, [entst. 1997 durch Fusion SCN Admira-Wacker und VfB Mödling], s. S. 83
VfB Admira-Wacker Mödling s. SCN Admira-Wacker
VfB Admira-Wacker Mödling s. VfB Mödling
VfB Bielefeld 03 (Verein für Bewegungsspiele von 1903 Bielefeld), Bielefeld, Deutschland, Klub, entst. 1903, [1903-07 Bielefelder SK Cheruskia], s. S. 85
VfB Einheit zu Pankow (Verein für Bewegungsspiele Einheit zu Pankow), Berlin, Deutschland, Klub, entst. 1893, [1893-1945 VfB Pankow, 45 aufgel. und wiedergegr., 45-48 SG Pankow-Nord, 48-51 VfB Pankow, 51 Teilung => VfB zu Pankow und BSG Einheit Pankow (51-54), 54 aufgel., 65 wiedergegr., 65-90 BSG Einheit Pankow, 90 Fusion mit VfB zu Pankow => VfB Einheit zu Pankow], s. S. 85
VfB Leipzig (Verein für Bewegungsspiele Leipzig), Leipzig, Deutschland, Klub, entst. 1896, [1896-98 ATV 1845 Leipzig, 98 Fusion mit SC Sportbrüder 1893 Leipzig => VfB Sportbrüder Leipzig (1898-1900), 1900-45 VfB Leipzig, 45 aufgel. und wiedergegr., 45-49 SG Probstheida, 49-50 BSG Erich Zeigner Leipzig-Probstheida, 50-54 BSG Einheit-Ost Leipzig, 54-63 SC Rotation Leipzig, 63 Fusion mit SC Lokomotive Leipzig => SC Leipzig (63-66), 66-91 1. FC Lokomotive Leipzig], s. S. 85
VfB Mödling (Verein für Bewegungsspiele Mödling), Mödling, Österreich, Klub, entst. 1911, [1911-?? SVg. Mödling, ??-?? VfB Union Mödling, ??-87 VfB Union Bendesländerversicherung Mödling, 87-90 DAF VfB Union Mödling, 90-92 Vaillant VfB Union Mödling, 92-97 VfB Mödling, aufgel. 97 Fusion mit SCN Admira-Wacker => VfB Admira-Wacker Mödling], s. S. 83
VfB Mödling s. SCN Admira-Wacker
VfB Mödling s. VfB Admira-Wacker Mödling
VfB Mühlburg s. Karlsruher SC
VfB Neunkirchen s. Borussia VfB Neunkirchen
VfB Pankow s. VfB Einheit zu Pankow
VfB Sömmerda s. FSV Sömmerda
VfB Sportbrüder Leipzig s. VfB Leipzig
VfB Stuttgart 1893 (Verein für Bewegungsspiele Stuttgart von 1893), Stuttgart, Deutschland, Klub, entst. 1893, [1893-1912 FV 1893 Stuttgart, 12 Fusion mit Kronenclub 1897 Cannstatt => VfB Stuttgart 1893], s. S. 85
VfB Uerdingen s. KFC Uerdingen 05
VfB Union Bendesländerversicherung Mödling s. VfB Mödling
VfB Union Mannheim s. VfR Mannheim
VfB Union Mödling s. VfB Mödling
VfB zu Pankow s. VfB Einheit zu Pankow
VfK Cassel s. Kasseler SV Hessen
VfK Tilsit s. SC Lituania 07 Tilsit
VfL 1884 Neckarau (Verein für Leibesübungen 1884 Mannheim-Neckarau), Neckarau, Deutschland, Klub, entst. 1921, [entst. 1921 durch Fusion Fvgg. 1907 Neckarau, TV 1884 Neckarau und TB Jahn Neckarau => VfL Neckarau (21-45), 22 Fusion mit Athletik SV Neckarau, 45 aufgel. und wiedergegr.], s. S. 85
VfL 1904 Krefeld s. VfL Preußen 1895 Krefeld
VfL 1905 Rüstringen s. SV Wilhelmshaven
VfL 99 Köln (Verein für Leibesübungen 1899 Köln), Köln, Deutschland, Klub, entst. 1937, [entst. 1937 durch Fusion Kölner FC 99 und Kölner CfR 99 => VfL 99 Köln (37-43), aufgel. 43 durch Fusion mit SpVgg. Köln-Sülz 07 => KSG Köln (43-45), 45 Aufl. der Fusion und Zurückbenennung], s. S. 84
VfL 99 Köln s. Kölner CfR 99
VfL 99 Köln s. Kölner FC 99
VfL Altona s. Altonaer FC Borussia 93
VfL Benrath 06 (Verein für Leibesübungen Benrath 1906), Benrath, Deutschland, Klub, entst. 1906, [1906-10 Benrather FC 06, 10 Fusion mit FC Hohenzollern Benrath-Hassels => Benrather FV (10-19), 19 Fusion mit TC Benrath => VfL Benrath 06], s. S. 84
VfL Bochum (Verein für Leibesübungen Bochum von 1848), Bochum, Deutschland, Klub, entst. 1911, [1911-19 Bochumer TV, 19 Fusion mit SuS Bochum => TuS 48 Bochum (19-24), 24 Aufl. der Fusion, 24-38 TV 48 Bochum, 38 Fusion mit TuS 1908 Bochum und SV Germania 1906 Bochum => VfL Bochum], s. S. 84
VfL Danzig s. BuEV Danzig
VfL Eintracht 06 Babelsberg s. SG Fortuna Babelsberg
VfL Freiburg s. SC Freiburg
VfL Hessen Kassel s. Kasseler SV Hessen
VfL Homburg s. FC 08 Homburg/Saar
VfL Kassel s. SV 06 Kassel-Rothenditmold
VfL Kassel-Rothenditmold s. SV 06 Kassel-Rothenditmold
VfL Köln 99 s. KSG Köln
VfL Köln 99 s. SpVgg. 07 Köln-Sülz
VfL Neckarau s. VfL 1884 Neckarau
VfL Osnabrück (Verein für Leibesübungen von 1899 Osnabrück), Osnabrück, Deutschland, Klub, entst. 1899, [1899-1920 FC 1899 Osnabrück, 20 Fusion mit Osnabrücker BV 1905 => BV 1899 Osnabrück (20-24), 24 Fusion mit SS Osnabrück => VfL Osnabrück (24-45), 38 Fusion mit SC Rapid Osnabrück, 45 aufgel. und wiedergegr., 45-46 1. FSV Osnabrück], s. S. 85
VfL Preußen 1895 Krefeld (Verein für Leibesübungen Preußen 1895 Krefeld), Krefeld, Deutschland, Klub, entst. 1895, [1895-1911 Crefelder FC 1895, 11 Fusion mit FC Preußen 04 Krefeld und FC Rhenania Krefeld => CFC Preußen Krefeld (11-33), 33 Fusion mit VfL 1904 Krefeld => VfL Preußen 1895 Krefeld], s. S. 84
VfL Rothenditmold s. SV 06 Kassel-Rothenditmold
VfL Stettin (Verein für Leibesübungen Stettin), Stettin (Szczecin), Polen, Klub, entst. 1922, [1922-45 VfL Stettin, 30 Fusion mit Stettiner FC Titania 02, 45 aufgel.], s. S. 84
VfL Stettin s. Stettiner FC Titania 02
VfL Viktoria Neustadt-1860 Magdeburg s. 1. FC Magdeburg
VfL Wolfsburg (Verein für Leibesübungen Wolfsburg), Wolfsburg, Deutschland, Klub, entst. 1945, [1945 VSK Wolfsburg], s. S. 85
VfR 03 Cassel s. CSC 03 Kassel
VfR 03 Rostock s. TSV Grün-Weiß 1895 Rostock
VfR 04 Mülheim-Kalk s. VfR Köln rrh.
VfR 08 Luxemburg s. US Luxembourg
VfR 1897 Breslau s. SC Schlesien 01 Rapid Breslau
VfR 1897 Breslau s. VfR Schlesien Breslau
VfR 1900 Offenbach s. Offenbacher FC Kickers 1901
VfR 1905 Dessau s. SV Dessau 05
VfR 1908 Worms s. VfR Wormatia 1908 Worms
VfR 1928 Essen s. TuS Helene Altenessen
VfR Düsseldorf s. TuRU 1880 Düsseldorf
VfR Kickers Offenbach s. Offenbacher FC Kickers 1901
VfR Köln rrh. (Verein für Rasensport Köln rechtsrheinisch), Köln, Deutschland, Klub, entst. 1904, [1904-09 FC Germania 04 Kalk, 09 Fusion mit FC 05 Kalk => SV Kalk 04 (09-11), 11 Fusion mit Mülheimer FC 06 => VfR 04 Mülheim-Kalk (11-18), 18-49 VfR Köln rrh., aufgel. 49 durch Fusion mit Mülheimer SV 06 => SC Rapid Köln], s. S. 84
VfR Köln rrh. s. Mülheimer SV 06
VfR Königshütte s. AKS Chorzów
VfR Mannheim (Verein für Rasenspiele Mannheim), Mannheim, Deutschland, Klub, entst. 1896, [1896-1911 Fußballgesellschaft 1896 Mannheim, 11 Fusion mit FC Viktoria Mannheim und VfB Union Mannheim => VfR Mannheim], s. S. 85
VfR Schlesien Breslau (Verein für Rasenspiele Schlesien Breslau), Breslau (Wrocław), Polen, Klub, entst. 1897, [1897-1907 SV Blitz Breslau, 07-34 VfR 1897 Breslau, 34 Fusion mit SC Schlesien 01 Rapid Breslau => VfR Schlesien Breslau (34-45), 45 aufgel.], s. S. 84
VfR Schlesien Breslau s. SC Schlesien 01 Rapid Breslau
VfR Wormatia 1908 Worms (Verein für Rasenspiele Wormatia Worms von 1908), Worms, Deutschland, Klub, entst. 1908, [1908-21 SC Wormatia 1908 Worms, 21-22 Wormatia VfL Worms, 22 Fusion mit VfR 1908 Worms => VfR Wormatia 1908 Worms (22-38), 38 Fusion mit Reichsbahn TuSV Worms => Reichsbahn TSV Wormatia Worms (38-45)], s. S. 85
VfTuS München-Gladbach s. Borussia VfL 1900 Mönchengladbach
VG Ball Stars (Virgin Gorda Ball Stars), Britische Jungferninseln, Klub, s. S. 126
VG Kickers United (Virgin Gorda Kickers United), Britische Jungferninseln, Klub, s. S. 126
Viacha, Stadt, Bolivien, s. S. 131
Viangchan, Stadt, Laos, s. S. 106
Viard s. Western Suburbs
Viatu Sportif, Nairobi, Kenia, Klub, s. S. 119
Vibe CT 105 Williams Connection s. Williams Connection
Viborg FF (Viborg Fodsports Forening), Viborg, Dänemark, Klub, entst. 1896, s. S. 71
Viborg Fodsports Forening s. Viborg FF
Viborg, Stadt, Dänemark, s. S. 71
Vicenza Calcio, Vicenza, Italien, Klub, entst. 1902, [1902-2? AC Vicenza, 2?-45 Associazione Fascista Calcio Vicenza, 45-53 AC Vicenza, 53 Fusion mit Lanerossi Schio Vicenza => AC Lanerossi-Vicenza (53-71), 71-90 SS Lanerossi-Vicenza], s. S. 81
Vicenza, Stadt, Italien, s. S. 81
Vichăr Dupnica s. FK Marek Dupnica
Vichăr Tolbuchin s. FK Dobrudscha Dobritsch
Victoria 1895 Hamburg s. SC Victoria 1895 Hamburg
Victoria Bucureşti s. AS Victoria Bucureşti
Victoria Cahul s. CSA Victoria Cahul
Victoria Caile Ferate Româna Cluj s. Victoria CFR Cluj
Victoria CFR Cluj (Victoria Caile Ferate Româna Cluj), Cluj-Napoca, Rumänien, Klub, entst. 1919, [1919-27 CS Victoria Cluj, 20 Fusion mit Dacia Cluj => CS România Cluj (27-36), 36-47 Victoria CFR Cluj, 47 aufgel.], s. S. 91
Victoria CFR Iaşi s. CFR Iaşi

Victoria Club Mokanda **s.** Vita Club Mokanda
Victoria Frankfurt/Oder **s.** Frankfurter FC Viktoria 91
Victoria Iaşi **s.** CFR Iaşi
Victoria Las Palmas **s.** UD Las Palmas
Victoria León **s.** CD Leonesa
Victoria **s.** CD Victoria
Victoria **s.** EC Vitória
Victoria SC (Victoria Sporting Club), Dacca, Bangladesh, Klub, **s. S.** 105
Victoria Sosnowiec **s.** GKS Zagłębie Sosnowiec
Victoria Sporting Club **s.** Victoria SC
Victoria Suceava **s.** NC Foresta Suceava
Victoria Trelleborg **s.** Trelleborgs FF
Victoria United, Limbé, Kamerun, Klub, **s. S.** 117
Victoria Vistas, Victoria, Kanada, Klub, entst. 1989, [aufgel. 1990], **s. S.** 123
Victoria, Stadt, Kanada, **s. S.** 123
Victoria, Stadt, Malta, **s. S.** 81
Victoria, Stadt, Seychellen, **s. S.** 121
Victory Boys Bandariba **s.** SV Victory Boys Bandariba
Victory SC, Malé, Malediven, Klub, **s. S.** 105
Vida **s.** CD Vida
Videoton FC Fehérvár (Videoton Futball Club Fehérvár), Székesfehérvár, Ungarn, Klub, entst. 1941, [1941-42 Vadásztölténygyári SK, 42-44 MOVE Székesfehérvár, 44-48 Vadász Tölténygyári Vasas Sport Egysület, 48-50 FDSE, 50-62 Vadásztöltényqyári Vasas SK, 62-68 VT Vasas, 68-90 Videoton SC, 90-91 Videoton-Waltham, 91-93 Videoton-Waltham FC, 93-95 Parmalat FC, 95-96 Fehérvár-Parmalat FC, 96 Fehérvár '96 FC, 96 Fehérvár Parmalat '96 FC], **s. S.** 89
Videoton Futball Club Fehérvár **s.** Videoton FC Fehérvár
Videoton SC **s.** Videoton FC Fehérvár
Videoton-Waltham **s.** Videoton FC Fehérvár
Vidin, Stadt, Bulgarien, **s. S.** 91
Víðir (Knattspyrnufélagið Víðir), Garður, Island, Klub, entst. 1936, **s. S.** 71
Vidus Riga **s.** LU/Daugava Riga
Vienna Cricket & FC (Vienna Cricket & Football Club), Wien, Österreich, Klub, entst. 1894, [1894-1931 Vienna Cricket & FC, 1911 Fusion mit AC Viktoria Wien, 31 Fusion mit SC Frem Wien => SC Cricket-Frem Wien (31-??)], **s. S.** 83
Vienna Cricket & FC **s.** AC Viktoria Wien
Vienna Cricket & Football Club **s.** Vienna Cricket & FC
Vienna Wien Portas **s.** First Vienna FC
Vientiane, Stadt, Laos, **s. S.** 106
Vienybe Ukmerge **s.** FK Vienybe Ukmerge
Vietnam, Länder, **s. S.** 106 und 107
Vieux Fort, Stadt, St. Lucia, **s. S.** 127
VIFK (Vaasan Idrotts Förening Kamraterna), Vaasa/Vasa, Finnland, Klub, entst. 1900, **s. S.** 73
Vignoble **s.** Cantonal-Neuchâtel FC
Vigo Sporting **s.** RC Celta Vigo
Vigo, Stadt, Spanien, **s. S.** 79
Vigor Ascoli **s.** Ascoli Calcio 1898
Vigor GS Ascoli Piceno **s.** Ascoli Calcio 1898
Vigor Palermo **s.** US Palermo
Vigri Tallinn **s.** TVMK Tallinn
Vigri-Marat Tallinn **s.** TVMK Tallinn
Vihăr Tutrakan, Tutrakan, Bulgarien, Klub, [aufgel. 19??], **s. S.** 91
VII. Kerület AC **s.** Zuglói AC
VII. Kerület AC **s.** Zuglói VII. Kerület AC
Viipuri, Stadt, Russland, **s. S.** 73
Viipurin Palloseura **s.** ViPS
Viitorul Bucureşti, Bukarest (Bucureşti), Rumänien, Klub, entst. 1962, [aufgel. 1963], **s. S.** 90
Viitorul Scorniceşti **s.** FC Olt Scorniceşti
Viitorul Scorniceşti **s.** FC Olt Slatina
Viitorul Suceava **s.** NC Foresta Suceava
VIJ Jakarta, Jakarta, Indonesien, Klub, **s. S.** 106
Vijayawada, Stadt, Indien, **s. S.** 105
Viking FK (Viking Fotballklubb), Stavanger, Norwegen, Klub, entst. 1899, [1899-1986 IL Viking], **s. S.** 71
Viking Fotballklubb **s.** Viking FK
Viking Rønne **s.** BK Viking Rønne
Víkingur (Knattspyrnufélagið Víkingur), Reykjavík, Island, Klub, entst. 1908, [1912 Fusion mit FR Miðboejar], **s. S.** 71
Viktor Sankt Gallen **s.** FC Sankt Gallen
Viktoria 04 Köln **s.** SC Preußen Köln-Dellbrück
Viktoria 09 Stolp **s.** SV Viktoria 09 Stolp
Viktoria 89 Berlin **s.** Berliner FC Viktoria 89
Viktoria Böckingen **s.** FV Union Böckingen 08
Viktoria Forst **s.** FC Viktoria Forst
Viktoria Frankfurt **s.** Eintracht Frankfurt
Viktoria Jinonice **s.** SK Motorlet Praha
Viktoria Lauter **s.** Lauterer SV Viktoria 1913
Viktoria Magdeburg **s.** 1. FC Magdeburg
Viktoria Mannheim **s.** VfR Mannheim
Viktoria Miederich **s.** MSV 02 Duisburg
Viktoria Plzeň **s.** FC Viktoria Plzeň
Viktoria Schaffhausen **s.** FC Schaffhausen
Viktoria Stendal **s.** FSV Lokomotive Altmark Stendal
Viktoria Wien **s.** AC Viktoria Wien
Viktoria Wien **s.** Floridsdorfer AC
Viktoria Wien **s.** Vienna Cricket & FC
Viktoria Zaborze **s.** SC Preußen Hindenburg
Viktoria Žižkov **s.** FK Viktoria Žižkov
Viktoria-Fortuna Forst **s.** FC Viktoria Forst
Viktorija Vidin **s.** FK Bdin Vidin
Viktorija Zagreb **s.** NK Lokomotiva Zagreb
Viktorija Zagreb **s.** ŠK Viktorija Zagreb
Vila da Feira, Stadt, Portugal, **s. S.** 79
Vila das Aves, Stadt, Portugal, **s. S.** 79
Vila do Conde, Stadt, Portugal, **s. S.** 79
Vila do Maio, Stadt, Kapverden, **s. S.** 116
Vila do Pôrto Novo, Stadt, Kapverden, **s. S.** 116
Vila Nova de Famalicão, Stadt, Portugal, **s. S.** 79
Vila Nova FC (Vila Nova Futebol Clube), Goiânia, Brasilien, Klub, entst. 1943, **s. S.** 133
Vila Nova Futebol Clube **s.** Vila Nova FC
Vila Nova Sintra, Stadt, Kapverden, **s. S.** 116
Vila Real de Santo António, Stadt, Portugal, **s. S.** 79
Vilan-D Daugavpils **s.** FC Dinaburg Daugavpils
Vîlceana Rîmnicu Vîlcea **s.** FC Râmnicu Vâlcea
Vilia Brînceni **s.** FC Progresul Brînceni
Viliasch Masally **s.** FC Viliasch Masally
Vilija Kaunas **s.** FBK Kaunas
Vilija Kaunas **s.** SK Banga Kaunas
Vilija Kaunas, Kaunas, Litauen, Klub, entst. 1947, [1947-91 Vilija Kaunas, aufgel. 91 durch Fusion mit SK Banga Kaunas => Banga-Granitas Kaunas], **s. S.** 99
Viljandi FK **s.** JK Tulevik Viljandi
Viljandi JK **s.** JK Tulevik Viljandi
Viljandi, Stadt, Estland, **s. S.** 99
Vilki **s.** Rigas Vilki
Villa Clara **s.** FC Villa Clara
Villa Elisa, Stadt, Paraguay, **s. S.** 135
Villa Española **s.** Deportivo Villa Española
Villa Lions FC (Villa Lions Football Club), St. Johns, Antigua und Barbuda, Klub, **s. S.** 127
Villa Lions Football Club **s.** Villa Lions FC
Villa Nova AC (Villa Nova Atlético Clube), Nova Lima, Brasilien, Klub, entst. 1908, **s. S.** 133
Villa Nova Atlético Clube **s.** Villa Nova AC
Villa Nueva, Stadt, Guatemala, **s. S.** 125
Villa Regina, Stadt, Argentinien, **s. S.** 135
Villa **s.** Aston Villa FC
Villa SC, Kampala, Uganda, Klub, [19??-94 Nakivubo Villa SC], **s. S.** 119
Villa Tapia, Stadt, Dominikanische Republik, **s. S.** 127
Villa Tapia, Villa Tapia, Dominikanische Republik, Klub, **s. S.** 127
Villa, Stadt, Vanuatu, **s. S.** 137
Villach, Stadt, Österreich, **s. S.** 83
Villacher SV **s.** FC Kärnten
Villacher SV **s.** WSG Radenthein
Village Superstars FC (Village Superstars Football Club), Basseterre, St. Christoph und Nevis, Klub, **s. S.** 127
Village Superstars Football Club **s.** Village Superstars FC
Villarreal CF (Villarreal Club de Fútbol), Villarreal de los Infantes, Spanien, Klub, entst. 1923, **s. S.** 79
Villarreal Club de Fútbol **s.** Villarreal CF
Villarreal de los Infantes, Stadt, Spanien, **s. S.** 79
Villavicencio, Stadt, Kolumbien, **s. S.** 128
Vilnius, Stadt, Litauen, **s. S.** 89 und 99
Viña del Mar, Stadt, Chile, **s. S.** 135
Vinarov Pleven **s.** FK Spartak Pleven
Vindobona Wien **s.** ESV Admira-NÖ Energie
Vinh Long, Stadt, Vietnam, **s. S.** 107
Vinh Long, Vinh Long, Vietnam, Klub, **s. S.** 107
Vinh, Stadt, Vietnam, **s. S.** 107
Vinkovci, Stadt, Kroatien, **s. S.** 93
Vinohrady **s.** ČAFC Praha
Violet Kickers, Montego Bay, Jamaika, Klub, **s. S.** 126
Violette AC (Violette Athlétic Club), Port-au-Prince, Haiti, Klub, **s. S.** 127
Violette Athlétic Club **s.** Violette AC
VIP **s.** Nigerdock
VIP, Lagos, Nigeria, Klub, [aufgel. 1996 durch Fusion mit Nigerdock], **s. S.** 117
Vipers **s.** Venomous Vipers
ViPS (Viipurin Palloseura), Vyborg/Viipuri, Russland, Klub, [aufgel. 1945], **s. S.** 73
Virgin Gorda Ball Stars **s.** VG Ball Stars
Virgin Gorda Kickers United **s.** VG Kickers United
Virtus Juventusque **s.** ASC Livorno
Virtus Rialtina **s.** AC Venezia
Virtus **s.** SS Virtus
Virunga **s.** CS Virunga
Vis et Virtus Mantova **s.** AC Mantova
Visaginas, Stadt, Litauen, **s. S.** 99
Viseu, Stadt, Portugal, **s. S.** 79
Vishakhapatnam, Stadt, Indien, **s. S.** 105
Visoko, Stadt, Bosnien und Herzegowina, **s. S.** 93
Vissel Kobe, Kobe, Japan, Klub, entst. 1995, **s. S.** 111
Vistas **s.** Victoria Vistas
Vita Club Mokanda, Pointe-Noire, Kongo, Klub, [19??-?? Victoria Club Mokanda], **s. S.** 118
Vita Club **s.** AS Vita Club
Vita Malt Black Rocks, Roseau, Dominica, Klub, **s. S.** 127
Vita Mangoungou **s.** FC 105
Vita Mangoungou **s.** Vantour Mangoungou
Vital'O SC (Vital'O Sports Club), Bujumbura, Burundi, Klub, entst. 1966, **s. S.** 119
Vital'O Sports Club **s.** Vital'O SC
Viteazul Chişinău **s.** CS Mihai Viteazul Chişinău
Vitebsk, Stadt, Weißrussland, **s. S.** 99
Vitesse Maastricht **s.** MVV
Vitesse **s.** SBV Vitesse
Vitez, Stadt, Bosnien und Herzegowina, **s. S.** 93
Vítkovice **s.** FC Vítkovice
Vitória do Mar FC (Vitória do Mar Futebol Clube), São Luís, Brasilien, Klub, entst. 1949, **s. S.** 133
Vitória do Mar Futebol Clube **s.** Vitória do Mar FC
Vitória FC (Vitória Futebol Clube), São Tomé, São Tomé und Príncipe, Klub, **s. S.** 117
Vitória FC (Vitória Futebol Clube), Setúbal, Portugal, Klub, entst. 1910, **s. S.** 79
Vitória FC (Vitória Futebol Clube), Vitória, Brasilien, Klub, entst. 1912, **s. S.** 133
Vitória Futebol Clube **s.** Vitória FC
Vitória **s.** EC Vitória
Vitória SC (Vitória Sport Clube), Guimarães, Portugal, Klub, entst. 1922, **s. S.** 79
Vitória Sport Clube **s.** Vitória SC
Vitória, Stadt, Brasilien, **s. S.** 133
Vitoria, Stadt, Spanien, **s. S.** 79
Vitoscha Sofija **s.** PFK Levski Sofija
Vitsebsk, Stadt, Weißrussland, **s. S.** 99
Vittoriosa Rangers FC (Vittoriosa Rangers Football Club), Vittoriosa, Malta, Klub, entst. 1910, [1910-16 Melita FC, 16-23 Vittoriosa Rovers FC, 23-36 Vittoriosa Rangers FC, aufgel. 36 durch Fusion mit Vittoriosa Stars FC], **s. S.** 81
Vittoriosa Rangers FC **s.** Vittoriosa Stars FC
Vittoriosa Rangers Football Club **s.** Vittoriosa Rangers FC
Vittoriosa Rovers FC **s.** Vittoriosa Rangers FC
Vittoriosa Stars FC (Vittoriosa Stars Football Club), Vittoriosa, Malta, Klub, entst. 1930, [1936 Fusion mit Vittoriosa Rangers FC], **s. S.** 81
Vittoriosa Stars FC **s.** Vittoriosa Rangers FC
Vittoriosa Stars Football Club **s.** Vittoriosa Stars FC
Vittoriosa, Stadt, Malta, **s. S.** 81
Vizcaya Bilbao (Club Vizcaya de Bilbao), Bilbao, Spanien, Klub, [Mannschaft setzt sich aus Spielern FC Bilbao und Athletic Bilbao zusammen], **s. S.** 79
Vizela **s.** FC Vizela
VL Kistext **s.** Kistext
VL Sortex Budapest (Vörös Lobogó Soroksár Textil Budapest), Budapest, Ungarn, Klub, entst. 1935, [entst. 1935 durch Fusion Soroksár FC und Erzsébetfalva TC => Erzsébet-Soroksár (35-48), 48 Fusion mit Soroksár Budapesti Textil => Soroksár ESE Budapest (48-50), 50-58 VL Sortex Budapest, 58 aufgel.], **s. S.** 88
Vladislav Varna **s.** FK Tscherno More Varna
Vladislav Varna **s.** SK Vladislav Varna
Vladislav Varna **s.** Titscha Varna
Vllaznia **s.** KS Vllaznia
Vlorë, Stadt, Albanien, **s. S.** 93
VM Egyetértés SK **s.** MTK Hungária FC
VMS Moskva (Voenno-Morskie Sily Moskva), Moskau (Moskva), Russland, Klub, [entst. 19?? nach Umzug von KBF Leningrad nach Moskau => VMS Moskva, ?? aufgel.], **s. S.** 100
VOC (Volharding Olympia Combinatie), Rotterdam, Niederlande, Klub, entst. 1904, [entst. 1904 durch Fusion Volharding und Olympia Rotterdam], **s. S.** 75
Voenno Vazduschni Sili Sofija **s.** VVS Sofija
Voenno-Morskie Sily Moskva **s.** VMS Moskva
Voenno-Vozdušnyje Sily Moskva **s.** VVS Moskva
Voeringjar Reykjavík **s.** Valur
Voetbal- en Atletiek-vereniging NOAD Advendo Combinatie **s.** VAV NAC
Voetbal Vereniging Alkmaar **s.** VV Alkmaar
Voetbal Vereniging Be Quick **s.** VV Be Quick
Voetbal Vereniging de Graafschap **s.** VBV de Graafschap
Voetbal Vereniging Eindhoven **s.** VV Eindhoven
Voetbal Vereniging Elinkwijk **s.** VV Elinkwijk
Vogelheim **s.** Rot-Weiß Essen
Voicelink, Hongkong, Klub, **s. S.** 109
Vointa Tîrgu Mureş **s.** CS Mureşul Tîrgu Mureş
Vojenská tělovýchovná jednota Dukla Olomouc **s.** VTJ Dukla Olomouc
Vojenská tělovýchovná jednota Dukla Pardubice **s.** VTJ Dukla Pardubice
Vojkovci, Stadt, Bosnien und Herzegowina, **s. S.** 93
Vojvodina Novi Sad **s.** FK Vojvodina Novi Sad
Volán FC (Volán Football Club), Budapest, Ungarn, Klub, entst. 1966, [1966-79 Volán SC, 79-85 Volán FC, 85-89 Budapesti Volán SC, 89-91 Volán FC, aufgel. 91 durch Fusion mit Gánz Danubius SE], **s. S.** 88
Volán Football Club **s.** Volán FC
Volán SC **s.** Volán FC
Volcan Club, Moroni, Komoren, Klub, **s. S.** 121
Volcano United, Kenia, Klub, entst. 1985, **s. S.** 119
Volcanoes **s.** Vasco Volcanoes
Volendam, Stadt, Niederlande, **s. S.** 75
Volewijckers **s.** ASC de Volewijckers
Volga Gor'ki, Nischni Nowgorod, Russland, Klub, entst. 1950, [1950-63 Torpedo Gor'ki, 63 Fusion mit Raketa Sormovo Gor'ki => Volga Gor'ki (63-87), 87 aufgel.], **s. S.** 101
Volga Skopje **s.** FK Rabotnički Kometal Skopje
Volharding en Amstel CC **s.** AFC RAP
Volharding Olympia Combinatie **s.** VOC
Volharding **s.** VOC
Volin' Luzk **s.** FK Volyn' Luz'k
Volkspolizei Dresden **s.** 1. FC Dynamo Dresden
Volksrepublik Kongo, Länder, **s. S.** 118 und 119
Volna Kzyl-Orda **s.** Kajsar Kzyl-Orda
Volos, Stadt, Griechenland, **s. S.** 95
Volov Kolarovgrad **s.** FK Schumen
Volov Schumen **s.** FK Schumen
Völsungur ÍF (Völsungur Íthróttafélagið), Húsavík, Island, Klub, entst. 1927, **s. S.** 71
Völsungur Íthróttafélagið **s.** Völsungur ÍF
Volta Redonda FC (Volta Redonda Futebol Clube), Volta Redonda, Brasilien, Klub, entst. 1976, **s. S.** 133
Volta Redonda Futebol Clube **s.** Volta Redonda FC
Volta Redonda, Stadt, Brasilien, **s. S.** 133
Volyn' Luz'k **s.** FK Volyn' Luz'k
Voorwaarts Tienen **s.** KVK Tienen
Voorwaarts, Paramaribo, Surinam, Klub, **s. S.** 129
Voradep Ho, Ho, Ghana, Klub, **s. S.** 117
Voromaherin'Alaotra Ambatondrazaka, Ambatondrazaka, Madagaskar, Klub, **s. S.** 121
Vörös Lobogó Soroksár Textil Budapest **s.** VL Sortex Budapest
Vörös Meteor Egyetértés **s.** Budapesti Egyetértés VM SK
Vörös Meteor **s.** Budapesti Egyetértés VM SK
Vörös Meteor SE **s.** BTV-Siófok FC
Vorskla Poltava **s.** FK Vorskla Poltava
Vorwärts 90 **s.** Berliner FC Vorwärts 90
Vorwärts Berlin **s.** FC Vorwärts Berlin
Vorwärts Berlin **s.** Frankfurter FC Viktoria 91
Vorwärts Frankfurt/Oder **s.** FC Vorwärts Berlin
Vorwärts Gleiwitz **s.** SpV. Vorwärts-Rasensport Gleiwitz
Vorwärts KVP Leipzig **s.** SK Vorwärts KVP Leipzig
Vorwärts Rostock **s.** FC Pommern Stralsund
Vorwärts Schwerin **s.** Schweriner SC
Vorwärts Steyr **s.** SK Vorwärts Steyr
Vorwärts Stralsund **s.** FC Pommern Stralsund
Vorwärts-Rasensport Gleiwitz **s.** SpV. Vorwärts-Rasensport Gleiwitz
Vorwerk Vorarlberg Bregenz **s.** Casino SW Bregenz
Voschod Dschambul **s.** FK Taraz
Vose, Stadt, Tadschikistan, **s. S.** 101
Vozila Nova Gorica **s.** ND HIT Nova Gorica
VP Bank Strikers, Britische Jungferninseln, Klub, **s. S.** 126
VP Frýdek-Místek **s.** FK VP Frýdek-Místek
VPS (Vaasan Palloseura), Vaasa/Vasa, Finnland, Klub, entst. 1924, **s. S.** 73
VPV (Vaasan Palloveikot), Vaasa/Vasa, Finnland, Klub, **s. S.** 73
VRA **s.** AFC RAP
Vratsa, Stadt, Bulgarien, **s. S.** 91
Vrbanjuša Sarajevo **s.** FK Vrbanjuša Sarajevo
Vrbas Bugojno **s.** NK Iskra Bugojno
Vršovice **s.** CU Bohemians Praha
Vrútky, Stadt, Slowakei, **s. S.** 87
Vs Sport Tallinn, Tallinn, Estland, Klub, entst. 1912, [aufgel. 19??], **s. S.** 99
VSADC (Vempers Sports Athletic Dramatic Club), Castries, St. Lucia, Klub, **s. S.** 127
VSE Eger Schwarz-Elf Sankt Pölten **s.** FCN Sankt Pölten
VSE Sankt Pölten **s.** FCN Sankt Pölten
VSJ Křídla vlasti Olomouc **s.** VTJ Dukla Olomouc
VSJ Sokolovo Cheb **s.** FC Union Cheb
VSK Wolfsburg **s.** VfL Wolfsburg
VSK-Pécs '96 FC **s.** Pécsi VSK-Pécs '96 FC
VSS Košice **s.** 1. FC Košice
VSV (Velsenoorder Sport Vereniging), Velsen, Niederlande, Klub, entst. 1912, [aufgel. 1963 durch Fusion mit Stormvogels => SC Telstar], **s. S.** 75
VSV **s.** SC Telstar
VSŽ Košice **s.** 1. FC Košice
VSŽ Košice **s.** FK Lokomotíva Košice
VT Vasas **s.** Videoton FC Fehérvár
VTJ Bratislava **s.** FK VTJ Koba Senec
VTJ Dukla Banská Bystrica **s.** FK Dukla Banská Bystrica
VTJ Dukla Hraničář Cheb **s.** FC Union Cheb
VTJ Dukla Olomouc (Vojenská tělovýchovná jednota Dukla Olomouc), Olomouc, Tschechische Republik, Klub, entst. 1952, [1952-53 VSJ Křídla vlasti Olomouc, 53-56 Křídla vlasti Olomouc, 56-75 VTJ Dukla Olomouc, aufgel. 75, Umzug nach Hradec Králové => VTJ Letec Hradec Králové], **s. S.** 86
VTJ Dukla Pardubice (Vojenská tělovýchovná jednota Dukla Pardubice), Pardubice, Tschechische Republik, Klub, entst. 1956, [entst. 1956 nach Umzug von Tankista Praha nach Pardubice => VTJ Dukla Pardubice (56-61), aufgel. 61 durch Fusion mit TJ VCHZ Pardubice], **s. S.** 86
VTJ Dukla Pardubice **s.** Tankista Praha
VTJ Dukla Praha **s.** FK Dukla Praha
VTJ Koba Senec **s.** FK VTJ Koba Senec
VTJ Letec Hradec Králové **s.** VTJ Dukla Olomouc
VTJ Martin **s.** ŠKF ZŤS VTJ Martin
VTJ Spišská Nová Ves **s.** MFK Lokomotíva Spišská Nová Ves
VTJ Teplice **s.** FK Teplice
VTJ Trenčín **s.** FK Ozeta Dukla Trenčín
VUC, Den Haag/'s-Gravenhage, Niederlande, Klub, entst. 1909, **s. S.** 75
Vukovar, Stadt, Kroatien, **s. S.** 93
Vulcan Bucureşti **s.** FC Naţional Bucureşti
Vulcan Petroşani **s.** CS Jiul Petroşani
Vulcânicos, São Filipe, Kapverden, Klub, **s. S.** 116
Vulturii Lugoj **s.** CSM Lugoj
Vulturii Textila Lugoj **s.** CSM Lugoj
VUS Stalin **s.** FK Tscherno More Varna
VUS Varna **s.** FK Tscherno More Varna
Vuzem Favoritner AC **s.** Favoritner AC
VV Alkmaar (Voetbal Vereniging Alkmaar), Alkmaar, Niederlande, Klub, entst. 1954, [1954-55 NBV Alkmaar VV, 55-67 VV Alkmaar, aufgel. 67 durch Fusion mit FC Zaanstreek => AZ '67], **s. S.** 75
VV Alkmaar **s.** AZ
VV Be Quick (Voetbal Vereniging Be Quick), Groningen, Niederlande, Klub, entst. 1887, **s. S.** 75
VV Beerschot Sint Niklaas **s.** K Sint-Niklase SK
VV Eindhoven (Voetbal Vereniging Eindhoven), Eindhoven, Niederlande, Klub, entst. 1909, [entst. 1909 durch Fusion Eindhovia und Sparta Eindhoven], **s. S.** 75
VV Elinkwijk (Voetbal Vereniging Elinkwijk), Utrecht, Niederlande, Klub, entst. 1919, [aufgel. 1970 durch Fusion mit DOS und Velox => FC Utrecht], **s. S.** 75
VV Elinkwijk **s.** DOS
VV Elinkwijk **s.** FC Utrecht
VV Heerenveen **s.** SC Heerenveen
VV Patro Eisden **s.** K Patro Eisden
VV PEC Zwolle **s.** FC Zwolle
VV Wageningen **s.** FC Wageningen
VV Wilhelmina **s.** FC Den Bosch
VVS Moskva (Voenno-Vozdušnyje Sily Moskva), Moskau (Moskva), Russland, Klub, entst. 1944, [aufgel. 1953 durch Fusion mit CDSA Moskva], **s. S.** 100
VVS Moskva **s.** FK CSKA Moskva
VVS Sofija (Voenno Vazduschni Sili Sofija), Sofija, Bulgarien, Klub, [aufgel. 1956], **s. S.** 90
VVV (Venlose Voetbal Vereniging), Venlo, Niederlande, Klub, entst. 1903, [1903-54 VVV, 54 Fusion mit SC Venlo => SC VVV (54-66), 66-85 FC Venlo-VVV], **s. S.** 75
Vyborg, Stadt, Russland, **s. S.** 73
Vytis Kaunas **s.** FK Atletas-Inkaras Kaunas
Vytis-Inkaras Kaunas **s.** FK Atletas-Inkaras Kaunas
Vyzas Megaron, Megara, Griechenland, Klub, entst. 1928, **s. S.** 95
VŽKG Ostrava **s.** FC Vítkovice
WA Boufarik (Widad Afla Boufarik), Boufarik, Algerien, Klub, entst. 1945, [19??-?? JSM Boufarik], **s. S.** 113
WA Casablanca (Wydad Athletic Casablanca), Casablanca/Dar Al-Bayda, Marokko, Klub, **s. S.** 113
WA Fès (Wydad Athletic Fès), Fez/Fès, Marokko, Klub, **s. S.** 113
WA Mostaganem (Widad Athletic de Mostaganem), Mostaganem, Algerien, Klub, [19??-?? WRB Mostaganem], **s. S.** 113
Wa Seng, Macau, Klub, **s. S.** 109
WA Tlemcen (Widad Athlétique de Tlemcen), Tlemcen, Algerien, Klub, **s. S.** 113
Wa, Stadt, Ghana, **s. S.** 117
Waalwijk, Stadt, Niederlande, **s. S.** 75
Wacker Innsbruck **s.** FC Tirol Milch Innsbruck
Wacker Innsbruck **s.** WSG Wattens
Wacker Leipzig **s.** SC Wacker Leipzig
Wacker München **s.** FC Wacker München
Wacker Wien **s.** ESV Admira-NÖ Energie
Wacker Wien **s.** SC Wacker Wien
Wacker Wiener Neustadt **s.** Reichsbahn Wacker Wiener Neustadt
Wacker-Alemannia 1890 Berlin **s.** Berliner FC Alemannia 90-Wacker
Wad Medani, Stadt, Sudan, **s. S.** 115
Wadadah FC (Wadadah Football Club), Montego Bay, Jamaika, Klub, **s. S.** 126
Wadadah Football Club **s.** Wadadah FC
Waereghem Sportief **s.** KSV Waregem
WAF KL Leopoldstadt **s.** Wiener AF
Wagad, Mogadishu/Muqdiisho, Somalia, Klub, **s. S.** 115
Wageningen, Stadt, Niederlande, **s. S.** 75
Waggonfabrik Dessau **s.** SV Dessau 05
Wahda **s.** al-Hilal
Wahda **s.** al-Wahda
Wahdat **s.** al-Wahdat
Waitakere City, Waitakere, Neuseeland, Klub, entst. 1989, [entst. 1989 durch Fusion Te Atatu, Massey AFC, Kelston West und West Auckland], **s. S.** 137
Waitakere, Stadt, Neuseeland, **s. S.** 137
Waitako United **s.** Melville United
Waitako United **s.** Technical Old Boys
Waitako United, Hamilton, Neuseeland, Klub, entst. 1987, [entst. 1987 durch Fusion Technical Old Boys und Hamilton Wanderers, 92 Fusion mit Hamilton, aufgel. 96 durch Fusion mit Melville United], **s. S.** 137
Wakari **s.** Roslyn-Wakari
Wakefield, Stadt, England, **s. S.** 67
Wakra **s.** al-Wakra
Wakra, Stadt, Katar, **s. S.** 103
Wałbrzych, Stadt, Polen, **s. S.** 89
Waldhof **s.** SV Waldhof Mannheim 07
Wales, Länder, **s. S.** 66 und 67
Walker **s.** Carlos Walker
Wallidan (Wallidan Leader), Banjul, Gambia, Klub, **s. S.** 116
Wallidan Leader **s.** Wallidan
Wallis und Futuna, Länder, **s. S.** 136 und 137
Walter Ferrety **s.** CD Walter Ferrety
Walter Ormeño, San Vicente de Cañete, Peru, Klub, **s. S.** 130
Walvis Bay, Stadt, Namibia, **s. S.** 120
Wan Erewan **s.** FC Wan Erewan
Wanadzor, Stadt, Armenien, **s. S.** 97
Wanani, Stadt, Komoren, **s. S.** 121
Wanathamulla Youth SC (Wanathamulla Youth Sport Club), Colombo, Sri Lanka, Klub, **s. S.** 105
Wanathamulla Youth Sport Club **s.** Wanathamulla Youth SC
Wanda Shide **s.** Dalian Shide
Wandegeya, Kampala, Uganda, Klub, **s. S.** 119
Wanderers (II) **s.** Brooklyn Wanderers (II)
Wanderers AFC **s.** Bray Wanderers AFC
Wanderers FC **s.** Bolton Wanderers FC
Wanderers FC **s.** Luton Town FC
Wanderers FC **s.** Montevideo Wanderers FC
Wanderers FC **s.** Sliema Wanderers FC
Wanderers FC **s.** The Wanderers FC
Wanderers **s.** African Wanderers
Wanderers **s.** Deportes Santiago Wanderers
Wanderers **s.** Dhaka Wanderers
Wanderers **s.** Manzini Wanderers
Wanderers **s.** Mufulira Wanderers
Wanderers **s.** Ndola Wanderers
Wanderers **s.** Riodairibord Wanderers
Wanderers **s.** Telecom Wanderers
Wanderers Wolverhampton **s.** Wolverhampton Wanderers FC
Wanderers, Mombasa, Kenia, Klub, **s. S.** 119
Wandsbek-Marientaler SC 1884 **s.** SC Germania 1887 Hamburg
Wang, Djibouti, Dschibuti, Klub, **s. S.** 115
Wanganui Athletic, Wanganui, Neuseeland, Klub, **s. S.** 137
Wanganui, Stadt, Neuseeland, **s. S.** 137
Wani, Stadt, Georgien, **s. S.** 97
Wanka **s.** CD Pesquero
Wanka **s.** CD Wanka
Wankie FC (Wankie Football Club), Hwange/Wankie, Simbabwe, Klub, **s. S.** 121
Wankie Football Club **s.** Wankie FC
Wankie, Stadt, Simbabwe, **s. S.** 121
WAPDA (Water and Power Development Authority), Lahore, Pakistan, Klub, **s. S.** 105
Waregem Sportief **s.** KSV Waregem
Waregem, Stadt, Belgien, **s. S.** 75
Wari SC (Wari Sporting Club), Dacca, Bangladesh, Klub, **s. S.** 105
Wari Sporting Club **s.** Wari SC
Warna Agung, Jakarta, Indonesien, Klub, **s. S.** 106
Warnsdorf, Stadt, Tschechische Republik, **s. S.** 84
Warnsdorfer FK (Warnsdorfer Fußball-Klub), Warnsdorf (Varnsdorf), Tschechische Republik, Klub, entst. 1907, [1907-30 DFC Warnsdorf, 30 Fusion mit SK Germania 1912 Warnsdorf => Warnsdorfer FK (30-39), aufgel. 39 durch Fusion mit NSTG Warnsdorf], **s. S.** 84
Warnsdorfer Fußball-Klub **s.** Warnsdorfer FK
Warri, Stadt, Nigeria, **s. S.** 117
Warriors **s.** Bai Bureh Warriors
Warriors **s.** Collingwood Warriors
Warriors **s.** El-Kanemi Warriors
Warriors **s.** Kabwe Warriors
Warriors **s.** Lake Warriors
Warriors **s.** Lenana Warriors
Warriors **s.** Local Warriors
Warriors **s.** Profound Warriors
Warriors **s.** Saint Joseph's Warriors
Warriors, Port Elizabeth, Südafrika, Klub, **s. S.** 121
Warschau, Stadt, Polen, **s. S.** 84 und 89
Warszawa, Stadt, Polen, **s. S.** 84 und 89
Warszawianka **s.** KS Warszawianka
Warta Poznań **s.** KS Warta Poznań
Warwick, Stadt, Bermudas, **s. S.** 123
Waseda University Waseda Marine White **s.** Waseda University WMW
Waseda University WMW (Waseda University Waseda Marine White), Tokyo, Japan, Klub, [aufgel. 19??], **s. S.** 111
Washington Britannica **s.** Fort Lauderdale Strikers
Washington Britannica **s.** Miami Toros
Washington Britannica **s.** Washington Darts
Washington Darts **s.** Fort Lauderdale Strikers
Washington Darts **s.** Miami Toros
Washington Darts, Washington, USA, Klub, entst. 1967, [1963-68 Washington Britannica, 68-72 Washington Darts, aufgel. 72, Umzug nach Miami => Miami Gators], **s. S.** 122
Washington Diplomats (I), Washington, USA, Klub, entst. 1974, [aufgel. 1980], **s. S.** 122
Washington Diplomats (II) **s.** Detroit Express
Washington Diplomats (II), Washington, USA, Klub, entst. 1981, [1978-81 Detroit Express, 81 Umzug nach Washington => Washington Diplomats (II), 81 aufgel.], **s. S.** 122
Washington **s.** Jorge Washington
Washington Whips, Washington, USA, Klub, entst. 1967, [aufgel. 1968], **s. S.** 122
Washington, Stadt, USA, **s. S.** 122
Wasl **s.** al-Wasl
Wasserbillig, Stadt, Luxemburg, **s. S.** 75
Watch **s.** Black Watch
Water and Power Development Authority **s.** WAPDA
Waterford AFC **s.** Waterford United FC
Waterford United FC (Waterford United Football Club), Waterford/Port Láirge, Irland, Klub, entst. 1930, [1930-82 Waterford AFC], **s. S.** 69
Waterford United Football Club **s.** Waterford United FC
Waterford, Stadt, Irland, **s. S.** 69
Waterhouse FC (Waterhouse Football Club), Kingston, Jamaika, Klub, **s. S.** 126
Waterhouse Football Club **s.** Waterhouse FC
Waterschei SV THOR **s.** KSV Waterschei THOR
Waterschei THOR **s.** KRC Genk
Waterschei's SV THOR **s.** KSV Waterschei THOR
Waterside Karori, Wellington, Neuseeland, Klub, **s. S.** 137
Waterside **s.** Woolston
Waterworks, Mombasa, Kenia, Klub, **s. S.** 119
Watford FC (Watford Football Club), Watford, England, Klub, entst. 1891, [1891-98 West Herts Watford, 98 Fusion mit Watford St Mary's => Watford FC], **s. S.** 67
Watford Football Club **s.** Watford FC
Watford St Mary's **s.** Watford FC
Watford, Stadt, England, **s. S.** 67
Wathba **s.** al-Wathba
Wattens, Stadt, Österreich, **s. S.** 83
Wattenscheid, Stadt, Deutschland, **s. S.** 84
Wavre **s.** Racing Jet Wavre
Waw, Stadt, Sudan, **s. S.** 115
Wawel Kraków **s.** WKS Wawel Kraków
Waxool, Somalia, Klub, **s. S.** 115
Wazi **s.** AS Issia-Wazi
Wé, Stadt, Neukaledonien, **s. S.** 137
Webuye, Stadt, Kenia, **s. S.** 119
Wednesday **s.** Sheffield Wednesday FC
Wedrich Rechitsa **s.** FK Wedrych-97 Rechytsa
Wedrych-97 Rechytsa **s.** FK Wedrych-97 Rechytsa
Wehrmachtsportverein Celle **s.** WSV Celle
Weimar, Stadt, Deutschland, **s. S.** 85
Weißenfels, Stadt, Deutschland, **s. S.** 85
Weißrussland, Länder, **s. S.** 98 und 99
Weisz Manfréd FC **s.** Csepel SC
Welkom Eagles, Welkom, Südafrika, Klub, **s. S.** 121
Welkom, Stadt, Südafrika, **s. S.** 121
Wellington City Diamond United **s.** Wellington City
Wellington City Diamond United **s.** Wellington Diamond United
Wellington City Diamond United **s.** Wellington United
Wellington City **s.** Hungaria
Wellington City **s.** Miramar Rangers
Wellington City **s.** Wellington Diamond United
Wellington City **s.** Wellington United
Wellington City, Wellington, Neuseeland, Klub, entst. 1971, [entst. 1971 durch Fusion Miramar Rangers und Hungaria, ?? Aufl. der Fusion, aufgel. 1985 durch Fusion mit Wellington Diamond United => Wellington City Diamond United], **s. S.** 137
Wellington Diamond United **s.** Wellington City
Wellington Diamond United **s.** Wellington United
Wellington Diamond United, Wellington, Neuseeland, Klub, entst. 1968, [aufgel. 1985 durch Fusion mit Wellington City => Wellington City Diamond United], **s. S.** 137
Wellington FC **s.** Woodlands Wellington FC
Wellington Olympic, Wellington, Neuseeland, Klub, entst. 1959, [1959-60 Apolon, 60-83 Christian Youth FC], **s. S.** 137
Wellington People FC (Wellington People Football Club), Freetown, Sierra Leone, Klub, **s. S.** 116
Wellington People Football Club **s.** Wellington People FC
Wellington Town FC **s.** Telford United FC
Wellington United, Wellington, Neuseeland, Klub, entst. 1985, [entst. 1985 durch Fusion Wellington Diamond United und Wellington City => Wellington City Diamond United (85-86)], **s. S.** 137
Wellington, Stadt, Neuseeland, **s. S.** 137
Wels, Stadt, Österreich, **s. S.** 83
Welshpool FC **s.** Welshpool Town FC
Welshpool Town FC (Welshpool Town Football Club), Welshpool, Wales, Klub, entst. 1878 [1878-81 Welshpool FC, 81-89 Welshpool Wanderers, 89-90 Welshpool United, 1890-1995 Welshpool FC], **s. S.** 67
Welshpool Town Football Club **s.** Welshpool Town FC
Welshpool United **s.** Welshpool Town FC
Welshpool Wanderers **s.** Welshpool Town FC
Welshpool, Stadt, Wales, **s. S.** 67
Wé-Luécilla, Wé, Neukaledonien, Klub, [19??-?? Wé], **s. S.** 137
Wennappuwa, Stadt, Sri Lanka, **s. S.** 105
Werder Bremen **s.** SV Werder Bremen
Weres Riwne **s.** FK Weres Riwne
Werks Sportgemeinschaft Radenthein **s.** WSG Radenthein
Werks Sportgemeinschaft Swarovski Wattens **s.** WSG Wattens
Werks SV Alpine Leoben Donawitz **s.** DSV Leoben
Werks SV Donawitz **s.** DSV Leoben
West Adelaide Hellas **s.** West Adelaide Sharks
West Adelaide **s.** West Adelaide Sharks
West Adelaide Sharks, Adelaide, Australien, Klub, entst. 1978, [19??-?? West Adelaide Hellas, ??-97 West Adelaide, 97-99 West Adelaide Sharks, 99 aufgel.], **s. S.** 136
West Auckland **s.** Waitakere City
West Bay, Stadt, Kaimaninseln, **s. S.** 126
West Bromwich Albion FC (West Bromwich Albion Football Club), West Bromwich, England, Klub, entst. 1879, [1879-81 West Bromwich Stollers], **s. S.** 67
West Bromwich Albion Football Club **s.** West Bromwich Albion FC
West Bromwich Stollers **s.** West Bromwich Albion FC
West Bromwich, Stadt, England, **s. S.** 67
West Gorton **s.** Manchester City FC
West Ham United FC (West Ham United Football Club), London, England, Klub, entst. 1895, [1895-1900 Thames Ironworks FC], **s. S.** 66
West Ham United Football Club **s.** West Ham United FC
West Herts Watford **s.** Watford FC
West Kents **s.** 2nd Battalion West Kents
West Riffa, Rifa al-Gharbi, Bahrain, Klub, **s. S.** 102
West Team, Jiddah, Saudi-Arabien, Klub, [aufgel. 19??], **s. S.** 102
Westende Laer **s.** SV Schwarz-Weiß Westende Hamborn
Westerlo, Stadt, Belgien, **s. S.** 75
Westerloo Sport **s.** KVC Westerlo
Westermalms Idrottsförening **s.** Westermalms IF
Westermalms IF (Westermalms Idrottsförening), Stockholm, Schweden, Klub, entst. 1902, **s. S.** 72
Western Suburbs, Sydney, Australien, Klub, **s. S.** 136
Western Suburbs, Wellington, Neuseeland, Klub, entst. 1906, [1906-56 Mental Hospital AFC, 56-73 Western Suburbs, 73-85 Porirua United, 85 Fusion mit Viard => Porirua Viard United (85-92), 92 Fusion mit Mana United => Western Suburbs], **s. S.** 137
Western Tigers FC (Western Tigers Football Club), Georgetown, Guyana, Klub, **s. S.** 129
Western Tigers Football Club **s.** Western Tigers FC
Western Tigers, Südafrika, Klub, **s. S.** 121
Western Tigers, Victoria, Seychellen, Klub, **s. S.** 121
Western Union FC (Western Union Football Club), George Town, Kaimaninseln, Klub, **s. S.** 126
Western Union Football Club **s.** Western Union FC
Western, Christchurch, Neuseeland, Klub, **s. S.** 137
Westfalia 04 Herne **s.** SC Westfalia 04 Herne
Westfalia 04 Schalke **s.** FC Schalke 04
Westsahara, Länder, **s. S.** 112 und 113
West-Samoa, Länder, **s. S.** 136 und 137
Wettingen, Stadt, Schweiz, **s. S.** 82
Weymouth Wales, Bridgetown, Barbados, Klub, [19??-?? New South Wales], **s. S.** 127
Whalers **s.** New Bedford Whalers (I)
Whalers **s.** New Bedford Whalers (II)
Whales Le Morne **s.** Blue Whales Le Morne
Wharic Centre Chiefs **s.** Centre Chiefs
Whips **s.** Washington Whips
White Horses FC (White Horses Football Club), White Horses, Jamaika, Klub, **s. S.** 126
White Horses Football Club **s.** White Horses FC
White Horses, Stadt, Jamaika, **s. S.** 126
White Star AC **s.** R Racing CB
White Star AC **s.** R Racing White
White Star AC **s.** R White Star AC
White Star Club Bruxelles **s.** R White Star AC
White Star FC **s.** Newtown AFC
White Star Woluwe AC **s.** R White Star AC
White Stars FC **s.** Oswestry Town FC
White Stars **s.** Heart of Midlothian FC
Whitecaps **s.** Vancouver Whitecaps
Wibeba-Ostbahn XI Wien **s.** ESV Ostbahn XI Wien
Widad Afla Boufarik **s.** WA Boufarik
Widad Athletic de Mostaganem **s.** WA Mostaganem
Widad Athlétique de Tlemcen **s.** WA Tlemcen
Widzew Łódź **s.** RTS Widzew Łódź
Wielkopolski Klub Piłkarski Lech-Kreisel Poznań **s.** WKP Lech Poznań
Wien, Stadt, Österreich, **s. S.** 83 und 84
Wiener AC (Wiener Athletiksportclub), Wien, Österreich, Klub, entst. 1896, [1896-1936 Wiener AC, 36-39 Wiener AC Schwarz-Rot, 39-69 Wiener AC, aufgel. 69 durch Fusion mit FK Austria Wien => FK Austria-WAC], **s. S.** 83
Wiener AC **s.** FK Austria Memphis Magna
Wiener AC Schwarz-Rot **s.** Wiener AC
Wiener AF (Wiener Association Football Club), Wien, Österreich, Klub, entst. 1912, [1910-73 Wiener AF, 73 Fusion mit FC Leopoldstadt => WAF KL Leopoldstadt (73-??)], **s. S.** 83
Wiener Amateur SV **s.** FK Austria Memphis Magna
Wiener Association Football Club **s.** Wiener AF
Wiener Athletiksportclub **s.** Wiener AC
Wiener Cyclisten Club **s.** Wiener SC
Wiener Neustadt, Stadt, Österreich, **s. S.** 83
Wiener SC (Wiener Sport Club), Wien, Österreich, Klub, entst. 1907, [entst. 1907 durch Fusion Wiener Cyclisten Club und Wiener Sportvereinigung => Wiener SC (07-70), 70-75 Creditanstalt Wiener SC, 75 Fusion mit Post SV Wien => Wiener SC-Post (75-76), 76 Aufl. der Fusion => Post SV Wien und Wiener SC (76-80), 80-81 Wiener SC-Postsparkasse, 81-85 Avanti Wiener SC, 85-93 Wiener SC, 93-94 Wiener SC-Der Clou, 94 Fusion mit SV Gerasdorf => WSC-SV Gerasdorf (94-95), 95 Aufl. der Fusion => SV Gerasdorf und Wiener SC], **s. S.** 83
Wiener SC **s.** Post SV Wien